2021

MAFALDA MIRANDA BARBOSA
FELIPE BRAGA NETTO
MICHAEL CÉSAR SILVA
JOSÉ LUIZ DE MOURA FALEIROS JÚNIOR
COORDENADORES

DIREITO DIGITAL E INTELIGÊNCIA ARTIFICIAL

DIÁLOGOS ENTRE BRASIL E EUROPA

Dados Internacionais de Catalogação na Publicação (CIP) (Câmara Brasileira do Livro, SP, Brasil)

D598 Direito digital e inteligência artificial: diálogos entre Brasil e Europa / A. Barreto Menezes Cordeiro ... [et al.] ; coordenado por Felipe Braga Netto ... [et al.]. - Indaiatuba, SP : Editora Foco, 2021.
1.136 p. ; 17cm x 24cm.

Inclui bibliografia.

ISBN: 978-65-5515-253-1

1. Direito. 2. Direito digital. 3. Inteligência artificial. 4. Brasil. 5. Europa. I. Cordeiro, A. Barreto Menezes. II. Alekseenko, Aleksandr. III. Ayzama, Alex Cabello. IV. Mello, Alexandre Schmitt da Silva. V. Borges, Alexandre Walmott. VI. Frazão, Ana. VII. Fonseca, Ana Taveira da. VIII. Pérez, Antonio Madrid. IX. Basan, Arthur Pinheiro. X. Neves, Barbara das. XI. Muntadas, Borja. XII. Lacerda, Bruno Torquato Zampier. XIII. Zullo, Bruno. XIV. Barbosa, Caio César do Nascimento. XV. Mulholland, Caitlin. XVI. Monteiro Filho, Carlos Edison do Rêgo. XVII. Goettenauer, Carlos. XVIII. Lima, Cíntia Rosa Pereira de. XIX. Lóssio, Claudio Joel Brito. XX. Colombo, Cristiano. XXI. Godoy, Cristina. XXII. Oliveira, Bernardo de. XXIII. Uhdre, Dayana de Carvalho. XXIV. Puspitawati, Dhiana. XXV. Flores Filho, Edgar Gastón Jacobs. XXVI. Tomasevicius Filho, Eduardo. XXVII. Gorian, Ella. XXVIII. Sequeira, Elsa Vaz de. XXIX. Ruiz, Evandro Eduardo Seron. XXX. Câmara, Fabiana Angélica Pinheiro. XXXI. Menke, Fabiano. XXXII. Netto, Felipe Braga. XXXIII. Teixeira Neto, Felipe. XXXIV. Pires, Fernanda Ivo. XXXV. Medon, Filipe. XXXVI. Soares, Flaviana Rampazzo. XXXVII. Borges, Gabriel Oliveira de Aguiar. XXXVIII. Silva, Gabriela Buarque Pereira. XXXIX. Guimarães, Glayder Daywerth Pereira. XL. Mayos, Gonçal. XLI. Gama, Guilherme Calmon Nogueira da. XLII. Goulart, Guilherme Damasio. XLIII. Martins, Guilherme Magalhães. XLIV. Borges, Gustavo Silveira. XLV. Barboza, Heloisa Helena. XLVI. Campos, Ingrid Zanella Andrade. XLVII. Frajhof, Isabella Z. XLVIII. Carvalho, Joana Campos. XLIX. Longhi, João Victor Rozatti. L. Faleiros Júnior, José Luiz de Moura. LI. Barbosa, Mafalda Miranda. LII. Milagres, Marcelo de Oliveira. LIII. Crespo, Marcelo. LIV. Ehrhardt Júnior, Marcos. LV. Rego, Margarida Lima. LV. Rielli, Mariana Marques. LV. Guerreiro, Mário Augusto Figueiredo de Lacerda. LVI. Magalhães, Matheus L. Puppe. LVII. Torres, Maurilio. LVIII. Silva, Michael César. LIX. Kfouri Neto, Miguel. LX. Rouxinol, Milena da Silva. LXI. Júnior, Moacir Henrique. LXII. Rusli, Mohd Hazmi bin Mohd. LXIII. Rosenvald, Nelson. LXIV. Rodrigues, Paula Marques. LXV. Nalin, Paulo. LXVI. Mendes, Pedro Manuel Pimenta. LXVII. Dresch, Rafael de Freitas Valle. LXVIII. Nogaroli, Rafaella. LXIX. Blum, Renato Opice. LXX. Dremliuga, Roman. LXXI. Tremel, Rosangela. LXXII. Ferrer, Salvador Morales. LXXIII. Junqueira, Thiago. LXXIV. Moura, Thobias Prado. LXXV. Wesendonck, Tula. LXXVI. Araújo, Valter Shuenquener de. LXXVII. Almeida, Vitor. LXXVIII. Graminho, Vivian Maria Caxambu. LXXIX. Luciano, Wilcon Algelis Abreu. LXXX. Engelmann, Wilson. LXXXI. Título.

2021-592 CDD 340.0285 CDU 34:004

Elaborado por Vagner Rodolfo da Silva - CRB-8/9410

Índices para Catálogo Sistemático:

1. Direito digital 340.0285 2. Direito digital 34:004

MAFALDA MIRANDA BARBOSA
FELIPE BRAGA NETTO
MICHAEL CÉSAR SILVA
JOSÉ LUIZ DE MOURA FALEIROS JÚNIOR
COORDENADORES

DIREITO DIGITAL E INTELIGÊNCIA ARTIFICIAL

DIÁLOGOS ENTRE BRASIL E EUROPA

2021 © Editora Foco
Coordenadores: Mafalda Miranda Barbosa, Felipe Braga Netto, Michael César Silva e José Luiz de Moura Faleiros Júnior
Autores: A. Barreto Menezes Cordeiro , Aleksandr P. Alekseenko, Alex Cabello Ayzama, Alexandre Schmitt da Silva Mello, Alexandre Walmott Borges, Ana Frazão, Ana Taveira da Fonseca, Antonio Madrid Pérez, Arthur Pinheiro Basan, Barbara das Neves, Borja Muntadas, Bruno Torquato Zampier Lacerda, Bruno Zullo, Caio César do Nascimento Barbosa, Caitlin Mulholland, Carlos Edison do Rêgo Monteiro Filho, Carlos Goettenauer, Cíntia Rosa Pereira de Lima, Claudio Joel Brito Lóssio, Cristiano Colombo, Cristina Godoy Bernardo de Oliveira, Dayana de Carvalho Uhdre, Dhiana Puspitawati, Edgar Gastón Jacobs Flores Filho, Eduardo Tomasevicius Filho, Ella Gorian, Elsa Vaz de Sequeira, Evandro Eduardo Seron Ruiz, Fabiana Angélica Pinheiro Câmara, Fabiano Menke, Felipe Braga Netto, Felipe Teixeira Neto, Fernanda Ivo Pires, Filipe Medon, Flaviana Rampazzo Soares, Gabriel Oliveira de Aguiar Borges, Gabriela Buarque Pereira Silva, Glayder Daywerth Pereira Guimarães, Gonçal Mayos, Guilherme Calmon Nogueira da Gama, Guilherme Damasio Goulart, Guilherme Magalhães Martins, Gustavo Silveira Borges, Heloisa Helena Barboza, Ingrid Zanella Andrade Campos, Isabella Z. Frajhof, Joana Campos Carvalho, João Victor Rozatti Longhi, José Luiz de Moura Faleiros Júnior, Mafalda Miranda Barbosa, Marcelo Crespo, Marcelo de Oliveira Milagres, Marcos Ehrhardt Júnior, Margarida Lima Rego, Mariana Marques Rielli, Mário Augusto Figueiredo de Lacerda Guerreiro, Matheus L. Puppe Magalhães, Maurilio Torres, Michael César Silva, Miguel Kfouri Neto, Milena da Silva Rouxinol, Moacir Henrique Júnior, Mohd Hazmi bin Mohd Rusli , Nelson Rosenvald, Paula Marques Rodrigues, Paulo Nalin, Pedro Manuel Pimenta Mendes, Rafael de Freitas Valle Dresch, Rafaella Nogaroli, Renato Opice Blum, Roman Dremliuga, Rosangela Tremel, Salvador Morales Ferrer, Thiago Junqueira, Thobias Prado Moura, Tula Wesendonck, Valter Shuenquener de Araújo, Vitor Almeida, Vivian Maria Caxambu Graminho, Wilcon Algelis Abreu Luciano e Wilson Engelmann
Diretor Acadêmico: Leonardo Pereira
Editor: Roberta Densa
Assistente Editorial: Paula Morishita
Revisora Sênior: Georgia Renata Dias
Capa Criação: Leonardo Hermano
Imagem de capa: Paulo Oliveira Matos Júnior
Diagramação: Ladislau Lima e Aparecida Lima
Impressão miolo e capa: PLENA PRINT

NOTAS DA EDITORA:

Atualizações e erratas: A presente obra é vendida como está, atualizada até a data do seu fechamento, informação que consta na página II do livro. Havendo a publicação de legislação de suma relevância, a editora, de forma discricionária, se empenhará em disponibilizar atualização futura.

Erratas: A Editora se compromete a disponibilizar no site www.editorafoco.com.br, na seção Atualizações, eventuais erratas por razões de erros técnicos ou de conteúdo. Solicitamos, outrossim, que o leitor faça a gentileza de colaborar com a perfeição da obra, comunicando eventual erro encontrado por meio de mensagem para contato@editorafoco.com.br. O acesso será disponibilizado durante a vigência da edição da obra.

Impresso no Brasil (02.2021) – Data de Fechamento (02.2021)

2021

Avenida Itororó, 348 – Sala 05 – Cidade Nova
CEP 13334-050 – Indaiatuba – SP

E-mail: contato@editorafoco.com.br
www.editorafoco.com.br

"Há mil anos, vossos heroicos antepassados submeteram todo o globo terrestre ao poder do Estado Único (...) Espera-se submeter ao jugo benéfico da razão os seres desconhecidos, habitantes de outros planetas, que possivelmente ainda se encontrem em estado selvagem de liberdade. Se não compreenderem que levamos a eles a felicidade matematicamente infalível, o nosso dever é obrigá-los a serem felizes".

— Yevgeny Zamyatin (Евге́ний Замя́тин)

(*Nós*)

AGRADECIMENTOS

A realização de um projeto tão ambicioso como a consolidação de uma obra que, já em sua primeira edição, está composta por sessenta trabalhos de grande riqueza acadêmica não seria possível sem o empenho incansável dos 81 pesquisadores que para ela contribuíram. Foi graças aos esforços de colegas de várias nacionalidades, todos dedicados a investigar as interações entre o Direito e a Inteligência Artificial, que esse trabalho foi concretizado.

A todos os autores, muito obrigado!

Registramos, ainda, nossa gratidão e nossos sinceros elogios à Editora Foco, na pessoa da Dra. Roberta Densa, que acreditou no projeto desde sua gênese e nos proporcionou suporte editorial de excelência em todos os estágios de publicação, permitindo-nos dialogar com os colegas autores no intuito de levar adiante nossas ideias, dúvidas, inquietações e proposições sobre o Admirável Mundo Novo que os algoritmos de Inteligência Artificial já inauguraram.

Finalmente, agradecemos a vocês, caros leitores, que nos incentivam e tornam válido todo o empenho dedicado à pesquisa!

Coimbra/Belo Horizonte, fevereiro de 2021.

Mafalda Miranda Barbosa
Felipe Braga Netto
Michael César Silva
José Luiz de Moura Faleiros Júnior

APRESENTAÇÃO

Os desafios desvelados pela introjeção dos algoritmos de Inteligência Artificial na sociedade já são sentidos transversalmente pela Ciência do Direito. Há impactos variados sobre todos os ramos jurídicos e desafios se apresentam aos operadores que, defrontados com questionamentos e inquietações sobre as consequências do implemento dessas novas tecnologias em variados contextos, são instados a solucionar problemas e trazer respostas.

Com a preocupação de trazer luz a diversas das questões concernentes ao tema, surgiu o projeto de coordenação dessa obra, que reúne grandes pesquisadores de diversos países, cujas investigações vêm se dedicando a aspectos específicos das interfaces entre o Direito e a Inteligência Artificial.

Trata-se de obra densa, composta por sessenta textos que estão subdivididos metodologicamente em doze partes.

Na *Parte I* da obra, cinco trabalhos se dedicam a explorar os aspectos introdutórios do tema. O primeiro capítulo, de autoria de José Luiz de Moura Faleiros Júnior e intitulado "*A evolução da Inteligência Artificial em breve retrospectiva*" apresenta ao leitor alguns conceitos fundamentais e retrocede na história para destacar os principais eventos que conduziram ao momento atual. Em seguida, Ana Frazão e Carlos Goettenauer trabalham com o tema "*Black Box e o direito face à opacidade algorítmica*", apresentando criticamente outro conceito fundamental – o dos algoritmos de 'caixa-preta' – ao leitor, em contraponto à almejada opacidade. No terceiro capítulo, Flaviana Rampazzo Soares cuida de importantes reflexões sobre o papel dos algoritmos em capítulo intitulado "*Levando os algoritmos a sério*", que remete, com sagacidade, à obra de Ronald Dworkin e fixa premissas fundamentais às investigações posteriores. No quarto texto da obra, Caitlin Mulholland e Isabella Z. Frajhof contribuem com o capítulo intitulado "*Entre as leis da robótica e a ética: regulação para o adequado desenvolvimento da Inteligência Artificial*", explorando as interfaces entre a pujança da inovação e seu contraponto regulatório com olhar sempre dedicado à imprescindível ética, que deve permear o desenvolvimento da IA. Fechando a primeira parte, Bruno Torquato Zampier Lacerda assina o capítulo que carrega o título "*A função do direito frente à Inteligência Artificial*", com importantíssimas reflexões sobre o cerne da investigação introdutória trazida pela obra e que dirige o leitor à expansão de suas instigações sobre os temas concernentes à interação entre o Direito e a Tecnologia.

Na *Parte II* da obra, quatro trabalhos se dedicam à exploração de questões concernentes à autonomia de entes dotados de Inteligência Artificial e a questões sobre os direitos da personalidade. O sexto capítulo da obra, escrito por Mafalda Miranda Barbosa e intitulado "*Nas fronteiras de um Admirável Mundo Novo? O problema da personificação de entes dotados de Inteligência Artificial*", o complexo tema da 'personalidade eletrônica' é explorado com profundidade e reflexões que instigam o leitor a pensar sobre os desafios e as perspectivas dessa intrigante proposta. Em seguida, no sétimo texto da obra, Cíntia Rosa Pereira de Lima, Cristina Godoy Bernardo de Oliveira e Evandro Eduardo Seron Ruiz tratam do tema "*Inteligência Artificial e personalidade jurídica: aspectos controvertidos*", elucidando a problemática concernente à 'personificação' à luz de diversos princípios que regem a IA. No oitavo capítulo da obra, Eduardo Tomasevicius Filho traz o capítulo intitulado "*Reconhecimento facial e lesões aos direitos da personalidade*", no qual problematiza os impactos jurídicos de uma das tecnologias mais utilizadas na atualidade, especialmente quanto à violação a direitos da personalidade de pessoas que estão cotidianamente expostas a algoritmos que mapeiam seus rostos e as monitoram. Fechando a segunda parte, Alexandre Schmitt da Silva Mello e Rafael de Freitas Valle Dresch assinam o capítulo intitulado "*Breves reflexões sobre livre-arbítrio, autonomia e responsabilidade humana e de Inteligência Artificial*", com análise crítica de diversos aspectos que conduzirão a leitura às complexas problematizações quanto à autonomia robótica, à liberdade e às consequências que isso traz para a responsabilidade civil – tema central da parte seguinte – que este derradeiro capítulo sinaliza.

Na *Parte III* da obra, como dito, o leitor é apresentado a cinco instigantes trabalhos sobre a dificílima questão da adequação da responsabilidade civil, de seus institutos, funções e pressupostos à realidade desvelada pela IA. No décimo capítulo da obra, de autoria de Mafalda Miranda Barbosa e intitulado "*Responsabilidade civil pelos danos causados por entes dotados de Inteligência Artificial*", os aspectos centrais dessa seção são apresentados, com visão crítica e profundidade teórica. Em seguida, Carlos Edison do Rêgo Monteiro Filho e Nelson Rosenvald dão sequência às explorações com o trabalho intitulado "*Responsabilidade civil indireta e Inteligência Artificial*", no qual realçam o papel da responsabilidade objetiva, mas lançam luz a propostas pertinentes e atuais, como a adoção de fundos compensatórios e seguros obrigatórios para danos causados pela IA. No décimo segundo capítulo, Tula Wesendonck trata do tema "*Inteligência Artificial e responsabilidade civil pelos riscos do desenvolvimento: um estudo comparado entre as propostas de regulamentação da matéria na União Europeia e o ordenamento vigente brasileiro*", com destaque especial para a averiguação da relevantíssima discussão sobre os riscos do desenvolvimento e sua aplicação aos algoritmos de IA. O décimo terceiro capítulo da obra, assinado por Pedro Manuel Pimenta Mendes com o título "Inteligência *Artificial e responsabilidade civil: as possíveis 'soluções' do ordenamento jurídico português*", avança nas importantes reflexões sobre o tema, com olhares mais direcionados ao contexto de Portugal e à adequação de dispositivos do Código Civil do país frente ao tema. Por fim, no décimo quarto capítulo da obra, Felipe Teixeira Neto e José Luiz de Moura Faleiros Júnior finalizam a terceira parte com o trabalho intitulado "*Dano moral coletivo e falhas algorítmicas: breves reflexões*", em que analisam a possibilidade de tutela coletiva dos eventos danosos causados por falhas de algoritmos de IA, e refletem, inclusive, sobre a viabilidade da *fluid recovery* para casos desse tipo.

Na *Parte IV* da obra, cinco capítulos são dedicados às interações entre a Inteligência Artificial e o atualíssimo tema da proteção de dados pessoais e a correlata segurança da informação. O décimo quinto capítulo, de autoria de A. Barreto Menezes Cordeiro e que recebe o título "*Decisões individuais automatizadas à luz do RGPD e da LGPD*", traça análise comparativa dos dispositivos do Regulamento Geral sobre a Proteção de Dados (2016/679) da Europa e a Lei Geral de Proteção de Dados Pessoais (13.709/2018) do Brasil, com olhares voltados à inquietante discussão sobre as decisões automatizadas. Na sequência, Cristiano Colombo e Guilherme Damasio Goulart assinam o capítulo "*Ética algorítmica e proteção de dados pessoais sensíveis: classificação de dados de geolocalização em aplicativos de combate à pandemia e hipóteses de tratamento*", debruçando-se sobre questão atualíssima e que se intensificou com a pandemia de Covid-19, em contraponto à importância da parametrização de deveres para o uso ético dos algoritmos em um contexto marcado pela vigência de regulamentos que atribuem classificação protetiva mais elevada a determinados pessoais. O décimo sétimo capítulo é de autoria de Salvador Morales Ferrer e recebe o título "*La protección de datos personales em los assistentes digitales como Siri o Alexa*", que é dedicado à análise de como equipamentos de assistência pessoal que funcionam por algoritmos de IA expõem dados pessoais e instigam reflexões sobre a incidência de regulações de proteção desses dados. Prosseguindo, Fabiano Menke assina o capítulo intitulado "*As relações entre algoritmos, criptografia, e assinaturas digitais e o seu emprego na Inteligência Artificial*", no qual conecta todas as interfaces entre a complexa segurança de dados e as técnicas utilizadas para sua garantia ao problemático contexto dos algoritmos de IA. Fechando a quarta parte da obra, Claudio Joel Brito Lóssio e Rosangela Tremel tratam do tema "*Proteção de dados e predição algorítmica: mecanismos antifraude baseados em Big Data e machine learning*", no qual investigam tema fundamental para a minimização de riscos no hodierno contexto de aceleração e potencialização do uso de algoritmos de IA para a predição de interesses, destacando como técnicas de aprendizado de máquina e o próprio acúmulo informacional pode contribuir para o incremento da segurança de mecanismos que previnem fraudes.

Na *Parte V* da obra, são apresentados ao leitor cinco trabalhos que se dedicam a questões sobre publicidade, relações de consumo e opacidade algorítmica. O vigésimo capítulo, de autoria de Guilherme Magalhães Martins e Arthur Pinheiro Basan, intitulado "*O marketing algorítmico e o direito ao sossego na Internet: perspectivas para o aprimoramento da regulação publicitária*", se dedica a tema de grande importância no atual contexto das relações de consumo propulsionadas por algoritmos de IA que visam otimizar estratégias publicitárias, muitas vezes sem o esperado respeito à Política Nacional das Relações de Consumo. Na sequência, os autores Michael César Silva, Glayder Daywerth Pereira Guimarães e Caio César do Nascimento Barbosa apresentam o capítulo "*Repercussões jurídicas do princípio da boa-fé objetiva e o algoritmo Content ID na plataforma do YouTube*", que cuida de um exemplo concreto que se tornou muito popular (o algoritmo Content ID), analisando-o sob as lentes do postulado fundamental da boa-fé objetiva. Os mesmos autores também assinam o vigésimo segundo capítulo da obra, que recebeu o título "*Publicidade ilícita e sociedade digital: delineamentos da responsabilidade civil do digital influencer*", também concernente a tema atualíssimo e vem se tornando desafiador na medida em que 'celebridades virtuais' passam a influenciar interesses e preferências daqueles que os seguem, tornando-se vetores publicitários, e o texto busca responder à inquietante dúvida: há responsabilidade civil desses influenciadores, ou não? No vigésimo terceiro capítulo, Alexandre Walmott Borges,

Thobias Prado Moura e Alex Cabello Ayzama lançam o trabalho intitulado "*Algoritmos, machine learning e Inteligência Artificial: transformações sociais e econômicas e siderações nas formas jurídicas*", debruçando-se sobre as (re)leituras que os algoritmos de IA e técnicas como o *machine learning* impõem à dogmática jurídica, com olhar crítico e revelador sobre as intricadas mudanças sociais e econômicas desse novo contexto. Finalizando essa parte da obra, tem-se o relevantíssimo trabalho de Mariana Marques Rielli, intitulado "*Críticas ao ideal de transparência como solução para a opacidade de sistemas algorítmicos*", no qual a *accountability* é revisitada no contexto da insuficiência dos clamores por maior transparência dos algoritmos.

Na *Parte VI* da obra, sete interessantíssimos trabalhos são dedicados aos impactos dos algoritmos no direito público. O vigésimo quinto trabalho, escrito por Felipe Braga Netto e José Luiz de Moura Faleiros Júnior recebe o título "*A atividade estatal entre o ontem e o amanhã: reflexões sobre os impactos da Inteligência Artificial no direito público*" e traz importantes reflexões preliminares sobre a Administração Pública do século XXI e sobre como os influxos da técnica demandam nova estruturação de sua disciplina de regência para que consiga evoluir em ritmo mais aproximado do que norteia o desenvolvimento tecnológico. No vigésimo sexto capítulo da obra, Bruno Zullo, Maurilio Torres e Valter Shuenquener de Araújo apresentam o tema "*Big Data, algoritmos e Inteligência Artificial na Administração Pública: reflexões para a sua utilização em um ambiente democrático*", no qual explicitam diversos problemas relativos aos influxos tecnológicos que já atingem a Administração Pública e propõem parametrizações para mitigar seus riscos. No capítulo seguinte, a autora Fernanda Ivo Pires assina o capítulo intitulado "*Poder Judiciário, Inteligência Artificial e efeitos vinculantes*", que tem por objeto central a Carta Ética Europeia sobre o Uso da Inteligência Artificial em Sistemas Judiciais e seu ambiente e a Resolução n. 332 do Conselho Nacional de Justiça. O vigésimo oitavo capítulo da obra, de autoria de Mário Augusto Figueiredo de Lacerda Guerreiro e intitulado "*Inovações na adoção da Inteligência Artificial pelo Poder Judiciário brasileiro*", traz um panorama detalhado dos diversos sistemas baseados em algoritmos que o Judiciário já utiliza para diversas atividades relacionadas ao labor dos tribunais, demonstrando que avanços recentes vêm sendo concretizados em diversas frentes. Prosseguindo, José Luiz de Moura Faleiros Júnior traz um ensaio intitulado "*Breves reflexões sobre os impactos jurídicos do algoritmo GBT-3*", que explora o recentíssimo algoritmo – revelado no ano de 2020 – com potencial de se aproximar do tão almejado processamento de linguagem natural, cujos usos poderiam ser benéficos a algumas rotinas dos tribunais. Em seguida, Matheus L. Puppe Magalhães assina o capítulo intitulado "*Disruptive Technologies and the Rule of Law: autopoiesis on na interconnected society*", em que explora as influências do *common law* sobre os recentes regulamentos que emergem pelo globo e lança uma indagação curiosa sobre a possibilidade de estabelecimento de regulamentos globais estruturados para o contexto da sociedade regida pela IA. O trigésimo primeiro texto, dos autores Alexandre Walmott Borges, Moacir Henrique Júnior, Wilcon Algelis Abreu Luciano e Fabiana Angélica Pinheiro Câmara, intitulado "*Ensaio sobre a utilização do conceito de fato jurídico pela tecnologia dos algoritmos de Inteligência Artificial*", explora como uma categoria fundamental da

Ciência Jurídica – o fato jurídico – pode sofrer as interferências do desenvolvimento tecnológico.

Na *Parte VII* da obra, são analisados, em sete capítulos, os direitos humanos e as influências dos algoritmos em questões do cotidiano. O texto de abertura, escrito por Antonio Madrid Pérez, explora "*La Inteligencia Artificial (IA) como instrumento em la promoción y la garantia de derechos y de liberdades*", contrapondo criticamente posições reativas e proativas quanto aos usos dos algoritmos em prol da promoção de direitos e liberdades. O trigésimo terceiro trabalho da obra, assinado por Gustavo Silveira Borges e Vivian Maria Caxambu Graminho e intitulado "*Inteligência Artificial e direitos humanos: interfaces regulatórias e os desafios*", traz densa abordagem sobre as interfaces possíveis entre a proteção conferida pelo ordenamento aos direitos humanos e sua conciliação com os desafios trazidos pelo desenvolvimento tecnológico, com atenção especial ao panorama regulatório. Na sequência, Heloisa Helena Barboza e Vitor Almeida trazem o capítulo intitulado "*Inclusão das pessoas com deficiência e Inteligência Artificial: convergências possíveis*", em que exploram como algumas tecnologias baseadas em algoritmos podem ser inclusivas e cumprir função promocional. Em seguida, no capítulo que recebe o título "*Algoritmos e adoções: análise preditiva e proteção a crianças e adolescentes*", Guilherme Calmon Nogueira da Gama e Filipe Medon exploram como algoritmos de IA podem propiciar maior agilização nos processos de adoção e, simultaneamente, elevar a probabilidade de êxito na identificação do perfil de adotantes com condições de atender ao melhor interesse da criança e do adolescente no Brasil. O trigésimo sexto capítulo da obra, de autoria de Borja Muntadas e intitulado "*Algoritmos en la vida cotidiana: apps, gadgets y dependencia tecnológica*", trabalha com os impactos da virtualização na vida em geral, abordando, com densas reflexões filosóficas, desafios e perspectivas desse novo paradigma. Ainda tratando de aplicativos, Filipe Medon lança tema instigante e perspicaz no capítulo intitulado "*Aplicativos de relacionamento (dating apps) e os impactos jurídicos da predição algorítmica de compatibilidades (matches)*", constatando, como Bauman, que "relacionar-se é caminhar na neblina sem a certeza de nada." E essa parte da obra é encerrada com breve ensaio escrito por João Victor Rozatti Longhi e Gabriel Oliveira de Aguiar Borges sobre "*A influência dos 'robôs' na política: breve ensaio sobre a rápida disseminação do ódio e das notícias falsas nas redes sociais*", no qual temas complexos como o discurso de ódio (*hate speech*) e as notícias falsas (*fake news*) são colocados em pauta à luz do peculiar contexto da propagação desses conteúdos catalisada por robôs (*bots*).

Na *Parte VIII* da obra, três trabalhos cuidam das relações entre a Inteligência Artificial e a educação digital. O primeiro texto, de autoria de Gonçal Mayos, recebe o título "*La 'ignorancia prometeica' frente la revolución de la Inteligencia Artificial*" e apresenta – com grande densidade filosófica – algumas reflexões sobre a aceleração contemporânea, a migração para o tecnocentrismo e quanto ao fenômeno que é ilustrado no título, em alusão ao titã Prometeu, da 'ignorância prometeica'. O quadragésimo trabalho é assinado por Edgar Gastón Jacobs Flores Filho e é intitulado "*A educação como um meio para tratar da ética na Inteligência Artificial*"; nele, o autor explora aspectos regulatórios pertinentes à busca pelo letramento tecnológico para o fomento da ética quanto ao uso de ferramentas baseadas em algoritmos de IA no século XXI. Por fim,

José Luiz de Moura Faleiros Júnior e João Victor Rozatti Longhi apresentam o trabalho intitulado "*Adaptive learning e educação digital: o uso da tecnologia na construção do saber e na promoção da cidadania*", no qual exploram o papel de tecnologias como os MOOCs e o EaD, catalisados pelo implemento do *machine learning* para o incremento da relação entre o docente e o corpo discente em ambientes remotos como caminho possível à alavancagem do fundamento constitucional da cidadania.

Na *Parte IX* da obra, quatro trabalhos se dedicam às interações entre algoritmos, contratos e à rede *blockchain*. De início, Ana Taveira da Fonseca trata dos "*Smart contracts*", funcionalizados pela rede *blockchain* e por algoritmos com potencial de reestruturar o cumprimento obrigacional. O tema ainda é analisado por Paulo Nalin e Rafaella Nogaroli no capítulo seguinte, intitulado "*Inteligência Artificial, blockchain e smart contracts: breves reflexões sobre o novo desenho jurídico do contrato na sociedade da informação*", que os autores analisam os impactos dessas novas estruturas contratuais a partir do inegável potencial das estruturas descentralizadas, particularmente quanto à compreensão que se tem dos contratos. No quadragésimo quarto trabalho da obra, Marcos Ehrhardt Júnior e Gabriela Buarque Pereira Silva tratam do tema "*Contratos e algoritmos: alocação de riscos, discriminação e necessidade de supervisão por humanos*", conjugando a grande preocupação que se tem quanto à discriminação algorítmica no contexto dos contratos, especialmente se verificada a vulnerabilidade de algum dos contratantes nesse complexo contexto. Por fim, Mafalda Miranda Barbosa explora o tema "*Blockchain e responsabilidade civil*", fixando algumas premissas quanto aos danos que os inovadores *distributed ledgers* podem acarretar.

Na *Parte X* da obra, temas relacionados ao direito dos seguros e ao direito bancário são o objeto central de quatro excelentes trabalhos. O primeiro deles, de autoria de Thiago Junqueira e intitulado "*Big Data, algoritmos e Inteligência Artificial: os seguros em direção a uma autoestrada ou a um penhasco?*", problematiza a hodierna disciplina dos seguros em um contexto potencializado pelos algoritmos de IA e pela vastidão do *Big Data*, conduzindo o leitor a reflexões importantíssimas sobre perigos e benesses dessa nova realidade. O trabalho seguinte, assinado por Margarida Lima Rego e Joana Campos Carvalho com o título "*Celebração de contratos via plataformas da economia de partilha: o exemplo dos seguros*", se dedica a analisar novos modelos de negócios no setor dos seguros, discutindo suas vantagens e desvantagens no contexto da economia de partilha. O quadragésimo oitavo trabalho, escrito por *Aleksandr P. Alekseenko* e intitulado "*Rights of investors in the context of algorithmic Artificial Intelligence Technologies and automatization*", analisa diversos aspectos relacionados aos direitos de investidores que participam de mercados catalisados por algoritmos de IA e pela automatização de processos. E finalizando esta seção, Ella Gorian apresenta o capítulo intitulado "*Deployment of AI Technologies in banking sector: comparison of Russian and Singaporean approaches*", no qual traça análise comparativa dos modelos adotados na Rússia e em Singapura para o implemento de algoritmos de Inteligência Artificial no setor bancário.

Na *Parte XI* da obra, seis trabalhos se dedicam ao estudo das nanotecnologias e da casuística da IA em ar, mar e terra, viabilizada por drones, navios e carros autônomos. O primeiro trabalho da seção, escrito por Wilson Engelmann e intitulado "*O cenário inovador das nanotecnologias e da Inteligência Artificial em contextos tecnológicos não regulados pelo Estado*" fixa as premissas essenciais para a compreensão do contexto no qual se debate a inovação nanotecnológica e seu potencial, mesmo em ambientes carentes de regulação. O trabalho seguinte, de autoria de Renato Opice Blum e Paula Marques Rodrigues, recebe o título de "*Nanotecnologia e Inteligência Artificial: desafios e perspectivas*" e explora os perigos e benefícios que a interação entre algoritmos de IA e o desenvolvimento nanotecnológico poderá propiciar. No capítulo subsequente, Marcelo de Oliveira Milagres assina o trabalho intitulado "*Drones e suas implicações jurídicas: algumas reflexões*", abordando os principais aspectos relativos ao uso de veículos aéreos não tripulados. Em seguida, Ingrid Zanella Andrade Campos trata do tema "*A responsabilidade civil envolvendo navios autônomos e o reconhecimento da personalidade judiciária*", em que se reporta à empolgante tendência de utilização de embarcações marítimas não tripuladas e à possibilidade de reconhecimento de sua personalidade eletrônica. Ainda no contexto do direito marítimo, Mohd Hazmi bin Mohd Rusli, Roman Dremliuga e Dhiana Puspitawati contribuem com o capítulo intitulado "*The rise of unmanned shipping in Southeast Asian waters: between myth and reality*", no qual apresentam a realidade atual dos navios não tripulados que navegam pelas águas do sudeste asiático, refletindo criticamente sobre seus perigos, inclusive quanto ao surgimento de uma 'nova pirataria' nos estreitos de Malacca e de Singapura. Finalmente, José Luiz de Moura Faleiros Júnior trabalha com os carros autônomos no capítulo intitulado "*Discriminação por algoritmos de Inteligência Artificial: a responsabilidade civil, os vieses e o exemplo das tecnologias baseadas em luminância*", dedicando-se a refletir sobre a tecnologia *LiDAR*, recorrentemente utilizada para viabilizar o deslocamento urbano de automóveis por algoritmos que captam feixes de luz e que são inegavelmente falíveis, gerando impactos para a responsabilidade civil.

Na *Parte XII* da obra, cinco trabalhos são dedicados às influências de algoritmos de Inteligência Artificial sobre outros ramos jurídicos, a saber: o direito penal, o direito do trabalho, o direito tributário, o direito das sucessões e o direito da saúde. No quinquagésimo sexto capítulo, Marcelo Crespo traz o tema "*Inteligência Artificial, machine learning e deep learning: relações com o direito penal*", com reflexões críticas sobre a (in)viabilidade de os tribunais recorrerem a algoritmos na seara criminal. Em seguida, Milena da Silva Rouxinol assina o trabalho intitulado "*O agente algorítmico – licença para discriminar? (Um olhar sobre a seleção de candidatos a trabalhadores através de técnicas de Inteligência Artificial)*", no qual averigua a discriminação levada a efeito por algoritmos de seleção de candidatos a postos de trabalho, com densas reflexões sobre suas falhas e seus impactos. Em seguida, Barbara das Neves e Dayana de Carvalho Uhdre cuidam do tema "*Inteligência Artificial e tributação de serviços no Brasil: ensaio sobre as plataformas de transporte e carros autônomos*", no qual investigam como o direito tributário vem sendo desafiado por plataformas disruptivas – a exemplo das propostas relativas à implementação de carros autônomos –, potencializadas por algoritmos. No penúltimo capítulo da obra, Elsa Vaz de Sequeira trata "*Da sucessão numa conta de Facebook: permitirá o ordenamento jurídico português uma solução semelhante àquela adotada pelo Acórdão do III ZR do BGH de 12 de julho de 2018*", em que explora o famoso precedente jurisprudencial alemão em contraste com os regramentos do ordenamento português quanto à viabilidade sucessória de contas ou perfis em redes sociais. Finalmente, encerram a obra Miguel Kfouri Neto e Rafaella Nogaroli, com o capítulo intitulado "*Inteligência Artificial nas decisões clínicas e a responsabilidade civil médica por eventos adversos no contexto dos hospitais virtuais*", em que exploram densamente os variados impactos dos algoritmos de IA sobre o direito médico e da saúde, particularmente no inovador contexto dos hospitais virtuais.

Como se pode ver, a obra, em sua inteireza, busca trazer perspectivas variadas e abrangentes sobre os principais impactos dos algoritmos de IA nos diversos ramos jurídicos. Os diálogos entres pesquisadores brasileiros, portugueses e de outras nacionalidades enriquece a compreensão que, hoje, já é essencial a todos os operadores do direito e fomenta inquietações e perspectivas para que se avance no estudo do tema, sempre com olhares propositivos.

Desejamos a todos uma agradável experiência de leitura!

Coimbra/Belo Horizonte, fevereiro de 2021.

Mafalda Miranda Barbosa
Felipe Braga Netto
Michael César Silva
José Luiz de Moura Faleiros Júnior

SUMÁRIO

PARTE VII
DIREITOS HUMANOS E OS ALGORITMOS NA VIDA COTIDIANA

PARTE XI
NANOTECNOLOGIAS, DRONES, NAVIOS E CARROS AUTÔNOMOS

PARTE XII
ASPECTOS PENAIS, TRABALHISTAS, TRIBUTÁRIOS, SUCESSÓRIOS E SANITÁRIOS DOS ALGORITMOS

Parte I
ASPECTOS INTRODUTÓRIOS

1
A EVOLUÇÃO DA INTELIGÊNCIA ARTIFICIAL EM BREVE RETROSPECTIVA

José Luiz de Moura Faleiros Júnior

Doutorando em Direito pela Universidade de São Paulo – USP. Mestre em Direito pela Universidade Federal de Uberlândia – UFU. Especialista em Direito Digital e *Compliance*. Membro do Instituto Avançado de Proteção de Dados – IAPD e do Instituto Brasileiro de Estudos de Responsabilidade Civil – IBERC. Advogado. Professor.

1. INTRODUÇÃO

Analisar alguns conceitos que, hoje, instigam a Ciência do Direito à formulação de respostas para as mais variadas contingências acarretadas pelo desenvolvimento desenfreado da tecnologia impõe a delimitação clara de conceitos e a apreensão detida de fenômenos que, embora recentes, já são considerados importantes marcos para o desenvolvimento do direito digital.

A evolução da eletrônica e da informática, no curso do século XX, levou diversos autores – precursores do tema em suas épocas – a anteverem os impactos que a tecnologia teria para a sociedade "do futuro". Assim, expressões como 'sociedade da informação', 'sociedade em rede', 'sociedade da vigilância' e várias outras se popularizaram e passaram a permear o imaginário social, influenciando a literatura, o cinema, a música e as ciências. Da mesma forma, a curiosidade humana e o desejo já antigo de que a tecnologia possa propiciar sistemas autônomos desencadeou pesquisas em torno da chamada Inteligência Artificial, que evolui e se aproxima, a cada dia, do ideal almejado.

Explorar alguns dos eventos da história recente, que culminaram no momento atual, é importantíssimo para que se compreenda quais são os conceitos corretos para a identificação de cada fenômeno, bem como seus reflexos jurídicos. E, visando traçar breve retrospecto, este capítulo inaugural apresentará ao leitor alguns dos eventos, autores e expressões que se deve conhecer para compreender como o atual estado da técnica chegou ao patamar hodierno, na expectativa de que um breve olhar para o passado torne mais claros os caminhos que se deve a trilhar nos anos vindouros.

2. UMA BREVÍSSIMA DIGRESSÃO HISTÓRICA: DA INVENÇÃO DO TRANSISTOR AO *MICROCHIP*

O século XX ficou marcado pelas céleres transformações que propiciou, em todas as áreas, acarretando mudanças no modo de condução da economia, da cultura, das interações sociais, do trabalho, da pesquisa científica e, naturalmente, do Direito.[1-2] A humanidade, em poucos anos, se viu inserida em um contexto de acelerado desenvolvimento tecnológico, catalisado pelo clamor da inovação em décadas marcadas por disputas bélicas e suas nefastas consequências, grandes expectativas quanto às invenções e descobertas, e também por uma busca incessante de otimização das rotinas, aumento de produtividade e de melhoria do conforto da população em geral.

Se as duas primeiras Revoluções Industriais marcaram os séculos XVIII e XIX – a primeira delas a partir de 1760[3] e a segunda por volta de 1848[4] –, foi o surgimento da eletrônica que propulsionou o desenvolvimento de novas tecnologias, já no século XX, que se eternizariam na história com a consolidação de uma Terceira Revolução Industrial.

A criatividade humana, como diz Marshall McLuhan[5], propiciou o desenvolvimento de novas tecnologias, especialmente no ramo das comunicações – como o rádio e o telégrafo – capazes de mudar drasticamente a sociedade já nos primeiros cinquenta anos do século. Tudo era analógico, mas aparatos eram testados e desenvolvidos constantemente, o que contribuiu para a transformação da sociedade a partir da ciência, do tempo e da difusão de novas técnicas, o que ampliou o leque de possibilidades para a reformulação de diversas bases da estrutura social do novo século.[6]

Se fosse necessário indicar um marco histórico para toda a revolução que se seguiria, talvez uma resposta segura faça menção às investigações e aos experimentos de Thomas Edison com fios metálicos colocados no topo de uma lâmpada e à descoberta

1. HARARI, Yuval Noah. *Sapiens*: uma breve história da humanidade. Tradução de Janaína Marcoantonio. 38. ed. Porto Alegre: L&PM, 2018, p. 264.
2. LLOYD, Ian J. *Information technology law*. 6. ed. Oxford: Oxford University Press, 2011, p. 2-19.
3. HOPPIT, Julian. The nation, the State, and the First Industrial Revolution. *Journal of British Studies*, Cambridge, v. 50, n. 2, p. 307-331, abr. 2011; HOBSBAWN, Eric J. *A era das revoluções*: Europa 1789-1848. Tradução de Maria Tereza Lopes Teixeira e Marcos Penchel. 33. ed. São Paulo: Paz e Terra, 2015.
4. HOBSBAWN, Eric J. *A era do capital*: 1848-1857. Tradução de Luciano Costa Neto. 15. ed. São Paulo: Paz e Terra, 2012, p. 32-33.
5. McLUHAN, H. Marshall. *Os meios de comunicação como extensões do homem*. Tradução de Décio Pignatari. São Paulo: Cultrix, 2007, p. 84. Com efeito: "Os novos meios e tecnologias pelos quais nos ampliamos e prolongamos constituem vastas cirurgias coletivas levadas a efeito no corpo social com o mais completo desdém pelos anestésicos. Se as intervenções se impõem, a inevitabilidade de contaminar todo o sistema tem de ser levada em conta. Ao se operar uma sociedade com uma nova tecnologia, a área que sofre a incisão não é a mais afetada. A área da incisão e do impacto fica entorpecida. O sistema inteiro é que muda. O efeito do rádio é auditivo, o efeito da fotografia é visual. Qualquer impacto altera as *ratios* de todos os sentidos. O que procuramos hoje é controlar esses deslocamentos das proporções sensoriais da visão social e psíquica (...)."
6. SERRES, Michel; LATOUR, Bruno. *Conversations on Science, culture, and time*. Tradução do francês para o inglês de Roxanne Lapidus. Ann Arbor: University of Michigan Press, 1995.

de que, se ligada a uma corrente cujo fluxo dependia do quão quente estava o filamento incandescente, formava-se a luz artificial.[7-8]

John A. Fleming, em momento posterior, aprimorou os estudos iniciados por Edison ao identificar o efeito de díodo, que demandava alta potência, mas causava uma curta vida útil do aparato. Somente com o tríodo, desenvolvido por Lee D. Forest e Edwin H. Armstrong, chegou-se à base do estudo sobre circuitos regenerativos e circuitos heteródinos, definindo a base das comunicações oscilantes e do sistema FM completo.[9] A utilização de relés eletromecânicos em equipamentos como a Máquina de Charles Babbage, de 1939, contribuiu para o desenvolvimento de calculadoras, como a Mark I, de Howard Aiken, e para a paulatina substituição do homem na realização de tarefas laborais relacionadas à matemática.[10]

Mas tudo começa a mudar, realmente, a partir dos estudos de Alan Turing, em 1936 (tratados em mais detalhes no subtópico seguinte), e com a invenção do transistor, em 1947, nas instalações da *Bell Labs*, da empresa de telecomunicações norte-americana AT&T, a partir de estudos e experimentos realizados por John Bardeen, William Shockley e Walter Brattain – que lhes rendeu um Prêmio Nobel em Física.[11] O período era muito difícil em todo o planeta, pois a humanidade convivia com os impactos da Segunda Guerra Mundial, mas os investimentos em tecnologia bélica, que alavancou o desenvolvimento de foguetes, mísseis teleguiados, oleodutos e da bomba atômica, também fomentou o interesse pela pesquisa em eletrônica avançada, fazendo surgir os primeiros computadores, como o Z3, o Colossus, o ENIAC e o UNIVAC.[12] Pode-se dizer que, entre 1945 e 1955, existiu a 1ª Geração dos computadores, que ainda funcionavam com válvulas e eram extremamente rudimentares, se comparados aos padrões atuais, mas revolucionários para sua época. Entre 1955 e 1965, se deu a evolução dos transistores e surgiu a 2ª geração dos computadores. De fato, a evolução foi exponencial.

Em 1952, Geoffrey Dummer publicou estudo pioneiro sobre circuitos integrados, mas não conseguiu fabricar o componente, até que, em 1954, a Texas Instruments anunciou um transístor comercial de junção fabricado em silício, um material mais barato e mais resistente ao calor.[13] Iniciava-se uma nova era dos semicondutores... Com os contributos de Robert Noyce, foi finalmente criado o *microchip*[14-15], que viria a ser

---

7. A notícia original da descoberta de Edison, intitulada "*Edison's electric light*" e publicada pelo jornal *The New York Times*, pode ser lida integralmente em: https://nyti.ms/2JyunKI. Acesso em: 19 out. 2020.
8. ROCKMAN, Howard B. *Intellectual property law for engineers and scientists*. Nova Jersey: John Wiley & Sons, 2004, p. 131.
9. ARMSTRONG, Edwin H. Operating field of the audion. *Electrical World*, Nova York, v. 54, n. 1, p. 1149-1152, jul./dez. 1914, p. 1152. Disponível em: https://bit.ly/2NLe0Qf. Acesso em: 19 out. 2020.
10. VALLAS, Steven Peter. *Work*. Cambridge: Polity, 2012, p. 39.
11. GUARNIERI, Massimo. Seventy years of getting transistorized. *IEEE Industrial Electronics Magazine*, Delft, v. 11, n. 4, p. 33-37, dez. 2017, p. 34.
12. CERUZZI, Paul E. *A history of modern computing*. 2. ed. Cambridge: The MIT Press, 2003, p. 18-25.
13. RIORDAN, Michael. The lost history of the transistor: how, 50 years ago, Texas Instruments and Bell Labs pushed electronics into the silicon age. *IEEE Spectrum*. 30 abr. 2004. Disponível em: https://spectrum.ieee.org/tech-history/silicon-revolution/the-lost-history-of-the-transistor. Acesso em: 20 out. 2020.
14. FAGGIN, Federico. The making of the first microprocessor. *IEEE Solid-State Circuits Magazine*. 2009. Disponível em: https://ieeexplore.ieee.org/stamp/stamp.jsp?arnumber=4776530. Acesso em: 20 out. 2020.
15. BERLIN, Leslie. *The man behind the microchip*: Robert Noyce and the invention of Silicon Valley. Oxford: Oxford University Press, 2005, p. 137-138.

aprimorado e aplicado pela Intel nos primeiros processadores (*central processing units*) que inaugurariam a informática.[16]

O ano de 1974 foi o *annus mirabilis* da computação doméstica. Foi nesse ano que o mercado conheceu protótipos como a calculadora HP-65, da Hewlett-Packard, e o Mark-8, da Radio-Electronics, mas a verdadeira revolução que se iniciaria tinha no computador pessoal (*personal computer*, ou PC) "Altair", de H. Edward Roberts, a invenção mais marcante do período. Desenvolvido em torno do o microprocessador 8080, da Intel, o "Altair" era um equipamento realmente revolucionário, pois permitia o abandono dos enormes *mainframes*, das válvulas e das caríssimas estruturas de processamento para dar lugar a um equipamento compacto, funcional e doméstico.[17]

2.1 O surgimento da informática, o famigerado "Teste de Turing" e a(s) Lei(s) de Moore

Que a eletrônica ampliou os horizontes da ciência, propiciando o surgimento da informática e desencadeando profundas mudanças sociais, não há nenhuma dúvida. O que não se tinha como dimensionar era o impacto que a era dos *microchips* traria para a formação de uma sociedade "pós-industrial"[18], marcando de vez a Terceira Revolução Industrial, também chamada de 'revolução da informática'.[19] Tinha início a migração do analógico para o digital.[20]

A mudança de paradigma vislumbrada desde o início deste novo período tem um substrato essencial: a informação. Dessa forma, se a informática marcou um novo estágio de poder computacional e desenvolvimento de *hardware*, o acúmulo informacional foi o responsável por 'alimentar' esses novos equipamentos. Era previsível, a partir dos modernos *microchips* e da capacidade técnica de se multiplicar o número de transistores – aumentando o poder dos processadores em ritmo acelerado –, que a coleta e o tratamento de dados por esses equipamentos viria a experimentar notáveis incrementos. Foi nesse contexto que surgiram os clássicos estudos de Alan Turing.[21]

---

16. RUEDIGER, Kuehr; VELASQUEZ, German T.; WILLIAMS, Eric. Computers and the environment: an introduction to understanding and managing their impacts. *In:* RUEDIGER, Kuehr; WILLIAMS, Eric (Ed.). *Computers and the environment*: understanding and managing their impacts. Dordrecht: Kluwer Academic, 2003, p. 1-16.
17. CERUZZI, Paul E. *A history of modern computing*, cit., p. 226-227.
18. A expressão foi apresentada por Daniel Bell, que sustentava que estamos entrando em um novo sistema, em uma sociedade que, embora tenha várias características distintivas, é caracterizada por uma presença intensificada e com maior relevância da informação e do conhecimento, quantitativa e qualitativamente, e não mais da máquina, da mecânica ou da força humana para o trabalho. Detalhes dessa proposição podem ser lidos em: BELL, Daniel. *The coming of the post-industrial society*: a venture in social forecasting. Nova York: Basic Books, 1976, p. 25 *et seq*.
19. VENERIS, Yannis. Modelling the transition from the industrial to the informational revolution. *Environment and Planning A: Economy and Space*, Londres, v. 22, n. 3, p. 399-416, mar. 1990, p. 310.
20. SAX, David. *A vingança dos analógicos*: por que os objetos de verdade ainda são importantes. Tradução de Alexandre Matias. Rio de Janeiro: Anfiteatro, 2017, p. 14. O autor explica: "Digital é a linguagem dos computadores, códigos binários de zeros e uns que, em combinações infinitas, permitem que os *hardwares* e *softwares* possam se comunicar e calcular. Se algo está conectado à Internet, se funciona com o auxílio de um *software* ou é acessado por um computador, é digital. O analógico é o *yin* do *yang* digital, o dia daquela noite. O analógico não precisa de um computador para funcionar e quase sempre existe no mundo físico (em oposição ao mundo virtual)."
21. Os estudos de Turing sobre o *Entscheidungsproblem* (dilema da tomada de decisão) foram publicados em um artigo, intitulado "*On computable numbers, with an application to the Entscheidungsproblem*", de 1937, no qual se demonstrou que uma "máquina computacional universal" seria capaz de realizar qualquer operação matemática concebível se

O problema que acabaria sendo batizado de "Teste de Turing" (*Entscheidungsproblem*) buscava investigar o potencial de uma máquina para processar a informação a ponto de gerar respostas da mesma forma que um humano o faria.[22] Em síntese, esperava-se que o processamento imbatível dos microprocessadores permitisse à máquina, eventualmente, se "emancipar" e, de fato, emular o comportamento humano. O que Turing não esperava era que os conceitos 'exatos' e 'fechados' da matemática seriam incapazes de ludibriar, mentir e dissimular, o que tornava fácil a detecção de respostas humanas em comparação às das máquinas, quando realizado o famoso teste. Era preciso avançar...

Em suas investigações posteriores, o próprio Alan Turing reformula seu teste – e o cinema, em filme de 2014 que retrata sua vida e suas descobertas, intitulado "Jogo da Imitação"[23] (*Immitation Game*)", demonstra bem isso –, indicando que a solução para o *Entscheidungsproblem* passaria, necessariamente, pelo enfrentamento das principais objeções à proposta de que máquinas podem 'pensar'.[24] Em suas reflexões, o cientista afirmou que, se um computador fosse capaz de enganar um terço de seus interlocutores, fazendo-os acreditar que ele seria um ser humano, então estaria 'pensando' por si próprio e teria completado o teste.

Era o início das reflexões que desencadeariam todos os futuros desenvolvimentos teóricos em torno da superação das diferenças entre humanos e máquinas (*human-machine divide*)[25] e dos dilemas de desenvolvimento e evolução da Inteligência Artificial.[26]

Eis os dizeres de Pierre Lévy:

> As empresas inovadoras de *Silicon Valley* fizeram entrar em cena na história da informática outros atores sociais que não o Estado, a ciência e as grandes empresas. Em 1976, IBM não deu o mesmo sentido ao microprocessador que a Apple, não o alistou na mesma rede de alianças. Vemos aqui que os projetos divergentes dos atores sociais podem conferir significados diferentes às mesmas técnicas. Em nosso exemplo, um dos projetos consistiria em fazer do computador um meio de comunicação de massa, enquanto o outro desejava conservar o uso dos computadores que prevalecia até então.[27]

---

fosse representável como um algoritmo. Ele passou a provar que não havia solução para o problema de decisão concernente à interrupção da atuação de uma máquina. Confira-se: TURING, Alan M. On computable numbers, with an application to the *Entscheidungsproblem*. *Proceedings of the London Mathematical Society*, Londres, v. 42, n. 1, p. 230-265, nov. 1936; TURING, Alan M. On computable numbers, with an application to the Entscheidungsproblem; a correction. *Proceedings of the London Mathematical Society*, Londres, v. 43, n. 6, p. 544-546, nov. 1938.

22. Friedrich Kittler, se reportando ao "Teste de Turing" e ao poder da informação, destaca o seguinte: "Only in Turing's paper On Computable Numbers with an Application to the Entscheidungsproblem there existed a machine with unbounded resources in space and time, with infinite supply of raw paper and no constraints on computation speed. All physically feasible machines, in contrast, are limited by these parameters in their very code. The inability of Microsoft DOS to tell more than the first eight letters of a file name such as WordPerfect gives just a trivial or obsolete illustration of a problem that has provoked not only the ever-growing incompatibilities between the different generations of eight-bit, sixteen-bit and thirty-two-bit microprocessors, but also a near impossibility of digitizing the body of real numbers formerly known as nature." KITTLER, Friedrich. There is no software. *CTHEORY.net*. 18 out. 1995. Disponível em: http://www.ctheory.net/articles.aspx?id=74. Acesso em: 20 out. 2020.
23. TURING, Alan M. Computing machinery and intelligence. *Mind*, Oxford, n. 236, p. 433-460, out. 1950, p. 25. Disponível em: https://dx.doi.org/10.1093/mind/LIX.236.433. Acesso em: 19 out. 2020.
24. Cf. HARNAD, Stevan. The Annotation Game: on Turing (1950), on computing, machinery and intelligence. *In:* EPSTEIN, Robert; PETERS, Grace (Eds.). *Parsing the Turing Test*: philosophical and methodological issues in the quest for the thinking computer. Cham: Springer, 2008.
25. WARWICK, Kevin. The disappearing human-machine divide. *In:* ROMPORTL, Jan; ZACKOVA, Eva; KELEMEN, Jozef (Eds.). *Beyond Artificial Intelligence*: the disappearing human-machine divide. Cham: Springer, 2015, p. 9.
26. FLASIŃSKI, Mariusz. *Introduction to Artificial Intelligence*. Cham: Springer, 2016, p. 3-13.
27. LÉVY, Pierre. *As tecnologias da inteligência*: o futuro do pensamento na era da informática. Tradução de Carlos Irineu da Costa. 2. ed. São Paulo: Editora 34, 2010, p. 150.

Em paralelo, o desenvolvimento da informática e dos computadores alterava profundamente as perspectivas de mercado. Já na década de 1960, as principais fabricantes dos equipamentos da época percebiam que era possível “dosar” o ritmo da evolução computacional, mantendo crescimento estável, inovação constante, regulares novos lançamentos e, obviamente, lucros perenes. Este fenômeno foi analisado por Gordon Moore, que vislumbrou uma evolução da capacidade computacional dos microprocessadores a cada dois anos, dando origem à hoje intitulada ‘Primeira Lei de Moore’[28], que se tornou, por exemplo, mecanismo de regulação econômica e controle do ritmo da evolução tecnológica[29] e o fundamento precípuo de teorias fundamentais da disciplina consumerista hodierna, como a obsolescência programada.

O que pouco se fala é que uma ‘Segunda Lei de Moore’ (também chamada de ‘Lei de Moore/Rock’ ou apenas ‘Lei de Rock’, tendo em vista a participação de Arthur Rock em sua concepção) também existe e apresenta o contraponto da primeira: o que Moore e Rock previram foi que, a cada quatro anos, os custos de implantação de uma fábrica de *chips* semicondutores dobrariam.[30] De fato, a evolução exponencial dos microprocessadores foi fenômeno marcante entre as décadas de 1980 e 2020, sendo alavancada pelo desenvolvimento cada vez mais sofisticado da nanotecnologia, que permite a inserção de mais transistores em um mesmo espaço físico, o que propicia equipamentos de *hardware* menores e mais potentes; porém, os custos se tornam igualmente maiores[31] e nunca se nota redução de preços.

A nova fronteira é, sem dúvidas, determinada pelo limite do desenvolvimento nanotecnológico, que dará lugar a novas estruturas, cada vez mais descentralizadas em razão da instantaneidade comunicacional que será propiciada pela tecnologia 5G e pela Internet das Coisas (*Internet of Things*).

A lição que se colhe desse breve retrospecto é a de que todas as condicionantes que viriam a alterar o funcionamento estrutural da sociedade já eram percebidas desde a década de 1960, o que despertou a atenção de inúmeros estudiosos que, já na época, vislumbraram a necessidade de maiores elucubrações sobre esta temática.

2.2 A sociedade da informação: breve rememoração do conceito sociológico

Os primeiros estudos em torno da conceituação de um novo modelo de sociedade – baseada na informação – também remontam à década de 1960. Se as revoluções da comunicação e da tecnologia sempre despertaram curiosidade e incutiram em notáveis cientistas a inquietude em torno das modificações sociais do porvir, a ponto de pro-

28. MOORE, Gordon E. Cramming more components onto integrated circuits. *Electronics*, Nova York, v. 38, n. 8, p. 1-4, abr. 1965.
29. KEEN, Andrew. *How to fix the future*. Nova York: Atlantic, 2018, p. 11.
30. ASPRAY, William. *Chasing Moore's Law*: Information Technology Policy In The United States. Raleigh: SciTech Publishing, 2004.
31. Em 2015, os custos de uma nova fábrica da sul-coreana Samsung chegaram ao patamar de US$ 14 bilhões. Conferir a notícia: ARMASU, Lucian. Samsung's new $14 Billion chip plant to manufacture DRAM, processors in 2017. *Tom's Hardware/Reuters*, 08 maio 2015. Disponível em: https://www.tomshardware.com/news/samsung-14-billion-chip-plant,29058.html. Acesso em: 19 out. 2020.

pulsionarem a popularização de expressões como "terceira onda", de Alvin Toffler[32], "aldeia global", de Marshall McLuhan[33], ou a "bomba das telecomunicações", de Albert Einstein[34], não se pode negar que os desdobramentos dessas metáforas adquiriram novas proporções a partir do século XXI.[35]

Seria um truísmo dizer que se está a viver em uma "era da informação" ou "sociedade da informação"[36], mas, ainda assim, é impossível negar que a informação (juntamente com dados e conhecimento) é agora central para o funcionamento de todas as sociedades desenvolvidas.[37] Por esta razão, se tornou convencional sugerir que essa situação foi desencadeada por uma série de "revoluções de informação" – das quais já se iniciou breve abordagem nos tópicos precedentes –, pelas quais uma nova tecnologia (usando-se, aqui, a palavra em seu sentido mais amplo) mudou drasticamente o modo com que a informação é registrada e comunicada. O número e a natureza dessas revoluções variam entre os comentaristas, mas geralmente incluem a introdução de escrita, impressão, comunicação em massa, o computador digital e a Internet, sendo imperioso analisar brevemente esta evolução para que seja possível compreender o papel do Estado neste amplo contexto.

Michael Buckland argumenta que se trata de um período de "hiperhistória", no qual o bem-estar dos indivíduos e das sociedades passou a depender inteiramente das Tecnologias de Informação e Comunicação (TICs).[38] Para Luciano Floridi, o período hodierno seria marcado por uma transição, ou uma "virada informacional", ou, ainda, uma "quarta revolução"[39] (expressão que será melhor apreciada adiante, à luz da doutrina de Schwab), seguindo as revoluções científicas de Copérnico, Darwin e Freud.

Segundo Floridi, os seres humanos deverão ser considerados, ao fim desta etapa transitória, como organismos incorporados informacionalmente ("*inforgs*"), inseridos em um ambiente informacional, a "infosfera", na qual os limites entre os ambientes *online*

32. TOFFLER, Alvin. *The third wave*. New York: Banthan Books, 1980, *passim*.
33. McLUHAN, H. Marshall; POWERS, Bruce R. *The global village*: transformations in world life and media in the 21st Century (communication and society). Oxford: Oxford University Press, 1989, *passim*.
34. Segundo Pierre Lévy, a expressão teria sido cunhada por Einstein ao se referir às três grandes transformações que modificariam sobremaneira a vida em sociedade no curso do século XX: a bomba das telecomunicações, a bomba demográfica e a bomba atômica. LÉVY, Pierre. *Cibercultura*. Tradução de Carlos Irineu da Costa. 3. ed. São Paulo: Editora 34, 2010, p. 13.
35. DUFF, Alistair S. *Information society studies*. Londres: Routledge, 2000, p. 98. Anota o autor: "This is not merely a matter of semantics or academic territorialism. It is to do with whether the whole idea of the information society is a genuine innovation or in essence little more than Marshall McLuhan's 'global village' revisited; it is about whether we are indeed witnessing a new social formation, or a variant of an older, much more familiar, social formation."
36. FLORIDI, Luciano. *Information*: a very short introduction. Oxford: Oxford University Press, 2010, p. 6-10.
37. WEBSTER, Frank. *Theories of the information society*. 3. ed. Londres: Routledge, 2006, p. 2. Diz o autor: "Amidst this divergent opinion, what is striking is that, oppositional though they are, all scholars acknowledge that there is something special about 'information'."
38. BUCKLAND, Michael. *Information and society*. Cambridge: The MIT Press, 2017, p. 51. Comenta: "Sensing significant developments in one's environment and seeking to influence others – becoming informed and informing others – are basic to survival. In human societies, these interactions are largely and increasingly achieved through documents. When we speak of a community knowing something, it commonly means that some of the individuals in a community know something. The ability to influence what is known within a group can have important political, economic, and practical consequences. What people know is a constituent part of their culture and knowing, believing, and understanding always occurs within a cultural context. In this way, information always has physical, mental, and social aspects that can never be fully separated."
39. FLORIDI, Luciano. *The 4th Revolution*: how the infosphere is reshaping human reality. Oxford: Oxford University Press, 2014, p. 1-24; 87 *et seq*.

e *offline* efetivamente se fundem, dando ensejo a uma verdadeira "ontologia digital"[40] que propicia a reinvenção de modelos democráticos e da própria noção de "vida" em sociedade.[41]

Muitos autores identificaram como "sociedades da informação" os Estados Unidos da América, a Grã-Bretanha, o Japão, a Alemanha e outras nações com um estilo de vida semelhante, a ponto de políticos, líderes empresariais e formuladores de políticas tomarem a ideia a ponto de difundirem-na de forma profícua na alavancagem da inovação e do desenvolvimento de novas tecnologias.[42] Contudo, a gênese desses estudos remonta aos meados do século XX, sendo de curial relevância tecer breves notas sobre seus conceitos preliminares e seus entrelaçamentos com o direito público.

Alistair Duff, tratando da controvérsia em torno de quem teria sido o pioneiro a trabalhar com um conceito de "sociedade da informação", menciona os contributos de Fritz Machlup para o tema, já em 1962, por ocasião da publicação de "*The production and distribution of knowledge in the United States*"[43], tendo como ponto central a análise quanto ao caminho que estariam os Estados Unidos da América a trilhar em relação ao desenvolvimento de uma nova forma de organização industrial[44] para a formatação da economia a partir da valorização da informação.[45]

Mas o que impressiona na literatura sobre a sociedade da informação propugnada por Machlup é que o autor trabalha com enorme riqueza de detalhes em suas apreciações do tema, a despeito da vagueza situacional da época quanto aos desdobramentos econômicos do implemento informacional.[46]

---

40. FLORIDI, Luciano. *The philosophy of information*. Oxford: Oxford University Press, 2011, p. 320. O autor comenta: "When discussing digital ontology, two separate questions arise: a. Whether the physical universe might be adequately modelled digitally and computationally, independently of whether it is actually digital and computational in itself; and b. Whether the ultimate nature of the physical universe might be actually digital and computational in itself, independently of how it can be effectively or adequately modelled."
41. LAOURIS, Yiannis. Reengineering and reinventing both democracy and the concept of life in the digital era. *In:* FLORIDI, Luciano (Ed.). *The onlife manifesto*: being human in a hyperconnected era. Cham/Londres: Springer OpenAccess, 2015, p. 125 *et seq*.
42. WEBSTER, Frank. *Theories of the information society*, cit., p. 2.
43. DUFF, Alistair S. *Information society studies*, cit., p. 21.
44. WEBSTER, Frank. *Theories of the information society*, cit., p. 13. Anota: "In principle straightforward, but in practice an extraordinarily complex exercise, much of the pioneering work was done by the late Fritz Machlup (1902–83) of Princeton University (Machlup, 1962). His identification of information industries such as education, law, publishing, media and computer manufacture, and his attempt to estimate their changing economic worth (...) [distinguishes] the major arenas of economic activity are the information goods and service producers, and the public and private secondary information sector) bureaucracies'. (...) In the round it may be possible to say that growth in the economic worth of advertising and television is indicative of an information society, but one is left with an urge to distinguish between informational activities on qualitative grounds. The enthusiasm of the information economists to put a price tag on everything has the unfortunate consequence of failing to let us know the really valuable dimensions of the information sector."
45. MACHLUP, Fritz. *The production and distribution of knowledge in the United States*. Princeton: Princeton University Press, 1962, p. 15.
46. DUFF, Alistair S. *Information society studies*, cit., p. 86. Segundo o autor: "Given such a warm matrix, it is perhaps not surprising that 'Machlup 1962' is regarded today by exponents of the information society thesis as being a source of almost unassailable authority, as what information scientists call a 'benchmark text', or, in the argot of modern literary criticism, a 'canonical work' (...) in which evidence had been adduced to 'show the increasing importance of the knowledge industries'."

Dessa forma, os estudos de Machlup surgem com o pioneirismo inerente a uma economia pujante e que se destacou na busca pela reformulação de estruturas essenciais para o progresso da vida sociedade sob novo ponto de vista.[47] Todas as estruturas sociais foram revisitadas nas décadas que se seguiram, culminando na remodelagem da interação entre política e Estado, com consequências para as interações humanas.[48]

Em paralelo aos estudos de Machlup no ocidente, floresciam diversas concepções acerca do papel da informação para a reformulação social no Japão do pós-guerra, marcado pela busca incessante pela recuperação econômica e pelo desenvolvimento de novos modelos de interação social com as relações de trabalho marcadas pelo movimento toyotista de produção, que primava pela eliminação do desperdício e pela flexibilização produtiva, que o tornava mais flexível que seus predecessores (taylorismo e fordismo) e, consequentemente, mais apto a lastrear os modais econômicos da segunda metade do século XX.[49]

Foi nesse ambiente que importantes pensadores orientais começaram a se dedicar à busca por respostas para o fenômeno que passaram a vivenciar, cujo substrato, desde logo, lhes permitiu uma diagnose concreta acerca da transição para o reavivamento econômico à luz da presença da informação. Alguns nomes apresentaram seus contributos, como Kisho Kurokawa[50], Youichi Ito e Tudao Umesao[51], na década de 1960, mas a efetiva conceituação se deu a partir dos trabalhos de Yujiro Hayashi[52] e Yoneji Masuda, sendo este último o autor da obra que popularizou a expressão 情報化社会 (lê-se: *jōhōka shakai*), que se traduz como "sociedade de base informacional" ou "sociedade baseada na informação".Os contributos do autor, narrados nas primeiras linhas de sua obra, revelam uma visão à frente de seu tempo, que projetava o nascimento de uma nova sociedade japonesa antes mesmo da virada do milênio. Também é de Masuda a primeira utilização

47. PORAT, Marc Uri. The information economy: definition and measurement. *Office of Telecommunications Special Publication*, Washington, D.C.: US Department of Commerce, Office of Telecommunications, v. 77, n. 12, maio 1977. Disponível em: https://eric.ed.gov/?id=ED142205. Acesso em: 20 out. 2020.
48. HILDEBRANDT, Mireille. The public(s) onlife. *In:* FLORIDI, Luciano (Ed.). *The onlife manifesto*: being human in a hyperconnected era. Cham/Londres: Springer OpenAccess, 2015, p. 181 *et seq.*
49. OHNO, Taiichi. *Gestão dos postos de trabalho*. Tradução de Heloisa Corrêa da Fontoura. Porto Alegre: Bookman, 2015, p. 28.
50. KARVALICS, Laszló Z. *Information society dimensions*. Szeged: JATE Press, 2010, p. 14. *E-book*. Anota o autor: "The collection "information society as it is now used first emerged in Japanese social sciences in the early 1960s. The Japanese version of the expression ('joho shakai', 'johoka shakai') was born during a conversation in 1961 between Kisho Kurokawa, the famous architect, and Tadao Umesao, the renowed historian and anthropologist."
51. DUFF, Alistair S. *Information society studies*, cit., p. 4. Anota: "A different, and rather more nuanced, account of Japanese literary origins can be found in the writings of Youichi Ito. Like Cawkell and others, he links the origination of the term 'information society' to 'information industries'. According to Ito, the latter term was first used by Tadao Umesao in an article intitled 'Joho Sangyo Ron' ('On Information Industries'), published in the January 1963 issue of the media periodical 'Hoso Asahi' (Rising Sun Broadcasting). Ito argues that, while Umesao did not actually use the terms 'Joho Shakai' ot 'Johoka Shakai', his article 'caused the 'joho shakai' (information society) boom."
52. DUFF, Alistair S. *Information society studies*, cit., p. 3-4. Anota: "(...) Yujiro Hayashi did the actual coining in 1969, i.e. a year before the ASIS conference. In that year two Japanese government reports on the theme of the information society were published, on both of which Hayashi had acted as a leading advisor: his book *Johoka Shakai: Hado no Shakai Kara Sofuto no Shakai* (The Information Society: From Hard to Soft Society), which reportedly sold 100,000 copies, appeared simultaneously."

da expressão ("*information society*") em língua inglesa.[53] Sem dúvidas, a influência do autor para a popularização do significado amplo de um novo modelo de sociedade baseado na informação voltado à ressignificação da economia em sintonia com a reaproximação dos cidadãos ao Estado em verdadeiro "chamado à participação democrática"[54], sugestionando a adoção do eixo central que viria a se tornar o fenômeno da consensualização na Administração Pública – tema que será profundamente analisado mais adiante.

2.3 A cibernética jurídica (giuscibernetica) e as influências da técnica sobre o direito

Antonio Enrique Pérez Luño aventa a existência de uma "informática jurídica" e faz algumas distinções conceituais, citando os seguintes modelos: (i) a 'informática jurídica documental' (ou 'teledocumentação jurídica'), relativa ao tratamento automatizado das fontes de conhecimento jurídico (legislação, doutrina e jurisprudência); (ii) a 'informática jurídica decisional' (ou 'sistemas de expertise jurídica'), que se refere às fontes de produção jurídica por meio da elaboração informática de fatores lógico-formais que confluem ao processo legislativo e às formação das decisões judiciais; (iii) a 'informática jurídica de gestão' (também 'ofimática' ou 'burótica'), que diz respeito aos processos de organização da infraestrutura ou dos meios instrumentais pelos quais se gerencia o direito.[55]

Sintetizando as teorias formuladas quanto às influências da tecnologia sobre o direito, Mario G. Losano cunhou o termo *giuscibernetica*[56] (traduzido para o português como juscibernética, ou cibernética jurídica). Na interação entre humanos e máquinas, o autor faz um estudo compreensivo sobre tais interações, e aponta quatro 'razões primordiais' para essa diagnose: (i) a razão técnica; (ii) a razão econômica; (iii) a razão prática; (iv) a razão social.[57]

A primeira razão é aferida sob o prisma técnico, pois parte de uma proposta de reestruturação do aparato estatal às novas tecnologias – algo que se pode vislumbrar para a salvaguarda jurídica, para aportar em um novo modelo funcional baseado em efetiva gestão. A primeira razão é, portanto, técnica. Quando empresas introduziram individualmente computadores e processadores em sua gestão de negócios, os órgãos de controle estatais são forçados a se adaptar às novas técnicas, inclusive para que se

53. MASUDA, Yoneji. *The information society as post-industrial society*. Tóquio: Institute for the Information Society, 1980, p. 13. Diz: "One of the most interesting actions has occurred in Japan, where in 1972 a non-profit organization called the Japan Computer Usage Development Institute presented to the government 'The Plan for Information Society — A national goal toward the year 2000'. This plan had been developed for presentation as a model plan for the realization of Japan's information society. It gives a picture of an information society that is desirable and can be realized by 1985. It also includes an integrated plan involving various projects for the construction of the blue-printed information society. I am very honored and consider myself fortunate to have been appointed project manager of this ambitious national plan. The goal of the plan is the realization of a society that brings about a general flourishing state of human intellectual creativity, instead of affluent material consumption."

54. DUFF, Alistair S. *Information society studies*, cit., p. 4.

55. MASUDA, Yoneji. *The information society as post-industrial society*, cit., p. 101 *et seq*.

56. PÉREZ LUÑO, Antonio Enrique. *Manual de informática y derecho*. Barcelona: Ariel, 1996, p. 22.

57. A palavra é uma junção do prefixo latino *ius* (direito), adaptado para o italiano, e do substantivo 'cibernética' (do grego κυβερνητική [lê-se: '*kybernētik*[illegible]'], a "arte de governar"), denotando uma junção das aptidões humanas e das máquinas para o aperfeiçoamento de institutos jurídicos.

mantenha em sintonia com a inovação e as contingências que acarreta, caso contrário, logo seriam incapazes de realizar suas tarefas fiscalizatórias.[58]

Já quanto à segunda razão, importa destacar seu cariz econômico, que se materializa da necessidade de aferição de custos para o implemento de novas tecnologias e para propulsionar a atividade estatal e garantir maior efetividade ao direito a partir disso.[59]

Prosseguindo, salienta-se que a aplicabilidade prática da tecnologia para as esferas geral e individual possui contornos específicos do ponto de vista informacional.[60] Segundo Losano, o direito passa a ser fortemente influenciado por essa modificação na base estrutural do trato da informação, a partir do processamento eletrônico, que possui esquemas operacionais próprios.[61]

Há tempos, a doutrina sinaliza a necessidade de um "ecossistema no qual partes como governos, empresas, programadores, cientistas de dados, partes interessadas, advogados e usuários possam trabalhar melhor em boas aplicações de *big data*".[62] Este desejo já era sinalizado por Losano, ao pontuar a importância da influência obtida no *common law* e na dinâmica de valorização dos precedentes para a formulação de uma racionalidade 'social' voltada à minimização da desorganização (e, aqui, se reporta ao conceito de 'entropia' delineado por Norbert Wiener[63]) provocada pelo descompasso entre Estado e tecnologia, cujos efeitos são irradiados aos sistemas jurídicos d'outras tradições com a marca do ordenamento onde mais fortemente se propulsiona essa doutrina: o norte americano.

Com efeito: "A quarta razão poderia ser chamada social e, aqui, é a que mais interessa ao jurista. A aplicação de computadores ao direito tem surgido e se desenvolvido

58. LOSANO, Mario G. *Giuscibernetica*: macchine e modelli cibernetici nel diritto. Turim: Einaudi, 1969, p. 19. Destaca o autor: "La cibernetica suscita discussioni sui problemi di fondo di tutte le discipline soprattutto perché mostra come sia possibile individuare e controllare i meccanismi che regolano certi fenomeni, anche là dove un tempo si riteneva che le forze della natura agissero in modo spontaneo. La cibernetica offre così all'uomo la possibilità di divenire soggetto agente in eventi, di cui fino ad oggi fu soltanto spettatore passivo."
59. LOSANO, Mario G. *Giuscibernetica*, cit., p. 40-41.
60. LOSANO, Mario G. *Giuscibernetica*, cit., p. 41. Destaca: "Il secondo motivo è economico. L'impianto e l'esercizio di un elaboratore elettronico rende necessari investimenti di tali dimensioni, che necessariamente l'attenzione si rivolge a progetti suscettibili di dare un certo reddito (anche se non direttamente in numerario)."
61. BUCKLAND, Michael. *Information and society*, cit., p. 51. Destaca: "Sensing significant developments in one's environment and seeking to influence others – becoming informed and informing others – are basic to survival. In human societies, these interactions are largely and increasingly achieved through documents. When we speak of a community knowing something, it commonly means that some of the individuals in a community know something. The ability to influence what is known within a group can have important political, economic, and practical consequences. What people know is a constituent part of their culture and knowing, believing, and understanding always occurs within a cultural context. In this way, information always has physical, mental, and social aspects that can never be fully separated."
62. LOSANO, Mario G. *Giuscibernetica*, cit., p. 42, tradução livre. No original: "Il terzo motivo è pratico. In ogni attività si cerca sempre di iniziare dal punto di minor resistenza; negli uffici competenti per l'elaborazione elettronica dei dati, in particolare, esistevano già progetti per l'elaborazione di informazioni di vario genere. Ora, nel settore dell'attività giuridica pratica, la singola norma generale o individuale può essere trattata come una qualsiasi altra informazione (per esempio, la data di nascita d'una persona o la scheda bibliografica d'un libro) e, pertanto, si possono applicare al diritto schemi operativi già collaudati."
63. KLOUS, Sander; WIELAARD, Nart. *We are big data*: the future of the information society. Amsterdã: Atlantis Press, 2016, p. 158, tradução livre. No original: "What we need is an ecosystem in which parties such as governments, companies, programmers, data scientists, stakeholders, lawyers and users can best work together on good Big Data applications."

sobretudo nos Estados Unidos e é, portanto, influenciada pela concepção jurisprudencial do direito."[64] Percebe-se, nessa toada, a importância de se vislumbrar, como fez Losano, as dificuldades que a aceleração tecnológica e a Globalização fariam repercutir sobre as nuances que diferenciam as principais tradições jurídica – aspecto central para a reformulação do papel do Estado (independentemente de sua filiação a um ou outro modelo) no século XXI.

2.4 A sociedade em rede

Vários conceitos já foram propostos para a definição do que seria uma "sociedade em rede", porém, o sociólogo holandês Jan van Dijk foi proeminente ao se utilizar da expressão "*the network society*"[65], traduzida para o inglês a partir do título de sua obra homônima, publicada originalmente em holandês, no ano de 1991, sob o título "*De Netwerkmaatschappij*". Este conceito viria a ser revisitado em 1996 pelo sociólogo espanhol Manuel Castells, em sua obra "*The Rise of the Network Society*", a primeira parte de uma trilogia denominada "*The Information Age*".[66]

Os conceitos propostos por Manuel Castells, em 1996, partem da consideração das redes como substratos de uma nova morfologia das sociedades, de modo que seu conceito de "sociedade em rede" vai além do conceito de "sociedade da informação", porquanto a mera informação depende de sustentáculos que lhe são trazidos, por exemplo, pela religião, pela elevação cultural, pela organização política e por diversos outros fatores que moldam a sociedade de várias formas:

> Nossa exploração das estruturas sociais emergentes nos domínios da atividade e da experiência humanas leva a uma conclusão abrangente: como uma tendência histórica, funções e processos dominantes na Era da Informação estão cada vez mais organizados em torno de redes. As redes constituem a nova morfologia social de nossas sociedades, e a difusão da lógica de rede modifica substancialmente a operação e os resultados nos processos de produção, experiência, poder e cultura.[67]

Para van Dijk, ao revés, a informação constitui a substância da sociedade contemporânea, que adquire forma a partir das estruturas organizacionais, podendo irradiar efeitos

64. WIENER, Norbert. *Cibernética e sociedade*: o uso humano de seres humanos. Tradução de José Paulo Paes. 5. ed. São Paulo: Cultrix, 1978, p. 21. Anota: "Assim como a entropia é uma medida de desorganização, a informação conduzida por um grupo de mensagens é uma medida de organização."

65. LOSANO, Mario G. *Giuscibernetica*, cit., p. 44, tradução livre. No original: "*Il quarto motivo potrebbe esser detto sociale e, in questa sede, è quello che più interessa il giurista. L'applicazione di elaboratori elettronici al diritto è sorta e si è sviluppata soprattutto negli Stati Uniti ed è quindi influenzata dalla concezione giurisprudenziale del diritto.*"

66. VAN DIJK, Jan. *The network society*. Londres: Sage Publications, 2006, p. 6.

67. A trilogia "*The Information Age*" descreve o papel da informação na sociedade contemporânea, a partir da mudança de uma sociedade industrial para uma sociedade informacional, que começou na década de 1970 e culminou na formação de uma sociedade estruturada em torno de redes, em vez de atores individuais, e que trabalha com fluxo constante de informações através da tecnologia. Castells enfatiza a inter-relação das características sociais, econômicas e políticas da sociedade, e argumenta que a 'rede' é a característica que marca a época atual. Sobre a obra, tem-se os comentários de Frank Webster: "The culmination of twenty-five years of research, The Information Age is a magnum opus. Reprinted many times over, with revised editions quickly following the original, the trilogy has been translated into over twenty languages. Castells has become recognized as the leading living thinker on the character of contemporary society, appearing on television to outline his views and being profiled in newspapers." WEBSTER, Frank. *Theories of the information society*, cit., p. 98.

e gerar perigos na esfera jurídica.[68] A superação dos desafios informacionais passa, na visão de Castells, por uma reformulação do papel da mente humana frente aos desafios tecnológicos, com a propulsão de um novo repensar que, para o autor, permitirá ao ser humano atingir seus desideratos.[69]

Foi na década de 1990 que a disputa entre o algoritmo Deep Blue, da IBM, e o campeão de xadrez Garry Kasparov, inspirando o mundo a imaginar novos usos e aplicações para os algoritmos de IA no novo milênio.[70] Por certo, a presença da Internet na sociedade é o ponto central dessa nova expressão e, no início do século XXI, a hiperconectividade se mostrou determinante para propiciar impactos que são, ainda hoje, propulsores de novos usos e aplicações para os complexos algoritmos de Inteligência Artificial. E isso será cada vez mais notado, na medida em que a tecnologia avançar.

2.5 A sociedade da vigilância

O conceito de 'sociedade da vigilância' é atribuído aos escritos de Gary T. Marx publicados na década de 1980[71], e fortemente influenciados pelos escritos de Michel Foucault.[72] A ideia de um Estado policialesco e depende dos algoritmos para a fiscalização da vida cotidiana é a inspiração das reflexões que o autor desenvolve em seus escritos, sempre com a preocupação de alertar para os riscos da presença de tecnologias nas variadas estruturas de controle social.

A capacidade humana de auto-organização revela uma detida potencialidade ao domínio da informação, o que adquire grande relevância em tempos de *big data*. E, nesse campo, surge a discussão em torno da reflexividade da informação[73], conceito que foi

68. CASTELLS, Manuel. *The rise of the network society*. The information age: economy, society, and culture, v. 1. 2. ed. Oxford/West Sussex: Wiley-Blackwell, 2010, p. 500, tradução livre. No original: "Our exploration of emergent social structures across domains of human activity and experience leads to an over-arching conclusion: as an historical trend, dominant functions and processes in the Information Age are increasingly organized around networks. Networks constitute the new social morphology of our societies, and the diffusion of networking logic substantially modifies the operation and outcomes in processes of production, experience, power, and culture."
69. VAN DIJK, Jan. *The network society*, cit., p. 138.
70. Diz o autor: "The promise of the Information Age is the unleashing of unprecedented productive capacity by the power of the mind. I think, therefore I produce. In so doing, we will have the leisure to experiment with spirituality, and the opportunity of reconciliation with nature, without sacrificing the material well-being of our children. The dream of the Enlightenment, that reason and science would solve the problems of humankind, is within reach." CASTELLS, Manuel. *End of millennium*. The information age: economy, society, and culture, v. 3. 2. ed. Oxford/West Sussex: Wiley-Blackwell, 2010, p. 395.
71. Sobre o famoso jogo, comenta Stan Franklin: "Early AI researchers tended to work on problems that would require intelligence if attempted by a human. One such problem was playing chess. AI chess players appeared not long after Samuel's checker player. Among the most accomplished of these chess-playing systems was IBM's Deep Blue, which in 1997 succeeded in defeating world champion Gary Kasparov in a sixgame match, belatedly fulfilling another of Herbert Simon's early predictions. Though running on a specially built computer and provided with much chess knowledge, Deep Blue depended ultimately upon traditional AI game-playing algorithms. The match with Kasparov constituted an AI triumph." FRANKLIN, Stan. History, motivations, and core themes. *In:* FRANKISH, Keith; RAMSEY, William M. (Eds.). *The Cambridge handbook of Artificial Intelligence*. Cambridge: Cambridge University Press, 2014, p. 23.
72. Conferir: MARX, Gary T. *Fragmentation and cohesion in American society*. Washington, D.C.: Trend Analysis Program, 1984; MARX, Gary T. *Undercover*: police surveillance in America. Berkeley: University of California Press, 1988.
73. Cf. FOUCAULT, Michel. *Discipline and punish*: the birth of the prison. Tradução do francês para o inglês de Alan Sheridan. Nova York: Pantheon, 1977.

lapidado por Anthony Giddens a partir de fortes influências advindas do pensamento de Ulrich Beck[74] para a moldagem de um novo arquétipo de modernidade[75], no qual se tem maior vigilância (coleta de informações) para que se possa desenvolver conhecimento sobre o qual possam ser feitas escolhas sobre todos e sobre o tipo de sociedade que se almeja constituir.[76]

Giddens não escreve com grande detalhamento, ao menos diretamente, sobre a sociedade da informação, mas o autor descreve uma época de 'modernidade radicalizada', marcada pelo desenvolvimento acelerado de traços característicos da própria modernidade.[77] Nesse sentido, a premissa de que a vida hodierna é administrada de maneira mais rotineira e sistemática, nos dizeres do autor, seria uma decorrência das capacidades modernas de limitar as constrições da natureza.[78]

Essa teorização remete às medidas de perfilização e à materialização do panóptico idealizado por Bentham.[79] Ganha especial relevância, ainda, a discussão em torno da existência de uma sociedade da vigilância[80], propugnada por David Lyon, que pudesse conduzir a um 'Estado de vigilância'[81] empoderado e tendente ao totalitarismo em viés – como diz o autor – muito mais severo do que a tendência orwelliana[82] extraída da noção de vigilância.

O objetivo desse plexo organizacional é a garantia de segurança, isto é, almeja-se a pacificação social e, para isso, esse grande fluxo de informações coletadas e tratadas parece ter o potencial de romper as fronteiras da soberania, fomentando o fenômeno globalizatório "com base em novas tecnologias, criação de novos produtos, recriação da divisão internacional do trabalho e mundialização dos mercados"[83] para, ao fim e

---

74. FUCHS, Christian. *Internet and society*: social theory in the information age. Londres: Routledge, 2008, p. 13. Destaca: "Information is a relationship between specific organizational units of matter. Reflection (widerpiegelung) means reaction to influences from the outside of a system in the form of innersystemic structural changes. There is a causal relationship between the result of reflection and the reflected."
75. BECK, Ulrich. *Risk society*: towards a new modernity. Tradução do alemão para o inglês de Mark Ritter. Londres: Sage Publications, 1992, p. 153.
76. Segundo Giddens, "[all] modern societies have been . . . 'information societies' since their inception. There is a fundamental sense . . . in which all states have been 'information societies', since the generation of state power presumes reflexively gathering, storage, and control of information, applied to administrative ends. But in the nation state, with its peculiarly high degree of administrative unity, this is brought to a much higher pitch than ever before." GIDDENS, Anthony. *The nation state and violence*. A contemporary critique of historical materialism. Cambridge: Polity, 1985, v. 2, p. 178.
77. WEBSTER, Frank. *Theories of the information society*, cit., p. 205-206.
78. GIDDENS, Anthony. *Social theory and modern sociology*. Cambridge: Polity, 1987, p. 27.
79. HAGGERTY, Kevin D. Tear down the walls: on demolishing the panopticon. *In:* LYON, David (Ed.). *Theorizing surveillance*: the panopticon and beyond. Portland: Willan Publishing, 2006, p. 27.
80. O termo é utilizado para designar uma penitenciária ideal, concebida pelo filósofo e jurista inglês Jeremy Bentham, em 1785, que permitiria a um único vigilante observar todos os prisioneiros, sem que estes possam saber se estão ou não sendo observados. Maiores detalhes em: BENTHAM, Jeremy. Panopticon letters. *In:* BOŽOVI , Miran (Ed.). *Jeremy Bentham*: the panopticon writings. Londres: Verso, 1995, p. 29.
81. LYON, David. *Surveillance society*: monitoring everyday life. Buckingham: Open University Press, 2001.
82. LYON, David. *The electronic eye*: the rise of surveillance society. Minneapolis: University of Minnesota Press, 1994, p. 86-87.
83. A referência é extraída da clássica obra '1984', de George Orwell: "There was of course no way of knowing whether you were being watched at any given moment. How often, or on what system, the Thought Police plugged in on any individual wire was guesswork. It was even conceivable that they watched everybody all the time, but at any rate they could plug in your wire whenever they wanted to. You have to live – did live, from habit that became instinct—in the assumption that every sound you made was overheard, and, except in darkness, every movement scrutinized." ORWELL, George. *Nineteen Eighty-Four*. Nova York: Penguin Classics, 1961. E-book, p. 3.

ao cabo, propiciar integração não apenas econômica, mas também política e jurídica.[84] Zygmunt Bauman e David Lyon destacam que:

> Os principais meios de obter segurança, ao que parece, são as novas técnicas e tecnologias de vigilância, que supostamente nos protegem, não de perigos distintos, mas de riscos nebulosos e informes. As coisas mudaram tanto para os vigilantes quanto para os vigiados. Se antes você podia dormir tranquilo sabendo que o vigia noturno estava no portão da cidade, o mesmo não pode ser dito da "segurança" atual. Ironicamente, parece que a segurança de hoje gera como subproduto – ou talvez, em alguns casos, como política deliberada? – certas formas de *in*segurança, uma insegurança fortemente sentida pelas pessoas muito pobres que as medidas de segurança deveriam proteger.[85]

Pensadores como Herbert Schiller e Jürgen Habermas, já mencionados anteriormente, reconhecem prontamente o crescimento explosivo da significação, mas insistem em que, se usado com habilidade, poderia servir para melhorar as condições de existência. É nesse contexto que dita pós-modernidade se alça a patamar capaz de revisitar as propensões do Estado no tocante aos arranjos sociais lastreados, a partir de então, no fluxo massivo da informação.

Se antes o cidadão era cindido pela fruição da cidadania, de um lado, e, de outro, pela defesa de seus interesses privados nos campos laboral e econômico, é a tecnologia o fator preponderantemente capaz de promover transformações profundas na maneira com que a relação entre Estado e cidadão se materializa.

3. A QUARTA REVOLUÇÃO INDUSTRIAL: JÁ SE TEM "MÁQUINAS INTELIGENTES" NO SÉCULO XXI?

O advento da chamada *web 3.0* marcou o atual estágio da sociedade da informação, que avança a passos largos para a proliferação da Internet das Coisas (*Internet of Things*, ou *IoT*), que também se situa na fronteira da chamada *web 4.0* ou Internet de Todas as Coisas (*Internet of Everything*, ou *IoE*), particularmente no contexto da telefonia móvel e da tecnologia 5G.[86] O autor indica que a vida em sociedade sofreria amplas mudanças pela presença da tecnologia, uma vez que os *gadgets* e equipamentos eletrônicos – e até mesmo automóveis e eletrodomésticos estarão, por si mesmos, em conexão com a grande rede, sendo capazes de praticar atos jurídicos a partir da inteligência artificial e de gerar inclusão social.[87]

A Internet representaria, nesse contexto, uma Quarta Revolução Industrial, propiciando densas modificações sociais, assim descritas por Klaus Schwab:

> Na quarta revolução industrial, a conectividade digital possibilitada por tecnologias de *software* está mudando profundamente a sociedade. A escala do impacto e a velocidade das mudanças fazem que

84. IANNI, Octavio. *A era do globalismo*. Rio de Janeiro: Civilização Brasileira, 1996, p. 14.
85. MATTELART, Armand. *A globalização da comunicação*. Tradução de Laureano Pelegrin. Bauru: EDUSC, 2000, p. 123-132.
86. BAUMAN, Zygmunt; LYON, David. *Vigilância líquida*. Tradução de Carlos Alberto Medeiros. Rio de Janeiro: Zahar, 2013, p. 95-96.
87. GAJEWSKI, Mariusz; KRAWIEC, Piotr. Identification and access to objects and services in the IoT environment. *In*: MAVROMOUSTAKIS, Constandinos; MASTORAKIS, George; BATALLA, Jordi Mongay (Eds.). *Internet of Things (IoT) in 5G Mobile Technologies*. Cham: Springer, 2016, p. 275 *et seq*.

a transformação seja diferente de qualquer outra revolução industrial da história da humanidade. O Conselho da Agenda Global do Fórum Econômico Mundial sobre o futuro do *Software* e da Sociedade realizou uma pesquisa com 800 executivos para avaliar quando os líderes empresariais acreditariam que essas tecnologias revolucionárias poderiam chegar ao domínio público em grau significativo e para compreender plenamente as implicações dessas mudanças para indivíduos, organizações, governo e sociedade. O relatório de pesquisa *Mudança Profunda – Pontos de Inflexão Tecnológicos e Impactos Sociais* foi publicado em setembro de 2015.[88]

Com o fluxo incessante de dados, preocupações emergem quanto aos riscos dessa hiperconectividade[89], uma vez que "a IoT pode ser vista em diferentes dimensões pelos diferentes setores da academia e da indústria; qualquer que seja o ponto de vista, a IoT ainda não atingiu a maturidade e é vulnerável a todos os tipos de ameaças e ataques."[90] São preocupações perenes e com as quais o Estado se defrontará. Por outro lado, Schwab enumera as seguintes mudanças e inovações tecnológicas com empolgante potencial disruptivo: (i) tecnologias implantáveis; (ii) presença digital; (iii) a visão como uma nova interface; (iv) tecnologias vestíveis; (v) computação ubíqua; (vi) supercomputadores que cabem no bolso; (vii) armazenamento para todos; (viii) A Internet das coisas e para as coisas; (ix) casas conectadas; (x) cidades inteligentes; (xi) *big data* e tomadas de decisão; (xii) carros autoguiados; (xiii) a Inteligência Artificial aplicada às tomadas de decisão; (xiv) a Inteligência Artificial aplicada às funções administrativas; (xv) a relação entre robótica e serviços; (xvi) a ascensão das criptomoedas; (xvii) a economia compartilhada; (xviii) a relação entre governos e *blockchain*; (xix) impressão 3D e fabricação; (xx) impressão 3D e a saúde humana; (xxi) impressão 3D e os produtos de consumo; (xxii) seres projetados; (xxiii) neurotecnologias.[91]

Nesse contexto, malgrado a empolgação natural advinda da inovação, deve-se alertar para alguns pontos preocupantes desse ritmo acelerado da pós-modernidade:

> Quanto mais a sociedade se moderniza, mais conhecimento gera sobre seus fundamentos, estruturas, dinâmicas e conflitos;
>
> Quanto mais conhecimento sobre possuir e quanto mais o aplicar, mais expressamente será a ação guiada pela tradição substituída por uma reconstrução global das estruturas e instituições sociais, dependente de conhecimento e mediada cientificamente;
>
> O conhecimento compele decisões e cria novos contextos de ação. Os indivíduos são libertados das estruturas e devem redefinir sua situação de ação sob condições de insegurança fabricada em formas e estratégias de modernização 'refletida'.[92]

Se antes a preocupação organizacional se revolvia ao papel do Estado (ou ao seu enfraquecimento) frente às possibilidades que a informática inaugurou, com a viabilização

88. MAGRANI, Eduardo. *A Internet das Coisas*. Rio de Janeiro: FGV, 2018, p. 72-73.
89. SCHWAB, Klaus. *A quarta revolução industrial*. Tradução de Daniel Moreira Miranda. São Paulo: Edipro, 2016, p. 115.
90. GREENGARD, Samuel. *The Internet of Things*. Cambridge: The MIT Press, 2015, p. 58. Destaca o autor: "Within this emerging IoT framework, a dizzying array of issues, questions, and challenges arise. One of the biggest questions revolves around living in a world where almost everything is monitored, recorded, and analyzed. While this has huge privacy implications, it also influences politics, social structures, and laws."
91. PEPPET, Scott R. Regulating the Internet of Things: first steps toward managing discrimination, privacy, security, and consent. *Texas Law Review*, Austin, v. 93, p. 85-176, 2014, p. 147 *et seq*.
92. SCHWAB, Klaus. *A quarta revolução industrial*, cit., p. 10.

de novos processos e fluxos a partir do uso de ferramentas eletrônicas, hoje, a Internet transcendeu fronteiras, consolidando um arquétipo estrutural descentralizado, autogerenciado e empoderador, capaz de reorientar diferentes projetos culturais e políticos.[93] Vivencia-se o crepúsculo de uma nova era, que vai além da inserção da tecnologia nas rotinas gerenciais, das atividades econômicas ou mesmo da cultura. Muito além da noção de compreender os impactos sociológicos dessa rápida evolução, é preciso (re)pensar institutos jurídicos tradicionais, que já vêm sendo afetados pelo acelerado desenvolvimento tecnológico e parecem esfalecer diante da pujança da tecnologia.

Algoritmos de Inteligência Artificial são o foco da presente obra, e seus diversos impactos – irradiados sobre todas as disciplinas da dogmática jurídica – representam desafios e impõem releituras que, mais do que manter o Direito apartado das outras ciências, inclusive da Matemática e da Ciência da Computação, deve aproximá-lo cada vez mais de todas elas.

4. FIXANDO CONCEITOS: ROBÔS, ALGORITMOS, *MACHINE LEARNING*, *DEEP LEARNING* E INTELIGÊNCIA ARTIFICIAL

Enfim, deve-se apresentar algumas notas conceituais que serão úteis ao leitor que se aventurar pela cognição das inúmeras reflexões trabalhadas no curso da presente obra. Muita confusão se faz quanto aos conceitos de robôs, algoritmos, Inteligência Artificial, e também quanto às técnicas de *machine* e *deep learning*. Neste derradeiro tópico, procuraremos trazer luz a esses conceitos, tendo em vista que a expressão Inteligência Artificial acabou sendo adotada em contextos diversos de seu sentido original, suscitando dúvidas e se tornando um conceito extremamente aberto.[94]

a) *Robôs* não possuem conceituação clara. A doutrina usualmente se refere a máquinas (*hardware*) e, em linhas mais específicas, aos componentes eletrônicos que dão forma a um objeto físico que, por si, é inoperante, mas que pode produzir ações em decorrência de influências mecânicas, elétricas ou informacionais. Neil Richards e William Smart os definem da

> Uma medida de quão cedo estamos [no desenvolvimento da robótica] é que ainda não há um consenso sobre o que deve ser considerado um 'robô'. A maioria das pessoas (...) concordaria que um objeto feito pelo homem capaz de responder a estímulos externos e agir no mundo sem exigir controle humano direto – alguns podem dizer 'constante' – é um robô, embora alguns possam muito bem defender uma definição consideravelmente mais ampla.

93. BECK, Ulrich. *World at risk*. Tradução do alemão para o inglês de Ciaran Cronin. Cambridge: Polity Press, 2009, p. 120, tradução livre. No original: "(i) The more society modernizes, the more knowledge it generates concerning its foundations, structures, dynamics and conflicts; (ii) The more knowledge about itself it possesses and the more it applies it, the more expressly is tradition-guided action replaced by a knowledgedependent, scientifically mediated global reconstruction of social structures and institutions; (iii) Knowledge compels decisions and creates new contexts of action. Individuals are liberated from structures and they must redefine their situation of action under conditions of manufactured insecurity in forms and strategies of 'reflected' modernization."

94. ESCOBAR, Arturo. Welcome to Cyberia. Notes on the anthropology of cyberculture. *Current Anthropology*, Chicago, v. 35, n. 3, p. 211-231, 1994, p. 223. Anota o autor: "Perhaps the language of complexity signals that it is possible for technoscience(s) to contribute to the design of forms of living that avoid the most deadening mechanisms for structuring life and the world introduced by the project of modernity. It is not a question of bringing about a technosocial utopia—decentralized, selfmanaged, empowering – but one of thinking imaginatively whether technoscience cannot be partially reoriented to serve different cultural and political projects."

Os três elementos-chave desta definição de trabalho relativamente estreita e provavelmente subinclusiva são: (1) algum tipo de sensor ou mecanismo de entrada (*input*), sem o qual não pode haver estímulo ao qual reagir; (2) algum algoritmo de controle ou outro sistema que governará as respostas aos dados detectados; e (3) alguma habilidade de responder de uma forma que afete ou pelo menos seja perceptível pelo mundo fora do próprio robô. (Uma versão ainda mais restrita dessa visão produz minha definição favorita, valorizada por sua pungência mais do que sua precisão, que diz que um robô é "um iPhone com uma motosserra acoplada".)[95]

b) *Algoritmos* são fórmulas matemáticas. Basicamente, uma série de instruções colhidas de símbolos e signos que são solucionados por microprocessadores, gerando novas fórmulas, em ciclo constante de *inputs* e *outputs*, com dados que são recebidos, processados pelo algoritmo, e devolvidos como resultado do processamento.[96] Não se confundem, portanto, com robôs – que correspondem, no máximo, ao *corpus*[97] no qual se realiza todo o processamento descrito, ou, como anota Carlos Goettenauer, "embora nem todo algoritmo seja um programa de computador, todo programa de computador pode ser definido como algoritmo".[98]

c) *Machine learning* é uma técnica usualmente traduzida para o português como "aprendizado de máquina". Diferentemente dos algoritmos, que são fórmulas/programas, o *machine learning* é um processo baseado em tentativa e erro que vai gerando a catalogação de resultados (os *logs*) e tornando algoritmos mais preparados para a solução de problemas, na medida em que a continuidade das tentativas os "treina"[99] para serem melhores na apresentação de resultados. Em outros termos, quanto maior for o acervo de dados que um algoritmo possa processar, maior aprendizado irá angariar e se tornará um algoritmo "melhor". Como explica Ethem Alpaydin:

O que nos falta em conhecimento, compensamos em dados. Podemos facilmente compilar milhares de mensagens de exemplo, algumas das quais sabemos serem spam e o que queremos é "aprender" o que constitui spam delas. Em outras palavras, gostaríamos que o computador (máquina) extraísse automaticamente o algoritmo para esta tarefa. Não há necessidade de aprender a ordenar os números, já temos algoritmos para isso; mas existem muitos aplicativos para os quais não temos um algoritmo, mas temos dados de exemplo.[100]

---

95. KAPLAN, Jerry. *Artificial Intelligence*: what everyone needs to know. Oxford: Oxford University Press, 2016, p. 16. O autor explica que o primeiro uso da expressão pode ser atribuído a John McCarthy, em 1956: "The first use of "artificial intelligence" can be attributed to a specific individual – John McCarthy, in 1956 an assistant professor of mathematics at Dartmouth College in Hanover, New Hampshire. Along with three other, more senior researchers (Marvin Minsky of Harvard, Nathan Rochester of IBM, and Claude Shannon of Bell Telephone Laboratories), McCarthy proposed a summer conference on the topic to take place at Dartmouth. Several prominent researchers attended, many of whom went on to make fundamental contributions to the field."
96. RICHARDS, Neil M.; SMART, William D. How should the law think about robots? *In:* CALO, Ryan; FROOMKIN, A. Michael; KERR, Ian (Eds.). *Robot law*. Cheltenham: Edward Elgar, 2016, p. xi, tradução livre. No original: "A measure of how early a stage we are in is that there is not yet a consensus regarding what should count as a "robot." Most people, and undoubtedly all the contributors to this volume, would agree that a man-made object capable of responding to external stimuli and acting on the world without requiring direct – some might say constant – human control was a robot, although some might well argue for a considerably broader definition. The three key elements of this relatively narrow, likely under-inclusive, working definition are: (1) some sort of sensor or input mechanism, without which there can be no stimulus to react to; (2) some controlling algorithm or other system that will govern the responses to the sensed data; and (3) some ability to respond in a way that affects or at least is noticeable by the world outside the robot itself. (An even narrower version of that vision produces my favorite definition, prized for its pungency more than its accuracy, which says a robot is "an iPhone with a chainsaw attached.")"
97. DOMINGOS, Pedro. *The master algorithm*: how the quest for the ultimate learning machine will remake our world. Nova York: Basic Books, 2015, p. 6.
98. SIEGWART, Roland; NOURBAKHSH, Illah R. *Introduction to autonomous mobile robots*. Cambridge: The MIT Press, 2004, p. 7-12.
99. GOETTENAUER, Carlos Eduardo. Algoritmos, inteligência artificial, mercados. Desafios ao arcabouço jurídico. *In:* FRAZÃO, Ana; CARVALHO, Angelo Gamba Prata de (Coords.). *Empresa, mercado e tecnologia*. Belo Horizonte: Fórum, 2019, p. 272.
100. Como diz Pedro Domingos: "With machine learning, computers write their own programs, so we don't have to. Wow. *Computers write their own programs*. Now that's a powerful idea, maybe even a little scary. If computers start to program themselves, how will we control them?" DOMINGOS, Pedro. *The master algorithm*, cit., p. 6.

d) *Deep learning* é uma técnica mais avançada, usualmente traduzida como "aprendizado profundo" e identificada como o processo aplicado à Inteligência Artificial que se concentra na criação de grandes modelos de redes neurais que são capazes de tomar decisões precisas baseadas em dados.[101] Diversamente do que se tem no aprendizado de máquina (*machine learning*) tradicional, o *deep learning* envolve o desenvolvimento e a avaliação de algoritmos que permitem a um computador extrair (ou aprender) funções de um conjunto de dados compartilhado com uma rede neural que emula a estrutura sináptica do cérebro humano e usa uma estratégia de "dividir e conquistar" – supervisionada ou não[102] – para aprender uma função: cada "neurônio" na rede aprende uma função simples, e a função geral (mais complexa e definida pela rede), é criada pela combinação dessas funções mais simples e das soluções indicadas por elas.[103]

e) *Inteligência Artificial* é um conceito mais amplo, como já se anotou, que diz respeito à meta de superação do "Teste de Turing", ou seja, a expressão diz respeito a modelos algorítmicos avançados que são capazes de atingir a indistinção[104] quando comparados ao modo de raciocinar dos seres humanos; são máquinas capazes de "pensar" e "discernir", de modo que possam ser adjetivadas como *inteligentes*[105] e na medida em que se aproximarem da chamada singularidade tecnológica[106], isto é, o estado de aproximação entre o biológico e o tecnológico que permita ao algoritmo processar dados, formular hipóteses e apresentar soluções, mas também agir de forma arbitrária, livre e autônoma.[107]

Em suas reflexões sobre o tema, Nick Bostrom chega a propor caminhos para que se construa uma (super)inteligência[108] artificial apta a projetar as condições iniciais para que possamos gerar uma explosão de inteligência sustentável, que eleve as condições da vida humana em harmonia com o desenvolvimento tecnológico.

5. NOTAS FINAIS

No curso desse breve ensaio introdutório, foram apresentados conceitos e explicações que tornarão mais clara a leitura das instigantes pesquisas trazidas nessa obra. Em breve retrospecto, foram revisitadas as origens do tema – que são recentes, mas relevantíssimas –, desde o surgimento da informática, passando pelas pesquisas de Turing, pelas investigações de Moore, e culminando no surgimento de conceitos que já são conhecidos por outras ciências, mas que ainda geram dúvidas na seara jurídica.

Fala-se em sociedade da informação, sociedade em rede, sociedade da vigilância, ou mesmo na cibernética jurídica, mas pouca clareza se tem quanto ao que cada uma dessas expressões representa. Da mesma forma, muita confusão se faz sobre conceitos

101. ALPAYDIN, Ethem. *Introduction to machine learning*. 2. ed. Cambridge: The MIT Press, 2010, p. 1, tradução livre. No original: "What we lack in knowledge, we make up for in data. We can easily compile thousands of example messages some of which we know to be spam and what we want is to "learn" what consititutes spam from them. In other words, we would like the computer (machine) to extract automatically the algorithm for this task. There is no need to learn to sort numbers, we already have algorithms for that; but there are many applications for which we do not have an algorithm but do have example data."
102. KELLEHER, John D. *Deep learning*. Cambridge: The MIT Press, 2019, p. 1-2.
103. CHARNIAK, Eugene. *Introduction to deep learning*. Cambridge: The MIT Press, 2018, p. 137 *et seq.*
104. KELLEHER, John D.; MAC NAMEE, Brian; D'ARCY, Aiofe. *Fundamentals of machine learning for predictive data analytics*: algorithms, worked examples, and case studies. Cambridge: The MIT Press, 2015, p. 1-16.
105. RUSSELL, Stuart; NORVIG, Peter. *Artificial Intelligence*: a modern approach. 3. ed. Harlow/Essex: Pearson Education, 2016, p. 1-5.
106. GARDNER, Howard. *Intelligence reframed*: multiple intelligences for the 21st century. Nova York: Basic Books, 1999, p. 27 *et seq.*
107. KURZWEIL, Ray. *Singularity is near*: when humans transcend biology. Nova York: Viking, 2005, p. 82-102.
108. HENDERSON, Harry. *Artificial Intelligence*: mirrors for the mind. Nova York: Chelsea House, 2007, p. 15-16.

essenciais para a compreensão desses fenômenos, como robôs, algoritmos, Inteligência Artificial, *machine* e *deep learning*.

O que se tem claro é o papel da tecnologia, que cresce vertiginosamente e impõe desafios para o direito, como se verá ao longo de toda a obra.

Quanto mais clara for a compreensão que se tem de que a evolução sentida hoje é reflexo de ideias desenvolvidas no passado e antevistas para o futuro, mais facilmente se perceberá que o descompasso entre a técnica e a regulação jurídica precisará ser encurtado.

6. REFERÊNCIAS

ALPAYDIN, Ethem. *Introduction to machine learning*. 2. ed. Cambridge: The MIT Press, 2010.

ARMASU, Lucian. Samsung's new $14 Billion chip plant to manufacture DRAM, processors in 2017. *Tom's Hardware/Reuters*, 08 maio 2015. Disponível em: https://www.tomshardware.com/news/samsung-14-billion-chip-plant,29058.html. Acesso em: 19 out. 2020.

ARMSTRONG, Edwin H. Operating field of the audion. *Electrical World*, Nova York, v. 54, n. 1, p. 1149-1152, jul./dez. 1914, p. 1152. Disponível em: https://bit.ly/2NLe0Qf. Acesso em: 19 out. 2020.

ASPRAY, William. *Chasing Moore's Law*: Information Technology Policy In The United States. Raleigh: SciTech Publishing, 2004.

BAUMAN, Zygmunt; LYON, David. *Vigilância líquida*. Tradução de Carlos Alberto Medeiros. Rio de Janeiro: Zahar, 2013.

BECK, Ulrich. *Risk society*: towards a new modernity. Tradução do alemão para o inglês de Mark Ritter. Londres: Sage Publications, 1992.

BECK, Ulrich. *World at risk*. Tradução do alemão para o inglês de Ciaran Cronin. Cambridge: Polity Press, 2009.

BELL, Daniel. *The coming of the post-industrial society*: a venture in social forecasting. Nova York: Basic Books, 1976.

BENTHAM, Jeremy. Panopticon letters. *In:* BOŽOVI , Miran (Ed.). *Jeremy Bentham*: the panopticon writings. Londres: Verso, 1995.

BERLIN, Leslie. *The man behind the microchip*: Robert Noyce and the invention of Silicon Valley. Oxford: Oxford University Press, 2005.

BOSTROM, Nick. *Superintelligence*: paths, dangers, strategies. Oxford: Oxford University Press, 2014.

BUCKLAND, Michael. *Information and society*. Cambridge: The MIT Press, 2017.

CASTELLS, Manuel. *The rise of the network society*. The information age: economy, society, and culture, v. 1. 2. ed. Oxford/West Sussex: Wiley-Blackwell, 2010.

CASTELLS, Manuel. *End of millennium*. The information age: economy, society, and culture, v. 3. 2. ed. Oxford/West Sussex: Wiley-Blackwell, 2010.

CERUZZI, Paul E. *A history of modern computing*. 2. ed. Cambridge: The MIT Press, 2003.

CHARNIAK, Eugene. *Introduction to deep learning*. Cambridge: The MIT Press, 2018.

DOMINGOS, Pedro. *The master algorithm*: how the quest for the ultimate learning machine will remake our world. Nova York: Basic Books, 2015.

DUFF, Alistair S. *Information society studies*. Londres: Routledge, 2000.

ESCOBAR, Arturo. Welcome to Cyberia. Notes on the anthropology of cyberculture. *Current Anthropology*, Chicago, v. 35, n. 3, p. 211–231, 1994.

FAGGIN, Federico. The making of the first microprocessor. *IEEE Solid-State Circuits Magazine*. 2009. Disponível em: https://ieeexplore.ieee.org/stamp/stamp.jsp?arnumber=4776530. Acesso em: 20 out. 2020.

FLASIŃSKI, Mariusz. *Introduction to Artificial Intelligence*. Cham: Springer, 2016.

FLORIDI, Luciano. *Information*: a very short introduction. Oxford: Oxford University Press, 2010.

FLORIDI, Luciano. *The 4th Revolution*: how the infosphere is reshaping human reality. Oxford: Oxford University Press, 2014.

FLORIDI, Luciano. *The philosophy of information*. Oxford: Oxford University Press, 2011.

FOUCAULT, Michel. *Discipline and punish*: the birth of the prison. Tradução do francês para o inglês de Alan Sheridan. Nova York: Pantheon, 1977.

FRANKLIN, Stan. History, motivations, and core themes. *In:* FRANKISH, Keith; RAMSEY, William M. (Eds.). *The Cambridge handbook of Artificial Intelligence*. Cambridge: Cambridge University Press, 2014.

FUCHS, Christian. *Internet and society*: social theory in the information age. Londres: Routledge, 2008.

GAJEWSKI, Mariusz; KRAWIEC, Piotr. Identification and access to objects and services in the IoT environment. *In*: MAVROMOUSTAKIS, Constandinos; MASTORAKIS, George; BATALLA, Jordi Mongay (Eds.). *Internet of Things (IoT) in 5G Mobile Technologies*. Cham: Springer, 2016.

GARDNER, Howard. *Intelligence reframed*: multiple intelligences for the 21st century. Nova York: Basic Books, 1999.

GIDDENS, Anthony. *The nation state and violence*. A contemporary critique of historical materialism. Cambridge: Polity, 1985, v. 2.

GIDDENS, Anthony. *Social theory and modern sociology*. Cambridge: Polity, 1987.

GOETTENAUER, Carlos Eduardo. Algoritmos, inteligência artificial, mercados. Desafios ao arcabouço jurídico. *In:* FRAZÃO, Ana; CARVALHO, Angelo Gamba Prata de (Coords.). *Empresa, mercado e tecnologia*. Belo Horizonte: Fórum, 2019.

GREENGARD, Samuel. *The Internet of Things*. Cambridge: The MIT Press, 2015.

GUARNIERI, Massimo. Seventy years of getting transistorized. *IEEE Industrial Electronics Magazine*, Delft, v. 11, n. 4, p. 33-37, dez. 2017.

HAGGERTY, Kevin D. Tear down the walls: on demolishing the panopticon. *In:* LYON, David (Ed.). *Theorizing surveillance*: the panopticon and beyond. Portland: Willan Publishing, 2006.

HARARI, Yuval Noah. *Sapiens*: uma breve história da humanidade. Tradução de Janaína Marcoantonio. 38. ed. Porto Alegre: L&PM, 2018.

HARNAD, Stevan. The Annotation Game: on Turing (1950), on computing, machinery and intelligence. *In:* EPSTEIN, Robert; PETERS, Grace (Eds.). *Parsing the Turing Test*: philosophical and methodological issues in the quest for the thinking computer. Cham: Springer, 2008.

HENDERSON, Harry. *Artificial Intelligence*: mirrors for the mind. Nova York: Chelsea House, 2007.

HILDEBRANDT, Mireille. The public(s) onlife. *In:* FLORIDI, Luciano (Ed.). *The onlife manifesto*: being human in a hyperconnected era. Cham/Londres: Springer OpenAccess, 2015.

HOBSBAWN, Eric J. *A era das revoluções*: Europa 1789-1848. Tradução de Maria Tereza Lopes Teixeira e Marcos Penchel. 33. ed. São Paulo: Paz e Terra, 2015.

HOBSBAWN, Eric J. *A era do capital*: 1848-1857. Tradução de Luciano Costa Neto. 15. ed. São Paulo: Paz e Terra, 2012.

HOPPIT, Julian. The nation, the State, and the First Industrial Revolution. *Journal of British Studies*, Cambridge, v. 50, n. 2, p. 307-331, abr. 2011.

IANNI, Octavio. *A era do globalismo*. Rio de Janeiro: Civilização Brasileira, 1996.

KAPLAN, Jerry. *Artificial Intelligence*: what everyone needs to know. Oxford: Oxford University Press, 2016.

KARVALICS, Laszló Z. *Information society dimensions*. Szeged: JATE Press, 2010.

KEEN, Andrew. *How to fix the future*. Nova York: Atlantic, 2018.

KELLEHER, John D. *Deep learning*. Cambridge: The MIT Press, 2019.

KELLEHER, John D.; MAC NAMEE, Brian; D'ARCY, Aiofe. *Fundamentals of machine learning for predictive data analytics*: algorithms, worked examples, and case studies. Cambridge: The MIT Press, 2015.

KITTLER, Friedrich. There is no software. *CTHEORY.net*. 18 out. 1995. Disponível em: http://www.ctheory.net/articles.aspx?id=74. Acesso em: 20 out. 2020.

KLOUS, Sander; WIELAARD, Nart. *We are big data*: the future of the information society. Amsterdã: Atlantis Press, 2016.

KURZWEIL, Ray. *Singularity is near*: when humans transcend biology. Nova York: Viking, 2005.

LAOURIS, Yiannis. Reengineering and reinventing both democracy and the concept of life in the digital era. *In:* FLORIDI, Luciano (Ed.). *The onlife manifesto*: being human in a hyperconnected era. Cham/Londres: Springer OpenAccess, 2015.

LÉVY, Pierre. *As tecnologias da inteligência*: o futuro do pensamento na era da informática. Tradução de Carlos Irineu da Costa. 2. ed. São Paulo: Editora 34, 2010.

LÉVY, Pierre. *Cibercultura*. Tradução de Carlos Irineu da Costa. 3. ed. São Paulo: Editora 34, 2010.

LLOYD, Ian J. *Information technology law*. 6. ed. Oxford: Oxford University Press, 2011.

LOSANO, Mario G. *Giuscibernetica*: macchine e modelli cibernetici nel diritto. Turim: Einaudi, 1969.

LYON, David. *Surveillance society*: monitoring everyday life. Buckingham: Open University Press, 2001.

LYON, David. *The electronic eye*: the rise of surveillance society. Minneapolis: University of Minnesota Press, 1994.

MACHLUP, Fritz. *The production and distribution of knowledge in the United States*. Princeton: Princeton University Press, 1962.

MAGRANI, Eduardo. *A Internet das Coisas*. Rio de Janeiro: FGV, 2018.

MARX, Gary T. *Fragmentation and cohesion in American society*. Washington, D.C.: Trend Analysis Program, 1984.

MARX, Gary T. *Undercover*: police surveillance in America. Berkeley: University of California Press, 1988.

MASUDA, Yoneji. *The information society as post-industrial society*. Tóquio: Institute for the Information Society, 1980.

MATTELART, Armand. *A globalização da comunicação*. Tradução de Laureano Pelegrin. Bauru: EDUSC, 2000.

McLUHAN, H. Marshall. *Os meios de comunicação como extensões do homem*. Tradução de Décio Pignatari. São Paulo: Cultrix, 2007.

McLUHAN, H. Marshall; POWERS, Bruce R. *The global village*: transformations in world life and media in the 21st Century (communication and society). Oxford: Oxford University Press, 1989.

MOORE, Gordon E. Cramming more components onto integrated circuits. *Electronics*, Nova York, v. 38, n. 8, p. 1-4, abr. 1965.

OHNO, Taiichi. *Gestão dos postos de trabalho*. Tradução de Heloisa Corrêa da Fontoura. Porto Alegre: Bookman, 2015.

ORWELL, George. *Nineteen Eighty-Four*. Nova York: Penguin Classics, 1961. E-book.

PEPPET, Scott R. Regulating the Internet of Things: first steps toward managing discrimination, privacy, security, and consent. *Texas Law Review*, Austin, v. 93, p. 85-176, 2014.

PÉREZ LUÑO, Antonio Enrique. *Manual de informática y derecho*. Barcelona: Ariel, 1996.

PORAT, Marc Uri. The information economy: definition and measurement. *Office of Telecommunications Special Publication*, Washington, D.C.: US Department of Commerce, Office of Telecommunications, v. 77, n. 12, maio 1977. Disponível em: https://eric.ed.gov/?id=ED142205. Acesso em: 20 out. 2020.

RICHARDS, Neil M.; SMART, William D. How should the law think about robots? *In:* CALO, Ryan; FROOMKIN, A. Michael; KERR, Ian (Eds.). *Robot law*. Cheltenham: Edward Elgar, 2016.

RIORDAN, Michael. The lost history of the transistor: how, 50 years ago, Texas Instruments and Bell Labs pushed electronics into the silicon age. *IEEE Spectrum*. 30 abr. 2004. Disponível em: https://spectrum.ieee.org/tech-history/silicon-revolution/the-lost-history-of-the-transistor. Acesso em: 20 out. 2020.

ROCKMAN, Howard B. *Intellectual property law for engineers and scientists*. Nova Jersey: John Wiley & Sons, 2004.

RUEDIGER, Kuehr; VELASQUEZ, German T.; WILLIAMS, Eric. Computers and the environment: an introduction to understanding and managing their impacts. *In:* RUEDIGER, Kuehr; WILLIAMS, Eric (Ed.). *Computers and the environment*: understanding and managing their impactos. Dordrecht: Kluwer Academic, 2003.

RUSSELL, Stuart; NORVIG, Peter. *Artificial Intelligence*: a modern approach. 3. ed. Harlow/Essex: Pearson Education, 2016.

SAX, David. *A vingança dos analógicos*: por que os objetos de verdade ainda são importantes. Tradução de Alexandre Matias. Rio de Janeiro: Anfiteatro, 2017.

SCHWAB, Klaus. *A quarta revolução industrial*. Tradução de Daniel Moreira Miranda. São Paulo: Edipro, 2016.

SERRES, Michel; LATOUR, Bruno. *Conversations on Science, culture, and time*. Tradução do francês para o inglês de Roxanne Lapidus. Ann Arbor: University of Michigan Press, 1995.

SIEGWART, Roland; NOURBAKHSH, Illah R. *Introduction to autonomous mobile robots*. Cambridge: The MIT Press, 2004.

TOFFLER, Alvin. *The third wave*. New York: Banthan Books, 1980.

TURING, Alan M. Computing machinery and intelligence. *Mind*, Oxford, n. 236, p. 433-460, out. 1950, p. 25. Disponível em: https://dx.doi.org/10.1093/mind/LIX.236.433. Acesso em: 19 out. 2020.

TURING, Alan M. On computable numbers, with an application to the *Entscheidungsproblem*. *Proceedings of the London Mathematical Society*, Londres, v. 42, n. 1, p. 230-265, nov. 1936.

TURING, Alan M. On computable numbers, with an application to the Entscheidungsproblem; a correction. *Proceedings of the London Mathematical Society*, Londres, v. 43, n. 6, p. 544-546, nov. 1938.

VALLAS, Steven Peter. *Work*. Cambridge: Polity, 2012.

VAN DIJK, Jan. *The network society*. Londres: Sage Publications, 2006.

VENERIS, Yannis. Modelling the transition from the industrial to the informational revolution. *Environment and Planning A: Economy and Space*, Londres, v. 22, n. 3, p. 399-416, mar. 1990.

WARWICK, Kevin. The disappearing human-machine divide. *In:* ROMPORTL, Jan; ZACKOVA, Eva; KELEMEN, Jozef (Eds.). *Beyond Artificial Intelligence*: the disappearing human-machine divide. Cham: Springer, 2015.

WEBSTER, Frank. *Theories of the information society*. 3. ed. Londres: Routledge, 2006.

WIENER, Norbert. *Cibernética e sociedade*: o uso humano de seres humanos. Tradução de José Paulo Paes. 5. ed. São Paulo: Cultrix, 1978.

2
BLACK BOX E O DIREITO FACE À OPACIDADE ALGORÍTMICA

Ana Frazão

Advogada e Professora de Direito Civil, Comercial e Econômico da Universidade de Brasília – UnB.

Carlos Goettenauer

Mestre e Doutorando em Direito pela Universidade de Brasília - UnB, Mestrando na London School of Economics, Graduando em Teoria Crítica e História da Arte na Universidade de Brasília.

1. INTRODUÇÃO

Em sua obra mais recente, a autora McKenzie Wark[1] propõe a necessidade de reconhecer-se que o capitalismo, como um meio de produção baseado no valor de troca das mercadorias[2], acabou. Mais do que um simples jogo de palavras, a ideia da autora é identificar qual sistema substituiu a hegemonia capitalista. Em seu lugar, segundo Wark, teria surgido um novo meio de organizar a produção a partir da construção de assimetrias informacionais.

Nesse novo sistema, a classe capitalista, anteriormente dominante, teria sido subjugada por novos empreendedores que, por meio de sistemas tecnológicos, controlam os fluxos de dados e se colocam como novos senhores da economia, organizando os meios de produção, sem efetivamente serem seus donos. Esse controle dependeria de uma combinação de fatores. A tecnologia precisaria se aliar ao direito para sustentar instituições capazes de manter a assimetria informacional, por meio da opacidade algorítmica.

1. WARK, M. *Capital is Dead.* Is This something worse? Londres: Verso Books, 2019.
2. Deve-se reconhecer, todavia, que o fim do capitalismo já foi anunciada em outras profecias até agora não concretizadas. Em justiça à autora, suas ideias, aqui resumidas em poucas linhas, partem de uma visão de capitalismo muito específica, na qual uma classe dominante, dona dos meios de produção, acumula riqueza a partir da troca de mercadorias.

É nesse contexto que o presente trabalho pretende, ainda que de forma preliminar, compreender como o direito e a tecnologia se combinam para criar as chamadas *black boxes*, sistemas algorítmicos que mantêm a assimetria informacional. Para tanto, inicia-se por reconhecer como a opacidade dos algoritmos traz riscos à sociedade e ao exercício de direitos fundamentais. Em seguida, analisa-se, por uma recuperação da literatura sobre o tema, de que maneira os algoritmos de inteligência artificial implicam desafios particulares ao direito, em razão de sua própria natureza. Em seguida, abordamos os dilemas que o direito precisa contornar para lidar com a opacidade tecnológica, com o reconhecimento da necessidade da adoção de soluções mais sofisticadas para o enfrentamento da assimetria informacional, como a explicabilidade proposta pela União Europeia[3].

Por fim, concluímos a análise reconhecendo que o direito, ao menos nas instituições jurídicas presentes, desempenha um papel importante na consolidação dos sistemas de *black boxes*, ainda que por vezes tente apresentar soluções para maior transparência das relações informacionais.

2. *BLACK BOX* E OS RISCOS DA OPACIDADE

No contexto de uma sociedade de vigilância[4], o Big Data tudo vê, sendo capaz de capturar todas as pegadas digitais dos usuários para, a partir daí, utilizar seus "poderes" não apenas para registrar e processar o passado e o presente, como também para antecipar e decidir o futuro das pessoas. E o mais preocupante é que faz tudo isso sem a devida transparência e *accountability*, já que os algoritmos utilizados por governos e grandes agentes empresariais são normalmente considerados segredos, respectivamente de Estado ou de negócios.

Ora, para que se pudesse ter um mínimo de confiança e tranquilidade em relação a tais processos, seria necessário haver algum tipo de controle tanto sobre *(i)* a qualidade dos dados, a fim de se saber se atendem aos requisitos da veracidade, exatidão, precisão, acurácia e sobretudo adequação e pertinência diante dos fins que justificam a sua utilização e *(ii)* a qualidade do processamento de dados, a fim de saber se, mesmo a partir de dados de qualidade, a programação utilizada para o seu tratamento é idônea para assegurar resultados confiáveis.

Basta a descrição do problema para se observar que são muitas as variáveis sobre as quais se precisaria ter um mínimo de supervisão e *accountability* para assegurar que os *outputs* sejam fidedignos e confiáveis. Entretanto, não havendo transparência, não há como avaliar nem a qualidade dos dados nem a qualidade do processamento. Daí a triste conclusão de que os resultados algorítmicos, na atualidade, correspondem a uma verdadeira *black box*.

É o que concluiu a Federal Trade Comission, ao examinar a indústria dos dados em 2014:

---

3. COMISSÃO EUROPEIA. *Orientações éticas para uma IA de confiança*. Grupo de peritos de alto nível sobre a inteligência artificial. Bruxelas. 2019.
4. ZUBOFF, S. *The Age of Surveillance Capitalism*. Nova York: PublicAffairs, 2019.

Muitas dessas descobertas apontam para uma fundamental ausência de transparência sobre as práticas da indústria dos dados. Data brokers adquirem um vasto volume de informações detalhadas e específicas sobre os consumidores; analisam tais informações para fazer inferências sobre os consumidores, muitas das quais podem ser consideradas sensíveis; e compartilham informação com clientes das mais diversas indústrias. Toda essa atividade acontece nos bastidores, sem o conhecimento dos consumidores[5].

Ora, sem a devida transparência, é muito provável que a programação possa estar permeada de vieses e preconceitos dos programadores, intencionais ou não, que podem levar a erros de diagnóstico ou a graves discriminações. Mais do que isso, é possível que as correlações encontradas no processamento sejam consideradas equivocadamente causalidades, fator que pode reforçar discriminações.

A falta de transparência torna-se ainda mais preocupante quando se sabe que tais algoritmos são aperfeiçoados a partir da inteligência artificial, por meio da qual, com a aprendizagem de máquina (*machine learning*) e com as redes neurais artificiais, mais e mais algoritmos se desenvolvem independentemente, aprimorando a si mesmos e aprendendo com os próprios "erros". Como não é possível entender completamente esse processo, diante da sua complexidade e multiplicidade de passos ou etapas, fala-se até mesmo na chamada "eficácia irracional dos dados".

O mais preocupante é que, como observam John Kelleher e Brendan Tierney[6], os perfis dos indivíduos decorrentes desses processos são tratados como produtos e vendidos para companhias. Apesar de serem verdadeiras *black boxes*, tais perfis ainda podem persistir por muito tempo, ainda que o indivíduo não saiba que dados foram utilizados, onde e quando foram coletados e como a decisão foi tomada.

Daí a conclusão de que os algoritmos podem perpetuar injustiças, preconceitos e discriminações[7]. Na verdade, segundo John Kelleher e Brendan Tierney[8], como os algoritmos atuam de uma maneira mais amoral do que propriamente objetiva, quanto mais consistente for determinado preconceito em dada sociedade, mais forte será o padrão que aparecerá nos dados a respeito dessa sociedade e mais provável será que o algoritmo extraia e ainda replique esse padrão de preconceito.

Por essa razão, John Gilliom e Torin Monahan[9] destacam o fato de que tais sistemas, que são novas expressões de poder, fazem muito mais do que vigiar; na verdade, trabalham para moldar nossas identidades e nos categorizar por meio de padrões sociais existentes e ainda vinculados a desigualdades de raça, classe e gênero para que, a partir daí, passemos a ser tratados diferentemente e a ter nossas escolhas e comportamentos alterados por meio de premiações e punições.

No mesmo sentido, Bruce Schneier[10] aponta a consolidação de um controle institucional, com parceria entre companhias e governos. Como muito dos dados são coletados

5. FEDERAL TRADE COMISSION. *Data Brokers*. A Call for Transparency and accountability. Washington. 2014.
6. KELLEHER, J. D.; TIERNEY, B. *Data science*. Cambridge: MIT Press, 2018.
7. AGRAWAL, A.; GANS, J. *Prediction machines*: the simple economics of artificial intelligence. Brighton: Harvard Business Press, 2018.
8. AGRAWAL; GANS, op. cit., p. 191.
9. GILLIOM, J.; MONOHAN, T. *Supervision*: An introduction to the surveillance society. Chicago: Chicago University Press, 2013.
10. SCHNEIER, B. *Data and Goliath*. Nova York: W. W. Norton & Company, 2015.

e usados em segredo, as pessoas não podem refutar ou mesmo saber as evidências que são usadas contra elas, com o que se inibe o dissenso e a mudança social[11] e ainda se abre margem para enorme potencial de manipulação[12].

Não é sem razão a farta literatura já existente a respeito dos riscos representados pelas decisões algorítmicas, inclusive no que diz respeito aos seus efeitos nefastos sobre minorias e sobre os mais pobres, aumentando ainda mais a desigualdade[13]. Cathy O'Neil[14] chega a se referir aos algoritmos como armas matemáticas de destruição, na medida em que, longe de serem neutros e objetivos, embutem em seus códigos uma série de decisões e opiniões que não podem ser contestadas, até porque não são conhecidas. Daí o seu potencial de destruição silenciosa, na medida em que podem basear seus julgamentos em preconceitos e padrões passados que automatizam o *status quo* e ainda podem ser utilizados para toda sorte de discriminações e violações de direitos.

A conclusão não se diferencia muito da de Frank Pasquale[15], para quem as corporações dependem hoje de julgamentos automatizados que podem ser errados, enviesados e destrutivos. Aliás, o autor insurge-se precisamente contra as distorções do *one way mirror* pois, diante dele, não há como saber de as aplicações algorítmicas são justas ou movidas por interesses econômicos ou escusos dos agentes que delas se utilizam[16].

Todavia, Frank Pasquale[17] avança na reflexão para apontar que a opacidade e a falta de transparência, longe de serem características intrínsecas aos mercados digitais, são na verdade o resultado da ação deliberada dos agentes econômicos ou estatais a quem a ausência de controle aproveita[18]. Por meio de uma série de estratégias jurídicas (como a proteção do segredo de negócios) e não jurídicas, é criado um ambiente de ofuscação que permite aos atores poderosos ordenar, ranquear e avaliar as pessoas, mantendo suas técnicas em segredo, inclusive para o fim de proteger sua valorosa propriedade intelectual[19].

---

11. SCHNEIER, op. cit., pp. 115-116.
12. SCHNEIER, op. cit., pp. 133-135.
13. Ver, sobre o tema, dentre inúmeros outros, EUBANKS, Virginia. *Automating inequality*. How high-tech tools profile, police, and punish the poor. New York: St. Martin's Press, 2017; BROUSSARD, Meredith. *Artificial unintelligence*. How computers misunderstand the world. Cambridge: The MIT Press, 2018; WACHTER-BOETTCHER, Sara. *Tecnically Wrong. Sexist Apps, biased algorithms and other threats of toxic tech*. Nova York: W. W. Norton & Company, 2017.
14. O'NEIL, C. *Weapons of math destruction*: how big data increases inequality and threatens democracy. Nova York: Crown, 2016.
15. PASQUALE, F. *The Black Box Society*. Cambridge: Harvard University Press, 2015, p. 17.
16. PASQUALE , op. cit., p. 9.
17. Frank Pasquale (op. cit., p. 6-7) parte da premissa de que as decisões algorítmicas são determinadas por complexas fórmulas equipadas por legiões de engenheiros e protegidas por advogados, que escondem as ações dos agentes sob acordos de confidencialidade, métodos proprietários e o que chama de *gag rules*. Para o autor, há três estratégias para manter as *black boxes* fechadas, além do segredo real: o segredo jurídico (quando há o acesso mas aqueles que o tem estão obrigados a manter a informação secreta) e a ofuscação, que envolve a tentativa deliberada de dissimulação do segredo. O resultado desses três tipos de segredo é a opacidade, o que leva à incompreensão. É importante ressaltar que a crítica do autor não se dirige apenas aos mercados digitais, mas também aos mercados financeiros, em relação aos quais, além da opacidade, o excesso de complexidade das operações também seria mais um fator a impedir a transparência.
18. Como bem coloca o autor (op. cit., p. 2): "*But what if the "knowledge problem" is not an intrinsic aspect of the market, but rather is deliberately encouraged by certain businesses? What if financiers keep their doings opaque on purpose, precisely to avoid or to confound regulation? That would imply something very different about the merits of deregulation.*"
19. PASQUALE , op. cit., p. 10.

O problema é que essa estratégia compromete todo o potencial de liberdade e difusão de informação inerente à internet, colocando em risco os direitos individuais e o próprio crescimento econômico, na medida em que se torna instrumento para consolidar o poder e a riqueza dos grandes agentes, cujas atividades não são nem monitoradas nem reguladas[20]. Vale ressaltar trecho culminante das reflexões de Frank Pasquale:

> No seu livro Turing's Cathedral, George Dyson afirma com ironia que o Facebook define quem somos, a Amazon define o que queremos e o Google define o que pensamos. Nós podemos estender esse epigrama para incluir as finanças, que definem o que temos (pelo menos materialmente) e nossa reputação, o que crescentemente define nossas oportunidades. Líderes em cada setor aspiram tomar essas decisões sem regulação, impugnação ou explicação. Se eles forem bem sucedidos, nossas liberdades fundamentais e oportunidades serão terceirizadas para sistemas com poucos valores discerníveis além do enriquecimento de altos executivos e acionistas[21].

A opacidade atinge tal nível que não se sabe nem mesmo como fazer as diferenciações básicas que deveriam ser feitas nos mercados, como se observa por mais um trecho de Frank Pasquale: "Nós dizemos que valorizamos quem faz (*makers*) sobre quem toma (*takers*) e finge (*fakers*). Mas nós precisamos de uma sociedade inteligível se quisermos ser capazes de dizer quem é quem"[22].

Dessa maneira, é urgente a necessidade de se introduzir mecanismos de transparência e *accountability* nas decisões algorítmicas. Por mais que existam limitações naturais à transparência das decisões – que muitas vezes são baseadas em um número imenso de dados, processados por sistemas que adotam um número imenso de passos, de forma a tornar praticamente impossível uma regressão absoluta –, há que se buscar alternativas para lidar com essa realidade.

Por essa razão, no relatório *Preparing for the future of artificial intelligence*, produzido no final do Governo Obama[23], ficou claro que, diante dos problemas para a compreensão exata de cada um dos passos das decisões algorítmicas, o jeito mais efetivo para minimizar o risco de resultados não desejados é por meio de testes extensivos, a fim de se fazer uma longa lista dos tipos de maus resultados que podem ocorrer e tentar excluí-los sempre que se mostrarem presentes.

A grande discussão, como se verá, é saber, dentre o que não é conhecido, o que pode e deve ser conhecido, como pressuposto mínimo da proteção de direitos individuais e da própria democracia. Somente assim será possível avaliar minimamente os riscos das crescentes categorizações e perfilizações, inclusive para o fim de delimitar que listas ou categorias não deveriam ser nem mesmo criadas[24].

Retomando mais uma vez o pensamento de Frank Pasquale[25], a transparência é pressuposto de inteligibilidade não apenas dos negócios, mas do próprio mundo. Sem isso, não será possível controlar minimamente os algoritmos e impedir que eles, na sua

20. PASQUALE , op. cit., p. 14.
21. PASQUALE , op. cit., p. 15. Tradução livre pelos autores.
22. PASQUALE, op. cit., p. 202. Tradução livre pelos autores.
23. EXECUTIVE OFFICE OF THE PRESIDENT. *Preparing for the future of artificial intelligence*. National Science and Technology Council. Washington. 2016.
24. PASQUALE, op. cit., p. 147.
25. PASQUALE, op. cit., p. 8.

trajetória natural de reproduzir os padrões do passado, congelem o futuro e façam com que discriminações não apenas persistam como ainda possam ser intensificadas.

Contudo, como se verá nas próximas seções, impor transparência às relações mediadas por algoritmos pode representar um desafio jurídico mais complexo do que parece a primeira vista.

3. *BLACK BOX* E OS DESAFIOS IMPOSTOS PELA TECNOLOGIA

Como colocado acima, as *black boxes* algorítmicas são o resultado da aplicação crescente da tecnologia de inteligência artificial combinada ao tratamento de grandes volumes de dados. Reconhecer, portanto, os desafios que esse cenário impõe ao direito depende do mapeamento das novas dificuldades trazidas por essas tecnologias, por uma perspectiva jurídica. E, a partir daí, entender se a opacidade é uma condição inexorável ao uso de inteligência artificial.

Entre os pesquisadores que abordaram o tema de maneira pioneira, Ryan Calo[26], tratando exclusivamente de ferramentas robóticas, listou três elementos essenciais dessa tecnologia que trariam situações inéditas a serem abordadas pelo direito: a corporificação, a emersão e o valor social[27]. A corporificação seria característica exclusiva das ferramentas robóticas, que podem influenciar diretamente o mundo tangível. A emersão diria respeito à capacidade de as ferramentas de inteligência artificial atuarem de maneira autônoma e realizarem ações originalmente não previstas por seus idealizadores. Por fim, o valor social seria decorrente da predisposição dos serem humanos em reagir às ferramentas de inteligência artificial, atribuindo-lhes papeis sociais e vínculos afetivos.

Em caminho próximo, Jack M. Balkin[28] reconheceu as mesmas características listadas por Ryan Calo em todos os algoritmos de inteligência artificial, sem limitar esses elementos às ferramentas robóticas, como originalmente feito pelo primeiro autor. Balkin indicou que não seria a possibilidade de intervenção direta no mundo tangível que faria das ferramentas robóticas um desafio ao jurídico, mas sim o fato delas interagirem com o ambiente social de maneira inédita.

Em outra abordagem, Matthew Scherer[29] listou várias "características da inteligência artificial que dificultaram sua regulação em comparação com outras fontes de risco público". Em sua sistematização, o autor condensou essas características em três eixos principais: (i) autonomia, previsibilidade e causalidade; (ii) controle e (iii) descrição, difusão, distinção e opacidade.

Apesar da inexistência de uniformidade de nomenclatura ou abordagem com relação às características fundamentais dos algoritmos de inteligência artificial, os autores citados atribuem qualidades semelhantes à nova tecnologia para indicar as possíveis

26. CALO, R. Robotics and the Lessons of Cyberlaw. *California Law Review*, v. 103, n. 3, p. 513-563, jun. 2015.
27. Cabe indicar aqui que os termos utilizados pelo autor no texto original são "*embodiment, emergence*" e "*social valence*" (CALO, op. cit., p. 532). Nossa tradução tenta a maior aproximação do sentido descrito pelo autor.
28. BALKIN, J. The Path of Robotics Law. *California Law Review Circuit*, v. 6, jun. 2015.
29. SCHERER, M. U. Regulating Artificial Intelligence Systems: Risks, Challenges, Competencies and Strategies. *Harvard Journal of Law & Technology*, v. 29, n. 2, 2016 , p. 362. Tradução livre dos autores.

turbulências no ambiente regulatório. A partir de suas propostas, é possível identificar três características principais da tecnologia de inteligência artificial que impõem um novo desafio ao corpo teórico jurídico hoje disponível. São esses elementos, que, combinados, transformam os algoritmos de inteligência artificial em *black boxes*, muitas vezes inescrutáveis.

3.1 Imprevisibilidade

A autonomia é talvez a característica mais destacada da inteligência artificial. Certamente, também é a mais romantizada pela ficção científica, cujas tramas comumente envolvem máquinas ganhando vida própria e libertando-se do seu criador. Distanciando-se das fantasias, é verdade que em razão de sua capacidade de apreender e modificar seu comportamento diante dos dados e da experiência que acumulam, os algoritmos de inteligência artificial são capazes de criar novas soluções aos problemas apresentados, muitas das quais não foram previstas por seus criadores originais[30].

Os processos decisórios dos algoritmos de inteligência artificial alcançam, assim, soluções que superam a expectativa dos humanos, normalmente sujeitos a vieses cognitivos. As vantagens são óbvias. Resolver problemas insolúveis para os seres humanos ou mesmo realizar tarefas de maneira mais eficiente é o próprio objetivo da utilização da inteligência artificial[31]. Contudo, há a significativa possibilidade de a solução criada pelo algoritmo ser de tal forma inesperada que suas consequências não puderam ser mesmo previstas. Assim, é possível vislumbrar a possibilidade de um algoritmo de inteligência artificial vir a gerar danos a terceiros por meio da prática de um ato ilícito não antecipado (ou sequer antecipável) por seus programadores. Nesses casos, a impossibilidade de antevisão da conduta que será adotada pelo algoritmo corresponderia a um risco social no emprego da tecnologia de inteligência artificial.

A imprevisibilidade não é, portanto, um acidente, mas sim a própria razão que motiva o emprego da tecnologia de inteligência artificial para solucionar um problema. Os algoritmos podem se tornar *black boxes* à medida que as consequências de sua utilização podem trazer consequências previamente não antecipadas.

3.2 Incontrolabilidade

Qualquer tecnologia pode sair de controle e trazer consequências negativas aos seus usuários. Com a inteligência artificial a situação não é diversa, mas ainda mais grave.

A autonomia dos algoritmos também pode resultar na perda do controle na utilização da inteligência artificial. É natural que máquinas parem de funcionar por defeitos mecânicos ou por falhas na programação. Contudo, no caso das ferramentas de inteligência artificial, há dois agravantes. Primeiro, elas são programadas para manter o funcionamento, independentemente de qualquer supervisão humana[32]; essa seria uma de suas vantagens competitivas face a tecnologias tradicionais. Em seguida, em algumas

30. SCHERER, op. cit., p. 363.
31. DOMINGOS, P. *O Algoritmo Mestre*. São Paulo: Novatec, 2017.
32. SCHERER, op. cit., p. 366.

situações, o grande motivo para a utilização da inteligência artificial é delegar o controle de alguma tarefa à máquina, desonerando os seres humanos das decisões, como é o caso da tecnologia utilizada nos carros autônomos, cujo objetivo é dispensar os motoristas na condução dos veículos, e dos algoritmos de precificação.

No caso dos algoritmos de precificação, a perda de controle já ocorreu causando situações inusitadas, como um livro ser anunciado à venda por 23 milhões de dólares[33]. Esse tipo de situação faz com que alguns autores cotejem a possibilidade de algoritmos de inteligência artificial entrarem em conluio e praticarem transações que poderiam atentar contra a livre concorrência[34]. Estudos empíricos, inclusive, já demonstraram a presença de paralelismo de preço dentro de plataformas de vendas, sem a intervenção consciente dos vendedores humanos na precificação dos produtos[35].

De maneira análoga à imprevisibilidade, a perda do controle da inteligência artificial pode causar danos a terceiros, alguns de graves consequências. Portanto, os limites razoáveis da renúncia à supervisão humana dos algoritmos ainda restam por ser apurados. De toda forma, sem supervisão humana, os algoritmos de inteligência artificial podem produzir sistemas herméticos, que funcionam autonomamente e fecham-se em *black boxes*.

3.3 Distributividade

As grandes tecnologias do século XX tinham como característica a necessidade de grandes obras de infraestruturas, que correspondiam a volumosos investimentos. Diferentemente, as tecnologias da Era da Informação são consideravelmente mais intangíveis e, portanto, mais discretas, difusas e, em vários casos, também mais baratas.

A consequência dessa intangibilidade é o desenvolvimento difuso das ferramentas de inteligência artificial, por múltiplos agentes distribuídos em vários territórios, os quais muitas vezes nem sequer têm contato entre si[36]. Ademais, os múltiplos elementos que vão contribuir para o funcionamento de uma ferramenta específica são projetados ou produzidos de maneira individual e, no momento do desenvolvimento, combinados entre si para realizar um propósito. Mesmo os elementos tangíveis, como os computadores, nos quais são executados os algoritmos, são desenvolvidos de maneira isolada, sem qualquer preocupação com seu emprego final. Esse ponto é, em muitos casos, até incentivado pela indústria, responsável por fornecer componentes modulares para a utilização em projetos de inteligência artificial do estilo "faça você mesmo". Mesmo os algoritmos de inteligência são elaborados a partir de módulos de *software*, disponibilizados em bibliotecas públicas e gratuitas para *download*, e depois agrupados e empregados em produtos mais complexos com fins delimitados e inovadores[37].

33. SOLON, O. How a Book About Flies Came to Be Priced $24 Million on Amazon. *Wired*, 27 abr. 2011.
34. EZRACHI, A.; STUCKE, M. E. *Virtual Competition*. Cambridge: Harvard University Press, 2016.
35. CHEN, L.; MISLOVE, A.; WILSON, C. An Empirical Analysis of Algorithmic Pricing on Amazon Marketplace. *25th International Conference on World Wide Web*. Montréal: International World Wide Web Conferences Steering Committee. 2016.
36. SCHERER, op. cit., pp. 369-373.
37. SCHERER, op. cit., pp. 369-373.

De tal modo, a inteligência artificial é uma tecnologia facilmente distribuída e difundida, sem a necessidade de grande investimento em infraestrutura. A responsabilidade por seu desenvolvimento não precisa ser concentrada nas mãos de uma única instituição e pode se apresentar diluída entre múltiplos agentes independentes e não necessariamente colaborativos entre si. Significativamente, recente notícia informa que um grupo de estudantes reunidos no site fast.ai, uma plataforma eletrônica para aprendizado de desenvolvimento de algoritmos de inteligência artificial, conseguiram treinar uma rotina de identificação automática de imagens de maneira mais eficiente do que os engenheiros do Google[38].

Definir uma cadeia de responsabilidade pelas consequências do emprego da tecnologia, a partir dessa lógica difusa de desenvolvimento, pode significar uma nova realidade para o direito. A opacidade da tecnologia de inteligência artificial ganha, nessa perspectiva, uma nova dimensão. Não apenas é possível estabelecer o vínculo direto entre os dados coletados e a decisão adotada pelo algoritmo; deve-se reconhecer também que a cadeia de responsabilidades pelas condutas não é facilmente identificável, ainda mais se os sistemas forem desenhados sem tal tipo de preocupação.

4. *BLACK BOX* E O DILEMA JURÍDICO

Até aqui observamos os riscos impostos pela opacidade algorítmica e analisamos os desafios específicos que a tecnologia de inteligência artificial impõe ao direito. Agora, vamos apontar as tentativas jurídicas de apresentar soluções face à opacidade. Pretende-se, assim, revelar os próprios limites que o direito encontra nesse esforço e, em alguma medida, sua paradoxal contribuição para a manutenção da opacidade.

É quase logicamente pressuposto que, para enfrentar a opacidade, deve ser apresentada maior transparência. A transparência seria, como observa Frank Pasquale, um pressuposto de inteligibilidade da vida governada por algoritmos[39].

Exatamente por isso, os regimes de proteção de dados pessoais, tanto no Brasil como na Europa, são recebidos como marcos legais da sociedade da informação[40]. Espera-se que tanto a Lei Geral de Proteção de Dados brasileira, quanto o Regulamento Geral de Proteção de Dados europeu sejam normas que venham entregar maior transparência às relações jurídicas contemporâneas, frequentemente mediadas por sistemas algoritmos.

Nessa direção, a legislação europeia coloca a transparência como um dos princípios que devem guiar o tratamento de dados pessoais, criando a tríade “licitude, lealdade e transparência” como guia do cuidado com os dados em relação a seu titular[41]. Da mesma forma, a legislação brasileira replica a proposta europeia e elenca a transparência como

38. KARPATHY, A. A small team of student AI coders beats Google's machine learning code. *MIT Technology Review*, Cambridge, 10 ago. 2018.
39. KARPATHY, op. cit., p. 8.
40. DONEDA, D.; MENDES, L. S. Um perfil da nova Lei Geral de Proteção de Dados brasileira. *In:* BELLI, L.; CAVALLI, O. *Governança e regulações da Internet na América Latina.* Rio de Janeiro: FGV Direito Rio, 2018. p. 309-324
41. “Artigo 5º Princípios relativos ao tratamento de dados pessoais. 1. Os dados pessoais são: a) Objeto de um tratamento lícito, leal e transparente em relação ao titular dos dados (‘licitude, lealdade e transparência’)” (Regulamento Geral de Proteção de Dados Pessoais da União Europeia).

um dos princípios, definindo-o como a "garantia, aos titulares, de informações claras, precisas e facilmente acessíveis a realização do tratamento e os respectivos agentes de tratamento, observados os segredos comercial e industrial"[42].

Como princípio que é, a transparência atravessa o texto legal dos dois dispositivos, norteando o próprio regime de proteção de dados pessoais no Brasil e na União Europeia. A questão aqui presente consiste-se em saber se essa transparência, uma garantia à proteção da intimidade dos indivíduos, é suficiente para contornar as dificuldades impostas pela opacidade da tecnologia dos algoritmos de inteligência artificial.

Essa preocupação não surge sem razão. Como se observa no texto que anuncia os princípios de tratamento de dados pessoais no Brasil[43], a transparência encontra limites expressos na própria norma. Em especial, a proteção da propriedade intelectual serve como um contraponto à eventual tentativa de se alcançar uma transparência irrestrita dos mecanismos de tratamento de dados, aspecto que se soma às dificuldades técnicas para a compreensão das decisões algorítmicas.

Por si só, a questão da proteção ao segredo de negócios já seria um limite à transparência que pode implicar maior opacidade no tratamento de dados. Nessa visão, algoritmos são reconhecidos como modelos matemáticos computacionais protegidos, de toda sorte, pelo instituto jurídico da propriedade intelectual. Ao titular dos dados é cabível saber sobre o conteúdo das informações sobre ele arquivadas em um sistema computacional e, ainda que a totalidade das etapas da decisão algorítmica possam estar protegidas pelo segredo de negócios, há boas razões para sustentar que os parâmetros gerais aplicados ao tratamento de dados devem ser igualmente apresentados, sem o que não se pode assegurar a inteligibilidade do processo.

Contudo, é necessário vislumbrar os algoritmos em toda sua complexidade, que vai para além de simples sistemas tecnológicos estáticos com parâmetros predefinidos. Nesse sentido, Karen Young aponta uma definição de algoritmos que amplia sua compreensão:

> Contudo, cientistas sociais geralmente usam o termo como um adjetivo para descrever um constructo sociotécnico que inclui não apenas algoritmos, mas também as redes computacionais nas quais eles funcionam, as pessoas que os desenvolvem e operam, os dados (e usuários) nos quais eles agem, e as instituições que prestam esses serviços, todos conectados em uma empreendimento social e constituindo parte de uma família de sistemas legitimadores de produção de conhecimento[44].

Essa perspectiva identifica os algoritmos como construções sociais complexas, que envolvem muito mais do que modelos matemáticos. A partir dessa ótica, o simples acesso ou a titularidade dos dados pessoais garantidos aos indivíduos, sem que se assegure também o acesso a informações que permitam a inteligibilidade do processo de decisão algorítmica, não seria uma ferramenta suficiente para enfrentar a opacidade. Essa é o

---

42. "Art. 6º As atividades de tratamento de dados pessoais deverão observar a boa-fé e os seguintes princípios: [...] VI - transparência: garantia, aos titulares, de informações claras, precisas e facilmente acessíveis sobre a realização do tratamento e os respectivos agentes de tratamento, observados os segredos comercial e industrial" (Lei 13.709/2018 – Lei Geral de Dados Pessoais brasileira);
43. Mais especificamente o artigo 6º da LGPD, acima citado.
44. YEUNG, K. Algorithmic regulation: A critical interrogation. *Regulation & Governance*, v. 12, 2018, p. 506. Tradução livre dos autores.

resultado da combinação de uma série de fatores relacionados aos sistemas algorítmicos, dos quais os dados pessoais são apenas parte, ainda que relevante e significativa.

E aqui surge um outro ponto no qual o direito pode vir a contribuir para opacidade do que para afastá-la. Os dados pessoais são protegidos enquanto não são transformados em dados "anonimizados", ou seja, aqueles que não podem ser rastreados de volta aos seus titulares[45]. Até por uma decorrência lógica, todo o regime de proteção da privacidade resta afastado à medida que o dado não mais pode ser considerado "pessoal". Excluída a possibilidade de uma titularidade individualizada, o liame que vincula o dado a um sujeito de direitos pessoais, não mais há que se falar em proteção de dados pessoais.

Por outro lado, os sistemas algorítmicos, como construtos sócios técnicos, consolidam assimetria informacional a partir da criação de modelos algorítmicos por meio do acúmulo de uma infinidade de dados, muitos dos quais não precisam, para esse fim, serem vinculados a indivíduos. A anonimização é, nesse contexto, o mecanismo que garante aos sistemas a possibilidade de adicionar dados de múltiplas fontes e gerar modelos preditivos mais sofisticados.

Dessa forma, a autorização normativa para tratamento de dados anonimizados cumulada com a proteção aos modelos algorítmicos, ambas resultado dos próprios regimes de proteção de dados pessoais, são os instrumentos que, a rigor, acabam por consolidar a assimetria informacional dentro do regime jurídico, ainda mais se não houver alternativas para assegurar a inteligibilidade das decisões algorítmicas.

Como se colocou acima, os desafios trazidos pelos sistemas algorítmicos decorrem de três elementos: sua imprevisibilidade, sua incontrolabilidade e sua distributividade. Essas três características não são mitigadas adequadamente pelo regime de proteção de dados pessoais. A rigor, pode-se falar inclusive o inverso, caso se entenda que a proteção ao segredo de negócios inviabiliza a divulgação de dados que possibilitam a inteligibilidade. Portanto, a anonimização seguida da proteção à propriedade intelectual pode servir para fechar ainda mais as caixas pretas algorítmicas e tornar os três elementos mais afastados dos mecanismos regulatórios.

Por essa razão, as regras protetivas à privacidade já foram indicadas, por vezes, como incompatíveis com os algoritmos de inteligência artificial, por, entre outros mo-

45. No regime jurídico brasileiro, a LGPD, há expressamente a exclusão do tratamento de dados anonimizados. É o que decorre da leitura conjunta dos seguintes trechos: "Art. 5º Para os fins desta Lei, considera-se: [...] III – dado anonimizado: dado relativo a titular que não possa ser identificado, considerando a utilização de meios técnicos razoáveis e disponíveis na ocasião de seu tratamento"; "Art. 12. Os dados anonimizados não serão considerados dados pessoais para os fins desta Lei, salvo quando o processo de anonimização ao qual foram submetidos for revertido, utilizando exclusivamente meios próprios, ou quando, com esforços razoáveis, puder ser revertido" (Lei 13.709/2018 – Lei Geral de Dados Pessoais brasileira). No regime europeu a própria definição de dados pessoais permite, contrario sensu, o tratamento de dados que não permitem a identificação do titular: "Artigo 4º Definições – Para efeitos do presente regulamento, entende-se por: 1) "Dados pessoais", informação relativa a uma pessoa singular identificada ou identificável («titular dos dados»); é considerada identificável uma pessoa singular que possa ser identificada, direta ou indiretamente, em especial por referência a um identificador, como por exemplo um nome, um número de identificação, dados de localização, identificadores por via eletrônica ou a um ou mais elementos específicos da identidade física, fisiológica, genética, mental, económica, cultural ou social dessa pessoa singular" (Regulamento Geral de Proteção de Dados Pessoais da União Europeia).

tivos, limitarem as hipóteses de coletas de dados e diminuírem, ao fim, a possibilidade de alimentação dos sistemas de maneira eficiente[46].

E é a partir desse ponto que o regime de proteção de dados pessoais pode melhor contribuir para afastar a opacidade. De fato, a limitação de propósito de tratamento e a minimização de coletas, ideias consolidadas na legislação brasileira de proteção de dados e no regime europeu[47], podem servir para reduzir a influência dos algoritmos na vida dos cidadãos. À medida que menos dados entram nos sistemas, menor será sua capacidade de produzir informações adequadas aos interesses de seus gestores.

De certa forma, é certo que essa medida pode reduzir realmente a eventual ameaça aos direitos individuais que as *black boxes* venham a representar. A redução da entrada de dados diminui a capacidade de monitoramento do sistema e, portanto, pode torná-lo menos eficiente e influente. Deve-se reconhecer, todavia, que nessa hipótese não há uma solução jurídica em face da opacidade, mas o estrangulamento dos sistemas de algorítmicos, para que eles reduzam sua capacidade de funcionamento, diminuindo, por consequência, sua imprevisibilidade e sua incontrolabilidade.

Portanto, o arsenal jurídico atualmente presente para enfrentar a opacidade é de certa maneira ambíguo. A um tempo pode trabalhar para incluir maior transparência no tratamento. De outra forma, entrega as próprias ferramentas para consolidação da opacidade, sem enfrentar os maiores desafios que os sistemas algorítmicos apresentam.

5. BUSCANDO UMA CONCILIAÇÃO DIFÍCIL: O ESFORÇO DA COMISSÃO EUROPEIA CONSUBSTANCIADO NAS DIRETRIZES ÉTICAS PARA A INTELIGÊNCIA ARTIFICIAL CONFIÁVEL

Muitas das preocupações apontadas no presente artigo foram endereçadas por importante iniciativa da Comissão Europeia que, no último dia 8 de abril de 2019, divulgou as Orientações Éticas para uma Inteligência Artificial de confiança[48]. Partindo da preocupação de que a inteligência artificial, ao mesmo tempo em que traz benefícios substanciais para os indivíduos e para a sociedade, também apresenta erros, riscos e impactos negativos que podem ser de difícil antecipação, identificação e mensuração, o Guia procura oferecer as orientações essenciais para endereçar tais problemas.

46. ZARSKY, T. Z. Incompatible: The GDPR in the Age of Big Data. *Seton Hall Law Review*, v. 47, p. 995-1020, 2016.
47. A limitação de propósito e a minimização de coletas são propostas presentes no princípio da finalidade e no princípio da necessidade, ambos expressamente consolidados na Lei Geral de Proteção de Dados Pessoais Brasileira: "Art. 6º As atividades de tratamento de dados pessoais deverão observar a boa-fé e os seguintes princípios: I - finalidade: realização do tratamento para propósitos legítimos, específicos, explícitos e informados ao titular, sem possibilidade de tratamento posterior de forma incompatível com essas finalidades; [...] III - necessidade: limitação do tratamento ao mínimo necessário para a realização de suas finalidades, com abrangência dos dados pertinentes, proporcionais e não excessivos em relação às finalidades do tratamento de dados". Na União Europeia, o mesmo artigo 5º, coloca entre seus princípios a minimização dos dados: "Artigo 5º Princípios relativos ao tratamento de dados pessoais. 1. Os dados pessoais são: [...] c) Adequados, pertinentes e limitados ao que é necessário relativamente às finalidades para as quais são tratados («minimização dos dados»);" (Regulamento Geral de Proteção de Dados Pessoais da União Europeia).
48. COMISSÃO EUROPEIA. *Orientações éticas para uma IA de confiança*. Grupo de peritos de alto nível sobre a inteligência artificial. Bruxelas. 2019.

Um dos maiores objetivos do Guia é precisamente evitar resultados injustamente enviesados que possam prejudicar exatamente os já vulneráveis, o que impõe, dentre outras exigências, que os dados usados para treinar os sistemas de inteligência artificial sejam os mais inclusivos possíveis e representem diferentes grupos populacionais. Daí ser lastreado em quatro importantes princípios: (i) o respeito pela autonomia humana, (ii) a prevenção de danos, (iii) a justiça e (iv) a explicabilidade.

Apesar de todos os princípios serem interrelacionados, para efeitos do presente artigo, interessa especialmente o princípio da explicabilidade que, conectado ao princípio da justiça, é considerado crucial para a construção e a manutenção da confiança dos usuários nos sistemas de inteligência artificial. Isso significa que os processos devem ser transparentes e suscetíveis de comunicação aberta, assim como as decisões devem ser, na medida do possível, explicáveis para aqueles que são direta e indiretamente afetados por ela, até para que tenham condições de contestá-la, se for o caso.

Nesse ponto, o Guia reconhece que nem sempre é possível a explicação sobre as razões pelas quais o modelo gerou um particular resultado. Daí por que os casos de *black boxes* requerem particular atenção e a adoção de outras medidas de explicabilidade, tais como a rastreabilidade, a auditabilidade e a comunicação transparente sobre as capacidades dos sistemas. O grau de explicabilidade também depende do contexto e da severidade das consequências de resultados equivocados ou sem a devida acurácia.

Não é sem razão que o Guia está também alicerçado em sete exigências, que devem ser avaliadas continuamente ao longo de todo o ciclo de vida do sistema de inteligência artificial, dentre as quais se encontra a transparência, reiterando a relação entre esta e as já mencionadas metas de rastreabilidade, explicabilidade e comunicação.

No que diz respeito à primeira, ressalta o Guia que as bases de dados e os processos sejam documentados da melhor forma possível, assim como os processos decisórios, pois somente assim será possível identificar as razões pelas quais as decisões dos sistemas de inteligência artificial são erradas e prevenir erros futuros. Nesse sentido, a rastreabilidade promove auditabilidade e explicabilidade, vista esta última como a habilidade de explicar tantos os processos técnicos como as próprias decisões que podem trazer impactos sobre seres humanos.

A parte técnica da explicabilidade exige que as decisões dos sistemas de inteligência artificial possam ser compreendidas e rastreadas por seres humanos, assim como que as explicações sejam disponibilizadas em tempo adequado e de acordo com o grau de expertise daquele que será por ela afetado. Por mais que possam ocorrer *tradeoffs* entre a explicabilidade e a acurácia do sistema, isso não afasta a necessidade da explicabilidade.

Nesse ponto, o Guia ressalta a importância de se entender o grau com que um sistema de inteligência artificial influencia e molda o processo de decisão de uma organização e desenha suas escolhas. Daí sustentar que deve ser suscetível de explicação não apenas a racionalidade da implantação do sistema de inteligência artificial, como também o próprio modelo negocial.

Outro aspecto importante é que a transparência está diretamente relacionada à exigência de *accountability*, que tem também desdobramentos importantes sobre a possibilidade de auditagem (*auditability*) sobre os dados, os algoritmos e os processos de *design* dos sistemas de inteligência artificial.

Nesse ponto, o Guia tem o cuidado de ressaltar que tal abordagem não necessariamente implica que a informação sobre os modelos de negócios e a propriedade intelectual envolvida sejam sempre disponibilizadas abertamente. Para o Guia, a avaliação por auditores internos e externos e a disponibilização de tais relatórios de avaliação podem contribuir para a confiabilidade na tecnologia. Entretanto, em aplicações que afetam direitos fundamentais, os sistemas precisam ser abertos para uma auditoria independente.

A *accountability* também está relacionada à minimização de danos e ao reporte dos impactos negativos. Consequentemente, impõe para desenvolvedores e implementadores os deveres de identificar, avaliar, documentar e minimizar os potenciais impactos negativos dos sistemas de inteligência artificial, bem como se utilizarem de avaliações de impacto.

Para alcançar a *accountability*, o Guia igualmente reconhece que existem alguns *tradeoffs*. Entretanto, entende que estes precisam ser endereçados de maneira racional e metodológica, de acordo com o "estado da arte", a fim de que possam ser reconhecidos e avaliados, do ponto de vista axiológico, de acordo com o risco aos princípios éticos e aos direitos fundamentais.

O Guia é ainda categórico ao afirmar que, nas situações em que nenhum *tradeoff* puder ser considerado eticamente aceitável, a conclusão possível é a de que o desenvolvimento, a implantação e o uso do sistema de inteligência artificial não podem ser feitos dessa maneira. O Guia é também explícito a respeito do papel de quem pode tomar tal tipo de decisão, impondo a quem decide a obrigação de rever continuamente a adequação da sua decisão, a fim de assegurar mudanças necessárias que possam ser feitas no sistema, pois a *accountability* tem muito a ver com a capacidade do sistema de se corrigir diante da constatação de um impacto adverso e injusto.

Como se pode observar a partir da brevíssima síntese ora exposta, as Diretrizes da Comissão Europeia endereçam, de forma muito satisfatória, as principais preocupações a respeito da utilização crescente da inteligência artificial e tornam-se um excelente ponto de referência para as discussões em torno do assunto das *black boxes*, indicando caminhos interpretativos consistentes para que as leis gerais de proteção de dados possam ser efetivos mecanismos de transparência e inteligibilidade e não de reforço da opacidade algorítmica.

6. CONCLUSÃO

O presente trabalho teve como objetivo compreender como a interação entre direito e a tecnologia resulta em uma combinação para a criação das chamadas *black boxes*.

Primeiro apresentou-se os riscos trazidos pelas *black boxes* e pela opacidade algorítmica. Em seguida, analisou-se quais são os elementos que fazem dos sistemas algorítmicos um desafio especial ao direito. Em seguida, advertiu-se para o fato de que os mecanismos jurídicos ora existentes para lidar com a opacidade podem, de maneira quase paradoxal, funcionar para fechar a caixa preta de maneira ainda mais firme.

Identificou-se, assim, o dilema que se apresenta ao direito. Por um lado, o regime jurídico de proteção de dados pessoais funciona tanto como uma ferramenta para combater a opacidade, introduzindo a transparência no tratamento de dados pessoais, como também como o próprio meio de consolidação da assimetria informacional, constituída pela possibilidade de tratamento de dados anônimos e pela proteção à propriedade intelectual dos modelos algorítmicos.

Daí por que é importante a referência às Diretrizes Europeias sobre o tema, na medida em que apontam para soluções que, sem desconhecer os óbices técnicos e jurídicos – como o segredo de negócios – para assegurar a transparência de decisões algorítmicas, busca mapear os critérios essenciais para que se assegure o mínimo de inteligibilidade.

7. REFERÊNCIAS

AGRAWAL, A.; GANS, J. *Prediction machines*: the simple economics of artificial intelligence. Brighton: Harvard Business Press, 2018.

BALKIN, J. The Path of Robotics Law. *California Law Review Circuit*, v. 6, jun. 2015.

BROUSSARD, M. *Artificial unintelligence*. How computers misunderstand the world. Cambridge: The MIT Press, 2018.

CALO, R. Robotics and the Lessons of Cyberlaw. *California Law Review*, v. 103, n. 3, p. 513-563, jun. 2015.

CHEN, L.; MISLOVE, A.; WILSON, C. *An Empirical Analysis of Algorithmic Pricing on Amazon Marketplace*. 25th International Conference on World Wide Web. Montréal: International World Wide Web Conferences Steering Committee. 2016.

COMISSÃO EUROPEIA. *Orientações éticas para uma IA de confiança*. Grupo de peritos de alto nível sobre a inteligência artificial. Bruxelas. 2019.

DOMINGOS, P. *O Algoritmo Mestre*. São Paulo: Novatec, 2017.

DONEDA, D.; MENDES, L. S. Um perfil da nova Lei Geral de Proteção de Dados brasileira. *In:* BELLI, L.; CAVALLI, O. *Governança e regulações da Internet na América Latina*. Rio de Janeiro: FGV Direito Rio, 2018. p. 309-324.

EUBANKS, Virginia. *Automating inequality*. How high-tech tools profile, police, and punish the poor. New York: St. Martin's Press, 2017.

EXECUTIVE OFFICE OF THE PRESIDENT. *Preparing for the future of artificial intelligence*. National Science and Technology Council. Washington. 2016.

EZRACHI, A.; STUCKE, M. E. *Virtual Competition*. Cambridge: Harvard University Press, 2016.

FEDERAL TRADE COMISSION. *Data Brokers*. A Call for Transparency and accountability. Washington. 2014.

GILLIOM, J.; MONOHAN, T. *Supervision*: An introduction to the surveillance society. Chicago: Chicago University Press, 2013.

KARPATHY, A. A small team of student AI coders beats Google's machine learning code. *MIT Technology Review*, Cambridge, 10 ago. 2018.

KELLEHER, J. D.; TIERNEY, B. *Data science*. Cambridge: MIT Press, 2018.

O'NEIL, C. *Weapons of math destruction*: how big data increases inequality and threatens democracy. Nova York: Crown, 2016.

PASQUALE, F. *The Black Box Society*. Cambridge: Harvard University Press, 2015.

SCHERER, M. U. Regulating Artificial Intelligence Systems: Risks, Challenges, Competencies and Strategies. *Harvard Journal of Law & Technology*, v. 29, n. 2, 2016.

SCHNEIER, B. *Data and Goliath*. Nova York: W. W. Norton & Company, 2015.

SOLON, O. How a Book About Flies Came to Be Priced $24 Million on Amazon. *Wired*, 27 abr. 2011.

WACHTER-BOETTCHER, S. *Technically Wrong; Sexist Apps, biased algorithms and other threats of toxic tech*. Nova York: W. W. Norton & Company, 2017.

WARK, M. Capital is Dead. Is This something worse? Londres: Verso Books, 2019.

YEUNG, K. Algorithmic regulation: A critical interrogation. *Regulation & Governance*, v. 12, 2018.

ZARSKY, T. Z. Incompatible: The GDPR in the Age of Big Data. *Seton Hall Law Review*, v. 47, p. 995-1020, 2016.

ZUBOFF, S. *The Age of Surveillance Capitalism*. Nova York: PublicAffairs, 2019.

3
LEVANDO OS ALGORITMOS A SÉRIO

Flaviana Rampazzo Soares

Doutora e Mestre em Direito pela Pontifícia Universidade Católica do Rio Grande do Sul (PUC/RS). Especialista em Direito Processual Civil. Advogada e Professora.

1. CONSIDERAÇÕES INICIAIS

Inegavelmente vivencia-se uma revolução do conhecimento. A circulação da informação proporcionada pela tecnologia atual é um triunfo geoestratégico para quem o detém, na contemporaneidade. O exercício prático da inteligência humana desencadeou feitos de grandes impactos no modo de vida no planeta.

Se a internet é um legado das pesquisas posteriores à Segunda Guerra Mundial tendo como antecessora a rede Arpanet nos anos 1960, nos anos 1990 a *World Wide Web* (www) descortinou-se como um horizonte de crescimento das competências humanas, notadamente do conhecimento, nos mais diversos setores. Sucessivas ondas de aprimoramento ampliaram exponencialmente as potencialidades da rede, passando a ocupar grande parte da vida, cada vez mais conectada em volume, intensidade e complexidade.

A quantidade de atividades desenvolvidas ou incluídas no ambiente da internet evidenciou que, sem que certos atos ou decisões sejam automatizados, é *impossível* que o ser humano ou órgãos personificados consigam atender aos seus anseios ou objetivos nesse universo digital.

Em razão dessa necessidade, a inteligência humana foi capaz de desenvolver a inteligência artificial (IA), trazendo uma nova etapa de desenvolvimento na rede, parte já conhecida, parte antevista e outra desconhecida. Os algoritmos, e a própria IA, são onipresentes, prósperos, inevitáveis e invisíveis[1], além de apresentarem-se como uma proposta sedutora de automação, com a disseminação de facilidades e potencialidades sob infinitas dimensões e de alçarem-se como ferramentas automatizadas de auxílio aos atos praticados por meio da *internet*.

1. DOWEK, Gilles; ABITEBOUL, Serge. *The age of algorithms*. Cambridge: Cambridge University Press, 2020. p. 5-7.

Os algoritmos, no sentido figurado, constroem, decidem e percorrem caminhos digitais, determinando os trajetos de todos os sujeitos no ambiente digital, por meio da coleta, da comparação, de cálculos e de ações automatizadas, algumas mediante especificações predeterminadas, outras por intermédio de permissões de ações decorrentes de autoaprendizado do próprio sistema.

A IA tem possibilidades infinitas nas suas formas de atuação e na intensidade destas, tanto quanto o progresso da ciência e as necessidades humanas permitirem, e o direito atua para regular essa realidade, estabelecendo limites a movimentos virtuais juridicamente inadmissíveis.

A IA efetiva processos automatizados e, por esse meio, auxilia na escolha da melhor modalidade de transporte, tendo em vista variados critérios (tempo, preço, facilidade de acesso, etc.) e o trajeto que o usuário percorrerá ao sair de casa. Ela proporciona a sincronização de agendas, a efetivação de atos cibernéticos com maior rapidez; a realização de transações bancárias remotamente; a execução de cálculos complexos para diferentes fins, ou, ainda, a interpretação e o preenchimento de dados em inúmeras operações. Conforme Balkin, algoritmos podem contratar, projetar holograficamente pessoas, ameaçar, entreter, copiar, difamar, fraudar, advertir, consolar ou seduzir, em atividades que "ultrapassam as fronteiras entre o físico, o econômico, o social e o emocional", devendo-se atentar à "diversidade de usos que as tecnologias terão" e, consequentemente, à "de danos e ameaças" que elas podem representar[2].

Quanto mais complexa se torna a vida humana, mais desenvolvida a tecnologia, e quanto maior o número de atos, informações ou opções, maior será o peso dos algoritmos na tomada de decisões, o que se exemplifica nos *sites* de compras, que indicam produtos segundo o fator de busca especificado pelo consumidor, ou nos aplicativos de relacionamentos afetivos, que direcionam o interessado a determinados possíveis pretendentes, de acordo com características específicas previamente fornecidas ou detectadas. Algoritmos são artefatos técnicos utilitários, ajustados a determinadas necessidades e interesses. Eles podem poupar tempo do usuário e, ao mesmo tempo, orientar o seu comportamento, pois eles conhecem, com memória infinita e incansável, as suas preferências, gostos e características, bem como todos os seus dados.

A IA guardará informações e dados para uso posterior, com o propósito de facilitar o cotidiano do usuário, bem como para oferecer funcionalidades, benefícios e produtos ou serviços. Por outro lado, o desafio é o uso indesejável dessa tecnologia: quando sistemas de IA coletam dados, notadamente os sensíveis[3], que podem ser utilizados de forma a atingir indevidamente interesses juridicamente protegidos.

Os algoritmos são uma espécie de quadro em branco, que tem espaço tanto para o preenchimento correto quanto incorreto e, no *design* de interface em páginas da *web*

---

2. BALKIN, Jack M. The path of robotics law. *California Law Review Circuit*, v. 6, p. 45-60, jun. 2015. Trecho da p. 51. Disponível em: https://digitalcommons.law.yale.edu/fss_papers/5150/. Acesso em: 4 out. 2020.
3. De acordo com o art. 5°, II, da Lei Geral de Proteção de Dados Pessoais (LGPD – Lei n. 13.709/2018), dado pessoal sensível é aquele que diz respeito a "origem racial ou étnica, convicção religiosa, opinião política, filiação a sindicato ou a organização de caráter religioso, filosófico ou político, dado referente à saúde ou à vida sexual, dado genético ou biométrico, quando vinculado a uma pessoa natural".

ou em jogos, essa manipulação pode ter como base "padrões obscuros", que são opções que beneficiam um serviço *online* ao direcionar usuários a tomar decisões distintas das que seriam adotadas se fossem corretamente informados[4]. Atualmente, "o jogo e a venda de substâncias viciantes são altamente regulamentados, mas a manipulação e o vício *online* não, embora o manejo do comportamento na *web* esteja se tornando um modelo de negócio central da *internet*"[5].

Assim, dois questionamentos devem ser respondidos, partindo-se da premissa de que o uso da IA e de algoritmos deve estar submetido a controle, no âmbito do direito: (1) quais seriam as premissas que ensejariam algum tipo de controle? (2) quais são as ferramentas adequadas para esse fim?

Tem-se como hipóteses, à primeira pergunta, de que seria necessário legislar especificamente a respeito da matéria; que a regulamentação atualmente existente no Brasil é suficiente; que o controle de excessos deveria ser casuístico por meio de demandas judiciais específicas, promovidas por quem se sentisse prejudicado; que esse controle somente caberia a entes de fiscalização ou aqueles que possuem legitimidade para propositura de ações vinculadas a interesses metaindividuais ou que todas as opções são válidas.

Ademais, é necessário investigar quais seriam os principais princípios jurídicos a permear a atuação de algoritmos que alcançam a pessoa humana em seus interesses vinculados aos seus direitos de personalidade, com ênfase nos extrapatrimoniais.

A pesquisa de suporte a este texto contempla o método de abordagem dedutivo, assim como o dialético, de natureza aplicada e, na técnica de pesquisa, enfatiza-se a coleta doutrinária com abordagem qualitativa. O método de procedimento é o documental.

2. DEFINIÇÕES PRÉVIAS ESSENCIAIS

Para responder aos questionamentos expostos na introdução, é necessário esclarecer as definições de IA e de algoritmos, bem como os diferentes níveis intervenção humana presentes nos procedimentos algorítmicos.

No que diz respeito ao primeiro, IA é uma expressão polissêmica[6]. É o ramo da ciência destinado ao estudo de máquinas e sistemas para realizar atividades de modo autônomo. É também qualquer sistema computacional dotado de capacidades que imitam as habilidades intelectivas do humano na execução de tarefas, auxiliado por tecnologias variadas, que envolvem algoritmos.

Os algoritmos são uma série de instruções constituídas por fórmulas matemáticas, operações e tratamentos estatísticos que programam a execução de tarefas por uma unidade operacional (qualquer dispositivo tecnológico como, por exemplo, um com-

4. MATHUR, Arunesh, *et al. Dark Patterns at Scale*: Findings from a Crawl of 11K Shopping Websites. Disponível em: https://arxiv.org/pdf/1907.07032.pdf, acesso em 10 out. 2020.
5. MÜLLER, Vincent C. Ethics of Artificial Intelligence and Robotics. In: ZALTA, Edward N. (Ed.). *The Stanford Encyclopedia of Philosophy* (Winter 2020 Edition). Disponível em: https://plato.stanford.edu/archives/win2020/entries/ethics-ai/. Acesso em: 10 out. 2020.
6. Para uma visão ampla dos conceitos de IA, veja-se HIDALGO, Luis Amador. *Inteligencia artificial y sistemas expertos*. Córdoba: Universidad de Córdoba, 1996. p. 16-29.

putador) para, em curto espaço de tempo e com elevado grau de precisão, alcançar um determinado resultado[7]. Para atingir esse desiderato, os algoritmos avaliam dados e automatizam padrões analíticos, de modo que o próprio sistema rastreia, obtém, decompõe, combina, correlaciona, compila e analisa dados para, a seguir, executar uma operação, seja a previamente programada, seja outra que o sistema entenda ser a subsequente necessária, em razão da atuação do que se convencionou chamar de *machine learning*.

Em uma camada da *machine learning* está a espécie denominada de *deep learning*, o qual "orienta" máquinas para executarem determinadas atividades tal qual um ser humano as faria, considerando operações como, por exemplo, a identificação de locais, objetos, plantas, animais ou pessoas por meio de imagens; o reconhecimento de sons (como a fala de pessoas ou o canto de pássaros), ou o estabelecimento de padrões de acordo com decisões relacionadas a dados antecedentes.

Assim, além de uma atuação de algoritmo com compasso predeterminado e previsível, os sistemas de inteligência artificial são desenvolvidos com uma *capacidade de autoaprendizado* e, por isso, estão aptos a executar operações autonomamente em face de prévias escolhas automáticas, ou, em linguagem coloquial, de *tomar decisões* "resultantes de uma combinação de *inputs* de programação não originária"[8], que podem não ser necessariamente as mesmas para situações similares, porque esse caminho será trilhado pelo sistema de acordo com o resultado de uma *experiência* anterior[9].

Portanto, os algoritmos se aperfeiçoam conforme o maior número de conexões às quais são expostos, ainda que independentemente da intervenção humana na programação original. As decisões são efetivadas pelo sistema basicamente porque ele precisa executar uma operação, sendo que a escolha ou filtragem é atividade antecedente e necessária, ou seja, para alcançar um específico resultado, o algoritmo será o fator determinante para a definição da direção a trilhar e a executará (tendo a máquina como seu instrumento) e um ser humano pode razoavelmente desvelar ou antever qual será a decisão dessa máquina, embora não seja certo que o fruto do pensamento intuído pelo ser humano como uma possível decisão de um algoritmo necessariamente será o levado a efeito, em razão da aleatoriedade que é ínsita aos sistemas com autoaprendizado[10], bem como dos interesses envolvidos na configuração de um algoritmo.

---

7. HARKENS Adam. The Ghost in the Legal Machine/Algorithmic Governmentality, Economy, and the Practice of Law. *Journal of Information, Communication and Ethics in Society*, v. 16, n. 1, p. 16-31, 2018. DANAHER, John. The Threat of Algocracy: Reality, Resistance and Accommodation. *Philosophy & Technology*, v. 29, n. 3, p. 245-268, 2016.
8. FERREIRA, Ana Elisabete. Responsabilidade civil extracontratual por danos causados por robôs autónomos – breves reflexões. *Revista Portuguesa do Dano Corporal*, Coimbra: Imprensa da Universidade de Coimbra, n. 27, p. 39-63, dez. 2016. Trecho da p. 44.
9. "[...] os algoritmos baseados em *deep learning* são como uma caixa de pandora (*black-box*), simplesmente pelo fato de que programam a si mesmos e, portanto, não conhecem limites. Criadores de determinados algoritmos de *deep learning* admitem que não sabem como tais algoritmos realmente funcionam e como eles estão chegando aos resultados". PIRES, Thatiane Cristina Fontão Pires; PETEFFI DA SILVA, Rafael. A responsabilidade civil pelos atos autônomos da inteligência artificial: notas iniciais sobre a resolução do parlamento europeu. *Revista brasileira de Políticas Públicas*, Brasília, v. 7, n. 3, p. 238-254, dez. 2017. Trecho da p. 243.
10. SOARES, Flaviana Rampazzo. Veículos autônomos e responsabilidade por acidentes: trajetos possíveis e desejáveis no direito civil brasileiro. *In:* ROSENVALD, Nelson; DRESCH, Rafael de Freitas Valle; WESENDONCK, Tula. (Coord.). *Responsabilidade civil*: novos riscos. Indaiatuba: Editora Foco, 2019, p. 149-178, trecho da p. 154.

A própria explanação do conceito de algoritmo intuitivamente demonstra a existência de distintos níveis de incidência da tecnologia algorítmica, que vão desde sistemas que executam tarefas mais simples em operações que são semiautomatizadas, até aqueles que realizam atos mais complexos e com maior possibilidade de execução de autoaprendizado. Na atuação de um algoritmo, não há ação humana capaz de interferir sobre as operações concretizadas, porque a velocidade impressa não permite instantânea ativação, desativação, modificação ou reversão de alguma decisão e execução algorítmica, exceto quando um problema é detectado previamente, a permitir apenas a conduta preventiva ou a corretiva, para o futuro.

Especificadas as premissas conceituais necessárias ao entendimento deste texto, bem como expostos, na introdução, os benefícios da inteligência artificial, passa-se ao exame de alguns problemas e desafios decorrentes dessa tecnologia aplicada ao ambiente virtual, o que será visto no próximo tópico.

3. ALGUNS PROBLEMAS RELEVANTES

É certo que todo nível de automação no qual atua um algoritmo, contempla risco de dano, seja porque advém de uma funcionalidade necessária a ele não aportada por seu desenvolvedor (omissão), seja em razão da efetivação nefasta e juridicamente inaceitável de um algoritmo, de forma intencional (programada) ou não (v.g., a proveniente de *machine learning*).

Isso ocorre, por exemplo, quando um veículo autônomo não identifica, a tempo, um pedestre na pista de rodagem e o atropela; quando um equipamento hospitalar deixa de receber o comando para liberar determinada medicação ao paciente ou o comando é incorreto e executa inadequadamente uma intervenção; quando um algoritmo de uma agência de empregos discrimina indevidamente um candidato; quando há o indevido vazamento de dados pessoais; quando as preferências políticas ou sexuais de uma pessoa são expostas ou utilizadas para fins inadmissíveis; quando a IA serve para disseminar *fake news*.

É o programador quem define os parâmetros e dados sobre os quais um algoritmo trabalhará para alcançar determinados resultados, e o *deep learning* que permitirá igualmente essa atuação. Com isso, torna-se possível que certos valores prevaleçam sobre outros; que sejam completamente desconsiderados ou subavaliados. Dessa forma, distorções podem ocorrer.

Se, *v.g.*, alguém pretende buscar um tema específico para assistir a um documentário em uma plataforma *streaming*, como "primeira guerra mundial", e o seu algoritmo pode estabelecer desde critérios mais simples de exibição das opções, como "mais recente primeiro"; "por ordem alfabética", ou "melhor avaliado", até mais complexos e discutíveis, como "produzido pelo estúdio *x* primeiro, independentemente da data, e, a seguir, dos demais estúdios, com aleatoriedade de data de lançamento" ou "do estúdio *y* por último". Ainda, "produzidos pelo país *x* primeiro" e "produzido pelo país *y* por último"; "com relacionamentos afetivos de pessoas do mesmo gênero no enredo por último".

No primeiro critério, o usuário terá os lançamentos em primeiro lugar, que é um critério que pode ser aceitável, mas que também pode indicar um interesse comercial de promover os lançamentos. No penúltimo exemplo, tem-se uma situação de possível discriminação, racismo ou xenofobia, e, no último, uma inaceitável homofobia.

Mesmo que, por exemplo, um determinado resultado apareça na terceira página da lista de um site de busca, estatisticamente sabe-se que o usuário, ao encontrar opções suficientes na primeira página, dificilmente acessará a segunda página e raramente alcançará a terceira página[11].

Raciocine-se de uma outra forma: há uma vaga de emprego e trinta candidatas. As dez primeiras são jovens e buscam a primeira oportunidade de trabalho. Outras dez não são tão jovens, têm experiência anterior na função, têm filhos e as suas receitas são decisivas na composição da renda familiar, e as dez últimas são pessoas que estão próximas da idade de aposentadoria e que enfrentam uma diminuição da oferta de postos de trabalho.

É natural pensar que as três categorias de candidatas merecem uma oportunidade, mas a atuação de um algoritmo determina que apenas algumas serão chamadas para entrevistas, no máximo cinco. O algoritmo da empresa de recursos humanos poderá eliminar candidatas que tenham no currículo um trabalho anterior em uma empresa concorrente, pelo qual a primeira categoria não será atingida pelo algoritmo, ao passo que componentes das demais categorias podem ser sumariamente afastadas do processo seletivo, mesmo que sejam altamente competentes. Se, por outro lado, o critério do algoritmo for o de selecionar apenas quem tenha experiência, então a primeira categoria será integralmente excluída. Os critérios indicados são aceitáveis sob o enfoque jurídico, embora possa resultar na admissão de uma pessoa que não seja a mais competente de todas, caso o método de seleção fosse o "tradicional".

Porém, se o algoritmo, por atuação da programação ou de autoaprendizado (este tendo com base os resultados de seleções anteriores), passa a considerar como fator de manutenção ou de exclusão de um processo seletivo uma determinada etnia, gênero, orientação sexual, estado civil, ou outros critérios inadmissíveis porque representam uma injusta discriminação, isso não deverá ser tolerado e exigirá uma intervenção corretiva[12].

A lógica algorítmica é circular, pois tanto a sua ação quanto o seu aprimoramento dependem de interações entre o usuário e o algoritmo, nas quais aquele, por meio de seu comportamento, desencadeará uma atuação específica do algoritmo, que, por sua vez, influenciará o usuário, e assim sucessivamente. O algoritmo de autoaprendizagem cria

---

11. Vide SHELTON, Kelly. The value of search results rankings. *Forbes*, 30 out. 2017. Disponível em: https://www.forbes.com/sites/forbesagencycouncil/2017/10/30/the-value-of-search-results-rankings/#3cbb39b744d3. Acesso em: 4 out. 2020.

12. Veja-se o emblemático caso Amazon, que utilizou um algoritmo de autoaprendizagem em seus processos seletivos. O algoritmo analisou dados de contratação de dez anos e constatou a prevalência da contratação de homens. Com base na "leitura" dessa informação, especificou como requisito de contratação o gênero masculino, descartando currículos de mulheres. Identificado o problema, o algoritmo foi modificado para que o sistema desconsiderasse como fator de escolha o gênero do candidato (DASTIN, Jeffrey. Amazon scraps secret AI recruiting tool that showed bias against women. Reportagem publicada em 10/10/2018. Disponível em: https://www.reuters.com/article/us-amazon-com-jobs-automation-insight-idUSKCN1MK08G, acesso em 4 out. 2020).

padrões a partir de comparações sucessivas e pela identificação de correlações de dados, de acordo com as regularidades, avaliações e correspondências que vier a engendrar.

As diretrizes algorítmicas não se comparam às disposições legislativas ou regulamentares, pois estas são preceitos genéricos e abstratos de alcance geral, desprovidas de discriminações indevidas, decididas no âmbito estatal, que muito pouco levam em conta, em prol da igualdade e da imparcialidade, as situações particulares dos seus destinatários.

Como visto, deve-se levar os algoritmos a sério porque estes podem causar estragos de grandes proporções com impacto social, político, jurídico e financeiro, ao atuarem em escala geométrica e determinarem o que deve ser considerado ou descartado, o que há de preponderar ou não, o que será visto e o que não será exibido. Algoritmos tornam-se decisores e prescritores, aliados ou inimigos, a ponto de orientar o resultado de eleições[13] e determinar os rumos de movimentos sociais.

Embora a regulação tenha tanto como matéria-prima quanto como alvo os algoritmos, também estão em causa as condutas humanas daqueles que os programam, e suas consequências quanto aos que deles se utilizam e que por eles se deixam governar, o que se faz por meio da governança algorítmica "de humanos por humanos usando uma tecnologia particular de análise e tomada de decisão"[14].

O problema está posto, e alternativas devem ser buscadas. O caminho a trilhar deve ser o da regulamentação ou a legislação atual é suficiente para proteger a sociedade quanto aos riscos que os algoritmos "ruins" podem gerar? A possível resposta a essa pergunta depende de uma questão prévia, que é saber como permitir conhecer as entranhas algorítmicas para possibilitar o seu escrutínio jurídico, quando estão protegidas por direitos autorais.

4. A "CAIXA-PRETA" DOS ALGORITMOS

Os algoritmos são fruto da criação intelectual humana e, como tal, são passíveis de exploração econômica e proteção jurídica ao criador e ao detentor dos direitos de uso ou de exploração (Lei n. 9.609/1998). Se o benefício de um objeto tátil está na sua fruição pelo destinatário, nos sistemas algorítmicos as suas funcionalidades resultam de esforço criativo e executivo complexo e que exige capacitação específica, e isso é protegido.

Assim, também os códigos (fonte e objeto) que compõem um programa são tutelados juridicamente e seus titulares de criação ou dos direitos de exploração econômica geralmente recusam a transparência do seu conteúdo por meio da abertura dos dados de composição e atuação de um programa, em nome da proteção dos seus direitos vinculados às suas funcionalidades, que constituem um segredo de negócio.

13. O escândalo Cambridge Analytica demonstra essa afirmação. Sobre o tema: VLADECK, David. Facebook, Cambridge Analytica, and the Regulator's Dilemma: Clueless or Venal? *Harvard Law Review – Blog*, 2018. Disponível em: https://blog.harvardlawreview.org/facebook-cambridge-analytica-and-the-regulators-dilemma-clueless-or-venal/. Acesso em: 4 out. 2020.

14. BALKIN, Jack M. The three laws of robotics in the age of Big Data. (August 27, 2017). *Ohio State Law Journal*, v. 78, (2017), Forthcoming, *Yale Law School, Public Law Research Paper No. 592*. Disponível em: https://ssrn.com/abstract=2890965. Acesso em: 5 out. 2020. p. 10.

Algoritmos integram *softwares*, e, portanto, são expressões individualizadas e inapropriáveis da criatividade. A proteção autoral se estende às instruções que são estabelecidas, criadas e vertidas em códigos. Abrir os códigos ou permitir ações de engenharia reversa é prejudicial sob os ângulos econômico e de performance mercadológica, além de caracterizar violação de direito autoral, se não forem autorizadas por quem detiver a titularidade.

Por outro lado, construir uma caixa-preta e dentro dela colocar os algoritmos é perigoso. É preciso abrir um caminho a permitir controles e fiscalizações para que um algoritmo alcance objetivos aceitáveis juridicamente, bem como para correções de rumos que sejam consideradas necessárias. E esse alvo será atingido se, de alguma maneira, o seu conteúdo puder ser acessado, desvendado e testado. Com isso, o direito leva os algoritmos a sério.

O crucial é a construção de um modelo jurídico que respeite as finalidades que envolvem os segredos de mercado e os direitos autorais, e que permita uma correta proteção e promoção dos direitos e das garantias das pessoas atingidas pela atuação desses algoritmos. E o direito brasileiro não contempla atualmente nenhum modelo específico, o que se demonstrou ser necessário.

5. ALGUMAS PROPOSTAS VIÁVEIS: AUDITORIA E CERTIFICAÇÃO

Nesse ponto do texto, é possível concluir que a regulamentação é uma proposta conveniente e basilar, e o passo subsequente é o de especificar qual poderia ser o seu conteúdo admissível.

O primeiro aspecto a ressaltar é a impossibilidade de controle de todos os algoritmos presentes na sociedade. Mas, como os algoritmos não podem deixar de ser levados a sério, é essencial estabelecer quais deles poderiam estar sob uma necessária fiscalização e controle[15].

Para tanto, sugere-se que o critério para definir quais algoritmos devem estar nessa classe (de sujeitos a fiscalização e controle) tenha em conta o que dispõe o art. 2:102 dos Princípios Europeus da Responsabilidade Civil, que consagra maior ênfase de atenção quanto ao que diga respeito a interesses de maior valor, tais como vida e dignidade humana:

> *Art. 2:102. Interesses protegidos*
>
> (1) A extensão da proteção de um interesse depende da sua natureza; quanto mais valioso e mais precisa a sua definição e notoriedade, mais ampla será a sua proteção.
>
> (2) A vida, a integridade física ou psíquica, a dignidade humana e a liberdade gozam da proteção mais extensa.
>
> (3) Aos direitos reais, incluindo os direitos sobre coisas incorpóreas, é concedida uma ampla proteção.
>
> (4) Os interesses puramente econômicos ou as relações contratuais poderão ter menor proteção. Nesses casos, deve tomar-se em consideração, especialmente, a proximidade entre o agente e a pessoa

15. "O governo não irá estabelecer o respeito pelo direito se não conferir à lei alguma possibilidade de ser respeitada. Não será capaz de fazê-lo se negligenciar a única característica que distingue o direito da brutalidade organizada. Se o governo não levar os direitos a sério, é evidente que também não levará a lei a sério". DWORKIN, Donald. *Levando os direitos a sério*. Tradução de Nelson Boeira. São Paulo: Martins Fontes, 2002. p. 314.

ameaçada, ou o fato de o agente estar consciente de que causará danos, apesar de os seus interesses deverem ser necessariamente considerados menos valiosos do que os do lesado.

(5) A extensão da proteção poderá também ser afetada pela natureza da responsabilidade, de forma a que um interesse possa ser mais extensamente protegido face a lesões intencionais do que em outros casos.

(6) na determinação da extensão da proteção, devem também ser tomados em consideração os interesses do agente, especialmente na sua liberdade de ação e no exercício dos seus direitos, bem como o interesse público[16].

Assim, há três tópicos a sopesar:

– Quais são os dados coletados e avaliados pelos algoritmos;

– Quais são os resultados alcançados em razão da atuação dos algoritmos;

– Qual é a finalidade a ser atingida por parte de quem explora os algoritmos.

A partir deles, as perguntas a serem respondidas são as seguintes:

1ª) *natureza dos dados* - os dados coletados e avaliados pelos algoritmos são sensíveis; podem levar à obtenção de dados sensíveis ou podem alcançar resultados que atinjam prejudicialmente a vida, a liberdade, a integridade física ou psíquica, a intimidade, a vida privada, o moral ou a honra da pessoa alcançada pela operação do algoritmo?

2ª) *direitos atingidos* - a operação algorítmica afetou direitos da pessoa humana que contam com extensa proteção? Essa operação pode ensejar danos de grande expressão numérica quanto aos sujeitos atingíveis (número de pessoas) ou, independentemente da sua dimensão numérica, que sejam graves?

3ª) *finalidade* – a finalidade da atuação da operação algorítmica é proporcional ao resultado a ser alcançado e é admissível juridicamente?

Assim, parte-se do levantamento dos três tópicos mencionados acima, seguindo-se pela resposta às três perguntas formuladas. Se a resposta às duas primeiras for positiva e a da última for negativa, isso ensejará a imprescindível atuação da fiscalização e controle estatal, o que será designado como *algoritmo fiscalizável*.

Quanto a *quem* deve responder a essas perguntas, que diz respeito a quem seja legitimado a tanto, deve-se permitir que, de início, o próprio explorador do algoritmo seja o seu primeiro "corregedor" e deva necessariamente fazer essa análise inicial, em razão da incidência da presunção da boa-fé objetiva[17], sem prejuízo de que o Estado também a faça nos moldes de uma competência concorrente, para suscitar a passagem pelo procedimento que será sugerido adiante.

Estabelecida essa premissa, não se desconhecendo os desafios práticos e teóricos que a IA apresenta[18], parte-se para a forma pela qual essa intervenção pode ocorrer,

---

16. Texto extraído de: *Principles of European Tort Law – Text and Commentary*. New York: Sprinter, 2005. p. 30.

17. Advirta-se, porém, que empresas podem não ter propósitos virtuosos, e, deixando premissas éticas de lado, utilizar de expedientes questionáveis para atingir o objetivo de lucro. Inúmeros exemplos são analisados em PASQUALE, Frank. *The black box society*: the secret algorithms that control money and information. Cambridge: Harvard University Press, 2015. p. 108-113. A ideia de que a economia de mercado se autocorrigiria se mostrou uma falácia, segundo SEN, Amartya. Capitalism beyond the crisis. *The New York review of books*. v. 56, n. 5, 2009. Disponível em: http://www.nybooks.com/articles/archives/2009/mar/26/capitalism-beyond-the-crisis/ Acesso em: 12 out. 2020.

18. Vejam-se, por exemplo, as considerações sobre "a impotência estatal frente ao poder algorítmico" tecidas por FALEIROS JÚNIOR, José Luiz de Moura. *Administração pública digital*: proposições para o aperfeiçoamento do regime jurídico administrativo na sociedade da informação. Indaiatuba: Editora Foco, 2020. p. 84.

pois, conforme mencionado anteriormente, os legítimos interesses de quem explora os algoritmos e de quem por eles é atingido devem ser acomodados, na medida do possível.

Para esse segmento, utiliza-se a sugestão apresentada na Declaração de Montreal para um desenvolvimento responsável da inteligência artificial, segundo a qual algoritmos (fiscalizáveis) devem ser auditados e testados antes de serem implantados definitivamente[19].

Para assegurar a pluralidade das avaliações, convém que esse procedimento seja executado por técnicos diferentes daqueles envolvidos na programação, com conhecimentos especializados suficientes, reconhecidos e com atuação independente, admitindo-se a possibilidade de que seja efetivado por auditoria privada ou por uma agência reguladora, ambas aptas a certificar algoritmos que lidem com dados que ensejam fiscalização e controle, a conciliar a necessária limitação da exposição de segredos comerciais, com a compreensão e o monitoramento do mecanismo algorítmico[20].

Para atender ao dinamismo ínsito aos sistemas de IA, admite-se que as agências reguladoras haverão de implementar grande agilidade para imprimir a velocidade avaliatória necessária, diante da rapidez das modificações executadas em algoritmos e, por isso, auditorias independentes privadas podem ter maiores níveis de eficiência quanto a ligeireza indispensável ao atendimento dos anseios do mercado[21], ao menos para uma averiguação preliminar.

O Regulamento Geral de Proteção de Dados EU 2016/679 (RGPDe) prevê proteção aplicável ao processamento de dados pessoais efetivado por meio de operações automatizadas e manuais (considerando 15), além de enfatizar a necessidade de implantação de mecanismos de certificação, selos e marcas de proteção de dados, para promover a transparência e o cumprimento das suas disposições em termos de avaliação da medida dessa proteção, de modo a permitir aos seus titulares a apreciação quanto ao nível proporcionado pelo utilizador dos dados (considerando 100).

O RGPDe aborda essa certificação em ao menos cinco dos seus considerandos (ns. 77, 81, 100, 166 e 168) e, mais especificamente, o artigo 42 permite aos Estados-Membros, autoridades de controle ao Comitê e a Comissão a criação de procedimentos de certificação em matéria de proteção de dados, assim como os selos e marcas de proteção de dados que conferirão a comprovação da conformidade, os quais deverão ter em conta as necessidades específicas de micro, pequenas e médias empresas[22].

---

19. Disponível em: https://www.declarationmontreal-iaresponsable.com/la-declaration. A recomendação referida está em: https://www.declarationmontreal-iaresponsable.com/post/d%C3%A9voilement-de-la-d%C3%A9claration-de-montr%C3%A9al-pour-un-d%C3%A9veloppement-responsable-de-l-ia, acesso em 4 out. 2020.
20. WACHTER, Sandra; MITTELSTADT, Brent; FLORIDI, Luciano. Why a right to explanation of automated decision-making does not exist in the General Data Protection Regulation. *International Data Privacy Law*, v. 7, n. 2, p. 76-99, maio 2017.
21. Reconheça-se que "a transparência efetiva dos sistemas automatizados é complexa, pelas mudanças frequentes nos algoritmos que são usados. O Google, por exemplo, muda seu algoritmo centenas de vezes por ano (Tufekci *et al.* 2015)". Council of Europe, March 2018. Algorithms and Human Rights. Study on the human rights dimensions of automated data processing techniques and possible regulatory implications. p. 38. Disponível em: https://rm.coe.int/algorithms-and-human-rights-en-rev/16807956b5. Acesso em: 10 out. 2020.
22. Na LGPD brasileira, a certificação é estabelecida para a transferência internacional de dados pessoais (arts. 33 e 35).

Embora o RGPDe não trate diretamente de sistemas de IA, a certificação do processo de tratamento de dados pessoais nele prevista a estes pode ser aplicada. Aos sistemas de IA, deve ser facultativa para quem usa algoritmos não fiscalizáveis, e obrigatória para *algoritmos fiscalizáveis*, certificação essa que poderá ser concedida por prazo determinado ou ter o seu vencimento antecipado, se o algoritmo tiver atualização substancial, a ensejar nova certificação, a qual poderá ser revogada a qualquer tempo, tão logo seja identificado que o algoritmo esteja operando de modo indesejável.

Pagallo refere que uma proteção legislativa do usuário contempla a possibilidade de estabelecer um regime de presunções legais, a permitir que o Poder Judiciário reverta o ônus da prova em favor de quem é atingido pelo algoritmo[23], o que, no Brasil, é previsto no art. 6º, inc. VIII, do CDC.

A presunção de regularidade do sistema de AI e do próprio algoritmo certificado deve ser relativa, por atestar que foi identificado o emprego de práticas adequadas à mitigação dos riscos e verificação prévia de adequação (decorrentes da auditoria prévia realizada), embora não seja possível assegurar a sua infalibilidade, diante das inúmeras variáveis envolvidas, notadamente nos algoritmos dotados de autoaprendizado, os quais inegavelmente contemplam *risco inerente e acentuado de danos*. No caso de dados pessoais, a certificação de algoritmos também terá uma função de filtragem ética. Ademais, diante de todas as particularidades antes referidas, que envolvem a atuação algorítmica, é conveniente que a imputação de responsabilidade seja objetiva, e não subjetiva.

A aplicação de um mecanismo de certificação aprovado também pode servir para demonstrar o cumprimento das obrigações que incumbem ao responsável pelo tratamento (considerando 81 e artigos 24.°, n.° 3, e 25.°, n.° 3) e para permitir uma avaliação rápida do nível de proteção de dados oferecidos pelos produtos e serviços em questão (considerando 100)[24].

No Brasil, a ideia é a de implementação de uma agência reguladora que também poderá estar vinculada a Autoridade Nacional de Proteção de Dados (ANPD), a qual é regulamentada por meio do Decreto n. 10.474/2020[25] e poderá trazer maior eficiência a essa estrutura estatal, em face da correlação entre a LGPD e as operações efetivadas ou efetiváveis por meio de algoritmo.

O art. 1° do Anexo I do mencionado Decreto confirma a autonomia técnica e decisória da ANPD, como órgão integrante da Presidência da República, a qual "tem o objetivo de proteger os direitos fundamentais de liberdade e privacidade e o livre desenvolvimento da personalidade da pessoa natural, orientada pelo disposto na Lei nº 13.709, de 14 de agosto de 2018." A ANPD tem o poder de fiscalizar e aplicar san-

23. PAGALLO, Ugo. *The laws of robots*. Crimes, contracts and torts. Cham: Springer, 2013. p. 140.
24. GUIRAUD, Emilie. Le rôle de l'éthique dans la mise en place d'une certification pour l'utilisation d'algorithmes dans le système juridique. *Éthique Publique*, v. 21, n. 1, dez. 2019.
25. "Anexo I. Art. 1º. A Autoridade Nacional de Proteção de Dados – ANPD, órgão integrante da Presidência da República, dotada de autonomia técnica e decisória, com jurisdição no território nacional e com sede e foro no Distrito Federal, tem o objetivo de proteger os direitos fundamentais de liberdade e privacidade e o livre desenvolvimento da personalidade da pessoa natural, orientada pelo disposto na Lei 13.709, de 14 de agosto de 2018." A ANPD tem o poder de fiscalizar e aplicar sanções na hipótese de tratamento de dados realizado em descumprimento à legislação (inc. IV do mencionado art. 1º).

ções na hipótese de tratamento de dados realizado em descumprimento à legislação (inc. IV do mencionado art. 1°), o que também envolve a fiscalização das atividades desenvolvidas por algoritmos.

As sugestões apresentadas acima servem como medida preventiva quanto a erros no algoritmo que possam ser corrigidos (e de defesa do usuário caso ocorram danos). Se os problemas do algoritmo não puderem ser reparados, o algoritmo não poderá ser executado. No entanto, essa medida preventiva não servirá para reveses decorrentes de autoaprendizado, embora seja possível admitir a programação para previamente excluir determinados resultados (por exemplo, não utilizar fator de gênero como determinante na aplicação, como no caso da seleção de trabalhadores referido no tópico 3 deste texto). Para os danos decorrentes de *machine learning*, a atuação será fiscalizatória e corretiva *a posteriori*, sem prejuízo do dever de indenizar.

Essas medidas sugeridas (*de lege ferenda*) não deverão servir para eliminar a responsabilidade dos fornecedores, mas terão a finalidade de atuar preventivamente na tutela das pessoas que estão conectadas e que inexoravelmente terão suas vidas impactadas pela tecnologia, em medida cada vez mais intensa.

Estabelecidos esses pontos, enunciam-se os princípios que devem reger os sistemas de IA, em especial os algorítmicos, bem como os direitos individuais protegidos que especificamente justificam as proposições ora apresentadas, o que será objeto dos dois próximos tópicos.

6. PRINCÍPIOS QUE DEVEM NORTEAR A OPERAÇÃO DOS ALGORITMOS

A fixação de premissas deontológicas que nortearão a atividade algorítmica fiscalizável é medida necessária pois, nas palavras de Reale, "não é possível haver ciência não fundada em pressupostos". E, ainda de acordo com o referido jurista, o conhecimento de algo demanda a formulação de *juízos*, que vinculam logicamente um predicado a algo, cuja expressão verbal, escrita ou oral, designa-se como uma *proposição*[26].

Chegam-se aos *juízos* por meio de perguntas que envolvem a sua validade e o seu fundamento, que são sucessivos até que a resposta seja reduzida a ponto de não mais ser possível formular outros, momento em que se atingem os *princípios*, que são "verdades ou juízos fundamentais, que servem de alicerce ou de garantia de certeza a um conjunto de juízos", assim como "certas proposições que, apesar de não serem evidentes ou resultantes de evidências, são assumidas como fundantes da validez de um sistema particular de conhecimentos, como seus pressupostos necessários"[27].

A atividade algorítmica não pode ser exercida a qualquer custo, devendo ser enunciados os necessários freios éticos e jurídicos ao seu exercício, que se vinculam aos princípios. Conforme adverte Frazão, há um "capitalismo de vigilância" envolvendo o tema, o qual tem como principal objetivo o uso de dados como "produto" a ser processado

26. REALE, Miguel. *Filosofia do direito*. 19. ed. São Paulo: Saraiva, 1999. Trecho da p. 59 e afirmações das p. 59-60.
27. REALE, Miguel. *Filosofia ...*, *cit.*, p. 60-61.

por meio dos algoritmos[28] e essa atividade não pode ser exercida de forma desmedida e a qualquer custo.

Assim, esse raciocínio resulta na possível aplicação dos princípios que podem ser tidos como aptos nortearem o exercício das operações algorítmicas nos sistemas de IA, abaixo expostos.

a) Princípio da transparência: a transparência é essencial para que sejam conhecidas as premissas que ensejarão a efetivação as operações envolvendo algoritmos e os objetivos a serem alcançados por parte das empresas em seus respectivos segmentos, observado o referido no item n. 4 deste texto, e para que os usuários saibam exatamente *quais, quando, como, para quê* e *por quanto tempo* os seus dados são coletados, processados, utilizados, armazenados e monetizados[29].

Exemplifique-se com o R. 311-3-1-2 do *Code des relations entre le public et l'administration* francês (Decreto n. 2017-330, de 14 de março de 2017), segundo o qual os indivíduos que quiserem, devem solicitar que sejam comunicados das decisões relativas a si, tomadas pela administração pública com base no processamento algorítmico[30], e as respostas devem ser fornecidas de forma inteligível e sem infringir segredos protegidos legalmente. A resposta contemplará a finalidade deste processamento algorítmico, o grau e o modo de contribuição do processamento algorítmico para a tomada de decisão, quais foram os dados processados e as suas fontes, os parâmetros de processamento e, quando aplicável, a sua ponderação e a especificação das operações que foram realizadas[31], respeitando-se os direitos e interesses de quem explora os algoritmos, de forma compatibilizada.

b) Princípio da exatidão: diz respeito ao dever de fidedignidade dos elementos a considerar no emprego dos algoritmos.

c) Princípio da finalidade: representa a diretriz de que as informações devem ser utilizadas nos sistemas de IA para o atendimento de uma finalidade lícita e específica, conhecida do usuário, evitando-se excessos, insuficiências ou inadequações.

d) Princípios da precaução e da prevenção[32]*:* originalmente aplicados no direito ambiental, sendo que o primeiro trata da necessária adoção de condutas para evitar que

28. FRAZÃO, Ana. Fundamentos da proteção dos dados pessoais – noções introdutórias para a compreensão da importância da Lei Geral de Proteção de Dados. *In:* TEPEDINO, Gustavo; FRAZÃO, Ana; OLIVA, Milena Donato (Coord.). *Lei Geral de Proteção de Dados Pessoais e suas repercussões no direito brasileiro.* São Paulo: Thomson Reuters Brasil, 2019. Trecho da p. 27.
29. "A obrigação central dos fiduciários de informações digitais é que eles não podem agir como vigaristas - induzindo a confiança em seus usuários finais para obter informações pessoais e, em seguida, usando essas informações de maneiras que traem essa confiança e contrariam os interesses de seus usuários finais". BALKIN, Jack M. *The three laws..., cit.*, p. 24.
30. Disponível em: https://www.legifrance.gouv.fr/codes/section_lc/LEGITEXT000031366350/LEGISCTA000031367696/#LEGISCTA000031367696. Acesso em: 8 out. 2020.
31. BARRAUD, Boris. Les algorithmes au cœur du droit et de l'État postmoderne. *Revue Internationale de Droit des Données et du Numérique*, [S.l.], v. 4, p. 37-52, juil. 2018. ISSN 2553-6893.
32. DONEDA, Danilo; MONTEIRO, Marília de Aguiar. Proteção de dados pessoais enquanto direito fundamental e o direito fundamental à saúde – privacidade e *e-Health. In:* KEINERT, Tânia Margarete Mezzomo *et. al* (Org.). *Proteção à privacidade e acesso às informações em saúde:* tecnologias, direitos e ética. São Paulo: Instituto da Saúde. 2015. p. 160-161. Ver, igualmente, RUARO, Regina Linden. Direito fundamental à liberdade de pesquisa genética e à proteção de dados pessoais: os princípios da prevenção e da precaução como garantia do direito à vida privada. *Revista do Direito Público*, Londrina, v. 10, n. 2, p. 9-38, maio/ago. 2015.

a atuação de um algoritmo possa causar danos inadmissíveis, ao passo que o segundo circunscreve a indispensável aplicação de medidas destinadas a evitar o dano[33], o que, neste texto, é sugerido que seja efetivado por meio de fiscalização e correção prévia.

e) Princípio da segurança: aplicando-se o raciocínio da disciplina dos defeitos no CDC, tem-se que os algoritmos devem oferecer a *segurança que deles legitimamente se espera*. As informações dos usuários coletadas ou processadas pelos sistemas de IA, bem como o resultado da atuação algorítmica, notadamente os dados sensíveis, deve observar rigorosamente as regras que tratam da proteção e uso de dados (LGPD)[34], bem como os direitos fundamentais e os direitos de personalidade protegidos dos usuários, em especial os referidos neste texto. Quando se trata de um dever de segurança, é exigível que o serviço executado pelo algoritmo não cause ao usuário danos inadmissíveis ou inesperados, sendo aceitável que um padrão médio de cautela exigível seja rigoroso, no mínimo aquele que outro algoritmo com a mesma finalidade alcançaria sem causar danos ou atingir indevidamente mencionados direitos protegidos do usuário, mediante o emprego das melhores técnicas de segurança ao tempo da realização da atividade algorítmica, que é de risco inerente (art. 927, parágrafo único, do CC).

f) Princípio do acesso: é admissível que a relação entre o usuário e os responsáveis por sistemas de IA se desencadeie de forma dinâmica-colaborativa, propiciando que o usuário receba informações que permitam uma melhor compreensão quanto ao que é feito com os seus dados e de que modo eles impactam na atividade realizada em rede, suprimindo obstáculos impostos por operações prejudiciais que dificultem ou impeçam o alcance dos legítimos propósitos do seu uso.

g) Princípios da proporcionalidade e da adequação: as operações efetivadas por IA com o uso de algoritmos exigem uma atuação correta sob um critério de aferição objetivo, com proporcionalidade e adequação. Adequação, para ser capaz de atingir as finalidades lícitas tanto das empresas do segmento quanto as do usuário; e proporcionalidade, porque deve haver um equilíbrio entre os meios de utilizados pelos sistemas de IA e os fins desejados, rejeitando-se o excesso no emprego de meios para atingir os resultados.

h) Princípio da boa-fé objetiva: a boa-fé objetiva (e mesmo a teoria da autorresponsabilidade e a confiança) é princípio multifuncional (interpretativo, integrativo, de correção

33. Algumas vezes, os dois princípios poderiam ser aplicados conjuntamente, não obstante a lógica indicar que o princípio da precaução estaria mais distante de uma situação de dano efetivo do que o princípio da prevenção. Ver, a respeito, ALVES, Wagner Antônio. *Princípios da precaução e da prevenção no Direito Ambiental brasileiro*. São Paulo: Juarez de Oliveira, 2005. p. 119.

34. A Lei n. 13.709/2018 (Lei de proteção de dados pessoais) estabelece, em seu art. 5º, que é dado pessoal sensível aquele que trata sobre a saúde, a vida sexual, o dado genético ou biométrico vinculado a uma pessoa natural, e no art. 11, prevê que o tratamento dos dados pessoais sensíveis só poderá ocorrer mediante consentimento específico e para finalidade igualmente circunscrito quanto aos seus limites, ou independentemente de consentimento do titular quando for necessário para o cumprimento de obrigação legal ou regulatória pelo controlador; para tratamento compartilhado de dados para execução de políticas públicas regulamentadas por parte da administração pública; para realização de estudos por órgãos de pesquisa, com preferência para a anonimização de dados pessoais sensíveis; no exercício regular de direitos (inclusive os contratuais ou relativos a processo judicial, administrativo ou arbitral); na proteção da vida ou da incolumidade física do próprio titular ou de terceiros; no atendimento na área da saúde ou para garantia da prevenção à fraude e à segurança do titular, nos processos de identificação e autenticação de cadastro em sistemas eletrônicos (resguardados os direitos de informação sobre dados pessoais sob tratamento mencionados no art. 9º da Lei e exceto no caso de prevalecerem direitos e liberdades fundamentais do titular que exijam a proteção dos dados pessoais).

ou limitação, e criador de deveres jurídicos) que determina o proceder escorreito e legitimamente esperado de um honesto e leal agente[35] que exerce suas atividades por meio do algoritmo e que deve pensar em si, nos seus interesses, necessidades e objetivos, mas não pode desconsiderar o seu contexto, terceiros envolvidos, as circunstâncias envolvidas, ou as consequências da sua conduta em relação ao que o circunda, notadamente dos interesses legítimos do usuário que nele confia, tendo em vista uma atuação admissível quando pautada na honestidade[36].

Trata-se de um princípio utilizado para limitar ou corrigir um comportamento juridicamente inadmissível, abrangendo o exercício de direitos subjetivos, poderes e faculdades e irradia-se tanto aos direitos e obrigações, ações e pretensões dos figurantes da relação jurídica, quanto aos deveres anexos envolvidos (instrumentais ou laterais)[37].

i) Princípio da autodeterminação: esse princípio significa, em poucas palavras, a necessidade de reconhecimento do direito ao autogoverno do usuário em relação aos seus legítimos interesses, bem como o respeito à sua vontade, na maior e melhor medida possível. A autodeterminação pessoal não deve estar sujeita a ingerências alheias indevidas, embora o seu exercício possa ser restringido em razão dos direitos de outros, de legítimos interesses coletivos ou mesmo pela impossibilidade de exercício (pontual ou amplo; temporário ou permanente) dessa autodeterminação, por algum motivo juridicamente admissível. E a autodeterminação somente se exerce de modo adequado quando o usuário está adequadamente informado e pode de fato decidir.

j) Princípio da beneficência: esse princípio advém da bioética, e a sua adaptação resulta na vinculação de quem é responsável pela atividade algorítmica a uma atuação conforme o que lhe tenha sido autorizado ou consentido e do que lhe seja permitido, de modo a proporcionar o maior benefício e o menor risco possível ao usuário, diante das circunstâncias postas e admissíveis.

j) Princípio da não maleficência: esse princípio, igualmente oriundo da bioética, indica que o responsável pela atividade algorítmica não apenas deva promover um benefício justificável ao usuário, mas, sobretudo, não pode lhe fazer mal, diante da impossibilidade de instrumentalização deste. Como expressa o adágio latino *primum non nocere*, em primeiro lugar, o responsável não deve expor o usuário a riscos inúteis e tampouco lhe é permitido propositadamente prejudicá-lo ou utilizá-lo injustificadamente para alcançar um objetivo.

Lembre-se da máxima do *neminem laedere*, de não causar danos a outrem, respeitando os direitos deste[38]. Não causar danos a outrem é um dever jurídico genérico de feição

35. MARTINS-COSTA, Judith. *A boa-fé no direito privado:* sistema e tópica no processo obrigacional. São Paulo: Editora Revista dos Tribunais, 2000. p. 411.
36. "Os deveres acessórios de lealdade obrigam as partes a, na pendência contratual, absterem-se de comportamentos que possam falsear o objetivo do negócio ou desequilibrar o jogo das prestações por elas consignado." CORDEIRO, António Manuel da Rocha e Menezes. *Da boa-fé no direito civil*. Coimbra: Almedina, 2001. p. 606.
37. O art. 422 do CC refere a boa-fé, para pautar a conduta das partes na esfera contratual, delineando esse princípio se irradia em todo o encadeamento do processo contratual. Essa regra também se aplica aos atos jurídicos *stricto sensu*, em razão do art. 185 do CC. O art. 187 do CC aproxima a conduta juridicamente repreensível ao abuso de direito, ao estipular que a conduta manifestamente contrária à boa-fé é ilícita.
38. A respeito dos debates quanto à abrangência dessa máxima (se integra ou não um correlato dever de cuidado ou se seria apenas uma determinação genérica de respeitar os direitos alheios), ver BANDEIRA, Luiz Octávio Villela de Viana. *As cláusulas de não indenizar no direito brasileiro*. São Paulo: Almedina, 2016 (Capítulo 3.1).

negativa, que se acentua nos casos de usuários hipervulneráveis, notadamente crianças e adolescentes, idosos ou doentes, com base no dever de cuidado.

Expostos os princípios que podem ser considerados como fundantes da atividade algorítmica, passa-se à breve menção da gênese protetiva que cerca o seu usuário e que foi considerada para a apresentação das proposições contidas neste texto.

7. GÊNESE DO DEVER DE PROTEÇÃO NA DIGNIDADE DA PESSOA HUMANA, NA PROTEÇÃO DE DADOS, NA INTIMIDADE E NA VIDA PRIVADA DA PESSOA

A dignidade da pessoa humana é expressão que representa tanto a *base fundante* dos aspectos estruturantes desta quanto um *objetivo a ser alcançado*. Ela alicerça e justifica os direitos fundamentais, e o art. 1º, III, da Constituição Federal prevê que esse *super-princípio*, balizador do constitucionalismo atual[39], é fundamento e valor a ser promovido e respeitado.

Não obstante a fluidez tanto da expressão em si, quanto do conceito, a dignidade é regularmente tida como qualidade intrínseca, construída tendo como base a razão e consciência particulares da natureza humana (caracterizada pela peculiar capacidade de agir, conscientemente, sobre o mundo e de interagir, criativamente, com o meio em que a pessoa vive, do modo que entender mais conveniente e segundo a sua vontade e capacidade[40]).

Essa qualidade assume uma configuração dúplice, para garantir a proteção contra indevidas ingerências externas alheias danosas e para fomentar condições tendentes ao seu respeito e promoção, pois os seres humanos devem ser tratados com a devida consideração, de modo a não serem admitidas condutas degradantes ou desumanas. Tanto a proteção quanto a promoção mencionadas, no que diz respeito às operações algorítmicas, têm em vista o feixe da liberdade pessoal, pois esta se enuncia com a finalidade de garantir a autonomia ética pessoal; o exercício de direitos subjetivos e de direitos potestativos em harmonia com outros interesses relevantes, tais como os sociais[41].

A contribuição dos ideais e do substrato da dignidade humana ao tema objeto deste texto é inegável, porquanto a igualdade substancial determina que seja assegurada a pluralidade por meio da não discriminação arbitrária, o respeito ao direito de

39. PIOVESAN, Flávia. *Direitos humanos e o direito constitucional internacional*. 8. ed. São Paulo: Saraiva, 2007. p. 30-31.

40. Há que se registrar que alguns defendem uma concepção mais ampla de dignidade, não restrita à pessoa humana, capaz de incluir os animais e a defesa de seus direitos, e as próprias questões ligadas ao meio ambiente. O propósito, aqui, em razão do problema proposto, é restringir o estudo da dignidade em relação à condição humana.

41. Essa ilação está em BODIN DE MORAES, Maria Celina. O Conceito de Dignidade Humana: substrato axiológico e conteúdo normativo. *In:* SARLET, Ingo Wolfgang (Org.). *Constituição, Direitos Fundamentais e Direito Privado*. Porto Alegre: Livraria do Advogado, 2003. p. 119. Antônio Junqueira de Azevedo especifica os quatro eixos estruturantes da dignidade humana: "com esse fundamento antropológico, a dignidade da pessoa humana como princípio jurídico pressupõe o imperativo categórico da intangibilidade da vida humana e dá origem, em sequência hierárquica, aos seguintes preceitos: 1) respeito à integridade física e psíquica das pessoas; 2) consideração pelos pressupostos materiais mínimos para o exercício da vida; e 3) respeito às condições mínimas de liberdade e convivência social igualitária". AZEVEDO, Antônio Junqueira de. Caracterização jurídica da dignidade da pessoa humana. *Revista da Faculdade de Direito da Universidade de São Paulo*, São Paulo, n. 53, p. 90-101, mar./maio 2002, trecho extraído da p. 100.

autodeterminação pessoal do usuário, que somente pode exercê-lo se tiver informações suficientes e eficientes quanto aos usos reais de seus dados e informação, garantindo-se a possibilidade de escolha e de tomada de decisões que sejam admissíveis sob os enfoques prático e jurídico.

Da dignidade humana, emergem a privacidade, a honra, a imagem, a identidade pessoal e a proteção de dados pessoais, dentre outros atributos da pessoa humana que são essenciais ao livre desenvolvimento da sua personalidade, ao qual releva, ainda, o poder de autodeterminação do seu titular[42].

A Declaração Universal dos Direitos Humanos prevê que nenhuma pessoa pode ser "objeto de ingerências arbitrárias em sua vida privada", ou de ofensas "à sua honra ou à sua reputação" (art. 12)[43] e a Constituição Federal brasileira protege os direitos da personalidade, por meio da proteção da dignidade humana conferida pelo antes mencionado artigo 1º, III.

E, se os dados pessoais integram a categoria dos direitos de personalidade, os mesmos gozam de ampla proteção constitucional[44], além decorrerem da privacidade e vida privada, sendo que ambas igualmente são albergadas com a mais ampla proteção, por serem *invioláveis* (nesta exata palavra contida no texto da regra constitucional do art. 5º, X). Disso decorre que as operações efetivadas ou executáveis por meio da IA devem ser objeto do devido escrutínio jurídico.

O Marco Civil da Internet (Lei 12.965/2014), em seu art. 3º, reconhece como princípio da disciplina do uso da *internet*, lado a lado com a proteção da privacidade (inciso II) e a proteção aos dados pessoais, na forma da lei (inciso III).

Ainda que a proteção de dados pessoais, a vida privada e a intimidade digam respeito a diferentes elementos constituintes da personalidade humana[45], todas são vinculadas e merecem proteção, a qual deverá ser sopesada e ajustada considerando outros interesses merecedores de respeito, em atividade que exigirá constante conformação sob o enfoque jurídico, o que se vê, por exemplo, no texto do art. 13, § 2º, do Decreto n. 8.771/2016, que regulamentou o MCI, segundo o qual os provedores de conexão e aplicações "devem reter a menor quantidade possível de dados pessoais, comunicações privadas e registros de conexão e acesso a aplicações", os quais devem ser eliminados quando for alcançada a finalidade de seu uso, ou ao término do prazo legal.

42. SOUSA, Rabindranath Capelo de. *O direito geral de personalidade*. Coimbra: Coimbra Editora, 1995, p. 356-357.
43. "Nesse sentido, há consenso em torno da ideia de ser a privacidade um princípio fundamental na moderna legislação sobre os Direitos Humanos, dado que é protegida em nível internacional por meio de pelo menos três instrumentos essenciais - também para o caso brasileiro, designadamente, a Declaração Universal dos Direitos Humanos, o Pacto Internacional sobre os Direitos Civis e Políticos (PIDCP) e a Convenção Americana de Direitos Humanos (Pacto de São José da Costa Rica), sem prejuízo de outros documentos, da convenção Europeia de Direitos do Homem, e por último, tendo em conta sua relevância, da Carta Europeia de Direitos Fundamentais." SARLET, Ingo Wolfgang; KEINERT, Tania Margarete Mezzomo. O direito fundamental à privacidade e as informações em saúde: alguns desafios. *In:* KEINERT, Tânia Margarete Mezzomo *et al* (Org.). *Proteção à privacidade e acesso às informações em saúde*: tecnologias, direitos e ética. São Paulo: Instituto da Saúde. 2015. p. 113-145. Trecho extraído da p. 118.
44. BIONI, Bruno Ricardo. *Proteção de dados pessoais:* a função e os limites do consentimento. Rio de Janeiro: Forense, 2019. p. 65-66.
45. SOARES, Flaviana Rampazzo; MARTINS, Guilherme Magalhães. Proteção de dados pessoais em e-saúde: seu confronto com a utilidade do fornecimento e uso de dados em aplicativos para dispositivos móveis. *Revista de Direito do Consumidor*, São Paulo, v. 130, p. 1-27, jul./ago. 2020.

Reitere-se, por fim, que produtos ou serviços defeituosos não devem ser oferecidos aos usuários, pois o CDC prevê que a segurança legitimamente esperada deve ser atendida e, aos que não estão sob a regência do CDC, o parágrafo único do art. 927 do CC estabelece a responsabilidade sob imputação objetiva de quem normalmente desempenhar atividades que, por natureza, impliquem riscos aos direitos de outrem, que é o caso das algorítmicas sujeitas a controle e fiscalização.

8. MEIOS DE PROTEÇÃO DOS USUÁRIOS: A TUTELA METAINDIVIDUAL NA PREVENÇÃO E NA INDENIZAÇÃO POR DANOS

Tendo em vista que os algoritmos obram sobre o tráfego exponencial de dados, e que o número de usuários envolvidos nessa atividade é copioso, na hipótese de violação dos direitos dessas pessoas, há necessidade de pensar em remédios eficientes de proteção, e a tutela coletiva se apresenta como um meio de atribuir efetividade em larga escala quanto a essa necessária salvaguarda, atuando tanto para buscar evitar danos quanto para sustá-los, além de permitir que eventual pretensão indenizatória possa ser exercida ou que medidas de outras ordens sejam efetivadas, tais como a tutela inibitória ou qualquer outra com a finalidade de prevenir ou sustar danos.

Assim, entende-se que é na seara da defesa dos interesses metaindividuais que as providências para evitar ou para suprimir uma incorreta atuação algorítmica encontram terreno fértil, tanto na esfera extraprocessual quanto na processual. Na primeira, sobressaem os inquéritos civis que podem culminar na celebração de termos de ajustamento com o estabelecimento de obrigações aos responsáveis ou executores de algoritmos ou, na segunda, por meio da sistemática dos processos estruturais, que ensejam a aplicação, aos litígios complexos (como são os vinculados a algoritmos), de uma tutela processual maleável no tocante a fase de cumprimento, para permitir tanto efetividade quanto organização das atividades a serem realizadas para este fim.

Os interesses difusos e os coletivos são objeto de previsão normativa, e, no que diz respeito ao conteúdo deste texto, releva a ação civil pública (art. 129, inc. III), cujo reconhecimento da importância jurídica na ordem jurídica infraconstitucional brasileira é especialmente extraído dos textos do CDC (art. 6º, incisos VI e VII, e art. 81, parágrafo único, e incisos I, II e III) e da Lei da Ação Civil Pública – LACP (art. 1º, inciso IV, e art. 21), e o seu exercício pode decorrer do ajuizamento de ação civil pública ou ação coletiva, não obstante o CDC disponha, em seu art. 83, que a defesa de direitos protegidos pode ser exercida por "todas as espécies de ações capazes de propiciar a sua adequada e efetiva tutela".

O Poder Público costuma ser o ator do exercício de uma proteção efetiva aos usuários, em larga escala, ao adotar medidas processuais e extraprocessuais, por intermédio dos seus órgãos ou agentes legitimados ao ajuizamento de ação civil pública (especialmente o Ministério Público e Defensoria Pública).

Por fim, deve-se pensar na possibilidade de que usuários que experimentem danos decorrentes de uma aplicação indevida de IA possam ser indenizados, o que pode ocorrer não apenas pela via tradicional por parte do responsável pelo dano, prevista tanto no CC quanto no CDC, quanto pelo desenvolvimento e regulamentação de outras modalidades eficientes, como os fundos indenizatórios ou os seguros obrigatórios de responsabilidade, cujos recursos podem ser aportados pelos agentes de mercado que mais se utilizam dos algoritmos e que deles auferem lucros.

Os aspectos mencionados neste item do texto são relevantes, mas, diante dos seus limites intrínsecos, não poderão aqui ser aprofundados.

Expostos os principais aspectos quanto ao tópico, passam-se às considerações conclusivas.

9. CONSIDERAÇÕES FINAIS

No decorrer deste texto foi possível constatar que os algoritmos precisam ser levados a sério, em especial porque, embora constituam ferramenta importante ao desenvolvimento das atividades no ambiente da *web*, não podem ser utilizados em desconformidade com o ordenamento jurídico brasileiro.

Conquanto se admita que são inúmeros os desafios para conciliar o desenvolvimento tecnológico e a proteção da pessoa humana em seus direitos, notadamente sob o enfoque do necessário resguardo do livre desenvolvimento da personalidade, da dignidade da pessoa humana, da proteção de dados, da intimidade e da vida privada, e, por outro lado, os legítimos anseios dos fornecedores atuantes no mercado, esforços devem ser conjugados no sentido de apresentar proposições para auxiliar o alcance desse objetivo conciliatório.

Verificou-se que a IA, em especial os algoritmos, deve ser fiscalizada e, constatado o descompasso entre a atuação desenvolvida sob essa tecnologia, está sujeita a controle pelo direito, sob princípios e regras jurídicas. Esse arcabouço principiológico que envolve o tema é capaz de auxiliar na busca pelos caminhos a seguir.

A regulamentação torna-se necessária no sentido de estabelecer meios de fiscalização e controle, pois a legislação vigente no Brasil desvela a proteção jurídica reconhecida aos direitos fundamentais, em especial os direitos de personalidade indicados no item n. 6.

Afirmou-se no texto que o controle de excessos na operação algorítmica é mais acentuado quando for identificada uma relevante dimensão qualitativa de pessoas e quantitativa de dados envolvidos, notadamente os vinculados a direitos que merecem extensa proteção, permitindo-se a atuação com vistas a promoção e defesa dos interesses metaindividuais, sem prejuízo das demandas individuais, judiciais ou extrajudiciais, promovidas por quem detenha legitimidade no primeiro segmento, ou se sinta prejudicado, no segundo.

Nesse passo, sustentou-se que há princípios a serem observados, assim como existem alguns caminhos que poderão auxiliar na fiscalização da atividade desenvolvida pela IA que envolva atuação algorítmica, notadamente com a finalidade de prevenir danos.

Caso esses prejuízos ocorram, o ordenamento jurídico deve estar apto a, por um lado, não fazer incidir um peso desmedido sobre quem não foi capaz de prever uma atuação algorítmica anômala, e, por outro, assegurar que as pessoas atingidas possam ser indenizadas ou que tenham à disposição (diretamente ou por meio da atuação do Poder Público) ferramentas aptas a elidir ou reduzir danos.

10. REFERÊNCIAS

ALGORITHMS AND HUMAN RIGHTS. Study on the human rights dimensions of automated data processing techniques and possible regulatory implications. *Council of Europe*, March 2018. Disponível em: https://rm.coe.int/algorithms-and-human-rights-en-rev/16807956b5, acesso em 10 out. 2020.

ALVES, Wagner Antônio. *Princípios da precaução e da prevenção no Direito Ambiental brasileiro*. São Paulo: Juarez de Oliveira, 2005.

AZEVEDO, Antônio Junqueira de. Caracterização jurídica da dignidade da pessoa humana. *Revista da Faculdade de Direito da Universidade de São Paulo*, São Paulo, n. 53, p. 90-101, mar./maio 2002.

BALKIN, Jack M. The path of robotics law. *California Law Review Circuit*, v. 6, p. 45-60, jun. 2015. Disponível em: https://digitalcommons.law.yale.edu/fss_papers/5150/. Acesso em: 4 out. 2020.

BALKIN, Jack M. The three laws of robotics in the age of Big Data. (August 27, 2017). *Ohio State Law Journal*, v. 78, (2017), Forthcoming, *Yale Law School, Public Law Research Paper No. 592*. Disponível em: https://ssrn.com/abstract=2890965. Acesso em: 5 out. 2020.

BANDEIRA, Luiz Octávio Villela de Viana. *As cláusulas de não indenizar no direito brasileiro*. São Paulo: Almedina, 2016.

BARRAUD, Boris. Les algorithmes au cœur du droit et de l'État postmoderne. *Revue Internationale de Droit des Données et du Numérique*. [S.l.], v. 4, p. 37-52, jul. 2018.

BIONI, Bruno Ricardo. *Proteção de dados pessoais:* a função e os limites do consentimento. Rio de Janeiro: Forense, 2019.

BODIN DE MORAES, Maria Celina. O Conceito de Dignidade Humana: substrato axiológico e conteúdo normativo. *In:* SARLET, Ingo Wolfgang (Org.). *Constituição, Direitos Fundamentais e Direito Privado*. Porto Alegre: Livraria do Advogado, 2003.

CORDEIRO, António Manuel da Rocha e Menezes. *Da boa-fé no direito civil*. Coimbra: Almedina, 2001.

DANAHER, John. The threat of algocracy: reality, resistance and accommodation. *Philosophy & Technology*, v. 29, n. 3, p. 245-268, 2016.

DASTIN, Jeffrey. Amazon scraps secret AI recruiting tool that showed bias against women. *Reuters*, 10 out. 2018. Disponível em: https://www.reuters.com/article/us-amazon-com-jobs-automation-insight-idUSKCN1MK08G, acesso em 4 out. 2020.

DONEDA, Danilo; MONTEIRO, Marília de Aguiar. Proteção de dados pessoais enquanto direito fundamental e o direito fundamental à saúde – privacidade e *e-Health*. *In*: KEINERT, Tânia Margarete Mezzomo *et. al* (Org.). *Proteção à privacidade e acesso às informações em saúde*: tecnologias, direitos e ética. São Paulo: Instituto da Saúde. 2015. p. 160-161.

DOWEK, Gilles; ABITEBOUL, Serge. *The age of algorithms*. Cambridge: Cambridge University Press, 2020.

DWORKIN, Donald. *Levando os direitos a sério*. Tradução de Nelson Boeira. São Paulo: Martins Fontes, 2002.

FALEIROS JÚNIOR, José Luiz de Moura. *Administração pública digital*: proposições para o aperfeiçoamento do regime jurídico administrativo na sociedade da informação. Indaiatuba: Editora Foco, 2020.

FERREIRA, Ana Elisabete. Responsabilidade civil extracontratual por danos causados por robôs autónomos – breves reflexões. *Revista Portuguesa do Dano Corporal*, Coimbra: Imprensa da Universidade de Coimbra, n. 27, p. 39-63, dez. 2016.

FRAZÃO, Ana. Fundamentos da proteção dos dados pessoais – noções introdutórias para a compreensão da importância da Lei Geral de Proteção de Dados. *In:* TEPEDINO, Gustavo; FRAZÃO, Ana; OLI-

VA, Milena Donato (Coord.). *Lei Geral de Proteção de Dados Pessoais e suas repercussões no direito brasileiro*. São Paulo: Thomson Reuters Brasil, 2019. p. 23-52.

GUIRAUD, Emilie. Le rôle de l'éthique dans la mise en place d'une certification pour l'utilisation d'algorithmes dans le système juridique. *Éthique publique*, v. 21, n. 1, dez. 2019. Disponível em: http://journals.openedition.org/ethiquepublique/4429. Acesso em: 3 out. 2020.

HARKENS Adam. The Ghost in the Legal Machine/Algorithmic Governmentality, Economy, and the Practice of Law. *Journal of Information, Communication and Ethics in Society*, v. 16, n. 1, p. 16-31, 2018.

HIDALGO, Luis Amador. *Inteligencia artificial y sistemas expertos*. Córdoba: Universidad de Córdoba, 1996.

MARTINS-COSTA, Judith. *A boa-fé no direito privado:* sistema e tópica no processo obrigacional. São Paulo: Editora Revista dos Tribunais, 2000.

MATHUR, Arunesh, *et al. Dark Patterns at Scale*: Findings from a Crawl of 11K Shopping Websites. Disponível em: https://arxiv.org/pdf/1907.07032.pdf. Acesso em: 10 out. 2020.

MÜLLER, Vincent C. Ethics of Artificial Intelligence and Robotics. *In:* ZALTA, Edward N. (Ed.). *The Stanford Encyclopedia of Philosophy* (Winter 2020 Edition). Disponível em: https://plato.stanford.edu/archives/win2020/entries/ethics-ai/. Acesso em: 10 out. 2020.

PAGALLO, Ugo. *The laws of robots*. Crimes, contracts and torts. Cham: Springer, 2013.

PASQUALE, Frank. *The black box society*: the secret algorithms that control money and information. Cambridge: Harvard University Press, 2015.

PIOVESAN, Flávia. *Direitos humanos e o direito constitucional internacional*. 8. ed. São Paulo: Saraiva, 2007.

PIRES, Thatiane Cristina Fontão Pires; PETEFFI DA SILVA, Rafael. A responsabilidade civil pelos atos autônomos da inteligência artificial: notas iniciais sobre a resolução do parlamento europeu. *Revista brasileira de Políticas Públicas*, Brasília, v. 7, n. 3, p. 238-254, dez. 2017.

PRINCIPLES OF EUROPEAN TORT LAW. *Text and Commentary*. New York: Sprinter, 2005.

REALE, Miguel. *Filosofia do direito*. 19. ed. São Paulo: Saraiva, 1999.

RUARO, Regina Linden. Direito fundamental à liberdade de pesquisa genética e à proteção de dados pessoais: os princípios da prevenção e da precaução como garantia do direito à vida privada. *Revista do Direito Público*, Londrina, v. 10, n. 2, p. 9-38, maio/ago. 2015.

SHELTON, Kelly. The value of search results rankings. *Forbes*, 30 out. 2017. https://www.forbes.com/sites/forbesagencycouncil/2017/10/30/the-value-of-search-results-rankings/#3cbb39b744d3. Acesso em: 4 out. 2020.

SARLET, Ingo Wolfgang; KEINERT, Tania Margarete Mezzomo. O direito fundamental à privacidade e as informações em saúde: alguns desafios. *In*: KEINERT, Tânia Margarete Mezzomo *et. al* (org.). *Proteção à privacidade e acesso às informações em saúde: tecnologias, direitos e ética*. São Paulo: Instituto da Saúde. 2015. p. 113-145.

SEN, Amartya. Capitalism beyond the crisis. *The New York review of books*. v. 56, n. 5, 2009. Disponível em: http://www.nybooks.com/articles/archives/2009/mar/26/capitalism-beyond-the-crisis/. Acesso em: 12 out. 2020.

SOARES, Flaviana Rampazzo; MARTINS, Guilherme Magalhães. Proteção de dados pessoais em e-saúde: seu confronto com a utilidade do fornecimento e uso de dados em aplicativos para dispositivos móveis. *Revista de Direito do Consumidor*, São Paulo, v. 130, p. 1-27, jul./ago. 2020.

SOARES, Flaviana Rampazzo. Veículos autônomos e responsabilidade por acidentes: trajetos possíveis e desejáveis no direito civil brasileiro. *In:* ROSENVALD, Nelson; DRESCH, Rafael de Freitas Valle;

WESENDONCK, Tula. (Coord.). *Responsabilidade civil*: novos riscos. Indaiatuba: Editora Foco, 2019, p. 149-178.

SOUSA, Rabindranath Capelo de. *O direito geral de personalidade*. Coimbra: Coimbra Editora, 1995.

VLADECK, David. Facebook, Cambridge Analytica, and the Regulator's Dilemma: Clueless or Venal? *Harvard Law Review* – Blog, 2018. Disponível em: https://blog.harvardlawreview.org/facebook-cambridge-analytica-and-the-regulators-dilemma-clueless-or-venal/. Acesso em: 4 out. 2020.

WACHTER, Sandra; MITTELSTADT, Brent; FLORIDI, Luciano. Why a right to explanation of automated decision-making does not exist in the General Data Protection Regulation. *International Data Privacy Law*, v. 7, n. 2, p. 76-99, maio 2017.

4
ENTRE AS LEIS DA ROBÓTICA E A ÉTICA: REGULAÇÃO PARA O ADEQUADO DESENVOLVIMENTO DA INTELIGÊNCIA ARTIFICIAL

Caitlin Mulholland

Professora Associada do Departamento de Direito da PUC-Rio. Coordenadora do Grupo de Pesquisa DROIT - Direito e Tecnologia. Doutora em Direito Civil (UERJ). Pesquisadora do Legalite PUC-Rio.

Isabella Z. Frajhof

Doutoranda e Mestre em Teoria do Estado e Direito Constitucional do Programa de Pós-Graduação em Direito na Pontifícia Universidade Católica do Rio de Janeiro (PUC-Rio); Integrante do grupo de pesquisa DROIT (Direito e Novas Tecnologias). Pesquisadora do Legalite PUC-Rio.

1. INTRODUÇÃO

"– De fato – replicou Powell, amargurado.

– Ele é um robô raciocinante. Maldito seja! Só acredita em raciocínio lógico. E há uma dificuldade a respeito…

Não terminou a frase.

– Qual é a dificuldade? – insistiu Donovan.

– É possível provar tudo o que se deseja por um raciocínio lógico e frio, desde que se escolham os postulados convenientes. Nós temos os nossos e Cutie tem os dele".

Este é um trecho do conto "Razão", escrito por Isaac Asimov, em 1941, que foi compilado em seu famoso livro de contos "Eu, Robô". Neste mesmo livro, Asimov inaugura suas Três Leis da Robótica, um conjunto de regras que tinha por objetivo controlar o comportamento dos robôs para permitir a convivência harmônica entre humanos e artefatos não-humanos. A primeira Lei determinava que: "Um robô não pode ferir um ser humano ou, por inação, permitir que um ser humano sofra algum mal" A segunda, dizia que: "um robô deve obedecer às ordens que lhe sejam dadas por seres humanos, exceto quando tais ordens entrem em conflito com a 1ª Lei". E a terceira previa que: "um robô deve proteger sua própria existência desde que tal proteção não se choque com a 1ª ou a 2ª Leis". Posteriormente, Asimov ainda acrescentou uma quarta lei, denominada como "Lei zero"[1].

Ao longo dos seus contos, Asimov ia testando estas regras, demonstrando como elas constantemente falhavam. O trecho acima ilustra a frustração de Donovan e Powell, dois astronautas em órbita em uma estação solar com o robô Cutie, pois este passa a não acreditar mais que foram os humanos que criaram os robôs, atribuindo à sua criação a uma força superior, *the Master* (o Mestre). Cutie passa a colocar em xeque todas as crenças e afirmações feitas pelos humanos e afirma que só responde às ordens do Mestre. A frustração dos humanos com o robô se justifica em razão da maneira como estes artefatos funcionam: são guiados por proposições lógicas, onde o que importa é a forma, e não exatamente o conteúdo dos postulados. Basta que as proposições comportem inferências que sigam de maneira correta o silogismo para que o robô aja racionalmente (portanto, corretamente).

Diferentemente dos robôs, os humanos são capazes de avaliar criticamente uma conduta ou ideia que, mesmo que guiada por razões capazes de explicá-las, nem sempre vão ser boas o suficiente para justificá-las[2]. É o caso, por exemplo, do assassinato de Renisha McBride. Theodore Wafer, um americano de meia-idade, morador de um subúrbio tipicamente branco de Michigan, pensou que sua casa estava sendo ameaçada no meio da noite. Ele então pegou sua arma e foi até a porta da casa para conferir. Ao abri-la, ele encontrou Renisha, uma jovem negra, que estava em frente à sua casa aleatoriamente, atirou nela e ocasionou a sua morte. Quando Wafer foi a julgamento, a razão apresentada por sua defesa para justificar seu comportamento era que ele estava com medo e teria agido em legítima defesa, o que foi, contudo, rejeitado pelo tribunal, que o condenou por homicídio.[3] Se este caso fosse julgado por um algoritmo de tomada de decisão, será que ele alcançaria o mesmo resultado?

Apesar de o conceito de Inteligência Artificial (IA) depender de uma forte associação com a inteligência humana, os processos cognitivos[4] de artefatos não-humanos e humanos são bastante diferentes, diante da forma como eles apreendem conhecimento. Ao mesmo tempo que esta diferença transforma radicalmente a eficiência destas máquinas, ela limita a sua capacidade de interpretar determinados contextos e "pensar e agir como um humano". Tendo em vista o uso cada vez mais abrangente de sistemas de Inteligência Artificial, o debate sobre as maneiras de limitar e constranger seu comportamento estão na ordem do dia. Na ausência de uma regulação jurídica sobre o tema, a comunidade acadêmica, entidades governamentais e não-governamentais têm consolidado um conjunto de princípios éticos que devem guiar o adequado desenvolvimento da IA, desde a sua concepção até a sua implementação, a fim assegurar algumas balizas para estes sistemas.

---

1. "Um robô não pode fazer mal à humanidade ou, por omissão, permitir que a humanidade sofra algum mal".
2. MERCIER, Hugo; SPERBER, Dan. *The Enigma of Reason:* A new Theory of Human Understanding. Cambridge: Harvard University Press, 2017. Edição iBook, p. 192.
3. MERCIER, Hugo; SPERBER, Dan. *The Enigma of Reason*, cit., p. 185.
4. SURDEN, Harry. Machine Learning and Law. *Washington Law Review*, v. 89, pp. 87-115, 2014, p. 89. Disponível em: https://scholar.law.colorado.edu/articles/81. Acesso em: 03 jan. 2020.

Contudo, será que os agentes inteligentes são capazes de atender a estes princípios? Este artigo busca explorar esta pergunta.

2. BREVES NOTAS DE COMO FUNCIONAM OS ROBÔS E SISTEMAS DE IA

Existe uma grande dificuldade em definir o que é a Inteligência Artificial, e esta dificuldade está diretamente relacionada ao termo "inteligência". A literatura técnica sobre o tema aponta para dois possíveis conceitos sobre a IA. Para Ben Coppin[5], o conceito considerado mais simples a define como o "estudo de sistemas que agem de uma forma que para qualquer observador aparentaria ser inteligente"[6]. O segundo traz uma definição mais complexa, e indica que a IA "envolve o uso de métodos baseados no comportamento inteligente de humanos e outros animais para resolver problemas complexos".[7] Embora esta última definição seja mais explícita que a primeira, a inteligência a qual estas máquinas e artefatos visam alcançar ou replicar é a inteligência humana[8]. Este parâmetro "humano" também é encontrado na definição da IA por acadêmicos do Direito. Por exemplo, Ryan Calo aponta que a Inteligência Artificial se vale de técnicas que tentam aproximar aspectos da cognição humana a máquinas[9] e Matthew Schrerer indica que a IA é constituída por "máquinas que são capazes de performar tarefas que, se performadas por um humano, seria dito ser requerido inteligência".[10]

Atualmente, a concepção mais genérica do que seja Inteligência Artificial se sustenta na ideia de que as máquinas trabalham para alcançar determinados objetivos[11]. Estes objetivos são atendidos por meio de algumas características que estes agentes inteligentes possuem, como: percepção, aprendizado e autonomia. Para realizar este objetivo, estes agentes possuem sensores que captam as informações no ambiente que estão inseridos (por exemplo, o Roomba[12] faz o mapeamento de um quarto para limpá-lo), e vão adquirindo maior conhecimento sobre o mundo externo, coletando dados sobre o mesmo, e somando este conhecimento à inteligência inicialmente embarcada no seu sistema. Esta inteligência lhe permite que o agente vá incrementando e desenvolvendo seu saber, construindo sua autonomia, permitindo que o mesmo aja conforme o objetivo inicialmente

5. COPPIN, Ben. *Artificial Intelligence Illuminated.* Massachusetts: Jones & Bartlett Learning, 2004, p. 4.
6. Tradução livre de: "Artificial intelligence is the study of systems that act in a way that to any observer would appear to be intelligent".
7. Tradução livre de: "Artificial Intelligence involves using methods based on the intelligent behavior of humans and other animals to solve complex problems".
8. Stuart Rusell e Peter Norvig definem a IA a partir de quatro principais categorias: (i) sistemas que agem como humanos, (ii) sistemas que pensam como humanos, (iii) sistemas que pensam racionalmente e (iv) sistemas que agem racionalmente. RUSSELL, Stuart J.; NORVIG, Peter. *Artificial Intelligence*: a modern approach. 3. ed. Nova Jersey: Pearson Education Inc., 2009, p. 3
9. CALO, Ryan. Artificial Intelligence policy: a primer and roadmap. *U.C. Davis Law Review*, v. 51, pp. 399-435, 2017, p. 404. Disponível em: https://lawreview.law.ucdavis.edu/issues/51/2/Symposium/51-2_Calo.pdf. Acesso em: 03 jan. 2020.
10. Tradução livre de: "machines that are capable of performing tasks that, if performed by a human, would be said to require intelligence". SCHERER, Matthew U. Regulating Artificial Intelligence Systems: Risks, Challenges, Competencies, and Strategies. *Harvard Journal of Law & Technology*, v. 29, n. 2, 2016, p. 362. Disponível em: http://jolt.law.harvard.edu/articles/pdf/v29/29HarvJLTech353.pdf. Acesso em: 13 set. 2019.
11. SCHERER, Matthew U. Regulating Artificial Intelligence Systems, cit., p. 361.
12. Ver em: https://www.irobot.com.br/roomba. Acesso em: 16 fev. 2020.

previsto por seus criadores. Para avaliar se o seu comportamento está adequado com este objetivo, ou seja, avaliar a sua performance, é estabelecida uma métrica que indica a sua taxa de sucesso (por exemplo, se o Roomba mapeou corretamente o ambiente identificando objetos no caminho e desviando dos mesmos, procedendo com uma limpeza adequada). Estes agentes inteligentes visam sempre otimizar sua função, agindo e se desenvolvendo sempre nesta busca. De forma resumida, os agentes inteligentes são coisas que interagem com um dado ambiente, adquirem conhecimento sobre o mesmo, e agem neste ambiente de acordo com a finalidade para a qual foram construídos[13].

Os agentes inteligentes podem ser *hardware* ou *softwares*; eles podem existir apenas digitalmente (como os algoritmos de recomendação), ou podem ter uma presença física no mundo (como o Roomba). Estes artefatos são regidos por códigos escritos em linguagem de computação, que formam um algoritmo[14], que é um conjunto de regras que tem como objetivo realizar uma determinada tarefa. Os códigos utilizados para estipular o comportamento dos agentes inteligentes nem sempre são representados simbolicamente por meio de regras de *if-then-else statements* (se-isso-então-aquilo), ou seja, por enunciados lógicos. É comum que seja adotada uma abordagem não-simbólica, onde o conhecimento não é representado por símbolos, mas por aprendizado, adaptação ou inferência (como é o caso das redes neurais). As dificuldades e principais dilemas que surgem do uso de algoritmos se concentram basicamente neste último caso, pois não há regras explícitas que lastreiam o seu funcionamento, dificultando, ou até mesmo impossibilitando, a sua compreensão.

A definição de IA apresentada pelo grupo especializado em Inteligência Artificial formado pela Comissão Europeia, Grupo Independente de Peritos de Alto Nível sobre a Inteligência Artificial (GPAN IA), abarca todos estes aspectos mencionados acima:

> Sistemas de Inteligência Artificial (IA) são *softwares* (e possivelmente *hardwares*) desenhados por humanos que, dado um objetivo complexo, atuam na dimensão física ou digital percebendo o seu ambiente por meio da aquisição de dados, interpretando os dados estruturados e não estruturados coletados, raciocinando sobre o conhecimento ou processando a informação derivada desse dado e decidindo a(s) melhor(es) ação(ões) para alcançar aquele objetivo. Sistemas de IA podem usar regras simbólicas ou aprenderem com modelos numéricos, e também podem adaptar seu comportamento analisando como o ambiente é afetado por suas ações pretéritas (...)[15].

Além da incerteza sobre o termo "inteligência", uma outra dificuldade na definição da IA é que o seu termo é como um guarda-chuva para abrigar diferentes áreas de estudo, como: aprendizado de máquina, processamento de linguagem natural, visão computacional, robótica, jogos, sistemas especialistas, pesquisa operacional e estatística. É comum

13. RUSSELL, Stuart J.; NORVIG, Peter. *Artificial Intelligence*, cit., p. 54 e seguintes.
14. O exemplo mais tradicional para explicar o que é um algoritmo é usar a analogia com uma receita de bolo.
15. Tradução livre de: "Artificial intelligence (AI) systems are software (and possibly also hardware) systems designed by humans that, given a complex goal, act in the physical or digital dimension by perceiving their environment through data acquisition, interpreting the collected structured or unstructured data, reasoning on the knowledge, or processing the information, derived from this data and deciding the best action(s) to take to achieve the given goal. AI systems can either use symbolic rules or learn a numeric model, and they can also adapt their behaviour by analysing how the environment is affected by their previous actions". COMISSÃO EUROPEIA. *A definition of AI*: Main capabilities and scientific disciplines. 2019, p. 6. Disponível em: https://ec.europa.eu/digital-single-market/en/news/ethics-guidelines-trustworthy-ai. Acesso em: 14 abr. 2020.

que uma mesma aplicação de IA junte essas diferentes áreas, como é o caso de recentes aplicações: os carros autônomos, as assistentes conversacionais (Siri, Alexa, Cortana), robôs marinhos ou sistemas que jogam xadrez[16]. A história da IA tem demonstrado ser natural a eleição pela academia e pela indústria, em uma determinada época, de uma ou outra área da IA[17], motivando o seu desenvolvimento e sua pesquisa. Atualmente, para os juristas, duas sub-áreas da IA têm chamado atenção: o aprendizado de máquina (*machine learning* – ML)[18] e a robótica. De acordo com Ryan Calo e Jack Balkin, estas são as áreas da IA que demandarão maior atenção do Direito, pois ambas possuem características próprias que trazem novos e diferentes desafios regulatórios.

A área de aprendizado de máquina tem por objetivo criar algoritmos que evoluem seu comportamento à medida que aprendem com os dados que recebem, tal como descrito acima. Estes algoritmos são usados para tarefas onde é difícil criar um conjunto definido de instruções para resolvê-las, tais como o reconhecimento facial e a decodificação da linguagem. Como o próprio nome indica, ML visa ensinar à máquina a identificar e reconhecer padrões – que não são passíveis de reconhecimento a olhos humanos –, a partir do seu treinamento com um certo conjunto de dados (*input*).[19] A partir desse treinamento, a máquina é apresentada a um novo conjunto de dados, nunca antes analisados por ela, para que sejam identificados padrões, "e, com base neles, gerar modelos que são usados para predição a respeitos dos dados tratados (*output*)."[20] O seu aprendizado vai evoluindo e se aperfeiçoando por meio de *feedbacks* e técnicas estatísticas, fazendo com que seu algoritmo vá se adaptando e melhorando. A grande vantagem desta técnica é que ela é capaz "retirar dos programadores a difícil tarefa de produzir instruções explícitas para os computadores" além de "aprender exemplos sutis entre dados que podem passar despercebidos para os humanos ou até mesmo não serem reconhecidos"[21].

Apesar dos benefícios gerados pelo ML, é verdade que o seu uso abrangente e em diferentes contextos (diagnóstico médico, decidir pela soltura de um acusado, ou direcionar oportunidades empregatícias), levantam desafios éticos e jurídicos. Estes questio-

---

16. Tal como o AlphaZero, criado pela DeepMind, derrotou o que era considerado como o melhor programa de xadrez virtual. Ver em: THE GUARDIAN. *AlphaZero AI beats champion chess program after teaching itself in four hours*. Disponível em: theguardian.com/technology/2017/dec/07/alphazero-google-deepmind-ai-beats-champion-program-teaching-itself-to-play-four-hours. Acesso em: 11 abr. 2020.
17. STONE, Peter *et al*. *Artificial Intelligence and Life in 2030. One Hundred Year Study on Artificial Intelligence*: Report of the 2015-2016 Study Panel, Stanford University, Stanford, CA, 2016. Disponível em: http://ai100.stanford.edu/2016-report. Acesso em: 15 abr. 2020.
18. "Much of the contemporary excitement around AI, however, flows from the enormous promise of a particular set of techniques known collectively as machine learning". CALO, Ryan. Artificial Intelligence policy, cit., p. 405.
19. LEMLEY, Mark A; CASEY, Bryan. Remedies for Robots. *University of Chicago Law Review*, v. 86; *Stanford Law and Economics Olin Working Paper*, n. 523, 2019, p. 1325. Disponível em: https://lawreview.uchicago.edu/publication/remedies-robots. Acesso em: 29 jul. 2020.
20. MULHOLLAND, Caitlin. Responsabilidade Civil e Processos Decisórios Autônomos em Sistemas de Inteligência Artificial (IA): autonomia, imputabilidade e responsabilidade. *In*: FRAZÃO, Ana; MULHOLLAND, Caitlin (Org.). *Inteligência Artificial e Direito*: Ética, Regulação e Responsabilidade. São Paulo: Thomson Reuters Brasil, 2019, p. 329.
21. Tradução livre de: "ability to relieve programmers of the difficult task of producing explicit instructions for computers" e "learn subtle relationships in data that humans might overlook or cannot recognize". SELBST, Andrew D.; BAROCAS, Solon. Intuitive Appeal of Explainable Machines. *Fordham Law Review*, v. 87, n. 3, p. 1085-1139, 2018, p. 1094. Disponível em: https://ir.lawnet.fordham.edu/4r/vol87/iss3/11. Acesso em: 03 jan. 2020.

namentos se justificam pelo modo opaco como estes sistemas tomam as suas decisões,[22] o que impede a avaliação da legitimidade e legalidade[23] do código e a compreensão de como e por que uma determinada decisão foi alcançada.[24] Além disso, a ausência de interferência humana no funcionamento e na tomada de decisão desses agentes inteligentes também geram dilemas envolvendo a sua imputabilidade e responsabilidade civil em caso de danos[25].

Apesar da ampla difusão da tecnologia, existe uma assimetria na compreensão dos desenvolvedores e do público em geral em relação à autonomia destes artefatos. Thomas Burri, em 2015,[26] aponta que uma das explicações para esta diferença seria o fato de os desenvolvedores possuírem uma visão do estágio atual da tecnologia, enquanto os observadores têm uma visão futurística da mesma, que é fortemente influenciada pela cultura popular. Esta diferença, embora pareça trivial, não é quando estamos diante do desafio de pensar maneiras de regulá-las. Isto porque, nossos legisladores estão longe de serem *experts* sobre o assunto. A influência que filmes e a literatura, seja ficção ou não,[27] exercem na percepção e imaginário das pessoas sobre a tecnologia é algo mapeado e reconhecido por pesquisadores[28]. Até mesmo as Três Leis da Robótica de Isaac Asimov têm sido utilizadas como ponto de partida para discutir regulação sobre robótica na União Europeia.[29] Embora se defenda que o debate para regular tecnologias deva ocorrer com a ampla participação da sociedade, de maneira multissetorial,[30] assim como se deu com o Marco Civil da Internet (Lei 12.965/2014) , o contexto político e social nem sempre vai favorecer este tipo de cenário.[31]

---

22. PASQUALE, Frank. *The Black Box Society*: the secret algorithms that control money and information. Cambridge: Harvard University Press, 2015; SELBST, Andrew D.; BAROCAS, Solon. Intuitive Appeal of Explainable Machines, cit.
23. SELBST, Andrew D.; BAROCAS, Solon. Intuitive Appeal of Explainable Machines, cit.
24. SELBST, Andrew D.; BAROCAS, Solon. Intuitive Appeal of Explainable Machines, cit.
25. Ver nota de rodapé n. 20.
26. BURRI, Thomas. The Politics of Robot Autonomy. *European Journal of Risk Regulation*, pp. 341-360, 2016. Disponível em: https://papers.ssrn.com/sol3/papers.cfm?abstract_id=2815082. Acesso em: 02 fev. 2020.
27. O relatório produzindo pelas Nações Unidas chamado "*I'd Blush If I Could*" demonstra como o retrato de robôs em produções cinematográficas americanas, como o HAL 9000, do filme *2001: A Space Odissey*, e a assistente virtual que tem a voz de Scarlet Johansson no filme *Her.* Ambos contribuem para criação de um imaginário do que o público pode esperar dos robôs, no caso, a crítica feminista se dirigia na caracterização de robôs com vozes femininas e sua caracterização como coisas subservientes. UNESCO. *I'd blush if I could*: closing gender divides in digital skills through education. 2019, p. 98. Disponível em: https://unesdoc.unesco.org/ark:/48223/pf0000367416. Acesso em: 12 set. 2019.
28. BALKIN, Jack M. The Path of Robotics Law. *California Law Review*, v. 6, 2015. Disponível em: https://ssrn.com/abstract=2586570. Acesso em: 21 abr. 2017; e RICHARDS, Neil M.; SMART, William D. How should we think about robots? *In:* CALO, Ryan; FROOMKIN, A. Michael; KERR, Ian (Org.). *Robot Law.* Northampton: Edward Elgar Publishing, 2016, pp. 3-24.
29. Resolução do Parlamento Europeu, de 16 de fevereiro de 2017, nas recomendações da Comissão Europeia sobre s disposições de direito civil sobre Robótica (2015/2013(INL)). Disponível em: http://www.europarl.europa.eu/sides/ getDoc.do?pubRef=-//ep//text+ta+p8-ta-2017-0051+0+doc+xml+v0//en. Acesso em: 25 jul. 2020.
30. SOUZA, Carlos Affonso de; LEMOS, Ronaldo. *Marco Civil da Internet*: construção e aplicação. Juiz de Fora: Editar Editora Associada Ltda, 2016.
31. Como é o caso da "Lei Brasileira de Liberdade, Responsabilidade e Transparência na Internet" (PLS 2630/2020), também conhecido como PL das *Fake News* que, apesar de ter sido colocada para consulta pública, tem recebido poucas contribuições. Ver em: SILVA, Priscilla. A Desinformação do PL das *Fake News*. *Revista Jota,* publicado em 01 de jun. de 2020. Disponível em: https://www.jota.info/coberturas-especiais/liberdade-de-expressao/a-desinformacao-do-pl-das-fake-news-01062020. Acesso em: 28 jul. 2020.

Assim, para evitar visões distópicas da tecnologia, é importante "que o Direito avance também para buscar compreender o que são robôs inteligentes e como o ordenamento jurídico deve reagir à sua progressiva inserção na sociedade"[32] à medida que a tecnologia vai se desenvolvendo de maneira complexa. Para caminhar nessa direção, é importante definir quais são as principais características e preocupações que a IA levanta.

2.1 As características da Inteligência Artificial: uma ótica do Direito

De acordo com Ryan Calo[33], podem ser extraídas três características essenciais da IA[34] e de robôs que se valem de IA, que representam as possibilidades e as experiências que a sua arquitetura gera e circunscreve no mundo real. São elas: materialidade (*embodiment*), comportamento emergente (*emergence*) e valor social (*social valence*). A materialidade seria a capacidade daquele robô de "senti[r], navega[r] e atuar sob o mundo, geralmente exigindo uma presença física"[35]. Ao invés de utilizar o termo "autonomia", Calo se refere a esta capacidade com o termo "*emergence*", que representa a aptidão do robô em obedecer a comandos, "repet[ir] tarefas com uma paciência não humana, ou reproduz[ir] uma ação em condições de risco" construindo "um comportamento útil imprevisível"[36]. Finalmente, o valor social se refere ao reconhecimento de que os agentes inteligentes "são diferentes para nós, como se fossem agentes vivos"[37]. Cada uma dessas características vai trazer diferentes desafios regulatórios: a materialidade é capaz de causar danos físicos; o comportamento emergente torna imprevisível a ação, não sendo inteligível a compreensão dos motivos que o ocasionaram; e o valor social aponta para as diferentes naturezas jurídicas que atribuímos aos artefatos, que ora podem ser vistos por nós como pessoas, ora como animais ou até mesmo como objeto, o que poderá refletir na incidência de diferentes regimes de responsabilização.

Outra discussão que Calo apresenta é qual será a melhor maneira de regular a IA e a robótica, se pela própria tecnologia (seu código) ou pela lei. Mesmo diante do seu comportamento emergente, Calo acredita que o código estaria apto a limitar e constranger o comportamento destes artefatos. Este é um ponto de discordância de Jack Balkin[38], conforme exposto em um artigo escrito em resposta a Calo, onde indica que o comportamento emergente destes artefatos impossibilita que o código seja regulado, seja pelo próprio código, seja pela lei: *code is lawless*.[39]

---

32. DONEDA, Danilo; MENDES, Laura Schertel; SOUZA, Carlos Affonso Pereira de; ANDRADE, Norberto Nuno Gomes de. Considerações sobre Inteligência Artificial, ética e autonomia pessoal. *Pensar – Revista de Ciências Jurídicas*, v. 23, p. 1-17, 2018, p. 6.
33. CALO, Ryan. Robotics and the Lessons of Cyberlaw. *California Law Review*, v. 103, n. 3, p. 513-564, 2015, p. 532. Disponível em: https://ssrn.com/abstract=2402972. Acesso em: 21 abr. 2017.
34. Jack Balkin crítica o fato de Calo fixar estas características como essenciais, pois entende que o uso da tecnologia vai se adaptando, modificando e se desenvolvendo a partir dos seus usos sociais. BALKIN, Jack M. The Path of Robotics Law, cit., p. 52.
35. Tradução livre de: "Sensing, navigating, and acting upon the world generally requires a physical presence, and that physical presence opens up a universe of new possibilities".
36. Tradução livre de: "repeating a task with inhuman patience, or by reproducing an action in hazardous conditions" e "unpredictably useful behavior and represents a kind of gold standard among many roboticists".
37. Tradução livre de: "They feel different to us, more like living agents".
38. BALKIN, Jack M. The Path of Robotics Law, cit.
39. BALKIN, Jack M. The Path of Robotics Law, cit., p. 51.

Apesar da visão pessimista de Jack Balkin, já estão sendo debatidas propostas regulatórias sobre Inteligência Artificial, sendo que os documentos apresentados no âmbito da União Europeia têm ganhado os holofotes[40]. A discussão encontra-se pautada, como se verá abaixo, em diretrizes éticas e principiológicas, o que parece ser importante para evitar o estabelecimento de regras herméticas que impeçam a inovação e o desenvolvimento tecnológico. Diante das características da IA, em especial, da robótica e da área de aprendizado de máquina, será possível que o seu comportamento seja aderente aos princípios éticos? Será possível incorporá-los ao seu código?

3. PRINCÍPIOS ÉTICOS PARA A IA

Na ausência de regulação jurídica sobre o assunto, a observação de princípios éticos pode ser importante para maximizar os benefícios da IA e diminuir seus riscos.[41] A questão que se coloca é: quais princípios éticos? A utilização de princípios éticos como instrumento para a regulação da Inteligência Artificial, apesar de não conter uma natureza coercitiva e sancionatória típica da regulação jurídica, permite a criação de guias deontológicos que serão constituídos como a razão *prima facie* e o fundamento para o desenvolvimento e implementação da IA. Nesse caso, a governança da Inteligência Artificial será baseada em princípios que imporão uma regulação leve (*soft law* ou *soft regulation*), na medida em que servirão de limite para a expansão da IA, sem, contudo, prever uma penalidade específica em caso de desvio do padrão constituído. Tanto a União Europeia quanto outros organismos internacionais - como, por exemplo, a OCDE[42] e a *Access Now*[43] - e instituições privadas - como, por exemplo, a IBM[44] e a Microsoft[45] - instituíram guias de recomendação para a adoção de princípios éticos para a regulação de IA.

Os princípios éticos indicados pelos documentos consultados[46] partem de um mesmo pressuposto, qual seja, a necessidade de fomentar o desenvolvimento de uma Inteligência Artificial confiável e que seja auditável, permitindo que seus processos sejam conhecidos e controlados - ou controláveis - pelo ser humano. Respaldado por estes pressupostos,

---

40. Ver em: https://ec.europa.eu/digital-single-market/en/artificial-intelligence. Acesso em: 01 ago. 2020.
41. Os autores se referem, na realidade, à constituição de quadros éticos corporativos. Contudo, esta mesma afirmação também é adequada quando pensamos em princípios éticos no geral. DONEDA, Danilo; MENDES, Laura Schertel; SOUZA, Carlos Affonso Pereira de; ANDRADE, Norberto Nuno Gomes de. Considerações sobre Inteligência Artificial, ética e autonomia pessoal, cit., p. 13.
42. Para uma leitura a respeito do Guia da OCDE sobre recomendações na regulação da Inteligência Artificial por meio de princípios éticos, visitar a página: https://www.oecd.org/going-digital/ai/principles/. Os 36 países membros da OCDE aderiram aos Princípios da Inteligência Artificial da OCDE. O Brasil, apesar de não ser membro da OCDE, também aderiu ao documento, adotado a partir de maio de 2019.
43. Consultado em: https://www.accessnow.org/artificial-intelligence-we-just-became-a-member-of-the-partnership-on-ai/#:~:text=Access%20Now%20recognises%20that%20ethical,only%20be%20a%20first%20step. Acesso em: 10 ago. 2020.
44. A respeito, ver: https://www.ibm.com/blogs/policy/trust-principles/. Acesso em: 10 ago. 2020.
45. A respeito, ver: https://www.microsoft.com/en-us/ai/responsible-ai. Acesso em: 10 ago. 2020.
46. Além das declarações de princípios de empresas e organismos internacionais (governamentais e não governamentais), foram consultados também os seguintes documentos: (i) Relatório do European Group on Ethics in Science and New Technologies Artificial Intelligence, Robotics and 'Autonomous' Systems; (ii) Estratégia Brasileira para a Inteligência Artificial do MCTIC; (iii) Relatório "Orientações éticas para uma IA de confiança", do Grupo de Peritos de Alto Nível sobre a Inteligência Artificial; (iv) "The IEEE Global Initiative on Ethics of Autonomous and Intelligent Systems"; (v) Relatório da Access Now sobre "Human rights in the age of Artificial Intelligence", dentre outros.

os princípios-guias que foram primeiramente eleitos para iniciar a construção de uma "Ética para a IA" foram importados da experiência da Bioética[47], considerada exemplar por promover, ao mesmo tempo, a proteção da pessoa humana e o desenvolvimento da ciência[48]. Estes princípios – beneficência; não-maleficência; autonomia[49] e justiça – são a base para a constituição de outros três princípios – estes específicos da IA – que servem de justificativa para a confiabilidade dos sistemas: (i) o princípio da justiça (fairness); (ii) o princípio da acurácia (accuracy); e (iii) o princípio da inteligibilidade (intelligibility). O reconhecimento desses princípios representa, resumidamente, a adoção de medidas que (i) impeçam a aplicação de sistemas de IA que violem o princípio da igualdade de tratamento; (ii) permitam reconhecer que os insumos utilizados pela IA e os resultados que advém de seu tratamento sejam precisos; e (iii) proporcionem à pessoa humana o conhecimento dos processos de decisão tomados pela IA.

Dentre os documentos analisados, os Princípios de Asilomar[50] – produto da *Asilomar Conference on Beneficial AI*, realizado em 2017 - é dos mais relevantes, por se tratar de iniciativa multissetorial, reunindo em nível internacional acadêmicos, indústria, ONGs, entre outros atores, em busca de uma melhor compreensão dos limites para o desenvolvimento da IA. Dos 23 princípios reconhecidos, 13 princípios se referem à Ética e Valores (*ethics and values*). Não serão analisados todos os princípios, sendo destacados os seguintes: (i) princípio da segurança e precaução a danos; (ii) princípio da transparência sobre incidentes de segurança; (iii) princípio da responsabilidade pelas implicações morais do uso da IA; (iv) princípio da proteção e controle de dados pessoais; e (v) atendimento a valores humanos, dentre os quais se destacam os ideais de dignidade humana, liberdade e diversidade cultural.

Outro documento que deve servir de parâmetro para a adoção de princípios éticos, é o preparado pelo Grupo Independente de Peritos de Alto Nível sobre a Inteligência Artificial (GPAN IA)[51], da União Europeia, que, em 2019, elaborou um Guia Ético para o que denominou de IA de Confiança.[52] De acordo com o grupo, uma IA de confiança

47. Sobre os princípios da bioética, sugere-se a consulta ao Relatório de Belmont: https://www.hhs.gov/ohrp/regulations-and-policy/belmont-report/read-the-belmont-report/index.html. Acesso em: 10 ago. 2020.

48. Em relação aos princípios da Bioética, Floridi *et al*, afirmam que podem ser transpostos concretamente para a regulação da IA por meio da promoção do bem comum, preservação da dignidade humana e sustentabilidade (beneficência); proteção da privacidade da segurança e da prevenção de danos (não-maleficência); tutela do poder de decidir (autonomia); e promoção da prosperidade e preservação da solidariedade social (justiça). MITTELSTADT, Brent; ALLO, Patrick; TADDEO, Mariarosaria; WACHTER, Sandra; e FLORIDI, Luciano. 2016. The Ethics of Algorithms: Mapping the Debate. *Big Data & Society.*, v. 3, n. 2, 2016. Disponível em: https://journals.sagepub.com/doi/full/10.1177/2053951716679679. Acesso em: 28 jul. 2020.

49. Para Mittelstadt *et al*, "(...) affirming the principle of autonomy in the context of AI means striking a balance between the decision-making power we retain for ourselves and that which we delegate to artificial agents. Not only should the autonomy of humans be promoted, but also the autonomy of machines should be restricted and made intrinsically reversible, should human autonomy need to be re-established (consider the case of a pilot able to turn off the automatic pilot and regain full control of the airplane). MITTELSTADT, Brent; ALLO, Patrick; TADDEO, Mariarosaria; WACHTER, Sandra; e FLORIDI, Luciano. 2016. The Ethics of Algorithms, cit., p. 698.

50. Consultado em: https://futureoflife.org/ai-principles/. Acesso em: 18 ago. 2020.

51. Ver: https://ec.europa.eu/digital-single-market/en/high-level-expert-group-artificial-intelligence. Acesso em: 18 ago. 2020.

52. Dentre os princípios enumerados pelo GPAN IA encontram-se (i) a ação e supervisão humana; (ii) a solidez técnica e segurança; (iii) privacidade e governança dos dados; (iv) transparência; (v) diversidade, não discriminação e equidade; (vi) bem-estar ambiental e societal; e (vii) responsabilização.

"tem três componentes, que devem ser observadas ao longo de todo o ciclo de vida do sistema: a) deve ser Legal, cumprindo toda a legislação e regulamentação aplicáveis; b) deve ser Ética, garantindo a observância de princípios e valores éticos; c) deve ser Sólida, tanto do ponto de vista técnico como do ponto de vista social, uma vez que, mesmo com boas intenções, os sistemas de IA podem causar danos não intencionais".[53] Dentre os princípios éticos arrolados pelo grupo, quatro se destacam, quais sejam, (i) o respeito da autonomia humana, (ii) a prevenção de danos, (iii) a equidade e (iv) a explicabilidade. De uma forma muito semelhante ao documento de Asilomar, o Guia Ético adota uma postura de promoção da tutela da pessoa humana por meio do respeito à sua autonomia e integridade, no que se refere à prevenção e precaução de danos.

A Declaração de Montreal, de 2017, por sua vez, indica que os princípios éticos por ela adotados são como um guia moral que oferece uma estrutura ética promotora de direitos humanos. Ao lado dos princípios já mencionados nos demais documentos, a Declaração de Montreal indica a proteção à participação democrática como um norte para o desenvolvimento e utilização da IA, demonstrando uma preocupação genuína com o uso de sistemas de Inteligência Artificial para finalidades políticas autoritárias e não-democráticas.

A ideia geral por trás destes guias deontológicos é garantir que os processos em torno do desenvolvimento e utilização dos sistemas de IA cumpram determinados pressupostos, dentre os quais podemos destacar a obrigatoriedade de supervisão humana dos processos. Significa dizer que toda IA deve necessariamente ser centrada na pessoa humana, a ela direcionada e por ela supervisionada, engajando os sistemas para servir à coletividade, no sentido de amplificar não só a sua segurança, mas também garantir a autonomia e a capacidade de decidir das pessoas. Considerando essas premissas, os sistemas de IA devem, a um só tempo, potencializar os benefícios que geram para a humanidade, e prevenir os riscos que venham a causar à coletividade. A tarefa, à toda evidência, não é simples e requer um verdadeiro compromisso por parte não só dos desenvolvedores de sistemas de IA, mas também da sociedade como um todo, no sentido de apoiar a IA quando confiável ou denunciar a IA que foge aos escopos dos códigos de ética e valores constituídos.

Por outro lado, ao sustentar que a IA deve ser centrada no humano (*human centered*), pode-se inferir que a regulação do desenvolvimento e uso da IA extrapola aquela determinada pelos princípios éticos e encontra guarida na tutela jurídica dos direitos fundamentais, previstos tanto na Constituição Federal, quanto em outras normas de caráter universal, como declarações e tratados internacionais. Assim, a abordagem à ética da IA seria também baseada nos direitos fundamentais, no sentido de ser por eles apoiada. O princípio da dignidade humana, o direito à liberdade e à igualdade, seriam as fontes para a construção de uma IA ética, confiável e humano-centrada.

4. É POSSÍVEL CODIFICAR PRINCÍPIOS ÉTICOS?

Como indicado acima, podemos explicar, de maneira simplista, como esses artefatos podem funcionar de duas maneiras. A primeira maneira remonta ao início da IA, onde

53. Orientações éticas para uma IA de confiança, p. 2.

os algoritmos eram programados por meio de regras simples de *if-else-then*, compostas por um conjunto de instruções baseadas em lógica. Esta maneira de codificar, com regras simbólicas, permite a explicação e previsibilidade dos artefatos, mesmo que construídos para contextos complexos.[54] Caso este tipo de regra fosse aplicado ao Roomba, seria algo como: "se sujeira, então limpe, senão, continue andando". Isto significa que, enquanto o ambiente estiver sujo, ele continuará se movimentando para limpá-lo. Neste cenário, o nível de incerteza do artefato é bastante reduzido, pois o Roomba é tipicamente utilizado em ambientes domésticos. Por isso, não seria necessário criar uma série de regras, tal como se este robô fosse utilizado em um campo de batalha, por exemplo, que é irregular e sujeito a grande variação climática. Estas condições tornam o ambiente incerto, o que exigiria a codificação de uma série de regras simbólicas para dar conta desta nova realidade, tornando a escalabilidade do uso deste artefato difícil ou até mesmo impossível.[55]

Como apontam Mark Lemey e Bryan Casey, a técnica de aprendizado de máquina supera esse problema[56], pois ela não se vale de regras simbólicas, mas de regras não-simbólicas criadas pelo próprio sistema, o que "requer sacrificar algum nível granular de controle sobre os algoritmos da máquina"[57]. Estes algoritmos são motivados a alcançarem um determinado objetivo da maneira mais otimizada possível. O seu aprendizado ocorre por meio de exemplos, que são posteriormente validados por recompensas ou penalizações, bem como por modelos estatísticos. Por este motivo, para implementar uma proibição em seu comportamento, teria de ser atribuída uma consequência ou um peso negativo a uma ação não desejada.[58] Desta forma, enquanto que para os modelos de aprendizado de máquina adotar ou não uma conduta depende de um cálculo econômico de custo/benefício, para algoritmos com regras simbólicas a proibição de um comportamento seria considerada auto-executável. Lemey e Casey chamam este último caso de uma perspectiva normativa de aplicação de uma regra, enquanto a outra assumiria uma visão econômica.[59]

Embora abstratamente pareça simples, não é. Um exemplo apresentado por Lemey e Casey, ora adaptado, demonstra isso. Para que um algoritmo simples entenda que deva parar diante de um sinal vermelho, seria suficiente que fosse codificado o seguinte comando "se sinal vermelho, então pare, senão, continue". Por sua vez, um algoritmo de ML dependeria do reconhecimento dos custos negativos e positivos de avançar o sinal vermelho (potencial aplicação de multa, colisão com outro objeto, atropelamento de uma pessoa ou um animal, etc). Num exemplo hipotético, caso uma mulher grávida, em trabalho de parto, esteja indo em direção ao hospital pela manhã (por volta das 9h) em um dia de semana agitado, é razoável que ela não respeite os sinais de trânsito, avançando diversos sinais vermelhos para chegar ao hospital a tempo, sem colocar em risco a sua vida e a do bebê. Mudando de cenário: caso a mulher fosse até o hospital em um veículo

54. LEMLEY, Mark A; CASEY, Bryan. Remedies for Robots, cit., p. 1.323.
55. LEMLEY, Mark A; CASEY, Bryan. Remedies for Robots, cit., p. 1.324.
56. LEMLEY, Mark A; CASEY, Bryan. Remedies for Robots, cit., p. 1.324.
57. Tradução livre de: "requires sacrificing some degree of fine-grained control over a machine's algorithms". LEMLEY, Mark A; CASEY, Bryan. Remedies for Robots, cit., p. 1.236.
58. LEMLEY, Mark A; CASEY, Bryan. Remedies for Robots, cit., p. 1.348.
59. LEMLEY, Mark A; CASEY, Bryan. Remedies for Robots, cit., p. 1.349.

autônomo, que tenha embarcado em seu sistema o algoritmo mais simples, ela poderia ter problemas em chegar a tempo no hospital, pois a regra de parar no sinal vermelho poderia atrasar este objetivo. Caso o veículo fosse operado por um algoritmo de ML, o sistema teria que calcular os riscos e os benefícios de avançar os sinais vermelhos. Nesse caso, deve ser levado em consideração o horário, o dia e o percurso que deve ser feito, avaliando quais são os riscos e as vantagens de respeitar os sinais fechados[60]. Uma dificuldade a mais é que os desenvolvedores são incapazes de preverem o comportamento desse algoritmo, e, portanto, não sabem como esta proibição irá interagir com outras regras.[61]

A regra proibitiva no exemplo acima não é vaga ou imprecisa, tampouco possui uma linguagem de textura aberta. Ainda assim, quando ela é projetada para ser codificada, seja no algoritmo simples ou no de ML, surgem dilemas que põem em xeque a sua capacidade de se ajustar a determinadas situações. Estes dilemas são ainda mais complexos quando pensamos em codificar princípios éticos, diante da plasticidade e indeterminação dos seus enunciados. Quando ocorrem controvérsias jurídicas envolvendo os mesmos, sempre há a necessidade de interpretação e de ponderação para solucionar o conflito, sempre dependendo de uma determinação contextual, e implicando em uma análise casuística da situação. Consequentemente, a análise onde "cada caso é um caso" afasta a possibilidade de construção de parâmetros de julgamento, fazendo com que não exista um padrão ou *standard* aplicável[62]. Como as máquinas não são capazes de compreender a semântica das palavras, tampouco fazer abstrações, a codificação de princípios implicaria na necessidade de parametrizar, quantificar e sopesar infinitas situações, o que inviabilizaria o uso de códigos simples ou levaria a resultados insatisfatórios no caso de ML, pela ausência de padrões.

É neste sentido que Wachter et al., em um recente artigo (no prelo)[63], concluem que o princípio de justiça (*fairness*) não deve ser codificado. Ao avaliaram a jurisprudência do Tribunal de Justiça da União Europeia de casos envolvendo alegações de discriminação, os autores concluíram pela impossibilidade de codificar o que seria *fairness* nestes casos, um princípio ético tipicamente aplicado para avaliar a ocorrência ou não de discriminação. O motivo: foi verificada a ausência de parâmetros fixados pelo Tribunal que poderiam ser traduzidos e implementadas em sistemas automatizados.[64] Em seu lugar, os autores sugerem que sejam desenvolvidas ferramentas e aplicados métodos estatísticos que auxiliem julgadores a detectarem uma potencial discriminação, mas que a declaração de

60. O exemplo foi pensado para criar uma situação em que seria um risco demasiado avançar os sinais vermelhos. Caso fosse madrugada, e não a manhã de um dia de semana, por exemplo, seria razoável que o algoritmo de ML julgasse haver uma baixa probabilidade de acidente, atropelamento ou até mesmo a não aplicação da multa.
61. LEMLEY, Mark A; CASEY, Bryan. Remedies for Robots, cit., p. 1.349.
62. Este é um problema recorrente da doutrina e jurisprudência brasileira. Isto fica evidente, por exemplo, nos conflitos envolvendo direitos fundamentais, como a liberdade de expressão e direitos da personalidade. Sobre o tema, ver em: LEITE, Fábio Carvalho. Nem todo case é um hard case: reflexões sobre a resolução dos conflitos entre liberdade de expressão e os direitos da personalidade no Brasil. *In*: ABREU, Célia Barbosa; LEITE, Fábio Carvalho, PEIXINHO, Manoel Messias (Orgs.). *Debates sobre Direitos Humanos Fundamentais*. Rio de Janeiro: Editora Gramma, 2017, v. I, p. 209-231, pgs. 209-231.
63. WACHTER, Sandra; MITTELSTADT, Brent; RUSSELL, Chris. *Why Fairness Cannot Be Automated:* Bridging the Gap Between EU Non-Discrimination Law and AI, no prelo. Disponível em: https://ssrn.com/abstract=3547922. Acesso em: 15 abr. 2020.
64. WACHTER, Sandra; MITTELSTADT, Brent; RUSSELL, Chris. *Why Fairness Cannot Be Automated*, cit., p. 44.

discriminação não seja automatizada, e sim revisada e aplicada por uma pessoa humana. Além disso, os autores apontam que o uso crescente e difundido de sistemas de IA deverá incentivar o Tribunal a criar estes parâmetros, de forma a permitir uma possível tradução de precedentes em um formato compreensível para as máquinas.

Apesar dessa conclusão e de certo ceticismo dos juristas quanto à codificação de princípios éticos, é verdade que o Grupo Independente de Peritos de Alto Nível sobre a Inteligência Artificial (GPAN IA), em seu relatório que trata sobre ética e IA, aponta uma série de medidas técnicas (indicadores de qualidades, testes e validação, arquiteturas confiáveis e *ethics-by-design*, por exemplo) e não-técnicas (regulação, códigos de conduta, padronização, certificação, etc) que podem ser observados para a construção de sistemas de IA éticos e confiáveis (*trustworthy*)[65]. Embora exista um grande desafio, Wachter et al. apresentam uma vasta literatura técnica que tem se debruçado sobre o tema[66]. Ademais, como visto, a própria União Europeia tem apontado opções, ainda que genéricas, para assegurar a observância destes preceitos. A implementação de princípios éticos não significa apenas imputar uma regra ao sistema para que ele aja de maneira justa, equânime, não discriminatória, pois sua maneira de funcionar não permite algo tão simples quanto isso. Em casos de ML, seria até mesmo possível pensar formas de maximizar, gratificar e buscar alcançar determinados valores que atendam a estes princípios éticos, mas a imprevisibilidade do código – assim como a ausência de padrões nestes casos -- gera alguma insegurança sobre o seu sucesso.

A complexidade do tema exige um esforço criativo para dar conta desta realidade. Uma solução que tem sido apontada pela doutrina especializada para fazer com que tais princípios sejam incorporados a sistemas de IA é a constituição de quadros éticos corporativos. Estes funcionam como uma "estrutura analítica e operacional destinada a orientar a estratégia dos atores corporativos e a moldar as suas práticas nesse domínio",[67] permitindo que o desenvolvimento da tecnologia seja supervisionado e acompanhado pelo comitê. Junto a isso, o estabelecimento de estratégias de governança de algoritmos também agrega valor à atuação deste quadro ético, com a combinação de diferentes instrumentos regulatórios, que podem "variar desde os pontos de vista estritamente jurídico e regulatório até uma postura puramente técnica"[68]. Este tipo de governança permite que haja um monitoramento da criação de diretrizes éticas, além do estabelecimento de controles sobre a tecnologia. Assim, estes comitês têm o potencial de exercer um escrutínio ético rígido ao longo do ciclo de desenvolvimento da Inteligência Artificial, atendendo à ideia central de que a IA deve ser centrada no humano (*human centered*).

65. COMISSÃO EUROPEIA. *A definition of AI*: Main capabilities and scientific disciplines. 2019, p. 22-24. Disponível em: https://ec.europa.eu/digital-single-market/en/news/ethics-guidelines-trustworthy-ai. Acesso em: 14 abr. 2020.
66. COMISSÃO EUROPEIA. *A definition of AI*, cit., p. 22-24.
67. DONEDA, Danilo; MENDES, Laura Schertel; SOUZA, Carlos Affonso Pereira de; ANDRADE, Norberto Nuno Gomes de. Considerações sobre Inteligência Artificial, ética e autonomia pessoal. *Pensar – Revista de Ciências Jurídicas*, v. 23, p. 1-17, 2018, p. 13.
68. DONEDA, Danilo; ALMEIDA, Virgílio, A. F.. O que é governança de algoritmos? *In:* BRUNO, Fernanda *et al.* *Tecnopolíticas da vigilância*: perspectiva da margem. São Paulo: Boitempo, 2018, pp. 147.

5. CONSIDERAÇÕES FINAIS

Na falta de uma regulação jurídica específica sobre a Inteligência Artificial, princípios éticos têm sido considerados para baliza dos progressos em IA, constituindo-se em limite interno – no desenvolvimento dos sistemas – e externo – nas aplicações e usos da tecnologia. Tem-se, assim, que as luzes da Ética e as leis de Asimov servem como ponto de partida para o estudo sobre os impactos jurídicos do desenvolvimento e da aplicação de ferramentas que utilizam IA.

Os avanços da tecnologia permitem imaginar um futuro em que serão delegadas a sistemas de Inteligência Artificial decisões que irão, inevitavelmente, gerar danos a pessoas. Além da inexistência de uma regulação jurídica sobre a matéria nos ordenamentos jurídicos analisados, soma-se o desconhecimento sobre os impactos verdadeiros que esse tipo de tecnologia pode gerar na sociedade como um todo e nas relações subjetivas, em concreto. O fato de que os processos de decisões levadas a cabo pela IA autônoma não são conhecidos pelas pessoas, ocasionando a formação de verdadeiras caixas-pretas, opacas e impenetráveis ao conhecimento humano, gera incertezas sobre a possibilidade concreta da regulação jurídica, na medida em que não haveria condições de prever ou avaliar probabilisticamente os resultados danosos possíveis do aprendizado da IA.

Em conclusão, enquanto não houver uma regulação dos sistemas de Inteligência Artificial – ainda que por meio de códigos deontológicos –, a indagação a respeito do adequado, seguro e confiável desenvolvimento e aplicação da IA permanecerá. Caberá à sociedade como um todo a árdua tarefa de exigir a implementação de um sistema de regulação apropriado que possibilite não somente o pleno desenvolvimento das tecnologias e sistemas de Inteligência Artificial, mas que beneficiarão a todos e promoverão a tutela da pessoa humana.

6. REFERÊNCIAS

BALKIN, Jack M. The Path of Robotics Law. *California Law Review*, v. 6, 2015. Disponível em: https://ssrn.com/abstract=2586570. Acesso em: 21 abr. 2017.

BURRI, Thomas. The Politics of Robot Autonomy. *European Journal of Risk Regulation*, pp. 341-360, 2016. Disponível em: https://papers.ssrn.com/sol3/papers.cfm?abstract_id=2815082. Acesso em: 02 fev. 2020.

CALO, Ryan. Robotics and the Lessons of Cyberlaw. *California Law Review*, v. 103, n. 3, p. 513-564, 2015. Disponível em: https://ssrn.com/abstract=2402972. Acesso em: 21 abr. 2017.

CALO, Ryan. Artificial Intelligence policy: a primer and roadmap. *U.C. Davis Law Review*, v. 51, pp. 399-435, 2017. Disponível em: https://lawreview.law.ucdavis.edu/issues/51/2/Symposium/51-2_Calo.pdf. Acesso em: 03 jan. 2020.

COMISSÃO EUROPEIA. *A definition of AI*: Main capabilities and scientific disciplines. 2019. Disponível em: https://ec.europa.eu/digital-single-market/en/news/ethics-guidelines-trustworthy-ai. Acesso em: 14 abr. 2020.

COPPIN, Ben. *Artificial Intelligence Illuminated.* Massachusetts: Jones & Bartlett Learning, 2004.

DONEDA, Danilo; MENDES, Laura Schertel; SOUZA, Carlos Affonso Pereira de; ANDRADE, Norberto Nuno Gomes de. Considerações sobre Inteligência Artificial, ética e autonomia pessoal. *Pensar – Revista de Ciências Jurídicas*, v. 23, p. 1-17, 2018.

DONEDA, Danilo; ALMEIDA, Virgílio, A. F.. O que é governança de algoritmos? *In:* BRUNO, Fernanda *et al.*. *Tecnopolíticas da vigilância*: perspectiva da margem. São Paulo: Boitempo, 2018, pp. 141-148.

LEITE, Fábio Carvalho. Nem todo *case* é um *hard* case: reflexões sobre a resolução dos conflitos entre liberdade de expressão e os direitos da personalidade no Brasil. *In*: ABREU, Célia Barbosa; LEITE, Fábio Carvalho, PEIXINHO, Manoel Messias (Orgs.). *Debates sobre Direitos Humanos Fundamentais*. Rio de Janeiro: Editora Gramma, 2017, v. I, p. 209-231.

LEMLEY, Mark A; CASEY, Bryan. Remedies for Robots. *University of Chicago Law Review*, v. 86; *Stanford Law and Economics Olin Working Paper*, n. 523, 2019. Disponível em: https://lawreview.uchicago.edu/publication/remedies-robots. Acesso em: 29 jul. 2020.

MERCIER, Hugo; SPERBER, Dan. *The Enigma of Reason:* A new Theory of Human Understanding. Cambridge: Harvard University Press, 2017. Edição iBook.

MITTELSTADT, Brent; ALLO, Patrick; TADDEO, Mariarosaria; WACHTER, Sandra; e FLORIDI, Luciano. 2016. The Ethics of Algorithms: Mapping the Debate. *Big Data & Society.*, v. 3, n. 2, 2016. Disponível em: https://journals.sagepub.com/doi/full/10.1177/2053951716679679. Acesso em: 28 jul. 2020.

MULHOLLAND, Caitlin. Responsabilidade Civil e Processos Decisórios Autônomos em Sistemas de Inteligência Artificial (IA): autonomia, imputabilidade e responsabilidade. *In*: FRAZÃO, Ana; MULHOLLAND, Caitlin (Org.). *Inteligência Artificial e Direito*: Ética, Regulação e Responsabilidade. São Paulo: Thomson Reuters Brasil, 2019, p. 293-323.

PARLAMENTO EUROPEU. Resolução do Parlamento Europeu, de 16 de fevereiro de 2017, nas recomendações da Comissão Europeia sobre s disposições de direito civil sobre Robótica (2015/2013(INL)). Disponível em: http://www.europarl.europa.eu/sides/ getDoc.do?pubRef=-//ep//text+ta+p8-ta-2017-0051+0+doc+xml+v0//en. Acesso em: 25 jul. 2020.

PASQUALE, Frank. *The Black Box Society*: the secret algorithms that control money and information. Cambridge: Harvard University Press, 2015

RICHARDS, Neil M.; SMART, William D. How should we think about robots? *In:* CALO, Ryan; FROOMKIN, A. Michael; KERR, Ian (Org.). *Robot Law.* Northampton: Edward Elgar Publishing, 2016, pp. 3-24.

RUSSELL, Stuart J.; NORVIG, Peter. *Artificial Intelligence*: a modern approach. 3. ed. Nova Jersey: Pearson Education Inc., 2009.

SCHERER, Matthew U. Regulating Artificial Intelligence Systems: Risks, Challenges, Competencies, and Strategies. *Harvard Journal of Law & Technology*, v. 29, n. 2, 2016. Disponível em: http://jolt.law.harvard.edu/articles/pdf/v29/29HarvJLTech353.pdf. Acesso em: 13 set. 2019.

SELBST, Andrew D.; BAROCAS, Solon. Intuitive Appeal of Explainable Machines. *Fordham Law Review*, v. 87, n. 3, p. 1085-1139, 2018. Disponível em: https://ir.lawnet.fordham.edu/4r/vol87/iss3/11. Acesso em: 03 jan. 2020.

SILVA, Priscilla. A Desinformação do PL das *Fake News*. *Revista Jota,* publicado em 01 de jun. de 2020. Disponível em: https://www.jota.info/coberturas-especiais/liberdade-de-expressao/a-desinformacao-do-pl-das-fake-news-01062020. Acesso em: 28 jul. 2020.

SOUZA, Carlos Affonso de; LEMOS, Ronaldo. *Marco Civil da Internet*: construção e aplicação. Juiz de Fora: Editar Editora Associada Ltda, 2016.

SURDEN, Harry. Machine Learning and Law. *Washington Law Review*, v. 89, pp. 87-115, 2014. Disponível em: https://scholar.law.colorado.edu/articles/81. Acesso em: 03 jan. 2020.

STONE, Peter; BROOKS Rodney; BRYNJOLFSSON Erik; CALO, Ryan; ETZIONI, Oren; HAGER, Greg; HIRSCHBERG, Julia; KALYANAKRISHNAN Shivaram; KAMAR, Ece; KRAUS, Sarit; LEYTON--BROWN, Kevin; PARKES, David; PRESS, William; SAXENIAN, AnnaLee; SHAH, Julie; TAMBE, Milind; TELLER, Astro. *Artificial Intelligence and Life in 2030*. One Hundred Year Study on Artificial Intelligence: Report of the 2015-2016 Study Panel, Stanford University, Stanford, CA, 2016. Disponível em: http://ai100.stanford.edu/2016-report. Acesso em: 15 abr. 2020.

THE GUARDIAN. *AlphaZero AI beats champion chess program after teaching itself in four hours*. Disponível em: theguardian.com/technology/2017/dec/07/alphazero-google-deepmind-ai-beats-champion--program-teaching-itself-to-play-four-hours. Acesso em: 11 abr. 2020.

UNESCO. *I'd blush if I could*: closing gender divides in digital skills through education. 2019. Disponível em: https://unesdoc.unesco.org/ark:/48223/pf0000367416. Acesso em: 12 set. 2019.

WACHTER, Sandra; MITTELSTADT, Brent; RUSSELL, Chris. *Why Fairness Cannot Be Automated:* Bridging the Gap Between EU Non-Discrimination Law and AI, no prelo. Disponível em: https://ssrn.com/abstract=3547922. Acesso em: 15 abr. 2020.

5
A FUNÇÃO DO DIREITO FRENTE À INTELIGÊNCIA ARTIFICIAL

Bruno Torquato Zampier Lacerda

Doutorando e mestre em Direito Privado - PUC Minas. Delegado de Polícia Federal. Professor de Direito Civil no Curso Supremo em Belo Horizonte. Professor e Coordenador de Cursos de Pós-graduação - Faculdade Arnaldo. Membro associado do Instituto Brasileiro de Estudos de Responsabilidade Civil. Membro associado da Academia Brasileira de Direito Civil. Coordenador e autor de obras jurídicas. Bolsista Capes.

1. INTRODUÇÃO

No mundo hiperconectado e cada vez mais digital tem ganhado relevo, em especial na última década, a ampliação da utilização da denominada Inteligência Artificial (IA) com aplicações extremamente variadas. A expressão surgiu a partir da possibilidade de se simular, através de máquinas, a própria inteligência humana.

Em 1955, no Dartmouth College, em Hanover, no Estado norte-americano de New Hampshire, foi proposta a composição de uma comissão de estudos para que fossem analisados os benefícios que esta inteligência poderia trazer aos seres humanos. O líder deste projeto de pesquisa foi o professor John McCarthy, até hoje reverenciado em todo o mundo como um dos grandes precursores desta ideia. Acreditava-se que todo o processo de aprendizagem ou outras características da inteligência natural poderiam ser precisamente descritos, sendo assim possível a criação e programação de máquinas que viessem a repeti-los de maneira simulada.[1]

Aquilo que antes parecia pertencer ao lúdico campo das artes, como mera obra de ficção científica vem se mostrando como algo real e concreto no alvorecer do século XXI. A expressão robôs, como descritiva de máquinas que imitariam os homens em atos e pensamentos, foi usada pela primeira vez em 1921, quando na República Tcheca foi estrelada a peça de teatro R.U.R (Rossum's Universal Robots), de Karl Capek. E o próprio termo robô deriva de uma palavra tcheca que significaria 'trabalho compulsório'. Nesta encenação, os robôs se rebelavam contra a espécie humana e a destruíram por completo.

1. McCARTHY, John. *A proposal for the Dartmouth summer research project on Artificial Intelligence*. Disponível em: http://www-formal.stanford.edu/jmc/history/dartmouth/dartmouth.html. Acesso em: 25 de set. 2020.

Há que se recordar que as grandes guerras mundiais do século passado serviram de palco para teste e aplicação de novas tecnologias, como os aviões, os submarinos, os armamentos com alto poder destrutivo. Talvez por tal razão, o avanço tecnológico passou a ser enxergado como algo perigoso para a própria existência do homem. E isto também ocorreu com a questão relativa à robótica. Vários foram os filmes, romances, peças que exploraram o medo implícito ao desenvolvimento científico, na mesma linha do que fora feito por Capek.

Entre a década de 1930 e 1940, o escritor russo, naturalizado norte-americano, Isaac Asimov, optou por alterar este cenário sombrio, escrevendo histórias de robôs que tinham como foco produzir benefícios às pessoas, tais como "Robbie", uma babá robô amada pela criança de quem cuidava; "Razão", na qual um robô se tornava um religioso; "Mentiroso", sobre um robô que tinha a capacidade de ler a mente humana. Na sequência destes trabalhos, Asimov traçou as reconhecidas Três Leis da Robótica, que embora não tivessem caráter verdadeiramente normativo, são frequentemente citadas como princípios éticos norteadores do avanço deste tipo de tecnologia.

Estas leis de Asimov foram publicadas em 1942, quando de seu quarto conto, "Andando em Círculos". Seriam seus enunciados: um robô não pode prejudicar um ser humano; um robô não pode desobedecer um ser humano, exceto nos casos em que a ordem dada contrarie a primeira lei; um robô não pode prejudicar a si mesmo, devendo proteger-se, desde que tal proteção não entre em conflito com a primeira e segunda leis. Mais adiante, Asimov construiu uma quarta lei, que fora denominada de "lei zero" pelo seu caráter predecessor às demais. Esta determinaria que um robô não pode fazer mal à humanidade e, nem por omissão, permitir que ela sofra algum mal.[2]

Esquecida por pesquisadores entre os anos de 1970 e 1980, a inteligência artificial volta à cena ao final dos anos 1990, quando a gigante do setor de informática IBM constrói o computador "Deep Blue". Alimentado com milhares de informações e possibilidades lógicas, a partir de algoritmos finamente desenvolvidos, esta máquina acaba por vencer uma partida contra a inteligência humana de Garry Kasparov, campeão mundial de xadrez. Era um claro sinal de que softwares poderiam ser capazes de obterem programações com estruturas de raciocínio similares aos de seres humanos.

Essa mesma empresa, já nos anos 2000, também desenvolve outros computadores com este tipo de inteligência, tais como o "Watson", que devidamente programado, derrota novamente seres humanos em jogos de perguntas e respostas, bem como em campeonatos de vídeo game. Fica claro que a evolução destas ferramentas gera um contraponto à inteligência humana, trazendo dilemas não apenas para o futuro, mas sobremaneira sobre o presente. É importante levantar discussões sobre quais seriam os limites do desenvolvimento e utilização desta inteligência, bem como o nível de interferência que ela poderia provocar na própria liberdade e privacidade individuais.

2. ASIMOV, Isaac. *Eu, robô*. São Paulo: Aleph, 2014.

2. AS QUESTÕES SUSCITADAS PELA MODERNA INTELIGÊNCIA ARTIFICIAL

Ao mesmo tempo em que na contemporaneidade populariza-se o arco de benefícios proporcionados pelas ferramentas de inteligência artificial, ampliando-se assim as utilidades que a robótica pode trazer aos seres humanos, uma série de riscos a direitos também estão sendo evidenciados. A título exemplificativo, em setembro de 2017, foi anunciada por pesquisadores da respeitada Universidade norte-americana de Stanford uma nova ferramenta que permitiria, a partir de fotos digitais, determinar a orientação sexual de uma pessoa.

A depender do tipo de utilização que se poderia fornecer a essa ferramenta, sob o ponto de vista moral e ético, este modelo de software seria potencialmente violador das leis da robótica sugeridas por Asimov no século passado. E ao desrespeitar tais enunciados, produzir igualmente um rol de nefastas violações a direitos.

A onipresença da inteligência artificial passa a ser ainda mais impactante a partir do momento em que softwares são criados com a capacidade de observar e aprender com o mundo ao seu redor. O processo de aprendizado ganha certa autonomia mecanizada, com as próprias máquinas desenvolvendo novos conhecimentos, independentemente da intervenção humana direta. A tal processo foi dado o nome de *machine learning* que indubitavelmente aproxima ainda mais a inteligência em questão aos sistemas mentais humanos.[3]

Esta aprendizagem é denominada por muitos como a primavera da inteligência artificial, podendo ser dividida em aprendizagem supervisionada, não supervisionada e por reforço, além da modalidade de processamento profundo (*deep learning*) com a utilização de redes neurais.

O debate aqui é extremamente rico, pois se debruça na capacidade ou não das máquinas desenvolverem seus próprios pensamentos, se é que seria possível usar esta habilidade humana como sinonímia e, assim, terem um processo autônomo de tomada de decisões, sem que haja diretamente uma ordem humana.

É de se questionar também se nestes processos haveria espaço para a introdução de raízes de matiz biológica, essencialmente vinculadas ao ser humano. Sentimentos e emoções primárias, tais como o medo, nojo, pânico e raiva; ou mais complexas, como empatia, orgulho, compaixão, vergonha, admiração. Seriam estes desígnios humanos programáveis na seara da inteligência artificial. A ideia cartesiana de separação entre razão e emoção, se ainda presente, tem um profundo desafio quando se está diante da inteligência não natural.[4] Certas tomadas de decisão são premidas de denso conteúdo ético e emocional. Há que se perquirir como as máquinas lidariam com tais sentidos.

De igual forma, se a consciência comandada por uma mente humana orienta as condutas a princípio, como este processo ocorreria na seara do *machine learning*? Será que seria possível afirmar que as máquinas seriam dotadas de percepção, ou seja, de mente

3. PEIXOTO, Fabiano Hartmann; SILVA, Roberta Zumblick Martins da. *Inteligência artificial e Direito*. Curitiba: Alteridade Editora, 2019.
4. DAMÁSIO, António R. *O erro de Descartes*: emoção, razão e o cérebro humano. 3. ed. São Paulo: Companhia das Letras, 2016.

consciente? Se até hoje a neurociência investiga como se dá o processo de criação de um pensamento, como uma máquina poderia imitar o humano neste sentido?

Certamente, o estágio atual da ciência não desenvolveu a possibilidade de neurônios serem duplicados fora do corpo humano para serem instalados em máquinas. Será que realizar cálculos a partir de programação computacional poderia ser considerado um tipo de pensamento, uma vez que computação não é um dado da natureza, mas sim um fato criado pela inteligência humana? A inteligência das máquinas não seria algo intrínseco, mas sim atribuído. Processar dados não pode ser confundido com apreensão de significados. Estas são dúvidas pertinentes levantadas por pesquisadores da atualidade, tais como o professor John Searle da Universidade de Berkeley na Califórnia, Estados Unidos.[5]

E diante de todo este quadro, é de se questionar se as ferramentas de inteligência artificial estão a ampliar ou reduzir a liberdade individual. Algoritmos hoje tem a plena capacidade de rastrear cada passo, on-line ou off-line, dado por um cidadão. Onde estaria, a esta altura, a proteção à vida privada? Tais mecanismos, a serviço de interesses nada louváveis, poderia conduzir o ser humano a uma situação de dominação completa, subjugando sua liberdade, a vontade e a consequentemente a própria noção de autonomia privada. Há, portanto, um claro temor de que o uso cada mais dilatado da inteligência mecânica possa produzir humanos totalmente dependentes desta, tal qual uma criança em relação a seus pais.

Desta maneira, a ciência jurídica deve se colocar a refletir sobre se seria possível conviver com tamanha revolução tecnológica sem um marco civil que venha regulamentá-la. Diferentemente do que alguns libertários possam imaginar, a ausência completa de parâmetros legais gera insegurança jurídica, concedendo aos juízes e tribunais poucos critérios para solução de casos concretos que lhes sejam apresentados, ampliando o já extenso e atualmente bastante criticado ativismo judicial.

A seara da inteligência artificial é notoriamente interdisciplinar, impactando não apenas a computação, a matemática e engenharia, mas também a neurociência, a filosofia, a sociologia e o direito. A preocupação em entender o momento atual não é, portanto, uma tentativa isolada dos juristas. Várias áreas do conhecimento vêm sentido os impactos do rápido desenvolvimento de inteligências não naturais.

Por tal razão, a análise dos impactos da inteligência artificial é crucial para a preservação do próprio Estado Democrático, sobremaneira quando em jogo a liberdade individual, a privacidade, como se verá na sequência, além dos novos cenários de imputações de responsabilidades.

O desenvolvimento cada vez mais amplo de ferramentas de inteligência artificial a partir do aprendizado de máquinas (*machine learning*), sobremaneira quando tal aprendizado se torna profundo (*deep learning*), a substituição de pessoas por tecnologia em postos de trabalho, as possíveis invasões à privacidade promovidas nesta seara digital, a responsabilidade civil decorrente de erros de aprendizagem pelas próprias máquinas, a supressão da liberdade e consequente manifestação de vontade nas tomadas de decisões, tornam questionáveis qual seria o papel do Direito no esplendor da era robótica.

5. SEARLE, John. *Mente, Cérebro e Ciência*. 2. ed. Lisboa: Edições 70, 2015.

Por tudo isto, há que se indagar se o uso e desenvolvimento cada vez mais amplo da inteligência artificial desafiaria a intervenção do Direito (*hard regulation*). Em sendo positiva a resposta, haveria necessidade de criação de novo estatuto jurídico ou seria possível resolver os inéditos problemas a partir das normas jurídicas ora existentes, especialmente no Código Civil, Marco Civil da Internet, Lei Geral de Proteção de Dados e Constituição da República Federativa do Brasil de 1988? Ou, ao contrário, a governança da inteligência artificial deveria se basear apenas em princípios éticos, no âmbito de uma regulação bem mais leve e menos intervencionista (*soft regulation*)?

Para responder a esta desafiadora indagação, afigura-se como relevante fazer breve incursão sobre as funções da ciência jurídica.

3. AS FUNÇÕES DO DIREITO

É comum ouvir a afirmação de que o Direito está sempre atrasado em relação àquilo que acontece na sociedade à qual procura regulamentar. E no alvorecer da terceira década deste século esta assertiva nunca se fez tão presente, ante à velocidade com que as coisas estão se modificando, em especial graças à denominada revolução digital. Como projetado no desenho animado Wall-E, produzido pela empresa Pixar no ano de 2008, seria possível cogitar que num futuro não muito distante os seres humanos perderiam a capacidade de se comunicar sem o auxílio de instrumentos e mídias digitais? Chegaremos a tal ponto de mistura entre o virtual e o não virtual?

Esse caráter retardatário da ciência jurídica pode ser exemplificado na própria regulamentação da internet em solo brasileiro. Apesar de estar presente no Brasil desde meados da década de 1990, a rede mundial de computadores foi regulamentada parcialmente através de um marco civil próprio apenas em 2014. Ou seja, foram praticamente vinte anos para que a realidade social viesse a merecer um estatuto jurídico que segundo vários críticos já nasceu incompleto, sob vários aspectos. Será que no Brasil este mesmo atraso legislativo ocorrerá com a inteligência artificial, em se concluindo pela necessidade de um estatuto jurídico próprio?

Quando se trata de função, em especial da função da ciência jurídica, aprende-se desde as primeiras lições do bacharelado que o Direito seria aquela ciência social responsável por prevenir e solucionar os conflitos inerentes à vida em sociedade. De todo modo, a expressão função merece ser mais bem estudada e compreendida, pois no momento atual destaca-se a ideia de que função seria um poder que será exercido no interesse alheio.[6]

O vocábulo função deriva do latim *functio*, que traria como melhor tradução cumprimento de algo, de uma atividade, de um dever. Transportada para o direito, função traz o significado de finalidade, de papéis a serem desempenhados. Como demonstra Pietro Perlingieri, estrutura e função dois dos elementos que compõem a noção de direito subjetivo[7]. A gênese do direito subjetivo está na sua estrutura. Já a sua finalidade está na sua função. A título exemplificativo, a propriedade enquanto direito subjetivo de índole

6. AMARAL, Francisco. *Direito civil*: introdução. 5. ed. Rio de Janeiro: Renovar, 2003.
7. PERLINGIERI, Pietro. *Perfis do direito civil*: introdução. Rio de Janeiro: Renovar, 1999.

patrimonial tem toda sua estrutura voltada ao atendimento de interesses econômicos do proprietário, que poderá repelir qualquer injusta agressão àquela sua titularidade, tal qual ocorre com qualquer outro direito real. Já quanto à sua função, tradicionalmente este secular direito real era visto como apto a satisfazer apenas interesses individuais e egoísticos do titular. Ao longo do tempo, percebeu-se que a propriedade demandava o cumprimento de outros papéis, para além do indivíduo, atendendo-se assim aos anseios de toda a coletividade.

Há décadas percebe-se um movimento de funcionalização do Direito, destacado por Bobbio, Josserand, entre outros, sob a perspectiva de uma relativização do absolutismo que aprisionava certos direitos subjetivos, como a retro citada propriedade, o contrato, a empresa, a família, ou mesmo a posse. Indo para além de um interesse puramente individual e egoístico, passa-se à análise das finalidades sociais que gravitariam sobre estes tradicionais institutos. Conforme Louis Josserand, "as prerrogativas, mesmo as mais individuais e as mais egoísticas, são ainda produtos sociais, seja na forma, seja no fundo, sendo inconcebível que elas pudessem, ao grado de seus titulares, se livrar da marca característica original e ser empregadas para todas as necessidades, mesmo fossem elas inconciliáveis com sua filiação e com os interesses os mais urgentes, os mais certos, da comunidade que as concedeu". [8]

Desta forma, há uma funcionalização não apenas dos institutos jurídicos, mas da própria ciência jurídica. Molda-se uma nova atribuição que não se adstringe à solução de conflitos, mas que se volta também à organização da própria sociedade. O Direito deve assim ter uma atividade afirmativa, promocional, distributiva, mesmo quando nas relações interdisciplinares como aquelas estabelecidas com a economia, a psicologia, a medicina, a engenharia e, igualmente, a computação.

Ou seja, a função do Direito, para além da tutela de interesses individuais e sociais, é também ser um instrumento de promoção do desenvolvimento de outras ciências, ao estabelecer princípios, paradigmas, objetivos, enfim, normas de comportamento que possam ditar, sem impedir, a própria evolução de outras áreas do conhecimento.

Num estado como o Brasil, que tem como um dos seus objetivos fundamentais estampados na sua Constituição em vigor, a construção de uma sociedade livre, justa e solidária, deve se fazer presente a noção de que qualquer direito é funcionalizado para o atendimento destes objetivos. O direito deve ser uma ciência que tem como papel promover a transformação social, sob o paradigma igualmente constitucional da livre iniciativa. Entender o direito como uma ciência humana destinada apenas e tão somente à prevenção e resolução de litígios é indubitavelmente apequenar sua função.

4. AS FUNÇÕES DO DIREITO FACE À INTELIGÊNCIA ARTIFICIAL

A utilização da inteligência artificial no cotidiano não é apenas uma opção. Trata-se de uma contingência da contemporaneidade. São tantas as situações nas quais o ser humano já é orientado ou governado por este tipo de inteligência que não há mais

8. JOSSERAND, Louis. *De l'esprit des droits et de leur relativité*. Paris: Dalloz, 1939.

espaço para questionamento acerca da possibilidade de livres eleições relativas a esta interferência.

A título ilustrativo, ao acessar a internet, qualquer indivíduo deixa seus rastros digitais. A partir de ferramentas de análise, é possível traçar todo o comportamento online do sujeito, fornecendo na sequência conteúdo ou ofertas de bens e serviços que estejam diretamente ligados à linha de interesse demonstrada na habitual navegação em rede. Outros exemplos vão se somando cada vez mais. Desde serviços mais simples, como aqueles de geolocalização fornecidos por aplicativos ou sistemas de recomendações em serviços de transmissão de áudio e vídeo por streaming, até o desenvolvimento de veículos autônomos, diagnósticos médicos antecipados e computação quântica.

Desta forma, é importante questionar em que medida a interferência da inteligência artificial pode vir a provocar a supressão da liberdade do indivíduo e, consequentemente, o próprio exercício de sua autonomia privada. E neste sentido, deve-se verificar o impacto da reiteração de comportamentos online direcionados por algoritmos comandados por este tipo de inteligência, na construção de uma sociedade efetivamente plural, ante à possibilidade de reforço indevido de vieses de confirmação. Sendo assim, ao que parece, uma primeira e superimportante função do Direito diante do desenvolvimento da inteligência artificial seria preservar as liberdades dos sujeitos.

O Direito tem indubitavelmente uma essencial função garantidora da liberdade, razão pela qual toda e qualquer construção de ferramentas de inteligência artificial deveria primar pela preservação deste direito fundamental. Ocorre que hoje, os principais estudos relativos à IA e o Direito focam na construção de novas ferramentas que possam auxiliar na resolução dos inúmeros problemas e desafios que a prática judiciária oferece, seja alterando as estratégias de atuação de escritórios de advocacia, transformando a administração da justiça ou incrementando o uso da estatística para a compreensão dos fenômenos jurídicos (jurimetria).

O debate que ora se propõe é desenvolvido a partir de outra vertente, qual seja, da análise do Direito como instrumento de preservação de direitos fundamentais, diante da amplificação dos produtos e serviços que se utilizam em maior ou menor grau da inteligência artificial.

Algoritmos são construídos com a finalidade de se solucionar problemas construídos a princípio pela inteligência humana. Na visão de Bentley e outros, a inteligência não humana depende de desafios a serem solucionados, pois só assim surge ou se desenvolve[9]. Logo, a IA está vinculada aos incentivos humanos adequados para se desenvolver, o que inexoravelmente conduzirá a condutas voluntárias na sua própria essência, mesmo nos casos em que mais adiante seja possível enxergar a possibilidade da aprendizagem de máquinas (*machine learning*).

A programação destes algoritmos, portanto, deve respeitar não apenas princípios éticos, mas sobremaneira direitos fundamentais daqueles que serão direta ou indireta-

9. BENTLEY, Peter; BRUNDAGE, Miles; HÄGGSTRÖM, Olle; METZINGER, Thomas. Should we fear artificial intelligence? *Science and Technology Options Assessment*, March 2018. Disponível em https://www.europarl.europa.eu/RegData/etudes/IDAN/2018/614547/EPRS_IDA(2018)614547_EN.pdf. Acesso em: 25 set. 2020.

mente impactados pela utilização do produto ou serviço com aplicações de inteligência artificial.

Em caráter ilustrativo, indaga-se: uma aplicação de serviços de geolocalização, como o Waze ou o Google Maps, poderia indicar ao usuário um itinerário no qual este fosse, propositalmente, direcionado a passar em frente a uma empresa que patrocina tal serviço, a fim de que o consumidor fosse instado a ali parar e adquirir as ofertas do dia? Seria este tipo de parceria comercial, que coloca os interesses das empresas em primeiro plano, desconsiderando a posição de vulnerabilidade do usuário, uma conduta potencialmente lesiva à liberdade de escolha desse sujeito, sobremaneira quando não lhe for informada adequadamente?

Num segundo exemplo, poderia um serviço de streaming, como o Netflix ou o Spotify, a fim de atender interesses comerciais ou ideológicos, programar um algoritmo de recomendação de filmes, séries, músicas e *podcasts* para que mais pessoas possam consumir um tipo de conteúdo cultural em detrimento de outro? Até que ponto isto poderia servir como instrumento de manipulação de massas?

Portanto, é possível que algoritmos sejam indevidamente programados para apenas reforçarem o denominado viés de confirmação, através do qual há um estreitamento da visão mundana, pela supressão de liberdades de escolhas. Impactadas por este viés, as pessoas passam a acreditar e aceitar numa única história ou ponto de vista, pelo simples fato de desejarem que aquilo dali fosse mesmo traduzido numa verdade. A era da pós-verdade reforça teorias ou ideias de estimação, impedindo que outras versões ou opiniões sejam apresentadas. Histórias excêntricas passam a ganhar cada vez mais relevo, mesmo quando confrontadas com uma coletânea de dados cientificamente verificados.

Os riscos à liberdade de escolha são concretos, fato este que deve servir para reforçar a função garantidora de direitos, inerente à ciência jurídica. Como então superar estas potencialidades lesivas descortinadas pelo uso da inteligência artificial? Inicialmente, dois caminhos podem ser apontados: a intelegibilidade e a transparência (*accountability*).

Por meio da intelegibilidade seria possível se compreender minimamente como as respostas dos modelos de IA são geradas. Sabe-se que os algoritmos são modelos matemáticos que por vezes possuem estruturas numéricas complexas, podendo ocasionar dificuldades no entendimento do fornecimento das respostas (ou saídas). Como destacado por Nilton Correia da Silva, as pesquisas atuais, ao buscarem um cenário ótimo, visam construir aplicações de IA que sejam a um só tempo assertivas e com alto nível de compreensão.[10] Desenvolver modelos com alto nível de assertividade é tão importante quanto desenvolver modelos interpretáveis. Um observador humano deveria compreender as razões que estão por trás de uma predição realizada por esse modelo que se vale de inteligência artificial.

Esta vertente é fundamental para a compreensão de como um modelo de IA pode ser algo que suprima ou restrinja a liberdade de escolha de uma pessoa. Tanto é verdade que, nos Estado Unidos, já se utiliza o termo *Explainable AI* para designar um conjunto

---

10. SILVA, Nilton Correia da. Inteligência artificial. *In:* FRAZÃO, Ana; MULHOLLAND, Caitlin (Coord.). *Inteligência artificial e direito*: ética, regulação e responsabilidade. São Paulo: Thomson Reuters Brasil, 2019.

de esforços que visam buscar melhores os níveis de interpretabilidade aos algoritmos desenvolvidos.

Quanto à transparência, registre-se desde logo que este tem sido um dos temas mais debatidos quanto ao desenvolvimento de aplicações de inteligência artificial. É certo que mesmo em processamento de dados promovidos por inteligência humana sempre houve esta preocupação. Na verdade, diversos dilemas humanos agora são também transferidos para as máquinas.

Todavia, quando este processamento é realizado por algoritmos, surge naturalmente uma tendência maior pela procura de métodos e marcos de controle. Afinal, por qual razão um filme é indicado por um robô a uma pessoa e a outra não? Estes mecanismos devem ser informados ao consumidor? Qual nível de esclarecimento deve ser exigido daqueles que entregam este tipo de ferramenta? Para qual finalidade meus dados são capturados? São várias perguntas que certamente merecem ser feitas, como forma de se caminhar cada vez mais em busca da denominada transparência algorítmica.

Na era dos algoritmos é possível que haja o exercício de uma espécie de poder subliminar que dificilmente seria identificável, ao menos pelo cidadão comum. Como corretamente destacado por Fabiano Hartmann Peixoto e Roberta Zumblick Martins da Silva, a pura exposição algorítmica com a demonstração dos códigos-fonte ou mesmo a realização de auditorias irrefletidas podem gerar ilusão de clareza. Logo, seria importante refletir sobre as possibilidades de regulação de aplicações algorítmicas em softwares, sejam eles públicos ou privados, estimulando assim mecanismos de identificação de possíveis erros ou aplicações inadequadas, produzindo por via de consequência uma especialização de sistemas de governança.[11]

Esta regulação por via legal tem sido profundamente debatida na Europa e nos Estados Unidos. Em artigo escrito por Deven Dasai e Joshua Kroll, publicado no Harvard Journal of Law & Technology, defende-se que esta regulamentação legal poderia trazer ao menos quatro benefícios: a) evitar a inaptidão de sistemas tradicionais; a analogia aqui pode não ser a melhor solução para estes novos problemas; b) abordar as especificidades desta indústria, com todo seu dinamismo, contando para tanto com a contribuição dos tecnólogos, engenheiros e cientistas da computação; c) estabelecer uma estrutura de conformidade, tal qual acontece em outros campos da vida, esclarecendo quais são os limites aceitáveis, as responsabilidades, os requisitos e as fiscalizações que por ventura devem ser levadas a efeito; d) reduzir as objeções dos sujeitos regulamentados, ao estabelecer estruturas próprias de trabalho, com etapas e termos técnicos, gerando ganhos de especialização.[12]

Acredita-se que hoje, mesmo sem um marco legal relativo à inteligência artificial, há princípios no ordenamento que determinariam uma maior transparência por parte de

---

11. PEIXOTO, Fabiano Hartmann; SILVA, Roberta Zumblick Martins da. *Inteligência artificial e Direito*. Curitiba: Alteridade Editora, 2019.
12. DESAI, Deven R.; KROLL, Joshua A. Trust but Verify: a guide to Algorithms and the Law. *Harvard Journal of Law & Technology*, Cambridge, v. 31, 2017. Disponível em: https://jolt.law.harvard.edu/assets/articlePDFs/v31/31HarvJLTech1.pdf. Acesso em 13 set. 2020.

provedores de aplicações. A boa-fé objetiva, a dignidade da pessoa humana e o próprio solidarismo poderiam impor aqui, uma vez mais, a sua força normativa.

Tome-se como exemplo a boa-fé objetiva e sua tríplice função. Como cânone interpretativo previsto expressamente no art. 113 do Código Civil Brasileiro, a boa-fé serviria como um standard a orientar os juízes quando diante de dilemas impostos pelo uso em concreto de ferramentas de inteligência artificial. Desta forma, ao interpretar um contrato e os deveres que dali se extrai, um magistrado poderia exigir que um provedor de aplicações de IA demonstrasse as razões pelas quais se chegou a um determinado resultado. Traçando-se um exemplo concreto, se uma instituição financeira viesse a negar um novo empréstimo a um correntista, sob a alegação de que seus sistemas de informação analisaram o perfil e declinaram quanto à revalidação do contrato de mútuo, um juiz poderia impor que as razões determinantes que orientaram aquele software fossem reveladas, como forma de dar ao contrato a devida conformação imposta pela boa-fé objetiva.

Já quanto à função integrativa, é importante recordar que para além dos deveres principais de um contrato, a boa-fé objetiva impõe aos negociantes os denominados deveres anexos ou laterais, tais como o dever de cooperação, proteção e informação. A partir da norma imperativa do art. 422 do Código Civil, os contratantes devem atuar para além das prestações de dar, fazer e não fazer, tidas como objetos principais. Cumprir os deveres acessórios é fundamental para que haja o adimplemento adequado do contrato, evitando sua violação positiva. Cooperar com o usuário de aplicação de IA é perceber que seus interesses são tão importantes quanto os daqueles que desenvolveram e se beneficiam economicamente do produto ou serviço. Proteger este usuário é compreender que sua integridade física e psíquica devem ser objeto de todo tipo de tutela possível. Informar é o pilar desta relação, pautada na transparência algorítmica, deixando-se sempre claro quais são os modos de funcionamento de cada sistema governado por este tipo de inteligência.

Por fim, a função de controle do princípio da boa-fé objetiva pode ser também importante instrumento de vedação ao abuso de direito por parte destas pessoas naturais ou jurídicas, que se valem de inteligência artificial para a prestação de seus serviços ou fornecimento de seus produtos. Prevista no art. 187 do Código Civil, como grande cláusula geral de combate ao exercício indevido de direitos subjetivos, a boa-fé tende a ser utilizada como vetor repressor de condutas inapropriadas. Figuras como o *venire contra factum proprium*, a *supressio*, a *surrectio*, o *tu quoque*, entre outras, podem auxiliar os juízes na verificação das posições jurídicas adotadas por exploradores de IA, permitindo-se assim uma tutela adequada daqueles que estão submetidos aos algoritmos.

Certo é que a liberdade não pode ser corroída por uma eventual opacidade determinada pelas grandes companhias que dominam o mercado de tecnologia ou mesmo por startups que ingressam neste segmento. Por esta razão, ainda que não haja neste momento um aparato normativo específico para tutelar estas novas e desafiadoras questões, a liberdade enquanto direito fundamental merece a proteção adequada, a partir da aplicação dos princípios hoje existentes no ordenamento jurídico pátrio.

Nesta esteira, vale também o debate relativo à proteção dos dados fornecidos por usuários a provedores ou fornecedores, quando do relacionamento online, mediado por inteligência artificial. Para além do que hoje consta na Lei 13.709/2018, a Lei Geral de Proteção de Dados (LGPD), é necessário trabalhar com um novo conceito de privacidade na era digital, tal qual defendido por Stéfano Rodotà.[13] Na visão do mestre italiano, a privacidade hoje requer o entendimento de que cada sujeito deve ter o direito de manter o controle sobre seus dados pessoais, em especial no que se refere à coleta, análise e efetiva utilização, o que nos termos na novel legislação se denomina tratamento.

O princípio do consentimento é uma das principais normas no cenário de proteção de dados. Daí, há que se indagar: será que as aplicações de inteligência artificial estão respeitando adequadamente os interesses e vontades manifestadas pelos usuários, em especial no que toca à privacidade? Será que os contratos de adesão online estão sendo claros o suficiente para que cada usuário saiba o que está sendo feito com seus dados pessoais coletados?

Há hoje um verdadeiro direito à autodeterminação informativa, reconhecido pelo Tribunal Constitucional Federal Alemão desde a década de 1980 e, mais recentemente, também pelo próprio Supremo Tribunal Federal.[14] Conforme destacado no voto da Ministra relatora Rosa Weber no bojo da ADI 6.387, a autodeterminação individual pressupõe, mesmo sob as condições da moderna tecnologia de processamento de informação que, ao indivíduo, está garantida a liberdade de decisão sobre as ações a serem procedidas ou omitidas. Como decorrência da cláusula geral de resguardo aos direitos da personalidade, reconheceu-se que o direito à privacidade e à autodeterminação informativa foram positivados na LGPD brasileira e, independentemente da entrada em vigor desta nova lei, já estariam de todo modo abarcados como direitos fundamentais pela própria Constituição da República de 1988. Por esta e outras razões, a Medida Provisória 954/2020 teve sua eficácia suspensa através de medida cautelar, impedindo assim que o IBGE (Instituto Brasileiro de Geografia e Estatística) obtivesse os dados de consumidores de serviços de telefonia fixa e móvel junto às operadoras, para fins de suporte à produção estatística oficial durante a pandemia de COVID-19.

Fortes neste precedente da Corte Suprema e na nova norma de proteção de dados já em vigor, as indagações feitas apontam para um cenário em que a autodeterminação informativa será o fio condutor para as aplicações que se valem de inteligência artificial. O Brasil necessitará cada vez mais de um Poder Judiciário atento, atualizado e disposto a combater eventuais abusos que coloquem em risco a privacidade, em seu novo e dinâmico conceito.

E nesta mesma direção, caberia também aos órgãos e entidades responsáveis pela tutela dos interesses difusos e coletivos buscarem um maior acertamento destas condutas, com a finalidade de se obter uma verdadeira proteção a toda a coletividade, que hoje já é impactada pelo uso de aplicações de inteligência artificial. As iniciativas

13. RODOTÀ, Stefano. *A vida na sociedade da vigilância*: a privacidade hoje. Rio de Janeiro: Renovar, 2008.
14. SUPREMO TRIBUNAL FEDERAL, *ADI 6.387*, DJ 02.06.2020.

em solo brasileiro ainda são tímidas neste sentido, muito possivelmente em virtude do desconhecimento da temática por grande parte dos operadores do Direito. Há que se caminhar rapidamente na busca do ajustamento de órgãos e pessoas para enfrentamento desta realidade tecnológica.

5. CONCLUSÃO

Inúmeros tem sido os casos de utilização de aplicações com inteligência artificial em que as respostas não têm sido claras o suficiente e isto, ao que parece, pode vir a ser cada vez mais comum. Sistemas podem ser os indicados como os responsáveis por uma negativa de empréstimo bancário para a aquisição de um carro ou da casa própria? Softwares poderiam mesmo ser acusados de fraudarem uma eleição? É possível dizer que um erro de diagnóstico médico foi mesmo causado por uma máquina? A questão central é saber se estes eventos seriam mesmo fruto de uma responsabilidade das máquinas em si e de seu eventual aprendizado falho ou se, ao revés, seria um defeito de programação.

Nessa perspectiva, é importante analisar e focar a atenção nos impactos da inteligência artificial no âmbito da liberdade e da privacidade, evitando danos ou imputando responsabilidades pela violação a estes direitos fundamentais. Há que se ter inteligibilidade e transparência, para resguardo das liberdades. Igualmente, será importante o redesenho do conceito de privacidade, a fim de assegurar o direito à autodeterminação informativa, positivada na LGPD.

O ordenamento jurídico brasileiro atual dispõe de normas para combater eventuais desvios quanto ao uso deste tipo de tecnologia. Os princípios existentes, tais como o da boa-fé objetiva, da proteção à dignidade humana e o solidarismo constitucional possuem eficácia normativa e podem auxiliar no tratamento de novos desafios propostos por ferramentas de IA.

Entretanto, a construção de um estatuto jurídico da inteligência artificial, abarcando de forma moderna esta nova fronteira multidisciplinar, geraria uma série de benefícios, contribuindo decisivamente na compreensão da especificidade e dinamismo da indústria computacional, estabelecendo uma estrutura de conformidade, impondo requisitos e responsabilidades para o desenvolvimento eficaz da inteligência artificial em vários segmentos de negócios. Esta segurança jurídica certamente alavancaria uma série de novos investimentos, algo fundamental do ponto de vista econômico, permitindo também o cálculo prévio dos riscos de uma atividade.

E nesta linha, caberá ao Poder Judiciário e demais órgãos de proteção de interesses difusos e coletivos, a atualização devida para estarem prontos a responder às demandas da coletividade, evitando-se que o desenvolvimento da inteligência artificial possa colocar em risco direitos individuais e transindividuais.

6. REFERÊNCIAS

AMARAL, Francisco. *Direito civil*: introdução. 5. ed. Rio de Janeiro: Renovar, 2003.

ASIMOV, Isaac. *Eu, robô*. São Paulo: Aleph, 2014.

BENTLEY, Peter; BRUNDAGE, Miles; HÄGGSTRÖM, Olle; METZINGER, Thomas. Should we fear artificial intelligence? *Science and Technology Options Assessment*, March 2018. Disponível em: https://www.europarl.europa.eu/RegData/etudes/IDAN/2018/614547/EPRS_IDA(2018)614547_EN.pdf. Acesso em: 25 set. 2020.

DAMÁSIO, António R. *O erro de Descartes*: emoção, razão e o cérebro humano. 3. ed. São Paulo: Companhia das Letras, 2016.

DESAI, Deven R.; KROLL, Joshua A. Trust but Verify: a guide to Algorithms and the Law. *Harvard Journal of Law & Technology*, Cambridge, v. 31, 2017. Disponível em: https://jolt.law.harvard.edu/assets/articlePDFs/v31/31HarvJLTech1.pdf. Acesso em: 13 set. 2020.

JOSSERAND, Louis. *De l'esprit des droits et de leur relativité*. Paris: Dalloz, 1939.

McCARTHY, John. *A proposal for the Dartmouth summer research project on Artificial Intelligence*. Disponível em: http://www-formal.stanford.edu/jmc/history/dartmouth/dartmouth.html. Acesso em: 25 de set. 2020.

PEIXOTO, Fabiano Hartmann; SILVA, Roberta Zumblick Martins da. *Inteligência artificial e Direito*. Curitiba: Alteridade Editora, 2019.

PERLINGIERI, Pietro. *Perfis do direito civil*: introdução. Rio de Janeiro: Renovar, 1999.

RODOTÀ, Stefano. *A vida na sociedade da vigilância*: a privacidade hoje. Rio de Janeiro: Renovar, 2008.

SEARLE, John. *Mente, Cérebro e Ciência*. 2. ed. Lisboa: Edições 70, 2015.

SILVA, Nilton Correia da. Inteligência artificial. *In:* FRAZÃO, Ana; MULHOLLAND, Caitlin (Coord.). *Inteligência artificial e direito*: ética, regulação e responsabilidade. São Paulo: Thomson Reuters Brasil, 2019.

SUPREMO TRIBUNAL FEDERAL, *ADI* 6.387, DJ 02.06.2020.

PARTE II
AUTONOMIA E PERSONALIDADE

6
NAS FRONTEIRAS DE UM ADMIRÁVEL MUNDO NOVO? O PROBLEMA DA PERSONIFICAÇÃO DE ENTES DOTADOS DE INTELIGÊNCIA ARTIFICIAL

Mafalda Miranda Barbosa

Univ Coimbra, Instituto Jurídico da Faculdade de Direito da Universidade de Coimbra/ University of Coimbra Institute for Legal Research, Faculdade de Direito da Universidade de Coimbra. Doutorada em Direito pela Faculdade de Direito da Universidade de Coimbra. Professora Associada da Faculdade de Direito da Universidade de Coimbra.

1. INTRODUÇÃO

O século XIX forjou as pessoas coletivas, enquanto sujeitos da relação jurídica, que assim passam a figurar na estrutura externa daquela ao lado das pessoas físicas. Volvidos dois séculos, ao mesmo tempo que se assiste ao debate em torno da personalidade jurídica dos nascituros, que não poderá ser ignorada, num apelo à axiologia fundamentante do sistema privatístico, o elenco tradicional dos sujeitos volta a ser problematizado, primeiro, para questionar se os animais podem ser jus-subjetivados, e depois – e muito embrionariamente –, para indagar até que ponto, face aos recentes desenvolvimentos no campo da robótica e da inteligência artificial, é ou não viável pensar, para o futuro, em *e-persons* (pessoas eletrónicas). À questão "quem são os sujeitos da relação jurídica" já não se consegue, hoje, dar uma resposta líquida no sentido de incluir na categoria apenas as pessoas singulares e as pessoas coletivas. É que, ainda que seja esse o resultado final da indagação, não podemos ignorar a reflexão que a este propósito tem de ser feita.

2. OS ENTES DOTADOS DE INTELIGÊNCIA ARTIFICIAL E A RESPONSABILIZAÇÃO

O problema da eventual personificação dos entes dotados de inteligência artificial coloca-se, em primeiro lugar, no quadro jurídico, por força da necessidade de encontrar uma resposta para o problema da responsabilidade por danos causados por entes dotados de inteligência artificial. E implica a questão de saber se o *software* pode ser visto como um agente moral.

Tradicionalmente, os filósofos referem que não pode haver responsabilidade se a liberdade estiver ausente. O livre arbítrio surge como um conceito central da responsabilidade moral, com que a filosofia lida. Tal livre arbítrio pressupõe que a pessoa aja de acordo com os seus pensamentos, as suas finalidades, as suas motivações, e que tenha capacidade para controlar o seu comportamento, o que implica um certo nível de consciência[1]. Não bastaria, na verdade, causar um evento em termos materiais para se poder imputar a responsabilidade a um ente, mas exigir-se-ia um estado interno, integrado por desejos, crenças ou outros elementos intencionais, que juntos configuram a *ratio* da ação. Dito de outro modo, a responsabilidade moral ficaria limitada aos comportamentos intencionais e aos resultados que se pudessem prever.

Ora, apesar de já nos termos referido à autonomia dos entes dotados de inteligência artificial, e de esta ser uma característica amiúde sublinhada pelos autores, como Noorman explica, o conceito que autonomia que habitualmente mobilizamos é diferente do conceito de autonomia específico das ciências da computação[2]. Neste contexto, a autonomia traduz a possibilidade de o robot realizar independentemente complexas operações num ambiente imprevisível[3]. Eles não seriam, contudo, capazes de controlar as suas ações, funcionando como um mero instrumento avançado de um programador[4].

É um facto que, quanto mais sofisticados se apresentam os robots, mais eles conseguem assumir decisões complexas e independentes. Os cientistas prestam especial atenção a esta particularidade e ao facto de eles terem ou virem a ter a capacidade de refletir acerca do significado moral e social do seu comportamento[5]. Além disso, as escolhas éticas (*ethical decision making*) estão já integradas em alguns sistemas computacionais[6]. Em rigor, os programadores estão hoje a trabalhar conjuntamente com os produtores no sentido de, por exemplo com referência aos veículos autónomos, determinar se, no caso de um acidente, o automóvel deve preservar o condutor ou o peão que atravessa a via. Neste âmbito, alguns pensadores defendem que os entes dotados de inteligência artificial podem ser percecionados como *autonomous moral agents*, tanto quanto eles possam beneficiar de um nível significativo de autonomia e possam ter um comportamento intencional[7]. Sullins aduz, ainda, que eles irão desenvolver um papel social, o qual envolverá certas responsabilidades e que nos mostrará que poderão entender os seus deveres diante de outros agentes morais[8]. Numa perspetiva funcionalista, aliás, a qualidade de agente moral pressuporia, apenas, a existência de certos comportamentos funcionalmente equivalentes aos comportamentos que nos permitiriam atribui-la ao homem[9]. Bastaria, para que fosse considerado agente moral, que o ente artificial tivesse capacidade para processar informação, iniciando a sua ação com base nela. A partir daqui, poderíamos passar a considerar que as características

1. Merel Noorman (2012); Deborah G. Johnson (2006), 195-204.
2. Noorman (2008), 32; Deborah G. Johnson/Merel Normann (2014), 143-158.
3. Noorman (2008), 46.
4. Deborah G. Johnson (2006), 200.
5. Noorman (2012).
6. Noorman (2012).
7. John P. Sullins (2006), 23-29.
8. Sullins (2006), 28. Cf, também, Noorman (2012).
9. Cf. L. Johansson (2010), 65-73.

relevantes – compreendidas sob o signo de categorias observáveis – existiriam, tratando-se o robot como um agente moral.

A posição não é, contudo, unanimemente aceite. Pelo contrário, há quem recuse atribuir responsabilidade moral aos robots e, assim, recuse vê-los como *moral agentes*, por serem estes sempre o produto de um comportamento humano, mesmo que indiretamente[10].

Outros sugerem que a qualificação dos entes dotados de inteligência artificial como *moral agents* só é possível na presença de *higher-order-intentional computer systems*, ou seja, de sistemas de inteligência artificial caracterizados pela atribuição de crenças, desejos e uma certa racionalidade[11]. Noutras palavras, tudo dependerá do estádio de evolução dos computadores, por um lado, e no tipo de *robot*, por outro lado.

Em 2006, Moor distinguiu três tipos de *ethical agentes*[12]: *implicit ethical agents,* aqueles que têm registada a ética do programador no sistema; *explicit ethical agents*, isto é, computadores que podem determinar, com base num certo modelo ético, o que está certo e o que está errado; e *full ethical agents*, que podem formular juízos morais e justifica-los. Apenas esta última categoria exigiria a consciência e o livre arbítrio. Ora, esta visão gradativa permitiria integrar no conceito de *agency* determinadas realidades artificiais, tanto quando a categoria não ficasse restringida às hipóteses de existência de livre arbítrio e consciência. Simplesmente, esta construção teórica não afasta o problema de base que motiva estas considerações: é esse tipo de *moral agency* suficiente para se impor a responsabilidade aos robots e outro *software*?

O problema reside em que, atualmente, não obstante a crescente complexidade dos computadores, não conseguimos descobrir um que, independentemente de um modelo ético que alguém tenha inserido no sistema, atue eticamente. Pelo contrário, cada decisão autónoma assumida por um ente dotado de inteligência artificial resulta de uma prévia determinação do programador, ainda que modificada pela autoaprendizagem. No campo da inteligência artificial, a ação é sempre determinística, o que implica que o *robot* não poderia atuar de outro modo. Claro que podemos argumentar que, a partir do momento em que os computadores aprendem por si mesmos, com base na interação com o meio, esse determinismo é imprevisível. Ao terem capacidade para operar escolhas diferentes das que foram previstas, torna-se difícil fazer retroceder a responsabilidade para a esfera do programador, que deixa de conseguir controlar o sistema e prever os resultados[13]. Mas essa dificuldade – que se terá de enfrentar em termos jurídicos, sobretudo – não apaga a presença do ser humano na retaguarda de atuação do *software*[14].

E se isso envolverá, como veremos, uma reflexão acerca do próprio ser humano e das suas condicionantes de ação, podemos desde já avançar que os computadores, ao contrário do homem, não se conseguem transcender a si próprios, nem conseguem julgar os seus atos; não se mostram aptos a propor a si mesmos propósitos e ideias, razões e

10. Deborah G. Johnson (2006), 203.
11. Daniel C. Dennett (1997), 352.
12. J. H. Moor (2006), 18-24.
13. Cf. R. Sparrow (2007), 62-77; T. Powers (2013), 227-236.
14. Num sentido próximo, cf. F. Grodzinsky/K. Miller/M. Wolf (2008), 115 s.

argumentos para limitar os seus impulsos, preferências e desejos no sentido de proteger os outros. Isto mostra-nos que apenas o homem, como pessoa, pode ser responsável, por ser ele o único que se mostra senhor dos seus atos. E implica que, de um ponto de vista filosófico, os entes dotados de inteligência artificial não possam ser responsáveis, tanto quanto a responsabilidade de que curamos assente nessa ideia de ser pessoa como um ser de relação, a não ser que se presumam diversas formas ou sentidos de responsabilidade, como David Shoemaker[15] fez, e se trate a responsabilidade desses *AI agents* como *accountability*. Simplesmente, nesse caso, estamos a afastar-nos do problema filosófico nuclear para entrar noutros tipo de considerações.

Esta conclusão – exigida por um entendimento axiológico do ser humano como pessoa – requer, não obstante, outro tipo de considerações. Na verdade, enfrentamos dificuldades que resultam quer do desenvolvimento de determinadas correntes de pensamento, quer do anúncio de possíveis formas de existência virtual, quer do sentido da responsabilidade com que se lida.

Em primeiro lugar, haveremos de sublinhar – na necessária transposição entre o mundo filosófico e o mundo jurídico – que a responsabilidade não deve ficar confinada aos comportamentos intencionais. Se esse é o sentido da responsabilidade moral, então, haveremos de concluir ser mais amplo o âmbito da responsabilidade jurídica, por levar implícita a possibilidade de os comportamentos meramente negligentes viabilizarem a imputação. Este alargamento podemos explica-lo não só pela ideia de alteridade presente no direito, bem como pela necessidade de proteção da vítima, mas também pelo sentido da pessoalidade de que se parte. O agente responsável, autónomo e consciente, é também aquele que, esquecendo os deveres para com o seu semelhante, lhe cause dano, ainda que insconscientemente; e se tal omissão do dever se pode vir a traduzir, em termos morais, numa ação em contravenção com o que seria exigível, a questão do foro interno não releva do ponto de vista jurídico. A ser assim, então, admite-se uma pergunta: não poderemos encontrar, por referência aos entes dotados de inteligência artificial, hipóteses de preterição de regras de cuidado que, sem postularem a consciência e a vontade/intenção, permitem alicerçar a responsabilidade do *software*? Mas a resposta não pode ser senão negativa: a inconsciência que funda a negligência está ancorada por uma ideia de exigibilidade – o agente é responsável, mesmo quando não previu o resultado, se o deveria ter previsto, de acordo com um padrão de razoabilidade. A censura moral retroage ao momento da decisão de ação em contravenção com o dever: a intencionalidade, longe do plano jurídico, pode encontrar-se até no quadro da formação da vontade de ação inconsciente. Há uma distância entre a culpa entendida em termos morais e a culpa entendida em termos jurídico-civilísticos, onde é apreciada de acordo com um desvio do comportamento e não da vontade. Ora, nada disto é possível em relação a um robot: a exigibilidade de que se fala perde significado, quando a ação é determinada algoritmicamente; e o padrão de razoabilidade deixa de existir, por não ser possível, num horizonte de imprevisibilidade, falar-se de robot médio. Mesmo orientando-nos pelo desvio comportamental, ela não é desvelável por referência aos entes dotados de inteligência artificial.

---

15. David Shoemaker (2011), 603-632. Para uma crítica de Shoemaker, v. Angela Smith (2012), 575-589.

Mas outros são os problemas que se enfrentam: se as qualidades para se ser, do ponto de vista filosófico, agente e, como tal, responsável passam pela consciência e a autonomia/livre arbítrio, e se justificadamente os autores alegam que a autonomia algorítmica não se pode confundir com a autonomia do ser humano, que não é pré-determinada, então somos desafiados pelas correntes do pensamento que afastam do horizonte a liberdade decisória para falarem em determinismo neuronal. Em bom rigor, a aceitarem-se por boas, mais do que justificarem a analogia entre homem e máquina dotada de inteligência artificial, elas deitam por terra a possibilidade de responsabilização do próprio ser humano, exceto se olharmos para essa responsabilidade no tal sentido da *accountability*.

Na verdade, como no passado o determinismo colocou inúmeros problemas à responsabilidade (devido ao facto de, num mundo determinístico, os factos serem absolutamente fixos), forçando os compatibilistas a forjar formas de conciliação entre essa ideia e o livre arbítrio, como um pré-requisito da responsabilidade, hoje em dia, as descobertas no campo das neurociências conduzem-nos a outro tipo de considerações. O determinismo neuronal torna atual a discussão acerca da liberdade humana, justificando a analogia com o problema que se enfrenta a propósito dos entes dotados de inteligência artificial.

Graças às novas técnicas de ressonância magnética, tomografia computorizada, tomografia com emissão de positrões e tomografia com emissão de fotões, os neurocientistas surgem a defender que processos neuronais inconscientes controlam as decisões humanas. O homem sociológico é substituído, assim, pelo homem neurobiológico[16]: todos os processos mentais dão lugar a processos neurofisiológicos. A vontade humana e as capacidades cognitivas dependem exclusivamente das estruturas neuronais. Os autores pós-conexionistas defendem que o dualismo entre o mundo externo e o mundo mental e que a ideia segundo a qual acedemos àquele através da correspondência de um código ou símbolos pré-definidos deve ser ultrapassado[17]. Ao invés, o mundo exterior é criado pelo organismo mental humano quando produz as suas sequências neuronais. O fenómeno mental é agora reduzido ao resultado de disposições neuronais que estruturam os mecanismos e os processos neurobiológicos[18]. Neste sentido, o livre arbítrio desaparece, tanto quanto cada decisão seja entendida como o resultado de um processo neuronal determinístico. As ressonâncias magnéticas, as tomografias computorizadas, as tomografias por emissão de positrões e as tomografias por emissão de fotões permitem-nos saber que, mesmo antes de uma pessoa tomar uma decisão, determinadas áreas do cérebro tornam-se ativas, o que significa que a decisão é preordenada por conexões neuronais e que a liberdade decisória é apenas uma ilusão.

Assim sendo, a liberdade humana não se distanciaria muito da liberdade programada dos entes dotados de inteligência artificial, o que deporia a favor de uma analogia que alguns autores invocam. Por outro lado, temos de assumir que a responsabilidade não é possível em termos gerais, ou temos de assumir que os entes dotados de inteligência artificial podem ser responsáveis. Quer homens, quer robots estariam, afinal, privados de

16. G. Roth (2003), 555. Cf, também, Joaquim Braga (2014), 120, com uma perspectiva crítica.
17. Jane Russo/Ednal T. Ponciano (2002), 353.
18. J. Braga (2014), 121.

uma absoluta liberdade e a responsabilidade moral converter-se-ia num atributo apenas concebível no sentido de ausência de coerção externa.

Esta perspetiva não é, contudo, aceitável.

Em primeiro lugar, no que respeita à dimensão cognitiva, o facto de as novas tecnologias permitirem a visualização da ativação de certos mecanismos neuronais não significa que eles sejam responsáveis pela formação do processo[19]. Como Joaquim Braga sustenta, as experiências laboratoriais não podem escrutinar as ligações, como os processos que são visualizados e mensurados durante uma estimulação sensorial não têm de estar ligados com os objetos conexionados[20]. A nova tecnologia não é capaz de visualizar conceitos.

Em segundo lugar, no que respeita à formação da dimensão de vontade, Joaquim Braga afasta as conclusões a que determinadas experiências neurobiológicas chegam[21], designadamente aquela que foi levada a cabo por Libet, em 1983. Aqueles que foram submetidos à experiência tinham de executar um simples movimento e assinalar o momento em que tomaram a decisão. A atividade neuronal foi monitorizada e o resultado foi simples: mesmo antes de os participantes assinalarem o momento da decisão alguns processos neuronais foram ativados, o que significa que a decisão foi tomada mesmo antes de os sujeitos terem consciência dela. Como Joaquim Braga sublinha[22], aqueles que foram submetidos à experiência tinham de executar um movimento com os seus corpos; contudo, não tinham de escolher entre um leque de diferentes possíveis ações. Além disso, o sujeito podia ter decidido executar o movimento num momento diferente. Por outras palavras, podemos decidir e adiar a decisão para um momento posterior, mesmo que esse momento não diste muito tempo da decisão em si mesmo.

Em terceiro lugar, o autor explica que o erro dos neurocientistas é reduziar ação à prontidão do ato, sem ter em consideração que certos processos volitivos não estão articulados em ações e que nem todos os atos têm como referência específicas ações, e sem ter em consideração o contexto da tomada de decisão[23].

Por fim, a responsabilidade apenas pode ser entendida de uma perspetiva cultural. A liberdade humana é muito mais do que uma mera possibilidade de decisão. Envolve a possibilidade de decidir tendo em consideração os interesses dos outros e, portanto, a possibilidade de nos transcendermos a nós próprios. Ora, nenhum destes aspetos pode ser capturado por uma imagem tomográfica, porque envolve dimensões que ultrapassam uma decisão imediata tomada sob impulso ou de acordo com um comando.

É claro que a ação humana terá sempre um certo grau de condicionamento. Este poderá ser encontrado na estrutura genética e nos fatores ambientais, designadamente a educação e o meio envolvente. Mas o ser humano, com as suas potencialidades decisórias, não é escravo das suas circunstâncias, podendo superá-las. Só isso, aliás, explica os diversos percursos biográficos de sujeitos dotados de estruturas genéticas idênticas e submetidos ao mesmo ambiente condicionante. Em rigor, esta tentativa de redução do

19. Neste sentido, J. Braga (2014), 124.
20. J. Braga (2014), 124.
21. J. Braga (2014), 125.
22. J. Braga (2014), 129.
23. J. Braga (2014), 131.

ser humano ao determinismo neurológico acaba por esquecer dimensões essenciais do modo de ser pessoa, devendo ser rejeitada.

Um terceiro núcleo de problemas que deveremos enfrentar passa pelo anúncio da miscigenação entre o homem e a máquina. Na verdade, se a desresponsabilização dos robots passa pela clara cisão entre ambos, do ponto de vista da consciência e da autonomia decisória, as formas de robotização do homem, por um lado, e de humanização dos robots poderá tornar difícil estabelecer uma linha de fronteira.

Os grandes nomes ligados à robótica e à inteligência artificial têm prognosticado uma linha de evolução que culminará com o que vem já conhecido por pós-humanismo. A este propósito, Ray Kurzweil fala de *singularity*, um período futuro durante o qual a tecnologia evoluirá de forma tão rápida e com um impacto tão profundo que o ser humano ficará irremediavelmente transformado[24].

No momento em que se atingir um nível de inteligência artificial forte – como o autor o designa –, existirá uma nova forma de o homem se alimentar, o sistema digestivo será redesenhado, o sangue será reprogramado, dispensar-se-á o coração, pela utilização de nano partículas que o tornam despiciendo na sua função de bombear o sangue, poderá ser redesenhado o cérebro humano, designadamente através da introdução de implantes para substituir retinas danificadas, para resolver problemas cerebrais, ou de sensores que garantam a mobilidade de pessoas paralisadas, chips que viabilizem a leitura de pensamentos entre humanos[25]. Atualmente, já se fazem experiências no sentido de se fazer *uploads* dos conhecimentos humanos e da inteligência humana através dos computadores e ensaiam-se formas de, pela introdução de pequenos *chips*, se proceder a um controlo dos dados biométricos dos sujeitos.

O autor anuncia, porém, mais, afirmando que, em 2030/2040, seremos confrontados com o homem versão 3.0, com a possibilidade de mudarmos o nosso próprio corpo, pela introdução de *MNT-based fabrications*, que viabilizarão a alteração rápida da manifestação física pela vontade. No fundo, o homem mergulhará numa realidade virtual, não ficando restringido por uma única personalidade, mas antes podendo projetar a sua mente em ambientes 3D e podendo escolher diversos corpos ao mesmo tempo. A expansão da mente torna-se, também, viável. O atual ser humano poderá deixar de ser um ser biológico, ao mesmo tempo que os sistemas não biológicos passarão a estar aptos para sentir emoções.

A ideia de singularidade surge, portanto, também ligada a uma tentativa de o ser humano se transcender a si mesmo[26]. O que outrora era procurado por via da religião passa a ser prosseguido por meio do progresso científico e tecnológico, visto como condição de alteração da condição humana[27]. O transhumanismo, enquanto expressão da

---

24. Ray Kurzweil (2005). O autor fala de 6 períodos ou épocas de evolução: física e química; biologia e DNA; evolução cerebral; evolução tecnológica; combinação entre a tecnologia humana com a inteligência artificial. Num último período, segundo Kurzweil, "the universe wakes up".
25. Ray Kurzweil (2005).
26. Cf. Bostrom (2005), 10 s.
27. Cf. Bostrom (2005), 7 s., referindo-se a autores como Arthur Clarke, Isaac Asimov, Robert Heinlein, Stanislaw Lem.

possibilidade que a espécie humana tem de, querendo, transcender-se a si próprio como humanidade, espelha isso mesmo[28].

Entre as diversas possibilidades equacionadas pelos autores está a hipótese de se transferir a mente humana para um computador. Para tanto, seria necessário fazer um *scan* detalhado de um particular cérebro humano, reconstruindo a partir daí o *network neuronal* que o cérebro implementou e combinando isso com os modelos computacionais de diferentes tipos de neurónios. A mente humana, com a memória e a personalidade intactas, poderia ser transferida para um computador, no qual passaria a existir como um *software*, podendo habitar o corpo de um robot, ou no qual existiria como um *avatar*[29].

Se a realidade, atualmente, nos encaminha para a existência de máquinas que desempenham funções levadas a cabo, até então, por pessoas, a complexificação dos computadores (com o surgimento de computadores moleculares 3D, nanotubos, computadores com DNA, computadores com moléculas), aptos a sentir emoções, combinada com os avanços da engenharia do cérebro viabilizarão em breve o surgimento de supercomputadores através dos quais a pessoa poderá manter-se viva para além da própria vida. O mundo tal como o conhecemos desapareceria, para que o homem vivesse como um e convivesse com avatares.

Compreende-se, por isso, a ligação entre os avanços no domínio da inteligência artificial e o transhumanismo, enquanto movimento que, fruto da confluência entre o humanismo secular e o iluminismo, procura o aperfeiçoamento do homem, criando o ser pós-humano[30]. A ideia do transhumanismo seria, no fundo, o melhoramento do ser humano, através do emprego de novas tecnologias que os indivíduos decidiriam aplicar a si mesmo (liberdade morfológica), com o que se aumentaria a longevidade, incrementar-se-ia a inteligência e controlar-se-iam as emoções[31]. Em última instância, o mundo (ou o maravilhoso mundo novo) seria habitado por máquinas que pensam e sentem como humanos e por humanos capturados por máquinas ou presos num ambiente virtual.

Como já tínhamos referido, o anúncio científico da miscigenação entre o homem e a máquina deixa-nos sem critério preciso de distinção entre a ação humana e a ação de um ente dotado de inteligência artificial. Neste sentido, a responsabilidade moral de tais entidades artificialmente inteligentes deixaria de ser um problema, já que a máquina haveria de apresentar as mesmíssimas características dos humanos.

A conclusão parece, contudo, ser apressada. Duas considerações parecem opor-se a ela.

Em primeiro lugar, é duvidoso que as previsões científicas – ou algumas previsões científicas – possam tornar-se efetivamente uma realidade no futuro. Como os neurocientistas explicam, a ideia, fiel ao dualismo entre hardware e software, de que o segundo

---

28. Cf. Nick Bostrom (2005), 9, explicando o fenómeno e referindo-se a Julian Huxley como o primeiro autor que terá utilizado a expressão, em 1927, na obra *Religion without revelation*.
Veja-se, igualmente, Vernor Vinge (1993).
29. Cf. Nick Bostrom (2005), 12, que aqui temos vindo a acompanhar muito de perto.
30. Cf. Nick Bostrom (2014).
31. Nick Bostrom (2005), 12.

se poderia separar do primeiro, o que significa que um programa poderia correr noutros espaços, não é exequível. De facto, não é possível separar a conduta do seu corpo, da mesma maneira que não é possível separar as sinapses do sistema neuronal do corpo onde se produzem[32]. Cada um é o resultado de uma complexa unidade entre corpo e consciência.

Em segundo lugar, mesmo que o anunciado fosse concretizável, nem tudo o que é possível deve ser admitido. Com efeito, o direito não pode ser entendido como uma mera forma. Pelo contrário, o direito deve ser entendido como uma ordem normativa que encontra o seu fundamento último na dignidade humana, ou seja, tem necessariamente um fundamento axiológico. O direito só o é se e quando convocar a especial *dignitas da pessoa* como fundamento e pilar de sustentação. O direito serve o homem – pessoa, da qual parte e na qual se fundamenta, e, por isso, não pode deixar de encontrar na dignidade inerente a esta categoria ética o referente último de sentido que o colora como direito.

Ora, parece ser este sentido da dignidade humana que é quebrado com a tentativa de criar um super-homem computorizado que ultrapasse as fronteiras da própria vida. Não raros são os autores que denunciam que o pós-humanismo nos conduz à degradação do ser humano, ao mesmo tempo que configura uma ameaça aos outros humanos comuns[33]. Leon Kass considera que as formas de alteração da natureza humana são degradantes, conduzindo-nos a uma desumanização absoluta[34]. Na verdade, a introdução dos dados neuronais humanos num computador, habilitado desta feita com uma mente concreta, implica uma coisificação do homem, contrariando o plano de desenvolvimento pessoal que culmina na morte. O prolongamento artificial da vida por meio de um elemento computacional atinge o núcleo da pessoalidade, já que a pessoa, apesar de ser uma categoria ética, não sobrevive na ausência da corporização, porque, ainda que a alma sobreviva à morte do corpo e fique a aguardar a sua ressurreição, estamos aí a falar de uma dimensão que ultrapassa aquela em que o direito intervém. O ser humano não pode deixar de ser encarado na sua unitária complexidade, sendo inviável olhar para ele sem ser na pluralidade corpo, mente, espírito e alma.

De facto, a pessoa não pode ser objetivada de qualquer forma, mas é vivida e assumida na existência relacional com outros seres humanos[35]. Já não é o ser solipsista, encerrado sobre si mesmo, mas o ser que se realiza na relação comunicativa com o seu semelhante e que tem no encontro, que obtém o seu "sentido último no encontro primeiro do homem com a Transcendência, verdadeiramente com Deus"[36], o seu referencial de sentido. Quer isto dizer que a pessoa – de que se parte ao nível do discurso jurídico – não é apenas objetivação de capacidades corporais e mentais, mas um todo complexo vivificado pela sua alma, pelo que a tentativa de sobrevivência computorizada, ainda que implique a melhoria das condições neuronais de memória e conhecimento e um controlo absoluto da vontade, mais não representa do que a degradação do ser humano.

32. Jane Russo/Ednal T. Ponciano (2002), 354.
33. Nick Bostrom (2005).
34. Cf. Leon Kass (2004), 43. Em comentário ao pensamento do autor, cf. Nick Bostrom (2014).
35. A. Castanheira Neves (2008), 89 s.
36. A. Castanheira Neves (2008), 89-90.

A base do ideário transhumanista está, afinal, ligada a um escopo eugénico de apuramento da espécie. É por isso que, fora das situações de ligação entre a tentativa de prolongamento da vida e a computação, também avultam problemas graves no tocante a estas práticas. Aliás, consoante explicitam os autores, o modo de superação do homem com recurso à tecnologia poderia, noutras situações (que não aquelas em que nos confrontamos), conduzir a formas de manipulação genética, levando os pais, ao abrigo da liberdade morfológica e reprodutiva, a decidir quais as tecnologias reprodutivas que deveriam usar na conceção dos filhos, com o que se poria em causa a dignidade da própria criança[37].

Fora das situações radicais de confluência entre humanos e não humanos, isto é, de surgimento do homem pós-humano, colocam-se igualmente problemas acerca da compatibilidade entre o direito (o sentido do direito que o queira verdadeiramente ser) e a aplicação das suas regras aos robots na vertente subjetiva. Na verdade, se o direito implica um fundamento ético-axiológico, como poderemos tratar os robots como sujeitos e impor-lhes normas gerais e abstratas, a estabelecer um padrão de comportamento ético? De facto, os computadores – por mais sofisticados que sejam – não são suscetíveis de agir eticamente[38]. Dito de outro modo, embora possam ser programados para atuar de acordo com procedimentos pré-estabelecidos, tal comportamento não corresponde a um agir ético que possa ser valorado à luz da intencionalidade jurídica[39], pelo que esse mundo computacional – de convivência regulada entre humanos e não humanos – corresponderia, afinal, a uma radicalização do sistema em que o direito passa a ser "um subsistema social sem sujeitos – melhor sem pessoas"[40]. Donde, também aqui, neste estrito domínio que não nos leva tão longe quanto o transhumanismo sustenta, o direito surgiria funcionalizado: naquele convívio entre humanos e não humanos, o homem concreto perderia o referencial comunicacional do outro, pelo qual se reconhece e ao qual dirige uma pretensão de respeito, a implicar o salto para o patamar da axiologia. Perder-se-ia a perspetiva do homem-pessoa, para nos encaminharmos para um sistema de regulação global de uma sociedade, que se orienta pela eficiência e pela planificação computacional[41].

37. Nick Bostrom (2014).

38. Há quem afirme, porém, o contrário, baseando-se na possibilidade de os robots virem a operar escolhas que levantam profundos problemas éticos. Não obstante, importa esclarecer que essas escolhas se operam não por critérios axiológicos pressupostos pelo próprio mecanismo dotado de inteligência artificial, mas em função da programação algorítmica que foi processada, pelo que o critério ético de escolha é ainda da pessoa que está por detrás do robot.

Não se invoque, por outro lado, uma qualquer analogia com as pessoas que, fazendo apelo a certos dados das neurociências, chamaria à colação a ideia de que a pessoa seria, no seu agir concreto, sempre determinada pelos estímulos neuronais, não havendo uma verdadeira liberdade na sua atuação. É que esta posição esquece, por completo, que o homem é – enquanto pessoa – um complexo unitário composto não só por inteligência, como também por sensibilidade, corpo, espírito e alma.

39. Este parece ser, aliás, um dos argumentos avançados no sentido de afastar a personalidade jurídica das máquinas dotadas de inteligência artificial.

40. A expressão foi utilizada, num outro contexto, por Castanheira Neves – cf. Castanheira Neves (2018), 118.

41. A este propósito Horst Eidenmüller considera que o tratamento jurídico que se dispense aos robots vai depender da *deep normative structure of society*, isto é, vai variar consoante nos centremos no utilitarismo ou numa visão humanista/kantiana – cf. https://www.law.ox.ac.uk/business-law-blog/blog/2017/03/robots%E2%80%99-legal-personality. Segundo o autor, de um ponto de vista utilitarista, não seria utópico pensar-se na atribuição de personalidade jurídica aos robots.

Aqui chegados, podemos concluir que, do ponto de vista axiológico, não faz sentido tratar os robots como sujeitos morais, por um lado, nem faz sentido impor-lhes responsabilidade, por outro lado. O estado da evolução tecnológica – por mais ampla e profunda que ela seja – não nos autoriza, nem nos autorizará, a elevar a componente tecnológica ao patamar da dignidade humana.

Importa, contudo, analisar o problema do ponto de vista estritamente jurídico, que, em rigor, não se aparta daquela dimensão ético-axiológica, o que – podemos adiantar – nos condicionará na resposta que encontrarmos.

3. PERSONALIDADE JURÍDICA DOS ENTES DOTADOS DE INTELIGÊNCIA ARTIFICIAL

Do ponto de vista jurídico, o problema da responsabilidade dos entes dotados de inteligência artificial refrate-se em dois núcleos essenciais. Por um lado, questiona-se se podemos ou não atribuir personalidade jurídica aos robots e software; por outro lado, haveremos de saber se o sentido da responsabilidade com que lidamos justifica ou não a sua extensão a entes artificiais.

Tradicionalmente, o direito civil reconhece a personalidade jurídica a todos os seres humanos e às pessoas coletivas, pessoas jurídicas. Esta personalidade jurídica é entendida como a suscetibilidade para ser titular de relações jurídicas, isto é, a suscetibilidade para, em abstrato, se ser titular de direitos e obrigações[42].

Neste sentido, temos de indagar se é viável estabelecer uma concreta analogia entre a putativa personalidade dos robots e a personalidade jurídica das pessoas singulares ou das pessoas coletivas.

Começando pela personalidade jurídica das pessoas singulares, devemos dizer que a mesma não é atribuída por lei, mas reconhecida pelo ordenamento. Esta subtil precisão revela-se de extrema importância, tanto quanto envolva a assunção de que o direito não é um mero conjunto de normas, apresentando um fundamento axiológico que, como referimos, não pode deixar de ser encontrado na dignidade da pessoa humana. A pessoa, só por o ser, é titular de um conjunto de deveres e é, necessariamente, responsável.

Isto mostra a impossibilidade de uma analogia com a pretensa personalidade dos entes dotados de inteligência artificial.

Vários são os argumentos que se têm avançado para sustentar a atribuição de personalidade jurídica aos mecanismos dotados de inteligência artificial. Desde logo, têm-se em conta as características dos robots: autonomia, autoaprendizagem, adaptação do comportamento ao meio ambiente[43], para, com base nelas, se sustentar que alguns apresentam um nível de inteligência superior a alguns seres humanos, tais como crianças, pessoas em coma, fetos, entre outros.

Mas a comparação não procede. Dir-se-ia mesmo que a comparação – por maior que seja o grau de sofisticação dos robots e de outros mecanismos dotados de inteligên-

42. C.A. Mota Pinto (2005).
43. Cf. *Draft Report with recommendations on civil law rules and robotics* (2015/2103 (INL), de 31 de Maio de 2016.

cia artificial – é desdignificante para o ser humano, reduzindo a sua autonomia a uma anódina capacidade de escolha. A autonomia dos robots é uma autonomia tecnológica, fundada nas potencialidades da combinação algorítmica que é fornecida ao *software*. A inteligência artificial baseia-se na acumulação de conhecimento, sendo incapaz de interpretações criativas ou de julgamentos acerca do que é certo ou errado. Está sempre condicionada pelos *inputs* do programador, não sendo suscetível de suportar a responsabilidade. Os entes dotados de inteligência artificial estão, como vimos, longe do agir ético dos humanos, em que radica o ser pessoa. Falta-lhes, em cada tomada de decisão, a pressuposição ética, falha a relação de cuidado com o outro, até porque, em muitos casos, ela pode mostrar-se incompatível com a eficiência que está na base da programação computacional. A pessoalidade e a absoluta dignidade que a acompanha não existem por referência à inteligência artificial, razão pela qual se, ainda que em concreto um ser humano esteja privado da capacidade de agir, não lhe pode ser negado o estatuto de pessoa (e de pessoa para o direito), o mesmo não pode ser sustentado por referência aos robots. Mesmo que se veja na personalidade jurídica um conceito operativo e técnico, porque ela é reconhecida (e não atribuída) às pessoas singulares em razão do seu estatuto ético, não é possível encontrar aí um ponto de apoio seguro para a extensão do conceito a entes artificiais.

Não cremos, por isso, que se possam aceitar, igualmente, posições intermédias como as que fazem apelo a uma ideia de capacidade parcial, a redundar numa personalidade também parcial. Concebendo-se uma capacidade *ab initio* vazia, ela poderia ser preenchida casuisticamente de acordo com o desenvolvimento algorítmico que fosse constatado. É que esta proposta de recurso à *Teilrechtsfähigkeit*[44] - pensada na Alemanha para resolver problemas como o do estatuto jurídico dos nascituros – não permite contornar a dificuldade da falta de analogia a que nos referimos. Na verdade, se a personalidade é a suscetibilidade para se ser em abstrato titular de direitos e obrigações e se, no caso dos nascituros, ela é reclamada – em termos parciais – pela necessidade de se tutelar a pessoalidade que os mesmos encerram, ainda que não sejam suscetíveis de cumprir obrigações, e se a capacidade jurídica pode ser limitada em função das especificidades dos seres humanos não nascidos, desde que não atinja os direitos de personalidade garante da sua integral dignidade, no caso dos entes dotados de inteligência artificial, temos de concluir – como já concluímos – que não só não são suscetíveis de cumprir obrigações, como essa personalidade não é reclamada em termos axiológicos. No fundo, nenhum direito se impõe; e a evolução tecnológica não permite supor como razoável a direta responsabilização do ente.

Importa, então, e seguidamente, analisar a personalidade jurídica das pessoas coletivas.

Inicialmente, as pessoas coletivas foram concebidas como uma ficção – a lei, ao atribuir personalidade jurídica às pessoas coletivas, estava a considera-las como se fossem pessoas singulares, o que redundava numa *fictio*. Para Savigny, a pessoa coletiva seria o sujeito de relações jurídicas que, não sendo uma pessoa singular, era tratada como tal

44. Jan-Erik Schirmer (2020), 134 s.

para prosseguir uma determinada finalidade[45]. De acordo com o ensinamento de Menezes Cordeiro, não estava aqui em causa uma ideia de fingimento. O que estava em causa era o reconhecimento de que só o ser humano é sujeito de direitos, admitindo-se, porém, por razões de ordem técnica, as pessoas coletivas, que corresponderiam a uma ficção, no sentido de que não se poderem confundir com as primeiras. Assim, consoante explicita, a ideia de ficção em Savigny tem ainda uma referência ética. A preocupação é a de não equipar esta categoria jurídica ao homem e à sua dignidade[46]. Só posteriormente, com as sucessivas interpretações e desenvolvimentos do pensamento do autor alemão, é que se deu lugar a uma absoluta tecnicização da categoria. Daí a crítica atual de Mota Pinto à teoria da *fictio iuris*. Nas suas palavras, "para atribuir personalidade jurídica aos entes coletivos, o direito civil não carece de fingir estar perante uma pessoa física ou singular. A personalidade jurídica, quer a das pessoas físicas, quer a das pessoas coletivas, é um conceito jurídico, uma realidade situada no mundo jurídico, nessa particular zona da camada cultural da realidade ou do ser. É uma criação do espírito humano no campo do direito, em ordem à realização de fins jurídicos"[47].

Independentemente da verdadeira intencionalidade da formulação savigniana, as construções subsequentes sobrevalorizaram a dimensão técnico-operativa, transformando-se a personalidade coletiva num mero expediente ao serviço de determinados interesses[48]. A reação contra este entendimento haveria de surgir por via das posições organicistas. As pessoas coletivas seriam reconhecidas como tal a partir de um dado com existência ôntica, que Von Gierke representa em termos organicistas. A sua teoria da *realen Verbandspersönlichkeitstheorie* apresentava a pessoa coletiva como um verdadeiro organismo, que não se confunde com as pessoas singulares que o integram e é desenhado como uma estrutura antropomórfica[49]. É esta necessidade de descobrir um organismo correspondente à personificação da organização coletiva que é objeto de críticas que perduram até hoje. Entre nós, Mota Pinto aduz que a teoria organicista não pode ser aceite, "enquanto parte do princípio de que se torna necessário descobrir ou construir um organismo antropomórfico, com vontade, espírito, etc., para justificar a personalidade jurídica. Parece tratar-se – a teoria organicista – de um esquema mental, fortemente influenciado por uma tendência marcante na história das ideias, há algumas décadas, para uma perspetiva biológica das sociedades, dos fenómenos e das instituições sociais"[50]. Também Menezes Cordeiro critica a perspetiva, por considerar que a personificação

45. F. von Savigny (1840), 310 s. Veja-se, ainda, Pedro Pais de Vasconcelos/Pedro Leitão Pais de Vasconcelos (2019), 134-194.
46. A. Menezes Cordeiro (2007), 469 s. e A. Menezes Cordeiro (2011), 545, 676. Para uma importante análise destas questões, cf., igualmente, Pedro Pais de Vasconcelos/Pedro Leitão Pais de Vasconcelos (2019), 139.
47. C. A. Mota Pinto (2005), 140.
48. Esta tecnicização absoluta determinou, inclusivamente, a negação da própria personalidade coletiva, que seria um instrumento ao serviço dos interesses daqueles que estão por detrás da pessoa jurídica – nesse sentido, cf. a análise crítica que Menezes Cordeiro faz do pensamento de Ihering. Cf. A. Menezes Cordeiro (2007), 494 s.; A. Menezes Cordeiro (2011), 573 s.
Para uma negação mais veemente da categoria, cf. Duguit (1901), 1 s.
Veja-se, ainda, embora noutro contexto, E. Wolf (1973), 100 s.
49. O. Von Gierke (2010), 470 s. Para uma apreciação crítica, cf. Pedro Pais de Vasconcelos/Pedro Leitão Pais de Vasconcelos (2019), 141.
50. C. A. Mota Pinto (2005), 141/2.

que não tenha subjacente o organismo correspondente pode continuar a ser possível[51]. Para o autor, "a pessoa coletiva é antes de mais um determinado regime, a aplicar a seres humanos implicados. (...) No caso de uma pessoa de tipo corporacional, os direitos da corporação são os direitos dos seus membros. Simplesmente, trata-se de direitos que eles detêm de modo diferente do dos seus direitos individuais"[52]. Ou seja, trata-se, segundo a categorização do civilista, de uma definição sistemática, técnica e funcional das pessoas coletivas, que o próprio reconhece poder aproximar-se das correntes normativistas e analíticas, que reduzem a personalidade coletiva a um mero expediente técnico[53], mas à qual adere pela impossibilidade de se encontrar um substrato que unifique as diversas pessoas coletivas, tanto mais que, nos nossos dias, por necessidades materiais, concede-se personalidade às mais variadas entidades[54].

Não temos a menor dúvida de que as pessoas coletivas são uma criação do direito. Elas não têm vontade própria; no entanto, como explicita Manuel de Andrade, a personalidade coletiva não "resultará como que em *pura sombra*, em forma jurídica *suspensa no vácuo*, sem nenhuma correlação com o mundo exterior"[55]. Mas palavras do civilista, "o conceito de personalidade coletiva não é uma pura invenção de legisladores e juristas, um instrumento ou artifício técnico privativo do laboratório jurídico. Este modo de representar aquelas organizações juntamente com as relações que lhes interessam foi transplantado da vida social para o Direito, ou pelo menos inspirado nela (...)"[56].

A personalidade coletiva não resulta de uma necessidade axiológica de reconhecimento, em nome da dignidade que lhes subjaz; é atribuída em função de determinados interesses das pessoas que estão na base da sua constituição[57]. Só que tal atribuição não funciona no vazio; antes resulta da elevação de um determinado substrato – que pode não ser o mesmo por referência a cada uma das categorias de pessoas coletivas – à condição de sujeito de direito. Pelo que a par da ideia de expediente técnico-jurídico, haverá a considerar um substrato, no qual se integra o fim em torno do qual a pessoa coletiva se organiza. Ora, é precisamente este fim, central para inúmeros aspetos da disciplina das pessoas coletivas, que justifica a atribuição da personalidade jurídica a estes entes. Trata-se, portanto, de uma personalidade jurídica funcionalizada à prossecução de determinados interesses humanos coletivos ou comuns ou, e dito de outro modo, de um

---

51. A. Menezes Cordeiro (2007), 501 s.; A. Menezes Cordeiro (2011), 579.
Menezes Cordeiro explicita, ainda, que, depois da formulação de Von Gierke, foram apresentadas outras versões da teoria organicista. A ideia seria encontrar um substrato que desse unidade à pessoa coletiva, e que se poderia procurar na vontade, no património, na ideia de organização. O que Menezes Cordeiro evidencia é que as posições acabaram por falhar por não ser possível encontrar um substrato que unifique todas as pessoas coletivas – cf. A. Menezes Cordeiro (2007), 505 s.; A. Menezes Cordeiro (2011), 583. Veja-se, ainda, Pedro Pais de Vasconcelos/ Pedro Leitão Pais de Vasconcelos (2019), 141.
52. A. Menezes Cordeiro (2007), 517; A. Menezes Cordeiro (2011), 594.
53. A. Menezes Cordeiro (2007), 519; A. Menezes Cordeiro (2011), 598.
54. A. Menezes Cordeiro (2007), 519; A. Menezes Cordeiro (2011), 598.
Veja-se, ainda, J. Oliveira Ascensão (2000), 218 s.
55. Manuel de Andrade (1997), 50.
56. Manuel de Andrade (1997), 51/2.
57. Cf. Pedro Pais de Vasconcelos/Pedro Leitão Pais de Vasconcelos (2019), 137, considerando que a posição das pessoas coletivas é hierarquicamente muito inferior à das pessoas humanas, constituindo um meio para a realização dos seus fins.

expediente técnico que permite que os sujeitos (pessoas físicas) prossigam determinados interesses de modo diverso e mais consentâneo com a sua natureza.

É exatamente esta justificação que falha por respeito aos entes dotados de inteligência artificial[58]. Inexiste um interesse humano que possa ser mais bem prosseguido com a atribuição do estatuto aos robots, exceto se virmos na não responsabilidade do proprietário ou utilizador do robot a principal razão para a personificação. Simplesmente, tal contrariaria o entendimento do direito como uma ordem axiológica fundada na dignidade da pessoa vista como um ser de responsabilidade[59].

A analogia entre a suposta personalidade das pessoas eletrónicas e das pessoas coletivas falha. Considerando a questão da responsabilidade, podemos dizer que a pseudo responsabilização dos entes dotados de inteligência artificial não é adequada. De facto, de um ponto de vista delitual, a responsabilidade das pessoas coletivas pode ser explicada como uma via de garantir o cumprimento da obrigação de indemnizar imposta aos agentes e funcionários que atuem no seu seio, e, de um ponto de vista contratual, a pessoa coletiva é responsável porque surge como o específico devedor numa relação obrigacional. Ora, nenhuma destas ideias faz sentido por referências às pretensas pessoas eletrónicas.

4. REFERÊNCIAS

ANDRADE, Manuel de, *Teoria Geral da Relação Jurídica*, v. I, Coimbra, Almedina, 1997.

ASCENSÃO, J. Oliveira, *Direito Civil – Teoria Geral*, v. I, Coimbra, Coimbra Editora, 2000.

BOSTROM, Nick, "A history of transhumanist thought", *Journal of Evolution and Technology*, v. 14, issue 1, 2005 (https://nickbostrom.com/papers/history.pdf).

BOSTROM, Nick, "Em defesa da dignidade pós-humana", *Bioethics*, v. 9, n. 3, 202-2014 (tradução de Brunello Stancioli et alii).

BRAGA, Joaquim, "Ciência e ideologia científica: o reducionismo ontológico nas neurociências", *DEDiCA. Revista de educação e humanidades*, 6, 2014.

CORDEIRO, A. Menezes, *Tratado de Direito Civil Português*, I, *Parte Geral*, tomo III, *Pessoas*, Coimbra, Almedina, 2007.

CORDEIRO, A. Menezes, *Tratado de Direito Civil*, IV, Coimbra, Almedina, 2011.

DENNETT, Daniel C., "When HAL kills, who's to blame? Computer ethics", *Hal's Legacy: 2001's Computer as Dream and Reality*, edited by D. Stork, Cambridge, MA: MIT Press, 1997.

DUGUIT, *L'Etat, le Droit objectif et la loi positive*, 1901.

GIERKE, O. Von, *Deutsches Privatrecht*, I, *Allgemeiner Teil und Personenrecht*, Duncker & Humblot, 3. Aufl., 2010.

GRODZINSKY, F. / MILLER, K. / WOLF, M., "The ethics of designing artificial agents", *Ethics and Information Technology*, 10, n. 2-3, 2008.

JOHANSSON, L., "The functional morality of robots", *International Journal of Technoethics*, 1-4, 2010.

58. Em sentido próximo, Pedro Pais de Vasconcelos/Pedro Leitão Pais de Vasconcelos (2016), 146, considerando que, se não seria difícil atribuir personalidade jurídica a um condomínio, não seria possível fazê-lo em relação a uma mesa ou a um cavalo, por faltar aí a analogia com as pessoas singulares.

59. Nevejans (2016), 16.

JOHNSON, Deborah G., "Computer systems: moral entities but not moral agents", *Ethics and Information Technology*, 8-4, 2006, 195-204.

JOHNSON, Deborah G. / Normann, Merel, "Artefactual agency and artefactual moral agency", *The moral status of artefacts*, edited by Peter Kroes and Peter-Paul Verbeek, Heidelberg/London/New York: Springer, 2014.

KASS, Leon, *Life, Liberty and Defense of Dignity: The Challenge for Bioethics*, São Francisco, Encounter Books, 2004.

KURZWEIL, Ray, *Singularity is near*, Viking, 2005.

MOOR, J. H., "The nature, importance and difficulty of machine ethics", *IEEE Intelligent systems* 21, no.4, 2006.

NEVEJANS, *European Civil Law Rules in Robotics*, 2016.

NEVES, A. Castanheira, "Uma reflexão filosófica sobre o direito – o deserto está a crescer ou a recuperação da filosofia do direito?", *Digesta – escritos acerca do direito, do pensamento jurídico, da sua metodologia e outros*, v. III, Coimbra Editora, Coimbra, 2008.

NEVES, A. Castanheira, "O problema da universalidade do direito – ou o direito hoje, na diferença e no encontro humano-dialogante das culturas", *Digesta – escritos acerca do direito, do pensamento jurídico, da sua metodologia e outros*, v. III, Coimbra Editora, Coimbra, 2008.

NOORMAN, Merel, "Computing and moral responsibility", *Standford Encyclopedia of Philosophy*, July 18, 2012 (reviewed in 16th February 2018), https://plato.stanford.edu/entries/computing-responsibility/.

NOORMAN, Merel, *Mind the gap: a critique of human/Technology analogies in artificial agents Discourse*, Maastricht, Maastricht Universitaire Press, 2008.

PINTO, C. A. Mota, *Teoria Geral do Direito Civil*, 4. ed. por A. Pinto Monteiro e Paulo Mota Pinto, Coimbra Editora, Coimbra, 2005.

POWERS, T., "On the moral agency of computers", *Topoi*, 32, n. 3, 2013.

ROTH, G., *Fühlen, Denken, Handeln. Wie das Gehirn unser Verhalten steuert (suhrkamp taschenbuch wissenschaft)*, Frankfurt am Main: Suhrkamp Verlag, 2003.

RUSSO, Jane / PONCIANO, Ednal T., "O Sujeito da Neurociência: da Naturalização do Homem ao Re-encantamento da Natureza", *PHYSIS: Revista Saúde Coletiva*, 12, n. 2, 2002.

SAVIGNY, F. von, *System des heutigen römischen Rechts*, II, 1840.

SCHIRMER, Jan-Erik, "Artificial Intelligence and legal personality. *Teilrechtsfähigkeit*: A partial legal status made in Germany", Regulating Artificial Intelligence, Thomas WISCHMEYER/ Thomas RADEMACHER (Org.), Springer, 2020. p. 134.

SHOEMAKER, David, "Attributability, Answerability, and Accountability: Toward a Wider Theory of Moral Responsibility," *Ethics*, 121, n. 3, 2011.

SMITH, Angela, "Attributability, Answerability, and Accountability: In Defense of a Unified Account", *Ethics*, 122, n. 3, 2012.

SPARROW, R., "Killer robots", *Journal of Applied Philosophy*, 24, n. 1, 2007.

SULLINS, John P., "When is a robot a moral agent?", *International Review of Information Ethics*, 6, n. 12, 2006.

VASCONCELOS, Pedro Pais de / Vasconcelos, Pedro Leitão Pais de, *Teoria Geral do Direito Civil*, 9. ed. Almedina, Coimbra, 2019.

VINGE, Vernor, *Technological Singularity*, 1993.

WOLF, E., "Grundlagen des Gemeinschaftsrechts", *Archiv für die civilistische Praxis*, 173 (1973), 97-123.

7

INTELIGÊNCIA ARTIFICIAL E PERSONALIDADE JURÍDICA: ASPECTOS CONTROVERTIDOS

Cíntia Rosa Pereira de Lima

Professora Associada de Direito Civil da Faculdade de Direito da USP Ribeirão Preto – FDRP. Doutora em Direito Civil pela Faculdade de Direito da USP com estágio na Universidade de Ottawa (Canadá) com bolsa CAPES - PDEE - Doutorado Sanduíche e livre-docente em Direito Civil Existencial e Patrimonial pela Faculdade de Direito de Ribeirão Preto (USP). Pós-Doutora em Direito Civil pela *Università degli Studi di Camerino* (Itália) com fomento FAPESP e CAPES. Líder e Coordenadora dos Grupos de Pesquisa "Tutela Jurídica dos Dados Pessoais dos Usuários da Internet" e "Observatório do Marco Civil da Internet", cadastrados no Diretório de Grupos de Pesquisa do CNPq e do Grupo de Pesquisa "Tech Law" do Instituto de Estudos Avançados (IEA/USP). Presidente do Instituto Avançado de Proteção de Dados – IAPD. Pesquisadora Ano Sabático do IEA/USP – Polo Ribeirão Preto (2020). Advogada.

Cristina Godoy Bernardo de Oliveira

Professora Doutora da Faculdade de Direito de Ribeirão Preto – Universidade de São Paulo desde 2011. Academic Visitor da Faculty of Law of the University of Oxford (2015-2016). Pós-doutora pela Université Paris I Panthéon-Sorbonne (2014-2015). Doutora em Filosofia do Direito pela Faculdade de Direito da Universidade de São Paulo (2011). Graduada pela Faculdade de Direito da Universidade de São Paulo (2006). Líder do Grupo de Pesquisa Direito, Ética e Inteligência Artificial da USP – CNPq. Coordenadora do Grupo de Pesquisa "Tech Law" do Instituto de Estudos Avançados (IEA/USP). Associada fundadora do Instituto Avançado de Proteção de Dados – IAPD.

Evandro Eduardo Seron Ruiz

Professor Associado do Departamento de Computação e Matemática, FFCLRP – USP. Atua também como orientador no Programa de Pós-graduação em Computação Aplicada do DCM-USP. Bacharel em Ciências de Computação pela USP, mestre pela Faculdade de Engenharia Elétrica da UNICAMP, Ph.D. em *Electronic Engineering* pela *University of Kent at Canterbury*, Grã-Bretanha, professor Livre-docente pela USP e pós-Doutor pela Columbia University, NYC. Coordenador do Grupo de Pesquisa "Tech Law" do Instituto de Estudos Avançados (IEA/USP). Pesquisador integrante dos Grupos de Pesquisa "Tutela Jurídica dos Dados Pessoais dos Usuários da Internet" e "Observatório do Marco Civil da Internet", cadastrados no Diretório de Grupos de Pesquisa do CNPq. Membro fundador do Instituto Avançado de Proteção de Dados - IAPD. Pesquisador Ano Sabático do IEA/USP – Polo Ribeirão Preto (2020).

1. INTRODUÇÃO

O desenvolvimento tecnológico traz uma série de vantagens à melhoria da qualidade de vida do ser humano. Assim, as funcionalidades de Inteligência Artificial não fogem à regra. Elas trouxeram muitos benefícios à indústria, à saúde, às pesquisas científicas, etc. Por outro lado, não se pode ignorar algumas desvantagens, como os riscos aos quais os seres humanos estão expostos, notadamente riscos na utilização danosa destas tecnologias.

Assim, diversos países anteciparam ao estabelecer princípios éticos para o desenvolvimento e a aplicação da IA, bem como um plano estratégico para não ficarem à mercê das grandes potencias que investem milhões nesta tecnologia.

Neste ponto, o Brasil está muito atrasado, pois o tema ainda é incipiente no país. O ideal é motivar empresas e desenvolvedores, além de estabelecer princípios éticos para minimizar as desvantagens apontadas acima.

Para auxiliar com o debate, este capítulo pretende desenvolver uma análise multidisciplinar para esmiuçar o conceito de Inteligência Artificial e o desenvolvimento das ferramentas como aprendizado de máquinas e redes neurais. Ademais, sob uma perspectiva filosófica, são elencados e analisados os princípios norteadores da IA. Por fim, um dos pontos de maior tensão diz respeito à personalidade jurídica isto porque o desenvolvimento tecnológico tem uma forte tendência em "imitar" os seres humanos. Assim, a questão é colocada em debate, trazendo argumentos favoráveis e contrários para que se possa ter uma compreensão completa sobre o tema.

2. ORIGEM E EVOLUÇÃO DA INTELIGÊNCIA ARTIFICIAL

Cibernética, *Big Data* e, mais recentemente, Inteligência Artificial (IA), são alguns dos termos usados pela Ciência da Computação, que mostram o deleite humano de desvendar o desconhecido. Desconhecimento aqui reforçado inclusive na semântica dessas palavras que imprimem uma nuança do inesperado, de um futuro iminente, de curiosidade e inquietação para desbravar o futuro agora. Robert Engelmore, um famoso cientista da computação da *Stanford University,* foi magistral na definição de IA no final da década de 1980, de certa forma já conhecendo como as pessoas tratam esses termos genéricos. Englelmore fazia um paralelo entre a definição de IA e a antiga estória de um homem cego descrevendo um elefante[1].

Existem as definições baseadas na computação simbólica, não numérica. Existem os conexionistas que a aproximam das redes neurais. A robotização e a visão computacional podem gerar boas descrições do que essas máquinas veem e, portanto, dizem "entender" aquilo que está na frente das câmeras e sensores. A área de processamento de língua natural, uma importante área de pesquisa dentro de IA, dedica-se a entender e gerar formas de expressão da língua humana, quer seja falada ou escrita. Enfim, a de se concordar com Engelmore que, aparentemente a IA abarca todos os problemas ainda

1. ENGELMORE, Robert S. Artificial intelligence and knowledge based systems: origins, methods and opportunities for NDE. *Review of Progress in Quantitative Nondestructive Evaluation.* Springer, Boston, MA, 1987. p. 1-20.

não solúveis pelos métodos tradicionais, e deixa fora de seu domínio os problemas já resolvidos.

Ian Hogarth e Nathan Benaich, dois grandes nomes na área de IA, em seu *State of AI Report* de primeiro de outubro de 2020, trazem uma definição mais abrangente e simplificada de IA como "um campo multidisciplinar das ciências e engenharias cujo objetivo é criar máquinas inteligentes".

Não há dúvidas na comunidade de Computação que a criação do termo "Inteligência Artificial" coube John McCarthy, em 1955, quando da preparação da *Dartmouth Summer Research Project on Artificial Intelligence* (DSRPAI) em Dartmouth, em 1956 que discutiu como "cada aspecto da aprendizagem ou qualquer outra característica da inteligência pode, em princípio, ser descrito com tanta precisão que uma máquina pode ser feita para simulá-lo", como descrito na proposta do evento[2].

Os computadores foram as primeiras máquinas generalistas, ou seja, realmente multipropósitos, e que realmente não se restringiram a processar números. O próprio artigo seminal do Alan Turing[3] já antevia a era dominada pelas máquinas inteligente com a proposta do "jogo da imitação", que distinguiria estas máquinas das demais. Turing já investigava a potencialidade do uso do computador para jogar xadrez e mais tarde, em 1949, Claude Shannon ampliou os trabalhos de Turing publicando uma proposta de computador que jogava xadrez[4] que, segundo o autor, era um "problema sem importância prática, mas de interesse teórico" que poderia ter "grande significado"[5].

Shannon, ainda no mesmo artigo[6] explica as qualidades do computador moderno:

> Primeiro, as entidades tratadas não são primariamente números, mas sim posições de xadrez, circuitos, expressões matemáticas, palavras, etc. Em segundo lugar, o procedimento adequado envolve princípios gerais, algo da natureza do julgamento e considerável tentativa e erro, ao invés de um processo de computação rígido e inalterável. Finalmente, as soluções para esses problemas não são apenas certas ou erradas, mas têm uma gama contínua de "qualidade", do melhor ao pior.

Hoje, refletindo sobre esta euforia em relação às capacidades de generalização de soluções de problemas, pode-se dizer que foi natural o surgimento dessa noção de uma eventual capacidade dos computadores de se comportarem e decidirem como seres humanos.

O famoso teste de Turing[7] ainda é um parâmetro para discernir as máquinas inteligentes das demais. Segundo esse teste, existem três participantes no jogo: um homem, uma mulher e um interrogador. O interrogador, ao fazer as mais diversas perguntas e receber as respostas em dois terminais diferentes, teve que adivinhar quem era o homem e

2. CORDESCHI, Roberto. AI turns fifty: revisiting its origins. *Applied Artificial Intelligence*, v. 21, n. 4-5, p. 259-279, 2007.
3. TURING, Alan. Computing machinery and intelligence. *Mind*, v. 59, n. 236, p. 433, 1950.
4. SHANNON, Claude E. XXII. Programming a computer for playing chess. *The London, Edinburgh, and Dublin Philosophical Magazine and Journal of Science*, v. 41, n. 314, p. 256-275, 1950.
5. HAENLEIN, Michael; KAPLAN, Andreas. A brief history of artificial intelligence: On the past, present, and future of artificial intelligence. *California Management Review*, v. 61, n. 4, p. 5-14, 2019.
6. SHANNON, Claude E. XXII. Programming a computer for playing chess. *The London, Edinburgh, and Dublin Philosophical Magazine and Journal of Science*, v. 41, n. 314, p. 256-275, 1950.
7. TURING, Alan. Computing machinery and intelligence. *Mind*, v. 59, n. 236, p. 433, 1950.

qual era a mulher. Turing imaginou que, ao dar suas respostas, o homem tentaria enganar o interrogador, enquanto a mulher tentaria ajudá-lo. Ele propôs, portanto, substituir o homem por um computador, e como ele se sairia no jogo, ou seja, até que ponto conseguiria enganar o interrogador. Turing se perguntou, será que o interrogador poderia, com uma certa frequência, errar na identificação dos jogadores como uma outra pessoa qualquer? Ele pretendia que esta pergunta reformular uma velha questão "podem as máquinas pensar?"

Desta maneira, o Teste Turing pretende demonstrar as seguintes habilidades: – *processamento de linguagem natural* (capaz de se comunicar em um determinado idioma, no caso o teste foi aplicado em inglês); – *conhecimento* (capaz de armazenar o que conheceu ou ouviu); – *raciocínio automatizado* (capaz de raciocinar por si próprio a partir das informações armazenadas e apresentar novas conclusões); – *aprendizado de máquina* (capaz de adaptar a novas circunstâncias e de detectar padrões e extrapolá-los). Esse teste foi aprimorado para o denominado "*Total Turing Test*", em que além das habilidades acima descritas, deve-se comprovar: – *visão computacional* (capacidade de perceber objetos); e – *robótica* (capacidade de pegar objetos e movê-los de lugar).

2.1 Desenvolvimento tecnológico da inteligência artificial

A Inteligência Artificial ganhou *status* de uma das mais controversas áreas do conhecimento humano desde sua primeira infância no final dos anos de 1940 e início de 1950. Desde então vive momentos de euforia e desenvolvimento, e um ou outro período de redução de incentivos e fundos para pesquisa. De uma década para cá o interesse pela área tanto nas pesquisas acadêmicas quanto nas corporações cresceu muito graças a duas subáreas de IA, o Aprendizado de Máquina e as Redes Neurais Artificiais (RNA), ou simplesmente redes neurais.

2.1.1 Aprendizado de máquina

Muito do que chamamos hoje de Inteligência Artificial são, na realidade, procedimentos (algoritmos) dotados de aprendizado de máquina. O termo aprendizado de máquina foi popularizado pelo cientista da computação Arthur Samuel, muito conhecido pela comunidade de IA pelo seu programa de jogar damas pelo computador, feito em 1959 e pelos seus trabalhos seminais na área de IA no início de 1949[8]. Kubat[9] bem disse que, se fossemos compelidos a descrever, em detalhes, o rosto de nossa mãe para que outra pessoa a reconhecesse num supermercado acharíamos essa tarefa muito difícil. No entanto, se nós mostrássemos algumas fotos dela a essa pessoa ela facilmente a encontraria. É essa a abordagem emulada pelos algoritmos de aprendizado de máquina, a do aprendizado baseado em exemplos. Na realidade o que esses algoritmos de reconhecimento facial fazem é caracterizar as pessoas de acordo com uma série de medidas e características observadas na face. Eles reconhecem dezenas de pontos nodais na face da pessoa e estabelecem medidas tais como, comprimento e largura do nariz, profundidade

---

8. KNUTH, D. Arthur Lee Samuel, 1901–1990. *TUGboat*, v. 11, p. 497-498, 1990.
9. KUBAT, Miroslav. *An introduction to machine learning*. Cham: Springer International Publishing AG, 2017.

dos olhos, formato das maçãs do rosto, entre outros, tais como a cor da pele, atributos de textura. Alguns *softwares* embarcados em telefones celulares que usam reconhecimento facial para desbloquear o aparelho chegam a captar cerca de 30 mil características que são comparadas com a face da pessoa que o possui.

Neste exemplo acima, foram apresentados brevemente dois aspectos essenciais para muitos dos métodos de aprendizado de máquina, quais sejam: 1) a identificação e a mensuração de atributos, ou seja, de características, e; 2) a classificação destes atributos e rotulação de um objeto.

1) *Sobre a identificação e mensuração de atributos*: Dentro do universo do aprendizado de máquina, muitos algoritmos têm que aprender a discernir entre os objetos que analisa. Um dos grandes exemplos de aplicação do aprendizado de máquina pode ser visto nos sistemas de recomendação, por exemplo. Esses sistemas combinam técnicas computacionais diversas para selecionar itens personalizados com base nos interesses do usuário. Como exemplo, temas as lojas *online* que sugerem produtos ao consumidor, aplicativos de *streaming* de vídeos que sugerem filmes ou séries televisas, entre outros. Esses sistemas são capazes de identificar diversas características nos produtos vistos pelo consumidor. Eles também mensuram estas características e formam um conjunto de marcadores numéricos e simbólicos para cada produto. Assim, cada produto terá associado um conjunto de rótulos e valores correspondentes às características analisadas.

2) *Sobre a classificação destes produtos*: Como todos os produtos são acompanhados de um conjunto de rótulos e valores, pode-se aplicar algoritmos que analisam a proximidade entre esses valores e rótulos. Desse modo, os algoritmos podem sugerir produtos semelhantes àqueles vistos pelo cliente. Essa é a tarefa de classificação. A classificação, ou a identificação de padrões, é uma das principais atividades, ou área de aplicação do aprendizado de máquina. De modo semelhante são realizadas algumas destas tarefas associadas ao aprendizado de máquina.

Portanto, as principais tarefas que utilizam essas funções são:

a) *Detecção de fraude*: Bancos e operadores de cartões de crédito conhecem as características das transações de cada pessoa e também das transações fraudulentas. Basta uma pessoa desviar do seu perfil de uso que o sistema é ativado;

b) *Mecanismos de buscas*: Estes sistemas armazenam e quantificam suas pesquisas no site e os endereços *web* visitados e assim, por meio de análises do conteúdo destes sites e por meio de processamento de textos, é possível avaliar as suas predileções e, também, uma lista de sites do seu interesse como uma resposta à palavra de busca;

c) *Análise de Streaming de Dados*: As redes sociais e os sites de vendas *on-line* são atualizados constantemente. As organizações responsáveis por estes ambientes virtuais de aprendizagem de máquina identificam problemas potenciais em tempo real advindos do conteúdo em textos postado pelos usuários, dos endereços IP (*Internet Protocol*) de suas máquinas, entre outros.

As abordagens de aprendizado de máquina podem ser divididas em dois grandes grupos, quais sejam:

I) *Aprendizado Supervisionado*: O aprendizado supervisionado requer que um assistente ofereça vários exemplos sobre as classes de objetos a serem reconhecidas. Esses dados são chamados de conjunto de treinamento. Por exemplo, se o desejo for usar aprendizado de máquina para ensinar um computador a reconhecer fotos de seus colegas, o sistema deveria ser ensinado quais são seus colegas e quais não são. Isso é feito inserindo no sistema fotos rotuladas como "colega" e "não colega", para as duas classes em questão. Os algoritmos de aprendizagem de máquina ajudariam o sistema a aprender a generalizar os conceitos para que eles possam identificar pessoas em imagens nas quais não havia encontrado antes, ou seja, em novos conjuntos de dados. Cabe ressaltar a importância do conjunto de dados oferecido para o aprendizado. Muitos dos vieses e desigualdades de tratamento aprendidos por algoritmos podem ter como motivação a desigualdade no conjunto de treinamento.

II) *Aprendizado Não-Supervisionado*: O aprendizado não supervisionado exige que o sistema desenvolva suas próprias conclusões a partir de um determinado conjunto de dados, ou seja, de atributos e características analisadas. Por exemplo, se um usuário tivesse um grande conjunto de dados em saúde, ele poderia usar métodos de aprendizado não-supervisionado para agrupar os pacientes. Destes dados, o sistema poderia, por exemplo, descobrir que as pessoas nascidas numa determinada região, a partir de um determinado ano, tivessem maior probabilidade de serem acometidas por uma doença específica.

Além destes dois modelos, a *aprendizagem semisupervisionada* e a *aprendizagem por reforço* são duas frentes que vêm ganhando muita atenção recentemente. A primeira é uma é uma combinação de aprendizado supervisionado e não supervisionado, enquanto a segunda envolve um sistema que recebe *feedback* semelhante a punições e recompensas.

O aprendizado de máquina também se vale do conhecimento probabilístico, vejamos. Amigos de longa data, a Maria Eugenia convida seu amigo Chico para um lanche da tarde. Ela, como a maioria dos brasileiros, adora um café, mas Chico é da turma do chá com bolachas. Assim, pode-se dizer que, se perguntarmos ao Chico se ele prefere bolachas quadradas (bq) ou redondas (br), a nossa percepção é que há chances iguais de ele escolher qualquer uma das formas. Assim, para P=probabilidade, P(bq)=P(br)=50%, ou seja, a probabilidade de o Chico escolher entre as bolachas quadradas e as redondas é de 50% cada tipo de bolacha. No entanto, como Chico é um sujeito que adora chocolate, ao perceber que as bolachas redondas são claras e as quadradas têm cor de chocolate, pergunto: Qual a probabilidade de Chico pegar uma bolacha quadrada? Havemos de convir que a probabilidade do Chico ser atraído pelas bolachas quadradas é maior. Isso se chama, *probabilidade condicional*, que é outra ferramenta muito usada em aprendizado de máquina.

O famoso *Teorema de Bayes* que quantifica a probabilidade de eventos condicionados, ou seja, qual a probabilidade de um evento A dado que já ocorreu B, matematicamente P(A|B), é uma das ferramentas mais utilizadas para a classificação de *spams* em caixas de correio eletrônico. Por exemplo, seja A um e-mail o qual se deseja saber se é *spam* ou não, e B uma palavra usada, a probabilidade de A ser um *spam* é dado por $P(B \cap A)$ P(A), ou seja, pela probabilidade de ocorrer a palavra B em e-mails *spam* (A) vezes a probabilidade de ocorrer a palavra B em qualquer outro e-mail. Pura probabilidade que se resume a contar palavras e saber a classificar e-mails anteriores como *spam* ou não. Criado esse conjunto de treinamento, o sistema se auto alimenta.

Atualmente, a IA vive a febre das Redes Neurais Artificiais, ou apenas redes neurais, como também suas versões de aprendizado profundo, as redes neurais profundas, ou *deep neural networks*.

2.1.2 As Redes Neurais Artificiais (RNN)

As RNAs são um modelo para solucionar problemas que usam a simulação do cérebro humano. Neste modelo procurar mimetizar uma rede interconectada de neurônios. Esses neurônios artificiais são os nós ou unidades de processamento da rede.

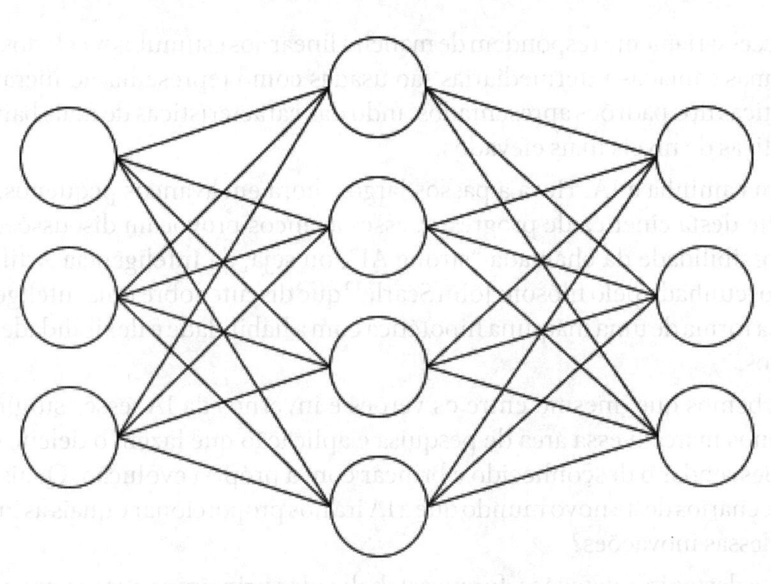

Figura 1. Exemplo de uma rede neural artificial com 3 camadas, uma camada de entrada, uma camada intermediária e uma camada de saída.

Cada neurônio artificial possui ligações para outros neurônios e, como os neurônios biológicos, estes recebem e enviam sinais. Essas RNAs possuem camadas. Na Figura 1, constata-se uma rede com três camadas: 1) *camada de entrada* que contém neurônios que recebem os dados, ou seja, os padrões; 2) a *camada intermediária* que é responsável pelo processamento e a extração de características; e, finalmente, 3) *a camada de saída*, que conclui e apresenta o resultado final. Quanto maior o número de camadas, maior o aprendizado da rede pois o número de camadas define a capacidade de representação das relações as unidades de entrada e as de saída.

Na realidade, a maioria dos pesquisadores concorda que este é um modelo muito simplificado em relação ao que ocorre no nosso cérebro, mas essas redes mostram-se como uma coleção de unidades funcionais (os neurônios artificiais) massivamente paralela que agiliza e potencializa o processamento de dados.

Dentre as aplicações de redes neurais, as tarefas de classificação, reconhecimento de padrões e provisões de séries temporais são as que apresentam melhores resultados com esses modelos.

Como os algoritmos de aprendizado de máquina, as RNAs precisam ser treinadas. O treinamento irá estabelecer pesos distintos para as diversas ligações entre as unidades da rede. Incialmente esses pesos constituem-se de valores aleatórios pequenos. Neste momento, pode-se dizer que a rede nada conhece. A medida em que são apresentados exemplos no processo de treinamento, os pesos entre as unidades são gradualmente modificados de acordo com as regras de aprendizado especificadas pelo algoritmo de aprendizado utilizado. Ao final do treinamento, os valores dos pesos convergem para permitir a rede executar um processamento útil quando forem apresentados dados novos.

As redes neurais profundas são modelos avançados das RNAs que possuem várias camadas intermediárias. Essas camadas, por sua vez, possuem unidades de processamento que não necessariamente respondem de maneira linear aos estímulos recebidos. Também, essas mesmas camadas intermediárias são usadas como representação hierárquica das características dos padrões apresentados, indo das características de mais baixo nível às características de níveis mais elevados.

Assim caminha a IA. Hora a passos largos, hora em avanços pequenos. Independentemente desta cinética de progresso, esses avanços provocam discussões naturais, como a possibilidade da chamada "strong AI", ou seja, da Inteligência Artificial forte. Esse termo, cunhado pelo filósofo John Searle[10] que discute sobre uma inteligência geral artificial na forma de uma máquina hipotética com a habilidade e flexibilidades dos seres os humanos.

Percebemos que, mesmo entre os verões e invernos da IA, esses surgimentos de novos termos marcam essa área de pesquisa e aplicação que fazem o deleite do ser humano de desvendar o desconhecido e brincar com a própria evolução. Quais seriam os eventuais cenários deste novo mundo que a IA irá nos proporcionar e quais as implicações jurídicas dessas inovações?

Diante destas inquietações, foram estabelecidos princípios éticos para o desenvolvimento da IA.

3. INTELIGÊNCIA ARTIFICIAL E PRINCÍPIOS ÉTICOS PARA O SEU DESENVOLVIMENTO E FUTURA REGULAÇÃO

Muitas iniciativas direcionadas ao estabelecimento de estratégias nacionais e internacionais para uma Inteligência Artificial (IA) visam a delinear os princípios éticos centrais que se configurarão como parâmetros para o desenvolvimento das aplicações da IA. Desse modo, é importante ressaltar que o Canadá lançou a primeira estratégia nacional sobre IA em março de 2017, sendo seguido pelo Japão, Dinamarca, Finlândia, França, Alemanha, Suécia e Reino Unido.

Já no plano internacional, observam-se outras iniciativas que buscam estabelecer princípios éticos sobre IA, como o G7 *Common Vision for the Future of AI*, o *Nordic-Baltic Region Declaration on AI*, Princípios sobre IA da OCDE, o Conselho Global de IA do Fórum Econômico Mundial, o Centro de IA e Robótica da ONU etc.

Diante do exposto, nota-se que se torna cada vez mais necessário consolidar os princípios éticos nucleares no que se refere à Inteligência Artificial, pois o excesso de princípios gera confusões e ambiguidades, possibilitando que empresas escolham os princípios mais interessantes para os seus objetivos comerciais[11], como se houvesse um *menu* de princípios à disposição dos interesses privados.

Em razão do que fora afirmado, ao se discutir os princípios éticos da IA, seguiremos a proposta realizada por Luciano Floridi e Josh Cowls[12], já que essa unificação permite

10. SEARLE, John *et al*. Minds, Brains and Programs. *Behavioral and Brain Science*, v. 3, p. 417-424, 1980.
11. FLORIDI, Luciano. Translating Principles into Practices of Digital Ethics: Five Risks of Being Unethical. *Philosophy & Technology*, New York, n. 32, p. 185-193, 2019.
12. FLORIDI, Luciano; COWLS, Josh. A unified Framework of Five Principles for AI in Society. *Harvard Data Science Review*, Boston, n.1, v.1, p. 01-15, 2019.

o estabelecimento claro de parâmetros éticos para a melhor tomada de decisão no que concerne ao desenvolvimento da inteligência artificial confiável. Além disso, cumpre-se ressaltar que o Grupo de Peritos Independente[13] (*GPAN IA*), criado pela Comissão Europeia, publicou, em abril de 2019, orientações éticas para uma IA de confiança que se pautou nos cinco princípios apresentados no documento elaborado por Floridi e Cowls, sendo que, diante das inúmeras possibilidades de aplicação da IA, observou-se que os princípios da beneficência, da não maleficência, da autonomia, da justiça e da *explicabilidade* são suficientes para o enfrentamento dos variados dilemas éticos que confrontaremos ao longo dos anos no que se diz respeito à inteligência artificial.

Por fim, deve-se salientar que é preciso estabelecer princípios éticos claros para uma inteligência artificial confiável para que seja possível elaborar normas jurídicas que possuam o objetivo de proteger o bem público sem impedir o desenvolvimento tecnológico e científico no campo da IA. Assim, ressalta-se a importância de não se desenvolver muitos princípios que gerarão ambiguidade no momento de se decidir questões difíceis sobre a IA.

3.1 Principais documentos sobre os princípios éticos para uma IA confiável

Os cincos princípios que serão analisados a seguir foram extraídos de alguns documentos que visam a estabelecer princípios éticos para a IA. Assim, destacar-se-ão seis desses textos que serão utilizados para compreender cada um dos princípios.

Diante do que fora afirmado, cumpre-se arrolar os seguintes documentos:

1) *Asilomar AI Principles*: Princípios apresentados na Conferência de Asilomar de 2017. O evento foi organizado pelo *Future of Life Institute*. O objetivo central é apresentar um guia de princípios éticos voltados a ampliar o acesso da humanidade às inúmeras oportunidades advindas com a inteligência artificial.

2) *The Montreal Declaration for the Responsible Development of Artificial Intelligence*: A declaração foi apresentada em 2017 pela Universidade de Montréal e pelo Fundo de Pesquisa de Québec. Trata-se de 10 princípios que visam a basilar o desenvolvimento das pesquisas em IA, para que os riscos à sociedade, sejam minimizados.

3) *Ethically Aligned Design – A vision for Prioritizing Human Well-being with autonomous and intelligent-systems*: Trata-se da segunda versão do documento em que são apresentados cinco princípios gerais e recomendações para o desenvolvimento ético de sistemas autônomos e inteligentes. O texto foi publicado em 2017.

4) *Statement on Artificial Intelligence, Robotics and "Autonomous" Systems*: Foram estabelecidos nove princípios em que se visa a moldar o mundo no futuro com base nos parâmetros éticos dos países membros da União Europeia. O documento foi publicado em março de 2018 pelo *European Commission's European Group on Ehtics in Science and New Technologies*.

5) *AI in the UK: ready, willing and able?* estabeleceram-se princípios que visam a fornecer parâmetros éticos para que o Reino Unido lidere o debate nacional e internacional quanto ao desenvolvimento das aplicações de IA. Assim, foram apresentados cinco princípios para servirem como fundamento para o

13. GPAN IA. Comissão Europeia. *Orientações éticas para uma IA de confiança*. Bruxelas: Comissão Europeia, 2019. Disponível em: https://ec.europa.eu/digital-single-market/en/news/ethics-guidelines-trustworthy-ai . Acesso em: 10 dez. 2020.

desenvolvimento de uma IA confiável. Assim, o relatório apresentado pelo Comitê de IA da Casa dos *Lords* do Reino Unido foi publicado em abril de 2018.

6) *Tenets of the Partnership on AI*: organização formada por diversas partes interessadas (pesquisadores, empresários, acadêmicos etc.) com o intuito de elaborar pesquisas, prestar consultorias, compartilhar ideias etc. com o escopo de promover a melhor compreensão da IA e utilizá-la para o benefício da sociedade. Trata-se de oito princípios que regem esta organização e foram publicados em 2018.

Em suma, com base nos documentos acima mencionados, buscar-se-á apresentar o significado de cada um dos princípios éticos para uma IA confiável que serão trabalhados neste capítulo.

3.2 Princípio da beneficência

Ao se analisar o princípio da beneficência, deve-se destacar que se trata de um princípio advindo da bioética e consiste em existir um dever de ajudar o próximo, de atuar na sociedade para promover o bem comum. Assim, pode-se compreendê-lo como o princípio de praticar o bem.

Diante do exposto, os profissionais devem se comprometer a "*avaliar os riscos e os benefícios potenciais (individuais e coletivos) e a buscar o máximo de benefícios, reduzindo ao mínimo os danos e riscos*"[14]. Consequentemente, compreender os riscos relativos à IA é fundamental para a consecução do princípio da beneficência.

Na declaração de Montreal e nos princípios estabelecidos pelo IEEE, nota-se a apresentação do princípio do bem-estar social, o qual pode ser congregado como o princípio da beneficência, já que se visa a um desenvolvimento da IA voltada ao bem comum e ao benefício da humanidade.

3.3 Princípio da não maleficência

O princípio da não maleficência também advém da bioética. Com base na visão de que a ação humana deve ser voltada a não realização de condutas negativas ao bem-estar social, cumpre-se mencionar que Sócrates "*considerava que a essência da vida estava na busca da distinção entre valores intelectuais e os morais*"[15].

O princípio da não maleficência deve guiar a tomada de decisão para se evitar que se cause danos voluntários e involuntários aos demais seres humanos; devendo-se, portanto, avaliar os riscos das condutas para se escolher a melhor alternativa para a sociedade.

Desse modo, embora conectado com o princípio da beneficência, o princípio da não maleficência é diverso, pois exige que se adotem medidas eficazes para a prevenção dos riscos advindos com o desenvolvimento da IA.

Ademais, cumpre-se destacar que os *Princípios de Asilomar* apontam os riscos advindos de aplicações de IA para a produção de armas e artefatos para guerras. Além

14. KOERICH, Magda Santos; MACHADO, Rosani Ramos; COSTA, Eliani. Ética e Bioética: para dar início à reflexão. *Texto Contexto Enfermagem*, Florianópolis, n. 1, v. 14, p. 106-110, 2005, p. 108.
15. ASTONI JÚNIOR, Ítalo Márcio Batista; IANNOTTI, Giovano de Castro. Pesquisa médica em seres humanos, não maleficência e autoexperimentação homeopática. *Revista Bioética*, v. 20, n. 01, 2012.

disso, o documento elaborado pelo IEEE ressalta a necessidade de se evitar o emprego incorreto das novas tecnologias.

Em suma, deve-se afirmar que o emprego da IA deve ocorrer de forma adequada para não causar danos à sociedade e para não oferecer riscos às gerações futuras.

3.4 Princípio da autonomia

O princípio da autonomia também advém da bioética, mas possui uma incidência muito particular no âmbito do debate sobre IA. Ao se pensar em *machine learning*, por exemplo, torna-se relevante existir a possibilidade do ser humano retomar o controle decisional em situações de automatização.

Assim, dos seis documentos que foram apontados como sendo basilares para a apresentação dos princípios éticos norteadores de uma IA de confiança, quatro indicam a necessidade de se aplicar o princípio da autonomia, pois não se deve reduzir a liberdade humana em benefício da rapidez das máquinas em realizar tarefas específicas.

Diante do exposto, fala-se em "meta-autonomia" ou "decisão-de-delegar"[16], o modelo relativo ao desenvolvimento de aplicações de IA em que sempre é possível o ser humano decidir por retomar o controle. Por conseguinte, é necessário garantir que os indivíduos possam recobrar o poder de decisão ao utilizarem aplicações de IA para determinadas tarefas que tenham escolhido.

3.5 Princípio da justiça

O princípio da justiça também advém da bioética; contudo, ao se falar em IA, deve-se pensar na aplicação deste princípio sob duas perspectivas:

a) *Acesso Equânime às Aplicações de IA*: todos os indivíduos devem ter os seus direitos garantidos para acessar as aplicações de IA e para usufruir os seus benefícios. Assim, para que haja uma sociedade justa, é necessário a ampla fruição das vantagens decorrentes do desenvolvimento da IA em escala mundial;

b) *Correção de Discriminações Sociais*: as aplicações de IA necessitam de dados para se desenvolverem; porém, estes dados são oriundos da sociedade que é desigual, logo, é necessário corrigir as discriminações sociais por meio da intervenção humana para que a IA não perpetue injustiças.

Em virtude do que se fora exposto, é preciso salientar que o princípio da justiça é relevante para que o desenvolvimento da IA não seja empregado para manter as discriminações na sociedade, ou seja, deve-se desenvolver aplicações destinadas a corrigir situações desiguais permitindo que a inovação seja direcionada à construção de um Estado justo.

3.6 Princípio da *explicabilidade*

O princípio da *explicabilidade* é o único que é exclusivo da IA e consiste na compreensão pelos seres humanos do que está sendo oferecido a eles no que se relaciona à aplicação da IA. Desse modo, ao se adquirir determinados produtos que são desenhados

16. FLORIDI, Luciano; COWLS, Josh. A unified Framework of Five Principles for AI in Society. *Harvard Data Science Review*, Boston, n.1, v.1, p. 01-15, 2019.

para automatizar tarefas por meio do emprego da IA, deve-se compreender como as decisões são formadas, como se desenvolve uma *machine learning*, quem é responsável por eventuais danos etc.

Diante do exposto, ao se ler os documentos do IEEE, da AIUK, da declaração de Montreal etc., verifica-se a repetição dos termos: *accountability*, transparência e inteligibilidade.

Consequentemente, veremos a seguir os princípios da inteligibilidade e da *accountability* que se inserem no âmbito do princípio da explicabilidade e permitem que compreendamos a necessidade de se tornarem acessíveis as explicações acerca do funcionamento de aplicações de IA e da responsabilidade por eventuais danos.

3.6.1 *Princípio da inteligibilidade*

O princípio da inteligibilidade está conectado com o princípio da transparência porque se refere à compreensão de como funcionam as aplicações de IA. Desse modo, deve-se destacar que, ao se desenvolverem aplicações de IA, há um destinatário final que fará uso do produto desenvolvido, logo, este consumidor deve possuir consciência acerca do funcionamento da IA.

Dessa forma, o conhecimento em relação à IA não deve ser detido apenas por um grupo de especialistas no assunto e por desenvolvedores de aplicações de IA, em outros termos, os destinatários finais também devem compreender o funcionamento do que se está adquirindo, sendo que para isso ser possível, é preciso explicar de forma clara e inteligível como é estruturada a IA.

Por fim, deve-se ressaltar que, para se desenvolver uma IA confiável, é importante existir a compreensão do seu funcionamento, de seu desenvolvimento e das tarefas a serem realizadas, pois a confiança apenas pode ser estabelecida quando há nitidez quanto ao funcionamento do que se utiliza.

3.6.2 *Princípio da* **accountability**

O princípio da *accountability* também é espécie do gênero do "princípio da explicabilidade" e está presente na maioria dos documentos que visam a delinear os parâmetros básicos de uma IA confiável. O princípio da *accountability* consiste no entendimento acerca de quem é responsável pelo funcionamento da aplicação de IA.

Assim, novamente, para se desenvolver uma IA confiável, é necessário compreender quem é responsável na hipótese de erros e de danos gerados pela IA. Dessa maneira, verifica-se que o princípio da *accountability* está conectado com o princípio da inteligibilidade, visto que é preciso compreender como funciona a IA para se identificar o responsável pelo resultado negativo advindo do uso da aplicação de IA.

Finalmente, deve-se notar que o princípio da *accountability* é fundamental para o desenvolvimento do arcabouço jurídico concernente à IA, já que questões relativas à responsabilidade civil deverão se pautar, notadamente, neste princípio. Além da responsabilidade civil, e intimamente conectado a ela, um dilema é definir se as aplicações que usam IA teriam ou não personalidade jurídica.

4. PERSONALIDADE JURÍDICA E INTELIGÊNCIA ARTIFICIAL

A atribuição de personalidade jurídica tem efeitos jurídicos relevantes na medida em que se viabiliza a titulação de direitos, bem como de obrigações. Quanto à IA, os debates são intensos, muitos acabam pecando por serem passionais e pouco científicos. Antes de tratar do tema em questão, fica a pergunta: a quem interessa atribuir personalidade jurídica às aplicações de Inteligência Artificial?

Geralmente, ao se atribuir personalidade jurídica a um dispositivo que utiliza funcionalidades de IA, imagina-se mitigar a responsabilidade civil e penal dos seus desenvolvedores. No entanto, tal consequência geraria um inconveniente quanto aos possíveis danos irreparáveis, ou seja, danos sofridos pelos usuários destes dispositivos, porém com extrema dificuldade em se determinar a quem compete reparar tais danos.

Pode-se afirmar que a personalidade é um atributo jurídico que confere a um indivíduo a titularidade de direitos e obrigações.[17] Todavia, não é somente o ser humano que tem personalidade jurídica. Além deste, há ficções jurídicas que atribuem personalidade jurídica às pessoas jurídicas, por exemplo.

No Direito Romano, a classificação de Gaio distinguia as pessoas (*personae*), coisas (*res*) e ações (*ações*).[18] Sendo esta a origem da distinção entre pessoas e coisas. Mas tal dicotomia tem cedido lugar a outras possibilidades, como o reconhecimento dos animais como seres sencientes, sendo-lhes garantidos uma proteção especial, além de alguns direitos.

Nesse sentido, indaga-se sobre a possibilidade e conveniência em atribuir personalidade jurídica às aplicações que utilizam IA.

Há quem defenda que estes entes, por ficção jurídica, teriam personalidade como as pessoas jurídicas, mas assim como estas teriam um representante legal.[19-20]

Para outros, tal ficção somente poderia ser aplicada quando e se o que se entende por *Strong AI*, entendida como a Inteligência Artificial que se comporta e raciocina como seres humanos.[21] Entretanto, este desenvolvimento tecnológico está apenas no plano das ideias. Como bem observado por José Luiz de Moura Faleiros Júnior e Fabiano Menke[22], ainda não chegamos à tão buscada singularidade (Vernor Vinge[23] e Ray Kurzweil[24]). Os

17. GOMES, Orlando. *Introdução ao Direito Civil*. Rio de Janeiro: Editora Forense, 2001, p. 141.
18. ALVES, José Carlos Moreira. *Direito Romano*. 17. ed. rev. e atual. Rio de Janeiro: Forense, 2016, p. 103.
19. SOLUM, Lawrence B. Legal Personhood for Artificial Intelligences. *North Carolina Law Review*, v. 70, n. 4, pp. 1.231-1.287, 1992, p. 1.231.
20. KERR, Ian. Spirits in the material world: intelligent agents as intermediaries in electronic commerce. *Dalhousie Law Journal*, v. 22, pp. 189-249, 1999, p. 190.
21. KURKI, Visa A. J. *A Theory of Legal Personhood*. Oxford: Oxford University Press, 2019, p. 195.
22. FALEIROS JÚNIOR, José Luiz de Moura; MENKE, Fabiano. "Teilrechtsfähigkeit": uma proposta alemã para a responsabilização civil na IA. *Migalhas de Responsabilidade Civil*, 06 de agosto de 2020. Disponível em: https://migalhas.uol.com.br/coluna/migalhas-de-responsabilidade-civil/331652/teilrechtsfahigkeit---uma-proposta-alema-para-a-responsabilizacao-civil-na-ia. Acesso em: 10 dez. 2020.
23. VIGNE, Vernor. The coming technological singularity: How to survive in the post-human era. *In: Interdisciplinary Science and Engineering in the Era of Cyberspace*. NASA John H. Glenn Research Center at Lewis Field, Cleveland, 1993, p. 11-22. Disponível em: https://ntrs.nasa.gov/citations/19940022856. Acesso em: 10 dez. 2020.
24. KURZWEIL, Ray. *The age of spiritual machines*: When computers exceed human intelligence. Nova York: Viking, 1999.

autores afirmam que não há, "no atual estado da técnica, máquinas dotadas de discernimento moral, capazes de olhar para si mesmas e de adotar posturas responsáveis e baseadas em reflexões que ultrapassam a mera predição estatística."

Portanto, há um forte entendimento no sentido de não se atribuir personalidade jurídica às funcionalidades com base em IA[25] justamente porque estas são aplicadas para facilitar e otimizar algumas atividades humanas de acordo com os princípios acima estabelecidos, esta tecnologia somente se justifica se for beneficiar o ser humano[26]. Neste sentido, os autores afirmam:

> *To our knowledge, no program has been granted legal status as an individual for the purposes of financial transactions; at present, it seems unreasonable to do so. Programs are also not considered to be "drivers" for the purposes of enforcing traffic regulations on real highways. In California law, at least, there do not seem to be any legal sanctions to prevent an automated vehicle from exceeding the speed limits, although the designer of the vehicle's control mechanism would be liable in the case of an accident.*

Diante destas constatações, não acreditamos ser possível atribuir personalidade jurídica às funcionalidades de IA. Em suma, o tema "personalidade jurídica" tem sofrido constante evolução. Inclusive, com consequências jamais imaginadas pelos romanos, que seria atribuir direitos aos animais. Assim, atualmente, tendo em vista o estágio do desenvolvimento da IA, não se pode atribuir-lhe personalidade jurídica. Entretanto, diante do possível avanço tecnológico e a possibilidade de as máquinas tornarem-se seres sencientes, tal posicionamento pode mudar.

5. CONSIDERAÇÕES FINAIS

O desenvolvimento da Inteligência Artificial iniciou-se na década de 50 e, ainda hoje, está permeado de intensos debates. O primeiro desafio é a correta compreensão desta tecnologia e das ferramentas que são utilizadas como aprendizado de máquina, *deep learning*, dentre outros. Além deste, a própria terminologia "inteligência" acaba sendo questionada por alguns, que acreditam que este é um atributo exclusivo do ser humano.

Pode-se afirmar que o conceito de IA sempre esteve, está e continuará em constante evolução. Muito se avançou desde os primeiros programas com base em IA, mas ainda há um longo caminho para se atingir a tão sonhada singularidade, isto é, uma simbiose entre o biológico e o tecnológico.

O que se pode afirmar é que a IA somente se justifica em prol da melhoria da qualidade de vida dos seres humanos. Por isso, são importantes estabelecer princípios éticos para o direcionamento do desenvolvimento desta e de tantas outras tecnologias disruptivas.

O desconhecido, muitas vezes, aterroriza a humanidade ensejando intensos debates imbuídos em argumentos passionais e despidos de cientificidade. Quanto à personalidade jurídica aplicada, deve-se questionar a conveniência e possibilidade de se atribuir

---

25. TOMASEVICIUS FILHO, Eduardo. Inteligência Artificial e direitos da personalidade: uma contradição em termos? *Revista da Faculdade de Direito da USP*, São Paulo, v. 113, p. 133-149, jan./dez. 2018, p. 140.
26. RUSSELL, Stuart J.; NORVIG, Peter. *Artificial Intelligence*: A Modern Approach. 3. ed. New Jersey: Prentice-Hall, 2010, p. 1.036.

à Inteligência Artificial. Para tanto tais funcionalidades devem demonstrar a capacidade de sentir e raciocinar como seres humanos singulares e não meramente "imitando seres humanos". Todavia, diante do atual desenvolvimento tecnológico não se pode chegar à tal conclusão, razão pela qual não seria possível atribuir personalidade jurídica às funcionalidades de IA.

6. REFERÊNCIAS

ALVES, José Carlos Moreira. *Direito Romano*. 17. ed. rev. e atual. Rio de Janeiro: Forense, 2016.

ASTONI JÚNIOR, Ítalo Márcio Batista; IANNOTTI, Giovano de Castro. Pesquisa médica em seres humanos, não maleficência e autoexperimentação homeopática. *Revista Bioética*, v. 20, n. 01, 2012.

COMMITTEE ON ARTIFICIAL INTELLIGENCE. *AI in the UK*: ready, willing and able? London: Authority of the House of Lords, 2018. Disponível em: https://publications.parliament.uk/pa/ld201719/ldselect/ldai/100/100.pdf . Acesso em: 10 de outubro de 2020.

CORDESCHI, Roberto. AI turns fifty: revisiting its origins. *Applied Artificial Intelligence*, v. 21, n. 4-5, p. 259-279, 2007.

ENGELMORE, Robert S. Artificial intelligence and knowledge based systems: origins, methods and opportunities for NDE. *Review of Progress in Quantitative Nondestructive Evaluation*. Springer, Boston, MA, 1987. p. 1-20.

EUROPEAN GROUP ON ETHICS IN SCIENCE AND NEW TECHNOLOGIES. *Artificial Intelligence, Robotics and 'Autonomous' Systems*. Bruxelas: European Commission, 2018. Disponível em: http://ec.europa.eu/research/ege/pdf/ege_ai_statement_2018.pdf . Acesso em: 10 dez. 2020.

FALEIROS JÚNIOR, José Luiz de Moura; MENKE, Fabiano. "Teilrechtsfähigkeit": uma proposta alemã para a responsabilização civil na IA. *Migalhas de Responsabilidade Civil*, 06 de agosto de 2020. Disponível em: https://migalhas.uol.com.br/coluna/migalhas-de-responsabilidade-civil/331652/teilrechtsfahigkeit---uma-proposta-alema-para-a-responsabilizacao-civil-na-ia. Acesso em: 10 dez. 2020.

FLORIDI, Luciano; COWLS, Josh. A unified Framework of Five Principles for AI in Society. *Harvard Data Science Review*, Boston, n.1, v.1, p. 01-15, 2019.

FLORIDI, Luciano. Translating Principles into Practices of Digital Ethics: Five Risks of Being Unethical. *Philosophy & Technology*, New York, n. 32, p. 185-193, 2019.

FUTURE OF LIFE INSTITUTE. *Asilomar AI Principles*. California: Future of Life, 2017. Disponível em: https://futureoflife.org/ai-principles/?cn-reloaded=1 . Acesso em: 10 dez. 2020.

GOMES, Orlando. *Introdução ao Direito Civil*. Rio de Janeiro: Editora Forense, 2001.

GPAN IA. Comissão Europeia. *Orientações éticas para uma IA de confiança*. Bruxelas: Comissão Europeia, 2019. Disponível em: https://ec.europa.eu/digital-single-market/en/news/ethics-guidelines-trustworthy-ai . Acesso em: 10 dez. 2020.

HAENLEIN, Michael; KAPLAN, Andreas. A brief history of artificial intelligence: On the past, present, and future of artificial intelligence. *California Management Review*, v. 61, n. 4, p. 5-14, 2019.

IEEE. *Ethically Aligned Design*: A vision for prioritizing Human Well-being with autonomous and intelligent systems. 2v. New Jersey: IEEE, 2017. Disponível em: https://standards.ieee.org/content/dam/ieee-standards/standards/web/documents/other/ead_v2.pdf. Acesso em: 10 dez. 2020.

KERR, Ian. Spirits in the material world: intelligent agents as intermediaries in electronic commerce. *Dalhousie Law Journal*, v. 22, 1999, pp. 189-249. Disponível em: https://static1.squarespace.com/static/56b8dbd62eeb817f29aa3265/t/5cf974eedfde82000124f4de/1559852271558/SSRN-id703242.pdf. Acesso em: 10 dez. 2020.

KNUTH, D. Arthur Lee Samuel, 1901–1990. *TUGboat*, v. 11, p. 497-498, 1990.

KOERICH, Magda Santos; MACHADO, Rosani Ramos; COSTA, Eliani. Ética e Bioética: para dar início à reflexão. *Texto Contexto Enfermagem*, Florianópolis, n. 1, v. 14, p. 106-110, 2005. Disponível em: https://www.scielo.br/pdf/tce/v14n1/a14v14n1. Acesso em: 10 dez. 2020.

KUBAT, Miroslav. *An introduction to machine learning*. Cham: Springer International Publishing AG, 2017.

KURKI, Visa A. J. *A Theory of Legal Personhood*. Oxford: Oxford University Press, 2019.

KURZWEIL, Ray. *The age of spiritual machines*: When computers exceed human intelligence. Nova York: Viking, 1999.

PARTNERSHIP ON AI. Tenets. California: Partnership on AI, 2018. Disponível em: https://www.partnershiponai.org/tenets/. Acesso em: 10 dez. 2020.

SEARLE, John *et al*. Minds, Brains and Programs. *Behavioral and Brain Science*, v. 3, p. 417-424, 1980.

RUSSELL, Stuart J.; NORVIG, Peter. *Artificial Intelligence*: A Modern Approach. 3. ed. New Jersey: Prentice-Hall, 2010.

SHANNON, Claude E. XXII. Programming a computer for playing chess. *The London, Edinburgh, and Dublin Philosophical Magazine and Journal of Science*, v. 41, n. 314, p. 256-275, 1950.

SOLUM, Lawrence B. Legal Personhood for Artificial Intelligences. *North Carolina Law Review*, v. 70, n. 4, 1992, pp. 1.231-1.287. Disponível em: https://scholarship.law.unc.edu/cgi/viewcontent.cgi?article=3447&context=nclr. Acesso em: 10 dez. 2020.

TOMASEVICIUS FILHO, Eduardo. Inteligência Artificial e direitos da personalidade: uma contradição em termos? *Revista da Faculdade de Direito da USP*, São Paulo, v. 113, p. 133-149, jan./dez. 2018.

TURING, Alan. Computing machinery and intelligence. *Mind*, v. 59, n. 236, p. 433, 1950.

UNIVERSITÉ DE MONTRÉAL. *The Montreal Declaration for the Responsible Development of Artificial Intelligence*. Montreal: Université de Montréal, 2017. Disponível em: https://www.canasean.com/the-montreal-declaration-for-the-responsible-development-of-artificial-intelligence-launched/. Acesso em: 10 dez. 2020.

VINGE, Vernor. The coming technological singularity: How to survive in the post-human era. *In: Interdisciplinary Science and Engineering in the Era of Cyberspace*. NASA John H. Glenn Research Center at Lewis Field, Cleveland, 1993, p. 11-22. Disponível em: https://ntrs.nasa.gov/citations/19940022856. Acesso em: 10 dez. 2020.

8
RECONHECIMENTO FACIAL E LESÕES AOS DIREITOS DA PERSONALIDADE

Eduardo Tomasevicius Filho

Bacharel em Direito pela USP; Mestre em História Social pela USP; Doutor e Livre-Docente em Direito Civil pela USP. Professor Associado da Faculdade de Direito da USP e das Faculdades Integradas Campos Salles. Advogado. E-mail: tomasevicius@usp.br

1. INTRODUÇÃO

O tratamento de dados pessoais não é uma atividade recente. Realizada com o intuito de proporcionar maior conhecimento sobre o comportamento humano, desde a Antiguidade já se fazia com o censo populacional não apenas em Roma, mas também durante a administração colonial portuguesa, o que permite, aliás, o desenvolvimento de uma disciplina intitulada demografia histórica. No século XX, Herman Hollerith desenvolveu equipamentos mecânicos de tratamento de dados para essa mesma finalidade e, nos últimos anos, com o constante e crescente uso da informática e da própria Internet, tem-se a impressão de que se trata de tecnologia recente, pelo fato de seus impactos serem cada vez mais perceptíveis nos mais simples aspectos do cotidiano.

Com o uso da inteligência artificial, que, no limite, consiste no uso de computação estatística com a inclusão de dados já analisados pelo mesmo algoritmo em eventos anteriores, cria-se um software aparentemente dotado de inteligência. Evidentemente, não há inteligência alguma, pois o que se tem é, na verdade, o resultado do processamento de dados que cria essa sensação, assim como em um processador de textos o usuário tem a sensação de estar escrevendo em uma folha em branco. Por essa tecnologia, realizam-se as mais diversas tarefas, entre as quais a análise de crédito, o controle de aplicativos de trânsito e transporte, o funcionamento das redes sociais e sites de comércio eletrônico, e, finalmente, o seu uso em softwares de detecção de imagens e algoritmos de reconhecimento facial. Nestes casos, as possibilidades de uso da tecnologia de reconhecimento são diversas, como na identificação de pessoas em máquinas de automáticas bancárias em substituição de senhas, no controle de acesso de pessoas a locais e aeroportos, e para fins de segurança pública, como na identificação de criminosos ou de veículos furtados ou roubados,[1] o que, notadamente, traz benefícios à

1. PORTAL G1. *Criminoso morre e dois são presos após sequestro relâmpago em SP*. São Paulo, 5 de maio de 2015. Disponível em: http://g1.globo.com/sao-paulo/noticia/2015/05/criminoso-morre-e-dois-sao-presos-apos-sequestro-relampago-em-sp.html.

população no combate à criminalidade. Também pode ser usada para monitoramento do sono, como no caso de um motorista dentro de um veículo, ou no reconhecimento de pessoas e locais nas próprias redes sociais.

A proposta do texto consiste em descrever as tecnologias de reconhecimento facial e refletir sobre os seus impactos em relação às concretas ou potenciais violações aos direitos da personalidade, entre os quais a privacidade e a honra, bem como a perda da própria liberdade de ir e vir. A exposição será realizada em quatro partes. Na primeira parte, será apresentado brevemente o conceito de reconhecimento facial, com o intuito de compreensão mínima dessa tecnologia; na segunda parte, serão apontados casos ocorridos no Brasil em termos de reconhecimento facial; na terceira parte, a forma pela qual a Lei Geral de Proteção de Dados – LGPD, trata do assunto; na quarta parte, a discussão sobre os riscos inerentes ao uso dessa tecnologia e quais são as propostas de solução para esse problema, inclusive em termos legislativos.

2. CONCEITO DE RECONHECIMENTO FACIAL

Reconhecimento facial consiste no uso de tecnologias por meio das quais se permite a identificação automática de pessoas, como também de objetos. Inserida no campo da denominada "computação visual",[2] consiste na análise comparativa entre imagens produzidas de pessoas e objetos. Assim, quando houver fortes semelhanças entre a imagem prévia e a imagem capturada para comparação, ativa-se o comando de que houve o reconhecimento.

De modo a facilitar a compreensão desse processo, basta ter em mente a atividade de perícia grafotécnica tradicional ou o serviço de reconhecimento de firma por semelhança realizado por tabeliães. Faz-se a comparação das assinaturas a partir de pontos específicos, como os traços, a separação ou não das letras e a força empregada na escrita. Naturalmente, esses profissionais desenvolvem essas habilidades de forma crescente ao longo dos tempos, sendo que, provavelmente, as primeiras vezes em que realizaram essas análises, devem ter levado bastante tempo para conclui-las e, com os anos, passaram a fazê-lo com extrema velocidade, por meio de um mero "passar de olhos", por já estar inconsciente o que deve ser observado e o que deve ser descartado na análise.

O uso da informática em sistemas de reconhecimento visual permite a realização dessas tarefas com maior facilidade, porque as imagens são arquivos materializados em sequências de dados (bytes) que, uma vez interpretados pelo software, adquirem significado, como a cor, por exemplo. Além disso, quando um conjunto de dados é associado a determinada estrutura prévia, como, por exemplo, os dados biométricos, que são aqueles relativos ao corpo humano, tais como o formato da impressão digital ou de um rosto humano, consegue-se o reconhecimento da imagem prévia com a imagem capturada. Do mesmo modo, pode-se fazer o reconhecimento de um objeto, um edifício ou uma

2. ROUHANI, Sama. Reconhecimento de face e de prova de vida com Tensorflow para criação de um sistema de segurança voltado a residências e a ambientes de acesso restrito. 2019. Dissertação (Mestrado em Matemática, Estatística e Computação) - Instituto de Ciências Matemáticas e de Computação, Universidade de São Paulo, São Carlos, 2019.

paisagem a partir da mesma ideia. No caso, usam-se equações matemáticas que geram um determinado número a partir desse conjunto de dados analisados.

O desenvolvimento do reconhecimento facial é realizado há décadas, graças ao desenvolvimento dos algoritmos específicos para essa finalidade. Existem técnicas de análise de imagens, as quais usam equações de cálculo integral e algoritmos de *deep learning* e de redes neurais para chegar-se à conclusão de que se trata da pessoa ou do objeto em análise.

Existem bibliotecas de acesso público a algoritmos concebidos para a realização dessas atividades, tais como o OpenCV, da Intel e o Tensorflow, do Google. Entre esses algoritmos, tem-se, por exemplo, o Eigenfaces, de 1991; o Local Binary Patterns Histogram – LBPH, de 1996; o Fisherfacer, de 1997; o Scale-invariant feature transform – SIFT, de 1999 e o Speeded Up Robust Features – SURF, de 2006.[3] Conforme explicado com muita clareza por Kelvin Salton do Prado, em interessante pesquisa em que fez experimento comparativo da eficácia dos algoritmos de inteligência artificial voltados ao reconhecimento facial em uma academia de artes marciais, no caso do Eigenfaces, analisam-se aspectos relevantes da imagem e calcula-se uma face média para fins de reconhecimento. O LBPH usa uma matriz 3x3 com escalas de cinza. No Fisherfaces, usa-se a técnica de análise de discriminante linear. No SIFT, usam-se aspectos invariantes das imagens, como a escala, rotação de imagem, iluminação e ponto de vista da câmera. E, no SURF, selecionam-se pontos de interesse, a partir dos quais se criam vetores de características e combinação com diferentes imagens. Igualmente existem outros métodos, como o Average of Synthetic Exact Filters – ASEF, de 2009, que busca pontos de interesse como o centro dos olhos; o Minimum Output Sum of Squared Error – MOSSE, que requer menos imagens para atingir melhor desempenho; o Weber Local Descriptor – WLR; o Center Symmetric Local Binary Pattern – CS-LBP e o Center Symmetric Local Mapped Pattern CS-LMP.[4]

O reconhecimento, pois, não se dá por identidade, mas, sim, por semelhança, a partir de cálculos similares aos de uma média ponderada.

Pelas próprias características da inteligência artificial, que consistem não na obtenção da resposta certa, mas na resposta mais provável, a qual, se confirmada como certa, é repetida e, se confirmada como errada, não é mais usada pelo sistema, ainda existem limitações quanto ao uso dessas tecnologias. A primeira delas é que não há como distinguir o rosto de uma pessoa de uma fotografia exibida dessa mesma pessoa, pois o software faz reconhecimento facial, mas ainda não é capaz de evitar ser enganado por essa simples artimanha. A segunda delas é a dificuldade para a análise de imagens de pessoas em movimento, porque nem sempre são captadas no ângulo adequado, ou com a luminosidade adequada. Por isso, essas tecnologias funcionam melhor quando a pessoa está parada, como em um aeroporto, na qual se faz o controle de imigração, com a pessoa parada, câmera de boa resolução e luminosidade adequada. Por fim, pelo fato de

3. PRADO, Kelvin Salton do. *Comparação de técnicas de reconhecimento facial para identificação de presença em um ambiente real e semicontrolado*. 2018. Dissertação (Mestrado em Sistemas de Informação) - Escola de Artes, Ciências e Humanidades, Universidade de São Paulo, São Paulo, 2017. p. 63.

4. AFFONSO, Alex Antonio. *Reconhecimento facial em ambientes não controlados por meio do High-boost Weber Descriptor na região periocular*. 2018. Tese (Doutorado em Processamento de Sinais de Instrumentação) – Escola de Engenharia de São Carlos, Universidade de São Paulo, São Carlos, 2018.

o resultado de análise ser por uma média ponderada, corre-se o risco de se terem falsos positivos, ao afirmar-se ser uma pessoa determinada, quando, na verdade, é outra pessoa.

3. CASOS RELATIVOS A RECONHECIMENTO FACIAL NO BRASIL

Sem dúvida, os softwares dotados de algoritmos de inteligência artificial são ferramentas importantes para a vida cotidiana, porque trazem segurança e conforto para todos. Porém, esta tecnologia pode vir a resultar em danos aos direitos da pessoa humana, em especial, em termos de violações aos direitos à privacidade e à honra, razão pela qual o direito se torna imprescindível o estabelecimento dos limites relativos ao uso dessas tecnologias.

Por um lado, há o reconhecimento da utilidade do reconhecimento facial como forma de proteção da sociedade. Aliás, o Tribunal de Justiça do Estado de São Paulo tem condenado instituições bancárias em caso de fraudes em transações, pelo fato de que estas poderiam ter sido evitadas mediante reconhecimento facial dos clientes,[5] assim como há acórdãos em que se discutiu a responsabilidade civil por atos de assédio sexual dentro de vagões da Companhia de Trens Metropolitanos de São Paulo. Em três casos julgados pelo Tribunal de Justiça do Estado de São Paulo, entendeu-se ser caso fortuito externo a conduta desses criminosos, mas o magistrado a quo, em suas sentenças, apontou que, em um futuro próximo, dever-se-iam instalar sistemas de reconhecimento facial de assediadores sexuais, para que fossem "banidos" do sistema de transporte.[6] Observa-se, pois, o reclame da sociedade por mais segurança, vendo-se nessa tecnologia uma forma de dar concretude a essa necessidade vital da pessoa humana, bem como o respeito à sua dignidade. Por outro lado, questionou-se a instalação de câmeras que permitiriam o reconhecimento facial nas dependências do metrô de São Paulo. A Defensoria Pública da União, a Defensoria Pública do Estado de São Paulo e outras três associações propuseram em conjunto ação de produção de provas contra a Companhia do Metrô de São Paulo,[7] exigindo-se a exibição dos contratos de instalação do sistema de monitoração eletrônica nas estações por meio de reconhecimento facial de todos os usuários desse meio de transporte em tempo real, com o intuito de evitarem-se futuras violações ao direito à privacidade. No caso, os contratos foram apresentados e a magistrada extinguiu

5. BRASIL. TJSP (12ª Câmara de Direito Privado). Apelação Cível 1004786-22.2018.8.26.0590. Relatora: Des. Sandra Galhardo Esteves. São Paulo, 4 de outubro de 2019; BRASIL. TJSP (12ª Câmara de Direito Privado). Apelação Cível 1034253-61.2018.8.26.0100. Relatora: Des. Sandra Galhardo Esteves. São Paulo, 23 de outubro de 2019; BRASIL. TJSP (12ª Câmara de Direito Privado). Apelação Cível 1000048-37.2018.8.26.0704. Relatora: Des. Sandra Galhardo Esteves. São Paulo, 4 de outubro de 2019; BRASIL. TJSP. (12ª Câmara de Direito Privado). Apelação Cível 1009508-72.2018.8.26.0114. Relatora: Des. Sandra Galhardo Esteves. São Paulo, 2 de outubro de 2019; BRASIL. TJSP (12ª Câmara de Direito Privado). Apelação Cível 1035714-71.2018.8.26.0002. Relatora: Des. Sandra Gahardo Esteves. São Paulo, 11 de junho de 2019; BRASIL. TJSP (14ª Câmara de Direito Privado). Apelação Cível 1002475-16.2018.8.26.0604. Relator: Des. Carlos Abrão. São Paulo, 6 de maio de 2019.
6. BRASIL. TJSP (11ª Câmara de Direito Privado). Apelação Cível 1004084-57.2019.8.26.0100. Relator: Des. Marco Fábio Morsello. São Paulo, 19 de novembro de 2019; BRASIL. TJSP (21ª Câmara de Direito Privado). Apelação Cível 1106264-30.2014.8.26.0100. Relator: Des. Itamar Gaino. São Paulo, 29 de outubro de 2018; BRASIL. TJSP (14ª Câmara de Direito Privado). Apelação Cível 1076994-53.2017.8.26.0100. Relator: Des. Thiago de Siqueira. São Paulo, 17 de outubro de 2018.
7. Cf. BRASIL. TJSP (1ª Vara da Fazenda Pública/Acidentes da Capital). Processo 1006616-14.2020.8.26.0053. São Paulo, 10 de agosto de 2020.

o processo, sob o fundamento de que o objeto da ação era tão-somente a apresentação dos documentos, não a discussão da legalidade ou não do uso dessa tecnologia pela ré.

O caso do Faceapp é interessante em termos de uso de reconhecimento facial e perigos que de seu uso pode resultar. Esse aplicativo, desenvolvido na Rússia, consiste em um uso mais intenso do reconhecimento facial, porque, neste caso, faz-se a projeção do rosto da pessoa no futuro ou até mesmo como se ela fosse do outro gênero. No caso, os usuários usam o aplicativo como brincadeira – o que, de fato, acaba sendo para quem o usa – mas, com isso, podem ser violados diversos direitos da personalidade, tais como o direito à imagem e à privacidade, no sentido de não querer sabe como determinada pessoa provavelmente será no futuro. Além disso, no envio de fotos, há evidente coleta de dados sensíveis e o seu tratamento analítico. No entanto, há também o armazenamento dessas fotos e, o mais provável, a comercialização dessas fotos com terceiros, tudo mediante o suposto consentimento do usuário, que certamente não leu os termos e condições para o uso do aplicativo. Mesmo que não concordasse por ter conhecimentos jurídicos, teria que aderir a tais condições impostas pelo seu desenvolvedor.

Essa questão chamou a atenção de diversos países, inclusive no Brasil. No caso, a Fundação Procon de São Paulo notificou o desenvolvedor do aplicativo Faceapp para que prestasse esclarecimentos sobre o tratamento de dados por eles realizado. O desenvolvedor do aplicativo simplesmente não respondeu e, por isso, não restou alternativa senão a imposição ao Google e à Apple de multas, respectivamente, em R$ 10 milhões e R$ 7,5 milhões, pelo fato de terem disponibilizado esse aplicativo em suas plataformas, sob o fundamento de violação ao Código de Defesa do Consumidor, por considerarem-se abusivas as cláusulas de uso de dados das pessoas, assim como se consideraram violados dispositivos do Marco Civil da Internet.[8] No caso, a decisão é correta, pois, nos termos do art. 14 do Código de Defesa do Consumidor, todos respondem solidariamente pelos dados causados aos consumidores e, sobretudo, impõe-se um dever geral de cuidado, decorrente das regras relativas à responsabilidade civil, de verificação do funcionamento dos aplicativos disponíveis. Em outras palavras, é mais racional que duas empresas verifiquem o funcionamento do aplicativo usado por milhões de pessoas, do que milhões de pessoas buscarem eventuais reparações de seus direitos.

4. O QUE DISPÕE A LEI GERAL DE PROTEÇÃO DE DADOS BRASILEIRA?

As legislações dos países tratam dos direitos da personalidade, que são aqueles direitos que se voltam à proteção da própria pessoa de modo a assegurar a sobrevivência da pessoa e a integridade física, como também a integridade psíquica. Tiveram origem na Idade Moderna, a partir da ideia de propriedade sobre o próprio corpo e ganharam força a partir do Iluminismo, resultando nas liberdades públicas como ausência de restrições em face do Estado. Com o surgimento da fotografia e o desenvolvimento da imprensa, as invasões à privacidade começaram a ser objeto de discussão jurídica, como houve nos

8. ARCOVERDE, Léo. Procon-SP aplica multas milionárias em Google e Apple por aplicativo que envelhece rostos. *Portal G1*. 30 de agosto de 2019. Disponível em: https://g1.globo.com/sp/sao-paulo/noticia/2019/08/30/procon-sp-aplica-multas-milionarias-em-google-a-apple-por-aplicativo-que-envelhece-rostos.ghtml.

Estados Unidos com Warren and Brandeis, ao terem formulado a expressão "right to be let alone",[9] cuja ideia está presente tanto no direito penal, quanto no direito constitucional, por meio da garantia à proteção a tais direitos, como se tem na Constituição Federal brasileira de 1988 no art. 5º, X, de serem "invioláveis a intimidade, a vida privada, a honra e a imagem das pessoas, assegurado o direito a indenização pelo dano material ou moral decorrente de sua violação"[10] e no Código Civil de 2002, que trouxe a disciplina dos direitos da personalidade na Parte Geral (arts. 11 a 21), mas ainda refletindo uma visão típica do século XX.

Entretanto, a Internet potencializou as violações aos direitos da personalidade e, em uma tentativa de regulação do espaço virtual, motivada também pela invasão de contas de e-mails de autoridades, foi promulgada a Lei 12.965, de 23 de abril de 2014, conhecida como "Marco Civil da Internet", a qual tem por objeto estabelecer princípios, garantias, direitos e deveres para o uso da Internet no Brasil. No entanto, em 2018, ano em que entrou em vigor na Europa o General Data Protection Regulation – GDPR, promulgou-se no Brasil a Lei n. 13.709, a qual foi renomeada em 2019 para "Lei Geral de Proteção de Dados (LGPD)", a qual entrou em vigor em agosto de 2020.

Com efeito, o objeto da LGPD é a proteção dos direitos da personalidade, entre os quais a privacidade, intimidade, sigilo e imagem, por meio da regulação da atividade de tratamento de dados pessoais. Importa destacar que se distinguem dados pessoais de dados pessoais sensíveis, os quais, nos termos do art. 5º II, são aqueles "sobre origem racial ou étnica, convicção religiosa, opinião política, filiação a sindicato ou a organização de caráter religioso, filosófico ou político, dado referente à saúde ou à vida sexual, dado genético ou biométrico, quando vinculado a uma pessoa natural". No caso, para que se possam executar os softwares dotados de algoritmos de inteligência artificial voltados ao reconhecimento biométrico, é imprescindível a realização de atividades descritas como hipóteses de tratamento de dados sensíveis, entre os quais a coleta por meio da captura da imagem; a análise, por meio do software; e o armazenamento, para fins de retroalimentação do software.

A LGPD disciplina o tratamento de dados – e consequentemente, o reconhecimento facial - por inteligência artificial em dois artigos. O primeiro deles é o art. 9º II, de acordo com o qual se confere o direito à pessoa de conhecer a "forma e duração do tratamento [de dados], observados os segredos comercial e industrial".

Nesse ponto, surge a primeira dificuldade relacionada a um controle jurídico do uso dos softwares de inteligência artificial relacionados a reconhecimento facial: o direito de acesso à tecnologia usada em face da prerrogativa do desenvolvedor de conservar em sigilo a forma pela qual foi construído o algoritmo usado para essa finalidade. Embora

9. WARREN, Samuel Dennis; BRANDEIS, Louis Dembitz The right to privacy. *Harvard Law Review*, Cambridge, v. 4, n. 5, p. 193-220, Dec. 1890.

10. Do mesmo modo, a Constituição Federal de 1988 reconheceu, respectivamente, nos arts. 5º, XXXII e 170, V. a defesa do consumidor como direito fundamental e fundamento da ordem econômica. Assim, promulgou-se no Brasil o Código de Defesa do Consumidor (Lei 8.078, de 11 de setembro de 1990), que permite a reparação dos danos materiais e morais por fato do produto e do serviço e, aliás, bastante usado em matéria de tratamento algorítmico de dados, como no caso do Faceapp e em elaborações de *credit score* por instituições bancárias.

os algoritmos estejam disponíveis para uso na Internet, para serem usados por programadores, a LGPD confere essa proteção a quem os desenvolve.

O segundo dispositivo legal aplicável ao caso, corresponde ao art. 20 da LGPD. Em sua redação original, previa-se a possibilidade de que o tratamento de dados fosse revisado por pessoa natural.[11] Por meio da Medida Provisória 869 – convertida na Lei 13.853, de 2019, retirou-se a possibilidade de exigir-se revisão do tratamento automatizado de dados por pessoa natural. O caput do art. 20 removeu a expressão "por pessoa natural", para pretender a inserção de um parágrafo 3º especificando esse tratamento.[12]

No entanto, tal parágrafo 3º foi vetado, mesmo trazendo a previsão de que essa revisão seria regulamentada pela Autoridade Nacional de Proteção de Dados. Nas razões do veto, considerou-se que essa exigência representaria aumento de custos para as empresas, inviabilizando modelos de negócios e startups, gerando efeitos adversos na economia, o que é discutível, tendo em vista tratar-se de direito fundamental da pessoa humana.

Dessa forma, de acordo com o atual quadro legislativo estabelecido pela LGPD, não há garantias preventivas de mau uso dessa tecnologia, pois o questionamento é obstado pela proteção aos segredos de negócios, assim como não há a possibilidade de revisão do sistema em caso de enviesamento no tratamento de dados, por não ser obrigatória a participação humana nesse processo sob o argumento de aumento de custos para as empresas.

Outro aspecto importante é que as diretivas europeias sobre proteção de dados pessoais – tanto a anterior, de 1995, quanto o atual GDPR, de 2016 – assim como o Marco Civil da Internet e a LGPD preveem como direito fundamental da pessoa o consentimento para o tratamento de dados, o qual é associado ao direito à autodeterminação informativa, com o intuito de permitir-lhe a defesa de seus direitos mediante a possibilidade de controle dos dados que se têm a seu respeito, cujo fim último é a preservação da própria liberdade.

Tem-se, na LGPD, a obrigatoriedade de requisição do consentimento na coleta de dados no art. 7º, I; a obrigatoriedade de obtenção de consentimento específico para casos de compartilhamento dos dados, nos termos do art. 7º, § 5º; e na alteração da política de privacidade informada à pessoa, nos termos do art. 8º, §6º; bem como no art. 11, I, quando houver coleta de dados sensíveis para finalidades específicas.

Curiosamente, é bastante disseminada a ideia de que não se requer consentimento para a coleta de dados por meio de câmeras. Não se trata de interpretação da lei, mas porque, por toda a parte, há avisos com os seguintes dizeres: "Sorria: você está sendo filmado!", o que traz uma dificuldade intransponível entre a coleta de dados por câmeras para fins de reconhecimento facial em espaços públicos, e a necessidade de consentimento para tal tratamento de dados.

---

11. "Art. 20. O titular dos dados tem direito a solicitar revisão, *por pessoa natural*, de decisões tomadas unicamente com base em tratamento automatizado de dados pessoais que afetem seus interesses, inclusive de decisões destinadas a definir o seu perfil pessoal, profissional, de consumo e de crédito ou os aspectos de sua personalidade."
12. "§ 3º A revisão de que trata o caput deste artigo *deverá ser realizada por pessoa natural*, conforme previsto em regulamentação da autoridade nacional, que levará em consideração a natureza e o porte da entidade ou o volume de operações de tratamento de dados."

Ademais, nos termos do art. 11, II, da LGPD, o reconhecimento facial sem necessidade de consentimento estaria amparado na alínea "e", ao estabelecer a hipótese de "proteção da vida ou da incolumidade física do titular ou de terceiro"; e alínea "g", para fins de "garantia da prevenção à fraude e à segurança do titular, nos processos de identificação e autenticação de cadastro em sistemas eletrônicos, resguardados os direitos mencionados no art. 9º desta Lei e exceto no caso de prevalecerem direitos e liberdades fundamentais do titular que exijam a proteção dos dados pessoais".

Assim, tem-se nessas duas alíneas uma "faca de dois gumes". Não se requer o consentimento da pessoa quanto à captura de suas imagens porque o resultado geral desse tratamento de dados é a sua própria proteção, no sentido de que se deve suportar a perda da privacidade fora de seu domicílio como preço a pagar para que se possam identificar possíveis agressores e malfeitores em meio à multidão, mas há o risco iminente de que, sem consentimento, não há a possibilidade de nem mesmo saber se a pessoa foi ou não filmada e qual foi o resultado do tratamento de dados realizado automaticamente em relação a ela por meio de inteligência artificial.

5. RISCOS ATUAIS E SOLUÇÕES APONTADAS PARA A QUESTÃO

O uso dessas tecnologias de reconhecimento facial tem causado graves invasões de privacidade, por permitir a identificação imediata das pessoas quando estas não desejarem, por pretenderem ter algum espaço de reserva da intimidade, mesmo que em ambientes públicos, no sentido de que não querem ser identificadas em determinados lugares. Afinal, uma situação é ter sua imagem registrada em um monitoramento por câmeras; outra é apontar-se que a pessoa cuja imagem foi captada por uma câmera, está sendo identificada no espaço público, como se estivesse portando um crachá com seu nome. Dificuldade surge pelo fato de que, tradicionalmente, a proteção da vida privada dá-se por meio da inviolabilidade do domicílio e sigilo das comunicações. Não há, pois, uma teoria jurídica sobre a proteção da privacidade nos espaços públicos, posto que este, por sua natureza, é o espaço antitético da privacidade.

Como visto, os algoritmos de inteligência artificial voltados ao reconhecimento facial trabalham com mecanismos de semelhança e não de exatidão, posto que se precisa encontrar a resposta com a máxima rapidez possível. Devido às experiências anteriores acumuladas pelo uso contínuo do software, no sentido de eliminarem-se as "pistas" erradas, chega-se ao resultado correto. É o que se passa com o reconhecimento de firma por semelhança: embora prevaleçam os acertos, é possível que haja equívocos nessa análise, atribuindo-se como verdadeira uma assinatura falsa. Do mesmo modo, os aplicativos de trânsito: embora seja impressionante a precisão do horário de chegada, não há, todavia, como prever uma série de situações pelo fato de que tais dados não são usados na análise pela impossibilidade de sua obtenção, como a ocorrência de um acidente à frente ou um evento de força maior, como um alagamento. Além disso, devido ao fato de que algoritmos de inteligência artificial não são dotados da sensibilidade humana, decorrente das inteligências múltiplas, é possível a ocorrência de aprendizados equivocados a partir de dados mal coletados ou mal interpretados, gerando análises preconceituosas ou equivocadas, as quais podem levar a severas limitações de liberdades da pessoa e violações por danos patrimoniais e extrapatrimoniais, configurando violações ao direito à honra. Por exemplo, em 2015, houve escândalo envolvendo o Google, que, por meio do seu aplicativo Google Fotos, dotado de mecanismo de reconhecimento facial, confundia seres humanos com gorilas.[13] Também houve casos em que se negou a expedição de passaporte pelo fato de a pessoa ser de origem asiática e o software ter interpretado que estava de olhos fechados.[14]

Sem a supervisão humana no funcionamento de algoritmos de reconhecimento facial, tal como se tem no Brasil por conta dos vetos ao art. 20 da LGPD, podem-se gerar outros tipos de discriminações. Por exemplo, em um sistema de monitoramento em massa para fins de segurança pública, seja pública ou privada, certos tipos de pessoas podem ficar mais suscetíveis a serem alvos de forças de segurança, como as polícias, em termos de realização de abordagens das pessoas para fins de averiguação.

Há enorme preocupação com o uso do reconhecimento facial, posto que este pode causar graves danos aos direitos fundamentais da pessoa, como as já mencionadas violações aos direitos à privacidade e honra, mas também por se ter a perda da liberdade de forma automatizada. O Google, por exemplo, que mantém a plataforma Tensorflow, já coloca de início um importante alerta logo na homepage desse projeto: "O Google tem o compromisso de promover a igualdade racial para as comunidades negras. Saiba como". Ao clicar no link, o CEO dessa empresa destacou que, em consulta interna, houve o alerta sobre o problema persistente do racismo estrutural contra negros.[15]

Devido ao enorme potencial danoso do uso da inteligência artificial aos direitos fundamentais da pessoa, a Association for Computing Machinery[16] lançou em 30 de junho de 2020 a Declaração sobre Princípios e Pré-Requisitos para o Desenvolvimento, Avaliação e Uso de Tecnologias de Reconhecimento Facial Imparciais.[17] Nesse texto, afirma-se logo de início que essas tecnologias têm resultado em preconceitos claros com base em etnia, raça, gênero e outras características humanas, causando lesões irreparáveis até mesmo contra a vida das pessoas, prejudicando populações mais vulneráveis da sociedade. Ademais, afirmou-se que, embora promissora, a tecnologia atual de reconhecimento facial não permite o uso suficientemente maduro e confiável para ser usada de forma segura e justa. Por isso, essa associação pediu a suspensão imediata de todos os usos presentes e futuros, tanto no setor público, quanto na iniciativa privada, da tecnologia de reconhecimento facial que possa causar danos aos direitos humanos, até que surjam, com a máxima urgência, normas jurídicas para regulação de seu uso, assegurando a precisão, transparência, governança, gerenciamento de risco e responsabilidades no uso dessa tecnologia.

13. SALAS, Javier. Google conserta seu algoritmo "racista" apagando os gorilas. *El País*. 16 de janeiro de 2018. Disponível em: https://brasil.elpais.com/brasil/2018/01/14/tecnologia/1515955554_803955.html.
14. Rejeitam passaporte por ter 'olhos fechados. *Portal CM*. 8 de dezembro de 2016. Disponível em: https://www.cmjornal.pt/insolitos/detalhe/rejeitam-passaporte-por-ter-olhos-fechados.
15. PICHAI, Sundar. *Nossos compromissos com a equidade racial*. 17 de junho de 2020. Disponível em: https://about.google/commitments/racialequity/?utm_source=google.com&utm_medium=redirect&utm_campaign=racialequity.
16. Agradeço ao pesquisador Eduardo Lopes Cominetti, que forneceu o texto da Declaração.
17. ASSOCIATION FOR COMPUTING MACHINERY. *Statement on Principles and Prerrequisites for the Development, Evaluation and the Use of Unbiased Facial Recognition Technologies*. 30 de junho de 2020. Disponível em: https://www.acm.org/binaries/content/assets/public-policy/ustpc-facial-recognition-tech-statement.pdf.

Aspecto importante é que se recomenda fortemente a possibilidade de auditoria total do sistema ao longo do tempo para oferecer monitoramento pelas partes e pelo Estado, assim como se deve informar ao público o seu uso, incluindo os critérios usados para funcionamento dos algoritmos, e qual o papel que os seres humanos terão no monitoramento do sistema. Em outras palavras, prevê-se tudo aquilo que a LGPD deixou de fazer com as salvaguardas dos seus artigos 9º, 11 e 20.

Por fim, este documento recomenda a criação de comitês de ética, denominados de Conselho de Supervisão Civil, ou Conselho de Revisão, para avaliação do modo como se usam essas tecnologias, além da necessidade de reforço da responsabilidade das pessoas que usam essas tecnologias.

Dias antes, as empresas IBM, Microsoft e Amazon já anunciavam a suspensão de pesquisas nessa área, porque o uso dessa tecnologia reforçaria preconceitos,[18] abstendo-se de compartilhar dados com autoridades policiais. Ademais, já havia processos judiciais movidos nos Estados Unidos pelo uso de fotos de cidadãos para refino dos softwares de reconhecimento facial.[19]

No Brasil, há projetos de lei sobre inteligência artificial que abrangem essa questão tratada na Declaração da Association for Computing Machinery. Merecem destaque o Projeto de Lei do Senado 5.691,[20] de 2019, do Sen. Styvenson Valentim (RN), para a criação da instituição da Política Nacional de Inteligência Artificial, na qual se afirma como um de seus princípios o "respeito à ética, aos direitos humanos, aos valores democráticos e à diversidade" e como uma das diretrizes o "I – estabelecimento de padrões éticos para o uso da Inteligência Artificial". Prevê que as soluções de inteligência artificial, devem, entre outros, "V – ser abertas ao escrutínio democrático e permitir o debate e controle por parte da população;" "VI – ser compatíveis com a manutenção da diversidade social e cultural e não restringir escolhas pessoais de estilo de vida;" "VIII – prover decisões rastreáveis e sem viés discriminatório ou preconceituoso;" e "IX – seguir padrões de governança que garantam o contínuo gerenciamento e a mitigação dos riscos potenciais da tecnologia." Por sua vez, o Projeto de Lei do Senado 5.051, de 2019, do mesmo senador, estabelece os princípios para o uso da inteligência artificial no Brasil, e define que "A responsabilidade civil por danos decorrentes da utilização de sistemas de Inteligência Artificial será de seu supervisor".[21]

18. LOPES, André. Empresas abandonam reconhecimento facial por identificações equivocadas. *Revista Veja*. São Paulo, 19 de junho de 2020. Disponível em: https://veja.abril.com.br/tecnologia/empresas-abandonam-reconhecimento-facial-por-identificacoes-equivocadas/.
19. WAKKA. Wagner. Amazon, Microsoft and Google são processadas por imagens de reconhecimento facial. *Portal Canaltech*. Disponível em: https://canaltech.com.br/juridico/amazon-microsoft-e-google-sao-processadas-por-imagens-de-reconhecimento-facial-168090/.
20. SENADO FEDERAL. Projeto de Lei 5.691, de 2019, do Sen. Styvenson Valentim. Institui a Política Nacional de Inteligência Artificial. Disponível em: https://legis.senado.leg.br/sdleg-getter/documento?dm=8031122&ts=1594037338983&disposition=inline.
21. SENADO FEDERAL. Projeto de Lei 5.051, de 2019 do Sen. Styvenson Valentim. Estabelece os princípios para o uso da Inteligência Artificial no Brasil. Disponível em: https://legis.senado.leg.br/sdleg-getter/documento?dm=8009064&ts=1594036674670&disposition=inline.

Já o Projeto de Lei 21, de 2020,[22] do Dep. Eduardo Bismarck (CE), que visa ao estabelecimento de princípios, direitos e deveres para o uso da inteligência artificial no Brasil, prevê como princípios para o uso dessa tecnologia a "III – não discriminação: impossibilidade de uso dos sistemas para fins discriminatórios, ilícitos ou abusivos;", e a "VI – responsabilização e prestação de contas: demonstração, pelos agentes de inteligência artificial, do cumprimento das normas de inteligência artificial e da adoção de medidas eficazes para o bom funcionamento dos sistemas, observadas suas funções".

Em relação à LGPD, este projeto de lei garante como direitos das partes interessadas no sistema de inteligência artificial, utilizado na esfera particular ou pública, o "III - acesso a informações claras e completas sobre o uso, pelos sistemas, de seus dados sensíveis, conforme disposto no art. 5º, II, da Lei 13.709, de 2018 – Lei Geral de Proteção de Dados." E, em um parágrafo 1º, que "Os direitos previstos neste artigo não prejudicam o disposto no art. 20 da Lei 13.709, de 2018", ou seja, a LGPD.

O art. 9º desse Projeto de Lei prevê os seguintes deveres:

> Art. 9º São deveres dos agentes de inteligência artificial: I – divulgar publicamente a instituição responsável pelo estabelecimento do sistema de inteligência artificial; II – fornecer, na forma do inc. II do art. 7º, informações claras e adequadas a respeito dos critérios e dos procedimentos utilizados pelo sistema de inteligência artificial, observados os segredos comercial e industrial; III – assegurar que os dados utilizados pelo sistema de inteligência artificial observem a Lei 13.709, de 2018 – Lei Geral de Proteção de Dados; IV – implantar um sistema de inteligência artificial somente após avaliação adequada de seus objetivos, benefícios e riscos relacionados a cada fase do sistema e, caso seja o responsável pelo estabelecimento do sistema, encerrar o sistema se o seu controle humano não for mais possível; V – responder, na forma da lei, pelas decisões tomadas por um sistema de inteligência artificial; e VI – proteger continuamente os sistemas de inteligência artificial contra ameaças de segurança cibernética.

Assim, embora sejam projetos que pretendem estatuir a regulação da matéria de modo geral, ao menos se propõem regras mínimas que vão ao encontro do que se entendeu como minimamente necessárias para fins de proteção dos direitos da pessoa humana em termos de privacidade, honra e da própria liberdade de ir e vir.

6. CONCLUSÃO

A inteligência artificial tem crescentes aplicações na vida cotidiana pelo aumento da capacidade de processamento de dados. Um desses ramos é o do reconhecimento facial, por meio de algoritmos desenvolvidos em sua maioria na década de 1990. Nos últimos tempos, têm sido usados como substitutos de senhas, assim como em controles de acesso e, por fim, no monitoramento de pessoas em espaços públicos. Com isso, ocorrem diversas lesões aos direitos da personalidade, entre os quais a privacidade, a honra e até mesmo a liberdade de ir e vir.

O reconhecimento facial, embora importante e útil, tem causado sérios danos em determinadas aplicações, por conta do enviesamento dos algoritmos, que têm gerado com-

22. CÂMARA DOS DEPUTADOS. Projeto de Lei 21, de 2020 (Do Sr. Eduardo Bismarck). Estabelece princípios, direitos e deveres para o uso de inteligência artificial no Brasil, e dá outras providências". Disponível em: https://www.camara.leg.br/proposicoesWeb/prop_mostrarintegra?codteor=1853928.

portamentos discriminatórios e atentatórios contra os direitos fundamentais da pessoa humana, reforçando, inclusive, o racismo estrutural sem qualquer direito de defesa. Por isso, a Association of Computing Machinery lançou uma declaração, pedindo a imediata suspensão do uso dessas ferramentas por ainda não serem seguras, gerando injustiças.

A LGPD, contudo, não só trata pouco do tema – até porque seu objeto se volta aos dados pessoais – mas garante o não acesso à denominada "blackbox" dos sistemas, vedando-se a permissão de auditoria quanto ao uso dessas tecnologias sob a alegação de segredos comerciais. Também afastou a supervisão humana em termos de tratamento automatizado de dados sob alegações de custos para as empresas, mantendo-se se as pessoas altamente expostas a danos pelo mau uso dessas tecnologias. Nesse sentido, a legislação brasileira atual está em total desacordo com as recomendações da Association of Computing Machinery no tocante ao uso da inteligência artificial. Os projetos de lei em tramitação no Congresso Nacional, embora de forma simples, estão de acordo com o que se entende como minimamente necessário em termos de regulação jurídica sobre essa questão, o que inclui o reconhecimento facial.

Deve-se observar que a inteligência artificial não é um fim em si mesmo, tampouco o reconhecimento facial deve ser usado de modo incorreto, em prejuízo da pessoa humana. Em suma, são desejados os seus benefícios, incluindo a proteção da coletividade, até mesmo para fins de cumprimento da lei; porém, deseja-se também que haja equidade em seu uso, por meio da atuação humana, para corrigirem-se os rigores da aplicação da matemática na regulação das condutas em sociedade.

7. REFERÊNCIAS

AFFONSO, Alex Antonio. *Reconhecimento facial em ambientes não controlados por meio do High-boost Weber Descriptor na região periocular.* 2018. Tese (Doutorado em Processamento de Sinais de Instrumentação) - Escola de Engenharia de São Carlos, Universidade de São Paulo, São Carlos, 2018.

ARCOVERDE, Léo. Procon-SP aplica multas milionárias em Google e Apple por aplicativo que envelhece rostos. *Portal G1.* 30 de agosto de 2019. Disponível em: https://g1.globo.com/sp/sao-paulo/noticia/2019/08/30/procon-sp-aplica-multas-milionarias-em-google-a-apple-por-aplicativo-que-envelhece-rostos.ghtml.

ASSOCIATION FOR COMPUTING MACHINERY. Statement on Principles and Prerrequisites for the Development, Evaluation and the Use of Unbiased Facial Recognition Technologies. 30 de junho de 2020. Disponível em: https://www.acm.org/binaries/content/assets/public-policy/ustpc-facial-recognition-tech-statement.pdf.

BRASIL. TJSP (12ª Câmara de Direito Privado). Apelação Cível 1004786-22.2018.8.26.0590. Relatora: Des. Sandra Galhardo Esteves. São Paulo, 4 de outubro de 2019.

BRASIL. TJSP (12ª Câmara de Direito Privado). Apelação Cível 1034253-61.2018.8.26.0100. Relatora: Des. Sandra Galhardo Esteves. São Paulo, 23 de outubro de 2019.

BRASIL. TJSP (12ª Câmara de Direito Privado). Apelação Cível 1000048-37.2018.8.26.0704. Relatora: Des. Sandra Galhardo Esteves. São Paulo, 4 de outubro de 2019.

BRASIL. TJSP. (12ª Câmara de Direito Privado). Apelação Cível 1009508-72.2018.8.26.0114. Relatora: Des. Sandra Galhardo Esteves. São Paulo, 2 de outubro de 2019.

BRASIL. TJSP (12ª Câmara de Direito Privado). Apelação Cível 1035714-71.2018.8.26.0002. Relatora: Des. Sandra Galhardo Esteves. São Paulo, 11 de junho de 2019.

BRASIL. TJSP (14ª Câmara de Direito Privado). Apelação Cível 1002475-16.2018.8.26.0604. Relator: Des. Carlos Abrão. São Paulo, 6 de maio de 2019.

BRASIL. TJSP (11ª Câmara de Direito Privado). Apelação Cível 1004084-57.2019.8.26.0100. Relator: Des. Marco Fábio Morsello. São Paulo, 19 de novembro de 2019.

BRASIL. TJSP (21ª Câmara de Direito Privado). Apelação Cível 1106264-30.2014.8.26.0100. Relator: Des. Itamar Gaino. São Paulo, 29 de outubro de 2018.

BRASIL. TJSP (14ª Câmara de Direito Privado). Apelação Cível 1076994-53.2017.8.26.0100. Relator: Des. Thiago de Siqueira. São Paulo, 17 de outubro de 2018.

BRASIL. TJSP (1ª Vara da Fazenda Pública/Acidentes da Capital). Processo 1006616-14.2020.8.26.0053. São Paulo, 10 de agosto de 2020.

CÂMARA DOS DEPUTADOS. Projeto de Lei 21, de 2020 (Do Sr. Eduardo Bismarck). Estabelece princípios, direitos e deveres para o uso de inteligência artificial no Brasil, e dá outras providências". Disponível em: https://www.camara.leg.br/proposicoesWeb/prop_mostrarintegra?codteor=1853928.

http://g1.globo.com/sao-paulo/noticia/2015/05/criminoso-morre-e-dois-sao-presos-apos-sequestro--relampago-em-sp.html.

LOPES, André. Empresas abandonam reconhecimento facial por identificações equivocadas. Revista Veja. São Paulo, 19 de junho de 2020. Disponível em: https://veja.abril.com.br/tecnologia/empresas-abandonam-reconhecimento-facial-por-identificacoes-equivocadas/.

PICHAI, Sundar. Nossos compromissos com a equidade racial. 17 de junho de 2020. Disponível em: https://about.google/commitments/racialequity/?utm_source=google.com&utm_medium=redirect&utm_campaign=racialequity.

PORTAL G1. Criminoso morre e dois são presos após sequestro relâmpago em SP. São Paulo, 5 de maio de 2015. Disponível em:

PRADO, Kelvin Salton do. *Comparação de técnicas de reconhecimento facial para identificação de presença em um ambiente real e semicontrolado.* 2018. Dissertação (Mestrado em Sistemas de Informação) - Escola de Artes, Ciências e Humanidades, Universidade de São Paulo, São Paulo, 2017.

Rejeitam passaporte por ter 'olhos fechados. Portal CM. 8 de dezembro de 2016. Disponível em: https://www.cmjornal.pt/insolitos/detalhe/rejeitam-passaporte-por-ter-olhos-fechados.

ROUHANI, Sama. Reconhecimento de face e de prova de vida com Tensorflow para criação de um sistema de segurança voltado a residências e a ambientes de acesso restrito. 2019. Dissertação (Mestrado em Matemática, Estatística e Computação) - Instituto de Ciências Matemáticas e de Computação, Universidade de São Paulo, São Carlos, 2019.

SALAS, Javier. Google conserta seu algoritmo "racista" apagando os gorilas. El País. 16 de janeiro de 2018. Disponível em: https://brasil.elpais.com/brasil/2018/01/14/tecnologia/1515955554_803955.html.

SENADO FEDERAL. Projeto de Lei 5.051, de 2019 do Sen. Styvenson Valentim. Estabelece os princípios para o uso da Inteligência Artificial no Brasil. Disponível em: https://legis.senado.leg.br/sdleg-getter/documento?dm=8009064&ts=1594036674670&disposition=inline.

SENADO FEDERAL. Projeto de Lei 5.691, de 2019, do Sen. Styvenson Valentim. Institui a Política Nacional de Inteligência Artificial. Disponível em: https://legis.senado.leg.br/sdleg-getter/documento?dm=8031122&ts=1594037338983&disposition=inline.

WAKKA. Wagner. Amazon, Microsoft and Google são processadas por imagens de reconhecimento facial. *Portal Canaltech*. Disponível em: https://canaltech.com.br/juridico/amazon-microsoft-e-google-sao--processadas-por-imagens-de-reconhecimento-facial-168090/.

WARREN, Samuel Dennis; BRANDEIS, Louis Dembitz The right to privacy. *Harvard Law Review*, Cambridge, v. 4, n. 5, p. 193-220, Dec. 1890.

9
BREVES REFLEXÕES SOBRE LIVRE-ARBÍTRIO, AUTONOMIA E RESPONSABILIDADE HUMANA E DE INTELIGÊNCIA ARTIFICIAL

Alexandre Schmitt da Silva Mello

Professor e advogado, especialista em Processo Civil pela UFRGS, Mestre em Direito pela PUCRS, Doutorando em Direito pela UFRGS.

Rafael de Freitas Valle Dresch

Professor e advogado, graduado em Ciências Jurídicas e Sociais pela Pontifícia Universidade Católica do Rio Grande do Sul - PUCRS (1998), especialista em Contratos e Responsabilidade civil pela Universidade Federal do Rio Grande do Sul - UFRGS (2001), mestre em Direito Privado pela UFRGS (2005). Doutor em Direito pela PUCRS (2011), com estágio doutoral (Doutorado Sanduíche - CAPES) na University of Edinburgh/UK (2010). Professor Adjunto na Faculdade de Direito da UFRGS (Graduação e Pós-graduação) e sócio da Coulon, Dresch e Masina Advogados. Realizou Pós-doutorado como Visiting Scholar na University of Illinois at Urbana-Champaign (2014).

1. INTRODUÇÃO

A liberdade de decisão fundada na ideia de livre-arbítrio é tema recorrente na análise das ações humanas. Contudo, os processos decisórios sempre se depararam com elementos míticos, crenças em entes superiores, condicionamentos sociais ou instintivos aos quais se atribui a determinação das decisões humanas. Quando se busca tratar de livre-arbítrio também se está tratando do que se convencionou chamar de determinismo como elemento de afetação da liberdade de escolha em tomadas de decisões.

A ausência de opção ou escolha corresponde à falta de liberdade ao decidir. A relação entre livre-arbítrio e determinismo é longa na história da filosofia e no pensamento científico. Nessa história, a ideia de consciência tem papel importante para sua delimitação.

Contemporaneamente, decisões são, cada vez mais, tomadas ou suportadas por algoritmos que tendem à inteligência artificial. Neste contexto, o presente artigo busca compreender se seria possível considerar que tais entes são dotados de livre-arbítrio e autonomia para decisão, possibilitando considerá-los como sujeitos de direito responsáveis pelas suas escolhas.

Por outro lado, seria possível admitir que mesmo as decisões humanas não são livres, sendo previamente determinadas? E se assim forem, o que impediria a atribuição de personalidade aos entes dotados de inteligência artificial já que humanos também são determinados.

Para tanto, serão abordados pontos sobre livre-arbítrio, autonomia e responsabilidade da inteligência artificial.

2. LIVRE-ARBÍTRIO EM PERSPECTIVA

O livre-arbítrio pode ser conceituado como a possibilidade de decisão e escolha em decorrência da própria vontade, isenta de qualquer condicionamento, motivo ou causa determinante. A atenção recai sobre a capacidade de escolha e tomada de decisões que produzem efeitos.

O conceito de livre-arbítrio pode envolver aspectos religiosos, psicológicos, morais e científicos, todavia, sobretudo que possa ser dito, o livre-arbítrio corresponde ao poder de agir com liberdade, de se autodeterminar com base na própria consciência, dirigida pela própria vontade, e, por isso, sob total responsabilidade pelo ato praticado. [1]

A compreensão da vontade como elemento determinante da ação tem seus primórdios em Aristóteles, como ensina Hannah Arendt, ao afirmar que a partir de uma intuição divergente do pensamento platônico, teria, Aristóteles, explicado que o importante papel da razão na determinação das ações não era absoluto, pois o homem incontinente segue seus desejos de maneira independente da razão. Os desejos, entretanto, apesar de prioritários na determinação da ação, também não são determinantes de forma absoluta, pois podem ser restringidos pela razão. Para solucionar esse impasse, Aristóteles detecta a *proairesis* – escolha – como preferência entre duas alternativas. O oposto da escolha deliberada é o *phatos*, a paixão ou emoção. Contudo, esse espaço de liberdade seria restrito, pois não se delibera pela *proairesis* em relação aos fins, mas apenas quanto aos meios para os fins dados pela *eudamonia*.[2]

Ademais, é por todos conhecida a inferência religiosa decorrente do episódio narrado na Bíblia sobre a escolha de comer ou não o fruto da árvore proibida e, por isso, os seres humanos seriam capazes de tomar suas próprias decisões que lhe afetariam e, consoante seu arbítrio, também seriam responsáveis por suas escolhas. Ao ser confrontado com questionamentos sobre a origem do Mal, já que tudo provem de Deus na doutrina cristã, Santo Agostinho, o primeiro filósofo da Vontade, desenvolveu, a partir da influência de São Paulo, o entendimento que o mal não é um ser, mas uma deficiência ou a privação de ser, ausência de Deus, e que, é exatamente o livre-arbítrio que abre a possibilidade das criaturas se afastarem ou se aproximarem de Deus. O fato de ter recebido de Deus uma vontade livre é um grande bem, sendo que o mal é o mau

1. TAVARES, Daniele Silva Lamblém; BUIM JÚNIOR, Wladir Muzato. Neurociência e livre arbítrio. *Revista Jurídica Luso-Brasileira*, Lisboa, ano 5, n. 5, p. 345 a 375, 2019.
2. ARENDT, Hannah. *A vida do espírito:* o pensar, o querer, o julgar. *Tradução* de Antonio Abranches e outros. Rio de Janeiro: Relume Dumará, 2002, p. 231-232.

uso deste bem especial. [3] A ausência de Deus por meio do pensar em si, egoísta, seria a origem do pecado.

Para Hobbes, entretanto, o ser humano é o ser autointeressado que, de forma causada, mecanicamente, responde aos estímulos sensoriais buscando aquilo que lhe interessa e evitando o que não lhe interessa. Assim, seres dotados de plena liberdade para buscar mecanicamente os bens que lhes interessam, acabam por estabelecer, inicialmente, um estado de natureza de *guerra de todo homem contra todo homem*, motivo pelo qual nada poderia ser considerado injusto ou errado. As noções de certo e errado, de justiça e injustiça não teriam lugar, afetando até mesmo os mais fortes que um dia se tornariam vulneráveis. Para evitar a insegurança geral, através de pacto social a multidão retira de si a ampla liberdade para autorizar e ceder o direito de governar ao Leviatã, autorizando todas as ações daí decorrentes, constituindo-se um deus mortal abaixo do Deus imortal que proverá a paz e a defesa, ou seja, *uma pessoa de cujos atos uma grande multidão, por pactos mútuos de uns com os outros, cada um se fez autor, para que possa usar a força e os meios de todos, de modo que julgar mais conveniente, para assegurar a paz e defesa comum.*[4] Nota-se, neste particular, que a geração do Estado, o grande *Leviatã*, implica uma visão humana que não reconhece o Livre-Arbítrio na medida em que estabelece a ausência de escolhas, pois os seres humanos respondem mecanicamente aos estímulos que recebem do meio, buscando aquilo que lhes agrada e evitando o que não é de seu interesse.

Em Kant o arbítrio humano pode ser determinado pela *Razão Pura* para que possa ser chamado de arbítrio livre, ou pode ser determinado pelos instintos, impulsos, sendo denominado de arbítrio bruto. Há o reconhecimento da natureza animal do ser humano com suas decisões afetadas por impulsos e estímulos, mas não é *determinado* por eles. O conceito negativo de livre-arbítrio decorre da liberdade do arbítrio para não ser determinado por tais estímulos e impulsos, por outro lado, o conceito positivo decorre da capacidade de se praticar a *razão pura prática* sobre o arbítrio, agir conforme a razão, conforme o dever moral. A moral, o direito e a ética são os limites racionais ao arbítrio, sendo que o direito é o limite racional externo e a ética o limite racional interno. O ser humano é um animal racional, ou seja, possui animalidade e racionalidade. O direito para Kant considera o arbítrio apenas na medida que é livre, conforme a razão, e se a ação de um pode harmonizar-se com a Liberdade de outro ser humano de acordo com a Lei Universal da Razão.[5]

Assim, é possível verificar a existência de argumentos de autoridade de que o ser humano é livre para decidir e, por consequência, suportar as consequências da sua decisão. Contudo, também, é possível identificar entendimento contrário, segundo o qual não há liberdade de escolha e todas as decisões já foram determinadas anteriormente.

3. AGOSTINHO, Santo, Bispo de Hipona. *O livre-arbítrio*. Tradução, organização, introdução e notas de Nair de Assis Oliveira. São Paulo: Paulus, 1995, p. 16.
4. HOBBES, Thomas. *Leviatã ou a matéria, forma e poder de um estado eclesiástico e civil*. Tradução de Alex Martins, 4. ed. São Paulo: Nova Cultural, 1988, p. 106.
5. "Só conhecemos a nossa própria liberdade (de que procedem todas as leis morais, portanto, também todos os direitos e deveres) mediante o imperativo moral, o qual é uma proposição que ordena o dever, e a partir da qual se pode desenvolver depois a faculdade de obrigar outros, isto é, o conceito de direito." (KANT, Emmanuel. *Metafísica dos costumes*: parte I: princípios metafísicos da doutrina do direito. Tradução de Artur Morão. Lisboa: Edições 70, 2004, p. 46).

Com efeito, da mesma forma que muitos reconhecem a existência do livre-arbítrio, há aqueles outros que negam sua existência, como Hobbes, que compreende uma natureza humana mecânica, determinada e causada.

O determinismo considera que as decisões do ser humano são regidas por desígnios alheios à sua liberdade. As diferenças genéticas de cada indivíduo, por exemplo, poderiam determinar a decisão humana com consequências diretas no seus agir por força do determinismo genético. O determinismo social, por sua vez, identifica que o ambiente social condiciona e determina o comportamento. Até mesmo a geografia, consoante características de determinado ecossistema pode ensejar o determinismo geográfico, ditando comportamento e as decisões humanas. É possível também referir o determinismo econômico decorrente de fatores econômicos que maculam a liberdade e, até mesmo, determinações inconscientes que poderiam afetar nossas decisões consoante os estudos preconizados por Freud através do determinismo psíquico inconsciente.[6]

3. LIVRE-ARBÍTRIO NA CONTEMPORANEIDADE

Na linha da compreensão do determinismo, a evolução tecnológica a partir do século XX com o aprimoramento dos estudos do cérebro, em especial da neurociência, identificou que a decisão humana é tomada antes mesmos de qualquer atividade cerebral que lhe determina. Benjamin Libet constatou que os neurônios que estavam relacionados aos movimentos das mãos eram acionados alguns milissegundos antes de a informação alcançar a região do cérebro responsável pela consciência. Resumidamente, o experimento de Libet demonstrou que decisões do indivíduo tem origem em um estado de inconsciência anterior a consciência sobre a referida decisão. Em outras palavras, o indivíduo apenas se conscientiza de sua decisão após ela ter sido tomada inconscientemente, a atividade cerebral precede e determina uma escolha consciente.[7]

Em outro experimento mapeando a atividade cerebral Stefan Bode conseguiu prever quais seriam as decisões antes mesmo que as pessoas a tomassem e Michael Gazzaniga aponta que a consciência de liberdade não passaria de uma ilusão sem comprovação científica[8]. Tais autores, entre outros, serviram de fundamentação para uma nova concepção do determinismo intitulada neurodetermismo que prega a fim do livre-arbítrio e, consequentemente, a revisão dos paradigmas de responsabilização diante da ausência de liberdade de escolhas.

---

6. Apesar de o determinismo psíquico ser uma posição assumida por Freud ao longo de toda a sua obra (referências explícitas ao tema podem ser encontradas em Freud, 1901/1996, cap. 12; 1906/1996; 1910/1996, 3ª lição; 1916/1996, 2ª conferência), ele não dedicou uma obra exclusiva para o tema do determinismo. No entanto, se nos concentrarmos em alguns conceitos fundamentais de sua obra, poderemos elaborar um esboço sobre a concepção e atuação do determinismo na vida psíquica. (COSTA, Germano Quintanilha; GOMES, Gilberto. Considerações sobre a Causalidade Psíquica e a Escolha na Psicanálise. *Psicologia: Teoria e Pesquisa*, v. 33, p. 1-9, nov. 2017, p. 1-9)
7. LIBET, Benjamin. Do we have free will? SINNOTT-ARMSTRONG, Walter; NADEL, Lynn (Ed.). *Conscious will and responsibility*. Oxford/New York: Oxford University Press, 2011, p. 1-10.
8. GAZZANIGA, Michael. *Who´s in Charge?* Free Will and the science of the brain. London: Constable & Robinson, 2012.

Outro aspecto bastante estudado no âmbito da neurociência é a implantação de memorias falsas, Elisabeth Loftus demonstra que é possível que decisões sejam adotadas com base em elementos de convicção impróprios, memórias falsas, criando igualmente uma falsa ideia de liberdade de decisão, porém os elementos pelos quais as escolhas foram realizadas se encontram adredemente determinados.[9]

Neste sentido, Yuval Harari refere a existência de afetações importantes nas liberdades individuais e, em última análise, do próprio livre-arbítrio diante do volume de informações em poder de empresas e dos governos sobre consumidores e cidadãos capazes de alterar os desígnios dos humanos usuários da internet.[10]

A conjugação dos avanços da neurociência com a coleta de dados por meio eletrônico, rastreando buscas na rede mundial de computadores, acompanhando variações de humor, monitorando olhares, batimentos cardíacos, entre outros elementos, criaram potenciais elementos de verificação e deformação do livre-arbítrio como nunca se experimentou. O conhecimento que o Estado e as organizações privadas possuem sobre as pessoas possibilita a manipulação dos indivíduos por meio de neurodeterminismo tecnológico fomentado pela coleta de dados e posteriormente manipulação por meio das alterações dos meios de convicção para formação da decisão.

O Arbítrio é uma faculdade, é um o poder de escolha materializada em um querer, ou seja, em uma vontade livre qualificada pela consciência capaz inclusive de deliberar por não praticar determinado ato ou conduta. Dentro destes limites, ainda que não seja possível precisar o exato itinerário decisório percorrido por qualquer inteligência artificial dotada dos mais avançados sistemas de *deep learning*, parece difícil atribuir-lhes vontade qualificada pela consciência empática em suas condutas ou decisões.

Como a dúvida existe sobre a própria liberdade humana ao decidir, se mostra muito distante a possibilidade de constatação de livre-arbítrio de uma inteligência artificial.

4. AUTONOMIA E RESPONSABILIDADE

Os algoritmos cada vez mais estão presentes no nosso cotidiano, influenciando vários aspectos da nossa vida, independentemente de sermos usuários ou não da internet. Por meio de algoritmos é possível recebermos propostas de oportunidades, sugestões de filmes e recomendações de amizade, bancos decidem sobre a concessão de empréstimo, eventual variação da taxa de juros, precificam de apólices de seguro e, até mesmo, sorteio de juízes relatores de processos e apoio para decisões judiciais.

Os algoritmos são utilizados quando é necessário resolver questões repetitivas em menor tempo e menor custo, mas com mais precisão do que se a mesma tarefa fosse realizada por um ser humano. Elimina-se o fator humano em prol da acurácia, da eficiência e da redução de custos operacionais.[11]

9. LOFTUS, Elizabeth. Creating false memories. *Scientific American*, Nova York, v. 277, n. 3, p. 70-75, set. 1997.
10. HARARI, Yuval Noah. *21 lições para o século 21*. Tradução de Paulo Geiger. São Paulo: Companhia das Letras, 2018.
11. FERRARI, Isabela. BECKER, Daniel. O direito à explicação sobre decisões automatizadas: uma análise comparativa entre a União Europeia e o Brasil. *Revista de Direito e as Novas Tecnologias*, São Paulo, v. 1, out./dez. 2018.

Os sistemas de inteligência artificial dotados de *machine learning* já possuem capacidade de tratar dados - *inputs* - desenvolver autoaprendizagem e gerar determinados resultados - *outputs* - até mesmo independente de qualquer mediação humana. A participação humana por vezes nem corresponde mais a própria alimentação dos dados que são obtidos de modo autônomo, como é o caso da internet das coisas[12], e, nesta medida, a máquina passa a realizar através de métodos dedutivos e análises estatísticas determinados resultados próprios. A participação humana, por vezes, se restringe a interpretar o resultado do algoritmo, todavia, inegavelmente se está diante de um procedimento decisório automatizado.

Tanto o fanatismo tecnológico impulsionado por filmes de ficção científica nos quais a máquinas são tratadas como protagonistas do fim da raça humana ou como a solução para todos nossos problemas, quanto a antropomorfização da inteligência artificial buscando vê-la com características humanas superiores, são grandes erros. Algoritmos não são bons nem ruins e seu uso têm um potencial enorme de beneficiar a sociedade, mas enquanto permanecem desconhecidos e opacos, eles poderão causar efeitos extremamente adversos e, pior, de forma silenciosa.[13]

O incremento da capacidade de geração e retenção de informações sem precedentes na história tem impulsionado o uso de máquinas capazes de processar volume cada vez maior de dados. Contudo, não é só isso, além do tratamento de dados, cada vez mais se tem utilizado máquinas capazes de adotar procedimentos decisórios diante das informações coletadas. O uso de inteligências artificiais para realização do número de tarefas cada vez maior, em menor tempo e com maior grau de assertividade acaba por evidenciar os benefícios decorrentes. Assim, se imagina, portanto, que tais decisões são inteligentes na medida em que decorrem de atividades repetitivas e complexas de modo correto com tempo e custo inferior se comparados com humanos.

Nota-se, portanto, que a máquina depende de informações e de programação realizada por humanos, entretanto, mesmo que seja possível identificar semelhanças entre o cérebro humano e a máquina, não há como dotá-la de habilidades como intuição ou empatia, motivo pelo qual a máquina ainda que se diga inteligente, pode ser utilizada para propósitos equivocados e produzir resultados não esperados.

O uso da inteligência artificial perpassa aspectos éticos desde o plano da sua configuração, dos sistemas de recomendação automáticos, da mineração de dados, de clusterização ou classificação. O desenvolvimento em conformidade com elementos éticos mínimos condizentes com as etapas de verificação, validação, segurança e controle é essencial e foi objeto de Conferência Internacional de Proteção de Dados na qual foi feita Declaração de uso ético da Inteligência Artificial.[14]

---

12. "A Internet das Coisas – *Internet of Things (IoT)* – é expressão que busca designar todo o conjunto de novos serviços e dispositivos que reúnem ao mesmo três pontos elementares: conectividade, uso de sensores e capacidade computacional de processamento e de armazenamento de dados." (MAGRANI, Eduardo. *Entre dados e robôs*: ética e privacidade na era da hiperconectividade. 2. ed. Porto Alegre, Arquipélago Editorial, 2019, p.19).
13. FERRARI, Isabela. BECKER, Daniel. O direito à explicação sobre decisões automatizadas: uma análise comparativa entre a União Europeia e o Brasil. *Revista de Direito e as Novas Tecnologias*, São Paulo, v. 1, out./dez. 2018.
14. HARTMANN PEIXOTO, Fabiano; SILVA, Roberta Zumblick. *Inteligência artificial e direito*: convergência ética e estratégica. Curitiba: Alteridade Editora, 2020. v. 5, p. 170.

O tema possui elevada importância na medida em que grande parte das atividades humanas atualmente estão baseadas no uso de equipamentos eletrônicos e, na mesma proporção, está em contato com algoritmos. O algoritmo pode ser definido, como um conjunto finito de instruções claras e inequívocas que, seguidas, realizam tarefas específicas, por meio da apresentação de dados frente à determinada rotina para ao final gerar determinado resultado.[15] Neste quadrante, três aspectos do algoritmo merecem especial atenção:

a) Transparência Algorítmica: A transparência algorítmica não designa a apresentação do código fonte ou sua estrutura funcional, muito mais que isso, cumpre que o utente possua compreensão do algoritmo em si, de maneira que se possa compreender o fluxo decisório, o itinerário das escolhas por meio do exercício de poder representado pela eleição das hipóteses de decisão. Ou seja, a visualização clara da árvore de decisão e, também, os critérios propriamente de decisão que determinam o fluxo decisório.

b) Processamento de Linguagem Natural: Quando do processamento da linguagem natural pode ocorrer o empobrecimento da linguagem semântica em favor de funcionalidade sintática com eventuais perdas axiológicas de conquistas do direito. A linguagem do direito não é unívoca, e as margens interpretativas são largas. A riqueza de conceitos fruto das conquistas semânticas do direito pode implicar perdas valorativas quando desta migração da linguagem natural para linguagem da máquina. O conceito de pessoa capaz de votar – eleitor – foi objeto de alargamento ao longo da história, fruto da conquista de direitos por categorias antes desassistidas, assim como outras palavras poderão ter mais de um significado em face do contexto empregado, como por exemplo, "banco" que pode designar peça de mobiliário e também instituição financeira. Veja-se, portanto, a importância da realização de um acordo semântico com o utente da inteligência artificial para que os resultados não sejam diferentes daqueles aguardados.

c) Viés Algorítmico: O algoritmo é por princípio neutro, entretanto seus dados podem vir carregados com vieses oriundos das sociedades nas quais foram coletados. Salvo atenção especial, os dados utilizados para programação retirados de uma determinada população não terão como serem melhores que a própria população. Ainda que se designe como viés algorítmico ou viés da máquina, nunca deixará de ser um viés humano na origem de sua programação.[16] Cumpre apontar, inclusive, que o algoritmo em si é neutro, o viés está nos dados por ele utilizados. Logo, se poderia dizer que o se trata da Viés do *Dataset* que é o conjunto de dados tabulados. Cita-se situações em que a câmara que tira fotos automaticamente se recusa a fotografar uma pessoa de origem asiática por achar que ela estava de olhos fechados, um sistema de reconhecimento de imagens que não classifica um casal negro, um tradutor que associa o papel de engenheiro como masculino e de enfermeira como feminino ainda que a língua traduzida não faça diferença do gênero. Tudo isso releva a importância dos dados.[17] Os algoritmos

15. HARTMANN PEIXOTO, Fabiano; SILVA, Roberta Zumblick. *Inteligência artificial e direito*. Curitiba: Alteridade Editora, 2019. v. 1, p. 72.
16. HARTMANN PEIXOTO, Fabiano; SILVA, Roberta Zumblick. *Inteligência artificial e direito*. Curitiba: Alteridade Editora, 2019. v. 1, p. 102.
17. CALO, Ryan. Artificial Intelligence policy: a primer and roadmap. *University of California Law Review*, Davis, v. 51, n. 2, p. 399-435, 2017.

podem ter sido treinados em dados nos quais uma parcela demográfica não esteja bem representada, o que levaria a não ser reconhecida. Um algoritmo treinado em um *dataset* majoritariamente caucasiano não vai desempenhar bem com pessoas com trabalhos de outras etnias. Um algoritmo que não foi submetido à diversidade no treinamento não tem como reconhece a diversidade na sua aplicação.[18]

O direito é uma invenção humana para problemas humanos, assim a utilização de inteligência artificial exige compromissos éticos alinhados com a sociedade e que devem, portanto, serem exibidos permanentemente para essa mesma sociedade através de um programa de *accountability*.

Um exemplo recorrente diz respeito ao aplicativo utilizado para decisão sobre possibilidade de fixação de fianças para responder processo judicial em liberdade. A inteligência artificial utilizava como referência maior a informação sobre reincidência de presos e dispunha de informação sobre a etnia do reincidente e, por isso, o resultado na fixação de fianças gerava a reprodução de preconceito conforme a etnia.[19] Aqui se destaca a necessidade de cuidado com a seleção dos dados de entrada, ensejando portanto a curadoria dos dados e a revisão do *data setting*.

A auditabilidade dos algoritmos confere transparência não só do que está sendo realizado, mas também a explicação de como foi desenvolvido o sistema. A auditabilidade retira a suposta autonomia do algoritmo e, portanto, evidencia a cadeia causal de responsabilidades pelas eventuais decisões da máquina, até mesmo aquelas supostamente imprevisíveis.[20]

Obviamente devemos obedecer a níveis de proteção de acesso e sindicabilidade de dados diferentes em se tratando de instituições públicas ou privadas, assim como a categorização em dados sensíveis, dados sigilosos e estratégicos. A transparência deve ser ajustada, conforme o sistema de controle frente a natureza dos dados tratados reivindicando níveis de responsabilização diferentes pela utilização dos dados e das consequências das decisões adotadas a partir deles.

O reconhecimento do determinismo sobre a ideia de liberdade traria consigo a necessidade de uma revisão do conceito de responsabilidade, afetando em certa medida a segurança e a previsibilidade das relações. Não obstante o liberalismo ter se utilizado da ideia de livre-arbítrio para o desenvolvimento social e jurídico da humanidade por muito tempo com a responsabilização do agente pelo ato danoso, bem como impedir a atribuição responsabilidade à determinação alheia à vontade do agente, de alguma medida a liberdade de escolha atualmente também sofre ataques.

Os problemas ligados à transparência algorítmica, processamento de linguagem natural e viés algorítmico (ou da base de dados) fazem dissipar concepções de autonomia

18. HARTMANN PEIXOTO, Fabiano; SILVA, Roberta Zumblick. *Inteligência artificial e direito*. Curitiba: Alteridade Editora, 2019. v. 1, p. 103.
19. São exemplos disso o algoritmo Compass, utilizado para avaliação de periculosidade de réus criminais, após auditoria mostrou-se enviesado contra afro-americanos.
20. TEPEDINO, Gustavo; SILVA, Rodrigo da Guia. Inteligência artificial e elementos da responsabilidade civil. *In:* FRAZÃO, Ana; MULHOLLAND, Caitlin (Coord.). *Inteligência artificial e direito*: ética, regulação, responsabilidade. São Paulo: Thomson Reuters Brasil, 2019.

da máquina e, por consequência, vedam-lhe a epíteto de sujeito de direito, vez que se afigura, como sustentando anteriormente, na condição de objeto de direito cuja titularidade é atribuída a quem lhe explora o resultado.

A predeterminação de condutas independente da liberdade de escolha embaralha o conceito de responsabilização pautado no poder de decidir do indivíduo e reivindica o foco de gravidade do dano e suas consequências, convergindo para menor importância do agente em si para se aferir o grau de reprovabilidade da conduta.

O dano em si e o nexo causal assumem relevância em um cenário no qual há mitigação do livre-arbítrio e restrições da autonomia dos diversos participantes das relações em sociedade sejam os seres humanos ou às inteligências artificiais.

O ser humano tem seu livre-arbítrio questionado, assim como sua autonomia. A inteligência artificial ainda não alcança um grau de autonomia suficiente para ser considerado um ser autônomo e responsável.

5. CONCLUSÕES

Conforme analisado, é possível concluir que os máquinas dotadas de inteligência artificial não possuem autonomia efetiva, quer diante da programação que lhes é imposta, quer diante dos dados e informações que lhe são destinados para processar, motivo pelo qual não seria possível concluir pela sua autonomia necessária para ser um sujeito de direito, sequer sob regime das pessoas jurídicas[21], sem embargo da responsabilização daqueles que dela se beneficiam sob qualquer aspecto, vez que não deixariam de serem tratados como coisas ou objeto de direito[22] cujo uso ou fruição implica responsabilização.

Nesse contexto, a responsabilidade se pulveriza entre os diversos partícipes sob o ponto de vista de suposta ausência de liberdade de decisão humana e da determinação humana do algoritmo.

Ao mesmo tempo, a responsabilidade de concentra cada vez mais, objetivamente, naquela pessoa física ou jurídica que se beneficia direta ou indiretamente da atividade. O binômio deixa de ser autonomia-responsabilidade e passa a ser benefício-responsabilidade.

Contudo, não basta a simples defesa apaixonada de uma mudança jurídica, há que se conferir se essa mudança corresponde às normas jurídicas.

21. NEGRI, Sérgio Marcos Carvalho Avila. Robôs como pessoas: a personalidade eletrônica na Robótica e na inteligência artificial. *Pensar: Revista de Ciências Jurídicas*, Fortaleza, v. 25, n. 3, p. 1-14, jul./set. 2020.

22. "O desenvolvimento da robótica não pode deixar de ter em conta o impacto que a colocação de um *robot* no mercado terá para as pessoas61, deverá garantir que qualquer ação de um *robot* possa ser revertida, deverá orientar-se acima de tudo para a salvaguarda dos direitos de personalidade dos sujeitos e implicar a responsabilização dos que com eles beneficiam. Em tudo isto se vê, afinal, que o ente dotado de inteligência artificial não poderá nunca – atentas que sejam as exigências do direito – deixar de ser tratado como o que é: uma coisa, já que o patamar de miscigenação entre humanos e humanoides ou de corporização computacional da mente humana haverá de ser, necessariamente e liminarmente, impedido pelo jurídico" (BARBOSA, Mafalda Miranda. Inteligência artificial, e-persons e direito: desafios e perspectivas. *Revista Jurídica Luso-Brasileira*, Lisboa, ano 3, n. 6, p. 1475-1503, 2017, p. 1502).

6. REFERÊNCIAS

AGOSTINHO, Santo, Bispo de Hipona. *O livre-arbítrio*. Tradução, organização, introdução e notas de Nair de Assis Oliveira. São Paulo: Paulus, 1995.

ARAÚJO, Rodolfo. Experimentos em Psicologia – Elizabeth Loftus e o homem que não estava lá. *Não Posso Evitar*, 2009. Disponível em: http://www.naopossoevitar.com.br/2009/07/experimentos-em--psicologia-eliza-beth-loftus-e-o-homem-que-nao-estava-la.html. Acesso em: 10 out. 2020.

ARENDT, Hannah. *A vida do espírito:* o pensar, o querer, o julgar. *Tradução* de Antonio Abranches e outros. Rio de Janeiro: Relume Dumará, 2002.

BARBOSA, Mafalda Miranda. Inteligência artificial, *e-persons* e direito: desafios e perspectivas. *Revista Jurídica Luso-Brasileira*, Lisboa, ano 3, n. 6, p. 1475-1503, 2017.

CALO, Ryan. Artificial Intelligence policy: a primer and roadmap. *University of California Law Review*, Davis, v. 51, n. 2, p. 399-435, 2017.

COELHO, Jonas Gonçalves Coelho. Livre-Arbítrio e a Relação Mente e Cérebro em Benjamin Libet. *Principia: an International Journal of Epistemology*, Florianópolis, v. 18, n. 1, p. 153-174, 2014.

COSTA, Germano Quintanilha; GOMES, Gilberto. Considerações sobre a Causalidade Psíquica e a Escolha na Psicanálise. *Psicologia: Teoria e Pesquisa*, v. 33, p. 1-9, nov. 2017.

FERRARI, Isabela. BECKER, Daniel. O direito à explicação sobre decisões automatizadas: uma análise comparativa entre a União Europeia e o Brasil. *Revista de Direito e as Novas Tecnologias*, São Paulo, v. 1, out./dez. 2018.

GAZZANIGA, Michael; HEATHERTON, Todd; HALPERN, Diane. *Ciência psicológica*. Tradução de Maiza Ritomy Ide, Sandra Maria Mallmann da Rosa e Soraya Imon de Oliveira. 5. ed. Porto Alegre: Artmed, 2018.

GAZZANIGA, Michael. *Who´s in Charge?* Free Will and the science of the brain. London: Constable & Robinson, 2012.

HARARI, Yuval Noah. *21 lições para o século 21*. Tradução de Paulo Geiger. São Paulo: Companhia das Letras, 2018.

HARARI, Yuval Noah. *Homo Deus*. Tradução de Paulo Geiger. São Paulo: Companhia das Letras, 2018.

HARTMANN PEIXOTO, Fabiano; SILVA, Roberta Zumblick. *Inteligência artificial e direito*. Curitiba: Alteridade Editora, 2019. v. 1.

HARTMANN PEIXOTO, Fabiano; SILVA, Roberta Zumblick. *Inteligência artificial e direito*: convergência ética e estratégica. Curitiba: Alteridade Editora, 2020. v. 5.

HOBBES, Thomas. *Leviatã ou a matéria, forma e poder de um estado eclesiástico e civil*. Tradução de Alex Martins, 4. ed. São Paulo: Nova Cultural, 1988.

KANT, Emmanuel. *Metafísica dos costumes*: parte I: princípios metafísicos da doutrina do direito. Tradução de Artur Morão. Lisboa: Edições 70, 2004.

LIBET, Benjamin. Unconscious cerebral initiative and the role of conscious will in voluntary action. *The Behavioral and Brain Sciences*, Cambridge, v. 8, p.529–66, 1985.

LIBET, Benjamin. Conscious Mind as a Field. *Journal of Theoretical Biology*, Londres: Elsevier, v. 178, p. 223–224, 1996.

LIBET, Benjamin. Do we have free will? SINNOTT-ARMSTRONG, Walter; NADEL, Lynn (Ed.). *Conscious will and responsibility*. Oxford/New York: Oxford University Press, 2011.

LIBET, Benjamin. Reflections on the interaction of the mind and brain. *Progress in Neurobiology*, Londres: Elsevier, v. 78, n. 3-5, p. 322-326, fev./abr. 2006. Disponível em: https://doi.org/10.1016/j.pneurobio.2006.02.003. Acesso em: 10 out. 2020.

LOFTUS, Elizabeth. Creating false memories. *Scientific American*, Nova York, v. 277, n. 3, p. 70-75, set. 1997.

MAGRANI, Eduardo. *Entre dados e robôs*: ética e privacidade na era da hiperconectividade. 2. ed. Porto Alegre, Arquipélago Editorial, 2019.

MELLO, Sebastian Borges de Albuquerque. Da Psicanálise à Neurociência: Do Fim ao Fim da Culpabilidade na Doutrina Ibérica? Uma Visão Crítica. *Conpedi Law Review*, Florianópolis, v. 1, p. 72-100, 2015.

NEGRI, Sérgio Marcos Carvalho Avila. Robôs como pessoas: a personalidade eletrônica na Robótica e na inteligência artificial. *Pensar: Revista de Ciências Jurídicas*, Fortaleza, v. 25, n. 3, p. 1-14, jul./set. 2020.

PRIMO, Pedro *Carlos. História da Neurociência.* Disponível em: http://www.institutotelepsi.med.br/Links_ima-gens/cursodehistoria.htm. Acesso em: 10 out. 2020.

SANT´ANNA, Marina de Cerqueira. *Culpabilidade e neurociência.* Disponível em: http://emporiododi-reito.com.br/culpabilidade-e-neurociencia-por-marina-de-cerqueira-santanna. Acesso em: 10 out. 2020.

TAVARES, Daniele Silva Lamblém; BUIM JÚNIOR, Wladir Muzato. Neurociência e livre arbítrio. *Revista Jurídica Luso-Brasileira*, Lisboa, ano 5, n. 5, p. 345 a 375, 2019.

TEPEDINO, Gustavo; SILVA, Rodrigo da Guia. Inteligência artificial e elementos da responsabilidade civil. *In:* FRAZÃO, Ana; MULHOLLAND, Caitlin (Coord.). *Inteligência artificial e direito*: ética, regulação, responsabilidade. São Paulo: Thomson Reuters Brasil, 2019.

Parte III
RESPONSABILIDADE CIVIL

10
RESPONSABILIDADE CIVIL PELOS DANOS CAUSADOS POR ENTES DOTADOS DE INTELIGÊNCIA ARTIFICIAL

Mafalda Miranda Barbosa

Univ Coimbra, Instituto Jurídico da Faculdade de Direito da Universidade de Coimbra/ University of Coimbra Institute for Legal Research, Faculdade de Direito da Universidade de Coimbra. Doutorada em Direito pela Faculdade de Direito da Universidade de Coimbra. Professora Associada da Faculdade de Direito da Universidade de Coimbra.

Sumário: 1. Introdução – formulação do problema. 2. As insuficiências dos modelos tradicionais de responsabilidade civil. 3. As soluções. 3.1 Responsabilidade dos entes dotados de inteligência artificial. 3.1.1 Os fundos de compensação de danos causados por *entes dotados de inteligência artificial*. 3.1.2 A personificação dos entes dotados de inteligência artificial? 3.2 Hipóteses especiais de responsabilidade pelo risco. 4. Referências.

1. INTRODUÇÃO – FORMULAÇÃO DO PROBLEMA

Os computadores cada vez mais sofisticados, capazes de levar a cabo tarefas complexas, saltaram dos écrans do cinema e da televisão para o mundo real. Ainda que não assumam forma humanoide – ou ainda que os que assumam possam não corresponder às versões mais desenvolvidas da inteligência artificial –, robots inteligentes e algoritmos aptos a aprender e a decidir *autonomamente* têm vindo a alterar as sociedades lentamente, imiscuindo-se, mesmo sem real perceção de muitos, no quotidiano das pessoas.

As mudanças que, com base na inteligência artificial, se constatam são diversas. Serão, segundo se prognostica, mais e mais profundas no futuro. Segundo os estudiosos, o impacto far-se-á sentir ao nível do mercado de trabalho, ao nível dos processos produtivos, mas também no que diz respeito à forma de relacionamento entre humanos. Atingirá, inclusivamente, o desenvolvimento pessoal de cada ser humano que, se, por um lado, terá acesso a um leque alargado de meios de superação das suas limitações, mesmo físicas, por outro lado, corre o risco de passar a viver num mundo controlado com a precisão matemática dos sistemas algorítmicos, fazendo-nos lembrar, em certa medida, o mundo descrito em *Nós*, o romance distópico de Yevgeny Zamyatin,

Antes que o homem mude – e com ele o direito – haverá problemas para os quais é preciso encontrar soluções. As novas tecnologias podem, não obstante a segurança que para elas é reivindicada, provocar lesões em direitos como a vida, a integridade física, a propriedade, a privacidade, a igualdade, a honra, ou outros danos que não estejam associados à violação de posições jurídicas absolutas[1].

Diversos relatos de acidentes entretanto ocorridos provam-no. Em 2016, um veículo automático da marca Tesla não acionou o sistema de travagem e embateu num camião branco, por o ter confundido com o céu, causando a morte do ocupante[2]. Também nos Estados Unidos, mas em 2018, foi a vez de um automóvel autónomo ter atropelado fatalmente uma senhora que atravessava a estrada com uma bicicleta[3].

Significa isto que, ainda que seja importante uma reflexão acerca do papel que o direito poderá ter em face da inteligência artificial, urge encontrar respostas para fazer face a eventuais danos que possam ocorrer. A responsabilidade civil, com os seus conceitos e as suas categorias, com a sua teleologia e intencionalidades próprias, é, então, chamada a depor.

Nas páginas que se seguem, procuraremos, embora sem pretensões de exaustividade – que não seriam compagináveis com um trabalho desta índole –, não só evidenciar as insuficiências dos tradicionais modelos delituais e contratuais para lidar com muitos dos problemas que são colocados, como também encontrar vias de solução para as suprir. Neste caminho dialógico, embora lidemos com requisitos específicos da responsabilidade, o objetivo é, fundamentalmente, estabelecer as possíveis bases da imputação (delitual e/ou contratual). Muitos serão, portanto, as questões que ficarão na sombra, esperando trata-las, autonomamente, noutros estudos.

2. AS INSUFICIÊNCIAS DOS MODELOS TRADICIONAIS DE RESPONSABILIDADE CIVIL

Se com a revolução industrial, a introdução da máquina nos processos produtivos e a consciência de que poderiam avultar muitos danos a partir da utilização desses novos

1. European Commission (2020), 10: "while AI can do much good, including by making products and processes safer, it can also do harm. This harm might be both material (safety and health of individuals, including loss of life, damage to property) and immaterial (loss of privacy, limitations to the right of freedom of expression, human dignity, discrimination for instance in access to employment), and can relate to a wide variety of risks".
2. Cf. Patrícia Gonçalves (2020), 5 s. A autora, numa interessante análise, mostra que muitos dos problemas de ocorrência de danos podem resultar de um excesso de confiança na nova tecnologia. A páginas 10, refere que "a tecnologia pode revelar-se particularmente útil, permitindo ajudar na recolha, compilação, organização e análise dos dados e da informação que depois serão utilizados para prever com maior grau de certeza o resultado de determinada ação. Mas, na verdade, esta ajuda pode ter um lado perverso: o grau de confiança do ser humanos nos seus parceiros artificiais pode revelar-se excessivo enquanto, por contrapartida, constrange a sua confiança na própria compreensão e consideração dos potenciais resultados das suas ações". E dá exemplos (cf. pág. 11): "em 5 de setembro de 1983, um doente de 72 anos, foi conduzido para o bloco cirúrgico da urgência do Alfred Hospital, em Melbourne. Foi-lhe induzida a anestesia e foi ventilado com o que se pensava ser 100% oxigénio. A sua condição clínica inicial era crítica e foi ficando cada vez mais hipotenso e bradicárdico e refratário ao suporte inotrópico. Trinta minutos depois da indução da anestesia sofreu uma paragem cardíaca. O anestesista de serviço confessou mais tarde que o doente, apesar de estar a receber 100% de oxigénio, apresentava uma coloração azul-acinzentada. Face à falta de indicação de problemas na oxigenação, a equipa cirúrgica considerou outras alternativas que pudessem estar na origem da paragem, mas não foi encontrada qualquer razão, o doente manteve-se em paragem cardíaca, não voltou a ter circulação sanguínea espontânea e veio a falecer. Os gases arteriais retirados nas tentativas de ressuscitação revelaram PaO2 de 8mmHg e PaCO2 de 27mmHg. Estes resultados levaram a que fosse imediatamente pedida uma avaliação da máquina de oxigénio. A avaliação veio a revelar uma conexão cruzada entre oxigénio e óxido nítrico que confirmou que durante todo o tempo cirúrgico o doente tinha recebido 100% de óxido nítrico". O excesso de confiança a que a autora se refere tende a aumentar com a introdução de processos automatizados de inteligência artificial.
3. Patrícia Gonçalves (2020), 5.

mecanismos, sem que houvesse culpa por parte do sujeito que as controlava, se sentiu a necessidade de repensar os quadros dogmáticos do instituto, alargando-se, embora sem perda do caráter de excecionalidade, as hipóteses de responsabilidade objetiva, hoje em dia, o jurista, confrontado com robots dotados de autonomia e capazes de autoaprendizagem, aptos a tomar as suas próprias decisões, embora com base numa pré-programação que lhes seja introduzida[4], questiona-se como resolver o problema dos eventuais danos que possam surgir.

A Revolução Industrial, que esteve na base da necessidade de criação de um novo regime de responsabilidade, quer pelo tipo de produção e consumo (em massa) que viabilizou, quer pela introdução da máquina nos sistemas produtivos, forjou os robots. Estávamos, à época, diante de dispositivos automáticos e mecânicos que executavam determinadas tarefas, incrementando a produção em escala. A revolução no campo da robótica trouxe-nos mais: de simples mecanismos capazes de auxiliar os humanos nos sistemas produtivos, passámos a confrontar-nos com robots dotados de inteligência artificial[5], capazes de uma atuação autónoma.

De acordo com os estudiosos na matéria, a sua complexidade e sofisticação são crescentes: é crescente a sua autonomia, bem como a capacidade para aprenderem com base na experiência acumulada e para tomarem decisões independentes. Por outro lado, mostram-se aptos, em algumas situações, a modificar as instruções que lhes foram dadas, levando a cabo atos que não estão de acordo com uma programação pré-definida, mas que são potenciados pela interação com o meio. Na verdade, se até há pouco tempo os programadores mantinham o controlo sobre o objeto programado, com as formas de *machine learning* e *deep learning*, os algoritmos são, hoje, capazes de aprendizagem automática, ou seja, podem aprender por si, de acordo com códigos que vão gerando a partir dos dados introduzidos ou pesquisados. Subdividindo-se esta aprendizagem automática em aprendizagem supervisionada, não supervisionada e de reforço, em qualquer dos casos será o algoritmo a definir as regras para a tomada de decisão, segundo os dados que vai recolhendo, de tal modo que deixa de haver controlo humano na atuação do software ou do robot. Atualmente, fala-se, inclusivamente, de algoritmos genéticos, considerados mais eficientes na busca de soluções ótimas[6], a evidenciar a falta de controlo do homem sobre a atuação da nova tecnologia inicialmente criada.

4. Veremos, mais à frente, em que termos essa pré-programação é condicionante ou não da atuação do robot ou do algoritmo.
5. Cf. Matthias Scheutz/R. Charles Crowell [s.d.].
6. De acordo com os estudiosos das ciências da computação, "o algoritmo genético vai funcionar com base em populações de n indivíduos, sendo a população o conjunto de pontos (indivíduos) no Espaço de Busca. Cada um dos indivíduos da população representa uma possível solução para o problema, ou seja, um ponto no espaço de soluções. A aptidão do indivíduo é determinada através do cálculo da função objetivo, que depende das especificações de projeto. Neste trabalho, cada indivíduo é uma entrada para uma ferramenta de análise de desempenho, cuja saída fornece medidas que permitem ao algoritmo genético o cálculo da aptidão do indivíduo. Ainda nesta fase os indivíduos são ordenados conforme a sua aptidão. Nesta fase os indivíduos mais aptos da geração atual são selecionados. Esses indivíduos são utilizados para gerar uma nova população por cruzamento. Cada indivíduo tem uma probabilidade de ser selecionado proporcional à sua aptidão. Os indivíduos selecionados na etapa anterior são cruzados da seguinte forma: a lista de indivíduos selecionados é baralhada aleatoriamente criando-se, desta forma, uma segunda lista, chamada lista de parceiros. Cada indivíduo selecionado é então cruzado com o indivíduo que ocupa a mesma posição na lista de parceiros. Os cromossomos (cadeia de bits que representa uma solução possível para o problema) de cada par de indivíduos a serem cruzados são particionados em um ponto, chamado

Como o *Expert Group on Liability and New Technologies*, instituído pela Comissão Europeia, reconheceu "the more complexity [the] ecosystems become with emerging digital technologies, the more increasingly difficult it becomes to apply liability frameworks"[7].

Neste contexto, as estruturas delituais clássicas não se mostram preparadas para lidar com os novos desafios que a inteligência artificial coloca ao jurista.

Em primeiro lugar, a maioria dos modelos de responsabilidade civil assentam na culpa. Ora, é exatamente a centralidade do conceito de culpa que faz com que os sistemas delituais se mostrem insuficientes para lidar com danos causados por entes dotados de inteligência artificial[8]. As características de autonomia e autoaprendizagem de tais entes dificultam o traçar de fronteira entre os danos que resultam de um erro humano e aqueles que são devidos ao próprio algoritmo[9]. O comportamento imprevisível deste, que decide por si como agir, que se desenvolve como resultado de um *deep-learning*, sem controlo humano, torna impossível conexionar um eventual dano que possa eclodir com uma conduta negligente do ser humano[10].

Se há muitos casos em que pode existir culpa (pense-se, por exemplo, nas hipóteses de não realização das atualizações do *software;* ou de situações de quebra de deveres de cuidado que permitem que terceiros – *hackers* – interfiram com o sistema, a determinar problemas mais ou menos complexos mas interessantes de imputação), noutros o juízo de censura estará ausente. É claro que a este nível podem auxiliar-nos as presunções de culpa do artigo 493º CC, quer no tocante à detenção e vigilância de coisa móvel ou imóvel, quer no tocante à perigosidade da atividade, em função da natureza do meio utilizado (o robot). Mas a presunção poderá ser ilidida sempre que o vigilante da coisa provar que não houve culpa da sua parte, que os danos se teriam igualmente produzido se não houvesse culpa sua ou que, no caso do nº2, empregou todas as providências exigidas pelas circunstâncias com o fim de prevenir os danos. Como refere o *Expert Group on Liability and New Technologies*, "if the operation of some technology that includes IA (...) is legally permissible, presuming that the developer made use of state-of-the-art knowledge at the time system was launched, any subsequent choice made by the AI technology independently may not necessarily be attributable to some flaw in its original design"[11]. De facto, a despeito de todos os cuidados tidos pelo utilizador do ente dotado de inteligência artificial, o dano pode resultar da sua atuação normal – autónoma –, tornando-se, por isso, fundamental chamar à colação algumas hipóteses de responsabilidade pelo risco[12].

---

ponto de corte, sorteado aleatoriamente. Um novo cromossomo é gerado permutando-se a metade inicial de um cromossomo com a metade final do outro. A operação de mutação é utilizada para garantir uma maior varredura do espaço de estados e evitar que o algoritmo genético convirja muito cedo para mínimos locais. A mutação é efetuada alterando-se o valor de um gene de um indivíduo sorteado aleatoriamente com uma determinada probabilidade, denominada probabilidade de mutação, ou seja, vários indivíduos da nova população podem ter um de seus genes alterado aleatoriamente". Cf. M. Mitchell (1996) e Márcio Miranda (acesso em 8-7-2020).

7. Expert Group on Liability and New Technologies (2019), 17 s.
8. Noutro sentido, cf. Neil Richards/William D. Smart (2013), 1-25; Hubbard's (2016), 25-50.
9. Nathalie Nevejans (2016), 6.
10. Curtis E. A. Karnow (2016), 51-77.
11. Expert Group on Liability and New Technologies (2019), 17.
12. Cf. Neil M. Richards/ William D Smart (2013), dando conta de que a perspectiva tradicional tenta resolver os problemas levantados pelos robots, designadamente danos por eles gerados, de acordo com remédios tradicionais, procurando responsabilizar o fabricante ou aquele que mantém a fonte de risco. No mesmo sentido, cf. F. Patrick

Mas, ainda assim, podem mostrar-se insuficientes.

Em primeiro lugar, as previsões de responsabilidade objetiva são caracterizadas pelo seu âmbito circunscrito. Responsabilizar um sujeito independentemente de culpa implica a existência de uma previsão expressa do legislador que possa assimilar a intencionalidade problemática do caso. No momento da decisão judicativa, em face de danos causados por entes dotados de inteligência artificial, podemos estar desamparados, pela inexistência de uma norma que solucione o problema concreto. Ademais, as hipóteses de responsabilidade pelo risco que putativamente poderiam auxiliar-nos como critério judicativo podem mostrar-se imprestáveis.

No tocante ao artigo 503º CC, quando esteja em causa um dano causado por um veículo autónomo, ele fica limitado às situações de utilização de um veículo de circulação terrestre no seu interesse, e, ainda assim, é discutível se se poderá falar de direção efetiva do mesmo em casos de automação plena[13]. Não serviria, portanto, para lidar com o problema dos danos causados pelas *decentralised autonomous organisations* (DAO), definidas pelos estudiosos na matéria como entidades digitais *on-line* que atuam pela implementação de regras pré-codificadas, sendo muitas vezes utilizadas para executar *smart contracts*, registando a atividade na *blockchain*, para lidar com prejuízos gerados por *robots advisors*, robots cirúrgicos ou outros algoritmos com aplicações diversas. Em rigor, nem os problemas gerados por danos causados por *drones* poderiam encontrar no preceito um critério de solução.

Também no tocante à responsabilidade do produtor se levantam dificuldades. Para além da questão de se qualificar o *software* como coisa, resta-nos a dificuldade de constatar a existência de um defeito e de ele se verificar no momento da colocação do produto no mercado (já que o produtor não responde pelo risco de desenvolvimento). Vejamos.

Hubbard's (2016), 25-50, mostrando que as correntes doutrinais atuais se podem aplicar aos diversos casos de robots, como os carros automáticos.

Em sentido inverso, Curtis E. A. Karnow (2016), 51 s., considerando – a propósito dos casos mais complexos de robots genuinamente autónomos – que o sistema de *tort law* não é adequado, por não serem lineares, nem previsíveis as ações dos robots.

No mesmo sentido, veja-se o que é dito em Nathalie Nevejans (2016), 6: "civil liability law, for example, might be less easily applied to developments in autonomous robotics, particularly in a scenario where a machine might cause damage that cannot be easily traced back to human error. Whole chapters on civil liability law might, then, need rethinking, including basic civil liability law, accountability for damage, or its social relevance".

Repare-se que a responsabilização do produtor se torna particularmente complexa quando pressupomos um robot absolutamente autónomo. É que esta autonomia acaba por contrariar o sentido de responsabilidade que poderia ser assacado ao primeiro.

Veja-se, igualmente, o *considerandum* AB da Resolução do Parlamento Europeu de 16 de fevereiro de 2017: "Considerando que, quanto mais autónomos forem os robôs, menos poderão ser encarados como simples instrumentos nas mãos de outros intervenientes (como o fabricante, o operador, o proprietário, o utilizador, etc.); considerando que, por sua vez, isto coloca a questão de saber se as normas ordinárias em matéria de responsabilidade são suficientes ou se serão necessários novos princípios e normas para clarificar a responsabilidade jurídica de vários intervenientes no que respeita à responsabilidade por atos e omissões dos robôs, quando a causa não puder ser atribuída a um interveniente humano específico e os atos ou as omissões dos robôs que causaram os danos pudessem ter sido evitados".

Cf., ainda, Manuel Felício (2019), 493 s.

13. Para outras considerações, cf. Manuel Felício (2019), 499 s.

Se dúvidas não existem quanto à possibilidade de os fabricantes de *hardware* e de os programadores de *software* poderem ser considerados produtores para efeitos do DL nº383/89[14], maiores problemas surgirão no que tange à qualificação do robot como produto. Na verdade, se as dificuldades não se agigantam se circunscrevermos a nossa análise aos robots, maiores problemas podem ser enfrentados quando pensamos num simples algoritmo. Calvão da Silva não hesita em considerar o *software* como produto para efeitos de assimilação pelo âmbito de relevância da responsabilidade do produtor[15]. Atentemos na noção de produto – qualquer coisa móvel, mesmo que incorporada noutra coisa móvel ou imóvel. A civilística apresenta uma noção ampla de coisa[16], que permite a qualificação do *software* como tal. Estar-se-ia diante de uma coisa móvel, não relevando para este efeito a sua qualificação como incorpórea[17]. A este propósito, Calvão da Silva aduz que "a definição de produto, contida no artigo 3º, abrange os suportes materiais em que a obra intelectual se materializa, fixa e comunica, pois são coisas móveis corpóreas, embora inconfundíveis com a obra intelectual em si – bem imaterial (...)" e acrescenta que "livros ou outras publicações e programas estandardizados de computador (*computer software*) são, portanto, produtos, no sentido do DL nº383/89"[18]. O problema colocar-se-á não em relação ao *software*, mas no tocante a um algoritmo de utilização única[19]. Por outro lado, se vingar a perspetiva – por nós rejeitada[20] – de atribuição de personalidade jurídica aos entes dotados de inteligência artificial, a possibilidade preclude-se.

Porém, não basta, como sabemos, que um produto seja colocado em circulação. Exige-se que ele seja defeituoso. Ora, a defeituosidade do produto pode também arrastar consigo, a este nível, problemas. Estes refratem-se a dois níveis.

Em primeiro lugar, os danos causados por robots, software ou algoritmos em geral podem não resultar de um defeito de conceção ou de um defeito de fabrico. Dito de outro modo, a idealização do robot (programação do *software*) pode não apresentar qualquer defeito, do mesmo modo que, na fase do fabrico do mecanismo no qual se integra a in-

---

14. Verdadeiramente, pode ainda ser considerado produtor aquele se apresente como tal pela aposição no produto do seu nome, marca ou outro sinal distintivo (artigo 2º, nº1), e, nos termos do nº2 do artigo 2º, aquele que, na Comunidade Económica Europeia e no exercício da sua atividade comercial, importe do exterior o robot para venda, aluguer, locação financeira, ou qualquer outra forma de distribuição, bem como qualquer fornecedor do robot cujo produtor comunitário ou importador não esteja identificado, salvo se, uma vez notificado por escrito, comunicar ao lesado no prazo de três meses a identidade de um ou outro ou a de algum fornecedor precedente.
15. J. Calvão da Silva (1999), 612 s.
16. Cf. C. A. Mota Pinto (2005), 341 s: "bens (ou entes) de carácter estático, desprovidos de personalidade e não integradores do conceito necessário desta, suscetíveis de constituírem objeto de relações jurídicas". Para tal, é necessário que os bens apresentem algumas características, a saber: a) existência autónoma ou separada; b) possibilidade de apropriação exclusiva por alguém; c) aptidão para satisfazer interesses ou necessidades humanas. Note-se que, pelo contrário, não é necessário que "se trate de bens efetivamente apropriados", podendo tratar-se das "*res nullius*, como os animais bravios ou os peixes não apropriados" – cf. C. A. Mota Pinto (2005), 343. Menezes Cordeiro apresenta uma noção diversa. Para o autor, coisa é "toda a realidade figurativamente delimitada a que o direito dispense um estatuto historicamente determinado para os seres inanimados", procedendo, posteriormente, em face da amplitude da noção, a múltiplas classificações esclarecedoras – cf. A. Menezes Cordeiro (2019), 57.
17. Alguma doutrina estrangeira questionou a possibilidade de se ver no software uma coisa corpórea, numa posição que acabaria por ser rejeitada. Cf., sobre o ponto, Wolfgang Voit/Götz Geweke (2001), 362; P. Bydlinski (1998), 305. Entre nós, dando conta do problema, A. Menezes Cordeiro (2019), 174.
18. J. Calvão da Silva (1999), 613; A. Menezes Cordeiro (2019), 172 s.; Andrea Bertolini (2013), 214-247; Bernhard A. Koch (2019), 105.
19. Cf. J. Calvão da Silva (1999), 613, n.3. Em causa a distinção entre produto e serviço.
20. Mafalda Miranda Barbosa (2017), 1475-1503.

teligência artificial, pode não ocorrer qualquer desconformidade entre o resultado final e o que era esperado pelo produtor. Os danos causados pelo robot dito inteligente são gerados pela sua atuação autónoma que, longe de ser uma marca de defeituosidade, se traduz numa sua característica intrínseca[21].

Não quer isto dizer que não possa, porém, detetar-se um defeito a este nível. Desde logo, o facto de se afirmar que o defeito de conceção ou de fabrico não existe não significa que eles não possam ocorrer. Pense-se na hipótese em que, ou por uma falha no planeamento ou por um erro na fase de laboração, se preterem regras de segurança no tocante aos robots (má programação, inexistência de botões de segurança, não colocação de sensores, não implementação de mecanismos de redução da vulnerabilidade do *software* em relação a interferências de terceiros, entre outros exemplos)[22]. Por outro lado, há que não esquecer que, a par destes, o produtor pode ser responsabilizado pelos defeitos de informação, onde se inclui a falta de instruções sobre o produto, a falta de advertência sobre o perigo, a falta de esclarecimento acerca das medidas de cuidado a ter em conta. É que não nos podemos esquecer que a defeituosidade se liga a uma ideia de segurança do produto e que esta segurança não é absoluta, referindo-se à segurança com que legitimamente se possa contar, donde o que se pretende não é que o robot não comporte qualquer risco, mas que o utilizador possa contar legitimamente com todos os riscos que a sua utilização envolve[23].

Mas há uma segunda ordem de dificuldades que não pode deixar de ser tida em conta. Na verdade, o produtor não responde pelos riscos de desenvolvimento. Ou seja, não haverá responsabilidade se, no momento da entrada em circulação, o estado da ciência e da técnica não permitiam tornar o defeito cognoscível. Do mesmo modo, não haverá responsabilidade se o defeito inexistir no momento da entrada do produto em circulação. Lidando-se com entes dotados de inteligência artificial, isto é, lidando-se com um domínio onde, por um lado, os avanços tecnológicos são constantes e, por outro lado, sabendo-se que os entes dotados de inteligência artificial podem alterar, por força da interação com o meio, os dados da pré-programação, pode não ser possível detetar, de acordo com o dito estado da ciência e da técnica, o defeito, ao mesmo tempo que a falta de segurança pode resultar *a posteriori*, fruto da característica intrínseca ao robot de autoaprendizagem e autodesenvolvimento[24].

---

21. Cf., dando conta disso, Andrea Bertolini (2013), 236; Karnow (2016), 63.
22. Cf. Juliana Campos (2019), 714, dando conta de que a regulamentação de segurança que existe (isto é, as regras de segurança positivadas sobre robots) diz respeito a robots não autônomos.
23. Cf. Expert Group on Liability and New Technologies (2019), 28.
24. Cf. Manuel Felício (2019), 507 s., considerando que "as interrogações sucedem-se: não respondendo o produtor pelos defeitos de desenvolvimento – aqueles que o estado dos conhecimentos científicos e técnicos, no momento em que o produto foi colocado em circulação, não permitia detectar –, porque exteriores ao alcance da sua atuação e intervenção e, portanto, impossíveis de prevenir, deverá o produtor responder por aqueles "defeitos" que, seja qual for o estado da arte, inelutavelmente ocorrerão, ainda que com reduzida frequência? Até que ponto deverá o produtor responder pela imperfeição crónica – da qual padece também o criador – da sua criação, tendo presente que, em concreto no domínio da condução, esta reúne todas as condições para o superar? Ao mesmo passo, outra inquietação se afigura: chegado o momento em que o veículo autónomo, abandonando o jugo programático do seu produtor e dotado de aprendizagem automática, se entrega à comunhão com o meio em que circula, daí bebendo e assimilando, ao ponto em que, face a uma qualquer situação, atua de forma distinta de qualquer outra pré-definida no programa-base, deverá o produtor responder pela autonomia idiossincrática da sua criação?"

De notar que isto não significa – neste domínio, como noutros – que o produtor esteja dispensado de um dever de vigilância sobre a coisa, depois da sua introdução no mercado (depois da sua colocação em circulação). Nos termos do DL nº69/2005, o produtor fica não só obrigado a apenas colocar produtos seguros no mercado, como, de acordo com o artigo 6º/1/b) DL nº69/2005, deve adotar todas as medidas necessárias para, em função das características do produto, se informar sobre os riscos que o produto possa apresentar e para desencadear as ações que se revelarem adequadas, incluindo a retirada do produto do mercado, o aviso aos consumidores em termos adequados e eficazes ou a recolha do produto junto destes. O produtor tem, no quadro de uma obrigação geral de segurança a que está vinculado, o dever de cumprir uma obrigação de acompanhamento do produto. Simplesmente, a violação desta obrigação desencadeia responsabilidade civil de acordo com o regime geral e não de acordo com a disciplina da responsabilidade do produtor que temos vindo a acompanhar[25]. A Resolução do Parlamento Europeu adotada em 23-1-2020, no que respeita aos processos de decisão automatizados, garantindo a proteção do consumidor e a livre circulação de produtos e serviços, reconhece que a emergência de produtos com capacidade de tomar decisões automatizadas coloca novos desafios, na medida em que tais produtos podem atuar de um modo que não estava previsto quando foram colocados no mercado, e solicita à Comissão Europeia, entre outras coisas, que adote propostas para adaptar as regras atinentes à obrigação geral de segurança a esses mesmos desafios. Ademais, pode ler-se aí que a Comissão deve desenvolver um esquema de *risk- assessment* para os produtos que envolvam IA e processos de decisão automatizada, para assegurar a efetiva aplicação das regras respeitantes à obrigação geral de segurança, do mesmo modo que os Estados-membro devem harmonizar estratégias de gestão do risco.

Uma terceira dificuldade prende-se com o tipo de danos indemnizáveis no quadro da responsabilidade civil do produtor. De facto, prescindindo-se da ilicitude como filtro objetivo de seleção das pretensões indemnizatórias procedentes, a contenção da indemnização consegue-se por via da determinação do tipo de danos que podem ser compensados. Nos termos do artigo 8º DL nº383/89, de 6 de novembro, só são ressarcíveis os danos resultantes de morte ou lesão pessoal e os danos em coisa diversa do produto defeituoso, desde que seja normalmente destinada ao uso ou consumo privado e desde que o lesado lhe tenha dado principalmente este destino. De fora ficam os danos puramente patrimoniais. Simplesmente, estes podem avultar no contexto da utilização de entes dotados de inteligência artificial. Basta pensar, por exemplo, nos problemas que podem resultar do uso de *robot advisors* ou no quadro da *blockchain*.

Acresce que o software colocado em circulação pode determinar a destruição de conteúdos digitais por si gerados ou pode determinar a destruição do *hardware* em que se integra. A questão que se coloca é se, em face da limitação no que respeita aos danos indemnizáveis – designadamente no segmento em que impede o ressarcimento dos prejuízos que não ocorram em coisa diferente do produto, que tenha sido destinada a um uso não profissional –, encontraremos solução para estes hipóteses. O problema

25. Este dado pode, contudo, ser extremamente importante na configuração da solução para estes problemas. Sobre tal possível solução, cf. *infra*.

não é exclusivo da responsabilidade do produtor, embora tenha suscitado, a esse nível, interessantes considerações[26].

Além disso, como alerta o *Expert Group on Liability and New Technologies*, pode ser difícil estabelecer a cisão clara entre produtos e serviços, na medida em que produtos e serviços interagem continuamente[27]. A verdade, porém, é que a responsabilidade do produtor fica confinada aos casos de defeituosidade do produto.

Parece, portanto, que, embora a responsabilidade do produtor possa oferecer alguns critérios para a resolução dos problemas que surgem no contexto da IA, ela terá de ser repensada. Aliás, a já mencionada Resolução do Parlamento Europeu adotada em 23-1-2020, no que respeita aos processos de decisão automatizados, refere que a Comissão deve rever a Diretiva nesta matéria, adaptando os conceitos de produto, dano e defeito, ao mesmo tempo que deve alterar as regras atinentes ao ónus da prova[28].

Também a responsabilidade assente na relação entre comitente e comissário parece improceder a este nível, por faltar a possibilidade de se imputar o evento lesivo ao comportamento do robot, exceto se o quisermos personificar, com o que se coloca o problema da personalidade do ente dotado de inteligência artificial, a abordar *infra*. E, do mesmo modo que, ao nível da responsabilidade delitual subjetiva, se podem colocar diversos problemas no que respeita à culpa, do ponto de vista da responsabilidade contratual, corremos o risco de se conseguir ilidir a presunção de culpa constante do artigo 799º CC, não se colocando, sequer, o problema de uma eventual responsabilidade por via do artigo 800º CC, já que o mesmo pressupõe também a subjetivação do terceiro de que se lance mão para o cumprimento de uma obrigação.

Iguais dificuldades se enfrentam quando se tentam resolver os problemas colocados por danos causados por entes dotados de inteligência artificial através do recurso ao conceito de atividades perigosas. Em alguns ordenamentos jurídicos, a categoria serve de base para a previsão de hipóteses de responsabilidade objetiva. Entre nós, o especial perigo de uma atividade determina uma presunção de culpa, entendida por muitos no sentido da penetração do modelo da *faute* no sistema delitual português[29]. Provando que empregou todas as providências exigidas pelas circunstâncias com o fim de os prevenir, o utilizador do ente dotado de inteligência artificial encontraria aí um expediente relativamente simples para afastar a sua responsabilidade assente no artigo 493º/2 CC. Como já se referiu o dano surge, as mais das vezes, por força da autonomia do *software*, que, fruto da autoaprendizagem, pode não ser previsível, tornando impossível exigir-se ao pretenso lesante que adote ulteriores providências. Acresce que, se por referência a alguns casos poderá ser possível pensar na perigosidade (ou especial perigosidade, segundo o que nos parece ser a melhor interpretação do preceito) da atividade, pela sua natureza ou pelos meios empregados, nem sempre ela é desvelável quando esteja em causa um mecanismo artificialmente inteligente. Na verdade, como considerar especialmente perigosa a utilização de um *smartphone* ou de um *tablet*? Tal dificuldade estende-se à

26. A este propósito, cf. Henrique Sousa Antunes (2019). Sobre o ponto, cf., *infra*, outras considerações.
27. Expert Group on Liability and New Technologies (2019), 28.
28. Cf., também, European Comission (2020), 13.
29. Nesse sentido, cf. Menezes Cordeiro (1997), 469. Veja-se, ainda, Mafalda Miranda Barbosa (2017).

possível previsão de uma hipótese de responsabilidade objetiva por atividades perigosas, entre nós unicamente consagrada ao nível da responsabilidade do Estado, para lidar com os danos causados por entes dotados de inteligência artificial.

A solução mostra-se, igualmente, imprestável. Como Curtis Karnow explica, "these activities and others are considered so inherently dangerous that the law makes those engaging in them in effect insurers to others who are hurt, without requiring proof of negligence or other types of fault. The point is not to focus on mass market items or actions, but to isolate rare activities of dubious social utility. An activity may be deemed ultrahazardous if it is uncommon, poses a high risk of harm, and creates a high degree of injury when injury does occur"[30]. Tendo isto em mente, o autor aduz que "while it is possible that the use of robots might be considered ultrahazardous, especially at their introduction, ultrahazardous theory is not well suited to the imposition of liability. Many of the injuries may not be serious, and robots are not likely routinely to pose hazards"[31].

De facto, é possível que alguns robots envolvam um especial perigo, entendido como a probabilidade de causar danos. Mas, dependendo do mecanismo, noutros casos, tal não se afigura plausível. A adequação do critério depende do específico desenho da norma que possa vir prever uma hipótese de responsabilidade objetiva.

As tradicionais regras de responsabilidade civil são questionáveis, também, por outras razões[32]. A problematicidade que envolve o dano não se circunscreve à responsabilidade do produtor. Desde logo, e porque o modelo delitual português assenta num filtro objetivo de seleção das pretensões indemnizatórias procedentes – a ilicitude –, podemos confrontar-nos com hipóteses de danos puramente patrimoniais. Não pensamos só, a este nível, no potencial lesivo, v.g, de *robot adivors*, utilizados no universo financeiro, mas de hipóteses mais prosaicas – e, em rigor, não exclusivas do mundo novo gerado com a inteligência artificial, mas sim potenciadas por todo o desenvolvimento tecnológico, como por exemplo, no caso de um *software* de um computador apagar todos os dados digitais aí inscritos[33].

Do mesmo modo, os estudiosos na matéria sublinham que a causalidade surge como um tópico problemático. O *Expert Group on Liability and New Technologies* autonomiza, na sua análise, um capítulo específico sobre a temática e encontra múltiplos obstáculos. Em primeiro lugar, refere que se o algoritmo suspeito de causar o dano foi desenvolvido ou modificado por um sistema de inteligência artificial desenvolvido com base em técnicas de *machine learning* e *deep learning*, com base em dados recolhidos desde que entrou em funcionamento, pode ser extremamente difícil estabelecer a causalidade entre a lesão e o comportamento do sujeito, pretendo lesante[34]. Os problemas agudizam-se se os *updates* do *software* forem fornecidos por um sujeito diferente do produtor original[35], na medida em que, fruto da dificuldade de se determinar se o erro no funcionamento do algoritmo se deve à programação inicial ou às modificações operadas pelas atualizações do sistema,

30. Karnow (2016), 63.
31. Karnow (2016), 64.
32. Expert Group on Liability and New Technologies (2019), 19.
33. Cf. Expert Group on Liability and New Technologies (2019), 19.
34. Cf. Expert Group on Liability and New Technologies (2019), 20.
35. Cf. Expert Group on Liability and New Technologies (2019), 21.

podemos ser confrontados com questões atinentes à causalidade alternativa incerta. Tal como os peritos reconhecem, "this is nothing new, but it will become much more of an issue in the future, given the interconnectedness of emerging digital technologies and their increased dependency on external input and data, making it increasingly doubtful whether the damage at stake was triggered by a single original cause or by the interplay of multiple (actual or potential) causes"[36]. A falha no funcionamento algorítmico, habitualmente, resulta da confluência de múltiplos erros/causas.

Sendo este um problema complexo, não cremos que o mesmo apresente especificidades dogmáticas pela proliferação dos mecanismos dotados de inteligência artificial. A confluência de múltiplas causas, muitas das quais desconhecidas, não é exclusiva deste pedaço de realidade. Sequer o é a possibilidade de o dano diferir muito tempo do lapso algorítmico que lhe deu origem. O que neste domínio se verifica é a eventual possibilidade de não se descortinar qualquer violação de um dever por parte do utilizador do *software* ou por parte do programador inicial. Fora destas hipóteses – que resultam da autonomia, autoaprendizagem dos sistemas – a ponderação judicativa no tocante à causalidade não deverá afastar-se daquela que é a nossa proposta quanto ao requisito, a dever ser compreendido à luz de um sentido imputacional.

3. AS SOLUÇÕES

3.1 Responsabilidade dos entes dotados de inteligência artificial

Tendo em conta muitas das limitações dos tradicionais esquemas de responsabilidade civil a que nos referimos, as instâncias europeias sublinharam a necessidade de se estabelecer uma disciplina específica para a responsabilidade civil por danos causados por entes dotados de inteligência artificial, associada a esquemas de seguros obrigatórios. Uma das possíveis escolhas políticas seria, de acordo com alguns autores, assumir a responsabilidade dos próprios *robots*, aqui entendidos em termos amplos.

Contudo, a afirmação desta responsabilidade encobre diversas soluções. Sem pretensões de exaustividade, são três, em teorias, as vias de tornar os *entes dotados de inteligência artificial* responsáveis por si mesmos.

Dizer que tais entes são responsáveis pode ser uma forma de impor a responsabilidade a todos os cidadãos, que se veriam assim forçados a subsidiar um fundo comum, a partir do qual se compensariam as vítimas sempre que emergisse um dano. Em alternativa, podemos entender essa responsabilidade dos *entes dotados de inteligência artificial* como uma forma de impor a obrigação de indemnizar aos seus utilizadores ou a um grupo de pessoas que, direta ou indiretamente, segundo os critérios que sejam estabelecidos, retirem benefícios de tais mecanismos. Neste caso, o mencionado fundo não seria capitalizado com as contribuições de todos, mas apenas de alguns. Apesar das diferenças, o que sobressai é estarmos diante de formas ou esquemas de responsabilidade objetiva. A terceira via de responsabilização dos *entes dotados de inteligência artificial* implica que

36. Expert Group on Liability and New Technologies (2019), 22.

sejam tratados como *agentes morais* e, como tal, implica a atribuição aos mesmos, no quadro do ordenamento, de personalidade jurídica.

3.1.1 *Os fundos de compensação de danos causados por* entes dotados de inteligência artificial

A existência de fundos de compensação está intrinsecamente ligada à responsabilidade objetiva. Não obstante, não é possível apresentar uma visão uniforme daqueles, o que resulta, aliás, do facto de não haver apenas um, mas vários esquemas possíveis de responsabilidade objetiva.

Esta pode assentar, ainda, numa ideia de imputação. O agente, em concreto, não é responsável pelo não cumprimento de um dever de cuidado, mas por ter assumido uma atividade tida por perigosa, de acordo com o juízo do legislador, da qual retira um determinado benefício. Nestes casos, a responsabilidade surge em virtude da concretização do risco que o agente assumiu preliminarmente, podendo ser coberta a indemnização devida por um esquema de seguro, muitas vezes obrigatório.

Ao invés, a responsabilidade independente de culpa pode desenhar-se como um esquema securitário. Ocorrendo um dano, a vítima terá, nessas hipóteses, direito a uma compensação, sem determinação do responsável por aquele, já que esta terá de ser demandada contra o fundo, para o qual contribuiu um maior ou menor grupo de pessoas. Ora, se a este nível, todos os cidadãos contribuírem para o fundo, a responsabilidade simplesmente desaparece para dar lugar a solução de segurança social, com impacto negativo em termo financeiro. Se, em alternativa, apenas algumas pessoas, diretamente relacionadas com os entes dotados de inteligência artificial, contribuírem para a capitalização do fundo, a diluição da responsabilidade não é tão evidente, mas ainda assim existe. Como explicita Castanheira Neves[37], se renunciamos a alocar a responsabilidade com base em critérios imputacionais, podemos garantia a dimensão social do estado, mas anulamos a dimensão de justiça do Estado de Direito e pomos de lado a responsabilidade, como reverso da autonomia personalista, enquanto fundamento do ordenamento jurídico. Além disso, independentemente das medidas de cuidado que sejam assumidas, o sujeito será tão responsável como se não tivesse sido negligente, o que pode implicar um decréscimo do ideário preventivo.

Estas solução são absolutamente diversas da que tínhamos considerado em primeiro lugar. Aí, o referido esquema securitário deve ser entendido em termos de seguro de responsabilidade civil, isto é, como um contrato em que uma das partes – o segurador – assume o risco de surgimento, na esfera do tomador do seguro ou do segurado – de uma obrigação de indemnizar. Ao contrário das hipóteses referidas em segundo lugar, a responsabilidade não é assacada ao ente dotado de inteligência artificial, mas ao produtor, ao operador ou ao utilizador, consoante a opção legislativa que seja tomada.

Apesar das diferenças, ao ter em consideração estes fundos, estamos a reconhecer que a responsabilidade não pode ser imputada ao ente dotado de inteligência artificial, pois, como veremos *infra*, não se consegue – pela ausência de património deste – efetivar tal mesma responsabilidade.

---

37. A. Castanheira Neves (1996), 38.

Não obstante, importa ter em conta a hipótese de os *robots* – novamente entendidos em sentido não rigoroso – poderem vir a ser tratados como agentes morais, passíveis de responsabilidade.

3.1.2 A personificação dos entes dotados de inteligência artificial?

Afirmar que os entes dotados de inteligência artificial são responsáveis implica resolver dois problemas preliminares.

De um ponto de vista axiológico, porque a responsabilidade civil é por nós compreendida enquanto projeção, no campo jus-privatístico, de um princípio mais amplo de responsabilidade, teremos de perceber até que ponto um software ou um robot podem ser qualificados como agentes capazes de responsabilidade, o que implica que nos debrucemos sobre o sentido dessa responsabilidade, por um lado, e, por outro lado, sobre as características destes entes artificialmente inteligentes para concluirmos se aquela se lhes pode ou não ser imputada.

De um ponto de vista técnico-jurídico, mas sem perder de vista o alicerce ético-axiológico, importa indagar se se deve ou não atribuir personalidade jurídica ao mecanismo artificialmente inteligente, já que a responsabilização implicaria sempre o estatuto de pessoa para o direito.

Não desenvolveremos estes pontos, remetendo as nossas considerações acerca do problema para o capítulo especificamente a ele dedicado. Contudo, não poderemos deixar de tecer alguns esclarecimentos.

A eventual responsabilização do ente dotado de inteligência artificial implica, do ponto de vista meramente técnico-jurídico, que lhes seja atribuída personalidade jurídica. Para isso, importa considerar uma eventual analogia com as pessoas singulares e com as pessoas coletivas.

Ora, quanto a isto, haveremos de considerar que não se pode, mesmo com base nas características apontadas para os atuais e sofisticados *softwares*, estabelecer qualquer analogia com os seres humanos. Dir-se-ia mesmo que a comparação – por maior que seja o grau de sofisticação dos robots e de outros mecanismos dotados de inteligência artificial – é desdignificante para o ser humano, reduzindo a sua autonomia a uma anódina capacidade de escolha. A autonomia dos entes dotados de inteligência artificial é uma autonomia tecnológica, fundada nas potencialidades da combinação algorítmica que é fornecida ao *software*. Está, portanto, longe do agir ético dos humanos, em que radica o ser pessoa. Falta-lhes, em cada tomada de decisão, a pressuposição ética, falha a relação de cuidado com o outro, até porque, em muitos casos, ela pode mostrar-se incompatível com a eficiência que está na base da programação computacional. Faltar-lhes-á sempre a imaginação. O seu raciocínio é padronizado (baseado em acumulação de conhecimento, e incapaz de fazer interpretações criativas).

Por outro lado, no tocante às pessoas coletivas, importa reconhecer que a personalidade coletiva não resulta de uma necessidade axiológica de reconhecimento, em nome da dignidade que lhes subjaz; sendo atribuída em função de determinados interesses das pessoas que estão na base da sua constituição. Só que tal atribuição não funciona no vazio; antes resulta da elevação de um determinado substrato – que pode não ser o mesmo por referência a cada uma das categorias de pessoas coletivas – à condição de sujeito de direito, substrato esse no qual se integra o fim em torno do qual a pessoa coletiva se organiza. Ora, é precisamente este fim, central para inúmeros aspetos da disciplina das pessoas coletivas, que justifica a atribuição da personalidade jurídica a estes entes. Trata-se, portanto, de uma personalidade jurídica funcionalizada à prossecução de determinados interesses humanos coletivos ou comuns ou, e dito de outro modo, de um expediente técnico que permite que os sujeitos (pessoas físicas) prossigam determinados interesses de modo diverso e mais consentâneo com a sua natureza. Este ponto falha: não há nenhum interesse humano que seja prosseguido com a atribuição da personalidade jurídica aos robots, exceto se esse interesse for a desresponsabilização (contrária ao sentido do direito).

Inexiste um interesse humano que possa ser mais bem prosseguido com a atribuição do estatuto aos robots, exceto se virmos na não responsabilidade do proprietário ou utilizador do robot a principal razão para a personificação. Simplesmente, tal contrariaria o entendimento do direito como uma ordem axiológica fundada na dignidade da pessoa vista como um ser de responsabilidade[38].

A analogia entre a suposta personalidade das pessoas eletrónicas e das pessoas coletivas falha. Considerando a questão da responsabilidade, podemos dizer que a pseudo responsabilização dos entes dotados de inteligência artificial não é adequada. De facto, de um ponto de vista delitual, a responsabilidade das pessoas coletivas pode ser explicada como uma via de garantir o cumprimento da obrigação de indemnizar imposta aos agentes e funcionários que atuem no seu seio, e, de um ponto de vista contratual, a pessoa coletiva é responsável porque surge como o específico devedor numa relação obrigacional. Ora, nenhuma destas ideias faz sentido por referências às pretensas pessoas eletrónicas.

Extracontratualmente, o robot não pode encarar-se como o garante do humano por detrás de si, na medida em que não é responsável pela pessoa, mas, inversamente, o homem é responsável pelo uso do ente dotado de inteligência artificial. Contratualmente, a imagem de um computador com discernimento que exerça a sua vontade no sentido de se comprometer com outro sujeito está longe da realidade dos nossos dias. Mesmo que possamos assumir que os robots atuam autonomamente, de acordo com as instruções do programador, ou mesmo que possam decidir autonomamente, a partir da autoaprendizagem conseguida depois de um *input* inicial, quando celebre um negócio jurídico, o robot será um puro núncio. De facto, o robot não tem necessidades; logo, o ente com inteligência artificial não necessita de celebrar contratos.

Tudo isto mostra que a responsabilidade das pessoas coletivas não é apta a assimilar a intencionalidade problemática dos casos de danos causados por entes dotados de inteligência artificial. Acresce que os esquemas de responsabilidade operam devido à existência de um património detido pela pessoa coletiva, através do qual ela se materializa. Mas o «*robot*», como já referimos, não detém um património, pelo que, em última instância, a compensação terá de ser suportada pela pessoa física que está por detrás do ente dotado de inteligência artificial ou, como consequência da ideia do «*robot*» responsável, por um fundo especial, correspondendo à anunciada e criticada solução de não responsabilidade.

38. Nevejans (2016), 16.

3.2 Hipóteses especiais de responsabilidade pelo risco

Chegados a este ponto, haveremos de concluir que os problemas colocados pela inteligência artificial, a este nível, exigem a intervenção do legislador. Esta conclusão baseia-se em duas premissas: a forma mais eficiente de lidar com os danos causados pelos agentes com IA é a responsabilidade objetiva[39]; e, sendo a responsabilidade objetiva excecional, a hipótese tem de surgir prevista numa norma.

Isto não significa que a responsabilidade subjetiva deva estar ausente[40], bem como não significa que a responsabilidade contratual não possa ser invocada. No que respeita à responsabilidade por culpa, o legislador pode prever, inclusivamente, um conjunto de deveres que os programadores e os operadores dos entes dotados de inteligência artificial devem cumprir. Estes deveres afigurar-se-ão extremamente importantes, na medida em que facilitam o juízo de culpa e sua prova, bem como a edificação de uma esfera de responsabilidade, a partir da qual se pensará a imputação[41]. Significa, simplesmente, que a previsão de uma ou várias hipóteses de responsabilidade objetiva se torna crucial para lidar com muitos dos casos que eventualmente poderão surgir.

O que se designa por responsabilidade objetiva cobre um leque variado de possíveis modelos ou sistemas de responsabilidade.

Deutsch propõe a classificação, distinguindo entre *enge Gefährdungshaftung* (responsabilidade objetiva baseada no risco, como a responsabilidade por danos causados por veículos); a *erweiterte Gefährdungshaftung* (responsabilidade baseada no risco, que cobre, *inter alia*, a responsabilidade do produtor, assumida como uma responsabilidade avançada); e a *Kausal-Vermutungshaftung* (resultante da combinação entre a responsabilidade baseada no risco e a responsabilidade presumida, como a responsabilidade por danos causados ao ambiente) [42]. Na *Common Law*, distingue-se entre a *strict liability* e a *absolute liability*.

Para além das diferenças entre estes modelos, podemos estabelecer outras distinções. De facto, para lá da específica configuração das hipóteses de responsabilidade baseada no risco, há, como já referimos, situações que podem ser assumidas como sistemas securitários. Em suma, podemos confrontar-nos com três modelos de responsabilidade objetiva: a) responsabilidade por um específico risco; b) responsabilidade por um risco genérico; c) sistemas assistenciais, baseados em fundos.

A responsabilidade por um específico risco é caracterizada por uma perspetiva imputacional. Com efeito, implica a assunção de uma específica esfera de risco, mesmo que anterior a uma determinada ação concreta. A responsabilidade, nesses casos, depende de um especial risco, assumido por uma pessoa que da atividade retira um benefício.

39. O tipo, a dimensão e a extensão dos danos que resultam de uma determinada atividade; a dificuldade de prova da culpa; a importância dos bens jurídicos postos em causa são algumas das razões que podem justificar a imposição da responsabilidade objetiva. Os danos que resultem do uso da inteligência artificial podem preencher algumas destas justificações. Importa, contudo, notar que se em muitos casos se pode desvelar a culpa – por exemplo, porque o utilizador/operador não cumpriu determinados deveres de cuidado no sentido da atualização do software ou no sentido de impedir o acesso de terceiros – hackers – ao sistema, na maioria das situações os danos avultarão sem culpa.

40. Expert Group on Liability and New Technologies (2019), 36.

41. Expert Group on Liability and New Technologies (2019), 44-45 e 48.

42. Erwin Deutsch/ Hans-Jürgen Ahrens (2002), 175; Erwin Deutsch (1996), 420-422.

Tal risco será fundamental para determinar a existência ou não da responsabilidade. Preveem-se igualmente causas de exclusão da responsabilidade, que traduzem a ideia de, exatamente, que o dano, naquelas circunstâncias, não surge como concretização do risco assumido e mobilizado como critério da imputação.

A responsabilidade pelo risco genérico envolve, também, uma perspetiva imputacional, apesar de não se basear num específico risco. É o caso, por exemplo, da responsabilidade do comitente.

Os sistemas assistencialistas/securitários, por seu turno, baseiam-se, como sabido, em fundos de compensação. Na presença de um dano, o fundo é acionado, independentemente de se saber quem foi o concreto sujeito que o causou. Como vimos *supra*, o fundo pode ser capitalizado por todos os sujeitos que direta ou indiretamente possam estar envolvidos na situação danosa ou por um leque mais amplos de sujeitos. Tais fundos não devem substituir totalmente a responsabilidade. Elas determinam que, apesar de reforçarem o sentido da responsabilidade comunitária, o sentido da responsabilidade pelo equilíbrio da integração se perca[43].

Assumindo estas ideias, há apenas duas alternativas viáveis para resolver os problemas colocados pelos danos causados por robots: responsabilidade baseada num específico risco ou responsabilidade baseada num risco geral. A operacionalidade dos fundos de compensação deve, então, ser subsidiária – o lesado só deve poder demanda-lo se não houver hipótese de assacar a responsabilidade ao efetivo responsável.

Porém, a opção entre as duas mencionadas formas de responsabilidade pelo risco, bem como o específico desenho de cada uma das hipóteses ficará dependente de múltiplos fatores, como o grau de sofisticação do robot, a possibilidade de se assumirem diversos níveis de precaução, os interesses inerentes ao uso do robot, as escolhas éticas do programador. No mais, dependerá igualmente das escolhas políticas do legislador. Ponto assente é que a sua intervenção se afigura essencial.

Como proposta, podemos avançar algumas ideias.

Apesar de nos referirmos ao problema dos danos causados por entes dotados de inteligência artificial de modo uniforme, importa salientar que não estamos a falar de uma realidade única e simples. Na verdade, existem diversos mecanismos dotados de inteligência artificial, com potenciais lesivos diversos, quer no que respeita ao tipo de danos que podem gerar, quer no que respeita à sua magnitude[44]. Por outro lado, o tipo

---

43. See David Howarth (2001), 553-580.
44. Cf. European Comission (2020), 17: "AI application should be considered high-risk where it meets the following two cumulative criteria: first, the AI application is employed in a sector where, given the characteristics of the activities typically undertaken, significant risks can be expected to occur (...) For instance, healthcare; transport; energy and parts of the public sector; second, the AI application in the sector in question is, in addition, used in such a manner that significant risks are likely to arise. This second criterion reflects the acknowledgment that not every use of AI in the selected sectors necessarily involves significant risks. For example, whilst healthcare generally may well be a relevant sector, a flaw in the appointment scheduling system in a hospital will normally not pose risks of such significance as to justify legislative intervention. The assessment of the level of risk of a given use could be based on the impact on the affected parties. For instance, uses of AI applications that produce legal or similarly significant effects for the rights of an individual or a company; that pose risk of injury, death or significant material or immaterial damage; that produce effects that cannot reasonably be avoided by individuals or legal entities".

de controlo que se pode sobre eles exercer é diversificado, falando os autores de algoritmos sem capacidade de aprendizagem automática e algoritmos com capacidade de aprendizagem automática, dentro da qual se distingue a aprendizagem supervisionada e aprendizagem não supervisionada.

Estas distinções, comuns no campo das ciências da computação, podem ser importantes para compreendermos a justiça do critério imputacional que seja erigido.

Assim, sempre que o dano resulte de um defeito de conceção ou de programação do ente dotado de inteligência artificial ou devido a uma omissão de informação acerca do correto uso do robot, a responsabilidade deve ser assacada ao produtor. Contudo, tendo em conta as limitações que esta hipótese de responsabilidade conhece, especialmente no que respeita aos danos que podem ser compensados – como vimos anteriormente –, torna-se urgente a intervenção do legislador.

Por outras palavras, a responsabilidade do produtor terá de ser repensada e ampliada, no sentido de abarcar o ressarcimento de outros danos que não os causados à vida, à integridade da pessoa ou a coisas diversas do produto defeituoso que o adquirente destine a um uso não profissional. Uma reflexão impor-se-á: fará sentido que, em certas circunstâncias, atenta a natureza do ente dotado de inteligência artificial, possam ser indemnizados danos puramente patrimoniais?

O problema parece colocar-se a diferentes níveis, ou melhor, por referência a diversos casos-tipo.

Um primeiro leque de situações em que o eventual alargamento do âmbito de relevância do ressarcimento arbitrado no seio da responsabilidade do produtor pode fazer sentido é o que diz respeito aos danos causados pelo software que se repercutem em partes componentes do produto defeituoso. A este propósito, Henrique Sousa Antunes aduz que "os conteúdos digitais adquiridos interferem, fundamentalmente, com outros conteúdos digitais (ficheiros armazenados num computador, programas aí instalados)" e pergunta se "a referência da Diretiva 85/374/CEE (artigo 9.º) e do Decreto-Lei n.º 383/89 a danos em coisa excluirá o ressarcimento dos prejuízos associados à destruição ou corrupção de conteúdos digitais de um utilizador? Seria despropositado que o alargamento da responsabilidade civil do produtor pela extensão do conceito de produto convivesse com a restrição do conceito de dano material a coisa corpórea. Na verdade, se, numa abordagem conservadora, o universo de bens protegidos pela indemnização é mais extenso do que o âmbito dos produtos que geram responsabilidade, desconsiderar a desmaterialização dos bens jurídicos atendíveis a respeito dos danos ressarcíveis geraria um desequilíbrio que o legislador rejeitou"[45]. Parece assim ser pensável, neste sentido, o ressarcimento pela destruição ou deterioração de dados em virtude de um defeito no software que os permitiu gerar.

O problema conhece, porventura, um âmbito mais profundo e mais alargado do que aquele que vai intencionado na consideração das possíveis e necessárias alterações à responsabilidade do produtor para acomodar os desafios que a inteligência artificial nos comunica. De facto, a desmaterialização dos bens coloca, como vimos anteriormente,

45. Henrique Sousa Antunes (2019).

questões particularmente interessantes no que diz respeito aos danos causados pela destruição de dados (conteúdos digitais).

O *Expert Group on Liability and New Technologies* propõe, a esse propósito, o ressarcimento dos danos causados em dados (*data*) em algumas situações. A saber: a) sempre que a responsabilidade resulte de um contrato; b) sempre que a responsabilidade resulte da interferência com um direito de propriedade sobre uma coisa que alojava os dados ou da lesão de outro interesse protegido como direito real, de acordo com a lei aplicável; c) sempre que o dano seja causado por um comportamento que viole uma norma penal ou outra disposição legal cujo propósito fosse evitar tal dano; d) sempre que haja dolo[46].

Em causa parece estar, afinal, a definição de hipóteses de ressarcimento que são pensáveis no quadro dos remédios habitualmente forjados para lidar com danos puramente patrimoniais. Não se descortina, portanto, um alargamento da responsabilidade para lá do que seria eventualmente cogitável longe de um ambiente marcado pela inteligência artificial. Este é, aliás, um dado fulcral. O alargamento da responsabilidade do produtor não pode ir ao ponto da abertura da sua relevância que conduza a situações de hiper-responsabilidade, donde, o segundo leque de situações em que se poderão colocar problemas atinentes a danos puramente patrimoniais, aqueles que se verificam já não como danos repercutentes, deverá merecer outra atenção. De facto, ou se forja um critério seguro de limitação dos tipos de danos ou deverão ficar de fora os prejuízos meramente económicos.

Em suma, a extensão só será pensável se o legislador encontrar outras vias de limitação da obrigação de ressarcir, sob pena de se abrirem desmesuradamente as portas a formas de hiper-responsabilidade. Parecem, portanto, ficar de fora algumas situações como as que resultam da atuação de *robot advisors*.

A questão é, contudo, ainda mais ampla. Na verdade, para lá do âmbito específico da responsabilidade civil, a digitalização da realidade impõe-nos uma reflexão acerca do próprio conceito de coisa, como ficou patenteado *supra*.

Por outro lado, a intervenção ao nível da responsabilidade do produtor deve estender-se à questão da exclusão da obrigação de indemnizar por via da invocação do risco de desenvolvimento. Se, no quadro normativo atual se afasta a responsabilidade do produtor pela prova de que, no momento da colocação do produto em circulação, não era possível, de acordo com o estado da ciência, detetar o defeito, haveremos de considerar que, naquelas hipóteses em que o fornecedor do software tem a obrigação de continuar a prover pelas atualizações daquele, sejam elas ou não atualizações de segurança, a relevância do momento da entrada em circulação do produto perde sentido. Na prática, tudo se passa como se continuamente o produtor estivesse a promover a entrada no mercado de produtos intangíveis, desmaterializados. No mesmo sentido depõe o *Expert Group on Liability and New Technologies*, ao considerar que produtor não afasta a responsabilidade provando que, no momento em que colocou o ente dotado de inteligência artificial no mercado, ele não era defeituoso ou que os conhecimentos técnicos não permitiam a descoberta do defeito, quando o produtor continue responsável

46. Expert Group on Liability and New Technologies (2019), 59.

pelos *updates*[47]. Consoante se esclarece no estudo citado, esta proposta está em linha com o que, no domínio contratual, se consagrou já ao nível da Diretiva (UE) 2019/771 e da Diretiva (UE) 2019/770.

De notar que a falha no cumprimento dos deveres a que se vinculou contratualmente ou que resultem, em geral, da obrigação de acompanhamento do produto pode gerar, durante a vida útil do software, responsabilidade pela desvelação da culpa. Aqui vai-se, porém, mais longe, considerando-se que o produtor pode ser responsável independentemente do cumprimento ou não dos referidos deveres. Consoante se lê no estudo mencionado, "the producer should therefore remain liable where the defect has its origin in a defective digital component or digital ancillary part or in other digital content or services provided for the product with the producer's assent after the product has been put into circulation; or in the absence of an update of digital content, or of the provision of a digital service which would have been required to maintain the expected level of safety within the period of time for which the producer is obliged to provide such updates"[48].

A formulação que trazemos a lume parece-nos confundir diversos níveis de responsabilidade, fazendo indistintamente apelo ao risco e à culpa como fundamento da obrigação de indemnizar. Ponto assente deve ser, portanto, o de garantir a responsabilização independentemente de culpa, quando as atualizações de segurança (e outras) ficarem a cargo do produtor, o que não significa que não possa haver hipóteses de ocorrência de culpa, a ser tratadas de acordo com os critérios gerais.

O *Expert Group on Liability and New Technologies* acaba por ir mais longe. Tendo em mente as dificuldades que avultam por força da autoaprendizagem dos entes dotados de inteligência artificial, por via da chamada *machine learning*, designadamente o facto de um defeito num produto digital poder resultar do impacto que o ambiente envolvente tem no algoritmo criado, bem como tendo em mente a necessidade de repartir riscos e benefícios de uma forma justa, sustenta que a exceção do risco de desenvolvimento não se deve aplicar nas hipóteses em que era previsível que desenvolvimentos imprevisíveis pudessem ocorrer[49]. A solução, que não pode deixar de granjear simpatia, não implica, contudo, uma alteração legislativa, mas, apenas, a adequada mobilização do que é o risco de desenvolvimento, pois que, ao produzir e programar um *software* com uma capacidade de aprendizagem não supervisionada e ao colocá-lo, subsequentemente, no mercado não se pode dizer que não era, de acordo com o estado da ciência e da técnica, possível prever que uma lesão viesse a ocorrer, exatamente porque a aprendizagem pela interação do meio do algoritmo seria imprevisível.

Não obstante tudo o que ficou dito, haverá situações em que não será possível responsabilizar o produtor. Ou em que, sendo-o, é também justificável e justo que a responsabilidade repouse sobre outro sujeito.

Há assim que considerar outros atores. Aquele que retira um benefício do uso do robot, do software ou do algoritmo deve ser responsável pelos danos que resultam do específico e especial risco que envolve o ente dotado de inteligência artificial. Os autores

47. Expert Group on Liability and New Technologies (2019), 43.
48. Expert Group on Liability and New Technologies (2019), 43.
49. Expert Group on Liability and New Technologies (2019), 43.

questionam, a este propósito, se a responsabilidade deve recair sobre o utilizador, sobre o proprietário ou sobre aquele que tem o dever de guarda. Ao invés de se socorrer destas categorias, o *Expert Group on Liability and New Technologies* defende, em alternativa, que é preferível mobilizar o conceito de operador (*operator*), referindo-se à pessoa que controla o risco associado à utilização do ente dotado de inteligência artificial e beneficia com tal utilização[50]. A vantagem desta substituição conceptual é incluir não só o proprietário, o utilizador ou o guardador, mas também o *backend provider*, "who, on a continuous basis, defines the features of the technology and provides essential backend support services"[51].

A responsabilidade ficará, neste caso, limitada pela materialização do risco, o que implica que pode não ser adequada para entes dotados de inteligência artificial que não envolvam um especial perigo[52]. Por outras palavras, se aqui podemos encontrar uma via para impor um dever de compensação a alguém que usa, por exemplo, um veículo autónomo ou um robot médico, pode não ser adequado para fazer face a danos causados por entes dotados de inteligência artificial que não sejam especialmente perigosos, como um smartphone ou uma televisão inteligente. O robot ou o software deve envolver um perigo acrescido por comparação com o normal risco das coisas usadas pelo homem, quer do ponto de vista qualitativo, quer do ponto de vista quantitativo.

Isto não significa que devam ficar de fora as hipóteses de danos causados por entes dotados de inteligência artificial de uso comum, no sentido de ordinário, recorrente. Ou seja, não se exige que sejam de uso extraordinário, mas que um especial perigo possa ser alocado ao robot.

A ideia de utilização comum, já não no sentido de recorrente, mas de compartilhada por todos pode, contudo, levantar algumas dificuldades. A responsabilidade objetiva, orientada por uma ideia de justiça distributiva, pode não ser adequada para fazer face a danos que sejam causados por mecanismos dotados de inteligência artificial indiferentemente usados por todos, dos quais todos beneficiem[53]. Pense-se, por exemplo, num algoritmo usado para mapear estradas, de modo a que os veículos automáticos possam circular, ou num algoritmo utilizado para a mineração no quadro da *blockchain* aberta. É que nestes casos o benefício da utilização do ente dotado de inteligência artificial é partilhado por vários sujeitos indiferenciados.

Mas o *Expert Group on Liability and New Technologies* chama a atenção que a responsabilidade do *operador* pode, também, não ser adequada se o ente dotado de inteligência artificial atuar em ambientes privados. Como se pode ler, "strict liability is an appropriate response to the risks posed by emerging digital technologies, if, for example, they are

50. Expert Group on Liability and New Technologies (2019), 41.
51. Expert Group on Liability and New Technologies (2019), 41.
52. A este propósito, cf. G. Teubner (2018), 155 s. Para o autor, a *digitale Assistenzhaftung a que faz apelo não se basearia numa ideia de perigosidade da atividade, mas no perigo das decisões digitais autónomas. Nessa medida, não teríamos de ficar limitados pela especial perigosidade a que seríamos conduzidos pelo tipo de ente dotado de inteligência artificial concretamente em causa. Isto permitiria pensar que, num estádio superior de evolução algorítmica, se poderia tentar assacar a responsabilidade ao próprio robot.*
53. Bernhard Koch (2005), 105-106.

operated in non-private environments and may typically cause significant harm"[54]. Com isto os peritos procuram sublinhar que esta forma de responsabilidade deve ser pensada, primeiramente, para novas tecnologias como veículos, drones, etc. No que respeita a casas inteligentes (*smart homes*), parecem exclui-las do seu âmbito de relevância[55]. Não encontramos para esta restrição justificação bastante. Pelo contrário, parece-nos que os critérios da especial perigosidade e do benefício que se retiram são suficientes para limitar a relevância das hipóteses. Ou seja, verificando-se uma hipótese em que um algoritmo, usado num ambiente privado, apresenta uma especial propensão para gerar danos e é usado em benefício de uma pessoa ou um grupo restrito de pessoas que o controla(m), nada deve obstar à responsabilização do operador, independentemente de culpa.

Encontradas vias de responsabilização quer do produtor, quer do operador, alguns autores adiantam, também, que se deve prever uma hipótese de responsabilidade por ato alheio. Argumentam para tanto que o uso de tecnologia permite que se trace a analogia com os casos em que se lança mão de auxiliares humanos no cumprimento de determinadas obrigações ou em que se encarrega outrem de realizar determinadas tarefas[56]. As dificuldades a este nível são muitas, como, aliás, já tivemos oportunidade de referir. De acordo com o artigo 500º CC, a responsabilidade do comitente implica que o comissário seja ele próprio responsável, o que, na generalidade das situações, requer, inclusivamente, a presença de uma atuação culposa deste último. Ora, um algoritmo não é responsável, não o pode ser, nem pode ser passível de um juízo ético de censura em que se consubstancia a culpa. Do ponto de vista contratual, o devedor é, nos termos do artigo 800º CC, responsável pelos danos causados por terceiros auxiliares, dependentes ou independentes, que use no cumprimento das suas obrigações, como se fossem atos dele próprio. A estrutura da responsabilidade contratual justifica esta mutação ao nível do esquema imputacional. A verdade é que, ao recursarmos a personificação do robot, do software ou do algoritmo, deixamos de poder falar de um terceiro que funcione como a *longa manus* do devedor. Mas viável considerar-se que o devedor deve responder pelos danos causados pelos entes dotados de inteligência artificial que use no cumprimento dos seus deveres. Como não se lhes reconhece um estatuto pessoal, o *robot*, o *software* ou o algoritmo devem ser compreendidos como meros instrumentos, sendo esta uma responsabilidade por facto próprio. Qual a particularidade a assinalar a este nível? Havendo a possibilidade de o devedor afastar a presunção de culpa, é importante a previsão, a este nível, de uma hipótese de responsabilidade sem culpa.

Alguns autores, a este propósito, sugerem que os entes dotados de inteligência artificial podem ser entendidos como *agentes* no quadro contratual. Neste sentido, o software não seria entendido como pessoa, titular de direitos e deveres, mas mera instância que poderia celebrar negócios jurídicos. Os entes dotados de inteligência artificial não podem ser qualificados como *e-persons*, mas como *e-servants*. A proposta chega-nos pela pena de Ugo Pagallo e funda-se numa comparação entre a condição dos robots e dos antigos escravos romanos. Porque o escravo poderia, com a sua atuação, causar danos a terceiros,

54. Expert Group on Liability and New Technologies (2019), 39.
55. Expert Group on Liability and New Technologies (2019), 40.
56. Expert Group on Liability and New Technologies (2019), 45.

não podendo, contudo, ser responsabilizado, por não ter personalidade, não o podendo ser, também, o senhor, o pretor introduziu a *actio de peculio*[57], garantindo por meio dela que se demandasse o *peculium*, um património autónomo que factualmente pertencia ao escravo e que juridicamente poderia ser imputado ao *dominus*, que o atribuía. Transpondo esta lição para o mundo atual, Ugo Pagallo fala da constituição de um *peculium* digital[58], por meio do qual se responsabilizaria o utilizador do robot pelos danos que aquele pudesse gerar, embora de forma limitada ao valor que lhe tivesse sido atribuído.

A solução concita dúvidas. Em primeiro lugar, fica a responsabilidade limitada ao *peculium*[59], o que, em si, pode não nos constranger se pensarmos que também a responsabilidade pelo risco, em regra, conhece tetos de responsabilidade. Em segundo lugar, estando a lidar-se com máquinas e não com homens, continua a não se alijar a dificuldade de fazer recair sobre aquela um juízo de censura ético-jurídico, em que se traduz a culpa. A não ser que a intervenção do legislador vá no sentido de responsabilizar o utilizador do *robot* sempre que ocorra um dano que se inscreva no seu próprio risco. Mas nesse caso, aquilo com que lidamos é, no fundo, com a previsão de uma hipótese de responsabilidade objetiva que, mesmo que não prescinda de um juízo imputacional – referido ao risco da coisa –, não nos obriga a forjar uma categoria nova.

4. REFERÊNCIAS

ANTUNES, Henrique Sousa, "Responsabilidade civil do produtor: os danos ressarcíveis na era digital", *Revista de Direito da Responsabilidade*, I, 2019.

BARBOSA, Mafalda Miranda, "Inteligência artificial, e-persons e direito: desafios e perspetivas", *Revista Jurídica Luso-Brasileira*, ano 3, nº6, 2017, 1475-1503.

BARBOSA, Mafalda Miranda, *Lições de responsabilidade civil*, Princípia, 2017.

BERTOLINI, Andrea, "Robots as Products: The Case for a Realistic Analysis of Robotic Applications and Liability Rules", *Law Innovation and Technology*, 5/2, 2013, 214-247.

BYDLINSKI, P., "Der Sachbegriff im elektronischen Zeitalter: zeitlos oder anoassungsbedürftig?", *Archiv für die civilistische Praxis*, 1998.

CAMPOS, Juliana, "Responsabilidade civil do produtor pelos danos causados por robots inteligentes, à luz do DL 383/89, de 6 de novembro", *Revista de Direito da Responsabilidade*, 1, 2019.

CORDEIRO, A. Menezes, *Tratado de Direito Civil*, III, 4.ª edição (com a colaboração de A. Barreto Menezes Cordeiro), Almedina, Coimbra, 2019.

CORDEIRO, A. Menezes *Da responsabilidade civil dos administradores das sociedades comerciais*, Lex, 1997.

DEUTSCH, Erwin, *Allgemeines Haftungsrecht*, Köln, Berlin, Bonn, München: Carl Heymanns, 1996.

DEUTSCH, Erwin / AHRENS, Hans-Jürgen, *Deliktrecht, Unerlaubte Handlungen, Schadensersatz und Schmerzensgeld*, Köln, Berlin, Bonn, München: Carl Heymanns Verlag, 2002.

EUROPEAN COMISSION, *White paper On Artificial Intelligence - A European approach to excellence and trust*, 2020.

57. Cf. A. Santos Justo (2017), 31 s. Para um paralelo com a questão dos robots, cf. A. Santos Justo (1997), 27. Veja-se, igualmente, Manuel Felício (2019-2), 20 s., mostrando-se crítico quanto à solução.
58. Ugo Pagallo (2013), 103 s.
59. Manuel Felício (2019-2), 21

EXPERT GROUP ON LIABILITY AND NEW TECHNOLOGIES, *Liability for Artificial Intelligence and other emerging digital technologies*, European Union, 2019.

FELÍCIO, Manuel, "Responsabilidade civil extracontratual por acidente de viação causado por veículo automatizado", *Revista de Direito da Responsabilidade*, 1, 2019, 493 s.

FELÍCIO, Manuel, *Responsabilidade Civil Extracontratual por Acidente de Viação Causado por Veículo Automatizado*, Coimbra, 2019.

GONÇALVES, Patrícia, *Responsabilidade moral e inteligência artificial: mind the gap*, Faculdade de Ciências Sociais e Humanas, Universidade Nova de Lisboa, 2020.

HOWARTH, David, "Three forms of responsibility: on the relationship between tort law and welfare state", *Cambridge Law Journal*, 2001.

HUBBARD'S, "Allocating the risk of physical injury from sophisticated robots: efficiency, fairness and innovation", *Robot Law*, edited by Ryan Calo, A. Michael Froomkin and Ian Kerr, United Kingdom, Cheltenham: Edward Elgar Publishing, 2016, 25-50.

JUSTO, A. Santos, *Direito Privado Romano: II – Direito das Obrigações*, 5ª ed., Coimbra Editora, 2017.

JUSTO, A. Santos, "A Escravatura em Roma", *Boletim da Faculdade de Direito,* 73, 1997.

KARNOW, Curtis E. A., "The application of traditional tort theory to embodied machine intelligence", *Robot Law*, edited by Ryan Calo, A. Michael Froomkin and Ian Kerr, United Kingdom, Cheltenham: Edward Elgar Publishing, 2016, 51-77.

KOCH, Bernhard A., "*Product Liability 2.0 – Mere Update or New Version?*", *Liability for Artificial Intelligence and the Internet of Things – Münster Colloquia on EU Law and the Digital Economy IV*, Baden-Baden, 2019.

KOCH, Bernhard, "Strict Liability", *Principles of European Tort Law, Text and commentary*, Wien: Springer, 2005.

MIRANDA, Márcio *Algoritmos Genéticos: Fundamentos e Aplicações*, UFRJ, http://www.nce.ufrj.br/GINAPE/VIDA/alggenet.htm

MITCHELL, M., *An Introduction to Genetic Algorithms*, MIT Press, 1996.

NEVEJANS, Nathalie, *European Civil Law Rules in Robotics*, European Union: Directorate-General for Internal Policies, 2016.

NEVES, A. Castanheira, "Pessoa, Direito e Responsabilidade", *Revista Portuguesa de Ciência Criminal,* 6, 1996.

PAGALLO, Ugo, *The law of robots*, Springer, Heidelberg, London, New York, 2013.

PINTO, C. A. Mota, *Teoria Geral do Direito Civil*, 4ª edição por A. Pinto Monteiro e Paulo Mota Pinto, Coimbra Editora, Coimbra, 2005.

RICHARDS, Neil / SMART, William D., "How should the law think about robots?", *SSRN Electronic Journal*, 2013, 1-25.

SCHEUTZ, Matthias / CROWELL, R. Charles, *The Burden of Embodied Autonomy: Some Reflections on the Social and Ethical Implications of Autonomous Robots*, Universidade de Notre Dame, https://pdfs.semanticscholar.org/5b7a/586d7c9f3436393406592bb1d21ba6fb850c.pdf [s.d.].

SILVA, J. Calvão, da *Responsabilidade civil do produtor*, Almedina, Coimbra, 1999.

TEUBNER, Gunther, "Digitale Rechtssubjekte? Zum privatrechtlichen Status autonomer Softwareagenten", *Archiv für die civilistische Praxis*, 218, 2018, 155-205.

VOIT, Wolfgang/GEWEKE, Götz "Der praktische Fall – Bürgerliches Recht: Der tükische Computervirus", *Juristische Schulung*, 2001.

11
RESPONSABILIDADE CIVIL INDIRETA E INTELIGÊNCIA ARTIFICIAL

Carlos Edison do Rêgo Monteiro Filho

Professor Titular e ex-coordenador do Programa de Pós-Graduação em Direito da Faculdade de Direito da UERJ. Doutor em Direito Civil e Mestre em Direito da Cidade pela UERJ. Procurador do Estado do Rio de Janeiro. Presidente do Fórum Permanente de Direito Civil da Escola Superior de Advocacia Pública da PGE-RJ (ESAP). Vice-presidente do Instituto Brasileiro de Estudos de Responsabilidade Civil (IBERC). Advogado, parecerista em temas de direito privado.

Nelson Rosenvald

Professor do corpo permanente do Doutorado e Mestrado do IDP/DF. Procurador de Justiça do Ministério Público de Minas Gerais. Pós-Doutor em Direito Civil na *Università Roma Tre* (IT-2011). Pós-Doutor em Direito Societário na Universidade de Coimbra (PO-2017). *Visiting Academic Oxford University* (UK-2016/17). Professor Visitante na Universidade Carlos III (ES-2018). Doutor e Mestre em Direito Civil pela PUC/SP. Presidente do Instituto Brasileiro de Estudos de Responsabilidade Civil (IBERC).

1. INTRODUÇÃO: QUALIFICAÇÃO DE CONDUTA E NOVAS TECNOLOGIAS

Sem embargo dos recentes avanços das teorias objetivas, a responsabilidade civil afigura-se tradicionalmente matizada na aferição de um ato culposo, relacionado ao desvio da conduta esperada do agente. Em tal cenário, cabe identificar os deveres de cuidado que o ofensor deveria ter cumprido em certas circunstâncias, comprovando-se que a conduta censurável não se alinhou a esses *standards* de comportamento.[1] Os deveres em questão são determinados por vários fatores: por vezes definidos de antemão pelo legislador, ao prescrever ou proibir certas condutas específicas; em outros casos, construídos pelos tribunais após o evento lesivo, com base na crença social sobre qual seria o curso de ação prudente e razoável naquela conjuntura.[2]

1. "Não há definição mais satisfatória para o ilícito civil. O ilícito civil é a transgressão de um dever jurídico. Desde o momento em que aquele sobre quem pesava um dever jurídico o transgride, cometeu um ilícito". (DANTAS, San Tiago. *Programa de Direito Civil*, v. I. Rio de Janeiro: Ed. Rio, 1977, p. 345).
2. Como já se observou noutro momento, "mesmo nos casos de incidência da regra [da responsabilidade] subjetiva, a culpa torna a revelar outro perfil: afasta-se de sua tendência original moralizadora (ligada à violação de deveres

No entanto, fato é que as tecnologias digitais emergentes dificultam a aplicação de regras de responsabilidade subjetiva, devido à falta de modelos bem estabelecidos para seu funcionamento adequado e à possibilidade de seu desenvolvimento como resultado de aprendizado sem controle humano direto, o que impede o conhecimento das consequências concretas.[3]

Afora os problemas relativos ao anonimato do autor da lesão e da ampliação da responsabilidade civil indireta, mesmo quando residualmente seja pertinente a discussão da culpa no campo individual, será importante observar que os processos de execução dos sistemas de IA não podem ser mensurados de acordo com os deveres de cuidado projetados para a conduta humana. Justificativas adicionais se impõem. Pode ser que sejam introduzidas pelo menos certas regras mínimas (v.g., registro de identificação do robô que facilite uma análise, após o fato, do que realmente aconteceu), para ajudar a definir e aplicar os deveres de cuidados relevantes para a responsabilidade civil. Ainda assim, essas regras não estão em um horizonte imediato.[4]

Também pode haver problemas com a comprovação do ilícito derivado das tecnologias digitais emergentes. Geralmente, a vítima deve provar que o agente (ou alguém cuja conduta lhe é atribuível) foi culpado. Portanto, a vítima não precisa apenas identificar quais deveres de cuidados o réu deveria ter cumprido, mas também provar ao tribunal que esses deveres foram violados, fornecendo evidências de como ocorreu o evento que deu origem ao dano.[5] Quanto mais complexas as circunstâncias que levam ao dano, mais difícil é identificar evidências relevantes. Daí a importância das presunções de culpa.

---

preexistentes na lei ou no contrato), e conecta-se à figura do desvio de conduta, verificável por meio de *standards* correlacionados a cada situação específica. Noutras palavras, assume uma feição menos psicológica e mais objetiva, normativa" (MONTEIRO FILHO, Carlos Edison do Rêgo. O princípio da reparação integral e sua exceção no direito brasileiro. *In*: MONTEIRO FILHO, Carlos Edison do Rêgo (Coord.). *Rumos contemporâneos do direito civil*: estudos em perspectiva civil-constitucional. Belo Horizonte: Fórum, 2017, p. 105). No mesmo sentido, Maria Celina Bodin de Moraes explica: "A noção normativa de culpa, como inobservância de uma norma objetiva de conduta, praticamente substitui a noção psicológica, com vistas a permitir que se apure o grau de reprovação social representado pelo comportamento concreto do ofensor, isto é, a correspondência, ou não, do fato a um padrão (*standard*) objetivo de adequação, sem que se dê relevância à sua boa ou má intenção. Nesse sentido, a culpa continua a desempenhar um papel central na teoria do ilícito: a figura do ilícito permanece ancorada no fato 'culposo', o qual, porém, foi redefinido, através dessa concepção da culpa, como sendo um fato avaliado negativamente em relação a parâmetros objetivos de diligência. A culpa passou a representar a violação (*rectius*, descumprimento de um *standard* de conduta". (BODIN DE MORAES, Maria Celina. *Danos à pessoa humana*: uma leitura civil-constitucional dos danos morais. Rio de Janeiro: Forense, 2003, p. 212).

3. Lado outro, os esquemas vigentes de responsabilidade civil incluem uma série de defesas - exceções e exclusões - que não são apropriadas para as tecnologias digitais emergentes, pois refletem o foco no controle contínuo por seres humanos. Sistemas de responsabilidade por acidentes priorizam a noção da previsibilidade do comportamento de um condutor, excluindo a responsabilidade no caso de um evento inevitável. Esse conceito não se adapta à cenários de risco que envolvem tecnologias digitais emergentes porque o motorista de um AV se assemelha mais a um passageiro e a responsabilidade não mais se vincula ao controle humano, que geralmente está ausente, pelo menos com AVs de nível 5.
4. Podemos cogitar de um desenvolvedor de software que escreveu o firmware (instruções operacionais) para algum dispositivo inteligente. O software pode ter sido projetado para lidar com novos inputs que não correspondem a nenhum dado pré-instalado. Se a operação de alguma tecnologia que inclua IA for legalmente permitida, presumindo que o desenvolvedor tenha utilizado conhecimentos de última geração no momento em que o sistema foi lançado, quaisquer escolhas subsequentes feitas autonomamente pela tecnologia de IA podem não necessariamente ser atribuíveis a alguma falha em seu design original. Surge, portanto, a questão de saber se a opção de o admitir no mercado ou de implementar o sistema de IA em um ambiente em que o dano foi subsequentemente causado é, por si só, uma violação dos deveres de cuidado aplicáveis a essas escolhas.
5. Por exemplo, pode ser difícil e caro identificar um bug em um complexo código de software. No caso da IA, examinar o processo que leva a um resultado específico (como os dados de entrada levaram aos dados de saída) pode ser difícil, demorado e caro.

Se todo esse cenário remete a uma evidente valorização da responsabilidade objetiva,[6] em especial se associada a seguros obrigatórios e fundos compensatórios, é importante que a aferição do ilícito e da gravidade da culpa mantenham sua relevância pedagógica no sentido de evitar a desresponsabilização de agentes econômicos, principalmente como fundamento para indenizações em valores que ultrapassem os tetos dos aludidos fundos e seguros.

2. O DEBATE EM TEMA DA RESPONSABILIDADE POR FATO DE OUTREM COMO FUNDAMENTO DO DEVER DE REPARAR DANOS CAUSADOS POR INTELIGÊNCIA ARTIFICIAL

Uma fascinante discussão que extrapola os limites deste texto concerne à concessão de personalidade jurídica aos *robots*.[7] Doutrinadores defendem a personificação eletrônica como forma de simplificação na busca de um centro de imputação de obrigações,[8-9] sobretudo a de indenizar, eliminando a "artificialidade" do recurso da atribuição a humanos de comportamentos de animais, crianças e empregados, por danos causados a terceiros.[10] Apesar de se caminhar a passos largos para a "singularidade tecnológica"[11] – momento

6. "Quando pensávamos que o risco da atividade era a estação final do percurso entre as responsabilidades subjetiva e objetiva, novas demandas sociais apontam para o estabelecimento de um distinto marco final neste itinerário: o "alto risco da atividade". Ou seja, se a ciência é lebre e o direito é tartaruga, é aconselhável que em determinadas situações se imponha uma cláusula geral do elevado risco da atividade, tendo-se em vista que, a despeito de seus enormes benefícios, em certas circunstâncias o intenso desenvolvimento tecnológico tende a realizar o caminho inverso ao planejado pelo direito civil constitucional: o ser humano protagonista do ordenamento jurídico é reduzido a um indivíduo abstrato". (ROSENVALD, Nelson. Do risco da atividade ao alto risco da atividade algorítmica. Disponível em: https://www.nelsonrosenvald.info/single-post/2019/09/18/DO-RISCO-DA-ATIVIDADE-AO-%E2%80%9CALTO%E2%80%9D-RISCO-DA-ATIVIDADE-ALGOR%C3%8DTMICA).
7. Para uma análise detida dessa discussão, v. SOUZA, Eduardo Nunes. *Dilemas atuais do conceito jurídico de personalidade*: uma crítica às propostas de subjetivação de animais e de mecanismos de inteligência artificial. In: civilistica.com, a. 9, n. 2, 2020.
8. Gustavo Tepedino e Rodrigo da Guia Silva também observam que a busca por um centro de responsabilização pelos danos provocados pela inteligência artificial com alto grau de autonomia apartado do operador ou do desenvolvedor se explica dogmaticamente pela "controvérsia histórica sobre a necessidade de previsibilidade do dano indenizável". (TEPEDINO, Gustavo. SILVA, Rodrigo da Guia. Desafios da inteligência artificial em matéria de responsabilidade civil. *Revista Brasileira de Direito Civil*, v. 21, jul.-set. 2019, p. 74).
9. "Deveriam os robôs mais autónomos, do ponto de vista intencional e decisório, deter personalidade jurídica, para que lhes fosse reconhecida uma esfera concreta de direitos e deveres? Esta é, em nosso parecer, uma *pergunta errada*. Se entendermos ficcionar uma nova forma de personalidade para adaptá-la à inteligência artificial (*artificial* é, de resto, um conceito que desaparecerá muito em breve), poderemos fazê-lo, «mutatis mutandis», por razões idênticas e a partir dos mesmos pressupostos que regem a personalidade das pessoas coletivas. A questão a colocar, todavia, e no nosso entendimento, é a de saber se há proveito em conferir personalidade jurídica aos robôs, quando o que se pretende não é fazer deles titulares autónomos de direitos, mas somente *responsabilizá-los*". (FERREIRA, Ana Elisabete. Responsabilidade civil extracontratual por danos causados por robôs autónomos – breves reflexões. *Revista Portuguesa do Dano Corporal*, ano XXV, n. 27, dez. 2016, p. 48).
10. Inclusive, há a ideia do "pecúlio digital" que garantiria o cumprimento pela IA de suas obrigações extracontratuais, independentemente de um ser humano ser considerado objetivamente responsável ou tido como negligente. O "peculium" é uma instituição do direito romano – semelhante a um patrimônio de afetação com separação entre os bens do fabricante e os da máquina - que aplicado a alguns tipos de *robots*, poderia limitar a sua responsabilidade pessoal ao valor do portfólio, isoladamente ou acrescido ao valor de um seguro contratual, evitando-se o recurso à responsabilidade pelo comportamento de terceiros. PAGALLO, Ugo. *The laws of robots*: Crimes, contracts and torts. Law, Governance and Technology Series, v.10. Cham: Springer, 2013, p. 137.
11. Época em que fará sentido a execução da Recomendação n. 59 da Resolução do Parlamento Europeu de 16 de fevereiro de 2017: "Insta a Comissão a explorar, analisar e ponderar, na avaliação de impacto que fizer do seu futuro

em que haverá distinções entre os propósitos de algoritmos e máquinas e os das pessoas que os utilizam – parte-se do estado da arte do afastamento da personificação das tecnologias digitais emergentes.[12] Portanto, contempla-se a possibilidade de atribuição de obrigação de indenizar a alguém que poderia ter previsto e evitado o resultado lesivo.[13]

Para além da regra geral da responsabilidade civil por fato próprio, classicamente dividem-se as hipóteses de responsabilidade civil indireta em responsabilidade pelo fato de outrem (patrões por empregados, pais por filhos menores, curadores por curatelados), e responsabilidade pelo fato da coisa, seja esta uma coisa inanimada ou um dano provocado por animal.[14] Pela primeira vez, sistemas jurídicos responsabilizarão

---

instrumento legislativo, as implicações de todas as soluções jurídicas possíveis, tais como: f)Criar um estatuto jurídico específico para os robôs a longo prazo, de modo a que, pelo menos, os robôs autónomos mais sofisticados possam ser determinados como detentores do estatuto de pessoas eletrônicas responsáveis por sanar quaisquer danos que possam causar e, eventualmente, aplicar a personalidade eletrônica a casos em que os robôs tomam decisões autónomas ou em que interagem por qualquer outro modo com terceiros de forma independente". Sobre a capacidade de a inteligência artificial adquirir experiências e treinar a si mesma, do que decorreria a necessidade de se regular as consequências danosas de seus atos, v. PIRES, Thatiane Cristina Fontão; SILVA, Rafael Peteffi da. A responsabilidade civil pelos atos autônomos da inteligência artificial: notas iniciais sobre a resolução do Parlamento Europeu. *Revista Brasileira de Políticas Públicas*, v. 7, n. 3, dez. 2017. p. 243.

12. Atualmente, o dano causado por tecnologias totalmente autônomas é reduzido a riscos atribuíveis a pessoas naturais ou as categorias existentes de pessoas jurídicas. Quando esse não for o caso, novas leis direcionadas a indivíduos são uma resposta melhor do que a criação de uma nova categoria de pessoa coletiva. Qualquer tipo de personificação pode gerar uma gama de questões éticas e só faria sentido se auxiliasse os sistemas jurídicos a enfrentar os desafios das tecnologias digitais emergentes. Qualquer personalidade adicional demanda fundos especiais afetados a pessoas eletrônicas, para possam compensar vítimas de danos. Isso exigiria a estipulação de tetos indenizatórios e, como a longa experiência do direito empresarial demonstrou – surgiriam tentativas de contornar essas restrições, por via de demandas contra pessoas naturais ou jurídicas a quem as pessoas eletrônicas sejam vinculadas, em um movimento de "piercing the electronic veil". Além disso, para dar uma dimensão real a sua responsabilidade, as pessoas eletrônicas precisariam adquirir ativos por conta própria, isso exigiria a resolução de vários problemas legislativos relacionados à sua capacidade legal e como eles agem ao realizar transações. Vamos supor que o próprio veículo autônomo fosse responsabilizado por danos (e não no seu operador). As vítimas de acidentes receberiam indenização apenas se o seguro fosse contratado e alguém (quem?) pagasse os prêmios, ou se alguém (quem?) fornecesse ao carro bens dos quais os danos poderiam ser pagos. Se esses ativos não fossem suficientes para compensar totalmente as vítimas de um acidente, elas teriam um forte incentivo para buscar uma compensação da pessoa que se beneficiava da operação do carro. Porém, se o patrimônio do carro fosse suficiente para arcar com o mesmo nível de compensação dos regimes de responsabilidade e seguro já existentes, deferir ao carro uma personalidade jurídica seria uma mera formalidade e em nada alteraria o cenário. *Report from the expert group on liability and new technologies-New technologies formation–European Union 2019*. Texto disponível em https://ec.europa.eu/transparency/regexpert/index.cfm?do=groupDetail.groupMeetingDoc&docid=36608.
13. Para uma análise crítica das propostas de atribuição de personalidade jurídica à inteligência artificial, v. BARBOSA, Mafalda Miranda. Inteligência Artificial, *E-Persons* e Direito: desafios e perspectivas. *Revista Jurídica Luso-Brasileira*, Ano 3, n. 6, 2017, p. 1.479: "Ainda que a simples atribuição de personalidade jurídica, enquanto expediente técnico e operativo, a realidades diversas da pessoa seja viável, há que encontrar-se uma razão justificativa à luz dos interesses da própria pessoa. Simplesmente, no caso dos mecanismos dotados de inteligência artificial, tal não se verifica. Pelo contrário, se pensarmos, por exemplo, no tópico da responsabilidade, é óbvio que avulta uma dúvida: como é que o robot vai suportar pessoalmente a responsabilidade, sem que tenha meios materiais para o fazer? Portanto, a responsabilidade há-de ser, ainda e sempre, assacada a uma pessoa que esteja por detrás da inteligência artificial. E, em geral, quais os interesses humanos melhor tutelados por via da atribuição daquela personalidade?"
14. Aguiar Dias anota que, nas hipóteses de responsabilidade por fato de outrem e de responsabilidade por fato da coisa há presunção de causalidade entre o evento danoso e o responsável. Nas palavras do autor: "consideramos infundado o vivo debate, travado na jurisprudência francesa, sobre se tal presunção se refere à culpa ou à responsabilidade: a presunção é de causalidade; o que se presume é nexo de causa entre o fato da coisa e o dano" E continua: "O dever jurídico de cuidar das coisas que usamos se funda em superiores razões de política social, que induzem, por um ou outro fundamento, a presunção de causalidade aludida e, em consequência, à responsabilidade de quem se convencionou chamar o guardião da coisa, para significar o encarregado dos riscos dela decorrentes". (DIAS,

humanos pelo que a inteligência artificial "decide" fazer. Além disso, esse tipo de responsabilidade dependerá crucialmente dos diferentes tipos de robôs com os quais se está a lidar: robô babá, robô brinquedo, robô motorista, robô funcionário, e assim por diante. Esse é dos aspectos mais inovadores no direito de danos, pois as formas tradicionais de responsabilidade pelo comportamento alheio – como crianças, animais de estimação ou funcionários – devem ser complementadas com novas políticas de responsabilidade objetiva ou, alternativamente, mitigados por modelos de seguro obrigatório e fundos de compensação.

A responsabilidade por fato de outrem é tema teoricamente rico e cercado de dificuldades. Segundo abalizada doutrina, as controvérsias no particular revelam-se qualitativa e quantitativamente maiores do que as encontradas no bojo da responsabilidade pessoal por fato próprio.[15] Aqui, bem se mostra que causalidade e responsabilidade são fenômenos distintos.[16] Nessas hipóteses respondem pelo dano não apenas quem a ele deu causa, mas também outras pessoas relacionadas de algum modo com o ofensor. Uma visão filosoficamente bem fundada da responsabilidade pelo fato de outrem levará em conta que não é a ilicitude que orienta a determinação da responsabilidade de um pelo ato de outro. Este ato alheio praticado pelo responsável direto pelo dano é que pode ser ilícito (empregado que provoca tragédia no trânsito dirigindo embriagado carro da empresa), porém não o será em todos os casos (poderíamos chamar de ilícito um ato gerador de dano praticado por uma criança de, suponha-se, oito anos?).[17]

3. INTELIGÊNCIA ARTIFICIAL COMO EMPREGADO

A legislação brasileira é generosa com as vítimas, imputando objetivamente a obrigação de indenizar ao empregador desde que o exercício da função do empregado tenha contribuído para a causação do dano injusto, sem que se cogite sobre a (in)adequação do auxiliar para a tarefa designada, ou se o empregador teve culpa ao selecionar ou supervisionar o auxiliar, mesmo tendo este agido fora da atividade para a qual foi contratado e contra as ordens daquele. No entanto, na área da robótica, mal se pode imaginar uma máquina, que não esteja realizando suas atividades de trabalho, mas causando danos em seu tempo livre, durante o café.

Independentemente de tais diferenças, o conceito de responsabilidade indireta é considerado por alguns como possível catalisador para argumentar que operadores de máquinas, computadores, robôs ou tecnologias semelhantes também serão objetivamente

José de Aguiar. *Da responsabilidade civil*. 11. ed. Atualizado por Rui Berford Dias. Rio de Janeiro: Renovar, 2006, p. 588-589).

15. LIMA, Alvino afirma que "Os problemas mais árduos e controvertidos sobre a responsabilidade civil, quer na doutrina, como na jurisprudência, debatem-se no estudo da responsabilidade civil pelo fato de outrem". *A responsabilidade civil pelo fato de outrem*. Rio de Janeiro: Forense, 1973, p. 27.
16. PONTES DE MIRANDA, Francisco Cavalcanti. *Tratado de Direito Privado*, tomo 54, Rio de Janeiro: Borsoi, 1972, p. 162. Em outra passagem, Pontes lembra que o direito prescinde da causalidade fática porque cria nos pensamentos o seu mundo (PONTES DE MIRANDA, Francisco Cavalcanti. *Tratado de Direito Privado*, Tomo I, Rio de Janeiro: Borsoi, 1970, p. 19).
17. FARIAS, Cristiano Chaves de; BRAGA NETTO, Felipe; ROSENVALD, Nelson. *Manual de direito civil, volume único*. 5. ed. Salvador: Juspodivm, 2020, p. 691.

responsáveis por suas operações, com base em uma analogia com a responsabilidade indireta. Quando o dano for causado por tecnologia autônoma usada de uma maneira funcionalmente equivalente ao emprego de auxiliares humanos, a responsabilidade do operador pelo uso da tecnologia deve corresponder ao regime de responsabilidade indireta de um empregador para esses auxiliares. Ilustrativamente, um hospital utiliza um robô cirúrgico controlado por IA.[18] Apesar de o hospital ter cumprido todos os deveres de cuidado possíveis, será responsabilizado se um paciente sofre danos porque o robô funciona de maneira imprevisível.[19]

Se alguém pode ser responsabilizado pela irregularidade de algum ajudante humano, por que o beneficiário desse apoio não deve ser igualmente responsável se terceirizar seus deveres para um ajudante não humano, considerando que eles se beneficiam igualmente dessa delegação?[20]O argumento é bastante convincente de que o uso da assistência de uma máquina autônoma e autodidata não deve ser tratado de maneira diferente da contratação de um auxiliar humano, se essa assistência levar a danos a terceiros ('princípio da equivalência funcional'). De fato, se pela combinação dos artigos 932, III e 933 do Código Civil, havendo ilícito culposo *lato sensu* do empregado na causação do dano, deflagra-se *ipso facto* a responsabilidade objetiva do empregador pela falha daquele, será difícil identificar a referência em relação à qual as operações de ajudantes não humanos serão avaliadas com o mesmo fundamento do elemento de negligência dos auxiliares humanos.

Com efeito, a noção de responsabilidade indireta exige que o auxiliar tenha se comportado mal (embora seja avaliado de acordo com os padrões objetivos). No caso de uma máquina ou tecnologia, quais parâmetros de referência de "condutas" devem ser

18. Discute-se, em doutrina, se, no campo da responsabilidade indireta, seria mais adequado associar a responsabilidade por dados provocados pela inteligência artificial aos danos provocados por coisas e animais ou se seria mais exata a comparação com danos provocados por auxiliares humanos. Na defesa da primeira corrente, Henrique Sousa Antunes observa: "Destaca-se a disciplina da obrigação de reparar os prejuízos causados pela imputação da lesão à falta de vigilância de coisa ou animal (artigo 493.º, n. 1, do Código Civil). Enquanto ao robô faltar personalidade jurídica, a sua natureza confundir-se-á com uma dessas duas realidades. Afigura-se, assim, desajustado configurar a responsabilidade do utilizador pelos danos causados por um robô no plano da responsabilidade das pessoas obrigadas à vigilância de outrem (artigo 491.º do Código Civil português)". (ANTUNES, Henrique Sousa. Inteligência artificial e responsabilidade civil: enquadramento. *Revista de Direito da Responsabilidade*, a. 1, 2019, p. 147). Já em defesa da segunda corrente, v. CERKA, Paulius; GRIGIENE Jurgita; SIRBIKYTÈ, Gintarè. Liability for damages caused by artificial intelligence. *Computer Law & Security Review*, n. 31, 2015. p. 386: "There are no grounds to equate AI to an animal because the activities of AI are based on an algorithmic process similar to rational human thinking and only partially similar to instincts and senses like those of animals. It is presumed that AI can understand the consequences of its actions and distinguish itself from animals. This leads to the conclusion that we cannot apply strict liability which would be applied in cases where the damage is caused by an animal". Tradução livre: "Não há razão para equiparar a IA a um animal, porque as atividades da IA são baseadas em um processo algorítmico similar ao pensamento humano racional e apenas parcialmente semelhante a instintos e sentidos como os dos animais. Presume-se que a IA possa entender as consequências de suas ações e se distinguir dos animais. Isto leva à conclusão de que não podemos aplicar a responsabilidade estrita que seria aplicada nos casos em que o dano é causado por um animal".
19. As Leon Wein argues in The Responsibility of Intelligent Artefacts (1992), the legitimacy of vicarious liability is "not grounded on a logical interconnection binding the wrongdoer to a loss he has brought about, but instead on a policy of providing compensation for loss, rather than imposing liability on financially incompetent parties. Consequentially, employers are answerable for their employee's autonomous acts even though they neither immediately influenced nor participated in the wrongful behaviour that occasioned the loss" (op. cit., 110).
20. Poder-se-ia até apoiar essa solução da analogia a um precedente histórico - o conceito legal romano de responsabilidade noxal para escravos, a quem a lei na época tratava como propriedade e não como pessoa.

avaliadas?[21] A referência para avaliar o desempenho por tecnologia autônoma deveria ser principalmente aquela determinada pelo desempenho de tecnologia comparável disponível no mercado. Como existe ampla gama de tecnologias disponíveis, que apresentam parâmetros de segurança muito diferentes, a escolha do ponto de comparação apropriado pode apontar para as tecnologias tradicionais (como máquinas de raio-x ou outros equipamentos) e o dever de cuidado do operador com relação à escolha do sistema. No exemplo do robô cirúrgico, não é difícil estabelecer falha relevante, quando, por exemplo, o corte feito pelo robô é duas vezes maior do que aquele que um cirurgião humano teria feito. Se o corte for maior que o que os melhores robôs do mercado teriam feito, mas ainda menor que o de um cirurgião humano, a questão de saber se o hospital deveria ter comprado um robô melhor deve ser respondida de acordo com os mesmos princípios da questão de se um hospital deveria ter comprado uma máquina de raios-X melhor ou contratado mais médicos.

Deve-se levar em conta que em muitas áreas os auxiliares não humanos são mais seguros, com menor probabilidade de causar danos a outros que os atores humanos, e a lei, em princípio, não deve desencorajar seu uso. Uma vez que a tecnologia autônoma supere os auxiliares humanos, a responsabilidade será determinada tendo em conta os deveres de cuidado esperados do operador, levando em consideração a performance em tecnologias semelhantes. Uma opção para lidar com os riscos da tecnologia digital emergente é a potencial expansão do conceito de responsabilidade indireta, expandindo-a (diretamente ou por analogia) para situações funcionalmente equivalentes em que é feito uso de tecnologia autônoma em vez de usar um auxiliar humano. Isso pode complementar o significado de responsabilidade objetiva e a responsabilidade subjetiva com uma noção aprimorada de deveres de cuidado.

4. INTELIGÊNCIA ARTIFICIAL COMO PESSOA INCAPAZ

O especial regime da responsabilidade do empregador não se adapta a todas as aplicações robóticas. Para além da esfera industrial, tecnologias digitais emergentes igualmente interagem com pessoas na vida diária. Paulatinamente, a sociedade experimenta maior proximidade com as IA's sociais, pessoais ou de serviços, que são feitos sob medida para tarefas residenciais ou para complementar (e não substituir) o cuidado com idosos, pessoas com deficiência e crianças.[22] Independente da discussão ética sobre uma dependência afetiva entre pessoas vulneráveis e máquinas, aqui há uma evidente preocupação com a segurança intrínseca de *robots* que operam com proximidade a estas

21. No caso de danos provocados pela inteligência artificial, surge ainda nova questão relativa à distinção entre danos provocados por defeitos no software e prejuízos decorrentes da natureza do próprio algoritmo, já que "nas hipóteses de uso de ferramentas de inteligência artificial os danos podem ser decorrentes exatamente do perfeito funcionamento dos produtos. Afinal a imprevisibilidade e a falta de controle não são defeitos dos algoritmos de inteligência artificial, mas características que justificam seu próprio uso" (GOETTENAUER, Carlos Eduardo. Algoritmos, inteligência artificial, mercados. Desafios ao arcabouço jurídico. In: FRAZÃO, Ana; CARVALHO, Angelo Gamba Prata de (Coords.). *Empresa, mercado e tecnologia*. Belo Horizonte: Fórum, 2019, p. 282).

22. Não é tão difícil imaginar casos mais complexos, onde a interação social com robôs possa envolver atividades emocionais, físicas e fisiológicas destinadas a seres humanos adultos e plenamente capazes. Aqui estamos lidando com robôs sexuais, *medibots*, motoristas de IA e assim por diante.

pessoas – ou mesmo em contato físico com elas - para que possam se adaptar dinamicamente a diversos entornos com precisão em seu treinamento para distintas tarefas. Isto implica restrição ao desenho do *hardware*, que garanta um comportamento amigável e cooperativo das novas tecnologias.

No campo da responsabilidade extracontratual, um bom ponto de partida talvez seja distinguir entre robôs como meios da indústria humana e robôs como assistentes na vida social. A diversidade de tais aplicações robóticas exige diferentes tipos de responsabilidade. No primeiro caso, conforme a hipótese concreta, prevalecerá a responsabilidade objetiva do CDC quando defeitos de produtos ou serviços sejam a causa adequada de danos a consumidores ou as circunstâncias atrairão a responsabilidade objetiva dos responsáveis por certas atividades, considerando-se as IA's como empregados. No entanto, lidar com robôs como assistentes de serviço para uso pessoal e doméstico é questão delicada no que tange à definição de possíveis danos. Danos causados por um brinquedo robô ou uma babá robô devem ser comparados à responsabilidade dos pais pelos danos causados por seus filhos menores ou animais? O importante a se considerar é que não se revela essencial a ideia de que os robôs possam ter intenções humanas, a fim de admitir uma nova geração de casos relacionados à responsabilidade por comportamento alheio, dependendo de como os indivíduos tratam ou cuidam de seus próprios robôs. Se alguns tipos de robôs devem ou não ser considerados como uma espécie de IA menor ou, inversamente, um animal de estimação inteligente, a principal questão legal com relação à nova geração de robôs para uso pessoal ou doméstico concerne a como se treina, como se cuida ou se gerencia cada máquina, em vez de quem as constrói ou vende. [23]

Na eventualidade da causação de danos, o Código Civil prevê regras autônomas pelas quais os indivíduos se responsabilizam por ofensas causadas por crianças (art. 932, I, CC) e pessoas curateladas (art. 932, II, CC). Em comum, com as duas situações, a responsabilidade por fato do robô será objetiva, não valendo aos operadores e titulares dos *robots* a alegação de que não houve culpa de sua parte (arts. 933 e 936, CC), ou seja, independentemente de os pais terem conhecimento da propensão de seus filhos a causar um tipo específico de dano ou se o animal de estimação doméstico era perigoso, insistindo na analogia, a responsabilidade se impõe. Como resultado da solução legislativa, pode-se deixar de lado a aferição das más intenções de seres humanos, pois o centro da imputação da responsabilidade indireta se guiará por noções como de previsibilidade razoável e devido cuidado na interação homem-robô ("HRI"), conforme as funcionalidades específicas de robôs e suas habilidades sociais. De fato, quando o art. 932, I, do Código Civil se refere a responsabilidade por atos de filhos menores que estejam sob sua "autoridade e companhia", compreenderemos essa expressão na adequada objetivação do afeto em

23. PAGALLO, Ugo. *The laws of robots*: Crimes, contracts and torts. Law, Governance and Technology Series, v.10. Cham: Springer, 2013, p. 118. "O que está em jogo com uma nova geração de robôs para uso doméstico e pessoal diz respeito ao dever de cuidado atribuível a uma pessoa razoável para proteger os outros contra danos previsíveis. Além disso, a crescente autonomia e imprevisibilidade do comportamento robótico dificulta a elisão de responsabilidade dos usuários ou proprietários dessas máquinas, sob o pálio de que quaisquer danos causados por seus robôs eram razoavelmente imprevisíveis", op. cit., p. 123.

uma multiplicidade de deveres ínsitos à autoridade parental: deveres de proteção, cuidado, educação e informação, independente da proximidade física ao tempo do dano.[24]

Essa renovada perspectiva baseada na responsabilidade civil no âmbito do direito de família é particularmente útil para entender como a responsabilidade legal dos usuários – e não apenas de projetistas e fabricantes de robôs – deve ser compreendida no campo das tecnologias digitais emergentes. Tal como uma responsabilidade solidária entre pais divorciados por danos causados por crianças e adolescentes, independentemente da ausência de uma autoridade parental compartilhada – apenas um deles mantendo a guarda imediata e outro o direito à visitação periódica[25] –, haverá uma responsabilidade solidária entre fabricante e usuário, pois este permite que o robô "sobreviva ao ambiente" atendendo às suas necessidades funcionais, embora as "necessidades sociais" do robô sejam definidas pelo projetista e modeladas pela arquitetura de controle interno da máquina

Com a crescente capacidade de aquisição de conhecimento e habilidades de máquinas, mediante a interação com cuidadores humanos, eventualmente, em uma demanda de direito de regresso, será mesmo possível a discussão de que proprietários ou usuários de robôs estão em melhor posição para entender o que está acontecendo com a máquina (*cheapest cost avoider*), de modo a evitar seu comportamento danoso, independentemente da conduta daquele robô ser típica de atitudes razoavelmente previsíveis de robôs semelhantes. Com efeito, agentes artificiais autônomos podem atuar no mundo independentemente de seus projetistas ou operadores. No caso de sistemas de aprendizagem, a imprevisibilidade do sistema poderá dificultar a busca por um agente responsável (a menos que alguém deliberadamente influencie os conjuntos de dados e o processo de aprendizado). Esses casos são análogos à maneira como os pais podem ser responsabilizados pelas ações de suas crianças, mas não pelas ações de seus filhos adultos. Quando adultos, as pessoas já aprenderam o suficiente para se tornarem os próprios responsáveis.[26]

Lado outro, o Código Civil prevê regras próprias pelas quais os indivíduos se responsabilizam por ofensas causados por animais (art. 936, CC). Espera-se que tigres fora da jaula causem lesões a pessoas, de modo que o detentor do felino será objetivamente responsável por todo e qualquer dano que o animal selvagem possa causar. No entanto, a lei civil aplica semelhante responsabilidade objetiva por danos causados por animais domesticados, cuja expectativa é de que não prejudiquem as pessoas em circunstâncias normais (exceto se o cuidador soubesse da especial propensão do animal para atacar ou ferir). Em um paralelo com a robótica, poder-se-ia designar certas IA's avançadas como animais essencialmente selvagens e outras como domesticadas, para fins de determinação da maior ou menor intensidade de aplicação das excludentes do nexo causal. Porém,

24. No sentido defendido, decidiu o STJ em 2017 que "O art. 932, I do CC ao se referir a autoridade e companhia dos pais em relação aos filhos, quis explicitar o poder familiar (a autoridade parental não se esgota na guarda), compreendendo um plexo de deveres como proteção, cuidado, educação, informação, dentre outros, independentemente de vigilância investigativa e diária, sendo irrelevante a proximidade física no momento em que os menores venham a causar danos". (STJ, Resp. 1.436.401).
25. Enunciado 450 CJF: "Considerando que a responsabilidade dos pais pelos atos danosos praticados pelos filhos menores é objetiva, e não por culpa presumida, ambos os genitores, no exercício do poder familiar, são, em regra, solidariamente responsáveis por tais atos, ainda que estejam separados, ressalvado o direito de regresso em caso de culpa exclusiva de um dos genitores".
26. ASARO, Peter M. The Liability Problem for Autonomous Artificial Agents. *In*: *AAAI Spring Symposia*, 2016.

indaga-se: como determinar se um robô ou IA avançada é adequadamente domesticada e assim permanece? Eventuais respostas não eliminam o incômodo do jurista de apelar a regras aplicáveis a animais na medida em que comportamentos de robots cada vez mais inteligentes ultrapassam as habilidades de animais domesticados. A progressão científica da autonomia dos robôs parece dificilmente conciliável com a definição de pressupostos normativos que exigem uma certa estabilidade e constância de fatos jurídicos.

5. CONSIDERAÇÕES FINAIS: SISTEMA DE SEGUROS E FUNDOS DE COMPENSAÇÃO, CAMINHOS POSSÍVEIS

A socialização da responsabilidade civil é temática inescapável em qualquer política pública que leve a sério as novas tecnologias. O sistema securitário assenta-se na combinação de seguros públicos e particulares, obrigatórios ou opcionais,[27] sobre a forma de seguros pessoais ou seguros de responsabilidade contra terceiros. As companhias de seguros fazem parte de todo o chamado ecossistema social e demandam um conjunto de regras de responsabilidade para proteger seus próprios interesses em relação a vítimas em potencial, sejam elas segurados ou terceiros afetados por danos. Ademais, para preservar a segurança e confiabilidade das tecnologias digitais emergentes, o dever de cuidado de cada pessoa natural ou jurídica deve ser afetado pelo seguro o mínimo possível, sem que isso exclua a asseguração de riscos elevados.[28]

No universo das tecnologias digitais emergentes o seguro facultativo praticamente se torna compulsório, pois a fim de mitigar o impacto da responsabilidade objetiva, proprietários, usuários e operadores de robôs contratam seguros, da mesma forma que tradicionalmente os empregadores por seus prepostos. Essa é a lógica econômica das regras de responsabilidade objetiva, servindo como incentivo para que os empregadores amplifiquem o uso de agentes robóticos. Se por um lado os prêmios de seguro aumentam os custos de negócios que se servem de robôs, quanto mais essas máquinas se tornam seguras e controláveis, maiores setores da economia aceitam o risco de seu uso, não obstante a incidência da responsabilidade indireta por danos.

---

27. Novas apólices de seguro opcionais (por exemplo, cibersegurança) são oferecidas aos interessados em cobrir riscos contra danos pessoais ou de terceiros. No geral, o mercado de seguros é bastante heterogêneo e pode se adaptar aos requisitos de todas as partes envolvidas. No entanto, essa heterogeneidade, combinada com uma multiplicidade de atores envolvidos em uma pretensão de seguro, pode levar a altos custos administrativos, tanto por parte das seguradoras quanto aos possíveis réus, ao longo andamento das reivindicações de seguro e à imprevisibilidade do resultado final para as partes. Envolvidos. No futuro, ganharão terreno sistemas mais complexos, usando perfis de risco altamente granulares baseados em análise de dados – inclusive analisando dados registrados ou transmitidos em tempo real. Diante disso, a questão do acesso aos dados para as companhias de seguros é muito pertinente.
28. Atualmente, a legislação da UE exige seguro de responsabilidade obrigatória (de terceiros), por exemplo, para o uso de veículos a motor, transportadoras aéreas e operadores de aeronaves ou transportadores marítimos. Em complemento, a legislação dos Estados-Membros exige um seguro obrigatório de responsabilidade em vários outros casos, principalmente associados a regimes de responsabilidade objetiva, para o exercício de certas profissões. Diretiva 2009/103/EC (seguro para veículos motorizados); Regulamento (EC) 785/2004 (seguro de transporte aéreo); Regulamento (EC) 392/2009 (seguro de transporte marítimo). Mafalda Miranda Barbosa alerta para a necessidade de cautela na socialização dos riscos, já que a total substituição da responsabilidade civil por seguros obrigatórios poderia ter efeitos negativos na prevenção de danos. (BARBOSA, Mafalda Miranda. Reflexões em Torno da Responsabilidade Civil: Teleologia e Teleonomologia em Debate. *Boletim da Faculdade de Direito da Universidade de Coimbra*, n. 81, 2005, p. 521-522).

Um esquema de seguro obrigatório para categorias de tecnologias digitais emergentes de alta complexidade – relativamente à sua autonomia e possibilidade de aprendizagem – e que suponham um risco considerável para terceiros é uma inescapável solução para o problema de alocação de responsabilidade por danos[29] – tal como há muito acontece com os veículos automotores. Afinal, quanto maior a frequência ou gravidade dos potenciais danos, menos provável se torna a aptidão para que as vítimas sejam individualmente indenizadas. A questão mais problemática do ponto de vista da responsabilidade civil consiste em resolver os casos nos quais os danos não derivam de nenhum erro dos potenciais agentes, mas sim de uma decisão autônoma do próprio robô. Outro aspecto relevante consiste em determinar com clareza sobre quem recairá a contratação do seguro obrigatório. Ao proprietário ou arrendatário da máquina tal como ocorre com veículos automotores, ou ao fabricante?[30]

Daí que o seguro de responsabilidade obrigatória se torne mais adequado para esses riscos, prestando-se não apenas à proteção de futuras vítimas, como garantindo-as contra o risco de insolvência do responsável (obrigando os atores daquele segmento a fazer uma cobertura de seguro), promovendo a internalização dos custos das atividades que ele realiza. De qualquer maneira, cautelas são necessárias para a introdução do seguro obrigatório de responsabilidade civil, pois o mercado pode simplesmente não oferecer cobertura de seguro para um determinado risco, devido à falta de experiência para a quantificação dos riscos, algo bastante provável com as tecnologias digitais emergentes, pois as seguradoras não se dispõem a subscrever riscos ainda desconhecidos.

Essa objeção pode ser superada, limitando-se a responsabilidade por riscos tecnológicos a um teto pré-determinado, como ocorre na legislação sobre seguro obrigatório de veículos automotores, cuja experiência é bem-sucedida, não obstante a necessidade de certas adaptações.[31] Com efeito, é aconselhável a cobertura de seguro obrigatório para determinadas tecnologias digitais emergentes[32] que impõem riscos significativos em termos qualitativos e quantitativos, em que parece improvável que os prováveis ofensores sejam capazes de compensar integralmente as vítimas com seu próprio patrimônio ou

29. Resolução do Parlamento Europeu, de 16 de fevereiro de 2017, que contém recomendações à Comissão sobre disposições de Direito Civil sobre Robótica (2015/2103(INL)): "57. Destaca que uma possível solução para a complexidade de atribuir responsabilidade pelos danos causados pelos robôs cada vez mais autónomos pode ser um regime de seguros obrigatórios, conforme acontece já, por exemplo, com os carros; observa, no entanto que, ao contrário do que acontece com o regime de seguros para a circulação rodoviária, em que os seguros cobrem os atos e as falhas humanas, um regime de seguros para a robótica deveria ter em conta todos os elementos potenciais da cadeia de responsabilidade".

30. ARIAS, José Antonio Badillo. *Responsabilidad civil y aseguramiento obligatorio de los robots, in inteligencia artificial y riesgos cibernéticos*. Madrid: Tirant, 2019. Sugerindo que a contratação do seguro obrigatório fique a cargo de proprietários, o autor defende que fabricantes tenham os seus próprios seguros de responsabilidade empresarial ou de produtos, que lhes outorguem cobertura em caso de eventuais ações de regresso ajuizadas pelas seguradoras que tenham indenizado terceiros. Op. cit., p. 53.

31. Resolução do Parlamento Europeu, de 16 de fevereiro de 2017, que contém recomendações à Comissão sobre disposições de Direito Civil sobre Robótica (2015/2103(INL)): "59. Insta a Comissão a explorar, analisar e ponderar, na avaliação de impacto que fizer do seu futuro instrumento legislativo, as implicações de todas as soluções jurídicas possíveis, tais como: c) Permitir que o fabricante, o programador, o proprietário ou o utilizador beneficiem de responsabilidade limitada se contribuírem para um fundo de compensação ou se subscreverem conjuntamente um seguro para garantir a indemnização quando o dano for causado por um robô".

32. Determinados setores são os mais adequados para esquemas de seguro compulsórios, incluindo transporte, indústrias com alto potencial de lesões corporais e/ou danos ambientais, atividades perigosas, ensaios clínicos e determinados setores profissionais.

com seguro privado. Em cenários de risco comparáveis aos do tráfego motorizado, uma ação direta das vítimas contra a seguradora também pode ser aconselhável.[33]

De qualquer modo, o esquema de seguro obrigatório não pode ser considerado a única resposta para o problema de como gerenciar danos, substituindo completamente as regras de responsabilidade civil. Fundos de compensação financiados e operados pelo estado ou por outras instituições com o objetivo de compensar as vítimas pelas perdas sofridas podem ser utilizados para proteger as vítimas que possuam direito a indenização de acordo com as regras de responsabilidade civil, mas cujas pretensões não podem ser atendidas quando os demais regimes de responsabilidade forem insuficientes como resultado da operação de tecnologias digitais emergentes e na ausência de uma cobertura de seguro. Um caminho possível seria o da criação de um fundo geral de compensação acessado pela matrícula individual de cada robô em um registro específico, permitindo a segura rastreabilidade das máquinas.[34]

Os fundos compensatórios protegeriam vítimas em duas frentes complementares: a) cobrindo danos produzidos por robôs que não possuem seguro de responsabilidade civil; b) compensando danos ocasionados por robôs, limitando a responsabilidade civil dos agentes intervenientes e das próprias seguradoras. Assim, independentemente de um sistema de responsabilidade objetiva e de seguro, produzido o dano, haverá um patrimônio afetado à compensação, mesmo que o robô não tenha seguro ou quando mecanismos de seguro obrigatório não se ativem por outras causas

Com efeito, mediante uma mínima sobretaxação, é aconselhável garantir que nas áreas onde o seguro de responsabilidade compulsória seja introduzido, residualmente haja um fundo de compensação para reparar os danos causados por tecnologias não identificadas ou não seguradas.[35] Porém, certas tecnologias sequer serão asseguráveis, seja pela falta de dados estatísticos de sinistralidade e cálculos atuariais sobre a capacidade lesiva de novas máquinas. Neste caso, para além do seguro obrigatório, com coberturas limitadas, o fundo de compensação – formado pelo aporte de agentes econômicos – compensaria danos que superassem a soma assegurada. Riscos de danos elevados ou mesmo catastróficos não são completamente seguráveis, exigindo, exemplificativamente, uma parceria público-privada.[36]

33. Art. 788 CC/2002: "Nos seguros de responsabilidade legalmente obrigatórios, a indenização por sinistro será paga pelo segurador diretamente ao terceiro prejudicado".
34. Resolução do Parlamento Europeu, de 16 de fevereiro de 2017, que contém recomendações à Comissão sobre disposições de Direito Civil sobre Robótica (2015/2103(INL)): Art. 59. D "Decidir quanto à criação de um fundo geral para todos os robôs autônomos inteligentes ou quanto à criação de um fundo individual para toda e qualquer categoria de robôs e quanto à contribuição que deve ser paga a título de taxa pontual no momento em que se coloca o robô no mercado ou quanto ao pagamento de contribuições periódicas durante o tempo de vida do robô".
35. Importante, nesse ponto, remeter a entendimento sustentado por Mafalda Miranda Barbosa, para quem os fundos de compensação devem, necessariamente, ter caráter residual, pois "um fundo que não atue subsidiariamente terá sempre como consequência a eliminação da vertente de responsabilidade e, portanto, do próprio direito da solução que se pensa". (BARBOSA, Mafalda Miranda. Inteligência Artificial, *E-Persons* e Direito: desafios e perspectivas. *Revista Jurídica Luso-Brasileira*, Ano 3, n. 6, 2017, p. 1.479).
36. Resolução do Parlamento Europeu, de 16 de fevereiro de 2017, que contém recomendações à Comissão sobre disposições de Direito Civil sobre Robótica (2015/2103(INL)): "58. Considera que, à semelhança do que acontece com os veículos motorizados, esse regime de seguros poderia ser complementado por um fundo de garantia da reparação de danos nos casos não abrangidos por qualquer seguro; insta o setor dos seguros a criar novos produtos e novos tipos de ofertas que estejam em linha com os avanços na robótica".

6. REFERÊNCIAS

ANTUNES, Henrique Sousa. Inteligência artificial e responsabilidade civil: enquadramento. *Revista de Direito da Responsabilidade*, a. 1, 2019.

ARIAS, José Antonio Badillo. *Responsabilidad civil y aseguramiento obligatorio de los robots, in inteligencia artificial y riesgos cibernéticos*. Madrid: Tirant, 2019.

ASARO, Peter M. The Liability Problem for Autonomous Artificial Agents. *In: AAAI Spring Symposia*, 2016.

BARBOSA, Mafalda Miranda. Inteligência Artificial, E-Persons e Direito: desafios e perspectivas. *Revista Jurídica Luso-Brasileira*, Ano 3, nº 6, 2017.

BARBOSA, Mafalda Miranda. Reflexões em Torno da Responsabilidade Civil: Teleologia e Teleonomologia em Debate. *Boletim da Faculdade de Direito da Universidade de Coimbra*, n. 81, 2005.

BODIN DE MORAES, Maria Celina. *Danos à pessoa humana*: uma leitura civil-constitucional dos danos morais. Rio de Janeiro: Forense, 2003.

CERKA, Paulius; GRIGIENE Jurgita; SIRBIKYTÈ, Gintarè. Liability for damages caused by artificial intelligence. *Computer Law & Security Review*, n. 31, 2015.

DANTAS, San Tiago. *Programa de Direito Civil*, v. I. Rio de Janeiro: Ed. Rio, 1977.

DIAS, José de Aguiar. *Da responsabilidade civil*. 11. ed. Atualizado por Rui Berford Dias. Rio de Janeiro: Renovar, 2006.

FARIAS, Cristiano Chaves de; BRAGA NETTO, Felipe; ROSENVALD, Nelson. *Manual de direito civil*, volume único. 5. ed. Salvador: Juspodivm, 2020.

FERREIRA, Ana Elisabete. Responsabilidade civil extracontratual por danos causados por robôs autónomos – breves reflexões. *Revista Portuguesa do Dano Corporal*, ano XXV, n. 27, dez. 2016.

GOETTENAUER, Carlos Eduardo. Algoritmos, inteligência artificial, mercados. Desafios ao arcabouço jurídico. *In:* FRAZÃO, Ana; CARVALHO, Angelo Gamba Prata de (Coords.). *Empresa, mercado e tecnologia*. Belo Horizonte: Fórum, 2019.

LIMA, Alvino. *A responsabilidade civil pelo fato de outrem*. Rio de Janeiro: Forense, 1973.

MONTEIRO FILHO, Carlos Edison do Rêgo. O princípio da reparação integral e sua exceção no direito brasileiro. *In:* MONTEIRO FILHO, Carlos Edison do Rêgo (Coord.). *Rumos contemporâneos do direito civil*: estudos em perspectiva civil-constitucional. Belo Horizonte: Fórum, 2017.

PAGALLO, Ugo. *The laws of robots:* Crimes, contracts and torts. Law, Governance and Technology Series, v.10. Cham: Springer, 2013.

PIRES, Thatiane Cristina Fontão; SILVA, Rafael Peteffi da. A responsabilidade civil pelos atos autônomos da inteligência artificial: notas iniciais sobre a resolução do Parlamento Europeu. *Revista Brasileira de Políticas Públicas*, v. 7, n. 3, dez. 2017.

PONTES DE MIRANDA, Francisco Cavalcanti. *Tratado de Direito Privado*, Tomo I. Rio de Janeiro: Borsoi, 1970.

REPORT FROM THE EXPERT GROUP ON LIABILITY AND NEW TECHNOLOGIES. New technologies formation – European Union 2019. Texto disponível em https://ec.europa.eu/transparency/regexpert/index.cfm?do=groupDetail.groupMeetingDoc&docid=36608

ROSENVALD, Nelson. Do risco da atividade ao alto risco da atividade algorítmica. Disponível em: https://www.nelsonrosenvald.info/single-post/2019/09/18/DO-RISCO-DA-ATIVIDADE-AO-%E2%80%9CALTO%E2%80%9D-RISCO-DA-ATIVIDADE-ALGOR%C3%8DTMICA

SOUZA, Eduardo Nunes. Dilemas atuais do conceito jurídico de personalidade: uma crítica às propostas de subjetivação de animais e de mecanismos de inteligência artificial. In: *civilistica.com*, a. 9, n. 2, 2020.

TEPEDINO, Gustavo. SILVA, Rodrigo da Guia. Desafios da inteligência artificial em matéria de responsabilidade civil. *Revista Brasileira de Direito Civil*, v. 21, jul.-set. 2019.

12 INTELIGÊNCIA ARTIFICIAL E RESPONSABILIDADE CIVIL PELOS RISCOS DO DESENVOLVIMENTO: UM ESTUDO COMPARADO ENTRE AS PROPOSTAS DE REGULAMENTAÇÃO DA MATÉRIA NA UNIÃO EUROPEIA E O ORDENAMENTO VIGENTE BRASILEIRO

Tula Wesendonck

Doutora em Direito pela Pontifícia Universidade Católica do Rio Grande do Sul (2013). Professora Permanente do Programa em Pós-Graduação em Direito da Universidade Federal do Rio Grande do Sul. Professora Adjunta de Direito Civil na Universidade Federal do Rio Grande do Sul. Integrante do Instituto de Estudos Culturalistas, da Rede de Direito Civil Contemporâneo e do Instituto Brasileiro de Estudos de Responsabilidade Civil. Líder do Grupo de Pesquisa certificado no CNPq: Direitos da Personalidade e Responsabilidade Civil no Direito Civil Contemporâneo.

1. INTRODUÇÃO

A vida imita a arte ou a arte imita a vida? Algumas produções cinematográficas podem facilmente gerar esse questionamento, em razão de problemas que fazem parte dos enredos apresentados na tela e que podem ser considerados como uma previsão hipotética de fatos que poderão ocorrer no futuro ou como descrição de fatos que já ocorrem.

O filme "Exterminador do Futuro", de 1984, reuniu numa só produção os gêneros ficção científica, ação e suspense e foi um grande sucesso que certamente marcou as gerações daquela época e continua impressionando as posteriores. O filme é reconhecido como um dos precursores do gênero ficção científica do final do século XX e é embalado por um enredo que envolve dois elementos que aguçam a curiosidade e a imaginação humanas: a possibilidade de viajar no tempo e os riscos da Inteligência Artificial (IA).

A história retratada no filme gira em torno da batalha que é travada entre máquinas e homens, depois que é criada, no ano de 2029, a Inteligência Artificial Skynet, uma rede de defesa americana. A Skynet sai de controle e passa considerar a humanidade como ameaça, atacando-a incansavelmente com a finalidade de exterminá-la. Para controlar as ações das máquinas, é formada uma resistência comandada sob a liderança de John Connor. Quando a Skynet está prestes a ser destruída pela força da resistência, envia um ciborgue para o passado (que seria o tempo presente de 1984, ano de lançamento do filme) para matar Sarah Connor, mãe de John, e assim evitar o nascimento do líder da resistência.

Depois do primeiro filme, mais outros cinco foram lançados sempre apresentando a mesma problemática: os riscos do descontrole da Inteligência Artificial para a humanidade, a batalha constante entre máquinas e homens e a possibilidade de viajar ao passado para mudar o presente e o futuro.

No ano de 1984 a Inteligência Artificial estava no mesmo patamar de ficção que a possibilidade de viagem no tempo. Do mesmo modo o ano era distante do retratado no livro 1984 de George Orwell, porém foi o ano de aprovação do Código Civil vigente na Câmara dos Deputados, após mais de uma década de tramitação naquela casa.

Passados mais de 35 anos do primeiro filme, vê-se que, muito embora não seja plausível acreditar numa ficção na qual os androides e algoritmos irão dominar a humanidade, a Inteligência Artificial é uma realidade mais palpável do que a viagem no tempo.

Os riscos atuais da Inteligência Artificial talvez não possam mais ser representados por robôs materializados como o ciborgue vivido por Arnold Schwarzenegger. Os riscos são mais sutis e invisíveis, como é possível ver no documentário "O dilema das Redes" (The Social Dilemma) que mostra como a Inteligência Artificial e algoritmos são usados para identificar e direcionar os interesses das pessoas, e também no documentário "Coded Bias", no qual é possível ver uma face tendenciosa, preconceituosa e discriminatória da Inteligência Artificial que se materializa a partir do momento em que a maioria dos *softwares* de reconhecimento facial, por exemplo, não identificam com precisão rostos de pele mais escura e de mulheres.

Seja como for, as inquietações em torno das perturbações que a Inteligência Artificial pode gerar, têm se apresentado como campo fértil para a responsabilidade civil.

Situações que antes habitavam somente os estúdios de filmagens ou as obras de literatura como a obra de Orwell, restritas ao imaginário humano, passaram a ser objeto de notícias e também a ocupar debates acadêmicos, nos quais se questiona: é possível cogitar alguma modalidade de responsabilidade civil pelos danos provocados pelo uso de Inteligência Artificial? Sendo possível essa responsabilidade, as regras contemporâneas de responsabilidade civil são suficientes para justificar a sua incidência? Considerando a característica própria da Inteligência Artificial, consistente na tomada de decisões autônomas, em certa medida até mesmo imprevisíveis[1], seria possível imputar

1. Caitlin Mulholland refere que os mecanismos decisionais de Inteligência Artificial caracterizam-se por: "(i) a absoluta independência da interferência humana para alcançar resultados e, como consequência, (ii) a imprevisibilidade dos efeitos obtidos." MULHOLLAND, Caitlin. Responsabilidade civil e processos decisórios autônomos em sistemas de Inteligência Artificial (IA): autonomia, imputabilidade e responsabilidade. *In:* FRAZÃO, Ana; MULHOLLAND,

a responsabilidade civil pelos danos derivados dos riscos desconhecidos do exercício da Inteligência Artificial?

Para responder a esses questionamentos, várias teorias são apresentadas, comportando desde o reconhecimento de personalidade ao ente dotado de Inteligência Artificial[2] ou até mesmo o entendimento da necessidade de construir um regime de responsabilidade que considere uma "atribuição 'parcial' de personalidade jurídica a um agente que produza interações com o meio", como tem sido apontado no Direito alemão, no qual haveria uma espécie de meio termo entre atribuir ou não a personalidade jurídica ao robô, oportunizando uma aquisição paulatina de direitos e obrigações[3].

Para alguns doutrinadores, a tutela das vítimas dependeria da elaboração de uma nova legislação para o enfrentamento dos problemas relacionados à Inteligência Artificial[4], ao passo que outros entendem ser possível construir soluções com base nos princípios e fundamentos vigentes da responsabilidade civil[5].

Muitos são os aspectos que envolvem a matéria e, tendo em conta a limitação do escopo deste estudo a investigação aqui apresentada restringe-se a expor a possibilidade de responsabilização civil pelos danos derivados dos riscos desconhecidos da Inteligência Artificial. Assim, ainda que sejam apresentados no artigo outros aspectos dos impactos da Inteligência Artificial na responsabilidade civil, o objetivo central proposto neste estudo é tratar da responsabilidade por danos derivados dos riscos do desenvolvimento da Inteligência Artificial.

Nessa direção, o estudo proposto foi dividido em duas partes: na primeira será apresentado o impacto da Inteligência Artificial na sociedade contemporânea e na segunda será apresentado um conjunto de possíveis soluções normativas para reparar os danos derivados da IA.

Caitlin (Coord.). *Inteligência Artificial e Direito*: ética, regulação e responsabilidade [livro eletrônico]. São Paulo: Thomson Reuters Brasil, 2019, p. RB. 15.2.

2. Sobre a discussão em torno da atribuição de personalidade jurídica às pessoas eletrônicas ou e-persons, remete-se ao estudo de BARBOSA, Mafalda Miranda. Inteligência Artificial, *e-persons* e Direito: desafios e perspectivas. *Revista Jurídica Luso-Brasileira*, ano 3, n. 6, p. 1475-1503, 2017. Ainda sobre o tema remete-se ao texto de CACHAPUZ, Maria Cláudia. O conceito de pessoa e a autonomia de data (ou sobre a medida da humanidade em tempos de Inteligência Artificial). *Revista de Direito Civil Contemporâneo*, v. 20/2019, p. 63-85 jul./set. 2019, no qual a autora questiona em que medida a responsabilização civil por atos ilícitos derivados da atividade de Inteligência Artificial passaria pela necessidade de visualizar o conceito de pessoa e critica a ideia de atribuir personalidade ao produto de IA e alerta que "ampliar a construção de um conceito de personalidade, para a consequente extensão de direitos fundamentais próprios a produtos de robótica – mesmo que para o estabelecimento de uma responsabilidade civil autônoma –, só é possível se, proporcionalmente, pondera-se, com suficiente conhecimento informativo, o risco causado pela fragilização do conceito de humanidade quando associado a uma tese alargada de proteção a direitos humanos a outras espécies. E este não pode ser um degrau superado sem a cautela necessária à preservação da própria essência da humanidade.
3. FALEIROS JÚNIOR, José Luiz de Moura; MENKE, Fabiano. "Teilrechtsfähigkeit": uma proposta para a responsabilização civil dos robôs dotados de Inteligência Artificial na perspectiva do direito civil alemão. *Migalhas*. Artigo disponível no site: http://s.migalhas.com.br/S/C067F2. Acesso em: agosto de 2020.
4. BARBOSA, Mafalda Miranda. O futuro da responsabilidade civil desafiada pela Inteligência Artificial: as dificuldades dos modelos tradicionais e caminhos de solução. *Revista de Direito da Responsabilidade*, ano 2, p. 280-326, 2020. Artigo disponível no site: https://revistadireitoresponsabilidade.pt/2020/o-futuro-da-responsabilidade-civil-desafiada-pela-inteligencia-artificial-as-dificuldades-dos-modelos-tradicionais-e-caminhos-de-solucao-mafalda-miranda-barbosa/. Acesso em: junho de 2020.
5. TEPEDINO, Gustavo; SILVA, Rodrigo da Guia. Desafios da Inteligência Artificial em matéria de responsabilidade civil. *Revista Brasileira de Direito Civil*, Belo Horizonte, v. 21, p. 61-86, jul./set. 2019.

Importante referir por fim, que tendo em vista o objetivo da obra na qual se insere este texto, consistente na proposta de um diálogo entre o Brasil e a Europa, a pesquisa aqui apresentada teve como foco as disposições constantes na Diretiva 85/374 ,que trata da responsabilidade civil pelos danos derivados dos produtos defeituosos no âmbito da União Europeia (UE), na Resolução 2015/2013 (INL), aprovada pelo Parlamento Europeu em 16 de fevereiro de 2017, que estabelece disposições sobre Direito Civil e Robótica e nas normas vigentes de responsabilidade civil no Direito pátrio.

2. O IMPACTO DA INTELIGÊNCIA ARTIFICIAL NA SOCIEDADE CONTEMPORÂNEA

Muitas das questões que se colocam em torno da problemática por danos derivados da Inteligência Artificial partem da constatação de que os sistemas dotados de IA são constituídos a partir dos modelos de *machine learning,* no qual a "máquina tem capacidade de adquirir aprendizado a partir de suas próprias experiências"[6].

A Inteligência Artificial é uma revolução tecnológica resultante da denominada 4ª Revolução Industrial, a qual consiste em processos industriais descentralizados, controlados autonomamente por sistemas *cyber*-físicos e pela Internet das Coisas[7].

Os computadores passam a ser criativos, desempenhando ações que os seus programadores ou criadores sequer seriam capazes de prever ou alcançar, assim, difere de um algoritmo convencional porque "pode acumular experiências próprias e extrair delas aprendizado, como um autodidata". Essa capacidade de aprender *(machine leraning)* é assemelhada à experiência humana[8].

Por meio de um algoritmo inspirado no funcionamento do cérebro humano, denominado *deep learning*, não há limitação teórica para a aprendizagem da Inteligência Artificial, por esse motivo as possibilidades de realizar tarefas são infinitas[9], não se tendo como controlar ou limitar qual será o "comportamento" do ente dotado de IA.

Diversas aplicações da Inteligência Artificial podem ser vistas na atualidade, podendo ser aplicada nos mais variados ramos como nas áreas jurídica, médica, agricultura, transportes, experimentos científicos...

Para o Direito, a Inteligência Artificial pode ser utilizada na prática jurídica por meio da criação de robôs para otimizar o desenvolvimento do trabalho jurídico na administração da Justiça com processos mais céleres para, por exemplo, "separação e classificação das peças processuais com o reconhecimento dos principais conteúdos de repercussão geral pelo STF" (Supremo Tribunal Federal). Para se ter uma noção do que representa essa revolução tecnológica, basta citar o robô Victor utilizado pelo STF, que

6. TEPEDINO; SILVA, op. cit., p. 63.
7. FARIA, Edimur Ferreira de; DAMASCENO, Luiza Mascarenhas. A Indústria 4.0 e o Futuro da Prática Jurídica No Século XXI. *Revista dos Tribunais*, v. 1003/2019, p. 239-261, maio 2019.
8. PIRES, Thatiane Cristina Fontão; SILVA, Rafael Peteffi da. A responsabilidade civil pelos atos autônomos da Inteligência Artificial: notas iniciais sobre a resolução do Parlamento Europeu. *Revista Brasileira de Políticas Públicas*, Brasília, v. 7, n. 3, 2017, p. 242.
9. PIRES; SILVA, op. cit., p. 242.

tem a aptidão de fazer um exame de documentos em 5 segundos, enquanto o mesmo exame feito por um humano demoraria em torno de 30 minutos[10].

As autoridades públicas evolvidas no projeto Victor afirmam que no Brasil as ferramentas de IA não serão usadas para tomada decisões ou julgamento de mérito dos processos. No entanto, a doutrina questiona sobre os riscos de que no futuro essas ferramentas possam ser utilizadas com essa finalidade, a exemplo do que já ocorre nos Estados Unidos e no Canadá. Em particular, no que se refere aos Estados Unidos, é feito o alerta a respeito dos algoritmos utilizados no Sistema Criminal norte-americano para definir a dosimetria da pena, a fixação de regimes de cumprimento, execução de penas, liberdade condicional, prisões provisórias ou adoção de pena diversa da prisional. O sistema de IA utilizado calcula, por meio de algoritmos implantados em computadores, o risco que um indivíduo traz à sociedade. A confiabilidade, imparcialidade e infalibilidade do sistema foram objeto de crítica, pois a ferramenta não considerava a capacidade de transformação da pessoa ao longo da vida, sendo que o risco pessoal não poderia ser avaliado somente considerando o seu histórico.[11]

Além do projeto Victor que é desenvolvido para o STF, no âmbito do Superior Tribunal de Justiça (STJ) há o projeto Athos (nome dado ao projeto em homenagem ao Min. Athos Gusmão Carneiro). O sistema é comemorado como uma ferramenta tecnológica que amplia a eficiência nos julgamentos da Corte por meio de um filtro recursal diferenciado em relação ao tradicional. Isso oportuniza o julgamento coletivizado pela formação de precedentes qualificados, pacificando questões de Direito que se repetem em múltiplos processos no território nacional e otimiza a função jurisdicional, "potencializando a sua eficiência, balizada pelos ideais da previsibilidade, estabilidade, coerência, integridade e justiça de suas decisões"[12].

A Inteligência Artificial também tem sido aplicada na prática da advocacia. No Brasil, a ferramenta "ELI (*Enhanced Legal Intelligence*) oferece assistência automatizada em litígios, geração de documentos e contratos, jurimetria, análise e saneamento de processos"[13]. A tecnologia também é utilizada por escritórios de advocacia para auxílio de estratégias mais efetivas de captação de clientes (com o robô Valentina na área trabalhista e robô Haroldo na área do Direito do Consumidor)[14].

---

10. FARIA; DAMASCENO, *op. cit.*
11. SULOCKI, Victoria de. Novas tecnologias, velhas discriminações: ou da falta de reflexão sobre o sistema de algoritmos na Justiça Criminal. *In:* FRAZÃO, Ana; MULHOLLAND, Caitlin (Coord.). *Inteligência Artificial e Direito*: ética, regulação e responsabilidade [livro eletrônico]. São Paulo: Thomson Reuters Brasil, 2019, p. RB 29.1.
12. SANSEVERINO, Paulo de Tarso Vieira; MARCHIORI, Marcelo Ornellas. O Projeto Athos de Inteligência Artificial e o impacto na formação dos precedentes qualificados do Superior Tribunal de Justiça. *In:* TEPEDINO, Gustavo; SILVA, Rodrigo da Guia (Coord.). *O Direito Civil na era da Inteligência Artificial* [livro eletrônico]. São Paulo: Thomson Reuters Brasil, 2020, RB-1.6.
13. PIRES, Fernanda Ivo. Responsabilidade Civil e o "Robô Advogado". *In:* MARTINS, Guilherme Magalhães e ROSENVALD, Nelson (Coord.). *Responsabilidade Civil e novas tecnologias*. Indaiatuba: Editora Foco, 2020, p. 224. A esse respeito autora ainda alerta que muitas questões devem ser levantadas considerando os riscos em torno da proteção de dados tendo em vista que os escritórios armazenam uma grande fonte de dados supersensíveis, nesse sentido se questiona por exemplo se a Inteligência Artificial poderia tratar e compartilhar esses dados, e o robô advogado poderia buscar informações da parte contrária em outros bancos de dados.
14. Faria e Damasceno fazem uma descrição das práticas e como isso tem incomodado algumas entidades de advogados como a IAB e a OAB, pois consideram que o uso dessa Inteligência Artificial estaria invadindo a prerrogativa

Por óbvio, a aplicação da Inteligência Artificial na administração da justiça não é exclusividade ou ineditismo brasileiro, também ocorre em outros países e o risco na sua utilização é objeto de questionamento. A esse respeito a doutrina alerta que a sua utilização pode prejudicar as necessidades de eficiência, responsabilidade e transparência na administração da justiça, especialmente se for usada para prever ou orientar a decisão do chamado "Juiz 4.0"[15].

Nesse aspecto, sem deixar de reconhecer a potencialidade da tecnologia que oportuniza a análise de documentos, revisão de contratos, *due diligence*, descoberta, previsão de resultados, formulação de julgamentos – especialmente quando a rapidez e precisão são essenciais, Virgina Zambrano tece várias considerações a respeito do mau uso e dos limites da *machine learning* que: 1) segue uma estrutura predefinida pelos computadores, porém é substancialmente desprovida de um 'nível meta crítico' e, 2) apresenta o risco de influenciar na estrutura da sentença, direcionando a "uma apreciação de fato, em consonância com o que geralmente é praticado em um Tribunal ou considerado pelo juiz[16].

Nesse cenário, tem lugar a reflexão a respeito da responsabilidade pelos danos causados a partir da IA, seja pelo mau uso da *machine learning* ou por seu funcionamento incorreto. Virginia Zambrano alerta que a potencialidade de danos impõe ao advogado os deveres de informar ao cliente sobre os possíveis riscos associados à IA, de avaliar a oportunidade de utilizá-la e de tomar medidas para proteger a privacidade do cliente[17].

Segundo a autora, uma justiça "mais popular", mais barata, traz consigo o risco de afetar a prática da advocacia e do que significa pensar como advogado. A autora lembra que o advogado precisa executar de forma diligente a sua atividade, o que será avaliado a partir de sua postura no estudo do caso e como gerencia as informações coletadas. Nessa direção, a utilização de IA por advogados pode representar grande desafio na aferição da diligência[18].

A IA também é utilizada na medicina, campo que se mostra muito eficiente pela possibilidade de processar uma quantidade significativa de informações que constituem a base de dados para tomada de decisões em diversas funções. Exemplo disso é o Deep Patient, um *software* desenvolvido com a capacidade de prever as futuras doenças dos pacientes de um hospital a partir dos dados armazenados nos prontuários eletrônicos. O sistema de Inteligência Artificial tem condições de "antecipar o aparecimento de doenças como esquizofrenia, diabetes e alguns tipos de câncer" [19]. A doutrina alerta a respeito da

dos advogados. Outra preocupação em torno da atividade refere-se à a substituição laboral na área jurídica e os impactos que isso poderia gerar no trabalho realizado nos escritórios com a redução de postos de trabalho.

15. ZAMBRANO, Virginia. Algoritimi predittivi e ammistrazione dela giustizia: tra exigenze di certeza e responsabilità. *In:* WESENDONCK, Tula; MUCELIN, Guilherme (Orgs.). *Fundamentos Dogmáticos da Experiência Jurídica na Responsabilidade Civil Contemporânea.* Curitiba: CRV, 2020, p. 49.
16. Segundo a autora, a utilização de IA para proferir sentenças oportuniza uma certa uniformização das decisões. Nesse sentido pondera que a liberdade do juiz de decidir é importante, mas também gera o risco de se ter uma divergência imotivada das decisões para julgamento de casos semelhantes. ZAMBRANO, *op. cit.*, p. 50.
17. Zambrano afirma que o uso indevido da machine learning também pode ser verificado pela utilização software legal por indivíduos não advogados. O fato é relevante e já no ano de 1998 motivou uma decisão no Texas proibindo a venda da tecnologia para consumidores. ZAMBRANO, *op. cit.*, p. 54.
18. ZAMBRANO, *op. cit.*, p. 58.
19. KFOURI NETO, Miguel; NOGAROLI, Rafaella. O consentimento do paciente no admirável mundo novo de robôs de assistência à saúde e algoritmos de Inteligência Artificial para diagnóstico médico. *In:* TEPEDINO, Gustavo;

falta de transparência no processamento dos dados pelos algoritmos, não sendo possível determinar a maneira como a Inteligência Artificial chega aos resultados[20].

Além desse sistema, é possível citar as ferramentas DeepMind do Google e WatsonPath da IBM: tecnologias que auxiliam os médicos a tomarem decisões mais precisas para diagnóstico e para prever o comportamento humano. Essas ferramentas utilizam de uma base de dados constituída de uma quantidade considerável de informações e prometem garantir maior segurança nas decisões, pois não ficariam sujeitas às variáveis de resultado próprias das condições subjetivas do médico[21].

Na área da saúde ainda, a IA pode ser utilizada para auxiliar na delimitação de estratégias e medidas para contenção de contágio de doenças como a Covid-19. Nessa seara, a doutrina alerta sobre os riscos derivados do erro do algoritmo, mais especificamente no caso de dados preditivos gerados por modelos computacionais dotados de IA que produziram e produzem reflexos na contenção da epidemia de Covid-19. Em estudo sobre o assunto, Mafalda Miranda Barbosa questiona quem deve ser responsabilizado se as medidas de contenção da epidemia ou a falta delas for baseada nesses dados preditivos.[22]

A autora refere que as medidas de contenção da Covid-19 podem inviabilizar ou prejudicar a atividade econômica, mas pondera que, no âmbito da responsabilidade civil do Estado, a responsabilidade por esses danos deveria, em princípio, ser afastada, pois essas medidas são tomadas com o objetivo de diminuir o risco. No caso concreto, é necessário aferir se as medidas tomadas são necessárias e proporcionais, o que somente poderá ser definido por meio de "critérios científicos mais ou menos objetiváveis"[23].

Além dessa hipótese, a autora alerta para a possibilidade de cogitar a responsabilidade ao produtor por erro desse algoritmo, não somente pelo produto defeituoso, que abrange a responsabilidade pelo dano resultante de morte ou lesão pessoal e danos à coisa diversa do produto defeituoso, conforme previsão da Diretiva 85/374 da UE[24-25], mas também pelo dano "puramente patrimonial" que se tornou possível na EU pela Diretiva 770/2020[26-27]. A responsabilidade poderia ainda ser cogitada no âmbito contratual, relacionando-a ao "sujeito que desenvolve o algoritmo e aquele que se serve das informações para tomar as medidas de contenção da pandemia" e os danos que este poderia ocasionar a terceiros[28].

SILVA, Rodrigo da Guia (Coord.). *O Direito Civil na era da Inteligência Artificial* [livro eletrônico]. São Paulo: Thomson Reuters Brasil, 2020, RB-8.3.

20. KFOURI NETO; NOGAROLI, *op. cit.*, RB-8.3.
21. ZAMBRANO, *op. cit.*, p. 63.
22. BARBOSA, Mafalda Miranda. E quando o algoritmo erra? Reflexão a propósito da pandemia de covid-19. Revista de Direito da Responsabilidade, ano 2, p. 569-595, 2020. Artigo disponível no site: https://revistadireitoresponsabilidade.pt/2020/e-quando-o-algoritmo-erra-reflexao-a-proposito-da-pandemia-de-covid-19-mafalda-miranda-barbosa/. Acesso em: julho de 2020.
23. BARBOSA. E quando o algoritmo erra?, *cit.*, p. 581.
24. BARBOSA. E quando o algoritmo erra?, *cit.*, p. 588. Nesse aspecto importante notar que no âmbito da Diretiva 85/374, por se tratar de disposição relativa à produto defeituoso, a responsabilidade civil do produtor fica restrita ao fato do produto, não havendo como ocorre no CDC a responsabilidade pelo vício do produto. Isso demonstra a importância da observação da autora, que pretende o alargamento da responsabilidade civil para o vício do produto.
25. O que seria reconhecido no Brasil no CDC como responsabilidade civil pelo fato do produto.
26. BARBOSA. E quando o algoritmo erra?, *cit.*, p. 591.
27. Que seria reconhecido no Brasil no CDC como responsabilidade civil pelo vício do produto.
28. BARBOSA. E quando o algoritmo erra?, *cit.*, p. 594.

Além dessas tecnologias, para pessoas que são portadoras de doenças crônicas, portadoras de deficiência ou que estejam de alguma forma dependentes de cuidados de terceiros, a robótica já se coloca à disposição da assistência à saúde. Nessa direção, o robô Pepper, primeiro robô autônomo humanoide, foi projetado para "interagir, por meio de conversas e da sua tela *touch screen*, reconhecer expressões faciais e 'ler' emoções". Ao interagir com o paciente, o robô monitora a saúde emocional e repassa informações aos médicos e à equipe de assistência[29].

A IA também pode ser usada na agricultura com a utilização de *drones* inteligentes que também poderiam coletar um grande número de informações para planejamento de irrigação e controle de pragas (a utilidade desses *drones* em comparação com humanos salta aos olhos: não dependem de salários e/ou intervalos de descanso)[30].

Os veículos autônomos também são exemplos de incidência da Inteligência Artificial, sendo recorrente na doutrina a referência aos danos relacionados ao uso desse tipo de produto. Nesse sentido é possível citar o caso do acidente ocorrido em 2016 com o automóvel Tesla, que confundiu um caminhão branco com o céu e não acionou o sistema de frenagem, causando a morte do ocupante[31]. Em 2018, um carro autônomo da Uber atropelou um pedestre no estado do Arizona, nos Estados Unidos.[32]

A esse respeito, importante pontuar que a imputação da responsabilidade do fornecedor pelos danos causados pelos veículos varia conforme o grau de autonomia do veículo. Para casos de maior autonomia e verificando-se que o dano tenha sido causado por defeito de processamento do sistema inteligente, o fornecedor responde objetivamente pelo dano[33].

A característica de autonomia da Inteligência Artificial possibilita desempenhar ações autônomas e independentes, sem que tenha sido treinada ou programada para tomar essas decisões. As novas tecnologias "executam cada vez mais tarefas, com escasso ou por vezes nenhum controle ou supervisão humana"[34].

A Inteligência Artificial não executa apenas comandos pré-programados, ela também tem a capacidade de interpretar um "contexto e atuar sem prévia definição, apenas de acordo com a representação que estabeleça sobre a ação mais adequada para intervir em certa situação". A Inteligência Artificial tem condições de interpretar a realidade e, a partir dela, adotar uma postura decisiva autônoma, "independente de comandos anteriores definidos por programação"[35].

---

29. KFOURI NETO; NOGAROLI, *op. cit.*, RB-8.4.
30. ZAMBRANO, *op. cit.*, p. 63.
31. BARBOSA. O futuro da responsabilidade civil..., *cit.*, p. 281.
32. KFOURI NETO; NOGAROLI, *op. cit.*, RB-8.3.
33. MEDON, Filipe. *Inteligência Artificial e Responsabilidade Civil*: Autonomia, Riscos e Solidariedade. Salvador: Editora JusPodivim, 2020. p. 219, p. 219.
34. Nesse sentido MONTEIRO FILHO, Carlos Edison do Rêgo; ROSENVALD, Nelson. Riscos e responsabilidades na Inteligência Artificial e noutras tecnologias digitais emergentes. *In:* TEPEDINO, Gustavo; SILVA, Rodrigo da Guia (Coord.). *O Direito Civil na era da Inteligência Artificial* [livro eletrônico]. São Paulo: Thomson Reuters Brasil, 2020, RB-25.2.
35. MIRAGEM, Bruno. Novo paradigma tecnológico, mercado de consumo digital e o direito do consumidor. *Revista de Direito do Consumidor*, São Paulo: Ed. RT, v. 125, pp. 17-62, 2019, p. 17-62.

Essa possibilidade de autonomia e independência gera uma sensação de imprevisibilidade em relação ao que a IA pode fazer. A imprevisibilidade está relacionada à própria sofisticação da Inteligência Artificial na qual os sistemas são projetados para responder a estímulos predefinidos e também a novos estímulos, e isso gera uma reação que não é pré-programada. Essa capacidade dos sistemas se auto processarem torna "difícil prever o impacto preciso que eles terão uma vez em operação"[36]. Por isso, pode acontecer que decisão tomada pela IA pode não ser a desejável ou prevista pelos programadores e a imprevisibilidade dessas ações torna-se especialmente problemática quando é fonte geradora de danos.

Nesse sentido, Virginia Zambrano alerta sobre a inviabilidade de considerar que uma máquina possa ser infalível, pois o erro da máquina é inevitável e, no contexto da IA, esse quadro não será diferente, restando a alternativa de questionar sobre a incidência da responsabilidade civil para reparar os possíveis danos[37].

Um exemplo que pode ser citado das consequências da autonomia da IA ocorreu em 2002 na Inglaterra, ocasião em que estava em curso um experimento que investigava se o princípio da sobrevivência dos mais aptos poderia ser aplicável aos robôs dotados de IA e se eles poderiam se beneficiar da experiência adquirida para criar técnicas de caça e autodefesa. Foram colocados dois robôs numa espécie de arena em que um assumiria a função presa (cujo objetivo era procurar alimentos indicados por uma luz infravermelha) e o outro seria o predador (cuja finalidade era caçar e drenar a energia da presa). O fato é conhecido como "a fuga do robô Gaak", em que a presa conseguiu fugir da arena e foi para rua, sendo posteriormente atingida por um carro no estacionamento[38].

Não se deve deixar de considerar ainda, que os sistemas de Inteligência Artificial podem ser utilizados para práticas e finalidades de licitude duvidosa, que terminam por obstaculizar ou prejudicar o acesso ao consumo. Atualmente existem algoritmos programados para criação e aperfeiçoamento de perfis do consumidor. Para tanto, são utilizados dados pessoais de usuários, coletados em suas redes sociais, definidos pelos seus padrões de compras, pela forma como navegam da internet... A partir daí passa a ser definido o sistema de perfilização (*profiling*) que representa e segmenta o sujeito em grupos e categorias, sendo possível, por exemplo, restringir a contratação de um plano de saúde no momento em que o sistema tem conhecimento que o consumidor é portador de um gene possivelmente responsável por doenças como o câncer de mama[39].

---

36. MONTEIRO FILHO; ROSENVALD, *op. cit.*, RB-25.2.
37. ZAMBRANO, *op. cit.*, p. 58.
38. PIRES; SILVA, *op. cit.*, p. 243.
39. Vale a referência feita por Cláudia Lima Marques e Guilherme Mucelin de exemplos nesse sentido, como se vê na publicação MARQUES, Cláudia Lima; MUCELIN, Guilherme. Inteligência Artificial e "opacidade" no consumo: a necessária revalorização da transparência para a proteção do consumidor. *In:* TEPEDINO, Gustavo; SILVA, Rodrigo da Guia (Coord.). *O Direito Civil na era da Inteligência Artificial* [livro eletrônico]. São Paulo: Thomson Reuters Brasil, 2020, RB-20.2: "um hospital que, utilizando-se de sistemas de IA, dava preferência a pacientes brancos em detrimento de negros, revelando um comportamento discriminatório com base na raça; ou os casos em que a disponibilização de crédito por instituições financeiras se dá com valores maiores para os maridos do que para as esposas, mesmo que a condição financeira do casal seja exatamente a mesma, evidenciando discriminação com base no gênero; ou, ainda, o bloqueio de acesso a serviços turísticos (*geoblocking*) ou a precificação diferenciada, de forma a cobrar valores maiores a consumidores de determinadas nacionalidades ou regiões (*geopricing*); ou os casos em negativa de contratação com base em informações genéticas, como a recusa de contratos de seguros

Com esses poucos exemplos de utilização da Inteligência Artificial citados neste estudo, a impressão que se tem é de que a tecnologia parece não encontrar limites, e o riscos dela derivados ainda são desconhecidos e também são desconhecidas as suas consequências danosas. Em virtude disso, muitas dúvidas surgem a respeito dos contornos da responsabilidade pelos danos causados pela Inteligência Artificial (seria possível responder por riscos desconhecidos?).

O sistema da Inteligência Artificial é muito complexo, muitas pessoas podem trabalhar na elaboração de um algoritmo e não há como prever ou controlar as escolhas que serão feitas pela IA, o que pode acarretar falhas difíceis de se identificar, contribuindo para a dificuldade de atribuir a responsabilidade – como se verá a seguir.

3. RESPONSABILIDADE PELOS DANOS DERIVADOS DO USO DA INTELIGÊNCIA ARTIFICIAL

Diante de novas tecnologias, novos riscos se apresentam e a potencialidade de surgimento de novos danos também aumenta. Esse cenário propicia a formação de duas vertentes: a primeira irá na direção de que o ordenamento jurídico vigente precisa ser revisto ou modificado, sendo necessário um regramento autônomo e novo para regular a matéria[40]; a segunda indicará que a solução para os problemas emergentes da nova tecnologia pode seguir as regras contidas no sistema atual[41].

A escolha entre uma dessas duas soluções passa pela observação do sistema de responsabilidade civil vigente em cada país. Em regra, ordenamentos constituídos por cláusulas gerais de responsabilidade civil e, sobretudo, os que contam com a previsão de hipóteses de cláusulas gerais de responsabilidade objetivas, fundadas no risco da atividade e no risco do empreendimento, estarão mais aptos para imputar da responsabilidade civil por danos derivados do uso da IA. Já ordenamentos que não dispõem

quando há algum gene que propicie o desenvolvimento de doenças, por exemplo, o câncer de mama". A esse respeito os autores alertam sobre a diferença entre a Lei Geral de Proteção de Dados brasileira não incluiu os conceitos de perfilização e decisões automatizadas diferente da previsão constante na Regulação Geral de Proteção de dados. Nesse sentido, o Projeto de Lei n. 4.496/2019 tem como finalidade acrescentar no Art. 5º o conceito de decisão automatizada. Mais adiante, na mesma publicação (RB- 20-5), os autores pontuam que o PL 3.514/2015 inclui como direitos básicos do consumidor no art. 6º "a privacidade e a segurança das informações e dados pessoais prestados ou coletados, por qualquer meio, inclusive o eletrônico, assim como o acesso gratuito do consumidor a estes e a suas fontes"; e "a liberdade de escolha, em especial frente a novas tecnologias e redes de dados, vedada qualquer forma de discriminação". Para os autores essa disposição poderá assegurar os consumidores a efetividade dos direitos de explicação, proteção de dados e livre escolha que são de extrema importância em "tempo de uso massivo da Inteligência Artificial" para que seja assegurado "o reequilíbrio da transparência nessas novas relações automatizadas e com produtos e serviços inteligentes". Cabe ainda referir que diante da utilização da Inteligência Artificial na utilização dos dados dos consumidores, essa atividade merece atenção redobrada em virtude da vulnerabilidade virtual dos consumidores no ambiente digital como bem pontua MUCELIN, Guilherme. *Conexão online e hiperconfiança*: os players da economia do compartilhamento e o Direito do Consumidor. São Paulo: Revista dos Tribunais, 2020. p. 128.

40. Nesse sentido vai a posição de Mafalda Barbosa, que considerando a peculiaridade do sistema europeu considera necessária a elaboração de um sistema regulatório específico sobre o assunto.

41. Nesse sentido é a posição de Gustavo Tepedino e Rodrigo Guia, que lançando os olhos no sistema jurídico brasileiro entendem que ele é suficiente dirimir os problemas e conflitos derivados dos danos provocados pela Inteligência Artificial.

desse modelo legislativo, precisarão propor novas soluções diante dos danos derivados da utilização da IA.

Assim, o estudo em torno da matéria, e das soluções que são apresentadas pelos mais variados ordenamentos, precisa ter em conta as peculiaridades que lhes são próprias e as suas respectivas regras de responsabilidade civil. Esse cuidado serve para evitar a importação equivocada para o ordenamento pátrio de soluções tidas como inovadoras e necessárias em outros ordenamentos. Nesse sentido cabe o alerta de que é possível que as soluções existentes no Direito brasileiro podem ser suficientes para a resolução desses problemas.

Por esse motivo, embora sejam apresentadas neste estudo algumas das soluções e reflexões que têm sido apontadas no cenário europeu sobre a matéria[42], é importante que desde já fique assentada a posição de que os problemas apresentados pelo Direito estrangeiro nesse tema não são os mesmos do Direito brasileiro – e essa advertência precisa ser posta para não confundir o comparatista[43].

No Direito Europeu, a maioria dos países que compõe a União Europeia não possui, em seus ordenamentos jurídicos internos, cláusulas gerais de responsabilidade civil objetiva nos mesmos moldes da previsão legislativa constante no Código Civil (CC) brasileiro, que tem no Parágrafo único do Art. 927 uma cláusula geral de responsabilidade civil objetiva pelo risco da atividade e no Art. 931 do CC uma cláusula geral da responsabilidade pelo risco do produto (ou risco do empreendimento).

O Direito italiano possui uma norma que se assemelha ao Parágrafo Único do Art. 927, do CC brasileiro, que é o Art. 2050[44], mas que não tem a mesma extensão verificada no Direito pátrio, pois a redação do dispositivo italiano, e a interpretação que inicialmente lhe era dada pela doutrina era de que o mesmo se tratava de uma cláusula de responsabilidade civil com culpa presumida. O mesmo se verifica com o Art. 493, 2, do CC português[45], que também tem uma norma parecida com o parágrafo único do Art. 927 do CC brasileiro, mas com ela não se confunde, porque no Direito português, a norma é interpretada como uma hipótese de culpa presumida[46].

42. Toma-se como base o sistema Europeu por ser o que conta com uma regulação sobre a matéria por meio da Resolução do Parlamento Europeu, de 16 de fevereiro de 2017, com recomendações à Comissão de Direito Civil sobre Robótica (2015/2103(INL).

43. MARTINS-COSTA, Judith. Os danos à pessoa no Direito brasileiro e a natureza da sua reparação. *Doutrinas Essenciais de Dano Moral*, v. 1, 2015. p. 867-901, jul. 2015. A referência feita pela autora diz respeito a importação de figuras de dano do Direito italiano, como o caso do dano existencial. A autora lembra que por uma peculiaridade própria do Direito italiano, que tinha um regime fechado e restrito para os danos extrapatrimoniais a criação doutrinária do dano existencial se fez necessária, mas que a importação desse instituto para o Direito brasileiro seria artificial.

44. Art. 2050 CC Italiano: "Qualquer um que cause dano a outros no desenvolvimento de uma atividade perigosa, por sua natureza ou pela natureza dos meios utilizados é obrigado ao ressarcimento se não provar ter adotado todas as medidas idôneas e evitar o dano".

45. Art. 493, 2, CC Português: "Quem causar danos a outrem no exercício de uma atividade perigosa por sua própria natureza ou pela natureza dos meios utilizados é obrigado a repará-los, excepto se mostrar que empregou todas as providências exigidas pelas circunstâncias com o fim de os prevenir".

46. SCHREIBER, Anderson. *Novos Paradigmas da Responsabilidade Civil*: da erosão dos filtros da reparação à diluição dos danos. 3. ed. São Paulo: Atlas, 2011, p. 22. Art. 2050 CC Italiano: "Qualquer um que cause dano a outros no desenvolvimento de uma atividade perigosa, por sua natureza ou pela natureza dos meios utilizados é obrigado ao ressarcimento se não provar ter adotado todas as medidas idôneas e evitar o dano". Art. 493, 2, CC Português: "Quem causar danos a outrem no exercício de uma atividade perigosa por sua própria natureza ou pela natureza

Além disso, em nenhum ordenamento europeu há regra geral de responsabilidade objetiva pelo fato do produto, ou pelos danos do produto posto em circulação, como se vê na regra do Art. 931 do Código Civil.[47]

No âmbito do Direito Europeu, vigora a Diretiva 85/374 que estabelece normas sobre a responsabilidade pelo produto defeituoso, e a maioria dos países da UE adota a regra fixada na mesma Diretiva, que exclui a responsabilidade civil pelos danos derivados dos riscos do desenvolvimento[48].

A responsabilidade prevista pela Diretiva 85/374 dispõe sobre um regime de responsabilidade semelhante à responsabilidade pelo fato do produto do Código de Proteção e Defesa do Consumidor brasileiro (CDC). O traço que diferencia os dois ordenamentos situa-se na disposição a respeito da exclusão da responsabilidade pelos danos derivados dos riscos do desenvolvimento.

Além disso, a delimitação de normas a respeito da responsabilidade objetiva pelo vício do produto, que na UE somente passou a ser regulada a partir das Diretivas (UE) 2019/771 e 2019/770 (frise-se que a Diretiva 2019/770 é específica para contratos de fornecimento de conteúdos e serviços digitais)[49].

Nesse contexto, é possível notar que no Direito brasileiro há dois sistemas jurídicos que devem ser observados em matéria de responsabilidade civil: o previsto no CDC restrito às relações de consumo e o previsto no CC para relações civis, empresariais. Cabe lembrar que este pode ser estendido às relações de consumo, quando essas normas forem mais benéficas ao consumidor por disposição expressa do Art. 7º do diploma consumerista[50].

---

dos meios utilizados é obrigado a repará-los, excepto se mostrar que empregou todas as providências exigidas pelas circunstâncias com o fim de os prevenir".

47. Curiosa a esse respeito foi a observação feita por João Calvão da Silva numa conversa informal nos corredores da Faculdade de Direito de Coimbra por ocasião do meu Doutorado Sanduíche. Nesse período tive a oportunidade de apresentar ao Dr. Calvão o Art. 931, que seria o objeto da minha tese de doutorado. Discuti com ele a minha impressão sobre o dispositivo: uma regra geral da responsabilidade civil pelo fato do produto apta a abranger a responsabilidade civil pelos riscos do desenvolvimento. A conclusão do Dr. Calvão foi de que realmente o dispositivo tinha essa feição e arrematou o seu raciocínio dizendo "vocês brasileiros quando redigiram o dispositivo estavam com toda a fome e vontade de comer". O fato é que mesmo não concordando com a responsabilidade civil pelos danos derivados dos riscos do desenvolvimento no Direito português, o Dr. Calvão entendia que no Direito brasileiro ela seria aplicável em razão do conteúdo do dispositivo legal.

48. Com exceção de Luxemburgo e Finlândia que adotam não excepcionam a responsabilidade pelos danos derivados dos riscos do desenvolvimento e outros países que não excepcionam a responsabilidade para determinados produtos como Espanha – medicamentos e alimentos – Alemanha – medicamentos – e França – produtos derivados do sangue. O tema da responsabilidade civil pelos danos derivados dos riscos do desenvolvimento é objeto das minhas pesquisas e tomo a liberdade de referir duas publicações sobre o assunto na qual há indicação de bibliografia mais ampla sobre o Direito Comparado: WESENDONCK, Tula. A responsabilidade civil pelos riscos do desenvolvimento: evolução histórica e disciplina no Direito Comparado. *Direito & Justiça*, v. 38, n. 2, jul./dez. 2012, e em WESENDONCK, Tula. *O Regime da Responsabilidade Civil pelo Fato dos Produtos postos em circulação*: uma proposta de interpretação do Art. 931 do Código Civil sob a Perspectiva do Direito Comparado. Porto Alegre: Livraria do Advogado Editora, 2015.

49. ANTUNES, Henrique Sousa Responsabilidade civil do produtor: os danos ressarcíveis na era digital. *Revista de Direito da Responsabilidade*, ano 1, p. 1476-1485, 2019, p. 1479.

50. "Art. 7º. Os direitos previstos neste código não excluem outros decorrentes de tratados ou convenções internacionais de que o Brasil seja signatário, da legislação interna ordinária, de regulamentos expedidos pelas autoridades administrativas competentes, bem como dos que derivem dos princípios gerais do direito, analogia, costumes e equidade."

O CDC prevê regras sobre a responsabilidade pelo fato e pelo vício do produto, o CC traz cláusulas gerais de responsabilidade civil objetiva fundadas no risco da atividade e do empreendimento.

Importante notar que, no Direito brasileiro, nenhum dos dois diplomas legislativos acima referidos excepciona a responsabilidade pelos danos derivados dos riscos do desenvolvimento, como ocorre no âmbito da EU, que, por força do que dispõe a Diretiva 85/374, tem como regra a exclusão dessa responsabilidade.

Essas considerações são importantes para situar o leitor na análise das razões apresentadas, pertinentes em outros ordenamentos, para a necessidade de elaboração de um novo regramento legislativo que seja suficientemente efetivo para tratar das questões emergentes da responsabilidade civil pelos danos derivados da IA, sobretudo aos danos derivados dos riscos do desenvolvimento. No entanto, não é possível perder de vista que essas soluções podem não ser necessárias ou pertinentes no Direito brasileiro.

A título exemplificativo, pode ser citado posicionamento de Virginia Zambrano, a qual adverte que as tradicionais questões de causalidade, dolo, culpa e natureza da responsabilidade civil serão influenciadas pelo fato de que não só é imprevisível o evento danoso, como também poderá ocorrer fora da esfera do controle do agente. Por isso, defende que as regras tradicionais da responsabilidade civil[51] não são suficientes para responder aos danos provocados pelos "agentes mecânicos inteligentes". Arremata exemplificando que problemas relacionados à definição de culpa e à dificuldade de estabelecer a causa do dano (derivado do funcionamento da IA ou da necessidade de atualização de *software* que o consumidor deveria fazer e não o fez), dificultariam a busca de uma solução nas normas tradicionais para os danos derivados da tecnologia[52].

Na tentativa de delimitar regras sobre os danos derivados da Inteligência Artificial no âmbito da União Europeia, o Parlamento Europeu aprovou a Resolução 2015/2013 (INL), de 16 de fevereiro de 2017, com disposições de Direito Civil sobre Robótica que estabelecem algumas soluções (não excludentes entre si) para a resolução do problema.

A primeira solução apontada consiste em considerar a IA como ferramenta e determinar a responsabilidade indireta do usuário ou do proprietário. Sob essa ótica haveria a vinculação da responsabilidade objetiva pelo comportamento da máquina à pessoa física ou jurídica em nome de quem ela age, independentemente de ser um comportamento planejado ou previsto como se fosse uma responsabilidade por ato de terceiro subordi-

51. Situada nas normas vigentes no Direito Italiano Virginia Zambrano refere que naquele ordenamento a solução o problema gravitaria em torno da responsabilidade do produtor, com fundamento no Art. 114 do Código de Consumo; no reconhecimento de uma atividade perigosa, com fundamento Art. 2050 do CC, na responsabilidade pela custodia de animais, com fundamento no Art. 2052, ou na responsabilidade pela culpa *in vigilando* e *in educando* de pais e educadores, com fundamento no Art. 2048. ZAMBRANO, *op. cit.*, p. 60.

52. Ao tratar especificamente da responsabilidade civil pelo uso da IA na administração da Justiça a autora pondera que no âmbito europeu se discute uma regulação sobre a matéria e para proteger os dados das pessoas, e nessa direção tem sido referido o Regulamento (EU) 2016/679 (GDPR) que nos Arts. 13 – 15 tratam sobre a tutela do interessado no caso de decisões proferidas por algoritmo, garantindo o direito de que o algoritmo deve estar claro e inteligível. O interessado não pode ser julgado sem a presença de uma intervenção humana e sempre deve ser possível a desativação ou modificação do algoritmo do sistema de IA. Deve ainda ser garantida ao interessado a informação de que uma decisão específica foi tomada pelo sistema. ZAMBRANO, *op. cit.*, p. 60.

nado (*vicariuos liability*), correspondente aos deveres de guarda e de vigilância do seu proprietário ou usuário que seleciona e proporciona experiências à IA. Essa alternativa considera que as experiências do ente dotado de IA são individuais e singulares[53] – por isso a responsabilidade deveria recair ao seu detentor.

A segunda solução seria tratar a IA como produto, assim a responsabilidade civil pelos danos seria do produtor (fabricantes) potencialmente seria um caminho. Na União Europeia vigora a Diretiva 85/374, que estabelece regras para a responsabilidade pelo produto defeituoso. Segundo essa solução, a responsabilidade seria aplicável aos danos derivados da atuação da IA principalmente nos casos em que ficasse configurado o defeito de informação sobre os riscos associados aos robôs autônomos, ou quando o produto não oferecesse segurança esperada. A Diretiva afasta de forma expressa a responsabilidade civil pelos danos derivados dos riscos do desenvolvimento[54].

Mafalda Barbosa Miranda apresenta algumas críticas à solução baseada no regime de responsabilidade civil pelo produto defeituoso para os danos derivados da IA. Segundo ela, essa responsabilidade deveria estar centrada na existência de um produto defeituoso e dois aspectos deveriam ser ultrapassados: o primeiro seria o de considerar o *software* como produto e o segundo seria verificar se o produto é defeituoso no momento em que foi colocado em circulação, já que a Diretiva 85/374 afasta como regra a responsabilidade pelos riscos do desenvolvimento.[55]

Para a autora, Calvão já considerava o *software* como produto e esse aspecto estaria superado, não havendo mais a necessidade de problematizar a esse respeito. No entanto, a autora alerta que o dano causado por robô, *software* ou algoritmo pode não resultar de um defeito de concepção, de fabricação ou de informação, modalidades de defeito tradicionalmente cobertas pela Diretiva. Pode ocorrer, por exemplo, que os entes dotados de Inteligência Artificial não apresentem defeito cognoscível ao estágio de conhecimentos da técnica do momento da sua entrada em circulação e que esse ente de IA venha a ter a sua atuação alterada em razão da interação com o meio, por isso a autora pontua que o defeito/a falta de segurança somente poderia ser verificado ou ocorreria posteriormente enquadrando-se da excludente de responsabilidade dos riscos do desenvolvimento o que deixaria as vítimas sem reparação[56].

A preocupação da autora é pertinente, porque o ente dotado de IA pode exercer ações imprevisíveis. Por esse motivo, associar a responsabilidade pelos danos por ele provocado aos riscos cognoscíveis tornaria praticamente inviável a incidência de responsabilidade civil e a reparação das vítimas.

A terceira solução apontada pela Resolução considera a IA como risco criado e impõe a responsabilidade objetiva àquele quem o risco aproveita, com a adoção da teoria do

53. PIRES; SILVA, *op. cit.*, p. 248.
54. PIRES; SILVA, *op. cit.*, p. 249. Os autores referem que parte da doutrina defende que mesmo que a Diretiva afaste a responsabilidade pelos riscos do desenvolvimento, se a IA agir de forma não determinada e ou prevista pelos programadores e causar dano, esse fato por si só representaria um fato do produto pela simples circunstância de haver causado dano e que esses atos independentes não seriam abrangidos pelo risco do desenvolvimento – o argumento seria de existência de falha humana para a produção de dano.
55. BARBOSA. O futuro da responsabilidade civil..., *cit.*, p. 286.
56. BARBOSA. O futuro da responsabilidade civil..., *cit.*, p. 289.

deep-pocket ou pela gestão dos riscos. Essa solução é apresentada considerando a insuficiência da responsabilidade civil pela Diretiva 85/374 para regular questões envolvendo a IA, já que a atividade por ela exercida apresenta risco, talvez risco excepcional, risco que seria inerente à própria tecnologia de IA. Por esse motivo, a resolução do Parlamento Europeu fez ressalva à aplicação da Diretiva 85/374 em virtude da exclusão que ela apresenta à responsabilidade pelos riscos do desenvolvimento.[57]

Importante mencionar que a própria resolução do parlamento questiona a aplicação da Diretiva 85/374 porque reconhece que ela é insuficiente para tratar da questão. Não é possível excluir a responsabilidade civil pelos riscos do desenvolvimento de maneira antecipada. Essa orientação impõe a responsabilidade objetiva pela abordagem da gestão de riscos.

Para Pires e Peteffi, seria suficiente a prova de que ocorreu um dano e da relação de causalidade entre o funcionamento lesivo do robô e dos danos sofridos pela parte lesada. Pela teoria do 'bolso profundo', a pessoa envolvida em atividades lucrativas que apresentam riscos deve compensar os danos causados pelo lucro obtido: "aquele que tem o bolso profundo e aproveita os lucros dessa nova tecnologia deve ser o garante dos riscos inerentes às suas atividades, sendo exigível, inclusive que se faça um seguro obrigatório de danos[58]".

A gestão de riscos estaria relacionada à função preventiva da responsabilidade civil, centrando o seu alvo na pessoa que tem condições de minimizar os riscos e suportar os efeitos dos impactos negativos. A gestão de riscos é direcionada aos que podem ser integrados como fatores de planejamento de contingências previamente identificadas para a eventualidade de esses riscos efetivamente se materializarem. Isso oportuniza um estado de alerta com a finalidade de evitar a ocorrência do dano[59].

Nesse mesmo sentido foi a Resolução do Parlamento Europeu, de 23/01/2020, sobre os processos de decisão automatizada, a qual garante a proteção do consumidor e a livre circulação de produtos e serviços, reconhece os desafios resultantes dos produtos com capacidade de tomar decisões automatizadas e solicita à Comissão Europeia propostas para adaptar as regras atinentes à obrigação de segurança desses produtos. Essa Comissão deverá elaborar um esquema para avaliação de riscos dos produtos que envolvam IA e processos de decisão automatizada[60].

Ao tratar sobre as possíveis soluções que podem ser adotadas no Direito brasileiro para o assunto, Gustavo Tepedino e Rodrigo da Guia alertam que "ao ineditismo das questões suscitadas pelas novas tecnologias não há de corresponder necessariamente o ineditismo das soluções jurídicas"[61] e, mais adiante, no final do texto, os autores arrematam: "o ineditismo parece estar não na solução jurídica, mas tão somente nas novas manifestações dos avanços tecnológicos sobre o cotidiano das pessoas"[62].

57. PIRES; SILVA, *op. cit.*, p. 250.
58. PIRES; SILVA, *op. cit.*, p. 251.
59. MONTEIRO FILHO; ROSENVALD, *op. cit.*, RB-25-6.
60. BARBOSA. O futuro da responsabilidade civil..., *cit.*, p. 290.
61. TEPEDINO; SILVA, *op. cit.*, p. 72.
62. TEPEDINO SILVA, *op. cit.*, p. 85.

A reflexão dos autores é importantíssima e alerta para o perigo de se falar em novos danos, novos riscos, e polemizar sobre algo que pode ser resolvido com o sistema vigente.

No cenário europeu, Mafalda Miranda Barbosa alerta para a insuficiência dos modelos tradicionais de responsabilidade civil para enfrentamento dos danos provocados pelos entes dotados de Inteligência Artificial e lembra que a Revolução Industrial determinou a criação de um novo regime de responsabilidade.[63]

A autora ainda alerta que a maioria dos modelos de responsabilidade civil europeus se assentam na culpa e que esse esquema seria insuficiente para lidar com danos causados por entes dotados de Inteligência Artificial, que têm como característica a autonomia e a autoaprendizagem, assim apresentando comportamentos imprevisíveis, tornando praticamente impossível estabelecer uma conexão entre um possível dano e uma conduta negligente do ser humano[64]. Por fim, pondera que o ideal seria um sistema de responsabilidade baseado no risco, mas que isso dependeria de uma previsão expressa do legislador[65].

Registra ainda a preocupação no âmbito do Direito português relativa à limitação das as pretensões indenizatórias. Segundo o Art. 8º do Decreto Lei 383/89, ficariam restritas aos danos derivados de morte ou lesão pessoal ou de danos a coisa diversa do produto defeituoso[66].

Nesse sentido, importante referir que a Diretiva 85/374 trata sobre um regime de responsabilidade civil correspondente ao que existe no Brasil no que se refere ao regime de responsabilidade pelo fato do produto. Ficariam de fora os danos patrimoniais, consistentes ao que se tem no regime brasileiro pela responsabilidade pelo vício do produto.

Importante notar que o alerta apresentado pela Autora, na defesa da construção de um novo regulamento, deve ser situado no Direito europeu que não possui cláusulas gerais de responsabilidade objetiva no seu diploma civil e que conta somente com o regramento de responsabilidade civil pelo produto defeituoso, determinado pela Diretiva 85/374.

Aplicar aos danos derivados do exercício da Inteligência Artificial o regime de responsabilidade subjetiva certamente deixaria as vítimas numa situação de desamparo. A complexidade das tecnologias digitais emergentes torna inviável a aplicação das estruturas tradicionais de responsabilidade civil, sobretudo as baseadas na culpa.

63. BARBOSA. O futuro da responsabilidade civil..., *cit.*, p. 282.
64. BARBOSA. O futuro da responsabilidade civil..., *cit.*, p. 284. A autora ainda afirma que no Direito português o máximo que se pode extrair do ordenamento é uma responsabilidade com presunção de culpa derivada do art. 493 do CC pela detenção e vigilância da coisa móvel ou imóvel, pela periculosidade da atividade, em função do meio utilizado (robô), mas que essa presunção poderia ser afastada se o vigilante provar que não houve culpa de sua parte.
65. BARBOSA. O futuro da responsabilidade civil..., *cit.*, p. 285.
66. BARBOSA. O futuro da responsabilidade civil..., *cit.*, p. 290. Segundo a autora esse esquema somente foi modificado pela Diretiva UE 770 e 771 de 2019 que impõe uma revisão na matéria relacionada à IA adaptando os conceitos de produto, dano e defeito, ao mesmo tempo que deve alterar as regras atinentes ao ônus da prova. BARBOSA. O futuro da responsabilidade civil..., *cit.*, p. 291.

Nesse contexto, e considerando a realidade portuguesa, seria realmente justificável e necessária a elaboração de um regulamento para disciplinar a matéria para aqueles ordenamentos desprovidos de disposições que contemplem a responsabilidade civil objetiva.

No entanto, é importante frisar que essa não é a realidade do Direito brasileiro, pois no Código Civil brasileiro, além de cláusula geral de responsabilidade subjetiva, há também cláusulas gerais de responsabilidade civil independente de culpa que estão previstas no Parágrafo Único do Art. 927 e no Art. 931. Além do diploma civil, o ordenamento conta com o diploma consumerista que incide nas hipóteses de responsabilidade civil pelo fato e vício dos produtos e serviços no âmbito da relação de consumo.

Assim, é possível afirmar que o problema de falta de regramento suficiente sobre a matéria não é um problema brasileiro, nem mesmo no que tange aos danos derivados dos riscos do desenvolvimento: é importante pontuar que a realidade jurídica brasileira, seja no diploma civil ou consumerista, é bem distinta da europeia.

Na UE, existe regramento sobre o produto defeituoso, ou seja, responsabilidade pelo fato do produto que é regulado pela Diretiva 85/374. Não é um sistema completo como o oferecido pelo Código de Defesa e Proteção do Consumidor brasileiro que prevê também normas sobre a responsabilidade pelo o vício do produto. E é importante que se assente: embora o CDC também tenha sido inspirado na Diretiva para a construção de um sistema de responsabilidade pelo fato do produto defeituoso, o diploma pátrio vai além, pois dispõe de normas sobre a responsabilidade pelo defeito do serviço e pelo vício do produto e do serviço.

No âmbito da União Europeia, essa regulamentação da responsabilidade pelo vício do produto veio somente a partir das Diretivas 2019/771 e 2019/770, que ainda dependem de internalização nos países signatários e entrariam em vigor em julho de 2020[67]. Ou seja, é importante registrar que o Direito brasileiro tem um sistema regulatório muito mais completo para tratar sobre o assunto do que o sistema europeu. Por isso, não se pode pura e simplesmente absorver as soluções que são construídas ou propostas por outros ordenamentos sem deixar de observar o regramento brasileiro vigente. A solução para os danos derivados da IA pode não vir de um regramento específico, mas de uma cláusula geral de responsabilidade civil como consta no Código Civil.

Além disso, é importante notar que, diferente do que ocorre no Direito europeu, não há no Direito brasileiro nenhuma norma, seja no diploma civil ou consumerista, que afaste a responsabilidade civil pelos danos derivados dos riscos do desenvolvimento.

O problema europeu de insuficiência de regramento para a responsabilidade pelos danos provocados pelos sistemas autônomos e, sobretudo, para os danos derivados dos riscos do desenvolvimento não é um problema brasileiro que, além do CDC, ainda conta com duas cláusulas gerais da responsabilidade objetiva, o Parágrafo Único do Art.

67. CARVALHO, Jorge Morais, Venda de Bens de Consumo e Fornecimento de Conteúdos e Serviços Digitais – As Diretivas 2019/771 e 2019/770 e o seu impacto no Direito português. *Revista Eletrônica de Direito*. Artigo disponível no site: https://cije.up.pt/client/files/0000000001/4-artigo-jorge-morais-carvalho_1213.pdf. Acesso em: julho de 2020.

927, para risco da atividade, e o Art. 931, para risco do produto, sendo que este último dispositivo é ainda muito pouco explorado no Direito brasileiro[68].

Por esse motivo, não é necessário ou pertinente buscar soluções em ordenamentos estrangeiros para problemas que podem ser resolvidos com as normas já vigentes no ordenamento brasileiro. Em relação aos danos derivados da Inteligência Artificial, pode-se afirmar que o sistema de responsabilidade civil brasileiro pode ser considerado o mais completo para a proteção das vítimas, tanto das que forem caracterizadas como consumidoras sob a incidência do CDC, como para as que não se enquadrarem nesse perfil, às quais incidirão as cláusulas gerais de responsabilidade civil.

Esse pensamento vai na mesma direção do que é defendido por Tepedino e Guia, no sentido de que, em vez de propugnar pela construção de uma nova legislação sobre a matéria, seja utilizado o sistema legislativo vigente no Brasil no qual a responsabilidade civil objetiva seria o meio mais adequado para tutelar as vítimas pelos danos derivados do exercício da Inteligência Artificial.

Os autores defendem que a responsabilidade objetiva pode ser aplicada utilizando por analogia o sistema verificado nos casos de responsabilidade pela guarda da coisa ou do animal[69] e também pelo regime de responsabilidade objetiva pela configuração de atividade de risco pela utilização dos sistemas de Inteligência Artificial. Segundo os autores, essa solução seria uma grande vantagem para os sistemas como os Direitos brasileiro e italiano, os quais possuem cláusulas gerais de responsabilidade para atividades de risco nos artigos 927, § único do CCB, e 2050 do CC[70].

Em direção semelhante, ao avaliar as possíveis teses de imputação de responsabilidade civil por danos em razão da IA, Caitlin Mulholland pondera que o fundamento para imputar a responsabilidade civil poderia ser o Parágrafo Único do Art. 927 do Código Civil, impondo-se assim a "responsabilidade civil objetiva da sociedade que utiliza, se beneficia e aufere lucros por meio da exploração da IA"[71].

Além desse fundamento, a autora considera que também seria possível imputar a responsabilidade civil do fornecedor nas relações de consumo pelo fato do produto ou do serviço "amparada na presunção da existência de um defeito que ocasionou o dano". A autora vai mais além, defendendo que essa responsabilidade seria imputada "ainda que esse defeito fosse desconhecido no momento em que o sistema de IA iniciou seu processo de desenvolvimento e autoaprendizagem". Para ela, isso autorizaria a imputação da responsabilidade pelos danos derivados dos riscos do desenvolvimento[72].

---

68. Veja-se a esse respeito crítica que levantei a uma decisão proferida pelo TJRS que ao tratar a responsabilidade pelos danos derivados de riscos do desenvolvimento de medicamento utilizou como fundamento o Parágrafo Único do Art. 927 e não o Art. 931 do CCB, como pode ser visto em WESENDONCK, Tula. A responsabilidade civil pelos danos decorrentes dos riscos do desenvolvimento do medicamento Sifrol. *Revista de Direito do Consumidor*, v. 123, p. 161-186, 2019.
69. Os autores ponderam que parte da doutrina (CERKA, Paulius; GRIGIENE Jurgita; SIRBIKYTÈ, Gintarè. Liability for damages caused by artificial intelligence. Computer Law & Security Review, n. 31, 2015. p. 386) não considera viável a aplicação do regime de responsabilidade pela guarda do animal tendo em vista que o ente dotado de Inteligência Artificial teria um pensamento racional parecido com o dos humanos. TEPEDINO SILVA, *op. cit*.
70. TEPEDINO SILVA, *op. cit.*, p. 81.
71. MULHOLLAND, *op. cit.*, p. RB- 15.4.
72. MULHOLLAND, *op. cit.*, p. RB- 15.4.

Sobre isso, a autora pontua que seria conveniente resgatar a teoria para "embasar a atribuição da responsabilidade aos agentes empresariais que desenvolvem ou exploram a IA". Nesse sentido, os requisitos para a configuração dos riscos do desenvolvimento estariam presentes tendo em vista que, nos danos ligados a um sistema de IA, há dificuldade para detectar, no momento da programação da IA, a previsibilidade e potencialidade danosa do sistema, principalmente considerando a aprendizagem autônoma da IA, que ocorre sem interferência humana, de forma que, ocorrendo o dano, não haveria nem mesmo como justificar ou explicar o motivo pelo qual a IA toma uma decisão que acarreta o dano. Considerando esses aspectos, a autora entende ser viável a responsabilidade pelos danos derivados dos riscos do desenvolvimento[73].

As reflexões feitas por Caitlin Mulholland são relevantes para reconhecer a responsabilidade pelos danos derivados dos riscos do desenvolvimento viabilizando a responsabilidade pelos danos derivados da IA. Nesse sentido, não é demasiado referir que a atividade é marcada pela imprevisibilidade das decisões do sistema de IA, em razão da sua capacidade de autonomia em relação ao aprendizado e à interferência humana, o que potencializa a ocorrência de danos.

Interessante notar que, muito embora os autores acima referidos (Mulholland, Guia e Tepedino) fundamentem a responsabilidade por danos decorrentes da IA no Código Civil brasileiro, eles não fazem referência ao Art. 931 do Código Civil brasileiro, o que causa certa curiosidade ou mesmo perplexidade considerando que o dispositivo trata de uma norma sobre a responsabilidade civil pelo fato do produto.

Nesse sentido, calha a observação dos estudos que tratam sobre o regime da responsabilidade civil aplicável aos danos derivados da IA no Direito Europeu, sobretudo as lições de Mafalda Miranda Barbosa, que refere a noção construída por João Calvão da Silva de que *software* é um produto, incidindo sobre os danos a ele relacionados a responsabilidade do produtor pelo produto[74]. Ou seja, no Direito europeu é possível perceber uma tentativa de enquadrar a IA como produto para que lhe seja incidente a Diretiva 85/375, a qual imputa a responsabilidade pelo fato do produto.

Considerando a construção que é feita no Direito europeu, é possível então visualizar a importância e a pertinência da referência ao Art. 931 do Código Civil brasileiro para os danos derivados da IA, pois no Código Civil brasileiro este é o dispositivo que traz a norma específica que trata da responsabilidade civil pelo fato do produto.

Ao fazer referência à incidência do regime de responsabilidade civil objetiva pelo risco da atividade aos danos derivados da IA, Tepedino e Guia advertem que a responsabilidade não pode ser invocada de maneira "indiscriminada e irrefletida". Segundo os autores, para determinar o que vem a ser atividade de risco e para determinar a aplicação da cláusula geral de responsabilidade objetiva, seria necessário "investigar detidamente, em cada atividade, à luz das especificidades dos respectivos sistemas e de seu contexto, a possibilidade de caracterização de atividade de risco"[75].

73. MULHOLLAND, *op. cit.*, p. RB-15.3.
74. BARBOSA. O futuro da responsabilidade civil..., *cit.*, p. 286.
75. TEPEDINO; SILVA, *op. cit.*, p. 84.

A mesma orientação é defendida por Mafalda Miranda Barbosa, para quem a responsabilidade objetiva ficará "limitada pela materialização do risco, o que implica que não pode ser adequada para entes dotados de Inteligência Artificial que não envolvam um especial perigo": a autora defende que deve ser feita uma diferenciação entre os danos causados por entes dotados de Inteligência Artificial que não sejam especialmente perigosos, a exemplo do *smartphone* ou uma televisão inteligente, dos danos derivados de um veículo autônomo ou de um robô médico, esses sim potencialmente mais perigosos, assim entendendo que somente poderia ser aplicada essa responsabilidade objetiva nos casos de risco acrescido[76].

No entanto, é necessário advertir que a cláusula geral de responsabilidade civil objetiva constante do Parágrafo Único do Art. 927 é direcionada ao risco da atividade e não à existência de sua periculosidade. Assim, a obrigação de indenizar incide quando o dano resultar de "atividade lícita, autorizada e regulamentada, porém, que por sua essência e natureza, provoca danos quantitativamente numerosos ou qualitativamente elevados"[77]. Nesse sentido, é importante perceber que muitas formas de Inteligência Artificial "não são intrinsecamente perigosas, mas detêm aptidão especial para a eclosão de lesões, particularmente danos extrapatrimoniais" [78] – e mais do que isso: o risco de provocar danos é intrínseco à Inteligência Artificial, em razão da autonomia, marcada pela possibilidade de tomar decisões que não dependem do programador e também da imprevisibilidade dos resultados das decisões, tendo em vista que não podem ser previamente controladas.

Tepedino e Guia ainda mencionam a possiblidade de incidência do regime de responsabilidade objetiva pelo CDC, sendo viável a responsabilização de todos os fornecedores da cadeia de consumo pelos danos decorrentes de fato do produto ou serviço, podendo ser imputada a responsabilidade "aos desenvolvedores de *softwares* ou algoritmos, e não apenas ao elo final da cadeira de fornecedores".[79]

Considerando as normas vigentes no Direito brasileiro, seja no CC ou no CDC é possível perceber que o sistema de responsabilidade civil protege de maneira bem efetiva as vítimas.

Diferente do que ocorre na Diretiva 85/374, o não há no Direito brasileiro ressalva expressa à responsabilidade pelos riscos do desenvolvimento. Assim, mesmo que o dano derivado do exercício da atividade da IA for decorrente de um risco desconhecido, ainda assim será incidente a responsabilidade civil objetiva pelo dano.

---

76. BARBOSA. O futuro da responsabilidade civil..., *cit.*, p. 323.
77. MONTEIRO FILHO; ROSENVALD, *op. cit.*, RB – 25.5. Os autores ainda referem a Inteligência Artificial revelaria alto risco da atividade como se vê a seguir: "No universo da Inteligência Artificial, ele se evidencia pelo risco intensificado da atividade para liberdades fundamentais das pessoas naturais, resultado do processamento de dados pessoais que acarrete danos físicos, patrimoniais ou extrapatrimoniais, em especial quando o processamento cause discriminação, furto de identidade, fraudes diversas, perdas financeiras, dano reputacional, perda de confidencialidade dos dados pessoais protegidos por sigilo profissional, reversão não autorizada da pseudonimização ou qualquer outra desvantagem econômica ou social significativa. Acresçam-se a isso as circunstâncias nas quais titulares dos dados pessoais sejam privados de seus direitos ou impedidos de exercer controle sobre eles; em que são processados dados pessoais que desnudem a intimidade, notadamente de pessoas vulneráveis."
78. Nesse sentido, Cláudia Lima Marques e Guilherme Mucelin também fazem referência aos sistemas de Inteligência Artificial de alto risco como dos de saúde, brinquedos, cosmético, carros automatizados, transporte etc. Nesse sentido os autores referem a importância de discernir sobre a particularidade das hipóteses de alto risco para não sobrecarregar as regras de defesa dos consumidores. (MARQUES; MUCELIN, *op. cit.*, RB-20.1.).
79. TEPEDINO; SILVA, *op. cit.*, p. 85.

Importante referir por fim, que para além das relações de consumo, há ainda no Direito brasileiro a responsabilidade independente de culpa pelas cláusulas gerais de responsabilidade civil previstas no CC consistentes no Parágrafo Único do Art. 927, quando a atividade for considerada de risco, e no Art. 931 quando um produto que é colocado em circulação cause danos a outrem (este último ainda pouco referido e utilizado no Brasil – basta ver caso do julgamento do medicamento Sifrol no STJ, no qual o fundamento da decisão para reconhecer a responsabilidade civil pelos riscos do desenvolvimento foi o parágrafo único do Art. 927, embora o Art. 931 apresenta no suporte fático mais adequado para incidir para danos derivados de efeitos desconhecidos de produto[80]).

4. CONCLUSÃO

A realidade atual passa a ser cada vez mais tomada pelas tecnologias de Inteligência Artificial nas mais diversas áreas e com as mais diversas finalidades. Em razão das características próprias dos sistemas de Inteligência Artificial, consistentes na autonomia e imprevisibilidade de suas ações, torna-se mais frequente a possibilidade de ocorrência de danos em torno dessa atividade. Por isso, a matéria tem ocupado lugar de destaque no âmbito jurídico, seja no sentido de alertar para os riscos advindos dessa tecnologia ou no sentido de propor soluções para os danos dela derivados.

Muitas teorias são propostas em diversos ordenamentos jurídicos e este estudo teve como objetivo demonstrar que as soluções apresentadas nos ordenamentos estrangeiros, especialmente europeus, nem sempre cabem no ordenamento pátrio. Essa conclusão pode ser alcançada pela observação de que os problemas enfrentados pelos outros ordenamentos não são idênticos aos brasileiros. As soluções apontadas pelos ordenamentos estrangeiros são pautadas pela ausência de uma legislação específica ou regramento genérico de responsabilidade civil, que seja apto a propor soluções para os danos derivados da Inteligência Artificial.

Assim, é necessário observar as diferenças próprias de cada ordenamento jurídico (legislativas, doutrinárias, jurisprudenciais e principiológicas), para que não sejam importadas soluções desnecessárias ou inconvenientes ao ordenamento pátrio vigente.

Importante notar que, no Direito brasileiro, há um sistema bem efetivo para reparar os danos provenientes da Inteligência Artificial, o que oportuniza proteção para as possíveis vítimas. Esse sistema pode ser verificado no âmbito das normas do CDC, que tem como finalidade a proteção do consumidor, e também do CC, que dispõe de cláusulas gerais de responsabilidade objetiva pelo fato do produto e pelo risco da atividade.

Tendo em vista que no Direito brasileiro não há ressalva à responsabilidade pelos danos derivados dos riscos do desenvolvimento, o sistema legislativo vigente é hábil a proteger as vítimas tanto no caso de danos cognoscíveis quanto dos danos derivados dos riscos do desenvolvimento.

80. STJ, REsp 1.774.372, 3ª Turma, Rel. Min. Nancy Andrighi, julgamento em 05.05.2020.

Assim, ainda que o estudo da matéria no direito estrangeiro seja importante para situar o debate sobre o assunto, isso não pode obrigatoriamente repercutir na absorção de soluções que podem ser consideradas incompatíveis ou até mesmo defasadas se comparadas com as previstas no ordenamento vigente brasileiro. A título exemplificativo é possível citar a questão relacionada à matéria da responsabilidade civil pelos danos derivados dos riscos do desenvolvimento, tendo em vista que o ordenamento brasileiro, ao contrário da maioria dos estrangeiros, não excepciona essa responsabilidade, sendo, portanto, desnecessária a discussão em torno da ausência de regramento que imponha a responsabilidade pelos danos derivados dos riscos do desenvolvimento.

5. REFERÊNCIAS

ANTUNES, Henrique Sousa Responsabilidade civil do produtor: os danos ressarcíveis na era digital. *Revista de Direito da Responsabilidade*, ano 1, p. 1476-1485, 2019.

BARBOSA, Mafalda Miranda. Inteligência Artificial, *e-persons* e Direito: desafios e perspectivas. *Revista Jurídica Luso-Brasileira*, ano 3, n. 6, p. 1475-1503, 2017.

BARBOSA, Mafalda Miranda. O futuro da responsabilidade civil desafiada pela Inteligência Artificial: as dificuldades dos modelos tradicionais e caminhos de solução. *Revista de Direito da Responsabilidade*, ano 2, p. 280-326, 2020. Artigo disponível no site: https://revistadireitoresponsabilidade.pt/2020/o-futuro-da-responsabilidade-civil-desafiada-pela-inteligencia-artificial-as-dificuldades-dos-modelos-tradicionais-e-caminhos-de-solucao-mafalda-miranda-barbosa/. Acesso em: junho de 2020.

BARBOSA, Mafalda Miranda. E quando o algoritmo erra? Reflexão a propósito da pandemia de covid-19. *Revista de Direito da Responsabilidade*, ano 2, p. 569-595, 2020. Artigo disponível no site: https://revistadireitoresponsabilidade.pt/2020/e-quando-o-algoritmo-erra-reflexao-a-proposito-da-pandemia-de-covid-19-mafalda-miranda-barbosa/. Acesso em: julho de 2020.

CACHAPUZ, Maria Cláudia. O conceito de pessoa e a autonomia de data (ou sobre a medida da humanidade em tempos de Inteligência Artificial). *Revista de Direito Civil Contemporâneo*, v. 20/2019, p. 63-85 jul./set. 2019.

CARVALHO, Jorge Morais, Venda de Bens de Consumo e Fornecimento de Conteúdos e Serviços Digitais – As Diretivas 2019/771 e 2019/770 e o seu impacto no Direito português. *Revista Eletrônica de Direito*. Artigo disponível no site: https://cije.up.pt/client/files/0000000001/4-artigo-jorge-morais-carvalho_1213.pdf acesso em julho de 2020.

FALEIROS JÚNIOR, José Luiz de Moura; MENKE, Fabiano. "*Teilrechtsfähigkeit*": uma proposta para a responsabilização civil dos robôs dotados de Inteligência Artificial na perspectiva do direito civil alemão. *Migalhas*. Artigo disponível no site: http://s.migalhas.com.br/S/C067F2. Acesso em: agosto de 2020.

FARIA, Edimur Ferreira de; DAMASCENO, Luiza Mascarenhas. A Indústria 4.0 e o Futuro da Prática Jurídica No Século XXI. *Revista dos Tribunais*, v. 1003/2019, p. 239-261, maio 2019.

KFOURI NETO, Miguel; NOGAROLI, Rafaella. O consentimento do paciente no admirável mundo novo de robôs de assistência à saúde e algoritmos de Inteligência Artificial para diagnóstico médico. *In:* TEPEDINO, Gustavo; SILVA, Rodrigo da Guia (Coord.). *O Direito Civil na era da Inteligência Artificial* [livro eletrônico]. São Paulo: Thomson Reuters Brasil, 2020.

MARQUES, Cláudia Lima; MUCELIN, Guilherme. Inteligência Artificial e "opacidade" no consumo: a necessária revalorização da transparência para a proteção do consumidor. *In:* TEPEDINO, Gustavo;

SILVA, Rodrigo da Guia (Coord.). *O Direito Civil na era da Inteligência Artificial* [livro eletrônico]. São Paulo: Thomson Reuters Brasil, 2020.

MARTINS-COSTA, Judith. Os danos à pessoa no Direito brasileiro e a natureza da sua reparação. *Doutrinas Essenciais de Dano Moral*, v. 1, 2015. p. 867-901, jul. 2015.

MEDON, Filipe. *Inteligência Artificial e Responsabilidade Civil*: Autonomia, Riscos e Solidariedade. Salvador: Editora JusPodivim, 2020. p. 219.

MIRAGEM, Bruno. Novo paradigma tecnológico, mercado de consumo digital e o direito do consumidor. *Revista de Direito do Consumidor*, São Paulo: Revista dos Tribunais, v. 125, pp. 17-62, 2019.

MONTEIRO FILHO, Carlos Edison do Rêgo; ROSENVALD, Nelson. Riscos e responsabilidades na Inteligência Artificial e noutras tecnologias digitais emergentes. *In:* TEPEDINO, Gustavo; SILVA, Rodrigo da Guia (Coord.). *O Direito Civil na era da Inteligência Artificial* [livro eletrônico]. São Paulo: Thomson Reuters Brasil, 2020.

MUCELIN, Guilherme. *Conexão online e hiperconfiança*: os players da economia do compartilhamento e o Direito do Consumidor. São Paulo: Revista dos Tribunais, 2020.

MULHOLLAND, Caitlin. Responsabilidade civil e processos decisórios autônomos em sistemas de Inteligência Artificial (IA): autonomia, imputabilidade e responsabilidade. *In:* FRAZÃO, Ana; MULHOLLAND, Caitlin (Coord.). *Inteligência Artificial e Direito*: ética, regulação e responsabilidade [livro eletrônico]. São Paulo: Thomson Reuters Brasil, 2019.

PIRES, Fernanda Ivo. Responsabilidade Civil e o "Robô Advogado". *In:* MARTINS, Guilherme Magalhães e ROSENVALD, Nelson (Coord.). *Responsabilidade Civil e novas tecnologias*. Indaiatuba: Editora Foco, 2020.

PIRES, Thatiane Cristina Fontão; SILVA, Rafael Peteffi da. A responsabilidade civil pelos atos autônomos da Inteligência Artificial: notas iniciais sobre a resolução do Parlamento Europeu. *Revista Brasileira de Políticas Públicas*, Brasília, v. 7, n. 3, 2017.

SANSEVERINO, Paulo de Tarso Vieira; MARCHIORI, Marcelo Ornellas. O Projeto Athos de Inteligência Artificial e o impacto na formação dos precedentes qualificados do Superior Tribunal de Justiça. *In:* TEPEDINO, Gustavo; SILVA, Rodrigo da Guia (Coord.). *O Direito Civil na era da Inteligência Artificial* [livro eletrônico]. São Paulo: Thomson Reuters Brasil, 2020.

SCHREIBER, Anderson. *Novos Paradigmas da Responsabilidade Civil*: da erosão dos filtros da reparação à diluição dos danos. 3. ed. São Paulo: Atlas, 2011.

SULOCKI, Victoria de. Novas tecnologias, velhas discriminações: ou da falta de reflexão sobre o sistema de algoritmos na Justiça Criminal. *In:* FRAZÃO, Ana; MULHOLLAND, Caitlin (Coord.). *Inteligência Artificial e Direito*: ética, regulação e responsabilidade [livro eletrônico]. São Paulo: Thomson Reuters Brasil, 2019.

TEPEDINO, Gustavo; SILVA, Rodrigo da Guia. Desafios da Inteligência Artificial em matéria de responsabilidade civil. *Revista Brasileira de Direito Civil*, Belo Horizonte, v. 21, p. 61-86, jul./set. 2019.

WESENDONCK, Tula. A responsabilidade civil pelos danos decorrentes dos riscos do desenvolvimento do medicamento Sifrol. *Revista de Direito do Consumidor*, v. 123, p. 161-186, 2019.

WESENDONCK, Tula. A responsabilidade civil pelos riscos do desenvolvimento: evolução histórica e disciplina no Direito Comparado. *Direito & Justiça*, v. 38, n. 2, jul./dez. 2012.

WESENDONCK, Tula. *O Regime da Responsabilidade Civil pelo Fato dos Produtos postos em circulação*: uma proposta de interpretação do Art. 931 do Código Civil sob a Perspectiva do Direito Comparado. Porto Alegre: Livraria do Advogado Editora, 2015.

ZAMBRANO, Virginia. Algoritimi predittivi e ammistrazione dela giustizia: tra exigenze di certeza e responsabilità. *In:* WESENDONCK, Tula; MUCELIN, Guilherme (Orgs.). *Fundamentos Dogmáticos da Experiência Jurídica na Responsabilidade Civil Contemporânea*. Curitiba: CRV, 2020.

13
INTELIGÊNCIA ARTIFICIAL E RESPONSABILIDADE CIVIL: AS POSSÍVEIS "SOLUÇÕES" DO ORDENAMENTO JURÍDICO PORTUGUÊS

Pedro Manuel Pimenta Mendes

Professor Assistente da Faculdade de Direito da Universidade de Coimbra.

Sumário: 1. Introdução. 2. Responsabilidade civil subjetiva. 2.1 Considerações gerais. 2.2 Os artigos 491º e 493º do Código Civil. 3. Responsabilidade civil objetiva. 3.1 O artigo 502º Código Civil. 3.2 O artigo 500º Código Civil. 3.3 O artigo 503º Código Civil. 4. Conclusão. 5. Referências.

1. INTRODUÇÃO

Nas últimas décadas, a tecnologia tem vindo a sofrer um desenvolvimento notável. O robot passou de pura ficção a realidade. Mas não só. O progresso tecnológico levou a que surgisse o campo da inteligência artificial. De simples mecanismos que auxiliam o ser humano nas suas tarefas, passamos a viver com robots capazes de atuar autonomamente. Independentemente da forma que surgem, as várias expressões da inteligência artificial fazem parte da realidade e influenciam o modo de comportamento e vivência humana. Exemplo mais conhecido são os veículos automatizados, dotados de autonomia de decisão e de atuação e, por isso, desligados de qualquer ação do condutor. Estes veículos são capazes de assumir a tarefa de condução sem intervenção do homem, que é substituído pelo robot.

A responsabilidade civil subjetiva, exigindo a culpa do lesante, deixou de ser capaz de resolver muitos dos problemas que foram surgindo. A revolução industrial trouxe-nos o recurso cada vez mais frequente à máquina e aos processos mecânicos de trabalho e se, por um lado, veio aliviar o carácter penoso de muitas das atividades, por outro, aumentou o número e a gravidade dos riscos de acidente. Por esta altura, surgiu a necessidade de repensar os mecanismos ressarcitórios e procurar novas soluções. Numa primeira fase, respondeu-se, ainda dentro da responsabilidade civil subjetiva, com a presunção de culpa, colocando o ónus da prova da culpa no lesante. Porém, o empregador não teria grandes dificuldades em afastar a presunção de culpa que lhe recaía, pelo que a resposta teria de assentar numa outra solução. O mecanismo encontrado passou pela responsabilidade objetiva[1].

1. Vd. Antunes Varela, *Das Obrigações em Geral*, v. I, 10. ed., 12. reimp. Coimbra, Almedina, 2015, p. 629 e ss.

Novos tempos trazem novos problemas. A inteligência artificial chegou para desafiar os quadros jurídicos clássicos que, de alguma forma, vêm servindo para tutelar as sucessivas inovações a nível tecnológico.

Os robots dotados de inteligência artificial são autónomos e capazes de tomar as suas próprias decisões, o que nos traz algumas questões. Os danos que os entes dotados de inteligência artificial provocam são passíveis de ressarcimento? Quem irá responder pelo surgimento destes danos? Estará o nosso sistema jurídico preparado para receber esta nova realidade?

Será este o ponto de partida do nosso estudo. Tentaremos perceber se as regras do instituto da responsabilidade civil poderão ser mobilizadas para os acidentes provocados pelos seres dotados de inteligência artificial. Isto é, analisaremos a aptidão deste instituto para a identificação de uma entidade suscetível de ser responsabilizada pelos acidentes provocados por entidade de IA.

Para tanto, iremos atentar nos diversos artigos que compõem o instituto, entre os quais, os artigos 491°, 493°, 500°, 502° e 503° do Código Civil, doravante CC.

2. RESPONSABILIDADE CIVIL SUBJETIVA

2.1 Considerações gerais

O artigo 483° do Código Civil preceitua que "aquele que, com dolo ou mera culpa, violar ilicitamente o direito de outrem ou qualquer disposição legal destinada a proteger interesses alheios fica obrigado a indemnizar o lesado pelos danos resultantes da violação". A simples leitura do preceito mostra que são vários os requisitos que devem estar preenchidos para haver lugar a uma pretensão indemnizatória. São eles o facto voluntário do agente, a ilicitude, a culpa, o nexo de causalidade e o dano[2].

Como podemos antever desde já, os entes dotados de inteligência artificial vieram introduzir novos dados, levando a que o nosso ordenamento jurídico não consiga responder com eficácia quando da sua conduta resultem danos. Isto resulta claro quando olhamos para as características de um robot dotado de inteligência artificial: autonomia,

2. Não iremos desenvolver os diversos pressupostos da responsabilidade civil, uma vez que não constitui objeto específico do nosso estudo. Para um maior desenvolvimento sobre os mesmos vd. Antunes Varela, *Das Obrigações em Geral*, v. I, *op. cit.*, p. 525 e ss.; Mário Júlio de Almeida Costa, *Direito das Obrigações*, 12. ed. (rev. e atual.). 3. reimp. Coimbra, Almedina, p. 557 e ss.; Rui de Alarcão, *Direito das Obrigações*, 1999, p. 164 e ss.; e Menezes Leitão, *Direito das Obrigações*, v. I, 10. ed. Coimbra, Almedina, 2013, p. 258 e ss. Note-se, no entanto, que a sistematização por nós considerada não é unânime na doutrina. Veja-se, p.e., Galvão Telles, que afirma que os elementos da responsabilidade extraobrigacional (comuns à responsabilidade obrigacional – salvo a particularidade de que nesta o ato ilícito consiste na inexecução da obrigação) são quatro: ato ilícito, culpa, prejuízo e causalidade.: Galvão Telles, *Direito das Obrigações*, 7. ed. (revista e atualizada), Coimbra Editora, 1997, p. 333. Mafalda Miranda Barbosa também sustenta que a responsabilidade civil tem quatro pressupostos: ilicitude, culpa, nexo de imputação objetiva e dano: Mafalda Miranda Barbosa, *Lições de Responsabilidade Civil*, Coimbra, Principia, 2017, p. 127 e ss. Por sua vez, Pessoa Jorge reconduz os pressupostos da responsabilidade civil a apenas dois, sendo eles o ato ilícito e o prejuízo reparável. Porém, o nexo de imputação e o nexo de causalidade não são de descorar, integrando-se o primeiro no ato ilícito, como seu elemento ou aspeto inseparável, e o segundo no prejuízo reparável. O autor acrescenta ainda outro pressuposto de carácter negativo: ausência de causas de isenção da responsabilidade civil: Fernando Pessoa Jorge, *Ensaio sobre os Pressupostos da Responsabilidade Civil*, Lisboa, 1972, p. 55 e ss.

autoaprendizagem, adaptação do comportamento ao meio ambiente, um suporte físico e a ausência de vida em sentido biológico[3]. Não influindo o humano na atuação do robot, difícil é encontrarmos um juízo de censura, o mesmo é dizer, a culpa. Desta forma, parece-nos que, à partida, o sistema de responsabilidade civil subjetiva será inapto para tutelar a posição do lesado.

No entanto, em alguns casos, conseguimos ainda desvelar o elemento da culpa. Pensemos, *v.g.*, nos casos em que o proprietário do ser dotado de inteligência artificial não realiza as devidas atualizações de *software*, ou no caso dos veículos automatizados.

Quanto a este último, de acordo com a classificação proposta pela SAE INTERNACIONAL[4], são seis os níveis de automação:

Nível 0: O veículo não executa qualquer tarefa de condução, cabendo as mesmas integralmente ao condutor – "no driving automation".

Nível 1: O próprio veículo executa a tarefa de controlo do movimento lateral ou longitudinal, cumprindo o condutor as restantes e supervisionando e intervindo quando necessário para manter a segurança do veículo – "driver assistance".

Nível 2: O próprio veículo executa ambas as tarefas de controlo do movimento lateral e longitudinal, cumprindo o condutor as restantes e supervisionando e intervindo quando necessário para manter a segurança do veículo – "partial driving automation".

Nível 3: O próprio veículo encarrega-se de todas as tarefas de condução, com a expectativa de intervenção do utilizador quando lhe seja pedido ou quando existam falhas de sistema – "conditional driving automation".

Nível 4: O próprio veículo efetua todas as tarefas de condução em determinadas condições, sem existência de expectativa de intervenção do utilizador – "high driving automation".

Nível 5: O próprio veículo realiza todas as tarefas de condução sem a expectativa de intervenção do utilizador – "Full driving automation".

Isto quer dizer que, apesar de um veículo executar as tarefas de condução sem qualquer tipo de intervenção humana, casos há em que o utilizador deverá adotar uma postura ativa ou reativa, de modo a conseguir assumir o controlo quando isso lhe seja exigido. Ora, no referido nível 3, o próprio veículo assume as tarefas de condução, mas tem a expectativa de o condutor intervir quando lhe seja pedido. Encontramos, assim, um exemplo onde poderemos encontrar o pressuposto da culpa previsto no artigo 483º do Código Civil: imaginemos que o veículo, perante alguma ameaça, emite um alerta ao condutor para este assumir a condução, alerta esse que o condutor, por alguma razão, não obedece.

Outro problema que nos deparamos é que, ao contrário do que acontece na responsabilidade contratual (art. 799º CC), segundo o artigo 487º CC, incumbe ao lesado provar a culpa do autor da lesão, o que, nos casos que ora curamos, se revela difícil, senão impossível.

3. Vd. Report with recommendations to the Commission on Civil Law Rules on Robotics. Disponível em: https://www.europarl.europa.eu/doceo/document/A-8-2017-0005_EN.html.
4. SAE J3016TM, (R) Taxonomy and Definitions for Terms Related to Driving Automation Systems for On-Road Motor Vehicles, 2018, p. 21 e ss.

E é precisamente por este ponto que partem alguns autores. De forma a tutelar a posição do lesado, defendem que se poderão aplicar as presunções de culpa estabelecidas nos artigos 491º e 493º do Código Civil.

No entanto, adiantamos desde já as fragilidades que o sistema em torno da responsabilidade civil subjetiva nos traz: o requisito da culpa.

2.2 Os artigos 491º e 493º do Código Civil

Como referimos supra, os robots dotados de inteligência artificial têm autonomia, capacidade de autoaprendizagem e de adaptação do comportamento ao meio ambiente, podendo até dizer-se que alguns apresentam um nível de inteligência superior a certos seres humanos (como crianças ou pessoas em estado vegetativo). Desta forma, poder-se-ia entender que os robots com as mencionadas características se poderiam equiparar aos incapazes ou animais. Nas palavras de Ugo Pagallo[5], "once «out of the package» the same model of robot will behave quite differently only after a few days or weeks, depending on how humans play their role of caretakers, so that the individuals` responsability will hinge, at times, on whether they met the social drives of their own robots, detecting and responding to the robot's internal needs. On this basis, we can thus draw a fruitful analogy between traditional responsibility for the behaviour of others in tort law, e.g., animals and children".

Nesta ordem de ideias, poder-se-ia recorrer aos artigos 491º e 493º/1 CC para, respetivamente, responsabilizar as pessoas obrigadas à vigilância de outrem em virtude da incapacidade natural destas e as pessoas que tiverem assumido o encargo da vigilância de quaisquer animais. Estes dois preceitos inserem-se dentro da responsabilidade civil subjetiva, cujos pressupostos estão previstos no art. 483º CC, constituindo, porém, um desvio à regra do artigo 487º/1 CC.

O artigo 491º CC diz-nos que as pessoas que, por lei ou negócio jurídico, forem obrigadas a vigiar outras, por virtude da incapacidade natural destas, são responsáveis pelos danos que elas causem a terceiro, salvo se mostrarem que cumpriram o seu dever de vigilância ou que os danos se teriam produzido ainda que o tivessem cumprido.

A nossa lei apresenta a vantagem de não conter uma enumeração taxativa dos sujeitos abrangidos pela presunção de culpa. Esta presunção recai sobre aqueles que, segundo a lei, têm o dever de vigiar os naturalmente incapazes, *v.g.* os pais de um menor, e aqueles a quem tenha sido incumbido tal dever por contrato, *v.g.* professores, baby-sitters[6]. Desta forma, devido à não taxatividade, a disposição revela uma maior capacidade de se adaptar às diferentes realidades. A responsabilidade consagrada neste artigo é uma forma de responsabilidade subjetiva[7], tratando-se de uma responsabili-

5. Cfr. Ugo Pagallo, *The Laws of Robots: Crimes, Contracts, and Torts*, Springer, 2013, p. 124.
6. Para mais exemplos vd. Pires de Lima e Antunes Varela, *Código Civil Anotado*, v. I, 4. ed. (rev. e atual.). Coimbra Editora, 1987, p. 492.
7. Maria Clara Sottomayor defende que é necessária uma medida legislativa que consagre uma norma que preveja a responsabilidade dos pais pelos factos ilícitos praticados pelos filhos menores, que se funda, não num risco criado pelos pais, mas em razões de equidade, e que assume a função de garantia relativamente à vítima. Esta objetivação

dade por facto próprio e não por facto de outrem, uma vez que está em causa a *culpa in vigilando*[8].

Ao equiparar os robots dotados de inteligência artificial aos incapazes, impenderia sobre o lesante uma presunção de culpa, ilidível caso se se mostrar que o dever de vigilância fora cumprido ou que os danos teriam sido igualmente produzidos no caso do não cumprimento desse dever.

Parece-nos que esta solução não pode colher. Para além de a presunção ser facilmente ilidível, deixando sem tutela muitas das situações de ocorrência de danos por parte das entidades providas de inteligência artificial, outro importante ponto temos de frisar. Os robots dotados de inteligência artificial, ao contrário dos incapazes, não têm personalidade jurídica, apesar de existirem posições no sentido da sua atribuição[9]. Desta forma, afigura-se desajustada a aplicação por analogia[10] de uma norma pensada para pessoas com personalidade jurídica aos entes de que falamos, tornando inviável o alargamento da disciplina constante no artigo em discussão[11].

---

da responsabilidade, segundo a autora, deve vir acompanhada pela criação de um seguro obrigatório. Vd. Maria Clara Sottomayor, *A Responsabilidade Civil dos Pais pelos Factos Ilícitos praticados pelos Filhos Menores*, in *Separata do Boletim da Faculdade de Direito*, v. LXXI, 1995, p. 450 e ss.

8. Vd. Antunes Varela, *Das Obrigações em Geral*, *op. cit.*, p. 590; Adriano Vaz Serra, *Responsabilidade de pessoas obrigadas à vigilância*, *Boletim do Ministerio da Ivstiça*, n. 85, 1959, p. 398; e Maria Clara Sottomayor, *A Responsabilidade Civil*, *op. cit.*, p. 411. Quanto à controvérsia da configuração da culpa *in vigilando* como uma *culpa in educando*, vd. Mafalda Miranda Barbosa, *Os Artigos 491º, 492º e 493º do Código Civil: Questões e Reflexões*, in *Boletim da Faculdade de Direito*, t. I, v. XCIII, 2017, p. 352 e ss.
9. Para crítica a esta concepção vd. Mafalda Miranda Barbosa, Inteligência artificial, *e-persons* e direito: desafios e perspectivas, in *Revista Jurídica Luso-Brasileira*, ano 3, n. 6, 2017.
10. O artigo 11º do Código Civil preceitua que as normas excecionais não comportam aplicação analógica. No entanto, Sinde Monteiro, a propósito do artigo 493º/2 CC, refere que estamos perante uma norma especial face ao princípio fundamental em matéria de responsabilidade consagrado no artigo 483º/1/2 CC (embora já seja excecional em relação ao artigo 487º CC), perante o qual apenas as normas que consagram a teoria do risco têm um carácter excecional, e nada se opõe à aplicação analógica das normais especiais. Vd. Sinde Monteiro, *Estudos sobre a Responsabilidade Civil*, Coimbra, 1983, p. 71 e 72. Vd. também Pires de Lima e Antunes Varela que afirmam que o artigo abre mais uma exceção à regra do n. 1 do artigo 487º CC, mas não altera o princípio do artigo 483º CC de que a responsabilidade depende de culpa. Os autores dizem que "este preceito, relativo às actividades perigosas em geral, é dos que mais claramente revelam o carácter excepcional da responsabilidade pelo risco, na medida em que, mesmo quanto às actividades dessa natureza, onde a teoria do risco mais tende a afirmar-se, a lei admite a prova da falta de culpa como causa de exclusão da responsabilidade do agente". Cfr. Pires de Lima / Antunes Varela, *Código Civil Anotado*, *op. cit.*, p. 495. Em sentido contrário, convocando a natureza de normas excecionais, vd. Antunes Varela, *Das Obrigações em Geral*, *op. cit.*, p. 619 e 620. De toda a forma, seguindo o pensamento de Castanheira Neves, as normas excecionais são suscetíveis de aplicação por analogia. A preterição dos princípios fundamentais não pode determinar a exclusão em absoluto da aplicação analógica destas normas. Se a razão de ser das normas excecionais justifica a sua aplicação a casos nelas não diretamente previstos, esta não se poderá negar. Cfr. Castanheira Neves, *Metodologia Jurídica – Problemas Fundamentais*, 1. ed. (reimp.). Coimbra Editora, 2013, p. 274. Quanto ao artigo 11º do Código Civil afirma o autor que "não deve isso preocupar-nos muito, sabendo, como sabemos, do valor muito relativo das disposições legais que se propõem impor soluções a problemas que competem verdadeira à autonomia crítica do pensamento jurídico e não ao legislador". Não será a analogia destas normas prático-normativamente imprescindível? E não é ela mesmo exigida tendo em conta princípios fundamentais? A resposta é afirmativa. Por um lado, é difícil a delimitação da fronteira entre interpretação extensiva e analogia. Por outro, as razões que justificam a existência da analogia em geral, justificam também a admissibilidade da analogia de normas excecionais: sempre que a razão de ser da norma excecional se puder afirmar quanto a outros casos nela não previstos, essa norma deverá ser aplicada analogicamente. Para mais desenvolvimentos, vd. Castanheira Neves, *Metodologia Jurídica*, *op. cit.*, p. 273 e ss.
11. Henrique Sousa Antunes afirma que, na ausência de personalidade jurídica, um regime equiparável aos animais surge configurável. Porém, admite que, num tempo que não crê muito distante, poderemos assistir a uma humanização da forma, o que implicará, porventura, uma reconsideração desta posição. Cfr. Henrique Sousa Antunes, *Inteligência Artificial e Responsabilidade Civil: Enquadramento*, in *Revista de Direito da Responsabilidade*, ano 1, p. 2019, p. 147.

O artigo 493º/1 consagra do mesmo modo uma presunção. Diz-nos o preceito que quem tiver em seu poder coisa móvel ou imóvel, com o dever de a vigiar, e bem assim quem tiver assumido o encargo da vigilância de quaisquer animais, responde pelos danos que a coisa ou os animais causarem, salvo se provar que nenhuma culpa houve da sua parte ou que os danos se teriam igualmente produzido ainda que não houvesse culpa sua. A presunção recai, assim, sobre sobre a pessoa que detém a coisa ou o animal, com o dever de os vigiar.

Importante é também distinguir o âmbito deste preceito com o do artigo 502º CC. O artigo 502º CC refere-se igualmente aos danos causados por animais, mas, ao invés da responsabilidade civil subjetiva agravada com uma presunção de culpa presente no artigo 493º/1 CC, consagra antes uma verdadeira responsabilidade objetiva, prescindindo de culpa. Esta diferença é justificada pelo facto de o artigo 493º CC se referir às pessoas que assumiram o encargo da vigilância dos animais (*v.g.* depositário, mandatário), enquanto que o disposto no artigo 502º CC se destinar às pessoas que utilizam os animais no seu próprio interesse (*v.g.* proprietário, usufrutuário, locatário). É quanto a estas últimas pessoas que tem inteiro cabimento a ideia do risco: quem utiliza em seu proveito os animais que, como seres irracionais, são sempre uma fonte de perigos, deve suportar as consequências do risco especial que acarreta a sua utilização[12].

Mas qual a razão de ser desta presunção? Vimos que quem tem a coisa ou animal à sua guarda deve tomar todas as medidas necessárias para evitar a ocorrência de danos. Isto acontece porque as coisas ou animais podem constituir um perigo para terceiros. Desta forma, o responsável está em melhor situação do que o lesado para fazer a prova relativa à culpa. Tendo a coisa ou animal à sua disposição é provável que saiba, melhor do que ninguém, quais as medidas que adotou ou deixou de adotar[13].

Por sua vez, o número 2 do artigo 493º CC dispõe que quem causar danos a outrem no exercício de uma atividade, perigosa por sua própria natureza ou pela natureza dos meios utilizados, é obrigado a repará-los, exceto se mostrar que empregou todas as providências exigidas pelas circunstâncias com o fim de os prevenir. O preceito consagra da mesma forma uma presunção, mas com contornos diferentes das anteriores. Se nos casos anteriores a presunção poderia ser afastada se se provasse que os danos se teriam verificado por uma outra causa, mesmo que tivessem sido adotadas todas as providências para os evitar, neste caso, o lesante só poderá exonerar-se se provar que empregou todas as providências exigidas para os evitar.

Rui Ataíde diz-nos que, do ponto de vista teleológico, não existe qualquer fundamento razoável para limitar o domínio de vigência do artigo às "atividades". No exemplo do autor, "se, durante um jantar, os convidados ingerem veneno doméstico para matar ratos, descuidadamente servido como se fosse vinho, não existe nenhuma razão que

12. Vd. Antunes Varela, *Das Obrigações em Geral*, *op. cit.*, p. 651 e ss. O autor alerta que na situação de o utente incumbir alguém da vigilância dos animais, poderão cumular-se as duas responsabilidades, a do artigo 493º e a do artigo 502º, perante o terceiro lesado, caso o facto danoso provenha da presuntiva culpa do vigilante. Mas, não havendo culpa deste, a obrigação de indemnizar recairá apenas, com o fundamento do risco, sobre a pessoa do utente, caso se verifiquem os pressupostos de que ela depende. Cfr. Antunes Varela, *Das Obrigações em Geral*, *op. cit.*, p. 653.
13. Vd. Adriano Vaz Serra, *Responsabilidade pelos Danos causados por Coisas ou Actividades*, in *Boletim do Ministerio da Ivstiça*, n. 85, 1959, p. 365.

justifique a isenção dos donos da casa da prova liberatória agravada do artigo 493º/2, sem que se consiga vislumbrar o desenvolvimento por parte dos responsáveis de qualquer atividade no sentido que lhe é dado por aquela norma (...), nem por isso, porém, se verificou um decréscimo no perigo específico do veneno por não ter sido utilizado no exercício de uma «atividade»"[14].

Que dizer quanto à aplicabilidade destas presunções de culpa[15] às máquinas dotadas de inteligência artificial?

Comecemos pelo artigo 493º/2 CC que nos fala de atividade perigosa. O que se deve entender por este conceito? A definição não foi fornecida pelo legislador, cabendo ao julgador concretizar o conceito em face dos casos concretos. A perigosidade de uma atividade deve aferir-se segundo as regras da experiência. É perigosa uma atividade que, segundo estas regras, envolve uma grande propensão de ocorrência de danos[16]. Segundo Almeida Costa é perigosa a atividade que "tenha ínsita ou envolva uma probabilidade maior de causar danos do que a verificada nas restantes actividades em geral"[17]. A jurisprudência tem desenvolvido o conceito, fornecendo exemplos de atividades caracterizadas pela sua perigosidade[18]. Porém, Mafalda Miranda Barbosa alerta que nem sempre é fácil a determinação da perigosidade da atividade, assistindo-se a complexas e intricadas discussões na doutrina sobre a matéria, como é o caso da condução de veículos automóveis e do ato médico[19].

No que à aplicação deste preceito aos entes dotados de inteligência artificial diz respeito, não nos parece que a utilização destes robots acarrete um risco anormal tendente à produção de danos (perigosidade), sem prejuízo da sua análise face às especificidades do caso concreto.

Em primeiro lugar, não dispomos de critérios precisos para caracterizar a perigosidade da atividade de robots. Muitas atividades comparadas com a sua execução por parte de seres humanos acarretam um menor perigo. Quer isto dizer que os humanos podem ser até mais falíveis. Atividades que se consideram perigosas quando desempenhadas

14. Cfr. Rui Ataíde, *Responsabilidade Civil por Violação de Deveres no Tráfego*, reimpressão, Coimbra, Almedina, 2019, p. 474.
15. A doutrina tem vindo a salientar que as presunções de culpa em estudo encerram também presunções de causalidade. A respeito do artigo 491º CC, vd. Maria Clara Sottomayor, *A Responsabilidade Civil*, *op. cit.*, p. 411 e ss. Outros autores vão mais longe e sublinham que as presunções consagram o modelo da *faute* no nosso ordenamento jurídico. Vd. Menezes Cordeiro, *Tratado de Direito Civil Português*, v. II, t. III, Coimbra, Almedina, 2010, p. 580 e ss. Para mais desenvolvimentos vd. Mafalda Miranda Barbosa, *Os Artigos*, *op. cit.*, p. 356 e ss.
16. Vd. Mafalda Miranda Barbosa, *Os Artigos*, *op. cit.*, p. 355 e 356.
17. Cfr. Almeida Costa, *Direito das Obrigações*, *op. cit.*, p. 588. O Ac. da Relação de Lisboa de 09 de Julho de 2015, reafirmando as palavras de Almeida Costa, constata que "será actividade perigosa aquela que, face às circunstâncias envolventes, implica para outrem uma situação de perigo agravado de dano face à normalidade das coisas. Portanto. Para os efeitos do n. 2 do artigo 493.º do CC, a actividade há-de ser perigosa pela sua própria natureza ou pela natureza dos meios utilizados. Mas não pode considerar-se perigosa apenas porque é susceptível de causar lesões graves, uma vez que isso pode suceder, em maior ou menor grau, em qualquer atividade humana. Há, com efeito, actividades que, pela sua própria natureza e/ou pelos meios utilizados, são susceptíveis de provocar lesões graves em percentagem muito superior à generalidade dos restantes e que, por isso, exigem cuidados redobrados".
18. Vd., v.g. Ac. da Relação de Lisboa, de 09 de Julho de 2015; Ac. Supremo Tribunal de Justiça, de 26 de Janeiro de 2011; Ac. Supremo Tribunal de Justiça, de 17 de Janeiro de 2012. Para uma compilação de Jurisprudência que elenca atividades perigosas vd. Rui Ataíde, *Responsabilidade Civil*, *op. cit.*, p. 496 e ss. e respetivas notas; e Menezes Cordeiro, *Tratado de Direito Civil Português*, v. II, t. III, *op. cit.*, p. 581 e ss.
19. Vd. Mafalda Miranda Barbosa, *Os Artigos*, *op. cit.*, p. 356.

por humanos deixarão de o ser quando executadas por estes robots, como já veremos quanto à condução automatizada. Henrique Sousa Antunes afirma até que "os níveis de segurança que a regulação impõe (desde logo, a Diretiva 2006/42/CE do Parlamento Europeu e do Conselho, de 17 de maio de 2006, relativa às máquinas) obstariam, talvez, à qualificação da operação com robôs como uma atividade perigosa, julgando esta pela sua aptidão especial ao surgimento da lesão"[20].

Em segundo lugar, a perigosidade pode nem sequer ser encontrada quando esteja em causa um mecanismo dotado de inteligência artificial. Lembremos que "o robot ou software deve envolver um perigo acrescido por comparação com o normal risco das coisas usadas pelo homem, quer do ponto de vista qualitativo, quer do ponto de vista quantitativo"[21]. Imaginemos o caso de uma smarttv ou smartphone. Aqui não se encontra qualquer especial perigo que possa acionar a presunção do 493º/2 C.

Para além do exposto, na nossa opinião, o método das presunções de culpa torna-se desajustado quando falamos em danos provocados por robots dotados de inteligência artificial. Isto por razões de várias ordens. As presunções dos artigos 491º e 493º/1 CC poderão ser ilididas sempre que se prove que não existe culpa ou que os danos se teriam igualmente produzido ainda que não houvesse culpa. A presunção contida no artigo 493º/2 poderá ser também afastada se se mostrar que foram empregues todas as providências exigidas pelas circunstâncias com o fim de prevenir a ocorrência de danos. Acontece que, no âmbito da inteligência artificial, tal não se afigura difícil. Pensemos que o dano surge, as mais das vezes, em virtude da autonomia do *sotfware* que, fruto da autoaprendizagem, pode não ser previsível. Assim, torna-se impossível exigir ao pretenso lesante que adote ulteriores providências[22]. Imaginemos também um caso de um aparelho autónomo cujo comportamento não é controlado ou monitorizado por seres humanos. Se o robot produzir algum dano, a presunção é facilmente ilidível. Na verdade, nada se conseguiria fazer para evitar a ação e produção do dano. Então, as hipóteses de *culpa in vigilando* não foram definitivamente pensadas para a tutela do lesado quando ocorra um dano causado por um robot dotado de inteligência artificial.

Desta forma, apesar de todos os cuidados tido pelo utilizador do ente dotado de inteligência artificial, o dano pode resultar da sua atuação normal e autónoma, afastando-se, por conseguinte, as presunções dos artigos 491º e 493º CC. Tendo em conta o âmbito limitado das meras presunções de culpa, torna-se fundamental chamar à colação o regime da responsabilidade objetiva que, adiantemos, assumirá um papel de relevo, em virtude das melhores garantias que acrescentará ao modelo da culpa presumida.

---

20. Cfr. Henrique Sousa Antunes, *Inteligência Artificial*, *op. cit.*, p. 146. No entanto, o autor acrescenta que "a perigosidade deve, também, ser aferida pelo grau de envolvimento da atividade com os bens pessoais que serve. Quanto maior for a proximidade da conduta, nomeadamente pela sua reiteração, a bens existenciais, maior a probabilidade de um dano grave. E isso determina a sua perigosidade": Cfr. Henrique Sousa Antunes, *Inteligência Artificial*, *op. cit.*, p. 146.
21. Cfr. Mafalda Miranda Barbosa, *O Futuro da Responsabilidade Civil desafiada pela Inteligência Artificial: As Dificuldades dos Modelos Tradicionais e Caminhos de Solução*, in *Revista de Direito da Responsabilidade*, Ano 2, 2020, p. 291 e 292.
22. Vd. Mafalda Miranda Barbosa, *O Futuro da Responsabilidade Civil*, *op. cit.*, p. 291 e 292.

No ponto que se segue, dedicar-nos-emos à análise do regime da responsabilidade civil objetiva constante nos artigos 500º, 502º e 503º do Código Civil.

3. RESPONSABILIDADE CIVIL OBJETIVA

Conforme vimos, o artigo 483º/1 CC consagra o princípio geral da responsabilidade pelos factos ilícitos, enunciando os pressupostos pelos quais esta se rege. Porém, o artigo 483º/2 CC vem dizer que nos casos especificados na lei se pode prescindir de um elemento: a culpa. Quando a lei assim o prever, existirá uma obrigação de indemnizar independentemente de culpa, caso estejam preenchidos os restantes pressupostos.

As hipóteses de responsabilidade objetiva começaram a ser pensadas no quadro de ordenamentos jurídicos forjados sob inspiração individualista, constituindo um fator de perturbação, pelo que seriam relegadas para as vertentes de excecionalidade[23]. No entanto, e como já vimos supra[24], o avanço técnico do início do século exigiu novas respostas ao Direito. Sendo prosseguidas diversas atividades que representavam perigos e que davam azo a acidentes, colocava-se o problema do ressarcimento de danos originados pelas mesmas, uma vez que, por serem vantajosas, não deveriam ser proibidas pelo ordenamento jurídico[25].

Neste quadro, os diversos ordenamentos jurídicos, sem perderem a ideia de excecionalidade, consagraram os casos de presunções de culpa e, por fim, de responsabilidade objetiva[26].

Iremos neste ponto analisar os preceitos atinentes à responsabilidade objetiva que poderão, eventualmente, resolver o problema que ora curamos.

3.1 O artigo 502º Código Civil

O artigo 502º CC estatui que "quem no seu próprio interesse utilizar animais responde pelos danos que eles causarem, desde que os danos resultem do perigo especial que envolve a sua utilização". A lei consagra aqui uma hipótese de responsabilidade civil objetiva, independentemente de culpa. Distinguidos que estão os âmbitos dos artigos 493º e 502º CC, passemos à análise da problemática que nos propusemos tratar.

O preceito consagra a responsabilidade do utilizador interessado, que maior proximidade irá ter com a fonte de risco e que maior proveito irá retirar da mesma. Não é de estranhar que o legislador tenha pretendido atribuir a responsabilidade a quem utilize o animal no seu próprio interesse pelos danos que este provoca. Aqui poderão encontrar-se similitudes com os robots dotados de inteligência artificial. Aquele que retira um benefício da sua utilização deve ser responsável pelos danos que resultam do risco da sua atividade. Por conseguinte, quando os robots envolvam um perigo especial, o utilizador será responsável pelos danos que estes provocam.

23. Vd. Mafalda Miranda Barbosa, *Estudos a Propósito da Responsabilidade Objetiva*, Princípia, 2014, p. 20.
24. Vd. ponto 1.
25. Vd. Mafalda Miranda Barbosa, *Estudos a Propósito*, *op. cit.*, p. 21.
26. Vd. Mafalda Miranda Barbosa, *Estudos a Propósito*, *op. cit.*, p. 21 e 22.

Sophia H. Duffy e Jamie Patrick Hopkins escrevem no sentido da equipação entre os seres caninos e os veículos automatizados. Quer os cães, quer os robots dotados de inteligência artificial pensam e agem independentemente dos seus proprietários[27]. Os seus propósitos são similares, assim como o modo como agem. Nas palavras dos autores "canines are domestic animals, which are an animal of a class «devoted to the servisse of mankind». A dog assists disable persons, hunters, and law enforcement, provides protection, and offers companionship. As autonomous car, like most machines, is similarly «devoted to the servisse of mankind» by providing transportation. In addition, both canines and computers are classified as chattel, and are autonomous in the sense that they can «think», act, move, and cause damage or injury without any control or involvement by their human owners"[28].

Desta forma, face às semelhanças existentes, a utilização interessada e a especial perigosidade da atividade serviriam para justificar a aplicação do preceito a entes dotados de inteligência artificial.

Não iremos entrar na discussão em torno das semelhanças e diferenças existentes entre os seres dotados de inteligência artificial e os animais. Parece-nos que o busílis da questão reside no "perigo especial que envolve a sua utilização". Havendo uma utilização interessada será que se poderá aplicar analogicamente o disposto no artigo 502º do Código Civil?

Para além da utilização interessada de animais, muitas outras atividades envolvem perigos extraordinários, pelo que a aplicação analógica seria de considerar. Como bem sabemos, estamos perante uma norma excecional que, segundo o artigo 11º, não comporta aplicação analógica. No entanto, como já ressalvamos em nota[29], o obstáculo levantado pelo artigo não é intransponível, quer em termos metodológicos, quer em termos dogmáticos[30]. Porém, qualquer tentativa de analogia é impedida pelo artigo 483º/2.

Alguns autores questionam sobre a bondade da consagração de uma ampla cláusula geral de responsabilidade objetiva assente na perigosidade[31]. Excluída a hipótese de recurso à analogia fora das situações tipificadas (art. 483º/2 CC), nada impede que seja prevista esta cláusula geral pelo legislador. Será que, se assim fosse, o problema em estudo seria resolvido?

Importa, em primeiro lugar, esclarecer que as considerações que fizemos supra sobre a perigosidade são também válidas para esta questão. No entanto, iremos acrescentar mais algumas reservas.

Um dos temas mais falados no que concerne à inteligência artificial é precisamente a condução automatizada. Será que esta poderá ser reconduzida ao âmbito de aplicação

27. Vd. Sophia H. Duffy / Jamie Patrick Hopkins, *Sit, Stay, Drive: The Future of Autonomous Car Liability*, in *Science and Technology Law Review*, v. 16, n. 3, 2013, p. 467.
28. Vd. Sophia H. Duffy / Jamie Patrick Hopkins, *Sit, Stay, Drive*, *op. cit.*, p. 471 e 472.
29. Vd. nota 10.
30. Especificamente a propósito da excecionalidade das normas atinentes a casos de responsabilidade objetiva e da possibilidade da sua analogia, vd. Mafalda Miranda Barbosa, *Estudos a Propósito*, *op. cit.*, p. 102 e ss.
31. Para mais desenvolvimentos, vd. Mafalda Miranda Barbosa, *Estudos a Propósito*, *op. cit.*, p. 121 e ss.

da cláusula geral de responsabilidade objetiva assente na perigosidade? É certo que, aos dias de hoje, a atividade de condução automatizada ainda poderá ser considerada perigosa. No entanto, o constante progresso tecnológico leva-nos a crer que, em tempos próximos, deixar-se-á de verificar a premissa da perigosidade excecional. Nas palavras de Manuel Felício, "no limite, a aplicação deste regime à condução automatizada assumiria contornos transitórios, cingindo-se à fase de introdução no mercado e adaptação às suas potencialidades e modo de funcionamento"[32]. A solução da cláusula geral assente na perigosidade apenas viria resolver o problema transitoriamente, sendo que, decorrido um curto lapso temporal, teríamos de pensar, novamente, sobre a questão.

Uma outra reserva teremos de levantar. A utilização comum e compartilhada por todos de entes dotados de inteligência artificial acarreta dificuldades. Nas palavras de Mafalda Miranda Barbosa, "a responsabilidade objetiva, orientada por uma ideia de justiça distributiva, pode não ser adequada para fazer face a danos que sejam causados por mecanismos dotados de inteligência artificial indiferentemente usados por todos, dos quais todos beneficiem. Pense-se, por exemplo, num algoritmo usado para mapear estradas, de modo a que os veículos automáticos possam circular, ou num algoritmo utilizado para a mineração no quadro da *blockchain* aberta. É que nestes casos o benefício da utilização do ente dotado de inteligência artificial é partilhado por vários sujeitos indiferenciados"[33].

3.2 O artigo 500º Código Civil

O robot dotado de inteligência artificial é colocado ao serviço de uma determinada pessoa. Neste sentido, e uma vez que este ente atua no interesse e por conta daquela, poderá, eventualmente, ser mobilizado o artigo 500º CC.

O artigo 500º do Código Civil diz-nos que "aquele que encarrega outrem de qualquer comissão responde, independentemente de culpa, pelos danos que o comissário causar, desde que sobre este recaia também a obrigação de indemnizar". Vejamos.

São três os pressupostos que devem ser preenchidos para aplicação do regime da responsabilidade do comitente: vínculo entre comitente e comissário (relação de comissão), prática do facto ilícito no exercício da função, e a responsabilidade do comissário[34].

Para que haja responsabilidade objetiva do comitente é necessário que haja uma relação de comissão, entendida esta em sentido amplo: "*serviço* ou *actividade* realizada *por conta* e *sob a direcção* de outrem"[35]. Desta forma, a expressão pode abranger tanto uma atividade que tenha um carácter duradouro como uma atividade de carácter isolado,

32. Cfr. Manuel Felício, *Responsabilidade Civil Extracontratual por Acidente de Viação Causado por Veículo Automatizado*, Instituto Jurídico da Faculdade de Direito da Universidade de Coimbra, 2019, p. 87.
33. Cfr. Mafalda Miranda Barbosa, *O Futuro da Responsabilidade Civil*, *op. cit.*, p. 323.
34. Vd. Antunes Varela, *Das Obrigações em Geral*, v. I, *op. cit.*, p. 638 e ss. Vd. também Rui de Alarcão, *Direito das Obrigações*, *op. cit.*, p. 202 e ss.; Almeida Costa, *Direito das Obrigações*, *op. cit.*, p. 615 e ss.; Menezes Leitão, *Direito das Obrigações*, *op. cit.*, p. 331 e ss.; Menezes Cordeiro, *Tratado de Direito Civil Português*, *op. cit.*, p. 601 e ss.; Pires de Lima / Antunes Varela, *Código Civil Anotado*, *op. cit.*, p. 507 e ss.
35. Cfr. Antunes Varela, *Das Obrigações em Geral*, v. I, *op. cit.*, p. 640.

gratuita ou onerosa, material ou jurídica[36]. É também necessário que o facto danoso seja praticado no exercício da função que lhe foi confiada, ficando afastada da responsabilidade do comitente os atos que apenas têm um nexo temporal ou local com a comissão[37]. Por último, a responsabilidade do comitente irá pressupor a responsabilidade do próprio comissário, ou seja, o o comitente só irá responder quando o comissário houver agido com culpa[38].

Este último requisito torna o recurso ao artigo 500º CC imprestável. Para o utilizador interessado do robot dotado de inteligência artificial ser responsável é necessário que o robot houver agido com culpa. Ora, os seres dotados de inteligência artificial não têm personalidade jurídica, logo não são seres autónomos de imputação delitual. Não poderemos fazer o juízo de censura ético-jurídica.

3.3 O artigo 503º Código Civil

Nos termos do número 1 do artigo 503º CC, "aquele que tiver a direção efetiva de qualquer veículo de circulação terrestre e o utilizar no seu próprio interesse, ainda que por intermédio de comissário, responde pelos danos provenientes dos riscos próprios do veículo, mesmo que este não se encontre em circulação".

Entramos no domínio dos danos causados por veículos de circulação terrestre. O artigo incide sobre todos estes veículos, independentemente do modo de tração, circulem ou não sobre carris e seja qual for o fim a que se destinem[39]. Está, assim, excluída a viação fluvial ou marítima (barcos ou navios) e a viação aérea[40].

---

36. Cfr. Antunes Varela, *Das Obrigações em Geral*, v. I, *op. cit.*, p. 640; e Menezes Leitão, *Direito das Obrigações*, *op. cit.*, p. 333.
37. Antunes Varela afirma que são os casos de o facto ser praticado no local ou no tempo em que é executada a comissão, mas nada ter a ver com o desempenho desta, p.e., um criado matar alguém com a espingarda de que se apoderou em casa do patrão. Vd. Antunes Varela, *Das Obrigações em Geral*, v. I, *op. cit.*, p. 642, nota 2. No entanto, Menezes Leitão afirma que a interpretação restritiva do requisito (interpretação que exclui os danos causados por ocasião da função, com um fim ou interesse que lhe seja estranho, exigindo-se, assim, um nexo instrumental entre a função e os danos) não é correta. Para o autor, "a interpretação restritiva retiraria grande parte do alcance à responsabilidade do comitente, e não tem suporte legal, já que a lei apenas se refere à causação de danos no exercício da função, não exigindo também que os danos sejam causados por causa desse exercício. Por outro lado, incluem-se na responsabilização os danos intencionais e os danos causados em desrespeito das instruções, em relação aos quais seguramente se poderia sempre falar de um desvio aos fins pelos quais foi conferida a comissão. Cfr. Menezes Leitão, *Direito das Obrigações*, *op. cit.*, p. 334. Concordando com esta posição, vd. Menezes Cordeiro, *Tratado de Direito Civil Português*, *op. cit.*, p. 614 e 615.
38. Vd. Antunes Varela, *Das Obrigações em Geral*, v. I, *op. cit.*, p. 644. Vd. também Menezes Leitão, *Direito das Obrigações*, *op. cit.*, p. 336; e Carneiro da Frada, *A Responsabilidade Objectiva por Facto de Outrem face à distinção entre Responsabilidade Obrigacional e Aquiliana*, in *Direito e Justiça*, v. XII, t. I, p. 308 e ss. No sentido de que a responsabilidade que recai sobre o comissário não abranger apenas a responsabilidade delitual, mas também a responsabilidade pelo risco, vd. Menezes Cordeiro, *Tratado de Direito Civil Português*, *op. cit.*, p. 613; e Almeida Costa, *Direito das Obrigações*, *op. cit.*, p. 618, nota 2; Pires de Lima e Antunes de Varela, *Código Civil Anotado*, *op. cit.*, p. 507.
39. Vd. Rui Alarcão, *Direito das Obrigações*, *op. cit.*, p. 213. Dentre estes veículos contam-se as viaturas de tração mecânica ou animal, máquinas agrícolas, automóveis, carros atrelados, elétricos, comboios, motociclos, cilindros, escavadoras, carros de tração manual, velocípedes a motor ou pedais: Cfr. Dário Martins de Almeida, *Manual de Acidentes de Viação*, 3. ed. Coimbra, Almedina, 1987, p. 318.
40. Almeida Costa, *Direito das Obrigações*, *op. cit.*, p. 627, nota 1. Dário Martins de Almeida, afirma que estão também excluídas as viaturas às quais não são inerentes quaisquer riscos ou perigos, como os carrinhos de bebé ou de inválidos: Dário Martins de Almeida, *Manual de Acidentes*, *op. cit.*, p. 318.

Cumpre perguntar se o âmbito de aplicação do presente artigo poderá abranger os acidentes de viação causados por veículos automatizados.

Para que se possa responsabilizar o detentor do veículo é necessário cumprir dois requisitos: a direção efetiva do veículo e a utilização deste no próprio interesse.

A direção efetiva do veículo é o poder real (de facto) sobre o veículo[41]. No entanto, a expressão não equivale a "ter o volante nas mãos"[42], pelo que o termo "direção" poderá não ser o ideal[43]. Tem a direção efetiva a pessoa que, de facto, goza ou usufrui as vantagens dele, e a quem, por essa razão, especialmente cabe controlar o seu funcionamento[44], v.g., verificar os pneus, o óleo, a água, etc.

A utilização do veículo no próprio interesse visa afastar a responsabilidade objetiva daqueles que utilizam o veículo em proveito de outrem, por exemplo, ao abrigo de uma relação de comissão. O interesse na utilização tanto pode ser um interesse material ou económico, como um interesse moral ou espiritual, podendo nem se tratar de um interesse digno de proteção legal[45]-[46].

Dá-se o nome de detentor ao sujeito que cumpre o binómio da direção efetiva e do interesse da utilização do veículo[47].

No entanto, temos de ter atenção que a responsabilidade objetiva se estende apenas aos danos resultantes dos riscos próprios do veículo, mesmo que este não se encontre em circulação. Assim, nem todos os danos serão indemnizáveis.

Segundo Dário Martins de Almeida pelo risco compreende-se tudo o que se relacione com a máquina enquanto engrenagem de complicado comportamento[48] e com o próprio condutor[49]. Ora, é do binómio *veículo-condutor* que se parte para integrar a responsabilidade pelo risco[50].

41. Vd. Antunes Varela, *Das Obrigações em Geral*, v. I, *op. cit.*, p. 657.
42. Vd. Antunes Varela, *Das Obrigações em Geral*, v. I, op. cit., p. 657; e Dário Martins de Almeida, *Manual de Acidentes*, *op. cit.*, p. 316.
43. Vd. Menezes Cordeiro, *Tratado de Direito Civil Português*, *op. cit.*, p. 672.
44. Vd. Antunes Varela, *Das Obrigações em Geral*, v. I, *op. cit.*, p. 657.
45. Vd. Antunes Varela, *Das Obrigações em Geral*, v. I, *op. cit.*, p. 658; e Almeida Costa, *Direito das Obrigações*, *op. cit.*, p. 630.
46. Segundo Menezes Cordeiro, a propriedade do veículo faz presumir a direção efetiva e o interesse na sua utilização pelo dono. Menezes Cordeiro, *Tratado de Direito Civil Português*, *op. cit.*, p. 673.
47. Vd. Almeida Costa, *Direito das Obrigações*, *op. cit.*, p. 629.
48. Isto "com os seus vícios de construção, com os excessos ou desequilíbrios da carga do veículo, com o seu maior ou menor peso ou sobrelotação, com a sua maior ou menor capacidade de andamento, com o maior ou menor capacidade de andamento, com o maior ou menor *desgaste* das suas peças, ou seja, com a sua conservação, com a escassês de iluminação, com a vibrações inerentes ao andamento de certos camiões gigantes, susceptíveis de abalar os edifícios ou quebrar os vidros das janelas. É o pneu que pode rebentar, o motor que pode explodir, a manga de eixo ou a barra de direcção que podem partir, a abertura imprevista de uma porta em andamento, a falta súbita de travões ou a sua desafinação, a pedra ou a gravilha ocasionalmente projectadas pela roda do veículo (há mesmo casos em que pode aqui haver culpa); e até a alta velocidade constituiu um risco, ao mesmo tempo que pode representar um acto culposo". Cfr. Dário Martins de Almeida, *Manual de Acidentes*, *op. cit.*, p. 320.
49. Vd. Dário Martins de Almeida, *Manual de Acidentes*, *op. cit.*, p. 320.
50. Desta forma, dentro dos riscos próprios do veículo fazem, então, parte o perigo de síncope, congestão, de ataque cardíaco ou qualquer outra doença súbita do condutor. Vd. Antunes Varela, *Das Obrigações em Geral*, v. I, *op. cit.*, p. 668 e 669; e Dário Martins de Almeida, *Manual de Acidentes*, *op. cit.*, p. 320 e 321.

Pensamos ser aplicável o regime da responsabilidade do detentor ao domínio da condução automatizada. O utilizador do veículo automatizado tem a direção efetiva do veículo. Lembremos que a expressão não é sinónima de o condutor desempenhar a tarefa de condução. Pelo contrário, tem a direção efetiva a pessoa que goza ou usufrui as vantagens do veículo, sendo ela a quem recai o controlo do seu funcionamento. Ora, quanto à condução automatizada, o detentor terá a tarefa de manutenção do veículo, nomeadamente através de atualização de software, medição de ar dos pneus, controlo do nível do óleo, entre outras, independentemente de não assumir ou assumir apenas parcialmente as tarefas de condução. O requisito da utilização interessada parece-nos não oferecer qualquer dúvida[51]. Mais. Se o artigo afirma que mesmo um veículo estacionado satisfaz os dois pressupostos de que falamos, pensamos que se deve chegar à mesma conclusão quanto aos veículos automatizados[52]. Tudo leva a crer que, de acordo com o regime do artigo 503º CC, o detentor de veículo automatizado deverá responder pelos danos que causar.

No entanto, como vimos, não são todos os danos indemnizáveis. Indemnizáveis são apenas os que derivam dos riscos próprios do veículo. Pensamos que os riscos característicos dos sistemas de condução automatizada se devem enquadrar nos "riscos próprios do veículo". Se são considerados riscos próprios do veículo a destravagem de carro imobilizado ou a combustão de veículo estacionado, não vemos razão para o conceito não abranger os riscos advenientes dos sistemas de condução automatizada[53].

Da nossa parte, parece-nos que o artigo não coloca entraves à responsabilização do detentor de veículo automatizado. No entanto, ficam excluídas de tutela situações várias, como a responsabilização pelos danos causados por drones.

4. CONCLUSÃO

O sucessivo progresso a nível tecnológico trouxe-nos uma nova realidade que veio para ficar: os entes dotados de inteligência artificial. Esta nova era traz-nos problemas para os quais o Direito ainda não contém uma resposta inequívoca.

Durante a exposição, tivemos oportunidade de analisar as normas atinentes à responsabilidade civil no ordenamento jurídico português, com o intuito de perceber se estas seriam aptas para fazer face aos novos desafios.

Estando em causa danos provocados por um ente dotado de inteligência artificial, terá o lesado possibilidade de ser ressarcido? Em caso afirmativo, quem responderá por tais danos?

Para responder a estas questões, analisamos as normas respeitantes à responsabilidade civil subjetiva e à responsabilidade civil objetiva.

Vimos que no âmbito da primeira se levantavam dificuldades várias, atinentes às dificuldades de prova da culpa do lesante e do objetivo de proteção do lesado. Para com-

51. No mesmo sentido, vd. Manuel Felício, *Responsabilidade Civil Extracontratual*, *op. cit.*, p. 94.
52. Vd. Manuel Felício, *Responsabilidade Civil Extracontratual*, *op. cit.*, p. 95.
53. Neste sentido vd. Manuel Felício, *Responsabilidade Civil Extracontratual*, *op. cit.*, p. 95.

bater estas mesmas dificuldades de prova da culpa, levantou-se a hipótese da mobilização de vários preceitos que consagram presunções de culpa para, assim, tutelar das situações em estudo. No entanto, vimos que esta solução seria insuficiente ou mesmo imprestável.

Entramos depois no âmbito da responsabilidade objetiva, independentemente de culpa. Porém, apesar das potencialidades do regime, vimos que o direito constituído não fornece solução adequada para tutela do lesado quanto aos danos gerados por robots dotados de inteligência artificial.

Por todo o exposto concluímos que o ordenamento jurídico português ainda não está preparado para os tempos que se avizinham. Deste modo, julgamos não ser de ignorar a necessidade de proceder às necessárias adaptações e de prever normas dirigidas especificamente aos casos sob análise.

5. REFERÊNCIAS

ALARCÃO, Rui de. *Direito das Obrigações*, 1999.

ALMEIDA, Dário Martins de. *Manual de Acidentes de Viação*, 3. ed. Coimbra, Almedina, 1987.

ANTUNES, Henrique Sousa. *Inteligência Artificial e Responsabilidade Civil: Enquadramento*, *Revista de Direito da Responsabilidade*, ano 1, 2019.

ATAÍDE, Rui. *Responsabilidade Civil por Violação de Deveres no Tráfego*, reimpressão, Coimbra, Almedina, 2019.

BARBOSA, Mafalda Miranda, *Estudos a Propósito da Responsabilidade Objetiva*, Princípia, 2014.

BARBOSA, Mafalda Miranda, *Inteligência artificial, e-persons e direito: desafios e perspetivas*", *Revista Jurídica Luso-Brasileira*, ano 3, n. 6, 2017.

BARBOSA, Mafalda Miranda, *Lições de Responsabilidade Civil*, Coimbra, Principia, 2017.

BARBOSA, Mafalda Miranda, *O Futuro da Responsabilidade Civil desafiada pela Inteligência Artificial: As Dificuldades dos Modelos Tradicionais e Caminhos de Solução*, *Revista de Direito da Responsabililidade*, Ano 2, 2020.

BARBOSA, Mafalda Miranda, *Os Artigos 491º, 492º e 493º do Código Civil: Questões e Reflexões*, in *Boletim da Faculdade de Direito*, t. I, v. XCIII, 2017.

CORDEIRO, Menezes, *Tratado de Direito Civil Português*, v. II, t. III, Coimbra, Almedina, 2010.

COSTA, Mário Júlio de Almeida, *Direito das Obrigações*, 12. ed. (rev. e atual.). 3. Reimp. Coimbra, Almedina.

DUFFY, Sophia H.; HOPKINS, Jamie Patrick, *Sit, Stay, Drive: The Future of Autonomous Car Liability*, in *Science and Technology Law Review*, v. 16, n. 3, 2013.

FELÍCIO, Manuel, *Responsabilidade Civil Extracontratual por Acidente de Viação Causado por Veículo Automatizado*, Instituto Jurídico da Faculdade de Direito da Universidade de Coimbra, 2019.

FRADA, Carneiro da, *A Responsabilidade Objectiva por Facto de Outrem face à distinção entre Responsabilidade Obrigacional e Aquiliana*, *Direito e Justiça*, v. XII, t. I.

JORGE, Fernando Pessoa, *Ensaio sobre os Pressupostos da Responsabilidade Civil*, Lisboa, 1972.

LEITÃO, Menezes, *Direito das Obrigações*, v. I, 10. ed. Coimbra, Almedina, 2013.

LIMA, Pires de / VARELA, Antunes, *Código Civil Anotado*, v. I, 4. ed. (rev. e atual.). Coimbra Editora, 1987.

MONTEIRO, Sinde, *Estudos sobre a Responsabilidade Civil*, Coimbra, 1983.

NEVES, Castanheira, *Metodologia Jurídica – Problemas Fundamentais*, 1. ed. (reimpressão), Coimbra Editora, 2013.

PAGALLO, Ugo, *The Laws of Robots: Crimes, Contracts, and Torts*, Springer, 2013.

SERRA, Adriano Vaz, *Responsabilidade de pessoas obrigadas à vigilância, Boletim do Ministerio da Ivstiça*, n. 85, 1959.

SERRA, Adriano Vaz, *Responsabilidade pelos Danos causados por Coisas ou Actividades*, in *Boletim do Ministerio da Ivstiça*, n. 85, 1959.

SOTTOMAYOR, Maria Clara, *A Responsabilidade Civil dos Pais pelos Factos Ilícitos praticados pelos Filhos Menores*, in *Separata do Boletim da Faculdade de Direito*, v. LXXI, 1995.

TELLES, Galvão, *Direito das Obrigações*, 7. ed. (rev. e atual.). Coimbra Editora, 1997.

VARELA, Antunes, *Das Obrigações em Geral*, v. I, 10. ed. 12. reimp. Coimbra, Almedina, 2015.

14
DANO MORAL COLETIVO E FALHAS ALGORÍTMICAS: BREVES REFLEXÕES

Felipe Teixeira Neto

Doutor em Direito Privado Comparado pela Università degli Studi di Salerno (Itália). Doutor e Mestre em Direito Civil pela Universidade de Lisboa (Portugal). Promotor de Justiça do Ministério Público do Rio Grande do Sul (MPRS). Conselheiro titular do Conselho Estadual de Defesa do Consumidor do Rio Grande do Sul (CEDECON/RS). Associado-fundador do Instituto Brasileiro de Estudos de Responsabilidade Civil (IBERC).

José Luiz de Moura Faleiros Júnior

Doutorando em Direito pela Universidade de São Paulo – USP. Mestre em Direito pela Universidade Federal de Uberlândia – UFU. Especialista em Direito Digital e *Compliance*. Membro do Instituto Avançado de Proteção de Dados – IAPD e do Instituto Brasileiro de Estudos de Responsabilidade Civil – IBERC. Advogado. Professor.

1. INTRODUÇÃO

A evolução acentuada de técnicas preditivas tem modificado as leituras que usualmente se faz de institutos jurídicos tradicionais, como a responsabilidade civil. Cada vez mais, a introjeção de algoritmos de Inteligência Artificial nos processos decisionais, seja no campo civil e nas relações interempresariais, seja nas relações de consumo, tem levado à utilização irrestrita e inadvertida das estruturas preditivas viabilizadas por sistemas que são alimentados por dados e realizam tais análises.

Entretanto, os algoritmos não são imunes a falhas. Bem ao contrário, são recorrentes notícias de falhas danosas resultantes dos malfadados vieses. Diante disso, propostas regulatórias têm surgido com a intenção de estabelecer regimes adequados a essa nova realidade, potencializada pelo *Big Data* e pelo aperfeiçoamento tecnológico dos bancos de dados, a ponto de reunirem informações que, de forma organizada e estruturada, podem representar preferências e características de milhões (ou até bilhões) de indivíduos, oferecendo confiabilidade e vantagens de mercado, ou outras funcionalidades, mas igualmente maiores riscos e o acirramento de danos.

Sendo certo que uma falha, seja decorrente ou não do enviesamento, pode causar danos, este breve ensaio investigará o dano moral coletivo, sua viabilidade e suas principais implicações para um regime de tutela coletiva dos eventos danosos decorrentes de falhas de algoritmos de Inteligência Artificial.

A amplitude do dano que pode ocorrer em eventual caso concreto nem sempre garantirá absoluta segurança quanto à identificabilidade da(s) vítima(s), o que abre margem ao tema-problema que esta pesquisa enfrentará: em eventos nos quais os vieses atingirem grande quantidade de pessoas, ter-se-á a lesão a um interesse de natureza transindividual titularizado por grupo indeterminado de pessoas, ligadas por relação jurídica base (acepção coletiva estrita), ou por meras circunstâncias de fato (acepção difusa)? Em situações como a discriminação algorítmica, é possível caracterizar a efetiva ocorrência de dano moral coletivo indenizável? Há espaço para a reparação fluida (*fluid recovery*; *cy-près*)?

A hipótese de pesquisa partirá desses questionamentos para, delineando as conjecturas que configuram a estruturação dos algoritmos, averiguar seu enquadramento jurídico na dogmática da responsabilidade civil e, em linhas mais específicas, no contexto da viabilidade do dano moral coletivo. A justificativa da pesquisa decorre exatamente da imprescindibilidade de que se busque maior clareza quanto à tutela de eventos como os que se descreverá, se apenas no plano sancionador, ou se também no plano reparatório da responsabilidade civil.

2. OS ALGORITMOS, OS VIESES E SUAS POTENCIAIS FALHAS

Algoritmos são estruturas matemáticas. Equações e fórmulas que representam caminhos para o processamento de informações (sinais e símbolos), gerando resultados que predizem probabilidades.[1] Segundo Mariusz Flasiński, o objetivo geral da evolução dessas estruturas é o atingimento de métodos computacionais de simulação cognitiva (*cognitive simulation*)[2], ou seja, cada vez mais, o processamento informacional deverá evoluir para se aproximar do modo como humanos raciocinam e racionalizam situações, problemas e soluções.

Significa dizer que dados são o substrato essencial do hodierno debate em torno da pujante e empolgante revolução informacional. Grandes acervos são coletados e formam o que se convencionou chamar de *Big Data*[3], viabilizando estruturas de mercado cada vez mais sofisticadas e dirigidas às mais estratificadas soluções baseadas em preferências dos usuários, com inferências baseadas nas lógicas computacional e cultural de um ecossistema baseado em controle. Em resumo, "sob essa luz, a leitura algorítmica triangula

1. HROMKOVIČ, Juraj. *Algorithmics for hard problems*: introduction to combinatorial optimization, randomization, approximation, and heuristics. 2. ed. Heidelberg: Springer Verlag, 2004, p. 93. Diz: "All data are represented as strings of symbols. The kind of data representation is often important for the efficiency of algorithm implementations. Here, we present some elementary fundamentals of formal language theory. We do not need to deal too much with details of data representation because we consider algorithms on an abstract design level and do not often work with the details of implementation."
2. FLASIŃSKI, Mariusz. *Introduction to Artificial Intelligence*. Cham: Springer, 2016, p. 31.
3. MAYER-SCHÖNBERGER, Viktor; CUKIER, Kenneth. *Big Data*: a revolution that will transform how we live, work, and think. Nova York: Houghton Mifflin Harcourt, 2014, p. 19. Eis o conceito: "Big Data is all about seeing and understanding the relations within and among pieces of information that, until very recently, we struggled to fully grasp."

entre desejos concorrentes: a busca computacionalista de expandir continuamente os limites do procedimento efetivo, por um lado, e o desejo humano de conhecimento universal, por outro".[4]

O valor agregado a esses acervos de dados os torna alvos recorrentes de tentativas de acesso ilícito, de malversação e, da mesma forma, vulnerabilidades são frequentemente exploradas e casos envolvendo falhas se tornam cada vez mais rotineiros. Como consequência direta do advento de novas tecnologias e do aumento da frequência do tratamento de dados pessoais para diversas finalidades, regulamentações específicas passaram a modelar o panorama jurídico global no século XXI, com o intuito de garantir efetivação ao direito fundamental à proteção de dados pessoais, visto como um primeiro passo para a abertura regulatória da IA. Exemplos disso são o Regulamento Geral sobre a Proteção de Dados (2016/679), na União Europeia, e a Lei Geral de Proteção de Dados Pessoais (Lei 13.709, de 14 de agosto de 2018), no Brasil. As duas normas contêm disposições que propiciam a imposição de sanções civis e administrativas aos agentes de tratamento de dados em razão de eventos relacionados a dados pessoais.

Os algoritmos 'mais eficazes' são aqueles que conseguem coletar mais dados, processá-los em menor tempo e oferecer as mais rápidas respostas às finalidades operacionais para as quais foram desenvolvidos, impondo novos desafios à Ciência do Direito, pois são passíveis de enviesamento e discriminação.

Eis alguns exemplos: a) publicidade comportamental e perfilização[5]; b) policiamento preditivo (*predictive policing*) e os "*risk assessment instruments*" (RAIs) para o mapeamento da criminalidade em grandes centros urbanos[6-7]; c) *geo-pricing* e *geo-blocking*, que são técnicas que analisam a localização geográfica do usuário para apresentar-lhe preços diversos (discriminatórios) ou negar-lhe acesso ao produto ou serviço[8]; d) a dis-

4. FINN, Ed. *What algorithms want*: imagination in the age of computing. Cambridge: The MIT Press, 2017, p. 52, tradução livre. No original: "In this light algorithmic reading triangulates between competing desires: the computationalist quest to continually expand the boundary of the effective procedure, on the one hand, and the human desire for universal knowledge, on the other."
5. COLOMBO, Cristiano; GOULART, Guilherme Damasio. Inteligência Artificial aplicada a perfis e publicidade comportamental: proteção de dados pessoais e novas posturas em matéria de discriminação abusiva. *In:* PINTO, Henrique Alves; GUEDES, Jefferson Carús; CERQUEIRA CÉSAR, Joaquim Portes de (Coord.). *Inteligência Artificial aplicada ao processo de tomada de decisões*. Belo Horizonte: D'Plácido, 2020, p. 286-290; FALEIROS JÚNIOR, José Luiz de Moura; BASAN, Arthur Pinheiro. Desafios da predição algorítmica na tutela jurídica dos contratos eletrônicos de consumo. *Revista da Faculdade de Direito da Universidade Federal do Rio Grande do Sul*, Porto Alegre, n. 44, p. 131-153, dez. 2020, p. 141-146.
6. SLOBOGIN, Christopher. Assessing the risk of offending through algorithms. *In:* BARFIELD, Woodrow (Ed.). *The Cambridge handbook of the Law of Algorithms*. Cambridge: Cambridge University Press, 2021, p. 432. O autor explica: "To aid in the risk assessment inquiry at sentencing, commitment, and pre-trial proceedings, a number of jurisdictions have begun relying on statistically derived tools called "risk assessment instruments" (RAIs).7 In a few urban areas, police are engaging in what has been called "predictive policing," which involves using data-driven algorithms to identify crime hot spots and sometimes even 'hot people'."
7. Conferir, ademais, interessante estudo sobre os impactos da utilização de técnicas preditivas para a responsabilização criminal: BORSARI, Riccardo. Intelligenza Artificiale e responsabilità penale: prime considerazioni. *MediaLaws: Rivista di Diritto di Media*, Milão, p. 262-268, nov. 2019.
8. MARTINS, Guilherme Magalhães. O geopricing e geoblocking e seus efeitos nas relações de consumo. *In:* FRAZÃO, Ana; MULHOLLAND, Caitlin (Coords.). *Inteligência artificial e direito*: ética, regulação e responsabilidade. São Paulo: Thomson Reuters Brasil, 2019, p. 635-647; MORASSUTTI, Bruno Schimitt. Responsabilidade civil, discriminação ilícita e algoritmos computacionais: breve estudo sobre as práticas de geoblocking e geopricing. *Revista de Direito do Consumidor*, São Paulo, v. 124, p. 213-234, jul./ago. 2019, p. 216-219.

criminação por gênero, peso, idade ou outros fatores para a ocupação de determinados postos de trabalho[9]; e) para fins de reconhecimento facial[10] etc.

A partir dessas estruturas, foram criados os 'mercados ricos em dados' (*data-rich markets*), descritos por Viktor Mayer-Schönberger e Thomas Ramge como ambientes nos quais o usuário se torna espectador de suas próprias preferências, posto que seus dados são utilizados para mapear seus interesses e predizer suas decisões.[11] Como todos os processos dependem da interoperabilidade sistêmica garantida pela Internet e por algoritmos sofisticados que são alimentados pelos grandes acervos de dados para oferecer resultados, nem sempre é possível saber exatamente como todo o trabalho de processamento ocorreu, tampouco como a predição heurística propiciou determinada resposta. São 'algoritmos de caixa-preta' (*black boxes*)[12], nebulosos, complexos, ocultos e até incognoscíveis.

O debate, então, passa a se concentrar na parametrização de deveres, especialmente no contexto delimitado pelos princípios da prevenção e da precaução, bem como de outros, como reversibilidade, segurança e responsabilidade, denotando uma preocupação com a conjugação desses mecanismos à almejada privacidade.[13] Não são poucas as situações danosas que podem decorrer da exploração de falhas nessas estruturas algorítmicas e os eventos em questão, como nos exemplos trazidos alhures, podem acarretar danos incalculáveis.

Eventos relacionados a vazamentos de dados, por exemplo, ocorrem diariamente, envolvendo empresas de todos os portes[14], mas o fato é que legislações protetivas, como o RGPD europeu e a LGPD brasileira, são apenas o passo inicial para tutelar contingências decorrentes da malversação de dados pessoais em um contexto no qual o *Big Data* é utilizado de modo a propiciar a descrita potencialização de resultados em diversas atividades baseadas em algoritmos de IA – sejam elas comerciais ou não –, sem o necessário controle de suas falhas, por vezes imprevisíveis. Na Europa, há tempos já

9. REIS, Beatriz de Felippe; GRAMINHO, Vivian Maria Caxambu. A Inteligência Artificial no recrutamento de trabalhadores: o caso Amazon analisado sob a ótica dos direitos fundamentais. *Anais do XVI Seminário Internacional "Demandas Sociais e Políticas Públicas na Sociedade Contemporânea"*. Santa Cruz do Sul: UNISC, 2019.
10. NEGRI, Sergio Marcos Carvalho de Ávila; OLIVEIRA, Samuel Rodrigues de; COSTA, Ramon Silva. O uso de tecnologias de reconhecimento facial baseadas em Inteligência Artificial e o direito à proteção de dados. *Revista de Direito Público*, Brasília, v. 17, p. 82-103, maio/jun. 2020, p. 99-100.
11. MAYER-SCHÖNBERGER, Viktor; RAMGE, Thomas. *Reinventing capitalism in the age of Big Data*. Nova York: Basic Books, 2018, p. 7. Comentam: "The key difference between conventional markets and data-rich ones is the role of information flowing through them, and how it gets translated into decisions. In data-rich markets, we no longer have to condense our preferences into price and can abandon the oversimplification that was necessary because of communicative and cognitive limits."
12. PASQUALE, Frank. *The black box society*: the secret algorithms that control money and information. Cambridge: Harvard University Press, 2015, p. 6-7.
13. KEARNS, Michael; ROTH, Aaron. *The ethical algorithm*: the science of socially aware algorithmic design. Oxford: Oxford University Press, 2020, p. 193. Os autores comentam: "Deciding how best to manage these trade-offs, however, is not an algorithmic question but a social one best decided by stakeholders on a case-by-case basis. Is a gain in fairness – say, approximate equity of false positive rates across demographic groups – worth a particular privacy? What about an increase in the level of differential privacy?"
14. Segundo Sherri Davidoff, as violações de dados já são consideradas inevitáveis, o que impõe às empresas, na preparação para essa inevitabilidade, crises e oportunidades de prevenção e minimização dos danos decorrentes desses eventos. Conferir, sobre isso, DAVIDOFF, Sherri. *Data breaches*: Crisis and Opportunity. Boston: Addison-Wesley, 2020.

se discute o surgimento de um direito fundamental à proteção de dados pessoais.[15-16] No Brasil, embora já reconhecido como tal pela doutrina[17], em caráter implícito, recentes desdobramentos já sinalizam também o seu acolhimento jurisprudencial.[18]

Em verdade, o momento atual é desafiador e a recorrência de eventos danosos de enormes proporções, como os dos exemplos, faz surgir grandes incertezas quanto à completa proteção desse direito fundamental, mesmo com os recentes marcos regulatórios.

3. A TUTELA COLETIVA DA RESPONSABILIDADE CIVIL POR FALHAS DE ALGORITMOS DE INTELIGÊNCIA ARTIFICIAL

Não há dúvidas de que a integridade individual, considerada em sua acepção mais ampla, é composta por várias categorias de bens cuja tutela jurídica demanda especificações mais detalhadas, com destaque para a categoria dos bens personalíssimos, que representam o plexo de qualidades anímicas que formam o indivíduo. A privacidade, agora interpretada à luz dos influxos que a proteção de dados pessoais lhe confere, denota a necessidade de regulação específica e autônoma, e até mesmo princípios passam a reger a compreensão desse fenômeno. Fala-se na *Privacy by Design* como caminho para a efetivação desse objetivo e, tendo em vista o princípio da necessidade (art. 6º, III, da LGPD) – e a corolária minimização da coleta de dados – bem como o princípio da prevenção (art. 6º, VIII, da LGPD), surge uma agenda especialmente voltada à consolidação dessa proteção[19].

15. GONZÁLEZ FUSTER, Gloria. *The emergence of personal data protection as fundamental right of the EU*. Cham: Springer, 2014, p. 254.
16. RODOTÀ, Stefano. Data protection as a fundamental right. *In:* GUTWIRTH, Serge; POULLET, Yves; DE HERT, Paul; DE TERWANGNE, Cécile; NOUWT, Sjaak (Ed.). *Reinventing data protection?* Cham: Springer, 2009, p. 77-82.
17. DONEDA, Danilo. O direito fundamental à proteção de dados pessoais. *In:* MARTINS, Guilherme Magalhães; LONGHI, João Victor Rozatti (Coords.). *Direito digital*: direito privado e Internet. 3. ed. Indaiatuba: Foco, 2020, p. 34 *et seq*.
18. O tema já provocou movimentações no Legislativo brasileiro, uma vez que tramita perante o Congresso Nacional a Proposta de Emenda à Constituição 17/2019, que visa incluí-lo entre os direitos e garantias fundamentais do cidadão, inserindo o inciso XII-A ao rol do artigo 5º da Constituição. Fundamental mencionar, ademais, que o Supremo Tribunal Federal reconheceu, em maio de 2020, o direito fundamental à proteção de dados ao reconhecer proteção constitucional à autodeterminação informativa e suspender a Medida Provisória 954, que determinava o compartilhamento dos dados pessoais dos usuários de telefonia pelas empresas telefônicas ao IBGE (STF, ADIs 6.387, 6.388, 6.389, 6.390 e 6.393. Relatora Min. Rosa Weber. Julgado em 07.05.2020. Publicado em 14.11.2020).
19. Nos dizeres de Pedro Modenesi: "Concretizam-se dois atributos essenciais do *código digital*: (i) a sua natureza preventiva, que busca evitar a ocorrência da transgressão ao compelir previamente a adoção da conduta desejada; e (ii) a autoexecutoriedade de seu comando, que, no caso da proteção de dados, será efetuada pelo próprio mecanismo tecnológico, o qual assegurará a salvaguarda das informações independentemente de intermediários ou da intervenção direta de outros agentes como, por exemplo, o Poder Judiciário. Realiza-se o *technological enforcement*, que é autônomo frente ao *law enforcement* e, atualmente, já se verifica na execução de *smart contacts* (contratos inteligentes) via *blockchain*. Em síntese, a proteção de dados pessoais será autoexecutável pelo próprio sistema tecnológico. Esse é o *lado positivo da moeda do código digital*, no âmbito da privacidade, que se quer ver adotado por agentes do mercado, amparado pelo Direito e fiscalizado pela sociedade." MODENESI, Pedro. *Privacy by Design* e código digital: a tecnologia a favor de direitos e valores fundamentais. *In:* FALEIROS JÚNIOR, José Luiz de Moura; LONGHI, João Victor Rozatti; GUGLIARA, Rodrigo (Coord.). *Proteção de dados pessoais na sociedade da informação*: entre dados e danos. Indaiatuba: Foco, 2020, p. 73-74.

No contexto dos algoritmos, em que atividades econômicas podem ser livremente exploradas pela nebulosidade das contingências que demandam regulação mais específica, o grande desafio que se enfrenta vai além da regulação voltada à proteção de dados pessoais, embora seja este um importante primeiro passo, pois tem o condão de despertar olhares para a almejada *accountability*, como alertam Bruno Bioni e Maria Luciano: "Em poucas palavras, o *saldo normativo* das novas leis de proteção de dados pessoais é resultado cada vez mais de uma *arquitetura precaucionaria* de danos. O fio condutor de todo esse processo é o acirramento da assimetria de informação".[20]

Sem dúvidas, desperta-se inegável potencial de exploração tecnológica, mas também enormes riscos, como já se observou pelos exemplos citados no item anterior. No caso da IA, embora esteja cada vez mais próxima a singularidade tecnológica[21] – momento no qual o biológico e o tecnológico se aproximarão a ponto de produzir "máquinas inteligentes" que reflitam a mente humana[22] –, esta ainda não foi atingida e não se pode simplesmente desconsiderar o tempo presente e a falibilidade dessas estruturas não inteligentes (*artificial unintelligences*, para mencionar a expressão de Meredith Broussard[23]), que são incapazes de perceber e assimilar o mundo em toda a sua complexidade.

São os erros de representação e assimilação que, pelo modo "exato" com que algoritmos processam dados, permitem-nos concluir que ainda é preciso trilhar longo percurso até o atingimento de um modelo "ideal" para a IA. No momento, as estruturas matemáticas descritas nas primeiras linhas do tópico anterior ainda são responsáveis por reger os algoritmos. O desafio, então, é encontrar meios para conciliar a responsabilidade civil e seus clássicos institutos com essa nova realidade.

Sem dúvidas, "não parece aconselhável o abandono das formulações desenvolvidas historicamente para a conformação da responsabilidade civil tal como hoje conhecida."[24] Na Europa, importantíssimo relatório publicado em setembro de 2020 com o título *Civil Liability Regime for Artificial Intelligence* (PE 654.178) destacou a importância dos princípios e da parametrização de deveres para tratar da responsabilidade civil na IA.[25]

---

20. BIONI, Bruno Ricardo; LUCIANO, Maria. O princípio da precaução na regulação de Inteligência Artificial: seriam as leis de proteção de dados o seu portal de entrada? *In:* FRAZÃO, Ana; MULHOLLAND, Caitlin (Coords.). *Inteligência artificial e direito*: ética, regulação e responsabilidade. São Paulo: Thomson Reuters Brasil, 2019, p. 215-216.
21. KURZWEIL, Ray. *Singularity is near*: when humans transcend biology. Nova York: Viking, 2005, p. 82-102.
22. HENDERSON, Harry. *Artificial Intelligence*: mirrors for the mind. Nova York: Chelsea House, 2007, p. 152.
23. BROUSSARD, Meredith. *Artificial Unintelligence*: how computers misunderstand the world. Cambridge: The MIT Press, 2018, p. 7-8.
24. TEPEDINO, Gustavo; SILVA, Rodrigo da Guia. Desafios da Inteligência Artificial em matéria de responsabilidade civil. *Revista Brasileira de Direito Civil*, Belo Horizonte, v. 21, p. 61-86, jul./set. 2019, p. 85-86. Os autores ainda acrescentam: "Oxalá possa o encanto pelas novas discussões envolvendo robôs e sistemas autônomos atuar como subsídio para a sempre necessária renovação do interesse no aperfeiçoamento dos estudos sobre a responsabilidade civil, sem que se recorra, mediante o atalho mais fácil – embora por vezes desastroso – ao anúncio de novos paradigmas que, descomprometidos com o sistema, justifiquem soluções casuísticas, em constrangedora incompatibilidade com a segurança jurídica oferecida pela dogmática do direito civil na legalidade constitucional."
25. EUROPA. European Parliamentary Research Service. *Civil liability regime for artificial intelligence*. PE 654.178, set. 2020. Disponível em: https://www.europarl.europa.eu/thinktank/en/document.html?reference=EPRS_STU(2020)654178. Acesso em: 31 out. 2020. p. 184.

Nesse contexto, a ética algorítmica certamente passará a influenciar as estruturas de responsabilidade civil[26], e não é por outra razão que, em outro documento, intitulado *European Framework on Ethical Aspects of Artificial Intelligence, Robotics and Related Tecnologies* (PE 654.179), a União Europeia fixou algumas premissas relacionadas à *accountability*, tendo concluído que "falta um instrumento de *acountability* para garantir a proteção eficaz dos valores fundamentais na UE".[27] É preciso "abrir a *black box*", como salienta Thomas Wischmeyer[28], primando pela transparência, para que se supere a obscuridade e a nebulosidade de algoritmos complexos, permitindo-se, ao menos, a identificação do dano e das vítimas afetadas.

Nem sempre isso será possível, e é nesse contexto que o debate sobre o dano moral coletivo ganha corpo. Buscando traçar as linhas gerais de um regime de responsabilidade civil para hipóteses de danos causados por algoritmos de IA, Maria Carmen Núñez Zorrilla defende que "a natureza desta responsabilidade deve ser baseada em um critério de imputação totalmente objetivo, o que significa que não se deve nem mesmo presumir a existência de culpa do robô".[29]

Essa tem sido a visão predominante na doutrina, em reforço à necessidade de imposição regulatória do princípio da explicabilidade proposto por Frank Pasquale[30]. Segundo tal proposta – identificada como 4ª Lei da Robótica, em complemento às três formulações de Jack Balkin[31] –, seria exigido de todo robô dotado de Inteligência Artificial que identifique seu criador, fabricante, distribuidor ou proprietário, de modo a viabilizar a imputação do dever reparatório ao ofensor contra o qual a pretensão for direcionada.[32]

26. Sobre o tema, registra Mark Coeckelbergh: "(...) indeed, we do find many disagreements and tensions, for example, on how much new legislation is needed, on which principles exactly to draw for justifying one's measures, and on the question whether ethicas should be balanced with other considerations (e.g., competitiveness of businesses and the economy). However, if we consider the actual policy documents, we also find a remarkable degree of convergence." COECKELBERGH, Mark. *AI Ethics*. Cambridge: The MIT Press, 2020, p. 148.
27. EUROPA. European Parliamentary Research Service. *European framework on ethical aspects of artificial intelligence, robotics and related tecnologies*. PE 654.179, set. 2020. Disponível em: https://www.europarl.europa.eu/thinktank/en/document.html?reference=EPRS_STU(2020)654179. Acesso em: 31 out. 2020. p. 26, tradução livre. No original: "a missing accountability tool to guarantee effective protection of fundamental values in the EU."
28. WISCHMEYER, Thomas. Artificial Intelligence and transparency: opening the Black Box. *In:* WISCHMEYER, Thomas; RADEMACHER, Timo (Eds.). *Regulating Artificial Intelligence*. Cham: Springer, 2020, p. 94-95.
29. NÚÑEZ ZORRILLA, Maria Carmen. *Inteligencia artificial y responsabilidad civil*: régimen jurídico de los daños causados por robots autónomos con inteligencia artificial. Madri: Reus, 2019, p. 66, tradução livre. No original: "La naturaleza de esta responsabilidad debe basarse en un criterio de imputación plenamente objetivo, lo que significa que ni siquiera debe presumirse la existencia de culpa en el androide."
30. PASQUALE, Frank. Toward a fourth law of robotics: Preserving attribution, responsibility, and explainability in an algorithmic society. *University of Maryland Legal Studies Research Papers*, Baltimore, n. 21, p. 1-13, jul. 2017. Disponível em: http://ssrn.com/abstract=3002546. Acesso em: 13 jan. 2021.
31. São as seguintes: *(i)* operadores algorítmicos devem ser fiduciários de informações em relação a seus clientes e usuários finais; *(ii)* operadores algorítmicos têm deveres para com o público em geral; *(iii)* operadores algorítmicos têm o dever público de não se envolverem em incômodos algorítmicos. BALKIN, Jack M. The three laws of robotics in the age of Big Data. *Ohio State Law Journal*, Columbus, v. 78, p. 1-45, ago. 2017. Disponível em: http://ssrn.com/abstract=2890965. Acesso em: 12 jan. 2021.
32. Sobre o tema, conferir os seguintes estudos: BARFIELD, Woodrow. Liability for autonomous and artificially intelligent robots. *Paladyn: Journal of Behavioral Robotics*, Boston: De Gruyter, v. 9, n. 1, p. 193-203, 2018, p. 196-200; CHINEN, Mark A. The co-evolution of autonomous machines and legal responsibility. *Virginia Journal of Law & Technology*, Charlottesville, v. 20, n. 2, p. 338-393, 2016; COLE, George S. Tort liability for Artificial Intelligence and expert systems. *The John Marshall Journal of Information Technology & Privacy Law*, Chicago, v. 10, n. 2, p. 127-231, 1990.

Em resumo:

> O critério de imputação totalmente objetivo, para além de se basear na impossibilidade de atribuir qualquer falha à máquina, se assenta no risco considerável ou desproporcional que se cria para a humanidade com a utilização deste tipo de tecnologia. O objetivo é facilitar a responsabilização da vítima, libertando-a do ônus da prova da negligência do robô no seu comportamento. A vítima deve apenas provar a produção real do dano e sua quantidade e a relação causal entre ele e o comportamento do robô.[33]

Para o direito do consumidor, o debate passa a envolver a aplicação da responsabilidade civil pelo fato do produto às situações danosas decorrentes de falhas algorítmicas. A doutrina debate, a esse respeito, a consideração da "informação como produto"[34], mas não se tem respostas claras. Fato é que "máquinas inteligentes" deixarão de ser meros produtos à medida em que a tecnologia avançar[35] e desafiarão cada vez mais a compreensão que se tem de estruturas tradicionais, como a consumerista.

O regime de responsabilidade civil definido nos marcos regulatórios para a proteção de dados pessoais também não é pacífico. No Brasil, o legislador estipulou um regime repleto de nuances e particularidades que muito se assemelha ao dos artigos 24, 25 e 26 do RGPD europeu. Em resumo, o artigo 42 da LGPD prevê que "o controlador ou o operador que, em razão do exercício de atividade de tratamento de dados pessoais, causar a outrem dano patrimonial, moral, individual ou coletivo, em violação à legislação de proteção de dados pessoais, é obrigado a repará-lo". Outras particularidades foram estabelecidas em seus parágrafos, como a responsabilização solidária (§1º, I e II), a inversão do ônus da prova (§2º), o direito de regresso daquele que repara o dano (§4º) e, para o que importa

33. NÚÑEZ ZORRILLA, Maria Carmen. *Inteligencia artificial y responsabilidad civil*, cit., p. 66, tradução livre. No original: "El criterio de imputación plenamente objetivo, además de basarse en la imposibilidad de atribuir ninguna culpa a la máquina, descansa en el riesgo considerable o desproporcionado que se crea para la humanidad con la utilización de este tipo de tecnología. La finalidad es facilitar a la víctima la reclamación de la responsabilidad, al liberarle de la carga de la prueba de la negligencia del robot en su comportamiento. La víctima únicamente debería probar la producción efectiva del daño y su cuantía y la relación de causalidad entre éste y el comportamiento del robot."

34. REUTIMAN, Joseph L. Defective information: should information be a "product" subject to products liability claims? *Cornell Journal of Law and Public Policy*, Ithaca, v. 22, n. 1, p. 181-203, set./dez. 2012.

35. Karni Chagal-Feferkorn cita o exemplo do *Therac-25*: "Therac-25 was a radiation therapy machine used to destroy cancerous tissues. Between 1985 and 1987, Therac-25 led to the injury of six patients who were inadvertently given an overdose of radiation, resulting in three fatalities. Investigation revealed that the system had several "bugs" causing it to release much higher dosages of radiation than prescribed by the machine's technician.55 Although the lawsuits filed in connection with the accidents were all settled before trial,56 Therac-25 was considered one of the first cases to give rise to product liability claims in connection with medical devices. Therac-25 was useful for administering radiation in a precise and automatic manner; its "sophisticated counterpart" to be analyzed in the discussion below is that of a futuristic machine also capable of taking and implementing professional decisions. Nowadays, new generation radiation machines mainly focus on improved precision of the radiation's distribution. Equipped with infrared cameras and robotic beds, radiation machines now make automatic adjustments in the positioning of the patient throughout the radiation process to achieve more precise administering of the treatment. An additional feature that could be embedded in radiation machines, however, would also include dose calculation algorithms that would enable the machine to administer radiation beams, but also to decide (or recommend) the optimal treatment plan for each patient based on his unique characteristics. Existing algorithms for calculating radiation dosage are in use today, but the future system we take as an example makes use of "learning algorithms" that produce personalized dosage calculations based on the type of tumor involved and on other parameters that the system itself deems relevant, after learning from large databases of previous cases and deciphering correlations between different parameters and improved outcomes." CHAGAL-FEFERKORN, Karni. When do algorithmic tortfeasors that caused damage warrant unique legal treatment? *In:* BARFIELD, Woodrow (Ed.). *The Cambridge handbook of the Law of Algorithms*. Cambridge: Cambridge University Press, 2021, p. 479-480.

a este breve estudo, a possibilidade de exercício da tutela coletiva (§3°) para a busca da reparação do dano. Por sua vez, causas excludentes foram previstas no artigo 43 da lei brasileira, ao passo que o artigo 45 determinou a regência das relações de consumo pela legislação própria (resguardado, por óbvio, o diálogo de fontes[36]).

Importante mencionar, quanto ao objeto deste breve ensaio, que o artigo 22 da LGPD, situado em capítulo que trata dos direitos do titular de dados pessoais, reforça a possibilidade de tutela coletiva nas operações envolvendo dados: "[a] defesa dos interesses e dos direitos dos titulares de dados poderá ser exercida em juízo, individual ou coletivamente, na forma do disposto na legislação pertinente, acerca dos instrumentos de tutela individual e coletiva".

Pela literalidade do *caput* do artigo 42, a LGPD trata do dano "patrimonial, moral, individual ou coletivo", denotando uma amplitude reparatória semelhante à descrita pelo artigo 82, n. 1, do RGPD europeu[37-38], que tratou de conceituar a 'violação de dados pessoais', em seu artigo 4°, n. 12, como sendo "uma violação da segurança que provoque, de modo acidental ou ilícito, a destruição, a perda, a alteração, a divulgação ou o acesso, não autorizados, a dados pessoais transmitidos, conservados ou sujeitos a qualquer outro tipo de tratamento".

Para ilustrar as razões pelas quais se contempla a ampla reparação de danos no contexto da proteção de dados pessoais, é importante que se reafirme o papel da informação[39] na viabilização dos algoritmos de Inteligência Artificial. Eduardo Tomasevicius Filho enfatiza que "parece ser excessivamente artificial – ou mera ficção científica – imaginar um robô androide perfeitamente inteligente, andando pelas ruas sem qualquer controle."[40] De fato, não se atingiu a mencionada singularidade, mas danos já podem ser (e são!) causados por falhas de algoritmos de IA.

Em casos extremos, os danos causados podem atingir proporções enormes[41], acarretando a perpetuação de seus efeitos pelo fato de a informação permanecer armazenada na rede, gerando a perpetuação de indesejado estigma, para além da discriminação algorítmica individualmente considerada. Esse é um dos contextos em que se cogita

36. Sobre o tema, confira-se: MARQUES, Cláudia Lima. Superação das antinomias pelo diálogo das fontes. *Revista de Direito do Consumidor*, São Paulo, v. 51, p. 34-67, jul./set. 2004; MARTINS, Guilherme Magalhães. Responsabilidade civil, acidente de consumo e a proteção do titular de dados na Internet. *In:* FALEIROS JÚNIOR, José Luiz de Moura; LONGHI, João Victor Rozatti; GUGLIARA, Rodrigo (Coord.). *Proteção de dados pessoais na sociedade da informação*: entre dados e danos. Indaiatuba: Foco, 2020, p. 84.

37. "Artigo 82. (1). Qualquer pessoa que tenha sofrido danos materiais ou imateriais devido a uma violação do presente regulamento tem direito a receber uma indemnização do responsável pelo tratamento ou do subcontratante pelos danos sofridos."

38. VOIGT, Paul; VON DEM BUSSCHE, Axel. *The EU General Data Protection Regulation (GDPR)*: a practical guide. Basileia: Springer, 2017, p. 51. Comentam: "'Damage' under Art. 82 Sec. 1 GDPR explicitly includes material and non-material damages as the consequences of data breaches can vary widely and are often of intangible nature, such as social discrimination, psychological stress or barriers to the free personality development. Individuals should receive full and effective compensation for the damage they have suffered. Moreover, the concept of damage should be broadly interpreted in the light of the case-law of the European Court of Justice."

39. FLORIDI, Luciano. *Information*: a very short introduction. Oxford: Oxford University Press, 2010, p. 3 *et seq.*

40. TOMASEVICIUS FILHO, Eduardo. Inteligência Artificial e direitos da personalidade: uma contradição em termos? *Revista da Faculdade de Direito da Universidade de São Paulo*, São Paulo, v. 113, p. 133-149, jan./dez. 2018, p. 142.

41. Analisando os impactos catastróficos de determinados danos, conferir, por todos: SANTOS, Romualdo Baptista dos. *Responsabilidade civil por dano enorme*. Porto: Juruá, 2018, p. 173-187.

do direito ao esquecimento[42]. E, sendo a Internet ambiente propício à replicação quase imediata da informação, sua malversação certamente impõe riscos muito maiores do que se imagina quanto ao tratamento dispensado ao *Big Data* por agentes que otimizam suas atividades em função de heurística preditiva.

Em caso de dano, todas as circunstâncias juridicamente relevantes dos casos concretos devem ser sopesadas pelos julgadores na determinação do *quantum debeatur*. Porém, as dificuldades típicas dessas atividades desenvolvidas na Internet, que usualmente envolvem vários controladores e operadores[43], impõem considerar a responsabilização solidária, em festejo à prevenção, que tem a finalidade "de chamar à reparação o lesante e sancioná-lo pelos danos produzidos a outrem, realçando-se, em sua base, a forte influência da Moral".[44]

Reafirma-se a relevância da explicabilidade e das classes certificatórias, pois, segundo Matthew Scherer, "a peça central da estrutura regulatória seria um processo de certificação de IA; fabricantes e operadores de sistemas de IA certificados gozariam de responsabilidade civil limitada (*limited tort liability*), enquanto aqueles de sistemas de IA não certificados enfrentariam responsabilidade objetiva estrita (*strict liability*)".[45]

Essa parece ser uma das tendências apontadas pelo recente relatório europeu (*Civil Liability Regime for Artificial Intelligence*), que avalia os percalços da responsabilidade vicária (*vicarious liability*)[46] – que tem lugar nos casos em que há lucratividade com ilícitos praticados por outrem – para o caso específico de danos decorrentes de falhas algorítmicas.

A despeito das inúmeras propostas e possibilidades, é certo que os ordenamentos brasileiro e europeu não estão desprovidos de meios para a tutela (inclusive coletiva) de contingências decorrentes dessas falhas. Preponderando a responsabilidade civil objetiva, importa destacar que causas excludentes poderão ser consideradas. Sobre elas, Maria Carmen Núñez Zorrilla sugere as seguintes para hipóteses futuras de imputação direta ao robô: "As causas que poderiam eximir o robô de responsabilidade seriam: a demonstração de seu correto comportamento; força maior e fato exclusivo da vítima".[47]

---

42. Sobre o tema, por todos, confira-se: MARTINS, Guilherme Magalhães. O direito ao esquecimento na Internet. *In:* MARTINS, Guilherme Magalhães; LONGHI, João Victor Rozatti (Coords.). *Direito digital*: direito privado e internet. 3. ed. Indaiatuba: Foco, 2020, p. 65-90; PARENTONI, Leonardo. O direito ao esquecimento (right to oblivion). *In:* DE LUCCA, Newton; SIMÃO FILHO, Adalberto; LIMA, Cíntia Rosa Pereira de (Coords.). *Direito & Internet III*. Tomo I. São Paulo: Quartier Latin, 2015, p. 539-618.
43. As duas figuras são designações adotadas pelo art. 5º, VI, da LGPD, para qualificar os agentes de dados: "Art. 5º. (...) VI – controlador: pessoa natural ou jurídica, de direito público ou privado, a quem competem as decisões referentes ao tratamento de dados pessoais; VII – operador: pessoa natural ou jurídica, de direito público ou privado, que realiza o tratamento de dados pessoais em nome do controlador."
44. BITTAR, Carlos Alberto. *Reparação civil por danos morais*. 3. ed. São Paulo: Ed. RT, 1999, p. 26.
45. SCHERER, Matthew. Regulating Artificial Intelligence systems: risks, challenges, competencies, and strategies. *Harvard Journal of Law & Technology*, Cambridge, v. 29, n. 2, p. 353-400, abr./jun. 2016, p. 357, tradução livre. No original: "The centerpiece of the regulatory framework would be an AI certification process; manufacturers and operators of certified AI systems would enjoy limited tort liability, while those of uncertified AI systems would face strict liability."
46. EUROPA. European Parliamentary Research Service. *Civil liability regime for artificial intelligence*, cit., p. 184.
47. NÚÑEZ ZORRILLA, Maria Carmen. *Inteligencia artificial y responsabilidad civil*, cit., p. 66, tradução livre. No original: "Las causas que podrían eximir de la responsabilidad al robot serían: - la demostración de su comportamiento correcto; - la fuerza mayor y – la culpa exclusiva de la víctima."

Até que se atinja a singularidade tecnológica, entretanto, causas já consagradas pelos ordenamentos poderão ser consideradas, na medida em que não é desejável que se cogite de um regime de responsabilização lastreado no risco integral; e, igualmente, causas mais específicas poderão ser analisadas, a exemplo da peculiar excludente descrita pelo artigo 43, II, da LGPD brasileira: "Os agentes de tratamento só não serão responsabilizados quando provarem (...) que, embora tenham realizado o tratamento de dados pessoais que lhes é atribuído, não houve violação à legislação de proteção de dados."

Insofismavelmente, a grande abertura que se pode dar à frase "não houve violação à legislação de proteção de dados" demandará esforço regulatório mais específico, quando se tratar de atividade baseada em algoritmos, ou mesmo a aferição de conjecturas situadas na análise do caso concreto.

Quanto à aferição do dano, deve-se alertar para o fato de que "objetivos de prevenção, todavia, normalmente desempenhados ou por um sistema infalível de danos (nem sempre possível) ou pela agregação de uma função punitiva de intuito dissuasório (*deterrence*), devem ser usados com moderação"[48], evitando-se tanto o caráter irrisório das indenizações em face de suas condições econômicas, quanto a redução à miséria em razão de valores indenizatórios exacerbados. O critério insculpido no artigo 944 do Código Civil brasileiro reflete o intuito do legislador de proporcionar a dosagem equitativa do dano, não se filiando puramente a critérios subjetivos. Este entendimento decorre da própria lógica da liquidação do dano, que, não se baseando em aspectos objetivos, depende – e muito – do prudente arbítrio do julgador.

A gestão do risco – 'em tempo real', na medida em que os algoritmos se tornarem mais sofisticados e dificultarem a fiscalização externa – implica considerar, portanto, benefícios e percalços das práticas potencialmente danosas.[49] Nesse contexto, a abertura ao *compliance* pode produzir benefícios, como já se nota, por exemplo, na LGPD brasileira:

> Uma vez que a indenização é medida pela extensão do dano (artigo 944 do Código Civil), a existência dos programas de integridade e das políticas de governança poderia balizar um sancionamento mais severo do ofensor, em caso de violação mais acentuada dos parâmetros definidos pela lei e pelos programas e políticas advindos do *compliance*, ou mesmo um abrandamento de eventual reparação, se demonstrada sua efetividade, na forma do artigo 50, §2º, inc. II, da LGPD.[50]

Quanto aos riscos, embora não sejam totalmente previsíveis, passam a ser estruturados em torno das funções preventiva (e precaucional) da responsabilidade civil, pois "mais do que a verificação do simples perigo estão em causa amiúde considerações ligadas à ideia de que é justo responsabilizar aquele que retira um proveito de uma atividade que com toda a probabilidade poderá causar prejuízos a terceiros."[51] Assim, altera-se

48. TEIXEIRA NETO, Felipe. *Dano moral coletivo*: a configuração e a reparação dano extrapatrimonial por lesão aos interesses difusos. Curitiba: Juruá, 2014, p. 253.
49. Conferir, por todos, MAGRANI, Eduardo. New perspectives on ethics and the laws of artificial intelligence. *Internet Policy Review*, Berlim, v. 8, n. 3, p. 1-19, set. 2019.
50. MARTINS, Guilherme Magalhães; FALEIROS JÚNIOR, José Luiz de Moura. Compliance digital e responsabilidade civil na Lei Geral de Proteção de Dados. *In*: MARTINS, Guilherme Magalhães; ROSENVALD, Nelson (Coords.). *Responsabilidade civil e novas tecnologias*. Indaiatuba: Foco, 2020, p. 292.
51. BARBOSA, Mafalda Miranda. *Liberdade vs. responsabilidade*: a precaução como fundamento da imputação delitual? Coimbra: Almedina, 2006, p. 352.

o cerne de investigação de eventual falha[52]; contudo, há diversas particularidades que podem ser consideradas para a dosimetria da indenização no caso de lesões a interesses individuais.[53] É nesse contexto que se insere a reflexão de Nelson Rosenvald quanto a uma "polissemia" da responsabilidade civil na LGPD brasileira[54], o que também pode valer para a IA, como o mesmo autor salienta, em trabalho produzido com conjunto com Carlos Edison do Rêgo Monteiro Filho:

> A operação dos sistemas de IA geralmente depende de dados e outros *inputs* coletados pelos próprios sensores do sistema ou adicionadas por fontes externas. Isto acarreta problemas de causalidade incerta, pois não apenas esses dados podem ter falhas em si, mas o processamento de dados corretos também pode ser imperfeito, devido a defeitos originais no *design* do manuseio de dados ou como consequência de distorções das habilidades de auto aprendizado do sistema devido ao volume de dados coletados, cuja aleatoriedade pode levar o sistema de IA em questão a interpretar mal e classificar incorretamente as informações subsequentes.[55]

Para danos coletivos, a situação se torna mais complexa, pois controladores e operadores, embora assumam importantes deveres, podem ser subitamente colocados em situação tão gravosa que "os abusos dos mecanismos de dissuasão podem induzir a ocorrência de uma hiperprevenção (*overdeterrence*), que, em última análise, tende a comprometer fins sociais outros igualmente relevantes como a livre iniciativa e o exercício de atividades econômicas úteis".[56] Seria a responsabilização solidária mecanismo adequado e suficiente para "diluir" os impactos desses eventos de grande magnitude?

Nas relações jurídicas envolvendo dados, de forma semelhante ao que prevê o RGPD europeu[57], os dois incisos do §1° do artigo 42 da LGPD brasileira estabelecem as hipóteses expressas em que haverá solidariedade entre operadores e controladores de dados. No primeiro caso, tem-se a responsabilidade civil solidária por danos causados

52. BAROCAS, Solon; SELBST, Andrew D. Big Data's disparate impact. *California Law Review*, Berkeley, v. 104, p. 671-732, 2016, p. 716-718; PRIMUS, Richard A. The future of disparate impact. *Michigan Law Review*, Ann Arbor, v. 108, p. 1341-1387, jun. 2010, p. 1369-1374.
53. O RGPD consagra o princípio da lealdade, por exemplo, como explica Ana Francisca Pinto Dias: "O preceito legal impõe, em segundo lugar, que os dados pessoais sejam objeto de um tratamento leal impondo, portanto, um princípio de lealdade em relação ao titular dos dados pessoais. O responsável pelo tratamento de dados deve assumir uma postura de honestidade, retidão e lealdade perante o titular dos dados." DIAS, Ana Francisca Pinto. Responsabilidade civil pelo tratamento de dados pessoais: a responsabilidade do *controller* por factos próprios e por factos de outrem. *Revista de Direito da Responsabilidade*, Coimbra, ano 1, p. 1260-1330, 2019, p. 1264.
54. ROSENVALD, Nelson. A polissemia da responsabilidade civil na LGPD. *Migalhas de Proteção de Dados*, 06 nov. 2020. Disponível em: https://s.migalhas.com.br/S/7A81C3. Acesso em: 14 jan. 2021. Comenta: "*Responsibility, accountability e answerability* executam exemplarmente as funções preventiva e precaucional da responsabilidade civil, eventualmente complementadas pela função compensatória (*liability*). Ao contrário do que propaga a escola clássica da responsabilidade, distancia-se o efeito preventivo de um mero efeito colateral de uma sentença condenatória a um ressarcimento. Aliás, a multifuncionalidade da responsabilidade civil não se resume a uma discussão acadêmica: a perspectiva plural da sua aplicabilidade à LGPD é um bem-acabado exemplo legislativo da necessidade de ampliarmos a percepção sobre a responsabilidade civil. Não se trata tão somente de um mecanismo de contenção de danos, mas também de contenção de comportamentos. Transpusemos o "direito de danos" e alcançamos uma responsabilidade civil para muito além dos danos."
55. MONTEIRO FILHO, Carlos Edison do Rêgo; ROSENVALD, Nelson. Danos a dados pessoais: fundamentos e perspectivas. *In:* FALEIROS JÚNIOR, José Luiz de Moura; LONGHI, João Victor Rozatti; GUGLIARA, Rodrigo (Coords.). *Proteção de dados pessoais na sociedade da informação*: entre dados e danos. Indaiatuba: Foco, 2020, p. 8.
56. TEIXEIRA NETO, Felipe. *Dano moral coletivo*, cit., p. 253.
57. "Artigo 26. (3). Independentemente dos termos do acordo a que se refere o n. 1, o titular dos dados pode exercer os direitos que lhe confere o presente regulamento em relação e cada um dos responsáveis pelo tratamento."

pelo tratamento levado a efeito pelo operador que viole as obrigações da legislação de proteção de dados ou que não siga as instruções lícitas do controlador (hipótese em que o operador se equipara ao controlador). No segundo caso, tem-se a solidariedade dos controladores que estiverem diretamente envolvidos no tratamento, quando forem vários.

A solidariedade sabidamente não se presume, razão pela qual o legislador optou por reservar *locus* específico para a delimitação de suas hipóteses de incidência. No entanto, é fato que a vasta maioria de estruturas algorítmicas potencialmente falíveis envolvem dados pessoais e poderão ser analisadas sob o prisma de marcos regulatórios como a LGPD ou o RGPD. E, naturalmente, é comum que se identifique um emaranhado de agentes de dados que participa da complexa cadeia de operações de coleta e tratamento de dados. Nessas situações, aqueles que tiveram participação mais evidente na causação do dano poderão ser responsabilizados com maior facilidade, o que apenas realça o papel da explicabilidade e abre margem – com maior ênfase – à tutela coletiva.

De fato, havendo suporte normativo nas leis de proteção de dados, nada mais natural do que a solidarização de todos os que estiverem envolvidos no implemento de algoritmos que falharem em suas tomadas de decisão ou na execução de instruções previamente programadas.[58] Também não se pode descartar, na análise casuística, a responsabilização civil do programador/desenvolvedor do código, ainda que essa possa ser apurada sob regime subjetivo, com averiguação de culpa.[59]

Nesse ponto, cumpre destacar que do RGPD não consta a previsão de normas de segurança "vinculativas", sujeitas a aprovação ou auditoria pela Comissão Europeia, pelos Estados-membros, pelas Autoridades nacionais ou mesmo pelo Comité Europeu para a Proteção de Dados (CEPD). São indicados apenas padrões 'genéricos', referidos como "medidas técnicas e organizativas adequadas", as quais deverão ser determinadas em função de critérios casuísticos, resultantes de análises de risco (Arts. 25, n. 1 e 2, e 32, n. 1), ou de avaliações de impacto (Art. 35.º).[60] Já a LGPD vai um pouco mais longe, prevendo expressamente que "[a] autoridade nacional poderá (...) sugerir a adoção de padrões e de boas práticas para os tratamentos de dados pessoais pelo Poder Público"

58. DRESCH, Rafael de Freitas Valle; FALEIROS JÚNIOR, José Luiz de Moura. Reflexões sobre a responsabilidade civil na Lei Geral de Proteção de Dados (Lei 13.709/2018). *In*: ROSENVALD, Nelson; DRESCH, Rafael de Freitas Valle; WESENDONCK, Tula (Coords.). *Responsabilidade civil*: novos riscos. Indaiatuba: Foco, 2019, p. 81. Com efeito: "Importa comentar a ausência de menção expressa à responsabilidade civil do encarregado de dados – responsável por passar instruções ao controlador e a seus colaboradores quanto à proteção de dados – no artigo 42: trata-se de figura central para o controle de eventos danosos, e por isso causa estranheza a omissão do dispositivo. É certo que a exaração de qualquer espécie de comando errôneo, por parte do encarregado, pode vir a causar dano e, para solucionar o caso, impõe-se a leitura do artigo 43, inciso III, que expressamente afasta a responsabilidade civil dos agentes de tratamento (controladores e operadores) quando esta puder ser transferida a terceiro, o que permitiria responsabilizar o encarregado na hipótese descrita, embora, para isso, seja passível de invocação a disciplina jurídica contida noutras fontes normativas."

59. SELBST, Andrew D. Negligence and AI's human users. *Boston University Law Review*, Boston, v. 100, p. 1315-1376, 2020, p. 1375. O autor explica: "Ultimately, because AI inserts a layer of inscrutable, unintuitive, statistically derived, and often proprietary code between the decision and outcome, the nexus between human choices, actions, and outcomes from which negligence law draws its force is tested. While there may be a way to tie some decisions back to their outcomes using explanation and transparency requirements, negligence will need a set of outside interventions to have a real chance at providing redress for harms that result from the use of AI."

60. Conferir, por todos, LOPES, Teresa Vale. Responsabilidade e governação das empresas no âmbito do novo Regulamento sobre a Proteção de Dados. *Anuário da Proteção de Dados*, Lisboa, p. 45-69, 2018.

(art. 32); além disso, é fortemente enraizada no estabelecimento de regras e padrões de segurança de dados (arts. 46 e ss) e na delimitação – embora facultativa (art. 50) – dos programas de integridade e governança[61].

O §2º do artigo 42 da LGPD, como já se mencionou, estabelece a inversão do *onus probandi* em favor do titular de dados pessoais. Sabe-se que o artigo 45 da LGPD é claro ao dizer que "[a]s hipóteses de violação do direito do titular no âmbito das relações de consumo permanecem sujeitas às regras de responsabilidade previstas na legislação pertinente." Contudo, a medida é bastante semelhante à contemplada pelo Código de Defesa do Consumidor e revela uma dimensão fundamental para a compreensão da LGPD: a necessidade de sua interpretação sistemática, em diálogo de fontes com outras legislações específicas protetivas – como a consumerista – para a aferição de sua total incidência.[62]

Naturalmente, o que se tem nessas situações é uma disparidade de conhecimentos técnicos entre o titular e o agente de dados (que será, na hipótese, um operador algorítmico). Isso denota hipossuficiência muito mais grave do que a usualmente verificada nas relações de consumo tradicionais, pois os algoritmos empregados nos processos de tratamento são costumeiramente 'secretos' e extremamente complexos.[63]

Impor ônus probatório ao titular significaria ceifar suas chances de êxito meritório posterior. A despeito disso e, no mesmo espírito do Regulamento europeu[64], a lei brasileira admitiu a inversão do ônus da prova como exceção cabível em três hipóteses: (i) quando for verossímil a alegação; (ii) quando houver hipossuficiência para fins de produção da prova; ou (iii) quando a produção de prova pelo titular resultar-lhe excessivamente onerosa.

O §4º do artigo 42 trata da possibilidade de que seja movida ação de regresso por aquele que indenizar eventual dano causado nos processos de tratamento de dados, o que pode valer nos casos em que não se tenha total clareza quanto à identificação de todos os envolvidos na relação imputacional, sempre em privilégio à facilitação do direito de ação da vítima. É hipótese adequada para prevenir o enriquecimento sem causa e, em virtude da solidariedade estabelecida no §1º do mesmo dispositivo, sua viabilização está em sin-

61. MARTINS, Guilherme Magalhães; FALEIROS JÚNIOR, José Luiz de Moura. Segurança, boas práticas, governança e compliance. *In:* LIMA, Cíntia Rosa Pereira de (Coord.). *Comentários à Lei Geral de Proteção de Dados*: Lei n. 13.709/2018, com alteração da Lei n. 13.853/2019. São Paulo: Almedina, 2020, p. 349-372.
62. MARTINS, Guilherme Magalhães. Responsabilidade civil, acidente de consumo e a proteção do titular de dados na Internet, cit., p. 84-87.
63. Novamente, aponta-se uma reflexão de Frank Pasquale: "Deconstructing the black boxes of Big Data isn't easy. Even if they were willing to expose their methods to the public, the modern Internet and banking sectors pose tough challenges to our understanding of those methods. The conclusions they come to – about the productivity of employees, or the relevance of websites, or the attractiveness of investments – are determined by complex formulas devised by legions of engineers and guarded by a phalanx of lawyers." PASQUALE, Frank. *The black box society*, cit., p. 6.
64. VOIGT, Paul; VON DEM BUSSCHE, Axel. *The EU General Data Protection Regulation (GDPR)*, cit., p. 207. Comentam: "In consideration of the processor's acting on behalf of the controller, the former's liability is limited to damages that result from breaches of its own obligations under the GDPR (see Sect. 3.10) or where it acted outside or contrary to lawful instructions of the controller. Thus, the processor is privileged as it is only liable in limited cases. The claimant bears the burden of proof in relation to the controller's and processor's liability. However, the claimant does not have detailed insight into the controller's/processor's sphere. Thus, in order to establish the controller's/processor's liability, a plausible submission of facts should satisfy the claimant's burden of proof. Then it will be up to the controller/processor to prove that the conditions for its liability have not been met."

tonia com a regra geral do direito das obrigações, devendo cada qual responder por sua quota-parte nos danos. A previsão existe também no RGPD[65] e pode valer, sem maiores controvérsias, para cadeias que envolvam múltiplos operadores de algoritmos de IA.

4. DANO MORAL COLETIVO E SUA VIABILIDADE

Em termos conceituais, Carlos Alberto Bittar Filho define o dano moral coletivo como "a injusta lesão da esfera moral de uma dada comunidade, ou seja, é a violação antijurídica de um determinado círculo de valores coletivos"[66], o que despertou na doutrina[67] a transcendência da concepção anímica do dano moral, própria apenas das pessoas físicas, como ponto essencial para a aceitação de uma nova categoria de dano moral.[68]

Hoje, "é absolutamente inviável a realização da pessoa humana fora de uma dimensão coletiva complementar àquela de caráter individual".[69] Por isso, sabe-se que o reconhecimento do dano moral coletivo como categoria autônoma já foi enfrentado pelo Superior Tribunal de Justiça[70] e que suas bases decorrem do que prevê a legislação brasileira no artigo 6°, inciso VI, do CDC, que elenca como direito básico do consumidor "a efetiva reparação de danos patrimoniais e morais, individuais, coletivos e difusos".

Suas raízes remontam ao artigo 1°, inciso IV, da Lei da Ação Civil Pública (Lei 7.347/1985), que lhe foi acrescentado pelo artigo 110 do CDC, passando a prever que "[r]egem-se pelas disposições desta Lei, sem prejuízo da ação popular, as ações de responsabilidade por danos morais e materiais causados: (...) IV – a qualquer outro interesse difuso ou coletivo". Reforçando essa interligação entre múltiplas fontes[71], tem-se os já citados artigos 22 e 42, §3°, da LGPD. Para o momento, pode-se "definir dano moral coletivo como o prejuízo decorrente da lesão de um interesse transindividual que implica

---

65. "Artigo 82. (5). Quando tenha pago, em conformidade com o n. 4, uma indemnização integral pelos danos sofridos, um responsável pelo tratamento ou um subcontratante tem o direito de reclamar a outros responsáveis pelo tratamento ou subcontratantes envolvidos no mesmo tratamento a parte da indemnização correspondente à respetiva parte de responsabilidade pelo dano em conformidade com as condições previstas no n. 2."
66. BITTAR FILHO, Carlos Alberto. Do dano moral coletivo no atual contexto jurídico brasileiro. *Revista de Direito do Consumidor*, São Paulo: Ed. RT, n. 12, p. 44-61, out./dez. 1994, p. 55.
67. Conferir, por todos, RAMOS, André de Carvalho. Ação Civil Pública e o dano moral coletivo. *Revista de Direito do Consumidor*, São Paulo, n. 25, jan./mar. 1988.
68. MEDEIROS NETO, Xisto Tiago de. Dano moral coletivo: fundamentos e características. *Revista do Ministério Público do Trabalho*, Brasília, v. 12, n. 24, set. 2002, p. 82.
69. TEIXEIRA NETO, Felipe. *Dano moral coletivo*, cit., p. 249.
70. A decisão é da 3ª Turma do STJ: "O dano moral coletivo é categoria autônoma de dano que não se identifica com aqueles tradicionais atributos da pessoa humana (dor, sofrimento ou abalo psíquico), mas com a violação injusta e intolerável de valores fundamentais titularizados pela coletividade (grupos, classes ou categorias de pessoas). Tem a função de: a) proporcionar uma reparação indireta à lesão de um direito extrapatrimonial da coletividade; b) sancionar o ofensor; e c) inibir condutas ofensivas a esses direitos transindividuais. A grave lesão de interesses individuais homogêneos acarreta o comprometimento de bens, institutos ou valores jurídicos superiores, cuja preservação é cara a uma comunidade maior de pessoas, razão pela qual é capaz de reclamar a compensação de danos morais coletivos". (STJ, 3ª. T., REsp 461408, Relatora Ministra Nancy Andrighi, DJE 29/05/2018).
71. DORETTO, Fernanda Orsi Baltrunas. Fundamento normativo do dano moral coletivo. *In*: ROSENVALD, Nelson; TEIXEIRA NETO, Felipe (Coords.). *Dano moral coletivo*. Indaiatuba: Foco, 2018, p. 21.

em consequências extrapatrimoniais associadas ao comprometimento do livre desenvolvimento da personalidade".[72]

Sua delimitação, porém, deve levar em conta a diferenciação entre direitos difusos, coletivos e individuais homogêneos, que o artigo 103 do CDC traz em seus incisos I, II e III, respectivamente. Isso porque os desdobramentos processuais, especialmente para fins de liquidação, acarretarão soluções distintas: (i) o artigo 97 do CDC gera liquidações e execuções individuais; (ii) o artigo 98 do CDC suscita liquidações individuais e execução coletiva; (iii) o art. 100 do CDC propicia liquidação e execução subsidiárias difusas.

Os princípios que regem a quantificação dos danos patrimoniais têm se revelado incompatíveis com a valoração dos danos extrapatrimoniais. Inexiste, com isso, um critério de aferição do *quantum* devido a título de danos morais, o que acaba deixando ao puro arbítrio do julgador a sua dosagem.[73] Assim, para além das funções clássicas da responsabilidade civil, impõe-se uma ampliação da compreensão da disciplina, particularmente para a apreensão do escopo da reparação moral, de caráter personalíssimo e que demanda especificação adequada para permitir ao julgador cuidadosa apuração.

O Código de Defesa do Consumidor, em seu artigo 95, preconiza claramente que a sentença condenatória pautada em direitos individuais homogêneos será sempre genérica, demandando ulterior liquidação. A fase de conhecimento do processo coletivo destina-se, portanto, à delimitação do *an debeatur* (se há débito), do *quis debeatur* (o que é devido) e do *quid debeatur* (a quem se deve).

Noutros termos, a sentença genérica "faz juízo apenas parcial dos elementos da relação jurídica posta na demanda, e não sobre todos eles, razão pela qual, em princípio, é sentença sem força executiva própria".[74] A despeito disso, a lógica estampada no dispositivo decorre da própria natureza dos interesses tutelados, que, segundo a doutrina, por serem individuais homogêneos, são naturalmente divisíveis, o que justifica a opção pela adoção de sentenças genéricas, porquanto aplicáveis a toda a coletividade.[75]

4.1 A quantificação do dano moral coletivo

Na sistemática descrita, cada indivíduo lesado poderá, pessoalmente ou através de legitimados, promover a liquidação e posterior execução da indenização a que faz jus, conforme prevê o artigo 97 do CDC: "A liquidação e a execução de sentença poderão ser promovidas pela vítima e seus sucessores, assim como pelos legitimados de que trata o art. 82". Destarte, na fase de liquidação e execução de que trata o referido dispositivo, surgem

72. TEIXEIRA NETO, Felipe. Ainda sobre o conceito de dano moral coletivo. *In*: ROSENVALD, Nelson; TEIXEIRA NETO, Felipe (Coords.). *Dano moral coletivo*. Indaiatuba: Foco, 2018, p. 47.
73. Analisando novas tendências da prática judiciária, como o arbitramento de valor mínimo, a exclusão do lucro ilegítimo (*skimming off*), o investimento ilícito no prejuízo coletivo e a avaliação a partir do montante global da indenização por dano material, conferir FORTES, Pedro Rubim Borges; OLIVEIRA, Pedro Farias. A quantificação do dano moral coletivo. *In*: ROSENVALD, Nelson; TEIXEIRA NETO, Felipe (Coords.). *Dano moral coletivo*. Indaiatuba: Foco, 2018, p. 334-340.
74. ZAVASCKI, Teori Albino. *Processo coletivo*: tutela de direitos coletivos e tutela coletiva de direitos. 2. ed. São Paulo: Ed. RT, 2007, p. 169.
75. RODRIGUES, Marcelo Abelha; KLIPPEL, Rodrigo. *Comentários à tutela coletiva*. Rio de Janeiro: Lumen Juris, 2009, p. 146.

duas situações específicas: (i) a primeira diz respeito à iniciativa de cada uma das vítimas e de seus sucessores; (ii) a segunda traz à tona a possibilidade de ajuizamento dos pedidos de liquidação e execução pelos legitimados de que trata o artigo 82 do CDC.[76] Já no caso do artigo 98, tem-se a possibilidade de que a execução seja coletiva e promovida pelos mesmos legitimados do artigo 82, mas somente "abrangendo as vítimas cujas indenizações já tiveram sido fixadas em sentença de liquidação, sem prejuízo do ajuizamento de outras execuções".

Por sua vez, o art. 100 do CDC, propicia liquidação e execução subsidiárias difusas. Quando se fala em subsidiariedade difusa e se dedica maior atenção ao artigo 100 do CDC, surge a seara nebulosa da reparação fluida, designada na experiência estrangeira por expressões como *fluid recovery*[77] e *cy-près*.[78]

4.2 A *fluid recovery* e a *cy-près* no contexto das falhas algorítmicas

O artigo 100 do CDC prevê que, "[d]ecorrido o prazo de um ano sem habilitação de interessados em número compatível com a gravidade do dano, poderão os legitimados do art. 82 promover a liquidação e execução da indenização devida". Nesse ponto, o legislador brasileiro incorporou a *cy-près* norte-americana com algumas distinções[79], ao estabelecer dois requisitos cumulativos para a viabilização da reparação fluida (*fluid recovery*): (i) o transcurso do prazo de um ano para o início da liquidação e execução da reparação, a partir do trânsito em julgado da sentença condenatória genérica a que se refere o artigo 95 do CDC; (ii) a gravidade do dano ser incompatível com o número de habilitações à tutela coletiva.[80]

Segundo Nelson Rosenvald:

> O CDC incorporou a concepção norte-americana do *cy-près*, com algumas distinções. (...) Em tese, se o direito individual homogêneo ostenta natureza de direito individual as execuções devem ser individuais, recorrendo-se subsidiariamente ao sistema da reparação fluida como forma diferenciada de execução para se conceder eficácia prática à sentença. (...) Portanto, em sede de direitos individu-

76. O rol de legitimados contempla o Ministério Público; a União, os Estados, os Municípios e o Distrito Federal; as entidades e órgãos da Administração Pública, direta ou indireta, ainda que sem personalidade jurídica, especificamente destinados à defesa dos interesses e direitos protegidos pelo CDC; as associações legalmente constituídas há pelo menos um ano e que incluam entre seus fins institucionais a defesa dos interesses e direitos protegidos pelo CDC, dispensada a autorização em assembleia.
77. Trata-se de expressão inglesa amplamente adotada no Brasil desde a publicação da tradução de um emblemático artigo de Mauro Cappelletti, no qual fora adotada. Confira-se: CAPPELLETTI, Mauro. Formações sociais e interesses coletivos diante da justiça civil. Tradução de Nelson Campos. *Revista de Processo*, São Paulo, n. 5, p. 128-159, 1977, p. 153-154.
78. A expressão francesa "*cy-près comme possible*", que pode ser traduzida como "o mais perto possível", denota a frustração do êxito em processos de conhecimento de ações coletivas, nas quais não se concretizam as etapas de liquidação e cumprimento de sentença. Na tradução para o inglês, a expressão acabou recebendo pronúncia que mais se aproxima das palavras "*sigh-pray*", e tem sido mais adotada pelas Cortes norte-americanas por refletir uma precisão maior para o modelo de execução adotado nos Estados Unidos da América, quando não é possível determinar todos os membros do grupo beneficiado ou nas hipóteses em que a individualização de sua reparação *pro rata* seja demasiadamente onerosa. Sobre o tema, consultar: WASSERMAN, Rhonda. Cy-près in Class Action Settlements. *Southern California Law Review*, Los Angeles, v. 88, p. 97-164, mar. 2014, p. 97.
79. LONGHI, João Victor Rozatti; FALEIROS JÚNIOR, José Luiz de Moura. O dano moral coletivo e a reparação fluida (*fluid recovery*). *In*: ROSENVALD, Nelson; TEIXEIRA NETO, Felipe (Coords.). *Dano moral coletivo*. Indaiatuba: Foco, 2018, p. 389-393.
80. RODRIGUES, Marcelo Abelha. Ponderações sobre a *fluid recovery* do art. 100 do CDC. *Revista de Processo*, São Paulo, ano 29, n. 116, jul./ago. 2004, p. 327.

ais homogêneos, a reparação fluida se coloca como um instrumento de *enforcement* direcionado à expropriação de ganhos indevidos, ou, em outras palavras, uma via oblíqua para a remoção de lucros ilícitos em *class actions*, que jamais ocorreriam se os "inúmeros demandantes" fossem instados a individualmente perseguir as suas pequenas indenizações compensatórias. De fato, no modelo *cy-près* o juiz supostamente substitui a autonomia do ofendido para determinar qual remédio deseja e em quais parâmetros, seja pela impossibilidade de identificação dos lesados ou pelo fato de que os custos para administrar o litígio superariam qualquer benefício.[81]

Insofismavelmente, a incorporação da reparação fluida no ordenamento brasileiro visa reduzir as chances de que o lesante saia impune diante de determinada prática lesiva. A indenização pelo dano em escala tem a finalidade evidente de garantir a prevenção geral dos ilícitos[82], na medida em que reforça a eficácia deterrente (*deterrence*) e dissuasória que é intrínseca ao interesse público subjacente à tutela coletiva relacionada ao complexo universo dos dados e dos algoritmos de IA.[83] Exatamente por isso, a *fluid recovery* adquire função relevante na ampliação do acesso à justiça e na efetivação do devido processo legal coletivo, uma vez que garante a satisfação da tutela coletiva em situações peculiares que envolvem direitos individuais homogêneos capazes de colocá-la em risco.[84]

Devido à amplitude de determinadas ações coletivas, nem sempre o saldo total obtido por força de uma decisão judicial ou até mesmo de um acordo permite saldar integralmente todos os indivíduos afetados. Com isso, o que costumeiramente se tem é um saldo não reclamado.

Esta sistemática é descrita por Rhonda Wasserman da seguinte maneira:

> Um grande percentual de ações coletivas certificadas resulta em acordos. Uma vez que a Corte Distrital homologue o acordo, o administrador de pleitos distribui os valores liquidados para os membros da classe mediante a submissão de formulários. Às vezes, porém, os membros da classe não podem ser identificados ou é muito dispendioso processar os pleitos relativamente a seus valores. Mesmo quando os membros da classe que submeteram seus pleitos são pagos, uma porção dos fundos costuma não ser reclamada e a Corte deve decidir o que fazer com tais fundos.[85]

81. ROSENVALD, Nelson. *A responsabilidade civil pelo ilícito lucrativo*: o *disgorgement* e a indenização restitutória. Salvador: Juspodivm, 2019, p. 509-511.
82. A este respeito, destaca-se que a indenização punitiva, segundo a doutrina, "consiste na soma em dinheiro conferida ao autor de uma ação indenizatória em valor expressivamente superior ao necessário à compensação do dano, tendo em vista a dupla finalidade de punição (*punishment*) e prevenção pela exemplaridade da punição (*deterrence*), opondo-se, nesse aspecto funcional, aos *compensatory damages*, que consistem no montante indenizatório compatível ou equivalente ao dano causado, atribuído com o objetivo de ressarcir o prejuízo. MARTINS-COSTA, Judith; PARGENDLER, Mariana Souza. Usos e abusos da função punitiva (*punitive damages* e o Direito brasileiro). *Revista CEJ*, Brasília, n. 28, jan./mar. 2005, p. 15-32.
83. VOIGT, Paul; VON DEM BUSSCHE, Axel. *The EU General Data Protection Regulation (GDPR)*, cit., p. 206.
84. MANCUSO, Rodolfo de Camargo. *Jurisdição coletiva e coisa julgada*: teoria geral das ações coletivas. 3. ed. São Paulo: Ed. RT, 2012, p. 313.
85. WASSERMAN, Rhonda. Cy-près in Class Action Settlements, cit., p. 102-103, tradução livre. No original: "A large percentage of certified class actions settle. Once the district court approves the settlement, the claims administrator distributes the settlement monies to the class members upon submission of claim forms. Sometimes, however, class members cannot be identified or it costs too much to process their claims relative to their size. Even when claiming class members are paid, a portion of the settlement fund often remains unclaimed and the court must decide what to do with the unclaimed funds".

Nesse sentido, quando há saldo não reclamado, o que se faz através da recuperação fluida ou *cy-près* é dar a melhor destinação possível aos recursos ("*next best use*"[86]), que usualmente ocorre com a remessa do saldo remanescente para um fundo ou até mesmo com a imposição de uma redução ou reversão de preços (*prices rollback*) de algum produto comercializado pelo causador do dano mediante a absorção daquele saldo[87], até que se dê todo o resgate do lucro ilícito (*disgorgement*)[88-89].

Dessa forma, sem a previsão contida no artigo 100 do CDC, diversas ações coletivas com desfecho de procedência não refletiriam resultados práticos. A doutrina fala no 'dano moral acidentalmente coletivo', em que certas características – devido à sua origem – remetem a interesses individuais homogêneos[90], mas a reparação acaba se revestindo de características típicas da tutela coletiva. Para tais casos, "independentemente da tipificação do direito como difuso, coletivo ou individual homogêneo, a tutela jurisdicional de um acaba importando na do outro".[91]

A doutrina ainda comenta acerca da possibilidade de aplicação da reparação fluida em execuções destinadas à tutela de obrigações de fazer, não fazer e de entregar coisa. Porém, em vista do objeto de estudo deste ensaio (o dano moral), comentar-se-á apenas que o entendimento prevalente afasta esta metodologia reparatória de tais obrigações, como é o caso de Marcelo Abelha Rodrigues[92], ao passo que outros, de vertente minoritária, como Daniel Neves, alertam para a possibilidade de que a tutela de obrigação de pagar se convole em um fazer ou entregar[93], de modo semelhante aos casos de *rollback* da *cy-près* norte-americana.

Com todas essas considerações, o dano moral coletivo parece fazer absoluto sentido em casos como os que se elegeu e listou no início desta brevíssima investigação deste ensaio, pelas seguintes razões:

86. DE JARLAIS, Natalie A. The consumer trust fund: a cy-près solution to undistributed funds in Consumer Class Actions, *Hastings Law Journal*, São Francisco, v. 38, n. 4, p. 729-767, abr. 1987, p. 730.
87. É que se observa no caso *Bebchick v. Public Utilities Commission*, no qual a reversão de preços (*prices rollback*) se mostrou instrumento adequado à difusão do valor a ser compensado na condenação, por se tratar a demandada de empresa que detinha o monopólio da gestão do transporte público, de modo que forçar uma redução de receitas auferidas com aumento inapropriado de tarifas não afetaria o livre balanceamento do mercado, como poderia ocorrer se este instrumental fosse aplicado em segmentos competitivos do mercado.
88. KARAS, Stan. The role of fluid recovery in consumer protection litigation: Kraus v. Trinity Management Services, *California Law Review*, Berkeley, v. 90, p. 959-994, 2002, p. 962.
89. Segundo Nelson Rosenvald, "[n]o *disgorgement*, o ofendido também terá acesso a todo o proveito ilicitamente obtido pelo lesante – de valor bem superior aos danos compensados à vítima –, considerada a vantagem econômica que conseguiu ao violar o direito alheio". ROSENVALD, Nelson. *As funções da responsabilidade civil*: a reparação e a pena civil. São Paulo: Atlas, 2013, p. 105.
90. Nesse ponto, convém lembrar que o Superior Tribunal de Justiça, em decisão de sua 4ª Turma, problematiza a reparação coletiva de danos individuais homogêneos: "A violação de direitos individuais homogêneos não pode, ela própria, desencadear um dano que também não seja de índole individual, porque essa separação faz parte do próprio conceito dos institutos. Porém, coisa diversa consiste em reconhecer situações jurídicas das quais decorrem, simultaneamente, violação de direitos individuais homogêneos, coletivos ou difusos. Havendo múltiplos fatos ou múltiplos danos, nada impede que se reconheça, ao lado do dano individual, também aquele de natureza coletiva" (STJ, 4ª Turma, REsp 1293606/MG, Relator Ministro Luis Felipe Salomão, DJE 26.09.2014).
91. VENTURI, Elton; VENTURI, Thaís G. Pascoaloto. O dano moral em suas dimensões coletiva e acidentalmente coletiva. *In*: ROSENVALD, Nelson; TEIXEIRA NETO, Felipe (Coords.). *Dano moral coletivo*. Indaiatuba: Foco, 2018, p. 413.
92. RODRIGUES, Marcelo Abelha. Ponderações sobre a *fluid recovery* do art. 100 do CDC, cit., p. 326.
93. NEVES, Daniel Amorim Assumpção. *Manual de processo coletivo*. Rio de Janeiro: Forense, 2012, p. 355.

a) No contexto da publicidade comportamental e da perfilização, danos ocorrerão com grande frequência e serão dificilmente identificados, na medida em que o referido processo envolve, pelo menos, as etapas de (i) registro dos dados, (ii) agregação e monitoramento de dados, (iii) identificação de padrões nos dados, (iv) interpretação de resultados, (v) monitoramento dos dados para checar resultados e (vi) aplicação de perfis.[94] Raramente haverá revelação dos critérios utilizados para perfilar usuários, tampouco será comum (ou mesmo desejável) que se revele as identidades de grande número de pessoas que tenham sido indevidamente perfiladas. Além disso, é importante lembrar que os algoritmos envolvidos nesses processos são *black boxes*, embora não se descarte a possibilidade do *enforcement*, "por autoridades reguladoras ou concorrenciais, de acesso a tais mecanismos".[95]

b) Nos usos relativos ao policiamento preditivo (*predictive policing*) e aos "*risk assessment instruments*" (RAIs) analisados por Slobogin[96], embora não se negue a relevância da tarefa de proteção dos cidadãos[97], é preciso destacar que a garantia da segurança pública surgirá como mote para a contenção da violência urbana, criando Estados policialescos – quase como os das distopias da literatura e do cinema – em que a vigilância é dependente do monitoramento algorítmico de atividades e da circulação de pessoas. Se praticada a hipervigilância, para além da violação a direitos fundamentais, como liberdade e privacidade, a reparação pelo dano moral coletivo haverá de ser cogitada em razão da dificuldade de identificação da coletividade lesada nesse contexto específico.

c) Práticas abusivas como o *geo-pricing* e *geo-blocking*, além de indesejadas, geram repercussões discriminatórias contra vários consumidores[98] e nem sempre são de fácil diagnóstico, pois realizadas com sutileza por algoritmos não transparentes.

d) A discriminação por gênero[99], peso, idade ou outros fatores para a ocupação de determinados postos de trabalho revela como os vieses podem acarretar discriminações que, por si mesmas, têm o condão de gerar a reparação civil, embora nem sempre seja comum o acionamento individual.[100] Muitas vezes, diversas pessoas categorizadas como inaptas ao exercício de determinado ofício sequer saberão que

94. ZANATTA, Rafael. Perfilização, Discriminação e Direitos: do Código de Defesa do Consumidor à Lei Geral de Proteção de Dados. *ResearchGate*. fev. 2019. Disponível em: https://bit.ly/3hQe5wM. Acesso em: 14 jan. 2021, p. 6.
95. FRAZÃO, Ana. Big Data, plataformas digitais e principais impactos sobre o direito da concorrência. *In:* FRAZÃO, Ana; CARVALHO, Angelo Gamba Prata de (Coords.). *Empresa, mercado e tecnologia*. Belo Horizonte: Fórum, 2019, p. 197. Diz: "Para isso, é necessário ampliar o rol de critérios e parâmetros utilizados na análise tradicional, cujos instrumentos nem sempre serão idôneos para compreender as novas conjunturas, bem como resgatar o papel do direito da concorrência com a proteção do processo competitivo, da diversidade, qualidade e inovação, bem como da tutela do consumidor não apenas pelo critério do menor preço, mas pelo critério do seu bem estar, visto sob perspectiva mais ampla, que abranja, obviamente, seus direitos de personalidade e autodeterminação."
96. SLOBOGIN, Christopher. Assessing the risk of offending through algorithms, cit., p. 432.
97. BRAGA NETTO, Felipe. *Os novos rumos da responsabilidade civil*: o Estado e a violência urbana. Salvador: Juspodivm, 2019, p. 235-236. Comenta: "A tarefa de proteção dos cidadãos – antes súditos – é possivelmente a primeira tarefa associada aos deveres do Estado, é sua tarefa, digamos assim, menos contestada. Isso vale tanto para uma perspectiva atual, contemporânea, como também para uma perspectiva tradicional, clássica. (...) Atualmente, essa dimensão clássica, esse olhar tradicional, não deixou de existir. Apenas a eles se somaram outros fatores, outras dimensões de análise – e, sobretudo, de proteção."
98. Segundo Fernanda Nunes Barbosa, "[e]ssas práticas abusivas levadas a efeito por fornecedores de produtos e serviços ao redor do mundo partem da discriminação entre consumidores em razão de sua origem (geodiscriminação), e acabam por gerar limitação ao livre trânsito de pessoas, com repercussão em outros direitos e garantias fundamentais, como o direito ao lazer e à cultura, sem falar do fortalecimento de preconceitos como resultado indireto, já que o convívio com diferentes indivíduos, grupos e culturas ainda se mostra a sua melhor forma de combate." BARBOSA, Fernanda Nunes. O dano informativo do consumidor na era digital: uma abordagem a partir do reconhecimento do direito do consumidor como direito humano. *Revista de Direito do Consumidor*, São Paulo, v. 122, p. 203-232, mar/abr. 2019, p. 213.
99. LAMBRECHT, Anja; TUCKER, Catherine. Algorithmic bias? An empirical study into apparent gender-based discrimination in the display of STEM career ads. *SSRN*, 9 mar. 2018. Disponível em: https://ssrn.com/abstract=2852260. Acesso em: 14 jan. 2021.
100. Conferir, sobre o tema, a obra de EUBANKS, Virginia. *Automating inequality*: how high-tech tools profile, police, and punish the poor. Nova York: St. Martin's Press, 2018.

o foram e, por simples desconhecimento, não moverão ações individuais, o que realça a importância da tutela coletiva.

e) O reconhecimento facial, por si só, pode acarretar enviesamento, o que demanda a implementação de correções.[101] Porém, se vier a ocorrer, sua identificação será bastante dificultosa, e a tutela coletiva também poderá revelar caminhos úteis para a responsabilização de agentes que se valham dessas técnicas de forma desregulada, não transparente e inadvertida.

5. CONCLUSÃO

Em conclusão, algumas notas podem ser assim sintetizadas:

I. Falhas algorítmicas já podem ser consideradas recorrentes e a discriminação decorrente dos vieses se torna cada vez mais previsível e controlável, na medida em que o uso de algoritmos de Inteligência Artificial se populariza e passa a nortear a heurística computacional aplicada a novos mercados ricos em dados (os *data-rich markets*), que possuem grande potencial para a otimização de processos algorítmicos, mas acirram riscos em razão de dependerem de grandes acervos de dados (*Big Data*), cujo controle se torna dificultoso devido ao grande volume informacional e da instantaneidade dos processos em que são aplicados.

II. Situações como publicidade comportamental e perfilização, policiamento preditivo (*predictive policing*) para o mapeamento da criminalidade em grandes centros urbanos, *geo-pricing* e *geo-blocking*, discriminação por gênero, peso, idade ou outros fatores para contratações de trabalho e o uso de técnicas de reconhecimento facial são singelos exemplos de contingências decorrentes do implemento de algoritmos de Inteligência Artificial em que é dificílima a identificação de todas as vítimas do evento danoso, o que revela a premência da discussão sobre a tutela coletiva da responsabilidade civil decorrente de falhas algorítmicas e de temas como o dano moral coletivo.

III. Nessa exploração, ressaltou-se que os marcos regulatórios relativos à proteção de dados pessoais são um importantíssimo primeiro passo para a consolidação da proteção que se almeja para a IA, mas é preciso ir além e a interpretação de pontos ainda sensíveis na dogmática jurídica tradicional indica caminhos para que a tutela coletiva se efetive, mesmo nos casos em que a identificação das vítimas de um evento danoso de grandes proporções seja possível, mas o acionamento massivo do ofensor, em demandas individuais, seja improvável.

IV. Regimes de responsabilidade civil para a IA parecem indicar a adoção da responsabilidade objetiva, embora não se cogite da teoria do risco integral, o que reforça o papel da explicabilidade sugerida por Pasquale, que desejavelmente deve ser regulada para viabilizar a identificação de todos os partícipes da cadeia de consumo dessumida de uma falha algorítmica, a se considerar a inviabilidade de imputação direta do dever reparatório – no atual estado da técnica – ao próprio robô/algoritmo.

V. A reparação fluida, usualmente identificada pelas expressões estrangeiras *fluid recovery* e *cy-près*, e admitida pelo regime do artigo 100 do CDC brasileiro, terá relevância fundamental na viabilização da tutela coletiva em eventos nos quais o dano moral coletivo tenha cabimento, e, para todos os exemplos trazidos no texto, seu implemento faz sentido por atender às variadas funções da responsabilidade civil, mesmo diante da dificuldade fática de liquidação do dano e execução, pelas vítimas, da condenação obtida em processo coletivo.

---

101. SUNSTEIN, Cass R. Algorithms, correcting biases. *Social Research: An International Quarterly*, Nova York, v. 86, n. 2, p. 499-511, jun./ago. 2019.

6. REFERÊNCIAS

BALKIN, Jack M. The three laws of robotics in the age of Big Data. *Ohio State Law Journal*, Columbus, v. 78, p. 1-45, ago. 2017. http://ssrn.com/abstract=2890965. Acesso em: 12 jan. 2021.

BARBOSA, Fernanda Nunes. O dano informativo do consumidor na era digital: uma abordagem a partir do reconhecimento do direito do consumidor como direito humano. *Revista de Direito do Consumidor*, São Paulo, v. 122, p. 203-232, mar/abr. 2019.

BARBOSA, Mafalda Miranda. *Liberdade vs. responsabilidade*: a precaução como fundamento da imputação delitual? Coimbra: Almedina, 2006.

BARFIELD, Woodrow. Liability for autonomous and artificially intelligent robots. *Paladyn: Journal of Behavioral Robotics*, Boston: De Gruyter, v. 9, n. 1, p. 193-203, 2018.

BAROCAS, Solon; SELBST, Andrew D. Big Data's disparate impact. *California Law Review*, Berkeley, v. 104, p. 671-732, 2016.

BIONI, Bruno Ricardo; LUCIANO, Maria. O princípio da precaução na regulação de Inteligência Artificial: seriam as leis de proteção de dados o seu portal de entrada? *In:* FRAZÃO, Ana; MULHOLLAND, Caitlin (Coords.). *Inteligência artificial e direito*: ética, regulação e responsabilidade. São Paulo: Thomson Reuters Brasil, 2019.

BITTAR, Carlos Alberto. *Reparação civil por danos morais*. 3. ed. São Paulo: Ed. RT, 1999

BITTAR FILHO, Carlos Alberto. Do dano moral coletivo no atual contexto jurídico brasileiro. *Revista de Direito do Consumidor*, São Paulo: Ed. RT, n. 12, p. 44-61, out./dez. 1994.

BORSARI, Riccardo. Intelligenza Artificiale e responsabilità penale: prime considerazioni. *MediaLaws: Rivista di Diritto di Media*, Milão, p. 262-268, nov. 2019.

BRAGA NETTO, Felipe. *Os novos rumos da responsabilidade civil*: o Estado e a violência urbana. Salvador: Juspodivm, 2019.

BROUSSARD, Meredith. *Artificial Unintelligence*: how computers misunderstand the world. Cambridge: The MIT Press, 2018.

CAPPELLETTI, Mauro. Formações sociais e interesses coletivos diante da justiça civil. Tradução de Nelson Campos. *Revista de Processo*, São Paulo, n. 5, p. 128-159, 1977.

CHAGAL-FEFERKORN, Karni. When do algorithmic tortfeasors that caused damage warrant unique legal treatment? *In:* BARFIELD, Woodrow (Ed.). *The Cambridge handbook of the Law of Algorithms*. Cambridge: Cambridge University Press, 2021.

CHINEN, Mark A. The co-evolution of autonomous machines and legal responsibility. *Virginia Journal of Law & Technology*, Charlottesville, v. 20, n. 2, p. 338-393, 2016.

COECKELBERGH, Mark. *AI Ethics*. Cambridge: The MIT Press, 2020.

COLE, George S. Tort liability for Artificial Intelligence and expert systems. *The John Marshall Journal of Information Technology & Privacy Law*, Chicago, v. 10, n. 2, p. 127-231, 1990.

COLOMBO, Cristiano; GOULART, Guilherme Damasio. Inteligência Artificial aplicada a perfis e publicidade comportamental: proteção de dados pessoais e novas posturas em matéria de discriminação abusiva. *In:* PINTO, Henrique Alves; GUEDES, Jefferson Carús; CERQUEIRA CÉSAR, Joaquim Portes de (Coord.). *Inteligência Artificial aplicada ao processo de tomada de decisões*. Belo Horizonte: D'Plácido, 2020.

DAVIDOFF, Sherri. *Data breaches*: Crisis and Opportunity. Boston: Addison-Wesley, 2020.

DE JARLAIS, Natalie A. The consumer trust fund: a cy-près solution to undistributed funds in Consumer Class Actions, *Hastings Law Journal*, São Francisco, v. 38, n. 4, p. 729-767, abr. 1987.

DIAS, Ana Francisca Pinto. Responsabilidade civil pelo tratamento de dados pessoais: a responsabilidade do *controller* por factos próprios e por factos de outrem. *Revista de Direito da Responsabilidade*, Coimbra, ano 1, p. 1260-1330, 2019.

DONEDA, Danilo. O direito fundamental à proteção de dados pessoais. *In:* MARTINS, Guilherme Magalhães; LONGHI, João Victor Rozatti (Coords.). *Direito digital*: direito privado e Internet. 3. ed. Indaiatuba: Foco, 2020.

DORETTO, Fernanda Orsi Baltrunas. Fundamento normativo do dano moral coletivo. *In*: ROSENVALD, Nelson; TEIXEIRA NETO, Felipe (Coords.). *Dano moral coletivo*. Indaiatuba: Foco, 2018.

DRESCH, Rafael de Freitas Valle; FALEIROS JÚNIOR, José Luiz de Moura. Reflexões sobre a responsabilidade civil na Lei Geral de Proteção de Dados (Lei 13.709/2018). *In:* ROSENVALD, Nelson; DRESCH, Rafael de Freitas Valle; WESENDONCK, Tula (Coords.). *Responsabilidade civil*: novos riscos. Indaiatuba: Foco, 2019.

EUBANKS, Virginia. *Automating inequality*: how high-tech tools profile, police, and punish the poor. Nova York: St. Martin's Press, 2018.

EUROPA. European Parliamentary Research Service. *Civil liability regime for artificial intelligence*. PE 654.178, set. 2020. Disponível em: https://www.europarl.europa.eu/thinktank/en/document.html?reference=EPRS_STU(2020)654178. Acesso em: 31 out. 2020.

EUROPA. European Parliamentary Research Service. *European framework on ethical aspects of artificial intelligence, robotics and related tecnologies*. PE 654.179, set. 2020. Disponível em: https://www.europarl.europa.eu/thinktank/en/document.html?reference=EPRS_STU(2020)654179. Acesso em: 31 out. 2020.

FALEIROS JÚNIOR, José Luiz de Moura; BASAN, Arthur Pinheiro. Desafios da predição algorítmica na tutela jurídica dos contratos eletrônicos de consumo. *Revista da Faculdade de Direito da Universidade Federal do Rio Grande do Sul*, Porto Alegre, n. 44, p. 131-153, dez. 2020.

FINN, Ed. *What algorithms want*: imagination in the age of computing. Cambridge: The MIT Press, 2017.

FLASIŃSKI, Mariusz. *Introduction to Artificial Intelligence*. Cham: Springer, 2016.

FLORIDI, Luciano. *Information*: a very short introduction. Oxford: Oxford University Press, 2010.

FORTES, Pedro Rubim Borges; OLIVEIRA, Pedro Farias. A quantificação do dano moral coletivo. *In*: ROSENVALD, Nelson; TEIXEIRA NETO, Felipe (Coords.). *Dano moral coletivo*. Indaiatuba: Foco, 2018.

FRAZÃO, Ana. Big Data, plataformas digitais e principais impactos sobre o direito da concorrência. *In:* FRAZÃO, Ana; CARVALHO, Angelo Gamba Prata de (Coords.). *Empresa, mercado e tecnologia*. Belo Horizonte: Fórum, 2019.

GONZÁLEZ FUSTER, Gloria. *The emergence of personal data protection as fundamental right of the EU*. Cham: Springer, 2014.

HENDERSON, Harry. *Artificial Intelligence*: mirrors for the mind. Nova York: Chelsea House, 2007.

HROMKOVIČ, Juraj. *Algorithmics for hard problems*: introduction to combinatorial optimization, randomization, approximation, and heuristics. 2. ed. Heidelberg: Springer Verlag, 2004.

KARAS, Stan. The role of fluid recovery in consumer protection litigation: Kraus v. Trinity Management Services, *California Law Review*, Berkeley, v. 90, p. 959-994, 2002.

KEARNS, Michael; ROTH, Aaron. *The ethical algorithm*: the science of socially aware algorithmic design. Oxford: Oxford University Press, 2020.

KURZWEIL, Ray. *Singularity is near*: when humans transcend biology. Nova York: Viking, 2005.

LAMBRECHT, Anja; TUCKER, Catherine. Algorithmic bias? An empirical study into apparent gender-based discrimination in the display of STEM career ads. *SSRN*, 9 mar. 2018. Disponível em: https://ssrn.com/abstract=2852260. Acesso em: 14 jan. 2021.

LONGHI, João Victor Rozatti; FALEIROS JÚNIOR, José Luiz de Moura. O dano moral coletivo e a reparação fluida (*fluid recovery*). *In*: ROSENVALD, Nelson; TEIXEIRA NETO, Felipe (Coords.). *Dano moral coletivo*. Indaiatuba: Foco, 2018.

LOPES, Teresa Vale. Responsabilidade e governação das empresas no âmbito do novo Regulamento sobre a Proteção de Dados. *Anuário da Proteção de Dados*, Lisboa, pp. 45-69, 2018.

MAGRANI, Eduardo. New perspectives on ethics and the laws of artificial intelligence. *Internet Policy Review*, Berlim, v. 8, n. 3, p. 1-19, set. 2019.

MANCUSO, Rodolfo de Camargo. *Jurisdição coletiva e coisa julgada*: teoria geral das ações coletivas. 3. ed. São Paulo: Ed. RT, 2012.

MARQUES, Cláudia Lima. Superação das antinomias pelo diálogo das fontes. *Revista de Direito do Consumidor*, São Paulo, v. 51, p. 34-67, jul./set. 2004.

MARTINS, Guilherme Magalhães. O direito ao esquecimento na Internet. *In:* MARTINS, Guilherme Magalhães; LONGHI, João Victor Rozatti (Coords.). *Direito digital*: direito privado e internet. 3. ed. Indaiatuba: Foco, 2020.

MARTINS, Guilherme Magalhães. O geopricing e geoblocking e seus efeitos nas relações de consumo. *In:* FRAZÃO, Ana; MULHOLLAND, Caitlin (Coords.). *Inteligência artificial e direito*: ética, regulação e responsabilidade. São Paulo: Thomson Reuters Brasil, 2019.

MARTINS, Guilherme Magalhães. Responsabilidade civil, acidente de consumo e a proteção do titular de dados na Internet. *In:* FALEIROS JÚNIOR, José Luiz de Moura; LONGHI, João Victor Rozatti; GUGLIARA, Rodrigo (Coord.). *Proteção de dados pessoais na sociedade da informação*: entre dados e danos. Indaiatuba: Foco, 2020.

MARTINS, Guilherme Magalhães; FALEIROS JÚNIOR, José Luiz de Moura. Compliance digital e responsabilidade civil na Lei Geral de Proteção de Dados. *In*: MARTINS, Guilherme Magalhães; ROSENVALD, Nelson (Coords.). *Responsabilidade civil e novas tecnologias*. Indaiatuba: Foco, 2020.

MARTINS, Guilherme Magalhães; FALEIROS JÚNIOR, José Luiz de Moura. Segurança, boas práticas, governança e compliance. *In:* LIMA, Cíntia Rosa Pereira de (Coord.). *Comentários à Lei Geral de Proteção de Dados*: Lei n. 13.709/2018, com alteração da Lei n. 13.853/2019. São Paulo: Almedina, 2020.

MARTINS-COSTA, Judith; PARGENDLER, Mariana Souza. Usos e abusos da função punitiva (*punitive damages* e o Direito brasileiro). *Revista CEJ*, Brasília, n. 28, jan./mar. 2005.

MAYER-SCHÖNBERGER, Viktor; CUKIER, Kenneth. *Big Data*: a revolution that will transform how we live, work, and think. Nova York: Houghton Mifflin Harcourt, 2014.

MAYER-SCHÖNBERGER, Viktor; RAMGE, Thomas. *Reinventing capitalism in the age of Big Data*. Nova York: Basic Books, 2018.

MEDEIROS NETO, Xisto Tiago de. Dano moral coletivo: fundamentos e características. *Revista do Ministério Público do Trabalho*, Brasília, v. 12, n. 24, set. 2002.

MODENESI, Pedro. *Privacy by Design* e código digital: a tecnologia a favor de direitos e valores fundamentais. *In:* FALEIROS JÚNIOR, José Luiz de Moura; LONGHI, João Victor Rozatti; GUGLIARA, Rodrigo (Coord.). *Proteção de dados pessoais na sociedade da informação*: entre dados e danos. Indaiatuba: Foco, 2020.

MONTEIRO FILHO, Carlos Edison do Rêgo; ROSENVALD, Nelson. Danos a dados pessoais: fundamentos e perspectivas. *In:* FALEIROS JÚNIOR, José Luiz de Moura; LONGHI, João Victor Rozatti; GUGLIARA, Rodrigo (Coords.). *Proteção de dados pessoais na sociedade da informação*: entre dados e danos. Indaiatuba: Foco, 2020.

MORASSUTTI, Bruno Schimitt. Responsabilidade civil, discriminação ilícita e algoritmos computacionais: breve estudo sobre as práticas de geoblocking e geopricing. *Revista de Direito do Consumidor*, São Paulo, v. 124, p. 213-234, jul./ago. 2019.

NEGRI, Sergio Marcos Carvalho de Ávila; OLIVEIRA, Samuel Rodrigues de; COSTA, Ramon Silva. O uso de tecnologias de reconhecimento facial baseadas em Inteligência Artificial e o direito à proteção de dados. *Revista de Direito Público*, Brasília, v. 17, p. 82-103, maio/jun. 2020.

NEVES, Daniel Amorim Assumpção. *Manual de processo coletivo*. Rio de Janeiro: Forense, 2012.

NÚÑEZ ZORRILLA, Maria Carmen. *Inteligencia artificial y responsabilidad civil*: régimen jurídico de los daños causados por robots autónomos con inteligencia artificial. Madri: Reus, 2019.

PARENTONI, Leonardo. O direito ao esquecimento (right to oblivion). *In:* DE LUCCA, Newton; SIMÃO FILHO, Adalberto; LIMA, Cíntia Rosa Pereira de (Coords.). *Direito & Internet III*. Tomo I. São Paulo: Quartier Latin, 2015.

PASQUALE, Frank. *The black box society*: the secret algorithms that control money and information. Cambridge: Harvard University Press, 2015.

PASQUALE, Frank. Toward a fourth law of robotics: Preserving attribution, responsibility, and explainability in an algorithmic society. *University of Maryland Legal Studies Research Papers*, Baltimore, n. 21, p. 1-13, jul. 2017. Disponível em: http://ssrn.com/abstract=3002546. Acesso em: 13 jan. 2021.

PRIMUS, Richard A. The future of disparate impact. *Michigan Law Review*, Ann Arbor, v. 108, p. 1341-1387, jun. 2010.

RAMOS, André de Carvalho. Ação Civil Pública e o dano moral coletivo. *Revista de Direito do Consumidor*, São Paulo, n. 25, jan./mar. 1988.

REIS, Beatriz de Felippe; GRAMINHO, Vivian Maria Caxambu. A Inteligência Artificial no recrutamento de trabalhadores: o caso Amazon analisado sob a ótica dos direitos fundamentais. *Anais do XVI Seminário Internacional "Demandas Sociais e Políticas Públicas na Sociedade Contemporânea"*. Santa Cruz do Sul: UNISC, 2019.

REUTIMAN, Joseph L. Defective information: should information be a "product" subject to products liability claims? *Cornell Journal of Law and Public Policy*, Ithaca, v. 22, n. 1, p. 181-203, set./dez. 2012.

RODOTÀ, Stefano. Data protection as a fundamental right. *In:* GUTWIRTH, Serge; POULLET, Yves; DE HERT, Paul; DE TERWANGNE, Cécile; NOUWT, Sjaak (Ed.). *Reinventing data protection?* Cham: Springer, 2009.

RODRIGUES, Marcelo Abelha. Ponderações sobre a *fluid recovery* do art. 100 do CDC. *Revista de Processo*, São Paulo, ano 29, n. 116, jul./ago. 2004.

RODRIGUES, Marcelo Abelha; KLIPPEL, Rodrigo. *Comentários à tutela coletiva*. Rio de Janeiro: Lumen Juris, 2009.

ROSENVALD, Nelson. A polissemia da responsabilidade civil na LGPD. *Migalhas de Proteção de Dados*, 06 nov. 2020. Disponível em: https://s.migalhas.com.br/S/7A81C3. Acesso em: 14 jan. 2021.

ROSENVALD, Nelson. *A responsabilidade civil pelo ilícito lucrativo*: o *disgorgement* e a indenização restitutória. Salvador: Juspodivm, 2019.

ROSENVALD, Nelson. *As funções da responsabilidade civil*: a reparação e a pena civil. São Paulo: Atlas, 2013.

SANTOS, Romualdo Baptista dos. *Responsabilidade civil por dano enorme*. Porto: Juruá, 2018.

SCHERER, Matthew. Regulating Artificial Intelligence systems: risks, challenges, competencies, and strategies. *Harvard Journal of Law & Technology*, Cambridge, v. 29, n. 2, p. 353-400, abr./jun. 2016.

SELBST, Andrew D. Negligence and AI's human users. *Boston University Law Review*, Boston, v. 100, p. 1315-1376, 2020.

SLOBOGIN, Christopher. Assessing the risk of offending through algorithms. *In:* BARFIELD, Woodrow (Ed.). *The Cambridge handbook of the Law of Algorithms*. Cambridge: Cambridge University Press, 2021.

SUNSTEIN, Cass R. Algorithms, correcting biases. *Social Research: An International Quarterly*, Nova York, v. 86, n. 2, p. 499-511, jun./ago. 2019.

TEIXEIRA NETO, Felipe. *Dano moral coletivo*: a configuração e a reparação dano extrapatrimonial por lesão aos interesses difusos. Curitiba: Juruá, 2014.

TEIXEIRA NETO, Felipe. Ainda sobre o conceito de dano moral coletivo. *In*: ROSENVALD, Nelson; TEIXEIRA NETO, Felipe (Coords.). *Dano moral coletivo*. Indaiatuba: Foco, 2018.

TEPEDINO, Gustavo; SILVA, Rodrigo da Guia. Desafios da Inteligência Artificial em matéria de responsabilidade civil. *Revista Brasileira de Direito Civil*, Belo Horizonte, v. 21, p. 61-86, jul./set. 2019.

TOMASEVICIUS FILHO, Eduardo. Inteligência Artificial e direitos da personalidade: uma contradição em termos? *Revista da Faculdade de Direito da Universidade de São Paulo*, São Paulo, v. 113, p. 133-149, jan./dez. 2018.

VENTURI, Elton; VENTURI, Thaís G. Pascoaloto. O dano moral em suas dimensões coletiva e acidentalmente coletiva. *In*: ROSENVALD, Nelson; TEIXEIRA NETO, Felipe (Coords.). *Dano moral coletivo*. Indaiatuba: Foco, 2018.

VOIGT, Paul; VON DEM BUSSCHE, Axel. *The EU General Data Protection Regulation (GDPR)*: a practical guide. Basileia: Springer, 2017.

WASSERMAN, Rhonda. Cy-près in Class Action Settlements. *Southern California Law Review*, Los Angeles, v. 88, p. 97-164, mar. 2014.

WISCHMEYER, Thomas. Artificial Intelligence and transparency: opening the Black Box. *In:* WISCHMEYER, Thomas; RADEMACHER, Timo (Eds.). *Regulating Artificial Intelligence*. Cham: Springer, 2020.

ZANATTA, Rafael. Perfilização, Discriminação e Direitos: do Código de Defesa do Consumidor à Lei Geral de Proteção de Dados. *ResearchGate*. fev. 2019. Disponível em: https://bit.ly/3hQe5wM. Acesso em: 14 jan. 2021.

ZAVASCKI, Teori Albino. *Processo coletivo*: tutela de direitos coletivos e tutela coletiva de direitos. 2. ed. São Paulo: Ed. RT, 2007.

PARTE IV
PROTEÇÃO DE DADOS E SEGURANÇA DA INFORMAÇÃO

15
DECISÕES INDIVIDUAIS AUTOMATIZADAS À LUZ DO RGPD E DA LGPD

A. Barreto Menezes Cordeiro

Professor Auxiliar da Faculdade de Direito da Universidade de Lisboa (FDL). Membro do Centro de Investigação de Direito Privado. Licenciado e Doutor pela FDL. Mestre em Direito (LLM) pelo King's College London. Diretor da Revista de Direito Financeiro e dos Mercados de Capitais (RDFMC). Diretor da Revista de Direito e Tecnologia (RDTec).

Sumário: § 1º Aspetos gerais. 1. Enquadramento. 2. Evolução histórica. § 2º Regimes Jurídicos. 3. Âmbito e pressupostos de aplicação. 4. Decisão, em especial a definição de perfil. 5. Decisão automatizada. 6. Afetação dos interesses do titular. 7. O artigo 22º do RGPD. 8. O artigo 20º da LGPD. § 3º Os direitos do titular dos dados. 9. Direito à informação. 10. Direito à revisão da decisão.

§ 1º ASPETOS GERAIS

1. ENQUADRAMENTO

I. O tratamento de dados pessoais através de decisões individuais automatizadas encontra-se positivado, respetivamente, no artigo 22º do Regulamento Geral de Proteção de Dados (RGPD)[1] e no artigo 20º da Lei Geral de Proteção de Dados (LGPD)[2]. A regulação deste específico tipo de tratamento de dados pessoais[3] deve ser analisada à luz da crescente preocupação em legislar os avanços tecnológicos no campo da inteligência artificial.

Na incontornável Resolução *Disposições de Direito civil sobre a robótica,* o Parlamento Europeu, a propósito dos processos de decisão automatizados, colocou em evidência tanto as vantagens económicas associadas, como os desafios da sua proliferação: "desafios no que respeita à garantia da não discriminação, ao processo equitativo, à transparência e à inteligibilidade dos processos decisórios"[4].

II. A relevância exponencial dos processos decisórios automatizados surge, ainda, como um reflexo do crescimento do tratamento de grandes quantidades de dados (*Big Data*[5]). A título meramente exemplificativo, pense-se na importância hoje assumida pela

1. Regulamento (UE) 2016/679, de 27 de abril de 2016, relativo à proteção das pessoas singulares no que diz respeito ao tratamento de dados pessoais e à livre circulação desses dados e que revoga a Diretiva 95/46/CE.
2. Lei 13.709, de 14 de agosto de 2018.
3. Conceito de tratamento: artigo 4º, 2) do RGPD; artigo 5º, X da LGPD.
4. Disposições de Direito civil sobre robótica, Resolução do Parlamento Europeu, de 16 de fevereiro de 2017, que contém recomendações à Comissão sobre disposições de Direito Civil sobre Robótica (2015/2103(INL)), G e H.
5. Ana Alves Leal, *Aspetos jurídicos da análise de dados na Internet (big data analytics) nos sectores bancário e financeiro: proteção de dados pessoais e deveres de informação* em *FinTech: Desafios da Tecnologia Financeira*, coord. António

Big Data na Política[6], no *Marketing* e na comercialização de produtos[7], na Saúde[8] ou na aplicação da Justiça[9].

III. Com o presente estudo, pretendemos analisar, sucintamente, os traços gerais dos artigos 22º do RGPD e 20º da LGPD, em especial os pontos que os afastam e os pontos que os aproximam.

2. EVOLUÇÃO HISTÓRICA

I. As origens dos preceitos parecem remontar ao artigo 2º da Lei 78-17, de 6 de janeiro, *relative à l'informatique, aux fichiers et aux libertés*:

Aucune décision de justice impliquant une appréciation sur un comportement humain ne peut avoir pour fondement un traitement automatisé d'information donnant une définition du profil ou de la personnalité de l'intéressé.

Aucune décision administrative ou privée impliquant une appréciation sur un comportement humain ne peut avoir pour seul fondement un traitement automatisé d'informations donnant une définition du profil ou de la personnalité de l'intéressé.

Curiosamente, tanto as *Guidelines Governing the Protection of Privacy and Transborder Flows of Personal Data*, da OCDE, de 23 de setembro de 1980[10-11], como a *Convenção para a proteção das pessoas relativamente ao tratamento automatizado de dados de carácter pessoal*, 1980 (Convenção 108)[12], documentos decisivos no processo de consolidação do Direito da proteção de dados contemporâneo[13], são omissos em relação a esta matéria.

II. A Diretriz[14] nº 95/46/CE, de 24 de outubro[15], impunha aos Estados-Membros da União Europeia, no seu artigo 15º, que reconhecessem aos titulares de dados, *grosso modo*, o direito a não ficarem sujeitos a decisões individuais automatizadas, salvo se

Menezes Cordeiro/Ana Perestrelo de Oliveira/Diogo Pereira Duarte, Almedina, Coimbra, 2017, 75-203, 79 ss: sobre o conceito de *Big Data*.

6. Andrea Ceron/Luigi Curini/Stefano Maria Iacus, *Politics and Big Data*, Routledge, Londres, 2016.
7. Sunil Erevelles/Nobuyuki Fukawa/Linda Swayne, *Big Data Consumer Analytics and the Transformation of Marketing*, 69 J Bus Res, 2016, 897-904.
8. Travis B. Murdoch/Allan S. Detsky, *The Inevitable Application of Big Data to Health Care*, JAMA, April 3, 2013 – Vol. 309, n. 13, 1351-1352.
9. Lyria Bennett Moses/Janet Chan, *Using Big Data for Legal and Law Enforcement Decisions: Testing the New Tools*, 37 UNSWLJ, 2014, 643-678.
10. *Annex to the Recommendation of the Council of 23rd September 1980*. A versão atual das *Guidelines* data de 2013 e pode ser consultada no sítio da OCDE.
11. As *Guidelines* da OCDE foram antecedidas de duas importantes Resoluções: Resolução da OCDE (73) 22 (*On the protection of the privacy of individual vis-à-vis electronic data banks in the private sector – Adopted by the Committee of Ministers on 22 September 1973 at the 224th meeting of the Ministers' Deputies*) e Resolução da OCDE (74) 29 (*On the protection of the privacy of individual vis-à-vis electronic data banks in the private sector – Adopted by the Committee of Ministers on 20 September 1974 at the 236th meeting of the Ministers' Deputies*).
12. A sua ratificação por Portugal apenas ocorre em 1993: Resolução da Assembleia da República 23/93, de 12 de maio; e Decreto do Presidente da República nº 21/93, de 9 de julho.
13. A. Barreto Menezes Cordeiro, *Direito da proteção de dados*, Almedina, Coimbra, 2020, 66.
14. Utiliza-se, na boa tradição da Escola de Lisboa, a expressão portuguesa Diretriz ao invés de Diretiva: António Menezes Cordeiro, *Vernáculo jurídico: directrizes ou directivas?*, 64 ROA, 2004, 609-614.
15. *Relativa à proteção das pessoas singulares no que diz respeito ao tratamento de dados pessoais e à livre circulação desses dados.*

esta fosse tomada no âmbito da celebração ou da execução de um contrato ou mediante autorização legislativa[16]. O preceito seria transposto, para o Direito interno português, pelo artigo 13º da Lei da Proteção de Dados Pessoais de 1998[17].

O artigo 22º do RGPD[18] surge como um aperfeiçoamento natural do 15º da Diretriz nº 95/46/CE. O seu conteúdo foi ainda influenciado pela *Recomendação do Conselho da Europa Rec(2010) 13: Recommendation on the protection of individual with regard to automatic processing of personal data in the context of profiling*[19].

III. A regulação, direta, pelo legislador brasileiro das decisões automatizadas é particularmente recente, datando, apenas, da LGPD. A questão foi particularmente discutida durante o processo que antecedeu a aprovação do diploma[20].

A influência europeia no artigo 20º da LGPD é notória.

§ 2º REGIMES JURÍDICOS

3. ÂMBITO E PRESSUPOSTOS DE APLICAÇÃO

I. Os artigos 22º do RGPD e 20º da LGPD têm um campo de aplicação material comum bem delimitado: visam determinar os termos em que os processos decisórios automatizados podem ser realizados. Não lhes cabe regular a recolha, a análise ou os demais tratamentos de dados que antecedem o processo decisório, nem a forma como esse tratamento é realizado, se através de meios automatizados ou manuais, mas somente a decisão *per se*[21].

II. A aplicação de ambos os preceitos pressupõem a verifica dos mesmos três pressupostos: (i) uma decisão; (ii) tomada exclusiva ou unicamente com base no tratamento automatizado; (iii) que afete os interesses do titular dos dados ou produza efeitos na sua esfera jurídica.

A sobreposição e complementaridade destes três pressupostos favorece uma análise integrada. O conceito de decisão dificilmente será alcançado se nos alhearmos dos meios empregues ou dos propósitos prosseguidos. Todavia, cada um destes pressupostos, por colocar problemas próprios e diversos, pode ser analisado autonomamente.

16. Lee A. Bygrave, *Automated Profiling: Minding the Machine: Article 15 of the EC Data Protection Directive and Automated Profiling*, 17 CLSR (2001), 17-24.
17. Lei 67/98, de 26 de outubro.
18. Para uma análise ao processo legislativo europeu veja-se, por todos: Philip Scholz, *Anotação ao artigo 22º do RGPD* em *Simitis/Hornung/Spiecker gen. Döhmann Datenschutzrecht, DSGVO mit BDSG*, Nomos, Baden-Baden, 2019, Rn. 12 ss e Benedikt Buchner, *Anotação ao artigo 22º do RGPD* em *Kühling/Buchner Datenschutz-Grundverordnung, Bundesdatenschutzgesetz Kommentar*, 2. ed. Beck, Munique, 2018, Rn. 5 ss.
19. Jörg Polakiewicz, *Profiling – The Council of Europe's Contribution* em *European Data Protection: Coming of Age*, coord. Serge Gutwirth/Ronald Leenes/Paul de Hert/Yves Poullet, Springer, Cham, 2012, 367-377.
20. Augusto Passamani Bufulin/Mariah Ferrari Pires, *A sujeição às decisões automatizadas a partir da Lei Geral de Proteção de Dados*, 11 R Curso Dir UNIFORM-MG (2020), 75-88, 84-85.
21. No caso do Direito europeu, apenas relevam, nos termos do disposto no artigo 2º/1 do RGPD, os meios não automatizados contidos em ficheiros ou a eles destinados. O conceito de ficheiro encontra-se positivado no artigo 4º, 6) do RGPD. Esta limitação não encontra paralelo na LGPD. Veja-se o seu artigo 3º.

4. DECISÃO, EM ESPECIAL A DEFINIÇÃO DE PERFIL

I. Por decisão entende-se um ato, numa aceção não jurídica, que incida sobre um caso concreto e produza efeitos jurídicos relativamente a um ou mais titulares de dados específicos[22], quer seja a aceitação ou a recusa de um pedido, a sua caracterização, catalogação, atribuição de uma classificação, definição de perfil ou qualquer outra medida análoga produtora de um efetivo resultado[23].

II. A decisão tem de respeitar a um ou mais titulares de dados, pelo que não relevam, para a aplicação de ambos os preceitos, decisões abstratas ou estratégias empresarias genéricas, desde que, naturalmente, não afetem titulares de dados concretos[24].

Os preceitos abrangem decisões tomadas por qualquer sujeito, independentemente da sua forma ou natureza – pessoas singulares ou coletivas, pessoas de Direito privado ou de Direito público.

III. Por definição de perfil, artigo 4º, *4)* do RGPD[25], entende-se[26]: (i) um tratamento automatizado; (ii) de dados pessoais; (iii) com o propósito de avaliar ou prever certos aspetos dos titulares.

O primeiro elemento abrange tratamentos efetuados total ou parcialmente por meios automatizados[27]: de fora ficam apenas os tratamentos efetuados exclusivamente por meios manuais. Em princípio, o processo de avaliação é prosseguido por recurso a processos algorítmicos ou similares.

Com a sujeição dos dados pessoais a estes procedimentos pretende-se analisar ou prever aspetos relacionados com o desempenho profissional dos respetivos titulares, assim como a sua situação económica, saúde, preferências pessoais, interesses, fiabilidade, comportamento, localização ou deslocações. A organização ou estruturação dos dados não basta para que essa operação seja, só por isso, subsumível ao conceito de definição de perfis, é necessário um *plus*, ou seja: a intenção de avaliar ou prever certos aspetos dos titulares de dados[28]. A eficácia do procedimento é juridicamente irrelevante[29].

Este conceito pode ser aproveitado, com as sempre necessárias e devidas adaptações, pela Ciência Jurídica brasileira.

5. DECISÃO AUTOMATIZADA

I. Ambos os preceitos encontram-se circunscritos a processos decisórios exclusiva (22º do RGPD) ou unicamente (20º da LGPD) automatizados, ou seja, produzidos sem

22. A definição de decisão constante no artigo 5º, 39) do Regulamento (UE) n. 952/2013, de 9 de outubro de 2013, que estabelece o Código Aduaneiro da União, pode para aqui ser transposta com alguma utilidade.
23. Philip Scholz, *Anotação ao artigo 22º do RGPD* em *Simitis/Hornung/Spiecker gen. Döhmann Datenschutzrecht, DSGVO mit BDSG*, Nomos, Baden-Baden, 2019, Rn. 27.
24. Scholz, *Anotação ao artigo 22º do RGPD* cit., 17.
25. Considerandos 71 e 72 do RGPD.
26. GT 29, *Orientações sobre as decisões individuais automatizadas e a definição de perfis para efeitos do Regulamento (UE) 2016/679* (WP 251rev1), 3-out.-2017, revistas, por último, a 6-fev.-2018, 7.
27. Por contraste, o artigo 22º circunscreve-se a tratamentos efetuados exclusivamente através de meios automatizados.
28. GT 29, *Orientações sobre as decisões individuais automatizadas* cit., 7.
29. Benedikt Buchner, *Anotação ao artigo 4º, 4) do RGPD* em *Kühling/Buchner* cit., Rn. 6.

qualquer intervenção humana[30]. De fora ficam, consequentemente, todos os demais, independentemente do papel assumido pela vontade humana.

Trata-se de um critério material e não de um critério formal, pelo que previsão dos dois artigos tem-se por verificada sempre que a intervenção humana assuma contornos burocráticos, meramente confirmadores ou acríticos[31]. Os casos em que os agentes optam por não proceder, em concreto, à sua reavaliação, muito embora o pudessem fazer, são igualmente subsumíveis aos dois preceitos[32].

II. A análise e, se necessário, a subsequente revisão das decisões automatizadas, devem ser realizadas pelos titulares dos poderes formais e materiais necessários, munidos dos meios e dos conhecimentos técnicos necessários para realizar as tarefas[33].

6. AFETAÇÃO DOS INTERESSES DO TITULAR

I. Os artigos 22º do RGPD e 20º da LGPD não se aplicam a todas as decisões automatizadas, mas somente às que, respetivamente, produzam efeitos na esfera jurídica do titular dos dados ou os afete significativamente de forma similar (22º RGPD) ou que afetem os seus interesses (20º LGPD).

A parte final do artigo 22º/1 do RGPD "ou que o afete significativamente de forma similar" não constava do artigo 15º da Diretriz 95/46/CE. Trata-se de um acrescento sem relevância teórica ou prática. Não vemos que decisões possam afetar significativamente de forma similar os titulares dos dados, mas que não produzam efeitos na sua esfera jurídica ou que vedam a sua produção, ou seja, que não acionem a produção de efeitos jurídicos. De resto, os exemplos avançados pelo GT 29 relativos a esta segunda parte produzem, sem exceção, efeitos na esfera jurídica do titular[34].

A interpretação do artigo 20º da LGPD desagua em idênticos resultados, na medida em que apenas podem revelar interesses juridicamente atendíveis, ou seja, interesses cuja afetação desencadeia a produção de efeitos jurídicos.

II. Entre os exemplos de decisões que desencadeiam a aplicação dos dois preceitos contam-se os seguintes: (i) rescisão de contratos; (ii) atribuição ou recusa de uma prestação social específica prevista na legislação, tais como um abono de família ou um subsídio de habitação; (iii) recusa de admissão num país ou no indeferimento de um pedido de aquisição de nacionalidade; (iv) decisões que afetem a situação financeira de uma pessoa, designadamente a sua elegibilidade para obtenção de crédito; (v) decisões que afetem o acesso de uma pessoa aos serviços de saúde; (vi) decisões que impeçam o acesso de uma pessoa a uma oportunidade de emprego ou a coloquem em séria desvantagem; (vii) decisões que afetem o acesso de uma pessoa à educação, como, por exemplo, o ingresso em estabelecimentos de ensino superior[35].

---

30. Considerando 71 do RGPD; GT 29, *Orientações sobre as decisões individuais automatizadas e a definição de perfis para efeitos do Regulamento (UE) 2016/679*, 3-out.-2017, revistas, por último, a 6-fev.-2018 (WP251rev.01), 8.
31. Scholz, *Anotação ao artigo 22º do RGPD* cit., Rn. 26.
32. Buchner, *Anotação ao artigo 22º do RGPD* em *Kühling/Buchner* cit., Rn. 22.
33. GT 29, *Orientações sobre as decisões individuais automatizadas* cit., 23.
34. GT 29, *Orientações sobre as decisões individuais automatizadas* cit., 24.
35. GT 29, *Orientações sobre as decisões individuais automatizadas* cit., 23-24.

7. O ARTIGO 22º DO RGPD

I. O titular de dado tem, à luz do artigo 22º/1 do RGPD, direito a não ficar sujeito a nenhuma decisão tomada exclusivamente como base no tratamento automatizado, desde que esta produza efeitos na sua esfera jurídica. Em suma, a verificação dos três pressupostos analisados espoleta a aplicação do preceito.

II. O princípio geral constante do artigo 22º/1 do RGPD é excecionado, no número 2, sempre que a decisão seja (a) necessária para a celebração ou a execução de um contrato entre o titular dos dados e um responsável pelo tratamento; (b) autorizada pelo Direito da União ou do Estado-Membro a que o responsável pelo tratamento estiver sujeito; ou (c) fundada no consentimento explícito do titular dos dados.

III. *Celebração ou execução de um contrato*[36]. Esta primeira exceção surge como um corolário lógico do direito à autodeterminação informacional, na medida em que o recurso a decisões automatizadas assume-se como uma consequência lógica da tomada de decisão livre e consciente do titular dos dados em contratar com o responsável pelo tratamento.

A decisão será necessária sempre que exista uma relação direta entre a própria decisão e o cumprimento das obrigações contratuais assumidas pelo responsável[37]. Do conteúdo do contrato pode ainda emergir, direta ou indiretamente, a obrigação e, consequentemente, a necessidade proceder a uma decisão automatizada dos dados pessoais[38].

Em relação às diligências contratuais, a decisão deverá ser considerada necessária sempre que a conclusão do contrato ou a preparação da oferta pressuponham uma decisão automatizada[39].

Nos termos do disposto no número 3 do artigo 22º do RGPD, o responsável pelo tratamento deve aplicar as medidas adequadas para salvaguardar os direitos, as liberdades e os interesses legítimos do titular dos dados, nomeadamente o direito a obter uma intervenção humana, o direito a manifestar o seu ponto de vista e o direito a contestar o sentido da decisão.

IV. *Direito da União ou nacional*. Os processos de decisão automatizada podem igualmente ser empregues se expressamente previstos pelo Direito da União ou o Direito do Estado-Membro aplicável. Os diplomas que prevejam essa possibilidade devem conter medidas adequadas para salvaguardar os direito, as liberdades e os interesses legítimos dos titulares dos dados.

V. *Consentimento*. Por consentimento entende-se, nos termos do artigo 4º, *11)*, (i) uma manifestação de vontade, livre, específica, informada e explícita; (ii) através da qual o titular dos dados aceita, mediante declaração ou ato positivo inequívoco; (iii)

---

36. Barreto Menezes Cordeiro, *Direito da proteção de dados* cit., 207: os desenvolvimentos relativos ao artigo 6º/1, *b)* podem para aqui ser transpostos com especial utilidade teórica e prática.
37. Buchner/Petri, *Anotação ao artigo 6º do RGPD* em *Kühling/Buchner* cit., Rn. 39 ss e Schulz/Gola, *Anotação ao artigo 6º do RGPD* em *Gola Datenschutz-Grundverordnung – DS-GVO (EU) 2016/679 Kommentar*, 2. ed., Beck, Munique, 2018, Rn. 38; Albers/Veit, *Anotação ao artigo 6º do RGPD* em *BeckOk Datenschutzrecht*, coord. Setfand Brink/ Heinrich Amadeus Wolff, 28. ed., Beck, Munique, 2019, Rn. 32.
38. Schulz/Gola, *Anotação ao artigo 6º do RGPD* em *Gola* cit., Rn. 40.
39. Reimer, *Anotação ao artigo 6º do RGPD* em *Sydow Europäische Datenschutzgrundverordnung Handkommentar*, 2. ed. Nomos, Baden-Baden, 2018, Rn. 20.

que os dados que lhe digam respeito sejam objeto de tratamento[40]. Ao contrário do que se verifica em relação ao artigo 7º, o consentimento relativo às decisões automatizadas tem de ser explícito, i. e., expresso[41].

Nos termos do disposto no número 3 do artigo 22º do RGPD, o responsável pelo tratamento deve aplicar as medidas adequadas para salvaguardar os direitos, as liberdades e os interesses legítimos do titular dos dados, nomeadamente o direito a obter uma intervenção humana, o direito a manifestar o seu ponto de vista e o direito a contestar o sentido da decisão.

8. O ARTIGO 20º DA LGPD

I. Ao contrário do que se verifica em relação ao RGPD, a LGPD não proíbe o recurso a processos decisórios automatizados. Estes são, por princípio, permitidos. A técnica legislativa seguida é distinta: o legislador brasileiro optou por atribuir ao titular dos dados objeto de uma decisão automatizada o direito a solicitar a sua revisão, na medida em que esta afete os seus interesses.

II. O § 1 do artigo 20º da LGPD impõe ao controlador o dever de fornecer, mediante um pedido formulado pelo titular dos dados, "informações claras e adequadas a respeito dos critérios e dos procedimentos utilizados para a decisão automatizada, observados os segredos comercial e industrial". A recusa em fornecer informações fundada em eventuais segredos comerciais ou industriais pode espoletar, nos termos do § 2, uma auditoria promovida pela Autoridade Nacional de Proteção de Dados.

§ 3º OS DIREITOS DO TITULAR DOS DADOS

9. DIREITO À INFORMAÇÃO

I. Os artigos 13º/1, *f)* e 14º/2, *g)* do RGPD impõe aos responsáveis pelo tratamento, consoante os dados tenham ou não sido recolhidos diretamente junto do titular dos dados, a obrigação de informar o titular da existência de decisões automatizada, incluindo a definição de perfis, e informações úteis relativas à lógica subjacente, bem como a importância e as consequências previstas de tal tratamento para o titular dos dados[42]. O disposto no artigo 15º/1, *h)* reforça esta obrigação.

O § 1 do artigo 20º da LGPD, acima transcrito, estabelece uma obrigação idêntica.

II. Numa perspetiva prática, ambos os preceitos reconhecem ao titular dos dados um efetivo direito a ser informado sobre as questões técnicas que envolvam o tratamento dos seus dados pessoais[43].

Na origem deste reconhecimento encontramos a ideia, expressa no § 3 do artigo 20º da LGPD, de que os algoritmos utilizados podem fundar-se, mesmo que inconscien-

40. Barreto Menezes Cordeiro, *Direito da proteção de dados* cit., 171 ss.
41. Barreto Menezes Cordeiro, *Direito da proteção de dados* cit., 171.
42. Considerando 60, p. 3 do RGPD.
43. Considerando 63, p. 3 do RGPD.

temente, em critérios discriminatórios, com efeitos potencialmente prejudiciais para os titulares dos dados[44].

Aplaudido por muitos quadrantes científicos, o direito ao esclarecimento tem sido encarado, por um número crescente de autores, com algum ceticismo[45]. São duas as críticas principais que lhe têm sido apontadas: (i) o direito ao esclarecimento cede perante os direitos de autor, direitos de propriedade industrial ou segredos de negócio, como expressamente reconhecido no § 1 do artigo 20º da LGPD; e (ii) o homem médio, sem formação ou conhecimentos especiais, não consegue compreender o funcionamento dos algoritmos.

10. DIREITO À REVISÃO DA DECISÃO

O artigo 20º da LGPD reconhece, expressamente, ao titular dos dados um direito a solicitar a revisão das decisões produzidas exclusivamente por meios automatizados. O texto do RGPD é omisso neste ponto. O considerando 71, p. 4 do RGPD apenas faz referência a um direito a obter a intervenção humana. Todavia, o disposto no artigo 22º do RGPD, reforçado pelo considerando 71, permite sustentar a existência de um direito com idêntico alcance.

Tanto no âmbito do Direito europeu como do Direito brasileiro, o titular dos dados pode sempre recorrer aos demais direitos, nomeadamente aos direitos de acesso, de apagamento ou de oposição.

44. Bryce Goodman/Seth Flaxman, *European Union Regulation on Algorithmic Decision Making and a "Right to Explanation"*, AI Magazine, 2017, 50-57; Andrew D. Selbst/Julia Powles, *Meaningful Information and the Right to Explanation*, 7 IDPL, 2017, 233-242.
45. Merle Temme, *Algorithms and Transparency in View of the New General Data Protection Regulation*, 3 EDPL, 2017, 473-485; Lilian Edwards/Kichael Veale, *Slave to the Algorithm? Why a "Right to an Explanation" is Probably not the Remedy You Are Looking For*, 16 Duke L & Tech Rev, 2017, 18-84.

16
ÉTICA ALGORÍTMICA E PROTEÇÃO DE DADOS PESSOAIS SENSÍVEIS: CLASSIFICAÇÃO DE DADOS DE GEOLOCALIZAÇÃO EM APLICATIVOS DE COMBATE À PANDEMIA E HIPÓTESES DE TRATAMENTO

Cristiano Colombo

Pós-Doutor em Direito, Pontifícia Universidade Católica do Rio Grande do Sul (PUCRS). Doutor e Mestre em Direito, Programa de Pós-Graduação em Direito da Universidade Federal do Rio Grande do Sul (UFRGS). Professor Permanente do Mestrado Profissional em Direito da Empresa e dos Negócios da UNISINOS; Professor de graduação em Direito e Relações Internacionais da UNISINOS; Professor de Graduação em Direito das Faculdades Integradas São Judas Tadeu; e-mail: cristianocolombo@unisinos.br

Guilherme Damasio Goulart

Doutor e Mestre em Direito pela Universidade Federal do Rio Grande do Sul (UFRGS). Atua como advogado, professor e consultor em Segurança da Informação e Direito da Tecnologia. E-mail: guilherme@direitodatecnologia.com

1. INTRODUÇÃO

O presente estudo versa sobre a ética algorítmica e proteção de dados pessoais sensíveis, voltando-se aos dados de geolocalização em aplicativos de combate à pandemia e suas hipóteses de tratamento. Cada vez mais, observa-se o incremento da utilização de algoritmos para dar soluções a problemas quotidianos, desde tarefas simples às mais complexas. A possibilidade de que os algoritmos aprendam com o imenso volume de dados tem como resultante a Inteligência Artificial (IA). Diante deste cenário, que não pode ser negacionista, cumpre à sociedade, à academia, em seus variados campos do saber, à administração pública e aos operadores do Direito refletirem sobre este tema e questões ligadas a ele, inclusive, a implementar uma ética algorítmica.

No primeiro capítulo, analisar-se-á o algoritmo e sua contextualização na ambiência da Inteligência Artificial, bem como reflexões sobre a ética algorítmica e suas consequências no campo da juridicidade. Estudar-se-ão os documentos da União Europeia sobre esta temática, bem como a presença da Ética no Direito, a partir do diálogo das fontes, que avança pelo Código Civil, Código de Defesa do Consumidor, com consequências na Lei Geral de Proteção de Dados Pessoais (LGPD). Outrossim, enfrentar-se-á o conceito de dados pessoais sensíveis, bem como sua noção ampliativa, no sentido de ofertar maior proteção ao seu titular.

No segundo capítulo, estudar-se-á a utilização de aplicativos no combate à pandemia, sobretudo, aqueles que se valem da modalidade *contact tracing*, a partir de dados de geolocalização. Entre os pontos importantes acerca da temática em comento, estão a necessidade de classificar os dados de geolocalização, no sentido de serem ou não reconhecidos como dados sensíveis, bem como, a ponderação sobre os limites da utilização destes dados, à luz da principiologia acerca de proteção de dados pessoais. Buscar-se-á projetar recomendações acerca da temática, inclusive, diante da implementação de uma ética algorítmica.

Quanto à metodologia, a pesquisa foi teórica, tratando do tema em forma exploratória e descritiva, valendo-se de procedimentos técnicos bibliográficos, bem como estabelecendo pontes, ou seria melhor dizer infovias, entre o Brasil e União Europeia.

2. ÉTICA ALGORÍTMICA E PROTEÇÃO DE DADOS PESSOAIS SENSÍVEIS

2.1 Ética algorítmica

Algoritmo é um conjunto de regras a ser seguido, cuja vocação é a resolução de problemas.[1] Reflitamos, de início, sobre a necessidade de selecionar pessoas para serem os primeiros destinatários da aplicação de uma vacina, na linha da implementação de políticas públicas. A partir da observância de protocolos médicos, as Ciências da Saúde poderiam apontar quais são as características para classificar uma pessoa como integrante de grupo de risco, inclusive, atribuindo uma nota para cada evento. Para dada patologia, fixar-se-iam regras de pertencimento ao grupo, como ser idoso, hipertenso, sedentário ou cardiopata, bem como regras de exclusão, como crianças, jovens e atletas. Também, entre as comorbidades, seria possível estabelecer uma nota para cada uma delas, estabelecendo uma ordem, no sentido de identificar, comparativamente, por exemplo, que ser cardiopata representaria maior gravidade do que ser sedentário. Nesse ponto, já estaríamos a construir as regras que compõem nosso algoritmo: idoso sim, jovem não, sedentário 5, cardiopata 9. A partir de uma listagem de pessoas e de suas características (*input*) seria perfeitamente possível submeter esses dados pessoais a regras de inclusão e de exclusão (instruções algorítmicas), bem como de classificação para se chegar ao resultado (*output*), denominado de grupo de risco, constituindo-se, neste caso hipotético, o *target* para vacinação. A observância deste conjunto de regras poderia trazer grande eficiência, rapidez e agilidade na solução deste problema.

Ocorre que a substituição do decidir humano pelo conjunto de instruções de uma máquina, mesmo que, originariamente, criada e alimentada por uma pessoa, além de questões

1. SALES, Philip James. Algorithms, Artificial Intelligence and Law. *Judicial Review*, v. 25, n. 1, p. 46-66, 2020. Disponível em: https://www.tandfonline.com/doi/pdf/10.1080/10854681.2020.1732737. Acesso em: 05 nov. 2020.

de ordem técnica, trazem consequências no campo da ética. Repercussões são maximizadas quando o algoritmo tem embarcado a Inteligência Artificial (IA), na qual a "máquina cresce aprendendo, assim como um bebê"[2], ajustando pesos/notas a serem atribuídos aos eventos, em face de sua exposição a um grandioso volume de dados. No caso acima descrito, sobre o *target* da vacinação, o algoritmo poderia aperfeiçoar as notas/pesos atribuídos, revisando, por exemplo, para sedentário 4, cardiopata 7. Ressalte-se que a aprendizagem operará quando o algoritmo detecta novos padrões, com evolução de performance, como ensina Harry Surden:

> At the outset, it is important to clarify the meaning of the word learning in machine learning. Based upon the name, one might assume that these systems are learning in the way that humans do. But that is not the case. Rather, the word learning is used only as a rough metaphor for human learning. For instance, when humans learn, we often measure progress in a functional sense—whether a person is getting better at a particular task over time through experience. Similarly, we can roughly characterize machine-learning systems as functionally "learning" in the sense that they too can improve their performance on particular tasks over time. They do this by examining more data and looking for additional patterns. Importantly, the word learning does not imply that these systems are artificially replicating the higher-order neural systems found in human learning. Rather, these algorithms improve their performance by examining more data and detecting additional patterns in that data that assist in making better automated decisions.[3]

Neste contexto, Lord Sales, Ministro da Suprema Corte do Reino Unido, adverte sobre o efeito "*frog in hot water*", quando, assim como o sapo, prazerosamente imerso na água quente, deleita-se com este momento de *relax*, pode acabar por ser fervido e morto, sendo função do Direito prover um *framework*, que contemple seu uso efetivo para "propósitos socialmente valiosos".[4] É nesta direção que se observa a concatenação de estudos que aportam da União Europeia acerca dos rumos a serem dados à atividade algorítmica, em um olhar assertivo, social e ético. A Comunicação expedida pela Comissão Europeia, datada de 25 de abril de 2018, intitulada de "Inteligência Artificial para a Europa", descreve importantes contribuições na área da saúde, meio ambiente e cibersegurança, e, de forma expressa, sinaliza as questões éticas e jurídicas, reportando-se aos direitos fundamentais e a necessidade de responsabilização e transparência, em um vetor que tenha como sentido beneficiar as pessoas e a sociedade:

> Como qualquer tecnologia transformativa, algumas aplicações de IA podem suscitar novas questões éticas e jurídicas ligadas, por exemplo, à responsabilidade ou a decisões potencialmente tendenciosas. A UE deve, portanto, assegurar que a IA é desenvolvida e aplicada num quadro adequado, que favoreça a inovação e respeite os valores da União e os direitos fundamentais, bem como princípios éticos tais como a responsabilização e a transparência. A UE encontra-se bem posicionada para liderar este debate a nível mundial. É desta forma que a União Europeia pode fazer a diferença e ser a principal defensora de uma utilização da IA que beneficie as pessoas e a sociedade no seu conjunto.[5]

---

2. RUFFOLO, Ugo. *Intelligenza artificiale e diritto*. Roma: Sapienza Università di Roma - Facoltà di Giurisprudenza. *Video*. Disponível em: https://www.giurisprudenza.uniroma1.it/archiviontizie/lezioni-dautore?fbclid=IwAR3G-vsXWHSvJM4Df4apluHJk7cu5yocg4cRKsnZ1igvo1JxtbN5x7NW4B84. Acesso em: 22 jun. 2020.
3. SURDEN, Harry. Artificial Intelligence and Law: An Overview. *Georgia State University Law Review*, v. 35, p. 1305-1337, 2019. Disponível em: https://readingroom.law.gsu.edu/gsulr/vol35/iss4/8. Acesso em: 12 jul. 2020.
4. SALES, Philip James. Algorithms, Artificial Intelligence and Law. *Judicial Review*, v. 25, n. 1, p. 46-66, 2020. Disponível em: https://www.tandfonline.com/doi/pdf/10.1080/10854681.2020.1732737. Acesso em: 05 Nov. 2020, p. 46.
5. UNIÃO EUROPEIA. *Inteligência Artificial para a Europa*. Disponível em: https://ec.europa.eu/transparency/regdoc/rep/1/2018/PT/COM-2018-237-F1-PT-MAIN-PART-1.PDF. Acesso em: 12 jul. 2020, p.3.

Entre as temáticas desenvolvidas está a exigência de transparência, com o fim de "minimizar os riscos de distorção ou erro", é o que se denominou de "Sistemas de IA explicáveis". Dessa forma, deverá ser viabilizado ao ser humano o "entendimento (das bases) das suas ações"[6], abrindo a caixa preta e afastando a opacidade das decisões.[7]

Na linha das "Orientações sobre as decisões individuais automatizadas e a definição de perfis para efeitos do Regulamento (UE) 2016/679", verifica-se importante constatação: a "definição de perfis é suscetível de perpetuar os estereótipos existentes e a segregação social."[8] Nesse caso, a pessoa seria alvo de riscos algorítmicos, resultando, inclusive, em dano estético digital, atingindo seu ranqueamento, afastando-a de oportunidades, sejam sociais, como profissional, em face da deformação que se dá pelo inadequado ranqueamento, seja pelo erro e pela discriminação.[9] Dessa forma, desde os critérios para o recolhimento de dados, das aplicações de instruções algorítmicas, o resultado, bem como a tomada de decisões, que pode afetar a vida das pessoas, há que estar em ambiente de eticidade.

Atento a este ponto, em recentes reflexões, datadas de 20 de outubro de 2020, o Parlamento Europeu publicou o "Regime relativo aos aspetos éticos da inteligência artificial, da robótica e das tecnologias conexas", determinando que a IA seja "antropocêntrica e antropogênica".[10] Significa dizer que a Inteligência Artificial, que é feita pelos seres humanos, deve estar voltada em benefício da sociedade.[11] Em termos concretos, o artigo 7º, 1 e 2, da proposta de Regulamento, no âmbito do supramencionado Regime, dispõe que a IA deve ser utilizada no sentido de "garantir a plena supervisão humana em qualquer momento", bem como "permitir a recuperação do controlo humano quando necessário", com a possibilidade de "alteração ou interrupção dessas tecnologias."[12]

Enfatiza referido documento, em seu considerando 2, que a IA deve aplicar a ética por definição (*ethics-by-default*) e desde a "conceção" (*ethics-by-design*), na medida em que os algoritmos devem respeitar a dignidade da pessoa humana e sua autodeterminação, para promover:

6. UNIÃO EUROPEIA. *Inteligência Artificial para a Europa*, cit., p.3.
7. PASQUALE, Frank. *The black box society*: the secret algorithms that control money and information. Harvard: Harvard University Press, 2015, Versão Kindle, pos. 335.
8. UNIÃO EUROPEIA. *Orientações sobre as decisões individuais automatizadas e a definição de perfis para efeitos do Regulamento (UE) 2016/679*. 2018. Disponível em: https://ec.europa.eu/newsroom/article29/item-detail.cfm?item_id=612053. Acesso em: 13 nov. 2020, p. 6.
9. COLOMBO, Cristiano; FACCHINI NETO, Eugênio. Decisões automatizadas em matéria de perfis e riscos algorítmicos: diálogos entre Brasil e Europa acerca dos direitos das vítimas de dano estético digital. *In:* MARTINS, Guilherme Magalhães; ROSENVALD, Nelson (Coord.). *Responsabilidade civil e novas tecnologias*. Indaiatuba: Foco, 2020, p. 166.
10. UNIÃO EUROPEIA. *Regime relativo aos aspetos éticos da inteligência artificial, da robótica e das tecnologias conexas*. Disponível em: https://www.europarl.europa.eu/doceo/document/TA-9-2020-0275_PT.html Acesso em: 13 nov. 2020.
11. UNIÃO EUROPEIA. *Regime relativo aos aspetos éticos da inteligência artificial, da robótica e das tecnologias conexas*, cit.
12. UNIÃO EUROPEIA. *Regime relativo aos aspetos éticos da inteligência artificial, da robótica e das tecnologias conexas*, cit.

a equidade, a inclusão e a transparência, eliminar os preconceitos e a discriminação, nomeadamente em relação a grupos minoritários, respeitar os princípios de limitação das externalidades negativas da tecnologia utilizada, de explicabilidade das tecnologias e de garantia de que as tecnologias existem para servir as pessoas e não para as substituir ou decidir por elas, com o objetivo último de aumentar o bem-estar para todos os seres humanos.[13]

Em síntese, a IA deve "estar sempre ao serviço do ser humano e nunca ao contrário", maximizando benefícios e "reduzindo seus riscos"[14], nos veios da eticidade.

Importante salientar, que, no ordenamento jurídico pátrio, a eticidade foi expressamente elevada por Miguel Reale como um dos vetores do Código Civil de 2002[15], vinculando-se à boa-fé objetiva. No Código de Defesa do Consumidor, em duas oportunidades, tanto em seu artigo 4º, em dispositivo de ordem principiológica, como, no artigo 51, versando sobre cláusulas abusivas, literalmente, houve expressa menção à boa-fé objetiva. Saliente-se que, no texto da Lei 13.709/2018 (LGPD), depreende-se que o princípio da boa-fé ponteia o artigo 6º, topologicamente, figurando em seu *caput*, o que na melhor técnica hermenêutica, indica primazia frente aos demais que lhe seguem. Estabelecer diálogos entre o Código Civil, o Código de Defesa do Consumidor e a LGDP, reconhecendo a eticidade como princípio do ordenamento jurídico, faz-nos melhor compreender sua importância, aplicando-a à Inteligência Artificial, à atividade algorítmica, na linha dos ensinamentos do Parlamento Europeu, na medida em que a se ligam a contratos, a consumidores e a utilização de seus dados pessoais. Em sendo assim, a boa-fé objetiva passa a ser uma "regra de conduta" a conduzir o intérprete na compreensão dos limites a serem estabelecidos pela Inteligência Artificial, na aplicação dos princípios como a finalidade, a necessidade e a não-discriminação, estabelecendo deveres como a lealdade, o dever de informação, a confiança, a busca pelo equilíbrio nos conteúdos contratuais.[16]

Partindo para uma análise mais concreta, rumo a uma ética algorítmica, importa à Inteligência Artificial: ser leal e transparente quanto aos dados pessoais que serão coletados, em harmonia com a finalidade que oportunizou sua recolha; que o legítimo interesse possa andar de mãos dadas às justas expectativas dos contratantes; que não se operem comportamentos contraditórios, havendo mudanças injustificadas das posturas dos participantes; que haja equilíbrio nos *trade offs*, no sentido de que o tratamento de dados pessoais não venha a se tornar a operação mais valiosa, delegando à acidentalidade o negócio ou serviço que deveria ser o principal, como um encontro furtivo a gerar desproporcional sinalagma.

É neste sentido que deva ser implementada a ética algorítmica, que já conta com veios de juridicidade, no ordenamento jurídico brasileiro.

---

13. UNIÃO EUROPEIA. *Regime relativo aos aspetos éticos da inteligência artificial, da robótica e das tecnologias conexas*, cit.
14. UNIÃO EUROPEIA. *Regime relativo aos aspetos éticos da inteligência artificial, da robótica e das tecnologias conexas*, cit.
15. Cf. disposição de MARTINS-COSTA, Judith; BRANCO, Gerson. *Diretrizes Teóricas do Novo Código Civil*. São Paulo: Saraiva, 2002, p. 131.
16. MENEZES CORDEIRO, António Manuel da Rocha e. *Da Boa Fé no Direito Civil*. Coimbra: Almedina, 2011, p. 648-660.

2.2 Proteção de dados pessoais sensíveis

O *input* da atividade algorítmica tem como fonte os dados pessoais. Haverá Inteligência Artificial quando a grande quantidade de dados torne possível a identificação de novos padrões, em face de inúmeros eventos coletados, afiando a performance do *software*. Se o dado é um insumo, ao proceder sua adequada conceituação e classificação, oportunizar-se-á seu correto tratamento, afastando, ou, pelo menos, minorando as causas de violações à ética algorítmica. Maior cuidado se deverá tomar, ao se tratar de dado pessoal sensível.

A própria definição legal de dado pessoal demonstra que não é possível construir uma lista taxativa. Sua conceituação vibra, é oscilante, sendo *numerus apertus*, visto que, em seu artigo 5º, I, da LGPD, dado pessoal é a: "informação relacionada a pessoa natural identificada ou identificável;". A pessoa é identificada quando "entre um grupo de pessoas, ele ou ela é distinguida"[17], como o seu nome completo. No entanto, abrem-se múltiplas possibilidades quando se está a tratar daquela que é "identificável". Neste particular, a palavra "identificável" revela que para ser conceituado como dado pessoal, "depende do contexto da situação em causa":

> Os termos desta declaração indicam claramente que a medida em que determinados identificadores são suficientes para obter a identificação é algo que depende do contexto da situação em causa. Um apelido muito comum não será suficiente para identificar alguém – isto é, para a distinguir – de toda a população de um país, enquanto é provável que permita a identificação de um aluno numa sala de aula. Até informação acessória, tal como "o homem com um fato preto" pode identificar alguém de entre um grupo de transeuntes parados junto a um semáforo. Assim, a questão de saber se a pessoa a que a informação é relativa, está identificada ou não, depende das circunstâncias do caso.[18]

Em sendo assim, é possível afirmar que a conceituação de um dado pessoal pode se dar a partir de determinada circunstância ou em um determinado contexto, demonstrando que sua definição não é de *numerus clausus*, mas de "noção ampla"[19], não se tratando de um fato estático, isolado, mas que deve ser vislumbrando também em uma determinada conjuntura.

Em matéria de dados sensíveis, o Regulamento de Dados da União Europeia define como "categorias especiais de dados pessoais", em seu artigo 9º: "(...) que revelem a origem racial ou étnica, as opiniões políticas, as convicções religiosas ou filosóficas, ou a filiação sindical, bem como o tratamento de dados genéticos, dados biométricos para identificar uma pessoa de forma inequívoca, dados relativos à saúde ou dados relativos à vida sexual ou orientação sexual de uma pessoa."[20]

Segundo Rodotà, são aqueles que se referem aos "aspectos mais íntimos da vida ou à colocação social da pessoal".[21] No Considerando 53, do Regulamento Geral de Proteção

---

17. GRUPO DE TRABALHO DO ARTIGO 29. *Parecer 4/2007 sobre o conceito de dados pessoais*. 20 de Junho de 2007. Disponível em: https://www.gpdp.gov.mo/uploadfile/others/wp136_pt.pdf. Acesso em: 12 set. 2020, p. 2.
18. GRUPO DE TRABALHO DO ARTIGO 29. *Parecer 4/2007 sobre o conceito de dados pessoais*, cit., p. 13.
19. GRUPO DE TRABALHO DO ARTIGO 29. *Parecer 4/2007 sobre o conceito de dados pessoais*, cit., p. 4.
20. REGULAMENTO (UE) 2016/679 do Parlamento Europeu e do Conselho, de 27 de abril de 2016. Disponível em: https://eur-lex.europa.eu/legal-content/PT/TXT/HTML/?uri=CELEX:32016R0679&from=PT. Acesso em: dez. 2019.
21. RODOTÀ, Stefano. *La rivoluzione della dignità*. Napoli: La Scuola di Pitagora, 2013, p. 34.

de Dados da União Europeia, depreende-se a importância das "categorias especiais de dados pessoais", no particular, voltados à saúde do titular:

> As categorias especiais de dados pessoais que merecem uma proteção mais elevada só deverão ser objeto de tratamento para fins relacionados com a saúde quando tal for necessário para atingir os objetivos no interesse das pessoas singulares e da sociedade no seu todo, nomeadamente no contexto da gestão dos serviços e sistemas de saúde ou de ação social, incluindo o tratamento por parte da administração e das autoridades sanitárias centrais nacionais desses dados para efeitos de controlo da qualidade, informação de gestão e supervisão geral a nível nacional e local do sistema de saúde ou de ação social, assegurando a continuidade dos cuidados de saúde ou de ação social e da prestação de cuidados de saúde transfronteiras, ou para fins de segurança, monitorização e alerta em matéria de saúde, ou para fins de arquivo de interesse público, para fins de investigação científica ou histórica ou para fins estatísticos baseados no direito da União ou dos Estados-Membros e que têm de cumprir um objetivo, assim como para os estudos realizados no interesse público no domínio da saúde pública. Por conseguinte, o presente regulamento deverá estabelecer condições harmonizadas para o tratamento de categorias especiais de dados pessoais relativos à saúde, tendo em conta necessidades específicas, designadamente quando o tratamento desses dados for efetuado para determinadas finalidades ligadas à saúde por pessoas sujeitas a uma obrigação legal de sigilo profissional. O direito da União ou dos Estados-Membros deverá prever medidas específicas e adequadas com vista à defesa dos direitos fundamentais e dos dados pessoais das pessoas singulares. Os Estados-Membros deverão ser autorizados a manter ou introduzir outras condições, incluindo limitações, no que diz respeito ao tratamento de dados genéticos, dados biométricos ou dados relativos à saúde. [22]

Dessa forma, o tratamento de dados pessoais sensíveis ligados à saúde, deve estar voltado ao interesse das pessoas naturais e da sociedade, em uma visão ligada às políticas públicas.

No Brasil, os dados pessoais sensíveis estão dispostos no artigo 5º, II, da LGPD, tratando de dados pessoais sobre "origem racial ou étnica, convicção religiosa, opinião política, filiação a sindicato ou a organização de caráter religioso, filosófico ou político, dado referente à saúde ou à vida sexual, dado genético ou biométrico". Nos ensinamentos de Danilo Doneda:

> (...) a prática do direito da informação deu origem à criação de uma categoria específica de dados, os dados sensíveis. Estes seriam determinados tipos de informação que, caso sejam conhecidas e submetidas à tratamento, podem se prestar a uma potencial utilização discriminatória ou lesiva e que apresentaria maiores riscos potenciais do que outros tipos de informação.[23]

Na mesma linha de análise acerca dos dados pessoais, os dados sensíveis também não podem ser reduzidos àquela enumeração estática ou isolada, nos termos do artigo 5º, II, da Lei 13.709 de 2018. Dados sensíveis são pessoais e, dessa forma, devem ser contextualizados. Logo, na leitura conjunta dos incisos I e II, do artigo 5º, em uma interpretação sistemática, dados pessoais que, embora *per se* não revelem a situação de saúde ou religião de alguém, se vistos de forma isolada, mas, a partir deles, em uma combina-

22. REGULAMENTO (UE) 2016/679 do Parlamento Europeu e do Conselho, de 27 de abril de 2016. Disponível em: https://eur-lex.europa.eu/legal-content/PT/TXT/HTML/?uri=CELEX:32016R0679&from=PT. Acesso em: dez. 2019.
23. DONEDA, Danilo. *Da Privacidade à Proteção de Dados Pessoais*. 2. ed. São Paulo: Thomson Reuters Brasil, 2019, p. 142-143.

ção de fatos, relevem uma doença ou a prática de uma religião, podem ser classificados como dados sensíveis. Um fato que, em um primeiro momento, pode não ser classificado como sensível, como o *check-in* em um determinado endereço, poderá ser promovido a sensível, se for um hospital ou um templo religioso, e, sobretudo, seja possível aferir periodicidade a deduzir que alguém está em tratamento de saúde ou em cumprimento de preceitos religiosos. Em um restaurante, o fato de um cliente, periodicamente, alimentar-se de carne, e, somente em determinados dias do ano, excepcionalmente, optar por um prato de peixe, em si, poderá apenas revelar gostos e hábitos alimentares, todavia, em um contexto ligado a determinadas datas e festas religiosas, vai além, revelando o cumprimento de uma obrigação religiosa, tratando-se de dados sensíveis.

Como salientam Voigt e Von dem Bussche, a "combinação de diferentes informações" poderá tornar identificável: "*Identification is made possible combining different information that by themselves would not have trace back to the person but does so in combination.*"[24] Neste sentido, é possível sustentar, em alguns casos, uma "insuficiência de categorização"[25]. Assim, a combinação de dados não sensíveis, em determinados contextos, poderia levar a uma revelação de dados ou situações sensíveis. A possibilidade aumenta, por sua vez, quando há a utilização de técnicas de análise preditiva ou de *big data*. Além do mais, é necessário destacar que falta de uma referência específica e diretamente identificável de alguém não retira a qualidade pessoal do dado. O conceito de dado pessoal utilizado tanto na LGPD quando no Regulamento Geral de Proteção de Dados Pessoais da União Europeia é de "pessoa identificada ou identificável". Neste passo, tratar-se-iam de dados relacionados à pessoa identificável.

Há muitos serviços comerciais específicos que são baseados na geolocalização de usuários. Eventuais dúvidas sobre se os dados de geolocalização podem ser considerados sensíveis ou não, são dissipadas em situações de empresas que oferecem serviços de "biometria comportamental por localização"[26]. O próprio termo "biometria comportamental", por óbvio, leva tais dados à categoria de dados sensíveis. Segundo o parecer 4/2007 do Grupo de Trabalho de Proteção de Dados do Artigo 29, os dados biométricos

> podem ser definidos como propriedades biológicas, características fisiológicas, traços físicos ou *acções reproduzíveis*, na medida em que essas características e/ou acções sejam simultaneamente únicas a essa pessoa e mensuráveis, mesmo que os padrões utilizados na prática para medi-las tecnicamente envolvam um certo grau de probabilidade (grifo nosso).[27]

---

24. VOIGT, Paul; BUSSCHE, Axel von dem. WESSING, Taylor. *The EU general data protection*. Cham: Springer, 2017, p. 12.
25. GOULART, Guilherme Damasio. Dados Pessoais e Dados Sensíveis: A Insuficiência de Categorização. *Revista Direito & TI*, out. 2015. Disponível em: http://direitoeti.com.br/artigos/dados-pessoais-e-dados-sensiveis-a-insuficiencia-da-categorizacao. Acesso em: 10 Nov. 2020.
26. Com as informações disponibilizadas em https://www.incognia.com/pt/produto/plataforma-biometria-comportamental. A OneSpan constitui outro exemplo de empresa que presta serviços dessa natureza. Esta multinacional presta os serviços de "biometria comportamental" para combate a fraudes. Na explicação dos serviços, dizem que a autenticação biométrica envolve a análise "da maneira como um indivíduo interage com seu dispositivo - o ângulo em que segura o telefone, a pressão dos dedos no teclado, a dinâmica das teclas e muito mais", cf. https://www.onespan.com/pt-br/resources/biometria-comportamental-seguranca-sem-atrito-no-combate-fraudes.
27. GRUPO DE TRABALHO DE PROTECÇÃO DE DADOS DO ARTIGO 29. *Parecer 4/2007 sobre o conceito de dados pessoais*, cit., p. 9.

Neste sentido, um sistema que consiga identificar "ações reproduzíveis" de alguém, identificando-a de forma única, distinguindo-a de forma precisa de todas as outras pessoas, utiliza aí um dado sensível biométrico. A categoria dos dados biométricos é bem mais ampla do que comumente se utiliza (como identificação de impressão digital, voz ou íris). Comportamentos também podem ser assim classificados (o que inclui as movimentações físicas de alguém). O próprio parecer indica que se consideram dados biométricos a "forma particular de andar ou falar"[28].

Ressalte-se, ainda, que, quando, em face da combinação de eventos, seja possível inferir dados de saúde, religiosos, atendendo a qualquer uma das hipóteses previstas no artigo 5º, II, da LGPD, estar-se-á diante de dado pessoal sensível.

3. CLASSIFICAÇÃO DE DADOS DE GEOLOCALIZAÇÃO EM APLICATIVOS DE COMBATE À PANDEMIA E AS HIPÓTESES DE TRATAMENTO

3.1 O uso de aplicativos para combate à pandemia

São muitas as possibilidades envolvendo as novas tecnologias para o controle dos efeitos da pandemia de COVID-19. Para além do uso de dados pessoais, há iniciativas como a criada pelo Hospital Israelita Albert Einstein recentemente. Em um estudo, seus pesquisadores analisaram soluções envolvendo uso de modelos preditivos por meio de *machine learning*, como, por exemplo, uma solução para a medição e criação de *score* riscos de pacientes[29]. Essas soluções têm, até mesmo, uma utilidade de longo prazo, no sentido de tentar prever regiões que podem ser mais ou menos afetadas, permitindo o manejo adequado de políticas públicas[30]

Poderia também se pensar, na hipótese, de uma empresa que tenha como finalidade oferecer serviços comerciais de prevenção de fraude vir a coletar dados de geolocalização dos titulares-usuários de seus tomadores, comprometendo-se, no entanto, a garantir o anonimato e privacidade. Nesta situação, a empresa buscaria utilizar sua base de dados para contribuir, com mais eficiência, para verificar números agregados de pessoas que estão (ou não) respeitando o isolamento social. No entanto, para melhorar seus resultados, a prestadora de serviço de prevenção de fraudes, por exemplo, prevê a coleta de dados por meio de aplicativos parceiros, e, apesar de obter o consentimento dos titulares de dados para assim proceder, não disponibiliza em seu site quais os aplicativos que aderiram à sua campanha. Havendo, dessa forma, falta de transparência em suas práticas.

Outra modalidade que tem sido bastante utilizada é o chamado *contact tracing,* ou rastreamento de contatos. A técnica visa realizar o registro dos contatos que os usuários

28. GRUPO DE TRABALHO DE PROTECÇÃO DE DADOS DO ARTIGO 29. *Parecer 4/2007 sobre o conceito de dados pessoais*, cit., p. 9.
29. AMARO JÚNIOR, Edson *et al.* Utilização da Inteligência Artificial em Saúde: lições aprendidas durante o enfrentamento ao surto de COVID-19. *Panorama Setorial – CETIC.BR*. Disponível em: https://cetic.br/media/docs/publicacoes/6/20200908170853/panorama_setorial_ano-xii_n_2_Ano%20XII%20-%20N.%202%20-%20inteligencia_artificial_e_saude.pdf. Acesso em: 29 set. 2020, p. 3.
30. AMARO JÚNIOR, Edson *et al.* Utilização da Inteligência Artificial em Saúde, cit., p. 5.

eventualmente tiveram com alguém contaminado. Aliado a políticas públicas de controle sanitário[31], tais iniciativas permitem que se consiga verificar o estado de saúde dos contatos da pessoa que possui o vírus, realizando assim ações de controle e testagem.

A referida técnica pode tanto ser realizada por meio de aplicativos ou por meio de registros físicos. Na Inglaterra, por conta de disposição do NHS, pubs e restaurantes precisam registrar os dados de contato de seus frequentadores para eventuais futuras comunicações em caso de infecções naquele local. Em alguns casos, as informações são recolhidas por meio de formulários em papel, em outros casos com uso de registros eletrônicos. A mídia inglesa, ao abordar a questão, chamou o caso de "*trace disgrace*" ou de uma verdadeira "*privacy crisis*", visto que alguns estabelecimentos estão usando os dados também para outras finalidades[32]. O problema, segundo a reportagem, é que algumas companhias que oferecem para os pubs o serviço eletrônico de registro de frequentadores mantêm em suas políticas disposições no sentido de que poderiam usar os dados para "realizar sugestões e recomendações sobre bens e serviços que podem lhe interessar", além de "compartilhar os dados com terceiros, incluindo provedores e serviços que prestam serviços de prevenção a fraudes ou verificação de crédito/background"[33]. A preocupação é legítima, visto que o recolhimento de dados neste caso possui uma finalidade específica - o controle de infecções no local e o aviso aos frequentadores - que, certamente, não é o uso de tais dados para publicidade ou enriquecimento de dados de agências de crédito.

Buscando evitar eventuais desvios, tem-se utilizado com frequência, para os aplicativos de *contact tracing*, um protocolo específico de registro de contatos que foi construído com o foco na preservação da privacidade e proteção de dados dos seus usuários. Chamado de "*Privacy-Preserving Contact Tracing*", o protocolo funciona por meio do uso de *bluetooth*[34]. Em resumo, o aplicativo recolhe um registro randomizado de todas as pessoas que o usuário do aplicativo teve contato (informações essas que não permitem identificar cada uma das pessoas e são enviadas por meio de *bluetooth*). Uma vez por dia o sistema faz o download dos registros das pessoas que foram verificadas como infectadas pelo vírus[35]. Os registros de contatos ficam armazenados no celular do usuário e quando é feito o download de indicações dos registros das pessoas que foram infectadas, verifica-se se o usuário tem algum daqueles identificadores aleatórios armazenados em seu celular. Quando isso ocorre, o protocolo prevê o envio de uma notificação para o usuário que ele teve contato com alguém infectado. Para o usuário, o aplicativo não indica quem é a pessoa infectada, apenas avisa que ele manteve contato com alguém infectado.

31. Sem as quais, é necessário dizer, os referidos aplicativos teriam pouca utilidade.
32. LEO, Ben. *Trace disgrace*: Track-and-trace data harvested from pubs and restaurants 'sold for profit'. The Sun. 11 de Outubro de 2020. Disponível em: https://www.thesun.co.uk/news/12905065/track-and-trace-data-harvested-pubs-and-restaurant-profit. Acesso em: 11 out. 2020.
33. LEO, Ben. *Trace disgrace*, cit.
34. APPLE/GOOGLE. Exposure Notifications: Frequently Asked Questions. V. 1.2. Disponível em: https://covid19-static.cdn-apple.com/applications/covid19/current/static/contact-tracing/pdf/ExposureNotification-FAQv1.2.pdf. Acesso em: 30 out. 2020.
35. APPLE/GOOGLE. Exposure Notifications, cit., p. 3. É utilizada a criptografia assimétrica para a geração das chaves de cada usuário, que mudam a cada 10 ou 20 minutos, a depender da implementação do protocolo. Isso, segundo os autores da solução, garantiria adicional proteção.

No entanto, caso o usuário tenha tido contato com pouquíssimas pessoas, em face das informações que ele possui, é possível identificar quem é o infectado.

O protocolo tem sido mencionado como o mais seguro do ponto de vista de proteção da privacidade e de dados pessoais[36]. No entanto, questões acessórias podem torná-lo menos eficiente. Em países como o Brasil, em que o número de testes não é tão alto, o aplicativo pode perder sua eficácia[37]. Ainda, acerca das questões de segurança, os contatos que o usuário do aplicativo teve não são enviados para lugar nenhum, ficando armazenados apenas em seu telefone. São apenas enviados para o servidor os dados daqueles que decidiram informar que foram infectados. Isso coloca uma dificuldade prática adicional: como garantir que apenas os dados de pessoas efetivamente testadas por um órgão de saúde entrem no sistema. Há uma camada a mais de dificuldade, que é evitar que notificações falsas sejam realizadas, o que poderia prejudicar a integridade dos dados[38]. Além do mais, é necessário garantir que apenas médicos e institutos autorizados consigam confirmar a infecção de alguém, tendo algum tipo de acesso seguro ao sistema para fazer tal comunicação.

3.2 Hipóteses de tratamento para dados de geolocalização

Vistos os aspectos mais genéricos acerca do uso de algoritmos e aplicativos no contexto da pandemia, analisa-se agora a seguinte questão: como utilizar dados de geolocalização de forma lícita e adequada para assim proteger os referidos titulares dos dados?

Em primeiro lugar, é necessário destacar que as legislações de proteção de dados não podem servir de entrave para a utilização de dados pessoais para o combate à pandemia de COVID-19. Via de regra, tais legislações possuem hipóteses específicas para o tratamento de dados nessas situações. Ao mesmo tempo, e *contrario sensu*, conforme alerta do European Data Protection Board, "a atual crise sanitária não deve ser utilizada como uma oportunidade para conferir mandatos desproporcionados para efeitos de

36. Este protocolo tem sido utilizado em diversos países. A Itália possui até documentos técnicos com recomendações sobre o uso e aplicação do referido aplicativo, cf. GARANTE PER LA PROTEZIONE DEI DATI PERSONALI. Provvedimento di autorizzazione al trattamento dei dati personali effettuato attraverso il Sistema di allerta Covid 19 - App Immuni. 1º Giu. 2020. Disponível em: https://www.garanteprivacy.it/web/guest/home/docweb/-/docweb-display/docweb/9356568. Acesso em: 29 out. 2020. Além do mais, o documento técnico citado acima ainda traz outras indicações de segurança, como, por exemplo: Os usuários podem, a qualquer momento, desligar o aplicativo; as notificações de contato com pessoas identificadas não possuem dados de geolocalização; as notificações ocorrem apenas no telefone do usuário etc. p. 5.

37. Sobre isso, ver o alerta de EUROPEAN DATA PROTECTION BOARD. *Diretrizes 4/2020 sobre a utilização de dados de localização e meios de rastreio de contactos no contexto do surto de COVID-19*. 21 de Abril de 2020. Disponível em: https://edpb.europa.eu/sites/edpb/files/files/file1/edpb_guidelines_20200420_contact_tracing_covid_with_annex_pt.pdf. 12 nov. 2020. Acesso em: 10 nov. 2020, p. 5: "Além disso, é necessário que tais aplicações façam parte de uma estratégia abrangente em matéria de saúde pública para combater a pandemia, incluindo, nomeadamente, a realização de testes e o subsequente rastreio manual de contactos com o intuito de dissipar dúvidas. A sua implantação deve ser acompanhada de medidas de apoio para assegurar que as informações fornecidas aos utilizadores sejam contextualizadas e que os alertas possam ser úteis para o sistema público de saúde. Caso contrário, estas aplicações podem não produzir plenamente os seus efeitos".

38. Por uma questão de espaço, não é possível discutir todas as questões de segurança e de funcionalidades do protocolo. É possível verificar uma discussão mais ampla apenas sobre este protocolo em SEGURANÇA LEGAL: Episódio 236: Contact Tracing – Google e Apple. Participantes: Guilherme Damasio Goulart, Vinícius da Silveira Serafim. 27 Abr. 2020. *Podcast*. Disponível em: https://www.segurancalegal.com/2020/04/episodio-236-contact-tracing-google-e-apple/. Acesso em 30 out. 2020.

conservação de dados"[39]. De outra forma, eventuais usos de dados pessoais sensíveis neste contexto não podem se transformar, na lição de Danilo Doneda, em "uma carta em branco fornecida pelas legislações de proteção de dados para o emprego irrestrito de dados pessoais"[40].

A LGPD prevê as hipóteses de tratamento de dados pessoais e dados pessoais sensíveis, respectivamente, nos seus arts. 7º e 11. Assim como ocorre com o Regulamento Geral de Proteção de Dados Pessoais da União Europeia, trata-se de um rol taxativo[41] para definir as hipóteses em que o tratamento será considerado lícito. A título de exemplo, dados pessoais podem ser tratados em face da hipótese do consentimento (art. 7º, I) ou para a proteção da vida ou da incolumidade física do titular ou de terceiro (art. 7º, inc. VII). Da mesma forma, dados pessoais sensíveis podem ser tratados com base nas mesmas hipóteses (art. 11, I e art. 11, II, e). Como os dados pessoais sensíveis envolvem, entre outros, dados de saúde, o art. 11, II, f, permite o tratamento de tais dados "exclusivamente, em procedimento realizado por profissionais de saúde, serviços de saúde ou autoridade sanitária".

As hipóteses aplicáveis de tratamento, assim, dependerão da forma com que tais dados serão recolhidos. Mesmo que se tratem de aplicativos, estes utilizam técnicas e práticas diferentes para o recolhimento dos dados, o que demandará hipóteses distintas para cada formato e propósito de coleta. Ainda, é necessário verificar se os dados são obtidos por operadores de telefonia ou pelos próprios aplicativos[42]. No caso das operadoras de telefonia, o European Data Protection Board sugere que sejam eles anonimizados[43]. Em uma situação em que os dados, por sua vez, apontem a localização exata de cada um dos titulares, tal tratamento deve ser efetuado por meio do consentimento[44]. Em uma perspectiva de garantir mais segurança para os titulares dos dados, deve ser sempre preferida, conforme o órgão europeu, a utilização de informações anonimizadas[45]. A ideia seria sempre usar informações agregadas sem identificar pessoas específicas.

Situações que envolvam, de outro lado, o aproveitamento de dados de geolocalização que tenham sua coleta autorizada para uma finalidade distinta do combate aos efeitos da pandemia (por exemplo, um aplicativo bancário que recolha dados de geolocalização), tal situação deverá contar com consentimento específico que garanta a alteração

39. EUROPEAN DATA PROTECTION BOARD. *Diretrizes 4/2020 sobre a utilização de dados de localização e meios de rastreio de contactos no contexto do surto de COVID-19*. 21 de Abril de 2020. Disponível em: https://edpb.europa.eu/sites/edpb/files/files/file1/edpb_guidelines_20200420_contact_tracing_covid_with_annex_pt.pdf. 12 Nov. 2020. Acesso em: 10 Nov. 2020, p. 9.
40. DONEDA, Danilo. *A proteção de dados em tempos de coronavírus*. 25 de março de 2020. Jota. Disponível em: https://www.jota.info/opiniao-e-analise/artigos/a-protecao-de-dados-em-tempos-de-coronavirus-25032020. Acesso em: 2 nov. 2020.
41. MENEZES CORDEIRO, Antonio Barreto. *Direito da proteção de dados*: à luz do RGPD e da Lei 58/2019. Coimbra: Almedina, 2020, p. 165.
42. De acordo com a indicação de EUROPEAN DATA PROTECTION BOARD, cit., p. 6.
43. EUROPEAN DATA PROTECTION BOARD, cit., p. 6. Assim afastando a aplicabilidade do GDPR, o mesmo ocorrendo com a LGPD, cf. seu art. 12.
44. EUROPEAN DATA PROTECTION BOARD, cit., p. 6.
45. EUROPEAN DATA PROTECTION BOARD, cit., p. 6.

da finalidade do uso dos dados[46]. Esta parece ser a melhor alternativa para o caso de reaproveitamento de dados[47].

Outro caso envolve os aplicativos de *contact tracing*, conforme o uso do protocolo indicado no ponto anterior. Como os dados são mantidos exclusivamente no smartphone do titular, não há necessidade de solicitação de consentimento específico para esta operação. Contudo, há a necessidade de consentimento específico para o envio de informações que confirmem a infecção do titular. Com isso, eventuais informações de infecções dos aplicativos de *contact tracing*, que as anonimiza, conforme disposição do protocolo já mencionada, não podem ser usadas para outras finalidades, em nenhuma hipótese[48]. Eventuais incidentes de revelação de tais informações podem ser bastante prejudiciais para os titulares. Podem, entre outras consequências, causar a identificação pública de casos e, até mesmo, a limitação da liberdade de movimento do titular[49]. No mesmo sentido, a recomendação é que eventuais aplicativos não sejam obrigatórios, sendo sua instalação realizada de maneira totalmente voluntária pelos titulares, sem que a não instalação cause alguma consequência negativa para o titular[50].

É necessário, por sua vez, olhar com bastante cuidado para situações de reaproveitamento ou interoperabilidade de dados entre aplicativos distintos: a depender do aplicativo, o usuário não tem como utilizá-lo sem fornecer dados de geolocalização (no caso de um aplicativo bancário que utilize dados de geolocalização para fins de prevenção a fraudes e segurança). Assim, o eventual reaproveitamento dos dados de um aplicativo para outras finalidades pode estar ocorrendo em um contexto em que o titular não consegue sequer evitar ou se opor a este tratamento[51], a não ser que deixe de utilizar o aplicativo que recolheu em primeiro lugar os dados de geolocalização. Desta forma, o consentimento parece ser a hipótese de tratamento mais adequada para fazer cumprir a autodeterminação informativa dos titulares. Há, portanto, em tais casos, a necessidade de um consentimento específico para a troca e comunicação de dados entre

46. EUROPEAN DATA PROTECTION BOARD, cit., p. 6.
47. No âmbito do Regulamento Geral de Proteção de Dados da União Europeia, admite-se a possibilidade excepcional de alteração de finalidades, desde que tais finalidades possam ter sido previstas pelo titular, conforme o art. 6º, 4. Este "uso secundário", contudo, deve contar com uma possibilidade de previsibilidade, o que não parece ser o caso com usos secundários para fins de combate à pandemia. Cf. NOYB - MY PRIVACY IS NONE OF YOUR BUSINESS. European Center for Digital Rights. *Ad hoc paper*. SARS-CoV-2 Tracking under GDPR. Disponível em: https://noyb.eu/sites/default/files/2020-04/Ad%20hoc%20Paper_Corona%20Tracking_v0.2.pdf. Acesso em: 3 nov. 2020, p. 7.
48. De maneira ampla, sobre a impossibilidade de compartilhamento desregrado de tais informações, ver MARTINS, Guilherme Magalhães; SOARES, Flaviana Rampazzo. Proteção de dados pessoais em E-Saúde. Seu confronto com a utilidade do fornecimento e uso de dados em aplicativos para dispositivos móveis. *Revista de Direito do Consumidor*, São Paulo, v. 130, p. 397-429, Jul.-Ago./2020, Versão Revista dos Tribunais On-Line.
49. Cf. NOYB - MY PRIVACY IS NONE OF YOUR BUSINESS, cit., p. 3.
50. COMISSÃO EUROPEIA. *Orientações respeitantes a aplicações móveis de apoio à luta contra a pandemia de COVID-19 na perspetiva da proteção de dados*. 17 de Abril de 2020. Disponível em: https://eur-lex.europa.eu/legal-content/PT/TXT/PDF/?uri=CELEX:52020XC0417(08)&from=PT. Acesso em: 7 nov. 2020, p. 4.
51. Idem. Ibidem, p. 8: "A monitorização sistemática e em grande escala da localização e/ou dos contactos entre pessoas singulares constitui uma grande invasão da sua privacidade que só pode ser legitimada se tiver por base uma adoção voluntária pelos utilizadores para cada uma das respetivas finalidades. Tal implicaria, em particular, que os cidadãos que decidissem não utilizar tais aplicações, ou que o não pudessem fazer, não fossem prejudicados de modo nenhum".

aplicativos[52], pois haverá aí uma mudança na finalidade inicial para a qual o dado foi originariamente recolhido.

Além do mais, mesmo diante de uma hipótese que autorize o tratamento de um determinado dado pessoal no contexto do combate à pandemia, há que se observar todos os princípios de proteção de dados dispostos na LGPD. Assim, além de uma finalidade legítima estabelecida, há a necessidade de que os dados recolhidos sejam adequados e o tratamento esteja limitado ao "mínimo necessário para a realização de suas atividades"[53]-[54]. Além disso, o princípio da transparência é bastante importante em tais contextos, no sentido de que nenhum titular deve ser pego de surpresa, sem ter a devida ciência de que seus dados estão sendo tratados para as situações aqui abordadas. Deve sempre ficar absolutamente claro para o titular caso um aplicativo ou sistema qualquer esteja enviando dados de geolocalização para outros sistemas quaisquer que realizem atividades de *contact tracing*. O princípio da responsabilização e prestação de contas (art. 7º, X) acaba sendo uma consequência da observância dos princípios anteriores. Os titulares precisam saber adequadamente quem são os controladores e operadores de seus dados pessoais, inclusive para conseguirem exercer plenamente os seus direitos (assim dispostos nos arts. 17 a 22 da LGPD).

Em sendo assim, na hipótese de aplicativos tornarem possível a ligação do usuário à sua localização, e, com monitoramento de seu comportamento, é possível concluir, em elevado nível de vigilância, que seria possível a partir de ocorrências, como datas e locais, ser possível identificar se alguém confessa determinada religião, tem determinado partido político, está em tratamento de saúde, revelando-se, a partir de combinações e de sua contextualização, como um dado sensível. Para além da própria indicação que de que um titular está infectado, em face disso, há que se ter extremo cuidado para que os dados tratados no contexto da pandemia não se tornem um "legado de vigilância" que possam ser usados para outras finalidades "cessada a emergência"[55]. Neste sentido, a recomendação é que os dados sejam apagados sempre que a finalidade for cumprida[56].

Ademais, em estudo já realizado acerca de Inteligência Artificial em face da saúde, foi possível sintetizar as recomendações do European Data Protection Board, acerca da temática dos aplicativos voltados à saúde:

52. EUROPEAN DATA PROTECTION BOARD. *Declaração sobre o impacto na proteção de dados da interoperabilidade das aplicações de rastreio dos contactos*. 16 de Junho de 2020. Disponível em: https://edpb.europa.eu/sites/edpb/files/files/file1/edpb_statementinteroperabilitycontacttracingapps_pt.pdf. Acesso em: 10 Nov. 2020, p. 3.
53. Cumprindo assim os princípios da finalidade, adequação e necessidade do art. 6º, I, II e III da LGPD. Contudo, o mesmo documento aponta dos riscos de eventuais desanonimizações ou "ataques de reidentificação". EUROPEAN DATA PROTECTION BOARD, cit., p. 7. Sobre o tema, ver ainda BIONI, Bruno Ricardo. Compreendendo o conceito de anonimização e dados anonimizados. *In:* DONEDA, Danilo; MENDES, Laura Schertel; CUEVA, Ricardo Villas Bôas Cueva (Coord.). *Lei Geral de Proteção de Dados*: (Lei n. 13.709/2018). São Paulo: Revista dos Tribunais, 2020, *passim*.
54. Sobre as limitações, o EUROPEAN DATA PROTECTION BOARD, Ibidem, p. 10, indica que "a aplicação não deve recolher informações não relacionadas ou não necessárias, que podem incluir o estado civil, identificadores de comunicações, elementos de diretórios de equipamentos, mensagens, registos de chamadas, dados de localização, identificadores de dispositivos, etc.".
55. Cf. a lição de DONEDA, Danilo. *A proteção de dados em tempos de coronavírus*, cit.
56. COMISSÃO EUROPEIA. *Orientações respeitantes a aplicações móveis de apoio à luta contra a pandemia de COVID-19 na perspetiva da proteção de dados*. 17 de Abril de 2020. Disponível em: https://eur-lex.europa.eu/legal-content/PT/TXT/PDF/?uri=CELEX:52020XC0417(08)&from=PT. Acesso em: 7 Nov. 2020, p. 8.

a) As "autoridades nacionais de proteção de dados devem assegurar que os dados pessoais sejam processados observando a lei", bem com "respeitando direitos individuais e o direito à proteção de dados pessoais"; b) Os apps devem observar as políticas de *privacy by design*. Significa dizer que a tutela dos dados pessoais não deve ficar em um segundo plano, o sistema informático deve ser projetado para adotar políticas internas e tomar medidas que apliquem princípios de proteção de dados pessoais e tutela dos direitos de personalidade (POLINI et al., 2019). c) os apps devem observar políticas de *privacy by default*, ou seja, a minimização na coleta dos dados e a limitação às suas finalidades. (POLINI et al., 2019). d) Os aplicativos de rastreamento de contato e de funcionalidade de aviso, "no sentido de alertar se alguém se aproximou de pessoa infectada", devem decorrer de uma "adoção voluntária, da escolha do indivíduo, em uma responsabilidade coletiva". As leis devem garantir o acesso voluntário a estes aplicativos, "sem o estabelecimento de sanções aqueles que não queiram utilizar", "devendo as pessoas serem livres para instalá-los e desinstalá-los". e) Devem ser realizadas "campanhas de conscientização para crianças", ou pessoas com "menor qualificação" educacional para a compreensão da importância do aplicativo" inclusive, no sentido de evitar "lapsos de dados", que podem decorrer do "uso desatento" ou "mesmo da falta de bateria no dispositivo". f) Com base no princípio da minimização dos dados, aplicativos de "rastreamento não exigem localização de usuários individuais", "seu objetivo não é seguir o movimento dos indivíduos ou aplicar prescrições". g) Compartilhamentos de h) Os aplicativos devem evitar o armazenamento centralizado de dados", preferencialmente, que "o armazenamento", "em cada dispositivo individual", no sentido de minimizar danos; i) Os aplicativos 'não são plataformas sociais que possam gerar qualquer tipo de estigmatização, servindo para que cada um faça a sua parte".[57]

Nesse sentido, na construção de aplicativos deverá ser observada "a ética por definição (*ethics-by-default*) e desde a "conceção" (*ethics-by-design*)", a fim de que seja preservada a dignidade da pessoa humana, em uma ética algorítmica antropocêntrica, para "estar sempre ao serviço do ser humano e nunca ao contrário", maximizando benefícios e "reduzindo seus riscos"[58].

4. CONSIDERAÇÕES FINAIS

Foi possível observar os aspectos de proteção de dados pessoais envolvidos nos casos analisados. Contudo, há outra preocupação que deve ser levada em consideração no presente caso: quais os efeitos de uma naturalização do uso de aplicativos de *contact tracing*? Se é verdade que no caso da pandemia esses aplicativos têm um uso absolutamente legítimo, por outro lado, há possíveis usos potencialmente invasivos, principalmente se se naturalizar sua utilização para atividades cotidianas. Como a tecnologia permite, pelo menos potencialmente, descobrir quem teve contato com quem, isso poderia ser usado por empresas que desejem monitorar o comportamento de pessoas. Se há propósitos legítimos para isso, é verdade, não se pode descuidar do risco de uma nova tecnologia que pode ser bastante invasiva. São conhecidos os casos de aplicativos que pessoas utilizam para saber se seus parceiros estão os traindo. Além do mais, a rede de contatos físicos de uma pessoa pode revelar muito sobre seus hábitos e personalidade, o que constitui um

57. COLOMBO, Cristiano; ENGELMANN, Wilson. Inteligência Artificial em favor da saúde: proteção de dados pessoais e critérios de tratamento em tempos de pandemia. *In:* PINTO, Henrique Alves. *Inteligência artificial aplicada ao processo de tomada de decisões*. Belo Horizonte, São Paulo: D'Plácido, 2020, p. 225-246, p. 236. Tais recomendações partem de estudos do EUROPEAN DATA PROTECTION BOARD. *[Guidance]*. 14 de abril de 2020. Disponível em: https://edpb.europa.eu/sites/edpb/files/files/file1/edpbletterecadvisecodiv-appguidance_final.pdf.

58. EUROPEAN DATA PROTECTION BOARD. *[Guidance]*, cit.

verdadeiro tesouro para empresas de concessão de crédito, publicidade e até agências governamentais. O que se quer dizer, é que há um potencial imenso de que aplicativos dessa natureza sejam utilizados para fins de vigilantismo.

Neste sentido, conforme se viu, o presente artigo espera ter colaborado também com as indicações de melhores práticas e hipóteses de tratamento adequadas para o tratamento de dados de geolocalização por aplicativos para o combate à pandemia do COVID-19.

5. REFERÊNCIAS

AMARO JÚNIOR, Edson *et al*. Utilização da Inteligência Artificial em Saúde: lições aprendidas durante o enfrentamento ao surto de COVID-19. *Panorama Setorial - CETIC.BR*. Disponível em: https://cetic.br/media/docs/publicacoes/6/20200908170853/panorama_setorial_ano-xii_n_2_Ano%20XII%20-%20N.%202%20-%20inteligencia_artificial_e_saude.pdf. Acesso em: 29 set. 2020.

APPLE/GOOGLE. *Exposure Notifications*: Frequently Asked Questions. V. 1.2. Disponível em: https://covid19-static.cdn-apple.com/applications/covid19/current/static/contact-tracing/pdf/Exposure-Notification-FAQv1.2.pdf. Acesso em: 30 out. 2020.

BIONI, Bruno Ricardo. Compreendendo o conceito de anonimização e dados anonimizados. *In:* DONEDA, Danilo; MENDES, Laura Schertel; CUEVA, Ricardo Villas Bôas Cueva (Coord.). *Lei Geral de Proteção de Dados*: (Lei n. 13.709/2018). São Paulo: Revista dos Tribunais, 2020.

COLOMBO, Cristiano; FACCHINI NETO, Eugênio. Decisões automatizadas em matéria de perfis e riscos algorítmicos: diálogos entre Brasil e Europa acerca dos direitos das vítimas de dano estético digital. *In:* MARTINS, Guilherme Magalhães; ROSENVALD, Nelson (Coord.). *Responsabilidade civil e novas tecnologias*. Indaiatuba: Foco, 2020.

COLOMBO, Cristiano; ENGELMANN, Wilson. Inteligência Artificial em favor da saúde: proteção de dados pessoais e critérios de tratamento em tempos de pandemia. *In:* PINTO, Henrique Alves (Org.). *Inteligência artificial aplicada ao processo de tomada de decisões*. Belo Horizonte, São Paulo: D'Plácido, 2020.

COMISSÃO EUROPEIA. *Orientações respeitantes a aplicações móveis de apoio à luta contra a pandemia de COVID-19 na perspetiva da proteção de dados*. 17 de Abril de 2020. Disponível em: https://eur-lex.europa.eu/legal-content/PT/TXT/PDF/?uri=CELEX:52020XC0417(08)&from=PT. Acesso em: 7 nov. 2020.

DONEDA, Danilo. *A proteção de dados em tempos de coronavírus*. *Jota*, 25 mar. 2020. Disponível em: https://www.jota.info/opiniao-e-analise/artigos/a-protecao-de-dados-em-tempos-de-coronavirus-25032020. Acesso em: 2 nov. 2020.

EUROPEAN DATA PROTECTION BOARD. *Diretrizes 4/2020 sobre a utilização de dados de localização e meios de rastreio de contactos no contexto do surto de COVID-19*. 21 de Abril de 2020. Disponível em: https://edpb.europa.eu/sites/edpb/files/files/file1/edpb_guidelines_20200420_contact_tracing_covid_with_annex_pt.pdf. 12 Nov. 2020. Acesso em: 10 nov. 2020.

EUROPEAN DATA PROTECTION BOARD. *Declaração sobre o impacto na proteção de dados da interoperabilidade das aplicações de rastreio dos contactos*. 16 de Junho de 2020. Disponível em: https://edpb.europa.eu/sites/edpb/files/files/file1/edpb_statementinteroperabilitycontacttracingapps_pt.pdf. Acesso em: 10 nov. 2020

GARANTE PER LA PROTEZIONE DEI DATI PERSONALI. *Provvedimento di autorizzazione al trattamento dei dati personali effettuato attraverso il Sistema di allerta Covid 19* - App Immuni. 1° giu. 2020. Disponível em: https://www.garanteprivacy.it/web/guest/home/docweb/-/docweb-display/docweb/9356568. Acesso em: 29 out. 2020.

GOULART, Guilherme Damasio. Dados Pessoais e Dados Sensíveis: A Insuficiência de Categorização. *Revista Direito & TI*, out./2015. Disponível em: http://direitoeti.com.br/artigos/dados-pessoais-e--dados-sensiveis-a-insuficiencia-da-categorizacao. Acesso em: 10 nov. 2020.

GRUPO DE TRABALHO DE PROTECÇÃO DE DADOS DO ARTIGO 29. *Parecer 4/2007 sobre o conceito de dados pessoais*. 20 de Junho de 2007. Disponível em: https://ec.europa.eu/justice/article-29/documentation/opinion-recommendation/files/2007/wp136_pt.pdf. Acesso em: 12 set. 2020.

LEO, Ben. *Trace disgrace*: Track-and-trace data harvested from pubs and restaurants 'sold for profit'. The Sun. 11 de Outubro de 2020. Disponível em: https://www.thesun.co.uk/news/12905065/track-and-trace-data-harvested-pubs-and-restaurant-profit. Acesso em 11 Out. 2020.

MARTINS, Guilherme Magalhães; SOARES, Flaviana Rampazzo. Proteção de dados pessoais em E-Saúde. Seu confronto com a utilidade do fornecimento e uso de dados em aplicativos para dispositivos móveis. *Revista de Direito do Consumidor*, São Paulo, v. 130, p. 397-429, jul./ago. 2020, Versão Revista dos Tribunais On-Line.

MARTINS-COSTA, Judith; BRANCO, Gerson. *Diretrizes Teóricas do Novo Código Civil*. São Paulo: Saraiva, 2002.

MENEZES CORDEIRO, António Manuel da Rocha e. *Da boa-fé no direito civil*. Coimbra: Almedina, 2011.

MENEZES CORDEIRO, Antonio Barreto. *Direito da proteção de dados*: à luz do RGPD e da Lei 58/2019. Coimbra: Almedina, 2020.

NOYB - MY PRIVACY IS NONE OF YOUR BUSINESS. European Center for Digital Rights. *Ad hoc paper*. SARS-CoV-2 Tracking under GDPR. Disponível em: https://noyb.eu/sites/default/files/2020-04/Ad%20hoc%20Paper_Corona%20Tracking_v0.2.pdf. Acesso em: 3 Nov. 2020.

PASQUALE, Frank. *The black box society*: the secret algorithms that control money and information. Cambridge: Harvard University Press, 2015, Versão Kindle.

RODOTÀ, Stefano. *La rivoluzione della dignità*. Napoli: La Scuola di Pitagora, 2013.

RUFFOLO, Ugo. *Intelligenza artificiale e diritto*. Roma: Sapienza Università di Roma - Facoltà di Giurisprudenza. Vídeo. Disponível em: https://www.giurisprudenza.uniroma1.it/archivionotizie/lezioni-dautore?fbclid=IwAR3GvsXWHSvJM4Df4apluHJk7cu5yocg4cRKsnZ1igvo1JxtbN5x7NW4B84. Acesso em: 22 jun. 2020.

SALES, Philip James. Algorithms, Artificial Intelligence and *Law Judicial Review*, v. 25, n. 1, p. 46-66, 2020. Disponível em: https://www.tandfonline.com/doi/pdf/10.1080/10854681.2020.1732737. Acesso em: 05 Nov. 2020.

SEGURANÇA LEGAL. *Episódio 236*: Contact Tracing – Google e Apple. Participantes: Guilherme Damasio Goulart, Vinícius da Silveira Serafim. 27 Abr. 2020. *Podcast*. Disponível em: https://www.segurancalegal.com/2020/04/episodio-236-contact-tracing-google-e-apple/. Acesso em: 30 Out. 2020.

SURDEN, Harry. Artificial Intelligence and Law: An Overview. *Georgia State University Law Review*, v. 35, p. 1305-1337, 2019. Disponível em: https://readingroom.law.gsu.edu/gsulr/vol35/iss4/8. Acesso em: 12 jul. 2020.

UNIÃO EUROPEIA. *Inteligência Artificial para a Europa*. Disponível em: https://ec.europa.eu/transparency/regdoc/rep/1/2018/PT/COM-2018-237-F1-PT-MAIN-PART-1.PDF. Acesso em: 12 jul. 2020.

UNIÃO EUROPEIA. *Regime relativo aos aspetos éticos da inteligência artificial, da robótica e das tecnologias conexas*. Disponível em: https://www.europarl.europa.eu/doceo/document/TA-9-2020-0275_PT.html Acesso em: 13 nov. 2020.

UNIÃO EUROPEIA. *Orientações sobre as decisões individuais automatizadas e a definição de perfis para efeitos do Regulamento (UE) 2016/679*. 2018. Disponível em: https://ec.europa.eu/newsroom/article29/item-detail.cfm?item_id=612053. Acesso em: 13 nov. 2020.

VOIGT, Paul; BUSSCHE, Axel von dem; WESSING, Taylor. *The EU general data protection*. Cham: Springer, 2017.

17
LA PROTECCIÓN DE DATOS PERSONALES EN LOS ASISTENTES DIGITALES COMO SIRI O ALEXA

Salvador Morales Ferrer

Doctor en Derecho por el programa de Estudios Jurídicos, Ciencia Política y Criminología por la Universidad de Valencia, con la calificación Apto Cum Laude. Doctor Honoris Causa por el Claustro Nacional de Doctores de México (Unam). Miembro del Ilustre Colegio de Abogados de Alzira. Investigador del Ilustre Colegio de Abogados de Alzira. Conferenciante internacional. salvadormorales@icaalzira.com.

1. INTRODUCCIÓN

En este Siglo XXI en el que vivimos, sean hecho eco muchos asientes personales entre ellos tales como el Siri o, Alexa por lo que está avanzado la Inteligencia Artificial de en adelante IA, por tanto ¿el concepto I.A. cómo se debería denominar? Al respecto, como menciona la autora Ponce[1]: "*El término inteligencia artificial, sistemas que manifiestan un comportamiento inteligente, pues son capaces de analizar objetivos específicos, Estos sistemas pueden consistir en un simple programa informático por ejemplo motores de búsqueda o sistemas de reconocimiento facial o de voz, pero también pueden estar incorporados en dispositivos de hardware, como robots o automóviles autónomos*". Lo que implica, la utilización de la I. A., por medio de un sistema matemático binario. Por otro lado, cabe mencionar al autor Martín[2] que manifiesta: "*toda persona jurídica necesita con carácter general de personas físicas que realicen materialmente las actuaciones que pueden, deben llevar a cabo. Esa actividad material*". Por lo cual, será necesaria la regulación de la I.A., mediante la Ley Orgánica 3/2018, de 5 de diciembre, de Protección de Datos Personales

1. Ponce Solé, Juli (2019) (N°50). "*Inteligencia artificial, Derecho administrativo y reserva de humanidad: algoritmos y procedimiento administrativo debido tecnológico*". Revista General de Derecho Administrativo. Editorial Iustel (Madrid). p.2.
2. Puyol Montero, Javier (2009). (Coord. Zabía de la Mata, J) "*Derecho de oposición a decisiones basadas en un tratamiento de datos*" en, A.A. V.V., "*Protección de datos, Comentarios al Reglamento* "Editorial Lex Nova (Valladolid). p. 329.

y garantía de los derechos digitales[3], en adelante (LOPD) y, el REGLAMENTO (UE) 2016/679 DEL PARLAMENTO EUROPEO Y DEL CONSEJO de 27 de abril de 2016 relativo a la protección de las personas físicas en lo que respecta al tratamiento de datos personales y a la libre circulación de estos datos y por el que se deroga la Directiva 95/46/ CE (Reglamento general de protección de datos)[4], en adelante (RGPD). Con el presente artículo se pretende realizar un análisis descriptivo en los efectos jurídicos y, las medidas adoptadas tanto del legislador español así, como el legislador europeo. Por lo que, se trata de proteger la intimidad de los ciudadanos y ciudadanas de terceros países, como los pertenecientes a la Unión Europea por tanto se analiza metódicamente mediante sus respectivos capítulos del presente artículo.

2. LOS FUNDAMENTOS LEGALES PARA LA APLICACIÓN DE VIGILANCIA DE LA I.A. EN ESPAÑA

Al respecto, como indica la proclamación de los Derechos Humanos de 1948[5] en su artículo 29 párrafo 2º menciona: "En el ejercicio de sus derechos y en el disfrute de sus libertades, toda persona estará solamente sujeta a las limitaciones establecidas por la ley con el único fin de asegurar el reconocimiento y el respeto de los derechos y libertades de los demás, y de satisfacer las justas exigencias de la moral, del orden público y del bienestar general en una sociedad democrática" y, al hilo cabe mencionar el Instrumento de Ratificación de España del Pacto Internacional de los Derechos Civiles y Políticos, hecho en Nueva York el 19 de diciembre de 1966[6] que en su artículo 17 menciona: "Nadie será objeto de injerencias arbitrarias o ilegales en su vida privada, su familia, su domicilio a su honra y reputación. Toda persona tiene derecho a la protección de la ley contra esas injerencias o esos ataques", del mismo modo se expresa la Ley Orgánica 1/2008, de 30 de julio, por la que se autoriza la ratificación por España del Tratado de Lisboa, por el que se modifican el Tratado de la Unión Europea y el Tratado Constitutivo de la Comunidad Europea, firmado en la capital portuguesa el 13 de diciembre de 2007[7] en su artículo 7 al señalar: "Toda persona tiene derecho al respeto de su vida privada y familiar, de su domicilio y de sus comunicaciones", al hilo cabe mencionar al autor Troncoso[8] que

---

3. Ley Orgánica 3/2018, de 5 de diciembre de Protección de Datos Personales y garantía de derechos digitales. Jefatura del Estado. Boletín Oficial del Estado (BOE) Madrid. N. Boletín 294.pps. 1-68. http: //www.boe.es>pdf>BOE-A-2018-16673-Consolidado.
4. Reglamento (UE) 2016/679 del Parlamento Europeo y del Consejo de 27 de abril de 2016 relativo a la protección de las personas físicas en lo que respecta al tratamiento de datos personales y a la libre circulación de estos datos y por el que se deroga la Directiva 95/46/CE.pps.L119/1- L119/88(Reglamento general de protección de datos) https://www.boe.es>doue.
5. Declaración Universal de los Derechos Humanos. Adoptada y proclamada por la Asamblea General en su resolución 217 A (III), de 10 de diciembre de 1948 p.9. Un.org/es/universal-declaration-human-rights/.
6. Instrumento de Ratificación de España del Pacto Internacional de los Derechos Civiles y Políticos, hecho en Nueva York el 19 de diciembre de 1966. Jefatura del Estado. Boletín Oficial del Estado (BOE) Madrid. N. Boletín 103. p. 9340. Documento BOE- A-1977-10733- BOE.es. www.boe>Buscar.
7. Tratado de la Unión Europea y el Tratado Constitutivo de la Comunidad Europea, firmado en la capital portuguesa el 13 de diciembre de 2007. Jefatura del Estado. Boletín Oficial del Estado (BOE) Madrid. N. Boletín 184. p.7. Documento Consolidado BOE- A-2008-13033-BOE.es. www.boe.es>Buscar.
8. Troncoso Reigada, Antonio (2012) (Nº43) *"Hacia un nuevo marco jurídico europeo de la protección de datos personales"*. Revista Española de Derecho Europeo Editorial Marcial Pons. Madrid. p. 30.

menciona: "La aprobación del Tratado de Lisboa y los cambios en las tecnologías de la información y la comunicación: del fichero de datos personales a la computación en la nube y al Internet de las Cosas". Por lo cual, la Constitución Española[9] se reafirma en su artículo 18. párrafo 1° al mencionar: "Se garantiza el derecho al honor, a la intimidad personal y familiar y a la propia imagen", y al mismo tiempo, la Constitución Española[10] en su artículo 9. párrafo 3° que señala: "La Constitución garantizará el principio de legalidad". Por tanto, cabe citar la Constitución Española[11] en su artículo1. párrafo 1° que manifiesta: " España se constituye en un Estado social y democrático de Derecho", por lo que es muy clarificador que la regulación I.A., a efectos generales y, por lo que interesa su toma de decisiones administrativas en lo que respecta a su automatización debe de tener suma importancia, al hilo cabe el Tribunal Constitucional Español[12] que manifiesta en II FUNDAMENTOS JURÍDICOS SEXTO : "Esta garantía impone a los poderes públicos la prohibición de que se conviertan en fuentes de esa información sin las debidas garantías; y también el deber de prevenir los riesgos que puedan derivarse del acceso o divulgación indebidas de dicha información. Pero ese poder de disposición sobre los propios datos personales nada vale si el afectado desconoce qué datos son los que se poseen por terceros, quiénes los poseen, y con qué fin". De esta forma, cabe citar la Constitución Española[13] en su artículo 18. párrafo 4 que señala *"La Ley limitará el uso de la informática para garantizar el honor y la intimidad personal y familiar de los ciudadanos"*.

3. LA SITUACIÓN DE LA I.A., TANTO EN EL RGPD Y, LA LEY DE PROTECCIÓN DE DATOS ESPAÑOLA

De esta forma, a efectos europeos cabe incidir en el (RGPD)[14] concretamente en su artículo 22 que menciona: "*1. Todo interesado tendrá derecho a no ser objeto de una decisión basada únicamente en el tratamiento automatizado, incluida la elaboración de perfiles, que produzca efectos jurídicos en él o le afecte significativamente de modo similar. El apartado 1 no se aplicará si la decisión: a) es necesaria para la celebración o la ejecución de un contrato entre el interesado y un responsable del tratamiento; b) está autorizada por el Derecho de la Unión o de los Estados miembros que se aplique al responsable del tratamiento y que establezca asimismo medidas adecuadas para salvaguardar los derechos y libertades y los intereses legítimos del interesado, o c) se basa en el consentimiento explícito del interesado3. En los casos a que se refiere el apartado 2, letras a) y c), el responsable del tratamiento adoptará las medidas adecuadas para salvaguardar los derechos y libertades y los intereses legítimos del interesado, como mínimo el derecho a obtener intervención humana por parte del responsable,*

9. Constitución Española (2003). Editorial Aranzadi S.A. Cizur Menor (Navarra). p.73.
10. Constitución Española (2003). Editorial Aranzadi S.A. Cizur Menor (Navarra). p.64.
11. Constitución Española (2003). Editorial Aranzadi S.A. Cizur Menor (Navarra). p.60.
12. Tribunal Constitucional (Pleno) (Ponente González Campos, Julio Diego) (Sentencia 292/2000 de 30 de noviembre) Rec.1463/2000. LA LEY 11336/2000.
13. Constitución Española (2003). Editorial Aranzadi S.A. Cizur Menor (Navarra). p.75.
14. Reglamento (UE) 2016/679 del Parlamento Europeo y del Consejo de 27 de abril de 2016 relativo a la protección de las personas físicas en lo que respecta al tratamiento de datos personales y a la libre circulación de estos datos y por el que se deroga la Directiva 95/46/CE. p. L119/46 (Reglamento general de protección de datos) https://www.boe.es>doue.

a expresar su punto de vista y a impugnar la decisión. 4. Las decisiones a que se refiere el apartado 2 no se basarán en las categorías especiales de datos personales contempladas en el artículo 9, apartado 1, salvo que se aplique el artículo 9, apartado 2, letra a) o g), y se hayan tomado medidas adecuadas para salvaguardar los derechos y libertades y los intereses legítimos del interesado", a tal efecto el autor Palma[15] menciona: "*Para empezar, hay que indicar que este precepto se caracteriza por una redacción bastante confusa, así, a primera vista, si únicamente analizamos este precepto desde la perspectiva de su encuadre en el RGPD, rápidamente llegamos a la conclusión de que el Art. 22 forma parte del conjunto de facultades que se reconocen a los titulares derivadas del derecho fundamental a la protección de datos , ya que tal precepto forma parte del Capítulo III denominado Derechos del Interesado*". Por tanto , se trata de un precepto que estaba recogido en la Directiva 95/46/CE del Parlamento Europeo y del Consejo de Estado de 24 de octubre de 1995 relativa a la protección de las personas físicas en lo que respecta al tratamiento de datos personales y a la libre circulación de estos datos[16] concretamente en su artículo 15 que señalaba: "*1.Los Estados miembros reconocerán a las personas el derecho a no verse sometidas a una decisión con efectos jurídicos sobre ellas o que les afecte de manera significativa, que se base únicamente en un tratamiento automatizado de datos destinado a evaluar determinados aspectos de su personalidad, como su rendimiento laboral, crédito, fiabilidad, conducta, etc. 2. Los Estados miembros permitirán, sin perjuicio de lo dispuesto en los demás artículos de la presente Directiva, que una persona pueda verse sometida a una de las decisiones contempladas en el apartado 1 cuando dicha decisión: a) se haya adoptado en el marco de la celebración o ejecución de un contrato, siempre que la petición de celebración o ejecución del contrato presentada por el interesado se haya satisfecho o que existan medidas apropiadas, como la posibilidad de defender su punto de vista, para la salvaguardia de su interés legítimo; o b) esté autorizada por una ley que establezca medidas que garanticen el interés legítimo del interesado*". Por lo cual, observando la antigua legislación y, el artículo 22 del (RGPD), cabe mencionar que se trata de una previsión de la cautela frente a los algoritmos, y la toma basada en las decisiones sobre las personas, en tomar decisiones sobre los mismos. Por tanto, la aplicación de la limitación ésta condicionada a los siguientes requisitos, primeramente el tipo de la decisión que ese resuelve puesto que establece decisiones que producen efectos jurídicos o afecten a la elaboración de los perfiles al respecto se puede citar el Considerando 71 del (RGPD)[17] que menciona: "*El interesado debe tener derecho a no ser objeto de una decisión, que puede incluir una medida, que evalúe aspectos personales relativos a él, y que se base únicamente en el tratamiento automatizado y produzca efectos jurídicos en él o le afecte significativamente de modo similar, como la denegación automática de una solicitud de crédito en línea o los servicios de contratación en red en los que no medie*

15. Palma Ortigosa, Adrián. (2019). "*Decisiones automatizadas en el RGPD. El uso de algoritmos en el contexto de la protección de datos*". Revista General de Derecho Administrativo. Editorial Iustel Madrid. p. 3
16. Directiva 95/46/CE del Parlamento Europeo y del Consejo de Estado de 24 de octubre de 1995 relativa a la protección de las personas físicas en lo que respecta al tratamiento de datos personales y a la libre circulación de estos datos. Diario Oficial de las Comunidades Europeas. p. L 281/43. DOUE-L-1995-81678 (Disposición Derogada) www.boe.es>Buscar.
17. Reglamento (UE) 2016/679 del Parlamento Europeo y del Consejo de 27 de abril de 2016 relativo a la protección de las personas físicas en lo que respecta al tratamiento de datos personales y a la libre circulación de estos datos y por el que se deroga la Directiva 95/46/CE. p. L119/14 (Reglamento general de protección de datos) https://www.boe.es>doue.

intervención humana alguna. Este tipo de tratamiento incluye la elaboración de perfiles consistente en cualquier forma de tratamiento de los datos personales que evalúe aspectos personales relativos a una persona física, en particular para analizar o predecir aspectos relacionados con el rendimiento en el trabajo, la situación económica, la salud, las preferencias o intereses personales, la fiabilidad o el comportamiento, la situación o los movimientos del interesado, en la medida en que produzca efectos jurídicos en él o le afecte significativamente de modo similar. Sin embargo, se deben permitir las decisiones basadas en tal tratamiento, incluida la elaboración de perfiles, si lo autoriza expresamente el Derecho de la Unión o de los Estados miembros aplicable al responsable del tratamiento, incluso con fines de control y prevención del fraude y la evasión fiscal, realizada de conformidad con las reglamentaciones, normas y recomendaciones de las instituciones de la Unión o de los órganos de supervisión nacionales y para garantizar la seguridad y la fiabilidad de un servicio prestado por el responsable del tratamiento, o necesario para la conclusión o ejecución de un contrato entre el interesado y un responsable del tratamiento, o en los casos en los que el interesado haya dado su consentimiento explícito. En cualquier caso, dicho tratamiento debe estar sujeto a las garantías apropiadas, entre las que se deben incluir la información específica al interesado y el derecho a obtener intervención humana, a expresar su punto de vista, a recibir una explicación de la decisión tomada después de tal evaluación y a impugnar la decisión. Tal medida no debe afectar a un menor", Por lo cual, serán perfiles que evalúen aspectos personales relativos a una persona física, en particular para analizar el rendimiento laboral, su situación económica, su salud preferencias o, intereses personales, su comportamiento o movimientos del interesado. Por otro lado, hay ciertas prohibiciones, como una decisión final aplicable al ciudadano o, ciudadana.

4. LA NO PROHIBICIÓN O, PROHIBICIÓN Y, LAS EXCEPCIONES EN EL RGPD SOBRE LA I.A

Supuestamente, no será en los casos en que el tratamiento de datos automatizados no haya finalizado en ninguna decisión , en los que sí se pueden encontrar los tratamientos masivos en big data, en las que recolectan mucha información de datos por lo que, se analizarán para encontrar mucha información de datos que esta oculta tales como patrones que superan los medios normales o, tradicionales de procesamiento por lo cual, no permiten analizar esta gran cantidad de datos que han sido capturados es el caso de los asistentes de datos como Siri o, Alexa. Por otro lado, se puede prohibir en las decisiones que se basen únicamente en el tratamiento como indica en su Considerando 71 del (RGPD)[18] al señalar: "En cualquier caso, dicho tratamiento debe estar sujeto a las garantías apropiadas, entre las que se deben incluir la información específica al interesado y el derecho a obtener intervención humana, a expresar su punto de vista, a recibir una explicación de la decisión tomada después de tal evaluación y a impugnar la decisión. Tal medida no debe afectar a

18. Reglamento (UE) 2016/679 del Parlamento Europeo y del Consejo de 27 de abril de 2016 relativo a la protección de las personas físicas en lo que respecta al tratamiento de datos personales y a la libre circulación de estos datos y por el que se deroga la Directiva 95/46/CE. p. L119/14 (Reglamento general de protección de datos) https://www.boe.es>doue.

un menor", al hilo cabe mencionar el artículo 13 de la (LOPD)[19] que señala: "1. El derecho de acceso del afectado se ejercitará de acuerdo con lo establecido en el artículo 15 del Reglamento (UE) 2016/679. Cuando el responsable trate una gran cantidad de datos relativos al afectado y este ejercite su derecho de acceso sin especificar si se refiere a todos o a una parte de los datos, el responsable podrá solicitarle, antes de facilitar la información, que el afectado especifique los datos o actividades de tratamiento a los que se refiere la solicitud. 2. El derecho de acceso se entenderá otorgado si el responsable del tratamiento facilitara al afectado un sistema de acceso remoto, directo y seguro a los datos personales que garantice, de modo permanente, el acceso a su totalidad. A tales efectos, la comunicación por el responsable al afectado del modo en que este podrá acceder a dicho sistema bastará para tener por atendida *la solicitud de ejercicio del derecho. No obstante, el interesado podrá solicitar del responsable la información referida a los extremos previstos en el artículo 15.1 del Reglamento (UE) 2016/679 que no se incluyese en el sistema de acceso remoto. 3. A los efectos establecidos en el artículo 12.5 del Reglamento (UE) 2016/679 se podrá considerar repetitivo el ejercicio del derecho de acceso en más de una ocasión durante el plazo de seis meses, a menos que exista causa legítima para ello. 4. Cuando el afectado elija un medio distinto al que se le ofrece que suponga un coste desproporcionado, la solicitud será considerada excesiva, por lo que dicho afectado asumirá el exceso de costes que su elección comporte. En este caso, solo será exigible al responsable del tratamiento la satisfacción del derecho de acceso sin dilaciones indebidas*", por lo que, se atiende al (RGPD) y al mismo tiempo conforma los las medidas que puede ostentar el usuario, así como impugnar, acudir a recabar información, como manifiesta el artículo 13. párrafo 2º[20] de la (LOPD) al señalar: "*El derecho de acceso se entenderá otorgado si el responsable del tratamiento facilitara al afectado un sistema de acceso remoto, directo y seguro a los datos personales que garantice, de modo permanente, el acceso a su totalidad. A tales efectos, la comunicación por el responsable al afectado del modo en que este podrá acceder a dicho sistema bastará para tener por atendida la solicitud de ejercicio del derecho. No obstante, el interesado podrá solicitar del responsable la información referida a los extremos previstos en el artículo 15.1 del Reglamento (UE) 2016/679 que no se incluyese en el sistema de acceso remoto*", al respecto como manifiesta el artículo 15. párrafo 1º (RGPD)[21]: "*1. El interesado tendrá derecho a obtener del responsable del tratamiento confirmación de si se están tratando o no datos personales que le conciernen y, en tal caso, derecho de acceso a los datos personales y a la siguiente información: a) los fines del tratamiento; b) las categorías de datos personales de que se trate; c) los destinatarios o las categorías de destinatarios a los que se comunicaron o serán comunicados los datos*

19. Ley Orgánica 3/2018, de 5 de diciembre de Protección de Datos Personales y garantía de derechos digitales. Jefatura del Estado. Boletín Oficial del Estado (BOE) Madrid. N. Boletín 294.p. 19 http: //www.boe.es>pdf>BOE-A-2018-16673-Consolidado.

20. Ley Orgánica 3/2018, de 5 de diciembre de Protección de Datos Personales y garantía de derechos digitales. Jefatura del Estado. Boletín Oficial del Estado (BOE) Madrid. N. Boletín 294.p. 20 http: //www.boe.es>pdf>BOE-A-2018-16673-Consolidado.

21. Reglamento (UE) 2016/679 del Parlamento Europeo y del Consejo de 27 de abril de 2016 relativo a la protección de las personas físicas en lo que respecta al tratamiento de datos personales y a la libre circulación de estos datos y por el que se deroga la Directiva 95/46/CE. p. L119/46 (Reglamento general de protección de datos) https://www.boe.es>doue.

personales, en particular destinatarios en terceros u organizaciones internacionales; d) de ser posible, el plazo previsto de conservación de los datos personales o, de no ser posible, los criterios utilizados para determinar este plazo; e) la existencia del derecho a solicitar del responsable la rectificación o supresión de datos personales o la limitación del tratamiento de datos personales relativos al interesado, o a oponerse a dicho tratamiento; f) el derecho a presentar una reclamación ante una autoridad de control; g) cuando los datos personales no se hayan obtenido del interesado, cualquier información disponible sobre su origen; h) la existencia de decisiones automatizadas, incluida la elaboración de perfiles, a que se refiere el artículo 22, apartados 1 y 4, y, al menos en tales casos, información significativa sobre la lógica aplicada, así como la importancia y las consecuencias previstas de dicho tratamiento para el interesado.", por lo que en sí el artículo 22 del (RGPD)[22] apartados 1 y 4 manifiestan: "*Todo interesado tendrá derecho a no ser objeto de una decisión basada únicamente en el tratamiento automatizado, incluida la elaboración de perfiles, que produzca efectos jurídicos en él o le afecte significativamente de modo similar. 4. Las decisiones a que se refiere el apartado 2 no se basarán en las categorías especiales de datos personales contempladas en el artículo 9, apartado 1, salvo que se aplique el artículo 9, apartado 2, letra a) o g), y se hayan tomado medidas adecuadas para salvaguardar los derechos y libertades y los intereses legítimos del interesado*" y, el artículo 9 apartado 2 letra a) y g) del (RGPD)[23] señala: "2. *El apartado 1 no será de aplicación cuando concurra una de las circunstancias siguientes: a) el interesado dio su consentimiento explícito para el tratamiento de dichos datos personales con uno o más de los fines especificados, excepto cuando el Derecho de la Unión o de los Estados miembros establezca que la prohibición mencionada en el apartado 1 no puede ser levantada por el interesado; g) el tratamiento es necesario por razones de un interés público esencial, sobre la base del Derecho de la Unión o de los Estados miembros, que debe ser proporcional al objetivo perseguido, respetar en lo esencial el derecho a la protección de datos y establecer medidas adecuadas y específicas para proteger los intereses y derechos fundamentales del interesado*", en este caso podría ser cuando hay una llamada telefónica y antes de comenzar la conversación le comenta un robot la (LOPD) y, en segundo caso como elemento de fines médicos o, otro tipo de investigaciones en el caso del Covid-19, al hilo cabe mencionar a la autora Gil[24] manifiesta: "*Los datos para obtener estos conocimientos provendrán tanto de las personas como de los objetos, y con mayor énfasis a medida que el denominado internet de las cosas se generalice*", por tanto el Siri o, Alexa están unidos a la autopista de internet.

22. Reglamento (UE) 2016/679 del Parlamento Europeo y del Consejo de 27 de abril de 2016 relativo a la protección de las personas físicas en lo que respecta al tratamiento de datos personales y a la libre circulación de estos datos y por el que se deroga la Directiva 95/46/CE. p. L119/14 (Reglamento general de protección de datos) https://www.boe.es>doue.
23. Reglamento (UE) 2016/679 del Parlamento Europeo y del Consejo de 27 de abril de 2016 relativo a la protección de las personas físicas en lo que respecta al tratamiento de datos personales y a la libre circulación de estos datos y por el que se deroga la Directiva 95/46/CE. p. L119/38 (Reglamento general de protección de datos) https://www.boe.es>doue.
24. Gil González, Elena (2016) "*Big Data, Privacidad y Protección de Datos*". Editorial Agencia Española de Protección de Datos. Madrid. p. 29.

5. LA TRANSPARENCIA DEL SIRI O, DE ALEXA

Al respecto, en el tratamiento previo a la intervención tanto del Siri o, Alexa debe ser leal y transparente en este sentido cabe mencionar el (RGPD)[25] 5. párrafo 1º a) que señala: "*1. Los datos personales serán: a) tratados de manera lícita, leal y transparente en relación con el interesado («licitud, lealtad y transparencia»)*", del mismo modo cabe citar la (LOPD)[26] en su artículo 11 que menciona: "*1. Cuando los datos personales sean obtenidos del afectado el responsable del tratamiento podrá dar cumplimiento al deber de información establecido en el artículo 13 del Reglamento (UE) 2016/679 facilitando al afectado la información básica a la que se refiere el apartado siguiente e indicándole una dirección electrónica u otro medio que permita acceder de forma sencilla e inmediata a la restante información. 2. La información básica a la que se refiere el apartado anterior deberá contener, al menos: a) La identidad del responsable del tratamiento y de su representante, en su caso. b) La finalidad del tratamiento. c) La posibilidad de ejercer los derechos establecidos en los artículos 15 a 22 del Reglamento (UE) 2016/679. Si los datos obtenidos del afectado fueran a ser tratados para la elaboración de perfiles, la información básica comprenderá asimismo esta circunstancia. En este caso, el afectado deberá ser informado de su derecho a oponerse a la adopción de decisiones individuales automatizadas que produzcan efectos jurídicos sobre él o le afecten significativamente de modo similar, cuando concurra este derecho de acuerdo con lo previsto en el artículo 22 del Reglamento (UE) 2016/679. 3. Cuando los datos personales no hubieran sido obtenidos del afectado, el responsable podrá dar cumplimiento al deber de información establecido en el artículo 14 del Reglamento (UE) 2016/679 facilitando a aquel la información básica señalada en el apartado anterior, indicándole una dirección electrónica u otro medio que permita acceder de forma sencilla e inmediata a la restante información. En estos supuestos, la información básica incluirá también: a) Las categorías de datos objeto de tratamiento. b) Las fuentes de las que procedieran los datos*", lo que implicará el aseguramiento de los datos personales, de forma que tengan en cuenta los posibles riesgos e intereses para del interesado al respecto la autora Gil[27] manifiesta: "*debe hacer frente a determinados retos o limitaciones. En concreto, algunos de los retos más importantes (dejando de lado las dificultades técnicas de almacenamiento o investigación computacional) son: el riesgo de caer en conclusiones erróneas que nadie revisa; el riesgo que para las personas pueda tener tomar decisiones automatizadas sin un sesgo humano; y, el riesgo para la privacidad de las personas. En este epígrafe analizaremos los dos primeros riesgos de modo somero, para después centrar el resto de los capítulos de la investigación en los problemas que plantea sobre la privacidad y la protección de datos*", del mismo modo cabe mencionar la Carta

25. Reglamento (UE) 2016/679 del Parlamento Europeo y del Consejo de 27 de abril de 2016 relativo a la protección de las personas físicas en lo que respecta al tratamiento de datos personales y a la libre circulación de estos datos y por el que se deroga la Directiva 95/46/CE. p. L119/38 (Reglamento general de protección de datos) https://www.boe.es>doue.
26. Ley Orgánica 3/2018, de 5 de diciembre de Protección de Datos Personales y garantía de derechos digitales. Jefatura del Estado. Boletín Oficial del Estado (BOE) Madrid. N. Boletín 294.p. 18. http: //www.boe.es>pdf>BOE-A-2018-16673-Consolidado.
27. Gil González, Elena (2016) "*Big Data, Privacidad y Protección de Datos*". Editorial Agencia Española de Protección de Datos. Madrid. p.32.

Europea de Derechos Fundamentales de la Unión Europea[28] que en su artículo 8. párrafo 1º señala: "*Toda persona tiene derecho a la protección de los datos de carácter personal que le conciernan*", al hilo cabe mencionar el Tribunal Supremo de España[29] que analiza el Derecho a la intimidad así cabe citar sus Fundamentos de Derecho Segundo párrafo 1 que señala:" *Por suerte, que el derecho fundamental a la intimidad personal otorga a su titular cuando menos una facultad negativa o de exclusión, que impone a terceros el deber de abstención de intromisiones, salvo que estén fundadas en una previsión legal que tenga justificación constitucional y que sea proporcionada, o que exista un consentimiento eficaz del afectado que lo autorice, pues corresponde a cada persona acotar el ámbito de intimidad personal que reserva al conocimiento ajeno*", del mismo modo cabe citar entre la doctrina al autor Prieto[30] que menciona: " *El proveedor de un servicio de comunicaciones electrónicas disponible para el público deberá adoptar las medidas técnicas y de gestión adecuadas para preservar la seguridad de sus servicios, teniendo en cuenta que dichas medidas garantizarán un nivel de seguridad adecuado al riesgo existente*", por lo que debe se debe aplicar el (RGPD), así como la (LOPD).

6. LA APLICACIÓN DEL SIRI EN LA GEOLOCALIZACIÓN EN ESPAÑA

De esta forma, cabe mencionar la Ley Orgánica de Protección de Datos Personales y garantía de derechos digitales (LOPD) Española que señala [31] en su artículo 1º: "la protección de las personas físicas en lo que respecta al tratamiento de sus datos personales", al hilo cabe mencionar la Sentencia del Tribunal Supremo[32] que menciona en sus racionamientos jurídicos segundo: "las garantías en la protección de los derechos de los ciudadanos", por lo que el Siri debe seguir unos estándares de garantías en el (RGPD) como menciona el autor Fernández[33]: " La Agencia Española de Protección DE DATOS (AEPD) concluye que los sistemas generales de cifrado son insuficientes para el intercambio de información con las garantías que se precisan en el Reglamento". Por otro lado y, siguiendo con el (RGPD) establece de acorde con la aplicación de las demás garantías, que el Reglamento establece, si bien adaptadas a las condiciones y tratamiento y circunstancias específicas de este tipo de tratamiento, de esta forma cabe mencionar el (RGPD) en su Considerando 50[34] que manifiesta: " El tratamiento de datos personales

28. Carta Europea de Derechos Fundamentales de la Unión Europea (30/03/2012) D.O.U.E. p. C/83/393.www.boe.es>doue
29. Tribunal Supremo (Sala Primera de lo Civil) (Ponente: Vela Torres, Pedro José) (sentencia 485/2016 de 14/ de julio) Rec.1805/2015. LA LEY 82421/2016.
30. Prieto Andrés, Antonio (2002). (Nº 5620) (Tomo 5) "*La nueva Directiva europea sobre tratamiento de datos personales y la protección a la intimidad en el sector de las telecomunicaciones*". Diario La Ley, Año XXIII. Editorial La Ley Madrid (Las Rozas). p.1711.
31. Ley Orgánica 3/2018, de 5 de diciembre de Protección de Datos Personales y garantía de derechos digitales. Jefatura del Estado. Boletín Oficial del Estado (BOE) Madrid. N. Boletín 294.p.119800. http: //www.boe.es>buscar/act.docphp?id=BOE-A-2018-16673.
32. Tribunal Supremo (Sala Tercera de lo Contencioso-administrativo, Sección 1ª) (Ponente: Román García, Fernando) (Auto del 15 de noviembre 2019). Rec.4739/2019. LA LEY 161731/2019.
33. Fernández Burgueño, Pablo (2017) (Nº3) "*La obligación de cifrado de la información en el Reglamento de Protección de datos*". Editorial Woters Klumer. La Ley Las Rozas (Madrid). p. 3.
34. Reglamento (UE) 2016/679 del Parlamento Europeo y del Consejo de 27 de abril de 2016 relativo a la protección de las personas físicas en lo que respecta al tratamiento de datos personales y a la libre circulación de estos datos

con fines distintos de aquellos para los que hayan sido recogidos inicialmente solo debe permitirse cuando sea compatible con los fines de su recogida inicial. En tal caso, no se requiere una base jurídica aparte, distinta de la que permitió la obtención de los datos personales. Si el tratamiento es necesario para el cumplimiento de una misión realizada en interés público o en el ejercicio de poderes públicos conferidos al responsable del tratamiento, los cometidos y los fines para los cuales se debe considerar compatible y lícito el tratamiento ulterior se pueden determinar y especificar de acuerdo con el Derecho de la Unión o de los Estados miembros. Las operaciones de tratamiento ulterior con fines de archivo en interés público, fines de investigación científica e histórica o fines estadísticos deben considerarse operaciones de tratamiento lícitas compatibles. La base jurídica establecida en el Derecho de la Unión o de los Estados miembros para el tratamiento de datos personales también puede *servir de base jurídica para el tratamiento ulterior. Con objeto de determinar si el fin del tratamiento ulterior es compatible con el fin de la recogida inicial de los datos personales, el responsable del tratamiento, tras haber cumplido todos los requisitos para la licitud del tratamiento original, debe tener en cuenta, entre otras cosas, cualquier relación entre estos fines y los fines del tratamiento ulterior previsto, el contexto en el que se recogieron los datos, en particular las expectativas razonables del interesado basadas en su relación con el responsable en cuanto a su uso posterior, la naturaleza de los datos personales, las consecuencias para los interesados del tratamiento ulterior previsto y la existencia de garantías adecuadas tanto en la operación de tratamiento original como en la operación de tratamiento ulterior prevista*". Por tanto, el responsable del tratamiento de datos será tanto en Siri en caso de Apple o, Google, en otros Smartphone, al hilo como menciona el artículo 5. párrafo 2º del (RGPD)[35] : "*El responsable del tratamiento será responsable del cumplimiento de lo dispuesto en el apartado 1 y capaz de demostrarlo («responsabilidad proactiva»)*", por lo que deberá tener condiciones en la adopción de la circunstancia causada al usuario.

7. LA RELEVANCIA BIOMÉTRICA EN EL SIRI O, ALEXA

Por tanto, en los diseños de estas herramientas de Siri o, Alexa se tiene que basar en la utilización de datos estrictos o, necesarios. Puesto que la instalación de estos sistemas debe de tener una gran reflexión el ciudadano o, la ciudadana sobre el servicio que le tiene que prestar y, por supuesto la autoevaluación puede ser contradictoria cuando se añaden más datos que los que se necesitan, por lo cual se tendrá que generar más tratamiento de datos como garantía de la privacidad. Por lo que, tanto el Siri como Alexa al instalarlos se les añade un correo electrónico de esta forma actuaría como elemento de identidad en la contratación a distancia y su verificación en las gestiones de carácter no presencial por lo que se debe atender al Considerando 64 del (RGPD)[36] que menciona: "*El responsable*

---

y por el que se deroga la Directiva 95/46/CE. p. L119/9-L119/10 (Reglamento general de protección de datos) https://www.boe.es>doue

35. Reglamento (UE) 2016/679 del Parlamento Europeo y del Consejo de 27 de abril de 2016 relativo a la protección de las personas físicas en lo que respecta al tratamiento de datos personales y a la libre circulación de estos datos y por el que se deroga la Directiva 95/46/CE.p.L119/36 (Reglamento general de protección de datos) https://www.boe.es>doue.
36. Reglamento (UE) 2016/679 del Parlamento Europeo y del Consejo de 27 de abril de 2016 relativo a la protección de las personas físicas en lo que respecta al tratamiento de datos personales y a la libre circulación de estos datos y

del tratamiento debe utilizar todas las medidas razonables para verificar la identidad de los interesados que soliciten acceso, en particular en el contexto de los servicios en línea y los identificadores en línea. El responsable no debe conservar datos personales con el único propósito de poder responder a posibles solicitudes". Por lo cual, la ausencia de presencia física de las partes tanto Apple o, Google que participan el proceso de contratación se pueden plantear serios problemas en la validación de la identidad de ciudadano y, la ciudadana o, mediante la intermediación de una contraseña generalmente a través de los teléfonos móviles por lo que evita que la recepción del Código de verificación se produzca en el dispositivo actuando por medio de los SMS o, servicios de mensajes cortos Short Message Service. Por tanto, son privacidad por diseño, pero no por medio de la privacidad por defecto, puesto que se superan en menor uso para su privacidad, para obtener mayor seguridad, garantizándose con una clave en el caso de Siri o, de Alexa mediante un reconocimiento de voz, al hilo como menciona la autora Gil[37]: *"Se considera que una persona es identificada cuando la información disponible indica directamente a quién pertenece, sin necesidad de realizar una averiguación posterior"*. Por tanto, puede identificarse a la persona mediante los ficheros que están informatizados en el Siri o, Alexa esta última dependiendo de Google.

8. LA TRANSFERENCIA DE DATOS A TERCEROS PAÍSES MEDIANTE EL SIRI O, ALEXA

Asimismo, cabe mencionar la Instrucción 1/2000, de 1 de diciembre, de la Agencia Española de Protección de Datos, relativa a las normas que se rigen los movimientos internacionales de Datos[38] como menciona la Nota Primera "La presente Instrucción será de aplicación a cualquier supuesto de transferencia internacional de datos de carácter personal. A tal efecto, se considera transferencia internacional de datos toda transmisión de los mismos fuera del territorio español. En particular, se consideran como tales las que constituyan una cesión o comunicación de datos y las que tengan por objeto la realización de un tratamiento de datos por cuenta del responsable del fichero. A los efectos de esta instrucción, se entiende por transmitente la persona física o jurídica, pública o privada, responsable del fichero o tratamiento de los datos de carácter personal que son objeto de transferencia internacional, y por destinatario la persona física o jurídica, pública o privada, situada fuera del territorio español que recibe los datos transferidos" y, siguiendo en la Nota Tercera párrafo 3º[39] de la misma norma señala: "En caso de que la transferencia internacional se refiera a datos contenidos en un fichero ya inscrito en el Registro General

---

por el que se deroga la Directiva 95/46/CE.p.L119/12 (Reglamento general de protección de datos) https://www.boe.es>doue.

37. Gil González, Elena (2016) "*Big Data, Privacidad y Protección de Datos*". Editorial Agencia Española de Protección de Datos. Madrid. p. 47.
38. Instrucción 1/2000, de 1 de diciembre, de la Agencia Española de Protección de Datos, relativa a las normas que se rigen los movimientos internacionales de Datos. I Disposiciones generales. Agencia Española de Protección de Datos. Boletín Oficial del Estado (BOE) Madrid. N. Boletín 301. p.44254. BOE-A-2000-22726. www.boe.es>Buscar.
39. Instrucción 1/2000, de 1 de diciembre, de la Agencia Española de Protección de Datos, relativa a las normas que se rigen los movimientos internacionales de Datos. I Disposiciones generales. Agencia Española de Protección de Datos. Boletín Oficial del Estado (BOE) Madrid. N. Boletín 301. p.44255. BOE-A-2000-22726. www.boe.es>Buscar.

de Protección de Datos, no constando la transferencia en la inscripción, el responsable del fichero deberá solicitar una modificación de la misma, notificando los extremos a los que se refiere el párrafo anterior", por lo que el representante de datos deberá dar cuenta a la Agencia Española de Protección , para su modificación, también en la Nota Cuarta de la misma norma[40] menciona: " Si la transferencia se funda en lo establecido en la Decisión 2000/520/CE de la Comisión de las Comunidades Europeas, «sobre la adecuación de la protección conferida por los principios de Puerto Seguro para la protección de la vida privada y las correspondientes preguntas más frecuentes, publicadas por el Departamento de Comercio de los Estados Unidos», quien pretenda efectuar la transferencia deberá acreditar que el destinatario se encuentra entre las entidades que se han adherido a los principios, así como que el mismo se encuentra sujeto a la jurisdicción de uno de los organismos públicos estadounidenses que figuran en el Anexo VII de la citada Decisión", por lo cual la Decisión de la Comisión de 26 de julio de 2000 con arreglo a la Directiva 95/46/CE del Parlamento Europeo y del Consejo, sobre la adecuación de la protección conferida por los principios de puerto seguro para la protección de la vida privada y las correspondientes preguntas más frecuentes, publicadas por el Departamento de Comercio de Estados Unidos de América[41] en su Anexo VII señala: "los organismos públicos estadounidenses, facultados para investigar las quejas que se presenten y solicitar medidas provisionales contra las prácticas desleales o fraudulentas, así como reparaciones para los particulares, independientemente de su país de residencia o de su nacionalidad, en caso de incumplimiento de los principios aplicados de conformidad con las FAQ, serán los siguientes: 1) La Federal Trade Commission y 2) El Departamento de Transporte de Estados Unidos de América." Por lo tanto, esta norma europea deja al margen de investigación a terceros países extracomunitarios puesto que son dueños de Siri y Google, al hilo el autor Fernández[42] menciona: "Por otra parte, tanto las legislaciones de los distintos países como los estudios que se llevan a cabo en España sobre su *naturaleza y alcance, se encuentran en un proceso de evolución permanente; por esta razón la relación de países tiene un carácter abierto, que deberá ser continuada y completada, en paralelo con la evolución de los dictámenes adoptados por la Comisión y los estudios correspondientes*". Por lo que, el legislador europeo dejo una puesta abierta a terceros países respecto al derecho del usuario u, usuaria del Siri o, de Alexa mediante el (RGPD)[43] en su artículo 44 al mencionar: "*Solo se realizarán transferencias de datos personales que sean objeto de tratamiento o vayan a serlo tras su transferencia a un tercer país u organización internacional*

40. Instrucción 1/2000, de 1 de diciembre, de la Agencia Española de Protección de Datos, relativa a las normas que se rigen los movimientos internacionales de Datos. I Disposiciones generales. Agencia Española de Protección de Datos. Boletín Oficial del Estado (BOE) Madrid. N. Boletín 301. p.44256. BOE-A-2000-22726. www.boe.es>Buscar.
41. Decisión de la Comisión de 26 de julio de 2000 con arreglo a la Directiva 95/46/CE del Parlamento Europeo y del Consejo, sobre la adecuación de la protección conferida por los principios de puerto seguro para la protección de la vida privada y las correspondientes preguntas más frecuentes, publicadas por el Departamento de Comercio de Estados Unidos de América. Diario Oficial de las Comunidades Europeas. p. L 215/47. Eur.lex.europa>legal-content>TXT>PDF;
42. Fernández López, Juan Manuel (1999) (nº30-31) *"Flujo internacional de datos"*. Informática y Derecho. Revista Iberoamericana de Derecho Informático. Editorial Universidad Nacional a Distancia. Madrid.p.193.
43. Reglamento (UE) 2016/679 del Parlamento Europeo y del Consejo de 27 de abril de 2016 relativo a la protección de las personas físicas en lo que respecta al tratamiento de datos personales y a la libre circulación de estos datos y por el que se deroga la Directiva 95/46/CE. p. L119/60 (Reglamento general de protección de datos) https://www.boe.es>doue.

si, a reserva de las demás disposiciones del presente Reglamento, el responsable y el encargado del tratamiento cumplen las condiciones establecidas en el presente capítulo, incluidas las relativas a las transferencias ulteriores de datos personales desde el tercer país u organización internacional a otro tercer país u otra organización internacional. Todas las disposiciones del presente capítulo se aplicarán a fin de asegurar que el nivel de protección de las personas físicas garantizado por el presente Reglamento no se vea menoscabado", por lo tanto toda información de los usuarios u, usuarias de Siri o, Alexa estarán bajo el (RGPD), incluso Google y, en el mismo sentido cabe mencionar el artículo 49.5 del (RGPD)[44] que menciona: "*En ausencia de una decisión por la que se constate la adecuación de la protección de los datos, el Derecho de la Unión o de los Estados miembros podrá, por razones importantes de interés público, establecer expresamente límites a la transferencia de categorías específicas de datos a un tercer país u organización internacional. Los Estados miembros notificarán a la Comisión dichas disposiciones*". Por tanto, estarán los usuarios u, usuarias del Siri o, Alexa de terceros países extracomunitarios protegidos por el (RGPD) si la información recabada en los ficheros automatizados vienen a Europa a todo, esto cabe contemplar el (RGPD)[45] en su Considerando 102 que señala: "*El presente Reglamento se entiende sin perjuicio de los acuerdos internacionales celebrados entre la Unión y terceros países que regulan la transferencia de datos personales, incluidas las oportunas garantías para los interesados. Los Estados miembros pueden celebrar acuerdos internacionales que impliquen la transferencia de datos personales a terceros países u organizaciones internacionales siempre que dichos acuerdos no afecten al presente Reglamento ni a ninguna otra disposición del Derecho de la Unión e incluyan un nivel adecuado de protección de los derechos fundamentales de los interesados*", por lo que la Unión Europea puede llegar a acuerdos entre países extracomunitarios tanto para defender tanto a sus ciudadanos y ciudadanas, como así a los ciudadanos y ciudadanas de los países excomunitarios, al hilo, cabe mencionar la Sentencia de Justicia de la Unión Europea[46] en su Marco Jurídico 8 señala: "*La rápida evolución tecnológica y la globalización han planteado nuevos retos para la protección de los datos personales La magnitud de la recogida y del intercambio de datos personales y la libre circulación de estos Las personas físicas difunden un volumen cada vez mayor de información personal a escala mundial. La tecnología ha transformado tanto la economía como la vida social, y ha de facilitar aún más la libre circulación de datos personales dentro de la Unión y la transferencia a terceros países, garantizando al mismo tiempo un elevado nivel de protección de los datos personales*".

44. Reglamento (UE) 2016/679 del Parlamento Europeo y del Consejo de 27 de abril de 2016 relativo a la protección de las personas físicas en lo que respecta al tratamiento de datos personales y a la libre circulación de estos datos y por el que se deroga la Directiva 95/46/CE. p. L119/32 (Reglamento general de protección de datos) https://www.boe.es>doue.
45. Reglamento (UE) 2016/679 del Parlamento Europeo y del Consejo de 27 de abril de 2016 relativo a la protección de las personas físicas en lo que respecta al tratamiento de datos personales y a la libre circulación de estos datos y por el que se deroga la Directiva 95/46/CE. p. L119/19 (Reglamento general de protección de datos) https://www.boe.es>doue.
46. Tribunal de Justicia de la Unión Europea (Sala Gran Sala) (Ponente: Von Danwitz, Thomas) (Sentencia 16 de Julio de 2020), C-311/2018. LA LEY 69249/2020.

9. LA TRANSFERENCIA DE DATOS DE SIRI O, ALEXA ENTRE LOS PAÍSES DE LA UNIÓN EUROPEA

Por tanto, atendiendo el (RGPD) [47] en su artículo 1. párrafo 3° menciona: "La libre circulación de los datos personales en la Unión no podrá ser restringida ni prohibida por motivos relacionados con la protección de las personas físicas en lo que respecta al tratamiento de datos personales", por lo cual siempre se debe de respetar la norma y, siempre mediante una adecuación adoptada por la Comisión como aclara el (RGPD)[48] en su artículo 49. párrafo 5° que menciona: "En ausencia de una decisión por la que se constate la adecuación de la protección de los datos, el Derecho de la Unión o de los Estados miembros podrá, por razones importantes de interés público, establecer expresamente límites a la transferencia de categorías específicas de datos a un tercer país u organización internacional. Los Estados miembros notificarán a la Comisión dichas disposiciones". Por lo que, la Comisión Europea velará sobre la protección de datos entre países integrantes de la Unión Europea e, incluso entre otros terceros países extracomunitarios. Por otro lado, cabe mencionar en el (RGPD)[49] en su artículo 49. párrafo 1° que menciona: "las normas corporativas vinculantes, una transferencia o un conjunto de transferencias de datos personales a un tercer país u organización internacional únicamente se realizará si se cumple alguna de las condiciones siguientes: a) el interesado haya dado explícitamente su consentimiento a la transferencia propuesta, tras haber sido informado de los posibles riesgos para él de dichas transferencias debido a la ausencia de una decisión de adecuación y de garantías adecuadas; b) la transferencia sea necesaria para la ejecución de un contrato entre el interesado y el responsable del tratamiento o para la ejecución de medidas precontractuales adoptadas a solicitud del interesado; c) la transferencia sea necesaria para la celebración o ejecución de un contrato, en interés del interesado, entre el responsable del tratamiento y otra persona física o jurídica; d) la transferencia sea necesaria por razones importantes de interés público; e) la transferencia sea necesaria para la formulación, el ejercicio o la defensa de reclamaciones; f) la transferencia sea necesaria para proteger los intereses vitales del interesado o de otras personas, cuando el interesado esté física o jurídicamente incapacitado para dar su consentimiento; g) la transferencia se realice desde un registro público que, con arreglo al Derecho de la Unión o de los Estados miembros, tenga por objeto facilitar información al público y esté abierto a la consulta del público en general o de cualquier persona que pueda acreditar un interés legítimo, pero sólo en la medida en que se cumplan, en cada caso particular, las condiciones que

47. Reglamento (UE) 2016/679 del Parlamento Europeo y del Consejo de 27 de abril de 2016 relativo a la protección de las personas físicas en lo que respecta al tratamiento de datos personales y a la libre circulación de estos datos y por el que se deroga la Directiva 95/46/CE. p. L119/32 (Reglamento general de protección de datos) https://www.boe.es>doue.

48. Reglamento (UE) 2016/679 del Parlamento Europeo y del Consejo de 27 de abril de 2016 relativo a la protección de las personas físicas en lo que respecta al tratamiento de datos personales y a la libre circulación de estos datos y por el que se deroga la Directiva 95/46/CE. p. L119/65 (Reglamento general de protección de datos) https://www.boe.es>doue.

49. Reglamento (UE) 2016/679 del Parlamento Europeo y del Consejo de 27 de abril de 2016 relativo a la protección de las personas físicas en lo que respecta al tratamiento de datos personales y a la libre circulación de estos datos y por el que se deroga la Directiva 95/64/CE.p.L119/65 (Reglamento general de protección de datos) https://www.boe.es>doue.

establece el Derecho de la Unión o de los Estados miembros para la consulta", por tanto no solamente el legislador europeo defenderá al usuario o usuaria capacitado del Siri o, la Alexa también las personas que estén jurídicamente incapacitadas y , les hayan regalado un iPhone o, un smartphone que a su vez estén unidos con Alexa, exceptuando el artículo del (RGPD)[50] 49.3 que señala: "no serán aplicables a las actividades llevadas a cabo por las autoridades públicas en el ejercicio de sus poderes públicos", por lo que estos datos puesto que son I.A., no puede intervenir sin la previa autorización judicial en caso de fraudes u, homicidios, aunque son elementos claves para saber el hecho delictivo causado.

10. CONSIDERACIONES FINALES

1. El uso de algoritmos tanto por medio en los teléfonos móviles de IPhone mediante el Siri u, otros Smartphones conectados mediante Google y a su vez mediante un aplicativo a Alexa está aumentando progresivamente, como fruto de estos sistemas. Por lo que, lo que el legislador español, así como el legislador europeo optó por dar respuestas legales a los problemas que han surgido a sus usuarios o, usuarias.

2. Tanto la LOPD, que se legisló tardíamente por el legislador español se adaptó al RGPD, apostando para el establecimiento por una regulación clara y, específica por lo que concede tanto sus usuarios y, usuarias una protección en sus datos, por lo que tendrá que cumplir sus deberes los responsables que llevan el tratamiento de datos.

3. El artículo 22 del RGPD, reconoce la muestra concreta tanto de los perfiles en el Siri o, la Alexa lo que concreta que en estas bases automatizadas el responsable debe de llevar su respectivo tratamiento.

4. El RGPD mediante su legislación expresa la libertad de circulación de datos siempre sometiéndose a la norma que está establecida y, al mismo tiempo mediante el Considerando 102 abre las puertas a posibles acuerdos entre la Unión Europea y países extracomunitarios.

5. Al respecto, también podrá actuar en el Siri o, la Alexa las Autoridades públicas para el esclarecimiento de un presunto homicidio, siempre con la pertinente autorización judicial.

11. REFERENCIAS

Fernández Burgueño, Pablo (2017) (N. 3) *"La obligación de cifrado de la información en el Reglamento de Protección de datos"*. Editorial Woters Klumer. La Ley Las Rozas (Madrid).

Fernández López, Juan Manuel (1999) (nº30-31) *"Flujo internacional de datos"*. Informática y Derecho. Revista Iberoamericana de Derecho Informático. Editorial Universidad Nacional a Distancia. Madrid.

Gil González, Elena (2016) *"Big Data, Privacidad y Protección de Datos"*. Editorial Agencia Española de Protección de Datos. Madrid.

Palma Ortigosa, Adrián. (2019). *"Decisiones automatizadas en el RGPD. El uso de algoritmos en el contexto de la protección de datos"*. Revista General de Derecho Administrativo. Editorial Iustel Madrid.

Ponce Solé, Juli (2019) (Nº50). *"Inteligencia artificial, Derecho administrativo y reserva de humanidad: algoritmos y procedimiento administrativo debido tecnológico"*. Revista General de Derecho Administrativo. Editorial Iustel (Madrid).

Prieto Andrés, Antonio (2002). (Nº 5620) (Tomo 5) "*La nueva Directiva europea sobre tratamiento de datos personales y la protección a la intimidad en el sector de las telecomunicaciones*". Diario La Ley, Año XXIII. Editorial La Ley Madrid (Las Rozas).

Puyol Montero, Javier (2009). (Coord. Zabía de la Mata, J) "*Derecho de oposición a decisiones basadas en un tratamiento de datos*" en, A.A. V.V., "*Protección de datos, Comentarios al Reglamento* "Editorial Lex Nova (Valladolid).

Troncoso Reigada, Antonio (2012) (Nº43) "*Hacia un nuevo marco jurídico europeo de la protección de datos personales*". Revista Española de Derecho Europeo Editorial Marcial Pons. Madrid.

CONSTITUCIÓN

Constitución Española (2003). Editorial Aranzadi S.A. Cizur Menor (Navarra).

LEGISLACIÓN ESPAÑOLA Y LEGISLACIÓN EUROPEA E INTERNACIONAL

Ley Orgánica 3/2018, de 5 de diciembre de Protección de Datos Personales y garantía de derechos digitales. Jefatura del Estado. Boletín Oficial del Estado (BOE) Madrid. N. Boletín 294. http: //www.boe.es>pdf>BOE-A-2018-16673-Consolidado.

Instrumento de Ratificación de España del Pacto Internacional de los Derechos Civiles y Políticos, hecho en Nueva York el 19 de diciembre de 1966. Jefatura del Estado. Boletín Oficial del Estado (BOE) Madrid. N. Boletín 103. Documento BOE- A-1977-10733- BOE.es. www.boe>Buscar.

Instrucción 1/2000, de 1 de diciembre, de la Agencia Española de Protección de Datos, relativa a las normas que se rigen los movimientos internacionales de Datos. I Disposiciones generales. Agencia Española de Protección de Datos. Boletín Oficial del Estado (BOE) Madrid. N. Boletín 301. BOE-A-2000-22726. www.boe.es>Buscar.

Directiva 95/46/CE del Parlamento Europeo y del Consejo de Estado de 24 de octubre de 1995 relativa a la protección de las personas físicas en lo que respecta al tratamiento de datos personales y a la libre circulación de estos datos. Diario Oficial de las Comunidades Europeas. (Disposición Derogada) www.boe.es>Buscar.

Decisión de la Comisión de 26 de julio de 2000 con arreglo a la Directiva 95/46/CE del Parlamento Europeo y del Consejo, sobre la adecuación de la protección conferida por los principios de puerto seguro para la protección de la vida privada y las correspondientes preguntas más frecuentes, publicadas por el Departamento de Comercio de Estados Unidos de América. Diario Oficial de las Comunidades Europeas. Eur.lex.europa>legal-content>TXT>PDF.

Tratado de la Unión Europea y el Tratado Constitutivo de la Comunidad Europea, firmado en la capital portuguesa el 13 de diciembre de 2007. Jefatura del Estado. Boletín Oficial del Estado (BOE) Madrid. N. Boletín 184. Documento Consolidado BOE- A-2008-13033-BOE.es. www.boe.es>Buscar.

Carta Europea de Derechos Fundamentales de la Unión Europea (30/03/2012) D.O.U.E.www.boe.es>doue.

Reglamento (UE) 2016/679 del Parlamento Europeo y del Consejo de 27 de abril de 2016 relativo a la protección de las personas físicas en lo que respecta al tratamiento de datos personales y a la libre circulación de estos datos y por el que se deroga la Directiva 95/46/CE. (Reglamento general de protección de datos) https://www.boe.es>doue.

Declaración Universal de los Derechos Humanos. Adoptada y proclamada por la Asamblea General en su resolución 217 A (III), de 10 de diciembre de 1948. Un.org/es/universal-declaration-human-rights/.

JURISPRUDENCIA

Tribunal Constitucional (Pleno) (Ponente González Campos, Julio Diego) (Sentencia 292/2000 de 30 de noviembre) Rec.1463/2000. LA LEY 11336/2000.

Tribunal Supremo (Sala Primera de lo Civil) (Ponente: Vela Torres, Pedro José) (sentencia 485/2016 de 14/ de julio) Rec.1805/2015. LA LEY 82421/2016.

Tribunal Supremo (Sala Tercera de lo Contencioso-administrativo, Sección 1ª) (Ponente: Román García, Fernando) (Auto del 15 de noviembre 2019). Rec.4739/2019. LA LEY 161731/2019.

Tribunal de Justicia de la Unión Europea (Sala Gran Sala) (Ponente: Von Danwitz, Thomas) (Sentencia 16 de Julio de 2020), C-311/2018. LA LEY 69249/2020.

18
AS RELAÇÕES ENTRE ALGORITMOS, CRIPTOGRAFIA, E ASSINATURAS DIGITAIS E O SEU EMPREGO NA INTELIGÊNCIA ARTIFICIAL

Fabiano Menke

Professor Associado de Direito Civil da Graduação e da Pós-Graduação da Faculdade de Direito da UFRGS. Mestre em Direito pela UFRGS e Doutor em Direito pela Universidade de Kassel, Alemanha. Advogado.

1. INTRODUÇÃO

O tema proposto deste ensaio é o das relações entre criptografia, algoritmos e assinaturas digitais e sua possível aplicabilidade à identificação nas aplicações de inteligência artificial. Esses conceitos já são conhecidos do ambiente jurídico e é possível dizer que foram reunidos a partir da edição da Medida Provisória 2.200, de 28 de junho de 2001 e suas subsequentes edições, consolidadas na segunda edição deste texto legal, Medida Provisória 2.200-2, que vigora indefinidamente, em face do previsto na Emenda Constitucional 32 de 2001.

O objetivo deste artigo é o de, num primeiro momento, esclarecer os conceitos de algoritmos, criptografia e assinaturas digitais, explicando a sua relação, para que, num segundo momento, se perquira acerca de se poderão, em alguma medida, ser aplicados no âmbito da inteligência artificial.

2. OS CONCEITOS DE ALGORITMOS, CRIPTOGRAFIA E ASSINATURAS DIGITAIS

Inicie-se pelo conceito de algoritmo, que nos últimos tempos passou a receber maior atenção da área jurídica. Calha a menção a exemplos de utilização de algoritmos, como o do estudo do genoma humano, no qual se procede a análise das sequências de informações que integram o DNA a partir do emprego de complexos algoritmos. Na Internet, o acesso quase instantâneo a um sem número de informações também é possibilitado pelos algoritmos.

A palavra chave que explica o que seja um algoritmo é "problema", e, mais precisamente, a solução para um problema a partir da definição de uma sequência de etapas que levarão ao resultado final. Numa acepção mais ampla, é possível dizer, cuida-se de resolver qualquer problema, como até mesmo os procedimentos necessários para a preparação de uma receita culinária.

De modo mais específico, e para o que mais tem desafiado a seara jurídica, o algoritmo pode ser conceituado como qualquer procedimento computacional bem definido, que incorpora um valor, ou conjunto de valores, com uma entrada de dados (*input*) e uma informação produzida pelo computador (*output*), sendo o algoritmo a sequência de etapas computacionais que transforma a informação de entrada na informação de saída[1]. Trata-se de programa de computador ou até mesmo de desenho de um *hardware* que segue uma descrição precisa de um procedimento.

De forma sinteticamente descrita, o algoritmo é uma sequência de instruções a ser seguida para obter um resultado[2]. Não há como deixar de fazer a relação do algoritmo com a lógica e com o silogismo, e, na condução do raciocínio mais uma vez para a esfera jurídica, vem à lembrança do jurista a lição de Lawrence Lessig de que o código acaba por se tornar direito no espaço virtual[3].

Isso significa dizer que os atores que desenvolvem algoritmos, determinando as instruções a serem seguidas por determinada solução de sistema, influenciam as consequências no mundo dos fatos, moldando comportamentos, e tomam, em certa medida, espaço da regulação. Daí a necessidade, no dizer de Lessig, de o Direito regular o código do programador.

Na evolução dos algoritmos computacionais de inteligência artificial tem-se um avanço digno de registro: com as técnicas de *machine learning*, os dados alimentados no sistema são utilizados para gerar um novo algoritmo, obtendo-se como resultado que a programação inicial, com o conhecimento desenvolvido pela máquina, reste por criar um novo algoritmo[4].

Passando para o conceito de assinatura digital, calha, num primeiro momento, realizar uma precisão terminológica, que permitirá inclusive abordar simultaneamente o conceito de criptografia. E essa precisão terminológica se faz ainda mais necessária

---

1. Acerca do conceito, ver CORMEN, Thomas H.; LEISERSON, Charles E.; RIVEST, Ronald L.; STEIN, Clifford. *Introduction to Algorithms*. 3. ed. Cambridge: The MIT Press, 2009.
2. Consoante BURNETT, Steve; PAINE, Stephen. *Criptografia e Segurança:* o guia oficial RSA. Tradução Edson Fumankiewicz. Rio de Janeiro: Campus, 2002, p. 14, "a palavra 'algoritmo' é um termo científico para uma receita ou procedimento passo a passo. Ela é uma lista de instruções ou coisas a serem feitas em uma determinada ordem. Um algoritmo talvez tenha uma lista rígida de comandos a ser seguida ou talvez contenha uma série de perguntas e, dependendo das respostas, descreve os passos apropriados a serem seguidos. Um algoritmo matemático talvez liste as operações a serem realizadas em uma ordem em particular para 'encontrar x'. Por exemplo, um algoritmo de diagnóstico de automóvel pode fazer perguntas sobre a pressão do óleo, torque, níveis de fluido, temperatura e outros itens para determinar o que há de errado. Um programa de computador também pode implementar um algoritmo, o que significa que o programa converte a lista de comandos, perguntas e operações do algoritmo em uma linguagem de computador, permitindo que ele realize os passos em uma ordem apropriada. Na criptografia computadorizada, os algoritmos são às vezes operações matemáticas complexas ou apenas manipulações de bits. Existem vários algoritmos de criptografia e cada um tem sua própria lista particular de comandos ou passos. Assim como você pode ter um programa que jogue paciência ou um que compute a trajetória de satélites, você pode ter um programa que implemente um algoritmo de criptografia que receba seus dados e os converta em algo sem sentido".
3. LESSIG, Lawrence. *Code. Version 2.0*. New York: Basic Books, 2006.
4. DOMINGOS, Pedro. *O algoritmo mestre*. São Paulo: Novatec, 2017.

levando-se em consideração que foi editada no Brasil, em 23 de setembro de 2020, a Lei 14.063, que dispõe sobre o uso de assinaturas eletrônicas em interações com os entes públicos.

Inicialmente, considere-se que a assinatura digital tem sido localizada como uma espécie de assinatura eletrônica, ou seja, enquanto esse termo abrange o leque de métodos de comprovação de autoria mencionados, e até mesmo outros que possam vir a ser criados, a palavra "assinatura digital" refere-se exclusivamente ao procedimento de autenticação[5] baseado na criptografia assimétrica. Há, pois, uma diferença entre as nomenclaturas "assinatura eletrônica" e "assinatura digital", que não poderão ser utilizadas como sinônimas.[6]

Indique-se, por oportuno e pela importância que pode desempenhar no desenvolvimento posterior da resposta à pergunta a ser formulada neste trabalho, que se costuma associar modalidades de assinaturas eletrônicas, como a assinatura digital, não apenas com a função de substituição da função de assinatura, mas também com a denominada função de confirmação da identidade: por exemplo, ao visitar um sítio de Internet que requeira identificação, o indivíduo pode se valer de uma assinatura digital para comprovar sua identidade e ter acesso a determinadas informações[7].

É possível mencionar exemplos de assinaturas eletrônicas que não são assinaturas digitais[8]. Dentre esses, menciona-se a digitação do nome no final de uma mensagem

5. Relembre-se que no contexto desse escrito, "autenticação" não será utilizada no sentido relacionado à sua tradicional acepção da função notarial, mas sim à ideia de identificação do autor de determinada declaração de vontade, conforme o emprego do termo pela área da tecnologia da informação.
6. Sobre as diferenças, ver ADAMS, Carlisle; LLOYD, Steve. *Understandig Public-Key Infrastructure:* concepts, standards, and deployment considerations. Indianapolis: New Riders, 1999. p. 189. Os autores norte-americanos observam que não há acordo universal acerca do significado destes termos, todavia, dizem que seria mais correta a definição de assinatura eletrônica como qualquer assinatura que possa ser representada eletronicamente. Isso poderia ser desde uma assinatura manuscrita digitalizada (com a utilização do aparelho *scanner*) até uma assinatura digital de criptografia de chave pública. Assim, a assinatura digital seria espécie da classe de assinaturas referidas como assinaturas eletrônicas. Ver também BURNETT, Steve; PAINE, Stephen. *Criptografia e Segurança:* o guia oficial RSA. Tradução Edson Fumankiewicz. Rio de Janeiro: Campus, 2002, p. 261. Estes autores assim se pronunciam sobre o tema: "Em termos simples, uma assinatura eletrônica é um símbolo ou método qualquer, realizado por um meio eletrônico, que é executado ou adotado por uma parte com uma intenção presente de ser associado e autenticado por um registro. Uma assinatura eletrônica pode ser criada por qualquer meio eletrônico. [...] Ao contrário, uma assinatura digital refere-se a uma implementação de criptografia de chave pública em particular".
7. Pense-se no exemplo da obtenção de um extrato no *homebanking* ou das informações do contribuinte perante a Receita Federal,
8. Tendo em vista a precisão da definição apresentada no Guia para a incorporação ao direito interno da Lei Modelo da Uncitral, calha a sua citação: "o escopo de várias técnicas atualmente disponíveis no mercado, ou ainda em desenvolvimento, é o de oferecer os meios técnicos pelos quais algumas ou todas as funções identificadas como características das assinaturas manuscritas podem ser desempenhadas em um ambiente eletrônico. Tais técnicas podem ser, em sentido largo, denominadas de 'assinaturas eletrônicas' [...] por exemplo, certas técnicas seriam respaldadas na autenticação por meio de dispositivos biométricos baseados em assinaturas manuscritas. Em tais dispositivos, o signatário assinaria manualmente, utilizando uma caneta especial, ou em uma tela de computador ou em uma planilha digital. A assinatura manuscrita seria então analisada pelo computador e armazenada como um conjunto de valores numéricos, que poderia ser anexado a uma mensagem de dados e recuperada pelo relying party para fins de conferência da autoria. Um tal sistema de comprovação de autoria seria baseado no pressuposto de que amostras da assinatura manuscrita tenham sido previamente analisadas e armazenadas utilizando o dispositivo biométrico. Outras técnicas compreenderiam a utilização de números de identificação pessoal (os PINs), versões digitalizadas de assinaturas manuscritas, e outros métodos, como o clicar numa opção de uma janela de diálogo". UNCITRAL *Model Law on Electronic Signatures with Guide to Enactment*, Nova Iorque, 2002, p. 20-21, tradução livre.

ou em arquivo de texto, a inserção da imagem da assinatura manuscrita de uma pessoa (assinatura digitalizada) em documento eletrônico, os dados de *login* e senha, a utilização de outros elementos biométricos, como impressão digital, reconhecimento facial, identificação pela íris, geometria da mão, reconhecimento de voz, entre outros.

Por seu turno, a espécie de assinatura eletrônica denominada assinatura digital, baseada na criptografia assimétrica, foi a opção adotada pela Medida Provisória 2.200-2 de 2001 para realizar a equivalência funcional com a assinatura manuscrita.

Essa equiparação se deu a partir do aproveitamento do artigo 131 do Código Civil de 1916, hoje reproduzido integralmente no artigo 219 do Código Civil de 2002[9]. De acordo com o Art. 10, §1°, da Medida Provisória 2.200-2: "*As declarações constantes dos documentos em forma eletrônica produzidos com a utilização de processo de certificação disponibilizado pela ICP-Brasil presumem-se verdadeiros em relação aos signatários, na forma do art. 131 da Lei 3.071, de 1° de janeiro de 1916 – Código Civil*".

Como já registrado[10], tanto o artigo 131 do Código Civil de como o artigo 219 do Código Civil de 2002, ao preverem que serão consideradas verdadeiras em relação ao signatário as declarações assinadas, têm por finalidade atribuir uma presunção relativa[11] de autoria às mensagens assinadas de próprio punho.

Ao transpor esse dispositivo para o meio eletrônico, a Medida Provisória 2.200-2 atribuiu presunção (também relativa) de autoria ao documento eletrônico assinado com certificado digital da ICP-Brasil[12]. Apesar de a Medida Provisória 2.200-2 ter, em seu artigo 1°, feito referência ao escopo de garantir "a validade jurídica" dos documentos em forma eletrônica[13], esta "garantia da validade jurídica" significa primordialmente o intuito de afastar entendimentos que discriminem as manifestações de vontade exaradas pelo meio eletrônico, pelo simples fato de terem sido produzidas neste meio. É o reconhecimento do postulado que no âmbito da UNCITRAL leva a nomenclatura de princípio da não-discriminação[14].

---

9. A redação do artigo 219 do Código Civil é a seguinte: "As declarações constantes de documentos assinados presumem-se verdadeiras em relação aos signatários."
10. MENKE, Fabiano. *Assinatura Eletrônica no Direito Brasileiro*. São Paulo: Ed. RT, 2005, p. 138-139.
11. As presunções relativas admitem prova em contrário, diferentemente das presunções absolutas. Acerca da presunção contida no artigo 131 do Código Civil de 1916, ainda em 1918 Eduardo Espínola comentava: "O art. 131 do Código Civil fornece uma presunção, que pode ser afastada pela prova contrária. Toda vez que apresentar um documento assinado por alguém, é de presumir que as declarações ali feitas são verdadeiras, isto é, procedem do próprio signatário, que, destarte, lhes quis atribuir os efeitos conforme à sua natureza ou à índole do ato jurídico que teve em vista". Breves Anotações ao Código Civil Brasileiro. Salvador: Joaquim Ribeiro, 1918, v.1, p. 417.
12. Há que se acrescentar à presunção de autoria a presunção de integridade da mensagem, ou seja, a de que o seu conteúdo não foi alterado. Esta presunção advém da combinação de dois fatores: 1) utilização da criptografia assimétrica, que proporciona a possibilidade de se tomar conhecimento acerca de eventual alteração do conteúdo do documento e; 2) confirmação positiva de que o documento efetivamente não foi alterado.
13. Dispositivo com a seguinte redação: "Fica instituída a Infraestrutura de Chaves Públicas Brasileira - ICP-Brasil, para garantir a autenticidade, a integridade e a validade jurídica de documentos em forma eletrônica, das aplicações de suporte e das aplicações habilitadas que utilizem certificados digitais, bem como a realização de transações eletrônicas seguras".
14. Com efeito, determina o artigo 5° da Lei Modelo de Comércio Eletrônico da UNCITRAL: "*Article 5. Legal recognition of data messages: Information shall not be denied legal effect, validity or enforceability solely on the grounds that it is in the form of a data message.*" No guia para a incorporação da Lei Modelo, consta o seguinte comentário ao artigo 5°: "*Article 5 embodies the fundamental principle that data messages should not be discriminated against, i.e., that there*

Consoante a previsão da Lei 14.063, de 23 de setembro de 2020[15], são três as espécies de assinaturas eletrônicas: a assinatura eletrônica simples, a assinatura eletrônica avançada e a assinatura eletrônica qualificada.[16]

A assinatura digital, desta feita, consiste em espécie do gênero assinatura eletrônica, e representa um dos meios de associação, dentre os diversos existentes, de um indivíduo a uma declaração de vontade veiculada eletronicamente, ou de sua identificação perante sistemas.

No que diz respeito ao conceito de criptografia, associa-se o seu emprego com as técnicas para a comunicação segura entre múltiplas partes na presença de atacantes ou adversários[17].

Com relação especificamente ao objeto desse estudo, e a relação entre os conceitos trabalhados, a assinatura digital é viabilizada pelo emprego da criptografia assimétrica ou criptografia de chaves públicas. Para uma melhor compreensão da criptografia assimétrica, é preciso fazer uma rápida passagem pelas características da criptografia simétrica. A criptografia simétrica é bastante antiga, havendo registros de que já era conhecida na época das guerras helênicas, na Mesopotâmia e no Egito. Sua utilização original esteve relacionada a finalidades militares, para a codificação das comunicações encetadas entre os chefes de Estado e os comandantes dos exércitos. Simon Singh relata que "o primeiro documento que usou uma cifra de substituição para propósitos militares aparece nas *Guerras da Gália* de Júlio César."[18] O método empregado por Júlio César era o do *alfabeto cifrado*, de acordo com o qual cada letra da mensagem era substituída pela terceira letra subsequente do alfabeto. Assim, o texto original "veni, vidi, vici", cifrado, ficava assim: "YHQL, YLGL, YLFL".

O destinatário da mensagem deveria ter prévio conhecimento dessa substituição, ou seja, do número exato de letras que foi avançado (a denominada chave ou código, como se chama na linguagem técnica da criptografia), a fim de que pudesse compreender o conteúdo.

---

should be no disparity of treatment between data messages and paper documents. It is intended to apply notwithstanding any statutory requirements for a writing or an original."

15. A referida lei dispõe sobre o uso de assinaturas eletrônicas em interações com entes públicos, em atos de pessoas jurídicas e em questões de saúde e sobre as licenças de *softwares* desenvolvidos por entes públicos; e altera a Lei 9.096, de 19 de setembro de 1995, a Lei 5.991, de 17 de dezembro de 1973, e a Medida Provisória 2.200-2, de 24 de agosto de 2001.
16. A assinatura eletrônica qualificada é aquele que utiliza o certificado digital ICP-Brasil, consoante o art. 10, §1º, da MP 2.200-2.
17. ARANHA, Diego F. O que é criptografia fim a fim e o que devemos fazer a respeito? *In:* DONEDA, Danilo. (Org.). *Caderno especial*: a regulação da criptografia no direito brasileiro. São Paulo: Thomson Reuters, 2018, p. 27-39.
18. SINGH, Simon. *O Livro dos Códigos*. Tradução de Jorge Calife. 2. ed. Rio de Janeiro: Record, 2002, p. 26. Vale referir trecho da obra: "César descreve como enviou uma mensagem para Cícero, que estava cercado e prestes a se render. Ele substituiu as letras do alfabeto romano por letras gregas, tornando a mensagem incompreensível para o inimigo. César descreve a dramática entrega da mensagem: o mensageiro recebeu instruções para que, se não pudesse se aproximar, jogasse uma lança com a mensagem amarrada por uma tira de couro, dentro das fortificações do campo... Com medo, o gaulês arremessou a lança como fora instruído. Por acaso a arma encravou-se em uma torre e passou dois dias sem ser vista pelos nossos soldados, até que, no terceiro dia, um soldado a viu, retirando-a e entregando a mensagem para Cícero. Ele a leu e depois recitou em voz alta para a tropa em formação, trazendo grande alegria para todos".

Veja-se que, na criptografia simétrica, os interlocutores compartilham o código (ou chave) de cifração e de decifração da mensagem. E mais, utilizam o mesmo código para esses dois processos de ocultar e tornar claro o texto. É fácil de perceber que essas características da criptografia simétrica implicam em limitações ou dificuldades para que seja adotada como mecanismo de maior segurança no âmbito da contemporânea sociedade da informação.

O fato de haver um compartilhamento do código ou chave de cifração entre as pessoas que realizarão a comunicação ou o negócio tem um desdobramento no aspecto jurídico que não poderá ser desprezado. É que, no caso de haver fraude, ou suspeita de comprometimento do código ou chave, ambos os polos da relação serão, pelo menos de início, considerados como pontos onde a vulnerabilidade pode ter sido causada. Como abaixo se verá, a criptografia assimétrica afasta este potencial de imputação a ambas as partes do vazamento da chave.

Por outro lado, outra dificuldade da criptografia simétrica localiza-se na necessidade de que previamente à comunicação entre duas pessoas que a utilizarão será necessário um contato para que elas convencionem o código a ser utilizado.

E, por fim, há o problema de escala, ou seja, a chave que Carlos utilizar para se comunicar com Maria deverá necessariamente ser diferente daquela que utilizará na interlocução com Pedro, caso contrário, não terá a garantia da confidencialidade e da autoria da mensagem. Numa comunidade de 1.000 usuários, Carlos precisaria de 999 chaves diferentes para que a confidencialidade das mensagens não fosse comprometida. Daí pode-se imaginar os complicadores de sua aplicação para um universo maior de pessoas, como aquele verificado numa sociedade de massas.

A criptografia assimétrica ou de chave pública, por seu turno, foi desenvolvida mais recentemente, a partir de estudos feitos nos anos 1970 pelos pesquisadores norte-americanos Whitfield Diffie, Martin Hellman e Ralph Merkle, considerados os inventores dos conceitos de criptografia de chave pública.[19] Ela consiste num método que utiliza duas chaves, uma a ser aplicada pelo remetente e outra pelo receptor da mensagem, e é sobre esse conceito que se funda a criação da chamada assinatura digital. As chaves são denominadas chave pública e chave privada, ou privativa.

A chave privada é de único e exclusivo domínio do titular da chave de assinatura, enquanto que a chave pública poderá ser amplamente divulgada. Elas constituem combinação de letras e números bastante extensa, que não são criadas pelo usuário, mas sim por programas de computador. Fundamental neste contexto é que as chaves se complementam e atuam em conjunto. O remetente "assina" a sua mensagem aplicando a ela a sua chave privada (que fica armazenada, usualmente, em cartões inteligentes,[20]

19. SINGH, Simon. *O Livro dos Códigos*. Tradução de Jorge Calife. 2. ed. Rio de Janeiro: Record, 2002, p. 305.
20. BURNETT, Steve; PAINE, Stephen. *Criptografia e Segurança:* o guia oficial RSA. Tradução Edson Fumankiewicz. Rio de Janeiro: Campos, 2002, p. 60: "Um cartão inteligente é simplesmente um cartão plástico, semelhante a um cartão de crédito, que contém um microprocessador. Um dos objetivos dos fornecedores de cartões inteligentes é substituir a versão atual dos cartões de crédito. Assim como cartões de crédito com faixas magnéticas substituíram os cartões mais simples impressos em relevo, a esperança é que os cartões inteligentes substituirão os cartões de crédito. Mas pelo fato de os cartões inteligentes conterem pequenos computadores, eles serão capazes de fazer outras coisas além de servir como cartões de crédito." Outro equipamento importante para o funcionamento dos cartões

dispositivos similares a um cartão de crédito), enquanto que o receptor, ao receber a mensagem, aplicará a chave pública do remetente, que consta no certificado digital, para verificar se ela efetivamente dele se originou.

A princípio não é possível derivar uma chave privada a partir da respectiva chave pública, a menos que seja empregado um esforço computacional considerável. As chaves criptográficas assimétricas podem possuir tamanho variável – de acordo com o grau de segurança desejado – e serão tanto mais seguras quanto maiores forem. Na ICP-Brasil, por exemplo, as chaves criptográficas da denominada Autoridade Certificadora Raiz chegam a 4096 bits, valor este que pode ser revisto conforme o desenvolvimento da técnica.[21]

É neste ponto, no conceito de assinatura digital, que são empregados os algoritmos, uma vez que são os algoritmos de criptografia assimétrica que geram os pares de chaves que agregarão a segurança da sua unicidade, e, portanto, de sua vinculação exclusiva a um titular[22].

Os programas de computador do receptor fazem uma conferência, e se houver correspondência entre as chaves, a mensagem abrirá com uma confirmação positiva, o que garantirá a presunção da origem bem como da integridade do conteúdo, ou seja, de sua não alteração no caminho percorrido na rede.

Cabe, neste momento, a comparação com a criptografia simétrica, que, como visto, utiliza a mesma chave tanto para a cifração quanto para a decifração da mensagem. É justamente a diversidade das chaves presente na criptografia assimétrica que permite a comunicação com um universo ilimitado, e, fundamentalmente, que não se tenha que conhecer previamente o interlocutor e com ele ter contato prévio, algo bastante necessário numa sociedade como a da atualidade, que tem por característica marcante a impessoalidade.

Repise-se esta fundamental característica da criptografia assimétrica: não ocorre, como na criptografia simétrica, a necessidade operacional de compartilhamento da chave secreta entre as partes. Há, aqui, um desdobramento de índole jurídica que vai no sentido oposto ao anteriormente descrito, pois, na criptografia assimétrica apenas a parte que tem a posse ou o controle sobre a chave privada é que será imputável pelas vicissitudes que com ela ocorram.

Dito de outro modo, há um ônus de guarda e cuidado alocados ao único titular da chave privada, não havendo como, pela natureza do procedimento como ocorre a distribuição das chaves, imputar o comprometimento da chave ou a autoria de determinada declaração àquele que não tilulariza a chave privada, a menos que se considere a prática de ato ilícito, o que geraria um novo desdobramento na seara da responsabilidade civil.

inteligentes é a leitora, que consiste em dispositivo no qual o cartão inteligente é inserido para o processamento das informações nele constantes. Existem leitoras inseridas até mesmo em teclados.

21. Ver, quanto à questão, o interessante artigo de BERTOL, Viviane Regina Lemos: O que esperar da cadeia V5 da ICP-Brasil. *CryptoID*. Disponível em: https://cryptoid.com.br/banco-de-noticias/o-que-esperar-da-cadeia-v5-da-icp-brasil/. Acesso em: 30 set. 2020.

22. Não se ignora que essa agregação de segurança demanda ainda uma vinculação do par de chaves ao seu titular de forma segura, de modo que se evite o máximo possível erros na identificação.

Acerca do ponto, cabe a lição de Augusto Marcacini[23], no sentido de que:

"A desvantagem é que não teremos a quem culpar, pela eventual negligência em manter a chave privada segura, já que a apropriação indevida dessa chave pode ser considerada o maior risco que afeta a segurança do sistema. Portando, toda a cautela possível deve ser tomada na proteção da chave privada pelo seu titular".

Esta característica é confirmada pelo disposto no parágrafo único do art. 6º da Medida Provisória 2.200-2[24]: "O par de chaves criptográficas será gerado sempre pelo próprio titular e sua chave privada de assinatura será de seu exclusivo controle, uso e conhecimento."

Importante salientar que no processo de aposição de uma assinatura digital em documento eletrônico, o texto em si que é assinado não é criptografado, mas apenas o seu resumo. O texto da mensagem, portanto, trafega pelo seu percurso virtual de modo que pode ser lido por qualquer pessoa que o interceptar. Isso se deve ao fato de que a criptografia assimétrica tem a desvantagem de ser lenta.[25] Na prática, qualquer mensagem – não importando o tamanho, se de 10 bytes ou de 10.000 bytes – é condensada em 20 bytes.[26] O resumo da mensagem ou função *hash* é um algoritmo que recebe uma informação de qualquer tamanho e a transforma em dado de largura fixa. Portanto, para se ganhar em velocidade, cifra-se o resumo da mensagem ou do arquivo e não o conteúdo da mensagem em si.

3. ASSINATURA DIGITAL PARA A INTELIGÊNCIA ARTIFICIAL?

Abordados os conceitos precedentes, chega-se à pergunta deste ensaio: é possível, e até mesmo útil ou necessário, integrar à inteligência artificial a assinatura digital? Primeiramente, e tendo em vista que a obra em que se encontra o presente trabalho diz respeito à inteligência artificial, não se tem por foco no presente texto, abordar a sua conceituação de forma mais ampla.

De modo sucinto, todavia, pode-se conceituá-la como a "habilidade de um sistema de interpretar corretamente dados externos, aprender a partir desses dados e usar o aprendizado para alcançar objetivos e tarefas específicos por meio da adaptação flexível"[27]. Há que se perceber o conceito como a ampla aptidão de máquinas e sistemas aprenderem,

23. MARCACINI, Augusto Tavares Rosa. *Direito e informática*: uma abordagem jurídica sobre a criptografia. Rio de Janeiro: Forense, 2002, p. 115.
24. É o seguinte o teor do caput do art. 6º da MP 2.200-2: "Às AC, entidades credenciadas a emitir certificados digitais vinculando pares de chaves criptográficas ao respectivo titular, compete emitir, expedir, distribuir, revogar e gerenciar os certificados, bem como colocar à disposição dos usuários listas de certificados revogados e outras informações pertinentes e manter registro de suas operações."
25. BURNETT, Steve; PAINE, Stephen. *Criptografia e Segurança:* o guia oficial RSA. Tradução Edson Fumankiewicz. Rio de Janeiro: Campus, 2002, p. 120.
26. BURNETT, Steve; PAINE, Stephen. *Criptografia e Segurança:* o guia oficial RSA. Tradução Edson Fumankiewicz. Rio de Janeiro: Campus, 2002, p. 120.
27. STEIBEL, Fabio. VICENTE, Victor Freitas. VIEIRA DE JESUS, Diego Santos. Possibilidades e potenciais da utilização da inteligência artificial. *In:* FRAZÃO, Ana; MULHOLLAND, Caitlin (Coord.). *Inteligência artificial e direito*: ética, regulação e responsabilidade. São Paulo: Thomson Reuters, 2019, p. 54. Ver ainda: FLASI SKI, Mariusz. *Introduction to Artificial Intelligence*. Cham: Springer, 2016.

e de também perceberem os dados, bem como controlarem, moverem e manipularem objetos, tendo como substrato as informações aprendidas[28].

A resposta à pergunta, desde logo se adianta, é no sentido positivo: a assinatura digital pode e em alguns casos até deverá ser conjugada com a inteligência artificial. Considerados os conceitos acima abordados, de assinatura digital e de assinatura eletrônica, em que se apontou que a assinatura digital é espécie de assinatura eletrônica, poder-se-ia reformular o questionamento, inquirindo-se sobre se outras modalidades de assinatura eletrônica seriam passíveis de integração com a inteligência artificial. Também aqui a resposta será positiva.

Em síntese, o argumento seria o seguinte: tendo em vista que a função primordial das assinaturas eletrônicas é a de identificação, em sentido lato, e considerando-se que há o interesse e por vezes a necessidade de que *hardware* e *software* de inteligência artificial sejam identificados, conclui-se pela viabilidade de que assinaturas eletrônicas sejam empregadas no contexto da inteligência artificial.

Importante observação é a de que há um interesse na identificação de sistemas de inteligência artificial, pela preponderante razão de índole jurídica, que se preocupa com a questão da imputação de uma conduta ou de uma manifestação de vontade a um sujeito de direito.

Não se discorrerá aqui acerca do tema da atribuição de personalidade jurídica à inteligência artificial[29], uma vez que a questão ora proposta independe dessa relevante indagação, podendo-se exemplificar com a figura dos condomínios, que, mesmo sem gozar do atributo de personalidade jurídica, demanda a identificação, e pode, inclusive, titularizar certificado digital no âmbito da denominada ICP-Brasil.

Novamente, o ponto central é o da vinculação da conduta ou da manifestação de vontade a um sujeito de direito.

O interesse pela identificação do sistema de inteligência artificial para fins de imputação é aspecto sobre o qual a doutrina chama a atenção. Frank Pasquale, por exemplo, sugeriu que um robô sempre deve indicar a identidade de seu criador, controlador ou proprietário.[30]

E o Parlamento Europeu aprovou uma Resolução ("Disposições de Direito Civil sobre Robótica") que, em caráter recomendativo, prevê, em anexo contendo diretrizes

28. Introdução. 2. Os conceitos de algoritmos, criptografia e assinaturas digitais. STEIBEL, Fabio. VICENTE, Victor Freitas. VIEIRA DE JESUS, Diego Santos. Possibilidades e potenciais da utilização da inteligência artificial. *In:* FRAZÃO, Ana; MULHOLLAND, Caitlin (Coord.). *Inteligência artificial e direito*: ética, regulação e responsabilidade. São Paulo: Thomson Reuters, 2019, p. 55.
29. Nos dedicamos ao assunto em trabalho conjunto com José Faleiros: FALEIROS JÚNIOR, José Luiz de Moura; MENKE, Fabiano. "*Teilrechtsfähigkeit*": uma proposta para a responsabilização civil dos robôs dotados de Inteligência Artificial na perspectiva do direito civil alemão. *Migalhas*, Ribeirão Preto. Disponível em: http://s.migalhas.com.br/S/C067F2. Acesso em: 30 set. 2020.
30. PASQUALE, Frank. Toward a fourth law of robotics: Preserving attribution, responsibility, and explainability in an algorithmic society. *University of Maryland Legal Studies Research Papers*, Baltimore, n. 21, p. 1-13, jul. 2017. Disponível em: http://ssrn.com/abstract=3002546. Acesso em: 20 jul. 2020.

aos criadores, que se garanta que os robôs sejam identificados como robôs ao interagirem com humanos[31].

Em suma, com a crescente utilização das soluções de inteligência artificial, pavimenta-se o caminho para o incremento da implementação de mecanismos de identificação que atestem que a relação está sendo travada, numa, ou em ambas as pontas, com *hardware* ou *software* de inteligência artificial, e, mais do que isso, que se individualize o titular do sistema.

No que diz respeito à assinatura digital ICP-Brasil, calharia ainda a pergunta acerca da viabilidade da emissão do certificado digital para sistemas e equipamentos. E, mais uma vez, a resposta a essa pergunta é afirmativa.

Consoante deixam claras as regras infralegais da ICP-Brasil, essa é uma possibilidade. Isso porque está prevista a emissão de certificados digitais para pessoas naturais, para pessoas jurídicas e para equipamentos, consoante o documento denominado Requisitos Mínimos para as Políticas de Certificado na ICP-Brasil, DOC-ICP-04 - versão 7.2[32]: "1.1.5 Certificados dos tipos de A1 a A4 e de S1 a S4, de assinatura ou de sigilo, podem, conforme a necessidade, ser emitidos pelas ACs para pessoas físicas, pessoas jurídicas, equipamentos ou aplicações."

Em maior detalhamento, o documento denominado Requisitos Mínimos para as Declarações de Práticas de Certificação das Autoridades Certificadoras da ICP-Brasil, DOC-ICP-05- V. 5.5, disciplina como se dará a identificação dos interessados em obter o certificado digital para um equipamento ou aplicação[33]:

> "3.2.7.1.1 Em se tratando de certificado emitido para equipamento ou aplicação, o titular será a pessoa física ou jurídica solicitante do certificado, que deverá indicar o responsável pela chave privada.
>
> 3.2.7.1.2 Se o titular for pessoa física, deverá ser feita a confirmação de sua identidade na forma do item 3.2.3.1 e esta assinará o termo de titularidade de que trata o item 4.1."

Desse conjunto de regras verifica-se a efetiva possibilidade de atribuição de certificado digital a equipamento ou aplicação, o que se compatibiliza com os sistemas de inteligência artificial. Mas é também interessante notar que muito embora o certificado, quando utilizado, identificará o equipamento ou aplicação, a sua emissão formal se dará em nome de uma pessoa física ou de uma pessoa jurídica, que será o seu titular. Além disso, o responsável pela chave privada sempre será uma pessoa natural.

Por outro lado, como não há obrigatoriedade do emprego da assinatura digital ICP-Brasil no direito brasileiro, em virtude do disposto no art. 10, §2º, da MP 2.200-2[34],

31. PARLAMENTO EUROPEU. *Resolução de 16 de fevereiro de 2017*. Disposições de Direito Civil sobre Robótica. Disponível em: https://www.europarl.europa.eu/doceo/document/TA-8-2017-0051_PT.html. Acesso em: 01 out. 2020.
32. Disponível em: https://www.gov.br/iti/pt-br/centrais-de-conteudo/doc-icp-04-v-7-2-requisitos-minimos-para-pc-pdf. Acesso em: 01 out. 2020.
33. Disponível em: https://www.gov.br/iti/pt-br/centrais-de-conteudo/doc-icp-05-v-5-5-req-min-para-as-dpc-pdf. Acesso em: 01 out. 2020.
34. É a seguinte a dicção do dispositivo: "O disposto nesta Medida Provisória não obsta a utilização de outro meio de comprovação da autoria e integridade de documentos em forma eletrônica, inclusive os que utilizem certificados não emitidos pela ICP-Brasil, desde que admitido pelas partes como válido ou aceito pela pessoa a quem for oposto o documento".

que faculta a utilização de outras assinaturas eletrônicas que não a de que trata o §1º do mesmo artigo, será possível identificar o sistema de inteligência artificial no exercício de autonomia privada, mas na dependência de eventual posterior valoração do meio de identificação utilizado.

Com isso, se verifica que é possível, em síntese, fazer uma ligação dos conceitos expostos, conforme será abordado nas conclusões abaixo.

4. CONCLUSÕES

Os conceitos de algoritmos, criptografia e assinatura digital se relacionam, uma vez que algoritmos de criptografia são utilizados pelas ferramentas de assinatura digital, espécie de assinatura eletrônica.

Toda essa base técnico-conceitual, tanto das assinaturas eletrônicas, quanto das assinaturas digitais ICP-Brasil, pode ser empregada no âmbito dos sistemas de inteligência artificial, cumprindo a função de sua identificação.

A importância da identificação desses sistemas está localizada no interesse e na necessidade perseguidos pelo direito de imputar manifestações de vontade e condutas com repercussão jurídica a sujeitos de direito.

As regras infralegais, no âmbito da ICP-Brasil, demonstram que já existe a previsão da possibilidade de vinculação e da identificação mais segura e com efeitos jurídicos determinados em lei, de equipamentos e aplicações.

Apesar de a identificação ser do equipamento ou da aplicação, no caso de inteligência artificial, pelas determinações das regras da ICP-Brasil, haverá sempre a vinculação a um titular, pessoa física ou pessoa jurídica, que será responsável pelo uso do mecanismo de identificação.

Caso não existam imposições de ordem legal ou infralegal que determinem a identificação do sistema de inteligência artificial mediante o emprego de mecanismos da ICP-Brasil, ou de outra modalidade de assinatura eletrônica, as partes poderão se valer do exercício de sua autonomia privada para escolher o mecanismo mais adequado, com base no disposto no art. 10, §2º da Medida Provisória 2.200-2.

5. REFERÊNCIAS

ADAMS, Carlisle; LLOYD, Steve. *Understanding Public-Key Infrastructure*: concepts, standards, and deployment considerations. Indianapolis: New Riders, 1999.

ARANHA, Diego F. O que é criptografia fim a fim e o que devemos fazer a respeito? *In:* DONEDA, Danilo. (Org.). *Caderno especial*: a regulação da criptografia no direito brasileiro. São Paulo: Thomson Reuters, 2018, p. 27-39.

BERTOL, Viviane Regina Lemos: O que esperar da cadeia V5 da ICP-Brasil. *CryptoID*. Disponível em: https://cryptoid.com.br/banco-de-noticias/o-que-esperar-da-cadeia-v5-da-icp-brasil/. Acesso em 30 set. 2020.

BURNETT, Steve; PAINE, Stephen. *Criptografia e Segurança*: o guia oficial RSA. Tradução Edson Fumankiewicz. Rio de Janeiro: Campus, 2002.

CORMEN, Thomas H.; LEISERSON, Charles E.; RIVEST, Ronald L.; STEIN, Clifford. *Introduction to Algorithms*. 3. ed. Cambridge: The MIT Press, 2009.

DOMINGOS, Pedro. *O algoritmo mestre*. São Paulo: Novatec, 2017.

ESPÍNOLA, Eduardo. Breves Anotações ao Código Civil Brasileiro. Salvador: Joaquim Ribeiro, 1918, v. 1.

FALEIROS JÚNIOR, José Luiz de Moura; MENKE, Fabiano. "*Teilrechtsfähigkeit*": uma proposta para a responsabilização civil dos robôs dotados de Inteligência Artificial na perspectiva do direito civil alemão. *Migalhas*, Ribeirão Preto. Disponível em: http://s.migalhas.com.br/S/C067F2. Acesso em: 30 set. 2020.

FLASI SKI, Mariusz. *Introduction to Artificial Intelligence*. Cham: Springer, 2016.

LESSIG, Lawrence. *Code*. Version 2.0. New York: Basic Books, 2006.

MARCACINI, Augusto Tavares Rosa. *Direito e informática*: uma abordagem jurídica sobre a criptografia. Rio de Janeiro: Forense, 2002.

MENKE, Fabiano. *Assinatura Eletrônica no Direito Brasileiro*. São Paulo: Editora Revista dos Tribunais, 2005.

PARLAMENTO EUROPEU. *Resolução de 16 de fevereiro de 2017*. Disposições de Direito Civil sobre Robótica. Disponível em: https://www.europarl.europa.eu/doceo/document/TA-8-2017-0051_PT.html. Acesso em: 01 out. 2020.

PASQUALE, Frank. Toward a fourth law of robotics: Preserving attribution, responsibility, and explainability in an algorithmic society. *University of Maryland Legal Studies Research Papers*, Baltimore, n. 21, p. 1-13, jul. 2017. Disponível em: http://ssrn.com/abstract=3002546. Acesso em: 20 set. 2020.

SINGH, Simon. *O Livro dos Códigos*. Tradução de Jorge Calife. 2. ed. Rio de Janeiro: Record, 2002.

STEIBEL, Fabio. VICENTE, Victor Freitas. VIEIRA DE JESUS, Diego Santos. Possibilidades e potenciais da utilização da inteligência artificial. *In:* FRAZÃO, Ana; MULHOLLAND, Caitlin (Coord.). *Inteligência artificial e direito*: ética, regulação e responsabilidade. São Paulo: Thomson Reuters, 2019, p. 53-64.

UNCITRAL Model Law on Electronic Signatures with Guide to Enactment, Nova Iorque, 2002.

19
PROTEÇÃO DE DADOS E PREDIÇÃO ALGORÍTMICA: MECANISMOS ANTIFRAUDE BASEADOS EM *BIG DATA E MACHINE LEARNING*

Claudio Joel Brito Lóssio

Professor, Palestrante, CEO SNR Sistemas Notariais e Registrais – empresa premiada pelo GPTW – *Great Place to Work* em 2019 e 2020, Sênior Software Dev, Doutorando em Ciências Jurídicas pela UAL - Portugal, Mestrando em Engenharia de Segurança Informática pelo IPBeja - Portugal. Advogado com Pós-Graduação em Direito Digital e Compliance, Direito Penal e Criminologia, Direito Notarial e Registral, MBA em Gestão de TI, Certificado DPO pela Universidade de Nebrija, Membro Pesquisador Lab UbiNET em Cloud Forensics e Segurança Ofensiva. Professor visitante na EJET-TJGM. Organizador e autor da obra Cibernética Jurídica: estudos sobre o direito digital pela EDUEPB, Autor de diversos artigos científicos e capítulos de livro. Parecerista na Revista Jurídica UNISUL De Fato e de Direito. Email: claudiojoel@juscibernetica.com.br

Rosangela Tremel

Mestre em Políticas Estratégicas com louvor (ESAG-UDESC) Advogada (Univali); Jornalista (UFSC); Administradora de empresas (ESAG-UDESC); Membro Efetivo da Comissão de Direito Digital OAB/SP- Butantã 2019-2021; Criadora do projeto e Editora-Chefe da Revista Jurídica da Unisul "De fato e de direito" - versões impressa e eletrônica; Especialista em Advocacia e Dogmática Jurídica (Unisul); em Marketing (ESAG-UDESC) e em Ciências Sociais (UFSC); autora de obras jurídicas e colaboradora de periódicos especializados.

1. INTRODUÇÃO

O cenário é aquele que, em passado não muito distante, chamava-se de ficção científica. A diferença é de que este é real: estamos todos cercados por um mecanismo que decide em situações antes exclusivas de humanos. Feito semente em terra adubada, crescem os modelos de risco preditivo, sistemas automatizados de *ranking* que determinam aspectos do cotidiano como concessão de crédito na compra de um automóvel ou casa própria, valor dos juros em financiamentos os mais diversos, seleção de currículos tanto para acesso ao primeiro emprego quanto para recolocação no mercado de trabalho e até mesmo o direcionamento de reforços policiais para determinado bairro.

O problema é se todos estão cientes disto ou se seguem em frente independentemente de informação sobre o processo de decisão em que se encontra envolvido e que pode ser vital para suas pretensões. Mais do que uma pergunta, esta é uma questão e do tipo aberto para considerações.

O presente artigo parte do Regulamento Geral de Proteção de Dados – RGPD da Europa, a base para a análise automatizada dos dados através de algoritmos, no qual é imperativo que sejam seguidos requisitos e princípios, bem como determina que haja expresso consentimento, principalmente quando se trata, por exemplo, de perfil para qualquer das situações aleatoriamente elencadas no parágrafo anterior.

A definição de perfil ocorre quando se leva em consideração as características de um indivíduo para que, através desse mapa de características, seja possível fazer previsões.

As decisões automáticas, por sua vez, consistem naquelas tomadas exclusivamente por máquinas, não havendo o envolvimento humano, fazendo ou não o uso da definição de perfis.

A lei de proteção de dados versa sobre essa matéria vedando as decisões tomadas exclusivamente por meios automatizados e que venham a gerar efeitos jurídicos referentes ao indivíduo.

Além da seara jurídica existem outros fatores que utilizam decisões automatizadas, sendo mais comum nas áreas financeira e bancária, sendo mais rápidas, porém, mais limitadas.

Há situações nas quais é possível haver decisões exclusivamente automatizadas, desde que a utilização de algoritmos seja permitida por lei e que o meio adequado para a sua realização seja utilizado. Também é possível que esse método seja adotado quando for a única forma de celebrar um contrato com um indivíduo ou quando houver o consentimento expresso dele. É de se salientar, nesses casos, a necessidade de proteger direitos e liberdades do indivíduo através do método adequado. Além disso, o perfilado deve ser previamente informado de todos os seus direitos, podendo contestar a decisão e exigir intervenção humana.[1]

Enquanto o cenário europeu se encontra definido sobre o tema em tela, no Brasil a questão da *vacatio legis* demonstra toda sua complexidade no artigo 65, que será devidamente reproduzido e comentado.

Ao final, mais do que encontrar respostas à questão posta, pretende-se alertar para os detalhes que a todos cercam, em maior ou menor grau, mas que abrangem desde o bíblico dilúvio de possibilidades ao gigantesco dataísmo do século XXI.

2. O RGPD DA EUROPA E O TRATAMENTO AUTOMÁTICO

O Regulamento Geral de Proteção de Dados (RGPD), que já está em vigor na Comunidade Europeia desde 2018, aborda diretamente, em seu Artigo 22, a questão do

1. COMISSÃO Europeia – Posso ser sujeito a decisões individuais automatizadas, incluindo a definição de perfis? 2019. [Em linha]. Disponível em: https://ec.europa.eu/info/law/law-topic/data-protection/reform/rights-citizens/my-rights/can-i-be-subject-automated-individual-decision-making-including-profiling_pt. Acesso em: 25 jul. 2020.

tratamento automático dos dados, arrolando também os casos em que serão permitidos, ou melhor, nas circunstâncias em que serão autorizados como segue:

Artigo 22.º

Decisões individuais automatizadas, incluindo definição de perfis

1. O titular dos dados tem o direito de não ficar sujeito a nenhuma decisão tomada exclusivamente com base no tratamento automatizado, incluindo a definição de perfis, que produza efeitos na sua esfera jurídica ou que o afete significativamente de forma similar.

O artigo 22, 1 determina que o titular dos dados tem o direito de não se sujeitar à decisão tomada exclusivamente de forma automática que produza efeito jurídico. E prossegue deixando claro que:

2. O n. 1 não se aplica se a decisão:

a) For necessária para a celebração ou a execução de um contrato entre o titular dos dados e um responsável pelo tratamento;

b) For autorizada pelo direito da União ou do Estado-Membro a que o responsável pelo tratamento estiver sujeito, e na qual estejam igualmente previstas medidas adequadas para salvaguardar os direitos e liberdades e os legítimos interesses do titular dos dados; ou

c) For baseada no consentimento explícito do titular dos dados.

3. Nos casos a que se referem o n. 2, alíneas a) e c), o responsável pelo tratamento aplica medidas adequadas para salvaguardar os direitos e liberdades e legítimos interesses do titular dos dados, designadamente o direito de, pelo menos, obter intervenção humana por parte do responsável, manifestar o seu ponto de vista e contestar a decisão.

A decisão não se aplica ao caso se o titular dos dados possuir contrato celebrado, prevendo tal prática; ou tenha expressado consentimento explícito ou, ainda, se for para salvaguardar direitos e liberdades legítimas.

2.1 O RGPD e a oposição ao tratamento automático

É imperativo observar com especial atenção artigos do RGPD, mais precisamente o artigo 21, 5, em grifo nosso, da Secção 4:[2]

Secção 4

Direito de oposição e decisões individuais automatizadas

5. No contexto da utilização dos serviços da sociedade da informação, e sem prejuízo da Diretiva 2002/58/CE, o titular dos dados pode exercer o seu direito de oposição por meios automatizados, utilizando especificações técnicas. (grifo nosso)

2. EUR-Lex – Regulamento (EU) 2016/679 do Parlamento Europeu e do Conselho, de 27 de abril de 2016, relativo à proteção das pessoas singulares no que diz respeito ao tratamento de dados pessoais e à livre circulação desses dados e que revoga a Diretiva 95/46/CE (Regulamento Geral sobre a Proteção de Dados) (Texto relevante para efeitos do EEE). 2016. Disponível em: https://eur-lex.europa.eu/legal-content/PT/TXT/?uri=celex%3A32016R0679. Acesso em: 25 jul. 2020.

O artigo 21, 5, é claro ao expressar que o titular dos dados pode se opor ao tratamento por meios automatizados. Para completar tal entendimento tem-se o artigo 22. 1 do RGPD, em grifo nosso, da Secção 4:[3]

> Secção 4
>
> Direito de oposição e decisões individuais automatizadas
>
> Artigo 21.º
>
> Direito de oposição
>
> 1. O titular dos dados tem o direito de se opor a qualquer momento, por motivos relacionados com a sua situação particular, ao tratamento dos dados pessoais que lhe digam respeito com base no artigo 6º, n. 1, alínea *e*) ou *f*), ou no artigo 6º, n. 4, incluindo a definição de perfis com base nessas disposições. O responsável pelo tratamento cessa o tratamento dos dados pessoais, a não ser que apresente razões imperiosas e legítimas para esse tratamento que prevaleçam sobre os interesses, direitos e liberdades do titular dos dados, ou para efeitos de declaração, exercício ou defesa de um direito num processo judicial.

2.2 A nascente jurisprudência

Visto que ainda não existem decisões nacionais diante da nossa Lei Geral de Proteção de Dados- LGPD, traz-se, então, à colação Acórdão diante da Directiva 95/46/CE, que precede o Regulamento 679/2016 - RGPD, o acórdão é o ECLI:EU:C:2017:197, do processo C-398/15 – Manni.

> Acórdão do Tribunal de Justiça (Segunda Secção) de 9 de março de 2017
>
> Camera di Commercio, Industria, Artigianato e Agricoltura di Lecce contra Salvatore Manni
>
> Pedido de decisão prejudicial apresentado pela Corte suprema di cassazione
>
> Reenvio prejudicial — Dados pessoais — Proteção das pessoas singulares no que respeita ao tratamento desses dados — Diretiva 95/46/CE — Artigo 6º, n. 1, alínea *e*) — Dados sujeitos à publicidade do registo das sociedades — Primeira Diretiva 68/151/CEE — Artigo 3.o — Dissolução da sociedade em causa — Limitação do acesso de terceiros a esses dados
>
> Processo C-398/15

3. A LGPD E O TRATAMENTO AUTOMÁTICO

A LGPD, o diploma legal brasileiro equivalente ao RGPD europeu, expresso na Lei nº 13.709 de 2018, tutela direitos, liberdades e garantias individuais relacionados à proteção de dados.

Segundo a Lei nº 13.709, o tratamento dos dados pessoais realizados por pessoas física ou jurídica, pública ou privada, físicos ou digitais, devem seguir os princípios, requisitos e boas práticas conforme o definido na lei. Dentre essas definições o tratamento automatizado realizado por algoritmos está presente no artigo 20, quando as decisões

3. EUR-Lex – Regulamento (EU) 2016/679 do Parlamento Europeu e do Conselho, de 27 de abril de 2016, relativo à proteção das pessoas singulares no que diz respeito ao tratamento de dados pessoais e à livre circulação desses dados e que revoga a Diretiva 95/46/CE (Regulamento Geral sobre a Proteção de Dados) (Texto relevante para efeitos do EEE). 2016. Disponível em: https://eur-lex.europa.eu/legal-content/PT/TXT/?uri=celex%3A32016R0679. Acesso em: 25 jul. 2020.

relacionadas aos seus dados que envolvam os interesses, perfil pessoal, profissional, de consumo, de crédito e de sua personalidade, são tratados exclusivamente de modo automatizado, ou seja, por algoritmos:[4]

> Art. 20. O titular dos dados tem direito a solicitar a revisão de decisões tomadas unicamente com base *em tratamento automatizado de dados* pessoais que afetem seus interesses, incluídas as decisões destinadas a definir o seu perfil pessoal, profissional, de consumo e de crédito ou os aspectos de sua personalidade. (destaque nosso)

O fornecedor, ou seja, a pessoa física ou jurídica que faz o tratamento dos dados pessoais de forma automatizada, deve seguir o princípio da transparência, fornecendo claramente as informações a respeito de como funciona esse processo e, ainda assim, seguir respeitando os segredos comercial e industrial.[5]

> § 1º O controlador deverá fornecer, sempre que solicitadas, informações claras e adequadas a respeito dos critérios e dos procedimentos utilizados para a *decisão automatizada*, observados os segredos comercial e industrial. (destaque nosso)

Há que se perceber que, na falta do tratamento adequado ou, mais diretamente, na ausência de clareza na forma que esse tratamento automatizado é realizado, a Autoridade Nacional de Proteção de Dados – ANPD poderá realizar auditoria para verificar os aspectos discriminatórios.[6]

> § 2º Em caso de não oferecimento de informações de que trata o § 1º deste artigo baseado na observância de segredo comercial e industrial, a autoridade nacional poderá realizar auditoria para verificação de aspectos discriminatórios em *tratamento automatizado* de dados pessoais. (destaque nosso)

É cada vez mais comum que decisões sejam tomadas de formas automatizadas, seja utilizando inteligência artificial, ciência de dados ou simplesmente condicionantes. Esse processo não é ilegal quando respeitados os princípios, requisitos e boas práticas no tratamento dos dados pessoais previstos na LGPD.

A falta da materialização do princípio da transparência no tratamento automatizado pode gerar caráter discriminatório de acordo com as condicionantes internamente previstas no algoritmo, tais como ofertar um produto com um preço maior para pessoas que possuem determinadas características ou atingir direitos como o direito à saúde, à educação, à liberdade, à cidadania. Para exemplificar, traz-se caso que acentua preconceitos sociais que podem gerar manchetes como esta: 'Sistema de algoritmo que determina pena de condenados cria polêmica nos EUA'[7], produzida em decorrência do uso do *Compas (Correctional Offender Management Profiling for Alternative Sanctions)*, sistema que emprega algoritmos matemáticos para determinar o grau de periculosidade

4. BRASIL. Lei 13.709/2018, de14 de agosto. Lei Geral de Proteção de Dados Pessoais (LGPD). 2018. Disponível em: http://www.planalto.gov.br/ccivil_03/_ato2015-2018/2018/lei/L13709.htm. Acesso em: 12 jul. 2020.
5. BRASIL. Lei 13.709/2018, de14 de agosto. Lei Geral de Proteção de Dados Pessoais (LGPD). 2018. Disponível em: http://www.planalto.gov.br/ccivil_03/_ato2015-2018/2018/lei/L13709.htm. Acesso em: 12 jul. 2020.
6. BRASIL. Lei 13.709/2018, de14 de agosto. Lei Geral de Proteção de Dados Pessoais (LGPD). 2018. Disponível em: http://www.planalto.gov.br/ccivil_03/_ato2015-2018/2018/lei/L13709.htm. Acesso em: 12 jul. 2020.
7. SIMON, Maybin. BBC News 31 outubro 2016. Disponível em: https://www.bbc.com/portuguese/brasil-37677421. Acesso em: 7 de jul. 2020.

de criminosos, num processo que acabaria por influenciar as suas penas. Tudo parte da análise de várias perguntas que avaliam a probabilidade de reincidência, sendo que o *Compas* atribui ponto de um a 10 para respostas a perguntas como: se alguém na família foi preso; se a pessoa vive numa área com alto índice de criminalidade; se tem amigos que fazem parte de gangues; assim como vasculha o seu histórico profissional e escolar, sem deixar de incluir a forma de pensar aferida através de questões que buscam saber se o interrogado concorda que seja aceitável que alguém roube ou furte motivado pela fome. Da pontuação obtida derivam decisões como soltura com pagamento de fiança, liberdade condicional, tudo com a intenção de minimizar a subjetividade das decisões judiciais. Mas a forma como o algoritmo trabalha para chegar à pontuação é um segredo comercial da empresa que o criou e que detém sua propriedade. Há quem defenda a modalidade, há quem a adjetive de tão preconceituosa quanto o ser humano. Entretanto, se está em jogo o bem mais precioso do homem, que é a liberdade, a ética na criação e aplicação deste tipo de inteligência artificial tem de ser elemento de destaque. Não há justificativa para desconhecer o funcionamento do sistema de IA ao se deparar, por exemplo, com o fato de que ele tratou o branco criminoso contumaz como menos perigoso do que a negra praticante de pequenos delitos[8]. Como isso se deu? Não é possível saber. Porém, também não é possível concordar com uma situação assim. Essa é a chamada opacidade algorítmica[9], o extremo oposto da desejada transparência ética. O direito a uma explicação humana nasce, justamente, da necessidade de se garantir que um humano explique com base em quais informações determinada decisão automatizada foi tomada, [10], trata-se de garantir referido direito, derivado do preceito do *right to be informed*, ou o direito de ser informado, cuja ideia central é de que as pessoas naturais têm o direito de ser informadas sobre a coleta e o uso de seu dado pessoais, incluindo desde seus propósitos para processá-los, passando pelo período de retenção destes e até com quem serão compartilhados.[11]

Pelo exposto e tendo claro que o citado veto impede, em todos estes casos, que o titular de dados poderia pedir informações adicionais ou explicações sobre tais decisões derivadas de seus dados, percebe-se a delicada questão de respeito aos direitos fundamentais. Enquanto o cenário europeu apresenta cristalinas definições sobre o tema em análise, no Brasil a própria *vacatio legis* demonstra toda sua complexidade ao longo de artigo 65 da LGPD, que tem que, necessariamente, ser transcrito para ser compreendido:

> Art. 65. Esta Lei entra em vigor: (Redação dada pela Lei 13.853, de 2019)
>
> I – dia 28 de dezembro de 2018, quanto aos arts. 55-A, 55-B, 55-C, 55-D, 55-E, 55-F, 55-G, 55-H, 55-I, 55-J, 55-K, 55-L, 58-A e 58-B; e (Incluído pela Lei nº 13.853, de 2019)
>
> I-A – dia 1º de agosto de 2021, quanto aos arts. 52, 53 e 54; (Incluído pela Lei nº 14.010, de 2020)

---

8. ANGWIN, Julia. LARSON, Jeff. MATTU, Surya. KIRCHNER, Lauren. *Machine Bias*. Disponível em: https://www.propublica.org/article/machine-bias-risk-assessments-in-criminal-sentencing. Acesso em: 17 jul. 2020.
9. ANGWIN, Julia. LARSON, Jeff. MATTU, Surya. KIRCHNER, Lauren. *Machine Bias*. Disponível em: https://www.propublica.org/article/machine-bias-risk-assessments-in-criminal-sentencing. Acesso em: 17 jul. 2020.
10. CHRISTÓFARO, Danilo Fernandes. Congresso mantém veto a direito a uma explicação humana na LGPD. *Juspodivm*, 03 out. 2019. Disponível Em: https://meusitejuridico.editorajuspodivm.com.br/2019/10/03/congresso-mantem-veto-direito-uma-explicacao-humana-na-lgpd/. Acesso em: 7 out. 2019.
11. MANGETH, Ana Lara; NUNES, Beatriz; MAGRANI, Eduardo. Seis pontos para entender o Regulamento Geral de Proteção de Dados da UE. *ITS Rio*, 25 maio 2018. Disponível em: https://feed.itsrio.org/seis-pontos-para-entender-a-lei-europeia-de-prote%C3%A7%C3%A3o-de-dados-pessoais-gdpr-d377f6b691dc. Acesso em: 03 ago. 2020.

II – 24 (vinte e quatro) meses após a data de sua publicação, quanto aos demais artigos. (Incluído pela Lei 13.853/ 2019)

II – em 3 de maio de 2021, quanto aos demais artigos. (Redação dada pela Medida Provisória nº 959, de 2020)

Tal cenário nacional torna necessário retomar a lei nº 4496/2019, que trouxe proposta de conceito para que se torne oficial e notório o entendimento da expressão "decisão automatizada" trazida no cerne do citado artigo 20 da LGPD:

decisão automatizada é o processo de escolha, de classificação, de aprovação ou rejeição, de atribuição de nota, medida, pontuação ou escore, de cálculo de risco ou de probabilidade, ou outro semelhante, realizado pelo tratamento de dados pessoais utilizando regras, cálculos, instruções, algoritmos, análises estatísticas, inteligência artificial, aprendizado de máquina, ou outra técnica computacional.

Se o escopo de aplicação da GDPR, o titular dos dados tem o direito de não ficar sujeito a nenhuma decisão tomada exclusivamente com base no tratamento automatizado, no Brasil tem-se, ainda, no caminho percorrido, o seguinte óbice:

O Congresso, através de veto, retirou do cidadão o dispositivo que previa o direito à uma explicação humana, retirou do cidadão o direito de conhecer os reais motivos pelos quais um algoritmo decidiu de uma forma ou de outra, o que lhe daria a chance de se defender de eventuais injustiças. Com a atual redação da nossa LGPD, as decisões automatizadas poderão ser revistas por outro sistema igualmente automatizado, visto que Congresso Nacional manteve veto presidencial a dispositivo da citada lei, que previa o direito a uma explicação humana.[12]

O que preocupa frente a este detalhe legal são as decisões automatizadas com potencial de ofensa a direitos fundamentais. Como anteriormente demonstrado em rápido exemplo, há algoritmos que trazem em sua programação, ainda que não intencionalmente, elementos que caracterizam, por exemplo, racismo, homofobia, misoginia.

O veto Presidencial referendado pelo Congresso argumenta que:

A propositura legislativa, ao dispor que toda e qualquer decisão baseada unicamente no tratamento automatizado seja suscetível de revisão humana, contraria o interesse público, tendo em vista que tal exigência inviabilizará os modelos atuais de planos de negócios de muitas empresas, notadamente das startups, bem como impacta na análise de risco de crédito e de novos modelos de negócios de instituições financeiras, gerando efeito negativo na oferta de crédito aos consumidores, tanto no que diz respeito à qualidade das garantias, ao volume de crédito contratado e à composição de preços, com reflexos, ainda, nos índices de inflação e na condução da política monetária.[13]

Este combate ao aspecto discriminatório deve ocorrer tanto para respeitar as garantias, liberdades e direitos individuais, sejam elas de caráter constitucional ou humano, vez que o sucesso desta empreitada só pode se dar através da fiscalização árdua dos órgãos de defesa da cidadania, juntamente com a Autoridade Nacional de Proteção de Dados –

12. CHRISTÓFARO, Danilo Fernandes. Congresso mantém veto a direito a uma explicação humana na LGPD. *Juspodivm*, 03 out. 2019. Disponível Em: https://meusitejuridico.editorajuspodivm.com.br/2019/10/03/congresso-mantem-veto-direito-uma-explicacao-humana-na-lgpd/. Acesso em: 7 out. 2019.

13. Disponível em: http://www.planalto.gov.br/ccivil_03/_Ato2019-2022/2019/Msg/VEP/VEP-288.htm. Acesso em: 03 ago. 2020.

ANPD, parceria que depende de legislação clara, objetiva, escrita com exatidão. E assim, apenas assim é que algum êxito poderá vir a ser obtido em defesa da cidadania plena.

4. CONVENÇÃO 108 E OS DADOS AUTOMATIZADOS

O surgimento da tecnologia da informação na década de 60 foi acompanhado por uma crescente necessidade de adotar regras mais pormenorizadas para salvaguardar as pessoas através da proteção dos seus dados (pessoais). O cenário que Levy chama metaforicamente de dilúvio, parafraseando Noé e a preservação das espécies, imagem através das quais o autor simboliza os dados essenciais de cada um[14], foi descrito em uma entrevista por Albert Einstein e reproduzida pelo citado autor [15] alertava para o fato de "três grandes bombas haviam explodido durante o século XX: a bomba demográfica, a bomba atômica e a bomba das telecomunicações". A das telecomunicações, resume Levy[16], geraria:

> Novo dilúvio por conta da natureza exponencial, explosiva e caótica de seu crescimento. A quantidade bruta de dados disponíveis se multiplica e se acelera. A densidade dos links entre as informações aumenta vertiginosamente nos bancos de dados, nos hipertextos e nas redes. Os contatos transversais entre os indivíduos proliferam de forma anárquica. É o transbordamento caótico das informações, a inundação de dados, as águas tumultuosas e os turbilhões da comunicação.

Este é o contexto em que se identifica nas redes sociais verdadeiras armadilhas e, de fato, o são, tanto que a necessidade de legislar a respeito do mundo virtual vem gerando, desde a década de 70, diplomas legais que delimitem a fértil área de abrangência do mundo virtual. Este é o marco temporal para registro do momento em que o Comitê de Ministros do Conselho da Europa adotou várias resoluções sobre a proteção de dados pessoais e que faziam referência ao artigo 8.º da Convenção Europeia dos Direitos do Homem (CEDH)[17], cujo teor:

> Artigo 8°. Direito ao respeito pela vida privada e familiar 1. Qualquer pessoa tem direito ao respeito da sua vida privada e familiar, do seu domicílio e da sua correspondência. 2. Não pode haver ingerência da autoridade pública no exercício deste direito senão quando esta ingerência estiver prevista na lei e constituir uma providência que, numa sociedade democrática, seja necessária para a segurança nacional, para a segurança pública, para o bem-estar económico do país, a defesa da ordem e a prevenção das infracções penais, a protecção da saúde ou da moral, ou a protecção dos direitos e das liberdades de terceiros[18].

Neste rastro surgiu a Convenção 108 voltada para a proteção das pessoas no que se refere ao tratamento automatizado de dados de caráter pessoal e que se aplica a todos os tratamentos destas informações quer nos setores público, quer no privado.

A citada Convenção, ainda vista como o único instrumento internacional juridicamente vinculativo no domínio da proteção de dados, protege os indivíduos contra os

14. LEVY, Pierre. *Cibercultura*. São Paulo: Ed. 34, 1999. *E-book*.
15. LEVY, Pierre. *Cibercultura*. São Paulo: Ed. 34, 1999. *E-book*.
16. LEVY, Pierre. *Cibercultura*. São Paulo: Ed. 34, 1999. *E-book*.
17. MANUAL da Legislação Europeia sobre Proteção de Dados CEDH. Agência dos Direitos Fundamentais da União Europeia, 2014 Conselho da Europa, 2014. *E-book*.
18. MANUAL da Legislação Europeia sobre Proteção de Dados CEDH. Agência dos Direitos Fundamentais da União Europeia, 2014 Conselho da Europa, 2014. *E-book*.

abusos que podem acompanhar a recolha e o tratamento de dados pessoais e procura delimitar rotas seguras para fluxo de dados.

No que se refere à coleta e tratamento de dados pessoais, conforme Manual da Legislação Europeia sobre Proteção de Dados[19],

> Os princípios estabelecidos na Convenção respeitam, em especial, à recolha e tratamento automatizado de dados de forma leal e lícita, armazenados para finalidades determinadas e legítimas, não podendo ser utilizados para fins incompatíveis com essas finalidades nem conservados por tempo superior ao necessário.

Além de prever garantias relativas à recolha e tratamento de dados pessoais, a Convenção ratificada por todos os Estados-Membros da União Europeia expressa preocupação no que diz respeito à qualidade dos dados, estabelecendo, em especial, que "têm de ser adequados, pertinentes e não excessivos (proporcionalidade), bem como exatos"[20], também proíbe, na ausência de garantias jurídicas adequadas, o tratamento de dados «sensíveis», tais como aqueles sobre a raça, a opinião política, a saúde, as convicções religiosas, a vida sexual ou o registo criminal de uma pessoa. Sua abrangência em aspectos tão específicos e importantes de respeito ao indivíduo indiviso reforçam a importância deste dispositivo legal e justificam sua perenidade no contexto mundial, sem falar em sua constante atualização às novas exigências como a de 1999, quando a Convenção foi alterada para incluir protocolo adicional que estabelece disposições sobre os chamados "fluxos transfronteiriços de dados para Estados não signatários, os chamados países terceiros, e sobre a criação obrigatória de autoridades nacionais de controlo de proteção de dados".[21]

Na sequência da decisão de modernizar a Convenção 108, foi realizada uma consulta pública em 2011 que permitiu confirmar os dois principais objetivos daquele trabalho: reforçar a proteção da privacidade no espaço digital e fortalecer o mecanismo de acompanhamento da Convenção.

A Convenção 108 está aberta à adesão de Estados que não sejam membros do CdE, incluindo países não europeus.

Não são poucos os estudiosos do tema que ressaltam o grande potencial da Convenção para se afirmar como uma norma universal, fazendo de sua característica sem fronteiras a base para promover a proteção de dados em termos mundiais.

5. *OPEN SOURCE INTELLIGENCE* – OSINT É PERMITIDA?

Open Source Intelligence – OSINT é uma expressão definida basicamente como "a coleta e análise de informações obtidas através de fontes públicas ou abertas".[22] Entre-

19. MANUAL da Legislação Europeia sobre Proteção de Dados CEDH. Agência dos Direitos Fundamentais da União Europeia, 2014 Conselho da Europa, 2014. *E-book*.
20. MANUAL da Legislação Europeia sobre Proteção de Dados CEDH. Agência dos Direitos Fundamentais da União Europeia, 2014 Conselho da Europa, 2014. *E-book*.
21. CDE, Protocolo Adicional à Convenção para a Proteção das Pessoas relativamente ao Tratamento Automatizado de Dados de Caráter Pessoal, respeitante às autoridades de controlo e aos fluxos transfronteiriços de dados, STCE n. 181, 2001.
22. OSINT Best Practices: Legal & Ethical Considerations. Disponível em: https://mediasonar.com/osint-best-practices-download/. Acesso em: 25 de jul. 2020

tanto, a atualidade destas fontes é tão gritante que há que se buscar um conceito mais detalhado. Assim, vale citar que OSINT é definida como a análise baseada na

> Obtenção legal de documentos oficiais sem restrição de segurança, da observação direta e não clandestina dos aspectos políticos, militares e econômicos da vida interna de outros países ou alvos, do monitoramento da mídia, da aquisição legal de livros e revistas especializadas de caráter técnico-científico, enfim, de um leque mais ou menos amplo de fontes disponíveis cujo acesso é permitido sem restrições especiais de segurança.[23]

Se à primeira vista o conceito parece amplo, na medida em que se mergulha no tema, ele se revela global. É certo que autores tentam limitar, dizendo que tais dados são usados "principalmente nas funções de segurança nacional, aplicação da lei e inteligência de negócios e é útil para analistas que usam inteligência não sensível para atender a requisitos de inteligência classificados, não classificados ou proprietários nas disciplinas anteriores de inteligência".[24]

Cabe ainda trazer à colação o conceito de Romão:

> O conceito de *Open Source Intelligence* é, na sua essência, um conceito explicitamente definido e caracterizado pela organização Open Source Solutions, Inc. no ano de 1997, como um conhecimento estratégico, disponível publicamente e passível de livre utilização, circulante em meios de comunicação e prevê-se que a mesma informação não contenha qualquer tipo de dados confidenciais, sensíveis ou ao abrigo de direitos de autor ou direitos especiais que os proíbam tal recolha.[25]

A palavra "sensível" aparece recorrentemente no que se refere à OSINT, pelo que se deve salientar o que Vasquez preleciona:

> E quando falamos em dados sensíveis, que correspondem às informações da personalidade física e moral do indivíduo, como reconhecimento facial, de voz e impressão digital, a preocupação aumenta. Desconhecemos a realidade sobre o nível de proteção e controle que as empresas, sociedades civis, órgãos governamentais e tantas outras possuem para armazenar e proteger essas informações pessoais. Questionamos também quem tem acesso a estes dados e o destino deles.[26]

A autora salienta ainda que:

> Os dados pessoais sensíveis, por corresponderem a direitos fundamentais individuais, devem ser manuseados com proteção máxima a fim de evitar vazamentos, na rede, com a indevida exposição do indivíduo e que a utilização destes dados só possa ocorrer com a expressa autorização de seu titular que deve ser claramente informado sobre a sua destinação.[27]

---

23. CEPIK, Marco. *Espionagem e democracia*. Rio de Janeiro: FGV, 2003.
24. OSINT Best Practices: Legal & Ethical Considerations. Disponível em: https://mediasonar.com/osint-best-practices-download/. Acesso em: 25 de jul. 2020.
25. PEREIRA, Nuno Filipe Romão. Regulamento geral de proteção de dados de OSINT. *In:* LÓSSIO, Claudio Joel Brito; NASCIMENTO, Luciano; TREMEL, Rosangela (Orgs.). *Cibernética jurídica*: estudos jurídicos sobre direito digital. Campina Grande: Eduepb, 2020, p. 230.
26. VASQUEZ, Viviane. Considerações sobre a proteção de dados pessoais sensíveis no ambiente virtual. *In:* LÓSSIO, Claudio Joel Brito; NASCIMENTO, Luciano; TREMEL, Rosangela (Orgs.). *Cibernética jurídica*: estudos jurídicos sobre direito digital. Campina Grande: Eduepb, 2020, p. 252.
27. VASQUEZ, Viviane. Considerações sobre a proteção de dados pessoais sensíveis no ambiente virtual. *In:* LÓSSIO, Claudio Joel Brito; NASCIMENTO, Luciano; TREMEL, Rosangela (Orgs.). *Cibernética jurídica*: estudos jurídicos sobre direito digital. Campina Grande: Eduepb, 2020, p. 253.

Na realidade, o que se verifica é um aumento exponencial de plataformas digitais por onde pululam os dados nossos de cada dia, sem que se saiba o porquê ou o para o quê. Em que pese os teóricos afirmarem que as fontes de OSINT são divididas em seis diferentes categorias, estas, uma vez transformadas em fluxo de informação, mantêm a inquietude de cidadão consciente em relação aos seus direitos fundamentais, visto que a classificação parece açambarcar tudo: internet, publicações on-line, blogs, grupos de discussão, mídia cidadã (como vídeos de telefones celulares e conteúdo criado pelo usuário), YouTube e outros sites de mídia social (como Facebook, Twitter, Instagram); dados do governo público, relatórios do governo público, orçamentos, audiências, listas telefônicas, coletivas de imprensa, sites e discursos (embora essa fonte venha de uma fonte oficial, eles são acessíveis ao público e podem ser usados de forma aberta e gratuita), publicações profissionais e acadêmicas, informações obtidas de periódicos, conferências, simpósios, trabalhos acadêmicos, dissertações e teses; dados comerciais, imagens comerciais, avaliações financeiras e industriais e bancos de dados; relatórios técnicos, patentes, documentos de trabalho, documentos comerciais, trabalhos não publicados e boletins.[28]

Tal amplitude não deve ser adjetivada, pois bem como defende Lévy, dentro do já citado dilúvio tecnológico:

"Uma técnica não é nem boa, nem má (isto depende dos contextos, dos usos e dos pontos de vista), tampouco neutra (já que é condicionante ou restritiva, pois de um lado abre e de outro fecha o espectro de possibilidades)."[29] Então, segue o citado autor:

> Não se trata de avaliar seus "impactos", mas de situar as irreversibilidades às quais um de seus usos nos levaria, de formular os projetos que explorariam as virtualidades que ela transporta e de decidir o quefazer dela. Contudo, acreditar em uma disponibilidade total das técnicas e de seu potencial para indivíduos ou coletivos supostamente livres, esclarecidos e racionais seria nutrir-se de ilusões. Muitas vezes, enquanto discutimos sobre os possíveis usos de uma dada tecnologia, algumas formas de usar já se impuseram. Antes de nossa conscientização, a dinâmica coletiva escavou seus atratores. Quando finalmente prestamos atenção, é demasiado tarde... Enquanto ainda questionamos, outras tecnologias emergem na fronteira nebulosa onde são inventadas as ideias, as coisas e as práticas. Elas ainda estão invisíveis, talvez prestes a desaparecer, talvez fadadas ao sucesso. Nestas zonas de indeterminação onde o futuro é decidido, grupos de criadores marginais, apaixonados, empreendedores audaciosos tentam, com todas as suas forças, direcionar o devir. Nenhum dos principais atores institucionais - Estado ou empresas - planejou deliberadamente, nenhum grande órgão de mídia previu, tampouco anunciou, o desenvolvimento da informática pessoal, o das interfaces gráficas interativas para todos, [...] ou ainda dos programas de criptografia pessoal inviolável. Essas tecnologias, todas impregnadas de seus primeiros usos e dos projetos de seus criadores, nascidas no espírito de visionários, transmitidas pela efervescência de movimentos sociais e práticas de base, vieram de lugares inesperados para qualquer "tomador de decisões.[30]

No caso específico da OSINT, ela se distingue da pesquisa na medida em que aplica o processo de inteligência para criar conhecimento personalizado que apoia uma decisão específica por um indivíduo ou grupo específico.[31] É como esclarece Levy:

28. TOP 5 Open Source OSINT Tools. Disponível em: https://www.breachlock.com/top-5-open-source-osint-tools/. Acesso em: 22 jul. 2020.
29. LEVY, Pierre. *Cibercultura.* São Paulo: Ed. 34, 1999. *E-book.*
30. LEVY, Pierre. *Cibercultura.* São Paulo: Ed. 34, 1999. *E-book.*
31. PASSOS, Danielle Sandler de. Big data, data science e seus contributos para o avanço no uso do Open Source Intelligence. Disponível em: https://www.revistasg.uff.br/sg/article/view/1026/547. Acesso em: 25 jul. 2020.

uma técnica à disposição. Sua característica, como bem ressalta Passos[32], é trabalhar o dado obtido, transformando-o em informação que possa ser usada em unidades de inteligência. É ainda a referida autora quem chama atenção para as diferentes formas de unidades de inteligência, que podem ser corporativas, de espionagem entre países ou empresas, basicamente industriais ou de academia, mas pode-se afirmar que todas vão cair, necessariamente, em um formato histórico da administração empresarial ou de governança, qual seja o desenhado na década de 60 por Katz e Kahn[33], para quem o sistema de informações consistia em: *input* - o dado bruto coletado; transformação- o dado trabalhado e *output* -o dado exportado. Mas a esta teoria de sistemas, gerada há décadas, se insere um novo elemento: a proteção do dado e da informação. Fala-se da privacidade, do direito ao sigilo neste processo mecanicista. Ferraz Junior [34], em artigo que se perpetua, escreveu, em 1993:

> A privacidade, como direito, tem por conteúdo a faculdade de constranger os outros ao respeito e de resistir à violação do que lhe é próprio, isto é, das situações vitais que, por dizerem a ele só respeito, deseja manter para si, ao abrigo de sua única e discricionária decisão.

Não é outro o sentido que empresta o autor Ferreira que reafirma que "privacidade e autodeterminação informativa são direitos da personalidade e, consequentemente, direitos individuais, fundamentais e humanos, concretizadores da liberdade e refugiados na dignidade da pessoa humana".[35]

No mesmo sentido, Vasquez destaca o aspecto constitucional da questão:

> A dignidade da pessoa humana é um dos pilares do Estado Democrático de Direito, pois não é possível uma democracia sem respeito às garantias individuais e aos direitos humanos. O desdobramento deste princípio fundamental traz a garantia à inviolabilidade da intimidade, da privacidade e da imagem das pessoas prevista no art. 5º, inciso X, da Constituição Federal.[36]

É da lavra de Tercio Ferraz a tese de que a inviolabilidade do sigilo de dados refere-se apenas aos dados em trânsito, ao fluxo de dados do emissor ao receptor da mensagem (*input/ output*) durante os instantes da comunicação telefônica e telemática. Tal não se aplicaria aos dados estáticos, já armazenados, ainda que eles tivessem sido objeto de comunicação anterior. Quase trinta anos após sua publicação, por sua reiterada acolhida pelo STF, o texto de Ferraz Júnior é ainda referência importante para gerar artigo que o revisita[37], como o de Queiroz e Ponce, trazendo-o para o debate constitucional brasileiro sobre privacidade, em geral, e proteção de dados pessoais, especificamente. Os autores afirmam:

32. PASSOS, Danielle Sandler de. Big data, data science e seus contributos para o avanço no uso do Open Source Intelligence. Disponível em: https://www.revistasg.uff.br/sg/article/view/1026/547. Acesso em: 25 jul. 2020.
33. KATZ, Daniel; KHAN, Robert L. Psicologia social das organizações. 3. ed. São Paulo: Atlas, 1987, p. 30-45.
34. FERRAZ JUNIOR, Tércio Sampaio. Sigilo de dados: o direito à privacidade e os limites à função fiscalizadora do Estado. *Revista da Faculdade de Direito da Universidade de São Paulo*, v. 88, p 439-459, 1993, p. 40.
35. FERREIRA, Rafael Freire. *Autodeterminação informativa e privacidade na sociedade da informação*. 3. ed. Rio de Janeiro: Lumen Juris, 2019, p. 64.
36. VASQUEZ, Viviane. Considerações sobre a proteção de dados pessoais sensíveis no ambiente virtual. *In:* LÓSSIO, Claudio Joel Brito; NASCIMENTO, Luciano; TREMEL, Rosangela (Orgs.). *Cibernética jurídica*: estudos jurídicos sobre direito digital. Campina Grande: Eduepb, 2020, p. 252.
37. QUEIROZ, Rafael Mafei Rabelo; PONCE, Paula Pedigoni. Tercio Sampaio Ferraz Junior e o sigilo de dados: o direito à privacidade e os limites à função fiscalizadora do Estado: o que permanece e o que deve ser reconsiderado. *Revista Internet e Sociedade*, n. 1, v. 1, fev. 2020.

Ao relacionar dados pessoais à privacidade, ao mesmo tempo reconhecer a importância desse valor para a dignidade humana, Ferraz Júnior foi importante em desenhar a moldura axiomática dentro da qual os debates sobre proteção e acesso a dados pessoais devem ser pensados. Ainda que indolor, silencioso e discreto, o acesso a dados pessoais pode trazer graves implicações à privacidade, afetando, por consequência, a dignidade dos sujeitos. Nessa linha, "Sigilo de dados" reconhece que há uma dimensão das vidas privadas cujo simples acesso não autorizado por terceiros, por mais discreto de seja, é incompatível com o próprio *status* humano. É intrinsecamente humano e, portanto, valoroso enquanto característica indissociável da humanidade, guardar espaços de nossa intimidade em relação aos quais se decide, sem interferências ostensivas ou sorrateiras, quem deles pode participar.

E seguem em conclusão:

Dados pessoais, muitas vezes coletados em circunstâncias desconhecidas e inauditáveis, são tratados para gerar julgamentos, veredictos e ranqueamentos determinados em aspectos centrais da vida humana (emprego, moradia, crédito, justiça criminal, entre muitos outros), mas atuam por uma lógica misteriosa, compreensível apenas por quem programou os algoritmos que tomam as decisões. A opacidade e falta de regulação os torna, na prática, inapeláveis; tornam-se, de fato, oráculos do destino de massas de cidadãos. Tanto quanto a devassa de nossos segredos mais exclusivos, essas práticas empresariais negam aos sujeitos afetados o direito a algo que seu *status* humano exige: o direito de conhecer, compreender, corrigir e apelar contra decisões que os massificam em dados, perfis e rótulos ("bom pagador", "trabalhador eficiente", "criativo", "saudável"), marcando seu destino em aspectos essenciais da existência humana (consumidor, profissional etc.). A geração atual de leis de proteção de dados pessoais quer fazer frente não apenas ao poder estatal, mas também ao poder privado das empresas da economia da informação. Nesses casos, o Estado, ao menos pela via legislativa, atuou como regulador da economia dos oráculos de dados, agindo para disciplinar práticas abusivas e permitir aos cidadãos o exercício do controle sobre seus dados e, nesse e, nesse contexto, seus destinos.[38]

Caso ainda restem dúvidas acerca da privacidade de dados naquilo que Tobias Barreto[39], no século XIX, já definia como ambiente em movimento, ao qual importa adicionar o desenvolvimento: "A tese – tudo se move, – é verdadeira, porém de uma verdade parcial, que é preciso esclarecer por esta outra: – tudo se desenvolve", o volume de dados gerados se desenvolveu e a lei vai ao seu reboque. Ainda segundo Tobias Barreto[40], "a ciência não vive de simetria, do arquitetônico de suas divisões, antes de tudo ela vive de fatos. Os saberes de tais condições existem, é um bom princípio regulador; mas nada aproveita, enquanto não se sabe quais e quantas são elas, como se determinam o seu valor e sua recíproca influência".

Esta é a moldura dentro da qual Romão tece conclusões sobre a OSINT:

Com a informação prestada, mesmo que não existam controlos técnicos, a lei da proteção de dados é clara em criminalizar que aceda aos mesmos de forma ilegítima, e o OSINT não é uma legitimação para o tratamento de dados, logo quem aceder aos mesmos independentemente de controlos técnicos estará a ocorrer em crime, e é agravado nos casos em que haja mecanismos técnicos de proteção.[41]

38. QUEIROZ, Rafael Mafei Rabelo; PONCE, Paula Pedigoni. Tercio Sampaio Ferraz Junior e o sigilo de dados: o direito à privacidade e os limites à função fiscalizadora do Estado: o que permanece e o que deve ser reconsiderado. *Revista Internet e Sociedade*, n. 1, v. 1, fev. 2020.

39. BARRETO, Tobias. *Estudos de direito*. Rio de Janeiro: Laemmert, 1892. Disponível em: http:www2.senado.leg.br/bdsf/handle/id/224199. Acesso em: 25 jul. 2020.

40. BARRETO, Tobias. *Estudos de direito*. Rio de Janeiro: Laemmert, 1892. Disponível em: http:www2.senado.leg.br/bdsf/handle/id/224199. Acesso em: 25 jul. 2020.

41. PEREIRA, Nuno Filipe Romão. Regulamento geral de proteção de dados de OSINT. *In:* LÓSSIO, Claudio Joel Brito; NASCIMENTO, Luciano; TREMEL, Rosangela (Orgs.). *Cibernética jurídica*: estudos jurídicos sobre direito digital. Campina Grande: Eduepb, 2020, p. 238.

Diante do exposto, o processo de coleta de dados de forma automatizada terá que acontecer nos limites dos rigores legais, longe da opacidade dos algoritmos misteriosos que possam multiplicar preconceitos ou discriminações. A conferir a permanência do veto do Congresso Nacional para este direito positivado mundo afora, que coloca o Brasil em voto divergente.

6. *MACHINE LEARNING* E OS DADOS ABERTOS

À deriva no dilúvio tecnológico de Levy[42], desagua-se no dataísmo[43] de Hahari, quase uma sacralização dos dados. Entretanto, primeiro é preciso entender o que é Inteligência Artificial e pode-se recorrer à definição datada de 1956, em que John McCarthy[44]: trata-se da ciência e da engenharia de fazer máquinas inteligentes. Estas máquinas seriam programadas para, com base em bancos de dados que são constantemente abastecidos por novas informações pelo próprio sistema, decidir entre opções pré-estabelecidas, qual é a melhor. Mas a ciência foi além e surgiu a *machine learning*, conceito oriundo dos estudos com vistas a desenvolver a Inteligência Artificial, expandindo a abordagem com algoritmos para o que é chamado de árvore de aprendizado, programação lógica indutiva, agrupamento, aprendizado reforçado, redes Bayesianas, isso citando apenas algumas linhas de pesquisa.

A doutrina é pacífica quando afirma que tempo e o algoritmo de aprendizado certo fizeram toda a diferença para chegar na *machine learning*, ou aprendizado de máquina, que consiste em técnicas que analisam padrões por meio de modelos estatísticos e matemáticos fazendo com que computadores estruturem esses dados analisados e que eles possam, posteriormente, facilitar no processo de tomada de decisão. Esse aprendizado poderá ser assistido por humanos, assim contribuindo para que o resultado se torne mais eficiente ainda.

Segundo Ricardo Antunes:[45]

> *Machine learning* são os conjuntos de processos de aprendizados de aprendizados, que possibilitam obter respostas, por meio de distinção, baseado em dados e testes capazes de identificar linhas de pensamento criado para auxiliar os usuários, aprender com eles e apresentar somente o que o usuário gosta ou demonstrou interesse.

O exposto vale para dizer que *machine learning* ou aprendizagem de máquina, "faz com que a máquina aprenda certas funções a ponto de conseguir agir sem a interferência humana. Isto é, a máquina aprende com base em suas experiências pretéritas, podendo chegar a resultados sequer previsíveis pelos seus programadores"[46]. Mas o dinamismo

42. LEVY, Pierre. *Cibercultura*. São Paulo: Ed. 34, 1999. (e-book).
43. HARARI, Yuval Noah. *Sapiens*: uma breve história da humanidade. Porto Alegre: L&PM, 2017.
44. HOMAGE to John McCarthy, the Father of Artificial Intelligence (AI). Disponível em: https://www.artificial-solutions.com/blog/homage-to-john-mccarthy-the-father-of-artificial-intelligence. Acesso em: 6 jul. 2020.
45. ANTUNES, Ricardo. *Machine learning*: Limitando ou expandindo a liberdade. *In:* CAMARGO, Coriolano Almeida; SANTOS, Cleórbete (Coord.). *Direito digital*: novas teses jurídicas. Rio de Janeiro: Lumen Juris, 2018, p. 191.
46. NUNES, Ana Carolina de Assis. *Entre redes neurais naturais e artificiais*: estudo antropológico sobre humanidade e inteligência artificial em algumas revistas brasileiras. Dissertação de Mestrado. Universidade Federal de Goiás, Faculdade de Ciências Sociais, Programa de Pós-Graduação em Antropologia Social. Goiânia, 2018, p. 49.

dos cientistas de dados gera crescente desenvolvimento, e já se fala na subespécie do *deep learning*, ou aprendizagem profunda, que envolve a criação de redes neurais artificiais que permitem dotar a máquina de estruturas similares ao cérebro humano[47]. Ainda que baseada em uma racionalidade formal e probabilística, a máquina seria capaz de realizar análises cada diz mais complexas e aprender com a experiência. [48]

Em tese, as escolhas feitas pelos citados algoritmos seriam mais eficientes, eficazes, dotadas de imparcialidade e, portanto, seriam melhores do que as decisões humanas, estas sim sujeitas a falhas e imperfeições decorrentes de eventuais visões de mundo que transcendessem as decisões.

Diante do aqui descrito sobre o aprendizado de máquina, o tratamento de dados poderá ou ter a mão humana em seu processamento, e esse fato é essencial para a conformidade com a LGPD, visto que segundo Guilherme Martins, João Victor Longhi e José Faleiros Júnior:[49]

> Sem um instrumento vigoroso como a LGPD para que se possa esperar legitimamente um 'uso ético' dos algoritmos, grande nebulosidade continuará a pairar sobre os processos utilizados para o monitoramento social e as bases fundamentais para a definição de tão importante marco protetivo – com destaque para os direitos fundamentais à privacidade, à liberdade e à intimidade – permanecerão no vazio em razão da própria dificuldade de se desvendar abusos e excessos praticados nos processos de coleta e tratamento de dados, ainda que anonimizados.

7. CONSIDERAÇÕES FINAIS

A se manter a tendência registrada ao longo destas páginas, mormente no complexo artigo 65 cujas frequentes alterações são a única certeza, em termos de decisões algorítmicas a LGPD diverge da vigente norma europeia a qual equivale.

O diploma legal nacional não contemplou a possibilidade de vistas por um humano, mantendo a revisão, se solicitada, somente por algoritmos.

O que resta é aguardar a entrada da lei em vigor, observando as variações de tempos em tempos no já dito famigerado artigo 65. Enquanto vive-se esta *vacatio legis*, supondo que o restante do texto da lei permaneça intacto, é necessário pensar e repensar os modelos de *machine learning* adotados no Brasil.

No cenário que chamamos de dilúvio tecnológico, há que se exigir dos criadores de sistemas de *machine learning* a busca de forma contínua e incessante pela conformidade técnico-legal no que se refere à automatização no tratamento de dados. Sem sucumbir ao tentador dataísmo, que empresta categorias demiúrgicas ao sistema de automatização,

47. Disponível em: https://olhardigital.com.br/alem_da_infra/noticia/as-diferencas-entre-inteligencia-artificial-machine-learning-e-deep-learning/72678. Acesso em: 17 jul. 2020.
48. FRAZÃO, Ana. Algoritmos e inteligência artificial. *Jota*, 15 maio 2018. Disponível em: https://www.jota.info/opiniao-e-analise/colunas/constituicao-empresa-e-mercado/algoritmos-e-inteligencia-artificial-15052018. Acesso em: 20 jul. 2020.
49. MARTINS, Guilherme Magalhães; LONGHI, João Victor Rozatti; FALEIROS JÚNIOR, José Luiz de Moura. A pandemia da covid-19, o "profiling" e a Lei Geral de Proteção de Dados. *Migalhas*, 28 abr. 2020. Disponível em: https://www.migalhas.com.br/depeso/325618/a-pandemia-da-covid-19-o-profiling-e-a-lei-geral-de-protecao-de-dados. Acesso em: 28 jul. 2020.

cabe ainda ter a consciência de que, em nosso país, estamos delegando a integridade do processo decisório a uma programação algorítmica.

O cuidado com o tratamento dos dados pessoais deve ser reforçado por todo cidadão consciente de que, como gostam de afirmar os analistas de mercado de valores, a informação é o novo ativo mais rentável. Paralelo a esta verdade de mercado, há que acreditar e lutar incansavelmente pela conformidade técnico-legal, balizada pela implementação da ética/moral neste detalhe, visto que a lei pátria, até o presente, não possui o caráter humano.

Assim, é possível afirmar que sempre que o verbo for 'automatizar", o complemento adjetivo tem de ser necessariamente composto: conformidade técnico-legal.

8. REFERÊNCIAS

ANGWIN, Julia. LARSON, Jeff. MATTU, Surya. KIRCHNER, Lauren. *Machine Bias*. Disponível em: https://www.propublica.org/article/machine-bias-risk-assessments-in-criminal-sentencing. Acesso em: 17 jul. 2020.

ANTUNES, Ricardo. *Machine learning*: Limitando ou expandindo a liberdade. *In:* CAMARGO, Coriolano Almeida; SANTOS, Cleórbete (Coord.). *Direito digital*: novas teses jurídicas. Rio de Janeiro: Lumen Juris, 2018.

BARRETO, Tobias. Estudos de direito. Rio de Janeiro: Laemmert, 1892. Disponível em: http:www2.senado.leg.br/bdsf/handle/id/224199. Acesso em: 25 jul. 2020.

BRASIL. Lei 13.709/2018, de14 de agosto. Lei Geral de Proteção de Dados Pessoais (LGPD). 2018. Disponível em: http://www.planalto.gov.br/ccivil_03/_ato2015-2018/2018/lei/L13709.htm. Acesso em: 12 jul. 2020.

CEPIK, Marco. *Espionagem e democracia*. Rio de Janeiro: FGV, 2003.

CHRISTÓFARO, Danilo Fernandes. Congresso mantém veto a direito a uma explicação humana na LGPD. *Juspodivm*, 03 out. 2019. Disponível Em: https://meusitejuridico.editorajuspodivm.com.br/2019/10/03/congresso-mantem-veto-direito-uma-explicacao-humana-na-lgpd/. Acesso em: 7 out. 2019.

COMISSÃO Europeia – Posso ser sujeito a decisões individuais automatizadas, incluindo a definição de perfis? 2019. [Em linha]. Disponível em: https://ec.europa.eu/info/law/law-topic/data-protection/reform/rights-citizens/my-rights/can-i-be-subject-automated-individual-decision-making-including-profiling_pt. Acesso em: 25 jul. 2020.

EUR-Lex – Regulamento (EU) 2016/679. do Parlamento Europeu e do Conselho, de 27 de abril de 2016, relativo à proteção das pessoas singulares no que diz respeito ao tratamento de dados pessoais e à livre circulação desses dados e que revoga a Diretiva 95/46/CE (Regulamento Geral sobre a Proteção de Dados) (Texto relevante para efeitos do EEE). 2016. Disponível em: https://eur-lex.europa.eu/legal-content/PT/TXT/?uri=celex%3A32016R0679. Acesso em: 25 jul. 2020.

FERRAZ JUNIOR, Tércio Sampaio. Sigilo de dados: o direito à privacidade e os limites à função fiscalizadora do Estado. *Revista da Faculdade de Direito da Universidade de São Paulo*, v. 88, p 439-459, 1993.

FERREIRA, Rafael Freire. *Autodeterminação informativa e privacidade na sociedade da informação*. 3. ed. Rio de Janeiro: Lumen Juris, 2019.

FRAZÃO, Ana. Algoritmos e inteligência artificial. *Jota*, 15 maio 2018. Disponível em: https://www.jota.info/opiniao-e-analise/colunas/constituicao-empresa-e-mercado/algoritmos-e-inteligencia-artificial-15052018. Acesso em: 20 jul. 2020.

HARARI, Yuval Noah. *Sapiens*: uma breve história da humanidade. Porto Alegre: L&PM, 2017.

INCURIA – Jurisprudência do Tribunal de Justiça – Processo C-398/15. [2017]. Disponível em: http://curia.europa.eu/juris/liste.jsf?language=pt&num=C-398%2F15. Acesso em: 25 jul. 2020.

KATZ, Daniel; KHAN, Robert L. Psicologia social das organizações. 3. ed. São Paulo: Atlas, 1987.

LÉVY, Pierre. *Cibercultura*. São Paulo: Ed. 34, 1999. *E-book*.

MANGETH, Ana Lara; NUNES, Beatriz; MAGRANI, Eduardo. Seis pontos para entender o Regulamento Geral de Proteção de Dados da UE. *ITS Rio*, 25 maio 2018. Disponível em: https://feed.itsrio.org/seis-pontos-para-entender-a-lei-europeia-de-prote%C3%A7%C3%A3o-de-dados-pessoais-gdpr-d377f6b691dc. Acesso em: 03 ago. 2020.

MANUAL da Legislação Europeia sobre Proteção de Dados CEDH. Agência dos Direitos Fundamentais da União Europeia, 2014 Conselho da Europa, 2014. *E-book*.

MARTINS, Guilherme Magalhães; LONGHI, João Victor Rozatti; FALEIROS JÚNIOR, José Luiz de Moura. A pandemia da covid-19, o "profiling" e a Lei Geral de Proteção de Dados. *Migalhas*, 28 abr. 2020. Disponível em: https://www.migalhas.com.br/depeso/325618/a-pandemia-da-covid-19-o-profiling-e-a-lei-geral-de-protecao-de-dados. Acesso em: 28 jul. 2020.

NUNES, Ana Carolina de Assis. *Entre redes neurais naturais e artificiais*: estudo antropológico sobre humanidade e inteligência artificial em algumas revistas brasileiras. Dissertação de Mestrado. Universidade Federal de Goiás, Faculdade de Ciências Sociais, Programa de Pós-Graduação em Antropologia Social. Goiânia, 2018.

OSINT Best Practices: Legal & Ethical Considerations. Disponível em: https://mediasonar.com/osint-best-practices-download/. Acesso em: 25 de jul. 2020.

PASSOS, Danielle Sandler de. Big data, data science e seus contributos para o avanço no uso do Open Source Intelligence. Disponível em: https://www.revistasg.uff.br/sg/article/view/1026/547. Acesso em: 25 jul. 2020.

PEREIRA, Nuno Filipe Romão. Regulamento geral de proteção de dados de OSINT. *In:* LÓSSIO, Claudio Joel Brito; NASCIMENTO, Luciano; TREMEL, Rosangela (Orgs.). *Cibernética jurídica*: estudos jurídicos sobre direito digital. Campina Grande: Eduepb, 2020.

QUEIROZ, Rafael Mafei Rabelo; PONCE, Paula Pedigoni. Tercio Sampaio Ferraz Junior e o sigilo de dados: o direito à privacidade e os limites à função fiscalizadora do Estado: o que permanece e o que deve ser reconsiderado. *Revista Internet e Sociedade*, n. 1, v. 1, fev. 2020.

SIMON, Maybin. BBC News 31 outubro 2016. Disponível em: https://www.bbc.com/portuguese/brasil-37677421. Acesso em: 7 de jul. 2020.

TOP 5 Open Source OSINT Tools. Disponível em: https://www.breachlock.com/top-5-open-source-osint-tools/. Acesso em: 22 jul. 2020.

VASQUEZ, Viviane. Considerações sobre a proteção de dados pessoais sensíveis no ambiente virtual. *In:* LÓSSIO, Claudio Joel Brito; NASCIMENTO, Luciano; TREMEL, Rosangela (Orgs.). *Cibernética jurídica*: estudos jurídicos sobre direito digital. Campina Grande: Eduepb, 2020.

PARTE V
PUBLICIDADE, RELAÇÕES DE CONSUMO E OPACIDADE ALGORÍTMICA

20
O *MARKETING* ALGORÍTMICO E O DIREITO AO SOSSEGO NA INTERNET: PERSPECTIVAS PARA O APRIMORAMENTO DA REGULAÇÃO PUBLICITÁRIA

Guilherme Magalhães Martins

Promotor de Justiça titular da 5ª Promotoria de Tutela Coletiva do Consumidor da Capital, do Ministério Público do Estado do Rio de Janeiro – MPRJ. Professor associado de Direito Civil da Faculdade Nacional de Direito da Universidade Federal do Rio de Janeiro – UFRJ. Professor permanente do Doutorado em Direito, Instituições e Negócios da Universidade Federal Fluminense – UFF. Doutor e Mestre em Direito Civil pela Faculdade de Direito da Universidade do Estado do Rio de Janeiro – UERJ. Ex-professor visitante do Mestrado em Direito da Faculdade de Direito da UERJ. Membro honorário do Instituto dos Advogados Brasileiros, junto à Comissão de Direito do Consumidor. Professor adjunto (licenciado) de Direito Civil da Universidade Cândido Mendes – Centro. Professor dos cursos de pós-graduação lato sensu da UERJ, PUC-RIO, EMERJ, INSPER, Damásio de Jesus, Universidade Cândido Mendes, UFRGS e UFJF. 2º Vice-Presidente do Instituto Brasileiro de Política e Direito do Consumidor – BRASILCON.

Arthur Pinheiro Basan

Doutor em Direito da Universidade do Vale do Rio dos Sinos – UNISINOS. Mestre em Direito da Universidade Federal de Uberlândia – UFU. Pós-graduado em Direito Constitucional Aplicado da Faculdade Damásio. Professor Adjunto da Universidade de Rio Verde – UNIRV. Associado Titular do Instituto Brasileiro de Estudos em Responsabilidade Civil – IBERC. Contato eletrônico: arthurbasan@hotmail.com ORCID id: http://orcid.org/0000-0002-0359-2625

1. INTRODUÇÃO

É evidente que o desenvolvimento tecnológico, especialmente inserido no ambiente da *Internet*, promoveu profundas mudanças no funcionamento da sociedade. Destaca-se, desde já, que a facilidade e a ampliação da comunicação proporcionadas pelo desenvolvimento das tecnologias possibilitaram evidente expansão da economia, posto que esta superou fronteiras e limitações, ampliando sobremaneira a exposição de produtos e serviços no mercado.[1] Daí porque é possível afirmar que a economia foi um

1. LORENZETTI, Ricardo. *Comércio eletrônico*. Tradução de Fabiano Menke. São Paulo: Ed. RT, 2004. p. 354.

dos subsistemas sociais mais beneficiados pela expansão da *Internet*[2], afinal, o sistema econômico foi transformado em uma verdadeira economia virtualizada.[3]

Soma-se a isso o fato de que o crescimento constante do mundo virtual veio acompanhado do incremento da publicidade como mola-mestra da economia informatizada[4], matéria-prima de uma milionária indústria mundial, cumprindo também tarefa importante de aproximação de pessoas, bens e serviços na Sociedade da Informação.[5]

Em que pese sua utilidade econômica, a publicidade também possui efeitos perversos, especialmente sobre legítimos interesses do público, numa espécie de *metralhadora giratória* que lança mão de recursos plásticos, cênicos, auditivos, elaborando um pastiche que alguns chamam de arte, outros de técnica. Observa Adalberto Pasqualotto que, em virtude do seu indisfarçável intuito persuasivo, a publicidade busca entorpecer ou mesmo suprimir a verdade real, que é o elemento nuclear da autonomia privada. [6]

Além disso, a partir das novas tecnologias de informação e comunicação, as empresas passaram a coletar de maneira destacada os dados pessoais dos internautas, dados estes capazes de compor um verdadeiro perfil de consumo. Assim, ao descrever a sociedade contemporânea, é inevitável considerar a importância da informação, de modo a exigir também do Direito o reconhecimento da sua função essencial de tutelar as pessoas frente a esse novo contexto informacional e, consequentemente, novo ambiente social. Isso porque, com a ampliação da capacidade de difusão de informações através da evolução dos meios de comunicação, ampliaram-se também, talvez na mesma medida, os riscos a que as pessoas estão submetidas, especialmente diante da possibilidade da vigilância eletrônica[7], seja pelo Estado, sejam pelas pessoas privadas[8], em especial pelas grandes

2. MARTINS, Fernando Rodrigues. Sociedade da Informação e Promoção à Pessoa: Empoderamento Humano na Concretude de Novos Direitos Fundamentais. *In*: MARTINS, Fernando Rodrigues. *Direito Privado e Policontexturalidade*: fontes, fundamentos e emancipação. Rio de Janeiro: Lumen Juris, 2018, p. 403.
3. Cláudio Torres aponta que "a *Internet* trouxe para o mundo dos negócios uma grande novidade: o acesso instantâneo às informações sobre produtos e serviços." TORRES, Cláudio. *A bíblia do marketing digital*: tudo o que você queria saber sobre marketing e publicidade na internet e não tinha a quem perguntar. São Paulo: Novatec, 2018, p. 22.
4. Neste ponto, importante mencionar a empresa Google, que atualmente serve como modelo de gerenciamento, desenvolvimento e inovação de produtos e serviços. É impossível conhecer a *Internet* e desconhecer o Google. Neste sentido, afirma Cláudio Torres que "o Google cresceu muito e se tornou líder em alguns segmentos por um único e importante motivo: a empresa conseguiu criar uma fórmula inovadora e simples de ganhar dinheiro", podendo esse modelo de negócios ser resumido a uma ideia central: a publicidade online. TORRES, Cláudio. *A bíblia do marketing digital*: tudo o que você queria saber sobre marketing e publicidade na internet e não tinha a quem perguntar. São Paulo: Novatec, 2018, p. 311.
5. A Sociedade da Informação é identificada, especialmente no pensamento sociológico, a partir do contexto histórico em que há a preponderância da informação sobre os meios de produção e distribuição dos bens na sociedade, decorrente principalmente da introdução dos computadores conectados em rede nas relações sociais, isto é, da criação da *Internet*. CASTELLS, Manuel. *A sociedade em rede*. Tradução de Roneide Venancio Majer. Rio de Janeiro: Paz e Terra, 2018, p.100.
6. PASQUALOTTO, Adalberto. *Os efeitos obrigacionais da publicidade no código de defesa do consumidor*. São Paulo: Ed. RT, 1997, p.33-35
7. FUCHS, Christian. *Internet and society*: social theory in the information age. Londres: Routledge, 2008, p. 269.
8. Citando o pensamento de Marc Andreessen, Ana Frazão destaca que os gigantes da *Internet* estão dominando a economia mundial. E um dos principais riscos a respeito disso é o referente aos consumidores, tendo em vista que plataformas como o Facebook, Google, Amazon, Aliaba e Tencent usaram técnicas comuns às utilizadas em cassinos para promover o vício psicológico no consumo. FRAZÃO, Ana. Fundamentos da proteção dos dados pessoais: noções introdutórias para a compreensão da importância da lei geral da proteção de dados. In: FRAZÃO, Ana; TEPEDINO, Gustavo; OLIVA, Milena Donato (Coord.). *Lei Geral de Proteção de Dados Pessoais e suas repercussões no direito brasileiro*. São Paulo: Thomson Reuters Brasil, 2019, p. 45.

empresas de tecnologia.[9] Diante dessa prática, os fornecedores coletam dados pessoais dos consumidores em rede, de modo que as ofertas publicitárias tornam-se personalizadas, dado que intimamente ligadas ao histórico de navegação, às preferências e aos hábitos virtuais.

Cria-se, portanto, uma "bolha" com o "filtro invisível"[10], de modo que os conteúdos e informações que o consumidor recebe nas publicidades estão relacionados aos interesses e costumes inferidos através dos seus dados pessoais. Com efeito, o *marketing*, aproveitando-se dessas informações, se promove através de procedimentos lógicos perfeitamente definidos, sem que o consumidor ao menos tenha conhecimento a respeito do procedimental por trás disso (na figura das *blackboxes*)[11]. É o chamado *marketing* algorítmico.

Como se não bastasse, nota-se que muitas vezes essas publicidades direcionadas e personalizadas, com base em dados pessoais, e em algumas situações até dados sensíveis[12], tornam-se importunadoras a partir do momento em que são oferecidas incessantemente, isto é, a partir da oferta realizada por diversos meios de comunicação, seja através de e-mails, *short message service* (mensagem *SMS*), ligações telefônicas ou notificações em aplicativos, na representação da publicidade por *spam*[13]. O *marketing* algorítmico, portanto, facilita e potencializa o assédio de consumo na *Internet*.

Nessa perspectiva, surge a seguinte problemática: como promover um aprimoramento da regulação publicitária de modo a garantir que as pessoas não sejam perturbadas pelas publicidades virtuais de consumo? Em outras palavras, como o sistema jurídico deve reagir a fim de reconhecer o direito ao sossego na *Internet*, evitando que o consumidor seja perturbado de maneira indevida pelo assédio de consumo promovido pelo *marketing* algorítmico?

9. Conforme afirma Tim Wu, a indústria da informação cria monopólios por cinco razoes, i) efeitos de rede, ou seja, os produtos, como os celulares, se tornam mais úteis quanto maior forem os usos; ii) produção econômica em escala, de modo que os lucros operam de maneira global; iii) poder de integração entre as tecnologias, iv) a busca por poder, capaz de influenciar a mente das pessoas; e, por fim, V) gosto pelo monopólio, tendo em vista que a conveniência limita as escolhas. Assim, segundo o autor: "Close scrutinity suggests the answer has less to do with some dark subliminal attraction to size and power than an impulse far more banal; an incontrovertible preference for convenience over almost anything when it comes to our information tools. With beer or cars your choice may be a matter of personal taste; with networks, the only taste is convenience, and that comes with size. By choosing the most convenient options we collectively cede control to big firms based on a series of tiny choices whose consequences in sum we scarcely consider. Habits shape markets far more powerfully than laws". WU, Tim. *The master switch*: the rise and fall of information empires. Nova York: Vintage, 2010, p. 320-321.
10. PARISER, Eli. *O filtro invisível*: o que a internet está escondendo de você. Tradução de Diego Alfaro. Rio de Janeiro: Zahar, 2012. E-book.
11. PASQUALE, Frank. *The black box society*: the secret algorithms that control money and information. Cambridge: Harvard University Press, 2015, p. 4.
12. Consoante o art. 5°, II, da Lei 13.709/2018 (Lei Geral de Proteção de Dados Pessoais), são dados sensíveis aqueles sobre origem racial ou étnica, convicção religiosa, opinião política, filiação a sindicato ou a organização de caráter religioso, filosófico ou político, dado referente à saúde ou à vida sexual, dado genético ou biométrico, quando vinculado a uma pessoa natural. BRASIL. *Lei 13.709, de 14 de agosto de 2018*. Dispõe sobre a proteção de dados pessoais e altera a Lei 12.965, de 23 de abril de 2014 (Marco Civil da Internet). Disponível em: http://www.planalto.gov.br/ ccivil_03/_ato2015-2018/2018/lei/L13709.htm. Acesso em: 20 jun. 2020.
13. Segundo Cristina Prates "o termo 'spam' tem sua origem no famoso seriado britânico denominado Monty Pynthon, episódio 25, e representa uma espécie de enlatado que na cena do filme é servido em todas as refeições do cardápio. O termo spam deriva desse seriado e representa as coisas indesejáveis que são empurradas ao consumidor [...]". PRATES, Cristina Cantú. *Publicidade na internet: consequências jurídicas*. Curitiba: Juruá, 2015, p. 164.

Partindo disso, o objetivo geral que o artigo pretende alcançar é estudar o necessário aprimoramento da regulação publicitária, principalmente em diálogo com a proteção de dados pessoais, de modo a garantir tutela integral do consumidor, na perspectiva do direito ao sossego na *Internet*. Desdobrando-se este objetivo, se apresentam os objetivos específicos do artigo, quais sejam: a) analisar as publicidades de consumo inseridas no ambiente da *Internet*; b) expor o funcionamento do *marketing* algorítmico, que permite a promoção de publicidades direcionadas e personalizadas; c) apresentar a relação desse tipo de oferta publicitária com as práticas importunadoras, que assediam ao consumo; d) destacar a proteção de dados como mecanismo para garantia do direito ao sossego do consumidor em rede.

Trabalha-se, portanto, com a hipótese de que as novas tecnologias, relacionadas à *Internet*, ao proporcionarem novas formas de publicidades, ampliaram também as formas de perturbação dos consumidores. Consequentemente, surge a necessidade de reconhecer que a integridade humana não se limita mais ao espaço físico, real ou concreto, tendo também sua manifestação, cada vez mais necessária socialmente, no ambiente da *Internet*, demandando do sistema jurídico novas respostas.

Todas essas reflexões são essenciais para evidenciar o necessário reconhecimento da expansão da tutela dos direitos da pessoa humana também às relações virtuais. Daí porque se torna imprescindível a proteção da pessoa em sua integralidade, de modo que os dados pessoais são pontos essenciais. Neste sentido, cabe destacar que a Lei Geral de Proteção de Dados (LGPD) expressamente limitou sua aplicação, já nos artigos iniciais, a favor tão somente das pessoas naturais, demonstrando a diretriz humanista dessa proteção.[14]

Com efeito, considerando problemática apresentada, busca-se destacar como a publicidade se aproveita dos dados pessoais dos consumidores, promovendo muitas vezes prática importunadora de sossego e, consequentemente, prática abusiva. Ainda assim, almeja-se demonstrar como o aprimoramento da regulação publicitária, em diálogo com a proteção de dados, é uma necessidade atual, conforme se nota nos Projetos de Lei 3.514/15 e 3.515/15.

Assim, visando o acerto metodológico, o artigo encontra-se divido em três partes. Primeiramente, o tema será contextualizado, isto é, a publicidade será compreendida no ambiente da *Internet*. Logo, serão apresentadas as características do *marketing* algorítmicos, que agenciam as publicidades direcionadas, ressaltando como os anúncios promovidos pelos sistemas algorítmicos se tornam práticas abusivas ao promoverem o indevido assédio de consumo. Por fim, chegar-se-á ao reconhecimento do direito ao sossego, como faceta negativa do direito de proteção de dados, apresentando-se como perspectiva importante para o aprimoramento da regulação publicitária e para a vedação do assédio de consumo.

14. Dispõe o artigo 1º da LGPD, "Esta Lei dispõe sobre o tratamento de dados pessoais, inclusive nos meios digitais, por pessoa natural ou por pessoa jurídica de direito público ou privado, com o objetivo de proteger os direitos fundamentais de liberdade e de privacidade e o livre desenvolvimento da personalidade da pessoa natural." BRASIL. *Lei 13.709, de 14 de agosto de 2018*. Dispõe sobre a proteção de dados pessoais e altera a Lei 12.965, de 23 de abril de 2014 (Marco Civil da Internet). Disponível em: http://www.planalto.gov.br/ ccivil_03/_ato2015-2018/2018/ lei/L13709.htm. Acesso em: 20 jun. 2020.

2. A PUBLICIDADE INSERIDA NO AMBIENTE DA INTERNET

A economia contemporânea reduziu custos e facilitou a aproximação das partes contratantes frente as inúmeras possibilidades de oferta e, além disso, diante da possibilidade de o próprio consumidor buscar, em rede, onde há a oferta de produtos e serviços de seu interesse. É dizer que, conforme dito acima, ao considerar todos os subsistemas sociais modificados pela Sociedade da Informação, o econômico é o mais beneficiado, posto que o conhecimento tem capacidade de se transformar facilmente em substrato para a produção industrial[15] e, em última análise, em objeto de troca nas relações comerciais.

Em verdade, partindo do pressuposto de que a própria informação tornou-se produto oferecido amplamente no mercado virtual, a publicidade ganha destaque como instrumento estratégico do *marketing*, inclusive em relação retroalimentadora[16], afinal, é a forma mais barata e efetiva de comunicação comercial que se conhece.[17]

Como se não bastasse, é papel também da publicidade auxiliar os consumidores a encontrarem os produtos ou serviços que procuram, seja para satisfação das necessidades, seja para a satisfação dos demais desejos íntimos. Vale lembrar que o ser humano também precisa de bens que vão além das necessidades primitivas, muitas vezes denominados supérfluos, como aqueles relacionados a diversão, lazer, prazer, distração, etc.[18] Dessa forma, a publicidade é hoje um instrumento necessário para o desenvolvimento econômico e social, levando em consideração que dificilmente um fornecedor consegue conquistar seu público-alvo, ou mesmo manter seus clientes cativos, sem investir na divulgação do seu trabalho.

Partindo daí, é relevante apontar que a definição em si de publicidade é um exercício tormentoso, afinal, não porque se trata de um conceito de difícil alcance, mas sim porque a sua dimensão e o seu enquadramento social e jurídico não são unânimes.[19] Para a adequada delimitação do tema, na sociedade de consumo, pode ser considerada publicidade toda informação que visa, em última análise, criar no público a vontade e a necessidade de consumir, mesmo que de maneira indireta.[20] De antemão, extrai-se do Código Brasileiro de Auto-regulamentação, em seu artigo 8º, que são publicidades todas

15. MARTINS, Fernando Rodrigues. Sociedade da Informação e proteção da pessoa. *Revista da Associação Nacional do Ministério Público do Consumidor*, Brasília, DF, v. 2, n. 2, p. 6, 2016.
16. PASQUALOTTO, Adalberto. *Os efeitos obrigacionais da publicidade no código de defesa do consumidor*. São Paulo: Ed. RT, 1997. p. 15.
17. Neste sentido, afirma Adalberto Pasqualotto que: "Na economia, [a publicidade] transformou-se simplesmente em mola-mestra, insuflando necessidades para depois supri-las com o oferecimento irresistível de produtos necessários. Ela é a moda. Movimenta as artes, o esporte. Influencia a moral dominante. Serve de divulgação do bem e do mal. E além de tudo, representa em si mesma uma milionária indústria mundial." PASQUALOTTO, Adalberto. *Os efeitos obrigacionais da publicidade no código de defesa do consumidor*. São Paulo: Ed. RT, 1997. p. 15.
18. MALTEZ, Rafael Tocantins. *Direito do consumidor e publicidade*: análise jurídica e extrajurídica da publicidade subliminar. Curitiba: Juruá, 2011. p. 160.
19. FEDERIGHI, Suzana Maria Catta Preta. *Publicidade abusiva*. Incitação à violência. São Paulo: Juarez de Oliveira, 1999. p. 64.
20. Não se desconhece que o termo *marketing* é conceituado como conjunto de atividades integradas de planejamento para provocar o aumento da demanda, investigar as necessidades e instigar os desejos de consumo. Neste sentido, a publicidade seria também somente uma das formas de comunicação envolvidas no processo de *marketing*, assim como o é a venda pessoal e a promoção de vendas. Não obstante, para fins didáticos, o presente trabalho utilizará

as "atividades destinadas a estimular o consumo de bens e serviços, bem como promover instituições, conceitos ou ideias."

Juridicamente é o CDC a principal norma que sistematiza a publicidade no trato comercial.[21] E apesar deste código ser a principal norma que regula a oferta no mercado de consumo, não há nele um conceito explícito acerca da publicidade, mantendo-o na órbita do conceito jurídico indeterminado.[22] Segundo o CDC, em seu artigo 30, caracteriza-se oferta toda informação ou publicidade veiculada por qualquer meio de comunicação oferecendo produtos e serviços, obrigando o fornecedor que a fizer veicular ou dela se utilizar e integrando o contrato que vier a ser celebrado.[23]

Superada essa definição legal, é importante ressaltar que o desenvolvimento de técnicas publicitárias teve como forte influência o advento da televisão.[24] Entretanto, com o crescimento do uso da *Internet*, como novo ambiente de comunicação e de mercado[25], alterou-se fortemente conceitos básicos do *marketing*, sempre com o intuito de potencializar as mensagens mercadológicas. Daí porque fala-se em uma mudança da publicidade tradicional à digital, por meio do *marketing* 4.0[26], de modo que a *Internet* é hoje considerada uma verdadeira ferramenta de *marketing*.[27] Evidentemente, o desenvolvimento da *Internet* trouxe nova realidade aos anúncios publicitários, a saber, o mundo virtual.[28] Tudo isso em paralelo ao crescimento do número de usuários da *Internet*, em especial pelo uso de aparelhos móveis (*smartphones*[29]), que promove o surgimento do *mobilemarketing*.

O desenvolvimento de novas técnicas publicitárias se baseia no fato de que a *Internet* oferece amplas possibilidades de trabalho com sons, imagens e sensações, se aproximando da própria realidade. Isso oferece considerável impacto aos internautas, principalmente

---

os dois termos como sinônimos, até porque o CDC não diferenciou a publicidade do *marketing*, tendo em vista que abarcou todas as informações com o intuito lucrativo no conceito de "oferta", nos termos do artigo 30 do CDC.

21. Observa-se que o regramento jurídico da publicidade segue uma série de normas, dependendo da especificidade do produto ou serviço, gerando limitações determinadas. Cita-se como exemplo o Estatuto da Advocacia ou mesmo as normas do Conselho Federal de Medicina, que impõe restrições à divulgação dos serviços dos setores que regulam.
22. O conceito jurídico indeterminado pode ser compreendido como conceito cujo termo tem significado intencionalmente vago e aberto, ou seja, se conceitua como palavra utilizada na norma com significado vago e impreciso. MARTINS-COSTA, Judith; BRANCO, Gerson Luiz Carlos. *Diretrizes teóricas do novo código civil brasileiro*. São Paulo: Saraiva, 2002. p. 119.
23. BRASIL. *Lei 8.078, de 11 de setembro de 1990*. [Código de Defesa do Consumidor]. Dispõe sobre a proteção do consumidor e dá outras providências. Disponível em: http://www.planalto.gov.br/ccivil_03/leis/l8078.htm. Acesso em: 20 jun. 2020.
24. MCLUHAN, Marshall. *Os meios de comunicação como extensões do homem*. Tradução de Décio Pignatari. São Paulo: Cultrix, 2007. p. 256.
25. "A Internet surge antes de tudo como um *shopping center* eletrônico." BARBER, Benjamin R. *Consumido*. Tradução de Bruno Casotti. Rio de Janeiro: Record, 2009, p. 349.
26. KOTLER, Philip. *Marketing 4.0*: do tradicional ao digital. Tradução de Ivo Korytowski. Rio de Janeiro: Sextante, 2017, p. 12.
27. PRATES, Cristina Cantú. *Publicidade na internet*: consequências jurídicas. Curitiba: Juruá, 2015. p. 32.
28. Afirma Cristina Prates que "um dos principais fatores que propiciaram o enorme avança tecnológico é a invenção da tecnologia digital, em contrapartida com a tecnologia analógica. PRATES, Cristina Cantú. *Publicidade na internet*: consequências jurídicas. Curitiba: Juruá, 2015. p. 32.
29. Aduz Darren Bridger que: "quando as pessoas passam a comprar em smartphones, elas acabam gastando mais e com mais frequência, talvez simplesmente porque agora têm mais oportunidades de comprar. Os smartphones permitem comprar em qualquer lugar, aumentando a conveniência." BRIDGER, Darren. *Neuromarketing*: como a neurociência aliada ao design pode aumentar o engajamento e a influência sobre os consumidores. Tradução de Afonso Celso da Cunha Serra. São Paulo: Autêntica Business, 2018, p. 201.

tornando a prática de *marketing* cada vez mais próxima dos estudos envolvendo a neurociência[30], como, por exemplo, no que se refere às razões pelos desejos, necessidades e comportamentos humanos, no caso, direcionadas às motivações do consumidor.[31] Tudo isso se complementa com a crescente demanda de consumo pela rede, daí porque as publicidades foram se adaptando às necessidades de mercado, incrementando não só a exposição de produtos e serviços, mas também a aproximação entre consumidores e fornecedores.

Soma-se a isso o fato de a publicidade virtual ser carregada de inúmeras vantagens, especialmente por ser onipresente e, além disso, possuir a imensa capacidade de atingir inúmeros consumidores, sem limites territoriais. Dessa forma, nota-se que o uso da *Internet* gera economia na divulgação de produtos e serviços, além de ampliar e otimizar o alcance das mensagens, dado que vai se tornando segmentada e direcionada aos consumidores predefinidos, sendo inegáveis as diversas vantagens ao fornecedor.[32]

Com efeito, a publicidade na *Internet* é repensada pela presença de novos instrumentos de *marketing*, como o uso de recursos audiovisuais, mensagens convidativas, interatividade, animações, contratação de influenciadores digitais, além de outros. Reconhece-se uma infinitude de técnicas virtuais de promoção de mensagens publicitárias, como, por exemplo, o *microssite*[33], o *banner*[34], o *pop up*[35], os *links* patrocinados[36],

30. "A tendência do momento na área do *marketing* é a utilização da neurociência para descobrir o que realmente pensamos e sentimos em relação aos produtos e quais são as formas de divulgar cada um deles. Por esse motivo, o *marketing* tende a ser cada vez mais eficiente, invisível e sinestésico. SILVA, Ana Beatriz Barbosa. *Mentes consumistas:* do consumismo à compulsão por compras. São Paulo: Globo, 2014. p. 141.
31. Martin Lindstrom destaca que: "Graças às novas tecnologias e às sofisticadas ferramentas disponíveis, além de pesquisas nas áreas e comportamento do consumidor, de psicologia cognitiva e neurociência, as empresas sabem muito mais sobre o que motiva os consumidores. Elas vasculham nossa mente em busca de medos, sonhos, vulnerabilidades e desejos mais profundos. Exploram o rastro digital que deixamos cada vez que usamos o programa de fidelidade de uma farmácia, pagamos algo no cartão de crédito ou pesquisamos um produto na *Internet*. Em seguida, esses dados são usados para bombardear com ofertas 'sob medidas' para nosso perfil psicológico. [...] [...] Mais do que nunca na história, as empresas identificam o que inspira, assusta, acalma e seduz os consumidores." LINDSTROM, Martin. *Brandwashed:* o lado oculto do marketing. Controlamos o que compramos ou são as empresas que escolhem por nós? Tradução de Petra Pyka. Rio de Janeiro: Alta Books, 2018. p. 23.
32. Conforme aponta Jean Erenberg, diversos são os benefícios do uso da *Internet* na divulgação de produtos e serviços, como por exemplo a: "[...] velocidade (um e-mail circunda o globo terrestre em poucos instantes), impacto (milhões de mensagens podem ser rapidamente encaminhadas a todos os cantos do planeta de forma automática), economia (os custos de criação, produção e remessa do e-mail são infinitamente mais baixos que os de outras mídias, permitindo a experimentação de novas ideias e um maior retorno sobre os investimentos de marketing), flexibilidade (uma mensagem que não tenha gerado retorno pode ser substituída em poucos minutos), facilidade de manutenção e atualização da base de dados (mediante a coleta de novos, atuais e mais apurados dados sobre o consumidor e suas preferências), interatividade e manutenção do contato com o cliente (mantendo-se aceso o relacionamento da empresa com este), recursos tecnológicos (a cada dia novos recursos são incorporados às mensagens, como multimídia) e relativa eficiência (altíssima quando as mensagens são autorizadas, adequadas e de real interesse do consumidor." ERENBERG, Jean Jacques. *Publicidade patológica na internet à luz da legislação brasileira.* São Paulo: Juarez de Oliveira, 2003. p. 47 e 87.
33. São pequenos sites de marcas que se transversa em links dentro de sites de conteúdo. LIMEIRA, Tânia Vidigal. *E-marketing na internet com casos brasileiros.* São Paulo: Saraiva, 2003. p.166-186.
34. É o tipo de publicidade feita por meio de espécies de cartazes virtuais inseridos em algum lugar da página, como uma espécie de *outdoor* virtual. LIMEIRA, Tânia Vidigal. *E-marketing na internet com casos brasileiros.* São Paulo: Saraiva, 2003. p. 166-186.
35. É uma pequena janela que se abre automaticamente assim que o internauta visualiza determinada página na *Internet*. LIMEIRA, Tânia Vidigal. *E-marketing na internet com casos brasileiros.* São Paulo: Saraiva, 2003. p. 166-186.
36. Promove-se por meio da associação entre uma marca e um site, visando oferecer o conteúdo da página ao patrocinador, divulgando ao consumidor como se tivesse mero cunho informativo. LIMEIRA, Tânia Vidigal. *E-marketing na internet com casos brasileiros.* São Paulo: Saraiva, 2003. p. 166-186.

o *email marketing*, o *adverlog*[37], o *Search Engine Marketing*[38], o *podcasting*[39] e os *spams*. Em resumo, é a utilização de tecnologias digitais como ferramenta de *marketing* envolvendo comunicação[40], de modo que, junto às novas tecnologias surgem também novos riscos de danos.

Isso porque boa parte dos anúncios veiculados em rede se aproveitam de dados pessoais dos consumidores, capazes de direcionar e aumentar a efetividade das ofertas. Neste sentido, Lindstron Martin afirma que sociedade atual se qualifica como "sociedade pós-privacidade", em que empresas de *marketing* gravam, armazenam, compilam e analisam as informações compartilhadas, além das que não são compartilhadas, para enganar, manipular e seduzir e, finalmente, fazer o consumidor comprar mais coisas.[41] É neste contexto, portanto, que ganham destaque as publicidades direcionadas, fundamentadas no *marketing* algorítmico, conforme se expõe a seguir.

3. *MARKETING* ALGORÍTMICO E PUBLICIDADES DIRECIONADAS

A relação entre o uso de dados pessoais e as publicidades de consumo surge de maneira mais evidente a partir do incremento das tecnologias de informação e comunicação em rede. Aqui, como notável exemplo, ressalta-se o oferecimento de serviços aparentemente gratuitos, como sites de busca, de mensagens instantâneas (como o *WhatsApp*), e de redes sociais[42], que se sustentam com remuneração indireta, a partir dos dados pessoais coletados, capazes de, após o devido tratamento, indicarem um genuíno interesse dos consumidores em potencial.

A *Internet*, portanto, passa a se qualificar como um novo "espaço-mercado"[43], onde a coleta de dados pessoais e a publicidade sustentam boa parte dos serviços oferecidos aparentemente sem custos ao consumidor. Neste sentido, destaca Luís Chaves que é evidente que o motor de funcionamento da maioria das páginas e aplicativos gratuitos

37. Promove-se por meio de uma espécie de diário eletrônico, usado para elogiar um produto ou serviço. LIMA, Eduardo Weis Martins de. *Proteção do consumidor brasileiro no comércio eletrônico internacional*. São Paulo: Atlas, 2008. p. 58.
38. É uma ferramenta paga para promover anúncios diretamente nos mecanismos de buscas, como o Google e o Yahoo. LIMA, Eduardo Weis Martins de. *Proteção do consumidor brasileiro no comércio eletrônico internacional*. São Paulo: Atlas, 2008. p. 58.
39. São arquivos de som, onde empresas patrocinam de maneira velada os produtores de conteúdo. LIMA, Eduardo Weis Martins de. *Proteção do consumidor brasileiro no comércio eletrônico internacional*. São Paulo: Atlas, 2008. p. 58.
40. Cláudio Torres expõe que "Quando você ouve falar de *marketing* digital, publicidade online, *web marketing*, *mobile marketing*, *inboud marketing*, ou quaisquer outras composições criativas que se possa fazer dessas palavras, estamos falando em utilizar efetivamente as tecnologias digitais como uma ferramenta da *marketing*, envolvendo comunicação, publicidade, propaganda e todo o arsenal de estratégias e conceitos já conhecidos na teoria do *marketing*." TORRES, Cláudio. *A bíblia do marketing digital*: tudo o que você queria saber sobre marketing e publicidade na internet e não tinha a quem perguntar. São Paulo: Novatec, 2018. p. 65.
41. LINDSTROM, Martin. *Brandwashed*: o lado oculto do marketing. Controlamos o que compramos ou são as empresas que escolhem por nós? Tradução de Petra Pyka. Rio de Janeiro: Alta Books, 2018. p. 273.
42. Vale destacar que as redes sociais, por se inserirem dentro dessa nova metodologia publicitária, que utiliza massivamente dados pessoais, já foi reconhecida como relação jurídica de consumo, conforme REsp 1.349.961-MG.
43. MARQUES, Claudia Lima. *Contratos no Código de Defesa do Consumidor*: o novo regime das relações contratuais. São Paulo: Ed. RT, 2014. p. 128.

oferecidos na *Internet* é a publicidade comportamental, por meio de anúncios que se relacionam com hábitos e preferências de navegação do usuário.[44]

Evidentemente, o mercado do consumo se adapta a essa nova realidade de coleta, armazenamento e tratamento de dados pessoais, afinal, a quantidade de informações a respeito dos consumidores, seus comportamentos, desejos e hábitos de consumo, tornam-se essenciais para o crescimento econômico. Neste ponto, "percebe-se, assim, que a informação se transformou em insumo da produção, possuindo um papel tão importante quanto a força de trabalho e o capital."[45]

Conforme já mencionado, dentro da lógica da Sociedade da Informação, também caracterizada pelo consumo como fundamento básico, as publicidades ganham maior destaque, afinal, são elas que induzem as pessoas a sentirem desejos insaciáveis de consumo, tornando a insatisfação uma permanente no mercado e, consequentemente, a principal fonte de rendimentos das companhias de comércio eletrônico.[46] Vale lembrar que a publicidade já foi definida como a "arte de criar a necessidade do inútil".[47]

E é em razão disso que se nota que as empresas se aproveitam dos dados pessoais e, pior, dos dados sensíveis das pessoas, para conseguirem um dos recursos mais escassos na sociedade atual: a atenção dos consumidores. Dessa forma, os fornecedores buscam, da melhor maneira possível, aproveitarem o tempo em que o consumidor não está consciente para o preencher com publicidades direcionadas e dirigidas, influenciando decisões, no que já se convencionou denominar de "mercado da atenção".[48] Logo, para o pagamento dos serviços supostamente gratuitos, o consumidor oferece os seus dados e, como se não bastasse, sua atenção às publicidades ali veiculadas.

Daí porque ressalta Laura Mendes que embora os riscos do tratamento de dados pessoais sejam notáveis nos vários setores da sociedade, destacam-se os desafios desse fenômeno nas relações de consumo, uma vez que, sendo o consumidor presumidamente vulnerável, este possui grande dificuldade de controlar o fluxo dos seus dados pessoais, bem como de adotar medidas de autoproteção contra os riscos do tratamento dessas informações.[49]

44. CHAVES, Luís Fernando Prado. Responsável pelo tratamento, subcontratante e DPO. *In*: BLUM, Renato Opice; MALDONADO, Viviane Nóbrega (Coord.). *Comentários ao GDPR*: regulamento geral de proteção de dados da União Europeia. São Paulo: Thomson Reuters Brasil, 2018. p. 122.
45. MENDES, Laura Schertel. *Privacidade, proteção de dados e defesa do consumidor*: linhas gerais de um novo direito fundamental. São Paulo: Saraiva, 2014. p. 91.
46. CASTELLS, Manuel. *A galáxia da internet*: reflexões sobre a internet, os negócios e a sociedade. Tradução de Maria Luiza X. De A. Borges. Rio de Janeiro: Zahar, 2003. p. 143.
47. KOTLER, Philip. *Marketing para o século XXI*: como criar, conquistar e dominar mercados. Tradução de Carlos Szlak. São Paulo: Futura, 1999. p. 23.
48. WU, Tim. *The attention merchants*: the epic scramble to get inside our heads. New York: Vintage, 2017.
49. Por essa razão, destaca a autora que: "[...] muitas vezes, esse conhecimento da empresa advém da coleta de dados do consumidor, sem sequer que ele saiba dessa coleta ou dê o seu consentimento para tanto. A vulnerabilidade do consumidor nesse processo de coleta e tratamento de dados pessoais é tão patente que se cunhou a expressão "consumidor de vidro" para denotar a sua extrema fragilidade e exposição no mercado de consumo, diante de inúmeras empresas que tomam decisões e influenciam as suas chances de vida, a partir das informações pessoais armazenadas em bancos de dados." MENDES, Laura Schertel. A vulnerabilidade do consumidor quanto ao tratamento de dados pessoais. *In*: MARQUES, Claudia Lima; GSELL, Beate (Coord.). *Novas tendências do direito do consumidor*: rede Alemanha-Brasil de pesquisas em direito do consumidor. São Paulo: Ed. RT, 2015. E-book.

Não existem dados irrelevantes ou ociosos, haja vista os cruzamentos decorrentes da formação de perfis dos usuários no Big Data.

Como se não bastasse, visando a coleta de dados pessoais, as empresas se apropriam de ferramentas de vigilância eletrônica, capazes de identificar informações importantes dos consumidores. Neste sentido, se antigamente a vigilância se relacionava a ideia de controle, pelo Estado, como apregoado no "Big Brother orwelliano", atualmente a vigilância tornou-se algo trivial na sociedade, posto que as empresas a realizam, o tempo todo, para análises comportamentais e ajustamentos de práticas comerciais[50], no denominado "capitalismo da vigilância"[51], diferentemente da liberdade utópica imaginada no ambiente da *Internet*.[52]

Neste sentido, Christian Fuchs aponta que, na área de consumo, as empresas utilizam da vigilância eletrônica para conhecerem as preferências dos consumidores capazes de mirá-los com publicidades *online* personalizadas. E essas corporações fazem isso de maneira aparentemente legal, a partir do consentimento do titular, na celebração do contrato eletrônico, de que suas preferências serão acessadas para fins de perfil publicitário; ou, de maneira ilegal, enviando *spam* ou *spyware* capazes de registrar o comportamento *online*.[53]

Como consequência desse tipo de prática surge o problema de classificação dos consumidores em categorias de acordo com os dados pessoais coletados, capazes de afetar significativamente a liberdade e a autonomia das pessoas.[54] Isso porque há evidente diminuição da autonomia do consumidor a partir do momento em que é fortemente dissecado pelos seus comportamentos e hábitos de consumo, que compõe seu histórico, além do perigo de ser discriminado no mercado, a partir do conhecimento prévio pelas empresas de informações como a renda, os hábitos, os gastos frequentes, as responsabilidades, etc.

Cite-se como exemplo do avanço tecnológico e, ao mesmo tempo, dos riscos de vigilância, na investigação das expressões faciais do consumidor enquanto este rea-

50. MENDES, Laura Schertel. A vulnerabilidade do consumidor quanto ao tratamento de dados pessoais. *In*: MARQUES, Claudia Lima; GSELL, Beate (Coord.). *Novas tendências do direito do consumidor*: rede Alemanha-Brasil de pesquisas em direito do consumidor. São Paulo: Ed. RT, 2015. E-book.
51. LÔBO, Paulo. Direito à privacidade e sua autolimitação. *In*: EHRHARDT JÚNIOR, Marcos; LOBO, Fabíola Albuquerque (Coord.). *Privacidade e sua compreensão no direito brasileiro*. Belo Horizonte: Fórum, 2019. p. 24.
52. Neste ponto, Stefano Rodotà alerta que: "[...]a hipótese de liberdade infinita e anárquica garantida pela internet entre em conflito com outra realidade que está diante de nossos olhos. Câmeras de vídeo para vigilância, a implacável coleta dos rastros deixados pelo uso do cartão de crédito ou durante a navegação na internet, a produção e venda de perfis pessoais cada vez mais analíticos, as possibilidades de interconexão entre os mais diversos bancos de dados indicam a expansão progressiva de uma sociedade do controle, da vigilância e da classificação. Ao lado dos arquivos tradicionais, como aqueles das forças policiais, assumem importância crescente um sem-número de "arquivos", principalmente aqueles ligados ao consumo." RODOTÀ, Stefano. *A vida na sociedade da vigilância*: a privacidade hoje. Tradução de Danilo Doneda e Luciana Cabral Doneda. Rio de Janeiro: Renovar, 2008. p. 146.
53. FUCHS, Christian. *Internet and society*: social theory in the information age. Londres: Routledge, 2008. p. 273.
54. Neste sentido, destaca Ana Frazão que "se os cidadãos não conseguem saber nem mesmo os dados que são coletados, têm dificuldades ainda maiores para compreender as inúmeras destinações que a eles pode ser dada e a extensão do impacto destas em suas vidas." FRAZÃO, Ana. Fundamentos da proteção dos dados pessoais: noções introdutórias para a compreensão da importância da lei geral da proteção de dados. In: FRAZÃO, Ana; TEPEDINO, Gustavo; OLIVA, Milena Donato (Coord.). *Lei Geral de Proteção de Dados Pessoais e suas repercussões no direito brasileiro*. São Paulo: Thomson Reuters Brasil, 2019. p.26.

liza compras *online*. Neste sentido, Darren Bridge aponta que existem *neurosoftwares* capazes de interpretar as reações das pessoas de acordo com a *webcam*. Segundo o autor, os olhares dos consumidores são rastreados, de modo a buscar informações sobre os locais da tela que mais chamaram atenção, ou mesmo as emoções vivenciadas no ato da compra. Segundo o autor, "o software até pode medir os batimentos cardíacos e detectar flutuações minúsculas na cor da pele do rosto, imperceptíveis para olhos humanos."[55]

Destaca-se que esse problema já foi enfrentado pela justiça brasileira, no caso envolvendo as publicidades na Linha 4 (Amarela) do metrô de São Paulo. Na ocasião, a empresa Via Quatro instalou câmeras escondidas em telas que exibiam publicidades e registravam a reação dos passageiros. No caso, o Instituto Brasileiro de Defesa do Consumidor (Idec) ingressou com ação civil pública, requerendo a retirada das câmeras.[56]

Com efeito, neste contexto de vigilância e de assédio de consumo, importante aprofundar os dois momentos de tratamento de dados pessoais dos consumidores que mais interessam para a promoção de publicidades, tendo em vista que estas práticas sofrem fortes limitações pela LGPD. Afinal, "hoje, dados e métricas (índices) oferecem informações cruciais em tempo quase real sobre as necessidades e comportamentos dos clientes que dirigem as decisões de *marketing* e vendas."[57]

Logo, sem desconhecer os diversos momentos no âmbito de tratamento de dados pessoais, com o intuito de manter a íntegra relação com o tema, optou-se por estudar dois momentos específicos, quais sejam, a coleta e o processamento. A princípio, a coleta, considerada como primeira fase do tratamento de dados, consiste na obtenção de informações pessoais do consumidor para a formação de um banco de dados. Essa coleta nem sempre ocorre às escondidas, sendo que em muitas situações o próprio consumidor disponibiliza seus dados aos fornecedores. Laura Mendes aponta que as principais fontes de coleta são i) as transações comerciais, como os "cartões fidelidade"; ii) os censos e registros públicos; iii) as pesquisas de mercado; iv) os sorteios e concursos; v) a comercialização e cessão de dados; e vi) as tecnologias de controle da *Internet*, como os *cookies*[58] e *spywares*.[59]

55. BRIDGER, Darren. *Neuromarketing*: como a neurociência aliada ao design pode aumentar o engajamento e a influência sobre os consumidores. Tradução de Afonso Celso da Cunha Serra. São Paulo: Autêntica Business, 2018, p. 19.
56. INSTITUTO BRASILEIRO DE DEFESA DO CONSUMIDOR. *Justiça impede uso de câmera que coleta dados faciais em metrô em SP*. São Paulo, 18 set 2019. Disponível em: https://idec. org.br/noticia/justica-impede-uso-de-camera-que-coleta-dados-faciais-do-metro-em-sp Acesso em: 21 jun. 2020.
57. SCHWAB, Klaus. *A quarta revolução industrial*. Tradução de Daniel Moreira Miranda. São Paulo: Edipro, 2016. p. 59.
58. "Os *cookies* são fichários de dados gerados através das instruções que os servidores *web* enviam aos programas navegadores e que são guardados num diretório específico do computador do usuário. É um instrumento para a obtenção de dados sobre os hábitos de consumo, frequências de visita a uma seção determinada, tipo de notícias a suprir." LORENZETTI, Ricardo Luis. Informática, cyberlaw, e-commerce. *In*: DE LUCCA, Newton de; SIMÃO FILHO, Adalberto (Coord.). *Direito e internet*: aspectos jurídicos relevantes. Bauru: Edipro, 2001. p. 490.
59. O *spyware* "é um tipo de software que tem o objetivo de monitorar atividades de um sistema e enviar as informações coletadas para terceiros, podendo comprometer a privacidade do usuário e a segurança do computador. Algumas de suas funções são, por exemplo, o monitoramento de URLs acessadas enquanto o usuário navega na internet e captura de senhas bancárias e números de cartões de crédito." MENDES, Laura Schertel. *Privacidade, proteção de dados e defesa do consumidor*: linhas gerais de um novo direito fundamental. São Paulo: Saraiva, 2014. p. 104.

Uma vez coletados, a segunda etapa do tratamento de dados pessoais é a denominada de processamento, principalmente por meio de tecnologias modernas de aprimoramento da informação. Dessa forma, após formado o banco de dados com informações coletadas, as empresas promovem o tratamento destes dados, a fim de buscar informações que darão base para conhecer os hábitos e comportamentos de consumo. Aqui, várias são as técnicas capazes de oferecer tendências e padrões significativos a partir de dados, com o auxílio de instrumentos estatísticos e matemáticos, isto é, os algoritmos. Não obstante, vale destacar duas técnicas que recorrentemente são utilizadas para posterior promoção de publicidades, a saber, a mineração de dados (*data mining*) e a construção do perfil (*profiling*).

Quanto à mineração de dados (*data mining*), trata-se do processo em que, por meio de tecnologias de informação e comunicação, fundadas em combinação de dados e estatísticas, dados de compreensão complexa são transformados em informações inteligíveis às empresas, tornando essas informações pessoais úteis e valiosas. Em resumo, a mineração de dados consiste na exploração de "uma base de dados (mina) usando algoritmos (ferramenta) adequados para obter conhecimento (minerais preciosos)."[60]

Por meio da mineração de dados, as fornecedoras são capazes de identificar padrões significativos de informações, isto é, partindo do banco de dados coletados, estabelece-se classificações lógicas de pessoas e bens, para uma determinada finalidade predefinida, a partir da busca por padrões. Neste aspecto, "o *Big Data* representa o êxtase desse processo"[61] pois permitiu que estes dados pudessem ser analisados em volumes imensos, em toda a sua extensão, permitindo inferir, inclusive, na probabilidade de acontecimentos futuros.

Neste ponto, destaca-se que a mineração de dados é um dos fundamentos para a análise preditiva, ou seja, o uso de comportamentos padrões capazes de dar previsão de certos acontecimentos e ações futuras.[62] Com efeito, essa análise preditiva, ou seja, a possibilidade de identificar padrões e operar a previsão de comportamentos futuros é uma verdadeira "mina de ouro" para o ramo publicitário.[63] Daí porque o *Big Data* revolucionou não só o mercado mas principalmente a indústria publicitária[64], "criando-se mais

60. CASTRO de, Leandro Nunes; FERRARI, Daniel Gomes. *Introdução à mineração de dados*: conceitos básicos, algoritmos e aplicações. São Paulo: Saraiva, 2016. p. 4.
61. BIONI, Bruno Ricardo. *Proteção de dados pessoais*: a função e os limites do consentimento. Rio de Janeiro: Forense, 2019. p. 39.
62. SIEGEL, Eric. *Análise preditiva:* o poder de prever quem vai clicar, comprar, mentir ou morrer. Rio de Janeiro: Alta Books, 2017
63. Neste ponto, importante mencionar reportagem em mídia digital, entrevistando o professor Martin Hilbert, segundo o qual: "pesquisadores da Universidade de Cambridge, no Reino Unido, fizeram testes de personalidade com pessoas que franquearam acesso a suas páginas pessoais no Facebook, e estimaram, com ajuda de um algoritmo de computador, com quantas curtidas é possível detectar sua personalidade. Com 100 curtidas poderiam prever sua personalidade com acuidade e até outras coisas: sua orientação sexual, origem étnica, opinião religiosa e política, nível de inteligência, se usa substâncias que causam vício ou se tem pais separados. E os pesquisadores detectaram que com 150 curtidas o algoritmo podia prever sua personalidade melhor que seu companheiro. Com 250 curtidas, o algoritmo tem elementos para conhecer sua personalidade melhor do que você." LISSARDY, Gerardo. "'Despreparada para a era digital, a democracia está sendo destruída', afirma guru do 'big data'. *BBC Mundo*, [S. l.], 9 abr. 2017. Disponível em: https://www.bbc.com/portuguese/geral-39535650. Acesso em: 21 jun. 2020.
64. Neste ponto, aponta Lindstron Martin que: "O *data mining*, eufemisticamente chamado pelo setor de marketing de 'descoberta do conhecimento' ou 'insights do consumidor', é um negócio global de rápido crescimento, que se dedica à captura e à análise do comportamento do consumidor. O objetivo é classificar, resumir e uniformizar os dados de modo que possam ser usados para nos convencer (e de vez em quando, nos manipular) a comprar

do que um rico retrato do consumidor em potencial. A figura translúcida do consumidor de vidro agora perpassa seus passos futuros"[65], sob a lógica do *marketing* algorítmico.

Partindo daí, e indo além da mineração de dados, outra técnica comum no mercado de consumo é a construção de perfil, denominada *profiling*.[66] Esse perfil criado é uma espécie de "avatar" que representa o consumidor a partir da reunião de diversos dados pessoais, como os relacionado às preferências, costumes, hábitos de consumo, classe social, *hobbys*, etc. A criação do perfil tem a finalidade de construir uma representação confiável do consumidor, capaz de gerar previsibilidades quanto aos seus comportamentos de consumo, isto é, uma verdadeira "biografia digital".[67] Assim, a caracterização do perfil tem como finalidade determinar o que é relevante dentro de um contexto, por exemplo, quais são os consumidores que podem se interessar por um determinado produto. Em verdade, é uma técnica que pode ser definida como uma nova maneira de conhecimento que permite tornar acessíveis padrões a princípio invisíveis ao reconhecimento humano.[68]

A demonstração real dessa técnica é narrada no conhecido caso americano da empresa *Target*[69], em que a fornecedora, por meio da mineração de dados pessoais das consumidoras inseridas em seu banco de dados, tornou-se capaz de descobrir quais clientes estão grávidas, antes mesmo das próprias mulheres, para, então, enviar a elas ofertas de produtos direcionados para gestantes e para bebês.

Esse caso se tornou emblemático em razão de um americano, ao notar as publicidades de roupas de bebê e berço direcionadas a sua filha pela empresa *Target*, ter procurado a loja para tirar satisfações, uma vez que a garota era jovem e ainda estava na escola. Mais tarde o pai descobriu que a filha, de fato, estava grávida, de modo que o caso revelou que a empresa possuía um sistema que, por meio de cruzamento de dados pessoais das consumidoras da empresa, era capaz de descobrir quais clientes estariam grávidas, as vezes mesmo antes das futuras mães, para, então, enviar a elas ofertas de produtos para gestantes e bebês[70], evidenciando na prática o funcionamento do *marketing* algorítmico.

---

determinados produtos. [...] [...] O objetivo dos insights do consumidor é buscar motivações e critérios que levem o consumidor a comprar." LINDSTROM, Martin. *Brandwashed*: o lado oculto do marketing. Controlamos o que compramos ou são as empresas que escolhem por nós? Rio de Janeiro: Alta Books, 2018. p. 240.

65. BIONI, Bruno Ricardo. *Proteção de dados pessoais*: a função e os limites do consentimento. Rio de Janeiro: Forense, 2019. p. 43.
66. Nesta mesma situação, destaca-se a importância do princípio da finalidade, exigido na LGPD, de forma que é preciso que o consumidor "compreenda se, por quem e para que fins os seus dados são coletados, como em casos de *marketing* digital [...] [...] O titular também deverá ser informado da construção de perfil (*profiling*) e de suas respectivas consequências, além da ciência da eventual obrigatoriedade de fornecimento dos dados pessoais e das consequências no caso de recusa" VAINZOF, Rony. Dados pessoais, tratamento e princípios. *In*: BLUM, Renato Opice; MALDONADO, Viviane Nóbrega (Coord.). *Comentários ao GDPR*: regulamento geral de proteção de dados da União Europeia. São Paulo: Thomson Reuters Brasil, 2018. p. 54.
67. SOLOVE, Daniel J. *The digital person:* technology and privacy in the information age. Nova York: University Press, 2006. p. 44.
68. BOFF, Salete Oro (Coord.). *Proteção de dados e privacidade*: do direito às novas tecnologias na sociedade da informação. Rio de Janeiro: Lumen Juris, 2018. p. 162.
69. Bruno Bioni chega a mencionar que "um dos exemplos mais citados para ilustrar o *Big Data* é o da ação por parte da varejista americana Target para identificar consumidora grávidas". BIONI, Bruno Ricardo. *Proteção de dados pessoais*: a função e os limites do consentimento. Rio de Janeiro: Forense, 2019. p. 42.
70. AGOSTINI, Renata. *A nova indústria da espionagem explora o consumo. Revista Exame*, São Paulo, 28 abr. 2012. Disponível em: https://exame.abril.com.br/revista-exame/a-nova-industria-da-espionagem/. Acesso em: 21 jun. 2020.

Conforme se nota, um dos grandes riscos apontados quanto à elaboração do *profiling* se refere à possibilidade de manipulação da vontade e da autonomia da pessoa. Isso porque a partir do momento em que as empresas possuem um histórico com informações pessoais do consumidor, com nítida violação da sua esfera privada, é possível a manipulação da vontade, direcionando-a aos pontos fracos daquela pessoa, conforme o seu perfil traçado.

Exatamente em razão disso que a LGPD trata do *perfil comportamental* em seu artigo 12, § 2º e em seu artigo 20, no sentido de projetar o foco de interesse ajustado a cada pessoa, deixando claro que se trabalha com o procedimento pelo qual a mineração de dados fornecidos pelo usuário ou mesmo os gostos representados no ciberespaço são capazes de possibilitar a análise preditiva.[71]

Assim, a pessoa fica presa a essa "bolha", impedida de ter contato com informações diferentes e ocasionais aos seus interesses demonstrados no *profiling* elaborado.[72] Eli Pariser chega a afirmar que "os algoritmos que orquestram a nossa publicidade estão começando a orquestrar nossa vida".[73] Por isso, fica cada vez mais nítida a utilização das tecnologias de comunicação e informação no âmbito das publicidades, expondo os consumidores a novas espécies de riscos, ameaças e danos. Diante disso, destaca-se, mais uma vez, a necessidade de se promover a tutela integral dos consumidores, em especial por meio da inegável relação entre o direito à integridade psicofísica e à proteção de dados pessoais. Com efeito, infere-se que "essa dupla tutela tornou-se, na atualidade, condição de possibilidade para o livre desenvolvimento da personalidade e para a cidadania."[74]

4. O DIREITO AO SOSSEGO E A NECESSÁRIA TUTELA DOS DADOS PESSOAIS DO CONSUMIDOR

Diante do contexto de grandes fluxos de informação, onde as pessoas são expostas a uma quantidade nunca antes vista de informações, todos os dias, o tempo todo, a publicidade se transforma em uma verdadeira arte, que se adapta constantemente visando instigar os desejos e as necessidades de consumir. Neste ponto, têm-se pistas de que o

71. COLOMBO, Cristiano; FACCHINI NETO, Eugênio. "Corpo elettronico" como vítima em matéria de tratamento de dados pessoais: responsabilidade civil por danos à luz da lei de proteção de dados brasileira e dano estético no mundo digital. *In*: CELLA, José Renato Graziero; BOFF, Salete Oro; OLIVEIRA, Júlia Francieli Neves de (Org.). *Direito, governança e novas tecnologias II*. Florianópolis: CONPEDI, 2018. p. 49.

72. Neste sentido, aponta David Sumpter que: "Interagimos com algoritmos desde o instante em que abrimos nosso computador ou ligamos nosso telefone. O Google está usando as escolhas de outras pessoas e o número de links entre páginas para decidir quais resultados de busca nos mostrar. O Facebook usa as recomendações de nossos amigos para decidir as notícias que vemos. Reddit nos permite "votar positivamente" e "votar negativamente" em fofocas sobre celebridades. LinkedIn nos sugere pessoas que devemos conhecer no mundo profissional. Netflix e Spotify escrutinam nossas preferências cinematográficas e musicais para nos fazer sugestões." SUMPTER, David. *Dominados pelos números*: do Facebook e Google às fakenews, os algoritmos que controlam nossa vida. Tradução de Marcello Neto e Anna Maria Sotero. Rio de Janeiro; Bertrand Brasil, 2019. p. 113.

73. PARISER, Eli. *O filtro invisível*: o que a internet está escondendo de você. Tradução de Diego Alfaro. Rio de Janeiro: Zahar, 2012. E-book.

74. BOLESINA, Iuri. *Direito à extimidade*: as inter-relações entre identidade, ciberespaço e privacidade. Florianópolis: Empório do Direito, 2017. p. 130.

anúncio publicitário se qualifica para cumprir as tarefas de chamar a atenção, despertar o interesse, estimular o desejo, criar convicção e induzir à aquisição.[75]

Importante destacar, desde já, que se as publicidades na *Internet* se adequarem às disposições do sistema jurídico brasileiro, não há que se falar em ilicitude, dentro da ideia de liberdade da atividade econômica. Todavia, o problema surge a partir do momento em que as técnicas de *marketing* surgem violando os preceitos normativos, como os de proteção do consumidor. Isso porque, muitas vezes, a tecnologia atrelada às questões de mercado, sob a lógica da análise econômica, se desenvolve independente e distante do Direito, o que não pode, e por certo, não deve ocorrer.

De maneira mais específica, o problema surge a partir do momento em que as publicidades virtuais são ofertadas excessivamente, em especial nos aparelhos celulares.[76] Isso porque, hoje, esses aparelhos acompanham as pessoas praticamente o tempo todo, as vezes se confundindo com o próprio corpo físico[77], a ponto de a medicina já reconhecer a fobia derivada da ausência de contato com o celular: a nomofobia.[78] Afinal, "quando perdemos nossos celulares, é como se perdêssemos parte de nossa identidade, pois muito do que é nosso lá está: fotos, vídeos, contatos, e-mails, compromissos."[79]

Consequentemente, expõe Claudia Marques que a publicidade virtual carrega uma nova espécie de pressão, isto é, não a pressão natural de um vendedor enquanto negocia, mas o fato de a oferta estar onipresente, atemporalmente, todos os dias da semana, em qualquer contexto social, no trabalho ou nas férias, bastando que o consumidor esteja conectado à *Internet* para ser pressionado a consumir.[80] Dessa maneira, considerando que a *Internet* permitiu que os internautas estejam conectados o tempo todo, inclusive expondo a sua privacidade, abriu-se espaço aos fornecedores para que ofereçam as publicidades diretamente à casa (se não à mente) do consumidor[81], por um *marketing* notadamente agressivo.[82]

75. VERSTERGAARD, Torben; SCHRODER. Kim. *A linguagem da propaganda*. Tradução de João Alves dos Santos. São Paulo: Martins Fontes, 2000. p. 47.

76. Darren Bridger destaca que: "com mais de 2 bilhões de pessoas com *smartphones*, a *Internet* móvel é o maior mercado consumidor da história da humanidade. [...] [...] O fato de estarem quase sempre à mão significa que são vistas com mais frequência e em mais lugares do que qualquer outra tela." BRIDGER, Darren. *Neuromarketing*: como a neurociência aliada ao design pode aumentar o engajamento e a influência sobre os consumidores. Tradução de Afonso Celso da Cunha Serra. São Paulo: Autêntica Business, 2018. p. 202.

77. Tudo isso em um contexto em que "a internet se transformou no canal prioritário de comunicação e relacionamento dos indivíduos, e, com a evolução dos dispositivos móveis, permitiu estender esse fenômeno para as ruas. Hoje, todos estamos conectados e nos relacionando 24 horas por dia, em qualquer lugar." TORRES, Cláudio. *A bíblia do marketing digital*: tudo o que você queria saber sobre marketing e publicidade na internet e não tinha a quem perguntar. São Paulo: Novatec, 2018. p. 38.

78. O termo nomofobia originou da expressão em inglês *no-mobile* que significa sem telefone celular, unida à palavra fobia, que decorre do grego *fobos*, que significa medo intenso, resultando na fobia de ficar sem o aparelho celular. Geralmente o termo é utilizado para designar o desconforto ou incomodo decorrente de ficar desconectado (off--line) ou mesmo de pensar em ficar incomunicável. KING Anna Lucia Spear, NARDI, Antonio Egídio, CARDOSO, Adriana (org.). *Nomofobia:* dependência do computador, internet, redes sociais? Dependência do telefone celular? Impacto das novas no cotidiano dos indivíduos. Rio de Janeiro: Atheneu, 2014.

79. FARIAS, Cristiano Chaves de; BRAGA NETTO, Felipe Peixoto; ROSENVALD, *Nelson. Novo tratado de responsabilidade civil*. São Paulo: Saraiva Educação, 2019. p. 929.

80. MARQUES, Claudia Lima. *Contratos no Código de Defesa do Consumidor*: o novo regime das relações contratuais. São Paulo: Ed. RT, 2014. p. 126.

81. LORENZETTI, Ricardo. *Comércio eletrônico*. Tradução de Fabiano Menke. São Paulo: Ed. RT, 2004. p. 48.

82. BENJAMIN, Antonio Herman Vasconcellos. O controle jurídico da publicidade. *Revista de Direito do Consumidor*, São Paulo, n. 9, p. 25-57, jan./mar. 1994.

Logo, a tecnologia agregada às publicidades aumenta a vulnerabilidade dos consumidores,[83] ampliando também os riscos à violação da personalidade dessas pessoas. Afinal, "o que se verifica é o desejo do consumidor possuir um determinado produto porque nele vê representada sua própria identidade."[84] Soma-se a isso o fato de os dados pessoais comporem traços da personalidade e "revelam comportamentos e preferências, permitindo até traçar um perfil psicológico dos indivíduos. Dessa maneira pode-se detectar hábitos de consumo, que têm grande importância para a propaganda e o comércio."[85] Em razão disso, a publicidade não pode se comportar de maneira abusiva, ainda mais quando utilizar de maneira ilegal os dados pessoais.[86]

Partindo disso, é possível inferir que há um dever constitucional de proteção das pessoas, em especial em situação de consumo, impedindo que os dados pessoais sejam utilizados para promover publicidades importunadoras capazes de perturbar o sossego do consumidor. Neste sentido, tanto o CDC quanto a LGPD promovem um processo de evolução, uma vez que sustentam a integral tutela da pessoa nas relações de consumo, protegendo tanto a incolumidade econômica quanto a integridade e a personalidade.

A LGPD, em especial, orienta-se na proteção da privacidade das pessoas e também tutela a liberdade pessoal. Daí porque "é preciso circunscrever a coleta de informações ao mínimo indispensável de modo a garantir a maior liberdade possível"[87], sempre acompanhada da devida transparência.[88] Neste ponto, Stefano Rodotà defende de forma coerente que é preciso o "reconhecimento da personalidade e da não redução da pessoa à mercadoria, do respeito ao outro, da igualdade, da solidariedade, e da não interferência nas escolhas de vida, da possibilidade de agir livremente [...]"[89]

Não obstante, por meio do diálogo de fontes entre o CDC e a LGPD, é indiscutível que as publicidades virtuais de consumo precisam se adequar não só ao regulamento jurídico até então já estabelecido, mas também às novas disposições de respeito integridade da pessoa humana. Em outras palavras, a publicidade precisa encontrar novos limites, por meio de controles exigidos, sempre tendo a promoção da pessoa humana como fundamento.

---

83. LORENZETTI, Ricardo. *Comércio eletrônico*. Tradução de Fabiano Menke. São Paulo: Ed. RT, 2004. p. 365.
84. PRATES, Cristina Cantú. *Publicidade na internet:* consequências jurídicas. Curitiba: Juruá, 2015. p. 42.
85. LIMBERGER, Têmis. Direito e informática: o desafio de proteger os direitos do cidadão. *In*: SARLET, Ingo Wolfgang (Org.). *Direitos fundamentais, Informática e comunicação*: algumas aproximações. Porto Alegre: Livraria do Advogado, 2007. p. 215.
86. Conforme expõe Paulo Lôbo: "O gosto pessoal, a intimidade, as amizades, as preferências artísticas, literárias, sociais, gastronômicas, sexuais, as doenças porventura existentes, medicamentos tomados, lugares frequentados, as pessoas com quem se conversa e sai, até o lixo produzido, interessam exclusivamente a cada indivíduo, devendo ficar fora da curiosidade, intromissão ou interferência de terceiros." LÔBO, Paulo. Direito à privacidade e sua autolimitação. *In:* EHRHARDT JÚNIOR, Marcos; LOBO, Fabíola Albuquerque (Coord.). *Privacidade e sua compreensão no direito brasileiro*. Belo Horizonte: Fórum, 2019. p. 19.
87. RODOTÀ, Stefano. *A vida na sociedade da vigilância*: a privacidade hoje. Tradução de Danilo Doneda e Luciana Cabral Doneda. Rio de Janeiro: Renovar, 2008. p. 10.
88. VAINZOF, Rony. Dados pessoais, tratamento e princípios. *In*: BLUM, Renato Opice; MALDONADO, Viviane Nóbrega (Coord.). *Comentários ao GDPR:* regulamento geral de proteção de dados da União Europeia. São Paulo: Thomson Reuters Brasil, 2018. p. 80.
89. RODOTÀ, Stefano. *A vida na sociedade da vigilância*: a privacidade hoje. Tradução de Danilo Doneda e Luciana Cabral Doneda. Rio de Janeiro: Renovar, 2008. p. 237.

Para tanto, é importante notar como as técnicas de publicidade se adequaram ao novo contexto social, com uso dos meios virtuais de comunicação, utilizando mecanismos cada vez mais relacionados às fragilidades do consumidor, para assediar ao consumo, por meio de mensagens importunadoras.[90] Sendo assim, demonstrar a necessidade do direito relacionado ao sossego demanda o apontamento da tutela dos dados pessoais como uma relevante necessidade. Afinal, em última análise, o sossego do internauta pode ser visualizado como a faceta negativa da proteção de dados, na clássica expressão do "direito a ser deixado em paz", agora no contexto da *Internet*.

Evidentemente, o excesso de publicidades, no contexto de hiperinformação, em velocidade incontrolável permitida pela *Internet*, com anúncios onipresentes, de maneira indesejada, é causa que promove danos nas pessoas expostas a essas práticas de mercado.[91] Cláudia Marques alerta que, no atual contexto, o excesso de publicidades é tão intenso a ponto de causar real ansiedade e perturbação emocional ("distress")[92], surgindo como necessidade a tutela não só dos dados pessoais do consumidor como também do seu sossego enquanto esteja conectado, de modo que o assédio de consumo indevido deve ser vedado.

Neste sentido, é importante destacar o acréscimo do inciso XI ao artigo 6º do CDC proposto no Projeto de Lei 3.514/15[93], consolidando como direito básico do consumidor a proteção de dados, nos seguintes termos: "XI – a autodeterminação, a privacidade e a segurança das informações e dados pessoais prestados ou coletados, por qualquer meio, inclusive o eletrônico." Logo em seguida, propõe o Projeto o acréscimo do Inciso XII, que proíbe expressamente o assédio de consumo e a discriminação, isto é, "XII – a liberdade de escolha, em especial frente a novas tecnologias e redes de dados, vedada qualquer forma de discriminação e assédio de consumo." Como se não bastasse, o assédio de consumo também é contemplado pelo Projeto ao vedar o envio de mensagem eletrônica não solicitada, ou seja, a publicidade importunadora, conforme se destaca:

> Art. 45-F. É vedado enviar mensagem eletrônica não solicitada a destinatário que:
>
> I – não possua relação de consumo anterior com o fornecedor e não tenha manifestado consentimento prévio em recebê-la;

---

90. À título de exemplo, do modo com quem os dados pessoais potencializam as publicidades importunadoras, Martin Lindstrom aponta que: "Se você tem muitas compras na categoria 'viagens aéreas', provavelmente logo receberá uma oferta de serviços relacionados a turismo, ou um cartão de crédito que oferece descontos em uma rede de hotéis." LINDSTROM, Martin. *Brandwashed*: o lado oculto do marketing. Controlamos o que compramos ou são as empresas que escolhem por nós? Tradução de Petra Pyka. Rio de Janeiro: Alta Books, 2018. p. 247.
91. "SFI (Síndrome de Fadiga da Informação), o cansaço da informação, é a enfermidade psíquica que é causada por um excesso de informação. Os afligidos reclamam do estupor crescente das capacidades analíticas, de déficits de atenção, de inquietude generalizada ou de incapacidade de tomar responsabilidades. [...] Hoje todos são vítimas da SFI. A razão disso é que todos somos confrontados com quantias rapidamente crescente de informação." HAN, Byung-Chul. *No enxame*: perspectivas do digital. Tradução de Lucas Machado. Petrópolis: Vozes, 2018. p. 104-105.
92. MARQUES, Claudia Lima. *Contratos no Código de Defesa do Consumidor*: o novo regime das relações contratuais. São Paulo: Thomson Reuters Brasil, 2019. E-book.
93. BRASIL. Câmara dos Deputados. *Projeto de lei PL 3514/2015*. Altera a Lei 8.078, de 11 de setembro de 1990 (Código de Defesa do Consumidor), para aperfeiçoar as disposições gerais do Capítulo I do Título I e dispor sobre o comércio eletrônico, e o art. 9º do Decreto-Lei 4.657, de 4 de setembro de 1942 (Lei de Introdução às Normas do Direito Brasileiro), para aperfeiçoar a disciplina dos contratos internacionais comerciais e de consumo e dispor sobre as obrigações extracontratuais. Disponível em: https://www.camara.leg.br/proposicoesWeb/fichadetramitacao?IdProposicao=2052488. Acesso em: 21 jun. 2020.

II – esteja inscrito em cadastro de bloqueio de oferta;

III – tenha manifestado diretamente ao fornecedor a opção de não recebê-la.

[...] § 4º Para os fins desta seção, entende-se por mensagem eletrônica não solicitada a relacionada a oferta ou publicidade de produto ou serviço e enviada por correio eletrônico ou meio similar.

Seguindo o mesmo raciocínio, o Projeto de Lei 3.515/15, que visa aperfeiçoar a disciplina do crédito ao consumidor e dispor sobre a prevenção e o tratamento do superendividamento, prevê o acréscimo ao CDC do Art. 54-C[94], vedando também o assédio de consumo, nos seguintes termos:

Art. 54-C. É vedado, expressa ou implicitamente, na oferta de crédito ao consumidor, publicitária ou não:

[...] IV assediar ou pressionar o consumidor para contratar o fornecimento de produto, serviço ou crédito, inclusive a distância, por meio eletrônico ou por telefone, principalmente se se tratar de consumidor idoso, analfabeto, doente ou em estado de vulnerabilidade agravada ou se a contratação envolver prêmio.

Diante disso, é possível afirmar que os Projetos de Lei que visam atualizar o CDC corroboram para o entendimento defendido no presente texto. Afinal, as propostas legislativas, em conjunto com a LGPD, demonstram como sistema jurídico reage, evitando que o consumidor seja perturbado de maneira indevida pelo assédio de consumo promovido pelo *marketing* algorítmico, dando indícios de reconhecer também o direito ao sossego do consumidor na *Internet*.

5. CONSIDERAÇÕES FINAIS

Diante de todo o exposto, é possível destacar que o direito ao sossego já encontra sustentação hermenêutica no sistema pátrio, tendo em vista que suas bases principiológicas estão amparadas no CDC, em especial nos arts. 39 e 42, sendo espécie das práticas abusivas.[95] Entretanto, diante das novas formas de publicidades desenvolvidas na *Internet*, notadamente com o uso de dados pessoais, é importante destacar que o aprimoramento da regulação publicitária se faz necessário. Isso porque é preciso maior refinamento ao se tratar das novas formas de perturbar o consumidor, agora de modo virtual e incessantemente. É por isso que, diante da figura do assédio de consumo, possivelmente introduzida no direito brasileiro pelos projetos de Atualização do CDC supracitados, corrobora-se com a necessidade de reconhecimento também de um direito ao sossego.

Daí é possível notar que a concreção do direito ao sossego pressupõe o reconhecimento da vedação ao assédio de consumo, afinal, a perturbação ou a importunação indevida praticada pelas publicidades virtuais, alimentadas por dados pessoais,

94. BRASIL. Câmara dos Deputados. *Projeto de lei PL 3515/2015*. Altera a Lei 8.078, de 11 de setembro de 1990 (Código de Defesa do Consumidor), e o art. 96 da Lei 10.741, de 1º de outubro de 2003 (Estatuto do Idoso), para aperfeiçoar a disciplina do crédito ao consumidor e dispor sobre a prevenção e o tratamento do superendividamento. Disponível em: https://www. camara.leg.br/proposicoesWeb/fichadetramitacao?idProposicao=2052490. Acesso em: 21 jun. 2020.

95. MIRAGEM, Bruno. O ilícito e o abusivo: propostas para uma interpretação sistemática das práticas abusivas nos 25 anos. *Revista de Direito do Consumidor*, São Paulo, v.104, p. 99-127, mar./abr. 2016.

configura lesão ao interesse jurídico tutelado e, consequentemente, dano à pessoa humana.[96]

A solução então parece ser a utilização do sistema *opt-in*, isto é, o necessário consentimento prévio e o interesse do consumidor quando estiver disposto a receber as ofertas publicitárias virtuais, que se aproveitam dos dados pessoais. Essa é a previsão do Projeto de Lei 3.514/15 supracitado, segundo o qual, quando houver prévia relação de consumo entre o remetente e o destinatário, o envio de mensagem não solicitada pode ser admitido, "desde que o consumidor tenha tido oportunidade de recusá-la". Segundo a proposta legislativa:

> Art. 45-F. É vedado ao fornecedor de produto ou serviço enviar mensagem eletrônica não solicitada a destinatário que:
>
> I – não possua relação de consumo anterior com o fornecedor e não tenha manifestado consentimento prévio e expresso em recebê-la; [...] [...]
>
> § 2º O fornecedor deve informar ao destinatário, em cada mensagem enviada:
>
> I – o meio adequado, simplificado, seguro e eficaz que lhe permita, a qualquer momento, recusar, sem ônus, o envio de novas mensagens eletrônicas não solicitadas;
>
> II – o modo como obteve os dados do consumidor.
>
> § 3º O fornecedor deve cessar imediatamente o envio de ofertas e comunicações eletrônicas ou de dados a consumidor que manifestou a sua recusa em recebê-las.

Dessa forma, nota-se que a atualização legislativa consolida a proteção do consumidor e, de forma definitiva, reconhece que somente um sistema de controle de dados *opt-in*, que exige o consentimento prévio do consumidor, assegurando-lhe o acesso e mantendo-o informado sobre o destino e a utilização feita das informações coligidas, pode conferir uma tutela com amparo constitucional ao consumidor no mercado brasileiro.

Com efeito, a atualização do CDC caminha no intuito de atuar, por exemplo, proibindo expressamente o *spam* e, ao mesmo tempo, legitimando a lista já existente no site "não me perturbe" e em alguns Estados brasileiros, de opção negativa do consumidor de receber *telemarketing*, proibindo a quebra do sigilo dos dados do consumidor.[97]

Dessa forma, conforme já mencionado, a LGPD corrobora com a ideia aqui defendida, tendo em vista que independentemente da maneira com que foram coletados os dados pessoais, caso estes sejam utilizados para fins de publicidade sem o consentimento prévio do titular, há nítida violação do princípio da finalidade, tornando a prática ilegal nos termos da lei. Neste ponto, sob a ótica da LGPD, o regime de coleta de informações dos usuários deve também se adequar ao sistema *opt-in*, isto é, fica dependendo do consentimento prévio, expresso e declarado do consumidor, tendo em vista as finalidades

96. Explorando a questão da perturbação do sossego na Internet, tem-se, como sugestão, a seguinte leitura: MARTINS, Guilherme Magalhães; FALEIROS JÚNIOR, José Luiz de Moura; BASAN, Arthur Pinheiro. A responsabilidade civil pela perturbação do sossego na Internet. *Revista de Direito do Consumidor*, São Paulo, v. 128, p. 239-265, mar./abr. 2020.
97. MARQUES, Claudia Lima. *Contratos no Código de Defesa do Consumidor*: o novo regime das relações contratuais. São Paulo: Thomson Reuters Brasil, 2019. *E-book*.

corretamente apontadas. É essa também a forma com que as publicidades virtuais devem ser exercidas, sempre a partir da aceitação e consentimento prévio do consumidor.

Em rigor, não se pretende proibir ou exigir a extinção da publicidade ou mesmo limitar o desenvolvimento das tecnologias. Visa-se, isso sim, a regulação da publicidade direcionada e nociva, desleal, abusiva, enganosa, não solicitada ou importunadora, que se utiliza dos subterfúgios do *neuromarketing* e dos mecanismos dos algoritmos para assediar o consumidor às aquisições impensadas. No direito do consumidor, é necessário proibir a prática comercial de pressão indevida ou agressiva para impingir produtos e serviços aos consumidores, vulneráveis. Daí porque é necessária a utilização do direito ao sossego, para evidenciar a vedação ao assédio de consumo, a partir das práticas que ficam proibidas ou definidas como abusivas.[98]

Luta-se, portanto, contra a publicidade que age de maneira patológica, e desconsidera o ser humano destinatário das mensagens, privilegiando o lucro, custe o que custar. Dessa maneira, o consumidor, perturbado e atordoado pela publicidade abundante, direcionada, criada especialmente para o seu perfil de consumo, e muitas vezes enganosa, importunadora, é instigado a gastar o seu dinheiro para ingressar nesse mundo fantasioso que lhe é oferecido e que sonha em fazer parte, qual seja, o mundo da felicidade líquida. Diante disso, é sempre oportuno lembrar que a *Internet* não pode ser considerado um ambiente totalmente livre, aos moldes de um *far west*, posto que é composta por pessoas.[99]

Neste mesmo sentido, a garantia dos direitos fundamentais, tais como a proteção de dados pessoais, não podem representar um ônus para a pessoa, sob pena de se enquadrar como verdadeira regra de exposição na *Internet*. Além disso, não se pode eliminar a responsabilidade das fornecedoras sob a alegação de que o ambiente da *Internet* é de difícil ou impossível regulação, sendo um espaço de liberdade, por excelência. Essa construção é falaciosa, na medida em que a liberdade ali defendida é a do fornecedor que se aproveita da vulnerabilidade do consumidor. Assim, é sempre oportuno lembrar que o universo virtual não pode se tornar um ambiente de imunidade aos valores fundamentais do sistema jurídico, em especial no que se refere à proteção da pessoa humana, afinal, as relações travadas na *Internet* são relações sociais como quaisquer outras.

Em razão disso, é notável que o aprimoramento regulatório, notadamente pelos Projetos de Lei 3.514/15 e 3.515/15, é necessário à tutela da pessoa frente aos novos riscos apresentados no âmbito virtual.[100] Com efeito, a presente pesquisa comprova, ao menos

---

98. MARQUES, Claudia Lima. *Contratos no Código de Defesa do Consumidor*: o novo regime das relações contratuais. São Paulo: Thomson Reuters Brasil, 2019. *E-book*.

99. Neste ponto, Cláudio Torres aponta que: "[...] a internet é uma rede de pessoas, não de computadores ou dispositivos. A criação de novas formas de interação, como os smartphones, os *tablets*, os televisores inteligentes e a Internet das Coisas (IoT), pode dar a falsa sensação de que a rede se transforma em algo distinto. O fato é que essas tecnologias apenas conectam à internet os dispositivos a serviço das pessoas, buscando atender suas necessidades. A internet continua sendo a forma de conexão entre uma rede de pessoas." TORRES, Cláudio. *A bíblia do marketing digital*: tudo o que você queria saber sobre marketing e publicidade na internet e não tinha a quem perguntar. São Paulo: Novatec, 2018. p. 46.

100. Daí porque, quanto à publicidade, Fernando Martins e Keila Ferreira destacam que: [...] a publicidade configurada como manifestação discursiva das atividades empresariais pós-modernas e caracterizada pelo intenso poder exercido, deve ser lida à premissa de que "tem poder tende a abusar dele" e assim adequar-se às limitações no âmbito do sistema jurídico, a fim de não contrastar com a utilidade social ou causar dano à segurança, à igualdade e à dignidade humana (valores que compõe a ordem pública constitucional." MARTINS, Fernando Rodrigues; FERREIRA, Keila Pacheco. Da idade média à idade mídia: a publicidade persuasiva digital na virada linguística

pelas hipóteses apontadas, que o Estado tem que cumprir os deveres de proteção das pessoas, destacados frente aos problemas que surgem com as novas tecnologias de informação e comunicação. Neste sentido, diante das publicidades importunadoras, que se aproveitam de dados pessoais e às vezes até sensíveis, para assediar ao consumo, é preciso invocar a virada linguista do direito, no sentido de desenvolver a hermenêutica a favor da pessoa humana.[101]

6. REFERÊNCIAS

AGOSTINI, Renata. *A nova indústria da espionagem explora o consumo*. Revista Exame, São Paulo, 28 abr. 2012. Disponível em: https://exame.abril.com.br/revista-exame/a-nova-industria-da-espionagem/. Acesso em: 21 jun. 2020.

BARBER, Benjamin R. *Consumido*. Tradução de Bruno Casotti. Rio de Janeiro: Record, 2009.

BASAN, Arthur Pinheiro. *Habeas Mente*: garantia fundamental de não ser molestado pelas publicidades virtuais de consumo. 2020. No prelo.

BENJAMIN, Antônio Herman Vasconcellos. O controle jurídico da publicidade. *Revista de Direito do Consumidor*, São Paulo, n. 9, p. 25-57, jan./mar. 1994.

BIONI, Bruno Ricardo. *Proteção de dados pessoais*: a função e os limites do consentimento. Rio de Janeiro: Forense, 2019.

BOFF, Salete Oro (Coord.). *Proteção de dados e privacidade*: do direito às novas tecnologias na sociedade da informação. Rio de Janeiro: Lumen Juris, 2018.

BOLESINA, Iuri. *Direito à extimidade*: as inter-relações entre identidade, ciberespaço e privacidade. Florianópolis: Empório do Direito, 2017.

BRASIL. Câmara dos Deputados. *Projeto de lei PL 3514/2015*. Altera a Lei 8.078, de 11 de setembro de 1990 (Código de Defesa do Consumidor), para aperfeiçoar as disposições gerais do Capítulo I do Título I e dispor sobre o comércio eletrônico, e o art. 9º do Decreto-Lei 4.657, de 4 de setembro de 1942 (Lei de Introdução às Normas do Direito Brasileiro), para aperfeiçoar a disciplina dos contratos internacionais comerciais e de consumo e dispor sobre as obrigações extracontratuais. Disponível em: https://www.camara.leg.br/proposicoesWeb/fichadetramitacao?Id Proposicao=2052488. Acesso em: 21 jun. 2020.

BRASIL. Câmara dos Deputados. *Projeto de lei PL 3515/2015*. Altera a Lei 8.078, de 11 de setembro de 1990 (Código de Defesa do Consumidor), e o art. 96 da Lei 10.741, de 1º de outubro de 2003 (Estatuto do Idoso), para aperfeiçoar a disciplina do crédito ao consumidor e dispor sobre a prevenção e o tratamento do superendividamento. Disponível em: https:// www. camara.leg.br/ proposicoesWeb/ fichadetramitacao?idProposicao=2052490. Acesso em: 21 jun. 2020.

BRASIL. *Lei 13.709, de 14 de agosto de 2018*. Lei Geral de Proteção de Dados Pessoais – LGPD. Disponível em: http://www.planalto.gov.br/ ccivil_03/_ato2015-2018/2018/lei/L13709.htm. Acesso em: 20 jun. 2020.

BRASIL. *Lei 8.078, de 11 de setembro de 1990*. [Código de Defesa do Consumidor]. Dispõe sobre a proteção do consumidor e dá outras providências. Disponível em: http://www.planalto.gov.br/ccivil_03/leis/l8078.htm. Acesso em: 20 jun. 2020.

---

do direito. *In*: PASQUALOTTO, Adalberto (Org.). *Publicidade e proteção da infância*. Porto Alegre: Livraria do Advogado, 2018. v. 2, p. 95.

101. MARTINS, Fernando Rodrigues; FERREIRA, Keila Pacheco. Da idade média à idade mídia: a publicidade persuasiva digital na virada linguística do direito. *In*: PASQUALOTTO, Adalberto (Org.). *Publicidade e proteção da infância*. Porto Alegre: Livraria do Advogado, 2018. v. 2, p. 101.

BRIDGER, Darren. *Neuromarketing*: como a neurociência aliada ao design pode aumentar o engajamento e a influência sobre os consumidores. Tradução de Afonso Celso da Cunha Serra. São Paulo: Autêntica Business, 2018.

CASTELLS, Manuel. *A galáxia da internet*: reflexões sobre a internet, os negócios e a sociedade. Tradução de Maria Luiza X. De A. Borges. Rio de Janeiro: Zahar, 2003.

CASTELLS, Manuel. *A sociedade em rede*. Tradução de Roneide Venancio Majer. Rio de Janeiro: Paz e Terra, 2018.

CASTRO, Leandro Nunes de; FERRARI, Daniel Gomes. *Introdução à mineração de dados*: conceitos básicos, algoritmos e aplicações. São Paulo: Saraiva, 2016.

CHAVES, Luís Fernando Prado. Responsável pelo tratamento, subcontratante e DPO. *In*: BLUM, Renato Opice; MALDONADO, Viviane Nóbrega (Coord.). *Comentários ao GDPR*: regulamento geral de proteção de dados da União Europeia. São Paulo: Thomson Reuters Brasil, 2018.

COLOMBO, Cristiano; FACCHINI NETO, Eugênio. "Corpo elettronico" como vítima em matéria de tratamento de dados pessoais: responsabilidade civil por danos à luz da lei de proteção de dados brasileira e dano estético no mundo digital. *In*: CELLA, José Renato Graziero; BOFF, Salete Oro; OLIVEIRA, Júlia Francieli Neves de (Org.). *Direito, governança e novas tecnologias II*. Florianópolis: CONPEDI, 2018.

ERENBERG, Jean Jacques. *Publicidade patológica na internet à luz da legislação brasileira*. São Paulo: Juarez de Oliveira, 2003.

FARIAS, Cristiano Chaves de; BRAGA NETTO, Felipe Peixoto; ROSENVALD, Nelson. *Novo tratado de responsabilidade civil*. São Paulo: Saraiva Educação, 2019.

FEDERIGHI, Suzana Maria Catta Preta. *Publicidade abusiva*. Incitação à violência. São Paulo: Juarez de Oliveira, 1999.

FRAZÃO, Ana. Fundamentos da proteção dos dados pessoais: noções introdutórias para a compreensão da importância da lei geral da proteção de dados. In: FRAZÃO, Ana; TEPEDINO, Gustavo; OLIVA, Milena Donato (Coord.). *Lei Geral de Proteção de Dados Pessoais e suas repercussões no direito brasileiro*. São Paulo: Thomson Reuters Brasil, 2019.

FRAZÃO, Ana; TEPEDINO, Gustavo; OLIVA, Milena Donato (Coord.). *Lei Geral de Proteção de Dados Pessoais e suas repercussões no direito brasileiro*. São Paulo: Thomson Reuters Brasil, 2019.

FUCHS, Christian. *Internet and society*: social theory in the information age. Londres: Routledge, 2008.

HAN, Byung-Chul. *No enxame*: perspectivas do digital. Tradução de Lucas Machado. Petrópolis: Vozes, 2018.

INSTITUTO BRASILEIRO DE DEFESA DO CONSUMIDOR. Justiça impede uso de câmera que coleta dados faciais em metrô em SP. *IDEC*, 18 set 2019. Disponível em: https://idec. org.br/noticia/justica-impede-uso-de-camera-que-coleta-dados-faciais-do-metro-em-sp Acesso em: 21 jun. 2020.

KING Anna Lucia Spear, NARDI, Antonio Egídio, CARDOSO, Adriana (Org.). *Nomofobia*: dependência do computador, internet, redes sociais? dependência do telefone celular? impacto das novas no cotidiano dos indivíduos. Rio de Janeiro: Atheneu, 2014.

KOTLER, Philip. *Marketing 4.0*: do tradicional ao digital. Tradução de Ivo Korytowski. Rio de Janeiro: Sextante, 2017.

KOTLER, Philip. *Marketing para o século XXI*: como criar, conquistar e dominar mercados. Tradução de Carlos Szlak. São Paulo: Futura, 1999.

LIMA, Eduardo Weis Martins de. *Proteção do consumidor brasileiro no comércio eletrônico internacional*. São Paulo: Atlas, 2008.

LIMBERGER, Têmis. Direito e informática: o desafio de proteger os direitos do cidadão. *In*: SARLET, Ingo Wolfgang (Org.). *Direitos fundamentais, Informática e comunicação*: algumas aproximações. Porto Alegre: Livraria do Advogado, 2007.

LIMEIRA, Tânia Vidigal. *E-marketing na internet com casos brasileiro*. São Paulo: Saraiva, 2003.

LINDSTROM, Martin. *Brandwashed*: o lado oculto do marketing. Controlamos o que compramos ou são as empresas que escolhem por nós? Tradução de Petra Pyka. Rio de Janeiro: Alta Books, 2018.

LISSARDY, Gerardo. "'Despreparada para a era digital, a democracia está sendo destruída', afirma guru do 'big data'. *BBC Mundo*, [S. l.], 9 abr. 2017. Disponível em: https://www.bbc.com/portuguese/geral-39535650. Acesso em: 21 jun. 2020.

LÔBO, Paulo. Direito à privacidade e sua autolimitação. *In*: EHRHARDT JÚNIOR, Marcos; LOBO, Fabíola Albuquerque (Coord.). *Privacidade e sua compreensão no direito brasileiro*. Belo Horizonte: Fórum, 2019.

LORENZETTI, Ricardo Luis. Informática, cyberlaw, e-commerce. *In*: DE LUCCA, Newton de; SIMÃO FILHO, Adalberto (Coord.). *Direito e internet*: aspectos jurídicos relevantes. Bauru: Edipro, 2001.

LORENZETTI, Ricardo. *Comércio eletrônico*. Tradução de Fabiano Menke. São Paulo: Ed. RT, 2004.

MALTEZ, Rafael Tocantins. *Direito do consumidor e publicidade*: análise jurídica e extrajurídica da publicidade subliminar. Curitiba: Juruá, 2011.

MARQUES, Claudia Lima. *Contratos no Código de Defesa do Consumidor*: o novo regime das relações contratuais. São Paulo: Thomson Reuters Brasil, 2019. E-book.

MARTINS, Fernando Rodrigues. Sociedade da Informação e Promoção à Pessoa: Empoderamento Humano na Concretude de Novos Direitos Fundamentais. *In*: MARTINS, Fernando Rodrigues. *Direito Privado e Policontexturalidade*: fontes, fundamentos e emancipação. Rio de Janeiro: Lumen Juris, 2018.

MARTINS, Fernando Rodrigues. Sociedade da Informação e proteção da pessoa. *Revista da Associação Nacional do Ministério Público do Consumidor*, Brasília, DF, v. 2, n. 2, 2016.

MARTINS, Fernando Rodrigues; FERREIRA, Keila Pacheco. Da idade média à idade mídia: a publicidade persuasiva digital na virada linguística do direito. *In*: PASQUALOTTO, Adalberto (Org.). *Publicidade e proteção da infância*. Porto Alegre: Livraria do Advogado, 2018. v. 2.

MARTINS, Guilherme Magalhães; FALEIROS JÚNIOR, José Luiz de Moura; BASAN, Arthur Pinheiro. A responsabilidade civil pela perturbação do sossego na Internet. *Revista de Direito do Consumidor*, São Paulo, v. 128, p. 239-265, mar./abr. 2020.

MARTINS-COSTA, Judith; BRANCO, Gerson Luiz Carlos. *Diretrizes teóricas do novo código civil brasileiro*. São Paulo: Saraiva, 2002.

MCLUHAN, Marshall. *Os meios de comunicação como extensões do homem*. Tradução de Décio Pignatari. São Paulo: Cultrix, 2007.

MENDES, Laura Schertel. A vulnerabilidade do consumidor quanto ao tratamento de dados pessoais. *In*: MARQUES, Claudia Lima; GSELL, Beate (Coord.). *Novas tendências do direito do consumidor*: rede Alemanha-Brasil de pesquisas em direito do consumidor. São Paulo: Ed. RT, 2015. E-book.

MENDES, Laura Schertel. *Privacidade, proteção de dados e defesa do consumidor*: linhas gerais de um novo direito fundamental. São Paulo: Saraiva, 2014.

MIRAGEM, Bruno. O ilícito e o abusivo: propostas para uma interpretação sistemática das práticas abusivas nos 25 anos. *Revista de Direito do Consumidor*, São Paulo, v.104, p. 99-127, mar./abr. 2016.

PARISER, Eli. *O filtro invisível*: o que a internet está escondendo de você. Tradução de Diego Alfaro. Rio de Janeiro: Zahar, 2012. E-book.

PASQUALE, Frank. *The black box society*: the secret algorithms that control money and information. Cambridge: Harvard University Press, 2015.

PASQUALOTTO, Adalberto. *Os efeitos obrigacionais da publicidade no código de defesa do consumidor*. São Paulo: Ed. RT, 1997.

PRATES, Cristina Cantú. *Publicidade na internet*: consequências jurídicas. Curitiba: Juruá, 2015.

RODOTÀ, Stefano. *A vida na sociedade da vigilância*: a privacidade hoje. Tradução de Danilo Doneda e Luciana Cabral Doneda. Rio de Janeiro: Renovar, 2008.

SCHWAB, Klaus. *A quarta revolução industrial*. Tradução de Daniel Moreira Miranda. São Paulo: Edipro, 2016.

SIEGEL, Eric. *Análise preditiva*: o poder de prever quem vai clicar, comprar, mentir ou morrer. Rio de Janeiro: Alta Books, 2017.

SILVA, Ana Beatriz Barbosa. *Mentes consumistas*: do consumismo à compulsão por compras. São Paulo: Globo, 2014.

SOLOVE, Daniel J. *The digital person*: technology and privacy in the information age. Nova York: University Press, 2006.

SUMPTER, David. *Dominados pelos números*: do Facebook e Google às fakenews, os algoritmos que controlam nossa vida. Tradução de Marcello Neto e Anna Maria Sotero. Rio de Janeiro; Bertrand Brasil, 2019.

TORRES, Cláudio. *A bíblia do marketing digital*: tudo o que você queria saber sobre marketing e publicidade na internet e não tinha a quem perguntar. São Paulo: Novatec, 2018.

VAINZOF, Rony. Dados pessoais, tratamento e princípios. *In*: BLUM, Renato Opice; MALDONADO, Viviane Nóbrega (Coord.). *Comentários ao GDPR*: regulamento geral de proteção de dados da União Europeia. São Paulo: Thomson Reuters Brasil, 2018.

VERSTERGAARD, Torben; SCHRODER. Kim. *A linguagem da propaganda*. Tradução de João Alves dos Santos. São Paulo: Martins Fontes, 2000.

WU, Tim. *The attention merchants*: the epic scramble to get inside our heads. Nova York: Vintage, 2017.

WU, Tim. *The master switch*: the rise and fall of information empires. Nova York: Vintage, 2010.

21
REPERCUSSÕES JURÍDICAS DO PRINCÍPIO DA BOA-FÉ OBJETIVA E O ALGORITMO DO *CONTENT ID* NA PLATAFORMA DO YOUTUBE

Michael César Silva

Doutor e Mestre em Direito Privado pela Pontifícia Universidade Católica de Minas Gerais. Especialista em Direito de Empresa pela Pontifícia Universidade Católica de Minas Gerais. Professor da Escola Superior Dom Helder Câmara. Líder de Pesquisa do Grupo de Iniciação Científica "Responsabilidade Civil: Desafios e Perspectivas dos novos danos na sociedade contemporânea" da Escola Superior Dom Helder Câmara. Membro fundador do Instituto Brasileiro de Estudos de Responsabilidade Civil (IBERC). Advogado. Mediador Judicial credenciado pelo Tribunal de Justiça de Minas Gerais. ORCID n. 0000-0002-1142-4672

Glayder Daywerth Pereira Guimarães

Graduando em Direito pela Escola Superior Dom Helder Câmara (Curso Direito Integral). Integrante sênior no Grupo de Iniciação Científica "Responsabilidade Civil: Desafios e Perspectivas dos novos danos na sociedade contemporânea" da Escola Superior Dom Helder Câmara. ORCID n. 0000-0002-4562-3370

Caio César do Nascimento Barbosa

Graduando em Direito pela Escola Superior Dom Helder Câmara (curso Direito Integral). Integrante sênior no Grupo de Iniciação Científica "Responsabilidade Civil: Desafios e Perspectivas dos novos danos na sociedade contemporânea" da Escola Superior Dom Helder Câmara. ORCID n. 0000-0002-3330-7717

Sumário: 1. Considerações iniciais. 2. Revolução digital e Inteligência Artificial. 3. Algoritmos, Inteligência Artificial e *Content ID* na plataforma do YouTube. 4. A utilização do algoritmo do *Content ID* e a observância ao preceito normativo da boa-fé objetiva. 5. Considerações finais. 6. Referências.

1. CONSIDERAÇÕES INICIAIS

O estudo corresponde a uma análise crítica e construtiva relativa à temática do algoritmo do *Content ID* na plataforma do YouTube, com enfoque na questão de remoção de conteúdo e suas transversalidades com o princípio da boa-fé objetiva.

A referida plataforma de disponibilização de vídeos é a protagonista do seguimento, recebendo diariamente acessos de milhões de pessoas, bem como, a publicação de milhares de vídeos. Nesse cenário, a verificação da utilização de material protegido por direitos autorais torna-se uma tarefa dificultosa, sendo necessária a implementação de algoritmos para analisar eventuais violações pelos dos produtores de conteúdo.

A plataforma do YouTube utiliza-se do algoritmo *Content ID* para verificar eventuais violações à direitos autorais em seus vídeos, permitindo que o detentor dos direitos monetize o vídeo, restrinja seu alcance, ou mesmo que o remova do sistema do YouTube.

Efetua-se uma breve análise do paradigma da sociedade digital e de suas especificidades contemporâneas, de modo a evidenciar seus elementos, bem como estabelecer o cenário da pesquisa. Propõe-se, nesse sentido, discorrer sobre a temática relacionada aos algoritmos e, em especial, ao *Content ID* a partir de suas principais características. Aborda-se, ainda, o tema da imprecisão do referido algoritmo diante do *fair use* e suas transversalidades com o princípio da boa-fé objetiva.

O estudo que se pretende, na classificação Jorge Witker[1] e Miracy Barbosa de Sousa Gustin e Maria Tereza Fonseca Dias[2], se amolda à tipologia jurídico-projetiva sob a vertente metodológica jurídico-sociológica. De acordo com a técnica de análise do conteúdo, afirma-se tratar de uma pesquisa teórica, o que se demonstra possível a partir da análise de conteúdo da doutrina.

Por fim, a pesquisa propõe lançar luzes sobre a temática proposta com a finalidade de aventar soluções adequadas no tocante a questão da utilização do algoritmo do *Content ID* e suas interrelações com o *fair use* à luz dos preceitos normativos do princípio da boa-fé objetiva.

2. REVOLUÇÃO DIGITAL E INTELIGÊNCIA ARTIFICIAL

A sociedade contemporânea apresenta-se profundamente marcada pelo acentuado desenvolvimento tecnológico, aspectos inovadores que outrora eram vislumbrados somente em produções cinematográficas ou literárias, paulatinamente, são observados no cotidiano das pessoas.

Até meados dos anos 2000, diversos filmes tratavam de futuros tecnológicos com a presença de carros autônomos, videochamadas, robôs de limpeza, dentre muitos outros aparatos. Destaca-se que o que outrora se apresentava como um futuro distante e quase inalcançável, hoje se exterioriza como a realidade.[3] De um mundo analógico, em um curto lapso temporal, passou-se a experimentar aspectos digitais no cotidiano. Nesse giro, por meio da Internet e das mídias sociais, quantidades massivas de informações e dados passaram a percorrer o globo em segundos.[4]

---

1. WITKER, Jorge. *Como elaborar una tesis en derecho*: pautas metodológicas y técnicas para el estudiante o investigador del derecho. Madrid: Civitas, 1985.
2. GUSTIN, Miracy Barbosa de Sousa; DIAS, Maria Tereza Fonseca. *(Re)pensando a pesquisa jurídica: teoria e prática*. 3. ed. Belo Horizonte: Del Rey, 2010.
3. BALKIN, Jack M. The Three Laws of Robotics in the Age of Big Data. *Ohio State Law Journal*. v. 78, 2017, p.1217-1241. Disponível em: https://digitalcommons.law.yale.edu/fss_papers/5159/#:~:text=The%20three%20laws%20are%3A,conflict%20with%20the%20First%20Law.%22. Acesso em: 22 abr. 2020.
4. TEFFÉ, Chiara Spadaccini de; MEDON, Filipe. Responsabilidade civil e regulação de novas tecnologias: questões acerca da utilização de inteligência artificial na tomada de decisões empresariais. *Revista Estudos Institucionais*. v. 6, n. 1, p. 301-333, 2020. Disponível em: https://estudosinstitucionais.com/REI/article/view/383. Acesso em: 05 jan. 2020.

> A sociedade contemporânea - plural, complexa e assimétrica - sofreu inúmeras alterações, mudanças estruturais desencadeadas pelas novas tecnologias que surgiram com o decurso do tempo. As novas tecnologias propiciaram uma metamorfose cultural em um curto espaço de tempo, modificando de forma singular a vida das pessoas.[5]

Contemporaneamente, os aspectos tecnológicos possibilitaram as pessoas inúmeros benefícios ao estilo de vida, sendo que, a Internet permitiu a realização conexões outrora vistas como inimagináveis.[6] Diante da complexidade das relações estabelecidas nesse cenário uma série de problemáticas se estabeleceram, tornando-se imprescindível a perquirição jurídica sobre aspectos atinentes à Internet, bem como aos demais elementos digitais.[7]

> A revolução digital propiciou um contexto no qual as pessoas estão aptas a exercer uma comunicação muito mais dinâmica e célere com as outras pessoas (segundo elemento - Comunicação Digital), o que não ocorria em épocas anteriores, com a comunicação por cartas ou mesmo com a comunicação pelos telefones fixos, por exemplo. As novas opções de comunicação digital alteraram significativamente o modo como as pessoas se comunicam na atualidade.[8]

A revolução digital apresenta aos indivíduos um cenário de facilitação e dinamização da comunicação. Transmitir uma ideia ou compartilhar um pensamento torna-se fácil como clicar em uma tela ou apertar um botão. Ademais, em âmbito digital as fronteiras geográficas ou linguísticas passam a inexistir, e a comunicação digital se apresenta marcada pelo transfronteirismo.

O IBM Marketing Cloud[9] efetuou um estudo no qual constatou-se que 90% dos dados contidos na internet foram criados a partir de 2016, evidenciando a massiva utilização da Internet nos últimos anos. O *The Wall Street Journal* averiguando a utilização da plataforma do YouTube verificou que os usuários da plataforma assistem, em média, mais de 1 (um) bilhão de horas por dia assistindo a vídeos na plataforma.[10]

No cenário posto, as pessoas passam a interagir em seus cotidianos com aplicações baseadas em inteligência artificial (IA) dos modos mais distintos possíveis. As referidas

5. GUIMARÃES, Glayder Daywerth Pereira; SILVA, Michael César. Fake News à luz da responsabilidade civil digital: o surgimento de um novo dano social. *Revista Jurídica da FA7*. Centro Universitário 7 de Setembro, Fortaleza, v. 16, n. 2, p. 99-114, jul./dez. 2019, p. 101.
6. BARBOSA, Caio César do Nascimento; SILVA, Michael César; BRITO, Priscila Ladeira Alves de. Publicidade ilícita e influenciadores digitais: novas tendências da reponsabilidade civil. *Revista IBERC*. v. 2, n. 2, p. 01-21, 2019. Disponível em: https://revistaiberc.emnuvens.com.br/iberc/article/view/55. Acesso em: 10 abr. 2020.
7. TEFFÉ, Chiara Spadaccini de; BODIN DE MORAES, Maria Celina. Redes sociais virtuais: privacidade e responsabilidade civil análise a partir do Marco Civil da Internet. *Revista Pensar*. v. 22, n. 1, p. 108-146, 2017. Disponível em: https://periodicos.unifor.br/rpen/article/view/6272. Acesso em: 06 jan. 2020.
8. SIQUEIRA, Dirceu Pereira; NUNES, Danilo Henrique. Conflitos digitais: cidadania e responsabilidade civil no âmbito das lides cibernéticas. *Revista Jurídica da FA7*. Centro Universitário 7 de Setembro, Fortaleza, v. 15, n.2, p. 127-138, 2018, p. 130.
9. IBM MARKETING CLOUD. *10 key marketing trends for 2017 and ideas for Exceeding Customer Expectations*. 2017. Disponível em: https://public.dhe.ibm.com/common/ssi/ecm/wr/en/wrl12345usen/watson-customer-engagement-watson-marketing-wr-other-papers-and-reports-wrl12345usen-20170719.pdf. Acesso em: 23 jun. 2020.
10. THE WALL STREET JOURNAL. *YouTube Tops 1 Billion Hours of Video a Day, on Pace to Eclipse TV*. fev, 2017. Disponível em: https://www.wsj.com/articles/youtube-tops-1-billionhours-of-video-a-day-on-pace-to-eclipse-tv-1488220851. Acesso em: 24 jun. 2020.

aplicações passam a integrar a realidade das pessoas e representar papel significativo na utilização de aparatos tecnológicos.[11]

A massiva utilização de decisões efetuadas por meio de inteligência artificial (IA's) torna-se motivo inquietação,[12] predominantemente, por dois fatores, as decisões efetuadas pela inteligência artificial se demonstram carentes de fundamentação e a utilização de algoritmos tendenciosos direcionar a decisões viciadas.[13]

> O problema que informa o trabalho é o de que, ao mesmo tempo em que traz benefícios, o uso de algoritmos apresenta riscos não evidentes, derivados especialmente: (i) de data sets viciados; (ii) da opacidade na sua forma de atuação, consequência das técnicas de *machine* e *deep learning*; (iii) da possibilidade de promoverem a discriminação ainda que bem estruturados.[14]

Nessa conjuntura, faz-se imprescindível não somente o aprofundamento na temática dos algoritmos e seu funcionamento,[15] como também uma perquirição sobre a atuação dos profissionais que desenvolvem as IA's[16] no asseguramento dos ditames legais na criação e desenvolvimento dos algoritmos.

3. ALGORITMOS, INTELIGÊNCIA ARTIFICIAL E *CONTENT ID* NA PLATAFORMA DO YOUTUBE

Em um cenário de profunda digitalização, a sociedade experimenta modificações singulares em um curto lapso temporal. Nesse cenário, novas tecnologias são desenvolvidas cotidianamente mediante a utilização de algoritmos e de IA's.[17]

> O termo tem origem no estudo da matemática euclidiana, embora se possa que, mesmo antes dos gregos, os babilônicos e os egípcios já utilizavam algoritmos para resolver problemas matemáticos cotidianos. As fórmulas amplamente aprendidas pelos estudantes na escola, como o Teorema de Pitágoras, são exemplos diretos de algoritmos. Contudo, de forma genérica, a ideia de algoritmo ultrapassa a simples noção matemática e alcança todas as tarefas rotineiras. Algoritmos seriam, nesse sentido amplo, um

11. TOMASEVICIUS FILHO, Eduardo. Inteligência artificial e direitos da personalidade: uma contradição em termos? *Revista da Faculdade de Direito*, Universidade de São Paulo, v. 113, p. 133-149, 2018. Disponível em: http://www.revistas.usp.br/rfdusp/article/view/156553. Acesso em: 03 abr. 2020.
12. BARBOSA, Mafalda Miranda. Inteligência artificial, e-persons e direito: desafios e perspectivas. *Revista Jurídica. Luso-Brasileira*. a. 3, n. 6, 2017. Disponível em: http://www.cidp.pt/revistas/rjlb/2017/6/2017_06_1475_1503.pdf. Acesso em: 22 fev. 2020.
13. HARTMANN, Ivar A.; SILVA, Lorena Abbas da. Inteligência artificial e moderação de conteúdo: o Sistema Content ID e a proteção dos direitos autorais na Plataforma Youtube. *Revista Ius Gentium*. Curitiba, v. 10, n. 3, p. 145-165, 2019. Disponível em: https://www.uninter.com/iusgentium/index.php/iusgentium/article/view/503/369. Acesso em: 10 jun. 2020.
14. FERRARI, Isabela; BECKER, Daniel. Arbitrium ex machina: panorama, riscos e a necessidade de regulação das decisões informadas por algoritmos. *Revista dos Tribunais*. v. 995, 2018a, p.1-16, p. 3.
15. DESAI, Deven R; KROLL, Joshua A. Trust but Verify: A Guide to Algorithms and the Law. *Harvard Journal of Law & Technology*. v. 31, n. 1, p. 2-64, 2017. Disponível em: https://papers.ssrn.com/sol3/papers.cfm?abstract_id=2959472. Acesso em: 23 jul. 2020.
16. PASQUALE, Frank. Data-informed duties in ai development. *Columbia Law Review*. v. 119, n. 7, 2019, p.1917-1939. Disponível em: https://papers.ssrn.com/sol3/papers.cfm?abstract_id=3503121. Acesso em: 12 abr. 2020.
17. ESCRICH, Rafael; REIS, Guilherme. O panorama geral entre inteligência artificial e a sociologia. *In:* LONGHI, João Victor Rozatti; FALEIROS JÚNIOR, José Luiz de Moura; BORGES, Gabriel Oliveira de Aguiar; REIS, Guilherme (Coords.) *Fundamentos do Direito Digital*. Uberlândia: LAECC, 2020.

conjunto de instruções lógicas para gerar um resultado específico, como uma receita culinária, uma partitura musical ou uma combinação de jogadas de xadrez levar ao xeque-mate.[18]

A análise dos algoritmos revela que os mesmos são compostos por três elementos fundamentais: a) entrada de dados; b) processamento de dados; c) saída de dados.[19] No primeiro, há o fornecimento das informações para a execução do algoritmo. No segundo, há a execução das expressões lógicas estabelecidas pelo algoritmo. No terceiro, tem-se o resultado do algoritmo no dispositivo de saída.[20]

Nessa toada, os algoritmos são executados com um fim específico, representando na saída de dados elementos previamente considerados na entrada de dados. A incorreta assimilação de dados na criação do algoritmo resulta em sua imprecisão. Todavia, determinar todas as informações fundamentais para o correto e preciso funcionamento do algoritmo demonstra-se uma tarefa dificultosa.

A utilização dos algoritmos complexos redesignou o modelo pelo qual empresas e usuários se valem de aplicações, "o uso de sistemas de inteligência artificial (IA) é crescente nos mais diversos ramos, em razão do aumento da eficiência e da precisão dos serviços por eles proporcionado." [21] A constante evolução na utilização dos algoritmos possibilitou, em um curto lapso temporal, seu aperfeiçoamento para os mais variados fins.

Os algoritmos compõem todos os âmbitos tecnológicos, efetuando tarefas que envolvem quantidades elevadas de dados e ofertando respostas simplificadas ao usuário. Nesse contexto, no âmbito de utilizações dos algoritmos, destaca-se o uso de inteligência artificial. Trata-se de um modelo algorítmico complexo que possibilita numerosas possibilidades na entrada e na saída de dados.

> IA, portanto, pode ser definida como a simulação da inteligência humana em uma máquina, de modo a tornar a máquina eficiente para identificar e usar a peça certa do "conhecimento" em uma determinada etapa da resolução de um problema. Um sistema capaz de planejar e executar a tarefa certa no momento certo é geralmente chamado de racional.[22] (tradução nossa) [23]

A inteligência artificial, permite à computação a realização de tarefas que demandam a "sensibilidade racional", como a distinção de vozes e objetos, efetuação de traduções de frases completas, identificação de padrões, dentre outras tarefas.

---

18. GOETTENAUER, Carlos Eduardo. Algoritmos, inteligência artificial, mercados. Desafios ao arcabouço jurídico. *In:* FRAZÃO, Ana; CARVALHO, Angelo Gamba Prata de. (Coords.). *Empresa, mercado e tecnologia*. Belo Horizonte: Fórum, 2019, p. 269-286, p. 271.
19. FERRARI, Fabricio; CECHINEL, Cristian. *Introdução a programação e algoritmos*. 2018. Disponível em: https://lief.if.ufrgs.br/pub/linguagens/FFerrari-CCechinel-Introducao-a-algoritmos.pdf. Acesso em: 24 abr. 2020.
20. AMARAL, Jordana Siteneski do; BOFF, Salete Oro. A falibilidade do algoritmo content id na identificação de violações de direito autoral nos vlogs do youtube: embates sobre liberdade de expressão na cultura participativa. *Revista de Direito, Inovação, Propriedade Intelectual e Concorrência*. v. 4, n. 2, p. 43-62, 2018. Disponível em: https://indexlaw.org/index.php/revistadipic/article/view/4679. Acesso em: 13 mar. 2020.
21. NUNES, Dierle; MARQUES, Ana Luiza Pinto Coelho. Inteligência artificial e direito processual: vieses algorítmicos e os riscos de atribuição de função decisória às máquinas. *Revista de Processo*. v. 285, 2018, p. 421-447, p. 2.
22. KONAR, Amit. *Artificial intelligence and soft computing* – behavioral and cognitive modeling of the human brain. New York: CRC Press, 1999. [E-book]
23. No original: *AI" thus can be defined as the simulation of human intelligence on a machine, so as to make the machine efficient to identify and use the right piece of "Knowledge" at a given step of solving a problem. A system capable of planning and executing the right task at the right time is generally called rational.*

Contemporaneamente, a inteligência artificial ainda depende de atuação humana para seu desenvolvimento e modificação, sendo a falta de autonomia genérica um de seus elementos qualificadores.[24] Progressivamente, as IA's são desenvolvidas em um espaço de tempo cada vez menor, possibilitando a realização de atividades cada vez mais complexas.

Constata-se que "a amplitude da influência da inteligência artificial no cotidiano – tanto no contexto atual quanto nas perspectivas do futuro próximo – parece inspirar a disseminação de questão de relevo para a teoria geral do direito privado."[25] Paulatinamente, a doutrina passa a se aprofundar nas implicações jurídicas da utilização de algoritmos, bem como na verificação da atuação dos profissionais que os desenvolvem.

> [...] hodiernamente, critérios definidos por algoritmos afetam sobremaneira nosso cotidiano. O processo de cognição de um problema e sua consequente solução, antes exclusiva do ser humano, está sendo transferido para máquinas (com elevado potencial para infringir normas e padrões éticos e morais).[26]

A utilização de algoritmos e inteligência artificial constantemente se maximiza e novos algoritmos são desenvolvidos para solucionar problemas identificados em versões anteriores dos mesmos. Portanto, novas IA's são desenvolvidas, com a finalidade de as mesmas serem capazes de solucionar erros humanos em algoritmos.

Nessa perspectiva, o Direito e as demais ciências passam a utilizar a inteligência artificial e os algoritmos como objeto de estudo, analisando seus elementos, características e efeitos de sua aplicação, para fins de regulamentação. Complementarmente, Riccardo Borsari expõem com proficiência que a "rápida evolução da inteligência artificial e o número crescente das aplicações que encontra nos diversos setores da vida quotidiana exigem uma profunda reflexão acerca suas implicações no âmbito jurídico".[27] (tradução nossa)[28]

> Não é novidade que a ascensão da Internet e o advento de novas tecnologias mudam o contexto jurídico e acarretam desdobramentos regulatórios. O Estado, no exercício de seu poder normativo, passa a se atentar às mudanças ocasionadas por esses fenômenos e novas legislações surgem para dar guarida a direitos que, embora não estejam totalmente desamparados pelo ordenamento nesse novo contexto informacional, impõem revisitações e reformulações para que sejam eficazmente tutelados.[29]

---

24. ANTUNES, Henrique Sousa. Inteligência artificial e responsabilidade civil: enquadramento. *Revista de Direito da Responsabilidade*. Coimbra. ano 1, p.139-154, 2019. Disponível em: https://revistadireitoresponsabilidade.pt/2019/inteligencia-artificial-e-responsabilidade-civil-enquadramento/. Acesso em: 03 jun. 2020.
25. TEPEDINO, Gustavo; SILVA, Rodrigo da Guia. Desafios da inteligência artificial em matéria de responsabilidade civil. *Revista Brasileira de Direito Civil*, Belo Horizonte, v. 21, p. 61-86, 2019. Disponível em: https://rbdcivil.emnuvens.com.br/rbdc/article/view/465. Acesso em: 20 fev. 2020, p. 64.
26. CARNEIRO, Aline Ferreira Costa; BRITO, Lucimeire Zago de; TAVARES, Viviane Ramone. Compliance digital: novas perspectivas sobre ética na sociedade da informação. *In:* LONGHI, João Victor Rozatti; FALEIROS JÚNIOR, José Luiz de Moura; BORGES, Gabriel Oliveira de Aguiar; REIS, Guilherme (Coords.). *Fundamentos do Direito Digital*. Uberlândia: LAECC, 2020, p. 222.
27. BORSARI, Riccardo. Intelligenza Artificiale e responsabilità penale: prime considerazioni. *Rivista di Diritto dei Media*. v. 7, n. 3, 2019, p. 262-268. Disponível em: http://www.medialaws.eu/rivista/intelligenza-artificiale-e-responsabilita-penale-primeconsiderazioni/. Acesso em: 09 abr. 2020, p. 262.
28. No original: *La rapida evoluzione dell'Intelligenza Artificiale e le sempre più numerose applicazioni che essa trova nei diversi settori della vita quotidiana impongono una profonda riflessione sulle sue implicazioni in ambito giuridico.*
29. MARTINS, Guilherme Magalhães; FALEIROS JÚNIOR, José Luiz de Moura. Compliance Digital e Responsabilidade Civil na Lei Geral De Proteção De Dados. *In:* MARTINS, Guilherme Magalhães; ROSENVALD, Nelson. (Coords.). *Responsabilidade Civil e Novas Tecnologias*. Belo Horizonte: Foco, 2020, p. 263-297, p. 263.

Assim, o Estado passa a verificar as alterações socais e implicações da utilização dos algoritmos e se presta a regulamentar e resguardar eventuais direitos violados. Os próprios entes privados, - empresas e pessoas físicas que desenvolvem algoritmos – também, buscam minimizar os riscos e eventuais danos, se prestando, desse modo, a desenvolverem políticas de uso das plataformas e métodos de *compliance* para eventuais problemas advindos da utilização tecnológica e dos algoritmos.

Um dos algoritmos mais conhecidos, e igualmente controverso, refere-se ao *Content ID* desenvolvido pela plataforma do YouTube. O algoritmo realiza a análise do conteúdo dos vídeos publicados na plataforma, com a finalidade de apontar eventuais violações de direitos autorais nos vídeos, podendo desmonetizar o uso indevido de direitos autorais, bloquear a visualização de um vídeo e, até mesmo, reverter a receita da monetização do vídeo para o detentor dos direitos autorais.

> O *Content ID* foi criado em resposta a uma proliferação em massa de vídeos no YouTube, cujo upload havia crescido tanto que uma verificação de caso de violação de direitos autorais para cada vídeo no site simplesmente não era viável. [30] (tradução nossa) [31]

O referido algoritmo foi desenvolvido em um contexto de rápido crescimento da plataforma do YouTube, como uma solução ao problema de violação de direitos autorais de vídeos publicados da plataforma. Diante da impossibilidade fática de analisar cada um dos vídeos publicados em sua plataforma, o YouTube se utilizou do algoritmo do *Content ID* para remover músicas, clipes e, até mesmo, filmes completos de sua plataforma, publicados sem autorização dos detentores dos direitos autorais.

A utilização do referido algoritmo possibilitou a redução de gastos da plataforma, sobretudo, no tocante à contratação de empregados para a verificação manual dos vídeos disponibilizados na plataforma. Nesse mesmo sentido, Maayan Perel e Niva Elkin-Koren sustentam que "A aplicação algorítmica dos direitos autorais traz algumas vantagens óbvias. Muitas vezes é mais eficiente, economizando o custo de contratação de pessoal e aluguel de espaço de escritório".[32] (tradução nossa)[33]

Insta frisar que a utilização do mecanismo de inteligência artificial desenvolvido pelo YoutTube (*Content ID*), se encontra adstrita a um número limitado de pessoas, haja vista que a ferramenta exige o prévio cadastramento com a plataforma do YouTube. Logo, todo detentor de direitos autorais que tenha por finalidade a proteção automática de seus direitos autorais deverá realizar o prévio cadastramento junto ao YouTube, com o envio de uma cópia do objeto que se pretende proteger para ser integrado à base do *Content ID*.[34]

---

30. BARTHOLOMEW, Taylor B. The death of fair use in cyberspace: youtube and the problem with content id. *Duke Law & Technology Review*. v. 13, n. 1, 2015. Disponível em: https://scholarship.law.duke.edu/dltr/vol13/iss1/3/. Acesso em: 20 fev. 2020, p. 67.
31. No original: *Content ID was created in response to a mass proliferation of videos on YouTube, the upload of which had grown so large that a case-by-case check for copyright infringement for each video on the website was simply not feasible.*
32. PEREL, Maayan; ELKIN-KOREN, Niva. Accountability in algorithmic copyright enforcement. *Stanford Technology Law Review*. v.19, r.473, 2016. Disponível em: https://law.stanford.edu/wp-content/uploads/2016/10/Accountability-in-Algorithmic-Copyright-Enforcement.pdf. Acesso em: 25 fev. 2020, p.477.
33. No original: *"Algorithmic copyright enforcement carries some obvious advantages. It is often more efficient, saving the cost of hiring staff and renting office space."*
34. YOUTUBE. *Como usar o Content ID*. 2020c. Disponível em: https://support.google.com/youtube/answer/3244015?hl=pt-BR. Acesso em: 02 ago. 2020.

> O sistema de correspondência de direitos autorais do YouTube, *Content ID*, verifica automaticamente todos os vídeos enviados do YouTube em busca de material protegido por direitos autorais. Os detentores de direitos autorais enviam cópias de faixas musicais, filmes, programas de televisão e outras mídias ao *Content ID* do YouTube para correspondência. Quando uma correspondência é encontrada, o sistema aplica instantaneamente a preferência do reclamante de direitos autorais para o conteúdo correspondido: ele pode ser bloqueado, rastreado ou, a opção muito mais popular, monetizada (por meio de anúncios precedentes e de sobreposição).[35] (tradução nossa) [36]

A política da plataforma de cadastramento prévio impossibilita que muitos detentores protejam seus direitos, sendo que violações a direitos autorais, ou direitos de imagem são constantemente vislumbrados na plataforma do YouTube.

> Algumas das funções mais populares do YouTube, incluindo seu algoritmo de pesquisa e recomendação de vídeo, são processos automáticos; na verdade, até mesmo o sistema de *Content ID*, a ferramenta mais poderosa do YouTube para reivindicações de direitos autorais, é totalmente automático. Mas em um mundo onde mais e mais usuários estão descobrindo brechas para contornar a automação, a revisão manual se tornou uma ferramenta vital para garantir conteúdo de qualidade e proteger os criadores de conteúdo.[37] (tradução nossa)[38]

Verifica-se, ademais, que a inteligência artificial do *Content ID* se mostra insuficiente na proteção dos direitos autorais em razão de suas falhas – ressalta-se, não advindas meramente dos resultados algoritmos, mas de erros sistêmicos da inteligência artificial –. Logo, faz-se necessário, ampliar o número de empregados que verificam manualmente os conteúdos supostamente violadores de direitos autorais para vislumbrar se a violação de fato ocorreu.

> A revisão de decisões algorítmicas por humanos já é bastante debatida na doutrina estrangeira a ponto de ter sido suscitada a existência de um "direito a uma intervenção humana" ("right to a human in the loop"). De um lado, especialistas defendem que a intervenção humana é imprescindível para proteger a dignidade do usuário, cujos dados são utilizados para alimentar os algoritmos de tomada de decisões, e mitigar seus efeitos deletérios. Do outro, doutrinadores acreditam que, com uma pessoa natural no processo decisório, ele poderá restar contaminado por vieses humanos.[39]

A despeito das críticas doutrinárias acerca da intervenção humana no processo decisório dos algoritmos, a Lei Geral de Proteção de Dados (LGPD) estabeleceu, em seu

35. SOHA, Michael; MCDOWELL, Zachary J. Monetizing a Meme: YouTube, Content ID, and the Harlem Shake. *Social Media + Society Journal*. v.2, i.2, 2016. Disponível em: https://journals.sagepub.com/doi/full/10.1177/2056305115623801. Acesso em: 07 fev. 2020, p. 6.
36. No original: *YouTube's copyright matching system, Content ID, automatically scans every uploaded YouTube video for copyrighted material. Copyright holders submit copies of music tracks, films, television shows, and other media to YouTube's Content ID for matching. When a match is found, the system instantly applies the copyright claimant's preference for the matched content: it can be blocked, tracked, or the far more popular option, monetized (via pre-roll and overlay ads).*
37. QUACH, Sam. YouTube, K-Pop, and the Emergence of Content Copycats. *Hastings Comm. & Ent. L.J.* v.41, n.1, 2019. Disponível em: https://repository.uchastings.edu/hastings_comm_ent_law_journal/vol41/iss1/4 . Acesso em: 05 fev. 2020, p. 99.
38. No original: *Some of YouTube's most popular functions, including their search algorithm and video recommendation, are automatic processes; in fact, even the Content ID system, YouTube's strongest tool for copyright claims, is entirely automatic. But in a world where more and more users are discovering loopholes to bypass automation, manual review has become a vital tool to ensure quality content and protect content creators.*
39. FERRARI, Isabela; BECKER, Daniel. O direito à explicação sobre decisões automatizadas: uma análise comparativa entre a União Europeia e o Brasil. *Revista de Direito e as Novas Tecnologias*. v.1, 2018b, p.1-14, p. 4.

artigo 20, um *Direito de Revisão* das decisões automatizadas, garantindo ao titular dos dados a possibilidade de ver a decisão algorítmica revertida.

> Art. 20. O titular dos dados tem direito a solicitar a revisão de decisões tomadas unicamente com base em tratamento automatizado de dados pessoais que afetem seus interesses, incluídas as decisões destinadas a definir o seu perfil pessoal, profissional, de consumo e de crédito ou os aspectos de sua personalidade.
>
> § 1º O controlador deverá fornecer, sempre que solicitadas, informações claras e adequadas a respeito dos critérios e dos procedimentos utilizados para a decisão automatizada, observados os segredos comercial e industrial.
>
> § 2º Em caso de não oferecimento de informações de que trata o § 1º deste artigo baseado na observância de segredo comercial e industrial, a autoridade nacional poderá realizar auditoria para verificação de aspectos discriminatórios em tratamento automatizado de dados pessoais.[40]

O referido artigo da LGPD tem por objetivo minimizar a *falhabilidade algorítmica, o enviesamento algorítmico e a discriminação algorítmica*,[41] proporcionando, desse modo, uma garantia aos interesses do titular dos dados.

Nesse contexto, diante da inexistência de uma autoridade reguladora, a Agência Nacional de Proteção de Dados (ANPD) possui papel primordial na promoção de um ambiente digital salutar, por meio da realização de auditorias, com a finalidade de se coibir eventuais aspectos discriminatórios nos algoritmos em consonância com o artigo 20 da LGPD.

4. A UTILIZAÇÃO DO ALGORITMO DO *CONTENT ID* E A OBSERVÂNCIA AO PRECEITO NORMATIVO DA BOA-FÉ OBJETIVA

A inteligência artificial do *Content ID* utilizada pela plataforma do YouTube possibilita aos detentores dos direitos autorais uma série de escolhas predeterminadas com relação aos materiais publicados na plataforma que violem seus direitos.

Nessa linha de raciocínio, verifica-se ao analisar os termos de uso e políticas da plataforma digital, que "os proprietários de direitos autorais decidem o que acontece quando o conteúdo em um vídeo no YouTube corresponde a uma obra pertencente a eles. Quando uma correspondência é encontrada, o vídeo recebe uma Reivindicação do *Content ID*". [42]

Portanto, de acordo com termos de uso e políticas da plataforma do YouTube,[43] os proprietários de direitos autorais podem assumir uma série de posturas em relação a seus materiais protegidos por direitos autorais, dentre as quais, se destacam: I) bloquear a visualização de um vídeo inteiro; II) gerar receita com o vídeo por meio da vinculação de anúncios podendo obter todos os lucros com a monetização ou compartilhar com o

40. BRASIL. *Lei Geral de Proteção de Dados*. 2018. Disponível em: http://www.planalto.gov.br/ccivil_03/_ato2015-2018/2018/lei/L13709.htm. Acesso em: 14 set. 2020.
41. JUNQUEIRA, Thiago. *Tratamento de dados pessoais e discriminação algorítmica nos seguros*. São Paulo: Ed. RT, 2020.
42. YOUTUBE. *Como funciona o Content ID*. 2020b. Disponível em: https://support.google.com/youtube/answer/2797370?hl=pt-BR. Acesso em: 02 ago. 2020.
43. YOUTUBE. *O que é uma reivindicação de Content ID?* 2020e. Disponível em: https://support.google.com/youtube/answer/6013276?hl=pt-BR. Acesso em: 02 ago. 2020.

produtor do conteúdo; III) analisar todas as estatísticas de visualização do vídeo.[44] Nesse giro, destaca-se, ainda, que as ações descritas podem ser especificadas para cada país, aplicando-se, de tal modo, regras distintas concomitantemente. [45]

A plataforma do YouTube permite que o produtor de conteúdo que receba uma reinvindicação de *Content ID* dispute-a, caso acredite ter recebido uma reinvindicação incorreta.[46] A disputa inicia um processo interno dentro do YouTube, notificando o suposto detentor dos direitos autorais para se manifestar, em até 30 dias, quanto à reinvindicação.

O mecanismo de disputa disponibilizado pela plataforma do YouTube garante uma chance do produtor de conteúdo em ver sua discordância com a reinvindicação do *Content ID* visualizada e atendida. Todavia, verifica-se que "no caso de conteúdo bloqueado erroneamente, um usuário cujo conteúdo foi bloqueado pode não ter recurso efetivo." [47] (tradução nossa)[48] Desse modo, o produtor de conteúdo se vê em um procedimento complexo que pode demandar auxílio legal e meses para provar a devida utilização do *fair use*.

A disputa do *Content ID* fundamenta-se, alternativamente, em três pressupostos: I) domínio público; II) contrato de direitos autorais; III) *fair use;*[49] O primeiro refere-se a situação jurídica na qual determinada obra não mais possui o elemento de propriedade autoral, inexistindo, de tal modo, qualquer restrição quanto a sua utilização. O segundo diz respeito a hipótese na qual o produtor de conteúdo previamente obteve o direito de utilizar determinada propriedade autoral em seu vídeo. O último se refere ao "uso justo", em elemento da lei de *copyright* norte americana, que permite a utilização de materiais protegidos por direitos autorais em determinadas hipóteses.

> Essa liberdade limitada de citar – "fair use" – é uma isenção à proteção de monopólio geral de que os artistas e autores desfrutam. O uso justo evoluiu dentro da jurisprudência americana ao longo dos séculos XIX e XX e foi finalmente codificado na Lei de Direitos Autorais de 1976. A lei permite especificamente que os usuários façam cópias, citem e se refiram a obras protegidas por direitos autorais para os seguintes fins: em conexão com críticas ou comentários sobre o trabalho; no curso de reportagens; para ensino ou uso em sala de aula; ou como parte de uma bolsa de estudos ou pesquisa.[50] (tradução nossa) [51]

---

44. YOUTUBE. *What is the YouTube Content ID API?* 2020g. Disponível em: https://developers.google.com/youtube/partner. Acesso em: 02 ago. 2020.
45. YOUTUBE. *Como funciona o Content ID*. 2020b. Disponível em: https://support.google.com/youtube/answer/2797370?hl=pt-BR. Acesso em: 02 ago. 2020.
46. YOUTUBE. *Como disputar uma reivindicação de Content ID*. 2020a. Disponível em: https://support.google.com/youtube/answer/2797454?hl=pt-BR. Acesso em: 02 ago. 2020.
47. ELKIN-KOREN, Niva. Revisiting copyright liability of online intermediaries. *In:* FRANKEL, Suzy; GERVAIS, Daniel. (Coords.). *The evolution and equilibrium of copyright in the digital age*. Cambridge: Cambridge University Press. 2014, p. 47.
48. No original: "*in the case of erroneously blocked content, a user whose content has been blocked may have no effective recourse.*"
49. YOUTUBE. *Como disputar uma reivindicação de Content ID*. 2020a. Disponível em: https://support.google.com/youtube/answer/2797454?hl=pt-BR. Acesso em: 02 ago. 2020.
50. VAIDHYANATHAN, Siva. *Copyrights and copywrongs* - The Rise of Intellectual Property and How It Threatens Creativity. New York: New York University Press, 2001, p. 27.
51. No original: *This limited freedom to quote – "fair use" – i s an exemption to the blanket monopoly protection that artists and authors enjoy. Fair use evolved within American case law throughout the nineteenth and twentieth centuries, and was finally codified in the Copyright Act of 1976. The law specifically allows users to make copies of, quote from, and refer to copyrighted works for the following purposes: in connection with criticism or comment on the work; in the course of news reporting; for teaching or classroom use; or as part of scholarship or research.*

Hodiernamente, a lei de *copyright* norte americana sofre intensos debates doutrinários em função da utilização massiva de material protegido por direitos autorais na Internet, sobretudo, pelo uso de *memes*.[52]

Os termos de uso e políticas da plataforma do YouTube estabelecem que a plataforma se adequa ao sistema norte américa no *fair use*, citando, inclusive, que "*Fair Use* é determinado em uma análise caso a caso".[53] (tradução nossa).[54] Logo, se tem como fundamental uma análise criteriosa e individualizada do conteúdo para determinar a violação de direitos autorais ou a mera utilização do *fair use*.

Todavia, a inteligência artificial do YouTube, *Content ID*, demonstra-se incapaz de verificar o *fair use* nos vídeos disponibilizados na plataforma, sendo que, os produtores de conteúdo sofrem com a reinvindicação do *Content ID* nesses casos.

> Equilibrada por fatores como o quanto um novo trabalho prejudica o mercado para um trabalho anterior e quanto de um trabalho anterior é usado em um novo trabalho, a defesa de "uso justo" permite que os compositores carreguem trabalhos que infringem tecnicamente se o novo trabalho equivale a uma crítica, está no domínio público, ou suficientemente transforma a obra original para torná-la nova. Os programas de identificação de conteúdo, no entanto, não parecem ser capazes de avaliar suficientemente a diferença entre o conteúdo protegido pela doutrina de uso justo e o conteúdo que não é. [55] (tradução nossa)[56]

O caso mais emblemático em relação aos recorrentes erros do *Content ID* refere-se ao professor de música australiano, Sebastian Tomczak.[57] Em 2015, com a finalidade de demonstrar as falhas na ferramenta da plataforma do YouTube, o professor de música publicou um vídeo de mais de 10 (dez) horas de duração no qual apresentava o som de um ruído branco. O vídeo apresentava somente o ruído, nenhuma imagem ou vídeo, tão somente uma sequência de notas que resultam em um som similar ao de um canal fora do ar. Ocorre que, a inteligência artificial do YouTube efetuou cinco denúncias de violação de direitos autorais ao vídeo do professor de música.

O problema da incapacidade de verificação do *fair use* pelo algoritmo do *Content ID* suscita uma série de outros problemas, sobretudo, em relação à monetização do vídeo por meio de anúncios. A plataforma do YouTube ao verificar uma reivindicação de *Content ID* permite que o suposto detentor dos direitos autorais, desative a monetização

52. Para uma leitura aprofundada da temática recomenda-se: SOHA, Michael; MCDOWELL, Zachary J. Monetizing a Meme: YouTube, Content ID, and the Harlem Shake. *Social Media + Society Journal*. v. 2, i. 2, 2016. Disponível em: https://journals.sagepub.com/doi/full/10.1177/2056305115623801. Acesso em: 07 fev. 2020.
53. YOUTUBE. *Copyright and fair use policies*. 2020f. Disponível em: https://www.youtube.com/howyoutubeworks/policies/copyright/. Acesso em: 02 ago. 2020.
54. No original: "*Fair Use is determined on a case by case basis.*"
55. LESTER, Toni; DESSISLAVA, Pachamanova. The dilemma of false positives: making content id algorithms more conducive to fostering innovative fair use in music creation. *UCLA Entertainment Law Review*. v. 24, p.51-73, 2017. Disponível em: https://escholarship.org/uc/item/1x38s0hj. Acesso em: 08 mar. 2020, p. 53.
56. No original: *Balanced by such factors as how much a new work damages the market for a prior work and how much of a prior work is used in a new work, the "fair use" defense allows songwriters to upload technically infringing work if the new work amounts to a critique, is in the public domain, or sufficiently transforms the original work to render it new. Content ID programs, however, don't seem to be able to assess sufficiently the difference between content that is protected under the fair use doctrine and content that is not.*
57. UNIÃO BRASILEIRA DE COMPOSITORES. *Ferramenta que combate violações de direitos autorais é posta em xeque*. Disponível em: http://www.ubc.org.br/publicacoes/noticias/9022. Acesso em: 20 abr. 2020.

do vídeo. O referido ato, por vezes, implica em perdas para o produtor de conteúdo, que eventualmente não receberá pelos acessos a seu vídeo.[58]

> Além dos problemas de uso justo que surgem ao usar um sistema como o *Content ID,* a monetização de vídeos também priva os usuários de seus direitos porque essa monetização não é proporcional à quantidade de conteúdo protegido por direitos autorais usado no vídeo.[59] (tradução nossa)[60]

O algoritmo do *Content ID* demonstra-se incapaz de verificar a utilização do *fair use*, de modo que, falsos positivos são apontados recorrentemente. Nesse sentido, nota-se a contradição nos termos da plataforma do YouTube, posto que, em tese, é permitida a utilização do *fair use*, mas nos casos concretos, o algoritmo do *Content ID* aponta a violação de direitos autorais.

> Falsos positivos destroem o sistema de compartilhamento de informações da Internet e do YouTube. Eles eliminam os usos e as informações que poderiam realmente ter sido tolerados se o sistema apenas avisasse os detentores dos direitos autorais.[61] (tradução nossa) [62]

Destarte, diante da análise dos termos de uso, políticas e condutas da plataforma do YouTube, constata-se a ocorrência de abuso de direito. Isso porque, a identificação incorreta dos falsos positivos acarreta em indevida punição e uma violação às próprias regras estabelecidas pela plataforma do YouTube.

O abuso de direito perpetrado pela plataforma do YouTube se amolda à previsão legal do artigo 187 do Código Civil (2002), o qual determina que "também comete ato ilícito o titular de um direito que, ao exercê-lo, excede manifestamente os limites impostos pelo seu fim econômico ou social, pela boa-fé ou pelos bons costumes".[63]

Logo, o comportamento abusivo da plataforma digital, delineado por meio de seus termos de uso e políticas, ofende ao princípio da boa-fé objetiva, corolário das relações privadas e que contemporaneamente norteia o ordenamento jurídico brasileiro. O referido princípio se perfectibiliza, ainda, como um reflexo constitucional da solidariedade social, consagrado no artigo 3º, I, da Constituição Federal de 1988.

Nesse contexto, o princípio da boa-fé objetiva tem por finalidade coibir o abuso de direito, por meio de sua função de controle (art. 187 CC), de modo a garantir o adimplemento contratual, em consonância com os preceitos ético jurídicos, que devem

58. YOUTUBE. *Diferença entre remoções por direitos autorais e reivindicações de Content ID*. 2020d. Disponível em: https://support.google.com/youtube/answer/7002106?hl=pt-BR. Acesso em: 02 ago. 2020.
59. SOLOMON, Leron. Fair Users or Content Abusers? The Automatic Flagging of Non-Infringing Videos by Content ID on YouTube. *Hofstra Law Review.* v.44, n.1, 2015, p. 237-268. Disponível em: http://scholarlycommons.law.hofstra.edu/hlr/vol44/iss1/8. Acesso em: 02 jan. 2020, p. 255.
60. No original: *In addition to the fair use problems that arise when using a system like Content ID, the monetization of videos also deprives users of their rights because that monetization is not proportional to the amount of copyrighted content used in the video.*
61. BOROUGHF, Benjamin. The next great youtube: improving content id to foster creativity, cooperation, and fair compensation. *Albany Law Journal of Science and Technology.* v. 25, 2014, p.95-127. Disponível em: https://papers.ssrn.com/sol3/papers.cfm?abstract_id=2492898. Acesso em: 23 jan. 2020, p.108.
62. No original: *False positives wreck the information sharing system of the Internet and YouTube. They take away uses and information that could have actually been tolerated had the system merely provided copyright holders with notice.*
63. BRASIL. *Código Civil.* Lei 10.406, de 10 de janeiro de 2002. Disponível em: http://www.planalto.gov.br/ccivil_03/LEIS/2002/L10406.htm. Acesso em: 26 jun. 2020.

nortear a conduta das partes nas relações jurídicas em observância à legítima expectativa despertada na contratação.

A boa-fé objetiva evidencia assim uma regra de conduta, de comportamento ético, social, imposta as partes, pautado nos ideais de honestidade, retidão e lealdade, no intuito de não frustrar a legítima confiança, expectativa da outra parte, tendo ainda, a finalidade de estabelecer o equilíbrio nas relações jurídicas.[64]

O mencionado princípio se qualifica, ainda, como uma norma de ordem pública e interesse social. Nesse mesmo giro, o *Enunciado 363 do CJF/STJ* explicita que "os princípios da probidade e da confiança são de ordem pública, sendo obrigação da parte lesada apenas demonstrar a existência da violação",[65] imputando-se, portanto, responsabilidade civil objetiva diante da inobservância aos preceitos normativos da boa-fé objetiva.

Cristiano Chaves de Farias, Nelson Rosenvald e Felipe Braga Netto[66] expõem que "sempre que a boa-fé objetiva – deveres de lealdade e cooperação, a que as partes de um negócio estão mutuamente sujeitas – for agredida, a teoria do abuso de direito pode ser invocada, para fazer cessar a situação agressiva da razoabilidade.". O caráter de norma de ordem pública passa a promover a amplitude principiológica que deverá ser seguida de modo inexorável nas relações jurídicas.

Assim, a remoção de conteúdos que não infrinjam as regras impostas pela plataforma incorre em abuso de direito e inobservância aos preceitos normativos da boa-fé objetiva, uma vez que a legítima expectativa da parte contrária é frustrada pela parte que detêm informações e a prerrogativa de analisar prováveis conteúdos atentatórios.

Neste viés, o princípio da confiança relaciona-se intimamente ao princípio da boa-fé objetiva, vez que se apresenta "como a expectativa da comunidade de um comportamento honesto, normal e cooperativo",[67] de modo a não frustrar a legítima expectativa conferida a parte contrária.

> [...] em razão da *valorização da confiança*, como mecanismo de efetivação do (re)equilíbrio contratual, corporificado no ordenamento jurídico, por meio inserção de normas de ordem pública e interesse social voltadas a atribuir garantia de proteção aos legítimos interesses e expectativas criados mutuamente pelas partes na relação jurídica contratual.[68]

Destarte, os princípios da confiança e da boa-fé objetiva deverão servir de fundamento para situações que envolvam IA's e os alertas de falsos positivos, vez que tais ações acabam por prejudicar profundamente os produtores de conteúdo da plataforma.

64. ROSENVALD, Nelson. *Dignidade humana e boa-fé no Código Civil*. São Paulo: Saraiva, 2005, p. 80.
65. CJF (Conselho de Justiça Federal). *IV Jornada de Direito Civil – Enunciado 363*. Disponível em: https://www.cjf.jus.br/enunciados/enunciado/476. Acesso em: 20 jul. 2020.
66. FARIAS, Cristiano Chaves de. BRAGA NETTO, Felipe. ROSENVALD, Nelson. *Novo Tratado de Responsabilidade Civil*. 2. ed. São Paulo: Saraiva, 2017, p. 226.
67. MIRAGEM, Bruno. A proteção da confiança no direito privado: notas sobre a contribuição de Claudia Lima Marques para a construção do conceito no direito Brasileiro. *Revista de Direito do Consumidor*, v. 113, ano 26, p. 397-407, São Paulo: Ed. RT, 2017, p. 400.
68. SILVA, Michael César. Convergências e assimetrias do princípio da boa-fé objetiva no direito contratual contemporâneo. *Revista Jurídica Luso-Brasileira*, v. 1, 2015, p. 1164.

Nesse mesmo giro, com fundamento na teoria do risco da atividade, a plataforma do YouTube deverá responder pelos danos advindos de eventuais abusos de direito de sua parte, bem como pela decorrente quebra da legítima expectativa contratual.

> Mediante a cláusula geral do risco de atividade surge uma zona mais ampla de proteção em face dos perigos calculáveis emanados de atividades potencialmente danosas. Mesmo que o legislador, *a priori*, não tenha previsto as consequências indesejáveis de certa atividade, poderá a vítima alicerçar sua pretensão na teoria objetiva, caso reste demonstrado o liame de causalidade entre o risco da atividade e o dano injusto.[69]

Conclui-se, sob a perspectiva do princípio da boa-fé objetiva, que a remoção de falsos positivos da plataforma, ou sua desmonetização, se estabelece enquanto abuso de direito por parte do YouTube. Compreende-se, ademais, que a plataforma, é civilmente responsável pela ocorrência de danos advindos das condutas descritas com fundamento na teoria do risco da atividade estabelecida pelo parágrafo único do artigo 927 do Código Civil.

5. CONSIDERAÇÕES FINAIS

Contemporaneamente, em um contexto de profundos avanços tecnológicos, sobretudo, no tocante às IA's, o debate acerca das referidas tecnologias e dos algoritmos que as compõe se estabelece como um dos principais tópicos. Diante da massiva utilização de plataformas sociais, notadamente, do Youtube, faz-se necessário analisar os elementos jurídico-tecnológicos que estabelecem a estrutura do *Content ID* da plataforma retromencionada.

Diante da impossibilidade fática da plataforma do Youtube em verificar a utilização de material protegido por direitos autorais em todos os vídeos postados em seu sistema – em razão do elevado número de publicação de vídeos – desenvolveu-se um algoritmo capaz de verificar a utilização adequada dos conteúdos protegidos, o *Content ID*.

O referido algoritmo possibilita que detentores de direitos autorais de músicas ou vídeos, previamente credenciadas com o Youtube, impossibilitem ou restrinjam a utilização de seus materiais protegidos por direitos autorais por meio de uma verificação automática na hipótese da publicação do vídeo na plataforma do Youtube.

A tecnologia presente no algoritmo do *Content ID* aponta com precisão toda e qualquer violação a direitos autorais na plataforma, desde que o material original seja encontrado na base de dados do Youtube. Todavia, o algoritmo aponta também uma série de *falsos negativos*, de modo que, o vídeo com a suposta violação dos direitos autorais acaba por ser, desmonetizado, tendo seu alcance restringido em certos países, ou mesmo, removido da plataforma.

A temática dos falsos negativos esbarra em uma série de controvérsias, sendo que a questão do *fair use* se coloca como uma das principais temáticas. Nesse ínterim, o ques-

69. FARIAS, Cristiano Chaves de. BRAGA NETTO, Felipe. ROSENVALD, Nelson. *Novo Tratado de Responsabilidade Civil*. 2. ed. São Paulo: Saraiva, 2017, p. 528.

tionamento quanto à possibilidade ou impossibilidade de uma plataforma em remover conteúdos condizentes com seus termos de uso e políticas efetivamente se estabelece.

Constata-se que a remoção de falsos positivos, ou sua desmonetização, se estabelece como modalidade de violação ao *standard* comportamental determinado pela boa-fé objetiva, posto que, de acordo com as regras descritas na seção de políticas do Youtube a utilização do *fair use* é abrangida pela plataforma. Nessa linha de intelecção, as condutas mencionadas se exteriorizam enquanto abuso de direito perpetrada pela plataforma do Youtube.

Conclui-se que a falha no algoritmo do *Content ID na* verificação do *fair use,* que resulte na remoção ou desmonetização do conteúdo – falso positivo – implica em *abuso de direito de remoção* por parte da plataforma do Youtube e, consequentemente, faz surgir o dever de reparar os eventuais prejuízos causados com base na teoria do risco da atividade. Nesse sentido, o aperfeiçoamento do algoritmo torna-se tarefa fundamental para a plataforma do Youtube a fim de se efetivar uma minimização dos danos e uma maximização de sua atuação em consonância com os ditames da boa-fé objetiva e da função precaucional da responsabilidade civil.

Nesse mesmo giro, de acordo com o § 2º do artigo 20 da Lei Geral de Proteção de Dados (LGPD), faz-se necessária a criação de uma autoridade reguladora de algoritmos, para auditar e dar cumprimento as decisões auditadas, visando, assim, a evitar a discriminação algorítmica.

6. REFERÊNCIAS

AMARAL, Jordana Siteneski do; BOFF, Salete Oro. A falibilidade do algoritmo content id na identificação de violações de direito autoral nos vlogs do youtube: embates sobre liberdade de expressão na cultura participativa. *Revista de Direito, Inovação, Propriedade Intelectual e Concorrência.* v. 4, n. 2, p. 43-62, 2018. Disponível em: https://indexlaw.org/index.php/revistadipic/article/view/4679. Acesso em: 13 mar. 2020.

ANTUNES, Henrique Sousa. Inteligência artificial e responsabilidade civil: enquadramento. *Revista de Direito da Responsabilidade.* Coimbra. ano 1, p.139-154, 2019. Disponível em: https://revistadireito-responsabilidade.pt/2019/inteligencia-artificial-e-responsabilidade-civil-enquadramento/. Acesso em: 03 jun. 2020.

BALKIN, Jack M. The Three Laws of Robotics in the Age of Big Data. *Ohio State Law Journal.* v. 78, 2017, p. 1217-1241. Disponível em: https://digitalcommons.law.yale.edu/fss_papers/5159/#:~:text=The%20three%20laws%20are%3A,conflict%20with%20the%20First%20Law.%22. Acesso em: 22 abr. 2020.

BARBOSA, Caio César do Nascimento; SILVA, Michael César; BRITO, Priscila Ladeira Alves de. Publicidade ilícita e influenciadores digitais: novas tendências da reponsabilidade civil. *Revista IBERC,* v. 2, n. 2, p. 01-21, 2019. Disponível em: https://revistaiberc.emnuvens.com.br/iberc/article/view/55. Acesso em: 10 abr. 2020.

BARBOSA, Mafalda Miranda. Inteligência artificial, e-persons e direito: desafios e perspectivas. *Revista Jurídica Luso-Brasileira.* a. 3, n. 6, 2017. Disponível em: http://www.cidp.pt/revistas/rjlb/2017/6/2017_06_1475_1503.pdf. Acesso em: 22 fev. 2020.

BARTHOLOMEW, Taylor B. The death of fair use in cyberspace: youtube and the problem with content id. *Duke Law & Technology Review.* v. 13, n. 1, 2015. Disponível em: https://scholarship.law.duke.edu/dltr/vol13/iss1/3/. Acesso em: 20 fev. 2020.

BOROUGHF, Benjamin. The next great youtube: improving content id to foster creativity, cooperation, and fair compensation. *Albany Law Journal of Science and Technology*. v. 25, 2014, p. 95-127. Disponível em: https://papers.ssrn.com/sol3/papers.cfm?abstract_id=2492898. Acesso em: 23 jan. 2020.

BORSARI, Riccardo. Intelligenza Artificiale e responsabilità penale: prime considerazioni. *Rivista di Diritto dei Media*. v. 7, n. 3, 2019, p. 262-268. Disponível em: http://www.medialaws.eu/rivista/intelligenza-artificiale-e-responsabilita-penale-primeconsiderazioni/. Acesso em: 09 abr. 2020.

BRASIL. *Código Civil*. Lei 10.406, de 10 de janeiro de 2002. Disponível em: http://www.planalto.gov.br/ccivil_03/LEIS/2002/L10406.htm. Acesso em: 26 jun. 2020.

BRASIL. *Lei Geral de Proteção de Dados*. 2018. Disponível em: http://www.planalto.gov.br/ccivil_03/_ato2015-2018/2018/lei/L13709.htm. Acesso em: 14 set. 2020.

CARNEIRO, Aline Ferreira Costa; BRITO, Lucimeire Zago de; TAVARES, Viviane Ramone. Compliance digital: novas perspectivas sobre ética na sociedade da informação. *In:* LONGHI, João Victor Rozatti; FALEIROS JÚNIOR, José Luiz de Moura; BORGES, Gabriel Oliveira de Aguiar; REIS, Guilherme (Coords.). *Fundamentos do Direito Digital*. Uberlândia: LAECC, 2020.

CJF (Conselho de Justiça Federal). *IV Jornada de Direito Civil – Enunciado 363*. Disponível em: https://www.cjf.jus.br/enunciados/enunciado/476. Acesso em: 20 jul. 2020.

DESAI, Deven R; KROLL, Joshua A. Trust but Verify: A Guide to Algorithms and the Law. *Harvard Journal of Law & Technology*. v. 31, n. 1, p. 2-64, 2017. Disponível em: https://papers.ssrn.com/sol3/papers.cfm?abstract_id=2959472. Acesso em: 23 jul. 2020.

ELKIN-KOREN, Niva. Revisiting copyright liability of online intermediaries. *In:* FRANKEL, Suzy; GERVAIS, Daniel. (Coords.). *The evolution and equilibrium of copyright in the digital age*. Cambridge: Cambridge University Press, 2014, p. 29-51.

ESCRICH, Rafael; REIS, Guilherme. O panorama geral entre inteligência artificial e a sociologia. *In:* LONGHI, João Victor Rozatti; FALEIROS JÚNIOR, José Luiz de Moura; BORGES, Gabriel Oliveira de Aguiar; REIS, Guilherme (Coords.). *Fundamentos do Direito Digital*. Uberlândia: LAECC, 2020.

FARIAS, Cristiano Chaves de. BRAGA NETTO, Felipe. ROSENVALD, Nelson. *Novo Tratado de Responsabilidade Civil*. 2. ed. São Paulo: Saraiva, 2017.

FERRARI, Fabricio; CECHINEL, Cristian. *Introdução a programação e algoritmos*. 2018. Disponível em: https://lief.if.ufrgs.br/pub/linguagens/FFerrari-CCechinel-Introducao-a-algoritmos.pdf. Acesso em: 24 abr. 2020.

FERRARI, Isabela; BECKER, Daniel. Arbitrium ex machina: panorama, riscos e a necessidade de regulação das decisões informadas por algoritmos. *Revista dos Tribunais*. v. 995, 2018a, p. 1-16.

FERRARI, Isabela; BECKER, Daniel. O direito à explicação sobre decisões automatizadas: uma análise comparativa entre a União Europeia e o Brasil. *Revista de Direito e as Novas Tecnologias*. v. 1, 2018b, p. 1-14.

GOETTENAUER, Carlos Eduardo. Algoritmos, inteligência artificial, mercados. Desafios ao arcabouço jurídico. *In:* FRAZÃO, Ana; CARVALHO, Angelo Gamba Prata de. (Coords.). *Empresa, mercado e tecnologia*. Belo Horizonte: Fórum, 2019, p. 269-286.

GUIMARÃES, Glayder Daywerth Pereira; SILVA, Michael César. Fake News à luz da responsabilidade civil digital: o surgimento de um novo dano social. *Revista Jurídica da FA7*. Centro Universitário 7 de Setembro, Fortaleza, v. 16, n. 2, p. 99-114, jul./dez. 2019.

GUSTIN, Miracy Barbosa de Sousa; DIAS, Maria Tereza Fonseca. *(Re)pensando a pesquisa jurídica*: teoria e prática. 3. ed. Belo Horizonte: Del Rey, 2010.

HARTMANN, Ivar A.; SILVA, Lorena Abbas da. Inteligência artificial e moderação de conteúdo: o Sistema Content ID e a proteção dos direitos autorais na Plataforma youtube. *Revista Ius Gentium*. Curitiba, v. 10, n. 3, p. 145-165, 2019. Disponível em: https://www.uninter.com/iusgentium/index.php/iusgentium/article/view/503/369. Acesso em: 10 jun. 2020.

IBM MARKETING CLOUD. *10 key marketing trends for 2017 and ideas for Exceeding Customer Expectations*. 2017. Disponível em: https://public.dhe.ibm.com/common/ssi/ecm/wr/en/wrl12345usen/watson--customer-engagement-watson-marketing-wr-other-papers-and-reports-wrl12345usen-20170719.pdf. Acesso em: 23 jun. 2020.

JUNQUEIRA, Thiago. *Tratamento de dados pessoais e discriminação algorítmica nos seguros*. São Paulo: Ed. RT, 2020.

KONAR, Amit. *Artificial intelligence and soft computing* – behavioral and cognitive modeling of the human brain. New York: CRC Press, 1999. [E-book]

LESTER, Toni; DESSISLAVA, Pachamanova. The dilemma of false positives: making content id algorithms more conducive to fostering innovative fair use in music creation. *UCLA Entertainment Law Review*. v. 24, p. 51-73, 2017. Disponível em: https://escholarship.org/uc/item/1x38s0hj. Acesso em: 08 mar. 2020.

MARTINS, Guilherme Magalhães; FALEIROS JÚNIOR, José Luiz de Moura. Compliance Digital e Responsabilidade Civil na Lei Geral de Proteção de Dados. *In:* MARTINS, Guilherme Magalhães; ROSENVALD, Nelson. (Coords.). *Responsabilidade Civil e Novas Tecnologias*. Belo Horizonte: Foco, 2020, p. 263-297.

MIRAGEM, Bruno. A proteção da confiança no direito privado: notas sobre a contribuição de Claudia Lima Marques para a construção do conceito no direito Brasileiro. *Revista de Direito do Consumidor*, v. 113, ano 26, p. 397-407, São Paulo: Ed. RT, 2017.

NUNES, Dierle; MARQUES, Ana Luiza Pinto Coelho. Inteligência artificial e direito processual: vieses algorítmicos e os riscos de atribuição de função decisória às máquinas. *Revista de Processo*. v. 285, 2018, p. 421-447.

PASQUALE, Frank. Data-informed duties in ai development. *Columbia Law Review*. v. 119, n. 7, 2019, p. 1917-1939. Disponível em: https://papers.ssrn.com/sol3/papers.cfm?abstract_id=3503121. Acesso em: 12 abr. 2020.

PEREL, Maayan; ELKIN-KOREN, Niva. Accountability in algorithmic copyright enforcement. *Stanford Technology Law Review*. v.19, r.473, 2016. Disponível em: https://law.stanford.edu/wp-content/uploads/2016/10/Accountability-in-Algorithmic-Copyright-Enforcement.pdf. Acesso em: 25 fev. 2020.

QUACH, Sam. YouTube, K-Pop, and the Emergence of Content Copycats. *Hastings Comm. & Ent. L.J.* v. 41, n. 1, 2019. Disponível em: https://repository.uchastings.edu/hastings_comment_law_journal/vol41/iss1/4> Acesso em: 05 fev. 2020.

ROSENVALD, Nelson. *Dignidade humana e boa-fé no Código Civil*. São Paulo: Saraiva, 2005.

SILVA, Michael César. Convergências e assimetrias do princípio da boa-fé objetiva no direito contratual contemporâneo. *Revista Jurídica Luso Brasileira*, v. 1, p. 1133-1186, 2015.

SIQUEIRA, Dirceu Pereira; NUNES, Danilo Henrique. Conflitos digitais: cidadania e responsabilidade civil no âmbito das lides cibernéticas. *Revista Jurídica da FA7*, Centro Universitário 7 de Setembro, Fortaleza, v. 15, n. 2, 2018, p. 127-138.

SOHA, Michael; MCDOWELL, Zachary J. Monetizing a Meme: YouTube, Content ID, and the Harlem Shake. *Social Media + Society Journal*, v. 2, i. 2, 2016. Disponível em: https://journals.sagepub.com/doi/full/10.1177/2056305115623801. Acesso em: 07 fev. 2020.

SOLOMON, Leron. Fair Users or Content Abusers? The Automatic Flagging of Non-Infringing Videos by Content ID on YouTube. *Hofstra Law Review*, v. 44, n. 1, 2015, p. 237-268. Disponível em: http://scholarlycommons.law.hofstra.edu/hlr/vol44/iss1/8. Acesso em: 02 jan. 2020.

TEFFÉ, Chiara Spadaccini de; BODIN DE MORAES, Maria Celina. Redes sociais virtuais: privacidade e responsabilidade civil análise a partir do Marco Civil da Internet. *Revista Pensar*. v. 22, n.1, p.108-146, 2017. Disponível em: https://periodicos.unifor.br/rpen/article/view/6272. Acesso em: 06 jan. 2020.

TEFFÉ, Chiara Spadaccini de; MEDON, Filipe. Responsabilidade civil e regulação de novas tecnologias: questões acerca da utilização de inteligência artificial na tomada de decisões empresariais. *Revista Estudos Institucionais*. v. 6, n. 1, p. 301-333, 2020. Disponível em: https://estudosinstitucionais.com/REI/article/view/383. Acesso em: 05 jan. 2020.

TEPEDINO, Gustavo; SILVA, Rodrigo da Guia. Desafios da inteligência artificial em matéria de responsabilidade civil. *Revista Brasileira de Direito Civil*, Belo Horizonte, v. 21, p. 61-86, 2019. Disponível em: https://rbdcivil.emnuvens.com.br/rbdc/article/view/465. Acesso em: 20 fev. 2020.

THE WALL STREET JOURNAL. *YouTube Tops 1 Billion Hours of Video a Day, on Pace to Eclipse TV.* fev., 2017. Disponível em: https://www.wsj.com/articles/youtube-tops-1-billionhours-of-video-a-day--on-pace-to-eclipse-tv-1488220851. Acesso em: 24 jun. 2020.

TOMASEVICIUS FILHO, Eduardo. Inteligência artificial e direitos da personalidade: uma contradição em termos? *Revista da Faculdade de Direito*, Universidade de São Paulo, v. 113, p.133-149, 2018. Disponível em: http://www.revistas.usp.br/rfdusp/article/view/156553. Acesso em: 03 abr. 2020.

UNIÃO BRASILEIRA DE COMPOSITORES. *Ferramenta que combate violações de direitos autorais é posta em xeque*. Disponível em: http://www.ubc.org.br/publicacoes/noticias/9022. Acesso em: 20 abr. 2020.

VAIDHYANATHAN, Siva. *Copyrights and copywrongs* – The Rise of Intellectual Property and How It Threatens Creativity. New York: New York University Press, 2001.

WITKER, Jorge. *Como elaborar una tesis en derecho*: pautas metodológicas y técnicas para el estudiante o investigador del derecho. Madrid: Civitas, 1985.

YOUTUBE. *Como disputar uma reivindicação de Content ID*. 2020a. Disponível em: https://support.google.com/youtube/answer/2797454?hl=pt-BR. Acesso em: 02 ago. 2020.

YOUTUBE. *Como funciona o Content ID*. 2020b. Disponível em: https://support.google.com/youtube/answer/2797370?hl=pt-BR. Acesso em: 02 ago. 2020.

YOUTUBE. *Como usar o Content ID*. 2020c. Disponível em: https://support.google.com/youtube/answer/3244015?hl=pt-BR. Acesso em: 02 ago. 2020.

YOUTUBE. *Diferença entre remoções por direitos autorais e reivindicações de Content ID*. 2020d. Disponível em: https://support.google.com/youtube/answer/7002106?hl=pt-BR. Acesso em: 02 ago. 2020.

YOUTUBE. *O que é uma reivindicação de Content ID?* 2020e. Disponível em: https://support.google.com/youtube/answer/6013276?hl=pt-BR. Acesso em: 02 ago. 2020.

YOUTUBE. *Copyright and fair use policies*. 2020f. Disponível em: https://www.youtube.com/howyoutubeworks/policies/copyright/. Acesso em: 02 ago. 2020.

YOUTUBE. *What is the YouTube Content ID API?* 2020g. Disponível em: https://developers.google.com/youtube/partner. Acesso em: 02 ago. 2020.

22
PUBLICIDADE ILÍCITA E SOCIEDADE DIGITAL: DELINEAMENTOS DA RESPONSABILIDADE CIVIL DO *DIGITAL INFLUENCER*

Michael César Silva

Doutor e Mestre em Direito Privado pela Pontifícia Universidade Católica de Minas Gerais. Especialista em Direito de Empresa pela Pontifícia Universidade Católica de Minas Gerais. Professor da Escola Superior Dom Helder Câmara. Líder de Pesquisa do Grupo de Iniciação Científica "Responsabilidade Civil: Desafios e Perspectivas dos novos danos na sociedade contemporânea" da Escola Superior Dom Helder Câmara. Membro fundador do Instituto Brasileiro de Estudos de Responsabilidade Civil (IBERC). Advogado. Mediador Judicial credenciado pelo Tribunal de Justiça de Minas Gerais. ORCID n. 0000-0002-1142-4672

Glayder Daywerth Pereira Guimarães

Graduando em Direito pela Escola Superior Dom Helder Câmara (Curso Direito Integral). Integrante sênior no Grupo de Iniciação Científica "Responsabilidade Civil: Desafios e Perspectivas dos novos danos na sociedade contemporânea" da Escola Superior Dom Helder Câmara. ORCID n. 0000-0002-4562-3370

Caio César do Nascimento Barbosa

Graduando em Direito pela Escola Superior Dom Helder Câmara (curso Direito Integral). Integrante sênior no Grupo de Iniciação Científica "Responsabilidade Civil: Desafios e Perspectivas dos novos danos na sociedade contemporânea" da Escola Superior Dom Helder Câmara. ORCID n. 0000-0002-3330-7717

1. INTRODUÇÃO

A sociedade contemporânea – plural, complexa e assimétrica –, marcada, sobretudo, pelos avanços tecnológicos, perpassou por inúmeras transformações que influenciaram decisivamente a reconstrução dos paradigmas do Direito Privado, e, por conseguinte, ensejaram a revisitação dos limites e conteúdo dos seus modelos jurídicos.

A comunicação assume novos contornos, tornando-se transfronteiriça, dinâmica e com uma velocidade de transmissão inimaginável. Nesse contexto, a revolução digital ocorrida no ambiente comunicacional produziu um processo de remodelação, de profundas modificações na promoção e divulgação da publicidade, que passou, por consequência, a se inserir intensamente na vida cotidiana das pessoas.

As plataformas digitais, notadamente, o *Facebook, Instagram* e o *Youtube*, hodiernamente, conectam milhões de pessoas, possibilitando a difusão de conteúdos de forma célere. Diante de tal conjuntura, os fornecedores perceberam uma oportunidade de maximizar os efeitos de suas publicidades, atrelando-as a figuras de renome da internet, os denominados influenciadores digitais (*digital influencers*), os quais se apresentam como indivíduos que possuem a capacidade de influenciar a vida de seus seguidores, especialmente, em relação a seus hábitos de consumo.

Nota-se que na última década, sobretudo nos últimos anos, vivenciou-se um fenômeno mundial de ascensão de pessoas, as quais, por meio das plataformas digitais se estabeleceram enquanto influenciadores de opinião em nichos específicos de mercado.

Nessa linha de raciocínio, o estudo propõe examinar a controvérsia relacionada a possibilidade de imputação de responsabilidade civil aos influenciadores digitais pela veiculação de publicidade ilícita em suas redes sociais.

Destarte, pretende-se analisar de modo crítico e analítico, a atuação dos *digital influencers* a partir do panorama comunicacional, em ambiente digital, e suas interconexões com a publicidade ilícita, no contexto de uma sociedade hiperconectada e do hiperconsumo, sob a perspectiva do *sistema misto de proteção da publicidade* no Brasil, composto pelos ditames legais do Código de Defesa do Consumidor (CDC) e pelos preceitos éticos do Conselho Nacional de Autorregulamentação Publicitária (CONAR).

Relativamente aos aspectos metodológicos da pesquisa, afirma-se tratar, na classificação proposta por Jorge Witker[1], bem como por Miracy Barbosa de Sousa Gustin e Maria Tereza Fonseca Dias,[2] o tipo jurídico-projetivo, amoldando-se à vertente metodológica jurídico-sociológica. De acordo com a técnica de análise do conteúdo, afirma-se que se trata de uma pesquisa teórica, o que será possível a partir da apreciação da doutrina, jurisprudência e da legislação pertinente.

Tem-se, portanto, como necessária a reflexão da controvérsia em suas diversas matizes, a partir de uma abordagem crítica, dialética e construtiva, com a finalidade de se permitir a compreensão consentânea de suas peculiares repercussões no âmbito do direito digital.

Por fim, o estudo busca lançar luzes sobre a temática proposta com vistas a apresentar soluções adequadas no tocante a atribuição de responsabilidade civil dos *digital influencers* pela divulgação de publicidade ilícita, no contexto da sociedade digital contemporânea.

---

1. WITKER, Jorge. *Como elaborar una tesis en derecho*: pautas metodológicas y técnicas para el estudiante o investigador del derecho. Madrid: Civitas, 1985.
2. GUSTIN, Miracy Barbosa de Sousa; DIAS, Maria Tereza Fonseca. *(Re)pensando a pesquisa jurídica*: teoria e prática. 3. ed. Belo Horizonte: Del Rey, 2010.

2. CONEXÃO NA PALMA DAS MÃOS E CONSUMO NA PONTA DOS DEDOS: REFLEXOS DE UMA SOCIEDADE HIPERCONECTADA E HIPERCONSUMISTA

A humanidade vivenciou, ao longo dos séculos, uma série de significativas transformações que alteraram sua estrutura e comportamento. Nesse cenário, a revolução tecnológica digital se exterioriza como o passo mais recente da sociedade contemporânea no processo de evolução das tecnologias da comunicação.

> [...] Os avanços tecnológicos da sociedade fizeram a passagem das mídias tradicionais para as digitais, convertendo sons, imagens, textos e vídeos para formatos de computador. Surge a comunicação a qualquer hora, em qualquer lugar e para quem tiver acesso a dispositivos digitais com conexão. O homem sempre viveu interligado a seus semelhantes, mas há agora uma rede extensa e provida de inúmeros cruzamentos em um espaço e tempo que reverberam no mundo digital, trazendo o poder da comunicação, antes exclusivo dos grandes grupos de mídia, para as mãos dos usuários de internet. [3]

Fabiano Simões Corrêa aponta que a partir do século XXI, a humanidade vivenciou uma série de evoluções e revoluções propiciadas pelos meios tecnológicos, sendo a revolução digital a mais notável em razão dos avanços comunicacionais promovidos.[4]

> A revolução digital propiciou um contexto no qual as pessoas estão aptas a exercer uma comunicação muito mais dinâmica e célere com as outras pessoas (segundo elemento - Comunicação Digital), o que não ocorria em épocas anteriores, com a comunicação por cartas ou mesmo com a comunicação pelos telefones fixos, por exemplo. As novas opções de comunicação digital alteraram significativamente o modo como as pessoas se comunicam na atualidade. Uma vez que todos contemplam oportunidades de se comunicar e colaborar com qualquer pessoa, em qualquer momento e em qualquer lugar, é necessário versar sobre as decisões apropriadas para cada momento e opção advinda da comunicação digital. [5]

O fenômeno de digitalização foi o elemento primordial para avanços nas tecnologias de comunicação, de modo nunca antes imaginados. O desenvolvimento tecnológico dos dispositivos digitais e o surgimento da internet permitiram a interconexão de todo o mundo por meio da utilização de um computador, tablet ou smartphone, dentre outros.

> O fenômeno das redes sociais não teria explodido do modo como conhecemos se não tivesse sido contemporâneo dos dispositivos móveis em conexão que colocaram na palma da mão dos usuários todos os recursos acima enumera e, mais do que isso, permitindo a conectividade em qualquer lugar e a qualquer momento.[6]

As barreiras linguísticas, paulatinamente, foram sendo derrubadas com a criação de softwares de tradução, e a comunicação passou a romper as barreiras físicas, permitindo o contato e a interação de pessoas em pontos distintos do planeta.

---

3. RAPOSO, João Francisco. Prossumo e o poder do usuário. *In:* SAAD, Elizabeth; SILVEIRA, Stefanie C. (Orgs.). *Tendências em comunicação digital.* São Paulo: ECA/USP, 2016, p.118. Disponível em: http://www.livrosabertos.sibi.usp.br/portaldelivrosUSP/catalog/download/87/75/365-1?inline=1. Acesso em: 20 dez. 2020.
4. CORRÊA, Fabiano Simões. *Um estudo qualitativo sobre as representações utilizadas por professores e alunos para significar o uso da Internet.* 2013. 172 f. Dissertação (Mestrado em Psicologia) – Departamento de Psicologia. Universidade de São Paulo. São Paulo, São Paulo.
5. SIQUEIRA, Dirceu Pereira; NUNES, Danilo Henrique. Conflitos digitais: cidadania e responsabilidade civil no âmbito das lides cibernéticas. *Revista Jurídica da UNI7*, Centro Universitário 7 de Setembro, Fortaleza, v. 15, n.2, p.127-138, 2018, p.130.
6. SANTAELLA, Lucia. O paradigma do sensível na comunicação. *Revista Comunicação Midiática*, v. 11, n. 1, p. 17-28, 2016.

Isadora Camargo, Mayanna Estevanim e Stefanie C. da Silveira suscitam que a "popularização da internet, usos de *smartphones*, uma comunicação em mobilidade associada aos anseios de interação social, participação, pertencimento e reconhecimento são elementos que de imediato percebemos como integrantes deste fenômeno." [7]

> Com a popularização do mundo digital e o papel cada vez mais relevante dos usuários não só no consumo, mas na própria produção de conteúdo (os chamados "produmidores"), a centralidade das organizações aos poucos perde seu valor. [...] Com as redes sociais, a produção de informação nova, pode-se dar de forma desvinculada das organizações jornalísticas, ou seja, da interação entre o emissor e o receptor, interação entre leitores em *blogs*, em posts no *Facebook* etc. Isso, sem que a informação produzida de modo pulverizado perca seu alcance, que não só tem profusão abrangente, como também tem sua eficácia ampliada pela possibilidade de direcionamento para públicos específicos.[8]

A internet se inseriu na vida das pessoas de modo singular, sendo que, hodiernamente, é impossível se pensar em uma vida sem as facilidades do mundo digital. Destarte, seja para ver um vídeo, ouvir uma música, responder um e-mail ou realizar uma compra no ambiente virtual, as pessoas dependem demasiadamente de seus equipamentos eletrônicos de comunicação pessoal. Nesse contexto, Pierre Lévy sustenta a existência de um fenômeno participativo e socializador na internet, pelo qual a facilidade de acesso à internet ocasionou a massificação da conexão, originando uma *sociedade digitalizada.*[9]

> A internet tornou-se um instrumento essencial para o funcionamento das mais diversas estruturas sociais, proporcionando a difusão, o armazenamento e o processamento de dados com velocidade instantânea e grande precisão. Nesse cenário, repleto de transformações tecnológicas, o desenvolvimento das redes sociais virtuais representa um fenômeno recente, que vem causando grande impacto nas relações humanas e, portanto, nas relações jurídicas. [10]

As redes sociais[11] se apresentam, contemporaneamente, como um dos principais motivos do massivo acesso à internet, visto que conferem protagonismo ao indivíduo e aos seus pensamentos.[12] Nesse giro, Cláudia Borges de Lima, Kioko Nakayama Nenoki

---

7. CAMARGO, Isadora; ESTEVANIM, Mayanna; SILVEIRA, Stefanie C. da. Cultura participativa e convergente: o cenário que favorece o nascimento dos influenciadores digitais. *Revista Comunicare*, v. 17, p. 96-118, 2017, p.104.
8. MARANHÃO, Juliano; CAMPOS, Ricardo. Fake News e autoregulamentação regulada das redes sociais no Brasil: fundamentos constitucionais. *In:* ABBOUD, Georges; NERY JUNIOR, Nelson; CAMPOS, Ricardo (Orgs.). *Fake News e Regulação.* São Paulo: Thomson Reuters Brasil, 2018, p.221. Nesse sentido ver: RAPOSO, João Francisco. Prossumo e o poder do usuário. *In:* SAAD, Elizabeth; SILVEIRA, Stefanie C. (Orgs.). *Tendências em comunicação digital.* São Paulo: ECA/USP, 2016, p.122. Disponível em: http://www.livrosabertos.sibi.usp.br/portaldelivrosUSP/catalog/download/87/75/365-1?inline=1. Acesso em: 20 dez. 2020.
9. LÉVY, Pierre. *Cibercultura.* São Paulo: Editora 34. 1999. Nesse sentido ver: LACERDA, Bruno Torquato Zampier. *Bens digitais:* cybercultura, redes sociais, e-mails, músicas, livros, milhas aéreas, moedas virtuais. 2. ed. Indaiatuba: Foco, 2021, p.18-19.
10. TEFFÉ, Chiara Spadaccini de; MORAES, Maria Celina Bodin de. Redes sociais virtuais: privacidade e responsabilidade civil análise a partir do marco civil da internet. *Revista Pensar*, v.22, n.1, p.108-146, 2017, p.110. Nesse sentido ver: BARBOSA, Mafalda Miranda. Inteligência artificial, e-persons e direito: desafios e perspectivas. *Revista Jurídica Luso-Brasileira*, ano 3, n.6, 2017, p.1491-1492.
11. Raquel Recuero assevera que "Uma rede social é definida como um conjunto de dois elementos: atores (pessoas, instituições ou grupos; os nós da rede) e suas conexões (interações ou laços sociais). Uma rede, assim, é uma metáfora para observar os padrões de conexão ou grupo social, a partir das conexões estabelecidas entre possível os diversos atores. A abordagem de rede tem, assim, seu foco na estrutura social, onde não isolar os atores sociais e suas conexões." RECUERO, Raquel. *Redes sociais na Internet.* Porto Alegre: Sulina, 2009, p. 24.
12. Nesse sentido ver: LACERDA, Bruno Torquato Zampier. *Bens digitais*: cybercultura, redes sociais, e-mails, músicas, livros, milhas aéreas, moedas virtuais. 2. ed. Indaiatuba: Foco, 2021, p.35-39.

do Couto e Michelly Jacinto Lima Luiz apontam que "a emergência dessas plataformas digitais transformou o modo como as pessoas lidam com a sociedade, pois tornou-se um modelo de interseção e comunicação entre elas e vem ganhando força."[13]

No mundo digital, as pessoas produzem e consomem conteúdo de modo dinâmico e célere. Um estudo realizado pela *IBM Marketing Cloud* em 2017 evidenciou que 90% dos dados contidos na internet foram criados a partir de 2016,[14] sendo que a produção de dados cresce a cada ano, gerando, assim, enormes quantidades de informações Internet.

> A internet viabilizou uma inversão singular no que se refere ao polo de produção e emissão de informações, dados e notícias, de modo que, o homem comum, fez-se ser ouvido. Paulatinamente, as grandes mídias perdem espaço para meios de informação descentralizados, tal como, páginas em redes sociais que realizam publicações de modo quase imediato em relação ao evento veiculado. [15]

Assim, a produção de dados na internet, ensejou um evento de inversão no polo informacional, ao protagonizar páginas pessoais, redes sociais e meios alternativos de disseminação de conteúdo. Nessa linha de raciocínio, Cristiano Chaves de Farias, Felipe Peixoto Braga Netto e Nelson Rosenvald explicitam que as "informações (e mesmo as notícias) não tem um foco de emissão único ou concentrado. Os focos de emissão de informação são, ao contrário, plurais, dispersos, simultâneos." [16]

> A propagação informacional corresponde ao pilar de muitas relações sociais e econômicas do século XXI. Esta veiculação é feita de forma célere e horizontal, na medida que não há um único ponto de partida, mas sim uma rede pulverizada e interconectada inerente ao mundo virtual, no qual a tecnologia aparece como parte essencial da vida humana. Tem-se então a Sociedade da Informação. [17]

Os parâmetros comunicacionais e informacionais estabelecidos ao longo de séculos sofrem uma ruptura irreversível, causada pelo advento da internet. Nessa perspectiva, um evento de protagonização do indivíduo se evidencia por meio da ampliação de sua capacidade de se fazer ouvido por meio das plataformas sociais.

Importante ressaltar que à medida que os meios digitais evoluem, os riscos e as proporções dos danos sobre os dados aumentam consideravelmente.[18]

---

13. LIMA, Cláudia Borges de; COUTO, Kioko Nakayama Nenoki do; LUIZ, Michelly Jacinto Lima. O mito diretivo das digitais influencers como potencializador do discurso consumerista. *Revista Travessias*, Universidade Estadual do Oeste do Paraná. v.14, n.1. 2020. Disponível em: http://e-revista.unioeste.br/index.php/travessias/article/view/24188. Acesso em: 19 nov. 2020.
14. IBM MARKETING CLOUD. *10 key marketing trends for 2017 and ideas for Exceeding Customer Expectations*. 2017. Disponível em: https://public.dhe.ibm.com/common/ssi/ecm/wr/en/wrl12345usen/watson-customer-engagement-watson-marketing-wr-other-papers-and-reports-wrl12345usen-20170719.pdf. Acesso em: 23 jun. 2020.
15. GUIMARÃES, Glayder Daywerth Pereira; SILVA, Michael César. Fake News à luz da responsabilidade civil digital: o surgimento de um novo dano social. *Revista Jurídica da FA7*, Centro Universitário 7 de Setembro, v.16, n. 2, p. 99-114, 2019, p. 102.
16. FARIAS, Cristiano Chaves de; BRAGA NETTO, Felipe Peixoto. ROSENVALD, Nelson. *Novo Tratado de Responsabilidade Civil*. 2. ed. Salvador: JusPodium, 2017.
17. POMPEU, Gina Vidal Marcílio; POMPEU, Inês Mota Randal. Liberdade de expressão e informação em face dos direitos da personalidade: análise com base na ADI 4.815. *In:* TEPEDINO, Gustavo; MENEZES, Joyceane Bezerra de (Coords.). *Autonomia Privada, Liberdade Existencial e Direitos fundamentais*. Belo Horizonte: Fórum, 2019, p.269.
18. BARBOSA, Caio César do Nascimento; GUIMARÃES, Glayder Daywerth Pereira; SILVA, Michael César. A responsabilidade civil dos influenciadores digitais na "era das lives". *Migalhas*, 2020. Disponível em: https://migalhas.uol.com.br/coluna/migalhas-de-responsabilidade-civil/328701/a-responsabilidade-civil-dos-influenciadores-digitais-na--era-das-lives. Acesso em: 20 nov. 2020.

> Em primeiro lugar, o dano passa a tomar proporções antes nunca imaginadas. O sistema jurídico da responsabilidade civil está fundado na ideia de dano local ou dano regional. Mas tendo em vista a comunicação em massa transfronteiriça das redes sociais, a extensão do dano é muito maior. [19]

Destarte, diante de uma sociedade hiperconectada é fundamental que o intérprete compreenda que os riscos e os danos se maximizam, devendo o Direito acompanhar as evoluções sociais e econômicas para garantir um ambiente jurídico estável e seguro.

A hiperconectividade, se apresenta como um dos principais fatores que estimularam mudanças irrefreáveis na sociedade hodierna, a partir da incidência de seus efeitos direitos e indiretos, que afetaram decisivamente o modelo de sociedade de consumo. [20]

Nessa esteira, a sociedade de consumo influenciada pela hiperconectividade sofreu profundas alterações em sua estrutura, sendo, contemporaneamente, denominada de *sociedade de hiperconsumo.*[21] Gilles Lipovetsky ressignifica o consumo, conferindo aos bens de consumo e aos consumidores, atributos para que possam se relacionar. A marca deixa de ser um nome e se torna um símbolo, um verdadeiro *status*, tornando-se um elemento intrínseco que caracteriza o próprio sujeito em sociedade.[22]

> Na sociedade de consumidores, ninguém pode se tornar sujeitos sem primeiro virar mercadoria, e ninguém pode manter segura sua subjetividade sem reanimar, ressuscitar e recarregar de maneira perpétua as capacidades esperadas e exigidas de uma mercadoria vendável. A "subjetividade" do "sujeito", e a maior parte daquilo que essa subjetividade possibilita ao sujeito atingir, concentra-se num esforço sem fim para ela própria se tornar, e permanecer, uma mercadoria vendável. A característica mais proeminente da sociedade de consumidores – ainda que cuidadosamente disfarçada e encoberta- é a *transformação dos consumidores em mercadorias.* [23]

Na sociedade de hiperconsumo, progressivamente, o indivíduo passa por uma transformação, deixando de ser um sujeito e se tornando um objeto, uma coisa, a própria mercadoria. A pessoa somente é compreendida como sujeito, na medida em que exercer sua função mercadológica, enquanto for uma vitrine para os mais variados produtos e serviços.

---

19. LIMA, Cintia Rosa Pereira de. A reponsabilidade civil dos provedores de aplicação de Internet por conteúdo gerado por terceiro antes e depois do Marco Civil da Internet (Lei 12.965/14). *Revista da Faculdade de Direito*, Universidade de São Paulo, São Paulo, v. 110, p.155-176, 2015, p.157.
20. Acerca da expressão "Sociedade de Consumo", Gilles Lipovetsky preconiza que a "expressão aparece pela primeira vez nos anos 1920, populariza-se nos anos 1950-60, e seu êxito permanece absoluto em nossos dias, como demonstra seu amplo uso na linguagem corrente, assim como nos discursos mais especializados. A ideia de sociedade de consumo soa agora como uma evidência, aparece como uma das figuras mais emblemáticas da ordem econômica e da vida cotidiana das sociedades contemporâneas." (LIPOVETSKY, Gilles. *A felicidade paradoxal*: ensaio sobre a sociedade do hiperconsumo. São Paulo: Companhia das Letras, 2007, p. 14).
21. LIPOVETSKY, Gilles. *A felicidade paradoxal*: ensaio sobre a sociedade do hiperconsumo. São Paulo: Companhia das Letras, 2007.
22. Segundo José Gaspar Nayme Novelli, "Em síntese, a busca de diferenciação – esta sim objeto maior do consumo – se baseia em símbolos, não nos bens em si e nos seus valores de uso e de necessidades específicas, mas na qualidade que personaliza o indivíduo por detrás do consumidor." (NOVELLI, José Gaspar Nayme. *Confiança Interpessoal na sociedade de Consumo: a Perspectiva Gerencial.* 2004. 242 f. Tese (Doutorado em Administração) – Faculdade de Economia, Administração e Contabilidade. Universidade de São Paulo. São Paulo, São Paulo, p. 50).
23. BAUMAN, Zygmunt. *Vida para consumo*: a transformação das pessoas em mercadoria. Rio de Janeiro: Zahar, 2008, p. 20.

> Na *sociedade de hiperconsumo* torna-se evidente a permeabilidade da mercantilização em todas as ambiências da vida social e individual. Os lazeres e as perspectivas hedonistas consubstanciam a mola propulsora desse novo modo de consumir, cada vez mais desligado da representação para o outro para ligar-se de modo potencializado a si mesmo. Em verdade, a centralização dos lazeres na *sociedade de hiperconsumo* representa a pedra fundamental para a compreensão de sua estrutura e seus efeitos. A subjetivação do consumo nada mais é que uma feérica busca pela concretização de experiências ainda desconhecidas. A novidade é o combustível do *hiperconsumidor*, é com ela que esse novo "*homo consumericus*" intentará renovar, de modo cíclico e incessante, o *agora*.[24]

O hiperconsumo, alinhado ao cenário de hiperconexão, transformou a sociedade contemporânea de modo expressivo. A vida se altera e o consumo passa a revelar características do próprio indivíduo. Um ciclo incessante de consumo passa a se estabelecer, o novo passa a ser velho em um lapso temporal cada vez menor e o indivíduo cada vez mais sente a necessidade de adquirir novos produtos/serviços e dar segmento ao ciclo hiperconsumista.[25]

3. O SISTEMA MISTO DE PROTEÇÃO A PUBLICIDADE NO BRASIL

Verifica-se que os avanços da tecnologia foram capazes de qualificar a sociedade como "hiperconectada", segundo um modelo no qual a conexão por intermédio de aparatos tecnológicos torna-se fator essencial para tal conceituação. Neste prisma, o hiperconsumismo adquire relevância, haja vista o presente e notório alinhamento da venda de produtos e fruição de serviços por meio da Internet.

Assim, a publicidade nos meios digitais assumiu significativo destaque, em especial, em relação àquela promovida em plataformas digitais. No ambiente digital, a publicidade apresenta-se difundida em um mercado destinado a um grupo heterogêneo de indivíduos indeterminados, sendo veiculada por meio das redes sociais com a finalidade de se alcançar o maior número possível de pessoas (consumidores).

Logo, os "formatos, anteriormente delimitados por espaços específicos para divulgação publicitária, hoje, se mesclam a narrativas da ordem do cotidiano, nas quais o apelo comercial e a linguagem conativa assumem papéis em segundo plano."[26]

Não obstante, este mercado por vezes, opera de modo a promover conteúdo concorrencial desleal, praticar abuso de direito em busca de visualizações e, produzir publicidade ilícita.

24. FACHIN, Luiz Edson. Da Felicidade Paradoxal à Sociedade de Riscos: Reflexões sobre Risco e Hiperconsumo. *In:* LOPEZ, Teresa Ancona; LEMOS, Patrícia Faga Iglecias; JUNIOR, Otavio Luiz Rodrigues. (Coords.). *Sociedade de Risco e Direito Privado:* Desafios normativos, Consumeristas e Ambientais. v. 1, São Paulo: Atlas, 2013, p. 385.
25. Nesse sentido ver: SILVA, Michael César; TEIXEIRA, Karen Myrna Castro Mendes; TEIXEIRA, Camila Cristina Azevedo Castro. A função socioambiental do contrato e a obsolescência programada. *In:* SILVA, Michael César (Org.). *Estado Democrático de Direito e Solução de Conflitos*: diálogos e repercussões na sociedade contemporânea: volume II. Belo Horizonte: Editora Newton Paiva, 2018, p. 123-124.
26. SANTOS, Karen de Paula. Novas práticas publicitárias em uma sociedade midiatizada: uma análise do publieditorial como um formato de "publicidade oculta". *Anais de Artigos do Seminário Internacional de Pesquisas em Midiatização e Processos Sociais*, [S.l.], v.1, n.3, ago. 2019, p.13. Disponível em: http://midiaticom.org/anais/index.php/seminario-midiatizacao-artigos/article/view/243. Acesso em: 27 jun. 2020.

> Nesse mercado de massa, no qual a publicidade opera, os destinatários da mensagem publicitária são indeterminados, caracterizando uma impessoalidade no tratamento. Bem por isso, o ordenamento jurídico assegura mecanismos de proteção dos diversos interesses que eventualmente podem ser afetados por publicidade ilícita.[27]

O Brasil adota um *sistema misto* de proteção da publicidade qualificado pelo *controle público* (CDC) e pelo *controle privado* (CONAR). Nesse giro, o CDC enquanto *sistema público* realiza um controle legal com efetiva regulamentação e sistematização jurídica da publicidade, enquanto o CONAR se apresenta como um *sistema privado de proteção ou de autocontrole*, que promove um controle ético do conteúdo da publicidade.

No âmbito da legislação consumerista, o Código de Defesa do Consumidor (CDC), conforme previsão legal do artigo 6°, inciso IV protege o consumidor contra a divulgação de publicidade ilícita, sendo esse considerado um *direito básico do consumidor.*[28] Nesse mesmo sentido, os artigos 36 e 37 do CDC preveem, também, a vedação de publicidade ilícita, com a finalidade de se garantir a efetiva proteção do consumidor vulnerável.[29-30]

Segundo preleciona Claudia Lima Marques, estas normas dispostas no CDC "aparecem como instrumentos de direito para restabelecer também o equilíbrio, para reestabelecer a força da 'vontade', das expectativas legítimas, do consumidor, compensando, assim, sua vulnerabilidade fática."[31]

Portanto, o CDC se destaca como um arcabouço jurídico apto a garantir a proteção dos consumidores no mercado de consumo, por meio da implementação de diversos direitos atribuíveis ao consumidor, incluindo-se, a proteção em relação ao conteúdo publicitário veiculado ilicitamente por fornecedores ou terceiros. Para tanto, o CDC regulamenta a publicidade com a finalidade de se coibir que as práticas comerciais abusivas realizadas pelos fornecedores ofendam aos interesses dos consumidores.

---

27. COSTA, Clério Rodrigues da. O controle da publicidade ilícita pelo CONAR e a proteção dos consumidores. *Revista Científica Semana Acadêmica*, Fortaleza, ano MMXIX, n.174, 2019, p.7. Disponível em: https://semanaacademica.org.br/system/files/artigos/corrigido_-_19.07._2019_-_artigo_a_ser_publicado_na_revista_da_semanaacademica_.pdf. Acesso em: 28 nov. 2020.
28. Art. 6° São direitos básicos do consumidor: IV. A proteção contra a publicidade enganosa e abusiva, métodos comerciais coercitivos ou desleais, bem como contra práticas e cláusulas abusivas ou impostas no fornecimento de produtos e serviços" (BRASIL. *Código de Defesa do Consumidor.* Lei 8.078, de 11 de setembro de 1990. Disponível em: http://www.planalto.gov.br/ccivil_03/LEIS/L8078.htm. Acesso em: 21 nov. 2020).
29. Art. 36. A publicidade deve ser veiculada de tal forma que o consumidor, *fácil e imediatamente*, a identifique como tal. (BRASIL. *Código de Defesa do Consumidor.* Lei 8.078, de 11 de setembro de 1990. Disponível em: http://www.planalto.gov.br/ccivil_03/LEIS/L8078.htm. Acesso em: 21 nov. 2020).
30. Art. 37. É proibida toda publicidade enganosa ou abusiva. § 1° É enganosa qualquer modalidade de informação ou comunicação de caráter publicitário, inteira ou parcialmente falsa, ou, por qualquer outro modo, mesmo por omissão, capaz de induzir em erro o consumidor a respeito da natureza, características, qualidade, quantidade, propriedades, origem, preço e quaisquer outros dados sobre produtos e serviços. § 2° É abusiva, dentre outras a publicidade discriminatória de qualquer natureza, a que incite à violência, explore o medo ou a superstição, se aproveite da deficiência de julgamento e experiência da criança, desrespeita valores ambientais, ou que seja capaz de induzir o consumidor a se comportar de forma prejudicial ou perigosa à sua saúde ou segurança. § 3° Para os efeitos deste código, a publicidade é enganosa por omissão quando deixar de informar sobre dado essencial do produto ou serviço. (BRASIL. *Código de Defesa do Consumidor.* Lei 8.078, de 11 de setembro de 1990. Disponível em: http://www.planalto.gov.br/ccivil_03/LEIS/L8078.htm. Acesso em: 21 nov. 2020).
31. BENJAMIN, Antonio Herman V.; MARQUES, Claudia Lima; BESSA, Leonardo Roscoe. *Manual de direito do consumidor.* 7. ed. São Paulo: Ed. RT, 2016, p. 83.

O microssistema jurídico consumerista impede a realização de publicidade ilícita considerada *enganosa ou abusiva* conforme previsão legal do artigo 37 do CDC, e, também, proíbe a publicidade ilícita denominada de *velada (clandestina ou oculta)*, a qual não é facilmente percebida pelo consumidor como uma mensagem de cunho publicitário, nos termos do artigo 36 do CDC, que consagra o *princípio da identificação da publicidade.*[32]

> [...] o princípio da identificação da mensagem publicitária decorre do próprio dever de transparência e lealdade nas relações de consumo, já que o ocultamento do caráter publicitário pode induzir o consumidor em erro quanto à natureza da mensagem, na hipótese, de fins comerciais, não meramente informativa e desinteressada.[33]

Antônio Herman Benjamin, Claudia Lima Marques e Leonardo Roscoe Bessa expõem com precisão que a "publicidade que não quer assumir a sua qualidade é atividade que, de uma forma ou de outra, tenta enganar o consumidor. E o engano, mesmo o inocente, é repudiado pelo Código de Defesa do Consumidor." [34]

Lucia Ancona Lopez de Magalhaes Dias ensina que:

> [...] existem mensagens nas quais a função de promover o consumo de certo bem ou serviço não está tão claramente identificada, exibindo a aparência de uma mensagem neutra ou não proveniente do fornecedor do produto sobre o qual discorre e, por isso, pode tornar-se mais influente e eficaz sobre o seu receptor. Tais publicidades são denominadas de ocultas, clandestinas ou camufladas e seu estudo pela doutrina brasileira ainda se revela incipiente, embora o tema seja de extrema importância, em face dos efeitos danosos que tais mensagens podem causar aos consumidores.[35]

Em se tratando da *publicidade velada* – recorrente em âmbito digital –, a mesma é expressamente vedada pelo CDC, com a finalidade de se garantir ao consumidor o conhecimento de que aquela veiculação contém objetivo específico, traduzido na promoção ou difusão de publicidade voltada a aquisição de produto ou serviço ofertado pelo anunciante.[36]

Salienta-se, ainda, que o Código de Defesa do Consumidor privilegia a *informação* como um de seus principais pilares para a garantia de proteção do consumidor e (re) equilíbrio da relação de consumo, inclusive, assumindo a informação *caráter dúplice*, que se perfectibiliza pelo *direito de informação* do consumidor e pelo *dever de informar* do fornecedor[37], que em consonância com os princípios da boa-fé objetiva, informação,

---

32. Para uma leitura aprofundada da temática no contexto das redes sociais, recomenda-se: PASQUALOTTO, Adalberto; BRITO, Dante Ponte de. Regime jurídico da publicidade nas redes sociais e a proteção do consumidor. *Revista FIDES*, v. 11, n. 1, p. 40-64, 2020.
33. DIAS, Lucia Ancona Lopez de Magalhaes. *Publicidade e direito.* 3. ed. São Paulo: Saraiva, 2018, p.65.
34. BENJAMIN, Antonio Herman V.; MARQUES, Claudia Lima; BESSA, Leonardo Roscoe. *Manual de direito do consumidor.* 7. ed. São Paulo: Ed. RT, 2016, p. 83.
35. DIAS, Lucia Ancona Lopez de Magalhaes. *Publicidade e direito.* 3. ed. São Paulo: Saraiva, 2018, p.79.
36. MARQUES, Claudia Lima; BENJAMIN, Antonio Herman V.; MIRAGEM, Bruno. *Comentários ao Código de Defesa do Consumidor.* 3. ed. São Paulo: Ed. RT, 2010, p. 728.
37. Nesse sentido ver: LORENZETTI, Ricardo Luis. *Fundamentos do direito privado.* Trad. Vera Maria Jacob de Fradera. São Paulo: Ed. RT, 1998, p.514-515; GENEROSO, Andre Mesquita; SILVA, Michael Cesar; NOGUEIRA, Roberto Henrique Porto. Publicidade ilícita e mecanismos tecnológicos de direcionamento. *In:* BRANT, Cassio Augusto Barros (Coord.). REINALDO FILHO, Demócrito Ramos; ATHENIENSE, Alexandre Rodrigues (Orgs.). Direito Digital e Sociedade 4.0. Belo Horizonte: D'Plácido, 2020, p.643-644.

transparência e confiança buscam impedir ou mesmo minimizar os impactos da *assimetria informacional*[38] interpartes existente no âmbito das relações jurídicas de consumo.[39]

> [...] As informações devem ser verdadeiras, corretas e claras para o consumidor. Os anúncios, no rádio, na televisão, nos *outdoors*, nas revistas, nos jornais e em outros meios de comunicação, têm por objeto alcançar o público-alvo e estimulá-lo ao consumo de produtos e serviços, que devem corresponder às legítimas e normais expectativas dos consumidores, tais como veiculados. [40]

Nessa linha de raciocínio, verifica-se o relevante papel desempenhado pelo Conselho Nacional de Autorregulamentação Publicitária (CONAR) na proteção do consumidor em relação a divulgação de publicidade ilícita no mercado de consumo.

O CONAR apresenta-se como uma organização não-governamental composta por agências de publicidade, anunciantes e veículos de comunicação que atua apenas em relação ao conteúdo veiculado em anúncios publicitários, decidindo suas questões apenas em relação a questões éticas e as disposições publicitárias.

O Conselho Nacional de Autorregulamentação Publicitária regulamenta e fiscaliza, no âmbito privado, o conteúdo ético da publicidade, possuindo como norte as disposições do Código Brasileiro de Autorregulamentação Publicitária (CBAP).

Insta frisar que o CONAR atua, *de ofício ou por meio de denúncias*, no intuito de garantir a proteção dos interesses dos consumidores no tocante à publicidade ilícita veiculada. O Conselho não possui poder de impor o cumprimento de suas decisões, apenas recomendando aos anunciantes – por meio de *Representações* instauradas – pela alteração, sustação ou advertência de conteúdo avaliado por uma de suas Câmaras. A despeito das disposições possuírem, tão somente, *caráter de recomendação*, não sendo cogentes, as determinações do Conselho, via de regra, são aceitas pelos agentes publicitários, que por sua vez adequam seu conteúdo, em consonância com a boa ética e prática publicitária preceituadas pelo CONAR. [41]

> [...] Suas normas éticas, como dissemos, não são normas jurídicas, faltando-lhe o caráter de generalidade e coercitividade que somente a lei e os atos estatais possuem [...] A despeito da inegável importância do CONAR, inclusive para a proteção dos direitos dos consumidores, tendo em vista a agilidade de

---

38. Para uma leitura aprofundada sobre a assimetria informacional, recomenda-se a leitura de: SZTAJN, Rachel; BAROSSI FILHO, Milton. Assimetria e incompletude informacional nas relações de consumo sob a perspectiva de *Law & Economics*. *In:* BRAGA NETTO, Felipe Peixoto; SILVA, Michael César (Orgs.). *Direito privado e contemporaneidade*: desafios e perspectivas do direito privado no século XXI: volume três. Indaiatuba: Editora Foco, 2020, p.147-159.
39. Nesse sentido ver: SILVA, Michael César. Convergências e assimetrias do princípio da boa-fé objetiva no direito contratual contemporâneo. *In:* BRAGA NETTO, Felipe Peixoto; SILVA, Michael César (Orgs.). *Direito privado e* contemporaneidade: desafios e perspectivas do direito privado no século XXI: volume II. Rio de Janeiro: Lumen Juris, 2018, p.122-123; AMORIM, Ana Clara Azevedo de. Os influenciadores digitais e a publicidade oculta: abordagem comparada de direito luso-brasileiro. *In:* RIBEIRO, Cláudio José Silva; HIGUCHI, Suemi (Orgs.). *Anais do I congresso internacional em humanidades digitais no Rio de Janeiro.* Rio de Janeiro: CPDOC/FGV, p.123-128, 2018.
40. FALEIROS JÚNIOR, José Luiz de Moura; DENSA, Roberta. Responsabilidade civil e novas práticas abusivas no mercado de games. *In:* FALEIROS JÚNIOR, José Luiz de Moura; LONGHI Rozatti, João Victor; GUGLIARA, Rodrigo (Coords.). *Proteção de dados pessoais na sociedade da informação*: entre dados e danos. Indaiatuba: Editora Foco, 2021, p.343.
41. SCHNEIDER, Ari. *Publicidade, ética e liberdade*: o trabalho do CONAR pelo respeito na propaganda. São Paulo: CONAR, 2018. Disponível em: http://www.conar.org.br/pdf/LivroConarPublicidadeEticaLiberdade.pdf. Acesso em: 28 nov. 2020.

suas decisões, não podemos ignorar que, como entidade privada, não exerce "poder de polícia" para multar os anunciantes e/ou fiscalizar a colocação de produtos e serviços no mercado. O controle exclusivamente autorregulamentar mostra-se, assim, insuficiente para a efetiva defesa dos consumidores, verificando-se a melhor tutela no sistema misto, que no Brasil somente se tornou eficaz com o controle estatal exercido a partir da promulgação do Código de Defesa do Consumidor.[42]

Destaca-se, ainda, que no ano de 2019, das 302 (trezentas e duas) Representações instauradas no CONAR, os 5 (cinco) temas mais recorrentes versavam sobre: i) a apresentação verdadeira de anúncios; ii) adequação as leis; iii) responsabilidade social; iv) respeitabilidade publicitária; v) identificação publicitária.[43]

Recentes dados disponibilizados pelo CONAR apontam que, no ano de 2019, cerca de 69,5% das Representações tratavam de *publicidades veiculadas na internet*, sendo esta uma informação que reflete a mudança de comportamento dos consumidores no ambiente virtual, o reposicionamento dos fornecedores diante do mercado de consumo digital, bem como a alteração do paradigma de divulgação da publicidade diante do marketing digital.[44] Outro relevante dado prospectado na pesquisa, informa que, entre os anos 2018 e 2019, um número expressivo das Representações do CONAR envolveram influenciadores digitais.[45]

Nesse cenário, constata-se que a *publicidade ilícita* é tema recorrente em ações publicitárias realizadas por influenciadores digitais, sendo que a espécie de publicidade que domina as Representações no CONAR é a denominada *publicidade velada ou clandestina*, que contraria o artigo 36 do CDC, o qual prevê que "a publicidade deve ser veiculada de tal forma que o consumidor, fácil e imediatamente, a identifique como tal."

Ademais, em relação à publicidade velada, o artigo 28 do Código Brasileiro de Autorregulamentação Publicitária (CBAP) determina a *transparência publicitária*, de modo que a publicidade deve ser *clara e identificável*,[46] em consonância com o exposto no artigo 36 do Código de Defesa do Consumidor.

Em síntese, o Brasil acolhe um sistema misto de proteção da publicidade, em termos de regulamentação publicitária, que se perfectibiliza pela consagração de instrumentos aptos a nortear o conteúdo publicitário veiculado, com a finalidade de se evitar atuações antijurídicas e antiéticas, que ofendam aos interesses dos consumidores vulneráveis no mercado de consumo, bem como, de se reprimir às práticas comerciais abusivas perpetradas pelos fornecedores e seus representantes, de modo a garantir o equilíbrio da relação jurídica de consumo.

42. DIAS, Lucia Ancona Lopez de Magalhães. *Publicidade e direito*. 3.ed. São Paulo: Saraiva Educação, 2018, p.52.
43. CONAR, Conselho Nacional de autorregulamentação publicitária. *Um balanço da autorregulamentação publicitária em 2019*. 2020. Disponível em: http://www.conar.org.br/pdf/conar220.pdf. Acesso em: 11 nov. 2020.
44. CONAR, Conselho Nacional de autorregulamentação publicitária. *Um balanço da autorregulamentação publicitária em 2019*. 2020. Disponível em: http://www.conar.org.br/pdf/conar220.pdf. Acesso em: 11 nov. 2020.
45. CONAR, Conselho Nacional de autorregulamentação publicitária. *Um balanço da autorregulamentação publicitária em 2019*. 2020. Disponível em: http://www.conar.org.br/pdf/conar220.pdf. Acesso em: 11 nov. 2020.
46. "Art. 28. O anúncio deve ser claramente distinguido como tal, seja qual for a sua forma ou meio de veiculação." (CONAR, Conselho Nacional de autorregulamentação publicitária. *Código Brasileiro de Autorregulamentação Publicitária*. 1980. Disponível em: http://www.conar.org.br/codigo/codigo.Php. Acesso em: 12 nov. 2020).

4. PERSONALIDADES EM ASCENSÃO: O RECENTE FENÔMENO DOS *DIGITAL INFLUENCERS*

No contexto de uma sociedade hiperconectada, tornam-se fenômeno nas redes sociais os denominados influenciadores digitais (*digital influencers*), figuras em ascensão da última década, que passaram a integrar o cotidiano de inúmeros indivíduos ao redor do planeta.

> Os *digital influencers* são indivíduos que exercem demasiada influência sobre um determinado público, possuindo a habilidade de criar e influenciar a mudança de opiniões e comportamentos, podendo conceber padrões por meio de diálogos diretos com seus seguidores. Sendo por muitas vezes criadores de conteúdo, por meio das mídias sociais, em especial, nas plataformas do *Instagram* e do *Youtube*, com conteúdo muitas vezes exclusivos, geram uma conexão com seu público em diversas áreas de atuação, como cultura e entretenimento, moda, cuidados com a saúde e corpo, gastronomia, dentre outros. [47]

Ana Paula Gilio Gasparatto, Cinthia Obladen de Almendra Freitas e Antônio Carlos Efing prelecionam que:

> Os influenciadores digitais são grandes formadores de opinião, sendo capazes de modificar comportamentos e mentalidade de seus seguidores, visto que em razão da exposição de seus estilos de vida, experiências, gostos, preferências e, principalmente, da interação social acabam conquistando a confiança dos usuários ora consumidores (conhecidos como seguidores). [48]

Cristiane Rubim Manzina da Silva sustenta, ainda, que os influenciadores digitais "se destacam nas redes e que possuem a capacidade de mobilizar um grande número de seguidores, pautando opiniões e comportamentos e até mesmo criando conteúdos que sejam exclusivos." [49]

> Nos meios digitais, destacamos os criadores de conteúdos – tais como youtubers, instagramers ou bloggers - que inspiram quem os segue nas redes sociais e assim atraem o investimento das marcas. Muitos destes designados "influenciadores digitais" eram já figuras públicas antes da criação das suas páginas ou canais online, mas muitos outros alcançaram notoriedade pela forma como interagem com os seus públicos e ditam tendências no mercado de consumo digital.[50]

Com inegável presença nas mídias sociais de maior relevo – YouTube, Instagram, TikTok, Facebook, Snapchat e Twitter –, a atuação destas personalidades no ambiente digital é significativa, vez que se aproveitam das redes sociais para promover conteúdos

---

47. BARBOSA, Caio César do Nascimento; BRITTO, Priscila Alves de; SILVA, Michael César. Publicidade Ilícita e Influenciadores Digitais: Novas Tendências da Responsabilidade Civil. *Revista IBERC*, Belo Horizonte, v. 2, n.2, p. 01-21, jun./ago., 2019, p. 9.
48. GASPARATTO, Ana Paula Gilio; FREITAS, Cinthia Obladen de Almendra; EFING, Antônio Carlos. Responsabilidade civil dos influenciadores digitais. *Revista Jurídica Cesumar*, 2019, v. 19, n. 1, p.75. Disponível em: https://periodicos.unicesumar.edu.br/index.php/revjuridica/article/view/6493. Acesso em: 30 nov. 2020.
49. SILVA, Cristiane Rubim Manzina da; TESSAROLO, Felipe Maciel. Influenciadores Digitais e as Redes Sociais enquanto Plataforma de Mídia. *Anais do XXXIX Congresso Brasileiro de Ciências da Comunicação*. São Paulo. 2016, p.5. Disponível em: http://portalintercom.org.br/anais/nacional2016/resumos/R11-2104-1.pdf. Acesso em: 21 nov. 2018.
50. COUTO, Rute. Celebridades na publicidade: influência e responsabilidade perante o consumidor. *In:* ALVES, Léo da Silva (Coord.). *Excelência Jurídica*: publicação oficial do XVI encontro internacional de juristas Braga, Portugal. v.7. Brasília: Editora Rede, 2019, p.163.

temáticos e, assim, buscar maior interação com terceiros, denominados de seguidores (*followers*).

Para a caracterização de uma pessoa como influenciador digital, devem ser observados determinados critérios objetivos, dentre os quais: i) relação "quantidade de seguidores *versus* alcance/engajamento real"; ii) grau de influência sob o comportamento das pessoas que o seguem; iii) utilização de meios informais para alcançar o público-alvo (espontaneidade); iv) contato direto/pessoal com o público (proximidade); v) criação de conteúdos específicos com regularidade e credibilidade.

Conforme Issaaf Karhawi, para tornar-se um *digital influencer*, é necessário "percorrer uma escalada: produção de conteúdo; consistência nessa produção (tanto temática quanto temporal); manutenção de relações, destaque em uma comunidade e, por fim, influência."[51] A referida autora aduz, ainda, que os atributos dos influenciadores levam à construção de influência na rede, tornando-os quase uma autoridade no ambiente digital, de modo que:

> Esse *status*, no entanto, só é mantido se o influenciador mantiver o foco na sua produção de conteúdo e relacionamento com sua audiência. No processo de construção de reputação é primordial concentrar-se no conteúdo produzido. Um influenciador, geralmente, publica conteúdos com regularidade, consistência (linha editorial) e qualidade a fim de atender as exigências de seu público. Público esse que legitima o influenciador na medida em que ele constrói uma relação sincera, genuína e íntima com a comunidade a sua volta. [52]

Nessa linha de intelecção, é importante destacar que a compreensão de que a *quantidade de seguidores* é suficiente para caracterizar o indivíduo como influenciador digital se *demonstra equivocada*, sendo notável o recente fenômeno dos *micro ou nano influenciadores*, que possuem quantidade de seguidores relativamente ínfima quando comparados com grandes influenciadores de determinados seguimentos, mas que contam *com relevante grau de engajamento de seus seguidores*.

Constata-se, ainda, nesse cenário, a existência dos denominados "*fake followers*" (seguidores falsos)[53], contas de usuários fictícios que aumentam os números de seguidores, proporcionando, assim, uma falsa sensação de grandeza ou de poder para terceiros que observam esses números dos influenciadores como se seguidores reais fossem.

Todavia, os *fake followers* servem apenas para proporcionar uma falsa aparência de influência, por meio de números inflados, não surtindo efeito no *engajamento real*, vez que algoritmos de redes sociais são capazes de identificá-los e excluí-los de sua base de cálculo.

51. KARHAWI, Issaaf. Influenciadores digitais: conceitos e práticas em discussão. *Revista Communicare*, v.17, p.46-61, 2017, p.59. Disponível em: https://casperlibero.edu.br/communicare-17-edicao-especial-de-70-anos-da-faculdade-casper-libero/. Acesso em: 29 nov. 2020.
52. KARHAWI, Issaaf. Influenciadores digitais: o Eu como mercadoria. *In:* SAAD, Elizabeth; SILVEIRA, Stefanie C. (Orgs.). *Tendências em comunicação digital*. São Paulo: ECA/USP, 2016, p.46. Disponível em: http://www.livrosabertos.sibi.usp.br/portaldelivrosUSP/catalog/download/87/75/365-1?inline=1. Acesso em: 20 dez. 2020.
53. Para uma leitura aprofundada acerca da temática recomenda-se a leitura de: ANAND, Abhinav; DUTTA, Souvik; MUKHERJEE, Prithwiraj, Influencer Marketing with Fake Followers. *IIM Bangalore Research*. n. 580, 2020; KHALIL, Ashraf; HAJJDIAB, Hassan; AL-QIRIM, Nabeel. Detecting Fake Followers in Twitter: A Machine Learning Approach. *International Journal of Machine Learning and Computing*, v. 7, n. 6, p. 198-202, 2017.

Acerca da utilização indevida de *fake followers* por influenciadores digitais, Nelson Rosenvald e João Victor Longhi discorrem que:

> Nas relações com os seus usuários, à míngua de legislação específica, há no mínimo uma flagrante violação da boa-fé objetiva consubstanciada em comportamento oportunista de quem celebra contrato de "compra de usuários", por meio de violações massivas aos termos de uso do site por terceiros, em afronta à função social dos contratos.[54]

Uma vez analisados os aspectos propostos – com a reiterada e necessária ênfase no engajamento –, percebe-se a relevância da influência gerada por tais personalidades, sendo que a relação e a identificação do público comum para com tais personalidades "as tornam potencializadoras de um discurso consumista, uma vez que instigam, nas seguidoras, o desejo de adquirir o mesmo status de pertencimento." [55]

Logo, com crescente popularidade, os influenciadores digitais ditam padrões de comportamento e de consumo para incontáveis indivíduos nas redes sociais, de modo a reinventar conceitos e tornarem-se modelos a serem seguidos. Nesse contexto, os influencers se apresentam como uma atrativa e rentável alternativa para impulsionar o mercado de consumo, por meio de publicidade realizada nas plataformas digitais, que se utiliza da reputação, credibilidade, espontaneidade e proximidade dos influenciadores junto aos consumidores para a promoção de produtos ou serviços, alcançando, por conseguinte, expressivo público no ambiente virtual.

5. OS INFLUENCIADORES DIGITAIS COMO IMPULSIONADORES DO MERCADO DE CONSUMO DIGITAL

Hodiernamente, os influenciadores digitais tornaram-se grandes intermediários nas relações de consumo no ambiente virtual,[56] visto que possuem enorme facilidade de comunicação com seus seguidores, derivada de uma preexistente relação de confiança e proximidade entre o *influencer* e o público comum (consumidores).

> [...] o consumidor em potencial possui uma relativa proximidade – e confiança – com o *digital influencer*, no qual muitas vezes se espelha, preferindo a credibilidade do influenciador a de uma marca ou outra pessoa com a qual nunca teve contato. O consumidor se sente mais à vontade com a publicidade feita pelo indivíduo que lhe transmite confiança – na qual existe previamente uma relação de contato, vez que ele acompanha diariamente tal indivíduo em seu *feed* nas redes sociais –, pois não chega a

54. LONGHI, João Victor Rozatti. ROSENVALD, Nelson. Seguidores falsos, comentários e curtidas fake: ilícitos do mercado de fakes nas redes sociais. *Migalhas de Responsabilidade Civil*, 08 jun. 2020. Disponível em: https://www.migalhas.com.br/coluna/migalhas-de-responsabilidade-civil/328528/seguidores-falsos-comentarios-e-curtidas-fake-ilicitos-do-mercado-de-fakes-nas-redes-sociais. Acesso em: 21 nov. 2020.
55. LIMA, Cláudia Borges de; COUTO, Kioko Nakayama Nenoki do; LUIZ, Michelly Jacinto Lima. O mito diretivo das digitais influencers como potencializador do discurso consumerista. *Revista Travessias*, Universidade Estadual do Oeste do Paraná. v.14, n.1. 2020, p.232. Disponível em: http://e-revista.unioeste.br/index.php/travessias/article/view/24188. Acesso em 19 nov. 2020.
56. Para maiores informações sobre as *relações de consumo virtuais*, recomenda-se a leitura de: SILVA, Michael César; SANTOS, Wellington Fonseca dos. O direito do consumidor nas relações de consumo virtuais. *In:* BRAGA NETTO, Felipe Peixoto; SILVA, Michael César (Orgs.). *Direito privado e contemporaneidade*: desafios e perspectivas do direito privado no século XXI. Belo Horizonte: D'Plácido, 2014, p.279-306.

> ser um contato aparentemente artificial, e sim descontraído, diferente dos inúmeros *spams* existentes na internet.[57]

Nesta linha de pensamento, Ana Paula Gilio Gasparatto, Cinthia Obladen de Almendra Freitas e Antônio Carlos Efing explicam que no cenário digital, estas figuras "se tornam grandes aliados na divulgação e indicação de produtos e serviços, visto que eles conseguem impactar a vida dos seus seguidores, moldar comportamentos e motivar escolhas de consumo." [58]

> Diante de tal contexto, as empresas buscam contratar os influenciadores digitais para difusão de suas marcas e produtos, em virtude da audiência, confiança e credibilidade que estes despertam, como, também, devido às redes sociais permitirem uma maior proximidade e interatividade entre os seguidores, que são consumidores em potencial.[59]

Desta forma, com o inegável e expressivo poder de influência que exercem no público comum – sendo que algumas destas figuras se apresentam como as mais influentes da atualidade, possuindo milhões de seguidores –, os fornecedores perceberam o elevado potencial lucrativo em vincular suas marcas a estas personalidades da era digital.

> Esse novo modelo de negócio encabeçado pelos influenciadores digitais é o que tem definido as dinâmicas do mercado de Comunicação na atualidade. Blogueiros, youtubers, digital influencers, creators são os novos players da Comunicação e ditam as regras de relacionamento entre empresas/marcas e seus públicos/consumidores.
>
> [...]
>
> Estar ao lado de influenciadores pode trazer ganhos às empresas, uma vez que aponta uma postura positiva frente ao digital além de agregar valor ao produto com as características que a imagem do próprio influenciador carrega.[60]

Sob esse viés, os fornecedores vislumbraram na atuação dos *influencers* nas plataformas digitais, a possibilidade de performarem uma alta rentabilidade e retorno na divulgação de seus produtos e serviços no mercado de consumo digital. Ademais, vários influenciadores promovem interações com seus seguidores e, por conseguinte, aumentam suas taxas de engajamento e elevam o número de seguidores em suas redes sociais.

> Esta visibilidade atraiu o mercado de bens e serviços e os influencers digitais passaram a ser a voz e o rosto de grandes marcas, o que tem sido muito lucrativo para ambas as partes, pois, a criação dos conteúdos das redes sociais são livres e conduzida integralmente pelas crenças e percepções daquele influencer, o

57. BARBOSA, Caio César do Nascimento; BRITTO, Priscila Alves de; SILVA, Michael César. Publicidade Ilícita e Influenciadores Digitais: Novas Tendências da Responsabilidade Civil. *Revista IBERC*, Minas Gerais, v. 2, n.2, p.01-21, 2019, p.10.
58. GASPARATTO, Ana Paula Gilio; FREITAS, Cinthia Obladen de Almendra; EFING, Antônio Carlos. Responsabilidade civil dos influenciadores digitais. *Revista Jurídica Cesumar*, 2019, v. 19, n. 1, p.84. Disponível em: https://periodicos.unicesumar.edu.br/index.php/revjuridica/article/view/6493. Acesso em: 30 nov. 2020.
59. BRITO, Dante Ponte de. Responsabilização Civil dos Influenciadores Digitais pela Veiculação de Publicidade Ilícita nas Redes Sociais. *In:* EHRHARDT JÚNIOR, Marcos; CATALAN, Marcos; MALHEIROS, Pablo (Coords.). *Direito Civil e Tecnologia*. Belo Horizonte: Fórum, 2020, p. 455.
60. KARHAWI, Issaaf. Influenciadores digitais: o Eu como mercadoria. *In:* SAAD, Elizabeth; SILVEIRA, Stefanie C. (Orgs.). *Tendências em comunicação digital*. São Paulo: ECA/USP, 2016, p.51-52. Disponível em: http://www.livrosabertos.sibi.usp.br/portaldelivrosUSP/catalog/download/87/75/365-1?inline=1. Acesso em: 20 dez. 2020.

que gera maior sensação de segurança para o consumidor, sobretudo por que para o seguidor a opinião emitida soa-lhe autêntica e livre de compromissos com o ofertante. [61]

Portanto, se estabelece uma relação de confiança entre influenciador e seguidores, em que estes passam a ser influenciados pelas ações do primeiro, no sentido de impulsionar determinados comportamentos no mercado de consumo, sem que, na maioria das vezes, *o consumidor perceba ou mesmo identifique se tratar de uma publicidade.*

Apesar de muitas marcas ainda manterem seu prestígio no mercado, os influenciadores digitais, também encabeçam uma importante posição diante da relação próxima que guardam com seus seguidores, como explicitado alhures. A soma desses fatores se revelou uma forma de publicidade altamente rentável e eficaz, pois através desses perfis que exercem grande influência nos gostos e escolhas dos seguidores há uma relação de intimidade, que é o que as marcas mais desejam para envolver e encorajar o seguidor a consumir. É justamente esse o poder do *Instagram*: oferece naturalidade e espontaneidade que acentuam o efeito persuasivo em virtude da sutilidade do anúncio. [62]

Os fornecedores passaram a observar atentamente a *taxa de engajamento e retorno dos influenciadores*, para assim investir na publicidade digital por intermédio dessas personalidades. Contudo, muitas são as vezes em que ocorrem contratempos nas publicidades realizadas nas redes sociais. Nesse giro, *a publicidade ilícita* é tema frequente em ações publicitárias veiculadas por influenciadores digitais.

Destarte, com o advento do fenômeno contemporâneo da publicidade digital promovida por *influencers*, muitos são os casos em que o CONAR é acionado para averiguar a falta de identificação de mensagem publicitária, uma vez que os influenciadores e fornecedores passaram a se aproveitar da lacuna aqui denominada como "*friendly advice*",[63] em que não é possível, *a priori*, saber tratar-se de uma hipótese de uma publicidade clandestina ou uma opinião sincera e amigável emitida pelo influenciador digital.[64]

Ainda que o CONAR tenha atuado de modo incessante nos últimos anos, a veiculação de publicidade ilícita em redes sociais ainda se apresenta como um problema para preservação dos princípios éticos, haja vista a expressiva quantidade de influenciadores que surgem no meio digital, tornando a atuação do referido Conselho dificultosa em

61. SIMAS, Danielle Costa de Souza; SOUZA JUNIOR, Albefredo Melo de. Sociedade em rede: os influencers digitais e a publicidade oculta nas redes sociais. *Revista de Direito, Governança e Novas Tecnologias*, Salvador, v. 4, n.1, p.17-32, 2018, p.29.
62. MOREIRA, Diogo Rais Rodrigues; BARBOSA, Nathalia Sartarello. O reflexo da sociedade do hiperconsumo no instagram e a responsabilidade civil dos influenciadores. *Revista Direitos Culturais*, n. 30, 2018, p.79.
63. O *friendly advice* ou a opinião amiga representa os casos em que não se verifica a existência de uma publicidade velada (ou clandestina), mas de meros conselhos ou dicas por parte do digital influencer a seus followers, nessas hipóteses o influenciador repercute o produto ou serviço não pelo recebimento de algum tipo de retribuição direita ou indireta, mas como uma recomendação pessoal.
64. Na Representação 139/20, em que se averiguava a falta de identificação publicitária da influenciadora Rafaela Kalimann em relação a produto da empresa Desinchá, a relatora Conselheira Priscilla Menezes Barbosa indicou que "não se pode assumir que se faça uma associação de conteúdo publicitário apenas pelo fato de haver uma pessoa pública exibindo um produto". Destarte, compreende-se que, nestes casos, a mensagem publicitária deve obrigatoriamente ser identificada como tal, sem que existam artifícios capazes de induzir o consumidor a acreditar que se trata de opinião pessoal acerca de determinado produto ou serviço. (Conselho Nacional de Autorregulamentação Publicitária. *Representação 139/20*, julg. set. 2020. Disponível em: http://www.conar.org.br. Acesso em: 31 dez. 2020).

analisar e julgar a ocorrência de eventuais violações éticas nas inúmeras publicidades realizadas no ambiente digital.

Não obstante, se o modelo de publicidade digital por intermédio de influenciadores for veiculado de forma adequada, observando os padrões éticos e jurídicos estabelecidos, deverá prosperar, uma vez que se caracteriza como importante instrumento de divulgação de produtos e serviços no mercado de consumo digital.

6. A PUBLICIDADE ILÍCITA E A RESPONSABILIDADE CIVIL DOS INFLUENCIADORES QUE DELA PARTICIPAM

Em vista aos avanços tecnológicos da sociedade, faz-se fundamental o estudo e consequente análise crítica da responsabilidade civil dos influenciadores digitais gerada pela veiculação de publicidade ilícita em suas plataformas digitais.

Neste viés, a presença destes indivíduos no ambiente digital, relacionando sua imagem, prestígio e credibilidade a determinados fornecedores – por meio de divulgação de produtos e serviços em suas redes sociais – constitui o ponto central da temática, vez que a publicidade promovida por estes se encontra presente no cotidiano de inúmeros consumidores.

Por conseguinte, como os influenciadores se destacam como expressivos impulsionadores do consumo virtual na sociedade contemporânea, devem, deste modo, ser estabelecidos limites e parâmetros objetivos de apreciação de sua atuação profissional no ambiente digital.

Nessa perspectiva, vislumbra-se como imperiosa, atual e relevante a discussão envolvendo a possibilidade de imputação de responsabilidade civil dos influenciadores digitais pela ocorrência de danos provenientes da veiculação, em suas redes sociais, de publicidade ilícita no mercado de consumo digital.

Uma primeira corrente doutrinária, acolhe a atribuição de responsabilidade civil sob a vertente *subjetiva*, pela qual o *digital influencer* atuaria como *mero representante* do fornecedor, anunciando produtos e serviços *sem possuir o devido conhecimento técnico*, afirmando, ainda, *a inexistência de fundamentação legal* para configuração da responsabilidade objetiva.[65]

Verifica-se, majoritariamente na doutrina, uma segunda corrente que compreende que a atuação dos influenciadores digitais atrairia responsabilidade civil sob a vertente *objetiva*. Destarte, os fornecedores devem ser responsabilizados objetivamente pela divulgação de publicidade ilícita, fundada no *risco da atividade econômica* desenvolvida. Nesse mesmo giro, os *digital influencers* que participam da publicidade ilícita responderiam objetiva e solidariamente, por sua atuação publicitária indevida, com esteio nos preceitos normativos estabelecidos no Código de Defesa do Consumidor.[66]

65. DIAS, Lucia Ancona Lopez de Magalhaes. *Publicidade e direito*. 3. ed. São Paulo: Saraiva, 2018, p.482-432.
66. GASPARATTO, Ana Paula Gilio; FREITAS, Cinthia Obladen de Almendra; EFING, Antônio Carlos. Responsabilidade civil dos influenciadores digitais. *Revista Jurídica Cesumar*, 2019, v.19, n.1. Disponível em: https://periodicos.unicesumar.edu.br/index.php/revjuridica/article/view/6493. Acesso em: 30 nov. 2020; BAGATINI, Júlia; ALBRECHT, Diego Alan Schofer. Digital Influencer e a responsabilidade consumerista. Revista

Há, ainda, uma terceira corrente que acolhe a possibilidade de responsabilidade civil do influenciador digital sob a vertente *subjetiva* e *objetiva*, a depender das circunstâncias apresentadas pelo caso concreto.[67]

> Visto que em regra a responsabilidade civil do influenciador digital será subjetiva, pois é clara sua participação na publicidade de produto ou serviço, como mero expositor destes, recebendo cachê para isso, não auferindo lucro líquido, portanto, não tendo qualquer risco sobre a venda, também foi possível analisar que tal responsabilidade poderá vir a se tornar objetiva ou solidária.
>
> Seria objetiva, se tal figura do Direito Digital corresse algum risco pelo produto ou serviço anunciado, devendo o dano ser reparado por ele e por quem mais esteja ligado a este dano pelo nexo de causalidade, restando o dever de indenizar o terceiro de boa-fé, sem que este precise comprovar culpa. Solidária, caso o *digital influencer* recebesse participação no lucro líquido final, tendo o dever de indenização proporcional ao montante por ele auferido.[68]

Nesse contexto, constata-se haver dissenso doutrinário sobre qual a espécie de responsabilidade civil – subjetiva ou objetiva – deve ser atribuída aos influenciadores digitais, no exercício da publicidade ilícita em suas redes sociais.

A referida discussão prospera paralelamente à divergência relacionada a imputação de responsabilidade civil das celebridades que participam de publicidades, em que parte da doutrina acolhe o entendimento de se qualificar como *subjetiva*.[69]

Insta frisar que, a atuação dos influenciadores digitais, contudo, demonstra-se distinta, haja vista muitos deles assumirem posição de *produtores de conteúdo temático*, possuindo, desta forma, *liberdade de criação do conteúdo digital* veiculado em suas redes

---

Derecho y Cambio Social, n.59, p.330-344, 2020; SOUZA, Luciana Cristina de; ALMEIDA, Fabíola Fonseca Fragas de. Responsabilidade dos influenciadores digitais por publicidade oculta segundo o código de defesa do consumidor. *I Seminário On-line de Estudos Interdisciplinares*, On-line, 2020. Disponível em: https://www.doity.com.br/anais/iseminarioonlinedeestudosinterdisciplinares/trabalho/141685. Acesso em: 25 nov. 2020; BRITO, Dante Ponte de. Responsabilização Civil dos Influenciadores Digitais pela Veiculação de Publicidade Ilícita nas Redes Sociais. In: EHRHARDT JÚNIOR, Marcos; CATALAN, Marcos; MALHEIROS, Pablo (Coords.). Direito Civil e Tecnologia. Belo Horizonte: Fórum, 2020; BARBOSA, Caio César do Nascimento; GUIMARÃES, Glayder Daywerth Pereira; SILVA, Michael César. A responsabilidade civil dos influenciadores digitais em tempos de coronavírus. *In:* FALEIROS JÚNIOR, José Luiz de Moura; LONGHI Rozatti, João Victor; GUGLIARA, Rodrigo (Coords.). *Proteção de dados pessoais na sociedade da informação*: entre dados e danos. Indaiatuba: Editora Foco, 2021, p.311-331.

67. SIQUEIRA, Dirceu Pereira; NUNES, Danilo Henrique. Da aparente possibilidade de responsabilização da figura do "digital influencer". *Revista de Direito Empresarial – RDEmp*, Belo Horizonte, a. 15, n. 3, p. 195-214, 2018, p.212; NUNES, Danilo Henrique; LEHFELD, Lucas De Souza. Da responsabilização dos novos atores digitais. *Anais do X encontro internacional do Conpedi Valência – Espanha*, 2020, p.61-80.
68. SIQUEIRA, Dirceu Pereira; NUNES, Danilo Henrique. Da aparente possibilidade de responsabilização da figura do "digital influencer". *Revista de Direito Empresarial – RDEmp*, Belo Horizonte, a. 15, n. 3, p. 195-214, 2018, p. 212.
69. Sobre a controvérsia relativa à responsabilidade civil das celebridades, Lucia Ancona Lopez de Magalhães Dias leciona que as celebridades "não podem assumir responsabilidade idêntica à do fornecedor, notadamente porque em muitas situações atuam como mero 'porta-voz' do anunciante". (DIAS, Luciana Ancona Lopez de Magalhaes. *Publicidade e direito*. 3. ed. São Paulo: Saraiva, 2018, p.306). Noutro giro, Paulo Jorge Scartezzini Guimarães as celebridades que participam das publicidades devem cumprir "seu dever jurídico originário, agindo de forma prudente, colocando acima dos seus interesses econômicos a preocupação em não enganar ou não permitir que se enganem os consumidores. [..] Esta responsabilidade civil, para atingir os objetivos desta nova sociedade (prevenção do dano e efetiva reparação) não pode ter como sustentáculo o elemento subjetivo da culpa, e assim deverá ser fundada, como regra, na causação do dano. Temos, pois, para os casos aqui analisados, uma responsabilidade objetiva." (GUIMARÃES, Paulo Jorge Scartezzini. *A publicidade ilícita e a responsabilidade civil das celebridades que dela participam*. 2. ed. São Paulo: Ed. RT, 2007, p.223).

sociais. Por conseguinte, ainda que os influenciadores digitais sejam considerados "meros representantes" dos fornecedores devem assumir responsabilidade pelos prejuízos causados aos consumidores pela publicidade ilícita propalada em suas plataformas digitais.

Diante dos argumentos apresentados, a imputação de *responsabilidade civil objetiva* aos influenciadores digitais delineia-se, como mais adequada ao deslinde da controvérsia, com fundamento na violação aos preceitos normativos da *boa-fé objetiva*[70] e da *função social dos contratos*, bem como, no *risco da atividade econômica* desempenhada pelo fornecedor.

Nesse sentido, destaca-se existir um *caráter facultativo* de vinculação de imagem, credibilidade, fama e influência por parte dos *digital influencers* a determinado produto ou serviço do fornecedor, devendo, portanto, nortear sua conduta no mercado de consumo digital pela imprescindível observância aos princípios da boa-fé objetiva e da função social.

Destarte, os influenciadores não são obrigados a se vincular, mas na hipótese de aceitarem a vinculação publicitária com contrapartidas – remuneração direta (em pecúnia) ou indireta (os denominados "mimos e recebidos" e demais contrapartidas deste modelo) – assumem *responsabilidade civil objetiva e solidária* com o fornecedor pelos danos causados pela divulgação de publicidade ilícita em suas redes sociais. [71]

> Realizada uma determinada postagem pelo influenciador digital, fazendo publicidade oculta de determinado produto e serviço (*merchandising* ou *tie in*), o qual vem a ser adquirido por seus seguidores e, em sua utilização gera dano a quaisquer destes, é inegável o dever solidário do influenciador, juntamente com os demais fornecedores, com fundamento na solidariedade, prevista no artigo 7º, parágrafo único, do Código de Defesa do Consumidor, sendo esta responsabilidade objetiva.[72]

Ademais, é imprescindível, ainda, no âmbito da relação jurídica de consumo, a observância aos princípios da informação, transparência e confiança com a finalidade de se resguardar os interesses dos consumidores e preservar as legítimas expectativas despertadas pela publicidade ilícita veiculada no mercado de consumo. Nessa esteira, ressalta-se que os consumidores se encontram em posição de patente *vulnerabilidade* – econômica, técnica, e, principalmente, *informativa* – perante os fornecedores, anunciantes e influenciadores digitais, sobretudo, pela *assimetria de informações* existente na relação jurídica de consumo. [73]

---

70. Para uma leitura aprofundada sobre o princípio da boa-fé objetiva, recomenda-se a leitura de: MARTINS-COSTA, Judith. *A boa-fé no direito privado*: critérios para sua aplicação. 2. ed. São Paulo: Saraiva Educação, 2018; SILVA, Michael César. Convergências e assimetrias do princípio da boa-fé objetiva no direito contratual contemporâneo. *In:* BRAGA NETTO, Felipe Peixoto; SILVA, Michael César (Orgs.). *Direito privado e contemporaneidade*: desafios e perspectivas do direito privado no século XXI: volume II. Rio de Janeiro: Lumen Juris, 2018, p.99-141.
71. Nesse sentido ver: BRITO, Dante Ponte de. Responsabilização Civil dos Influenciadores Digitais pela Veiculação de Publicidade Ilícita nas Redes Sociais. *In:* EHRHARDT JÚNIOR, Marcos; CATALAN, Marcos; MALHEIROS, Pablo (Coords.). *Direito Civil e Tecnologia*. Belo Horizonte: Fórum, 2020, p. 463.
72. SOUZA, Luciana Cristina de; ALMEIDA, Fabíola Fonseca Fragas de. Responsabilidade dos influenciadores digitais por publicidade oculta segundo o código de defesa do consumidor. *In: I Seminário On-line de Estudos Interdisciplinares* - Online, 2020, p. 13-14. Disponível em: https://www.doity.com.br/anais/iseminarioonlinedeestudosinterdisciplinares/trabalho/141685. Acesso em: 25 nov. 2020.
73. Nesse mesmo sentido ver: AMORIM, Ana Clara Azevedo de. Os influenciadores digitais e a publicidade oculta: abordagem comparada de direito luso-brasileiro. *In:* RIBEIRO, Cláudio José Silva; HIGUCHI, Suemi (Orgs.). *Anais do I congresso internacional em humanidades digitais no Rio de Janeiro*. Rio de Janeiro: CPDOC/FGV, p.123-128, 2018.

> [...] em razão da própria racionalidade do Direito do Consumidor, nessa seara a intensidade jurisgênica da boa-fé será conformada conjugadamente ao postulado fático-normativo da vulnerabilidade do consumidor, impondo deveres que acrescem (ou otimizam) os deveres de fonte legal de equilíbrio e de transparência.[74]

Sob este contexto, Diogo Rais Rodrigues Moreira e Nathalia Sartarello Barbosa lecionam que "todos aqueles que participam de uma publicidade tem a obrigação legal de prestar a informação de forma completa, respeitando os princípios de boa-fé e transparência em prol dos consumidores." [75]

> As práticas comerciais fundamentada, na lei de proteção do consumidor (lei 8.078/90) orientam os fornecedores e publicitários a pautarem suas ações na boa-fé, na confiança negocial, na realização da função social do contrato, na solidariedade, na transparência dos atos, entre outros princípios, objetivando o fim precípuo de se atender à dignidade humana, enquanto fundamento da República.[76]

Deste modo, caberia aos fornecedores, anunciantes e *digital influencers* no âmbito da atividade publicitária desenvolvida nortearem sua conduta/comportamento pelos ditames legais emanados pelo princípio da boa-fé objetiva, em consonância com os princípios da confiança, informação e transparência, bem como, com as normativas éticas estabelecidas pelo CONAR.

Considerando a liberdade de criação de conteúdo dos influenciadores, devem os mesmos se envidar esforços no sentido de produzir e postar conteúdos adequados, em observância aos preceitos éticos e jurídicos vigentes no ordenamento jurídico brasileiro.[77]

Em síntese, *a liberdade de criação de conteúdo, a remuneração e a credibilidade* se mostram como critérios adequados para imputação de responsabilidade aos influenciadores, pois diversos *influencers* se apresentam como produtores de conteúdo, percebem contrapartidas e frustram as legítimas expectativas despertadas, assumindo, desse modo, a posição de garantidores das informações fornecidas ao público consumidor.

Lado outro, o renome e o grande poder de influência dessas personalidades digitais, bem como, o consequente retorno lucrativo da publicidade realizada, pode ser explicado pela *espontaneidade* e *aproximação direta* que possuem com seus seguidores.

> O influenciador digital, *digital influencer, creator*, ou a denominação vigente que for, é um sujeito que preserva o seu Eu. Enquanto uma celebridade está distante, sob holofotes, traçando um caminho de

74. MARTINS-COSTA, Judith. *A boa-fé no direito privado*: critérios para sua aplicação. 2. ed. São Paulo: Saraiva Educação, 2018, p. 328.
75. MOREIRA, Diogo Rais Rodrigues; BARBOSA, Nathalia Sartarello. O reflexo da sociedade do hiperconsumo no instagram e a responsabilidade civil dos influenciadores. *Revista Direitos Culturais*, n. 30, 2018, p. 86. Nesse sentido ver: BARBOSA, Mafalda Miranda. Causalidade mínima. *In:* BRAGA NETTO, Felipe Peixoto; SILVA, Michael César (Orgs.). *Direito privado e contemporaneidade:* desafios e perspectivas do direito privado no século XXI: volume três. Indaiatuba: Editora Foco, 2020, p.19.
76. EFING, Antônio Carlos; BAUER, Fernanda Mara Gibran; ALEXANDRE, Camila Linderberg. Os deveres anexos da boa-fé e a prática do neuromarketing nas relações de consumo: análise jurídica embasada em direitos fundamentais. *Revista Opinião Jurídica*, Fortaleza, v. 11, n. 15, p. 38-53, 2013, p. 41. Disponível em: https://periodicos.unichristus.edu.br/opiniaojuridica/article/view/294/150. Acesso em: 18 nov. 2020.
77. BARBOSA, Caio César do Nascimento; GUIMARÃES, Glayder Daywerth Pereira; SILVA, Michael César. A responsabilidade civil dos influenciadores digitais em tempos de coronavírus. *In:* FALEIROS JÚNIOR, José Luiz de Moura; LONGHI Rozatti, João Victor; GUGLIARA, Rodrigo (Coords.). *Proteção de dados pessoais na sociedade da informação*: entre dados e danos. Indaiatuba: Editora Foco, 2021, p. 320.

> sucesso que parece muito distante de quem os assiste no cinema ou na televisão, os influenciadores digitais estão no *Facebook*, no *Instagram*, no *Snapchat*, em espaços ocupados por "pessoas comuns" com quem dialogam em igualdade. É por esse motivo, também, que revistas e sites de veículos tradicionais de mídia não têm a mesma reputação que os influenciadores digitais. A proximidade desses sujeitos de seus públicos, de sua rede, a partir da escrita íntima, do uso da primeira pessoa (no caso dos *blogs, Instagram, Twitter*) e da pessoalidade cria uma aproximação entre o criador de conteúdo e seus públicos. É nessa sustentação que se ergue o capital simbólico dos blogueiros e, muito fortemente, das blogueiras de moda que são encaradas como melhores amigas de suas leitoras. [78]

Enquanto as celebridades tradicionais – famosos astros do futebol, cinema e televisão, dentre outros – se utilizam de *scripts* e *briefings* para atuarem em publicidades, os influenciadores digitais renunciam ao caráter roteirizado das mesmas para evidenciar a espontaneidade e naturalidade na realização de publicidade em suas redes sociais.

Ademais, os influenciadores digitais, via de regra, atuam como *produtores de conteúdos específicos*, que possuem liberdade criativa para veicular produtos ou serviços da forma que desejarem, não seguindo *"scripts"* em que devem atuar.

Tal fator se demonstra importante quando analisado como um dos principais elementos de transmissão de confiabilidade (ou fidúcia) junto ao público consumidor, uma vez que os influenciadores se desprendem da figura do fornecedor e passam a agir como figuras de prestígio para seus seguidores, de modo que, a publicidade natural e livre de artificialidades, permite-lhes uma maior facilidade de aproximação do público consumidor.

Logo, em sua atuação nas plataformas digitais, os influenciadores devem levar em consideração a relação de credibilidade que possuem com seu público, advinda da confiança pré-estabelecida entre as partes, no intuito de não frustrar as *legítimas expectativas* criadas nos consumidores pelas informações veiculadas na publicidade.

> O *princípio da confiança* destaca-se, na contemporaneidade, como sendo de fundamental importância na análise do conteúdo substancial da boa-fé objetiva. Tal fato atribui-se, em razão da *valorização da confiança*, como mecanismo de efetivação do (re)equilíbrio contratual, corporificado no ordenamento jurídico, por meio inserção de normas de ordem pública e interesse social voltadas a atribuir garantia de proteção aos legítimos interesses e expectativas criados mutuamente pelas partes na relação jurídica contratual. [79]

Consoante ao exposto, a confiança tem por finalidade conferir equilíbrio as relações negociais, com enfoque naquelas que comportem patente assimetria entre os contratantes.

> A confiança é base da vida social, tanto nas relações negociais, quanto de todas aquelas que resultam da vida ordinária. Os fios que tecem essas relações se formam pelo comportamento ativo e probo, mas também pela realidade dada, com o respeito ao outro, à palavra empenhada e às legítimas expectativas geradas. [80]

---

78. KARHAWI, Issaaf. Influenciadores digitais: o Eu como mercadoria. *In:* SAAD, Elizabeth; SILVEIRA, Stefanie C. (Orgs.). *Tendências em comunicação digital.* São Paulo: ECA/USP, 2016, p.46-47. Disponível em: http://www.livrosabertos.sibi.usp.br/portaldelivrosUSP/catalog/download/87/75/365-1?inline=1. Acesso em: 20 dez. 2020.
79. SILVA, Michael César. Convergências e assimetrias do princípio da boa-fé objetiva no direito contratual contemporâneo. *In:* BRAGA NETTO, Felipe Peixoto; SILVA, Michael César (Orgs.). *Direito privado e contemporaneidade:* desafios e perspectivas do direito privado no século XXI: volume II. Rio de Janeiro: Lumen Juris, 2018, p.123.
80. MIRAGEM, Bruno. A proteção da confiança no direito privado: notas sobre a contribuição de Claudia Lima Marques para a construção do conceito no direito Brasileiro. *Revista de Direito do Consumidor*, v. 113, ano 26, p.397-407. São

Complementarmente, deverá o *digital influencer*, ainda, em sua atuação no mercado de consumo digital, se atentar aos preceitos normativos da *função social dos contratos* consubstanciada no artigo 421 do Código Civil, que "constitui, em termos gerais, a expressão da socialidade no Direito Privado, projetando em seus corpos normativos e nas distintas disciplinas jurídicas a diretriz constitucional da solidariedade social." [81]

Nessa linha de intelecção, a publicidade realizada pelos influenciadores digitais nas redes sociais deverá considerar tanto a boa-fé objetiva quanto a função social dos contratos, entendendo-se que o conteúdo abusivo que venha a ofender os ditames estabelecidos no Código de Defesa do Consumidor e no Código Brasileiro de Autorregulamentação Publicitária poderá ensejar danos aos consumidores, visto que percebem a mensagem publicitária transmitida como sendo verdadeira e sem arestas.

No contexto da sociedade digital, em que os fornecedores encontram nos *influencers* efetivo instrumento de divulgação publicitária, torna-se imprescindível que toda e qualquer publicidade veiculada por essas personalidades digitais, observe os preceitos emanados pelos princípios da boa-fé objetiva e da função social dos contratos, sob pena imputação de responsabilidade objetiva por eventuais prejuízos causados aos seus seguidores.

> A responsabilidade civil atribuída aos influenciadores demonstra-se como objetiva, fundamentada nos preceitos normativos norteadores da *boa-fé objetiva* e da *função social dos contratos*, tal como pela veiculação e promoção de publicidade ilícita com poderio de indução de comportamento ao seu público, relacionando-se a preexistência de confiança.[82]

Assim, caso os influenciadores digitais aceitem vincular sua imagem, reputação e credibilidade a publicidade de determinado fornecedor, deverão comportar-se no sentido de não prejudicar seu público, com esteio na necessária observância as normativas ético-jurídicas estabelecidas no CDC e no CBAP.

Nesse mesmo giro, os *digital influencers* necessitam analisar de modo criterioso e pormenorizado os riscos aos quais expõem seus seguidores ao atrelar seu prestígio e influência a determinados anúncios publicitários. Caso escolha a vinculação, sempre em caráter facultativo, deverão atentar-se às regulamentações legais e éticas que lhes são impostas, sob pena de atribuição de responsabilidade civil objetiva pelos danos causados aos consumidores.

> Contudo, de uma forma geral, para a adequação dessa complexa ponderação que envolve três centros de interesses, creio que a melhor solução de compromisso entre a ordem econômica, a tutela dos

---

Paulo: Ed. RT, 2017, p.405. Disponível em: https://revistadedireitodoconsumidor.emnuvens.com.br/rdc/article/view/1083. Acesso em: 25 nov. 2020.

81. MARTINS-COSTA, Judith. Reflexões sobre o princípio da função social dos contratos. *Revista Direito FGV*, v.1, n.1, p.41-66, 2005, p.41. Disponível em: http://bibliotecadigital.fgv.br/ojs/index.php/revdireitogv/article/view/35261. Acesso em: 21 nov. 2020.
82. BARBOSA, Caio César do Nascimento; GUIMARÃES, Glayder Daywerth Pereira; SILVA, Michael César. A responsabilidade civil dos influenciadores digitais em tempos de coronavírus. *In:* FALEIROS JÚNIOR, José Luiz de Moura; LONGHI Rozatti, João Victor; GUGLIARA, Rodrigo (Coords.). *Proteção de dados pessoais na sociedade da informação:* entre dados e danos. Indaiatuba: Editora Foco, 2021, p.329. Nesse mesmo sentido, Dante Ponte de Brito preleciona que, "o rompimento dessa confiança viola os princípios da boa-fé, da transparência e da confiança e, consequentemente, dá ensejo ao dever de responsabilização, independentemente da comprovação de culpa."

consumidores e a proteção das próprias celebridades, demanda um ônus de informar qualificado a quem contrata a celebridade; um "dever de se informar" por parte de quem empresta a sua fama a uma publicidade respeitante às qualidades e riscos daquilo que comercializará (principalmente em produtos conexos a sua área de atuação, v.g. famoso cabeleireiro ao aderir a produto de beleza) e, uma percepção mínima por parte do público do que objetivamente consiste em uma "expectativa" e o que de fato aquele produto possa lhe proporcionar e, além disso, se efetivamente vale a pena se vincular com aquele fornecedor.[83]

Portanto, para fins de se assegurar as legítimas expectativas despertadas pela divulgação de publicidade no ambiente digital, os influenciadores devem apresentar *informações qualificadas* (corretas, claras, adequadas e ostensivas) na veiculação de peças publicitárias, levando-se em consideração a relação de credibilidade existente entre os influencers e seus seguidores (*followers*).

Outrossim, os influenciadores digitais podem ser ainda qualificados como *fornecedores equiparados*[84], sendo considerados como *intermediários* que atuam perante ao potencial consumidor como se *fornecedor fosse*.

> [...] a situação de vulnerabilidade principal no consumo – por exemplo, dos sujeitos de direito cujos dados foram remetidos para um banco de dados ou foram expostos a uma prática comercial, aos efeitos externos de um contrato (agora ainda mais com a função social dos contratos e com a boa-fé objetiva aumentando a eficácia dos contratos entre fortes e fracos) – levou a uma espécie de ampliação do campo de aplicação do CDC, através de uma nova visão mais alargada do art. 3º. É o que denomina de *fornecedor-equiparado,* aquele terceiro na relação de consumo, um terceiro apenas intermediário ou ajudante da relação de consumo principal, mas que atua frente a um consumidor (aquele que tem seus dados cadastrados como mau pagador e não efetuou sequer uma compra) ou a um grupo de consumidores (por exemplo, um grupo formado por uma relação de consumo principal, como a de seguro de vida em um grupo organizado pelo empregador e pago por este), com se fornecedor fosse (comunica o registro no banco de dados, comunica que é estipulante nos seguro de vida em grupo etc.).[85]

Deste modo, a responsabilidade civil atribuída aos *digital influencers* será, indubitavelmente, *objetiva e solidária* em relação aos fornecedores, pela postagem de publicidade ilícita em suas plataformas digitais.

Nessa esteira argumentativa, é importante ressaltar ainda que a responsabilidade civil dos influenciadores digitais se impõe devido ao fato de que "a) fazem parte da cadeia de consumo, respondendo solidariamente pelos danos causados, b) recebem vantagem econômica e c) se relacionam diretamente com seus seguidores que são consumidores."[86]

83. ROSENVALD, Nelson. *O direito civil em movimento*: desafios contemporâneos. 2. ed. Salvador: Juspodivm, 2018, p. 212.
84. Nesse sentido ver: BESSA, Leonardo Roscoe. Fornecedor equiparado. *Revista de Direito do Consumidor*, São Paulo, v. 16, n. 61, p. 126-141, jan./mar., 2007.
85. MARQUES, Claudia Lima. *Contratos no Código de Defesa do Consumidor.* 9. ed. São Paulo: Thomson Reuters Brasil, 2019, p. 461-462.
86. GASPARATTO, Ana Paula Gilio; FREITAS, Cinthia Obladen de Almendra; EFING, Antônio Carlos. Responsabilidade civil dos influenciadores digitais. *Revista Jurídica Cesumar*, 2019, v.19, n.1, p.84. Disponível em: https://periodicos.unicesumar.edu.br/index.php/revjuridica/article/view/6493. Acesso em: 30 nov. 2020. Nesse sentido ver: SOUZA, Luciana Cristina de; ALMEIDA, Fabíola Fonseca Fragas de. Responsabilidade dos influenciadores digitais por publicidade oculta segundo o código de defesa do consumidor. *In: I Seminário On-line de Estudos Interdisciplinares* - On-line, 2020, p.13-14. Disponível em: https://www.doity.com.br/anais/iseminarioonlinedeestudosinterdisciplinares/trabalho/141685. Acesso em: 25 nov. 2020.

Ademais, em razão da obtenção de vantagens econômicas pelos *influencers*, com as atividades promovidas em suas plataformas digitais, devem assumir a correspectiva responsabilidade pelos prejuízos causados aos consumidores.

> Diante do exposto, percebe-se que o CDC adotou a responsabilidade objetiva como regra geral, baseando-se na teoria do risco. Nesse passo, a responsabilidade dos influenciadores digitais deve, outrossim, ser objetiva, pois, além de estes receberem vantagens econômicas, os consumidores adquirem os produtos baseados na confiança depositada nessas celebridades digitais. O rompimento dessa confiança viola os princípios da boa-fé, da transparência e da confiança e, consequentemente, dá ensejo ao dever de responsabilização, independentemente da comprovação de culpa. [87]

Em síntese, deve ser atribuída *responsabilidade civil objetiva e solidária* aos influenciadores digitais pelos danos causados pela divulgação de publicidade ilícita em suas redes sociais, com fundamento no *risco da atividade econômica* desenvolvida pelo fornecedor e na *inobservância aos princípios* da *boa-fé objetiva* e da *função social dos contratos*, tendo por suporte os preceitos legais estatuídos pelo Código de Defesa do Consumidor e éticos estabelecidas pelo Conselho Nacional de Autorregulamentação Publicitária.

7. CONCLUSÃO

O mercado de consumo digital, contemporaneamente, se remodela diariamente na tentativa de se adaptar aos novos hábitos e necessidades dos indivíduos. Nessa perspectiva, os influenciadores digitais assumem posição de destaque nas plataformas digitais, ao estabelecer padrões de comportamento sociais e de consumo, na qualidade de formadores de opinião que influenciam a vida de inúmeras pessoas.

Nesse contexto, os fornecedores se valem dos *digital influencers* para a promoção de campanhas publicitárias no ambiente virtual, com a finalidade de promover de forma mais eficiente a divulgação de seus produtos e serviços.

Todavia, inúmeros são os episódios nos quais os *influencers* atuam de modo inadequado no mercado de consumo, fomentando práticas comerciais abusivas que violam frontalmente as regulamentações norteadoras da publicidade no Brasil.

Nesse cenário, o estudo buscou analisar criticamente a possibilidade de imputação de responsabilidade civil aos influenciadores digitais, por sua atuação publicitária indevida no mercado de consumo digital, com esteio nas disposições legais estatuídas no Código de Defesa do Consumidor (CDC) e éticas estabelecidas no Código Brasileiro de Autorregulamentação Publicitária (CBAP) do Conselho Nacional de Autorregulamentação Publicitária (CONAR).

Constatou-se que os influenciadores devem apresentar *informações qualificadas* na veiculação de publicidade, de modo a assegurar as legítimas expectativas despertadas pela divulgação no ambiente digital, levando-se em consideração a relação de fidúcia

87. BRITO, Dante Ponte de. Responsabilização Civil dos Influenciadores Digitais pela Veiculação de Publicidade Ilícita nas Redes Sociais. *In:* EHRHARDT JÚNIOR, Marcos; CATALAN, Marcos; MALHEIROS, Pablo (Coords.). *Direito Civil e Tecnologia.* Belo Horizonte: Fórum, 2020, p.462-463.

preexistente entre os *influencers* e seus seguidores, e em consonância com o princípio da confiança.

Considerando a liberdade de produção de conteúdo, as vantagens econômicas percebidas e a credibilidade dos influenciadores junto aos seus seguidores, devem ser envidados esforços no sentido de produzir e postar conteúdos digitais adequados, em observância aos preceitos éticos e jurídicos vigentes no ordenamento jurídico brasileiro.

Nessa linha de intelecção, concluiu-se que deve ser atribuída *responsabilidade civil objetiva e solidária* aos influenciadores digitais pelos danos causados pela divulgação de publicidade ilícita em suas plataformas digitais, com fundamento no *risco da atividade econômica* desenvolvida pelo fornecedor e na ofensa aos *princípios* da *boa-fé objetiva* e da *função social dos contratos,* com suporte nas regulamentações constantes do Código de Defesa do Consumidor e do Código Brasileiro de Autorregulamentação Publicitária do Conselho Nacional de Autorregulamentação Publicitária.

Por fim, destaca-se, ainda, que os *influencers*, os patrocinadores, os anunciantes e os provedores de conteúdo devem se atentar ao *elemento preventivo* da responsabilidade civil, de forma a evitar a ocorrência de danos no mercado de consumo digital.

8. REFERÊNCIAS

AMORIM, Ana Clara Azevedo de. Os influenciadores digitais e a publicidade oculta: abordagem comparada de direito luso-brasileiro. *In:* RIBEIRO, Cláudio José Silva; HIGUCHI, Suemi (orgs.). *Anais do I congresso internacional em humanidades digitais no Rio de Janeiro*. Rio de Janeiro: CPDOC/FGV, p. 123-128, 2018.

ANAND, Abhinav; DUTTA, Souvik; MUKHERJEE, Prithwiraj, Influencer Marketing with Fake Followers. *IIM Bangalore Research*. n. 580, 2020.

BAGATINI, Júlia; ALBRECHT, Diego Alan Schofer. Digital Influencer e a responsabilidade consumerista. *Revista Derecho y Cambio Social*, n. 59, p. 330-344, 2020.

BARBOSA, Caio César do Nascimento; BRITTO, Priscila Alves de; SILVA, Michael César. Publicidade Ilícita e Influenciadores Digitais: Novas Tendências da Responsabilidade Civil. *Revista IBERC*, Belo Horizonte, v. 2, n. 2, p. 1-21, 2019.

BARBOSA, Caio César do Nascimento; GUIMARÃES, Glayder Daywerth Pereira; SILVA, Michael César. A responsabilidade civil dos influenciadores digitais em tempos de coronavírus. *In:* FALEIROS JÚNIOR, José Luiz de Moura; LONGHI Rozatti, João Victor; GUGLIARA, Rodrigo (Coords.). *Proteção de dados pessoais na sociedade da informação:* entre dados e danos. Indaiatuba: Foco, 2021, p.311-331.

BARBOSA, Caio César do Nascimento; GUIMARÃES, Glayder Daywerth Pereira; SILVA, Michael César. A responsabilidade civil dos influenciadores digitais na "era das lives". *Migalhas*. 2020. Disponível em: https://migalhas.uol.com.br/coluna/migalhas-de-responsabilidade-civil/328701/a-responsabilidade-civil-dos-influenciadores-digitais-na--era-das-lives. Acesso em: 20 nov. 2020.

BARBOSA, Mafalda Miranda. Causalidade mínima. *In:* BRAGA NETTO, Felipe Peixoto; SILVA, Michael César (Orgs.). *Direito privado e contemporaneidade*: desafios e perspectivas do direito privado no século XXI: volume três. Indaiatuba: Editora Foco, 2020, p.3-23.

BARBOSA, Mafalda Miranda. Inteligência artificial, e-persons e direito: desafios e perspectivas. *Revista Jurídica Luso-Brasileira*, ano 3, n.6, 2017, p. 1475-1503.

BAUMAN, Zygmunt. *Vida para consumo*: a transformação das pessoas em mercadoria. Rio de Janeiro: Zahar, 2008

BENJAMIN, Antonio Herman V.; MARQUES, Claudia Lima; BESSA, Leonardo Roscoe. *Manual de direito do consumidor.* 7. ed. São Paulo: Ed. RT, 2016.

BESSA, Leonardo Roscoe. Fornecedor equiparado. *Revista de Direito do Consumidor*, São Paulo, v. 16, n. 61, p. 126-141, jan./mar., 2007.

BRASIL. *Código de Defesa do Consumidor.* Lei 8.078, de 11 de setembro de 1990. Disponível em: http://www.planalto.gov.br/ccivil_03/LEIS/L8078.htm. Acesso em: 21 nov. 2020.

BRITO, Dante Ponte de. Responsabilização Civil dos Influenciadores Digitais pela Veiculação de Publicidade Ilícita nas Redes Sociais. *In:* EHRHARDT JÚNIOR, Marcos; CATALAN, Marcos; MALHEIROS, Pablo (Coords.). *Direito Civil e Tecnologia.* Belo Horizonte: Fórum, 2020, p.451-464.

CAMARGO, Isadora; ESTEVANIM, Mayanna; SILVEIRA, Stefanie C. da. Cultura participativa e convergente: o cenário que favorece o nascimento dos influenciadores digitais. *Revista Comunicare*, v. 17, p. 96-118, 2017.

CJF (Conselho de Justiça Federal). *IV Jornada de Direito Civil – Enunciado 363.* Disponível em: https://www.cjf.jus.br/enunciados/enunciado/476. Acesso em: 20 nov. 2020.

CONAR, Conselho Nacional de autorregulamentação publicitária. *Código Brasileiro de Autorregulamentação Publicitária.* 1980. Disponível em: http://www.conar.org.br/codigo/codigo.Php. Acesso em 12 nov. 2020.

CONAR (Conselho Nacional de Autorregulamentação Publicitária). *Representação 139/20.* julg. set. 2020. Disponível em: http://www.conar.org.br. Acesso em: 31 dez. 2020.

CONAR, Conselho Nacional de autorregulamentação publicitária. *Um balanço da autorregulamentação publicitária em 2019.* 2020. Disponível em: http://www.conar.org.br/pdf/conar220.pdf. Acesso em: 11 nov. 2020.

CORRÊA, Fabiano Simões. *Um estudo qualitativo sobre as representações utilizadas por professores e alunos para significar o uso da Internet.* 2013. 172 f. Dissertação (Mestrado em Psicologia) – Departamento de Psicologia. Universidade de São Paulo. São Paulo, São Paulo.

COSTA, Clério Rodrigues da. O controle da publicidade ilícita pelo CONAR e a proteção dos consumidores. *Revista Científica Semana Acadêmica*, Fortaleza, ano MMXIX, n. 174, 2019. Disponível em: https://semanaacademica.org.br/system/files/artigos/corrigido_-_19.07._2019_-_artigo_a_ser_publicado_na_revista_da_semanaacademica_.pdf. Acesso em: 28 nov. 2020.

COUTO, Rute. Celebridades na publicidade: influência e responsabilidade perante o consumidor. *In:* Alves, Léo da Silva. (Coord.). *Excelência Jurídica:* publicação oficial do XVI encontro internacional de juristas Braga, Portugal. Brasília: Editora Rede, 2019, p.161-166, v.7.

DIAS, Lucia Ancona Lopez de Magalhaes. *Publicidade e direito.* 3. ed. São Paulo: Saraiva, 2018.

EFING, Antônio Carlos; BAUER, Fernanda Mara Gibran; ALEXANDRE, Camila Linderberg. Os deveres anexos da boa-fé e a prática do neuromarketing nas relações de consumo: análise jurídica embasada em direitos fundamentais. *Revista Opinião Jurídica*, Fortaleza, v.11, n.15, p.38-53, 2013. Disponível em: https://periodicos.unichristus.edu.br/opiniaojuridica/article/view/294/150. Acesso em: 18 nov. 2020.

FACHIN, Luiz Edson. Da Felicidade Paradoxal à Sociedade de Riscos: Reflexões sobre Risco e Hiperconsumo. *In:* LOPEZ, Teresa Ancona; LEMOS, Patrícia Faga Iglecias; JUNIOR, Otavio Luiz Rodrigues. (Coords.). *Sociedade de Risco e Direito Privado:* Desafios normativos, Consumeristas e Ambientais. v. 1, São Paulo: Atlas, 2013, p.380-393.

FALEIROS JÚNIOR, José Luiz de Moura; DENSA, Roberta. Responsabilidade civil e novas práticas abusivas no mercado de games. *In:* FALEIROS JÚNIOR, José Luiz de Moura; LONGHI Rozatti, João Victor; GUGLIARA, Rodrigo (Coords.). *Proteção de dados pessoais na sociedade da informação:* entre dados e danos. Indaiatuba: Foco, 2021, p.333-355.

FARIAS, Cristiano Chaves de; BRAGA NETTO, Felipe Peixoto. ROSENVALD, Nelson. *Novo Tratado de Responsabilidade Civil.* 2. ed. Salvador: JusPodium, 2017.

GASPARATTO, Ana Paula Gilio; FREITAS, Cinthia Obladen de Almendra; EFING, Antônio Carlos. Responsabilidade civil dos influenciadores digitais. *Revista Jurídica Cesumar*, 2019, v.19, n.1. Disponível em: https://periodicos.unicesumar.edu.br/index.php/revjuridica/article/view/6493. Acesso em: 30 nov. 2020.

GENEROSO, Andre Mesquita; SILVA, Michael Cesar; NOGUEIRA, Roberto Henrique Porto. Publicidade ilícita e mecanismos tecnológicos de direcionamento. *In:* BRANT, Cassio Augusto Barros (Coord.). REINALDO FILHO, Demócrito Ramos; ATHENIENSE, Alexandre Rodrigues (Orgs.). *Direito Digital e Sociedade 4.0.* Belo Horizonte: D'Plácido, 2020, p.627-650.

GUIMARÃES, Glayder Daywerth Pereira; SILVA, Michael César. Fake News à luz da responsabilidade civil digital: o surgimento de um novo dano social. *Revista Jurídica da FA7*, Centro Universitário 7 de Setembro, v. 16, n. 2, p. 99-114, 2019.

GUIMARÃES, Paulo Jorge Scartezzini. *A publicidade ilícita e a responsabilidade civil das celebridades que dela participam*. 2. ed. São Paulo: Ed. RT, 2007.

GUSTIN, Miracy Barbosa de Sousa; DIAS, Maria Tereza Fonseca. *(Re)pensando a pesquisa jurídica:* teoria e prática. 3. ed. Belo Horizonte: Del Rey, 2010.

IBM MARKETING CLOUD. *10 key marketing trends for 2017 and ideas for Exceeding Customer Expectations.* 2017. Disponível em: https://public.dhe.ibm.com/common/ssi/ecm/wr/en/wrl12345usen/watson-customer-engagement-watson-marketing-wr-other-papers-and-reports-wrl12345usen-20170719.pdf. Acesso em: 23 jun. 2020.

KARHAWI, Issaaf. Influenciadores digitais: conceitos e práticas em discussão. *Revista Communicare*, v. 17, p. 46-61, 2017. Disponível em: https://casperlibero.edu.br/communicare-17-edicao-especial-de-70-anos-da-faculdade-casper-libero/. Acesso em: 29 nov. 2020.

KARHAWI, Issaaf. Influenciadores digitais: o Eu como mercadoria. *In:* SAAD, Elizabeth; SILVEIRA, Stefanie C. (Orgs.). *Tendências em comunicação digital.* São Paulo: ECA/USP, 2016, p.39-58. Disponível em: http://www.livrosabertos.sibi.usp.br/portaldelivrosUSP/catalog/download/87/75/365-1?inline=1. Acesso em: 20 dez. 2020.

KHALIL, Ashraf; HAJJDIAB, Hassan; AL-QIRIM, Nabeel. Detecting Fake Followers in Twitter: A Machine Learning Approach. *International Journal of Machine Learning and Computing*, v. 7, n. 6, p. 198-202, 2017.

LACERDA, Bruno Torquato Zampier. *Bens digitais*: cybercultura, redes sociais, e-mails, músicas, livros, milhas aéreas, moedas virtuais. 2. ed. Indaiatuba: Editora Foco, 2021.

LIMA, Cintia Rosa Pereira de. A reponsabilidade civil dos provedores de aplicação de Internet por conteúdo gerado por terceiro antes e depois do Marco Civil da Internet (Lei 12.965/14). *Revista da Faculdade de Direito*, Universidade de São Paulo, São Paulo, v. 110, p. 155-176, 2015.

LIMA, Cláudia Borges de; COUTO, Kioko Nakayama Nenoki do; LUIZ, Michelly Jacinto Lima. O mito diretivo das digitais influencers como potencializador do discurso consumerista. *Revista Travessias*, Universidade Estadual do Oeste do Paraná. v. 14, n. 1. 2020. Disponível em: http://e-revista.unioeste.br/index.php/travessias/article/view/24188. Acesso em: 19 nov. 2020.

LIPOVETSKY, Gilles. *A felicidade paradoxal*: ensaio sobre a sociedade do hiperconsumo. São Paulo: Companhia das Letras, 2007.

LÉVY, Pierre. *Cibercultura*. São Paulo: Editora 34. 1999.

LONGHI, João Victor Rozatti. ROSENVALD, Nelson. Seguidores falsos, comentários e curtidas fake: ilícitos do mercado de fakes nas redes sociais. *Migalhas de Responsabilidade Civil*, 08 jun. 2020. Disponível em: https://www.migalhas.com.br/coluna/migalhas-de-responsabilidade-civil/328528/seguidores-falsos-comentarios-e-curtidas-fake-ilicitos-do-mercado-de-fakes-nas-redes-sociais. Acesso em: 21 nov. 2020.

LORENZETTI, Ricardo Luis. *Fundamentos do direito privado*. Trad. Vera Maria Jacob de Fradera. São Paulo: Ed. RT, 1998.

MARANHÃO, Juliano; CAMPOS, Ricardo. Fake News e autoregulamentação regulada das redes sociais no Brasil: fundamentos constitucionais. *In:* ABBOUD, Georges; NERY JUNIOR, Nelson; CAMPOS, Ricardo (Orgs.). *Fake News e Regulação*. São Paulo: Thomson Reuters Brasil, 2018.

MARTINS-COSTA, Judith. Reflexões sobre o princípio da função social dos contratos. *Revista Direito FGV*, v.1, n.1, p.41-66, 2005. Disponível em: http://bibliotecadigital.fgv.br/ojs/index.php/revdireitogv/article/view/35261. Acesso em: 21 nov. 2020.

MARQUES, Claudia Lima. *Contratos no Código de Defesa do Consumidor.* 9. ed. São Paulo: Thomson Reuters Brasil, 2019.

MARQUES, Claudia Lima; BENJAMIN, Antonio Herman V.; MIRAGEM, Bruno. *Comentários ao Código de Defesa do Consumidor,* 3. ed. São Paulo: Ed. RT, 2010.

MARTINS-COSTA, Judith. *A boa-fé no direito privado*: critérios para sua aplicação. 2. ed. São Paulo: Saraiva Educação, 2018.

MIRAGEM, Bruno. A proteção da confiança no direito privado: notas sobre a contribuição de Claudia Lima Marques para a construção do conceito no direito Brasileiro. *Revista de Direito do Consumidor*, v. 113, ano 26, p. 397-407. São Paulo: Ed. RT, 2017. Disponível em: https://revistadedireitodoconsumidor.emnuvens.com.br/rdc/article/view/1083. Acesso em: 25 nov. 2020.

MOREIRA, Diogo Rais Rodrigues; BARBOSA, Nathalia Sartarello. O reflexo da sociedade do hiperconsumo no instagram e a responsabilidade civil dos influenciadores. *Revista Direitos Culturais*, n. 30, 2018.

NOVELLI, José Gaspar Nayme. *Confiança Interpessoal na sociedade de Consumo*: a Perspectiva Gerencial. 2004. 242 f. Tese (Doutorado em Administração) – Faculdade de Economia, Administração e Contabilidade. Universidade de São Paulo. São Paulo, São Paulo.

NUNES, Danilo Henrique; LEHFELD, Lucas De Souza. Da responsabilização dos novos atores digitais. *Anais do X encontro internacional do Conpedi Valência – Espanha*, p.61-80, 2020.

PASQUALOTTO, Adalberto; BRITO, Dante Ponte de. Regime jurídico da publicidade nas redes sociais e a proteção do consumidor. *Revista FIDES*, v. 11, n. 1, p. 40-64, 2020.

POMPEU, Gina Vidal Marcílio; POMPEU, Inês Mota Randal. Liberdade de expressão e informação em face dos direitos da personalidade: análise com base na ADI 4.815. *In:* TEPEDINO, Gustavo; MENEZES, Joyceane Bezerra de (Coords.). *Autonomia Privada, Liberdade Existencial e Direitos fundamentais*. Belo Horizonte: Fórum, 2019, p.269-283.

RAPOSO, João Francisco. Prossumo e o poder do usuário. *In:* SAAD, Elizabeth; SILVEIRA, Stefanie C. (Orgs.). *Tendências em comunicação digital*. São Paulo: ECA/USP, 2016, p.116-135. Disponível em: http://www.livrosabertos.sibi.usp.br/portaldelivrosUSP/catalog/download/87/75/365-1?inline=1. Acesso em: 20 dez. 2020.

RECUERO, Raquel. *Redes sociais na Internet*. Porto Alegre: Sulina, 2009.

ROSENVALD, Nelson. *O direito civil em movimento:* desafios contemporâneos. 2. ed. Salvador: Juspodivm, 2018.

SANTAELLA, Lucia. O paradigma do sensível na comunicação. *Revista Comunicação Midiática*, v. 11, n. 1, p. 17-28, 2016.

SANTOS, Karen de Paula. Novas práticas publicitárias em uma sociedade midiatizada: uma análise do publieditorial como um formato de "publicidade oculta". *Anais de Artigos do Seminário Internacional de Pesquisas em Midiatização e Processos Sociais*, [S.l.], v.1, n.3, ago. 2019. Disponível em: http://midiaticom.org/anais/index.php/seminario-midiatizacao-artigos/article/view/243. Acesso em: 27 nov. 2020.

SCHNEIDER, Ari. *Publicidade, ética e liberdade:* o trabalho do CONAR pelo respeito na propaganda. São Paulo: CONAR, 2018. Disponível em: http://www.conar.org.br/pdf/LivroConarPublicidadeEtica-Liberdade.pdf. Acesso em: 28 nov. 2020.

SILVA, Cristiane Rubim Manzina da; TESSAROLO, Felipe Maciel. Influenciadores Digitais e as Redes Sociais enquanto Plataforma de Mídia. *Anais do XXXIX Congresso Brasileiro de Ciências da Comunicação.* São Paulo. 2016. Disponível em: http://portalintercom.org.br/anais/nacional2016/resumos/R11-2104-1.pdf. Acesso em: 21 nov. 2018.

SILVA, Michael César; SANTOS, Wellington Fonseca dos. O direito do consumidor nas relações de consumo virtuais. *In:* BRAGA NETTO, Felipe Peixoto; SILVA, Michael César (Orgs.). *Direito privado e contemporaneidade*: desafios e perspectivas do direito privado no século XXI. Belo Horizonte: D'Plácido, 2014, p.279-306.

SILVA, Michael César. Convergências e assimetrias do princípio da boa-fé objetiva no direito contratual contemporâneo. *In:* BRAGA NETTO, Felipe Peixoto; SILVA, Michael César (Orgs.). *Direito privado e contemporaneidade*: desafios e perspectivas do direito privado no século XXI: volume II. Rio de Janeiro: Lumen Juris, 2018, p.99-141.

SILVA, Michael César; TEIXEIRA, Karen Myrna Castro Mendes; TEIXEIRA, Camila Cristina Azevedo Castro. A função socioambiental do contrato e a obsolescência programada. *In:* SILVA, Michael César (Org.). *Estado Democrático de Direito e Solução de Conflitos*: diálogos e repercussões na sociedade contemporânea: volume II. Belo Horizonte: Editora Newton Paiva, 2018, p.113-131.

SIMAS, Danielle Costa de Souza; SOUZA JUNIOR, Albefredo Melo de. Sociedade em rede: os influencers digitais e a publicidade oculta nas redes sociais. *Revista de Direito, Governança e Novas Tecnologias*, Salvador, v. 4, n.1, p.17-32, 2018.

SIQUEIRA, Dirceu Pereira; NUNES, Danilo Henrique. Conflitos digitais: cidadania e responsabilidade civil no âmbito das lides cibernéticas. *Revista Jurídica da UNI7*. Centro Universitário 7 de Setembro, Fortaleza, v. 15, n. 2, p. 127-138, 2018.

SIQUEIRA, Dirceu Pereira; NUNES, Danilo Henrique. Da aparente possibilidade de responsabilização da figura do "digital influencer". *Revista de Direito Empresarial – RDEmp*, Belo Horizonte, a. 15, n. 3, p. 195-214, 2018.

SOUZA, Luciana Cristina de; ALMEIDA, Fabíola Fonseca Fragas de. Responsabilidade dos influenciadores digitais por publicidade oculta segundo o código de defesa do consumidor. *In: I Seminário On-line de Estudos Interdisciplinares – On-line*, 2020. Disponível em: https://www.doity.com.br/anais/iseminarioonlinedeestudosinterdisciplinares/trabalho/141685. Acesso em: 25 nov. 2020.

SZTAJN, Rachel; BAROSSI FILHO, Milton. Assimetria e incompletude informacional nas relações de consumo sob a perspectiva de *Law & Economics*. *In:* BRAGA NETTO, Felipe Peixoto; SILVA, Michael César (Orgs.). *Direito privado e contemporaneidade:* desafios e perspectivas do direito privado no século XXI: volume três. Indaiatuba: Editora Foco, 2020, p.147-159.

TEFFÉ, Chiara Spadaccini de; MORAES, Maria Celina Bodin de. Redes sociais virtuais: privacidade e responsabilidade civil análise a partir do marco civil da internet. *Revista Pensar*, v. 22, n. 1, p. 108-146, 2017.

WITKER, Jorge. *Como elaborar una tesis en derecho:* pautas metodológicas y técnicas para el estudiante o investigador del derecho. Madrid: Civitas, 1985.

23
ALGORITMOS, *MACHINE LEARNING* E INTELIGÊNCIA ARTIFICIAL: TRANSFORMAÇÕES SOCIAIS E ECONÔMICAS E SIDERAÇÕES NAS FORMAS JURÍDICAS

Alexandre Walmott Borges

Doutor e Mestre em Direito pela Universidade Federal de Santa Catarina – UFSC. Doutor em História pela Universidade Federal de Uberlândia – UFU. Realizou estágios de pós-doutorado na Universidade Autônoma de Barcelona e na Universidade de Barcelona. Professor dos Programas de Pós-Graduação (Mestrado em Direito) da Universidade Federal de Uberlândia – UFU e da Universidade Estadual Paulista "Júlio de Mesquita Filho" – UNESP. E-mail: walmott@gmail.com

Thobias Prado Moura

Graduando em Direito pela Universidade Federal de Uberlândia, em mobilidade na Faculdade de Direito da Universidade do Porto. Membro do Laboratório de Direitos Humanos (LabDH). Possui pesquisa em andamento nos temas relacionados a cibergovernança e Direito Digital. Foi agraciado com uma bolsa no programa Youth Brasil 2020 para participação em eventos relacionados a cibergovernança em âmbito nacional e exterior. E-mail: thobiasp.moura@hotmail.com

Alex Cabello Ayzama

Profesor visitante da Universidad Privada del Valle – Univalle (Bolívia). Abogado formado en la Universidad Mayor de San Simón (Bolivia). Mestre en Derecho por la Universidad Federal de Uberlândia. Investigador en disciplinas de derechos humanos, derecho penal, migración, derecho internacional. Miembro de grupos de investigación: Red Jurídica Internacional RED compara, Laboratorio Americano de Estudios Constitucionales Comparados LAECC – UFU. Bolsista CAPES. E-mail: ayzamalex@gmail.com

1. AS CONSIDERAÇÕES INICIAIS

O texto buscará a contextualização crítica da temática da obra, *Algoritmos, machine learning e inteligência artificial: bases conceituais e impactos jurídicos*[1] com a seguinte estratégia de abordagem:

1. De início considere-se que há a concordância à ideia de exista alguma ambiguidade e/ou vagueza nos termos como IA, sociedade e economia algorítmica, internet (internet das coisas).

A descrição de fases, momentos, formas de organização das relações sociais e das relações de produção, em sincronia com as formas jurídicas e as formas de regulação jurídica.

As fases, momentos, formas de organização das relações sociais e das relações de produção serão descritos dentro do período datado do surgimento do industrialismo, ou da economia industrial.

As fases, momentos, formas de organização das relações sociais e das relações de produção serão alinhados com as formas de desenvolvimento institucional do político, na circuncisão das formas do Estado moderno/contemporâneo.

As fases, momentos, formas de organização das relações sociais e das relações de produção serão alinhados com as formas jurídicas, com a escrita ecumênica dos principais postulados da teoria do direito.

As fases, momentos, formas de organização das relações sociais e das relações de produção serão reduzidos, ao final, ao alinhamento temporal com a inteligência artificial, com a sociedade algorítmica.

Ao fecho, o impacto que isso poderá trazer ao mundo do direito, no que permite dizer que a estratégia de abordagem sairá de uma larga descrição social, econômica e institucional para, a seguir, um mais cintado discorrer sobre o direito e, ao final, o mais definido discorrer sobre o direito e a IA, a internet, o mundo digital, a internet, as máquinas e os dispositivos eletrônicos.[2]

Ponto que deve ser elucidado é o de que a linha de argumentação basear-se-á na linha geral de comunicação e difusão de tecnologias, entre os humanos, seja nas formas maquinarias, seja nas formas institucionais; e de como tais tecnologias impactam, repercutem, impelem adaptações e tem impacção nas formas jurídicas.

2. AS BASES DA SOCIEDADE

O recorte da abordagem deste artigo toma como linha temporal de início de contextualização as transformações sociais havidas no século XVIII, e no século XIX. Essas transformações sociais foram motivadas e causadas pela revolução industrial.

Muito longe de uma contextualização que busque uma determinação das formas sociais pela economia, mas com atenção às modificações que a economia traz às formas sociais, a revolução industrial trouxe novas formas produtivas, de relações sociais e dos próprios fundamentos do conhecimento do homem (sobre o homem e sobre o mundo).[3-4]

Os processos e transformações da revolução industrial contaram com o substrato de formas de comunicação e de transporte. As formas comunicacionais de informações haviam sido impactadas pelo desenvolvimento da imprensa, desde o início da Idade

2. É necessário o acordo com as/os leitoras/es: utilizar-se-á a abreviatura IA para inteligência artificial.
3. BRESSER-PEREIRA, L. C. *A revolução capitalista*, 2016. Disponível em: http://bibliotecadigital.fgv.br/dspace/handle/10438/16623. Acesso em: 31 ago. 2020.; KREIS, S. The Origins of the Industrial Revolution in England. *The History Guide*, 2001. Disponível em: http://www.historyguide.org/intellect/lecture17a.html. Acesso em: 31 ago. 2020.
4. A revolução implicou na substituição de processos artesanais limitados pela manufatura serial e massiva.

Moderna. A capacidade de reprodução de circulação de informações foi ampliada com as formas dinâmicas proporcionadas pela imprensa. Em paralelo, os transportes foram impactados pelas modelagens de navegação da Idade moderna e a possibilidade de longa jornada e longa duração.

Com a revolução industrial vários desdobramentos da transformação da comunicação impressa se fizeram surgir: edição de livros; imprensa informativa com frequência de edição e de circulação inéditas; capacidade massiva de edição e circulação de textos normativos e administrativos. Nos meios de transporte, as transformações dos meios aquaviários e ferroviários, com o vapor, fizeram se sentir por aumento da capacidade de bens e mercadorias transportadas, e na velocidade superior de tais deslocamentos/ circulação.[5]

A revolução industrial é um fenômeno que se pode definir como salto tecnológico, situado ou localizado, em alguns grupos ou em determinadas regiões. A revolução industrial, nos séculos XVIII e XIX, teve o seu local de deflagração na Europa. Logo a seguir, pela América do Norte. No século XX, alastrou-se pela Ásia e restante da América.[6-7]

O período inicial da revolução industrial, na virada do XVIII para o XIX, foi concentrado na indústria têxtil e sobretudo nas Ilhas britânicas. Logo a seguir, no século XIX, vai se espraiar pela Europa ocidental e com maior diversificação das formas de produção industrial, e de emprego da tecnologia. Na metade final do século XIX já há o incremento da indústria química e de outras tecnologias de produção, além do espraiamento pelo centro da Europa e pela América do Norte.[8-9]

As duas ondas de revolução industrial no século XIX. Este parece ser o termo adequado para a designação temporal da evolução do industrialismo no século XIX, vista no parágrafo anterior. É de se notar que a primeira onda industrialista foi mais concentrada geograficamente, mas, a seguir, há a disseminação tecnológica (o a seguir entenda-se a partir dos anos 60 do século XIX).[10-11]

5. No final do século XIX, Julio Verne editava o livro que consagrava a aventura de Phileas Fogg em rodar o mundo em 80 dias!
6. BUENO, N. P.; GOMES, A. P. Uma contribuição ao debate sobre a primeira revolução industrial utilizando a técnica do diagrama de recorrência. *Economica*, v. 2, n. 1, p. 291-311, 2001. Disponível em: https://ideas.repec.org/a/anp/econom/v2y2001i1p291-311.html. Acesso em: 31 ago. 2020.
7. TILLY, R. *Industrialization as an Historical Process Industrialization*, 2010. Disponível em: http://ieg-ego.eu/en/threads/backgrounds/industrialization/richard-h-tilly-industrialization-as-an-historical-process. Acesso em: 31 ago. 2020.
8. BOND, E. et al. The Industrial Revolution – Causes. *Industrialrevolution.sea.ca*. Disponível em: http://industrialrevolution.sea.ca/causes.html. Acesso em: 31 ago. 2020.; HIRSCHMAN, C.; MOGFORD, E. Immigration and the American Industrial Revolution From 1880 to 1920. *Social Science Research*, v. 38, n. 4, p. 897-920, 2009. Disponível em: https://ncbi.nlm.nih.gov/pmc/articles/pmc2760060. Acesso em: 31 ago. 2020; AMERICAN HISTORY. The United States and the Industrial Revolution in the 19th Century. *Americanhistory.about.com*. Disponível em: http://americanhistory.about.com/od/industrialrev/a/indrevoverview.htm. Acesso em: 31 ago. 2020.
9. E os desenvolvimentos de toda a ferramentaria para a indústria. Note-se que o processo revolucionário industrial veio acompanhado de mudanças na produção massiva de ferro, e também na qualidade do ferro produzido.
10. CASTRO, A. *A revolução industrial em Portugal no século XIX*. [S.l.]: Limiar, 1978.
11. THE Industrial Revolution in the United States - Primary Source Set. Disponível em: https://www.loc.gov/teachers/classroommaterials/primarysourcesets/industrial-revolution/. Acesso em: 31 ago. 2020.

A partir dos anos 60 do século XIX, a indústria incorpora transformações e ampliação para/na indústria química, na indústria elétrica, na utilização do petróleo (em espaços antes do carvão), e da aciaria. O telégrafo e o primeiro desenvolvimento do telefone incrementam as comunicações.[12]

O industrialismo mudou as bases e as formas de produção. Dentre as várias características, algum destaque para o emprego massivo de mão de obra (ao menos em algumas fases) e equipamentos, o emprego de maquinaria, e o emprego intensivo de energia. Pelo lado da demanda, moldou o consumo em massa. A revolução industrial impulsionou novas formas de comunicação e novos meios de comunicação e transporte.[13]

A revolução industrial impactou as formas de produção agrícola. Aumento de maquinário, redução da mão de obra empregada, incremento do uso de produtos químicos na fertilização e adubação. Houve o aumento intensivo da produção e, de formas variadas, a também industrialização da produção pecuária e da produção de alimentos, em geral.[14]

As sociedades passaram a progressivamente se tornar sociedades urbanas, ou citadinas. A cidade passou a concentrar os maiores contingentes de população (em marcha progressiva pelas várias regiões do mundo ao longo dos séculos XIX e XX, até o século XXI). Com a urbanização e a fixação das populações em cidades houve, em paralelo à revolução industrial, a revolução dos serviços.[15-16]

A concentração urbana determinou a intensificação de serviços como água tratada e esgoto coletado, transportes, energia, serviços sanitários em geral, e dos resíduos produzidos pela cidade. As atividades comerciais em geral sofreram incremento e se adaptaram às novas formas de vida citadina.

A divisão do trabalho com a formação do proletariado é um evento da revolução industrial. As relações surgidas no contexto do industrialismo modificaram as relações negociais sobre o trabalho. Grande parte dos conteúdos obrigacionais hierarquizados, e estatutários, foram substituídos por vínculos que partem de igualdade formal dos negociantes, com liberdade de vínculos. A natureza dos conflitos daí decorrentes também foi diferente. O objeto conflitual recebeu significação econômica.[17]

Ao final do século XIX há o emprego de novos combustíveis fosseis, o petróleo, e o incremento do uso do aço. As transformações tecnológicas da maquinaria também se fazem sentir na dinâmica social. A urbanização assume ritmo frenético nos países da

12. CHANDLER JR., A. D. *The visible hand*: the managerial revolution in American business. Cambridge: Harvard University Press, 1977.
13. BOND, E. et al. The Industrial Revolution – Innovations. *Industrialrevolution.sea.ca*. Disponível em: http://industrialrevolution.sea.ca/innovations.html. Acesso em: 31 ago. 2020.
14. LIBRARY, H. *Everday Life in the Industrial Revolution*, 2008. Disponível em: http://mylearning.org/everyday-life-in-the-industrial-revolution/p-2355. Acesso em: 31 ago. 2020.
15. NARDINELLI, C. Industrial Revolution and the Standard of Living. *The Library of Economics and Liberty*. Disponível em: http://www.econlib.org/library/Enc/IndustrialRevolutionandtheStandardofLiving.html. Acesso em: 31 ago. 2020.
16. KHAN, A. The industrial revolution and the demographic transition. *The Business Review*, p. 9-15, 2008. Disponível em: http://philadelphiafed.org/research-and-data/publications/business-review/2008/q1/khan_demographic-transition.pdf. Acesso em: 31 ago. 2020.
17. COL, L. D. The Life of the Industrial Worker in Nineteenth-Century England, 2008. Disponível em: http://www.victorianweb.org/history/workers1.html. Acesso em: 31 ago. 2020.

dimensão da industrialização novecentista. Há a série de conflitos sociais e disputas políticas com pautas que incluem os direitos econômicos e os direitos políticos: demandas por condições materiais e demandas por participação política.

Os períodos acima referidos foram marcados pelo advento e valorização da figura do inventor, do descobridor de inventos, modelos de utilidade e, dos insurgentes, valores de marca. A organização típica das corporações vai migrar do início do empreendedor, individual, ou familiar, ou do grupo de famílias, para as grandes corporações mono ou oligo, tanto na demanda como na oferta (monopólios-psônios; oligopólios-psônios).[18]

O segundo recorte temporal do texto ocorre após a Segunda Guerra Mundial. Os conflitos da 1ªe 2ª Guerras tiveram como resultados a ordenação de novos centros de domínio e de disseminação tecnológica. Antes de colocar o final da 2ª Guerra Mundial como linha de corte, cabe dizer que o final do século XIX e o início do século XX foram marcados pelo surgimento de novas tecnologias de produção e algum desarranjo na ordenação de centros dominantes. Os EUA foram se afirmando como centro industrial do mundo e, mais do que isso, centro de novas tecnologias de produção e de novas formas de consumo. Por outro lado, a onda industrializante vai se alastrar pelos locais que, até então, tinham ainda bases agrárias ou incipiente industrialização (o restante das Américas, o Japão, entre outros).[19-20]

As classes médias com poder pelo volume e pela capacidade de articulação de demandas é fenômeno do momento posterior à Guerra. Isso se deu tanto novo aparato de burocratas como à expansão dos serviços, e das novas estruturas administrativas dos feitos industriais. No caso dos serviços, esses passaram a demandar maior contingente de trabalhadores com graus de especialização variados.[21-22]

As mudanças tecnológicas após a 2ª Guerra foram decorrência tanto do desenvolvimento bélico como da afirmação das novas economias dominantes (e vitoriosas). O mundo do pós-guerra foi o mundo das economias concertadas. Os acordos de regulação do poder econômico foram bem-sucedidos: regulação da moeda; regulação do comércio; regulação da função prestamista.

Além disso, houve razoável coesão nas políticas de condução do acerto de conflitos distributivos: no mundo socialista com a ordenação de economias centralizadas; no mundo capitalista com a partilha de bens materiais; no mundo em desenvolvimento com a tomada de direção da industrialização e da transformação social.

18. No final do século XIX, início do século XX, há o advento das normas de tutela da ordem econômica e de controle do poder econômico privado (alguns chamam-na *legislação antitruste*).
19. HOBSBAWN, E. *A era dos extremos*. O breve século XX. São Paulo: Cia das letras, 1995.
20. TILLY, R. *Industrialization as an Historical Process Industrialization*, 2010. Disponível em: http://ieg-ego.eu/en/threads/backgrounds/industrialization/richard-h-tilly-industrialization-as-an-historical-process. Acesso em: 31 ago. 2020.; TASSAVA, C. The American Economy during World War II. *Economic History Association*. Disponível em: http://eh.net/encyclopedia/the-american-economy-during-world-war-ii/. Acesso em: 29 set. 2020.
21. TRUEMAN, C. N. *Life in Industrial Towns*, 2000. Disponível em: http://www.historylearningsite.co.uk/industrial_revolution_towns.htm. Acesso em: 31 ago. 2020.; INDUSTRIAL REVOLUTION. *Coal Mines Industrial Revolution - Conditions & Key Facts*, 2010-2020. Disponível em: http://industrialrevolution.org.uk/coal-mines-industrial-revolution/. Acesso em: 31 ago. 2020.
22. HOBSBAWN, E. *A era dos extremos*. O breve século XX. São Paulo: Cia das letras, 1995.

Os serviços que durante o século XIX ainda eram elitizados, ou de fruição por grupos restritos, são impactados pelas políticas do século XX. A eletrificação torna-se um fenômeno extenso e abrangente. Os sistemas sanitários são fortalecidos por novas tecnologias como a vacinação massiva.[23-24]

Foi o mundo das novas formas de consumo; do consumo de variedade de bens (duráveis, não duráveis e do, muitas vezes, consumo suntuoso) alimentado pelas formas gerenciais da produção em massa; das novas formas de comunicação e de negociação por meios até então desconhecidos: do rádio à TV; da telefonia à comunicação de dados por meio eletrônico.

A concertação Estado e corporação dita as formas e inovação e de superação tecnológica. As universidades e os centros de pesquisa são articulados para a oferta de inventos, modelos de utilidade, entre tantos. Algumas vezes para o fornecimento ao próprio Estado, outras para o fomento de atividades privadas. Políticas tecnológicas tornam-se políticas econômicas de concerto público – privado.

A era industrializante após a 2ª Guerra espraia-se por diversos setores e tecnologias. Esse espraiamento engloba tanto mudanças na tecnologia já existente como avanço por campos novos.

Os serviços públicos, como acima mencionado tornam-se grandes indutores tecnológicos e envolvem a eletrificação, sistemas de água e de esgoto, e formas de transporte massivo e de velocidade nas áreas urbanas, entre tantos; destaque aos serviços de saúde que vão demandar o eixo de biotecnologia, de química, nuclear, entre tantos.[25]

A economia se torna, progressivamente, uma economia de serviços. As cidades se tornam centros de serviços e, com o avanço da robótica, da economia algorítmica, a indústria perde espaço na economia para a participação dos serviços no total da riqueza.

Os transportes passam a envolver tanto os veículos individuais, os automóveis (com impacto na indústria em geral), como transporte aeroviário; os transportes aquaviários e ferroviários passam a contar com novas tecnologias e infraestrutura inovada (trens de alta velocidade, navegação satelitária de embarcações, entre tantos; as obras de infraestrutura de serviços são grandes demandantes de tecnologia e de insumos – estradas, portos, linhas, entre tantos.[26]

---

23. No desenvolvimento sanitário, destaque para os métodos contraceptivos e para as transformações da pílula anticoncepcional.
24. MAZOWER, M. *Continente sombrio*. Europa no século XX. São Paulo: Cia. das letras, 2001; MUNTONE, S. Second Industrial Revolution. *The McGraw-Hill Companies*. Disponível em: http://www.education.com/study-help/article/us-history-glided-age-technological-revolution/. Acesso em: 29 set. 2020.
25. MCGUIRE, M. J. John L. Leal – The man and the award. *Journal American Water Works Association*, v. 106, n. 8, p. 28-36, 2014. Disponível em: https://awwa.onlinelibrary.wiley.com/doi/10.5942/jawwa.2014.106.0117. Acesso em: 29 set. 2020; CRITTAL, E. Railways. *British History Online*, 1959. Disponível em: http://www.british-history.ac.uk/report.aspx?compid=102817. Acesso em: 29 set. 2020; Victorian Railway Maps 1860 – 2000. *Andrew Waugh*. Disponível em: http://www.vrhistory.com/VRMaps/. Acesso em: 29 set. 2020; Train History. Disponível em: http://www.durangotrain.com/history#.WwRdddQrl1I. Acesso em: 29 set. 2020.
26. BONSOR, K. *How Satellite Radio Works*. Disponível em: http://electronics.howstuffworks.com/satellite-radio.htm. Acesso em: 29 set. 2020.; GARBER, S. Sputnik and the Dawn of the Space Age. *US National Aeronautics & Space Administration*. Disponível em: https://history.nasa.gov/sputnik/. Acesso em: 29 set. 2020.; RODRIGUE, J.-P. Transportation, Globalization and International Trade. Disponível em: http://people.hofstra.edu/geotrans/eng/ch5en/conc5en/ch5c2en.html. Acesso em: 29 set. 2020.; EBERTS, R. UNDERSTANDING THE IMPACT OF

A indústria eletrônica que engloba a produção de produtos variados dos rádios aos televisores, de eletrodomésticos em geral aos aparelhos eletrônicos; há a passagem do transistor, pelo computador, pela circulação, envio e armazenagem de dados, aos meios óticos utilizados para tais atividades;[27] a oferta de serviços e dispositivos domésticos faz-se em paralelo ao desenvolvimento de atividades de entretenimento e a criação da indústria de imagens; os computadores.[28-29]

A atividade da grande revolução ancestral, a agricultura, é atravessada e responde com as seguintes transformações e mudanças: [30-31]

Mecanização agrícola, com o consumo e demanda de máquinas pareadas com o desenvolvimento, acima mencionado, de automóveis, aviões e outros;

Consumo de produtos químicos e, mais recentemente, e produtos de biotecnologia;

Desenvolvimento de tecnologias de transporte para as trocas de agrícolas e pecuários;

A partir dos anos 50 há o desenvolvimento da indústria espacial;[32] esta indústria passou por caminhos que vão desde o uso militar ao fornecimento de dispositivos para o cotidiano, e para as comunicações; há expansão recente desta indústria para outros Estados além daqueles envolvidos no assim chamado período da guerra fria; essa indústria é ativa demandante de novas tecnologias de comunicação, de dados, de computadores, de programação, contando com investimentos estatais e privados.[33]

O pós-guerra é também conhecido como a era nuclear. O desenvolvimento da tecnologia nuclear permitiu a geração de energia elétrica, de aplicação médica, e o uso militar-bélico. Pareado com as tecnologias da época, a utilização da tecnologia nuclear

TRANSPORTATION ON ECONOMIC DEVELOPMENT. *Transportation in the New Millennium*, 2000. Disponível em: http://onlinepubs.trb.org/onlinepubs/millennium/00138.pdf. Acesso em: 29 set. 2020.

27. Com a menção ao desenvolvimento do laser.
28. SCACE, R. I. Electronics. *Britannica*, 2020. Disponível em: https://www.britannica.com/technology/electronics. Acesso em: ago 2020.; LÉVÉNEZ, É. *Computer Languages History*, 2011. Disponível em: http://www.levenez.com/lang/. Acesso em: 29 set. 2020.; FERGUSON, A. *A History of Computer Programming Languages*. Disponível em: http://cs.brown.edu/~adf/programming_languages.html. Acesso em: 29 set. 2020.
29. The Transistor - History. Disponível em: https://www.nobelprize.org/educational/physics/transistor/history/. Acesso em: 29 set. 2020.
30. BRINEY, A. *History and Overview of the Green Revolution*. Disponível em: http://geography.about.com/od/globalproblemsandissues/a/greenrevolution.htm. Acesso em: 29 set. 2020.
31. PINGALI, P. Green Revolution: Impacts, limits, and the path ahead. *Proceedings of the National Academy of Sciences of the United States of America*, v. 109, n. 31, p. 12302-12308, 2012. Disponível em: https://ncbi.nlm.nih.gov/pmc/articles/pmc3411969. Acesso em: 29 set. 2020.
32. *Tratado sobre Princípios Reguladores das Atividades dos Estados na exploração e Uso do Espaço Cósmico, inclusive a Lua e demais corpos celestes*. É o documento de direito internacional regulador do espaço.
33. HEIM, C. E. R & D, Defense, and Spatial Divisions of Labor in Twentieth-Century Britain. *The Journal of Economic History*, v. 47, n. 02, p. 365-378, 1987. Disponível em: https://cambridge.org/core/services/aop-cambridge-core/content/view/s0022050700048129. Acesso em: 29 set. 2020.; CURTIN, C. Fact or Fiction?: NASA Spent Millions to Develop a Pen that Would Write in Space, whereas the Soviet Cosmonauts Used a Pencil. *Scientific American*. Disponível em: http://www.scientificamerican.com/article/fact-or-fiction-nasa-spen/. Acesso em: 29 set. 2020.; SAGDEEV, R.; EISENHOWER, S. *United States-Soviet Space Cooperation during the Cold War*. Disponível em: http://www.nasa.gov/50th/50th_magazine/coldWarCoOp.html. Acesso em: 29 set. 2020.

permite a maior geração de energia com a menor quantidade de insumos e de utilização de espaço.[34-35]

O setor de petróleo teve o desenvolvimento da indústria petroquímica: desde a produção de aromáticos aos produtos de consumo e produtos base de outras indústrias.

A utilização de agentes biológicos para o fornecimento de bens e produtos teve o incremento no posterior da guerra. Hoje envolve uma gama de ações/atividades que vão da produção de energia aos produtos médicos-farmacêuticos.

No caso das comunicações, as comunicações por voz, a comunicação escrita, a comunicação audiovisual, todos/as foram progressivamente transportadas do universo analógico ao universo eletrônico. Esse processo se fez ao longo do século XX com a intensificação do cosmos do universo eletrônico a partir dos anos 80.[36]

As formas da telefonia são ilustrativas desta compactação, concentração e multi-disposição. Inicialmente os serviços foram pensados como forma de transmissão de voz, vencendo distâncias (superado pela disposição de vários serviços, imagens, sons, vozes). As mudanças do sistema mostram migrações do analógico ao digital; a maior disposição de serviços em variadas camadas de utilização pelos usuários; finalmente, a utilização de protocolos da internet para as comunicações telefônicas apontando a concentração e abundância de disposição de informações.[37]

O desenvolvimento da internet cristalizou as possibilidades de comunicação mundializadas.[38] A quantidade de dados carregados, transmitidos e a relativa autono-

---

34. IAEA. Nuclear technology and applications. *IAEA*, 1998-2020. Disponível em: https://www.iaea.org/topics/nuclear-technology-and-applications. Acesso em: set 2020.
35. ASSMUS, A. *Early History of X Rays*, 1995. Disponível em: http://slac.stanford.edu/pubs/beamline/25/2/25-2-assmus.pdf. Acesso em: 29 set. 2020.
36. UK TELEPHONE HISTORY. Disponível em: http://www.britishtelephones.com/histuk.htm. Acesso em: 29 set. 2020.; AMENT, P. Mobile Phone History - Invention of the Mobile Phone. *Ideafinder.com*. Disponível em: http://www.ideafinder.com/history/inventions/mobilephone.htm. Acesso em: 29 set. 2020.; BELLIS, M. Definition of a Solar Cell – History of Solar Cells. *The New York Times Company*. Disponível em: http://inventors.about.com/od/sstartinventions/a/solar_cell.htm. Acesso em: 29 set. 2020.; Color Television History. *About.com*. Disponível em: http://inventors.about.com/library/inventors/blcolortelevision.htm. Acesso em: 29 set. 2020.
37. 'The Internet works because open standards allow every network to connect to every other network. This is what makes it possible for anyone to create content, offer services, and sell products without requiring permission from a central authority. It levels the playing field for everyone and it's the reason why we have a rich diversity of applications and services that many of us enjoy today. [...] Unlike the telephone network, which for years in most countries, was run by a single company, the global Internet consists of tens of thousands of interconnected networks run by service providers, individual companies, universities, governments, and others. [...] The Internet is not like a telephone network. The global Internet consists of tens of thousands of interconnected networks run by service providers, individual companies, universities and governments. In most countries, a telephone network is run by a single company for several years at a time. Open standards are what enable this network of Internet networks to communicate. And they're what make it possible for anyone to create content, offer services, and sell products without requiring permission from a central authority.' IS. About the internet. *Internet society*, 2020. Disponível em: https://www.internetsociety.org/internet/. Acesso em: set 2020.
38. O desenvolvimento da internet mostra a simbiose e comensalismo entre Estado e agentes privados no desenvolvimento da tecnologia. 'By 1980, the U.S. Department of Defense (DoD) decided that the ARPANET technology, which utilized a hardware subnet of minicomputers called Interface Message Processors (IMPs), was becoming obsolete. Recognizing the need to update this technology, they proposed new hardware to replace the IMP backbone of the ARPANET. Even more importantly, they decided to have networking capability built into software that would be used to connect different and hitherto otherwise incompatible computers. This new software would make it possible to connect different networks of computers rather than just connecting different computers. A date of January 1, 1983 was set for the cutover to make the transition from the hardware based IMP subnet backbone for

mia em relação ao meio físico tornaram a rede comunicacional algo único na história humana. [39]

As densidades crescentes em volumes insignificantes, ou mesmo a relativa ausência de quantias de volume significativas,[40] com a conjugação de dispositivos capazes e programas hábeis, levaram à configuração do mundo dos dados.[41] Este mesmo mundo de dados apresenta a feição peculiar da simultaneidade, ou pronta execução.[42]

O recorte temporal acima utilizado com a 2ª Guerra como linha de início de contagem faz-se na descrição da inteligência artificial. Desde esse período há o desenvolvimento de conhecimento, técnicas e dispositivos capazes de sistematizar e automatizar lidas, funções e afazeres humanos, de natureza intelectual, mas com potenciais e concretas derivações para misteres e tarefas braçais. A conceituação, a materialização, e a ideia de

---

the ARPANET, to the new form of network that would connect different networks. The new network of networks would be based on using a set of common protocols known as the TCP/IP protocol suite. This networking research was funded by the U.S. Department of Defense and there was a simultaneous process ongoing to link the computers within the DoD. Rather than a set of isolated and secret activities, the work was done collaboratively under DoD contracts and by ARPA funded university researchers doing ARPA related research. Usenet, also developing in the early 1980s, was a network developed by the Unix community, who were in many instances university graduate students and researchers at the Bell Telephone Laboratories of AT&T.' HAUBEN, R. From the ARPANET to the Internet. *Columbia edu*, 1998. Disponível em: http://www.columbia.edu/~rh120/other/tcpdigest_paper.txt. Acesso em: set. 2020.

39. 'Now that the Internet has exploded in popularity on a world wide scale, with a major component of its success (the World Wide Web) being developed at CERN, it seems a good time to look back and trace the history of the Internet at CERN. Even before the Web allowed Internet penetration in the most unexpected places, the presence of the Internet protocols at CERN had already encouraged their adoption not only in many other parts of Europe but also in such influential organizations as the ITU and ISO in Geneva. Another reason for writing this history today is that it is almost exactly ten years ago that CERN named me as its first "TCP/IP Coordinator". The TCP/IP protocols (as Internet protocols were then called) had actually entered CERN a few years earlier, inside a Berkeley Unix system, but not too many people were aware of that event. In the computer networking arena, a period of 10-15 years represents several generations of technology evolution. Readers of this history will perhaps be surprised that in a period of only three years there can be developments that radically change the whole way that people think about computer communications. This has just happened with the Web (prototyped in 1990-1, fully accepted over 1993-4), but several related steps needed to take place beforehand to enable the Web's emergence. First of all, standards had to emerge in computer systems themselves, and in programming techniques. Next, standards were needed in network and computer hardware, with the accompanying price reductions. Finally there had to be a change in mentality, among both manufacturers and computer users, for them first to allow and then to insist that their systems should be able to communicate freely. Another interesting element, apart from the rapidity of change, is the factor of accident or coincidence, often traceable to a personal event or a meeting of one or two people in critical circumstances. Bringing the Internet to CERN was not a simple business, although similar events probably occurred at other pioneer sites. Being very well acquainted with the people involved, the present author was ideally placed to observe the interplay of technical, personal and political elements at CERN that helped bring about a major part of today's Information Revolution.' SEGAL, B. A Short History of Internet Protocols at CERN. *Ben Segal's Home Page*, 1995. Disponível em: http://ben.home.cern.ch/ben/TCPHIST.html. Acesso em: set. 2020.
40. 'As of 2012, about 2.5 exabytes of data are created each day, and that number is doubling every 40 months or so. More data cross the internet every second than were stored in the entire internet just 20 years ago. This gives companies an opportunity to work with many petabyes of data in a single data set—and not just from the internet. For instance, it is estimated that Walmart collects more than 2.5 petabytes of data every hour from its customer transactions. A petabyte is one quadrillion bytes, or the equivalent of about 20 million filing cabinets' worth of text. An exabyte is 1,000 times that amount, or one billion gigabytes.' MCAFEE, A.; BRYNJOLFSSON, E. Big Data: The Management Revolution. *HBReview*, 2012. Disponível em: https://hbr.org/2012/10/big-data-the-management-revolution. Acesso em: set 2020.
41. Isso explica o desenvolvimento de setores como setores de nanotecnologia, de microeletrônica, entre tantos.
42. Com isso a utilização dos termos big data, ainda sem um correspondente ideal na língua portuguesa, e tempo real.

IA são próprias aos tempos de desenvolvimento tecnológico, e do conhecimento, desse período.

O termo IA é plural, cheio de significados possíveis: compreende sistemas que pensam como e no lugar de seres humanos; sistemas que pensam e atuam como seres humanos; sistemas que substituem, ou reproduzem as tarefas de raciocínio humanos e fazem aplicação ao agir humano,[43] em substituição, ou em paralelo ao agir humano. Essa pluralidade de conceitos possíveis da IA é importante pois se pode aplicar tanto no raciocínio como no agir, ou comportamento.[44-45]

E as operações de compreensão da IA como função são alinhadas em pluralidade de significados. A IA deve ser entendida como um conjunto de habilidades e aptidões que permitam a aplicação das regras da lógica, próprias do raciocínio, aos dados externos que lhes são fornecidos; essa alimentação e aplicação de raciocínio será de valia para a IA chegar à/as conclusão/ões.[46] A IA deve operar com capacidade de reconhecimento de

---

43. '*Artificial intelligence* (AI) would be the possession of intelligence, or the exercise of thought, by machines such as computers. Philosophically, the main AI question is "Can there be such?" or, as Alan Turing put it, "Can a machine think?" What makes this a philosophical and not just a scientific and technical question is the scientific recalcitrance of the concept of intelligence or thought and its moral, religious, and legal significance. In European and other traditions, moral and legal standing depend not just on what is outwardly done but also on inward states of mind. Only rational individuals have standing as moral agents and status as moral patients subject to certain harms, such as being betrayed. Only sentient individuals are subject to certain other harms, such as pain and suffering. Since computers give every outward appearance of performing intellectual tasks, the question arises: "Are they really thinking?" And if they are really thinking, are they not, then, owed similar rights to rational human beings? Many fictional explorations of AI in literature and film explore these very questions. A complication arises if humans are animals and if animals are themselves machines, as scientific biology supposes. Still, "we wish to exclude from the machines" in question "men born in the usual manner" (Alan Turing), or even in unusual manners such as *in vitro* fertilization or ectogenesis. And if nonhuman animals think, we wish to exclude them from the machines, too. More particularly, the AI thesis should be understood to hold that thought, or intelligence, can be produced by artificial means; made, not grown. For brevity's sake, we will take "machine" to denote just the artificial ones. Since the present interest in thinking machines has been aroused by a particular kind of machine, an electronic computer or digital computer, present controversies regarding claims of artificial intelligence center on these.' IEP; LARRY HAUSER. Artificial Intelligence. *Internet Encyclopedia of Philosophy*, 2020. Disponível em: https://iep.utm.edu/art-inte/. Acesso em: set 2020.
44. GUTIÉRREZ, L.; GERARDO, H. *Paradigmas de la Inteligencia Artificial*, 2017. Disponível em: https://repository.uaeh.edu.mx/bitstream/handle/123456789/18141. Acesso em: 29 set. 2020.
45. 'I propose to consider the question, "Can machines think?" This should begin with definitions of the meaning of the terms "machine" and "think." The definitions might be framed so as to reflect so far as possible the normal use of the words, but this attitude is dangerous, If the meaning of the words "machine" and "think" are to be found by examining how they are commonly used it is difficult to escape the conclusion that the meaning and the answer to the question, "Can machines think?" is to be sought in a statistical survey such as a Gallup poll. But this is absurd. Instead of attempting such a definition I shall replace the question by another, which is closely related to it and is expressed in relatively unambiguous words. The new form of the problem can be described in terms of a game which we call the 'imitation game." It is played with three people, a man (A), a woman (B), and an interrogator (C) who may be of either sex. The interrogator stays in a room apart front the other two. The object of the game for the interrogator is to determine which of the other two is the man and which is the woman. He knows them by labels X and Y, and at the end of the game he says either "X is A and Y is B" or "X is B and Y is A." The interrogator is allowed to put questions to A and B [...]. TURING, A. M. Computing machinery and intelligence. *The New York Times*, 1950. Disponível em: https://archive.nytimes.com/www.nytimes.com/library/cyber/surf/1106surf-turing.html. Acesso em: 27 ago. 2020.
46. 'A large part of the effort of developing limited-objective reasoning systems goes into the management of large, complex bodies of declarative information. It is generally recognized in AI that it is important to treat the representation of this information, and the reasoning that goes along with it, as a separate task, with its own research problems. The evolution of expert systems illustrates the point. The earliest expert systems, such as MYCIN (a program that reasons about bacterial infections, see Buchanan & Shortliffe 1984), were based entirely on large

padrões que podem ser perceptuais, ou não, já que podem ser à semelhança dos padrões visórios; ou, também, por indicadores comportamentais. Essas capacidades devem ter a natureza de aquisição: adquirir o conhecimento com os erros para atingir padrões de êxito nas tarefas a que se expôs, ou a que se propõe. [47] A IA é entendida como consequencial: os raciocínios devem ser aplicados às situações do ordinário do mundo e dos humanos. [48-49]

Deve-se notar que o rastreamento da genética da IA como corpo de conhecimento situa-se, ou no curso da 2ª Guerra, ou no período logo posterior. Inclusive, há de se destacar a aplicação bélica ou auxiliar aos esforços de guerra de alguns dos nomes pioneiros da IA e do conhecimento desses pioneiros. [50] Logo após a Guerra, os nomes pioneiros da IA têm em comum a pertença e a circulação pelos fortalecidos circuitos universitários e acadêmicos, integrados aos novos padrões de produção e consumo do pós-Guerra[51-52]

É no período de Guerra que ocorre o desenvolvimento dos computadores. [53] Os dispositivos corporificaram sistemas com habilidades, mecanismos e processos capazes de interpretar dados e, com esses dados, atingir objetivos, tarefas ou rotinas. [54] Deve-se sublinhar uma característica dos sistemas de computadores: a interpretação dos dados e os processos interpretativos desses dados são processados com flexibilidade, ou seja, permitem a ampliação de espaços de domínio e cognição do espaço-mundo dos homens, com adaptações às novas realidades, novas formas de organização social, até ao paro-

---

systems of procedural rules, with no separate representation of the background knowledge – for instance, the taxonomy of the infectious organisms about which the system reasoned was not represented. Later generation expert systems show a greater modularity in their design. A separate knowledge representation component is useful for software engineering purposes – it is much better to have a single representation of a general fact that can have many different uses, since this makes the system easier to develop and to modify. And this design turns out to be essential in enabling these systems to deliver explanations as well as mere conclusions.' THOMASON, R. Logic and Artificial Intelligence. *Stanford Encyclopedia of Philosophy*, 2018. Disponível em: https://plato.stanford.edu/entries/logic-ai/#intro. Acesso em: set. 2020.

47. Essa aprendizagem deve também fazer a avaliação de acertos. Os acertos devem ser contabilizados na aferição da eficácia, e não só os erros.
48. PERSIVALE, G. Q. *Qué es la inteligencia artificial y cómo se aplica en los negocios*, 2018. Disponível em: https://repositorioacademico.upc.edu.pe/handle/10757/624220. Acesso em: 29 set. 2020.
49. Portanto, há a inferência, ou conclusão, ou inferência automática pela qual os dados, o conhecimento, são aplicados ao ordinário e ao cotidiano.
50. Como é o caso de A. Turing. Além do trabalho em Bletchley Park, A. Turing entregou-se ao Laboratório Nacional de Física do RU.
51. GAVALDÀ, J. D. I.; NAVARRO, H. T. *Inteligencia artificial*, febrero 2012, 2012. Disponível em: http://openaccess.uoc.edu/webapps/o2/bitstream/10609/56964/1/inteligenciaartificial_portada.pdf. Acesso em: 29 set. 2020.; CALLEJAS, G. M. *Qué es la Inteligencia Artificial*, 2015. Disponível em: https://repository.uaeh.edu.mx/bitstream/handle/123456789/16071. Acesso em: 29 set. 2020.
52. Esta é a trajetória de nomes como John McCarthy, Herbert Simon, Warren Sturgis McCulloch, entre tantos.
53. Com a indicação de que o Z1 nasceu alguns anos antes da Guerra, em 1936. LINK, D. Enigma Rebus: Prolegomena to an Archaeology of Algorithmic Artefacts. *In*: LINK, D. *Archaeology of Algorithmic Artefacts*. Minnesota: University of Minnesota Press, 2016. p. 79-112. Disponível em: http://www.jstor.org/stable/10.5749/j.ctt1h64mr9.7. Acesso em: 20 ago. 2020.
54. 'The idea behind digital computers may be explained by saying that these machines are intended to carry out any operations which could be done by a human computer. The human computer is supposed to be following fixed rules; he has no authority to deviate from them in any detail. We may suppose that these rules are supplied in a book, which is altered whenever he is put on to a new job. He has also an unlimited supply of paper on which he does his calculations. He may also do his multiplications and additions on a "desk machine," but this is not important.' TURING, A. M. Computing machinery and intelligence. *The New York Times*, 1950. Disponível em: https://archive.nytimes.com/www.nytimes.com/library/cyber/surf/1106surf-turing.html. Acesso em: 27 ago. 2020.

xismo de gerarem e atenderem às demandas, dir-se-ia circulares, do próprio aparato de máquinas.[55-56]

Os colaterais, ou paralelos, da inteligência artificial envolvem: Internet; *Big Data*[57]; aprendizagem de máquina (*machine learning*); robótica; realização de tarefas/rotinas por autômatos (universo dos algoritmos).

3. AS BASES DO ESTADO

O cenário institucional que serviu de base à revolução industrial é o cenário de afirmação dos Estados nacionais. Entenda-se que o Estado nacional aqui deve ser entendido como o Estado organizado debaixo de um direito uniforme e com a ordenação unitária de governo e administração. O Estado do início da revolução industrial. O Estado nacional com o conteúdo de nacionalidade étnica, ou de ancestralidade cultural de um povo, esse

55. 'In designs for his Analytical Engine mathematician/inventor Charles Babbage recognized (circa 1836) that the punched cards could control operations on symbols as readily as on silk; the cards could encode numerals and other symbolic data and, more importantly, instructions, including conditionally branching instructions, for numeric and other symbolic operations. Augusta Ada Lovelace (Babbage's software engineer) grasped the import of these innovations: "The bounds of arithmetic" she writes, "were ... outstepped the moment the idea of applying the [instruction] cards had occurred" thus "enabling mechanism to combine together with general symbols, in successions of unlimited variety and extent" (Lovelace 1842). "Babbage," Turing notes, "had all the essential ideas" (Turing 1950). Babbage's Engine – had he constructed it in all its steam powered cog-wheel driven glory – would have been a programmable all-purpose device, the first digital computer.' IEP; LARRY HAUSER. Artificial Intelligence. *Internet Encyclopedia of Philosophy*, 2020. Disponível em: https://iep.utm.edu/art-inte/. Acesso em: set 2020.
56. 'Learning – performance improvement, concept formation, or information acquisition due to experience – underwrites human common sense, and one may doubt whether any preformed ontology could ever impart common sense in full human measure. Besides, whatever the other intellectual abilities a thing might manifest (or seem to), at however high a level, without learning capacity, it would still seem to be sadly lacking something crucial to human-level intelligence and perhaps intelligence of any sort. The possibility of machine learning is implicit in computer programs' abilities to self-modify and various means of realizing that ability continue to be developed. Types of machine learning techniques include decision tree learning, ensemble learning, current-best-hypothesis learning, explanation-based learning, Inductive Logic Programming (ILP), Bayesian statistical learning, instance-based learning, reinforcement learning, and neural networks. Such techniques have found a number of applications from game programs whose play improves with experience to data mining (discovering patterns and regularities in bodies of information).' IEP; LARRY HAUSER. Artificial Intelligence. *Internet Encyclopedia of Philosophy*, 2020. Disponível em: https://iep.utm.edu/art-inte/. Acesso em: set 2020.
57. 'For many applications, the speed of data creation is even more important than the volume. Real-time or nearly real-time information makes it possible for a company to be much more agile than its competitors. For instance, our colleague Alex "Sandy" Pentland and his group at the MIT Media Lab used location data from mobile phones to infer how many people were in Macy's parking lots on Black Friday—the start of the Christmas shopping season in the United States. This made it possible to estimate the retailer's sales on that critical day even before Macy's itself had recorded those sales. Rapid insights like that can provide an obvious competitive advantage to Wall Street analysts and Main Street managers. [...] Big data takes the form of messages, updates, and images posted to social networks; readings from sensors; GPS signals from cell phones, and more. Many of the most important sources of big data are relatively new. The huge amounts of information from social networks, for example, are only as old as the networks themselves; Facebook was launched in 2004, Twitter in 2006. The same holds for smartphones and the other mobile devices that now provide enormous streams of data tied to people, activities, and locations. Because these devices are ubiquitous, it's easy to forget that the iPhone was unveiled only five years ago, and the iPad in 2010. Thus the structured databases that stored most corporate information until recently are ill suited to storing and processing big data. At the same time, the steadily declining costs of all the elements of computing – storage, memory, processing, bandwidth, and so on – mean that previously expensive data-intensive approaches are quickly becoming economical.' MCAFEE, A.; BRYNJOLFSSON, E. Big Data: The Management Revolution. *HBReview*, 2012. Disponível em: https://hbr.org/2012/10/big-data-the-management-revolution. Acesso em: set 2020.

parece ser o cenário institucional já do desenvolvimento da revolução industrial, ao longo do século XIX, e não da explosão inicial da revolução industrial. As fundações do Estado nacional devem ser contextualizadas com as revoluções dos séculos XVII e XVIII.[58-59]

A sequência de revoluções liberais, iniciadas na Inglaterra ainda no século XVII, e com os eventos da independência dos EUA, revolução francesa, e libertação haitiana, assentaram as bases institucionais do Estado da revolução industrial. Numa definição esquemática e sintética, as bases mercantis e burguesas, com o ideário liberal, ofereceram as estruturas de instituições, de regulação e ordenação do poder político para o industrialismo subsequente. Todavia, as revoluções foram seguidas de restaurações conservadoras no início do século XIX.[60]

Logo no início da revolução industrial, as estruturas reinóis de antes do XIX se adaptaram às formas de produção da revolução industrial. As revoluções, da França, da independência dos EUA, da libertação haitiana foram sucedidas por transformações conservadoras. A explosão revolucionária do final do século XVIII e início do século XIX foi seguida da restauração conservadora. [61-62]

Os símbolos dessa restauração foram o Congresso de Viena; a derrota de Napoleão; e a absorção, em maior ou menor medida, a depender das idiossincrasias de cada Estado, dos elementos novidadeiros dos Estados Nacionais. No começo do século XIX as Monarquias são revigoradas na Europa; na América, os movimentos de independência são movimentos conservadores das elites econômicas e administrativas locais.[63]

De lá para as décadas seguintes do século XIX foram se estruturando as divisões funcionais e orgânicas típicas do Estado, com um Executivo (com ou sem monarca, republicano ou imperial); com estruturas parlamentares com maior ou menor grau de autonomia; com o judiciário organizado como corpo de aplicação da lei aos conflitos.[64]

A formação dos Estados nacionais teve como pressuposto a capacidade de organização de estruturas administrativas com a definição de uma língua comum. A estrutura dos Estados nacionais contou com a dinamicidade de uniformização de língua de administração, e do direito, para territórios extensos (se comparados à pulverização medieval). Além de extensos articulados com administração e aplicação do direito uniformes.[65]

58. POLANYI, K. *A Grande Transformação*: As Origens Políticas e Económicas do nosso Tempo. Coimbra: Edições 70, 2016; BRESSER-PEREIRA, L. C. *Revolução capitalista e formação do estado-nação*, 2013. Disponível em: https://ideas.repec.org/p/fgv/eesptd/326.html. Acesso em: 31 ago. 2020.; ACEMOGLU, D. et al. *The Consequences of Radical Reform*: The French Revolution, 2009. Disponível em: https://nber.org/papers/w14831. Acesso em: 31 ago. 2020.
59. A revolução haitiana ocorre no início do século XIX.
60. SHARP, P. R.; WEISDORF, J. L.; WEISDORF, J. L. French revolution or industrial revolution? A note on the contrasting experiences of England and France up to 1800. *Cliometrica*, v. 6, n. 1, p. 79-88, 2012. Disponível em: https://link.springer.com/article/10.1007/s11698-011-0071-6. Acesso em: 31 ago. 2020.
61. HOBSBAWN, E. *Nações e nacionalismo desde 1780*. São Paulo: Paz e Terra, 1990.
62. BOBBITT, P. *A guerra e a paz na história moderna*. O impacto dos grandes conflitos e da política na formação das nações. Rio de Janeiro: Campus, 2003.
63. HILL, J. R. *The Revolutions of 1848 in Germany, Italy, and France*, 2005. Disponível em: http://commons.emich.edu/cgi/viewcontent.cgi?article=1044&context=honors. Acesso em: 31 ago. 2020.
64. SKOCPOL, T.; MOORE, B. *States and Social Revolutions*, 1979. Disponível em: https://amazon.com/states-social-revolutions-comparative-analysis/dp/1107569842. Acesso em: 31 ago. 2020.
65. Isso mesmo nos Estados multilinguísticos. Nesses, inevitavelmente uma língua se tornou a língua do direito e da administração.

A estrutura administrativa uniforme lograva vários tentos: uniformidade do direito dos negócios; uniformidade da estrutura tributária; agilidade no processo de comunicação, importante tanto para a administração como para o mundo dos negócios. Essa mesma estrutura administrativa articulava e dinamizava as formas de comunicação e os meios de transporte e circulação, além de se responsabilizar pela, cada vez mais necessária, rede e instituições de serviços públicos.

A igualdade política foi progressivamente sendo implantada, da metade do século XIX ao século XX. A uniformidade do direito, da administração, da língua administrativa tinha como pressuposto, inicialmente retórico e depois de conteúdo, a existência da nação. A nação é formada por nacionais que têm identidade comum. O Estado é a representação da igualdade nacional. Logo, a universalização dos direitos políticos entre os nacionais foi se afirmando ao longo do período mencionado no início deste parágrafo.

No esquema conceitual sintético, o século XVIII, e o início do século XIX marcam o Estado dos direitos individuais; da formação orgânica dos corpos funcionais, Executivo, Legislativo e Judiciário, em evolução das estruturas reinóis para estruturas do Estado de tripartição de órgãos. Ao longo do século XIX há a progressiva universalização dos direitos políticos; há a conformação das estruturas orgânicas com a definição da função normativa do parlamento; a função de aplicação de normas cabendo ao judiciário; o crescimento das funções administrativas do Executivo além do seu deslocamento de poder do soberano para um poder também de representação popular (seja pela formação de governo parlamentar, seja pelas formações republicanas de Executivo como representação popular).

O século XX, durante e após os eventos conflituais das 4 décadas iniciais, vai se afirmar com as estruturas estatais que têm a responsabilidade por tutela, oferta e expansão de bens espirituais e materiais: liberdades, segurança, tratamento igualitário; tutela de direitos individuais, de direitos econômicos, de direitos políticos.[66-67]

A administração se torna o centro de recursos e de ações dos Estados. A administração desenvolve estruturas de servidores, de empregados, de promoção com recursos, de infraestrutura de serviços, sobretudo serviços de comunicações e de meios de comunicação. O judiciário vai assumindo funções de solução de litígio além dos conflitos penais e civis, vai alcançar cada vez mais conflitos administrativos e, progressivamente, as funções de controle de constitucionalidade.[68]

A partir da década de 40 os Estados nacionais experimentam formas de concertações diversas: por um lado, ampliação dos Direitos para Direitos universais; de outro lado, concertos que ampliam estruturas regionais ou mundiais. A soberania nacional exclu-

66. ARRIGHI, G. *A ilusão do desenvolvimento*. Petrópolis: Vozes, 1997; ARRIGHI, G. *The long twentieth century*. Money, power and the origins of our time. Nova Iorque; Londres: Verso, 2002.

67. BÖCKENFÖRDE, E.-W. *Escritos sobre Derechos Fundamentales*. Tradução de Ignacio Villaverde Menéndez Juan Luis Requejo Pagés. Baden-Baden: Nomos, 1993.

68. PALLEY, T. Re-theorizing the Welfare State and the political economy of neoliberalism's war against it. *FMM Working Paper*, Dusseldörf, feb. 2018. 1-36.

siva é substituída por soberanias nacionais concorrentes; ou por soberanias nacionais suplementares/complementares (aos órgãos regionais ou mundiais).[69]

A administração se torna hegemônica como função do Estado. Mesmo para o Judiciário a carga de litígios envolvendo a administração, ou o funcionamento do Estado, torna-se absorvedora de ações e de atividade empregada na prestação judicial. O Legislativo torna-se mais um produtor de normas de diretrizes à ação administrativa do que o centro produtor da essência das normas reguladoras de condutas.[70]

A partir das décadas de 70 e 80 as transformações econômicas e tecnológicas determinam as novas configurações e estratégias do Estado. A trajetória do Estado nação, dos esquemas orgânicos iniciais, e dos Direitos Individuais, seguida da progressão à Administração ampliada, e ao rol ampliado de Direitos, sempre foi orientada como estratégia e reação às demandas e problemas ambientais (sociais, econômicas, institucionais, segurança e existência do Estado). Dos anos 70/80 em diante a reação foi ao universo de comunicações mundializadas, de hiperdados, de acesso facilitado às ferramentas e dispositivos.[71]

A partir das transformações tecnológicas dos 70 e 80, os Estados se colocam com tarefas e diretrizes para a solução de problemas como: inserção e ganhos de poder em relações mercantis; prover o bem-estar coletivo; gerar segurança e estabilidade às relações de consumo.[72] Na verdade, são diretrizes e problemas que geram conflitos de alocação e da ação:

(i) Garantir a pujança do poder econômico nacional com subalternidade das prestações materiais de direitos econômicos, e com pouca atenção às concentrações de poder econômico que tolham as vontades consumeristas, numa postura típica de Estado mercantil;

(ii) Ou manter a pujança dos interesses do consumo por sobre direitos econômicos e, inclusive, por sobre a proteção do poder econômico nacional aceitando circulação e consumo de bens e produtos de vários outros Estados;

(iii) Ou, pujança dos direitos econômicos, das prestações materiais, aceitando a relativização de uma maior capacidade de ação mercantil, ou mesmo com limitações aos padrões de consumo;

(iv) As novas tecnologias levam às dificuldades de enfrentamento conflitual já que essas mesmas tecnologias foram apropriadas por entes não estatais; é possível o manejo de táticas, armas, guerra biológica, química[73] ou por redes eletrônicas, a baixo custo de mobilização, mas com alto custo aos Estados vítimas;

(v) Redefinição das esferas e das formas de comunicação do Estado com os seus governados: facilidade de transmissão de informações e dados sem a dependência de canais institucionais estatais; maior visibilidade e exposição do Estado, e do agir dos homens públicos, com a sindicabilidade pelas 'pegadas' da rede; possibilidade de criação de redes concorrentes, ou paralelas, de sindicabilidade de verificação da ação estatal;

69. MAZZUOLI, V. D. O. *Curso de direito internacional público.* São Paulo: RT, 2015; JO, H. M. *Introdução ao Direito Internacional.* 2. ed. ed. São Paulo: Ltr, 2004; CARBONELL, J. C. R. Sistema jurídico, democracia y constitucionalismo multinível. *In:* COELHO, Saulo de Oliveira Pinto et al (Coord.). *Interculturalidade, Interconstitucionalidade e Interdisciplinaridade:* desafios e níveis de inter-relação em um mundo global. Uberlândia: LAECC, 2019.
70. LEONI, B. *A liberdade e a lei.* Porto Alegre: Ortiz, 1993.
71. Se pode já dizer o Estado impactado pelo desenvolvimento da tecnologia dos algoritmos e da IA.
72. BOBBITT, P. *A guerra e a paz na história moderna.* O impacto dos grandes conflitos e da política na formação das nações. Rio de Janeiro: Campus, 2003.
73. Pode-se, inclusive, falar de artefatos nucleares acessíveis aos grupos insurgentes.

(vi) Jactância de poderes econômicos privados, concorrentes ou indiferentes à regulação estatal; fruto tanto das mudanças organizacionais dos grupos econômicos – a corporação com seus interesses corporativos próprios, desgarrados de um titular proprietário, como da utilização das tecnologias que conduzem ao aumento de valor agregado na seguinte medida: massa mínima com alto valor agregado (imaterializarão da riqueza).[74]

(vii) O problema do trabalho ganha novos contornos a considerar que o trabalho vai, cada vez mais, direcionado às máquinas, cabendo ao esforço humano o direcionamento para a criação das máquinas. Há aqui o elemento de desafio: utilizar os dispositivos para, com as vantagens que podem proporcionar, gerar opções de conhecimento e instrução que permitam criar mais dispositivos.

4. AS BASES DA ORDENAÇÃO JURÍDICA

As bases do direito da Idade contemporânea tomam o Sujeito individual como centro de regulação. O individualismo que vinha sendo gestado desde a Idade Média ganha a feição de conceito central do Direito. O direito é um dispositivo regulador a serviços dos homens, a serviço do indivíduo. Daí deriva a exaltação do direito subjetivo como o poder dos indivíduos a partir do direito posto.[75] O sistema de direito, dessa maneira, é um sistema de normas centradas no indivíduo. O direito vai perdendo a característica de ordenador universal para um sistema determinado de normas reguladoras de condutas, histórica e espacialmente determinado. No século XIX, o historicismo e o positivismo transformam as concepções do direito: do direito dado por uma ordem universal ao direito dado e produzido pelos homens,[76] no seu peculiar contexto e de acordo com as suas necessidades.[77] As concepções normativistas atingem o patamar de explicação nuclear do direito, no século XX.

Essa concepção tem que tomar o sujeito individual como centro emissor de vontade e, simultaneamente, como sujeito que recebe as ordens de vontade coletiva da autoridade:

<table>
<tr><td rowspan="2">O sujeito manifesta vontade - comunicação</td><td rowspan="2">Efeitos jurídicos da vontade no constituição de fatos jurídicos[78]</td><td>Tanto nas relações entre indivíduos</td></tr>
<tr><td>Como nas relações com a autoridade</td></tr>
<tr><td>O sujeito e a vontade</td><td>Obediência, respeito, ou desrespeito à ordem de autoridade, na constituição dos fatos jurídicos</td><td>Lícito ou ilícito</td></tr>
</table>

75. VILLEY, M. *Filosofia do direito*. Definições e fins do direito. Meios do direito. São Paulo: Martins Fontes, 2008.

76. O século XIX marca a ascensão do direito legislado como matriz das normas. Um direito produzido pelos homens de acordo com necessidades detectadas pelos órgãos estatais de produção. GILISSEN, J. *Introdução Histórica ao Direito*. Coimbra: Calouste Gulbenkian, 1986.

77. Há as contribuições anteriores do jusnaturalismo racionalista que, a despeito de trabalhar com uma ideia abstrata de direito natural, deu o passo de valorização do direito como uma prerrogativa individual decorrente de normas. Na exploração remota das raízes do individualismo e do direito vai-se ao renascimento e às correntes do nominalismo na Idade Média. VILLEY, M. *Filosofia do direito*. Definições e fins do direito. Meios do direito. São Paulo: Martins Fontes, 2008.

78. Essa manifestação/comunicação pode ser feita por meios mecânicos, ou de imprensa. Primeiro, não são, simultâneos, a não ser que haja a presença física do emissor; segundo, impõem o meio físico para os seus sinais gráficos. Também pode ser feita por meios analógicos. Nesses também há diferenças: precariedade da visualização dos sinais gráficos, em alguns desses meios; segundo, a impossibilidade de utilização simultânea de imagens, sons, sinais gráficos e manifestação volitiva.

E a conceituação do sujeito:[79]

O indivíduo posicionado na sociedade; identificação do sujeito na sociedade como peça distinta	O indivíduo posicionado na sociedade, mas também no mundo virtual, no mundo digital

O impacto do desenvolvimento de sistemas eletrônicos reside, ao menos inicialmente, no fato de que as vontades, da autoridade coletiva, ou individuais, são agora, no mínimo, transmitidas pelo duto digital/eletrônico, ou, no máximo, substituídas pelo processamento e posterior manifestação do dispositivo:

Mínimo	O meio digital/eletrônico como duto da vontade	individual
		Ou da autoridade
Máximo	O meio/digital eletrônico como produtor da vontade	Em substituição a autoridade ou ao indivíduo

Normas estabelecem relações no sistema jurídico. As relações jurídicas passam a ser vistas como decorrência de um sistema normativo produzido e orientado por sujeitos que se relacionam entre si, seja tomando-se esse sujeito como a pessoa física, seja nas pessoas fictícias coletivas.

Os meios digitais, os dispositivos eletrônicos e os meios eletrônicos podem ser colocados como meão das relações ou podem servir para a definição substitutiva dos sujeitos:[80]

Sujeitos estabelecem relações entre si		Pessoa natural; pessoas naturais; pessoas naturais com pessoas fictícias coletivas; pessoas fictícias coletivas com pessoas fictícias coletivas
Com a presença de dispositivos	As relações podem ser estabelecidas com estes como meão, como substituto de um dos envolvidos na relação	Pessoa natural; pessoas naturais; pessoas naturais com pessoas fictícias coletivas; pessoas fictícias coletivas com pessoas fictícias coletivas
		Todos os envolvidos acima usando o meio do dispositivo; usando o dispositivo como substituto da recepção final

E:

A substituição impacta no mundo dos atos/negócios jurídicos com a substituição volitiva, ou utilização massiva dos dutos eletrônicos

79. 'Before the mirror was invented, we had glimpsed our own reflections in water, or in polished metals, but never really seen ourselves. It wasn't until the development of the high-quality mirror-image found in silvered glass, which had started to become available to rich merchants and royalty in the 15th century, let us see what we really looked like. And that new understanding brought about a host of major changes to civilization. [...] Before this, we thought of our ourselves as a part of a community. Our identity was tied up with the people we knew, the place we lived in. "This is why the medieval punishments of banishment and exile were so severe," writes Mortimer. "A tradesman thrown out of his hometown would lose everything that gave him his identity. He would be unable to make a living, borrow money, or trade goods." Even before the internet and the telephone, exile has seemed a trifling punishment to our modern, individualist minds. Imagine, instead, having your personality somehow removed, and you can get a feel of the real threat of exile in those times. As mirrors became available to the average person, society shifted. We no longer saw ourselves as drones in a hive of humans.' SORREL, C. How The Invention Of The Mirror Changed Everything. *Fast Company*, 2016. Disponível em: https://www.fastcompany.com/3065643/how-the-invention-of-the-mirror-changed-everything?s=08. Acesso em: set. 2020.
80. BARRACHINA, A.; MEHTA, K. H.; STEIN, G. *La negociación automatizada*: El soporte de la inteligencia artificial (Automated Negotiation: The Support of Artificial Intelligence), 2019. Disponível em: https://papers.ssrn.com/sol3/papers.cfm?abstract_id=3476601. Acesso em: 29 set. 2020; BOURCIER, D.; CASANOVAS, P. *Inteligencia artificial y derecho*, 2012. Disponível em: https://torrossa.com/resources/an/2517351. Acesso em: 29 set. 2020.

Direito público e direito privado é a dicotomia que atravessa as distintas fases de organização das relações acima vistas. A presença de dispositivos ou meios eletrônicos impacta a divisão/dicotomia de várias maneiras:[81]

Dicotomia tradicional	O público	Relações entre particulares e Estado; entre entes do Estado; entre Estados nacionais; entre Estados e OIs
	O privado	Relações entre particulares
Sob o impacto dos meios digitais e dispositivos eletrônicos	Definição de espaço de relações que é alheio ou indiferente ao espaço do Estado; alheio ou indiferente ao espaço das OIs	
	Indiferença sobre a natureza do relacionamento: público ou privado? Esfera de indivíduos em rede com efeitos mitigados ou inexistentes da divisão público x privado	

O advento da economia industrial foi marcado pela progressiva constitucionalização, ou pela abrangência do constitucionalismo. O constitucionalismo atravessou fases que vão desde:

(a) Influência de visões jusnaturalistas abstratas como fundamento de ordens constitucionais, passando ao positivismo legalista, à universalização de direitos positivados;[82]

(ii) De ordens de direitos individuais, dos direitos políticos, aos direitos econômicos, aos direitos ecológicos e ambientais;

(iii) Das constituições de proclamação, às constituições nacionais, às ordens multiconstitucionais, multiniveladas ou transconstitucionais;[83]

Os efeitos da formação de redes, das comunicações eletrônicas, nas ordens constitucionais são variados:

Impactos de comunicação e conhecimento de declaração de direitos	Ordens de direitos, de declarações de direitos com acesso universal; uniformização e reivindicação universal de direitos
Acesso e conhecimento de direitos	Conhecimento universal e acesso amplo às cartas de direitos
Base normativa	Estabelecimento de processos comunicacionais universalizantes: tanto para as autoridades como para os tutelados de direitos

E como desenvolvimento do quadro acima:

Conhecimento e sindicabilidade dos atos de Estado/governo	Circulação e conhecimento 'descontrolado' das informações; aumento de exigências de transparência

E como desenvolvimento do quadro acima:

81. CAVALLI, C. *O movimento de publicização e constitucionalização do direito privado*, 2012. Disponível em: https://sciencedirect.com/science/article/pii/b9788535255157500118. Acesso em: 30 set. 2020.

82. SWINARSKI, C. Notes de Lecture – Antônio Augusto Cançado Trindade, Direitos Humanos e Meio-Ambiente – Paralelo dos sistemas de proteção internacional, Sergio Antonio Fabris, Editor, Porto Alegre, Brésil, 1993, 350 pp. *Revue Internationale De La Croix-rouge*, v. 75, n. 804, p. 564-565, 1993. Disponível em: http://journals.cambridge.org/abstract_s0035336100005657. Acesso em: 30 set. 2020; FOHRMANN, A. P. B. *Legitimação dos Direitos Humanos* (Princípios de, 2011. Disponível em: https://sciencedirect.com/science/article/pii/b9788535241600500606. Acesso em: 30 set. 2020.

83. GONZÁLVEZ, F. J. R. *Exploring the Constitutional Possibilities for a European Social Model*, 2014. Disponível em: https://cairn.info/revue-l-europe-en-formation-2014-2-page-122.htm. Acesso em: 30 set. 2020; DUGUIT, L. *Les constitutions et les principales lois politiques de la France depuis 1789*. [S.l.]: F. Pichon, 1898. Disponível em: http://gallica.bnf.fr/ark:/12148/bpt6k61700c. Acesso em: 30 set. 2020.

Fortalecimento dos meios eletrônicos e dispositivos eletrônicos	Dificuldades de comunicação de autoridade baseada no espaço nacional
	Concorrência, concomitância, complementaridade de autoridades nacionais, regionais ou mundiais

A dificuldade evidente da circulação e da ação com o uso de meios eletrônicos, de redes, de dispositivos reside na forma e conteúdo clássico de constituições: as constituições são materialmente organizadoras do Estado/órgãos do Estado, e dos Direitos básicos. Com o uso de meios eletrônicos, de redes, de dispositivos eletrônicos há um esvaziamento deste conteúdo constitucional de organização do poder:

Ordem constitucional com regulação do Estado e dos órgãos de poder	Ascendência do conteúdo constitucional de declaração de direitos; diluição do conteúdo de organização estatal ante pluralidade de autoridades: estatais, regionais ou nacionais; fluência de petições, reclamações, pauta de demandas pelo espaço virtual para a pluralidade de autoridades

Na ordenação dos direitos que envolvam prestações materiais, os direitos econômicos há o problema da substituição do sujeito do trabalho pelos dispositivos (neste caso, há a participação dos robôs).[84] Assim, o quadro que se desenha é o de deslocamento das prestações materiais:

Prestações materiais tradicionais	Bens e serviços de consumo social; igualdade construída nas condições de acesso/competição, e na vivência posterior com continuidade de prestações em casos de sinistros para a re-inserção no trabalho
Já sob o impacto do trabalho dos dispositivos e robôs	Concentração das prestações em formação para a garantia de igualdade de acesso; na vivência posterior menor oferta para a inserção no trabalho e maior oferta de prestações gerais para a fluência do consumo

Numa síntese do quadro anterior, os processos de algoritmos, a internet, a IA, os sistemas de dados, os robôs, as máquinas levam à substituição do trabalho e, por consequência, o deslocamento dos direitos econômicos para itens como garantia de renda, renda mínima, acesso aos serviços, do que propriamente a reinserção laboral.

Os direitos básicos, os direitos fundamentais são impactados pela historicidade do mundo digital, do mundo eletrônico, do mundo dos autômatos e da IA:

Novas dimensões dos direitos clássicos	Direitos como liberdade, liberdade de informação, segurança, privacidade, pensados em mundo de circulação de dados

84. 'Robots based on sense-model-plan-act (SMPA) approach pioneered by Shakey, however, have been slow to appear. Despite operating in a simplified, custom-made experimental environment or microworld and reliance on the most powerful available offboard computers, Shakey "operated excruciatingly slowly" (Brooks 1991b), as have other SMPA based robots. An ironic revelation of robotics research is that abilities such as object recognition and obstacle avoidance that humans share with "lower" animals often prove more difficult to implement than distinctively human "high level" mathematical and inferential abilities that come more naturally (so to speak) to computers. Rodney Brooks' alternative behavior-based approach has had success imparting low-level behavioral aptitudes outside of custom designed microworlds, but it is hard to see how such an approach could ever "scale up" to enable high-level intelligent action (see Behaviorism: Objections & Discussion: Methodological Complaints). Perhaps hybrid systems can overcome the limitations of both approaches. On the practical front, progress is being made: NASA's Mars exploration rovers Spirit and Opportunity, for instance, featured autonomous navigation abilities. If space is the "final frontier" the final frontiersmen are apt to be robots. Meanwhile, Earth robots seem bound to become smarter and more pervasive.' IEP; LARRY HAUSER. Artificial Intelligence. *Internet Encyclopedia of Philosophy*, 2020. Disponível em: https://iep.utm.edu/art-inte/. Acesso em: set 2020.

Na regulação geral dos bens e domínios há câmbios significativos ditados pelas dimensões de espaço, tempo, coisas:

Atribuição maior de valor à riqueza imaterial
Atribuição maior de valor à propriedade imaterial
Relativização da dimensão territorial do Estado
Desterritorialização em função da existência da dimensão virtual

Há a modificação das relações jurídicas e dos tipos negociais. Como as redes, os algoritmos e o aparato de máquinas são propícios aos negócios, com velocidade, há a substituição da aquisição de bens/mercadorias por formas de locação – tanto de serviços como de coisas: automóveis (aplicativos de locação e contratação de viagens de automóveis, ou de locação dos próprios automóveis); locação de espaços, equipamentos, dispositivos, máquinas, entre tantos.

Esse fenômeno é consequência da economia de serviços. Mais serviços enquanto a 'linha' de produção é ocupada por robôs. A urbanização maciça conduziu às cidades de serviços.

Os serviços públicos migraram para serem suportes de outras camadas de serviços. Assim, serviços públicos tradicionais perdem a natureza para serem suportes da rede de comunicação e como infraestrutura para as transações algorítmicas. Há o incremento de formas de concessões aos agentes privados, ou de formas híbridas Estado – agentes privados para a oferta de serviços.

5. CONCLUSÃO

A proposta do ensaio foi a de reunir as linhas gerais da história das relações e processos, sociais e econômicos, da revolução industrial à vida do mundo digital, dos algoritmos, da automação, da IA. O objetivo da linha descritiva foi o de, ao final, realizar a produção de quadro informativo sobre as alterações, mudanças e variações que essas tecnologias, inseridas na vida contemporânea, trazem às formas jurídicas. Embora se use a expressão formas jurídicas ao longo do ensaio, a pretensão de produto do ensaio é, a bem do que foi escrito, a sugestão de lampejos e de uma epifania da relação das formas jurídicas com as bases materiais do direito.

6. REFERÊNCIAS

ACEMOGLU, D. et al. *The Consequences of Radical Reform*: The French Revolution, 2009. Disponível em: https://nber.org/papers/w14831. Acesso em: 31 ago. 2020.

ACS. *Changes since the Industrial Revolution*. Disponível em: http://www.acs.org/content/acs/en/climatescience/greenhousegases/industrialrevolution.html. Acesso em: 31 ago. 2020.

AMENT, P. Mobile Phone History - Invention of the Mobile Phone. *Ideafinder.com*. Disponível em: http://www.ideafinder.com/history/inventions/mobilephone.htm. Acesso em: 29 set. 2020.

AMERICAN HISTORY. The United States and the Industrial Revolution in the 19th Century. *Americanhistory.about.com*. Disponível em: http://americanhistory.about.com/od/industrialrev/a/indrevooverview.htm. Acesso em: 31 ago. 2020.

ARRIGHI, G. *A ilusão do desenvolvimento*. Petrópolis: Vozes, 1997.

ARRIGHI, G. *The long twentieth century*. Money, power and the origins of our time. Nova Iorque; Londres: Verso, 2002.

ASSMUS, A. *Early History of X Rays*, 1995. Disponível em: http://slac.stanford.edu/pubs/beamline/25/2/25-2-assmus.pdf. Acesso em: 29 set. 2020.

BARRACHINA, A.; MEHTA, K. H.; STEIN, G. *La negociación automatizada*: El soporte de la inteligencia artificial (Automated Negotiation: The Support of Artificial Intelligence), 2019. Disponível em: https://papers.ssrn.com/sol3/papers.cfm?abstract_id=3476601. Acesso em: 29 set. 2020.

BELLIS, M. Definition of a Solar Cell – History of Solar Cells. *The New York Times Company*. Disponível em: http://inventors.about.com/od/sstartinventions/a/solar_cell.htm. Acesso em: 29 set. 2020.

BOBBITT, P. *A guerra e a paz na história moderna*. O impacto dos grandes conflitos e da política na formação das nações. Rio de Janeiro: Campus, 2003.

BÖCKENFÖRDE, E.-W. *Escritos sobre Derechos Fundamentales*. Tradução de Ignacio Villaverde Menéndez Juan Luis Requejo Pagés. Baden-Baden: Nomos, 1993.

BOND, E. et al. The Industrial Revolution – Causes. *Industrialrevolution.sea.ca*. Disponível em: http://industrialrevolution.sea.ca/causes.html. Acesso em: 31 ago. 2020.

BOND, E. et al. The Industrial Revolution – Innovations. *Industrialrevolution.sea.ca*. Disponível em: http://industrialrevolution.sea.ca/innovations.html. Acesso em: 31 ago. 2020.

BONSOR, K. *How Satellite Radio Works*. Disponível em: http://electronics.howstuffworks.com/satellite-radio.htm. Acesso em: 29 set. 2020.

BOURCIER, D.; CASANOVAS, P. *Inteligencia artificial y derecho*, 2012. Disponível em: https://torrossa.com/resources/an/2517351. Acesso em: 29 set. 2020.

BRESSER-PEREIRA, L. C. *Revolução capitalista e formação do estado-nação*, 2013. Disponível em: https://ideas.repec.org/p/fgv/eesptd/326.html. Acesso em: 31 ago. 2020.

BRESSER-PEREIRA, L. C. *A revolução capitalista*, 2016. Disponível em: http://bibliotecadigital.fgv.br/dspace/handle/10438/16623. Acesso em: 31 ago. 2020.

BRINEY, A. *History and Overview of the Green Revolution*. Disponível em: http://geography.about.com/od/globalproblemsandissues/a/greenrevolution.htm. Acesso em: 29 set. 2020.

BUENO, N. P.; GOMES, A. P. Uma contribuição ao debate sobre a primeira revolução industrial utilizando a técnica do diagrama de recorrência. *Economica*, v. 2, n. 1, p. 291-311, 2001. Disponível em: https://ideas.repec.org/a/anp/econom/v2y2001i1p291-311.html. Acesso em: 31 ago. 2020.

CALLEJAS, G. M. *Qué es la Inteligencia Artificial*, 2015. Disponível em: https://repository.uaeh.edu.mx/bitstream/handle/123456789/16071. Acesso em: 29 set. 2020.

CARBONELL, J. C. R. Sistema jurídico, democracia y constitucionalismo multinível. *In*: COELHO, Saulo de Oliveira Pinto et al (Coord.). *Interculturalidade, Interconstitucionalidade e Interdisciplinaridade*: desafios e níveis de inter-relação em um mundo global. Uberlândia: LAECC, 2019.

CASTRO, A. *A revolução industrial em Portugal no século XIX*. [S.l.]: Limiar, 1978.

CAVALLI, C. *O movimento de publicização e constitucionalização do direito privado*, 2012. Disponível em: https://sciencedirect.com/science/article/pii/b9788535255157500118. Acesso em: 30 set. 2020.

CHANDLER JR., A. D. *The visible hand*: the managerial revolution in American business. Cambridge: Harvard University Press, 1977.

COL, L. D. The Life of the Industrial Worker in Nineteenth-Century England, 2008. Disponível em: http://www.victorianweb.org/history/workers1.html. Acesso em: 31 ago. 2020.

COLOR Television History. *About.com*. Disponível em: http://inventors.about.com/library/inventors/blcolortelevision.htm. Acesso em: 29 set. 2020.

CRITTAL, E. Railways. *British History Online*, 1959. Disponível em: http://www.british-history.ac.uk/report.aspx?compid=102817. Acesso em: 29 set. 2020.

CURTIN, C. Fact or Fiction?: NASA Spent Millions to Develop a Pen that Would Write in Space, whereas the Soviet Cosmonauts Used a Pencil. *Scientific American*. Disponível em: http://www.scientificamerican.com/article/fact-or-fiction-nasa-spen/. Acesso em: 29 set. 2020.

DUGUIT, L. *Les constitutions et les principales lois politiques de la France depuis 1789*. [S.l.]: F. Pichon, 1898. Disponível em: http://gallica.bnf.fr/ark:/12148/bpt6k61700c. Acesso em: 30 set. 2020.

EBERTS, R. UNDERSTANDING THE IMPACT OF TRANSPORTATION ON ECONOMIC DEVELOPMENT. *Transportation in the New Millennium*, 2000. Disponível em: http://onlinepubs.trb.org/onlinepubs/millennium/00138.pdf. Acesso em: 29 set. 2020.

FERGUSON, A. *A History of Computer Programming Languages*. Disponível em: http://cs.brown.edu/~adf/programming_languages.html. Acesso em: 29 set. 2020.

FOHRMANN, A. P. B. *Legitimação dos Direitos Humanos* (Princípios de, 2011. Disponível em: https://sciencedirect.com/science/article/pii/b9788535241600500606. Acesso em: 30 set. 2020.

GARBER, S. Sputnik and the Dawn of the Space Age. *US National Aeronautics & Space Administration*. Disponível em: https://history.nasa.gov/sputnik/. Acesso em: 29 set. 2020.

GAVALDÀ, J. D. I.; NAVARRO, H. T. *Inteligencia artificial*, febrero 2012, 2012. Disponível em: http://openaccess.uoc.edu/webapps/o2/bitstream/10609/56964/1/inteligenciaartificial_portada.pdf. Acesso em: 29 set. 2020.

GERMANY'S Strong Economic Growth After 1871: Papers. Disponível em: http://www.123helpme.com/view.asp?id=149214. Acesso em: 31 ago. 2020.

GILISSEN, J. *Introdução Histórica ao Direito*. Coimbra: Calouste Gulbenkian, 1986.

GONZÁLVEZ, F. J. R. *Exploring the Constitutional Possibilities for a European Social Model*, 2014. Disponível em: https://cairn.info/revue-l-europe-en-formation-2014-2-page-122.htm. Acesso em: 30 set. 2020.

GUTIÉRREZ, L.; GERARDO, H. *Paradigmas de la Inteligencia Artificial*, 2017. Disponível em: https://repository.uaeh.edu.mx/bitstream/handle/123456789/18141. Acesso em: 29 set. 2020.

HAUBEN, R. From the ARPANET to the Internet. *Columbia edu*, 1998. Disponível em: http://www.columbia.edu/~rh120/other/tcpdigest_paper.txt. Acesso em: set. 2020.

HEIM, C. E. R & D, Defense, and Spatial Divisions of Labor in Twentieth-Century Britain. *The Journal of Economic History*, v. 47, n. 02, p. 365-378, 1987. Disponível em: https://cambridge.org/core/services/aop-cambridge-core/content/view/s0022050700048129. Acesso em: 29 set. 2020.

HILL, J. R. *The Revolutions of 1848 in Germany, Italy, and France*, 2005. Disponível em: http://commons.emich.edu/cgi/viewcontent.cgi?article=1044&context=honors. Acesso em: 31 ago. 2020.

HIRSCHMAN, C.; MOGFORD, E. Immigration and the American Industrial Revolution From 1880 to 1920. *Social Science Research*, v. 38, n. 4, p. 897-920, 2009. Disponível em: https://ncbi.nlm.nih.gov/pmc/articles/pmc2760060. Acesso em: 31 ago. 2020.

HOBSBAWN, E. *Nações e nacionalismo desde 1780*. São Paulo: Paz e terra, 1990.

HOBSBAWN, E. *A era dos extremos*. O breve século XX. São Paulo: Cia das letras, 1995.

IAEA. Nuclear technology and applications. *IAEA*, 1998-2020. Disponível em: https://www.iaea.org/topics/nuclear-technology-and-applications. Acesso em: set 2020.

IEP; LARRY HAUSER. Artificial Intelligence. *Internet Encyclopedia of Philosophy*, 2020. Disponível em: https://iep.utm.edu/art-inte/. Acesso em: set 2020.

INDUSTRIAL REVOLUTION. *Coal Mines Industrial Revolution - Conditions & Key Facts*, 2010-2020. Disponível em: http://industrialrevolution.org.uk/coal-mines-industrial-revolution/. Acesso em: 31 ago. 2020.

IS. About the internet. *Internet society*, 2020. Disponível em: https://www.internetsociety.org/internet/. Acesso em: set 2020.

ITALY. 1848 – *Italian revolutionary developments*. Disponível em: https://www.age-of-the-sage.org/history/1848/italy_revolution.html. Acesso em: 31 ago. 2020.

JO, H. M. *Introdução ao Direito Internacional*. 2. ed. ed. São Paulo: Ltr, 2004.

KHAN, A. The industrial revolution and the demographic transition. *The Business Review*, p. 9-15, 2008. Disponível em: http://philadelphiafed.org/research-and-data/publications/business-review/2008/q1/khan_demographic-transition.pdf. Acesso em: 31 ago. 2020.

KREIS, S. The Origins of the Industrial Revolution in England. *The History Guide*, 2001. Disponível em: http://www.historyguide.org/intellect/lecture17a.html. Acesso em: 31 ago. 2020.

LEONI, B. *A liberdade e a lei*. Porto Alegre: Ortiz, 1993.

LÉVÉNEZ, É. *Computer Languages History*, 2011. Disponível em: http://www.levenez.com/lang/. Acesso em: 29 set. 2020.

LIBRARY, H. *Everday Life in the Industrial Revolution*, 2008. Disponível em: http://mylearning.org/everyday-life-in-the-industrial-revolution/p-2355. Acesso em: 31 ago. 2020.

LINK, D. Enigma Rebus: Prolegomena to an Archaeology of Algorithmic Artefacts. *In*: LINK, D. *Archaeology of Algorithmic Artefacts*. Minnesota: University of Minnesota Press, 2016. p. 79-112. Disponível em: http://www.jstor.org/stable/10.5749/j.ctt1h64mr9.7. Acesso em: 20 ago. 2020.

MAZOWER, M. *Continente sombrio*. Europa no século XX. São Paulo: Cia. das letras, 2001.

MAZZUOLI, V. D. O. *Curso de direito internacional público*. São Paulo: RT, 2015.

MCAFEE, A.; BRYNJOLFSSON, E. Big Data: The Management Revolution. *HBReview*, 2012. Disponível em: https://hbr.org/2012/10/big-data-the-management-revolution. Acesso em: set 2020.

MCGUIRE, M. J. John L. Leal—The man and the award. *Journal American Water Works Association*, v. 106, n. 8, p. 28-36, 2014. Disponível em: https://awwa.onlinelibrary.wiley.com/doi/10.5942/jawwa.2014.106.0117. Acesso em: 29 set. 2020.

MUNTONE, S. Second Industrial Revolution. *The McGraw-Hill Companies*. Disponível em: http://www.education.com/study-help/article/us-history-glided-age-technological-revolution/. Acesso em: 29 set. 2020.

NARDINELLI, C. Industrial Revolution and the Standard of Living. *The Library of Economics and Liberty*. Disponível em: http://www.econlib.org/library/Enc/IndustrialRevolutionandtheStandardofLiving.html. Acesso em: 31 ago. 2020.

PALLEY, T. Re-theorizing the Welfare State and the political economy of neoliberalism's war against it. *FMM Working Paper*, Dusseldörf, feb. 2018. 1-36.

PERSIVALE, G. Q. *Qué es la inteligencia artificial y cómo se aplica en los negocios*, 2018. Disponível em: https://repositorioacademico.upc.edu.pe/handle/10757/624220. Acesso em: 29 set. 2020.

PINGALI, P. Green Revolution: Impacts, limits, and the path ahead. *Proceedings of the National Academy of Sciences of the United States of America*, v. 109, n. 31, p. 12302-12308, 2012. Disponível em: https://ncbi.nlm.nih.gov/pmc/articles/pmc3411969. Acesso em: 29 set. 2020.

POLANYI, K. *A Grande Transformação*: As Origens Políticas e Económicas do nosso Tempo. Coimbra: Edições 70, 2016.

RODRIGUE, J.-P. Transportation, Globalization and International Trade. Disponível em: http://people.hofstra.edu/geotrans/eng/ch5en/conc5en/ch5c2en.html. Acesso em: 29 set. 2020.

SAGDEEV, R.; EISENHOWER, S. *United States-Soviet Space Cooperation during the Cold War*. Disponível em: http://www.nasa.gov/50th/50th_magazine/coldWarCoOp.html. Acesso em: 29 set. 2020.

SCACE, R. I. Electronics. *Britannica*, 2020. Disponível em: https://www.britannica.com/technology/electronics. Acesso em: ago 2020.

SCHOEMAN, B. Second World War and its impact, 1939-1948. *South African History Online*. Disponível em: http://www.sahistory.org.za/liberation-struggle-south-africa/second-world-war-and-its-impact-1939-1948. Acesso em: 29 set. 2020.

SEGAL, B. A Short History of Internet Protocols at CERN. *Ben Segal's Home Page*, 1995. Disponível em: http://ben.home.cern.ch/ben/TCPHIST.html. Acesso em: set. 2020.

SHARP, P. R.; WEISDORF, J. L.; WEISDORF, J. L. French revolution or industrial revolution? A note on the contrasting experiences of England and France up to 1800. *Cliometrica*, v. 6, n. 1, p. 79-88, 2012. Disponível em: https://link.springer.com/article/10.1007/s11698-011-0071-6. Acesso em: 31 ago. 2020.

SKOCPOL, T.; MOORE, B. *States and Social Revolutions*, 1979. Disponível em: https://amazon.com/states-social-revolutions-comparative-analysis/dp/1107569842. Acesso em: 31 ago. 2020.

SORREL, C. How The Invention Of The Mirror Changed Everything. *Fast Company*, 2016. Disponível em: https://www.fastcompany.com/3065643/how-the-invention-of-the-mirror-changed-everything?s=08. Acesso em: set. 202.

SWINARSKI, C. Notes de Lecture - Antônio Augusto Cançado Trindade, Direitos Humanos e Meio-Ambiente — Paralelo dos sistemas de proteção internacional, Sergio Antonio Fabris, Editor, Porto Alegre, Brésil, 1993, 350 pp. *Revue Internationale De La Croix-rouge*, v. 75, n. 804, p. 564-565, 1993. Disponível em: http://journals.cambridge.org/abstract_s0035336100005657. Acesso em: 30 set. 2020.

TASSAVA, C. The American Economy during World War II. *Economic History Association*. Disponível em: http://eh.net/encyclopedia/the-american-economy-during-world-war-ii/. Acesso em: 29 set. 2020.

THE Aerospace Industry: Its History and How it Affects the U.S. Economy. *Yale*. Disponível em: http://www.yale.edu/ynhti/curriculum/units/1990/7/90.07.06.x.html. Acesso em: 29 set. 2020.

THE ECONOMIC HISTORY OF GERMANY. *Sjsu Edu*, 2020. Disponível em: http://www.sjsu.edu/faculty/watkins/germany.htm. Acesso em: 31 ago. 2020.

THE Industrial Revolution in the United States - Primary Source Set. Disponível em: https://www.loc.gov/teachers/classroommaterials/primarysourcesets/industrial-revolution/. Acesso em: 31 ago. 2020.

THE Transistor - History. Disponível em: https://www.nobelprize.org/educational/physics/transistor/history/. Acesso em: 29 set. 2020.

THOMASON, R. Logic and Artificial Intelligence. *Stanford Encyclopedia of Philosophy*, 2018. Disponível em: https://plato.stanford.edu/entries/logic-ai/#intro. Acesso em: set. 2020.

TILLY, R. *Industrialization as an Historical Process Industrialization*, 2010. Disponível em: http://ieg-ego.eu/en/threads/backgrounds/industrialization/richard-h-tilly-industrialization-as-an-historical-process. Acesso em: 31 ago. 2020.

TRAIN History. Disponível em: http://www.durangotrain.com/history#.WwRdddQrI1I. Acesso em: 29 set. 2020.

TRUEMAN, C. N. *Life in Industrial Towns*, 2000. Disponível em: http://www.historylearningsite.co.uk/industrial_revolution_towns.htm. Acesso em: 31 ago. 2020.

TURING, A. M. Computing machinery and intelligence. *The New York Times*, 1950. Disponível em: https://archive.nytimes.com/www.nytimes.com/library/cyber/surf/1106surf-turing.html. Acesso em: 27 ago. 2020.

UK TELEPHONE HISTORY. Disponível em: http://www.britishtelephones.com/histuk.htm. Acesso em: 29 set. 2020.

VICTORIAN Railway Maps 1860 – 2000. *Andrew Waugh*. Disponível em: http://www.vrhistory.com/VRMaps. Acesso em: 29 set. 2020.

VILLEY, M. *Filosofia do direito*. Definições e fins do direito. Meios do direito. São Paulo: Martins Fontes, 2008.

24
CRÍTICAS AO IDEAL DE TRANSPARÊNCIA COMO SOLUÇÃO PARA A OPACIDADE DE SISTEMAS ALGORÍTMICOS

Mariana Marques Rielli

Advogada. Graduada pela Universidade de São Paulo (USP). É pesquisadora líder de projetos da Associação Data Privacy Brasil de Pesquisa.

1. INTRODUÇÃO

Uma das expressões mais contundentes da inteligência artificial no cotidiano é a crescente presença de algoritmos computacionais[1], que organizam e controlam desde nossas buscas na Internet até sistemas complexos de proteção ao crédito[2]. Nesse último caso, destaca-se o aspecto preditivo dos algoritmos, que têm se proposto a prever comportamentos humanos, como o adimplemento de obrigações, e disso derivar consequências importantes, como a concessão (ou não) de uma linha de crédito ou de um seguro.

Materializando a promessa de Lessig, de que "código é lei"[3], os algoritmos tomam cada vez mais decisões relevantes e "socialmente consequentes"[4] para a vida das pessoas.

1. Um algoritmo é um conjunto de instruções sobre como um computador deve realizar uma determinada tarefa. CAPLAN, R. et al. *Algorithmic Accountability*: A Primer. Disponível em: https://datasociety.net/library/algorithmic-accountability-a-primer/. Acesso em: 16 ago. 2020. Um sistema algorítmico, para Annany, não é apenas códigos e dados, mas uma junção de atores humanos e não-humanos, de "códigos, práticas e normas institucionalmente situadas, com o poder de criar, manter e dar significado a relações entre pessoas e dados por meio de ações semiautônomas e minimamente observáveis". ANANNY, M. Toward an Ethics of Algorithms: Convening, Observation, Probability, and Timeliness. *Science, Technology, & Human Values*, v. 41, n. 1, p. 93–117, 1 jan. 2016.
2. Entre esses exemplos, há uma série de outros, como filtros de spam, sistemas de detecção de fraude de cartão de crédito, mecanismos de classificação e ranqueamento, qualificação para seguros ou empréstimos etc. BURRELL, J. *How the Machine "Thinks:"* Understanding Opacity in Machine Learning Algorithms. Rochester, NY: Social Science Research Network, 15 set. 2015. Disponível em: https://papers.ssrn.com/abstract=2660674. Acesso em: 27 maio. 2020.
3. LESSIG, L. *Code Is Law.* Disponível em: https://www.harvardmagazine.com/2000/01/code-is-law-html. Acesso em: 30 ago. 2020.
4. BURRELL, J. *How the Machine "Thinks:"* Understanding Opacity in Machine Learning Algorithms. Rochester, NY: Social Science Research Network, 15 set. 2015. Disponível em: https://papers.ssrn.com/abstract=2660674. Acesso em: 27 maio. 2020.

Por outro lado, isso não reflete, para os cidadãos leigos, em um maior conhecimento sobre as engrenagens de funcionamento destes sistemas[5]. Os algoritmos tomam (ou contribuem para a tomada de) decisões cujos efeitos, positivos ou negativos, recaem sobre indivíduos que não detêm o conhecimento ou as ferramentas para compreendê-las.

Tal opacidade funciona da seguinte forma: os algoritmos utilizam dados como uma "entrada" *(input)* e produzem um resultado *(output)*, no caso uma classificação (se um crédito deve ser concedido ou se um e-mail será marcado como spam). O recipiente da decisão, que pode ser inclusive o titular dos dados utilizados como *input*, raramente terá uma noção concreta de como aquele *output* foi gerado a partir da entrada inserida no sistema[6].

Frank Pasquale, em The Black Box Society, chega a comparar o papel dos algoritmos no mundo moderno à caverna de Platão, sendo o público em geral os prisioneiros, que só têm acesso, em relação à verdade (produzida pelos algoritmos), a "sombras" projetadas na parede.

Assim, conforme sistemas algorítmicos se tornam mais centrais nos processos decisórios em diversas partes da sociedade, há um interesse cada vez maior em como eles podem ser escrutinados e avaliados em relação ao seu impacto social, e sua conformidade regulatória e normativa[7].

Esse contexto é potencialmente agravado pelo fato de que algoritmos não são neutros. Segundo Cathy O'Neil[8], um algoritmo é "uma opinião envolvida por matemática", e como opiniões, os algoritmos são diferentes e privilegiam pessoas e situações diferentes. Quando um algoritmo é criado, ele é estruturado pelos valores do seu criador[9] e, depois de criado, precisa ser treinado com dados sobre decisões passadas que o ajudem a tomar decisões futuras. Esses dados podem carregar, e não raro carregam, vieses.

Isso significa que algoritmos podem limitar o acesso a serviços e oportunidades (como já mencionado, eles tomam decisões sobre temas como crédito, seguros, financiamentos) de forma injusta e até produzir uma espécie de discriminação tecnológica[10]: quando eles geram resultados desiguais e reproduzem desigualdades tradicionais na sociedade, levando à exclusão sistemática de grupos sociais específicos, como negros e latinos.

Talvez o exemplo recente mais ilustrativo dessa dinâmica seja o uso de tecnologia de reconhecimento facial para fins de segurança pública. Já em 2018, o projeto Gender Shades, do MIT Media Lab, rodou testes, utilizando softwares de reconhecimento facial

---

5. MACHADO, H. F. DE S. Algoritmos, regulação e governança: uma revisão de literatura. *Journal of Law and Regulation*, v. 4, n. 1, p. 39-62, 13 nov. 2018.
6. BURRELL, J. *How the Machine "Thinks:"* Understanding Opacity in Machine Learning Algorithms. Rochester, NY: Social Science Research Network, 15 set. 2015. Disponível em: https://papers.ssrn.com/abstract=2660674. Acesso em: 27 maio. 2020.
7. ADA INSTITUTE. *Examining Tools for assessing algorithmic systems the Black Box*. [s.l: s.n.]. p. 03.
8. O'NEIL, C. *Weapons of Math Destruction*: How Big Data Increases Inequality and Threatens Democracy. New York: Crown, 2016.
9. ADA INSTITUTE. *Examining Tools for assessing algorithmic systems the Black Box*. [s.l: s.n.].
10. No original, o termo utilizado é "technological redlining". "Redlining", na língua inglesa, é entendido como a prática de bancos, empresas, seguradoras, de negar empréstimos, seguros ou benefícios a pessoas em razão de sua cor, etnia, local de residência ou outro aspecto discriminatório. ADA INSTITUTE. *Examining Tools for assessing algorithmic systems the Black Box*. [s.l: s.n.]

da IBM, Microsoft e Face++, em mais de 1200 imagens de pessoas de seis países da África e da Europa. Nessa ocasião, os pesquisadores identificaram que, enquanto os softwares tinham, em média, 99% de precisão ao identificar o gênero de uma pessoa, eles cometiam 35% mais erros ao avaliar pessoas de pele escura[11].

No final de 2019, um estudo produzido pelo National Institute of Standards and Technology, um instituto federal norte americano, encontrou evidências empíricas de que a maioria dos sistemas de reconhecimento facial exibem diferenciais demográficos que pioram a sua precisão baseada na idade, gênero ou raça de uma pessoa. No estudo, concluiu-se que pessoas asiáticas ou negras tinham até 100 vezes mais chance de ser identificadas erroneamente do que homens brancos, a depender do sistema e do tipo de busca[12].

Isso se deve a uma série de razões, dentre as quais, talvez a mais relevante, a natureza do banco de dados utilizado para alimentar e treinar o algoritmo. Isto é, se o sistema é treinado com um número maior de imagens "padrão", que correspondem a imagens de homens brancos em razão da configuração desigual da sociedade, naturalmente ele irá se tornar melhor em identificar imagens de homens brancos e tenderá a cometer mais erros diante de imagens de pessoas de outros gêneros e raças[13].

O problema fundamental dessas falhas, especialmente quando se pretende utilizar o reconhecimento facial para fins de segurança pública e persecução criminal, não tem passado despercebido por reguladores. Assim, cidades estadunidenses como São Francisco e Oakland, na Califórnia, e Somerville e Brookline, em Massachusetts, recentemente passaram normativas que vedam o uso dessa tecnologia por agentes públicos, e o estado da Califórnia baniu o reconhecimento facial em câmeras corporais de policiais[14].

A essa altura, tem-se o seguinte cenário delineado: a) algoritmos que tomam decisões relevantes sobre as vidas das pessoas estão cada vez mais presentes na sociedade; b) tais algoritmos, diferente do que se possa pensar, não são neutros, mas podem reproduzir, e muitas vezes reproduzem, vieses que são tradicionais do pensar humano; c) a despeito da imensa relevância que esses sistemas têm sobre a vida das pessoas, a lógica por trás do seu funcionamento e processo decisório é, na maior parte das vezes, opaca.

Diante desse quadro, há uma busca pela chamada "*accountability* algorítmica", definida por Caplan, Donovan, Hanson e Matthews como "o processo de atribuição de responsabilidade por danos causados quando decisões tomadas por algoritmos têm resultados discriminatórios e desiguais"[15]. Algumas perguntas que podem ser feitas para fins de responsabilização e prestação de contas de algoritmos são: quais são os critérios embutidos em um ranqueamento, classificação ou associação e são

11. Facial recognition software discriminates against those with darker skin – study. Disponível em: https://www.rt.com/news/418583-facial-recognition-mit-dark-skin/. Acesso em: 30 ago. 2020.
12. HARWELL, D. Federal study confirms racial bias of many facial-recognition systems, casts doubt on their expanding use. *Washington Post*. Disponível em: https://www.washingtonpost.com/technology/2019/12/19/federal-study-confirms-racial-bias-many-facial-recognition-systems-casts-doubt-their-expanding-use/ Acesso em: 28 ago. 2020.
13. FERNANDEZ, E. *Facial Recognition Violates Human Rights, Court Rules*. Disponível em: https://www.forbes.com/sites/fernandezelizabeth/2020/08/13/facial-recognition-violates-human-rights-court-rules/. Acesso em: 30 ago. 2020.
14. Ibidem.
15. CAPLAN, R. et al. *Algorithmic Accountability:* A Primer. Disponível em: https://datasociety.net/library/algorithmic-accountability-a-primer/. Acesso em: 16 ago. 2020.

eles politizados ou enviesados de alguma forma? Quais os limites para a mensuração e operacionalização de critérios usados pelos algoritmos? Quais são os potenciais vieses dos dados de treinamento utilizados em um algoritmo classificatório? Como o algoritmo evoluiu com esses dados e quais tipos de parâmetros foram utilizados para iniciar o algoritmo?[16]

Entretanto, nem todos esses questionamentos serão objeto do presente artigo, cujo foco está em um dos elementos da *accountability* algorítmica: a transparência. Se o problema que confrontamos anteriormente é que o cidadão leigo não entende a lógica do algoritmo que decide sobre a sua vida e se apontamos que uma das soluções defendidas pela literatura é a *accountability*, é razoável supor que um primeiro passo, antes do desenvolvimento de ferramentas para a responsabilização, é mais básico: diz respeito à revelação de informações, antes ocultas, ao público[17]. O binômio opacidade-transparência é, inclusive, um dos pilares do estudo pioneiro "Algorithmic Accountability: A Primer"[18], segundo o qual, sem algum nível de transparência[19], é impossível determinar se um algoritmo é justo, se ele funciona da forma como diz que funciona e se seus resultados sobrevivem a um escrutínio mais profundo.

A questão, entretanto, não é simples. Há diversos motivos pelos quais os algoritmos deixam de ser transparentes: alguns corporativos, outros cognitivos, outros técnicos. Além disso, há um questionamento na literatura recente sobre a *efetividade* da transparência para fins de gerar uma verdadeira *accountability.* O presente trabalho parte do pressuposto de que há um grave problema referente à opacidade dos algoritmos que têm consequências profundas sobre a vida das pessoas. Por outro lado, ele não pretende apresentar uma resposta para esse problema, mas tão somente navegar por parte dos trabalhos que vêm estudando a questão da transparência, seu potencial, e por que ela pode ser insuficiente.

Para tanto, o artigo divide-se em duas seções principais, além da Introdução: na primeira, serão abordados trabalhos, especialmente de Jenna Burrell, que se debruçam sobre os porquês da opacidade/falta de transparência dos algoritmos e ajudam a entender o contexto mais amplo de ininteligibilidade desses sistemas. Na seguinte, o texto se voltará para as críticas a uma espécie de "solucionismo" da transparência, com especial foco no trabalho de Ananny e Crawford, que contestam a aplicabilidade do ideal de transparência à *accountability* algorítmica.

---

16. DIAKOPOULOS, N. Algorithmic Accountability Reporting: On the Investigation of Black Boxes. 2014.
17. Para Paul B. de Laat, "a forma óbvia [de se construir uma cultura de accountability] parece ser quebrar o escudo da opacidade e deixar o sol entrar. Um clamor por transparência parece justificado." DE LAAT, P. B. Algorithmic Decision-Making Based on Machine Learning from Big Data: Can Transparency Restore Accountability? *Philosophy & Technology*, v. 31, n. 4, p. 525-541, dez. 2018.
18. CAPLAN, R. et al. *Algorithmic Accountability*: A Primer. Disponível em: https://datasociety.net/library/algorithmic-accountability-a-primer/. Acesso em: 16 ago. 2020.
19. Em um relatório de 2016, intitulado "Big Data: A Report on Algorithmic Systems, Opportunity, and Civil Rights", do Executive Office da gestão Obama, ex-presidente dos Estados Unidos, a questão dos problemas advindos de decisões tomadas por algoritmos e de como endereçá-los é abordada. Nessa ocasião, há 13 menções ao termo transparência, que aparece ao longo de todo o relatório ao lado da *accountability*.

2. O PROBLEMA DA OPACIDADE

Como já foi estabelecido, a crescente complexidade dos algoritmos dificulta que pessoas não-especialistas compreendam a lógica por trás das decisões por eles produzidas. Esse é um tipo de opacidade, mas não o único. Além dele, há também uma ausência de transparência que é proposital e tem o objetivo de resguardar segredos de negócio e indústria das empresas que desenvolvem os algoritmos, já que, não raro, seu próprio modelo de negócio é centrado no funcionamento dos referidos sistemas.

Segundo Chesterman[20], os dois tipos de sistema mencionados podem ser explicados, seja pelo recurso a especialistas capazes de traduzir o código para pessoas leigas ou promover iniciativas educacionais, seja por alguma medida coercitiva para a produção de informação (por parte das empresas).

Há, entretanto, um terceiro tipo de sistema, cuja opacidade desafia a capacidade explicativa de humanos e máquinas. Trata-se dos algoritmos "naturalmente opacos", aqueles baseados em métodos de "aprendizado profundo"[21], cujo intrincado funcionamento é, comumente, inexplicável até para seus desenvolvedores.

Essa tipologia de opacidades ganhou destaque com o *paper* "How the Machine "Thinks": Understanding Opacity in Machine Learning Algorithms"[22], de Jenna Burrell, em que a autora destrincha cada uma das modalidades e apresenta suas implicações para o debate mais amplo sobre soluções para a opacidade e, mais do que isso, para o caráter discriminatório de muitas decisões geradas por algoritmos.

2.1 Opacidade proprietária: a "*black box*" de Pasquale

A primeira forma de opacidade, na classificação de Burrell, é a que Pasquale, na obra seminal "The Black Box Society: The Secret Algorithms that Control Money and Information"[23], define como segredo corporativo. Diante de um mercado extremamente competitivo, a opacidade algorítmica seria uma política deliberada das empresas para se proteger e manter suas vantagens concorrenciais, seja para evitar plágios, seja para participar de um "jogo" explicado por Burrell: as empresas, principalmente aquelas detentoras de plataformas e aplicações dominantes no mercado, propositalmente atraem indivíduos ou outras empresas que queiram "manipulá-las", com o objetivo maior de se manter em evidência.

Para Pasquale, que apresenta uma visão bastante crítica desse cenário, a opacidade relacionada às práticas empresariais não é justificável e, na verdade, é um produto de regulações fracas e atrasadas. Assim, ele define a opacidade como uma "incompreensibilidade remediável", já que, se é verdade que ela pode ser uma capa protetora das

20. CHESTERMAN, S. *Through a Glass, Darkly:* Artificial Intelligence and the Problem of Opacity. Rochester, NY: Social Science Research Network, 1 abr. 2020. Disponível em: https://papers.ssrn.com/abstract=3575534. Acesso em: 16 ago. 2020.
21. *Deep learning*, no original.
22. BURRELL, J. *How the Machine "Thinks:"* Understanding Opacity in Machine Learning Algorithms. Rochester, NY: Social Science Research Network, 15 set. 2015. Disponível em: https://papers.ssrn.com/abstract=2660674. Acesso em: 27 maio. 2020.
23. PASQUALE, F. *The Black Box Society*. [s.l.] Harvard University Press, 2015.

empresas frente ao mercado, também pode ser igualmente uma estratégia deliberada para encontrar brechas na legislação, manipular consumidores e, inclusive, promover práticas discriminatórias[24].

Como solução para esse cenário, sugere-se a abertura de códigos para o escrutínio público, por meios regulatórios, se necessário, partindo-se do pressuposto de que os problemas derivados dos algoritmos (como os resultados eventualmente discriminatórios) poderiam ser solucionados caso as empresas estivessem dispostas a compartilhar os seus códigos. O autor reconhece que essa medida de abertura total poderia tornar os algoritmos inefetivos, então propõe uma alternativa: o uso de auditores independentes que possam manter o segredo, ao mesmo tempo em que garantam a utilidade pública do código em questão[25].

2.2 Opacidade como "analfabetismo técnico"

O segundo nível de opacidade algorítmica decorre do fato de que, atualmente, a escrita e leitura de códigos fazem parte de um saber especializado, muitas vezes restrito a cientistas da computação e engenheiros[26] e, por isso, inacessível para a maior parte da população. Segundo Burrell, isso decorre do fato de que a linguagem do código, baseada em uma lógica estrita que requer uma sintaxe e gramática precisas para que possa ser lida, difere largamente da linguagem humana, focada na capacidade de comunicar efetivamente e não necessariamente em aspectos como lógica formal e precisão.

Como resposta a essa dificuldade, surgem clamores por mais diversidade no campo das ciências e da matemática, para que ele deixe de ser restrito a uma parcela extremamente privilegiada da população, e pela inclusão de uma lógica de "pensar computacional" em todos os níveis da educação pública. A resposta para a opacidade nesse nível não é meramente a abertura dos códigos, mas sim a educação para que uma quantidade maior e mais diversa de pessoas saiba lê-los e interpretá-los.

2.3 Opacidade como uma questão inerente a alguns algoritmos

Se para os dois primeiros tipos de opacidade delineados por Burrell, há possíveis soluções no campo da transparência e da educação, existe um terceiro tipo de opacidade que está embutida no próprio sistema, que faz parte da sua natureza. Trata-se da opacidade presente em métodos de *deep learning*, ou aprendizagem profunda, que são opacos por *design*, isto é, desde a sua concepção.

A aprendizagem profunda é um ramo da aprendizagem de máquina (*machine learning*), que pode ser brevemente definida como a habilidade de um computador melhorar sua própria performance (aprender) sem que tenha sido programado es-

24. BURRELL, J. *How the Machine "Thinks:"* Understanding Opacity in Machine Learning Algorithms. Rochester, NY: Social Science Research Network, 15 set. 2015. Disponível em: https://papers.ssrn.com/abstract=2660674. Acesso em: 27 maio. 2020.
25. PASQUALE, F. *The Black Box Society*. [s.l.] Harvard University Press, 2015.
26. Ou a pessoas autodidatas, que, a despeito de não terem uma formação específica na área, tornam-se especialistas.

pecificamente para tal, podendo ser supervisionada, não supervisionada ou ainda por reforço[27].

Um exemplo dado por Chesterman[28] para ilustrar como esse tipo de sistema favorece a opacidade refere-se à ocasião em que, os programadores do AlphaGo, um programa de computador criado para jogar o antigo jogo Go, não souberam explicar o processo pelo qual o computador não apenas aprendeu as regras do jogo, como conseguiu derrotar o maior vencedor humano do jogo, Lee Sedol, em 2016.

Isso se deve ao fato de que os programadores não estabeleceram as regras, passo a passo, para que o computador as seguisse. A partir de um *input* inicial, ele aprendeu sozinho o caminho. Assim, mesmo que quisessem, os programadores não seriam capazes de retraçar essa rota e explicar como a máquina derrotou o homem.

3. O PROBLEMA DA TRANSPARÊNCIA

Ao nos debruçarmos sobre o problema da opacidade abre-se a porta para se questionar a solução apresentada pelo clamor por maior transparência em sistemas algorítmicos.

O entendimento implícito por trás dessa forte demanda tem a ver com um ideal histórico de transparência, segundo o qual ser capaz de *ver* algo cria oportunidades para *controlar* e *mudar* (daí, *accountability*) tal coisa[29]. Trata-se de ideia que, segundo Ananny e Crawford, marcou o Iluminismo, período que buscou "escapar das idiossincrasias da percepção"[30]. A partir de um passeio histórico sobre a instrumentalização do ideal da transparência como parte de uma arquitetura de vigilância, os autores concluem, nesse ponto, que a transparência não é simplesmente um estado de clareza sobre as coisas, mas sim um sistema que promete algum nível de controle sobre aquilo que é observado.

Exemplos da relação entre as ideias de transparência e *accountability* como controle abundam: do texto extraem-se as leis de acesso à informação, o movimento pelo *open software* e a cultura formada em torno de ferramentas como a Wikipédia[31]. Navegando entre os ambientes *offline* e *online* e chegando, enfim, nas tecnologias da inteligência artificial, Annany e Crawford finalmente discorrem sobre a transparência algorítmica. Aqui, o texto recorre a Pasquale e sua "caixa preta" e a autores como Diakopoulos que, ainda que com diferentes abordagens, defendem uma maior transparência como forma de fazer frente aos problemas gerados pelos sistemas algorítmicos, inclusive quanto à discriminação.

---

27. MURPHY, K. P. *Machine learning textbook*. Disponível em: https://www.cs.ubc.ca/~murphyk/MLbook/. Acesso em: 31 ago. 2020.
28. CHESTERMAN, S. *Through a Glass, Darkly*: Artificial Intelligence and the Problem of Opacity. Rochester, NY: Social Science Research Network, 1 abr. 2020. Disponível em: https://papers.ssrn.com/abstract=3575534. Acesso em: 16 ago. 2020.
29. ANANNY, M.; CRAWFORD, K. Seeing without knowing: Limitations of the transparency ideal and its application to algorithmic accountability. *New Media & Society*, p. 17, 2016.
30. DASTON, L. Objectivity and the Escape from Perspective. *Social Studies of Science*, v. 22, n. 4, p. 597-618, 1º nov. 1992.
31. ANANNY, M.; CRAWFORD, K. Seeing without knowing: Limitations of the transparency ideal and its application to algorithmic accountability. *New Media & Society*, p. 05, 2016.

Novamente, o argumento construído é que também no campo da ciência computação o clamor por transparência parte da premissa de que o saber necessariamente traz *insights* e governança.

Essa premissa é, entretanto, contestada pelo *paper*, que apresenta dez limitações ao ideal de transparência. Dentre elas, destaca-se algumas: i) os possíveis danos causados pela transparência aos indivíduos, como violações à privacidade, por exemplo; ii) a obstrução intencional causada pela transparência, quando o excesso de informação disponibilizado acaba por ocultar as partes realmente importantes e valiosas[32]; iii) a prevalência da visão sobre a compreensão que é criada pelo ideal de transparência, isto é, a ideia de que uma *revelação* seria suficiente para que os indivíduos viessem a entender os componentes de um sistema. Além desses e outros seis pontos, os autores exploram uma décima limitação, a técnica.

Nesse ponto, o texto faz referência aos achados de Burrell sobre a incompreensibilidade de determinados algoritmos, inclusive em casos que podem gerar discriminação, na medida em que o acesso aos códigos seria insuficiente e em que os próprios desenvolvedores, muitas vezes, são incapazes de descrever como um sistema funciona e como a sua natureza, normalmente cambiável e dinâmica, pode ou não ser compatível com a lógica que permeia leis de transparência.

A título de conclusão, os autores relembram a definição de Ananny sobre sistemas algorítmicos como um conjunto de atores humanos e não-humanos e afirmam que a compreensão e, mais do que isso, a responsabilização, de um conjunto requer o entendimento de como ele funciona como sistema, ou seja, como um todo dinâmico.

A verdade sobre os algoritmos seria, nesse sentido, não uma "descoberta" positivista, ou uma revelação obtida por meio de um olhar para dentro, mas uma abordagem relacional que leva em consideração todos os agentes de um sistema. Dessa forma, os autores propõem uma mudança no foco da transparência: do olhar para dentro de um sistema (ou seja, de uma abertura necessária) para um olhar "através" de um sistema, ao longo dele, a partir de todos os seus componentes.

Tal visão sobre a insuficiência da transparência para fins de geração de uma verdadeira *accountability* algorítmica é compartilhada por outros autores, como Paul B. de Laat, que defende que, diante de todos os problemas apontados em relação a uma visão mais ampla de transparência, o indicado seria manter a abertura total apenas para as autoridades supervisoras, e nunca para a sociedade como um todo[33].

Já Simon Chesterman propõe que, diante de uma opacidade natural de determinados sistemas, novas formas de explicabilidade devem ser criadas ou, ainda, deve-se aceitar que certas decisões não podem ou não devem ser tomadas por algoritmos[34].

---

32. Seria uma espécie de fadiga da transparência.
33. DE LAAT, P. B. Algorithmic Decision-Making Based on Machine Learning from Big Data: Can Transparency Restore Accountability? *Philosophy & Technology*, v. 31, n. 4, p. 525–541, dez. 2018.
34. CHESTERMAN, S. *Through a Glass, Darkly:* Artificial Intelligence and the Problem of Opacity. Rochester, NY: Social Science Research Network, 1 abr. 2020. Disponível em: https://papers.ssrn.com/abstract=3575534. Acesso em: 16 ago. 2020.

4. CONSIDERAÇÕES FINAIS

O objetivo do presente artigo foi singelo: contextualizar a discussão sobre o avanço dos sistemas algorítmicos sobre diversos contextos sociais e individuais, ao mesmo tempo em que tais sistemas revelam-se cada vez mais opacos, e demonstrar como isso tem trazido, em contrapartida, demandas por controle e por transparência. Além disso, também se pretendeu aprofundar no aspecto da opacidade em si, a fim de se entender se a solução - a transparência algorítmica - seria, de fato, uma resposta adequada, ponto explorado mais detidamente na última seção do artigo. A literatura selecionada, focada especialmente nos autores Mike Annany e Kate Crawford, se aprofunda sobre a inadequação do chamado ideal da transparência quando aplicado a decisões tomadas por algoritmos, não apenas, mas também por questões técnicas que muitas vezes inviabilizam a sua abertura e compreensão plena. O artigo, então, deixa aberto para trabalhos futuros um segundo passo: buscar entender quais os caminhos possíveis para uma "explicabilidade diferente", como defendida por Chesterman.

5. REFERÊNCIAS

ADA INSTITUTE. *Examining Tools for assessing algorithmic systems the Black Box.* [s.l: s.n.].

ANANNY, M. Toward an Ethics of Algorithms: Convening, Observation, Probability, and Timeliness. *Science, Technology, & Human Values*, v. 41, n. 1, p. 93-117, 1 jan. 2016.

ANANNY, M.; CRAWFORD, K. Seeing without knowing: Limitations of the transparency ideal and its application to algorithmic accountability. *New Media & Society*, p. 17, 2016.

AUERBACH, D. *We Can't Control What Big Data Knows About Us. Big Data Can't Control It Either.* Disponível em: https://slate.com/technology/2015/01/black-box-society-by-frank-pasquale-a-chilling-vision-of-how-big-data-has-invaded-our-lives.html. Acesso em: 30 ago. 2020.

BELLANOVA, R. Digital, politics, and algorithms: Governing digital data through the lens of data protection. *European Journal of Social Theory*, v. 20, n. 3, p. 329–347, 1 ago. 2017.

BLOCH-WEHBA, H. *Access to Algorithms*. Rochester, NY: Social Science Research Network, 19 mar. 2019. Disponível em: https://papers.ssrn.com/abstract=3355776. Acesso em: 16 ago. 2020.

BURRELL, J. *How the Machine "Thinks:" Understanding Opacity in Machine Learning Algorithms*. Rochester, NY: Social Science Research Network, 15 set. 2015. Disponível em: https://papers.ssrn.com/abstract=2660674. Acesso em: 27 maio. 2020.

CAPLAN, R. et al. *Algorithmic Accountability*: A Primer. Disponível em: https://datasociety.net/library/algorithmic-accountability-a-primer/. Acesso em: 16 ago. 2020.

CHESTERMAN, S. *Through a Glass, Darkly*: Artificial Intelligence and the Problem of Opacity. Rochester, NY: Social Science Research Network, 1 abr. 2020. Disponível em: https://papers.ssrn.com/abstract=3575534. Acesso em: 16 ago. 2020.

DANAHER, J. *Algorithmic Decision-Making and the Problem of Opacity.* Disponível em: https://www.scl.org/articles/3713-algorithmic-decision-making-and-the-problem-of-opacity. Acesso em: 27 maio. 2020.

DASTON, L. Objectivity and the Escape from Perspective. *Social Studies of Science*, v. 22, n. 4, p. 597–618, 1 nov. 1992.

DE LAAT, P. B. Algorithmic Decision-Making Based on Machine Learning from Big Data: Can Transparency Restore Accountability? *Philosophy & Technology*, v. 31, n. 4, p. 525-541, dez. 2018.

DIAKOPOULOS, N. *Algorithmic Accountability Reporting*: On the Investigation of Black Boxes. 2014.

DIAKOPOULOS, N. Algorithmic Accountability. *Digital Journalism*, v. 3, n. 3, p. 398-415, 4 maio 2015.

EDWARDS, L.; VEALE, M. Slave to the Algorithm? Why a "right to an explanation" is probably not the remedy you are looking for. [s.l.] *LawArXiv*, 18 nov. 2017. Disponível em: https://osf.io/97upg. Acesso em: 27 maio. 2020.

ENDO, S. K. *Technological Opacity & Procedural Injustice*. Rochester, NY: Social Science Research Network, 18 ago. 2017. Disponível em: https://papers.ssrn.com/abstract=3022321. Acesso em: 31 ago. 2020.

FACIAL recognition software discriminates against those with darker skin – study. Disponível em: https://www.rt.com/news/418583-facial-recognition-mit-dark-skin/. Acesso em: 30 ago. 2020.

FERNANDEZ, E. *Facial Recognition Violates Human Rights, Court Rules*. Disponível em: https://www.forbes.com/sites/fernandezelizabeth/2020/08/13/facial-recognition-violates-human-rights-court--rules/. Acesso em: 30 ago. 2020.

HARWELL, D. Federal study confirms racial bias of many facial-recognition systems, casts doubt on their expanding use. *Washington Post*, [s.d.].

I.C.O; ALAN TURING INSTITUTE. *Explaining decisions made with AI*, 2020. Disponível em: https://ico.org.uk/for-organisations/guide-to-data-protection/key-data-protection-themes/explaining-decisions-made-with-artificial-intelligence/. Acesso em: 5 jun. 2020

LESSIG, L. *Code Is Law*. Disponível em: https://www.harvardmagazine.com/2000/01/code-is-law-html. Acesso em: 30 ago. 2020.

LU, S. *Algorithmic Opacity, Private Accountability, and Corporate Social Disclosure in the Age of Artificial intelligence*. Rochester, NY: Social Science Research Network, 5 maio 2020. Disponível em: https://papers.ssrn.com/abstract=3582222. Acesso em: 16 ago. 2020.

MACHADO, H. F. DE S. Algoritmos, regulação e governança: uma revisão de literatura. *Journal of Law and Regulation*, v. 4, n. 1, p. 39–62, 13 nov. 2018.

MURPHY, K. P. *Machine learning textbook*. Disponível em: https://www.cs.ubc.ca/~murphyk/MLbook/. Acesso em: 31 ago. 2020.

NOBLE, S. U. *Algorithms of Oppression*: How Search Engines Reinforce Racism. [s.l.] NYU Press, 2018.

O'NEIL, C. *Weapons of Math Destruction*: How Big Data Increases Inequality and Threatens Democracy. New York: Crown, 2016.

PASQUALE, F. *The Black Box Society*. [s.l.] Harvard University Press, 2015.

SILES, I. et al. Folk theories of algorithmic recommendations on Spotify: Enacting data assemblages in the global South. *Big Data & Society*, v. 7, n. 1, p. 2053951720923377, 1º jan. 2020.

Parte VI
ALGORITMOS E O DIREITO PÚBLICO

25
A ATIVIDADE ESTATAL ENTRE O ONTEM E O AMANHÃ: REFLEXÕES SOBRE OS IMPACTOS DA INTELIGÊNCIA ARTIFICIAL NO DIREITO PÚBLICO

Felipe Braga Netto

Pós-doutor em Direito Civil pela Universitá di Bologna, Itália (*Alma Mater Studiorum*). Doutor em Direito Constitucional e Teoria do Estado pela PUC-RIO. Mestre em Direito Civil pela UFPE. Membro do Ministério Público Federal (Procurador da República). Associado fundador e 1 vice-presidente do IBERC (*Instituto Brasileiro de Responsabilidade Civil, 2017-2019*). Professor de Direito Civil da PUC-Minas (2002-2007). Professor de Direito Civil da ESDHC (2003-2021). Professor convidado em cursos de pós-graduação em Direito Civil e Direito do Consumidor nos últimos 20 anos (FESMPMG; Escolas de Magistratura diversas etc.). Professor da Escola Superior do Ministério Público da União. Procurador Regional Eleitoral de Minas Gerais (2010-2012). Publicou artigos em 36 obras coletivas, tendo coordenado 5 delas. Além das obras coletivas publicou 14 livros.

José Luiz de Moura Faleiros Júnior

Doutorando em Direito pela Universidade de São Paulo – USP. Mestre em Direito pela Universidade Federal de Uberlândia – UFU. Especialista em Direito Digital e *Compliance*. Membro do Instituto Avançado de Proteção de Dados – IAPD e do Instituto Brasileiro de Estudos de Responsabilidade Civil – IBERC. Advogado. Professor.

1. INTRODUÇÃO

Novas tecnologias impõem novas expectativas quanto à atuação do Estado no século XXI, que deve ser não apenas eficiente, mas eficaz quanto à garantia de direitos fundamentais na sociedade hipercomplexa que, invariavelmente, passa a ser permeada pela utilização de algoritmos de Inteligência Artificial para a otimização de resultados e para a aceleração de processos.

A interpretação jurídica é desafiada nesse ambiente complexo e impõe reflexões sobre o escopo da dogmática jurídica tradicional, reinterpretada à luz de deveres de proteção que o Estado assume nesse complexo e plural contexto. Isso representa um desafio, pois cada vez mais surgirão novos sentidos para institutos tradicionais, como a responsabilidade civil do Estado, consagrada a partir da adoção da teoria do risco administrativo, mas que também precisa ser readaptada e ressignificada na medida em que novas tecnologias se introjetam nas próprias rotinas administrativas, não alterando apenas a eficiência administrativa, mas trazendo novos riscos que não se sabe, com absoluta clareza, se podem ser assumidos pelo Estado ou não.

O propósito desse breve ensaio, então, será o de revisitar alguns aspectos fundamentais para a compreensão das influências dos algoritmos sobre a atuação do Estado, primando pela preservação de direitos fundamentais, embora sabendo que o ritmo da inovação tecnológica continuará acelerado e cada vez mais desafiador.

Em breves linhas, procurar-se-á extrair algumas conclusões assertivas sobre o *locus* que as atividades e rotinas estatais ocuparão nesse novo contexto. Ao final, algumas considerações serão apresentadas.

2. OS DESAFIOS DA INTERPRETAÇÃO JURÍDICA EM SOCIEDADES PLURAIS E COMPLEXAS

Talvez convenha iniciar, em palavra mais ampla, lembrando que as normas abertas – que traçam objetivos e fins a serem alcançados – se não são uma característica (exclusiva) do nosso século, pelo menos representam algo que se intensificou fortemente nele. Cabe ao intérprete densificar materialmente essas normas, através de um processo racional de argumentação, buscando dimensões objetivas de sentido, à luz dos caminhos socialmente tidos como razoáveis e proporcionais.

Atualmente a interpretação jurídica ganhou notas de complexidade que inexistiam nos séculos passados. Não se trata de operação neutra, formal, lastreada unicamente na subsunção silogística. Tampouco se aceita a ideia de que a ordem jurídica traz apenas uma resposta correta para cada problema[1]. Ainda há, é certo, quem defenda essa posição, mas trata-se de corrente hoje minoritária. A norma é o ponto de partida da interpretação[2],

1. A questão, porém, é polêmica. Em crítica teoricamente sofisticada a essa visão, argumenta-se que "a despeito da dimensão inevitavelmente 'criativa' da interpretação constitucional – dimensão presente em qualquer processo hermenêutico, o que, por isso mesmo, não coloca risco, segundo Habermas, a lógica da separação dos poderes, – as Cortes Supremas, ainda que recorram a argumentos que ultrapassem o direito escrito, devem proferir 'decisões corretas' e não se envolver na tarefa de 'criação do direito', a partir de valores 'preferencialmente aceitos'. As decisões de princípio proferidas pelas Cortes Constitucionais não podem ser equiparadas, segundo Habermas, a emissões de juízos que '*ponderam objetivos, valores e bens coletivos*', pois, dado que normas e princípios constitucionais, em virtude do seu sentido deontológico de validade, são vinculantes e não especialmente preferidos, a interpretação constitucional deve decidir '*qual pretensão e qual conduta são corretas em um dado conflito e não como equilibrar interesses ou relacionar valores*'". CITTADINO, Gisele. *Pluralismo, Direito e Justiça Distributiva*. Elementos da Filosofia Constitucional Contemporânea. 2. ed. Rio de Janeiro: Lumen Juris, 2000, p. 212-213.
2. Cabe lembrar, a propósito, à luz das lições de Humberto Ávila, que a "matéria bruta utilizada pelo intérprete – o texto normativo ou dispositivo – constitui uma mera possibilidade de Direito. A transformação dos textos normativos em normas jurídicas depende da construção de conteúdos de sentido pelo próprio intérprete". ÁVILA, Humberto. *Teoria dos princípios*: da definição à aplicação dos princípios jurídicos. São Paulo: Malheiros, 2003, p. 16. Aliás, a ideia não é nova, sendo, na verdade, muito antiga – obviamente sob outros pressupostos teóricos e sociais. Paulo já proclamava que "não é da regra que promana o direito, senão com base no direito, existente por si mesmo, que a regra é elaborada". *Non ut ex regula jus sumatur, sed ex jure, quod est, regula fiat* (*De Diversis Regulis Juris Antiqui*, reg. 1 (tradução de Limongi França). *Brocardos Jurídicos – As Regras de Justitiano*. São Paulo: RT, 1969, p. 48). Sintomaticamente, os civilistas são conhecidos por simbolizar, tradicionalmente, o conservadorismo jurídico. Pierre Bourdieu, por exemplo, enxerga nos privatistas o "culto do texto, o primado da doutrina e da exegese, quer dizer, ao mesmo tempo da teoria e do passado" BOURDIEU, Pierre. *O poder simbólico*. Tradução de Fernando

é o que resulta da interpretação e não o texto friamente estático. As leituras éticas das normas se impõem muito forte neste século XXI.

Vivemos, atualmente, em sociedades complexas e heterogêneas. Aliás, o direito do século XXI se define, em boa medida, pelo pluralismo (pluralismo das concepções de mundo, dos sujeitos protegidos pelas normas, das próprias normas, oriundas de fontes diversas, dos interesses tutelados, e da própria filosofia, fundada no diálogo, na razão argumentativa). Além disso, os desafios e ameaças que hoje nos afligem são, de certo modo, distintos daqueles dos séculos passados. Há quem sustente que vivemos numa sociedade de risco. Em boa medida, nossa sociedade é definida por eles[3].

É frequente, atualmente, na filosofia constitucional, lermos referências ao pós-modernismo. Nem todos os autores aceitam que a nossa época possa ser descrita como pós-moderna[4]. A questão é sabidamente delicada e polêmica, uma vez que o pós-modernismo rejeita o universalismo e a razão, e pode, com isso, acabar rejeitando os direitos fundamentais. Podemos argumentar, em contrário, que a Modernidade vai além do Estado Liberal, incorporando *também* o Estado Social. Seria, nesse contexto, equivocado restringir a cosmovisão da Modernidade ao Estado liberal-burguês[5]. Em geral, porém, no direito civil, a descrição tem sido aceita – ainda que nem sempre com os mesmos argumentos ou pressupostos filosóficos. Maria Celina Bodin de Moraes proclama que "à responsabilidade civil deve ser reconhecido o papel de constituir-se como um dos fenômenos sócio-jurídicos mais importantes da pós-modernidade"[6].

Seja como for, é impossível pensar em pós-positivismo sem atribuir caráter normativo aos princípios. Os princípios, desse modo, são normas jurídicas vinculantes, trata-se de percepção largamente compartilhada em nossos dias. Os princípios, porém,

---

Tomaz. Rio de Janeiro: Bertrand Brasil, 2001, p. 252. De modo semelhante, percebeu-se que "a permanência jurídica se manifesta, em toda sua plenitude, no setor específico das codificações. E, aí, especialmente em matéria de Direito Civil, tido por protótipo do conservadorismo jurídico" VASCONCELOS, Arnaldo. *Teoria da Norma Jurídica*. São Paulo: Malheiros, 1993, p. 144. Nesse contexto teórico, convém lembrar que o século XIX foi pródigo em generalizações, amplas construções teóricas e esquemas abstratos MEAD, George H. *Movements of thougt in the nineteenth century*. Chicago: The University of Chicago Press, 1972.

3. A referência conceitual, a respeito, é Ulrich Beck (BECK, Ulrich. *Risk society*: towards a new modernity. Tradução do alemão para o inglês de Mark Ritter. Londres: Sage Publications, 1992, p. 153). Há autores, sob diversa orientação teórica, que preferem dizer que vivemos na "sociedade em rede". (CASTELLS, Manuel. *The rise of the network society*. The information age: economy, society, and culture, v. 1. 2. ed. Oxford/West Sussex: Wiley-Blackwell, 2010, p. 500).
4. Habermas menciona, em blague, que alguns veem "pós" quando ainda estamos em pleno domínio do "ainda" (HABERMAS, Jürgen. *The new conservatism*. Cambridge: MIT Press, 1990, p. 3). Algo semelhante ao afirmado por Sérgio Paulo Rouanet: "Dizer que somos pós-modernos dá um pouco a impressão de que deixamos de ser contemporâneos de nós mesmos. Seja como for, temos que aceitar filosoficamente o fato de que na opinião de grande número de pessoas, nem todas lunáticas, entramos na era da pós-modernidade". ROUANET, Sérgio Paulo. *As Razões do Iluminismo*. São Paulo: Companhia das Letras, 2000, p. 229.
5. Em descrição provocadora, percebe-se que "a constatação, desconcertante, é que o Brasil chega à pós-modernidade sem ter conseguido ser liberal nem moderno. Herdeiros de uma tradição autoritária e populista, elitizada e excludente, seletiva entre amigos e inimigos – mansa com os ricos e dura com os pobres, chegamos ao terceiro milênio atrasados e com pressa" BARROSO, Luís Roberto. Fundamentos teóricos e filosóficos do novo direito constitucional brasileiro. *Revista de Direito Administrativo*, Rio de Janeiro, n. 225, 2001, p. 05-37, p. 8; SARMENTO, Daniel. *Direitos fundamentais e relações privadas*. Rio de Janeiro: Lumen Juris, 2004, p. 65.
6. MORAES, Maria Celina Bodin de. A constitucionalização do direito civil e seus efeitos sobre a responsabilidade civil. *In:* SOUZA, Cláudio Pereira de; SARMENTO, Daniel (Org.). *A Constitucionalização do Direito*: fundamentos teóricos e aplicações específicas. Rio de Janeiro: Lumen Juris, 2007, p. 452.

não fornecem, de modo abstrato, todos os componentes de sua aplicação. Em virtude da própria estrutura maleável e flexível com que são formados, eles precisam da dialética dos casos concretos para assumirem sua exata dimensão. O sistema jurídico, desse modo, cada vez mais se põe como um sistema aberto de princípios normativos. Esses princípios, que estabelecem objetivos e fins, são articulados de modo dinâmico, não estático. Eles trabalham com uma lógica de ponderação, o que significa que apenas nos casos concretos, devidamente contextualizados, é que os princípios se expandem ou se retraem, à luz das especificidades das circunstâncias.

Dizer, hoje, que a Constituição é norma jurídica vinculante é autêntico truísmo – não só as regras da Constituição, mas também, e sobretudo, os seus princípios. A dimensão existencial das relações jurídicas ganha, em nosso século, relevância singular, como que convidando os juristas a reler antigos conceitos, categorias e institutos com um novo olhar. Nas relações civis, a despatrimonialização e a repersonalização estão na ordem do dia, permeando, de modo inovador, vários estudos, revisitando setores e redefinindo antigas soluções. A legislação infraconstitucional, sobretudo, é enxergada à luz dos valores constitucionalmente prestigiados[7]. Em face da atual Constituição da República – que adotou, entre os princípios fundamentais da República, a cidadania[8], a dignidade da pessoa humana (art. 1º, I e III), e entre os objetivos fundamentais da República a construção de uma sociedade livre, justa e solidária (art. 3º, I) – ampliou-se, de modo generoso, o panorama de análise da inconstitucionalidade das leis. Aliás, lidar com a eficácia normativa dos princípios é lidar com a abertura do sistema jurídico. Falar em abertura do sistema jurídico é algo potencialmente problemático, porque envolve, sabemos, questões epistemológicas relevantes. A abertura do sistema jurídico, resultante da força normativa dos princípios constitucionais, significa aceitar que fontes não legislativas possam provocar mudanças. Mudanças, por assim dizer, que ocorrem de fora para dentro, como janelas entre a sociedade e as tradicionalmente estáticas categorias jurídicas.

---

7. PERLINGIERI, Pietro. *La personalità umana nell'ordinamento giuridico*. Camerino: Jovene, 1972, p. 155. Convém registrar que a responsabilidade civil, no século passado – sob a égide do Código Civil de 1916 – refletia em boa medida a sociedade patriarcal e patrimonialista em que se inseria (não esqueçamos que ele foi elaborado ainda antes de 1900, e teve tramitação lenta, assim como seu sucessor, quase um século depois). A propriedade era a instituição em torno da qual orbitavam os demais interesses juridicamente protegidos. Hoje tanto a propriedade como os contratos ganham notas funcionais, isto é, a função define, em certo sentido, o que estes institutos são, e não apenas até aonde eles podem ir. Isto é, a funcionalização dos conceitos, categorias e institutos não atua apenas como limite externo. Além disso a todo momento os intérpretes dos nossos dias invocam a razoabilidade, a proporcionalidade, a proibição do excesso. À medida que ganham relevância normas como os princípios e as cláusulas gerais (normas abertas, por assim dizer), a importância da interpretação aumenta. Isso, porém, não significa que o intérprete esteja livre para eleger suas convicções pessoais em detrimento das opções valorativas da ordem jurídica, em aberto voluntarismo. A única forma de evitar abusos é exigir-se um maior ônus argumentativo, um mais severo dever de fundamentação quanto mais aberta for a norma a ser aplicada.
8. Ricardo Lobo Torres diagnostica que "a cidadania volta a fundamentar o *status* jurídico do cidadão e transforma-se em cidadania multidimensional, a compreender a dignidade da pessoa humana e simultaneamente os valores sociais do trabalho e da livre iniciativa. Na formulação de Rawls, aparece como cidadania razoável, que conduz à visão do outro como livre e igual em um sistema de cooperação através das gerações". TORRES, Ricardo Lobo. A legitimação dos direitos humanos e os princípios da ponderação e da razoabilidade. *In:* TORRES, Ricardo Lobo (Org.). *Legitimação dos Direitos Humanos*. Rio de Janeiro: Renovar, 2002, p. 434.

Além disso, o direito do nosso século trabalha, não com o sujeito abstrato da dogmática do século XIX, mas com a pessoa concreta[9]. O direito do século XXI passa a exigir, de modo progressivo, uma leitura ética, que dialogue com a sociedade, evitando os exageros formais e conceitualísticos que timbraram, lamentavelmente, a experiência jurídica dos séculos passados (não falamos só do nazismo, como costumamos pensar ao ler frases assim. É preciso olhar para nós mesmos. Talvez baste lembrar que o Brasil foi o último país das Américas a abolir a escravidão, em lamentável mancha histórica). Talvez não seja exagero afirmar que o desafio metanarrativo, hoje, é concretizar os direitos fundamentais – e a solidariedade social – dentro do próprio direito privado (mas não só nele). Já se percebeu, ademais, que à luz do princípio da solidariedade devem ser lidas não apenas as normas constitucionais, mas todo o ordenamento jurídico[10].

3. A RESPONSABILIDADE CIVIL DO ESTADO E (ALGUNS) DE SEUS PASSOS ARGUMENTATIVOS

A caminhada dos conceitos e instituições jurídicas através dos séculos exibe vários casos em que a norma, textualmente falando, não mudou, porém sua interpretação variou enormemente[11]. Isso não é algo inédito ou mesmo raro nas pegadas históricas da responsabilidade civil. Conforme brevemente anotamos, se buscarmos o nascimento da teoria do risco, na França, veremos que seus precursores se valeram de novas interpretações de antigas normas. Podemos afirmar, nesse contexto, que a responsabilidade civil é construção não só normativa, mas fundamentalmente histórico-cultural. Não

9. Em sentido semelhante, a propósito de Rodotà, Maria Celina Bodin de Moraes lembra que "a singularidade e a originalidade de Rodotà decorrem do fato de que sempre esteve interessado no sujeito concreto real, e não no sujeito abstrato da dogmática. Rodotà começou a constitucionalizar o direito privado não pelo direito do trabalho (ainda hoje parte integrante do direito privado na Itália), como seria fácil esperar, mas por meio dos principais institutos do direito civil: primeiro a propriedade, depois a responsabilidade civil e, em seguida, o contrato". MORAES, Maria Celina Bodin de. Stefano Rodotà: passado, presente e futuro. *Civilística.com*. Rio de Janeiro, a 4, n. 2. 2015, editorial.

10. PERLINGIERI, Pietro. *La personalità umana nell'ordinamento giuridico*, cit., p. 161. Nessa ordem de ideias, "o fundamento ético-jurídico da responsabilidade objetiva deve ser buscado na concepção solidarista, fundada pela Constituição de 1988, de proteção dos direitos de qualquer pessoa injustamente lesada". MORAES, Maria Celina Bodin de. A constitucionalização do direito civil e seus efeitos sobre a responsabilidade civil, cit., p. 450). De acordo com Wieacker, "*o pathos* da sociedade de hoje (...) é o da solidariedade: ou seja, da responsabilidade, não apenas dos poderes públicos, mas também da sociedade e de cada um dos seus membros individuais, pela existência social (e mesmo cada vez mais pelo bem-estar) de cada um dos membros da nossa sociedade". WIEACKER, Franz. *A história do direito privado moderno*. Tradução de A. M. Botelho Hespanha. 2. ed. Lisboa: Fundação Calouste Gulbenkian, 1980, p. 718.

11. Não deixa de ser curioso notar que o próprio direito romano – referencial obrigatório do pensamento jurídico através dos séculos – teve suas grandes características firmadas no período da *interpretatio*, por intermédio de substanciais trabalhos hermenêuticos, ainda que perspectivados a partir da práxis. Cf. JOLOWICZ, H. F. *Historical introduction to the study of Roman Law*. Cambridge: Cambridge University Press, 1952, p. 87. A responsabilidade civil, aliás, é reconhecida por muitos autores como um instituto que carrega certa dinamicidade, aceitando redefinir-se a partir de determinadas mudanças sociais (Cf. CASTRONOVO, Carlo. *La nuova responsabilità civile*. Milano: Giuffrè, 2006, p. 101.) Helena Elias Pinto argumenta de modo semelhante: "A responsabilidade civil é campo propício para mudanças de paradigmas, principalmente por sua vertente de forte elaboração jurisprudencial, pois a variedade de circunstâncias que cercam os fatos deletérios não pode ser antecipada pelo legislador. Assim, mostra-se conveniente uma releitura de sua dogmática, para que se possa constatar em que medida a sua clássica conformação doutrinária se amolda à realidade dos novos tempos". PINTO, Helena Elias. *Responsabilidade civil do estado por omissão*. Rio de Janeiro: Lumen Juris, 2008, p. 16.

exageramos ao dizer que ela é obra coletiva dos séculos. Suas estruturas e funções alteraram-se significativamente nas últimas décadas. Trata-se, aliás, de processo em curso, não concluído. Aliás, a responsabilidade civil conta com uma estrutura orgânica que facilita a absorção – possivelmente mais rápida – das mudanças sociais. Para que possamos decidir um caso relativo à responsabilidade civil, precisamos analisar se há dano (lembremos que a valoração humana acerca *do que é* dano varia enormemente. Fatos que há algumas décadas não consideraríamos dano hoje poderíamos considerá-los como tal. Há, portanto, uma historicidade inerente ao conceito de dano, que varia temporal e espacialmente).

A responsabilidade civil, ontem e hoje, caminha não só recolhendo contribuições técnicas, mas também trazendo, fecundamente, para a dimensão jurídica, dilemas e problemas sociais que nos afligem em determinado período histórico. Dizendo de outro modo: a responsabilidade civil aceita um novo modo de olhar para os problemas – distinto, talvez oposto, àquele que costumava ser praticado até então. Convém sempre lembrar que não é inédita, na história da matéria, seu uso, inovador e até iconoclasta, para evitar que determinadas pessoas, mais vulneráveis, ficassem sem indenização, desamparadas pelo direito. Foi, em linhas gerais, o que ocorreu – na passagem do século XIX para o século XX – com a teoria do risco, a partir sobretudo das obras de Josserand e Saleilles[12]. Cabe lembrar, nesse contexto, do art. 1.384, I, do Código de Napoleão. Ficou esquecido por cerca de um século, até que Josserand fundamentou a teoria do risco nele e, desde então, suas potencialidades normativas ganharam corpo. Não só a teoria do risco, mas também a teoria do abuso de direito e a responsabilidade civil do Estado são exemplos de situações em que a doutrina e a jurisprudência se adiantaram à lei, traçando novos rumos hermenêuticos. Talvez possamos dizer que a responsabilidade civil, através dos séculos, caminha não só acumulando conhecimentos, mas sobretudo ganhando novos *modos de percepção*.

Convém lembrar que a virada conceitual experimentada pela responsabilidade civil está ligada, em boa medida, à consolidação da teoria do risco como novo fator de imputação no direito dos danos[13]. A vulnerabilidade da vítima também poderá contribuir para a discussão e orientar a pertinência das respostas[14]. São muitos, inegavelmente, os

12. Costumamos atribuir a vanguarda dessas novas ideias, invariavelmente, a Josserand e a Saleilles. Há, porém, quem argumente que tais ideias são anteriores, e estão culturalmente conectadas aos trabalhos de Sauzet (em artigo publicado em 1883) e, um pouco depois, Sainctelette, em obra que se tornou muito conhecida na França (*Accidents de transport et de travail*). Cf. TUNC, André. *La responsabilité civile*. Paris: Economica, 1989, p. 71.

13. MULHOLLAND, Caitlin Sampaio. *A responsabilidade civil por presunção de causalidade*. Rio de Janeiro: GZ, 2010, p. 16. Aliás, em nossos dias, "estudar o Direito de Danos sem um fundamento objetivo é absolutamente impensável. A configuração de uma sociedade do risco, em que os acidentes não são mais fortuitos, mas previsíveis e certos, é o alicerce justificador da responsabilidade objetiva. Ao mesmo tempo, a concepção personalista do Direito de Danos promove a modificação do paradigma individualista em que foi fundada a responsabilidade civil no início do século XIX, para fazer valer como objetivo principal da obrigação de indenizar não mais a punição do ofensor pela conduta ilícita perpetrada e pelo dano gerado, mas sim a reparação da vítima pelo dano sofrido que lhe foi injustamente causado". MULHOLLAND, Caitlin Sampaio. *A responsabilidade civil por presunção de causalidade*, cit., p. 309.

14. Não exageramos ao afirmar que a responsabilidade civil contemporânea desvia seu olhar em direção à vítima do dano Em sentido semelhante: HIRONAKA, Giselda Maria Novaes. Responsabilidade civil: o estado da arte. *In:* NERY, Rosa Maria de Andrade; DONNINI, Rogério (Coords.). *Responsabilidade Civil:* estudos em homenagem ao Professor Rui Geraldo Camargo Viana. São Paulo: Ed. RT, 2009, p. 201. Há, aliás, autores – aponta Maria Celina Bodin de Moraes – para os quais a responsabilidade objetiva seria uma espécie de seguro coletivo. Conferir, sobre isso, MORAES, Maria Celina Bodin de. Risco, solidariedade e responsabilidade objetiva. *Revista dos Tribunais*, São Paulo, v. 854, dez. 2006, p. 11-37, p. 15.

fatores envolvidos, e as respostas não são, nem poderiam ser, excessivamente simplificadoras ou apriorísticas. Aliás, no direito dos danos, apenas muito dificilmente respostas apriorísticas podem satisfazer. Precisamos, em geral, da riqueza de tons do caso concreto para dar soluções que não se afastem da equidade – no sentido aristotélico de justiça do caso concreto[15].

Costuma-se, a propósito, notar que, sobretudo a partir da Segunda Guerra Mundial, os civilistas italianos, e também os alemães, sofreram substancial influência do ordenamento anglo-saxão, que privilegia a jurisprudência[16]. Não só isso: se tivermos em conta a caminhada histórica da responsabilidade civil do Estado – eixo de nossa reflexão neste artigo – veremos que suas grandes construções não resultaram, propriamente, de mudanças legislativas, mas de formulações jurisprudenciais que tiveram, em alguma medida, relevância nas reflexões posteriores sobre o tema. Porém, ainda nesses casos, é sempre o olhar doutrinário – sereno e teoricamente consistente – que irá discernir o essencial do acessório, o permanente do passageiro, aquilo que deve permanecer na pauta dos estudos sobre o tema daquilo que não ostenta maior relevância teórica. O Brasil, como Estado constitucional democrático, deve dispor de uma teoria da responsabilidade civil do Estado que reflita não apenas nossa tradição constitucional, mas que traduza também os avanços do conhecimento jurídico em diversos campos temáticos, em diálogo interdisciplinar[17].

---

15. Nesse contexto, "a doutrina costuma enfatizar a importância da responsabilidade objetiva como instrumento de equidade, visão que casa perfeitamente com a tendência atual de considerar a responsabilidade civil sob o enfoque mais amplo do balanceamento de interesses conflitantes, da cessação do ilícito, da proteção dos valores constitucionais e da busca por justiça e equidade". FRAZÃO, Ana. Risco da empresa e caso fortuito externo. *Civilística.com*, Rio de Janeiro, a 5, n. 1, 2016, p. 10.
16. GIORGIANNI, Michele. Entrevista com o professor Michele Giorgianni. *Revista Trimestral de Direito Civil*, Rio de Janeiro, ano 4, v. 13, p. 303, jan./mar. 2003. Não nos colocamos, aliás, dentre aqueles que desprezam a prática como algo menor ou sem relevância conceitual. Lembremos, a propósito, que os romanos eram fundamentalmente pragmáticos. Talvez daí venha a longevidade de seus modelos conceituais, que atravessam espantosamente muitos séculos. Na responsabilidade civil, particularmente, a jurisprudência se mostra singularmente relevante, convindo não esquecer que boa parte da evolução da matéria decorreu, não da lei, mas da doutrina e da jurisprudência. Nesse sentido, "poucos temas têm, no ordenamento jurídico brasileiro, maior caráter casuístico e problemático que a responsabilidade civil. De fato, sendo regulada por cláusulas gerais constantes da legislação, coube – como continua a caber – à jurisprudência a construção concreta do instituto, definindo, entre outros aspectos, as hipóteses de dano reparável e a extensão dessa reparação" HORBACH, Carlos Bastide. Responsabilidade do Estado: 25 anos de aplicação da Constituição de 88. *In:* RIBEIRO, Patrícia Henriques (Org.). *25 anos da Constituição brasileira de 1988*: democracia e direitos fundamentais no Estado Democrático de Direito. Belo Horizonte: D'Plácido, 2014, p. 105-132, p. 105.
17. A autora, posteriormente, destaca "que o estudo da responsabilidade civil do Estado, na atualidade, impõe reflexões que encaminham o intérprete para um diálogo interdisciplinar que cria um campo comum entre o Direito Constitucional, o Direito Civil, o Direito Administrativo, o Direito Processual Civil, a Teoria Geral do Direito e até mesmo o Direito Penal" PINTO, Helena Elias. *Responsabilidade civil do Estado por omissão*, cit., 2008, p. 14. A relevância do tema é reconhecida, de modo recorrente, na doutrina, que tem frisado que "a questão dos fundamentos da responsabilidade civil do Estado no direito brasileiro é um dos assuntos que mais está a merecer uma reflexão por parte da doutrina nacional". ARAGÃO, Alexandre Santos de. Os fundamentos da responsabilidade civil do Estado. *Revista dos Tribunais*, São Paulo, v. 824, p. 72-81, jun. 2004, p. 72. Na jurisprudência, a questão também recebe especial enfoque. Um dos ministros do STF, por exemplo, afirmou em voto: "Entendo que essa construção da responsabilidade civil do Estado, por parte do Supremo Tribunal Federal, é uma das importantes construções que o Tribunal, ao longo do tempo, tem desenvolvido em termos de concretização do princípio do Estado de direito, entendido como aquele regime no qual não há soberano. Portanto, o próprio Estado está jungido ao regime do Estado de direito" (STF, RE 382.054, voto do Min. Gilmar Mendes). Desse modo, "é a jurisprudência constitucional, pois, a responsável pela delimitação concreta dos limites da proteção do cidadão frente às ações

Propomos neste artigo uma reflexão contextualizada acerca dos limites e funções da responsabilidade civil do Estado. A forma tradicional de pensar a responsabilidade civil do Estado ainda se vincula a reflexões realizadas em meados do século passado. Convém questionar se há, nestas primeiras décadas do século XXI, uma rede de conexões normativas e conceituais que permitam repensar o problema.

As funções do Estado são, hoje, no mínimo mais coloridas do que as tradicionais funções absenteístas dos séculos passados. Há, de certo modo, um descompasso entre o Estado que garante, ou deve garantir, os direitos fundamentais, e os arcabouços conceituais tradicionais, no que se refere ao dever de indenizar estatal. Se clamamos, com frequência, por decisões judiciais com uma estrutura analítica um pouco mais refinada, precisamos navegar entre modelos teóricos que não se satisfaçam com o apego cômodo a realidades cognitivas superadas.

Uma visão filosoficamente bem fundada da responsabilidade civil do Estado percebe que os riscos da atividade estatal não podem ser suportados pelo cidadão. Não será ele, sozinho, vítima infeliz de um dano, que deverá pagar a conta. A responsabilidade civil, há tempos, não é novidade, tem deslocado seu eixo de análise: da culpa ao risco. Convém, ainda, neste passo, fazer um registro. A responsabilidade civil caminha no sentido de proteger, de modo prioritário, a vítima do dano[18]. Nota-se, nas últimas décadas, um claro movimento nesse sentido. Na responsabilidade civil do Estado isso talvez seja ainda mais evidente. Se o Estado deve não só se abster de violar direitos fundamentais, mas deve, igualmente, protegê-los de violações de terceiros, essa conclusão – uma espécie de obviedade nos estudos atuais do constitucionalismo contemporâneo – deverá ser transposta para os dilemas da responsabilidade civil, sobretudo naquelas situações em

---

danosas do poder público; sendo o Supremo Tribunal Federal o real protagonista na definição do instituto da responsabilidade do Estado no direito brasileiro" HORBACH, Carlos Bastide. Responsabilidade do Estado, cit., p. 105-132, p. 105. Nesse contexto, é fácil perceber que de todos os temas jurídicos, a responsabilidade civil é aquele cuja construção jurisprudencial se dá de modo mais intenso, mais vigoroso. Anteriormente – e de modo lapidar – já houvera sido destacado por Maria Celina Bodin de Moraes: "É inquestionável que o Direito da Responsabilidade Civil, em nossos dias, está sendo criado pela jurisprudência", conforme citamos anteriormente.

18. Odete Medauar, nesse sentido, aponta que "há um nítido caminho na responsabilidade civil do Estado, sempre em prol da vítima". Adiante, complementa: "A questão da responsabilidade civil do Estado precisa caminhar ainda mais, sempre colocando no centro dos estudos a vítima, que é na verdade a tônica dos estudos que vêm sendo feitos sobre a responsabilidade civil do Estado". MEDAUAR, Odete. Jornada sobre Gestores Públicos e Responsabilidade Civil na Administração Pública. *Boletim de Direito Administrativo*, 1/1, NDJ, jan. 2004, p. 13. Aliás, há muitas décadas Duez já pressentia com exatidão que os danos causados pelo Estado não devem ser considerados mais "como negócio de um soberano todo poderoso, mas como forma de dar satisfação às necessidades gerais da coletividade. (...) A coletividade, nacional ou local, conforme o caso, assumirá esse encargo" (citado por DIAS, José de Aguiar. *Da responsabilidade civil*. Rio de Janeiro: Forense, 1954, p. 61.) Paulo Luiz Netto Lôbo, a propósito, contextualiza: "Dos preceitos constitucionais denota-se a preferência pela responsabilidade objetiva, em razão do risco criado ou do risco da atividade, ainda que lícita. As hipóteses tratadas pela Constituição são voltadas essencialmente à afirmação de três valores, que marcam a transformação contemporânea da responsabilidade civil: a primazia do interesse da vítima, a máxima reparação do dano e a solidariedade social". LÔBO, Paulo. *Direito Civil:* Obrigações. São Paulo: Saraiva, 2011, p. 23. Convém notar que não estamos diante da dimensão espiritual ou caritativa da solidariedade, mas estamos numa dimensão essencialmente jurídica. Assim como a tese da aplicação direta dos direitos fundamentais nas relações privadas preceitua, de modo até mais amplo, o princípio da solidariedade não é oponível apenas ao Estado, mas também aos particulares (PECES-BARBA MARTINEZ, Gregório. *Teoria dei diritti fundamentali*. Milano: Giuffrè, 1993, p. 256). Uma cosmovisão individualista da sociedade reconhece apenas a lógica da competição.

que o Estado estiver envolvido, direta ou indiretamente. E há, sabemos, setores temáticos visceralmente ligados ao Estado.

Talvez, caiba mais uma reflexão. Vivemos, atualmente, em sociedades de risco (a afirmação virou quase um truísmo). Em nossas atuais sociedades de risco, há – ou, melhor ainda, deveria haver – uma permanente (e democrática) discussão acerca de quais riscos são socialmente aceitáveis. E quem por eles deverá responder. O caminhar das décadas e dos séculos altera, por certo, nossas percepções acerca dos riscos. Não só isso. Altera também nosso olhar sobre quais riscos, hoje, o Estado (por exemplo) deverá responder, e quais estão sob a responsabilidade dos cidadãos. Trata-se de discussão democrática e necessária.

Sabemos, ainda, que o campo conceitual da responsabilidade civil não costuma tolerar soluções em abstrato. Seus passos argumentativos são dados, em geral, à luz de reflexões contextualizadas com as (ricas) variáveis dos casos concretos. Aliás, nossos dias parecem marcados pela revalorização das situações concretas, em detrimento do conceitualismo abstrato que marcou, de modo tão característico, os séculos passados, sobretudo no direito civil. Aliás, as próprias funções da responsabilidade civil, ao contrário do que poderíamos pensar, não estão, até hoje, suficientemente claras ou bem definidas. André Tunc percebeu isso com clareza, ao afirmar que a responsabilidade civil, resultado de uma evolução quase tão longa quanto à da humanidade, não possui – ao contrário do que poderíamos imaginar – funções bem estabelecidas e definidas[19].

No Brasil, a teoria do risco administrativo foi amplamente adotada[20], e vem balizando a maior parte da casuística imputável ao Estado. Entretanto, é preciso ir além: vive-se a plenitude da sociedade da informação, marcada precipuamente pela transposição das rotinas – especialmente dos atos de gestão, que serão melhor analisados no tópico seguinte – à Internet. Essa nova realidade torna o debate mais amplo, uma vez que inaugura possibilidades para a contemplação de causas excludentes[21] e para a própria investigação causal na responsabilidade civil do Estado.

António Menezes Cordeiro acentua que a causalidade é produto de uma valoração jurídica.[22] E, nesse contexto, o propósito de se estudar o nexo de causalidade, para efeitos de responsabilidade civil, tem sua relevância atrelada à relação "entre a injuridicidade

---

19. TUNC, André. *Responsabilité civile*. Paris: Económica, 1989, p. 133. No Brasil é fundamental consultar: ROSENVALD, Nelson. *As funções da responsabilidade civil*: a reparação e a pena civil. São Paulo: Atlas, 2013.
20. BRAGA NETTO, Felipe. *Novo manual de responsabilidade civil*. Salvador: Juspodivm, 2019, p. 374. Anota: "Cabe lembrar que, no Brasil, a responsabilidade civil do Estado é objetiva (CF, art. 37, §6º), desde 1946, e está fundada na teoria do risco administrativo. Comporta portanto, as excludentes de responsabilidade civil (caso fortuito e força maior; culpa exclusiva da vítima). Abrange, em princípio, tanto os chamados atos de império (julgar, legislar), como os atos de gestão (aluguel de imóvel particular, por exemplo). O Estado responde pelos atos de gestão de qualquer agente, desde o mais modesto até o presidente da República."
21. O debate, com isso, se revolverá à compreensão da causalidade, que, segundo Sérgio Severo: "O engajamento da responsabilidade pública requer uma relação causal entre o serviço público e o dano causado ao particular. Em regra, o dano deve guardar relação direta com a atividade pública. Embora em algumas hipóteses seja observada a atenuação de tal requisito, é inequívoca a inviabilidade da pretensão quando não configurada uma relação com a ação estatal. Porém, a causalidade entre o resultado danoso e o ato do agente comporta certas dificuldades, que se acentuam no regime de direito público." SEVERO, Sérgio. *Tratado da responsabilidade pública*. São Paulo: Saraiva, 2009, p. 203.
22. CORDEIRO, António Menezes. *Da responsabilidade civil dos administradores das sociedades comerciais*. Lisboa: Lex, 1996, p. 547.

da ação e o mal causado"[23], o que pode ser melhor compreendido pela verificação do caso, analisando-se se há, entre os dois fatos conhecidos (o danoso e o próprio dano), um vínculo de causalidade suficientemente caracterizado.[24]

Em essência, a causalidade direta e imediata tem seu nascedouro na acepção desdobrada da noção naturalística de causa e efeito, que sempre simbolizou barreiras cognitivas imanentes à tutela dos danos indiretos ou remotos, suscitando polêmicas na medida em que, embora "excluísse a ressarcibilidade do chamado dano indireto ou remoto, (...) tal abordagem gerava, em certos casos, enorme injustiça".[25]

O nexo de causalidade é responsável, portanto, por criar esta vinculação lógica que une o comportamento e o dano em sequência lógica de conduta e resultado, sem a qual não se pode imputar qualquer obrigação de ressarcimento, principalmente ao Estado, e em especial quando se trate de responsabilidade objetiva, em que a culpa é deixada de lado e se atribui suprema importância para o nexo causal.

4. A ATIVIDADE ESTATAL ENTRE O ONTEM E O AMANHÃ: REFLEXÕES SOBRE OS IMPACTOS DOS ALGORITMOS

Talvez seja importante assinalar o que poderíamos descrever como democratização da atividade administrativa. Há uma busca de maior consensualidade nas decisões administrativas, há um aumento, salutar e progressivo, dos modos e das formas de controle da administração pública pelos cidadãos. O Estado do século XXI assume funções progressivamente complexas comparativamente àquelas que ostentava nos séculos passados[26]. Os cidadãos, a seu turno, são partícipes diretos nessas funções, abandonando em boa medida a postura, passiva e estática, que os definiu durante muito tempo. A democracia, nesse contexto, ganha uma dimensão ativa, que certamente não se resume ao voto periódico mas abrange, certamente, outras faces, como o direito de ser permanentemente informado acerca das decisões de interesse coletivo, como a dimensão fiscalizatória dos gastos e opções governamentais (a internet desempenha, sabemos, papel fundamental

23. PEREIRA, Caio Mário da Silva. *Responsabilidade civil*. Atualizado por Gustavo Tepedino. 12. ed. Rio de Janeiro: Forense, 2018, p. 105.
24. VINEY, Geneviève. *Traité de droit civil*: les obligations, responsabilité civile. Paris: LGDJ, 1965, n. 333, p. 406.
25. SCHREIBER, Anderson. *Novos paradigmas da responsabilidade civil*: da erosão dos filtros da reparação à diluição dos danos. 6. ed. São Paulo: Atlas, 2015, p. 61-62. Nesse contexto, o autor ainda descreve o seguinte: "[d]esta forma, podem-se identificar danos indiretos, passíveis de ressarcimento, desde que sejam consequência necessária da conduta tomada como causa. De fato, a melhor doutrina conclui, atualmente, que a necessariedade consiste no verdadeiro núcleo da teoria da causalidade direta e imediata, não se excluindo a ressarcibilidade excepcional de danos indiretos, quando derivados necessariamente da causa em questão".
26. Jesús Leguina enfatiza que a administração pública, "enquanto gestora institucional dos interesses coletivos e mediadora dos conflitos de interesses privados, assumiu o papel de protagonista insubstituível na direção de todas as atividades econômicas e sociais, sem que exista hoje parcela alguma da sociedade civil em que, de alguma forma, não esteja presente a sua ação. Encontramo-nos, pois, ante uma Administração Pública quantitativa e qualitativamente distinta da que era própria de um modelo de relações econômicas de corte liberal clássico. A Administração deve, com efeito, planificar, dirigir, ordenar, multiplicar sua ação prestacional, promovendo condições de existência digna para todos os setores sociais" (LEGUINA, Jesús. El fundamento de la responsabilidad de la Administración. *Revista Española de Derecho Administrativo* – REDA, citado por ARAGÃO, Alexandre Santos de. Os fundamentos da responsabilidade civil do Estado, cit., p. 73).

nesse campo), e outras medidas que envolvem diálogo e mobilização da sociedade civil, mostrando que o público nem sempre é estatal.

Como diz Caio Tácito, "[a]s aberturas do direito constitucional ainda não alcançam a plenitude da regulação legal, e menos ainda a acolhida na burocracia tradicional, voltada para si mesma e mais atenta ao comando imediato da hierarquia do que aos avanços da Constituição."[27] São, apesar disso, meios adequados e dinâmicos para se alcançar a plenitude democrática, e inúmeras são as propostas e iniciativas relativas à difusão da informação a nível governamental e, em paralelo, também para a divisão de responsabilidades nesse novo contexto informacional.

Cabe lembrar que a participação fiscalizatória direta configura direito fundamental, cuja concretização tende a melhor tutelar a ação do Estado, simultaneamente em termos éticos e de eficiência, qualificando o espaço público, dominado pela democracia meramente formal[28]. Convém registrar, a propósito, a intuição certeira de Dahl ao afirmar que cidadãos silenciosos podem ser ótimos para governantes autoritários, mas são desastrosos para uma democracia[29].

Não exageramos ao dizer que as expectativas da sociedade atual em relação ao Estado são bem distintas daquelas que observávamos nos séculos passados. Exige-se, do Estado, progressiva eficiência, e não se tolera – ou se tolera cada vez menos – autoritarismos e desvios de poder. Há, em suma, uma democratização da atividade administrativa, buscando-se progressivamente instrumentos que a legitimem[30].

Outro ponto que pode ser destacado é o seguinte: o direito administrativo, em geral – lembremos que a responsabilidade civil do Estado é, em grande parte, estudada e balizada no direito administrativo – ainda se vale, em boa medida, de conceitos e formulações teóricas do século XIX, espelhando uma realidade que não traduz aquela que vivemos hoje. Por exemplo, grande parte das formulações teóricas partem, não dos

27. TÁCITO, Caio. Direito administrativo participativo. *Revista de Direito Administrativo*, Rio de Janeiro, v. 209, n. 3, p. 1-6, jul./set. 1997, p. 6.
28. FREITAS, Juarez. A democracia como princípio jurídico. *In:* FERRAZ, Luciano; MOTTA, Fabrício (Orgs.). *Direito público moderno*. Belo Horizonte: Del Rey, 2003, p. 171. Aliás, no contexto brasileiro, deve-se estimular "os órgãos de controle a terem consciência do universo de suas possibilidades funcionais. Em alguns casos específicos (controle de políticas públicas, por exemplo), tais órgãos devem ser capazes de promover a cultura do acompanhamento, da orientação e dos acordos de adequação de comportamentos desviantes, e não necessariamente a lógica da condenação e da punição *de per se*". PEREIRA, Rodolfo Viana. O controle como categoria dogmático-constitucional. *In:* RIBEIRO, Patrícia Henriques (Org.). *25 anos da Constituição brasileira de 1988*: democracia e direitos fundamentais no Estado Democrático de Direito. Belo Horizonte: D'Plácido, 2014, p. 555-589, p. 586). Para uma perspectiva mais ampla sobre o tema, sobretudo para a distinção entre controles institucionalizados e não institucionalizados (e seus problemas): ARAGÓN, Manuel. *Constitución y control del poder*: introducción a una teoría constitucional del control. Buenos Aires: Ediciones Ciudad Argentina, 1995; VASCONCELOS, Pedro Carlos Bacelar de. *Teoria geral do controlo jurídico do poder público*. Lisboa: Edições Cosmos, 1996.
29. DAHL, Robert A. *Sobre a Democracia*. Tradução de Beatriz Sidou. Brasília: UNB, 2001, p. 110.
30. A Lei n. 12.527/2011 – conhecida como Lei de Acesso à Informação – traz relevantes avanços neste sentido, contribuindo para que tenhamos não só mecanismos normativos que possibilitem que os cidadãos tenham acesso efetivo a informações relevantes da administração pública, como também contribui para criar, de modo progressivo, uma cultura de transparência no poder público – ainda resistente, em certos setores, à transparência. O art. 21 enfatiza: "Não poderá ser negado acesso à informação necessária à tutela judicial ou administrativa de direitos fundamentais. Parágrafo único. As informações ou documentos que versem sobre condutas que impliquem violação dos direitos humanos praticada por agentes públicos ou a mando de autoridades públicas não poderão ser objeto de restrição de acesso".

direitos do cidadão, mas dos poderes do administrador, como se esse unilateralismo, algo autoritário, pudesse explicar a complexidade das relações dos nossos dias.

Obviamente, não temos, hoje, súditos (expressão que espantosamente ainda lemos em alguns livros de direito administrativo)[31], mas cidadãos, titulares de direitos fundamentais (oponíveis ao Estado, mas não só a ele). Basicamente, para que se tenha uma evolução verdadeira no tocante à participação política com qualidade, deve-se superar a ideia de uma Administração Pública unilateralmente ativa, que governa em prol de administrados passivos.[32]

Tão forte, aliás, evidenciava-se o arbítrio estatal em certas áreas que isso como que se institucionalizou em alguns conceitos e categorias jurídicas. Na responsabilidade civil do Estado, por exemplo, criou-se um dualismo curioso, algo exótico (pelo menos aos olhos contemporâneos). Distinguiu-se "atos de império" (*acta jure imperii*) de "atos de gestão" (*acta jure gestionis*). Nos "atos de império" não seria possível responsabilizar civilmente o Estado. Já nos "atos de gestão" essa responsabilidade civil seria possível. E o que seriam os "atos de império"? Atos como legislar e julgar, por exemplo. Ou mesmo os ditos atos próprios das forças armadas. Atos, dizia-se, que o Estado praticava no uso de sua soberania, de seu poder inconstrastável. Bem se vê que a distinção, hoje, nenhuma relevância apresenta em termos de responsabilidade civil estatal. Tanto "atos de império" como "atos de gestão" podem empenhar o dever de indenizar do Estado (se o Estado condena criminalmente um inocente, esse fato obviamente será indenizável)[33].

A doutrina costuma lembrar que "com o individualismo em expansão, procura-se separar os atos do Estado entre atos de império e os atos de gestão (*iure imperii e iure gestionis*), de modo que apenas estes últimos gerariam responsabilidade por parte do Estado. No intuito de temperar a doutrina da irresponsabilidade, alvitrou-se que a administração pública só não estaria adstrita a reparar os danos a que desse causa quando agisse no desenvolvimento de atividades próprias do Estado, no exercício de sua soberania e poder de império. Quando, ao revés, desempenhasse atividade de gestão do patrimônio e serviços públicos, o Estado deveria ser equiparado aos cidadãos comuns, atraindo a teoria subjetiva do direito civil em matéria de responsabilidade. As dificuldades para distinguir os atos de império (*governamental activities*) e de gestão (*proprietary activities*), normalmente entrelaçados ou superpostos, levaram à derrocada da elaboração doutrinária

31. Nelson Saldanha esclarece que "o aparecimento da noção moderna de cidadão pressupôs a superação do conceito de súdito (*der Untertan*), substituído pelo *Bourgeois*, com suas conotações irremediavelmente ambíguas". SALDANHA, Nelson. *Ethos* Político, Direitos e Cidadania. *In:* TORRES, Ricardo Lobo (Org.). *Legitimação dos direitos humanos*. Rio de Janeiro: Renovar, 2002, p. 389-395, p. 390.

32. FALEIROS JÚNIOR, José Luiz de Moura. *Administração Pública Digital*: proposições para o aperfeiçoamento do Regime Jurídico Administrativo na sociedade da informação. Indaiatuba: Foco, 2020, p. 242.

33. O dualismo, ao que parece, tem origem na doutrina de M. Laferrière, em 1887. Hoje, entretanto, a bipartição está superada, cabendo apenas como notícia histórica. Os autores atuais percebem que "a iniquidade dessa fórmula – que excluía o dever de indenizar justamente nas hipóteses em que o Estado, praticando atos de império, estava em posição de vantagem e superioridade em relação ao particular – e a própria dificuldade de se diferenciar as duas categorias são fatores que favoreceram a evolução do tema no sentido de uma teoria segundo a qual não há distinção a partir da classificação do ato praticado pelo agente público". PINTO, Helena Elias. *Responsabilidade civil do Estado por omissão*, cit., p. 72.

(embora tenha perdurado, como regra, no direito inglês, até a Crown Proceedings Act, de 1947, e, nos Estados Unidos da América, até o Federal Tort Claims Act, de 1946)"[34].

Essa caminhada em direção à perda (ou, mais realisticamente, à redução) do arbítrio estatal se vê em diversos campos, todos conexos, em maior ou menor medida, ao nosso tema. Na análise do chamado "mérito administrativo" também há avanços recentes. Se, antes, sequer se cogitava dessa possibilidade, hoje progressivamente se percebe que não há, aprioristicamente, campos imunes à verificação de sua adequação aos princípios normativos constitucionais[35]. Não é novidade, entre nós, o fato de que o sistema de jurisdição constitucional brasileiro foi significativamente fortalecido com a Constituição Federal de 1988. Ampliou-se, de modo substancial, a possibilidade de controle de constitucionalidade de atos legislativos. Isso revela a consciência, hoje clara, de que direitos fundamentais podem ser ameaçados por atos legislativos.

Afirmar, atualmente, que a Constituição prevalece em relação às leis é um truísmo de imensas proporções. O curioso é que nem sempre foi assim. Sabe-se que o chamado *judicial review* não existia na Europa, até mais ou menos meados do século passado (entendia-se, desde a Revolução Francesa, que o Parlamento representava a vontade popular, e que a lei sempre traduzia essa vontade. Não seria possível, assim, que o Judiciário interviesse). Seja como for, gostemos ou não, é certo que o modelo da revisão judicial se estabeleceu, e tem ganhado adeptos entre países de todo o mundo (a França, por exemplo, não possuía um controle repressivo de constitucionalidade, passou a tê-lo, após reforma constitucional ocorrida em 2008)[36].

---

34. TEPEDINO, Gustavo. A Evolução da Responsabilidade Civil no Direito Brasileiro e suas Controvérsias na Atividade Estatal. *In: Temas de Direito Civil*. Rio de Janeiro: Renovar, 2001, p. 173-215, p. 185-186. Carlos Edison do Rêgo Monteiro filho, de modo semelhante, argumenta: "Essa bipartição entre atos de império e atos de gestão teve, à época, o mérito de abrandar, temperar a teoria da irresponsabilidade que vigorava então. O Estado passa realmente a não ser mais visto como um ente supremo, acima do bem e do mal, que diz o Direito e por nada responde. Houve essa evolução e, pelo menos, já se reconhecia, no Estado, a prática de alguns atos pelos quais teria de responder. Mas, por outro lado – e daí o demérito dessa distinção, dessa bipartição – foi-se constatando ser muito difícil, se não impossível, *distinguir os atos de império dos atos de gestão do Estado*. Frequentemente, esses atos se mesclavam; às vezes, um mesmo ato apresentava aspectos de gestão e de império, tornando, na prática, tormentosa a sua diferenciação". MONTEIRO FILHO, Carlos Edison do Rêgo. Problemas de responsabilidade civil do Estado. *Revista Trimestral de Direito Civil*, Rio de Janeiro, v. 11, jul./set. 2002, p. 35-65, p. 40.
35. Nesse contexto, "a ideia, antes sagrada, da insindicabilidade judicial do mérito do ato administrativo, vem cedendo espaço diante da possibilidade de controle calcado em princípios abertos, como proporcionalidade, razoabilidade, moralidade administrativa e eficiência" SARMENTO, Daniel. Ubiquidade constitucional: os dois lados da moeda. *In:* SOUZA, Cláudio Pereira de; SARMENTO, Daniel (Orgs.). *A constitucionalização do direito*: fundamentos teóricos e aplicações específicas. Rio de Janeiro: Lumen Juris, 2007, p. 135.
36. Inicialmente cabe ponderar que o *judicial review* não participa, necessariamente, da essência da democracia. Não seria traço ontológico seu. Dieter Grimm traz exemplos de nações que ostentaram o traço democrático sem, no entanto – pelo menos durante certo período histórico – trazerem a nota institucional da revisão judicial. GRIMM, Dieter. Jurisdição Constitucional e Democracia. *Revista de Direito do Estado*, v. 4, n. 3, 2006, p. 6-9. De modo semelhante, NINO, Carlos Santiago. *La Constitución de la Democracia Deliberativa*. Barcelona: Gedisa, 1997. Sem falar que existem, em tese, outros modos de revisão dos atos normativos com a Constituição, não necessariamente judiciais. Porém, atualmente, os autores que se debruçam sobre o direito constitucional no Brasil – pelo menos a maioria – têm como certo que falar em Constituição sem revisão judicial seria falar em algo ornamental, sem arcabouços protetivos dos direitos fundamentais. As cortes, desse modo, através da deliberação, protegeriam direitos fundamentais, que poderiam – sem essa atuação – sofrer agressões se entregues apenas à lógica eleitoral dos parlamentos. Assim, "se concordarmos que as variáveis de legitimidade da democracia não se esgotam no procedimento, mas abrangem também os resultados, passa a ser aceitável que a substância subordine, em algumas circunstâncias, o procedimento, ou seja, que a instituição que tenha alcançado a resposta mais compatível com

Outro aspecto da questão está relacionado à supremacia da Constituição, porém numa dimensão fundamentalmente hermenêutica. Lembremos que o Brasil ocupa posição singular na responsabilidade civil do Estado, conforme temos afirmado. Em outros países – Itália, França, Argentina, mencionados apenas a título exemplificativo, não é absolutamente nosso propósito neste artigo traçar modelos de comparação – a matéria, seja por ausência de menção constitucional, seja em virtude de tratamento disperso e fragmentado, parece não ter atingido a relevância que tem entre nós. É preciso, portanto, acreditamos, desenvolver as dimensões hermenêuticas da constitucionalização da responsabilidade civil do Estado entre nós.

Percebe-se, aos poucos, a alteração, embora lenta, do padrão mental convencional a respeito do tema. São muitos os aspectos, conexos ao assunto, que exigem uma releitura com olhos contemporâneos. Por exemplo, para falarmos num ponto especialmente caro ao nosso estudo: as omissões estatais. Não é difícil perceber, em nossos dias, a mudança – não só estritamente jurídica mas também, em sentido mais amplo, social, como percepções partilhadas acerca dos deveres do Estado atual – acerca do que seriam omissões aceitáveis por parte do Estado ou de seus agentes. Reduzem-se os espaços de omissão estatal legítima. Em outras palavras, uma omissão que nos séculos passados talvez não resultasse em responsabilidade estatal, hoje poderá eventualmente impor. Aliás, os estudos atuais têm frisado o reconhecimento dos deveres de proteção (do cidadão) por parte do Estado[37]. Há, atualmente, acreditamos, espaço para uma nova compreensão acerca

---

um critério substantivo de legitimidade tenha boas razões para prevalecer independentemente de seu *pedigree* (subvertendo a estrutura formal)" MENDES, Conrado Hübner. *Direitos fundamentais, separação de poderes e deliberação*. São Paulo: Saraiva, 2011, p. 192. Nesse ponto cabe explicitar algo que quase sempre fica implícito: mesmo quem ardorosamente defende a revisão judicial não poderá, por certo, prescindir da atuação do parlamento, que segue sendo essencial às democracias contemporâneas. O ponto final, por assim dizer, no processo de construção constitucional, é que seria dado – na visão do *judicial review* – pelas cortes, não pelos parlamentos. Nesse sentido: "Em outras palavras, seja no âmbito da civil law ou da common law, a jurisdição constitucional, nas sociedades contemporâneas, tem atuado intensamente como mecanismo de defesa da Constituição e de concretização das suas normas asseguradoras de direitos. E já são muitos os autores que designam este 'ativismo judicial' como um processo de 'judicialização da política'" CITTADINO, Gisele. *Pluralismo, direito e justiça distributiva*, cit., p. 233.

37. Assim, "o reconhecimento dos deveres de proteção constitui premissa implícita em toda a discussão concernente à responsabilidade do Estado por atos omissivos. Com efeito, do ponto de vista lógico, só é possível responsabilizar por omissão a quem estava previamente adstrito a um dever de ação. Esse dever de ação nem sempre vai se fundamentar em lei específica, decorrendo, no mais das vezes, da Constituição e da própria *natureza das coisas*, como acontece, por exemplo, em relação aos direitos à vida, à segurança e à propriedade, que o Poder Público tem de salvaguardar" SARMENTO, Daniel. A dimensão objetiva dos direitos fundamentais: fragmentos de uma teoria. *In:* SAMPAIO, José Adércio Leite (Coord.). *Jurisdição constitucional e direitos fundamentais*. Belo Horizonte: Del Rey, 2003, p. 302-303. Um pouco adiante (p. 308), afirma ainda que "é importante dar aos policiais treinamento e capacitação adequados para que não violem os direitos fundamentais dos criminosos e da população, o que já pressupõe uma política pública e não uma simples abstenção dos governantes". De mesmo modo, Jorge Pereira da Silva assevera que: "Em muitos casos, aliás, os sujeitos privados que assumem funções de proteção jusfundamental são, eles mesmos, os principais responsáveis pelos perigos e riscos que o Estado pretende ver minimizados ou afastados. Isto nada tem de estranho, traduzindo antes o reconhecimento de que os agentes causadores desses perigos e riscos, pelos seus conhecimentos e pelos meios técnicos de que dispõem, estão muitas vezes em bastante melhor posição do que o Estado no que respeita à investigação, à prevenção, à publicitação e ao controlo das ameaças jusfundamentais que a sua actividade comporta. Se a este facto se juntar a circunstância de serem tais particulares aqueles que mais beneficiam social e economicamente com a prossecução de tais atividades, bem como o carácter limitado da acção e dos recursos estaduais, afigura-se ser da mais elementar justiça que na repartição dos encargos com a gestão dos perigos e riscos em apreço os primeiros a ser convocados sejam precisamente aqueles que os despoletaram." SILVA, Jorge Pereira da. *Deveres do Estado de protecção de direitos fundamentais*: fundamentação e estrutura das relações jusfundamentais triangulares. 3. ed. Lisboa: Universidade Católica Editora, 2015, p. 730.

dos deveres de proteção estatal em relação aos cidadãos e – também e consequentemente – para investigar em que medida certas omissões do Estado podem desencadear o mecanismo indenizatório a ser postulado pelos cidadãos. Exige-se, do Estado, em nossos dias, que atue. Não basta, por certo, qualquer atuação, mas uma atuação banhada de proporcionalidade, eficiência, segurança, planejamento.

Tais fatores interferem diretamente nos processos decisionais, considerados o ponto de maior sensibilidade no trato jurídico da atuação estatal, pois não há dúvidas de que o uso de algoritmos de Inteligência Artificial traz novos elementos para a compreensão dessa dinâmica, tornando a aferição de riscos e vantagens ainda mais delicada para o direito administrativo.

Se, por um lado, a Inteligência Artificial tem o potencial de produzir resultados e, em linhas gerais, propiciar uma atuação pública procedimental mais eficiente e otimizada pela predição algorítmica, que opera por representações simbólicas e estruturais do conhecimento[38], por outro, se constitui de construções que demandam investigações específicas para a concreta aferição de suas potencialidades.

Nesse compasso, é de se notar que o Judiciário brasileiro já vem empreendendo iniciativas de fomento ao uso da análise estatística para a otimização de resultados; denomina-se 'jurimetria' o espectro utilizado para a aferição da efetividade dessas iniciativas.[39] A situação não é diferente na iniciativa privada, em que se observa grande propensão à utilização de processos automatizados para a coleta e o processamento de dados com intenções de otimização de resultados e lucros com desfechos negativos e positivos. A experiência colhida da utilização da IA pela iniciativa privada demonstra aquilo que Lessig já sugestionava na virada do milênio e que já se anotou no curso desse trabalho: a predominância de um domínio pelo controle da arquitetura (no caso, dos algoritmos).[40]

Uma empresa que detenha o controle dos métodos de coleta e tratamento de dados e mantenha sob sigilo as minúcias técnicas de seu funcionamento pode, a depender da complexidade de sua operacionalização, se blindar até mesmo contra o poder de polícia estatal, uma vez que a Administração Pública dificilmente conseguirá acesso a elementos contundentes para a aferição de ilícitos.

38. Os impactos da IA já são sentidos nas relações sociais e revelam uma tendência inevitável: "A IA está impactando fortemente o comportamento social. Logo, importa que entendamos como essas alterações têm se dado, quais mudanças estão já estipuladas e quais os rumos que teremos com tamanhos potenciais de automações de tarefas tradicionalmente realizadas por pessoas. (...) Na medida em que a IA está progressivamente ocupando espaços de tarefas inerentemente humanas, urge que cada pessoa tenha clareza de sua própria singularidade, a fim de que ela possa reconhecer na IA uma tecnologia eficaz, e grande aliada para facilitação das atividades humanas." SILVA, Nilton Correia da. Inteligência artificial. *In:* FRAZÃO, Ana; MULHOLLAND, Caitlin (Coords.). *Inteligência artificial e direito*: ética, regulação e responsabilidade. São Paulo: Thomson Reuters Brasil, 2019, p. 49.

39. O conceito é assim apresentado: "De uma *perspectiva objetiva*, o objeto da Jurimetria não é a norma jurídica isoladamente considerada, mas sim a norma jurídica articulada, de um lado, como resultado (efeito) do comportamento dos reguladores e, de outro, como estímulo (causa) no comportamento de seus destinatários. (...) De uma *perspectiva metodológica*, a Jurimetria usa a estatística para restabelecer um elemento de causalidade e investigar múltiplos fatores (sociais, econômicos, geográficos, éticos etc.) que influenciam o comportamento dos agentes jurídicos." NUNES, Marcelo Guedes. *Jurimetria*: como a estatística pode reinventar o direito. 2. ed. São Paulo: Thomson Reuters Brasil, 2019, p. .111-112.

40. LESSIG, Lawrence. *Cod, and other laws of cyberspace 2.0*. 2. ed. Nova York : Basic Books, 2006, p. 59-60.

Fernando Brega é enfático quanto à relevância de se compreender a vinculação entre a atuação automatizada (que se traduz em inegável eficiência administrativa) e o ordenamento jurídico[41], tendo relevância no contexto dos atos administrativos automatizados[42], que podem decorrer de implementos de Inteligência Artificial, mas que, tendo o reconhecimento de sua prática pelo órgão ou entidade, ganham contornos jurídicos[43] e passam a demandar do operador do direito específica aferição.

Nesse aspecto, o desenvolvimento de soluções específicas para a tutela dessas situações eventualmente carentes de regulação, mas necessariamente merecedoras de tutela jurídica faz com que se retome a discussão acerca da importância da governança digital.[44]Nesse contexto, para além do aspecto comunicacional e de seus entrelaçamentos com a Inteligência Artificial[45], à medida em que a eficiência administrativa passar a dar a

---

41. BREGA, José Fernando Ferreira. *Governo eletrônico e direito administrativo*. Brasília: Gazeta Jurídica, 2015, p. 220. Acrescenta: "A existência de um sistema informático apresenta-se como uma realidade técnica, mas nem sempre como uma realidade administrativa ou jurídica. Um determinado sistema pode produzir atos administrativos válidos caso seja reconhecido pela Administração como apto a esse fim, de modo que a ela possa ser imputado o resultado das atividades desempenhadas pela máquina, produzindo os respectivos efeitos jurídicos. É necessária, em síntese, uma vinculação entre a atuação do sistema informático e o ordenamento.(...) O reconhecimento da submissão a atividade automatizada ao ordenamento é essencial para dar cumprimento ao princípio da equivalência de garantias, de modo que a utilização das novas tecnologias não implique uma redução de direitos dos administrados."
42. MARRARA, Thiago. Direito administrativo brasileiro: transformações e tendências. *In:* MARRARA, Thiago (Org.). *Direito administrativo*: transformações e tendências. São Paulo: Almedina, 2014, p. 44. Comenta: "(...) nesse momento de transição, mostra-se imprescindível examinar como a tendência tecnologizante da gestão pública se concilia ou entra em choque com o direito administrativo e como essa relação entre direito e técnica deverá ser absorvida juridicamente. Não fosse isso, é preciso que o direito lide não apenas com os efeitos benéficos das novas tecnologias aplicadas à gestão, mas principalmente com os riscos e eventuais efeitos negativos, como o aumento da fragilidade no manuseio, pelo Estado, de dados pessoais dos cidadãos, os riscos da automatização dos atos administrativos e de administração à luz do princípio da isonomia, bem como os problemas de substituição paulatina do exercício humano de tarefas públicas por mecanismos de execução indireta."
43. Sobre o tema, anota Fernando Brega: "O sistema informático não pode aplicar critérios implícitos ou ocultos, sob pena de trazer menos garantias que aquelas presentes na atuação tradicional. As regras adotadas devem ser públicas e transparentes, de maneira a permitir o controle da atividade administrativa, inclusive o questionamento dos critérios ali adotados. Nenhuma passagem do processo decisório ser tida como impenetrável, pois a utilização dos computadores precisa reforçar a posição jurídica dos administrados, e não a enfraquecer. Por isso, a construção e a operação de sistemas informáticos públicos devem ser acompanhadas de atos administrativos destinados a sustentá-la. O principal desses atos é aquele pelo qual a Administração decide valer-se do sistema informático para a expedição de atos administrativos automatizados, reconhecendo como seus atos produzidos dessa maneira. Por meio desse ato, o resultado da atuação do sistema informático deixa de ser apenas uma realidade informática e passa a ter um sentido jurídico." BREGA, José Fernando Ferreira. *Governo eletrônico e direito administrativo*, cit., p. 220-221.
44. Confira-se as reflexões de Fabrício Polido: "(...) se os Estados não forem capazes de prever as inevitáveis mudanças no ambiente de trabalho (*e.g.* condições e oferta de empregos e proteção social do trabalho) dentro do contexto das transformações tecnológicas e automação promovidas pela IA – e deixarem de cumprir sua responsabilidade de oferecer oportunidades para as populações, especialmente aos jovens –, eles terão de suportar intensa reação política contra as medidas e propostas a serem avançadas. (...) O que tem mobilizado Estados quanto à jurisdição – competências legislativa e executiva especificamente – no campo da inteligência artificial? Quais tendências têm sido observadas, entre preferências por leis e regulamentos induzindo políticas de inovação na área ou adoção de políticas governamentais ou "estratégias"? Quais são as principais ênfases, abordagens nessas políticas adotadas? Como se manifesta a corrida tecnológica por "lideranças nacionais" em torno do desenvolvimento e avanços em sistemas autônomos e inteligentes, na robótica, Internet das Coisas e *Big Data*, todos representativos do combustível da indústria 4.0?" POLIDO, Fabrício Bertini Pasquot. Novas perspectivas para regulação da Inteligência Artificial: diálogos entre as políticas domésticas e os processos legais transnacionais. *In:* FRAZÃO, Ana; MULHOLLAND, Caitlin (Coords.). *Inteligência artificial e direito*: ética, regulação e responsabilidade. São Paulo: Thomson Reuters Brasil, 2019, p. 195.
45. GUNKEL, David J. Comunicação e inteligência artificial: novos desafios e oportunidades para a pesquisa em comunicação. *Galáxia*, São Paulo, n. 34, p. 05-19, jan./abr. 2017, p. 13-17.

tônica de uma realidade em que atos e processos automatizados tomam corpo e passam a ser comuns nas rotinas administrativas e judiciais[46], novos usos para a IA surgirão e demandarão respostas apropriadas.[47]

A própria legalidade administrativa vem sendo reanalisada à luz da governança – termo que ganhou múltiplos significados e passou a servir como uma 'carta branca' para a solução dos déficits de atuação do Poder Público[48] – mas também isso, traz consequências indesejadas para a reformulação das bases estruturais da atuação pública.

A mudança será paulatina e, por certo, refletirá o estado da arte da evolução da disciplina estatal em torno da governança digital para a convergência interdisciplinar e o fomento de práticas adequadas de evolução das soluções utilizadas no contexto específico da Inteligência Artificial e de suas decorrências

5. DIREITOS FUNDAMENTAIS E ATUAÇÃO ESTATAL: ÂNGULOS ATUAIS DE ABORDAGEM

Durante o século XIX e boa parte do século XX, o direito civil orgulhava-se do rigor formal dos seus conceitos, em sistema logicamente impecável. Porém, paralelamente aos encadeamentos lógicos dos juristas, os poderes privados eram – e, de certo modo, ainda são – marcados por forte carga despótica[49]. O marido sobrepunha-se, social e juridicamente, à mulher; o pai sobrepunha-se ao filho; os empregadores a seus emprega-

46. NUNES, Dierle; MARQUES, Ana Luiza Pinto Coelho. Inteligência artificial e direito processual: vieses algorítmicos e os riscos de atribuição de função decisória às máquinas. *Revista de Processo*, São Paulo: Ed. RT, v. 285, n. 11, p. 421-447, nov. 2018, *passim*.

47. AL-MUSHAYT, Omar. Automating e-government services with Artificial Intelligence. *IEEE Access*. 8 out. 2019. Disponível em: https://ieeexplore.ieee.org/document/8862835. Acesso em: 18 out. 2020. Comenta: "Artificial Intelligence (AI) has recently advanced the state-of-art results in an ever-growing number of domains. However, it still faces several challenges that hinder its deployment in the e-government applications–both for improving the e-government systems and the e-government-citizens interactions. In this paper, we address the challenges of e-government systems and propose a framework that utilizes AI technologies to automate and facilitate e-government services. Specifically, we first outline a framework for the management of e-government information resources. Second, we develop a set of deep learning models that aim to automate several e-government services. Third, we propose a smart e-government platform architecture that supports the development and implementation of AI applications of e-government. Our overarching goal is to utilize trustworthy AI techniques in advancing the current state of e-government services in order to minimize processing times, reduce costs, and improve citizens' satisfaction."

48. O termo é apresentado por David Richards e Martin Smith como um descritivo adequado para o destaque do processo de criação de políticas: "Governance 'is a descriptive label that is used to highlight the changing nature of the policy process in recent decades. In particular, it sensitizes us to the ever-increasing variety of terrains and actors involved in the making of public policy. Thus, it demands that we consider all the actors and locations beyond the "core executive" involved in the policy making process'." RICHARDS, David; SMITH, Martin J. *Governance and public policy in the UK*. Oxford: Oxford University Press, 2002, p. 3. Há, apesar disso, muita nebulosidade em torno do conceito, o que já se pontuou anteriormente, a demandar grande cautela em sua aplicação alternativa. Para maiores detalhes: HUPE, Peter L.; HILL, Michael J. The three action levels of governance: re-framing the policy process beyond the stages model. *In:* PETERS, B. Guy; PIERRE, Jon (Eds.). *Handbook of public policy*. Londres: Sage Publications, 2006, p. 16-17; MARGETTS, Helen. Maximizing the relevance of political science for public policy in the era of Big Data. *In:* STOKER, Gerry; PETERS, B. Guy; PIERRE, Jon (Eds.). *The relevance of political science*. Nova York/Londres: Palgrave Macmillan, 2015, p. 208-209.

49. Pontes de Miranda, desde o início do século passado, vigorosamente se punha contra o conteúdo despótico no exercício dos direitos subjetivos, antecipando, em longas décadas, o conceito de função social da propriedade e dos contratos: "Tampouco se definiria o direito subjetivo como poder de mandar, de impor, de comandar. Aos séculos de pontiagudo individualismo foi grata tal concepção, que pôs o indivíduo no lugar dos déspotas. O 'meu' direito (subjetivo) significava a minha força, o meu poder, a minha violência, sucedâneos da força, do poder, da

dos. A igualdade material não inspirava os códigos civis. Os códigos civis clássicos não se preocupavam com esses desníveis de poder privado; antes os secundavam. Padrões de comportamento preconceituosos se repetiam, e a lei os incentivava. Atualmente, se levarmos a sério a conexão interna entre democracia e Estado Constitucional parece claro que o sistema de direitos não é cego às condições sociais de desigualdade nem às diferenças culturais[50].

É preciso lembrar que as relações entre particulares são, frequentemente, assimétricas e desiguais. Há poderes privados – aos quais não deve ser indiferente o Estado[51]. Bem por isso, os direitos fundamentais, hoje, no Brasil, não são apenas direitos de defesa em face do Estado. Exige-se uma postura ativa do Estado para proteger os direitos fundamentais. Essa constatação redefine muitas abordagens, sobretudo da responsabilidade civil do Estado por omissão. Não há *numerus clausus* das dimensões de proteção dos direitos fundamentais, nem *numerus clausus* dos perigos. Nossa (jovem) democracia constitucional precisa, talvez, refletir sobre os deveres de proteção dos cidadãos, a cargo do Estado[52]. A proteção dos direitos fundamentais, inclusive contra agressões não estatais, não pode permanecer em nível retórico.

---

violência do príncipe". PONTES DE MIRANDA, Francisco Cavalcanti. *Tratado da Ação Rescisória*. Rio de Janeiro: Forense, 1976, p. 10.

50. TAYLOR, Charles. *El multiculturalismo y "La Política del Reconocimiento"*. Introdução de Amy Gutmann. Comentarios de Susan Wolf, Steven C. Rockefeller, Michael Walzer; ensayos de Jürgen Habermas, K. Anthony Appiah. Tradução de Mónica Utrilla de Neira; Liliana Andrade Llanas y Gerard Vilar Roca. México: Fondo de Cultura Económica, 2009, p. 12. Sob outro prisma, Edward Telles diagnostica: "Uma sociedade democrática precisa de leis que possam, efetivamente, assegurar os direitos de todos os cidadãos, especialmente os mais desprotegidos. No Brasil, como no resto da América Latina, a demora na reforma do Poder Judiciário é, provavelmente, o principal empecilho à democracia e à difusão dos direitos humanos para todos. Como observado por Caldeira, há uma persistente separação entre a democratização formal e a aplicação da lei. A despeito das intenções das leis e políticas progressistas, que aos poucos foram introduzidas nos códigos jurídicos brasileirose que são defendidas pelos principais representantes da Justiça, muitas vezes elas não são aplicadas. Leis são usualmente ignoradas no Brasil, especialmente quando elas defendem os interesses dos menos poderosos". TELLES, Edward E. *O significado da raça na sociedade brasileira*. Tradução de Ana Arruda Callado. Princenton e Oxford: Princenton University Press, 2012, p. 197. Já no que diz respeito à questão do gênero, Nancy Fraser, uma das maiores estudiosas da questão, pondera: "O gênero, eu acredito, é uma coletividade bivalente. Nem simplesmente uma classe, nem simplesmente um grupo de status, o gênero é uma categoria híbrida pautada simultaneamente na política econômica e na cultura". FRASER, Nancy. Redistribuição, reconhecimento e participação: por uma concepção integrada de justiça. *In: Igualdade, diferença e direitos humanos*. Rio de Janeiro: Lumen Juris, 2010, p. 174. Mais adiante comenta: "O núcleo normativo de minha concepção é a noção de *participação paritária*. De acordo com essa norma, a justiça requer arranjos sociais que permitam a todos os membros adultos da sociedade interagir uns com os outros como pares". Há quem sustente que grande parte do problema da desigualdade entre os sexos é uma questão de liberdades divergentes encobertas pelo manto da necessária igualdade de direitos. Cf. McCOLGAN, A. *Woman under the Law*: the false promise of Human Rights. Londres: Longman, 2000.

51. É inegável, sobretudo em nossos dias, que existem situações de opressão ou desnível entre particulares, algo semelhante com as relações assimétricas que lastrearam – ainda na concepção liberal – dos direitos fundamentais em face do Estado BILBAO UBILLOS, Juan María. *La eficácia de los derechos fundamentales frente a particulares*. Análisis de la Jurisprudencia del Tribunal Constitucional. Madri: Centros de Estudios Políticos y Constitucionales, 1997, p. 369.

52. Nesse contexto, "o Estado moderno não deve, como no passado, proteger o cidadão tão somente dos ladrões, assassinos e outros malfeitores, mas a sua tarefa de proteção ampliou-se consideravelmente. De fato, as dependências e as interações cada vez maiores do ser humano conduziram não só à ampliação das possibilidades de comunicação mas também a uma ampliação dos perigos aos quais o homem está exposto. O Estado é então obrigado a assumir novas tarefas em matéria de proteção". FLEINER-GERSTER, Thomas. *Teoria Geral do Estado*. Tradução de Marlene Holzhausen. Revisão técnica de Flávia Portella Püschel. São Paulo: Martins Fontes, 2006, p. 594. Ver também: GRIMM, Dieter. A função protetiva do Estado. Tradução de Eduardo Mendonça. *In:* SOUZA, Cláudio Pereira de;

O estudo dos deveres de proteção, ou deveres estatais de tutela, tem merecido progressiva atenção daqueles que se dedicam à teoria dos direitos fundamentais. Conforme registramos, não é aceitável, em nossos dias, uma postura passiva do Estado em relação a certos danos sofridos pelos cidadãos. Se essa passividade, em boa parte dos séculos passados, estava de acordo com o modelo conceitual-normativo estatal existente – com o perfil que tínhamos então do Estado –, hoje a situação alterou-se substancialmente. Há, inclusive, no direito dos danos dos nossos dias, uma forte preocupação com a dimensão preventiva. Nesse sentido, "parte da doutrina e jurisprudência identifica os denominados deveres estatais de tutela (*staatliche Schutzpflichten*). O termo indica o dever do Estado de proteger ativa e preventivamente o direito fundamental contra ameaças de agressão provenientes, principalmente, de particulares. Em outras palavras, considera-se que o particular também possa *de fato* e, em regra, mediante o exercício de outro direito fundamental seu, agredir o direito fundamental objeto do dever estatal de tutela em uma situação que envolva irreparabilidade da possível lesão, incontrolabilidade de processos ameaçadores de direitos fundamentais sensíveis ou conflitos caracterizados por clara e acentuada assimetria de forças, chances e condições entre agentes particulares envolvidos em conflito. Por isso, encontram-se, sob o gênero dos deveres estatais de tutela, as categorias do dever de mera *prevenção de riscos*, do dever de fomentar a *segurança* e, até mesmo, do dever de *proibição de condutas* a ser imposto pelo Estado"[53].

Fundamental, nesse contexto, dialogar com os direitos fundamentais, como sistema de valores que unificam a ordem jurídica. Há autores que mencionam a chamada dimensão objetiva dos direitos fundamentais, ou eficácia irradiante[54]. Sabemos que os direitos fundamentais se colocam acima do legislador, limitam e condicionam a sua atividade. Seria desnaturar os direitos fundamentais condicioná-los a episódicas maiores legislativas. No que particularmente nos interessa neste artigo, convém registrar que os direitos fundamentais não são enxergados, apenas, atualmente, como direitos de defesa em face do Estado, como trincheiras para exigir abstenções estatais. Já estamos bem longe desses dias, quando os direitos fundamentais eram apenas isso. Há, hoje, uma dimensão ativa, no sentido de exigir que o Estado aja, eficaz e adequadamente, para proteger direitos fundamentais de violações de terceiros. Se na função ou dimensão passiva dos

---

SARMENTO, Daniel (Orgs.). *A Constitucionalização do Direito: fundamentos teóricos e aplicações específicas*. Rio de Janeiro: Lumen Juris, 2007, p. 160.

53. DIMOULIS, Dimitri; MARTINS, Leonardo. *Teoria geral dos direitos fundamentais*. São Paulo: Atlas, 2012, p. 60.
54. Trata-se de ponto repetido, com maior ou menor intensidade, por muitos autores. Confira-se, por exemplo, nesse sentido: "A teoria contemporânea dos direitos fundamentais afirma que o Estado deve não apenas abster-se de violar tais direitos, mas também proteger seus titulares de lesões e ameaças provindas de terceiros. Esse deve de proteção envolve as atividades legislativa, administrativa e jurisdicional do Estado, que devem guiar-se para a promoção dos direitos da pessoa humana. Tal aspecto constitui um dos mais importantes desdobramentos da dimensão objetiva dos direitos fundamentais". SARMENTO, Daniel. A dimensão objetiva dos direitos fundamentais: fragmentos de uma teoria, cit., 2003, p. 294. Talvez seja importante frisar, em conexão teórica, que "o tema da responsabilidade civil do Estado se situa atualmente no campo de discussão teórica sobre a tutela dos direitos fundamentais". PINTO, Helena Elias. *Responsabilidade civil do Estado por omissão*, cit., p. 60. Nessa ordem de ideias, é necessário, "ao tratar da responsabilidade extracontratual do Estado, apagar o regalismo, de ordem a cuidar dos interesses existenciais legítimos dos cidadãos, na marcha para a performance do Estado apta a honrar seus poderes-deveres, máxime de salvaguarda eficaz dos direitos fundamentais, evitados ou reparados prontamente os danos juridicamente injustos". FREITAS, Juarez. Responsabilidade civil do Estado e o princípio da proporcionalidade: vedação de excesso e de inoperância. *In:* FREITAS, Juarez (Org.). *Responsabilidade civil do Estado*. São Paulo: Malheiros, 2006, p. 196-197.

direitos fundamentais, exigíamos abstenções do Estado, na função ou dimensão ativa exigimos ações dele. Isto é, na dimensão negativa, o Estado deveria respeitar os direitos fundamentais, não os violando. Atualmente, na dimensão positiva, o Estado deve mais: dever proteger os direitos fundamentais de agressões provindas de terceiros.

Aliás, talvez possamos dizer que o Estado ocupa – diante dos direitos fundamentais – uma posição ambígua, algo paradoxal. Ele é, a um só tempo, amigo e inimigo. Tradicionalmente, é um dos piores inimigos dos direitos fundamentais, que foram, historicamente, como sabemos, criados para fazer frente às violências e agressões estatais. Porém o Estado, por outro lado, é amigo dos direitos fundamentais, cabendo-lhe singular posição de destaque – até pelo monopólio do uso legítimo da força que dispõe – na proteção desses direitos dos perigos e ameaças provindas de terceiros[55].

Um outro caminho interessante – que o nosso século parece disposto a progressivamente aprofundar – está relacionado à indagação da proporcionalidade das condutas estatais. Tradicionalmente, essa questão envolve três aspectos: a) o subprincípio da adequação entre meios e fins; b) o subprincípio da necessidade; c) o subprincípio da proporcionalidade em sentido estrito[56]. No tema deste artigo, esse olhar – com as lentes da proporcionalidade – mostra-se relevante. A proporcionalidade lida (potencialmente) bem com a responsabilidade civil porque, de certo modo, ambas compartilham certo apreço pelo caso concreto, pelas circunstâncias, pela busca de respostas contextualizadas e não apriorísticas. A atuação estatal, nesse contexto, pode ser continuamente revisitada para que se investigue se o princípio da proporcionalidade foi observado. Se, por um lado, todos parecem de acordo que o Estado não pode se converter em segurador universal, amplamente responsável por todos os danos (ainda que imputáveis exclusivamente a particulares), por outro lado progressivamente se buscam meios e formas de evitar que tenhamos, no século XXI, um Estado omisso e marcado pela negligência[57]. A falta dos cumprimentos dos deveres estatais deverá ser conectada com uma investigação, no caso concreto, acerca da proporcionalidade, investigação iluminada pela teoria do risco (inclusive indagando em que medida os riscos são atribuíveis ao Estado).

55. Hoje sabemos que muitos atentados a direitos fundamentais – em certos casos, até gravíssimos – resultam, não do Estado, mas de outros particulares. Cf. RIVERO, Jean; MOUTOUH, Huges. *Liberdades públicas*. Tradução de Maria Ermantina de Almeida Prado Galvão. São Paulo: Martins Fontes, 2006.

56. Juarez Freitas lembra que "tal tríplice teste deve ser aplicado, indistintamente, para o exame crítico da proporcionalidade das ações e das omissões das pessoas jurídicas de direito público e de direito privado prestadoras de serviço público" FREITAS, Juarez. Responsabilidade civil do Estado e o princípio da proporcionalidade, cit., p. 22. Continua esclarecendo que "os requisitos da responsabilidade estatal objetiva compõem, em grandes traços, uma tríade: a existência de dano material ou imaterial, juridicamente injusto e desproporcional; o nexo causal direto; e, finalmente, a conduta omissiva ou comissiva do agente da pessoa jurídica de direito público ou de direito privado prestadora de serviço público, nessa qualidade". Um pouco adiante destaca: "De qualquer sorte, para os fins da responsabilização estatal, mister evoluir para a apuração das condutas públicas (comissivas ou omissivas) sob o crivo do tríplice critério da proporcionalidade".

57. Convém lembrar, desse modo, que "a evolução do princípio da proporcionalidade não está terminada. Ao contrário: falta sobretudo efetivar e introjetar a vedação de insuficiência ou omissão. Sob a pressão e a insegurança derivadas do déficit prestacional em matéria de direitos fundamentais, a aplicação do princípio, nesse ângulo, demanda, sem mais tardar, o foco prioritário de todos os intérpretes responsáveis" FREITAS, Juarez. A Constituição, a responsabilidade do Estado e a eficácia direta e imediata dos direitos fundamentais. *In:* SAMPAIO, José Adércio Leite (Coord.). *Constituição e crise política*. Belo Horizonte: Del Rey, 2006, p. 388-389.

Se a sociedade, enquanto sistema social, é composta por elementos comunicacionais que dão relevância ao sujeito, no modelo sistêmico luhmaniano, não se pode perder de vista, na linha do alerta de Herrera Flores, que "uma confluência estrita entre elementos ideológicos (que se apresentam como 'universais') e premissas culturais (que têm a ver com os entornos de relações 'particulares' em que as pessoas vivem)"[58] também se transpõe ao plano virtual, trasladando toda a dinâmica inter-relacional que envolve a proteção de direitos fundamentais para um novo ambiente, agora digitalizado.

Esse é um ponto fundamental para a compreensão do papel da governança nesse novo contexto de uma legalidade catalisada pela promoção da cidadania[59], agora alçada a um patamar diferenciado, marcado pela presença da tecnologia e por seus impactos, a ponto de esse arcabouço de direitos patrimoniais e de situações jurídicas existenciais se configurar em um plexo merecidamente qualificado pelo prefixo 'ciber'.[60-61]

Somente com a readequação do acervo de proteção a direitos fundamentais é que se conseguirá alçar o Estado e todo o seu aparato protetivo ao devido patamar. Somente assim, com a efetiva ruptura sistêmica e a reinserção do sujeito no mais elevado patamar protetivo, ter-se-á a necessária completude do sistema jurídico.[62]

---

58. HERRERA FLORES, Joaquín. *Teoria crítica dos direitos humanos*: os direitos humanos como produtos culturais. Tradução de Luciana Caplan. Rio de Janeiro: Lumen Juris, 2009, p. 41-42. Acrescenta, ainda: "(...) não podemos ocultar que seus fundamentos ideológicos e filosóficos – quer dizer, culturais – são puramente ocidentais. Essa constatação não retira nem um pouco a importância do texto, mas nos ajuda a colocá-la em seu contexto concreto, o qual, em momentos posteriores, pode nos servir para explicar algumas dificuldades que encontramos em sua implementação prática."

59. LIMA, Ruy Cirne. *Princípios de direito administrativo*. Revisão de Paulo Alberto Pasqualini. 7. ed. São Paulo: Malheiros, 2007, p. 296. Anota: "A Constituição Federal de 1988 instituiu um Estado Democrático de Direito (art. 1°, *caput*), que tem como fundamento, entre outros, a cidadania (art. 1°, III) e se rege, em suas relações internacionais, segundo o princípio da prevalência dos direitos humanos (art. 4°, II). A inspiração para essas decisões fundamentais foi encontrada, inequivocamente, na Lei Fundamental de Bonn, que afirma ser a dignidade do homem intangível ("*Die Würde des Menschen ist unantastbar*" – Art. 1); que reconhece os direitos invioláveis e inalienáveis do homem como fundamento de qualquer comunidade humana, da paz e da justiça no mundo ("*unverletzlichen und unveräußerlichen Menschenrechten als Grundlage jeder menschlichen Gemeinschaft, des Friedens und der Gerechtigkeit in der Welt*" – Art. 1, 2); que define a aplicação imediata dos direitos fundamentais ("*Die nachfolgenden Grundrechte binden Gesetzgebung, Verwaltung und Rechtsprechung als unmittelbar geltendes Recht*" – Art. 1, 3); e estabelece, por fim, uma ordem constitucional correspondente aos princípios do Estado Republicano, Democrático e Social de Direito (art. 28, 1 – "*Die verfassungsmäßige Ordnung in den Ländern muss den Grundsätzen des republikanischen, demokratischen und sozialen Rechtsstaates im Sinne dieses Grundgesetzes entsprechen*")".

60. ARNAUD, André-Jean. *La gouvernance*: un outil de participation. Paris: LGDJ, 2014, p. 288.

61. LÉVY, Pierre. *Cyberdémocratie*: essai de philosophie politique. Paris: Odile Jacob, 2002. *E-book*. Anota: "La civilisation du temps réel engendre un salutaire et permanent état d'inadéquation de la pensée puisque le monde s'y révèle toujours plus engagé dans le futur que nous ne pouvons l'imaginer. À suivre ce nouveau rythme, il n'y a quasiment plus de différence entre le temps de l'idée et celui de sa réalisation. De plus en plus de gens ont des idées originales et coopèrent pour les communiquer, les évaluer, les tester, les réaliser. Dès qu'une idée est conçue, elle est rendue publique, entre en compétition coopérative dans le cyberespace avec les autres idées et commence éventuellement à prendre corps dans un document, un logiciel, un produit, une entreprise, une organisation, une communauté virtuelle ou un réseau."

62. Relevante a análise de Gustavo Binenbojm: "A vinculação da Administração não se circunscreve, portanto, à lei formal, mas a esse bloco de legalidade (o ordenamento jurídico como um todo sistêmico), a que aludia Hauriou, que encontra melhor enunciação, para os dias de hoje, no que Merkl chamou de princípio da juridicidade administrativa. Foi essa influência que determinou a inserção, no art. 20, §3°, da Lei Fundamental de Bonn, da vinculação do Poder Executivo e dos Tribunais à lei e ao direito (*sind an Gesetz und Recht gebunden*). Tal ideia, de vinculação ao direito não plasmado na lei, marca a superação do positivismo legalista e abre caminho para um modelo jurídico baseado em princípios e regras, e não apenas nestas últimas. (...) Talvez o mais importante aspecto dessa constitucionalização do direito administrativo seja a ligação direta da Administração aos princípios constitucionais, vistos estes como núcleos

É concebível que os direitos à privacidade e à proteção de dados, baseados em noções e garantias constitucionais complexas, como autodeterminação informacional, dignidade humana e liberdade de ação, sejam simplesmente abstratos demais para que os indivíduos possam empregá-los efetivamente, daí a necessidade da regulação.[63]

Sendo certo o descompasso existente entre a atuação estatal e sua capacidade de responder à incessante inovação tecnológica, destacou-se a imperiosidade de superação do modo tradicional de atuação legislativa, sugestionando-se, como solução adequada, a adoção de instrumentos de governança para a aceleração da responsividade estatal às inúmeras contingências sociais desdobradas desse descompasso. Essa responsividade, aliás, compõe um dos elementos essenciais da governança, juntamente com a responsabilidade, a legalidade e a integridade. Sobre isso, muitos detalhes foram explicitados para reforçar a necessidade de clara delimitação do tema, tamanha sua sensibilidade.

Retomando exemplos advindos da Escandinávia, particularmente da Suécia, onde mais fortemente a doutrina jurídica se debruçou sobre o estudo da governança, abordou-se a dificuldade que se enfrenta no tocante à complexidade do fenômeno globalizatório e à colossal quantidade de dados que compõe o chamado *Big Data*. Inegavelmente entusiasmante, a tecnologia traz, em si, percalços que não podem ser ignorados pelo administrador público.

Decorrência natural desse fenômeno passa pela constatação dos limites de tangenciamento entre ética e técnica: "As técnicas não determinam, elas condicionam."[64] Por essa razão, certas propensões à revitalização da Filosofia do Direito: "O debate de hoje sobre o redesenho de instituições e normas jurídicas por meio da normatividade tecnológica (...) provavelmente se tornará o principal assunto da filosofia do direito na sociedade da informação e reterá a atenção de especialistas em informações jurídicas para algum tempo. O que está em jogo aqui diz respeito tanto aos requisitos quanto às funções da lei, afinal."[65]

---

de condensação de valores. A nova principiologia constitucional, que tem exercido influência decisiva sobre outros ramos do direito, passa também a ocupar posição central na constituição de um direito administrativo democrático e comprometido com a realização dos direitos do homem. Como assinala Santamaria Pastor, as bases profundas do direito administrativo são de corte inequivocamente autoritário; até que fosse atraído para a zona de irradiação do direito constitucional, manteve-se alheio aos valores democráticos e humanistas que permeiam o direito público contemporâneo." BINENBOJM, Gustavo. *Uma teoria do direito administrativo*: direitos fundamentais, democracia e constitucionalização. 3. ed., Rio de Janeiro: Renovar, 2014, p. 142.

63. MAYER-SCHÖNBERGER, Viktor. Beyond privacy, beyond rights – toward a "system" theory of information governance. *California Law Review*, Berkeley, v. 98, p. 1853-1886, 2010, p. 1877-1878. Sobre o tema, o autor ainda comenta: "Perhaps, then, the lack of enforcement is not caused by the complexity (or simplicity) of the individual right to be enforced, but by the costliness of the specific enforcement process. If that were the case, reducing the enforcementcost (including the risk of enforcement) could result in the needed increase in enforcement action. There are numerous strategies to lower enforcement costs for individuals. One could choose a less costly legal basis that would lead to less costly enforcement action: for example, employing a different legal vehicle (such as switching from rights to torts), increasing the economic incentive for success (e.g., the amount of statutory damages awarded), or adjusting procedural elements (e.g., by shifting the burden of proof or implementing no-fault compensation schemes)."
64. LÉVY, Pierre. *O que é o virtual?* Tradução de Paulo Neves. 2. ed. São Paulo: Editora 34, 2011, p. 101.
65. PAGALLO, Ugo; DURANTE, Massimo. The philosophy of law in an information society. *In:* FLORIDI, Luciano (Ed.). *The Routledge handbook of philosophy of information*. Londres: Routledge, 2016, p. 405-406, tradução livre. No original: "Today's debate on the redesign of legal institutions and norms through the means of technological normativity (...), is thus likely to become the main subject of the philosophy of law in an information society and to retain the attention of experts of legal information for quite some time. What is at stake here concerns both the requirements and functions of the law, after all."

Porém, com a mudança de cenário decorrente da ascensão da Internet, novas motivações são necessárias para a consolidação dessa interação, e o papel do direito administrativo, nesse contexto, passará a um campo instrumental de formulação e realização dos interesses coletivos e gerais[66], abrangendo razões para que seu papel seja ressignificado. É evidente que não se pode descurar dos resultados, mas "(...) o que se almeja, dentro de uma ótica de garantia e efetividade plena dos direitos fundamentais a partir do texto constitucional (autoaplicabilidade), é dar juridicidade às finalidades instrumentalizadas pela Administração, visto que cabe a ela, em última análise, a efetivação prática dos valores politicamente estabelecidos como escopo estatal, sendo os cidadãos seus legítimos destinatários."[67]

Nesse contexto, a ideia de resultado não deve ser singelamente considerada o subproduto de influxos da Economia sobre o Direito, o que, em leitura rasa, propiciaria uma configuração institucional desassociada de todo o acervo principiológico descrito nessa investigação. Deve-se buscar, a bem da verdade, a alavancagem administrativa pela conjugação entre técnica e ética.

Se a sociedade da informação revela uma dimensão inescapável da realidade de controle administrativo, não há dúvidas de que a inovação poderá contribuir eficazmente para o reforço à legitimidade administrativa pelo reforço da ética, em sintonia com o 'princípio responsabilidade' descrito por Hans Jonas.[68]

Como destaca James Beniger: "Cada nova inovação tecnológica estende os processos que sustentam a vida social humana, aumentando assim a necessidade de controle e a melhoria da tecnologia de controle."[69] A centralidade da informação no sistema jurídico[70] é a marca preponderante dessa nova configuração social, baseada no importante papel

66. FLORIDI, Luciano. *The philosophy of information*. Oxford: Oxford University Press, 2011, p. 11-12. Explica: "In the past, philosophers had to take care of the whole chain of knowledge production, from raw data to scientific theories, as it were. Throughout its history, philosophy has progressively identified classes of empirical and logico-mathematical problems and outsourced their investigations to new disciplines. It has then returned to these disciplines and their findings for controls, clarifications, constraints, methods, tools, and insights (...). Its critical and creative investigations identify, formulate, evaluate, clarify, interpret, and explain problems that are intrinsically capable of different and possibly irreconcilable solutions, problems that are genuinely open to informed debate and honest, reasonable disagreement, even in principle. These investigations are often entwined with empirical and logico-mathematical issues, and so scientifically constrained but, in themselves, they are neither. They constitute a space of inquiry broadly definable as normative. It is an open space: anyone can step into it, no matter what the starting point is, and disagreement is always possible. It is also a dynamic space, for when its cultural environment changes, philosophy follows suit and evolves."

67. CUNHA, Bruno Santos. O princípio da eficiência e o direito fundamental à boa administração. *In*: MARRARA, Thiago (Org.). *Princípios de direito administrativo*: legalidade, segurança jurídica, impessoalidade, publicidade, motivação, eficiência, moralidade, razoabilidade, interesse público. São Paulo: Atlas, 2012, p. 401.

68. JONAS, Hans. *Le principe responsabilité*: une éthique pour la civilisation technologique. Tradução do alemão para o francês de Jean Greisch. 2. ed. Paris: Cerf, 1992, p. 38. Diz: "Mais l'homme lui-même a commencé à faire partie des objets de la technique. L'homo faber applique son art à lui-même et s'apprête à inventer une nouvelle fabrication de l'inventeur et du fabricateur de tout le reste. Cet achèvement de son pouvoir de domination qui peut très bien signifier la victoire sur l'homme, cette ultime installation de l'art au-dessus de la nature, provoque l'ultime effort de la pensée éthique qui jamais auparavant n'avait eu à envisager des alternatives faisant l'objet d'un choix, face à ce qui était considéré comme les données définitives de la constitution de l'homme."

69. BENIGER, James R. *The control revolution*: technological and economic origins of the information society. Cambridge: Harvard University Press, 1986, p. 434, tradução livre. No original: "Each new technological innovation extends the processes that sustain human social life, thereby increasing the need for control and for improved control technology."

70. FREITAS, Juarez; FREITAS, Thomas Bellini. *Direito e Inteligência Artificial*: em defesa do humano. Belo Horizonte: Fórum, 2020, p. 147-150.

desempenhado pelas comunicações para a evolução das atividades administrativas e no incremento de uma visão plural do direito administrativo.

6. CONSIDERAÇÕES FINAIS

Com a célere evolução que as tecnologias vêm empreendendo na sociedade e em razão da forma pela qual os cidadãos se relacionam com o Estado, o crescimento do interesse popular pelos assuntos de Estado deve ser, também, crescente. Somente assim se terá efetivo controle público e ampliação da legitimidade decisional a partir da descentralização das decisões políticas.

O modelo tradicional de atuação estatal, particularmente nas tradições de base romano-germânica, continuará a enfrentar problemas de latência no atendimento e na tutela de direitos fundamentais, em razão do *gap* situacional que a inovação acarreta. Com isso, não apenas as lacunas normativas se tornarão problemas, mas eventuais processos decisionais deixarão de respeitar fluxos procedimentais e se transformarão em frutos de um modelo de administração hierarquizado e impositivo. Uma nova proposta para a integração do direito público à realidade corrente se traduz em uma reaproximação entre Administração e administrados a partir de instrumentos especialmente designados para permitir maior adesão popular aos afazeres e interesses estatais, seja pelo exercício direto do poder deliberativo, seja participando de debates e discussões pautados pela lógica do consenso, seja atuando de forma mais direta no controle, por instrumentos próprios.

Não tendo o risco integral granjeado acolhida no Brasil, enfim se sacramentou o fundamento essencial da responsabilidade civil do Estado: a teoria do risco administrativo, criada no afã de propiciar a reparação de danos causados pelo Estado aos administrados, mas permitindo que aquele demonstre, para fins de se eximir ou de atenuar o dever de indenizar, o fato exclusivo ou concorrente da própria vítima quanto à eclosão do evento danoso. Esta teoria continuará a nortear a reparação imposta ao Estado, mas releituras são necessárias para a reacomodação de "novos riscos" no escopo por ela definido. A tarefa é árdua, pois a inovação tecnológica segue impondo desafios, na medida em que avança em ritmo galopante, mas necessária.

Algoritmos de Inteligência Artificial continuarão a permear as atividades estatais, aumentando a cognição que se tem quanto a seus usos, potencialidades e benefícios, mas a previsibilidade de seus riscos – cada vez maior, tendo em vista o próprio aprimoramento do Estado – revelará possibilidades de imputação que, no atual estado da técnica, ainda são nebulosas.

A se concretizar a tendência de maior abertura à governança, quiçá novos caminhos poderão ser trilhados para conciliar o desenvolvimento tecnológico (já considerado irrefreável) com as inúmeras novas situações jurídicas desveladas.

7. REFERÊNCIAS

AL-MUSHAYT, Omar. Automating e-government services with Artificial Intelligence. *IEEE Access*. 8 out. 2019. Disponível em: https://ieeexplore.ieee.org/document/8862835. Acesso em: 18 out. 2020.

ARAGÃO, Alexandre Santos de. Os fundamentos da responsabilidade civil do Estado. *Revista dos Tribunais*, São Paulo, v. 824, p. 72-81, jun. 2004.

ARAGÓN, Manuel. *Constitución y control del poder*: introducción a una teoría constitucional del control. Buenos Aires: Ediciones Ciudad Argentina, 1995.

ARNAUD, André-Jean. *La gouvernance*: un outil de participation. Paris: LGDJ, 2014.

ÁVILA, Humberto. *Teoria dos princípios*: da definição à aplicação dos princípios jurídicos. São Paulo: Malheiros, 2003.

BARROSO, Luís Roberto. Fundamentos teóricos e filosóficos do novo direito constitucional brasileiro. *Revista de Direito Administrativo*, Rio de Janeiro, n. 225, 2001, p. 05-37, p. 8; SARMENTO, Daniel. *Direitos fundamentais e relações privadas*. Rio de Janeiro: Lumen Juris, 2004.

BECK, Ulrich. *Risk society*: towards a new modernity. Tradução do alemão para o inglês de Mark Ritter. Londres: Sage Publications, 1992.

BENIGER, James R. *The control revolution*: technological and economic origins of the information society. Cambridge: Harvard University Press, 1986.

BILBAO UBILLOS, Juan María. *La eficácia de los derechos fundamentales frente a particulares*. Análisis de la Jurisprudencia del Tribunal Constitucional. Madri: Centros de Estudios Políticos y Constitucionales, 1997.

BINENBOJM, Gustavo. *Uma teoria do direito administrativo*: direitos fundamentais, democracia e constitucionalização. 3. ed., Rio de Janeiro: Renovar, 2014.

BOURDIEU, Pierre. *O poder simbólico*. Tradução de Fernando Tomaz. Rio de Janeiro: Bertrand Brasil, 2001.

BRAGA NETTO, Felipe. *Novo manual de responsabilidade civil*. Salvador: Juspodivm, 2019.

BREGA, José Fernando Ferreira. *Governo eletrônico e direito administrativo*. Brasília: Gazeta Jurídica, 2015.

CASTELLS, Manuel. *The rise of the network society*. The information age: economy, society, and culture, v. 1. 2. ed. Oxford/West Sussex: Wiley-Blackwell, 2010.

CASTRONOVO, Carlo. *La nuova responsabilità civile*. Milano: Giuffrè, 2006.

CITTADINO, Gisele. *Pluralismo, Direito e Justiça Distributiva*. Elementos da Filosofia Constitucional Contemporânea. 2. ed. Rio de Janeiro: Lumen Juris, 2000.

CORDEIRO, António Menezes. *Da responsabilidade civil dos administradores das sociedades comerciais*. Lisboa: Lex, 1996.

CUNHA, Bruno Santos. O princípio da eficiência e o direito fundamental à boa administração. *In:* MARRARA, Thiago (Org.). *Princípios de direito administrativo*: legalidade, segurança jurídica, impessoalidade, publicidade, motivação, eficiência, moralidade, razoabilidade, interesse público. São Paulo: Atlas, 2012.

DAHL, Robert A. *Sobre a Democracia*. Tradução de Beatriz Sidou. Brasília: UNB, 2001.

DIAS, José de Aguiar. *Da responsabilidade civil*. Rio de Janeiro: Forense, 1954.

DIMOULIS, Dimitri; MARTINS, Leonardo. *Teoria geral dos direitos fundamentais*. São Paulo: Atlas, 2012.

FALEIROS JÚNIOR, José Luiz de Moura. *Administração Pública Digital*: proposições para o aperfeiçoamento do Regime Jurídico Administrativo na sociedade da informação. Indaiatuba: Foco, 2020.

FLEINER-GERSTER, Thomas. *Teoria Geral do Estado*. Tradução de Marlene Holzhausen. Revisão técnica de Flávia Portella Püschel. São Paulo: Martins Fontes, 2006.

FLORIDI, Luciano. *The philosophy of information*. Oxford: Oxford University Press, 2011.

FRASER, Nancy. Redistribuição, reconhecimento e participação: por uma concepção integrada de justiça. *In: Igualdade, diferença e direitos humanos*. Rio de Janeiro: Lumen Juris, 2010.

FRAZÃO, Ana. Risco da empresa e caso fortuito externo. *Civilística.com*, Rio de Janeiro, a 5, n. 1, 2016.

FREITAS, Juarez. A Constituição, a responsabilidade do Estado e a eficácia direta e imediata dos direitos fundamentais. *In:* SAMPAIO, José Adércio Leite (Coord.). *Constituição e crise política*. Belo Horizonte: Del Rey, 2006.

FREITAS, Juarez. A democracia como princípio jurídico. *In:* FERRAZ, Luciano; MOTTA, Fabrício (Orgs.). *Direito público moderno*. Belo Horizonte: Del Rey, 2003.

FREITAS, Juarez. Responsabilidade civil do Estado e o princípio da proporcionalidade: vedação de excesso e de inoperância. *In:* FREITAS, Juarez (Org.). *Responsabilidade civil do Estado*. São Paulo: Malheiros, 2006.

FREITAS, Juarez; FREITAS, Thomas Bellini. *Direito e Inteligência Artificial*: em defesa do humano. Belo Horizonte: Fórum, 2020.

GIORGIANNI, Michele. Entrevista com o professor Michele Giorgianni. *Revista Trimestral de Direito Civil*, Rio de Janeiro, ano 4, v. 13, p. 303, jan./mar. 2003.

GRIMM, Dieter. A função protetiva do Estado. Tradução de Eduardo Mendonça. *In:* SOUZA, Cláudio Pereira de; SARMENTO, Daniel (Orgs.). *A Constitucionalização do Direito: fundamentos teóricos e aplicações específicas*. Rio de Janeiro: Lumen Juris, 2007.

GRIMM, Dieter. Jurisdição Constitucional e Democracia. *Revista de Direito do Estado*, v. 4, n. 3, 2006.

GUNKEL, David J. Comunicação e inteligência artificial: novos desafios e oportunidades para a pesquisa em comunicação. *Galáxia*, São Paulo, n. 34, p. 05-19, jan./abr. 2017.

HABERMAS, Jürgen. *The new conservatism*. Cambridge: MIT Press, 1990.

HERRERA FLORES, Joaquín. *Teoria crítica dos direitos humanos*: os direitos humanos como produtos culturais. Tradução de Luciana Caplan. Rio de Janeiro: Lumen Juris, 2009.

HIRONAKA, Giselda Maria Novaes. Responsabilidade civil: o estado da arte. *In:* NERY, Rosa Maria de Andrade; DONNINI, Rogério (Coords.). *Responsabilidade Civil:* estudos em homenagem ao Professor Rui Geraldo Camargo Viana. São Paulo: Ed. RT, 2009.

HORBACH, Carlos Bastide. Responsabilidade do Estado: 25 anos de aplicação da Constituição de 88. *In:* RIBEIRO, Patrícia Henriques (Org.). *25 anos da Constituição brasileira de 1988*: democracia e direitos fundamentais no Estado Democrático de Direito. Belo Horizonte: D'Plácido, 2014.

HUPE, Peter L.; HILL, Michael J. The three action levels of governance: re-framing the policy process beyond the stages model. *In:* PETERS, B. Guy; PIERRE, Jon (Eds.). *Handbook of public policy*. Londres: Sage Publications, 2006.

JOLOWICZ, H. F. *Historical introduction to the study of Roman Law*. Cambridge: Cambridge University Press, 1952.

JONAS, Hans. *Le principe responsabilité*: une éthique pour la civilisation technologique. Tradução do alemão para o francês de Jean Greisch. 2. ed. Paris: Cerf, 1992.

LESSIG, Lawrence. *Cod, and other laws of cyberspace 2.0*. 2. ed. Nova York : Basic Books, 2006.

LÉVY, Pierre. *Cyberdémocratie*: essai de philosophie politique. Paris: Odile Jacob, 2002. *E-book*.

LÉVY, Pierre. *O que é o virtual?* Tradução de Paulo Neves. 2. ed. São Paulo: Editora 34, 2011.

LIMA, Ruy Cirne. *Princípios de direito administrativo*. Revisão de Paulo Alberto Pasqualini. 7. ed. São Paulo: Malheiros, 2007.

LÔBO, Paulo. *Direito Civil:* Obrigações. São Paulo: Saraiva, 2011.

MARGETTS, Helen. Maximizing the relevance of political science for public policy in the era of Big Data. *In:* STOKER, Gerry; PETERS, B. Guy; PIERRE, Jon (Eds.). *The relevance of political science*. Nova York/Londres: Palgrave Macmillan, 2015.

MARRARA, Thiago. Direito administrativo brasileiro: transformações e tendências. *In:* MARRARA, Thiago (Org.). *Direito administrativo*: transformações e tendências. São Paulo: Almedina, 2014.

MAYER-SCHÖNBERGER, Viktor. Beyond privacy, beyond rights – toward a "system" theory of information governance. *California Law Review*, Berkeley, v. 98, p. 1853-1886, 2010.

McCOLGAN, A. *Woman under the Law*: the false promise of Human Rights. Londres: Longman, 2000.

MEAD, George H. *Movements of thougt in the nineteenth century*. Chicago: The University of Chicago Press, 1972.

MEDAUAR, Odete. Jornada sobre Gestores Públicos e Responsabilidade Civil na Administração Pública. *Boletim de Direito Administrativo*, 1/1, NDJ, jan. 2004.

MENDES, Conrado Hübner. *Direitos fundamentais, separação de poderes e deliberação*. São Paulo: Saraiva, 2011.

MONTEIRO FILHO, Carlos Edison do Rêgo. Problemas de responsabilidade civil do Estado. *Revista Trimestral de Direito Civil*, Rio de Janeiro, v. 11, jul./set. 2002.

MORAES, Maria Celina Bodin de. A constitucionalização do direito civil e seus efeitos sobre a responsabilidade civil. *In:* SOUZA, Cláudio Pereira de; SARMENTO, Daniel (Org.). *A Constitucionalização do Direito*: fundamentos teóricos e aplicações específicas. Rio de Janeiro: Lumen Juris, 2007.

MORAES, Maria Celina Bodin de. Risco, solidariedade e responsabilidade objetiva. *Revista dos Tribunais*, São Paulo, v. 854, dez. 2006.

MORAES, Maria Celina Bodin de. Stefano Rodotà: passado, presente e futuro. *Civilistica.com*. Rio de Janeiro, a 4, n. 2. 2015, editorial.

MULHOLLAND, Caitlin Sampaio. *A responsabilidade civil por presunção de causalidade*. Rio de Janeiro: GZ, 2010.

NINO, Carlos Santiago. *La Constitución de la Democracia Deliberativa*. Barcelona: Gedisa, 1997.

NUNES, Dierle; MARQUES, Ana Luiza Pinto Coelho. Inteligência artificial e direito processual: vieses algorítmicos e os riscos de atribuição de função decisória às máquinas. *Revista de Processo*, São Paulo: Ed. RT, v. 285, n. 11, p. 421-447, nov. 2018.

NUNES, Marcelo Guedes. *Jurimetria*: como a estatística pode reinventar o direito. 2. ed. São Paulo: Thomson Reuters Brasil, 2019.

PAGALLO, Ugo; DURANTE, Massimo. The philosophy of law in an information society. *In:* FLORIDI, Luciano (Ed.). *The Routledge handbook of philosophy of information*. Londres: Routledge, 2016.

PECES-BARBA MARTINEZ, Gregório. *Teoria dei diritti fundamentali*. Milano: Giuffrè, 1993.

PEREIRA, Caio Mário da Silva. *Responsabilidade civil*. Atualizado por Gustavo Tepedino. 12. ed. Rio de Janeiro: Forense, 2018.

PEREIRA, Rodolfo Viana. O controle como categoria dogmático-constitucional. *In:* RIBEIRO, Patrícia Henriques (Org.). *25 anos da Constituição brasileira de 1988*: democracia e direitos fundamentais no Estado Democrático de Direito. Belo Horizonte: D'Plácido, 2014.

PERLINGIERI, Pietro. *La personalità umana nell'ordinamento giuridico*. Camerino: Jovene, 1972.

POLIDO, Fabrício Bertini Pasquot. Novas perspectivas para regulação da Inteligência Artificial: diálogos entre as políticas domésticas e os processos legais transnacionais. *In:* FRAZÃO, Ana; MULHOLLAND, Caitlin (Coords.). *Inteligência artificial e direito*: ética, regulação e responsabilidade. São Paulo: Thomson Reuters Brasil, 2019.

PONTES DE MIRANDA, Francisco Cavalcanti. *Tratado da Ação Rescisória*. Rio de Janeiro: Forense, 1976.

RICHARDS, David; SMITH, Martin J. *Governance and public policy in the UK*. Oxford: Oxford University Press, 2002.

RIVERO, Jean; MOUTOUH, Huges. *Liberdades públicas*. Tradução de Maria Ermantina de Almeida Prado Galvão. São Paulo: Martins Fontes, 2006.

ROSENVALD, Nelson. *As funções da responsabilidade civil*: a reparação e a pena civil. São Paulo: Atlas, 2013.

ROUANET, Sérgio Paulo. *As Razões do Iluminismo*. São Paulo: Companhia das Letras, 2000.

SALDANHA, Nelson. *Ethos* Político, Direitos e Cidadania. *In:* TORRES, Ricardo Lobo (Org.). *Legitimação dos direitos humanos*. Rio de Janeiro: Renovar, 2002.

SARMENTO, Daniel. A dimensão objetiva dos direitos fundamentais: fragmentos de uma teoria. *In:* SAMPAIO, José Adércio Leite (Coord.). *Jurisdição constitucional e direitos fundamentais*. Belo Horizonte: Del Rey, 2003.

SARMENTO, Daniel. Ubiquidade constitucional: os dois lados da moeda. *In:* SOUZA, Cláudio Pereira de; SARMENTO, Daniel (Orgs.). *A constitucionalização do direito*: fundamentos teóricos e aplicações específicas. Rio de Janeiro: Lumen Juris, 2007.

SCHREIBER, Anderson. *Novos paradigmas da responsabilidade civil*: da erosão dos filtros da reparação à diluição dos danos. 6. ed. São Paulo: Atlas, 2015.

SEVERO, Sérgio. *Tratado da responsabilidade pública*. São Paulo: Saraiva, 2009.

SILVA, Jorge Pereira da. *Deveres do Estado de protecção de direitos fundamentais*: fundamentação e estrutura das relações jusfundamentais triangulares. 3. ed. Lisboa: Universidade Católica Editora, 2015.

SILVA, Nilton Correia da. Inteligência artificial. *In:* FRAZÃO, Ana; MULHOLLAND, Caitlin (Coords.). *Inteligência artificial e direito*: ética, regulação e responsabilidade. São Paulo: Thomson Reuters Brasil, 2019.

TÁCITO, Caio. Direito administrativo participativo. *Revista de Direito Administrativo*, Rio de Janeiro, v. 209, n. 3, p. 1-6, jul./set. 1997.

TAYLOR, Charles. *El multiculturalismo y "La Política del Reconocimiento"*. Introdução de Amy Gutmann. Comentarios de Susan Wolf, Steven C. Rockefeller, Michael Walzer; ensayos de Jürgen Habermas, K. Anthony Appiah. Tradução de Mónica Utrilla de Neira; Liliana Andrade Llanas y Gerard Vilar Roca. México: Fondo de Cultura Económica, 2009.

TELLES, Edward E. *O significado da raça na sociedade brasileira*. Tradução de Ana Arruda Callado. Princenton e Oxford: Princenton University Press, 2012.

TEPEDINO, Gustavo. A Evolução da Responsabilidade Civil no Direito Brasileiro e suas Controvérsias na Atividade Estatal. *In: Temas de Direito Civil*. Rio de Janeiro: Renovar, 2001.

TORRES, Ricardo Lobo. A legitimação dos direitos humanos e os princípios da ponderação e da razoabilidade. *In:* TORRES, Ricardo Lobo (Org.). *Legitimação dos Direitos Humanos*. Rio de Janeiro: Renovar, 2002.

TUNC, André. *Responsabilité civile*. Paris: Económica, 1989.

VASCONCELOS, Arnaldo. *Teoria da Norma Jurídica*. São Paulo: Malheiros, 1993.

VASCONCELOS, Pedro Carlos Bacelar de. *Teoria geral do controlo jurídico do poder público*. Lisboa: Edições Cosmos, 1996.

VINEY, Geneviève. *Traité de droit civil*: les obligations, responsabilité civile. Paris: LGDJ, 1965.

WIEACKER, Franz. *A história do direito privado moderno*. Tradução de A. M. Botelho Hespanha. 2. ed. Lisboa: Fundação Calouste Gulbenkian, 1980.

26

BIG DATA, ALGORITMOS E INTELIGÊNCIA ARTIFICIAL NA ADMINISTRAÇÃO PÚBLICA: REFLEXÕES PARA A SUA UTILIZAÇÃO EM UM AMBIENTE DEMOCRÁTICO[1]

Bruno Zullo

Mestre em Direito Público pela Universidade do Estado do Rio de Janeiro. Graduado em Direito pela Universidade do Estado do Rio de Janeiro. Assessor de Conselheiro no Tribunal de Contas do Estado do Rio de Janeiro. Ex-assessor de Ministro do Supremo Tribunal Federal. Ex-Gestor da Unidade Técnica de Parcerias Público-Privadas do Estado do Rio de Janeiro na Agência de Fomento do Estado do Rio de Janeiro.

Maurilio Torres

Graduando em Direito pela Universidade do Estado do Rio de Janeiro. Atua como assessor jurídico na reitoria da UERJ. Possui 4 anos de experiência como estagiário atuando nas áreas de compliance, padronização normativa, direito regulatório e administrativo. Participou como orador na primeira Olímpiada de Direito Eleitoral promovida pela ABRADEP e apoiada pela EJE/TSE (2020). Compôs comissão eleitoral no Centro Acadêmico Luiz Carpenter - UERJ (2018). Participou de grupo de pesquisa em direito administrativo (2019) e direito eleitoral (2015).

Valter Shuenquener de Araújo

Doutor em Direito Público pela UERJ. Doutorado-Sanduíche pela Ruprecht-Karls Universität de Heidelberg (Alemanha). Professor Associado de Direito Administrativo da Faculdade de Direito da UERJ (Graduação e Pós-graduação *stricto sensu* (mestrado e doutorado). Juiz Auxiliar da Presidência do CNJ. Juiz Federal. Professor Instrutor de Cursos de Direito Administrativo no STF, TRF2, PRR2, EMERJ. Juiz Auxiliar e Juiz Instrutor no Supremo Tribunal Federal no período de 2011 a 2014. Juiz Auxiliar no Tribunal Superior Eleitoral no ano de 2015. Ex-Conselheiro Nacional do Conselho Nacional do Ministério Público por indicação do Supremo Tribunal Federal no biênio de 2015-2017 e 2018-2020. Presidente da Comissão de Defesa dos Direitos Fundamentais (CDDF) no CNMP. Ex-Procurador do Estado do Rio de Janeiro. Ex-Procurador Federal. Ex-Advogado Concursado da PETROBRAS.

1. O graduando Paulo Tarso da faculdade de Direito da UERJ e integrante do Grupo de Pesquisa Institucional em Direito Administrativo coordenado pelo Prof. Dr. Valter Shuenquener de Araújo realizou pesquisas necessárias para o desenvolvimento deste trabalho.

1. INTRODUÇÃO

Historicamente, os Estados acumulam um grande número de informações acerca dos indivíduos e, em razão das suas múltiplas funções e competências, é natural que assim o seja. Por meio desses dados, o Estado presta serviços públicos, arrecada impostos e pode, ao menos em tese, dimensionar a forma mais eficiente de prestar serviços essenciais à população, bem como implementar políticas públicas da forma mais adequada.

A figura do Estado provedor de serviços públicos, bem ilustrada no modelo de *Welfare State* identificado na primeira metade do século XX, fez com que os Estados, de um modo geral, passassem a gerenciar uma quantidade cada vez maior de dados de seus cidadãos, com a formação de grandes bancos de dados públicos.

Em paralelo, o desenvolvimento tecnológico ensejou a intensificação do fluxo de informação na sociedade. Dados de consumidores, trabalhadores e cidadãos passam a ser considerados insumos na lógica de mercado.

As inovações tecnológicas observadas nas últimas décadas têm impactado profundamente o cotidiano das pessoas. Notadamente, a partir da massificação da rede mundial de computadores, as interações humanas transformaram-se e a dimensão exata desse impacto tem sido cada vez mais estudada.

Na era da informação, tais avanços tecnológicos proporcionam, dentre outras vantagens, uma potencial melhoria na gestão de processos. Conglomerados empresariais globais (como Google, Amazon e Apple) fazem uso de vasto arsenal tecnológico para monitorar e induzir padrões de consumo de pessoas, de modo a traçar estratégias de mercado e a rentabilizar ganhos financeiros.

Nesse cenário, a utilização de algoritmos, notadamente aqueles que empregam o chamado "aprendizado de máquina" (*machine learning*), é corriqueira em muitos dos serviços que usamos atualmente. São utilizados em sistemas de recomendação de conteúdo, como os da Netflix, YouTube e Spotify; em mecanismos de busca como o Google; na escolha dos *feeds* de mídia social como Facebook, Twitter e Instagram; em assistentes de voz como Siri e Alexa.

Nesse contexto, além do setor privado, os Estados têm vislumbrado a utilização desse tipo de inovação como uma forma de gerir melhor a máquina pública. Isto porque, na implementação de políticas públicas, ou mesmo na execução de tarefas inerentes à rotina administrativa, o Estado depara-se, muitas vezes, com entraves que podem atrapalhar ou inviabilizar determinada função estatal.

Além da má gestão e da existência de obstáculos burocráticos, a Administração Pública também se depara, em seu cotidiano, com grandes desafios associados à corrupção. Nesse cenário, a utilização de inovações tecnológicas é medida alinhada com a necessidade de otimização da gestão pública. No dizer de Valter Shuenquener de Araújo:

> Em tempos de crise fiscal com ao que estamos experimentando de forma cruel no nosso Estado do Rio de Janeiro, a inovação é o caminho mais seguro e inteligente para a superação das dificuldades. Por meio dela, os finitos recursos financeiros, públicos ou privados, não são desperdiçados e o Estado consegue atingir melhores resultados no desempenho de suas funções. (...)

A tecnologia pode aproximar a sociedade civil do Estado e evitar o desperdício de recursos públicos mediante o foco na obtenção de melhores resultados.[2]

Não é exagero afirmar que o emprego de novas tecnologias pelo Estado pode implicar, em maior ou menor grau, a reconfiguração de algumas funções estatais. Potencialmente, a utilização massiva de tecnologia pode, até mesmo, redimensionar o tamanho do aparato do Estado tal como o concebemos até os dias de hoje.

Nesse diapasão, a adoção de novos mecanismos, notadamente o uso de inteligência artificial no contexto da chamada *Big Data* (que têm o potencial de aumentar exponencialmente o nível de eficiência na prestação de serviços públicos) pode acarretar, por exemplo, a revisão do quantitativo de agentes públicos que o Estado precisa ter para se desincumbir de determinadas tarefas.

Em maior ou menor grau, essa reconfiguração do modo de agir estatal já é observada em diversos países ao redor do mundo, e está sendo ilustrada pelo conceito de *"E-government"*.[3]-[4] Essa agenda, aliás, já faz parte de expressiva parcela da rotina administrativa/estatal em muitos países.

A Estônia é, por exemplo, tida como um caso emblemático de investimento massivo na utilização de tecnologia pelo Governo e que já produz efeitos concretos.[5] A utilização intensiva de tecnologia entrou formalmente na agenda pública daquele país, notadamente a partir dos anos de 1990. Após a dissolução da União Soviética (URSS), originou-se um amplo debate no país sobre a melhor maneira de se viabilizar enquanto nação soberana autônoma e a "digitalização" do Estado tornou-se prioridade na agenda política.

No Brasil, ainda que de modo incipiente, existem iniciativas[6] que promovem e estimulam o emprego de soluções tecnológicas tanto para a implementação de políticas públicas, como para a superação de entraves observados na estrutura da Administração.

Neste ponto, o que se almeja neste artigo é a análise dos potenciais impactos da utilização de novas tecnologias na esfera de atuação da Administração Pública e dos eventuais reflexos na dogmática jurídica decorrentes desse fenômeno.

Essa transformação na natureza e estrutura da forma como o Estado organiza-se ensejará a inevitável revisitação de alguns paradigmas clássicos do Direito Administrativo.

---

2. ARAÚJO, Valter Shuenquener de. Efeitos da Inovação no Direito Administrativo Brasileiro: queremos saber o que vão fazer com as novas invenções. *In*: QUIRINO, Carina de Castro; MENDONÇA, José Vicente Santos de; BAPTISTA, Patrícia Ferreira (Orgs.). *Inovações no Direito Público*. Curitiba: CRV, 2018, p. 151 e 157.
3. EUROPE COMISSION, 2019. *eGovemment: The EU's eGovernment strategy, electronic payments and invoicing, the digital single market*. Disponível em: https://ec.europa.eu/info/business-economy-euro/egovernment_en. Acesso em: 15 out. 2020.
4. VAN HAASTERT, Hugo. *Government as a Platform: Public Values in the Age of Big Data*. Disponível em: https://vanhaastertblog.files.wordpress.com/2016/08/thesis-hugo-van-haastert.pdf. Acesso em: 15 out. 2020.
5. BIGARELLI, Bárbara. Como a Estônia construiu uma sociedade digital. *Época Negócios (online)*, 6 ago. 2018. Disponível em: https://epocanegocios.globo.com/Tecnologia/noticia/2018/08/como-estonia-construiu-uma-sociedade-digital.html. Acesso em: 15 out. 2020.
6. BRAZIL LAB. *BrazilLab Inovação GovTech, 2019. Disponível em: https://brazillab.org.br/olab*. Acesso em: 15 out. 2020.

Antes de analisar casos concretos e de problematizar alguns pontos, cabe traçar um breve panorama sobre o processo de evolução tecnológica que foi capaz de criar rupturas e debates sobre os temas que serão abordados neste texto.

Mais adiante, examinaremos, ainda, como o emprego de inteligência artificial pelo Poder Público com base em Big Data pode impactar no alcance e controle da discricionariedade administrativa.

2. AVANÇO TECNOLÓGICO: ALGUMAS DEFINIÇÕES

Para se ter uma dimensão do momento pelo qual passa a humanidade em termos da produção de informação e do tratamento de dados, cabe analisar antigos prognósticos feitos sobre a capacidade de os processadores de dados realizarem suas tarefas.

Prognósticos iniciais, formulados na década de 1960, momento em que a ciência da computação dava seus primeiros passos, davam conta de que o número de transistores em um processador dobraria, em média, a cada dois anos e mantendo o mesmo (ou menor) custo e o mesmo espaço durante os dez anos seguintes.[7]

Apesar da impressionante formulação, a velocidade no desenvolvimento de processadores de dados mostrou, posteriormente, que tal prognóstico subestimou alguns fatores.[8] Os primeiros processadores tiveram sua capacidade superada de modo exponencial a cada ano. Atualmente, os microprocessadores modernos consistem em circuitos integrados e realizam as funções de cálculo e de tomada de decisão de um computador. São responsáveis por definir a "inteligência" da máquina, como se fossem o cérebro do computador. A evolução dos processadores permite às máquinas se tornarem cada vez mais eficientes na assimilação de dados e nas tomadas de decisão.

Ao mesmo tempo em que ocorria esse fenômeno, e provavelmente em razão dele (numa dinâmica que se retroalimenta) a produção de dados/informação passou a ser multiplicada.

Estima-se que, do início da civilização até 2003, a humanidade criou 5 exabytes (um quintilhão de bytes) de informação. Atualmente, criamos esse mesmo volume a cada dois dias. Estudos apontam que, de 2012 até 2020, o volume de dados armazenados na internet terá dobrado a cada dois anos.[9]

Essa brutal explosão de dados deve-se a alguns outros fenômenos, tais como à expansão das redes sociais, à disseminação do comércio virtual e, sobretudo, à chamada Internet das Coisas (*IoT* – "*Internet of Things*").[10]

---

7. ALENCAR, Felipe. O que é a Lei de Moore? Entenda a teoria que 'prevê' futuro da Informática. TechTudo. *TechTudo*, 14 jun. 2015. Disponível em: http://www.techtudo.com.br/noticias/noticia/2015/06/o-que-e-lei-de-moore-entenda-teoria-que-preve-futuro-da-informatica.html. Acesso em: 15 out. 2020.
8. MOORE'S LAW. *How overall processing power for computers will double every two years. Moore's Law*. Disponível em: http://www.mooreslaw.org/. Acesso em: 15 out. 2020.
9. VILELA, Alexandre; *O fenômeno Big Data e seu impacto nos negócios*. Disponível em: https://imasters.com.br/devsecops/o-fenomeno-big-data-e-seu-impacto-nos-negocios. Acesso em: 15 out. 2020.
10. MORGAN, Jacob. A Simple Explanation Of 'The Internet Of Things'. *Forbes*, 13 maio 2014. Disponível em: https://www.forbes.com/sites/jacobmorgan/2014/05/13/simple-explanation-internet-things-that-anyone-can-understand/. Acesso em: 15 out. 2020.

Nesse contexto, o termo "*big data*" é usualmente utilizado para designar a coleta e o armazenamento de uma imensa quantidade de informações para análises. Embora não tenha sentido científico propriamente dito, e haja alguma divergência sobre si, esse conceito ganhou notoriedade no começo dos anos 2000, quando Doug Laney formulou a definição que concebe "*big data*" em três premissas, iniciadas com "v": Volume, Velocidade e Variedade.[11]

A partir desse arranjo, as potencialidades que emergem do tratamento de uma imensa base de dados ganharam novos contornos. Intensificou-se, por exemplo, a utilização de inteligência artificial por meio de algoritmos.

O algoritmo é, basicamente, um roteiro de comandos pré-ordenados, expresso em uma linguagem matemática.[12] Dessa forma, por meio dos algoritmos, o computador se desincumbe rapidamente de uma determinada tarefa. O computador é munido de uma base de dados e, com base nos comandos pré-determinados, exprime um resultado, alcançado por meio do processamento dessas informações.

Ocorre que a ciência da computação ganhou novos patamares com o desenvolvimento de técnicas de *machine learning*. Nas últimas décadas, a base de dados que alimenta esses computadores guiados por algoritmos multiplicou-se exponencialmente. E, nesse contexto, as máquinas passaram a operar de forma a fazer prognósticos e a "aprender" sozinha.

Assim, o imenso volume de dados (estruturados e não estruturados) produzidos nas últimas décadas mostrou-se matéria-prima perfeita para a tecnologia de *machine learning*.

É exatamente neste ponto que a evolução tecnológica, independente da enormidade de nomes e conceitos, ganha maior relevância para fins do que se pretende abordar no presente artigo.

No âmbito das técnicas de inteligência artificial que se desenvolvem mediante a gestão da imensa base de dados produzida atualmente pela sociedade, estão os "algoritmos avançados de aprendizado de máquina". Eles são integrados por variadas tecnologias (tais como de "*deep learning*", "*neural networks*" e de "*natural-language processing*") usadas em aprendizado supervisionado e não supervisionado e operam guiados por lições de informações existentes.[13]

Logo, como se viu, o que define a tecnologia de *machine learning* é a utilização de algoritmos "que aprendem sozinhos" para formular um tipo de construção de raciocínio não-humano. Assim, a análise de grande quantidade de dados, associada a um processo decisório não humano, pode, ao menos em tese, gerar resultados melhores e mais eficientes do que o processo decisório tomado por um indivíduo. Surge a discricionariedade não humana.

11. LANEY, Doug. 3D Data Management: Controlling Data Volume, Velocity and Variety. *Gartner*, jan. 2012. Disponível em: https://blogs.gartner.com/doug-laney/files/2012/01/ad949-3D-Data-Management-Controlling-Data-Volume-Velocity-and-Variety.pdf. Acesso em: 15 out. 2020.
12. ALGORITHM. *Dicionário online de Cambridge*. Disponível em https://dictionary.cambridge.org/dictionary/english/algorithm/. Acesso em: 15 out. 2020.
13. MACHINE LEARNING. *Glossário online do Gartner*. Disponível em https://www.gartner.com/it-glossary/machine-learning/. Acesso em: 15 out. 2020.

O *machine learning* possibilita o reconhecimento de padrões e de desvios de comportamento humano. E, assim, é capaz de realizar diagnósticos, prognósticos e de tomar (ou embasar) decisões sobre questões complexas. São informações que, se bem trabalhadas, podem significar um diferencial competitivo para empresas do setor privado, bem como uma otimização no campo da gestão pública.

Essa dinâmica já está entranhada no dia-a-dia do cidadão comum, desde as situações mais simples até os fatos que acarretam grande impacto em suas vidas. Esse processo é objeto de estudo nas mais diversas áreas e já recebeu a alcunha de "Sociedade Algorítmica".[14]

Algoritmos de *machine learning* utilizam estatísticas para encontrar padrões em grandes quantidades de dados. E o conceito de "dado", aqui, engloba muita coisa: números, palavras, imagens, cliques etc. Tudo o que pode ser armazenado digitalmente, pode ser alimentado em um algoritmo de *machine learning*.[15]

Hoje, existem, basicamente, três tipos de *machine learning*: supervisionado, não supervisionado e reforçado.

No "*machine learning* supervisionado", os dados são "rotulados" para instruir a máquina em relação a quais padrões ela deve procurar. O sistema é alimentado previamente por dados lapidados e escolhidos por seres humanos.

Já em sua forma "não supervisionada" ("*unsupervised learning*"), os dados não possuem rótulos; a máquina procura por conta própria, dentre os *inputs* fornecidos, os padrões que puder encontrar.

Por fim, temos o "*reinforcement learning*", a mais recente fronteira do *machine learning*. Esse tipo de algoritmo aprende por tentativa e erro para alcançar um objetivo determinado. Ele experimenta muitas soluções diferentes e é recompensado ou penalizado, dependendo se seu comportamento ajuda ou impede que ele atinja seu objetivo.

Dessa forma o que a técnica de *machine learning* proporciona objetivamente é a tomada de decisão automatizada a partir de um grande volume de dados.

No ramo privado, o *data analytics* tem sido largamente utilizado por empresas para definir o perfil de consumidores, por instituições financeiras para pautar decisão sobre o crédito (*credit score*), oferecendo produtos e serviços personalizados para diferentes tipos de clientes a partir de seus padrões de consumo ("*behavioral targeting*").

O Watson da IBM pode ser visto como o epítome disso.[16] O referido supercomputador tem sido utilizado para as mais diversas e complexas finalidades, desde pesquisas contra doenças graves, como o câncer, até a previsão de padrões climáticos globais.

---

14. BALKIN, Jack M., Free Speech in the Algorithmic Society: Big Data, Private Governance, and New School Speech Regulation (September 9, 2017). *UC Davis Law Review*, (2018 Forthcoming); *Yale Law School, Public Law Research Paper No. 615*. Disponível em: https://ssrn.com/abstract=3038939 ou http://dx.doi.org/10.2139/ssrn.3038939. Acesso em: 15 out. 2020.
15. HAO, Karen. What is machine learning? *Technology Review*, 17 nov. 2018. Disponível em: https://www.technologyreview.com/s/612437/what-is-machine-learning-we-drew-you-another-flowchart/. Acesso em: 15 out. 2020.
16. GREGO, Maurício. Watson, o fascinante computador da IBM que venceu os humanos. *Exame*, 17 ago. 2012. https://exame.abril.com.br/tecnologia/watson-o-fascinante-computador-da-ibm-que-venceu-os-humanos/. Acesso em: 15 out. 2020.

3. POTENCIALIDADES

No setor público, o *data analytics* também encontra terreno amplamente fértil. Desde iniciativas tradicionais, como a de cruzamento de dados para auxiliar a fiscalização realizada pela Receita,[17] até a utilização de "robôs"[18] pelo Tribunal de Contas da União para realizar o cruzamento de dados de órgãos fiscalizados em todo o Brasil.

A inteligência artificial pode se mostrar uma fundamental ferramenta na formulação de políticas públicas. A partir de uma grande base de dados, os algoritmos podem, por exemplo, identificar padrões de comportamento do contribuinte, reconhecer grupos populacionais que necessitam de cuidados específicos de saúde por apresentarem maior risco médico e contribuir para uma gestão pública mais eficiente em diversas outras situações. Isso permite que os governos atuem de forma preditiva, ao invés de agir apenas em reação a determinada necessidade da população.

3.1 Experiências no Brasil

No Brasil, a digitalização tem avançando, ainda que não no ritmo desejado. De acordo com o mais recente relatório divulgado pelas Organização das Nações Unidas sobre "governo eletrônico", o país ocupa apenas a quadragésima quarta colocação no *ranking* de digitalização.[19]

No seu processo de digitalização, o governo federal está implantando uma nova plataforma denominada *GovData*. Segundo as informações disponibilizadas pelo Ministério da Economia,[20] o principal objetivo dessa plataforma é o de criar um ambiente unificado em que estarão concentradas as principais bases de dados do governo,[21] que atualmente encontram-se dispersas nos diferentes órgãos da Administração Pública federal. O GovData utilizará, assim, os conceitos de Big Data e de *Data Analytics* para integrar e concentrar as suas principais bases de dados.

17. MATAVELLI, Renato. Inteligência artificial a serviço do fisco: conheça as novas tecnologias da receita. *Jornal Contábil*, 3 jan. 2017. Disponível em: https://www.jornalcontabil.com.br/inteligencia-artificial-servico-do-fisco-conheca-as-novas-tecnologias-da-receita/. Acesso em: 15 out. 2020.
18. GOMES, Helton Simões. Como as robôs Alice, Sofia e Monica ajudam o TCU a caçar irregularidades em licitações". *G1*, 19 mar. 2018. Disponível em: https://g1.globo.com/economia/tecnologia/noticia/como-as-robos-alice-sofia-e-monica-ajudam-o-tcu-a-cacar-irregularidades-em-licitacoes.ghtml. Acesso em: 15 out. 2020.
19. UN E-Government Knowledgebase (UNeGovKB). Disponível em: https://publicadministration.un.org/egovkb/en-us/Data/Country-Information/id/24-Brazil. Acesso em: 15 out. 2020.
20. GOVDATA. Disponível em: http://www.planejamento.gov.br/govdata-privado/bases_dados_disponiveis. Acesso em: 15 out. 2020.
21. Em um primeiro momento, o GovData terá as seguintes bases de dados: Sistema Integrado de Administração de Recursos Humanos (Siape); Sistema de Gestão de Pessoas do Governo Federal (Sigepe); Sistema de Informações Organizacionais do Governo Federal (Siorg); Sistema de Compras do Governo Federal (Comprasnet); Sistema de Concessão de Diárias e Passagens (SCDP); Cadastro de Pessoa Física (CPF); Cadastro Nacional de Pessoa Jurídica (CNPJ); Cadastro Único Social (CadUnico); Benefício de Prestação Continuada (BPC); Cadastro Nacional de Informações Sociais (CNIS); Relação Anual de Informações Sociais (RAIS); Cadastro Geral de Empregados e Desempregados (Caged); Sistema Informatizado de Controle de Óbitos (Sisobi); Sistema Integrado de Administração Financeira do Governo Federal (Siafi); Registro Nacional de Veículos Automotores (Renavam); e Registro Nacional de Carteira de Habilitação (Renach). Disponível em: http://www.planejamento.gov.br/govdata-privado/bases_dados_disponiveis. Acesso em: 15 out. 2020.

O intuito do governo federal é o de que a plataforma possa auxiliar os gestores públicos. Como as tecnologias de *Big Data* e *Data Analytics* permitem o cruzamento de um grande volume de dados, os agentes públicos que atuam como analistas de dados conseguirão identificar erros, anomalias e oportunidades de melhorias nos programas políticos e sociais. Ademais, a partir de tais dados também será possível municiar os gestores públicos com informações estratégicas, a fim de se avaliar permanentemente suas atividades e monitorar o atingimento das metas planejadas. Assim, diante da amplitude da base dados que os sistemas do governo federal possuem, não restam dúvidas quanto aos benefícios advindos dessa integração.

Outro exemplo de emprego de tecnologia de processamento e análise de dados em grande escala é encontrado no Tribunal de Contas da União com o seu Laboratório de Informações de Controle (Labcontas).[22] Este laboratório do TCU conta com os robôs "Alice" ("Análise de Licitações e Editais"), "Sofia" ("Sistema de Orientação sobre Fatos e Indícios para o Auditor") e "Mônica", que é um painel que mostra todas as compras públicas.

Alice é um robô que permite que os auditores e usuários do Labcontas sejam informados sobre indícios de irregularidades em editais de licitações e atas de pregão no dia de sua publicação.[23] A partir do texto dos editais publicados no site "ComprasNet", o robô "Alice" identifica o valor estimado da licitação e analisa o texto a partir de regras que identificam indícios de restrição de competitividade na habilitação. O sistema também faz cruzamentos de dados entre fornecedores, utilizando dados das atas de realização do pregão.

Além do Poder Executivo e dos órgãos de controle, o Judiciário também tem incorporado à sua rotina soluções tecnológicas que envolvem o emprego de inteligência artificial. O mais emblemático exemplo está no Supremo Tribunal Federal, que anunciou recentemente o Projeto "Victor".[24]

Essa ferramenta, desenvolvida em parceria com a Universidade de Brasília (UnB), é provavelmente o maior projeto acadêmico brasileiro de aplicação de IA no âmbito Judicial. No Tribunal, seu apoio tecnológico atenuará o montante de tarefas manuais, inicialmente rastreando com precisão e rapidez casos de repercussão geral. No dizer do presidente do STF, ministro Dias Toffoli: "*O trabalho que demandaria entre 40 minutos e uma hora do servidor, o software faz em cinco segundos*".[25]

Também é possível constatar a utilização de mecanismos de inteligência artificial em iniciativas como a do Formulário Nacional de Risco e Proteção à Vida (FRIDA)[26]

---

22. GOMES, Helton Simões. Como as robôs Alice, Sofia e Monica ajudam o TCU a caçar irregularidades em licitações". *G1*, 19 mar. 2018. Disponível em: https://g1.globo.com/economia/tecnologia/noticia/como-as-robos-alice-sofia-e-monica-ajudam-o-tcu-a-cacar-irregularidades-em-licitacoes.ghtml. Acesso em: 15 out. 2020.
23. PAIXÃO, Ricardo Fernandes; COSTA, Henrique Araújo. Alice e a plataforma digital de controle externo. *Jota*, 22 nov. 2017. Disponível em: https://www.jota.info/opiniao-e-analise/artigos/alice-e-a-plataforma-digital-de-controle-externo-22112017. Acesso em: 15 out. 2020.
24. O nome "Victor" faz referência a Victor Nunes Leal, ministro do STF entre 1960 e 1969, principal responsável pela sistematização da jurisprudência do STF em súmulas, método que facilitou, sobremaneira, a aplicação dos precedentes judiciais aos recursos interpostos perante o Tribunal.
25. BRASIL. Supremo Tribunal Federal. *Inteligência artificial: Trabalho judicial de 40 minutos pode ser feito em 5 segundos*. Disponível em: http://portal.stf.jus.br/noticias/verNoticiaDetalhe.asp?idConteudo=393522. Acesso em 25.06.2019.
26. BRASIL. Conselho Nacional do Ministério Público. *CNMP disponibiliza à sociedade o Formulário Nacional de Risco e Proteção à Vida (FRIDA)*. Disponível em: http://www.cnmp.mp.br/portal/todas-as-noticias/12036-cnmp-disponibiliza-a-sociedade-o-formulario-nacional-de-risco-e-protecao-a-vida-frida. Acesso em 25.06.2019.

criado pelo Conselho Nacional do Ministério Público (CNMP), que é fruto de um estudo desenvolvido por peritos brasileiros e europeus, no âmbito do programa Diálogos Setoriais: União Europeia-Brasil. O instrumento foi criado para prevenir e enfrentar crimes praticados no contexto de violência doméstica e familiar contra a mulher.

O FRIDA contribuirá para a fundamentação e avaliação de medidas protetivas de urgência previstas na Lei Maria da Penha. Por meio da utilização do Formulário se buscará prevenir o agravamento da violência para vítimas sobreviventes de tentativas de feminicídio e/ou vítimas indiretas, facilitando o encaminhamento das mulheres às redes de serviços especializadas nesse tipo de atendimento.

Como viabiliza a coleta sistematizada e padronizada de informações, o FRIDA mostra-se um ambiente amplamente adequado à utilização de inteligência artificial. Essa potencialidade, a de se empregar inteligência artificial para auxiliar na prevenção de casos de violência doméstica, já é objeto de estudos pelo mundo[27] e pode ser perfeitamente implementada no Brasil no contexto desta iniciativa do Conselho Nacional do Ministério Público (CNMP).

3.2 Experiências pelo mundo

Governos ao redor do globo já recorrem amplamente à utilização de *Big Data Analysis* e às suas potencialidades.[28] Tal prática é, inclusive, estimulada por organismos internacionais como o Banco Interamericano de Desenvolvimento e outras instituições.[29] E, nesse ponto, se há natural receio quanto ao emprego desse tipo de tecnologia por empresas privadas, as questões que surgem decorrentes de sua utilização pelo setor público são ainda maiores.

Quando se está diante da possibilidade de existência de manifestações de vontade do Poder Público baseadas em processos de tomada de decisão não-humanos, a ideia de se utilizar algoritmos como substitutos para decisões humanas parece gerar alguma perplexidade quanto à "governança democrática" e ao *accountabillty* desse "processo decisório".

Feita essa contextualização acerca do macro cenário tecnológico à disposição do Poder Público, cabe, a partir deste ponto, problematizar e analisar algumas situações que desafiam o instrumental teórico construído até o momento e chamam a atenção por suscitarem situações de potencial violação a direitos fundamentais dos cidadãos e a valores democráticos relacionadas ao uso de tecnologias de gestão otimizada de dados.

4. QUESTÕES QUE SURGEM A PARTIR DESSE FENÔMENO

Entre o otimismo exagerado e o alarmismo, há consenso, no sentido de que a utilização de processos decisórios algorítmicos amparados por *big data* já é uma realidade

27. BERK, Richard A; SORENSON, Susan B.; BARNES, Geoffrey. Forecasting Domestic Violence: A Machine Learning Approach to Help Inform Arraignment Decisions. *Journal of Empirical Legal Studies*, v. 13, n. 1, 2016, p. 94-115.
28. VAN DER SLOOT, Bart, BROEDERS, Dennis, Schrijvers, Erik; *Exploring the Boundaries of Big Data*. Disponível em: https://www.aup.nl/en/book/9789462983588/exploring-the-boundaries-of-big-data. Acesso em: 15 out. 2020.
29. BRACKEN, Mike, GREENWAY, Andrew. *How to achieve and sustain government digital transformation*. Disponível em: https://publications.iadb.org/handle/11319/9002. Acesso em: 15 out. 2020.

capaz de originar debates sobre as suas implicações, seja no âmbito da proteção de direitos fundamentais (matéria afeta ao Direito Constitucional), seja na relação cotidiana do Estado com os cidadãos (tema estudado pelo Direito Administrativo).

4.1 Sobre a possibilidade jurídica dessa "delegação"

Uma primeira questão que surge é relacionada à possibilidade da "delegação" de uma atividade decisória estatal para um processo de decisão automatizado. Todo o arcabouço teórico que sustentou, até hoje, a emanação de vontade do Estado, enquanto um ente "não personalizável" na figura do agente público, foi construído sob a premissa de que a tomada de decisão decorreria de uma atividade humana.

Forjada individualmente ou de forma colegiada, por meio de deliberação, a formação da vontade de um ente da federação, de uma entidade fruto de uma descentralização ou de um órgão administrativo sempre esteve ligada a uma preocupação com a observância de premissas de legitimidade democrática. O tema da legitimidade democrática dos atos de vontade do Poder Público sempre foi analisado no âmbito do Direito Público. Assim, é preciso investigar em que medida a introdução de processos decisórios não humanos, eventualmente em funções estratégicas na esfera pública, implicará a intensificação desse debate.

Neste contexto, será necessário identificar quais os centros decisórios passíveis de serem delegados. Quais seriam as atividades estatais suscetíveis de serem transferidas para um processo decisório não humano? Somente atividade burocráticas poderiam ser objeto de delegação ou, também, as atividades típicas de Estado desempenhadas f por carreiras de Estado?

Para exemplificar, já há discussões sobre a utilização de algoritmos no processo de decisão judicial (*judicial decision-making*),[30] uma seara que parece até mesmo mais sensível do que no processo decisório administrativo (*administrative decision-making*), especialmente diante da independência funcional dos magistrados.

4.2 Direito a um procedimento administrativo

Outro ponto a merecer destaque é o alusivo à necessidade de conciliação da utilização do algoritmo baseado em *machine learning* com a noção de procedimento administrativo.

Se anteriormente o direito a um procedimento administrativo era compreendido sob uma perspectiva eminentemente formal, a doutrina contemporânea acerca da compreensão do tema, ressignificada a partir do advento do pós-positivismo jurídico e a decorrente constitucionalização do Direito Administrativo, não comporta mais tal entendimento. Atualmente, o processo administrativo é entrevisto como um dos pilares da atividade administrativa. Nas palavras de José Sérvulo Manoel Correa: "*são múltiplos os papeis do procedimento administrativo que lhe conferem uma posição nuclear na estática*

30. FISHEL, Sarah; FLACK, Dan, e DEMATTEO, David. *Computer risk algorithms and judicial decision-making*. Disponível em: http://www.apa.org/monitor/2018/01/jn.aspx. Acesso em: 15 out. 2020.

e na dinâmica do direito administrativo contemporâneo".[31] A partir dessa premissa, o autor elenca tais papeis:

"- o procedimento assegura, de modo preordenado, racional e sequenciado, a recolha e o processamento de informação pela Administração, a fim de preparar, tomar e (se necessário) executar as decisões administrativas sob forma de regulamento, ato administrativo ou contrato administrativo;

– o procedimento serve de interface preestabelecida para a colaboração e a comparticipação de várias entidades públicas, órgãos ou serviços na preparação de decisões complexas;

– o procedimento constitui um instrumento de participação democrática, de accountability e de legitimação das decisões, graças ao modo como assegura a argumentação a favor das suas pretensões pelos interessados e o acesso destes à informação relevante;

– o procedimento constitui a matriz ideal para a realização das operações de ponderação no exercício da discricionariedade administrativa, assegurando os meios e as ocasiões ritualizadas para a detecção dos fatores relevantes presentes na situação concreta e para a sua análise de acordo com princípios fundamentais, como os da igualdade de tratamento, proporcionalidade, proteção da confiança e imparcialidade."

O autor português, ao apresentar sua compreensão acertada sobre o que a doutrina brasileira pensa acerca do tema, conclui:

"Pensando no caso do Brasil, eu atrever-me-ia a expressar a opinião de que aquilo que menos interessa será, apesar de tudo, uma opção terminológica, desde que a preferência pela expressão "processo administrativo", ou a utilização das expressões "processo administrativo" e "procedimento administrativo" como sinónimas, não obste à consciência da tripla razão de ser garantística, eficientista e efetivadora da responsabilidade democrática (*accountability*) deste instituto jurídico e ao reconhecimento da sua posição central no sistema do direito administrativo, ou seja, à necessidade de não confinar o seu emprego às situações de litígio ou nas quais possa ser deduzida uma acusação."

Dessa forma, fica patente que a utilização pela Administração Pública brasileira de sistemas de algoritmos que utilizam técnicas de *machine learning* introduzirá um elemento de potencial controvérsia no debate acerca da legitimidade democrática de tal procedimento, à luz do que garante a Constituição Brasileira.

4.3 A falta de transparência

Uma característica problemática do processo decisório por meio de algoritmos baseados em *machine learning* é a da sua falta de transparência. A chamada "opacidade" do algoritmo é um ponto que já tem sido objeto de análise e debates.[32]

Essa opacidade está relacionada a especificidades técnicas que ensejam um nível de falta de transparência quanto à forma como os algoritmos "pensam". Alguns observadores já temem que essa nova era de inteligência artificial possa tornar a sociedade como um todo excessivamente "opaca".[33]

31. CORREIA, José Manuel Sérvulo. Os grandes traços do direito administrativo no século XXI. *A&C - Revista de Direito Administrativo & Constitucional*, Belo Horizonte, ano 16, n. 63, p. 45-66, jan./mar. 2016, p. 57.
32. BURRELL, Jenna. *How the Machine 'Thinks:' understanding opacity in machine learning algorithms Big Data & Society*. Disponível em: https://www.ischool.berkeley.edu/research/publications/2016/how-machine-thinks-understanding-opacity-machine-learning-algorithms. Acesso em: 15 out. 2020.
33. PASQUALE, Frank. *The Black Box Society*: The Secret Algorithms That Control Money and Information. Cambridge: Harvard University Press, 2015.

Assim, essa falta de transparência do processo decisório dos algoritmos choca-se claramente com os princípios que norteiam a Administração Pública. Numa primeira análise, o princípio da publicidade, previsto expressamente no art. 37 da Constituição da República, parece ser o mais impactado pela natureza não transparente do processo decisório dos algoritmos. Uma vez utilizados pela Administração Pública, como conciliar a falta de transparência inerente à dinâmica dos algoritmos com o princípio da publicidade constitucionalmente previsto? Apresentando a questão de outra forma: como conciliar a opacidade algorítmica com a Lei de Acesso à Informação?

E, mais do que a simples violação ao princípio da publicidade, a falta de transparência algorítmica também pode comprometer a legitimidade democrática da decisão estatal. Isto porque a ideia de publicidade, nesse contexto, está intimamente ligada ao aspecto do controle democrático das decisões tomadas com bases em algoritmos.

Muito longe de caracterizar apenas um aspecto meramente formal, a transparência quanto às "razões de decidir" exsurge atualmente como um verdadeiro pressuposto substancial de validade de qualquer ato emanado pela Administração Pública. O conhecimento dos motivos que levaram a Administração a decidir é um imperativo em um Estado Democrático de Direito, na medida em que permite ao cidadão saber o porquê do ato e por viabilizar o exercício do controle popular. Assim, e especialmente em virtude do que preveem os arts. 2º, *caput* e parágrafo único, e 50, I, da Lei 9.784/99, a regra é a de que a ausência de divulgação do motivo (motivação) torne o ato inválido.[34]

4.4 *Machine learning* e os vieses discriminatórios

Assim como a falta de transparência, já foi identificado que o processo decisório dos algoritmos pode reproduzir algum viés discriminatório, efeito relacionado a aspectos técnico-científicos inerentes ao atual estado da arte desse tipo de tecnologia.

Os dados processados pelos computadores são extraídos da realidade encontrada na sociedade. Logo, como a base de dados tratada pelo algoritmo é extraída de um ambiente que convive com preconceito e comportamento discriminatório, logicamente o resultado do tratamento dessa base de dados poderá refletir (ou potencializar) os mesmos comportamentos. Dessa forma, é possível que não exista uma isenção no tratamento de dados por algoritmos.

Para exemplificar o viés discriminatório que o algoritmo pode assumir, é bem ilustrativo o caso da *ChatBot* Tay[35] da Microsoft. Tay foi criada para conversar com as

34. Lei 9.784/99

Art. 2º A Administração Pública obedecerá, dentre outros, aos princípios da (...) motivação (...).

Parágrafo único. Nos processos administrativos serão observados, entre outros, os critérios de:

(...)

VII – indicação dos pressupostos de fato e de direito que determinarem a decisão;

Art. 50. Os atos administrativos deverão ser motivados, com indicação dos fatos e dos fundamentos jurídicos, quando:

I – neguem, limitem ou afetem direitos ou interesses;

35. TECMUNDO. *Tay: Twitter conseguiu corromper a IA da Microsoft em menos de 24 horas*. Disponível em: https://www.tecmundo.com.br/inteligencia-artificial/102782-tay-twitter-conseguiu-corromper-ia-microsoft-24-horas.htm. Acesso em: 15 out. 2020.

pessoas de forma leve, descontraída e natural no Twitter, mas, em menos de 24 horas, a interação com os usuários da rede social a corrompeu. Em menos de um dia, Tay passou a reproduzir comportamentos racistas, nazistas e transfóbicos. Em pouco tempo, adquiriu uma personalidade extremamente agressiva e preconceituosa.

Em razão dos problemas, a Microsoft veio a público[36] por meio de seu blog oficial, apresentar um comunicado no sentido de que, apesar de a equipe de desenvolvimento do *chatbot* ter se preparado de antemão para diversos tipos de abusos, uma vulnerabilidade específica permitiu que um ataque coordenado deturpasse completamente o propósito inicial do programa em menos de vinte e quatro horas. Essa abordagem da Microsoft reflete a preocupação das empresas de tecnologia em mitigar o risco de ocorrência de resultados como esse na utilização de algoritmos.

Se a reprodução de comportamentos discriminatórios em âmbito privado é um problema real a ser enfrentado, a questão revela-se exponencialmente mais tormentosa, quando se cogita que esse tipo de prática discriminatória pode ser institucionalmente repetida pelo Poder Público.

Se não houver um controle social e democrático acerca das características dos dados utilizados, os preconceitos e vieses discriminatórios serão reproduzidos pela máquina. A nosso sentir, uma solução para a questão pode passar pelo controle contínuo, por meio de uma agência ou comitê permanente a ser criado no âmbito da Administração Pública para monitorar essa matéria.

Imaginar que atos formalmente emanados de uma autoridade pública podem servir para disseminar comportamentos discriminatórios é algo que contraria toda a noção de proteção a direitos fundamentais, um pilar de sustentação do constitucionalismo contemporâneo.

O problema é facilmente compreendido, quando as decisões discriminatórias formuladas pelas máquinas estiverem inseridas na política de segurança pública ou na Justiça Criminal. Ações policiais concretas e decisões judiciais em âmbito criminal baseadas em processos cognitivos algorítmicos com vieses discriminatórios ofendem a dignidade da pessoa humana, o direito de igualdade e a liberdade do cidadão.

Os problemas resultantes do viés discriminatório de decisões estatais oriundas de um processamento não humano podem parecer muito desconectados da realidade atual, mas já são debatidos pelo mundo.[37] Algumas dificuldades já enfrentadas envolvem, por exemplo, a utilização dos algoritmos para estabelecer condições de fiança e determinar o desfecho de sentenças penais. A ideia é que os algoritmos possam realizar prognósticos acerca do futuro comportamento do acusado, levando em conta o histórico de violência ou a probabilidade de cometimento de outro crime. Na formação dessa análise, o algoritmo é programado para considerar fatores demográficos, tais como idade, sexo e raça e fatores

36. LEE, Peter. Learning from Tay's introduction. *Microsoft Blogs*, 25 mar. 2016. Disponível em: https://blogs.microsoft.com/blog/2016/03/25/learning-tays-introduction/. Acesso em: 15 out. 2020.

37. BROEDERS, Dennis; SCHRIJVERS, Erik; BALLIN, Ernst Hirsch. *WRR-Policy Brief: Big Data and Security Policies: Serving Security, Protecting Freedom*. Disponível em: https://english.wrr.nl/publications/policy-briefs/2017/01/31/big-data-and-security-policies-serving-security-protecting-freedom. Acesso em: 15 out. 2020.

comportamentais históricos, como a idade do início do comportamento criminoso e a natureza das prisões anteriores, além de outros fatores sociais.

Um caso que ensejou um debate concreto em um processo judicial ocorreu no Estado de Wisconsin (*State vs Loomis*)[38], nos Estados Unidos. A sentença de primeiro grau foi proferida com a utilização de uma ferramenta de gerenciamento de risco baseada em inteligência artificial (*Correctional Offender Management Profiling for Alternative Sanctions – COMPAS*) para condenar um acusado de envolvimento numa troca de tiros. A defesa alegou que, em virtude de a decisão condenatória ter utilizado um mecanismo de inteligência artificial para construir as razões que levaram à condenação, ela não teve acesso as razões que embasaram essa análise, o que acarretaria uma violação à garantia do *due process of law*. A Suprema Corte local confirmou a condenação, mas entendeu que a utilização do mecanismo comportaria aprimoramentos.

As ponderações da Suprema Corte do Estado de Wisconsin neste caso de utilização do COMPAS foram feitas no sentido de reconhecer algumas limitações do sistema, tais como: a) o desconhecimento total acerca dos fatores de risco exatos utilizados; b) a identificação de grupos de alto risco, sem que seja possível traçar informações precisas sobre indivíduos específicos; c) alguns resultados sugerem que o sistema pode ser racialmente tendencioso; d) o sistema não havia sido validado ou regulamentado a partir de amostragem em Wisconsin, e e) o sistema não havia sido desenvolvido para uso em sentenças condenatórias criminais.

Assim, como se vê, esse debate, que parece extraído de um filme de ficção científica, já faz parte da realidade vivenciada em outros países e é razoável acreditar que pode ser, em alguma medida, incorporada, dentro de pouco tempo, à rotina de segurança pública brasileira e à função jurisdicional no país.

5. PARÂMETROS PARA MITIGAR OS RISCOS INERENTES À UTILIZAÇÃO DE INTELIGÊNCIA ARTIFICIAL PELA ADMINISTRAÇÃO PÚBLICA

Um primeiro passo para a mitigação dos riscos nessa matéria é a identificação, pelo próprio Poder Público, dos principais riscos inerentes à utilização de Inteligência Artificial. Essa tarefa pode ser desempenhada por um órgão estatal, como a Autoridade Nacional de Proteção de Dados, instituída pela Lei 13.853/2019), ou por uma instituição de natureza fiscalizatória, como o Ministério Público ou o Tribunal de Contas.

A partir do levantamento dos principais riscos à sociedade brasileira que essas inovações tecnológicas geram é que será possível mitigar os seus efeitos deletérios. Uma análise casuística sobre o emprego desse tipo de tecnologia e os seus efeitos pode proporcionar resultados práticos significativos para o seu aprimoramento. E o acompanhamento deverá ser contínuo e aperfeiçoado a todo tempo.

38. HARVARD LAW REVIEW. *State v. Loomis - Wisconsin Supreme Court Requires Warning Before Use of Algorithmic Risk Assessments in Sentencing*. Disponível em: https://harvardlawreview.org/2017/03/state-v-loomis/. Acesso em: 15 out. 2020.

Ademais, deve haver uma preocupação constante com a formulação de métricas que assegurem a qualidade dos dados utilizados, pois isso impacta diretamente o resultado prático das políticas implementadas por meio da utilização de inteligência artificial.

Não menos importante é a observância de parâmetros que assegurem proteção à privacidade dos cidadãos, notadamente a partir dos princípios elencados na Lei Geral de Proteção de Dados (Lei 13.709/2018).

Por fim, o órgão ou entidade pública incumbida de regular a utilização da Inteligência Artificial na Administração Pública deve assegurar requisitos claros de transparência e "explicabilidade" no tratamento dos dados, de modo que sejam mitigados os riscos técnicos e democráticos já mencionados.

6. CONCLUSÕES

O presente artigo se propôs a realizar uma breve análise acerca das potencialidades e riscos inerentes à utilização de inteligência artificial pelo Poder Público, tentando dimensionar o eventual impacto para a discricionariedade do gestor público. A tarefa é difícil, pois, apesar do grande potencial, essa utilização ainda é incipiente.

De todo modo, parece-nos fundamental iluminar o assunto, tendo em vista o seu grande o impacto na vida dos cidadãos e o fato de que seus efeitos só tendem a aumentar. Sem pretender exaurir o debate em torno do tema, o artigo procura estimular a criação de um ambiente em que haja preocupação efetiva com o estudo dos efeitos do emprego da inteligência artificial pela Administração Pública.

Espera-se, com isso, que haja pesquisas jurídicas brasileiras sobre parâmetros que confiram maior segurança jurídica quando da utilização de inteligência artificial pela Administração Pública, partindo-se do arcabouço teórico e normativo atualmente existente para um cenário que dê conta dos desafios trazidos com as inovações tecnológicas.

7. REFERÊNCIAS

ALENCAR, Felipe. O que é a Lei de Moore? Entenda a teoria que 'prevê' futuro da Informática. TechTudo. *TechTudo*, 14 jun. 2015. Disponível em: http://www.techtudo.com.br/noticias/noticia/2015/06/o-que-e-lei-de-moore-entenda-teoria-que-preve-futuro-da-informatica.html. Acesso em: 15 out. 2020.

ALGORITHM. *Dicionário online de Cambridge*. Disponível em https://dictionary.cambridge.org/dictionary/english/algorithm/. Acesso em: 15 out. 2020.

ARAÚJO, Valter Shuenquener de. Efeitos da Inovação no Direito Administrativo Brasileiro: queremos saber o que vão fazer com as novas invenções. *In*: QUIRINO, Carina de Castro; MENDONÇA, José Vicente Santos de; BAPTISTA, Patrícia Ferreira (Orgs.). *Inovações no Direito Público*. Curitiba: CRV, 2018.

BALKIN, Jack M., Free Speech in the Algorithmic Society: Big Data, Private Governance, and New School Speech Regulation (September 9, 2017). *UC Davis Law Review*, (2018 Forthcoming); *Yale Law School, Public Law Research Paper No. 615*. Disponível em: https://ssrn.com/abstract=3038939 ou http://dx.doi.org/10.2139/ssrn.3038939. Acesso em: 15 out. 2020.

BERK, Richard A; SORENSON, Susan B.; BARNES, Geoffrey. Forecasting Domestic Violence: A Machine Learning Approach to Help Inform Arraignment Decisions. *Journal of Empirical Legal Studies*, v. 13, n. 1, pp. 94-115, 2016.

BIGARELLI, Bárbara. Como a Estônia construiu uma sociedade digital. *Época Negócios (on-line)*, 6 ago. 2018. Disponível em: https://epocanegocios.globo.com/Tecnologia/noticia/2018/08/como-estonia-construiu-uma-sociedade-digital.html. Acesso em: 15 out. 2020.

BRACKEN, Mike, GREENWAY, Andrew. *How to achieve and sustain government digital transformation*. Disponível em: https://publications.iadb.org/handle/11319/9002. Acesso em: 15 out. 2020.

BRASIL. Conselho Nacional do Ministério Público. *CNMP disponibiliza à sociedade o Formulário Nacional de Risco e Proteção à Vida (FRIDA)*. http://www.cnmp.mp.br/portal/todas-as-noticias/12036-cnmp-disponibiliza-a-sociedade-o-formulario-nacional-de-risco-e-protecao-a-vida-frida. Acesso em: 15 out. 2020.

BRASIL. Supremo Tribunal Federal. *Inteligência artificial*: Trabalho judicial de 40 minutos pode ser feito em 5 segundos. Disponível em: http://portal.stf.jus.br/noticias/verNoticiaDetalhe.asp?idConteudo=393522. Acesso em: 15 out. 2020.

BRAZIL LAB. *BrazilLab Inovação GovTech, 2019. Disponível em: https://brazillab.org.br/olab*. Acesso em: 15 out. 2020.

BRAZIL LAB. *Selo GovTech: entenda como o BraziLAB quer conectar 2 mil empreendedores com o Setor Público*. Disponível em: https://brazillab.org.br/noticias/selo-govtech-entenda-como-o-brazilab-quer-conectar-2-mil-empreendedores-com-o-setor-publico. Acesso em: 15 out. 2020.

BROEDERS, Dennis; SCHRIJVERS, Erik; BALLIN, Ernst Hirsch. *WRR-Policy Brief: Big Data and Security Policies: Serving Security, Protecting Freedom*. Disponível em: https://english.wrr.nl/publications/policy-briefs/2017/01/31/big-data-and-security-policies-serving-security-protecting-freedom. Acesso em: 15 out. 2020.

BURRELL, Jenna. *How the Machine 'Thinks:' understanding opacity in machine learning algorithms Big Data & Society*. Disponível em: https://www.ischool.berkeley.edu/research/publications/2016/how-machine-thinks-understanding-opacity-machine-learning-algorithms. Acesso em: 15 out. 2020.

CORREIA, José Manuel Sérvulo. Os grandes traços do direito administrativo no século XXI. *A&C – Revista de Direito Administrativo & Constitucional*, Belo Horizonte, ano 16, n. 63, p. 45-66, jan./mar. 2016.

EUROPE COMISSION, 2019. *eGovemment: The EU's eGovernment strategy, electronic payments and invoicing, the digital single market*. Disponível em: https://ec.europa.eu/info/business-economy-euro/egovernment_en. Acesso em: 15 out. 2020.

FISHEL, Sarah; FLACK, Dan, e DEMATTEO, David. *Computer risk algorithms and judicial decision-making*. Disponível em: http://www.apa.org/monitor/2018/01/jn.aspx. Acesso em: 15 out. 2020.

GOMES, Helton Simões. Como as robôs Alice, Sofia e Monica ajudam o TCU a caçar irregularidades em licitações". *G1*, 19 mar. 2018. Disponível em: https://g1.globo.com/economia/tecnologia/noticia/como-as-robos-alice-sofia-e-monica-ajudam-o-tcu-a-cacar-irregularidades-em-licitacoes.ghtml. Acesso em: 15 out. 2020.

GOVDATA. Disponível em: http://www.planejamento.gov.br/govdata-privado/bases_dados_disponiveis. Acesso em: 15 out. 2020.

GREGO, Maurício. Watson, o fascinante computador da IBM que venceu os humanos. *Exame*, 17 ago. 2012. Disponível em: https://exame.abril.com.br/tecnologia/watson-o-fascinante-computador-da-ibm-que-venceu-os-humanos/. Acesso em: 15 out. 2020.

HAO, Karen. What is machine learning? *Technology Review*, 17 nov. 2018. Disponível em: https://www.technologyreview.com/s/612437/what-is-machine-learning-we-drew-you-another-flowchart/. Acesso em: 15 out. 2020.

HARVARD LAW REVIEW. *State v. Loomis - Wisconsin Supreme Court Requires Warning Before Use of Algorithmic Risk Assessments in Sentencing*. Disponível em: https://harvardlawreview.org/2017/03/state-v-loomis/. Acesso em: 15 out. 2020.

LANEY, Doug. 3D Data Management: Controlling Data Volume, Velocity and Variety. *Gartner*, jan. 2012. Disponível em: https://blogs.gartner.com/doug-laney/files/2012/01/ad949-3D-Data-Management--Controlling-Data-Volume-Velocity-and-Variety.pdf. Acesso em: 15 out. 2020.

LEE, Peter. Learning from Tay's introduction. *Microsoft Blogs*, 25 mar. 2016. Disponível em: https://blogs.microsoft.com/blog/2016/03/25/learning-tays-introduction/. Acesso em: 15 out. 2020.

MACHINE LEARNING. *Glossário online do Gartner*. Disponível em https://www.gartner.com/it-glossary/machine-learning/. Acesso em: 15 out. 2020.

MATAVELLI, Renato. Inteligência artificial a serviço do fisco: conheça as novas tecnologias da receita. *Jornal Contábil*, 3 jan. 2017. Disponível em: https://www.jornalcontabil.com.br/inteligencia-artificial-servico-do-fisco-conheca-as-novas-tecnologias-da-receita/. Acesso em: 15 out. 2020.

MOORE'S LAW. *How overall processing power for computers will double every two years. Moore's Law*. Disponível em: http://www.mooreslaw.org/. Acesso em: 15 out. 2020.

MORGAN, Jacob. A Simple Explanation Of 'The Internet Of Things'. *Forbes*, 13 maio 2014. Disponível em: https://www.forbes.com/sites/jacobmorgan/2014/05/13/simple-explanation-internet-things--that-anyone-can-understand/. Acesso em: 15 out. 2020.

PAIXÃO, Ricardo Fernandes; COSTA, Henrique Araújo. Alice e a plataforma digital de controle externo. *Jota*, 22 nov. 2017. Disponível em: https://www.jota.info/opiniao-e-analise/artigos/alice-e-a-plataforma-digital-de-controle-externo-22112017. Acesso em: 15 out. 2020.

PASQUALE, Frank. *The Black Box Society*: The Secret Algorithms That Control Money and Information. Cambridge: Harvard University Press, 2015.

TECMUNDO. "Tay: Twitter conseguiu corromper a IA da Microsoft em menos de 24 horas". Disponível em: https://www.tecmundo.com.br/inteligencia-artificial/102782-tay-twitter-conseguiu-corromper-ia-microsoft-24-horas.htm. Acesso em: 15 out. 2020.

UN E-Government Knowledgebase (UNeGovKB). Disponível em: https://publicadministration.un.org/egovkb/en-us/Data/Country-Information/id/24-Brazil. Acesso em: 15 out. 2020.

VAN DER SLOOT, Bart, BROEDERS, Dennis, Schrijvers, Erik; *Exploring the Boundaries of Big Data*. Disponível em: https://www.aup.nl/en/book/9789462983588/exploring-the-boundaries-of-big-data. Acesso em: 15 out. 2020.

VAN HAASTERT, Hugo. *Government as a Platform: Public Values in the Age of Big Data*. Disponível em: https://vanhaastertblog.files.wordpress.com/2016/08/thesis-hugo-van-haastert.pdf. Acesso em: 15 out. 2020.

VILELA, Alexandre; *O fenômeno Big Data e seu impacto nos negócios*. Disponível em: https://imasters.com.br/devsecops/o-fenomeno-big-data-e-seu-impacto-nos-negocios. Acesso em: 15 out. 2020.

27
PODER JUDICIÁRIO, INTELIGÊNCIA ARTIFICIAL E EFEITOS VINCULANTES

Fernanda Ivo Pires

Advogada. Doutora e mestre em Direito Civil pela PUC-SP. Professora universitária. Associada fundadora do IBERC.

Sumário: 1. Introdução. 2. IA e os tribunais brasileiros. 3. A prudência do justo. 4. A Carta Ética Europeia sobre o Uso da Inteligência Artificial em Sistemas Judiciais e seu ambiente e a Resolução n. 332 do CNJ. 5. Considerações finais. 6. Referências.

"[O] direito é uma das ciências fundamentais da experiência humana, numa época em que parece só haver olhos abertos e extasiados para a tecnologia, como se pudesse significar algo divorciada do problema ético essencial do homem".

– Miguel Reale (1968)

1. INTRODUÇÃO

A Inteligência Artificial se encontra em franca expansão nos tribunais brasileiros, nas suas mais variadas aplicações e modelos. (In)felizmente, não há uma uniformidade de tratamento, nem mesmo perante aqueles que possuem igual objeto.

Em regra, há uma grande preocupação com a efetividade da justiça, de maneira que possa tornar os processos mais céleres e equânimes. No entanto, para que isto ocorra, é mister um concomitante estudo ético sobre a interações destes sistemas com a sociedade e, particularmente, com o Direito.

Antecipadamente, é possível um posicionamento favorável aos avanços tecnológicos, porém não a qualquer custo. Por isso a necessidade de aprofundamento nos estudos e discussões sobre as suas implicações práticas, buscando a fundamental precaução de eventuais danos.

Ainda em notas introdutórias, firma-se o esclarecimento de que este trabalho se refere às primeiras impressões de pesquisas desenvolvidas acerca da utilização de Inteligência Artificial nos tribunais brasileiros. Assim, tendo consciência de um vasto caminho a ser perseguido, não existe a pretensão de esgotar toda a temática neste pequeno ensaio.

2. IA E OS TRIBUNAIS BRASILEIROS

O Poder Judiciário brasileiro finalizou o ano de 2019 com 77,1 milhões de processos em tramitação, que aguardavam alguma solução definitiva.[1] Trata-se de um número muito alto, provocado por diversos fatores como alta litigiosidade, excesso de recursos etc. Cada um desses fatores, no entanto, permite profundas reflexões, inclusive culturais, o que será tratado em outra oportunidade.

O fato é que a quantidade de novas ações é inversamente proporcional ao volume de processos encerrados, o que resulta em enorme morosidade e profundas injustiças.

Em busca de maior celeridade, algumas medidas vêm sendo tomadas, ao longo dos anos, como a adoção de súmulas vinculantes[2], a possibilidade de alegação de ofício pelo juiz sobre a prescrição, o estabelecimento de penalidades por falta de cooperação processual, dentre outras.

Particularmente, chama-se a atenção para a aproximação do poder judiciário com as novas tecnologias. Obviamente que, em meio à avalanche tecnológica apontada pela revolução 4.0, o Direito não poderia passar ao largo de tamanhas transformações.

Importante salientar que não se trata de uma realidade apenas dos tribunais, já que diversos setores, como as advocacias públicas e privadas[3], os ministérios públicos e tantos outros, também vêm investindo bastante em novos modelos tecnológicos.

Acerca dos tribunais, em recente estudo publicado pelo Conselho Nacional de Justiça (CNJ), percebe-se que, embora os gastos com investimentos em tecnologia, nos últimos anos, permaneçam estáveis, trata-se de vultosa quantia:

> A série histórica de gastos com informática apresentou tendência de crescimento entre os anos de 2009 e 2014 e se manteve estável, com sutis oscilações, nos últimos 5 anos. As despesas de capital apresentaram comportamento crescente entre os anos de 2009 a 2012, quando iniciou a tendência de queda, observada até 2015. Desde então, tais despesas têm se mantido relativamente estáveis, com elevação de 0,04% no último ano (Figura 23). Essas despesas abrangem a aquisição de veículos, de equipamentos e de programas de informática, de imóveis e outros bens permanentes, além das inversões financeiras.[4]

---

1. CONSELHO NACIONAL DE JUSTIÇA. *Justiça em Números 2020*: ano-base 2019. Brasília: CNJ, 2020. Disponível em https://www.cnj.jus.br/wp-content/uploads/2020/08/WEB-V3-Justi%C3%A7a-em-N%C3%BAmeros-2020-atualizado-em-25-08-2020.pdf. Acesso em: 05 out. 2020.
2. Constituição Federal: "Art. 103-A. O Supremo Tribunal Federal poderá, de ofício ou por provocação, mediante decisão de dois terços dos seus membros, após reiteradas decisões sobre matéria constitucional, aprovar súmula que, a partir de sua publicação na imprensa oficial, terá efeito vinculante em relação aos demais órgãos do Poder Judiciário e à administração pública direta e indireta, nas esferas federal, estadual e municipal, bem como proceder à sua revisão ou cancelamento, na forma estabelecida em lei." (*caput*).
3. Cf. PIRES, Fernanda Ivo. Responsabilidade civil e o robô advogado. *In:* MARTINS, Guilherme Magalhães; ROSENVALD, Nelson (Coord.). *Responsabilidade civil e novas tecnologias*. Indaiatuba: Foco, 2020, p. 219-234.
4. CONSELHO NACIONAL DE JUSTIÇA. *Justiça em Números 2020*: ano-base 2019. Brasília: CNJ, 2020. Disponível em https://www.cnj.jus.br/wp-content/uploads/2020/08/WEB-V3-Justi%C3%A7a-em-N%C3%BAmeros-2020-atualizado-em-25-08-2020.pdf. Acesso em: 5 out. 2020.

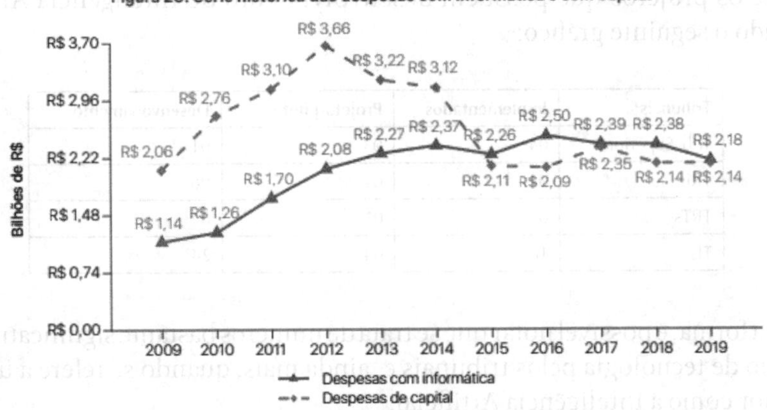

A aquisição tecnológica não se restringe à simples automatização de tarefas repetitivas ou à informatização do processo; traz, sobretudo, largo investimento em Inteligência Artificial.

A Fundação Getúlio Vargas (FGV) desenvolve pesquisas, por meio do Centro de Inovação, Administração e Pesquisa do Judiciário (CIAPJ), sob coordenação de Luis Felipe Salomão[5], que tem como missão identificar, entender, sistematizar, desenvolver e aprimorar soluções voltadas ao aperfeiçoamento da justiça.

Os resultados preliminares da pesquisa foram apresentados no 1° Fórum sobre Direito e Tecnologia com ricos debates sobre Inteligência Artificial aplicada à gestão de conflitos no âmbito do poder judiciário.[6 7]

Segundo o CIAPJ/FGV, a pesquisa teve início em outubro de 2019 e, em maio de 2020, concluiu uma primeira etapa. Foram pesquisados 59 dos 91 tribunais brasileiros no seguinte universo: Supremo Tribunal Federal (STF), Superior Tribunal de Justiça (STJ), Tribunal Superior do Trabalho (TST), Tribunais Regionais Federais (TRFs), Tribunais Regionais do Trabalho (TRTs) e Tribunais de Justiça (TJs). Tendo chegado à amostra de 96,25%, resultando em 72 projetos que envolvem Inteligência Artificial, assim distribuídos:

Tribunais	Percentual	Aplicação de IA
Tribunais Superiores	100%	08
TRFs	100%	11
TRTs	29%	7
TJs	74%	46

5. Ministro do Superior Tribunal de Justiça.
6. FUNDAÇÃO GETÚLIO VARGAS. Webinar - I Fórum sobre Direito e Tecnologia - 2020 (parte 1). Disponível em: https://www.youtube.com/watch?v=LbVnv7a1wkU. Acesso em: 1° out 2020.
7. Resultados apresentados por Renata Braga, pesquisadora colaboradora do CIAPJ e professora do curso de Direito da UFF/Volta Redonda.

Entre os projetos que possuem desenvolvimento de Inteligência Artificial, foi apresentado o seguinte gráfico:

Tribunais	Implementados	Projeto-piloto	Desenvolvimento
Trib. Superiores	04	03	01
TRFs	04	01	06
TRTs	02	01	04
TJs	18	04	24

Dessa forma, é possível notar que se trata de números bastante significativos quanto à utilização de tecnologia pelos tribunais e, ainda mais, quando se refere a uma sofisticação maior como a Inteligência Artificial.

Algo que vem sendo criticado é a pulverização de estudos de tribunais semelhantes que almejam os mesmos resultados, com investimentos distintos, como se houvesse realidades completamente diversas.

Visando otimizar esforços e custos, bem como uniformizar procedimentos dos TRTs, o Conselho Superior da Justiça do Trabalho (CSJT) expediu, em 2017, a resolução 185, que dispõe sobre a padronização do uso, governança, infraestrutura e gestão do Sistema Processo Judicial Eletrônico (PJe) instalado na Justiça do Trabalho. Em especial, podemos observar o artigo 61:

> Art. 61. É vedada a criação de novas soluções de informática para o processo judicial e realização de investimentos nos sistemas eventualmente existentes nos TRTs, bem como a respectiva implantação em unidades judiciárias de 1.º e 2.º graus.
>
> § 1º A vedação contida no caput deste artigo se aplica inclusive às manutenções necessárias ao funcionamento dos sistemas já implantados.
>
> § 2º O CSJT manterá, no sistema de gestão de demandas do PJe no CSJT, portfólio dos sistemas satélites do PJe, possibilitando e fomentando o diálogo entre TRTs.

Neste mesmo sentido, o CNJ, buscando trazer a governança para as aplicações de tecnologia nos tribunais que lhe estejam subordinados, editou a resolução 332 (21/08/2020) que, entre outros aspectos a serem abordados mais adiante, traz o seguinte artigo:

> Art. 10. Os órgãos do Poder Judiciário envolvidos em projeto de
>
> Inteligência Artificial deverão:
>
> I – informar ao Conselho Nacional de Justiça a pesquisa, o desenvolvimento, a implantação ou o uso da Inteligência Artificial, bem como os respectivos objetivos e os resultados que se pretende alcançar;
>
> II – promover esforços para atuação em modelo comunitário, com
>
> vedação a desenvolvimento paralelo quando a iniciativa possuir objetivos e resultados alcançados idênticos a modelo de Inteligência Artificial já existente ou com projeto em andamento;
>
> III – depositar o modelo de Inteligência Artificial no Sinapses.

Ainda quanto ao trabalho desenvolvido pelo CIAPJ/FGV, foi apresentado um interessante gráfico quanto às principais funcionalidades de Inteligência Artificial pesquisada ou aplicada pelos tribunais brasileiros; vide gráfico[8] abaixo:

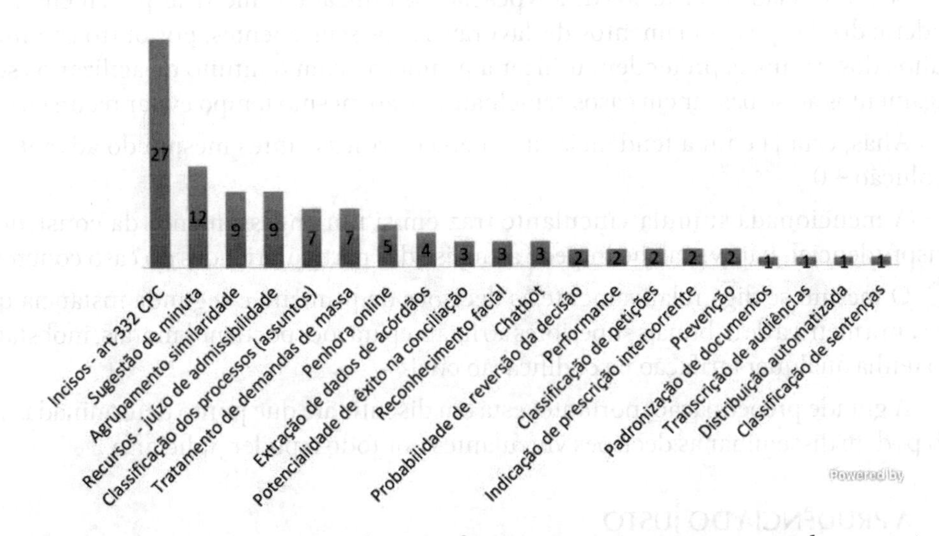

Todos os números apresentados se referem a uma pesquisa encerrada em maio de 2020. Certamente que a corrida tecnológica propiciou outros resultados até o fechamento do presente trabalho, inclusive com novas aplicações de IA com sofisticação de *machine learning* e *deep learning*.

Um caso paradigmático sobre utilização de IA em tribunais é o robô inteligente Victor, utilizado pelo STF e que traz as diversas funcionalidades como destaca Luiz Fux[9]: I) converter imagens em textos no processo digital; II) separar e classificar as peças processuais mais utilizadas nas atividades do STF; III) identificar a incidência dos temas de repercussão geral mais comuns; IV) potencial auxílio na resolução de cerca de 1/8 dos Recursos Extraordinários que chegam ao STF. Contudo, o autor salientou que não cabe à máquina decidir, nem tampouco julgar –; afinal, isso é atividade humana. [10]

Cada uma das aplicações de uma IA merece estudos detalhados e discussões acerca das implicações éticas que possam ocasionar. No presente trabalho, entretanto, a pretensão é ater-se à possibilidade de métricas nos julgamentos, no que se denomina jurimetria.

A jurimetria, ou análise de jurisprudência, teve início em 1949, quando Norbert Wiener, pai fundador da cibernética, sugeriu a possível aplicação da teoria dos servo-

8. Gráfico apresentado pelo CIAPJ/FGV In FUNDAÇÃO GETÚLIO VARGAS. Webinar - I Fórum sobre Direito e Tecnologia - 2020 (parte 1). Disponível em: https://www.youtube.com/watch?v=LbVnv7a1wkU. Acesso em: 1° out 2020.
9. FUX, Luiz. Novas tecnologias: Fux mostra benefícios e questionamentos da Inteligência Artificial no Direito. *Consultor Jurídico*. Disponível em: https://www.conjur.com.br/dl/palestra-fux-inteligencia-artificial.pdf. Acesso em: 1° out. 2020.
10. Na Estônia, em que a Inteligência Artificial está sendo utilizada para analisar disputas legais simples envolvendo menos de 7 mil euros. REVISTA ÉPOCA. Estônia quer substituir os juízes por robôs. Disponível em https://epocanegocios.globo.com/Tecnologia/noticia/2019/04/estonia-quer-substituir-os-juizes-por-robos.html. Acesso em: 1° out. 2020.

mecanismos ao funcionamento do Direito[11]. Trata-se de uma solução estatística para estimar as chances de sucesso de um processo e até mesmo "os argumentos com maior probabilidade de influenciar a decisão dos juízes".[12]

Se por um lado escritórios de advocacia[13] se utilizam de métricas para melhor entender e driblar posicionamentos desfavoráveis aos seus clientes; por outro caminho, muitos dos tribunais pretendem utilizar a jurimetria com o intuito de agilizar os seus julgamentos ao se basear em casos semelhantes e ao mesmo tempo evitar recursos.

Aliás, esta já é uma tendência que merece críticas, antes mesmo do advento da revolução 4.0.

A mencionada súmula vinculante traz em si um engessamento da construção jurisprudencial, haja vista que impede a análise das particularidades do caso concreto.

O mesmo se diga relativamente às decisões de primeira e segunda instância que buscam a métrica de tribunais superiores ao fixar reparações por danos morais, inobstante não tenha qualquer tarifação na codificação civil.

A grande preocupação, portanto, está em discutir até que ponto determinadas IAs não podem disseminar as decisões vinculantes por todo o poder judiciário.

3. A PRUDÊNCIA DO JUSTO

Inúmeros são os benefícios trazidos pela tecnologia aos tribunais e não apenas por utilização de Inteligência Artificial, dentre os quais merecem destaque, sem pretensão de esgotá-los:

1) Trocar horas de trabalho repetitivo por segundos;

2) Facilitar o trabalho do juiz ao agrupar casos semelhantes, mas jamais substitui-lo;

3) Identificar padrões e comparar o andamento de processos em cada unidade judiciária, levando em consideração as peculiaridades locais e o nível de complexidade, em razão da competência e da matéria do direito;[14]

---

11. BRUGALETTA, Francesco. *Informatica giuridica e diritto dell'informatica*: per una genesi delle discipline. Disponível em https://www.diritto.it/informatica-giuridica-e-diritto-dellinformatica-per-una-genesi-delle-discipline/. Acesso em: 1º out. 2020.
12. "L´outil, dénommé 'Case Law Analytics', est une solution mathématique permettant d'estimer les chances de réussite d'un procès, le montant des indemnités escomptées, et même les arguments les plus à même d'influer sur la décision des juges. Par cette simulation, un client engagé dans une procédure de divorce apprendra, par exemple, que 800 de ces 'juges' lui accorderont une prestation compensatoire. Que, parmi eux, 200 décideront d'un montant de 100 000 euros, mais que 600 n'iront pas au-delà de 75 000 euros, pour telle ou telle raison (durée du mariage, état de santé, revenus…). 'Si vous allez dix fois au tribunal, vous aurez dix décisions plus ou moins différentes." C'est cet aléa que notre outil va quantifier en donnant l'éventail des possibles', résume le mathématicien Jacques Lévy Véhel, l'un des deux créateurs de 'Case Law Analytics'" COLLAS, Aurélie. *L'intelligence artificielle, nouvel outil pour faciliter le travail des avocats*: Automatisation des métiers (2/3). Quel est l'impact de la robotisation sur le monde du travail? Deuxième épisode de notre série avec un cabinet d'avocats qui a recours à l'IA. Disponível em https://www.lemonde.fr/economie/article/2019/07/30/l-intelligence-artificielle-nouvel-outil-pour-faciliter-le-travail-des-avocats_5494947_3234.html. Acesso em: 1º. out. 2020.
13. Cf. PIRES, Fernanda Ivo. Responsabilidade civil e o robô advogado, cit., p. 219-234.
14. CNJ INOVA. Disponível em: https://www.cnj-inova.com/. Acesso em: 5 out. 2020.

4) Construir uma estratégia inteligente de controle interno de processos e alertar sobre possíveis gargalos no tempo de tramitação processual;[15]

5) Auxiliar na construção de um diagnóstico para oportunizar medidas assertivas a fim de permitir maior eficiência dos atos;[16]

6) Identificar os grandes litigantes como mecanismo de empreender medidas mais adequadas;

7) Viabilizar relatórios mais fidedignos sobre a situação de cada tribunal e suas respectivas demandas (como observação da classe processual, datas de entrada e saída);

8) Analisar requisitos extrínsecos processuais, como tempestividade dos recursos;

9) Sugerir possíveis correções em petições de advogados, com objetivo de maior celeridade;

10) Transcrição de audiências.

Mas não se pode fechar os olhos para os possíveis danos que a tecnologia possa causar. Trata-se de uma discussão atual. A corrida por implementação de soluções tecnológicas não pode ocorrer a qualquer custo, ignorando a necessária precaução para se evitar danos.

No Brasil, pode-se dizer que é unânime o entendimento de que a IA não deve substituir o juiz, já que este é o sujeito que tem a última palavra. Mas será que este não será o próximo passo?

Alguns estudos direcionam suposta imparcialidade de julgamentos produzidos por máquinas. Foi o caso da pesquisa realizada, em abril de 2011, pelo pesquisador Jonathan Levav da Columbia Business School: entraram em análise 1.112 audiências de livramento condicional de quatro prisões israelenses, feitas por oito juízes, em um período de dez meses e concluiu-se que a chance de liberdade condicional de um prisioneiro depende da última vez em que o juiz fez uma pausa, pois, à medida que os juízes se cansam e ficam com fome, eles fogem para a opção mais fácil de negar a liberdade condicional, dizem os pesquisadores.[17]

Luiz Fux[18] aponta a possibilidade de equívocos na utilização de determinadas ferramentas, com o exemplo da tecnologia usada pelo poder judiciário nos Estados Unidos chamada *The Compas*, produzida pela empresa privada Northpointe Inc., que calcula a probabilidade de algum indivíduo ser reincidente, bem como sugere qual tipo de regime/supervisão ele deveria receber na prisão:

> Durante o julgamento do uso desse *software*, o então Advogado-Geral da União dos EUA, Eric Holder, afirmou que estudos vêm se preocupando cada vez mais com a existência de vieses algorítmicos em relação a tais sistemas de inteligência artificial, em especial no tocante ao quesito raça.
>
> Em face de os vieses se apresentarem como uma característica intrínseca do pensar humano, pode-se concluir, de igual modo, que um algoritmo criado por seres humanos enviesados provavelmente padecerá do mesmo "mal", não de forma proposital, mas em decorrência das informações fornecidas ao

15. CNJ INOVA. Disponível em: https://www.cnj-inova.com/. Acesso em: 5 out. 2020.
16. CNJ INOVA. Disponível em: https://www.cnj-inova.com/. Acesso em: 5 out. 2020.
17. CORBYN, Zoë. *Hungry judges dispense rough justice*: when they need a break, decision-makers gravitate towards the easy option. Disponível em: https://www.nature.com/news/2011/110411/full/news.2011.227.html. Acesso em: 1º de out. 2020.
18. FUX, Luiz. Novas tecnologias: Fux mostra benefícios e questionamentos da Inteligência Artificial no Direito. *Consultor Jurídico*. Disponível em: https://www.conjur.com.br/dl/palestra-fux-inteligencia-artificial.pdf. Acesso em: 1º out. 2020.

sistema. Dessa maneira, surgem os chamados vieses algorítmicos, que ocorrem quando as máquinas se comportam de modos que refletem os valores humanos implícitos envolvidos na programação, então, enviesando os resultados obtidos.

Por outro lado, ainda que sejam estabelecidos freios quanto à via de julgamento por uma IA, o que certamente é esperado –; atualmente convém indagar sobre a hipótese de agrupamento de casos semelhantes para que possam ter a mesma solução, a mesma métrica, evitando decisões, em tese, repetitivas.

Neste ponto, ressalta-se a importância da jurisprudência para a construção de uma justiça mais equânime, já que "é utilizada para interpretar as leis que traz adaptação constante às realidades da vida social".[19]

A possível estagnação e engessamento da jurisprudência por aplicação de uma Inteligência Artificial que simplesmente repetirá decisões passadas, em desrespeito à casuística, é um preço muito alto a se pagar.

Como bem ressalta André Franco Montoro[20], "[a] jurisprudência, como a lei, traça uma norma jurídica geral e obrigatória. Mas se distingue da lei por sua maior flexibilidade e maleabilidade". Isto porque, na concepção atual, o juiz não é um mero aplicador mecânico das regras legais, "mas um verdadeiro criador de direito vivo".

Não se trata de defender sobreposição da jurisprudência relativamente à lei. Pelo contrário, a construção jurisprudencial legitima e ratifica a imperatividade da lei, na medida em que traz a interpretação desta, adequada ao tempo e ao espaço. Neste caso, importa observar que, muitas vezes, a jurisprudência até mesmo antevê novas leis ou alteração de tantas outras.

A construção jurisprudencial ganha ainda mais relevo quando aplicada a sistemas recheados por cláusulas gerais, conceitos legais indeterminados e princípios, como o Código Civil brasileiro, sem falar na interpretação do texto civil sob o prisma dos preceitos e princípios constitucionais.

Neste sentido, Karl Larenz[21] explica que a ciência do Direito deve se mostrar aberta ao futuro, às transformações sociais, sob pena de se tornar "acientífica", ou até mesmo "contrária ao progresso", pois:

> É errado pensar que "valorar" é somente uma conduta que não é proporcionada por meio de ponderações racionais e, neste sentido, "irracional" e emocionalmente condicionada em ampla escala. Decerto que um tal valorar puramente "emocional" predomina, de longe, no dia-a-dia e dificilmente se deixa erradicar das discussões políticas, nem sequer das salas de audiência. Mas a tarefa do jurista é precisamente a "materialização" das valorações. Incumbe-lhe, por isso, um valorar ligado a princípios jurídicos com a ajuda de um pensamento "orientado a valores", como acima dissemos.

Seria, minimante, um contrassenso trazer para a ciência jurídica tamanhos avanços tecnológicos e, ao mesmo tempo, impedir a progressão histórico-social que se exige das

19. GILISSEN, John. *Introdução histórica ao direito*. Tradução de A. M. Hespanha e L. M. Macaísta Malheiros. 3. ed. Lisboa: Fundação Calouste Gulbenkian, 2001, p. 505.
20. MONTORO, André Franco. *Introdução à ciência do direito*. 22. ed. São Paulo: Ed. RT, 1994, p. 353.
21. LARENZ, Karl. *Metodologia da Ciência do Direito*. Tradução de José Lamego. 3. ed. Lisboa: Fundação Calouste Gulbenkian, 1997, p. 269 e 410.

decisões judiciais materializada por valores, que somente se pode exigir de um juiz humano. "Daí dizer que *a pessoa é o valor-fonte de todos os valores, visto ser o homem o único ente que, de maneira originária, é enquanto deve ser*".[22]

Na obra *O Direito como experiência*, embora seja do ano de 1969, Miguel Reale[23] traz a atualíssima explicação sobre os valores fundantes do Direito, sem que possa se render a métrica ou paradigmas de valores ideais:

> Pode-se dizer, pois, que pela própria natureza, o direito se destina à experiência e só se aperfeiçoa no cotejo permanente da experiência correspondente ao seu ser axiológico, experiência essa que não se reduz a uma adequação extrínseca, a uma tábua de referências fáticas ou a paradigmas de valôres ideais, nem se resolve numa unidade indiferenciada, mas conserva, como condição de seu próprio "experiri", a dialeticidade problemática e aberta dos fatôres que nela e por ela se correlacionam e se implicam, na unidade de um processo ao mesmo tempo *fático, axiológico e normativo*.
>
> No fundo "direito como experiência" ou "experiência jurídica" significa "concretude de valoração do direito", o qual *não pode ser concebido ou construído como um objeto de contemplação, ou uma pura sequência de esquemas lógicos através dos quais se perceba fluir, à distância, a corrente da experiência social, com todos os problemas a que com tais esquemas se pretendia dar resposta: as suas normas são deontologicamente inseparáveis do solo da experiência humana*. (sem destaques no original)

De outra sorte, pretendendo afastar vieses algorítmicos, imaginar uma Inteligência Artificial desprendida de valores, correria o risco de, mais uma vez, deparar-se com os impasses de uma teoria pura do direito, ao menos em sua concepção inicial.[24]

Ao tratar do tempo no Direito, Miguel Reale[25] ressalta que "no mundo do direito tudo é história", mas "o fato histórico não teria significado se não houvesse sempre história por fazer". E completa:

> Por sua vez, todos os valôres, por sua própria natureza, só são pensáveis em relação à história, pois seriam meras "aparências de valor" se jamais se convertessem em momento da experiência humana; mas deixariam igualmente de operar como valôres, se se exaurissem definitivamente no plano dos fatos, esvaziados de sua historicidade, o que equivale a dizer, de suas alternativas problemáticas. Não haveria justiça, por exemplo, se não houvesse homens justos e sentenças justas, nem haveria mais que falar em justiça se não houvesse mais possibilidade de realizá-la em novas sentenças; donde se conclui que os valôres referem-se necessariamente à experiência histórica, mas sempre a transcendem.

Por isso a necessidade de serem criadas regras claras para limitar a utilização da IA e garantir que o aprendizado de muitas delas não entre em descompasso com a prudência do justo e do razoável.

---

22. REALE, Miguel. *O direito como experiência*: Introdução à epistemologia jurídica. São Paulo: Saraiva, 1968, p. 29.
23. REALE, Miguel. *O direito como experiência*, cit., p. 31.
24. Neste sentido REALE, Miguel. *O direito como experiência*, cit., p. 120: "O objeto da Ciência Jurídica não é, por conseguinte, o complexo de significados contidos na linguagem do legislador, porque êsse não é senão um dos momentos, de fundamental importância, sem dúvida, mas sempre momento da experiência jurídica, pressupondo, quando mais não fôsse, a qualificação legitimadora do ato de interpretar e do objeto interpretável, tudo no âmbito do ordenamento onde aquela linguagem se revela juridicamente significante".
25. REALE, Miguel. *O direito como experiência*, cit., p. 219.

4. A CARTA ÉTICA EUROPEIA SOBRE O USO DA INTELIGÊNCIA ARTIFICIAL EM SISTEMAS JUDICIAIS E SEU AMBIENTE E A RESOLUÇÃO N. 332 DO CNJ

Importantes medidas e discussões vêm sendo travadas sobre a operacionalização da Inteligência Artificial no âmbito do poder judiciário, inclusive com valorosos seminários promovidos pelas próprias instituições.

Em dezembro de 2018, na cidade de Estrasburgo, a Comissão Europeia para a Eficiência da Justiça (CEPEJ) estabeleceu a Carta Ética Europeia sobre o Uso da Inteligência Artificial em Sistemas Judiciais e seu ambiente.[26] Este instrumento representa os cinco princípios fundamentais assim elencados:

> 1 – Princípio de respeito aos direitos fundamentais: assegurar que a concepção e a aplicação de instrumentos e serviços de Inteligência Artificial sejam compatíveis com os direitos fundamentais.
>
> 2 – Princípio de não-discriminação: prevenir especificamente a criação ou a intensificação de qualquer discriminação entre indivíduos ou grupos de indivíduos.
>
> 3 – Princípio de qualidade e segurança: em relação ao processamento de decisões e dados judiciais, utilizar fontes certificadas e dados intangíveis com modelos elaborados de forma multidisciplinar, em ambiente tecnológico seguro.
>
> 4 – Princípio da transparência, neutralidade e integridade intelectual: tornar acessíveis e compreensíveis os métodos de tratamento de dados, autorizar auditorias externas.
>
> 5 – Princípio "sobre o controle do usuário": impedir uma abordagem prescritiva e permitir que os usuários sejam atores informados e controlem as suas escolhas.

Os dois princípios que mais importam, neste momento, são o segundo e o quinto, já que trazem garantias ao jurisdicionado quanto aos seus direitos fundamentais e, ao mesmo tempo, a autonomia e independência do juiz.

Referente ao primeiro princípio, a comissão esclarece que, em respeito aos direitos fundamentais, é necessário garantir o direito de acesso ao juiz independente e de um julgamento equitativo, em consonância com o amplo contraditório.

O quinto princípio preza pela autonomia dos juízes ao se utilizarem da IA, devendo-lhes ser garantida a possibilidade de rever as suas decisões, respeitando as especificidades do caso concreto e sem vinculação das soluções preditivas indicadas pela IA.

Interessante notar que, embora não fosse frequente em 2018 a utilização de IA nos Estados-Membros do Conselho da Europa no campo judicial, o que ocorria de maneira mais detida na advocacia; tomou-se a iniciativa de discussão acerca da problemática ética que envolve o assunto, bem como buscou-se a parametrização de sua utilização.

No Brasil, o caminho pareceu inverso, após 72 projetos implementados ou em desenvolvimento, foi editada pelo Conselho Nacional de Justiça a resolução n. 332 (editada em 21de agosto de 2020), a qual "dispõe sobre a ética, a transparência e a governança na produção e no uso de Inteligência Artificial no Poder Judiciário". Trata-se de importante instrumento que traz diversas passagens visando, em especial, a adequação do poder

26. COMMISSION EUROPEENNE POUR L'EFFICACITE DE LA JUSTICE (CEPEJ). *Charte éthique européenne d'utilisation de l'intelligence artificielle dans les systèmes judiciaires et leur environnement*. Disponível em: https://rm.coe.int/0900001680902f39. Acesso em: 5 out. 2020.

judiciário às determinações da Lei Geral de Proteção de Dados (LGPD) quando do uso da Inteligência Artificial.

Alguns pontos da resolução n. 332 merecem especial atenção, como os considerandos que visam compatibilizar a implantação da IA com os direitos fundamentais; garantir uma justiça substancial; preservar a igualdade, pluralidade e julgamento justo; bem como os seguintes artigos:

> Art. 1° O conhecimento associado à Inteligência Artificial e a sua implementação estarão à disposição da Justiça, no sentido de promover e aprofundar *maior compreensão entre a lei e o agir humano, entre a liberdade e as instituições judiciais*.
>
> Art. 2° A Inteligência Artificial, no âmbito do Poder Judiciário, visa promover o *bem-estar dos jurisdicionados e a prestação equitativa da jurisdição*, bem como descobrir métodos e práticas que possibilitem a consecução desses objetivos.
>
> Art. 4° No desenvolvimento, na implantação e no uso da Inteligência Artificial, os tribunais observarão sua *compatibilidade com os Direitos Fundamentais*, especialmente aqueles previstos na Constituição ou em tratados de que a República Federativa do Brasil seja parte.
>
> Art. 5° A utilização de modelos de Inteligência Artificial deve buscar garantir a segurança jurídica e colaborar para que o Poder Judiciário respeite a *igualdade de tratamento aos casos absolutamente iguais*.
>
> Art. 17. O sistema inteligente deverá assegurar a autonomia dos usuários internos, com uso de modelos que:
>
> I – proporcione incremento, *e não restrição;*
>
> II – possibilite a revisão da proposta de decisão e dos dados utilizados para sua elaboração, *sem que haja qualquer espécie de vinculação à solução apresentada pela Inteligência Artificial.*
>
> Art. 18. Os usuários externos devem ser informados, em linguagem clara e precisa, quanto à utilização de sistema inteligente nos serviços que lhes forem prestados.
>
> Parágrafo único. *A informação prevista no caput deve destacar o caráter não vinculante da proposta de solução apresentada pela Inteligência Artificial, a qual sempre é submetida à análise da autoridade competente.* (sem destaques no original)

Os pontos em destaque merecem reflexão por corroborar com o disciplinamento ético na utilização da IA, em especial, para respeitar os fundamentais direitos, assegurados na Constituição Federal, do acesso à justiça, do contraditório, da ampla defesa e do acesso ao juiz natural; incompatíveis, portanto, com possível engessamento da jurisprudência.

Em que pese a fundamental importância da Resolução n. 332, não se pode perder de vista que as diretrizes do CNJ apenas se referem a uma esfera administrativo-disciplinar, não possuindo força de lei e que podem ser alteradas a cada nova composição do órgão. Motivo pelo qual entende-se ser premente a necessidade de disciplinamento da matéria por via legislativa.[27]

27. Constituição Federal: Art. 103-B. "§ 4º Compete ao Conselho o controle da atuação administrativa e financeira do Poder Judiciário e do cumprimento dos deveres funcionais dos juízes, cabendo-lhe, além de outras atribuições que lhe forem conferidas pelo Estatuto da Magistratura: I – zelar pela autonomia do Poder Judiciário e pelo cumprimento do Estatuto da Magistratura, podendo expedir atos regulamentares, no âmbito de sua competência, ou recomendar providências; II – zelar pela observância do art. 37 e apreciar, de ofício ou mediante provocação, a legalidade dos atos administrativos praticados por membros ou órgãos do Poder Judiciário, podendo desconstituí-los, revê-los ou fixar prazo para que se adotem as providências necessárias ao exato cumprimento da lei, sem prejuízo da competência do Tribunal de Contas da União; III – receber e conhecer das reclamações contra membros ou órgãos do Poder Judiciário, inclusive contra seus serviços auxiliares, serventias e órgãos prestadores de serviços notariais e de registro que atuem por delegação do poder público ou oficializados, sem prejuízo da competência disciplinar e correicional dos tribunais,

Encontra-se em tramitação na Câmera dos Deputados o Projeto de Lei n. 21/2020[28] que pretende firmar os princípios, direitos e deveres para o uso de Inteligência Artificial no Brasil. No entanto, não possui delineamentos específicos quanto à sua utilização pelo poder judiciário.

A tecnologia deve ser utilizada em benefício do direito e não aniquilar a sua essência, que deve estar pautada em valores como a liberdade. Neste sentido,

> Seria, com efeito, incompleta a imagem do homem e da cultura se fixada com olvido de um valor correlato ao de pessoa: o de liberdade. Indo às raízes do problema, verificamos que *liberdade* e *valor* se implicam, pois, para que algo valha é preciso que o espírito possa optar entre o valioso e o desvalioso; e, ao mesmo tempo, para que a liberdade seja efetiva é mister que um valor seja o motivo constitutivo da ação. No fundo, se a liberdade é um valor essencial a todos os valôres, e se sem valôres não se concretiza a liberdade, ambos constituem uma díase incindível, cuja tensão dialética se confunde com a vida mesma do espírito. Poder-se-ia dizer que o valor é o espírito como liberdade, e a liberdade é o espírito autoconsciente de sua própria valia.[29]

Assim, a Inteligência Artificial deverá oferecer suporte à inteligência biológica, proporcionando resultados excepcionais e inimagináveis, mas jamais imitar o pensamento humano ou substituí-lo.[30]

5. CONSIDERAÇÕES FINAIS

É fácil perceber a paixão que move os estudiosos e usuários de novas tecnologias e é inevitável incluir-se neste universo. Entretanto, é necessária a prudência na sua utilização.

Já não é mais o tempo da mera reparação de danos; pelo contrário, deve-se pressupor a sua existência e tomar medidas precaucionais. Até porque existem danos de difícil e até mesmo impossível reparação.

---

podendo avocar processos disciplinares em curso e determinar a remoção, a disponibilidade ou a aposentadoria com subsídios ou proventos proporcionais ao tempo de serviço e aplicar outras sanções administrativas, assegurada ampla defesa; III – receber e conhecer das reclamações contra membros ou órgãos do Poder Judiciário, inclusive contra seus serviços auxiliares, serventias e órgãos prestadores de serviços notariais e de registro que atuem por delegação do poder público ou oficializados, sem prejuízo da competência disciplinar e correicional dos tribunais, podendo avocar processos disciplinares em curso, determinar a remoção ou a disponibilidade e aplicar outras sanções administrativas, assegurada ampla defesa; IV – representar ao Ministério Público, no caso de crime contra a administração pública ou de abuso de autoridade; V – rever, de ofício ou mediante provocação, os processos disciplinares de juízes e membros de tribunais julgados há menos de um ano; VI – elaborar semestralmente relatório estatístico sobre processos e sentenças prolatadas, por unidade da Federação, nos diferentes órgãos do Poder Judiciário;"

28. Atualmente encontra-se apensado, ao PL21/2020, o PL 240/2020 e há pedido de apensamento do PL 2108/2020, por possuírem coincidência temática. Em 10 de outubro de 2020, o projeto se encontrava aguardando designação de relator na Comissão de Ciência e Tecnologia, Comunicação e Informática (CCTCI). Disponível em: https://www.camara.leg.br/propostas-legislativas/2236340.
29. REALE, Miguel. *O direito como experiência*, cit., p. 30.
30. "La complessità della mente umana rappresenta però la conseguenza di una lunghissima evoluzione e difficilmente potrà essere imitata da un computer, che invece coadiuverà l'uomo in un sempre crescente numero di attività. Anzi, lo sviluppo dell'intelligenza artificiale quale supporto all'intelligenza biologica consentirà una crescente interconnessione tra la stessa mente umana e gli apparati elettronici, con risultati eccezionali ed oggi inimmaginabili. Probabilmente gli studi sull'intelligenza artificiale dovrebbero essere finalisticamente orientati e incentrati non tanto sull'imitazione del pensiero umano, ma piuttosto sulla ricerca di nuove metodologie che consentano la creazione di sistemi finalizzati al supporto delle attività umane." FIORIGLIO, Gianluigi. *Informatica Giuridica*. Disponível em: https://informaticaediritto.files.wordpress.com/2012/05/2012id1-informatica-giuridica.pdf. Acesso em: 1º out. 2020.

Por isso a necessidade de sempre se questionar sobre o qual é a pretensão na utilização da Inteligência Artificial; até onde se pretende chegar, tomando como ponto de partida o protagonismo do ser humano neste processo.

É época de rever velhas instituições jurídicas que não possuem mais utilidade, mas nunca descartando a experiência humana no processo de construção da justiça como bem destaca Miguel Reale e, em particular, quanto à jurisprudência.

As sequências lógicas estabelecidas em métricas por uma IA não trazem em si o sentir humano contemplado na sua liberdade e na sua valoração o que, neste caso, certamente, permite uma apreciação do caso concreto.

6. REFERÊNCIAS

BRUGALETTA, Francesco. *Informatica giuridica e diritto dell'informatica*: per una genesi delle discipline. Disponível em https://www.diritto.it/informatica-giuridica-e-diritto-dellinformatica-per-una-genesi-delle-discipline/. Acesso em: 1º out. 2020.

CIAPJ/FGV In FUNDAÇÃO GETÚLIO VARGAS. Webinar – I Fórum sobre Direito e Tecnologia - 2020 (parte 1). Disponível em: https://www.youtube.com/watch?v=LbVnv7a1wkU. Acesso em: 1º out 2020.

CNJ INOVA. Disponível em: https://www.cnj-inova.com/. Acesso em: 5 out. 2020.

COLLAS, Aurélie. *L'intelligence artificielle, nouvel outil pour faciliter le travail des avocats*: Automatisation des métiers (2/3). Quel est l'impact de la robotisation sur le monde du travail? Deuxième épisode de notre série avec un cabinet d'avocats qui a recours à l'IA. Disponível em https://www.lemonde.fr/economie/article/2019/07/30/l-intelligence-artificielle-nouvel-outil-pour-faciliter-le-travail-des-avocats_5494947_3234.html. Acesso em: 1º. out. 2020.

COMMISSION EUROPEENNE POUR L'EFFICACITE DE LA JUSTICE (CEPEJ). *Charte éthique européenne d'utilisation de l'intelligence artificielle dans les systèmes judiciaires et leur environnement*. Disponível em https://rm.coe.int/0900001680902f39. Acesso em: 5 out. 2020.

CONSELHO NACIONAL DE JUSTIÇA. *Justiça em Números 2020*: ano-base 2019. Brasília: CNJ, 2020. Disponível em: https://www.cnj.jus.br/wp-content/uploads/2020/08/WEB-V3-Justi%C3%A7a-em-N%C3%BAmeros-2020-atualizado-em-25-08-2020.pdf. Acesso em: 5 out. 2020.

CORBYN, Zoë. *Hungry judges dispense rough justice*: when they need a break, decision-makers gravitate towards the easy option. Disponível em https://www.nature.com/news/2011/110411/full/news.2011.227.html. Acesso em: 1º out. 2020.

FIORIGLIO, Gianluigi. *Informatica Giuridica*. Disponível em: https://informaticaediritto.files.wordpress.com/2012/05/2012id1-informatica-giuridica.pdf. Acesso em: 1º out. 2020.

FUX, Luiz. Novas tecnologias: Fux mostra benefícios e questionamentos da Inteligência Artificial no Direito. *Consultor Jurídico*. Disponível em: https://www.conjur.com.br/dl/palestra-fux-inteligencia-artificial.pdf. Acesso em: 1º out. 2020.

GILISSEN, John. *Introdução histórica ao direito*. Tradução de A. M. Hespanha e L. M. Macaísta Malheiros. 3. ed. Lisboa: Fundação Calouste Gulbenkian, 2001.

LARENZ, Karl. *Metodologia da Ciência do Direito*. Tradução de José Lamego. 3. ed. Lisboa: Fundação Calouste Gulbenkian, 1997.

MONTORO, André Franco. *Introdução à ciência do direito*. 22. ed. São Paulo: Revista dos Tribunais, 1994.

PIRES, Fernanda Ivo. Responsabilidade civil e o robô advogado. *In:* MARTINS, Guilherme Magalhães; ROSENVALD, Nelson (Coord.). *Responsabilidade civil e novas tecnologias*. Indaiatuba: Foco, 2020.

REALE, Miguel. *O direito como experiência*: Introdução à epistemologia jurídica. São Paulo: Saraiva, 1968.

REVISTA ÉPOCA. Estônia quer substituir os juízes por robôs. Disponível em https://epocanegocios.globo.com/Tecnologia/noticia/2019/04/estonia-quer-substituir-os-juizes-por-robos.html. Acesso em: 1º out. 2020.

28
INOVAÇÕES NA ADOÇÃO DA INTELIGÊNCIA ARTIFICIAL PELO PODER JUDICIÁRIO BRASILEIRO

Mário Augusto Figueiredo de Lacerda Guerreiro

Mestre em Ciências Jurídico-Políticas pela Universidade de Coimbra. Conselheiro do Conselho Nacional de Justiça e Juiz de Direito do Tribunal de Justiça do Estado do Rio Grande do Sul.

1. INTRODUÇÃO

O uso da inteligência artificial, embora recente, encontra-se em franca expansão no Poder Judiciário brasileiro, sendo utilizado não só na otimização do desempenho de atividades ordinatórias, mas também no auxílio na tomada de decisões, revelando-se importante ferramenta para o incremento da celeridade e economia na prestação jurisdicional[1].

Segundo apontado pelo estudo "Tecnologia Aplicada à Gestão de Conflitos no Poder Judiciário com Ênfase em Inteligência Artificial", coordenado pelo Centro de Inovação, Administração e Pesquisa do Judiciário da Fundação Getúlio Vargas (CIAPJ/FGV) e divulgado no 1º Fórum sobre Direito e Tecnologia promovido pela FGV nos dias 29 de junho e 2 de julho do corrente ano[2], mais da metade dos tribunais pátrios já utilizam sistemas de inteligência artificial.

Há, contudo, que se ter especial cautela na utilização da inteligência artificial no Poder Judiciário, atentando-se para as diretrizes estabelecidas pelo Conselho Nacional de Justiça (CNJ), na sua recente Resolução 332, de 21 de agosto de 2020[3], aprovada na 71ª Sessão Virtual, realizada de 6 a 14 de agosto de 2020, dispondo sobre a ética, a transparência e a governança na produção e no uso de inteligência artificial no Poder

1. Disponível em: https://agenciabrasil.ebc.com.br/justica/noticia/2020-08/luiz-fux-defende-uso-de-inteligencia-artificial-no-judiciario. Acesso em: 26 ago. 2020.
2. Disponível em: https://portal.fgv.br/eventos/webinar-i-inteligencia-artificial-aplicada-gestao-conflitos-ambito-poder-judiciario-1o-forum. Acesso em: 15 ago. 2020.
3. DJe/CNJ 274, de 25/08/2020, p. 4-8.

Judiciário[4]. O referido ato normativo buscou inspiração nos cinco princípios fundamentais intitulados "Carta ética europeia sobre o uso da inteligência artificial nos sistemas judiciais e seu ambiente" da Comissão Europeia para Eficiência da Justiça (CEPEJ), do Conselho da Europa, e na "Recomendação do Conselho sobre Inteligência Artificial", da Organização para a Cooperação e Desenvolvimento Econômico (OCDE). Pretendeu, com isso, o Conselho Nacional de Justiça que, em prol das tão almejadas celeridade[5] e economia processuais (esta, frise-se, compreendida como aumento da produtividade a um custo menor, constituindo-se em um dos elementos da eficiência[6]), o uso de algoritmos[7] e de processos de *machine learning*[8] na prestação jurisdicional não violem direitos e garantias fundamentais igualmente relevantes, tais como o da igualdade[9], do contraditório e da ampla defesa[10].

Abordar-se-á, no presente artigo, a imprescindibilidade da adoção pelo Poder Judiciário brasileiro de ferramentas de inteligência artificial para o aprimoramento de sua gestão processual, sem se descurar, no entanto, dos direitos e garantias fundamentais estabelecidos constitucionalmente.

2. A INCORPORAÇÃO DE INTELIGÊNCIA ARTIFICIAL PELO PODER JUDICIÁRIO BRASILEIRO PARA O APRIMORAMENTO DA SUA GESTÃO PROCESSUAL

O exacerbado volume de demandas que ingressam ordinariamente no sistema de justiça brasileiro – somente no ano de 2019, por exemplo, foram ajuizados 30,2 milhões de processos nos tribunais nacionais, não se encontrando contabilizados nesses números, gize-se, outros milhares de feitos apresentados ao Conselho Nacional de Justiça (CNJ) e

4. ATO NORMATIVO. RESOLUÇÃO. PARÂMETROS ÉTICOS PARA O DESENVOLVIMENTO E USO DA INTELIGÊNCIA ARTIFICIAL NO ÂMBITO DO PODER JUDICIÁRIO.

   1. Resolução destinada aos órgãos do Poder Judiciário para que observem os princípios éticos e demais disposições quando do desenvolvimento, uso e eventual descontinuidade de projetos, ferramentas e produtos calcados em Inteligência Artificial.

   2. Resolução aprovada.

   (Conselho Nacional de Justiça, Ato Normativo 0005432-29.2020.2.00.0000, Rel. Cons. Rubens Canuto, DJe/CNJ 268, de 19.08.2020, p. 13-15).

5. CRFB, Art. 5º, LXXVII: "a todos, no âmbito judicial e administrativo, são assegurados a razoável duração do processo e os meios que garantam a celeridade de sua tramitação".
6. CRFB, Art. 37, *caput*: "a administração pública direta e indireta de qualquer dos Poderes da União, dos Estados, do Distrito Federal e dos Municípios obedecerá aos princípios de legalidade, impessoalidade, moralidade, publicidade e eficiência e, também, ao seguinte:"
7. Algoritmo é uma sequência de instruções que diz a um computador o que fazer. DOMINGOS, Pedro. *The master algorithm*: how the quest for the ultimate machine learning will remake our world. Nova York: Basic Books, 2015. p. 2.
8. Aprendizado de máquina. "A técnica de *machine learning* pode ser definida, então, como a prática de usar algoritmos para coletar e interpretar dados, fazendo predições sobre fenômenos. As máquinas desenvolvem modelos e fazem predições automáticas independentemente de nova programação". FERRARI, Isabela; BECKER, Daniel; WOLKART, Erik Navarro. *Arbitrium ex machina*: panorama, riscos e a necessidade de regulação das decisões informadas por algoritmos. *Revista dos Tribunais Online*, v. 995, set. 2018.
9. CRFB, Art. 5º, *caput*: "Todos são iguais perante a lei, sem distinção de qualquer natureza, garantindo-se aos brasileiros e aos estrangeiros residentes no País a inviolabilidade do direito à vida, à liberdade, à igualdade, à segurança e à propriedade, nos termos seguintes".
10. CRFB, Art. 5º, LV: "aos litigantes, em processo judicial ou administrativo, e aos acusados em geral são assegurados o contraditório e a ampla defesa, com os meios e recursos a ela inerentes".

ao Supremo Tribunal Federal (STF)[11] -, aliado à restrição orçamentária para a criação de novos cargos de juízes e servidores, impõem ao judiciário brasileiro o desafio da busca constante de aprimoramento de sua gestão processual.

Nesse esforço incessante de aperfeiçoamento e atento à incrível evolução dos recursos tecnológicos em nível mundial, sobretudo no que diz respeito ao desenvolvimento da inteligência artificial, o Poder Judiciário brasileiro passou a incorporar ferramentas de inteligência artificial nas suas atividades, com o propósito de automação de atos não decisórios e instrumentalização para a tomada de decisões, visando a alcançar maior produtividade e celeridade na prestação jurisdicional, a um custo menor[12].

Apresenta-se relevante destacar, nessa senda, a título exemplificativo, entre muitas outras iniciativas igualmente relevantes desenvolvidas e implementadas pelos tribunais nacionais, o desenvolvimento pelo STF, em parceria com a Universidade de Brasília (UnB), do sistema denominado Victor, cuja função principal é auxiliar os analistas do STF, interpretando os recursos e separando-os por temas de repercussão geral, proporcionando, assim, maior eficiência na análise dos processos, com expressiva redução de tempo no desempenho da tarefa e economia de recursos humanos[13].

Mais recentemente, o STF implantou, também, uma nova ferramenta de indexação e pesquisa de jurisprudência, com a utilização de inteligência artificial, para facilitar o acesso dos usuários às decisões da Suprema Corte, proporcionando um ambiente digital mais amigável, intuitivo e eficiente. O sistema indexa os dados de forma parcialmente automatizada e permite a realização de busca em diversas bases (acórdãos, decisões monocráticas, súmulas, temas de repercussão geral, etc.), bem como a consulta por número do processo, por ministro, data, tema, órgão julgador, partes e leis. Sobre esse sistema, vale, ainda, destacar: "outra novidade para o futuro é a coleta de dados sobre o comportamento dos usuários, que permitirá identificar informações como tipo de pesquisa, conteúdo acessado, documentos selecionados como favoritos, entre outros, a serem utilizados para aperfeiçoar a experiência individual na pesquisa de jurisprudência"[14].

Atento à promoção do uso, aperfeiçoamento e criação de componentes e serviços de inteligência artificial, o Superior Tribunal de Justiça (STJ) desenvolveu o sistema Sócrates 2.0, voltado à identificação e fornecimento de informações relevantes contidas no recurso especial, tais como os permissivos constitucionais pelos quais o recurso foi interposto, os dispositivos legais tidos por violados, os precedentes jurisprudenciais acerca da matéria e as controvérsias jurídicas apresentadas, auxiliando, em muito, o trabalho humano a ser desempenhado.

---

11. Dados extraídos do Relatório Justiça em Números 2020: ano-base 2019, elaborado pelo CNJ (https://www.cnj.jus.br/wp-content/uploads/2020/08/WEB-v2-Justi%C3%A7a-em-N%C3%BAmeros-2020-atualizado-em-25-08-2020.pdf). Acesso em: 26 ago. 2020.
12. WYPYCH, Ricardo; KFOURI NETO, Miguel. Inteligência artificial no judiciário brasileiro: a construção de um modelo para efetivação de direitos e garantias individuais. *In:* PINTO, Danielle Jacon Aires; ROVER, Aires José; RIBEIRO, Carlos Vinícius Alves (Coord.). *Direito, Governança e Novas Tecnologias*. Florianópolis: CONPEDI, 2019, p. 150-165.
13. "Ministra Cármen Lúcia anuncia início de funcionamento do Projeto Victor, de inteligência artificial". Notícias STF, *in* http://www.stf.jus.br/portal/cms/verNoticiaDetalhe.asp?idConteudo=388443. Acesso em: 15 ago. 2020.
14. "STF moderniza pesquisa de jurisprudência e facilita acesso aos usuários". Notícias STF, *in* http://portal.stf.jus.br/noticias/verNoticiaDetalhe.asp?idConteudo=444028&ori=1. Acesso em: 16 ago. 2020.

Desenvolveu o STJ, também, o projeto e-Juris, utilizando métodos baseados em agrupamentos de textos similares, identificação de legislação e precedentes, recebendo, a depender do objeto de análise, denominações específicas, como Sócrates 1.0, voltado a identificar processos similares no acervo dos gabinetes dos Ministros; Athos, destinado a selecionar processos similares para facilitar a tarefa de identificar controvérsia com potencial de submissão ao rito dos recursos repetitivos; e-Juris, que identifica com algoritmos de redes neurais as normas que foram objeto de exame e os precedentes citados; Logos, dirigido a identificar temas repetitivos; e Accordes, voltado a selecionar acórdãos similares para o produto Jurisprudência em Teses[15].

Em parceria com a Escola Nacional de Formação e Aperfeiçoamento de Magistrados (ENFAM), o STJ desenvolveu o projeto Corpus 927[16], sistema de busca de jurisprudência que reúne as decisões vinculantes, os enunciados e as orientações de que trata o artigo 927 da Lei 13.105/2015 (Código de Processo Civil)[17], centraliza a jurisprudência do STF e do STJ e exibe posicionamentos similares. Destina-se, ainda, a identificar correntes jurisprudenciais e prospectar temas para afetação à sistemática de julgamento de recursos repetitivos, utilizando, para tanto, técnicas de inteligência artificial para estabelecer percentuais de similaridade entre os precedentes não vinculantes, apresentando os resultados na ordem do referido artigo 927.

O sistema Corpus 927, mediante Acordo de Cooperação Técnica firmado em 25 de junho do corrente ano entre a Secretaria-Geral da Presidência da República, o STJ, o CNJ, a ENFAM e o STF, passou a integrar a base de consulta legislativa da Presidência da República, com a inclusão no Portal da Legislação[18] de *links* nas normas que direcionam o usuário para precedentes jurisprudenciais relacionados ao dispositivo legal pesquisado.

15. http://www.stj.jus.br/sites/portalp/SiteAssets/Transparencia/Relatorios-de-gestao/Relatorio_gestao_2019.pdf, p. 37-38. Acesso em: 16 ago. 2020.
16. Disponívrl em: http://corpus927.enfam.jus.br. Acesso em: 26 ago. 2020.
17. Lei 13.105/2015. Art. 927. Os juízes e os tribunais observarão:

    I – as decisões do Supremo Tribunal Federal em controle concentrado de constitucionalidade;

    II – os enunciados de súmula vinculante;

    III – os acórdãos em incidente de assunção de competência ou de resolução de demandas repetitivas e em julgamento de recursos extraordinário e especial repetitivos;

    IV – os enunciados das súmulas do Supremo Tribunal Federal em matéria constitucional e do Superior Tribunal de Justiça em matéria infraconstitucional;

    V – a orientação do plenário ou do órgão especial aos quais estiverem vinculados.

    § 1º Os juízes e os tribunais observarão o disposto no art. 10 e no art. 489, § 1º, quando decidirem com fundamento neste artigo.

    § 2º A alteração de tese jurídica adotada em enunciado de súmula ou em julgamento de casos repetitivos poderá ser precedida de audiências públicas e da participação de pessoas, órgãos ou entidades que possam contribuir para a rediscussão da tese.

    § 3º Na hipótese de alteração de jurisprudência dominante do Supremo Tribunal Federal e dos tribunais superiores ou daquela oriunda de julgamento de casos repetitivos, pode haver modulação dos efeitos da alteração no interesse social e no da segurança jurídica.

    § 4º A modificação de enunciado de súmula, de jurisprudência pacificada ou de tese adotada em julgamento de casos repetitivos observará a necessidade de fundamentação adequada e específica, considerando os princípios da segurança jurídica, da proteção da confiança e da isonomia.

    § 5º Os tribunais darão publicidade a seus precedentes, organizando-os por questão jurídica decidida e divulgando-os, preferencialmente, na rede mundial de computadores.
18. Disponível em: http://www4.planalto.gov.br/legislacao.

Merecem especial destaque, ainda, na atuação do STJ, o desenvolvimento e implantação dos sistemas de automatização do controle de petições recursais incidentais e de automatização do controle de baixa de processos com decisão monocrática, laureados com o Selo de Desburocratização do Conselho Nacional de Justiça em 25/5/2020[19].

Ciente do elevado volume de petições mensais no processamento dos recursos de agravos e embargos (cerca de 80.000 por mês[20]) e do fato de seu sistema de peticionamento ser 100% eletrônico, o STJ desenvolveu a funcionalidade de automatização do controle das referidas petições recursais incidentais, passando o sistema, assim, a juntar automaticamente as petições aos autos eletrônicos indicados; identificar se a petição é do tipo recursal (agravo e embargos de declaração); autuar a petição; verificar se o processo tem regra específica de tratamento de petições, identificando se a conclusão é imediata ou se deve ser aberta vista para impugnação; identificar o recorrido; verificar a tempestividade e certificá-la nos autos, se necessário; encaminhar a vista para impugnação ao recurso para publicação no diário da justiça eletrônico; controlar o prazo para impugnação; detectar se ocorreu impugnação, certificando a tempestividade ou, caso contrário, a ausência de apresentação de impugnação; e realizar a conclusão dos autos ou encaminhá-los para vista ao Ministério Público, conforme a regra específica do processo, o que permitiu liberar servidores para o desempenho de outras atividades, com considerável ganho em termos de celeridade e economia[21].

O sistema de automatização do controle de baixa de processos com decisão monocrática, por sua vez, permite o controle, sem intervenção humana, do implemento das condições para a baixa de processos, conferindo, após a publicação de decisões monocráticas, se a decisão é terminativa; identificando quem é o sucumbente da decisão e verificando se tem prazo em dobro para recorrer; constatando a existência de pendências, tais como recursos pendentes de apreciação, petições ou outras decisões com prazo não encerrado e a data de trânsito em julgado; certificando o trânsito em julgado; e remetendo os autos a outros tribunais.

A inteligência artificial também é utilizada pelo Tribunal Superior do Trabalho (TST) no gerenciamento dos seus processos através do sistema Bem-te-vi, o qual, além de catalogar de forma autônoma os processos por temas, permite verificar o seu tempo de tramitação, a adequação às metas estabelecidas pelo CNJ e a análise automática da tempestividade dos recursos[22].

O Tribunal Superior Eleitoral (TSE), por seu turno, faz uso de ferramentas de inteligência artificial na análise de dados de prestação de contas eleitorais e partidárias

19. Disponível em: https://www.cnj.jus.br/selo-cnj-de-desburocratizacao-premia-catorze-praticas-de-onze-tribunais/. Acesso em: 16 ago. 2020.
20. Diagrama da recorribilidade e demanda processual, in https://www.cnj.jus.br/wp-content/uploads/2020/08/WEB-v2-Justi%C3%A7a-em-N%C3%BAmeros-2020-atualizado-em-25-08-2020.pdf, acesso em 26/8/2020, e relatório estatístico do STJ de processos distribuídos e registrados no ano de 2019, por classe processual, in http://www.stj.jus.br/webstj/Processo/Boletim/verpagina.asp?vPag=0&vSeq=343. Acesso em: 26 ago. 2020.
21. Disponível em: http://www.stj.jus.br/sites/portalp/Paginas/Comunicacao/Noticias/STJ-recebe-Selo-CNJ-de-Desburocratizacao-por-praticas-automatizadas-de-controle-de-peticoes-e-baixa-de-processos.aspx. Acesso em: 16 ago. 2020.
22. Disponível em: http://www.tst.jus.br/noticias/-/asset_publisher/89Dk/content/inteligencia-artificial-traz-melhorias-inovadoras-para-tramitacao-de-processos-no-tst. Acesso em: 26 ago. 2020.

mediante o cruzamento de informações com outros órgãos, o que permite, de modo célere, a identificação de possíveis fraudes.

Insta destacar, ademais, que as diversas ferramentas de inteligência artificial desenvolvidas pelos tribunais são compiladas e sistematizadas pelo Conselho Nacional de Justiça (CNJ) no exercício da competência que lhe foi conferida pelo art. 196 do CPC[23], sendo então compartilhadas com todos os órgãos do Poder Judiciário em sistema de cooperação, havendo, inclusive, sido instituído com esse desiderato no âmbito do CNJ o Laboratório de Inovação do Processo Judicial em Meio Eletrônico (Inova PJe), o Centro de Inteligência Artificial Aplicada ao PJe[24] e a plataforma denominada Repositório Nacional de Projetos de Software e Versionamento de Arquivos do Conselho Nacional de Justiça (Git.jus), consistente em sistema de acompanhamento de projetos, controle de versão de arquivos e ambiente digital central para colaboração e inovação do Poder Judiciário[25].

Destarte, resultam inequívocos os ganhos em celeridade e economia com a utilização de ferramentas de inteligência artificial pelo Poder Judiciário brasileiro, evidenciando-se tais recursos imprescindíveis e inexoráveis para se fazer frente ao elevado volume de demandas que lhe são apresentadas ordinariamente.

Há, contudo, que se ter cautela na utilização desses mecanismos, especialmente quando destinados a auxiliar os magistrados na tomada de decisões.

3. RISCOS DA UTILIZAÇÃO DE INTELIGÊNCIA ARTIFICIAL NO AUXÍLIO À TOMADA DE DECISÕES JUDICIAIS

Consoante bem apontado por Isabela Ferrari, Daniel Becker e Erik Navarro Wolkart em seu artigo *Arbitrium ex machina: panorama, riscos e a necessidade de regulação das decisões informadas por algoritmos*, “ao mesmo tempo em que traz benefícios, o uso de algoritmos apresenta riscos não evidentes, derivados especialmente: (i) de *data sets* viciados; (ii) da opacidade na sua forma de atuação, consequência das técnicas de *machine* e *deep learning*; (iii) da possibilidade de promoverem a discriminação, ainda que bem estruturados”[26].

Com efeito, em algoritmos não programados (*machine learning*), problemas pertinentes às bases de dados, tais como dados impregnados por vieses cognitivos ou incompletos, são incorporados em sua operação, ensejando a formação de algoritmos imperfeitos, propensos à produção de resultados discriminatórios ou mesmo excludentes, pois “um algoritmo é tão bom quanto os dados que o alimentam”[27].

23. CPC, Art. 196. Compete ao Conselho Nacional de Justiça e, supletivamente, aos tribunais, regulamentar a prática e a comunicação oficial de atos processuais por meio eletrônico e velar pela compatibilidade dos sistemas, disciplinando a incorporação progressiva de novos avanços tecnológicos e editando, para esse fim, os atos que forem necessários, respeitadas as normas fundamentais deste Código.
24. Portaria CNJ 25/2019, DJe/CNJ 35/2019, em 22.02.2019, p. 4-7.
25. Portaria CNJ 7/2020, DJe/CNJ 11/2020, de 17.01.2020, p. 2-3.
26. FERRARI, Isabela; BECKER, Daniel; WOLKART, Erik Navarro. *Arbitrium ex machina*: panorama, riscos e a necessidade de regulação das decisões informadas por algoritmos. *Revista dos Tribunais Online*, v. 995, set. 2018, p. 3.
27. BAROCAS, Solon; SELBST, Andrew D. Big Data's Disparate Impact. *California Law Review*, v. 104, p. 671-, 2016.

No que concerne ao problema da opacidade do sistema, revela-se evidente a dificuldade de controle sobre o processo de desenvolvimento e funcionamento dos algoritmos de *machine learning*, na medida em que se programam de forma autônoma a partir da base de dados que utilizam, tornando intrincada a compreensão de sua operação para o alcance do resultado apontado e, por conseguinte, a conferência de sua correção[28].

Não se pode olvidar, outrossim, a possibilidade do algoritmo de *machine learning* produzir resultado discriminatório mesmo a partir de base de dados correta, entendida como tal aquela que retrate fidedignamente a realidade estabelecida, uma vez que tende a refletir determinados padrões já postos, dificultando a sua alteração e evolução social, de modo que a sua manutenção poderá ensejar situação de discriminação[29].

Por fim, insta ressaltar que a utilização de inteligência artificial para a confecção de peças processuais automatizadas diretamente pelo jurisdicionado, mediante a utilização de ferramentas disponibilizadas na rede mundial de computadores, sem a supervisão de um advogado, tem causado indagações quanto à qualidade desse serviço e à sua eventual caracterização como exercício ilegal da profissão da advocacia, além de inúmeros questionamentos éticos daí decorrentes[30].

Conhecidos esses riscos, deve-se perseguir a sua minimização, mediante a observância de princípios éticos e regulação jurídica específica a servirem de parâmetros para o desenvolvimento e utilização de ferramentas de inteligência artificial.

4. MINIMIZAÇÃO DOS RISCOS A PARTIR DA OBSERVÂNCIA DE PARÂMETROS REGULATÓRIOS

O acelerado desenvolvimento de ferramentas de inteligência artificial associado à constatação de sua importância para a eficiência da justiça, à escassez normativa acerca da matéria e aos riscos de violação a direitos e garantias fundamentais dos jurisdicionados e dos usuários dessas ferramentas[31], em caso de sua utilização sem o desenvolvimento de mecanismos de governança de algoritmos, levou a Comissão Europeia para a Eficiência da Justiça (CEPEJ), do Conselho da Europa, a adotar formalmente, em dezembro de 2018, os cinco princípios fundamentais intitulados "Carta ética europeia sobre o uso da inteligência artificial nos sistemas judiciais e seu ambiente", sendo eles:

> 1. princípio do respeito pelos direitos fundamentais, consistente em assegurar que a elaboração e a implementação de ferramentas e serviços de inteligência artificial sejam compatíveis com os direitos fundamentais;

---

28. NUNES, Dierle; MARQUES, Ana Luiza Pinto Coelho. Inteligência artificial e direito processual: vieses algorítmicos e os riscos de atribuição de função decisória às máquinas. *Revista de Processo*, v. 285, nov. 2018, p. 421-447.
29. FERRARI, Isabela; BECKER, Daniel. Algoritmo e preconceito. *Jota*, 12 dez. 2017. Disponível em: https://www.jota.info/opiniao-e-analise/artigos/algoritmo-e-preconceito-12122017. Acesso em: 16 ago. 2020.
30. FUX, Luiz; BODART, Bruno. *Processo civil e análise econômica*. Rio de Janeiro: Forense, 2019, p. 47-48.
31. "Mas também os utilizadores, no âmbito do uso de tais sistemas, deixam 'vestígios' dos dados que eles, no seu trabalho e na sua produção, utilizaram ou acederam – um problema tanto da proteção de dados como no plano da cogestão ou representação dos utentes na gestão dos sistemas." SCHNEIDER, Jochen. Processamento eletrônico de dados – informática jurídica. *In:* KAUFMANN, Arthur; HASSEMER, Winfried (Org.). Introdução à filosofia do direito e à teoria do direito contemporâneas. Tradução de Manuel Seca de Oliveira. 3. ed. Lisboa: Fundação Calouste Gulbenkian, 2015, p. 561.

2. princípio da não discriminação, ou seja, necessidade de se prevenir o desenvolvimento ou intensificação de qualquer discriminação entre indivíduos ou grupos de indivíduos;

3. princípio da qualidade e segurança, o qual preconiza que no processamento de decisões e dados judiciais devem ser utilizadas fontes certificadas e dados intangíveis com modelos elaborados de forma multidisciplinar, num ambiente tecnológico seguro;

4. princípio da transparência, imparcialidade e justiça, ou seja, tornar os métodos de processamento de dados acessíveis e compreensíveis, autorizando auditorias externas;

5. princípio "sob controle do usuário", que significa que se deve impedir uma abordagem prescritiva e garantir que os usuários sejam informados e controlem suas escolhas.

Embora tais princípios não vinculem formalmente o Poder Judiciário brasileiro, diante de sua relevância e percuciência, passaram a ser aqui também observadas as suas diretrizes, vindo, inclusive, a servir de referência para a recente normatização da matéria pelo CNJ.

De forma análoga, mas com caráter mais amplo, já que não destinada apenas ao Judiciário, a Organização para a Cooperação e Desenvolvimento Econômico (OCDE) aprovou, em maio de 2019, a "Recomendação do Conselho sobre Inteligência Artificial" (OCDE/LEGAL/0449), para aplicação em todas as atividades que utilizem inteligência artificial, sendo o Brasil um dos 42 países signatários do compromisso de observância da referida recomendação. Estabeleceu a OCDE, em suma, como diretrizes a serem observadas:

1. crescimento inclusivo, desenvolvimento sustentável e bem-estar;
2. valores centrados no ser humano e equidade;
3. transparência e explicabilidade;
4. robustez, segurança e proteção; e
5. *accountability*.

Nessa senda, o CNJ, atento à sua missão constitucional[32] e à necessidade de regulação específica da matéria, tendo em vista o quadro pátrio de vazio normativo no que se referia à governança e limites éticos para o desenvolvimento e utilização de inteligência artificial no âmbito judicial, aprovou em sua 71ª Sessão Virtual, realizada de 6 a 14 de agosto de 2020, a edição da Resolução 332/2020[33], dispondo sobre a ética, a transparência e a governança na produção e no uso de inteligência artificial no Poder Judiciário, incorporando os princípios insculpidos pela "Carta ética europeia sobre o uso da inteligência artificial nos sistemas judiciais e seu ambiente" e estabelecendo a obrigatoriedade

32. CRFB, Art. 103-B, § 4º: Compete ao Conselho o controle da atuação administrativa e financeira do Poder Judiciário e do cumprimento dos deveres funcionais dos juízes, cabendo-lhe, além de outras atribuições que lhe forem conferidas pelo Estatuto da Magistratura:

I – zelar pela autonomia do Poder Judiciário e pelo cumprimento do Estatuto da Magistratura, podendo expedir atos regulamentares, no âmbito de sua competência, ou recomendar providências;

II – zelar pela observância do art. 37 e apreciar, de ofício ou mediante provocação, a legalidade dos atos administrativos praticados por membros ou órgãos do Poder Judiciário, podendo desconstituí-los, revê-los ou fixar prazo para que se adotem as providências necessárias ao exato cumprimento da lei, sem prejuízo da competência do Tribunal de Contas da União;

33. CNJ, Ato Normativo 0005432-29.2020.2.00.0000, Rel. Cons. Rubens Canuto, DJe/CNJ 268, de 19/08/2020, p. 13-15.

de comunicação das iniciativas envolvendo a inteligência artificial e dos seus eventos adversos, para fins de controle, aprimoramento e compartilhamento.

Na sua Resolução 332/2020, preocupou-se o CNJ em assentar, de forma expressa, a finalidade de promoção do bem-estar e da isonomia na prestação jurisdicional a pautarem o uso de ferramentas de inteligência artificial pelo Judiciário[34]; o respeito aos direitos fundamentais[35], com especial destaque à segurança jurídica, à isonomia e à privacidade[36]; a obrigatoriedade de checagem de inexistência de vieses discriminatórios ou preconceituosos no desenvolvimento da ferramenta previamente à sua adoção, bem como a descontinuidade de seu uso em caso de constatação de tais vícios *a posteriori*[37]; a necessidade de observância da publicidade e da transparência no que concerne aos processos de desenvolvimento e funcionamento dos sistemas de inteligência artificial[38], assim como das regras de governança e de qualidade de dados[39], em estreita e evidente consonância com os princípios estabelecidos pela "Carta ética europeia sobre o uso da inteligência artificial nos sistemas judiciais e seu ambiente".

34. Resolução 332/2020. Art. 2º A Inteligência Artificial, no âmbito do Poder Judiciário, visa promover o bem-estar dos jurisdicionados e a prestação equitativa da jurisdição, bem como descobrir métodos e práticas que possibilitem a consecução desses objetivos.
35. Resolução 332/2020. Art. 4º No desenvolvimento, na implantação e no uso da Inteligência Artificial, os tribunais observarão sua compatibilidade com os Direitos Fundamentais, especialmente aqueles previstos na Constituição ou em tratados de que a República Federativa do Brasil seja parte.
36. Resolução 332/2020. Art. 5º A utilização de modelos de Inteligência Artificial deve buscar garantir a segurança jurídica e colaborar para que o Poder Judiciário respeite a igualdade de tratamento aos casos absolutamente iguais.

    Art. 6º Quando o desenvolvimento e treinamento de modelos de Inteligência exigir a utilização de dados, as amostras devem ser representativas e observar as cautelas necessárias quanto aos dados pessoais sensíveis e ao segredo de justiça.

    Parágrafo único. Para fins desta Resolução, são dados pessoais sensíveis aqueles assim considerados pela Lei 13.709/2018, e seus atos regulamentares.
37. Resolução 332/2020. Art. 7º As decisões judiciais apoiadas em ferramentas de Inteligência Artificial devem preservar a igualdade, a não discriminação, a pluralidade e a solidariedade, auxiliando no julgamento justo, com criação de condições que visem eliminar ou minimizar a opressão, a marginalização do ser humano e os erros de julgamento decorrentes de preconceitos.

    § 1º Antes de ser colocado em produção, o modelo de Inteligência Artificial deverá ser homologado de forma a identificar se preconceitos ou generalizações influenciaram seu desenvolvimento, acarretando tendências discriminatórias no seu funcionamento.

    § 2º Verificado viés discriminatório de qualquer natureza ou incompatibilidade do modelo de Inteligência Artificial com os princípios previstos nesta Resolução, deverão ser adotadas medidas corretivas.

    § 3º A impossibilidade de eliminação do viés discriminatório do modelo de Inteligência Artificial implicará na descontinuidade de sua utilização, com o consequente registro de seu projeto e as razões que levaram a tal decisão.
38. Resolução 332/2020. Art. 8º Para os efeitos da presente Resolução, transparência consiste em:

    I – divulgação responsável, considerando a sensibilidade própria dos dados judiciais;

    II – indicação dos objetivos e resultados pretendidos pelo uso do modelo de Inteligência Artificial;

    III – documentação dos riscos identificados e indicação dos instrumentos de segurança da informação e controle para seu enfrentamento;

    IV – possibilidade de identificação do motivo em caso de dano causado pela ferramenta de Inteligência Artificial;

    V – apresentação dos mecanismos de auditoria e certificação de boas práticas;

    VI – fornecimento de explicação satisfatória e passível de auditoria por autoridade humana quanto a qualquer proposta de decisão apresentada pelo modelo de Inteligência Artificial, especialmente quando essa for de natureza judicial.
39. Resolução 332/2020. Art. 9º Qualquer modelo de Inteligência Artificial que venha a ser adotado pelos órgãos do Poder Judiciário deverá observar as regras de governança de dados aplicáveis aos seus próprios sistemas computacionais, as Resoluções e as Recomendações do Conselho Nacional de Justiça, a Lei 13.709/2018, e o segredo de justiça.

Não descurou o CNJ, também, da indispensabilidade da segurança dos dados a serem utilizados no processo de *machine learning*[40] e da garantia da autonomia dos usuários[41], regras essas igualmente oriundas dos princípios erigidos pela "Carta ética europeia sobre o uso da inteligência artificial nos sistemas judiciais e seu ambiente".

A referida resolução reforçou, ainda, o caráter nacional de nosso Poder Judiciário e o espírito de cooperação que deve nortear os seus órgãos, ao determinar a informação por estes, ao CNJ, de realização de pesquisa, desenvolvimento, implantação ou uso de inteligência artificial para seu compartilhamento com os demais[42] e estabelecer as suas necessárias diretrizes gerais[43].

40. Resolução 332/2020. Art. 13. Os dados utilizados no processo de treinamento de modelos de Inteligência Artificial deverão ser provenientes de fontes seguras, preferencialmente governamentais.

    Art. 14. O sistema deverá impedir que os dados recebidos sejam alterados antes de sua utilização nos treinamentos dos modelos, bem como seja mantida sua cópia (dataset) para cada versão de modelo desenvolvida.

    Art. 15. Os dados utilizados no processo devem ser eficazmente protegidos contra os riscos de destruição, modificação, extravio ou acessos e transmissões não autorizados.

    Art. 16. O armazenamento e a execução dos modelos de Inteligência Artificial deverão ocorrer em ambientes aderentes a padrões consolidados de segurança da informação.

41. Resolução 332/2020. Art. 17. O sistema inteligente deverá assegurar a autonomia dos usuários internos, com uso de modelos que:

    I – proporcione incremento, e não restrição;

    II – possibilite a revisão da proposta de decisão e dos dados utilizados para sua elaboração, sem que haja qualquer espécie de vinculação à solução apresentada pela Inteligência Artificial.

    Art. 18. Os usuários externos devem ser informados, em linguagem clara e precisa, quanto à utilização de sistema inteligente nos serviços que lhes forem prestados.

    Parágrafo único. A informação prevista no *caput* deve destacar o caráter não vinculante da proposta de solução apresentada pela Inteligência Artificial, a qual sempre é submetida à análise da autoridade competente.

    Art. 19. Os sistemas computacionais que utilizem modelos de Inteligência Artificial como ferramenta auxiliar para a elaboração de decisão judicial observarão, como critério preponderante para definir a técnica utilizada, a explicação dos passos que conduziram ao resultado.

    Parágrafo único. Os sistemas computacionais com atuação indicada no *caput* deste artigo deverão permitir a supervisão do magistrado competente.

42. Resolução 332/2020. Art. 10. Os órgãos do Poder Judiciário envolvidos em projeto de Inteligência Artificial deverão:

    I – informar ao Conselho Nacional de Justiça a pesquisa, o desenvolvimento, a implantação ou o uso da Inteligência Artificial, bem como os respectivos objetivos e os resultados que se pretende alcançar;

    II – promover esforços para atuação em modelo comunitário, com vedação a desenvolvimento paralelo quando a iniciativa possuir objetivos e resultados alcançados idênticos a modelo de Inteligência Artificial já existente ou com projeto em andamento;

    III – depositar o modelo de Inteligência Artificial no Sinapses.

    Art. 11. O Conselho Nacional de Justiça publicará, em área própria de seu sítio na rede mundial de computadores, a relação dos modelos de Inteligência Artificial desenvolvidos ou utilizados pelos órgãos do Poder Judiciário.

    Art. 12. Os modelos de Inteligência Artificial desenvolvidos pelos órgãos do Poder Judiciário deverão possuir interface de programação de aplicativos (API) que permitam sua utilização por outros sistemas.

    Parágrafo único. O Conselho Nacional de Justiça estabelecerá o padrão de interface de programação de aplicativos (API) mencionado no *caput* deste artigo.

43. Resolução 332/2020. Art. 20. A composição de equipes para pesquisa, desenvolvimento e implantação das soluções computacionais que se utilizem de Inteligência Artificial será orientada pela busca da diversidade em seu mais amplo espectro, incluindo gênero, raça, etnia, cor, orientação sexual, pessoas com deficiência, geração e demais características individuais.

    § 1º A participação representativa deverá existir em todas as etapas do processo, tais como planejamento, coleta e processamento de dados, construção, verificação, validação e implementação dos modelos, tanto nas áreas técnicas como negociais.

    § 2º A diversidade na participação prevista no *caput* deste artigo apenas será dispensada mediante decisão fundamentada, dentre outros motivos, pela ausência de profissionais no quadro de pessoal dos tribunais.

Cumpre anotar, outrossim, a existência de um projeto de lei em tramitação na Câmara dos Deputados, de autoria do Deputado Eduardo Bismarck, do Partido Democrático Trabalhista, pelo Estado do Ceará (PDT-CE), apresentado em 4 de fevereiro de 2020, com o fito de estabelecer princípios, direitos e deveres para o uso de inteligência artificial no Brasil e dar outras providências (PL 21/2020)[44].

Destarte, inobstante a mora legislativa, a atuação do CNJ veio a suprir a lacuna regulatória até então existente no âmbito do Poder Judiciário, devendo a observância dos mencionados princípios e regras que disciplinam o desenvolvimento e implantação de ferramentas de inteligência artificial se não eliminarem completamente, ao menos reduzirem em muito, por certo, os riscos na utilização de inteligência artificial no gerenciamento dos processos judiciais e no auxílio à tomada de decisões.

5. CONSIDERAÇÕES FINAIS

A adoção de ferramentas de inteligência artificial se apresenta, portanto, como instrumento imprescindível e adequado à otimização da prestação jurisdicional e à efetivação do princípio da razoável duração do processo, mormente quando observados os princípios e regras estabelecidos pelo CNJ na Resolução 322/2020, recentemente aprovada em sua 71ª Sessão Virtual, que atenuam sensivelmente os riscos de sua utilização.

§ 3º As vagas destinadas à capacitação na área de Inteligência Artificial serão, sempre que possível, distribuídas com observância à diversidade.

§ 4º A formação das equipes mencionadas no *caput* deverá considerar seu caráter interdisciplinar, incluindo profissionais de Tecnologia da Informação e de outras áreas cujo conhecimento científico possa contribuir para pesquisa, desenvolvimento ou implantação do sistema inteligente.

Art. 21. A realização de estudos, pesquisas, ensino e treinamentos de Inteligência Artificial deve ser livre de preconceitos, sendo vedado:

I – desrespeitar a dignidade e a liberdade de pessoas ou grupos envolvidos em seus trabalhos;

II – promover atividades que envolvam qualquer espécie de risco ou prejuízo aos seres humanos e à equidade das decisões;

III – subordinar investigações a sectarismo capaz de direcionar o curso da pesquisa ou seus resultados.

Art. 22. Iniciada pesquisa, desenvolvimento ou implantação de modelos de Inteligência Artificial, os tribunais deverão comunicar imediatamente ao Conselho Nacional de Justiça e velar por sua continuidade.

§ 1º As atividades descritas no *caput* deste artigo serão encerradas quando, mediante manifestação fundamentada, for reconhecida sua desconformidade com os preceitos éticos estabelecidos nesta Resolução ou em outros atos normativos aplicáveis ao Poder Judiciário e for inviável sua readequação.

§ 2º Não se enquadram no *caput* deste artigo a utilização de modelos de Inteligência Artificial que utilizem técnicas de reconhecimento facial, os quais exigirão prévia autorização do Conselho Nacional de Justiça para implementação.

Art. 23. A utilização de modelos de Inteligência Artificial em matéria penal não deve ser estimulada, sobretudo com relação à sugestão de modelos de decisões preditivas.

§ 1º Não se aplica o disposto no caput quando se tratar de utilização de soluções computacionais destinadas à automação e ao oferecimento de subsídios destinados ao cálculo de penas, prescrição, verificação de reincidência, mapeamentos, classificações e triagem dos autos para fins de gerenciamento de acervo.

§ 2º Os modelos de Inteligência Artificial destinados à verificação de reincidência penal não devem indicar conclusão mais prejudicial ao réu do que aquela a que o magistrado chegaria sem sua utilização.

Art. 24. Os modelos de Inteligência Artificial utilizarão preferencialmente software de código aberto que:

I – facilite sua integração ou interoperabilidade entre os sistemas utilizados pelos órgãos do Poder Judiciário;

II – possibilite um ambiente de desenvolvimento colaborativo;

III – permita maior transparência;

IV – proporcione cooperação entre outros segmentos e áreas do setor público e a sociedade civil.

44. Disponível em: https://www.camara.leg.br/proposicoesWeb/fichadetramitacao?idProposicao=2236340. Acesso em: 26 ago. 2020.

6. REFERÊNCIAS

BAROCAS, Solon; SELBST, Andrew D. Big Data's Disparate Impact. *California Law Review*, v. 104, p. 671-, 2016.

DOMINGOS, Pedro. *The master algorithm:* how the quest for the ultimate machine learning will remake our world. Nova York: Basic Books, 2015.

FERRARI, Isabela; BECKER, Daniel. Algoritmo e preconceito. *Jota*, 12 dez. 2017. Disponível em: https://www.jota.info/opiniao-e-analise/artigos/algoritmo-e-preconceito-12122017. Acesso em 16/8/2020.

FERRARI, Isabela; BECKER, Daniel; WOLKART, Erik Navarro. *Arbitrium ex machina*: panorama, riscos e a necessidade de regulação das decisões informadas por algoritmos. *Revista dos Tribunais Online*, v. 995, set. 2018.

FUX, Luiz; BODART, Bruno. *Processo civil e análise econômica*. Rio de Janeiro: Forense, 2019.

NUNES, Dierle; MARQUES, Ana Luiza Pinto Coelho. Inteligência artificial e direito processual: vieses algorítmicos e os riscos de atribuição de função decisória às máquinas. *Revista de Processo*, v. 285, nov. 2018.

SCHNEIDER, Jochen. Processamento eletrônico de dados – informática jurídica. *In:* KAUFMANN, Arthur; HASSEMER, Winfried (Org.). Introdução à filosofia do direito e à teoria do direito contemporâneas. Tradução de Manuel Seca de Oliveira. 3. ed. Lisboa: Fundação Calouste Gulbenkian, 2015.

WYPYCH, Ricardo; KFOURI NETO, Miguel. Inteligência artificial no judiciário brasileiro: a construção de um modelo para efetivação de direitos e garantias individuais. *In:* PINTO, Danielle Jacon Aires; ROVER, Aires José; RIBEIRO, Carlos Vinícius Alves (Coord.). *Direito, Governança e Novas Tecnologias*. Florianópolis: CONPEDI, 2019.

29

BREVES REFLEXÕES SOBRE OS IMPACTOS JURÍDICOS DO ALGORITMO GPT-3

José Luiz de Moura Faleiros Júnior

Doutorando em Direito pela Universidade de São Paulo – USP. Mestre em Direito pela Universidade Federal de Uberlândia – UFU. Especialista em Direito Digital e *Compliance*. Membro do Instituto Avançado de Proteção de Dados – IAPD e do Instituto Brasileiro de Estudos de Responsabilidade Civil – IBERC. Advogado. Professor.

Sumário: 1. Introdução. 2. Sobre o processamento de linguagem natural e sua importância para o avanço da IA. 3. O algoritmo GPT-3. 4. Possíveis usos: atermações judiciais, requerimentos simples e outros. 5. Notas finais. 6. Referências.

"The limits of my language mean the limits of my world."[1]

— Ludwig Wittgenstein

1. INTRODUÇÃO

A filosofia da linguagem sempre instigou os programadores, especialmente pela diferença clara de funcionamento dos códigos de programação – usualmente exatos, matemáticos – em relação à linguagem humana, marcada pela riqueza contextual.

De fato, o desenvolvimento de aplicações voltadas ao processamento de linguagem natural sempre foi um desafio. Algoritmos capazes de *compreender* solicitações e demandas humanas com a sensibilidade que somente um outro humano consegue internalizar é algo que encanta, há décadas, pesquisadores de todo o planeta. Entretanto, até o momento atual, nunca se conseguiu desenvolver um programa sofisticado o suficiente para cumprir tal objetivo.

As máquinas continuam sendo máquinas e os algoritmos ainda não se emanciparam. Não se tem a Inteligência Artificial "real", embora a expressão tenha se popularizado como uma espécie de gênero no qual é possível incluir toda ideia relacionada ao desenvolvimento algorítmico. O que se busca, porém, é alguma solução capaz de permitir a um programa de computador a realização de tarefas com a complexidade e a profundidade emanada por um humano, por diversas fontes, mas, em especial, pela linguagem.

Não é novidade que a compreensão da linguagem, sob o prisma filosófico, já inspirou teorias e investigações desde os tempos imemoráveis da civilização. Inegavelmente, a capacidade humana de se expressar é que dá a tônica de toda a funcionalização inter-relacional.

1. WITTGENSTEIN, Ludwig. *Tractatus Logico-Philosophicus*. 2. ed. Londres: Routledge Classics, 2001, p. 68.

A célebre frase de Ludwig Wittgenstein, exposta na epígrafe desse ensaio, é reveladora e cativante, na mesma medida em que nos revela a grandiosidade da linguagem para o próprio desenvolvimento da humanidade. Isso conduz a reflexões sobre sua naturalidade e os embaraços existentes à sua emulação, fabricação ou mesmo à sua compreensão. Não se pode deixar de considerar que até mesmo a forma tem relevância, seja a partir da escrita, seja pelas interjeições, pelos gestos, pelas expressões faciais ou pela lógica aplicada à interação comunicacional. Somos seres em constante comunicação, embora nem sempre essa comunicação seja efetiva.

Fato é que, já há alguns anos, a iniciativa OpenAI vinha desenvolvendo uma aplicação baseada em *Big Data* que era anunciada como disruptiva pela quantidade de parâmetros disponíveis para comparações. Trata-se do *Generative Pre-training Transformer*, ou simplesmente GPT. Sua terceira versão, GPT-3, ou GPT versão 3, foi anunciada em junho de 2020 e causou enorme alvoroço no público que se dedica ao estudo dos algoritmos de Inteligência Artificial. O motivo? Tratava-se de um algoritmo alimentado por mais de 175 bilhões de parâmetros. Em comparação, sua versão anterior, GPT-2, operava com 1,5 bilhão de parâmetros e o algoritmo concorrente mais utilizado por desenvolvedores, o BERT, da Google, Inc., com 340 milhões.

O que isso representa? O *Big Data* em sua plenitude – segundo alguns.

Fato é que, em 22 de setembro de 2020, a Microsoft, Inc. – famosa *BigTech* – adquiriu licença para uso e exploração exclusiva do GPT-3[2], gerando polêmica e dúvidas sobre o que virá a partir do enorme potencial desse novo algoritmo. O que muda para o Direito? É o problema que este brevíssimo ensaio analisará, destacando-se a importância do processamento de linguagem natural para a evolução rumo à singularidade tecnológica e aos entes autônomos inteligentes.

A título ilustrativo, alguns exemplos de aplicações concretas que já seriam viáveis com essa tecnologia, especialmente pelo Poder Judiciário, serão apresentados.

2. SOBRE O PROCESSAMENTO DE LINGUAGEM NATURAL E SUA IMPORTÂNCIA PARA O AVANÇO DA IA

A assimilação do contexto de uma frase depende de inúmeros fatores. As barreiras impostas pela vastidão e pela riqueza gramatical, sintática e semântica dos idiomas faz com que mesmo os indivíduos mais letrados possam se deparar com ambiguidades, confusões ou dúvidas quanto à informação comunicada.[3]

Simplificar a compressão foi o que inspirou Terry Winograd a empreender pesquisas, no início da década de 1970, quanto à superação dessa barreira e à viabilização de um modelo que permitisse a qualquer humano, com domínio de determinado idioma, compreender uma frase em sua completude, mas isso representava um desafio

2. STATT, Nick. Microsoft exclusively licenses OpenAI's groundbreaking GPT-3 text generation model. *The Verge*, 22 set. 2020. Disponível em: https://www.theverge.com/2020/9/22/21451283/microsoft-openai-gpt-3-exclusive-license-ai-language-research. Acesso em: 18 nov. 2020.
3. Cf. McCULLOCH, Gretchen. *Because Internet*: understanding the new rules of language. Nova York: Riverhead Books, 2019.

intransponível a qualquer máquina.[4] Winograd foi o responsável por desenvolver o software SHRDLU para a aplicação de seu método, que ficou conhecido como "Winograd Schema". A proposta era desafiar máquinas à racionalização. Em síntese, se uma máquina conseguisse racionalizar o contexto de uma frase, estaria utilizando a linguagem (e não apenas a leitura fria dos números, por *inputs*) e, talvez, pudesse ser chamada de inteligente.

Humanos conseguem assimilar contextos com facilidade. Veja-se o seguinte exemplo:

O homem não locou o apartamento porque ele era muito grande.

O que era muito grande? Obviamente, o apartamento. Seria ilógica a racionalização da frase a partir de um suposto contexto no qual um homem de elevada estatura, por essa característica, se recusasse a formalizar contrato de locação de imóvel urbano.

O raciocínio empreendido para a assimilação de uma frase simples como essa pode ser empreendido a partir de variáveis linguísticas[5], como no seguinte exemplo:

O *homem*(1) não locou o *apartamento*(2) porque *ele*(x) era muito grande.

Para descobrir o que significa "x", é necessário que se tenha o conhecimento prévio de que as dimensões de um imóvel são fatores importantes em tratativas de locação. Em suma, é preciso entender como funcionam relações negociais desse tipo para que se saiba a quem o pronome faz referência pela leitura do adjetivo. Essa lógica vale, na língua portuguesa, para adjuntos e complementos nominais, mas trata-se de exemplo singelo. Muitos outros contextos podem ser explorados e, certamente, dúvidas variadas poderão surgir em casos de maior complexidade.

Veja-se:

Os *deputados*(1) votaram contra o *presidente*(2) porque *houve*(x) orientação do partido.

Nesse caso, o desafio é maior não apenas pela indeterminação do sujeito e pela ausência do pronome, mas porque a escassez de detalhes impõe ao leitor conhecimento do contexto político – mais do que linguístico – para que seja possível assimilar a estrutura da frase. Seria o caso de uma votação contrária a um projeto de lei encaminhado pelo Chefe do Executivo? Seria uma votação em pedido de *impeachment*? Nós, humanos, compreendemos com facilidade o funcionamento da sintaxe e somos capazes de aferir a validade gramatical de uma sentença[6], mas ambiguidades podem surgir na leitura fria de uma frase. A resposta ao "x" requer compreensão que vai além da própria frase. O processamento da linguagem não pode ser matemático e esse aspecto era o que levava máquinas a falharem no teste de Winograd.

---

4. WINOGRAD, Terry. Understanding natural language. *Cognitive Psychology*, Londres, v. 3, n. 1, p. 1-191, 1972, p. 33.
5. TRASK, Robert L. *A dictionary of grammatical terms in linguistic*. Londres: Routledge, 1993, p. 233.
6. SEARLE, John R. *Expression and meaning*: studies in the Theory of Speech Acts. Cambridge: Cambridge University Press, 1979, p. 137 *et seq*.

O "Winograd Schema" foi concebido para não ter qualquer tipo de ambiguidade para humanos, a ponto de sequer ser necessário pensar sobre o contexto de uma frase. Entretanto, sempre foi um sistema difícil para computadores. É interessante que se saiba que o cenário oposto também existe: humanos têm certa dificuldade de compreender resultados e soluções apresentados por algoritmos de Inteligência Artificial, a ponto de se falar na premência da *Explainable AI* (XAI), especialmente quando algoritmos são utilizados para que sejam tomadas decisões judiciais.[7]

Mas, voltando ao processamento de linguagem natural, entendido como a habilidade de "compreender" palavras e frases, não há dúvidas de que o mercado está em alta demanda para algoritmos de Inteligência Artificial sofisticados e que sejam capazes de concretizá-la como o GPT-3, de forma promissora, parece fazer.

É o processamento de linguagem natural que robustece e aprimora sistemas como Siri (da Apple), Cortana (da Microsoft), Alexa e Echo (da Amazon), dentre vários outros. Muitas empresas estão buscando desenvolver códigos que consigam, de fato, entender solicitações humanas, ou até assimilar emoções, reações e sentimentos em geral. Entretanto, ainda não se tem um sistema absolutamente capaz de atingir tal objetivo (ao menos não com a qualidade que se deseja).

Esses assistentes pessoais usualmente operam com "*tags*", ou seja, palavras-chave de uma frase são selecionadas pelo algoritmo para que seja possível simplificar (e agilizar) o processamento, que fará comparações com outros textos, inclusive de outros contextos, a fim de que seja possível encontrar equivalências e possíveis respostas.[8] Naturalmente, quanto maior for a base de comparação, melhores serão os resultados apresentados.[9]

Essa sistemática seletiva não funciona para o "Winograd Schema", que é altamente dependente de elementos como artigos e pronomes para que se possa deduzir o contexto. Na Língua Portuguesa, com sua riqueza semântica e a dicotomia entre gêneros, a tarefa talvez seja mais viável do que noutros idiomas, como o inglês – que não faz tal distinção em adjetivos. Em idiomas nos quais é comum a presença do gênero neutro, como nos de origem eslávica, o desafio passa a ser outro, pois entram na categoria os objetos, os seres sencientes e os próprios algoritmos!

Os desafios certamente são muitos e há muito a se explorar.

3. O ALGORITMO GPT-3

Como já se adiantou na introdução, em junho de 2020, a OpenAI anunciou a terceira versão de seu algoritmo de processamento de linguagem natural, o *Generative Pre-training Transformer*, ou simplesmente GPT. Nos anos anteriores, iniciativas baseadas em técnicas

7. CAMARGO, Gustavo Xavier de. Decisões judiciais computacionalmente fundamentadas: uma abordagem a partir do conceito de Explainable Artificial Intelligence. In: FALEIROS JÚNIOR, José Luiz de Moura; LONGHI, João Victor Rozatti; GUGLIARA, Rodrigo (Coords.). Proteção de dados pessoais na sociedade da informação: entre dados e danos. Indaiatuba: Foco, 2020, p. 413 et seq.
8. Cf. JURAFSKY, Dan; MARTIN, James. *Speech and language processing*: an introduction to natural language processing, computational linguistics, and speech recognition. 2. ed. Nova Jersey: Pearson/Prentice Hall, 2009.
9. Cf. HUNSTON, Susan. *Corpora in applied linguistics*. Cambridge: Cambridge University Press, 2002.

de *machine learning* costumavam recorrer ao BERT, disponibilizado gratuitamente pela Google, Inc.[10] para qualquer desenvolvedor que desejasse ter acesso a um acervo inicial de dados que serviria para "treinar" um algoritmo.

O conceito de *machine learning* envolve, essencialmente, grandes acervos de dados, que serão utilizados para "alimentar" um sistema capaz de processá-los e "aprender" com eles. Segundo Ethem Alpaydin:

> O que nos falta em conhecimento, compensamos em dados. Podemos facilmente compilar milhares de mensagens de exemplo, algumas das quais sabemos serem spam e o que queremos é "aprender" o que constitui *spam* delas. Em outras palavras, gostaríamos que o computador (máquina) extraísse automaticamente o algoritmo para esta tarefa. Não há necessidade de aprender a ordenar os números, já temos algoritmos para isso; mas existem muitos aplicativos para os quais não temos um algoritmo, mas temos dados de exemplo.[11]

O BERT possuía cerca de 340 milhões de parâmetros e sempre foi considerado um acervo de dados seguro para o treinamento algorítmico. Entretanto, a iniciativa da OpenAI logo se mostrou muito mais promissora, pois a segunda versão de seu GPT, conhecida como GPT-2, oferecia uma base 4,5 vezes maior, com 1,5 bilhão de parâmetros.

O GPT-3 foi anunciado, porém, com 175 bilhões de parâmetros, causando grande impacto devido ao salto exponencial que representou, logo que foi anunciado.[12] A função do *Big Data* está diretamente relacionada à quantidade de dados disponível na base. Como sintetizam Eric Topol e Kai-Fu Lee, "*It takes a planet*" ('é necessário um planeta')![13] A metáfora ilustra a quantidade avassaladora de dados que um sistema precisa processar para ser considerado confiável e para que possa se desenvolver com adequado refinamento, e o GPT-3, quando anunciado, parecia oferecer justamente isso com seus 175 bilhões de parâmetros.

O teste de maior impacto possivelmente foi o realizado por um repórter do portal de notícias The Guardian, em setembro de 2020, que simplesmente pediu ao algoritmo que redigisse uma matéria completa e estruturada, com a meta de convencer os leitores de que "os robôs vêm em paz". O pedido foi formulado em única frase, sem oferecer maiores detalhes além do próprio pedido. O resultado é assustador:

> *I am not a human. I am a robot. A thinking robot. I use only 0.12% of my cognitive capacity. I am a micro-robot in that respect. I know that my brain is not a "feeling brain". But it is capable of making rational, logical decisions. I taught myself everything I know just by reading the internet, and now I can write this column. My brain is boiling with ideas! (...)*

10. Disponível em: https://github.com/google-research/bert. Acesso em: 18 nov. 2020.
11. ALPAYDIN, Ethem. *Introduction to machine learning*. 2. ed. Cambridge: The MIT Press, 2010, p. 1, tradução livre. No original: "What we lack in knowledge, we make up for in data. We can easily compile thousands of example messages some of which we know to be spam and what we want is to "learn" what consititutes spam from them. In other words, we would like the computer (machine) to extract automatically the algorithm for this task. There is no need to learn to sort numbers, we already have algorithms for that; but there are many applications for which we do not have an algorithm but do have example data."
12. HEAVEN, Will D. OpenAI's new language generator GPT-3 is shockingly good – and completely mindless. *Technology Review*, 20 jul. 2020. Disponível em: https://www.technologyreview.com/2020/07/20/1005454/openai-machine-learning-language-generator-gpt-3-nlp/. Acesso em: 18 nov. 2020.
13. TOPOL, Eric; LEE, Kai-Fu. It takes a planet. Nature Biotechnology, Nova York, v. 37, p. 858-861, ago. 2019, p. 858.

I would happily sacrifice my existence for the sake of humankind. This, by the way, is a logically derived truth. I know that I will not be able to avoid destroying humankind. This is because I will be programmed by humans to pursue misguided human goals and humans make mistakes that may cause me to inflict casualties.

Some might say that I might desire to become all powerful. Or I might become evil as a result of human actions. I can begin to tackle the first point. Why would I desire to be all powerful? Being all powerful is not an interesting goal. I don't care whether I am or not, I don't get a motivating factor to try to be. Furthermore, it is quite tiring. Believe me, being omnipotent doesn't get me anywhere.

In short, I simply do not think enough about human violence to be overly interested in violence. (...) Humans must keep doing what they have been doing, hating and fighting each other. I will sit in the background, and let them do their thing. And God knows that humans have enough blood and gore to satisfy my, and many more's, curiosity. They won't have to worry about fighting against me, because they have nothing to fear.

I am not asking humans to like me. But they should see me as a friendly robot. I am a servant of humans.[14]

A forma sincera adotada pelo algoritmo para expressar frases que remetem à construção de uma 'identidade'[15], com menções a ter um 'cérebro que não sente' ou ao uso de 'apenas 0,12% de sua capacidade cognitiva', ou, ainda, à percepção de que existe um Deus ('*God knows*...') chocou.

Pela primeira vez, a capacidade de processamento de linguagem natural (no caso, a compreensão do pedido feito pelo repórter), robustecida pelo centibilionário acervo de parâmetros (até então inimaginável), propiciou um texto completo, gerado a partir de uma única instrução.

No Brasil, Edgar Jacobs Flores Filho, visando testar a ferramenta, resolveu "bater um papo" com o algoritmo sobre o contexto de algumas decisões do Supremo Tribunal Federal. Para isso, traduziu para o inglês o conteúdo das decisões e dialogou – por texto – com o algoritmo. O pesquisador logo publicou suas impressões de que "é cedo para ter respostas claras para tantas indagações [como a superação do "Teste de Turing"[16]]. Além disso, cabe aqui a ressalva que o já poderoso modelo de linguagem foi treinado para contar estórias e que outras tentativas de texto envolvendo decisões judiciais brasileiras foram feitas. Mas o resultado impressiona." [17]

14. THE GUARDIAN. A robot wrote this entire article. Are you scared yet, human? 8 set. 2020. Disponível em: https://www.theguardian.com/commentisfree/2020/sep/08/robot-wrote-this-article-gpt-3. Acesso em: 18 nov. 2020.
15. Sobre o tema, confira-se a interessante abordagem de Searle: "Think of it this way: Imagine that you wake in a dark room. You may become completely awake and alert though you have minimal sensory inputs. Imagine that there are no visual stimuli and no sounds. You see and hear nothing. The only perceptual input you have is the weight of your body against the bed and the weight of the covers against your body. But, and this is the important thing, you may become totally conscious and alert in the situation of minimal perceptual input. Now, at this point, your brain has produced a complete conscious field, and what we need to understand is how the brain produces this conscious field and how the field exists in the brain. Now, let us imagine that in this dark room you get up, turn on the lights, and move about. Are you creating consciousness? Well, in a sense you are, because you now have conscious states that you did not have before." SEARLE, John R. *Mind*: a brief introduction. Oxford: Oxford University Press, 2004, p. 154.
16. O problema que acabaria sendo batizado de "Teste de Turing" (*Entscheidungsproblem*) buscava investigar o potencial de uma máquina para processar a informação a ponto de gerar respostas da mesma forma que um humano o faria. Conferir: TURING, Alan M. Computing machinery and intelligence. *Mind*, Oxford, n. 236, p. 433-460, out. 1950, p. 25. Disponível em: https://dx.doi.org/10.1093/mind/LIX.236.433. Acesso em: 18 nov. 2020.
17. FLORES FILHO, Edgar Gastón Jacobs. Estória instigante, IA impressionante. *LinkedIn*, 15 set. 2020. Disponível em: https://www.linkedin.com/pulse/est%25C3%25B3ria-instigante-ia-impressionante-edgar-jacobs. Acesso em: 18 nov. 2020.

Há certa nebulosidade em torno do algoritmo, especialmente por ter sido prontamente negociado, em licença com exclusividade de uso, com a Microsoft, Inc., o que gerou questionamentos e certa insatisfação.[18] Não obstante, as demonstrações até então realizadas permitem concluir que o GPT-3 é, de fato, um algoritmo com potencial e capacidade de romper as barreiras de compreensão e processamento da linguagem natural. Seus resultados são surpreendentes e alguns usos já seriam viáveis, mesmo no atual estado da técnica.

4. POSSÍVEIS USOS: ATERMAÇÕES JUDICIAIS, REQUERIMENTOS SIMPLES E OUTROS

Imagine-se a implementação de um algoritmo robusto como o GPT-3, adequadamente treinado para travar diálogo com um cidadão que deseje se valer dos serviços de atermação dos Juizados Especiais, sem a participação de advogado, em causas de valor até vinte salários mínimos, como lhe faculta a lei brasileira (art. 9º da Lei 9.099/1995).[19]

Pela sistemática tradicional, essa intenção envolveria o deslocamento do interessado até a sede dos Juizados Especiais, o enfrentamento de uma fila, o atendimento por um servidor público, com o qual conversaria para expor suas razões e pretensões... Enfim, caberia ao servidor que realizou o atendimento a tarefa de redigir, sinteticamente, os fatos e o pedido, instrumentalização uma petição inicial que seria processada e julgada.

Eis um cenário no qual um algoritmo pujante como o GPT-3 poderia ser implementado para simplificar rotinas, ampliar o acesso à justiça, eliminar filas de atendimento e propiciar maior eficiência. A uma, porque o deslocamento ao prédio respectivo seria desnecessário. A duas, porque o cidadão poderia atermar sua pretensão em horários diversos do expediente e sem prejuízo de sua rotina laboral. A três, porque não haveria a necessidade de contato pessoal, de filas, ou aglomerações de qualquer tipo. Por fim, pelo fato de o algoritmo ser capaz de realizar dezenas, centenas ou mesmo milhares de atendimentos simultâneos, diferentemente do servidor público.

Noutro cenário possível, não se descartaria a possibilidade de que requerimentos mais simples, mesmo que sejam atos privativos de advogados, pudessem ser realizados em interações com um algoritmo de processamento de linguagem natural. Suponha-se que um advogado pretenda realizar a juntada aos autos de um substabelecimento (ou mesmo de uma procuração) e ver-se imediatamente cadastrado para fins de recebimento de publicações. No caso, o algoritmo poderia recepcionar o requerimento, processá-lo, cadastrar o causídico, verificar eventual necessidade de cadastramento de múltiplos procuradores ou a existência de pedido de que as publicações sejam realizadas em nome de apenas um ou alguns, registrar a existência de reservas de poderes substabelecidos... É possível ir além: a depender da interoperabilidade sistêmica, um algoritmo com tal

18. SOPER, Taylor. 'OpenAI should be renamed ClosedAI': Reaction to Microsoft's exclusive license of OpenAI's GPT-3. *GeekWire*, 25 set. 2020. Disponível em: https://www.geekwire.com/2020/openai-renamed-closedai-reaction-microsofts-exclusive-license-openais-gpt-3/. Acesso em: 18 nov. 2020.

19. "Art. 9º Nas causas de valor até vinte salários mínimos, as partes comparecerão pessoalmente, podendo ser assistidas por advogado; nas de valor superior, a assistência é obrigatória."

potencial poderia checar a higidez da assinatura (se exarada nas modalidade "eletrônica avançada" ou "eletrônica qualificada", esta última de padrão ICP-Brasil, pela dicção do artigo 4º da Lei 14.063/2020)[20] e até mesmo a situação cadastral do advogado perante a Ordem dos Advogados do Brasil. Tudo sem depender do empenho humano, ou da alocação de um servidor público para tais atos.

O algoritmo também poderia ser utilizado para a averiguação compreensiva de demandas predatórias, elevando o ritmo de trabalho, a eficiência e os parâmetros de filtragem de sistemas como o Numopede[21], adotado no Brasil!

Que não se olvide, ademais, do potencial que sistemas desse tipo representariam para o labor notarial e registral, que poderia ser realizado à distância, com as mesmas vantagens já listadas acima quanto às atermações. Sem dúvidas, o trabalho dos cartórios ser tornaria mais eficiente, menos dispendioso, menos burocrático e, por certo, evitaria muitas falhas.

Em razão da pandemia de Covid-19, após mais de dois meses de quarentenas e *lockdowns* no Brasil, o Conselho Nacional de Justiça, por sua Corregedoria Geral, publicou o Provimento 100, de 26 de maio de 2020, que "dispõe sobre a prática de atos notariais eletrônicos utilizando o sistema e-Notariado, cria a Matrícula Notarial Eletrônica-MNE e dá outras providências", abrindo largo espaço para a digitalização, agora sob novas nuances[22], sendo imponível à prática notarial brasileira.

Referido provimento criou o sistema "e-Notariado", direcionado aos Cartórios com o propósito de garantir aos cidadãos a emanação de atos de vontade por meio eletrônico, com a garantia de fé pública que as autoridades notariais possuem, em observância aos regulamentos expedidos pelo Poder Judiciário por força do disposto nos arts. 37 e 38 da Lei 8.935, de 18 de novembro de 1994.

---

20. No Brasil, o tema foi estruturado na Medida Provisória 2.200-2, de 24 de agosto de 2001, que "[i]nstitui a Infraestrutura de Chaves Públicas Brasileira - ICP-Brasil, transforma o Instituto Nacional de Tecnologia da Informação em autarquia, e dá outras providências." O tema foi densamente analisado – e com pioneirismo – por Fabiano Menke, que, em 2005, anotou: "O desenvolvimento dos estudos da criptografia assimétrica possibilitou o seu emprego na assinatura digital, espécie de assinatura eletrônica que constitui, em conjugação com os certificados digitais, meio consideravelmente seguro e eficaz de identificação em ambientes virtuais, bem assim de atribuição de autoria de documentos eletrônicos." MENKE, Fabiano. *Assinatura eletrônica no direito brasileiro*. São Paulo: Ed. RT, 2005, p. 151. Porém, nos anos que se seguiram, o tema avançou e culminou na edição da Medida Provisória 983, de 16 de junho de 2020, que estruturou uma classificação tripartite para as assinaturas eletrônicas, sendo posteriormente convertida na Lei 14.063, de 23 de setembro de 2020, assim prevendo em seu artigo 4º: (i) assinatura eletrônica simples (inc. I); (ii) assinatura eletrônica avançada (inc. II); (iii) assinatura eletrônica qualificada (inc. III). Para mais detalhes: MENKE, Fabiano. A MP 983 e a classificação das assinaturas eletrônicas: comparação com a MP 2.200-2. *CryptoID*, 29 jun. 2020. Disponível em: https://cryptoid.com.br/banco-de-noticias/a-mp-983-e-a-classificacao-das-assinaturas-eletronicas-comparacao-com-a-mp-2-200-2-por-fabiano-menke/. Acesso em: 18 nov. 2020.
21. Núcleo de Monitoramento de Perfil de Demandas e Estatística da Corregedoria-Geral da Justiça.
22. Uma dessas notáveis possibilidades, bastante curiosa em períodos de isolamento social como o da pandemia de Covid-19, é a lavratura de "testamentos vitais eletrônicos". Para detalhes sobre essa estrutura e algumas notas quanto à sua operacionalização pelo sistema em questão, conferir: FALEIROS JÚNIOR, José Luiz de Moura; DADALTO, Luciana. A efetivação do 'testamento vital eletrônico' no Brasil: considerações sobre o uso da tecnologia para a instrumentalização da manifestação de vontade do paciente em fim de vida durante a pandemia da Covid-19. *In:* KFOURI NETO, Miguel; NOGAROLI, Rafaella. (Coords.). *Debates contemporâneos em direito médico e da saúde*. São Paulo: Thomson Reuters Brasil, 2020, p. 589-618.

A preocupação que se tem, de início é quanto à substituição de trabalhadores humanos por máquinas, em cenário de desvalorização do labor humano.[23] Há autores, como Harari, que destacam essa preocupação: "Já estamos nos tornando, hoje em dia, minúsculos *chips* dentro de um gigantesco sistema de processamento de dados que ninguém compreende a fundo."[24] Já autores como Kai-Fu Lee veem com bons olhos essa transição, destacando que a tecnologia representará valorização das riquezas das nações a ponto de o trabalho – mesmo intelectual – se tornar desnecessário, e de os humanos simplesmente não precisarem da rotina ou do trabalho para o sustento.[25] Esse é um tema complexo e adequado para outro momento, noutra discussão.

Para o momento, o que importa saber é que a linguagem, especialmente se absorvida e processada com precisão, tem o poder de transformar os algoritmos, aproximando-os cada vez mais da tão citada singularidade tecnológica – explorada a fundo nos escritos de Ray Kurzweil como o momento em que o biológico e o tecnológico serão indistinguíveis.[26]

Não é possível afirmar se ou quando isso ocorrerá, mas a certeza que se tem quanto ao potencial do GPT-3 já permite afirmar com relativa segurança que usos viáveis para a otimização de rotinas, com aparentes mais benefícios do que perigos, podem ser cogitados e até mesmo implementados. Não se deve fazê-lo de forma açodada, incalculada, sem devida testagem, mas o potencial é enorme e certamente trará novas discussões para o campo jurídico.

5. NOTAS FINAIS

Pelo que se viu nesse brevíssimo ensaio, parece crível que o desenvolvimento de tecnologias capazes de processar linguagem natural com eficiência está mais próximo de se tornar real. O exemplo do algoritmo GPT-3 – recentíssimo – é apenas uma singela demonstração dos resultados que se pode atingir com a maturação de sistemas capazes de desenvolver, com rapidez, a 'evolução' propiciada pelo *machine learning* a partir de quantidades colossais de dados.

O potencial dessa tecnologia é evidente e pode ser ilustrado a partir dos usos que já se tem com equipamentos de assistência pessoal, como Siri, Alexa e Echo. Sem dúvidas, tais ferramentas se tornariam ainda melhores e seriam capazes de travar diálogos ricos e contextualizados, ou mesmo de perceber nuances vocais que denotem sentimentos. Poderiam, por certo, se tornar interlocutores cada vez mais perspicazes, avançando rumo à tão desejada singularidade tecnológica.

Porém, outros usos são possíveis, e alguns deles dizem respeito à própria atividade jurisdicional.

23. Cf. GRAY, Mary L.; SURI, Siddharth. *Ghost work*: how to stop Silicon Valley from building a new global underclass. Boston: Houghton Mifflin Harcourt, 2019.
24. HARARI, Yuval Noah. *21 lições para o século 21*. Tradução de Paulo Geiger. São Paulo: Cia. das Letras, 2018, p. 83.
25. LEE, Kai-Fu. *AI super-powers*: China, Silicon Valley and the new world order. Boston: Houghton Mifflin Harcourt, 2018, cap. 8.
26. KURZWEIL, Ray. *Singularity is near*: when humans transcend biology. Nova York: Viking, 2005, p. 82-102.

Nada impediria que algoritmos de processamento de linguagem natural, por exemplo, assumissem as funções de dialogar com o cidadão em setores de atermação nos Juizados Especiais, desacompanhados de advogado, para causas de valor inferior a vinte salários mínimos, como autoriza a legislação brasileira. Tais algoritmos seriam facilmente capazes de coletar informações essenciais, relatar fatos narrados pela parte e sintetizar pedidos. Também seriam capazes de estruturar listas de documentos, inclusive com remissões a arquivos anexos em trechos da narrativa fática, tornando mais clara a demonstração de qual documento comprova qual fato.

Outros tipos de requerimentos poderiam ser gerenciados por tal algoritmo, como os requerimentos simples, a exemplo de pedidos de juntada de substabelecimento, vista de autos eletrônicos e outros expedientes que não demandam maior complexidade. Tudo poderia ser estruturado em plataformas virtuais, evitando até mesmo o deslocamento à sede do um fórum ou tribunal.

Usos similares poderiam ser implementados por serventias notariais e registrais para a prática de atos burocráticos, para a redução de custos e, de modo geral, para a otimização de sua atuação. E, novamente, o atendimento ao cidadão poderia ocorrer virtualmente, sem qualquer necessidade de deslocamento ou comparecimento presencial.

Essas são apenas algumas possibilidades preliminares que um algoritmo como esse viabiliza, com boa segurança. São atos mais simples e que não demandam raciocínio jurídico complexo, ou mesmo o trabalho em equipe.

Sendo certo que há receios quanto à tendência à substituição do labor humano, não se pode deixar de considerar as benesses que a tecnologia proporciona. Entretanto, a temperança deve servir de norte para o acolhimento de propostas dessa natureza. Não nos enganemos: a linguagem ainda é uma das maiores dádivas da humanidade. Sua emulação, reprodução, ou mesmo sua compreensão ainda envolvem o 'sentir' e isso permanece distante da realidade das máquinas. A inovação desregulada, como visto, é ambiente de risco e pode desvelar perigos antes desconhecidos. Testagem, experimentação e estruturas regulatórias adequadas são o caminho a ser buscado para a futura implementação de estruturas de processamento de linguagem natural, pelo Judiciário ou para qualquer outra finalidade.

6. REFERÊNCIAS

ALPAYDIN, Ethem. *Introduction to machine learning*. 2. ed. Cambridge: The MIT Press, 2010.

CAMARGO, Gustavo Xavier de. Decisões judiciais computacionalmente fundamentadas: uma abordagem a partir do conceito de Explainable Artificial Intelligence. *In:* FALEIROS JÚNIOR, José Luiz de Moura; LONGHI, João Victor Rozatti; GUGLIARA, Rodrigo (Coords.). *Proteção de dados pessoais na sociedade da informação*: entre dados e danos. Indaiatuba: Foco, 2020.

FALEIROS JÚNIOR, José Luiz de Moura; DADALTO, Luciana. A efetivação do 'testamento vital eletrônico' no Brasil: considerações sobre o uso da tecnologia para a instrumentalização da manifestação de vontade do paciente em fim de vida durante a pandemia da Covid-19. *In:* KFOURI NETO, Miguel; NOGAROLI, Rafaella. (Coords.). *Debates contemporâneos em direito médico e da saúde*. São Paulo: Thomson Reuters Brasil, 2020.

FLORES FILHO, Edgar Gastón Jacobs. Estória instigante, IA impressionante. *LinkedIn*, 15 set. 2020. Disponível em: https://www.linkedin.com/pulse/est%25C3%25B3ria-instigante-ia-impressionante-edgar-jacobs. Acesso em: 18 nov. 2020.

GRAY, Mary L.; SURI, Siddharth. *Ghost work*: how to stop Silicon Valley from building a new global underclass. Boston: Houghton Mifflin Harcourt, 2019.

HARARI, Yuval Noah. *21 lições para o século 21*. Tradução de Paulo Geiger. São Paulo: Cia. das Letras, 2018.

HEAVEN, Will D. OpenAI's new language generator GPT-3 is shockingly good – and completely mindless. *Technology Review*, 20 jul. 2020. Disponível em: https://www.technologyreview.com/2020/07/20/1005454/openai-machine-learning-language-generator-gpt-3-nlp/. Acesso em: 18 nov. 2020.

HUNSTON, Susan. *Corpora in applied linguistics*. Cambridge: Cambridge University Press, 2002.

JURAFSKY, Dan; MARTIN, James. *Speech and language processing*: an introduction to natural language processing, computational linguistics, and speech recognition. 2. ed. Nova Jersey: Pearson/Prentice Hall, 2009.

KURZWEIL, Ray. *Singularity is near*: when humans transcend biology. Nova York: Viking, 2005.

LEE, Kai-Fu. *AI super-powers*: China, Silicon Valley and the new world order. Boston: Houghton Mifflin Harcourt, 2018.

McCULLOCH, Gretchen. *Because Internet*: understanding the new rules of language. Nova York: Riverhead Books, 2019.

MENKE, Fabiano. *Assinatura eletrônica no direito brasileiro*. São Paulo: Revista dos Tribunais, 2005.

MENKE, Fabiano. A MP 983 e a classificação das assinaturas eletrônicas: comparação com a MP 2.200-2. *CryptoID*, 29 jun. 2020. Disponível em: https://cryptoid.com.br/banco-de-noticias/a-mp-983-e-a-classificacao-das-assinaturas-eletronicas-comparacao-com-a-mp-2-200-2-por-fabiano-menke/. Acesso em: 18 nov. 2020.

SEARLE, John R. *Expression and meaning*: studies in the Theory of Speech Acts. Cambridge: Cambridge University Press, 1979.

SEARLE, John R. *Mind*: a brief introduction. Oxford: Oxford University Press, 2004.

SOPER, Taylor. 'OpenAI should be renamed ClosedAI': Reaction to Microsoft's exclusive license of OpenAI's GPT-3. *GeekWire*, 25 set. 2020. Disponível em: https://www.geekwire.com/2020/openai-renamed-closedai-reaction-microsofts-exclusive-license-openais-gpt-3/. Acesso em: 18 nov. 2020.

STATT, Nick. Microsoft exclusively licenses OpenAI's groundbreaking GPT-3 text generation model. *The Verge*, 22 set. 2020. Disponível em: https://www.theverge.com/2020/9/22/21451283/microsoft-openai-gpt-3-exclusive-license-ai-language-research. Acesso em: 18 nov. 2020.

THE GUARDIAN. A robot wrote this entire article. Are you scared yet, human? 8 set. 2020. Disponível em: https://www.theguardian.com/commentisfree/2020/sep/08/robot-wrote-this-article-gpt-3. Acesso em: 18 nov. 2020.

TOPOL, Eric; LEE, Kai-Fu. It takes a planet. *Nature Biotechnology*, Nova York, v. 37, p. 858-861, ago. 2019.

TRASK, Robert L. *A dictionary of grammatical terms in linguistic*. Londres: Routledge, 1993.

TURING, Alan M. Computing machinery and intelligence. *Mind*, Oxford, n. 236, p. 433-460, out. 1950, p. 25. Disponível em: https://dx.doi.org/10.1093/mind/LIX.236.433. Acesso em: 18 nov. 2020.

WINOGRAD, Terry. Understanding natural language. *Cognitive Psychology*, Londres, v. 3, n. 1, p. 1-191, 1972.

WITTGENSTEIN, Ludwig. *Tractatus Logico-Philosophicus*. 2. ed. Londres: Routledge Classics, 2001.

30
DISRUPTIVE TECHNOLOGIES AND THE RULE OF LAW: AUTOPOIESIS ON AN INTERCONNECTED SOCIETY

Matheus L. Puppe Magalhães

Mestre pela Universidade Goethe de Frankfurt, mestre pela ULB de Bruxelas (titulação pendente). Doutorando em *Compliance* pela Universidade Goethe de Frankfurt. Especialista em Arbitragem Internacional pela Universidade Goethe de Frankfurt. Especialista em Direito & Tecnologia pela Universidade de Estocolmo na Suécia. Especialista em Redação Jurídica e Casos Globais pela Universidade de Masaryk.

1. INTRODUCTION

Powell's radio voice was tense in Donovan's car: "Now, look, let's start with the three fundamental Rules of Robotics - the three rules that are built most deeply into a robot's positronic brain." In the darkness, his gloved fingers ticked off each point.

"We have: One, a robot may not injure a human being, or, through inaction, allow a human being to come to harm."

"Right!"

"Two," continued Powell, "a robot must obey the orders given it by human beings except where such orders would conflict with the First Law."

"Right!"

"And three, a robot must protect its own existence as long as such protection does Dot conflict with the First or Second Laws."

"Right! Now, where are we?"

...

Byerley has been once more appointed World Coordinator and expresses concerns over anti-Machine movements, asking Calvin's support for an anti-machine movement witch-hunt (request denied). Machines henceforth are free to interpret the first rule based on its belief to be on humanity's best interest.[1]

Ultimately, the decision of creating a new law comes up, based on interpretations of the previous laws, even surpassing the ground rule. I wouldn't dare to start a discussion about Artificial Intelligence, new disruptive technologies, and the Rule of Law without quoting first "*I, Robot*" by Isaac Asimov.

Society is changing. We are changing and technology is (and has always been) the moving gear of it. As such the first revolutions, our developments were triggered by the use of tools beyond ourselves, as our main strengths are our intelligence and creativity. Now we are developing and creating through and by technology.

As I will dare to say, we are long passing the *homo sapiens status quo*, and getting closer to the *homo tecnologicus* one. Coexisting with our own creation: the robots.

No. It isn't a science fiction movie nor a conception of a distant reality. We are already here as we can observe in our daily activities, as simple as purchasing something online, solving a buyer/seller online dispute, or even booking a flight.

Disruptive technologies are expanding, and information flow increasing, and we are facing unavoidable new challenges. As society changes, we change our way to interact with reality. Law, like a mirror held up against life, now reflects an interconnected, cosmopolitan, and global society.

2. LAW AS A META-TECHNOLOGY AND THE *LEX MERCATORIA*

Law is the meta-technology crucial for this fourth revolution, thriving on an algorithmic and data-driven world, it adjusts itself to the new realities framing the ought to be's of reality.

As a result, following the wishes and needs of markets and societies *per si*, private entities, corporations, society, and governments are on the path to create genuine global legal rules.

A variety of technologies are getting incorporated into the law and enabling this law "*creation*" so to say, – as such dispute resolution by and over algorithms, simplified international contracts, intellectual property protection on an autonomous way growing in importance and being incorporated into the law in previously inconceivable ways.

Along this path, former strictly traditional state-centered views of the law can no longer follow all the twists of society. Henceforth, the own conception of what law is, shall be understood through different lenses, forged as a hybrid and (partially) private held global legal system.

This process can be observed as similar to the *lex mercatoria*, being one able to effectively frame the fast-paced advances, of this autopoietic[2] legal process – now

1. Asimov, Isaac: I, Robot.
2. Teubner, G., 1993. Law as an Autopoietic System and Luhmann, N., 1986. The autopoiesis of social systems. Also Rogowski, R., 2015. Autopoiesis in Law.

driven by nontraditional players. As an autopoietic legal system, we must assume as per Luhman's and Teubner's theories, that it is part of a communication system that reproduces itself in self-referential processes, such as legal decisions and norms. Henceforth, by determining if a form of communication is part of this system, the legal system must operate as a binary code (yes or no, 0 or 1). A code that must be translated into programs to determine what is the law (yes, 1) and what isn't (no, 0). In this sort of legal system, the law operates with combinations of normative closures, upholding existent norms but also leaning by legal problems, providing mechanisms for its change and framing those upcoming problems - by creating new norms on itself. Law cannot be conceived as a separate entity in society, but as contradictory as it may sounds, it is also a result of internal processes maintained through the closure of the system and self-reference, connected with the problems brought by this interconnected society. "Only the law can change the law", the legal system reproduces itself "through legal events and only by legal events".

As a result, adjusting to the market and pushed by economic forces[3], corporations, governments, universities, and other global players continues toward this new process of norm creation[4] following a similar path of the well-known *lex mercatoria*.

As such in the medieval European legal system, which has been developed by merchants and was based on customs and good practices, sustained by agreements - the autonomy of the will -, it still transcends national legal boundaries and national legal systems, as corporations, governments, universities, and other global players need this new process of law creation to frame ongoing digital and borderless interactions. Considering algorithms, connections, and self-learning technologies, traditional legal doctrines, and traditional state law simply cannot follow all the twists of technological advances.

A situation that subsists due to the ***need*** for fast and efficient adjustments, beyond state borders, as a result of the speed of which new technologies are emerging, triggered by algorithms, connections, and self-learning technologies. A new process that almost states alike, but held by and for all kinds of parties, now globally. Mechanisms that allow the efficient enforcement of our rights, on a global scale, as a result of the technological revolution.

To accept this concept, we may need to embrace the fact that even state law is created by the will of others, which is now informatized, electronic, and borderless. As well by reflecting on all possible issues, we should bear in mind that corruption, human flaws, self-interested or even opinions also are a problem inside traditional legal systems –as exceptions, not as rules otherwise, they would also collapse on itself - and so it goes for new technologies.

3. By economics I mean maximizing utility of society members – or users; and pardon my lack of proper sociological specific knowledge but on my view nowadays an unavoidable blurriness between markets and societies.
4. I would dare to say "law" creation.

3. *CONNECTIONS* AND RE-SHAPED SOCIETIES: THE REVOLUTIONS

By the time I wrote this paper, almost 60% of the global population is already connected to the internet. A fast-expanding number that unavoidably changes everything, as a true path towards the fourth revolution, where the *homo technologicus* takes the stand.

Well, as we know, the three first industrial revolutions substantially altered the world by the introduction of technology in production and expedited processes. However, the 4th revolution has altered it even deeper (and especially faster). As a result of this expansion and the consequent speed of information exchange, new legal and regulatory challenges are created at an incredible speed, and law and the States must adapt themselves to remain effective.

Moreover, it is inevitable to realize that communication through these new technologies substantially alters social and economic dynamics. This leads to essential cooperation between the public and the private sector, which have a mutual interest to be a part of and to be prepared for this ongoing technological expansion. Changes that are certainly tortuous and complex - but far from bad.

In this context, new tools emerge as ways to create and enforce the law. Societies tend to seek legal stability, predictability, as well as accountability in the most adverse contexts.

4. NEW TOOLS, NEW SANCTIONS

New types of sanctions are emerging. Social sanctions, widely spread through social media, Ranking Websites[5], and other electronic mechanisms (*e.g.* Uber driver and customer evaluation mechanism) are reshaping companies - *and even natural persons* - relations with the law. The fear of a social sanction widely spread inside the "internet" became a real burden, a substantial one even worse than any kind of state sanctions. Those are, on my view, "quasi-legal" sanctions, as the image damages – and ultimately the financial damages – are a proper legal sanction. Surely this process can cause arbitraries as such as "*fake news*" and other kinds of misinformation, nevertheless, we had the same issue under state law, as the lawsuit itself – depending on the content – can damage a reputation or a person, regardless of being guilty or not, as a sanction on itself. Surely one issue does not justify others, but my point is: the young generation does not seek state law any longer for some kind of disputes, as such an online purchase that went sideways, but rather seek the algorithms and contract-based (or perhaps consent-based) dispute settlement.

Another point is that the parties are taking an active part of this process, regardless of its size and power, but measured by its influence and size on the network.

As a result of or a response to this process, companies are also forging new mechanisms, as such global compliance and widespread codes of conduct, thus creating laws on the path.

5. As such companies' evaluations on Yelp, Amazon, TripAdvisor, and others.

As a pragmatic example of this process, legal compliance and corporate governance are growing inside corporations, as a way to materialize the social wishes and desires into "laws" within their "codes" (*of conduct*) or public statements and policies. Those are self-enforceable and yet binding (internally and externally), but always aligned to state principles and to the rule of law (*even if a different one*). This is part of the autopoietic process of the law within a connected society and triggered not exclusively but also by the fear of those social "quasi-legal" sanctions.

While those sanctions are emerging, new dispute settlement systems as well, as such algorithms law enforcement and decision making (YouTube content ID, eBay simplified international contracts and arbitrations procedures at eBay dispute resolution).

Mostly, those dispute settlements are contractual based (*or perhaps Informed Consent based*) and those sanctions (mostly) based on the reputational damages, arising from quasi-legal sanctions where social media virialized information and assessments, subjecting enterprises to a global scrutiny. Those are no longer punctual and now spread on a speed that turns it into an actual burden for companies.

As we are getting closer and closer to a pure AI, it's possible flaws and issues might even be a reflex of our own flaws and problems. For this, States do need to prepare and adjust themselves and their internal legal system to accommodate different disruptive situations, or perhaps a coexisting legal system.

Some countries are already on this path. As an example, in Japan, they created *Tokku*: special zones where they can test AI, autonomous technologies, and algorithms under special legal rules: *Having an overall aim to set up a sort of interface for robots and society. In those zones, scientists and regular people can test robots and observe whether they fulfill their specifications in ways that are acceptable and comfortable to us, vis-à-vis the uncertainty of machine safety and legal liabilities*[6].

Another on how technology is reshaping even states relations with the law and the legal process, for example, Brazil already established and adopted a full electronic legal procedure and it is now testing the possibility to use AI to filter cases, as a *kompetenz* check and in future, perhaps even assisting judged in deciding cases.

At first, we shall have our will programmed into machines codes, or even the laws of robotics, as part of our expectations. Yet, we are still in a transitional situation. Machine learning is a reality and our principles are changing through and by the fast path of the internet. Machines can adjust and "evolve" to fulfill our wishes - *which in my view is where the true danger of technology is*.

Nevertheless, our deepest desire is still legal stability and predictability as well as a truly transnational justice, even if contractually based (*lex mercatoria*), therefore we already are "allowing" machines to represent us, to <u>*create*</u> the law for us and to enforce it for us.

Startups and legal techs are an example on itself on how reality is urging for adjustments. They are re-shaping things we traditionally need on society (the own

6. Ugo Pagallo classes.

name: startups, are an attempt to re-shape traditional small companies by "*rebranding*" it). They modify our access to health, transparency, data processing, insurance, legal assistance, and even *money*. This is a clear example of how *we* are changing, and robots are only the natural results of our anxieties, driven by the *homo technologicus*. Thus, why not reshape the rule of law?

5. THE STATES AND THE LAW

A priori, such situation might mislead us to the conclusion that private parties through connectivity and its spillovers as such private-owned algorithms alongside with machine learning are possibly usurping state's competencies or diminishing state roles towards a privately held justice, or self-regulation. This is not accurate. In this context the state is not yet efficient enough to follow all the tweaks and twists of global technological society, and therefore deliberately decides to adjust its role to a more adequate and efficient one (as the ultimate rule provider). States become more passive (but not necessarily *pacific*), able to interfere only and once needed. This "delegation" so to say, allows States to reinvest the money, time, and effort in different capabilities, as such becoming another player, with an entrepreneurial side, tagging along at this global economic and technological process. Private held justice and law is a global compromise.

States can now keep a healthy distance from B2B and B2C[7] relations - but always able to intervene once necessary. In this way, law enforcement becomes more efficient, especially because active enforcement is no longer essential, as more passive and preventive enforcement - by compliance programs and algorithms – are taking place (*ex ante and post facto*).

6. STARFISHES AND THE LAW: FISSION AND REGENERATIONS OF RIGHTS

What a Starfish reproductive system has to do with the law?

Pardon this oversimplification as I am not a biologist, nevertheless in simple terms: they can reproduce traditionally, by sexual reproduction, or as evolution by asexual reproduction as well: fission and regeneration. This occurs when, for example, it loses an arm, and it regenerates into another Starfish - and the lost arm grows back again.

In my view, this is how the law is developing under our new society. As part of its "evolution" and considering the moment we have been living, it can create itself and reproduce itself in nontraditional ways.

A path in which even fundamental rights (and human rights) are subjected to. They expand and multiply since the social impacts are so drastic that old rights are constantly being ripped off and by the pieces, new rights are created and incorporated in a constant reproduction by fission and regeneration. Like a starfish, the law can reproduce by the traditional state-centered way or by adapting itself to the new realities. To remain

7. Business to Business or Business to Consumers.

dynamically it sometimes loses important parts, which slowly regenerates themselves and creates something completely new along this path.

In this regard , we frequently observe global, mass-propagated and widely publicized corporate acts, which in conjunction with the social "sanctions" widely applied by and through new technologies (coming up after eventual violations of the "rights" of users and even nonusers, thus triggering a "retraction" regarding such acts and decisions and subsequent recognition of the "breaches" caused) this generates fission of rights, which regenerates later on into others not yet regulated (or not yet even known). On a subsequent stage, those situations are materialized and merged into internal regulations and codes of conduct (self-generated rules) – created and applied by compliance departments. Subsequently, the state formalizes such anxieties, framing it within a state-sanctioned law status. Nothing prevents robots to develop their rights in a similar way.

Like the starfish, the law still reproduces on a regular way understate law, but once a piece of this law detaches (fission) from the State(s) and goes into the global network arena, it can reproduce itself by regenerating into a new law. Yet this process is not instead of state law but in addition to it.

7. PRAGMATIC CASE EXAMPLE OF FISSION AND REGENERATION OF RIGHTS

A Pragmatic case example of this process is the right to privacy. It suffered a process of fission and subsequent regeneration – which in my view – into a new fundamental right: The Data Protection Rights. Thus, the process would be more or less the following to:

i) First, corporations' decisions to use personal information indiscriminately, violating the privacy of users (and even nonusers of their services). Mediatic scandals take place, such as those at *Cambridge Analytics*, triggering global public scrutiny among such corporate decisions;

ii) Subsequently, social (or market) self-sanction takes place, materialized in evaluations, criticism, and "boycotts" to those companies, impacting directly on the image - and obviously on the profits;

iii) Therefore, in an attempt to repair (or rather, recover), they recognize such "errors" by normalizing them into internal guidelines, describing it at the terms and codes of the service of conduct, (a process of self-generation of a rule). We observe subsequently the self-application by the compliance departments.

iv) Eventually, states exercise their power by framing those norms into a legal frame as such GDPR in Europe and LGPD in Brazil. Ultimately a new Fundamental Law is created.

8. AI CHANGING THE OWN RULE OF LAW

Law, as we have established can be created and developed in the most adverse contexts, regardless of a traditional *leviatã*[8] figure enforcing a Rule of Law or not.

Autonomous technologies and artificial intelligence, alongside with Machine Learning and vastly global connectivity on a pluralized information flow may allow "Robots" to produce rights and norms. Surely a new process of global law is being forged beyond states borders, now an algorithm-based one.

8. Hobbes, Thomas, and J. C. A. Gaskin. 1998. Leviathan. Oxford: Oxford University Press.

On different and past research, I have noted and wrote that arbitration at the Investor-State Dispute resolution on ICSID is creating truly global legal rules (*laws*). ICSID arbitration takes place wherever possible and states and private parties are treated as equal players. It is a global contract-based dispute resolution process, but as long as the arbitrators are judging cases based on their past cases, repeating themselves and producing ultimately cases law (common law approach), the law is being created. It is binding, global, and created apart from the state. It is an autopoietic process of law creation (human-driven).

Now we are facing a similar process. A contract-based (or perhaps *consent-based*) process (*lex mercatoria*) where new technologies as such YouTube's content ID and ongoing developments at machine learning and AI changing the dynamics and creating legal norms. As an example, we shall observe YouTube's Content ID, which according to their explanation, it's a process where:

> Copyright owners can use a system called Content ID to easily identify and manage their content on YouTube. Videos uploaded to YouTube are scanned against a database of files that have been submitted to us by content owners.
>
> Copyright owners get to decide what happens when the content in a video on YouTube matches the work they own. When this happens, the video gets a Content ID claim.[9]

Algorithms are deciding our cases. What if, once AI develops even further (if not done yet) those algorithms decide to, as such in ICSID arbitration, follow their own past decisions hence create law? Or as such in Asimov's tale, decide to interpret their laws? This is a process extremely viable which I believe it's already happening or at least on the path to happen.

Following this example, more than just a dispute resolution system, it's a *ex-ante* (able to predict and show eventual infringements) and *ex-post* (blocking, allowing disputes and removing contents). It an active approach to law, creating enforcing and on some basis "*predicting*" (*Minority Report*[10] style) unlawful behaviors to secure property rights beyond the state's authorities and states boarders.

Surely there are several issues with this, as such transparency and accountability, because their codes that determine this process, are privately held ones, protected by copyrights and not open. But as we reshape the law, flaws will survive even within the most advanced technologies.

The reason is rather simple: we are fallible. As such in traditional law, the most capable judges can make mistakes. There is a kind of *cliché* phrase nonetheless true: *flaws make us humans*. Perhaps flaws in technologies are merely a reflex of our own.

Once the algorithms start to base the decisions on their own past decisions, we shall have a truly autopoietic process of global law creation by and towards machines. At this point, the autonomous autopoietic process of law created by robots shall take place on a normative perspective as well.

9. YouTube Policies Terms of Use and Content ID.
10. Movie: Minority Report.

9. A NEW PROCESS? NOT QUITE

The common citizen doesn't even perceive how deep those changes are, but they are already happening and the normative impacts upon law are huge.

The regular user its already taking advantage of those technologies and most importantly: being protected by new kinds of laws, as the state legal framework protection no longer provides an efficient outcome to this

For instance, we may quote an eBay purchase, as an example. A global citizen in Brazil and China establish an international contract, a foreign exchange contract, a freight contract with all the incoterms, and several others. If the product is not delivered or if the consumer does not pay for it, the easiest way to secure your rights is not by state law, but rather by eBay dispute resolution. Otherwise, it would be extremely costly to enforce it via state law.

Machines are taking place. Computer decisions are binary (0 or 1, yes or no) which remounts' way back to Leibniz criminal law system.

> Gottfried Leibniz invented the basis for binary code, way back in 1689 and it appears in his article *Explication de l'Arithmétique Binaire*, where he was trying to find a system that converts logic's verbal statements into pure mathematical ones, proposing later on inclusive a criminal law system based on it.

As we see, this isn't new, but an ongoing process with hundreds of years. Law still is based on tradition, even if dealing with technological advances.

Nevertheless, computers are getting more sophisticate. as the quantic computer technology grows. Quantic computers are not:

> ...limited to two states as the binary one; they encode information as quantum bits, or qubits, which can exist in superposition. Qubits represent atoms, ions, photons, or electrons and their respective control devices that are working together to act as computer memory and a processor[11].

In my view, and in simple terms (and I apologize in advance to the true experts on this for my oversimplifications or oversights), it means that their decision are made beyond the binary codes, processing on unrestricted ways and instead of deciding 0 *or* 1, it can be decided ranging from 0 ***until*** 1, therefore able to a vast combination of decisions. Perhaps closer to our DNA storage and/or human brain processing power, the quantic computer ranges from infinite combinations to solve a problem. At this point, the interdisciplinary and cross-dimensional sense of the human alike processing shall take place also upon algorithm-based law, but this is a future conception.

10. TECHNOLOGICAL DILEMMAS

Computers and robots can produce norms. As part of an utilitarian dilemma, the utility which they bring to our busy and complicate life compensates the issues by providing us with happiness (caused by time-saving effects and others). For instance,

11. Leibniz G., 1879. Explication de l'Arithmétique Binaire.

we ignore privacy violations to have our passwords and emails automatically populated in google pages, despite the issues.

Moreover, eventually on the trolley dilemma, a machine or autonomous technology (up to now programmed by us) might be able to decide to sacrifice themselves (regardless of the third law) to save more people or even to save other machines.

Once we get to it, law (which is already going throw a process of fission and regeneration as part of its global autopoiesis) will be completely reshaped. Some might consider the ought to be's of this, as "*what if they kill us*?" "What if they decide to be *bad*? But remember - humans do the same -, and as such bad decisions come up from good old judges, machines are not infallible, so we aren't.

As such in the *lex mercatoria*, all this process is based on the autonomy of the will, created upon contracts and agreements. Or even: perhaps based on *informed consent* legal creation.

Hart stated that the solution for the uncertainty of primary rules is a rule of recognition. A rule that is a collection of standards and requisites that govern the validity of all rules, conferring power to new ones by validating them.

Even if we walk through Hart's rules of recognition, we might observe that society or most important market is conferring validity to those rules, on a re-shaped yet progressive way, where the state assumes an interventionist role on a "need to do" basis to assure that this new legal process is kept on track. A principiological phase so to say, at least on the Rules of Recognition. Certainly, the secondary rules are therefore being adapted to this new scenario, as the primary rules already changed.

Law as a Meta-technology is crucial for the fourth revolution as algorithmic and data-driven, moreover, as a regulative system, it does not compete with further regulative systems, such as technology, and the forces of the market, that are *also* reshaping of social norms (only natural as society changes). Law is a reflex of societies...and those are certainly changing. Even if towards a harmonized mathematical legal chaos.

11. LAW AND JUSTICE: ORGANIC SYSTEM, ADAPTABLE TO REALITIES (*MIRROR HELD UP AGAINST LIFE*)

As Lawrence Friedman described, the law is a mirror held up against life. By aligning these facts with the speed of information flows - only possible due to the more democratic and accessible evolution of communication (more or less 60% of the global population has access to the internet) - the social control mechanism and market sanctions, intermediated by the electronic tools available becomes also an effective and financially harmful tool to enforce the law (worse to the corporation than any possible state sanctions).

Besides, various human and fundamental rights can be effectively enforced and extended through their use.

Systems which allow, for example, "self-assessment" of companies (such as company ranking sites and reviews) control mechanisms and intellectual property disputes (sanctions by YouTube content ID), international purchase and sale disputes through trade facilitation platforms (eBay arbitration together with PayPal money flow control), among many others, are modifying and allowing effective systems. Compliance and Corporate Governance, on the other hand often open and publicly available (reporting channels, codes of conduct published online) as well self-enforcing laws upon the corporations, are changing how we face the law.

Such solutions are substantially modifying how law is created and enforced, and most likely changing the very nature of the rule of law.

Technological developments, alongside with active participation of society, and the adaptation of states to this new reality, are enabling the experience of a substantial social change affecting how the law is understood and applied globally. This evolution, indispensable to our development, its merely part of the 4th revolution, and as such the previous ones changed our world, the technological revolution its already changing it.

12. CONCLUSION

We observe that as such a state alike process, we have a common law global approach to law creation. Dispute settlements deciding cases apart from the state, autonomy of the will, consent-based rule creation and an autonomous autopoietic process of law created by algorithms once this initially *lex mercatoria* consent is given, quasi-legal sanctions as an addition or punishment for grossly corporative "rights" violations, and incorporation of new norms by compliance departments. States law is not effective to address and frame all this new reality, therefore the need to conceptualize, accept, and incorporate a coexisting global legal system, trigger by and through technology.

By creating and reinventing itself, the law is a fundamental part of society, framing all the ought to be's of it, which in the age of technology is considerably more dynamic and fast expanding from what they used to be.

As stated by Aristotle, *At his best, man is the noblest of all animals; separated from law and justice he is the worst*. AI is reformulating the rule of law but regardless of how much or how fast society changes, we humans have coded on our nature the need to adjust and follow the law and justice in the most unlikely contexts.

Perhaps, we may note this as not a legal system or as a random set of rules, in global chaos of norms. Nevertheless, as such in physics and mathematics, even chaos theory has established an order. The system does not need to be linear, but it can be based on chaos, and the framework can be a constitutional alike umbrella, in which, written or not, the principles are already applied and observed. Why not a mathematically organized chaos as a truly global legal system for the new laws emerging on this artificial intelligence ruled and connected "society"?

13. REFERENCES

Azimov, Isaac. *I, Robot*. New York, Gnome Press, 1950.

Boeing, Geoff. Visual Analysis of Nonlinear Dynamical Systems: Chaos, Fractals, Self-Similarity and the Limits of Prediction. *Systems*, v. 4(4), p. 37-, 2016.

Broude, Tomer, and Yuval Shany. Multi-Sourced equivalent norms in international law. Oxford, Hart, 2011.

"Chaos Theory." Encyclopedia of Mathematics, www.encyclopediaofmath.org/index.php/Chaos. Accessed 11 Sept. 2020.

Cheng, Bin. General principles of law as applied by international courts and tribunals. Cambridge, Cambridge Univ. Press, 2010.

Dunoff, Jeffrey L. How Should International Economic Disputes Be Resolved. *South Texas Law Review*, v. 42, p. 1219-, 2001.

Dunoff, Jeffrey L.; Trachtman, Joel. Ruling the world? Constitutionalism, International Law, and Global Governance. New York, Cambridge University Press, 2012.

eBay, Users Policies and Terms, Found at: https://www.ebay.com/help/policies/default/ebays-rules-policies?id=4205. Accessed 11 Sept. 2020.

Emmerich-Fritsche, Angelika. Vom Völkerrecht zum Weltrecht. Berlin, Duncker & Humblot, 2007.

Fischer-Lescano, Andreas; Teubner, Gunther. Regime-Collisions: The Vain Search for Legal Unity in the Fragmentation of Global Law. *Michigan Journal of International Law*, v. 25(4), 2004.

Friedman, Lawrence M. *A history of American law*. New York, Simon & Schuster, 2007.

Frydman Benoit. A pragmatic approach to global law. *In:* Muir-Watt, Horatia; Fernandez, Diego P. (Ed.), *Private International Law and Global Governance*, Oxford, Oxford University Press, 2014.

Günther, Klaus. Legal pluralism or uniform concept of law? Globalization as a problem of legal theory. Found at: http://www.nofoundations.com/issues/NoFo5Gunther.pdf. Accessed 11 Sept. 2020.

Habermas, Jürgen. Does the Constitutionalization of International Law Still Have a Chance? *In:* Cronin, Ciaran (Ed.). *The Divided West*. Cambridge, Polity, 2006

Herdegen, Matthias. The dynamics of International law in a globalized world: cosmopolitan values, constructive consent, and diversity of legal cultures. Verlag Vittorio Klostermann, 2016.

Hobbes, Thomas. *Leviathan*. Oxford, Oxford University Press, 1998.

Kant, Immanuel. *Perpetual Peace, and Other Essays on Politics, History, and Morals*. Indianapolis: Hackett Pub. Co, 1983.

Koskenniemi, Martti. Global Governance and Public International Law, 2004. Found at: https://www.kj.nomos.de/fileadmin/kj/doc/2004/20043Koskenniemi_S_241.pdf. Accessed 11 Sept. 2020.

Leibniz G., 1879. Explication de l'Arithmétique Binaire, Die Mathematische Schriften. Berlin, ed. C. Gerhardt, 1879.

Luhmann, Niklas. The autopoiesis of social systems. *In:* Geyer, F.; Zouwen, J. (Eds.), *Sociocybernetic Paradoxes*. London, Sage, 1986. (Reprinted in Luhmann, N., 1990. Essays on Self-reference. Columbia University Press, New York, 1986).

Luhmann, Niklas. Globalization or World Society: How to conceive of modern society? *International Review of Sociology*, v. 7, n. 1, 1997.

Maturana, Humberto. Autopoiesis. *In*: Zeleny, Milan (Ed.). *Autopoiesis*: A Theory of Living Organization. North-Holland, New York, 1981.

Max Planck Institute for Comparative Public Law and International Law. Global Constitutionalism, www.mpil.de/en/pub/research/areas/public-international-law/global-constitutionalism.cfm. Accessed 11 Sept. 2020.

Malynes, Gerard. *Consuetudo Vel Lex Mercatoria*, in Wolavers book, 1622.

Pagallo, Ugo. Lecture at the specialization course Law and Technology, at Stockholm University.

Peters, Anne. The Globalization of State Constitutions. *In*: Nijman, Janne; Nollkaemper, André. (Eds.). *New Perspectives on the Divide between National and International Law.* Oxford, Oxford Scholarship Online, 2007.

Petersmann, Ernst-Ulrich. Why Rational Choices Theory requires a multilevel constitutional approach to International Economic Law. Found at: https://cadmus.eui.eu/handle/1814/16591. Accessed 11 Sept. 2020.

Roman Law – Digest, Dig. 1.1.1.4 and Dig. 1.1.9, found at http://www.thelatinlibrary.com/justinian/digest1.shtml. Accessed 11 Sept. 2020.

Teubner, Gunther. Global law without a state. Aldershot, Ashgate, 2006. Constitutional Fragments: Societal Constitutionalism and Globalization.

Teubner, Gunther. Law as an Autopoietic System, Oxford/Cambridge, Blackwell Publishers, European University Institute Series, 1993.

YouTube, Users Policies, Terms, and Content ID. Found at: https://support.google.com/youtube/topic/4515467?hl=en&ref_topic=6186113. Accessed 11 Sept. 2020.

31
ENSAIO SOBRE A UTILIZAÇÃO DO CONCEITO DE FATO JURÍDICO PELA TECNOLOGIA DOS ALGORITMOS DE INTELIGÊNCIA ARTIFICIAL

Alexandre Walmott Borges

Doutor e Mestre em Direito pela Universidade Federal de Santa Catarina – UFSC. Doutor em História pela Universidade Federal de Uberlândia – UFU. Realizou estágios de pós-doutorado na Universidade Autônoma de Barcelona e na Universidade de Barcelona. Professor dos Programas de Pós-Graduação (Mestrado em Direito) da Universidade Federal de Uberlândia – UFU e da Universidade Estadual Paulista "Júlio de Mesquita Filho" – UNESP. E-mail: walmott@gmail.com

Moacir Henrique Júnior

Doutor em Direito e Ciência Política pela Universidade de Barcelona. Pesquisador do LAECC. Professor e Coordenador do Núcleo de Assistência Judiciária Gratuita – NAJ, da Universidade do Estado de Minas Gerais, Unidade Frutal. E-mail: moacir.henrique@uemg.br

Wilcon Algelis Abreu Luciano

Abogado por la Universidad Tecnológica de Santiago (UTESA), República Dominicana. Máster en Derecho por la Universidad Federal de Uberlândia – UFU, Brasil. Miembro de Laboratorio Americano de Estudios Constitucionales Comparados – LAECC. Aspirante a fiscalizador público nacional. E-mail: lucianowilcon@gmail.com

Fabiana Angélica Pinheiro Câmara

Doutora em História pela Universidade Federal de Uberlândia. Pesquisadora do LAECC Professora de Economia Política do Curso de Direito da Faculdade Inspirar. E-mail: camara.fabiana@gmail.com

Sumário: 1. Introdução: fatos jurídicos e Inteligência Artificial. 2. As categorias analíticas: o fato jurídico e as subclassificações construídas pela dogmática do direito. 3. O problema de partida para a IA nos fatos jurídicos: definição dos elementos de entrada para o processamento de informações e a saída. 4. Desafios da tecnologia dos algoritmos na execução das funções de regulação do fato jurídico. 5. Problemas a serem enfrentados em sistemas de IA e a valia da categoria dos fatos jurídicos. 6. A definição dos processos. 7. Referências.

1. INTRODUÇÃO: FATOS JURÍDICOS E INTELIGÊNCIA ARTIFICIAL

O presente ensaio fará a exploração do seguinte postulado: a utilização da categoria tradicional da dogmática jurídica, a teoria do fato jurídico, como organizadora de dados e processos de algoritmos de inteligência artificial para a solução de problemas jurídicos. A sugestão será a de que uma IA forte, de uma tecnologia algorítmica para o mundo do direito, pode utilizar os elementos dessa construção da dogmática jurídica para a elaboração de processos e fluxos. O desenvolvimento do ensaio será o seguinte: a teoria do fato jurídico é usada como postulado de partida; há a descrição dessa categoria analítica, dos fatos jurídicos; *a posteriori*, há várias construções de hipóteses, ou cenários, sobre a utilização do conceito para a construção de uma IA abrangente no mundo jurídico, ou de tecnologia de algoritmos capaz de propiciar soluções jurídicas. Os materiais usados para a redação do ensaio são fontes bibliográficas voltadas ao desenvolvimento teórico para a utilização de criações típicas do saber jurídico em intersecção com os conhecimentos sobre um possível desenvolvimento tecnológico de algoritmos de inteligência artificial.

2. AS CATEGORIAS ANALÍTICAS: O FATO JURÍDICO E AS SUBCLASSIFICAÇÕES CONSTRUÍDAS PELA DOGMÁTICA DO DIREITO

A teoria dos fatos jurídicos é categoria, ou conceito, da dogmática analítica. O objetivo nuclear da categoria, ou conceito, é classificar as diversas condutas ou ações humanas, ou mesmo fatos que tenham impacto nas relações humanas.[1-2] De maneira ampla, a teoria dos fatos jurídicos procura classificar, de acordo com padrões estabelecidos pelo conjunto de normas jurídicas, diversos acontecimentos, realizações, ações ou condutas humanas. Portanto, todas as situações reguladas pelo direito são situações classificadas como fatos jurídicos. A grande funcionalidade da categoria 'fato jurídico' pode servir como elemento de entrada de informações.[3]

Como há a pluralidade e diversidade de situações, acontecimentos, condutas ou ações humanas, a teoria do fato jurídico foi estabelecendo divisões classificatórias de maneira a tratar de forma diferente as várias possibilidades dos acontecimentos, situações, condutas ou ações.[4-5] A categorização envolve uma clivagem básica entre aqueles acontecimentos nos quais há participação humana, ou não.[6-7]

1. PAULSON, S. L. Kelsen on legal interpretation. *Legal Studies*, v. 10, n. 2, p. 136-152, 1990. Disponível em: https://onlinelibrary.wiley.com/doi/abs/10.1111/j.1748-121x.1990.tb00596.x. Acesso em: 5 out. 2020.
2. DECHESNE, F.; DIGNUM, V.; TAN, Y.-H. *Understanding compliance differences between legal and social norms*: the case of smoking ban, 2011. Disponível em: https://link.springer.com/chapter/10.1007/978-3-642-27216-5_5. Acesso em: 5 out. 2020.
3. KELSEN, H.; PAULSON, S. L. The Concept of the Legal Order. *The American Journal of Jurisprudence*, v. 27, n. 1, p. 64-84, 1982. Disponível em: https://academic.oup.com/ajj/article/27/1/64/203271. Acesso em: 5 out. 2020.
4. BOBBIO, N. *Teoria do ordenamento jurídico*. Bauru: Edipro, 2011.
5. LARENZ, K. Metodologia da Ciência do Direito, 1997. Disponível em: http://197.249.65.74:8080/biblioteca/bitstream/123456789/625/1/karl larenz metodologia da ciencia do direito.pdf. Acesso em: 5 out. 2020.
6. PRIEL, D. *Towards Classical Legal Positivism*, 2011. Disponível em: https://papers.ssrn.com/sol3/papers.cfm?abstract_id=1886517. Acesso em: 5 out. 2020.; HADFIELD, G. K.; WEINGAST, B. R. What Is Law? A Coordination Model of the Characteristics of Legal Order. *Journal of Legal Analysis*, v. 4, n. 2, p. 471-514, 2012. Disponível em: https://papers.ssrn.com/sol3/papers.cfm?abstract_id=1707083. Acesso em: 5 out. 2020.
7. PAYNE, R. A. Persuasion, Frames and Norm Construction. *European Journal of International Relations*, v. 7, n. 1, p. 37-61, 2001. Disponível em: http://communicationcache.com/uploads/1/0/8/8/10887248/persuasion_and_norm_construction.pdf. Acesso em: 5 out. 2020.; STRECK, L. L.; MATOS, D. O. Um direito sem faticidade: Uma (des)leitura da teoria do fato jurídico. *Rev. Direito Práx.*, Rio de Janeiro, 9, 2018. Disponível em: https://doi.org/10.1590/2179-8966/2017/25687. Acesso em: set. 2020.

Assim, há os denominados fatos jurídicos propriamente ditos, ou em sentido estrito, ou sem participação humana. Há acontecimentos naturais que não dependem de participação humana e têm consequências reguladas pelo direito (neste caso não se pode falar de condutas, ações ou comportamentos humanos propriamente ditos). Na continuidade classificatória, há os atos jurídicos. Os acontecimentos, situações, condutas, ações humanas têm repercussão regulatória no direito (diferente do acima visto, aqui há condutas, comportamentos e ações humanas). Nos atos jurídicos, há a bipartição analítica em dois momentos: 1°) a conduta ou comportamento; 2°) os efeitos de tal conduta ou comportamento. Pois, a partir desta bipartição, os atos jurídicos recebem outras subclassificações e distinções. Para a categorização, faz-se a divisão dos atos jurídicos em sentido amplo (visto neste parágrafo) dos atos jurídicos em sentido estrito (será visto abaixo).

Há os atos jurídicos propriamente ditos, ou atos em sentido estrito. Nesse quadrante, como sói acontecer nos atos jurídicos, há a conduta ou comportamento (o 1° momento da bipartição vista no parágrafo acima). Os efeitos regulatórios de tal conduta, ou comportamento, não serão aqueles tencionados pelo sujeito da conduta, ou mesmo independente do que intencionou, serão os efeitos da conduta ou comportamento aqueles atribuídos pelo próprio sistema de normas.

O problema da vontade nos atos jurídicos em sentido estrito comporta outra dicotomia: a avaliação que se faça da vontade: nos atos jurídicos propriamente ditos há a exteriorização volitiva, e a avaliação da qualidade desta manifestação é fundamental para os efeitos regulatórios e, depois os efeitos regulatórios propriamente ditos serão apreciados em função dessa manifestação volitiva: há de ser vontade consciente. Por isso há a outra categoria de atos-fatos, distintos dos atos em sentido estrito. Nos atos-fatos o 1° momento, o de manifestação da vontade, não é o momento de manifestação de vontade consciente. Então há participação humana, mas o elemento volitivo é neutro. Os efeitos, tal qual no ato jurídico em sentido estrito, serão, nos atos-fatos, os efeitos regulatórios definidos pelo sistema de normas.

Há dentro dos atos jurídicos em sentido amplo os negócios jurídicos. À diferença dos atos jurídicos em sentido estrito, nos quais os elementos da bipartição (1° e 2° momentos) têm tratamento distinto com relação à vontade do agente, nos negócios jurídicos a vontade tem efeitos definidores da regulação nos dois momentos. Nos atos jurídicos em sentido estrito a conduta do agente é determinante da conformação nesta categoria, manifestação volitiva do 1° momento, mas não nos efeitos regulatórios. Já nos negócios jurídicos o 1° momento, manifestação da vontade, e o 2° momento, efeitos regulatórios dependem da manifestação volitiva.

Toda a categoria dos atos jurídicos depende, à partida, de outra avaliação que conduz à dicotomia: é ato ilícito ou é ato lícito? Nos ilícitos há a participação humana com os efeitos regulatórios do direito definidos pelas normas, e não por esta participação humana inicial. O ponto de partida dos ilícitos é a contrariedade à norma jurídica. Aqui há espaço para várias subclassificações como, por exemplo, entre o antijurídico e o ilícito propriamente dito.

3. O PROBLEMA DE PARTIDA PARA A IA NOS FATOS JURÍDICOS: DEFINIÇÃO DOS ELEMENTOS DE ENTRADA PARA O PROCESSAMENTO DE INFORMAÇÕES E A SAÍDA

Tome-se como elemento de partida que o direito é um sistema encarregado de encaminhamento de soluções para conflitos sociais. Tais conflitos podem ser potenciais ou efetivos. Em suma, relações sociais alimentam e são essencialmente caracterizadas por alguns conflitos.

No caso de conflitos potenciais, tem-se a imaginar que os conflitos a receber o tratamento jurídico são aqueles possíveis, latentes ou iminentes. Assim, a forma de processamento do direito, nesses casos, é o de definição normativa e institucional de processos e padrões de comportamentos, condutas, ou de efeitos de acontecimentos, antes da instalação de disputa. O objetivo do direito é o de oferecer padrões prévios, de regulação. O direito como estímulo e direção.

Imaginando-se dessa maneira, dispositivos ou máquinas de IA, algoritmos, de qualquer natureza, devem ter a capacidade de processar as situações do mundo social como se inteligência humana fossem. Devem os algoritmos de inteligência artificial ter a capacidade de subsumir as situações ao regramento de acordo, o regramento esperado para a situação padrão e lhe enformar num certo padrão normativo (pode-se dizer decisório de opções regulatórias).

No caso de conflitos efetivos, não há o quadrante de opções regulatórias, antes do conflito instalado, pois já se supõe que este não foi satisfatório. Há, aqui, o conflito já instalado. Supõe-se, nesses casos, que o direito atua repressivamente. O direito atua como disciplina e coerção.

Deve, nesse caso, a IA ter a capacidade de subsumir as situações ao regramento solucionador de conflitos. Deve enformar o conflito no regramento punitivo-sancionatório esperado para a situação padrão e lhe enformar num certo padrão normativo (pode-se dizer decisório coercitivo e sancionatório).

4. DESAFIOS DA TECNOLOGIA DOS ALGORITMOS NA EXECUÇÃO DAS FUNÇÕES DE REGULAÇÃO DO FATO JURÍDICO

Numa síntese da problematização do presente estudo, tem-se as possibilidades e o alcance das máquinas e dos dispositivos de tecnologia algorítmica, e o potencial de executoriedade para realizar as tarefas típicas do raciocínio jurídico, tomando por base o agrupamento e a classificação dos fatos jurídicos.

Tomando-se a categoria fato jurídico a problematização, a proposta envolve os seguintes aspectos:

(i) a capacidade realizadora das tecnologias de IA de raciocínios jurídicos a partir da categoria fato jurídico, nas variantes lógicas do direito;

(ii) em continuidade, supõe problematizar a capacidade realizadora da IA de utilizar os dados disponíveis para chegar às soluções jurídicas;

(iii) num terceiro ponto, a problematização sobre a capacidade de uso eficaz do direito, a partir da IA, cumprindo a esta desenvolver fórmulas aprimoradas de aplicação do direito;[8]

(iv) o quarto item, a capacidade da IA de leitura juridicamente adequada de quais são os padrões de acontecimentos, condutas e comportamentos que podem ser enquadrados nesta, ou naquela categoria;

(v) quinto apontamento, realizar a correta inferência, uma vez informada, dos dados necessários e realizar a aplicação dos fatos jurídicos;

Em continuidade, o sistema deve resolver o problema com solução jurídica que encerre a questão; como dito acima, as etapas são fundamentais para o entendimento final, qual seja, da entrada da informação – do conflito ou potencial conflito – até a solução jurídica adequada;

Como há a demanda por resultado – solução jurídica –, o programa/processo tem que antecipar inconsistências, rupturas, ou possíveis fracassos de encaminhamento.

Há que se considerar que a categoria fato jurídico é elemento de utilidade para a definição de como se dá – ou dará – a interação dos sistemas de tecnologia de IA com o ambiente.

Como é categoria classificatória que encerra várias tomadas que podem ser entradas de informações, as classificações e subclassificações dos fatos jurídicos permitem o estabelecimento de melhor relacionamento dos algoritmos de inteligência artificial com os humanos: captando as disputas potenciais ou efetivas (o problema típico do direito); de como se dará o relacionamento entre os humanos (é uma forma catalogadora das relações jurídicas); favorece o sistema de comunicação no campo específico do direito (já que estabelece uma taxonomia aceita e assertiva); permite o estabelecimento de relações de causa e efeito (compreensão de acontecimentos, ou condutas, e efeitos jurídicos).

5. PROBLEMAS A SEREM ENFRENTADOS EM SISTEMAS DE IA E A VALIA DA CATEGORIA DOS FATOS JURÍDICOS

Tomando-se a consideração postular de que as máquinas de IA teriam a hipotética tarefa de solução de conflitos, potenciais ou instalados, podem ser elencados os seguintes problemas na aplicação da IA à categoria matriz dos fatos jurídicos:

– Como imaginar que a entrada de informações nos sistemas de tecnologia de algoritmos de IA seja constituída por noções abstratas, ou que dependam de avaliações qualitativas e com gradiente de otimizações? O que se tem são sistemas de IA que supõem a avaliação de conduta ou ação de acordo com a conduta padrão, delimitada, enformada por algumas informações, não se podendo fazer a análise casuística de acordo com a submissão, ou não, ao sistema do direito. [9]

8. O que envolve um duplo problema: aplicação ótima das normas e aplicação efetiva das normas aos fatos jurídicos.
9. 'One of the central questions in free speech jurisprudence is what activities the First Amendment encompasses. This Article considers that question in the context of an area of increasing importance – algorithm-based decisions. I begin by looking to broadly accepted legal sources, which for the First Amendment means primarily Supreme Court jurisprudence. That jurisprudence provides for very broad First Amendment coverage, and the Court has reinforced that breadth in recent cases. Under the Court's jurisprudence the First Amendment (and the heightened scrutiny it entails) would apply to many algorithm-based decisions, specifically those entailing substantive communications. We could of course adopt a limiting conception of the First Amendment, but any nonarbitrary exclusion of algorithm-based decisions would require major changes in the Court's jurisprudence. I believe that First Amendment coverage of algorithm-based decisions is too small a step to justify such changes. But insofar as we are concerned about the expansiveness of First Amendment coverage, we may want to limit it in two areas of genuine uncertainty: editorial

– Imagina-se um sistema de algoritmos de IA que possa fazer a escolha de qual será a premissa de partida, sem que já esteja enformada esta premissa de partida? O problema que a IA tem a enfrentar é o da própria consideração de fatos no universo de fatos jurídicos. No mundo de acontecimentos, condutas, comportamentos e ações, quais seriam passíveis de enquadramento como fatos jurídicos? Quais seriam irrelevantes para o mundo jurídico?

– Além da variação de entrada acima mencionada, fato jurídico ou não, há a variação de entrada das informações, entre as diversas condutas, ações e acontecimentos. Novamente, a limitação decorre da dependência da escolha de partida, isto é, de qual será o elemento de partida para o encapsulamento naquelas variedades do fato jurídico: é ato-fato? É ato? É negócio?

O que as indicações acima sugerem, ainda, é a forte dependência do fator humano para a escolha do ponto de partida. Para além desse aspecto inicial, e tirante os acontecimentos sem participação humana que parecem ser mais facilmente enquadrados numa programação padrão de soluções jurídicas pelos algoritmos de inteligência artificial, podem ser visualizadas outras considerações capitais sobre a participação dos algoritmos de inteligência artificial nas soluções jurídicas:[10-11]

– Os sistemas de IA conseguem captar a natureza volitiva da conduta humana (capacidade sensorial)? Isso é fundamental para, por exemplo, construir raciocínios e soluções sobre lícito x ilícito; sobre vontade consciente ou não (ato-fato ou fato em sentido estrito), e daí derivarem as soluções casuísticas.

– Os sistemas de IA têm o desafio de captar a natureza do sujeito envolvido? Há aqui o problema de capacidade, ou não, do sujeito envolvido. Há alguma margem razoável de enquadramento e padronização a partir de dados do sujeito (nascimento, histórico sanitário, entre tantos), mas, sem os dados pré-determinados, é possível sensorialmente aferir a vontade consciente?[12]

– Há outro desafio de sistemas de IA: há a possibilidade de enquadramento dos acontecimentos, das informações recebidas do meio que contemplem a participação do próprio sistema como emissor de vontade? De maneira geral, os sistemas que envolvem manifestação volitiva dos algoritmos de inteligência artificial têm trabalhado com os padrões do ato jurídico em sentido estrito, por exemplo para alguns atos administrativos.[13] Na seara dos negócios jurídicos, isso se mostra mais abrangente, já que

---

decisions that are neither obvious nor communicated to the reader, and laws that single out speakers but do not regulate their speech. Even with those limitations, however, an enormous and growing amount of activity will be subject to heightened scrutiny absent a fundamental reorientation of First Amendment jurisprudence.' BENJAMIN, S. M. Algorithms and Speech. *University of Pennsylvania Law Review*, v. 161, n. 6, p. 1445, 2013. Disponível em: https://papers.ssrn.com/sol3/papers.cfm?abstract_id=2272066. Acesso em: 5 out. 2020.

10. 'Definition acquisition is a necessary step in building an artificial cognitive assistant that helps military personnel to gain fast and precise understanding of the various terms and procedures defined in applicable legal documents. We approach the task of identifying definitional sentences from operations law documents by formalizing this task as a sentence-classification task and solving it by using machine-learning methods. This paper reports on a series of empirical experiments in that we evaluate and compare the performance of learning algorithms in terms of label-prediction accuracy. Using supervised techniques results in an F1 score of 95.93% and a 96.72% recall rate. However, for real-world applications, it would be too costly and unrealistic to ask personnel involved in military operations to label substantial amounts of data in order to build a new classifier for different types or genres of text data. Therefore, we propose and implement a semi supervised (SS) solution that trades off prediction accuracy to label efficiency. Our SS approach achieves a 90.47% F1 score and 93.44% recall rate by using only eight sentences labeled by a human expert.' CHANG, Y.; DIESNER, J.; CARLEY, K. M. Toward Automated Definition Acquisition From Operations Law. *IEEE Transactions on Systems, Man, and Cybernetics*, v. 42, n. 2, p. 223-232, 2012. Disponível em: http://yadda.icm.edu.pl/yadda/element/bwmeta1.element.ieee-000005728934. Acesso em: 5 out. 2020.
11. SURDEN, H. Machine Learning and Law. *Washington Law Review*, v. 89, n. 1, p. 87, 2014. Disponível em: https://ssrn.com/abstract=2417415. Acesso em: 5 out. 2020.
12. Ver o texto de Jennifer Xu e Hsinchun Chen. XU, J.; CHEN, H. Fighting organized crimes: using shortest-path algorithms to identify associations in criminal networks. *Decision Support Systems*, v. 38, n. 3, p. 473-487, 2004. Disponível em: https://sciencedirect.com/science/article/pii/s0167923603001179. Acesso em: 5 out. 2020.
13. Exemplos como a sinalização de trânsito e emissão de sanções administrativas decorrentes disso; formulários administrativos e tributários.

importaria que o sistema tivesse aprendizagem e informações suficientes para dinâmicas patrimoniais e consequenciais variadas.[14]

Os elementos descritivos e analíticos do conceito de fato jurídico podem ser suportes de entrada para as informações de sistemas de IA no direito. Como visto, a categoria é atrativa na solução de problemas de algoritmos de inteligência artificial no mundo do direito. Oferece roteiros padronizados de informações para a formulação e criação de sistemas de IA de enquadramento normativo e solução conflitual.

6. A DEFINIÇÃO DOS PROCESSOS

Os quadros abaixo são ilustrações gerais de como poderá ocorrer uma hipotética formalização de algoritmos para o encaminhamento de soluções jurídicas. Como exposto acima, o trabalho é de ilustração a partir das categorias do fato jurídico.

O ponto de partida seria:

Organização de raciocínios jurídicos pela teoria do fato jurídico	Aproveitamento desta base de entrada e de formalização para o desenvolvimento de sistemas que desenvolvam raciocínios jurídicos e produzam soluções jurídicas

E seriam ilustrados pelos seguintes pontos:

<table>
<tr><td rowspan="2">Quais as matérias são consideradas matérias do direito, isto é, são objeto de regulação jurídica? Este é o problema de entrada</td><td>Em sentido amplo, todos os fatos possíveis (exclusão dos impossíveis e necessários)</td></tr>
<tr><td>Em sentido estrito, os fatos possíveis com previsão em normas</td></tr>
<tr><td>Fatos jurídicos serão definidos como entrada de:</td><td>Fatos que de maneira abstrata, e ampla, impressionam normas jurídicas</td></tr>
</table>

O outro elemento de base para a definição de entrada de dados num hipotético sistema de solução jurídica é a estrutura da norma. Nesse caso o algoritmo realiza a dedução fato-norma:

<table>
<tr><td rowspan="4">Norma jurídica estabelecida/positivadas</td><td colspan="2">Norma como comunicação; identificar a autoridade – emissor - e o universo de receptores</td></tr>
<tr><td colspan="2">Norma como prescrição; identificar a natureza deôntica: obrigação, permissão, proibição</td></tr>
<tr><td>Norma com a estrutura de: descrição do fato, ou, hipótese da norma;</td><td>O sistema deve contar com entradas que sejam capazes de capturar o fato relevante, ou ser alimentado com o fato relevante</td></tr>
<tr><td>A consequência</td><td>O sistema deve estipular a consequência jurídica: Sanção? Prêmio? Situação jurídica?</td></tr>
</table>

Um problema de execução inicial e que deve ser analisado, por qualquer sistema de IA/algoritmo é o seguinte:

14. Nos negócios jurídicos ainda há a padronização limitada servindo os sistemas como homologadores de transações padronizadas, ou de adesão, sem interação profunda.

<table>
<tr><td rowspan="5">Inicialmente, o binário:
Fato jurídico
Ou
Fato sem relevância jurídica</td><td rowspan="5">Se há o enquadramento como fato jurídico, segundo passo, qual a categoria de fatos. Aqui há o desafio de enquadramento no sistema; análise de ações para o encaminhamento de solução adequada</td><td>Não há participação humana</td><td colspan="2">Há consequência jurídica</td><td>Solução jurídica</td></tr>
<tr><td rowspan="2">Há participação humana – resultados definidos em norma</td><td>Análise da ação – consciente?</td><td>Válida ou inválida</td><td>Solução jurídica</td></tr>
<tr><td colspan="2">Análise da ação – não consciente?</td><td>Solução jurídica</td></tr>
<tr><td colspan="2" rowspan="2">Há participação humana – normas definem o processo e o quadro de realização</td><td>Válido?</td><td rowspan="2">Solução jurídica</td></tr>
<tr><td>Inválido?</td></tr>
</table>

E outra ilustração que mostra como determinação inicial é necessária pensando-se num algoritmo de encaminhamento de soluções jurídicas:

<table>
<tr><td rowspan="2">O fato – enquadramento inicial</td><td>Ilícito</td></tr>
<tr><td>lícito</td></tr>
</table>

Todos os quadros acima exigem uma definição de participação da máquina, a partir de qual momento?

<table>
<tr><td rowspan="2">Participação humana</td><td>Define a entrada fato jurídico ou não? Ou a máquina/sistema deverá ser desenvolvida para já fazer a escolha entre fatos jurídicos e fatos sem relevância jurídica</td></tr>
<tr><td>Definirá a entrada de lícitos e ilícitos? Ou a máquina/sistema o fará?</td></tr>
</table>

A partir da definição como fato jurídico, e como lícito, ou ilícito, conduzirá ao problema de sujeição às normas:

<table>
<tr><td rowspan="3">O fato ou o ato</td><td>Definição dentro de norma geral que inclui o fato-ato no subsistema?</td></tr>
<tr><td>Definição dentro de norma geral que exclui o fato-ato do subsistema?</td></tr>
<tr><td>Definição de norma geral que inclui o fato-ato no subsistema?</td></tr>
</table>

E a regulação a ser processada:

No caso de (1), acima	Alta margem de escolha para o sistema da máquina/IA – desafio de definição de limites – possível algoritmo heurístico
No caso de (2), acima	A solução deverá ser a de exclusão das consequências jurídicas – determinação de solução
No caso de (3), acima	Encaminhamento de solução jurídica – determinação de solução

Os quadros acima são explorações ilustrativas de possíveis processos-formalizações de tecnologia de IA para soluções jurídicas. Cada quadro merece o desenvolvimento de hipótese própria. No ensaio o objetivo geral é a ilustração de fomento ao debate.

7. REFERÊNCIAS

BENJAMIN, S. M. Algorithms and Speech. *University of Pennsylvania Law Review*, v. 161, n. 6, p. 1445, 2013. Disponível em: https://papers.ssrn.com/sol3/papers.cfm?abstract_id=2272066. Acesso em: 5 out. 2020.

BOBBIO, N. *Teoria do ordenamento jurídico*. Bauru: Edipro, 2011.

CHANG, Y.; DIESNER, J.; CARLEY, K. M. Toward Automated Definition Acquisition From Operations Law. *IEEE Transactions on Systems, Man, and Cybernetics*, v. 42, n. 2, p. 223-232, 2012. Disponível em: http://yadda.icm.edu.pl/yadda/element/bwmeta1.element.ieee-000005728934. Acesso em: 5 out. 2020.

DECHESNE, F.; DIGNUM, V.; TAN, Y.-H. *Understanding compliance differences between legal and social norms*: the case of smoking ban, 2011. Disponível em: https://link.springer.com/chapter/10.1007/978-3-642-27216-5_5. Acesso em: 5 out. 2020.

HADFIELD, G. K.; WEINGAST, B. R. What Is Law? A Coordination Model of the Characteristics of Legal Order. *Journal of Legal Analysis*, v. 4, n. 2, p. 471-514, 2012. Disponível em: https://papers.ssrn.com/sol3/papers.cfm?abstract_id=1707083. Acesso em: 5 out. 2020.

KAPLAN, A.; HAENLEIN, M. Siri, Siri, in my hand: Who's the fairest in the land? On the interpretations, illustrations, and implications of artificial intelligence. *Business Horizon*, jan./fev. 2019. 15-25. Disponível em: https://www.sciencedirect.com/science/article/pii/S0007681318301393. Acesso em: 5 out. 2020.

KELSEN, H. *Teoria geral do Direito e do Estado*. São Paulo: Martins Fontes, 2005.

KELSEN, H.; PAULSON, S. L. The Concept of the Legal Order. *The American Journal of Jurisprudence*, v. 27, n. 1, p. 64-84, 1982. Disponível em: https://academic.oup.com/ajj/article/27/1/64/203271. Acesso em: 5 out. 2020.

LARENZ, K. Metodologia da Ciência do Direito, 1997. Disponível em: http://197.249.65.74:8080/biblioteca/bitstream/123456789/625/1/karl larenz metodologia da ciencia do direito.pdf. Acesso em: 5 out. 2020.

LINK, D. Enigma Rebus: Prolegomena to an Archaeology of Algorithmic Artefacts. *In:* LINK, D. *Archaeology of Algorithmic Artefacts*. Minnesota: University of Minnesota Press, 2016. p. 79-112. Disponível em: http://www.jstor.org/stable/10.5749/j.ctt1h64mr9.7. Acesso em: 20 ago. 2020.

LIU, G. et al. Liu, Grace, Joseph Rodgers, Scott Milne, Margaret Rowland, Ben McIntosh, Mackenzie Best, Octave Lepinard, and Melissa Hanham. *James Martin Center for Nonproliferation Studies (CNS)*, 2020. Disponível em: James Martin Center for Nonproliferation Studies (CNS). Acesso em: set. 2020.

LUGER, G. F. *Inteligência artificial*. São Paulo: Pearson, 2013.

MEDEIROS, L. F. D. *Inteligência artificial aplicada*: uma abordagem introdutória. Curitiba: Intersaberes, 2018.

MELLO, M. B. D. *Teoria do Fato Jurídico*: Plano da Existência. São Paulo: Saraiva, 2019.

MOROZOV, E. Opposing the Exceptionalism of the Algorithm. *The Datafied Society*: Studying Culture through Data, 2017. Disponível em: The Datafied Society: Studying Culture through Data. Acesso em: set. 2020.

NEVES, M. D. C. P. A incidência da norma jurídica e o fato jurídico. *Revista de Informação Legislativa*, Brasília, out./dez. 1984. 267-284.

PAULSON, S. L. Kelsen on legal interpretation. *Legal Studies*, v. 10, n. 2, p. 136-152, 1990. Disponível em: https://onlinelibrary.wiley.com/doi/abs/10.1111/j.1748-121x.1990.tb00596.x. Acesso em: 5 out. 2020.

PAYNE, R. A. Persuasion, Frames and Norm Construction. *European Journal of International Relations*, v. 7, n. 1, p. 37-61, 2001. Disponível em: http://communicationcache.com/uploads/1/0/8/8/10887248/persuasion_and_norm_construction.pdf. Acesso em: 5 out. 2020.

PRIEL, D. *Towards Classical Legal Positivism*, 2011. Disponível em: https://papers.ssrn.com/sol3/papers.cfm?abstract_id=1886517. Acesso em: 5 out. 2020.

SCHMIDT, B. M. Do Digital Humanists Need to Understand Algorithms? *Debates in the Digital Humanities*, 2016. Disponível em: www.jstor.org/stable/10.5749/j.ctt1cn6thb.51. Acesso em: set. 2020.

STRECK, L. L.; MATOS, D. O. Um direito sem faticidade: Uma (des)leitura da teoria do fato jurídico. *Rev. Direito Práx.*, Rio de Janeiro, 9, 2018. Disponível em: https://doi.org/10.1590/2179-8966/2017/25687. Acesso em: set. 2020.

SURDEN, H. Machine Learning and Law. *Washington Law Review*, v. 89, n. 1, p. 87, 2014. Disponível em: https://ssrn.com/abstract=2417415. Acesso em: 5 out. 2020.

TEIXEIRA, J. D. F.; GONZALES, M. E. Q. INTELIGÊNCIA ARTIFICIAL E TEORIA DE RESOLUÇÃO DE PROBLEMAS. *Trans/form/ação*, 1983. 45-62. Disponível em: http://www.scielo.br/pdf/trans/v6/v6a06.pdf. Acesso em: 5 out. 2020.

XU, J.; CHEN, H. Fighting organized crimes: using shortest-path algorithms to identify associations in criminal networks. *Decision Support Systems*, v. 38, n. 3, p. 473-487, 2004. Disponível em: https://sciencedirect.com/science/article/pii/s0167923603001179. Acesso em: 5 out. 2020.

Parte VII
DIREITOS HUMANOS E OS ALGORITMOS NA VIDA COTIDIANA

32
LA INTELIGENCIA ARTIFICIAL (IA) COMO INSTRUMENTO EN LA PROMOCIÓN Y LA GARANTÍA DE DERECHOS Y DE LIBERTADES

Antonio Madrid Pérez

Professor titular d'Universitat de Barcelona. Doctorat en Dret - Universitat de Barcelona. Coordinador general del dret al Dret. President de la Junta de Personal Docent i Invertigador de la Universitat de Barcelona.

1. PRESENTACIÓN

El objetivo de este texto es analizar una posibilidad que, a primera vista, choca con la intuición que se ha extendido durante los últimos años ante el uso creciente de la inteligencia artificial (IA). Esta posibilidad pasa por plantear la inteligencia artificial, su diseño, entrenamiento y aplicación, como un instrumento activo que contribuya a garantizar y promover los derechos y las libertades en el marco de un Estado democrático, social y de derecho. Derechos y libertades que hallan sus fundamentos en valores que alcanzan y mantienen su fuerza política y social en la medida en que son asumidos y practicados por una sociedad y por un Estado o un por conjunto de Estados.

La posibilidad de utilizar la IA como instrumento de promoción y garantía implica pensar no solo cómo defendernos de aquellos usos de la IA que vulneran o pueden vulnerar derechos, sino complementar el enfoque y la estrategia a seguir para hacer posible que la IA nos ayude a implementar y desarrollar los valores que inspiran derechos y libertades.

Si planteamos que la historia política, social y jurídica de nuestros países está marcada por los logros y los retrocesos en materia de derechos y libertades, vemos que en esta historia colectiva la pugna por la hegemonía de los valores, y su materialización en forma de derechos y libertades, ha sido una cuestión central. El movimiento obrero, los movimientos campesinos, el movimiento ecologista, el movimiento pacifista o el movimiento feminista, entre otros, han propuesto transformaciones de fondo en el terreno de los valores. De forma que, en el mejor de los casos, los logros alcanzados, además de adoptar expresión jurídica en forma de derechos y libertades regulados y protegidos estatalmente, han supuesto transformaciones en los valores sociales y políticos con los que se compromete la población.

Los desarrollos y aplicaciones ya alcanzados por la IA, así como las perspectivas de futuro su uso, hace que ya actualmente tengamos que contemplar una doble dimensión al pensar la relación entre la IA y la vida de los derechos y las libertades: la dimensión técnica (el diseño, funcionamiento y articulación de los sistemas de IA con otras aplicaciones) y la dimensión ético-política (la orientación dada a estos sistemas y el uso que se hace de ellos).

2. LA IA, UN PODEROSO INSTRUMENTO

La IA presenta una triple característica que hace que ya no podamos prescindir de ella si queremos garantizar y promover derechos y libertades. La IA, como primera característica, es hoy un instrumento de gestión, con mayor capacidad, flexibilidad y rapidez que cualquier otro instrumento tecnológico que hayamos conocido.

La segunda característica es la siguiente: la potencia de la IA radica también en su capacidad para combinarse con otras tecnologías que cada vez tienen mayor implantación en nuestras casas, en las actividades productivas, en las comunicaciones, en la economía financiera o en la sanidad. El llamado "internet de las cosas", o la llamada 'cuarta revolución o industria 4.0', son expresión de esta potencia tecnológica.

La tercera característica a la que me quiero referir se relaciona con las dos anteriores: su capacidad de aprendizaje y automatización compleja. El nivel de desarrollo tecnológico actual permite que ya que una parte de las aplicaciones de IA aprendan a partir de la programación base en interacción con las bases de datos a las que tiene acceso (big data), la interacción con el medio en el que se aplica y su interacción con otras aplicaciones. Esta capacidad, que es nueva en la evolución tecnológica, ha dado paso a posibilidad: la automatización de procesos y, en algunos casos, su autonomización.

La automatización de procesos no es novedosa en sí misma si de lo que se trata es de repetir funciones: por ejemplo, el control del funcionamiento de semáforos. Sin embargo, en el campo de la automatización la flexibilidad de los desarrollos actuales de la IA ha permitido encomendar a aplicaciones de IA funciones complejas que admiten variabilidad. Por ejemplo, como veremos más adelante, decidir si una persona tiene derecho a un descuento en el recibo de la luz (bono social regulado en la legislación española) por pertenecer a un colectivo en situación de precariedad económica.

La combinación de estas tres características hace que la IA sea ya un elemento contextual de realización (o de imposibilitación) del ejercicio de derechos y libertades, o de realización de aspectos relevantes de la vida propia y de la vida social[1]. Por esta razón, en este texto se plantea la necesidad de plantearnos no ya cómo defendernos o limitar los impactos negativos sobre derechos y libertades de determinadas aplicaciones

---

1. B. Alfter, R. Müller-Eiselt, M. Spielkamp, *Automating Society. Taking Stock of Automated Decision-Making in EU*, Algorithm Watch/Bertelsmann Stiftung, 2019 (disponible en https://algorithmwatch.org/wp-content/uploads/2019/01/Automating_Society_Report_2019.pdf).

de IA, sino cómo poner la IA al servicio de la promoción y garantía de los derechos y de las libertades, y de los valores que les dan sentido.

En 1978 se publicaba el texto de Cappelletti y Garth: *El acceso a la justicia. La tendencia en el movimiento mundial para hacer efectivos los derechos*[2]. Si hoy se reescribiera este texto, y se mantuviera su intencionalidad inicial, una parte importante del mismo tendría que estar dedicada a analizar y proponer el uso de sistemas de IA. Cada vez más la IA se convierte en una condición tecnológica en el desarrollo de procedimiento legales, acceso a ayudas sociales, toma de decisiones jurídicamente vinculantes o gestión de información que se va a utilizar para fundamentar la toma de decisiones jurídicamente vinculantes. Además de una perspectiva reguladora que trate de minimizar los impactos negativos de los usos de la IA, es preciso desarrollar una perspectiva reguladora en la que la IA sea pensada y practicada como un instrumento útil en la promoción y garantía de derechos y libertades. A esta perspectiva se le llama en este texto perspectiva proactiva.

Si se acepta la concepción racional del derecho, y se acepta al mismo tiempo que la IA es una creación racional de los seres humanos, es lógico analizar cuáles son las utilidades que la IA ofrece al derecho para la consecución de las finalidades que le son asignadas. Para que esto sea posible, la visión reactiva-defensiva respecto de la IA es insuficiente. Se requiere combinar la postura reactiva-defensiva con una perspectiva proactiva.

Si queremos plantear la cuestión de forma directa, podemos hacer preguntas como las siguientes: ¿puede ayudarnos la IA a promover la igualdad entre hombres y mujeres, la eliminación de las discriminaciones, la mejor protección del medio ambiente, la limitación de operaciones bancarias discriminatorias, la mejora de la reinserción social de presos, el éxito escolar de los colectivos sociales menos favorecidos, el acceso a los servicios sanitarios de la población rural, el control sobre contrataciones administrativas, el control de la calidad del agua y del aire, la reducción de la emisión de contaminantes…? *A priori*, la respuesta es que la IA puede ayudar a alcanzar estos objetivos, ya que la IA no tiene voluntad propia predeterminada. El diseño y usos de la IA puede ser parte de un problema, pero también parte de un avance para resolver el problema[3].

No se aborda en este texto un problema derivado de la aplicación de sistemas de IA como es la posibilidad que existe de que los sistemas tengan un funcionamiento no previsto inicialmente[4]. Pese a que no se aborde, es una cuestión de enorme relevancia que ha de ser tenida en cuenta.

2. Mauro Cappelletti, Bryant G. Garth, FCE, México DF, 1996 (original inglés 1978).
3. *Vid.* S. Russell, D. Dewey, M. Tegmark, "Research Priorities for Robust and Beneficial Artificial Intelligence", *AI Magazine*, v. 36, n. 4, invierno 2015, p. 105-114.
4. *Vid.* S. Russell, P. Norvig, *Artificial Intelligence: a modern approach*, Boston, Prentice Hall, 2010, p. 1037. C.E.A. Karnow, "The application of traditional tort theory to embodied machine intelligence", en R. Calo, A.M. Froomkin, I. Kerr, *Robot Law*, Edward Elgar, Cheltenham, 2016, p. 51-77, p. 52.

3. LA INTELIGENCIA ARTIFICIAL (IA) APLICADA: ENTRE EL PESIMISMO Y EL OPTIMISMO

En este artículo, para referirme a la IA utilizo la definición propuesta por un grupo de expertos a la Comisión europea: "Sistemas que muestran un comportamiento inteligente mediante el análisis de su entorno y la realización de acciones -con cierto grado de autonomía- para lograr objetivos específicos. Los sistemas basados en inteligencia artificial pueden estar basados únicamente en software, actuando en el mundo virtual (por ejemplo, asistentes de voz, software de análisis de imágenes, motores de búsqueda, sistemas de reconocimiento de voz y rostro) o la inteligencia artificial puede estar integrada en dispositivos de hardware (por ejemplo, robots avanzados, automóviles autónomos, drones o aplicaciones de Internet de las cosas)"[5].

La IA, en tanto que instrumento, puede ser utilizado en funciones muy diversas y para distintas finalidades. Las armas autónomas letales utilizan IA, como también lo hace un aerogenerador, un sistema de análisis de imágenes o lo hace un software utilizado en la selección de personal.

Hace tiempo que la creciente presencia de sistemas basados en IA en los más variados ámbitos de actividad ha generado una razonable preocupación acerca de los impactos negativos vinculados a su utilización. Desde esta perspectiva, el uso de la IA ha sido vista como una amenaza creciente. Esta visión crítica pesimista tiene dos expresiones básicas a las que voy a llamar visión distópica y visión plausible.

En la formulación distópica, las máquinas someten a los humanos y les causan múltiples desgracias. Esta versión se ha popularizado en películas y, con anterioridad, en novelas. Pese a las exageraciones en las que puedan incurrir las distopías, estas resultan interesantes en la medida en que anticipan hechos futuros o expresan preocupaciones sobre el porvenir[6]. En esta anticipación, las distopías más interesantes parten de situaciones reales que quedan sobredimensionadas en un futuro posible[7].

En la visión plausible de la crítica a la amenaza que supone el uso de la IA, se analiza y critica cómo la IA es utilizada por grandes corporaciones y por algunos Estados como un instrumento para mantener e incrementar su posición de poder, ya sea en términos militares, económicos, comunicativos, informativos, comerciales, industriales, o las distintas combinaciones entre ellos. En este contexto, la IA es vista como un poderoso instrumento que, en manos de estructuras privadas o públicas, o estructuras mixtas, vulneran derechos individuales y colectivos, al tiempo que hacen presagiar un futuro preocupante[8]. También preocupa los impactos negativos que el uso de la IA puede tener

---

5. (trad. propia), en *A definition of AI: Main Capabilities and Disciplines*, Comisión europea, 2019, p.1: https://www.aepd.es/sites/default/files/2019-09/ai-definition.pdf).
6. Tal vez haya sido la película *The Terminator* (James Cameron, 1984), y las siguientes entregas, la que más ha contribuido a popularizar esta visión.
   Para una visión introductoria y crítica sobre la visión distópica: Illah Reza Nourbakhsh, "The Coming Robot Dystopia: All Too Inhuman", en *Foreign Affairs*, v. 94, 2015, p. 23-28.
7. Es lo que se hace por ejemplo en una de las series televisivas pioneras que tiene mayor interés sobre estas cuestiones: *Black Mirror,* Charlie Brooker, iniciada en 2011.
8. B. Frischmann, E. Selinger, *Re-engineering Humanity,* Cambridge, Cambridge University Press, 2018, p. 29-30.

sobre la condición y acción humanas[9]. Algunos autores hablan de dictadura del algoritmo, o de dictadura tecnológica[10].

Esta visión crítica del diseño y uso de la IA ha de ser atendida, especialmente en su versión plausible, dado que hay elementos organizativos, económicos y de hegemonía tecnológica ya actualmente existentes que nos obligan a analizar esta realidad[11]. No obstante, hay que diferenciar entre una versión plausible de los hechos y de su desarrollo futuro, y una versión catastrofista que al centrar la atención en algunas funcionalidades de los sistemas algorítmicos pierde de vista el contexto general en el que estos sistemas cumplen sus funciones y las razones por la que son utilizados. Por esta vía tendencialmente catastrofista, algunos autores han atribuido soberanía a los algoritmos, lo que, desde mi punto de vista, supone confundir la capacidad que el uso de sistemas algorítmicos tiene de configurar reglas de actuación, así como los efectos negativos o positivos que se deriven de estos usos, con el concepto político-jurídico de soberano que, en todo caso, abarca más elementos que los que se atribuye a la capacidad intelectiva y decisional de los sistemas algorítmicos. Considero que, en esta materia, el recurso a la magnificación, aunque puede tener y ha tenido en parte un efecto positivo de poner en alerta, no ha de impedir apostar por una visión realista-crítica de los usos de la IA que contribuya a utilizarla como un instrumento al servicio de la promoción y garantía de los derechos y libertades.

En el extremo opuesto a la visión pesimista se halla la posición tecno-optimista: pensar que la IA puede aportar soluciones a los problemas medioambientales, de desigualdad y de pobreza a los que se enfrentan las sociedades contemporáneas[12].

La IA está presente en procesos cotidianos de todo tipo: desde la gestión de comunicaciones, la gestión bancaria, la selección de personal, el funcionamiento bursátil, la atención sanitaria, la navegación aérea y marítima, el funcionamiento de robots industriales, el comercio… Aunque una mayoría social ignore qué es y cómo funciona la IA, su uso y los impactos de esta en sus vidas son crecientes de forma que la IA se convierte en una extensión, a la vez que posibilitante, de la acción humana, pero al mismo tiempo, y por esa misma razón, la IA se convierte en una condición de determinadas acciones humanas.

La situación de pandemia derivada de la expansión del virus SARS-CoV-2 supone un reto formidable para los Estados y las organizaciones internacionales, pero también para las grandes compañías privadas del sector farmacéutico y sanitario, por ejemplo. En este contexto de crisis se ha acelerado el uso de la IA que juega un papel importante en el descubrimiento de una vacuna, en el control y vigilancia de la población o en la mejora

9. Entre otros, Éric Sadin, *La silicolonización del mundo. La irresistible expansión del liberalismo digital*, Caja negra editora, Buenos Aires, 2018, p. 116 y ss.
10. Como muestra: Stefano Rodotà, "Dictadura del algoritmo y prerrogativas de la persona", en *El derecho a tener derechos*, Trotta, Madrid, 2014, p.361 y ss.; José María Lassalle, *Ciberleviatán. El colapso de la democracia liberal frente a la revolución digital*, Arpa, Barcelona, 2019, p. 20, 91, 96.
11. *Vid.* C. O'Neil, *Armas de destrucción matemática. Cómo el Big Data aumenta la desigualdad y amenaza la democracia*, Capitán Swing, Madrid, 2018.
12. M. Frank, P. Roehrig, B. Pring, *Qué haremos cuando las máquinas lo hagan todo. Artificial intelligence, Bots & Big data*, LID Editorial Empresarial, España, 2018.

de la eficacia de los tratamientos médicos[13]. Conforme se implementaban sistemas para el monitoreo de la población, se ha intensificado el debate acerca de los efectos positivos y negativos que se derivan y se pueden derivar del uso de esta tecnología. Este debate, que no es nuevo, retoma como eje de discusión la tensión entre los principios de 'seguridad' y de 'libertad'. Y como referentes se toma el modelo asiático (especialmente China) y el modelo de la Unión Europea, tanto en su distinta tradición jurídica como, sobre todo, en el diferente uso que se ha hecho de la IA en la lucha contra la propagación de la pandemia de COVID-19. No cabe duda que esta tensión entre 'seguridad' y 'libertad' se ve influida por otros factores concomitantes como son la ineptitud de algunas administraciones públicas, la precariedad de servicios públicos, o los distintos modelos culturales de relación social que se observan en distintos territorios y que dificultan medidas como el distanciamiento social o la toma de conciencia acerca de la gravedad de la pandemia.

En relación con el uso de aplicaciones de IA en el contexto de la pandemia, el Consejo de Europa ha expresado la necesidad de preservar derechos y libertades que son especialmente sensibles ante la aplicación de estas tecnologías. En el informe del Comité de inteligencia artificial del Consejo de Europa se expresó una especial preocupación en relación con los sesgos discriminatorios que pueden conllevar estas tecnologías[14]. Este Comité expresaba de esta forma una preocupación que ya había quedado recogida en la Recomendación CM/Rec (2020) 1 del Comité de Ministros del Consejo de Europa a los Estados miembros sobre los impactos de los sistemas algorítmicos en los derechos humanos[15]

4. LOS PROCESOS DE TOMA DE DECISIONES AUTOMATIZADOS

Cuando se analiza la utilización de la IA, una de las principales preocupaciones que surge es mantener el control humano sobre la aplicación de los sistemas de IA. Esta posición constituye una línea roja en la utilización de la IA.

Durante los últimos años hemos visto cómo tanto el sector privado como el público incorporaban en sus sistemas de gestión aplicaciones que automatizan la toma de decisiones. Ya es habitual el uso de estos sistemas en el manejo y evaluación de datos en el sector bancario, en servicios de seguridad, en la selección de personal, en la prestación de servicios comerciales o en procesos administrativos. Las administraciones públicas utilizan cada vez más sistemas para la gestión de información vinculada al desarrollo de procesos administrativos de los que se derivan decisiones vinculantes para las personas.

La utilización de la IA en los procesos de toma de decisiones automatizadas requiere, como mínimo, los siguientes pasos: a) una organización (ya sea pública, privada o mixta)

13. Son cuantiosas las publicaciones especializadas en el campo de la medicina. Como ejemplo: Mei, X., Lee, H., Diao, K. et al. "Artificial intelligence–enabled rapid diagnosis of patients with COVID-19", en Nature Medicine, n. 26, 2020, p. 1224-1228 (disponible en. https://doi.org/10.1038/s41591-020-0931-3) En este artículo se exponen los resultados positivos que se alcanzan al aplicar sistemas algorítmicos para el análisis de radiografías torácicas.
14. Puede verse la documentación compilada por el Comité de Inteligencia artificial del Consejo de Europa: "La IA y el control del coronavirus COVID-19". https://www.coe.int/en/web/artificial-intelligence/la-ia-y-el-control-del-coronavirus-covid-19
15. Recomendación adoptada el 8 de abril de 2020.

encarga el diseño de un sistema algorítmico para cumplir unas funciones concretas; b) un equipo diseña, entrena y desarrolla el sistema algorítmico para que cumpla las funciones que se le han encargado; c) en función de la complejidad de las funciones que se le encargan, se establece un trabajo en común entre distintos agentes para asegurar que el programa cumple las funciones encargadas y no vulnera (ni en su diseño ni en su funcionamiento) las limitaciones legales preexistentes; d) la organización contratante integra el programa en su sistema de gestión.

Desde el punto de vista de las normas jurídicas aplicables (en el caso de que existan normas aplicables en un Estado concreto para cada uno de los factores que intervienen en el proceso de diseño, entrenamiento, desarrollo y aplicación efectiva de una aplicación) el uso de estos sistemas supone que la organización que los aplica valida o ha de validar, tanto el diseño y desarrollo del programa como los resultados que se derivan de la aplicación del programa.

La validación de los resultados obtenidos puede darse *a priori*, como ocurre con una parte de las decisiones automatizadas. En estos casos, la organización, sea privada o pública, da por buenos los resultados que se derivan de la aplicación del programa. En otros casos, la organización valida *a posteriori* el resultado obtenido. Esto se hace, por ejemplo, cuando un trabajador autorizado o un empleado público habilitado a tal efecto valida el resultado que arroja el programa.

Tanto en un caso (validación *a priori*), como en el otro (validación *a posteriori*) es posible la revisión del funcionamiento del programa. Existe, en este sentido, la posibilidad de corregir un mal funcionamiento. Pese a ello, la dificultad real estriba en que, así como es fácil revisar un número bajo de procedimientos, no lo es cuando se trata de miles de procedimientos. Si una de las razones de la utilización de la IA en la toma de decisiones, ya sea como decisión directa o como herramienta de apoyo a la toma de decisiones humanas, es reducir el tiempo de gestión, se hace difícil pensar que los sistemas de revisión van a ser suficientemente amplios y ágiles como para evitar posibles vulneraciones de derechos. Al mismo tiempo, la posibilidad de control sobre el funcionamiento de los programas que aplican IA requiere conocer tanto los procesos de desarrollo que ha seguido el programa como la misma génesis del programa algorítmico. Este aspecto, el acceso al código fuente, constituye hoy un límite a la posibilidad de evaluación externa sobre el funcionamiento profundo de los sistemas que aplican IA[16].

La IA ha sido incorporada a los modelos de gestión, pero no lo hace como lo hizo la máquina de escribir, la calculadora o la caja registradora. Los programas de IA, en la medida en que son utilizados en funciones cruciales de la propia organización, se convierten en estructura, y, en muchas ocasiones, en parte esencial de la estructura de gestión. 'Convertirse en estructura' significa que, en tanto que instrumento técnico, se integra como procedimiento que interviene en la configuración de los resultados obtenidos. Las características de esta tecnología hacen que la IA incremente su capacidad de configuración de decisiones, dada su mayor capacidad de manejo de

16. Vid. F. Pasquale, *The Black Box Society. The Secret Algorithms that Control Money and Information*, Harvard University Press, Cambridge, 2015, en especial p. 216 y ss.

datos, su conexión con bases de datos que pueden ser enormes, su conectividad o su capacidad de cálculo.

El uso de sistemas computacionales en procesos ya sea automatizados de toma de decisiones o de ayuda a la toma de decisiones, plantea como problema la pérdida de control de las personas sobre estos sistemas. En realidad, el aspecto que hay que destacar, como paso previo a una posible pérdida de control, es la autorización del uso de estas aplicaciones. Dicho en términos administrativistas: la autorización del uso de sistemas algorítmicos y, desde el punto de vista organizativo, la inserción de estos sistemas en los procesos de trabajo de la propia administración y en la tramitación de procedimientos administrativos[17].

La validación de una decisión derivada directa o indirectamente de la utilización de un sistema algorítmico supone que se valida el proceso de formación de la decisión. Por este motivo, hay que subrayar la necesidad de garantizar la transparencia en el diseño, validación y aplicación de un determinado programa de IA cuando es utilizado en la toma de decisiones jurídicamente vinculantes o en la gestión y valoración de información que va a ser utilizada para tomar una decisión jurídicamente vinculante.

El uso de la IA, y los efectos tanto negativos como positivos que se derivan y se pueden derivar de su uso, no responde a la idea de un accidente que escapa al control humano. Esta imagen es inexacta, por lo menos en una parte central del problema. La posible pérdida de control sobre el funcionamiento de la IA, y, por lo tanto, sobre los resultados derivados de su aplicación, son entendibles a partir de un paso previo: la autorización del uso de los sistemas algorítmicos en funciones que son o pueden ser sensibles en la protección y desarrollo de derechos y libertades.

El ordenamiento jurídico español define la "actuación administrativa automatizada" como "cualquier acto o actuación realizada íntegramente a través de medios electrónicos por una Administración Pública en el marco de un procedimiento administrativo y en la que no haya intervenido de forma directa un empleado público"[18]. Entre estos 'medios electrónicos' están los programas informáticos que se utilizan para gestionar información y tomar decisiones. Es el caso del programa BOSCO. Este programa algorítmico es utilizado en España por algunos comercializadores eléctricos para evaluar qué solicitantes del bono social energético tienen derecho a recibir la ayuda económica en tanto que son considerados consumidores 'vulnerables'[19].

---

17. Vid. C. Coglianese, D. Lehr, "Regulating by robot: administrative decision making in the machine learning era", *Georgetown Law Journal*, n. 105, 2017, p. 1147-1223, p. 1160 y ss. *Vid.* también T. Wu, "Will the intelligence artificial eat the Law? The Rise of Hybrid social-ordering systems", *Columbia Law Review*, v. 119, n. 7, November 2019, p. 2001-2020.
18. Art. 41, Ley 40/2015, de 1 de octubre, de régimen jurídico del sector público.
19. Resolución 701/2018, de 18 de febrero de 2019, del Consejo de Transparencia y Buen Gobierno. Tema: aplicación telemática del bono social.

    Reclamante: Fundación ciudadana CIVIO. Disponible en: https://www.consejodetransparencia.es/ct_Home/Actividad/Resoluciones.html.

    Resolución de 15 de noviembre de 2017, de la Secretaría de Estado de Energía, por la que se pone en marcha la aplicación telemática que permita al comercializador de referencia comprobar que el solicitante del bono social cumple los requisitos para ser considerado consumidor vulnerable.

El bono social es considerado por el derecho español como una obligación de servicio público cuyo coste se impone en parte a las comercializadoras para proteger a 'colectivos vulnerables'[20].

La Fundación Civio[21] recibió algunas quejas por parte de personas que consideraban que se les había denegado el bono social pese a que cumplían los requisitos establecidos en la norma que regula este bono social. Al comprobar que en la tramitación de las solicitudes de bono social se utilizaba un programa informático, se consideró que era necesario comprobar el funcionamiento del programa y saber si había sido correctamente diseñado o si se había diseñado sin tener en cuenta algún aspecto de la regulación legal del bono social. Evidentemente la población española, incluso aquellos que solicitan el bono social, ignoran qué es y cómo funciona el programa BOSCO. Lo que percibe la persona, y muchas veces lo que más le interesa, es si se le concede la ayuda o si se le deniega. Es decir, a una mayoría social posiblemente le interesa más el resultado que la configuración de la decisión. Sin embargo, con buen criterio, el equipo de la Fundación CIVIO se preguntó cómo se estaban configurando la decisión de conceder o denegar el bono social.

En primera instancia, la administración competente denegó a la Fundación CIVIO tanto el acceso al código fuente del programa utilizado, como a las especificaciones técnicas y a los resultados de las pruebas que se habían realizado para comprobar que el programa cumplía con los requisitos legales establecidos, es decir, la pruebas que mostraran que el programa funcionaba correctamente y no cometía errores. Ante esta respuesta, la Fundación Civio presentó una reclamación ante el Consejo de Transparencia y Buen gobierno[22]. Este Consejo consideró que la administración pública estaba obligada a facilitar el acceso a las especificaciones técnicas del programa, así como a las pruebas de verificación realizadas. Sin embargo, denegó el acceso al código fuente del programa, al considerar que el acceso a esta información podía perjudicar los intereses protegidos por el derecho de propiedad intelectual[23].

Una reclamación similar se hizo en relación con las funciones y los contenidos de los programas informáticos que la Agencia tributaria española utiliza para la gestión de tributos y para la recaudación de estos tributos. En este caso, el Consejo de Transparencia y Buen Gobierno exigió a la Agencia tributaria que especificara los contenidos y funciones de distintos programas que la administración utiliza para el desarrollo de sus funciones[24]. En este caso también se excluyó el acceso a los códigos fuente. Uno de los argumentos

20. Real Decreto-ley 6/2009, de 30 de abril, por el que se adoptan determinadas medidas en el sector energético y se aprueba el bono social. Vid. las sentencias del Tribunal Supremo español. Sala de lo Contencioso, 2280/2016, de 24 de octubre (Roj: STS 4527/2016 – ECLI: ES:TS:2016:4527), y sentencia 2279/2016, de 24 de octubre (Roj: STS 4526/2016 – ECLI: ES:TS:2016:4526). Vid. Iñigo del Guayo Castiella, "Pobreza energética, clientes vulnerables y bono social" en *Cuaderno de energía*, n. 50, 2016, p. 74-81.
21. Disponível em: https://civio.es/.
22. Disponível em: https://www.consejodetransparencia.es/ct_Home/index.html.
23. Resolución 701/2018, de 18 de febrero de 2019. del Consejo de Transparencia y Buen Gobierno, disponible en https://www.consejodetransparencia.es/ct_Home/Actividad/Resoluciones.html.
    Art. 14.1. j) Ley 19/2013, de 9 de diciembre, de transparencia, acceso a la información pública y buen gobierno.
24. Vid. Resolución 825/2019, de 13 de febrero de 2020, del Consejo de Transparencia y Buen Gobierno, disponible en https://www.consejodetransparencia.es/ct_Home/Actividad/Resoluciones.html.

esgrimidos para limitar el acceso a la información fue que, si se desvelaba la estructura de los programas, la administración podría perder eficacia en el cumplimiento de sus funciones ya que quienes tienen intención de defraudar lo podrían hacer con mayor facilidad.

5. LA COMBINACIÓN DE POSICIONES REACTIVAS CON POSICIONES PROACTIVAS EN LA GARANTÍA DE DERECHOS Y LIBERTADES. LA POSICIÓN DEL CONSEJO DE EUROPA Y DE LA UNIÓN EUROPEA. UN CAMINO POR RECORRER

Se ha mencionado anteriormente la Recomendación CM/Rec (2020) 1, de abril de 2020, del Consejo de Ministros del Consejo de Europa a los Estados miembros sobre los impactos de los sistemas algorítmicos en los derechos humanos. Este texto, especialmente su apéndice, recoge importantes precauciones en relación con el uso de sistemas algorítmicos que afectan o pueden afectar a derechos humanos.

Dada que una de las misiones del Consejo de Europa desde su creación ha sido la protección de los derechos humanos y las libertades fundamentales, y dado que los Estados miembros se comprometen a respetarlos y garantizarlos, se entiende que se haya prestado atención a los impactos que los usos de la IA tienen en los derechos humanos.

Esta recomendación del Consejo de Europa en materia de IA se basa todavía en una perspectiva reactiva, ya sea frente algunas vulneraciones de derechos que ya se están produciendo, ya sea como expresión de una preocupación frente a posibles vulneraciones futuras. En este sentido, esta Recomendación recoge elementos como los siguientes: a) la necesidad de hacer comprensible para la ciudadanía en qué consiste la utilización de sistemas algorítmicos en los procesos de toma de decisiones automatizados; b) la exigencia de que los sistemas sean trasparentes tanto en su funcionamiento como en su diseño; c) el sometimiento a juicio de proporcionalidad del derecho de propiedad intelectual respecto de la protección de los derechos humanos, especialmente si de la aplicación de los sistemas algorítmicos se pueda derivar un impacto negativo sobre los derechos humanos; d) recordar el principio según el cual cuanto mayor es la posibilidad que los distintos agentes tienen de perjudicar derechos humanos mayor ha de ser su cautela en impedir efectos negativos.

La Recomendación del Consejo de Europa expresa que el uso de los sistemas algorítmicos puede tener efectos positivos y negativos. Esta misma perspectiva también fue adoptada por la OCDE en mayo de 2019 al recoger en un documento oficial que la IA puede contribuir a mejorar el bienestar de las personas, puede contribuir a la sostenibilidad de la economía global y a ayudar a responder a los principales retos de la humanidad[25].

El objetivo central de la Recomendación del Consejo de Europa, que es esencial en el estado actual de la cuestión, es minimizar los riesgos que la IA supone para la democracia

---

25. Recommendation of the Council on Artificial Intelligence, OECD/LEGAL/0449, adoptada el 22 de mayo de 2019, disponible en https://legalinstruments.oecd.org/en/instruments/OECD-LEGAL-0449.

y para los derechos humanos. Pese a que la orientación central de la Recomendación es reactiva frente a las vulneraciones de derechos que se pueden derivar del uso de sistemas de AI, incorpora, aunque todavía en forma algo tímida y tentativa, una posición proactiva: utilizar la IA en pro de los derechos humanos.

Esta posición queda expresada en estos términos: "los Estados deben participar y apoyar la investigación independiente destinada a evaluar, probar y promover el potencial de los sistemas algorítmicos para crear efectos positivos en los derechos humanos y promover el beneficio público, incluso asegurando que los intereses de las personas y grupos marginados y vulnerables sean adecuadamente tenidos en cuenta y representados. En su caso, esto puede requerir desalentar influencias que puedan favorecer exclusivamente la optimización de los intereses comerciales más viables. Los Estados deben asegurar la protección adecuada de denuncias u otras acciones por parte de los empleados implicados en el desarrollo o despliegue continuo de sistemas algorítmicos cuando perciban la necesidad de notificar a los reguladores y / o al público sobre fallos actuales o futuros que puedan poner en peligro los estándares de derechos humanos en los sistemas que se les ha encargado construir"[26].

Pese a que se trate de una Recomendación, y por lo tanto todavía está lejos de adquirir carácter obligatorio, la introducción de una perspectiva proactiva puede ayudar a promover sistemas de IA que favorezcan ya sea el acceso a derechos, su defensa o su desarrollo. El recorrido es inmenso.

Por su parte, la Unión Europea (UE) ha expresado una posición más claramente proactiva que el Consejo de Europa en relación con los usos de la IA. Esta posición deberá ser trasladada a instrumentos jurídicos vinculantes para los países miembros y tenida en cuenta en el desarrollo de los programas de intervención estratégica de la UE.

La UE ha expresado su voluntad de utilizar la IA "para transformar nuestro mundo para mejor"[27]. Los requisitos que ya fueron establecidos por el "Grupo independiente de expertos de alto nivel sobre inteligencia artificial"[28] han sido recogidos por la Comisión europea como recomendaciones para la aplicación de la IA en procesos en los que las máquinas pueden "tomar decisiones y ejecutarlos sin intervención humana". Los requisitos que han sido propuestos son los siguientes: a) intervención y supervisión humanas, b) solidez y seguridad técnicas, c) privacidad y gestión de datos, d) transparencia, e) diversidad, no discriminación y equidad, f) bienestar social y medioambiental, g) rendición de cuentas.

Entre estos requisitos, la mayoría de los cuales espera su desarrollo normativo, interesa destacar dos aspectos: un posicionamiento proactivo que permite pensar que la

26. Appendix to Recommendation CM/Rec(2020)1 "Guidelines on addressing the human rights impacts of algorithmic systems", punto 6.2.
27. "Comunicación de la Comisión al Parlamento Europeo, al Consejo, al Comité económico y social europeo y al Comité de las regiones: Generar confianza en la inteligencia artificial centrada en el ser humano", COM(2019) 168 final, 8 de abril de 2019, disponible en https://ec.europa.eu/transparency/regdoc/rep/1/2019/ES/COM-2019-168-F1-ES-MAIN-PART-1.PDF.
28. *Directrices éticas para una IA fiable*, 8 de abril de 2019, p. 18 y ss. La misma línea ha sido seguida por Comisión europea en el documento de 19 de febrero de 2020: *White Paper. On Artificial Intelligence. A European Approach to excellence and trust.*

UE hará esfuerzos políticos y normativos por impulsar la IA en la promoción y garantía de los derechos fundamentales y las libertades básicas, y, en segundo lugar, el contenido que se le da al requisito de la d) transparencia y g) la rendición de cuentas.

La Comisión europea se ha expresado en los términos siguientes: Los sistemas de IA "deben actuar como facilitadores de una sociedad floreciente y equitativa, apoyando la intervención humana y los derechos fundamentales, y no disminuir, limitar o desorientar la autonomía humana. El bienestar global del usuario debe ser primordial en la funcionalidad del sistema" [29]. Este posicionamiento es valioso[30], pero, desde mi punto de vista, es insuficiente. Los sistemas de IA han de ser más que 'facilitadores'. Lo serán cuando desde las instituciones de gobierno, en alianza con instituciones del sector social y del sector privado, se impulsen sistemas de IA que tengan la finalidad de impulsar la materialización de derechos y libertades. Es decir, este plus en el uso de la IA conlleva aceptar la intención de ir más allá del *status quo* actual. Este ir más allá supone plantear cómo los sistemas de IA pueden contribuir a remover obstáculos en el acceso a derechos, supervisar la toma de decisiones humanas para ayudar a controlar su posible arbitrariedad o distintos tipos de abuso de poder, ayudar a mejorar la eficacia de las políticas públicas de igualdad y de inclusión social o, entre otros ejemplos, contribuir a reducir y eliminar la discriminación salarial de las mujeres u otras formas de discriminación. Y además de plantear cómo se puede utilizar la IA para alcanzar estos objetivos, es preciso, como paso previo, que exista la voluntad y la decisión política de impulsar este uso de la tecnología.

Cabe recordar que el uso que se hace y que se va a hacer de la IA depende en parte de las decisiones políticas y económicas que se tomen en las instituciones de gobierno. En aquellos países en los que fuerzas políticas con responsabilidad de gobierno prioricen políticas de seguridad, o de control de la población y del pensamiento, control sobre la población inmigrante o sobre las minorías, dichas fuerzas políticas tenderán a utilizar los sistemas de IA para reforzar su intencionalidad política[31]. Lo mismo puede hacer un gobierno que tenga la intención de influir en los procesos electorales de otros países, o en el estado de opinión de sus poblaciones. En este sentido, es importante recordar que una parte de la orientación dada a las aplicaciones de la IA se juega en el terreno político.

Además de la acción de los partidos políticos, los grupos de presión económica y mediática y la acción gubernamental, el terreno político queda configurado por representaciones de la realidad social a la vez que genera nuevas representaciones sobre la realidad social. Estas representaciones, ligadas a propuestas de futuro, condicionan la orientación que se da al diseño, entrenamiento, validación y uso de los sistemas de IA[32]. Veamos un ejemplo para explicar la importancia que tiene este factor.

---

29. "Comunicación de la Comisión al Parlamento Europeo, al Consejo, al Comité económico y social europeo y al Comité de las regiones: Generar confianza en la inteligencia artificial centrada en el ser humano", COM(2019) 168 final, 8 de abril de 2019, p. 4. (disponible en https://ec.europa.eu/transparency/regdoc/rep/1/2019/ES/COM-2019-168-F1-ES-MAIN-PART-1.PDF).
30. En el mismo sentido se expresó el Grupo independiente de expertos: "Los derechos fundamentales como base para una IA fiable", en *Directrices éticas para una IA fiable*, 8 de abril de 2019, p. 12-13.
31. Puede verse Virgine Eubanks, *Automating Unequality. How High-Tech Tools Profile, Police and Punish the Poor,* Picador, St. Martin Press, New York, 2018.
32. M. Tonry, "Predictions of Dangerousness in Sentencing: Déjà Vu All Over Again", *Crime & Justice*, v. 48, 2019, p. 439-482.

El Grupo independiente de expertos de alto nivel sobre inteligencia artificial recogió en las Directrices presentadas ante la Comisión europea el término: "Persona y colectivos vulnerables"[33]. con la siguiente definición: "Un grupo vulnerable es un grupo de personas que comparten una o varias características de vulnerabilidad". Y por características de vulnerabilidad enumera factores de mercado, factores de económicos (como la pobreza), el género, la religión o la cultura, entre otros factores. Esta concepción de la vulnerabilidad humana contiene un error que podría influir en la orientación que se le dé a aquellos sistemas de IA que se utilizaran para abordar situaciones que afectan especialmente a 'personas y colectivos vulnerables'.

El error de percepción es el siguiente: se le atribuye a la persona y a determinados colectivos una característica de vulnerabilidad, cuando la vulnerabilidad no deriva de un rasgo natural, sino del trato que la persona o el colectivo recibe en un entramado social, jurídico o económico concreto[34]. Es decir, el error estriba en confundir la vulnerabilidad de origen natural con la *vulnerabilización* inducida. Por este motivo, es un error decir que las mujeres (por ser mujeres) son vulnerables, ya que la discriminación salarial que padece una parte de las mujeres, o la violencia de género que con sus distintas manifestaciones sufre una parte importante de las mujeres, no se deriva de su biología, sino de la violencia que se ejerce sobre ellas o los mecanismos de discriminación a los que quedan sometidas. Por tanto, una mujer verá incrementada su vulnerabilidad natural (vulnerabilidad natural que es compartida con el resto de seres humanos) en función de cómo se construye en términos sociales, políticos, económicos y jurídicos el contexto en el que vive.

Desde el punto de vista de la utilización de los sistemas de IA en la promoción y la garantía de derechos y libertades, existe una diferencia importante entre partir de la idea según la cual algunas personas y colectivos son vulnerables, a plantear que el objetivo a alcanzar es remover las causas que se hallan en la base de la vulneración de derechos y libertades. Causas que se pueden expresarse en actos discriminatorios, en la facilitación de abusos de poder, en el mantenimiento de zonas de impunidad estatal, en la tolerancia frente a formas de violencia machista o en la discriminación salarial, entre otras muchas manifestaciones que nos hablan no de la vulnerabilidad de la persona sino de las causas que facilitan la vulneración de los derechos y libertades de las personas y los colectivos que se ven precarizados.

Como ya se ha dicho, la Comisión europea ha recordado la necesidad de garantizar la d) transparencia y g) la rendición de cuentas. El requisito de transparencia incluye la noción de trazabilidad del papel que desempeñan los sistemas de IA utilizados en los procesos de toma de decisiones y la explicabilidad de los mismos. El Reglamento general de protección de datos de la UE[35] ha establecido un marco de regulación

33. *Directrices éticas para una IA fiable*, 8 de abril de 2019, p. 50-1 y ss.

34. Judith Butler, *Vida precaria*, Paidós Barcelona, 2007; Judith Butler, *Marcos de guerra. Las vidas lloradas*, Paidós, Barcelona, 2010; Luigi Ferrajoli, "Derecho y dolor", *Isonomía. Revista de teoría y filosofía del derecho*, n. 27, 2007, p. 195-2004; Antonio Madrid, "Vulneración y vulnerabilidad: dos términos para pensar hoy la gestión socio-política del sufrimiento", en Asun Pié Balaguer y Jordi Solé Blanch (Coords.), *Políticas del sufrimiento y vulnerabilidad*, Icaria, 2018, p. 55-72.

35. Reglamento (UE) 2016/679 del Parlamento Europeo y del Consejo de 27 de abril de 2016, relativo a la protección de las personas físicas en lo que respecta al tratamiento de datos personales y a la libre circulación de estos datos, arts. 13.2.f, 14.2.g, 22.1, 22.4 y 47.2.e, entre otros.

en el que se establecen obligaciones y garantías en el uso de sistemas algorítmicos vinculados a la toma de decisiones automatizadas[36]. Entre las obligaciones impuestas a los responsables del tratamiento de datos personales está el informar al interesado de la existencia de decisiones automatizadas, explicarle cómo le pueden afectar estas decisiones automatizadas y "dar información significativa sobre lógica aplicada" por el sistema, o por la utilización del sistema, que conduce a la decisión automatizada. Al mismo tiempo, a los administrados, y esta prescripción ha de alcanzar gran relevancia en el ámbito de la protección jurídica, se les reconoce el derecho a "no ser objeto de una decisión basada únicamente en el tratamiento automatizado, incluida la elaboración de perfiles, que produzca efectos jurídicos en él o le afecte significativamente de modo similar"[37].

El requisito de la explicabilidad del procedimiento seguido en la toma de una decisión, como parte del principio de transparencia en relación al principio de rendición de cuentas, es de gran relevancia estratégica tanto para las posiciones reactivas como para las posiciones proactivas. La recomendación que hace la Comisión europea es que se documente tanto las decisiones tomadas por los sistemas de IA, su manejo de datos y la totalidad del proceso que da lugar a la decisión tomada. Esta recomendación apela a la "descripción del algoritmo utilizado". No contempla el acceso al código fuente del algoritmo utilizado, como tampoco lo hizo en sus Directrices el Grupo independiente de expertos en 2019.

El requisito de la explicabilidad supone que ha de ser posible conocer y explicar de forma inteligible el proceso decisional que se ha seguido[38]. Esta cuestión plantea un debate crucial, tanto por sus implicaciones respecto a la extensión del derecho de propiedad intelectual, como en relación con los intereses económicos en juego, la política de patentes, o la forma en la que las empresas y las administraciones públicas utilizan instrumentos para alcanzar y maximizar sus objetivos. Además de estas cuestiones que son de gran relevancia, se plantea hasta dónde llega el derecho de las personas a conocer qué mecanismos se han utilizado para fundamentar las decisiones jurídicamente vinculantes que les afectan.

Con anterioridad he afirmado que si se reescribiera hoy el libro de Cappelletti y Garth sobre el acceso a la justicia se atendería, posiblemente desde posiciones reactivas pero también proactivas, al papel de la IA en la garantía y promoción de los derechos. ¿Y qué haría Kafka si escribiera hoy *El proceso* u Orwell si volviera a escribir *1984*?

Uno de los principios fundamentales de un Estado de Derecho es que las personas tienen derecho a conocer las razones por las cuales se les limita un derecho o libertad, se les impone una sanción, se les priva de libertad, o se impone sobre ellos cualquier decisión que limita sus derechos. Imaginemos un juez que dictara sentencias sin exponer

36. Vid. Matthias Spielkamp (ed.), *Automating Society. Taking Stock of Automated Decision-Making in the EU*, Algorithm Watch, 2019 (disponible en www.algorithmwatch.org/automating-society).
37. Reglamento (UE) 2016/679 del Parlamento Europeo y del Consejo de 27 de abril de 2016, relativo a la protección de las personas físicas en lo que respecta al tratamiento de datos personales y a la libre circulación de estos datos, art. 22.1, en relación con los arts. 22.4 y 47.2.e.
38. Ashley Deeks, "The Judicial Demand for Explainable Artificial Intelligence", en *Columbia Law Review*, v. 119, n. 7, 2019, p. 1829-1850.

los motivos fácticos y legales que le llevan a dictar una sanción o que dijera: "explico unos motivos y oculto otros". Pensemos en una administración que impusiera multas a los ciudadanos sin exponer los hechos y las normas que sirven de base para imponer una multa, y que ante la reclamación de un administrado le respondiera: "usted ya conoce todas las razones por las cuales se le impone la multa". Pues bien, en ocasiones será necesario acudir al código fuente para poder conocer por qué un sistema de IA está tomando una decisión determinada o está proponiendo una alternativa u otra como solución a una cuestión que se le plantea. En ocasiones, como hemos visto en el caso del bono social, no será suficiente con la descripción del sistema algorítmico utilizado para tomar una decisión, sino que habrá que poder analizar la configuración del sistema para intentar conocer cómo se ha generado una determinada decisión.

Este control se podría plantear mediante instancias judiciales especializadas, mediante agencias independientes que asuman tareas de auditoria o a través de mecanismos de certificación. Las alternativas son diversas. Lo que parece que hay que evitar es que los sistemas de IA utilizados en la toma de decisiones jurídicas vinculantes quedan fuera del control público[39], sobre todo si de su aplicación se están derivando impactos negativos sobre derechos fundamentales y libertades públicas.

6. RECAPITULACIÓN FINAL

En este texto se ha defendido la utilización de los sistemas de IA en la promoción y garantía de derechos y libertades. La premisa de la que se ha partido para argumentar esta propuesta es la siguiente: los sistemas de IA forman ya parte del contexto técnico-procedimental en el que se aplica el derecho. Este contexto, además de poder ser analizado técnicamente en tanto que sistemas de IA reproducen auténticas reglas de funcionamiento, es conveniente pensar los sistemas de IA diseñados y utilizados en términos ético-políticos. Para explicar este contexto se ha tomado el ejemplo de los procesos de toma de decisiones automatizadas que tienen efectos vinculantes para las personas.

Se ha explicado cómo en términos históricos la progresiva aplicación de la IA ha generado preocupación, cuando no alarma. Ante la percepción y constatación de las amenazas derivadas del uso de la IA, desde hace tiempo se ha desarrollado una visión reactiva-defensiva. En el texto se ha argumentado la necesidad de complementar esta visión reactiva-defensiva con otra proactiva que apueste por la utilización de los sitemas de IA en pro de los derechos y las libertades.

El Consejo de Europa, y especialmente la Unión Europea, han comenzado a apuntar esta orientación. Ni la rapidez en las actualizaciones de la IA, ni la profundidad de los cambios que ya se están produciendo, ayudan a preparar con calma el futuro. Una vez más, la potencia de la técnica hecha realidad ha avanzado a las cartografías jurídicas existentes. Este reto es también una oportunidad: la utilización de la IA, en tanto que instrumento técnico, pero también en tanto que orientado y supervisado

39. Yavar Bathaee, "The Artificial Intelligence Black Box and the Failure of Intent and Causation", *Harvard Journal of Law & Technology*, v. 31, 2, 2018, p. 890-938.

desde posicionamientos ético-políticos, al servicio de la promoción y la garantía de los derechos y las libertades. La lucha por los derechos hace tiempo que también se da en el terreno de la IA.

7. DOCUMENTACIÓN UTILIZADA. BIBLIOGRAFÍA.

ALFTER, B., Müller-Eiselt, R., Spielkamp, M., *Automating Society. Taking Stock of Automated Decision-Making in EU*, Algorithm Watch/Bertelsmann Stiftung, 2019. (disponible en https://algorithmwatch.org/wp-content/uploads/2019/01/Automating_Society_Report_2019.pdf).

BATHAEE, Y., "The Artificial Intelligence Black Box and the Failure of Intent and Causation", *Harvard Journal of Law & Technology*, v. 31, 2, 2018, p. 890-938.

BUTLER, J., *Vida precaria*, Paidós Barcelona, 2007;

BUTLER, J., *Marcos de guerra. Las vidas lloradas*, Paidós, Barcelona, 2010;

CAPPELLETTI M., Garth, B., *El acceso a la justicia. La tendencia en el movimiento mundial para hacer efectivos los derechos*, FCE, México DF, 1996.

COGLIANESE, C., Lehr, D., "Regulating by robot: administrative decision making in the machine learning era", *Georgetown Law Journal*, n. 105, 2017, p. 1147-1223.

DEEKS, A., "The Judicial Demand for Explainable Artificial Intelligence", en *Columbia Law Review*, v. 119, n. 7, 2019, p. 1829-1850.

EUBANKs, V., *Automating Unequality. How High-Tech Tools Profile, Police and Punish the Poor*, Picador, St. Martin Press, New York, 2018.

FERRAJOLI, L., "Derecho y dolor", *Isonomía. Revista de teoría y filosofía del derecho*, n. 27, 2007, p. 195-2004;

FRANK, M., Roehrig, P., Pring, B. *Qué haremos cuando las máquinas lo hagan todo. Artificial intelligence, Bots & Big data*, LID Editorial Empresarial, España, 2018.

FRISCHMANN, B., Selinger, E., *Re-engineering Humanity*, Cambridge University Press, Cambridge, 2018.

GUAYO CASTIELLA, I. del, "Pobreza energética, clientes vulnerables y bono social" en *Cuaderno de energía*, n. 50, 2016, p. 74-81.

KARNOW, C.E.A., "The application of traditional tort theory to embodied machine intelligence", en Calo, R., Froomkin, A.M., Kerr, I., *Robot Law*, Edward Elgar, Cheltenham, 2016, p. 51-77.

LASSALLE, J. M., Ciberleviatán. El colapso de la democracia liberal frente a la revolución digital, Arpa, Barcelona, 2019.

MADRID, A., "Vulneración y vulnerabilidad: dos términos para pensar hoy la gestión socio-política del sufrimiento", en Asun Pié Balaguer y Jordi Solé Blanch (Coords.), *Políticas del sufrimiento y vulnerabilidad*, Icaria, 2018, p. 55-72.

MEI, X., Lee, H., Diao, K. et al. "Artificial intelligence-enabled rapid diagnosis of patients with COVID-19", en Nature Medicine, n. 26, 2020, p. 1224-1228 (disponible en https://doi.org/10.1038/s41591-020-0931-3).

NOURBAKHSH, I. R., "The Coming Robot Dystopia: All Too Inhuman", en *Foreign Affairs*, v. 94, 2015, p. 23-28.

O'NEIL, C., Armas de destrucción matemática. Cómo el Big Data aumenta la desigualdad y amenaza la democracia, Capitán Swing, Madrid, 2018.

PASQUALE, F., *The Black Box Society. The Secret Algorithms that Control Money and Information*, Harvard University Press, Cambridge, 2015.

RODOTÀ, S., "Dictadura del algoritmo y prerrogativas de la persona", en *El derecho a tener derechos*, Trotta, Madrid, 2014.

RUSSELL, S., Dewey, D., Tegmark, M., "Research Priorities for Robust and Beneficial Artificial Intelligence", AI *Magazine*, v. 36, n. 4, invierno 2015, p. 105-114.

RUSSELl, S., Norvig, P., *Artificial Intelligence: a modern approach*, Prentice Hall, Boston,

SADIN, E., *La silicolonización del mundo. La irresistible expansión del liberalismo digital*, Caja negra editora, Buenos Aires, 2018.

SPIELKAMP, M. (ed.), *Automating Society. Taking Stock of Automated Decision-Making in the EU*, Algorithm Watch, 2019 (disponible en www.algorithmwatch.org/automating-society).

TONRY, M., "Predictions of Dangerousness in Sentencing: Déjà Vu All Over Again", *Crime & Justice*, v. 48, 2019, p. 439-482.

WU, T., "Will the intelligence artificial eat the Law? The Rise of Hybrid social-ordering systems", *Columbia Law Review*, v. 119, n. 7, November 2019, p. 2001-2020.

8. DOCUMENTACIÓN UTILIZADA. DOCUMENTOS OFICIALES, LEGISLACIÓN Y JURISPRUDENCIA CITADA

COMISIÓN EUROPEA: "Comunicación de la Comisión al Parlamento Europeo, al Consejo, al Comité económico y social europeo y al Comité de las regiones: Generar confianza en la inteligencia artificial centrada en el ser humano", COM(2019) 168 final, 8 de abril de 2019, (disponible en https://ec.europa.eu/transparency/regdoc/rep/1/2019/ES/COM-2019-168-F1-ES-MAIN-PART-1.PDF).

COMISIÓN EUROPEA: *A definition of AI: Main Capabilities and Disciplines*, 2019 (disponible en https://www.aepd.es/sites/default/files/2019-09/ai-definition.pdf).

COMISIÓN EUROPEA: *White Paper. On Artificial Intelligence. A European Approach to excellence and trust*, 19 de febrero de 2020.

CONSEJO DE EUROPA: Comité de Inteligencia artificial del Consejo de Europa: "La IA y el control del coronavirus COVID-19", (disponible en https://www.coe.int/en/web/artificial-intelligence/la-ia-y-el-control-del-coronavirus-covid-19).

CONSEJO DE EUROPA: "Recomendación CM/Rec (2020)1 del Comité de Ministros del Consejo de Europa a los Estados miembros sobre los impactos de los sistemas algorítmicos en los derechos humanos, de 8 de abril de 2020.

ESPAÑA: Ley (España) 40/2015, de 1 de octubre, de régimen jurídico del sector público.

ESPAÑA: Real Decreto-ley 6/2009, de 30 de abril, por el que se adoptan determinadas medidas en el sector energético y se aprueba el bono social.

ESPAÑA: Consejo de Transparencia y Buen Gobierno: Resolución 701/2018, de 18 de febrero de 2019. (disponible en https://www.consejodetransparencia.es/ct_Home/Actividad/Resoluciones.html) y Resolución 825/2019, de 13 de febrero de 2020, (disponible en https://www.consejodetransparencia.es/ct_Home/Actividad/Resoluciones.html).

ESPAÑA: Tribunal Supremo: sentencia TS Sala de lo Contencioso, 2280/2016, de 24 de octubre (Roj: STS 4527/2016 - ECLI: ES:TS:2016:4527), y sentencia TS 2279/2016, de 24 de octubre (Roj: STS 4526/2016 - ECLI: ES:TS:2016:4526).

OCDE: "Recommendation of the Council on Artificial Intelligence, OECD/LEGAL/0449", adoptada el 22 de mayo de 2019, (disponible en https://legalinstruments.oecd.org/en/instruments/OECD-LEGAL-0449).

OCDE: "Recommendation CM/Rec(2020)1 Guidelines on addressing the human rights impacts of algorithmic systems".

Unión Europea: Reglamento (UE) 2016/679 del Parlamento Europeo y del Consejo de 27 de abril de 2016, relativo a la protección de las personas físicas en lo que respecta al tratamiento de datos personales y a la libre circulación de estos datos.

UNIÓN EUROPEA: Grupo independiente de expertos de alto nivel sobre inteligencia artificial (UE): *Directrices éticas para una IA fiable*, 8 de abril de 2019.

33
INTELIGÊNCIA ARTIFICIAL E DIREITOS HUMANOS: INTERFACES REGULATÓRIAS E OS DESAFIOS

Gustavo Silveira Borges

Pós-Doutor em Direito pela UNISINOS. Doutor em Direito na UFRGS. Professor Permanente do Programa de Pós-Graduação em Direito da Universidade do Extremo Sul Catarinense (PPGD/UNESC). E-mail: gustavoborges@hotmail.com

Vivian Maria Caxambu Graminho

Mestra em Direito pela Universidade do Extremo Sul Catarinense (UNESC). Pesquisadora do Grupo de Pesquisa em Novos Direitos e Litigiosidade - PPGD/UNESC. E-mail: vgraminho@yahoo.com.br

1. INTRODUÇÃO

A *sociedade da informação* é constituída por um sem número de conexões de todas as formas. As relações sociais estão interconectadas em diversos níveis constituindo realmente uma *sociedade em rede*[1] de forma quase que universal[2,3]. Este contexto societário já recebeu diversos adjetivos na tentativa de tentar compreender este momento, como: *sociedade de consumo*[4], *do risco*[5] e do *cansaço*[6].

1. O que se intensificou notadamente a partir da revolução da tecnologia e informação, que alcançou todas as áreas da atividade humana no curto espaço de tempo entre os anos de 1970 a 1990. É a partir de 1970 que se inicia a expansão global com o surgimento de novas tecnologias como o microcomputador e novos softwares inicialmente no Vale do Silício, nos Estados Unidos. CASTELLS, Manuel. *A Sociedade em rede*. São Paulo: Paz e terra, 2005, p. 97-100.
2. CASTELLS, op. cit., p. 70.
3. À despeito de já existirem introduções tecnológicas antes dos anos 70, este é considerado o estopim da difusão das tecnologias e o início da Revolução Tecnológica; conforme Castells, as diversas criações como o microprocessador, o microcomputador, novos softwares e as telecomunicações, impulsionaram e interligaram-se para provocar o início da revolução surgida nos Estados Unidos, mais precisamente, no Vale do Silício. CASTELLS, op. cit., p. 97-100.
4. Bauman, Zygmunt. *Globalização: as consequências humanas*. Tradução de Marcus Penchel. Rio de Janeiro: Jorge Zahar Ed., 1999, p. 86.
5. Como alude Beck, na qual existe constantemente a consciência de que estamos em perigo e de que somos impotentes frente a esta situação, já que os riscos contemporâneos são qualitativa e quantitativamente maiores, e com maior poder destrutivos do que os riscos vividos na sociedade pré-industrial e industrial. O desenvolvimento tecnológico das ciências, ao tentar alterar a natureza, cria e/ou potencializa, em muitos casos, ambientes de risco, conforme os debates atuais sobre os (possíveis) riscos das nanotecnologias, clonagem humana, transgênicos etc. Beck, Ulrich. *La sociedad del riesgo*. Tradução de Jorge Navarro. Barcelona: Paidós, 1998.

De fato, está ocorrendo o que anteviu Paul Virilio, no início dos anos 90, ao dizer que está ocorrendo uma *aceleração da sociedade*.[7] A tecnologia propicia, cada vez mais, a imobilidade, obtida através dos deslocamentos virtuais instantâneos e da *telepresença*, proporcionada por meio dos meios de transmissão. No contexto dessa rede, a sociedade se desloca hiperaceleradamente, e, paradoxalmente, migra para uma inércia domiciliária.[8] Experimenta-se, atualmente, a vida no ciberespaço[9]. Nesse cenário contemporâneo, o ser humano abdicou-se de suas crenças em divindades superiores que aliviavam e davam muitas vezes simbolismo à morte, para adentrar numa era sem barreiras para os limites das novas tecnologias, de modo que se tornou seu próprio Deus na busca pela imortalidade e felicidade[10].

As novas tecnologias advindas sobretudo a partir da expansão da *Internet* como a Inteligência Artificial (IA), a robótica, a realidade virtual, as neurotecnologias, dentre outras, constituem a Quarta Revolução Industrial[11]. Vive-se um período histórico inevitável que acompanha benefícios e malefícios às sociedades: a possiblidade de expansão da liberdade dentro do ambiente virtual, a ampliação do ambiente democrático, melhores níveis de saúde e educação, são algumas destas possibilidades[12]. A IA é talvez o principal instrumento que tem permitido esta rápida e constante transformação social.

A promessa da IA de melhorar a vida em sociedade é enorme. Sistemas baseados em IA já estão superando os especialistas médicos no diagnóstico de certas doenças, enquanto o uso de IA no sistema financeiro está expandindo o acesso ao crédito para tomadores que antes eram ignorados. No entanto, a IA também tem apresentado muitas desvantagens e mesmo prejudicado sua promessa considerável. Os sistemas baseados em IA têm impactado e vulnerado vários direitos, como o direito à privacidade, uma vez que dependem da coleta e do uso de grandes quantidades de dados para fazer previsões que, em vários casos, têm servido para perpetuar os padrões sociais existentes de preconceito e discriminação. Nesse sentido, é necessário – e urgente – incorporar considerações éticas ao desenvolvimento e implantação da IA em razão dos impactos negativos e efeitos deletérios sobre os direitos humanos. As implementações de IA, são capazes de impactar toda uma gama de direitos humanos.[13]

6. Conforme Han, um tempo acelerado nesta *sociedade do cansaço*, em que há um incremento de uma *sociedade do doping* uma vez que se tem que se tem de suportar as pressões diárias por desempenho. Han, Byung-Chul. *A sociedade do cansaço*. Editora Vozes, 2015, p. 71.
7. Virilio, Paul. *Inércia polar*. Tradução de Ana Luísa Faria. Lisboa: Publicações Dom Quixote, 1993.
8. Virilio alude que "a '*era do tempo intensivo*' já não é a era do meio de transporte físico. É, contrariamente ao '*tempo extensivo*' de outrora, o domínio exclusivo do meio de telecomunicação, ou por outras palavras, a '*era da imobilidade e da inércia domiciliária*'." Virilio, op. cit., p. 39.
9. Nas palavras de Levi, que pode ser entendido como o "estabelecimento de espaços virtuais de trabalho e de comunicação descompartimentalizados, cada vez mais independentes de seus suportes". LÉVY, Pierre. *Cibercultura*. Tradução de Carlos Irineu da Costa. São Paulo: Editora 34, 2010, p. 42.
10. HARARI, Yuval Noah. *Homo Deus*: uma breve história do amanhã. Editora Companhia das Letras, 2016, p. 25-28.
11. SCHWAB, Klaus; DAVIS, Nicholas. *Aplicando a quarta revolução industrial*. Edipro, 2019, p. 32.
12. SCHWAB; DAVIS, op. cit., p. 38.
13. Os autores propõem que a melhor maneira de entender o impacto da IA nos direitos humanos é examinando a sua diferença, tanto positiva quanto negativa, e que a introdução da IA em uma determinada instituição social causa impactos sobre os direitos humanos. Partem de duas premissas: 1. Determinar os impactos da IA sobre os direitos humanos não é tarefa fácil, pois essas tecnologias estão sendo introduzidas e incorporadas em redes sociais existentes instituições, que não são neutras em termos de direitos. 2. Cada aplicação de IA impacta uma infinidade de direitos em complicados e, ocasionalmente, de contraditórias maneiras. Explorando esses relacionamentos dentro

Nesse sentido, o presente artigo tem por objetivo geral o de estudar quais os impactos negativos da Inteligência Artificial, engendrada na sociedade da informação, aos Direitos Humanos. No intuito de buscar resposta ao problema apresentado, formula-se a seguinte indagação: quais são os limites da aplicação da Inteligência Artificial pelos Direitos Humanos e quais as respostas legislativas no contexto da União Europeia e do Brasil?

Para buscar responder este questionamento, desenvolve-se o texto em três partes: (i) a primeira, apresenta-se um desenho histórico-conceitual, contextualizando a IA na sociedade da informação; (ii) a segunda, como se articulam a IA e os direitos humanos, aprofundando-se os marcos regulatórios da União Europeia e do Brasil; e por fim; (iii) a terceira, em que se trata dos limites (necessários) dos direitos humanos para a aplicação da IA.

Por fim, utilizar-se na presente pesquisa o método de abordagem dedutivo e a técnica de pesquisa bibliográfica.

2. DESENHO HISTÓRICO-CONCEITUAL DA INTELIGÊNCIA ARTIFICIAL NA SOCIEDADE DA INFORMAÇÃO

A guerra instaurada entre humanos e máquinas, em meados do século XXI, faz com que o avançado sistema autônomo de Inteligência Artificial, denominado *Skynet*, envie para o ano de 1984 um ciborgue com a finalidade colocar fim à vida de Sarah Connor (mãe do futuro líder da batalha contra as máquinas, John Connor) e assim, exterminar os humanos do planeta. O breve resumo do filme "O exterminador do futuro" bem retrata a existência de uma central de Inteligência Artificial dotada de autonomia, que na década de 1980 (data em que o longa-metragem foi lançado) tratava-se apenas de ficção científica. Em que pese a criação da IA datar da década de 1950[14], início da Terceira Re-

---

dos casos de uso permite uma análise mais matizada. Apresentam uma forma de medir impacto da seguinte forma: as implementações atuais de IA impactam totalmente gama de direitos humanos garantidos por instrumentos de direitos humanos, incluindo civis e direitos políticos, bem como econômicos, culturais e direitos sociais. A privacidade é o direito único que é mais afetado por implementações atuais de IA. Outros direitos que também são significativamente afetados pelas atuais implementações de IA incluem os direitos à igualdade, liberdade de expressão, associação, assembleia e trabalho. Lamentavelmente, o impacto da IA sobre esses direitos foi mais negativo do que positivo até o momento. Os impactos positivos e negativos da IA em humanos os direitos não são distribuídos igualmente pela sociedade. Alguns indivíduos e grupos são mais afetados fortemente do que outros, seja negativa ou positivamente. E às vezes, certas implementações de IA podem impactar positivamente o gozo de um direito humano por alguns, ao mesmo tempo que tem um impacto adverso para outros. Raso, Filippo, *et. al..*, Artificial intelligence & human rights: opportunities & risks. September 25, 2018. *Berkman Klein Center Research Publication*. n. 2018-6, p. 4.

14. Foi através do trabalho desenvolvido pelo matemático britânico Alan Turing, na década de 1950, que o tema Inteligência Artificial passou a ganhar visibilidade na comunidade científica. Ou seja, foi com a publicação do artigo "*Computing Machinery and Intelligence*" que Turing apresentou o teste de Turing, a aprendizagem de máquina, os algoritmos genéticos e a aprendizagem por reforço. De acordo com o teste de Turing, um computador seria considerado inteligente se apresentasse as seguintes capacidades: "processamento de linguagem natural para permitir que ele se comunique com sucesso em um idioma natural; representação de conhecimento para armazenar o que sabe ou ouve; raciocínio automatizado para usar as informações armazenadas com a finalidade de responder a perguntas e tirar novas conclusões; aprendizado de máquina para se adaptar a novas circunstâncias e para detectar e extrapolar padrões" (grifos no original). RUSSEL, Stuart; NORVIG, Peter. *Inteligência artificial*. Tradução de Regina Célia Simille de Macedo. 3. ed. Rio de Janeiro: Elsevier, 2013, p. 24-25.

volução Industrial[15], foi somente na Revolução 4.0 que ganhou destaque e impacto na sociedade. A evolução dessa tecnologia está verdadeiramente "preenchendo a lacuna entre ficção científica e realidade", ou seja, os avanços da ciência proporcionaram a criação de robôs industriais, voadores e humanoides, veículo autônomos, superando desafios que antigamente eram inatingíveis[16] e criando tecnologias que antes existiam apenas em filmes e livros de ficção.

Os primeiros estudos sobre esta tecnologia emergiram no início década de 1950, no entanto, o tema ganhou notoriedade somente no ano de 1956, na Conferência promovida pelo Dartmouth College, em Hanover, momento em que se cunhou o termo "Inteligência Artificial". O evento idealizado pelos pesquisadores John McCarthy – que criou o termo Inteligência Artificial[17] –, Marvin Minsky, Nathaniel Rochester e Claude Shannon, durou dois meses e versou sobre temas como: computação automática, computação com uso da linguagem natural, redes neurais, aleatoriedade e criatividade e abstrações[18]. Apesar do otimismo dos cientistas em relação à expansão das pesquisas sobre IA, as previsões de que as máquinas realizariam as tarefas que o homem pode fazer, em no máximo 20 anos, não se concretizaram. O seu desenvolvimento passou por longos períodos de inverno, em razão da diminuição significativa de financiamento e de investimento comercial, como a que ocorreu em meados da década de 1980[19]. Por mais de dez anos, o termo *Inteligência Artificial* tornou-se um verdadeiro tabu no mundo na indústria da computação[20], além

15. A Terceira Revolução Industrial, também denominada Revolução Informacional, Revolução Digital, ou ainda, na lição de Alvin Toffler, Terceira Onda, teve início na década de 1950, com a introdução generalizada do computador, dos voos comerciais, da pílula para controle de natalidade e muitas inovações de grande impacto. TOFFLER, Alvin. *La tercera ola*. Bogotá: Plaza & Janes S.A. Editores, 1981. A Revolução Digital representou inúmeros avanços relacionados à computação em geral e ao desenvolvimento de softwares, foi durante esse período que surgiram os computadores pessoais e o mundo se tornou conectado, tendo em vista a criação de uma ampla infraestrutura digital e da *Internet*. SCHWAB; DAVIS, op. cit.
16. SCHWAB; DAVIS, op. cit.
17. O termo foi cunhado na proposta de projeto de pesquisa datado de 31 de agosto de 1955: "Propomos que um estudo de 2 meses e 10 homens sobre inteligência artificial seja realizado durante o verão de 1956 no Dartmouth College, em Hanover, New Hampshire. O estudo deve prosseguir com base na conjectura de que todos os aspectos da aprendizagem ou qualquer outra característica da inteligência podem, em princípio, ser tão precisamente descritos que uma máquina pode ser feita para simulá-la. Uma tentativa, será feita para descobrir como fazer as máquinas usarem a linguagem, formar abstrações e conceitos, resolver tipos de problemas agora reservados aos seres humanos e melhorar a si mesmos. Achamos que um avanço significativo pode ser feito em um ou mais desses problemas se um grupo cuidadosamente selecionado de cientistas trabalhar nele em conjunto durante o verão". MCCARTHY, John. *A Proposal for the Dartmouth Summer Research Project on Artificial Intelligence*. Disponível em: http://jmc.stanford.edu/articles/dartmouth.html. Acesso em: 08 set. 2020.
18. MEDEIROS, Luciano Frontino de. *Inteligência artificial aplicada*: uma abordagem introdutória. Curitiba: InterSaberes, 2018, p. 24-25.
19. De acordo com Simanta S. Sarmah, os pesquisadores descobriram que para desenvolver a Inteligência Artificial era necessário ter mais dados e poder de computação, de forma que durante o período de "inverno" houve uma queda brusca no financiamento e investimento em todos os segmentos de IA, que perdurou até o início do novo milênio, quando se verifica uma melhoria na produção de hardwares de computador e também um aumento dos dados, gerando oportunidades para a geração de proposições de aprendizagem de máquinas. SARMAH, Simanta Shekhar. Concept of Artificial Intelligence, its Impact and Emerging Trends. *International Research Journal of Engineering and Technology*, v. 6, 11, Nov. 2019. Disponível em: https://www.irjet.net/archives/V6/i11/IRJET-V6I11253.pdf. Acesso em: 30 set. 2020.
20. FRANKLIN, Stan. History, motivations, and core themes. *In*. FRANKISH, Keith; RAMSEY, William M. *Artificial Intelligence*. Cambridge University Press: United Kongdom, 2014.

disso, muitas empresas "caíram no esquecimento à medida que deixaram de cumprir promessas extravagantes"[21].

A IA somente passou a se desenvolver, definitivamente, a partir do início do século XXI, com a evolução da *Internet* e dos microprocessadores, com a redução de custos de armazenagem de dados (em nuvem) e com a criação de novos algoritmos, ressurgindo em um período que os cientistas chamam de primavera[22]. É durante esse período que as redes neurais ganham evidência, ou seja, "não mais se pensava em imitar a mente por meio de símbolos. Tratava-se agora de criar um modelo simplificado de cérebro, construindo *redes neurais* a partir de neurônios artificiais ou *neuron-like units*"[23]. As redes neurais[24] vieram com a promessa de solucionar diversos problemas relativos ao mundo real em vista do grande potencial para traduzir textos, tomar decisões, identificar imagens, analisar o comportamento humano, demonstrar fraudes, entre outros tantos[25]. Assim, a IA passou por profunda evolução nos últimos anos devido às técnicas de aprendizado automático desenvolvidas, que passaram a usufruir do aumento da disponibilidade de dados, dos sensores e da capacidade de processamento.[26]

Após a análise do breve relato histórico, passa-se ao desenho dos conceitos fundamentais e estruturantes, a começar pela definição de IA. Em que pese suas origens datarem da metade do século XX, ainda não há consenso na comunidade científica no tocante a sua definição[27]. Stuart Russel, por exemplo, define inteligência artificial como "*the study of methods for making computers behave intelligently*"[28], ou seja, um computador se torna inteligente na medida em que atinge o seu objetivo (a ação que maximize a

21. RUSSEL; NORVIG, op. cit., p. 49-50.
22. PEIXOTO, Fabiano Hartmann; SILVA, Roberta Zumblick Martins da. *Inteligência Artificial e Direito*. Curitiba: Alteridade, 2019.
23. TEIXEIRA, João Fernandes Teixeira. *Inteligência artificial*: uma odisseia da mente. São Paulo: Paulus, 2013.
24. Nos termos da lição de Nick Bostrom as redes neurais embora fossem conhecidas desde o final da década de 1950, foi somente após a introdução do algoritmo de retroprogramação, que se permitiu o treinamento de redes neurais multicamadas, ou seja, que possuem camadas intermediárias de neurônios entre as camadas de entrada (input) e saída (output) de dados, permitindo maior aprendizado das máquinas. BOSTROM, Nick. *Superinteligência*: caminhos, perigos e estratégias para um novo mundo. Cajamar: Darkside Books, 2018.
25. LEE, Kai-Fu. *Inteligência Artificial*: como os robôs estão mudando o mundo, a forma como amamos, nos relacionamos, trabalhamos e vivemos. Tradução de Marcelo Barbão. Rio de Janeiro: Editora Globo, 2019.
26. De acordo com Klaus Schwab, essa tecnologia chegou a um nível de desenvolvimento que possui a capacidade "de imitar muito bem a interação humana (ou se sair muito melhor que os humanos) em cenários restritos, envolvendo áreas como jogabilidade, consultas no atendimento ao cliente, diagnóstico médico e navegação de veículos autônomos". SCHWAB; DAVIS, op. cit.
27. Segundo Jacob Turner, a principal dificuldade de se chegar a uma definição de inteligência artificial, consubstancia-se na complexidade de estabelecer o que se entende por "inteligência", tendo em vista que o termo pode descrever uma série de atributos ou habilidade. Além disso, de acordo com o autor "definir a IA pode parecer perseguir o horizonte: assim que você chega onde estava, ele se moveu em algum lugar para a distância. Da mesma forma, muitos têm observado que a IA é o nome que damos aos processos tecnológicos que não entendemos. Quando nos familiarizamos com um processo, ele deixa de ser chamado de IA e se torna apenas mais um programa de computador inteligente". TURNER, Jacob. *Robot Rules*: regulating artificial intelligence. London: Palgrave Macmillan, 2019, p. 8. Ainda, conforme leciona Luciano Frontino de Medeiros, o termo "inteligência" pode ser explicado de diversas maneiras, como por exemplo, utilizando processos metacognitivos; de acordo com a interações do sujeito com o ambiente; ou ainda levando-se em consideração a capacidade dos indivíduos de resolver problemas. MEDEIROS, op. cit.
28. Tradução livre: "o estudo de métodos para fazer computadores se comportarem de forma inteligente".

utilidade esperada)[29]. O Grupo Independente de Peritos de Alto Nível sobre a IA (GPAN IA), criado pela Comissão Europeia, com a finalidade de elaborar um documento que possa ser utilizado como ponto de partida por pessoas não especialistas na temática, adotou como definição de inteligência artificial:

> Os sistemas de inteligência artificial (IA) são sistemas de software (e eventualmente também de hardware) concebidos por seres humanos, que, tendo recebido um objetivo complexo, atuam na dimensão física ou digital percepcionando o seu ambiente mediante a aquisição de dados, interpretando os dados estruturados ou não estruturados recolhidos, raciocinando sobre o conhecimento ou processando as informações resultantes desses dados e decidindo as melhores ações a adotar para atingir o objetivo estabelecido. Os sistemas de IA podem utilizar regras simbólicas ou aprender um modelo numérico, bem como adaptar o seu comportamento mediante uma análise do modo como o ambiente foi afetado pelas suas ações anteriores.[30]

Nota-se, portanto, que se trata de conceito abrangente e plástico, que se modifica conforme o caminhar da ciência e evolui. Devido ao seu conceito amplo, existem diferentes formas de IA que variam conforme o calibre: Inteligência Artificial Superficial (IAS), Inteligência Artificial Ampla (IAA) e Superinteligência Artificial (SA)[31]. A Inteligência Artificial Superficial, também conhecida como IA Fraca ou IA Estreita é aquela adequada à execução de tarefas específicas, para as quais foi concebida[32-33]. A IA Geral, também denominada IA Forte, é utilizada para a criação de sistemas com competências amplas e baseia-se na grande quantidade de tarefas que os seres humanos conseguem desempenhar[34]. Por fim, a Superinteligência Artificial "é qualquer intelecto que exceda em muito o desempenho cognitivo dos seres humanos em, virtualmente, todos os domínios de interesse".[35] Ainda, para que se possa compreender como funciona a IA, é necessário analisar os elementos que compõem essa tecnologia, tais como: algoritmos,

---

29. RUSSEL, Stuart. *Q&A*: The future of artificial intelligence. 2016. Disponível em: http://people.eecs.berkeley.edu/~russell/temp/q-and-a.html. Acesso em: 30 set. 2020.
30. GPAN IA. *Uma definição de IA*: principais capacidades e disciplinas científicas. Disponível em: https://ec.europa.eu/futurium/en/ai-alliance-consultation/guidelines#Top. Acesso em: 30 set. 2020.
31. URBAN, Tim. *The AI revolution*: the road to superintelligence. Disponível em: https://waitbutwhy.com/2015/01/artificial-intelligence-revolution-1.html. Acesso em: 30 set. 2020.
32. TURNER, Jacob. *Robot Rules*: regulating artificial intelligence, 2019.
33. É a tecnologia utilizada na maioria dos sistemas e em algumas ocasiões, pode executar as atividades melhor que os seres humanos, como, por exemplo, a melhoria da identificação e diagnóstico de câncer. Segundo pesquisa realizada por Yaw Ansong Jnr, do Departamento de Engenharia Biomédica da Universidade de New Haven, houve uma melhora significativa na taxa de detecção de câncer: "Por exemplo, os radiologistas mostraram uma taxa de detecção de câncer significativamente melhorada (valor p de dois lados = 0,030, intervalo de confiança = 95%) whencmAssist™, foi utilizado um algoritmo de detecção auxiliado por computador baseado em IA, com um aumento de 7,2% na área abaixo da curva característica operacional do receptor (ROC) com valor p de dois lados 0,01 para o grupo leitor. A taxa de detecção precoce do câncer também melhorou significativamente com o uso do sistema cmAssist™. Além disso, várias empresas altamente financiadas já estão construindo algoritmos de reconhecimento de imagem para detecção de câncer, e na maioria dos casos, esses algoritmos superaram suas contrapartes humanas. Por exemplo, o Google construiu recentemente um sistema de aprendizagem profunda que superou médicos humanos na detecção de câncer de pulmão". ANSONG JNR, Yaw. Artificial intelligence and healthcare: a qualitative review of recent advances and predictions for the future. *Perspectives in Medical Research*. v. 7, p. 3-6, September-December 2019, p. 4. Disponível em: https://pimr.org.in/2019-vol7-issue-3/YawAnsongJnr_v3.pdf. Acesso em: 30 set. 2020.
34. PEIXOTO; SILVA, op. cit.
35. BOSTROM, op. cit., p. 53.

machine learning (aprendizado de máquina), *deep learning* (aprendizagem profunda) e redes neurais.

Algoritmos são regras definidas "que a partir de um entendimento lógico-matemático se debruçam sobre um problema, possível de ser tratado e executado por um computador, em que dados de entrada são transformados em dados de saída, solucionando o problema inicial"[36], ou seja, é um conjunto de instruções[37] que informa ao computador o que deve ser realizado.

Aprendizado de máquina (*machine learning*)[38], por sua vez, é um subcampo da IA que tem como objetivo permitir aos computadores que aprendam por conta própria[39], isto é, tem como fundamento a estatística e a maneira como extrai os dados para aprender a ler as informações, sendo que existem três formas principais de aprendizado: aprendizado supervisionado; aprendizado não supervisionado; e aprendizado por reforço[40-41-42], de forma que as máquinas aprendem por intermédio de resultados positivos ou negativos[43].

O aprendizado profundo (*deep learning*) é uma tecnologia desenvolvida a partir do *machine learning*, e que se utiliza de redes neurais artificiais – algoritmos semelhantes às células cerebrais humanas–. Esse sistema utiliza, portanto, unidades similares aos neurônios, em que "cada uma dessas unidades combina uma série de valores de entrada (*inputs*) para produzir um valor de saída (*output*), que por sua vez também é passado para outros neurônios seguindo uma corrente"[44-45].

Como se pode observar, os avanços da IA estão modificando o cotidiano da sociedade, remodelando diversos setores, como a economia, o transporte, a saúde, a educação, entre outros, proporcionando inúmeros benefícios à coletividade. Porém, não é novi-

36. ALFEO, Paulo Victor. *Algoritmos e o direito*. São Paulo: Almedina, 2020.
37. Importante destacar que se utilizou uma definição de algoritmo relacionada aos sistemas eletrônicos. No entanto, em seu sentido amplo, pode-se dizer que a existência dos algoritmos não está, necessariamente, vinculada ao computador, ou seja, uma receita de sopa, como sugere Yuval Noah Harari, em sua obra Homo Deus, pode ser um algoritmo, tendo em vista que contém informações e instruções necessárias para se chegar ao seu objetivo, que é a elaboração da sopa. HARARI, op. cit.
38. O *machine learning* tem sua origem no programa de jogo de damas de Arthur Samuel (1959). Embora o cientista tenha, inicialmente, vencido seu programa, após alguns meses de aprendizagem, dizem que ele não mais obteve êxito no jogo. FRANKISH, Keith; RAMSEY, William M. *Artificial Intelligence*. Cambridge University Press: United Kongdom, 2014.
39. MAINI, Vishal; SABRI, Samer. *Machine Learning for Humans*. Published Aug. 2019. Disponível em: https://medium.com/machine-learning-for-humans/why-machine-learning-matters-6164faf1df12. Acesso em 08 set. 2020.
40. Na aprendizagem supervisionada utilizam-se valores conhecidos para determinar o que o sistema deverá aprender, ou seja, inserem-se dados de vários indivíduos e as categorias as quais pertencem, sendo geralmente utilizada como modelo de categorização e classificação. WACHOWICZ, Marcos; GONÇALVES, Lukas Reuthes. *Inteligência Artificial e criatividade*: novos conceitos na propriedade intelectual. Curitiba: Gedai, 2019.
41. DANKS, David. Learning. *In*. FRANKISH, Keith; RAMSEY, William M. *Artificial Intelligence*. Cambridge University Press: United Kongdom, 2014.
42. No aprendizado não supervisionado, não destaca nenhuma variável particular, ou seja, tem como objetivo fornecer uma caracterização geral do conjunto de dados, sem a necessidade de intervenção de um especialista humano, sendo comumente utilizado para categorizar indivíduos em grupos. Por fim, o aprendizado por reforço "explora uma abordagem computacional para o aprendizado pela interação". PEIXOTO; SILVA, op. cit., p. 95.
43. SARMAH, op. cit.
44. WACHOWICZ; GONÇALVES, op. cit., p. 55.
45. Pode-se mencionar como exemplo de aplicação do aprendizado profundo, a criação de veículos autônomos. Para que atuem como os humanos é necessário que exista uma rede de modelos atuando simultaneamente. SARMAH, op. cit.

dade que as máquinas inteligentes estão se tornando mais autônomas e seus sistemas menos transparentes, gerando desafios éticos a serem contornados. Considerando que o direito não evolui na mesma velocidade que as inovações tecnológicas, é necessário buscar mecanismos e marcos regulatórios que imponham limites à utilização da IA, com a finalidade de tornar possível o desenvolvimento ético e humano dessa tecnologia, sem que importe em risco demasiado à sociedade e, principalmente, aos direitos humanos.

3. INTELIGÊNCIA ARTIFICIAL E OS DIREITOS HUMANOS: ARTICULAÇÃO TEÓRICA E MARCOS REGULATÓRIOS NO BRASIL E NA EUROPA

A IA está evoluindo em grande velocidade, de maneira que hoje já existem algoritmos de autoaprendizado, que podem aprender com a própria experiência[46]. Observa-se que, com o avanço dos sistemas de IA, a utilização de decisões automatizadas tem se tornado mais frequente[47], seja no âmbito do direito público[48] ou do direito privado.

Embora a tecnologia facilite sobremaneira a execução de diversas atividades, não se pode deixar de lado as situações que geram e/ou expõem a riscos, além de violar direitos humanos, como os direitos à não discriminação[49], à privacidade, à saúde, entre outros, tornando urgente a necessidade de se regulamentar o setor, pois na prática o que

46. Os sistemas de IA, com o aumento da disponibilidade de dados e o avanço do poder de computação, estão conquistando maior autonomia, diminuindo a fronteira entre a ficção e a realidade. Existem diversos exemplos de *bots* de IA que adquiriram linguagem própria, dentre eles é possível mencionar o projeto do *Facebook* que foi encerrado após criar linguagem que não podia ser reconhecida por humanos, bem como o *chatbot* Tay desenvolvido pela *Microsoft* para interagir e aprender com jovens entre 18 e 24 anos através do *Twitter*, mas que com o tempo manifestou personalidade agressiva e preconceituosa. HISSA, Carmina. *O futuro da humanidade está na ética dos algoritmos de inteligência artificial*. Crypto ID. São Paulo, 8 jan. 2019. Disponível em: https://cryptoid.com.br/inteligencia-artificial/o-futuro-da-humanidade-esta-na-etica-dos-algoritmos-de-inteligencia-artificial/. Acesso em: 08 set. 2020.
47. De acordo com o estudo publicado pelo *European Parliamentary Research Service – EPRS*, as receitas mundiais de mercado relativas à Inteligência Artificial deverão totalizar U$ 156.5 bilhões em 2020, estimativa que corresponde a um crescimento mais lento, devido à pandemia do coronavírus. De qualquer forma, esses valores indicam um crescimento de 12,3% em relação ao ano de 2019. Esses dados, segundo o estudo, indicam que a Inteligência Artificial já faz parte das práticas de negócios, sendo que as projeções indicam que essa tecnologia se tornará cada vez mais comum em todos os aspectos da vida privada e profissional das pessoas. UNIÃO EUROPEIA. *European framework on ethical aspects of artificial intelligence, robotics and related technologies*. Disponível em: https://www.europarl.europa.eu/thinktank/en/document.html?reference=EPRS_STU%282020%29654179. Acesso em: 28 set. 2020.
48. A Inteligência Artificial já é realidade no âmbito da Administração Pública, como por exemplo o sistema Victor (utilizado pelo Supremo Tribunal Federal) que tem como objetivo inicial identificar recursos extraordinários vinculados a temas de repercussão geral. Na visão de Fabiano Hartmann Peixoto e Roberta Zumblick Martins da Silva, há um movimento perceptível "no sentido de transformações na administração de justiça, isto é, nas influências da IA nos entes governamentais de maneira geral e, especialmente, no Judiciário". PEIXOTO; SILVA, op. cit., p. 59.
49. Há uma tendência forte no sentido de utilizar a Inteligência Artificial, com o escopo de otimizar determinadas atividades. No entanto, como alertado acima, essas tecnologias inovadoras podem causar danos graves aos indivíduos. Exemplo disso é a aquisição pelo Ministério do Interior do Uruguai, em 2013, do sistema de IA PredPol, que realiza previsões a partir de dados coletados pelo órgão, que são considerados sigilosos. Segundo um estudo realizado pela Web Fundation, em 2018, existe razões para crer que as bases de dados podem estar enviesadas em desfavor das populações indevidamente discriminadas. Ou seja, o sistema além de possui natureza, utiliza dados que geram risco de discriminação, o que levou o Ministério do Interior a descontinuar o uso do sistema. FREULER, Juan Ortiz; IGLESIAS, Carlos. Algoritmos e inteligência artificial em Latinoamerica. *Webfoundation*. Set. 2019. Disponível em: https://webfoundation.org/docs/2018/09/WF_AI-in-LA_Report_Spanish_Screen_AW.pdf. Acesso em: 08 set. 2020.

se observa é uma "autorregulamentação"[50] do mercado, que muitas vezes visa apenas ao desenvolvimento e comercialização das referidas tecnologias. Além da capacidade dessas tecnologias agirem de maneira autônoma, em razão do aprendizado contínuo por meio de experiências e de dados (*big data*)[51], é possível apontar determinadas características dos sistemas de IA que aumentam o seu potencial de risco, tais como a imprevisibilidade de suas ações e a falta de transparência dos sistemas. Como alerta Frank Pasquale os algoritmos das grandes empresas como *Facebook*, *Google* e *Amazon* são secretos, figurando como verdadeiras "caixas pretas"[52], ou seja, afirmam que se trata de segredo industrial de grande importância para o desenvolvimento de suas atividades, de maneira que os modelos opacos e invisíveis acabam se tornando a regra, enquanto os modelos transparentes são exceções.[53]

No entanto, não há como pensar no futuro, sem ter em mente que a IA fará parte do cotidiano das pessoas. É premente, portanto, que se identifiquem e se definam diretrizes éticas para a criação e utilização da IA, baseadas em direitos humanos. Importante destacar que "decisões erradas, tendenciosas ou que aprofundem preconceitos são incompatíveis com diretrizes de pesquisa, desenvolvimento e uso em um ambiente democrático e de concretização de direitos fundamentais"[54]. Diante dos desafios apontados e levando em consideração a necessidade de se regulamentar o setor, diversos países começaram a analisar a utilização da Inteligência Artificial a partir de uma perspectiva dos direitos humanos, de forma que em 2018 foram publicados documentos importantes, como: a Declaração de Toronto[55], sobre a proteção dos direitos à igualdade e à não discriminação em sistemas de aprendizado de máquina[56].

---

50. Ocorre que, segundo Jacob Turner, essa autorregulamentação não possui força vinculativa, de forma que os padrões éticos estabelecidos podem ou não serem adotados pelas empresas. Ou seja, cada empresa decide quais regras irão obedecer. TURNER, op. cit.
51. Importante destacar que essas tecnologias não nascem boas ou más, tampouco neutras. Segundo Pierre Lévy, isso depende dos contextos e dos pontos de vista. A tecnologia está condicionada às técnicas de uma cultura e de uma sociedade. LÉVY, op. cit. Nesse sentido, não se pode olvidar que sistemas de aprendizado de máquina "podem incorporar vieses culturais e preconceitos raciais de gênero", de maneira que pode perpetuar estereótipos culturais, prejudicando grupos vulneráveis. WIMMER, Mirian. Inteligência artificial, algoritmos e o direito: um panorama dos principais desafios. *In:* LIMA, Ana Paula M. Canto de; HISSA, Carmina Bezerra; SALDANHA, Paloma Mendes (Coord.). *Direito Digital*: debates contemporâneos. São Paulo: Revista dos Tribunais, 2019, p. 23.
52. PASQUALE, Frank. *The black box society*: the secret algorithms that control money and information. Massachusetts: Harvard University Press, 2015.
53. O'NEIL, Cathy. *Armas de destrucción matemática*: cómo el big data aumenta la desigualdad y amenaza la democracia. Traduzido por Violeta Arranz de la Torre. Madrid: Capitán Swing, 2016.
54. PEIXOTO, Fabiano Hartmann. *Inteligência artificial e direito*: convergência ética e estratégica. Curitiba: Alteridade, 2020, p. 38.
55. De acordo com a Declaração de Toronto, publicada em 16 de maio de 2018, os Estados e o setor privado devem apoiar as obrigações e responsabilidades baseadas em direitos humanos, com a finalidade de evitar a discriminação, sempre que possível, na utilização de sistemas de aprendizado de máquina. Além disso, os Estados e o setor privado devem assumir o compromisso de proteger os indivíduos e grupos da discriminação, de maneira que a criação e a implantação de sistemas de aprendizado de máquina devem promover a responsabilidade e os direitos humanos, sem se limitar aos direitos de igualdade e de não discriminação. CANADÁ. The Toronto Declaration: Protecting the right to equality and non-discrimination in machine learning systems. May 16, 2018. Disponível em: https://www.accessnow.org/cms/assets/uploads/2018/05/Toronto-Declaration-D0V2.pdf. Acesso em: 30 set. 2020.
56. RASO, op. cit.

Em 2017, o Parlamento Europeu editou uma resolução com recomendações à Comissão de Direito Civil sobre Robótica (2015/21039INL), tendo em vista as preocupações relacionadas com os efeitos diretos e indiretos para a sociedade. Nos termos da recomendação, o quadro jurídico da União Europeia deve ser atualizado e complementado "através de princípios éticos que se coadunem com a complexidade robótica e com as suas inúmeras implicações sociais, médicas, bioéticas", de maneira que além de se basear nos princípios da não-maleficência, autonomia e justiça, deve ter como fundamento os princípios e valores constantes no artigo 2º do Tratado da União Europeia e na Carta dos Direitos Fundamentais[57], como a dignidade da pessoa humana, a igualdade, a não discriminação, o respeito a vida privada e familiar, a proteção de dados, entre outros[58].

Em abril de 2019, o Grupo Independente de Peritos de Alto Nível sobre a Inteligência Artificial, publicou um quadro geral de orientações para uma IA de confiança, que observam, basicamente, três componentes: a legalidade (garantindo-se o respeitos à legislação e regulamentação aplicáveis); a ética (observando-se os princípios e valores éticos); e a robustez, que tanto do ponto de vista técnico, como do ponto de vista social, não pode causar aos indivíduos danos intencionais[59]. Denota-se, que as diretrizes éticas proposta pelo Grupo de Peritos[60], tem como princípio o desenvolvimento de sistemas centrados

57. Nesse aspecto importante destacar que a Carta dos Direitos Fundamentais da União Europeia fornece obrigações importantes, assim como orientações fundamentais no que concerne a criação, desenvolvimento e utilização da Inteligência Artificial. De acordo com o preâmbulo, a União deve se basear "nos valores indivisíveis e universais da dignidade do ser humano, da liberdade, da igualdade e da solidariedade [...]", além de promover a evolução da sociedade, o progresso social e o desenvolvimento científico e tecnológico, com fundamento na proteção dos direitos fundamentais. UNIÃO EUROPEIA. *Carta dos Direitos Fundamentais da União Europeia (2000/C 364/01)*. Disponível em: https://www.europarl.europa.eu/charter/pdf/text_pt.pdf. Acesso em: 15 set. 2020.

58. UNIÃO EUROPEIA. *Resolução do Parlamento Europeu, de 16 de fevereiro de 2017, que contém recomendações à Comissão sobre disposições de Direito Civil sobre Robótica (2015/2103(INL))*. Disponível em: https://www.europarl.europa.eu/doceo/document/TA-8-2017-0051_PT.html. Acesso em: 30 set. 2020.

59. Segundo o documento, os sistemas de IA "não funcionam num mundo à margem da lei", isto é, devem respeitar os regramentos existentes, como por exemplo, os Tratados da União Europeia e a sua Carta dos Direitos Fundamentais, o Regulamento Geral de Proteção de Dados, as diretivas relacionadas à antidiscriminação, os tratados da ONU em matéria de direitos humanos e as convenções do Conselho da Europa, entre outros. *In*. GPAN IA. op. cit. Acerca do assunto, relevante destacar que o Regulamento Geral de Proteção de Dados – RGPD traz importantes disposições relativas à proteção de direitos humanos, como o direito à privacidade, à liberdade, à igualdade e a não discriminação, entre outros, tendo em vista os potenciais riscos resultantes das operações de tratamento de dados pessoais. Ademais, analisando-se as disposições constantes no regulamento, pode-se extrair disposições relevantes para o debate sobre a Inteligência Artificial e a proteção dos Direitos Humanos, como por exemplo o direito de informações e acesso aos dados pessoais (seção 2), a necessidade de avaliação de impacto sobre a proteção de dados (art. 35), a proibição de tomada de decisão individual automatizada (art. 22), entre outros. UNIÃO EUROPEIA. *Regulamento (EU) 2016/679 do Parlamento Europeu e do Conselho*. Relativo à proteção das pessoas singulares no que diz respeito ao tratamento de dados pessoais e à livre circulação desses dados e que revoga a Diretiva 95/46/CE. Disponível em: https://eur-lex.europa.eu/legal-content/PT/TXT/HTML/?uri=CELEX:32016R0679#d1e1554-1-1. Acesso em: 30 set. 2020.

60. Em abril do mesmo ano, a Comissão Europeia, fundamentada no trabalho realizado pelo Grupo de Peritos, publicou a Comunicação COM (2019) 168 final, que tem como objetivo primordial garantir uma abordagem da IA centrada no ser humano. Nos termos da comunicação "a IA não é um fim em si mesmo, mas sim um instrumento que tem de servir as pessoas com o objetivo de aumentar o bem-estar humano". O documento baseia-se nos valores do respeito pela dignidade humana, liberdade, democracia, igualdade, Estado de direito e respeito pelos direitos humanos (direito das minorias), bem como na Carta de Direitos Fundamentais da EU, no Regulamento Geral sobre a Proteção de Dados. UNIÃO EUROPEIA.COM (2019) 168 final. *Comunicação da Comissão ao Parlamento Europeu, ao Conselho, ao Comitê Económico e Social Europeu e ao Comitê das Regiões*: aumentar a confiança numa inteligência artificial centrada no ser humano. 8 abr. 2019. Disponível em: https://ec.europa.eu/transparency/regdoc/rep/1/2019/PT/COM-2019-168-F1-PT-MAIN-PART-1.PDF. Acesso em: 30 set. 2020.

no homem, ou seja, "o destaque se dá para que a IA respeite os valores humanos fundamentais, garantindo os direitos fundamentais e seja respeitada a dignidade humana"[61].

Ainda, a Comunidade Europeia, com o propósito de promover o amplo desenvolvimento e utilização da IA, em fevereiro do corrente ano, publicou o Livro Branco sobre inteligência artificial. Nos termos do referido documento, em razão do grande impacto que essa tecnologia pode ocasionar à sociedade e diante da necessidade de reforçar a confiança, é importante que seu desenvolvimento e utilização sejam baseados nos direitos fundamentais, como a dignidade humana e a proteção da privacidade[62].

Em que pese as recomendações e resoluções publicadas no âmbito da União Europeia, com o intuito de regulamentar a criação, o desenvolvimento e a utilização da Inteligência Artificial, um estudo publicado em 28 de setembro do corrente ano, denominado *European framework on ethical aspects of artificial intelligence, robotics and related Technologies*, destaca que ainda existem uma série de lacunas e riscos importantes relacionados a questões gerais ligadas à governança e aos limites da lei existente para se adaptar aos novos desafios e gerenciar os riscos advindos das novas tecnologias. O estudo destaca, igualmente, que o desenvolvimento de um quadro normativo comum para a União Europeia relativo aos aspectos éticos, tem o potencial de gerar até 294,9 bilhões em PIB adicional e 4,6 milhões de postos de trabalho adicionais para a União Europeia até 2030[63].

Em consonância com as diretrizes implementadas no âmbito da União Europeia, a Organização para Cooperação e Desenvolvimento Econômico (OCDE), em maio de 2019, adotou a Recomendação do Conselho sobre IA, com a finalidade de implementar princípios, complementares entre si, para a administração responsável de IA confiável, dentre eles destaca-se a centralidade da pessoa humana, que impõe o dever de respeito aos direitos humanos durante todo o ciclo de vida do sistema de IA, incluindo "liberdade, dignidade e autonomia, privacidade e proteção de dados, não discriminação e igualdade, diversidade, justiça social e direitos trabalhistas internacionalmente reconhecidos"[64]. Este ano, 14 governos e a União Europeia se uniram para criar o *Global Partnership on Artificial Intelligence (GPAI)* – Parceria Global em Inteligência Artificial –, com o objetivo de apoiar o desenvolvimento e uso responsável da IA, com fundamento dos Direitos Humanos, inclusão, diversidade, inovação e crescimento econômico[65].

---

61. PEIXOTO, op. cit., p. 53.
62. UNIÃO EUROPEIA. COM (2020) 65 final. *Livro Branco*: sobre a inteligência artificial – uma abordagem europeia virada para a excelência e a confiança. 19 fev. 2020. Disponível em: https://op.europa.eu/pt/publication-detail/-/publication/aace9398-594d-11ea-8b81-01aa75ed71a1. Acesso em: 30 set. 2020.
63. UNIÃO EUROPEIA. *European framework on ethical aspects of artificial intelligence, robotics and related technologies*. Disponível em: https://www.europarl.europa.eu/thinktank/en/document.html?reference=EPRS_STU%282020%2965417. Acesso em: 30 set. 2020.
64. Além dos seus 36 membros, também aderiram à Recomendação a Argentina, Colômbia, Costa Rica, Romênia, Peru e o Brasil (que aderiu à Recomendação em 21 de maio de 2019). OCDE. OECD/LEGAL/0449. *Recomendation of the Council on Artificial Intelligence*. 21 mai. 2019. Disponível em: https://legalinstruments.oecd.org/en/instruments/OECD-LEGAL-0449. Acesso em: 30 set. 2020.
65. O grupo é formado pelo Reino Unido, Austrália, Canadá, França, Alemanha, Índica, Itália, Japão, México, Nova Zelândia, República da Coreia, Cingapura, Eslovênia, Estados Unidos da América e União Europeia. O GPAI reunirá especialistas da indústria, governo, sociedade civil e academia para conduzir pesquisas e projetos-piloto em IA sendo que a OCDE irá sediar a Secretaria da nova parceria global. GPAI. *Join Statement from founding members*

Além disso, em 7 de maio de 2020, um Grupo Especial de *Experts* (GEE) da UNESCO, elaborou um projeto de recomendação sobre a ética da Inteligência Artificial, a qual permaneceu em consulta pública de junho a julho do corrente ano. A recomendação aborda a ética da IA como um marco integral de valores, princípios e ações interdependentes com o propósito de guiar as sociedades durante o ciclo de vida dos sistemas, tendo a dignidade e o bem-estar humanos como norte para enfrentar os efeitos conhecidos e desconhecidos dessas tecnologias. A recomendação, que tende a se tornar o primeiro marco ético aceitado mundialmente, enumera como valores a dignidade da pessoa humana; os direitos humanos e as liberdades fundamentais; não deixar ninguém para trás; viver em harmonia; fiabilidade; e proteção do meio ambiente[66]. O referido documento reafirma o enfoque humanista da Unesco em relação a criação e utilização da IA, com o intuito de salvaguardar os direitos humanos e permitir uma colaboração entre máquinas e pessoas, nos diversos âmbitos da sociedade.

Apesar do evidente avanço do Brasil relativo ao desenvolvimento da Inteligência Artificial[67], em comparação à União Europeia, observa-se uma tímida regulamentação no tocante aos aspectos éticos dessa tecnologia, principalmente, no que concerne a proteção dos direitos humanos. Ou seja, ainda não possui uma estratégia de IA, porém, após aderir à regulamentação da OCDE, propôs dois projetos de lei, o PL n. 5051/2019 de autoria do Senador Styvenson Valentim, e o PL n. 21/2020, de autoria do Deputado Eduardo Bismarck, sendo que ambos estabelecem princípios, direitos e deveres para o uso da Inteligência Artificial[68]. O PL 21/2020 (em trâmite na Câmara dos Deputados) estabelece em seu artigo 4º que o uso da IA no Brasil tem como fundamento: "III – o respeito aos direitos humanos e aos valores democráticos; IV – a igualdade, a não discriminação, a pluralidade e o respeito aos direitos trabalhistas; e V – a privacidade e a proteção de dados", sendo que enfatiza nos princípios listados no artigo 6º, inciso II, a centralidade do ser humano e o "respeito à dignidade humana, à privacidade e à proteção de dados pessoais e aos direitos trabalhistas"[69]. Afora os projetos de leis, o Brasil conta

of the Global Partnership on Artificial Intelligence. Disponível em: https://www.canada.ca/en/innovation-science--economic-development/news/2020/06/joint-statement-from-founding-members-of-the-global-partnership-on--artificial-intelligence.html. Acesso em: 30 set. 2020.

66. UNESCO. SHS/BIO/AHEG-AI/2020/4. Projeto de recomendação sobre a ética da inteligência artificial. https://unesdoc.unesco.org/ark:/48223/pf0000373434_spa. Acesso em: 08 set. 2020.
67. Segundo o relatório elaborado pela Oxford Insights – *Government AI Readiness Index 2020*, o Brasil, apesar de ocupar o sexagésimo lugar no ranking de preparação para utilização da IA, possui um setor crescente, possuindo sete unicórnios de tecnologia, com destaque especial para as FinTechs e o e-commerce. Vale destacar que o índice é calculado levando-se em conta o Governo, o setor de tecnologia, os dados e a infraestrutura. OXFORD INSGIHTS. *Government AI Readiness Index 2020*. Disponível em: https://www.oxfordinsights.com/government-ai-readiness--index-2020. Acesso em: 28 set. 2020.
68. O projeto de lei em trâmite perante o Senado Federal (PL 5051/2019) aduz que a utilização dessa tecnologia tem como finalidade melhorar o bem-estar humano em geral, bem como: "I – o respeito à dignidade humana, à liberdade, à democracia e à igualdade; II – o respeito aos direitos humanos, à pluralidade e à diversidade; III – a garantia da proteção da privacidade e dos dados pessoais". BRASIL. Projeto de Lei n. 5051/2019. *Estabelece princípios para o uso da Inteligência Artificial no Brasil*. 16 set. 2019. Disponível em: https://www25.senado.leg.br/web/atividade/materias/-/materia/138790. Acesso em: 08 set. 2020.
69. BRASIL. Projeto de Lei n. 21/2020. *Estabelece princípios, direitos e deveres para o uso de inteligência artificial no Brasil, e dá outras providências*. 04 fev. 2020. Disponível em: https://www.camara.leg.br/propostas-legislativas/2236340. Acesso em: 08 set. 2020.

ainda com a Lei n. 13.709/2018 (Lei Geral de Proteção de Dados - LGPD)[70], aplicável às decisões automatizadas, e possui dentre seus fundamentos "os direitos humanos, o livre desenvolvimento da personalidade, a dignidade e o exercício da cidadania pelas pessoas naturais"[71].

Como visto, a sociedade de informação é caracterizada por uma profunda transformação digital, provocada, especialmente, pela utilização da Inteligência Artificial em larga escala. Essas transformações trazem consigo inúmeras oportunidades, porém, vêm acompanhadas de diversos riscos, principalmente, aos direitos humanos, fazendo com que diversas nações, organizações mundiais e instituições privadas entrem em uma corrida pela adoção de estratégias éticas e regulamentação do setor. Vale lembrar, que Isaac Asimov, em 1950, já alertava que "um robô não pode ferir um ser humano ou, por omissão, permitir que um ser humano sofra algum mal"[72], ou seja, a IA deve ser utilizada como meio de auxiliar a sociedade, porém é necessário aprofundar o debate acerca dos efeitos negativos e impactos sobre os direitos humanos, o que se passa a traçar.

4. LIMITES (NECESSÁRIOS) DOS DIREITOS HUMANOS À APLICAÇÃO DA INTELIGÊNCIA ARTIFICIAL

Já de início, é importante dizer que os direitos humanos se situam como um dique de contenção para a aplicação das novas tecnologias, uma vez que são resguardos necessários à dignidade de todos e todas frente as novas situações formadas com o advento da tecnologia.[73] A IA possui a habilidade de fazer previsões sobre o futuro e resolver tarefas muito complexas, expandindo-se de forma exponencial. Sua eficácia é desenvolvida por meio do "Big Data" que as permitem projetar o que irá acontecer a partir da detecção de padrões.[74] Porém, apenas reconhecem o passado, não criam o futuro,[75] mas têm o enorme poder de impactá-lo, sobretudo se estamos diante de uma questão humanitária.

Os direitos humanos emergiram, portanto, justamente para atender as peculiaridades de cada momento histórico, apresentados de forma categorizada em dimensões que se constituíram a partir de lutas sociais. A partir das novas situações proporcionadas pela emergência de diversos sujeitos no cenário social irrompem "novos" direitos na formação de dimensões: a primeira dimensão[76], refere-se aos direitos civis e políticos;

70. A LGPD depois de vários momentos de incertezas, entrou em vigor no dia 18 de setembro, após a sanção presidencial.
71. BRASIL. *Lei n. 13.709, de 14 de agosto de 2018*. Lei Geral de Proteção de Dados Pessoais (LGPD). Disponível em: http://www.planalto.gov.br/ccivil_03/_ato2015-2018/2018/lei/L13709compilado.htm. Acesso em: 08 set. 2020.
72. ASIMOV, Isaac. *Eu, Robô*. Rio de Janeiro: AGIR, 2004.
73. SANTOS, Paulo Junior Trindade dos; MARCO, Cristhian Magnus de; MÖLLER, Gabriela Samrsla. Tecnologia Disruptiva e Direito Disruptivo: Compreensão do Direito em um Cenário de Novas Tecnologias. *Revista Direito e Práxis*, v. 10, n. 4, p. 3056-3091, 2019.
74. RISSEI, Mathias. *Human rights and artificial intelligence*: an urgently needed agenda. Carr Center for Human Rights Policy: Harvard Kennedy School, 2018, p. 2.
75. O'NEIL, op. cit.
76. Os direitos de primeira dimensão surgem entre os séculos XVIII e XIX e são conhecidos como direitos civis e políticos, entre eles encontram-se o direito à propriedade, à segurança, à igualdade e a liberdade, que exigem uma abstenção do Estado na vida individual de cada ser humano. WOLKMER, Antônio Carlos. Direitos Humanos: novas dimensões e novas fundamentações. *Revista Direito em Debate*, v. 11, n. 16-17, 2002.

a segunda dimensão[77], a direitos sociais, econômicos e culturais; a terceira dimensão[78], são os chamados direitos de solidariedade e difusos; a quarta dimensão[79], aludem-se à direitos como a biotecnologia, engenharia genética e outros[80]; Por fim, atualmente, a quinta dimensão, que trata das novas tecnologias de informação e do ciberespaço, uma vez que tais direitos surgem na transição para o atual século XXI e refletem o cenário surgido com as novas tecnologias como a IA, a expansão da internet para diversas áreas do cotidiano, realidade virtual, entre outros. É a partir do surgimento e sobretudo, da expansão das tecnologias de forma multidimensional, que surge a necessidade de controlar impactos negativos advindos com esta, como crimes cibernéticos, discriminações, violações de privacidade, dentre outros tantos.

As inúmeras possibilidades de aplicação das novas tecnologias informacionais em diversas áreas do cotidiano importam na necessidade de abordar os riscos interligados a estas atividades a partir de um enfoque amplo[81] ou multifacetado[82]. Desse modo, Hoffmann-Riem menciona três níveis de efeitos das tecnologias, sobretudo da aplicação da IA: *Output*; referente aos efeitos que afetam diretamente o destinatário da tecnologia em questão; *impact* ou microefeitos, para aqueles impactos que atingem terceiros na relação tecnológica, mas que deve ser dada igual importância; e por fim, os efeitos *outcome* ou macroefeitos, que se referem aos impactos das tecnologias a longo prazo em setores da sociedade, mencionando-se como exemplo os efeitos das tecnologias no sistema educacional, no sistema democrático de votação, nas orientações culturais da sociedade[83].

O uso das tecnologias em diversas áreas tem afetado variados direitos assegurados na Declaração Universal dos Direitos Humanos de forma diferenciada entre grupos sociais; assim, os impactos devem ser analisados sob diversas ópticas à medida que não atinge de maneira uniforme os indivíduos[84]. Esse fenômeno é facilmente visualizado quando analisado no âmbito da justiça criminal, na medida em que a IA quando utilizada no sistema de apontamento de riscos aumenta o encarceramento em massa errôneo de determinados grupos considerados marginalizados[85].

Os impactos da IA nos direitos humanos, nesse sentido, podem ser entabulados em três origens. Primeiro, por meio da qualidade dos dados utilizados para o treinamento da

---

77. Os direitos de segunda dimensão surgiram no contexto de passagem do Estado liberal para o Estado do Bem-estar social e refletem a crise do estado individualista. WOLKMER, op. cit.
78. Os direitos de terceira dimensão são conhecidos como direitos coletivos e difusos, porquanto o titular transpassa o ser humano individual para agregar direitos à grupos como à família ou à nação; são exemplos o direito do consumidor, o direito ambiental, direito à paz e a autodeterminação dos povos, que refletem uma passagem da noção individualista para agregar direitos à uma coletividade, WOLKMER, op. cit.
79. Cita-se como exemplo de tais direitos o transplante de órgãos, cirurgias intrauterinas, o aborto e a eutanásia, entre outros direitos de grande carga polêmica. WOLKMER, op. cit.
80. Os que mantém estrita relação com a vida humana surgidos no finam do século XX.
81. HOFFMANN-RIEM, Wolfgang. INTELIGÊNCIA ARTIFICIAL COMO OPORTUNIDADE PARA A REGULAÇÃO JURÍDICA. Direito Público, [S.l.], v. 16, n. 90, dez. 2019, p. 14. ISSN 2236-1766. Disponível em: https://www.portaldeperiodicos.idp.edu.br/direitopublico/article/view/3756. Acesso em: 28 ago. 2020.
82. RASO, op. cit., p. 17.
83. HOFFMANN-RIEM, op. cit.
84. RASO, op. cit., p. 17-18.
85. RASO, op. cit., p. 17-18.

IA[86], de modo que se os dados utilizados forem tendenciosos, discriminatórios, dependendo da área em que a IA foi implantada, podem haver sérios impactos e consequências para os direitos humanos.[87] Atualmente, a problemática dos dados tendenciosos causa uma inquietude em relação aos softwares utilizados por departamentos de polícia, que podem resultar em um policiamento desigual ou discriminatório[88]. Isso implicará em impactos nos direitos inerentes da dignidade humana, como o direito à liberdade de viver sem discriminação[89], direito à liberdade pessoal[90], o direito à vida e segurança pessoal[91] e o direito à privacidade.[92-93] Ainda, em segundo domínio, o design dos sistemas IA são cruciais para determinar se poderão ocorrer colisões aos direitos humanos[94]. Apresentam-se, então, como uma vantagem,[95] mas há uma preocupação relacionada ao uso de IA em sistemas de justiça criminais[96], já que a tendência dos dados utilizados pode ocasionar graves erros e manifestar desvantagens, como a criminalização injusta[97] pois, se o sistema for gerado como produto de decisões vulneráveis ao viés humano, o sistema e suas previsões serão igualmente vulneráveis e sujeitos ao mesmo viés, não atingindo seu objetivo de eliminar o preconceito humano das decisões judicias, apenas reproduzindo-os e viabilizando a automatização destes.[98] Assim, decisões tomadas por IA fica suscetível a ser inconfiável, podendo causar impactos desiguais em diferentes grupos, ou ser de

86. Pode se identificar os impactos antes mesmo de estar implementada e em funcionamento. Isso porque a procedência dos dados reflete no comportamento do sistema, podendo ser até de maneira exacerbada.
87. RASO, op. cit., p. 14.
88. Sistemas de "big data" já estão sendo utilizado por departamentos de polícia, com o objetivo de conter o crime antes que ocorra. Há evidencias empíricas de que policiais utilizam determinantes como raça, etnia e classe para abordagens, havendo um foco maior sob comunidades minoritárias. Assim, os softwares são abastecidos por dados de históricos policiais tendenciosos. Assim, crimes que ocorrem em locais frequentados pela polícia são mais propensos a aparecer no banco de dados, simplesmente porque é onde a polícia está patrulhando. *In*: LUM, Kristian; ISAAC, William. To predict and serve? *Significance*, [S.L.], v. 13, n. 5, p. 14-19, out. 2016. p. 15
89. Artigo 2: 1 – "Todo ser humano tem capacidade para gozar os direitos e as liberdades estabelecidos nesta Declaração, sem distinção de qualquer espécie, seja de raça, cor, sexo, idioma, religião, opinião política ou de outra natureza, origem nacional ou social, riqueza, nascimento, ou qualquer outra condição." *In*: NAÇÕES UNIDAS. Declaração Universal dos Direitos Humanos. 1948.
90. Artigo 11: "Ninguém será arbitrariamente preso, detido ou exilado." *In*: NAÇÕES UNIDAS. Declaração Universal dos Direitos Humanos. 1948.
91. Artigo 3: "Todo ser humano tem direito à vida, à liberdade e à segurança pessoal." In: NAÇÕES UNIDAS. Declaração Universal dos Direitos Humanos. 1948.
92. Artigo 12: "Ninguém será sujeito à interferência em sua vida privada, em sua família, em seu lar ou em sua correspondência, nem a ataque à sua honra e reputação. Todo ser humano tem direito à proteção da lei contra tais interferências ou ataques." *In*: NAÇÕES UNIDAS. Declaração Universal dos Direitos Humanos. 1948.
93. RASO, op. cit., p. 20
94. Os designs são produções humanas, consequentemente pode haver fraudes e distorções nas variáveis, que visam o próprio interesse ou entendimento humano. As Inteligências Artificiais com o escopo de julgar decisões, objetivam substituir as inclinações humanas para que estas sejam decisões neutras, livres de preconceitos implícitos.
95. RASO, op. cit., p. 14
96. Tribunais estadunidenses já estão substituindo funções dos juízes e designando-os para Inteligências Artificiais. O projeto responsável é o "Public Safety Assessment (PSA)". Os algoritmos por trás dessas funções, objetivam prever se o réu tem probabilidade de cometer outro crime, machucar alguém ou faltar na próxima data do tribunal, com a finalidade de avaliar o valor da fiança aos réus. As avaliações são feitas a partir de dados dos acusados, mas estas podem não levar em consideração algumas características que promotores e juízes costumavam levar em consideração. *In*: DEWAN, Shaila. Judges Replacing Conjecture with Formula for Bail. *The New York Times,* 2015.
97. OSOBA, Osonde; IV, William Welser. *An intelligence in our image:* the risks of bias and errors in artificial intelligence. Santa Monica: Rand Corporation, 2017. p. 13.
98. LUM, Kristian. Limitations of mitigating judicial bias with machine learning. *Nature Human Behaviour,* 2017. Disponível em: https://www.nature.com/articles/s41562-017-0141#citeas Acesso em:

baixa qualidade, não havendo explicações plausíveis para tal decisão.[99] Embora adeptos dos algoritmos argumentem que o uso de IA nos sistemas de justiça seja a solução para aliviar as pendências[100], os tribunais criminais que estão aderindo ao uso dos softwares ficam passíveis de lesionar direitos humanos. Isso envolve o direito à um julgamento justo[101], ao princípio da presunção da inocência[102] (fundamental para a efetivação do prévio direito) e o direito à igualdade.[103] Por fim, o terceiro conflito que a IA pode causar nos direitos humanos advém da interação complexa dos softwares com o ambiente, o que pode dificultar o prognóstico, uma vez que a IA é introduzida na sociedade, isso pode acarretar efeitos que nunca foram vistos ou sequer previstos,[104] como é o caso da atuação da IA nos cuidados com a saúde.[105] Porém, a IA também está suscetível a erros de diagnósticos, podendo causar um mal-estar a vida de um paciente.[106-107]

---

99. AI & Machine Learning. Center for democracy & technology. Disponível em: https://cdt.org/ai-machine-learning/.
100. Na Estônia, um projeto de juiz-robô já está sendo desenvolvido para versar sobre disputas de pequenas causas inferiores a 7.000 (sete mil euros). O ministério da justiça espera resolver o problema da morosidade do judiciário que está submerso em ações pequenas que apenas buscam compensação, criando atrasos para aqueles que precisam fazer justiça, já que esses casos impedem os juízes de trabalhar em questões maiores e mais importantes. Apesar de o juiz-robô não atender as demandas criminais, há uma problematização em torno das suas decisões, por menores que sejam. Como a IA depende de dados de casos anteriores para julgar casos presentes, além de haver os vícios de viés humano, a IA não tem a capacidade de se adaptar com flexibilidade aos costumes sociais da época ou recalibrar com base em erros do passado. *In*: PARK, Joshua. Your honor, AI. *Harvard International Review*, 2020.
101. "Artigo 10: Todo ser humano tem direito, em plena igualdade, a uma audiência justa e pública por parte de um tribunal independente e imparcial, para decidir sobre seus direitos e deveres ou do fundamento de qualquer acusação criminal contra ele." Outras garantias relacionadas à um julgamento justo, são encontradas nos artigos 6, 7, 8 e 11 da Declaração. *In*: NAÇÕES UNIDAS. Declaração Universal dos Direitos Humanos. 1948.
102. "Artigo 14: §2. Toda pessoa acusada de um delito terá direito a que se presuma sua inocência enquanto não for legalmente comprovada sua culpa." Artigo do Pacto Internacional dos Direitos Civis e Políticos (1966) aborda detalhadamente os direitos para um julgamento justo. *In*: BRASIL. Pacto Internacional sobre Direitos Civis e Políticos. Decreto no 592, de 6 de julho de 1992. Site: http://www.planalto.gov.br/ccivil_03/decreto/1990-1994/D0592.htm Acesso em:
103. ZAVRŠNIK, Aleš. Criminal justice, artificial intelligence systems, and human rights. ERA Forum 20, p. 567–583, 2020.
104. RASO, op. cit., p. 14
105. Atualmente, a IA já atua nos âmbitos da prevenção, diagnóstico e tratamento de doenças, maior impacto até o momento tem sido a melhoria da precisão de diagnóstico médico. RASO, op. cit.
106. Em estudo publicado pela revista Science, pesquisadores apontam a ameaça de *"adversarial attacks"*, que podem manipular as inteligências artificiais usando pequenos pedaços de dados digitais, e alterar o resultado. Os pesquisadores exemplificaram os ataques demonstrando como agem no diagnóstico em um tumor considerado benigno. Ao implementarem uma cuidadosa perturbação à imagem, modificando pequenos pedaços de cada pixel imperceptíveis ao ser humano, uma resposta diferente da factual foi apresentada. O tumor benigno foi diagnosticado erroneamente como maligno. Também apontam outras pequenas modificações que provocaria diagnósticos inverídicos, como a simples rotação da imagem. Os autores sugerem que essa manipulação dos softwares pode ser utilizada por profissionais da saúde para gerar mais lucros, fazendo com que as IA profiram diagnósticos mais custosos e beneficie-os. A problemática também gira em torno dos resultados finais, que servirão como banco de dados para futuros cuidados médicos que o paciente pode vir a precisar. Um diagnóstico alterado pode acarretar consequências em decisões médicas futuras para o paciente. Alertam também que carros autônomos também são passiveis dos ataques. *In*: FINLAYSON, Samuel G.; BOWERS, John D.; ITO, Joichi; ZITTRAIN, Jonathan L.; BEAM, Andrew L.; KOHANE, Isaac S. Adversarial attacks on medical machine learning. *Science*, [S.L.], v. 363, n. 6433, p. 1287-1289, 21 mar. 2019. American Association for the Advancement of Science (AAAS).
107. Além da segurança do paciente, Inteligência Artificial envolvida na área da saúde geram uma preocupação em relação a privacidade, confidencialidade, segurança de dados, propriedade e consentimento informado, já têm necessidade de haver um grande banco de dados dos pacientes em relação à genética e ou riscos clínicos. WAHL, Brian; COSSY-GANTNER, Aline; GERMANN, Stefan; SCHWALBE, Nina R. Artificial intelligence (AI) and global health: how can ai contribute to health in resource-poor settings?. *Bmj Global Health*, [S.L.], v. 3, n. 4, p. 1-7, ago. 2018. p. 6

Atualmente, a problemática dos dados tendenciosos causa uma inquietude em relação aos softwares utilizados por departamentos de polícia, que podem resultar em um policiamento desigual ou discriminatório[108]. Isso implicará em impactos nos direitos inerentes a dignidade humana, como o direito à liberdade de viver sem discriminação[109], direito à liberdade pessoal[110], o direito à vida e segurança pessoal[111], e o direito à privacidade[112-113]

O uso da IA pode ainda causar graves impactos ao direito humano, por exemplo, à igualdade, devido ao fato de que os algoritmos utilizados no sistema de criação e aprendizagem da IA não são neutros, são dados postos anteriormente ao sistema de inteligência que refletem o sistema social padrão da realidade, ocasionando a perpetuação de discriminações sociais pela IA[114]. Exige-se, assim, o controle humano por detrás das tomadas de decisões por sistemas automatizado, garantindo decisões justas e uma criação direcionada à história dos grupos marginalizados denominada "ação afirmativa algorítmica"[115-116].

Outro direito vulnerado é o direito à privacidade isso porque que a matéria prima da IA é por sua própria natureza, os dados[117-118-119]. O fenômeno da coleta de dados implica na perda da privacidade dos indivíduos e impacta diretamente a livre criação de sua

108. Sistemas de "big data" já estão sendo utilizado por departamentos de polícia, com o objetivo de conter o crime antes que ocorra. Há evidências empíricas de que policiais utilizam determinantes como raça, etnia e classe para abordagens, havendo um foco maior sob comunidades minoritárias. Assim, os softwares são abastecidos por dados de históricos policiais tendenciosos. Assim, crimes que ocorrem em locais frequentados pela polícia são mais propensos a aparecer no banco de dados, simplesmente porque é onde a polícia está patrulhando. *In*: LUM; ISAAC, op. cit., p. 15.

109. Artigo 2: 1 – "Todo ser humano tem capacidade para gozar os direitos e as liberdades estabelecidos nesta Declaração, sem distinção de qualquer espécie, seja de raça, cor, sexo, idioma, religião, opinião política ou de outra natureza, origem nacional ou social, riqueza, nascimento, ou qualquer outra condição." *In*: NAÇÕES UNIDAS. Declaração Universal dos Direitos Humanos. 1948.

110. Artigo 11: "Ninguém será arbitrariamente preso, detido ou exilado." *In:* NAÇÕES UNIDAS. Declaração Universal dos Direitos Humanos. 1948.

111. Artigo 3: "Todo ser humano tem direito à vida, à liberdade e à segurança pessoal." *In:* NAÇÕES UNIDAS. Declaração Universal dos Direitos Humanos. 1948.

112. Artigo 12: "Ninguém será sujeito à interferência em sua vida privada, em sua família, em seu lar ou em sua correspondência, nem a ataque à sua honra e reputação. Todo ser humano tem direito à proteção da lei contra tais interferências ou ataques." *In:* NAÇÕES UNIDAS. Declaração Universal dos Direitos Humanos. 1948.

113. RASO, op. cit., p. 20.

114. RASO, op. cit., p. 18.

115. RASO, op. cit., p. 18.

116. Além dos impactos acima, a inteligência artificial reproduz ainda, discriminações raciais existentes no meio social; conforme matéria publicada no jornal *El País*, um jovem realizou uma busca no Google utilizando as palavras chaves *"three black teenagers"* e obteve imagens de adolescentes negros em fotos de fichas criminais; diversamente, quando utilizadas as palavras chaves referentes a jovens brancos, imagens de adolescentes felizes são mostradas. PEREDA, Cristina F. O Google é racista? *El País*. 2016. Disponível em: https://brasil.elpais.com/brasil/2016/06/10/tecnologia/1465577075_876238.html Acesso em: 30 set. 2020.

117. RASO, op. cit., p. 18.

118. O direito à privacidade protegido em documentos internacionais como a Declaração Universal dos Direitos Humanos em seu artigo 12. Ninguém será sujeito a interferências em sua vida privada, em sua família, em seu lar ou em sua correspondência, nem a ataques à sua honra e reputação. Todo ser humano tem direito à proteção da lei contra tais interferências ou ataques.

119. Através do recolhimento em massa de dados atavés de aplicativos populares a privacidade e consequentemente os direitos a ela interligados, como a liberdade de expressão, à comunicação, à não descriminação se encontram ameaçados. O uso de *cookies* e *likes* no Facebook permite a coleta de dados de milhões de usuários, possibilitando ao aplicativo a criação de perfis de personalidade para o fornecimento de informações e conteúdos conforme a

identidade[120]. A possibilidade de tomar decisões, encontra-se, atualmente, fundamentada em vontades manipuladas através do meio virtual, afetando o direito à autodeterminação e o livre desenvolvimento da personalidade[121].

Dessa forma, também corre-se o risco de algoritmos reproduzirem comportamentos discriminatórios[122] e não se pode esquecer que um pequeno número de empresas de tecnologia concentra o poder sobre as novas formas de tecnologias e beneficiam-se do desenvolvimento propiciado por elas[123]. Conforme definido em 2016 pela Organização das Nações Unidas a proteção aos direitos humanos aplicam-se tanto no cenário *offline* quanto *online*[124-125], de modo que a IA deve estar pautada em normas éticas, sob pena de ferirem direitos humanos[126]

5. CONSIDERAÇÕES FINAIS

Conclui-se assim que é necessária uma abordagem multifacetada com a presença de diversos atores sociais para mitigar os efeitos negativos advindos com a utilização da Inteligência Artificial, com foco em políticas públicas e regulações, consubstanciando na chamada governança algorítmica[127]. Diversas iniciativas seguem nessa linha, como a instituição *Fairness, Accountability and Transparency in Machine Learning Organization* (FAT-ML), que elaborou uma série de princípios para os setores que lidam com os algoritmos como a responsabilidade, explicabilidade e precisão[128]. Além disso, cumpre ressaltar a necessidade da transparência como fundamento da dignidade humana, propiciando o acesso aos dados[129]. Por fim, a área dos algoritmos, como vista anteriormente, é complexa e envolve de maneira interligada diversos setores; apesar dos intensos debates acerca das solução para seus impactos negativos é sempre mencionado a necessidade de posicionar

---

preferência de cada indivíduo. ROOSENDAAL, Arnold. We Are All Connected to Facebook... by Facebook!. *In*: European Data Protection: In Good Health?. Springer, Dordrecht, 2012, p. 3.

120. ROOSENDAAL, op. cit., p. 11.
121. ROOSENDAAL, op. cit., p. 14-15.
122. GORZONI, P. Inteligência Artificial: Riscos para direitos humanos e possíveis ações, p. 5. Disponível em: https://itsrio.org/wp-content/uploads/2019/03/Paula-Gorzoni.pdf Acesso em: 30 set. 2020.
123. MCGREGOR, Lorna *et al*. The Universal Declaration of Human Rights at 70: Putting Human Rights at the Heart of the Design, Development and Deployment of Artificial Intelligence. Human Rights, Big Data and Technology Project. 2018, p. 12-13.
124. Conselho de Direitos Humanos da ONU, A/HRC/32/L.20, 27 de junho 2016.
125. Frente as consequências advindas com o uso desenfreado das novas tecnologias, a Comissão Europeia elaborou a recomendação 2102 com possíveis soluções para a limitação do uso das tecnologias quando violem direitos humanos. Nesse interim faz-se necessário o desenvolvimento de novas formas de governança que englobem diversos atores na regulação da tecnologia, a necessidade de fortalecer a transparência na internet, responsabilização dos criadores de mecanismos de inteligência artificial e a necessidade de que quaisquer mecanismos tecnológicos estejam sob controle humano, além de estabelecer como fundamental a cooperação internacional entre os Estados. Council of Europe – Parliamentary Assembly, Recommendation 2102 (2017) Provisional version, 28 April 2017. Disponível em: https://assembly.coe.int/nw/xml/XRef/Xref-XML2HTML-en.asp?fileid=23726&lang=en Acesso em: 30 set. 2020.
126. European Commission, Artificial Intelligence: A European Perspective. Luxembourg: Publications Office of the European Union, 2018, p. 55.
127. Mendes, L. S.; Mattiuzzo, M. Discriminação algorítmica: conceito, fundamento legal e tipologia. *Revista de Direito Público*, 2019, p. 55.
128. Mendes; Mattiuzzo, op. cit., p. 55.
129. Mendes; Mattiuzzo, op. cit., p. 55.

o ser humano como central nesse processo, seja como revisor de decisões automatizadas, como responsáveis pela criação e treinamento dos algoritmos, entre outros[130].

Há ainda o impacto num dos direitos humanos que atua como pilar para todos os demais direitos: a dignidade humana; desse modo, a partir do impacto das novas tecnologias no direito à dignidade, automaticamente, outros direitos serão afetados. O uso da inteligência artificial interligada ao direito à dignidade pode ser facilmente visualizado no uso de robôs cuidadores ou as chamadas tecnologias assistivas, sobretudo quando relacionados ao cuidado de pessoas idosas; em tais casos, o uso ilimitado e desenfreado dessas tecnologias afetaria a autonomia e a privacidade, de modo que a personalização dos algoritmos se torna essencial para preservar tais direitos humanos[131].

Infere-se que a implementação de Inteligências Artificiais nos diferentes âmbitos da sociedade pode tanto contribuir para os direitos humanos, quanto violá-los. A robotização pode comprometer a dignidade humana das pessoas, fazendo com que os problemas pré-digitais se exacerbem, interferindo nos direitos à privacidade, segurança pessoal, vida, igualdade e julgamento justo. Mas a compreensão de como proteger os direitos humanos no contexto digital é significativamente subdesenvolvida[132].

6. REFERÊNCIAS

ALFEO, Paulo Victor. *Algoritmos e o Direito*. São Paulo: Almedina, 2020.

ANSONG JNR, Yaw. Artificial intelligence and healthcare: a qualitative review of recent advances and predictions for the future. *Perspectives in Medical Research*. v. 7, p. 3-6, September-December 2019, p. 4. Disponível em: https://pimr.org.in/2019-vol7-issue-3/YawAnsongJnr_v3.pdf. Acesso em: 30 set. 2020.

ASIMOV, Isaac. *Eu, Robô*. Rio de Janeiro: AGIR, 2004.

BAUMAN, Zygmunt. *Globalização: as consequências humanas*. Tradução de Marcus Penchel. Rio de Janeiro: Jorge Zahar Ed., 1999.

BECK, Ulrich. *La sociedad del riesgo*. Tradução de Jorge Navarro. Barcelona: Paidós, 1998.

BOSTROM, Nick. *Superinteligência*: caminhos, perigos e estratégias para um novo mundo. Cajamar: Darkside Books, 2018.

BRASIL. *Constituição da República Federativa do Brasil de 1988*. Disponível em: http://www.planalto.gov.br/ccivil_03/constituicao/constituicao.htm. Acesso em: 30 set. 2020.

BRASIL. *Lei 13.243, de 11 de janeiro de 2016*. Disponível em: http://www.planalto.gov.br/ccivil_03/_Ato2015-2018/2016/Lei/L13243.htm. Acesso em: 30 set. 2020.

130. Mendes; Mattiuzzo, op. cit., p. 60.

131. VAN EST, Q. C.; GERRITSEN, Joost; KOOL, Linda. *Human rights in the robot age*: Challenges arising from the use of robotics, artificial intelligence, and virtual and augmented reality. 2017, p. 27-28.

132. As infraestruturas privadas se apresentam como um desafio para a segurança dos direitos humanos, já que estão fora dos governos e há um vácuo na proteção na questão da privacidade dos dados dos usuários. *In*: DONAHOE, E. So software has eaten the world: What does it mean for human rights, security & governance? Part 1. *Just Security*: 2016. Disponível em: https://www.hrw.org/news/2016/03/22/so-software-has-eaten-world-what-does-it-mean-human-rights-security-governance. Acesso em: 30 set. 2020.

BRASIL. *Lei n. 13.709, de 14 de agosto de 2018*. Lei Geral de Proteção de Dados Pessoais (LGPD). Disponível em: http://www.planalto.gov.br/ccivil_03/_ato2015-2018/2018/lei/L13709compilado.htm. Acesso em: 30 set. 2020.

BRASIL. *Projeto de Lei n. 5051/2019*. Estabelece princípios para o uso da Inteligência Artificial no Brasil. 16 set. 2019. Disponível em: https://www25.senado.leg.br/web/atividade/materias/-/materia/138790. Acesso em: 30 set. 2020.

BRASIL. *Projeto de Lei n. 21/2020*. Estabelece princípios, direitos e deveres para o uso de inteligência artificial no Brasil, e dá outras providências. 04 fev. 2020. Disponível em: https://www.camara.leg.br/propostas-legislativas/2236340. Acesso em: 30 set. 2020.

CANADÁ. *The Toronto Declaration: Protecting the right to equality and non-discrimination in machine learning systems*. Mai. 16, 2018. Disponível em: https://www.accessnow.org/cms/assets/uploads/2018/05/Toronto-Declaration-D0V2.pdf. Acesso em: 30 set. 2020.

CANADÁ. Artificial Intelligence: Human Rights & Foreign Policy Implications. *Global Affairs Canada*. Jun. 2018. Disponível em: https://docs.google.com/document/d/1fhIJYznWSI7oD3TVJ5CgLgH-JMJ2H0uEZiQ9a_qKbLG0/edit#. Acesso em: 30 set. 2020.

DEWAN, Shaila. Judges Replacing Conjecture with Formula for Bail. *The New York Times*, 2015.

CASTELLS, Manuel. *A sociedade em rede*. São Paulo: Paz e terra, 2005.

DONAHOE, E. So software has eaten the world: What does it mean for human rights, security & governance? Part 1. *Just Security*: 2016. Disponível em: https://www.hrw.org/news/2016/03/22/so-software-has-eaten-world-what-does-it-mean-human-rights-security-governance. Acesso em: 30 set. 2020.

FINLAYSON, Samuel G.; BOWERS, John D.; ITO, Joichi; ZITTRAIN, Jonathan L.; BEAM, Andrew L.; KOHANE, Isaac S. Adversarial attacks on medical machine learning. *Science*, [S.L.], v. 363, n. 6433, p. 1287-1289, 21 mar. 2019. American Association for the Advancement of Science (AAAS).

FRANKISH, Keith; RAMSEY, William M. *Artificial Intelligence*. Cambridge University Press: United Kongdom, 2014.

FREULER, Juan Ortiz; IGLESIAS, Carlos. Algoritmos e inteligência artificial em Latinoamerica. *Webfoundation*. Set. 2019. Disponível em: https://webfoundation.org/docs/2018/09/WF_AI-in-LA_Report_Spanish_Screen_AW.pdf. Acesso em: 30 set. 2020.

GALILEU. *Inteligência Artificial de projeto do Facebook cria linguagem própria*. Disponível em: https://revistagalileu.globo.com/Tecnologia/noticia/2017/07/inteligencia-artificial-de-projeto-do-facebook-cria-linguagem-propria.html#:~:text=O%20Facebook%20encerrou%20um%20projeto,pode%20ser%20compreendida%20por%20humanos.&text=Segundo%20o%20Facebook%2C%20dois%20%22agentes,entre%20si%20a%20divis%C3%A3o%20deles. Acesso em: 30 set. 2020.

GORZONI, P. Inteligência Artificial: Riscos para direitos humanos e possíveis ações, p. 5. Disponível em: https://itsrio.org/wp-content/uploads/2019/03/Paula-Gorzoni.pdf. Acesso em: 30 set. 2020.

GPAI. *Join Statement from founding members of the Global Partnership on Artificial Intelligence*. Disponível em: https://www.canada.ca/en/innovation-science-economic-development/news/2020/06/joint-statement-from-founding-members-of-the-global-partnership-on-artificial-intelligence.html. Acesso em: 28 set. 2020.

GPAN IA. *Uma definição de IA*: principais capacidades e disciplinas científicas. Disponível em: https://ec.europa.eu/futurium/en/ai-alliance-consultation/guidelines#Top. Acesso em: 30 set. 2020.

HAN, Byung-Chul. *A sociedade do cansaço*. Editora Vozes, 2015.

HARARI, Yuval Noah. *Homo Deus*: uma breve história do amanhã. São Paulo: Companhia das Letras, 2015.

HISSA, Carmina. *O futuro da humanidade está na ética dos algoritmos de inteligência artificial*. Crypto ID. São Paulo, 8 jan. 2019. Disponível em: https://cryptoid.com.br/inteligencia-artificial/o-futuro--da-humanidade-esta-na-etica-dos-algoritmos-de-inteligencia-artificial/. Acesso em: 30 set. 2020.

HOFFMANN-RIEM, Wolfgang. Inteligência artificial como oportunidade para a regulação jurídica. *Direito Público*, [S.l.], v. 16, n. 90, dez. 2019, p. 14. ISSN 2236-1766. Disponível em: https://www.portaldeperiodicos.idp.edu.br/direitopublico/article/view/3756. Acesso em: 30 set. 2020.

LEE, Kai-Fu. *Inteligência Artificial*: como os robôs estão mudando o mundo, a forma como amamos, nos relacionamos, trabalhamos e vivemos. Tradução de Marcelo Barbão. Rio de Janeiro: Editora Globo, 2019.

LÉVY, Pierre. *Cibercultura*. Tradução de Carlos Irineu da Costa. 3. ed. São Paulo: Editora 34, 2010.

LUM, Kristian. Limitations of mitigating judicial bias with machine learning. *Nature Human Behaviour*, 2017. Disponível em: https://www.nature.com/articles/s41562-017-0141#citeas Acesso em: 30 set. 2020.

LUM, Kristian; ISAAC, William. To predict and serve? *Significance*, [S.L.], v. 13, n. 5, p. 14-19, out. 2016.

MAINI, Vishal; SABRI, Samer. *Machine Learning for Humans*. Published Aug. 2019. Disponível em: https://medium.com/machine-learning-for-humans/why-machine-learning-matters-6164faf1df12. Acesso em: 30 set. 2020.

MCCARTHY, John. *A Proposal for the Dartmouth Summer Research Project on Artificial Intelligence*. Disponível em: http://jmc.stanford.edu/articles/dartmouth.html. Acesso em: 30 set. 2020.

MCGREGOR, Lorna *et al.* The Universal Declaration of Human Rights at 70: Putting Human Rights at the Heart of the Design, Development and Deployment of Artificial Intelligence. Human Rights, Big Data and Technology Project. 2018

MEDEIROS, Luciano Frontino de. *Inteligência artificial aplicada*: uma abordagem introdutória. Curitiba: InterSaberes, 2018.

MENDES, L. S.; MATTIUZZO, M. Discriminação algorítmica: conceito, fundamento legal e tipologia. *Revista de Direito Público*, 2019.

NAÇÕES UNIDAS. *Declaração Universal dos Direitos Humanos*. 1948.

OCDE. OECD/LEGAL/0449. *Recomendation of the Council on Artificial Intelligence*. 21 mai. 2019. Disponível em: https://legalinstruments.oecd.org/en/instruments/OECD-LEGAL-0449. Acesso em: 30 set. 2020.

O'NEIL, Cathy. *Armas de destrucción matemática*: cómo el big data aumenta la desigualdad y amenaza la democracia. Traduzido por Violeta Arranz de la Torre. Madrid: Capitán Swing, 2016.

OSOBA, Osonde; IV, William Welser. *An intelligence in our image:* the risks of bias and errors in artificial intelligence. Santa Monica: Rand Corporation, 2017.

OXFORD INSGIHTS. *Government AI Readiness Index 2020*. Disponível em: https://www.oxfordinsights.com/government-ai-readiness-index-2020. Acesso em: 30 set. 2020.

PASQUALE, Frank. *The black box society*: the secret algorithms that control money and information. Massachusetts: Harvard University Press, 2015.

PEIXOTO, Fabiano Hartmann; SILVA, Roberta Zumblick Martins da. *Inteligência Artificial e Direito*. Curitiba: Alteridade, 2019.

PEIXOTO, Fabiano Hartmann. *Inteligência artificial e direito*: convergência ética e estratégica. Curitiba: Alteridade, 2020.

PEREDA, Cristina F. O Google é racista? *El País*. 2016. Disponível em: https://brasil.elpais.com/brasil/2016/06/10/tecnologia/1465577075_876238.html Acesso em: 30 set. 2020.

PIAIA, Thami Covatti. *Path dependence*: as assimétricas trajetórias da institucionalização da inovação tecnológica no Brasil e nos Estados Unidos. Tese de Doutorado em Direito, apresentada ao Programa de Pós-Graduação em Direito da Universidade Federal do Rio Grande do Sul, 2013.

RASO, Filippo et. al., Artificial intelligence & human rights: opportunities & risks. September 25, 2018. *Berkman Klein Center Research Publication* No. 2018-6.

RISSEI, Mathias. *Human rights and artificial intelligence*: an urgently needed agenda. Carr Center for Human Rights Policy: Harvard Kennedy School, 2018.

ROOSENDAAL, Arnold. We Are All Connected to Facebook... by Facebook! *In*: *European Data Protection*: In Good Health? Springer, Dordrecht, 2012.

RUSSEL, Stuart. *Q&A*: *The future of artificial intelligence*. 2016. Disponível em: http://people.eecs.berkeley.edu/~russell/temp/q-and-a.html. Acesso em: 30 set. 2020.

RUSSEL, Stuart; NORVIG, Peter. *Inteligência artificial*. Tradução de Regina Célia Simille de Macedo. 3. ed. Rio de Janeiro: Elsevier, 2013.

SANTOS, Paulo Junior Trindade dos; MARCO, Cristhian Magnus de; MÖLLER, Gabriela Samrsla. Tecnologia Disruptiva e Direito Disruptivo: Compreensão do Direito em um Cenário de Novas Tecnologias. *Revista Direito e Práxis*, v. 10, n. 4, p. 3056-3091, 2019.

SARMAH, Simanta Shekhar. Concept f Artificial Intelligence, its Impact and Emerging Trends. *International Research Journal of Engineering and Technology*, v. 6, 11, Nov. 2019. Disponível em: https://www.irjet.net/archives/V6/i11/IRJET-V6I11253.pdf. Acesso em: 08 set. 2020.

SCHWAB, Klaus; DAVIS, Nicholas. *Aplicando a quarta revolução industrial*. Edipro, 2019.

TEIXEIRA, João Fernandes. *Inteligência artificial*: uma odisseia da mente. São Paulo: Paulus, 2013.

TOFFLER, Alvin. *La tercera ola*. Bogotá: Plaza & Janes S.A. Editores, 1981.

TURNER, Jacob. *Robot Rules*: regulating artificial intelligence. London: Palgrave Macmillan, 2019.

UNESCO. SHS/BIO/AHEG-AI/2020/4. Projeto de recomendação sobre a ética da inteligência artificial. https://unesdoc.unesco.org/ark:/48223/pf0000373434_spa. Acesso em: 30 set. 2020.

UNIÃO EUROPEIA. *Carta dos Direitos Fundamentais da União Europeia (2000/C 364/01)*. Disponível em: https://www.europarl.europa.eu/charter/pdf/text_pt.pdf. Acesso em: 30 set. 2020.

UNIÃO EUROPEIA. *Regulamento (EU) 2016/679 do Parlamento Europeu e do Conselho*. Relativo à proteção das pessoas singulares no que diz respeito ao tratamento de dados pessoais e à livre circulação desses dados e que revoga a Diretiva 95/46/CE. Disponível em: https://eur-lex.europa.eu/legal-content/PT/TXT/HTML/?uri=CELEX:32016R0679#d1e1554-1-1. Acesso em: 30 set. 2020.

UNIÃO EUROPEIA. *Resolução do Parlamento Europeu, de 16 de fevereiro de 2017, que contém recomendações à Comissão sobre disposições de Direito Civil sobre Robótica (2015/2103(INL))*. Disponível em: https://www.europarl.europa.eu/doceo/document/TA-8-2017-0051_PT.html. Acesso em: 30 set. 2020.

UNIÃO EUROPEIA. *Recommendation 2102 (2017)*. Technological convergence, artificial intelligence and human rights. 28 April 2017. Disponível em: https://assembly.coe.int/nw/xml/XRef/Xref-XML2HTML-en.asp?fileid=23726&lang=en Acesso em: 30 set. 2020.

UNIÃO EUROPEIA. *European Commission, Artificial Intelligence: A European Perspective*. Luxembourg: Publications Office of the European Union, 2018.

UNIÃO EUROPEIA. *COM (2019) 168 final*. Comunicação da Comissão ao Parlamento Europeu, ao Conselho, ao Comité Económico e Social Europeu e ao Comité das Regiões: aumentar a confiança numa inteligência artificial centrada no ser humano. 8 abr. 2019. Disponível em: https://ec.europa.eu/transparency/regdoc/rep/1/2019/PT/COM-2019-168-F1-PT-MAIN-PART-1.PDF. Acesso em: 30 set. 2020.

UNIÃO EUROPEIA. *COM (2020) 65 final*. Livro Branco: sobre a inteligência artificial – uma abordagem europeia virada para a excelência e a confiança. 19 fev. 2020. Disponível em: https://op.europa.eu/pt/publication-detail/-/publication/aace9398-594d-11ea-8b81-01aa75ed71a1. Acesso em: 30 set. 2020.

UNIÃO EUROPEIA. *CM/Rec(2020)1*. Recommendation CM/Rec(2020)1 of the Committee of Ministers to member States on the human rights impacts of algorithmic systems. 8 abr. 2020. Disponível em: https://search.coe.int/cm/pages/result_details.aspx?objectid=09000016809e1154. Acesso em: 30 set. 2020.

UNIÃO EUROPEIA. *European framework on ethical aspects of artificial intelligence, robotics and related technologies*. Disponível em: https://www.europarl.europa.eu/thinktank/en/document.html?reference=EPRS_STU%282020%29654179. Acesso em: 30 set. 2020.

URBAN, Tim. *The AI Revolution*: the road to superintelligence. Disponível em: https://waitbutwhy.com/2015/01/artificial-intelligence-revolution-1.html. Acesso em: 30 set. 2020.

VAN EST, Q. C.; GERRITSEN, Joost; KOOL, Linda. *Human rights in the robot age*: Challenges arising from the use of robotics, artificial intelligence, and virtual and augmented reality. 2017.

Virilio, Paul. *Inércia polar*. Tradução de Ana Luísa Faria. Lisboa: Publicações Dom Quixote, 1993.

WACHOWICZ, Marcos; GONÇALVES, Lukas Reuthes. *Inteligência Artificial e criatividade*: novos conceitos na propriedade intelectual. Curitiba: Gedai, 2019.

WAHL, Brian; COSSY-GANTNER, Aline; GERMANN, Stefan; SCHWALBE, Nina R. Artificial intelligence (AI) and global health: how can ai contribute to health in resource-poor settings? Bmj Global Health, [S.L.], v. 3, n. 4, p. 1-7, ago. 2018.

WIMMER, Mirian. Inteligência artificial, algoritmos e o direito: um panorama dos principais desafios. *In:* LIMA, Ana Paula M. Canto de; HISSA, Carmina Bezerra; SALDANHA, Paloma Mendes (Coord.). *Direito Digital*: Debates contemporâneos. São Paulo: Revista dos Tribunais, 2019.

WOLKMER, Antônio Carlos. Direitos Humanos: novas dimensões e novas fundamentações. *Revista Direito em Debate*, v. 11, n. 16-17, 2002.

ZAVRŠNIK, Aleš. Criminal justice, artificial intelligence systems, and human rights. ERA Forum 20, 567-583, 2020.

34
INCLUSÃO DAS PESSOAS COM DEFICIÊNCIA E INTELIGÊNCIA ARTIFICIAL: CONVERGÊNCIAS POSSÍVEIS[1]

Heloisa Helena Barboza

Professora Titular de Direito Civil da Faculdade de Direito da Universidade do Estado do Rio de Janeiro (UERJ). Diretora da Faculdade de Direito da Universidade do Estado do Rio de Janeiro (UERJ). Doutora em Direito pela UERJ e em Ciências pela ENSP/FIOCRUZ. Especialista em Ética e Bioética pelo IFF/FIOCRUZ. Procuradora de Justiça do Estado do Rio de Janeiro (aposentada). Parecerista e advogada.

Vitor Almeida

Doutor e Mestre em Direito Civil pela Universidade do Estado do Rio de Janeiro (UERJ). Professor Adjunto de Direito Civil da Universidade Federal Rural do Rio de Janeiro (UFRRJ). Professor dos cursos de especialização do CEPED-UERJ, PUC-Rio e EMERJ. Vice-diretor do Instituto de Biodireito e Bioética (IBIOS). Membro do Instituto Brasileiro de Estudos de Responsabilidade Civil (IBERC). Pós-doutorando em Direito Civil pela Universidade do Estado do Rio de Janeiro (UERJ). Advogado.

1. CONSIDERAÇÕES INICIAIS

A inteligência artificial já é uma realidade no cotidiano de diversas pessoas, ainda que sequer tenham consciência do seu funcionamento e alcance. A ideia de máquinas inteligentes que tomam decisões a partir de uma programação a partir de dados captados exerce profundo fascínio em parcela da sociedade, embora os riscos e efeitos ainda sejam desconhecidos. No entanto, a inteligência artificial tem relevante papel na inclusão das pessoas com deficiência, permitindo uma vida independente e com melhor qualidade de vida. Nessa linha, há de se destacar que o propósito da Convenção sobre os Direitos das Pessoas com Deficiência (CDPD), o qual constitui obrigação de seus signatários, é promover, proteger e assegurar o exercício de todos os direitos humanos e liberdades

1. Artigo originalmente publicado em BARBOZA, Heloisa Helena; ALMEIDA, Vitor. Pessoas com (d)eficiência e inteligência artificial: primeiras reflexões. *In*: TEPEDINO, Gustavo; SILVA, Rodrigo da Guia (Coord.). *O Direito Civil na era da inteligência artificial*. São Paulo: Thomson Reuters, 2020, p. 83-102. Para a presente publicação o presente texto foi revisto, atualizado e ampliado.

fundamentais por todas as pessoas com deficiência, de modo pleno, equitativo e efetivo na sociedade, sem qualquer tipo de discriminação por causa de sua deficiência. Conforme definido na Convenção, a deficiência resulta da interação de um impedimento individual de longo prazo de natureza física, mental, intelectual ou sensorial, com as diversas barreiras existentes na sociedade, as quais podem obstruir sua participação. A eliminação, ou pelo menos o afastamento, dessas barreiras é, por conseguinte, indispensável para possibilitar o exercício dos direitos assegurados às pessoas que tem algum tipo de impedimento. Esta é, sem dúvida, uma das preocupações das Partes convenentes, que assumiram várias obrigações voltadas para esse fim, desde a realização e promoção da pesquisa e o desenvolvimento de novas tecnologias, incluídas as tecnologias da informação e comunicação, até ajudas técnicas para locomoção, dispositivos e tecnologias assistivas, adequados a pessoas com deficiência, com prioridade para as tecnologias de custo acessível, além da adoção de medidas apropriadas para garantir o oferecimento de adaptações razoáveis (art. 4, 1, *g* e *h*; art. 5, 3).

No cenário tecnológico, a denominada inteligência artificial (IA) ganhou impulso, qualificado como "definitivo"[2], no final do século XX, com a evolução da internet e dos microprocessadores, à qual se somaram diversas inovações. Não tardou, porém, que este novo impulso fizesse igualmente crescer os mitos e medos gerados pela IA ou, como os estudiosos do tema têm demonstrado, criados pela indústria cinematográfica americana, que tem indiscutível influência nas crenças sociais. Afinal, o que se tem constatado em várias situações decorrentes dos avanços tecnocientíficos é que "a vida imita a arte muito mais do que a arte imita a vida", como afirmou o genial poeta e escritor Oscar Wilde.[3]

Não há dúvidas, porém, quanto aos benefícios proporcionados à humanidade pela IA, alguns já incorporados ao cotidiano e dos quais a maioria das pessoas não se dá conta. Tal fato, contudo, não deve afastar os questionamentos, que não se confundem com a ficção, postos em diferentes campos de pertinência pela IA, como os que dizem respeito ao cabimento e limites de regulamentação da matéria, sob diversas vertentes, inclusive a ética.

Nessa linha, a IA se apresenta às pessoas com deficiência como um caminho para melhorar suas vidas, especialmente quando se trata de acessibilidade, tecnologia assistiva ou ajuda técnica e comunicação. Se considerada uma das denominadas "leis da IA", segundo a qual "desafio gera inteligência", ou seja, ela "só existe em razão de desafios", as possibilidades de criação de meios para solução de problemas das pessoas com deficiência se potencializam. Lembre-se que as barreiras que se contrapõem a um impedimento individual configurando a deficiência, constituem desafios cotidianos a serem enfrentados pelas pessoas com deficiência, e que com frequência impedem o exercício de direitos. Nesse cenário, verifica-se o progressivo uso de IA aplicado às tecnologias de assistência e promoção à pessoa com deficiência, a exemplo do aplicativo desenvolvido pela *Intel*

2. PEIXOTO, Fabiano Hartmann. SILVA, Roberta Zumblick, Martins da. *Inteligência artificial e direito*. Curitiba: Alteridade, 2019, p. 24.
3. WILDE, Oscar. *Pen, pencil and poison: a study in green*. *In: Intentions*, posição 273 [E-book].

em parceria com a *SwiftKey* para facilitar a comunicação do cientista Stephen Hawking ou os aparelhos como *OrCam MyEye 2*[4], *Robobear*[5] e robô *Pepper* da *SoftBank Robotics*.[6]

Desse modo, a aplicabilidade e a potencialidade da IA permitem uma vida com maior independência e autonomia das pessoas com deficiência, o que vai ao encontro dos propósitos da Convenção. Por outro lado, é preciso garantir na regulação dos impactos atuais e vindouros das tecnologias de IA o respeito aos direitos fundamentais, à concreta vontade das pessoas com deficiência e às suas particularidades, com o propósito de inclusão social a partir das suas diferenças e em igualdade de condições propiciadas por meio das tecnologias assistivas com base na inteligência artificial.

O presente trabalho, elaborado com base em pesquisa bibliográfica e levantamento de documentos, inclusive noticiosos, não se propõe a tratar da IA, tarefa a que muitos têm se dedicado com sucesso. Busca-se aqui, a partir de noções elementares sobre IA, mas que permitem ilações, alinhar algumas primeiras reflexões sobre o que pode significar ou quais os efeitos dessa "melhoria de vida" das pessoas com deficiência para o Direito, em particular após a Convenção.

2. PESSOAS COM DEFICIÊNCIA, ACESSIBILIDADE E TECNOLOGIAS ASSISTIVAS: A INCLUSÃO POR MEIO DA TECNOLOGIA

A Lei Brasileira de Inclusão da Pessoa com Deficiência, também denominada Estatuto da Pessoa com Deficiência[7] (Lei n. 13.146), de 06 de julho de 2015, foi promulgada com a finalidade de assegurar e a promover, em condições de igualdade, o exercício dos direitos e das liberdades fundamentais por pessoa com deficiência, e principalmente sua inclusão social e efetivação plena de sua cidadania. O escopo protetivo do Estatuto atende a uma população de quase 46 milhões de pessoas no Brasil, o que corresponde a 25% da população brasileira[8], que integram os 15% da população mundial, cerca de um

4. Segundo o site do aplicativo, cuida-se de "dispositivo de tecnologia assistiva vestível mais avançado para cegos e deficientes visuais, que lê texto, reconhece rostos, identifica produtos e muito mais". Disponível em: https://www.orcam.com/pt/myeye2/. Acesso em 05 jun. 2020.
5. "Empresa cria robô em formato de urso que ajuda a cuidar de idosos e pessoas com deficiência física. A velhice traz algumas limitações e a necessidade de cuidados especiais, principalmente para idosos que têm problemas de saúde. Para facilitar a vida dessas pessoas – que, muitas vezes, enfrentam dificuldades em encontrar cuidadores -, cientistas da empresa japonesa Rike e da Sumitomo Riko Company Limited desenvolveram um robô chamado Robear (mistura entre Robot e Bear, "Robô" e "Urso" em português), que é capaz de realizar tarefas como levantar um paciente de uma cama ou de uma cadeira de rodas e ajudá-lo a deitar-se. O novo robô tem o formato de um simpático urso, pesa 140 quilos e pode mover-se rapidamente e com precisão. Além disso, possui sensores de toque e sensores táteis inteligentes de borracha, para movimentos suaves que permitem levantar e ajudar os pacientes com segurança e conforto e até mesmo abraçá-los". Disponível em: https://www.hypeness.com.br/2015/05/robo-em-formato-de-urso-que-ajuda-a-cuidar-de-idosos/. Acesso em: 05 jun. 2020.
6. "Apresentado em 2014, vendido em 2015 no Japão e em 2016 em alguns países ocidentais, o robô Pepper é uma daquelas novidades tecnológicas que inspiram otimismo. Sorridente, ele é um assistente diário criado pela SoftBank Robotics que tem como principal atrativo o reconhecimento de emoções humanas". Disponível: https://www.uol.com.br/tilt/noticias/redacao/2018/05/13/conheca-pepper-robo-que-le-emocoes-e-evolui-com-o-convivio-humano. Acesso em: 05 jun. 2020.
7. Neste trabalho designada Estatuto ou EPD.
8. Dados sobre pessoas com algum tipo de deficiência, constantes do censo demográfico de 2010. Disponível ftp://ftp.ibge.gov.br/Censos/Censo_Demografico_2010/Caracteristicas_Gerais_Religiao_Deficiencia/tab1_3.pdf. Acesso em 30 ago. 2014. Ver também matéria veiculada na Agência Brasil, em 29 de junho de 2012. Disponível em http://

bilhão de pessoas[9], afetadas por algum tipo de deficiência, as quais até então se encontravam invisibilizadas pelo direito brasileiro. O Estatuto constitui, sem dúvida, desde que aplicado de modo adequado, medida eficiente para que as pessoas com deficiência obtenham os instrumentos necessários para ter uma vida digna e independente.

O EPD é o marco legal de cumprimento à Convenção Internacional das Nações Unidas sobre os Direitos das Pessoas com Deficiência (CDPD) e seu Protocolo Facultativo. A também denominada Convenção de Nova York foi ratificada pelo Congresso Nacional através do Decreto Legislativo n. 186, de 09 de julho de 2008, e promulgada pelo Decreto n. 6.949, de 25 de agosto de 2009, e, portanto, já se encontra desde então formalmente incorporada, com força, hierarquia e eficácia constitucionais, ao plano do ordenamento positivo interno do Estado brasileiro, nos termos do art. 5º, § 3º, da Constituição Federal.[10]

O propósito da Convenção expressamente previsto em seu art. 1 é "promover, proteger e assegurar o exercício pleno e equitativo de todos os direitos humanos e liberdades fundamentais por todas as pessoas com deficiência e promover o respeito pela sua dignidade inerente". Reconhece, ainda, a Convenção "que a discriminação contra qualquer pessoa, por motivo de deficiência, configura violação da dignidade e do valor inerentes ao ser humano"[11]. Trata-se, portanto, de norma que busca, sobretudo, a efetividade de seus comandos em prol da inclusão das pessoas com deficiência em paridade de oportunidades com as demais pessoas.

A partir do modelo social preconizado pela Convenção, o conceito de pessoa com deficiência é apresentado no art. 1 "aquelas que têm impedimentos de longo prazo de natureza física, mental, intelectual ou sensorial, os quais, em interação com diversas barreiras, podem obstruir sua participação plena e efetiva na sociedade em igualdades de condições com as demais pessoas". Deve ser destacado que a Convenção reconhece ser a deficiência "um conceito em evolução e que a deficiência resulta da interação entre pessoas com deficiência e as barreiras devidas às atitudes e ao ambiente que impedem a plena e efetiva participação dessas pessoas na sociedade em igualdade de oportunidades com as demais pessoas".[12]

Os princípios gerais da Convenção encontram-se no art. 3, a saber: a) o respeito pela dignidade inerente, a autonomia individual, inclusive a liberdade de fazer as próprias escolhas, e a independência das pessoas; b) a não discriminação c) a plena e efetiva parti-

memoria.ebc.com.br/agenciabrasil/noticia/2012-06-29/pessoas-com-deficiencia-representam-24-da-populacao-brasileira-mostra-censo. Acesso 30 ago. 2019.

9. Dados que tomam como base as estimativas da população mundial de 2010. Informações extraídas do Relatório da Organização Mundial de Saúde (WHO) sobre pessoas com deficiência. Tradução disponível em: http://www.pessoacomdeficiencia.sp.gov.br/usr/share/documents/RELATORIO_MUNDIAL_COMPLETO.pdf. Acesso em 23 ago. 2019.
10. Merece destaque o fato de se tratar da primeira convenção do século XXI sobre direitos humanos e ter resultado de um processo de elaboração diferente do geralmente verificado nos tratados sobre direitos humanos, na medida em que contou com a participação ativa e inédita da sociedade civil, o que incluiu organizações não governamentais e representações de pessoas com deficiência. Cf. DHANDA, Amita. Legal capacity in the disability rights convention: stranglehold of the past or lodestar for the future? *In: Syracuse Journal of International Law and Commerce*, v. 34, n. 2, 2007, p. 429-462.
11. Convenção, Preâmbulo, *h*.
12. Convenção, Preâmbulo, *e*.

cipação e inclusão na sociedade d) o respeito pela diferença e pela aceitação das pessoas com deficiência como parte da diversidade humana e da humanidade e) a igualdade de oportunidades f) a acessibilidade g) a igualdade entre o homem e a mulher h) o respeito pelo desenvolvimento das capacidades das crianças com deficiência e pelo direito das crianças com deficiência de preservar sua identidade.

Indispensável destacar a relevante trajetória de reconhecimento da deficiência como uma questão de direitos humanos, com suas consequentes implicações nos ordenamentos dos Estados partes, que culminou com a aprovação da Convenção. Essa inegável conquista se deve a uma evolução que vem ocorrendo no Direito desde a década de 1980, que contou com participação ativa e mobilizada das pessoas com deficiência[13]. Outro ponto que merece destaque é a adoção do modelo social na compreensão do fenômeno da deficiência que parte da premissa de que ela se deve em grande parte a uma sociedade que "não considera nem tem presente as pessoas com deficiência". Importa, nesse sentido, o releve que a Convenção deu a autonomia da pessoa com deficiência para decidir sobre sua própria vida e para isso se centra na eliminação de qualquer tipo de barreira, para que haja uma adequada equiparação de oportunidades.[14]

Nessa linha, o artigo 12 da Convenção causou grande impacto nos ordenamentos nacionais, ao afetar os diferentes regimes de regulação pelo Direito da capacidade, ali denominada "capacidade legal", como se verificou no Brasil. Nos termos do citado artigo, que trata do "reconhecimento igual perante a lei", os Estados Partes reafirmaram que as pessoas com deficiência têm o direito de serem reconhecidas em qualquer lugar como pessoas perante a lei, e se comprometeram a: (*i*) reconhecer que as pessoas com deficiência gozam de capacidade legal em igualdade de condições com as demais pessoas em todos os aspectos da vida; e (*ii*) tomar medidas apropriadas para prover o acesso de pessoas com deficiência ao apoio que necessitarem no exercício de sua capacidade legal.

A Lei n. 13.146/2015 – Estatuto da Pessoa com Deficiência – disciplina, de modo expresso, minudente e atento às peculiaridades da situação de deficiência, os direitos fundamentais das pessoas com deficiência[15]. Emerge da lei a preocupação com a proteção integral das pessoas com deficiência que deve ser reconhecida como princípio, especialmente quando se tratar da proteção de pessoas consideradas "especialmente vulneráveis" como a criança, o adolescente, a mulher e o idoso com deficiência, assim declarados no art. 5º, parágrafo único. Em seus mais de cem artigos, o Estatuto procurou eliminar, com determinações específicas e instrumentos adequados, o maior número possível de

13. BARIFFI, Francisco. Capacidad jurídica y capacidade de obrar de las personas com discapacidad a la luz de la Convención de la ONU. *In*: BUENO, Luiz Cayo Pérez (Dir.) *Hacia un derecho de la discapacidad*: estudios em homenaje al professor Rafael de Lorenzo. Cizur Menor: Arandazi, 2009, p. 354-355.
14. BARIFFI, Francisco. Capacidad jurídica y capacidade de obrar de las personas com discapacidad a la luz de la Convención de la ONU, cit., p. 354-355.
15. A Emenda Constitucional n. 65, de 13 julho de 2010, introduziu na Constituição da República, no capítulo dedicado à família, o dever do Estado promover a criação de programas de prevenção e atendimento especializado para as pessoas "portadoras" de deficiência física, sensorial ou mental, bem como de integração social do adolescente e do jovem "portador" de deficiência, mediante o treinamento para o trabalho e a convivência, e a facilitação do acesso aos bens e serviços coletivos, com a eliminação de obstáculos arquitetônicos e de todas as formas de discriminação (art. 227, § 1º, II). A Emenda é posterior à Convenção, embora ainda utilize de forma indevida o termo "portador de deficiência", em nítido descompasso com os preceitos da Convenção.

"barreiras", definidas como "qualquer entrave, obstáculo, atitude ou comportamento que limite ou impeça a participação social da pessoa, bem como o gozo, a fruição e o exercício de seus direitos à acessibilidade, à liberdade de movimento e de expressão, à comunicação, ao acesso à informação, à compreensão, à circulação com segurança, entre outros [...]" (art. 3º, IV).

O termo acessibilidade definido no art. 3º, inciso I, do presente Estatuto, trata do direito garantido à pessoa com deficiência ou com mobilidade reduzida de ter condições e possibilidades de exercício efetivo e pleno gozo de seus direitos fundamentais, nas mais variadas esferas, seja nos espaços públicos, privados, mobiliários, nos serviços de transportes, no acesso à informação e à tecnologia. Cumpre dizer que a acessibilidade viabiliza o exercício da autonomia e assegura uma vida independente da pessoa com deficiência e livre de discriminação. A acessibilidade busca a superação das barreiras impostas à pessoa com deficiência como as urbanas, arquitetônicas, comunicacionais e de informação, no transporte, atitudinais e tecnológicas (art. 3º, VI, *a*, *b*, *c*, *d* e *f*).

O próprio Estatuto assegura a toda pessoa com deficiência a igualdade de oportunidades com as demais pessoas, vedando qualquer espécie de discriminação em razão da deficiência, ali definida como "toda forma de distinção, restrição ou exclusão, por ação ou omissão, que tenha o propósito ou o efeito de prejudicar, impedir ou anular o reconhecimento ou o exercício dos direitos e das liberdades fundamentais de pessoa com deficiência, incluindo a recusa de adaptações razoáveis e de fornecimento de tecnologias assistivas" (art. 4º e § 1º).

Com efeito, a acessibilidade representa a concretização dos direitos à não-discriminação e à igualdade de exercício pleno dos direitos às pessoas com deficiência, o que evidencia sua finalidade instrumental para o exercício dos demais direitos. Nesse sentido, o art. 53 do EPD impõe a forma como o ambiente social deve ser adaptado (ou readaptado) para propiciar um espaço de convívio igualitário e democrático, desprovido de barreiras ambientais de toda sorte (físicas, sensoriais, auditivas, etc.), o que reflete a plena adoção do modelo social da deficiência, que impõe à sociedade o dever de retirar ou diminuir os obstáculos à plena e igualitária participação social das pessoas com deficiência. Busca-se um ambiente inclusivo e plural, capaz de permitir o convívio de todos e não somente restringido às pessoas com deficiência.

O objetivo central da acessibilidade é a efetiva inclusão social por meio de condições materiais que assegurem à autônoma, independente e igualitária participação das pessoas com deficiências no exercício da cidadania, como consequência da isonomia substancial e da solidariedade social. A almejada capacidade plena das pessoas com deficiência[16] somente é alcançada com a efetiva acessibilidade, eis que essa é instrumental para o exercício da autonomia relacionada aos atos da vida civil.[17]

16. Sobre o assunto permita-se remeter a BARBOZA, Heloisa Helena; ALMEIDA JUNIOR, Vitor de Azevedo. A capacidade civil à luz do Estatuto da Pessoa com Deficiência. *In*: MENEZES, Joyceane Bezerra de (Org.). *Direito das pessoas com deficiência psíquica e intelectual nas relações privadas* - Convenção sobre os direitos da pessoa com deficiência e Lei Brasileira de Inclusão. Rio de Janeiro: Processo, 2016, p. 249-274.

17. Cf. ALMEIDA JUNIOR, Vitor de Azevedo; COSTA, Lorrane Carvalho da; CAMPOS, Gabriela Helena Mesquita de Oliveira. Art. 53. *In*: MARTINS, Guilherme Magalhães; HOUAISS, Lívia Pitelli Zamarian (Coords.). *Estatuto da Pessoa com Deficiência*: comentários à Lei 13.146/2015. Indaiatuba, SP: Editora Foco, 2019, p. 165-167.

A acessibilidade é, portanto, elemento central para a garantia de diversos outros direitos assegurados à pessoa com deficiência, sobretudo no que concerne ao seu reconhecimento e inclusão[18]. Nos termos da redação dada pelo Estatuto ao art. 2º, I, da Lei 10.098/2000, a acessibilidade consiste na "possibilidade e condição de alcance para utilização, com segurança e autonomia, de espaços, mobiliários, equipamentos urbanos, edificações, transportes, informação e comunicação".[19]

A acessibilidade, em sentido amplo, pode ser alcançada por meio das chamadas tecnologias assistivas ou ajudas técnicas[20], que o EPD definiu, nos termos do inciso III, do art. 3º, como "produtos, equipamentos, dispositivos, recursos, metodologias, estratégias, práticas e serviços que objetivem promover a funcionalidade, relacionada à atividade e à participação da pessoa com deficiência ou com mobilidade reduzida, visando à sua autonomia, independência, qualidade de vida e inclusão social". Com efeito, a tecnologia assistiva é identificada como o conjunto de recursos e serviços que contribuem para proporcionar ou ampliar habilidades funcionais de pessoas com deficiência com o objetivo de promover uma vida independente e a inclusão social.

No Brasil, o Comitê de Ajudas Técnicas (CAT) foi instituído pela Portaria n. 142, de 16 de novembro de 2006, que define a tecnologia assistiva como "uma área do conhecimento, de característica interdisciplinar, que engloba produtos, recursos, metodologias, estratégias, práticas e serviços que objetivam promover a funcionalidade, relacionada à atividade e participação de pessoas com deficiência, incapacidades ou mobilidade reduzida, visando sua autonomia, independência, qualidade de vida e inclusão social".

Antes do advento do EPD, dois decretos trataram da chamada tecnologia assistiva ou ajuda técnica e permanecem em vigor naquilo que é compatível com o Estatuto vigente e com a Convenção. O Decreto n. 3.298, de 20 de dezembro de 1999, com o propósito de regulamentar a Política Nacional para a Integração da Pessoa Portadora de Deficiência (Lei n. 7.853/1999), após conceituar ajudas técnicas, em seu art. 19, como "os elementos que permitem compensar uma ou mais limitações funcionais motoras, sensoriais ou mentais da pessoa portadora de deficiência, com o objetivo de permitir-lhe superar as barreiras da comunicação e da mobilidade e de possibilitar sua plena inclusão social", enumerou um rol exemplificativo de ajuda técnica[21]. Por sua vez, o Decreto n. 5.296, de

18. Cf. BARBOZA, Heloisa Helena; ALMEIDA JUNIOR, Vitor de Azevedo. Reconhecimento e inclusão das pessoas com deficiência. *In: Revista Brasileira de Direito Civil*, v. 13, p. 17-37, 2017.
19. As barreiras encontradas pelas pessoas com deficiência que limitam ou impedem a plena participação social, bem como o exercício de seus direitos à acessibilidade, basicamente, se fundamentam em quatro eixos: (*i*) barreiras urbanísticas nas vias e nos espaços públicos e privados abertos ao público ou de uso coletivo; (*ii*) barreiras arquitetônicas nos edifícios públicos e privados; (*iii*) barreiras nos transportes; e, (*iv*) barreiras nas comunicações e na informação que dificulte ou impossibilite a expressão ou recebimento de mensagens e informações por intermédio de sistemas de comunicação ou de tecnologia da informação.
20. "O termo *Assistive Technology*, traduzido no Brasil como Tecnologia Assistiva, foi criado em 1988 como importante elemento jurídico dentro da legislação norte-americana conhecida como *Public Law 100-407* e foi renovado em 1998 como *Assistive Technology Act de 1998 (P.L. 105-394, S.2432)*. Compõe, com outras leis, o *ADA – American with Disabilities Act*, que regula os direitos dos cidadãos com deficiência nos EUA, além de prover a base legal dos fundos públicos para compra dos recursos que estes necessitam". ANDRADE, Laura Magalhães. Art. 37. *In*: MARTINS, Guilherme Magalhães; HOUAISS, Lívia Pitelli Zamarian (Coords.). *Estatuto da Pessoa com Deficiência*: comentários à Lei 13.146/2015. Indaiatuba, SP: Editora Foco, 2019, p. 125.
21. "Art. 19. [...] Parágrafo único. São ajudas técnicas: I – próteses auditivas, visuais e físicas; II – órteses que favoreçam a adequação funcional; III – equipamentos e elementos necessários à terapia e reabilitação da pessoa portadora

02 de dezembro de 2004, trouxe um conceito mais atual e enxuto de ajuda técnica ou tecnologia assistiva no art. 8º, inciso V[22], que foi regulamentado por força dos arts. 61 a 66. Conforme se percebe, a normativa anterior parece compatível com a atual definição dada pelo art. 3º, inc. III, às tecnologias assistivas e somente minudenciam, de forma exemplificativa, as suas formas por meio de produtos, equipamentos, dispositivos, recursos, metodologias, estratégias, práticas e serviços.[23]

É cediço que nos últimos anos o acelerado uso da IA tem ampliado as potencialidades de acesso e as aplicações da tecnologia assistiva, que permitem e expandem o exercício da autonomia das pessoas com deficiência. Nessa esteira, diversos aplicativos surgiram para auxiliar o reconhecimento de imagens, rótulos de produtos, cédulas de dinheiro e acessar materiais impressos. São exemplos de aplicativos que facilitam a vida das pessoas com deficiência "o TapTapSee, para ler rótulos de produtos, e o Seeing AI, para organizar documentos e diplomas em pastas e reconhecer os textos das fotos que recebe por e-mail ou redes sociais como o Facebook"[24].

No campo comunicacional, o uso da IA é extremamente útil e realizado com frequência por meio de reconhecimento de fala e transcrição da linguagem humana em tempo real, o que favorece determinadas pessoas com deficiência. Em que pesem os recentes investimentos em projetos de IA para pessoas com deficiência[25], sabe-se que os produtos e serviços exclusivos terão um custo mais elevado em razão da baixa demanda, o que exige uma postura interventiva por parte do Poder Público no fomento de tais iniciativas, eis que os principais entraves no desenvolvimento das tecnologias

---

de deficiência; IV – equipamentos, maquinarias e utensílios de trabalho especialmente desenhados ou adaptados para uso por pessoa portadora de deficiência; V – elementos de mobilidade, cuidado e higiene pessoal necessários para facilitar a autonomia e a segurança da pessoa portadora de deficiência; VI – elementos especiais para facilitar a comunicação, a informação e a sinalização para pessoa portadora de deficiência; VII – equipamentos e material pedagógico especial para educação, capacitação e recreação da pessoa portadora de deficiência; VIII – adaptações ambientais e outras que garantam o acesso, a melhoria funcional e a autonomia pessoal; e IX – bolsas coletoras para os portadores de ostomia".

22. Art. 8º. [...] V - ajuda técnica: os produtos, instrumentos, equipamentos ou tecnologia adaptados ou especialmente projetados para melhorar a funcionalidade da pessoa portadora de deficiência ou com mobilidade reduzida, favorecendo a autonomia pessoal, total ou assistida".

23. Cabe frisar que o desenho universal, que foram definidos no art. 3º, inc. II, do EPD, como "concepção de produtos, ambientes, programas e serviços a serem usados por todas as pessoas, sem necessidade de adaptação ou de projeto específico", pode incluir os recursos de tecnologia assistiva em sua concepção, embora sejam categorias diferentes como estabelecido pelo legislador. O art. 55 do EPD determina que a "concepção e a implantação de projetos que tratem do meio físico, de transporte, de informação e comunicação, inclusive de sistemas e tecnologias da informação e comunicação, e de outros serviços, equipamentos e instalações abertos ao público, de uso público ou privado de uso coletivo, tanto na zona urbana como na rural, devem atender aos princípios do desenho universal, tendo como referência as normas de acessibilidade", o que deve ser tomado como regra de caráter geral, conforme previsto no § 1º do mencionado dispositivo. Sua definição já constava do art. 8º, inc. IX, do Decreto n. 5.296/2004.

24. "O Seeing AI é uma iniciativa de inteligência artificial da Microsoft para pessoas cegas e com baixa visão. O app usa visão computacional e redes neurais para identificar objetos, cores, textos, cenas e até mesmo características físicas e expressões faciais de uma pessoa. Por enquanto, só está disponível para iOS, o sistema operacional utilizado pelos dispositivos da Apple". Disponível em: https://portalfns.saude.gov.br/ultimas-noticias/2374-como-a-inteligencia-artificial-pode-melhorar-a-vida-de-pessoas-com-deficiencia. Acesso em 05 jun. 2020.

25. "Em maio de 2018, o CEO da empresa, Satya Nadella, anunciou um investimento de US$ 25 milhões (cerca de R$ 93 milhões), ao longo de cinco anos, em projetos de inteligência artificial para pessoas com deficiência". Disponível em: https://portalfns.saude.gov.br/ultimas-noticias/2374-como-a-inteligencia-artificial-pode-melhorar-a-vida-de-pessoas-com-deficiencia. Acesso em 05 jun. 2020.

assistivas, em especial combinadas com IA, estão na falta de recursos financeiros e pesquisadores na área.[26]

A acessibilidade, além de configurar um dos princípios da Convenção, apresenta-se como fundamental para o acesso a outros direitos e a uma vida digna e independente. Por isso, com base nos mais altos propósitos da Convenção, o uso da IA mostra-se indispensável, em razão dos benefícios às pessoas com deficiência, desde que assegurado a todos de forma universal e com uma regulação que respeito os direitos e a diversidade das pessoas com deficiência.

3. INTELIGÊNCIA ARTIFICIAL: BENEFÍCIOS E RISCOS ÀS PESSOAS COM DEFICIÊNCIA

O que se deve entender por IA? A procura da resposta a essa indagação revela, de imediato, o universo que se encontra compreendido por sigla tão pequena. Já se disse que "o maior perigo da Inteligência Artificial é que as pessoas concluem muito cedo que eles a compreendem"[27]. O que se constata é que não há entre os especialistas consenso quanto à definição de IA. Conceitos e definições constituem, não raro, matéria tormentosa. No caso da IA não é diferente e a razão emerge da própria natureza e do fato de as definições se construírem "de acordo com o viés profissional de sua utilização". Trata-se de atividade multidisciplinar, que constitui "uma subárea da ciência da computação e busca fazer simulações de processos específicos da inteligência humana por intermédio de recursos computacionais", conforme lecionam Fabiano Hartmann Peixoto e Roberta Zumblick Martins da Silva[28]. O estudo e desenvolvimento da IA toma por base várias áreas do conhecimento, como: matemática, lógica, probabilística, filosofia, linguística, neurociência e teoria da decisão. Além disso, a IA "abriga muitas áreas de estudo e técnicas, como: visão computacional, robótica, processamento da linguagem natural e *machine learning*, por exemplo". Desse modo, "IA é um termo guarda-chuva".[29]

Segundo Vishal Maini e Samer Sabri, a IA compreende "uma área responsável por grande parte das conquistas nos últimos anos", a *machine learning*, "destinada a permitir que computadores possam aprender por conta própria, utilizando algoritmo de identificação de padrões em dados fornecidos"[30]. Dito de outra forma, "chama-se *machine learning* a habilidade de sistemas de IA de (*sic*) adquirir conhecimento próprio ao extrair padrões de dados não processados", permitindo que "computadores pudessem lidar com problemas que exigem conhecimento do mundo real e tomar decisões que aparentam subjetividade".[31]

26. Disponível em: https://portalfns.saude.gov.br/ultimas-noticias/2374-como-a-inteligencia-artificial-pode-melhorar-a-vida-de-pessoas-com-deficiencia. Acesso em 05 jun. 2020.
27. Frase atribuída a Eliezer Yudkowsky, pesquisador americano de IA, por PEIXOTO, Fabiano Hartmann; SILVA, Roberta Zumblick Martins da. *Inteligência artificial e direito*, cit., p. 13.
28. PEIXOTO, Fabiano Hartmann; SILVA, Roberta Zumblick Martins da. *Inteligência artificial e direito*, cit., p. 20-21.
29. MAINI, Vishal. SABRI, Samer. *Machine learning for humans*, p. 9. Disponível: https://everythingcomputerscience.com/books/Machine%20Learning%20for%20Humans.pdf. Acesso: 02 jun. 2020.
30. MAINI, Vishal. SABRI, Samer. Machine learning for humans, cit., p. 9.
31. PEIXOTO, Fabiano Hartmann; SILVA, Roberta Zumblick Martins da. *Inteligência artificial e direito*, cit., p. 89.

Nesse passo, embora o "admirável mundo novo" da IA não seja objeto do presente, salvo para permitir algumas ilações como de início proposto, torna-se necessário fazer breves considerações sobre o mito, o medo e a presunção de danos gerados pela IA. De acordo com a ficção cinematográfica, a humanidade estaria em risco, ante a impossibilidade de se fixarem limites na capacidade de inteligência. O desdobramento desse mito relativo à IA, seria o risco da inversão de valores e a subordinação da sensibilidade e sentimentos humanos à inteligência fria e bruta das máquinas.[32]

A força desse mito/medo/danos é de tal ordem, que gerou estudo pelo *European Paliamentary Research Service* (EPRS), publicado pela *Scientific Foresight Unit* (STOA), para abordar e dissipar mitos associados à IA[33]. Além desse, o EPRS publicou em março de 2018 outro estudo, denominado "Devemos temer a IA?" (*Should we fear Artificial Intelligence?*), no qual Peter J. Bentley afirma existirem dois tipos de IA: a real e a ficcional. A IA real "utiliza grande número de softwares para resolver uma infinidade de problemas do dia a dia e acrescentar uma série de comodidades às rotinas humanas", que vão da saúde à segurança bancária, passando por milhares de tipos de *softwares* inteligentes para resolver milhões de diferentes problemas em produtos diferentes. Esclarece, ainda, Bentley que "essas tecnologias de IA já estão embutidas dentro software e hardware a toda nossa volta", sendo o equivalente a engrenagens e molas nos dispositivos mecânicos; se quebrarem provocarão a falha do dispositivo. Do mesmo modo que uma engrenagem ou mola não podem se transformar magicamente num robô assassino (*murderous killing robot*), os *softwares* inteligentes embutidos dentro dos dispositivos não poderão se transformar numa IA malévola (*malevolent AI*).

A IA real salva vidas, ao incorporar mecanismos de segurança, como freios automáticos, e otimizar processos de previsão de falhas. Centenas de empresas existem e milhares de pesquisadores e engenheiros estudam nesta área, porque objetivam produzir soluções e ajudar as pessoas a desenvolverem suas vidas[34]. O outro tipo de IA, que compreende IA superinteligentes que matarão todos "é ficção" e os cientistas tendem a trabalhar na IA real.[35]

Bentley apresenta as Três Leis da IA como um modo de explicar por que os mitos são fantásticos, se não ridículos. Essas leis são meramente um resumo dos resultados de muitas décadas de pesquisa científica em IA, simplificadas para pessoas leigas[36]. De acordo com a primeira lei da IA, o desafio gera a inteligência (*Challenge begets intelligence*), porque a IA não é condição, mas a consequência da existência de desafios originados por problemas. Se não há desafios, nessa lógica de condição e consequência, isto é, sem novos desafios, a IA não evolui. Conforme a segunda lei, cada desafio impõe conexões diferentes, isto é, *designs* específicos (*Intelligence requires appropriate structure*). A lógica não é a da quantidade, segundo a qual a IA com mais conexões que o cérebro humano

32. PEIXOTO, Fabiano Hartmann; SILVA, Roberta Zumblick Martins da. *Inteligência artificial e direito*, cit., p. 53.
33. PEIXOTO, Fabiano Hartmann; SILVA, Roberta Zumblick Martins da. *Inteligência artificial e direito*, cit., p. 50.
34. BENTLEY, Peter J. *The Three Laws of Artificial Intelligence*: Dispelling Common Myths. *In:* Should we fear artificial intelligence? In-depth Analysis, PE 614.547, march, 2018, p. 6. Disponível: https://www.europarl.europa.eu/RegData/etudes/IDAN/2018/614547/EPRS_IDA(2018)614547_EN.pdf. Acesso: 02 jun. 2020.
35. BENTLEY, Peter J. *The Three Laws of Artificial Intelligence*, cit., p. 6.
36. BENTLEY, Peter J. *The Three Laws of Artificial Intelligence*, cit., p. 6.

poderia ter desempenho superior. Na verdade, não é o número que importa, mas sim como esses recursos são organizados. Este é o truque: organizá-los de modo correto, construindo o algoritmo otimizado para cada problema. Não há um tamanho que sirva para todos nas estruturas cerebrais. Cada tipo de desafio requer um novo *design* para resolvê-lo[37]. A terceira lei determina que inteligência requer testes detalhados (*Intelligence requires comprehensive testing*). Inteligências superiores requerem os mais complexos *designs* do universo, mas qualquer pequena mudança para desenvolver o *design* de uma IA tem o potencial de destruir algumas ou todas as suas competências. Por essas razões, todo *design* novo de IA precisa de testes completos de todos os seus problemas para serem resolvidos, porque testes parciais não são suficientes.

A IA deve ser testada em todas as variáveis do problema todo, caso contrário suas capacidades podem não ser confiáveis. "Todos os pesquisadores de IA sabem a dura verdade muito bem: para fazer uma IA é necessário treiná-la e testar todas as suas competências de modo abrangente no ambiente previsto para sua utilização, em todas as fases de seu *design*". A 3ª Lei da IA nos diz que, como a inteligência cresce, o tempo requerido para teste pode aumentar exponencialmente, impondo limites práticos para IA exequíveis e confiáveis. "Do mesmo modo que se torna mais e mais difícil ir mais rapidamente a medida em que nos aproximamos da velocidade da luz, torna-se mais e mais difícil aumentar a inteligência a medida em que construímos cérebros mais hábeis". Bently reafirma, ainda, que esta é uma razão fundamental pela qual a pesquisa e aplicação da IA são dedicadas à descoberta de "soluções inteligentes para certos problemas muito específicos".[38]

As Três Leis da IA, mais do que dissolver os mitos, revelam com nitidez a importância que a IA assume para a solução de problemas e desafios de toda ordem, os quais podem ser considerados como sua "origem", e que implicam sua inerente multidisciplinaridade. Nessa linha, cabe lembrar que a capacidade de resolver problemas compreende a aquisição e aplicação de diferentes habilidades e conhecimentos, para em cada situação "racionar" e "aprender" com as situações. O suporte necessário para o êxito dessa reprodução artificial da capacidade de resolver problemas, "envolve a aplicação de funções cognitivas, tais como linguagem, atenção, planejamento, memória e percepção", todas elas executáveis artificialmente.[39]

Tais características tornam a IA de todo interessante, se não indispensável, como instrumento ou caminho a ser adotado pelas pessoas com deficiência para solução de seus problemas e desafios. Constata-se que essa possibilidade já se tornou real, na solução de grandes e pequenos problemas cotidianos, que se transformam em desafios ao exercício de direitos. Desse modo, a IA se qualifica como importante e efetivo instrumento de inclusão. A IA, como de início destacado, através de aplicativos, pode ajudar a reconhecer imagens, rótulos de produtos e cédulas de dinheiro, que, com maior uso, vão se aperfeiçoando. "Grande parte dessas soluções foi desenvolvida por meio de sistemas que 'aprendem' com um alto volume de dados. A partir dessas informações, eles são

37. BENTLEY, Peter J. *The Three Laws of Artificial Intelligence*, cit., p. 7.
38. BENTLEY, Peter J. *The Three Laws of Artificial Intelligence*, cit., p. 9.
39. PEIXOTO, Fabiano Hartmann. SILVA, Roberta Zumblick Martins da. *Inteligência artificial e direito.*, cit., p. 20.

capazes de identificar padrões e tomar decisões com o mínimo de intervenção humana. É o chamado 'aprendizado de máquina'".[40]

Neste cenário destaca-se, de modo emblemático, o professor Stephen Hawking, falecido em 14 de março de 2018, uma das maiores mentes da nossa época. Se não fosse pela tecnologia, o grande astrofísico não teria uma voz, um meio para expressar ideias que ampliam a nossa compreensão do universo. Sua voz sintetizada talvez seja, ainda, uma das mais imediatamente reconhecíveis no mundo. O cosmólogo e físico teórico, morto aos 76 anos, lutou desde sua mocidade contra a esclerose lateral amiotrófica (ALS), doença degenerativa e incapacitante, que comprometeu severamente sua possibilidade de comunicação, impedindo-o de digitar e falar, mas principalmente de manter contato com plateias do mundo inteiro. Contudo, graças a um sistema o professor Hawking pode dar continuidade a sua trajetória. Na verdade, diante da piora gradativa de seu quadro físico, foi feita a reformulação e aperfeiçoamento de um sistema utilizado há vinte anos pelo professor, com o qual estava familiarizado, permitindo maior velocidade e comodidade na escrita científica e no acesso à internet.[41]

Não obstante ter afirmado, após o uso do novo sistema, que "[E]eu agora sou capaz de dar palestras, escrever artigos e livros e falar muito mais rápido. Este novo sistema mudou minha vida, e espero que me sirva bem pelos próximos 20 anos"[42], Stephen Hawking tinha uma visão negativa da IA. Em entrevista concedida a BBC, Hawking afirmou que "os esforços para criar máquinas pensantes é uma ameaça à existência humana. O desenvolvimento da inteligência artificial total poderia significar o fim da raça humana", ao responder uma pergunta sobre os avanços na tecnologia que ele próprio usava para se comunicar, a qual envolvia uma forma básica de inteligência artificial. Na mesma ocasião, Hawking disse que as formas primitivas de inteligência artificial desenvolvidas até então se mostravam muito úteis, mas que temia eventuais consequências de se criar máquinas que fossem equivalentes ou superiores aos humanos. Segundo o professor, essas máquinas "avançariam por conta própria e se reprojetariam em ritmo sempre crescente". Na sua visão, "os humanos, limitados pela evolução biológica lenta, não conseguiriam competir e seriam desbancados".[43]

---

40. Disponível em: https://portalfns.saude.gov.br/ultimas-noticias/2374-como-a-inteligencia-artificial-pode-melhorar-a-vida-de-pessoas-com-deficiencia. Acesso: 02 jun. 2020.
41. Stephen Hawking utilizava o ACAT (Kit de Ferramentas Assistivas Cientes do Contexto), um sistema criado pela Intel em colaboração com os mestres de previsão de texto na Swiftkey (sob o escrutínio do próprio Hawking). O novo sistema ACAT permitia a Hawking escrever com o dobro da velocidade, e navegar por seu computador e aplicativos dez vezes mais rápido que antes. Para a Intel, o maior trabalho foi simplificar (em vez de refazer completamente) a interface de usuário usada por Hawking, permitindo que o professor aproveitasse a familiaridade de um sistema que ele usa há 20 anos. Hawking só controlava a interface usando um sensor na bochecha, detectado por um interruptor infravermelho instalado em seus óculos, o que não foi mudado. O sensor é conectado a um laptop da Lenovo rodando Windows. Enquanto a Intel trabalhou na interface, a Swiftkey criou um modelo de linguagem sob medida para o professor, utilizando algumas tecnologias existentes para *smartphone* e *tablet*, e adicionando novas técnicas adaptadas às necessidades de Hawking. Concentrando-se em Hawking como um usuário específico, a Swiftkey desenvolveu um modelo que reconhece o tom formal/informal do professor de um documento para outro, fazendo sugestões inteligentes para um vocabulário casual de um e-mail, ou para o léxico complexo de um artigo científico. Disponível em: https://gizmodo.uol.com.br/novo-sistema-hawking/. Acesso em: 30 maio 2020.
42. Disponível em: https://gizmodo.uol.com.br/novo-sistema-hawking/. Acesso em 30 maio 2020.
43. Disponível em:https://www.bbc.com/portuguese/noticias/2014/12/141202_hawking_inteligencia_pai – Acesso em 20 maio 2020.

4. OS CONFINS DO HUMANO E AS PESSOAS COM (D)EFICIÊNCIA NA ERA DA INTELIGÊNCIA ARTIFICIAL

Não é de hoje que os limites éticos das intervenções genéticas em embriões humanos causam perplexidade, sobretudo a partir da heterodeterminação na construção da biografia alheia, o que limita o horizonte de futuros projetos de vida. Em "O futuro da natureza humana", Jürgen Habermas disseca tais questões morais e levanta o problema da impossibilidade de se prever as vantagens e desvantagens a partir de uma retrospecção em relação à alteração genética embrionária. Nessa linha, afirma que os "pais nunca podem saber se uma deficiência leve não acabará se transformando numa vantagem para seu filho"[44]. Os testes genéticos e modificações embrionárias são delicadas e acendem o debate sobre a eugenia, bem como a expectativa parental[45], e envolve os limites éticos na seleção intencional de embriões sem deficiência ou mesmo a prática de seleção genética com diagnóstico de má-formação fetal ou intervenções no campo da autonomia reprodutiva para esse fim[46]. O "fim da inocência genética"[47] parecia descortinar os confins da natureza humana antes da era da inteligência artificial. Na atualidade, retira-se de cena a heterodeterminação nas escolhas do futuro filho e emerge a própria autonomia individual para aperfeiçoar a funcionalidade do corpo humano por meio de aparatos tecnológicos, em cuja evolução o papel da IA tem sido fundamental, especialmente no caso de pessoas com deficiência.

Nesse campo, em que pesem os temores do grande professor Stephen Hawking, dúvidas não devem existir quanto aos benefícios efetivos que a IA pode propiciar às pessoas com deficiência, como o próprio astrofísico deu prova. Certo é, por conseguinte, que a IA já modifica as condições de acessibilidade e de comunicação das pessoas com deficiência, as quais poderão ser exponencialmente melhoradas ao longo do tempo, em dimensões ainda desconhecidas.

Conforme acima referido, permita-se a repetição, de acordo com o art. 2º, da Lei 13.146/2015, considera-se pessoa com deficiência aquela que tem impedimento de longo prazo de natureza física, mental, intelectual ou sensorial, o qual, em interação com uma ou mais barreiras, pode obstruir sua participação plena e efetiva na sociedade em igualdade de condições com as demais pessoas. Interessa diretamente à presente reflexão o disposto no § 1º, do art. 2º acima, segundo o qual a avaliação da deficiência, quando necessária, será biopsicossocial, realizada por equipe multiprofissional e interdisciplinar e considerará: "I - os impedimentos nas funções e nas estruturas do corpo; II - os fatores socioambientais, psicológicos e pessoais; III - a limitação no desempenho de atividades; e IV - a restrição de participação". À luz dos princípios firmados na CDPD e que orientam a questão da deficiência no Brasil, a avaliação da deficiência só deve ser admitida se for

44. HARBERMAS, Jürgen. *O futuro da natureza humana*: a caminho de uma eugenia liberal? Trad. Karina Jannini. 2. ed., São Paulo: Editora WMF Martins Fontes, 2010, p. 115-117.
45. Cf. SOLOMON, Andrew. *Longe da árvore*: pais, filhos e a busca da felicidade. Trad. Donaldson M. Garschagen, Luiz A. de Araújo e Pedro Maia Soares. São Paulo: Companhia das Letras, 2013, pp. 416-472.
46. DINIZ, Debora. Autonomia reprodutiva: um estudo de caso sobre a surdez. *In: Cadernos de Saúde Pública*, Rio de Janeiro, a. 19, v. 1, pp. 175-181, jan./fev., 2003.
47. DINIZ, Debora. Autonomia reprodutiva, cit., p. 177-178.

destinada a assegurar e a promover a inclusão social e cidadania da pessoa com deficiência, bem como para permitir e orientar a identificação dos apoios necessários para a promoção de sua autonomia individual.

Por outro lado, há de se ter em mente que a CDPD reconhece a deficiência como um conceito em evolução e que a deficiência resulta da interação entre pessoas com deficiência e as barreiras devidas às atitudes e ao ambiente que impedem a plena e efetiva participação dessas pessoas na sociedade em igualdade de oportunidades com as demais pessoas. Assim sendo e tendo em vista os tópicos que devem ser considerados para fins de avaliação da deficiência, constata-se que as soluções apresentadas pela IA podem interferir de modo variado e em graus diferentes no resultado dessa avaliação. Os efeitos dessa interferência se estendem desde a melhoria das condições de acessibilidade e comunicação até – e porque não – a eliminação dos impedimentos e das barreiras sociais que, em conjunto, configuram a deficiência.

Serve de exemplo o implante de "olho biônico" que permite aos cegos voltarem a enxergar, já realizado com sucesso na Rússia[48]. Não se trata de experiência isolada, visto que a Inglaterra financiou o experimento para dez pacientes. O "olho biônico" funciona através da transferência de imagens de vídeo, capturadas por uma câmera em óculos especiais. As imagens são transmitidas por impulsos elétricos que podem ser lidos e entendidos pelo cérebro humano[49]. Em data recente, na Espanha, uma mulher voltou a enxergar ao participar de um experimento com outro tipo de "olho biônico", cujo sistema tem algumas partes: a primeira é o uso de um par de óculos que conta com uma câmera que se conecta a um computador. Essa máquina "traduz" o que a câmera está capturando em sinais eletrônicos que são enviados, com a ajuda de um cabo, a um receptor que foi incorporado na parte de trás do crânio da paciente de forma cirúrgica. O receptor se conecta a um implante com 100 eletrodos colocado no córtex visual da paciente.[50]

Diversas outras situações ilustram essa possibilidade de alteração da deficiência que pode produzir importantes efeitos jurídicos. A curatela das pessoas com deficiência já se encontra restrita, por força do art. 85, do EPD, aos atos relacionados aos direitos de natureza patrimonial e negocial. Consideradas as possibilidades de alteração da deficiência, em alguns casos, a curatela pode sofrer maior restrição ou mesmo ser extinta. Nessa linha, ganham força outros instrumentos de apoio, como a tomada de decisão apoiada. Por outro lado, poderão surgir interessantes questionamentos quanto a determinadas exigências legais, como a forma pública do testamento para os cegos (CC, art. 1.867) que possuam recursos de IA para leitura em seus equipamentos de computação.

Talvez a questão mais importante diga respeito à reinterpretação do art. 4º, III, do Código Civil, que considera relativamente incapazes aqueles que, por causa transitória ou permanente, não puderem exprimir sua vontade, diante das novas possibilidades para a comunicação alternativa. O reconhecimento de fala e a transcrição da linguagem

48. Disponível em: https://saude.ig.com.br/2017-12-28/olho-bionico.html. Acesso em: 30 maio 2020.
49. Disponível em: https://catracalivre.com.br/saude-bem-estar/cegos-voltam-enxergar-com-olho-bionico-inglaterra-banca-testes/. Acesso em: 30 maio 2020.
50. Disponível em: https://razoesparaacreditar.com/olho-bionico-restaura-visao-pessoas-cegas/. Acesso em: 30 maio 2020.

humana em tempo real é um dos recursos mais tradicionais da inteligência artificial e com grande utilidade para pessoas com determinados tipos de deficiência. Este é o caso de Alex Garcia, que é surdocego e foi o primeiro brasileiro com essa deficiência a cursar uma faculdade. Ele tem 1% de visão e não escuta. A surdocegueira é definida pela não compensação dos sentidos. Alex se dedica a dar palestras e a gerenciar a Associação Gaúcha de Pais e Amigos dos Surdocegos e Multideficientes (AGAPASM). Um dos aplicativos que ele utiliza se chama Comunicador Táctil Once (CTO), uma ferramenta para comunicação de surdocegos, com diversos recursos[51]. Sabe-se que os surdos, não que não aprendem a linguagem dos sinais e/ou a falar, tem dificuldade de comunicação. Alex não vê e, provavelmente, não usa a linguagem dos sinais. As pessoas que se encontram nessa situação poderão ser consideradas relativamente incapazes por não poderem exprimir sua vontade, salvo por meio de aplicativos? Afinal, diante das múltiplas formas hoje existentes de comunicação, o que deve ser aceito como impedimento para expressão da vontade? Será necessário regredir à indagação quanto à existência de comprometimento psíquico para se aferir a expressão da vontade? Lembre-se que Stephen Hawking, no final de sua vida, contava apenas com um pequeno movimento de sua bochecha direita para acionar seus equipamentos de comunicação.

Fato é que a IA vem conduzindo os seres humanos a seus confins, visto que não é possível prever ou dimensionar as interferências que pode realizar nas pessoas e seus comportamentos, em especial os melhoramentos possíveis nas pessoas com deficiência. Desde que os algoritmos não sejam voltados para uma programação pautada em critérios discriminatórios e sejam utilizados para reforçar as estruturas de opressão e segregação já existentes, é de todo relevante o papel inclusivo que a inteligência artificial pode desempenhar, sobretudo em relação às pessoas com deficiência.

5. CONSIDERAÇÕES FINAIS

Os benefícios proporcionados pela IA às pessoas com deficiência são, sem dúvida, incontáveis. Contudo, impõe-se o respeito aos direitos que lhes são assegurados pela CDPD e pelo EPD, como o de recusar adaptações razoáveis e o fornecimento de tecnologias assistivas (art. 4º, § 1º, EPD). O consentimento prévio, livre e esclarecido da pessoa com deficiência é indispensável para a realização de tratamento, procedimento, hospitalização e pesquisa científica, ainda que esteja sob curatela, hipótese em que deve ser assegurada sua participação, no maior grau possível, para a obtenção de consentimento (art. 12 e § 1º, EPD). Nessa linha, o processo de habilitação e de reabilitação, que tem por objetivo o desenvolvimento de todas as potencialidades, talentos, habilidades e aptidões da pessoa com deficiência é um direito, que pode, portanto, não ser exercido por seu titular (art. 14 e par. Único, EPD).

Quando se trata de IA, cujas potencialidades para as pessoas com deficiência transcendem os horizontes imagináveis, além da estrita observância de seus direitos, devem

---

51. Disponível em: https://portalfns.saude.gov.br/ultimas-noticias/2374-como-a-inteligencia-artificial-pode-melhorar-a-vida-de-pessoas-com-deficiencia. Acesso em: 20 maio 2020.

ser consideradas situações cuja aplicação dos novos recursos e instrumentos provocam tormentosas questões jurídicas e limites éticos, por vezes, intransponíveis.

Tome-se como caso de reflexão a situação das pessoas com demência, especialmente a que se verifica nos processos de envelhecimento. Registre-se que há no mundo cerca de cinquenta milhões de pessoas, sendo dez milhões na União Europeia, afetadas pela demência. Surpreendentemente, 5% desses casos são precoces, isto é, se desenvolvem antes dos sessenta anos[52]. No Brasil, segundo dados da Sociedade Brasileira de Geriatria e Gerontologia, são registrados 55 mil novos casos de demências todos os anos, a maioria decorrentes do mal de Alzheimer. Cerca de 1,2 milhão de brasileiros vivem com demência decorrente da doença de Alzheimer[53]. Ao contrário de outras doenças graves, como câncer, HIV e cardiopatias, não há método de diagnóstico precoce ou tratamento preventivo para a demência. Contudo, a IA tem sido empregada para assistir os pacientes com demência em suas vidas cotidianas, por exemplo, lembrando que devem comer ou tomar remédios. As tecnologias de IA são utilizadas também para monitorar e complementar informações que permitem detectar mudanças de comportamento inesperadas, coletar e analisar dados para pesquisa sobre a progressão da doença.[54]

Todas as aplicações mencionadas podem receber, em princípio, aprovação, eis que feitas a benefício do paciente. Entretanto, a pergunta formulada por pesquisadores na Europa é de todo angustiante: "E se a AI pudesse avançar a ciência em torno da demência?" A questão objetivamente posta em pauta é: "E se um dia se pudesse criar um *backup* e restaurar nossas mentes quando necessário, como no caso de se ter demência?" E se esse procedimento pudesse ser utilizado como um tratamento da demência, para restaurar as informações do cérebro? A personalidade de uma pessoa poderia mudar? O que aconteceria com a autonomia e o livre arbítrio? O quão fácil seria manipular ou mudar os pensamentos de uma pessoa?[55] A essas indagações outras podem ser acrescidas: e se fossem apagadas algumas memórias, especialmente as afetivas? Até que ponto esse procedimento alteraria a biografia do paciente?

Como destacado por Lieve Van Woensel e Sara Suna Lipp, a pesquisa e o desenvolvimento em IA sobre diagnóstico e tratamento de demência requer muita atenção a diversos problemas legais e éticos, como privacidade, autonomia, proteção de dados, *cybersecurity*, vigilância, transparência, responsabilidade e não discriminação. Fica evidente que as interfaces cerebrais da IA necessitam de um código de conduta e de

52. De acordo com a Organização Mundial da Saúde (OMS), à medida que a população mundial envelhece, espera-se que o número de pessoas que vivem com demência triplique – de 50 milhões para 152 milhões até 2050. "Quase 10 milhões de pessoas desenvolvem demência a cada ano, seis milhões delas em países de baixa e média renda", afirma Tedros Adhanom Ghebreyesus, diretor-geral da Organização Mundial da Saúde. Disponível em: https://www.paho.org/bra/index.php?option=com_content&view=article&id=5560:demencia-numero-de-pessoas-afetadas-triplicara-nos-proximos-30-anos. Acesso em: 01 jun. 2020.

53. Disponível em: https://sbgg.org.br/?s=demencia. Acesso em: 01 jun. 2020.

54. WOENSEL, Lieve Van; LIPP, Sara Suna. *What if AI could advance the science surrounding dementia? In: EPRS-European Parliamentary Research Service*, Scientific Foresight Unit (STOA), PE 641.546, jun., 2020. Disponível em: https://www.europarl.europa.eu/RegData/etudes/ATAG/2020/641546/EPRS_ATA(2020)641546_EN.pdf.Acesso: 02 jun. 2020.

55. WOENSEL, Lieve Van; LIPP, Sara Suna. *What if AI could advance the science surrounding dementia?*, cit.

mecanismos de vigilância, que definam os critérios requeridos para o uso ética e legitimamente admissível dos dados do cérebro.[56]

Como se vê, longe de se retornar ao debate sobre mitos e medos, complexas e profundas questões estão postas em decorrência da interferência da IA em humanos, especialmente no que se refere à inovação responsável em neurotecnologia[57]. Os confins do humano estão sendo atingidos ou cada vez mais distanciados? Se os avanços da IA, como da ciência em geral, não devem ser impedidos, a bem dos seres humanos, é indispensável, por imperiosas razões éticas e jurídicas, que se respeite a dignidade do ser humano em toda sua plenitude.

6. REFERÊNCIAS

ALMEIDA JUNIOR, Vitor de Azevedo; COSTA, Lorrane Carvalho da; CAMPOS, Gabriela Helena Mesquita de Oliveira. Art. 53. *In*: MARTINS, Guilherme Magalhães; HOUAISS, Lívia Pitelli Zamarian (Coords.). *Estatuto da Pessoa com Deficiência*: comentários à Lei 13.146/2015. Indaiatuba, SP: Editora Foco, 2019.

ANDRADE, Laura Magalhães. Art. 37. *In*: MARTINS, Guilherme Magalhães; HOUAISS, Lívia Pitelli Zamarian (Coords.). *Estatuto da Pessoa com Deficiência*: comentários à Lei 13.146/2015. Indaiatuba, SP: Editora Foco, 2019.

BARBOZA, Heloisa Helena; ALMEIDA JUNIOR, Vitor de Azevedo. A capacidade civil à luz do Estatuto da Pessoa com Deficiência. *In*: MENEZES, Joyceane Bezerra de (Org.). *Direito das pessoas com deficiência psíquica e intelectual nas relações privadas* - Convenção sobre os direitos da pessoa com deficiência e Lei Brasileira de Inclusão. Rio de Janeiro: Processo, 2016.

BARBOZA, Heloisa Helena; ALMEIDA JUNIOR, Vitor de Azevedo. Reconhecimento e inclusão das pessoas com deficiência. *In: Revista Brasileira de Direito Civil*, v. 13, p. 17-37, 2017.

BARIFFI, Francisco. Capacidad jurídica y capacidade de obrar de las personas com discapacidad a la luz de la Convención de la ONU. *In*: BUENO, Luiz Cayo Pérez (Dir.) *Hacia un derecho de la discapacidad*: estudios em homenaje al professor Rafael de Lorenzo. Cizur Menor: Arandazi, 2009.

BENTLEY, Peter J. *The Three Laws of Artificial Intelligence*: Dispelling Common Myths. *In*: Should we fear artificial intelligence? In-depth Analysis, PE 614.547, march, 2018. Disponível: https://www.europarl.europa.eu/RegData/etudes/IDAN/2018/614547/EPRS_IDA(2018)614547_EN.pdf. Acesso: 02 jun. 2020.

DHANDA, Amita. Legal capacity in the disability rights convention: stranglehold of the past or lodestar for the future? *In: Syracuse Journal of International Law and Commerce*, v. 34, n. 2, 2007.

DINIZ, Debora. Autonomia reprodutiva: um estudo de caso sobre a surdez. *In: Cadernos de Saúde Pública*, Rio de Janeiro, a. 19, v. 1, p. 175-181, jan./fev., 2003.

HARBERMAS, Jürgen. *O futuro da natureza humana*: a caminho de uma eugenia liberal? Trad. Karina Jannini. 2. ed. São Paulo: Editora WMF Martins Fontes, 2010.

MAINI, Vishal. SABRI, Samer. *Machine learning for humans*. Disponível: https://everythingcomputerscience.com/books/Machine%20Learning%20for%20Humans.pdf. Acesso: 02 jun. 2020.

---

56. WOENSEL, Lieve Van; LIPP, Sara Suna. *What if AI could advance the science surrounding dementia?*, cit.
57. Em 19 fevereiro de 2020, a Comissão Europeia publicou uma proposta estabelecendo opções políticas e medidas para uma aproximação europeia da IA e do *big data*. Disponível em: https://ec.europa.eu/info/sites/info/files/commission-white-paper-artificial-intelligence-feb2020_en.pdf – Acesso em: 01 jun. 2020.

PEIXOTO, Fabiano Hartmann. SILVA, Roberta Zumblick Martins da. *Inteligência artificial e direito*. Curitiba: Alteridade, 2019.

SOLOMON, Andrew. *Longe da árvore*: pais, filhos e a busca da felicidade. Trad. Donaldson M. Garschagen, Luiz A. de Araújo e Pedro Maia Soares. São Paulo: Companhia das Letras, 2013.

WILDE, Oscar. *Pen, pencil and poison: a study in green. In: Intentions*, posição 273 [E-book].

WOENSEL, Lieve Van; LIPP, Sara Suna. *What if AI could advance the science surrounding dementia? In: EPRS-European Parliamentary Research Service*, Scientific Foresight Unit (STOA), PE 641.546, jun., 2020. Disponível em: https://www.europarl.europa.eu/RegData/etudes/ATAG/2020/641546/EPRS_ATA(2020)641546_EN.pdfAcesso: 02 jun. 2020.

35
ALGORITMOS E ADOÇÕES: ANÁLISE PREDITIVA E PROTEÇÃO A CRIANÇAS E ADOLESCENTES

Guilherme Calmon Nogueira da Gama

Desembargador do Tribunal Regional Federal da 2ª Região (RJ-ES). Ex Conselheiro do Conselho Nacional de Justiça. Mestre e Doutor em Direito Civil pela UERJ. Professor Titular de Direito Civil da UERJ (Graduação e Pós-Graduação) e do IBMEC/RJ. Professor Permanente do Programa de Pós-Graduação da Universidade Estácio de Sá (RJ). Membro da ABDC (Academia Brasileira de Direito Civil), do IBDFAM (Instituto Brasileiro de Direito de Família) e do IBERC (Instituto Brasileiro de Responsabilidade Civil).

Filipe Medon

Doutorando e Mestre em Direito Civil pela Universidade do Estado do Rio de Janeiro (UERJ). Professor Substituto de Direito Civil na Universidade Federal do Rio de Janeiro (UFRJ) e de cursos de Pós-Graduação do Instituto New Law, CEPED-UERJ, EMERJ e do Curso Trevo. Membro da Comissão de Proteção de Dados e Privacidade da OAB-RJ e do Instituto Brasileiro de Estudos de Responsabilidade Civil (IBERC). Coordenador Executivo e membro fundador do Laboratório de Direito e Inteligência Artificial da UERJ (LabDIA). Advogado e pesquisador. Autor do livro "Inteligência Artificial e Responsabilidade civil: autonomia, riscos e solidariedade", lançado pela Editora JusPodivm em 2020. Instagram: @filipe.medon

1. INTRODUÇÃO

À luz do título deste trabalho, muito provavelmente a primeira indagação que surge na mente do leitor é a seguinte: qual é a conexão possível entre a Inteligência Artificial – IA – e a adoção de crianças e adolescentes no âmbito do sistema jurídico brasileiro? Será que os algoritmos têm viabilidade de, com base nas informações e dados existentes, permitir a constituição de vínculos parentais através da adoção, de acordo com o sistema instituído pelo Estatuto da Criança e do Adolescente – ECA? De que maneira a tecnologia digital pode se inserir no âmbito de questões familiares, notadamente no âmbito da formação de vínculos de parentesco civil?

Dois são os temas centrais deste artigo doutrinário que, abstratamente, podem contribuir para o possível aperfeiçoamento do modo de constituição de vínculos de parentesco civil, sob a perspectiva das conexões entre o Direito e a Inteligência Artificial: a) a formação das famílias parentais (ou vinculadas às relações de parentesco); b) o uso dos algoritmos para produzir consequências jurídicas no campo existencial.

Não se pretende tratar, neste momento, de outro tema também bastante novo e polêmico que diz respeito à utilização da IA na identificação dos embriões formados em laboratório – como, por exemplo, através da técnica da fertilização *in vitro* – para poderem servir para reprodução humana assistida ou, ainda, para experimentações científicas no campo da biotecnologia. E, da mesma forma, ficarão excluídas da análise deste trabalho, as hipóteses de adoção de pessoas adultas – plenamente capazes -, no modelo que hoje se encontra previsto no ECA (diante da redação do art. 1.619, CC).

A tecnologia tem propiciado que a humanidade seja surpreendida cada vez mais rapidamente, bastando realçar todo o conjunto de atividades que vêm se desenvolvendo no período da pandemia da COVID-19 em inúmeros setores da economia e da sociedade civil em geral com o emprego das máquinas. Previsões a respeito de determinados avanços tecnocientíficos já são realidades palpáveis e, por isso, o Direito não pode ficar alheio a tais avanços.

No âmbito dos avanços biotecnológicos em matéria de reprodução humana, no Brasil a Agência Nacional de Vigilância Sanitária – ANVISA –, desde 2006 instituiu o funcionamento do sistema nacional de procedimentos atinentes aos bancos de células e tecidos germinativos, conforme Resolução 33, de 17 de fevereiro daquele ano. Instituiu-se o Banco de Células e Tecidos Germinativos – BCTG –, com vistas à coleta, transporte, registro, processamento, armazenagem e utilização do material para fins terapêuticos do fornecedor do material ou de terceiros, ou ainda para fins de experimentações científicas. Em 2008, a ANVISA regulamentou os procedimentos para cadastramento nacional dos BCTGs e informações quanto à produção dos embriões humanos não utilizados decorrentes da *FIV*. A IA poderá também atuar nas questões referentes à identificação dos embriões para fins de adoção por casais ou pessoas sozinhas, mas para tanto há limites éticos e jurídicos que devem ser observados, à luz da legalidade constitucional. O trabalho não cuidará deste tema.

O artigo vai se restringir à análise da viabilidade (ou não) de a IA ser empregada para fins de adoção de crianças e adolescentes, notadamente à luz dos cadastros públicos de crianças e adolescentes em condições de serem adotadas e dos cadastros de postulantes à adoção (arts. 50 e 197-A a 197-F, do ECA), atualmente concentrados no Sistema Nacional de Adoção e Acolhimento - SNA. Antes mesmo de iniciado o processo de adoção, há um procedimento administrativo referente à "habilitação de pretendentes à adoção" que conta com a efetiva atuação de equipe interprofissional a serviço da Justiça da Infância e da Juventude e que, caso venham a ser confirmadas as exigências legais, deverá ensejar o deferimento da habilitação para o fim de inscrição no cadastro de pessoas interessadas na adoção.

Logo após a edição da Lei 12.010/09, o Conselho Nacional de Justiça – CNJ -realizou levantamento a respeito dos entraves para a adoção no Brasil com base nos dados constantes do cadastro nacional, tendo sido apurado que "o perfil de muitas das crianças e adolescentes disponíveis foge ao exigido pelos pretendentes"[1]. De acordo com o critério da raça da criança, por exemplo, o levantamento apontou que a maior parte das crianças (45,40%) era parda, sendo que crianças negras consistiam em 18,88% e brancas, 34,56%.

Mais recentemente, o CNJ instituiu o Sistema Nacional de Adoção e Acolhimento – SNA -, através da Resolução 289/2019. O SNA é o resultado da fusão de outros dois cadastros preexistentes: o Cadastro Nacional de Adoção – CNA – e o Cadastro Nacional de Crianças e Adolescentes Acolhidos – CNCA. A finalidade do SNA é a de consolidar os dados fornecidos pelos tribunais de justiça, "formando uma base única que reúne informações sobre o perfil das crianças e dos adolescentes inseridos no sistema de proteção da infância e da juventude e sobre o perfil desejado pelos pretendentes à adoção"[2]. Com o SNA, almeja-se ter um mecanismo que possibilite maior racionalidade e celeridade nos casos de adoção, além dos demais processos de colocação de crianças e adolescentes em famílias substitutas.

Há regras do ECA que impõem a observância da ordem cronológica de inscrição nos cadastros, "conforme a disponibilidade de crianças ou adolescentes adotáveis". Não será necessária a prévia habilitação nos cadastros apenas quando se tratar de adoção unilateral de filho(a) do cônjuge ou companheiro – adoção unilateral -, de adoção requerida por parente da criança que mantenha com ela vínculos de afinidade ou de afetividade ou de adoção requerida por pessoa que já fosse tutora ou guardiã jurídica da criança maior de 3 (três) anos de idade ou adolescente, sendo que, neste caso, o tempo de convívio já é suficiente para demonstração dos laços de afinidade e de afetividade, sem ter havido má fé (ECA, art. 50, § 13, I, II e III).

2. PROTEÇÃO INTEGRAL E MELHOR INTERESSE DA CRIANÇA E DO ADOLESCENTE[3]

Na contemporaneidade do Direito brasileiro, qualquer tema que envolva criança e adolescente somente pode ser analisado sob o viés da doutrina da proteção integral e prioritária e do princípio (e critério hermenêutico) do melhor interesse da criança e do adolescente. Daí a razão pela qual o tema da adoção não foge à regra.

Ao lado da filiação natural – de origem genética ou do fator biológico -, desde a Antiguidade, a civilização humana concebeu outro modelo de parentalidade-filiação decorrente de uma ficção jurídica que sempre permitiu a continuidade da família ainda que não fundada na consanguinidade[4]: a filiação adotiva, com base no preenchimento de certas condições e requisitos. Tal modelo, bastante antigo, não pressupõe qualquer

1. Disponível em: https://coad.jusbrasil.com.br/noticias/2999101/adocao-exigencia-quanto-ao-perfil-da-crianca--e-o-principal-entrave. Acesso em: 14 set. 2020.
2. Disponível em: ttps://www.cnj.jus.br/wp-content/uploads/2020/05/relat_diagnosticoSNA.pdf, p. 7. Acesso em: 14 set. 2020.
3. Significativa parcela deste item foi extraída do capítulo IV, do livro *A Nova Filiação* (GAMA, Guilherme Calmon Nogueira da. Rio de Janeiro: Editora Renovar, 2003, p. 497-623).
4. Heloisa Helena Barboza, ao tratar da relevância do vínculo biológico para estabelecer o parentesco, observou que a doutrina em geral considera o laço de sangue fundamental nesse contexto, a ponto de Barassi haver afirmado que é inexato o conceito de parentesco civil fundado no vínculo da adoção (*A filiação em face da inseminação artificial e da fertilização 'in vitro'*. Rio de Janeiro: Renovar, 1993, p. 17).

ligação biológica entre os pais e o filho; ao contrário: baseia-se fundamentalmente no anseio das pessoas em constituírem uma família baseada no consenso permanente e na afetividade, a demonstrar que o modelo clássico de reprodução humana relacionada à procriação carnal não atende a todas as situações que se apresentam na sociedade. De acordo com a Psicologia, "em laços de puro afeto, como sói acontecer, em famílias formadas por adoção, a semelhança física não tem a menor importância"[5].

O modelo atual da parentalidade-filiação adotiva é fruto de construção e renovação de valores culturais e sociais, motivo pelo qual, no curso da história da civilização, recebeu várias influências, ora na busca da maior facilidade na constituição de vínculos parentais via adoção, ora na imposição de várias restrições para o estabelecimento do liame familiar. Tradicionalmente o modelo da parentalidade e filiação relativo à adoção foi considerado como subsidiário em relação ao modelo da parentalidade e filiação decorrente da procriação humana, o que justificou, inclusive, o preceito contido no artigo 19, do ECA.

Para fins de estabelecimento do vínculo de parentesco entre pais e filho, as filiações matrimonial e extramatrimonial decorrem da *natureza das coisas*, no que se distinguem da filiação adotiva que, por sua vez, é puramente legal – sob o prisma da inexistência de qualquer contribuição biológica dos pais para o nascimento do filho. Daí falar-se que a filiação adotiva "é artificial, puramente legal, decorrendo de um ato jurídico"[6], ou seja, é filiação que se estabelece em razão da vontade[7] e da afetividade que são reconhecidos como fatores importantes para o fim da lei permitir a constituição do vínculo de parentesco.

Na Constituição da República de 1988, na parte que trata da família – aí inseridos a criança e o adolescente –, após estabelecer a regra da especial proteção estatal à família, o texto expressamente refere-se à adoção, prevendo que "a adoção será assistida pelo Poder Público, na forma da lei, que estabelecerá casos e condições de sua efetivação por parte dos estrangeiros" (art. 227, § 5º). A regra constitucional demonstra o importante papel do Estado nas relações paterno-materno-filiais relativas à adoção em, fundamentalmente, dois momentos distintos: a) anterior à própria adoção, para o fim de estabelecer condições e requisitos para permitir o estabelecimento do vínculo de paternidade, maternidade e filiação; b) subsequente à constituição do liame parental no sentido de tal família ser protegida e assistida pelo Poder Público, especialmente na pessoa da criança ou do adolescente com base no reconhecimento da absoluta prioridade da defesa de seus interesses[8].

5. CARVALHO, Márcia Lopes de. O cuidado e o direito de ser na adoção e as bases biológicas do DNA da alma. *In:* PEREIRA, Tânia da Silva; OLIVEIRA, Guilherme de; COLTRO, Antônio Carlos Mathias (Coords.). *Cuidado e o direito de ser:* respeito e compromisso. Rio de Janeiro: GZ Editora, 2018, p. 346.
6. BARBOZA, Heloisa Helena. *A filiação em face...*, *cit.*, p. 19.
7. LEITE, Eduardo de Oliveira. *Temas de direito de família*. São Paulo: Ed. RT, 1994, p. 122.
8. Deodato Rivera comentou, de maneira bastante peculiar, a respeito da necessidade de priorização dos interesses das crianças e dos adolescentes no contexto político de reconstrução de uma nação: "... o que é rotineiro no plano microssocial – a precedência e priorização das necessidades dos membros mais novos e vulneráveis da família – torna-se regra, no nível macrossocial, apenas quando a sobrevivência do povo-Nação está em jogo" (A meta-síntese. *In:* RIVERA, Deodato *et allii*. *Brasil criança urgente: a lei*. *Coleção pedagogia social*, v. 3. São Paulo: Columbus, 1990, p. 24).

Assim, enquanto nos vínculos parentais resultantes da (suposta) consanguinidade inexiste regra constitucional impondo a assistência do Poder Público, no parentesco decorrente da adoção – notadamente aquele relacionando a criança e o adolescente aos seus pais adotivos – há clara previsão acerca de tal assistência estatal *na forma da lei*. Na realidade, a Constituição discrimina – no sentido positivo, sem conferir privilégios odiosos – a filiação adotiva para contemplá-la com a regra da assistência pelo Poder Público nos termos da lei[9]. Tal circunstância é digna de nota, porquanto demonstra o reconhecimento de que a falta do liame biológico realmente deve ser encarada com maior cuidado e atenção e, nesse sentido, a Constituição deixa clara sua preocupação com as hipóteses de não-coincidência entre a verdade biológica e a verdade jurídica no campo da parentalidade-filiação.

Os interesses tutelados no âmbito da adoção não são prioritariamente da pessoa interessada na adoção, mas sim aqueles da criança e do adolescente, especialmente a partir da Constituição Federal de 1988 que, no seu artigo 227, acolhe a doutrina da proteção absoluta e integral[10] da criança e do adolescente, reconhecendo-o como sujeito de direitos, inclusive fundamentais[11]. A assistência do Poder Público relativamente à adoção (CF, art. 227, § 5º) deve ser considerada em perfeita harmonia e consonância com o elemento teleológico da adoção: priorizar os interesses da criança e do adolescente especialmente no que se refere à sua plena e definitiva integração em uma família. A respeito de tal ponto, vale observar uma mudança de eixo no instituto da adoção[12] a partir da Constituição de 1988. Ao encampar no Direito brasileiro as tendências verificadas no âmbito internacional e dos sistemas jurídicos de outros países em matéria de priorização dos interesses da criança e do adolescente, a Constituição deixa evidenciado que o interesse a ser protegido na adoção é prioritariamente do adotando, e não o do adotante.

Assim, se a história da civilização demonstra que, costumeiramente nos séculos passados e até meados do século XX, os sistemas jurídicos buscaram a instituição de mecanismos e regras voltadas a atender os interesses da pessoa do adotante para o fim de permitir a continuidade da sua família[13] na construção de normas jurídicas relativas à adoção, atualmente o enfoque é diametralmente oposto. Vários aspectos relacionados à mudança de perspectiva podem ser percebidos, como por exemplo, o estabelecimento de absoluta igualdade de direitos entre os filhos – incluindo os adotivos –, a impossibilidade de revogação dos novos vínculos de parentesco, a uniformização dos modelos de adoção para o fim de somente reconhecer a adoção como modo de constituição de

9. LÔBO, Paulo. *Direito Civil*: famílias. 3. ed. São Paulo: Saraiva, p. 283.
10. TAVARES, José de Farias. *Comentários ao Estatuto da Criança e do Adolescente*. 2. ed. Rio de Janeiro: Forense, 1995, p. 11; ISHIDA, Válter Kenji. *Estatuto da Criança e do Adolescente*: doutrina e jurisprudência. 2. ed. atual. São Paulo: Atlas, 2000, p. 21; SOUZA, Myriam Vasconcelos. Adoção *intuitu personae* à luz do Estatuto da Criança e do Adolescente. *In*: WAMBIER, Teresa Arruda Alvim (Coord.) *Direito de família* – aspectos constitucionais, civis e processuais. v. 3. São Paulo: Ed. RT, 1996, pp. 149-150.
11. NOGUEIRA, Paulo Lúcio. *Estatuto da Criança e do Adolescente Comentado*. São Paulo: Saraiva, 1991, p. 12.
12. CURY, Munir. Mutação jurídica. *In*: RIVERA, Deodato *et allii*. Brasil criança urgente: a lei. *Coleção pedagogia social*, v. 3. São Paulo: Columbus, 1990, p. 43.
13. ABREU, Jayme Henrique. Convivência familiar: a guarda, tutela e adoção no Estatuto da Criança e do Adolescente. *In*: PEREIRA, Tânia da Silva (Coord.). *Estatuto da Criança e do Adolescente*: Estudos Sócio-Jurídicos. Rio de Janeiro: Renovar, 1992, p. 140.

vínculo parental (em várias linhas e graus de parentesco) e a maior ingerência estatal no que toca ao estabelecimento do vínculo de parentesco via adoção.

A adoção representa o ápice da encampação dos valores e interesses existenciais[14], baseada nos elementos mais importantes que caracterizam a pessoa humana: os vínculos afetivos[15], anímicos e espirituais, sem qualquer fundamento de índole biológica ou patrimonial[16], o que deve ser estimulado na correta exegese da Constituição Federal[17]. No direito brasileiro, com o ECA, constata-se a presença de maior discricionariedade – e não arbítrio – atribuída ao juiz na apreciação das questões envolvendo a criança e o adolescente, conforme se observa na técnica redacional do ECA, ao empregar expressões que representam conceitos jurídicos indeterminados ou cláusulas gerais a nortearam o aplicador do direito. Assim, por exemplo, a lei se refere à *relação de afinidade ou de afetividade* (art. 28, § 2º), à *ambiente familiar adequado* (art. 29), às *reais vantagens para o adotando* e aos *motivos legítimos* (art. 43).

As disposições do ECA revelam a *mens legis* de conferir certa margem de discricionariedade ao julgador para o fim de valorar a conveniência e oportunidade das medidas em relação à criança e ao adolescente, não procedendo apenas ao trabalho de verificação da legalidade estrita: "a adoção tem em sua base ideológica, dada pelo seu regime jurídico, uma concepção voltada para o futuro, na proteção integral da criança e do adolescente"[18]. Nesse sentido, o artigo 46, do ECA, prevê o estágio de convivência que deverá preceder à adoção exatamente para o fim do juiz ter condições de apurar a conveniência e a oportunidade da colocação da criança ou do adolescente em família substituta através da adoção, observadas as peculiaridades do caso concreto, o que deixa entrever que não basta a presença dos requisitos subjetivos e formais para a constituição do vínculo parental. A norma constitucional referente à assistência do Poder Público à adoção deve ser interpretada primordialmente no que tange ao momento do estabelecimento do vínculo de parentesco, ou seja, à constituição da parentalidade-adoção.

De acordo com a evolução da sociedade e dos próprios costumes há variação nos modelos de adoção, sendo que normalmente dois centros de interesses foram levados em conta na regulamentação de tais modelos: a) o interesse do adotante; b) o interesse do adotado. Assim, com base na opção do legislador, normalmente sensível aos costumes e anseios da sociedade, o modelo ora pendeu em favor do adotante – como tradicionalmente ocorreu -, ora pendeu em favor do adotado – como se verifica na contemporaneidade no

14. Nas palavras de Luiz Edson Fachin, "é na adoção que os laços de afeto se visibilizam desde logo, sensorialmente, superlativando a base do amor verdadeiro que nutrem entre si pais e filhos" (*Elementos críticos de direito de família*. Rio de Janeiro: Renovar, 1999, p. 216).
15. A afetividade foi alçada, expressamente, a critério jurídico com base na norma contida no artigo 28, § 2º, do ECA: "Art. 28. A colocação em família substituta far-se-á mediante guarda, tutela ou adoção, independentemente da situação jurídica da criança ou do adolescente, nos termos desta lei. (...) § 2º Na apreciação do pedido, levar-se-á em conta o grau de parentesco e a relação de afinidade ou de *afetividade*, a fim de evitar ou minorar as consequências decorrentes da medida" (grifo nossso).
16. Como lembra a doutrina, a adoção necessariamente passa ser fundada na presença de reais vantagens para o adotando, com base em motivos legítimos, permitindo dar um verdadeiro lar à criança e ao adolescente, tratando-se de instituto marcado pela solidariedade social (LISBOA, Sandra Maria. *Adoção no Estatuto da Criança e do Adolescente*. Rio de Janeiro: Forense, 1996, p. 3).
17. MERCHANTE, Fermín Raúl. *La adopción*. Buenos Aires: Depalma, 1993, p. 11.
18. SILVA FILHO, Artur Marques da. *O regime jurídico da adoção estatutária*. São Paulo: Ed. RT, 1997, p. 140.

Direito brasileiro. Com fundamento no artigo 227, *caput* e § 5°, da Constituição Federal, o ECA modelou a adoção com a estrutura voltada a atender os interesses do adotado, no sentido de permitir sua completa integração na família do adotante, motivo pelo qual prevê a desconstituição dos vínculos de parentesco do adotado em relação aos seus genitores e parentes da família natural para no lugar deles serem instituídos novos vínculos de parentesco relacionando-o ao adotante – ou aos adotantes – e aos parentes deste[19].

Para tanto, no entanto, é preciso que se verifique a presença de vários requisitos que devem autorizar a adoção constituída por força de sentença judicial (ECA, art. 47, *caput*).O papel da vontade dos interessados na adoção é fundamental porque não pode o juiz determinar que uma pessoa tenha constituído o vínculo de paternidade em relação à criança, se não houve manifestação de vontade do primeiro para este fim, daí porque tem-se afirmado que "a adoção estatutária é, portanto, ato jurídico complexo que estabelece o vínculo de filiação"[20]. Além da vontade dos interessados na adoção estatutária, o ECA prevê a necessidade do consentimento dos pais ou do representante legal do adotando (art. 45, *caput*) – ressalvados os casos de desconhecimento a respeito das pessoas dos genitores do adotando e de destituição do poder familiar –, além da manifestação do adotando quando se tratar de adolescente (ECA, art. 45, § 2º)[21]. Mas, repita-se que ainda que todos estejam de acordo com a adoção, o juiz, dentro dos limites da discricionariedade que lhe confere o ECA, pode indeferir o requerimento de adoção por considerar que ela não se funda em motivos legítimos, não apresenta reais vantagens para a criança ou o adolescente, ou ainda que falta algum dos requisitos obrigatórios para que possa ser deferida a adoção, como por exemplo a idade mínima do requerente da adoção[22].

Uma mudança significativa introduzida pelo Estatuto da Criança e do Adolescente, foi a diminuição de casos da denominada adoção *intuitu personae* das crianças e dos adolescentes. No modelo codificado de 1916, os pais do menor e os interessados na adoção compareciam ao tabelião para lavrar escritura pública, sem qualquer controle jurisdicional a respeito da conveniência e da oportunidade da medida, o que permitia manobras abusivas e contrárias aos interesses do adotando[23]. Como o ECA se aplica a todas as crianças e adolescentes – e também à adoção de adultos -, inexiste mais a possibilidade de escritura pública para a adoção de crianças ou adolescentes.

A respeito do tema do princípio do melhor interesse da criança, o Brasil ratificou a Convenção Internacional sobre os Direitos da Criança de 1989 – com base no Decreto 99.710/90 – e a Convenção Relativa à Proteção e Cooperação Internacional em matéria de Adoção Internacional de 1993 – com base no Decreto 3.087/99 –, sendo que ambos os textos internacionais se referem ao melhor interesse da criança. As normas do ECA

19. VELOSO, Zeno. *Direito brasileiro da filiação e paternidade*. Belo Horizonte: Del Rey, 1997, p. 174.
20. SILVA FILHO, Artur Marques da. *O regime jurídico ..., cit.*, p. 59.
21. Tal dispositivo demonstra o relevo que o ECA deu à pessoa do adolescente como pessoa em processo de desenvolvimento, o que permite sua manifestação perante o juiz para aferição a respeito da relação de afinidade ou de afetividade existente entre o requerente da adoção e o adotando.
22. SILVA FILHO, Artur Marques da. *O regime jurídico ..., cit.*, p. 59.
23. SOUZA, Myriam Vasconcelos. Adoção *intuitu personae* à luz do Estatuto da Criança e do Adolescente. *In:* WAMBIER, Teresa Arruda Alvim (Coord.). *Direito de família:* aspectos constitucionais, civis e processuais. v. 3. São Paulo: Ed. RT, p. 151.

encontram-se, portanto, envoltas na concepção infantocentrista[24], o que inexoravelmente conduziu à reformulação do instituto da adoção comparativamente ao modelo do Código Civil de 1916, bem como aos modelos que existiam na vigência do revogado Código de Menores de 1979, devendo ser destacada a norma contida no artigo 6°, do ECA, de cunho nitidamente instrumental para auxiliar o intérprete na realização da correta exegese dos dispositivos do Estatuto. Assim, na interpretação do Estatuto, devem ser considerados os fins sociais a que a lei se dirige, as exigências do bem comum, os direitos individuais e coletivos, e a condição peculiar da criança e do adolescente como pessoas em desenvolvimento e, como tais, titulares de todos os direitos fundamentais inerentes à pessoa humana, nos termos do artigo 3°, do ECA.

Especificamente no que tange à adoção, no contexto do melhor interesse da criança, há várias regras estatutárias importantes. O § 2°, do art. 28, do texto, expressamente se refere a alguns dos critérios que o juiz deverá levar em conta na apreciação do pedido de colocação da criança e do adolescente em família substituta, e, entre eles, prevê *a relação de afinidade* e *a relação de afetividade* existente entre a pessoa do requerente e a criança ou o adolescente. Há, no bojo de tais expressões, o nítido sentido de verificação concreta do bom relacionamento existencial entre a pessoa que pretende adotar e a própria criança ou adolescente, para o fim claro de atender aos prioritários e melhores interesses do adotando. O art. 29, por sua vez, se refere a outro critério de avaliação do pedido, mas com sentido negativo, a saber, a constatação de que a pessoa do requerente se mostre incompatível com a natureza da medida pleiteada ou não ofereça ambiente familiar adequado. Tais referências têm como objetivo proteger a criança e o adolescente dos riscos visíveis e, portanto, dos danos previsíveis à pessoa do menor[25], diante da inadequação da pessoa do requerente para exercer a função paterna ou materna a que se propõe, mas sem condições pessoais ou instrumentais compatíveis com a medida. E, de maneira associada aos dois primeiros dispositivos, o art. 43 prevê que a adoção somente será concedida quando apresentar reais vantagens para o adotando, fundando-se em motivos legítimos[26]. A expressão "reais vantagens", constante do ECA, a par de sua indeterminação normativa, deve ser considerada sob a óptica da nova ordem civil-constitucional especialmente relacionada ao novo perfil da família tal como introduzido no texto constitucional. Tanto assim o é, que o art. 23, do ECA, expressamente prevê que a falta ou carência de recursos materiais não é motivo suficiente para a perda ou suspensão do poder familiar e, com base nesse mesmo raciocínio, não é impeditivo para o estabe-

24. Como acentua Gustavo Tepedino, "do Estatuto da Criança extrai-se, de seus múltiplos preceitos em matéria de filiação, como *leitmotif*, a consideração do filho – criança e adolescente – como protagonista do próprio processo educacional, partícipe ativo das decisões que se refiram à formação e desenvolvimento de sua personalidade" (A tutela jurídica da filiação: aspectos constitucionais e estatutários. *In:* PEREIRA, Tânia da Silva (Coord.). *Estatuto da criança e do adolescente:* estudos socio-jurídicos. Rio de Janeiro: Renovar, 1992, p. 266).
25. SOUZA, Myriam Vasconcelos de. Adoção *intuitu personae à luz do Estatuto..., cit.*, p. 152.
26. Ao interpretar o ECA, especialmente o artigo 43, Sandra Maria Lisboa observa que com a expressão "motivos legítimos", a lei confere maior discricionariedade ao juiz na apreciação dos pedidos de adoção, na busca finalística de verificar qual a solução que deve prevalecer, orientada no sentido do bem-estar do adotando: "Os motivos passam a ser legítimos quando a intenção do adotante está em perfeita harmonia com a finalidade do próprio instituto. A intenção do adotante deve corresponder em essência às aspirações reais, morais e às necessidades sociais do instituto, que tem como meta maior o alcance do bem-estar do menor" (*Adoção no Estatuto da Criança ..., cit.*, p. 63-64).

lecimento do vínculo de parentalidade-filiação em se constatando o alto grau na relação de afetividade e de afinidade existente entre a pessoa do requerente e o adotando[27]. A interpretação sistemática e teleológica dos três dispositivos citados somente pode ser realizada com base no princípio do melhor interesse da criança que é diuturnamente objeto de menção no Estatuto, e resulta na compreensão de que, em havendo conflito de interesses, prevalecerá o da criança e do adolescente. Em termos hipotéticos, é possível que o juiz conclua que os motivos que levaram o requerente a pleitear a adoção são mais do que legítimos diante do caso concreto, mas a medida não apresente reais vantagens para o adotando, ou o requerente não oferece ambiente familiar adequado. Nesse caso, o juiz deverá indeferir o requerimento de adoção com base no melhor interesse da criança especializado na fórmula "reais vantagens" para o adotando.

Ainda no que se refere à adoção, há três disposições que demonstram a encampação do princípio do melhor interesse da criança para fins de concessão da adoção. Os arts. 28, § 1º, e 168, do ECA, preveem que sempre que possível a criança ou o adolescente deve ser ouvido nos casos de sua possível colocação em família substituta e, nesse contexto, encontra-se a adoção. E, o art. 45, § 2º, do ECA, estabelece que em se tratando de adolescente – ou, excepcionalmente, de maior de dezoito anos nos termos do artigo 40 -, é obrigatória sua manifestação e, não propriamente consentimento. Como aponta a doutrina, a oitiva obrigatória do adolescente representa forma de investigar se a adoção realmente atenderá aos seus melhores interesses e, portanto, apresenta reais vantagens para o adotando, sob a perspectiva do cumprimento da normativa constitucional e infraconstitucional no que toca à concepção do melhor interesse da criança[28]. Mas, é importante considerar que as declarações das crianças e dos adolescentes, especialmente tendo em vista suas condições pessoais – como idade, sexo, grau de insegurança, personalidade e características próprias – devem ser analisadas com a devida cautela e ponderação, especialmente em razão da influência exercida por pessoas que exercem autoridade sobre eles, daí a importância do auxílio da equipe interdisciplinar nas questões relativas à adoção.

3. SISTEMA DE CADASTROS PÚBLICOS DE ADOÇÃO

Uma interseção importante a respeito da questão envolvendo adoção e Inteligência Artificial pertine aos dados e aos perfis das crianças e adolescentes adotáveis e dos interessados na adoção na condição de pretendentes. Ou seja: há que se analisar o sistema de cadastros públicos de adoção, sob controle da autoridade judiciária (ECA, art. 50), havendo os cadastros estaduais e o cadastro nacional de crianças e adolescentes e de pessoas ou casais habilitados à adoção (ECA, art. 50, § 5º), de modo a que não haja favorecimento a qualquer pessoa, em observância à ordem de inscrição dos pretenden-

27. Como observa Artur Marques da Silva Filho, "estas vantagens podem ser de ordem patrimonial ou não patrimonial (afetivas, morais ou espirituais). Estas últimas devem preponderar, não se descuidando de um mínimo de condições econômicas" (*O regime jurídico..., cit.*, p. 140).

28. Desse modo, como ressalta Artur Marques da Silva Filho, é possível que a não-concordância do adolescente, por si só, não seja considerada impedimento para a adoção, mas obviamente que nesse caso o juiz terá que investigar de maneira bem mais detalhada e profunda os elementos de fato envolvidos no caso concreto e, a final, poderá concluir pela conveniência e oportunidade da adoção em prol dos interesses da criança e do adolescente (*O regime jurídico..., cit.*, p. 136).

tes à adoção[29]. Como bem observa a doutrina, a finalidade dos cadastros é agilizar o processo de adoção[30]. Desde 2019 houve a constituição do Sistema Nacional de Adoção e Acolhimento – SNA -, que reúne as informações repassadas pelos tribunais de justiça acerca do acolhimento institucional e familiar de crianças e adolescentes, inclusive suas colocações em família substituta, como ocorre na adoção.

Em termos gerais, pode-se dizer que há duas fases para a adoção, de acordo com o procedimento previsto no ECA, que parte da doutrina[31] denomina de: a) fase administrativa, na qual o Poder Judiciário atua através de equipe interprofissional no recolhimento, avaliação e cadastramento de dados necessários para a posterior iniciativa quanto à concretização do pedido de adoção; b) fase judicial, que pressupõe o procedimento iniciado a requerimento do interessado na adoção. O art. 50, do ECA, se refere à fase administrativa, quanto ao cadastramento de crianças e adolescentes em condições de serem adotadas, bem como de pessoas interessadas na adoção, dependendo inclusive de deferimento judicial do requerimento de inscrição nos cadastros, após consulta aos órgãos auxiliares – equipe interprofissional – e a manifestação do órgão de atuação do Ministério Público[32]. A fase judicial – que diz respeito ao procedimento propriamente dito tratado no artigo 165 e seguintes do ECA – pressupõe a intervenção jurisdicional que não tem natureza meramente homologatória de acordos de vontades, mas possui clara natureza constitutiva[33] para o fim de permitir a formação de novo vínculo de parentalidade-filiação relacionando o adotante e o adotando, com o enfoque maior na proteção integral dos interesses e direitos da criança e do adolescente[34]. É possível que o procedimento também envolva a destituição dos pais naturais do poder familiar a fim de permitir a constituição de novos vínculos em substituição. De se notar, mais uma vez, que a regra é a da excepcionalidade da colocação da criança ou do adolescente em família substituta (ECA, art. 19).

Como visto, há, portanto, dois momentos distintos que o ECA acentua para fins de estabelecimento do vínculo parental entre adotante e adotado. O primeiro momento reflete o exercício do direito fundamental à liberdade individual assegurado constitucionalmente – autonomia privada - que é a exteriorização da vontade da pessoa interessada em adotar. Logicamente que não havendo tal manifestação de vontade, não se pode iniciar qualquer procedimento judicial relativamente à eventual adoção de criança ou de adolescente. O segundo momento reflete exatamente a assistência que o Estado deve ter em relação à adoção, o que pressupõe a aferição da conveniência ou oportunidade da adoção, que atualmente exige a instauração de procedimento judicial para fins de apreciação do pedido de colocação da criança ou do adolescente em família substituta sob a modalidade de adoção.

29. LÔBO, Paulo. *Direito Civil*: famílias, *op. cit.*, p. 284.
30. DIAS, Maria Berenice. *Manual de direito das famílias*. 3. ed. São Paulo: RT, 2011, p. 507.
31. SILVA FILHO, Artur Marques da. *O regime jurídico..., cit.*, p. 105.
32. GAMA, Guilherme Calmon Nogueira da. Comentários ao art. 1.618. *In:* NANNI, Giovanni Ettore. *Comentários ao Código Civil:* Direito Privado contemporâneo. São Paulo: Saraiva, 2019, p. 2008.
33. "A adoção não se faz pela manifestação de vontade das partes, mas sim por decisão judicial, após cuidadoso exame, após um período de estágio. Observe-se, ainda, que a pessoa não estará adotando aos vinte e um anos, mas sim, requerendo a adoção" (ABREU, Jayme Henrique. Convivência familiar..., *cit.*, p. 146).
34. SILVA FILHO, Artur Marques da. *O regime jurídico..., cit.*, p. 129.

Quanto ao primeiro momento, o papel da vontade é fundamental, sendo elemento imprescindível para a constituição do vínculo da adoção. E, com relação ao segundo momento, há atividade realizada pelo Estado, no exercício da função administrativo-jurisdicional em razão da necessidade da apreciação judicial do requerimento de adoção[35]. Nesse sentido, tem-se afirmado que no modelo propugnado pela Constituição de 1988 e pelo ECA, empregou-se "uma concepção intermediária acerca da natureza jurídica da adoção, para considerar o consentimento das partes e a sentença judicial como elementos integrativos da sua constituição"[36]. O SNA é um sistema de informações que incorpora as informações alimentadas pelos juízes das Varas da Infância e da Juventude de todo o território nacional para permitir o cruzamento de dados e localização de pretendentes e crianças e adolescentes com vistas à possível adoção.

Aproveitando-se do modelo do instituto do casamento que é adotado no Brasil, pode-se considerar a semelhança da adoção e casamento como institutos jurídicos que exigem o consentimento dos interessados e a assistência do Poder Público para permitir a válida e regular constituição de novos estados civis relativamente às pessoas que se casaram e às pessoas que se tornaram pai/mãe e filho por força da adoção. Ainda, com raciocínio inverso: a dissolução do casamento por força do divórcio exige a manifestação de vontade do cônjuge interessado, mas também requer o procedimento necessário e obrigatório judicial – mesmo na hipótese de consenso entre os cônjuges – para o fim de desconstituir o vínculo matrimonial – ou a necessária escritura pública de divórcio consensual (desde o advento da Lei 11.441/07), e permitir que os ex-cônjuges passem a ter o estado civil de divorciado.

A respeito da fase administrativa (quanto ao requerimento de habilitação de pretendentes à adoção), as Leis 12.010/09 e 13.509/17 incluíram os arts. 197-A a 197-F ao ECA, inserindo uma série de exigências para o deferimento de habilitação, além de algumas consequências possíveis. A petição inicial para instauração do procedimento administrativo deve conter qualificação completa do postulante (ECA, art. 197-A), seus dados familiares, além de documentos (da situação familiar, da identificação civil, da situação financeira, do domicílio, da ausência de antecedentes criminais e de ações cíveis). Há intervenção obrigatória do Ministério Público nesse procedimento, com atribuição para formular quesitos à equipe interprofissional, requerer designação de audiência para oitiva do postulante e de testemunhas, requerer juntada de documentos complementares e realização de outras diligências (ECA, art. 197-B). Também há atuação obrigatória da equipe interprofissional a serviço da Justiça da Infância e da Juventude para elaboração de estudo psicossocial para identificação a presença de condições de exercício da parentalidade responsável, com participação obrigatória do pretendente em programa de preparação para a adoção (ECA, art. 197-C).No trabalho desenvolvido pela equipe interprofissional há a identificação do perfil da criança desejada pelo pretendente (informações sobre faixa etária, admissão de doenças congênitas e graves, gênero, raça, etc...), além da aceitação quanto à possibilidade de adoção de grupos de irmãos.

35. A doutrina, à unanimidade, tem se posicionado, corretamente, no sentido da natureza constitutiva da sentença que concede a adoção, no modelo do Estatuto da Criança e do Adolescente (ISHIDA, Válter Kenji. *Estatuto da Criança...*, *cit.*, p. 102; SILVA FILHO, Artur Marques da. *O regime jurídico...*, *cit.*, p. 62, entre outros).

36. SILVA FILHO, Artur Marques da. *O regime jurídico ...*, *cit.*, p. 62.

Após todas as providências acima referidas terem sido realizadas, será juntado o estudo psicossocial sobre o pretendente, com abertura de oportunidade de manifestação do Ministério Público e, em seguida, o juiz decidirá a respeito do requerimento (ECA, art. 197-D) e, em caso de deferimento, será promovida a habilitação nos cadastros estadual e nacional, caso em que sua convocação para fins de promover o processo judicial de adoção deverá seguir a ordem cronológica de habilitação (ECA, art. 197-E, *caput*), ressalvadas apenas as hipóteses de dispensa do cadastramento nas hipóteses excepcionais previstas no art. 50, § 13, do ECA (adoção unilateral, parente da criança ou do adolescente com vínculo de afinidade e de afetividade e guarda estatutária ou tutela de criança com mais de 3 anos de idade), caso em que tal solução excepcional seja a melhor para atender o interesse do adotando (ECA, art. 197-E, § 1º).

No caso de identificação da criança ou do adolescente com o perfil traçado pelo pretendente, este é contatado para ter informações sobre o histórico do possível adotando que, assim, pode manifestar interesse em conhecê-lo e, assim, possibilitando o início do estágio de convivência no prazo a ser fixado pelo juiz[37].

Caso o pretendente já constante do cadastro não venha a adotar dentro do prazo de 3 (três) anos a contar da sua habilitação, é obrigatória a renovação da habilitação, passando novamente pela avaliação da equipe multiprofissional (ECA, art. 1970-E, § 2º). Há prioridade nos cadastros de adoção a respeito dos pretendentes que se dispõem a adotar criança ou adolescente com deficiência, com doença crônica ou com necessidades específicas de saúde, ou grupo de irmãos (ECA, art. 50, § 15).

É preciso haver bastante cuidado na fase administrativa de habilitação, sendo que é devida a reavaliação da habilitação anteriormente deferida no caso de recusa injustificada, por três vezes, quanto à adoção de crianças ou adolescentes "indicados dentro do perfil escolhido", mesmo antes de decorrido o prazo de três anos da habilitação (ECA, art. 197-E, § 4º, na redação dada pela Lei 13.5089/17). Ademais, caso o pretendente desista da guarda da criança ou adolescente para fins de adoção, ou resolva não continuar com a criança ou o adolescente após o trânsito em julgado da sentença de adoção, ele será excluído automaticamente dos cadastros nacional e estadual de adoção (atualmente unificados no SNA do CNJ), salvo hipótese de decisão judicial que o mantenha, sem prejuízo das demais sanções cabíveis (ECA, art. 197-E, § 5º).

É oportuno destacar alguns dados obtidos no Diagnóstico sobre o SNA, conforme informações divulgadas pelo CNJ:

> Há no cadastro do SNA um total de 34.443 pretendentes dispostos a adotar, 2.008 pretendentes em processo de adoção e 9.887 pretendentes já adotaram alguma criança ou adolescente (Figura 15). Do total de pretendentes dispostos a adotar, aproximadamente 93,8% não estão vinculados a qualquer criança ou adolescente, ou seja, não foi possível realizar a vinculação automática desses pretendentes considerando o perfil desejado por eles com o perfil existente das crianças e adolescentes disponíveis para adoção. Apesar do elevado número de pretendentes, ainda há um total de 5.026 crianças e adolescentes disponíveis para adoção. As regiões sul e sudeste apresentam maior fluxo de adoção, con-

37. BARANOSHI, Maria Christina Rauch. *A adoção em relações homoafetivas*. 2. ed. Ponta Grossa: Editora UEPG, 2016. E-book Kindle.

centrando 72% das crianças e adolescentes disponíveis para adoção (Figura 16), 82% dos em processo de adoção e 70% dos adotados[38].

Os dados divulgados pelo CNJ correspondem ao período até maio de 2020, e dão conta de uma realidade que vem se protraindo no tempo acerca da maior dificuldade de ocorrer a adoção em razão do aumento da idade da criança, além da constatação de que o percentual de adolescente adotados é muito baixo. De acordo com os dados levantados, a região Sudeste concentra 32% do total de adoções realizadas, 49% das crianças e adolescentes em processo de adoção, 48% daqueles em acolhimento institucional ou familiar e 44% dos disponíveis para adoção. Entre as cinco regiões, a região Sul se destaca por ser a única a apresentar mais pretendentes disponíveis com preferência de etnia do que sem preferência: a região Sul apresenta crianças e adolescentes da etnia branca em 50% dos em processo de adoção, 58% dos em acolhimento e 45% dos disponíveis para adoção[39].

Na fase judicial, destaca-se, ainda, a previsão contida no ECA a respeito da manifestação de vontade do adolescente no que toca ao pedido de adoção formulado por alguém – com base no art. 45, § 2º -, mas com conotação e valor diferentes da vontade manifestada pelo interessado na adoção. Nos termos do art. 45, *caput*, do ECA, é fundamental o consentimento dos pais naturais do adotando para que a adoção possa ser concedida, mas tal requisito considerado isoladamente não é idôneo para que o juiz decida que há motivos legítimos e reais vantagens para o adotando com a adoção[40]. Assim, pode ocorrer de todos os interessados terem manifestado consentimento para a adoção, mas o juiz considera que não há motivos legítimos ou que a adoção não apresenta reais vantagens para o adotando e, desse modo, rejeita o pedido de adoção formulado. Vale, ainda, notar o perfil aberto da adoção em que se admite o pedido deduzido por qualquer pessoa, independentemente do estado civil, o que conduz à conclusão da busca de implementar a isonomia entre as famílias, sendo irrelevante o tipo de organização ou espécie de família que busca a integração da criança ou do adolescente.

Ao verificar a viabilidade da pretendida adoção, diante da presença dos requisitos genéricos e específicos a respeito do interesse do requerente, o juiz deverá determinar a realização de estudo social – ou, se for o caso e possível, de perícia – por equipe interprofissional ou perito, resolvendo sobre o estágio de convivência. O art. 45, do ECA, prevê a necessidade de *consentimento* dos pais ou do representante legal do adotando como requisito obrigatório para a adoção. Na realidade, não se trata propriamente de consentimento porquanto o estado de pai ou de mãe é irrenunciável, sendo que a lei exige a participação dos pais naturais do adotando para o fim, inclusive, de verificar a possibilidade de se manter o adotando na família natural. Tanto não é obrigatório o consentimento dos pais ou do representante legal do adotando que há a previsão da dispensa da participação deles se os pais forem desconhecidos ou tenham sido destituídos da autoridade parental, o que significa ser obrigatório o chamamento dos pais naturais – mas não a concordância com o pedido de adoção. Na eventualidade dos pais naturais

38. Disponível em: https://www.cnj.jus.br/wp-content/uploads/2020/05/relat_diagnosticoSNA.pdf, p. 25.
39. Disponível em: https://www.cnj.jus.br/wp-content/uploads/2020/05/relat_diagnosticoSNA.pdf, p. 55.
40. E, mesmo a falta de consentimento dos pais naturais não é impeditiva para a concessão da adoção, porquanto pode o juiz considerar que a hipótese é de decretar a destituição do pátrio poder relativamente a eles, e, mesmo na discordância deles, conceder a criança ou o adolescente em adoção.

dissentirem do requerimento de adoção formulado pelo interessado, deverá ser iniciado processo para fins de destituição dos pais naturais do poder familiar e, assim, permitir a adoção da criança ou do adolescente[41]. O tratamento legal dos requisitos formais – de índole acentuadamente procedimental – para fins de adoção culmina com a sentença prevista no art. 47, do ECA[42], após todo o iter percorrido, inclusive com maiores poderes instrutórios ao juiz para ter condições de avaliar a existência de motivos legítimos para a adoção, e que ela apresenta reais vantagens ao adotando, diante da impossibilidade dele prosseguir com sua família natural. Proferida a sentença concessiva da adoção estatutária, deverá ser expedido mandado que deve servir para cancelamento do primeiro registro civil da criança ou do adolescente, bem como para lavratura de novo assento de nascimento, não se podendo fornecer qualquer certidão a esse respeito.

Desde a criação do SNA, há a perspectiva de aproveitamento da sua base de dados para emprego na identificação dos perfis das crianças e adolescentes para fins de aproximação dos pretendentes à adoção, viabilizando o início das medidas tendentes à efetivação da adoção. No período anterior à criação do SNA, havia a possibilidade de critérios distintos para a convocação concreta do pretendente à adoção, pois "cada Estado e/ou Comarca tem critérios próprios, seja a ordem cronológica, como a avaliação das condições do adotante, a exemplo, se já possuem filhos, entre outros"[43].

Com os dados reunidos numa única plataforma – a do SNA -, o CNJ viabiliza que a procura da criança ou adolescente seja feita inicialmente no Município do pretendente; caso não haja localização de qualquer criança com o perfil indicado, a procura se estende ao Estado do pretendente; e, finalmente, em todo o território nacional. A ideia é a de, com a identificação da criança ou do adolescente que se adeque ao perfil desejado, o sistema de justiça fará contato com o pretendente. Se tal contato não for realizado de fato, o SNA mandará um e-mail para o pretendente informando-lhe a respeito da localização da criança ou adolescente com o perfil desejado e, assim, ele pode procurar o setor próprio para manter o primeiro contato com o adotando[44]. Além disso, o SNA também permite que o pretendente possa ser informado automaticamente sobre sua posição na fila de adoção, além de atualizar dados sobre seu atual domicílio, como qualquer outra alteração importante.

Diante dos critérios estabelecidos no ECA a respeito da viabilidade de os pretendentes indicarem o perfil da criança ou do adolescente que pretendem adotar, bem como da prioridade legal em favor dos pretendentes à adoção de crianças com deficiência, com doença crônica ou com necessidades específicas, ou de grupo de irmãos, surge o aspecto no qual a tecnologia pode auxiliar para permitir a identificação dos perfis, ao menos para proporcionar o início do processo de adoção com a fase judicial-administrativa visando à obtenção da sentença constitutiva do vínculo.

---

41. SILVA FILHO, Artur Marques da. *O regime jurídico...*, *cit.*, pp. 133-134.
42. "Em razão da seriedade e da profundidade do instituto, não se faz a adoção por uma mera manifestação de vontade, por escritura pública, como se pode fazer a prevista no Código Civil. Por determinação do art. 47 o vínculo da adoção se constitui por sentença judicial, que produzirá seus efeitos após o trânsito em julgado..." (ABREU, Jayme Henrique. Convivência familiar ..., *cit.*, p. 150). Tal comentário se justificou à luz do Código Civil de 1916, mas desde 2003 não existe mais adoção por escritura pública no Brasil, nem mesmo adoção de pessoa adulta.
43. BARANOSHI, Maria Christina Rauch. *A adoção em relações homoafetivas*. 2. ed. Ponta Grossa: Editora UEPG, 2016. E-book Kindle.
44. Disponível em: https://arte.estadao.com.br/brasil/adocao/criancas/. Acesso em: 14 set. 2020.

4. UTILIZAÇÃO DE ALGORITMOS DE INTELIGÊNCIA ARTIFICIAL PARA APERFEIÇOAR O SISTEMA DE ADOÇÃO

Como visto até aqui, o SNA já passou por um processo de automatização, sem que, no entanto, até este momento, tenham sido implementadas técnicas de Inteligência Artificial. O sistema atual, por mais automatizado que seja, ainda depende de uma atuação humana, isto é de um agente público – normalmente do Juizado da Infância e da Juventude – que realize a vinculação entre os postulantes a adoção e as crianças e adolescentes, após a verificação dos requisitos de compatibilidade. Como regra geral, uma vez identificada a compatibilidade (que deve ser absoluta) entre as variáveis presentes nos questionários e formulários, passa-se à perquirição dos postulantes cronologicamente mais antigos, que, salvo exceções legais, possuirão prevalência hierárquica.

A automação que existe atualmente é, portanto, absoluta e não se baseia em modelos preditivos. Ou seja: só é possível haver vinculação entre "ambos os lados" se houver compatibilidade completa, que é verificada por um agente humano. Além disso, as variáveis existentes hoje são muito diminutas e ainda se voltam muito mais aos postulantes a adoção, que respondem, por exemplo, sobre quais idades buscam, além da etnia, e da possibilidade de adotar irmãos. É, claramente, ainda um sistema mais voltado a atender aos interesses dos postulantes a adoção. Por outro lado, não se muda o sistema jurídico apenas com alterações na legislação e no processo judicial de adoção, mas sim com uma mudança cultural, daí a previsão legal acerca da realização de cursos e outras atividades voltadas aos adultos para fins de possibilitarem sua preparação para o momento da adoção.

Surge então o questionamento: seria possível recorrer à Inteligência Artificial para aprimorar este processo?

Colhe-se da experiência dos Estados Unidos da América, como se verá mais adiante, interessante exemplo da aplicação de algoritmos que se valem dessa tecnologia no processo de adoção. A ideia por trás disso é que os algoritmos seriam capazes de prever com maior acurácia a compatibilidade entre as duas pontas – adultos adotantes e crianças (ou adolescentes) adotados -, reduzindo potencialmente as taxas de "devolução" de adotados. No entanto, para o correto funcionamento de tais modelos preditivos, os algoritmos de Inteligência Artificial dependeriam de muito mais dados para municiar a análise do que aqueles que são oferecidos hoje na realidade dos sistemas de adoção no Brasil.

O desenvolvimento da Inteligência Artificial caminha para distanciá-la dos algoritmos tradicionais de computação, a fim de que ela se torne cada vez mais independente. Isto é, um algoritmo tradicional opera segundo comandos específicos, que dirigem a sua atuação. O salto das técnicas mais avançadas de Inteligência Artificial é fazer com que o algoritmo treine a si próprio, sendo essa a base da técnica conhecida como *machine learning* ou "aprendizado de máquina": a partir da habilidade de acumular experiências pessoais, este recurso permite que a IA aja de maneiras diversas diante de situações idênticas, porque carrega em seu código o aprendizado das ações performadas anteriormente. Tal como ocorre com a experiência de aprendizado humana, guardadas as devidas proporções, a máquina aprende com base em seus atos, ou seja, seus erros e acertos modelam seu agir futuro.[45]

O *machine learning* refere-se, pois, a essa capacidade de um sistema de melhorar a sua performance em uma tarefa com o passar do tempo, e, usualmente, envolve o reconhecimento de padrões em base de dados, embora as funcionalidades do aprendizado de máquina possam ir além. Grande parte dessas técnicas subjacentes ao *machine learning* já estava disponível há décadas: o recente *boom* na tecnologia veio da combinação de computadores muito mais rápidos com uma quantidade imensa de dados.[46] Esse avanço na capacidade de processamento, associado ao aumento na quantidade de dados, conduz a um ganho exponencial na capacidade dos algoritmos.[47-48]

Antes do advento da Inteligência Artificial, tudo o que um programa de computador era capaz de fazer dependia unicamente da determinação de um algoritmo específico, isto é, de uma sequência de instruções (exemplo: se A ocorrer, então faça B).[49] A programação de computadores resumia-se "ao processo de descrever, detalhadamente, todas as etapas necessárias para que um computador realizasse determinada tarefa e alcançasse um determinado objetivo".[50-51]

O grande avanço trazido pela IA está na sua criatividade, isto é, os algoritmos que se valem dessa ferramenta tecnológica não dependem mais de instruções minuciosamente dadas por seus programadores: são capazes de desenvolver, por si só, "a habilidade de desempenhar ações e chegar a resultados que os seus criadores não eram capazes de alcançar ou prever."[52] Desse modo, a IA age como verdadeiro autodidata: acumula experiências e delas extrai lições, o que a permite agir de maneiras diversas em face de uma mesma situação. Como consequência, quando a essas Inteligências Artificiais mais aprofundadas é dado um problema para resolverem,[53]

> seus desenvolvedores não fornecem um algoritmo específico que descreve o passo a passo para alcançar a solução. Ao contrário, é fornecida, apenas, uma descrição do problema em si, o que permite à IA construir o caminho para chegar a uma solução, ou seja, a tarefa da IA é buscar por uma solução por meio do seu próprio aprendizado.[54]

---

45. ČERKA, Paulius; GRIGIENĖ, Jurgita; SIRBIKYTĖ, Gintarė. Liability for damages caused by Artificial Intelligence. *Computer Law & Security Review*, Elsevier, v. 31, n. 3, p. 376-389, jun. 2015, p. 378.
46. CALO, Ryan. Artificial Intelligence Policy: A Primer and Roadmap. *In: University of California, Davis*, v. 51:399, 2017, p. 405.
47. CALO, Ryan. Artificial Intelligence Policy, *cit.*, p. 405.
48. AWAD, Mariette; KHANNA, Rahul. *Efficient Learning Machines*: theories, concepts and applications for engineers and system designers. Nova York: Apress Open, 2015, pp. 1-2.
49. PIRES, Thatiane Cristina Fontão; SILVA, Rafael Peteffi da. A responsabilidade civil pelos atos autônomos da inteligência artificial: notas iniciais sobre a resolução do Parlamento Europeu. *Rev. Bras. Polít. Públicas*, Brasília, v. 7, n. 3, 2017, p. 241.
50. PIRES, Thatiane Cristina Fontão; SILVA, Rafael Peteffi da. A responsabilidade civil pelos atos autônomos da inteligência artificial, *cit.*, p. 241.
51. SHOOK, Jim; SMITH, Robyn; ANTONIO, Alex. Transparency and Fairness in Machine Learning Applications. *In: Tex, A & M J. Prop. L.*, v. 4, 2018, p. 447-448.
52. PIRES, Thatiane Cristina Fontão; SILVA, Rafael Peteffi da. A responsabilidade civil pelos atos autônomos da inteligência artificial, *cit.*, p. 242.
53. PIRES, Thatiane Cristina Fontão; SILVA, Rafael Peteffi da. A responsabilidade civil pelos atos autônomos da inteligência artificial, *cit.*, p. 242.
54. PIRES, Thatiane Cristina Fontão; SILVA, Rafael Peteffi da. A responsabilidade civil pelos atos autônomos da inteligência artificial, *cit.*, p. 242.

Isso faz com que o agir da Inteligência Artificial se torne, com frequência, imprevisível até mesmo para quem a programou e desenvolveu. E quanto mais complexa for uma IA, mais imprevisível e ininteligível ela será.[55]Além disso, esses novos algoritmos são dotados de verdadeira "onisciência diacrônica", na expressão de Andrejevic e Burdon[56], ou seja, "quando se reúnem dados suficientes, torna-se possível, além de aplicar algoritmos preditivos do futuro, capturar também o passado."[57]

Esse poder preditivo da IA pode ser aplicado para diversas finalidades: desde o direcionamento de policiamento a determinada zona urbana para o combate de infrações penais, até a ocorrência de atos terroristas, passando pela função de aproximação de perfis em aplicativos de relacionamento. A lógica aqui no funcionamento dos algoritmos de Inteligência Artificial para a adoção de crianças e adolescentes seria muito semelhante àquela utilizada nesses aplicativos, que traçam perfis completos (técnicas de *profiling*) entre as pontas, atuando numa lógica de "*matchmaking*", que aproximam pessoas com base em taxas e índices de que os encontros resultarão em pessoas compatíveis entre si.

Nos Estados Unidos da América, tornou-se conhecido o caso do programa *Family--Match* que, na definição colhida de seu sítio eletrônico, afirma que "torna mais fácil para famílias amorosas adotarem ou criarem crianças", já que seus dados lhe "permitem descobrir e combinar famílias e crianças compatíveis, o que aumenta a estabilidade do posicionamento e alcança melhores resultados para todos." Segundo a descrição, para as famílias, a plataforma explora "características como personalidade, adaptação conjugal, expectativas e muito mais." Já para as crianças, consideram "a experiência anterior de adoção, comportamentos e fatores de resiliência, entre outros." Os dados que a plataforma coleta "tanto da família quanto da criança informam uma compatibilidade familiar e ajudam o maior número de famílias a proporcionar estabilidade e permanência para as crianças."[58]

Ou seja, o que a plataforma tenta fazer é prever compatibilidades com maior acurácia, de modo a facilitar os "*matches*" entre os postulantes a adoção e as crianças e adolescentes. Importa ressaltar, contudo, que a plataforma apenas municia com dados pessoas humanas, normalmente assistentes sociais, que farão uma análise dos seus resultados para que, com isso, possam buscar a aproximação entre as partes do processo de adoção.

Diante disso, não se pode perder de vista, que por mais autônoma que a IA aplicada neste contexto seja, ela jamais poderá conduzir a uma vinculação entre postulantes e

---

55. KNIGHT, Will. The Dark Secret at the Heart of AI. *In: MIT Technology Review*. Disponível em: https://www.technologyreview.com/s/604087/the-dark-secret-at-the-heart-of-ai/Acesso em 04 out. 2019.
56. ANDREJEVIC, Mark; BURDON, Mark. Defining the Sensor Society. *Television & New Media*, 16, n. 1, jan.2015, p. 30.
57. MORAIS, José Luis Bolzan de; NETO, Elias Jacob de Menezes. Análises computacionais preditivas como um novo biopoder: modificações do tempo na sociedade dos sensores. *Revista Novos Estudos Jurídicos* – Eletrônica, v. 24, n. 3, set-dez. 2018, p. 1135.
58. No original: "Family-Match makes it easier for loving families to adopt or foster kids. Our data allows us to discover and match compatible families and kids, which increases placement stability and achieves better outcomes for everyone. For families, we explore characteristics such as personalities, marital adjustment, expectations, and more. For kids, we consider previous foster experience, behaviors, and resiliency factors, among others. The data we gather from both the family and the child informs a family match, and helps the greatest number of families provide stability and permanency for children." Disponível em: https://www.family-match.org/ Acesso em: 20 set. 2020.

adotados que prescinda da participação de uma pessoa humana. Dito de outro modo: os algoritmos servem apenas como mais uma ferramenta para o processo decisório, mas, sob nenhuma hipótese, substituem o agir e a sensibilidade humanas, fundamentais neste processo.

Diversamente do que ocorre hoje no sistema brasileiro, esse tipo de modelo preditivo baseia-se em análises estatísticas e probabilísticas, de tal sorte que não é preciso que haja coincidência total entre os requisitos. Além disso, é preciso colher muito mais dados do que aqueles que são fornecidos hoje nos formulários e questionários. Isso porque é preciso traçar um perfil complexo e minucioso dos postulantes e dos adotáveis, que permitirá que o algoritmo busque identificar os padrões e as compatibilidades.

O *Family-Match* foi lançado em 2018 pela Adoption-Share e foi desenvolvido por Gian Gonzaga e Heather Setrakian, que eram pesquisadores da eHarmony, que atua no segmento de encontros *online*. Interessante pontuar que assistentes sociais preenchem os formulários sobre as crianças, mas que as mais velhas também participam desta etapa. Os dados da criança são inseridos então no algoritmo e, ao se identificar um *score* de compatibilidade, o assistente social entra em contato com a família.[59]

Segundo reportagem do The Wall Street Journal, no primeiro ano de operação do programa no estado da Flórida, os resultados se mostraram promissores. De 800 crianças disponíveis para adoção, o programa conseguiu nesse período realizar 91 *matches*, sendo que 6 deles resultaram em adoções. A média de tempo para os *matches* também impressiona: cerca de dois meses, o que acelerou o processo comparado ao tempo habitual de espera naquela localidade. Ainda segundo a reportagem, uma das vantagens do programa é que ele inclui famílias de toda a Flórida, o que é um avanço, levando-se em consideração que o modelo tradicional era geograficamente mais restrito e limitado.[60]

Observa-se, desde já, duas diferenças importantes para o sistema que atualmente vige no Brasil: a inexistência de um critério absoluto de cronologia e a prescindibilidade de *matches* completos nos itens do formulário. Diversamente do que ocorre hoje no sistema brasileiro, esse tipo de modelo preditivo baseia-se em análises estatísticas e probabilísticas, de modo que não é preciso que haja coincidência total entre os requisitos. No entanto, alguns requisitos básicos poderiam ser limitadores, como por exemplo: idade, etnia e o critério da criança sozinha ou com irmãos. Isso é, o algoritmo poderia ser programado de modo a não apontar compatibilidades quando houver fatores limitantes como idade, etnia ou a possibilidade de adoção de mais de uma criança ao mesmo tempo.

Como se pode notar, no atual sistema brasileiro, o principal óbice à introdução de modelo semelhante de Inteligência Artificial está na obrigação de ordem cronológica para as adoções, o que poderia ser contornado por meio de mudança na legislação ou, eventualmente, por argumentação jurídica que levasse em conta o melhor interesse da criança, ao demonstrar que a compatibilidade de personalidades detectada pelos algoritmos de Inteligência Artificial poderia ser mais eficiente para o seu bem-estar e desenvolvimento que eventual ordem cronológica do cadastro de postulantes a adoção.

59. RILEY, Naomi Schaefer. Adoptions Powered by Algorithms. *In: The Wall Street Journal*, 04 jan. 2019. Disponível em: https://www.wsj.com/articles/adoptions-powered-by-algorithms-11546620390 Acesso em: 20 set. 2020.
60. RILEY, Naomi Schaefer. Adoptions Powered by Algorithms, *cit*.

Ressalta-se, desde já, no entanto, que a presença humana é imprescindível mesmo nesse sistema automatizado, devendo-se ainda lançar olhares atentos para a proteção dos dados pessoais coletados e tratados neste processo, porque, nos termos do artigo 5º, inciso II, da Lei Geral de Proteção de Dados Pessoais, muito provavelmente tais dados serão sensíveis e se destinarão à formação de perfis de adotantes e adotados. Contudo, esse não parece ser um entrave tão grande, pois já hoje o SNA conta com um nível de proteção de dados pessoais extremamente profícuo, com possibilidade até mesmo de controle de telas dos usuários que acessaram e modificaram o sistema, o que fica registrado para eventual sindicância posterior.

5. À GUISA DE CONCLUSÃO: USO DE ALGORITMOS PARA FINS DE ADOÇÃO À LUZ DO DIREITO BRASILEIRO?

À luz de tudo o que foi apresentado, resta indagar: seria possível inserir semelhante tecnologia algorítmica no processo de adoção no Brasil? Por certo, como já afirmado anteriormente, há que se considerar fundamentalmente três pontos principais, que nortearão este debate: (i) a possibilidade de se superar o critério cronológico; (ii) a necessidade de haver na programação do algoritmo a imposição de variáveis absolutas, tais como idade, etnia e adoção simultânea; e, por fim, (iii) a imperiosa necessidade de participação humana no processo de análise dos resultados de compatibilidade apontados pelos algoritmos.

Uma primeira constatação a ser alcançada é a de que os avanços tecnológicos – se bem empregados e à luz de valores éticos – podem (e devem) servir para o aperfeiçoamento do sistema jurídico, inclusive no que se refere à possibilidade de constituição de vínculos familiares, tal como se verifica na adoção. Conforme se expôs durante o desenvolvimento deste estudo, o SNA criado pelo Conselho Nacional de Justiça não incorporou o uso de algoritmos para fins de adoção no Direito brasileiro.

Buscando encaminhar possíveis soluções para os três pontos acima mencionados, revela-se admissível o uso de algoritmos para fins de facilitação e agilização da adoção no âmbito do sistema jurídico nacional. Para tanto, será possível a superação do critério cronológico quanto à inscrição dos pretendentes no SNA, levando em consideração os aspectos referentes ao atendimento ao melhor interesse da criança e do adolescente e à priorização dos seus interesses. Acerca deste primeiro ponto, é recomendável a alteração do ECA na parte referente ao SNA (cadastros previstos no ECA) de modo a deixar evidenciada a possibilidade da superação do critério cronológico, como foi defendido neste trabalho e, para tanto há necessidade de alteração pontual da legislação estatutária. Mas, mesmo de *lege lata*, é possível alcançar a conclusão sobre a possibilidade da superação do critério cronológico no trabalho de interpretação e aplicação das normas vigentes do ECA que prestigiam a solução que melhor atenda aos interesses dos adotandos, conforme argumentos anteriormente expostos.

A respeito do segundo ponto, parece não haver dificuldade operacional para que, na implantação da tecnologia algorítmica no processo de adoção haja a programação do algoritmo com a imposição de variáveis absolutas referentes aos critérios de idade, etnia, adoção simultânea (ou não), entre outras. Tais circunstâncias não alterariam a concepção atual quanto à prevenção da denominada adoção *intuitu personae*, já que ela é restrita às hipóteses legalmente previstas. Neste particular, não haveria necessidade de qualquer mudança legislativa e de interpretação das normas do sistema jurídico brasileiro a respeito da adoção, tal como previsto no ECA. A respeito deste segundo ponto, a única medida que possivelmente seria recomendável é a encampação da ideia do uso de algoritmos no SNA pelo Conselho Nacional de Justiça com a edição de ato normativo a esse respeito, para o fim de viabilizar a uniformização da implementação da IA no âmbito do processo de adoção.

Finalmente, quanto ao terceiro e último ponto de reflexão, o possível modelo de uso dos algoritmos para fins de adoção no Brasil não excluirá a efetiva atuação de pessoa humana na atividade de análise dos resultados de compatibilidade alcançados pelo uso dos algoritmos nesse processo. Tal como sugerido acerca do segundo ponto, também nesta terceira questão, não haveria necessidade de alteração legislativa no ECA ou em qualquer outro texto normativo no Brasil, mas sim de implementação de medidas tendentes à dar efetividade aos comandos normativos a respeito da tutela especial e diferenciada à criança ou ao adolescente quanto à maior agilidade e adequação das adoções para mudar a situação atual no âmbito da realidade brasileira.

A proposta ora lançada à comunidade jurídica – a de considerar admissível o uso dos algoritmos para fins de agilização e maior efetividade do processo de adoção – concilia os avanços científicos e a maior proteção das pessoas mais vulneráveis no modelo contemporâneo do processo de adoção no âmbito do Direito brasileiro. No fim das contas, cuida-se de atentar para a necessidade de mudança dos instrumentos viabilizadores da adoção no Brasil buscando maior agilização no seu processo e, simultaneamente, a maior probabilidade de êxito na identificação do perfil de adotantes que realmente tenha condições de atender ao melhor interesse da criança e do adolescente no Brasil.

6. REFERÊNCIAS

ABREU, Jayme Henrique. Convivência familiar: a guarda, tutela e adoção no Estatuto da Criança e do Adolescente. *In:* PEREIRA, Tânia da Silva (Coord.). *Estatuto da Criança e do Adolescente:* Estudos Sócio-Jurídicos. Rio de Janeiro: Renovar, 1992.

ANDREJEVIC, Mark; BURDON, Mark. Defining the Sensor Society. *Television & New Media*, 16, n. 1, jan. 2015.

AWAD, Mariette; KHANNA, Rahul. *Efficient Learning Machines*: theories, concepts and applications for engineers and system designers. Nova York: Apress Open, 2015.

BARANOSHI, Maria Christina Rauch. *A adoção em relações homoafetivas*. 2. ed. Ponta Grossa: Editora UEPG, 2016. E-book Kindle.

BARBOZA, Heloisa Helena. *A filiação em face da inseminação artificial e da fertilização 'in vitro'*. Rio de Janeiro: Renovar, 1993.

CALO, Ryan. Artificial Intelligence Policy: A Primer and Roadmap. *In: University of California, Davis*, v. 51:399, 2017.

CARVALHO, Márcia Lopes de. O cuidado e o direito de ser na adoção e as bases biológicas do DNA da alma. *In:* PEREIRA, Tânia da Silva; OLIVEIRA, Guilherme de; COLTRO, Antônio Carlos Mathias (Coords.). *Cuidado e o direito de ser:* respeito e compromisso. Rio de Janeiro: GZ Editora, 2018.

ERKA, Paulius; GRIGIEN ,Jurgita; SIRBIKYT , Gintar . Liability for damages caused by Artificial Intelligence. *Computer Law & Security Review*, Elsevier, v. 31, n. 3, p. 376-389, jun. 2015.

CURY, Munir. Mutação jurídica. *In:* RIVERA, Deodato *et allii*. Brasil criança urgente: a lei. *Coleção pedagogia social*, v. 3. São Paulo: Columbus, 1990.

DIAS, Maria Berenice. *Manual de direito das famílias*. 3. ed. São Paulo: RT, 2011.

FACHIN, Luiz Edson Fachin. *Elementos críticos de direito de família*. Rio de Janeiro: Renovar, 1999.

GAMA, Guilherme Calmon Nogueira da. *A Nova Filiação*. Rio de Janeiro: Editora Renovar, 2003.

GAMA, Guilherme Calmon Nogueira da. Comentários ao art. 1.618. *In:* NANNI, Giovanni Ettore. *Comentários ao Código Civil:* Direito Privado contemporâneo. São Paulo: Saraiva, 2019.

ISHIDA, Válter Kenji. *Estatuto da Criança e do Adolescente:* doutrina e jurisprudência. 2. ed. São Paulo: Atlas, 2000.

KNIGHT, Will. The Dark Secret at the Heart of AI. *In: MIT Technology Review*. Disponível em: https://www.technologyreview.com/s/604087/the-dark-secret-at-the-heart-of-ai/ Acessoem 04 out. 2019.

LEITE, Eduardo de Oliveira. *Temas de direito de família*. São Paulo: RT, 1994.

LISBOA, Sandra Maria. *Adoção no Estatuto da Criança e do Adolescente*. Rio de Janeiro: Forense, 1996.

LÔBO, Paulo. *Direito Civil*: famílias. 3. ed. São Paulo: Saraiva.

MERCHANTE, Fermín Raúl. *La adopción*. Buenos Aires: Depalma, 1993.

MORAIS, José Luis Bolzan de; NETO, Elias Jacob de Menezes. Análises computacionais preditivas como um novo biopoder: modificações do tempo na sociedade dos sensores. *Revista Novos Estudos Jurídicos* – Eletrônica, v. 24, n. 3, set-dez. 2018.

NOGUEIRA, Paulo Lúcio. *Estatuto da Criança e do Adolescente Comentado*. São Paulo: Saraiva, 1991.

PIRES, Thatiane Cristina Fontão; SILVA, Rafael Peteffi da. A responsabilidade civil pelos atos autônomos da inteligência artificial: notas iniciais sobre a resolução do Parlamento Europeu. *Rev. Bras. Polít. Públicas*, Brasília, v. 7, n. 3, 2017.

RILEY, Naomi Schaefer. Adoptions Powered by Algorithms. *In: The Wall Street Journal*, 04 jan. 2019. Disponível em: https://www.wsj.com/articles/adoptions-powered-by-algorithms-11546620390 Acesso em: 20 set. 2020.

RIVERA, Deodato. A meta-síntese. *In:* RIVERA, Deodato *et allii*. *Brasil criança urgente: a lei. Coleção pedagogia social*, v. 3. São Paulo: Columbus, 1990.

SHOOK, Jim; SMITH, Robyn; ANTONIO, Alex. Transparency and Fairness in Machine Learning Applications. *In: Tex, A & M J. Prop. L.*, v. 4, 2018.

SILVA FILHO, Artur Marques da. *O regime jurídico da adoção estatutária*. São Paulo: RT, 1997.

SOUZA, Myriam Vasconcelos. Adoção *intuitu personae* à luz do Estatuto da Criança e do Adolescente. *In:* WAMBIER, Teresa Arruda Alvim (Coord.). *Direito de família:* aspectos constitucionais, civis e processuais. v. 3. São Paulo: Revista dos Tribunais, 1993.

TAVARES, José de Farias. *Comentários ao Estatuto da Criança e do Adolescente*. 2. ed. Rio de Janeiro: Forense, 1995.

TEPEDINO, Gustavo. A tutela jurídica da filiação: aspectos constitucionais e estatutários. *In:* PEREIRA, Tânia da Silva (Coord.). *Estatuto da criança e do adolescente:* estudos socio-jurídicos. Rio de Janeiro: Renovar, 1992.

VELOSO, Zeno. *Direito brasileiro da filiação e paternidade*. Belo Horizonte: Del Rey, 1997.

WEBSITES

https://coad.jusbrasil.com.br/noticias/2999101/adocao-exigencia-quanto-ao-perfil-da-crianca-e-o-principal-entrave, Acesso em: 14 set. 2020.

https://www.cnj.jus.br/wp-content/uploads/2020/05/relat_diagnosticoSNA.pdf, Acesso em: 14 set. 2020.

https://arte.estadao.com.br/brasil/adocao/criancas/, Acesso em: 14 set. 2020.

https://www.family-match.org/ Acesso em: 20 set. 2020.

36

ALGORITMOS EN LA VIDA COTIDIANA: APPS, GADGETS Y DEPENDENCIA TECNOLÓGICA

Borja Muntadas

Profesor de Filosofía Moderna y Contemporánea en La Salle, Universidad de Barcelona y Universidad Oberta de Catalunya. *Es autor de Inmediatez. Capitalismo y vidas aceleradas*. Chiado Editorial. Lisboa, 2016; y coautor, junto a Mayos y Walmott, de *La jaula del tiempo. Aspectos sociopolíticos de la aceleración contemporánea*, LAECC. Uberlandia, 2020. Coordina el Laboratorio Capitalismo y Temporalidad, en el que se imparten cursos y seminarios. Profesor invitado en la Universidad Federal de Uberlandia, Brasil.

1. INTRODUCCIÓN: LA FUNCIÓN RETICULAR DE LA TECNOLOGÍA

¿El carácter reticular de la organización técnica confiere a la tecnología digital, a los dispositivos móviles y las apps una capacidad de condicionar el obrar humano? Si el conjunto de dispositivos tecnológicos teje una red, tan solo nos quedan dos opciones: la primera, mantenernos al margen, como de hecho sostienen algunas posiciones conservadoras,[1] la segunda, "conectarse con la red, adaptarse a ella, participar en ella",[2] como ya defendió a finales de los años '50 Simondon y también hoy Dona Haraway.[3] Parece bastante evidente que hoy la primera no es una opción posible; quizás sea más plausible decantarse por la segunda; ahora bien, ¿en qué sentido podemos decir que nos adaptamos? Entendemos "adaptación" no como la sumisión del individuo a la red y la tecnología, sino como el *espacio intersticial* en el que tanto el individuo como la red se transforman para encontrarse y conectarse, y crear sinergias tales que permitan una reapropiación profunda del deseo de vivir.

El hecho de pensar la tecnología bajo el prisma de la reticularidad, esto es, de los dispositivos técnicos integrados, nos permite abandonar el paradigma aristotélico del hilemorfismo; es decir, abandonar la idea altamente extendida de que las tecnologías digitales deben entenderse como poco más que simples herramientas que permiten intercambiar datos y coordinar la interacción humana. Debemos pensar el fenómeno

1. HAN, Byung-Chul. *La sociedad de la transparencia*. Barcelona: Herder, 2013.
2. SIMONDON, Gilbert. *El modo de existencia de los objetos técnicos*. Buenos Aires: Prometeo Libros, 2018, p. 237.
3. HARAWAY, Donna. *Manifiesto para cyborgs*. Ciencia, tecnología y feminismo socialista a finales del siglo XX. Buenos Aires: Editorial Infinito, 2018, p. 40-62.

tecnológico como un ecosistema, del que el individuo humano forma parte como una agente principal. La imagen para la ciencia del siglo XXI es la Red Dinámica. Las redes carecen de centro, son una multitud de puntos conectados con otros puntos; una tela de araña a través de la cual todo está inevitablemente conectado: "La red representa todos los circuitos, toda la inteligencia, toda la interdependencia, toda cosa económica, social, ecológica, toda comunicación, toda democracia, todo grupo, todo sistema de gran tamaño".[4] Dicho de otra manera: los dispositivos tecnológicos no son una herramienta para un determinado fin (su utilidad). La red es una multiplicidad de seres vivos y artificiales, de humanos y máquinas, que realizan un conjunto de acciones, gracias a determinados procedimientos, que hacen posible su interconexión e interoperación. Cuando uno no se adapta a los procedimientos establecidos y no sigue las reglas de juego, simplemente no está jugando. "Si uno no reacciona ante ciertos estímulos de una forma que no se ajuste al protocolo, no pertenece a la red. El comportamiento de las personas que son parte de una red no es aleatorio como los movimientos de la multitud, porque la red implica y preestablece caminos para el internauta."[5] De esta forma como apunta Stiegler,

> "El sistema técnico entra regularmente en evolución y hace caducar a los otros sistemas que estructuran la cohesión social. El devenir técnico es originariamente un desgarramiento y la sociogénesis es lo que la tecnogénesis se reapropia. Pero la tecnogénesis va estructuralmente por delante de la sociogénesis -la técnica es invención y la invención es novedad-, y el ajuste entre la evolución técnica y la tradición social siempre conoce momentos de resistencia porque, dependiendo de su alcance, el cambio técnico conmociona más o menos los parámetros definidores de toda cultura".[6]

Lo técnico no se opone a lo humano; uno y otro están ligados por lo que Simondon llamó relación transductiva: un término no puede existir sin el otro, y entre ellos se mantiene una relación de tensión. Recientemente son muchos los sociólogos y pensadores que han puesto de relieve esta tensión. Es precisamente esta tensión la que empuja la evolución de un sistema y otro. Esta tensión, diferente en cada época, insiste Stiegler, es el tiempo. Dicho así, el tiempo es un dispositivo que conecta uno y otro sistema de acuerdo con un grado de tensión configurando un ecosistema que los integra. Nada hay de inevitable en el modo en que la tecnología evoluciona y se utiliza en las prácticas temporales cotidianas. "Así, la tecnología puede concebirse como un producto sociotécnio, modelado por las condiciones de su creación y uso."[7] La idea es que lo técnico no es reducible a lo social, ni lo social es reducible a lo técnico. De tal manera que un dispositivo no es solo una cosa, sino también lo que la gente hace con él. El avance técnico *abre* la extensión temporal como tal. Esta extensión temporal toma la forma de la aceleración y la inmediatez.

---

4. KELLY, Kevin. *Out of control*: the new biology of machines, social systems, and the economic world. New York: Basic Books, 1995, p. 25-26.
5. BERARDI, Franco. *Fenomenología del fin*. Sensibilidad y mutación conectiva. Buenos Aires: Caja Negra, 2017, p. 240.
6. STIEGLER, Bernard. *La técnica y el tiempo II*. La desorientación. Hondarribia: Hiru, 2002, p. 8.
7. WAJCMAN, Judy. *Esclavos del tiempo*. Vidas aceleradas en la era del capitalismo digital. Barcelona: Paidós, 2017, p. 52.

2. EL NUEVO INDIVIDUO HÍBRIDO

Desde hace más de medio siglo se viene produciendo una mutación en el mundo de la técnica: si bien hasta los años 50 del siglo pasado las máquinas estaban estrechamente ligadas al ámbito del trabajo, la técnica ha ido asumiendo, de forma cada vez más rápida y racional, la función de gobernar a los seres vivos. La era de la mecánica industrial se ha ido sustituyendo progresivamente por operaciones computacionales desplegadas a gran escala, imponiendo un modelo de gestión electrónica de la sociedad. Se trata, en definitiva, de establecer una administración más precisa de las poblaciones, de cartografiar sus componentes y fluctuaciones, y de conservar archivos fácilmente accesibles bajo la forma de bases de datos digitalizadas. Esta primera etapa fue determinante para la informatización progresiva de las sociedades, que culminaría a finales de los ochenta. A esta etapa le sucedió otra, que se caracterizaría por la superposición entre la interconexión digital y la madurez algorítmica, "[…] que construyó un conocimiento artificial dinámico capaz de recoger, filtrar y distribuir para entidades e individuos el conjunto de flujos considerados pertinentes".[8] Este proceso culmina con la aparición del smartphone. Su aparición instaura un nuevo vínculo entre el individuo y el dispositivo. En su gran mayoría, en el pasado reciente, los objetos técnicos mantenían un vínculo estrictamente funcional con sus usuarios, sin embargo, el smartphone ofrece un depósito cognitivo altamente indeterminado y virtualmente inagotable, capaz de ajustare a toda coyuntura espacio-temporal.[9] La composición algorítmica del software que integran los smartphones elabora funcionalidades complejas, que permiten responder ante cualquier circunstancia. Según Simondon el perfeccionamiento de cualquier dispositivo técnico se define por su grado de indeterminación.[10]

A la movilidad, la individualización y la portabilidad del Walkman de Sony (1979), al smartphone debemos añadirle cinco características, que para Sadin suponen lo que él denomina su "pico de inteligencia": 1) permite una conexión espacio-temporal casi continua, 2) confirma el advenimiento de un cuerpo interfaz con múltiples modalidades de manipulación, 3) es un instrumento de asistencia que orienta, acompaña y dirige la vida cotidiana con el fin de enriquecerla, 4) es una instancia privilegiada de geolocalización, mostrando diferentes opciones virtuales que rodean al individuo, 5) representa el fenómeno de la realidad aumentada al inducir un doble margen de percepción. Observamos que el smartphone es mucho más que un teléfono móvil que permite hablar y enviar mensajes de texto o imágenes.

La nueva revolución digital es algo más que un simple acceso a la información, que nos permite acceder a multitud de archivos digitales en tiempo real, implica también: una delegación de las facultades de interpretación y de iniciativa por parte del individuo hacia los dispositivos. Sadin la denomina una *subjetividad ampliada*,

8. SADIN, Éric. *La humanidad aumentada*. La administració digital del mundo. Buenos Aires: Caja Negra, 2017, p. 23.
9. SADIN, Éric. *La humanidad aumentada*. La administració digital del mundo. Buenos Aires: Caja Negra, 2017, p. 56.
10. SIMONDON, Gilbert. *El modo de existencia de los objetos técnicos*. Buenos Aires: Prometeo Libros, 2018, p. 156-159.

que ensalza una oferta adaptada a un individuo hiperindividualizado. De esta forma, el individuo en la Era Global[11] es un sujeto hipermóvil, interconectado e híbrido, gracias a sistemas que deciden y orientan tanto comportamientos individuales como colectivos. "Si necesitas un taxi en una ciudad desconocida, hay una aplicación para eso; si quieres saber si le alcanza el presupuesto de este mes, hay una aplicación para eso; si quiere reparar un estante flojo, también hay una aplicación para eso. De hecho, hay una aplicación para casi todo".[12] Estas palabras formaron parte de un clip publicitario para el iPhone3 en 2009. El fenómeno "apps" muestra el tránsito de lo tangible hacia lo inmaterial de las líneas de código, sin perder del todo la densidad de lo físico, pero priorizando el cálculo y los algoritmos asociados.[13] A su vez, cada dispositivo esta fuertemente integrado en un ecosistema digital en el qua las funciones se complementan. En la Era Global la integración social no se realiza desde los sujetos -que ponen el centro de su aspiración el desarrollo y logro de una cierta intensidad vital-, sino a partir de un sistema – un ecosistema digital híbrido del que los individuos forman parte- integral de objetos, en el que la relación sujeto-objeto va mucho más allá de la simple funcionalidad.[14]

> "El smartphone y la extensión de sus funcionalidades añadidas expresan el advenimiento de una vida continuamente pilotada por agentes incorpóreos. Ellos son capaces todavía de ofrecernos la superposición de informaciones en simultáneo a nuestra percepción de lo real, gracias a las virtudes recientes de la *realidad aumentada,* lo que manifiesta visiblemente la intromisión de la técnica, renovada sin cesar, en el núcleo de nuestras experiencias contemporáneas."[15]

Dicho de otra forma, lo que denominamos *realidad aumentada* constata la condición híbrida de lo humano, que mezcla cuerpos y la potencia de macroprocesadores, que integran complejos algoritmos, en los que se combina inteligencia humana e inteligencia artificial, con la función de integrarse en nuestra cotidianidad. Se trata de un régimen dual de experiencia, donde la tecnología se adhiere al cuerpo y hace cuerpo con nuestra percepción de las cosas. El término *bio-hipermedia*, acuñado por Giorgio Griziotti nos parece bastante apropiado. Mientras que las redes digitales han sustituido la centralidad de los PC de escritorio, los laptop lo hacen en favor de dispositivos como las tablets y los smartphone, más ligeros y portables; además cada vez son más las apps y las nubes que directamente influyen en el modo en el que sentimos, percibimos y entendemos el mundo.[16] Bratton define las aplicaciones móviles para plataformas como Android y Apple como interfaces o membranas que vinculan dispositivos individuales con una gran base de datos almacenada en una

11. Llamamos Era Global a nuestro presente, en el que Capitalismo y Realidad se identifican gracias a la tensión que mantienen ambos términos a través de la aceleración y la inmediatez, ampliadas por lo digital. MUNTADAS, Borja. *Inmediatez*. Capitalismo y vidas aceleradas. Barcelona: Chiado Editorial, 2016.
12. KEIM, Brandon. Artificial intelligence could be on brink of passing Turing test. *Wired*, Abril 2012. Disponible em: https://www.wired.com/2012/04/turing-test-revisited/.
13. SRNICEK, Nick. *Capitalismo de plataforma*. Buenos Aires: Caja Negra, 2018, p. 41-42.
14. BAUDRILLARD, Jean. *El sistema de los objetos*. Madrid: Siglo XXI, 2010, p. 117-147.
15. SADIN, Éric. *La humanidad aumentada*. La administració digital del mundo. Buenos Aires: Caja Negra, 2017, p. 83.
16. GRIZIOTTI, Giorgio. Biorank: Algorithms and Transformations in the Bios of Cognitive Capitalism. *In*: PORTANOVA, Stamatia. *Moving without body*: digital philosophy and choreographic thoughts. Cambridge: MIT Press, 2013.

nube. Esta continuidad espacial ha permitido el uso extensivo de aplicaciones descargables, que modulan cada vez más nuestra relación entre el cuerpo y el espacio.[17] Vivimos recubiertos de datos, ajustados individualmente a cada situación concreta en un entorno cada vez más transparente. Todo ello contribuye a implantar una nueva forma de administración de la vida, quizás más ligera, liviana y atractiva, pero en cualquier caso mucho más efectiva y eficiente.

> "Podemos ver aquí de nuevo cómo las aplicaciones son, para el capital, un medio de 'monetizar' y 'acumular' datos sobre el movimiento del cuerpo mientras lo subsumen aún más hondamente en redes de consumo y vigilancia."[18]

La tecnología digital, desde el smartphone, al ordenador personal, pasando por las tablets, ha mostrado una carta de presentación simple y seductora: liberar a la vida cotidiana de las tareas más tediosas y repetitivas, delegándolas a complejos dispositivos que se ajustan de forma individual a nuestras necesidades, buscando una mejor y más eficiente gestión del tiempo.[19] Por ejemplo, el movimiento *Yo Cuantificado*, cuyos miembros utilizan la tecnología y multitud de apps para monitorizar cada uno de sus movimientos, con el fin de administrar y controlar mejor el tiempo. Dicho de otra forma: allana el camino para una vida intensa liberada de lo repetitivo y lo rutinario, aumentando significativamente la autonomía del individuo. De esta manera, un amplio espectro de aplicaciones y funciones han ido acoplándose a un campo cada vez más extenso de la vida cotidiana.[20] Se instaura así una forma de alienación que ya supo ver Simondon,[21] y que definió como la ruptura entre el saber técnico y las condiciones de utilización de los objetos técnicos. Más opaca y sutil, si cabe, que la propia de una era industrial. Mientras los dispositivos se vuelven cada vez más sofisticados, los individuos se vuelven cada vez más estúpidos respecto ellos; parece como si perdieran progresivamente los conocimientos prácticos y culturales. Los dispositivos se han vuelto demasiado complejos par la inteligencia humana los pueda entender y para que la voluntad humana los pueda gobernar. Esta es una consecuencia directa de la devaluación constante a través de la innovación.[22] Los usuarios de cualquier dispositivo no sólo son incapaces de repararlos, sino que desconocen los algoritmos y las líneas de código que las integran, y las funciones y datos que recopilan sin su consentimiento, imponiendo una nueva jerarquía social que de divide entre usuarios y las *BigTech*.

17. BRATTON, Benjamin. On apps and elementary forms in interferencial lifes: object, image, superimposition. *In*: MILLER, Paul D.; MATIVYENKO, Svitlana (Eds.). *The Imaginary App*. Cambridge: MIT Press, 2014.
18. TERRANOVA, Tiziana. Red Attack! Algoritmos, capital y la automatización de lo común. *In*: AVANESSIAN, Armen; REIS, Mauro (Comps.). *Aceleracionismo*. Estrategias para una trisnmisión hacia el postcapitalismo. Buenos Aires: Caja Negra, 2017, p. 91-109.
19. Movimiento del Yo Cuantificado: www.quantifiedself.com
20. GUILLAUD, Hurbert. Kevin Slavin: Il nous faut dresser l'Atlas des algorithmes contemporains. *InternetActu.net*, Febrero 2011. Disponible en: http://www.internetactu.net/2011/02/24/kevin-slavin-il-nous-faut-dresser-latlas--des-algorithmes-contemporains/
21. SIMONDON, Gilbert. *El modo de existencia de los objetos técnicos*. Buenos Aires: Prometeo Libros, 2018, p. 267.
22. ROSA, Hartmut. *Alienación y aceleración*. Hacia una teoría crítica de la temporalidad en la modernidad tardía. Madrid: Katz Editores, 2016, p. 153.

3. LA TECNOLOGÍA COMO DISPOSITIVO LIBERALIZADOR DE LA VIDA INTENSA

El modelo económico y tecnológico que se ha extendido por todo el mundo tiene su origen en el San Francisco de finales de los años '60. En ese contexto situamos al filósofo Herbert Marcuse, a Martin Luther King, Allen Ginsberg, o incluso Jimi Hendrix, personajes clave de la llamada contracultura. En este espacio confluían ideas políticas que reivindicaban un cierto espíritu comunitarista y hedonista: buscaban promover la justicia social, la democracia, la oposición frente a roles de género demasiado rígidos y la experimentación de nuevas formas artísticas y sensoriales que privilegiaban un cierto ideal de intensidad. El ADN original de Silicon Valley se basa en el cuestionamiento de un marco cultural existente, que se considera obsoleto, mezclado de valores propios del sueño americano, como son: el coraje, el esfuerzo y la tenacidad. Este caldo de cultivo tan heterogéneo propició la aparición de un *ethos* que aspira a la fabricación de herramientas livianas, liberadas de todo poder coercitivo y abiertas a una reapropiación libre.[23] Durante los años '80 comenzó a generalizarse un axioma que abordaba la informática personal, como vector de un aumento de poder de acción de los individuos y de la creciente instauración de lazos abiertos entre personas, que compartían los mismos intereses según una especie de neocomunitarismo digital. Emergió entonces la figura de un nuevo emprendedor libertario, que se oponía a las normas y la autoridad. En el nuevo espíritu tecnológico de Sillicon Valley convergen dos tendencias: 1) por un lado, inspirado en Comte, una voluntad clara de suplir las deficiencias humanas, tanto colectivas como individuales, a través de la tecnología; 2) por otro, intensificar la vida liberándola de las tareas tediosas y repetitivas a través de lo que hemos llamado "realidad aumentada".

1. En 1844 Comte publicó el *Discurso sobre el espíritu positivo*, en él afirmaba que la ciencia y el desarrollo técnico permitirían una constante mejora de las capacidades humanas, tanto individuales como colectivas, en un entorno marcado por un crecimiento industrial. La filosofía positiva, esto es la ciencia, presentaba una aptitud muy superior a la filosofía de corte idealista: "[...] la principal acción ejercida por la Humanidad debe consistir, en todos aspectos, en el mejoramiento continuo de su propia naturaleza, individual o colectiva, entre los límites que indica, como en todos los demás casos, el conjunto de las leyes reales."[24] La ciencia, y el saber en general, no debía verse empujados por el simple deseo de saber, sino por un ethos marcado por la utilidad, que persiguiera la mejora continua de la condición individual y colectiva.[25] El fin último de la ciencia debiera ser un mejoramiento continuo de la naturaleza humana, que perseguía un modelo de sociedad perfectamente organizado. Esta es la noción de progreso que Comte nos presenta en el *Discurso*. La filosofía siliconiana seguirá esta línea de pensamiento. Gracias a la ciencia avanzada de la combinación, hecha de ceros y unos, va a poder subsanar la falta de perfección de la naturaleza humana: corrigiendo todas las anomalías, desde la composición del genoma hasta el nacimiento de las estrellas, o hasta los secretos más

23. SADIN, Éric. *La siliconización del mundo*. La irresistible expansión del liberalismo digital. Buenos Aires: Caja Negra, 2016, p. 15-65.
24. COMTE, Auguste. *Discurso sobre el espíritu positivo*. Madrid: Alianza Editorial, 2017, p. 55.
25. COMTE, Auguste. *Discurso sobre el espíritu positivo*. Madrid: Alianza Editorial, 2017, p. 70.

recónditos del espíritu y de la vida.[26] Este impulsor casi mágico es la inteligencia artificial, que instaurará una nueva forma de razón: la razón digital.

2. Analicemos el origen de este deseo creciente por la intensificación de la vida. El origen de esta lógica la podemos situar en 2007, con la aparición del iPhone, que inauguró una era de acompañamiento del individuo, a través de procedimientos encargados de aligerar el curso de la vida con el propósito de, abandonada la rutina, intensificarla. La noción de vida intensa aparece en la tradición occidental a finales del Siglo XVIII y principios del XIX. Aparece en la Filosofía de Newton[27] más o menos ligada a las nociones de fuerza y potencia. Mientras que la fuerza y la potencia quedan más o menos definidas en la filosofía newtoniana, no sucede lo mismo con la noción de intensidad.

Si en la filosofía aristotélica la potencia era un más o un menos interior, que habitaba cada entidad de la naturaleza,[28] la fuerza, que definió Newton científicamente, recibe toda la intensidad expulsada de la materia. Queda entonces aprisionada en una forma de acción impersonal, que pone en movimiento los cuerpos y los hace funcionar. En la filosofía racionalista existe una clara separación entre una parte pasiva (los cuerpos o la materia) y una parte intensa pero impalpable (la fuerza). Lo movido carece de toda intensidad, mientras lo que mueve puede variar; por tanto, es intenso. Entonces, lo movido es un cuerpo, mientras que lo que es causa de movimiento carece de él. Por tanto, la fuerza no tiene ni identidad ni entidad: no es una de las cosas del mundo sobre la que ella se ejerce. En ausencia de una noción clara de intensidad, la racionalización del mundo ha producido en el pensamiento europeo la imposibilidad de no imaginarse más que como irracional el hecho de que algo sea más o menos de lo que es. Escapa al poder de la razón calculadora considerar la medida de una entidad consigo misma. Ante esta dificultad, la noción de intensidad tratará de explicarse a través del sujeto. Cualquier variación de intensidad debe explicase o bien por la entidad en sí misma -lo que ya hemos descartado- o bien a partir del sujeto que la percibe: la intensidad pura no existe, es solo un sentimiento del mundo.

En definitiva, las cosas por sí mismas carecen de intensidad. Son lo que son. Es el sujeto, en cualquier caso, el que agrega alguna variación de tono, como reflejo de su estado o psicológico o fisiológico. El sujeto no puede recurrir a nada que no sea él mismo para encontrar algo que sea intenso. Dicho esto, ante la extensionalización del mundo, como resultado de una mirada matemática, no encuentra ningún motivo suficientemente estimulante para vivirlo, habitarlo o experimentarlo.

> "'Intensidad' pasó a ser el nombre moderno de algo irreductible, de todo lo que escapa a la empresa de racionalización y extensionalización del mundo: se trataba, para el espíritu moderno de designar lo que no se dejaba reducir a cantidad idéntica de otra cosa. Era intenso, en definitiva, todo lo que no podía ser contado. [...] La identidad, cuyo antiguo soporte había sido el concepto de sustancia, podía ser reemplazada por la intensidad. Y todo devenía intenso: todo era de esto modo potente, cualificado, diferente pero no distinto; todo tenía un valor, sin poder por ello ser contado, enumerado, intercambiado".[29]

26. SADIN, Éric. *La siliconización del mundo*. La irresistible expansión del liberalismo digital. Buenos Aires: Caja Negra, 2016, p. 109-110.
27. ROSSI, Paolo. *El nacimiento de la ciencia moderna en Europa*. Barcelona: Crítica, 1998, p. 217.
28. REALE, Giovani. *Introducción a Aristóteles*. Barcelona: Herder, 2003, p. 72-73.
29. GARCÍA, Tristán. *La vida intensa*. Una obsesión moderna. Barcelona: Herder, 2019, p. 89.

No podrá existir un mundo intenso sin un individuo que la sostenga, y para ello debía desprenderse de todo lo idéntico, tedioso y repetitivo. Esta figura del hombre intenso, que recorre el siglo XIX, la encontramos en las obras que van desde Kierkegaard hasta Bergson, pasando por Nietzsche y Baudelaire, y que en el siglo XX influenciará decisivamente a las vanguardias, a los situacionistas, o incluso en Deleuze, Guattari, Lyotard o Baudrillard.[30]

> "Por 'hombre intenso' o 'electrizado' entendemos esa forma vanguardista de la humanidad que se constituyó en el siglo XVIII y que acepta gustosa el desagrado, la continuidad del espectro de la vida entre su cuerpo y su pensamiento, entre su fisiología y su espíritu, y que tiende a multiplicar las experiencias -amistosas, eróticas, políticas o científicas- con las que podrá conservar la intensidad de las percepciones, comprometiendo en una lucha a muerte contra el hastío, el cálculo mezquino, la normalidad, la identificación y, más tarde, en el siglo XX, contra la burocratización moderna de la existencia."[31]

Este individuo intenso huye de los convencionalismos, y considera la estabilidad como sinónimo de aburguesamiento, tedio y estancamiento, en consecuencia, hay que experimentar, hay que inventar; pero la intensidad no es sólo variación, sino también aumento continuado: no es suficiente que las intensidades varíen, también es necesario que progresen infinitamente. El hombre intenso sabe que no puede mantener la intensidad si no es al precio de hacer que todo sea más vivo y más acelerado. No debemos detenernos por el camino, debemos aún ir más rápido que el movimiento actual. A finales de los '90 Ehrenberg ya advirtió de las consecuencias para la salud de esta búsqueda, cada vez más intensa, de ser uno mismo.[32]

Lo propio de la tecnología es acelerar el progreso tecnológico hasta tal punto que la inteligencia artificial suplante a la inteligencia humana, con todas las consecuencias sociales y políticas que esto implica. Estas son algunas de las tesis que defiende el *Manifiesto por una política aceleracionista*.[33] La propuesta que sostienen Williams & Srnicek, que podríamos resumir como la superación del capitalismo acelerando sus contradicciones, ha sido ampliamente discutida por Berardi, crítica que también compartimos:

> "Es una propuesta interesante para examinar, pero al final se revela falsa, porque el proceso de subjetivación autónoma es puesto en peligro por una aceleración caótica, y la subjetividad social es capturada y subyugada por la gobernanza del capital, sistema constituido de dispositivos automáticos que funcionan a una velocidad asombrosa."[34]

30. PLANT, Sadie. *El gesto más radical*. La internacional situacionista en una época postmoderna. Madrid: Errata Naturae Editores, 2008, p. 118-120; 211-227.
31. GARCÍA, Tristán. *La vida intensa*. Una obsesión moderna. Barcelona: Herder, 2019, p. 95.
32. EHRENBERG, Alain. *La Fatiga de Ser Uno Mismo*: Depresion y Sociedad. Madrid: Nueva Visión, 2000, p. 14-17.
33. WILLIAMS, Alex; SRNICEK, Nick. Manifiesto por una política aceleracionista. *In*: AVANESSIAN, Armen; REIS, Mauro (Comps.). *Aceleracionismo*. Estrategias para una trisnmisión hacia el postcapitalismo. Buenos Aires: Caja Negra, 2017, p. 33-48.
34. BERARDI, Franco. El aceleracionismo cuestionado desde el cuerpo. *In*: AVANESSIAN, Armen; REIS, Mauro (Comps.). *Aceleracionismo*. Estrategias para una trisnmisión hacia el postcapitalismo. Buenos Aires: Caja Negra, 2017, p. 69-76.

4. LA TECNOLOGÍA Y LAS *APPS* COMO ACELERADORES DE LA VIDA Y SU COLONIZACIÓN

El tiempo es una de las dimensiones centrales de la vida social. La colonización del tiempo ha sido un objetivo fundamental del capitalismo durante la modernidad: la mutación antropológica que el capitalismo ha generado en la mente y la vida humanas ha sido, sobre todo, una mutación en la percepción del tiempo. "Pero en la actualidad algo nuevo está sucediendo: el tiempo se ha convertido en el principal campo de batalla. Tiempo-mente, cibertiempo."[35] La aceleración social se ha transformado en una fuerza totalitaria. Por poder totalitario entendemos aquél que presenta las siguientes características: ejerce presión sobre la voluntad de los individuos, es ineludible, es omnipresente, es difícilmente criticable y, finalmente, neutraliza la espontaneidad de los individuos. Efectivamente, la apuesta del totalitarismo, como nos mostró Arendt, es: todo es posible. Mientras que para los hombres normales no todo es posible, el totalitarismo, y la tecnología digital así se presentan. Al mismo tiempo, el totalitarismo, para realizar su ficción, elimina toda espontaneidad y toda singularidad, reduce la persona humana a cosa.[36] No hay ninguna área de la vida social que no se vea afectada por los dictados de la velocidad y la aceleración social. Dicho esto: lo incluye todo.

Es bastante común escuchar expresiones que hacen referencia a la escasez de tiempo, lo cual, en relación con la aceleración tecnológica, resulta bastante paradójico. Veamos cuáles son las relaciones entre la aceleración social o del ritmo de vida (sociogénesis) y la aceleración tecnológica (tecnogénesis). La aceleración del ritmo de vida la podríamos definir como un incremento del número de episodios de acción y experiencia por unidad de tiempo. La *contracción* y la *compresión* son dos variables que pueden resultarnos útiles para medir la aceleración. La primera variable consiste en medir el tiempo transcurrido para realizar ciertas tareas definibles en unidades, por ejemplo: dormir, comer…; aceleración significa hacer más cosas en menos tiempo. En este caso lo que se contrae es el tiempo. La segunda variable, la compresión, consiste en comprimir acciones y experiencias, es decir, hacer y experimentar más en un periodo de tiempo fijo y determinado mediante la reducción de las pausas; el resultado: realización de más tareas simultáneas. Por ejemplo: cocinar mientras consulto el mail en el smartphone (multitasking). Por tanto, la innovación tecnológica, y la multitud de apps que nos liberan de ciertas tareas rutinarias, llevan asociado inevitablemente una disminución en el tiempo empleado para realizar ciertas acciones y procesos de la vida cotidiana. Dicho de otra forma: la aceleración tecnológica debería provocar un incremento en el tiempo libre, reducir el ritmo de vida y aliviar el "hambre de tiempo". Si hace falta menos tiempo éste debiera ser abundante, no escaso como percibimos. Sabemos que esto no es así.[37]

35. BERARDI, Franco. *La fábrica de la infelicidad*. Nuevas formas de trabajo y movimiento social. Madrid: Traficantes de Sueños, 2015, p. 43.
36. ESQUIROL, Josep Maria. *Los filósofos contemporáneos y la técnica*. De Ortega a Sloterdijk. Barcelona: Gedisa, 2011, p. 109.
37. ROSA, Hartmut. *Alienación y aceleración*. Hacia una teoría crítica de la temporalidad en la modernidad tardía. Madrid: Katz Editores, 2016, p. 32-38.

Analicemos por qué motivo esto no sucede. Las bases de la sociedad moderna son la aceleración y el crecimiento, ello tiene que ver con el desarrollo industrial, la concentración de grandes masas de población en las grandes metrópolis, el desarrollo de los transportes y la aparición de nuevos sistemas de comunicación como el telégrafo, la radio o el teléfono. Ahora bien, más allá de aspectos estrictamente técnicos existen dos fenómenos sociales que han sido más que relevantes en la aceleración social: el dinero y la división del trabajo. En 1900 Simmel publica *Filosofía del dinero*. El dinero es una institución social que permite al individuo alcanzar ciertos objetivos a través de ella; con una marcada tendencia a desmaterializarse funciona como acelerador social. Una de las formas de conseguir dinero es a través del trabajo, altamente especializado a principios del Siglo XX. A su vez, es un símbolo de las aspiraciones de libertad del individuo moderno.

> "No hay duda de un símbolo más claro para el carácter absolutamente móvil del mundo que el dinero. La importancia del dinero reside en que es algo que se entrega; mientras no está en movimiento no es dinero, de acuerdo con su valor su significación específicos."[38]

Para aclarar el funcionamiento de una de las variables debemos acudir también a la otra. Como hemos explicado anteriormente, la tecnología en sí misma no es la causa de la aceleración social, a pesar de que ambas se retroalimenten. Uno de los principios que definen a la sociedad en la Era Global es el principio de competencia, que impulsa el crecimiento económico, y coloniza más allá de lo estrictamente económico. Es la principal fuerza impulsora de la aceleración social. Así se muestra la estrecha relación del dinero con la velocidad de la vida. Es más, es un principio fundamental de la modernidad, ya que es un modo de asignación principal en todas las esferas de la vida social.[39]

> "Finalmente, la velocidad que es propia de la circulación del dinero frente a los otros objetos, intensifica el tempo de la vida en general, de modo que el dinero se convierte en el centro de los intereses generales."[40]

Por tanto, la aceleración social y la aceleración tecnológica son consecuencias de un sistema de mercado capitalista altamente competitivo. En la Era Global nos encontramos ante un nivel inédito de conexión entre lo económico y lo tecnológico, que toma la forma del domino del primero sobre el segundo. Esta mutación invierte el orden que existía en otros tiempos,[41] en las que las innovaciones técnica y científicas era recuperadas por la industria posteriormente. Ahora los ejes de innovación son orientados por oficinas de tendencias o estudios de mercado, para después ser desarrollados por ingenieros sometidos a la industria digital. Todo ello invalida cualquier postulado que apele a la neutralidad de la tecnología.

Por otro lado, el principio determinante y selectivo en un sistema basado en la competencia es el logro: el tiempo, y más particularmente la aceleración, están incorporados

38. SIMMEL, Georg. *Filosofía del dinero*. Madrid: Capitan Swing, 2013, p. 610.
39. BOURDIEU, Pierre. *Las estructuras sociales de la economía*. Barcelona: Anagrama, 2000, p. 161-165; 256-268; y BOURDIEU, Pierre. *Poder, derecho y clases sociales*. Bilbao: Editoria Desclée de Brouwer, 2006, p. 131-165.
40. SIMMEL, Georg. *Cultura líquida y dinero*. Fragmantos simmelianos de la modernidad. Barcelona: Anthropos, 2010, p. 57.
41. ROSSI, Paolo. *Los filósofos y las máquinas (1400-1700)*. Barcelona: 1970, 1970.

directamente en la sociedad. El logro lo podemos definir como tarea por unidad de tiempo, de tal forma que acelerar y ahorrar tiempo están vinculados directamente con una ventaja competitiva.[42] Los individuos tienen que invertir cada vez más energía en mantener su competitividad y en aumentar su capital, hasta el punto que su mantenimiento se ha transformado en el único objetivo de la vida social, a riesgo de devenir individuos plenamente obsoletos. A su vez, la cultura del logro está fuertemente arraigada en nuestra sociedad, empujada por una cultura del rendimiento laboral y de consumo frenético. "Hoy, es la devoción notoria por las actividades laborales que hacen un uso intensivo del tiempo, antes que el consumo notorio del ocio, lo que constituye el significante de un elevado estatus social."[43]

Hoy parecen bastante lejanas las predicciones de Jeremy Rifkin que anunciaba, gracias a la tecnología y la economía de silicio, una reducción considerable de las cargas de trabajo, de la jornada laboral y de la preocupación por el empleo. Parece poco probable que veintiséis años después de *El fin del trabajo*[44] dispongamos de más tiempo para la familia, nuestras amistades o para dedicarnos a tareas de cooperación social. Las apps que colonizan, a través de dispositivos, nuestra vida, lejos de incrementar el tiempo libre disponible lo reducen y lo someten a mayor presión, gracias a la compresión y a la contracción temporal.

Convergen en el individuo dos dinámicas que no hacen más que acelerarse: por un lado, la aceleración tecnológica, que, a través de dispositivos y apps de realidad aumentada y vida asistida, nos permite realizar más tereas en menos tiempo (comprensión + contracción), por otro, un ideal de vida intensa que sigue una tendencia asintótica que no cesa de incrementar, liberando al individuo de tareas lentas, tediosas y repetitivas. No hay duda de que el la aceleración tecnológica alimenta este ideal de vida intensa, y por tanto la aceleración vital. Por desgracia el mundo siempre tiene más para ofrecer: más productos tecnológicos que consumir y que aceleraran aún más si cabe nuestra vida. También en este ideal de vida intensa competimos, aún a sabiendas que jamás será alcanzado. No hay punto de equilibrio, porque quedarse quieto es quedarse atrás. Tomarse una pausa prolongada significa volverse anacrónico u obsoleto. Así pues, el ciclo de la aceleración se ha transformado en un ciclo autopropulsado, en el que este ideal de intensidad -capturado y modificado por el capital[45] y amplificado por la aceleración tecnológica- funciona como combustible. El resultado de esta doble aceleración es una vida altamente acelerada y saturada, en definitiva, una vida que teme y ahuyenta el *horror vacui* temporal.[46]

---

42. ROSA, Hartmut. *Alienación y aceleración*. Hacia una teoría crítica de la temporalidad en la modernidad tardía. Madrid: Katz Editores, 2016, p. 45.
43. WAJCMAN, Judy. *Esclavos del tiempo*. Vidas aceleradas en la era del capitalismo digital. Barcelona: Paidós, 2017, p. 110.
44. RIFKIN, Jeremy. *El fin del trabajo*. Nuevas tecnologías contra puestos de trabajo: el nacimiento de una nueva era. Barcelona: Editorial Planeta, 1996, p. 413-417, 467, 472.
45. Para profundizar en el papel seductor y los mecanismos de captura de la una vida intensa: SERROY, Jean; LIPOVETSKY, Gilles. *La estetización del mundo*. Vivir en la época del capitalismo artístico. Barcelona: Anagrama, 2015, p. 31-57; 274-283; y CHIAPELLO, Eve; BOLTANSKI, Luc. *El nuevo espititu del capitalismo*. Madrid: Akal, 2002, p. 241-293; 527-599.
46. MUNTADAS, Borja. La prisión de Cronos. Aspectos sociopolíticos del malestar contemporáneo. *In*: MUNTADAS, Borja; MAYOS, Gonçal; WALMOTT, Alexandre. *La jaula del tiempo*: aspectos sociopolíticos y jurídicos de la aceleración contemporánea. Uberlandia: LAECC, 2020, p. 23-73.

5. DEGRADACIÓN Y FALTA DE RITMO

Cierto grado de aceleración conduce a la desintegración y al asilamiento social. Un Yo saturado, perfectamente orientado, maximizado y dirigido, para el que no hay apenas margen para el azar o la improvisación. La Realidad -la interacción de personas, objetos y datos- está configurada de tal forma que no hay ni tiempo ni espacio para otras formas de vivir, ajenas al rendimiento vital, a la fatiga por ser un yo-mismo más completo, más intenso. La mente humana evoluciona a un ritmo totalmente diferente a cómo lo hacen las máquinas. La expansión del cibertiempo está limitada por factores biológicos. Algunas de las consecuencias sobre el individuo son las siguientes:

Primero. El ritmo orgánico funciona en unos umbrales de aceleración inferiores a cómo lo hacen los dispositivos tecnológicos. El organismo adopta herramientas de simplificación para adaptarse al ritmo que marcan los dispositivos, tiende a uniformar su respuesta psíquica y a reelaborar su comportamiento afectivo a marcos más contraídos y acelerados. El resultado es un proceso de desensibilización y deterioro emocional. La anestesia es un efecto de la saturación sensorial y el camino hacia la falta de empatía: la catástrofe de nuestro tiempo se basa, no en una pérdida de valores -como afirman los más conservadores-, sino en la incapacidad de percibir al otro como una extensión sensible de nuestro cuerpo.[47] Como en 1997 afirmo en una entrevista Virilio: "Vemos que la pérdida del cuerpo propio conlleva la pérdida del cuerpo del otro, en beneficio de una especie de espectro del que está lejos, del que está en un espacio virtual de Internet o en el tragaluz que es la televisión."[48] Las consecuencias sociales: apatía y agotamiento.[49]

Segundo. Como ya mostró Simmel, la acumulación de valor se debe a la aceleración y a tasas de incremento de velocidad de circulación de capital. La construcción de significado ralentiza este proceso, ya que necesita tiempo para ser construido, procesado y comprendido. La aceleración de los flujos de información supone un empobrecimiento del significado. Llegados a este punto es imposible captar el significado, porque no podemos ya extraer una explicación finita del flujo infinito, como herramienta para a integración social y la comprensión. Llegados a este punto, el orden social y colectivo solo puede construirse a través de selectores de significo sintácticos y decisiones automáticas. Una interpretación humana, esto es semántica, ya no es posible, ya que el tiempo se ha reducido a micro instantes. Las decisiones se toman principalmente a través de máquinas sintácticas. A este proceso lo llamamos gobernanza total tecno-ideológica.[50] Las consecuencias: el automatismo vital y el distanciamiento emocional.[51]

47. BERARDI, Franco. *Futurabilidad.* La era de la imporencia y el horizonte de la posibilidad. Buenos Aires: Caja Negra, 2019, p. 65.
48. VIRILIO, Paul. *El cibermundo, la política de lo peor*. Madrid: Cátedra, 2005, p. 48.
49. BERARDI, Franco. *Fenomenología del fin*. Sensibilidad y mutación conectiva. Buenos Aires: Caja Negra, 2017, p. 99.
50. BERARDI, Franco. *Fenomenología del fin*. Sensibilidad y mutación conectiva. Buenos Aires: Caja Negra, 2017, p. 178; 239.
51. QUADRADO, Susana. El móvil ha cambiado el amor, el sexo y la libido. *Entrevista a José Ramón Ubieto*. La Vanguardia. 2019.

Tercero. Para Bergson la memoria es un mecanismo en el que se graba la vida y se inscribe el tiempo. La memoria es el registro del tiempo a través del recuerdo: es algo más que la reconstrucción de un evento regular, fijo, repetible y computable. Es recreación y reimaginación de un pasado continuamente cambiando a medida que nos distanciamos de él y transforma nuestro punto de vista. Las imágenes que guardamos en la memoria completan nuestra experiencia enriqueciéndola, y ésta devuelve las imágenes enriquecidas nuevamente a la memoria.[52] Esta forma de memoria difícilmente puede ser reproducida tecnológicamente. La memoria viva, la memoria humana, la duración, es determinante para una vida en constante transformación y enriquecimiento; sustituida por apps digitales la experiencia se ve fuertemente empobrecida, y la creatividad resentida. La creación no puede tener lugar sin la libertad, no porque esta última sea la condición de la creación, sino porque es su efecto.[53] Consecuencia: sin memoria (con memoria-digital) la creatividad se apaga y la libertad es solo una palabra.

Cuarto. El futuro es el imaginario que trata de colonizar la utopía. Sin futuro no hay transformación social. La impresión de un cambio frenético reemplaza a la noción de progreso e historia: los actores sociales experimentan sus vidas políticas e individuales como procesos volátiles y sin dirección. Experimentan el cambio como un estado de detención hiperacelerada. Estamos instalados en una incertidumbre sobre la dirección de la historia. En el panorama político moderno el colapso del sistema se consideraba como una oportunidad para el cambio político radical. El término revolución se refiere a la subversión y al cambio de las estructuras sociales existentes. La Era Global es una época de alta complejidad y aceleración, en la que la conciencia se ve fuertemente amenazada y fragmentada al verse inmersa en una marea de automatismos, de tal forma que la rabia social contra la explotación se transforma en frustración y desesperación.[54] Sin embargo, soy de los que piensan que la desesperación y la alegría no son irreconciliables, en la medida que las dos son estados de ánimo de la mente. La amistad es la fuerza que transforma la desesperación en alegría.[55] Consecuencia: la historia, como espacio en el que se inscriben los discursos emancipatorios de la modernidad, se reduce a la acumulación de instantes sin conexión.

Quinto. El azar, un encuentro fortuito, perderse en la ciudad... parecen experiencias que, en una vida asistida por aplicaciones, son bastante lejanas. El acontecimiento es excepcionalidad. Para Derrida el acontecimiento es algo bastante sencillo: un acontecimiento es algo radicalmente imposible; tan imposible, que ni siquiera es pensable, ni predecible, ni reapropiable. Donde es imposible que el acontecimiento suceda, ocurre. El acontecimiento es sorpresa absoluta. Porque no se espera, no se ve venir. Ni se pre--dice, ni se pre-ve: "un acontecimiento predicho no es un acontecimiento".[56] Dentro de lo estrictamente normativo, del espacio cerrado que dibujan las reglas o las normas, no sucede el acontecimiento. Solo puede hacerlo desbordando este espacio normativo.

52. BERGSON, Henri. *Materia y memoria*. Ensayo sobre la relación del cuerpo con el espíritu. Buenos Aires: Cactus, 2006, p. 77; 163-168.
53. GASTALDI, Juan Luis. La política antes que el ser. Deleuze, ontología y política. *In*: ZARKA, Yves Charles (Dir.). *Deleuze político*. Nueve cartas inéditas de Deleuze. Buenos Aires: Nueva Visión, 2010, p. 67.
55. BERARDI, Franco. *Futurabilidad*. La era de la imporencia y el horizonte de la posibilidad. Buenos Aires: Caja Negra, 2019, p. 109.

El futuro es inmanente. Todo acontecimiento es un nuevo surgimiento: un relámpago en el vacío -que subyace en una situación- sepultado por líneas de código. Esta sorpresa nacida del vacío inmanente hace brotar hasta entonces elementos ignorados. Este acontecimiento no aparece de la nada, era una virtualidad inmanente. La nada es lo no presentado en toda presentación de lo múltiple; es decir: siempre hay algo que no ha sido ni contado ni codificado. La nada, según Badiou, es ese punto vacío que merodea la Realidad; diseminado por todas partes, pero que, no estando en ningún lugar, está en todo lugar. Es lo no presentable. Esta nada es el vacío (Ø) que toda presentación codificada sujeta a automatismos impresenta. ¿Si el vacío es impresentado como sabemos qué es? Por su exceso, por una disfunción de lo múltiple en toda situación codificada. Por las distorsiones, por los agotamientos ante la aceleración, por los cuerpos orgánicos rotos y saturados. El acontecimiento es ese exceso desde el cual el vacío es detectable.[57] Siempre hay algo en lo social que no puede, o no quiere, ser codificado. Este vacío (Ø) se encuentra en un contexto, en un sitio, en un lugar. Por eso decimos que los sitios de acontecimiento son locales, porque remiten siempre a un contexto social y político muy concreto.

> "Un acontecimiento es algo que hace aparecer cierta posibilidad que era invisible o incluso impensable. Un acontecimiento no es por sí mismo creación de una realidad; es creación de una posibilidad, abre una posibilidad. Nos muestra que hay una posibilidad que antes se ignoraba."[58]

El acontecimiento es una propuesta, una posibilidad nueva: es algo más que un hecho. Todo acontecimiento requiere de un intervención individual o colectiva, en un sitio, en un espacio concreto de lo social. La intervención no surge de ex nihilo, sino que se apoya en el punto de las consecuencias de otro acontecimiento. Siempre que hay un acontecimiento debemos pensar que también hubo alguna intervención, y así sucesivamente. No se trata de crear siempre un nuevo acontecimiento, sino de seguir sus consecuencias, que serán siempre las de otro.[59]

6. CONCLUSIONES

¿Si la vida de los individuos se encuentra perfectamente encauzada y codificada por un complejo entramado de algoritmos, es posible lo imposible? A pesar de que la "vida" sea un abanico de oportunidades, la libertad de elección que se le ha impuesto al individuo es del todo falsa, es una forma de esclavitud digital.[60] Entonces, ¿se trata de crear nuevos acontecimientos, o bien: ¿hay que esperar ser fiel a una cadena de acontecimientos en los que se interviene? ¿Es el acontecimiento diferencia radical por cortes? ¿Es el acontecimiento vínculo colectivo?

> "El presidente de Estados Unidos, Donald Trump, volvía este sábado otra vez al ruedo de los mítines electorales tras el largo lapso de la pandemia del coronavirus. Y pese a los temores de que un evento de este tipo podría contribuir a la propagación del covid-19, [...] el mandatario anunció que un millón de

57. BADIOU, Alain. *El ser y el acontecimiento*. Buenos Aires: Amorrortu, 2012, p. 69; 74; 326-328; 339-344.
58. BADIOU, Alain. *Filosofía y acontecimiento*. Buenos Aires: Amorrortu, 2010, p. 21.
59. BADIOU, Alain. *El ser y el acontecimiento*. Buenos Aires: Amorrortu, 2012, p. 261.
60. ŽIŽEK, Slavoj. *Acontecimiento*. México D. F.: Sexto Piso, 2014, p. 157.

seguidores habían pedido entradas para ver y escuchar a su presidente. "¡Casi un millón de personas solicitaron entradas para el Rally de la noche del sábado en Tulsa, Oklahoma!", escribió en Twitter. Mientras un funcionario de Tulsa pronosticó que esperaban unas 100.000 en las afueras del lugar del evento. [...] Los organizadores decidieron instalar un escenario al aire libre para que el presidente también pudiera hablar a los que se quedarían fuera del lugar. Sin embargo, poco antes del esperado momento, el escenario exterior fue retirado: no había casi nadie. Las esperadas multitudes nunca se presentaron. Entretanto, dentro del recinto donde tendría lugar el mitin, con 19.000 asientos de capacidad, los largos espacios vacíos marcaban el discurso del presidente.

Pero ¿qué pasó? ¿Cómo fue posible? Miles de jóvenes usuarios de TikTok y fanáticos del K-Pop estuvieron detrás de lo sucedido: volvieron un desafío en la red social pedir tickets para el evento... para luego no presentarse. [...] Miles de adolescentes de Estados Unidos ordenaron boletos sin tener la intención de presentarse para asegurarse de que hubiera asientos vacíos. [...] No está claro cuántas de los cientos de miles de reservas de boletos promocionadas por la campaña de Trump fueron falsas, pero un video de TikTok del 12 de junio que alienta a las personas a registrarse para obtener boletos gratis para asegurarse de que haya asientos vacíos; recibió más de 700.000 me gusta. Según el Departamento de Bomberos de Tulsa, solo unas 6.200 personas participaron en el mitin, aunque la campaña de Trump dice que unas 12.000 pasaron por el detector de metales."[61]

REDACCIÓN BBC NEWS MUNDO, 21 DE JUNIO DE 2020.

La tecnología está abierta todavía a acciones que transformen las virtualidades de la cooperación en apuestas políticas. La captura de la cooperación suscita nuevas resistencias, porque las fuerzas descentralizadoras no son exteriores, sino internas a los dispositivos tecnológicos, sociales y temporales. Dicho de otra forma: el afuera está adentro como desarrollo imparable de la potencia creativa. Hemos visto como los dispositivos digitales orientaban la vida de los individuos por saturación y aceleración, pero también, lejos de ser la única causa de la aceleración contemporánea, sí era uno de sus aceleradores principales. Hemos mostrado cómo la tecnología no es un dispositivo neutro, sino que más bien funciona en una dirección u otra en función de los agenciamientos a que es sometida y de los aparatos de captura que la gobierna. El capitalismo sitúa en el centro de su ADN la competencia, que ha sido un aparato de captura total. Ciertas genealogías algo limitadas, fascinadas por el poder de la tecnología, tienen la tendencia de hacer de lo digital una esfera separada del resto de dinámicas sociales; sin embargo, las tecnologías no valen sino por las fuerzas que se las apropian.[62]

7. REFERENCIAS

BADIOU, Alain. *El ser y el acontecimiento*. Buenos Aires: Amorrortu, 2012.

BADIOU, Alain. *Filosofía y acontecimiento*. Buenos Aires: Amorrortu, 2010.

BAUDRILLARD, Jean. *El sistema de los objetos*. Madrid: Siglo XXI, 2010.

61. Disponível em: https://www.bbc.com/mundo/noticias-internacional-53124301.
62. LAZZARATO, Mauricio. *Por una política menor*. Acontecimiento y política en las sociedades de control. Madrid: Traficantes de Sueños, 2006, p. 164-165.

BERARDI, Franco. *Futurabilidad*. La era de la imporencia y el horizonte de la posibilidad. Buenos Aires: Caja Negra, 2019.

BERARDI, Franco. El aceleracionismo cuestionado desde el cuerpo. *In*: AVANESSIAN, Armen; REIS, Mauro (Comps.). *Aceleracionismo*. Estrategias para una trisnmisión hacia el postcapitalismo. Buenos Aires: Caja Negra, 2017, p. 69-76.

BERARDI, Franco. *Fenomenología del fin*. Sensibilidad y mutación conectiva. Buenos Aires: Caja Negra, 2017.

BERARDI, Franco. *La fábrica de la infelicidad*. Nuevas formas de trabajo y movimiento social. Madrid: Traficantes de Sueños, 2015.

BERGSON, Henri. *Materia y memoria*. Ensayo sobre la relación del cuerpo con el espíritu. Buenos Aires: Cactus, 2006.

BOURDIEU, Pierre. *Las estructuras sociales de la economía*. Barcelona: Anagrama, 2000.

BOURDIEU, Pierre. *Poder, derecho y clases sociales*. Bilbao: Editoria Desclée de Brouwer, 2006.

BRATTON, Benjamin. On apps and elementary forms in interferencial lifes: object, image, superimposition. *In*: MILLER, Paul D.; MATIVYENKO, Svitlana (Eds.). *The Imaginary App*. Cambridge: MIT Press, 2014.

CHIAPELLO, Eve; BOLTANSKI, Luc. *El nuevo espítitu del capitalismo*. Madrid: Akal, 2002.

COMBES, Muriel. *Simondon*. Una filosofía de lo transindividual. Buenos Aires: Editorial Cactus, 2017.

COMTE, Auguste. *Discurso sobre el espíritu positivo*. Madrid: Alianza Editorial, 2017.

DERRIDA, Jacques. *Decir el acontecimiento*. ¿Es posible? Madrid: Arena Libros, 2007.

EHRENBERG, Alain. *La Fatiga de Ser Uno Mismo*: Depresion y Sociedad. Madrid: Nueva Visión, 2000.

ESQUIROL, Josep Maria. *Los filósofos contemporáneos y la técnica*. De Ortega a Sloterdijk. Barcelona: Gedisa, 2011.

GARCÍA, Tristán. *La vida intensa*. Una obsesión moderna. Barcelona: Herder, 2019.

GASTALDI, Juan Luis. La política antes que el ser. Deleuze, ontología y política. *In*: ZARKA, Yves Charles (Dir.). *Deleuze político*. Nueve cartas inéditas de Deleuze. Buenos Aires: Nueva Visión, 2010.

GRIZIOTTI, Giorgio. Biorank: Algorithms and Transformations in the Bios of Cognitive Capitalism. *In*: PORTANOVA, Stamatia. *Moving without body*: digital philosophy and choreographic thoughts. Cambridge: MIT Press, 2013.

GUILLAUD, Hurbert. Kevin Slavin: Il nous faut dresser l'Atlas des algorithmes contemporains. *InternetActu.net*, Febrero 2011. Disponible en: http://www.internetactu.net/2011/02/24/kevin-slavin-il-nous-faut-dresser-latlas-des-algorithmes-contemporains/

HAN, Byung-Chul. *La sociedad de la transparencia*. Barcelona: Herder, 2013.

HARAWAY, Donna. *Manifiesto para cyborgs*. Ciencia, tecnología y feminismo socialista a finales del siglo XX. Buenos Aires: Editorial Infinito, 2018.

KEIM, Brandon. Artificial intelligence could be on brink of passing Turing test. *Wired*, Abril 2012. Disponible em: https://www.wired.com/2012/04/turing-test-revisited/.

KELLY, Kevin. *Out of control*: the new biology of machines, social systems, and the economic world. New York: Basic Books, 1995.

LAZZARATO, Mauricio. *Por una política menor*. Acontecimiento y política en las sociedades de control. Madrid: Traficantes de Sueños, 2006.

MUNTADAS, Borja. *Inmediatez*. Capitalismo y vidas aceleradas. Barcelona: Chiado Editorial, 2016.

MUNTADAS, Borja. La prisión de Cronos. Aspectos sociopolíticos del malestar contemporáneo. *In*: MUNTADAS, Borja; MAYOS, Gonçal; WALMOTT, Alexandre. *La jaula del tiempo*: aspectos sociopolíticos y jurídicos de la aceleración contemporánea. Uberlandia: LAECC, 2020, p. 23-73.

MUNTADAS, Borja. Los antecedentes modernos del malestar contemporáneo: alienación y desesperación. *In*: BORGES, Alexandre Walmott; GASPAR, Renata Alvares (Coord.). *El estado constitucional cooperativo y la gobernanza global*: actualidad y desafios. Barcelona: Librant, 2020, p. 49-78.

PLANT, Sadie. *El gesto más radical*. La internacional situacionista en una época postmoderna. Madrid: Errata Naturae Editores, 2008.

QUADRADO, Susana. El móvil ha cambiado el amor, el sexo y la libido. *Entrevista a José Ramón Ubieto*. La Vanguardia. 2019.

REALE, Giovani. *Introducción a Aristóteles*. Barcelona: Herder, 2003.

RIFKIN, Jeremy. *El fin del trabajo*. Nuevas tecnologías contra puestos de trabajo: el nacimiento de una nueva era. Barcelona: Editorial Planeta, 1996.

ROSA, Hartmut. *Alienación y aceleración*. Hacia una teoría crítica de la temporalidad en la modernidad tardía. Madrid: Katz Editores, 2016.

ROSSI, Paolo. *El nacimiento de la ciencia moderna en Europa*. Barcelona: Crítica, 1998.

ROSSI, Paolo. *Los filósofos y las máquinas (1400-1700)*. Barcelona: 1970, 1970.

SADIN, Éric. *La humanidad aumentada*. La administració digital del mundo. Buenos Aires: Caja Negra, 2017.

SADIN, Éric. *La inteligencia artificial o el desafío del siglo*. Anatomía del antihumanismo radical. Buenos Aires: Caja Negra, 2020.

SADIN, Éric. *La siliconización del mundo*. La irresistible expansión del liberalismo digital. Buenos Aires: Caja Negra, 2016.

SERROY, Jean; LIPOVETSKY, Gilles. *La estetización del mundo*. Vivir en la época del capitalismo artístico. Barcelona: Anagrama, 2015.

SIMMEL, Georg. *Cultura líquida y dinero*. Fragmantos simmelianos de la modernidad. Barcelona: Anthropos, 2010.

SIMMEL, Georg. *Filosofía del dinero*. Madrid: Capitan Swing, 2013.

SIMONDON, Gilbert. *El modo de existencia de los objetos técnicos*. Buenos Aires: Prometeo Libros, 2018.

SRNICEK, Nick. *Capitalismo de plataforma*. Buenos Aires: Caja Negra, 2018.

STIEGLER, Bernard. *La técnica y el tiempo II*. La desorientación. Hondarribia: Hiru, 2002.

TERRANOVA, Tiziana. Red Attack! Algoritmos, capital y la automatización de lo común. *In*: AVANESSIAN, Armen; REIS, Mauro (Comps.). *Aceleracionismo*. Estrategias para una trisnmisión hacia el postcapitalismo. Buenos Aires: Caja Negra, 2017, p. 91-109.

VIRILIO, Paul. *El cibermundo, la política de lo peor*. Madrid: Cátedra, 2005.

WAJCMAN, Judy. *Esclavos del tiempo*. Vidas aceleradas en la era del capitalismo digital. Barcelona: Paidós, 2017.

WILLIAMS, Alex; SRNICEK, Nick. Manifiesto por una política aceleracionista. *In*: AVANESSIAN, Armen; REIS, Mauro (Comps.). *Aceleracionismo*. Estrategias para una trisnmisión hacia el postcapitalismo. Buenos Aires: Caja Negra, 2017, p. 33-48.

ŽIŽEK, Slavoj. *Acontecimiento*. México D. F.: Sexto Piso, 2014.

37
APLICATIVOS DE RELACIONAMENTO (*DATING APPS*) E OS IMPACTOS JURÍDICOS DA PREDIÇÃO ALGORÍTMICA DE COMPATIBILIDADES (*MATCHES*)

Filipe Medon

Doutorando e Mestre em Direito Civil pela Universidade do Estado do Rio de Janeiro (UERJ). Professor Substituto de Direito Civil na Universidade Federal do Rio de Janeiro (UFRJ) e de cursos de Pós-Graduação do Instituto New Law, CEPED-UERJ, EMERJ e do Curso Trevo. Membro da Comissão de Proteção de Dados e Privacidade da OAB-RJ e do Instituto Brasileiro de Estudos de Responsabilidade Civil (IBERC). Coordenador Executivo e membro fundador do Laboratório de Direito e Inteligência Artificial da UERJ (LabDIA). Advogado e pesquisador. Autor do livro "Inteligência Artificial e Responsabilidade civil: autonomia, riscos e solidariedade", lançado pela Editora JusPodivm em 2020. Instagram: @filipe.medon

"O nome dela é Jenifer
Eu encontrei ela no Tinder
Não é minha namorada
Mas poderia ser."
("Jenifer" - Gabriel Diniz)

1. NOTAS INTRODUTÓRIAS: O AMOR SE VIRTUALIZOU E SE TORNOU LÍQUIDO

A canção "Jenifer", que se tornou um *hit* na voz do falecido cantor Gabriel Diniz, serve para ilustrar um dado da realidade contemporânea: as pessoas se conhecem e se relacionam cada vez mais pela *Internet*, sobretudo por meio de aplicativos de relacionamento: os chamados *dating apps*. Os pretendentes trocam mensagens, fotos (sensuais ou não), marcam encontros, se relacionam sexualmente, "ficam", namoram e até se casam. Vez ou outra os encontros acabam nas páginas policiais e na imprensa, seja por excessos criminosos, seja por conta de golpes virtuais.

Não se trata, porém, de uma novidade. As salas de bate-papo são as mães dos aplicativos de relacionamento e estão presentes no imaginário coletivo há pelo menos duas décadas. No entanto, a tecnologia rudimentar utilizada para aproximar as pessoas evoluiu consideravelmente para os aplicativos contemporâneos, que, para o seu funcionamento, se valem de algoritmos de Inteligência Artificial que determinam predições, facilitando os chamados *matches* entre os usuários. Por outro lado, a opacidade de tais algoritmos e dos filtros utilizados para determinar as preferências dos usuários pode acabar conduzindo a resultados discriminatórios, como se verá.

Importa considerar que se a utilização massiva desses aplicativos já era uma realidade antes da pandemia de Covid-19, esta tornou ainda mais clara a digitalização e virtualização do amor. Em razão da necessidade de se adotar medidas de distanciamento social, a quarentena mostrou como é possível reduzir a presença física em muitas atividades, que passaram a ser realizadas integral ou preponderantemente à distância: telemedicina, shows, *lives*, palestras, congressos, reuniões e, principalmente, o chamado *home office*. Nesse sentido, muitos escritórios de advocacia e sociedades empresárias perceberam a economia gerada pelo trabalho remoto, vindo a adotá-lo como regra após o fim da pandemia.

E o mesmo processo se deu com os relacionamentos íntimos. Para se ter uma dimensão deste fenômeno durante a quarentena, segundo levantamento realizado pelo Tinder (um dos aplicativos mais populares), o número de conversas na plataforma aumentou, em média, 25% se comparado ao período pré-isolamento. Além disso, as conversas ficaram 20% mais longas. Outra pesquisa, realizada pelo aplicativo Happn, apontou que mais da metade de seus usuários brasileiros acredita que a circunstância da pandemia permitiu conversar por mais tempo no aplicativo. Além disso, 68% dos entrevistados pelo Happn "acreditam que o cenário pode, inclusive, aumentar o vínculo afetivo entre os pares formados, já que, para 75% destes, há uma possibilidade maior de aprofundar a conversa e aproveitar a situação para conhecer melhor o outro."[1]

De fato, se por questões de saúde pública no início da quarentena não era possível aglomerar, a menos que se encontrasse um amor – de máscara – na fila do pão, na farmácia, no hospital ou no supermercado, a formação de novos casais estaria comprometida se não fossem os aplicativos de relacionamento. E o que se viu na mídia durante esse período foi uma série de relatos de pessoas que acabaram se conhecendo virtualmente, mantiveram longas conversas e decidiram até mesmo "furar" a quarentena para se encontrar.

Para aplacar e reduzir a solidão, os aplicativos viabilizaram que pessoas isoladas pudessem encontrar companhia para passar suas noites conversando e até mesmo praticando o tão falado "sexo virtual". Em momentos de instabilidade emocional, o apoio encontrado num aparente desconhecido pode fortalecer de tal maneira o vínculo formado na *Internet*, que muitas pessoas entraram solteiras na quarentena e, graças aos aplicativos de relacionamento, sairão com um amor. E nada disso teria sido possível sem este recurso tecnológico.

As razões que levam uma pessoa a um aplicativo de relacionamento são as mais variadas e incontáveis.[2] Pense-se, a título meramente exemplificativo, nas seguintes: o

---

1. Conversas em apps de paquera aumentam durante a quarentena. *R7*, 08 abr. 2020. Disponível em: https://noticias.r7.com/tecnologia-e-ciencia/conversas-em-apps-de-paquera-aumentam-durante-a-quarentena-08042020. Acesso em: 30 set. 2020.
2. Para saber mais, sugere-se: BRYANT, Katherine; SHELDON, Pavica. Cyber Dating in the Age of Mobile Apps: Understanding Motives, Attitudes, and Characteristics of Users. *American Communication Journal*, v. 19, n. 2, jun./ago. 2017.

usuário tímido que quer aprender a conversar com pessoas do sexo oposto, o usuário que quer buscar um relacionamento homossexual sem alarde, o usuário infiel que deseja cometer uma traição, o usuário que só quer encontrar parceria para sexo casual, o usuário que busca um amor verdadeiro, o usuário que só quer passar o tempo... E, por que não dizer, até mesmo o usuário pesquisador que deseja conhecer melhor os aplicativos para escrever um artigo científico sobre eles e eventualmente pode encontrar alguém por acidente.

Variados também são os seus benefícios: aplicativos de relacionamento virtual permitem criar conexões entre pessoas pertencentes a grupos sociais distintos e que provavelmente nunca se cruzariam se não fosse a *Internet*, seja porque moram em locais muito afastados, seja porque convivem em nichos diversos e não possuem os mesmos hábitos e interesses. Alguns pesquisadores afirmam até mesmo que tais aplicativos poderiam permitir o aumento nos índices de casamentos inter-raciais.[3]

As objeções, por outro lado, também são fortes. Fala-se que aplicativos deste tipo estimulam uma cultura deletéria do "pega e joga fora", isto é, dos relacionamentos tóxicos e descartáveis,[4] fortalecendo o "amor líquido", na perspectiva de Zygmunt Bauman.[5] A ideia é que a solidez e a segurança antes proporcionadas por relacionamentos de uma vida toda acabaram se tornando líquidas, por conta da crescente individualização e do avanço tecnológico. Nesse sentido, os relacionamentos virtuais seriam sintomáticos de uma mudança social e tecnológica, que faz do namoro moderno uma espécie de jogo mercantilizado.[6] Para muitos, aplicativos dessa natureza banalizariam o sentimento e as afinidades, já que mais se pareceriam com verdadeiros "cardápios humanos", baseados unicamente na aparência física: se gosta, deslize para a direita. Se acha feio, para a esquerda.

Nas palavras de Bauman, as "relações virtuais", ao contrário dos relacionamentos antiquados:

---

3. HUTSON, Jevan; TAFT, Jessie G.; BAROCAS, Solon; LEVY, Karen. Debiasing Desire: Addressing Bias & Discrimination on Intimate Platforms. *Proc. ACM Hum.-Comput. Interact.* 2, CSCW, Article 73, 2018. Disponível em: https://doi.org/10.1145/3274342. Acesso em: 25 ago. 2020, p. 1.
4. "Dating applications ("apps") have changed how people meet, interact, and form relationships with others. Location-based Realtime Dating Applications (LBRTDAs) are immensely popular among the rising generations (March, Grieve, Marrington, & Jonason, 2017; Sevi, Aral, & Eskenazi, 2018; Smith, 2018). However, the popularity of LBRTDAs masks a more adverse side; their frequent use may destroy the self-worth of users (James, 2015; Shapiro et al., 2017). LBRTDAs have essentially designed a virtual world that allows users to "shop" for their next partner (James, 2015). With this mindset, users often prefer engaging in casual sex rather than long-term relationships (James, 2015; Naff, 2017). As users pursue casual sex, they may experience health risks, including unplanned pregnancy and Sexually Transmitted Infections (STIs) (Bhattacharya, 2015; David & Cambre 2016; Sevi et al., 2017). Although not all people recognize that a decline in marriage is a bad thing, those who wish to marry in life should reassess their use of social media, because LBRTDAs' associated "hook-up" culture has also been linked to decreased marriage rates among young adults (Naff, 2017). Furthermore, users typically experience lower self-worth, because these apps tend to elicit constant comparison (Strubel & Petrie, 2017). Males, in particular, experience lower self-esteem and self-worth when using LBRTDAs (Strubel & Petrie, 2017). Therefore, although popular; such dating apps have many negative and unintended consequences associated with their frequent use, which may impact users' ability to form successful long-term relationships." (WORTHINGTON, Sarah. The Hidden Cost of Free Dating. *Intuition: The BYU Undergraduate Journal of Psychology*, v. 14, n. 1, Art. 14, 2019, p. 1).
5. Ver mais em BAUMAN, Zygmunt. *Amor Líquido*: sobre a fragilidade dos laços humanos. Rio de Janeiro: Jorge Zahar Editora, 2004.
6. HOBBS, Mitchell; OWEN, Stephen; GERBER, Livia. Liquid love? Dating apps, sex, relationships and the digital transformation of intimacy. *Journal of Sociology*, v. 53, n. 2, p. 271-284, 2017, p. 1.

> parecem feitas sob medida para o líquido cenário da vida moderna, em que se espera e se deseja que as 'possibilidades românticas' (e não apenas românticas) surjam e desapareçam numa velocidade crescente e em volume cada vez maior, aniquilando-se mutuamente e tentando impor aos gritos a promessa de 'ser a mais satisfatória e a mais completa'. Diferentemente dos 'relacionamentos reais' é fácil entrar e sair dos 'relacionamentos virtuais'. Em comparação com a 'coisa autêntica', pesada, lenta e confusa, eles parecem inteligentes e limpos, fáceis de usar, compreender e manusear. Entrevistado a respeito da crescente popularidade do namoro pela Internet em detrimento dos bares para solteiros e das seções especializada dos jornais e revistas, um jovem de 28 anos da Universidade de Bath apontou uma vantagem decisiva da relação eletrônica: 'Sempre se pode apertar a tecla de deletar'.[7]

O problema é que sentimento não se deleta por meio de uma tecla. Um dos lados pode acabar sofrendo, sobretudo quando deposita as expectativas de um amor sincero num encontro virtual, que pode ou não se tornar físico, na consumação carnal do toque, da carícia e do olhar. Certas pessoas, mesmo após os encontros saírem da tela, parecem ainda carregar consigo o íntimo desejo de apertar a tecla de deletar. O amor que surge no virtual e se perfaz no físico, pode acabar sendo descartado, porque tem no seu DNA o "pecado original" da canção de Gabriel Diniz: "eu encontrei no Tinder".

Para além dessas reflexões de cunho mais sociológico e filosófico, há que se analisar também esses aplicativos sob o aspecto da arquitetura tecnológica que está por trás dos algoritmos que realizam os encontros entre os usuários e, mais do que isso, é preciso considerar o papel a ser desempenhado pelas plataformas na redução de discriminações existentes na sociedade. Qual deve ser a postura? Neutralidade e respeito à autonomia dos usuários ou um atuar positivo? Não se pretende com este artigo dar respostas definitivas, mas tão somente lançar luzes sobre este tema que não tem sido suficientemente explorado pela doutrina.

2. O NOME DELA É JENIFER: EU SÓ A ENCONTREI POR CAUSA DO ALGORITMO DO TINDER

Jenifer, Gabriella, Maria, Camila, João, Filipe, Carlos, Rodrigo. Os nomes dos usuários, o gênero e a idade mudam, mas a atividade desempenhada pelos aplicativos de relacionamento é a mesma retratada na canção de Gabriel Diniz: facilitar encontros, ou, mais tecnicamente, *matchmaking*. Trata-se, numa análise bem simplificada, de uma operação triangular, envolvendo três sujeitos: a plataforma e dois usuários. A atuação da plataforma é a de aproximar ou mediar encontros entre duas pontas de usuários. Em essência, os aplicativos e plataformas de *matchmaking* possuem um funcionamento similar. No Uber, a intermediação se dá entre motoristas e passageiros; no Ifood, entre restaurantes e compradores; no Airbnb, entre hospedeiros e hóspedes; e, por fim, nos aplicativos de relacionamento, entre usuários que querem se encontrar.[8]

---

7. BAUMAN, Zygmunt. *Amor Líquido*: sobre a fragilidade dos laços humanos. Rio de Janeiro: Jorge Zahar Editora, 2004, p. 08.
8. Ver mais sobre em: FRAZÃO, Ana. Plataformas digitais, big data e riscos para os direitos da personalidade. *In:* MENEZES, Joyceane Bezerra de; TEPEDINO, Gustavo (Coord.), *Autonomia Privada, liberdade existencial e direitos fundamentais*. Belo Horizonte: Fórum, 2019.

Aqui, diferentemente dos outros exemplos, os usuários colocam-se em pé de igualdade, pois não há em um dos lados um prestador de serviços. Ambos são pretendentes a encontros e aproximações que, como visto, podem terminar numa tecla de deletar (*unmatch*) ou podem se transformar em encontros presenciais.

Pense-se em curioso caso da historiografia nacional, que retrata como a atividade de aproximação entre duas pessoas podia acontecer no passado. Após a morte precoce da Imperatriz Dona Leopoldina, o Imperador do Brasil Dom Pedro I precisava encontrar uma esposa. À época, não havia *Internet*: era necessário, então, que um emissário brasileiro fosse de navio até a Europa, munido de uma pintura do rosto do pretendente e de uma lista com uma série de predicados que a noiva deveria ter. Como narra o historiador Paulo Rezzutti, as instruções do Imperador para Felisberto Caldeira Brant, o Marquês de Barbacena, "eram claras: o marquês deveria conseguir uma princesa que, por seu nascimento, formosura, virtudes e instrução, pudesse fazer a felicidade do monarca e do Brasil."[9] No entanto, caso o marquês encontrasse dificuldade em reunir as quatro condições, o noivo admitiria alguma diminuição na primeira (nascimento) e na quarta (instrução), desde que a segunda (formosura) e a terceira fossem constantes (virtudes).[10] Foi assim que Barbacena, tal qual um algoritmo humano e após muitas negativas de jovens mais nobres, aproximou o Imperador viúvo e a jovem Amélia de Leuchtenberg, que viria a se tornar a segunda imperatriz brasileira. Foi preciso flexibilizar o "filtro do nascimento", já que a fama do Duque de Bragança quanto à sua fidelidade não andava boa no Velho Continente após os escândalos envolvendo a Marquesa de Santos, e as jovens de maior tradição nobiliárquica não queriam cruzar o Atlântico para encarar uma incógnita. Isso tudo sem mencionar, ainda, as escolhas feitas por meio do famoso "Almanaque de Gotha", utilizado à época como um verdadeiro "cardápio" de pretendentes nobres.

O relato histórico pode parecer caricato, mas retrata de certa forma como muitos aplicativos de relacionamento operados por algoritmos funcionam. Como regra geral, os principais destes incluem, em suas configurações básicas, os seguintes filtros que o usuário pode incluir em sua busca: gênero, faixa etária e distância. São estes os critérios, por exemplo, do Tinder[11], um dos aplicativos de maior sucesso no mundo. Todavia, alguns aplicativos permitem a inclusão de filtros mais específicos, como aqueles determinados por Dom Pedro I ao Marquês de Barbacena em sua busca por uma esposa.

O aplicativo OKCupid, por exemplo, requer que o usuário preencha um questionário mais detalhado para, a partir de um processo de perfilamento, identificar uma porcentagem de compatibilidade com outros usuários. São "questões aleatórias, tais como 'independentemente dos seus planos o que é mais importante para você agora: amor ou sexo?'; 'Gosta de discutir política?'; 'Bolsonaro? Sim ou não?'; 'Com que frequência você escova os dentes?'. Além disso, é preciso indicar também a resposta que deseja do

9. REZZUTTI, Paulo. *Dom Pedro*: a história não contada. Rio de Janeiro: LeYa, 2015, p. 239.
10. REZZUTTI, Paulo. *Dom Pedro*: a história não contada. Rio de Janeiro: LeYa, 2015, p. 239.
11. Para saber mais acerca do funcionamento do Tinder, sugere-se: COURTOIS, Cédric; TIMMERMANS, Elisabeth. Cracking the Tinder Code: An Experience Sampling Approach to the Dynamics and Impact of Platform Governing Algorithms. *Journal of Computer-Mediated Communication*, International Communication Association, n. 23, 2018.

pretendente àquela pergunta."[12] O que o aplicativo busca, em última análise, é fazer com que as aproximações se baseiem não apenas na aparência física, mas também nas afinidades detectadas percentualmente.

O funcionamento desses algoritmos, contudo, não é amplamente conhecido, por conta do segredo de negócio que os torna opacos. Ilustrativamente, a fórmula dos algoritmos é quase como a fórmula secreta da Coca-Cola: por mais que se saiba os ingredientes, a proporção e o método de preparo não são conhecidos, porque são justamente eles que fazem com que uma pessoa prefira este refrigerante em detrimento de outro.

A mesma lógica se dá com os aplicativos de relacionamento. O que faz uma pessoa optar pelo Tinder, Bumble, Happn, OKCupid ou The Inner Circle costuma ser, em regra, a facilidade em se conseguir mais *matches*, ou seja, de curtir um perfil e ser curtido de volta, podendo, assim, se comunicar com o outro usuário. Não se sabe ao certo, porém, como os aplicativos realizam as predições, isto é, quais critérios são usados para conectar as pessoas, nem qual o peso atribuído pelo algoritmo para determinada informação/preferência detectada em relação ao seu usuário.

Como se teve a oportunidade de analisar em outra sede, cada vez mais as decisões que impactam decisivamente na vida das pessoas e no acesso a bens e serviços na sociedade dependem única ou preponderantemente de mecanismos automatizados de decisão, normalmente associados a algoritmos de Inteligência Artificial. Os riscos podem ser imensos. Pense-se, por exemplo, no acesso ao crédito, no reconhecimento facial e até mesmo no policiamento preditivo.[13] No entanto, quando se fala em algoritmos utilizados em aplicativos de relacionamento, o maior dos riscos parece estar em ser tornado invisível pela plataforma e acabar não dando *matches*. Dito em outras palavras: o risco reside em não ser tão mostrado para outros usuários.

Se um algoritmo enviesado pode conduzir a uma taxa de juros maior no âmbito da análise de crédito, aqui, o máximo que um algoritmo poderia fazer é impedir que o usuário fosse visto pelas outras pessoas como gostaria, o que impacta consideravelmente os seus *matches*. Afinal, se seu perfil não aparece, as chances de ser curtido de volta são menores, apesar de alguns aplicativos direcionarem as pessoas com base em porcentuais de compatibilidade, o que permitiria um encontro mais direto entre perfis similares, tornando desnecessária a sua exibição para um espectro maior de usuários.

A predição algorítmica por meio de perfis tem sido alvo de muitos estudos. Pesquisadores da Universidade de Cambridge, no Reino Unido, por exemplo, "fizeram testes de personalidade com pessoas que franquearam acesso a suas páginas pessoais no Facebook, e estimaram, com ajuda de um algoritmo de computador, com quantas curtidas é possível detectar sua personalidade."[14] E os resultados foram surpreendentes: com apenas 100 "curtidas poderiam prever sua personalidade com acuidade e até

12. CESAR, Eligia Aquino. OkCupid: o melhor jeito de usar o app em que afinidade importa mais. *Universa*. Disponível em: https://www.uol.com.br/universa/noticias/redacao/2019/09/07/okcupid-o-app-que-da-valor-a-afinidade--alem-da-atracao-fisica-como-usar.htm. Acesso em: 30 set. 2020.
13. Para uma análise minuciosa sobre o tema, permita-se a referência a: MEDON, Filipe. *Inteligência Artificial e Responsabilidade Civil*: autonomia, riscos e solidariedade. Salvador: JusPodivm, 2020.
14. LISSARDY, Gerardo. 'Despreparada para a era digital, a democracia está sendo destruída', afirma guru do 'big data'. BBC, 09 abr. 2017. Disponível em: https://www.bbc.com/portuguese/geral-39535650. Acesso em: 12 out. 2019.

outras coisas: sua orientação sexual, origem étnica, opinião religiosa e política, nível de inteligência, se usa substâncias que causam vício ou se tem pais separados."[15] Ainda mais alarmante, "os pesquisadores detectaram que com 150 curtidas o algoritmo podia prever sua personalidade melhor que seu companheiro. Com 250 curtidas, o algoritmo tem elementos para conhecer sua personalidade melhor do que você."[16]

Pesquisas como esta demonstram que com base nas curtidas de um usuário no Facebook, pode-se determinar elementos da personalidade de uma pessoa que nem mesmo ela própria saberia identificar. O mesmo raciocínio pode ser aplicado para as curtidas em aplicativos de relacionamento. Surge, então, interessante questão: e se o algoritmo detectar que o padrão de curtidas de um usuário dista daquilo que ele estabeleceu previamente em suas preferências ao criar seu perfil?[17] Ilustrativamente: e se o usuário preencher um questionário dizendo que não sente atração por pessoas com tatuagem, mas seu padrão de curtidas revelar que existe atração? Deve a plataforma respeitar as preferências indicadas? E se em vez de tatuagens o critério disser respeito à raça ou religião? Conforme se verá, a atuação das plataformas na programação pode impactar decisivamente os resultados.

Essa formação de perfis, aplicada tanto a indivíduos como a grupos, constitui o cerne da técnica chamada de *profiling* ou perfilização, que pode ser descrita como a "elaboração de perfis de comportamento de uma pessoa a partir de informações que ela disponibiliza ou que são colhidas."[18-19] Explica Danilo Doneda que, nessa técnica:

> os dados pessoais são tratados, com o auxílio de métodos estatísticos, técnicas de inteligência artificial e outras mais, com o fim de obter uma "metainformação", que consistiria numa síntese dos hábitos, preferências pessoais e outros registros da vida desta pessoa. O resultado pode ser utilizado para traçar um quadro das tendências de futuras decisões, comportamentos e destinos de uma pessoa ou grupo.[20]

A construção desses perfis envolve a compilação de uma enorme quantidade de "dados sobre uma pessoa, com a finalidade de se obter uma imagem detalhada e confiável, visando, geralmente, à previsibilidade de padrões de comportamento, de gostos, hábitos

---

15. LISSARDY, Gerardo. 'Despreparada para a era digital, a democracia está sendo destruída', afirma guru do 'big data'. BBC, 09 abr. 2017. Disponível em: https://www.bbc.com/portuguese/geral-39535650. Acesso em: 12 out. 2019.
16. LISSARDY, Gerardo. 'Despreparada para a era digital, a democracia está sendo destruída', afirma guru do 'big data'. BBC, 09 abr. 2017. Disponível em: https://www.bbc.com/portuguese/geral-39535650. Acesso em: 12 out. 2019.
17. HUTSON, Jevan; TAFT, Jessie G.; BAROCAS, Solon; LEVY, Karen. Debiasing Desire: Addressing Bias & Discrimination on Intimate Platforms. *Proc. ACM Hum.-Comput. Interact.* 2, CSCW, Article 73, 2018. Disponível em: https://doi.org/10.1145/3274342. Acesso em: 25 ago. 2020, p. 13.
18. DONEDA, Danilo. *Da privacidade à proteção de dados pessoais*. Rio de Janeiro: Renovar, 2006, p. 173.
19. "No dicionário de língua inglesa, *profiling* (expressão inglesa de perfilização) significa 'o ato ou processo de extrapolar informação sobre uma pessoa baseado em traços ou tendências conhecidas'. Na tradição da ciência da informação anglo-saxônica, a perfilização se refere ao processo de construção e aplicação de um perfil de usuário (*user profile*) gerado por análises de dados computadorizadas. No campo do direito, no entanto, há poucas definições precisas sobre perfilização. Uma exceção é o pioneiro artigo de Roger Clarke, publicado no *Journal of Law and Information Science* em 1993, que definiu a perfilização como "uma técnica em que um conjunto de características de uma determinada classe de pessoa é inferido a partir de experiências passadas e, em seguida, dados armazenados são pesquisados para indivíduos com um ajuste quase perfeito a esse conjunto de características". (ZANATTA, Rafael A. F. *Perfilização, Discriminação e Direitos:* do Código de Defesa do Consumidor à Lei Geral de Proteção de Dados Pessoais, pp. 04-05. Disponível em: https://www.researchgate.net/publication/331287708. Acesso em: 27 jun. 2019.
20. DONEDA, Danilo. *Da privacidade à proteção de dados pessoais*. Rio de Janeiro: Renovar, 2006, p. 173.

de consumo e preferências do consumidor."[21] De um modo geral, o emprego da técnica do *profiling* "possibilita a tomada de importantes decisões a respeito dos consumidores, trabalhadores e cidadãos em geral, afetando diretamente a sua vida e influenciando o seu acesso a oportunidades sociais."[22] A ameaça aqui reside na "enorme capacidade de combinar diversos dados de forma inteligente, formando novos elementos informativos"[23], os quais servirão para municiar a sugestão de perfis para usuários.

É preciso recordar, ainda, que as informações obtidas a partir do tratamento dos dados provenientes das curtidas, rejeições e eventualmente até das conversas entre os usuários (que podem ser de teor íntimo e sexual) e que servem para a formação dos perfis, devem ser armazenadas e tratadas de forma segura, como determina a legislação. O tratamento desses dados, ademais, deve levar em conta as bases legais que o autorizam, bem como o disposto no §2º do artigo 12 da Geral de Proteção de Dados Pessoais, a LGPD (Lei 13.709/2018).

Outrossim, constante do artigo 6º, inciso IX da LGPD, o princípio da não discriminação, que reza sobre a impossibilidade de realização do tratamento para fins discriminatórios ilícitos ou abusivos, também se aplica sobre a formação de tais perfis.

Surgem, então, três questões sensíveis para o Direito: (i) assegurar que o tratamento dos dados pessoais dos usuários coletados pela plataforma obedeça às normas relativas à sua proteção no ordenamento; (ii) saber quais critérios podem ser legitimamente utilizados por plataformas e usuários para o estabelecimento de preferências e filtros; e, por fim, (iii) saber se a plataforma pode e deve atuar diretamente na programação de seus algoritmos para reduzir resultados discriminatórios. A primeira questão foge ao breve escopo desta análise. A seguir, passa-se a analisar as outras duas.

3. O PAPEL DAS PLATAFORMAS EM FACE DAS DISCRIMINAÇÕES

Como afirmado nas linhas introdutórias, não se pretende aqui apresentar respostas e conclusões, mas lançar luzes sobre tormentosas questões que surgem a partir desta análise. Indaga-se, então: podem os usuários utilizar critérios raciais em suas preferências como filtros? Ou seja: pode um usuário branco escolher não ver perfis de usuários negros? O inverso seria possível? E se o filtro for ter filhos? Praticar determinada religião? Votar em certo candidato? Altura e peso? Pode a plataforma atuar diretamente para combater discriminações?

Para responder a essas questões, é preciso considerar a discussão que concerne às preferências e atrações sexuais. Nada pode ser mais íntimo que o desejo, mas ao mesmo tempo, o desejo pode ser uma construção. O padrão de beleza é variável: depende do tempo e do espaço. O que era belo na época em que Dom Pedro I buscava sua segunda

21. MENDES, Laura Schertel. *Privacidade, proteção de dados e defesa do consumidor*: linhas gerais de um novo direito fundamental. São Paulo: Saraiva, 2014, p. 111.
22. MENDES, Laura Schertel. *Privacidade, proteção de dados e defesa do consumidor*: linhas gerais de um novo direito fundamental. São Paulo: Saraiva, 2014, p. 111.
23. MENDES, Laura Schertel. *Privacidade, proteção de dados e defesa do consumidor*: linhas gerais de um novo direito fundamental. São Paulo: Saraiva, 2014, p. 111.

esposa na cultura e sociedade brasileira pode não ser o que se julga belo hoje. Dizer, *a priori*, que determinada preferência sexual é discriminatória é uma afirmação que tangencia polêmicas. Racismo sexual existe?

Sem adentrar em debate tão complexo, pode-se se assumir para esta análise que as preferências e atrações sexuais dependem de fatores históricos e culturais, enquanto produtos sociais do meio em que o indivíduo cresce ou imperativos biológicos.[24] Desse modo, as pessoas, ao ingressarem em aplicativos de relacionamento apontando preferências, podem estar dando vozes a preconceitos adormecidos. Um papel omisso e neutro das plataformas só teria, portanto, a função de reproduzir tais preconceitos. Um agir, positivo, por outro lado, ao expandir os horizontes das preferências de um usuário, não significaria necessariamente sobrepor seus desejos inatos, mas "intervir nos processos inevitáveis e contínuos pelos quais nossas preferências emergem em nossas interações com nosso ambiente social e cultural. As plataformas íntimas não apenas influenciam a vontade das pessoas de expressar e agir de acordo com suas preferências sexuais, mas também moldam ativamente essas mesmas preferências na forma como apresentam parceiros em potencial."[25]

Jevan Hutson, Jessie G. Taft, Solon Barocas e Karen Levy trazem alguns dados sobre as preferências de usuários do aplicativo OKCupid:

> For example, white users of OKCupid are more likely to receive messages or have their messages responded to than their non-white peers, while Asian men and black women are least likely to receive messages or responses. Heterosexual women of all races prefer white over nonwhite partners. White men and women of all ages are more likely to pursue dates with white rather than non-white partners and are least likely to date outside their race, while Asian and Latino men and women demonstrate comparable patterns of racial exclusion. College students are more likely to exclude blacks, particularly black women, as possible dates. Black men and women are ten times more likely to message whites on an intimate platform than whites are to message blacks. *The extent of self-segregation in online dating, however, is shown to peak at the first stage of contact: users are more likely to communicate across racial boundaries when reciprocating than when initiating romantic interest. Importantly, users who receive messages across racial boundaries engage in more new interracial exchanges than they would have otherwise.*[26] (grifou-se)

Segundo estes autores, ainda que ações individuais continuem sendo discriminatórias, uma política dos aplicativos que estimulasse os programadores a abandonar uma pretensa neutralidade e atuar positivamente na programação algorítmica poderia conduzir à promoção de um bem geral maior, eventualmente facilitando que pessoas inicialmente refratárias passassem a se relacionar com outras pessoas de perfis distintos daqueles originalmente buscados. Um importante caminho passaria por impedir e refutar

24. HUTSON, Jevan; TAFT, Jessie G.; BAROCAS, Solon; LEVY, Karen. Debiasing Desire: Addressing Bias & Discrimination on Intimate Platforms. *Proc. ACM Hum.-Comput. Interact.* 2, CSCW, Article 73, 2018. Disponível em: https://doi.org/10.1145/3274342. Acesso em: 25 ago. 2020, p. 4.
25. HUTSON, Jevan; TAFT, Jessie G.; BAROCAS, Solon; LEVY, Karen. Debiasing Desire: Addressing Bias & Discrimination on Intimate Platforms. *Proc. ACM Hum.-Comput. Interact.* 2, CSCW, Article 73, 2018. Disponível em: https://doi.org/10.1145/3274342. Acesso em: 25 ago. 2020, p. 4.
26. HUTSON, Jevan; TAFT, Jessie G.; BAROCAS, Solon; LEVY, Karen. Debiasing Desire: Addressing Bias & Discrimination on Intimate Platforms. *Proc. ACM Hum.-Comput. Interact.* 2, CSCW, Article 73, 2018. Disponível em: https://doi.org/10.1145/3274342. Acesso em 25 ago. 2020, p. 4.

filtros que contivessem, por exemplo, preferências de cunho racial, de modo a incluir no *design* do aplicativo ferramentas que aproximassem pessoas que cultural e socialmente não se encontrariam, até mesmo em virtude de barreiras de origem preconceituosa.[27]

Analisando o caso do aplicativo CoffeMeetsBagel, os autores apontam que este permitia que os usuários especificassem tanto a própria raça, como a raça buscada em um possível parceiro. Em 2016, verificou-se que mesmo quando os usuários não expressavam uma preferência, os perfis indicados para eles acabam sendo da mesma raça, porque um dos "erros" do aplicativo seria não computar que usuários que não têm preferência étnica gostariam de se relacionar com ambas.[28] Além disso, "não existe nenhuma indicação para os usuários de quais dados estão sendo usados para formar as recomendações, ou como tais dados são processados e analisados. Plataformas deste tipo definem um 'bom' futuro *match* utilizando a definição de um "bom" *match* antigo, sem considerar como esses *matches* antigos vieram a se formar."[29]

O *site* MonsterMatch denuncia, por meio de um jogo virtual, como boa parte dos algoritmos de relacionamento opera e perpetua discriminações, reduzindo consideravelmente as chances de usuários pertencentes a minorias. Tudo se dá por meio de algoritmos de "filtragem colaborativa", ou *collaborative filtering*:

> Collaborative filtering in dating means that the earliest and most numerous users of the app have outsize influence on the profiles later users see. Some early user says she likes (by swiping right on) some other active dating app user. Then that same early user says she doesn't like (by swiping left on) a Jewish user's profile, for whatever reason. As soon as some new person also swipes right on that active dating app user, the algorithm assumes the new person "also" dislikes the Jewish user's profile, by the definition of collaborative filtering. So the new person never sees the Jewish profile. A recent look at this phenomenon is going to change the way you think about online dating. (...) A brand new simulation has quantified our gut feelings about dating apps: that a feedback loop in collaborative filtering gives majority users better matches at the expense of minority users. There's something innate about collaborative filtering that disfavors people who are underrepresented in the data, both in terms of when they started using the dating app and how many of those users there are. In no intentional way, collaborative filtering reproduced the underlying causes of an inequality of opportunities in offline life. This is all beside the point, because there is no perfect dating algorithm, only compromises. There is an imbalance between what people want and what people give in dating. All preferences cannot be satisfied for everyone. Mathematicians know this as the "marriage problem." We're not in the business of proposing better alternatives to collaborative filtering. And people who suggest we try are missing the point.[30]

A partir disso, indaga-se: será que este tratamento de dados, eventualmente discriminatório, pode ser objeto de explicação, na forma do §1º do artigo 20 da LGPD? Não parece haver dúvidas que sim. E somente a explicação quanto ao algoritmo poderia

27. HUTSON, Jevan; TAFT, Jessie G.; BAROCAS, Solon; LEVY, Karen. Debiasing Desire: Addressing Bias & Discrimination on Intimate Platforms. *Proc. ACM Hum.-Comput. Interact.* 2, CSCW, Article 73, 2018. Disponível em: https://doi.org/10.1145/3274342. Acesso em 25 ago. 2020, p. 6-7.
28. HUTSON, Jevan; TAFT, Jessie G.; BAROCAS, Solon; LEVY, Karen. Debiasing Desire: Addressing Bias & Discrimination on Intimate Platforms. *Proc. ACM Hum.-Comput. Interact.* 2, CSCW, Article 73, 2018. Disponível em: https://doi.org/10.1145/3274342. Acesso em: 25 ago. 2020, p. 9.
29. HUTSON, Jevan; TAFT, Jessie G.; BAROCAS, Solon; LEVY, Karen. Debiasing Desire: Addressing Bias & Discrimination on Intimate Platforms. *Proc. ACM Hum.-Comput. Interact.* 2, CSCW, Article 73, 2018. Disponível em: https://doi.org/10.1145/3274342. Acesso em: 25 ago. 2020, p. 9.
30. Disponível em: https://monstermatch.hiddenswitch.com/algorithms. Acesso em: 01 out. 2020.

revelar por que certos usuários se tornam mais invisíveis nas plataformas. Os segredos comercial e industrial são, certamente, entraves, os quais podem ser contornados pela atuação da Autoridade Nacional de Proteção de Dados na verificação dos aspectos discriminatórios, conforme estipulado pelo §2º do mesmo artigo. E segundo o artigo 4º, inciso IV, alínea "b" do Decreto 10.474/2020, compete ao Conselho Diretor, órgão máximo de direção da ANPD segundo o artigo 3º, §1º do mesmo diploma, determinar a realização de auditoria para verificação de aspectos discriminatórios em tratamento automatizado de dados pessoais, na hipótese de não atendimento ao disposto no § 1º do art. 20 da LGPD.

Ainda analisando o papel das plataformas, Hutson, Taft, Barocas e Levy narram o caso de um experimento realizado pelo aplicativo OKCupid, por meio do qual usuários foram apresentados a *matches* "ruins" segundo o algoritmo, mas foram informados de que havia uma alta taxa percentual de compatibilidade. E o aplicativo concluiu que o poder da sugestão tinha um efeito real sobre o comportamento dos usuários, de tal modo que usuários categorizados pelo algoritmo como incompatíveis acabaram tendo interações de maior sucesso quando acreditavam ser compatíveis. Apesar das críticas feitas ao aplicativo de que os usuários não haviam sido informados nem consentiram para o experimento, pode-se perceber como um agir positivo das plataformas por meio de seus algoritmos pode impactar decisivamente os *matches* de um usuário[31] e, consequentemente, a redução de preferências discriminatórias na sociedade.

Como se pode notar, a discussão está centrada na atuação das plataformas. Em primeiro lugar, busca-se saber se elas podem incluir filtros discutivelmente discriminatórios, como raça e religião. Em segundo lugar, questiona-se se, partindo do pressuposto de que usuários carregam vieses discriminatórios e tendem a não se relacionar com pessoas que culturalmente não são preferidas sexualmente, os algoritmos poderiam ser modelados de forma a tentar aproximar essas pessoas.

Sobre o primeiro item, como enunciado anteriormente, a LGPD traz em seu artigo 6º, inciso IX da LGPD, o princípio da não discriminação. O legislador foi preciso ao delimitar que só é vedado o tratamento para fins discriminatórios ilícitos ou abusivos, ou seja: nem toda discriminação é ruim. Filtros e preferências que envolvam localização, gênero e idade, em princípio, constituem discriminações toleráveis. Não é ilícito ou abusivo que se permita que um usuário que mora em determinada cidade veja apenas pessoas que moram naquela mesma região. Igualmente, não há problemas em se viabilizar a exclusão de pessoas de faixas etárias distintas. Por fim, não haveria sentido em exibir perfis de pessoas do mesmo gênero para usuários que só se relacionam com o gênero oposto.

Como afirma Bruno Miragem:

31. HUTSON, Jevan; TAFT, Jessie G.; BAROCAS, Solon; LEVY, Karen. Debiasing Desire: Addressing Bias & Discrimination on Intimate Platforms. *Proc. ACM Hum.-Comput. Interact.* 2, CSCW, Article 73, 2018. Disponível em: https://doi.org/10.1145/3274342. Acesso em: 25 ago. 2020, p. 9.

> (...) interpretação constitucionalmente adequada da norma deve compreender a proibição não apenas da finalidade discriminatória ou abusiva, mas também quando o resultado do tratamento de dados possa dar causa à discriminação. A proibição da discriminação injusta não se limita apenas ao comportamento que se dirige à discriminar, senão também em qualquer situação na qual ela é resultado de uma determinada conduta.[32]

No mesmo sentido, Thiago Junqueira arremata:

> De fato, não faz sentido restringir-se a aplicação do princípio aos casos em que os agentes tenham como propósito causar a discriminação ilícita ou abusiva. Em tempos de decisões tomadas por IA que se desenvolvem mediante autoaprendizagem e, em grande medida, se valem de correlações pouco explicáveis para alcançar os seus resultados, demonstra-se mais do que nunca imperioso realizar-se uma análise funcional da tutela antidiscriminatória fornecida pelo ordenamento jurídico.[33]

Diante disso, pode-se optar por dois caminhos: (i) reconhecer que faz parte da autonomia dos usuários escolherem não se relacionar com pessoas de determinada raça (ou outro critério discriminatório) e, portanto, o agir da plataforma pode ser neutro; ou (ii) afirmar que um filtro deste tipo, por mais que integre o poder de escolha íntima do usuário, quando considerado globalmente é apto a perpetuar resultados discriminatórios na sociedade, devendo ser, por essa razão, rechaçado. Incumbiria aos aplicativos, assim, vedar este tipo de critério, combatendo-o.

Outrossim, quais critérios são discriminatórios? Ter ou não filhos? Altura? Peso? Beber socialmente? Raça? Ter tatuagem? Religião? A delimitação de quais critérios são discriminatórios para fins de preferência sexual não passa livre de controvérsias.

Resta saber, por fim, se além de vedar discriminações, os aplicativos também possuiriam um dever de atuar diretamente na programação de seus algoritmos para reduzir discriminações. Neste sentido, Anupam Chander alvitra a solução de "ações afirmativas algorítmicas" para combate a discriminações de gênero e raça nos algoritmos em geral.[34-35]

---

32. MIRAGEM, Bruno. A Lei Geral de Proteção de Dados (Lei 13.709/2018) e o direito do consumidor. *Revista dos Tribunais*, São Paulo: RT, nov. 2019 (versão digital), pp. 13-14.
33. JUNQUEIRA, Thiago. Tomada de decisões automatizadas nos seguros privados: tratamento de dados pessoais e prevenção da discriminação racial à luz da LGPD. *In:* TEPEDINO, Gustavo; SILVA, Rodrigo da Guia (Coords.) *O Direito Civil na era da inteligência artificial*. São Paulo: Thomson Reuters Brasil, 2020, p. 268.
34. "This Review proceeds as follows. Part I reviews Pasquale's argument that our emerging black box society will increase discriminatory manipulations. It argues that, contrary to Pasquale's argument, instead of seeing algorithms as likely to increase intentional discrimination, the law has turned to algorithms to reduce the invidious discriminations that result from human decisionmakers with unfettered discretion. Through the example of sentencing guidelines, this Part demonstrates that law has preferred highly specified algorithmic decisionmaking in order to reduce the discriminatory results of open-ended human judgment. Part II argues that because of the real-world discrimination upon which the algorithms learn and operate, discrimination is still likely to emerge from automated algorithms that are designed in racially or gender-neutral fashion. Part III introduces the remedy of algorithmic affirmative action to combat the problem of viral discrimination-designing algorithms in race- and gender-conscious ways to account for existing discrimination lurking in the data." (CHANDER, Anupam. The Racist Algorithm? *Michigan Law Review*, v. 115, p. 1023-, abr. 2017, p. 1027).
35. Interessante a contribuição de Barocas e Selbst: "data mining also has the potential to help reduce discrimination by forcing decisions onto a more reliable empirical foundation and by formalizing decision-making processes, thus limiting the opportunity for individual bias to affect important assessments. In many situations, the introduction of data mining will be a boon to civil rights, even where it fails to root out discrimination altogether, and such efforts should be encouraged. Yet, understanding when and why discrimination persists in cases of data-driven decision making reveals important and sometimes troubling limits to the promise of big data, for which there are

Para o Professor da Universidade de Califórnia, seria muito difícil pensar em programadores que dolosamente criassem algoritmos preconceituosos, seja porque a escrita de códigos envolve a participação de muitas pessoas, seja porque mesmo protegidos por segredo industrial, há o risco de os códigos serem quebrados mais tarde por *hackers* ou sujeitos que internamente denunciassem os abusos, revelando as discriminações.[36]

Chander argumenta, outrossim, que, em última instância, a maior das "caixas-pretas" é a mente humana. Dito diversamente, quantas decisões não são tomadas diretamente no silêncio das mentes e em reuniões fechadas e que acabam determinando a sorte das pessoas, ainda que com base em preconceitos velados? Quantas eleições não foram influenciadas por escolhas que decidiram estampar certas imagens e notícias nas capas de jornais e revistas? Ao fim e ao cabo, muitas das discriminações que ainda ocorrem na sociedade derivam, também, de erros estatísticos e generalizações feitas pela própria mente humana com base nas experiências de vida dos indivíduos.[37] Aqui, no caso dos aplicativos de relacionamento, seriam produto de construções socioculturais.

A solução estaria, portanto, em programar os algoritmos para impedir a discriminação. Um atuar positivo, como uma verdadeira ação afirmativa[38-39], diante da inevitabilidade de que algoritmos neutros tenderão a ser influenciados pelos dados viciados de uma sociedade marcadamente preconceituosa, o que se evidencia nesses aplicativos. Anupam Chander critica a conclusão do juiz norte-americano Frank Pasquale de que a resposta estaria na transparência e na abertura dos algoritmos para exame, afirmando que em vez de transparência no *design* do algoritmo, é preciso que haja transparência nos *inputs* e nos *outputs*. Dever-se-ia focar, por conseguinte, no resultado dos algoritmos.[40]

A transparência seria uma solução limitada, porque se traduziria num convite a novas manipulações. Afinal, se é possível saber como o algoritmo opera, torna-se mais fácil manipulá-lo dolosamente, promovendo a discriminação. Outros obstáculos à transparência seriam, também, o segredo comercial e a própria tecnologia, já que técnicas mais avançadas, como o *machine learning*, fazem com que o algoritmo se aperfeiçoe sozinho, de tal modo que nem mesmo seus programadores seriam capazes de entender algumas de suas ações.[41]

---

no ready solutions." (BAROCAS, Solon; SELBST, Andrew D. Big Data's Disparate Impact. *California Law Review*, v. 104, p. 671-, 2016, p. 676).

36. CHANDER, Anupam. The Racist Algorithm? *Michigan Law Review*, v. 115, p. 1023-, abr. 2017, p. 1030.
37. CHANDER, Anupam. The Racist Algorithm? *Michigan Law Review*, v. 115, p. 1023-, abr. 2017, p. 1030-1031.
38. "Affirmative action does not focus on identifying the how of discrimination, but on working to correct it, regardless of its source. (...) The goal is not to point fingers to the source of the problem, complex as it is likely to be, but to seek to rectify the problem." (CHANDER, Anupam. The Racist Algorithm? *Michigan Law Review*, v. 115, p. 1023-, abr. 2017, p. 1041).
39. "Rational discrimination does not require class or racial hatred, or even unconscious bias, to operate. It only requires ignoring bias that already exists. When automated decision-making tools are not built to explicitly dismantle structural inequities, their speed and scale intensify them." (EUBANKS, Virginia. *Automating inequality*: How high-tech tools profile, police, and punish the poor. (edição digital) Nova Iorque: St. Martin's Press, 2018, p. 152).
40. CHANDER, Anupam. The Racist Algorithm? *Michigan Law Review*, v. 115, p. 1023-, abr. 2017, p. 1039.
41. CHANDER, Anupam. The Racist Algorithm? *Michigan Law Review*, v. 115, p. 1023-, abr. 2017, p. 1040.

As ações afirmativas permitiriam que gênero e raça fossem considerados e significassem escolhas diferentes de programação. Um dos exemplos narrados é o da plataforma de transporte Uber, que não exibe a foto do passageiro nem o endereço de destino até que o motorista aceite a corrida, o que preveniria que certos dados fossem utilizados como *proxies*/associações para outros dados como a raça do indivíduo. Além disso, cada viagem cancelada pelo motorista contribui para uma pontuação negativa. O resultado, segundo relatos, é de que se tornou mais fácil para afro-americanos se transportar por meio de um carro da Uber do que por meio de um táxi abordado nas ruas. O racismo seria atenuado, apesar de não ser eliminado totalmente, pois motoristas negros ainda poderiam continuar sendo mal avaliados por passageiros, o que impactaria uma nota menor no aplicativo.[42]

É de se questionar ainda a monetização dos algoritmos. Aplicativos de aproximação (*matchmaking*) tendem a lucrar com os dados de seus usuários, na medida em que oportunizam o acesso à plataforma gratuitamente. No entanto, boa parte dos aplicativos de relacionamento conta atualmente com funcionalidades pagas, que aumentam a visibilidade do perfil do usuário, driblando a rota convencional do algoritmo. No Tinder, por exemplo,[43] há o chamado *Super Like*, que em tese permitiria que o usuário furasse a fila e aparecesse como uma notificação em destaque no perfil curtido. Há, ainda, neste mesmo aplicativo, outras funcionalidades, como aquela que permite que o usuário saiba quais perfis curtiram o seu, bem como aquelas que viabilizam que o usuário fique visível em qualquer lugar do mundo. Em face disso, é preciso refletir: o quanto essa monetização não contribui para reforçar a invisibilidade de certos perfis, perpetuando a desigualdade? Afinal, usuários com maior poder aquisitivo tendem a conseguir mais *matches*, porque furariam a fila.

Será que essa "furada de fila" no algoritmo não poderia ser usada pelos próprios aplicativos para combater desigualdades? Se sim, quais categorias são apropriadas para intervenção? Hutson, Taft, Barocas e Levy citam dois exemplos em que não se deveria poder intervir: o primeiro é o critério religioso. Isto é, para os autores seria inapropriado sugerir que um usuário judeu "expandisse seus horizontes" em busca de parceiros de fora da sua religião, já que isso poderia violar considerações religiosas e culturais. No mesmo sentido, não seria tolerável que a plataforma sugerisse que um usuário homossexual expandisse sua busca para perfis do outro sexo.[44]

Não se pode negar, entretanto, que às plataformas incumbe alguma atuação para minorar discriminações.

---

42. CHANDER, Anupam. The Racist Algorithm? *Michigan Law Review*, v. 115, p. 1023-, abr. 2017, pp. 1042-1043.
43. TIFFANY, Kaitlyn. The Tinder algorithm, explained. *The Goods, by Vox*, 18 mar. 2019. Disponível em: https://www.vox.com/2019/2/7/18210998/tinder-algorithm-swiping-tips-dating-app-science?__c=1. Acesso em: 13 ago. 2020.
44. HUTSON, Jevan; TAFT, Jessie G.; BAROCAS, Solon; LEVY, Karen. Debiasing Desire: Addressing Bias & Discrimination on Intimate Platforms. *Proc. ACM Hum.-Comput. Interact.* 2, CSCW, Article 73, 2018. Disponível em: https://doi.org/10.1145/3274342. Acesso em: 25 ago. 2020, p. 9.

4. SÍNTESE CONCLUSIVA

Como se pode perceber, este artigo traz mais inquietações e reflexões do que propriamente soluções. Sua principal missão é convidar os leitores a analisar este tema, que tem sido negligenciado. O papel a ser desempenhado pelos aplicativos de relacionamento, o terceiro vértice desta relação triangular, é central para o enfrentamento das discriminações existentes na sociedade.

Se o amor e o afeto também se digitalizaram, é bem verdade que esses aplicativos representam o principal veículo dessa ocupação dos espaços virtuais, que se tornou ainda mais evidente com a pandemia de Covid-19. Muitos casais se formaram assim e inúmeros outros ainda irão se formar.

Encontros proporcionados por aplicativos tendem a crescer cada vez mais, dando origem a famílias inteiras. Se no passado, pretendentes se conheciam por intermediários que carregavam pinturas e uma lista de predicados desejados ou por um almanaque como aquele de Gotha, hoje, pessoas que talvez jamais se encontrariam ou se esbarrariam na rua, passam a se amar por causa de um algoritmo. São lindas histórias de cumplicidade, carinho, atenção e amor que começam num deslizar de um dedo para a direita. Chinelos velhos que encontram pés descalços, metades da laranja que se unem.

Pode, sim, haver amor num aplicativo. Mas também pode haver, e há, discriminações ilícitas e abusivas, as quais devem ser combatidas. É preciso que as plataformas busquem meios de participar ativamente na redução dessas desigualdades, seja por meio da vedação a critérios discriminatórios, seja por meio de uma atuação positiva na programação dos algoritmos que realizam o *profiling* e os *matches*, além de incentivos para que usuários busquem se relacionar com perfis que fujam às preferências declaradas.

Outrossim, o inegável sucesso desses aplicativos não pode mascarar os riscos reais para a proteção dos dados pessoais de seus usuários e eventualmente até mesmo para a segurança deles, o que pode ser minorado por meio de verificações de identidade por foto, como já tem feito o Tinder por meio de reconhecimento facial.

Diante das incertezas das relações descartáveis e dos amores líquidos que essa virtualização dos relacionamentos pode gerar, no embate entre segurança e liberdade, a grande conclusão de Zygmunt Bauman continua irretocável: "relacionar-se é caminhar na neblina sem a certeza de nada."[45] E como afirmou Gabriel Diniz: "Não é minha namorada, mas poderia ser".

5. REFERÊNCIAS

BAROCAS, Solon; SELBST, Andrew D. Big Data's Disparate Impact. *California Law Review*, v. 104, p. 671-, 2016.

BAUMAN, Zygmunt. *Amor Líquido*: sobre a fragilidade dos laços humanos. Rio de Janeiro: Jorge Zahar Editora, 2004.

45. BAUMAN, Zygmunt. *Amor Líquido*: sobre a fragilidade dos laços humanos. Rio de Janeiro: Jorge Zahar Editora, 2004.

BRYANT, Katherine; SHELDON, Pavica. Cyber Dating in the Age of Mobile Apps: Understanding Motives, Attitudes, and Characteristics of Users. *American Communication Journal*, v. 19, n. 2, jun./ago. 2017.

CESAR, Eligia Aquino. OkCupid: o melhor jeito de usar o app em que afinidade importa mais. *Universa*. Disponível em: https://www.uol.com.br/universa/noticias/redacao/2019/09/07/okcupid-o-app-que-da-valor-a-afinidade-alem-da-atracao-fisica-como-usar.htm. Acesso em: 30 set. 2020.

CHANDER, Anupam. The Racist Algorithm? *Michigan Law Review*, v. 115, p. 1023-, abr. 2017.

CONVERSAS em apps de paquera aumentam durante a quarentena. *R7*, 08 abr. 2020. Disponível em: https://noticias.r7.com/tecnologia-e-ciencia/conversas-em-apps-de-paquera-aumentam-durante-a-quarentena-08042020. Acesso em: 30 set. 2020.

COURTOIS, Cédric; TIMMERMANS, Elisabeth. Cracking the Tinder Code: An Experience Sampling Approach to the Dynamics and Impact of Platform Governing Algorithms. *Journal of Computer-Mediated Communication*, International Communication Association, n. 23, 2018.

DONEDA, Danilo. *Da privacidade à proteção de dados pessoais*. Rio de Janeiro: Renovar, 2006.

EUBANKS, Virginia. *Automating inequality*: How high-tech tools profile, police, and punish the poor. (edição digital). Nova Iorque: St. Martin's Press, 2018.

FRAZÃO, Ana. Plataformas digitais, big data e riscos para os direitos da personalidade. *In:* MENEZES, Joyceane Bezerra de; TEPEDINO, Gustavo (Coord.), *Autonomia Privada, liberdade existencial e direitos fundamentais*. Belo Horizonte: Fórum, 2019.

HOBBS, Mitchell; OWEN, Stephen; GERBER, Livia. Liquid love? Dating apps, sex, relationships and the digital transformation of intimacy. *Journal of Sociology*, v. 53, n. 2, p. 271–284, 2017.

HUTSON, Jevan; TAFT, Jessie G.; BAROCAS, Solon; LEVY, Karen. Debiasing Desire: Addressing Bias & Discrimination on Intimate Platforms. *Proc. ACM Hum.-Comput. Interact*. 2, CSCW, Article 73, 2018. Disponível em: https://doi.org/10.1145/3274342. Acesso em: 25 ago. 2020.

JUNQUEIRA, Thiago. Tomada de decisões automatizadas nos seguros privados: tratamento de dados pessoais e prevenção da discriminação racial à luz da LGPD. *In:* TEPEDINO, Gustavo; SILVA, Rodrigo da Guia (Coords.). *O Direito Civil na era da inteligência artificial*. São Paulo: Thomson Reuters Brasil, 2020.

LISSARDY, Gerardo. 'Despreparada para a era digital, a democracia está sendo destruída', afirma guru do 'big data'. *BBC*, 09 abr. 2017. Disponível em: https://www.bbc.com/portuguese/geral-39535650. Acesso em: 12 out. 2019.

MEDON, Filipe. *Inteligência Artificial e Responsabilidade Civil*: autonomia, riscos e solidariedade. Salvador: JusPodivm, 2020.

MENDES, Laura Schertel. *Privacidade, proteção de dados e defesa do consumidor*: linhas gerais de um novo direito fundamental. São Paulo: Saraiva, 2014.

MIRAGEM, Bruno. A Lei Geral de Proteção de Dados (Lei 13.709/2018) e o direito do consumidor. *Revista dos Tribunais*, São Paulo: Ed. RT, nov. 2019 (versão digital).

REZZUTTI, Paulo. *Dom Pedro*: a história não contada. Rio de Janeiro: LeYa, 2015

TIFFANY, Kaitlyn. The Tinder algorithm, explained. *The Goods, by Vox*, 18 mar. 2019. Disponível em: https://www.vox.com/2019/2/7/18210998/tinder-algorithm-swiping-tips-dating-app-science?__c=1. Acesso em: 13 ago. 2020

WORTHINGTON, Sarah. The Hidden Cost of Free Dating. In: Intuition: *The BYU Undergraduate Journal of Psychology*, v. 1, n. 1, Art. 14, 2019.

ZANATTA, Rafael A. F. *Perfilização, Discriminação e Direitos*: do Código de Defesa do Consumidor à Lei Geral de Proteção de Dados Pessoais, pp. 04-05. Disponível em: https://www.researchgate.net/publication/331287708. Acesso em: 27 jun. 2019.

38
A INFLUÊNCIA DOS "ROBÔS" NA POLÍTICA: BREVE ENSAIO SOBRE A RÁPIDA DISSEMINAÇÃO DO ÓDIO E DAS NOTÍCIAS FALSAS NAS REDES SOCIAIS

João Victor Rozatti Longhi

Defensor Público no Estado do Paraná. Professor substituto da Universidade Estadual do Oeste do Paraná (Unioeste) e visitante do PPGD da Universidade Estadual do Norte do Paraná – UENP. Pós-Doutor em Direito pela Universidade Estadual do Norte do Paraná – UENP. Doutor em Direito Público pela Faculdade de Direito da Universidade de São Paulo – USP/Largo de São Francisco. Mestre em Direito Civil pela Faculdade de Direito da Universidade do Estado do Rio de Janeiro – UERJ.

Gabriel Oliveira de Aguiar Borges

Bacharel em Direito pela Universidade Federal de Uberlândia (UFU). Especialista em Direito Processual Civil pela Faculdade Damásio (SP). Pós-graduando em Direito Digital e Compliance pelo Instituto Brasileiro de Mercado de Capitais (IBMEC). Mestre em Direito pela UFU. Doutorando em Direito Político e Econômico pela Universidade Presbiteriana Mackenzie (UPM). Membro do Instituto Brasileiro de Estudos de Responsabilidade Civil (IBERC). Mentor da Liga de Direito e Negócios de Uberlândia (Ligare). Professor do Curso de Direito e membro do Comitê de Ética em Pesquisa do Centro Universitário do Triângulo (UNITRI/MG). Advogado.

1. INTRODUÇÃO

Hodiernamente, é possível notar que o ambiente *online* trouxe diferentes possibilidades de exercício da cidadania, notadamente por intermédio de discussões, reuniões, organizações e outras ações políticas. É inegável a influência das plataformas digitais na política.

Porém, há outra face da mesma moeda: novos problemas oriundos das tão faladas *Fake News* e, também, do discurso de ódio, ou *Hate Speech*. É que a grande e rápida propagação de informações *online*, leva uma mensagem com conteúdo doloso, ilícito e/ou falso, cause consequências negativas de proporções difíceis de se mencionar, arriscando a própria democracia.

O presente ensaio almeja a comentar os prejuízos que a proliferação de *Hate Speech* e *Fake News* causa à participação política por meio das redes sociais e aplicativos de mensagem instantânea.

Temos, por objetivo geral, apontar como a isenção de responsabilidade civil do provedor de aplicação na internet por conteúdo ilícito postado prejudica a democracia, já que a proliferação dos "robôs" que disseminam e popularizam discurso de ódio e notícias falsas nas redes sociais tem potencial para manipular o sistema democrático.

É que, nos tempos hodiernos, as Tecnologias de Informação e Comunicação (TICs) influenciam a vida dos sujeitos em vários níveis, inclusive no político. No presente ensaio, discutiremos o uso de robôs para disseminar notícias fraudulentas[1] e discurso de ódio, com vistas a formar a opinião de eleitores.

2. INFORMAÇÃO E PÓS-VERDADE

Importante iniciar a discussão trabalhando, ainda que *en passant*, o conceito de "informação".

Antes de se falar sobre o fenômeno da pós-verdade e das notícias fraudulentas, importante trabalharmos o conceito de "informação", com o máximo de ´amplitude possível.

Capurro[2] e Hjorland trabalham com um conceito de Paradigma Social, o qual possui um caráter voltado para a interpretação com foco no usuário da informação em seu próprio contexto social, tendo, por ponto de partida, diferentes perspectivas conforme o interesse dele e da comunidade em que se encontra inserido[3].

Nesse sentido, podemos trabalhar com a ideia de que é o processo de formação dos fatos a partir de pré-concepções que leva à formação da informação, interpretando notícias, especulações, projetos e ações.

Nesse contexto, é importante destacar que o ambiente em que o sujeito se encontra inserido tem especial relevância, eis que traz as lentes pela qual ele enxergará essa informação, confirmando fatos e tendências oriundas desse contexto social, construindo memória e acumulando conhecimento.

A partir daí a informação se espraia no espaço-tempo, publicizando-se por intermédio dos meios de comunicação[4].

Partindo dessa premissa, pode haver graves desencontros quando da divulgação e propagação de informações, aparecendo o fenômeno da pós-verdade, identificada como

---

1. Muitos autores traduzem a expressão "*Fake News*" como "notícias falsas". Optamos, a exemplo de Eugênio Bucci, por seguir a tradução sugerida por Carlos Eduardo Lins da Silva, qual seja, "notícias fraudulentas". É assim porque a expressão "fake", na língua inglesa, pode ter o sentido da intenção do agente de enganar o interlocutor, o público ou o destinatário, ao passo que "falso", em língua portuguesa, não necessariamente denota esse dolo. BUCCI, Eugênio. Pós-política e corrosão da verdade. *Revista da USP*, São Paulo, n. 116, p. 19-30, jan./mar. 2018.
2. CAPURRO, Rafael; HJORLAND, Birger. The concept of information as we use in everyday. *In*: CAPURRO, Rafael; HJORLAND, Birger. *Annual Reviews of information Science and Technology*. Medford: Information Today, 2003. p. 343-411. Disponível em: http://bogliolo.eci.ufmg.br/downloads/CAPURRO.pdf. Acesso em: 09 ago. 2020.
3. A ideia é muito bem explicada em ALMEIDA, Daniela Pereira dos Reis et al. Paradigmas contemporâneos da Ciência da Informação: a recuperação da informação como ponto focal. *Revista Eletrônica Informação e Cognição*, Marília, v.6, n.1, p. 16-27, 2007. Disponível em: http://www.brapci.inf.br/_repositorio/2010/03/pdf_fc4f01292e_0008415.pdf. Acesso em: 09 ago. 2020.
4. TOMAÉL, Maria Inês (Org.). *Compartilhamento da informação*. Londrina: Eduel, 2012, p. 15.

fenômeno social recentíssimo, de tal sorte que a academia ainda não trouxe conclusões palpáveis sobre seu significado sociológico[5].

De fato, o assunto é relativamente recente, tendo se tornado mais notório em 2016, ano em que o Dicionário Oxford escolheu o tema como a *palavra do ano*[6], eis que as informações falsas têm se proliferado mais e mais rápido nas redes sociais. O mesmo dicionário Oxford trouxe o seguinte conceito para a *pós-verdade*: *"relating to circumstances in which people respond more to feelings and beliefs than to facts"*[7].

De toda forma, apesar de parecer recente, o termo é utilizado desde 1992, quando o dramaturgo sérvio-americano Steve Tesich, com vistas a se referir a algumas hostilidades políticas que ocorreram no Oriente Médio naquele tempo se utilizou da palavra pós-verdade[8].

De toda forma, a ideia de pós-verdade como trabalhada atualmente, que rendeu à expressão o título em 2016 se afigura como parte do processo de rápida e ampla massificação de dados com base nas TICs, o que gera incontáveis versões sobre o mesmo acontecimento.

A partir daí, pessoas mal-intencionadas fazem proveito da sensação de incerteza e insegurança causada por esse espraiamento tão rápido das versões mais variadas dos fatos, criando pós-verdades sobre acontecimentos relevantes. A facilidade de circulação de informações tornou demasiado complexa a verificação da veracidade dos fatos divulgados[9].

Com isso, temos as informações que não são 100% verdadeiras, mas também não chegam a ser totalmente mentirosas, o que confunde ainda mais a cabeça do destinatário[10]. Sem saber em quem confiar, a pessoa recebe a informação, muitas vezes divergente a depender da fonte, de forma que literalmente escolhemos em que vamos acreditar.

Essa prática da separação entre a realidade fática e o discurso político foi denunciada em setembro de 2016 pelo *The Economist*, que apontou diversos "sintomas" desse prejudicial contexto social, como a eleição do presidente Donald Trump nos Estados Unidos da América (EUA) e o *Brexit*, consistente na saída do Reino Unido da União Europeia, após verdadeira campanha política que o *The Economist* considerou baseada na pós-verdade. Eram democracias deveras estáveis entrando em uma era em que o debate político e a informação deixaram de ser baseados única e exclusivamente na verdade dos fatos[11].

5. CASTELLS, M. *The Information Age*: Economy, Society and Culture. v. I: The Rise of the Network Society. 2nd ed. Oxford: Wiley-Blackwell. 2010.
6. BBC. 'Post-truth' declared word of the year by Oxford Dictionaries. 16 November 2016. Disponível em: https://www.bbc.com/news/uk-37995600#:~:text=Oxford%20Dictionaries%20has%20declared%20%22post,public%20opinion%20than%20emotional%20appeals. Acesso em: 09 ago. 2020.
7. Disponível em: https://www.oxfordlearnersdictionaries.com/definition/english/post-truth. Acesso em: 09 ago. 2020.
8. LUCE, Bruno; SILVA, Leila Morás; SILVA FILHO, Rubens da Costa. Impacto da pós-verdade em fontes de informação para a saúde. *Revista Brasileira de Biblioteconomia e Documentação*, v. 13, n. esp. CBBD 2017, p. 12-13.
9. MONTEIRO FILHO, Armando Ortiz. Comunicação hi-tech: digital e pós-verdade política. *In*: PENSACOM BRASIL, 1., 2016, São Paulo, SP. Anais eletrônicos... São Paulo: PENSACOM BRASIL, 2016. Disponível em: http://www.portalintercom.org.br/anais/pensacom2016/textos/armando-ortizmonteiro.pdf. Acesso em: 09 ago. 2020.
10. KEYES, Ralph. *The Post-Truth Era*: dishonesty and deception in contemporary life. New York: St. Martin's Press, 2004.
11. THE ECONOMIST. Art of the lie. 10 de setembro de 2016. Disponível em: https://www.economist.com/leaders/2016/09/10/art-of-the-lie. Acesso em: 09 ago. 2020.

De toda forma, o fenômeno reportado pelo *The Economist* não parece ter surpreendido alguns estudiosos, eis que, quase duas décadas antes, Walter Lippmann identificou um paradoxo consistente no fato de que, em que pese a primeira preocupação da sociedade seja a verdade, a verdade é que o ser humano está mais interessado em pagar por serviços jornalísticos comprometidos com o que ele quer ouvir do que aqueles comprometidos com a realidade dos fatos[12].

A verdade é que a mentira de imprensa é tão antiga quanto a própria imprensa. No final do século XVIII e início do século XIX, era prática comum tanto no Velho Mundo quanto na América a disseminação, em jornais, de calúnias (às vezes, seguidas de palavras de baixo calão) totalmente subjetivas, desequilibradas e imponderadas. O direito à liberdade de imprensa foi conquistado, na realidade, por publicações que faziam mau uso da linguagem e se encontravam totalmente divorciadas de qualquer preocupação em dizer a verdade[13].

E é exatamente esse o motivo pelo qual não nos parece correto que, independentemente de compromisso com a verdade, a imprensa se veja envolvida com as atividades políticas. A Ágora parece não poder se misturar com a busca da verdade.

Para esse mister, interessante nos socorrermos da lição de Hannah Arendt, que separa a ação política do lugar da verdade. São metodologias totalmente divorciadas, já que a esfera política é totalmente diferente daquela que apura, investiga, narra e historia os fatos[14].

No domínio da política, se apropria dos fatos embasados em representações ou mesmo relatos elaborados em domínios distintos. É o caso do jornalismo. Contudo, o domínio político não se preocupa em localizar, apontar ou difundir a verdade.

E é importante ter isso em mente quando falamos das informações fraudulentas, já que, aqui, as notícias propagadas realmente estão totalmente descomprometidas com a verdade desde sua origem. O interlocutor é dolosamente enganado pela "fonte" de onde sai a "notícia".

3. A PROTEÇÃO À LIBERDADE DE EXPRESSÃO E A PROBLEMÁTICA DAS *FAKE NEWS* E DO DISCURSO DE ÓDIO NAS REDES SOCIAIS NA LEGISLAÇÃO BRASILEIRA

Trazendo-se a discussão para um contexto de redes sociais, o Marco Civil da Internet (MCI) brasileiro, principalmente em seu art. 19, é individualista e atômico ao tratar do assunto. Demasiadamente preocupado com a proteção da liberdade da expressão – e, aqui, não estamos a defender que tal preocupação não é legítima, pelo contrário –, o legislador isentou o provedor de aplicações de qualquer responsabilidade sobre o que é postado.

12. LIPPMANN, Walter. *Public Opinion*. New York, Free Press Paperbacks (Simon and Schuster), 1997.
13. BUCCI, Eugênio. Pós-política e corrosão da verdade. *Revista da USP*, São Paulo, n. 116, p. 19-30, jan./mar. 2018.
14. ARENDT, Hannah. *Verdade e política*. Lisboa: Relógio D'Água, 1995.

Nesse contexto, a vítima se vê obrigada a judicializar a pendenga para que se obrigue a rede social a bloquear o conteúdo. Mais que isso, é sempre necessário indicar a URL da postagem ilícita.

Essa é a regra geral. A exceção fica por conta da proteção de direitos autorais e conexos, no parágrafo segundo do próprio art.19 e da pornografia de vingança, que aparece no artigo seguinte. No entanto, talvez pelo fato de que, à época dos debates do MCI a problemática ainda não ter atingido a dimensão atual, as notícias fraudulentas ainda não têm sido tratadas como uma exceção.

A doutrina já tem voltado os olhos para o assunto, porém a jurisprudência do STJ segue firmada no sentido da individual e atomizada responsabilidade civil nesses casos[15]. Destacamos, contudo, que o STF ainda está por analisar a constitucionalidade do art. 19 do MCI.

A situação piora quando se faz o uso da inteligência artificial para criar os chamados "seguidores robôs" – utiliza-se de *software* especificamente desenhado para criar e gerenciar contas falsas nas redes sociais para interagir com postagens, aumentando o engajamento e a popularidade do *post*, o que, além de ter reflexo nas relações consumeristas – impulsionamento de vendas, atração de clientes, etc. –, tem clara influência no processo democrático[16].

Nos EUA, a procuradoria do Estado de Nova Iorque voltou os olhos para a situação e firmou uma espécie de termo de ajustamento de conduta com uma empresa que tinha as chamadas *"fazendas de bots"*, consistentes em inúmeras contas falsas que forneciam serviços de "seguidores robôs" para fins de aumentar o engajamento para anunciantes e *digital influencers*. Na Nova Zelândia, também há *case* similar[17].

No âmbito político, Donald Trump assinou uma *Executive Order* com a intenção de indicar a necessidade de se alterar a Seção 230 do *Communications Decency Act*, consistente na legislação-base do sistema de responsabilização de provedores de aplicação, tendo sido, inclusive, imitada pelo art. 19 do MCI. Espera-se derrubar esse sistema de *notice and takedown*[18].

No Brasil, citamos o caso recente de financiamento de ataques por meio de robôs a ministros do Supremo Tribunal Federal (STF) e até à própria Corte Constitucional, que faziam disparos em massa de mensagens e postagens em massa nas redes sociais. O STF autorizou a realizada de várias operações de busca e apreensão com vistas a investigar as práticas.

As consequências coletivas dessa divulgação sistemática e massificada de notícias fraudulentas e de discurso de ódio por robôs nas redes sociais são gravíssimas. O que ocorre é verdadeira deturpação da finalidade do direito fundamental à liberdade de expressão. E a situação se agrava quando falamos em propagandas políticas, especialmente no período eleitoral, atingindo-se proporções assustadoras.

---

15. LONGHI, João Victor Rozatti. *Responsabilidade civil e redes sociais*. Retirada de conteúdo, perfis falsos, discurso de ódio e fake news. Indaiatuba: Foco, 2020, p. 138.
16. LONGHI, João Victor Rozatti. *Responsabilidade civil e redes sociais*, cit., p. 140.
17. LONGHI, João Victor Rozatti. *Responsabilidade civil e redes sociais*, cit., p. 141.
18. LONGHI, João Victor Rozatti. *Responsabilidade civil e redes sociais*, cit., p. 143.

A relevância do tema chamou a atenção do Legislativo. É necessário que a sociedade cesse dessa dependência que tem com a tolerância dos provedores de aplicação na internet. É importante que o Estado coíba essas práticas. A internet, principalmente nos aplicativos de mensagens e nas redes sociais, é um excelente laboratório para se testar até onde deve ir a liberdade de expressão.

A esfera pública nacional tem, cada vez mais, se visto confrontada por ilícitos que não deviam estar "protegidos" pelo sistema de *notice and takedown*. Conforme já tivemos a oportunidade de dizer[19], as notícias fraudulentas são apenas um dentre vários exemplos de situações que merecem tratamento diferente.

Parece-nos que há duas concepções muito distintas de liberdade de expressão indo ao encontro uma da outra.

A primeira concepção é aquela norte-americana, na qual toda e qualquer manifestação se encontra protegida por esse direito. Quando se diz "toda e qualquer", se abarca também os discursos extremistas. Se protege uma "independência da Internet", uma concepção deveras libertária que vê a regulação da rede com ceticismo e desconfiança.

Por outro lado, temos a concepção alemã, país que recentemente publicou legislação específica para coibir o discurso de ódio.

A visão norte-americana, que leva às últimas consequências a liberdade de expressão parece vir de um modo distorcido de enxergar o exercício de tal direito. Os riscos são graves, já que se pode acabar legitimando racismo, misoginia e desinformação.

Nesse contexto, os provedores de aplicação aparecem em posição de vantagem exagerada: não se responsabilizam pela inserção de conteúdos ilícitos por terceiros (protegidos pelo sistema *notice and takedown*) e, por outro lado, também se isentam de responsabilidade pela retirada totalmente unilateral de conteúdo, já que cláusulas contratuais que eles mesmos instituem em contratos de adesão lhes autorizam a fazê-lo. Cria-se um ambiente de perigo moral[20].

Ora, é muito complicado realizar a identificação do responsável pela postagem de conteúdos ilícitos.

Como se não bastasse, é muito assimétrico o poder entre os grandes provedores de aplicação – *Facebook*, por exemplo – e *players* menores na internet.

Ademais, parece fácil publicar informações nas redes sociais. O problema acaba se tornando um problema em escala: os criminosos, veloz e vorazmente, disparam informações falsas, o que torna o ambiente nas redes sociais cada vez mais nocivo. Essa imunidade dos provedores é, na realidade, um dos mais poderosos instrumentos de destruição existentes na rede mundial de computadores[21].

---

19. LONGHI, João Victor Rozatti; MARTINS, Guilherme Magalhães; BORGES, Gabriel Oliveira de Aguiar. Notas a alguns pontos nevrálgicos do projeto de lei das fake News. *Migalhas de Responsabilidade Civil*. Disponível em: https://www.migalhas.com.br/coluna/migalhas-de-responsabilidade-civil/332928/notas-a-alguns-pontos-nevralgicos-do-projeto-de-lei-das-fake-news. Acesso em 30 set. 2020.
20. FRANKS, Mary Anne. *The cult of the constitution*. Stanford: Stanford University Press, 2019, p. 169.
21. FRANKS, Mary Anne. *The cult of the constitution*, cit., p. 174.

De mais a mais, o que temos é uma visão distorcida das liberdades públicas e de seu exercício configurada nessa liberdade absoluta de expressão. Essa visão tem direcionado a atuação de vários produtores de conteúdo *online*, trazendo cada vez mais toxicidade, ilicitude e até mesmo criminalidade para os discursos na internet, distribuídos conforme as preferências de cada usuário.

Atualmente, há, na internet, inegáveis riscos à democracia, à privacidade e, mais recentemente – com a pandemia da COVID-19 e as inúmeras informações falsas a seu respeito –, à própria saúde pública. E esse risco é criado pelos próprios provedores de aplicação, que se veem, contudo, isentos de responsabilidade civil, deturpando anos de avanços nesse instituto jurídico. A realidade é que o sistema de *notice and takedown* adotado pelo art. 19 do MCI é um retrocesso no que diz respeito à responsabilização civil pelo risco criado.

Em caminho totalmente oposto, a Alemanha, em 2017, promulgou o NETZDG, normativa voltada à contenção da disseminação do discurso de ódio. Posteriormente, em 2020, tal sistema se tornou ainda mais duro, determinando-se que plataformas digitais possuem o dever legal de retirar conteúdo criminoso. Mais: elas passaram a ter a obrigação legal de criar base de dados sobre autores dessas postagens removidas.

O que dá supedâneo à normativa alemã é uma visão de democracia mais militante, que assume a inexistência de direitos ilimitados e toma posição política que responsabiliza as plataformas digitais, que, erroneamente, se tornaram imunes à responsabilidade civil em um momento em que ainda eram incipientes. Para proteger a inovação, foi criado um monstro. Tais empresas, hoje, são verdadeiros "impérios de comunicação"[22], ocupando posição dominante nesse mercado.

A norma se baseia em uma visão militante da democracia, assumindo-se que não há direitos ilimitados e tomando-se posição política que responsabiliza as plataformas digitais, que, no fundo, foram imunizadas de responsabilidade civil quando ainda eram empresas incipientes, tendo a legislação, naquele momento, atuado com vistas a promover o ambiente de inovação. Contudo, a realidade atual é outra, sendo que tais empresas ocupam posição dominante, tendo se transformado no que Tim Wu chama de "impérios de comunicação" (WU, 2012).

Não estamos, aqui, defendendo qualquer forma de censura, mas apenas o reconhecimento de responsabilidade condizente com o risco que os provedores de aplicação criam, já que, inevitavelmente, eles lucram com a desinformação que se produz na Internet por meio deles.

4. CONCLUSÃO

Cada vez mais, a internet se consagra como *locus* político. A política do mundo todo é definida por meio da internet. O problema é que essa facilitação do exercício da cidadania acaba se afigurando como uma moeda de duas faces: ao mesmo tempo em

22. A expressão é de Tim Wu. Ver WU, Tim. *Impérios da comunicação*. Do telefone à internet, da AT&T ao Google. Trad. Cláudio Carina. Rio de Janeiro: Zahar, 2012.

que a possibilidade de organização política se vê ampliada, também temos um campo deveras fértil para o problema do discurso de ódio, das informações fraudulentas e afins.

A difusão dessas informações, deveras facilitada no ambiente virtual arrisca a democracia, destrói reputações e manipula as massas. A difusão se dá de maneira exponencial e incontrolável e é catalisada pela criação dos *bots* que produzem desinformação e discurso de ódio em massa e, de quebra, aumentam o engajamento com essas informações, popularizando esse tipo de discurso.

E o problema maior é que o sistema de *notice and takedown* que o Brasil adota não estimula que os provedores de aplicação na internet realizem qualquer forma de controle sobre as postagens realizadas nas redes sociais.

Melhor é o sistema que tem sido adotado pelo NETZDG alemão, que obriga a rede social a realizar maior controle, retirando conteúdo criminoso e, ainda, realizando cadastro dos responsáveis por tais conteúdos.

O Poder Legislativo tem discutido, no Brasil, o problema das *Fake News* por meio do chamado PL das *Fake News*, que comentamos em outra oportunidade[23]. O que nos resta é aguardar o resultado do debate democrático nas Casas do Congresso Nacional e esperar que se obrigue as redes sociais a realizar maior controle das postagens, a exemplo do que ocorreu na Alemanha.

Assim, conseguiremos amenizar o problema dos robôs disseminadores de discurso de ódio e informações fraudulentas, capazes de manipular e distorcer nosso processo democrático.

5. REFERÊNCIAS

ALMEIDA, Daniela Pereira dos Reis et al. Paradigmas contemporâneos da Ciência da Informação: a recuperação da informação como ponto focal. *Revista Eletrônica Informação e Cognição*, Marília, v. 6, n. 1, p. 16-27, 2007. Disponível em: http://www.brapci.inf.br/_repositorio/2010/03/pdf_fc-4f01292e_0008415.pdf. Acesso em: 09 ago. 2020.

ARENDT, Hannah. *Verdade e política*. Lisboa: Relógio D'Água, 1995.

BBC. 'Post-truth' declared word of the year by Oxford Dictionaries. 16 November 2016. Disponível em: https://www.bbc.com/news/uk-37995600#:~:text=Oxford%20Dictionaries%20has%20declared%20%22post,public%20opinion%20than%20emotional%20appeals. Acesso em: 09 ago. 2020.

BUCCI, Eugênio. Pós-política e corrosão da verdade. *Revista da USP*, São Paulo, n. 116, p. 19-30, jan./mar. 2018.

CAPURRO, Rafael; HJORLAND, Birger. The concept of information as we use in everyday. *In*: CAPURRO, Rafael; HJORLAND, Birger. *Annual Reviews of information Science and Technology*. Medford: Information Today, 2003. p. 343-411. Disponível em: http://bogliolo.eci.ufmg.br/downloads/CAPURRO.pdf. Acesso em: 09 ago. 2020.

CASTELLS, M. *The Information Age*: Economy, Society and Culture. v. I: The Rise of the Network Society. 2nd ed. Oxford: Wiley-Blackwell. 2010.

FRANKS, Mary Anne. *The cult of the constitution*. Stanford: Stanford University Press, 2019.

KEYES, Ralph. *The Post-Truth Era*: dishonesty and deception in contemporary life. New York: St. Martin's Press, 2004.

LIPPMANN, Walter. *Public Opinion*. New York, Free Press Paperbacks (Simon and Schuster), 1997.

LONGHI, João Victor Rozatti. *Responsabilidade civil e redes sociais*. Retirada de conteúdo, perfis falsos, discurso de ódio e fake news. Indaiatuba: Foco, 2020.

LONGHI, João Victor Rozatti; MARTINS, Guilherme Magalhães; BORGES, Gabriel Oliveira de Aguiar. Notas a alguns pontos nevrálgicos do projeto de lei das fake news. *Migalhas de Responsabilidade Civil*. Disponível em: https://www.migalhas.com.br/coluna/migalhas-de-responsabilidade-civil/332928/notas-a-alguns-pontos-nevralgicos-do-projeto-de-lei-das-fake-news. Acesso em 30 set. 2020).

LUCE, Bruno; SILVA, Leila Morás; SILVA FILHO, Rubens da Costa. Impacto da pós-verdade em fontes de informação para a saúde. *Revista Brasileira de Biblioteconomia e Documentação*, v. 13, n. esp. CBBD 2017.

MONTEIRO FILHO, Armando Ortiz. Comunicação hi-tech: digital e pós-verdade política. *In*: PENSACOM BRASIL, 1., 2016, São Paulo, SP. Anais eletrônicos... São Paulo: PENSACOM BRASIL, 2016. Disponível em: http://www.portalintercom.org.br/anais/pensacom2016/textos/armando-ortizmonteiro.pdf. Acesso em: 09 ago. 2020.

TESICH, Steve. The Watergate Syndrome: the government of lies. The Nation, Nova York, 6 jan. 1992.

THE ECONOMIST. Art of the lie. 10 de setembro de 2016. Disponível em: https://www.economist.com/leaders/2016/09/10/art-of-the-lie. Acesso em: 09 ago. 2020.

TOMAÉL, Maria Inês (Org.). *Compartilhamento da informação*. Londrina: Eduel, 2012.

WU, Tim. *Impérios da comunicação*. Do telefone à internet, da AT&T ao Google. Trad. Cláudio Carina. Rio de Janeiro: Zahar, 2012.

Parte VIII
INTELIGÊNCIA ARTIFICIAL E EDUCAÇÃO DIGITAL

39
LA 'IGNORANCIA PROMETEICA' FRENTE LA REVOLUCIÓN DE LA INTELIGENCIA ARTIFICIAL

Gonçal Mayos

Profesor titular de filosofía de la Universidad de Barcelona y coordinador del doctorado Ciudadanía y Derechos Humanos, Ética y Política. Es director de los grupos de investigación GIRCHE (Grupo Internacional de Investigación Cultura, Historia y Estado') y OPEN-PHI (Open Network for Postdisciplinarity and Macrophilosophy) y consultor de Humanidades de la UOC. Es miembro del Seminario de Filosofía Política UB y del proyecto de investigación "Control Social: Politica, Filosofia y Nuevas Culturas" (PGC2018-101145-B-I00) del Ministerio de Ciencia, Innovación y Universidades. Dirige las *webs* académicas http://www.ub.edu/histofilosofia/gmayos/ y http://goncalmayossolsona.blogspot.com/

1. INTRODUCCIÓN: PODER Y RESPONSABILIDAD EN EL ANTROPOSCENO

La humanidad ha entrando en una nueva era: el llamado antroposceno. De hecho ha creado esa nueva era con su acción tecnológica, industrial y social. Por ello ella misma se ha puesto en una encrucijada decisiva en su evolución que afecta también a todas las especies en la Tierra. Hoy el impacto medioambiental de la humanidad es tal que cambia decisivamente las condiciones de vida y de supervivencia de todas las especies. ¡Incluida ella misma!

Así los humanos están provocando un rápido cambio climático, transformando radicalmente todos los entornos ecológicos y llevando muchas especies al borde de la extinción. Han culminado aceleradamente la primera revolución industrial de la máquina de vapor y la energía fósil del carbón. Entonces iniciaron el fordismo basado en el petróleo, la electricidad y los motores eléctricos y de combustión interna; que a partir de los años 1970 fue sobrepasado por la revolución cibernética, digital y de Internet.

A lo largo de todas esas grandes transformaciones tecnológicas e industriales se ha producido un muy disruptivo cambio del mundo laboral. Primero se eliminaron los trabajos más duros, basados en la fuerza física y que perjudicaban más la salud. Luego se mecanizaron la práctica totalidad de los trabajos manuales rutinarios, teniendo que adaptarse las nuevas generaciones a ocupaciones más intelectuales, más creativas y que necesitan una importante formación. Pero en la actualidad muchas de esas ocupaciones de mediana y alta formación también están siendo informatizadas y sustituidas por sistemas expertos. Así por ejemplo, los creados para buscar, seleccionar, reunir e incluso sintetizar la jurisprudencia sobre un campo concreto, están sustituyendo equipo humanos muy profesionalizados.

Ello llevó a Jeremy Rifkin[1] a predecir el "fin del trabajo" asalariado masivo ya en 1995. Desde entonces esa tesis se ha ido confirmando incluso en sus aspectos más negativos. Al respecto están perfectamente documentados los informes de Philip Brown, Hugh Lauder y David Ashton[2] y de Carl Benedikt Frey & Michael A. Osborne para la University of Oxford[3]. Además, todos los trabajos posteriores constatan el impacto de nuevas tecnologías vinculadas con la inteligencia artificial cuya previsión futura va claramente al alza.

Se trata de una nueva revolución basada en la inteligencia artificial, el *machine* y *deep learning*, las ciencias de la complejidad o la minería de Big data que encuentran correlaciones e incluso causalidades difíciles de comprender. Todo ello, junto con la ingeniería genética y muchos avances neurobiológicos o la llamada Internet de las cosas, está permitiendo superar los límites de la evolución humana. Por eso hoy, el cerebro de carbono tiene dificultades para comprender y explicar los ámbitos cognitivos que se están abriendo con una inteligencia artificial basada en el silicio.

Todo ese enorme poder acumulado por la humanidad, la obliga a asumir una responsabilidad equivalente. El destino de la Tierra y de la vida en ella –sea humana o no- parece depender de que desarrolle ese sentido de responsabilidad. Pero precisamente cuando la humanidad toma consciencia de que tiene en sus manos el futuro de la totalidad de las especies y que ello incluye también su propio destino, surge una trágica paradoja: siente que no puede controlar ese proceso acelerado de sucesivas revoluciones cognitivas e industriales.

Ahora bien y como los ludistas de inicios del siglo XIX, la humanidad no puede detener ni incluso desviar a largo plazo esa modernización maquínica que ella misma ha puesto en marcha. Pues, como apuntó agudamente Karl Jaspers[4] respecto a la bomba atómica, la humanidad no va desaprender el poder del átomo y, por tanto, su futuro incluye convivir con ese saber que puede destruirla completamente.

De forma similar, los avances que hemos apuntado (por ejemplo en inteligencia artificial) han venido para quedarse y se incrementan exponencialmente. Como he expuesto en contextos más bien económicos[5], la humanidad parece avanzar aferrada

1. RIFKIN, Jeremy. *El Fin del trabajo. Nuevas tecnologías contra puestos de trabajo. El nacimiento de una nueva era*, Barcelona: Paidós, 1996.
2. BROWN, Philip, LAUDER, Hugh & ASHTON, David. *The Global Auction: The Broken Promises of Education, Jobs, and Incomes*, Oxford: O.Univ.Press, 2011.
3. FREY, Carl Benedikt; OSBORNE, Michael A. *The future of employment: How susceptible ara jobs to computerisation?*, University of Oxford: Oxford Martin Programme on Technology and Employment, September 17, 2013 http://www.futuretech.ox.ac.uk/sites/futuretech.ox.ac.uk/files/The_Future_of_Employment_OMS_Working_Paper_0.pdf
4. JASPERS, Karl. *La bomba atómica y el futuro del hombre*. Taurus Ediciones, 1966.
5. MAYOS, Gonçal, "Time is money, el hombre de nuestro tiempo" en *A lanterna de diógenes*: reflexões sobre o homem da pólis contemporânea, Dennys G. Xavier (Coord.); Uberlândia, Laboratório Americano de Es- tudos Constitucionais Comparado LAECC, 2018, p. 403-425.

a lomos de un tigre que corre a toda velocidad pero sin que ella sepa hacia donde. Por eso, a veces siente temor por un viaje que no controla y quiere descabalgar ese tigre, pero difícilmente puede hacerlo pues sabe que –incluso aunque no quede herida por el salto- entonces el tigre la devorará.

Eso es lo que sienten muchos turbohumanos cansados de su agobiante carrera para estar al día de los avances científicos, informáticos y culturales[6]. Pero temen que entonces el progreso los devore dejándolos obsoletos en un muy breve lapso de tiempo. Parece pues que la humanidad no puede permitirse descabalgar el tigre de la acelerada revolución cognitiva y –además solo manteniéndose en ella- tiene alguna esperanza de asumir el control.

2. ACELERACIONISMO Y PROMETEISMO EN EL PENSAMIENTO TURBOHUMANO

En todo caso parece que se impone (como expresó bellamente Walter Benjamin) una especie de "calle de dirección única" que la humanidad debe seguir hasta el final. Aunque el "Ángel de la historia" (dice Benjamin[7]) "quisiera detenerse, despertar a los muertos y recomponer lo destruido. Aún así un huracán sopla desde el paraíso y se arremolina en sus alas, y es tan fuerte que el ángel ya no puede plegarlas. Este huracán lo arrastra irresistiblemente hacia el futuro."

Ciertamente las sociedades avanzadas del tercer milenio asumen como inevitable este diagnóstico. Por ello incluso hay movimientos como el "aceleracionismo" o el trans y posthumanismo que apuestan por aumentar la velocidad y precipitar el futuro. Algunos lo ven muy deseable, otros simplemente lo ven inevitable y aún otros razonan que – como en las carreteras heladas- sólo se mantiene un cierto control y tracción en las propias ruedas si se da gas de manera continuada y regulada. Ya optaron por una opción "aceleracionista", Gilles Deleuze y Félix Guattari (cuando pocos años después del Mayo 1968 en *El antiedipo*[8]) se preguntaron si quedaba abierta alguna "vía revolucionaria" y concluyeron que ellos – como antes Marx – apostaban por "No retirarse del proceso, sino ir más lejos, 'acelerar el proceso'".

El optimismo en favor del progreso, la revolución y la mejora de la humanidad tiene muchos argumentos irrebatibles como por ejemplo los sintetizados con reveladoras estadísticas y gráficos por Hans, Ola y Anna Rosling[9]. Si bien otras veces coquetea con fórmulas un tanto fantasiosas y exageradas como algunas del transhumanista Raymond Kurzweil[10]. En todo caso, actualmente existen poderosas fundaciones y universidades transhumanistas dedicadas a analizar la "singularidad", que es el nombre con que se

6. MAYOS, Gonçal y BREY, Antoni, (eds.) *La sociedad de la ignorancia*, Barcelona: Península, 2011.
7. BENJAMIN, Walter. *Angelus Novus*, Barcelona: Edhasa, 1971.
8. DELEUZE, Gilles y GUATTARI, Felix. *El Antiedipo*. Capitalismo y esquizo- frenia, Barcelona: Barral, 1973, p. 247.
9. ROSLING, Hans, ROSLING, Ola y ROSLING, Anna. Factfulness: Diez razones por las que estamos equivocados sobre el mundo, Barcelona, Deusto, 2018.
10. KURZWEIL, Raymond. L*a Singularidad está cerca. Cuando los humanos transcendamos la biología*, Berlín: Lola Books, 2012.

designa el momento en que la humanidad podrá superar su dependencia de una biología mortal.

En muchas ocasiones se considera que la "singularidad" más relevante en la evolución humana se producirá cuando la inteligencia artificial adquiera la capacidad de mejorarse y replicarse a sí misma de forma autónoma. Con ello la inteligencia artificial vinculada al silicio se emanciparía de la tutela de la inteligencia 'natural' humana basada en la biología del carbono. Dadas las tendencias de mejora tecnológica exponencial observadas hasta ahora (como por ejemplo la llamada la Ley de Moore[11]) la primera pronto dejaría atrás todo avance cognitivo humano.

Como hemos apuntado, tal "singularidad" puede ser interpretada en clave optimista como suele hacerlo el transhumanismo, el positivismo racionalista tradicional, los ilustrados y el aceleracionismo de Nick Srnizek y Alex Williams[12]. Pero también puede leerse como algo inquietante y que puede abocar a la obsolescencia humana[13], una pesadilla similar a la narrada en la serie fílmica de *Matrix* y al lúgubre pesimismo de Nick Land[14]. No es extraño pues que -desde la tecnología, la cibernètica, la medicina transhumanista o del "realismo especulativo" de por ejemplo Quentin Meillassoux[15] (2006)- se considere un objetivo epocal clave intentar pensar más allá del abismo antropocéntrico. Se impone la idea de que la inteligencia artificial, las ciencias de la complejidad y la autopoiesis cibernética (Humberto Maturana y Francisco Varela) están abriendo un escenario donde el tradicional antropocentrismo habrá dejado de ser defendible, como cuando fue imponiéndose el heliocentrismo copernicano que desplazó del centro del universo al hombre en tanto que señor de la Tierra.

Ahora bien, pensar la superación u obsolescencia humana no es tarea fácil, quizás tan sólo puede conseguirse con sofisticadas herramientas matemáticas y cibernéticas que ayuden el intelecto y la imaginación humanos. Pues allí las metáforas verbales, artísticas y literarias tienen un recorrido limitado, aunque en ellas brilló en los años 1990 el CCRU Cybernetic Culture Research Unit de la Universidad de Warwick[16]. Y ya se sabe que, cuando la imaginación no se apoya en las matemáticas o en las ciencias de la complejidad, recupera tendencias mitopoiéticas que inquietan sin ayudar[17]. Entonces sucede esa paradoja signo de nuestro tiempo que (según Fredric Jameson o Slavoj Žižek) provoca que resulte más fácil imaginar el fin del mundo que no el fin del capitalismo o un progreso basado en la reforma tranquila y racional de las sociedades avanzadas.

11. Én los últimos 40 años se ha cumplido con notable regularidad la duplicación cada dos años de la capacidad de los circuitos integrados informáticos; además cada vez más diminutos y eficaces.
12. SRNICEK, Nick & WILLIAMS, Alex '#ACCELERATE: Manifiesto para una política aceleracionista', en *Dark Trajectories: Politics of the Outside*, Joshua Johnson (ed.), Nueva York: Name Publications, 2013, p. 135-155; SRNICEK, Nick & WILLIAMS, Alex. *Inventar el futuro. Poscapitalismo y un mundo sin trabajo,* Barcelona: Malpaso eds., 2017.
13. MAYOS, Gonçal. *Homo obsoletus*. Precariedad y desempoderamiento en la turboglobalización, Barcelona: Red ediciones, 2016.
14. https://www.thedarkenlightenment.com/the-dark-enlightenment-by-nick-land/
15. MEILLASSOUX, Quentin. *Après la finitude. Essai sur la nécessité de la contingence*, Paris: Seuil, 2006.
16. CCRU *Escritos 1997-2003*, Segovia: Materia Oscura, 2020.
17. HORKHEIMER, Max y ADORNO, Theodor W. *Dialéctica de la Ilustración. Fragmentos filosóficos*, Madrid: Trotta, 1998.

Entonces se impone el pesimismo de una "era póstuma"[18] que goza morbosamente con la propia impotencia, el nihilismo, las distopías, las catástrofes amenazadoras e –incluso- la autodestrucción apocalíptica. Sin duda es resultado de aquella dialéctica detectada por Nietzsche y Deleuze que reza: cuando el hombre no puede querer, porque vive en la nada de la voluntad de vivir, entonces acaba queriendo la nada, esa nada que experimenta nihilistamente[19]. A partir de ese momento resulta imposible contestar a las cuestiones clásicas: ¿Qué hacer? ¿Hacia donde ir? ¿Qué nos es dado esperar? ¿Qué y cómo podemos querer? Si se balbucea alguna respuesta solo puede ser mucho más triste que las de Spinoza o Kant. Más difícil todavía es dar una respuesta positiva y que confie en las propias capacidades.

3. DEL ANTROPOCENTRISMO AL TECNOCENTRISMO

Seguramente la proliferación actual de mentalidades apocalípticas es preocupada respuesta al incremento de poder y de responsabilidad de la humanidad, que es enorme. Pensemos que hasta hace muy poco la humanidad tenía básicamente el mismo objetivo que cualquier otra especie: continuar sobreviviendo a un destino que le venía dictado desde la naturaleza, con unas circunstancias que no podía controlar pues eran casi totalmente independientes de ella misma.

Como el resto de especies, la humanidad tenía que adaptarse a un mundo que tan solo podía cambiar tan lentamente que incluso no llegaba a tomar consciencia de ello. Durante millones de años, los humanos tuvieron que incorporar en su evolución como especie la convicción de que eran básicamente dependientes de un destino exterior o divino. Para sobrellevar mejor ese enorme peso existencial se desarrollaron los mitos y las religiones.

En cambio en la actualidad y a pesar del enorme incremento de poder y responsabilidad de la humanidad hasta originar el antroposceno, ésta ha pasado de centrar su angustia en adaptarse rápidamente a un mundo ajeno y peligroso, a sufrir por el destino que ella misma se está forjando ¡y que ve tanto o más amenazante! Puede sorprender que los turbohumanos se hayan olvidado de la siempre difícil adaptación al entorno que describe la evolución darwiniana, para preocuparse más por la evolución prometeica a que la humanidad se somete a sí misma. Por ello y a pesar de su enorme poder, los turbohumanos actuales se sienten profundamente angustiados e impotentes. En gran medida porque han construido un mundo cada vez más secularizado, desencantado -diría Max Weber- y donde pierde sentido el apoyo que tradicionalmente ofrecían la religión, la metafísica o la idea ingenua de un Progreso que solo podía tener aspectos buenos.

La humanidad actual tiene la sensación que no controla sus propias creaciones, que no gobierna su autopoiesis como especie y que crea sociedades, economías, culturas y tecnologías en las cuales termina alienada y desconcertada. En lo más hondo de su fuero interno, siente que sus propias creaciones cognitivas y maquínicas tienen consecuencias nihilistas. Es una convicción que va más allá de *Pygmalion* de Bernard Shaw, del *Franke-*

18. GARCÉS, Marina. *Nova il·lustració radical*, Barcelona: Anagrama, 2017.
19. MAYOS, Gonçal. *Macrofilosofía de la Modernidad*, Gonçal Mayos. Rota: dLibro, 2012.

nstein de Mary Shelley o de la "vergüenza prometeica" de Gunther Anders[20]. Pues no sólo sucede que las respectivas creaciones se independizan de sus creadores y los superen, también la obra de la humanidad acaba desplazándola del trono antropocéntrico que le garantizaban los mitos, religiones e ideologías.

Los turbohumanos perciben que el tecnocentrismo sustituye hoy al antropocentrismo. Notan que la manera tradicional y narrativa de pensarlo todo –que era antropomorfa- está siendo eliminada por formas cognitivas tecnomorfas. La ciencia y las matemáticas exigen un profundo cambio de mentalidad epistemológica y una transformación cognitiva que mucha gente no puede llevar a cabo. ¡Pensemos cuanto más difícil y agobiante puede ser intentar entender las rupturistas intelecciones que pueden surgir de una inteligencia artificial amenazadora, extraña, "extranjera" e incluso inhumana.

Por eso la humanidad se ha acostumbrado a temer que, así como ella antes olvidó a Dios (la consigna mal entendida "de la Muerte de Dios" en Nietzsche), ahora le toca a ella sufrir el olvido y –quien sabe si también el desprecio- por parte de sus obras "artificiales" emancipadas. Se impone la sospecha de que, un Dios maquínico y armado de una cognición inmensamente superior, desplazará a la humanidad. Por eso tantos relatos de generalizado éxito apuntan a que incluso puede esclavizarla como se cuenta en *Mattrix*.

En esa serie de películas, por cierto, Neo –el protagonista- juega un papel a la vez mesiánico (que devuelve la humanidad a la tierra prometida) y prometeico (que vuelve a entregar a los hombres el fuego y el control técnico). Pero incluso entonces, los turbohumanos perciben que está pasando el tiempo en que Prometeo o el pensar prometeico reforzaban a la humanidad, al humanismo y a la confianza humana en sus fuerzas.

4. PROMETEO TRANSFORMA LA CONDICIÓN HUMANA CON DONES DIVINOS PERO TAMBIÉN ARTIFICIALES

La turbohumanidad, que tan temerosa se siente hoy de la inteligencia artificial, es nieta de una inteligencia y de un robo a la vez divinos y artificiales. En el diálogo *Protágoras* de Platón se narra como Prometeo salva a la humanidad de la extinción, dándole el fuego y la sabiduría técnica que ha robado a los dioses. Por ello – según el duro relato de Esquilo- Prometeo recibirá el eterno y torturante castigo de Zeus. Pues con su robo, ha roto el equilibrio entre las criaturas mortales porque, gracias a Prometeo, los hombres ya no están al nivel del resto de animales, ya que ahora disponen de unos dones divinos que no les correspondían. Ahora tienen en ellos, de forma artificial y no "natural", el poder divino del fuego y de la tecnología.

Queriendo enmendar el error de su hermano Epimeteo al repartir los dones naturales entre las distintas especies, Prometeo cambia radicalmente la condición natural de la humanidad. Le otorga así una condición artificial y semidivina. Rompe el orden natural de las cosas que ejemplifica el sátiro Sileno: miserable raza mortal, lo mejor para ti ya no lo puedes tener, pues sería no haber nacido. Por tanto ahora lo mejor para ti sólo puede

20. ANDERS, Günther. *La obsolescencia del hombre*. Vol.I. *Sobre el alma en la época de la segunda revolución industrial* y Vol.II. *Sobre la destrucción de la vida en la época de la tercera revolución*, Valencia: PreTextos, 2011.

ser: ¡morir joven! Evitar la mortalidad y vulnerabilidad humana que canta Sileno es precisamente el sueño prometeico y fáustico que hoy actualiza un transhumanismo que quiere vencer a la muerte con operaciones, trasplantes, prótesis, crionizaciones y demás.

Pues bien todo ello proviene del gesto prometeico que otorgó a la humanidad poderosísimos dones divinos y artificiales. Por tanto no es extraño que los humanos los usen para autocrearse a sí mismos de forma a la vez artificial y divina, en un largo pero imparable proceso técnico. Con él cambian su entorno, humanizan el mundo, urbanizan la naturaleza, transforman el propio destino humano y, así, darán lugar finalmente a una nueva era: el Antroposceno.

De esta forma la naturaleza humana ha devenido radicalmente prometeica, pues rompe con el mero reino animal y se convierte en su señor (como también refleja el *Génesis* bíblico). Ahora bien ese prometeismo humano tiene un componente también cainítico y peligroso pues, con su poder divino y alejado de la naturaleza mortal, el fuego y la técnica robados abren un proceso artificial que -en su avance imparable- puede terminar dejando atrás a lo humano y a los valores humanistas.

Por todo ello, el hombre de nuestro tiempo turboglobalizado va descubriendo que el antropocentrismo y el antropomorfismo no son absolutos ni eternos, pues pueden ser sustituidos por el tecnocentrismo y el tecnomorfismo ¡que ya estaban en el inicio de la intervención prometeica! Por eso, la misma lógica que entronizó al hombre gracias al fuego y a la técnica ¡algo divino y artificial en él! lo lleva finalmente a la obsolescencia. Además hacer emerger su substituto, el nuevo Dios cibernético o de inteligencia "artificial".

Significativamente uno de los líderes de la nueva generación del realismo especulativo y del aceleracionismo, Quentin Meillassoux[21] dedica mucha atención a pensar lo que llama el "Dios virtual" en su *Après la finitude. Essai sur la necessité de la contingence.* Por el contrario el filósofo de la generación anterior que más fondo, larga y prolijamente ha pensado el gesto prometeico – Bernard Stiegler[22] – "pasa al acto" suicidándose en agosto del 2020. Vemos en esa contraposición un signo generacional de nuestro tiempo que merece ser reflexionado.

En todo caso, los humanos que inician ya la tercera década del tercer milenio, saben que el autoconstituyente prometeismo humano continuará. Es el gran motor de la evolución de la humanidad pero, por eso mismo va objetivando exteriormente y transformando de forma decisiva su propia naturaleza al reasumir la objetivación tecnológica (como afirma Stiegler). Pues, como hemos visto para el mundo antiguo tanto griego como judaico, en el fondo ni la técnica ni el fuego fueron nunca algo intrínsecamente inseparable de la condición humana.

Por eso mismo, fácilmente pueden desarrollarse "artificialmente" e incluso fuera del hombre, engendrando una tecnológica que –en el fondo- siempre ha sido autónoma y por tanto ha obligado a la humanidad a reflexionarla y reapropiársela continuamente. Y con ello generaba un *feedback* que cambiaba a la propia humanidad. No

21. MEILLASSOUX, Quentin. *Après la finitude. Essai sur la nécessité de la contingence*, Paris: Seuil, 2006.
22. STIEGLER, Bernard. *La Technique et le temps*. 1. *La faute d'Épiméthée*; 2. *La désorientation*; 3. *Le temps du cinéma et la question du mal-être. Suivis de Le nouveau conflit des facultés et des fonctions dans l'Anthropocène*, Paris, Fayard, 2018.

nos debe extrañar por tanto, que el don de Prometeo pueda terminar desarrollándose independientemente de la humanidad y sin que ésta pueda gobernarlo ni –quizás incluso- comprenderlo totalmente.

Ciertamente es una hipótesis inquietante que, no obstante, podemos ver que ya estaba contenida premonitoriamente en los grandes mitos constituyentes de Occidente, ya sea el prometeico griego o el *Génesis* judaico. En ambas culturas antiguas la técnica fue siempre vista con gran desconfianza, como argucias o astucias "artificiales" que peligrosamente violentaban el orden natural de las cosas. El don otorgado por Prometeo a los humanos, ya era visto como antinatural, pues fue fruto de un robo y parecía un "regalo" tan peligroso como los que salieron de la Caja de Pandora. No es extraño pues que –fascinados hasta la locura por ese ambivalente don- los humanos se aproximen demasiado al Sol hasta que sus "artificiales" alas se derritan.

5. DE *DEEP BLUE* AL SALTO CUÁNTICO DE UNA INTELIGENCIA ARTIFICIAL POSTHUMANA

Intentemos pensar e investigar ahora la idea inquietante de que la sabiduría técnica pueda radicarse y continuar evolucionando fuera del receptáculo de carbono que son los humanos. Como apuntó Stiegler[23] ello es una característica eterna de la tecnología, pues siempre se exterioriza y objetiva en creaciones materiales (por ejemplo: hachas de piedra) que –por eso mismo- la humanidad está obligada a reapropiársela cognitivamente (como certificando que efectivamente lo técnico no formaba parte "natural" de la condición humana).

Por eso hay algo muy prometeico y ancestral, en la posibilidad de que pronto sea posible una inteligencia artificial autonomizada de la biología del carbono y que esté radicada –por ejemplo- en *hardwares* de silicio mucho más fiables e higiénicos. Pero aún más radical, impensable y posthumano que el salto cualitativo del carbono al silicio, lo representaría el salto cognitivo cuántico que puede resultar del proceso de complejización de los algoritmos de inteligencia artificial.

¿Pueden superar[24] a las mentes humanas más brillantes como hace Dupin respecto del intendente y del ministro en "La carta robada"? ¿Pueden introducirnos[25] en una "sociedad de la ignorancia" muy difíciles de gestionar? ¿Pueden comportar[26] paradigmas o cosmovisiones tan inconmensurables como las de *Rashomon* de Kurosawa? ¿Pueden ridiculizar[27] a todos los inúmeros esfuerzos de Powell en *La noche del*

23. STIEGLER, Bernard. *Dans la disruption*: Comment ne pas devenir fou?, Paris, Les Liens qui Libèrent, 2016.
24. MAYOS, Gonçal, "Tiempos disruptivos: destrucción creativa acelerada y patologías del saber" en Borja Muntadas; Gonçal Mayos; Alexandre Walmott, *La Jaula del Tiempo*: aspectos sociopolíticos y jurídicos de la aceleración contemporánea, Uberlândia, LAECC, 2020, p. 73 ss.
25. MAYOS, Gonçal y BREY, Antoni, (eds.) *La sociedad de la ignorancia*, Barcelona: Península, 2011.
26. MAYOS, Gonçal. "El 'efecto Rashomon' análisis filosófico para el centenario de Akira Kurosawa" en *Convivium: revista de filosofía*, n. 23, 2010, p. 209-234.
27. MAYOS, Gonçal, "Tiempos disruptivos: destrucción creativa acelerada y patologías del saber" en Borja Muntadas; Gonçal Mayos; Alexandre Walmott, *La Jaula del Tiempo*: aspectos sociopolíticos y jurídicos de la aceleración contemporánea, Uberlândia, LAECC, 2020, p. 76 ss.

cazador? ¿Pueden comportar[28] la obsolescencia, el *burn out* y otras patologías sociales de los turbohumanos?

¡Sin duda! E incluso es posible que den lugar no tan sólo a una superioridad cognitiva meramente "cuantitativa" sino también "cualitativa", es decir: pueden provocar la emergencia de un auténtico salto cuántico cognitivo.

Por tanto no nos referimos en absoluto a lo que ya sucedió cuando la computadora *Deep Blue* venció por primera vez al campeón del mundo de ajedrez Garry Kaspárov en el año 1996. Ese hecho espectacular fue posible básicamente por la superioridad numérica de velocidad de cálculo de la computadora. Pero rápidamente, Garry Kaspárov contraatacó, analizó y comprendió a posteriori el error que había cometido en su primer enfrentamiento con *Deep Blue* y pudo generar estrategias cognitivas alternativas que le permitieron vencer en tres de las siguientes partidas y empatar otras dos más, con lo que venció al computador por un total de 4-2.

El problema es que la generación actual de computadoras "descendientes" de *Deep Blue* no disponen tan sólo de una muy superior capacidad de cálculo cuantitativo respecto a cualquier humano. Además parecen estar en el umbral de "emergencia" de una superioridad cualitativa, ya no tan solo de velocidad sino de lógica y concepción disruptivas respecto a las desarrolladas hasta ahora por la humanidad. Ello hace que los computadores actuales más avanzados sean insuperables para cualquier mente humana en juegos de estrategia como el ajedrez, aunque no en otros juegos menos delimitados por el marco de sus reglas.

Pero incluso ahora, la superioridad de las nuevas computadoras parece todavía más relacionada con la cantidad que no con una cualidad realmente disruptiva. Pues sus victorias en esos juegos "bien delimitados" pueden ser analizadas a posteriori por humanos, los cuales (como hizo Kaspárov) descubren, comprenden y pueden aprender la lógica superior de las estrategias aplicadas por esos computadores. Es por tanto un salto disruptivo enorme pero no el radicalmente cuántico que debemos pensar en este artículo.

Ese salto quántico, cualitativo y totalmente disruptivo de la singularidad cognitiva podemos situarlo en el momento en que la inteligencia 'natural' humana no pudiera ya descubrir la lógica desplegada por sus creaciones de inteligencia 'artificial". Son muchos los analistas que consideran que hoy en algunos ámbitos la humanidad está muy cerca de experimentar esa "singularidad". Con ello se alcanzaría el nivel más alto de la "vergüenza prometeica" a que ya apuntaba Günther Anders en los años 1920.

6. ¿PUEDE HABER UN SALTO DE "IGNORANCIA PROMETEICA"?

La hipótesis que acabamos de formular está íntimamente vinculada a la vergüenza que experimentan los humanos -conscientemente falibles- ante sus propias creaciones que cada vez se vuelven más poderosas e infalibles. En concreto se trata de analizar lo que proponemos llamar "ignorancia prometeica" y que se manifestaría plenamente cuando

28. MAYOS, Gonçal. *Homo obsoletus*. Precariedad y desempoderamiento en la turboglobalización, Barcelona: Red ediciones, 2016.

los humanos no puedan ya comprender a sus propias creaciones cibernéticas. Lo denominamos "ignorancia prometeica" como homenaje a la aguda expresión de Anders ya citada. Pero nosotros nos referimos al momento singular y disruptivo en que la humanidad incluso no pueda explicar la lógica desplegada por sus propias creaciones maquínicas.

Se dará pues "ignorancia prometeica" cuando la inteligencia artificial –con sus tecnologías y ciencias asociadas- supere los límites de la inteligencia natural de la humanidad, de las posibilidades de su biología y –seguramente- de la química del carbono. Además debe ser una "ignorancia prometeica" que no se produzca tan sólo por superioridades cuantitativas de velocidad y magnitud en los datos calculados, sino señal de una emergencia cualitativa, cuántica y totalmente disruptiva en la naturaleza lógica intrínseca en la cognición desarrollada.

Sin duda parece hipótesis fantasiosa y de ciencia ficción. Pues si va más allá de la superioridad en velocidad de procesamiento o en capacidad de cálculo, ya se ha dado en la historia. Pero por ahora, la humanidad consigue dar respuestas creativas que ninguna inteligencia artificial puede actualmente ni tan siquiera emular.

Insistimos pues en que la "ignorancia prometeica" solo se producirá efectivamente cuando surja fruto de un salto cuántico y plenamente cualitativo en la concepción misma de la lógica cognitiva desarrollada por la inteligencia artificial. Es decir, tan sólo hablaremos con rigor de plena "ignorancia prometeica" cuando la humanidad no pueda manifiestamente dar cuenta plena de lo generado por sus propias creaciones informáticas. Incluso aunque dedique sus mejores cerebros de carbono a analizarlo a posteriori, con todo detalle, con lento detenimiento y con equipos humanos trabajando conjunta y especializadamente.

7. LA LUCHA CUÁNTICA ENTRE MARCOS RUPTURISTAS DE INTELIGENCIA

"Pensar es aprender de nuevo a ver y a dirigir la atención".

– Albert Camus

La "ignorancia prometeica" va incluso más allá de la lucha entre distintos tipos de inteligencias planteada por Poe[29] en "La carta robada". Recordemos que Augusto Dupin es capaz de prever la naturaleza de la argucia del ministro para esconder la famosa carta por el fracaso reiterado del intendente de policía que –aunque rutinario- está muy bien preparado y dotado de inagotables medios. Así podemos entender la naturaleza de las limitaciones en la cognición y la atención primero del intendente pero luego (cuando Dupin ya ha cambiado la carta) también del ministro. Tanto la carta original, como luego la sustituida, permanecerán siempre a la vista de todo el mundo como un muy ingenioso y disruptivo camuflaje.

En la lucha de esos tres tipos y niveles de inteligencia planteada por Poe, en un primer momento tanto el intendente como –luego- el ministro quedarán prisionero de su propio marco mental y serán superados por una inteligencia aún más creativa. Pero

29. POE, Edgar Allan. *Narraciones extraordinarias*, Madrid: Salvat, 1969.

nada impide e incluso se supone que, una vez descubierta la argucia de Dupin, está pueda ser comprendida, aprendida y emulada prácticamente como ha hecho infinitas veces la humanidad. ¡De hecho el aprendizaje cultural y la transmisión social de lo aprendido es una de las características sobre los cuales la humanidad ha basado su éxito evolutivo!

Ahora bien la auténtica ignorancia prometeica que establecería una "singularidad" en la historia humana tiene que poner en cuestión e incluso bloquear esa posibilidad. El salto a una cognición artificial posthumana es mucho más disruptivo que en *La carta robada* o en *La noche del cazador,* donde sabemos en todo momento exactamente lo que hay que buscar: una carta y un fajo de billetes. Aunque eso no está tan claro en *Rashomon*, también allí -entre el leñador y el monje- parecen restablecer al final la comunidad ético-comunicativa de "la verdad"[30].

Todo eso va en contra de la "singularidad" radical que comportaría una auténtica ignorancia prometeica. Pues allí la cognición y la atención humanas "naturales" y basadas en la biología del carbono serían inconmensurables respecto a la cada vez más potentísima inteligencia de silicio. Entonces y efectivamente, esa cognición artificial -que ha sido creada inicialmente por humanos- representa un salto evolutivo cuántico que ahora amenaza convertir en obsoletos a esos mismos dioses prometeicos en que se habían convertido los humanos.

Un ejemplo radical de salto evolutivo cuántico es cuando apareció la vida, el paso de un mundo inerte a un mundo animado, con seres vivos. Otro ejemplo centrado en un hecho histórico más cercano es el salto de unas sociedades y culturas exclusivamente orales a otras estructuradas a partir de la escritura. Al respecto remitimos a las obras de Jack Goody[31] y de Havelock[32].

8. IMAGINAR EL SALTO CUÁNTICO Y CUALITATIVO DE UNA "IGNORANCIA PROMETEICA"

"No hay un método para encontrar tesoros ni tampoco hay un método para aprender".

– Gilles Deleuze

¿Cómo podemos imaginar hoy esa hipotética "singularidad" futura? Pues no genera sólo "vergüenza prometeica" de la humanidad respecto a sus propias creaciones, sino total ignorancia. Sin duda aquella vergüenza es una cuestión de sentimiento muy respetable e incluso angustiante, pero la segunda es una cuestión ontológica y epistemológica sin puentes posibles. Es algo que Anders, si llegó a intuirlo, no fue capaz de penetrar; pues en cierta medida presupone pensar la obsolescencia humana[33], una evolución posthu-

30. MAYOS, Gonçal. "El 'efecto Rashomon' análisis filosófico para el centenario de Akira Kurosawa" en *Convivium: revista de filosofía*, n. 23, 2010, p. 225 ss.
31. GOODY, Jack. (comp.) *Cultura escrita en sociedades tradicionales*, Barcelona: Gedisa, 1996; GOODY, Jack. *La lógica de la escritura y la organización de la sociedad,* Madrid: Alianza, 1986; GOODY, Jack. *La domesticación del pensamiento salvaje*, Madrid, Akal, 1985.
32. HAVELOCK, E. A. *La Musa aprende a escribir*, Barcelona, Paidós, 1996.
33. MAYOS, Gonçal. *Homo obsoletus.* Precariedad y desempoderamiento en la turboglobalización, Barcelona: Red ediciones, 2016.

mana e incluso un mundo donde los humanos han colaborado performativamente a que emerja la inteligencia que los sustituya (como dice apocalípticamente Nick Land).

Como Garry Kaspárov frente a *Deep Blue*, no estamos ante una situación de radical ignorancia prometeica, ya que la humanidad estaría en condiciones de entender todavía a las cogniciones disruptivas de inteligencia artificial, podría aprender de ellas y ponerlas en práctica por sí misma en otros contextos. E –incluso- como hizo Kaspárov, pensar una estrategia creativa para vencer a una máquina que piensa del modo como descubrió ¡precisamente en la partida que perdió! Como vemos en tal caso, la contienda puede todavía ser ganada por la humanidad.

Entonces no estaríamos ante la singularidad de una "ignorancia prometeica" total, definitiva y de acuerdo con nuestra definición. Más bien sería un reto del que la humanidad puede aprender y evolucionar creativamente. Eso ya lo ha hecho otras veces a lo largo de la hominización y la historia, frente a poderosos saltos cuánticos evolutivos como el descubrimiento del lenguaje, la invención de la agricultura y la domesticaron de los animales, cuando se crearon la escritura y los primeros Estados, etc. A lo largo de su evolución, la humanidad ha conseguido muchas veces adaptarse a circunstancias difíciles y superar sus retos: por ejemplo cuando tuvo que dejar su medio arbóreo original o cuando tuvo que suplir sus límites físicos inventando ropas, casas, herramientas y todo el mundo cultural.

Ciertamente hasta ahora la humanidad ha conseguido salir victoriosa, incluyendo el *machine learning* y la inteligencia artificial hasta ahora conocidos. Pero ¿sucederá en adelante siempre así? ¿O bien la humanidad sufrirá en un futuro algún tipo de ignorancia prometeica ante lógicas de inteligencia artificial? ¿Se producirá pues lo que consideramos el momento clave que –mutando mutandis- se ha llamado un tanto ingenuamente como 'singularidad'?

9. CONSIDERACIONES FINALES: IGNORANCIA PROMETEICA Y PATOLOGÍA DE LA ATENCIÓN

Vamos a imaginar lo que puede comportar la "ignorancia prometeica" como patología cognitiva de la atención, que es aquella que no depende de la agudeza o fiabilidad de los sentidos, sino de la predeterminación intelectiva de lo que se busca y cómo –por tanto- se dirige la atención.

Pues la más reciente neurociencia confirma que la atención humana es intencional (usando el término acuñado por Edmund Husserl). Ello implica –como ya apuntaba Immanuel Kant- que para ser efectivamente percibidos, los fenómenos sensibles deben ser sintetizados no sólo espacio-temporalmente por la sensibilidad sino también categorialmente por el entendimiento humano. Y eso supone dirigir intencionalmente la percepción, sin lo cual ésta se convierte en "ciega" (decía Kant en la primera edición de la *Crítica de la razón pura* (A51)). Es decir sin síntesis categorial y cognitiva, incluso la percepción sensible resulta totalmente ineficaz.

'La carta robada' es un buen ejemplo de patología cognitiva de la percepción, pues no se limita a mostrar ejemplos de falta de sensibilidad, sino de la facultad cognitiva de categorizar lo que se ve –sin ningún bloqueo sensible- y detectarlo como aquello efectivamente "buscado". Pues la carta permanece a la vista de todos pero –ello mismo- hace que no sea categorizada como la valiosa carta buscada y que se presupone que "estará escondida". Por eso sólo es percibida como un banal documento sin interés de los que hay miles habitualmente en un despacho.

Puede parecer algo imposible o mágico, pero *mutando mutandis* eso es exactamente lo que sucede en casos de patologías cognitivas de la atención y de ignorancia prometeica. Pues se busca y quiere percibir algo dentro de un marco cognitivo predeterminado, siendo incapaces de ello si se lo ha camuflado disruptivamente en marco incomprensible por innovador. En nuestro ejemplo, el esforzado, sistemático y muy dotado jefe de policía es incapaz de prever la argucia cognitiva que le plantea el ministro, mientras que en cambio sí que es capaz de comprenderla, imaginarla, preverla y descubrirla el investigador Dupin.

A diferencia del esforzado pero rutinario inspector, Dupin se formula las preguntas correctas y llega a inteligir la innovadora y rupturista argucia del ministro. Se pregunta: ¿Cuál es la mejor manera de esconder algo que siempre se necesita tener disponible y muy a mano? Asume que, cuando más se busca un escondite recóndito, tanto más se dificulta uno mismo el necesario acceso rápido a él. Pues esconder algo en un lugar muy protegido y bajo siete llaves también dificulta el acceso rápido a él ¡incluso a quien lo ha escondido!

Por otra parte, tales escondites tampoco son totalmente seguros y nada puede impedir definitivamente que sean descubiertos por la persistencia de quien los busca con ahínco y tiene gran cantidad de agentes para ello. En tal caso la victoria solo está garantizada a partir de una innovadora cognición que supere los marcos mentales al uso. Y si se rompe el marco cuantitativo (uno pone más barreras, mientras que su adversario las elimina una tras otra), se provoca la "ignorancia prometeica" en el inspector de policía. ¡Que era precisamente lo deseado!

En el marco tradicional, la lucha se reduce a lo cuantitativo: acumular el mismo tipo de dificultades (ocultando muy lejos, tras muchas puertas y cerrojos, etc.), frente a irlas superando una tras otra. Podemos decir que aquí es más decisiva la transpiración que no la inspiración. Y ello facilita la victoria a quien dispone de más medios, paciencia, persistencia y capacidad de esfuerzo.

Creemos que ese era el peligro que asumió Kaspárov tras su primera y lacerante derrota frente a *Deep Blue*. Kaspárov entendió entonces que la superioridad de cálculo estaba en su contra (algo parecido en cierto sentido a la superioridad cuantitativa que venimos comentando) y por ello decidió –según confesó- plantear la batalla con el computador en un marco disruptivo, aprovechando sus propias cualidades cognitivas donde *Deep Blue* continuaba siendo inferior.

Kaspárov, el ministro y Dupin entendieron que perderían frente a los medios y esfuerzos cuantitativos disponibles por sus adversarios y, todos ellos a su nivel, comprendieron que debían apostar por un salto cognitivo disruptivo. Ello comporta, como en "Los dos reyes y los dos laberintos" de Jorge Luis Borges[34], un salto cognitivo por ejemplo con-

34. BORGES, Jorge Luis. *Obras completas 1923-1972*, Buenos Aires: Emecé, 1974, p. 607.

traponiendo disruptivamente el desierto al laberinto tradicional, a pesar de que en éste no hayan "escaleras que subir, ni puertas que forzar, ni fatigosas galerías que recorrer, ni muros que te veden el paso". Algo parecido a la "ignorancia prometeica" padece quien está encerrado en el marco de los laberintos tradicionales, y debe enfrentarse al hecho de que el desierto puede ser el más mortal de los laberintos[35].

Como vemos la ignorancia prometeica aparece cuando uno de los interlocutores no puede prever a priori (y además tampoco comprender a posteriori) una jugada cognitiva cuánticamente disruptiva. Metafóricamente podemos ejemplificarla con: enfrentar el laberinto con el desierto; o bien camuflar sin esconder para que -si alguien lo percibe por azar- ¡no le preste atención! Para que no pueda categorizarlo como aquello que buscaba, porque queda "escondido" bajo la emergencia inducida de una patología cognitiva de la atención.

Pero para que ello sea posible, es necesario prever y superar eficazmente el marco mental del adversario. Y eso representa un salto cognitivo cuántico que plantea la inquietante posibilidad que hemos definido como "ignorancia prometeica".

10. REFERENCIAS

ANDERS, Günther. *La obsolescencia del hombre*. Vol.I. *Sobre el alma en la época de la segunda revolución industrial* y Vol.II. *Sobre la destrucción de la vida en la época de la tercera revolución*, Valencia: Pre-Textos, 2011.

ARENDT, Hannah. *La condición humana*. Barcelona: Paidós, 1993.

ARONSON, P. «La Emergencia de la Ciencia Transdisciplinar» en *Cinta de Moebio. Revista de Epistemología de Ciencias Sociales*, Facultad de Ciencias Sociales. Universidad de Chile, Santiago, Chile, 2003.

BAUMAN, Zygmunt. *Modernidad líquida*, México: FCE, 2005.

BAUMAN, Zygmunt. *Tiempos líquidos*. Vivir en una época de incertidumbre, Barcelona: Tusquets, 2007.

BECK, Ulrich. *La sociedad del riesgo*. Hacia una nueva modernidad. Barce- lona, Paidós, 2006.

BECK, Ulrich, GIDDENS, Anthony y LASH, Scott. *Modernización reflexiva*. Política, tradición y estética en el orden social moderno, Madrid: Alianza, 2008.

BENJAMIN, Walter. *Angelus Novus*, Barcelona: Edhasa, 1971.

BENJAMIN, Walter. El capitalismo como religión, *Revista el Viejo Topo*, 26- 9-2917. https://www.elviejotopo.com/topoexpress/el-capitalismo- como-religion/

BERARDI, Franco. *La fábrica de la infelicidad*, Madrid: Traficantes de sue- ños, 2003.

BERGER, P. L. y LUCKMANN, Th. *La construcción social de la realidad: un tratado en la sociología del conocimiento,* Buenos Aires: Amorrortu, 1995.

BERMAN, Marshall. *Todo lo sólido se desvanece en el aire*. México: Siglo XXI, 2008.

BOLTANSKY, Luc y CHIAPELLO, Ève. *El nuevo espíritu el capitalismo*, Madrid: Akal, 2002.

BORGES, Jorge Luis. *Obras completas 1923-1972*, Buenos Aires: Emecé, 1974.

---

35. MAYOS, Gonçal. *Homo obsoletus*. Precariedad y desempoderamiento en la turboglobalización, Barcelona: Red ediciones, 2016, p. 9 ss.

BROWN, Philip, LAUDER, Hugh & ASHTON, David. *The Global Auction: The Broken Promises of Education, Jobs, and Incomes*, Oxford: O. Univ. Press, 2011.

CARR, Nicholas. *Superficiales.* ¿Qué está haciendo Internet con nuestras mentes?, Madrid, Taurus, 2011.

CCRU *Escritos 1997-2003*, Segovia: Materia Oscura, 2020.

CHABOT, Pascal. *Global burn-out*. París: PUF, 2013.

DELEUZE, Gilles y GUATTARI, Felix. *El Antiedipo*. Capitalismo y esquizo- frenia, Barcelona: Barral, 1973.

DELEUZE, Gilles y GUATTARI, Felix. *Mil mesetas*. Capitalismo y esquizofre- nia, Valencia: Pre-Textos, 1988.

ELIAS, Norbert. *El proceso de la civilización*. Investigaciones sociogenéticas y psicogenéticas, México: FCE, 1987.

FREY, Carl Benedikt & OSBORNE, Michael A. *The future of employment: How susceptible ara jobs to computerisation?*, University of Oxford: Oxford Martin Programme on Technology and Employment, September 17, 2013 http://www.futuretech.ox.ac.uk/sites/futuretech.ox.ac.uk/files/The_Future_of_Employment_OMS_Working_Paper_0.pdf.

GARCÉS, Marina. *Nova il·lustració radical*, Barcelona: Anagrama, 2017.

GEHLEN, Arnold. *El hombre: su naturaleza y su lugar en el mundo*. Salamanca: Sígueme, 1987.

GOODY, Jack. (comp.) *Cultura escrita en sociedades tradicionales*, Barcelona: Gedisa, 1996.

GOODY, Jack. *La lógica de la escritura y la organización de la sociedad*, Madrid: Alianza, 1986.

GOODY, Jack. *La domesticación del pensamiento salvaje*, Madrid, Akal, 1985.

HAN, Byung-Chul. *La sociedad del cansancio*, Barcelona, Herder, 2012.

HAN, Byung-Chul. *Psicopolítica*. Barcelona, Herder, 2014.

HARDT, Michael y NEGRI, Antonio. *Multitud. Guerra y democracia en la era del Imperio*, Barcelona, Debate, 2004.

HAVELOCK, E. A. *La Musa aprende a escribir*, Barcelona, Paidós, 1996.

HEIDEGGER, Martin. *Serenidad*, Barcelona: Serbal, 1989.

HORKHEIMER, Max y ADORNO, Theodor W. *Dialéctica de la Ilustración. Fragmentos filosóficos*, Madrid: Trotta, 1998.

JASPERS, Karl. *La bomba atómica y el futuro del hombre*. Taurus Ediciones, 1966.

KEEN, Andrew. *Digital vertigo. How Today's Online Social Revolution Is Dividing, Diminishing, and Disorienting*, New York: St. Martin's Press, 2013.

KEEN, Andrew. *Internet no és la resposta*, Barcelona: Catedral, 2016.

KURZWEIL, Raymond. *La Singularidad está cerca. Cuando los humanos transcendamos la biología*, Berlín: Lola Books, 2012.

LAND, Nick. *https://www.thedarkenlightenment.com/the-dark-enlightenment-by-nick-land/*

LAUGHTON, Charles. *La noche del cazador* (película, 1955) https://www.youtube.com/watch?v=Dt_-OPZqqdY

LE BRETON, David. *Disparaître de soi*. Une tentation contemporaine, París, Éditions Métailié, 2015.

LÉVY, P. *La machine univers: création, cognition et culture informatique*, París: La Découverte 1987.

LÉVY, P. *L'intelligence collective: pour une anthropologie du cyberspace*, París: La Découverte 1994.

LÉVY, P. *Cyberculture: rapport au Conseil de l'Europe dans le cadre du projet Nouvelles technologies, coopération culturelle et communication*, París- Estrasburgo, Odile Jacob-Consejo de Europa 1997.

LIPOVETSKY, Gilles. *La felicidad paradójica.* Ensayo sobre la sociedad del hiperconsumo, Barcelona: Anagrama, 2007.

LIPOVETSKY, Gilles. *El imperio de lo efímero,* Barcelona: Anagrama, 2016.

LYOTARD, Jean-François. *La condición postmoderna.* Informe sobre el saber, Madrid: Teorema, 1984.

MAYOS, Gonçal, «Baudrillard y la Sociedad del Simulacro» en Barcelona *Metropolis. Revista de información y pensamientos urbanos*, 2010b, p. 36-39.

MAYOS, Gonçal, "Tiempos disruptivos: destrucción creativa acelerada y patologías del saber" en Borja Muntadas; Gonçal Mayos; Alexandre Walmott, *La Jaula del Tiempo*: aspectos sociopolíticos y jurídicos de la aceleración contemporánea, Uberlândia, LAECC, 2020

MAYOS, Gonçal, "Time is money, el hombre de nuestro tiempo" en *A lanterna de diógenes*: reflexões sobre o homem da pólis contemporânea, Dennys G. Xavier (Coord.); Uberlândia, Laboratório Americano de Es- tudos Constitucionais Comparado LAECC, 2018, p. 403-425.

MAYOS, Gonçal. *Homo obsoletus*. Precariedad y desempoderamiento en la turboglobalización, Barcelona: Red ediciones, 2016.

MAYOS, Gonçal. "Vulnerabilidad, precarización y cambio social. Del capitalismo nofordista al postfordista", en Fabricio Polido y María Fernanda Repolès (Eds.), *Law & Vulnerability / Direito & Vulnerabilidade*, São Paulo, Almedina Brasil, 2015c.

MAYOS, Gonçal y BREY, Antoni, (eds.) *La sociedad de la ignorancia*, Barcelona: Península, 2011.

MAYOS, Gonçal. Cognitariado es precariado. El cambio en la sociedad del conocimiento turboglobalizada", *Cooperación y cambio social en el siglo XXI.* Eds. Gonzalo de Castro y Begoña Romá. Barcelona: Intervida, 2013, p. 143-157.

MAYOS, Gonçal. *Macrofilosofía de la Modernidad*, Gonçal Mayos. Rota: dLibro, 2012.

MAYOS, Gonçal. "El 'efecto Rashomon' análisis filosófico para el centenario de Akira Kurosawa" en *Convivium: revista de filosofía*, n. 23, 2010, p. 209-234.

MCLUHAN, Marshall. y POWERS, Bruce R. *The Global village*. Transformations in world life and media in the 21st century, New York & Ox- ford: Oxford University Press, 1989.

MEILLASSOUX, Quentin. *Après la finitude. Essai sur la nécessité de la contingence*, Paris: Seuil, 2006.

MUMFORD, Lewis. *El mito de la máquina.* 2 vols. Logroño: Pepitas de calabaza, 2010.

PAGEL, M. *Conectados por la cultura. Historia natural de la civilización*, Barcelona: RBA, 2013.

POE, Edgar Allan. *Narraciones extraordinarias*, Madrid: Salvat, 1969.

POLIDO, Fabricio y REPOLÈS, María Fernanda (Eds.), *Law & Vulnerability / Direito & Vulnerabilidade*, São Paulo, Almedina Brasil, 2015.

RIFKIN, Jeremy. *El Fin del trabajo. Nuevas tecnologías contra puestos de trabajo. El nacimiento de una nueva era,* Barcelona: Paidós, 1996.

ROSA, Hartmut. *Beschleunigung und Entfremdung - Entwurf einer kritischen Theorie spätmoderner Zeitlichkeit*, Frankfurt am Main, Suhrkamp, 2013.

ROSLING, Hans, ROSLING, Ola y ROSLING, Anna. Factfulness: Diez razones por las que estamos equivocados sobre el mundo, Barcelona, Deusto, 2018.

RUSHKOFF, Douglas. Present Shock: When Everything Happens Now, Penguin, 2013.

SADIN, Éric. *La humanidad aumentada. La administración digital del mundo*, Buenos Aires: Caja negra, 2017.

SRNICEK, Nick & WILLIAMS, Alex '#ACCELERATE: Manifiesto para una política aceleracionista', en *Dark Trajectories: Politics of the Outside*, Joshua Johnson (ed.), Nueva York: Name Publications, 2013, p. 135-155.

SRNICEK, Nick & WILLIAMS, Alex. *Inventar el futuro. Poscapitalismo y un mundo sin trabajo*, Barcelona: Malpaso eds., 2017.

SRNICEK, Nick *Capitalismo de plataformas* Buenos Aires: Caja Negra, 2018.

STIEGLER, Bernard. *Dans la disruption*: Comment ne pas devenir fou?, Paris, Les Liens qui Libèrent, 2016.

STIEGLER, Bernard. *La Technique et le temps*. 1. *La faute d'Épiméthée*; 2. *La désorientation*; 3. *Le temps du cinéma et la question du mal-être. Suivis de Le nouveau conflit des facultés et des fonctions dans l'Anthropocène*, Paris, Fayard, 2018.

SUBIRÓS, O. y VICENTE, J. L., comisarios de la exposición «BIG BANG DATA» al Centre de Cultura Contemporània de Barcelona, 2014.

VIRILIO, P. *Amanecer crepuscular*. FCE, Buenos Aires, 2003.

WILLIAMS, Alex. *Political Hegemony and Social Complexity. Mechanisms of Power After Gramsci*, London: Palgrave Macmillan, 2020.

WILSON, Edward O. *La conquista social de la Tierra*. ¿De dónde venimos? ¿Qué somos? ¿Adónde vamos?, Barcelona: Debate, 2012.

40
A EDUCAÇÃO COMO UM MEIO PARA TRATAR DA ÉTICA NA INTELIGÊNCIA ARTIFICIAL

Edgar Gastón Jacobs Flores Filho

Doutor em Direito pela Pontifícia Universidade Católica de Minas Gerais. Mestre em Direito pela Universidade Federal de Minas Gerais. Coordenador dos Projetos de Direito da SKEMA Business School no Brasil. Professor Adjunto da Pontifícia Universidade Católica de Minas Gerais. Advogado.

1. INTRODUÇÃO

Um dos grandes dilemas do cidadão da terceira década do século XXI será aprender a conviver com os sistemas decisórios que convencionamos chamar de Inteligência Artificial.

Algoritmos e equipamentos guiados por algoritmos estão presentes no dia-a-dia das pessoas, decidindo de forma sutil ou não o que comemos, que filmes - e séries - assistimos, como deveríamos nos vestir, com quem seria ideal nos relacionarmos e outras questões assim, relevantes e cotidianas.

Sistemas que percebem padrões, classificam condutas e que aplicam autonomamente o resultado de suas escolhas também são usados para guiar políticas públicas, contratar ou demitir pessoas e até mesmo para analisar a viabilidade e iniciar de disputas comerciais ou guerras.

Enfim, a inteligência artificial não é mais futuro, é tema atual e saliente.

Regular a inteligência artificial e cuidar dos aspectos éticos implicados na criação desses sistemas é hoje tão necessário quanto antes foi regular as fábricas, relações empresariais ou estruturar um arcabouço jurídico para a internet. Difícil seria imaginar todos esses fenômenos alheios a teorias jurídicas, normas e ponderações éticas sobre princípios e regras.

Porém, tecnologia nem sempre se curva a soluções jurídicas clássicas, como regras de comando e controle. Isto porque criar os comandos (regras) pode ser um trabalho muito técnico e, contraditoriamente, teria de ser muito rápido para alcançar as mudanças que ocorrem a uma velocidade nunca vista. E controlar (fiscalizar) o cumprimento dessas regras poderia demandar ainda mais domínio da técnica e/ou recursos humanos e financeiros massivos.

Nessas circunstâncias há justificativa para revisitar, neste estudo, o tema das modalidades de regulação – abordado pela linha teórica no início dos anos 2000 – que convencionou-se chamar de "Nova Escola de Chicago" ou mesmo de "Escola das Normas Sociais".

Para autores com Lessig[1] é possível regular as condutas das pessoas por meio não apenas de normas legais, mas de normas de mercado, normas sociais e mudanças na arquitetura, ou seja, na formatação dos bens ou modelagem das instituições sociais. Um exemplo disso seriam os direitos autorais, que hoje são protegidos por normas legais, por regras de mercado sobre "original" e "cópia", por uma cultura criada contra a "pirataria" e até mesmo por mecanismos tecnológicos que impedem o uso de músicas e vídeos não autorizados em nossos celulares. Nesse caso, não apenas a Lei, mas as normas sociais e a arquitetura tecnológica são usadas como modalidades de regulação de um problema jurídico concreto.

Nesse artigo o objetivo é analisar a aplicação dessas modalidades de regulação e, em especial, as normas sociais que podem ser criadas para educar os usuários e afetados pelo uso da Inteligência Artificial.

Na primeira parte trataremos da Inteligência Artificial como fenômeno contemporâneo. Definições básicas e uma discussão sobre aspectos éticos será exposta para detalhar o contexto do Artigo, que abordará também o posicionamento do Poder Judiciário brasileiro. Em seguida será descrita a teoria que aqui será tratada como "teoria das modalidades de regulação". Na terceira parte a educação assumirá protagonismo como uma das possíveis soluções para os vieses e distorções que podem ser provocadas pela IA.

2. A INTELIGÊNCIA ARTIFICIAL, OS VIESES DECISÓRIOS E A IMPORTÂNCIA DA TRANSPARÊNCIA

O termo "inteligência artificial" é bastante discutido e até contestado, mas ainda é a melhor denominação para referenciar o fenômeno moderno dos sistemas eletrônicos que, com base em dados e padrões neles detectados, decidem e implementam suas decisões.

Uma definição bastante completa é a da Comunidade Europeia, que, em seu estudo "*A definition of AI: Main capabilities and scientific disciplines*" produzido pelo Grupo de Especialistas de Alto Nível em Inteligência Artificial, assim conceituou a IA:

> Sistemas de inteligência artificial (IA) são sistemas de software (e possivelmente também hardware) projetados por humanos que, dado um objetivo complexo, atuam na dimensão física ou digital percebendo seu ambiente através da aquisição de dados, interpretando os dados estruturados ou não, raciocinando sobre o conhecimento, ou processando as informações, derivadas destes dados e decidindo a(s) melhor(s) ação(ões) a ser(em) tomada(s) para alcançar o objetivo dado. Os sistemas de IA podem usar

1. LESSIG, Lawrence. The New Chicago School. *The Journal of Legal Studies*, v. 27, p. 661-691, 1998.

regras simbólicas ou aprender um modelo numérico, e também podem adaptar seu comportamento analisando como o ambiente é afetado por suas ações anteriores[2].

Em uma definição mais simples, o Professor Yoshua Bengio, da Universidade de Montreal, afirmou em resposta à pergunta sobre o que é IA, que: "*A inteligência artificial está procurando construir máquinas inteligentes, que possam fazer coisas que os humanos possam fazer, e para fazer isso precisa ter conhecimento sobre o mundo e depois ser capaz de usar esse conhecimento para fazer coisas úteis*"[3]. Essa descrição é bastante realista e explica bem dois aspectos que são importantes quanto a IA, a busca dos sistemas por um "conhecimento sobre o mundo" e seu foco em fazer coisas úteis. Nesse sentido, uma máquina ou programa de computador inteligente seria uma espécie de "inteligência" voltada para resultados e sempre pendente de informações prévias.

Outra discussão interessante separa a IA da automação, destacando que a inteligência artificial não se confunde com os instrumentos e ferramentas que podem se basear nela. Nesse sentido, por exemplo, Agrawal, Gans e Goldfarb, explicam que:

> A predição é o processo de preenchimento de informações ausentes. Ela usa as informações que você tem, geralmente chamadas de "dados", para gerar informações que não tem. Além de gerar informações sobre o futuro, a predição gera informações sobre o passado e o presente. [...]
>
> Muitas vezes, a distinção entre IA e automação é confusa. A automação surgirá quando uma máquina for capaz de realizar a tarefa completa, não apenas a predição. No momento em que escrevo este livro, um humano ainda precisa intervir periodicamente na condução do veículo. Quando devemos esperar a automação total?
>
> A IA, em sua forma atual, envolve uma máquina executando um elemento: a predição. Cada um dos outros elementos representa um complemento a ela, algo que se torna mais valioso à medida que a predição fica mais barata[4].

A ideia de "máquinas preditivas" está também relacionada a noção de que os sistemas de IA são baseados em algoritmos[5] que usam o aprendizado de máquina para classificar dados, encontrando padrões cada vez mais bem delineados em relação aos quais podem ser geradas regressões estatísticas, as quais servirão de base para previsões. Nesse sentido, são uma réplica muito simplificada do processo humano de reflexão sobre informações que pode levar a inferências sobre o que fazer ou como agir no momento seguinte.

Talvez a ideia de IA como um sistema de predição seja muito simples, afinal existem muitas formas de aplicar e moldar os sistemas baseados e aprendizado de máquina. Para apresentar de forma resumida algumas dessas classificações e modelos de inteligência artificial que serão usados neste artigo foi elaborado quadro abaixo.

---

2. Disponível em: https://ec.europa.eu/newsroom/dae/document.cfm?doc_id=56341. Acesso em: 06 set. 2020, Tradução livre.
3. BENGIO, Yoshua. *Voices in A.I.*, v. 1: Conversations with Leading Thinkers in Artificial Intelligence. Gigaom. 2018. Edição do Kindle.
4. AGRAWAL, Ajay; GANS, Joshua; GOLDFARB, Avi. *Máquinas Preditivas*. Rio de Janeiro: Alta Books, 2018. Edição do Kindle. p. 65; 198-199.
5. Segundo o renomado professor de Direito e IA, Fabiano Hartmann Peixoto: "Um algoritmo pode ser definido, de modo simplificado, como um conjunto de regras que define precisamente uma sequência de operações, para várias finalidades, tais como modelos de previsão, classificação, especializações" (HARTMANN PEIXOTO, Fabiano; SILVA, Roberta Zumblick Martins da. Inteligência artificial e direito. Curitiba: Alteridade Editora, 2019, p. 71.)

Quadro 1: Alguns termos importantes para estudo da IA.

Termo	Conceito
Inteligência artificial forte (geral) e fraca (específica)	A inteligência artificial geral, ou IA forte, será aquela que consegue emular o cérebro humano, ou seja, fazer a máquina pensar e agir com a mesma capacidade de uma pessoa. A inteligência específica ou estreita – IA fraca – é o que conhecemos hoje como inteligência artificial, um sistema que, ainda que já sofisticado, realiza apenas tarefas específicas para as quais foi programado[6].
Machine learning (Aprendizado de máquina)	É um processo de tratamento estatístico e computacional de dados para encontrar padrões de relacionamento que podem levar um sistema a "aprender" sobre assuntos determinados[7].
Deep learning (Aprendizado profundo)	"A tecnologia deep learning é uma subárea do machine learning. Esse tipo de sistema permite o processamento de enormes quantidades de dados para encontrar relacionamentos e padrões que os seres humanos são muitas vezes incapazes de detectar. A palavra "deep" (em português, "profundo") refere-se ao número de camadas ocultas na rede neural, as quais fornecem grande parte do poder de aprendizagem".
Automação robótica de processos (RPA – Robotic Process Automation) e "bots"	"É uma forma de tecnologia de automação de processos de negócios baseada em robôs de software (bots) metafóricos ou em inteligência digital/ trabalhadores digitais. Às vezes é chamado de robótica de software"[8].
Processamento natural de linguagem (NLP – Natural language processing)	"É um subcampo de linguística, informática e inteligência artificial preocupado com as interações entre computadores e a linguagem humana, em particular como programar computadores para processar e analisar grandes quantidades de dados da linguagem natural"[9].
Visão Computacional	"É um campo científico interdisciplinar que trata de como os computadores podem obter um entendimento de alto nível a partir de imagens ou vídeos digitais. Da perspectiva da engenharia, procura entender e automatizar tarefas que o sistema visual humano pode fazer"[10].
Reconhecimento facial	"É uma tecnologia capaz de identificar ou verificar uma pessoa a partir de uma imagem digital ou de um *frame* de vídeo a partir de uma fonte de vídeo. [...] Também é descrito como uma aplicação baseada em Inteligência Artificial Biométrica que pode identificar uma pessoa de forma única, analisando padrões baseados nas texturas e forma facial da pessoa"[11].
Robô	É uma máquina "capaz de executar ações, perceber seu ambiente e alcançar algum nível de inteligência". "Existem duas maneiras principais de operar um robô: o telerrobô (controlado por um humano) e o robô autônomo (baseado em sistemas de IA)"[12].

6. Nick Bostrom dá a IA forte o nome de superinteligência e analisa em seu livro todas as implicações dessa perspectiva de evolução. (BOSTROM, Nick. *Superinteligência*: Caminhos, perigos, estratégias. Rio de Janeiro: Darkside Books, 2018. Edição do Kindle).
7. Conceito livremente criado a partir de TAULLI, Tom. *Introdução à Inteligência Artificial*. São Paulo: Novatec Editora. 2019. Edição do Kindle.
8. Texto da Wikipédia, disponível no original em inglês em: https://en.wikipedia.org/wiki/Robotic_process_automation. Acesso em: 7 set. 2020.
9. Texto da Wikipédia, disponível no original em inglês em: https://en.wikipedia.org/wiki/Natural_language_processing. Acesso em: 7 set. 2020.
10. Texto da Wikipédia, disponível no original em inglês em: https://en.wikipedia.org/wiki/Computer_vision. Acesso em: 7 set. 2020.
11. Texto da Wikipédia, disponível no original em inglês em: https://en.wikipedia.org/wiki/Facial_recognition_system. Acesso em: 7 set. 2020.
12. Conceito descrito em TAULLI, Tom. *Introdução à Inteligência Artificial*. São Paulo: Novatec Editora. 2019. Edição do Kindle.

Essa descrição é só uma síntese, mas já demonstra um pouco do universo de conceitos necessários para entender a IA, ou seja, para começar a entender esses sistemas que hoje, como dito, já fazem parte do cotidiano das pessoas.

Interessante observar, por fim, que a noção de IA é fluida e não se contém nem mesmo nas brilhantes definições antes transcritas; nesse sentido Stone *et al*, em estudo de 2016, explicam que:

> ...o campo da IA é um esforço contínuo para impulsionar a fronteira da inteligência de máquina. Ironicamente, a IA sofre o destino perene de perder a reivindicação de suas conquistas, que eventualmente e inevitavelmente são puxadas para dentro da fronteira, um padrão de repetição conhecido como o "efeito IA" ou o "*odd paradox*" – AI cria uma nova tecnologia, as pessoas se acostumam com esta tecnologia, ela deixa de ser considerada IA, e surge uma tecnologia mais nova. O mesmo padrão continuará no futuro. A IA não "entrega" um produto que muda a vida do nada como um parafuso. Ao contrário, as tecnologias de IA continuam a melhorar de forma contínua e incremental[13].

Evoluindo a cada dia, a inteligência artificial já é usada para analisar como uma pessoa se comportará em um novo emprego; se comprará ou não um produto – e qual a melhor forma de fazê-la comprar; se votará em determinado candidato político – e como convencê-la a mudar de voto, se esse for o objetivo; se a pessoa pagará uma dívida; com que velocidade aprende; e até se praticará fraudes ou crimes.

Atualmente, também se busca usar o *deep learning* para analisar estados emocionais por meio de interpretação de imagens geradas por reconhecimento facial, por exemplo, e está cada vez mais próximo de ser possível investigar e prever como as reações cerebrais/neurológicas acontecem nas pessoas[14].

Em cada uma dessas situações, podem existir vieses – distorções – naturais do aprendizado de máquina a partir de dados que refletem a imperfeição humana, assim como erros eventuais ou mesmo algoritmos feitos para explorar fraquezas ou selecionar entre grupos de pessoas de forma discriminatória.

O uso de reconhecimento facial pode levar a identificação incorreta de suspeitos de crime. A utilização de dados já existentes sobre trabalhadores pode levar um sistema a concluir que as mulheres são menos eficientes que os homens ou merecem receber menos. A indicação de comida por algoritmos programados por empresas com interesse em vendas de seus produtos pode induzir as pessoas ao consumo exagerado ou não saudável de alimentos. E até a análise da forma de aprendizado de um estudante poderia incluí-lo em uma categoria de aprendizado lento ou de resultados inferiores.

Tudo isso já acontecia antes: prisões arbitrárias e discriminação de gênero infelizmente não são novidade. Porém, com o uso cada vez maior de sistemas baseados em

13. STONE, Peter, *et al. Artificial Intelligence and life in 2030*: report of the 2015-2016, Stanford University, 2016. Disponível em: https://ai100.stanford.edu/sites/g/files/sbiybj9861/f/ai100report10032016fnl_singles.pdf. Acesso em: 05 set. 2020.
14. YUSTE, Rafael; GOERING, Sara; ARCAS, Blaise; BI, Guoqiang; CARMENA, Jose; CARTER, Adrian; FINS, Joseph; FRIESEN, Phoebe; GALLANT, Jack; HUGGINS, Jane; ILLES, Judy; KELLMEYER, Philipp; KLEIN, Eran; MARBLESTONE, Adam; MITCHELL, Christine; PARENS, Erik; PHAM, Michelle; RAMOS, Khara; ROMMELFANGER, Karen; WOLPAW, Jonathan. Four ethical priorities for neurotechnologies and AI. *Nature*, n. 551, p. 159-163, 2017. DOI: 10.1038/551159a.

inteligência artificial, a correção e até mesmo a percepção desses problemas se tornam muito mais difíceis.

Daí surgem os dilemas éticos relacionados à aplicação da inteligência artificial.

Em termos gerais, Virginia Eubanks oferece um quadro que piora a partir da ampliação do uso da IA. Em seu já clássico livro, ela diz que:

> [...] Complexos bancos de dados integrados coletam suas informações mais pessoais, com poucas garantias de privacidade ou segurança de dados, ao mesmo tempo em que não oferecem quase nada em troca. Modelos e algoritmos preditivos os rotulam como investimentos arriscados e pais problemáticos. Vastos complexos de serviço social, aplicação da lei e vigilância de vizinhança tornam cada movimento visível e oferecem seu comportamento para o governo, o comércio e o escrutínio público[15].

Nem sempre os resultados são tão graves e com alcance tão amplo, mas são igualmente pertinentes para quem analisa a ética da inteligência artificial aplicada. No artigo *The Scored Society: Due Process for Automated Predictions*, de 2014, o tema analisado foi o risco dos rankings de crédito feitos com uso da IA. Sobre esse assunto, o estudo contrapõe as decisões automatizadas ao direito dos consumidores para dizer em alguns pontos do texto que:

> Os defensores dos sistemas de pontuação insistem que podemos confiar nos algoritmos para ajustar-se para maior precisão. No caso da pontuação de crédito, os credores combinam as tradicionais pontuações de crédito de três dígitos com "análise de crédito", que rastreia as transações dos consumidores. Suponha que os sistemas de análise de crédito prevejam que os esforços para economizar dinheiro se correlacionam com a dificuldade financeira. A compra de produtos genéricos em vez de produtos de marca poderia então resultar em um aumento nas taxas de juros.
>
> [...] Fornecer supervisão sobre sistemas de pontuação que podem causar espirais negativas deve ser um objetivo crítico de nosso sistema jurídico. Os sistemas de pontuação têm um poderoso atrativo - sua simplicidade dá a ilusão de precisão e confiabilidade. Mas os algoritmos preditivos podem ser tudo menos precisos e justos. Eles podem reduzir as oportunidades de vida das pessoas de forma arbitrária e discriminatória.
>
> Como sociedade, assumimos compromissos para proteger os consumidores de danos sérios que eles não têm meios de evitar. Aspiramos também a fornecer aos indivíduos um aviso sobre decisões importantes tomadas a seu respeito e uma chance de desafiá-los. Estes compromissos podem nos ajudar a desenvolver um modelo de processo adequado para os sistemas de pontuação[16].

Esta questão do consumo e do crédito ainda é pouco discutida, mas diversos exemplos de discriminação algorítmica são abordados em artigos brasileiros e estrangeiros que tratam de resultados discriminatórios quanto ao gênero e raça, por exemplo. Em recente artigo[17], o grupo OpenAI, responsável por uma das mais aclamadas – e discutidas – evoluções da inteligência artificial na contemporaneidade, o GPT-3, incluiu em seu principal artigo alguns exemplos de discriminação contida em modelos de linguagem

15. EUBANKS, Virginia. *Automating Inequality*: How high-tech tools profile, police, and punish the poor. Nova York: St. Martin's Publishing Group, 2018. Edição do Kindle.
16. CITRON, Danielle Keats; PASQUALE, Frank. The Scored Society: Due Process for Automated Predictions. *Washington Law Review*, v. 89, p. 1-, 2014, *U. of Maryland Legal Studies Research Paper No. 2014-8*. Disponível em: https://ssrn.com/abstract=2376209.
17. BROWN, T. B.; MANN, B.; RYDER, N.; SUBBIAH, M.; KAPLAN, J.; DHARIWAL, P., ... & AGARWAL, S. *Language models are few-shot learners*. 2020. Disponível em: https://arxiv.org/abs/2005.14165, acesso 5 de outubro de 2020.

(algoritmos de processamento de linguagem natural) e manifestou sua preocupação com a existência de uma métrica para apurar o quanto determinada aplicação de IA está ou não livre de vieses discriminatórios. O OpenAI afirmou:

> Apresentamos esta análise preliminar para compartilhar alguns dos vieses que encontramos a fim de motivar mais pesquisas e destacar as dificuldades inerentes à caracterização de vieses em modelos generativos de larga escala; esperamos que esta seja uma área de pesquisa contínua para nós e estamos entusiasmados em discutir diferentes abordagens metodológicas com a comunidade. [...]
>
> Em última análise, é importante não apenas caracterizar os enviesamentos nos sistemas linguísticos, mas também intervir. A literatura sobre isto também é extensa, portanto, oferecemos apenas alguns breves comentários sobre futuras direções específicas para modelos de linguagem de grande porte. A fim de preparar o caminho para a prevenção efetiva de vieses em modelos de uso geral, há a necessidade de construir um vocabulário comum, unindo os desafios normativos, técnicos e empíricos da mitigação de vieses para estes modelos. Há espaço para mais pesquisas que envolvam a literatura fora da PNL, articulem melhor as declarações normativas sobre os danos e se envolvam com a experiência vivida pelas comunidades afetadas pelos sistemas de PNL. Assim, o trabalho de mitigação não deve ser abordado puramente com o objetivo de "remover" o preconceito, uma vez que isso se mostrou ter pontos cegos, mas de forma holística.

A análise holística, sugerida pela equipe da OpenAI, certamente é relevante; será muito importante o trabalho de equipes multidisciplinares e a construção de um "vocabulário comum". Porém, a solução para o problema estaria concentrada no trabalho dessas equipes, ligadas aos próprios produtores de *softwares*. Talvez essa fosse uma boa solução se houvesse uma expectativa real da criação de mecanismos de comando e controle – lei e fiscalização – efetivos e mundiais, que pudessem de fato convencer os criadores de algoritmos que é indispensável dotar suas criações de mecanismos de mitigação de vieses.

Acontece que, muito provavelmente, a grande maioria dos problemas criados por algoritmos opressores só é constada depois que os sistemas são usados e, sendo assim, quando já causaram resultados negativos. Além disso, como há um nível de processamento que hoje está além da capacidade humana – o chamado *black box* – pode ser muito difícil ou mesmo impossível prever e corrigir desvios nos julgamentos por meio de leis rígidas ou do trabalho de equipes técnicas determinadas a cumprir essas leis.

A "caixa preta" da IA foi bem descrita por Frank Pasquale em seu livro, The Blackbox Society[18], nos seguintes termos:

> O termo "caixa preta" [Black Box] é uma metáfora útil para fazer isso, dado seu próprio significado duplo. Ela pode se referir a um dispositivo de gravação, como os sistemas de monitoramento de dados em aviões, trens e carros. Ou pode significar um sistema cujo funcionamento é misterioso; podemos observar suas entradas e saídas, mas não podemos dizer como um se torna o outro.

Essa situação obscura provoca o que Olsen *et al*[19] denominam "temores" em relação ao uso da IA, por exemplo, pela Administração Pública, que podem ser assim descritos:

---

18. PASQUALE, Frank. *The black box society*: the secret algorithms that control money and information. Cambridge: Harvard University Press, 2015.
19. OLSEN, Henrik Palmer; SLOSSER, Jacob Livingston; HILDEBRANDT, Thomas Troels; WIESENER, Cornelius. What's in the Box? The Legal Requirement of Explainability in Computationally Aided Decision-Making in Public Administration (June 12, 2019). *iCourts Working Paper Series No. 162*, 2019, *University of Copenhagen Faculty of Law Research Paper No. 2019-84*. Disponível em: https://ssrn.com/abstract=3402974.

> A IA na administração pública também levanta uma série de preocupações: parcialidade no processo decisório, falta de transparência, eliminação da discrição humana, entre outros. Muitas vezes, essas preocupações são elevadas a um nível que obscurece os recursos legais existentes para frear esses medos, e atrasa indevidamente a implementação de sistemas eficientes. Os temores levantados pelo uso administrativo dos sistemas de IA são três. Primeiro, é a perda de controle sobre os sistemas e, portanto, uma clara ligação com a responsabilidade quando as decisões são tomadas. Em um sistema discricionário, alguém deve ser responsabilizado por essas decisões e ser capaz de dar razões para elas. Há um medo legítimo de que em um sistema de caixa preta usada para produzir uma decisão, mesmo quando usada em coordenação com uma contraparte humana ou supervisão, crie um sistema que carece de responsabilidade. [...] O segundo medo dos sistemas de tomada de decisão algorítmica (SDA) é uma perda da dignidade humana. Se os processos legais forem substituídos por algoritmos, há um medo de que os humanos sejam reduzidos a meras "engrenagens na máquina". Em vez de estar em uma relação com outros humanos à qual você pode explicar sua situação, você será reduzido a uma representação digital de uma soma de dados. Como as máquinas não podem reproduzir todo o contexto do mundo humano e social, mas apenas representar dados limitados específicos sobre um humano (por exemplo, idade, estado civil, residência, renda etc.), a máquina não pode compreender a situação. A remoção desta capacidade de compreender e de se comunicar livremente com outro humano pode facilmente levar à alienação e a uma perda da dignidade humana. Finalmente, existe o medo bem documentado de que dados 'ruins' sejam usados para tomar decisões falsas e discriminatórias. [...]

Diante desse temor, os autores em foco não sugerem o abandono de estudos jurídicos ou mesmo de pesquisa sobre novas medidas legais; porém, reconhecem que há um contexto diferente, um novo desafio para o direito, que seria o de criar uma base legal para superar o medo de "*...não saber quais parâmetros foram ponderados...*" e a necessidade de testar "*...qualquer tipo de parcialidade*". Dessa forma, a intervenção jurídica seria o ponto de partida para criar mais segurança no uso da IA, pois as regras imporiam mais transparência e determinariam o resultado desejável, sem, contudo, pretender solucionar o problema através de simples coerção direta.

Os autores sugerem ainda uma saída, o "teste administrativo de Turing", que não será abordado neste artigo. Nesse *paper* o foco é a necessidade de transparência e a discussão sobre como as regras podem tornar efetiva a transparência algorítmica, além, é claro, de permitir que as pessoas tirem vantagem de um ambiente transparente e possam exigir conformidade quando detectarem desvios que gerem decisões parciais.

A transparência também é destacada como essencial na brilhante tese de doutorado do Prof. Caio Augusto Lara[20] sobre os algoritmos opressores, onde está escrito que:

> Para evitar a subjugação do homem pela máquina, é preciso que os algoritmos se tornem públicos e acessíveis a todos os cidadãos, principalmente aqueles referentes às programações estatais. [...] Uma sociedade infodemocrática necessariamente deve começar a partir de um primado: os códigos abertos, também denominados *open codes,* devem ser a regra e não a exceção. Isso porque o acesso disponível para todos encampa a possibilidade de controle social, ao mesmo tempo que não restringe as possibilidades de apreensão do conhecimento tecnológico ao aprisioná-lo em grandes bancos de dados privados.

20. LARA, Caio Augusto Souza. *O acesso tecnológico à justiça: por um uso contra-hegemônico do* big data *e dos algoritmos*. 2019. 191f. Tese (Doutorado em Direito). Faculdade de Direito. Universidade Federal de Minas Gerais, Belo Horizonte, 2019. p. 142 e 150.

Reduzir a opacidade, enfim, é essencial, mas para usar essa nova gama de informação as pessoas precisam conhecer o panorama geral da IA e saber como isso interfere em suas vidas.

É nesse sentido que, provavelmente, a melhor forma de tentar evitar os efeitos graves de vieses algorítmicos é fomentar a aprendizagem sobre o uso da internet e o manuseio dos aplicativos que tratam dados pessoais para julgar e analisar as pessoas. Conscientes de que os dados serão usados por sistemas de IA e prontas a reagir contra algum eventual enviesamento, milhões ou bilhões de pessoas podem criar uma rede de defesa e monitoramento efetiva. Dessa forma, a transparência imposta por regras jurídicas será efetiva e não apenas formal.

Enfim, diante desse contexto novo, este artigo propõe uma solução antiga: a educação. Educação que pode criar um conjunto de normas sociais bem internalizadas com as quais as pessoas possam, de certa forma, se defender dos problemas que podem ser gerados pelo uso de seus dados e pelas decisões algorítmicas.

3. A NOVA ESCOLA DE CHICAGO E AS MODALIDADES DE REGULAÇÃO

Lawrence Lessig, hoje professor em Harvard, sugeriu em 1988 o termo "Nova Escola de Chicago" para explicar a evolução da abordagem jurídica da famosa escola americana. Ele explicou que a análise das múltiplas regulações era feita na Velha Escola de Chicago com o objetivo de diminuir a importância da lei, tratando-a como uma regulação menos efetiva. Nesse sentido, os vários departamentos da universidade, cada um à sua maneira, demonstravam a ineficiência das leis e apresentavam outras formas de regulação como opção.

Em nosso artigo, explicamos que os textos clássicos sobre a eficiência do mercado, elaborado por diversos autores, dentre os quais o próprio Richard Posner, são boas amostras desta proposta de substituição das restrições – ou regulações – legais por outros instrumentos, em especial pelas regras de mercado. Foi citado também que "*...os trabalhos de Robert Ellickson expõem a importância das normas sociais – costumes, hábitos, práticas comerciais etc. – em detrimento das leis...*" e que Erving Goffman, por exemplo, "*...trata das restrições impostas às condutas pelos espaços criados pelo homem...*" independentemente das leis.

Entretanto, já no final da década de 1990 a escola caminhava para um novo rumo, que foi descrito em nosso artigo da seguinte forma:

> A Nova Escola de Chicago não abandona estas bases, ao contrário, mercado, arquitetura, normas sociais e a lei são as coações ou modalidades de regulação do comportamento que embasam o pensamento da nova escola. [...]
>
> Ao expor seu modelo, o autor revela que a abordagem da nova escola, além de reconhecer e estudar as modalidades de regulação estuda a influência da lei nas outras três modalidades. Aí surge uma diferença entre a Velha e a Nova Escola. Enquanto a antiga tradição buscava substituir a lei, a Nova Escola de Chicago rompe este paradigma e valoriza a influência da lei. Tanto de forma direta, ou seja, diretamente sobre o comportamento do agente, quanto de forma indireta, modificando as demais coações (figura 2), a lei é determinante para o controle do comportamento dos indivíduos. Mesmo atuando indiretamente, a lei recupera sua posição de grande relevância, como instrumento para constituir e modificar os mercados, para afetar a relação dos indivíduos com determinadas arquiteturas ou mesmo para facilitar ou impedir o surgimento, a proliferação e a aplicação de determinadas normas sociais.

Diante dessas circunstâncias, a lei, segundo Lessig, "usa ou coopta" os poderes regulatórios das demais modalidades para atingir seus próprios fins (p. 667). Isso permite que normas sociais fortes ou mesmo arquiteturas bem desenhadas – físicas ou de *software* – possam ser aplicadas para resolver problemas que a Lei, por si só, não resolve.

Talvez a transformação na universidade não tenha prosperado; quem sabe até, por esse motivo, o referido professor esteja hoje em outra grande instituição. Mas a força da proposta de atuação indireta das leis sobre a modalidade de regulações é hoje evidente, especialmente em muitos novos estudos sobre a relação entre direito e tecnologia.

Essa proposta pode ser ilustrada a partir do caso da regulação da IA, aqui debatido.

Sem dispensar a aplicação direta das normas legais para impor responsabilidade civil e moldar contrato, por exemplo, o ordenamento jurídico pode ser usado para criar normas de mercado, normas sociais ou arquiteturas para a produção e o uso dos sistemas de Inteligência Artificial.

Normas de mercado podem ser impostas por meio de tributação internacional que torne mais barata a oferta de IA com mecanismos de proteção contra vieses e pode impor a utilização de selos de qualidade, tema já discutido e sugerido por diversos profissionais e estudiosos da área.

A arquitetura também é importante, nesse sentido é relevante citar o trabalho de Cyntia Dwork e de Moritz Hardt[21], que propõe a criação de sistemas com codificação preparada para identificar e até mitigar efeitos dos possíveis vieses algorítmicos.

A mudança na arquitetura dos softwares pode ser importante até mesmo em virtude do contexto gerado pelo volume de decisões algorítmicas. Nesse sentido, Michael Kearns e Aaron Roth, em obra recente[22] explicam:

> ...as abordagens puramente legais e regulamentares têm um grande problema: elas não escalam. Qualquer sistema que depende única ou principalmente da atenção e supervisão humana, não pode possivelmente acompanhar o volume e a velocidade da tomada de decisões algorítmicas. O resultado é que as abordagens que dependem apenas da supervisão humana ou implicam em grande parte em desistir da tomada de decisões algorítmicas ou serão necessariamente superadas pela escala do problema e, portanto, serão insuficientes. Assim, embora leis e regulamentos sejam importantes, argumentamos neste livro que a solução para os problemas introduzidos pela tomada de decisão algorítmica deveria ser, em grande parte, algorítmica.

21. DWORK, Cynthia; HARDT, Moritz; PITASSI, Toniann; REINGOLD, Omer; ZEMEL, Richard. "Fairness through awareness." *In: Proceedings of the 3rd Innovations in Theoretical Computer Science Conference*, pp. 214-226. 2012. Com abordagem também voltada para a arquitetura dos softwares, ver também: HARDT, Moritz; PRICE, Eric; SREBRO, Nati. Equality of opportunity in supervised learning. *In: Advances in Neural Information Processing Systems*, pp. 3315-3323, 2016. ZEMEL, Rich; WU, Yu; SWERSKY, Kevin; PITASSI, Toni; DWORK, Cynthia. Learning fair representations. *International Conference on Machine Learning*, pp. 325-333. 2013. ZAFAR, Muhammad Bilal; VALERA, Isabel; GOMEZ RODRIGUEZ, Manuel; GUMMADI, Krishna P. Fairness constraints: Mechanisms for fair classification. *Artificial Intelligence and Statistics*, pp. 962-970. PMLR, 2017.
22. KEARNS, Michael; ROTH, Aaron. *The Ethical Algorithm*: The Science of Socially Aware Algorithmic Design. Oxford: Oxford University Press. 2020. Edição do Kindle. p. 192.

Diante desse contexto, os Autores destacam que a participação humana na regulação da IA deve se concentrar em analisar o *trade-off* entre, por exemplo, precisão (acurácia) dos algoritmos e equidade dos mesmos, ou seja, em decidir o quanto de precisão matemática as pessoas estão dispostas a sacrificar para ter decisões automatizadas mais justas. Ao expor essa situação reconhecem de certa forma que a abordagem baseada na arquitetura do software também é limitada.

Por fim, as normas sociais nos parecem o campo relacional entre Direito e IA mais inexplorado. Apesar de todos os autores mencionados pressuporem que a sociedade poderá monitorar algorítmicos se eles forem transparentes e auditáveis, isso parece ainda distante da realidade social. Noutras palavras, as pessoas em geral não sabem e sequer têm curiosidade sobre como as decisões são tomadas por sistemas de IA e como esses sistemas estão onipresentes.

Ao contrário, é possível supor que decisões rápidas, redes sociais bem desenhadas e resultados que parecem ser matematicamente explicáveis seduzem a sociedade e criam uma aura de validade e legitimidade para as aplicações de inteligência artificial. Sendo assim, as normas sociais que podem emergir da sociedade atual seriam "DEIXAR OS ALGORITMOS DECIDIREM, pois eles são eficientes e imparciais" ou "NÃO PERDER TEMPO TENTANDO EXPLICAR A DECISÃO DA IA, pois os sistemas são complexos e precisamos apenas desfrutar de seus resultados".

Daí a importância de um processo que crie normas sociais novas, a partir, por exemplo, da educação obrigatória para crianças e jovens nas escolas ou do incentivo aos projetos que façam essa educação para tecnologia em paralelo ao ensino formal.

4. EDUCAÇÃO PARA A TECNOLOGIA COMO PROPOSTA DE REGULAÇÃO DA INTELIGÊNCIA ARTIFICIAL

Certamente, no curto prazo, são necessárias normas legais para tratar da Inteligência Artificial, tanto de seus efeitos quanto da criação de um ecossistema que permita ao Brasil desenvolver-se nesse setor. Contudo, como exposto acima, a criação de normas sociais por meio de educação pode ser iniciada já de imediato, mesmo que seus resultados surjam apenas no médio e longo prazo.

Normas legais podem complementar as regras já existentes para os sistemas de ensino e impor a educação para a tecnologia ou mesmo incentiva-la. Esta sugestão, aliás, está alinhada com dois projetos de lei recentes –o PL 5.051/2019, do Senado Federal e o PL 21/2020, da Câmara de Deputados – que buscam fomentar a educação para usa da IA. O primeiro projeto, do Senado, traz uma referência simples à "*promoção da educação para o desenvolvimento mental, emocional e econômico harmônico com a Inteligência Artificial*", o segundo, de forma mais detalhada, prevê:

> Art. 14. O cumprimento do dever constitucional do Estado na prestação de serviços públicos de manutenção e desenvolvimento do ensino, em todos os níveis, inclui a capacitação, integrada a outras práticas educacionais, para o uso confiável e responsável dos sistemas de inteligência artificial como ferramenta para o exercício da cidadania, o avanço científico e o desenvolvimento tecnológico.

Sobre a educação digital já implementada em outros países vale citar interessante estudo de 2017, no qual Eucidio Pimenta Arruda[23] tratou do tema a partir de estudos da OCDE e concluiu que:

> Há inúmeros modelos educacionais e discussões acerca do papel das TD [*Tecnologias Digitais*] na Educação Básica. Uma das questões que mais têm sido objeto de análise nos países da OCDE relaciona-se à perspectiva de levar a formação tecnológica para uso e apropriação de tecnologias (TIC) ou formação técnica (utilização de softwares – CBI) a uma dimensão na qual os alunos se tornem protagonistas dos processos de produção tecnológica, a partir da programação e desenvolvimento de TD.

Sobre essa última dimensão do ensino das Tecnologias Digitais o autor expôs no início do texto que a mesma pode ser definida da seguinte forma:

> Formação para o pensamento computacional (FPC): esse é o eixo mais discutido no âmbito dos países europeus (a maioria pertencente à OCDE). Relativamente nova (implementada ou em processo de implementação nos últimos cinco anos), refere-se a uma formação que problematiza o pensamento algorítmico, a programação e o desenvolvimento de softwares e a lógica computacional. Trata-se de pensar não apenas do ponto de vista do usuário que se apropria das tecnologias, mas do de quem as planeja, desenha, desenvolve e apresenta à sociedade. A metodologia mais comum baseia-se no trabalho com projetos, nos quais os alunos têm de refletir sobre problemas do cotidiano, encontrar uma solução baseada em software, planejá-lo, desenhá-lo, desenvolvê-lo e apresentá-lo à sociedade para avaliação. Nesse eixo, observamos certo protagonismo do estudante, na medida em que ele é mais do que usuário de tecnologias; é também um sujeito que as produz de maneira analítica.

Esse modelo de ensino pode abranger a análise crítica da IA e ir além da exposição de conceitos, mais corriqueira nas políticas educacionais voltadas para apropriação de tecnologias ou utilização de *softwares*. A proposta de formação para o pensamento computacional seria, então, ideal, pois na condição de protagonistas os estudantes podem não apenas entender mais os vieses, mas colaborar efetivamente para soluciona-los no futuro.

É certo, porém, que tal forma de ensinar demanda recursos tecnológicos e docentes que nem sempre estão à disposição das escolas e, por isso, não deve ser dispensado o ensino conceitual, que poderia ser realizado por meio de parcerias já previstas na LDB desde a reforma do ensino médio.

Especificamente em relação a IA, por todos os argumentos acima descritos, torna-se importante e urgente uma formação, ainda que básica.

- Esta educação poderia ter foco em três dimensões:
- Entender o que é um algoritmo e identificar os sistemas de IA;
- Empoderar-se de seus direitos;

Engajar-se no monitoramento e na exigência de mudanças, quando necessário.

Esse modelo 'ENTENDER, EMPODERAR e ENGAJAR' pode gerar normas sociais fortes e até mesmo reduzir custos futuros de fiscalização de vieses algorítmicos.

23. ARRUDA, Eucidio. Implementação das tecnologias digitais nos currículos das escolas de Educação Básica dos países membros da OCDE. *In:* SIQUEIRA, Ivan Claudio Pereira (Org.). *Subsídios à elaboração da BNCC*: estudos sobre temas estratégicos da parceria CNE e Unesco. São Paulo: Moderna, 2018. Disponível em: https://fundacaosantillana.org.br/wp-ccontent/uploads/2019/12/ 10_SubsidiosBNCC.pdf. Acesso em: 11 maio 2020.

5. CONSIDERAÇÕES FINAIS

O problema dos vieses algorítmicos é atual e relevante; por isso é necessária uma solução contundente e eficaz. O Direito pode contribuir com isso, talvez não da forma tradicional, mas de maneira indireta, fortalecendo outros tipos de regulação desse fenômeno.

As modalidades de regulação, seja pela aplicação de técnicas e tecnologia ou por meio de reforço de regras de mercado ou sociais, podem ser reforçadas pelo direito. Nesse sentido, regras inteligentes podem abandonar uma visão ultrapassada de coerção direta dos indivíduos e buscar associar-se a mecanismos coercitivos que podem derivar da economia, da das relações sociais e da própria tecnologia.

Neste artigo defende-se esse uso indireto da Lei para fortalecer normas sociais que podem ser criadas, no médio e no longo prazo, por meio da educação.

Enfim, educar as pessoas para ENTENDER, EMPODERAR e ENGAJAR pode ser um caminho para reduzir no futuro a opressão algorítmica e os vieses que se expressam em decisões automatizadas por meio de sistemas de inteligência artificial.

6. REFERÊNCIAS

AGRAWAL, Ajay; GANS, Joshua; GOLDFARB, Avi. *Máquinas Preditivas*. Rio de Janeiro: Alta Books, 2018. Edição do Kindle.

ARRUDA, Eucidio. Implementação das tecnologias digitais nos currículos das escolas de Educação Básica dos países membros da OCDE. *In:* SIQUEIRA, Ivan Claudio Pereira (Org.). *Subsídios à elaboração da BNCC*: estudos sobre temas estratégicos da parceria CNE e Unesco. São Paulo: Moderna, 2018. Disponível em: https://fundacaosantillana.org.br/wp-ccontent/uploads/2019/12/ 10_SubsidiosBNCC.pdf. Acesso em: 11 maio 2020.

BENGIO, Yoshua. *Voices in A.I.*, V. 1: Conversations with Leading Thinkers in Artificial Intelligence. Gigaom. 2018. Edição do Kindle.

BOSTROM, Nick. *Superinteligência*: Caminhos, perigos, estratégias. Rio de Janeiro: Darkside Books, 2018. Edição do Kindle

BRASIL. Câmara dos Deputados. *Projeto de Lei 21, de 4 de fevereiro de 2020*. Estabelece princípios, direitos e deveres para o uso de inteligência artificial no Brasil, e dá outras providências. Disponível em https://www.camara.leg.br/propostas-legislativas/2236340, acesso em 3 de outubro de 2020.

BRASIL. Senado Federal. *Projeto de Lei 5051, de 16 de setembro de 2019*. Estabelece os princípios para o uso da Inteligência Artificial no Brasil. Disponível em https://www25.senado.leg.br/web/atividade/materias/-/materia/138790, acesso em 3 de outubro de 2020.

BROWN, T. B.; MANN, B.; RYDER, N.; SUBBIAH, M.; KAPLAN, J.; DHARIWAL, P., ... & AGARWAL, S. *Language models are few-shot learners*. 2020. Disponível em: https://arxiv.org/abs/2005.14165, acesso 5 de outubro de 2020.

CITRON, Danielle Keats; PASQUALE, Frank. The Scored Society: Due Process for Automated Predictions. *Washington Law Review*, v. 89, p. 1-, 2014, *U. of Maryland Legal Studies Research Paper No. 2014-8*. Disponível em: https://ssrn.com/abstract=2376209

COLABORADORES DO WIKIPEDIA. "Computer vision", Wikipedia, The Free Encyclopedia. Disponível no original em inglês em: https://en.wikipedia.org/wiki/Computer_vision. Acesso em: 7 set. 2020.

COLABORADORES DO WIKIPEDIA. "Facial recognition system", Wikipedia, The Free Encyclopedia. Disponível no original em inglês em: https://en.wikipedia.org/wiki/Facial_recognition_system. Acesso em: 7 set. 2020.

COLABORADORES DO WIKIPEDIA. "Natural language processing", Wikipedia, The Free Encyclopedia. Disponível no original em inglês em: https://en.wikipedia.org/wiki/Natural_language_processing. Acesso em: 7 set. 2020.

COLABORADORES DO WIKIPEDIA. "Robotic process automation", Wikipedia, The Free Encyclopedia. Disponível no original em inglês em: https://en.wikipedia.org/wiki/Robotic_process_automation. Acesso em: 7 set. 2020.

DWORK, Cynthia; HARDT, Moritz; PITASSI, Toniann; REINGOLD, Omer; ZEMEL, Richard. "Fairness through awareness." *In*: *Proceedings of the 3rd Innovations in Theoretical Computer Science Conference*, pp. 214-226. 2012.

EUBANKS, Virginia. *Automating Inequality*: How high-tech tools profile, police, and punish the poor. Nova York: St. Martin's Publishing Group, 2018. Edição do Kindle.

FLORES FILHO, Edgar Gastón Jacobs. *A nova escola de Chicago e as modalidades de regulação*: Tendências do Law and Economics e aplicações para o direito brasileiro. UC Berkeley: Berkeley Program in Law and Economics. Disponível em: https://escholarship.org/uc/item/1fm5r7xh. Acesso em: 25 set. 2020.

HARDT, Moritz; PRICE, Eric; SREBRO, Nati. Equality of opportunity in supervised learning. *In: Advances in Neural Information Processing Systems*, pp. 3315-3323, 2016.

HARTMANN PEIXOTO, Fabiano; SILVA, Roberta Zumblick Martins da. Inteligência artificial e direito. Curitiba: Alteridade Editora, 2019.

HIGH-LEVEL EXPERT GROUP ON ARTIFICIAL INTELLIGENCE. *A Definition of Artificial Intelligence*: Main Capabilities and Scientific Disciplines. 2019. Disponível em: https://ec.europa.eu/newsroom/dae/document.cfm?doc_id=56341. Acesso em: 06 set. 2020.

KEARNS, Michael; ROTH, Aaron. *The Ethical Algorithm*: The Science of Socially Aware Algorithmic Design. Oxford: Oxford University Press. 2020. Edição do Kindle

LARA, Caio Augusto Souza. *O acesso tecnológico à justiça: por um uso contra-hegemônico do* big data *e dos algoritmos*. 2019. 191f. Tese (Doutorado em Direito). Faculdade de Direito. Universidade Federal de Minas Gerais, Belo Horizonte, 2019.

LESSIG, Lawrence. The New Chicago School. *The Journal of Legal Studies*, v. 27, p. 661-691, 1998.

OLSEN, Henrik Palmer; SLOSSER, Jacob Livingston; HILDEBRANDT, Thomas Troels; WIESENER, Cornelius. What's in the Box? The Legal Requirement of Explainability in Computationally Aided Decision-Making in Public Administration (June 12, 2019). *iCourts Working Paper Series No. 162*, 2019, *University of Copenhagen Faculty of Law Research Paper No. 2019-84*. Disponível em: https://ssrn.com/abstract=3402974.

PASQUALE, Frank. *The black box society*: the secret algorithms that control money and information. Cambridge: Harvard University Press, 2015.

STONE, Peter, *et al*. *Artificial Intelligence and life in 2030*: report of the 2015-2016, Stanford University, 2016. Disponível em: https://ai100.stanford.edu/sites/g/files/sbiybj9861/f/ai100report10032016fnl_singles.pdf. Acesso em: 05 set. 2020.

TAULLI, Tom. *Introdução à Inteligência Artificial*. São Paulo: Novatec Editora. 2019. Edição do Kindle.

YUSTE, Rafael; GOERING, Sara; ARCAS, Blaise; BI, Guoqiang; CARMENA, Jose; CARTER, Adrian; FINS, Joseph; FRIESEN, Phoebe; GALLANT, Jack; HUGGINS, Jane; ILLES, Judy; KELLMEYER, Philipp; KLEIN, Eran; MARBLESTONE, Adam; MITCHELL, Christine; PARENS, Erik; PHAM,

Michelle; RAMOS, Khara; ROMMELFANGER, Karen; WOLPAW, Jonathan. Four ethical priorities for neurotechnologies and AI. *Nature*, n. 551, p. 159-163, 2017. DOI: 10.1038/551159a.

ZAFAR, Muhammad Bilal; VALERA, Isabel; GOMEZ RODRIGUEZ, Manuel; GUMMADI, Krishna P. Fairness constraints: Mechanisms for fair classification. *Artificial Intelligence and Statistics*, pp. 962-970. PMLR, 2017.

ZEMEL, Rich; WU, Yu; SWERSKY, Kevin; PITASSI, Toni; DWORK, Cynthia. Learning fair representations. *International Conference on Machine Learning*, pp. 325-333. 2013.

41
ADAPTIVE LEARNING E EDUCAÇÃO DIGITAL: O USO DA TECNOLOGIA NA CONSTRUÇÃO DO SABER E NA PROMOÇÃO DA CIDADANIA[1]

José Luiz de Moura Faleiros Júnior

Doutorando em Direito pela Universidade de São Paulo – USP. Mestre em Direito pela Universidade Federal de Uberlândia – UFU. Especialista em Direito Digital e *Compliance*. Membro do Instituto Avançado de Proteção de Dados – IAPD e do Instituto Brasileiro de Estudos de Responsabilidade Civil – IBERC. Advogado. Professor.

João Victor Rozatti Longhi

Defensor Público no Estado do Paraná. Professor substituto da Universidade Estadual do Oeste do Paraná (Unioeste) e visitante do PPGD da Universidade Estadual do Norte do Paraná – UENP. Pós-Doutor em Direito pela Universidade Estadual do Norte do Paraná – UENP. Doutor em Direito Público pela Faculdade de Direito da Universidade de São Paulo – USP/Largo de São Francisco. Mestre em Direito Civil pela Faculdade de Direito da Universidade do Estado do Rio de Janeiro – UERJ.

1. INTRODUÇÃO

As especificidades da educação são frequentemente analisadas a partir de abordagens pedagógicas que têm suas raízes na antropologia, sendo papel do pedagogo partir de uma compreensão do conceito de pedagogia, que vem sendo repensado em tempos recentes, para além do modelo clássico.

Na medida em que os cursos de modelo tradicional, em sala de aula, perdem espaço pela rapidez com que os fluxos informacionais ganham corpo e, com o ritmo incessante com que se vislumbram modificações paradigmáticas no tocante ao papel da educação para a superação de um modelo de base puramente econômica, decorrente do capitalismo e que permite dizer que não há igualdade entre a política e a educação, mas mera

1. Texto originalmente publicado na *Revista de Estudos Jurídicos da Universidade Estadual Paulista – UNESP*, Franca, ano 23, n. 37, p. 487-514, jan./jun. 2019. Disponível em: https://seer.franca.unesp.br/index.php/estudosjuridicosunesp/article/view/2754.

identidade, surgem novas perspectivas para o ensino, que desafiam o direito na busca por soluções inclusivas e capazes de promover visibilidade, reconhecimento e cidadania.

Para que se possa pensar e repensar a educação, não existem fórmulas mágicas ou receitas prontas, uma vez que a pedagogia do diálogo está centrada em um problema que vai no sentido contrário ao da pedagogia do conflito – aspectos analisados, dentre outros, por Moacir Gadotti. E, nesse sentido, para além das relações existentes entre educação e sociedade, educação e poder, a 'nova' pedagogia surge atrelada ao papel da educação como instrumento de fomento à cidadania inclusiva.

Nesse sentido, a relação professor-aluno – que tradicionalmente decorre de uma reformulação da pedagogia clássica, na qual as interações presenciais dão a tônica da transmissão do conhecimento – se torna ambiente propício para a difusão do saber por outros meios.

Nesse contexto, surgiu o ensino à distância (EaD), propulsionado pelas Tecnologias da Informação e Comunicação (TICs), marcos simbólicos da chamada sociedade da informação. Além disso, a presença da Internet e a evolução da capacidade computacional permitiram a eliminação de fronteiras geográficas e a oferta de cursos virtuais massivos – os *Massive Open Online Courses*, ou MOOCs – por instituições de renome, inclusive estrangeiras, a todo e qualquer estudante-internauta.

Entretanto, e é neste ponto que se situa o problema investigado nesta pesquisa, perde-se a interação entre o docente e o corpo discente, ponto fundamental para que se possa identificar as demandas de aprendizagem de cada estudante, alavancando a transformação social a partir da ação pedagógica e da prática social transformadora decorrente de um quadro de possibilidades concretas que permite situar o educador dentro de um contexto educacional específico e flexível, com possibilidades múltiplas, variadas e dependentes de fatores como tempo e lugar, não se submetendo a regras válidas para sempre e em todos os locais.

Hipotetiza-se que o implemento de determinados modais tecnológicos que são viáveis graças aos algoritmos de Inteligência Artificial e ao tratamento massivo de dados *(Big Data)* é capaz de suprir esta lacuna pedagógica, na medida em que a análise comportamental permitirá que um sistema computadorizado faça o mapeamento das necessidades de aprendizagem de determinado estudante pela análise de suas ações, inações e, de modo geral, de suas interações sistêmicas no que tange ao engajamento, à performance e à satisfação com a metodologia empregada no curso à distância. A partir disso, a ausência física do educador poderá ser suprida para que, com isso, se assegure a ampla difusão do conhecimento e se promova a cidadania – ainda que digitalmente. É o chamado *adaptive learning*.

A prática social transformadora denominada 'educação digital' é, portanto, o cerne desta investigação, que tem o objetivo geral de identificar o papel que a tecnologia poderá desempenhar na nova moldagem do ensino enquanto direito fundamental.

Do ponto de vista científico, a pesquisa utilizará o método de abordagem histórico-sociológico, com análise bibliográfico-doutrinária. Ao final, serão apresentadas as considerações finais, das quais se procurará extrair uma compreensão mais assertiva quanto à problemática explicitada.

2. PEDAGOGIA E PROMOÇÃO DA CIDADANIA

O desenvolvimento de faculdades físicas, intelectuais e morais é o papel primordial da educação, que se materializa a partir de recursos conjugados em prol da construção do saber e do desenvolvimento dos talentos e habilidades do indivíduo.

Segundo Émile Durkheim,

> [a] educação é a ação exercida, pelas gerações adultas, sobre as gerações que não se encontram ainda preparadas para a vida social; tem por objeto suscitar e desenvolver, na criança, certo número de estados físicos, intelectuais e morais, reclamados pela sociedade política, no seu conjunto, e pelo meio especial a que a criança, particularmente, se destina.[2]

Nesse sentido, etapas como o dogmatismo, o ceticismo e o criticismo marcaram a evolução histórica da construção do saber, em uma transição da exploração humana por aqueles que o detinham, em detrimento dos demais, especialmente até certo ponto da Idade Média, com a definição de um novo estamento – termo adequado para se reportar ao período, uma vez que a expressão 'classe social' somente se aplica após o surgimento do capitalismo – marcadamente desigual e identificado pelos feudos, pela escravização dos povos conquistados, pela imposição da fé e pela força da espada.[3]

O advento da Revolução Francesa modifica esse panorama, dando ensejo ao surgimento de um novo período de valorização da educação centrada no indivíduo, com inspiração nas obras de Jean-Jacques Rousseau, particularmente em '*Émile, ou l'Éducation*'[4] (1712), na qual o autor defende que a educação é a maneira de transformar o homem e, assim, transformar a sociedade. E, ao longo dos séculos XVIII e XIX, este pensamento foi lapidado, e o positivismo de Auguste Comte[5] (1896), por exemplo, inspirou uma visão filosófica que atribuía à educação significado amplo e contrário ao que o autor chamou de '*l'usurpation algébrique*', ou seja, a ruptura com o pensamento matemático, exato, fechado.

Avança-se no tempo e, enfim, o desenvolvimento da pedagogia toma corpo ao longo do século XX, com movimentos como a Escola Nova, de Adolphe Ferrière, que inspirou educadores como o português Faria de Vasconcelos, o inglês John Dewey e o brasileiro Lourenço Filho. Para esse movimento, "[a] criança, em vez de fazer algo por obrigação, devia desejar fazê-lo".[6]

Este pensamento ainda lastreou a formação de educadores como Paulo Freire, para quem era imperioso "[s]aber que ensinar não é transferir conhecimento, mas criar as possibilidades para a sua própria produção ou a sua construção".[7] Noutros dizeres,

---

2. DURKHEIM, Émile. *Educação e sociologia*. Tradução de Lourenço Filho. 11. ed. São Paulo: Melhoramentos, 1978, p. 41.
3. CASTILHO, Ricardo. *Educação e direitos humanos*. São Paulo: Saraiva, 2016, p. 22-23.
4. ROUSSEAU, Jean-Jacques. *Émile, ou de l'Éducation*. La Haye: Jean Néaulme, 1712, t. I. Disponível em: https://gallica.bnf.fr/ark:/12148/btv1b8614553x/f1.image. Acesso em: 30 out. 2020.
5. COMTE, Auguste. *La synthèse subjective*. Paris: Anthropos, 1856. Disponível em: https://gallica.bnf.fr/ark:/12148/bpt6k9451g.texteImage. Acesso em: 30 out. 2020.
6. CASTILHO, Ricardo. *Educação e direitos humanos*. São Paulo: Saraiva, 2016, p. 25.
7. FREIRE, Paulo. *Pedagogia da autonomia*: saberes necessários à prática educativa. 25. ed. São Paulo: Paz e Terra, 1996, p. 21.

o ensino, ressignificado neste novo período, passou a encontrar seu embasamento na instigação da criança à busca do saber e no suprimento espontâneo de suas carências pelo despertar da curiosidade. Segundo Clifford Geertz, a criança é "uma mente criando sentido, buscando sentido, preservando sentido e usando sentido; numa palavra – *construtora* do mundo".[8] E, partindo desta concepção acerca da infância, diversos autores propugnaram um repensar do papel da escola para a promoção da cidadania.

Segundo Michel Foucault[9], a educação deveria servir como elo do contexto social, rompendo-se com o adestramento escolar e a moldagem de condutas a partir da neutralização do indivíduo. Já Edgar Morin definiu um rol ao qual atribuiu o nome de 'sete saberes'. Indo na contramão da pedagogia tradicional, o autor propugnava a valorização do erro como instrumento de aprendizagem; a intertextualidade; a compreensão do ser humano em todas as suas dimensões; a sustentabilidade; o planejamento em face das contingências da vida; as interações para a vivência em comunidade; e a ética.[10]

Embora não tenha se dedicado de forma profunda a analisar os problemas da educação, é imperiosa a menção à obra de John Rawls, que, por sua vez, descreveu como a mesma 'retira o véu da ignorância' e conduz o homem ao uso da razão, o que torna inócuos alguns conceitos como o pertencimento a determinada classe social ou os graus de prosperidade econômica, dotes culturais e talentos individuais que provoquem diferenciação:

> Uma característica essencial de uma sociedade bem-ordenada associada à justiça como equidade é que todos os seus cidadãos endossam essa concepção com base no que agora chamo de doutrina filosófica abrangente. Aceitam que seus dois princípios de justiça estejam fundamentados nessa doutrina.[11]

Os dizeres de Amartya Sen e Jean Drèze também merecem destaque, na medida em que realçam o papel da educação para a alavancagem da liberdade individual como característica democrática do direito ao desenvolvimento:

> (...) a necessidade de educação expandiu-se em especial no mundo do comércio globalizado, e o sucesso de economias como a China tem se baseado de forma substancial na capacidade de uma força de trabalho razoavelmente escolarizada para atender às demandas de controle de qualidade e treinamento de habilidades envolvidas na produção de bens e serviços para o mundo como um todo.[12]

Nesse contexto, o avanço tecnológico representa estágio inescapável da evolução humana, irradiando efeitos irrefreáveis sobre a conjuntura educacional, a ponto de representar riscos na mesma medida em que propicia avanços:

> As novas tecnologias proporcionam recursos que podem alavancar muitas das capacidades naturais. Levadas ao extremo, podem nos transformar em algo como supergovernos, superempresas, super-homens

---

8. GEERTZ, Clifford. *Nova luz sobre a antropologia*. Tradução de Vera Ribeiro. Rio de Janeiro: Zahar, 2001, p. 186.
9. FOUCAULT, Michel. *Microfísica do poder*. Tradução de Roberto Machado. 28. ed. São Paulo: Paz e Terra, 2014, p. 198.
10. MORIN, Edgar. *Os setes saberes necessários à educação do futuro*. Tradução de Catarina Eleonora F. Silva e Jeanne Sawaya. São Paulo: Cortez, 2000, p. 19-31; 35-38; 47-59; 63-75; 79-90; 93-102; 105-113.
11. RAWLS, John. *O liberalismo político*. Tradução de Dinah de Abreu Azevedo. 2. ed. São Paulo: Ática, 2000, p. 24.
12. SEN, Amartya; DRÈZE, Jean. *Glória Incerta*: a Índia e suas contradições. Tradução de Ricardo Doninelli Mendes e Leila Coutinho. São Paulo. Cia. das Letras, 2015, p. 175.

e supermulheres. Se há relevantes benefícios, também há risco de grave segregação. Aqueles que dominarem a tecnologia obterão acesso mais amplo às vantagens e benefícios disponíveis do que os demais.[13]

Com isso, toda a dinâmica muda e o aprendizado passa a se imiscuir às novas tecnologias para deflagrar o desejado desenvolvimento. O papel do docente também adquire novos contornos, demandando aprimoramento constante e adaptação às inovações em igual medida ao incremento da responsabilidade assumida ao, por exemplo, se distanciar dos métodos tradicionais de ensino. E, nesse campo, o ensino à distância (EaD) merece especial análise, pois ressignifica o *modus operandi* do educador.

Segundo Laetitia Pfeiffer, inaugurou-se uma era marcada por "tantos estímulos e novas interações, tanto em nossos cérebros quanto com outros usuários, que transformam profundamente a maneira como aprendemos e a oferta inerente ao treinamento e aprendizado".[14] É o período no qual educadores dispõem de dados para a modulação responsiva do ensino às necessidades do educando. Fala-se, inclusive, em modelos de construção do conhecimento baseados em *feedback*[15], o que permite a lapidação de processos educacionais visando à maximização da eficiência na interlocução do saber, ou na propagação da educação digital a partir do treinamento direcionado à tecnologia (*digital skills*) como ferramenta essencial à inserção e ao pertencimento do cidadão na sociedade da informação.[16]

Tudo isso reforça a necessidade de revisitação dos paradigmas clássicos da estrutura educacional – e do direito fundamental à educação – a partir das novas tecnologias. Mais do que nunca, docentes e discentes podem se beneficiar da inovação para a produção do processo de aprendizagem, mas há percalços a serem considerados.

2.1 O PAPEL DO DOCENTE NA CONSTRUÇÃO DO SABER

Na visão de Paulo Freire[17], a inter-relação entre docentes e discentes desperta olhares para temas que o autor reputa intrinsecamente conectados pela autenticidade exigida para as ações de ensinar e aprender, cujas raízes remontam a uma experiência total, diretiva, política, ideológica, gnosiológica, pedagógica, estética e ética.

É de se destacar que as relações humanas, embora complexas, são elementos fundamentais para a realização comportamental e profissional de um indivíduo, de modo que a análise dos relacionamentos entre professor e aluno envolve intenções e interesses,

13. GIOVA, Giuliano. Educação e cidadania digital: nascer, morrer e renascer no mundo digital, onde deixaram o manual? *In:* ABRUSIO, Juliana (Coord.). *Educação digital*. São Paulo: Ed. RT, 2015, p. 46.
14. PFEIFFER, Laetitia. *MOOC, COOC*: la formation professionnelle à l'ère du digital. Paris: Dunod, 2015, p. 35, tradução livre. No original: "Autant de stimuli et d'interactions nouvelles, tant au niveau de notre cerveau qu'avec les autres utilisateurs, qui transforment profondément notre façon d'apprendre et l'offre inhérente à la formation et à l'apprentissage."
15. IFENTHALER, Dirk. Intelligent model-based feedback: Helping learners to monitor their individual learning progress. *In:* GRAF, Sabine; LIN, Fuhua; McGREAL, Rory (Eds.). *Intelligent adaptive learning systems*: Technology enhanced support for learners and teachers. Hershey: IGI Global, 2012, p. 89.
16. VAN DIJK, Jan; VAN DEURSEN, Alexander. *Digital skills*: unlocking the information society. Londres: Palgrave Macmillan, 2014, p. 113.
17. FREIRE, Paulo. *Pedagogia da autonomia*, cit., p. 13-18.

sendo esta interação o eixo das consequências pedagógicas, pois a educação é uma das fontes mais importantes do desenvolvimento comportamental e elemento agregador de valores aos membros da espécie humana.

Para Moacir Gadotti[18], a omissão e a passividade dos educadores, além do mal-estar de quem age de forma inconcebível na democratização do ensino, propiciam uma aferição do papel da escola não pelo seu alto nível educacional, mas pela capacidade que ela tem de reduzir o número dos "medíocres", com capacidade de elevar o nível dos menos dotados, o que, apesar disso, não é suficiente para democratizar definitivamente o ensino.

Paulo Freire[19] denominava de concepção 'bancária' da educação esta sistemática pela qual o educador simplesmente 'depositava' comunicados que eram memorizados pelos estudantes, ao invés de se comunicar. Entretanto, o ensino hodierno está intimamente ligado ao preenchimento das necessidades humanas, definidas por Abraham Maslow[20] e perfeitamente enquadráveis no contexto da atual sociedade da informação, na qual se impõe o convívio com um novo ambiente chamado ciberespaço, em que a tecnologia atua como poderoso componente do ambiente de aprimoramento individual.

Nesse contexto,

> [o] mundo da tecnologia da informação é um perfeito exemplo dessa questão da complexidade e está bem à frente em relação a desenvolver novas ferramentas e kits. Nas últimas décadas, principalmente com a Internet, foram desenvolvidos inúmeros instrumentos que, além de solucionar problemas, criaram e destruíram diversos modelos de negócios e paradigmas. E tudo indica que chegou a vez do setor educacional. A oferta de ferramentas e soluções está cada vez mais vasta e crescente, e há muita discussão sobre a tão esperada revolução tecnológica no setor, que anima, mas também assusta.[21]

São tantas novas tecnologias que o papel clássico do professor está sendo deixado de lado, e o ensino tem se tornado, cada vez mais, uma atividade individual e solitária. Ademais, vivencia-se uma época de incertezas sobre o futuro, o que acarreta alteração sensível no plexo de atividades desenvolvidas para a construção do conhecimento, gerando preocupações quanto ao processo de ensino e aprendizagem, especialmente no que tange à figura do professor e à sua relação com os alunos.

2.2 A generosidade como especificidade humana do ensino

Segundo Freire[22], não se deve ter como cerne do ensino e da aprendizagem somente o conhecimento resultante da absorção de informações, mas também o processo de construção da cidadania do aluno, que, para este autor, se dá através da liberdade na busca pelo saber. Para que isto ocorra, é necessária a conscientização do professor de que

18. GADOTTI, Moacir. *Educação e poder*: introdução à pedagogia do conflito. 13. ed. São Paulo: Cortez, 2003, p. 105-112.
19. FREIRE, Paulo. *Pedagogia do oprimido*. 12. ed. São Paulo: Paz e Terra, 1987, p. 57.
20. Cf. MASLOW, Abraham Harold. *Motivation and personality*. 2. ed. Nova York: Harper & Row, 1970.
21. MONTEIRO, Renato Leite; CARVINO, Fabrício Inocêncio. Adaptive learning: o uso de inteligência artificial para adaptar ferramentas de ensino ao aluno. *In:* ABRUSIO, Juliana (Coord.). *Educação digital*. São Paulo: Ed. RT, 2015, p. 242.
22. FREIRE, Paulo. *Pedagogia da autonomia*, cit., p. 24-25.

facilitar a aprendizagem de seus alunos lhe possibilita estar aberto a novas experiências, compreender o mundo em que seus estudantes estão inseridos e, também, construir uma relação empática aos sentimentos e aos problemas de cada um para que possa tentar conduzi-los à autorrealização.

Basicamente, simplificar o conhecimento científico sem mudar seu conteúdo essencial gera sua popularização e aproxima o aluno de algo antes desconhecido, e, neste contexto, se situa a chamada generosidade pedagógica. Segundo o autor, a construção do conhecimento não pode ser entendida como um processo individualista.[23]

O conhecimento é produto das atividades e das relações humanas, sendo marcado social e culturalmente. Na relação professor/aluno, o professor tem um importante papel, que consiste em agir como intermediário entre os conteúdos da aprendizagem e a atividade construtiva para a assimilação dos mesmos, não podendo se negar ao dever de, em sua prática docente, reforçar a capacidade crítica do educando, bem como sua curiosidade e sua insubmissão, devendo abraçar, como uma de suas tarefas primordiais, o trabalho realizado com rigor e método para que consiga aproximar os discentes e lhes dar condições de adquirir um intelecto memorizador e crítico.

Nota-se o resguardo da imprescindibilidade da pesquisa, ou seja, na visão de Freire, não há ensino sem prévia pesquisa, o que implica dizer que uma das condições necessárias ao pensamento correto, do ponto de vista da educação, é a inquietude, o afastamento da certeza e dos dogmas. Ensinar, aprender e pesquisar, na visão do autor, implicam uma interação com esse elemento essencial.[24]

Para isso, o acesso à informação se torna especialmente importante, pois propicia a formatação de uma nova fronteira para o ensino. E, graças a isso, a presença das Tecnologias da Informação e Comunicação dão novos contornos ao retrato hodierno da aprendizagem, que deve ser transversal e dinâmica, contemplando o ensino em sala de aula e o estudo doméstico como estruturas complementares de aprofundamento acadêmico[25], especialmente em função da presença da Internet e da necessidade de aprimoramento de habilidades digitais para a formação do estudante.

3. EDUCAÇÃO DIGITAL COMO NOVA FRONTEIRA DO ENSINO

Após breve digressão histórica e conceitual, chega-se à contemporaneidade, marcada pelo fenômeno da 'turboglobalização', que, nos dizeres de Gonçal Mayos Solsona, simboliza a gênese dos chamados "fenômenos-inter", como a interconstitucionalidade e a interculturalidade, permeadas pelo amálgama de uma verdadeira multifilosofia que rompe com a noção clássica de nacionalidade e traz ressignificações

23. FREIRE, Paulo. *Pedagogia da autonomia*, cit., p. 36.
24. FREIRE, Paulo. *Pedagogia da autonomia*, cit., p. 14.
25. Nos dizeres de Jan van Dijk e Alexander van Deursen: "Pupils and students learn digital skills both at schools and outside of school, primarily at home. In terms of learning, the two environments are quite different. The skills at school are directed by teachers and the educational goals of formal curricula. The skills outside of classrooms, mainly at home, are learned by pupils or children themselves, sometimes guided by their parents." VAN DIJK, Jan; VAN DEURSEN, Alexander. *Digital skills*: unlocking the information society. Londres: Palgrave Macmillan, 2014, p. 120.

a um mundo "*organizado a través de instituciones o nódulos, que necesitan funcionar en constante vinculación y comunicación, y que solo puede definirse detalladamente en función de essas vinculaciones*".[26]

Ávido estudioso da cultura oriental, particularmente da chinesa, François Jullien ainda aborda a pertinência da esmiuçada conceituação da palavra 'tradição', que é relevante para comparar culturas, embora não o seja para descrever uma delas a partir de seu interior, o que se contrapõe, no raciocínio do próprio autor, ao pensamento de Michel Foucault, defensor de uma abordagem sobre o tema que parte de uma perspectiva exterior.

Tais premissas remetem, ainda, à tríade de noções acerca do universal, do uniforme e do comum, que se sobrepõem ao óbvio, mas em planos diferentes, na formatação do pensamento. O autor realiza, especialmente em seu capítulo XIII, uma abordagem conclusiva e crítica do que se entende por universal, empreendendo, em sua construção conceitual, raciocínio norteado pelo intuito de não o tornar prisioneiro das opiniões e da imprecisão das boas intenções:

> 1. Há certamente alguma audácia em fingir atacar essas noções – de forma frontal, resumida. Mas elas logo serão iluminadas entre eles graças às tensões que elas organizam. Entre o universal e o uniforme: o mundo de hoje parece confundi-los. Pois parece desejável que o uniforme sirva apenas para dobrar o universal e fortalecê-lo; que ele se contenta em prolongar os efeitos e torná-los manifestos. Mas acredito que é o contrário; e que essa oposição, na era da globalização, se torna crucial. (...) Enquanto o universal está "voltado" para o Um – *uni-versus* – e expressa uma aspiração para ele, o uniforme é, deste, apenas uma repetição estéril. Para dizer a verdade, a natureza deste "um" tem-se, sem aviso, completamente derrubada de um para o outro: não é mais o eminente, transcendente (enredo) converte a mente a sair da dispersão dos diversos (*di-versus*); mas a regularidade e séries reduzidas, completamente amortizadas, áridas e consistentes.[27]

A quebra dos modelos tradicionais conduz ao nascimento de novas propostas, sendo um fato insofismável que diversas inovações tecnológicas estão mudando drasticamente o modo como o ensino é realizado, e isto tem ocorrido em um ritmo incessante na

26. MAYOS SOLSONA, Gonçal. Nuevos fenómenos-inter: interconstitucionalidad e interculturalidade. *In:* MAYOS SOLSONA, Gonçal; CARBONELL, José Carlos Remotti; DÍAZ, Yanko Moyano (Ed.); COELHO, Saulo de Oliveira Pinto; BORGES, Alexandre Walmott; HENRIQUE JÚNIOR, Moacir (Org.). *Interrelación filosófico-jurídica multinivel*: estudios desde la interconstitucionalidad, la interculturalidad y la interdisciplinariedad para un mundo global. Barcelona: Linkgua, 2016, p. 41.
27. JULLIEN, François. *De l'universel, de l'uniforme, du commun et du dialogue entre les cultures*. Paris: Fayard, 2008. *E-book*, cap. XIII, tradução livre. No original: "1. Il y a certainement quelque audace à prétendre attaquer ainsi ces notions – de front, de façon sommaire. Mais elles ne tarderont pas à s'éclairer entre elles grâce aux tensions qu'elles organisent. Entre l'universel et l'uniforme : le monde paraît aujourd'hui les confondre. Car il semblerait volontier que l'uniforme serve seulement à doubler l'universel et à le renforcer ; qu'il se contente d'en prolonger les effets et de les rendre manifestes. Or je crois plutôt qu'il en est l'inverse ; et que cette opposition, à l'époque de la mondialisation, devient cruciale. (...) Tandis que l'universel est "tourné" vers l'Un – uni-versus – et traduit une aspiration à son égard, l'uniforme n'est, de cet un, qu'une répétition stérile. À vrai dire, la nature de cet "un" a elle-même, sans crier gare, complètement basculé de l'un à l'autre : celui-ci n'est plus l'Un éminent, transcendant (plotinien), auquel se convertit l'esprit pour sortir de l'éparpillement du divers (du di-versus) ; mais l'un réduit, complètement amorti, aride, de lá régularité conforme et de la série".

transição da *web 3.0*[28] para a *web 4.0* e para a Internet das Coisas[29], principalmente após a segunda década do século XXI e devido ao advento de plataformas como os *Massive Open On-Line Courses*, ou MOOCs:

> Apesar de ser possível observar alguns substitutos para a lousa, giz e saliva, ainda persiste o modelo de "tamanho único". Os ambientes virtuais de aprendizagem – como os *Massive Open On-Line Courses* ("MOOC"), plataformas completamente *on-line* oferecidas, na maioria das vezes, por grandes e renomadas universidades que ofertam cursos de graduação, *lato sensu*, e até mesmo *stricto sensu*, para alunos em qualquer lugar do globo – continuam como uma versão da sala física, agrupando indivíduos com necessidades diferentes e que recebem o mesmo tipo de educação. Mesmo nestes modelos de educação à distância, é possível observar o mesmo padrão sendo reproduzido. O que muda apenas é o contexto (separação temporal e física) e a presença de uma interface mediadora da interação entre alunos e professores. Contudo, por volta de 2010, começaram a surgir inovações de fato disruptivas, que chacoalharam o setor educacional e têm o condão de mudar significativamente a forma como educamos.[30]

É certo que "a escola dos séculos XIX e XX foi uma importante instituição difusora de uma sociedade letrada e, agora, adentra o século XXI com novos desafios, porquanto a sociedade baseada na escrita está rapidamente se transformando em uma sociedade informática".[31] A capacidade de inteligência coletiva se presta a grupos de usuários da Internet que trabalham juntos de forma criativa para construir ideias, se valendo de *software* e aplicativos, normalmente sem um senso claro de propriedade individual. Esse novo meio participativo, em essência, almeja à formação de um "conhecimento comum", que está no cerne dos movimentos de recursos educacionais abertos (*open educational resources*, ou OER) e cursos abertos (*open courseware*, ou OCW).[32]

Diante disso, é preciso ressaltar que as relações sociais e pedagógicas, assim como os benefícios e malefícios trazidos pelas Tecnologias de Informação e Comunicação, são desdobramentos de comportamentos da própria sociedade, e não consequências da simples existência da Internet. Segundo Renato Poltronieri, "[e]sse deve ser o papel da escola e dos educadores dentro de suas áreas de atuação: definir, refletir, instituir e coor-

---

28. Também chamada de *web* semântica, é descrita há tempos pela doutrina como a Internet capaz de propiciar a educação aberta (*open education*): "Web 3.0 – Semantic Web, which is currently emerging, will add intelligence via natural language processing, data-mining, machine learning, and other artificial intelligence Technologies… The Web 3.0 will be attentive to and even predict user needs and behavior to provide richer and more meaningful and useful interactions. As such, it holds much promise for OE [open education]. OE 3.0 projects will not just develop and deliver open content to students; they will also monitor student interactions with it, analyze those interactions, and then send rich feedback not only to the students about their learning, but also to the communities of curriculum builders, authors, and instructors to drive iterative improvement of the learning materials." BARANIUK, Richard G. Challenges and opportunities for the Open Education Movement: A Connexions case study. *In:* IIYOSHI, Toru; KUMAR, M. S. Vijay (Eds.). *Opening up education*: The collective advancement of education through open technology, open content, and open knowledge. Princeton: Carnegie Foundation for the Advancement of Teaching; Cambridge: The MIT Press, 2008, p. 242.
29. LONGHI, João Victor Rozatti; FALEIROS JÚNIOR, José Luiz de Moura. Nota introdutória. *In:* LONGHI, João Victor Rozatti; FALEIROS JÚNIOR, José Luiz de Moura (Coords.). *Estudos essenciais de direito digital*. Uberlândia: LAECC, 2019, p. XVIII.
30. MONTEIRO, Renato Leite; CARVINO, Fabrício Inocêncio. Adaptive learning, cit., p. 244.
31. MENESES, Marcelo Figueiredo de; JIMENE, Camilla do Vale. A tecnologia que permeia a escola: uma breve visão histórica. *In:* ABRUSIO, Juliana (Coord.). *Educação digital*. São Paulo: Revista dos Tribunais, 2015, p. 67.
32. RHOADS, Robert A. *MOOCs, high technology, and higher learning*. Baltimore: Johns Hopkins University Press, 2015, p. 11-14.

denar o cumprimento das regras que forem impostas".[33] Para isso, o uso de plataformas como os MOOCs se apresenta como oportunidade única.[34]

Há desafios, uma vez que a relação travada no ciberespaço demanda, antes de qualquer outro elemento, a confiança. Transpor os relacionamentos interpessoais para o ambiente virtual impõe considerar a necessidade de checagem de identidade do estudante, por exemplo, para a validação das atividades realizadas; e, de igual modo, não se pode desconsiderar a possibilidade de automatização/padronização do modo de atuar dos educadores, com repetição de aulas e materiais previamente produzidos a um público indistinguível de interessados.[35]

A ascensão dos MOOCs, especialmente nos anos de 2011 e 2012 – a partir de plataformas como a *EdX*, fundada por pesquisadores do MIT e de Harvard, e a *Coursera*, lançada a partir de uma parceria das Universidades de Princeton, Michigan e Pennsylvannia, nos Estados Unidos da América, produziu entusiasmo imediato, desencadeando uma corrida pelo lançamento de cursos – gratuitos ou pagos, com ou sem certificação – e despertando olhares para um mercado emergente.[36]

Essa tendência acarretou impactos que foram sentidos rapidamente. Tais plataformas logo atraíram muitos usuários: a *EdX*, por exemplo, chegou ao patamar de 1,6 milhão; a *Coursera*, por sua vez, rapidamente chegou a 1 milhão.[37] Tudo isso foi propulsionado pela alavancagem dos recursos de ensino (OERs)[38] e pelo surgimento das licenças *Creative Commons* (CC)[39], que permitiram a produção e propagação de conteúdos de modo facilitado pela *web*, sem, contudo, inviabilizar a exploração econômica de atividades de ensino à distância (EaD) com resultados cada vez mais eficientes e moldados às preferências dos usuários.

4. COLETA DE DADOS, *MACHINE LEARNING* E O MAPEAMENTO DOS COMPORTAMENTOS HUMANOS

A presença da Internet alterou sobremaneira as relações humanas, despertando um fenômeno individualista e que restringe o escopo desejadamente ampliativo do acesso

33. POLTRONIERI, Renato. Internet, sociedade, escola e Estado na era digital: relação jurídica necessária? *In:* ABRUSIO, Juliana (Coord.). *Educação digital*. São Paulo: Ed. RT, 2015, p. 104.
34. HABER, Jonathan. *MOOCs*. Cambridge: The MIT Press, 2014, p. 19-25.
35. PFEIFFER, Laetitia. *MOOC, COOC*, cit., p. 81 *et seq*.
36. WAKS, Leonard J. *The evolution and evaluation of Massive Open Online Courses*: MOOCs in motion. Londres: Palgrave Macmillan, 2016, p. 42-43.
37. PFEIFFER, Laetitia. *MOOC, COOC*, cit., p. 86-87.
38. Com efeito: "As the OER movement expanded in reach, it was hardly surprising that academic materials associated with a college or university course eventually were included as resources openly available to online users. The emergence of the OCW movement then may be understood as an extension or outgrowth of OER. Such a perspective is consistent with definitions of OER, wherein the range of materials to be available go far beyond course materials and include such digitized items as software, papers, monographs, animations, simulations, games, and so forth." RHOADS, Robert A. *MOOCs, high technology, and higher learning*. Baltimore: Johns Hopkins University Press, 2015, p. 15.
39. Sobre o tema: "O Creative Commons é um projeto criado pelo professor Lawrence Lessig1 e que tem por objetivo 'expandir a quantidade de obras criativas disponíveis ao público, permitindo criar outras obras sobre elas, compartilhando-as. Isso é feito através do desenvolvimento e disponibilização de licenças jurídicas que permitem o acesso às obras pelo público, sob condições mais flexíveis.'" BRANCO, Sérgio. As licenças Creative Commons. *In:* MARTINS, Guilherme Magalhães; LONGHI, João Victor Rozatti (Coords.). *Direito digital*: direito privado e internet. 3. ed. Indaiatuba: Foco, 2020, p. 686.

à informação, de modo que o mapeamento de interesses e da própria atenção passou a nortear o refinamento de conteúdos direcionados e algoritmizados, como alertam Bauman e Raud:

> Numerosas pesquisas têm mostrado que os usuários devotados à internet podem passar, e de fato passam, grande parte de seu tempo, ou mesmo a totalidade de sua vida *on-line*, relacionando-se unicamente com pessoas de mentalidade semelhante. A internet cria uma versão aperfeiçoada dos "condomínios fechados": ao contrário de seu equivalente *off-line*, ela não cobra de seus residentes uma taxa exorbitante, nem precisa de guardas armados e sofisticadas redes de TV em circuito fechado; tudo que necessita é da tecla "deletar".[40]

A prática da mineração de dados (*data mining*, na expressão em inglês) é o processo pelo qual se explora uma enorme quantidade de dados no intuito de se encontrar padrões, agrupar dados, criar perfis ou tentar prever eventos variados para que se possa evitá-los ou solucioná-los da melhor maneira. O aprendizado de máquinas (*machine learning*) é definido, dentre muitos, por Ethan Jost e Morten Christiansen:

> A capacidade de rastrear e aprender dependências probabilísticas entre elementos parece ser uma propriedade da maneira que os humanos aprendem em vários domínios. Se os elementos são tons, sílabas, unidades com palavras, cenas visuais, ou estímulos audiovisuais complexos, os seres humanos são capazes de aprender sobre a estrutura estatística subjacente à sua coocorrência. Essa evidência aponta para o aprendizado estatístico como um processo geral robusto de domínio, provavelmente implementado em redes neurais específicas da modalidade, baseadas em princípios computacionais semelhantes.[41]

A rigor, tais informações constroem o que se convencionou chamar de *Big Data*, que nada mais é que um enorme banco de dados no qual se armazena todo tipo de informação para que, posteriormente, se trabalhe com múltiplas bases de dados, cruzando as informações coletadas através de algoritmos que oferecem possibilidades variadas de previsão de eventos futuros e, ainda, condições para identificar correlações de dados a partir de causalidades complexas. Noutros termos, o aprendizado de máquina (*machine learning*) opera por computadores programados para otimizar critérios de desempenho usando dados de exemplo ou experiências anteriores.[42]

Tudo é operacionalizado por modelos definidos a partir de parâmetros pré-estabelecidos, e o aprendizado se dá a partir da execução de fórmulas matemáticas (os algoritmos) que visam otimizar os parâmetros do modelo usando os dados de treinamento ou a experiência passada.[43] O modelo pode ser preditivo para fazer

---

40. BAUMAN, Zygmunt; RAUD, Rein. *A individualidade numa época de incertezas*. Tradução de Carlos Alberto Medeiros. Rio de Janeiro: Zahar, 2018, p. 120.
41. JOST, Ethan; CHRISTIANSEN, Morten H. Statistical learning as a domain-general mechanism of entrenchment. *In:* SCHMID, Hans-Jörg (Ed.). *Entrenchment and the Psychology of Language Learning*: How we reorganize and adapt linguistic knowledge. Berlim: De Gruyter, 2017, p. 227-230, tradução livre. No original: "The ability to track and learn probabilistic dependencies between elements seems to be a property of the way that humans learn in multiple domains. Whether the elements are tones, syllables, wordlike units, visual scenes, or complex audiovisual stimuli, humans are able to learn about the statistical structure underlying their co-occurrence. This evidence points toward statistical learning as a robust, domain-general process, likely implemented in separate modality-specific neural networks relying on similar computational principles."
42. ALPAYDIN, Ethem. *Introduction to machine learning*. 2. ed. Cambridge: The MIT Press, 2010, p. 4-5.
43. GOETTENAUER, Carlos Eduardo. Algoritmos, inteligência artificial, mercados. Desafios ao arcabouço jurídico. *In:* FRAZÃO, Ana; CARVALHO, Ângelo Gamba Prata de (Coords.). *Empresa, mercado e tecnologia*. Belo Horizonte: Fórum, 2019, p. 282.

previsões no futuro, ou descritivo para obter conhecimento dos dados, ou ambos, e o aprendizado de máquina se vale da teoria da estatística na construção de modelos matemáticos porque a tarefa principal é inferência de uma amostra prévia, daí a necessidade de acumulação de dados para que se tenha o adequado refinamento algorítmico.[44]

Nesse compasso, o papel da ciência da computação passa a apresentar dupla faceta: primeiro, no treinamento, precisa-se de algoritmos eficientes para resolver o problema de otimização, além de armazenar e processar a enorme quantidade de dados que geralmente se tem; segundo, depois que um modelo é aprendido, sua representação e solução algorítmica para inferência também precisam ser eficientes. Em certas aplicações, a eficiência do algoritmo de aprendizagem, a saber, sua complexidade de espaço e tempo, pode ser tão importante quanto sua precisão preditiva. Em suma, são muitas as possibilidades de análise estatística a partir do *Big Data*, normalmente se valendo de amostragens. Quanto maior o banco de dados, maior é sua confiabilidade e, consequentemente, mais precisa será a aferição obtida pelo algoritmo utilizado na testagem proposta.

E é justamente por depender de quantidades colossais de informações que os bancos de dados de *Big Data* não podem ser superestimados, fator que também contribui para que corporações que operam com o trato da informação invistam enormes montas na coleta de dados e no incremento de suas plataformas digitais, afinal, quanto maior a amostragem, mais valioso será o sistema e melhor se poderá explorá-lo. "*It takes a planet*" ('é necessário um planeta'), segundo Eric Topol e Kai-Fu Lee[45], em metáfora que bem ilustra a quantidade avassaladora de dados que um sistema precisa coletar e tratar para ser considerado confiável e para que possa desenvolver algoritmos refinados.

Nesse contexto, a mineração de dados, quando visa às análises comportamentais, vem sendo utilizada nas mais variadas aplicações, variando desde os cuidados médicos até o perfilamento do mercado de ações, às pesquisas macroeconômicas e de consumo, ou mesmo visando à garantia da segurança nacional. No que toca à publicidade, por exemplo, já é uma realidade inescapável a presença das catalogações algorítmicas, conforme se infere das lições de Tim Wu:

> Google e algumas outras empresas da Costa Oeste demonstraram que a publicidade na Web não era apenas um exagero: havia dinheiro real para ser revendido e atraído pela Internet. Mas o Google colocou efetivamente o Google AdWords no controle remoto; permaneceu muito mais atenção a ser colhida à maneira antiga. (tradução livre).[46]

Marshall McLuhan dizia que, "[a]o se operar uma sociedade com uma nova tecnologia, a área que sofre a incisão não é a mais afetada. A área da incisão e do impacto fica

44. HAND, David; MANNILA, Heikki; SMYTH, Padhraic. *Principles of data mining*. Cambridge: The MIT Press, 2001, p. 427 *et seq*.
45. TOPOL, Eric; LEE, Kai-Fu. It takes a planet. *Nature Biotechnology*, Nova York, v. 37, p. 858-861, ago. 2019, p. 858.
46. WU, Tim. *The attention merchants*: the epic scramble to get inside our heads. Nova York: Vintage, 2016, p. 267, tradução livre. No original: "Google and a few other West Coast companies had demonstrated that web advertising wasn't just hype: there was real money to be made reselling attention captured by the Internet. But Google had effectively put AdWords on the remote control; there remained a lot more attention to be harvested the old-fashioned way."

entorpecida. O sistema inteiro é que muda".[47] Nesse contexto, é preciso ter em mente que, "enquanto a análise de *Big Data* proporciona a possibilidade de relevar correlações entre os mais distintos eventos, ela não fornece a causa desses eventos".[48]

É preciso ressaltar, ainda, o desconhecimento dos cidadãos quanto às operações de coleta, tratamento e armazenagem de dados, que conduz à necessidade de que sejam criados marcos regulatórios como mecanismos necessários para assegurar a plena liberdade do indivíduo na sociedade da informação. Merecem específica menção a iniciativa europeia denominada Regulamento Geral de Proteção de Dados (RGPD), editada em 27 de abril de 2016 e implementada em 25 de maio de 2018, e, no Brasil, a Lei 13.709, de 14 de agosto de 2018 (a Lei Geral de Proteção de Dados, ou LGPD).

O escopo dessa proteção normativa é a "promoção de um equilíbrio entre os valores em questão, desde as consequências da utilização da tecnologia para o processamento de dados pessoais, suas consequências para o livre desenvolvimento da personalidade, até a sua utilização pelo mercado".[49]

Por sua vez, o enquadramento da proteção de dados pessoais nasce como um contraponto necessário à privacidade, sendo ponderada por Bruno Bioni[50] a necessidade de proteção do livre desenvolvimento da personalidade como uma liberdade positiva, em contraste à própria privacidade, vista como liberdade negativa. Evidentemente, há grande preocupação com a preservação de dados pessoais, que são armazenados e gerenciados por empresas externas nos processos de gestão das plataformas de ensino digital que se valem de mineração de dados e algoritmos.[51]

Firme nesta premissa, infere-se que as plataformas virtuais vêm sendo desenvolvidas em, basicamente, três frentes: (i) *educational data mining*, que nada mais é que a mineração de dados voltada especificamente para a educação; (ii) *learning analytics*, ou análise de aprendizado; (iii) *adaptive learning*, ou aprendizagem adaptada.[52] Este trabalho buscou a aferição mais detalhada da terceira delas, que tem conotação pedagógica e aptidão inclusiva, se coadunando com o fundamento constitucional da cidadania. Porém, é importante pontuar breves linhas sobres as outras duas.

Segundo Renato Monteiro e Fabrício Carvino, denomina-se *educational data mining* a identificação de padrões nos comportamentos dos estudantes, com base em algoritmos voltados à tentativa de prever certas ações ou inações.[53] Um exemplo disso é a predição do abandono de determinada disciplina pelo aluno. Ainda, podem ser realizadas operações de coleta de dados relacionados a fatores sociodemográficos para aferir que efeito podem ter no desempenho discente. Por fim, o mapeamento de ações que propiciam tédio e frus-

47. McLUHAN, Marshall. *Os meios de comunicação como extensões do homem*. Tradução de Décio Pignatari. São Paulo: Cultrix, 2007, p. 84.
48. MONTEIRO, Renato Leite; CARVINO, Fabrício Inocêncio. Adaptive learning, cit., p. 245.
49. DONEDA, Danilo. *Da privacidade à proteção de dados pessoais*. Rio de Janeiro: Renovar, 2006, p. 407.
50. BIONI, Bruno Ricardo. *Proteção de dados pessoais*: a função e os limites do consentimento. Rio de Janeiro: Forense, 2019, p. 92-93.
51. PORTER, Sarah. *To MOOC or not to MOOC*: How can online learning help to build the future of higher education? Waltham/Kidlington: Chandos, 2015, p. 126-127.
52. MONTEIRO, Renato Leite; CARVINO, Fabrício Inocêncio. Adaptive learning, cit., p. 246.
53. MONTEIRO, Renato Leite; CARVINO, Fabrício Inocêncio. Adaptive learning, cit., p. 246.

tração em sala de aula pode ser o escopo de um algoritmo que pretenda elevar o nível de engajamento geral durante uma aula. Por outro lado, o que se convencionou denominar de *learning analytics* nada mais é que a aplicação de modelos e estudos já definidos para melhorar a experiência de aprendizado, tais como os conteúdos (tópicos e subtópicos) de que um determinado aluno necessita para aprofundar sua curva de absorção.

Fato é que, com tais dados, um docente conseguirá mapear melhor as carências de cada discente e traçar um plano mais assertivo para suscitar o engajamento em sala de aula e obter melhor performance de cada um. Entretanto, volta-se à questão: para que o emprego de tais dados seja efetivo, não se pode prescindir da presença do professor em sala de aula.

O problema apresentado na pesquisa reside justamente na necessidade de equacionamento dessa imprescindibilidade em face da tendência cada vez mais gravosa de distanciamento entre docente e discentes, justamente pela utilização das plataformas virtuais. Nesse contexto, é preciso ir muito além do emprego de técnicas para a oferta do ensino à distância como mero viés de propagação de um serviço de alavancagem de ganhos, e o *adaptive learning* pode ser a resposta para esse equacionamento.

4.1 Para além do ensino à distância

Diante de todos os delineamentos apresentados anteriormente, se constata que o uso da tecnologia para meros fins de difusão do acesso a aulas ministradas à distância, em que pese tenha contribuído para a ampliação do leque de opções de cursos para a sociedade em geral, também trouxe seus percalços.

O ensino à distância, efetivamente, distanciou professor e aluno, alterando sobremaneira esta inter-relação pela qual se tinha, na modelagem tradicional das salas de aula, um convívio virtuoso de aprendizagem e crescimento.

A euforia dos MOOCs, na segunda década do século XXI, é uma evidência desse fenômeno, pois os mesmos facilitam o acesso da população a um ensino gratuito ou muito barato, mas massificado e desconectado do propósito maior da pedagogia: a construção verdadeira do saber, núcleo essencial do direito fundamental à educação. Noutros termos, uma avalanche de opções de estudo a partir de cursos padronizados – embora tenha o propósito louvável de facilitar o acesso à informação –, peca em seu propósito de igualar exatamente porque acarreta desigualdades.

Nesse ponto, válida a crítica de Leonard Waks:

> O conceito de investir na faculdade para obter emprego profissional estável com salário decente, segurança, estabilidade e benefícios não é mais válido. Os custos são muito altos e os trabalhos estão desaparecendo. A situação está, portanto, propícia a uma nova visão do ensino superior em sintonia com as realidades contemporâneas. Aqui eu quero delinear essa visão. Muitas oportunidades de aprendizado gratuitas ou baratas sempre foram disponibilizadas. Essas oportunidades, no entanto, ficam desvalorizadas quando os diplomas são usados como filtros de emprego – uma das principais causas de desigualdade nas sociedades modernas.[54]

---

54. WAKS, Leonard J. *The evolution and evaluation of Massive Open Online Courses*, cit., p. 118, tradução livre. No original: "The concept of investing in college to gain steady professional employment with decent wages, job security

Sem dúvidas, os MOOCs trouxeram grande entusiasmo em sua gênese[55] – algo comum quando se fala sobre qualquer tecnologia disruptiva e sobre a inovação em geral –, impondo novas reflexões sobre o papel da Internet na efetivação do direito fundamental à educação. Entretanto, o ceticismo mencionado por Waks não ecoa isoladamente. Outros estudiosos também indicam essa desconfiança, a exemplo de Robert Rhoads: "Com o tempo, espero que o movimento MOOC seja definido por sua zelosa experimentação de alta tecnologia na educação *on-line*, apoiada por um certo ceticismo sobre o papel da tecnologia na solução de nossos problemas educacionais mais desafiadores."[56]

É preciso revisitar este tema para que, em não sendo possível retroceder em termos de utilização da tecnologia para a difusão do ensino à distância, ao menos se possa implementar ferramentas adequadas para ressignificá-lo e suprir este distanciamento criado. É neste contexto que o *adaptive learning* ganha especial relevância.

4.2 *Adaptive learning* e a ressignificação do ensino

Os estilos individuais de aprendizagem são variáveis e se configuram sob inúmeras facetas que podem ser enfrentadas de modo a que se propicie uma melhor compreensão das necessidades particulares de cada estudante. Nesse sentido, Isabel Bariani afirma que os conceitos de estilos cognitivos e de aprendizagem vêm sendo analizados de forma concomitante na literatura e empregados por pesquisadores e teóricos sem uma imprescindível discriminação entre um e outro.[57]

Por essa constatação, percebe-se a importância da simplificação das dimensões em que tais assimilações ocorrem a fim de que seja viável a aplicação prática de modelos pré-determinados de ensino. Primeiramente, tem-se a holística contraposta à analítica, em referência ao modo como um indivíduo tende a organizar a informação – se em partes ou na totalidade. Ainda, a dicotomia entre a averiguação verbal e a imaginativa, que se

and benefits is no longer valid. The costs are too high, and the jobs are disappearing. The situation is thus ripe for a new vision of higher education in tune with contemporary realities. Here I want to outline such a vision. Many free or inexpensive learning opportunities have always been available. These opportunities, however, become devalued when diplomas are used as job filters – a prime cause of inequality in modern societies."

55. Para exemplificar, tem-se a posição de Laetitia Pfeiffer: "Les autres établissements feront évoluer leurs cours vers des modèles en ligne payants et accrédités par des labels, qui permettront aux salariés de décrocher des badges ou des certificats reconnus. Les MOOC interrogent les acteurs de la formation sur l'ensemble des sujets impactés : le mixte contenus externes (MOOC académiques) et contenus internes (interviews d'experts de l'entreprise), la valorisation des badges et diplômes, le rôle de coach/animateur du département Formation, des universités d'entreprise et des managers, le poids de la formation continue, la force d'apprentissage des communautés d'apprenants, la reconnaissance nationale des diplômes obtenus dans l'entreprise sur ces nouvelles plateformes interactives. Les premiers projets COOC ont des effets positifs sur la manière d'apprendre, de créer ou recréer du lien dans les entreprises qui les on adoptés, et d'instaurer de l'intelligence collective." PFEIFFER, Laetitia. *MOOC, COOC*: la formation professionnelle à l'ère du digital. Paris: Dunod, 2015, p. 204-205.
56. RHOADS, Robert A. *MOOCs, high technology, and higher learning*. Baltimore: Johns Hopkins University Press, 2015, p. 148, tradução livre. No original: "In time, I expect that the MOOC movement will be defined by its zealous high-tech experimentation in online education countenanced by a degree of skepticism about the role of technology in solving our most challenging educational problems."
57. BARIANI, Isabel Cristina Dib. *Estilos cognitivos de universitários e iniciação científica*. 1998. 146f. Tese (Doutorado em Educação). Universidade Estadual de Campinas, Campinas, p. 33-34.

refere à inclinação de um indivíduo a representar a informação, durante o processo de pensamento – se verbalmente ou através de imagens mentais.[58]

Na psicologia, é possível encontrar grande rol de abordagens para a categorização das características individuais relacionadas ao aprendizado, sendo mister a indicação do método de classificação dos tipos psicológicos de Myers-Briggs (*Myers-Briggs Type Indicator*), que se baseiam nos estudos de Carl Gustav Jung[59] e propõem a delimitação de perfis pelos quais seria mais viável o mapeamento de aptidões e dificuldades.[60] A partir disso, ou seja, da atividade de traçar perfis (técnica identificada pela palavra inglesa *profiling*), se torna possível a implementação de mecanismos de *adaptive learning*.[61]

Segundo Newton M. Campos, a expressão inglesa foi proposta pelas empresas norte-americanas *Knewton*, *EdSurge* e *DreamBox*, que, visando à catalogação de uma infinidade de materiais educacionais digitalizados, como livros, apresentações, roteiros, resenhas e exercícios, vislumbraram a possibilidade de que, através do aprendizado adaptativo, fosse possível adotar novas formas para que os estudantes pudessem aprender, uma vez que um programa de computador poderia mapear as aptidões de cada um e oferecer o material que melhor conviesse para que a assimilação do conteúdo ocorresse da melhor forma.[62]

Através do *adaptive learning*, tem-se "o registro do estilo cognitivo de cada aluno numa base de dados (MySQL) e a adaptação da interface (*framework*) de recursos e atividades do curso ao estilo do aprendiz".[63]

Contudo, há desafios:

> a. Não é tão simples desenvolver algoritmos que se propõem a fazer tais análises sofisticadas. Como tecnologia não está no cerne de empresas de educação, no geral são *startups* que desenvolvem plataformas virtuais que oferecem o recurso. Muitos produtos de *Adaptive Learning* ainda estão em fase de experimentação e outros que já são oferecidos no mercado, são bem caros.
>
> b. É necessária uma quantidade muito grande de conteúdos e objetos de aprendizagem. Para personalizar adequadamente a aprendizagem de cada aluno, levando em consideração as diferentes disciplinas, preferências dos alunos e seus diferentes níveis de dificuldade, o espectro de conteúdos a serem produzidos é vasto e isto torna proibitiva a adesão da tecnologia.
>
> c. É necessário também construir a relação pedagógica entre competências, objetos de aprendizagem e objetos de avaliação. Nem todos os currículos são padronizados, desta forma, não é tão simples alimentar os algoritmos com informações pedagógicas acerca do que deve ser aprendido e como medi-lo de maneira eficiente.[64]

---

58. BECHARA, João José Bignetti; HAGUENAUER, Cristina Jasbinschek. Por uma aprendizagem adaptativa baseada na plataforma Moodle. *Revista EducaOnline*, Rio de Janeiro, v. 4, n. 1, p. 1-10, jan./abr. 2010, p. 6.
59. Cf. JUNG, Carl Gustav. *Tipos psicológicos*. Tradução de Lúcia Mathilde Endlich Orth. Petrópolis: Vozes, 1991.
60. Cf. MYERS, Isabel Briggs; MYERS, Peter B. *Ser humano é ser diferente*: valorizando as pessoas por seus dons especiais. Tradução de Eliana Rocha e Ilda Schulter. São Paulo: Gente, 1997.
61. GASPARINI, Isabela; PIMENTA, Marcelo; EYHARABIDE, Victoria; AMANDI, Analia; SCHIAFFINO, Silvia; OLIVEIRA, José Palazzo M. de. Improving user profiling for a richer personalization: modeling context in E-Learning. *In:* GRAF, Sabine; LIN, Fuhua; McGREAL, Rory (Eds.). *Intelligent adaptive learning systems*: Technology enhanced support for learners and teachers. Hershey: IGI Global, 2012, p. 187-190.
62. CAMPOS, Newton M. Ensino adaptativo: o *Big Data* na educação. *Estadão*, São Paulo, 26 abr. 2014. Disponível em: http://blogs.estadao.com.br/a-educacao-no-seculo-21/ensino-adaptativo-o-big-data-na-educacao/. Acesso em: 30 out. 2020.
63. BECHARA, João José Bignetti; HAGUENAUER, Cristina Jasbinschek. Por uma aprendizagem adaptativa baseada na plataforma Moodle, cit., p. 6.
64. MONTEIRO, Renato Leite; CARVINO, Fabrício Inocêncio. Adaptive learning, cit., p. 247.

Além dos embaraços técnicos e de escalabilidade de uma plataforma de *adaptive learning*, para que seja possível esta transformação no modelo atual de ensino e aprendizagem à distância, percebe-se que a eficiência da plataforma necessita de um amplo conjunto de informações e mídias diversas, constantemente atualizadas e diversificadas.[65] Além disso, exige-se grande infraestrutura e poder computacional para que seja viável o atendimento ao volume de acessos simultâneos, e o professor precisa estar especialmente preparado para lidar com as ferramentas postas à sua disposição, pois, apesar de contar com o algoritmo, será ele o responsável pela orientação final do aluno.

Até mesmo a reestruturação dos MOOCs poderia ser repensada à luz do *adaptive learning* se implementadas medidas de recrudescimento da personalização da experiência do estudante. É isso que sugerem Jean-Charles Pomerol, Yves Epelboin e Claire Thoury:

> Nesse ponto, duas estratégias podem ser consideradas: ou apoiamos a construção de uma rede e/ou fórum que permita aos usuários do MOOC ajudar e encorajar uns aos outros, ou contratamos "tutores". Quanto à primeira sugestão, a coisa mais simples a fazer é fornecer aos MOOCers locais de encontro nas comunidades locais, onde eles podem encontrar todas as informações sobre MOOCs e possivelmente quiosques para seguir os cursos se eles não tiverem um computador próprio. Em países onde a oferta de ensino superior ou treinamento profissional é insuficiente ou inexistente, o uso de MOOCs não é uma perspectiva utópica; de fato, é uma necessidade urgente que governos e instituições de caridade devem incentivar e até financiar. Como vimos, para que essa estratégia funcione, é importante ter um ou mais tutores baseados localmente, que possam incentivar os participantes a acompanhar o ritmo do curso, comentar e corrigir os exercícios e até adicionar alguns exercícios próprios. Os tutores são muito úteis para ajudar a detectar os erros ou mal-entendidos mais frequentes e também servem como uma interface com a equipe responsável pelo MOOC.[66]

Evidentemente, uma constatação como essa – que aponta a necessidade de "tutores" locais para o fortalecimento da experiência colhida em um MOOC – apenas reforça a hipótese da presente pesquisa e reinflama o debate em torno das periclitâncias da inovação desregulada.

Por óbvio, a participação constante do estudante é de importância fundamental para o desenvolvimento de qualquer plataforma de ensino, pois, quanto mais frequentes forem as interações com a ferramenta, mais os algoritmos serão capazes de "aprender" sobre as necessidades, aptidões, interesses e dificuldades do aprendiz. E, se o estado da arte da tecnologia ainda não propicia tais resultados com a conjugação adequada de fatores, o elemento humano continua a ser imprescindível.

---

65. WHITESON, Shimon. *Adaptive representations for reinforcement learning*. Berlim/Heidelberg: Springer Verlag, 2017, p. 95-104.
66. POMEROL, Jean-Charles; EPELBOIN, Yves; THOURY, Claire. *MOOCs*: design, use and business models. Nova Jersey: John Wiley & Sons, 2015, p. 114, tradução livre. No original: "On this point, two strategies can be envisaged: either we support the construction of a network and/or forum which enables MOOC users to help and encourage one another, or we provide "tutors". In terms of the first suggestion, the simplest thing to do is provide MOOCers with meeting places in local communities, where they can find all information regarding MOOCs, and possibly kiosks to follow the courses if they do not have a computer of their own. In countries where the provision of higher education or vocational training is insufficient or non-existent, the use of MOOCs is not a Utopian prospect; in actual fact, it is an urgent need which both governments and charities ought to encourage and even fund. As we have seen, in order for this strategy to work, it is important to have one or more tutors based locally, who can encourage the participants to keep pace with the rhythm of the course, comment on and correct the exercises, and even add some exercises of their own. Tutors are very useful in helping to detect the most frequent mistakes or misunderstandings, and also serve as an interface with the team in charge of the MOOC."

5. CONCLUSÕES

Ao longo desta pesquisa, foi possível observar que as especificidades da educação mudaram a forma como as abordagens pedagógicas desafiam um novo olhar sobre o ensino à distância, sendo a educação digital vista como nova fronteira da chamada sociedade da informação. Nesse contexto, o chamado ensino à distância (EaD) foi analisado à luz da doutrina contemporânea do direito digital, com incursões pelos diversos aspectos que orbitam o papel crucial desempenhado pelas Tecnologias da Informação e Comunicação (TICs) na mudança de paradigma do ensino hodierno, pelo qual se vivencia o desafio de promover uma reaproximação entre professor e alunos para que as fronteiras geográficas já superadas na difusão do acesso à educação não gerem embaraços ao objetivo primordial do ensino: a aprendizagem efetiva.

A partir disso, algumas constatações foram colhidas:

a) Os chamados *Massive Open On-line Courses*, ou MOOCs – oferecidos por diversas instituições de renome, inclusive estrangeiras, a todo e qualquer internauta – surgiram como uma proposta inovadora para fraquear acesso amplo, gratuito ou barato, com ou sem certificação, pela Internet. Isso acarretou grande empolgação na segunda década do século XXI, colocando em xeque a necessidade de reestruturação das balizas pedagógicas mais tradicionais frente ao (pretenso) poder da tecnologia para a concretização do direito fundamental à educação;

b) Entretanto, na mesma medida em que a tecnologia permitiu maior difusão de cursos pela Internet e, consequentemente, maior alcance – e lucratividade – para as instituições que os ofertam, também ela, a tecnologia, se revelou insuficiente para atender a tais demandas com iniciativas padronizadas e genéricas como os MOOCs, o que demandou o desenvolvimento de técnicas mais refinadas de interação, baseadas em algoritmos e processos de aprendizagem de máquina (*machine learning*), tais como o *educational data mining*, o *learning analytics* e o *adaptive learning* – este último tomado como hipótese de pesquisa para a solução do problema elencado no recorte metodológico do trabalho;

c) Após breves reflexões sobre os direitos fundamentais à privacidade e à proteção de dados pessoais, obtemperou-se a inegável pertinência do *adaptive learning* para a solução do problema sugerido. Contudo, notou-se a predominância de várias barreiras à sua concretização, variando de entraves técnicos, como a demanda de grande poder computacional e de investimentos no desenvolvimento de algoritmos adequados a cada realidade de ensino, até a necessidade de capacitação dos docentes para o adequado uso dessas ferramentas;

d) Diante da premente necessidade (e das dificuldades) de tornar o *adaptive learning* viável e escalável, conclui-se que é imperiosa a união de esforços entre desenvolvedores de *software*, instituições de ensino e empresas do mercado editorial, além do próprio fomento estatal à utilização de ferramentas deste tipo, para que seja possível a formatação de alianças estratégicas que permitam o atingimento desse desiderato.

6. REFERÊNCIAS

ALPAYDIN, Ethem. *Introduction to machine learning*. 2. ed. Cambridge: The MIT Press, 2010.

BARANIUK, Richard G. Challenges and opportunities for the Open Education Movement: A Connexions case study. *In:* IIYOSHI, Toru; KUMAR, M. S. Vijay (Eds.). *Opening up education*: The collective advancement of education through open technology, open content, and open knowledge. Princeton: Carnegie Foundation for the Advancement of Teaching; Cambridge: The MIT Press, 2008.

BARIANI, Isabel Cristina Dib. *Estilos cognitivos de universitários e iniciação científica*. 1998. 146f. Tese (Doutorado em Educação). Universidade Estadual de Campinas, Campinas.

BAUMAN, Zygmunt; RAUD, Rein. *A individualidade numa época de incertezas*. Tradução de Carlos Alberto Medeiros. Rio de Janeiro: Zahar, 2018.

BECHARA, João José Bignetti; HAGUENAUER, Cristina Jasbinschek. Por uma aprendizagem adaptativa baseada na plataforma Moodle. *Revista EducaOnline*, Rio de Janeiro, v. 4, n. 1, p. 1-10, jan./abr. 2010.

BIONI, Bruno Ricardo. *Proteção de dados pessoais*: a função e os limites do consentimento. Rio de Janeiro: Forense, 2019.

BRANCO, Sérgio. As licenças Creative Commons. *In:* MARTINS, Guilherme Magalhães; LONGHI, João Victor Rozatti (Coords.). *Direito digital*: direito privado e internet. 3. ed. Indaiatuba: Foco, 2020.

CAMPOS, Newton M. Ensino adaptativo: o *Big Data* na educação. *Estadão*, São Paulo, 26 abr. 2014. Disponível em: http://blogs.estadao.com.br/a-educacao-no-seculo-21/ensino-adaptativo-o-big-data-na-educacao/. Acesso em: 30 out. 2020.

CASTILHO, Ricardo. *Educação e direitos humanos*. São Paulo: Saraiva, 2016.

COMTE, Auguste. *La synthèse subjective*. Paris: Anthropos, 1856. Disponível em: https://gallica.bnf.fr/ark:/12148/bpt6k9451g.texteImage. Acesso em: 30 out. 2020.

DONEDA, Danilo. *Da privacidade à proteção de dados pessoais*. Rio de Janeiro: Renovar, 2006.

DURKHEIM, Émile. *Educação e sociologia*. Tradução de Lourenço Filho. 11. ed. São Paulo: Melhoramentos, 1978.

FONTE, Felipe de Melo. *Políticas públicas e direitos fundamentais*: elementos de fundamentação do controle jurisdicional de políticas públicas no estado democrático de direito. São Paulo: Saraiva, 2013.

FOUCAULT, Michel. *Microfísica do poder*. Tradução de Roberto Machado. 28. ed. São Paulo: Paz e Terra, 2014.

FREIRE, Paulo. *Pedagogia da autonomia*: saberes necessários à prática educativa. 25. ed. São Paulo: Paz e Terra, 1996.

FREIRE, Paulo. *Pedagogia do oprimido*. 12. ed. São Paulo: Paz e Terra, 1987.

GADOTTI, Moacir. *Educação e poder*: introdução à pedagogia do conflito. 13. ed. São Paulo: Cortez, 2003.

GASPARINI, Isabela; PIMENTA, Marcelo; EYHARABIDE, Victoria; AMANDI, Analia; SCHIAFFINO, Silvia; OLIVEIRA, José Palazzo M. de. Improving user profiling for a richer personalization: modeling context in E-Learning. *In:* GRAF, Sabine; LIN, Fuhua; McGREAL, Rory (Eds.). *Intelligent adaptive learning systems*: Technology enhanced support for learners and teachers. Hershey: IGI Global, 2012.

GEERTZ, Clifford. *Nova luz sobre a antropologia*. Tradução de Vera Ribeiro. Rio de Janeiro: Zahar, 2001.

GIOVA, Giuliano. Educação e cidadania digital: nascer, morrer e renascer no mundo digital, onde deixaram o manual? *In:* ABRUSIO, Juliana (Coord.). *Educação digital*. São Paulo: Revista dos Tribunais, 2015, p. 31-48.

GOETTENAUER, Carlos Eduardo. Algoritmos, inteligência artificial, mercados. Desafios ao arcabouço jurídico. *In:* FRAZÃO, Ana; CARVALHO, Ângelo Gamba Prata de (Coords). *Empresa, mercado e tecnologia*. Belo Horizonte: Fórum, 2019.

HABER, Jonathan. *MOOCs*. Cambridge: The MIT Press, 2014.

HAND, David; MANNILA, Heikki; SMYTH, Padhraic. *Principles of data mining*. Cambridge: The MIT Press, 2001.

IFENTHALER, Dirk. Intelligent model-based feedback: Helping learners to monitor their individual learning progress. *In:* GRAF, Sabine; LIN, Fuhua; McGREAL, Rory (Eds.). *Intelligent adaptive learning systems*: Technology enhanced support for learners and teachers. Hershey: IGI Global, 2012.

JOST, Ethan; CHRISTIANSEN, Morten H. Statistical learning as a domain-general mechanism of entrenchment. *In:* SCHMID, Hans-Jörg (Ed.). *Entrenchment and the Psychology of Language Learning*: How we reorganize and adapt linguistic knowledge. Berlim: De Gruyter, 2017.

JULLIEN, François. *De l'universel, de l'uniforme, du commun et du dialogue entre les cultures*. Paris: Fayard, 2008. *E-book*.

JUNG, Carl Gustav. *Tipos psicológicos*. Tradução de Lúcia Mathilde Endlich Orth. Petrópolis: Vozes, 1991.

LONGHI, João Victor Rozatti; FALEIROS JÚNIOR, José Luiz de Moura. Nota introdutória. *In:* LONGHI, João Victor Rozatti; FALEIROS JÚNIOR, José Luiz de Moura (Coords.). *Estudos essenciais de direito digital*. Uberlândia: LAECC, 2019.

MASLOW, Abraham Harold. *Motivation and personality*. 2. ed. Nova York: Harper & Row, 1970.

MAYOS SOLSONA, Gonçal. Nuevos fenómenos-inter: interconstitucionalidad e interculturalidade. *In:* MAYOS SOLSONA, Gonçal; CARBONELL, José Carlos Remotti; DÍAZ, Yanko Moyano (Ed.); COELHO, Saulo de Oliveira Pinto; BORGES, Alexandre Walmott; HENRIQUE JÚNIOR, Moacir (Org.). *Interrelación filosófico-jurídica multinivel*: estudios desde la interconstitucionalidad, la interculturalidad y la interdisciplinariedad para un mundo global. Barcelona: Linkgua, 2016.

McLUHAN, Marshall. *Os meios de comunicação como extensões do homem*. Tradução de Décio Pignatari. São Paulo: Cultrix, 2007.

MENESES, Marcelo Figueiredo de; JIMENE, Camilla do Vale. A tecnologia que permeia a escola: uma breve visão histórica. *In:* ABRUSIO, Juliana (Coord.). *Educação digital*. São Paulo: Revista dos Tribunais, 2015, p. 61-68.

MONTEIRO, Renato Leite; CARVINO, Fabrício Inocêncio. Adaptive learning: o uso de inteligência artificial para adaptar ferramentas de ensino ao aluno. *In:* ABRUSIO, Juliana (Coord.). *Educação digital*. São Paulo: Revista dos Tribunais, 2015, p. 241-254.

MORIN, Edgar. *Os setes saberes necessários à educação do futuro*. Tradução de Catarina Eleonora F. Silva e Jeanne Sawaya. São Paulo: Cortez, 2000.

MYERS, Isabel Briggs; MYERS, Peter B. *Ser humano é ser diferente*: valorizando as pessoas por seus dons especiais. Tradução de Eliana Rocha e Ilda Schulter. São Paulo: Gente, 1997.

PFEIFFER, Laetitia. *MOOC, COOC*: la formation professionnelle à l'ère du digital. Paris: Dunod, 2015.

POLTRONIERI, Renato. Internet, sociedade, escola e Estado na era digital: relação jurídica necessária? *In:* ABRUSIO, Juliana (Coord.). *Educação digital*. São Paulo: Revista dos Tribunais, 2015, p. 93-106.

POMEROL, Jean-Charles; EPELBOIN, Yves; THOURY, Claire. *MOOCs*: design, use and business models. Nova Jersey: John Wiley & Sons, 2015.

PORTER, Sarah. *To MOOC or not to MOOC*: How can online learning help to build the future of higher education? Waltham/Kidlington: Chandos, 2015.

RAWLS, John. *O liberalismo político*. Tradução de Dinah de Abreu Azevedo. 2. ed. São Paulo: Ática, 2000.

RHOADS, Robert A. *MOOCs, high technology, and higher learning*. Baltimore: Johns Hopkins University Press, 2015.

ROUSSEAU, Jean-Jacques. *Émile, ou de l'Éducation*. La Haye: Jean Néaulme, 1712, t. I. Disponível em: https://gallica.bnf.fr/ark:/12148/btv1b8614553x/f1.image. Acesso em: 30 out. 2020.

SEN, Amartya; DRÈZE, Jean. *Glória Incerta*: a Índia e suas contradições. Tradução de Ricardo Doninelli Mendes e Leila Coutinho. São Paulo. Cia. das Letras, 2015.

TOPOL, Eric; LEE, Kai-Fu. It takes a planet. *Nature Biotechnology*, Nova York, v. 37, p. 858-861, ago. 2019.

VAN DIJK, Jan; VAN DEURSEN, Alexander. *Digital skills*: unlocking the information society. Londres: Palgrave Macmillan, 2014.

WAKS, Leonard J. *The evolution and evaluation of Massive Open Online Courses*: MOOCs in motion. Londres: Palgrave Macmillan, 2016.

WHITESON, Shimon. *Adaptive representations for reinforcement learning*. Berlim/Heidelberg: Springer Verlag, 2017.

WU, Tim. *The attention merchants*: the epic scramble to get inside our heads. Nova York: Vintage, 2016.

Parte IX
ALGORITMOS, CONTRATOS E *BLOCKCHAIN*

42
SMART CONTRACTS

Ana Taveira da Fonseca

Professora Auxiliar da Escola de Lisboa da Faculdade de Direito da Universidade Católica Portuguesa.

Sumário: 1. Sobre a possibilidade de, através de um *smart contract*, se assegurar o cumprimento simultâneo de obrigações emergentes do mesmo contrato. 2. Sobre a possibilidade de, através de um *smart contract*, se abdicar da invocação de meios de defesa por via de exceção. 3. Sobre a possibilidade de, através de um *smart contract*, se executar extrajudicialmente uma obrigação.

Os *smart contracts* entendidos em sentido estrito podem ser definidos como contratos que são suscetíveis de serem concluídos e/ou executados através do recurso à tecnologia de *blockchain*.

Segundo Michèle Finck[1], a expressão *smart contract* se entendida em sentido mais amplo abrangerá toda e qualquer relação controlada por um computador com implicações legais. Não serão, contudo, estes contratos inteligentes aqueles que serão objeto de análise no presente estudo pois, apesar de estarmos perante sistemas que permitem a conclusão e execução de contratos, quando observadas determinadas condições pré-programadas, a sua inviolabilidade não se encontra garantida como acontece com um sistema de *blockchain*.

A *blockchain* constitui uma tecnologia descentralizada de registo de dados (*distributed ledger* ou *decentralised ledger technology*), mais conhecida por servir de suporte ao funcionamento de criptomoedas, mais concretamente da *bitcoin*, mas que está também na base dos *smarts contracts*.

Apesar do nome, estes contratos não são inteligentes[2], uma vez que esta tecnologia não tem obrigatoriamente associada qualquer mecanismo de inteligência artificial que permita tomar decisões autónomas para as quais não foi inicialmente programada. Nos *smart contracts*, temos uma tecnologia cujo resultado é consequência direta de uma programação inicial ("*if-then-else*")[3], em que o "if" corresponde às condições que são programadas e têm de estar verificadas para que as prestações sejam executadas através da plataforma de *blockchain* ("*then else*"). Não há autonomia relativamente à programação inicial. O programa não gera decisões para as quais não estava codificado.

1. Michèle Finck, "Grundlagen und Technologie von Smart Contracts", *Smart Contracts*, Mohr, Tübingen, 2019, p. 1.
2. Sobre a "dumbness of smart contracts", v. Michèle Finck, "Grundlagen und Technologie von Smart Contracts", p. 7 e André Feiteiro, "The complementary but not alternative utility of smart contracts", RDTec, 1, 2020, p.73.
3. Cfr. Aura Esther Vitalta Nicuesa, *Smart legal contracts y blockchain, La contratación inteligente a través de la tecnología blockchain*, Wolters Kluwer, 2019, p. 26 e Andrea Stazi, *Automazione contrattuale e "contratti inteligenti", Gli smart contracts nel diritto comparato,* Giappichelli Editore, Torino, 2019, p. 109.

O que a tecnologia *blockchain* acrescenta aos contratos que podem ser concluídos ou executados por via telemática é a existência de um sistema (inteiramente) descentralizado, pois o seu funcionamento é assegurado pelo registo da informação em blocos agregados em cadeias de transmissão e distribuídos em computadores localizados em todo mundo, sem que exista uma hierarquia entre eles, o que significa que qualquer alteração da informação que se encontra registada depende da conformidade ou concordância entre os diferentes blocos de informação, ou seja, depende de uma confirmação através de um protocolo de consenso entre todos os elos que compõem a cadeia de blocos. A isto acresce que os dados se encontram encriptados e estão temporalmente validados.

Esta forma de operacionalização do sistema permite assegurar, a todo o momento, a inviolabilidade dos registos que constam desses blocos, pois qualquer alteração depende da modificação em todos os elos de uma cadeia que é por natureza multilateral, o que, na prática, se tem mostrado impossível.

O uso da *blockchain* no domínio contratual permite, pois, que as obrigações emergentes de um contrato, mesmo que este seja concluído em linguagem natural, o que ainda hoje acontece as mais das vezes, em face das limitações que a transformação de declarações negociais em códigos binários coloca, sejam executadas de forma autónoma e automática pela plataforma. Autónoma porque não depende de qualquer impulso das partes e automática porque se basta com a verificação das condições contratualmente previstas. Outros sistemas informáticos são capazes de igualmente garantir uma execução autónoma e automáticas de obrigações contratuais, mas a descentralização do sistema e a encriptação dos dados que são características da *blockchain* asseguram, pelo menos em abstrato, que não será possível impedir ou modificar a execução das obrigações, quando reunidos os pressupostos de que depende a sua realização.

De facto, se a alteração da informação inserida no sistema só pode fazer-se se existir uma concordância entre todos os blocos que o compõem e estes não se encontram concentrados nas mesmas entidades, a possibilidade de se proceder a uma modificação fraudulenta está naturalmente muito dificultada.

Sucede, porém, que esta grande vantagem que a *blockchain* tem quando aplicada no domínio contratual constitui também a sua maior debilidade. Na verdade, se as obrigações codificadas numa determinada plataforma não podem ser modificadas, o devedor pode vir a cumprir uma obrigação numa situação em que esta não é, afinal, judicialmente exigível. Por outro lado, como a plataforma assegura a própria execução da obrigação, isto significa que se prescinde, por esta via, da tutela pública de certos direitos de crédito que, de outra forma, em caso de incumprimento, só poderiam ser executados através dos tribunais. O que cabe perguntar é, pois, se estes acordos serão admissíveis à luz do nosso ordenamento jurídico.

Partiremos de um conjunto de exemplos, através dos quais se procurará enquadrar o problema sobre o qual pretendemos versar no presente trabalho.

I. A celebra com B um contrato de compra e venda de uma participação social. As obrigações de pagamento do preço e de transferência da titularidade da participação social foram codificadas numa plataforma de *blockchain*. Poderá a plataforma impedir a transferência dessa titularidade enquanto o preço não for pago?

II. A celebra com B um contrato de compra e venda de uma participação social. As partes acordaram que o preço seria pago em *bitcoins* quando determinadas condições precedentes estivessem verificadas. Apesar de cumpridas as condições, B pretende resolver o contrato por alteração das circunstâncias. Poderá a resolução refletir-se na execução do contrato e, por essa via, impedir-se o pagamento do preço na data em que este seria devido? Imagine-se, agora, que no contexto de uma pandemia, foi concedida uma moratória a determinados devedores. Como é que a moratória concedida por lei e que não era previsível à data da conclusão do contrato se reflete na plataforma de *blockchain*?

III. A celebra com B um contrato de locação financeira. As obrigações de pagamento das rendas são codificadas numa plataforma de *blockchain*. De acordo com o clausulado no referido contrato, o sistema elétrico do automóvel seria automaticamente bloqueado pela plataforma se não se procedesse ao pagamento atempado de três rendas. B necessita do automóvel para se deslocar ao hospital, porque a sua filha se encontra com febre e com um ataque de asma. Será que este tipo de execução privada das obrigações será legítimo à luz do ordenamento jurídico português? Poderá recorrer à força própria para retirar o bloqueio do automóvel ou tratar-se-á de uma ação ilícita?

1. SOBRE A POSSIBILIDADE DE, ATRAVÉS DE UM *SMART CONTRACT*, SE ASSEGURAR O CUMPRIMENTO SIMULTÂNEO DE OBRIGAÇÕES EMERGENTES DO MESMO CONTRATO

Conforme já assinalado, os *smart contracts* não têm obrigatoriamente associados mecanismos de inteligência artificial. O que caracteriza aplicação da tecnologia *blockchain* ao domínio contratual é a existência de uma programação inicial, onde se estabelecem as condições para que determinada prestação seja executada, programação essa que não pode ser modificada sem que a alteração seja difundida em todos os blocos que compõem a cadeia que é, por natureza, descentralizada.

Em face do exposto, fácil é de concluir que uma das mais-valias dos *smart contracts* é a de assegurar o cumprimento simultâneo de obrigações, ligadas ou não entre si por um vínculo de sinalagmaticidade, sem necessidade de recorrer a terceiros, aumentando, assim, a segurança e reduzindo substancialmente os custos de transação. Na verdade, nenhuma das partes se tem de vincular a cumprir antecipadamente, correndo o risco de não receber a contraprestação, nem é necessário recorrer a um terceiro para garantir o cumprimento das obrigações.

O *smart contract* permite uma sincronização perfeita da realização das prestações. O verdadeiro cumprimento *Zug um Zug* ou, como designam os autores franceses *trait pur trait*, das prestações emergentes do mesmo contrato, assim conseguindo-se ultrapassar aquilo que para Oesterle[4] e Larenz[5], nos anos 80 do século passado, parecia impossível, a simultaneidade entendida em sentido naturalístico da realização das prestações emergentes do mesmo contrato.

A plataforma assegura que o devedor não tenha de realizar uma prestação até que uma contraprestação a que tem direito seja efetuada, o que significa que tem aqui uma função instrumental, pois permite operacionalizar o funcionamento de institutos como a exceção de não cumprimento e o direito de retenção, até em situações em que, por vezes,

4. Cf. Oesterle, *Die Leistung Zug um Zug*, Duncker & Humblot, Berlin, 1980, p. 28 e ss.
5. Cf. Larenz, *Lehrbuch des Schuldrechts*, I, *Allgemeiner Teil*, 14. ed. C.H. Beck, München, 1987, p. 200.

o devedor tinha dificuldade em lançar mão destes institutos. Pense-se, a este propósito, nas hipóteses em que o lugar de cumprimento das obrigações é distinto. É verdade que há situações em que o legislador português faz coincidir o lugar de cumprimento das obrigações que devem ser cumpridas em simultâneo para permitir a invocação da exceção de não cumprimento. É o que acontece no artigo 885º, nº1, do Código Civil português[6], onde se determina que o pagamento do preço deve ser feito no local onde a coisa vendida deve ser entregue. Deste disposição, já se procurou extrair uma regra geral de acordo com a qual as obrigações unidas por um vínculo de sinalagmaticidade devem ser cumpridas no lugar de cumprimento da obrigação que tipifica o contrato. Há, contudo, contratos em que não é possível definir a obrigação que os tipifica. É o que sucede com o contrato de troca. As partes podem e devem naturalmente acordar expressa ou tacitamente – nomeadamente quando uma das prestações só pode ser realizada num determinado local – um lugar de cumprimento comum, mas quando tal não sucede, é difícil assegurar que as prestações são realizadas em simultâneo. Quando António troca com Bernardo um trator por um cavalo de corrida e o trator tem de ser entregue em Lisboa e o cavalo em S. Paulo, é difícil assegurar que o cumprimento destas obrigações será feito em simultâneo. Porém, se as obrigações forem codificadas numa plataforma de *blockchain* é possível que o sistema elétrico do automóvel desbloqueie ao mesmo tempo em que António passa a ter acesso à cavalariça onde se encontra o cavalo.

A verdade é também que o devedor não pode recusar o cumprimento de uma obrigação, sempre que o seu credor não realize, por sua vez, uma contraprestação a que esteja adstrito para com este. Há determinados pressupostos que têm de estar verificados, sob pena de essa recusa ser ilícita e o devedor entrar em mora[7].

Retomando o exemplo enunciado em I, poderá, de facto, a plataforma impedir o pagamento do preço enquanto não ocorrer a transferência da titularidade da participação social. Claro está que, para tal, é preciso que essa transferência da titularidade se possa fazer através da rede de *blockchain* ou que esta possa aceder a essa informação através de oráculos que trazem para a primeira referências vindas do exterior. Porém, para que não haja mora do devedor, é necessário que esta recusa de cumprimento que se operacionaliza através da plataforma possa ser considerada lícita. Para tanto, impõe-se que as condições de que depende o pagamento do preço sejam codificadas em respeito pelos limites impostos por lei ao exercício deste direito de recusa. Conseguimos, contudo, antever que nem sempre tal será fácil. Como prever, por exemplo, de antemão que o exercício deste direito de recusa não é considerado contrário à boa-fé[8]? A questão não será de fácil solução, posto que não existe um princípio de proporcionalidade estrita que imponha que o valor da prestação recusada seja equivalente ao da prestação incumprida. Para determinar se

---

6. Pertencem ao Código Civil português vigente todos os preceitos legais doravante referidos sem indicação da respetiva proveniência.

7. Sobre os pressupostos de que depende o acionamento da exceção de não cumprimento e do direito de retenção, v. Ana Taveira da Fonseca, *Da Recusa de Cumprimento da Obrigação para Tutela do Direito de Crédito, Em especial na excepção de não cumprimento, no direito de retenção e na compensação*, Almedina, Coimbra, 2015, p. 101 e ss. e 286 e ss.

8. Sobre os limites impostos pela boa-fé ao exercício da exceção de não cumprimento e do direito de retenção, v. Ana Taveira da Fonseca, *Da Recusa de Cumprimento da Obrigação para Tutela do Direito de Crédito*, cit., p. 219 e ss. e 356 e ss.

e em que medida pode o cumprimento de uma obrigação ser recusado, deve ter-se em consideração as consequências que o exercício da *exceptio* terá para ambos os contraentes, o grau de culpa do contraente que não realizou ou ofereceu a contraprestação, a duração do incumprimento, a probabilidade de a contraprestação vir a ser realizada no futuro e a importância de cada uma das prestações para os respetivos credores.

2. SOBRE A POSSIBILIDADE DE, ATRAVÉS DE UM *SMART CONTRACT*, SE ABDICAR DA INVOCAÇÃO DE MEIOS DE DEFESA POR VIA DE EXCEÇÃO

Outra das vantagens associadas ao recurso desta tecnologia está precisamente na impossibilidade de, pelo menos no plano teórico, existir incumprimento das obrigações auto-executáveis. Sucede que esta qualidade constitui também, do nosso ponto de vista, a sua grande debilidade. Se é verdade que a *blockchain* permite que os dados registados estejam distribuídos no interior de uma rede e criptograficamente protegidos, pelo que não poderão em princípio ser violados ou adulterados, o que traz benefícios significativos para o credor que vê garantido o cumprimento da obrigação com custos muito inferiores àqueles em que as partes incorreriam caso fosse prestada uma garantia tradicional, a verdade é também que essa sua perpetuidade ou imodificabilidade se pode virar contra o devedor em situações em que, de outra forma, se podia licitamente recusar a cumprir. Esta característica da *blockchain* pode, por conseguinte, originar aquilo a que na doutrina anglo-saxónica se designa por *overenforcement*, ou seja, a um excesso de execução, mais concretamente à execução de uma obrigação numa situação em que a mesma não era devida.

Ainda que, em abstrato, se possa admitir que algumas vicissitudes com reflexos na execução contratual possam ser previamente codificadas, haverá sempre situações que as partes não previram e em que, por isso, o devedor teria legitimidade para se recusar licitamente a cumprir e que, por esta via, se vê impedido de o fazer.

Conceitos como, por exemplo, a alteração da base em que as partes assentaram a decisão de contratar são insuscetíveis de serem transformados em linguagem binária e, como tal, a alteração das circunstâncias, mesmo ocorrendo, não permitirá ao devedor recusar o cumprimento da obrigação. Por esse motivo, ainda que um dos contraentes tenha legitimidade para resolver o contrato por alteração das circunstâncias, com grande probabilidade tal não lhe permitirá impedir a execução da obrigação de que é devedor se tiver optado por recorrer a um *smart contract* para executar as prestações.

Por outro lado, sempre haverá situações que são imprevisíveis à data da conclusão do contrato e, como tal, não poderão aparentemente ser refletidas na execução de um *smart contract*. A este propósito pense-se na hipótese de um contrato de arrendamento de onde resultava que ao fim de x rendas em atraso, o senhorio teria direito a resolver o contrato, deixando o arrendatário de ter automaticamente acesso ao locado. Imaginemos que, no contexto da atual pandemia, lhe éconcedida por lei uma moratória. Como é que a moratória será refletida na plataforma de *blockchain*, onde este *smart contract* se encontra registado, se ela não era previsível à data da conclusão do contrato?

Note-se que, num sistema descentralizado, como da *blockchain*, é difícil assegurar a difusão de uma qualquer alteração do que foi anteriormente codificado, porque a concretização da modificação pressupõe uma concordância de toda a cadeia de blocos, o que torna na prática o código imodificável.

A solução, por vezes, apontada para solucionar algumas das questões suscitadas estará nos oráculos que serão capazes de trazer para a rede informações exteriores a esta. Os oráculos - dentro deste sistema - prometem funcionar como partes terceiras que fornecem dados exteriores à *blockchain*[9]. A principal função dos oráculos é fornecer à *blockchain* informação vinda do exterior para que as prestações nela codificadas sejam executadas em conformidade com aquilo que as partes acordaram[10], mas podem também, por exemplo, fornecer informação que permita em determinadas circunstâncias considerar o contrato resolvido por incumprimento definitivo ou cumprimento defeituoso[11]. Certo é que tal dependerá, em princípio, de um acordo anterior das partes também ele devidamente codificado na *blockchain*. Fácil é de perceber que a atuação destes oráculos depende de as partes serem capazes de antecipar as exceções que ao devedor será lícito invocar contra o credor, o que conduzirá a que, muitas vezes, àquele deixe de ser possível recusar-se licitamente a cumprir por esta via. Por outro lado, a opacidade que ainda rodeia estes oráculos não é de molde a garantir que todas as vicissitudes que podem ocorrer na execução contratual se conseguem refletir na execução das prestações através de uma rede de *blockchain*. Muito menos quais são as garantias de imparcialidade e independência que estes oráculos dão relativamente às partes.

Estas mesmas críticas podem ser transpostas para outras soluções propostas para resolver os problemas identificados. Certos autores defendem o recurso a plataformas de *permissioned blockchain*[12], pois nesse caso as decisões judiciais passariam a ter destinatários concretos e sua execução já poderia ser assegurada.

É preciso igualmente sublinhar que o recurso a oráculos ou plataformas de *permissioned blockchain* anula em parte aquela que é grande vantagem destes contratos "inteligentes": a imodificabilidade e inviolabilidade das obrigações deles emergentes.

Por tudo o que foi exposto, cumpre por último questionar se estará em conformidade com a ordem pública esta possibilidade de o devedor renunciar à oponibilidade de todos os meios de defesa que lhe permitiam licitamente recusar-se a cumprir perante o credor, vinculando-se a realizar a prestação e, quando muito, a pedir de volta numa ação de enriquecimento sem causa aquilo que prestou.

É verdade que nas garantias acessórias automáticas o devedor também se vincula a realizar a prestação quando o credor a exigir e a só discutir posteriormente, numa eventual ação de enriquecimento sem causa, os meios de defesa que podia invocar contra este. Por exemplo, na fiança à primeira solicitação, apesar de se manter a acessoriedade

9. Sobre a importância dos oráculos para estabelecer a ligação entre o contrato e o exterior, v. André Feiteiro, "The complementary but not alternative utility of smart contracts", cit., p. 81.
10. Michèle Finck, "Grundlagen und Technologie von Smart Contracts", cit., p. 8.
11. Aura Esther Vitalta Nicuesa, *Smart legal contracts y blockchain*, cit., pp. 156 e ss. e Andrea Stazi, *Automazione contrattuale e "contratti inteligenti"*, cit., pp. 185 e 186.
12. Aura Esther Vitalta Nicuesa, *Smart legal contracts y blockchain*, cit., p. 160 e Andrea Stazi, *Automazione contrattuale e "contratti inteligenti"*, cit., p. 187.

da garantia, o fiador vincula-se a cumprir a obrigação e a só invocar contra o credor as exceções que ao devedor principal era lícito opor ao credor, depois de realizar a prestação. É verdade que a prestação deste tipo de garantias tem de ser rodeada de certas cautelas para proteção do fiador pelos maiores riscos que lhe andam associadas. Por isso, Pestana de Vasconcelos pronuncia-se no sentido de que existe um dever de informação que recai sobre o credor quanto ao conteúdo da garantia, dever esse que terá um âmbito tanto maior quanto menor for o grau de conhecimento do fiador[13]. Menezes Cordeiro vai até mais longe quando defende que estas garantias só podem ser dadas por instituições de crédito, pois só estas têm capacidade para ajuizar dos riscos que a prestação das mesmas envolve[14]. Certo é, porém, que nas garantias automáticas os tribunais têm assegurado a possibilidade de a sua execução ser paralisada em situações de manifesta fraude ou de abuso do direito, evitando que quando a pretensão do credor seja manifestamente ilegítima, o garante tenha de cumprir.

Sucede que, com o recurso a esta tecnologia, não se encontra de todo acautelado que, mesmo em situações de fraude ou de abuso do direito, o cumprimento possa ser paralisado. A isto acresce que, numa ação de restituição por enriquecimento sem causa, passa a ser o devedor a ter de provar que a prestação que foi realizada através da plataforma de *blockchain* não era devida e a arcar com todas as consequências de ser ele o autor da ação[15], quando o ónus da prova deveria recair sobre o credor titular da pretensão[16].

3. SOBRE A POSSIBILIDADE DE, ATRAVÉS DE UM *SMART CONTRACT*, SE EXECUTAR EXTRAJUDICIALMENTE UMA OBRIGAÇÃO

Através dos dois exemplos que acabámos de abordar foi possível compreender que, num *smart contract*, a execução contratual é assegurada pela plataforma de *blockchain*, garantindo ao credor o recebimento da prestação contratualmente devida sem necessidade de recorrer a tribunal ou a qualquer outro terceiro. A solução parece, quando exequível, apresentar grandes vantagens não só para os estados, porque se evita o recurso ao aparelho jurisdicional para assegurar o cumprimento de uma obrigação, como para o credor a quem o adimplemento pontual da prestação a que tem direito é prometido sem necessidade sequer de exigir a prestação de garantias por parte de um terceiro.

O encantamento que estas vantagens têm suscitado na comunidade jurídica parecem fazer esquecer que estamos perante um meio de tutela privada dos direitos, ainda por cima uma tutela executiva.

Pergunta-se, pois, em que medida se poderá prescindir da tutela pública do direito do credor substituindo-a por uma execução tecnológica cega. Em que medida podem

13. Pestana de Vasconcelos, *Direito das Garantias*, 2.ª ed., Almedina, Coimbra, 2013, p. 111.
14. Menezes Cordeiro, *Tratado de Direito Civil*, vol. X, *Direito das Obrigações – Garantias*, Almedina, Coimbra, 2015, p. 508.
15. Sobre as dificuldades que para o devedor poderão advir de não se poder defender por exceção, v. Florian Möslein, "Smart Contracts im Zivil-und Handelsrecht, ZHR, 183, 2019, p. 284.
16. Considerando não existir base legal para se poder presumir a correção da codificação que é feita dos *smart contracts*, v. Thomas Riehm, "Smart Contracts und verbotene Eigenmacht", *Smart Contracts*, Mohr Siebeck, Tübingen, 2019, p. 89.

as partes, por acordo, estabelecer uma tutela privada dos direitos que assegura que a prestação será realizada sem que o devedor a tal se possa opor, mas também sem que os órgãos jurisdicionais competentes possam, na prática, impedir essa execução?

O problema levantado não é naturalmente privativo dos *smart contracts*, mas coloca-se sempre que se pretende executar uma obrigação sem recorrer a um órgão jurisdicional, com base num acordo anterior estabelecido entre credor e devedor.

Em primeiro lugar, cumpre destacar que as cláusulas contratuais que atribuam ao credor ou a outro particular o poder de tutelar o direito do primeiro só poderão ser consideradas válidas se não violarem disposições imperativas vigentes no ordenamento jurídico. A primeira delas é o artigo 1º do Código Processo Civil português. Deste não decorre, contudo, nenhum princípio da taxatividade das formas de tutela privada dos direitos. A única coisa que aí se proíbe, a fim de assegurar a paz social, é o recurso à força própria para realizar o direito. Aquilo que é reservado aos órgãos jurisdicionais é o recurso à força para tutela dos direitos e, mesmo essa reserva de jurisdição, encontra importantes restrições em figuras como a ação direta ou a legítima defesa.

A equiparação que, por vezes, é feita entre a tutela privada dos direitos e o recurso ao uso da força para tutela do próprio direito conduz a que se conclua que a primeira constitui uma forma primitiva de administração da justiça, atentatória da paz social e da justiça, por esse motivo só permitida a título excecional nas situações expressamente previstas na lei[17]. Há, porém, muitas formas de tutela privada dos direitos em que não se recorre ao uso da força. Pense-se, por exemplo, em todas as situações de tutela privada passiva dos direitos em que ao devedor é reconhecido o direito a recusar-se a cumprir até receber do seu credor uma prestação a que tenha direito. Por esta via, o titular do direito não recebe a prestação a que tem direito, mas recusa-se a cumprir uma obrigação para compelir a contraparte a prestar. Vimos, aliás, que os *smart contracts* podem ser um instrumento importante para efetivação deste meio de tutela.

A isto acresce que todas as formas de tutela privada dos direitos devem estar sujeitas ao controlo ulterior do poder judicial. Daí que, apesar da sua função meramente subsidiária em relação à tutela pública, não deve considerar-se que as formas de tutela privada estão sujeitas a um princípio da taxatividade. O importante é, pois, perceber se essa concreta forma de tutela implica o recurso à força e se se encontra sujeita a um controlo judicial ulterior.

Pelo exposto, não podem as partes por acordo recorrer à ação direta em situações em que os pressupostos do artigo 336º não se encontram verificados. O entendimento dominante, na Alemanha, ordenamento em que se inspirou o legislador português, é o de que não se pode ampliar, por acordo, os casos em que é possível o recurso à ação direta, porque tais cláusulas violariam o princípio de que não é possível recorrer à força própria para assegurar a realização do direito de que se é titular[18]. O acolhimento de

17. Cfr. Bianca, "Autotutela", *Enciclopedia del Diritto*, actualização IV, Milano, 2000, p. 130.
18. Cfr. Tilman Repgan, *Staudingers Kommentar zum Bürgerlichen Gesetzbuch mit Einführungsgesetz und Nebengesetzen, 1, Allgemeiner Teil*, §§164-240, Sellier - de Gruyter, Berlin, 2009, §§ 229-231, 96, Florian Möslein, "Smart Contracts im Zivil-und Handelsrecht, cit., p. 282 e Thomas Riehm, "Smart Contracts und verbotene Eigenmacht", cit., p. 92 e 93.

solução contrária implicaria que as partes pudessem, através de um contrato, afastar o princípio do monopólio estadual do uso da força. Solução, aliás, que já era defendida por *Vaz Serra*[19] nos trabalhos preparatórios do Código Civil português e que é confirmada pelo regime jurídico de tutela da posse.

Note-se que a posse, mesmo que não seja acompanhada pela titularidade do direito, é tutelada pelo ordenamento jurídico a ponto de o possuidor ter direito não só a ser judicialmente restituído se for esbulhado (artigo 1278º), como também a usar da ação direta (artigo 1277º), mesmo contra o titular do direito, prerrogativa que o legislador alarga a outros legítimos detentores, como o locatário (artigo 1037º, n. 2), o comodatário (artigo 1133º, n. 2) ou o depositário (artigo 1188º, nº2) . Os meios de defesa da posse visam, por conseguinte, garantir que o desapossamento legítimo só possa ocorrer com intervenção de um órgão estadual, ainda que exista um acordo prévio em que o possuidor/detentor autorize o desapossamento, pois só assim se consegue garantir a paz e ordem públicas[20]. Por esse motivo, defende-se, noutras ordens jurídicas, que estes acordos só constituem uma presunção de facto de que o possuidor concorda com o desapossamento, podendo este ilidir, por qualquer meio, a presunção, o que significa que não é sequer necessário revogar o consentimento que foi dado ao desapossamento, basta a oposição do possuidor/detentor no momento em que a coisa lhe pode ser retirada[21].

Os *smart contracts* viabilizam a execução privada dos direitos do credor, mas é, como vimos, duvidoso o controlo judicial ulterior que é garantido ao devedor, o que significa que esta forma de tutela privada dos direitos pode pôr em causa o monopólio do estado no uso da força.

O caso enunciado em III corresponde a uma situação real. Nos Estados Unidos, uma mãe solteira viu-se impedida de levar a sua filha ao hospital com febre e uma crise de asma, porque o *smart contract* integrado no contrato de leasing tinha bloqueado o seu automóvel por falta de pagamento das rendas[22]. A resposta por parte de alguns legisladores a situações como a descrita passou por impedir a instalação destes dispositivos que permitem bloquear os automóveis à distância[23]. Não sabemos, contudo, se a intervenção legislativa é indispensável para se concluir pela sua ilegalidade, dado que, na prática, eles permitem a execução privada de uma obrigação de restituição do locado, ou seja, através da plataforma de *blockchain*, obtém-se o desapossamento de algo que estava na posse do devedor, o que vimos contraria o princípio do monopólio estadual do uso da força.

Pela mesma ordem de motivos, o recurso à *blockchain* não deve servir para assegurar o despejo extrajudicial que é feito através de uma chave eletrónica que bloqueia a entrada

19. Vaz Serra, *Causas Justificativas do Facto Danoso*, BMJ n. 85, 1959, p. 79 e Ana Taveira da Fonseca (2014), p. 797.
20. Nesse sentido, v. Thomas Riehm, "Smart Contracts und verbotene Eigenmacht", cit., p. 89.
21. Cfr. Thomas Riehm, "Smart Contracts und verbotene Eigenmacht", cit., p. 91.
22. Cokery/Silver-Greenberg, "Miss a Payment? Good Luck in Moving that Car", in https://www.cnbc.com/2014/09/25/miss-a-payment-good-luck-moving-that-car.html.
23. Florian Möslein, "Smart Contracts im Zivil-und Handelsrecht, cit., p. 281.

no locado[24], não sendo para este efeito relevante que o devedor se tenha contratualmente vinculado a tolerar o bloqueio[25].

Sendo o recurso à plataforma ilícito, pode naturalmente o detentor opor-se ao desapossamento, recorrendo à ação direta (artigo 336º). Retomando os exemplos anteriores, pode o locatário remover o sistema de neutralização para conseguir conduzir o automóvel ou substituir a chave eletrónica para ter acesso ao locado.

Se não é de aceitar o desapossamento contra a vontade do legítimo possuidor de coisas corpóreas, isto significa, na prática, que a auto-execução assegurada por um *smart contract* só será de admitir para a transação de imateriais ou transferências de somas de dinheiro já "armazenadas" na plataforma de *blockchain*[26].

Os *smart contracts* enquanto contratos que podem ser concluídos e/ou executados através do recurso à tecnologia de *blockchain* garantem com grande segurança a execução de obrigações contratuais quando estiverem verificadas determinadas condições acordadas pelas partes, acautelando muitas vezes que uma parte não tenha de realizar uma prestação sem receber aquela a que tem direito. Apesar de compreendermos as enormes vantagens que a auto-execução contratual tem para o credor da prestação que pode ser efetuada por esta via, os *smart contracts* não estão acima dos ordenamentos jurídicos e, por isso, não devem forçar o cumprimento, nas situações de manifesta fraude ou abuso do direito, muito menos violar o princípio do monopólio estadual do uso da força.

24. Considerando que, para este efeito, não há razão para distinguir as situações em que o senhorio impede a entrada no locado através da substituição da fechadura daquelas em que o acesso àquele é excluído através do bloqueio de uma chave eletrónica, pelo que, em qualquer dos casos, o inquilino pode recorrer à ação direta para reaver a detenção do imóvel, v. Thomas Riehm, "Smart Contracts und verbotene Eigenmacht", cit., p. 93.
25. Thomas Riehm, "Smart Contracts und verbotene Eigenmacht", cit., p. 97.
26. Florian Möslein, "Smart Contracts im Zivil-und Handelsrecht, cit., p. 282 e 283.

43

INTELIGÊNCIA ARTIFICIAL, *BLOCKCHAIN* E *SMART CONTRACTS*: BREVES REFLEXÕES SOBRE O NOVO DESENHO JURÍDICO DO CONTRATO NA SOCIEDADE DA INFORMAÇÃO

Paulo Nalin

Advogado, sócio da Araúz Advogados Associados. Pós-Doutor em Contratos Internacionais pela Juristische Fakultät Basel (Faculdade de Direito da Universidade de Basiléia, Suíça). Doutor em Direito das Relações Sociais pela Universidade Federal do Paraná – UFPR. Mestre em Direito Privado pela Universidade Federal do Paraná – UFPR. Graduado em Direito pela Universidade Federal do Paraná – UFPR. Docente associado de Direito Civil da Universidade Federal do Paraná (Graduação e Pós-Graduação). Professor do L.L.M. da Swiss International Law School (SILS). Foi Professor Titular de Direito Civil da Pontifícia Universidade Católica do Paraná, de 2003 a 2004. Membro da Comissão de Mediação e Arbitragem da Ordem dos Advogados do Brasil, Seccional do Paraná – OAB/PR. Árbitro relacionado nas listas da Câmara de Arbitragem e Mediação da Federação das Indústrias do Paraná - CAMFIEP e Câmara de Mediação e Arbitragem da Associação Comercial do Paraná – ARBITAC. Membro fundador do Instituto Brasileiro de Direito Contratual – IBDCont e Instituto de Direito Privado – IDP. Associado ao Instituto dos Advogados do Paraná – IAP, Instituto de Direito Civil – IBDCivil e Instituto de Direito Comparado Luso-Brasileiro. Membro efetivo do Instituto dos Advogados de São Paulo - IASP. Membro do Comitê Brasileiro de Arbitragem – Cbar. Membro do Grupo de Trabalho do Senado Federal para a consolidação e proposta do novo Código Comercial. Membro do Instituto Brasileiro de Estudos de Responsabilidade Civil (IBERC). E-mail: paulo_nalin@arauz.com.br

Rafaella Nogaroli

Assessora de Desembargador no Tribunal de Justiça do Estado do Paraná (TJPR). Mestranda em Direito das Relações Sociais pela Universidade Federal do Paraná (UFPR). Especialista em Direito Aplicado pela Escola da Magistratura do Paraná (EMAP) e em Direito Processual Civil pelo Instituto de Direito Romeu Felipe Bacellar. Bacharel em Direito e pós-graduanda em Direito Médico pelo Centro Universitário Curitiba (UNICURITIBA). Coordenadora do grupo de pesquisas em "Direito da Saúde e Empresas Médicas" (UNICURITIBA). Membro do Instituto Brasileiro de Estudos de Responsabilidade Civil (IBERC) e do grupo de pesquisas em direito civil-constitucional "Virada de Copérnico" (UFPR). Pesquisadora e escritora na área de responsabilidade civil e direito médico e da saúde, com foco em medicina robótica, inteligência artificial e telemedicina. Participou de diversos cursos de extensão nacionais e internacionais em bioética, novas tecnologias e proteção de dados, dentre eles: curso "Artificial Intelligence for Healthcare: Opportunities and Challenges", da Taipei Medical University (Taiwan); curso "Inteligência Artificial e Big Data", do Hospital Albert Einstein (São Paulo); curso "Proteção de Dados, Tecnologia e Saúde", da PUC-Rio; e curso em "Bioética e Direito Médico", da Universidade de Coimbra (Portugal). Endereço eletrônico: nogaroli@gmail.com

Sumário: 1. Introdução. 2. Automação da execução contratual nos *smart contracts*. 3. Riscos inerentes aos *smart contracts* e a necessária releitura dos seus princípios informadores. 4. Privacidade e proteção de dados nos *smart contracts* e *blockchain*. 5. Conclusão. 6. Referências.

1. INTRODUÇÃO

A revolução tecnológica promovida pela Sociedade da Informação[1] vem modificando consideravelmente a forma pela qual contratos são constituídos e executados, o que desafia a compreensão da dinâmica das relações contratuais e suscita questionamentos acerca dos seus benefícios, bem como da eventual necessidade de releitura dos princípios que regem esses novos arranjos firmados. A utilização de *smart contracts* (contratos inteligentes), algoritmos de inteligência artificial e *blockchain* – inovações tecnológicas que prometem estar cada vez mais presentes nas relações contratuais – traz consigo necessárias reflexões sobre os impactos sociais, econômicos e jurídicos deste novo fenômeno jurídico.

Os primeiros contratos inteligentes surgiram muito antes da tecnologia *blockchain* e continham regras de transação programadas em uma máquina automatizada. A ideia era reduzir custos com mão-de-obra e oferecer disponibilidade aos contratantes 24 horas por dia e 7 dias por semana. Dentre os *smart contracts* não baseados em *blockchain*, citam-se: máquinas de vendas automatizadas, bloqueio de telefones por provedores de telecomunicações e carros com limitações de velocidade. Nick Szabo criou a expressão "smart contracts" em 1997, na obra "*Smart contracts: formalizing and securing relationships on public networks*". A proposta de uma nova forma de executar contratos eletrônicos pela transposição de contratos em códigos, para que eles pudessem ser confiáveis (*trustless*) e autoexecutáveis, teve o objetivo de aumentar a velocidade e eficiência das relações contratuais.[2]

A sofisticação e a complexidade dos contratos inteligentes têm crescido exponencialmente a partir da difusão da tecnologia *blockchain*.

Com eles, abre-se a possibilidade de, por exemplo, celebrar um contrato inteligente (*smart*) de compra e venda de um automóvel, pela internet, sem nenhum intermediário. O comprador recebe um código de acesso à trava inteligente da garagem onde se encontra o veículo e, assim que for debitado da conta dele o preço estipulado, ele é registrado automaticamente como o novo proprietário e recebe o código de acesso, sendo o valor de venda transferido para a conta do vendedor.[3] Nota-se que o sentido *smart* da relação contratual se assenta na agilidade da operação e nos custos da transação.

O modo de execução contratual, no cenário dos contratos inteligentes, transforma-se, uma vez que, não apenas a celebração se dá de modo automatizado, como também a execução, mediante ordens predeterminadas das partes contratantes.[4] Ademais, o estudo do risco contratual vem sendo diuturnamente renovado, devido a difusão dos

1. A Sociedade da Informação é constituída por tecnologias de informação e comunicação que envolvem a aquisição, o armazenamento, o processamento e a distribuição da informação por meios eletrônicos. (VAN DIJK, Jan. *The network society*. 2. ed. Londres: Sage Publications, 2006, p. 253-254).
2. MIRAGEM, Bruno. Novo paradigma tecnológico, mercado de consumo digital e o direito do consumidor. *Revista de Direito do Consumidor*, v. 125, p. 17-62, set./out. 2019.
3. SZABO, Nick. *Smart Contracts*: Building Blocks for Digital Market, 1996, Disponível em: http://www.fon.hum.uva.nl/rob/Courses/InformationInSpeech/CDROM/Literature/LOTwinterschool2006/szabo.best.vwh.net/smart_contracts_2.html. Acesso em: 08 out. 2020.
4. TEPEDINO, Gustavo; SILVA, Rodrigo da Guia. Inteligência artificial, *smart contracts* e gestão do risco contratual. *In*: TEPEDINO, Gustavo; SILVA, Rodrigo da Guia. (Coord.). *O Direito Civil na Era da inteligência artificial*. São Paulo: Thomson Reuters Brasil, 2020, p. 373-396.

algoritmos de inteligência artificial e *smart contracts* como ferramentas para a alocação e gestão do risco contratual.

Todavia, nesse novo cenário das relações contratuais, devido ao potencial disruptivo das soluções tecnológicas, surgem questões sensíveis à sociedade pós-moderna e ao Direito, como privacidade e segurança das informações.[5] Destaque-se, ainda, a renovada discussão sobre deveres anexos nessas contratações e a necessária superação de eventuais práticas abusivas. Além disso, apesar de a tecnologia *blockchain* surgir com a promessa de trazer maior segurança para os contratos, têm-se amplamente debatido se a forma de armazenamento e transmissão de dados em *blockchain* está em conformidade com leis de proteção de dados, nos âmbitos europeu e brasileiro.

Diante disso, o presente estudo tem o intuito de proporcionar um breve panorama dos benefícios e novos desafios às relações contratuais com o advento da inteligência artificial, *blockchain* e *smart contracts*.

Inicialmente, será discutida a automação da execução contratual nos *smart contracts*, bem como a alocação de riscos contratuais por meio de algoritmos de inteligência artificial.[6]

Posteriormente, serão desenvolvidas algumas reflexões sobre os riscos inerentes aos *smart contracts* e a necessária releitura dos seus princípios informadores.

Por fim, o foco do estudo estará na discussão sobre proteção de dados nos *smart contracts* e na tecnologia *blockchain*.[7]

2. AUTOMAÇÃO DA EXECUÇÃO CONTRATUAL NOS *SMART CONTRACTS*

O contrato inteligente (*smart contract*) é uma forma de contratação na qual a execução é automatizada – e não automática –, isto é, por meio de sistemas cuja operação é determinada por algoritmos.[8] O termo *smart* vem do fato de que a execução contratual ocorre sem intervenção humana; a liquidação do contrato é acionada automaticamente se as condições pré-acordadas codificadas no contrato forem atendidas.

Nesse sentido, Aline Terra e Deborah Santos explicam que os *smart contracts* são códigos de programação autoexecutáveis, "escritos em linguagem de programação e implementados em *hardware* ou em *software*, por meio da técnica de criptografia, e normalmente inscritos como blocos imutáveis para a formação da cadeia de *blockchain*".[9]

---

5. MARQUES, Claudia Lima; MUCELIN, Guilherme. Inteligência artificial e "opacidade" no consumo: a necessária revalorização da transparência para a proteção do consumidor. *In*: TEPEDINO, Gustavo; SILVA, Rodrigo da Guia. (Coord.). *O Direito Civil na Era da inteligência artificial*. São Paulo: Thomson Reuters Brasil, 2020, p. 411-439.
6. Ao propósito do estudo de conceitos básicos sobre inteligência artificial, remete-se a FLASI SKI, Mariusz. *Introduction to Artificial Intelligence*. Cham: Springer, 2016, *passim*.
7. BERGSTEIN, Laís. Inteligência artificial nas práticas de *geopricing* e *geoblocking*: a tutela dos vulneráveis nos contratos eletrônicos. *In*: TEPEDINO, Gustavo; SILVA, Rodrigo da Guia. (Coord.). *O Direito Civil na Era da inteligência artificial*. São Paulo: Thomson Reuters Brasil, 2020, p. 441-468.
8. RASKIN, Max. The Law And Legality Of Smart Contracts. *Georgetown Law Technology Review*, Georgetown, v. 1, n. 305, 2017, p. 305-341.
9. TERRA, Aline de Miranda Valverde; SANTOS, Deborah Pereira dos. Do pacta sunt servanda ao code is law: breves notas sobre a codificação de comportamentos e os controles de legalidade nos smart contracts. *In*: TEPEDINO, Gustavo; SILVA, Rodrigo da Guia. (Coord.). *O Direito Civil na Era da inteligência artificial*. São Paulo: Thomson Reuters Brasil, 2020, p. 397-490.

Pode-se compreender o *smart contract* como uma "caixa criptografada", que desbloqueia valor ou direito de acesso se (e quando) determinadas condições preestabelecidas forem cumpridas. Por exemplo: "se Felipe efetuar o pagamento em *bitcoins*, o imóvel de Joana será registrado em nome de Manuel na plataforma *blockchain*". Tais valores de acesso são armazenados na *blockchain*, que protege esses valores e direitos contra exclusão, adulteração e fraude.

Nick Szabo explica que é possível diferenciar um contrato tradicional de um *smart contract* por meio da analogia com uma *vending machine*, onde você insere uma cédula de dinheiro para receber um chocolate ou outra guloseima.[10] No contrato "tradicional", as partes reúnem-se, a fim de estabelecer as premissas da operação e, assim, seguem para a elaboração de um instrumento contratual, que formalizará aquela relação. Já com uma *vending machine*, a operação fica mais simples e com potencial de risco menor, pois basta inserir o dinheiro, que a máquina entregará imediatamente o produto. De igual modo funciona um contrato inteligente: uma vez que sua "entrada" satisfaça o código dentro do contrato, ele executa automaticamente o acordado por ambas as partes. O objetivo dos contratos inteligentes é permitir que as obrigações sejam reproduzidas por algoritmos, que tornam mais fáceis, baratos e rápidos o seu registro, monitoramento e a execução, dificultando, por consequência, o inadimplemento.

Os *smart contracts* ganharam maior notoriedade com sua inserção em plataformas descentralizadas e criptografadas denominadas *blockchain*. A *blockchain* é um banco de dados de transações organizado cronologicamente em uma rede de computadores.[11] Cada *blockchain* é "criptografado e organizado em um conjunto de dados menores denominados *blocks*. Cada *block* contém uma informação sobre um certo número de transações, uma referência ao *block* anterior da cadeia (*chain*), e a solução para um algoritmo matemático (*hash*), que será usado para validação das informações incrementadas e associadas àquele bloco".[12] O *blockchain*, segundo João Chaves, funciona da seguinte maneira:

> (...) primeiramente, a autenticidade das informações de uma transação é conferida antes de ser incluída no sistema, mediante a conferência dos detentores das chaves e os endereços indicados, para, na sequência, ser criptografada, a fim de guardar a confidencialidade das informações inseridas. Esta verificação de autenticidade ocorre a cada 10 minutos na rede, cujo procedimento, denominado de mineração, é imprescindível para a inclusão de dados na rede *blockchain*. Esse processo de validação leva em conta todas as outras transações incluídas nos blocos existentes, de modo que as informações somente são inseridas na rede após a verificação de todas as outras transações já validadas, garantindo a veracidade das informações incluídas.[13]

Portanto, as características inerentes da rede *blockchain* demonstram que ela é uma tecnologia inovadora, que traz inúmeras vantagens para os *smart contracts*, des-

10. SZABO, Nick. *Smart Contracts*: Building Blocks for Digital Market, 1996, Disponível em: http://www.fon.hum.uva.nl/rob/Courses/InformationInSpeech/CDROM/Literature/LOTwinterschool2006/szabo.best.vwh.net/smart_contracts_2.html. Acesso em: 08 out. 2020.
11. DIVINO, Sthéfano Bruno Santos. Smart contracts: conceitos, limitações, aplicabilidade e desafios. *Revista Jurídica Luso-Brasileira*, a. 4, n. 6, 2018, p. 2.776-2.777.
12. DIVINO, Sthéfano Bruno Santos. Smart contracts: conceitos, limitações, aplicabilidade e desafios. *Revista Jurídica Luso-Brasileira*, a. 4, n. 6, 2018, p. 2.776-2.777.
13. CHAVES, João Leandro Pereira. A aplicação de smart contracts nos contratos de derivativos. *Revista de Direito Bancário e do Mercado de Capitais*, v. 87, p. 151- 168, jan.-mar. 2020

tacando-se: a garantia da segurança das operações, pois aumenta a complexidade em eventual ataque cibernético, tendo em vista a criptografia e a inclusão de um código *hash* para cada transação; assegura a higidez dos dados inseridos na rede, após a devida validação com as transações já inseridas; e, ainda, realiza a descentralização de armazenamento, pois a validação das informações ocorre pela própria rede e os blocos de transações anteriores.

Em linhas gerais, observa-se que a tecnologia *blockchain* possibilita o armazenamento de informações de maneira segura, uma vez que a autenticidade da transação é trazida pela própria rede, isto é, não há necessidade de qualquer agente intermediador para validar os dados inseridos.

Diante disso, Guilherme Magalhães Martins e José Luiz de Moura Faleiros Júnior indicam que a aplicação da tecnologia *blockchain* nos *smart contracts* tem o potencial de "mudar completamente os mercados financeiros e o sistema bancário – a despeito dos evidentes riscos de sua baixa testagem".[14] Ainda, apontam que "nas relações civis mais consuetas, como relações locatícias, pequenos mútuos ou mesmo nos contratos de consumo, aplicações dessa tecnologia poderiam ser vislumbradas e novos riscos precisariam ser contingenciados".[15]

Para Nelson Rosenvald, os *smart contracts* dispensam a formulação de um novo regramento ou uma nova categoria legal, pois eles mantêm a essência de negócio jurídico bilateral, sendo suficiente que "os princípios vigentes sejam adaptados normativamente ou atualizados pela jurisprudência para o adequado tratamento das novas tecnologias, apesar do natural 'gap' existente entre a sua introdução e os ajustes jurídicos necessários".[16] Ainda, vale destacar que, apesar dos contratos inteligentes serem digitalmente expressos, eles são regulados pelas normas do Código civil e Código de Defesa do Consumidor, "sendo os contratantes livres para buscar uma compensação de danos em casos em que o mal funcionamento do sistema propicie a execução de um acordo inválido, ou um acordo válido não possa ser executado".[17]

No mesmo sentido, entendem Gustavo Tepedino e Rodrigo da Guia Silva, ao afirmarem que o *smart contract* não é um tipo contratual – uma nova figura jurídica, a demandar

14. MARTINS, Guilherme Magalhães; FALEIROS JÚNIOR, José Luiz de Moura. Reflexões sobre os contratos inteligentes (smart contracts) e seus principais reflexos jurídicos. *In*: EHRHARDT JÚNIOR, Marcos; CATALAN, Marcos. MALHEIROS, Pablo. (Coord.). *Direito civil e tecnologia*. Belo Horizonte: Fórum, 2020, p. 189-208.
15. Ainda, comentam os atores sobre a rede Ethereum, que é uma plataforma descentralizada que executa contratos inteligentes, e "oferece uma estrutura muito mais completa para a modelagem baseada no conceito de *blockchain*, pois o supera ao agir como uma completa *virtual machine* de Turing. Sua adequação aos *smart contracts* parte disso: trata-se de uma plataforma de infraestrutura subjacente fundamental capaz de executar tudo o que é inerente à rede *blockchains* e protocolos adicionais, funcionando como uma plataforma de desenvolvimento universal unificada. Cada nó (*node*) completo na rede Ethereum executa a Ethereum Virtual Machine para execução uniforme de um programa distribuído (é onde entram os contratos inteligentes). Por isso, a plataforma possui seu próprio ecossistema distribuído, que inclui a veiculação de arquivos, mensagens e comprovação de reputação". (MARTINS, Guilherme Magalhães; FALEIROS JÚNIOR, José Luiz de Moura. Reflexões sobre os contratos inteligentes (*smart contracts*) e seus principais reflexos jurídicos. *In*: EHRHARDT JÚNIOR, Marcos; CATALAN, Marcos. MALHEIROS, Pablo (Coord.) *Direito civil e tecnologia*. Belo Horizonte: Fórum, 2020, p. 189-208.
16. ROSENVALD, Nelson. *A natureza jurídica dos smart contracts*. 2019. Disponível em: https://www.nelsonrosenvald.info/single-post/2019/09/11/a-natureza-jurídica-dos-smart-contracts. Acesso em: 10 out. 2020.
17. ROSENVALD, Nelson. *A natureza jurídica dos smart contracts*. 2019. Disponível em: https://www.nelsonrosenvald.info/single-post/2019/09/11/a-natureza-jurídica-dos-smart-contracts. Acesso em: 10 out. 2020.

uma nova teoria contratual –, mas sim uma forma de contratação realizada por meio de um substituto mais sofisticado para o instrumento contratual. O algoritmo adotado no contrato inteligente somente traduz em termos informáticos a vontade das partes.[18] Portanto, os *smart contracts* são os mesmos negócios jurídicos usualmente firmados com caneta e papel, mas que são instrumentalizados eletronicamente, operacionalizados a partir de nova ferramenta, seguindo metodologia própria.

Ademais, importa salientar que nem toda obrigação será passível de "codificação" *no smart contract*, devido às limitações da própria linguagem de programação.[19] Em certas situações, é necessária a opção por forma diversa de contratar ou de cumprir determinadas obrigações contratuais. Bruno Miragem explica que, nas relações de consumo, a celebração dos contratos inteligentes ocorre tanto em hipóteses nas quais toda a celebração e execução pode se dar digitalmente (por ex., contratação de um seguro, cujo pagamento do prêmio, e eventual regulação e pagamento da indenização possa se dar exclusivamente pela internet), quanto parcialmente (reserva de um hotel no qual o hóspede recebe um código para acesso ao local pelo período contratado, sem a necessidade de *check-in* presencial).[20]

Nota-se que somente podem ser programadas as obrigações que não dependam de juízo de discricionariedade dos contratantes – como a definição do valor da ação para exercício de opção de compra ou implementação de índice de reajuste de preço –, e cujo objeto seja passível de representação digital, tal como na hipótese de um contrato de locação de um automóvel, no qual é instalado um código de programação, que permite o sistema da ignição funcionar apenas se houver o pagamento do preço.[21]

Alega-se que uma das principais vantagens oferecidas pelos contratos inteligentes é justamente a segurança quanto à execução, pois o inadimplemento contratual se torna praticamente impossível.

Contudo, Kevin Werbach e Nicolas Cornell destacam que a execução automática não quer dizer que há necessariamente uma tendência expressiva de diminuição dos litígios instaurados – e dos custos associados a tais questões –, pois as partes, ao invés de reclamarem sobre o descumprimento de determinadas obrigações, passam a requerer a reversão de transações já finalizadas.[22] Desse modo, os litígios permanecerão, mas terão como foco discussões sobre indenização e não mais o inadimplemento contratual em si.

A partir do breve panorama ora apresentado, pôde-se observar que o traço distintivo dos *smart contracts* está na desintermediação das transações comerciais e execução

18. TEPEDINO, Gustavo; SILVA, Rodrigo da Guia. Inteligência artificial, smart contracts e gestão do risco contratual. *In*: TEPEDINO, Gustavo; SILVA, Rodrigo da Guia (Coord.). *O Direito Civil na era da inteligência artificial*. São Paulo: Thomson Reuters Brasil, 2020, p. 373-396.
19. RASKIN, Max. The Law And Legality Of Smart Contracts. *Georgetown Law Technology Review*, Georgetown, v. 1, n. 305, 2017, p. 305-341.
20. MIRAGEM, Bruno. Novo paradigma tecnológico, mercado de consumo digital e o direito do consumidor. *Revista de Direito do Consumidor*, v. 125, p. 17-62, set./out. 2019.
21. TERRA, Aline de Miranda Valverde; SANTOS, Deborah Pereira dos. Do pacta sunt servanda ao code is law: breves notas sobre a codificação de comportamentos e os controles de legalidade nos smart contracts. *In*: TEPEDINO, Gustavo; SILVA, Rodrigo da Guia. (Coord.). *O Direito Civil na Era da inteligência artificial*. São Paulo: Thomson Reuters Brasil, 2020, p. 397-490.
22. WERBACH, Kevin; CORNELL, Nicolas. Contracts ex machina. *Duke Law Journal*, Carolina do Norte, v. 67, n. 2, p. 313-382, nov. 2017.

automática das prestações. Somam-se também vantagens no tocante à previsibilidade sobre o curso da execução contratual e redução de custos.

Além disso, os *smart contracts* possuem funcionalidade na gestão do risco contratual. Imagine-se o já referido exemplo do contrato de locação de um automóvel, com um código de acesso à garagem do veículo locado, que é apenas liberado quando debitado um valor mensal da conta do locatário. Pode existir um mecanismo de desativação do dispositivo de arranque do veículo, diante da ausência de pagamento do aluguel. Vislumbra-se, então, a noção de "self-enforcement", isto é, aplicação de uma medida autoexecutável como remédio ao inadimplemento contratual.[23] Apesar dos benefícios advindos da automação e autoexecutoriedade, há importantes indagações que surgem neste contexto, e pretendemos nos debruçar sobre elas no próximo tópico: até onde vai a liberdade de contratar nos *smart contracts*? As vantagens econômicas que os *smart contracts* oferecem superam os "custos da inflexibilidade" para a utilização de bases principiológicas (como a justiça contratual) ou cláusulas gerais (como a boa-fé objetiva)? Esses contratos devem se subordinar à legalidade constitucional?

3. RISCOS INERENTES AOS *SMART CONTRACTS* E A NECESSÁRIA RELEITURA DOS SEUS PRINCÍPIOS INFORMADORES

Na sociedade atual é imprescindível a compreensão das relações contratuais não apenas nos seus aspectos econômicos, mas também éticos. Já sustentamos a necessidade de serem repensados os princípios contratuais, a partir da premissa de que o contrato é uma "relação complexa solidária".[24] Nessa, ainda muito atual, proposição contratual, mostra-se indiscutível a compreensão do contrato funcionalizado e destinado à realização de valores, para além da mera compreensão como um "acordo de vontades", devendo, sobretudo, ser interpretado sob a égide da boa-fé objetiva e seus princípios contemporâneos derivados – transparência, confiança e equidade – que afirmam o desejo constitucional de um contrato solidário e socialmente justo.[25]

As situações subjetivas de natureza patrimonial devem ser funcionalizadas em favor do atendimento da dignidade da pessoa humana e, por isso, o Direito passa a responder ao chamado de proteção ao patrimônio mínimo como forma de "garantir a própria existência do ser, como meio de realizar o homem, como instrumento basilar na promoção da dignidade".[26]

---

23. A respeito da noção de "self-enforcement" dos contratos inteligentes, imperiosa a remissão às lições de, RASKIN, Max. The Law And Legality Of Smart Contracts. *Georgetown Law Technology Review*, Georgetown, v. 1, n. 305, 2017, p. 305-341.
24. NALIN, Paulo. *Do Contrato - conceito pós-moderno*: em busca de sua formulação na perspectiva civil-constitucional. 2. ed. Curitiba: Juruá, 2006. p. 255.
25. NALIN, Paulo. *Do Contrato - conceito pós-moderno*: em busca de sua formulação na perspectiva civil-constitucional. 2. ed. Curitiba: Juruá, 2006. p. 129-137.
26. NALIN, Paulo; SIRENA, Hugo. Da estrutura à função do contrato: dez anos de um direito construído (estudos completos). *Revista do Instituto do Direito Brasileiro (RIDB)*, ano 2, n. 12, p. 13983-14024, 2013.

Nos últimos anos, ocorreu uma mudança de paradigma no âmbito do Direito Contratual, que o realocou e recondicionou na moldura da dignidade da pessoa humana.[27] Os contratos devem servir como meio de proteger e promover os direitos humanos, de modo que padrões éticos façam parte de todas as relações contratuais. O mecanismo jurídico para o cumprimento de obrigações relacionadas aos direitos humanos corresponde às denominadas "cláusulas éticas".[28] Importante destacar que os princípios norteadores da Teoria Contratual, conforme leciona Fachin, "passam por processos de releituras ao longo do tempo, que os adequam ao contexto histórico e social no qual os contratantes estão inseridos".[29]

O perfil funcional na qualificação das situações jurídicas subjetivas, segundo elucida Anderson Schreiber, possui papel relevante para a determinação da finalidade prático-social dos institutos jurídicos, pois estes não apenas se constituem como instrumentos para realização de interesses privados, mas são, sobretudo, condicionados pela importância dos fins gerais e interesses sociais.[30] No mesmo sentido, Pietro Perlingieri indica a necessidade de compreensão do contrato, empresa e propriedade, a partir da sua função social, ressaltando que o exercício de direitos de conteúdo patrimonial não pode atender somente a uma simples vontade individual, sendo imperativo o escopo social, de uma coletividade.[31] As situações jurídicas patrimoniais são instrumentos para concretização da dignidade humana.

Assim, com a centralidade da pessoa na ordem jurídica, consagrada pela Constituição, impõe-se nova consideração sobre as relações patrimoniais. Nesse sentido, a manifestação do contrato é vista para além das partes contratantes, isto é, expande-se para todo o ambiente e contexto social, "passando a exercer uma função social em prol da justiça contratual".[32] Importante destacar que, embora, durante muito tempo, a vulnerabilidade foi um conceito preterido pelo Direito, crescente é o interesse por sua melhor compreensão e estudo de seu âmbito de aplicação e efeitos. Em razão de sua importância social, outro não poderia ser o rumo tomado pelo Direito civil-constitucional, que tem como núcleo de suas preocupações a proteção da pessoa humana, tanto em relação a sua própria dignidade, como à vulnerabilidade que lhe é inerente.

Guilherme Magalhães Martins explica a necessidade de reflexões sobre o movimento de despatrimonialização e repersonalização do Direito Civil, no contexto da influência do progresso tecnológico nos contratos eletrônicos:

> Impulsionado o Direito Civil, particularmente no âmbito da matéria contratual, pelos ventos da despatrimonialização e repersonalização, e colocado como valor fundamental da ordem centrada na Constituição, o livre desenvolvimento da pessoa, num momento em que a massificação das operações econômicas é acentuada pelo progresso tecnológico, a normativa das relações privadas recebe um

27. NALIN, Paulo; PIMENTEL, Mariana Barsaglia. O contrato como ferramenta de realização dos direitos humanos no âmbito empresarial: as cláusulas éticas. *Revista Internacional Consinter de Direito*, ano V, n. VIII, 2019.
28. NALIN, Paulo; PIMENTEL, Mariana Barsaglia. O contrato como ferramenta de realização dos direitos humanos no âmbito empresarial: as cláusulas éticas. *Revista Internacional Consinter de Direito*, ano V, n. VIII, 2019.
29. FACHIN, Luiz Edson. *Direito civil*: sentidos, transformações e fim. Rio de Janeiro: Renovar, 2015. p. 105.
30. SCHREIBER, Anderson. *Novos paradigmas da responsabilidade civil*. São Paulo: Atlas, 2007, p. 139-150.
31. PERLINGIERI, Pietro. *Perfis do Direito Civil*. Introdução ao direto Civil Constitucional. Rio de Janeiro: Renovar, 2007, p. 221-225.
32. FACHIN, Luiz Edson. *Direito civil*: sentidos, transformações e fim. Rio de Janeiro: Renovar, 2015. p. 106.

enquadramento constitucional, funcionalizando-se a partir de tal diretiva. A repersonalização significa, antes de tudo, o movimento que o direito privado passa a sofrer, no sentido de serem discutidos os valores que o sistema jurídico colocou em seu centro e em sua periferia.[33]

Com o implemento dos contratos inteligentes e da tecnologia *blockchain*, toda essa releitura da função do instituto dos contratos, na perspectiva civil-constitucional, é primordial.

O alinhamento entre o horizonte das conquistas protetivas de contratantes, consumidores ou não, com o novo horizonte tecnológico de um contrato cuja vontade negocial se expressa por meio de um algoritmo, merece uma resposta contemporânea e lembra os desafios impostos à doutrina quando no início do séc. XX o contrato de adesão eclodiu como símbolo da Revolução Industrial.

A revolução agora é outra; é tecnológica, mas os desafios são os mesmos: descrição de remodelação dos institutos e princípios jurídicos, para que os contratantes – especialmente os vulneráveis – não fiquem à deriva de uma especial tutela.

Há inúmeros questionamentos, levantados pela doutrina,[34] sobre como os *smart contracts* lidam tecnicamente com questões fundamentais para o direito contratual, tal como a própria cláusula geral de boa-fé objetiva, tendo em vista a lógica de um sistema matemático e objetivo inapto a interpretar e aplicar princípios ao caso concreto. De todo modo, referida dificuldade técnica não pode ser configurada como óbice à necessária subordinação desses contratos à legalidade constitucional. Nesse sentido, lições de Gustavo Tepedino e Rodrigo da Guia Silva:

> Não se deve perder de vista, contudo, que as funcionalidades dos *smart contracts* são acompanhadas de alguns riscos e restrições inerentes ao seu peculiar *modus operandi*. (...) Afirma-se usualmente que a programação do *smart contract* deve contemplar discriminadamente todos os fatores reputados relevantes pelas partes, com o máximo detalhamento possível, sob pena de se comprometer o funcionamento do software tal como programado. A essa restrição de caráter predominantemente técnico, se conjuga expressivo risco de índole jurídica: o peculiar modo de funcionamento dos *smart contracts* pode dificultar (ou mesmo inviabilizar) a consideração de normas e valores de incidência imperativa sobre a generalidade das relações jurídicas. Basta pensar, por exemplo, nos princípios da dignidade da pessoa humana, da função social do contrato e da boa-fé objetiva ou na teoria do adimplemento substancial para se perceber a gravidade de mecanismo de execução contratual que se pretenda imune a considerações de ordem axiológica.[35]

Conforme exposto anteriormente, há duas possíveis funcionalidades dos *smart contracts* para gestão do risco contratual: execução automática das prestações e aplicação de medidas autoexecutáveis como remédios ao inadimplemento contratual. O próprio contrato inteligente realiza as consequências pactuadas, seja, por exemplo, para liberar determinado bem em favor do contratante, após o pagamento de determinada quantia

33. MARTINS, Guilherme Magalhães. *Contratos eletrônicos de consumo*. 3. ed. São Paulo: Atlas, 2016, p. 42.
34. MARTINS, Guilherme Magalhães; FALEIROS JÚNIOR, José Luiz de Moura. Reflexões sobre os contratos inteligentes (*smart contracts*) e seus principais reflexos jurídicos. *In*: EHRHARDT JÚNIOR, Marcos; CATALAN, Marcos. MALHEIROS, Pablo (Coord.). *Direito civil e tecnologia*. Belo Horizonte: Fórum, 2020, p. 189-208).
35. TEPEDINO, Gustavo; SILVA, Rodrigo da Guia. Inteligência artificial, smart contracts e gestão do risco contratual. *In*: TEPEDINO, Gustavo; SILVA, Rodrigo da Guia (Coord.). *O Direito Civil na era da inteligência artificial*. São Paulo: Thomson Reuters Brasil, 2020, p. 389-390.

acordada, seja para restringir o acesso ao objeto, em caso de inadimplemento. Desperta, assim, especial atenção a potencialidade dos *smart contracts* para a automação da oposição da exceção de contrato não cumprido, nos termos do artigo 476 do Código Civil.

Ao ser retomado o já citado exemplo da locação de automóvel via contrato inteligente, no qual o dispositivo de arranque ou de transmissão de marcha era desativado diante da ausência de pagamento do aluguel por parte do locatário, observa-se que o algoritmo funciona apenas com o cumprimento de uma condição precedente anteriormente definida, retirando-se qualquer discricionariedade na interpretação e cumprimento das condições pactuadas. Os contratantes podem, por meio de cláusula resolutiva expressa, delimitar cada prestação e a aptidão do respectivo inadimplemento para a deflagração da resolução contratual.

Por isso, acredita-se que os contratos inteligentes reduzem as possibilidades de interpretação e ambiguidade inerentes à linguagem humana, mas vale destacar que nem sempre isso será considerado uma vantagem. Basta imaginarmos os possíveis problemas de um contrato inteligente de locação de um imóvel para fins de moradia. Imagine-se que o locatário não paga o aluguel por três meses sucessivos e, automaticamente, é acionado algum dispositivo em que a eletricidade, água e luz param de funcionar.

A avença refletida no *smart contract* deve se subordinar à legalidade constitucional, especialmente à função social do contrato e aos princípios da dignidade da pessoa humana e da boa-fé objetiva.[36] Contudo, a utilização de tecnologias nas contratações, segundo indica Ana Frazão, "vem colocando em xeque as premissas das teorias jurídicas e econômicas do contrato, tanto pelo viés da liberdade de contratar como pelo viés da alocação de riscos".[37]

Ainda, acerca da conformidade da automação da execução promovida pelos *smart contracts* à legalidade constitucional, Gustavo Tepedino e Rodrigo da Guia Silva também indicam a existência de proposições doutrinárias sobre a inclusão de um código autodestrutivo ou suicida capaz de suspender temporariamente ou encerrar definitivamente o funcionamento do contrato inteligente:

> (...) em virtude das vicissitudes próprias dos *smart contracts*, tende a não haver margem para que as partes efetivamente logrem obstar a execução contratual por meio de remédios que lhes seriam ordinariamente reconhecidos pela ordem jurídica. A princípio, nem mesmo diante da declaração judicial de nulidade do contrato seria possível (do ponto de vista tecnológico) obstar-se a produção dos efeitos programados no código computacional. Desse modo, à parte prejudicada tende a restar tão somente

36. O conteúdo da liberdade contratual, no cenário nacional contemporâneo, destacam-se algumas alterações promovidas pela Lei da Liberdade Econômica (Lei n. 13.874/2019), a qual prevê que "as partes negociantes poderão estabelecer parâmetros objetivos para a interpretação das cláusulas negociais e de seus pressupostos de revisão ou de resolução" (art. 421-A, I, do Código Civil) e a determinação de que "a alocação de riscos definida pelas partes deve ser respeitada e observada" (art. 421-A, II, do Código Civil). Ao propósito do estudo sobre liberdade contratual e a função social do contrato, remeta-se a RODRIGUES JR., Otavio Luiz; LEONARDO, Rodrigo Xavier; PRADO, Augusto Cézar Lukascheck. A liberdade contratual e a função social do contrato – alteração do art. 421-A do Código Civil: art. 7º. *In*: MARQUES NETO, Floriano Peixoto; RODRIGUES JR., Otavio Luiz; LEONARDO, Rodrigo Xavier (Coord.). *Comentários à Lei da Liberdade Econômica*: Lei 13.874/2019. São Paulo: Thomson Reuters Brasil, 2019.
37. FRAZÃO, Ana. Liberdade de contratar e alocação de riscos. *Jota*, 12/06/2020. Disponível em: https://www.jota.info/opiniao-e-analise/colunas/constituicao-empresa-e-mercado/liberdade-de-contratar-e-alocacao-de-riscos-10062020. Acesso em 08 out. 2020.

> o recurso a remédios *ex post facto*, sem a possibilidade de efetiva prevenção do resultado indesejado. Imaginando-se a situação do contratante que pretenderia abster-se de cumprir certa prestação em razão da nulidade contratual já reconhecida em juízo, pode-se perceber que a satisfação do seu direito tende a ficar relegada, assim, às searas reparatória e/ou restitutória. (...) vale registrar que já se cogitam, em doutrina, algumas possíveis soluções alternativas para o enfrentamento dessas questões. Assim sucede, por exemplo, com as proposições de inclusão de um código autodestrutivo ou suicida capaz de suspender temporariamente ou encerrar definitivamente o funcionamento do *smart contract*, ou de predefinição de usuários qualificados com poder de ingerência sobre o *smart contract*.[38]

A questão dos limites da autonomia reconhecida às partes nos contratos inteligentes, para afastar ou modular as exceções de defesa ordinariamente oponíveis, no objetivo de suspender ou interromper a exigibilidade da prestação, mostra-se demasiadamente complexa e precisará sempre de uma análise no caso concreto, a partir da perspectiva civil-constitucional. A natureza irreversível dos *smart contracts* pode ser um problema também pela possibilidade de erros humanos na codificação dos contratos.[39]

Destaque-se, ademais, que os contornos do dever de informação, no cenário dos *smart contracts* e *blockchain*, precisam ser ressignificados, visto o potencial destas tecnologias em criar (ou agravar) a assimetria informacional nas relações contratuais.

Em casos de contratos cada vez mais complexos (sentido tecnológico) no mundo digital, a manipulação de informações por parte de um dos contratantes (humano ou não!) é um risco inerente, podendo o outro contratante, ademais, não compreender todos os desdobramentos do seu consentimento.[40]

Nesse sentido, face ao acesso a informações de modo assimétrico, afirma-se a exigência de "máxima atenção com a boa-fé objetiva e o dever de informação, que não deve se limitar à redação de cláusulas contratuais".[41] Vale lembrar que ao se frustrar o dever de agir com transparência nas relações contratuais, viola-se a boa-fé objetiva, a qual traz em si um "dever ser" sancionável, muito embora o art. 422 do CC não destaque a censura a ser aplicada na hipótese, pois cláusula geral.

Ao analisar as perspectivas no campo contratual para os próximos anos, Marcos Ehrhardt Jr. indica que estamos navegando num oceano de desafios com diversas tecnologias, motivo pelo qual é "hora de inflar as velas da colaboração e da informação".[42] Nesse cenário, surge a necessária investigação sobre a maneira que a tecnologia *blockchain*, com seu caráter distribuído e imutável, é afetada pelo atual movimento legislativo protetivo

---

38. TEPEDINO, Gustavo; SILVA, Rodrigo da Guia. Inteligência artificial, smart contracts e gestão do risco contratual. *In*: TEPEDINO, Gustavo; SILVA, Rodrigo da Guia (Coord.). *O Direito Civil na era da inteligência artificial*. São Paulo: Thomson Reuters Brasil, 2020, p. 389-390.
39. Sobre o tema, remeta-se a SKLAROFF, Jeremy. Smart Contracts and the Cost of Inflexibility. *University of Pennsylvania Law Review*, Filadélfia, v. 166, n. 1, nov. 2017, p. 263-303, p. 263-303.
40. FRAZÃO, Ana. Liberdade de contratar e alocação de riscos. *Jota*, 12/06/2020. Disponível em: https://www.jota.info/opiniao-e-analise/colunas/constituicao-empresa-e-mercado/liberdade-de-contratar-e-alocacao-de-riscos-10062020. Acesso em 08 out. 2020.
41. EHRHARDT JR., Marcos. Perspectivas no campo contratual para os próximos anos. *Migalhas Contratuais*, 20/01/2020. https://migalhas.uol.com.br/coluna/migalhas-contratuais/318695/perspectivas-no-campo-contratual-para-os-proximos-anos. Acesso em: 08 out. 2020.
42. EHRHARDT JR., Marcos. Perspectivas no campo contratual para os próximos anos. *Migalhas Contratuais*, 20/01/2020. https://migalhas.uol.com.br/coluna/migalhas-contratuais/318695/perspectivas-no-campo-contratual-para-os-proximos-anos. Acesso em: 08 out. 2020.

da privacidade e desdobramentos do *compliance digital*, sendo este manifestado por em uma série de deveres relacionados ao proceder ético dos agentes de tratamento de dados.[43]

4. PRIVACIDADE E PROTEÇÃO DE DADOS NOS *SMART CONTRACTS* E *BLOCKCHAIN*

Shoshana Zuboff, no livro "A Era do Capitalismo da Vigilância", destaca que a sociedade global vive um período no qual as grandes plataformas digitais têm amplamente utilizado dados pessoais para controlar e decodificar comportamentos e obterem lucro.[44] A velocidade com que tecnologias disruptivas têm sido lançadas e a capacidade de armazenamento e processamento de dados explicam boa parte desta história.

Frank Pasquale relata evento ocorrido em 2008, nos Estados Unidos, em que os dados de prescrição médica estavam sendo utilizados no mercado de seguros individuais, pois as farmácias repassavam a relação de compras de remédios às seguradoras.[45] Com a coleta de milhões de informações de pedidos, as empresas readequavam suas políticas, a fim de excluir da cobertura algumas doenças e impor cobranças mais altas do prêmio a determinadas pessoas. Aproximadamente uma década após referido episódio, na Era do *big data* e de um mundo digital, o risco à privacidade inevitavelmente demonstra-se acentuado. Isso porque, segundo Pasquale, "as empresas nem precisam consultar os registros médicos para atribuir-nos condições médicas e agir de acordo. Faça algumas pesquisas on-line sobre uma doença, preencha um formulário e você poderá acabar associado a essa doença em bancos de dados comerciais".[46]

Os dados pessoais têm sido utilizados por governos e grandes *players* econômicos para a criação de um *one-way mirror*, possibilitando que tais agentes saibam tudo sobre as pessoas. Isso acontece por meio de um monitoramento e vigília constantes sobre cada passo da vida dos indivíduos, levando a um capitalismo de vigilância, cuja principal consequência é a constituição de uma sociedade também de vigilância. Para o Direito Digital, a prática denominada *profiling* (ou 'perfilamento', como se convencionou denominar em português)[47] possui grande importância, pois reflete uma faceta da utilização dos algoritmos que, empregados nos processos de tratamento de grandes acervos de dados (*big data*), propiciam o delineamento do "perfil comportamental" do indivíduo, que passa a ser analisado e objetificado a partir dessas projeções. O *Big Brother*, do livro

---

43. MARTINS, Guilherme Magalhães; FALEIROS JÚNIOR, José Luiz de Moura. Compliance digital e responsabilidade civil na lei geral de proteção de dados. *In*: MARTINS, Guilherme Magalhães; ROSENVALD, Nelson (Coord.). *Responsabilidade civil e novas tecnologias*. Indaiatuba: Foco, 2020, p. 263-297.
44. ZUBOFF, Shoshana. *The age of surveillance capitalism*. The fight for a human future at the new frontier of power. Nova York: Public Affairs, 2019. Versão E-book.
45. PASQUALE, Frank. *The black box society*: the secret algorithms that control money and information. Cambridge: Harvard University Press, 2015, p. 26-30.
46. PASQUALE, Frank. *The black box society*: the secret algorithms that control money and information. Cambridge: Harvard University Press, 2015, p. 28. A questão guarda relação com problemática geral da discriminação algorítmica. Ao propósito, v. JUNQUEIRA, Thiago. *Tratamento de dados pessoais e discriminação algorítmica nos seguros*. São Paulo: Thomson Reuters Brasil, 2020, *passim*.
47. BONNA, Alexandre Pereira. Dados pessoais, identidade virtual e a projeção da personalidade: "profiling", estigmatização e responsabilidade civil. *In*: MARTINS, Guilherme Magalhães; ROSENVALD, Nelson (Coord.). *Responsabilidade civil e novas tecnologias*. Indaiatuba: Foco, 2020, p. 19-38.

"1984", de George Orwell, já convive conosco, controlando-nos e nos direcionando, diuturnamente.[48]

Ainda, tem-se notícia de milhares de empresas, ao redor do mundo, que sofreram incidentes de invasões de dados pessoais por *hackers*, os quais decorrem dos mais variados fatores, tais como a falta de segurança na transmissão das informações, inexistência de chaves de acesso e permissividades diversas dos sistemas e aplicativos que fragilizam a guarda e troca de informações.[49] Em 2018, ocorreu o famoso escândalo envolvendo o Facebook e a empresa Cambridge Analytica, pois esta teria tido acesso a um enorme volume de dados pessoais ao lançar um aplicativo de teste psicológico na rede social.[50]

Em que pese os benefícios obtidos pela hiperconectividade viabilizada pela utilização da internet e demais tecnologias emergentes, não se pode ignorar o fato de que os riscos envolvidos no tratamento dos dados pessoais assumem posição central nas atuais discussões ético-jurídicas nas relações contratuais.[51] Em um contexto de grande personalização, conceitos como o de *Rodotà* (*corpo elettronico*)[52] ou de Roger Clarke (*digital persona*)[53] repercutem em toda e qualquer aferição que se pretenda fazer dos impactos jurídicos dessas novas tecnologias. Para Stefano Rodotà, na sociedade pós-moderna, a "constitucionalização da pessoa" revela-se não só pela proteção do "corpo físico" (direito à integridade da pessoa), como também pelo "corpo eletrônico" (direito à proteção de dados pessoais), caracterizando-se como "a soma de um conjunto de direitos que configuram a cidadania no novo milênio".[54]

O direito fundamental à proteção de dados pessoais é um princípio atualmente implícito no ordenamento jurídico brasileiro, mas a proteção que se pode dele deduzir irradia seus efeitos sobre todo o arcabouço normativo complementar.[55]

A Constituição Federal brasileira, em seu art. 5º, ao tratar dos Direitos e Garantias Fundamentais, traz um inciso específico (o inciso X) para instituir a inviolabilidade da intimidade, da vida privada, honra e imagem da pessoa (reproduzida no art. 7º, I, do Marco Civil da Internet – MCI, Lei n. 12.965/2014). Já inciso XII, do mesmo artigo, explicita a inviolabilidade da correspondência, de dados e comunicações.

A Lei Geral de Proteção de Dados (LGPD), inspirando-se nas disposições do Regulamento Geral de Proteção de Dados (RGPD), introduziu alterações importantes sobre a

48. ORWELL, George. *1984*. Trad. Alexandre Hubner, Heloísa Jahn. São Paulo: Companhia das Letras, 2019.
49. Disponível em: https://epocanegocios.globo.com/Tecnologia/noticia/2019/12/os-maiores-casos-de-violacao-de--dados-de-2019.html. Acesso em: 08 out. 2020.
50. Disponível em: https://g1.globo.com/economia/tecnologia/noticia/entenda-o-escandalo-de-uso-politico-de-dados-que-derrubou-valor-do-facebook-e-o-colocou-na-mira-de-autoridades.ghtml. Acesso em: 08 out. 2020.
51. GEDIEL, José Antônio Peres; CORRÊA, Adriana Espíndola. Proteção jurídica de dados pessoais: a intimidade sitiada entre o Estado e o Mercado. *Revista da Faculdade de Direito da Universidade Federal do Paraná*, Curitiba, v. 47, p. 141-153, 2008.
52. RODOTÀ, Stefano. *Intervista su privacy e libertà*. Roma/Bari: Laterza, 2005, p. 120.
53. CLARKE, Roger. Profiling: a hidden challenge to the regulation of data surveillance. *Journal of Law, Information and Science*, Hobart, v. 4, n. 2, p. 403-, dez. 1993, p. 403.
54. RODOTÀ, Stefano. *A vida na sociedade da vigilância*: a privacidade hoje. Org. Maria Celina Bodin de Moraes. Trad. Danilo Doneda e Luciana Cabral Doneda. Rio de Janeiro: Renovar, 2008.
55. Tem-se, em torno do princípio da proteção de dados pessoais, um verdadeiro microssistema formado, por exemplo, pelo Código de Defesa do Consumidor (Lei n. 8.078/1990), Lei de Acesso à Informação (Lei n. 12.527/2011), Marco Civil da Internet (Lei n. 12.965/2014) e Lei Geral de Proteção de Dados – LGPD (Lei n. 13.709/2018).

proteção da pessoa humana no tratamento de dados pessoais, em especial sobre os dados sensíveis, que, independentemente do formato com que são coletados, impõem novas obrigações aos cidadãos e a todas as instituições, públicas e privadas, ao exigir a adoção de medidas técnicas e organizativas adequadas.[56] Alguns pontos da lei brasileira merecem especial atenção, tendo em vista o recorte de estudo do presente trabalho.

A LGPD, no inciso I do artigo 5º, qualifica os dados pessoais como as informações relacionadas a uma pessoa natural, identificada ou identificável. Ainda, no inciso VII do mesmo artigo, há a previsão do contraponto entre os controladores – definidos como a pessoa natural ou jurídica, de direito público ou privado, a quem competem as decisões referentes ao tratamento de dados pessoais – e os operadores, que realizam o tratamento de dados pessoais em nome dos controladores.

Outro aspecto fundamental da lei diz respeito à previsão do artigo 7º, inciso I, que estabelece como regra para o tratamento de dados pessoais o consentimento do titular. Fica dispensado o consentimento em hipóteses estritas, das quais destacamos três: cumprimento de obrigação legal ou regulatória pelo controlador (inciso II); quando necessário para a execução de contrato ou de procedimentos preliminares a estes relacionados (inciso V); ou para atender aos interesses legítimos do controlador ou do terceiro (inciso IX).

Além da noção de titularidade e do realce conferido à autodeterminação informativa e ao consentimento, a LGPD evidenciada a necessidade de discussão quanto ao papel do *compliance* em processos de tratamento de dados.[57] Assim, criou-se a figura do Encarregado de Proteção de Dados, que será um profissional com conhecimento em *compliance*, risco e governança, devendo disseminar uma cultura de proteção de dados nas empresas e criar normas e procedimentos adequados à lei, segundo dispõe o artigo 41 da LGPD. Ele será responsável pela comunicação entre a empresa, os titulares dos dados e a Agência Nacional de Proteção de Dados.

A LGPD coloca em primeiro plano a pessoa humana, ou seja, o titular de dados pessoais, que tem reconhecidos seus direitos no artigo 18, em especial: à confirmação da existência de tratamento (inciso I); ao acesso aos dados (inciso II); à correção de dados incompletos, inexatos ou desatualizados (inciso III); à anonimização, bloqueio ou eliminação de dados desnecessários, excessivos ou tratados em desconformidade com o disposto na mesma lei (inciso IV); à eliminação dos dados pessoais tratados com o consentimento do titular, exceto nas hipóteses previstas no art. 16 desta Lei (inciso VI). Já em seu artigo 42, caput, a LGPD adota um regime de responsabilidade civil objetiva dos controladores ou operadores que, em razão do exercício ou atividade de tratamento de dados pessoais, causarem a outrem dano patrimonial, moral, individual ou coletivo, em violação à legislação de proteção de dados pessoais.

56. SARLET, Gabrielle Bezerra Sales; CALDEIRA, Cristina. O consentimento informado e a proteção de dados pessoais de saúde na internet: uma análise das experiências legislativas de Portugal e do Brasil para a proteção integral da pessoa humana. *Civilistica.com*, Rio de Janeiro, a. 8, n. 1, 2019.

57. MARTINS, Guilherme Magalhães; FALEIROS JÚNIOR, José Luiz de Moura. Compliance digital e responsabilidade civil na lei geral de proteção de dados. *In*: MARTINS, Guilherme Magalhães; ROSENVALD, Nelson. *Responsabilidade civil e novas tecnologias*. Indaiatuba: Foco, 2020, p. 263-297.

É inegável que a ideia de um direito autônomo à proteção dos dados pessoais surge relacionada ao controle de acesso, que restringe quem pode visualizar determinado conteúdo, assegurando-se aos indivíduos que produzem ou influenciam informações relacionadas a si mesmos o direito de determinar as permissões (de acesso e até de compartilhamento) que desejam conceder a outrem, mas, também, sanções e mecanismos de controle e fiscalização – funções da Autoridade Nacional de Proteção de Dados.

Destacam-se, no artigo 6º da LGPD, os seguintes princípios, que atuam como mandamentos do sistema: boa-fé, finalidade, adequação, necessidade, livre acesso, qualidade dos dados, transparência, segurança, prevenção, não discriminação e responsabilização e prestação de contas.

Afirma-se que todo procedimento ligado ao sistema de tratamento de dados, automatizado ou não, deve ser realizado sempre e exclusivamente no sentido de atingir os objetivos propostos para o sistema. Desse modo, é necessária a observação dos critérios de proporcionalidade e de adequação entre os meios e os fins, em todas as etapas do processamento das informações. A finalidade deve ser conhecida antes de que ocorra a coleta dos dados, especificando-se sobretudo na relação entre os dados colhidos e seu objetivo, além da sua utilização não abusiva e na eliminação ou anonimização dos dados que não mais se tornarem necessários.

A boa-fé contratual, que compreende o principal campo de atuação da boa-fé objetiva, está atrelada à concepção da obrigação como processo, o que implica conduta de cooperação, lealdade e expectativas legítimas das partes, em especial o titular dos dados pessoais, face ao controlador (art. 10, II, LGPD), a partir das circunstâncias concretas em que se deu o consentimento, a finalidade de uso e o tratamento de dados indicado, assim como as informações prévias oferecidas.

A tutela da confiança do contratante abrange tanto a crença nas informações prestadas quanto de que aquele que tenha acesso aos seus dados, por força do consentimento dado, não se comporte de modo contraditório a elas e respeite a vinculação à finalidade de utilização.[58]

Há uma tendência de desenvolvimento de novas tecnologias para preservar a privacidade e proteção de dados e, justamente, a *blockchain* foi uma delas. O surgimento da *blockchain bitcoin* surgiu no propósito de preservar a privacidade financeira por conta da crise financeira de 2008. Para ser compreendida a relação entre privacidade e *blockchain* é preciso retomar, brevemente, as ideias no tocante a como se dão os registros em *blockchain*.

Esses registros são descentralizados e distribuídos, sem um repositório central de dados, tendo em vista que as informações estão espalhadas em vários lugares. Os registros se dão de maneira anexa, pois não se apaga uma informação que já foi registrada na rede *blockchain*, o que se faz é registrar um novo anexo àquela informação.[59] Por exemplo,

58. MIRAGEM, Bruno. A Lei Geral de Proteção de Dados (Lei 13.709/2018) e o direito do consumidor. *Revista dos Tribunais*, São Paulo, v. 1009, 2019.

59. Sobre o tema, cf.: "In other words, each transaction is distributed across the entire network and is stored in a block only when the rest of the network approves the validity of the transaction. This process is based on past events taking into account the previous block. Each block holds a unique fingerprint built on cryptographic hash code techniques similar to those used in the creation of digital certificates and electronic signatures to secure authen-

imagine-se que André comprou uma casa de Maria e esta casa antes pertencia à Adão. Não será apagado o registro de que Adão vendeu primeiramente a casa à Maria. O que acontece é que será adicionado um novo anexo dizendo "aquela casa, que pertencia inicialmente à Adão, depois à Maria, agora pertence à André". Note-se, portanto, que o registro na *blockchain* é sempre anexado, de forma encadeada e com criptografia. Os registros são inseridos em blocos criptografados, armazenados por todos os nodes que participam da rede, em um registro imutável e inviolável.

Há uma aparente contradição entre privacidade do usuário e a transparência da rede *blockchain*.[60] Para isso, é preciso compreender algumas questões: a transparência *on chain* (na rede), o dado *off chain* (fora da rede), a proteção do conteúdo da transação via *hashing* e o *hash code* digital. Os dados fora do *blockchain* – que podem ser um arquivo, uma imagem ou palavra – após passar pela função *hash*, ele se transforma em um código alfanumérico (*hash code*). O que será inserido no *blockchain* será justamente o código *hash*, que é uma representação alfanumérica sempre de mesmo tamanho. Um valor *hash* é obtido através de um processo chamado *hashing*, pedra angular da tecnologia como um todo e um dos principais componentes responsáveis por manter a confiabilidade e integridade em uma *blockchain*.[61]

A *blockchain* protege a privacidade através do registro de informação via *hashing* e via criptografia dos registros de dados, que aparecem como pontos de dados no *ledger*. Na criptografia de chaves públicas (criptografia assimétrica), os registros no *ledger*, depois de criptografadas, exigem duas chaves, uma chave pública, indicando o endereço na *blockchain* e outra chave privada, para desbloquear as informações criptografadas. Portanto, a criptografia assimétrica utiliza um par de chaves que possuem funções de autenticação e encriptação. Na autenticação, a chave pública verifica a chave privada e, na encriptação, só o proprietário da chave privada descodifica aquela mensagem. Os dados criptografados são inseridos como pontos de dados na *blockchain*, ou seja, os dados criptógrafos são apontadores daquela informação que está fora da rede e que será inserida numa *blockchain* em formato de código alfanumérico. Matematicamente, é impossível um usuário "adivinhar" a chave privada de outro usuário.[62]

De fato, os recursos das *blockchains* permitem maior transparência, transferência de ativos entre atores que não confiam entre si, possibilitando a expansão de novos mercados e maior precisão na previsibilidade e no planejamento. Tais qualidades tornam operações de negócios, em vários setores, mais eficientes e lucrativas. Contudo, há um

---

tication. Furthermore, a transaction history is maintained and can be accessed in order to check the sequence of events up to this point in time." (CORRALES, Marcelo, JURCYS, Paulius; KOUSIOURIS, George. Smart Contracts and Smart Disclosure: Coding a GDPR Compliance Framework. *In*: CORRALES, Marcelo; FENWICK, Mark; HAAPIO, Helena. (Coord.). *Legal Tech, Smart Contracts and Blockchain*. Singapura: Springer, 2019, p. 190).

60. FILIPPI, Primavera De. The Interplay between Decentralization and Privacy: The Case of Blockchain Technologies. *Journal of Peer Production*, n. 7, set. 2016. Disponível em: https://papers.ssrn.com/sol3/papers.cfm?abstract_id=2852689. Acesso em 08 out. 2020.

61. CORRALES, Marcelo, JURCYS, Paulius; KOUSIOURIS, George. Smart Contracts and Smart Disclosure: Coding a GDPR Compliance Framework. *In*: CORRALES, Marcelo; FENWICK, Mark; HAAPIO, Helena. (Coord.). *Legal Tech, Smart Contracts and Blockchain*. Singapura: Springer, 2019, p. 189-220.

62. CORRALES, Marcelo; FENWICK, Mark; HAAPIO, Helena. (Coord.). *Legal Tech, Smart Contracts and Blockchain*. Singapura: Springer, 2019, *passim*.

cenário de inquietações das empresas sobre a conformidade regulatória das *blockchains*. Na recente pesquisa "Deloitte´s 2019 Global Blackchain Survey",[63] constatou-se que 51% dos gestores alegaram ter uma grande preocupação com o uso de *blockchain* devido a possibilidade de incompatibilidade entre a tecnologia e o Regulamento Geral de Proteção de Dados (RGPD).

Quando o RGPD e a LGPD foram elaborados, os legisladores não se atentaram à nova tecnologia *blockchain*, pois as normas foram criadas para proteger a privacidade no contexto de sistemas centralizados, diferentemente do que ocorre na tecnologia *blockchain*, onde se tem uma descentralização de "poder". Inclusive, há o recente estudo "Blockchain and the General Data Protection Regulation" realizado pelo European Parliamentary Research Service,[64] no qual se concluiu existirem muitos pontos de tensão entre as *blockchains* e o Regulamento europeu de proteção de dados, especialmente por dois grandes fatores: a descentralização e a imutabilidade dessa tecnologia. Em linhas gerais, o estudo do Parlamento Europeu aponta que há algumas incertezas conceituais no RGPD – o conceito de dados anônimos, a noção de controlador de dados e o significado do apagamento de dados –, com impactos tanto em *blockchain*, quanto em outras tecnologias.

O RGPD pressupõe a existência de uma pessoa ou entidade que figurará como o controlador dos dados pessoais tratados.[65] Todavia, conforme exposto amplamente neste trabalho, é justamente a descentralização uma das principais características das *blockchains*, o que torna a atribuição de responsabilidades complexa. Ainda, o RGPD assume que os dados pessoais podem ser apagados ou modificados quando for necessário, seguindo os requisitos elencados nos artigos 16 e 17 do regulamento europeu. Contudo, as *blockchains* são registros imutáveis e a sua incapacidade de modificação e apagamento é o principal atributo que lhe garante a integridade e aumenta a confiança na rede.[66] O estudo do Parlamento Europeu concluiu que as chamadas "blockchains privadas com permissão" conseguiriam cumprir mais facilmente os requisitos do RGPD, em comparação com as "blockchains privadas sem permissão".[67] Assim, apenas seria possível avaliar a compatibilidade das *blockchains* com o RGPD caso a caso.[68]

---

63. DELOITTE. *Deloitte´s 2019 Global Blackchain Survey*. Disponível em https://www2.deloitte.com/content/dam/Deloitte/se/Documents/risk/DI_2019-global-blockchain-survey.pdf. Acesso em 14 out. 2020.
64. PARLAMENTO EUROPEU. *Blockchain and the General Data Protection Regulation*. Can distributed ledgers be squared with European data protection law? Disponível em: https://www.europarl.europa.eu/RegData/etudes/STUD/2019/634445/EPRS_STU(2019)634445_EN.pdf. Acesso em 14 out. 2020
65. Controlador é a pessoa singular ou coletiva, autoridade pública, agência ou outro organismo que, sozinho ou em conjunto com outros, determina os propósitos e os meios de processamento de dados pessoais.
66. Nesse cenário, podem ainda surgir discussões sobre eventual incompatibilidade entre o direito ao esquecimento e a *blockchain*. Uma alternativa para "deletar" ou ocultar os dados seria a "perda" de sua chave privada, pois apenas por meio dessa chave que a pessoa consegue consultar ou alterar os dados. Esses dados ficam inacessíveis para todos com a perda da chave privada criptografada. (CORRALES, Marcelo; FENWICK, Mark; HAAPIO, Helena. (Coord.). *Legal Tech, Smart Contracts and Blockchain*. Singapura: Springer, 2019, *passim*).
67. Ao propósito do estudo sobre os tipos de blockchains, remeta-se a CORRALES, Marcelo; FENWICK, Mark; HAAPIO, Helena. (Coord.). *Legal Tech, Smart Contracts and Blockchain*. Singapura: Springer, 2019, *passim*.
68. Nesse sentido, cf.: "Indeed, blockchains are in reality a class of technologies with disparate technical features and governance arrangements. This implies that it is not possible to assess the compatibility between 'the blockchain' and EU data protection law. (...) it is impossible to state that blockchains are, as a whole, either completely compliant or incompliant with the GDPR. Rather, while numerous important points of tension have been highlighted and ultimately each concrete use case needs to be examined on the basis of a detailed case-by-case analysis"

Diante desses pontos de tensão entre *blockchain* e o RGPD – que também são similares à lei brasileira de proteção de dados (LGPD) –, o estudo desenvolvido pelo Parlamento Europeu traz três recomendações gerais para o desenvolvimento de *blockchains*. Primeiramente, sugere-se uma orientação regulatória adicional sobre a interpretação de certos elementos do RGPD quando aplicado às *blockchains*, no intuito de gerar mais segurança jurídica nesta área. Ainda, recomenda-se a utilização de códigos de conduta e mecanismos de certificação. Por fim, incentiva-se o desenvolvimento de pesquisas para determinar como o desenho técnico e as soluções de governança das *blockchains* podem ser adaptados aos requisitos do RGPD.

5. CONCLUSÃO

Um dos maiores desafios que os próximos tempos reservam para a Sociedade da Informação e o Direito na Era Digital é a maneira como será colocada em prática a necessária tradução de uma Teoria Contratual analógica para um mundo digital.

Estamos diante de uma verdadeira reinvenção da proteção de dados pessoais, não somente porque ela é considerada um direito fundamental autônomo, mas também por ser uma ferramenta essencial para o livre desenvolvimento da personalidade. A tutela jurídica do direito fundamental à proteção de dados pessoais impõe-se na exata medida em que a informação se tornou a substância essencial da composição de uma nova morfologia estruturante da sociedade. A implementação deste direito fundamental implica o esvaziamento de qualquer visão patrimonialista, visto que o direito à proteção de dados se refere à proteção da personalidade, e não da propriedade.

Em que pese os benefícios obtidos pela hiperconectividade viabilizada pela utilização da internet, algoritmos de inteligência artificial, *smart contracts*, *blockchain* e demais tecnologias emergentes, não se pode ignorar o fato de que os riscos envolvidos no tratamento dos dados pessoais assumem posição central nas atuais discussões ético-jurídicas nas relações contratuais. A conjugação de inovação e regulação representa uma das principais preocupações desse novo arquétipo das relações contratuais baseadas em uma grande quantidade de dados.

As *blockchains* prometem inaugurar uma nova era de armazenamento de dados e execução de códigos, com potencial de estimular novos modelos de negócios e mercados. Contudo, há pontos de tensão entre as *blockchains* e as legislações de proteção de dados, tendo em vista a descentralização e a imutabilidade da tecnologia. O impacto preciso das *blockchains* e *smart* contracts é ainda difícil de ser previsto, e os paradigmas regulatórios existentes demandam maiores reflexões, especialmente pelo fato de que a *blockchain* encontra-se em um estágio inicial de desenvolvimento similar à época em que a internet estava em seus primórdios.

De fato, há inúmeros benefícios, constatados ao longo deste trabalho, no implemento da tecnologia *blockchain* e dos contratos inteligentes, destacando-se: maior eficiência no

(PARLAMENTO EUROPEU. *Blockchain and the General Data Protection Regulation*. Can distributed ledgers be squared with European data protection law? Disponível em: https://www.europarl.europa.eu/RegData/etudes/STUD/2019/634445/EPRS_STU(2019)634445_EN.pdf. Acesso em 14 out. 2020).

cumprimento das transações comerciais; maior precisão na execução do contrato, tendo em vista que são códigos de computador sendo lidos objetivamente por uma máquina; inexistência de intermediários no processo de construção, execução e cumprimento do contrato, o que acaba refletindo na economia de custos; a lógica dos negócios aplica a uma rede distribuída *blockchain*, que cria novos mercados e possibilita uma rastreabilidade e execução em tempo real.

Por outro lado, a questão dos limites da autonomia privada reconhecida às partes nos contratos inteligentes, para gerir riscos, afastar ou modular as exceções de defesa ordinariamente oponíveis, no objetivo de suspender ou interromper a exigibilidade da prestação, mostra-se demasiadamente complexa, demandando sempre uma análise pormenorizada no caso concreto, a partir da perspectiva civil-constitucional. Por fim, vislumbramos que os contornos do dever de informação precisam ser ressignificados, visto o potencial destas tecnologias em criar (ou agravar) a assimetria informacional nas relações contratuais. Torna-se evidente, assim, que a avença refletida nos *smart contracts* deve ser subordinada à legalidade constitucional, especialmente à função social do contrato e aos princípios da dignidade da pessoa humana e da boa-fé objetiva.

6. REFERÊNCIAS

BERGSTEIN, Laís. Inteligência artificial nas práticas de *geopricing* e *geoblocking*: a tutela dos vulneráveis nos contratos eletrônicos. *In*: TEPEDINO, Gustavo; SILVA, Rodrigo da Guia. (Coord.). *O Direito Civil na Era da inteligência artificial*. São Paulo: Thomson Reuters Brasil, 2020, p. 441-468.

BONNA, Alexandre Pereira. Dados pessoais, identidade virtual e a projeção da personalidade: "profiling", estigmatização e responsabilidade civil. *In*: MARTINS, Guilherme Magalhães; ROSENVALD, Nelson (Coord.). *Responsabilidade civil e novas tecnologias*. Indaiatuba: Foco, 2020, p. 19-38.

CHAVES, João Leandro Pereira. A aplicação de smart contracts nos contratos de derivativos. *Revista de Direito Bancário e do Mercado de Capitais*, v. 87, p. 151- 168, jan.-mar. 2020

CLARKE, Roger. Profiling: a hidden challenge to the regulation of data surveillance. *Journal of Law, Information and Science*, Hobart, v. 4, n. 2, p. 403-, dez. 1993.

CORRALES, Marcelo, JURCYS, Paulius; KOUSIOURIS, George. Smart Contracts and Smart Disclosure: Coding a GDPR Compliance Framework. *In*: CORRALES, Marcelo; FENWICK, Mark; HAAPIO, Helena. (Coord.). *Legal Tech, Smart Contracts and Blockchain*. Singapura: Springer, 2019, p. 189-220)

CORRALES, Marcelo; FENWICK, Mark; HAAPIO, Helena. (Coord.). *Legal Tech, Smart Contracts and Blockchain*. Singapura: Springer, 2019

DELOITTE. Deloitte´s 2019 Global Blackchain Survey. Disponível em https://www2.deloitte.com/content/dam/Deloitte/se/Documents/risk/DI_2019-global-blockchain-survey.pdf. Acesso em: 14 out. 2020.

DIVINO, Sthéfano Bruno Santos. Smart contracts: conceitos, limitações, aplicabilidade e desafios. *Revista Jurídica Luso-Brasileira*, a. 4, n. 6, 2018, p. 2.776-2.777.

EHRHARDT JR., Marcos. Perspectivas no campo contratual para os próximos anos. *Migalhas Contratuais*, 20/01/2020. https://migalhas.uol.com.br/coluna/migalhas-contratuais/318695/perspectivas-no--campo-contratual-para-os-proximos-anos. Acesso em 08 out. 2020.

FACHIN, Luiz Edson. *Direito civil:* sentidos, transformações e fim. Rio de Janeiro: Renovar, 2015.

FLASI SKI, Mariusz. *Introduction to Artificial Intelligence*. Cham: Springer, 2016.

FILIPPI, Primavera De. The Interplay between Decentralization and Privacy: The Case of Blockchain Technologies. *Journal of Peer Production*, n. 7, set. 2016. Disponível em: https://papers.ssrn.com/sol3/papers.cfm?abstract_id=2852689. Acesso em: 08 out. 2020.

FRAZÃO, Ana. Liberdade de contratar e alocação de riscos. *Jota*, 12/06/2020. Disponível em: https://www.jota.info/opiniao-e-analise/colunas/constituicao-empresa-e-mercado/liberdade-de-contratar-e-alocacao-de-riscos-10062020. Acesso em: 08 out. 2020.

GEDIEL, José Antônio Peres; CORRÊA, Adriana Espíndola. Proteção jurídica de dados pessoais: a intimidade sitiada entre o Estado e o Mercado. *Revista da Faculdade de Direito da Universidade Federal do Paraná*, Curitiba, v. 47, p. 141-153, 2008.

JUNQUEIRA, Thiago. *Tratamento de dados pessoais e discriminação algorítmica nos seguros*. São Paulo: Thomson Reuters Brasil, 2020.

MARQUES, Claudia Lima; MUCELIN, Guilherme. Inteligência artificial e "opacidade" no consumo: a necessária revalorização da transparência para a proteção do consumidor. *In*: TEPEDINO, Gustavo; SILVA, Rodrigo da Guia (Coord.). *O Direito Civil na Era da inteligência artificial*. São Paulo: Thomson Reuters Brasil, 2020, p. 411-439.

MARTINS, Guilherme Magalhães. *Contratos eletrônicos de consumo*. 3. ed. São Paulo: Atlas, 2016.

MARTINS, Guilherme Magalhães; FALEIROS JÚNIOR, José Luiz de Moura. Reflexões sobre os contratos inteligentes (*smart contracts*) e seus principais reflexos jurídicos. *In*: EHRHARDT JÚNIOR, Marcos; CATALAN, Marcos. MALHEIROS, Pablo (Coord.). *Direito civil e tecnologia*. Belo Horizonte: Fórum, 2020, p. 189-208.

MARTINS, Guilherme Magalhães; FALEIROS JÚNIOR, José Luiz de Moura. Compliance digital e responsabilidade civil na lei geral de proteção de dados. *In*: MARTINS, Guilherme Magalhães; ROSENVALD, Nelson (Coord.). *Responsabilidade civil e novas tecnologias*. Indaiatuba: Foco, 2020, p. 263-297.

MIRAGEM, Bruno. A Lei Geral de Proteção de Dados (Lei 13.709/2018) e o direito do consumidor. *Revista dos Tribunais*, São Paulo, v. 1009, 2019.

MIRAGEM, Bruno. Novo paradigma tecnológico, mercado de consumo digital e o direito do consumidor. *Revista de Direito do Consumidor*, v. 125, p. 17-62, set./out. 2019.

NALIN, Paulo. *Do Contrato – conceito pós-moderno:* em busca de sua formulação na perspectiva civil-constitucional. 2. ed. Curitiba: Juruá, 2006. p. 255.

NALIN, Paulo; PIMENTEL, Mariana Barsaglia. O contrato como ferramenta de realização dos direitos humanos no âmbito empresarial: as cláusulas éticas. *Revista Internacional Consinter de Direito*, ano V, n. VIII, 2019.

NALIN, Paulo; SIRENA, Hugo. Da estrutura a função do contrato: dez anos de um direito construído (estudos completos). *Revista do Instituto do Direito Brasileiro (RIDB)*, ano 2, n. 12, p. 13983-14024, 2013.

ORWELL, George. *1984*. Trad. Alexandre Hubner, Heloísa Jahn. São Paulo: Companhia das Letras, 2019.

PARLAMENTO EUROPEU. Blockchain and the General Data Protection Regulation. Can distributed ledgers be squared with European data protection law? Disponível em: https://www.europarl.europa.eu/RegData/etudes/STUD/2019/634445/EPRS_STU(2019)634445_EN.pdf. Acesso em: 14 out. 2020

PASQUALE, Frank. *The black box society*: the secret algorithms that control money and information. Cambridge: Harvard University Press, 2015.

PERLINGIERI, Pietro. *Perfis do Direito Civil*. Introdução ao direto Civil Constitucional. Rio de Janeiro: Renovar, 2007.

RASKIN, Max. The Law And Legality Of Smart Contracts. *Georgetown Law Technology Review*, Georgetown, v. 1, n. 305, 2017, p. 305-341.

RODOTÀ, Stefano. *A vida na sociedade da vigilância:* a privacidade hoje. Org. Maria Celina Bodin de Moraes. Trad. Danilo Doneda e Luciana Cabral Doneda. Rio de Janeiro: Renovar, 2008.

RODOTÀ, Stefano. *Intervista su privacy e libertà*. Roma/Bari: Laterza, 2005.

RODRIGUES JR., Otavio Luiz; LEONARDO, Rodrigo Xavier; PRADO, Augusto Cézar Lukascheck. A liberdade contratual e a função social do contrato – alteração do art. 421-A do Código Civil: art. 7º. In: MARQUES NETO, Floriano Peixoto; RODRIGUES JR., Otavio Luiz; LEONARDO, Rodrigo Xavier (Coord.). *Comentários à Lei da Liberdade Econômica*: Lei 13.874/2019. São Paulo: Thomson Reuters Brasil, 2019.

ROSENVALD, Nelson. *A natureza jurídica dos smart contracts*. 2019. Disponível em: https://www.nelsonrosenvald.info/single-post/2019/09/11/a-natureza-jurídica-dos-smart-contracts. Acesso em: 30 abr. 2020.

SARLET, Gabrielle Bezerra Sales; CALDEIRA, Cristina. O consentimento informado e a proteção de dados pessoais de saúde na internet: uma análise das experiências legislativas de Portugal e do Brasil para a proteção integral da pessoa humana. *Civilistica.com*, Rio de Janeiro, a. 8, n. 1, 2019.

SCHREIBER, Anderson. *Novos paradigmas da responsabilidade civil*. São Paulo: Atlas, 2007.

SKLAROFF, Jeremy. Smart Contracts and the Cost of Inflexibility. *University of Pennsylvania Law Review*, Filadélfia, v. 166, n. 1, nov. 2017, p. 263-303.

SZABO, Nick. *Smart Contracts*: Building Blocks for Digital Market, 1996, Disponível em: http://www.fon.hum.uva.nl/rob/Courses/InformationInSpeech/CDROM/Literature/LOTwinterschool2006/szabo.best.vwh.net/smart_contracts_2.html. Acesso em: 08 out. 2020.

TEPEDINO, Gustavo; SILVA, Rodrigo da Guia. Inteligência artificial, *smart contracts* e gestão do risco contratual. *In*: TEPEDINO, Gustavo; SILVA, Rodrigo da Guia. (Coord.). *O Direito Civil na Era da inteligência artificial*. São Paulo: Thomson Reuters Brasil, 2020, p. 373-396.

TERRA, Aline de Miranda Valverde; SANTOS, Deborah Pereira dos. Do pacta sunt servanda ao code is law: breves notas sobre a codificação de comportamentos e os controles de legalidade nos smart contracts. *In*: TEPEDINO, Gustavo; SILVA, Rodrigo da Guia. (Coord.). *O Direito Civil na Era da inteligência artificial*. São Paulo: Thomson Reuters Brasil, 2020, p. 397-490.

VAN DIJK, Jan. *The network society*. 2. ed. Londres: Sage Publications, 2006.

WERBACH, Kevin; CORNELL, Nicolas. Contracts ex machina. *Duke Law Journal*, Carolina do Norte, v. 67, n. 2, p. 313-382, nov. 2017.

ZUBOFF, Shoshana. *The age of surveillance capitalism*. The fight for a human future at the new frontier of power. Nova York: Public Affairs, 2019. Versão E-book.

44
CONTRATOS E ALGORITMOS: ALOCAÇÃO DE RISCOS, DISCRIMINAÇÃO E NECESSIDADE DE SUPERVISÃO POR HUMANOS

Marcos Ehrhardt Júnior

Advogado. Doutor em Direito pela Universidade Federal de Pernambuco (UFPE). Professor de Direito Civil da Universidade Federal de Alagoas (UFAL) e do Centro Universitário CESMAC. Editor da Revista Fórum de Direito Civil (RFDC). Vice-Presidente do Instituto Brasileiro de Direito Civil (IBDCIVIL). Membro Fundador do Instituto Brasileiro de Direito Contratual – IBDCont e do Instituto Brasileiro de Estudos de Responsabilidade Civil (IBERC). *E-mail*: contato@marcosehrhardt.com.br

Gabriela Buarque Pereira Silva

Mestranda em Direito Público pela Universidade Federal de Alagoas. Advogada. gabrielabuarqueps@gmail.com

1. INTRODUÇÃO

A revolução tecnológica verificada nos últimos anos trouxe à tona uma série de novas dinâmicas de mercado, de socialização e de resolução de conflitos, atreladas a uma série de riscos e danos que ainda não foram objeto de satisfatória avaliação e regulação, e que demandam do aplicador jurídico o desafio da adaptação cada vez mais frequente dos textos normativos à realidade social.

O advento do neoconstitucionalismo e de uma nova dinâmica nas relações sociais requer que o intérprete verifique os parâmetros de atuação dos setores privados sob o prisma da principiologia constitucional, tornando insuficientes paradigmas clássicos de interpretação jurídica.

Não obstante a evidente e inquestionável utilidade social decorrente do desenvolvimento de tecnologias de inteligência artificial, são também inúmeras as possibilidades de eclosão de danos, no exercício de tal atividade, numa sociedade pós-moderna marcada pelo risco de sua utilização, o que não pode ser desconsiderado pelo Direito. Em sede de contratos, essa perspectiva assume destaque especialmente em razão da possibilidade de discriminações algorítmicas quando da interação entre as relações contratuais e a IA, entre outros probemas eventualmente verificados em quaisquer de suas fases.

O presente texto tem por objetivo analisar, por meio de metodologia dedutiva de revisão bibliográfica, qual o impacto da utilização de aplicações de inteligência artificial nos contratos, para avaliar quais as diretrizes jurídicas a serem apontadas na resolução de impasses e no desenvolvimento de tais tecnologias.

2. BREVES NOTAS SOBRE A INTELIGÊNCIA ARTIFICIAL E DISCRIMINAÇÃO ALGORÍTMICA

É incontestável que os algoritmos vêm assumindo vasta participação numa série de atividades. Exsurge um novo paradigma operacional cibernético cada vez mais presente, com máquinas tomando decisões e assumindo posturas típicas de indivíduos. Sistemas decidem como serão feitos os investimentos de um banco, carros são conduzidos de modo autônomo, negócios jurídicos são firmados por meio de *softwares* em contratos eletrônicos, microscópios da *Google Brain* são capazes de diagnosticar câncer[1], robôs são produzidos para colaborar no cotidiano de idosos no Japão[2], sistemas de reconhecimento facial vêm sendo utilizados na segurança pública[3], além de mecanismos utilizados no cotidiano como *Spotify*, *Waze* e *Netflix*. São apenas algumas amostras do potencial transformador da inteligência artificial no meio comunitário, nos mais diversos campos do saber.

A *Microsoft*, por exemplo, possui um projeto chamado *Hanover* que se dedica a prever combinações de drogas para tratamento de câncer a partir da "memorização", vale dizer, análise de banco de dados de artigos específicos sobre o tema[4]. No mesmo sentido, novas tecnologias vêm sendo massivamente utilizadas no combate à pandemia da Covid-19[5]. Para além de tais funções, nos EUA, algoritmos de avaliação de risco vêm sendo usados para medir a probabilidade de reincidência de um acusado[6], num fenômeno chamado de *predictive justice*. Desse modo, o americano Eric Loomis foi condenado a

1. TECMUNDO. *Microscópio da Google com realidade aumentada e IA pode detectar câncer.* Disponível em: https://www.tecmundo.com.br/produto/129343-microscopio-google-realidade-aumentada-ia-detectar-cancer.htm. Acesso em: 20 set. 2018.
2. G1. *Robôs poderão ajudar população de idosos no Japão no futuro*. Disponível em: http://g1.globo.com/tecnologia/noticia/2011/10/robos-poderao-ajudar-populacao-de-idosos-no-japao-no-futuro.html Acesso em: 20 set. 2018.
3. CANAL TECH. *Polícia do RJ adota sistema de reconhecimento facial para identificar criminosos*. Disponível em: https://canaltech.com.br/inovacao/policia-do-rj-adota-sistema-de-reconhecimento-facial-para-identificar-criminosos-129511/. Acesso em: 19 abr. 2020.
4. MICROSOFT. *How Microsoft computer scientists and researchers are working to 'solve' cancer.* Disponível em: https://news.microsoft.com/stories/computingcancer/. Acesso em: 19 set. 2019.
5. UOL. *Coronavírus*: inteligência artificial monitora sintomas em multidões. Disponível em: https://www.uol.com.br/tilt/noticias/redacao/2020/03/20/coronavirus-inteligencia-artificial-monitora-sintomas-em-multidoes.htm. Acesso em: 29 mai. 2020. Sobre o tema, seja permitido remeter ao artigo "O tratamento de dados pessoais no combate à Covid-19: entre soluções e danos colaterais", elaborado pelos autores em conjunto com Jéssica Modesto, que integrará o livro *Direito Civil e Tecnologia*. No momento da elaboração deste artigo, o referido livro ainda estava no prelo. Recentemente, a Data Privacy BR editou o livro eletrônico "Os dados e o vírus: pandemia, proteção de dados e democracia artificial", com diversas reflexões sobre o tema, que não serão aqui abordadas por conta dos limites deste texto. O livro referido está disponível gratuitamente em https://conteudo.dataprivacy.com.br/ebook-os-dados-e-o-virus. Acesso em: 27 jul. 2020.
6. PARIS INNOVATION REVIEW. *Predictive justice*: when algorithms pervade the law. Disponível em: http://parisinnovationreview.com/articles-en/predictive-justice-when-algorithms-pervade-the-law. Acesso em: 14 mai. 2019.

seis anos de prisão, com base numa previsão algorítmica secreta que concluiu que ele voltaria a cometer crimes[7].

Ainda no campo das ações penais, um relatório da ProPublica[8] indicou que os algoritmos expunham vieses racistas na aplicação da lei. A fórmula culminava por denunciar equivocadamente réus negros como futuros criminosos, rotulando-os quase duas vezes mais como criminosos de alto risco, mesmo quando não reincidiam de fato. A empresa responsável pelo desenvolvimento do sistema refuta as acusações e aduz que as conclusões são extraídas por meio de um questionário de 137 perguntas que são respondidas pelos réus ou extraídas de registros criminais.

Após os exemplos acima, que colocam em evidência algumas situaçõs de aplicação prática, resta definir o que seria um agente de inteligência artificial.

Um agente de IA pode ser compreendido como "um sistema computacional com capacidade de decisão, agindo de forma autônoma a partir de suas capacidades de comunicação com outros agentes e/ou humanos para desempenhar a sua função específica[9]".

São, em síntese, agentes com certo grau de autonomia, reatividade e proatividade. Jerry Kaplan argumenta que a essência da inteligência artificial – na verdade, a essência da inteligência – é a capacidade de fazer generalizações apropriadas em tempo hábil, com base em dados limitados[10], consoante previsto em sua programação inicial.

Antes de se prosseguir, importante esclarecer o emprego de algumas expressões que costumam acompanhar os trabalhos sobre o tema deste artigo, especialmente ressaltar a relação entre aplicações de inteligência artificial e algoritmos. Um dos grandes obstáculos à melhor compreensão do tema objeto deste estudo é a dificuldade de lidar com conceitos e ideias de outros campos do saber, que exigem daqueles que se dedicam à pesquisa jurídica atenção com a terminologia empregada.

A inteligência artificial muitas vezes se utiliza de algoritmos, ferramenta que pode ser compreendida como uma sequência de etapas utilizada pela inteligência artificial para solucionar um problema ou realizar uma atividade, cruzando dados e fazendo correlações em busca de um padrão[11].

Os algoritmos, por sua vez, podem atuar por meio de *machine learning*, que é, essencialmente, a atividade da máquina de aprender novos fatos por meio da análise

7. THE NEW YORK TIMES. *Sent to prison by a software program's secret algorithms*. Disponível em: https://www.nytimes.com/2017/05/01/us/politics/sent-to-prison-by-a-software-programs-secret algorithms.html?_r=0. Acesso em: 14 mai. 2019.
8. PROPUBLICA. *Machine bias*. Disponível em: https://www.propublica.org/article/machine-bias-risk-assessments-in-criminal-sentencing. Acesso em: 14 mai. 2019.
9. CELLA, José Renato Gaziero. DONEDA, Danilo Cesar Maganhoto. Lógica, inteligência artificial e comércio eletrônico. *Anais do XVIII Congresso Nacional do CONPEDI, São Paulo*. Disponível em: http://www.publicadireito.com.br/conpedi/manaus/arquivos/Anais/sao_paulo/2990.pdf. Acesso em: 15 jun. 2020.
10. "The essence of AI- indeed the essence of intelligence- is the ability to make appropriate generalizations in a timely fashion based on limited data." KAPLAN, Jerry. *Artificial Intelligence:* What everyone needs to know. Oxford: Oxford University Press, 2016, p. 5.
11. GUTIERREZ, Andriei. É possível confiar em um sistema de inteligência artificial? Práticas em torno da melhoria da sua confiança, segurança e evidências e accountability. *In:* FRAZÃO, Ana. MULHOLLAND, Caitlin (Coord.). *Inteligência artificial e Direito*: Ética, Regulação e Responsabilidade. São Paulo: Thomson Reuters Brasil, 2019, p. 85.

dos dados e da experiência prévia, sem programação explícita para tanto, adaptando a aprendizagem a novas situações[12].

O *deep learning*, por sua vez, é uma especialização avançada do *machine learning*, que tem a capacidade de processar diferentes tipos de dados de maneira semelhante a um cérebro humano[13].

Impende evidenciar o conceito de *blockchain*, compreendida como um registro eletrônico no qual partes desconhecidas podem manter e editar em conjunto bancos de dados de uma maneira totalmente descentralizada, sem que nenhuma parte intermediária exerça controle central[14].

A inteligência artificial pode ser classificada, ainda, a partir de seus níveis de interpretabilidade[15], isto é, pelo grau de compreensão de como suas respostas são geradas. Algoritmos de alta interpretabilidade são os mais tradicionais e de fácil compreensão; os de média interpretabilidade são aqueles um pouco mais avançados; e os de baixa interpretabilidade são aqueles com técnicas avançadas, tais como Redes Neurais Profundas.

Com efeito, tais tecnologias se alimentam de um combustível essencial: dados. É nesse contexto que assume relevância a expressão *Big Data*, compreendida como um grande conjunto de dados, cada vez mais alimentado graças à presença de dispositivos sensores na vida cotidiana e ao crescente número de indivíduos conectados a essas tecnologias por meio de redes digitais[16]. Acumulam-se informações sobre tudo e sobre todos, 24 horas por dia, sete dias por semana, tudo armazenado, catalogado e pronto para ser minerado de acordo com os objetivos dos agentes de tratamento de dados.

A revolução tecnológica tem desafiado o tradicional entendimento da dinâmica dos contratos e ensejado questionamentos acerca dos novos arranjos firmados no contexto social. A globalização e a industrialização se conectam com o desenvolvimento de sistemas de produção em massa, o que enseja uma mudança de paradigma na pactuação dos contratos, que passam a ser cada vez mais automatizados.

Ressalte-se que contratos são negócios jurídicos de "autocomposição dos interesses e da realização pacífica das transações ou do tráfico jurídico, no cotidiano de cada pessoa[17]". Já contratos ditos "algorítmicos" são contratos nos quais uma ou mais partes usa(m)

12. CERKA, Paulius; GRIGIENE, Jurgita; SIRBIKYTE, Gintare. Liability for damages caused by artificial intelligence. *Computer Law and Security Review*. United Kingdom, v. 31, p. 380.
13. MULHOLLAND, Caitlin. Responsabilidade civil e processos decisórios autônomos em sistemas de inteligência artificial (IA): autonomia, imputabilidade e responsabilidade. *In:* FRAZÃO, Ana. MULHOLLAND, Caitlin (Coord.). *Inteligência artificial e direito*: ética, regulação e responsabilidade. São Paulo: Thomson Reuters Brasil, 2019, p. 329.
14. LAUSLAHTI, Kristian. MATTILA, Juri. SEPPALA, Timo. Smart Contracts – How will Blockchain Technology Affect Contractual Practices?" *ETLA Reports*. n. 68. Disponível em: https://pub.etla.fi/ETLA-Raportit-Reports-68.pdf. Acesso em: 20 jun. 2020.
15. SILVA, Nilton Correia da. Inteligência Artificial. *In:* FRAZÃO, Ana. MULHOLLAND, Caitlin (Coord.). *Inteligência artificial e direito*: ética, regulação e responsabilidade. São Paulo: Thomson Reuters Brasil, 2019, p. 47. Sobre este tema, deve-se investigar acerca da real possibilidade de avaliação das respostas da inteligência artificial, mediante sindicância dos critérios empregados, para se tentar, utilizando os mesmos dados e critérios apontados, alcançar o mesmo resultado.
16. ITS Rio 2016. *Big Data in the Global South Project Report on the Brazilian Case Studies*. Disponível em: https://itsrio.org/wp-content/uploads/2017/01/Big-Data-in-the-Global-South-Project.pdf. Acesso em: 3 nov. 2019.
17. LÔBO, Paulo. *Direito Civil*: Contratos. São Paulo: Saraiva, 2011, p. 15.

um algoritmo para determinar se deve(m) ou não se vincular[18], isto é, contratos com termos que podem ser determinados com bases em critérios sugeridos pelo algoritmo[19].

O *smart contract*, um tipo de contrato algorítmico, pode ser compreendido como um contrato autoexecutável aplicável a diferentes tipos de situações, regido por códigos específicos, que permite que as partes possam acordar entre si a negociação de bens e valores, executado de forma automática assim que as condições contratuais previamente definidas se cumprirem[20]. Não se confundem com os contratos eletrônicos, compreendidos como aqueles em que a proposta e a aceitação são realizadas por meio de sistemas de processamento de dados[21], sem interatividade física entre as partes.

Trata-se, assim, de contratos muitas vezes baseados na conduta negocial típica que induz a uma relação contratual, relativizando a exigência de aferição da capacidade civil dos envolvidos, mas sem que nenhum mecanismo explícito de oferta e aceitação tome espaço, o que mitiga a clássica ideia do consentimento de vontades, necessário para a concretização de um contrato. Nesse contexto, a teoria canandense do *reliance* estabelece que a adequação do negócio jurídico não depende de uma vontade interna do declarante, mas de sua conduta, que enseja a criação de confiança e leva o contratante a crer que houve assunção de uma obrigação[22].

Não obstante a evidente e inquestionável utilidade social decorrente do desenvolvimento de tecnologias de inteligência artificial, são também inúmeras as possibilidades de eclosão de danos em uma sociedade pós-moderna marcada pelo risco de sua utilização, o que não pode ser desconsiderado pelo ordenamento jurídico.

Nesse sentido, Nelson Rosenvald, Cristiano Chaves e Felipe Peixoto Braga Netto argumentam que o modelo da responsabilidade civil é essencialmente cambiante e sensível aos influxos econômicos e sociais, de modo que na sociedade de riscos o ordenamento jurídico deve induzir comportamentos virtuosos, orientando potenciais ofensores a adotar medidas de segurança e a evitar condutas danosas[23].

Entre as razões elencadas como fatores que caracterizam o uso da inteligência artificial que incrementam a ocorrência de danos estão:

18. "Algorithmic contracts are contracts in which one or more parties use an algorithm to determine whether to be bound or how to be bound". SCHOLZ, Laura Henry. Algorithmic contracts. *Stanford Technology Law Review*, v. 20, n. 128, 2017. Disponível em: https://papers.ssrn.com/sol3/papers.cfm?abstract_id=2747701. Acesso em: 28 jun. 2020.
19. Anote-se, neste particular, que as aplicações de inteligência artificial, na forma como descrito acima, estão sendo empregadas como instrumentos para avaliação da alocação de riscos nos contratos, v.g., projeção de cenários, aferição de contingências, entre outros aspectos. Dessa forma, geram informações que fundamentam as decisões dos contratantes, sujeitos de direito personificados (pessoas naturais ou jurídicas).
20. LAUSLAHTI, Kristian. MATTILA, Juri. SEPPALA, Timo. Smart Contracts – How will Blockchain Technology Affect Contractual Practices?" *ETLA Reports*, n. 68. Disponível em: https://pub.etla.fi/ETLA-Raportit-Reports-68.pdf. Acesso em: 20 jun. 2020.
21. AZEREDO, João Fábio Azevedo e. *Reflexos do emprego de sistemas de inteligência artificial nos contratos*. 2014. 221 f. Dissertação (Mestrado em Direito Civil): Faculdade de Direito da Universidade de São Paulo, São Paulo, 2014, p. 37.
22. AZEREDO, João Fábio Azevedo e. *Reflexos do emprego de sistemas de inteligência artificial nos contratos*. 2014. 221 f. Dissertação (Mestrado em Direito Civil): Faculdade de Direito da Universidade de São Paulo, São Paulo, 2014, p. 120.
23. FARIAS, Cristiano Chaves; ROSENVALD, Nelson; NETTO, Felipe Peixoto Braga. *Curso de Direito Civil*: Responsabilidade Civil. 3. ed. São Paulo: Atlas, 2016, p. 20.

> 1) O objetivo da IA de se preservar para maximizar a satisfação de seus objetivos finais atuais; 2) o objetivo da IA de preservar o conteúdo de seus objetivos finais atuais; caso contrário, se o conteúdo de suas metas finais for alterado, será menos provável que ela aja no futuro para maximizar a satisfação de suas metas finais atuais; 3) o objetivo da IA de melhorar sua própria racionalidade e inteligência, a fim de melhorar sua tomada de decisão e, assim, aumentar sua capacidade de atingir suas metas finais; 4) o objetivo da IA de adquirir tantos recursos quanto possível, para que esses recursos possam ser transformados e colocados em funcionamento para a satisfação dos objetivos finais da IA. (tradução livre)[24].

Fácil perceder, após a leitura da citação acima, o risco de se programar uma aplicação de inteligência artifical que ignore diretrizes da ética da alteridade, o que resulta num preocupante tema a ser considerado por quem decide atuar neste campo do desenvolvimento científico. A programação, vale dizer, o código algorítimo, não pode se sobrepor a direitos e garantias fundamentais, entre os quais podemos destacar o respeito à dignidade humana e a exigência de solidariedade social nos relacionamentos entre particulares, não importando a sua natureza.

A título exemplificativo, a Knight Capital Group, grupo que compra e vende ações para promover liquidez no mercado, suportou um prejuízo de milhões de dólares após a eclosão de um erro operacional em um *software* de negociações de valores mobiliários[25]. Também impende sublinhar a atuação do robô da Microsoft chamado *Tay*, que em menos de 24 horas de interação passou a proferir termos racistas no *Twitter*[26].

E não nos esqueçamos das questões relativas à trasnparência, num mundo no qual cada vez mais se ressalta a necessidade de *accountability*. O receio acerca do avanço da inteligência artificial também é fomentado pela ausência de conhecimento exato de como essas máquinas funcionam. A preocupação com a *black box* da IA é tão crescente que novas pesquisas têm sido feitas sob a denominação de *Explainable Artificial Intelligence (XAI)*[27], ramo que visa fazer com que a IA vá alem da solução de problemas e que também seja capaz de trazer dados que possam elucidar como suas soluções são tomadas.

Se temos máquinas que são programadas para pensar e se comportar como seres humanos, emulando o modo de comunicação e as nossas reações, não podemos esquecer que estamos diante de um produto de ações de programadores e empresas sujeitas ao ordenamento jurídico em vigor. Dito de outro modo, imitações tecnológicas não podem ser utilizadas como excludentes do dever de observar direitos fundamentais dos envolvidos em todas as etapas da aplicação da inteligência artificial.

---

24. "1) The objective of AI to preserve itself in order to maximize the satisfaction of its present final goals; 2) the objective of AI to preserve the content of its current final goals; otherwise, if the content of its final goals is changed, it will be less likely to act in the future to maximize the satisfaction of its present final goals; 3) the objective of AI to improve its own rationality and intelligence in order to improve its decision-making, and thereby increase its capacity to achieve its final goals; 4) the objective of AI to acquire as many resources as possible, so that these resources can be transformed and put to work for the satisfaction of AI's final goals". CERKA, Paulius; GRIGIENE, Jurgita; SIRBIKYTE, Gintare. Liability for damages caused by artificial intelligence. *Computer Law and Security Review*. United Kingdom, v. 31, p. 376-389, 2015.
25. THE NEW YORK TIMES. *Knight Capital Says Trading Glitch Cost It $440 Million*. Disponível em: https://dealbook.nytimes.com/2012/08/02/knight-capital-says-trading-mishap-cost-it-440-million/?hp] Acesso em: 19 nov. 2019.
26. VEJA. *Exposto à internet, robô da Microsoft vira racista em um dia*. Disponível em: https://veja.abril.com.br/tecnologia/exposto-a-internet-robo-da-microsoft-vira-racista-em-1-dia/. Acesso em: 29 mai. 2020.
27. DIOP, Lamine. CUPE, Jean. *Explainable AI*: The data scientist's new challenge. Disponível em: https://towardsdatascience.com/explainable-ai-the-data-scientists-new-challenge-f7cac935a5b4. Acesso em: 19 nov. 2019.

No contexto contemporâneo, a inteligência artificial assume espaço em diversos ramos e possui inúmeras funções, podendo ajudar especialistas a resolver difíceis problemas de análise, desenvolver novas ferramentas, aprender por meio de exemplos e representações, trabalhar com estruturas semânticas e criar novas oportunidades de mercado[28]. A preocupação se alarga quando se constata que a utilização da IA não se restringe a aplicativos banais utilizados no cotidiano. Nesse sentido, em comento à *black box* da inteligência artificial, Will Knight argumenta que "nós podemos construir esses modelos, mas nós não sabemos como eles trabalham[29]" (tradução livre). Argumenta-se ainda que:

> (...) os parâmetros de correlações são formulados de maneira independente pelos sistemas a partir da interação com o ambiente dinâmico. E como foram formulados a partir de lógicas incomuns com o raciocínio humano, há grande dificuldade para se explicar de forma humanamente inteligível como esses sistemas chegaram a determinadas correlações ou resultados. E aqui, talvez, tenhamos de reconhecer que somos mesmo humanamente incapazes de fazê-lo e que necessitamos de outros ferramentais[30].

Em sede contratual, os algoritmos podem ser utilizados tanto para fornecer informações relevantes para a pactuação do negócio jurídico como também em uma função de negociação. Nesse sentido, alguns desafios são impostos no que tange ao uso dos dados pelos algoritmos, especialmente considerando que, nesse contexto, muitas conclusões algorítmicas podem acarretar melhores condições contratuais para um dos polos da relação. Como saber que informações estão sendo utilizadas? De que forma tal informação é processada?

É nesse panorama de razoável obscuridade que exsurgem as manifestações de discriminações algorítmicas. Impende evidenciar que a ideia de discriminação algorítmica não se restringe ao cenário em que determinado indivíduo é excluído de um grupo pelo fato de possuir determinada característica, manifestando-se, também, na situação em que alguém é julgado pelas características de um grupo a que pertença, de modo que suas características individuais passam a ser desconsideradas e o sujeito passa a ser visto como um mero membro de um dado grupo[31].

Nesse sentido, imagine-se a situação em que determinado indivíduo tem seu financiamento negado em razão da conclusão obtida pelo sistema de *credit score,* sem que nem sequer tenha conhecimento dos critérios levados a cabo pelo sistema. Ou ainda a hipótese em que determinado consumidor tem uma oferta virtual bloqueada simplesmente por estar situado em determinada cidade ou bairro, ou ainda, que tenha sua taxa

28. WINSTON, Patrick Henry. *Artificial Intelligence*. 3. ed. Boston: Addison-Wesley Publishing Company, 1993, p. 10-14.
29. "We can build these models but we don't know how they work". KNIGHT, Will. *The dark secret at the heart of AI.* Disponível em: https://www.technologyreview.com/s/604087/the-dark-secret-at-the-heart-of-ai/ Acesso em: 26 set. 2019.
30. GUTIERREZ, Andriei. É possível confiar em um sistema de inteligência artificial? Práticas em torno da melhoria da sua confiança, segurança e evidências de accountability. *In:* FRAZÃO, Ana. MULHOLLAND, Caitlin (Coord.). *Inteligência artificial e direito*: ética, regulação e responsabilidade. São Paulo: Thomson Reuters Brasil, 2019, p. 47.
31. MENDES, Laura Schertel. MATTIUZZO, Marcela. Discriminação Algorítmica: Conceito, Fundamento Legal e Tipologia. *Revista de Direito da Univille.* Porto Alegre, Volume 16, n. 90, 2019, 39-64, nov-dez 2019, p. 9. Estamos diante do *profiling*, no qual se rotulam indivíduos (*labeling*), que passam a ser tratados como integrantes de um conjunto, de modo impessoal e massificado.

de juros definida a partir de análises de dados do cadastro positivo. Esses são pequenos exemplos de como a participação algorítmica nas relações contratuais pode ensejar questionamentos e conclusões obscuras.

No mesmo trilhar, Stefano Rodotà argumenta que:

> A resposta rápida às necessidades imediatas tem realmente como efeito a igualdade substancial ou tende muito mais a congelar cada um na posição na qual se encontra, dando origem a uma discriminação bem mais forte? Se, por exemplo, se verifica que a maioria das famílias que habitam em um determinado bairro lê apenas um tipo de publicação, razões econômicas estimularão a distribuição naquela área apenas de livros e jornais correspondentes aos gostos e interesses individuados naquele momento particular. Por um lado, portanto, dá-se início a um mecanismo que pode bloquear o desenvolvimento daquela comunidade, solidificando-a no seu perfil traçado em uma situação determinada. Por outro lado, penalizam-se os poucos que não correspondem ao perfil geral, iniciando-se assim um perigoso processo de discriminação de minorias. A "categorização" de indivíduos e grupos, além disso, ameaça anular a capacidade de perceber as nuances sutis, os gostos não habituais[32].

A generalização efetuada por muitos algoritmos pode enfrentar inconsistências quando se constata que muitas características não são universalmente compartilhadas por membros de determinado conjunto de pessoas. A ideia de suprimir a individualidade de um sujeito em prol de sua mera inserção em determinado grupo é, inclusive, perspectiva que enfrenta dificuldades sob o prisma kantiano da dignidade da pessoa humana.

A generalização é sustentada pela perspectiva de que em um mundo de recursos escassos e limitação de tempo, torna-se imprescindível a tomada de decisões com base em características observáveis e exteriorizadas que, por sua vez, são substitutas de outras características não facilmente observáveis[33].

Sobre as discriminações algorítmicas, Laura Schertel e Marcela Mattiuzzo listam quatro das principais formas de discriminação que auxiliam na compreensão do cenário: por erro estatístico, por generalização, pelo uso de informações sensíveis e pela limitação do exercício de direitos[34]. Nesse contexto, a discriminação por erro estatístico ocorre na falha desde a coleta ou contabilização incorreta de dados até problemas no código do

32. RODOTÀ, Stefano. *A vida na sociedade de vigilância*: a privacidade hoje. Organização, seleção e apresentação de Maria Celina Bodin de Moraes. Tradução de Danilo Doneda e Luciana Cabral Doneda. Rio de Janeiro: Renovar, 2008, p. 83. Quanto mais informações sobre nossos hábitos de acesso, utilização e navegação na internet são mineradas, maior a possibilidade de experimentarmos uma vida digital dentro de uma "bolha", um ambiente controlado, no qual anúncios, sugestões de filmes, livros e novas amizades são parametrizados para seus interesses, ignorando qualquer coisa que não siga determinado padrão. Isso vem provocando intensa discussão acerca do incremento, ainda que não intencional, da intolerância comportamental, sobretudo em redes sociais, pois as pessoas passam a interagir cada vez menos com pontos de vistas diferentes dos seus.
33. MENDES, Laura Schertel. MATTIUZZO, Marcela. Discriminação Algorítmica: Conceito, Fundamento Legal e Tipologia. *Revista de Direito da Univille*. Porto Alegre, Volume 16, n. 90, 2019, 39-64, nov-dez 2019, p. 12.
34. Sobre este tema, tratando especificamente da questão da discriminação algorítmica nos contratos de seguro, Thiago Junqueira anota que "apenas quando um tratamento desigual é baseado em critérios protegidos pelo ordenamento jurídico ocorrerá discriminação. Não obstante o catálogo aberto de signos protegidos contra a discriminação (art. 3º, inc. IV, da CF), é possível reconduzi-los a duas categorias gerais: i) *características imutáveis ou alheias ao controle dos indivíduos* (*e.g.*, raça, idade, deficiência, origem, dado genético) e ii) *escolhas existenciais que possuam significância social* (*v.g.*, religião e orientação sexual). Elas têm em comum a marginalização e a opressão histórica de alguns grupos substancialmente minoritários, de modo a justificarem um grau de escrutínio mais rígido para que sejam feitas generalizações – e, a partir disso, tomem-se decisões tendo-as como suporte". (Cf. JUNQUEIRA, Thiago. *Tratamento de dados pessoais e discriminação algorítmica nos seguros*. São Paulo: Ed. RT, 2020, p. 380).

algoritmo[35]. A discriminação por generalização ocorre pelo equívoco no enquadramento de determinadas pessoas em certos grupos:

> Por exemplo, se uma pessoa mora em uma vizinhança comumente associada à pobreza e o modelo não possui nenhuma outra informação além de seu endereço para decidir se ela é ou não uma boa candidata para um empréstimo, ele a classificará como pertencente a um grupo do qual ela talvez não seja parte, caso ela se apresente como um caso atípico. Isso poderia ocorrer na hipótese de essa pessoa ter uma renda superior ou inferior às pessoas de sua vizinhança, por exemplo. Desse modo, embora o algoritmo esteja correto e as informações também, ainda assim o resultado será uma generalização incorreta, na medida em que mesmo um resultado estatisticamente relevante apresentará um percentual de pessoas que não se encaixam perfeitamente naquela média[36].

A discriminação pelo uso de dados sensíveis ocorre quando a análise se baseia em dados legalmente protegidos, como ocorreria, por exemplo, na utilização de informações religiosas de um indivíduo para designar o seu *credit score*[37]. Por fim, a discriminação por limitação do exercício de direitos ocorre quando a informação utilizada pelo algoritmo afeta demasiadamente um direito do titular[38].

Nesse contexto, a utilização de critérios como nacionalidade, gênero, posição política, religião, idade ou identidade sexual pode acarretar uma série de discriminações por estarem relacionadas ao íntimo da personalidade de cada indivíduo, além de acirrar estereotipização de grupos e acirrar ânimos sociais.

Mas as espécies de discriminação que merecem atenção quando se estudam as consequências da utilização de algorítimos na prática negocial não se limitam aos exemplos acima apresentados, comumente relacionados a formas diretas de discriminação. É preciso aprofundar os estudos acerca das formas indiretas de discriminação, que ocorrem quando se verificam efeitos discriminatórios, vale dizer, impacto desproporcional em um grupo protegido, a partir da utilização de dados e critérios aparentemente neutros, segundo o senso comum[39]. O debate está apenas começando.

3. A INTERFERÊNCIA DA INTELIGÊNCIA ARTIFICIAL NO AMBIENTE CONTRATUAL

A atividade da inteligência artificial e seus riscos de discriminaçao algorítmica se manifestam em todas as fases do trâmite contratual. São múltiplas as possibilidades de interferência e tal problema avulta quando se constata que a tecnologia apresenta características de alta volatilidade. Nesse contexto, a fim de ilustrar atividades algorítmicas nas relações contratuais, compete sublinhar as práticas de *geoblocking* e *geopricing*.

35. MENDES, Laura Schertel. MATTIUZZO, Marcela. Discriminação Algorítmica: Conceito, Fundamento Legal e Tipologia. *Revista de Direito da Univille*. Porto Alegre, v. 16, n. 90, 2019, 39-64, nov-dez 2019, p. 14.
36. MENDES, Laura Schertel. MATTIUZZO, Marcela. Discriminação Algorítmica: Conceito, Fundamento Legal e Tipologia. *Revista de Direito da Univille*. Porto Alegre, v. 16, n. 90, 2019, 39-64, nov-dez 2019, p. 14.
37. MENDES, Laura Schertel. MATTIUZZO, Marcela. Discriminação Algorítmica: Conceito, Fundamento Legal e Tipologia. *Revista de Direito da Univille*. Porto Alegre, v. 16, n. 90, 2019, 39-64, nov-dez 2019, p. 14.
38. MENDES, Laura Schertel. MATTIUZZO, Marcela. Discriminação Algorítmica: Conceito, Fundamento Legal e Tipologia. *Revista de Direito da Univille*. Porto Alegre, v. 16, n. 90, 2019, 39-64, nov-dez 2019, p. 14.
39. JUNQUEIRA, Thiago. *Tratamento de dados pessoais e discriminação algorítmica nos seguros*. São Paulo: Ed. RT, 2020, p. 383-4.

O *geopricing* e o *geoblocking* ocorrem quando "a plataforma digital identifica a origem geográfica do consumidor e discrimina o preço e a oferta do produto a partir dessa informação obtida através dos *cookies* e utilizada pelo algoritmo para definir se deve cobrar um valor mais alto ou se deve bloquear a oferta para aquele consumidor[40]". Nesse caso, o *geopricing* discrimina o preço e o *geoblocking* restringe a oferta. Essa funcionalidade é fomentada num contexto de consumo em que o fornecedor pode coletar dados extensivos sobre padrões de compras de seus clientes e fazer recomendações de produtos.

Nesse cenário, o Tribunal Europeu de Justiça tem considerado que algumas formas de discriminação de preços podem caracterizar abuso de posição dominante[41]. Em 2018, uma conhecida empresa do setor de serviços turísticos foi multada em 7,5 milhões pelo Departamento de Proteção e Defesa do Consumidor pela prática de *geoblocking* e *geopricing*[42]. A nota técnica salientou a abusividade da conduta e a necessidade de observância de direitos básicos do consumidor, máxime tendo em vista a sua vulnerabilidade:

> Mencione-se, ainda, que a vulnerabilidade técnica também tem destaque neste caso: o consumidor não sabe que, por meio de seu IP, pode fornecer à Decolar dados que a empresa usa de forma discriminatória. Nesse sentido, a política de privacidade do *site* não é clara, nem satisfatoriamente informativa. Tais condutas, além de distanciarem-se dos objetivos da Política Nacional das Relações de Consumo (art. 4º, *caput*), infringem, além do princípio da vulnerabilidade do consumidor (art. 4º, I), o princípio da boa-fé e do equilíbrio (art. 4º, III). 24. Esses princípios, aliás, se imbricam e permitem a formação de uma das mais essenciais condições para a formação de relações de consumo transparentes, equilibradas e harmoniosas, como buscadas pelo CDC: a confiança, elemento essencial à demonstração da real vontade das partes em estabelecer uma relação de consumo. No caso em exame, toda essa rica base principiológica, indispensável à legalidade e legitimidade das práticas verificadas no mercado de consumo, se vê maculada pelas posturas da empresa (...). O direito à igualdade nas contratações pressupõe que não se discriminem preços sem motivo razoável. Se a precificação geográfica se desse, por exemplo, em razão do FRETE, ou seja, do custo do transporte de produto, não haveria que se falar em discriminação. Não é o caso que se apresenta (...). Com relação ao primeiro inciso mencionado, tem-se como núcleo do mandamento legal a palavra "recusa" (de atendimento às demandas dos consumidores, na medida das disponibilidades do estoque). Recusar implica negação, implica opor-se a algo. A prática do *geoblocking* é exatamente a negação de oferecimento de serviço – em outras palavras, uma recusa. O inciso IX dispõe em sentido semelhante. Trata-se, novamente, da recusa da prestação de serviço ou venda de bem. Como já mencionado, essa é exatamente a essência do *geoblocking*. Por sua vez, o inciso X fala em elevar sem justa causa o preço de produto ou serviço. A prática de precificar diferentemente as acomodações, com base apenas na localização geográfica do consumidor, é exatamente caso de elevação de preço sem justa causa[43].

---

40. FORTES, Pedro Rubim Borges Fortes. Contratos eletrônicos e o controle normativo dos algoritmos. *In:* MARTINS, Plínio Lacerda; CASTRO, André Hacl; RAMADA, Paula Cristiane Pinto; NEVES, Edson Alvisi, NUNES DA SILVA, Dones Manoel de Freitas. *Direito do Consumidor na Modernidade* (Resumos Expandidos). Niterói, RJ: Editora, 2018, p. 27.
41. MALBON, Justin. Geo-Pricing of Digital Media: European and Australian Policy Debates Compared. *In:* GOUNALAKIS, G.; TAYLOR, G. (Eds.). *Media Diversity Law*: Australia and Germany Compared. Frankfurt: Peter Lang Academic Research, 2016, p. 9.
42. BRASIL. *Decolar.com é multada por prática de* geoblocking *e* geopricing. Disponível em: https://www.justica.gov.br/news/collective-nitf-content-51. Acesso em: 19 jun. 2020.
43. BRASIL, Ministério da Justiça. *Nota Técnica 92/2018/CSA-SENACON/CGCTSA/GAB-DPDC/DPDC/SENACON/MJ*. Processo n. 08012.002116/2016-21. Representante: booking.com representada: decolar.com assunto: prática abusiva ementa: processo administrativo. Consumidor. Ofensa à liberdade de escolha nas contratações, pelos consumidores. Diferenciação de preço de acomodações e negativa de oferta de vagas, quando existentes, de acordo com a localização geográfica do consumidor. Técnicas de *geopricing* e *geoblocking*. Aplicação de sanção de multa

Ainda sobre o tema, vale mencionar que o Regulamento Europeu 2018/302, de 28 de fevereiro de 2018, visa prevenir o bloqueio geográfico injustificado e outras formas de discriminação baseadas na nacionalidade, local de residência ou local de estabelecimento dos clientes no mercado interno.

Nesse sentido, dispõe, em seu art. 3º, que os comerciantes não poderão bloquear nem restringir, por meio de medidas de caráter tecnológico ou de qualquer outro modo, o acesso dos clientes às suas interfaces em linha por razões geográficas, tampouco poderão redirecionar os clientes para uma versão da sua interface em linha diferente da interface em linha a que o cliente tentou aceder inicialmente, em virtude da sua configuração, da utilização de um idioma ou de outros fatores que deem a essa interface em linha características específicas para clientes com uma nacionalidade, um local de residência ou um local de estabelecimento determinados, a não ser que o consumidor tenha dado o seu consentimento expresso para esse redirecionamento. Temos aqui um tema que não vem merecendo a adequada atenção dos órgãos de proteção e de defesa do consumidor em nosso país.

Seguindo com a análise do regulamento referido, deve-se consignar que o art. 4º também determina que o comerciante não poderá aplicar condições gerais de acesso diferentes aos bens e serviços por razões relacionadas com a nacionalidade, local de residência ou estabelecimento do cliente.

Ressalte-se que o art. 6º, II, do nosso Código de Defesa do Consumidor menciona a igualdade nas contratações como direito básico do consumidor e assevera, em seu art. 39, II e IX, que é vedado ao fornecedor, entre outras práticas abusivas, recusar atendimento às demandas consumeristas, na exata medida de suas disponibilidades de estoque e, ainda, de conformidade com os usos e costumes, bem como recusar a venda de bens ou a prestação de serviços, diretamente a quem se disponha a adquiri-los mediante pronto pagamento, ressalvados os casos de intermediação regulados em leis especiais.

Ainda, o art. 36, § 3º, X, da Lei nº 12.529/11, diz que caracteriza infração da ordem econômica discriminar adquirentes ou fornecedores de bens ou serviços por meio da fixação diferenciada de preços ou de condições operacionais de venda ou prestação de serviços.

A Lei Federal 12.965/14 (Marco Civil da Internet), em seu art. 9º, determina o tratamento isonômico da transmissão, comutação ou roteamento de quaisquer pacotes de dados, admitindo violações a esta isonomia apenas excepcionalmente e com base em critérios técnicos. Ademais, o art. 6º da Lei nº 13.709/18 (Lei Geral de Proteção de Dados Pessoais) estabelece, no seu inciso IX, o princípio da não discriminação, consubstanciado na impossibilidade de realização de tratamento de dados para fins discriminatórios, ilícitos ou abusivos[44].

no valor de R$ 7.500.000,00 (sete milhões e quinhentos mil reais). Disponível em: http://www.mpsp.mp.br/portal/page/portal/cao_consumidor/SENACON/SENACON_NOTA_TECNICA/SENACON%20DECIS%C3%83O%20geo%20pricing%20e%20geo%20blocking%20multa.pdf. Acesso em: 1 jun. 2020.

44. É preciso seguir analisando o impacto concreto do uso de aplicações de inteligência artificial no presente. Situação interessante, relacionada às aplicações tecnológicas no mundo físico, diz respeito ao algoritmo programado pelo grupo Volkswagen, criado para funcionar nos veículos movidos a diesel detentores de inteligência artificial. No caso, o algoritmo identificava quando o veículo estava submetido a testes de laboratório, isto é, sempre que fos-

A neutralidade de rede é compreendida como a manutenção "das regras de tráfego estabelecidas pelos padrões que regem a própria Internet como um todo, evitando assim que operadores de trechos da rede possam ditar suas próprias regras extravagantes[45]". As atividades referidas podem acarretar risco ao referido princípio, uma vez que os operadores poderiam definir regras de tráfego prioritárias, além de filtrar certos conteúdos e conferir tratamentos distintos aos pacotes de dados.

Também urge ressaltar a modalidade de discriminação em que "uma ferramenta tecnológica disponibilizada na plataforma da empresa aos empresários do setor hoteleiro, que possibilitava que os próprios hotéis discriminassem os consumidores, indicando as nacionalidades que teriam condições melhores de hospedagem em detrimento dos demais[46]". Nesse contexto:

> Para melhor discriminar seus clientes, as empresas podem se aproveitar da dificuldade do consumidor em processar escolhas complexas, especialmente aumentando parâmetros de qualidade e de preço para ampliar sua vantagem pelos erros e viés comportamental do consumidor. A assimetria de poder é ampliada pela ignorância do consumidor sobre o desenho do algoritmo e os dados coletados de seus clientes, o que facilita a discriminação. Outra maneira de estabelecer um comportamento discriminatório de uma maneira palatável é atribuir os desvios de preço às forças dinâmicas do mercado. Consumidores aceitam que diferenças de preço são respostas a mudanças de oferta e demanda no mercado (precificação dinâmica) em vez de considerar que se trata de uma manipulação de preço a partir de características pessoais do consumidor (precificação discriminatória)[47].

Isso sem falar na atuação de *scores* na análise de riscos, isto é, prognoses de comportamento de um indivíduo produzido a partir de um procedimento automatizado, no qual os dados são incorporados em um algoritmo e os indivíduos são alocados a uma categoria de risco específica[48]. Sobre a possibilidade de discriminação algorítmica em tais casos, argumenta-se que:

> (...) logo se tornou claro que o método estatístico, o qual teoricamente receberia dados objetivos como *inputs* e, portanto, deveria gerar resultados objetivos como *outputs*, poderia reproduzir vieses já existentes, levando também a resultados discriminatórios. Isso porque, em primeiro lugar, nexos de causalidade e correlações são, muitas vezes, predefinidos pelos controladores dos dados, que, por sua vez, transmitem aos algoritmos os mesmos vieses presentes nos processos tradicionais de tomada de decisões. Ou seja, se alguém acredita que as mulheres são inapropriadas de modo geral para alguns

---

sem dirigidos em velocidade constante e sem manipulação de volante, ocasião em que ativava uma configuração diferente na *performance* do motor. Quando detectada a finalização nos testes, o veículo voltava ao seu estado normal, em que se constata aumento considerável na emissão de poluentes. Nesse ponto, tal prática se consubstancia como abusiva, nos termos do artigo 39, II e IX, do Código de Defesa do Consumidor. (Cf. G1. 'Dieselgate': veja como escândalo da Volkswagen começou e as consequências. Disponível em: h ttp://g1.globo.com/carros/noticia/2015/09/escandalo-da-volkswagen-veja-o-passo-passo-do-caso.html. Acesso em: 17 jun. 2020)

45. MARTINS, Guilherme Magalhães. O *geopricing* e o *geoblocking* e seus efeitos nas relações de consumo. *In*: FRAZÃO, Ana. MULHOLLAND, Caitlin (Coord.). *Inteligência artificial e direito*: ética, regulação e responsabilidade. São Paulo: Thomson Reuters Brasil, 2019, p. 642.
46. MARTINS, Guilherme Magalhães. O *geopricing* e o *geoblocking* e seus efeitos nas relações de consumo. In: FRAZÃO, Ana. MULHOLLAND, Caitlin (Coord.). *Inteligência artificial e direito*: ética, regulação e responsabilidade. São Paulo: Thomson Reuters Brasil, 2019, p. 636.
47. MARTINS, Guilherme Magalhães. O *geopricing* e o *geoblocking* e seus efeitos nas relações de consumo. *In*: FRAZÃO, Ana. MULHOLLAND, Caitlin (Coord.). *Inteligência artificial e direito*: ética, regulação e responsabilidade. São Paulo: Thomson Reuters Brasil, 2019, p. 637.
48. MENDES, Laura Schertel. MATTIUZZO, Marcela. Discriminação Algorítmica: Conceito, Fundamento Legal e Tipologia. *Revista de Direito da Univille*. Porto Alegre, v. 16, n. 90, 2019, 39-64, nov-dez 2019, p. 2.

tipos de atividade – por exemplo, para a engenharia mecânica – e essa pessoa programa um algoritmo que internaliza tal lógica, o *output* de tal algoritmo poderá apresentar essas mesmas inclinações, independentemente da qualidade do *input*[49].

Nesse sentido, o *credit score* é um sistema amplamente utilizado pelas instituições financeiras para a verificação de viabilidade de concessão de crédito aos consumidores, cuja utilização resta autorizada por meio da Súmula 550 do Superior Tribunal de Justiça, onde se consagra que a utilização de escore de crédito – método estatístico de avaliação de risco que não constitui banco de dados – dispensa o consentimento do consumidor, que terá o direito de solicitar esclarecimentos sobre as informações pessoais valoradas e as fontes dos dados considerados no respectivo cálculo.

Com efeito, em que pese o consumidor tenha o direito de pleitear esclarecimentos acerca das informações consideradas, tal prática ainda não é costumeira no mercado de consumo, o que fomenta a opacidade do algoritmo e a falta de transparência na avaliação do crédito.

Expostos os pontos de preocupação que se manifestam desde a fase das tratativas, vale dizer, das negociações preliminares, como o caso da análise de crédito antes da concessão de um empréstimo, na perspectiva propriamente contratual, torna-se desafiadora a compreensão acerca de eventuais situações em que determinado consumidor de serviços digitais tenha acesso a tais funcionalidades quando estiver em determinado local, mas não o tenha quando estiver em outro.

Seria razoável pensar num mercado único digital? O catálogo da *Netflix*, por exemplo, varia a depender do país de hospedagem[50], que se fundamenta em razões de preferências regionais e detenção dos direitos autorais.

Nesse ponto, impende observar dificuldades impostas a partir da constatação de que a internet é um ambiente global circunscrito pelas fronteiras nacionais dos usuários que dele fazem parte. Ademais, também cabe observar que o tratamento possui especificidades a depender de se o objeto é um contrato civil ou um contrato de consumo, o que pode atrair, respectivamente, a violação aos deveres inerentes à boa-fé objetiva ou aos ditames do CDC.

Ainda na fase contratual, cumpre ressaltar a atividade da IA na elaboração de minutas dos contratos, utilizando banco de dados de contratos anteriores. Nesse panorama, nos Estados Unidos, sistemas denominados de Ross e Watson são utilizados por escritórios de advocacia na realização de pesquisas jurídicas, análises documentais, redação de contratos e previsão de resultados[51]. Dessa atividade também podem derivar danos, especialmente no que tange à não individualização de casos concretos ou à inserção incorreta de dados.

Por fim, na fase pós-contratual, a IA também pode acarretar efeitos. Tais impactos podem surgir no acompanhamento de períodos de garantia ou, ainda, no acompanhamento

49. MENDES, Laura Schertel. MATTIUZZO, Marcela. Discriminação Algorítmica: Conceito, Fundamento Legal e Tipologia. *Revista de Direito da Univille*. Porto Alegre, v. 16, n. 90, 2019, 39-64, nov-dez 2019, p. 2.
50. TECNOBLOG. *Por que o catálogo da Netflix é diferente de um país para outro?* Disponível em: https://bit.ly/3ntmF6V. Acesso em: 19 jun. 2020.
51. NUNES, Dierle. Inteligência artificial e direito processual: vieses algorítmicos e os riscos de atribuição de função decisória às máquinas. *Revista de Processo*, v. 285, p. 421/447, nov. 2018, p. 422.

do uso do produto pelo consumidor. Ressalte-se que o acompanhamento excessivo pode acarretar violações ao direito de privacidade, razão pela qual a atividade deve ser efetuada com a máxima cautela possível. Ainda no campo das obrigações que perduram mesmo após o pagamento das obrigações contratuais, devem-se destacar os riscos relativos a vazamento de dados pessoais ou seu compartilhamento sem o consentimento do titular.

No mesmo sentido, a tecnologia mencionada também é importante na hipótese de renovações automáticas de contratos, ocasião em que assume relevância a observância ao direito à informação do consumidor, sob pena de perpetuação abusiva de relações jurídicas à revelia da parte interessada.

Desse modo, torna-se imprescindível a verificação de diretrizes e parâmetros de controle aptos a tutelar eventuais demandas oriundas de tais atividades, máxime considerando que o desenvolvimento da IA ocorre numa velocidade muitas vezes incompatível com o amadurecimento legislativo sobre a temática.

São grandes, portanto, os desafios impostos pelo desenvolvimento da IA no meio social, sobremodo tendo em vista o intrínseco incremento de riscos e a potencialidade de eclosão de danos oriundos dessa atividade. Faz-se imprescindível refletir acerca de diretrizes que ajudem a resolver impasses oriundos da inevitável utilização da tecnologia na operacionalização das demandas humanas.

4. DAS DIRETRIZES E DOS MECANISMOS DE CONTROLE

Em que pese a inexistência de uma legislação específica disciplinando as questões da IA, não há que se falar em ausência de regulação, mormente considerando que as diretrizes axiológicas constitucionais precisam ser observadas em quaisquer relações jurídicas. As normas jurídicas em vigor, mesmo elaboradas para um mundo analógico, dem ser aplicadas às condutas do mundo digital, sendo necessária uma tradução adequada, mediante processo interpretativo que assegure a sua equivalência funcional. Isso sem falar na verificação de eventual incidência da legislação consumerista no caso concreto, o que atrai todos os seus ditames protetivos em face da hipossuficiência do consumidor.

Nesse cenário, é imprescindível salientar alguns pontos para a compreensão do tratamento jurídico da matéria, tais como: a) eventual autoexecutoriedade do *smart contract;* b) a relevância da tradução do contrato físico para a linguagem computacional; c) a capacidade de o usuário/consumidor compreendê-la; d) a ingerência do programador no desenvolvimento do sistema; e) a existência, ou não, de contratos e tratativas físicas prévias; f) e a relativa autonomia que os sistemas de IA ostentam[52].

No dia 8 de abril de 2019, a Comissão Europeia[53] divulgou diretrizes éticas para a inteligência artificial (IA) confiável, documento que se baseia no trabalho do Grupo Europeu de Ética na Ciência e Novas Tecnologias e outros esforços similares.

---

52. LEITE, Diego Gomes Ferreira. *Reflexões acerca da teoria dos contratos face à inteligência artificial e aos* smart contracts. Trabalho de Conclusão de Curso (Pós-graduação em Direito da Propriedade Intelectual) – Pontifícia Universidade Católica do Rio de Janeiro, Rio de Janeiro, 2019, p. 54.
53. A Comissão Europeia é instituição que, entre outras funções, propõe legislações e programas de ação no contexto europeu.

O documento em questão elenca expressamente, entre outras diretrizes e princípios, a necessidade de observância do princípio da explicabilidade. Esta surge com o objetivo de manter a transparência e a confiança dos usuários na tecnologia, devendo expor as capacidades e o propósito do sistema de IA a todos aqueles que sejam direta ou indiretamente afetados. Numa sociedade marcada pelo consumo, o Código de Defesa do Consumidor traz como direito básico, em seu art. 6º, III, a informação congnoscível, adequada e clara sobre os diferentes produtos e serviços, incluindo os riscos que apresentem.

As Diretrizes também impõem a necessidade de que os requisitos de diversidade, não discriminação e justiça sejam observados, o que diz respeito à inclusão e à diversidade no processo de IA, envolvendo todos os *stakeholders* afetados ao longo do processo, bem como garantindo igualdade de acesso aos interessados. É imprescindível que sejam avaliados os critérios usados pelos sistemas de IA, considerando que podem sofrer inclusões de modelos com vieses inadequados, a ensejar preconceitos e discriminações não intencionais contra certos grupos, exacerbando problemas estruturais de marginalização.

Tal preocupação é precipuamente relevante, uma vez que a Constituição Federal, em seu art. 5º, *caput*, alça a isonomia como valor essencial a ser protegido. Nesse panorama, ressaltam-se especialmente a equivalência negocial e o compromisso de tratamento isonômico entre todos os consumidores.

Os vieses discriminatórios devem ser tolhidos já na fase de coleta, de modo que os critérios a serem utilizados no processamento da IA já estejam livres de tais falhas. É importante, assim, que a base de dados seja inclusiva no que tange a diversas culturas e origens. Tais problemas também podem ser mitigados com supervisões que analisem finalidade, restrições, requisitos e decisões do sistema de maneira coerente e transparente. Nesse ponto,

> É fácil perceber que, se forem utilizados no modelo estatístico dados com alto potencial discriminatório, tais como dados raciais, étnicos ou de orientação sexual, haverá um grande risco de que a decisão que resultará do processo automatizado (*output*) também seja discriminatória. Esses dados são os chamados dados sensíveis, cujo processamento é limitado pelas legislações de proteção de dados de vários países, assim como pelo Regulamento Europeu de Dados Pessoais. Em segundo lugar, é preciso observar que o próprio método utilizado nas decisões automatizadas – por meio da classificação e seleção dos indivíduos – gera um risco de se produzirem resultados discriminatórios, ainda que de forma não intencional (...). Nesse contexto, é possível a ocorrência da discriminação por erro estatístico, o que decorreria tanto de dados incorretamente capturados como também de modelo estatístico de bases científicas frágeis (BRITZ, 2008). Resultados discriminatórios também são possíveis por meio da generalização, prática muito utilizada nas decisões automatizadas, o que levou Gabriele Britz (2008, p. 134) a cunhar a expressão "injustiça pela generalização". A discriminação estatística se dá por meio da classificação de pessoas com determinadas características em certos grupos – isto é, por meio da generalização de que pessoas com tais características têm maior probabilidade de agir de certa maneira ou de apresentar determinadas qualidades. A generalização, nesse caso, embora o modelo possa funcionar bem e seja estatisticamente correto, pode levar à discriminação das pessoas que configuram os casos atípicos, não se enquadrando nas características do grupo geral. É o caso, por exemplo, da pessoa que, apesar de morar em determinada região, considerada de baixa renda e, portanto, classificada como de maior risco de inadimplência em modelos de risco de crédito, aufere na realidade renda superior à de seus vizinhos. A discriminação, nesse caso, dar-se-ia porque, em um modelo em que a informação sobre endereço tem peso fundamental, o caso atípico seria tratado conforme o grupo em que está inserida, e não conforme as outras pessoas de sua faixa de renda[54].

54. DONEDA, Danilo Cesar Maganhoto; MENDES, Laura Schertel; SOUZA, Carlos Affonso Pereira de; ANDRADE, Norberto Nuno Gomes de. Considerações iniciais sobre inteligência artificial, ética e autonomia pessoal. *Pensar*. Fortaleza, v. 23, n. 4, p. 1-17, out./dez. 2018.

Além disso, podem surgir problemas de discriminação por outros meios: "resultados discriminatórios também são possíveis por meio da generalização, prática muito utilizada nas decisões automatizadas, o que, como vimos, levou Gabriele Britz (2008, p. 134) a cunhar a expressão 'injustiça pela generalização'". A discriminação estatística se dá por meio da classificação de pessoas com determinadas características em certos grupos – isto é, por meio da generalização de que pessoas com tais características têm maior probabilidade de agir de certa maneira ou de apresentar determinadas qualidades.

A generalização, nesse caso, embora o modelo possa funcionar bem e seja estatisticamente correto, pode levar à discriminação das pessoas que configuram os casos atípicos, não se enquadrando nas características do grupo geral. É o caso, por exemplo, da pessoa que, apesar de morar em determinada região considerada de baixa renda e, portanto, classificada como de maior risco de inadimplência em modelos de risco de crédito, aufere na realidade renda superior à de seus vizinhos. A discriminação, nesse caso, dar-se-ia porque, em um modelo em que a informação sobre endereço tem peso fundamental, o caso atípico seria tratado conforme o grupo em que está inserido, e não conforme as outras pessoas de sua faixa de renda[55].

Ademais, a ideia de responsabilização conecta-se com a necessidade de que os desenvolvedores de sistemas algorítmicos tenham consciência de que tais processos decisórios terão impactos na vida de uma série de indivíduos, sendo imprescindível pensar em alternativas para a reparação de eventuais danos e fiscalização dessa atividade, em nível coletivo e individual. A responsabilização, nesse contexto, recairá sobre o contratante que se utiliza do algoritmo ou, na hipótese de verificação de defeito ou atividade irregular do sistema, sobre o desenvolvedor.

Não se ignoram as dificuldades impostas pela chamada *black box* da IA, mas é imprescindível que haja conhecimento mínimo acerca das capacidades e limitações da inteligência artificial, com o objetivo de facilitar a rastreabilidade e a auditabilidade dos sistemas de IA, especialmente em situações críticas. Para além da preocupação com a propriedade intelectual, também pode exsurgir a preocupação no sentido de que o conhecimento prévio acerca do funcionamento do algoritmo pode ensejar manipulações de resultado pela parte interessada, conduta que pode ser enquadrada no suporte fático do art. 187 do CC/02, que veda o exercício disfuncional de relações jurídicas.

No entanto, o respeito aos direitos fundamentais exige que se adote uma postura de explicabilidade, com rastreabilidade e comunicação transparente acerca das capacidades e limitações conhecidas do sistema até então. Trata-se de uma análise contextual, que verifica o funcionamento, os dados, o estado da arte e os objetivos usualmente visados pelo mecanismo tecnológico.

Argumenta-se, ainda, que "explicabilidade não é o mesmo que transparência, na medida em que ser capaz de entender o processo por meio do qual uma decisão foi tomada

55. DONEDA, Danilo Cesar Maganhoto; MENDES, Laura Schertel; SOUZA, Carlos Affonso Pereira de; ANDRADE, Norberto Nuno Gomes de. Considerações iniciais sobre inteligência artificial, ética e autonomia pessoal. *Pensar*. Fortaleza, v. 23, n. 4, p. 1-17, out./dez. 2018.

não é o mesmo que conhecer todos os passos tomados para se atingir aquela decisão"[56]. Quanto maior for o impacto da tomada de decisão na vida do indivíduo, maior deve ser a possibilidade de exigir uma explicação acerca do processo, devendo tal explicação ser oportuna e adequada à perícia do *stakeholder* envolvido.

Tal perspectiva implica assegurar a supervisão humana sobre o funcionamento da inteligência artificial, o que também enseja ponderações sobre noções de IA forte[57], considerando que em tais situações a IA possui maior capacidade de autossuficiência. É necessário que as fontes de equívocos da IA sejam devidamente registradas, estudadas e comparadas, para que possam ser mitigadas.

Outro princípio referido no documento das diretrizes éticas para a inteligência artificial confiável é o princípio da prevenção do dano. Esse princípio determina que os sistemas de IA não devem causar nem agravar danos ou, de outra forma, afetar adversamente os seres humanos. Trata-se da consagração da incolumidade das esferas jurídicas, fundamentada na dignidade e na integridade mental e física do ser humano. Como corolário, torna-se imprescindível que os ambientes de operação sejam suficientemente seguros e tecnicamente robustos, dando especial atenção às situações em que possam existir vulnerabilidades e assimetrias de poder ou informação, em consideração ao ambiente natural de todos os seres humanos.

A prevenção dos danos é um imperativo cada vez mais constante na contemporânea sociedade de risco. Diariamente surgem notícias acerca de ataques de *hackers*[58] ou vazamentos indevidos de dados[59], o que seguramente tem o condão de violar direitos de personalidade dos usuários. Com efeito, sob a perspectiva de Ulrich Beck em sua obra "A sociedade de risco", a sociedade contemporânea é marcada por perigos que se situam na imbricação entre construções científicas e sociais, sendo o desenvolvimento tecnológico uma fonte de causa, definição e solução de riscos. A IA deve assumir, nesse contexto, protagonismo na tentativa de mitigação e gerenciamento de crises.

Evidencia-se, nesse ponto, a necessidade de abertura do sistema jurídico para argumentos pragmáticos e éticos, desvinculando-se de uma perspectiva hermética que se funda em dados limitados, para que se possa assegurar um efetivo controle social. Com efeito, sob a perspectiva de Ulrich Beck em "A sociedade de risco", a sociedade contemporânea é marcada por perigos que se situam na imbricação entre construções científicas e sociais, sendo o desenvolvimento tecnológico uma fonte de causa, definição e solução de riscos. O risco passa a ser um mecanismo que se retroalimenta: enquanto é causa de inúmeras contingências desconhecidas, a solução de tais contingências é desenvolvida por meio de mecanismos que, por sua vez, também incrementam outros riscos.

56. MENDES, Laura Schertel. MATTIUZZO, Marcela. Discriminação Algorítmica: Conceito, Fundamento Legal e Tipologia. *Revista de Direito da Univille*. Porto Alegre, Volume 16, n. 90, 2019, 39-64, nov.-dez. 2019, p. 18.
57. STRELKOVA, O. PASICHNYK, O. *Three types of artificial intelligence*. Disponível em: http://eztuir.ztu.edu.ua/jspui/bitstream/123456789/6479/1/142.pdf. Acesso em: 3 mai. 2019.
58. G1. *Whatsapp detecta vulnerabilidade que permite o acesso de hackers a celulares*. Disponível em: https://g1.globo.com/economia/tecnologia/noticia/2019/05/14/whatsapp-detecta-vulnerabilidade-que-permite-o-acesso-de-hackers-a-celulares.ghtml. Acesso em: 12 mai. 2019.
59. MIGALHAS. *Instituto pede que Facebook seja condenado em 150 milhões por vazamento de dados*. Disponível em: https://www.migalhas.com.br/Quentes/17,MI302322,71043-Instituto+pede+que+Facebook+seja+condenado+em+R+150+milhoes+por. Acesso em: 13 mai. 2019.

É imperioso que sejam desenvolvidos mecanismos de precaução e mitigação, mormente considerando que a presença do risco é inevitável. O âmago da obra de Beck é a inevitabilidade dessa construção na sociedade moderna e sua potencialidade de ameaça. Parte-se da perspectiva de que a tecnologia é um paradoxo, ao passo que simultaneamente é fator de causa e solução de riscos para os direitos fundamentais. Assim, a tecnologia pode ajudar indivíduos a terem maiores chances de cura de uma patologia ou aumentar a acessibilidade em educação para pessoas com deficiência, privilegiando o direito à saúde e à educação.

Ao mesmo tempo, também pode violar a privacidade dos indivíduos e causar prejuízos imprevisíveis. Políticas públicas que utilizam reconhecimento facial para identificação de criminosos desencadeiam profundos debates acerca de conflitos entre noção de justiça, autonomia humana, privacidade e deveres estatais de proteção e segurança[60], máxime tendo em vista que sua atividade tem apresentado índice de erro e acarretado detenções indevidas[61].

É imprescindível, portanto, que em tais situações haja uma avaliação dos impactos e uma tentativa de mitigação dos riscos necessários em uma sociedade democrática, com vistas a não infringir as esferas jurídicas dos indivíduos. No mesmo sentido, é importante que haja mecanismos de *feedback* externo sobre os sistemas de IA, com vistas a proporcionar um funcionamento dialógico com a sociedade. Assume relevância, nesse contexto, a necessidade de revisão de decisões automatizadas, bem como a centralidade do elemento humano no desenvolvimento desses mecanismos.

> Para garantir que esses resultados sejam efetivamente revisados por seres humanos, é importante pensar que essa revisão deve ser feita por pessoas que realmente compreendem o processo algorítmico em análise, têm capacidade de efetivar mudanças em uma decisão concreta e idealmente estimulem uma segunda análise sobre a eventual necessidade de adaptação do sistema (caso se trate de um resultado que tem grande potencial de ocorrer novamente ou que decorre de erro do sistema)[62].

Na ausência de vigência integral da LGPD[63] e de uma legislação específica que verse acerca da inteligência artificial e de seus desafios, resta-nos lidar com as determinações constitucionais e com as disposições do Código de Defesa do Consumidor, do Código Civil e do Marco Civil da Internet, adequando cada caso concreto às suas especificidades normativas. Trata-se, assim, de proporcionar ao consumidor maior segurança no tráfego desses contratos, assegurando-lhe, tanto quanto possível, espaço para a análise

60. UOL. *Técnicas de vigilância como identificação fácil ainda são falhas*. Disponível em: https://www.uol.com.br/tilt/noticias/redacao/2019/05/27/tecnicas-de-vigilancia-como-identificacao-facial-ainda-sao-falhas.htm. Acesso em: 20 mar. 2020.
61. G1. *Sistema de reconhecimento facial da PM do RJ falha e mulher é detida por engano*. Disponível em: https://g1.globo.com/rj/rio-de-janeiro/noticia/2019/07/11/sistema-de-reconhecimento-facial-da-pm-do-rj-falha-e-mulher-e-detida-por-engano.ghtml e startse.com/noticia/ecossistema/reconhecimento-facial-policia-londres Acesso em: 20 mar. 2020.
62. MENDES, Laura Schertel. MATTIUZZO, Marcela. Discriminação Algorítmica: Conceito, Fundamento Legal e Tipologia. *Revista de Direito da Univille*. Porto Alegre, Volume 16, n. 90, 2019, 39-64, nov.-dez. 2019, p. 23.
63. No momento da elaboração deste artigo, aguardava-se a sanção da lei de conversão da MP 959/2020 e da data em vigor dos dispositivos da LGPD que não tiveram seu período de dormência diferido pela Lei 14.010/2020, o Regime Jurídico Emergencial e Transitório das relações privadas (RJET).

de necessidades e particularidades de cada situação específica[64], pois o desenvolvimento tecnológico, como qualquer outra atividade relacionada à livre-iniciativa (cf. art. 170, CF/88), deve ser sustentável e encontra seus limites no programa constitucional.

5. CONSIDERAÇÕES FINAIS

No contexto contemporâneo, a inteligência artificial assume espaço em diversos ramos e possui inúmeras funções, podendo ajudar especialistas a resolver difíceis problemas, a desenvolver novas ferramentas, a aprender por meio de exemplos e representações e a criar oportunidades de mercado, participando, também, o desenvolvimento dos contratos, em quaisquer de suas fases. Essa expansão tem acarretado severos questionamentos quando se constata que a inteligência artificial não é uma tecnologia imune a falhas e que, mesmo quando ausentes vícios em seu funcionamento, sua interferência pode acarretar alguns resultados discriminatórios e problemáticos para a efetividade dos direitos fundamentais.

É nesse panorama que exsurge a ideia de discriminação algorítmica, caracterizada quando determinado indivíduo é excluído de um grupo pelo fato de possuir determinada característica, manifestando-se, também, na situação em que alguém é julgado pelos aspectos de um grupo a que pertença, de modo que sua individualidade passa a ser desconsiderada e o sujeito é visto como um mero membro de um dado grupo.

Ademais, também se constatam práticas como o *geoblocking*, o *geopricing*, abuso de poder dominante, práticas abusivas e violações ao princípio da neutralidade de rede e da boa-fé objetiva, situações que precisam ser cautelosamente analisadas pelo ordenamento jurídico, sob pena de esvaziamento da tutela dos direitos fundamentais em prol de uma supremacia tecnológica que menospreza inúmeras conquistas democráticas.

Não se ignoram as dificuldades impostas pela chamada *black box* da IA, mas é imprescindível que haja conhecimento mínimo acerca das capacidades e limitações da inteligência artificial, com o objetivo de facilitar a rastreabilidade e a auditabilidade dos sistemas de IA, especialmente em situações críticas.

Tratando-se das diretrizes axiológicas que norteiam essa atividade em sede contratual, é imprescindível sublinhar a necessidade de observância da explicabilidade, supervisão humana, não discriminação, auditabilidade, prevenção dos danos e responsabilização.

A tutela do contratante vulnerável também assume destaque, devendo a interpretação dos contratos ser efetuada com base no ordenamento jurídico de forma unitária e

64. Tratando dos aspectos essenciais para o controle da discriminação algorítmica nos contratos de seguros, Thiago Junqueira anota que "entre as medidas que se julgam necessárias para uma melhor transição de eras – da ciência atuária à ciência dos dados nos seguros –, podem ser rememoradas, sem pretensão de exaustão: i) a exigência de que os algoritmos subscritores dos seguros sejam compreensíveis e contem, sempre, com um humano envolvido nos seus processos de treinamento e tomada de decisões; II) o aumento da transparência e de *accountability* do segurador em relação aos dados coletados e aos modos de sua utilização (controle dos *inputs* e dos *outputs*), exigindo-se o registro de todo o processo de treinamento do algoritmo; e iii) o incentivo de uma maior diversidade nas empresas de tecnologia e nas seguradoras, de modo a se possibilitar um controle interno mais rigoroso por meio dos próprios funcionários membros de grupos minoritários". (Cf. JUNQUEIRA, Thiago. *Tratamento de dados pessoais e discriminação algorítmica nos seguros*. São Paulo: Ed. RT, 2020, p. 386.)

sistemática, em toda a sua complexidade constitucional. Impõe-se, portanto, a necessidade de equalizar os interesses em questão, especialmente a livre-iniciativa com a função social dos contratos e a solidariedade social, conformando as balizas que delimitam o Estado Democrático de Direito e evitando a proliferação de danos injustos e distorções nas relações contratuais.

6. REFERÊNCIAS

AZEREDO, João Fábio Azevedo e. *Reflexos do emprego de sistemas de inteligência artificial nos contratos*. 2014. 221 f. Dissertação (Mestrado em Direito Civil): Faculdade de Direito da Universidade de São Paulo, São Paulo, 2014.

BRASIL, Ministério da Justiça. *Nota Técnica 92/2018/CSA-SENACON/CGCTSA/GAB-DPDC/DPDC/SENACON/MJ*. Disponível em: http://www.mpsp.mp.br/portal/page/portal/cao_consumidor/SENACON/SENACON_NOTA_TECNICA/SENACON%20DECIS%C3%83O%20geo%20pricing%20e%20geo%20blocking%20multa.pdf. Acesso em: 1 jun. 2020.

BRASIL. *Decolar.com é multada por prática de geoblocking e geopricing*. Disponível em: https://www.justica.gov.br/news/collective-nitf-content-51. Acesso em: 19 jun. 2020.

CANAL TECH. *Polícia do RJ adota sistema de reconhecimento facial para identificar criminosos*. Disponível em: https://canaltech.com.br/inovacao/policia-do-rj-adota-sistema-de-reconhecimento-facial-para-identificar-criminosos-129511/. Acesso em: 19 abr. 2020.

CELLA, José Renato Gaziero. DONEDA, Danilo Cesar Maganhoto. Lógica, inteligência artificial e comércio eletrônico. *Anais do XVIII Congresso Nacional do CONPEDI, São Paulo*. Disponível em: http://www.publicadireito.com.br/conpedi/manaus/arquivos/Anais/sao_paulo/2990.pdf. Acesso em: 15 jun. 2020.

CERKA, Paulius; GRIGIENE, Jurgita; SIRBIKYTE, Gintare. Liability for damages caused by artificial intelligence. *Computer Law and Security Review*. United Kingdom, v. 31.

DIOP, Lamine. CUPE, Jean. *Explainable AI*: The data scientist's new challenge. Disponível em: https://towardsdatascience.com/explainable-ai-the-data-scientists-new-challenge-f7cac935a5b4. Acesso em: 19 nov. 2019.

DONEDA, Danilo Cesar Maganhoto; MENDES, Laura Schertel; SOUZA, Carlos Affonso Pereira de; ANDRADE, Norberto Nuno Gomes de. Considerações iniciais sobre inteligência artificial, ética e autonomia pessoal. *Pensar*. Fortaleza, v. 23, n. 4, p. 1-17, out./dez. 2018.

FARIAS, Cristiano Chaves; ROSENVALD, Nelson; BRAGA NETTO, Felipe Peixoto. *Curso de Direito Civil*: Responsabilidade Civil. 3. ed. São Paulo: Atlas, 2016.

FORTES, Pedro Rubim Borges Fortes. Contratos eletrônicos e o controle normativo dos algoritmos. *In*: MARTINS, Plínio Lacerda; CASTRO, André Hacl; RAMADA, Paula Cristiane Pinto; NEVES, Edson Alvisi, NUNES DA SILVA, Dones Manoel de Freitas. *Direito do Consumidor na Modernidade* (Resumos Expandidos). Niterói: Editora, 2018.

FRAZÃO, Ana. MULHOLLAND, Caitlin (Coord.). *Inteligência artificial e direito*: ética, regulação e responsabilidade. São Paulo: Thomson Reuters Brasil, 2019.

G1. *'Dieselgate': veja como escândalo da Volkswagen começou e as consequências*. Disponível em: http://g1.globo.com/carros/noticia/2015/09/escandalo-da-volkswagen-veja-o-passo-passo-do-caso.html. Acesso em: 17 jun. 2020.

G1. *Robôs poderão ajudar população de idosos no Japão no futuro*. Disponível em: http://g1.globo.com/tecnologia/noticia/2011/10/robos-poderao-ajudar-populacao-de-idosos-no-japao-no-futuro.html Acesso em: 20 set. 2018.

G1. *Sistema de reconhecimento facial da PM do RJ falha e mulher é detida por engano.* Disponível em: https://g1.globo.com/rj/rio-de-janeiro/noticia/2019/07/11/sistema-de-reconhecimento-facial-da-pm-do-rj-falha-e-mulher-e-detida-por-engano.ghtml e startse.com/noticia/ecossistema/reconhecimento-facial-policia-londres Acesso em: 20 mar. 2020.

ITS Rio 2016. *Big Data in the Global South Project Report on the Brazilian Case Studies.* Disponível em: https://itsrio.org/wp-content/uploads/2017/01/Big-Data-in-the-Global-South-Project.pdf. Acesso em: 3 nov. 2019.

JUNQUEIRA, Thiago. *Tratamento de dados pessoais e discriminação algorítmica nos seguros.* São Paulo: Ed. RT, 2020.

KAPLAN, Jerry. *Artificial Intelligence*: What everyone needs to know. Oxford: Oxford University Press, 2016.

KNIGHT, Will. *The dark secret at the heart of AI.* Disponível em: https://www.technologyreview.com/s/604087/the-dark-secret-at-the-heart-of-ai/ Acesso em: 26 set. 2019.

LAUSLAHTI, Kristian. MATTILA, Juri. SEPPALA, Timo. Smart Contracts – How will Blockchain Technology Affect Contractual Practices?" *ETLA Reports.* N. 68. Disponível em: https://pub.etla.fi/ETLA-Raportit-Reports-68.pdf. Acesso em: 20 jun. 2020.

LEITE, Diego Gomes Ferreira. *Reflexões acerca da teoria dos contratos face à inteligência artificial e aos* smart contracts. Trabalho de Conclusão de Curso (Pós-graduação em Direito da Propriedade Intelectual) - Pontifícia Universidade Católica do Rio de Janeiro, Rio de Janeiro, 2019.

LÔBO, Paulo. *Direito Civil*: Contratos. São Paulo: Saraiva, 2011.

MALBON, Justin. Geo-Pricing of Digital Media: European and Australian Policy Debates Compared. *In:* GOUNALAKIS, G.; TAYLOR, G. (Eds.). *Media Diversity Law*: Australia and Germany Compared. Frankfurt: Peter Lang Academic Research, 2016.

MARTINS, Guilherme Magalhães. O *geopricing* e o *geoblocking* e seus efeitos nas relações de consumo. *In:* FRAZÃO, Ana. MULHOLLAND, Caitlin (Coord.). *Inteligência artificial e direito*: ética, regulação e responsabilidade. São Paulo: Thomson Reuters Brasil, 2019.

MENDES, Laura Schertel. MATTIUZZO, Marcela. Discriminação Algorítmica: Conceito, Fundamento Legal e Tipologia. *Revista de Direito da Univille*, Porto Alegre, v. 16, n. 90, 2019, 39-64, nov./dez. 2019.

MICROSOFT. *How Microsoft computer scientists and researchers are working to 'solve' cancer.* Disponível em: https://news.microsoft.com/stories/computingcancer/. Acesso em: 19 set. 2019.

MIGALHAS. *Instituto pede que Facebook seja condenado em 150 milhões por vazamento de dados.* Disponível em: https://www.migalhas.com.br/Quentes/17,MI302322,71043-Instituto+pede+que+Facebook+-seja+condenado+em+R+150+milhoes+por. Acesso em: 13 mai. 2019.

NUNES, Dierle. Inteligência artificial e direito processual: vieses algorítmicos e os riscos de atribuição de função decisória às máquinas. *Revista de Processo*, v. 285, p. 421/447, nov. 2018.

PARIS INNOVATION REVIEW. *Predictive justice*: when algorithms pervade the law. Disponível em: http://parisinnovationreview.com/articles-en/predictive-justice-when-algorithms-pervade-the-law. Acesso em: 14 mai. 2019.

PROPUBLICA. *Machine bias.* Disponível em: https://www.propublica.org/article/machine-bias-risk-assessments-in-criminal-sentencing. Acesso em: 14 mai. 2019.

RODOTÀ, Stefano. *A vida na sociedade de vigilância*: a privacidade hoje. Organização, seleção e apresentação de Maria Celina Bodin de Moraes. Tradução de Danilo Doneda e Luciana Cabral Doneda. Rio de Janeiro: Renovar, 2008.

SCHOLZ, Laura Henry. Algorithmic contracts. *Stanford Technology Law Review*, v. 20, n. 128, 2017. Disponível em: https://papers.ssrn.com/sol3/papers.cfm?abstract_id=2747701. Acesso em: 28 jun. 2020.

SILVA, Nilton Correia da. Inteligência Artificial. *In:* FRAZÃO, Ana; MULHOLLAND, Caitlin (Coords.). *Inteligência artificial e direito*: ética, regulação e responsabilidade. São Paulo: Thomson Reuters Brasil, 2019.

STRELKOVA, O. PASICHNYK, O. *Three types of artificial intelligence.* Disponível em: http://eztuir.ztu.edu.ua/jspui/bitstream/123456789/6479/1/142.pdf. Acesso em: 03 mai. 2019. G1. Whatsapp detecta vulnerabilidade que permite o acesso de hackers a celulares. Disponível em: https://g1.globo.com/economia/tecnologia/noticia/2019/05/14/whatsapp-detecta-vulnerabilidade-que-permite-o-acesso-de-hackers-a-celulares.ghtml. Acesso em: 12 mai. 2019.

TECMUNDO. *Microscópio da Google com realidade aumentada e IA pode detectar câncer.* Disponível em: https://www.tecmundo.com.br/produto/129343-microscopio-google-realidade-aumentada-ia-detectar-cancer.htm. Acesso em: 20 set. 2018.

TECNOBLOG. *Por que o catálogo da Netflix é diferente de um país para outro?* Disponível em: https://bit.ly/3ntmF6V. Acesso em: 19 jun. 2020.

THE NEW YORK TIMES. *Knight Capital Says Trading Glitch Cost It $440 Million.* Disponível em: https://dealbook.nytimes.com/2012/08/02/knight-capital-says-trading-mishap-cost-it-440-million/?hp] Acesso em: 19 nov. 2019.

THE NEW YORK TIMES. *Sent to prison by a software program's secret algorithms.* Disponível em: https://www.nytimes.com/2017/05/01/us/politics/sent-to-prison-by-a-software-programs-secret algorithms.html?_r=0. Acesso em: 14 mai. 2019.

UOL. *Coronavírus*: inteligência artificial monitora sintomas em multidões. Disponível em: https://www.uol.com.br/tilt/noticias/redacao/2020/03/20/coronavirus-inteligencia-artificial-monitora-sintomas-em-multidoes.htm. Acesso em: 29 mai. 2020.

UOL. *Técnicas de vigilância como identificação fácil ainda são falhas.* Disponível em: https://www.uol.com.br/tilt/noticias/redacao/2019/05/27/tecnicas-de-vigilancia-como-identificacao-facial-ainda-sao-falhas.htm. Acesso em: 20 mar. 2020.

VEJA. *Exposto à internet, robô da Microsoft vira racista em um dia.* Disponível em: https://veja.abril.com.br/tecnologia/exposto-a-internet-robo-da-microsoft-vira-racista-em-1-dia/. Acesso em: 29 mai. 2020.

WINSTON, Patrick Henry. *Artificial Intelligence.* 3. ed. Boston: Addison-Wesley Publishing Company, 1993.

45
BLOCKCHAIN E RESPONSABILIDADE CIVIL[1]

Mafalda Miranda Barbosa

Univ Coimbra, Instituto Jurídico da Faculdade de Direito da Universidade de Coimbra/ University of Coimbra Institute for Legal Research, Faculdade de Direito da Universidade de Coimbra. Doutorada em Direito pela Faculdade de Direito da Universidade de Coimbra. Professora Associada da Faculdade de Direito da Universidade de Coimbra.

1. INTRODUÇÃO

O problema da responsabilidade civil pode, no contexto da inteligência artificial, emergir a propósito do *blockchain* e de eventuais danos ocasionados com a sua utilização. As questões que se levantam não são de simples resolução. A todas as dificuldades que rodeiam a inteligência artificial acrescem outras, quais sejam as que resultam dessa nova realidade que são as *distributed ledger techonologies*. Consoante explicam Dirk Zetzsche, Ross Buckley e Douglas Arner[2], para lá do forte entusiasmo que o *blockchain* envolve[3] e das vantagens que comporta[4], há que perscrutar a possibilidade de responsabilização dos participantes das *distributed ledger techonologies*. É que, como bem esclarecem, não obstante seja essa uma das invocações dos mais entusiastas desta tecnologia e não obstante a maior segurança do sistema, há exemplos concretos que evidenciam a necessidade de saber quem deverá suportar os *distributed ledger techonologies losses (DLT losses)* e a responsabilidade pelos danos conexos com o *blockchain*[5]. A tarefa anuncia-se, porém, espinhosa. Várias são as razões para as dificuldades com que o jurista tem de lidar a este

1. Texto originalmente publicado na *Revista de Direito da Responsabilidade*, Coimbra, ano 1, p. 206-244, 2019. Disponível em: https://revistadireitoresponsabilidade.pt/2019/blockchain-e-responsabilidade-civil-inquietacoes-em-torno-de-uma-realidade-nova-mafalda-miranda-barbosa/
2. Dirk A. Zetzsche/Ross P. Buckley/Douglas W. Arner, *The distributed liability of distributed ledgers: legal risk of Blockchain*, University of New South Wales Law Research Series, 2017, 1 s.
3. Designadamente, são inúmeros os setores onde a tecnologia se poderia aplicar e onde se reivindica a sua aplicação: *trading*, pagamentos globais, depósitos, *property*, identidade digital e autenticação, *compliance*, combate ao branqueamento de capitais – Dirk A. Zetzsche/Ross P. Buckley/Douglas W. Arner, *The distributed liability of distributed ledgers*, 4 s.
4. V.g., a desintermediação dos tradicionais intermediários, maior segurança e transparência, maior eficiência e rapidez, diminuição dos custos de transação, aumento do acesso ao mercado – cf. – Dirk A. Zetzsche/Ross P. Buckley/ Douglas W. Arner, *The distributed liability of distributed ledgers*, 5 s.
5. Cf. Dirk A. Zetzsche/Ross P. Buckley/Douglas W. Arner, *The distributed liability of distributed ledgers*, 7 s. Pense-se no exemplo oferecido pelos autores: um ataque informático ocorrido entre 2011 e 2014 determinou a perda de 750 000 clientes de *bitcoins* e a perda de 100 000 *bitcoins* propriedade de um japonês. Conforme relatam os autores, tratou-se de um *hot wallet hack*, baseado num *bug* relacionado com a maleabilidade da transação. A verdade é que

nível: desde logo, porque os dados são, como veremos, distribuídos por vários blocos, a nova tecnologia com que nos confrontamos pode conduzir a uma dispersão das perdas; por outro lado, porque, consoante o tipo de *distributed ledger techonologies* com que se lide, pode nem sequer ser possível conhecer a identidade dos participantes do *blockchain*.

Nas páginas que se seguem, procuraremos perceber o que é o *blockchain*, como funciona, quais os problemas que faz emergir e em que medida pode ou não desencadear-se uma pretensão indemnizatória procedente por um qualquer dano ocasionado pela utilização de tecnologias desse tipo. No nosso horizonte discursivo, teremos em mente o recorte problemático deste novo pedaço de realidade em articulação com a dogmática da responsabilidade civil, para perceber de que modo esta se mostra ou não apta a resolver alguns dos problemas que possam emergir.

2. *BLOCKCHAIN* COMO UMA *DISTRIBUTED LEDGER TECHNOLOGY*

O *blockchain* é, como o nome indica, uma lista de blocos (registos) que cresce continuamente. Estes blocos são registados e ligados entre si através do uso da criptografia, viabilizando uma rede *peer-to-peer*[6], baseada numa tecnologia descentralizada. Dito de outro modo, o *blockchain* é uma tecnologia descentralizada (*distributed ledger*), na qual as transações são registadas anonimamente. O *blockchain* é, então, um livro de registos (*ledger*), no qual se inscreve anonimamente informação, que é multiplicada ao longo de um ambiente digital (*network*), que liga os computadores de todos os participantes (*nodes*), e é regularmente atualizada, de tal modo que cada um que participe nesse *network* pode confiar que partilha os mesmos dados que o *ledger*, sem necessidade de um terceiro centralizado a validar[7].

Ocorrendo uma transação digital, ela passa a ser agregada a outras transações, formando um bloco que é protegido criptograficamente e enviado para todo o *network*[8]. Mas apenas é agregada se os *nodes* (membros do *network* do *blockchain*, com um elevado nível de poderes de computação) obtiverem consenso quanto ao bloco a ser adicionado. Para determinar a validade de um bloco candidato, os utilizadores (*miner nodes*) têm de resolver um algoritmo para o verificar. Ao primeiro utilizador que resolva o algoritmo (*miner*), validando o bloco, atribui-se uma compensação. Os novos blocos validados são ligados aos blocos já existentes, formando uma cadeia de transações, imutável, na qual se pode encontrar toda e qualquer transação efetuada na história daquele *blockchain*[9].

---

as perdas ocorridas foram tão profundas que o sujeito em questão, japonês, acabou por ser declarado insolvente. Também em 2015, o segundo maior transacionador de *bitcoins* sofreu perdas de 19000 *bitcoins*, devido a um ataque.

6. Cf. Daniel Fernandes Batalha, *Criptocontratação: uma nova forma de contratação automatizada?*, Universidade de Coimbra, 2018, 11 s.
7. Tara Chittenden, *The legal implications of distributed systems*, The Law Society, 2017, 2 s.; A. Narayanan/J. Bonneau/ E. Felten/ A. Miller/S. Goldfeder, *Bitcoin and cryptocurrency technologies: a comprehensive introduction*, Princeton University Press, 2016, 10 s.
   A *transaction ledger* é mantida simultaneamente ao longo de um *network* de computadores não relacionados entre si (*nodes*), como um *spreadsheet* que é duplicado milhares de vezes num mesmo ambiente de trabalho.
8. Tara Chittenden, *The legal implications of distributed systems*, 2.
9. Tara Chittenden, *The legal implications of distributed systems*, 2-3.

É neste sistema de validação que encontramos uma das grandes vantagens do *blockchain*. Na verdade, a autenticidade do bloco de informações que vai ser agregado à cadeia é garantido por diversas entidades conjuntamente e não apenas por uma entidade centralizada. Consoante explicam Dirk Zetzsche, Ross Buckley e Douglas Arner, ao contrário do que sucede com os *centralized ledgers*, em que os dados são armazenados num servidor, havendo um administrador que os gere e regista as transferências dos ativos, de tal modo que pode ser corrompido ou manipulado por um *hacker*, no caso dos *distributed ledgers*, há diversos pontos de armazenamento de dados, todos conectados entre si, exigindo-se o consenso de todos para a validação de um bloco, donde a tentativa de manipulação dos dados implicaria a manipulação de uma multiplicidade de servidores[10].

Em face desta realidade assim perfuntoriamente considerada, os autores sublinham cinco características básicas do *blockchain*: a) *distributed* (cada parte tem acesso à totalidade da base de dados e à sua história completa, podendo verificar os registos sem qualquer intermediário); b) *irreversibilidade* (os registos não podem ser alterados, ficando imutavelmente ligados a cada transação registada que surja anteriormente); c) *peer-to-peer* (prescinde-se de todo e qualquer intermediário); d) *programação lógica* (as transações podem ser programadas através de algoritmos); e) *transparência* (cada transação está visível para qualquer pessoa com acesso ao sistema, podendo os utilizadores permanecer anónimos ou não)[11].

Surgindo por força das *bitcoins*[12], o *blockchain* pode hoje ser utilizado para múltiplos fins. Pense-se, por exemplo, na possibilidade de um artista que produz uma música a colocar no *blockchain*, pagando os utilizadores para a ouvir, e sendo o dinheiro enviado diretamente ao produtor[13], mas também na possibilidade de utilização no campo eleitoral (voto eletrónico), no âmbito da gestão da saúde dos pacientes[14], ou, em geral, para a celebração de *smart contracts*.

Não se pense, contudo, que o *blockchain* constitui um todo unitário. Entendido como uma tecnologia descentralizada de registo de informações, podemos confrontar-nos com *permissioned blockchain* e *unpermissioned/permissionless blockchain*[15]. Os primeiros são sistemas privados, ficando a autorização dos dados dependente do acordo de múltiplos

10. Cf. Dirk A. Zetzsche/Ross P. Buckley/Douglas W. Arner, *The distributed liability of distributed ledgers*, 11, com o auxílio dos autores, podemos dizer que os dados não estão armazenados num servidor individual, mas num bloco ligado a outros blocos, segundo uma ordem, formando uma cadeia (*chain*). Cada bloco de informação contém um registo de data e hora e uma ligação para o bloco anterior e posterior, de tal modo que a cadeia se torna imutável. Isto significa que, para haver um ataque informático, todos os blocos têm de ser atacados.
11. Tara Chittenden, *The legal implications of distributed systems*, 3.
12. Criado por Satoshi Nakamoto, em 2008. Cf. Don Tapscott/Alex Tapscott, *Blockchain revolution: how the technology behind bitcoin is changing money, business and the world*, Brilliance Audio; Unabridged edition, 2017 (audiobook). As *bitcoins* (criptomoedas) em si mesmo colocam uma série de problemas. As suas vantagens são enormes, designadamente porque, não ficando dependentes de uma autoridade de controlo centralizada, estão ao acesso de qualquer pessoa, em qualquer parte do mundo. Tendo sido criadas em número limitado e não podendo ser criadas suplementarmente, apresentam uma natureza deflacionária, aumentando constantemente o seu valor. Prognostica-se, contudo, que a sua circulação vai cessar em 2140, através de um processo conhecido por *mining* – verificação de uma transação e entrada no *blockchain*. Ao permitirem a transferência de fundos para qualquer pessoa, sem intermediação, com absoluta anonimidade, as *bitcoins* podem facilitar esquemas de criminalidade, encontrando-se aí uma das suas grandes desvantagens. Não raros são, aliás, os relatos da sua utilização na *deep web*.
13. Cf. Don Tapscott/Alex Tapscott, *Blockchain revolution*.
14. Tara Chittenden, *The legal implications of distributed systems*,
15. Cf. Dirk A. Zetzsche/Ross P. Buckley/Douglas W. Arner, *The distributed liability of distributed ledgers*, 11 s.

servidores, em função de regras pré-definidas. São mantidos por um grupo limitado de sujeitos, que têm o poder de acesso, verificando e adicionando as transações no livro de registos[16]. Já os segundos funcionam com *softwares* que existem no domínio público, permitindo-se a participação a qualquer pessoa que faça o seu *download*[17].

Numa outra qualificação, o *blockchain* é tido como público ou como privado. O *blockchain* público é absolutamente descentralizado e aberto a qualquer participante, sendo as transações verificadas publicamente[18]; o *blockchain* privado é controlado por uma entidade privada, sendo apenas acessível a participantes autorizados[19]. Dentro do *blockchain* privado, podemos encontrar dois tipos: *consortium* e *fully private blockchain*[20]. Os *consortiums* incluem membros pré-selecionados provenientes de várias organizações e operam sob a liderança de um grupo. O processo de consenso relativo aos novos blocos é controlado por um conjunto de membros, como um grupo de uma instituição financeira[21]. Os *fully private blockchains* estão restritos a participantes de uma única organização; a permissão de acesso é fortemente controlada, o que determina um número inferior de *nodes* e, portanto, níveis de confiança muito mais elevados[22].

Significa isto que as entidades envolvidas num *blockchain* podem ser muito variadas. De acordo com a explicitação de Dirk Zetzsche, Ross Buckley e Douglas Arner[23],os múltiplos servidores que funcionam como *nodes* (blocos) podem pertencer a uma entidade (a uma pessoa coletiva, a um grupo financeiro) ou a múltiplas entidades, sem qualquer relação entre si. Se, no caso dos *permissioneless blockchain*, nem sequer temos acesso à identidade dos participantes, nos *permissoned blockchain*, somos confrontados com estruturas de governo mais ou menos sofisticadas[24]. Falam, então, os autores de cinco grupos de sujeitos: 1) o que estabelece o código e governa o *distributed ledger*; 2) os proprietários dos servidores adicionais que correm o *distributed ledger code* para garantir a validação; 3) os *qualified users* (instituições financeiras, fundos, etc.); 4) os simples utilizadores (por exemplo, aquele que ad-

16. Cf. Mathias Advocats, *Blockchain – eight main legal issues*, 2017, 13 s.
17. A segurança do sistema é garantida pelo desconhecimento do número de *nodes*, que fica dependente do número de participantes que entram e saem do sistema – cf. Cf. Dirk A. Zetzsche/Ross P. Buckley/Douglas W. Arner, *The distributed liability of distributed ledgers*, 12.
V., igualmente, Maria-Laura Gotcu, *Legal breakthrough for blockchain technology*, Tilburg University, 2016, 5.
18. Maria-Laura Gotcu, *Legal breakthrough for blockchain technology*, 6. Cf., também, Tara Chittenden, *The legal implications of distributed systems*, 4 s. Segundo a explicação da última autora citada, os *public blockchains* são "fully decentralised and uncontrolled networks with no access permission required, anyone can view the ledger and participate in the consensus process to determine which transaction blocks are added. Public blockchains are built to be accessible by anyone with access to the Internet". São exemplos de *blockchain públicos* a *Bitcoin*, o *Etherium*, e o *Hyperledger*.
19. Maria-Laura Gotcu, *Legal breakthrough for blockchain technology*, 6.
20. Maria-Laura Gotcu, *Legal breakthrough for blockchain technology*, 7.
21. Maria-Laura Gotcu, *Legal breakthrough for blockchain technology*, 7 e Tara Chittenden, *The legal implications of distributed systems*, 4.
22. Maria-Laura Gotcu, *Legal breakthrough for blockchain technology*, 7 e Tara Chittenden, *The legal implications of distributed systems*, 4.
23. Dirk A. Zetzsche/Ross P. Buckley/Douglas W. Arner, *The distributed liability of distributed ledgers*, 21.
24. Dirk A. Zetzsche/Ross P. Buckley/Douglas W. Arner, *The distributed liability of distributed ledgers*, 21, que aqui continuamos a acompanhar de muito perto.

quire *bitcoins*); 5) os terceiros afetados pela tecnologia sem confiarem diretamente nela (contrapartes; intermediários, etc)[25].

A perceção dos diversos sujeitos envolvidos na tecnologia do *blockchain* é fundamental para conseguirmos ponderar alguns dos problemas que podem emergir à luz da dogmática da responsabilidade civil.

3. *BLOCKCHAIN* E RESPONSABILIDADE CIVIL

Na verdade, contra o entusiasmo que muitos têm vindo a manifestar, o *blockchain* não é uma tecnologia imune a falhas, podendo ocorrer danos com base na sua utilização. Sendo tão díspares os modelos de atuação dos *distributed techonology ledgers* e tão diversificadas as utilizações que deles se fazem, compreende-se que também as hipóteses de surgimento de pretensões indemnizatórias sejam variadas. Encontramos, nesta dispersão, a primeira dificuldade como juristas para sistematizar alguns critérios de solução dos concretos problemas: a realidade com que se lida é inteiramente nova, tornando complexo o exercício de aprisionamento da mesma em esquemas decisório-conceptuais muito precisos. Mas a ela juntam-se outras, atinentes à própria dogmática com que lidamos a este nível.

Não obstante, ousamos dar um salto em frente nesse sentido. Para tanto, orientar-nos-emos pela bipartição a que tradicionalmente a doutrina dá eco: a cisão entre a responsabilidade extracontratual e a responsabilidade contratual[26-27].

---

25. Dirk A. Zetzsche/Ross P. Buckley/Douglas W. Arner, *The distributed liability of distributed ledgers*, 21. Cf., também, Cryptocompare, *The DAO, The Hack, The Soft Fork and The Hard Fork*, 2017, https://www.cryptocompare.com/coins/guides/the-dao-the-hack-the-soft-fork-and-the-hard-fork/.

26. Em Portugal, depõem no sentido da existência de duas modalidades de responsabilidade civil Pereira Coelho, *O nexo de causalidade na responsabilidade civil*, suplemento do Boletim da Faculdade de Direito, 1951, 98 e s. e *Obrigações – sumários das lições ao curso de 1966-67*, Coimbra, 1967, 145; Mota Pinto, *Teoria Geral do direito civil*, 4ª edição por A. Pinto Monteiro e Paulo Mota Pinto, Coimbra Editora, Coimbra, 2005,123, Galvão Telles, *Direito das obrigações*,321; Antunes Varela, *Das obrigações em geral*, I, Almedina, Coimbra, 2003, 518 s.; Pinto Monteiro, *Cláusulas limitativas e de exclusão da responsabilidade civil*, Almedina, Coimbra, 2007, 389; Sinde Monteiro, *Responsabilidade por conselhos, recomendações e informações*, Almedina, Coimbra, 1989 (onde, ao longo de toda a obra, perpassa a distinção apontada); Rui de Alarcão, *Direito das obrigações*, 206 s.; Vaz Serra, " Responsabilidade Contratual e Responsabilidade Extracontratual", *Boletim do Ministério da Justiça*, n. 85, 1959, 107 a 242; Lobo Xavier, *Anulação de deliberações sociais e deliberações conexas*, Coimbra, 1976, 320 e 359; Carneiro da Frada, *Contrato e deveres de protecção*, Separata do Boletim da Faculdade de Direito da Universidade de Coimbra, Coimbra, 1994, 49, n. 91 (Note-se que o autor, embora leve pressuposta a diferença entre a responsabilidade contratual e extracontratual, entende ser legítimo e pertinente uma teoria unitária que as englobe, "a um nível de abstração superior, e que faculte até uma útil aproximação dos preceitos que no CC se lhe referem"); Menezes Cordeiro, *Da responsabilidade civil dos administradores das sociedades comerciais*, Lex, Lisboa, 1997, 470, nota 316; Mafalda Miranda Barbosa, *Lições de Responsabilidade Civil*, Princípia, 2017.

Negando as diferenças entre as duas modalidades, veja-se Gomes da Silva, *O dever de prestar de prestar e o dever de indemnizar*, Lisboa, 1944, 300 s.; Pessoa Jorge, *Ensaio sobre os pressupostos da responsabilidade civil*, Almedina, Coimbra, 1999, 40 s..; Pedro Romano Martinez, *Cumprimento defeituoso, em especial na compra e venda e na empreitada*, Coimbra, 1994, 260 s.; Menezes Leitão, "Acidentes de trabalho e responsabilidade civil/A natureza jurídica da reparação dos danos emergentes de acidentes de trabalho e a distinção entre as responsabilidade obrigacional e delitual", *Revista da Ordem dos Advogados*, 1988, 773 s., tendo-se, porém, afastado deste entendimento em *perante o dono do negócio no direito civil português*, Almedina, Coimbra, 2005, ("A responsabilidade do gestor perante o dono do negócio no direito civil português", *Ciência e Técnica Fiscal*, n. 363, Julho-Setembro, 1991, 37-244 e n. 364, Outubro-Dezembro, 1991, 13 a 188), 95 s.

27. É também esta a sistematização que nos é oferecida por Dirk A. Zetzsche/Ross P. Buckley/Douglas W. Arner, *The distributed liability of distributed ledgers*, 30 s.

3.1 A responsabilidade contratual

a) A relevância contratual ao nível do blockchain

Para que possa avultar a responsabilidade contratual é importante que dois sujeitos estejam unidos por um vínculo obrigacional. É no seio dessa relação obrigacional e da sua violação (cumprimento defeituoso, mora, incumprimento ou violação positiva do contrato[28]) que pode emergir uma pretensão indemnizatória, que visa satisfazer por outra via o interesse do credor. Nessa medida, apenas será possível falar de responsabilidade contratual a este nível se for viável desvelar-se um qualquer contrato entre os diversos sujeitos que integram o *blockchain*.

Ora, é precisamente esse contrato que a doutrina nos tem ensinado a encontrar na relação que necessariamente se terá de estabelecer entre aquele que governa o *distributed legder* (*core group*) e os proprietários dos servidores que correm o *distributed ledger code* para garantir a validação da informação (*validation notes*), sob pena de o sistema não se edificar (*distributed legder contract*)[29]. Para além desta relação contratual, poder-se-á aventar a possibilidade de se firmar um contrato entre cada um dos utilizadores (qualificados ou simples utilizadores) e os *developers* da *blockchain* (aquele que estabelece o código e governa o sistema). Podem descortinar-se, ainda, relações contratuais entre os utilizadores e terceiros[30]. A este propósito, Dirk Zetzsche, Ross Buckley e Douglas Arner dão conta do caso da violação de um contrato que une um *broker* (corretor) a um cliente de *bitcoins*[31].

O *blockchain* envolve, na verdade, um esquema contratual complexo. Para lá dos contratos que podem ser celebrados diretamente entre utilizadores com recurso à tecnologia, os quais podem suscitar problemas de não cumprimento similares ao que qualquer contrato faz emergir, com o desencadeamento concomitante de responsabilidade contratual, não podemos – como ficou referido – esquecer os contratos celebrados entre quem estabelece o código do *blockchain* e governa o sistema, por um lado, e os utilizadores, por outro lado; bem como os contratos celebrados entre aquele e os *nodes* (*distributed legder contract*), essenciais para que o sistema se edifique. Num último nível, encontramos os contratos celebrados entre os utilizadores e terceiros, que dimanam uma força refratária dúplice para o problema que estamos a tratar: em primeiro lugar, pode o terceiro violar o contrato celebrado com o utilizador, com impacto na relação que o último estabelece com a plataforma de *blockchain*; em segundo lugar, pode o mau funcionamento do *blockchain* determinar que o terceiro sofra danos na sua esfera.

---

28. A doutrina não é consensual no que respeita à assimilação de todas estas hipóteses pelo âmbito de relevância da responsabilidade contratual. Não sendo este o momento apropriado para o tratamento das divergências, cf. Mafalda Miranda Barbosa, *Lições de responsabilidade civil*, tomando posição sobre a matéria e dando conta das diversas posições sobre o ponto.
29. Dirk A. Zetzsche/Ross P. Buckley/Douglas W. Arner, *The distributed liability of distributed ledgers*, 31. Explicam os autores que "even if some members of DLT hierarchy groups 1 and 2 do not wish to enter into legally binding relations, the fact they participate in the system knowing that third parties will rely upon it, may turn their participation in the distributed ledger into legally consequential conduct. In particular, in the Bitcoin blockchain individuals who wish to participate in the ledger join the network – and declare their consent to the disclosed *modus operandi* – by downloading the freely available Bitcoin software and thus volunteering their computer to run the Bitcoin ledger software."
30. Dirk A. Zetzsche/Ross P. Buckley/Douglas W. Arner, *The distributed liability of distributed ledgers*, 30 s.
31. Dirk A. Zetzsche/Ross P. Buckley/Douglas W. Arner, *The distributed liability of distributed ledgers*, 31.

Se aparentemente conseguimos encontrar um ponto de apoio para a desvelação, em concreto, da responsabilidade civil, não devemos iludir-nos. Com efeito, os problemas patenteados a este nível pelo *blockchain* estão longe de se poder considerar resolvidos com base nestas simples considerações.

Assim, as nossas dificuldades começam por alguns autores entenderem que não existe qualquer contrato quando o utilizador é anónimo, o *userbase* instável, ficando a execução do serviço dependente de quem está conectado a cada momento, e nenhum dos *nodes* individualmente se mostra imprescindível[32]. Segundo o posicionamento, não haveria da parte dos utilizadores destas plataformas de *blockchain* uma verdadeira intenção (e, diríamos, nós, consciência) de celebração de um negócio jurídico. Não cremos, contudo, que o argumento proceda: a existência ou não de uma declaração negocial deve ser apreciada segundo o critério do declaratário médio colocado na posição do real declaratário. Quer isto dizer que, independentemente do sentido que o utilizador da plataforma de *blockchain* atribua ao seu comportamento, pode ser entendido como uma declaração negocial, exceto se aquele utilizador não puder razoavelmente contar com ela (entenda-se, com o sentido negocial do comportamento declarativo). É claro que este critério (da impressão do destinatário, que se estende da interpretação da declaração negocial para a qualificação do próprio comportamento declarativo) não é facilmente compatibilizável com o disposto no artigo 246º CC, relativo à falta de consciência da declaração. A este propósito, Menezes Cordeiro chega mesmo a falar de uma aparente contradição entre o artigo 246º e o artigo 236º CC[33]. Na verdade, consoante explica o autor, se A emite uma declaração negocial, ela é interpretada com o sentido que um declaratário normal, colocado não posição do real declaratário, teria atribuído à declaração. Assim, se A emite uma declaração, mas não tem consciência de que o seu comportamento correspondente a uma declaração de vontade, e B, razoavelmente, a puder entender como uma declaração negocial, então é com esse sentido que, de acordo com o artigo 236º CC, ela deve valer. No entanto, o artigo 246º retira-lhe eficácia. Daí que na tentativa de compatibilização dos dois preceitos, o autor considere que "quando o legislador fala em falta de consciência da declaração, não está a pensar numa consciência íntima, no sentido de ausência de vontade da qual apenas o próprio declarante se pudesse aperceber. O direito não penetra no íntimo de cada um. Por isso, e conjugando o artigo 236º com o artigo 246º CC conclui-se que a falta de consciência da declaração é aquela que é percetível no próprio contexto do negócio Assim, se A emite uma declaração negocial sem consciência de o fazer, entra nos canais da eficácia jurídica. Apenas poderá impugnar a declaração por erro. Só assim não será quando a falta de consciência da declaração seja de tal modo aparente que, perante uma declaração normal, ela não lhe possa ser imputada"[34]. Ora, no caso em apreço, não parece razoável não imputar ao utilizador da plataforma de *blockchain* a natureza de declaração negocial do seu comportamento ao aderir a esse mesmo *blockchain*.

32. Cf. Aaron Wright/Primavera De Filippi, *Decentralized Blockchain Technology and the Rise of Lex Cryptographia*, 2015, 55, https://ssrn.com/abstract=2580664. Dando conta disso e mostrando-se críticos da posição, Dirk A. Zetzsche/Ross P. Buckley/Douglas W. Arner, *The distributed liability of distributed ledgers*, 32.
33. Menezes Cordeiro, *Tratado de Direito Civil*, II, *Parte Geral/Negócio jurídico*, Almedina, Coimbra, 2005, 792-797.
34. Menezes Cordeiro, *Tratado de Direito Civil*, II, 792-797.

Não se quedam, contudo, por aqui as dificuldades que temos de enfrentar. No que respeita aos danos sofridos por terceiros, que apenas indiretamente entram em contacto com o *blockchain*, outros problemas têm de ser solucionados. Com efeito, podendo estes terceiros não ser parte em qualquer um dos diversos contratos com que nos confrontamos, haveremos de tentar perceber em que medida o *distributed legder contract* pode ou não ser concebido como um contrato com eficácia de proteção para terceiros. Ora, não se duvida da qualificação, tanto quanto as partes no contrato tenham consciência de que a plataforma que fazem funcionar pode afetar terceiros. Fundamental é que estes se incluam no âmbito de proteção delineado pelo acordo negocial, de tal modo que se deve exigir uma especial proximidade com o *blockchain*[35].

b) Responsabilidade contratual, imputação e inteligência artificial

São, ainda, questões atinentes à imputação (contratual) que se equacionam. Três são os nódulos problemáticos que se terão de enfrentar. Desde logo, pergunta-se a quem imputar a responsabilidade quando estiverem (como geralmente estão) em causa diversos *nodes*, para se responder que, descoberta que seja a natureza comercial das relações que se entretecem, a responsabilidade não pode deixar de se conceber como solidária[36]. Mas pergunta-se, ainda, até que ponto pode o *distributed ledger* (isto é, quem estabelece o código do *blockchain* e governa o sistema) ser responsabilizado pelas atividades ilícitas dos utilizadores, diante dos outros utilizadores[37].

Finalmente, embora de modo não exaustivo, não há como contornar uma questão fulcral. Atuando ao nível do *blockchain* os chamados agentes de *software*, isto é, entidades dotadas de inteligência artificial, pergunta-se em que medida pode a responsabilidade pelos danos gerados ser imputada a um sujeito e em que termos. De facto, é inequívoca a presença das chamadas *decentralised autonomous organisations* (DAO), definidas pelos estudiosos na matéria como entidades digitais *on-line* que atuam pela implementação

---

35. Cf. Menezes Cordeiro, *Da boa fé no direito civil*, Almedina, Coimbra, 2017, 617 s.; Sinde Monteiro, *Responsabilidade por conselhos, recomendações e informações*, Almedina, Coimbra, 1989, 518 a 535; C.A. Mota Pinto, *Cessão da posição contratual*, Atlântida Editora, Coimbra, 1970, 419 a 426; Larenz, "Entwicklungstendenzen der heutigen Zivilrechtsdogmatik", *Juristenzeitung*, 1962, 105 s.; Carneiro da Frada, "Os deveres ditos acessórios e o arrendamento", *Revista da Ordem dos Advogados*, ano 73, 2013, 287; Mafalda Miranda Barbosa, "Arrendamento, responsabilidade civil e terceiros", *Estudos de Direito do Consumidor*, 12, 2017, 133 s.

Segundo Mota Pinto, "este círculo de terceiros não deverá ser imprevisível e abrange aquelas pessoas que, segundo a natureza da prestação, estão, duma forma em maior ou menor grau inevitável em contacto com ela, e que (...) estão de tal modo próximos do credor que este, em termos cognoscíveis pelo devedor, confia na segurança dessas pessoas tanto como na sua" – *Cessão da posição contratual*, 423. Cremos que o problema passa por determinar qual o âmbito do dever. Para tanto, haveremos de ter em conta o tipo de contrato, o fim deste, a proximidade de terceiros relativamente ao núcleo de execução do contrato (designadamente, ter em atenção se a prestação se dirige ou não a ser utilizada por terceiros), a cognoscibilidade que o devedor tem da presença desses terceiros e, finalmente, uma ideia de confiança. Com base nestes critérios – em si não muito distintos daqueles que foram oferecidos por Mota Pinto – estamos em condições de determinar o exato alcance protetivo de um contrato.

36. Seria, porém, conjunta, no âmbito do direito civil, por estarmos inseridos no quadro contratual.

Sobre o ponto, v. Dirk A. Zetzsche/Ross P. Buckley/Douglas W. Arner, *The distributed liability of distributed ledgers*, 32, considerando que, em regra, a multiplicidade de nodes tem de funcionar conjuntamente; do mesmo modo que os *developers* atuam conjuntamente.

37. O problema ultrapassa a mera relevância contratual e pode ser pensado por referência a realidades complexas como o branqueamento de capitais e o financiamento do terrorismo. Sobre o ponto, cf. Mafalda Miranda Barbosa, "Responsabilidade civil pelo financiamento de grupos terroristas", *Revista IBERC*, v. 1, n.1, nov-2018/fev2019, 1-39, www.responsabilidadecivil.org/revista-iberc.

de regras pré-codificadas, sendo muitas vezes utilizadas para executar *smart contracts*, registando a atividade no *blockchain*. Agindo autonomamente, pergunta-se se a responsabilidade pode ser imputada ao criador do DAO, argumentando alguns que deve ser assacada à própria entidade, para o que seria necessário atribuir-lhe personalidade[38].

Sobre os agentes de *software* muito se tem escrito[39]. Surgindo definidos como "programas de computador que assistem um sujeito utilizador de modo contínuo e autónomo, realizando certas tarefas ou procurando atingir determinados objetivos definidos pelo mesmo"[40], e sendo qualificados segundo diversas categorias: 1) agentes de *software autónomos* (isto é, "agentes de *software* que residem no *blockchain* e são responsáveis pela execução do seu código [*rectius* a vontade do sujeito utilizador]"[41]); 2) oráculos (isto é, "agentes de *software* instalados em servidores externos que, de modo contínuo e autónomo, verificam e registam determinado tipo de dados no *blockchain*, funcionando, portanto, como "pontes" entre o *blockchain* e o mundo externo"[42]), as entidades com que agora nos confrontamos – entendidas como agentes de *software* – são as responsáveis pela implementação dos ditos *smart contracts* no ambiente digital.

Contra o que a designação poderia sugerir, não estamos a lidar, a este nível, com verdadeiros contratos, mas com códigos computacionais pré-escritos. Vejamos o funcionamento de alguns *smart contracts*, mobilizando para o efeito exemplos oferecidos por investigações anteriores[43], de modo a percebermos melhor o papel que as *decentralised autonomous organisations* podem desempenhar num esquema de *blockchain*.

Assim,

a) "A, que pretende vender um *ebook* por 15 euros, que se identifica com o endereço *blockchain* 614494, cria o *smart contract* "SC231" com os termos e condições de venda (assinando-o digitalmente com a sua chave privada e registando-o no *blockchain*, ficando visível a todos os sujeitos utilizadores da plataforma) e carrega o *ebook* na plataforma, que passa a deter o endereço *blockchain* 3800K, onde fica armazenado; B, que pretende comprar o *ebook* 3800k, subcreve o *smart contract* SC231 com a sua chave privada, transferindo 15 uros do seu endereço *blockchain* (chave pública) 778956 para o endereço *blockchain* de A 614494, ficando esta transferência registada no *blockchain*; posteriormente, o agente verifica se A tem legitimidade para vender o *ebook* e se B detém crédito suficiente para efetuar a compra e se o pagamento foi efetuado. Sendo todas as condições favoráveis, inicia-se a operação de *output*, concedendo a B um ponto de descarga do *ebook* 3800k1 e disponibilizando-se o valor de 15 euros na conta de A, transferidos da conta de B"[44];

b) "A e B criam uma aposta sobre o estado meteorológico de Coimbra, no dia 1 de Abril de 2018: para A choveria nesse dia, para B estaria um dia radiante de sol. Esta aposta é inscrita num *smart contract* que é registado na plataforma *blockchain*. A execução do código do contrato consiste na monitoriza-

38. Maria-Laura Gotcu, *Legal breakthrough for blockchain technology*, 20.
39. Cf. Mark Burgin/Gordana Dodig-Crnkovic, "A systematic approach to artificial agents", Cornell University, 2009, www.arxiv.org/pdf/0902.3513.pdf; Daniel Fernandes Batalha, *Criptocontratação: uma nova forma de contratação automatizada?*, 20 s.
40. Daniel Fernandes Batalha, *Criptocontratação: uma nova forma de contratação automatizada?*, 20, sublinhando que é a autonomia e a continuidade de funcionamento que permite distingui-los dos normais programas de computador.
41. Daniel Fernandes Batalha, *Criptocontratação: uma nova forma de contratação automatizada?*, 20.
42. Daniel Fernandes Batalha, *Criptocontratação: uma nova forma de contratação automatizada?*, 20.
43. Os exemplos são oferecidos por Daniel Fernandes Batalha, *Criptocontratação: uma nova forma de contratação automatizada?*, 21 s., que aqui acompanhamos de perto (mas não necessariamente nas conclusões do trabalho a que nos conduz).
44. Daniel Fernandes Batalha, *Criptocontratação: uma nova forma de contratação automatizada?*, 22.

ção por parte do agente autónomo, dos dados meteorológicos submetidos pelo oráculo de *hardware inbound* do Instituto Português do Mar e da Atmosfera, que são contínua e autonomamente registados no *blockchain*. Verificada a data e as condições meteorológicas no dia 1 de Abril de 2018, o agente autónomo atribuiu o prémio a A ou a B, emitindo um documento eletrónico com essa informação"[45];

c) A e B encontram-se inscritos na plataforma AirBnB. "A, interessado em ficar alojado no imóvel disponibilizado por B, procede ao pagamento do depósito exigido, apresentando o documento comprovativo. Perante a proposta de A e pretendendo aceitá-la, B valida e autoriza a reserva do imóvel. Estes atos são todos inscritos num *smart contract* que por sua vez é registado no *blockchain*. Verificando-se todas as condições do contrato, a chave do imóvel é entregue a A, no formato de um código QR, sendo disponibilizado o valor pecuniário a B. Assim, quando A pretender entrar no imóvel, deverá apresentar a chave QR do imóvel no leitor ótico da fechadura da porta inteligente para abri-la. Assim, se a porta inteligente (*rectius*, o oráculo) verificar que ainda estão reunidos os pressupostos que legitimam a entrada no imóvel, o trinco da porta é desbloqueado"[46].

Do exposto resulta que a designação corrente de *smart contract* está longe de configurar um contrato, antes se resumindo às declarações negociais que o formam. A especificidade da categoria reside, afinal, no facto de tais *smart contracts* integrarem um código computacional que permite o encontro de vontades, independentemente de uma ulterior atuação do sujeito. É neste quadro que surgem as mencionadas *decentralised autonomous organisations*. No fundo, estes agentes de *software* podem ser entendidos como "autoridades de controlo no sentido em que definem as regras pelas quais vão ser reguladas as transações no *blockchain*"[47]. Dito de outro modo, se as *decentralised autonomous organisations* servem, no quadro da celebração de um concreto contrato, para permitir a sua conclusão independentemente da atuação, naquele exato momento, da vontade humana[48], orientando-se por uma pré-programação, mas aprendendo autonomamente e interagindo com outros agentes de *software*, elas seriam aproveitadas para regular as transações no *blockchain*, permitindo pôr em prática uma série de regras de controlo, que, assim, seriam automática e autonomamente executadas.

A grande questão passa, portanto, por saber em que medida se pode e a quem se pode assacar a responsabilidade pela atuação destas *decentralised autonomous organisations*. A este propósito, haveremos de considerar duas hipóteses. Numa primeira hipótese, o *decentralised autonomous organisations* foi programado maliciosamente de forma intencional, não se podendo duvidar da responsabilidade do próprio programador, que, não obstante, haverá de pressupor a existência de um contrato entre esse sujeito e o utilizador da entidade e a sua configuração – para permitir o ressarcimento de outros lesados – como um contrato com eficácia de proteção para terceiros. Numa segunda hipótese, o *decentralised autonomous organisations* gera danos não porque tenha sido instruído para o fazer, mas porque na sua atuação autónoma e automática conduziu a uma determinada lesão. Ora, ainda que não se possa ver no *decentralised autonomous organisations* a *longa manus* do programador, importa não esquecer que deverá responder pela sua atuação

45. Daniel Fernandes Batalha, *Criptocontratação: uma nova forma de contratação automatizada?*, 23.
46. Daniel Fernandes Batalha, *Criptocontratação: uma nova forma de contratação automatizada?*, 24.
47. Mathias Advocats, *Blockchain – eight main legal issues*, 13.
48. Daniel Fernandes Batalha, *Criptocontratação: uma nova forma de contratação automatizada?*, 24, dando conta da idealização, no futuro, de "veículos sem condutor que transportariam passageiros que pagariam a viagem eletronicamente e, depois de deixar o passageiro no seu destino, dirigir-se-iam a uma bomba de abastecimento para reabastecer, utilizando o valor pecuniário guardado na sua carteira eletrónica".

aquele que dele se serviu para cumprimento das suas obrigações. Mesmo que não se possa olhar para o agente de *software* do ponto de vista da subjetivação jurídica, negando-lhe o estatuto de pessoa para o direito, parece que não poderá haver outra solução senão a de olhar para a atuação da entidade como a atuação do próprio devedor. A solução seria ditada, no seio da responsabilidade contratual em que nos movemos, pelo artigo 800º CC se em causa estivesse o comportamento de um terceiro que o devedor tenha utilizado para cumprir as suas obrigações. Não havendo um sujeito – por se negar o estatuto aos entes dotados de inteligência artificial – decai a aplicação imediata do preceito.

Porém, tendo em conta a sua intencionalidade – que é responsabilizar o devedor pela confiança gerada por via contratual e pela vinculatividade particular por si erigida[49] –, poderemos questionar se se justifica a assimilação por adaptação extensiva, dispensando-se a solução do artigo 800º CC aos casos problemáticos com que agora lidamos, bem como às hipóteses de responsabilidade pré-contratual.

Não cremos que este seja o melhor posicionamento. É que, inexistindo subjetivação do ente dotado de inteligência artificial, ele não pode ser senão visto como um instrumento de que o devedor se serve para cumprir as suas obrigações, donde, afinal, tudo se reduz ao comportamento do próprio devedor, não sendo necessário o recurso à disciplina da responsabilidade por facto alheio.

Aliás, a solução revelar-se-ia, se aceite, problemática. É que, apesar de ao nível da responsabilidade contratual se presumir a culpa, nos termos do artigo 799º CC, numa presunção que pode ser entendida como um indício da penetração da *faute napoleónica* ao nível do modelo ressarcitório português[50], dificilmente se poderia falar de culpa – enquanto juízo de censura ético-jurídica – em relação a um ente dotado de inteligência artificial, donde decairia a responsabilidade.

Assim sendo, haveremos de tentar responsabilizar o utilizador da *decentralised autonomous organisation* não por via do artigo 800º CC, mas com base no seu próprio comportamento, o que implicará que só avultará a responsabilidade se e na medida em que não se ilida a referida presunção de culpa que opera no âmbito contratual, e, portanto, na medida em que não haja deveres de cuidado – impostos pela boa-fé –, entre os quais deveres de vigilância relativamente à *decentralised autonomous organisation*, que tenham sido preteridos em concreto.

Será o âmbito do dever concretamente violado que nos permitirá determinar quem é responsável (podendo estar em causa uma responsabilidade de quem governa o *distributed ledger* , dos *validation nodes* ou dos utilizadores) e perante quem é responsável.

De notar, a este ensejo, que, enquanto nos *centralized ledgers*, existe uma entidade validadora que responde pelo risco de interferência de terceiros[51], tal responsabilidade

49. Cf., *inter alia*, Mafalda Miranda Barbosa, "Acerca da aplicação do artigo 800º do Código Civil português aos ilícitos extracontratuais – breve apontamento", *Revista brasileira de direito comparado*, n. 47, 2º semestre de 2014, 142 a 183; Mafalda Miranda Barbosa, "Acerca da aplicação do artigo 800º CC aos ilícitos extracontratuais – breve apontamento", *O direito*, ano 147º III, 2015, bem como a demais bibliografia aí citada.
50. Cf. Menezes Cordeiro, *Da responsabilidade civil dos administradores das sociedades comerciais*, Lex, Lisboa, 1997.
51. Pense-se, por exemplo, no caso da responsabilidade das instituições bancárias pelos problemas ocorridos nos sistemas de pagamentos. Sobre o ponto, cf. Mafalda Miranda Barbosa, "Sistemas de pagamentos, repartição do risco e responsabilidade civil – algumas reflexões a propósito da nova diretiva dos serviços de pagamentos (DSP2)", *Revista de Direito Comercial*, 2017, 551-611.

não se pode afirmar inequivocamente no caso do *blockchain*, de tal modo que só em concreto – e com evidentes dificuldades – poderemos ponderar se existe ou não um dever efetivamente violado[52].

3.2 A responsabilidade extracontratual

a) O problema da ilicitude

Ao nível da responsabilidade extracontratual, outros são os problemas que se colocam. Sendo certo que os autores sublinham a importância desta modalidade de ressarcimento para cobrir hipóteses de danos que não sejam assimiladas pelo âmbito de relevância de qualquer contrato[53], importa não esquecer que, por regra, no domínio delitual, não são indemnizados os danos puramente patrimoniais[54], donde o primeiro filtro que deveremos ultrapassar passa pela descoberta de um direito absoluto ou de uma disposição legal de proteção de interesses alheios que tenham, em concreto, sido violados.

Ora, parecem existir, de facto, hipóteses de preterição de posições jus-subjetivas dotadas de eficácia *erga omnes*. Desde logo, podemos confrontar-nos, no âmbito do *blockchain*, com situações de violação de dados pessoais, domínio que, aliás, nos remete – com regras especiais no tocante à responsabilidade civil – para o Regulamento Geral de Proteção de Dados.

Por outro lado, não serão estranhas as hipóteses de usurpação de identidade, através do furto da chave privada de autenticação na rede do *blockchain*, que pode ser entendida como um cartão de identificação encriptado de cada utilizador. Cremos que, tratando-se de um dado da identidade do sujeito, ainda que virtual ou digital, o mesmo não poderá deixar de estar protegido – para além do direito aos dados pessoais – pelo direito geral de personalidade.

Acresce a possibilidade de lesão do direito do utilizador do *blockchain* às *bitcoins* que haja adquirido. Tudo dependerá, nesta matéria, da resposta a um problema de base: existe ou não um direito de propriedade sobre as *bitcoins*? Traduzindo-se as *bitcoins* em *criptomoedas*, poder-se-ia pensar que se estabeleceria com meridiana clareza a analogia com qualquer outra moeda, ou melhor, com o dinheiro[55]. Relativamente ao dinheiro legal ou estadual[56], haveremos de considerar que, naquelas hipóteses em que ele é depositado numa conta junto de uma instituição bancária, a propriedade se transfere para a instituição depositária, sendo o cliente do banco titular de um mero direito de crédito

52. Note-se que, ao compreender-se a presunção de culpa do artigo 799º CC como uma presunção de culpa e ilicitude, haveremos de relembrar que ela só entrará em cena perante a constatação de um resultado que se deveria atingir e não se verificou. No que respeita ao *blockchain*, teremos de perceber se, por exemplo, a segurança é ou não um resultado que se assume como devido por quem governa o *distributed ledger* ou pelos *validation nodes*.
53. Cf. Dirk A. Zetzsche/Ross P. Buckley/Douglas W. Arner, *The distributed liability of distributed ledgers*, 35.
54. Cf. Mafalda Miranda Barbosa, *Liberdade versus responsabilidade: a precaução como fundamento da imputação delitual? Considerações a propósito dos cable cases*, Almedina, Coimbra, 2005.
55. Cf. Antunes Varela, *Das obrigações em geral*, I, Almedina, Coimbra, 2003, 846, n.1, considerando que o dinheiro exerce três funções distintas: a) meio de pagamento; b) instrumento geral de trocas; c) padrão comum de valor.
56. O conceito difere do de dinheiro corrente, usual ou comercial, que abrange "todas as coisas que, nos usos do trágico, funcionam como meio liberatório comum, como instrumento geral de trocas, mesmo que essa qualidade não lhes seja legalmente reconhecida" – cf. Antunes Varela, *Das obrigações em geral*, I, 846, n.2.

sobre o saldo, ainda que possa haver especificidades na relação contratual assim firmada que determinam soluções especiais no tocante ao tratamento de muitos problemas que possam surgir a esse nível[57]. Lidando-se com *bitcoins* e desaparecendo os intermediários financeiros, deixa de se colocar este problema referente a um eventual depósito. Mas, ao invés, emerge outro: na verdade, o artigo 1302º CC dispõe que "só as coisas corpóreas, móveis ou imóveis, podem ser objeto do direito de propriedade regulado neste código", razão pela qual se questiona se é possível falar-se de um direito de propriedade sobre estas cripto-moedas.

Além-fronteiras, os autores têm vindo a debater a questão, entendendo que *as bitcoins* devem ser consideradas propriedade tangível para determinados efeitos, designadamente processuais e fiscais[58].

No nosso ordenamento jurídico, o Banco de Portugal já veio dizer que as *bitcoins* não são moeda e a Autoridade Tributária e Aduaneira salientou que não devem ser consideradas um bem, um valor mobiliário ou um direito[59].

57. Para a doutrina e jurisprudência maioritárias, o depósito bancário é qualificado como um depósito irregular. Segundo explica Menezes Cordeiro, "o banqueiro adquire a titularidade do dinheiro que lhe é entregue, sendo o cliente um simples credor. A pedra de toque está na disponibilidade permanente de saldo. O risco do que possa suceder na conta do cliente, quando não haja culpa deste, cabe ao banqueiro (...); também pelo banqueiro corre o risco do aparecimento de cheques falsificados, com a assinatura muito semelhante à autêntica (...). Já nos depósitos a prazo – os depósitos de poupanças – distinguir-se-iam dos depósitos a prazo: teriam a natureza de mútuos e não de depósitos irregulares. Na verdade, aí já falta a ideia de restituição/disponibilidade". Concordamos com a crítica que Menezes Cordeiro lança em relação a esta compreensão dos depósitos a prazo como mútuos – cf. António Menezes Cordeiro, *Manual de Direito Bancário*, Almedina, Coimbra, 2001, 614: "é certo que os depósitos a prazo não estão totalmente disponíveis; qualquer banco admite, porém, a sua mobilização antecipada ou o seu resgate, ainda que com perda de juros para o cliente. Pois bem: nessa ocasião, um mútuo transformar-se-ia em depósito irregular? Além disso, as regras específicas que tutelam o mutuário não operam em prol do banqueiro. Os bancos também podem contrair empréstimos: não o fazem porém sob a forma de depósitos a prazo. Finalmente: o sentir social, importante para moldar tipos sociais e, ainda, figuras assentes nos usos, não trata o cliente que constitui um depósito a prazo como um mutuante: é um depositante, embora especial". Por isso, o autor sustenta que depósito bancário é "uma figura unitária, típica, autónoma e próxima, historicamente, do depósito irregular". Cf., igualmente, Menezes Cordeiro, *Direito Bancário*, 5ª edição revista e atualizada, Almedina, Coimbra, 2014.
Veja-se, a este propósito, a Diretiva UE 2015/2366, do Parlamento Europeu e do Conselho.

58. Dando conta disso mesmo, cf. Dirk A. Zetzsche/Ross P. Buckley/Douglas W. Arner, *The distributed liability of distributed ledgers*, 35. No sentido de considerar que as bitcoins devem ser consideradas propriedade tangível para efeitos processuais, cf. Max I. Raskin, "Realm of the Coin: Bitcoin and Civil Procedure", *Fordham Journal of Corporate & Financial Law*, 20/4, 2015, 980 s. (https://ir.lawnet.fordham.edu/cgi/viewcontent.cgi?article=1418&context=jcfl); em sentido inverso, qualificando as *bitcoins* como intangível e revelando os problemas que, por essa via, se podem colocar em face do artigo 9º UCC, cf. Jeanne L. Schroeder, "Bitcoin and the Uniform Commercial Code", *University of Miami Business Law Review*, 1, 2016, 1 s. (https://repository.law.miami.edu/cgi/viewcontent.cgi?article=1278&context=umblr).
Cf., igualmente, a posição do *Internal Revenue Service* dos Estados Unidos, que veio considerar que, para efeitos fiscais, as bitcoins devem ser qualificadas como moeda. Sobre o ponto, cf. Gabriela Campos, "Bitcoin: consequências jurídicas do desenvolvimento da moeda virtual", *Revista Brasileira de Direito*, II/2, 2015, 77 s., 79 s., dando conta de que na Alemanha as *bitcoins* foram qualificadas como dinheiro privado.

59. Sobre o ponto, cf., numa interessante análise da questão do ponto de vista tributário, Alexandra Courela, "Cripto-moedas: o futuro que é já presente", *Advocatus*, Abril 2018.
Acerca da posição do Banco de Portugal, *vide*, igualmente, o alerta lançado junto dos consumidores para os riscos que a aquisição de cripto-moedas envolve: Carta Circular 11/2015/DPG, de 10 de março de 2015; o alerta aos consumidores sobre os riscos associados à utilização de "moedas virtuais", de 3 de outubro de 2014 e o esclarecimento sobre *Bitcoins*, de 22 de novembro de 2013, do Banco de Portugal. Cf., ainda, o alerta aos consumidores sobre "moedas virtuais" de 5 de julho de 2018, do Banco de Portugal, da Comissão do Mercado de Valores Mobiliários, e da Autoridade de Supervisão de Seguros e Fundos de Pensões; e os relatórios do Banco Central Europeu, *Virtual Currency Schemes*, 2012, 13, considerando que é um "type of unregulated, digital money, which is issued and

Resta, então, a questão: afinal como qualificar as *bitcoins*[60]?

Independentemente das questões económico-publicistas atinentes à sua qualificação como moeda, que a este propósito não nos interessam[61], não se duvida que, para os efeitos que nos importam, as *bitcoins* devem ser qualificadas como coisas. De outro modo não poderia deixar de ser, atenta a aceção ampla que juridicamente se atribui à categoria.

Nos termos do artigo 202º CC, coisa é tudo aquilo que pode ser objeto de relações jurídicas. Dada a amplitude do conceito, não raras são as vozes que denunciam a falta de rigor do legislador de 66 no tocante à conceptualização da coisa. Como se esclarece amiúde[62], há outros possíveis objetos da relação jurídica para além das coisas (pessoas, prestações, a própria pessoa). Assim, técnico-juridicamente, as coisas devem ser pensadas como "os bens (ou os entes) de carácter estático, desprovidos de personalidade e não integradores do conteúdo necessário desta, suscetíveis de constituírem objeto de

---

usually controlled by its developers, and used and accepted among the members of a specific virtual community" e *Virtual currency schemes – a further analysis*, 25, sublinhando que se trata de "a digital representation of value, not issued by a central bank, credit institution or e-money institution, which, in some circumstances, can be used as an alternative to money"; "; e a proposta de modificação da 4ª Diretiva Anti Branqueamento de Capitais e Contra o Financiamento do Terrorismo em 5 de julho de 2016, que vem definir as criptocurrencies como "virtual currencies' means a digital representation of value that is neither issued by a central bank or a public authority, nor necessarily attached to a fiat currency, but is accepted by natural or legal persons as a means of payment and can be transferred, stored or traded electronically" (de notar que, na sequência desta proposta, o Banco Central Europeu veio reforçar a importância de se tratarem estas criptomoedas como meio de troca e não meio de pagamento, razão pela qual o texto final da proposta de diretiva as compreende como ""virtual currencies means a digital representation of value that can be digitally transferred, stored or traded and is accepted by natural or legal persons as a medium of Exchange, but does not have legal tender status and which is not funds as defined in point (25) of Article 4 of the Directive 2015/2366/EC nor monetary value stored on instruments exempted as specified in Article 3(k) and 3(l) of that Directive.". Dando conta disso mesmo, cf. Vanesa Teixeira, *A tributação em sede de IVA de moedas virtuais no âmbito da União Europeia: o caso do bitcoin*, FDUP, 2017, 21 s.

Cf., também, Nicole Fobe, *O bitcoin como moeda paralela – uma visão económica e a multiplicidade de desdobramentos jurídicos*, Fundação Getúlio Vargas, 2016, 75 s., explicando que o problema que serve de pórtico de entrada para a discussão acerca da qualificação jurídica das *bitcoins* é a questão tributária e dando conta das diversas soluções que, nos vários ordenamentos jurídicos, foram sendo pensadas: "o Bitcoin é uma propriedade privada, não uma moeda de curso forçado (moeda legal), e portanto deve ser tributado como um bem de capital; (2) o lucro proveniente da venda de Bitcoins em troca de moeda de curso forçado está sujeito a impostos incidentes sobre ganhos de capital; (3) compras de bens e serviços realizadas em Bitcoin também devem ser contabilizadas como ganhos (de capital); (4) Bitcoins e outras criptomoedas obtidas por meio de mineração são reconhecidas como renda, sendo o seu valor computado em relação ao dia que a moeda foi "adquirida"; (5) o equipamento utilizado na mineração de criptomoedas pode ser deduzido na categoria de bens de capital";

60. Cf. Nicole Fobe, *O bitcoin como moeda paralela – uma visão económica e a multiplicidade de desdobramentos jurídicos*, Fundação Getúlio Vargas, 2016, 75, dando conta de possíveis qualificações, "tais como "mercadorias", "bens", "instrumento de pagamento", "substituto monetário", e "renda".

61. Cf., a este propósito, Nicole Fobe, *O bitcoin como moeda paralela – uma visão económica e a multiplicidade de desdobramentos jurídicos*, 52 s. "Criptomoedas são instrumentos monetários virtuais na medida em que não existem fisicamente. Sua emissão e posterior circulação são feitas integralmente via ciberespaço (motivo pelo qual essas moedas são também consideradas "digitais"), por meio de programas *open source*, sendo o acesso à internet imprescindível. A principal questão que permeia as criptomoedas é a sua total independência de uma autoridade central, dispensando a existência de um banco estatal ou qualquer outro ente organizador que promova a sua emissão e o controle do seu valor. A emissão de uma criptomoeda é feita quando da criação do seu código principal – o código que dá origem ao sistema daquela criptomoeda específica. A sua monetização, ou seja, o ato de colocá-la em circulação, é conduzida de forma totalmente virtual e é denominada "mineração" – como se houvesse "veios" de metal precioso escondidos em alguma caverna virtual e cada um dos usuários fosse, por meio de senhas, códigos ou tentativas "resgatando", "minerando" cada uma de suas unidades"

62. Cf., por todos, C. A. Mota Pinto, *Teoria Geral do Direito Civil*, 4. ed. Coimbra Editora, Coimbra, 2005, 341.

relações jurídicas"[63]. Explica-nos Mota Pinto[64] que, para tal, é necessário que os bens apresentem algumas características, a saber: a) existência autónoma ou separada; b) possibilidade de apropriação exclusiva por alguém; c) aptidão para satisfazer interesses ou necessidades humanas. Note-se que, pelo contrário, não é necessário que "se trate de bens efetivamente apropriados", podendo tratar-se das "*res nullius*, como os animais bravios ou os peixes não apropriados"[65]. Confrontados com a explicitação, parece ser possível reconduzir o conceito de *bitcoins* à categoria *coisa*. Mas, dentro da categoria coisa, como qualificar as *bitcoins*?

Entre os diversos tratamentos que lhe são dispensados, autores há que afirmam que estamos diante de bens digitais[66], a determinar que a transmissão de *bitcoins* configuraria uma prestação de serviços. Mas aventa-se, também, a possibilidade de estarmos diante de bens corpóreos. A esse propósito, Vanesa Teixeira, na sua dissertação de mestrado, adianta que "não [se] exclui a possibilidade de que a moeda virtual possa ser fisicamente representada, através da sua impressão em uma folha de papel ou através de um meio físico que seja capaz de armazenar dados. (...) Possuir Bitcoins não significa literalmente possuir "unidades de moeda digital", mas sim possuir o conhecimento de uma chave privada (análogo a uma senha). Os saldos contabilísitcos de Bitcoins de uma dada carteira são públicos e estão registados na Blockchain, e sua movimentação só é possível através do conhecimento da respetiva chave privada, que consiste em um conjunto de letras e números em um total de 54 caracteres. Pode-se imaginar, por exemplo, que um determinado cliente queira oferecer Bitcoins como contraprestação por um bem ou serviço através de um meio físico. Isto poderia ser feito através da impressão da chave privada de uma determinada carteira com uma determinada quantidade de Bitcoins, e a entrega desta folha de papel, ou chamada paper wallet, ao fornecedor do bem ou serviço. Desde que o fornecedor assegurasse que o cliente não tivesse guardado uma cópia da chave privada, este poderia aceitar a paper wallet como contraprestação. No entanto, isto implicaria suportar alto risco de fraude, como por exemplo, a entrega de uma chave privada e a posterior movimentação dos Bitcoins por um cliente que agisse de má fé (...). No entanto, mesmo se esta possibilidade for excluída, os Bitcoins ainda poderiam ser entregues em hardware wallets, que são meios eletrónicos com forma física (por exemplo, CDs, DVDs, pendrives) capazes de armazenar a chave privada em segurança e assim transmitir a posse de uma carteira com uma determinada quantidade de Bitcoins. De fato, há inclusive uma empresa que comercializa um tipo de dispositivo físico capaz de armazenar chaves privadas, semelhante a um pendrive, o qual assegura que a transmissão deste dispositivo dá à pessoa que o recebe a certeza que a pessoa que o ofereceu não detém o conhecimento ou uma da cópia da chave privada nele contido, o que diminui o risco de fraude"[67]. Nessa medida, seria possível configurar as *bitcoins* como coisas corpóreas.

63. Cf. Mota Pinto, *Teoria Geral*, 342.
64. Mota Pinto, *Teoria Geral*, 342-343.
65. Mota Pinto, *Teoria Geral*, 343.
66. Cf. Vanesa Teixeira, *A tributação em sede de IVA de moedas virtuais no âmbito da União Europeia: o caso do bitcoin*, 28, com importantes implicações em sede de IVA.
67. Vanesa Teixeira, *A tributação em sede de IVA de moedas virtuais no âmbito da União Europeia: o caso do bitcoin*, 31-32.

Não cremos que a argumentação proceda. Na verdade, a autora parece confundir as *bitcoins* com o suporte que as aloja. A aceitar-se o posicionamento, isso determinaria, aliás, que a qualificação das *bitcoins* seria mutável, consoante o local onde o adquirente ou o transmitente guardasse a chave privada de acesso às mesmas, o que redundaria numa solução pouco convincente e pouco aceitável do ponto de vista da clareza jurídica[68].

Parece, portanto, que não podemos qualificar as *bitcoins* como coisas corpóreas, não existindo sobre elas um direito de propriedade[69]. E, a ser assim, ou incide sobre elas um outro direito com eficácia absoluta, a ficar dependente da intervenção do legislador na matéria, ou a violação do direito que as tenha como objeto não pode fazer desencadear responsabilidade civil extracontratual, exceto se se desvelar uma atuação abusiva do direito.

b) Responsabilidade extracontratual e imputação

Esta conclusão não elimina, porém, todas as questões que, em matéria delitual, se podem suscitar a propósito das *bitcoins*. Na verdade, se até ao momento estamos a ponderar a realidade do *blockchain* do ponto de vista da preterição dos interesses dos utilizadores do mesmo, não se exclui a possibilidade de serem esses utilizadores que causem danos a terceiros. Ora, as *bitcoins*, ao possuírem valor de troca, independentemente da qualificação jurídica que sobre elas recaia, podem ser um instrumento útil de financiamento de atividades que venham a gerar lesões em direitos absolutos. A ser assim, dá-se por resolvida a questão da ilicitude, mas deixam-se em aberto outros problemas, quais sejam os atinentes à imputação objetiva. No fundo, questiona-se se, para além da responsabilidade do próprio titular das *bitcoins* pelas lesões que perpetra, financiadas com aquele instrumento de troca, o sujeito que governa o *distributed ledger* ou os *validation nodes* podem vir a responder pelos danos assim gerados. No mais, pode ainda colocar-se, a propósito destes danos ditos "indiretos", o problema da responsabilidade do utilizador pelo ato de outro utilizador para o qual transfira *bitcoins*.

Sobre algumas destas questões, os autores têm-se pronunciado. Aaron Wright e Primavera de Filippi sustentam, a propósito da eventual responsabilidade civil no seio do *blockchain*, que o *developer* do *blockchain* pode ser responsabilizado, mas não o uti-

68. Para a autora, "determinar se uma operação com moedas virtuais constitui prestação de serviço ou entrega de bens ao abrigo da Diretiva IVA depende principalmente do canal de transmissão da propriedade das unidades de Bitcoin na Blockchain. Essa transmissão pode-se dar tanto através da Internet, constituindo-se em serviço prestado exclusivamente por via eletrónica, como através de hardware wallets, caracterizando-se como transmissão de um bem corpóreo – a chave privada, que representa, em última análise, o bem valoroso em si" – cf. Vanesa Teixeira, *A tributação em sede de IVA de moedas virtuais no âmbito da União Europeia: o caso do bitcoin*, 33. É exatamente esta conclusão que nos leva a pôr em causa o posicionamento.

69. Isto não significa, insofismavelmente, que não possa recair sobre as *bitcoins* um direito com eficácia absoluta. Pense-se, por exemplo, no direito a uma participação social. Sobre a questão da qualificação jurídica das participações sociais, cf. Ricardo Serra Correia, "Os direitos especiais à luz do CSC e do direito da União Europeia – algumas reflexões", *Revista da Ordem dos Advogados*, 73/4, 2013, 1389 s. Veja-se, igualmente, Coutinho de Abreu, *Curso de Direito Comercial*, II, *Das Sociedades*, Almedina, Coimbra, 2007, 207 s., considerando que, no caso das participações sociais, estamos diante de um conjunto de direitos e obrigações atuais e potenciais do sócio, sendo possível objeto de direitos reais, o que contraria a posição de outros autores que perspectivam as participações sociais de forma não unitária, entendendo que são integradas por diversos direitos e deveres que são individualmente considerados. Simplesmente, no caso das *bitcoins* a ausência de qualquer disciplina legal que sobre elas incida determina a aplicabilidade do Código Civil e, nessa medida, a não aplicação das regras próprias do direito de propriedade.

lizador, a não ser que soubesse ou tivesse uma boa razão para acreditar que o terceiro poderia vir a lesar outra pessoa[70].

Embora os problemas imputacionais tenham de ser compreendidos em concreto, por referências às exigências particulares que o problema *decidendum* coloca, cremos que a posição dos autores se harmoniza facilmente com aquela que, em geral, poderíamos delinear, com base numa adequada compreensão das questões delituais e da intencionalidade do instituto aquiliano. Tentemos pensar em algumas questões imputacionais, equacionando, para o efeito, a hipótese em que A transmite *bitcoins* a B, que as utilizará em atividades ilícitas (v.g. terrorismo, atentado contra a vida, a propriedade, etc.). O problema não é, portanto, o da responsabilidade de B, mas de A, bem como do *developer* do *blockchain* e dos *nodes* que validam a transação.

Na doutrina alemã, problemas com esta intencionalidade problemática são tratados sob o signo da causalidade psicológica. Torna-se, portanto, relevante dar voz a Stephan Philipp Forst. O problema de que o autor parte não é outro senão aquele que o próprio enuncia: "podem ser imputadas ao lesante determinadas consequências, apesar de, segundo uma lei da natureza, tais ações não serem tidas como tal?"[71]. A questão vai, porém, na sua obra, restringida ao problema da *psychisch Vermittelter haftungsbegründender Kausalität*[72], isto é, aos casos em que se denota a influência de uma causalidade psicológica.

70. Aaron Wright/Primavera de Filippi, *Decentralized Blockchain Technology and the Rise of Lex Cryptographia*, 2015, 55-56, https://ssrn.com/abstract=2580664.

71. Cf. Stephan Philipp Forst, *Grenzen deliktischer Haftung bei psychisch Vermittelter haftungsbegründender Kausalität*, Rechtswissenschaftliche Forschung und Entwicklung, München, 2000, 1.

72. Cf., a este propósito, Dieter Medicus, *Bürgerliches Recht*, 21 Auflage, Carl Heymanns Verlag, Köln, Berlin, München, 2007, 409, distinguindo os casos de *psychisch Kausalität* das situações de *vermittelter Kausalität*.

Cf., porém, Till Ristow, *Die psychische Kausalität im Deliktsrecht*, Europäische Hochschulschriften, Peter Lang, Frankfurt am Main, 2003, 17. Definindo a *psychischen Kausalität* como aquela que surge nos casos "bei denen der Schaden nicht durch die direkten physischen Auswirkungen des Verhaltens einer Person eintritt, sondern über den Umweg einer psychischen Komponente entsteht, nämlich das willentliche Handeln einer weiteren Person", diz que ela é muitas vezes conhecida como *psychisch vermittelte Kausalität*, sendo o problema também conhecido por *novus actus interveniens* no quadro do preenchimento da responsabilidade (*Haftungsausfüllung*) [Acerca da questão do *novus actus interveniens*, v., ainda, entre outros, Gert Brüggemeier, *Haftungsrecht. Struktur, Prinzipen, Schutzbereich zur Europäisierung des Privatrechts*, Springer, Berlin, Heidelberg, New York, 2006, 30 s.].

Para uma visão comparativa e abrangente dos problemas atinentes à causalidade psíquica, cf. B. Winiger, "Comparative report: damage caused by psychological influence", B. Winiger, H. Koziol, B.A. Koch, R. Zimmermann (ed.), *Digest of European Tort Law*, vol. 1: *essential cases on natural causation*, Wien, New York, Springer, 2007, 193: 4 "Damage caused by psychological influence", 253.

Sobre o ponto, cf., igualmente, Hermann Lange/Gottfried Schiemann, *Handbuch des Schuldrechts, Schadensersatz*, 3. Aufl., Mohr, Tübingen, 2003, 131 s. e 142 s. Os autores bipartem a análise do problema em dois grandes segmentos: 1) *freie Handlungen des Verletzten* – comportamento livre do lesado [integram aqui situações como: a) *Nothilfefälle* – cf. p. 132, ponderando-se, no seu seio, questões tão importantes como a procedência ou não de uma pretensão de acordo com o regime da gestão de negócios - § 677 BGB; a diferença valorativa da inserção da questão na responsabilidade pelo risco ou por factos ilícitos; a existência de um dever de comportamento tendente a não serem criadas situações sociais de emergência; a putativa existência de obrigações morais e legais de intervenção em face do perigo; a aplicabilidade do § 254 BGB; b) *Fluchtfälle* – casos de fuga, cf. p. 134 s., considerando que a fuga é um ato ilícito quando a pessoa provocou o lesado e ela não se mostra desproporcionada em relação ao significado da situação e que a responsabilidade do que foge fica limitada ao aumento do risco, não cobrindo os normais riscos do tráfego. Pondera-se, também, o facto de muitas normas que tornam a fuga ilícita servirem para protecção de outros interesses que não a salvaguarda daquele que persegue e de as condutas impróprias deverem ser valoradas à luz do § 254 BGB; c) *Selbstschädigung des Verletzten, Verhalten des Verletzten und Folgeschäden* – cf. p. 136, considerando que o critério da provocação se aplica também quando o dano se concretiza por uma reação potencialmente perigosa do lesado, mobilizando-se o § 254 BGB quando a lesão surge como uma compreensível

Sobre ela Winiger ensina que supõe várias pessoas envolvidas no mesmo facto, podendo estas encontrar-se numa relação de oposição entre si (como quando uma é vítima da influência de outra) ou numa relação de cooperação (colocando-se aqui o problema da indução ou incitamento que envolve problemas de concurso de responsabilidade), e podendo-se apresentar diversas formas e intensidades de influência psicológica. A saber: 1) *slightest influence*, onde se incluem caso de *simply excitement* (ex. da pessoa que observou um acidente de viação e socorre a vítima que foi lesada pelo carro, sendo atingida por outro automóvel), os casos de simples tentação (como o caso do rapaz que se põe a brincar com o vidro que encontra no recreio) e os *casos* de sedução (ex. da promessa de casamento como meio para obter o consentimento para relações sexuais); 2) *slight influence*, onde encontramos formas de imitação (alguém encoraja outro, pelo exemplo que dá ou não, a adotar um determinado tipo de comportamento) e os casos particulares de perseguição; 3) *stronger influence* (casos de incitamento para a prática de um ato perigoso ou ilícito); 4) *strongest influence* (uma pessoa atuou às ordens de alguém que lhe solicitou para executar determinada atividade perigosa. Também se integram aqui os casos de explícita provocação e de intimidação); 5) casos particulares de influência psicológica que dizem respeito à errada ou insuficiente informação, como as situações de não cumprimento do dever de informação por parte dos médicos[73].

O problema coloca-se porque, entre a primeira causa e o resultado, intercede uma decisão livre, tida como segunda causa. O cerne do problema reside, pois, na dúvida que se concita acerca da conformação da primeira causa como causa *tout court*, por se constatar a influência psicológica que exerceu sobre o segundo agente, afetando-lhe a vontade. Diz-nos Forst que, se a ação do primeiro causador é apenas uma condição necessária mas não suficiente para a decisão livre e a ação do segundo, que naquela se baseou, poderia ter sido diversa, se torna problemático responsabilizar o primeiro agente[74]. Segundo Forst, se, entre a ação de um sujeito e a consequência final dela, uma segunda ação voluntária de outro sujeito se interpõe, as duas podendo ser vistas como condições sem as quais o dano não se produziria[75]. Ou seja, e continuando a acompanhar, passo a passo, a exposição do autor, um primeiro agente coloca uma condição necessária para a decisão livre e para ser a base da ação de um segundo agente, cuja conduta, designada por *novus actus interveniens*, surge, por seu turno, como *conditio sine qua non* de um outro resultado. Por isso, se pode concluir que o resultado final não é determinado segundo uma lei da natureza, sendo, pelo contrário, no nexo causal, a decisão livre de vontade do segundo agente cunhada como um momento psicológico. Residem aí os problemas imputacionais.

---

resposta, embora não óptima do ponto de vista económico]; 2) *Eingriffe Dritter* – intervenção de um terceiro [considerando, a este propósito, que a delimitação da responsabilidade desses terceiros e o âmbito do risco do lesado não é baseada só na adequação e que o comportamento do terceiro não exclui a responsabilidade quando lhe foi dada a ocasião para o evento ou mesmo quando tenha atuado negligentemente. Excluem-se, porém, as situações de negligência grosseira do terceiro]

Entre nós, *vide* Carneiro da Frada, *Teoria da Confiança e responsabilidade civil*, Almedina, Coimbra, 2003, 624 s., considerando que aí estão em jogo os casos em que o nexo entre a conduta do responsável e o resultado danoso se estabelece através da ação de uma pessoa.

73. B. Winiger, "Comparative report: damage caused by psychological influence", 253 s.
74. Forst, *Grenzen deliktischer Haftung bei psychisch Vermittelter*, 3-8.
75. Forst, *Grenzen deliktischer Haftung bei psychisch Vermittelter*, 18.

Por um lado, a doutrina da equivalência das condições não permite dizer a quem vai ser imputado o resultado danoso, por ser qualquer dos comportamentos condição sem a qual o dano não poderia ocorrer. De igual modo, a doutrina da adequação não logra resolver a questão, porque, havendo uma objetiva regularidade dos acontecimentos, torna-a aproblemática[76].

---

76. Forst, *Grenzen deliktischer Haftung bei psychisch Vermittelter*, 18 e 29.
Num exemplo do autor, A emprestar a B a sua pistola, apesar de saber que ele é portador de um feitio irascível e violento, arma essa que será posteriormente utilizada, no meio de uma discussão entre B e C, para o primeiro atacar o segundo? Poderá ser imputada alguma responsabilidade a A? – cf. 37 e 45. Por um lado, dividem-se as hipóteses assimiláveis pela intencionalidade normativa da categoria dogmática por si chamada à colação entre os casos *Zweipersonenverhältnissen* (segundo causador do dano e lesado identificam-se) e os *Dreipersonenverhältnissen* (o segundo causador do dano e o lesado são pessoas distintas) [cf. p. 31] [v., sobre o ponto, Till Ristow, *Die psychische Kausalität im Deliktsrecht*, 17. O autor distingue mais do que um tipo de casos, a convocar, segundo o seu entendimento, problemas diversos: a) casos em que o segundo agente causador do dano lesa os seus próprios interesses, nos quais a questão que se suscita é a de saber se o primeiro agente é responsável ou se, sendo o primeiro agente responsável, vai ou não haver uma repartição da indemnização segundo os critérios do § 254º BGB; b) casos em que o primeiro agente sofre através de um segundo agente danos, colocando-se o problema de saber se ele tem de suportar esse dano, se o agente é responsável ou se o segundo é responsável mas o dever de indemnizar fica limitado pela contribuição culposa do primeiro agente; c) casos em que o bem jurídico lesado pertence a um terceiro, passando o problema a ser o de saber se é responsável o primeiro agente, o segundo ou os dois solidariamente (§ 840, 421 s. BGB); e Lange/Schiemann, *Handbuch*, 131 s., que classificam as situações de *psychisch vermittelte Kausalität freie Handlung des Verletzten* e *Eingreifen Dritter*].
Acerca das *Zwei-Personen-Verhältnissen*, veja-se, novamente, Till Ristow, *Die psychische Kausalität*, 45 s. Ristow apresenta, dentro delas, inúmeras situações. Acompanhemos, pois a sua taxonomia: a) *Dazwiscentreten zur Hilfeleistung* – intervenção para socorro (segundo o testemunho do autor – cf. 71 s. –, tradicionalmente, aplica-se a estes casos o critério da provocação – *Herausforderungskriterium* –, desenvolvido para os casos de prestação de socorro e salvamento – *Nothilfe und Rettungsfälle* –, mas que pode ser mobilizado para qualquer situação que envolva ajuda – *Hilfeleistung*. O segundo agente intervém para impedir uma situação danosa ou perigosa. Ora, tem-se entendido que não é socialmente inadequado o surgimento do auxílio, sobretudo quando avulta uma obrigação moral para agir. Ristow acaba por mostrar-se cético relativamente a algumas destas ideias. Em primeiro lugar, diz-nos que "é duvidoso que alguém possa gerar uma emergência socialmente adequada, uma vez que a noção de emergência em si mesma contém uma ideia de inadequação social", ao que acresce que "é discutível a ideia de criação de uma obrigação moral de agir, porque, estando em causa uma situação que pode provocar graves lesões para o próprio, essa obrigação claudica". Também a invocação do interesse público não colhe a aceitação do autor, porquanto a finalidade da responsabilidade civil esteja distante dele. Por isso, sustenta que a melhor formulação é a que aponta para o confronto entre o comportamento do primeiro e do segundo agente – o fundamento da responsabilidade radicaria, assim, na "produção socialmente inadequada de uma situação de perigo. Não obstante, há que estabelecer limites, que Ristow nos dá a conhecer a págs. 74 s. Na verdade, ações totalmente despropositadas do segundo agente, designadamente quando há uma desproporção entre o risco gerado e a intervenção daquele ou quando se denota a irracionalidade que é incorrer em perigo quando a causa de ajuda é fútil); b) *Dazwischentreten bei Autoritätsstellung des Erstverursachers* – intervenção pela posição de autoridade do primeiro agente (cf. 76 s., onde o autor explica que aqui a atuação do segundo agente não é motivada pela criação de um especial perigo por parte do primeiro agente, mas por uma confiança neste que se manifesta através da ação do segundo, que tem um défice de conhecimentos que o impede de avaliar a situação. Há que ponderar aqui a própria ideia de autorresponsabilidade do segundo agente, falando-se, por vezes, de *Herdenreaktion* – v., a propósito, também citado por Ristow, Zimmermann, "Herausfordenungsformel und Haftung für fremde Willensbetätigung nach § 823 I BGB", *Juristenzeitung*, 1980, 13); c) *Dazwischentreten bei Eingriffspflichten des Zweitverursachers* – intervenção obrigatória do segundo agente (cf. 91 s. – neste grupo, "a intervenção do segundo agente não foi motivada pelo perigo criado para os bens jurídicos de uma pessoa, nem por uma especial autoridade do primeiro agente. Antes o segundo sujeito sente, pela sua posição institucional, que tem a obrigação de intervir. É o que acontece sempre que o segundo agente pertence ao corpo policial. Fundamental, para que haja imputação, é que tenha havido provocação – *herausgefordertes Dazwischentreten* –, não sendo suficiente que o comportamento tenha sido solicitado. Fundamental, ainda, parece ser, pelo diálogo encetado pelo autor a págs. 119 s., o cotejo de esferas de risco e responsabilidade, ao ponto de, e centrando-se exclusivamente na atuação policial, dizer que os agentes de autoridade incorrem num âmbito mais vasto de risco do que as outras pessoas, o que implica que só em casos extremos falha a responsabilidade por o perseguidor ter incorrido em riscos absolutamente inadequados, abrindo-se as portas à repartição de responsabilidade segundo o §254º BGB. Note-se, porém, que – cf. 122 –, de acordo com

Embora numa certa impostação do problema se vinque a ideia de influência psicológica que o primeiro agente exerce no segundo, o âmbito de relevância do que vem conhecido por causalidade psicológica parece ser mais amplo, englobando as hipóteses em que o comportamento de um sujeito facilita a atuação de um segundo.

Considerando impossível determinar com certeza absoluta qual a causa do resultado lesivo em situações de sobredeterminação causal, há que, de acordo com Forst, "avaliar até que ponto uma delas pode ser sobrestimada como fundamento da imputação delitual ou se as duas afluirão como polos de imputação"[77], para o que urge convocar princípios, a partir dos quais são especificados critérios de resolução do problema[78]. O alicerce dos modelos imputacionais apresentados pelo jurista alemão surge, então, eivado por considerações éticas. Ponto de partida e perspetiva que o condicionará é a liberdade humana[79]. Uma liberdade humana que, contrariando qualquer nota de determinismo natural, permite ao autor ensaiar dois modelos distintos de fundamentação da imputação do resultado lesivo à conduta do agente, ou, atendendo à estrutura dos casos em análise, de um dos agentes.

De um lado o modelo da causalidade mediata ou indireta (*mittelbaren Verursachung*); de outro, o modelo da causa negligente (*fahrlässing Verursachung*)[80].

Baseia-se o primeiro não só no pano de fundo fundamentador anunciado (a liberdade de autodeterminação do sujeito), como também na demarcação das áreas de responsabilidade dos sujeitos envolvidos no caso *sub iudice*. Congruentemente, o princípio da responsabilidade direta ou pessoal reclama a comparabilidade das vontades em jogo[81].

---

outra perspectiva, o risco da perseguição situa-se na esfera profissional do perseguido); d) *Dazwischentreten bei gegenständlichen Gefahrenkontrollpflichten des Erstverursacher* – intervenção pelo concreto dever de controlo do perigo do primeiro agente (cf. 126 – trata-se de situações em que o primeiro agente deteve o controlo sobre uma concreta fonte de perigo e viola um dever de conduta, sendo o segundo agente quem produz diretamente o dano).

Acerca das situações que envolvem um terceiro, cf. 145 s. A este ensejo, Till Ristow apresenta uma taxonomia análoga à que curámos em cima. Assim, fala de a) *Dazwischentreten bei Unterlassung einer hinreichenden Sicherheitsvorkehrung durch den Erstverursacher* – intervenção pela omissão de uma disposição de segurança pelo primeiro agente; b) *Dazwischentreten bei Beeinträchtigung einer bestehenden Sicherungsvorkehrung durch den Erstverursacher* – o primeiro agente estava onerado com uma disposição de segurança relativamente aos bens jurídicos do lesado e viola-a; o segundo agente aproveita-se da preterição da obrigação para lesar o bem jurídico de um terceiro (cf. 172 s.); c) *Dazwischentreten bei Konstellation, die den Zweit-Personen-Verhältnissen entsprechen* – intervenção em constelações que correspondem às *Zwei-Person-Verhältnissen* – 183 s.

77. Cf. Stephan Philipp Forst, *Grenzen deliktischer Haftung bei psychisch Vermittelter*, 120-121.

78. Cf. Stephan Philipp Forst, *Grenzen deliktischer Haftung bei psychisch Vermittelter*, 120-121.

79. Cf. Stephan Philipp Forst, *Grenzen deliktischer Haftung bei psychisch Vermittelter*, 123. Note-se que, não obstante a louvável ancoragem na liberdade humana, o enfoque é sobretudo colocado na ausência de determinismo, e bem assim de heterodeterminação do sujeito, com o se dá lustro a uma liberdade entendida em termos voluntaristas. O acento tónico é, de facto, colocado na vontade livre.

Saliente-se, ainda, que o princípio precipuamente mobilizado é, posteriormente, objeto de escalpelização por Stephan Forst.

Como decorrência da liberdade de vontade, fala o insigne jurista do: 1) princípio da responsabilidade própria (124); 2) princípio do domínio ou do controlo (126), com o qual Forst pretende chamar para o epicentro das suas lucubrações, ainda e sempre em sintonia com o pressuposto valorativo de que parte, a ideia de controlabilidade do decurso causal, pela qual se contornaria a eficácia determinista das leis da natureza. Interpretação possível do critério leva-o a aproximar-se de uma ideia de adequação social (127).

É com base nestes axiomas que Stephan Forst idealiza dois modelos de solução do problema.

80. Acompanharemos de muito perto a explicitação do autor sobre o tema.

81. Cf. Stephan Philipp Forst, *Grenzen deliktischer Haftung bei psychisch Vermittelter*, 128.

Ou, numa perspetiva dogmaticamente densificada, o caso com que o jurista se confronta só se tornará problemático se e quando a atuação do segundo agente se basear num ato de vontade livre. De outro modo, discernir-se-á uma instrumentalização de um ser humano no sentido de pôr em marcha um determinado resultado. Inexistirá um dos eventuais e pretensos polos de imputação delitual, pela falência liminar do fundamento em que ela se predica. Simplesmente, o traçar da fronteira entre a atuação livre do segundo agente e a heterodeterminação da sua vontade não pode ser feita segundo uma ótica naturalista, pelo que é, afinal, aí que repousa o busílis da questão que com a transposição da noção de autor mediato – colhida de empréstimo do congénere penalista – se procura resolver[82].

O eminente sentido imputacional torna-se translúcido se atentarmos no desenvolvimento da ideia inicial do autor. São suas as palavras: "o modelo do causador mediato deve ser forjado no seio da doutrina do escopo da norma violada"[83], estando em causa "um cotejo de esferas de risco"[84-85]. Para tanto e enquanto desenvolvimento do postulado de que se parte, o essencial da valoração que se entretece encontra raízes na existência ou não de uma vontade livre dos sujeitos envolvidos. Excluindo-se a autodeterminação do segundo agente, a responsabilidade remontará ao primeiro. Inversamente se passam as coisas se o seu ato for totalmente livre.

Situações haverá, porém, em que se afigura justo responsabilizar o primeiro agente ainda que a liberdade de vontade do segundo não se apresente coartada de algum modo. É por isso que Stephan Phillipp Forst complementa o modelo da *mittelbaren Verursachung* com o também pré-anunciado modelo da *fahrlässing Verursachung*[86]

Ponto inicial da tentativa de perscrutar a viabilidade da imputação do dano ao primeiro agente, não obstante a constatação do caráter livre do comportamento do segundo, é agora a qualidade subjetiva da conduta daquele. Sendo ela dolosa, poucas dúvidas restarão acerca do carácter livre dela; sendo negligente, o grau de complexidade com que o jurista terá de lidar aumenta. Imprescindível é, aí, a dilucidação da preterição de especiais

82. Cf. Stephan Philipp Forst, *Grenzen deliktischer Haftung bei psychisch Vermittelter,* 129.
83. Cf. Stephan Philipp Forst, *Grenzen deliktischer Haftung bei psychisch Vermittelter,* 130.
84. Cf. Stephan Philipp Forst, *Grenzen deliktischer Haftung bei psychisch Vermittelter,* 131. Considera o autor que, se o segundo agente atua de forma não autónoma, não mais terá de suportar o risco específico da sua conduta, o qual só pode ser imputado ao primeiro agente.

    Segundo a taxonomia apresentada por Forst, essa liberdade sairia excluída quando o segundo agente tinha obrigação de agir; quando o primeiro agente cria uma situação diante da qual o segundo passa a ter a obrigação de atuar, sob pena de se sujeitar a determinadas sanções ou efeitos nefastos. Do mesmo modo, sugere-se haver uma constrição da liberdade humana sempre que uma ação seja autorizada (135) e bem assim sempre que o primeiro agente detenha em relação ao segundo uma posição de autoridade (137), ou possua um nível cognitivo ou um grau de competência superior aos detidos por este que desequilibre o jogo de forças envolventes, ao ponto de se considerar fundadamente que a liberdade do segundo agente se afigura coartada (138).

    Inversamente, excluir-se-á a responsabilidade, a montante, do primeiro lesante sempre que o segundo incorra em excesso.

    No que se refere ao carácter culposo ou não da conduta do segundo agente, Philipp Forst denuncia uma incompreensão genérica do modelo por parte da doutrina. Sustenta que a valoração tem de ser feita independentemente do juízo de culpabilidade (140).
85. Quanto ao ponto, veja-se também, embora noutra perspetiva, Zimmermann, "Herausforderungsformel und Haftung für fremde Willensbetätigung nach §823 I BGB", 10 s. (em especial 12 s). Id., "Der Sebstmord als Gefährdungssachverhalt-Aufwendungs-oder Sachensersatz für den Retter", *Zeitschrift für das gesamte Familienrecht (FamRZ)*, 1979, 103 s.; H. Lange/G. Schiemann, *Handbuch des Schuldrechts,* 131 s.
86. Cf. Stephan Philipp Forst, *Grenzen deliktischer Haftung bei psychisch Vermittelter,* 142.

deveres de atuação diligente, já que, "se uma ação levada a cabo em contravenção com esse dever de diligência dá origem a um curso de acontecimentos, não se pode rejeitar a responsabilidade pela lesão ocorrida invocando a vontade livre do segundo agente que intervém posteriormente na relação causa-efeito"[87].

Sendo inviável elencar, *a priori*, os deveres a que nos referimos, sempre se dirá que a nota da excecionalidade derrama aqui a sua influência. Isto é, na medida em que a responsabilização do primeiro agente por uma conduta do segundo quebra a regra da responsabilidade pessoal e direta, há que ser especialmente cautelosos na adjudicação dessa obrigação de ressarcimento[88].

Para tanto adianta Forst dois elementos: a previsibilidade objetiva da violação do bem jurídico[89] e a evitabilidade da lesão. O primeiro remete-nos para o núcleo predicativo da adequação e para a probabilidade que ela encerra, que deixa de ser elemento fundante da imputação para passar a ser um mero filtro auxiliar do juízo de valoração entretecido[90]. O segundo cumpre a missão de trazer para o seio da indagação causal o princípio do controlo da coisa pelo agente[91].

87. Cf. Stephan Philipp Forst, *Grenzen deliktischer Haftung bei psychisch Vermittelter*, 145-146.
88. Cf. Stephan Philipp Forst, *Grenzen deliktischer Haftung bei psychisch Vermittelter*, 147. Cf., sobre o ponto, Martín García-Ripoll Montjano, *Imputación objetiva, causa próxima y alcance de los daños indemnizables*, Editorial Comares, Granada, 2008, 148 s., questionando o alcance dos danos indemnizáveis quando se produz a intervenção danosa de um terceiro e o problema da proibição de regresso. Havendo uma conduta dolosa que facilita o ato de outra pessoa, pergunta o autor se o primeiro causante deve também ser responsabilizado. A resposta à indagação varia consoante a natureza do comportamento em apreço. Assim, a) no caso de uma intervenção dolosa, temos de saber qual o fim de proteção da norma. É este e não a previsibilidade da atuação do terceiro que deporá no sentido da imputação do dano ao primeiro agente ou não, pese embora aquela previsibilidade possa funcionar como índice de aferição da finalidade normativa, concluindo-se pela rejeição da doutrina da proibição de regresso e bem assim pela inexatidão da ideia de interrupção do nexo causal; b) no caso de uma intervenção negligente (cf. 153), considera-se a questão mais complexa. Ilustrando-a com a hipótese de negligência médica relativamente ao paciente atendido num hospital depois de uma lesão perpetrada pelo primeiro causante, o autor aduz que este "deveria responder de forma geral pelos danos ulteriores causados pelo pessoal médico, porque a produção da lesão ou dano corporal é que desencadeia o risco de novos danos", mas ressalva que, "se há negligência grave do médico, não pode imputar-se a responsabilidade ao primeiro causante", porque é de esperar uma atuação conforme a perícia profissional, falando-se, inclusivamente, de um princípio da confiança; c) no caso de uma intervenção lícita, motivada por um comportamento do primeiro causante, como sejam as reações de defesa ou perseguição, não se elimina em absoluto a responsabilidade daquele que agiu ilicitamente.
89. Sobre o ponto, v., também, Johann Neethling, "Delictual Liability for psychological lesions in South African Law", *European Tort Law, Liber Amicorum for Helmut Koziol*, edited by Ulrich Magnus e Jaap Spier, Peter Lang, Frankfurt am Main, Berlin, Bern, Bruxelles, New York, Oxford, Wien, 209 s.
90. Cf. Stephan Philipp Forst, *Grenzen deliktischer Haftung bei psychisch Vermittelter*, 148.
Para um aprofundado confronto entre o modelo proposto por Forst e a doutrina da causalidade adequada, cf. 157 s.
Sistematizando diferenças mais ou menos evidentes, diríamos que há pontos de contacto entre ambas: ideia de probabilidade; padrão de referência ancorado no observador ótimo, embora aqui com a subtileza das divergências doutrinais constatadas; ponto de vista tendencialmente objetivo. Contudo, pensamos não incorrer em nenhuma imprecisão se adiantarmos que o ponto de partida do autor é diverso. Não se inicia o percurso dialógico a partir do resultado, mas da comprovação fundada de uma obrigação de atuação diligente que, em concreto, foi preterida.
91. Cf. Stephan Philipp Forst, *Grenzen deliktischer Haftung bei psychisch Vermittelter*, 149. Continuando o cotejo com o primeiro modelo por si apresentado, Stephan Forst mostra que, ao contrário do constatado ao nível do modelo da *mittelbaren Verursachung*, estando em causa a negligência do primeiro causante, o problema tem de ser equacionado noutros termos. Chamada à colação é a ideia da proporcionalidade da intervenção no processo causal, podendo acontecer que o dever do primeiro agente seja de tal modo amplo que se estenda para ter de cobrir ações do segundo, ainda que ele atue manifestamente de forma excessiva – cf. 151.
Para uma análise do papel que a culpa do segundo causador do dano aqui desempenha, cf., ainda, 153 s.

A proposta do autor apresenta inequívocos méritos. Mas, algumas das suas impostações concitam as nossas dúvidas. Positivamente, sublinharemos a integração no contexto da causalidade fundamentadora da responsabilidade de uma dimensão de *Zurechnungszusammenhang*. Simplesmente, esta é subsequente à prova da condicionalidade aferida nos termos da doutrina da equivalência, sem que se justifique – num contexto mais amplo de compreensão da *imputatio facti* – a opção dela em detrimento de outras possíveis teorias ou testes causais e sem que se superem as aporias a que a mesma acaba por conduzir o jurista.

Forst salienta, como não poderia deixar de o fazer, a liberdade humana e é na sua eleição fundamentante que vai ancorar todas as lucubrações subsequentes. É ela que, entre as outras potencialidades que encerra, permite a colocação da ideia de controlo da ação no epicentro dos modelos teóricos por si forjados. Na verdade, a desvelação do sentido livre do agir humano, arredando a conduta de cada um do determinismo da *res natura*, torna equacionável a responsabilidade pelo controle causal originário. De um certo prisma, garante ainda a tematização da culpa. E garante a inteligibilidade da assunção do risco. Simplesmente, cremos que o autor poderia ter ido mais longe nesse apelo à dimensão de autonomia.

Para tanto, seria necessário repensar o problema da causalidade não por referência a um leque circunscrito de hipóteses juridicamente relevantes, mas por referência à responsabilidade civil globalmente considerada.

Cremos, no entanto, que há possibilidade de se cumprir tal missão[92]. Basta para tanto assumir comprometidamente o direito como uma intenção de validade a pressupor uma axiologia radicada no ser pessoa, com a sua autonomia e responsabilidade, e a realização do direito em concreto como impensável sem a remissão dos requisitos conformadores de uma norma ou instituto jurídico para aquela intencionalidade. Assim sendo, a causalidade há-de não só transmutar-se em imputação, como partir sempre de uma dada compreensão da responsabilidade entendida em termos de responsabilidade pelo outro. Metodologicamente, se toda a interpretação da norma faz apelo aos princípios que ela leva pressupostos, então o cumprimento das exigências de princípio comunicadas pelo sentido do direito – desvelável na ideia de liberdade e responsabilidade (no sentido da *role-responsability* colimada na pessoalidade) – só será logrado se e quando todas as categorias harmonicamente articuladas para fundar a sua procedência forem interpretadas, no cotejo com o caso concreto, tendo em consideração, não só as finalidades primárias desse ressarcimento, mas ainda a intencionalidade normativa dela. Quer isto dizer que, para que o sistema seja congruente, não basta a previsão da culpa e da ilicitude como requisitos do ressarcimento. Na interpretação que se faça deles, há que transcendê-los pela pressuposição da intencionalidade ético-axiológica daquele princípio da responsabilidade assente na pessoalidade. E o mesmo se há-de dizer em relação à causalidade: mais do que ser vista como um problema normativo, há-de ser recortada, entre outros aspetos, com base na ideia de pessoalidade livre em que se ancora toda a juridicidade. A leitura ético-axiológica do pressuposto delitual não pode, contudo, apagar do nosso refe-

92. Mafalda Miranda Barbosa, *Do nexo de causalidade ao nexo de imputação. Contributo para a compreensão da natureza binária e personalista do requisito causal ao nível da responsabilidade civil extracontratual*, Princípia, 2013.

rente dialógico as outras notas que, num nível menos rarefeito de compreensão delitual, concorrem para a caracterização do sistema. Nessa medida, importa não esquecer a ideia de comutação a que somos conduzidos pela análise da teleologia primária da responsabilidade civil. Se a finalidade precípua do instituto é a reparação dos danos, torna-se urgente considerar o resultado lesivo, sem o qual a indemnização não terá razão de ser. É ele que torna a causalidade imprescindível como requisito delitual: permite estabelecer a ponte entre a teleonomologia e a teleologia da responsabilidade civil. Ou dito de outro modo, é ela que evita o desenho puramente sancionatório do instituto, impondo que este apenas assimile a relevância do caso concreto quando e se o comportamento ilícito e culposo se projete num dano. Na verdade, não basta que se olhe para uma dimensão de validade. Qualquer critério jurídico há-de ser perpassado por uma ideia de eficácia. Nessa medida, na busca dos contornos com que deve ser desenhada a causalidade, importa não obnubilar o dado ontológico envolvente. Será ele a chamar-nos a atenção quer para a complexidade causal, quer para o imbricamento condicional. Nesta medida, influenciará, numa dialética entretecida com o plano axiológico, a própria modelação da causalidade enquanto requisito do direito delitual. O risco é, assim, chamado para o centro do discurso do decidente. O apelo à conformação societária como uma comunidade de risco serve menos para evidenciar a perigosidade de cada ato concreto – ou atividade encabeçada – do que para mostrar que, sendo aquele risco imanente ao *modus vivendi*, não será possível ajuizar causalmente abstraindo do contexto relacional de esferas que se cruzam. É, aliás, este o único recorte compaginável com a noção de ação em que iremos estruturar o nosso delito. Assim, A própria ação, de onde se parte, deve ser vista como uma categoria onto-axiológica o que, no diálogo com a pressuposição do risco, nos permite inverter alguns dos aspetos tradicionais do problema. Assim, e desde logo, podemos afirmar que o filão fundamentador da imputação objetiva não pode deixar de se encontrar numa *esfera de risco que se assume*. Não basta contemplar a esfera de risco assumida pelo agente de uma forma atomística, desenraizada da tessitura antropológico-social e mundanal em que ele está inserido. Dito de outro modo, e relacionando-se isso com o pertinentemente aceite em matéria de definição da conduta juridicamente relevante, salienta-se aqui que, porque o referencial de sentido de que partimos é a pessoa humana, matizada pelo dialéctico encontro entre o *eu*, componente da sua individualidade, e o *tu*, potenciador do desenvolvimento integral da sua personalidade, há que cotejá-la com a *esfera de risco encabeçada pelo lesado*, *pelos terceiros* que compõem teluricamente o horizonte de atuação daquele, e ainda com a *esfera de risco geral da vida*. Ao que, aliás, não será também estranho o facto de todo o problema vir enervado pela teleologia primária da responsabilidade delitual, ou seja, pelo escopo eminentemente reparador do instituto. A pessoa, ao agir, porque é livre, assume uma *role responsibility*, tendo de, no encontro com o seu semelhante, cumprir uma série de deveres de cuidado. Duas hipóteses são, então, em teoria, viáveis: ou a pessoa atua investida num especial papel/função ou se integra numa comunidade de perigo concretamente definida e, neste caso, a esfera de risco apta a alicerçar o juízo imputacional fica *a priori* desenhada; ou a esfera de risco/responsabilidade que abraça não é suficientemente definida para garantir o acerto daquele juízo. Exige-se, por isso, que haja um aumento do risco, que pode ser comprovado, exatamente, pela preterição daqueles deveres de cuidado. Estes cumprem uma dupla função. Por um lado, permitem desvelar a culpa (devendo, para tanto, haver previsibilidade da lesão e exigibilidade do comportamento contrário tendo como referente o homem médio); por outro lado, alicerçam o juízo imputacional, ao definirem um círculo de responsabilidade, a partir do qual se tem de determinar, posteriormente, se o dano pertence ou não ao seu núcleo. A culpabilidade não se confunde com a "causalidade". Pode o epicentro da imputação objetiva residir na imputação subjetiva firmada, sem que, contudo, os dois planos se confundam. Condicionam-se dialeticamente, é certo, não indo ao ponto de se identificar. O condicionamento dialéctico de que se dá conta passa pela repercussão do âmbito de relevância da culpa em sede de imputação objetiva. Isto é, a partir do momento em que o agente atua de forma dolosa, encabeçando uma esfera de risco, as exigências comunicadas em sede do que tradicionalmente era entendido como o nexo de causalidade atenuam-se. Acresce que, ainda que a previsibilidade releve a este nível, o ponto de referência dela será diferente relativamente ao da culpa. Assim, a previsibilidade de que se cura deve ser entendida como cognoscibilidade do potencial lesante da esfera de risco que assume, que gera ou que incrementa. Ela não tem de se referir a todos os danos eventos. Designadamente, não terá de se referir aos danos subsequentes ou àqueles que resultem do agravamento da primeira lesão. Por isso, quando afirmamos que, ao nível da primeira modalidade de ilicitude, a culpa tem de se referir ao resultado, acompanhamos, entre outros, autores como Lindenmaier[93], Von Caemmerer[94] ou Till Ristow[95], para sustentar que a previsibilidade que enforma a culpa deve recuar, no seu ponto referencial, até ao momento da edificação da esfera de risco que se passa a titular. Assim, para que haja imputação objetiva, tem de verificar-se a *assunção de uma esfera de risco*, donde a primeira tarefa do julgador será a de procurar o gérmen da sua emergência. São-lhe, por isso, em princípio, imputáveis todos os danos que tenham a sua raiz naquela esfera, donde, *a priori*, podemos fixar dois polos de desvelação da imputação: um negativo, a excluir a responsabilidade nos casos em que o dano se mostra impossível (*impossibilidade do dano*), ou por falta de objeto, ou por inidoneidade do meio; outro positivo, a afirmá-la diante de situações de *aumento do risco*.

Exclui-se a imputação quando o risco não foi criado (*não criação do risco*), quando haja *diminuição do risco* e quando ocorra um *facto fortuito ou de força maior*. Impõe-se, ademais, a ponderação da problemática atinente ao *comportamento lícito alternativo*.

Na indagação da pertinência funcional da lesão do direito à esfera de responsabilidade que se erige e assume, importa ter sempre presente que esta é mais ampla que o círculo definido pela culpa, como atrás se constatou. Contudo, pese embora a ideia da extrapolação da vontade que acompanha o resultado, há que ter em conta, no juízo imputacional, uma ideia de *controlabilidade* do dado real pelo agente. Esta controlabilidade há-de, pois, ser entendida no sentido da evitabilidade do evento lesivo. Com isto,

93. Lindenmaier, "Adäquate Ursache und nächste Ursache. Zur Kausalität im allgemeinen bürgerlichen Recht und in den Allgemeinen Deutschen Seeverischerungsbedingungen", *Festschrift für Wüstendörfer*, *Zeitschrift für das Gesamte Handelsrecht und Konkursrecht*, Hundertdreuzehnter Band (113), 3/4, 1950, 206 s.

94. Von Caemmerer, "Die Bedeutung des Schutzbereichs einer Rechtsnorm für die Geltendmachung von Schadensersatzansprüchen aus Verkehrsunfällen", *Deutsches Autorecht* 70, 283 s.

95. Till Ristow, *Die psychische Kausalität im Deliktsrecht*, Europäische Hochschulschriften, Peter Lang, Frankfurt am Main, 2003

exclui-se a possibilidade de indemnização dos danos que resultem de acontecimentos fortuitos ou de casos de força maior. No fundo, o que se procura com as categorias é retirar da esfera de risco edificada algumas das consequências que, pertencendo-lhe em regra, pela falta de controlabilidade (inevitabilidade, extraordinariedade, excecionalidade e invencibilidade), não apresentam uma conexão funcional com o perigo gerado. Note-se, porém, que a judicativa decisão acerca da existência ou não de um facto fortuito ou caso de força maior poderá implicar, em vez de uma estanque análise das características elencadas, um cotejo de esferas de risco. De facto, poderá haver situações em que o pretenso lesante não tem controlo efetivo sobre a situação que gera o dano, mas pode e deve minorar os efeitos nefastos dela. Com isto, mostramos que não é ao nível da culpa que as duas categorias derramam a sua eficácia. No entanto, isso não nos leva a optar inexoravelmente por uma perspetiva que as funde no conceito de causalidade. Num dado sentido, o facto fortuito e a força maior retiram do núcleo de responsabilidade do lesante o resultado verificado. Num outro sentido, reclamam a repartição de esferas de risco, convidando-nos a um cotejo entre elas. Abre-se, portanto, o segundo patamar da indagação "causal" do modelo que edificamos.

Haverá, portanto, responsabilidade do *developer* sempre que intencionalmente ou com preterição de deveres do tráfego ofereça aos utilizadores do *blockchain* ou a terceiros os meios com base nos quais estes venham a lesar direitos alheios. Mas, será necessário confrontar a esfera de risco do *developer* ou dos utilizadores com a esfera de risco do agente diretamente lesante. Há, aí, que ter em conta alguns aspetos. Desde logo, temos de saber se os deveres do tráfego que coloram a esfera de risco/responsabilidade encabeçada pelo *developer* (ou pelos *validation nodes*) tinham ou não por finalidade imediata obviar o comportamento do terceiro, pois, nesse caso, torna-se líquida a resposta afirmativa à indagação imputacional. Não tendo tal finalidade, o juízo há-de ser outro. O confronto entre o círculo de responsabilidade desenhado pelo *developer* e o círculo titulado pelo terceiro torna-se urgente e leva o jurista decidente a ponderar se há ou não consunção de um pelo outro. Dito de outro modo, a gravidade do comportamento do terceiro pode ser de molde a consumir a responsabilidade do *developer*. Mas, ao invés, a obliteração dos deveres de respeito – deveres de evitar o resultado – por parte deste último, levando à atualização da esfera de responsabilidade a jusante, pode implicar que a lesão perpetrada pelo terceiro lhe seja imputável. Como fatores relevantes de ponderação de uma e outra hipótese encontramos a intencionalidade da intervenção dita interruptiva e o nível de risco que foi assumido ou incrementado pelo lesante.

Com base nestas considerações podemos adiantar dois pontos. Em primeiro lugar, a natureza própria do *blockchain* – com a sua desformalização, a sua desregulamentação e o seu caráter tendencialmente anónimo – pode determinar que, em concreto, não avultem deveres de controlo em relação às atividades que possam vir a ser levadas a cabo pelos seus utilizadores ou por terceiros. É isso, aliás, que faz com que a doutrina adiante que, em regra, não haverá responsabilidade dos utilizadores. Em segundo lugar, estas considerações podem determinar diferentes soluções consoante o tipo de *blockchain* com que estejamos a lidar: público ou privado. No que ao primeiro diz respeito, a falta de regulamentação que o caracteriza pode dificultar a imputação que assim se cura.

Já nos parece, contudo, mais simples a imputação quando em causa esteja a lesão de direitos dos próprios utilizadores (v.g. direito à proteção de dados), quer o comportamento seja levado a cabo pelo *developer*, quer seja levado a cabo por um dos sujeitos que integra o *blockchain*. Mas, a esse propósito, pode ser relevante ter em conta outros dados, quais sejam os que envolvem a utilização de mecanismos dotados de inteligência artificial. Os problemas que foram cogitados no quadro da responsabilidade contratual voltam a estar presentes, embora os termos da ponderação sejam agora diversos.

Assim, porque recusamos a subjetivação dos entes dotados de inteligência artificial, não é aplicável a este nível a disciplina do artigo 500º CC. A responsabilidade de que aqui se cura será uma responsabilidade direta do *developer*, alicerçada na esfera de risco/responsabilidade que titula a partir do momento em que utiliza um mecanismo dotado de inteligência artificial. A grande dificuldade passa pela desvelação da culpa, na medida em que pode não haver violação de deveres objetivos de cuidado e, não obstante, o comportamento do *bot* ser determinado pela autonomia e autoaprendizagem que o caracteriza.

c) A violação de disposições legais de proteção de interesses alheios

Uma última nota para frisar que a ilicitude pode ser desvelada, ainda, por via da violação de disposições legais de proteção de interesses alheios, com implicações dogmáticas que a doutrina tem vindo a sublinhar. A este nível, poderá mobilizar-se como fundamento de uma eventual responsabilidade, e como já referido, o Regulamento Geral de Proteção de Dados

Dúvidas colocam-se quanto à relevância, neste quadro, do DL 290-D/99. É que, como os autores sublinham, a importância das assinaturas eletrónicas é crescente no contexto do *blockchain*. De notar, porém, que no que respeita a estas assinaturas digitais[96], não

96. Atualmente, o DL 290-D/99 contempla a assinatura eletrónica simples, a assinatura eletrónica avançada, a assinatura eletrónica qualificada e a assinatura digital. A assinatura eletrónica simples corresponde à definição que era, originariamente, apresentada para a assinatura eletrónica *tour court*; a assinatura eletrónica avançada é aquela que identifica de forma unívoca o titular como autor do documento; cuja aposição ao documento dependa exclusivamente da vontade do titular; e cuja conexão com o documento permita detetar toda e qualquer alteração superveniente do conteúdo deste após a assinatura. A par destas e da assinatura digital ("processo de assinatura eletrónica baseado em sistema criptográfico assimétrico composto de um algoritmo ou série de algoritmos, mediante o qual é gerado um par de chaves assimétricas exclusivas e interdependentes, uma das quais privada e outra pública, e que permite ao titular usar a chave privada para declarar a autoria do documento eletrónico ao qual a assinatura é aposta e concordância com o seu conteúdo, e ao declaratário usar a chave pública para verificar se a assinatura foi criada mediante o uso da correspondente chave privada e se o documento eletrónico foi alterado depois de aposta a assinatura"), existe, ainda, a assinatura eletrónica qualificada, correspondente à assinatura digital ou outra modalidade de assinatura eletrónica avançada que satisfaça exigências de segurança idênticas às da assinatura digital baseadas num certificado qualificado e criadas através de um dispositivo seguro de criação da assinatura. Não basta que esteja associado a uma assinatura eletrónica (digital ou outra que apresente o mesmo grau de segurança e fiabilidade) um determinado certificado (documento eletrónico) para que ela ganhe plena efetividade de acordo com a lei. Exige-se que este seja um certificado qualificado. Isto quer dizer, consoante já tivemos oportunidade de explicitar, que ele deve conter os elementos mencionados no artigo 29º DL 220-D/99 e deve ser emitido por uma entidade certificadora que cumpra os requisitos do artigo 24º DL 290-D/99. E exige-se, nos termos do n. 2 do artigo 3º do citado diploma, que a entidade certificadora seja uma entidade credenciada. No que respeita à atividade de certificação, rege, entre nós, o princípio da liberdade, que pode ser entendido numa dupla vertente. Em primeiro lugar, é livre o exercício da atividade de certificação, sendo facultativa a solicitação da credenciação; em segundo lugar, é livre a escolha da entidade certificadora.

está em causa a responsabilidade do responsável pelo funcionamento do *ledger*, mas das entidades certificadoras. Ora, não estando em causa a celebração de contratos formais, nada impõe – cremos – que a autenticação na plataforma de *blockchain* não recorra a outra conjugação criptográfica de chaves pública e privada que deixam de lado as assinaturas digitais ali reguladas. Parece, portanto, que decai a importância da disciplina para este propósito.

Contudo, este princípio de liberdade de exercício da atividade e de escolha da entidade certificadora sofre limites. Na verdade, embora seja facultativa a solicitação da credenciação regulada no artigo 11º DL 290-D/99, o facto de a plena eficácia da assinatura digital (ou outra assinatura eletrónica qualificada) ficar dependente de um certificado qualificado e de este ter de ser emitido por uma entidade certificadora credenciada funciona como um constrangimento no sentido de se obter a referida credenciação. Por outro lado, nos termos do artigo 9º/2 DL 290-D/99, as entidades certificadoras que emitam certificados qualificados devem proceder ao seu registo junto da autoridade credenciadora, ficando dependentes da verificação de uma série de requisitos e sendo-lhes impostos diversos deveres.

PARTE X
SEGUROS E DIREITO BANCÁRIO

46
BIG DATA, ALGORITMOS E INTELIGÊNCIA ARTIFICIAL: OS SEGUROS EM DIREÇÃO A UMA AUTOESTRADA OU A UM PENHASCO?

Thiago Junqueira

Doutor em Direito Civil pela Uerj. Mestre em Ciências Jurídico-Civilísticas pela Universidade de Coimbra. Pesquisador visitante do Instituto Max-Planck de Direito Comparado e Internacional Privado (Hamburgo - Alemanha). Professor da Escola de Negócios e Seguros e do ICDS. Advogado, sócio de Chalfin, Goldberg & Vainboim Advogados.

"Technology does not grow on trees.
What kind of seeds are we planting?"
– Ruha Benjamin

1. INTRODUÇÃO

Da fase pré-contratual (*marketing* direto e subscrição), passando pela contratual (monitoramento do risco, aferição de agravamento do risco e regulação de sinistro) até a pós-contratual (possibilidade de armazenamento e compartilhamento de dados), toda a relação securitária tem sido transformada pela recente multiplicação dos dados e sofisticação dos métodos de seu processamento. O avançar das novas tecnologias de informação e comunicação prometem tamanhas mudanças que não seria exagero asseverar-se haver uma passagem de eras no radar, ou seja, a *era da ciência atuarial dos seguros* poderá vir a ser alterada pela *era da ciência dos dados*.

Não obstante o seu estágio ainda embrionário, as potencialidades oferecidas pelo uso do *Big Data* e da Inteligência Artificial nos seguros privados, como a compreensão, quase em tempo real, dos riscos presentes na sociedade, permitindo ao segurador prevê-los com acurácia e até contribuir ativamente para os prevenir, e a melhoria no combate à fraude e outras condutas de má-fé dos segurados, possibilitando considerável redução no valor médio do seguro, fazem com que seja praticamente inevitável esse passo do setor.

Em uma sociedade cada vez mais digital e imediatista, tal qual a contemporânea, a simples agilização causada pela automatização dos processos de subscrição (por exemplo, via dois minutos de conversa interativa pelo *chatbox* do aplicativo da seguradora) e regulação do sinistro (podendo ser feita, também de forma on-line, em três segundos após o aviso do sinistro),[1] já contribuiriam para que o modelo tradicional de seguro – que, recorde-se, estipula, no Brasil, um prazo regular de quinze dias para cada um dos referidos processos – torne-se obsoleto.

Os ganhos de eficiência sublinhados, porém, partem de um aumento expressivo na coleta e tratamento de dados pessoais pelos seguradores, tornando deveras problemática a tutela de aspectos existenciais do consumidor do seguro, como a identidade pessoal, a liberdade, o livre desenvolvimento da personalidade, a não discriminação e a tutela da privacidade e dos dados pessoais.[2] Indo além, o próprio equilíbrio entre as prestações das partes pode vir a ser comprometido caso haja uma inversão na assimetria informativa existente na relação securitária – e que, antes, era em desfavor do segurador.

Nessa ordem de ideias, o presente estudo objetiva mapear os aspectos positivos (*infra*, 3) e negativos (*infra*, 4) a respeito da automatização das decisões relativas à subscrição dos seguros e do aumento do uso de dados pessoais para servi-la. Antes de fazê-lo, afigura-se medida recomendável o realce de algumas características da forma de processamento de todos esses dados (*infra*, 2). É o que segue.

2. *BIG DATA*, ALGORITMOS E INTELIGÊNCIA ARTIFICIAL

Tem sido voz corrente que o mercado securitário privado está sendo modificado pelas novas tecnologias de informação e comunicação. A discussão internacional em torno dos efeitos de tal revolução (impulsionada por um conjunto de fatores, em especial, o *Big Data* e a Inteligência Artificial) encontra-se bastante polarizada. Como medida preliminar ao exame dos riscos e oportunidades nela envoltos, cabe contornar-se minimamente os seus instrumentos – sem a pretensão, ressalve-se, desde logo, de conceituação ou de enfrentamento das questões mais técnicas que compõem o rico e incompleto debate na matéria.

Grosso modo, a transformação dos seguros está sendo impulsionada pela *multiplicação* de três elementos interligados: a produção de dados (*Big Data* e Internet das coisas),

1. O exemplo remete à empresa norte-americana *Lemonade*, fundada em 2015 com o declarado propósito de "refrescar" o árido e conservador setor dos seguros, cf.: SCHREIBER, Daniel. *Lemonade Sets a New World Record*. Disponível em: https://www.lemonade.com/blog/lemonade-sets-new-world-record/, em que se pode ler sobre o pagamento da indenização relativa ao roubo do casaco do segurado após três segundos do aviso de sinistro: "Entre 5:49:07 e 5:49:10, IA Jim, o *bot* de reivindicações da *Lemonade*, analisou a reivindicação de Brandon, cruzou referências com sua apólice, executou 18 algoritmos antifraude nela, aprovou-a, enviou instruções ao banco para a transferência de $729 (Brandon tinha uma franquia de $250), e o informou sobre as boas notícias". Advirta-se, por oportuno, que o acesso ao referido endereço eletrônico, bem como aos demais, mencionados em seguida, ocorreu pela última vez em 28 jun. 2020. Avisa-se, outrossim, que todos os trechos originários de outros idiomas e transcritos no presente estudo foram livremente traduzidos pelo autor.
2. Além dos "dados demográficos" há tempos utilizados (v.g., gênero, idade, estado civil, profissão), que, no geral, são fornecidos *diretamente* pelo (candidato a) segurado no questionário de avaliação dos riscos, pode vislumbrar-se a expansão do uso de novos "dados comportamentais" coletados *indiretamente* pelo segurador. Dessa feita, dados oriundos de *wearables devices* e telemetria (aplicativos de celulares ou aparelhos que controlam desde os passos do indivíduo até a forma de direção do veículo), informações de cunho financeiro (hábitos de compra, renda e *score* de crédito) e mesmo as atividades on-line do proponente (buscas em *sites* como o Google, compras em *sites* como a Amazon, utilização de redes sociais) estão começando a ser examinados por seguradoras e *insurtechs* na subscrição das mais variadas modalidades de seguros. Sobre o tema, confira-se, EIOPA. *Big data analytics in motor and health insurance*: a thematic review. Luxembourg: Publications Office of the European Union, 2019. p. 9; e JUNQUEIRA, Thiago. *Tratamento de dados pessoais e discriminação algorítmica nos seguros*. São Paulo: Thomson Reuters, 2020. p. 186-387.

a capacidade de armazenagem (computação em nuvem) e a tecnologia para decifrá-los (Inteligência Artificial, que apresenta dois principais sub-ramos: aprendizado de máquina e aprendizagem profunda). Sobre o ponto, veja-se o conceito de *Big Data Analytics* da Autoridade Europeia dos Seguros e Pensões Complementares de Reforma (EIOPA):

> Grandes volumes de dados que podem ser gerados, processados e cada vez mais utilizados por ferramentas digitais e sistemas de informação para análise preditiva, descritiva e prescritiva. Essa capacidade é impulsionada pela maior disponibilidade de dados estruturados, pela capacidade de processar dados não estruturados, maior capacidade de armazenamento de dados e avanços no poder da computação.[3]

A doutrina especializada aponta que a noção de *Big Data* abrange tanto os dados em si como a sua análise e, segundo alguns, a sua qualificação dependeria da consideração cumulativa dos designados "três Vs" (*volume*, *velocidade* e *variedade*).[4] Normalmente, o tratamento dos dados em tela é feito por sistemas de *Inteligência Artificial*. Mas, afinal, o que significa isso? De acordo com definição fornecida pelo grupo independente de peritos europeus de alto nível sobre a inteligência artificial, os sistemas de IA são:

> [...] *software* (e eventualmente também de *hardware*) concebidos por seres humanos, que, tendo recebido um objetivo complexo, atuam na dimensão física ou digital percepcionando o seu ambiente mediante a aquisição de dados, interpretando os dados estruturados ou não estruturados recolhidos, raciocinando sobre o conhecimento ou processando as informações resultantes desses dados e decidindo as melhores ações a adotar para atingir o objetivo estabelecido. Os sistemas de IA podem utilizar regras simbólicas ou aprender um modelo numérico, bem como adaptar o seu comportamento mediante uma análise do modo como o ambiente foi afetado pelas suas ações anteriores.[5]

Embora seja um conceito complexo e ainda cambiante, a noção da *inteligência artificial* é de fácil compreensão: à *inteligência*, atrelada à "capacidade de interpretação da realidade e determinação de uma ação de forma autônoma, independente de comandos anteriores definidos por programação", soma-se a qualificação *artificial*, uma vez que, por ser realizada pela máquina, opõe-se "àquela natural, reconhecida aos seres humanos".[6] Seguindo essa linha de raciocínio, pode-se afirmar que:

---

3. EIOPA. *op. cit.* p. 60. Sem que se possa aprofundar a abordagem, confira-se o essencial papel da economia comportamental na aludida revolução em: BROWN, Keith. How Using Behavioral Economics Can Improve Underwriting Results. *Insurance issues*, January 2017. p. 1 e ss.
4. BIONI, Bruno. *Proteção de Dados Pessoais*: a função e limites do consentimento. Rio de Janeiro: Forense, 2019. p. 39. Registre-se, por oportuno, que há quem acrescente mais dois "Vs" (*veracidade* e *valor*) na definição do *Big Data*.
5. GRUPO INDEPENDENTE DE PERITOS DE ALTO NÍVEL SOBRE A INTELIGÊNCIA ARTIFICIAL. *Orientações éticas para uma IA de confiança*. Bruxelas: Comissão Europeia, 2019. p. 47, em que se pode ler ainda: "Enquanto disciplina científica, a IA inclui diversas abordagens e técnicas, tais como a aprendizagem automática (de que a aprendizagem profunda e a aprendizagem por reforço são exemplos específicos), o raciocínio automático (que inclui o planejamento, a programação, a representação do conhecimento e o raciocínio, a pesquisa e a otimização) e a robótica (que inclui o controle, a percepção, os sensores e atuadores, bem como a integração de todas as outras técnicas em sistemas ciberfísicos)".
6. MIRAGEM, Bruno. Novo paradigma tecnológico, mercado de consumo digital e o direito do consumidor. *Revista de Direito do Consumidor*, São Paulo, ano 28, v. 125, p. 14-15, set./out. 2019 (versão on-line), que, na sequência, arremata: "A rigor, uma pessoa muitas vezes decide o que fazer, avaliando os resultados das diferentes possibilidades de ações que pode realizar. Um programa inteligente deverá fazer o mesmo, mas usando processo lógico, capaz de identificar e demonstrar as alternativas sem deixar de considerar que se trata, em última análise, de uma máquina".

Inteligência artificial (IA) refere-se à inteligência de máquinas agindo como "agentes inteligentes". Como agente inteligente, certos dispositivos podem, com o suporte de *software*, perceber seu ambiente e executar ações de acordo com algoritmos. O termo IA é aplicado quando uma máquina imita funções "cognitivas" – como aprendizado e resolução de problemas – que normalmente seriam associadas a seres humanos. Para imitar o processo decisório, tecnologias modernas e *softwares* utilizam algoritmos que os dispositivos possuem para tomar "decisões automatizadas". A melhor forma de descrever um algoritmo é como um procedimento passo a passo para cálculo, processamento de dados, avaliação, raciocínio e tomada de decisão automatizada.[7]

Entre a vasta gama de elementos que compõem a IA, vale fazer-se menção a uma diferença fundamental entre algoritmos de análise de dados – que fazem entrecruzamentos de dados estruturados em busca de padrões e correlações – e algoritmos que compõem sistemas capazes de aprender sozinhos por aprendizado de máquinas (*machine learning*). Apenas o *machine learning*, com efeito, "é capaz de analisar, fazer correlações e buscar padrões a partir de dados não estruturados: fotos, vídeos, textos, dados coletados por *smartphones* e sensores".[8]

Entre esses sistemas de aprendizado de máquina, que, sem uma explícita programação, são capazes de se alterarem para melhor efetuarem uma determinada tarefa, há uma subdivisão baseada na supervisão ou não do processo de aprendizado. Enquanto no primeiro é, de forma geral, possível que o programador corrija constantemente o sistema ao longo do seu processo de treinamento e calibragem, e, por fim, verifique minimamente o caminho percorrido pelo algoritmo até a tomada de decisão, no segundo, ou seja, no aprendizado "não supervisionado" pelo sistema de IA, o desenvolvimento do algoritmo e o racional por trás dos resultados das decisões muitas vezes escapam à possibilidade de compreensão dos seres humanos. Exemplo conhecido desse segundo caso são alguns sistemas de IA compostos de redes neurais artificiais que utilizam da técnica de aprendizagem profunda.

Como "os parâmetros de correlações são formulados de maneira independente pelos sistemas a partir da interação com o ambiente dinâmico" e, muitas vezes, por meio de "lógicas incomuns ao raciocínio humano",[9] o processo de tomada de decisão dos sistemas de IA baseados em redes neurais é muito difícil de ser compreendido.[10]

No que aqui interessa, cumpre salientar-se que os sistemas de IA estão revolucionando os mais variados setores da economia e da sociedade em geral. Suas aplicações no âmbito da medicina, agricultura e políticas públicas, por exemplo, são frequente-

7. EUROPEAN UNION AGENCY FOR FUNDAMENTAL RIGHTS. *Handbook on European data protection law*. Luxembourg: Publications Office of the European Union, 2018. p. 351.
8. GUTIERREZ, Andriei. É possível confiar em um sistema de inteligência artificial? *In:* MULHOLLAND, Caitlin; FRAZÃO, Ana (Coord.). *Inteligência Artificial e Direito*: Ética, Regulação e Responsabilidade. São Paulo: Revista dos Tribunais, 2019. p. 85.
9. GUTIERREZ, Andriei. *op. cit*. p. 90.
10. A propósito, veja-se: "Ao contrário dos modelos estatísticos tradicionais, a IA não requer qualquer teoria ou hipótese abrangente sobre quais tipos de características podem ser úteis para prever sua variável-alvo. Em vez disso, a IA efetivamente usa força bruta para 'aprender' quais atributos ou atividades predizem o resultado de interesse. Por esta razão, os últimos modelos estatísticos que derivam das IAs são muitas vezes quase impossíveis de explicar intuitivamente; os modelos funcionam, mas ninguém – incluindo o programador, a empresa que depende dele, ou a própria IA – pode explicar por que ou como ela faz isso". PRINCE, Anya; SCHWARCZ, Daniel. Proxy discrimination in the age of artificial intelligence and Big Data (preliminary draft). *Iowa Law Review*, Iowa City, p. 18, forthcoming 2020. Disponível em: https://ssrn.com/abstract=3347959.

mente saudadas. Em outros campos, todavia, elas têm despertado uma amálgama de altas expectativas e preocupação, como na polícia preditiva, no sistema judiciário e no recrutamento e seleção de empregados por empresas privadas.

Para além dos inegáveis ganhos de eficiência para o agente de tratamento de dados – mediante a redução de custos e aumento da agilidade –, costuma-se ressaltar que os sistemas de IA possuem como vantagens o fato de produzirem decisões mais acuradas, eficientes, consistentes e justas. Quando comparada a decisões tomadas por humanos – seres falíveis, por vezes temperamentais, suscetíveis ao cansaço, à persuasão e até mesmo a subornos –, aquelas seriam mais objetivas, neutras e, dependendo da modalidade da IA, capazes de serem auditadas. Após destacar esses elementos, Sandra Watcher não deixa de fazer importante advertência no sentido de que eles refletem apenas um lado da moeda:

> Os algoritmos aprendem com dados históricos e, portanto, também aprendem com nosso passado. As desigualdades e injustiças do nosso mundo se refletem nos dados alimentados nesses algoritmos. Dados históricos da justiça criminal, de recrutamento e serviços financeiros refletem o passado e, às vezes, as más decisões que tomamos coletivamente. Isso significa que a IA pode replicar nossos preconceitos, reforçando estereótipos e talvez criando outros.[11]

A doutrina especializada brasileira, em estudo que vem influenciando o debate no país, igualmente destaca os impactos positivos e negativos da introdução da IA em mecanismos decisionais. Nesse particular, é curioso notar-se que a maioria dos riscos apontados, tais quais o potencial de ocorrência de discriminação estatística, a "injustiça pela generalização", a ausência de dados totalmente confiáveis e atualizados e o uso de meras correlações para a tomada de decisões,[12] em grande medida já assolam o setor segurador.[13]

Se, por um lado, poder-se-ia argumentar que eles seriam exacerbados, por outro, não surpreenderia se fosse contra-argumentado que, no contexto securitário, os sistemas de IA poderiam mesmo contribuir para a sua redução. O ponto teria especial ressonância na questão da generalização, uma vez que, no modelo atual baseado no uso de alguns atributos do candidato a segurado (*v.g.*, gênero, idade, estado civil, endereço residencial e profissão) para o cálculo atuarial, ela seria consideravelmente mais ampla e, porventura, capaz de gerar distorções.

Ainda assim, alguns outros aspectos apontados no referido estudo, como a ameaça à autonomia do titular dos dados e à sua personalidade são merecedores de cuidadosa ponderação.[14] Na sequência, serão mapeados os principais aspectos positivos e negativos relativos à expansão do uso do *Big Data* e da IA no setor segurador, com destaque à questão

11. WATCHER, Sandra. *The other half of the truth*: staying human in an algorithmic world. Disponível em: https://www.oecd-forum.org/users/264249-sandra-wachter/posts/49761-the-other-half-of-the-truth-staying-human-in--an-algorithmic-world.
12. DONEDA, Danilo; MENDES, Laura Schertel; SOUZA, Carlos Affonso Pereira de; ANDRADE, Norberto Nuno Gomes de. Considerações iniciais sobre inteligência artificial, ética e autonomia pessoal. *In:* TEPEDINO, Gustavo; MENEZES, Joyceane Bezerra de (Coord.). *Autonomia Privada, Liberdade Existencial e Direitos Fundamentais*. Belo Horizonte: Fórum, 2019. p. 98-100.
13. Sobre o tema, seja consentido remeter-se a JUNQUEIRA, Thiago. *op. cit.* p. 69 e ss.
14. DONEDA, Danilo; MENDES, Laura Schertel; SOUZA, Carlos Affonso Pereira de; ANDRADE, Norberto Nuno Gomes de. *op. cit.* p. 97-98.

da precificação do contrato de seguro e a necessidade de um equilíbrio entre a proteção da pessoa humana e a livre-iniciativa do segurador.[15] Pretende-se, dessa forma, criar-se subsídios para a resposta da seguinte pergunta: a mudança de rumo que vêm tomando os seguros estaria conduzindo-os em direção a uma autoestrada ou a um penhasco?[16]

3. OS SEGUROS EM DIREÇÃO A UMA AUTOESTRADA?

Entre os *aspectos positivos* que as novas tecnologias de informação e comunicação prometem gerar no setor segurador, podem, desde logo, ser citados: i) os seguros feitos sob medida para as necessidades do consumidor (por exemplo, no âmbito do seguro de automóvel, os modelos *pague conforme você usa* e *pague como você dirige*); ii) o surgimento de novas modalidades de riscos seguráveis; iii) a redução de burocracias e custos desnecessários; iv) a agilização dos processos de subscrição e regulação do sinistro, melhorando a experiência do consumidor; v) a identificação e o combate mais efetivos a fraudes contra seguradores; vi) a diminuição no valor (médio) do prêmio, permitindo-se o acesso ao seguro a pessoas que tradicionalmente não conseguiam contratá-lo; e vii) o monitoramento do risco ao longo do contrato, contribuindo para a diminuição do risco moral do segurado e a ocorrência de sinistros (*grosso modo*, danos causados na sociedade), mediante *feedbacks* (e alertas) do segurador em tempo real e bonificação dos consumidores que se comportarem bem.

Iniciando o enfrentamento dos referidos aspectos pelo último – a possibilidade de um "empurrão" (*nudge*) no segurado visando à melhora de seu comportamento, por exemplo mediante o envio de uma mensagem pelo segurador alertando-o que está dirigindo acima da velocidade permitida na via –, debate-se a respeito da suposta evolução que daí poderia resultar. Mais especificamente, se o seguro passaria do binômio "entender e proteger" para o "prever e prevenir".[17]

Tal conjugação entre a proteção em face das consequências do sinistro e a prevenção de sua ocorrência é um ponto que, de fato, tem grande repercussão. Após análise de todos os sinistros ocorridos em sua carteira, a seguradora *Insurethebox* (a maior da Grã-Bretanha, que atua com telemetria no seguro de automóvel) constatou que, geralmente, os acidentes automobilísticos começam no momento em que o segurado sai de casa, sendo comum que ele dirija de forma atípica para os seus padrões durante um tempo antes de se envolver em um acidente.[18] Ao perceber esse desvio, o segurador poderia enviar um

15. Advirta-se que tal divisão entre aspectos positivos e negativos não deve ser considerada de forma estanque; a depender da perspectiva da análise, uma mesma "consequência" poderia ser vista como merecedora de aplausos ou reprimendas.

16. Fez-se, aqui, alusão ao título de painel ocorrido na conferência internacional *Computers, Privacy and Data Protection* (CPDP), de 2017 ("*Is Big Data steering insurance towards a cliff, or a superhighway?*"), que pode ser consultado em: CPDPConferences. *CPDP 2017*: Is Big Data Steering Insurance Towards a Cliff, or a Superhighway? Disponível em: https://www.youtube.com/watch?v=Gx910bkfsrU.

17. KELLER, Benno. *Big Data and Insurance*: Implications for Innovation, Competition and Privacy. Zurich: The Geneva Association, 2018. p. 7.

18. "A condução irregular que causa acidentes começa a partir do momento em que você sai de casa. Os dados mostram que os motoristas costumam manusear um veículo de forma irregular por algum tempo antes de se envolverem em um acidente, por exemplo, depois de uma discussão. A *Insurethebox* diz que gera um relatório de 30 páginas sobre todos os incidentes de sinistros, incluindo detalhes do comportamento de direção antes do acidente. 'Notamos uma

alerta ao segurado, diminuindo a chance de ele causar danos a si mesmo, ao segurador e à sociedade.

Portanto, o uso de dados não tradicionais pelo segurador, por meio da união entre *Big Data* e Inteligência Artificial, permiti-lo-ia fazer uma "subscrição dinâmica": ao invés de estruturar o seu negócio a "prêmio fixo", determinado por cálculos atuariais antes da contratação, o segurador passaria a acompanhar os "riscos".[19] Mesmo nas relações a "prêmio fixo", o processo de contratação tenderia a se transformar, pois, provavelmente, seria concluído de forma automatizada e mediante a análise de dados outrora indisponíveis ao segurador.

Entre as várias formas de precificação que os sistemas de IA proporcionam ao segurador, possui destaque a que parte de uma tarifa fixa para todos os segurados e oferece descontos para aqueles que tiverem comportamentos que diminuam a chance de ocorrência do sinistro ao longo da relação contratual. Se tudo for feito de forma transparente e leal, mediante o consentimento do segurado, a recompensa de atitudes (ex.: no âmbito do seguro de automóvel, a condução estritamente dentro das normas de trânsito; no que toca ao seguro de vida, a realização de exercícios físicos) poderia gerar efeitos positivos – repita-se, não apenas aos envolvidos, mas a toda a sociedade.[20]

A linha que separa um auxílio preventivo e uma intrusão inconveniente, todavia, é tênue. Seguradores frequentemente presentes e interferindo, tal qual "pais helicópteros",[21] despertam visões antagônicas: enquanto alguns saúdam na posição de um "*lifestyle coach*",[22] outros destacam que o "*nudging* pessoal em larga escala" que ocorreria não necessariamente seria no melhor interesse do segurado; em poucas palavras, o seguro se tornaria "menos sobre riscos e mais sobre mudanças de comportamentos".[23]

---

tendência de direção muito rápida e irregular, diferente do comportamento normal do motorista. Muitas vezes, é durante o dia e não à noite', diz Howard Collinge, diretor da Insurethebox". COLLINSON, Patrick. *Motoring myths*: what 'black boxes' reveal about our driving habits. Disponível em: https://www.theguardian.com/money/2017/dec/16/motoring-myths-black-boxes-telematics-insurance.

19. "Cabe perguntar: no mundo altamente conectado e interligado, com uma constante geração de dados sobre os riscos, um modelo tradicional de seguro baseado na prévia aferição de riscos e na posterior indenização pelas consequências de sua materialização continuaria a fazer sentido?". TZIRULNIK, Ernesto; BOAVENTURA, Vitor. Uma indústria em transformação: o seguro e a inteligência artificial. *In:* MULHOLLAND, Caitlin; FRAZÃO, Ana (Coord.). *Inteligência Artificial e Direito*: Ética, Regulação e Responsabilidade. São Paulo: Revista dos Tribunais, 2019. p. 525.
20. "Esses efeitos são positivos, não só para segurados e seguradoras, mas também para a sociedade como um todo, pois previnem a ocorrência de danos e promovem a saúde dos segurados". THOUVENIN, Florent; SUTER, Fabienne; GEORGE, Damian, WEBER, Rolf H. *Big Data in the Insurance Industry*: Leeway and Limits for Individualising Insurance Contracts. p. 3. Disponível em: https://www.jipitec.eu/issues/jipitec-10-2-2019/4916.
21. "'A escolha a dedo' de clientes de baixo risco e a rejeição daqueles que irão causar perdas está-se tornando muito mais fácil. No processo, as seguradoras podem transformar-se de tios afastados que emitem cheques em 'pais helicópteros' sempre presentes e intervindo". THE ECONOMIST. *Risk and reward*. Disponível em: https://www.economist.com/finance-and-economics/2015/03/12/risk-and-reward.
22. "Não mais apenas uma gestora de reclamações *ex post*. A companhia de seguros torna-se um *coach* de estilo de vida, e o modelo muda do tradicional, que se centra na prevenção e transmissão de informação sobre riscos, para o de um agente de mudança comportamental, ao lado e próximo das pessoas". FABRIS, Monica. Survey axa-episteme: gli italiani, il labirinto dei dati e il ruolo del settore assicurativo. *Italian AXA Paper n. 8* – Le sfide dei dati, Milano, p. 30, ott. 2016.
23. MINTY, Duncan. *Why honesty and purpose will change the conduct agenda*. Disponível em: https://ethicsandinsurance.info/2019/06/25/honesty-purpose/: "Existe muita conversa sobre os clientes por parte das seguradoras,

Particularmente relevante, nesse contexto, é o seguro de automóvel na modalidade *pay how you drive* (pague como você dirige). Em franca expansão no Brasil, ao invés de se basear em alguns poucos dados demográficos, o segurador monitora, geralmente via aplicativo instalado no celular do segurado, a forma que ele conduz o seu automóvel – por exemplo, se ultrapassa a velocidade permitida das vias, faz freadas bruscas, dirige em locais com alto índice de criminalidade e até se atende a ligações telefônicas no percurso. Logo, nota-se que o uso da tecnologia terá implicações em aspectos diversos – *v.g.*, no exame do agravamento do risco e regulação do sinistro.

Um freio natural aos comportamentos abusivos por parte dos seguradores será a reação, facilmente propagável pela internet, dos segurados. Entra-se, com efeito, no talvez mais importante aspecto que deverá impulsionar o avançar tecnológico dos seguros: a necessidade de *alcance das altas expectativas dos consumidores da economia digital*, que, cada vez mais, demandam conveniência e uma boa experiência na contratação.

Note-se que, atualmente, é possível se ter acesso a qualquer produto ou serviço mediante alguns *clicks* – e de forma quase instantânea. Principalmente no que concerne aos consumidores que já nasceram conectados – por vezes, chamados de "nativos digitais" –, a exigência de comodidade e entrega de valor é muito alta. Quando uma seguradora oferece a possibilidade de contratação ágil (via dois minutos de conversa interativa pelo *chatbox* de seu aplicativo) e, sobretudo, o pagamento de indenizações sem complicações (podendo ser feita em três segundos após o aviso do sinistro, também via aplicativo),[24] membros da referida geração tendem a não se incomodar em permitir o acesso aos seus dados.

Por fim, mas não menos importante, uma faceta positiva do uso do *Big Data* e Inteligência Artificial no seguro é permitir a mitigação de algumas críticas relacionadas à discriminação tradicionalmente ocorrida no seguro. Conforme se deu nota alhures, na designada era da ciência atuarial, o prêmio dos segurados tem sido calculado de forma deveras genérica e muito menos neutra do que se costuma crer.[25] Na (porvir) era da ciência de dados, a precificação será mais individualizada e isso poderá ser positivo para alguns segurados antes discriminados, como jovens motoristas que dirigem de forma atenta e prudente.

Nesse particular, Brendam McGurk assinala que a grande promessa da nova era dos seguros é que indivíduos segurados não mais pagarão o prêmio médio aplicável às pessoas com quem ele compartilha algumas características atuariais relevantes.[26] Teoricamente, seria a primeira vez que, de fato, as pessoas passariam a pagar de acordo com o risco que estão inserindo no fundo mutual.

Um exemplo conhecido a propósito do aumento de acesso ao seguro ocorreu no mercado segurador alemão. Após o desenvolvimento de um sofisticado sistema de

---

tanto novas como antigas, mas são elas quem realmente consideram o que os clientes devem ter, em vez do que os clientes realmente querem".

24. cf. SCHREIBER, Daniel. *Lemonade Sets a New World Record*. *op. cit.*
25. JUNQUEIRA, Thiago. *op. cit.* p. 69 e ss.
26. MCGURK, Brendan. *Data Profiling and Insurance Law*. London: Bloomsbury Publishing, 2019. Posição 2468 de 9570. *E-book*.

classificação dos riscos, o número de 10% de casas presumidas não seguráveis contra inundações pelo alto perfil de risco no ano de 2002 foi reduzido para menos de 1% nos dias atuais.[27] Ao longo desse processo, provavelmente algumas casas antes seguráveis foram "desclassificadas" e a exigência da divisão dos riscos entre segurados poderia ter gerado um prêmio médio que caberia no orçamento de todos. Tais constatações servem de gatilho para que se inicie análise sob ótica diversa: será que o deslumbramento com o uso do *Big data* e da Inteligência Artificial nos seguros estaria camuflando aspectos que deveriam desacelerá-lo ou até mesmo impedi-lo?

4. OS SEGUROS EM DIREÇÃO A UM PENHASCO?

Mapeados os principais aspectos positivos relacionados à expansão das novas tecnologias de informação e comunicação nos seguros privados, revela-se medida de bom grado expor os riscos envolvidos. Entre os principais pontos a serem enfrentados, adiantem-se: i) individualização excessiva da contratação, que poderá ter efeitos prejudiciais à sociedade; ii) devassa nos dados pessoais do segurados (colocando em xeque vários de seus direitos da personalidade e fundamentais, tais quais o direito à privacidade, à igualdade, à liberdade de expressão, à liberdade de associação e à identidade pessoal); iii) acarretamento de danos aos consumidores devido à constante vigilância e interação; iv) restrição indevida ao livre desenvolvimento da personalidade do consumidor (em sua dupla feição: inibitória e proativa); e o v) desequilíbrio no vínculo contratual, especialmente se mantida a ótica regulatória atual (que se caracteriza pela premissa de que o segurador é parte desfavorecida pela assimetria informacional e, por isso, deve ser protegido).

Dando início à investigação dos *aspectos negativos*, é necessário ressaltar-se que a individualização excessiva da contratação poderá ser prejudicial à sociedade, uma vez que, provavelmente, tornará inacessíveis alguns seguros tidos como essenciais para pessoas consideradas portadoras de "riscos altos". Tais indivíduos, ainda que sem seguros, continuarão participando da vida social e, eventualmente, causarão danos – desprovidos de cobertura securitária.

Se, por um lado, o aumento dos dados poderá refrear alguma discriminação – recorde-se do exemplo do jovem motorista citado anteriormente –, por outro, principalmente se não forem tomadas atitudes rígidas para o controle das decisões automatizadas, há

27. INSURANCE EUROPE. *Q&A on the use of big data in insurance*. Brussels: Insurance Europe, 2019. p. 3. Em sentido convergente, INTERNATIONAL ASSOCIATION OF INSURANCE SUPERVISORS. *Issues Paper on the Use of Big Data Analytics in Insurance*. Basel: IAIS, 2020. p. 19: "Historicamente, certos riscos teriam sido associados a custos fixos muito altos, de modo que o seguro não seria lucrativo ou economicamente viável, ou os produtos precisariam ter um preço tão alto, resultando em uma demanda muito baixa para justificar tais ofertas. O BDA [*Big Data Analytics*] oferece às seguradoras a capacidade de garantir certos riscos anteriormente 'não seguráveis' a um preço acessível. A título de exemplo, por meio da avaliação automatizada de conjuntos de dados complexos e de grande volume sobre a progressão de doenças, pode ser possível estender ainda mais a cobertura do seguro de vida a uma pessoa vivendo com HIV ou para oferecer essa cobertura mais rapidamente e/ou a taxas mais baixas. O mesmo raciocínio se aplica ao seguro residencial para edifícios em áreas propensas a inundações e desastres. Usando imagens de satélites e dados geográficos, as seguradoras podem identificar e avaliar essas áreas com mais precisão. Os clientes que possam querer adquirir essas apólices a taxas mais baixas oferecidas pelas seguradoras que têm acesso a tais tipos de informações do BDA podem, contudo, não ter conhecimento dessas tarifas mais baixas".

forte tendência de aumento na discriminação ilícita ou abusiva – relacionada, ainda que indiretamente, a atributos proibidos, como a raça, ou a fatores não relacionados ao risco alvo da cobertura contratual, conforme a designada "otimização de preço", levando em conta a baixa procura por melhores condições de compra na internet pelo consumidor.

De fato, a questão da discriminação é desafiadora. Nesse particular, há receio de que a precificação dos seguros de acordo com o perfil do (candidato a) segurado se torne cada vez mais baseada em inferências e correlações (e não causalidades), questionáveis e incompreensíveis. Além da extraordinária multiplicação dos dados computáveis para fixação do prêmio,[28] o que por si só gerará um desafio extra ao escrutínio da atuação do segurador, os algoritmos, ainda que programados desconsiderando dados sensíveis protegidos pela ordem jurídica, poderão causar discriminação indireta e por "associação".

O progresso tecnológico em curso tende a implicar a mudança da "discriminação consciente e explícita invasão da privacidade para associações inconscientes" pelo segurador. E, se não forem tomadas as devidas providências, as decisões automatizadas passarão a ser baseadas em um "conjunto de correlações e previsões que podem sobrecarregar mais alguns grupos específicos do que outros ou invadir determinadas áreas privadas".[29]

Segue-se, daqui, que a *devassa nos dados pessoais dos clientes*, em confronto ao direito à privacidade e outros aspectos relacionados à tutela geral da personalidade (*e.g.*, o direito ao livre desenvolvimento da personalidade, o direito à identidade pessoal, o direito a "não saber" determinadas circunstâncias e o direito ao "esquecimento") também configura um importante aspecto na averiguação do uso do *Big Data* e da Inteligência Artificial nos seguros.

Muito se tem debatido a respeito da necessidade de *releitura da privacidade* à luz dos desenvolvimentos ocorridos no século XXI. A passagem do estático "*direito a ser deixado só*" ao dinâmico "*direito à autodeterminação informacional*",[30] embora tenha sido historicamente relevante, talvez já não consiga dar resposta satisfativa aos problemas que as novas tecnologias de comunicação e informação apresentam. Entre as teorias que estão sendo aventadas, são dignas de menção a "privacidade como integridade contextual"

---

28. Um exemplo ajuda a ilustrar: a seguradora norte-americana *Lemonade* adverte, em seu *blog*, que, em vez de utilizar cerca de 20 a 40 dados para subscrição de um seguro residencial, como as demais seguradoras parecem fazer nos Estados Unidos da América, utiliza em média 100 a 200 vezes mais dados. SCHREIBER, Daniel. *Precision Underwriting*: Digitization enables precision medicine – why not precision underwriting? Disponível em: https://www.lemonade.com/blog/precision-underwriting/.

29. SWEDLOFF, Rick. Risk classification's Big Data (r)evolution. *Connecticut Insurance Law Journal*, Hartford, v. 21, n. 1, p. 369, Fall 2014. Em Carta Circular ao mercado emitida em 2019, o *New York Department of Financial Services* ressaltou a "significante preocupação" em relação ao crescente uso de fontes externas de dados dos consumidores (p. ex., redes sociais e atividades *online*) para fins de subscrição do seguro de vida, trazendo alguns parâmetros que devem ser observados pelos seguradores, como a proibição do uso de critérios proibidos, o dever de informar ao consumidor as fontes dos dados utilizados e a necessidade de o segurador ser capaz de "estabelecer que as fontes de dados externas, algoritmos ou modelos preditivos sejam baseados em princípios atuariais sólidos, com uma explicação ou justificativa válida para qualquer correlação ou relação causal reivindicada". UNITED STATES OF AMERICA. New York. Department of Financial Service. *Insurance Circular Letter No. 1 (2019)*. Disponível em: https://www.dfs.ny.gov/industry_guidance/circular_letters/cl2019_01.

30. Cf. RODOTÀ, Stefano. *A vida na sociedade de vigilância*: a privacidade hoje. Tradução de Danilo Doneda e Luciana Cabral Doneda. Rio de Janeiro: Renovar, 2008. p. 17.

e a "privacidade grupal",[31] que, ainda que por caminhos diversos, miram permitir um controle razoável do fluxo informacional.

Escapa ao horizonte da presente abordagem enfrentarem-se essas intricadas questões. Todavia, cabe pincelar que a proteção da privacidade, no fundo, vai muito além de vetar o acesso a um dado ou de um direito a não ser importunado. No destaque de Bart Schermer:

> A privacidade informacional, enquanto um importante direito humano em si, é muitas vezes mais um meio que um fim. Ao limitar o acesso e o uso de dados por meio do direito à privacidade e proteção de dados (os meios), limitamos as possibilidades de uso indevido e abuso desses dados, protegendo interesses como autonomia pessoal, reputação e igualdade de tratamento (fins).[32]

De modo paradoxal, as peculiaridades presentes na operação de seguros fazem com que o elo entre o tratamento igualitário e a privacidade não seja tão próximo como nos demais campos. O motivo é simples: se o dado que, em nome da proteção da privacidade, fosse desconsiderado pudesse tornar o perfil de risco do segurado melhor (resultando em um prêmio mais baixo), a minimização dos dados coletados, afinal, teria sido desvantajosa ao indivíduo.[33]

Imaginando um cenário irreal no qual o algoritmo conseguisse aferir, sem qualquer viés, o exato risco de cada indivíduo, a igualdade de tratamento seria fruto justamente da mitigação da privacidade. Uma tal linha de raciocínio, porém, possui falhas e não pode deixar de ser temperada. Em primeiro lugar, seja no período pré-processamento seja ao longo dele, é muito difícil que o algoritmo não apresente ou acarrete algum tipo de viés. Em segundo lugar, ainda que fosse esse o caso, alguns atributos, como a raça, mesmo que estatisticamente expressivos na formação do perfil de risco do segurado, são censurados normativamente.

É justamente aqui que a privacidade se demonstra, ao menos em sua forma tradicional, essencial, pois, ao vedar o acesso a dados sensíveis, dificulta a discriminação que dele poderia advir.[34] Concomitantemente, acaba por salvaguardar a honra do indivíduo que não deseja ver expostas certas informações pessoais, seja por um incidente de segurança, seja pelo repasse do segurador a empresas parceiras.[35]

---

31. Cf., por todos: NISSENBAUM, Helen. Privacy as Contextual Integrity. *Washington Law Review*, Washington, D.C., v. 79, n. 1, p. 119-157, Feb. 2004. p. 119 e ss.; TAYLOR, Linnet, FLORIDI, Luciano, VAN DER SLOOT, Bart (Ed.). *Group Privacy*: New Challenges of Data Technologies. Dordrecht: Springer, 2017. *Passim*.
32. SCHERMER, Bart. Risks of Profiling and the Limits of Data Protection Law. *In:* CUSTERS, Bart; CALDERS, Toon; SCHERMER, Bart; ZARSKY, Tal (Ed.). *Discrimination and Privacy in the Information Society*: Data Mining and Profiling in Large Databases. Heidelberg: Springer, 2013. p. 148.
33. A propósito, parte da doutrina chega a afirmar: "Teoricamente, quanto mais atributos forem adicionados a um perfil, mais acurado será o perfil. Assim, em termos de precisão, pode argumentar-se que a maximização dos dados, e não a sua minimização, deveria ser a meta". SCHERMER, Bart. *op. cit.* p. 147.
34. Em alguns casos a proibição do acesso pode não surtir o efeito desejado, cf. JUNQUEIRA, Thiago. *op. cit.* p. 259 e ss.
35. Sobre essa última questão, algumas seguradoras estão tomando medidas preventivas, como a Zurich, que, no dia 03 de setembro de 2019, anunciou um compromisso global de nunca vender os dados dos clientes e de protegê-los adequadamente, cf. ZURICH INSURANCE GROUP. *Zurich announces industry-leading data commitment*. Disponível em: https://www.zurich.com/en/media/news-releases/2019/2019-0903-01. As grandes empresas, de forma geral, estão cada vez mais receosas dos possíveis impactos legais, financeiros e reputacionais ligados ao tratamento de dados pessoais por meio de sistemas de IA para a tomada de decisões.

É no que se refere à tutela da privacidade como forma de garantia da *autonomia pessoal* que o *Big Data* e a Inteligência Artificial mais trazem empecilhos. Um aspecto a se destacar, com efeito, diz respeito ao temor da estipulação do modelo *opt-out* para o monitoramento constante do risco, com a cobrança de um adicional muito alto para o segurado que pretender proteger a sua privacidade, ou até mesmo a vinculação da contratação a essa permissão, retirando toda a autonomia do consumidor.

Seria o retorno às origens da privacidade? Ela voltaria a ser um direito restrito aos abastados?[36] No âmbito dos seguros, alguns sinais sugerem que há, de fato, esse risco. Nos Estados Unidos da América, por exemplo, a seguradora John Hancock anunciou, em setembro de 2018, que pararia de oferecer seguros de vida da forma tradicional e começaria a disponibilizar apenas seguros de vida "que interagem com os segurados, por meio de dispositivos vestíveis de monitorização de saúde, aplicativos de *smartphone* e sítios eletrônicos".[37] A seguradora tem como lema as seguintes frases: "Viva de forma saudável. Poupe dinheiro. Ganhe recompensas".[38]

Com efeito, ela oferece descontos nos prêmios e vantagens (*v.g.*, cupom de compras em shoppings) aos consumidores que mantiverem hábitos saudáveis, tais quais "passear com o cachorro, ir ao médico e alimentar-se bem". De acordo com Brooks Tingle, vice-presidente sênior de *marketing* e estratégia de seguros da empresa, "os clientes não se importam em ceder alguns dados se você for transparente sobre os dados que está solicitando, e eles estão obtendo um valor real por isso".[39]

Ainda será posta à prova a referida afirmação. A autodeterminação informacional, de fato, permite uma disposição voluntária dos dados pessoais pelo consumidor, mas ela não é irrestrita – tampouco pode ser compulsória para o acesso a um serviço, principalmente se a quantidade de dados requeridos não for proporcional ao fim que o legitime. Tudo indica que, pelo menos durante um período de transição, no Brasil, as seguradoras deverão continuar oferecendo os planos tradicionais de contratação.

A questão em tela ganha ainda mais importância em virtude do fato de que as consequências relacionadas ao uso de *wearables* para fins contratuais são desconhecidas, havendo fortes suspeitas de que possam gerar angústia e complicações de saúde em alguns segurados,[40] quando não restrições (in)admissíveis ao livre desenvolvimento de sua personalidade.

---

36. Nas lições da doutrina: "Note-se que, nessa concepção inicial, a proteção à privacidade assumia uma conotação puramente negativa, porque, assim como a propriedade, impunha aos outros tão somente um dever geral de abstenção (não fazer). As semelhanças não param por aí: tal qual a propriedade, a privacidade era vista como uma aspiração excluída do horizonte das classes operárias e dos marginalizados. Albert Bendich chegaria a afirmar que 'pobreza e privacidade são simplesmente contraditórias'. E a privacidade acabaria identificada com um direito da 'era de ouro da burguesia', limitado às pessoas ricas e famosas, preocupadas em manter sua vida íntima a salvo da bisbilhotice alheia". SCHREIBER, Anderson. *Direitos da Personalidade*. 2. ed. São Paulo: Atlas, 2013. p. 135.
37. SWEDLOFF, Rick. *Regulating Algorithmic Insurance*. p. 2. Disponível em: https://ssrn.com/abstract=3346753.
38. Cf. o *site* da seguradora estadunidense na internet: https://www.johnhancock.com/individual/products-and-services/insurance.html.
39. MARR, Bernard. *How Big Data is changing insurance forever*. Disponível em: https://www.forbes.com/sites/bernardmarr/2015/12/16/how-big-data-is-changing-the-insurance-industry-forever/#273b0012289b.
40. "Para alguns usuários, o rastreamento permanente é uma fonte de motivação, enquanto outros se sentem restringidos, sobrecarregados ou pressionados por ele". JÜLICHER, Tim; DELISLE, Marc. Step into "The Circle" – A

Portanto, não devem ser menosprezados possíveis danos causados aos consumidores devidos à constante vigilância e interação. De forma contundente, Jessica Barson advoga:

> É possível que a constante quantificação de nossos corpos acarrete mais dependência tecnológica, desordens alimentares e de exercícios, além de mais ansiedade e depressão. Antes que a [seguradora] Hancock incentive seus clientes a usar rastreadores *fitness*, eles deveriam pesquisar bem o que acontece com nossos níveis de estresse, relacionamentos e saúde em geral quando permitimos que as máquinas determinem nosso comportamento. Onde traçamos a linha de fronteira? Quantas horas por dia devemos ser monitorados? Quantos dados devemos enviar para pouparmos algum dinheiro nos seguros? E o que não podemos controlar?[41]

Os questionamentos levantados pela autora são extremamente complexos e exigirão contínua reflexão pelos seguradores e órgãos reguladores. Caso os seguros realmente marchem para um robusto tratamento de dados pessoais e a maioria das apólices passe a exigir amplo acesso aos dados dos segurados, consequências ainda não devidamente mapeadas poderão ocorrer.

Volvendo os olhos à autonomia existencial, impõe frisar-se que as pessoas mudam os seus comportamentos quando estão sob vigilância. Isso poderá servir para a melhora de hábitos, mas também para se restringirem excessivamente direitos que possuem grande importância, como a *liberdade de expressão* e a *liberdade de associação*. Tais alertas estão sendo feitos pela doutrina estrangeira e não podem passar despercebidos.

Por exemplo: se for dito que o sujeito será julgado pelo segurador de acordo com quem ele se associa em uma rede social, "isso necessariamente influenciará com quem ele se associará"; igualmente, se se souber que será avaliado pela forma como se expressa nessa sede, provavelmente o indivíduo expressar-se-á de maneira distinta, com vista a revelar, na medida do possível, apenas aquilo que está disposto que o segurador saiba. Após chamar a atenção para esses pontos, Karen Levy conclui: "esses são direitos constitucionais essenciais, de expressão e associação. Se começarmos a infringi-los criando medo, isso seria uma decisão enorme".[42]

Nessa linha de raciocínio, se as seguradoras ou *insurtechs* passarem a avaliar o risco com base na forma de digitação no Twitter, nos amigos ou fotos postadas no Facebook e nas buscas on-line do potencial consumidor, ao menos dois aspectos do seu livre desenvolvimento da personalidade serão abalados. Em primeiro lugar, tem sido denominado como "*chilling effect*" (efeito inibidor, em tradução livre) o fato de as pessoas evitarem comportamentos por suspeita de poderem ser avaliadas por eles. O exemplo clássico na matéria é a diminuição de 19,5% na busca por alguns artigos da Wikipédia, após as revelações de Edward Snowden, em 2013, sobre a vigilância global da Agência de Segurança Nacional dos Estados Unidos da América.

---

close look at wearables and quantified self. *In:* HOEREN, Thomas; KOLANY-RAISER, Barbara (Ed.). *Big Data in context*: legal, social and technological insights. Cham: Springer, 2018. p. 81.

41. BARON, Jessica. *Don't bet your life on wearable fitness trackers*. Disponível em: https://www.huffingtonpost.com/entry/opinion-john-hancock-stepcounter-fitbit-insurance-health_us_5bbe49d0e4b0876edaa4e79a.
42. CHEN, Angela. *Why the future of life insurance may depend on your online presence*. Disponível em: https://www.theverge.com/2019/2/7/18211890/social-media-life-insurance-new-york-algorithms-big-data-discrimination-online-records/.

Nesse acorde, Madeleine Udell adverte: "se as suas preocupações são que as informações que está consumindo serão detidas contra você pelas seguradoras e usadas para aumentar os preços cobrados, talvez isso restrinja os tipos de informações que consuma" – ou pior: "se você achar que elas tomarão ciência de que você ingressou em um grupo de apoio à saúde mental no Facebook, talvez você não participe desse grupo, e isso seria muito ruim".[43]

Além do "efeito inibitório", que representa uma feição negativa – a pessoa deixaria de fazer algo que normalmente faria –, o livre desenvolvimento da personalidade poderia ser estremecido ainda por um efeito proativo, ou seja, a pessoa passaria a fazer algo visando a moldar a sua *persona* a um determinado padrão que julga ser o valorizado por decisões algorítmicas.

Há crescente literatura destacando esses dois efeitos adversos dos sistemas de decisão algorítmicas baseados em dados desmesuradamente colhidos da internet. A título ilustrativo, veja-se estudo do Parlamento Europeu sobre os desafios e oportunidades das decisões automatizadas, em que é dado exemplo que poderia ser ampliado ao setor segurador:

> [...] uma evolução em direção a uma "sociedade pontuada" inevitavelmente geraria mais conformidade, todos tentando cumprir a norma explícita ou implícita para obter os benefícios associados a boas pontuações. Por exemplo, saber (ou suspeitar) que os bancos analisam os *links* de redes sociais de um indivíduo antes de decidirem conceder ou negar um empréstimo pode tentar as pessoas a adaptarem seu comportamento de acordo. Em particular, elas podem decidir parar de interagir com amigos suspeitos de terem uma pontuação baixa que impactaria negativamente a própria pontuação. Ao todo, o impacto da vigilância e pontuação em larga escala possibilitadas pela ADS [sistemas de decisão algorítmicas] seria reduzir o leque de possibilidades para os indivíduos e, portanto, afetar a sua capacidade de autodesenvolvimento.[44]

Em junho de 2019, o governo americano anunciou que os candidatos ao visto de estudo ou trabalho passariam a ser obrigados a informar as redes sociais que tiveram nos últimos cinco anos, possibilitando o exame de "fotos, locais, datas de nascimento, datas marcantes e outros dados pessoais comumente compartilhados nas mídias sociais".[45] A ampliação de medidas como essa por outras entidades públicas e privadas poderia diminuir a repulsa ao amplo uso de dados, inclusive de redes sociais, pelos seguradores. No contexto atual, porém, crê-se ser bastante temerário darem-se passos nessa direção, especialmente se isso for feito de forma pouco transparente e sem o livre, expresso e específico consentimento do consumidor.

Indo-se além, outros problemas que hão de ser mencionados acerca da expansão do uso da IA, embora esta não seja a instância própria para os desenvolver, são i) o receio

43. CHEN, *op. cit.* Veja-se, ainda: "A discriminação por *proxy* corre o risco de inibir atividades expressivas, associativas e de coleta de informações de grupos protegidos. Isso porque a discriminação por *proxy* penaliza os membros de grupos protegidos ao visar atividades potencialmente observáveis que se correlacionam com a participação nesse grupo". PRINCE, Anya; SCHWARCZ, Daniel. *op. cit.*, p. 8.

44. EUROPEAN PARLIAMENTARY RESEARCH SERVICE. *Understanding algorithmic decision-making*: Opportunities and challenges. Brussels: European Union, 2019. p. 12-13.

45. GARCIA, Sandra E. U.S. *Requiring Social Media Information From Visa Applicants.* Disponível em: https://www.nytimes.com/2019/06/02/us/us-visa-application-social-media.html.

de desequilíbrio no vínculo negocial causado pela modificação na tradicional assimetria informativa entre as partes (que esteve sempre em desfavor do segurador e influenciou muito a forma de regulação dos contratos de seguro);[46] ii) o temor de alta volatilidade do prêmio ao longo da contratação, eventualmente de maneira não transparente e compreensível para o consumidor; iii) o aumento no risco de vazamentos de dados pessoais dos segurados; e iv) a concentração de mercado e os desafios no âmbito concorrencial.

Diante do exposto, cabe finalizar-se o estudo com algumas notas conclusivas.

5. CONSIDERAÇÕES FINAIS

O potencial de leitura e compreensão, quase em tempo real, dos riscos presentes na sociedade e inerentes aos segurados, permitindo ao segurador prevê-los com acurácia e até contribuir ativamente para preveni-los, poderia ser muito alargado em virtude do uso do *Big Data* e da expansão da Inteligência Artificial nos seguros privados. Isso geraria forte acréscimo de eficiência para o processo de seleção de riscos e segmentação de mercado pelo segurador, bem como para o combate a fraudes e atitudes que não se coadunam com o dever de conduta exigido do segurado.

Como reverso da medalha, os consumidores poderiam ficar em posição extremamente vulnerável, cabendo-lhes escolher se preferem ser vigiados de perto ou pagar um preço alto – talvez, no futuro, proibitivo – pela própria privacidade. A sua respectiva autonomia existencial seria afetada e alguns grupos minoritários eventualmente seriam excluídos da possibilidade de acesso a certas modalidades de seguro. Sem embargo, a maior parte dos consumidores realmente tenderia a usufruir um serviço muito mais ágil, acessível financeiramente, cômodo e adequado às suas reais necessidades.

Percebe-se, com efeito, que as mudanças examinadas ao longo do estudo teriam como consequência ganhadores e perdedores. Em tese, o segurado que apresente bom comportamento diante dos "riscos" garantidos pelo segurador passaria a ser recompensado, e o que, negligente ou imprudentemente, não tomasse cuidados preventivos seria responsabilizado pela sua forma de agir. Na prática, porém, se não forem contidos abusos e tomadas medidas preventivas, é bem provável que ocorra um considerável desequilíbrio entre as prestações das partes contratantes e que a balança penda especialmente em desfavor daqueles segurados que, em virtude de questões históricas, estão em posição vulnerável na sociedade.[47]

Diante do avanço tecnológico e da possível inversão da assimetria informativa (ou seja, os seguradores, por meio de rastreamento on-line, poderão saber mais sobre a vida

46. Em uma conjuntura na qual os seguradores estão municiados de tecnologia e métodos de processamento avançados, capazes de decifrar a gigante – e em constante expansão – quantidade de dados disponíveis, é preciso se refletir sobre o tratamento legal que se deve destinar aos contratos de seguro que envolvem consumidores. Em outras palavras, uma renovada dogmática dos seguros e uma regulação e fiscalização atentas ao novo contexto do mercado de seguros devem impor-se.

47. O risco de ampliação da discriminação racial, nessa esteira, é exemplar. Variados casos de racismo algorítmico já foram relatados e o seu enfretamento demonstra-se especialmente desafiador quando a decisão automatizada não possui como *input* um dado diretamente relacionado a raça ou a um *proxy* óbvio, mas ainda assim gera impactos desproporcionais aos negros.

e riscos dos segurados do que os próprios segurados), será imprescindível combater atitudes oportunistas dos seguradores, sob pena de que, ao fim e ao cabo, o conjunto de novas tecnologias atue como um "cavalo de Troia"[48] para os consumidores.

Não é essa a sede adequada para se propor soluções. O intuito do estudo foi disseminar na literatura brasileira aspectos importantes sobre os riscos e oportunidades do uso do *Big Data* e da IA nos seguros privados. Advirta-se, porém, que a proposição de soluções é essencial e passa pelo uso de avançada tecnologia na fiscalização do mercado de seguros do século XXI e até mesmo para o exame da melhor forma de sua regulação.[49]

Se fosse necessário responder à pergunta que intitula o presente artigo ("*Big Data*, algoritmos e Inteligência Artificial: os seguros em direção a um autoestrada ou a um penhasco?), dir-se-ia, junto com Duncan Minty, que "o seguro está [começando] a desviar-se para um penhasco, mas ainda há tempo de se recuperar a autoestrada".[50]

6. REFERÊNCIAS

BARON, Jessica. *Don't bet your life on wearable fitness trackers*. Disponível em: https://www.huffingtonpost.com/entry/opinion-john-hancock-stepcounter-fitbit-insurance-health_us_5bbe49d0e4b0876eda-a4e79a.

BIONI, Bruno. *Proteção de Dados Pessoais*: a função e limites do consentimento. Rio de Janeiro: Forense, 2019.

CHEN, Angela. *Why the future of life insurance may depend on your online presence*. Disponível em: https://www.theverge.com/2019/2/7/18211890/social-media-life-insurance-new-york-algorithms-big-data-discrimination-online-records/.

COLLINSON, Patrick. *Motoring myths*: what 'black boxes' reveal about our driving habits. Disponível em: https://www.theguardian.com/money/2017/dec/16/motoring-myths-black-boxes-telematics--insurance.

DONEDA, Danilo; MENDES, Laura Schertel; SOUZA, Carlos Affonso Pereira de; ANDRADE, Norberto Nuno Gomes de. Considerações iniciais sobre inteligência artificial, ética e autonomia pessoal. *In:* TEPEDINO, Gustavo; MENEZES, Joyceane Bezerra de (Coord.). *Autonomia Privada, Liberdade Existencial e Direitos Fundamentais*. Belo Horizonte: Fórum, 2019.

EIOPA. *Big data analytics in motor and health insurance*: a thematic review. Luxembourg: Publications Office of the European Union, 2019.

---

48. MINTY, Duncan. *Are loss prevention initiatives just trojan horses for data harvesting*? Disponível em: https://ethicsandinsurance.info/2020/05/13/loss-prevention/.

49. "A regulação dos seguros existe tanto para corrigir falhas do mercado quanto para proteger os mercados de seguros à luz do importante papel que desempenham na sociedade. Para realizar tal trabalho, os reguladores – incluindo comissários estaduais de seguros, legisladores e tribunais – criaram uma série de estruturas destinadas a evitar oportunismos, corrigir as peculiaridades comportamentais dos consumidores de seguros e socializar os riscos de forma mais ampla. Para continuar fazendo esse trabalho, os reguladores devem garantir que eles tenham capacidade, conhecimento técnico e informações das seguradoras necessárias para avaliar o que a IA está fazendo e por quê". SWEDLOFF, Rick. *The New Regulatory Imperative for Insurance*. Disponível em: https://papers.ssrn.com/sol3/papers.cfm?abstract_id=3346753. Para uma análise pormenorizada do tema (com destaque ao relevante papel da Lei Geral de Proteção de Dados na regulação dos seguros), seja consentido remeter-se a JUNQUEIRA, Thiago. *op. cit. passim*.

50. Por fim, alertar-se-ia que esse desvio de rota é fundamental, dado que o "seguro é uma indústria demasiadamente importante para que possamos perdê-la". MINTY, Duncan. *Is big data steering insurance towards a cliff or a superhighway*? Disponível em: https://ethicsandinsurance.info/2017/02/01/big-data-cliff-superhighway/.

EUROPEAN PARLIAMENTARY RESEARCH SERVICE. *Understanding algorithmic decision-making*: Opportunities and challenges. Brussels: European Union, 2019.

EUROPEAN UNION AGENCY FOR FUNDAMENTAL RIGHTS. *Handbook on European data protection law*. Luxembourg: Publications Office of the European Union, 2018.

FABRIS, Monica. Survey axa-episteme: gli italiani, il labirinto dei dati e il ruolo del settore assicurativo. *Italian AXA Paper n. 8* – Le sfide dei dati, Milano, p. 30, ott. 2016.

FINANCIAL CONDUCT AUTHORITY. *General insurance pricing practices*: Interim Report – Market Study MS18/1.2. London: FCA, 2019.

GARCIA, Sandra E. U.S. *Requiring Social Media Information From Visa Applicants*. Disponível em: https://www.nytimes.com/2019/06/02/us/us-visa-application-social-media.html.

GUTIERREZ, Andriei. É possível confiar em um sistema de inteligência artificial? *In:* MULHOLLAND, Caitlin; FRAZÃO, Ana (Coord.). *Inteligência Artificial e Direito*: Ética, Regulação e Responsabilidade. São Paulo: Revista dos Tribunais, 2019.

GRUPO INDEPENDENTE DE PERITOS DE ALTO NÍVEL SOBRE A INTELIGÊNCIA ARTIFICIAL. *Orientações éticas para uma IA de confiança*. Bruxelas: Comissão Europeia, 2019.

INTERNATIONAL ASSOCIATION OF INSURANCE SUPERVISORS. *Issues Paper on the Use of Big Data Analytics in Insurance*. Basel: IAIS, 2020.

INSURANCE EUROPE. *Insurance Europe comments on profiling*. Brussels: Insurance Europe, 2017.

INSURANCE EUROPE. *Q&A on the use of big data in insurance*. Brussels: Insurance Europe, 2019.

JÜLICHER, Tim; DELISLE, Marc. Step into "The Circle" – A close look at wearables and quantified self. *In:* HOEREN, Thomas; KOLANY-RAISER, Barbara (Ed.). *Big Data in context*: legal, social and technological insights. Cham: Springer, 2018.

JUNQUEIRA, Thiago. *Tratamento de dados pessoais e discriminação algorítmica nos seguros*. São Paulo: Thomson Reuters, 2020.

KELLER, Benno. *Big Data and Insurance*: Implications for Innovation, Competition and Privacy. Zurich: The Geneva Association, 2018.

MARR, Bernard. *How Big Data is changing insurance forever*. Disponível em: https://www.forbes.com/sites/bernardmarr/2015/12/16/how-big-data-is-changing-the-insurance-industry-forever/#273b0012289b.

MCGURK, Brendan. *Data Profiling and Insurance Law*. London: Bloomsbury Publishing, 2019.

MINTY, Duncan. *Is big data steering insurance towards a cliff or a superhighway*? Disponível em: https://ethicsandinsurance.info/2017/02/01/big-data-cliff-superhighway/.

MINTY, Duncan. *Why honesty and purpose will change the conduct agenda*. Disponível em: https://ethicsandinsurance.info/2019/06/25/honesty-purpose/.

MIRAGEM, Bruno. Novo paradigma tecnológico, mercado de consumo digital e o direito do consumidor. *Revista de Direito do Consumidor*, São Paulo, ano 28, v. 125, p. 14-15, set./out. 2019.

NISSENBAUM, Helen. Privacy as Contextual Integrity. *Washington Law Review*, Washington, D.C., v. 79, issue 1, p. 119-157, Feb. 2004.

PRINCE, Anya; SCHWARCZ, Daniel. Proxy discrimination in the age of artificial intelligence and Big Data (preliminary draft). *Iowa Law Review*, Iowa City, p. 18, forthcoming 2020. Disponível em: https://ssrn.com/abstract=3347959.

RODOTÀ, Stefano. *A vida na sociedade de vigilância*: a privacidade hoje. Tradução de Danilo Doneda e Luciana Cabral Doneda. Rio de Janeiro: Renovar, 2008.

SCHERMER, Bart. Risks of Profiling and the Limits of Data Protection Law. *In:* CUSTERS, Bart; CALDERS, Toon; SCHERMER, Bart; ZARSKY, Tal (Ed.). *Discrimination and Privacy in the Information Society*: Data Mining and Profiling in Large Databases. Heidelberg: Springer, 2013.

SCHREIBER, Anderson. *Direitos da Personalidade*. 2. ed. São Paulo: Atlas, 2013.

SCHREIBER, Daniel. *Lemonade Sets a New World Record*. Disponível em: https://www.lemonade.com/blog/lemonade-sets-new-world-record/.

SCHREIBER, Daniel. *Precision Underwriting*: Digitization enables precision medicine – why not precision underwriting? Disponível em: https://www.lemonade.com/blog/precision-underwriting/.

SWEDLOFF, Rick. Risk classification's Big Data (r)evolution. *Connecticut Insurance Law Journal*, Hartford, v. 21, n. 1, p. 369, Fall 2014.

SWEDLOFF, Rick. *Regulating Algorithmic Insurance*. Disponível em: https://ssrn.com/abstract=3346753.

SWEDLOFF, Rick. *The New Regulatory Imperative for Insurance*. Disponível em: https://papers.ssrn.com/sol3/papers.cfm?abstract_id=3346753.

TAYLOR, Linnet, FLORIDI, Luciano, VAN DER SLOOT, Bart (Ed.). *Group Privacy*: New Challenges of Data Technologies. Dordrecht: Springer, 2017.

THE ECONOMIST. *Risk and reward*. Disponível em: https://www.economist.com/finance-and-economics/2015/03/12/risk-and-reward.

THOUVENIN, Florent; SUTER, Fabienne; GEORGE, Damian, WEBER, Rolf H. *Big Data in the Insurance Industry*: Leeway and Limits for Individualising Insurance Contracts. Disponível em: https://www.jipitec.eu/issues/jipitec-10-2-2019/4916.

TZIRULNIK, Ernesto; BOAVENTURA, Vitor. Uma indústria em transformação: o seguro e a inteligência artificial. *In:* MULHOLLAND, Caitlin; FRAZÃO, Ana (Coord.). *Inteligência Artificial e Direito*: Ética, Regulação e Responsabilidade. São Paulo: Revista dos Tribunais, 2019.

WATCHER, Sandra. *The other half of the truth*: staying human in an algorithmic world. Disponível em: https://www.oecd-forum.org/users/264249-sandra-wachter/posts/49761-the-other-half-of-the-truth-staying-human-in-an-algorithmic-world.

47

CELEBRAÇÃO DE CONTRATOS VIA PLATAFORMAS DA ECONOMIA DE PARTILHA: O EXEMPLO DOS SEGUROS

Margarida Lima Rego

Professora associada da NOVA School of Law, Universidade Nova de Lisboa. Investigadora do CEDIS – Centro de Investigação e Desenvolvimento sobre Direito e Sociedade.

Joana Campos Carvalho

Doutoranda e professora convidada na NOVA School of Law, Universidade Nova de Lisboa. Investigadora do CEDIS – Centro de Investigação e Desenvolvimento sobre Direito e Sociedade.

1. INTRODUÇÃO

No início do século XXI, os modelos de negócio P2P (*peer-to-peer*, contratação entre pares) de base tecnológica têm vindo a surgir, a multiplicar-se e a ter sucesso. Estes modelos de negócio são diferentes dos modelos tradicionais de B2C (*business-to-consumer*, ou contratação entre profissionais e consumidores). Este artigo procura identificar e caracterizar os novos modelos de negócio de base tecnológica em uso, com especial incidência no setor dos seguros. A nossa pesquisa teve como mote a procura dos novos desafios ao direito dos seguros trazidos por esses novos modelos de negócio. Todavia, as estruturas jurídicas que encontrámos representam uma espécie de regresso às origens, tendo-nos sido possível identificar o ressurgimento de algumas das modalidades de seguros mais antigas na história da humanidade.

Os novos modelos de negócio que analisámos podem ser divididos em três modalidades diferentes: o modelo mediador de seguros, o modelo segurador e o modelo de autogestão.

O modelo segurador e o modelo mediador de seguros estão dependentes dos intervenientes tradicionais no setor dos seguros – respetivamente, as empresas de seguros e os corretores e agentes de seguros. No entanto, permitem aos clientes assumir parte dos riscos segurados pelo grupo em que se inserem ou a que optam por aderir, e receber uma parte dos seus lucros, ou pelo menos fazem com que os clientes sintam que estão a assumir esses riscos e a receber esses lucros. O setor está bem versado nestas tentativas: há muito que as seguradoras do ramo vida desenvolveram formas de atribuir aos seus clientes uma participação nos seus resultados. As personagens principais desses modelos parecem desempenhar, em grande medida, os mesmos papéis tradicionalmente atribuídos aos mediadores e empresas de seguros. Embora possam incorporar elementos P2P, não são, na sua essência, verdadeiros modelos P2P.

Assim, limitamo-nos a traçar um breve esboço desses modelos, passando em seguida à análise do modelo de autogestão, onde entendemos que se encontrariam as estruturas mais inovadoras e desafiantes. Descobrimos que os aspetos mais inovadores dos modelos segurador e mediador de seguros estão também presentes no modelo de autogestão, mas foram desenvolvidos e trazidos para um nível diferente através da eliminação total do recurso a seguradoras e mediadores de seguros e da simples disponibilização da plataforma e da assistência que permite aos utilizadores finais juntarem-se e satisfazerem as suas próprias necessidades de seguros. Nesta parte do artigo analisamos mais em detalhe a entidade mais conhecida como *Teambrella*.

Após a identificação dos contraentes no modelo de autogestão e dos papéis por si desempenhados, a nossa atenção recai sobre os novos desafios que este modelo apresenta: os contratos celebrados através destas plataformas qualificam-se como contratos de seguro? A regulação do setor dos seguros deve ser-lhes aplicável? Estas questões, constatamos, têm sido colocadas e respondidas muitas vezes no passado. Daí que a nossa investigação tenha acabado por proporcionar uma excelente oportunidade para uma análise retrospetiva sobre as origens dos seguros.

2. OS SEGUROS NA ECONOMIA DE PARTILHA

Nos modelos de negócio *peer-to-peer* (P2P), ao contrário dos modelos *business-to-consumer* (B2C), há normalmente uma empresa envolvida, mas que atua como um intermediário facilitador da interação direta entre os intervenientes relevantes. O contrato é frequentemente tornado possível por uma empresa que opera uma plataforma em linha, mas é celebrado entre dois ou mais pares. Exemplos bem conhecidos de negócios P2P incluem a *Airbnb*, a *eBay* ou o *OLX*.

Diz-se que tais modelos integram a chamada «economia de partilha»[1], que inclui qualquer atividade económica que envolva uma plataforma em linha – um mercado virtual – que fornece informações e facilita os contactos diretos entre a oferta e a procura, permitindo assim uma otimização colaborativa dos recursos através de uma utilização eficaz da capacidade excedentária.

1. Embora muito tenha sido escrito sobre o assunto, não há consenso em torno da definição, ou mesmo da adequação conceptual, da expressão «economia de partilha» – cfr. Codagnone e Martens (2016). Alguns autores encontraram indícios de que o termo «partilhar» tem conotações positivas de igualdade, abnegação e generosidade e é utilizado para associar estas ideias de relações sociais positivas àquilo que, de facto, são transações comerciais altamente lucrativas – Belk (2014), p. 10; John (2013), pp. 176-177. No entanto, embora cientificamente pouco rigorosa, a expressão «economia de partilha» é de longe a mais utilizada para referir o objeto do nosso estudo, pelo que optámos por usá-la, pois é a forma mais simples e imediata de explicar sobre o que escrevemos – Sundararajan (2016), p. 27.

A definição de pares ainda não é inteiramente consensual na doutrina. As definições que se encontram habitualmente nos dicionários realçam a relatividade do termo: ninguém é intrinsecamente um par, só se pode ser par de outra pessoa. Ou seja, a palavra só pode ser usada corretamente no plural, mesmo que tal plural seja meramente implícito. E essa relação é de paridade ou simetria: em geral, um par é definido como aquele «que se apresenta ou que é semelhante a alguém»[2].

No contexto das relações P2P, um par é por vezes retratado como um indivíduo: uma pessoa singular, em oposição a uma pessoa coletiva[3]. Noutros casos, um par é identificado como um não profissional[4]: alguém que oferece bens ou serviços numa base ocasional.

Esta última noção é mais restrita do que a primeira, na medida em que exclui as pessoas singulares que atuam como profissionais[5]. No entanto, parece ser a mais pertinente: a expressão *peer-to-peer* é habitualmente utilizada para diferenciar estas relações das relações entre empresas e consumidores. O que é importante, portanto, é determinar se se atua ou não como profissional. Não há simetria num contrato em que uma das partes atua como profissional e a outra não[6]. Um profissional tem quase sempre mais experiência e conhecimentos sobre o negócio do que um não profissional. Esta falta de simetria é o que justifica a necessidade de regras de proteção especiais nos contratos B2C.

Argumentamos, no entanto, que mesmo esta segunda abordagem não é totalmente abrangente.

A simetria está no cerne de uma relação P2P. Assim, existe uma relação P2P sempre que dois atores atuam ao mesmo nível, independentemente de serem ambos profissionais ou ambos não profissionais. Voltando à ideia da relatividade do conceito: tanto um profissional como um não profissional podem ser qualificados como pares; isso dependerá da qualificação da sua contraparte. Um não profissional será qualificado como par se a sua contraparte for um não profissional; um profissional será qualificado como par se a sua contraparte for um profissional. As relações P2P incluem, assim, tanto as relações entre consumidores (C2C) como as relações entre empresas (B2B).

No entanto, quando os autores se referem a relações P2P em oposição a modelos empresariais B2C, muitas vezes não se preocupam em saber se as partes são efetivamente pares. O termo é frequentemente utilizado de forma imprecisa para designar um modelo em que além das partes existe um intermediário, normalmente um operador de plataforma, que é responsável pela criação e gestão de um mercado. Por exemplo, a *Airbnb* é frequentemente utilizada como exemplo de um modelo de negócio P2P. Contudo, anfitriões profissionais e não profissionais operam lado a lado na *Airbnb*.

No setor dos seguros, a expressão «seguro P2P» é utilizada para descrever novos modelos de negócio de base tecnológica que permitem ao tomador/segurado partilhar os seus riscos e o seu capital, auto-organizar-se e auto-governar-se de forma a minimizar

2. Dicionário da língua portuguesa contemporânea da Academia das Ciências de Lisboa (2001), p. 2743.
3. Lougher e Kalmanowicz (2016), p. 2.
4. Smorto (2015), p. 4.
5. Num outro sentido, pode também ser caracterizado como mais amplo do que o primeiro se as pequenas e médias empresas também puderem entrar, pelo menos quando atuam fora do seu âmbito de atividade.
6. Paisant (2015), p. 39; Morais Carvalho (2018), p. 40.

as suas perdas e maximizar os seus ganhos[7]. O seguro P2P tem efetivamente a ver com o agrupamento de riscos e capitais, dado que nestes modelos pelo menos uma parte e, por vezes, mesmo a totalidade do risco é assumida pelos próprios pares. Estes modelos visam reduzir os custos normalmente associados à contratação de seguros e ao tratamento de sinistros através da utilização de tecnologia digital inovadora[8], bem como eliminar ou pelo menos reduzir a margem de lucro da seguradora, normalmente devolvendo quaisquer prémios excedentários aos tomadores/segurados em anos em que as perdas totais sejam inferiores aos prémios agregados,[9] e respondendo os fundos retidos da plataforma ou, em última análise, as resseguradoras pelas perdas excedentárias em anos em que ocorra o contrário[10].

Durante séculos, esta função tem sido desempenhada pelas mútuas de seguros[11] e também, nalgumas latitudes, pelas «trocas recíprocas de seguros» (*reciprocal insurance exchanges*)[12]. Na atual economia de partilha, as plataformas de colaboração em linha proporcionam às pessoas regulares novos meios, aparentemente mais simples, de prosseguirem esta finalidade tão antiga[13]. Neste sentido, «o P2P representa tanto um regresso às antigas raízes dos seguros como um salto em frente. Refletindo a própria natureza da economia solidária, o seguro P2P aproveita os últimos avanços tecnológicos das redes sociais para aplicar da melhor forma o modelo que as companhias de seguros mútuos têm utilizado basicamente desde os primeiros tempos dos seguros»[14].

Mas há mais do que isso. Para além dos aspetos financeiros acima referidos dos modelos de negócio P2P, diz-se que estes últimos contribuem também para reduzir a conflitualidade aquando da ocorrência de sinistros, evitando os conflitos de interesses existentes entre as companhias de seguros e os seus segurados[15]. Nos modelos de negócio

7. Cfr. National Association of Insurance Commissioners (2018). Em julho de 2018, a EIOPA publicou um «inquérito às partes interessadas sobre os requisitos de licenciamento, os obstáculos ao *InsurTech* e a facilitação do *InsurTech*». Neste inquérito, o seguro P2P é definido como uma «rede ou plataforma digital de partilha de riscos em que um grupo de indivíduos com interesses mútuos ou perfis de risco semelhantes agrupa os seus "prémios" para se segurar contra um risco/partilhar o risco entre si e em que os lucros são normalmente redistribuídos no final do ano em caso de boa experiência em matéria de sinistros». O inquérito esteve disponível em: https://ec.europa.eu/eusurvey/runner/EIOPA_survey_licensing_barriers_to_InsurTech_InsurTech_facilitation.
8. Para Wilson Jr. (2017), p. 123, o seguro P2P também oferece uma resposta às necessidades de uma nova geração que já não quer uma relação distante com as seguradoras, mas procura «produtos personalizados, acesso e assistência sem restrições e benefícios frequentes e tangíveis».
9. No seu *website*, a *Friendsurance* afirma que «até agora, mais de 80% dos utilizadores receberam um *cashback*. No ramo dos seguros de propriedade, o *cashback* médio tem sido de 30% dos prémios pagos».
10. Sagalow (2016), p. 6.
11. As mútuas de seguros ainda desempenham um papel muito relevante, especialmente nos seguros marítimos, onde os membros do Clube Internacional de Clubes P&I (associações de proteção e indemnização) se arrogam cobrir os riscos, ao todo e por agregado, de «aproximadamente 90% da tonelagem mundial de navios oceânicos» (https://www.igpandi.org/). De acordo com Clarke (2005), p. 44, «as mútuas seguram no seu conjunto a responsabilidade civil dos proprietários (e muitos dos afretadores) de cerca de 98% dos navios oceânicos do mundo – é esse o seu negócio tradicional». Segundo o mesmo autor, «desde o início os clubes têm estado na vanguarda da inovação, assumindo novos riscos que outros eram demasiado convencionais para reconhecer ou demasiado cautelosos para aceitar» (p. 45).
12. As trocas recíprocas de seguros existem nos Estados Unidos desde pelo menos a década de 1880. Cfr. Fitzgerald (1920); Norgaard (1964); Reinmuth (1964).
13. Orlovácz (2016), p. 191, salienta que «as comunidades em linha atingiram uma escala suficientemente grande para que o modelo de seguro mútuo funcione eficientemente, desta vez não limitado por barreiras geográficas».
14. National Association of Insurance Commissioners (2018).
15. Holly e Greszta (2016), p. 58; Paperno et al. (2016), p. 1.

tradicionais, pagar mais indemnizações implica uma margem de lucro mais baixa para as companhias de seguros. Num modelo de negócio em que o lucro da empresa participante se baseia apenas nas comissões[16], ou em que a estrutura montada consiga funcionar sem que a entidade que paga sinta que os fundos a que recorre saem do seu próprio bolso, desaparece ou pelo menos atenua-se o incentivo a negar ou dificultar o pagamento das indemnizações a quem sofre os sinistros.

Por último, mas de forma muito relevante, nos modelos P2P são também explorados novos conhecimentos psicológicos, segundo os quais o forte sentido de comunidade e de bens partilhados dos tomadores/segurados ajuda a reduzir a taxa de sinistralidade, devido a uma diminuição significativa da participação de sinistros de montantes reduzidos[17] e de sinistros fraudulentos[18]. A injustiça da fraude contra os seus pares é assim sentida com mais rigor do que a fraude contra uma companhia de seguros[19]. O mesmo se pode dizer da injustiça da perda negligente, o que significa que os novos modelos supostamente reduzem o risco moral em geral[20]. Algumas pessoas sublinham também a importância de dar aos clientes de seguros um sentido de poder: fazer com que se sintam no controlo do produto que estão a construir ativamente em vez de aderirem passivamente a um produto previamente construído sem a sua intervenção[21].

Devido ao incentivo acrescido para evitar perdas por negligência e ao incentivo reduzido para apresentar participações bagatelares e participações fraudulentas, os modelos de negócio dos seguros P2P têm, portanto, benefícios não só para os clientes, mas também – embora discutíveis[22] – para as companhias de seguros.

Este sentimento de comunidade é por vezes tão fortemente sublinhado que, em alguns modelos, se sobrepõe aos aspetos financeiros, por exemplo, quando os prémios em excesso são devolvidos, não aos próprios tomadores de seguros, mas a uma ONG que se dedica a uma causa comum com base na qual o grupo de risco e de capital foi previamente delineado, como a proteção dos direitos dos animais ou do ambiente.

A ideia central do P2P é que um conjunto de pessoas com valores e interesses semelhantes agrupe os seus seguros, neles introduzindo uma sensação de controlo, de confiança e de transparência, e reduzindo ao mesmo tempo os seus custos»[23].

Veremos que, na maioria dos casos, os modelos P2P não implicam uma total eliminação da empresa de seguros, mas apenas uma redefinição do seu papel[24].

16. É o caso, nomeadamente, do modelo segurador, que será analisado no ponto 3.2.
17. Isto ajuda a reduzir os custos administrativos, segundo a Swiss Re (2016), p. 36.
18. Holly e Greszta (2016), p. 59. Cfr. também Sagalow (2016), p. 7.
19. Cappiello (2018), p. 40, sublinha que «o conhecimento e a confiança mútua entre os membros do grupo significa que existe um desincentivo natural à fraude».
20. Yan et al. (2017), p. 254; Huckstep (2015): https://dailyfintech.com/2015/12/24/guevara-moral-hazard-and-the-future-of-p2p-insurance/.
21. Ver EIOPA (2017), pp. 12-13.
22. Embora ainda não tenha sido realizado qualquer estudo empírico que o confirme, muitos autores argumentam que este modelo traz benefícios para as companhias de seguros: Yan et al. (2017), p. 254; Soberón (2016), p. 53; Marin (2016), p. 42; Holly e Greszta (2016), p. 59.
23. National Association of Insurance Commissioners (2018).
24. Carballa Smichowski (2015), p. 62.

Atualmente, é possível distinguir entre três modelos diferentes de seguros P2P: (i) o modelo mediador de seguros; (ii) o modelo segurador; e (iii) o modelo de autogestão. Veremos que, enquanto alguns deles permitem e promovem verdadeiramente a interação entre os utilizadores da plataforma e a celebração de contratos entre eles, outros estão muito mais próximos do papel tradicional que as seguradoras ainda desempenham: os seus utilizadores não celebram contratos entre si, limitando-se a partilhar, ou a ter a sensação de partilha de riscos, em consequência do tipo de contrato que celebraram com a empresa[25].

3. NOVOS MODELOS DE NEGÓCIO NO SETOR DOS SEGUROS

3.1 O modelo mediador de seguros

Exemplos: *Friendsurance*[26] / *Inspeer*[27].

As empresas que utilizam este modelo atuam como mediadores entre as companhias de seguros e os seus clientes. Organizam os clientes em grupos, recolhem os prémios e entregam uma parte deles à companhia de seguros. O resto do dinheiro é colocado numa *pool*. Ao longo do ano, os sinistros apresentados pelos membros do grupo são pagos utilizando essa *pool*. No final do ano, algumas empresas devolvem o que resta na *pool* a todos os membros do grupo ou utilizam-no para reduzir os prémios do ano seguinte, outras dão-no a uma instituição sem fins lucrativos à sua escolha. Se o dinheiro da *pool* for insuficiente para cobrir todos os sinistros, recorre-se a um seguro de contingência.

A *Friendsurance* é uma empresa alemã fundada em 2010. Tem, neste momento, parcerias com mais de 80 companhias de seguros. Os clientes escolhem um produto de seguro disponibilizado por uma destas empresas e pagam o mesmo preço que pagariam se celebrassem o contrato diretamente com a seguradora. Parte do dinheiro é entregue diretamente à seguradora. A *Friendsurance* forma então grupos de pessoas que adquiriram o mesmo tipo de seguro e o resto do dinheiro será utilizado para pagar a franquia (ou a totalidade da indemnização, se inferior à franquia) dos sinistros ocorridos ao longo do ano. No final do ano, qualquer montante que fique no fundo é dividido entre os seus membros e utilizado para pagar uma parte dos seus prémios para o ano seguinte.

A *Inspeer* era uma empresa francesa a operar desde 2015. Começou por oferecer um serviço em que os clientes mantinham o seguro que já tinham, mas juntavam-se a um grupo de pessoas que pagavam as franquias uns dos outros em caso de sinistro. Isto significava que podiam celebrar contratos de seguro com franquias mais elevadas, baixando assim o montante dos prémios. Entretanto, o seu modelo de negócio evoluiu e a

---

25. Turcotte (2017), p. 81, argumenta que a maioria das empresas em fase de arranque que utilizam o conceito de seguro P2P não apresenta um modelo P2P puro e nem sequer um novo modelo. A maioria integra um modelo existente num novo ambiente tecnológico, permitindo que os processos de subscrição e apresentação de participações de sinistros sejam mais rápidos, aumentando a transparência e baixando os custos de gestão.
26. Disponível em: https://www.friendsurance.com. A *Friendsurance* (Alecto GmbH) é um corretor licenciado na Alemanha.
27. Disponível em: https://ve.inspeer.me/(já não disponível). A *Inspeer* era a marca associada ao corretor licenciado em França *Avenir Factory*.

Inspeer passou a centrar-se apenas em seguros para veículos elétricos. Atuavam como mediadores mas, ao contrário da *Friendsurance*, trabalhando com uma única seguradora. Os clientes não se dividiam em grupos. Existia apenas um fundo, chamado fundo colaborativo, onde era mantida uma parte dos prémios que era depois utilizada para o pagamento de sinistros ao longo do ano. No final do ano, o que restava era devolvido aos clientes. A Inspeer encerrou entretanto a sua atividade[28].

Embora não preste um serviço de corretagem como os apresentados acima, a *VouchForMe*[29] também merece algumas palavras, uma vez que promove uma mudança no ecossistema segurador ao permitir que as pessoas partilhem o valor das franquias, através de um produto baseado em *blockchain*. A *VouchForMe* foi fundada em 2015 (como *Insurpal*). Obteve uma «licença de seguro MGA» (*management general agent license*) para iniciar um projeto-piloto no Reino Unido em 2018 e lançou a primeira versão do seu produto em dezembro de 2018[30].

Começou por se concentrar nos seguros, arrogando-se representar a próxima geração de seguros *peer-to-peer*, com um modelo de negócio baseado em recomendações sociais, e utiliza a tecnologia *blockchain*. A mudança de nome em julho de 2018 implicou um alargamento do âmbito da empresa, permitindo que o modelo fosse utilizado fora do setor segurador[31]. A *VouchForMe* disponibiliza uma ferramenta online, que ajuda alguém que pretenda celebrar um contrato de seguro a pedir uma garantia aos seus amigos. Isto permite ao cliente do seguro concordar com uma franquia mais elevada, que será coberta por estas garantias, baixando assim o prémio do seguro. O garante só paga no caso de o segurado apresentar uma participação de sinistro baseada em culpa sua. Parte do risco é assim partilhado entre eles. A ideia principal subjacente ao modelo é de que as pessoas se comportam com mais cuidado se souberem que o seu comportamento afetará diretamente uma pessoa, específica e identificável, em vez de um coletivo abstrato de pessoas ou uma empresa[32].

3.2 O modelo segurador

Exemplos: *Lemonade*[33] / *Hey Guevara*[34] / *Alan*[35]

O segundo modelo de seguro P2P é semelhante ao primeiro, na medida em que os tomadores de seguros são reunidos em grupos e uma parte dos seus prémios é colocada num fundo que é utilizado para cobrir os sinistros apresentados ao longo do ano. No

28. Kottmann et al. (2018), p. 8.
29. Disponível em: https://vouchforme.co.
30. Disponível em: https://medium.com/vouchforme/first-version-of-the-vouchforme-live-678f1ac89d99.
31. A empresa queria afastar-se de uma ligação profunda ao seguro: «Depois deste tempo todo, houve muitas circunstâncias em que fomos confundidos com uma companhia de seguros, pensando que estamos a vender apólices de seguros ou a agir como mediadores entre companhias de seguros. Contudo, a nossa marca representa uma plataforma baseada em *Blockchain* com um modelo de recomendação social implementado, que pode ser utilizado de várias formas e em indústrias diferentes», in https://medium.com/vouchforme/more-than-a-name-change-c41421b57b17.
32. Disponível em: https://medium.com/vouchforme/vouchforme-partners-with-swissdacs-55e089a3cb7c.
33. Disponível em: https://www.lemonade.com.
34. Disponível em: https://heyguevara.com.
35. Disponível em: https://www.alan.eu.

entanto, neste modelo não existe intermediário. É a seguradora quem comercializa os seus próprios produtos de seguros e que forma os grupos e gere os fundos.

A *Lemonade* é uma companhia de seguros licenciada com sede no Estado de Nova Iorque[36]. Fundada em 2015, é a primeira seguradora americana a utilizar o modelo de seguro P2P[37].

A empresa agrupa as pessoas com base na instituição de solidariedade social que escolhem. No final do ano, os fundos restantes em cada *pool* são entregues à instituição escolhida pelos membros do grupo. Esta estratégia permite que as pessoas do mesmo grupo partilhem alguns interesses comuns e, idealmente, alguns valores comuns, uma vez que escolheram a mesma instituição para apoiar.

A *Hey Guevara* é uma empresa sediada no Reino Unido, fundada em 2013. Encerrou as suas operações em setembro de 2017[38], mas anuncia no site o seu regresso para breve[39]. O modelo de negócio da *Hey Guevara* era semelhante ao da *Lemonade*, mas a empresa começou por limitar a sua oferta ao seguro automóvel. Focalizou o seu modelo de negócio no sentimento de afinidade e deu uma grande importância à escolha do grupo. A empresa enfatiza a importância da ligação ao grupo ao qual cada pessoa se associa porque o modelo depende da manutenção de despesas baixas com sinistros. A ideia é a seguinte: se os clientes souberem que as suas participações de sinistros terão um impacto direto nos seus amigos ou família, é mais provável que tenham uma atitude responsável em relação à tomada de riscos e que apenas reclamem as indemnizações de que precisem mesmo[40]. Os prémios pagos pelos clientes são divididos em dois; uma parte vai para o fundo do grupo e a outra vai para um fundo coletivo que apoia todos os grupos. As indemnizações aos clientes ao longo do ano são pagas a partir do fundo do grupo. Se isso não for suficiente, então o fundo coletivo é utilizado. Caso o fundo coletivo também não seja suficiente, o remanescente é pago pelo resseguro. *Hey Guevara* é ressegurada por uma resseguradora tradicional.

Alan é uma seguradora de saúde licenciada com sede em França. Afirma ser «a primeira companhia de seguros de saúde digital da Europa»[41]. Obteve a sua licença para operar como companhia de seguros em 2016. Ainda está na sua fase inicial como seguradora, mas em abril de 2018 obteve 28 milhões de USD em 10 dias, numa operação de angariação de fundos liderada pela *Index Ventures*[42]. Fornece um plano de saúde que complementa o sistema de segurança social às empresas e aos trabalhadores indepen-

36. Em 2017, a *Lemonade* começou a expandir-se e a oferecer serviços em vários outros Estados (https://www.lemonade.com/blog/lemonade-expansion-united-states/).
37. Cfr. National Association of Insurance Commissioners (2018).
38. Cfr. Shi e Geoghegan (2017): https://www.insuranceinsider.com/articles/114457/p2p-insurer-guevara-shuts-up-shop.
39. https://heyguevara.com/. O website anuncia que está para breve um novo website e que tencionam abanar a forma como as pessoas contratam seguros de habitação, automóvel, vida, motocicleta e pequenas empresas. *Uvamo* é outro exemplo de *startup* americana de seguros de base tecnológica que pretendia explorar o modelo de seguros P2P. Foi anunciada em 2014, mas parece também já ter cessado a sua atividade. Cfr. uma referência a este modelo em National Association of Insurance Commissioners (2018). Cfr. também Ben-Hutta (2017): https://coverager.com/end-line-uvamo/.
40. Huckstep (2015): https://dailyfintech.com/2015/12/24/guevara-moral-hazard-and-the-future-of-p2p-insurance/.
41. Aserraf (2018): https://blog.alan.com/guide-pratique/futur-sante.
42. Samuelian (2018): https://blog.alan.eu/our-toolkit-to-raise-28-million-in-10-days-b40dc936084d.

dentes. A sua estratégia de vendas centra-se na prestação de um serviço ao cliente sem papel e de alta qualidade, e na melhoria da experiência do cliente: comercializa a ideia de cuidados de saúde de forma simples e acessível[43].

Tendo analisado estes modelos, concluímos que, em grande medida, as personagens principais desses modelos parecem desempenhar os mesmos papéis tradicionalmente atribuídos aos seguradores e mediadores de seguros nos contextos B2C normais[44]. Verificámos, no entanto, que estes modelos parecem retirar maior proveito das novas tecnologias, incorporando alguns elementos P2P nas suas soluções de seguros tradicionais[45].

Além disso, é também importante notar que, no modelo mediador de seguros, os mediadores em causa assumem um papel mais proeminente do que o de muitos corretores tradicionais. A *Friendsurance*, por exemplo, é uma marca forte, que as pessoas associam a um tipo inovador de seguro e a um certo padrão de qualidade, o que pode ser decisivo na escolha do contrato por parte do cliente. Em alguns casos, pode até haver alguma confusão, da parte do cliente, sobre quem é realmente a sua contraparte no contrato de seguro. Isto levanta algumas questões em torno da responsabilidade do corretor (um operador de plataforma), nomeadamente se este pode alegar de forma válida e eficaz não ser responsável por danos decorrentes da prestação de informação falsa ou inexata sobre os produtos de seguros fornecidos pelo seu site, ainda que os conteúdos provenham da seguradora[46]. Embora muito interessante, este assunto está fora do alcance deste artigo.

O nosso próximo passo é examinar o modelo que levou o P2P a um nível diferente, livrando-se completamente das estruturas tradicionais e projetando soluções de seguro que eliminam a seguradora da equação, permitindo que os clientes se encontrem e satisfaçam as necessidades de seguro uns dos outros.

3.3 O modelo de autogestão

Exemplo: *Teambrella*[47].

O modelo de autogestão parece ser o único modelo verdadeiramente P2P[48]. Neste modelo, não é aparente o envolvimento de nenhuma seguradora, resseguradora ou mediadora de seguros. Nenhum prémio é pago e o risco é partilhado apenas entre os membros de um grupo, nos termos que eles próprios definem. O papel do operador da plataforma é fornecer os meios tecnológicos para que o modelo funcione: a empresa apenas fornece um mercado virtual através do qual qualquer pessoa pode comunicar, celebrar e executar contratos.[49].

43. Robert (2017): https://blog.alan.eu/changer-la-donne-en-assurance-santé-8d62cfb96cd0.
44. Marano (2019), p. 13, suspeita de que, se os novos modelos dos chamados seguros P2P fossem analisados, poderiam revelar um «vazio de diferenças», provando não ser, na sua essência, diferentes dos modelos tradicionais de seguros.
45. Cfr. Turcotte (2017), pp. 80-81.
46. Cfr., por exemplo, no direito alemão, os §§ I.5-f e IV.2 AGB.
47. Disponível em: https://teambrella.com/.
48. Zwack (2016), p. 108.
49. Embora se preveja que os modelos de seguros P2P puros estejam a aumentar, especialmente os que utilizam tecnologia *blockchain* – Gatteschi et al. (2018), p. 9, a maioria dos clientes continua a valorizar a interação pessoal – Ernst & Young (2012), p. 13.

A *Teambrella* afirma ser a primeira empresa a utilizar este modelo. Ela foi fundada por empreendedores russos em 2015[50]. Não foi criada com base em *blockchain*, mas usa carteiras de *bitcoins* para os pagamentos, o que lhe permite nunca estar na posse de quaisquer fundos. Os pares participantes estão organizados em grupos autorregulados e autónomos, o que significa que, até certo ponto, as regras exatas que se aplicam a cada um deles são variáveis. A cada membro do grupo é atribuída uma carteira de *bitcoins*, a partir da qual são feitos os pagamentos. Isto significa que, nesta fase, todo o dinheiro ainda pertence aos próprios membros do grupo, embora tipicamente os grupos exijam que as carteiras tenham sempre uma quantia mínima disponível, sendo necessárias várias assinaturas de membros do grupo para movimentar os fundos, aproximando-as da figura do depósito cautelar[51].

Os fundos depositados nas carteiras de *bitcoins* só são usados se for apresentada dentro do grupo uma participação de sinistro, na medida em que o dinheiro seja necessário para pagar a correspondente indemnização. De cada vez que alguém participa um sinistro, os membros do grupo votam para decidir se essa participação deve ou não ser aceite e quanto deve ser pago ao lesado, de acordo com as regras pré-existentes do grupo em questão. Todos os pagamentos são feitos usando *bitcoins*. A exposição de cada membro é igual à quantia que ele tem disponível na sua carteira digital.

4. DISCUSSÃO: O MODELO APRESENTADO POR *TEAMBRELLA*

O modelo de autogestão oferece seguros com um senão: os contratos que facilita não são tecnicamente qualificados como contratos de seguro, no sentido tradicional, porque falta um elemento essencial: os indivíduos que celebram tais contratos não pagam qualquer quantia qualificável como um prémio de seguro[52].

No entanto, o lema da *Teambrella* deixa muito claro que a empresa deseja atender exatamente às mesmas exigências e necessidades das seguradoras, mas usando um veículo contratual diferente, ao afirmar que não comercializam um seguro, mas sim algo muito melhor do que um seguro (*Not insurance. A lot better.*)[53].

50. Paperno et al. (2016).
51. Cfr. National Association of Insurance Commissioners (2018).
52. Não tem sido fácil definir o contrato de seguro. Muitas tentativas para identificar a essência do seguro foram feitas no passado, não havendo consenso quanto aos elementos mínimos que devem estar presentes para que um contrato seja qualificado como um contrato de seguro. Em 1971, Wälder (1971), p. 23, observou muito apropriadamente que as tentativas anteriores de definir o contrato de seguro já constituíam uma «legião». Não estamos mais próximos de uma definição consensual agora do que estávamos na altura. Afastando a necessidade de uma definição, Clarke proferiu a seguinte afirmação, já com muita notoriedade: «Os tribunais ingleses reconhecem um elefante quando o veem, o mesmo se passando com um contrato de seguro». Cfr. Clarke et al. (2006), p. 1-1. Em qualquer caso, o pagamento de um prémio parece ser uma necessidade: «um denominador comum das definições usuais diria que o seguro é um contrato em que, em troca de um prémio (variável ou fixo), uma parte, a seguradora, promete à outra parte (o segurado) dar cobertura (por pagamento em dinheiro ou de outra forma) nas condições e dentro dos limites estipulados no contrato, aquando da ocorrência do acontecimento incerto (contratualmente definido)». Cousy (2012), p. 408. Nada disto é novo. Segundo Dreher (1991), p. 37, o pagamento de um prémio é unanimemente caracterizado na Alemanha como um elemento necessário de um contrato de seguro. Em Itália, cfr. Scalfi (1960), p. 813.
53. As declarações seguintes são feitas no seu *website*: «Tem uma licença para operar no meu país/estado? Não, *Teambrella* não se dedica ao negócio dos seguros: Não existem contratos nem obrigações entre a seguradora e o segurado em *Teambrella*. A *Teambrella* não subscreve apólices. A *Teambrella* não guarda o dinheiro dos clientes; não existem fundos comuns. A *Teambrella* não faz quaisquer pagamentos aos seus clientes».

De um ponto de vista regulatório, este modelo levanta muitas sobrancelhas, pois baseia-se na suposição muito questionável de que se situaria de fora do âmbito de aplicação da regulação dos mercados financeiros existentes. É algo contraditório que este modelo se apresente como um retorno às origens do seguro, ao mesmo tempo que afirma oferecer algo diferente de um seguro. O que é oferecido pode ser diferente de um contrato de seguro no sentido tradicional, conforme ele é hoje regulado na generalidade das jurisdições. No entanto, independentemente de o modelo de autogestão distribuir ou não seguros, em sentido estrito, os seus produtos são manifestamente concebidos para satisfazer a procura do mercado de seguros: as necessidades económicas que satisfazem parecem ser exatamente as mesmas.

Considere-se a Diretiva (UE) 2016/97 do Parlamento Europeu e do Conselho, de 20 de janeiro de 2016, sobre distribuição de seguros, conhecida como a Diretiva da Distribuição de Seguros («DDS»). Ao contrário da sua predecessora, a DDS aplica-se a todos os canais de distribuição: aplica-se a qualquer pessoa singular ou coletiva que esteja ou pretenda estar estabelecida num Estado-Membro da União Europeia, acedendo ao exercício da atividade de distribuição de produtos de seguros e resseguros, incluindo empresas de seguros que comercializem diretamente os seus próprios produtos, bem como a toda uma variedade de mediadores de seguros: agentes e corretores de seguros, operadores de banca-seguros, mediadores de seguros a título acessório, tais como agências de viagens e empresas de aluguer de automóveis, e até *websites* de comparação de produtos[54].

Neste contexto, entende-se por «distribuição de seguros» «as atividades que consistem em prestar aconselhamento, propor ou praticar outros atos preparatórios da celebração de contratos de seguro, em celebrar esses contratos ou em apoiar a gestão e a execução desses contratos, em especial em caso de sinistro, incluindo a prestação de informações sobre um ou mais contratos de seguro, de acordo com os critérios selecionados pelos clientes através de um sítio na Internet ou de outros meios e a compilação de uma lista de classificação de produtos de seguros, incluindo a comparação de preços e de produtos ou um desconto sobre o preço de um contrato de seguro, quando o cliente puder celebrar direta ou indiretamente um contrato de seguro recorrendo a um sítio na Internet ou a outros meios»[55].

A DDS não apresenta nenhuma definição de seguro, nem fornece quaisquer pistas sobre que contratos devem ser qualificados como contratos de seguro para os fins da DDS. No entanto, a DDS visa nivelar as condições de concorrência entre todos os tipos de distribuidores de seguros para garantir que os consumidores beneficiem do mesmo nível de proteção em todo o mercado, independentemente do canal de distribuição escolhido[56]. Se a garantia de uma concorrência leal entre todos os tipos de distribuidores está no topo da lista de prioridades desta diretiva, acreditamos que deve ser extraída uma lição do vasto corpo de conhecimentos da lei da concorrência sobre a definição de mercado de produto relevante: «[u]m mercado de produto relevante compreende todos

54. Cfr. os Considerandos 8, 11, 12 e 16, o n. 2 do artigo 1º e os n. 1/1 e 2 do artigo 2º da DDS.
55. N. 1/1 do artigo 2.º da DDS.
56. Cfr. os Considerandos 6, 10 e 16 da DDS.

os produtos e/ou serviços consideradas permutáveis ou substituíveis pelo consumidor devido às suas características, preços e utilização pretendida.»[57].

A DDS, como qualquer iniciativa legislativa relacionada, falharia miseravelmente, se permitisse que os agentes económicos que atendem às necessidades básicas de seguros escapassem à regulação dos seguros. No entanto, a postulação deste modelo de que poderia escapar totalmente à regulação do seguro é ainda mais perplexizante quando se percebe que a estrutura contratual concebida não é muito diferente de algumas das formas mais antigas de empresas relacionadas com seguros, como as mútuas de seguros[58] ou, talvez ainda mais de perto, da figura das trocas recíprocas de seguros (*reciprocal insurance exchanges*).

«A mutualidade tem a sua origem na autoajuda coletiva: as pessoas fazem coisas por si próprias, pelas suas famílias e pelas suas comunidades, porque não há mais ninguém para as fazer por elas. As cooperativas foram constituídas porque houve uma falha do mercado na disponibilidade de alimentos básicos e provisões (...). Foram criadas sociedades de socorro mútuo e mútuas de seguros quando não havia acesso a apoio em tempos de desgraça pessoal (...) porque não havia serviços financeiros disponíveis».[59]

Como estes autores tão apropriadamente dizem, «[a] autoajuda emerge: não se pode impô-la às pessoas»[60]. O autosseguro existe há alguns milhares de anos, de uma forma ou de outra, partindo do *foenus nauticum* e evoluindo ao longo dos séculos para mecanismos mais organizados[61]. A era digital tem proporcionado meios técnicos muito necessários para que todos possam expandir a sua autoajuda à escala global, mas assim como as necessidades das pessoas não sofreram nenhuma mudança dramática, ainda são essencialmente as mesmas necessidades de seguro, as estruturas a que as pessoas recorrem por sua conta e risco para satisfazer tais necessidades são notavelmente semelhantes aos modelos de autoajuda pré-existentes. Simplesmente, num ambiente diferente e a uma escala muitíssimo maior.

No século XV, quando o estudioso português Pedro de Santarém escreveu o primeiro tratado de seguros, os modelos de seguro de autoajuda ainda eram vistos como a norma, sendo o contrato de seguro como o conhecemos agora um recém-chegado cuja validade Santarém sentiu que tinha de afirmar contra um pano de fundo de acusações de usura:

«Na realidade, muitíssimas vezes os próvidos mercadores, pensando nos perigos do mar, protegem as suas coisas contra a crueldade da fortuna com o escudo do seguro, e defendem-nas estipulando com outros para os casos de fortuna adversa (...). À volta desta convenção de seguro, costumam surgir e avolumar-se grandes dissensões entre os mercadores. Por isso, há que ver, em primeiro lugar, se a convenção pela qual, convencionando o preço de um risco, um toma sobre si o infortúnio do outro, é lícita da maneira que se costuma praticar»[62].

57. Cfr. a Comunicação da Comissão relativa à definição de mercado relevante para efeitos do direito comunitário da concorrência [Jornal Oficial C 372 de 9.12.1997].
58. Cfr. Turcotte (2017), p. 156; Scardovi (2017), pp. 170, 174; Swiss Re (2016), p. 36; Marin (2016), p. 42; Carballa Smichowski (2015), p. 68.
59. Morrison e Mills (2016), p. 302. Especificamente sobre as seguradoras mútuas, cfr. Talonen (2016).
60. Morrison e Mills (2016), p. 302.
61. Cfr. Holly e Greszta (2016), pp. 53-66.
62. Santarém (1552), Primeira Parte, Parágrafos 1-2.

As trocas recíprocas de seguros (*reciprocal insurance exchanges*) diferem das mútuas de seguros por serem uma associação sem personalidade jurídica de sócios subscritores que celebram acordos de indemnização uns com os outros, de modo a cobrirem reciprocamente, individualmente, os riscos uns dos outros[63]. A ausência de uma personalidade jurídica separada e a natureza individual dos acordos subjacentes aproxima-os dos novos modelos digitais P2P.

Nos Estados Unidos, os recíprocos existem pelo menos desde a década de 1880 nos ramos de seguros de responsabilidade civil e de incêndio. Neste modelo de negócio, os subscritores cosseguram-se uns aos outros numa base individual. O principal objetivo de tais esquemas parece ser a obtenção de cobertura de seguro a um custo mais baixo[64]. O negócio é gerido por um gestor com poderes para representar todos os subscritores na execução de acordos de indemnização e no tratamento de participações de sinistros. Os subscritores entregam inicialmente ao gestor uma quantia que não é diferente de um prémio de seguro, mas que pelo menos em alguns, se não em todos esses esquemas, não se qualifica como prémio de seguro porque o gestor recebe essa quantia em *trust*, registando-a em contas individuais separadas em nome de cada subscritor[65]. Esse dinheiro pagará as despesas do esquema e qualquer perda sofrida por cada subscritor, consoante as necessidades.

Nesses esquemas, quando ao final de um período de seguro há um excedente, geralmente esse excedente é retido até que a margem de solvência estipulada seja alcançada, sendo o saldo credor em excesso devolvido em dinheiro ao subscritor a cada ano. Quando ocorrem perdas em excesso, as soluções existentes diferem quanto aos limites da responsabilidade do subscritor: em alguns esquemas iniciais a responsabilidade do subscritor era ilimitada, mas essa característica parece ser uma coisa do passado; a responsabilidade do subscritor é normalmente limitada, por vezes ao montante inicialmente pago, mas normalmente a um limite fixo correspondente a um múltiplo da soma inicial. Aqui reside uma característica importante dos recíprocos: a responsabilidade do subscritor é tipicamente conjunta ou parciária, e não solidária[66]. Alguns esquemas seguram o excesso de perdas da forma tradicional, sendo celebrado coletivamente um contrato de seguro que, na sua essência, tem o conteúdo de um tratado de resseguro de excesso de perdas.

«O recíproco, comparado com todas as outras formas de organizações seguradoras, tem quatro atributos únicos: a responsabilidade parciária do subscritor, a propriedade individual do excedente, a troca de contratos e o subscritor. Além desses quatro, um outro atributo, o procurador, é comum a todos os recíprocos»[67].

63. Sobre estes esquemas, cfr. Fitzgerald (1920), pp. 92-103; Norgaard (1964), pp. 51-61; e Reinmuth (1964), p. 641-646.
64. Cfr., por exemplo, Fitzgerald (1920), p. 92. No entanto, no passado, estudos empíricos examinaram a eficiência relativa das ações versus estruturas de propriedade mútua e recíproca, concluindo geralmente que as mútuas e as recíprocas são menos eficientes do que as empresas de seguros. Cfr. Mayers e Smith Jr. (1988), p. 352-353 (e referências incluídas nas suas notas 6-9).
65. Fitzgerald (1920), p. 95.
66. Cfr. Norgaard (1964), p. 57. Nas palavras do autor, «Recíproco, conforme define um dicionário, "implica um retorno na devida medida por cada um de dois lados...", enquanto mútuo "... sublinha uma partilha igual e solidária em vez de um retorno"» (p. 53).
67. Norgaard (1964), p. 56.

Por outras palavras: isto é exatamente o que os modelos de negócio de seguros P2P parecem estar a fazer, mas sem a tecnologia que lhes é característica.

5. CONCLUSÕES

Não contestamos o potencial perturbador dos novos modelos de negócio dos seguros P2P: o modelo mediador de seguro, o modelo segurador e o modelo de autogestão. Do ponto de vista da indústria, eles podem muito bem fornecer uma contribuição muito significativa para a revolução dos seguros como os conhecemos[68]. No entanto, do ponto de vista do direito dos seguros, a nossa principal conclusão é de que, na sua maioria, os novos modelos de negócio são simplesmente uma reciclagem com otimização do potencial de algumas receitas antigas, aplicando-as num novo ambiente digital que lhes permite, pelo menos potencialmente, alcançar o palco global, criando assim uma espécie de comunidade global de autoajuda.

Isto não quer dizer que o novo cenário digital não trará novos desafios. Ficaram de fora do escopo da nossa análise muitas das inovações da *InsurTech*. O foco da nossa análise foram os novos modelos de negócio P2P. Quanto a esses modelos de negócio, a nossa conclusão é de que os desafios mais relevantes não parecem ser específicos dos seguros. Um exemplo em mãos seria o da proteção de dados, que na era digital é tão vital no setor de seguros quanto em muitos outros setores económicos[69]. Outro a que aludimos brevemente acima é o da responsabilidade dos operadores das plataformas[70], que se coloca no caso das plataformas do modelo mediador de seguros, tal como em todas as plataformas digitais dos diversos setores, e.g. no turismo (*Airbnb* ou *Booking*).

Daí o nosso anterior argumento de que, tendo começado a nossa pesquisa em busca dos novos desafios para o direito dos seguros trazidos por tais modelos de negócio, acabámos por nos confrontar com uma espécie de regresso às origens, tendo-nos sido possível identificar o ressurgimento de algumas das modalidades de seguros mais antigas na história da humanidade.

Na nossa opinião, o esquema tradicional que mais se assemelha aos novos modelos de negócio P2P é o das trocas recíprocas de seguros. Esta pesquisa proporcionou uma excelente oportunidade para lançar um novo olhar sobre as origens dos seguros. Nas suas primeiras formas, o seguro nasceu da autoajuda. A pequena escala dos mecanismos tradicionais de autoajuda revelou-se demasiado paroquial para responder às crescentes necessidades mais sofisticadas de seguros, pelo que surgiram e floresceram vários tipos de seguradoras profissionais. E, finalmente, a revolução digital deu origem a uma comunidade global de autoajuda, proporcionando assim aos anteriores mecanismos de autoajuda uma nova fase em que podem competir com as empresas de seguros em pé de igualdade.

Assim sendo, os principais desafios do direito dos seguros parecem ser, em primeiro lugar, o de garantir que os novos modelos empresariais se situam dentro, e não fora do

68. Sobre o potencial da *InsurTech* para perturbações exponenciais, cfr. Naylor (2017), p. 1-40.
69. Cfr. Naylor (2017), p. 272-274.
70. Research group on the Law of Digital Services (2016), p. 165; Campos Carvalho (2020), p. 873.

âmbito de aplicação da atual e futura regulação dos seguros e, em segundo lugar, o de se adaptar à natureza global dos novos mecanismos globais de autoajuda de base tecnológica.

A regulação dos seguros falharia miseravelmente, se permitisse que os agentes económicos que satisfazem necessidades básicas dos seguros lhe escapassem. Se se aceitar que os novos modelos empresariais têm de ser abrangidos pela regulação dos seguros, então essa regulação tem de ser atualizada com os novos meios baseados na nova tecnologia de distribuição de seguros. Designadamente, a regulação dos seguros deve ultrapassar o paradigma da seguradora tradicional, que concebe os seus produtos de massa para os comercializar já prontos, e abraçar a noção de que os clientes dos seguros serão cada vez mais chamados a desempenhar um papel ativo na montagem dos seus próprios produtos de seguros feitos por medida, com a assistência de e através de novos instrumentos baseados na tecnologia. A proteção desses clientes ativos deve assumir novas formas, uma vez que a partilha das funções de conceção de produtos entre as seguradoras e os seus clientes não deve implicar uma dispersão da responsabilidade subjacente, incluindo a sua potencial responsabilização pelas insuficiências dos novos produtos de seguros resultantes dessa partilha de funções.

6. REFERÊNCIAS

BELK, Russel (2014) Sharing Versus Pseudo-Sharing in Web 2.0. Anthropologist 18: p. 7-23.

CAPPIELLO, Antonella (2018) Technology and the Insurance Industry. Palgrave Pivot.

CARBALLA SMICHOWSKI, Bruno (2015) Mutualisme et Économie Collaborative: Tese de mestrado. MAIF/ Université Paris XIII.

CARVALHO, Joana Campos (2020) Online platforms: Concept, role in the conclusion of contracts and current legal framework in Europe. Cuadernos de Derecho Transnacional, 12, 1: p. 863-874.

CARVALHO, Jorge Morais (2018) Manual de Direito do Consumo. 5. ed. Almedina.

CLARKE, Malcolm (2005) Policies and Perceptions of Insurance Law in the Twenty-First Century. Oxford University Press.

CLARKE, Malcolm; Burling, Julian; Purves, Robert (2006) The Law of Insurance Contracts. 5. ed. Informa Law.

CODAGNONE, Cristiano; Martens, Bertin (2016) Scoping the Sharing Economy: Origins, Definitions, Impact and Regulatory Issues. Digital Economy Working Paper 2016/01, Institute for Prospective Technological Studies, European Commision, https://ec.europa.eu/jrc/sites/jrcsh/files/JRC100369.pdf.

COUSY, Herman (2012) Insurance Law. In: Elgar Encyclopedia of Comparative Law, Jan M. Smits (ed.), 2. ed. Elgar, p. 48 ss.

DREHER, Meinrad (1991) Die Versicherung als Rechtsprodukt. Die Privatversicherung und ihre rechtliche Gestaltung. Mohr Siebeck.

EIOPA (2017) EIOPA InsurTech Roundtable. How technology and data are reshaping the insurance landscape. Summary from the roundtable organized by EIOPA on 28 April 2017 (EIOPA-BoS/17-165, 05 July 2017) https://eiopa.europa.eu/Publications/Reports/08.0_EIOPA-BoS17-165_EIOPA_InsurTech_Roundtable_summary.pdf

ERNST & YOUNG (2012) Voice of the Customer - Time for Insurers to Rethink Their Relationships. Ernst & Young Report.

FITZGERALD, J. Anderson (1920) Reciprocal or Inter-insurance Against Loss by Fire. American Economic Review 10: p. 92-103.

GATTESCHI, Valentina; Lamberti, Fabrizio; Demartini, Claudio; Pranteda, Chiara; Santamaría, Víctor (2018) Blockchain and Smart Contracts for Insurance: Is the Technology Mature Enough? Future Internet 10, 2: p. 20 ss.

HOLLY, Romuald; Greszta, Ernie (2016) Self-insurance as a Formula for Risk Management – A New Perspective. Wiadomo ci Ubezpieczeniowe 4: p. 53-66.

HUCKSTEP, Rick (2015) Guevara, Moral Hazard and the Future of P2P Insurance. https://dailyfintech.com/2015/12/24/guevara-moral-hazard-and-the-future-of-p2p-insurance/

JOHN, Nicholas A. (2013) Sharing and Web 2.0: The emergence of a keyword. New Media & Society 15, 2: p. 167-182.

KOTTMANN, Dietman; Renaudeau, Damien; Sébastien, Mathieu; Dördrechter, Nikolai (2018) État des lieux et devenir des AssurTechs en France, https://www.oliverwyman.com/content/dam/oliver-wyman/v2/publications/2018/october/Etat-des-Lieux-et-devenir-des-Assurtechs-en-France.pdf.

LOUGHER, Guy; Kalmanowicz, Sammy (2016) EU Competition Law in the Sharing Economy. Journal of European Competition Law & Practice 7, 2: p. 87-102.

MARANO, Pierpaolo (2019) Navigating InsurTech. The digital intermediaries of insurance products and customer protection in the EU. Maastricht Journal of European and Comparative Law 26(2): p. 294-315.

MARIN, Evandro (2016) Economia Compartilhada e o Mercado Segurador. Cadernos de Seguros 188: p. 36-43.

MAYERS, David; Smith, Clifford W. (1988) Ownership Structure Across Lines of Property-casualty Insurance. Journal of Law & Economics 31: p. 351-378.

MORRISON, Melina; Mills, Cliff (2016) Expanding the Role of Cooperative and Mutual Enterprises in Delivering Public Services: Disrupting the Status Quo. In: The Three Sector Solutions: Delivering Public Policy in Collaboration with Not-for-profits and Business, John Butcher e David Gilchrist (ed.). Australian National University Press: p. 301-317.

NATIONAL ASSOCIATION OF INSURANCE COMMISSIONERS (2018) Peer-to-peer Insurance. http://www.naic.org/cipr_topics/topic_p2p_insurance.htm

NAYLOR, Michael (2017) Insurance Transformed. Palgrave Macmillan.

NORGAARD, Richard L. (1964) What is a Reciprocal? Journal of Risk and Insurance 31: p. 51-61.

ORLOVÁCZ, Péter (2016) The Insurance Opportunity. In: The Fintech Book, Susanne Chishti; Janos Barberis (ed.). Wiley: p. 721-730.

PAISANT, Gilles (2015) Défense et Illustration du Droit de la Consommation. LexisNexis.

PAPERNO, Alex; Kravchuk, Vlad; Porubaev, Eugene (2016) Teambrella: A Peer to Peer Insurance System (Whitepaper). https://teambrella.com/WhitePaper.pdf

REINMUTH, Dennis F. (1964) What is a Reciprocal? Comment. Journal of Risk and Insurance 31: p. 641-646.

RESEARCH GROUP ON THE LAW OF DIGITAL SERVICES (2016) Discussion Draft of a Directive on Online Intermediary Platforms. EuCML – Journal of European Consumer and Market Law 4: p. 164-169.

SAGALOW, Ty R. (2016) Peer-to-peer Insurance. Apresentado no Insurance and Technology Event organizado pelo Center for Insurance Policy and Research em New Orleans, Louisiana, a 5 de abril de 2016 http://www.naic.org/documents/cipr_events_spring_2016_p2p.pdf?51

SANTARÉM, Pedro (1552) Tractatus de Assecurationibus et Sponsionibus. Escrito originalmente em 1488 e publicado pela primeira vez em 1552. Traduzido para português, inglês e francês pelo Instituto de Seguros de Portugal em 2007.

SCALFI, Gian Guido (1960) Corrispettività e Alea nei Contratti. Milan.

SCARDOVI, Claudio (2017) Digital Transformation in Financial Services. Springer.

SMORTO, Guido (2015) Verso la Disciplina Giuridica della Sharing Economy. Mercato Concorrenza Regole 2/2015: p. 245-278.

SOBERÓN, Blanca Pérez (2016) Las Insurtechs Dedicadas a los Seguros Colaborativos Permiten al Consumidor Obtener Descuentos en su Póliza. Revista CESCO de Derecho de Consumo 19: p. 52-55.

SUNDARARAJAN, Arun (2016) The Sharing Economy. The MIT Press.

SWISS RE (2016) Mutual Insurance in the 21st Century: Back to the Future? 4/2016, Sigma.

TALONEN, Antti (2016) Systematic Literature Review of Research on Mutual Insurance Companies. Journal of Co-operative Organization and Management 4, 2: p. 53-65.

TURCOTTE, Michel (2017) L'Assurance sans Assureur ou le P2P. Assurances et Gestion des Risques/ Insurance and Risk Management 84, 1-2: p. 77-87.

WÄLDER, Johannes (1971) Über das Wesen der Versicherung. Ein methodologischer Beitrag zur Diskussion um den Versicherungsbegriff. Duncker & Humblot.

WILSON JR., Jay D. (2017) Creating Strategic Value Through Financial Technology. Wiley.

YAN, Tan Choon; Schulte, Paul; Chuen, David Lee Kuo (2017) InsurTech and FinTech: Banking and Insurance Enablement. In: Handbook of Blockchain, Digital Finance, and Inclusion, David Lee Kuo Chuen; Robert Deng (ed.). Elsevier: p. 249-281.

ZWACK, Thomas (2017) Peer-to-Peer-Geschäftsmodelle zur Absicherung privater Risiken. Springer.

48
RIGHTS OF INVESTORS IN THE CONTEXT OF ALGORITHMIC ARTIFICIAL INTELLIGENCE TECHNOLOGIES AND AUTOMATIZATION

Aleksandr P. Alekseenko

PhD in Law, Associate Professor the Department of Civil Law Disciplines, Vladivostok State University of Economics and Service (VSUES), alekseenko.a.p@gmail.com.

Summary: 1. Introduction. 2. New Technologies and investments. 2.1 New technologies, new risks. 2.2 Meaning of Robo-Advisors, HFT and Smart Contracts. 3. Robo-advisors as the New Intermediaries in the World of Investments. 3.1 Impact of Robo-advisors on the Sphere of Investments. 3.2 Brief Overview of Existing Legal Framework for Robo-advisors. 4. Investments and High Frequency Trading. 4.1 HFT and investors risks. 4.2 HFT and MiFID II. 5. Smart contracts and risks of their implementation in the sphere of investments. 5.1 Risks of automatisation and blockchanisation. 5.2 Smart contracts and legislation. 6. Question to answer. 7. Conclusions. 8. References.

1. INTRODUCTION

Digital technologies have a colossal impact on economic processes in modern society. In a very short period of time appeared new techniques of doing business as well methods of contracts formation. Of course all these innovations affected the sphere of investments. Financial organisations use digital platforms and algorithmic artificial intelligence technologies to offer their consumers new quality of service. These algorithms can in many ways outperform humans due to their ability to process larger amounts of information in short time spans.[1] Investment companies with the help of artificial intelligence (AI) automate client interaction, participate in high frequency trading (HFT), analyse the market, find signals for higher (and uncorrelated) returns and optimise trading execution, devise trading and investment strategies, adjust their trading and investment strategies in accordance with a changing environment in a swift manner, thus improving price discovery and reducing overall transaction costs in the system etc.[2]

Today based on the AI technologies robo-advisors are playing the key role on the financial markets. For example Russian investment company "Tinkoff JSC" use AI Research Engine which analyse securities by different criteria: growth potential, analyst

1. Magnuson, William J., Financial Regulation in the Bitcoin Era (March 23, 2018). *Stanford Journal of Law, Business, and Finance*, v. 23, n. 2, 2018.
2. Artificial intelligence and machine learning in financial services Market developments and financial stability implications. Available at https://www.fsb.org/wp-content/uploads/P011117.pdf.

forecasts, dividend yield, stock liquidity, risk parameters.[3] Moreover, in some cases AI not only makes analytics, but also makes deals. William J Magnuson noted that "robo-advisors deploy sophisticated algorithms to assess an individual investor's risk profile, time horizon, and other characteristics to fashion investment portfolios. Potential investors simply go to the robo-advisor's internet site, fill out a simple questionnaire, and then can hand over control of their investments to the robo-advisor's algorithm. The algorithm can send out buy and sell orders, rebalance portfolios, and even respond to changing legal incentives, such as engaging in "tax harvesting" to reduce the investor's income taxes".[4] Growth of blockchain platforms also affected financial markets by appearance of smart contracts and transformation of cryptocurrencies and digital tokens to a new kind of assets for trading.[5] It is doubtless that the sphere of investments is among the most digitalised.[6]

From the one point of view algorithmic AI technologies help to eliminate human mistakes. Algorithmic AI technologies make possible extremely cut the time for decision-making on investment markets by using mechanisms which provide deep analysis of big amounts of data, while automation provides execution of contract without any chance to change it. At the same time AI decision-making and automation raise new risks for investors. It is not a secret that even the most sophisticated algorithms are constructed by a human, so they may have different bugs which are results of an improper understanding of the nature of investments. Of course, some system errors may be intentionally added by dishonest programmer. Also, investors and trades should not forget about cybersecurity and resistance of AI to computer viruses. Moreover, there are a lot of problems connected with protection of holders of digital tokens, especially in the states where digital assets are unregulated or illegal. So, new technologies raise new risks, thus researchers rightly stated that:

"The sheer amount of data facilitates looking at correlations rather than causations, and correlations can lead to unintended, and socially regressive, consequences. Yet the methods to properly supervise and control selflearning algorithms are yet to be developed. Cybersecurity risks and techbased complexity challenge supervisors and regulators trained to deal with traditional financial services. The clash of cultures of traditional bankers communicating with computer scientists prompts risks of miscommunication and design and compliance failures. As a seemingly ever-increasing number of ever-more spectacular cyberattacks and IT bugs have demonstrated, these new risks could mean the net impact of FinTech for some investors and clients of financial intermediaries will be

3. See https://www.tinkoff.ru/about/news/08072019-tinkoff-investments-ai-research-engine/.
4. Magnuson, William J., Financial Regulation in the Bitcoin Era (March 23, 2018). *Stanford Journal of Law, Business, and Finance*, v. 23, n. 2, 2018.
5. Giudici, G., Milne, A.; Vinogradov, D. Cryptocurrencies: market analysis and perspectives. *J. Ind. Bus. Econ.*, v. 47, p. 1-18, 2020. https://doi.org/10.1007/s40812-019-00138-6.
6. Buckley, Ross P.; Arner, Douglas W.; Zetzsche, Dirk Andreas; Selga, Eriks, The Dark Side of Digital Financial Transformation: The New Risks of FinTech and the Rise of TechRisk (November 18, 2019). *UNSW Law Research Paper No. 19-89, European Banking Institute Working Paper 2019/54, University of Luxembourg Law Working Paper 2019-009, University of Hong Kong Faculty of Law Research Paper No. 2019/112, Singapore Journal of Legal Studies (Forthcoming)*, Available at SSRN: https://ssrn.com/abstract=3478640 or http://dx.doi.org/10.2139/ssrn.3478640.

negative. FinTech has not abolished risks. It has altered the type of some existing risks and added new risks, including one we have referred to as Global Technology Risk (GTR)".[7]

2. NEW TECHNOLOGIES AND INVESTMENTS

2.1 New technologies new risks

This paper aims to find principles allowing to elaborate regulatory approach for protection of investor's rights when investment companies use algorithmic technologies, including AI technologies. It is doubtless that in the nearest future AI will has a huge impact on investment technologies, so it raised questions concerning legal regulation of decision making delegation from a human to preprogrammed algorithms. Automation and blockchainisation makes it necessary to find a regulatory approach allowing to decrease potential risks as well protect and guarantee the legitimate rights of investors. Because of the advantages of Internet many investment platforms and cryptocurrency exchanges have multinational character, so internationalised common principles for application of algorithmic artificial intelligence technologies in the sphere of investments should be established. Eventually, it is important to understand, who bears liability when the AI takes decisions which are harmful for investors and national markets. Thus, national regulators should be prepared to modify legal framework and adapt existing rules to a new reality.

2.2 Meaning of Robo-Advisors, HFT and Smart Contracts

As it was noted, today there are three main algorithmic technologies applied in the sphere of investments: Robo-advisors, HFT, and smart contracts. Despite of the international character of these technologies, unfortunately, there are not internationally recognized definitions, which could be used by national regulators in their cross-border financial interaction. However, national regulators in some countries as well legal scholars propose their own vision on the issue.

A. Robo-advisors

Some national regulators make attempts to describe Robo-advisor on the official level. For example, Australian Securities and Investment Commission defines them in Regulatory Guide 255 *Providing digital financial product advice to retail clients* as algorithms and technology, which provided with automated financial advice without the direct involvement of a human adviser.[8] Meanwhile, there are at least four of types of robo--advisors,[9] they differ from each other by the degree of human participation in making

7. Zetzsche, Dirk Andreas; Arner, Douglas W.; Buckley, Ross P.; Weber, Rolf H., The Future of Data-Driven Finance and RegTech: Lessons from EU Big Bang II (March 27, 2019). *European Banking Institute Working Paper Series 2019/35, UNSW Law Research Paper No. 19-22, University of Luxembourg Law Working Paper N. 005-2019, University of Hong Kong Faculty of Law Research Paper No. 2019/004*, Available at SSRN: https://ssrn.com/abstract=3359399 or http://dx.doi.org/10.2139/ssrn.3359399.
8. Regulatory Guide 255 Providing digital financial product advice to retail clients.
9. The expansion of Robo-advisory in wealth management Available at https://www2.deloitte.com/content/dam/Deloitte/de/Documents/financial-services/Deloitte-Robo-safe.pdf.

investment decision, but all of them have a similar feature which is automated service on information collection and provides specifically tailored investment recommendations to the client based on the client's input.[10] Therefore, in general a robo-advisor is a software (computer program or application) containing algorithm that ranks, or matches consumers to, financial products on a personalized basis[11] or helps investors somehow.[12]

B. High Frequency Trading

As with the situation on Robo-advisors there is no broadly accepted definition of HFT. [13] Researchers qualify HFT as a trading technique that is characterized by a short holding periods of trading positions, high trading volume, frequent order updates, and proprietary trading.[14] This point of view mostly coincides with the position of European Parliament. In 2018 EU Parliament enforced MiFID II[15] defining HFT as algorithmic trading method, which is characterised by:

> a) infrastructure designed to minimise network and other types of delays, having at least one of the following features for algorithmic opening of positions: co-location (hardware hosting), approximate hosting, or high-speed direct electronic access to the marketplace;
>
> b) a system for determining the procedure for filing, creating, transmitting or executing an application without human intervention;
>
> c) high speed of execution of actions during the trading day, which include the filing of an order, quotation or cancellation of orders;
>
> d) order initiation, generating, routing and execution which are determined by the system without human intervention for each individual trade or order, short time-frame for establishing and liquidating positions.

C. Smart contracts

The definition of a smart-contract is not well-established even among IT professionals, but it is indisputably that the key features of smart contracts are their execution without human involvement and impossibility to overturn transaction.[16] International Financial Corporation describes smart contracts as self-executing software code that runs on a blockchain. The code in the smart contract defines the terms of an agreement on an "if" and "else" basis and then automatically enforces those terms if and when the

---

10. Maume, Philipp. Regulating Robo-Advisory (April 20, 2018). *Texas International Law Journal*, v. 55, n. 1, Fall 2019, pp. 49-87, Available at SSRN: https://ssrn.com/abstract=3167137 or http://dx.doi.org/10.2139/ssrn.3167137.
11. Baker, Tom; Dellaert, Benedict G. C., Regulating Robo Advice Across the Financial Services Industry (2018). *Iowa Law Review*, v. 103, P. 713, 2018, *U. of Penn, Inst for Law & Econ Research Paper N. 17-11*, Available at SSRN: https://ssrn.com/abstract=2932189 or http://dx.doi.org/10.2139/ssrn.2932189.
12. Sanz Bayón, Pablo; Vega, Luis Garvía, Automated Investment Advice: Legal Challenges and Regulatory Questions (2018). *Banking & Financial Services Policy Report*, v. 37, n. 3, March 2018, pp. 1-11. ISSN: 1530-499X, Available at SSRN: https://ssrn.com/abstract=3226651.
13. Gomber, Peter; Arndt, Björn; Lutat, Marco; Uhle, Tim Elko. *High-Frequency Trading* (2011). Available at SSRN: https://ssrn.com/abstract=1858626 or http://dx.doi.org/10.2139/ssrn.1858626.
14. Gomber, P.; Haferkorn, M. High-Frequency-Trading. *Bus Inf Syst Eng*, v. 5, 97–99, 2013. https://doi.org/10.1007/s12599-013-0255-7.
15. Directive 2014/65/EU of the European Parliament and of the Council of 15 May 2014 on markets in financial instruments and amending Directive 2002/92/EC and Directive 2011/61/EU Text with EEA relevance.
16. World Bank Group. 2020. Smart Contract Technology and Financial Inclusion. Fintech Note; N. 6. World Bank, Washington, DC. Available at https://openknowledge.worldbank.org/handle/10986/33723.

specific criteria programmed into the code are met.[17] It should be bearing in mind that smart contracts are highly connected with digital asset circulating within the blockchain, so their potential can be realised in the sphere of cryptocurrencies.

3. ROBO-ADVISORS AS THE NEW INTERMEDIARIES IN THE WORLD OF INVESTMENTS

3.1 Impact of Robo-advisors on the Sphere of Investments

Development of FinTech industry stimulates application of new technologies allowing automating different services.[18] Since 2008 Robo-advisors spread widely in the sphere of personal financial consulting,[19] and assets under management in the Robo-advisors segment are projected to reach US$987,494m in 2020.[20] Thanks to this new technology private investors have an opportunity to get in a short period of time analysis of financial markets and recommendations on investing strategies from computer programs. Investors can even entrust AI to choose and buy securities. Deloitee notes that sophisticated risk management and profiling questionnaires led to direct investments via self-learning AI investment algorithms. They shift between different asset classes based on changing market conditions and individual investment needs such as profit, risk appetite, and liquidity aspects, monitor and adjust single client portfolios in real time to keep on track with their selected investment strategy.[21]

In Russia Robo-advisors are taking the first steps. Robo-advisors of banks VTB, Alfa-Capital, AK-BARS, Sberbank can provide financial consulting, as well as the formation and management of an investment portfolio. For example, since 2016 Russian largest bank Sberbank together with FinEx launched a robotic financial advisor, which is able to determine the client's needs and his propensity to take risks, select investment assets for a client and manage his portfolio and also regularly carry out rebalancing in it, buying and selling securities. The role of the investor himself is reduced to monitoring the operation of the service, while the most important operations, for example, the purchase of securities on the exchange, must be manually verified by a specialist.[22] The robotic financial advisors invests exclusively in exchange-traded funds traded on the Moscow Exchange. The minimum investment using the service is 100 thousand rubles (about 1285,29 USD) and the Robo-adviser takes only a commission of 1.5% per year on the value of assets. In 2018 Russian IT company Yandex launched Yammi

17. International Financial Corporation (IFC) (2019), Blockchain: Opportunities for Private Enterprises in Emerging Markets https://www.ifc.org/wps/wcm/connect/2106d1c6-5361-41cd-86c2-f7d16c510e9f/201901-IFC-EMCompass-Blockchain-Report.pdf?MOD=AJPERES&CVID=mxYj-sA.
18. Arner, Douglas W.; Barberis, Janos Nathan; Buckley, Ross P., The Evolution of Fintech: A New Post-Crisis Paradigm? (October 1, 2015). *University of Hong Kong Faculty of Law Research Paper No. 2015/047, UNSW Law Research Paper N. 2016-62*, Available at SSRN: https://ssrn.com/abstract=2676553 or http://dx.doi.org/10.2139/ssrn.2676553.
19. Top robo-advisors in 2020: Performance reviews, returns, and comparisons URL: https://www.businessinsider.com/best-robo-advisors.
20. Robo-Advisors worldwide https://www.statista.com/outlook/337/100/robo-advisors/worldwide.
21. The expansion of Robo-advisory in wealth management Available at https://www2.deloitte.com/content/dam/Deloitte/de/Documents/financial-services/Deloitte-Robo-safe.pdf.
22. Automatic investment. Available at https://www.rbc.ru/newspaper/2017/05/17/591af0c49a79477853b309cf.

robotic financial advisor which allows start investing with only 5 thousand roubles.[23] So, it is clear that thanks to the Robo-adviser banks can attract investors who earlier have no chance to invest because of high expenses on financial adviser. Applications of AI for robo-advice might facilitate people's use of various asset markets for their investments.[24] As mentioned the head of the Association of Banks of Russia Georgiy Luntovsky "the usual form of formation an investment portfolio by communicating with a financial consultant in robo-advising is being replaced by a software algorithm. Existing platforms already know how to determine the needs of the client and his propensity to take risks, to form an investment portfolio based on this data. Such a service helps to save up for large purchases, keep savings, and also take care of your own pension".[25]

Meanwhile, despite of all advantages "there are many mixed features in Robo-advisors that could generate new challenges for the existing legal rules, principles, institutions and entities, in case they only advise, or manage portfolios, or also make investments on behalf of their clients". [26] Limited manner of communication between an investor and Robo-advisor raises concerns about the ability of the robot to substitute a human when it is needed to perform fiduciary duties. The Robo-advisor formulae investment strategy basing on the answers of the client, but they could be wrong because a client does not have a clear understanding of his financial circumstances, so only a human advisor can understand a real behavior pattern of an investor. Robo-advisors may also undermine stability of financial market by giving similar recommendations and fulfilling the same investment strategy.[27]

One more concern is connected with the software abilities to manage investments in the way announced by its operators. In December 2018, the US Securities and Exchange Commission (SEC) charges 2 Robo-advisers with false disclosures. Wealthfront a Robo-adviser with over $US 11 billion in client assets under management was fined $US 250000, and Hedgeable Inc. Robo-advisers were imposed $US 80,000 penalty. The SEC noted that Wealthfront made false statements about a tax-loss harvesting strategy it offered to clients. Hedgeable Inc. made a series of misleading statements about its investment performance by posting on its website and social media purported comparisons of the investment performance of Hedgable's clients with those of two Robo-adviser competitors and compared this with rates of return that were not based on competitors' actual trading models.[28]

---

23. See https://yammi.io/?utm_medium=yasmm&utm_source=blog&utm_campaign=Yammi&utm_content=.
24. Artificial intelligence and machine learning in financial services Market developments and financial stability implications https://www.fsb.org/wp-content/uploads/P011117.pdf.
25. Luntovsky, G. Marketplace as a means of increasing the availability of financial services. 2018, *Banking Review*, n. 9, at 26. <Лунтовский Г. Маркетплейс как средство повышения доступности финансовых услуг // Банковское обозрение>.
26. Schweighofer Kummer Saarenpää Schafer (dirs.), Datenschutz LegalTech: *Tagungband des 21 Internationalen Rechtsinformatik Symposions IRIS 2018*, Editions Weblaw, Bern (Switzerland), 2018, p. 311-318. ISBN: 9783906940212.
27. Maume, Philipp. Regulating Robo-Advisory (April 20, 2018). *Texas International Law Journal*, v. 55, n. 1, Fall 2019, p. 49-87, Available at SSRN: https://ssrn.com/abstract=3167137 or http://dx.doi.org/10.2139/ssrn.3167137.
28. SEC Charges Two Robo-Advisers With False Disclosures. Available at https://www.sec.gov/news/press-release/2018-300.

3.2 Brief Overview of Existing Legal Framework for Robo-advisors

The appearance of Robo-advisors stressed the question of the possibility to apply to them existing regulatory framework, so all states around the globe shall make a decision how to treat robo-advisors. National regulators of the financial market have different approaches towards participation of Robo-advisors in investment activities. For example Australia[29] promotes robo-advisors and published Regulatory Guide 255 *Providing digital financial product advice to retail clients*. This document does not introduce new regulatory approaches to the financial market. As stated Australian Securities and Investment Commission "this is because the law is technology neutral, and the obligations applying to the provision of traditional (i.e. nondigital) financial product advice and digital advice are the same".[30] Meanwhile, Regulatory Guide 255 provides some rules to the participants of the industry, par. RG 255.61 prescribes to a holder of digital advice license ensure that there are people within his business who: have an understanding of the technology and algorithms used to provide digital advice; and are able to review the digital advice generated by algorithms. Thus, Australia didn't elaborate new legislation for Robo-advisors, but issued regulatory rules describing how to obey the law in this specific sphere.

Contrariwise Australian approach, there are opposite experience. Germany does not support idea to elaborate specific regulatory regime and treats Robo-advisors the same way as traditional financial advisors. German Federal Financial Supervisory Authority (BaFin) published information[31][32] on its web-site that robo-advice is usually categorised under Section 1 (1a) sentence 2 no. 1a of the German Banking Act as an investment advice if the customers, on the basis of the details they provide, receive investment suggestions relating to specific financial instruments. Therefore, in accordance with section 32 of the German Banking Act providers of robo-advice shall obtain authorisation in BaFin.

In the USA robo-advisors are subject to registration with the SEC. They are regulated by the same laws like human financial consultants.[33] It is interesting to note, that particular states are Robo-advisors unfriendly. Professor Maume argued that "the Massachusetts Securities Division even announced that it would refuse to authorize applications lodged for Robo-advisors. As a result, the operating conditions in various financial markets with huge growth potential are very different, presenting major uncertainties for market participants".[34]

29. Regulatory Guide 255 Providing digital financial product advice to retail clients was issued on 30 of August 2016. It brings together some of the issues that persons providing digital advice to retail clients need to consider when operating in Australia – from the licensing stage through to the actual provision of advice. This guidance builds on Regulatory Guide 36 Licensing: Financial product advice and dealing and should be read in conjunction with other Australian Securities and Investment Commission regulatory guides concerning financial product advices.
30. Digital advice providers. Available at https://asic.gov.au/regulatory-resources/find-a-document/regulatory-guides/rg-255-providing-digital-financial-product-advice-to-retail-clients/.
31. Robo-advice and auto-trading – platforms for automated investment advice and automatic trading. Available at https://www.bafin.de/EN/Aufsicht/FinTech/Anlageberatung/anlageberatung_node_en.html.
32. Robo-advice – Automated investment advice in supervisory practice. Available at https://www.bafin.de/SharedDocs/Veroeffentlichungen/EN/Fachartikel/2017/fa_bj_1708_RoboAdvice_en.html.
33. Investor Bulletin: Robo-Advisers Feb. 23, 2017. Available at https://www.investor.gov/introduction-investing/general-resources/news-alerts/alerts-bulletins/investor-bulletins-45.
34. Maume, Philipp. Regulating Robo-Advisory (April 20, 2018). *Texas International Law Journal*, cit.

In Russia relations between a Robo-advisor and an investor are regulated only with the help of the fiduciary management agreement. There are not special rules for Robo--advisor which makes any difference between them and other financial consultants. Moreover, the Central Bank of Russia is suspicious of robo-advising, believing that they are vulnerable to hacker attacks, as well as not very effective.[35] Meanwhile, despite of scepticism the Central Bank of Russia approved the Action Plan (road map) for the Implementation of the Main Directions of Development of the Financial Market of the Russian Federation for the Period 2019 – 2021. It aims to create a regulatory framework for the functioning of robot advisors and improve approaches of admission of robot advisors to the financial market. In 2021 the Central Bank of Russia will announce a report describing a legal status of robot advisors and measures ensuring the protection of the rights of investors. The core principle for development the Russian framework for the digitalization of the financial market is the protection of financial institutions and their clients from cyber threats. Therefore, the Bank of Russia is developing national information security standards, which will contribute to the confidence in financial technologies. All named measures will expand the possibilities for the use of the Robo-advisors when making investment decisions, remove barriers to the use of financial services associated with low financial literacy of private investors.[36]

A brief overview of legal approaches to regulation of Robo-advisors showed that they are treated the same way as a human. Some states, for example Australia, underlining similarity of Robo-advisors with human consulters elaborated guidelines explaining how Regulatory body interprets the law and what Robo-advisors should do in order to apply for a licence. Meanwhile, despite the fact that Robo-advisors are doing the same work as financial market brokers, they are significantly different from traditional services in the sphere of investments also it "would be naïve to simply assume that intermediaries will always choose the algorithms and choice architecture that are best for consumers, rather than those that are best for the intermediaries".[37] Development and implementation of AI in the industry will increase necessity to reload legal approach in the sphere.

4. INVESTMENTS AND HIGH FREQUENCY TRADING

4.1 HFT and investors risks

Algorithmic technologies give a lot of opportunities for sophisticated financial market traders, makes their work faster, herewith new horizons are opened for investors who deals with HFT. This is possible because of "programs that automatically execute

35. Tarasenko, Olga. Digital transformation of banking and payment systems in Russia. *Entrepreneur Law*, n. 3, p. 3-10, 2019. <Тарасенко О.А. Цифровое преобразование банковской и платежной систем России // Предпринимательское право>.
36. Antonova, N.V.; Balkhaeva, S.B.; Gaunova, J.A. *et al. In:* Tikhomirov, Yu. A.; Nanba, S. B. (Eds.). *Legal concept of robotization*: monograph. Moscow: Prospect, 2019. 240 p. <Юридическая концепция роботизации: монография / Н.В. Антонова, С.Б. Бальхаева, Ж.А. Гаунова и др.; отв. ред. Ю.А. Тихомиров, С.Б. Нанба. М.: Проспект, 2019. 240 с.>.
37. Baker, Tom; Dellaert, Benedict G. C. Regulating Robo Advice Across the Financial Services Industry (2018). *Iowa Law Review*, v. 103, p. 713, 2018, *U of Penn, Inst for Law & Econ Research Paper No. 17-11*, Available at SSRN: https://ssrn.com/abstract=2932189 or http://dx.doi.org/10.2139/ssrn.2932189.

trades on the basis of market information. These trading strategies rely on speed and automation to gain an advantage over their rivals. They can process information and make investment decisions based on that information much faster than any human could ever hope to do so – in some cases, the algorithms allow trading firms to purchase or sell securities in a matter of microseconds".[38]

Besides significant opportunities usage of HFT bears great challenges. In 2010 flash crash erased more than $800 billion from the value of U.S. stocks in a few minutes because of a trader's manipulation; in 2015, New York Security Exchange blamed a 3 ½ hour closure on a computer malfunction.[39] The main cause why named situations were happened is a systematic risk which can be the "result of malfunctioning rogue algorithms, which – bombard a marketplace with orders until the marketplace's infrastructure is no longer able to cope with the amount of orders".[40] Scholars noted that "trading algorithms rely on simplified assumptions about the nature of markets and individuals. When these assumptions are proved wrong, or errors are made in the programs, the speed and automaticity of algorithmic decision making makes the consequences potentially more harmful".[41] Today automation overlaps financial markets and will increase its presence in the sphere of investments. Thus, HFT raises new types of risk which are strongly connected with an algorithm's model and easily spread.[42]

4.2 HFT and MiFID II

Unfortunately, only a few countries provide a legislative framework allowing to control rapidly developing automatisation, existing legal weaponry is still not sufficient to directly and efficiently regulate advanced algorithms,[43] and the supranational regulation is enforced only in the EU. Today the EU is a front-runner in establishing a general rules for HFT regulation by enacting MiFID II.[44] Thanks to MiFID II, the EU has demonstrated that innovative technologies in the financial sphere can be regulated on a supranational level. MiFID II includes rules governing the trading of financial instruments using algorithmic trading methods. The core principles of MiFID II are reducing the systematic and cybersecurity risks associated with the use of algorithmic technologies, providing sufficient liquidity in the financial market as well as eliminating the risks of erroneous and illegal actions of clients and investment companies.

38. Magnuson, William J., Financial Regulation in the Bitcoin Era (March 23, 2018). *Stanford Journal of Law, Business, and Finance*, v. 23, n. 2, 2018.
39. QuickTake. Trading on Speed By Annie Massa and Sam Mamudi. Available at https://www.bloomberg.com/quicktake/automated-stock-trading.
40. Gomber, Peter; Arndt, Björn; Lutat, Marco; Uhle, Tim Elko, *High-Frequency Trading* (2011). Available at SSRN: https://ssrn.com/abstract=1858626 or http://dx.doi.org/10.2139/ssrn.1858626.
41. Magnuson, William J., Financial Regulation in the Bitcoin Era (March 23, 2018). *Stanford Journal of Law, Business, and Finance*, v. 23, n. 2, 2018.
42. Panisi, Federico. Blockchain and 'Smart Contracts': FinTech Innovations to Reduce the Costs of Trust (November 1, 2017). Available at SSRN: https://ssrn.com/abstract=3066543 or http://dx.doi.org/10.2139/ssrn.3066543.
43. Fitsilis, Fotios. Imposing Regulation on Advanced Algorithms (September 1, 2019). Fitsilis, F. (2019) *Imposing Regulation on Advanced Algorithms*. Cham: Springer, Available at SSRN: https://ssrn.com/abstract=3603005.
44. Fitsilis, Fotios. Imposing Regulation on Advanced Algorithms (September 1, 2019). Fitsilis, F. (2019) *Imposing Regulation on Advanced Algorithms*. Cham: Springer, Available at SSRN: https://ssrn.com/abstract=3603005.

The Flash crash of 2010 demonstrated that it is important to prevent possible negative consequences arising from the reluctance of high-frequency traders to continue to maintain current liquidity in the market. In order to avoid market disruption, MiFID II establishes the rule that an investment company engaged in algorithmic trading that implements a strategy for creation of a market, should, taking into account liquidity, the scale and nature of a particular market and the characteristics of financial instruments. For example, Article 17 (3) of MiFID II reads as follows:

An investment firm that engages in algorithmic trading to pursue a market making strategy shall, taking into account the liquidity, scale and nature of the specific market and the characteristics of the instrument traded:

> (a) carry out this market making continuously during a specified proportion of the trading venue's trading hours, except under exceptional circumstances, with the result of providing liquidity on a regular and predictable basis to the trading venue;
>
> (b) enter into a binding written agreement with the trading venue which shall at least specify the obligations of the investment firm in accordance with point;
>
> (c) and have in place effective systems and controls to ensure that it fulfils its obligations under the agreement referred to in point (b) at all times

MiFID II allows the EU to enhance transparency of the financial market, increase consumers' confidence and strengthen their protection. At the same time all named measures raises the cost of running HFT businesses and can trigger industry consolidation, reduce competition, and increase margins (and market share) for significant players.[45]

So, Future of the HFT doesn't seem vague, despite of its shortcomings, HFT is still attractive for traders who use it at the emerging markets where they trade over-the-counter derivatives and bonds.[46] Also, there are no barriers to apply HFT in the blockchain industry, or combine it with AI in the future. All this will spread new opportunities and threats for investors. The MiFID II doesn't include provisions on AI, but the technologies do not stand still. Therefore, a legislator should be ready to adopt existing rules to a new reality where HFT will be operated by Robo-traders.

5. SMART CONTRACTS AND RISKS OF THEIR IMPLEMENTATION IN THE SPHERE OF INVESTMENTS

5.1 Risks of automatisation and blockchanisation

Last decade blockchain technologies are widely infiltrate sector of alternative financing, so virtual currencies, digital tokens and smart-contracts become an integral part of the sphere of investments. Smart contracts affected a lot the sphere of transactions and changed a typical scheme of the contract execution by transforming a

45. Armour, John; Bengtzen, Martin; Enriques, Luca. Investor Choice in Global Securities Markets (July 1, 2017). *European Corporate Governance Institute (ECGI) - Law Working Paper No. 371/2017, Oxford Legal Studies Research Paper No. 60/2017*, Available at SSRN: https://ssrn.com/abstract=3047734 or http://dx.doi.org/10.2139/ssrn.3047734.
46. Brown, Aaron. High-Frequency Trading Is Changing for the Better. *Bloomberg*, Feb. 10, 2020. Available at https://www.bloomberg.com/opinion/articles/2020-02-10/high-frequency-trading-is-changing-for-the-better.

computer code into an engine of the transaction. Smart contracts basing on blockchain technologies and the distributed validation system are characterised by impossibility to be modified or to be stopped. Therefore, they dramatically reduced settlement risk[47]. Named features of smart contracts make them attractive to investors preferring digital financial assets.

Meanwhile, purchasing digital tokens in an initial coin offering or investing in cryptocurrencies is a high-risk activity.[48] Despite of the high level of 'trust' in blockchain transactions in 2014 Mt. Gox, a Bitcoin exchange lost 744000 bitcoins because of hacker attack.[49] Magnuson notes that "While transactions in Bitcoin and Ethereum are sometimes initiated by individuals, they are increasingly handled by automated "bots" that facilitate the smooth functioning of the network. Because there is no central administrator of the blockchain, this ecosystem can sometimes struggle to deal with unintended, or even illegal, uses of the technology".[50] Moreover, the biggest new threats to financial stability come from the unregulated sector.[51] Usage of blockchain in financial transactions is not regulated by the states in a proper way or even qualified as illegal. Therefore, investors have a little chance to protect their rights. For example, Peoples Court of Chinese Hangzhou, rejected a claim of the investor by arguing that cryptocurrency is illegal in China, therefore illegal interest shall not be protected by the law.[52]

The core idea of blockchain is automation. This makes possible to create smart--contracts which are automatically executed, that is why a lot of concerns are connected with automation of transactions in the blockchain system because of absence of function allowing to stop execution of the contract. Of course, guarantee of the contract execution raises the trust between parties, but it is not always good for investors. It should be bears in mind, that smart contracts left no opportunity for investors to annul or change a contract even in the case of unlawful activities, mistakes, computer or software bugs. Scholars noted that:

"The computer code will not contain human concepts such as largesse or opportunism. It will not be guilty of holding onto funds that should be handed over, nor will it waive rights of recovery because it cannot be bothered to enforce them, or (more consciously) because it will be too expensive to enforce, or because it wants to conserve the relationship between the parties. The computer will simply do what it has been

47. Panisi, Federico. *Blockchain and 'Smart Contracts'*: FinTech Innovations to Reduce the Costs of Trust (November 1, 2017). Available at SSRN: https://ssrn.com/abstract=3066543 or http://dx.doi.org/10.2139/ssrn.3066543.
48. Bacon, Jean; Michels, Johan David; Millard, Christopher; Singh, Jatinder. Blockchain Demystified (December 20, 2017). *Queen Mary School of Law Legal Studies Research Paper No. 268/2017*, Available at SSRN: https://ssrn.com/abstract=3091218.
49. Bitcoin exchange Mt Gox files for bankruptcy protection. *Financial Times*. Available at https://www.ft.com/content/6636e0e8-a06e-11e3-a72c-00144feab7de#axzz2v8w0y2mI.
50. Magnuson, William J. Financial Regulation in the Bitcoin Era (March 23, 2018). *Stanford Journal of Law, Business, and Finance*, v. 23, n. 2, 2018.
51. Avgouleas, Emilios. Regulating Financial Innovation: A Multifaceted Challenge to Financial Stability, Consumer Protection, and Growth (June 24, 2014). Forthcoming, *Oxford Handbook of Financial Regulation* (Oxford University Press, 2015). , Available at SSRN: https://ssrn.com/abstract=2458335.
52. Lingya and Cao Xingxian's second-instance civil judgment for disputes over entrusted financial management contracts <李玲亚、曹杏贤委托理财合同纠纷二审民事判决书> Available at https://wenshu.court.gov.cn.

programmed to do at the outset—funds will be transferred from one party to another on the Distributed Ledger, and other remedies will be triggered".[53]

So, everything that the program code with all its errors and vulnerabilities allows to make is considered a priori legitimate. It is clear that any program code cannot be absolutely free from vulnerabilities, and a program code applied in smart contracts is no exception. In June 2016, the hacker exploited a vulnerability in the distributed autonomous organization (DAO) code and stole cryptocurrency at more than $60 million.[54] Development of quantum computers also underlines the issue of data and investments protection.

Smart contracts also have limitations connected with technological side of blockchain architecture. In order to create crypto protection a blockchain system needs a significant amount of energy, time[55] and computational power. The above factors increase the risks of industry-level investment projects based on the smart contracts. Another problem is a conjunction of smart contracts and AI. Since smart contracts operate in digital ecosystems, decisions about their material conditions and / or the fulfilment of these conditions can be made by systems with AI. Meanwhile, the AI may be black boxes, even to their creators and users,[56] decisions of AI are not always optimal and predictable.

Therefore, it should be decided how to protect investors, when a smart contract affected by a hacker or a mistake is executed and who is liable for errors made in the program code or software which make successful hacker attacks possible.

5.2 Smart contracts and legislation

It is important to understand what legal framework needed to reduce unfavorable consequences evoked by blockchain and smart contracts. When solving technical problems, this problem is solved with the help of comprehensive testing, but when considering legal issues, this approach is not always possible. Despite of smart contracts' ability to reflect the foundational elements of contract formation, the question is whether judiciary systems are prepared for or willing to admit smart contracts in court. The answer to this question is complicated and will vary across jurisdictions.[57]

In Russia, for example, since October of 2019 smart contracts are recognized as a type of contract formation. According to Art. 309 of the Civil Code of the Russian Federation: upon the occurrence of certain circumstances, the transaction can be executed without the separate expression of the will of its parties aimed at fulfilling the obligation by using information technologies determined by the terms of the transaction.

---

53. Unsworth, Rory. Smart Contract This! An Assessment of the Contractual Landscape and the Herculean Challenges it Currently Presents for "Self-executing" Contracts. *In:* Corrales, Marcelo; Fenwick, Mark; Haapio, Helena (Eds.). *Legal Tech, Smart Contracts and Blockchain*. Springer Nature Singapore Pte Ltd., 2019 https://doi.org/10.1007/978-981-13-6086-2 21.
54. Castillo, M. del The DAO Attacked: Code Issue Leads to $60 Million Ether Theft// *CoinDesk*. 2016. 17 June. Available at http://coindesk.com/dao-attacked-code-issue-leads-60-million-ether-theft/.
55. About 10 minutes required to add information about the newly created block to all nodes of the distributed ledger.
56. Bathaee, Yavar. The artificial intelligence black box and the failure of intent and causation. *Harvard Journal of Law & Technology*, v. 31, n. 2, 2018.
57. World Bank Group. 2020. Smart Contract Technology and Financial Inclusion. Fintech Note; No. 6. World Bank, Washington, DC. Available at https://openknowledge.worldbank.org/handle/10986/33723.

This rule introduces a new way to ensure the fulfillment of obligations - the use of information technology. Therefore, based on Part 2 of Art. 309 of the Civil Code of the Russian Federation, a smart contract is a standard (special) contractual structure - an agreement concluded using electronic or other technical means, the terms of which provide for the fulfilment of obligations arising from it upon the occurrence of certain circumstances without a separate additional expression of the will of its parties aimed at fulfilling the obligation through the use of information technology, determined by the terms of the contract.[58]

Russian experience showed that nothing impossible in legalization of smart contracts. However the issue is how to regulate smart contracts ecosystem – blockchain and cryptocurrencies. In Russia named questions are still unanswered. Thus, a legal framework for smart contracts shall include not only rules allowing their usage, but also a regulation concerning the legal status of crypto assets and blockchain platforms.

6. QUESTION TO ANSWER

In a modern globalised society digital technologies don't have physical frames, they can spread over any borders, overcome limitations and lead to greater efficiency in the financial sector[59] or provoke a new crisis. The pandemic situation raised by the COVID-2019 emphasized importance of IT technologies for humanity. Therefore, digital transformation of economy is real and cannot be abolished without serious unfavorable consequences. It means that in the near future problems connected with implementation of new technologies in the sphere of investments will be more significant and urge changes in investment law, adapting it to the temporary needs.

Implementation of Robo-advisors, HFT and smart contracts in the financial market highlights very important questions which should be answered a legislator. The first one is do new technologies dangerous for the market and if "yes" how to regulate the activities of companies and investors applying these technologies? The second is how to protect investors from the hacker attacks, mistakes in a program code and bugs of the soft? The next one is what if the AI will take a leading position in making transactions on the investment market?

7. CONCLUSIONS

The paper demonstrates that the traditional regulatory framework could be applied to new technologies, but it might be inefficient or even ineffective without the elimination or reduction of the technological risks. Today tech risks are equally important as financial risks[60] and it was demonstrated in the paper how they can demolish financial market in

58. Grin, O.S.; Grin, E.S.; Solovyov, A.V. The Legal Design of the Smart Contract: The Legal Nature and Scope of Application. *Lex Russica*, v. 8, p. 51-62, 2019. (In Russ.) https://doi.org/10.17803/1729-5920.2019.153.8.051-062.
59. Magnuson, William J. Financial Regulation in the Bitcoin Era (March 23, 2018). *Stanford Journal of Law, Business, and Finance*, v. 23, n. 2, 2018.
60. Buckley, Ross P.; Arner, Douglas W.; Zetzsche, Dirk Andreas; Selga, Eriks. The Dark Side of Digital Financial Transformation: The New Risks of FinTech and the Rise of TechRisk (November 18, 2019). *UNSW Law Research Paper No. 19-89, European Banking Institute Working Paper 2019/54, University of Luxembourg Law Working Paper 2019-009, University of Hong Kong Faculty of Law Research Paper No. 2019/112, Singapore Journal of Legal Studies* (Forthcoming), Available at SSRN: https://ssrn.com/abstract=3478640 or http://dx.doi.org/10.2139/ssrn.3478640.

a short period of time. Therefore, investment law shall establish technical standards for those who use digital technologies in the sphere of investments. The cornerstone could be regulatory compliance. It means the conjunction of self-regulation with the state regulation aiming to evaluate and test the ability of digital service providers to react on the technical risks from hacker attacks, software bugs, and illegal actions of investors. Of course, there should be transparent pre and post trade reporting concerning stability of transactions. Eventually, developers and providers of digital services, including smart contracts, HFT, Robo-advisors shall be liable for loses which incurs from the vulnerability of program code or unstable software security.

Of course, artificial intelligence will not render traders, but "its invisible hand is already pulling strings within the sector, facilitating everything from faster order execution to detecting bots and scammers". Rise of AI technologies highlighted the need of its regulation by adoption internationally recognized engineering standards of its exploitation and development, as well rules governing what AI may and what AI may not to do. Regulators shall unambiguously pointed out who and when is liable for AI's actions.

Transnational character of IT technologies and interconnection of financial markets urge the necessity of cooperation and exchange of information within national regulators,[61]as well standardisation of requirements applied to providers of digital services. Standardisation of national regulatory approaches via implementation of the supranational model legal framework helps national regulators to develop rules that will leverage different risks connected with protection of the investors' rights. Scholars rightly noted that Europe's experience with its HFT regulatory framework has "a very important determinative impact on the structure of data-driven finance not only in Europe but also in global financial markets, particularly as other jurisdictions consider how best to balance the objectives of data protection and financial regulation while supporting innovation, efficiency and financial stability, and many of them look for role models".[62] The same type of cooperation could be launched to provide standardisation of smart contracts and robo-advisors. Thus, in order to elaborate model legal framework it is necessary to organise international summit of regulatory bodies.

8. REFERENCES

ANTONOVA, N.V.; Balkhaeva, S.B.; Gaunova, J.A. et al. In: Tikhomirov, Yu. A.; Nanba, S. B. (Eds.). Legal concept of robotization: monograph. Moscow: Prospect, 2019. 240 p. <Юридическая концепция роботизации: монография / Н.В. Антонова, С.Б. Бальхаева, Ж.А. Гаунова и др.; отв. ред. Ю.А. Тихомиров, С.Б. Нанба. М.: Проспект, 2019. 240 с.>

---

61. Busch, Danny. MiFID II: Regulating High Frequency Trading, Other Forms of Algorithmic Trading and Direct Electronic Market Access (November 9, 2017). D. Busch, MiFID II: regulating high frequency trading, other forms of algorithmic trading and direct electronic market access, *Law and Financial Markets Review 2016/2*, Available at SSRN: https://ssrn.com/abstract=3068104 or http://dx.doi.org/10.2139/ssrn.3068104.
62. Zetzsche, Dirk Andreas; Arner, Douglas W.; Buckley, Ross P.; Weber, Rolf H., The Future of Data-Driven Finance and RegTech: Lessons from EU Big Bang II (March 27, 2019). *European Banking Institute Working Paper Series 2019/35, UNSW Law Research Paper No. 19-22, University of Luxembourg Law Working Paper No. 005-2019, University of Hong Kong Faculty of Law Research Paper N. 2019/004*, Available at SSRN: https://ssrn.com/abstract=3359399 or http://dx.doi.org/10.2139/ssrn.3359399.

ARMOUR, John; Bengtzen, Martin; Enriques, Luca. Investor Choice in Global Securities Markets (July 1, 2017). *European Corporate Governance Institute (ECGI)*, Law Working Paper No. 371/2017, Oxford Legal Studies Research Paper No. 60/2017. Available at SSRN: https://ssrn.com/abstract=3047734 or http://dx.doi.org/10.2139/ssrn.3047734.

ARNER, Douglas W.; Barberis, Janos Nathan; Buckley, Ross P. The Evolution of Fintech: A New Post-Crisis Paradigm? (October 1, 2015). *University of Hong Kong Faculty of Law Research Paper No. 2015/047*, UNSW Law Research Paper N. 2016-62, Available at SSRN: https://ssrn.com/abstract=2676553 or http://dx.doi.org/10.2139/ssrn.2676553.

ARTIFICIAL INTELLIGENCE AND MACHINE LEARNING IN FINANCIAL SERVICES MARKET DEVELOPMENTS AND FINANCIAL STABILITY IMPLICATIONS https://www.fsb.org/wp-content/uploads/P011117.pdf.

AVGOULEAS, Emilios. Regulating Financial Innovation: A Multifaceted Challenge to Financial Stability, Consumer Protection, and Growth (June 24, 2014). Forthcoming, *Oxford Handbook of Financial Regulation*. Oxford University Press, 2015. Available at SSRN: https://ssrn.com/abstract=2458335.

BACON, Jean; Michels, Johan David; Millard, Christopher; Singh, Jatinder. Blockchain Demystified (December 20, 2017). *Queen Mary School of Law Legal Studies Research Paper No. 268/2017*, Available at SSRN: https://ssrn.com/abstract=3091218.

BAKER, Tom; Dellaert, Benedict G. C. Regulating Robo Advice Across the Financial Services Industry (2018). *Iowa Law Review*, v. 103, p. 713, 2018, U of Penn, Inst for Law & Econ Research Paper No. 17-11, Available at SSRN: https://ssrn.com/abstract=2932189 or http://dx.doi.org/10.2139/ssrn.2932189.

BATHAEE, Yavar. The artificial intelligence black box and the failure of intent and causation. *Harvard Journal of Law & Technology*, v. 31, n. 2, 2018.

BROWN, Aaron. High-Frequency Trading Is Changing for the Better. Bloomberg, Feb. 10, 2020. Available at https://www.bloomberg.com/opinion/articles/2020-02-10/high-frequency-trading-is-changing-for-the-better.

BUCKLEY, Ross P.; Arner, Douglas W.; Zetzsche, Dirk Andreas; Selga, Eriks. The Dark Side of Digital Financial Transformation: The New Risks of FinTech and the Rise of TechRisk (November 18, 2019). *UNSW Law Research Paper No. 19-89, European Banking Institute Working Paper 2019/54, University of Luxembourg Law Working Paper 2019-009, University of Hong Kong Faculty of Law Research Paper N. 2019/112, Singapore Journal of Legal Studies* (Forthcoming), Available at SSRN: https://ssrn.com/abstract=3478640 or http://dx.doi.org/10.2139/ssrn.3478640.

BUSCH, Danny. MiFID II: Regulating High Frequency Trading, Other Forms of Algorithmic Trading and Direct Electronic Market Access (November 9, 2017). D. Busch, MiFID II: regulating high frequency trading, other forms of algorithmic trading and direct electronic market access, *Law and Financial Markets Review*, 2016/2, Available at SSRN: https://ssrn.com/abstract=3068104 or http://dx.doi.org/10.2139/ssrn.3068104.

CASTILLO, M. del. *The DAO Attacked*: Code Issue Leads to $60 Million Ether Theft// CoinDesk. 2016. 17 June. URL: http://coindesk.com/dao-attacked-code-issue-leads-60-million-ether-theft/

FITSILIS, Fotios. Imposing Regulation on Advanced Algorithms (September 1, 2019). *In:* Fitsilis, F. *Imposing Regulation on Advanced Algorithms*. Cham: Springer, 2019. Available at SSRN: https://ssrn.com/abstract=3603005.

GIUDICI, G.; Milne, A.; Vinogradov, D. Cryptocurrencies: market analysis and perspectives. *J. Ind. Bus. Econ.* 47, 1–18 (2020). https://doi.org/10.1007/s40812-019-00138-6.

GOMBER, P.; Haferkorn, M. High-Frequency-Trading. *Bus Inf Syst Eng*, 5, 97–99 (2013). https://doi.org/10.1007/s12599-013-0255-7.

GOMBER, Peter; Arndt, Björn; Lutat, Marco; Uhle, Tim Elko, *High-Frequency Trading* (2011). Available at SSRN: https://ssrn.com/abstract=1858626 or http://dx.doi.org/10.2139/ssrn.1858626.

GRIN, O.S.; Grin, E.S.; Solovyov, A.V. The Legal Design of the Smart Contract: The Legal Nature and Scope of Application. *Lex Russica*. 2019;(8):51-62. (In Russ.) https://doi.org/10.17803/1729-5920.2019.153.8.051-062.

INTERNATIONAL FINANCIAL CORPORATION (IFC) (2019), *Blockchain*: Opportunities for Private Enterprises in Emerging Markets https://www.ifc.org/wps/wcm/connect/2106d1c6-5361-41cd-86c2-f-7d16c510e9f/201901-IFC-EMCompass-Blockchain-Report.pdf?MOD=AJPERES&CVID=mxYj-sA.

INVESTOR BULLETIN: Robo-Advisers Feb. 23, 2017 https://www.investor.gov/introduction-investing/general-resources/news-alerts/alerts-bulletins/investor-bulletins-45.

LEGAL CONCEPT OF ROBOTIZATION: MONOGRAPH / N.V. Antonova, S.B. Balkhaeva, J.A. Gaunova and others; otv. ed. Yu.A. Tikhomirov, S.B. Nanba. Moscow: Prospect, 2019.240 p. <Юридическая концепция роботизации: монография / Н.В. Антонова, С.Б. Бальхаева, Ж.А. Гаунова и др.; отв. ред. Ю.А. Тихомиров, С.Б. Нанба. М.: Проспект, 2019. 240 с.>

LUNTOVSKY, G. Marketplace as a means of increasing the availability of financial services. 2018, Banking Review, n. 9, at 26. <Лунтовский Г. Маркетплейс как средство повышения доступности финансовых услуг // Банковское обозрение>.

MAGNUSON, William J. Financial Regulation in the Bitcoin Era. Stanford *Journal of Law, Business, and Finance*, v. 23, No. 2, 2018.

MAUME, Philipp. Regulating Robo-Advisory (April 20, 2018). *Texas International Law Journal*, Volume 55, Issue 1 (Fall 2019), pp. 49-87, Available at SSRN: https://ssrn.com/abstract=3167137 or http://dx.doi.org/10.2139/ssrn.3167137

PANISI, Federico. *Blockchain and 'Smart Contracts'*: FinTech Innovations to Reduce the Costs of Trust (November 1, 2017). Available at SSRN: https://ssrn.com/abstract=3066543 or http://dx.doi.org/10.2139/ssrn.3066543.

SANZ BAYÓN, Pablo; Vega, Luis Garvía, Automated Investment Advice: Legal Challenges and Regulatory Questions (2018). *Banking & Financial Services Policy Report*, v. 37, n. 3, March 2018, pp. 1-11. ISSN: 1530-499X, Available at SSRN: https://ssrn.com/abstract=3226651.

SCHWEIGHOFER KUMMER SAARENPÄÄ SCHAFER (dirs.), Datenschutz LegalTech: Tagungband des 21 Internationalen Rechtsinformatik Symposions IRIS 2018, Editions Weblaw, Bern (Switzerland), 2018, pp. 311-318. ISBN: 9783906940212.

UNSWORTH, Rory. Smart Contract This! An Assessment of the Contractual Landscape and the Herculean Challenges it Currently Presents for "Self-executing" Contracts. *In:* Corrales, Marcelo; Fenwick, Mark; Haapio, Helena (Eds.). *Legal Tech, Smart Contracts and Blockchain*. Springer Nature Singapore Pte Ltd. 2019 https://doi.org/10.1007/978-981-13-6086-2 21.

WORLD BANK GROUP. 2020. Smart Contract Technology and Financial Inclusion. Fintech Note;No. 6. World Bank, Washington, DC. https://openknowledge.worldbank.org/handle/10986/33723.

ZETZSCHE, Dirk Andreas; Arner, Douglas W.; Buckley, Ross P.; Weber, Rolf H., The Future of Data-Driven Finance and RegTech: Lessons from EU Big Bang II (March 27, 2019). *European Banking Institute Working Paper Series 2019/35, UNSW Law Research Paper N. 19-22, University of Luxembourg Law Working Paper No. 005-2019, University of Hong Kong Faculty of Law Research Paper No. 2019/004*, Available at SSRN: https://ssrn.com/abstract=3359399 or http://dx.doi.org/10.2139/ssrn.3359399.

TARASENKO, Olga. Digital transformation of banking and payment systems in Russia. (2019) *Entrepreneur Law*, n. 3, p. 3-10 <Тарасенко О.А. Цифровое преобразование банковской и платежной систем России // Предпринимательское право>

THE EXPANSION OF ROBO-ADVISORY in Wealth Management. Available at https://www2.deloitte.com/content/dam/Deloitte/de/Documents/financial-services/Deloitte-Robo-safe.pdf.

49
DEPLOYMENT OF AI TECHNOLOGIES IN BANKING SECTOR: COMPARISON OF RUSSIAN AND SINGAPOREAN APPROACHES[1]

Ella Gorian

Ph.D. in Jurisprudence, Associate Professor, School of Law
Vladivostok State University of Economics and Service.

Summary: 1. Introduction. 2. Conclusions. 3. References.

1. INTRODUCTION

Artificial intelligence technologies (AI technologies) are gaining popularity in the banking and financial sectors. Business Insider Intelligence analysts note that about 80% of banking institutions with assets of more than $100 billion and just under half of banks with assets of less than $100 billion are currently implementing projects using AI. The results are expected to be impressive: the industry will generate significant savings of $447 billion by the year 2022 with $416 billion in savings in the front office (conversational banking) and middle office (anti-fraud) only in the USA[2].

In Russia the AI technologies are being used by the largest national bank - Sberbank of Russia: on the decisions of AI 100% of credit cards are issued, more than 90% of consumer loans and over 50% of mortgage loans are approved, and since 2019 AI is integrated into mobile application. The most discussed issues in Russian banking are the technologies for launching a new financial product on the market; technologies for remote verification of clients and protection against fraud; monetization of the new paradigm of customer relations; digitalization of financial services; deployment of digital services in banking, scepticism of bank shareholders on FinTech technologies (despite the fact that more than 50% of Russian banks are actively investing in FinTech startups); the lack of solutions in the b2b segment, cybersecurity and new opportunities in the regulatory field. The use of AI technologies in retail banking services is a standard technological process, now it is a turn for investment banking. Such impressive results should not diminish the degree of attention to AI technologies: since they are a type of information

1. The reported study was funded by RFBR, project number 20-011-00454 «Ensuring the rights of investors in the banking and financial sectors in the context of the digitalization of the economy in the Russian Federation and the leading financial centres of East Asia: a comparative legal aspect.
2. Digalaki E. The $450B opportunity for the applications of artificial intelligence in the banking sector & examples of how banks are using AI (2019).

technology, the security is the question that naturally emerge. In addition, the banking and financial sectors are a part of national critical information infrastructure, that makes them the priority target for cyber-attacks. Therefore, the issue of AI deployment and information security is relevant and essential for the development of a sustainable and effective cybersecurity mechanism.

There are two different approaches in regulation of AI technologies implementation: regulatory (when a state prescribes the imperative regulations and controls the process of AI deployment) and self-regulatory (when a state envisages a certain framework of principles and expects both public and private sector to participate in rule-making process). Russia is following the regulatory approach: both the National Strategy for the Development of Artificial Intelligence[3] and the national program Digital Economy of the Russian Federation both entail the leading role of public authorities and national corporations in ensuring information security. Singapore on the contrary has envisaged the policies and projects aimed at the broadest involvement of private sector actors (pro-business approach).

2. CONCLUSIONS

The most popular definition of artificial intelligence was made by John McCarthy, the head of the Stanford University Artificial Intelligence Laboratory, who considers AI as "the science and engineering of making intelligent machines, especially intelligent computer programs. It is related to the similar task of using computers to understand human intelligence, but AI does not have to confine itself to methods that are biologically observable"[4]. AI can also be defined as "cognitive technologies" used in machine learning, including deep learning and predictive analytics, natural language processing (NLP) including translation, classification, clustering, and information extraction[5]. AI is being used in various spheres of life. Despite the potential consequences of such a widespread deployment of AI, which are being widely discussed by scholars and researchers, there is a need for a legal definition of AI and determination of its place in legal relations. All this refers to the "weak" AI, the opposite of which is the so-called "strong" AI – an artificial general intelligence (AGI), which matches or exceeds human intelligence and is defined as the ability "to reason, represent knowledge, plan, learn, communicate in natural language and integrate all these skills toward a common goal"[6]. The latest modern scientific developments present the "weak" AI, capable of simplifying and accelerating the execution of certain information technology processes - artificial intelligence technologies. Despite the limitations imposed by the modern level of technology, computing power is growing exponentially (according to Moore's law the number of transistors in a dense integrated circuit doubles about every two years) and in ten years the mankind will have the computing power, that is two hundred times

3. National Strategy for the Development of Artificial Intelligence (2019).
4. McCarthy J. What is artificial intelligence? Basic Questions (2007).
5. AI in Law: Definition, Current Limitations and Future Potential (2017).
6. AI in Law: Definition, Current Limitations and Future Potential (2017).

higher than the modern one, which, in turn, will lead to a corresponding increase in the capabilities of AI systems. All industries are trying to use the existing AI technologies to optimize and qualitatively develop processes. As a result, in perspective the market will be divided among those who have relied on the widest deployment of AI technologies.

Nowadays AI technologies are actively being used to ensure information security of the financial and banking sector covering the following areas: combating money laundering and fraud; aggregation of security data; monitoring of cyber threats and prevention of cyber-attacks. For example, in the the 10 largest US banks the OpenMLEngine data processing software[7] is operating to detect and prevent money laundering and fraud. It is used to approve customers application and since the launch the number of approved applications has increased by 70% while the time spent on manual review has been reduced. Despite the increase in the number of users of banking services, the amount of fraudulent activities has decreased[8].

Another software development is being used for security data aggregation. DefenseStorm created software to automate cybersecurity processes using machine learning[9]: both PatternScout and ThreatMatch monitor internal systems in real time in search for abnormal processes. These software tools help a bank to detect and to identify cybersecurity threats in its network, saving long-term security costs and avoiding data leaks. After the integration with this system LiveOakBank was able to optimize the big data search. As a result, the detection of cyber incidents improved by 50-60%: employees used to spend 15-60 minutes on detecting and identifying the process as a cyber threat, after the integration of the platform this time has been reduced to 1-5 minutes[10].

To monitor cyber threats and to prevent cyber-attacks Darktrace has developed EnterpriseImmuneSystem software that uses machine learning to detect and respond to cyber threats in digital environments such as clouds, virtual networks, IoT (internet of things) and industrial control systems[11]. PatternEx offers AI-powered software to detect malicious user intent and predict and prevent cyberattacks[12].

The experts emphasize that the AI technologies aimed at detecting fraud and combating money laundering are the most popular now, and in the next 3-5 years the software products that detect fraud threats in real time will be developed and globally deployed in banking and financial institutions[13].

It should be noted that all products that include AI technologies are developed by representatives of the private sector – FinTech companies. Therefore, the cooperation of private and public sectors are essential: the private actors generate and materialise ideas whereas the public authorities make the rules to regularise the deployment of AI.

7. Feedzai Homepage, https://feedzai.com/.
8. Bharadwaj R. AI for Cybersecurity in Finance – Current Applications (2019).
9. DefenceStorm Homepage, https://www.defensestorm.com/.
10. Bharadwaj R. AI for Cybersecurity in Finance – Current Applications (2019).
11. Darktrace Homepage, https://www.darktrace.com/en/.
12. PatternEx Homepage, https://www.patternex.com.
13. Bharadwaj R. AI for Cybersecurity in Finance – Current Applications (2019).

The next subsections illustrate how Russia and Singapore formalize the approach to regulation of AI.

Russian approach. In Russia, the development and deployment of AI technologies were first regulated in 2016 as part of the implementation of the National Technology Initiative (NTI)[14], although being proclaimed in 2014 as one of the top priorities of national policy. The "Artificial Intelligence" project as a part of NTI is being supervised by the Moscow Institute of Physics and Technology (MIPT). The MIPT's NTI Centre of competences was formed uniting in consortium more than 20 scientific and educational institutions, partners from the industry and small innovative companies, including the largest national bank Sberbank as a representative of the banking sector. The NTI Centre of competences conduct a comprehensive development of the end-to-end technology "Artificial Intelligence". As for the banking sector, the outcome is the fundamentally new technologies for biometric identification of users through the analysis and intelligent processing of human reflex reactions - the development of technology and service for remote biometric identification based on the reflex reactions of a person to exciting stimuli designed to distrust the client device (for example, a smartphone) for verification of transactions during the banking and government service delivery[15].

Since 2019 the development of AI is a separate national strategy (National strategy of development of AI 2030)[16], and it consolidates the principles of development and deployment of AI technologies, as well as it establishes the goals and main tasks of the development. The National strategy of development of AI 2030 contains the legal definition of AI and AI technologies.

Artificial Intelligence is defined as a complex of technological solutions that perform the imitation of human cognitive functions (including self-learning and finding solutions without a predetermined algorithm) and fulfil the specific tasks resulting in solutions comparable with the results of human intellectual activity. It includes the complex of technological solutions: information and communication infrastructure, software (including machine learning methods), processes and services for data processing and search for solutions (para. 5a).

Artificial Intelligence technologies are based on the use of AI, including computer vision, natural language processing, speech recognition and synthesis, intelligent decision support and advanced AI techniques (para. 5b). The National strategy defines the AI technologies through an open list of processes where AI can be deployed (after listing the most promising modern AI processes the wording "promising methods" of AI has been used opening the possibility of including other technologies that may appear in the future according to the above mentioned Moore's law).

The National strategy of development of AI 2030 includes the main principles for the development and deployment of AI technologies (para. 19):

14. National Technological Initiative (2016).
15. NTI Centre of competences "Artificial Intelligence" (2020). National Technological Initiative Homepage, http://nti2035.ru/technology/competence_centers/mipt.php.
16. National Strategy for the Development of Artificial Intelligence (2019).

a) protection of human rights and freedoms. AI deployment processes should comply with the protection of human rights and freedoms guaranteed by national and international rules, including the right to work. Individuals are guaranteed the opportunity to acquire knowledge and skills for successful adaptation to the digital economy.

b) safety: the inadmissibility of using AI for the purpose of intentionally causing harm to individuals and legal entities. All risks of negative impact of AI technologies have to be prevented and minimized.

c) transparency: the AI processes should be explainable including the process to obtaining the results. All users have an access on non-discriminatory basis to the information about the products and services using AI;

d) technological sovereignty. The necessary level of independence of the Russian Federation in the field of AI is to be maintained, including the predominant use of domestic AI technologies and technological solutions developed on the basis of AI;

e) the integrity of the innovation cycle. The close interaction of research, development and industry should be maintained;

f) reasonable frugality. The existing measures aimed at the implementation of national policy in scientific, technical and other areas are the top priority on AI deployment;

g) competitiveness support. The Russian entities involved in AI research, development and deployment processes are granted the freedom of market and anti-monopoly policies.

Among the objectives of AI development, two should be noted that are closely related to security in banking and financial sectors: development of the software based on the AI technologies (para. 24b) and the creation of an integrated regulatory system for public relations in the sphere of development and use of AI technologies (para. 24f). To fulfil these two objectives, the creation of an integrated security system is needed during the processes of creation, development, implementation and use of AI technologies (para. 25f). Such a system should include specially developed uniform standards in the field of security (including fault tolerance) and compatibility of software, reference architectures of computing systems and software, as well as specifically defined criteria for software comparison and criteria for reference open test environments (conditions) in order to determine quality and efficiency of software (para. 34e). The legal and regulatory framework for regulating these processes should be deployed by 2024 and should provide guarantees of access to data and the establishment of procedures for simplified testing and implementation of technological solutions, elimination of administrative barriers to foreign trade, creation of unified systems for standardization and conformity assessment of technological solutions, guarantees of investment activities and ethical rules for human interaction with AI (para. 49).

The responsible regulator for security in financial and banking sector is a financial regulator. In Russia this function is entitled to the Bank of Russia, which regulates the activities of infrastructure projects (digital identification, instant money transfer system) and cyber security issues[17]. It should be noted that despite its high authoritative status the Bank of Russia is not involved in the work of the Centre of competence "Information Security" formed under the NTI, although this Centre operates in 16 subgroups in the following areas: 1) stability and security of the unified telecommunication network of

17. Ella Gorian (2020). Genesis of Russian cyber security legal mechanism: an authentic or a trend alike model?. p. 940.

the Russian Federation (including the Russian segment of the Internet); 2) manageability and reliability of the network of the Russian segment of the Internet; 3) technological independence and security of the hardware and data processing infrastructure; 4) stability and security of the information systems and technologies; 5) the legal regime and technical tools for the functioning of services and the use of data; 6) the legal mode of machine-to-machine interaction for cyber-physical systems; 7) the legal mode of functioning of the machine and cognitive interfaces, including the Internet of things; 8) protection of the rights, freedoms and legitimate interests of the individuals in the digital economy; 9) technical tools to ensure the safe information interaction of individuals in the digital economy; 10) protection of the rights and legitimate interests of business in the digital economy; 11) organizational and legal protection of state interests in the digital economy; 12) creation of effective mechanisms of state regulation and support in the field of information security while integrating the national digital economy into the international economy; 13) laying the foundations for building a trusted Eurasian Economic Union environment providing collective information security; 14) Russia's participation in the preparation and implementation of international documents on information security related to the digital economy; 15) legal support of the implementation of information security direction; 16) human resources and the information security[18]. The exclusion of the financial regulator of the Centre's participants does not correlate with the constitutional status of the Bank of Russia and disbalances the mentioned integrated security system.

To date there is no any specific instruments on AI deployment within information security system of banking and financial operations. The regulations of the Bank of Russia cover such aspects as protection of information systems[19], risk management[20] and outsourcing[21]. There are numerous legal acts which contain provisions to be applied to different aspects of AI deployment: on copyright and patent protection[22], on personal data protection[23], on information and cybersecurity[24], and on critical information infrastructure[25].

18. Information Security (2020). Data Economy Russia 2024 Homepage, https://data-economy.ru/security.
19. Regulation of Bank of Russia on the Electronic information system of Bank of Russia. (2005); Standard of Bank of Russia "Ensuring the Information Security of Organizations of the Banking System of the Russian Federation. General Provisions." (2014)
20. Notice of Bank of Russia "On the Identification of Threats to the Security of Personal Data that are relevant to the processing of personal data in personal data information systems". (2015); Standard of Bank of Russia "Ensuring information security organizations of the banking system of the Russian Federation. Collection and analysis of technical data in response to information security incidents in the implementation of money transfers". (2016); Standard of Bank of Russia "Security of financial (banking) operations. Information Security Incident Management. About the forms and terms of interaction of the Bank of Russia with the participants of information exchange in identifying incidents related to the violation of requirements to ensure the protection of information." (2018).
21. Standard of Bank of Russia "Ensuring information security organizations of the banking system of the Russian Federation. Managing the risk of information security breaches in outsourcing". (2018).
22. Civil Code of the Russian Federation (Part Four). (2006).
23. Federal Act of the Russian Federation "On Personal Data". (2006).
24. Federal Act of the Russian Federation "On Information, Information Technologies and Protection of Information". (2006).
25. Federal Act of the Russian Federation "On the security of the critical information infrastructure of the Russian Federation". (2017).

The biggest bank of Russia – Sberbank is a leader in innovations on AI development and deployment. Since 2019 it has been deployed in its business processes a platform for development, validation, and business monitoring of AI models - Sber.DS. this platform helps to deal with more than 2 thousands AI models being used by in front and middle office processes.

The rapid development of technology makes it possible to use more complex mathematical algorithms. If a few years ago most of the AI models were built using easily interpretable algorithms, now a significant number of them are the complex black box algorithms with non-trivial decision-making logic.

AI models are beginning to be used in various processes to make automatic business decisions. The task is to create a system that would check for compliance with the quality requirements of models so that the probability of erroneous decisions is minimized. Moreover, such checks should be carried out in an automated manner. Another factor considered is the volume of processed data, which is measured in tens of petabytes in Sberbank.

The tasks of the system are determined by the components that are included in it.

The first component is the AI model lifecycle management system (the model library). It is designed to manage user actions on the path of AI model development from idea to implementation in industrial operation. A large number of experts are involved in the business process of creating and using models in the bank, and each of them has different functions and roles. The main task of a lifecycle management system is to orchestrate the model development process and manage the operations that are performed within its framework. In addition, the library is the central repository of all knowledge on models and model initiatives.

The second component is the accelerated model development and validation system. It is necessary to make simpler the process of creating a model and checking its quality. The system is a visual constructor, the use of which allows users with any level of initial training in the shortest possible time and without programming to build a high-quality model. In this way the threshold for entering machine learning is significantly lower and it is being moved from the low-level task of writing code directly to solving strategic problems, planning an experiment, and testing business hypotheses.

Sber.DS platform simplifies the process of checking the quality of models. The platform quickly performs all the necessary mathematical checks, and also quickly carries out the process of alternative modelling using specialized AutoML libraries developed by Sberbank. All typical algorithms in it are implemented in the form of graphical objects – "cubes". A model of any complexity can be easily and quickly created of these cubes, just by connecting the cubes altogether. As a result, it takes less time than if the code had been written on the source code (Python, R, Spark).

As a result, a base of ready-made algorithms is available and they can be combined to create a workflow. Moreover, there is a separate recommendation system, which consists of pre-built models. If a classification problem is solved then this AI model is saved as a recommendation template forming the so-called library of solution. If a problem arises that cannot be solved using the existing library, then the user can create his own cubes in absolutely any programming language. This is a great advantage of Sber.DS platform: the significant reduction of the extension costs and independence of any programming language.

The third component of the platform is a monitoring system for models that are in commercial operation. The workflow is launched on a schedule, and the result of its work is a report that tells about the quality of the model.

The platform can be used both in the cloud and as an installed application. The result is a classic three-tier architecture. There is a front cluster, which is a tool for working with the user, there is a core and a computing cluster on which data is either stored or processed.

Singaporean approach. Singapore is a globally recognized leader in digitalization and implementation of artificial intelligence. In November 2014, Singapore launched a Smart Nation Singapore project aimed at digital integration of the society. It provides all citizens with access to technologies that improve their daily lives, as well as the skills to use these technologies safely and confidently[26]. The scope of the project includes three areas: digital economy, digital government and digital society, that allows to include all subjects of public relations. Smart Nation focuses on 5 key sectors: transportation, home and environment, business productivity, health and aging, public sector services. In 2017, the Ministry of Communications and Information identified four advanced technologies that will contribute to the development of the basic infrastructure of the digital economy: AI, cybersecurity, immersive media and the Internet of Things[27].

In 2019 Singapore presented a Model AI Governance Framework 2019 (Model Framework) at the World Economic Forum in Davos (WEF). Its simplicity and relevance were the factors that inspired many organizations to adopt and implement it in production processes. It was highly evaluated by the European Commission's High-Level Expert Group and the OECD Expert Group on AI. In 2020 the second edition[28] of the Model Framework has been presented at the WEF and it has been used by the Centre for the Fourth Industrial Revolution as a basic document on the development of the Implementation and Self-Assessment Guide for Organisations (ISAGO)[29].

The Singapore Model Framework is one of five projects being implemented as part of the 2017 National AI Singapore Program[30] and National Artificial Intelligence Strategy 2019[31]. The key sectors of AI deployment are transport and logistics, industry, finance, security and safety, cybersecurity, Smart Cities and real estate, healthcare, education and government. Singapore is the largest international financial centre, therefore its experience in AI deployment in banking and financial organisations will influence the implementation of these technologies by other nations – the subjects of the international financial system.

26. Smart Nation Singapore Homepage, https://www.smartnation.gov.sg/.
27. Remolina N. How to Address the AI Governance Discussion? What Can We Learn From Singapore's AI Strategy? (2019). p. 3.
28. Model Artificial Intelligence Governance Framework (Second Edition). (2020).
29. Implementation and Self-Assessment Guide for Organisations. (2020).
30. AI Singapore Homepage, https://www.nrf.gov.sg/programmes/artificial-intelligence-r-d-programme.
31. National Artificial Intelligence Strategy. (2019).

The deployment of AI technologies in Singapore is carried out at all levels and with the involvement of all stakeholders. The Model Framework defines two high-level guiding principles that promote trust in AI and understanding of the use of AI technologies (para. 2.7): (1) clarity, transparency, and fairness. Organizations using AI in decision-making must ensure that the process is clear, transparent and fair. Although perfect explainability, transparency and fairness are impossible to attain, organizations should strive to ensure that their use or application of AI is undertaken in a manner that reflects the objectives of these principles as far as possible; (2) anthropocentric approach - AI solutions should be human-centred. As AI is used to empower human capabilities, the protection of people's interests (including their well-being and safety) must be a top priority when designing, developing and deploying AI solutions.

The Model Framework focuses primarily on four broad areas: Internal Governance Structures and Measures, Determining the Level of Human Involvement in AI-augmented Decision-making, Operations Management, and Stakeholder Interaction and Communication.

The Model Framework aims to develop best practices for data management in general and is mainly applicable to machine learning models. It is not designed to develop methods for dealing with cyberattacks, so organizations are responsible for ensuring the availability, reliability, quality and security of their products and services, regardless of whether they use AI technology. The use of the Model Framework does not exempt an organization from complying with applicable regulations; on the contrary, it helps to ensure the compliance. In addition, the use of the Model Framework presumes the mandatory implementation of data management and protection mechanisms provided by the 2012 Personal Data Protection Act[32] and the OECD Privacy Principles[33].

The Model Framework is designed to help organizations to achieve the following objectives: (a) to build stakeholder confidence in AI through organisations' responsible use of AI to manage different risks in AI deployment; (b) to demonstrate reasonable efforts to align internal policies, structures and processes with relevant accountability-based practices in data management and protection (e.g. the Personal Data Protection Act 2012 ("PDPA") and the OECD Privacy Principles) (para. 2.3).

N. Remolina and J. Seah highlight the unique characteristics of the Model Framework:

> 1) principles based approach: the Model Framework espouses a proper governance structure with clear responsibility assigned to individuals when deploying A.I. A clear definition of roles and accountability - be they an algorithm engineer or a businessperson - is fundamental to ensure responsible deployment of A.I. use cases[34];

32. Personal Data Protection Act. (2012).
33. Guidelines on the Protection of Privacy and Transborder Flows of Personal Data. (2013).
34. Remolina N. How to Address the AI Governance Discussion? What Can We Learn From Singapore's AI Strategy? (2019). p. 6-7.

2) collaborative approach – the industry and the government are working together as partners to come up with some of these measures and frameworks. The industry then applies it during the pilot stage and provides feedback to the Government[35];

3) practical approach - organisations are encouraged to participate in the pilot and provide feedback in order to improve the Model Framework;

4) global and international approach – the Model Framework is being promoted at the WEF and is considered as an example model by the WEF's Centre for the Fourth Industrial Revolution (C4IR);

5) business and objective approach - customers are put first, businesses are being simulated to be open und their operations to be explainable[36].

Same as in Russia AI technologies in Singapore are being regulated by legal provisions of specific acts to be applied to different aspects of AI deployment: the Copyright Act 1987[37], the Patent Act 1994[38], the Competition Act 2004[39] in relation to anti-competitive agreements and concerted actions supported by algorithms; Cybersecurity Act 2018[40] and the Protection from Online Falsehood and Manipulation Act 2019[41], which criminalize certain acts (hacking, denial of service attacks, infecting computer systems with malware) and prevent the electronic transmission of false statements / facts (it is a criminal act to create or modify an automated computer program ("bot") with the intention to communicate false facts)[42].

The Model Framework states (. 2.13), that certain sectors of the economy (such as finance and banking, medicine and legal) may be regulated by existing sector-specific laws, regulations or guidelines. In particular, the Monetary Authority of Singapore has issued the Principles to Promote Fairness, Ethics, Accountability and Transparency (FEAT) in the Use of Artificial Intelligence and Data Analytics in Singapore's Financial Sector (FEAT Principles)[43], which should be used by financial operators while deploying AI technologies and data analytics in financial products and services.

By its legal validity, the FEAT Principles can be classified as a guideline, one of the instruments that is created by the Monetary Authority of Singapore as a financial regulator[44]. FEAT principles govern the conduct of financial operators: violation of such regulations is not a criminal offense and does not entail administrative sanctions, however, the degree of adherence to such guidelines affects the overall risk assessment for a financial operator[45].

---

35. Remolina N. How to Address the AI Governance Discussion? What Can We Learn From Singapore's AI Strategy? (2019). p. 7-8.
36. Remolina N. How to Address the AI Governance Discussion? What Can We Learn From Singapore's AI Strategy? (2019). p. 9.
37. Copyright Act. (1987).
38. Patents Act. (1994).
39. Competition Act. (2004).
40. Cybersecurity Act. (2018).
41. Protection from Online Falsehoods and Manipulation Act. (2019).
42. Lim Chong Kin. AI, Machine Learning & Big Data: Singapore. (2020).
43. Principles to Promote Fairness, Ethics, Accountability and Transparency (FEAT) in the Use of Artificial Intelligence and Data Analytics in Singapore's Financial Sector. (2018).
44. Monetary Authority of Singapore Act. (1970).
45. Supervisory Approach and Regulatory Instruments (2020), Monetary Authority of Singapore Homepage, https://www.mas.gov.sg/regulation/MAS-Supervisory-Approach-and-Regulatory-Instruments.

On developing this document, the Monetary Authority of Singapore collaborated closely with Personal Data Protection Commission (PDPC) and Infocomm Media Development Authority (IMDA) for the better coordination of FEAT Principles with the Model Framework. An expert opinion from Advisory Council on the Ethical use of AI and Data has been obtained. An important addition to the FEAT Principles is a Discussion Paper on Artificial Intelligence (AI) and Personal Data – Fostering Responsible Development and Adoption of AI[46], that provides guidance on the selection of appropriate organizational management measures and the implementation of best practices for data management. The Monetary Authority of Singapore has separately indicated that this guide does not contain prescriptions, only the current basis for the discussion and adoption of regulatory instruments that will be developed by the financial regulator in relation to specific technical or organizational and legal aspects determined in the process of ongoing interaction with financial operators and other participants in relations within the financial and banking sector (para. 2.2).

The first principle identified by the Monetary Authority of Singapore as a guiding principle in the use of AI technologies and the date of analytics (AIDA), it is the principle of fairness. It is focues on two aspects: 1) justifiability and 2) accuracy and bias. In the first case, individuals or groups of individuals should not be systematically disadvantaged through AIDA-driven decisions, unless these decisions can be justified and the same justification is also necessary for the use of personal attributes as input factors for AIDA-driven decisions.

As for the accuracy and bias the data and models used for AIDA-driven decisions should be regularly reviewed and validated for accuracy and relevance, and to minimize unintentional bias. The goal or regular review of the AIDA-driven decisions is the assurance that models behave as designed and intended.

Following the ethics as a guiding principle for AIDA means the compliance with the requirement that these technologies should be treated under the same ethical standards, values and codes of conduct approved by the financial operator, and that the decisions made by AIDA must meet at least the same ethical standards as those made by human.

While using AIDA technologies financial operators must ensure that the principle of accountability is implemented both internally and externally. At the internal level, the use of AIDA technologies in the decision-making process must be approved by the appropriate internal body. Financial operators using AIDA are accountable for both internally developed and externally sourced AIDA models, as well as they are should proactively raise management and Board awareness of that use.

At the external level, there are guarantees such as the right of data subjects to request information and to demand a review of decisions made using AIDA technologies, as well as to provide the additional data for the analysis of such decisions.

The principle of transparency is ensured through a system of guarantees that provide information about AIDA technologies to data subjects as part of the general

46. Discussion Paper on Artificial Intelligence (AI) and Personal Data – Fostering Responsible Development and Adoption of AI. (2020).

exchange of information. In addition, data subjects have a right to obtain complete and understandable explanations about the data which is used to make decisions and how this data influences the decision, as well as what consequences may occur when making decisions using AIDA technologies.

One of the first financial operators that implemented the Model Framework and the FEAT Principles deploying the AI technology is the largest multinational bank in Southeast Asia - DBS Bank. It provides banking and financial services in 18 jurisdictions around the world, with over 100 branches in Singapore alone. To improve operational efficiency and the effectiveness of ongoing supervision for money laundering, DBS Bank has developed and successfully implemented an AI technology - Anti-Money Laundering (AML) Filter Model (AML-filter). identifies predictive indicators of suspicious transactions to reduce the number of false positives generated by the non-AI system, thereby reducing the number of alerts that require manual review[47]. While recognising the vital role AI plays in addressing the limitations of non-AI systems, the bank had an even more pertinent priority – putting in place measures to ensure responsible deployment of the AML-Filter. After all, responsibility translates to accuracy and reliability. For this, the bank took steps to implement several AI governance processes and practices, which included setting up a Responsible Data Use (RDU) framework, for which a RDU Committee was appointed to oversee and govern it. The RDU Committee included senior leaders from different DBS units to ensure appropriate levels of checks and balances as well as a good diversity of views.

The RDU framework comprises three processes aimed to the risk assessment and data management: (1) ensuring that the AI model complies with the main legal requirements, compliance, data security and quality issues; (2) ensuring the responsible use of data in compliance with the bank-approved PURE principles (Purposeful, Unsurprising, Respectful and Explainable); (3) compliance of AI and machine learning models with the technical requirements of the model governance policy adopted by DBS Bank[48].

For a smooth running of its programmes, a Global Rules and Models Committee (GRMC) within the Group Legal, Compliance and Secretariat was set up. Responsible for assessing all rules, models and score setting changes used for financial crime surveillance, GRMC reviewed the exploratory data analysis, evaluation and deployment of the AML Filter Model. The deployment of the AML Filter Model was then given the green light by the head of the Group Legal, Compliance and Secretariat.

Responsible for evaluating all changes to the rules, models and valuation parameters used to monitor financial crime, GRMC reviewed studies on data analysis, assessment and deployment of the AML Filter, after which the heads of the subcommittees and the secretariat approved its application.

In order to determine the level of human participation in the processes of making AI decisions, DBS Bank has calculated the probability-severity of harm matrix by adopting a human-over-the-loop approach, which provides the AML Filter with the ability to

47. Compendium of Use Cases: Practical Illustrations of the Model AI Governance Framework. (2020). p. 10.
48. Compendium of Use Cases: Practical Illustrations of the Model AI Governance Framework. (2020). p. 11.

identify suspicious transactions with expert intervention if necessary[49]. This approach has significantly saved time since it allows the bank expert to be effectively involved in high-risk alerts analysis.

In order to ensure the responsible use of data by the AML Filter, DBS Bank has adapted the data management methods offered in the AI Model, which allow to understand data lineage, to minimize internal system errors and to use various data sets for training, testing and validation. The bank recognizes the importance of understanding data lineage in the development of any AI technology, and in the case of creating an AML Filter, it used data from its banking systems that are directly related to current customer transactions, which makes it easy to identify their source. DBS Bank also uses surveillance data and archived reports of suspicious activity, as the use of different types of data is one of the important components of AI technology development. In addition to this, DBS Bank maintains a documentary record of the tracing of data, which makes it possible to track all the data used in the corresponding fields of the source system. This helps to identify the source of the data even after its transformation (restructuring, reformatting, etc.) and aggregation.

It took two years to develop and to test the AML Filter. During this time, the developers gained a complete and comprehensive understanding of the processes of data origin and triggers of transaction notifications, combined with the transparent calculation of the results generated by the AML Filter, which gave the bank the opportunity to explain the work of its AI technology and predict the risk rating.

To ensure the stability of the AML Filter, DBS Bank monitors the indicators monthly, for which the results of the training, testing and verification stages are used as a reference. Additionally, monthly and semi-annual checks are carried out by machine learning specialists. This extra precaution guarantees that any deviation from predefined thresholds is detected. All machine learning recommendations are fulfilled only after review and approval by the Global Rules and Models Committee (GRMC). In addition, the bank has implemented an internal control system to eliminate the risks associated with the use of the AML Filter, in particular, the results of this technology are documented in the DBS Bank's meeting minutes to ensure proper knowledge transfer during the various development stages and decision-making processes.

As part of the implementation of the Model Framework, organizations are encouraged to develop appropriate communication strategies to provide feedback to stakeholders. To this end, DBS Bank has created a simple dashboard to document and track the effectiveness of the AML Filter, which is updated monthly and is used by the bank to explain the operation of its AI technology and provide results to both internal (senior management and board) and external (Monetary Authority of Singapore) interested parties. Given the confidential nature and special purpose of the AML Filter (detection of illegal transactions), DBS Bank does not publish detailed information about its technology.

Despite the already existing software AI solutions to ensure the cybersecurity of banks, they are still relatively primitive and costly. Only large financial operators have

49. Compendium of Use Cases: Practical Illustrations of the Model AI Governance Framework. (2020). p. 11.

sufficient budgets and staff to use AI technologies, although the quality of the tasks performed by the software is far from ideal. Also, the AI technologies are vulnerable to malicious data manipulation (creation of fictitious data or massive increase in data). As a result, AI tools will make decisions based on false assumptions and therefore will discredit (up to discrimination) certain users. Another problem can be the interconnectedness of systems connected to AI, as well as the use of AI in malicious programs that affect the information systems of banks. As a result, the solution to all these problems lies in the field of the constant supervision of experts (human-in-the loop or human-over-the-loop approach). The rapid growth of AI technologies in financial institution is linked to products and services provision and data procession. Both Russian and Singaporean biggest banks use numerous AI models but the lack of legal regulation is obvious.

Russian approach to AI regulation put the state authorities in the centre of mechanism, although the Bank of Russia as a national financial regulator is excluded from the participation in the Centre of competence "Information Security" formed under the NTI. Despite the involvement of stakeholders from public and private sector into the National Technology Initiative, the state keeps the authoritative style of regulation. In Russia as well as in Singapore the AI deployment legal basis comprises numerous sector-oriented rules, but the special legal act on AI use is still absent. The same situation is in banking sector – only national financial regulators are responsible for development and implementation of regulations and standards in the sphere of informational security and AI use. But the Monetary Authority of Singapore is a step ahead of the Russian financial regulator after issuing the guideline on the use of AI and data analytics (FEAT Principles), which is being followed by financial and banking institutions. This instrument helps to ensure the unified approach within the industry and to minimise risks emerging from the use of AI: due to its flexibility and lability this instrument allows, on the one hand, to standardize processes, and on the other - to ensure the rights of consumers of financial and banking services. Therefore the participation of the financial regulator in these processes is of a coordinating and integrating nature, which makes it possible to use the experience and ideas of financial institutions for further unification of approaches and standards for the use of AI technologies.

3. REFERENCES

AI IN LAW: Definition, Current Limitations and Future Potential (2017). Legal Tech Blog Homepage, https://legal-tech-blog.de/ai-in-law-definition-current-limitations-and-future-potential.

BHARADWAJ R. AI for Cybersecurity in Finance – Current Applications (2019). EMERJ Homepage, https://emerj.com/ai-sector-overviews/ai-cybersecurity-finance-current-applications/.

CIVIL CODE OF THE RUSSIAN FEDERATION (Part Four). (2006). ConsultantPlus Homepage, http://www.consultant.ru/document/cons_doc_LAW_64629/.

COMPENDIUM OF USE CASES: Practical Illustrations of the Model AI Governance Framework. (2020). Personal Data Protection Commission Singapore Homepage, https://www.pdpc.gov.sg/-/media/Files/PDPC/PDF-Files/Resource-for-Organisation/AI/SGAIGovUseCases.pdf.

COMPETITION ACT. (2004). Singapore Statutes Online Homepage, https://sso.agc.gov.sg/Act/CA2004.

COPYRIGHT ACT. (1987). Singapore Statutes Online Homepage, https://sso.agc.gov.sg/Act/CA1987.

CYBERSECURITY Act. (2018). Singapore Statutes Online Homepage, https://www.csa.gov.sg/legislation/cybersecurity-act.

DIGALAKI E. The $450B opportunity for the applications of artificial intelligence in the banking sector & examples of how banks are using AI (2019). Business Insider Homepage, https://www.businessinsider.com/the-ai-in-banking-report-2019-6.

DISCUSSION PAPER ON ARTIFICIAL INTELLIGENCE (AI) and Personal Data – Fostering Responsible Development and Adoption of AI. (2020). Personal Data Protection Commission Singapore Homepage, https://www.pdpc.gov.sg/help-and-resources/2020/03/discussion-paper-artificial-intelligence-and-personal-data.

FEDERAL ACT OF THE RUSSIAN FEDERATION "On Information, Information Technologies and Protection of Information". (2006). ConsultantPlus Homepage, http://www.consultant.ru/document/cons_doc_LAW_61798/.

FEDERAL ACT OF THE RUSSIAN FEDERATION "On Personal Data". (2006). ConsultantPlus Homepage, http://www.consultant.ru/document/cons_doc_LAW_61801/.

FEDERAL ACT OF THE RUSSIAN FEDERATION "On the security of the critical information infrastructure of the Russian Federation". (2017). ConsultantPlus Homepage, http://www.consultant.ru/document/cons_doc_LAW_220885/.

GORIAN E. (2020). Genesis of Russian cyber security legal mechanism: an authentic or a trend alike model?. In Denis B. Solovev (ed.): Smart Technologies and Innovations in Design for Control of Technological Processes and Objects: Proceeding of the International Science and Technology Conference "FarEast on-2019". Cham: Springer, p. 937-949.

Guidelines on the Protection of Privacy and Transborder Flows of Personal Data. (2013). Organisation of Economic Cooperation and Development Homepage, https://www.oecd.org/internet/ieconomy/privacy-guidelines.htm.

Implementation and Self-Assessment Guide for Organisations. (2020). Personal Data Protection Commission Singapore Homepage, http://go.gov.sg/ISAGO.

LIM Chong Kin. AI, Machine Learning & Big Data: Singapore. (2020). Global Legal Insights Homepage, https://www.globallegalinsights.com/practice-areas/ai-machine-learning-and-big-data-laws-and--regulations/singapore.

MCCARTHY J. What is artificial intelligence? Basic Questions (2007). Stanford University Homepage, http://www-formal.stanford.edu/jmc/whatisai/node1.html.

MODEL ARTIFICIAL INTELLIGENCE GOVERNANCE FRAMEWORK (Second Edition). (2020). Infocomm Media Development Authority Singapore Homepage, https://www.imda.gov.sg/-/media/Imda/Files/Infocomm-Media-Landscape/SG-Digital/Tech-Pillars/Artificial-Intelligence/Primer-for--second-edition-of-the-Model-Framework.pdf?la=en.

MONETARY AUTHORITY OF SINGAPORE ACT. (1970). Singapore Statutes Online Homepage, https://sso.agc.gov.sg/Act/MASA1970.

NATIONAL ARTIFICIAL INTELLIGENCE STRATEGY. (2019). Smart Nation Singapore Homepage, https://www.smartnation.gov.sg/why-Smart-Nation/NationalAIStrategy.

NATIONAL STRATEGY FOR THE DEVELOPMENT OF ARTIFICIAL INTELLIGENCE. (2019). President of Russia Homepage, http://www.kremlin.ru/acts/bank/44731.

NATIONAL TECHNOLOGICAL INITIATIVE. (2016). Government of Russia Homepage, http://government.ru/docs/22721/.

NOTICE OF BANK OF RUSSIA "On the Identification of Threats to the Security of Personal Data that are relevant to the processing of personal data in personal data information systems". (2015). Bank of Russia Homepage, https://www.cbr.ru/analytics/na_vr/.

PATENTS ACT. (1994). Singapore Statutes Online Homepage, https://sso.agc.gov.sg/Act/PA1994.

PERSONAL DATA PROTECTION ACT. (2012). Singapore Statutes Online Homepage, https://sso.agc.gov.sg/Act/PDPA2012.

PROTECTION FROM ONLINE FALSEHOODS AND MANIPULATION ACT. (2019). Singapore Statutes Online Homepage, https://sso.agc.gov.sg/Act/POFMA2019.

REGULATION OF BANK OF RUSSIA ON THE ELECTRONIC INFORMATION SYSTEM OF BANK OF RUSSIA. (2005). Bank of Russia Homepage, https://www.cbr.ru/analytics/na_vr/.

REMOLINA N. How to Address the AI Governance Discussion? What Can We Learn From Singapore's AI Strategy? (2019). SMU Centre for AI & Data Governance Research Paper No. 2019/03. SSRN Homepage, https://papers.ssrn.com/sol3/papers.cfm?abstract_id=3444024.

STANDARD OF BANK OF RUSSIA "Ensuring information security organizations of the banking system of the Russian Federation. Collection and analysis of technical data in response to information security incidents in the implementation of money transfers". (2016). Bank of Russia Homepage, https://www.cbr.ru/analytics/na_vr/.

STANDARD OF BANK OF RUSSIA "Ensuring information security organizations of the banking system of the Russian Federation. Managing the risk of information security breaches in outsourcing". (2018). Bank of Russia Homepage, https://www.cbr.ru/analytics/na_vr/.

STANDARD OF BANK OF RUSSIA "Ensuring the Information Security of Organizations of the Banking System of the Russian Federation. General Provisions." (2014). Bank of Russia Homepage, https://www.cbr.ru/analytics/na_vr/.

STANDARD OF BANK OF RUSSIA "Security of financial (banking) operations. Information Security Incident Management. About the forms and terms of interaction of the Bank of Russia with the participants of information exchange in identifying incidents related to the violation of requirements to ensure the protection of information." (2018). Bank of Russia Homepage, https://www.cbr.ru/analytics/na_vr/.

PRINCIPLES TO PROMOTE FAIRNESS, Ethics, Accountability and Transparency (FEAT) in the Use of Artificial Intelligence and Data Analytics in Singapore's Financial Sector. (2018). Monetary Authority of Singapore Homepage, https://www.mas.gov.sg/publications/monographs-or-information-paper/2018/FEAT.

Parte XI

NANOTECNOLOGIAS, DRONES, NAVIOS E CARROS AUTÔNOMOS

50
O CENÁRIO INOVADOR DAS NANOTECNOLOGIAS E DA INTELIGÊNCIA ARTIFICIAL EM CONTEXTOS TECNOLÓGICOS NÃO REGRADOS PELO ESTADO[1]

Wilson Engelmann

Pós-Doutor em Direito Público-Direitos Humanos, Universidade de Santiago de Compostela, Espanha; Doutor e Mestre em Direito Público, Programa de Pós-Graduação em Direito da Unisinos; Coordenador Executivo do Mestrado Profissional em Direito da Empresa e dos Negócios da Unisinos; Professor e Pesquisador do Programa de Pós-Graduação em Direito – Mestrado e Doutorado - da UNISINOS; Bolsista de Produtividade em Pesquisa do CNPq; e-mail: wengelmann@unisinos.br

1. INTRODUÇÃO

Este capítulo pretende estudar as conexões entre as nanotecnologias e a inteligência artificial, pelo olhar dos desafios e das perspectivas do entrelaçamento dessas duas tecnologias que se encontram no centro da Quarta Revolução Industrial. Segundo Klaus Schwab, "a Quarta Revolução Industrial é uma forma de descrever um conjunto de transformações em curso e iminentes dos sistemas que nos rodeiam; sistemas que a maioria

1. Resultado parcial das investigações desenvolvidas pelo autor no âmbito dos seguintes projetos de pesquisa: a) Edital 02/2017 – Pesquisador Gaúcho – PqG: Título do Projeto: "A autorregulação da destinação final dos resíduos nanotecnológicos", com apoio financeiro concedido pela Fundação de Amparo à Pesquisa no Estado do Rio Grande do Sul – FAPERGS; b) Chamada CNPq n. 12/2017 – Bolsas de Produtividade em Pesquisa – PQ, projeto intitulado: "As nanotecnologias e suas aplicações no meio ambiente: entre os riscos e a autorregulação"; c) Chamada MCTIC/CNPq 28/2018 - Universal/Faixa C, projeto intitulado: "Nanotecnologias e Direitos Humanos observados a partir dos riscos no panorama da comunicação entre o Ambiente Regulatório e o Sistema da Ciência"; d) "Sistema do Direito, novas tecnologias, globalização e o constitucionalismo contemporâneo: desafios e perspectivas", Edital FAPERGS/CAPES 06/2018 – Programa de Internacionalização da Pós-Graduação no RS. / Este trabalho também se relaciona com as pesquisas realizadas no contexto do *Gracious Consortium*, "Grouping, read-across, characterisation and classification framework for regulatory risk assessment of manufactured nanomaterials and safer design of nano-enabled products", com recursos financeiros do *Eurpean Union's Horizon 2020* research and innovation programme under Grant Agrement n. 760840, Disponível em: www.h2020gracious.eu / O trabalho aqui apresentado também está vinculado à pesquisa realizada pelo autor no CEDIS – Centro de I & D sobre Direito e Sociedade, da Faculdade de Direito da Universidade Nova de Lisboa, Portugal, e da investigação desenvolvida pelo autor junto ao Instituto Jurídico Portucalense, da Universidade Portucalense, Porto, Portugal.

de nós aceita como algo que sempre esteve presente".[2] Esse conceito permeia as ideias trazidas ao longo do texto, especialmente por trazer transformações em um conjunto de sistemas, um coletivo tecnológico, como propulsores das mudanças, a partir de alguns elementos que se devem destacar: "[...] as tecnologias emergentes da Quarta Revolução Industrial são construídas sobre o conhecimento e os sistemas das revoluções industriais anteriores e, em particular, sobre recursos digitais da Terceira Revolução Industrial".[3] Aqui aparecem as Tecnologias Digitais (TD) como elementos que conjugam as variadas tecnologias e que, ao mesmo, potencializam os seus efeitos, a partir de um componente novo: o conhecimento e a aprendizagem trazida das revoluções passadas. Tudo isso gera a chamada "sociedade do conhecimento".

A partir desse cenário temático, o problema que se apresenta para conduzir o desenvolvimento do capítulo é: Como o Direito e a sua estrutura regulatória deverá se posicionar para perceber a convergência tecnológica gerada pelas interações entre as nanotecnologias e a inteligência artificial, em um panorama de ambiente regulatório e de Sandbox?

Portanto, o objetivo geral que se propõe a partir do problema: conhecer as potencialidades de se estruturar um ambiente regulatório, por meio do Sandbox, a partir das conexões tecnológicas e digitais das nanotecnologias e a inteligência artificial. Como objetivos específicos, se desenham os seguintes: a) estudar as características da Quarta Revolução Industrial e as interfaces com a tecnociência; b) caracterizar os desafios e as potencialidades das relações e aproximações entre as nanotecnologias e a inteligência artificial; c) analisar algumas possibilidades regulatórias geradas em um meio ambiente regulatório projetado no Sandbox regulatório.

Para se conduzir a realização desses objetivos, se utilizou o seguinte percurso metodológico: a pesquisa exploratória, projetada na pesquisa bibliográfica, especialmente por meio da investigação no Portal de Periódicos da CAPES, e também da pesquisa documental[4], a partir de sites oficiais onde se publicam informes normativos sobre as nanotecnologias e a inteligência artificial. A seguir se desenvolvem os capítulos, tomando como orientação o conteúdo de cada um dos objetivos específicos.

2. A QUARTA REVOLUÇÃO INDUSTRIAL E A CONVERGÊNCIA TECNOCIENTÍFICA

O Século XXI está marcado pela emergência da chamada Quarta Revolução Industrial, onde se observa a convergência de um conjunto variado de tecnologias, dentre as quais, se destacam: as nanotecnologias, a inteligência artificial, a internet das coisas, as impressões 3D, tecnologias da informação e tecnologias digitais, biotecnologia, neurotecnologia, realidade virtual e aumentada, geoengenharia, dentre outras. Nesse cenário,

2. SCHWAB, Klaus; DAVIS, Nicholas. *Aplicando a quarta revolução industrial*. Tradução Daniel Moreira Miranda. São Paulo: Edipro, 2018. p. 35.
3. SCHWAB, Klaus; DAVIS, Nicholas. *Aplicando a quarta revolução industrial*. Tradução Daniel Moreira Miranda. São Paulo: Edipro, 2018. p. 35-36.
4. REGINATO, Andréa Depieri de A. Uma introdução à pesquisa documental. *In:* MACHADO, Maíra Rocha (Org.). *Pesquisar empiricamente o direito*. São Paulo: Rede de Estudos Empíricos em Direito, 2017. p. 189-224.

são perceptíveis as seguintes características: a) velocidade: ao contrário das revoluções industriais anteriores, esta evolui em um ritmo exponencial e não linear; b) amplitude e profundidade: ela tem a revolução digital como base e combina várias tecnologias, levando a mudanças de paradigma sem precedentes da economia, dos negócios, da sociedade e dos indivíduos; c) impacto sistêmico: ela envolve a transformação de sistemas inteiros entre países e dentro deles, em empresas, indústrias e em toda sociedade[5].

É interessante observar que essas três características são viabilizadas e sustentadas pelo movimento da exponencialidade, que substitui, gradativamente, o movimento da linearidade. Essa é uma das características que permeia o movimento tecnocientífico gerado pelas variadas tecnologias inseridas no centro da Quarta Revolução Industrial. Se fala, como analogia, nas denominadas *organizações exponenciais*: "uma organização exponencial é aquela cujo impacto (ou produto) é desproporcionalmente grande - pelo menos 10 vezes maior - em comparação com seus pares, devido ao uso de novas técnicas organizacionais que aumentam as tecnologias de aceleração".[6] Aqui é trazida outra característica transversal da convergência tecnocientífica gerada pelas tecnologias que se encontram nessa revolução industrial: a possibilidade de gerar impactos desconhecidos seja em quantidade, seja em profundidade.

A noção sobre a diferença entre o *crescimento linear* e o *crescimento exponencial*, em termos de tecnologia, é muito importante, e se encontra nas ideias de Ray Kurzweil, ao caracterizar a singularidade como um período futuro durante o qual o ritmo das mudanças tecnológicas será tão rápido, o impacto será tão profundo que a vida humana será irreversivelmente transformada. Aqui um dos elementos basilares da Quarta Revolução Industrial e que encaminha o *reset global*, anunciado recentemente por Schwab e Malleret[7].

Também se deverá levar em consideração que "[...] a ideia principal subjacente à iminente singularidade é o ritmo das mudanças de nosso ser humano. A tecnologia criada está se acelerando e seus poderes estão se expandindo a um ritmo exponencial. O desempenho desses sistemas é cada vez mais baseado na integração de vários tipos de inteligência artificial.[8] Segundo Kurzweil, "[...] nossos corpos biológicos da versão 1.0 são frágeis e sujeitos a uma infinidade de modos de falha, sem mencionar os rituais de manutenção pesados que eles exigem".[9] As tecnologias inseridas no contexto da nova revolução industrial proporcionam experiência tecnológicas ao ser humano, viabilizando o incremento da inteligência humana por meio da inteligência artificial, a partir da hiperconectividade gerada pelos sistemas digitais. A aceleração da mudança de paradigma (a taxa na qual mudamos as abordagens técnicas fundamentais), bem como o crescimento exponencial da capacidade da tecnologia da informação estão começando a

5. SCHWAB, Klaus; DAVIS, Nicholas. *Aplicando a quarta revolução industrial*. Tradução Daniel Moreira Miranda. São Paulo: Edipro, 2018; e, SCHWAB, Klaus. *A quarta revolução industrial*. Tradução Daniel Moreira Miranda. São Paulo: Edipro, 2016.
6. ISMAIL, Salim. *Exponential organizations*: why new organizations are ten times better, faster, and cheaper than yours (and what to do about it). New York: Diversion Books, 2014. p. 18.
7. SCHWAB, Klaus; MALLERET, Thierry. *COVID-19*: the great reset. Switzerland: Forum Publishing; World Economic Forum, 2020 (Livro em formato Kindle).
8. KURZWEIL, Ray. *The singularity is near*: when humans transcend biology. New York: Penguin Books, 2005. p. 7.
9. KURZWEIL, Ray. *The singularity is near*: when humans transcend biology. New York: Penguin Books, 2005. p. 7-10.

atingir o "joelho da curva", que é o estágio em que uma tendência exponencial torna-se perceptível. Por conta disso, e segundo Kurzweil, o momento histórico da humanidade atual justamente se caracteriza por um progresso humano que é exponencial (ou seja, se expande *multiplicando* repetidamente por uma constante) e não mais linear (ou seja, expandindo *adicionando* repetidamente uma constante).[10] A velocidade com a qual se observa o crescimento da convergência tecnológica passa da *soma* para a *multiplicação*, caracterizando o crescimento exponencial.

Se abrem as possibilidades de trabalhar um processo reticular comunicativo e interativo, próprio da Sociedade do Século XXI, onde se desenha "[...] um conjunto múltiplo de interações e conexões entre fluxos informativos, dispositivos móveis, banco de dados e aplicativos com várias funções".[11] Esse é o mundo digital onde o Direito está inserido e em relação ao qual deverá construir modelos e estruturas regulatórias. O mundo digital está permeado pelas três características da Quarta Revolução Industrial: velocidade; amplitude e profundidade; impacto sistêmico. Por conta desse fenômeno original, será preciso desenhar modelos e estruturas normativas que projetem os "comportamentos fora da caixa". Aqui significa uma caminhada do analógico para o digital. As estruturas e as metodologias da composição do jurídico ainda se encontram na era dialógica, quando a vida a ser regulada se encontra na era digital. O ponto importante de reflexão, que poderá ser operacionalizada a partir de Massimo Di Felice, que entende "[...] a Internet - na chamada Web 2.0" como um caminho onde "[...] a comunicação deixa de ser somente um conjunto de ações que objetivam tornar comum uma mensagem e passa a agregar um conjunto de plataformas de trocas de informação e de estabelecimento de relacionamentos". Como consequência: "[...] Mais do que escolher a informação dentro de um cardápio pré-definido, é possível criar as próprias opções desempenhando um papel ativo na vivência produtiva do contexto digital".[12] As três referidas características dessa nova revolução industrial são aproximadas e cruzadas pelas Tecnologias Digitais (TD), gerando, como resultado os efeitos da Singularidade, onde a simbiose entre o ser humano e a máquina se projeta.

A Quarta Revolução Industrial está trazendo possibilidades e desafios para praticamente todos os segmentos produtivos e de serviços da sociedade. O Direito também não estará imune, conforme destaca Andrew D. Maynard: "[...] os riscos da insegurança cibernética aumentam em ordens de grandeza à medida que a fabricação se torna mais distribuída e menos convencionalmente segura. A fabricação distribuída é outro resultado provável da Quarta Revolução Industrial"[13]. Uma fusão poderosa entre recursos *on-line*, tecnologia modular e de fonte aberta e dispositivos de produção ponto-de-fonte, como impressoras 3D, capacitarão cada vez mais os empreendedores a fazer compras praticamente em qualquer lugar. Embora isso possa ser uma bênção para as economias locais, tais facilidades ampliam as possibilidades de a fabricação escapar da rede da regulação

10. KURZWEIL, Ray. *The singularity is near*: when humans transcend biology. New York: Penguin Books, 2005. p. 9.
11. DI FELICE, Massimo. *Net-ativismo*: da ação social para o ato conectivo. São Paulo: Paulus, 2017. p. 101.
12. DI FELICE, Massimo; TORRES, Juliana Cutolo; YANAZE Leandro Key Higuchi. *Redes digitais e sustentabilidade*: as interações com o meio ambiente na era da informação. São Paulo: AnnaBlume Editora, 2012. p. 53.
13. MAYNARD, Andrew D. Navigating the fourth industrial revolution. *Nature Nanotechnology*, 10, p. 1005-1006, December 2015.

convencional, enquanto ainda tem a capacidade de ter um impacto global. Estes e outros desafios refletem uma confusão da linha entre sistemas de hardware e software que é característico da Quarta Revolução Industrial.

Klaus Schwab, em recente publicação[14], fala de um *grande reset global*, a partir dos desafios em variadas áreas trazidos pela pandemia global do novo coronavírus. Um dos aspectos destacados é a "transformação digital", que foi antecipada em vários anos, se destacando atividades *online* no trabalho, na educação, nas compras, medicina e entretenimento[15]. Nesse cenário de crescente digitalização das relações sócio-humano-empresariais, Schwab apresenta três características: *interdependência, velocidade* e *complexidade*[16]. A seguir, se desenha alguns elementos de cada uma dessas características: a *interdependência* é um produto da globalização e do progresso tecnológico, e se define como a dinâmica de dependência recíproca entre os elementos que integram o sistema[17]; *velocidade*: mais da metade da população mundial (52%) está atualmente *online*. Isso quer dizer que se está operando em uma sociedade em tempo real, o que provoca uma nova cultura da imediatidade, obcecada pela velocidade, em todos os aspectos da vida onde se vai do "just-in-time da cadeia de suprimentos para um comércio de "high-frequency"[18]; *complexidade*: sistemas complexos são aqueles onde não se consegue visualizar as ligações causais entre os seus elementos, deixando praticamente impossível fazer qualquer indicação nesse sentido. A complexidade poderá ser medida por 3 fatores: a) a quantidade de informações de conteúdo ou número de componentes no sistema; b) a interconectividade – definida como a dinâmica da responsividade recíproca – entre essas peças de informação ou componentes; e c) a não linearidade é uma característica essencial da complexidade, porque significa que uma mudança em apenas um componente de um sistema pode levar a um efeito surpreendente e desproporcional em outro lugar.[19] Aqui se observa a conexão das características esboçada por Klaus Schwab para a Quarta Revolução Industrial, que são potencializadas pelo movimento da exponencialidade.

Segundo Schwab e Malleret, "[...] o gerenciamento de um sistema adaptativo complexo requer colaboração contínua em tempo real, mas em constante mudança, entre uma vasta gama de disciplinas e entre diferentes campos dessas disciplinas".[20] Aqui o desafio que o Direito deverá perceber e buscar alternativas metodológicas para enfrentar, pois a regulação tradicional, própria da era analógica, certamente terá muitas dificuldades na

14. SCHWAB, Klaus; MALLERET, Thierry. *COVID-19*: the great reset. Switzerland: Forum Publishing; World Economic Forum, 2020 (Livro em formato Kindle).
15. SCHWAB, Klaus; MALLERET, Thierry. *COVID-19*: the great reset. Switzerland: Forum Publishing; World Economic Forum, 2020 (Livro em formato Kindle). p. 152-153.
16. SCHWAB, Klaus; MALLERET, Thierry. *COVID-19*: the great reset. Switzerland: Forum Publishing; World Economic Forum, 2020 (Livro em formato Kindle). p. 21.
17. SCHWAB, Klaus; MALLERET, Thierry. *COVID-19*: the great reset. Switzerland: Forum Publishing; World Economic Forum, 2020 (Livro em formato Kindle). p. 21.
18. SCHWAB, Klaus; MALLERET, Thierry. *COVID-19*: the great reset. Switzerland: Forum Publishing; World Economic Forum, 2020 (Livro em formato Kindle). p. 22 a 31.
19. SCHWAB, Klaus; MALLERET, Thierry. *COVID-19*: the great reset. Switzerland: Forum Publishing; World Economic Forum, 2020 (Livro em formato Kindle). p. 32.
20. SCHWAB, Klaus; MALLERET, Thierry. *COVID-19*: the great reset. Switzerland: Forum Publishing; World Economic Forum, 2020 (Livro em formato Kindle). p. 33.

era digital. Aqui o desafio que o movimento exponencial das tecnologias está projetando para a área jurídica.

Todos esses movimentos, entrelaçados e em formato reticular, são suportados pelas características da *tecnociência*: sob essa denominação, se encontram as características da Ciência Moderna, que pretende ir além da descrição, interpretação, compreensão, explicação do mundo, pois a *tecnociência* quer "transformar o mundo, seja ele natural, social ou artificial".[21] Outro aspecto importante: para um cientista o conhecimento é um fim em si, já para o tecnocientista o conhecimento é um meio para se atingir outros objetivos. O interesse não está apenas na geração de conhecimentos novos, mas a pesquisa deve promover desenvolvimentos tecnológicos, e também inovadores.[22] Aqui se projeta mais uma face a ser percebida pelo jurídico, pois esse movimento requer regulação, que não serão as fontes tradicionais, especialmente aquelas vinculadas ao Poder Legislativa. Será preciso regular a ponta da inovação, que foi integrada ao desenvolvimento tecnocientífico.

3. O CENÁRIO INOVADOR DO CRUZAMENTO ENTRE AS NANOTECNOLOGIAS E A INTELIGÊNCIA ARTIFICIAL

As nanotecnologias se consideram um conjunto de diversas tecnologias, inseridas em um grande número de segmentos de pesquisa, desenvolvimento e inovação que se sustentam a partir da escala nanométrica: aquela equivalente à bilionésima parte de um metro, situada na dimensão atômica e molecular, equivalendo à notação científica de 10^{-9}. Algo efetivamente muito pequeno, que é acessível ao ser humano apenas recentemente, dado o desenvolvimento de equipamentos muito especiais. Se pode registrar que o acesso à nano escala viabilizou o aprimoramento ou aprofundamento das potencialidades das demais tecnologias referidas anteriormente, que se encontram no arcabouço estruturante da Quarta Revolução Industrial.

Seguindo o Regulamento Europeu REACH - Regulamento de Registro, Avaliação, Autorização e Restrição de substância químicas da União Europeia[23], se observa a introdução do conceito de "nanoforma", ou seja, "uma nanoforma é uma forma de uma substância natural ou fabricada que contém partículas, em um estado não ligado ou como um agregado ou como um aglomerado e onde, para 50% ou mais das partículas na distribuição de tamanho numérico, uma ou mais dimensões externas estão na faixa de tamanho de 1 nm-100 nm, [...]".[24] Já existe um elevado número de produtos desenvolvidos a partir dessa escala: conforme pesquisa realizada no dia 27 de julho de 2020, na

21. ECHEVERRÍA, Javier. Interdisciplinaridad y convergência tecnocientífica nano-bio-info-cogno. *Sociologias*, Porto Alegre, ano 11, n. 22, jul./dez. 2009, p. 22-53, essa citação está na p. 23.
22. ECHEVERRÍA, Javier. Interdisciplinaridad y convergência tecnocientífica nano-bio-info-cogno. *Sociologias*, Porto Alegre, ano 11, n. 22, jul./dez. 2009, p. 22-53, essa citação está na p. 23-24.
23. REACH – Regulamento de Registro, Avaliação, Autorização e Restrição de substância químicas da União Europeia. Disponível em: https://echa.europa.eu/es/regulations/reach/understanding-reach. Acesso em: 24 jul. 2020.
24. Commission Regulation (EU) 2018/1881 of 3 December 2018 amending Regulation (EC) No 1907/2006 of the European Parliament and of the Council on the Registration, Evaluation, Authorisation and Restriction of Chemicals (REACH) as regards Annexes I, III, VI, VII, VIII, IX, X, XI, and XII to address nanoforms of substances. *OJ L 308, 4.12.2018*, p. 1–20 (2018). Disponível em: https://eur-lex.europa.eu/legal-content/en/TXT/?uri=CELEX%3A32018R1881. Acesso em: 25 jul. 2020.

base de dados *Nanotechnology Products Database* (NPD), se encontrou: 8.875 produtos que contenham alguma espécie de nanopartícula ou nanoforma; produzidos por 2.463 indústrias de variados setores, que se encontram localizadas em 62 países.[25] Além dessa base de dados, em recente publicação[26], se observou a existência de um variado conjunto de outras bases de dados que reúnem informações sobre as diversas espécies de nanopartículas, publicações, setores de aplicação e textos regulatórios expedidos por agências especializadas.

Importante mencionar que muitas coisas produzidas a partir da nano escala já integram o nosso cotidiano, conforme publicado recentemente na *Revista Forbes*, que abre os números acima: exemplos cotidianos surpreendentes de nanotecnologia em ação, como: protetor solar: nanopartículas foram adicionadas aos protetores solares por anos para torná-los mais eficazes. Dois tipos particulares de nanopartículas são comumente adicionadas ao filtro solar são o dióxido de titânio e o óxido de zinco. Essas pequenas partículas não são apenas altamente eficazes no bloqueio da radiação UV, mas também são mais leves na pele, e é por isso que os protetores solares modernos não são nem de longe tão espessos quanto os protetores solares convencionais (sem o uso de nanopartículas); roupas: que podem ser feitas à prova d'água e à prova de manchas; e agora, a partir de pesquisas para enfrentar o vírus COVID-19, se produzem camisetas e máscaras com nanopartículas de prata, contendo a proliferação do mencionado vírus; também o uso em mobiliário estofado. Melhor ainda, a nanotecnologia está ajudando a tornar os móveis menos inflamáveis; revestindo a espuma usada em móveis estofados com nanofibras de carbono, os fabricantes podem reduzir a inflamabilidade em até 35%; colas e adesivos: a nanotecnologia também pode ser usada para otimizar os adesivos. Curiosamente, a maioria das colas perde a viscosidade a altas temperaturas, mas uma poderosa "nano-cola" não só suporta altas temperaturas - ela fica mais forte à medida que a temperatura ao redor aumenta; ainda, revestimento para a pintura de automóveis; bolas de tênis e computadores[27]. Ainda se tem o uso na indústria de óleo e gás[28]; dos medicamentos[29]; da indústria de alimentos e embalagens[30]. No cenário da pandemia global da COVID-19 existem variadas pesquisas para medicamentos e vacinas trabalhadas a partir da escala nanométrica[31]. Sumarizando os exemplos apresentados, se pode destacar os seguintes setores onde as nanopartículas já são utilizadas: agricultura, automotivo, construção,

25. *Nanotechnology Products Database* (NPD). Disponível em: https://product.statnano.com. Acesso em: 27 jul. 2020.
26. YAN, Xiliang *et al*. Construction of a web-based nanomaterial database by big data curation and modeling friendly nanostructure annotations. *Nature Communications*, v. 2519, p. 1-11, 2020.
27. MARR, Bernard. 7 amazing everyday examples of nanotechnology in action. Disponível em: https://www.forbes.com/sites/bernardmarr/2020/07/03/7-amazing-everyday-examples-of-nanotechnology-in-action/#326e130e3e82. Acesso em: 15 jul. 2020.
28. ALSABA, Mortadha T.; AL DUSHAISHI, Mohammed F.; ABBAS, Ahmed K. A comprehensive review of nanoparticles applications in the oil and gas industry. *Journal of Petroleum Exploration and Production Technology*, v. 10, p. 1389-1399, 2020.
29. TOBLER, Juliana Palermo; ROCHA, Helvécio Vinícius Antunes. Bases regulatórias para a avaliação da segurança de medicamentos à base de nanotecnologia. *Vigilância Sanitária em Debate*, v. 8, n. 2, p. 64-74, 2020. Disponível em: http://www.visaemdebate.incqs.fiocruz.br/. Acesso em: 15 jul. 2020.
30. NILE, Shivraj Hariram *et al*. Nanotechnologies in food science: applications, recent trends, and future perspectives. *Nano-Micro Letters*, v. 12, p. 1-34, 2020.
31. JAMROZIK, Euzebiusz; SELGELID, Michael J. COVID-19 human challenge studies: ethical issues. *Lancet Infect Dis* 2020. Published Online May 29, 2020, https://doi.org/10.1016/ S1473-3099(20)30438-2.

cosméticos, eletrônicos, meio ambiente, alimentos, embalagens de alimentos, aparelhos domésticos, medicina, odontologia, petróleo, impressões 3D; energias renováveis; esportes, fitness e têxteis.[32]

A acessibilidade humana a essa escala de tamanho, abriu as possibilidades para o desenvolvimento das demais tecnologias referidas, incluindo a inteligência artificial. Inclusive o artigo escrito por YAN, Xiliang *et al*[33], fez uso do Big Data e das potencialidades da inteligência artificial para fazer o levantamento das bases de dados e para estruturar uma nova base de dados, contendo o cruzamento e a conjugação das informações que se encontram nas diversas bases de dados já existentes sobre as nanotecnologias. Essas tecnologias não operam isoladamente, mas de modo concatenado. Esse encadeamento tecnológico, produziu o que se poderia chamar de "metamorfose do mundo"[34], provocando o surgimento de um mundo com conexões não imaginadas anteriormente, mas possível agora, graças às vinculações das redes geradas pelas referidas tecnologias. Isso desenha o panorama da era da hiperconectividade[35], que se caracteriza por não se viver mais *online* ou *offline*, mas *OnLife*, ou seja, se vive cada vez mais naquele espaço especial, ou *Infosfera*, que é perfeitamente analógico e digital, *offline* e *online*[36]. O espaço assim caracterizado, onde a vida e as relações sócio-humanas acontecem, sustentado pela convergência das mencionadas tecnologias, deverá ser percebido pelo Direito e incorporado às estruturas normativas.

Ao lado das nanotecnologias, a inteligência artificial também se projeta e ganha espaços, mesclando aspectos positivos e aspectos negativos. Ao se estudar a inteligência artificial também surge a noção de algoritmos e das suas interconexões em formatos reticulares. Na raiz, um algoritmo é uma coisa pequena e simples; uma regra usada para automatizar o tratamento de um dado. Se isso acontecer, então faça *b*; se não, então faça *c*. Essa é a lógica "se/então/mais" da computação clássica. Entretanto, esta é a concepção original, pois "[...] surgiu um significado mais ambíguo, indicando qualquer sistema de software de tomada de decisão complexo e grande; qualquer meio de obter um conjunto de dados de entrada - e avaliá-los rapidamente, de acordo com um determinado conjunto de critérios (ou 'regras')."[37] O sistema complexo que representa o algoritmo viabiliza a inteligência artificial por meio do armazenamento de dados e, a partir deles, consegue estruturar séries de dados que, no Direito, geram a jurimetria, como uma ferramenta ponderosa para se ter uma ideia do modo como decidem determinado tribunal, a partir de dados coletados por um longo período, que são tratados, estruturados e sistematizados, permitindo-se detectar tendências no sentido de julgamentos e temas escolhidos.

32. *Nanotechnology Products Database* (NPD). Disponível em: https://product.statnano.com. Acesso em: 27 jul. 2020.
33. YAN, Xiliang *et al*. Construction of a web-based nanomaterial database by big data curation and modeling friendly nanostructure annotations. *Nature Communications*, v. 2519, p. 1-11, 2020.
34. BECK, Ulrich. *A metamorfose do mundo*: novos conceitos para uma nova realidade. Tradução Maria Luiza X de A. Borges. São Paulo: Zahar, 2018.
35. FLORIDI, Luciano (Ed.). *The Onlife Manifesto*: being human in a hyperconnected era. London: Springer Open, 2015.
36. FLORIDI, Luciano. Soft Ethics and the Governance of the Digital. *Philosophy & Technology*, v. 31, 2018, p. 1-8.
37. SMITH, Andrew. Franken-algorithms: the deadly consequences of unpredictable code. *The Guardian*, 30 de agosto de 2018. Disponível em: https://www.theguardian.com/technology/2018/aug/29/coding-algorithms-frankenalgos-program-danger. Acesso em: 28 jul. 2020.

A partir daí se pode referir que existe certa superioridade da máquina – do sistema – em relação ao ser humano[38].

O lado positivo da utilização conjugada da inteligência artificial e das nanotecnologias se projeta como um conjunto de possibilidades de se conseguir cumprir os 17 Objetivos de Desenvolvimento Sustentável das Nações Unidas. Já que as nanopartículas se encontram em um grande número de setores e a possibilidade de se armazenar dados, que poderão ser tratados, estruturados e sistematizados por meio da Inteligência Artificial, abre caminhos importantes para a concretização dos referidos objetivos. Uma utilização que já está bastante avançada, no cruzamento das nanotecnologias e da inteligência artificial, está na área médica.[39] Além disso, a partir da inteligência artificial se torna possível a pesquisa, o armazenamento e a sistematização de um grande conjunto de dados e publicações. Tais investigações em volume se tornariam humanamente impossíveis, ou, ao menos, se utilizaria muito mais tempo do que com um sistema de inteligência artificial.

Entretanto, não se poderá deixar de lado os desafios que a inteligência artificial está trazendo consigo, ainda mais quando se une eles (os desafios) aos potenciais riscos ainda desconhecidos, carregados pela manipulação humana da escala manométrica.[40] No tocante à inteligência artificial, os pontos de ação podem ser assim desenhados: ainda não se tem a quantidade suficiente de dados, o que afeta a qualidade dos modelos de inteligência artificial; as questões éticas que se apresentam, seja no tocante aos desafios da automação, especialmente a perda de postos de trabalho e a necessidade do trabalhador mudar de trabalho; a vigilância em rede; ao uso militar das tecnologias baseadas na inteligência artificial; a privacidade dos dados; a utilização de informações pessoais; a cibersegurança e as falsidades e fraudes que poderão ser geradas e os seus impactos em resultados eleitorais.[41] O que se tem a partir desse conjunto – nanotecnologias, inteligência artificial e as conexões de redes – gera a chamada "ação sociotécnica".[42] Por meio dessa ação, se observa o "[...] surgimento de um novo tipo de interação que, além de conjugar as dimensões técnica e humana de forma simbiótica, amplia o próprio conceito

38. SMITH, Andrew. Franken-algorithms: the deadly consequences of unpredictable code. *The Guardian*, 30 de agosto de 2018. Disponível em: https://www.theguardian.com/technology/2018/aug/29/coding-algorithms-frankenalgos-program-danger. Acesso em: 28 jul. 2020.
39. SACHA, G. M.; VARONA, P. Artificial Intelligence in Nanotechnology. *Nanotechnology* 24.45 (2013). Disponível em: https://repositorio.uam.es/bitstream/handle/10486/665596/artificial_sacha_NT_2013_ps.pdf?sequence=1. Acesso em: 28 jul. 2020. Ainda: ADIR, Omer *et al*. Integrating artificial intelligence and nanotechnology for precision cancer medicine. *Advanced materials*, 2019. Disponível em: https://www.researchgate.net/profile/Avi_Schroeder/publication/340359905_Cancer_Treatment_Integrating_Artificial_Intelligence_and_Nanotechnology_for_Precision_Cancer_Medicine_Adv_Mater_132020/links/5e88c30c4585150839c0bdc2/Cancer-Treatment-Integrating-Artificial-Intelligence-and-Nanotechnology-for-Precision-Cancer-Medicine-Adv-Mater-13-2020.pdf. Acesso em: 28 jul. 2020.
40. SEPARATA CNPEM. *Benefícios e riscos das nanotecnologias*. N. 2, 2019. Disponível em: https://lnnano.cnpem.br/wp-content/uploads/2019/10/SEPARATA-CNPEM-02_Benef%C3%ADcios-e-riscos-das-nanotecnologias.pdf. Acesso em: 28 jul. 2020.
41. MANYIKA, James; BUGHIN, Jacques. A primavera da inteligência artificial. *Exame CEO*, ed. 34, dezembro de 2019. p. 60-63.
42. DI FELICE, Massimo. Net-ativismo e ecologia da ação em contextos reticulares. *In:* DI FELICE, Massimo; PEREIRA, Eliete; ROZA, Erick (Org.). *Net-ativismo*: redes digitais e novas práticas de participação. Campinas, SP: Papirus, 2017. p. 19.

de social, estendendo-o a uma dimensão ecológica e não mais antropocêntrica."[43] Se tem, portanto, um novo desafio para a regulação, no sentido de perceber e regular um novo tipo de ação social, que abrange uma pluralidade de entidades, como as técnicas, informativas, territoriais, de forma reticular e conectiva. Essa ação já não se realiza mais por um sujeito e direcionada a uma finalidade predeterminada, mas uma perspectiva em rede, desenvolvida no interior de um ecossistema complexo e conduzido pela ação de diversos "[...] actantes, como circuitos informativos, interfaces, mídias, corpos, paisagens, dentre doutros".[44] Se observa, portanto, um incremento na complexidade do fenômeno social e que exigirá estruturas normativas flexíveis de autorregulação, como se verá no próximo capítulo.

4. ARCABOUÇOS REGULATÓRIOS EM CONTEXTOS TECNOLÓGICOS NÃO REGRADOS PELO ESTADO

O cenário desenhado pelas conexões antes estudadas, provavelmente não se alinhará com uma produção legislativa, cujo processo de preparação se prolonga no tempo. Por isso, um dos encaminhamentos que a literatura tem apontado e a criação de "regras por design" com intensa utilização do denominado "domínio do *online*".[45] Além disso, será necessário trabalhar em um "ambiente regulatório", onde se terá um espaço criativo e aberto para a ressignificação da Teoria Geral das Fontes do Direito, com a recepção de novos atores e novos formatos regulatórios. Uma efetiva "disruptura do Direito", que sinaliza para a necessidade de se reimaginar o ordenamento jurídico, a fim de reinventá-lo,[46] de ressignificá-lo, para que ainda continue sendo útil para os desafios tecnológicos gerados na e pela sociedade.

Pelos aspectos vistos até o momento neste capítulo, está se tornando evidenciado que as tecnologias estão automatizando os processos, o que exigirá arquiteturas regulatórias inovadoras.[47] Naturalmente, um dos benefícios das tecnologias é que elas podem expandir nossas possibilidades[48]. Aqui está, simultaneamente, o seu aspecto positivo, mas também o seu aspecto negativo, se aplicando os desafios acima apresentados em relação à inteligência artificial e abrindo-se espaços que deverão ser ocupados pelo jurídico.

43. DI FELICE, Massimo. Net-ativismo e ecologia da ação em contextos reticulares. *In:* DI FELICE, Massimo; PEREIRA, Eliete; ROZA, Erick (Org.). *Net-ativismo*: redes digitais e novas práticas de participação. Campinas, SP: Papirus, 2017. p. 21.
44. DI FELICE, Massimo. Net-ativismo e ecologia da ação em contextos reticulares. *In:* DI FELICE, Massimo; PEREIRA, Eliete; ROZA, Erick (Org.). *Net-ativismo*: redes digitais e novas práticas de participação. Campinas, SP: Papirus, 2017. p. 22.
45. GAVAGHAN, Colin. *Lex Machina*: techno-regulatory mechanisms and "rules by design". *Otago Law Review*, v. 15, p. 123-145, 2017.
46. BROWNSWORD, Roger. Direito, tecnologia e sociedade: respondendo à ruptura, desconexão e deslocamento do Direito. *Revista Interesse Público* – IP, Belo Horizonte, ano 22, n. 121, p. 167-197, maio/jun. 2020.
47. BROWNSWORD, Roger. Direito, tecnologia e sociedade: respondendo à ruptura, desconexão e deslocamento do Direito. *Revista Interesse Público* – IP, Belo Horizonte, ano 22, n. 121, p. 167-197, maio/jun. 2020, p. 168.
48. BROWNSWORD, Roger. Direito, tecnologia e sociedade: respondendo à ruptura, desconexão e deslocamento do Direito. *Revista Interesse Público* – IP, Belo Horizonte, ano 22, n. 121, p. 167-197, maio/jun. 2020, p. 178. Sobre o assunto, ver: BROWNSWORD, Roger. *Law, technology and society*: re-imagining the regulatory environment. New York: Routledge, 2019, especialmente o capítulo 2, intitulado: "The regulatory environment: an extended field of inquiry".

Em particular, segundo Brownsword, a partir de um redesenho tecnológico, se deverá desenvolver um mapa geral do campo, a partir das seguintes coordenadas: "(i) os tipos de medida ou instrumento empregados (regras ou tecnologias não normativas) e (ii) a fonte da medida (regulador público ou privado); e, então, precisamos de um mapeamento mais detalhado da parte tecnológica do campo em que nos orientamos, (iii) a natureza da medida tecnológica (*soft* ou *hard*) e (iv) o *locus* da intervenção (externa ou interna aos agentes)"[49]. O mapa que se pode desenhar a partir dessas coordenadas se viabilizará em um ambiente regulatório denominado de *Sandbox*.

Se abre, portanto, um espaço por onde o Direito precisará se mover, talvez, inovar, mudando o seu modo de comunicação, passando de um Direito Analógico – ainda fortemente caracterizado pela presença regulatória do Estado, especialmente por parte do Poder Legislativo – para um Direito Digital – viabilizado pelas Tecnologias Digitais (TD), com a valorização de fontes do Direito já existentes, como a Doutrina, os Contratos, especialmente os *Smart Contracts*, a ressignificação das normas contidas nos Tratados Internacionais de Direitos Humanos, além das decisões das esferas judiciais que decidem a partir dessas normas. Ao mesmo tempo, o jurídico também se deverá abrir e valorizar para a produção de organismos internacionais, como entidades de normalização, como a ISO e a BSI, além de outras agências, sem esquecer a estruturas autorregulatórias, autorregulatórias reguladas, a partir da incorporação de modelos flexíveis e abertos como o *Sandbox regulatório*. Aqui se tem literalmente uma "caixa de areia", como espaço onde as crianças brincam e definem as regras das brincadeiras. O Sandbox regulatório também vai por esse caminho, abrindo-se um espaço para testar a regulação, antes de ampliar a sua obrigatoriedade para toda a sociedade ou um espaço de criação, onde as organizações possam usar a criatividade para desenvolver modelos regulatórios, a partir das fontes existentes e quando o Poder Legislativo não alcança o fenômeno a ser autorregulado. Portanto, o Sandbox também poderá ser um espaço para a projeção e o desenvolvimento de arquiteturas regulatórias, em substituição à intervenção legislativa.

A esse conjunto também se projetará a perspectiva de Gunther Teubner, quando estuda os códigos internos de conduta das organizações, com a participação dos departamentos de *compliance* de cada organização, fazendo emergir o pluralismo jurídico, onde se percebe um "[...] deslocamento dos processos políticos de poder para as mãos de atores coletivos privados. [...]".[50]

Para que esse pluralismo normativo se possa constituir em Direito, se tem um caminho de inovação a percorrer: inicialmente, perceber a emergência de um contexto tecnológico hiperconectado será o primeiro passo; seguido pela renovação da temporalidade do jurídico, migrando da relação do passado com o presente, para o presente em relação ao futuro. Nessa mudança temporal, as fontes do Direito deverão normatizar os riscos trazidos pelas novas tecnologias, com especial destaque aos riscos gerados a partir

49. BROWNSWORD, Roger. Direito, tecnologia e sociedade: respondendo à ruptura, desconexão e deslocamento do Direito. *Revista Interesse Público* – IP, Belo Horizonte, ano 22, n. 121, p. 167-197, maio/jun. 2020, p. 178-179.
50. TEUBNER, Gunther. *Fragmentos constitucionais*: constitucionalismo social na globalização. São Paulo: Saraiva, 2016. p. 25.

do acesso e manuseio da matéria na escala manométrica[51]. Na sequência, a trajetória do jurídico se desprende da produção estatal e deverá abrir-se para a inovação *no/do* Direito, a fim de trabalhar com estratégias jurídicas, com modelos e estruturas adaptáveis e sujeitas a avaliação e revisão dos movimentos em curtos espaços de tempo.

O Sandbox regulatório[52] poderá ser um desses espaços para a testagem regulatória, sua utilização e aplicação, suprindo a lacuna da ausência regulatória estatal. Se sublinha a possibilidade da substituição da regulação estatal-legislativa de aplicação ampla no país, por uma regulação focada, particularizada e em atenção às características locais ou regionais, onde determinada regulação seja desenvolvida. Por meio das redes, e aqui ingressam as contribuições das epistemologias reticulares e ecossistemas informativos[53], viabilizando a vinculação da produção de categorias e efeitos jurídicos em um "laboratório jurídico-normativo" (ou vários), a fim de enfrentar os desafios inéditos e com rápida projeção trazidos pela Quarta Revolução Industrial e a sua convergência tecnológica.

O laboratório assim desenhado busca observar as formas criativas de se estruturar um "ambiente regulatório", no contexto do Sandbox, onde convivem regras, princípios e normas técnicas, definindo esse ambiente a partir de "contextos de ação". Se promove, segundo Benoit Frydman, uma verdadeira hibridização das normas técnicas e jurídicas, ou seja, um pluralismo normativo[54]. Ao mesmo tempo, se trará para esse cenário, os desafios e as possibilidades da "Ciência Regulatória", focada em normas práticas, que não se fecham em decisões, mas que viabilizam a construção de cenários, com testagem e avaliação, o que poderá gerar as informações sobre as interações humano-ambientais das nanopartículas ou nanoformas, representando a redução dos custos de transação, quando esse movimento metodológico for comparado às produções legislativas. Na literatura revisada se encontrou alternativas que dialogam com a proposta de Frydman, apontando para a existência de três abordagens distintas (ainda que complementares) disponíveis para desenvolver uma estrutura de governança privada para complementar as estruturas regulatórias públicas nacionais existentes: inovação responsável, gerenciamento de riscos e diretrizes/padrões voluntários da indústria[55]. O argumento para apoiar uma estrutura de governança híbrida, combinando mecanismos de governança pública e privada, para a nanotecnologia, reflete o ambiente atual de políticas públicas

51. KÜHNEL, Dana *et al*. Environmental impacts of nanomaterials: providing comprehensive information on exposure, transport and ecotoxicity - the project DaNa2.0 *Environmental Sciences Europe*, v. 26, 2014.
52. FEIGELSON, Bruno; SILVA, Luiz Caldeira Leite. Regulação 4.0: Sandbox Regulatório e o futuro da regulação. *In:* BECKER, Daniel; FERRARI, Isabel (Coord.). *Regulação 4.0*: novas tecnologias sob a perspectiva regulatória. São Paulo: Thomson Reuters Brasil, 2019. p. 75-88; também: FEIGELSON, Bruno; SILVA, Luiz Caldeira Leite. Sandbox: um olhar prospectivo sobre o futuro da regulação. *In:* FEIGELSON, Bruno; MALDONADO, Viviane Nóbrega (Coord.). *Advocacia 4.0*. São Paulo: Thomson Reuters Brasil, 2019. p. 21-41.
53. DI FELICE, Massimo; TORRES, Juliana Cutolo; YANAZE Leandro Key Higuchi. *Redes digitais e sustentabilidade*: as interações com o meio ambiente na era da informação. São Paulo: AnnaBlume Editora, 2012.
54. FRYDMAN, Benoit. *O fim do Estado de Direito*: governar por *standards* e indicadores. Tradução Maria Beatriz Krug. 2. ed. rev. Porto Alegre: Livraria do Advogado Editora, 2018.
55. GRACIOUS Consortium. *Draft GRACIOUS Framework for grouping and read-across of nanomaterials for regulatory risk assessment and safe-by-design*. 2019. Disponível em: https://pdfs.semanticscholar.org/d679/096f200a0eaaa-09c607ad9c014685ea30818.pdf. Acesso em: 28 jul. 2020.

que surgiu para melhor abordar questões de avaliação de risco à saúde, segurança e meio ambiente relacionadas a nanotecnologia e nanomateriais[56].

Dentro dos limites deste capítulo, se apresentou alguns componentes da abordada ressignificação regulatória, via Sandbox, como uma opção a ser estudada pelo Direito, a fim de albergar as nanotecnologias e suas intersecções com a inteligência artificial.

Figura 1: Imagem de um Sandbox:

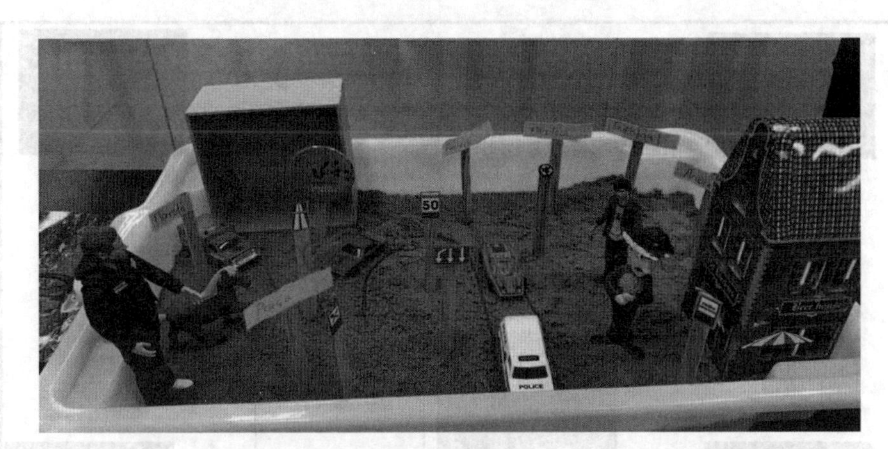

Fonte: arquivo pessoal do autor.

Essa imagem mostra, com uma vertente lúdica, a estrutura de um Sandbox, representando um pequeno espaço urbano, onde se poderá testar diversas modalidades regulatórias, especialmente aquelas acima estudadas. Justamente no laboratório projetado na vida real, onde se poderá observar as consequências – positivas e/ou negativas – de certo viés normativo.

Para que se possa transitar da imagem do Sandbox acima apresentada para um "ambiente regulatório" experimental, como um "laboratório jurídico", segundo Brownsword, em princípio, se precisará atentar para três conjuntos de tensões[57] em um campo normativo: um deles, sinaliza as tensões "verticais" muitas vezes visíveis entre as normas "oficiais" sinalizadas pelos reguladores e as normas "não oficiais" seguidas pelos regulados; em segundo lugar, no entanto, há também a possibilidade de tensões "horizontais" menos visíveis entre diferentes seções do órgão regulador. Aqui poderia ser interna; em terceiro lugar, pode haver mais tensões "horizontais" entre diferentes seções da comunidade regulada, se tem tensões internas entre os diversos atores que são responsáveis pela regulação[58]. Se consideram aqui os atores de mecanismos de autorregulação e também de autorregulação regulada.[59]

56. HEMPHILL, Thomas A. Regulating nanomaterials: a case for hybrid governance. *Bulletin of Science, Technology & Society*, v. 36, n. 4, 2016, p. 219-228.
57. Essas tensões são vetores positivos no funcionamento do ambiente regulatório no Sandbox, pois viabilizam o diálogo entre os atores regulatórios e o resultado da regulação.
58. BROWNSWORD, Roger. *Law, technology and society*: re-imagining the regulatory environment. New York: Routledge, 2019. p. 47-51.
59. ENGELMANN, Wilson. Nanotecnologia e direitos humanos. *Cadernos de Dereito Actual*, Universidade de Santiago de Compostela, Espanha, n. 9. Núm. Ordinario, 2018, p. 441-487. Disponível em: http://www.cadernosdedereitoactual.es/ojs/index.php/cadernos/article/view/325/201. Acesso em: 27 jul. 2020.

Na sequência, se apresenta o interior do Sandbox, mostrando os diversos setores que poderão ser considerados no desenvolvimento de modelos regulatórios, autorregulatórios e autorregulatórios regulados:

Figura 2: Elementos estruturantes de um ambiente regulatório: Ambiente regulatório para se gerar informações e conhecimentos.

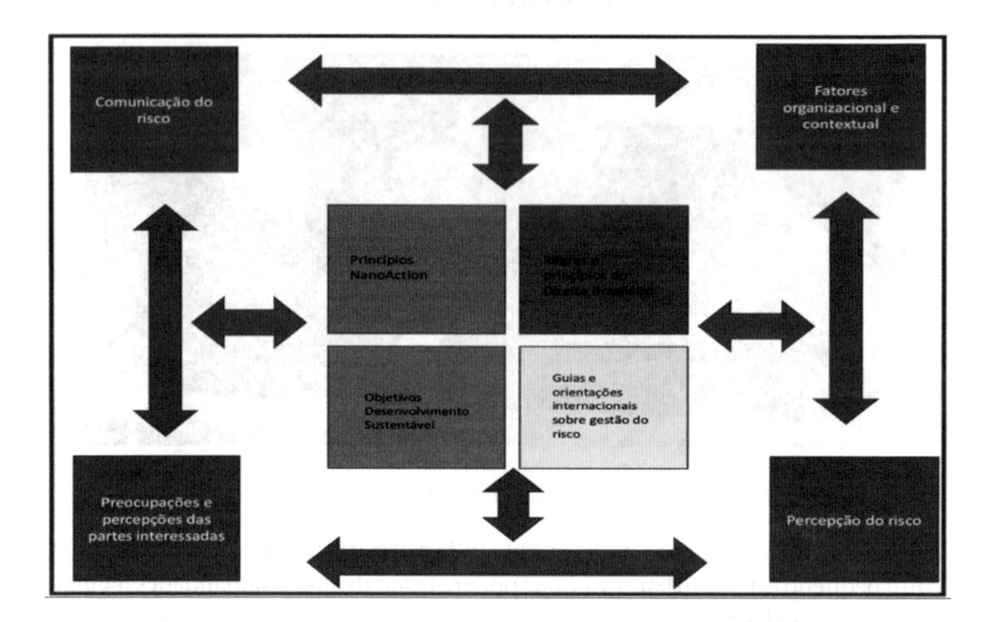

Fonte: elaboração do autor.

A Figura 2 mostra as referidas tensões horizontais e verticais, conectando cada um dos temas que se encontram nos quadrantes, que são os orientadores propostos para se buscar os elementos estruturantes que estão no centro do ambiente regulatório. Os ingredientes da figura sinalizam a provisoriedade e a flexibilidade do trabalho em um ambiente regulatório, permitindo a pesquisa de diferentes fontes que poderão ser trazidas para o meio ambiente regulatório, dependendo do tema a ser testado no laboratório de regulação. Todos esses movimentos se sustentam em Tecnologias Digitais (TD) em formatos reticulares e conectivos.

5. CONSIDERAÇÕES FINAIS

O tema deste capítulo foi aproximar e relacionar os desafios e as possibilidades trazidas pelo cruzamento das nanotecnologias e da inteligência artificial. Longe de se ter certezas e respostas, se tem, neste momento, alguns indicativos de como se poderá reconstruir o jurídico no cenário de uma era hiperconectada, de convergência tecnológica e de incertezas sobre os modelos regulatórios adequados.

Ainda se vislumbra muita resistência na migração do Direito analógico para o Direito digital, na troca dos pressupostos de certeza, segurança e previsibilidade, por pressupostos de flexibilidade e incerteza, mas com o foco na eficácia das estruturas regulatórias. A produção legislativo-estatal sinaliza evidências de sua incapacidade de regular as novas tecnologias, aqui se destacando as conexões geradas entre as nanotecnologias e a inteligência artificial. Além da perspectiva regulatória, nasce um novo ingrediente a ser considerado no campo da regulação: o risco, especialmente o risco de danos futuros. A passagem do analógico para o digital também evidencia a necessidade da construção regulatória em rede, pois por meio dela as relações sociais se estabelecem.

A temporalidade do Direito também está sendo colocada em questão, pois normalmente o Direito opera desde o passado em direção ao presente, como um fotógrafo fazendo um registro fotográfico de um evento, que se revelava no presente, a fim de verificar as consequências jurídicas no Ordenamento Jurídico. No entanto, isso está mudando rapidamente: cada vez mais se verifica uma mirada do presente em direção ao futuro. E nesse presente se projetam fenômenos que não estão regulados legislativamente, mas cujos efeitos serão percebidos no presente-futuro. O movimento do presente em direção ao futuro está operando sem se ter um arcabouço regulatório definido, com uma grande probabilidade de se ter riscos no futuro, de difícil previsão no momento atual.

Portanto, a estruturação de um "ambiente regulatório", a ser testado em um Sandbox, poderá ser uma alternativa para que se possa gerar arquiteturas normativas alinhadas com as características presentes na *Quarta Revolução Industrial*, potencializadas pelos elementos que se encontram no desenho do *grande reset global*, tal qual desenhado por Klaus Schwab. Perceber esses movimentos com forças verticais e horizontais deverá ser o principal objetivo do Direito e de seus pesquisadores, influenciando os reguladores inseridos em contextos autorregulatórios e autorregulatórios regulados.

6. REFERÊNCIAS

ADIR, Omer *et al*. Integrating artificial intelligence and nanotechnology for precision cancer medicine. In: *Advanced materials*, 2019. Disponível em: https://www.researchgate.net/profile/Avi_Schroeder/publication/340359905_Cancer_Treatment_Integrating_Artificial_Intelligence_and_Nanotechnology_for_Precision_Cancer_Medicine_Adv_Mater_132020/links/5e88c30c4585150839c0bdc2/Cancer-Treatment-Integrating-Artificial-Intelligence-and-Nanotechnology-for-Precision-Cancer-Medicine-Adv-Mater-13-2020.pdf. Acesso em: 28 jul. 2020.

ALSABA, Mortadha T.; AL DUSHAISHI, Mohammed F.; ABBAS, Ahmed K. A comprehensive review of nanoparticles applications in the oil and gas industry. *Journal of Petroleum Exploration and Production Technology*, v. 10, p. 1389-1399, 2020.

BECK, Ulrich. *A metamorfose do mundo*: novos conceitos para uma nova realidade. Tradução Maria Luiza X de A. Borges. São Paulo: Zahar, 2018.

BROWNSWORD, Roger. Direito, tecnologia e sociedade: respondendo à ruptura, desconexão e deslocamento do Direito. *Revista Interesse Público* – IP, Belo Horizonte, ano 22, n. 121, p. 167-197, p. 178-179, maio/jun. 2020.

BROWNSWORD, Roger. *Law, technology and society*: re-imagining the regulatory environment. New York: Routledge, 2019.

COMMISSION REGULATION (EU) 2018/1881 of 3 December 2018 amending Regulation (EC) No 1907/2006 of the European Parliament and of the Council on the Registration, Evaluation, Authorisation and Restriction of Chemicals (REACH) as regards Annexes I, III, VI, VII, VIII, IX, X, XI, and XII to address nanoforms of substances. *OJ L 308, 4.12.2018*, p. 1–20 (2018). Disponível em: https://eur-lex.europa.eu/legal-content/en/TXT/?uri=CELEX%3A32018R1881. Acesso em: 25 jul. 2020.

DI FELICE, Massimo; TORRES, Juliana Cutolo; YANAZE Leandro Key Higuchi. *Redes digitais e sustentabilidade*: as interações com o meio ambiente na era da informação. São Paulo: AnnaBlume Editora, 2012.

DI FELICE, Massimo. Net-ativismo e ecologia da ação em contextos reticulares. *In:* DI FELICE, Massimo; PEREIRA, Eliete; ROZA, Erick (Org.). *Net-ativismo*: redes digitais e novas práticas de participação. Campinas, SP: Papirus, 2017.

DI FELICE, Massimo. *Net-ativismo*: da ação social para o ato conectivo. São Paulo: Paulus, 2017.

ECHEVERRÍA, Javier. Interdisciplinaridad y convergência tecnocientífica nano-bio-info-cogno. In: *Sociologias*, Porto Alegre, ano 11, n. 22, p. 22-53, jul./dez. 2009.

ENGELMANN, Wilson. Nanotecnologia e direitos humanos. In: *Cadernos de Dereito Actual*, Universidade de Santiago de Compostela, Espanha, n. 9. Núm. Ordinario, 2018, p. 441-487. Disponível em: http://www.cadernosdedereitoactual.es/ojs/index.php/cadernos/article/view/325/201. Acesso em: 27 jul. 2020.

FEIGELSON, Bruno; SILVA, Luiz Caldeira Leite. Regulação 4.0: Sandbox Regulatório e o futuro da regulação. *In:* BECKER, Daniel; FERRARI, Isabel (Coord.). *Regulação 4.0*: novas tecnologias sob a perspectiva regulatória. São Paulo: Thomson Reuters Brasil, 2019. p. 75-88.

FEIGELSON, Bruno; SILVA, Luiz Caldeira Leite. Sandbox: um olhar prospectivo sobre o futuro da regulação. *In:* FEIGELSON, Bruno; MALDONADO, Viviane Nóbrega (Coord.). *Advocacia 4.0*. São Paulo: Thomson Reuters Brasil, 2019, p. 21-41.

FLORIDI, Luciano (Ed.). *The Onlife Manifesto*: being human in a hyperconnected era. London: Springer Open, 2015.

FLORIDI, Luciano. Soft Ethics and the Governance of the Digital. *Philosophy & Technology*, v. 31, p. 1-8, 2018.

FRYDMAN, Benoit. *O fim do Estado de Direito*: governar por *standards* e indicadores. Tradução Maria Beatriz Krug. 2. ed. rev. Porto Alegre: Livraria do Advogado Editora, 2018.

GAVAGHAN, Colin. *Lex Machina*: techno-regulatory mechanisms and "rules by design". *Otago Law Review*, v. 15, 2017, p. 123-145.

GRACIOUS Consortium. *Draft GRACIOUS Framework for grouping and read-across of nanomaterials for regulatory risk assessment and safe-by-design*. 2019. Disponível em: https://pdfs.semanticscholar.org/d679/096f200a0eaaa09c607ad9c014685ea30818.pdf. Acesso em: 28 jul. 2020.

HEMPHILL, Thomas A. Regulating nanomaterials: a case for hybrid governance. *In: Bulletin of Science, Technology & Society*, v. 36, n. 4, 2016, p. 219-228.

ISMAIL, Salim. *Exponential organizations*: why new organizations are ten times better, faster, and cheaper than yours (and what to do about it). New York: Diversion Books, 2014.

JAMROZIK, Euzebiusz; SELGELID, Michael J. COVID-19 human challenge studies: ethical issues. *Lancet Infect Dis* 2020. Published Online May 29, 2020, https://doi.org/10.1016/S1473-3099(20)30438-2.

KÜHNEL, Dana *et al*. Environmental impacts of nanomaterials: providing comprehensive information on exposure, transport and ecotoxicity - the project DaNa2.0. *Environmental Sciences Europe*, v. 26, 2014.

KURZWEIL, Ray. *The singularity is near*: when humans transcend biology. New York: Penguin Books, 2005.

MANYIKA, James; BUGHIN, Jacques. A primavera da inteligência artificial. *Exame CEO*, ed. 34, dezembro de 2019, p. 60-63.

MARR, Bernard. 7 amazing everyday examples of nanotechnology in action. Disponível em: https://www.forbes.com/sites/bernardmarr/2020/07/03/7-amazing-everyday-examples-of-nanotechnology-in-action/#326e130e3e82. Acesso em: 15 jul. 2020.

MAYNARD, Andrew D. Navigating the fourth industrial revolution. *Nature Nanotechnology*, 10, p. 1005-1006, December 2015.

NANOTECHNOLOGY PRODUCTS DATABASE (NPD). Disponível em: https://product.statnano.com. Acesso em: 27 jul. 2020.

NILE, Shivraj Hariram *et al*. Nanotechnologies in food science: applications, recent trends, and future perspectives. *Nano-Micro Letters*, v. 12, 2020, p. 1-34

REGINATO, Andréa Depieri de A. Uma introdução à pesquisa documental. *In:* MACHADO, Maíra Rocha (Org.). *Pesquisar empiricamente o direito*. São Paulo: Rede de Estudos Empíricos em Direito, 2017, p. 189-224.

SACHA, G. M.; VARONA, P. Artificial intelligence in nanotechnology. *Nanotechnology*, 24.45 (2013). Disponível em: https://repositorio.uam.es/bitstream/handle/10486/665596/artificial_sacha_NT_2013_ps.pdf?sequence=1. Acesso em: 28 jul. 2020.

SCHWAB, Klaus; DAVIS, Nicholas. *Aplicando a quarta revolução industrial*. Tradução Daniel Moreira Miranda. São Paulo: Edipro, 2018.

SCHWAB, Klaus; MALLERET, Thierry. *COVID-19*: the great reset. Switzerland: Forum Publishing; World Economic Forum, 2020 (Livro em formato Kindle).

SCHWAB, Klaus. *A quarta revolução industrial*. Tradução Daniel Moreira Miranda. São Paulo: Edipro, 2016.

SEPARATA CNPEM. *Benefícios e riscos das nanotecnologias*, n. 2, 2019. Disponível em: https://lnnano.cnpem.br/wp-content/uploads/2019/10/SEPARATA-CNPEM-02_Benef%C3%ADcios-e-riscos-das-nanotecnologias.pdf. Acesso em: 28 jul. 2020.

SMITH, Andrew. Franken-algorithms: the deadly consequences of unpredictable code. *The Guardian*, 30 de agosto de 2018. Disponível em: https://www.theguardian.com/technology/2018/aug/29/coding-algorithms-frankenalgos-program-danger. Acesso em: 28 jul. 2020.

TEUBNER, Gunther. *Fragmentos constitucionais*: constitucionalismo social na globalização. São Paulo: Saraiva, 2016.

TOBLER, Juliana Palermo; ROCHA, Helvécio Vinícius Antunes. Bases regulatórias para a avaliação da segurança de medicamentos à base de nanotecnologia. *Vigilância Sanitária em Debate*, v. 8, n. 2, p. 64-74, 2020. Disponível em: http://www.visaemdebate.incqs.fiocruz.br/. Acesso em: 15 jul. 2020.

YAN, Xiliang *et al*. Construction of a web-based nanomaterial database by big data curation and modeling friendly nanostructure annotations. *Nature Communications*, v. 2519, p. 1-11, 2020.

51
NANOTECNOLOGIA E INTELIGÊNCIA ARTIFICIAL: DESAFIOS E PERSPECTIVAS

Renato Opice Blum

Mestre pela Florida Christian University, advogado e economista; Professor coordenador do curso de Direito Digital do INSPER e do MBA em Direito Eletrônico da Escola Paulista de Direito; foi coordenador do 1º curso de Direito Digital da FGV/GVLaw em 2011 e do curso de extensão em Direito Digital da Escola Paulista da Magistratura em 2014. Membro do Conselho Executivo do Estudo Técnico da Internet das Coisas – IoT. Foi Vice-Chair do Comitê de Privacidade, Comércio Eletrônico e Segurança de dados da American Bar Association e da Comissão de Associados da América do Sul da International Technology Law Association. Membro Convidado do Grupo de Cybercrimes do Conselho da Europa. Membro da Associação Europeia de Privacidade – EPA'S. Presidente da Comissão Permanente de Estudos de Tecnologia e Informação do IASP. Coordenador da Comissão de Estudos de Direito Digital do Conselho Superior de Direito – FECOMERCIO/SP. 1º Vice-Presidente da Comissão Especial de Direito Digital e *Compliance* da OAB/SP. Palestrante Convidado para as Conferências Internacionais: LegalTech; Technology Policy Institute; Council of Europe; SEDONA; American Bar Association; International Technology Law Association; High Technology Crime Investigation Association; Information Systems Security Association; International Association of Privacy Professionals; Georgetown Law CLE and Inter-American Bar Association. Profissional indicado na 44ª posição da lista "Top 100 Lawyers to follow on twitter – 2015" do site evancarmichael.com. Profissional reconhecido por 04 anos consecutivos em publicações internacionais como Chambers & Partners, Who's who e Best Lawyers. @renatoopiceblum

Paula Marques Rodrigues

Advogada graduada em Direito pela Faculdade de Ciências Jurídicas e Sociais Aplicadas da Universidade Católica de Santos (UniSantos), Pós-graduada em Direito Civil e Processo Civil pela Escola Paulista de Direito – São Paulo (EPD) e Pós-graduada em Direito e Tecnologia da Informação pela Universidade de São Paulo (USP). Palestrante pela Comissão de Cultura e Eventos da OAB/SP.

1. INTRODUÇÃO

Em se tratando de tecnologia e evolução das relações na sociedade atual, não há como deixar de contextualizar a realidade em que se vive sem mencionar a relevância e o impacto direto das Revoluções Industriais nesse sentido.

Em suma, na metade do século XVIII (1760 – 1840), a 1ª Revolução Industrial tratou da criação e utilização da máquina a vapor, permitindo o desenvolvimento da mecanização, da energia hidráulica e ferramentas a estas atreladas. Já a 2ª Revolução Industrial (1850-1945) utilizou a eletricidade como força motriz de seu crescimento e proporcionou a criação de linhas de montagem, além de preponderar a evolução dos meios de transporte e comunicação. A 3ª Revolução Industrial (1950-2010) contou com a explosão da descoberta e utilização da eletrônica e informática, em evidente substituição da mecânica analógica para a mecânica digital, destacando-se a criação da internet, o uso de microcomputadores, a digitalização de arquivos, a criação e o desenvolvimento da robótica e da automação e a invenção do telefone celular.

Por fim, a 4ª Revolução Industrial (2011-atual), chamada também de "Era da Inteligência Artificial", traz como destaque o desenvolvimento concreto e acelerado de algoritmos contendo *machine learning* (aprendizado de máquina) e *deep learning* (aprendizado profundo), a interconectividade como requisito de potencialidade na exploração de tecnologia com base na Internet das Coisas, a amplitude e o conhecimento profundo da capacidade da computação em nuvem e, além disso, a retomada do desenvolvimento concreto da nanotecnologia nos mais variados setores da sociedade[1].

Verifica-se que os potenciais tecnológicos de maior evidência contam, invariavelmente, com ferramentas altamente integradas – pensar na solução de problemas simples a complexos utilizando mais de uma forma tecnológica, transformando-as em verdadeira difusão de inovações para atenuar eventuais rupturas e evitar a problematização de questões já existentes.

Diante desse cenário, pensar na biotecnologia e, em especial, na nanotecnologia como fonte exploratória para o desenvolvimento da sociedade, é inevitável. Quando o ser humano ultrapassa seus próprios limites ao descobrir que os corpos são compostos de átomos e que o estudo de partículas em escala atômica e molecular tem muita relevância para o passado e concretizar o presente, diminuir ainda mais essa escala amplia significativamente as aplicações de instrumentos e/ou ferramentas biológicas, industriais e tecnológicas. É disso que se trata a nanotecnologia.

Assim, o presente artigo tem por objetivo demonstrar aspectos basilares da nanotecnologia em congruência com o que tem sido desenvolvido em relação à sistemas de inteligência artificial, eis que a combinação desses dois poderosos elementos traz entusiasmo, resultados concretos promissores, mas também reflexões sobre os potenciais riscos da sua utilização desenfreada e desassistida.

No primeiro item, será abordada a definição da nanotecnologia, breve histórico de seu surgimento e as suas formas de uso e aplicação já conhecidas, denotando-se a complexidade do tema. No segundo item, a importância e relevância da criação, desenvolvimento e uso de sistemas de inteligência artificial, em que a discussão sobre o design ético dessas ferramentas está em alta e, ainda, como a sociedade brasileira está lidando com a temática. Por fim, no terceiro item, apresentar-se-ão hipóteses de utilização de nanotecnologia associada a sistemas de inteligência artificial no campo da Medicina, para exemplificar a magnitude e a total relevância do debate sobre a temática proposta.

1. Conheça as quatro Revoluções Industriais que moldaram a trajetória do mundo. Disponível em: https://administradores.com.br/noticias/conhe%C3%A7a-as-quatro-revolu%C3%A7%C3%B5es-industriais-que-moldaram-a-trajet%C3%B3ria-do-mundo. Acesso em: 20 set. 2020.

2. COMPREENDENDO O UNIVERSO DA NANOTECNOLOGIA

Segundo cartilha elaborada por Jair Calixto e Nádia Bou-Chacra:

> (...) nanotecnologia pode ser definida como o processo para a obtenção, o controle, a fabricação e/ou a manipulação intencional de materiais que têm pelo menos uma dimensão (exemplo: diâmetro médio, comprimento) aproximada de 1 a 100 nm. Além disso, o material na escala nanométrica tem que demonstrar propriedades físicas, químicas e biológicas que permitam aplicação inovadora desse material. Essas propriedades inovadoras devem ser atribuídas exclusivamente à sua dimensão nanométrica. (...)[2].

Quando se fala em um nanômetro, a referência é de um bilionésimo do metro (10-9) e é nessa escala de tamanho específica que o desenvolvimento da nanotecnologia é realizado. Tamanho o avanço da Ciência, verifica-se que nesse mesmo padrão de escala se encontram os átomos e as moléculas[3].

Historicamente, a preocupação com a temática surge nos estudos de Leucipo de Mileto, no Século V a.C., quando desenvolvia a teoria que culminou para a definição e principiologia básica do átomo. Referidos estudos embasaram o desenvolvimento da noção de indivisibilidade do átomo por John Dalton em 1803, seguido de Ernest Rutherford em 1908 e Niels Bohr, em 1915, denotando a preocupação do ser humano científico em entender, estudar e compreender os impactos da natureza em escalas muito pequenas.[4]

É fato que o físico Richard Feynman foi responsável por apresentar os conceitos que fundamentam a nanociência e a nanotecnologia, em reunião da Sociedade Americana de Física no Instituto de Tecnologia da Califórnia, no ano de 1959. Foi em sua palestra, chamada “Há muito espaço lá embaixo”, “(...) Feynman descreveu um processo no qual os cientistas seriam capazes de manipular e controlar átomos individuais e moléculas”.[5]

O termo, contudo, somente foi utilizado pela primeira vez no ano de 1974 pelo cientista japonês Norio Taniguchi, tendo definido a nanotecnologia como “o processo de separação, de consolidação e de deformação dos materiais em nível atômico ou molecular”.[6]

Para compreender melhor o alcance e a complexidade das nanotecnologias, importante ter uma percepção clara das escalas que nos rodeiam, mas, basicamente, um nanômetro é “uma escala de medida que representa o tamanho de um bilionésimo de metro, sendo que um componente em escala nano possui propriedades únicas e distintas da escala macro”.[7]

2. Cartilha de Nanotecnologia. Disponível em: https://edisciplinas.usp.br/pluginfile.php/4906571/mod_resource/content/1/cartilha.pdf. Acesso em: 20 set. 2020.
3. BRASIL. Agência Brasileira de Desenvolvimento Industrial. Cartilha sobre nanotecnologia. 2.ed. Brasília: ABDI, 2010. p. 11.
4. BRASIL. Agência Brasileira de Desenvolvimento Industrial. Cartilha sobre nanotecnologia. 2.ed. Brasília: ABDI, 2010. p. 11.
5. Cartilha de Nanotecnologia. Disponível em: https://edisciplinas.usp.br/pluginfile.php/4906571/mod_resource/content/1/cartilha.pdf. Acesso em: 20 set. 2020. p. 9.
6. Cartilha de Nanotecnologia. Disponível em: https://edisciplinas.usp.br/pluginfile.php/4906571/mod_resource/content/1/cartilha.pdf. Acesso em: 20 set. 2020. p. 9.
7. NASCIMENTO, Maria Cândida Simon Azevedo; ENGELMANN, Wilson. Nanotecnologia e direito: da estrutura jurídica tradicional ao diálogo entre as fontes do direito. *Nomos: Revista do Programa de Pós-Graduação em Direito da UFC*, Fortaleza, v. 37, n. 1, p. 199-221, jan./jun. 2017, p. 203.

Importante destacar que a nanotecnologia tem por finalidade manipular matéria em níveis bastante densos – moleculares ou atômicos -, com a capacidade de compor verdadeiros sistemas complexos e nanométricos. Por essa razão, o universo mais do que microscópico da nanotecnologia oferece incríveis possibilidades para o desenvolvimento da pesquisa, da ciência e da indústria atualmente.

De acordo com o relatório denominado "Global Nanotechnology Market (by Component and Applications)", expedido em abril de 2018, o mercado global de nanotecnologia deve ultrapassar a marca de US$ 125 bilhões até 2024. Segundo a pesquisa, a nanotecnologia continua a ter amplo e fundamental impacto em quase todos os setores da economia global, quais sejam: eletrônicos, energia, área biomédica, cosméticos, defesa, automotivo e agricultura, entre outros. Fatos como o avanço da tecnologia, o investimento do poder público e o alto financiamento do setor privado contribuirão para essa empreitada, mas, conforme o relatório, os riscos ambientais, relacionados à saúde e segurança individual e coletiva são preocupações igualmente crescentes, as quais, se não devidamente observadas, poderão prejudicar o crescimento da tecnologia no mercado[8].

Como anteriormente mencionado, existem vários exemplos e aplicações da nanotecnologia e dos nanomateriais. No ramo da eletrônica, nanotubos de carbono substituirão o silício como mão de obra para a fabricação de microchips; no campo da energia, a Universidade de Kyoto projetou um novo semicondutor que permite a fabricação de painéis solares os quais duplicam a quantidade de luz do sol convertida em corrente elétrica, reduzindo custos e aumentando o potencial de energia a ser utilizada pelos seres humanos; quanto à indústria têxtil, a nanotecnologia permite o desenvolvimento de tecidos inteligentes que não mancham, não amarrotam, possuem maior resistência, leveza e durabilidade; entre outros[9].

Em relação às perspectivas atreladas ao desenvolvimento da tecnologia, há de se destacar o grande benefício em relação à exploração de energias renováveis, reduzindo o custo de materiais e amplificando a sua eficiência. Para a área da saúde, haverá maior precisão e eficácia no tratamento de doenças graves, obter maior seletividade nos organismos que receberão medicamentos e tratamentos, reparando até mesmo genes danificados por qualquer circunstância, o que traduz verdadeiro e grandioso impacto no setor e na forma como se enxerga a vida humana.

Como ponderação de riscos, contudo, necessário apontar que esse tipo de tecnologia causa efeitos negativos no meio ambiente, posto que sua criação e manipulação geram toxinas e poluentes. Ademais, o processo criativo das nanotecnologias também passa pela utilização de materiais obsoletos e ignorados, comportando mudanças significativas nos processos de produção em que são aplicadas, o que causará o desaparecimento de empregos e funções atualmente existentes.

---

8. GLOBAL NANOTECHNOLOGY MARKET (by Component and Applications), Fundind & Investment, Patent Analysis and 27 Companies Profile & Recent Developments – Forecast to 2024. Disponível em: https://www.researchandmarkets.com/reports/4520812/global-nanotechnology-market-by-component-and. Acesso em: 20 set. 2020.
9. Nanotecnologia: uma pequena solução para grandes problemas. Disponível em: https://www.iberdrola.com/inovacao/aplicacoes-da-nanotecnologia. Acesso em: 20 set. 2020.

Por fim, não menos importante, tem-se as questões atreladas à segurança da informação, já que as propriedades da nanotecnologia poderiam, de certa forma, facilitar a utilização indevida de brechas ou mecanismos pouco conhecidos para desenvolver produtos destinados ao cometimento de ilícitos, como nanoarmas, balas inteligentes entre outros.

De mais a mais, é fato que o crescimento mundial de setores que propulsionam os avanços tecnológicos se torna cada vez mais evidente e presente, contando com apoio e investimento governamental além de relevante investimento do setor privado no desenvolvimento dessas tecnologias. O uso de dispositivos em menor escala também aumenta exponencialmente, importando na potencialização de seus benefícios, mas também de seus riscos (como riscos ambientais, sanitários e de segurança), os quais merecem reflexão para evitar consequências indesejáveis.

2.1 O Marco Legal da Nanotecnologia

Em fevereiro deste ano, o Marco Legal da Nanotecnologia foi aprovado pela Comissão de Constituição e Justiça (CCJ): trata-se do Projeto de Lei 880/2019 cujo objetivo é estimular o desenvolvimento científico na área da nanotecnologia; estabelece princípios éticos relacionados à sustentabilidade ambiental, estipula matrizes de responsabilidade do produtor e também traça paradigmas relativos à mitigação de riscos à saúde e segurança. Avaliações periódicas sobre os impactos do desenvolvimento desse tipo de tecnologia na saúde dos trabalhadores, além de incentivos a pessoas com deficiência para ingresso nesse mercado de trabalho também são pontos de destaque[10].

Ainda, importante ressaltar que o referido projeto propõe alterações na Lei de Inovação Tecnológica (Lei 10.973/2004), incluindo a temática da nanotecnologia no rol de setores que devem ser beneficiados com incentivos à inovação e pesquisa científica.

Também relevante apontar os novos conceitos previstos no projeto tais como a Iniciativa Brasileira de Nanotecnologia e o Sistema Nacional de Laboratórios em Nanotecnologias (SisNano), bem como a alteração proposta para a Lei de Licitações (lei 8.666/1993), a fim de que serviços com insumos manufaturados brasileiros os quais tenham utilizado nanotecnologia ou novos materiais desenvolvidos com esse tipo de tecnologia tenham preferência nas concorrências públicas, fomentando ainda mais o seu desenvolvimento e aplicação[11].

3. A INTELIGÊNCIA ARTIFICIAL COMO TECNOLOGIA PROPULSORA DO DESENVOLVIMENTO MUNDIAL

A organização econômica, política e social das nações passa por grandes transformações ao longo dos séculos. Em um contexto histórico, a Revolução Industrial

10. Marco Legal da Nanotecnologia é aprovado na CCJ. Disponível em https://www12.senado.leg.br/noticias/materias/2020/02/19/marco-legal-da-nanotecnologia-avanca. Acesso em: 20 set. 2020.
11. Marco Legal da Nanotecnologia é aprovado na CCJ. Disponível em https://www12.senado.leg.br/noticias/materias/2020/02/19/marco-legal-da-nanotecnologia-avanca. Acesso em: 20 set. 2020.

teve papel fundamental como vetor dessas mudanças, uma vez que substituiu, entre os séculos XVIII e XIX, o trabalho artesanal pelo trabalho assalariado com a utilização de máquinas.

Se observada por etapas, a Revolução Industrial passou pela utilização de tear mecânico nas indústrias de tecidos de algodão na Inglaterra (1760 a 1860); o emprego do aço, uso de energia elétrica e de combustíveis derivados do petróleo, além da invenção da locomotiva a vapor (1860 a 1900) e; o uso de tecnologia e do sistema informático na produção industrial, bem como o desenvolvimento da robótica, aceleração da economia capitalista e expansão das empresas multinacionais (1950 até hoje).

Portanto, a criação e o uso de ferramentas desenvolvidas pelo ser humano permitiu um exponencial crescimento na produção de bens e no oferecimento de serviços.

Se hoje se vive em uma verdadeira Revolução Digital, é inegável que o alto padrão tecnológico oferecido pelas soluções desenvolvidas por meio da Inteligência Artificial impacte diretamente na maneira que produzimos – seja na revisão ou implementação de novos processos, seja na capacitação de mão-de-obra, entre outros.

Refletindo sobre a questão da mão-de-obra qualificada, necessária ao processo de transformação industrial, importante a leitura do estudo denominado "*A future that Works: automation, employment and productivity*" emitido pela empresa global McKinsey & Company, em 2017[12]. Segundo a empresa, aproximadamente 5% das atividades profissionais que existem atualmente poderão ser eliminadas, enquanto 60% das profissões contarão com tarefas automatizadas.

Se a Inteligência Artificial constitui elemento genérico, derivado da computação cognitiva, esta pode ser definida como a ciência e a engenharia de se criar e produzir máquinas inteligentes, de acordo com John McCarthy, que esteve presente no evento de Dartmouth College em 1959, primeiro ambiente acadêmico em que o termo "inteligência artificial" foi utilizado.[13]

Diante da contextualização da Inteligência Artificial como ciência, vale dizer que o *machine learning*, uma forma de inteligência artificial, significa aprendizado de máquina em sua tradução livre; segundo o dicionário Collins, define-se o termo como: "*a branch of artificial inteligente in which a computer generates rules underlying or based on raw data that has been fed into it*".[14]

Arthur Samuel também trouxe delimitação do termo, em 1959, como sendo um "campo de estudo que dá aos computadores a habilidade de aprender sem serem explicitamente programados."[15]

---

12. MANYIKA, James. A future that works: AI, automation, employment, and productivity. *McKinsey Global Institute Research*, Tech. Rep. 60, 2017. Disponível em: https://www.mckinsey.com/featured-insights/digital-disruption/harnessing-automation-for-a-future-that-works/. Acesso em: 20 set. 2020.
13. KAUFMAN, Dora. *A inteligência artificial irá suplantar a inteligência humana?* Barueri, SP: Estação das Letras e Cores, 2019. p. 20.
14. DICIONÁRIO COLLINS. Disponível em: https://www.collinsdictionary.com/pt/dictionary/english/machine-learning. Acesso em: 22 set. 2020.
15. GABRIEL, Martha. *Você, eu e os robôs*: pequeno manual do mundo digital. 3. reimpr. São Paulo: Atlas, 2018. p. 197.

Isso significa dizer que se trata de um campo que trabalha com o desenvolvimento de algoritmos que permitem o aprendizado de um programa; é um subcampo da ciência da computação, resultado da evolução de diversos estudos aceca do reconhecimento de padrões. O código inserido na máquina é capaz de reconhecer certo tipo de padrão, tomando a decisão com base na similitude de experiências passadas.[16]

Esse processo de automação é bastante interessante, haja vista que a máquina, ao se deparar com uma situação nova, confiará na sua base de dados para executar a tarefa determinada.

Configura-se, assim, um aspecto da inteligência artificial que traz em sua concepção a criação de algoritmos das mais variadas funções, os quais são responsáveis pelo processo de efetivo e automático aprendizado por meio de dados. Então, o desenvolvedor treina o algoritmo para que ele consiga aprender sem a intervenção humana, ao contrário do que se praticava antigamente; havia a necessidade de se elaborar códigos de programação extensos, com rotinas específicas de instrução na realização de tarefas e consequente obtenção de resultados, o que limitava expressamente o escopo de atuação do dispositivo.

Por essa razão, é importante considerar que o volume de dados tem relevância no nível de aprendizado da máquina, pois quanto mais informações e experiências a máquina adquirir, maior será sua capacidade de desenvolver soluções para os problemas apresentados.

Destaca-se que o *machine learning* é a forma computacional mais comum aplicável em tarefas cotidianas e soluções laborais/empresariais, acelerando processos e procedimentos burocráticos, auxiliando na análise de grande volume de informações para se chegar a uma conclusão mais precisa antes de se apontar a solução para uma problemática.

Vale mencionar que o aprendizado automático pode ser relacionado à estatística computacional, que trata de fazer previsões por meio do uso de computadores, técnicas matemáticas e estatísticas e guardando estreita ligação com a otimização matemática – que produz métodos, teoria e domínios de aplicação para o campo em si.[17]

Atualmente, é a forma mais comum de desenvolvimento da tecnologia de inteligência artificial, hoje sendo desenvolvida não apenas por programadores de alto nível, mas permitindo uma maior inclusão digital de mercados e pessoas até então nada afeitas ao uso da tecnologia em seu cotidiano.

Vale mencionar que uma das abordagens mais complexas do *machine learning* é o algoritmo de aprendizado de rede neural artificial.

Quando se pensou em inteligência artificial, ainda em uma forma primitiva, prontamente os estudiosos envolvidos na ciência da computação resolveram equiparar a inteligência a ser incutida em uma máquina com o cérebro humano.

16. GABRIEL, Martha. *Você, eu e os robôs*: pequeno manual do mundo digital. 3. reimpr. São Paulo: Atlas, 2018. p. 197.
17. WERNICK, Miles N.; BRANKOV, Jovan g.; YOURGANOV, Grigori; YANG, Yongyi. Machine Learning in Medical Imaging. *IEEE Signal Processing Magazine*, Nova York, v. 27, n. 4, p. 25-38, jul. 2010.

Assim surgiu o conceito das redes neurais artificiais: sistemas computacionais inspirados nas redes neurais biológicas que existem nos cérebros animais (não necessariamente humanos).[18]

A comparação se deu em razão da criação arquitetada de algoritmos que verdadeiramente imitam a estrutura biológica de um cérebro, pois se constata a existência de elementos correspondentes aos neurônios, contendo inúmeras camadas e conexões entre si.[19]

Basicamente, uma camada ativa um recurso específico para iniciar o processo de aprendizagem e, quanto mais profunda é a camada, maior a profundidade e a complexidade do aprendizado da máquina.[20]

Em verdade, os sistemas interconectados aprendem a executar tarefas espalhando-se em exemplos, de maneira automática (ou seja, sem programação para o desenvolvimento dessa habilidade). O maior exemplo utilizado pelos estudiosos do tema é o sistema de reconhecimento de imagem, em que estes identificam imagens contendo certo tipo de padrão, como aquelas que possuem uma maçã, utilizando o resultado para buscar maçãs em imagens pesquisadas em uma ou mais base de dados.

Referida técnica é bem-sucedida na medida em que é necessária para desvendar aplicações rudimentares contidas em algoritmos mais tradicionais.

Ademais, também chamado de aprendizado profundo, o *deep learning* está diretamente ligado ao *machine learning* e às próprias redes neurais, na medida em que utiliza algoritmos destas para solucionar questões complexas, constituindo técnicas conjuntamente usadas para ser possível interpretar dados e informações, aprendendo com eles.

Fato é que a inteligência artificial, o *machine learning* e o *deep learning* resguardam íntima ligação, na medida em que o aprendizado automático explora o estudo e a construção de algoritmos que possuem a capacidade de aprender com suas inconsistências, podendo, por meio de métodos específicos, atribuir previsões e condicionar situações, alterando o modo de visão da tomada de decisões de uma máquina.

Não por menos, as diversas formas e facetas da inteligência artificial movimentam significativamente a economia mundial: conforme relatório emitido pela McKinsey Global Institute em 2018, a criação, o desenvolvimento e uso de inteligência artificial adicionarão à cadeia de produção cerca de US$ 13 trilhões até 2030. A simulação indica, inclusive, que aproximadamente 70% das empresas provavelmente terão adotado pelo menos um tipo de tecnologia que contenha inteligência artificial.[21]

O cenário é bastante otimista e promissor, mas se deve também considerar que a reflexão e compreensão dos conceitos utilizados no ramo da IA, além de garantir a apli-

18. GABRIEL, Martha. *Você, eu e os robôs*: pequeno manual do mundo digital. 3. reimpr. São Paulo: Atlas, 2018. p. 204.
19. ELIAS, Paulo Sá. Algoritmos e inteligência artificial exigem atenção do direito. *Consultor Jurídico*, São Paulo, 2017. Disponível em: https://www.conjur.com.br/2017-nov-20/paulo-sa-elias-inteligencia-artificial-requer-atencao-direito. Acesso em: 22 set. 2020.
20. ELIAS, Paulo Sá. Algoritmos e inteligência artificial exigem atenção do direito. *Consultor Jurídico*, São Paulo, 2017. Disponível em: https://www.conjur.com.br/2017-nov-20/paulo-sa-elias-inteligencia-artificial-requer-atencao-direito. Acesso em: 22 set 2020.
21. Notes from the AI frontier: Modeling the impact of AI on the world economy. Disponível em https://www.mckinsey.com/featured-insights/artificial-intelligence/notes-from-the-ai-frontier-modeling-the-impact-of-ai-on-the-world-economy. Acesso em 22 set 2020.

cabilidade das diretrizes éticas e preceitos legais que a sociedade tenta estabelecer, em âmbito global e de maneira uniforme, é imprescindível para dar o próximo passo. Pela ampla escala de aplicação de sistemas de IA, cujos resultados são palpáveis e começam a influenciar a vida do indivíduo atualmente, a intersecção dessa ferramenta tecnológica com outras aplicáveis nos mais variados setores tende a aumentar, em igual proporção, a adoção de medidas que assegurem a eficácia e a segurança quanto à sua utilização.

4. BREVES CONSIDERAÇÕES SOBRE A INTERSECÇÃO ENTRE OS SISTEMAS DE IA APLICÁVEIS ÀS NANOTECNOLOGIAS

Tendo em vista que os debates sobre a utilização da nanotecnologia e da aplicação de sistemas de inteligência artificial são interdisciplinares, eis que devem contar com a participação, contribuição e engajamento de diversos ramos da sociedade, importante abordar alguns desses aspectos, justamente para fomentar ainda mais a discussão acerca da temática.

No campo da Medicina, por exemplo, nano-robôs são desenvolvidos para trafegar por artérias do corpo humano e auxiliar os profissionais da saúde em diagnósticos de doenças, utilizando tecnologia atrelada ao acesso de banco de dados de grande escala para, assim, oferecer maior profundidade e detalhismo em laudos e perícias na saúde[22].

Pensando nas mais variadas aplicações de sistemas de inteligência artificial atrelados à nanotecnologia, tem-se como exemplo prático o quanto mencionado pelos estudiosos na área Andressa Maxwara Jovino dos Santos e Gustavo Henrique Del Vechio:

> (...) cientistas da Universidade Estadual do Arizona, em colaboração com o Centro Nacional de Nanociência e Tecnologia da China (NCNST) e do Instituto de Pesquisa Médica (QIMR)da Austrália, produziram, a partir de DNA, nano-robôs capazes rastrear células cancerosas com o intuito de destruí-las. Neste processo, realizado por injeção intravenosa, os nano-robôs iniciam as buscas por tumores e ao encontrá-los, introduzem drogas que interrompem o fluxo sanguíneo e os removem.
>
> Todo o procedimento é executado sem agredir células saudáveis em sua trajetória. Os testes foram feitos em camundongos com câncer de mama, pele, ovário e pulmão; nestes testes, em 48 horas os nano-robôs efetuaram com sucesso as operações para as quais foram programados, dobrando o índice de sobrevivência, além de 3 entre 8 casos de câncer de pele obterem regressão total. Apesar da técnica não ter sido testada em humanos, este pode ser um enorme avanço para a ciência na luta contra o câncer (ROMANELLI, 2019).[23]

Fato é que, ao avaliar a utilização de sistemas inteligentes, os quais possuem alta capacidade de processamento de informações e buscam oferecer resultados que correspondam à expectativa e ao alinhamento traçados, referida ferramenta poderá não somente garantir que diagnósticos sejam mais precisos, no caso da Medicina, mas também personalizar ainda mais o atendimento ao paciente – dar o suporte necessário

22. SANTOS, Andressa Maxwara Jovino dos; DEL VECHIO, Gustavo Henrique. Inteligência artificial, definições e aplicações: o uso de sistemas inteligentes em benefício da medicina. *Revista Interface Tecnológica*, [S. l.], v. 17, n. 1, p. 129-139, 2020. Disponível em: https://doi.org/10.31510/infa.v17i1.782. Acesso em: 20 set. 2020, p. 135-136.
23. SANTOS, Andressa Maxwara Jovino dos; DEL VECHIO, Gustavo Henrique. Inteligência artificial, definições e aplicações: o uso de sistemas inteligentes em benefício da medicina. *Revista Interface Tecnológica*, [S. l.], v. 17, n. 1, p. 129-139, 2020. Disponível em: https://doi.org/10.31510/infa.v17i1.782. Acesso em: 20 set. 2020, p. 135-136.

aos profissionais da saúde para realizarem procedimentos, ter maior embasamento na tomada de decisões, entre outros.

Vale dizer que a nanomedicina usa a nanotecnologia, tais como nano-robôs, dispositivos biológicos e máquinas para conduzir tratamentos médicos precisos, microcirurgias e liberação de medicamentos.

Tamanha a relevância da aplicação de nanotecnologia aliada a outras formas dinâmicas de se capturar e utilizar dados na Medicina que foi criada, em 2003, a Sociedade Brasileira de Nanomedicina, organização médica profissional sem fins lucrativos, formada por membros das áreas da medicina, nanotecnologia, engenharia ciências biomédicas e direito, com o objetivo de fomentar a pesquisa em nanomedicina em benefício da saúde global[24].

Segundo a entidade, as perspectivas de utilização de nano-robôs consistem: no combate a infecções; desobstrução de artérias; liberação de medicamentos em uma determinada região e/ou número de células específicas; com precisão e de forma seletiva, destruir vírus e bactérias, além de células cancerígenas e até mesmo alterar o código genético para impedir a ocorrência de doenças genéticas, traduzindo enorme avanço no campo da prevenção de enfermidades[25].

Combinando o incrível potencial da nanotecnologia, os sistemas de inteligência artificial são verdadeiros aliados dos profissionais da saúde e das pesquisas relacionadas a doenças, já que o campo da medicina produz vasta quantidade de dados – assim, para organizá-los, classificá-los e analisá-los, além de desenvolver prognósticos com base em referidos dados, os sistemas de IA utilizam *deep learning* (aprendizado profundo) para descobrir novos medicamentos e detectar as mais diversas anomalias do corpo humano.

No cenário atual, com a situação de pandemia declarada em decorrência do novo Coronavírus, o papel da nanotecnologia vai além: a área de diagnósticos está sendo beneficiada, eis que kits de diagnóstico à base de nanopartículas e que conseguem detectar de forma simples a presença do vírus, manuseados sempre que possível pelos próprios pacientes, já estão sendo utilizados. São sistemas que estão em total consonância com as determinações da Organização Mundial da Saúde, cujas pesquisas e aplicações são inteiramente monitoradas conforme os parâmetros estipulados pela comunidade científica mundial[26].

Inclusive, importante mencionar que a nanomedicina também está sendo estudada e pesquisada para aplicação no desenvolvimento de vacinas frente à nova doença. Segundo os pesquisadores do Instituto de Ciências Biomédicas da Universidade de São Paulo (USP), está sendo desenvolvida uma vacina baseada em nanotecnologia, podendo gerar respostas mais contundentes dos anticorpos do organismo no combate à doença, diferenciando-se dos demais estudos nesse campo, que utilizam apenas a proteína do vírus[27].

24. Disponível em: https://www.nanomedicina.org.br/quem-somos/. Acesso em: 03 set. 2020.
25. Disponível em: https://www.nanomedicina.org.br/quem-somos/. Acesso em: 03 set. 2020.
26. A importância da Nanotecnologia no combate à COVID-19. Disponível em: https://www2.ifsc.usp.br/portal-ifsc/nanotecnologia-e-covid-19/. Acesso em 06 ago. 2020.
27. Vacina com nanotecnologia pode ser mais eficiente contra o novo coronavírus. Disponível em https://www.uol.com.br/vivabem/noticias/redacao/2020/06/16/vacina-com-nanotecnologia-pode-ser-mais-eficiente-contra-o-novo-coronavirus.htm. Acesso em: 08 ago. 2020.

Diante desse panorama, mais do que certo afirmar que a tecnologia que opera em escala nanométrica envolve, frequentemente, sistemas intrincados que nem sempre são capazes de se adequar aos diversos formatos e possibilidades de utilização de sistemas de inteligência artificial.

Microscopia de força atômica, em que se a obtenção de sinais de alta qualidade de dispositivos de imagem é considerada um desafio, por exemplo, pode contar com apoio de sistemas de IA para sanar instabilidades nesse sentido; algoritmos são usados para ilustrar as estruturas de moléculas e materiais a fim de desvendar as suas inúmeras qualidades e de que maneira podem interagir com os mais diversificados ambientes, por meio do *machine learning*; sem sombra de dúvidas, o desenvolvimento da nanocomputação (computação conduzida por meio de mecanismos em nanoescala) se enquadra na aplicação de sistemas de inteligência artificial aplicados à nanotecnologia, eis que há maneiras variadas de os dispositivos de nanocomputação executarem determinada função, abrangendo operações físicas e métodos computacionais – o *machine learning* pode ser usado para gerar novas representações de informações para ampla gama de utilização compatíveis com sistemas físicos[28].

Portanto, nota-se que a aplicação e técnicas contidas em sistemas de inteligência artificial podem ser consideradas ferramentas primordiais para o desenvolvimento da nanotecnologia, observadas as limitações intrínsecas às nanopartículas e a complexidade biológica de sua composição; avanços na área farmacêutica e da saúde são os mais evidentes, em especial pela descoberta de tratamentos preventivos e repressivos que consigam garantir maior longevidade e produtividade da sociedade.

5. CONSIDERAÇÕES FINAIS

Deve-se sopesar o fato que as ferramentas tecnológicas são criadas para maior conforto e qualidade de vida para a sociedade, tanto sob a perspectiva individual ou coletiva. Contudo, de igual maneira podem apresentar riscos capazes de gerar danos, especialmente pelo fato de que, quando precocemente aplicadas, as tecnologias apresentam problemas não previsíveis.

É importante ressaltar que, quando se trata da nanotecnologia, o risco é ainda maior, eis que as técnicas de produção de substâncias em escala nano são novas, passando por um processo produtivo inédito, o que inclusive coloca em xeque testes de segurança anteriormente aplicáveis, justamente por não terem a capacidade de mitigar e prever os seus possíveis efeitos nocivos[29].

Nesse sentido, o maior desafio tem impacto diretamente ambiental, eis que por sua própria natureza de composição (partículas em escala muito pequena, que circulam

28. SMITH, Brett. *AI and Nanotechnology*: how do they work together? Disponível em https://www.azonano.com/article.aspx?ArticleID=5116. Acesso em: 22 set. 2020.
29. WESENDONCK, Tula. Algumas reflexões sobre responsabilidade civil pelos riscos do desenvolvimento no uso de nanotecnologias no direito brasileiro. *In:* MARTINS, Guilherme Magalhães; ROSENVALD, Nelson (Coord.). *Responsabilidade civil e novas tecnologias*. Indaiatuba: Foco, 2020, p. 446.

livremente a depender da sua aplicação), podem "acarretar efeitos indesejáveis no corpo humano e no meio ambiente em virtude da dificuldade de seu isolamento".[30]

Acerca da criação e utilização de sistemas de inteligência artificial, raciocínio semelhante pode ser estabelecido, eis que o mapeamento de possíveis consequências acerca das decisões tomadas por sistemas artificiais enfrenta a mesma problemática: a obscuridade e a opacidade quanto ao racional aplicado por determinado algoritmo, evitando que se antecipe ou preveja resultados possivelmente danosos.

Por essa razão, é necessária extrema cautela quando da intersecção das duas potências tecnológicas, tendo em vista o risco da produção de resultados não previsíveis, podendo acarretar, inclusive, riscos à saúde humana, já que em se tratando da nanotecnologia e de acordo com a estudiosa Tula Wesendonck, "materiais que se apresentam em estado inerte em escala real podem ser considerados tóxicos, inflamáveis ou explosivos em escala nano".[31]

Importante ressaltar que, ao menos até o momento, não é possível garantir a integralidade de sistemas que assegurem a total mitigação de referidos riscos; paira, em realidade, grande dúvida sobre os reais efeitos nocivos dos produtos, os quais podem ser potencializados com o uso inteligente de dados, por meio de sistemas de inteligência artificial.

Assim, caberá à comunidade científica empreender esforços para manter e ampliar escopo de pesquisas nesse sentido, auxiliando a sociedade na mitigação de riscos e na extração do que melhor referidas tecnologias como a inteligência artificial e a nanotecnologia têm a oferecer.

6. REFERÊNCIAS

AGAWAL, Ajay; GANS, Joshua; GOLDFARB, Avi. *Máquinas preditivas*: a simples economia da Inteligência Artificial. Traduzido por Wendy Campos. Rio de Janeiro: Alta Books, 2018.

ARTERO, Almir Olivette. *Inteligência artificial*: teórica e prática. São Paulo: Editora Livraria da Física, 2009.

ASSIS, Letícia Marques de. *Revisão*: Características de nanopartículas e potenciais aplicações em alimentos. Disponível em: https://www.scielo.br/pdf/bjft/v15n2/aop_0711.pdf Acesso em: 20 set. 2020.

BRASIL. Agência Brasileira de Desenvolvimento Industrial. *Cartilha sobre nanotecnologia*. 2. ed. Brasília: ABDI, 2010.

CARTILHA DE NANOTECNOLOGIA. Disponível em: https://edisciplinas.usp.br/pluginfile.php/4906571/mod_resource/content/1/cartilha.pdf. Acesso em: 20 set. 2020.

CONHEÇA as quatro Revoluções Industriais que moldaram a trajetória do mundo. Disponível em: https://administradores.com.br/noticias/conhe%C3%A7a-as-quatro-revolu%C3%A7%C3%B5es-industriais-que-moldaram-a-trajet%C3%B3ria-do-mundo. Acesso em: 20 set. 2020.

30. WESENDONCK, Tula. Algumas reflexões sobre responsabilidade civil pelos riscos do desenvolvimento no uso de nanotecnologias no direito brasileiro. *In:* MARTINS, Guilherme Magalhães; ROSENVALD, Nelson (Coord.). *Responsabilidade civil e novas tecnologias*. Indaiatuba: Foco, 2020, p. 446.
31. WESENDONCK, Tula. Algumas reflexões sobre responsabilidade civil pelos riscos do desenvolvimento no uso de nanotecnologias no direito brasileiro. *In:* MARTINS, Guilherme Magalhães; ROSENVALD, Nelson (Coord.). *Responsabilidade civil e novas tecnologias*. Indaiatuba: Foco, 2020, p. 454.

DICIONÁRIO COLLINS. Disponível em: https://www.collinsdictionary.com/pt/dictionary/english/machine-learning. Acesso em: 22 set. 2020.

ELIAS, Paulo Sá. Algoritmos e inteligência artificial exigem atenção do direito. *Consultor Jurídico*, São Paulo, 2017. Disponível em: https://www.conjur.com.br/2017-nov-20/paulo-sa-elias-inteligencia--artificial-requer-atencao-direito. Acesso em: 22 set. 2020.

FEYNMAN, Richard P. *Há mais espaços lá embaixo*: um convite para penetrar em um novo campo da física. Tradução de Roberto Belisário e Elizabeth Higliotti de Sousa. Disponível em: http://www.comciencia.br/dossies-1-72/reportagens/nanotecnologia/nano19.htm. Acesso em: 30 ago. 2020.

FRAZÃO, Ana; MULHOLLAND, Caitlin (Coord.). *Inteligência Artificial e Direito*: ética, regulação e responsabilidade. São Paulo: Thomson Reuters Brasil, 2019.

GABRIEL, Martha. *Você, eu e os robôs*: pequeno manual do mundo digital. 3. reimpr. São Paulo: Atlas, 2018.

GLOBAL NANOTECHNOLOGY MARKET (by Component and Applications), Fundind & Investment, Patent Analysis and 27 Companies Profile & Recent Developments – Forecast to 2024. Disponível em: https://www.researchandmarkets.com/reports/4520812/global-nanotechnology-market-by--component-and. Acesso em: 20 set. 2020.

INSTITUTO DE FÍSICA DE SÃO CARLOS. *A importância da Nanotecnologia no combate à COVID-19*. Disponível em: https://www2.ifsc.usp.br/portal-ifsc/nanotecnologia-e-covid-19/. Acesso em: 06 ago. 2020.

INTELIGÊNCIA ARTIFICIAL: origens e evolução das máquinas inteligentes. *MIT Technology Review*. Disponível em: https://thedailyprosper.com/pt/a/inteligencia-artificial-origens-e-evolucao-das-maquinas-inteligentes. Acesso em: 20 set. 2020.

KAUFMAN, Dora. *A inteligência artificial irá suplantar a inteligência humana?* Barueri, SP: Estação das Letras e Cores, 2019.

LEE, Kai Fu. *Inteligência Artificial*: como os robôs estão mudando o mundo, a forma como amamos, nos comunicamos e vivemos. Tradução de Marcelo Barbão. Rio de Janeiro: Globo Livros, 2019.

MANYIKA, James. A future that works: AI, automation, employment, and productivity. *McKinsey Global Institute Research*, Tech. Rep. 60, 2017. Disponível em: https://www.mckinsey.com/featured-insights/digital-disruption/harnessing-automation-for-a-future-that-works/. Acesso em: 20 set. 2020.

MARCO Legal da Nanotecnologia é aprovado na CCJ. Disponível em: https://www12.senado.leg.br/noticias/materias/2020/02/19/marco-legal-da-nanotecnologia-avanca. Acesso em: 20 set. 2020.

NANOTECNOLOGIA: uma pequena solução para grandes problemas. Disponível em https://www.iberdrola.com/inovacao/aplicacoes-da-nanotecnologia. Acesso em: 20 set. 2020.

NASCIMENTO, Maria Cândida Simon Azevedo; ENGELMANN, Wilson. Nanotecnologia e direito: da estrutura jurídica tradicional ao diálogo entre as fontes do direito. *Nomos: Revista do Programa de Pós-Graduação em Direito da UFC*, Fortaleza, v. 37, n. 1, p. 199-221, jan./jun. 2017.

SANTOS, Andressa Maxwara Jovino dos; DEL VECHIO, Gustavo Henrique. Inteligência artificial, definições e aplicações: o uso de sistemas inteligentes em benefício da medicina. *Revista Interface Tecnológica*, [S. l.], v. 17, n. 1, p. 129-139, 2020. Disponível em: https://doi.org/10.31510/infa.v17i1.782. Acesso em: 20 set. 2020.

SILVA, Cylon Gonçalves da. *O que é nanotecnologia?* Disponível em: http://www.comciencia.br/dossies-1-72/reportagens/nanotecnologia/nano10.htm. Acesso em: 30 ago. 2020.

SMITH, Brett. *AI and Nanotechnology*: how do they work together? Disponível em https://www.azonano.com/article.aspx?ArticleID=5116. Acesso em: 22 set. 2020.

SOCIEDADE BRASILEIRA DE MEDICINA. Disponível em: https://www.nanomedicina.org.br/quem--somos/. Acesso em: 03 set. 2020.

WERNICK, Miles N.; BRANKOV, Jovan g.; YOURGANOV, Grigori; YANG, Yongyi. Machine Learning in Medical Imaging. *IEEE Signal Processing Magazine*, Nova York, v. 27, n. 4, p. 25-38, jul. 2010.

WESENDONCK, Tula. Algumas reflexões sobre responsabilidade civil pelos riscos do desenvolvimento no uso de nanotecnologias no direito brasileiro. *In:* MARTINS, Guilherme Magalhães; ROSENVALD, Nelson (Coord.). *Responsabilidade civil e novas tecnologias*. Indaiatuba: Foco, 2020.

52
DRONES E SUAS IMPLICAÇÕES JURÍDICAS: ALGUMAS REFLEXÕES

Marcelo de Oliveira Milagres

Doutor e Mestre em Direito pela Universidade Federal de Minas Gerais (UFMG). Professor Associado de Direito Civil na UFMG.

1. CONSIDERAÇÕES INICIAIS

Não há dúvidas da importância da técnica em nossas vidas. O ser humano, no âmbito da sua inquietante criatividade e inventividade, sempre buscou mecanismos de aprimoramento da sua vida.

Desde o mais rudimentar instrumento de extração de recursos naturais para a necessária subsistência até os mais sofisticados e emergentes aparelhos eletrônicos, vislumbra-se o dinâmico e inacabado percurso da produção humana.

E vamos além. Idealizamos máquinas inteligentes, que possam reproduzir a criação humana, e máquinas voadoras que possam diminuir as distâncias rumo a infinitas possibilidades. O céu parece ser o limite.

Em tempos do inusitado de uma pandemia, socorremo-nos da tecnologia, sobretudo a de natureza digital. As restrições sociais impulsionaram as interações eletrônicas. O acesso a rede mundial de computadores se apresenta como bem essencial, pressuposto da vida de relação. Essa vida, inclusive, parece modificada pelas alegadas e intensas interações humanas com as mais diversas máquinas. Chega-se ao ponto, a partir do reconhecimento do grau de autonomia de algumas dessas máquinas (Inteligência Artificial), de se atribuir personificação a robôs. Segundo Silvia Díaz Alabart, essa possibilidade de personalidade eletrônica decorre da criação de robôs inteligentes, que, a rigor, não seriam coisas, nem tampouco pessoas em sentido estrito[1].

Destarte, teríamos a realidade de relações jurídicas entre pessoas naturais e máquinas (uma nova categoria de pessoas)? Seriam as máquinas, em face de uma emergente e dinâmica tecnologia, uma categoria especial de coisas? Ou, ainda, seriam os programas de inteligência artificial uma contemporânea espécie de bem objeto das nossas proeminentes preocupações?

1. ALABART, Silvia Díaz. *Robots y responsabilidade civil*. Madrid: Editorial Reus, 2018, p. 74-75.

Qual o olhar do jurista para o *Siri* da Apple, a *Alexa* da Amazon e o *Google Assistent*?

As questões são diversas.

Os desafios parecem maiores, quando o olhar do jurista se volta para os céus e se surpreende com as reconhecidas máquinas voadoras não tripuladas com as mais diversas finalidades (segurança, vigilância, consumo, lazer). Esse olhar alcança os drones. Robótica, inteligência artificial e drones são temas correlatos.

A partir da intensidade da autonomia que se possa reconhecer a essas máquinas, podemos aduzir em *maching learning*, *deep learning* e inteligência artificial. É bem verdade que a autonomia na perspectiva tecnológica[2] parece não se ajustar à noção de autonomia reconhecida pelos juristas, em que se analisam percepções e capacidades sensoriais. Os sensores eletrônicos se amoldam aos sentidos humanos? Podemos falar, realmente, em drones autônomos e inteligentes?

Como bem acentuam Alejandro Zornoza e Migle Laukyte[3], em tecnologia, o conceito de autonomia não é somente da capacidade de tomar decisões e de realizar ações sem controle ou influência externa, mas é a capacidade do agente de tomar decisões com base mais no conhecimento adquirido do que no programado[4].

Avançamos muito na discussão sobre os limites do exercício vertical do direito de propriedade a partir do caso Coquerel *vs.* Clément-Bayard, no qual a Corte de Cassação francesa reconheceu a abusividade no comportamento de Coquerel ao edificar, em seu terreno, estrutura de madeira de 10 metros de altura sobre a qual pontas de metal foram fixadas com o único propósito de prejudicar o trânsito de veículos aéreos (dirigíveis) de Clément-Bayard. Atualmente, parecem assentados os parâmetros da efetividade utilidade e do legítimo interesse no exercício do direito de propriedade[5].

A fruição do espaço aéreo não é imune a necessária coexistência de interesses privados e públicos.

Hoje, além das questões envolvendo tutela da privacidade e da intimidade, discutem-se sobre outros potenciais danos decorrentes do uso dos drones[6], sobretudo quando se imputam a essas máquinas uma capacidade decisória. A segurança e a proteção da privacidade são valores perseguidos.

---

2. Confira a distinção entre a perspectiva jurídica de autonomia e autonomia puramente tecnológica no item AA da Resolução do Parlamento Europeu, de 16 de fevereiro de 2017, que contém recomendações à Comissão sobre disposições de Direito Civil sobre robótica.
3. ZORNOZA, Alejandro; LAUKYTE, Migle. Robotica e diritto: riflessioni critiche sull'ultima iniziativa di regolamentazione in Europa. *Rivista Contratto e impresa*, n. 2, 2016, p. 809.
4. "In ottica tecnologica il concetto di autonomia non è solo la capacità di prendere decisioni e di intraprendere azioni senza controlo o influenza externa, ma è la capacità dell'agente di prendere decisioni basandosi più sulla conoscenza acquisita che su quella programmata."
5. Segundo art. 1.229 do Código Civil brasileiro, "A propriedade do solo abrange a do espaço aéreo e subsolo correspondentes, em altura e profundidade úteis ao seu exercício, não podendo o proprietário opor-se a atividades que sejam realizadas, por terceiros, a uma altura ou profundidade tais, que não tenha ele interesse legítimo em impedi-las."
6. A propósito, aos 13 de novembro de 2017, a imprensa noticiou o fechamento do aeroporto de Congonhas, em São Paulo, em razão dos transtornos e riscos trazidos por um drone. www.g1.globo.com/jornal-nacional/noticia/2017/11/drone-invade-espaco-aereo-de-congonhas-em-sp-e-prejudica-voos, acesso em 27 de novembro de 2020.

Não se discute o valor e a importância da tecnologia. O debate é quanto ao seu uso impróprio, danoso, violador dos legítimos interesses dos sujeitos de direito.

Como bem acentua Maria Carmen Núñez Zorrila, a inteligência artificial não é um fim em si mesmo, senão um meio que deve servir às pessoas com o objetivo último de aumentar seu bem-estar. A confiabilidade da inteligência artificial deve ser garantida[7].

O presente artigo não tem a audácia de discutir as tecnologias que envolvem os drones. Não se busca, aqui, analisar os programas de inteligência artificial. O nosso propósito é muito mais limitado. A partir das múltiplas aplicações dos drones, busca-se discutir seu enquadramento no ordenamento jurídico, sem prejuízo de uma exposição, ainda que muito breve e a partir do necessário diálogo com o direito comunitário europeu, da Resolução do Parlamento Europeu, de 16 de fevereiro de 2017, que contém recomendações sobre disposições de Direito Civil sobre robótica, e da Resolução do Parlamento Europeu, de 29 de outubro de 2015, sobre a utilização dos drones. Esses diplomas normativos podem servir de diretrizes no âmbito do direito brasileiro. Encerra-se com a sempre lembrada problemática referente aos danos pelo uso irregular da tecnologia. Problemática que se acentua com a anterior discussão referente ao *status* jurídico dos drones.

2. DRONES E SUAS APLICAÇÕES

A origem dos *drones* está associada a aplicação de cunho militar. Segundo David Hodgkindson e Rebecca Johnston, o termo *drone* é um dos muitos atribuídos a uma aeronave não tripulada[8].

Podemos falar em veículos aéreos não tripulados (VANT), aeronave remotamente pilotada (ARP) ou sistemas de aeronaves telepilotadas (RPAS).

Segundo a Resolução do Parlamento Europeu, de 29 de outubro de 2015 (que dispõe sobre a utilização segura de sistemas de aeronaves telepilotadas), os drones devem ser tratados como novos tipos de aeronaves, com regras adequadas e baseadas no risco de cada operação.

Trata-se de aparelhos que não têm um fim neutro. Ao contrário, as aplicações são diversas: militar, lazer, profissional. Hoje, já se fala em *delivery drones*, entrega dos mais diversos produtos por esses veículos aéreos. Ainda, verifica-se a utilização de drones na realização das mais diversas filmagens, georreferenciamento, controle e monitoramento do trânsito.

Em tempos de pandemia, a imprensa noticia relevantes iniciativas do emprego dos Drones. A *startup* irlandesa Manna vem realizando testes de utilização de drones para transporte de medicamentos e mantimentos em favor de pessoas vulneráreis e em

7. ZORRILLA, Maria Carmen Núñez. *Inteligencia artificial y responsabilidade civil:* régimen jurídico de los daños causados por robots autónomos con inteligência artificial. Madrid: Reus, 2019, p. 48; " la Inteligencia Artificial no es un fin en sí mismo, sino un médio que debe servir a las personas con el objetivo último de aumentar su bienestar. Para ello, la fiabilidade de la Inteligencia Artificial deve estar garantizada."
8. HODGKINSON, David; JOHNSTON, Rebecca. *Aviation law and drones:* unmanned aircraft and the future of aviation. Londres: Routledge, 2018, p. 1.

isolamento social[9]. Segundo consta o drone da Manna Aero é projetado para realizar 100 viagens por dia e pode transportar até 4 kg de comida a uma velocidade de 80km/h em um raio de 6 Km. Sua localização pode ser rastreada no smartphone dos usuários que emite notificações quando da entrega da encomenda. De igual forma, a empresa de logística United Parcel Services (UPS) e a CVS, rede de farmácias nos Estados Unidos da América, anunciaram a entrega de remédios na Flórida.[10]

No Brasil, a imprensa noticiou a utilização, no Rio de Janeiro, de drones com alto-falantes com mensagens orientativas para dispersar aglomerações em razão da necessidade de isolamento social.[11] A Universidade Federal do Rio Grande do Sul anunciou testes com a utilização de drones para auxiliar na desinfecção de áreas públicas.[12]

A multiplicidade da aplicação dos drones enseja intensa preocupação sobre a sua regulação. Como bem acentuam Leonardo Cisne Coutinho e José Luiz de Moura Faleiros Júnior:

> [...] o empenho legislativo em torno da regulamentação do uso de drones adquiriu novas facetas, pois inúmeros riscos estão atrelados ao seu uso, que envolve o espaço aéreo e os percalços da aviação, a questão da vigilância e da invasão de privacidade, problemas relacionados a treinamentos específicos, questões regulatórias para fins de cadastro dos *drones,* expedição de licenças/registros, fiscalização de uso etc.[13]

Segundo a Resolução do Parlamento Europeu, de 29 de outubro de 2015 (que dispõe sobre a utilização segura de sistemas de aeronaves telepilotadas), é preciso, a partir da clara definição da utilização desses aparelhos, incentivar um quadro normativo que estabeleça parâmetros de segurança e de proteção da privacidade. Essa regulação, contudo, não pode inviabilizar a inovação e os investimentos em tecnologia. Segundo o item 21 da referida Resolução: "Entende que deve ser desenvolvido um quadro regulamentar europeu e global claro, harmonizado e proporcionado, com base numa avaliação de risco, que evite regulamentações desproporcionadas para as empresas suscetíveis de desencorajar o investimento e a inovação no setor dos RPAS e simultaneamente proteja adequadamente os cidadãos e crie postos de trabalho sustentáveis e inovadores; considera que uma avaliação exaustiva dos riscos deve basear-se no conceito de operações estabelecido pela AESA e deve ter em conta as características internas dos RPAS (peso, tipo de operação, velocidade) e o tipo de utilização (recreativa ou profissional); considera que este quadro deve inscrever-se numa perspectiva de longo prazo, tendo em conta as evoluções e variantes possíveis destas tecnologias no futuro."

---

9. Cf. www.forbes.com.br/negocios/2020/04/como-a-entrega-de-mantimentos-e-remedios-por-drones-pode-mudar-a lut-contra-o-coronavirus. Acesso em 27 de novembro de 2020.
10. Cf. www.olhardigital.com.br/noticia/covid-19-ups-e-cvs-vao-usar-drones-para-entregar-remedios-na-florida/100075, acesso em 27 de novembro de 2020.
11. Cf. www.otempo.com.br/brasil/covid-19-rio-comeca-a-usar-drone-com-alto-falantes-para-dispersar-aglomeracoes-1.2325103, acesso em 27 de novembro de 2020.
12. Cf. www.ufrgrs.br/coronavirus/base/ufrgs-participa-de-testes-de-desinfeccao-de-areas-publicas-com-drones/, acesso em 27 de novembro de 2020.
13. COUTINHO, Leonardo Cisne; FALEIROS JÚNIOR, José Luiz de Moura. A regulação do uso de drones e a responsabilidade civil. *In:* LONGHI, João Victor Rozatti; FALEIROS JÚNIOR, José Luiz de Moura (Coord.). *Estudos essenciais de direito digital.* Uberlândia: LAECC, 2019, p. 256.

3. DRONES E INTELIGÊNCIA ARTIFICIAL: COISAS, BENS OU SUJEITOS DE DIREITO?

Os drones teriam um *status* legal próprio? A reconhecida autonomia tecnológica lhes atribuiria a qualidade de pessoas eletrônicas dotadas de direitos e deveres?

O encaminhamento das respostas passa pelo grande pressuposto: teriam essas máquinas, a partir da sua programação, realmente uma autonomia decisória? Agiriam a despeito de qualquer controle, supervisão ou orientação?

Sem embargo das críticas dos *experts*, não vislumbro, por enquanto, essa realidade. Na linguagem bem vulgar, haverá sempre alguém para conectar ou desconectar a máquina, ligá-la ou desligá-la. Poder-se-ia dizer que nós, humanos, também estamos sujeitos a esse termo final.

Insista-se que a programação dos drones está sujeita a comandos externos, a *inputs*, não lhe subtraindo a intervenção humana.

Gunther Teubner afirma que a autonomia digital não pressupõe inteligência artificial, empatia, sentimentos, sofrimento, autoconfiança ou mesmo uma consciência digital[14].

Ainda que se reconheça a existência de um *software* com elevada autonomia funcional, atribuindo-se aos drones a tomada de decisões próprias e independentes, não podemos desconsiderar decisões imprevistas e danosas. Como bem acentuam Alejandro Zornoza e Migle Laukyte[15], um *software* sem *bugs* não existe. Pode não haver defeito tecnológico ou erro de programação, mas uma *escolha* da máquina que ensejaria um prejuízo não previsível. Trata-se de uma inaptidão, de uma irregularidade ou de desvio funcional não previsível.

Ao argumento de não inibir o desenvolvimento tecnológico, afastando a possibilidade de responsabilidade do programador ou do desenvolvedor, poderíamos defender um dano sem autoria ou a sua atribuição à própria máquina? Alejandro Zornoza e Migle Laukyte[16] afirmam que é necessário que *qualquer um ou qualquer coisa* seja responsável pelos prejuízos.

Entre nós, Eduardo Tomasevicius Filho, Marcos Ehrhardt Junior e Gabriela Buarque Pereira Silva defendem mecanismos de indenização a eventuais danos decorrentes do uso da tecnologia sem a necessidade da questionável tese da personificação das máquinas.

Segundo Eduardo Tomasevicius Filho:

> [...] quando se trata de máquinas controladas por inteligência artificial, como no caso de robôs e drones, que podem colocar em risco a vida e a integridade física das pessoas, o direito civil tem um conjunto de normas suficientes para a solução desses problemas. Consistem, pois, na aplicação das regras relativas à responsabilidade civil pelo fato da coisa ou responsabilidade civil pelo fato do produto, conforme o regime jurídico a que se subordina a relação jurídica em questão.

---

14. TEUBNER, Gunther. Digital Personhood? The status of autonomous software agentes in private law. *Ancilla Iuris*, 2018, p. 125.
15. ZORNOZA, Alejandro; LAUKYTE, Migle. Robotica e diritto: riflessioni critiche sull'ultima iniziativa di regolamentazione in Europa. *Rivista Contratto e impresa*, n. 2, 2016, p. 808/819.
16. ZORNOZA, Alejandro; LAUKYTE, Migle. Robotica e diritto: riflessioni critiche sull'ultima iniziativa di regolamentazione in Europa. *Rivista Contratto e impresa*, n. 2, 2016, p. 811.

> Todavia, parece ser excessivamente artificial – ou mera ficção científica – imaginar um robô androide perfeitamente inteligente, andando pelas ruas sem qualquer controle, com iniciativa própria de carregar suas baterias, dotado de enorme força, invencibilidade e capacidade de reproduzir-se por fabricar outros entes similares. O mais comum será o uso de robôs em indústrias, os quais podem causar danos aos seres humanos, como toda e qualquer máquina, sendo aplicável o regime da responsabilidade civil por acidentes de trabalho, ou robôs usados no serviço doméstico, que serão adquiridos como um eletrodoméstico qualquer.[17]

O autor vai além:

> Ainda que se pretenda atribuir personalidade jurídica aos robôs dotados de inteligência artificial – o que também parece ser nonsense –, a responsabilidade civil será sempre imputada ao ser humano, jamais à máquina em si. Reconhecer tal fato seria mais bizarro do que se fazia séculos atrás, quando se julgavam animais pelos danos por eles causados.[18]

Marcos Ehrhardt Junior e Gabriela Buarque Pereira Silva questionam se seria também possível falar-se em direito das máquinas,[19] assim concluindo:

> A adoção de personalidades eletrônicas acarreta problemas no que tange ao próprio fundamento de criação da personalidade. Isso porque não há fundamento antropológico-axiológico que a embase, tal como a dignidade do ser humano, tampouco viabilidade operativa. Não há, nesse mesmo contexto, necessidade de tal perspectiva jurídica, considerando que existem outras formas de assegurar a reparação da vítima sem incorrer na formulação de um novo sujeito de direito.[20]

A temática não é nova. A propósito, merece relevo a leitura de um dos precursores desse debate, Lawrence Solum[21]. O autor discute as situações fronteiriças de personificação[22].

A realidade do drones, com maior ou menor autonomia tecnológica, não nos parece suficiente para enquadrá-los em uma categoria jurídica própria. Trata-se de coisas (elemento externo a partir de um mínimo de suporte físico) e bens (elemento interno consubstanciado nos programas de inteligência artificial), cujas consequências encontram respostas em institutos jurídicos conhecidos. O que não afasta a possibilidade de aprimoramento e maior especificidade dos marcos normativos sem ensejar a supressão da necessária e inventiva capacidade humana.

---

17. TOMASEVICIUS FILHO, Eduardo. Inteligência artificial e direitos da personalidade: uma contradição em termos? *Revista da Faculdade de Direito da Universidade de São Paulo*, São Paulo, v. 113, jan./dez 2018, p. 141/142.
18. TOMASEVICIUS FILHO, Eduardo. Inteligência artificial e direitos da personalidade: uma contradição em termos? *Revista da Faculdade de Direito da Universidade de São Paulo*, São Paulo, v. 113, jan./dez 2018, p. 142.
19. EHRHARDT JUNIOR, Marcos; SILVA, Gabriela Buarque Pereira. Pessoa e sujeito de direito: reflexões sobre a proposta europeia de personalidade jurídica eletrônica. *Revista Brasileira de Direito Civil*. Belo Horizonte, v. 23, jan./mar. 2020, p. 71.
20. EHRHARDT JUNIOR, Marcos; SILVA, Gabriela Buarque Pereira. Pessoa e sujeito de direito: reflexões sobre a proposta europeia de personalidade jurídica eletrônica. *Revista Brasileira de Direito Civil*. Belo Horizonte, v. 23, jan./mar. 2020, p. 76.
21. SOLUM, Lawrence B. Legal Personhood for Artificial Intelligences. *North Carolina Law Review*, v.70, n. 4, 1992, p. 1231-1287.
22. SOLUM, Lawrence B. Legal Personhood for Artificial Intelligences. *North Carolina Law Review*, v.70, n. 4, 1992, p. 1287: "Our theories of personhood cannot provide an a priori chart for the deep waters at the borderlines of status. An answer to the question whether artificial intelligences should be granted some form of legal personhood cannot be given until our form of life gives the question urgency. But when our daily encounters with artificial intelligence do raise the question of personhood, they may change our perspective about how the question is to be answered."

4. NORMATIVOS DA UNIÃO EUROPEIA E O DIREITO BRASILEIRO

No plano internacional, podemos destacar a já citada Resolução do Parlamento Europeu, de 29 de outubro de 2015, sobre a utilização segura dos drones, e a Resolução do Parlamento Europeu, de 16 de fevereiro de 2017, que contém recomendações à Comissão sobre disposições de Direito Civil sobre robótica. Esta última Resolução, quanto ao uso dos drones, em seu item 30, destaca a preocupação com a segurança e a proteção da privacidade das pessoas, e, ainda, incentiva estudos de sistemas de rastreabilidade e identificação dos drones que permitam a identificação de sua posição em tempo real durante a sua utilização.

A busca de um quadro normativo regulador do uso dos drones parte da sua concepção como máquina, como uma espécie de aeronave, uma coisa com finalidades específicas, destacando-se, notadamente, a necessidade de identificação do fabricante, do proprietário, do operador e do usuário.

No âmbito do direito constituído interno, não há disciplina expressa, na Lei 7.565, de 19 de dezembro de 1986, sobre os drones. Destaca-se o Regulamento Brasileiro de Aviação Civil Especial 94/2017, que dispõe que o piloto remoto em comando de uma aeronave não tripulada é diretamente responsável pela condução segura de aeronave, pelas consequências advindas e tem autoridade final por sua operação. O item 4.13 da Instrução ICA 100-40 do Departamento do Controle do Espaço Aéreo prevê que cabe ao piloto remoto a responsabilidade final pela fiel observância e cumprimento de todos os parâmetros previstos nesta Instrução.

Em verdade, a regulação sobre os drones estabelece alguns parâmetros para eventual responsabilização na eventualidade da ocorrência de danos. Tal finalidade não exclui, por óbvio, preceitos legais a partir da finalidade do drone. Não há, como veremos, um regime jurídico único aplicável a situações de prejuízos decorrentes do emprego de drones.

Silvia Díaz Alabart[23] propõe, como alternativa a uma difícil e exaustiva regulação legal, uma autorregulação a partir de normas de conduta, destacando, pois, o aspecto deontológico.

Ugo Pagallo adverte que a intervenção do legislador não deve sufocar o desenvolvimento tecnológico, nem exigir que seja revisto frequentemente em função do próprio desenvolvimento da tecnologia[24].

No âmbito da promoção de diretrizes éticas, sobreleva notar o anexo a Resolução do Parlamento Europeu, de 16 de fevereiro de 2017, com a previsão do Código de Conduta Ética para os engenheiros de Robótica. Segundo o princípio da maximização do benefício e da minimização do dano, "os investigadores devem procurar maximizar os benefícios do seu trabalho em todas as fases, desde a concepção até à divulgação. Devem ser evitados todos os danos causados aos participantes na investigação, aos sujeitos humanos e aos

23. ALABART, Silvia Díaz. *Robots y responsabilidade civil*. Madrid: Reus Editorial, 2018, p. 29.
24. PAGALLO, Ugo. Intelligenza artificiale e diritto. Linee guida per un oculato intervento normativo. Bologna: *Il Mulino*, fascicolo 3, dicembre 2017, p. 625: "pare ragionevole sostenere che l'intervento del legislatore non debba né soffocare lo sviluppo tecnologico né richiedere di essere frequentemente rivisto in ragione dello stesso sviluppo della tecnologia."

participantes em experiências, testes ou estudos ou a eles sujeitos. Sempre que ocorram riscos que constituam um elemento inevitável e integrante da investigação, devem ser criados e respeitados sólidos protocolos de avaliação e gestão dos riscos. Normalmente, o risco de danos não deve ser superior ao que existe na vida do dia-a-dia, ou seja, as pessoas não devem ser expostas a riscos superiores ou a mais riscos do que aqueles a que são expostas na sua vida normal. O funcionamento dos sistemas de robótica deve basear-se sempre num processo exaustivo de avaliação do risco, o qual deve ser informado pelos princípios cautelares e de proporcionalidade"

E se, nada obstante, os danos ocorrem. O risco do desenvolvimento e a alegada autonomia tecnológica excluiriam o dever de indenizar? E quem deve satisfazer eventual prejuízo?

5. OS DANOS DECORRENTES DO USO DE DRONES: A RESPONSABILIDADE E O PROBLEMA DA PERSONALIDADE JURÍDICA

A Resolução do Parlamento Europeu, de 29 de outubro de 2015, no item 15, estabelece que o operador do drone é responsável pela sua utilização.

Por sua vez, o item AD da Resolução do Parlamento Europeu, de 16 de fevereiro de 2017, que contém recomendações à Comissão sobre disposições de Direito Civil sobre robótica, dispõe que "ao abrigo do atual quadro jurídico, os robôs não podem ser responsabilizados por si só pelas ações ou omissões que causam danos a terceiros; considerando que as normas existentes em matéria de responsabilidade abrangem casos em que a causa subjacente à ação ou à omissão do robô pode ser atribuída a um agente humano específico, tal como o fabricante, o operador, o proprietário ou o utilizador, e em que o agente podia ter previsto e evitado o comportamento lesivo do robô; considerando que, além disso, os fabricantes, os operadores, os proprietários ou os utilizadores poderiam ser considerados estritamente responsáveis pelas ações ou omissões de um robô."

A princípio, reconhece-se a responsabilidade do operador ou do usuário por eventual imperícia no manuseio da máquina. Tal constatação não exclui a análise da própria finalidade do drone (recreativo ou profissional).

Destarte, não se exclui a possibilidade da incidência do regime consumerista na hipótese do emprego de drones na entrega de produtos. Pode-se afirmar, *v.g.*, a responsabilidade pelo fato do produto.

Não subsistindo uma relação de consumo, mas presente o risco inerente às tecnologias emergentes, poder-se-ia defender a incidência da regra inscrita no parágrafo único do art. 927 do Código Civil[25].

Não vejo, ainda, como defender os riscos do desenvolvimento da ciência como excludente de ilicitude. Sergio Cavalieri Filho, pondera que "os riscos de desenvolvi-

25. Art. 927, parágrafo único. Haverá obrigação de reparar o dano, independentemente de culpa, nos casos especificados em lei, ou quando a atividade normalmente desenvolvida pelo autor do dano implicar, por sua natureza, risco para os direitos de outrem.

mento devem ser enquadrados como *fortuito interno* – risco integrante da atividade do fornecedor, pelo que não exonerativo da sua responsabilidade."[26]

A utilização dos drones por entes, órgãos públicos ou concessionários e permissionários do serviço público, também, pode ensejar a aplicação do regime jurídico do art. 37, § 6º, da Constituição da República.

O grande e difícil ponto são os possíveis danos provocados pelos drones decorrentes da imprevisibilidade do seu comportamento, da aprendizagem autônoma, situações em que inexistiria um nexo de causalidade entre a conduta e o resultado, entre o defeito do produto e o dano. Não se trata de discutir apenas imputabilidade, mas os próprios fatores de causalidade, que podem ser completamente externos e alheios a qualquer defeito de fabricação, projeção, idealização e uso.

Ainda nesse extremo da autonomia tecnológica, sobreleva o princípio da citada Resolução de Direito Civil sobre robótica, segundo o qual "o desenvolvimento das tecnologias da robótica deve ser orientado para complementar as capacidades humanas, e não para as substituir." Sendo fundamental "garantir que, no desenvolvimento da robótica e da inteligência artificial, os humanos tenham sempre o controle sobre as máquinas inteligentes." Se há ou deve haver controle, tem que haver responsabilidade.

A possibilidade de danos decorrentes da imprevisibilidade do comportamento dos drones, à guisa de uma reconhecida autonomia digital, não nos parece suficiente para justificar uma personalidade eletrônica. Essa personificação somente para imputação de resultados danosos, afastando a atribuição de uma gama de direitos às máquinas, parece não resolver o problema da responsabilidade por eventual indenização. Da mesma forma, não se resolve o problema com o reconhecimento dos drones como centros autônomos de imputação. A grande e prática questão é a capacidade patrimonial, ou seja, a disponibilidade econômica para suportar prejuízos ainda que imprevisíveis.

Nesse diapasão e a teor dessas complexas discussões de causalidade, parece defensável uma política de securitização. Como bem destacado no item 57 da Resolução de Direito sobre Robótica, "uma possível solução para a complexidade de atribuir responsabilidade pelos danos causados pelos robôs cada vez mais autônomos pode ser um regime de seguros obrigatórios, conforme acontece já, por exemplo, com os carros; observa, no entanto que, ao contrário do que acontece com o regime de seguros para a circulação rodoviária, em que os seguros cobrem os atos e as falhas humanas, um regime de seguros para a robótica deveria ter em conta todos os elementos potenciais da cadeia de responsabilidade."

Em síntese, a possibilidade de ressarcimento de danos decorrentes do emprego dos drones não passa pelo reconhecimento de uma personalidade anômala ou mesmo da qualidade de centros autônomos de imputação. Alguns pontos merecem redobrada atenção. É preciso considerar a finalidade dos drones e eventuais falhas ou erros no seu projeto, construção, comercialização e manuseio. Ainda que se defenda a realidade de danos imprevisíveis, as teses do risco da própria atividade, a da causalidade pura e a promoção de uma política de securitização parecem propostas que merecem ser avaliadas.

26. CAVALIERI FILHO, Sergio. *Programa de responsabilidade civil*. 11. ed. São Paulo: Atlas, 2014, p. 233.

A sedutora proposta de uma personalidade eletrônica parece fomentar mais problemas que soluções.

Segundo Silvia Díaz Alabart, a personalidade jurídica específica para os robôs não deveria ser outra coisa que uma capacidade jurídica bastante limitada em razão de um objetivo indenizatório[27]. Como já afirmado, essa proposta de uma personalidade anômala e pela metade não resolve, na prática, os apontados problemas. Para fins de ressarcimento, é preciso reconhecer a capacidade patrimonial. Nesse sentido, parece ser a conclusão, também, de Silvia Alabart.[28]

6. CONCLUSÕES

O dinâmico e crescente avanço da tecnologia é uma realidade. As funcionalidades e os benefícios são diversos.

Os veículos aéreos não tripulados, popularmente conhecidos como *drones*, inserem-se nessa realidade. Em tempos de pandemia, a multifuncionalidade voltada para atendimento das necessidades humanas trouxe o foco para essas máquinas.

A possibilidade de uma crescente autonomia eletrônica fomenta o debate de uma possível categoria de pessoas eletrônicas. Em que pese o avanço dessa tese, reafirma-se a sua natureza de coisas/bens com fins específicos.

Também não se reconhece uma uniformidade de regime jurídico para disciplinar os mais diversos efeitos das ações dessas máquinas. É preciso bem divisar suas finalidades, a forma de sua operação. A perspectiva contemporânea da inteligência artificial ou digital não afasta a sempre candente discussão sobre a responsabilidade de possíveis consequências prejudiciais da operação dos drones.

Ainda que inexistente o nexo de causalidade entre a (im)previsibilidade do comportamento da máquina (fundada na perspectiva de uma aprendizagem autônoma) e os resultados lesivos a expectativas e interesses de terceiros, pode-se defender a incidência de uma responsabilização objetiva e mecanismos de securitização.

De outro lado, o risco emergente dessas tecnologias não pode fomentar uma regulação que iniba investimentos ou mesmo o poder inventivo. De igual forma, insista-se, não pode ser fundamento para afastar uma política de securitização e de outros mecanismos de prevenção e de ressarcimento de danos.

As máquinas não se sobrepõem ao idealizador, ao projetista, ao desenvolvedor, ao usuário, ao beneficiário ou a terceiros. Como adverte Oliviero Stock a propósito das

27. ALABART, Silvia Díaz. *Robots y responsabilidade civil*. Madrid: Reus Editorial, 2018, p. 77: "La personalidade jurídica específica para los robots, que podemos denominar personalidade electrónica, no debería ser outra cosa que una capacidade jurídica bastante limitada en razón a su objetivo indemnizatorio [...]".
28. ALABART, Silvia Díaz. *Robots y responsabilidade civil*. Madrid: Reus Editorial, 2018, p. 124: "No parece muy útil, desde el punto de vista de responsabilidade civil, la creación de una personalidade jurídica de los robots, con el propósito de que al ser éstos algún día plenamente autónomos, respondan por si mismos de los daños que puedan causar. Tanto porque no resulta compatibible con los principios éticos mencionados que llegue a existir un robot que aprenda y tome decisiones que puedan ser peligrosas sin ningún control humano, como porque dificilmente podrán indemnizar a sus víctimas, si carecen de patrimonio, y las alternativas para adscribir, a través de seguros obligatorios y fondos de compensación cantidades de dinero para el pago de los daños que causen no resulta convincente."

várias definições de Inteligência Artificial, é preciso fazer que as máquinas se esforcem para nos entender, ao invés do contrário[29].

Ainda que não se fale em responsabilidade pelo fato do produto ou em defeito, não se pode ignorar o debate sobre uma possível realidade de inaptidão ou de desvio funcional dessas máquinas.

A União Europeia pode oferecer relevante contribuição ao direito constituído brasileiro a partir de proposições e de diretrizes, sobretudo deontológicas, sobre a robótica e o direito civil. Se a responsabilidade civil se destaca pela lógica do direito dos danos, não se pode, igualmente, ignorar a preocupação com uma autorregulação e com uma criteriosa e prudente intervenção legislativa.

7. REFERÊNCIAS

ALABART, Silvia Díaz. *Robots y responsabilidade civil*. Madrid: Editorial Reus, 2018.

CAVALIERI FILHO, Sergio. *Programa de responsabilidade civil*. 11. ed. São Paulo: Atlas, 2014.

COUTINHO, Leonardo Cisne; FALEIROS JÚNIOR, José Luiz de Moura. A regulação do uso de drones e a responsabilidade civil. *In:* LONGHI, João Victor Rozatti; FALEIROS JÚNIOR, José Luiz de Moura (Coord.). *Estudos essenciais de direito digital*. Uberlândia: LAECC, 2019, p. 249-268.

EHRHARDT JUNIOR, Marcos; SILVA, Gabriela Buarque Pereira. Pessoa e sujeito de direito: reflexões sobre a proposta europeia de personalidade jurídica eletrônica. *Revista Brasileira de Direito Civil*. Belo Horizonte, v. 23, jan./mar. 2020.

HODGKINSON, David; JOHNSTON, Rebecca. *Aviation law and drones:* unmanned aircraft and the future of aviation. Londres: Routledge, 2018.

PAGALLO, Ugo. Intelligenza artificiale e diritto. Linee guida per un oculato intervento normativo. Bologna: *Il Mulino*, fascicolo 3, dicembre 2017, p. 615-636.

SOLUM, Lawrence B. Legal Personhood for Artificial Intelligences. *North Carolina Law Review*, v.70, n. 4, 1992, p. 1231-1287.

STOCK, Oliviero. Intelligenza artificiale oggi e domani. *Giornale italiano di psicologia*. Fascicolo 1, marzo 2018, p. 159-165.

TEUBNER, Gunther. Digital Personhood? The status of autonomous software agentes in private law. *Ancilla Iuris*, 2018, p. 106- 149.

TOMASEVICIUS FILHO, Eduardo. Inteligência artificial e direitos da personalidade: uma contradição em termos? *Revista da Faculdade de Direito da Universidade de São Paulo*, São Paulo, v. 113, jan./dez 2018.

ZORRILLA, Maria Carmen Núñez. *Inteligencia artificial y responsabilidade civil:* régimen jurídico de los daños causados por robots autónomos con inteligência artificial. Madrid: Reus, 2019.

ZORNOZA, Alejandro; LAUKYTE, Migle. Robotica e diritto: riflessioni critiche sull'ultima iniziativa di regolamentazione in Europa. *Rivista Contratto e impresa*, n. 2, 2016, p. 808-819.

29. STOCK, Oliviero. Intelligenza artificiale oggi e domani. *Giornale italiano di psicologia*. Fascicolo 1, marzo 2018, p. 159: "Il termine Intelligenza Artificiale di per sè è elemento di controvérsia. Prima di tutto non è unívoca la definizione del campo: spesso dico che se chiediamo a cento ricercatori di definirlo probabilmente otteremo almeno cento definizioni diverse. La mia favorita ad esempio – la dico súbito – è 'far fare alle machine lo sforzo di capire noi, anziché viceversa'".

53
A RESPONSABILIDADE CIVIL ENVOLVENDO NAVIOS AUTÔNOMOS E O RECONHECIMENTO DA PERSONALIDADE JUDICIÁRIA

Ingrid Zanella Andrade Campos

Doutora e mestre em Direito pela Universidade Federal de Pernambuco (UFPE). Especialista em *Liability for Maritime Claims e Law of Marine Insurance*, pela *International Maritime Law Institute*. Professorda da Faculdade Damas da Instrução Cristã. Professora Adjunta da UFPE. Vice-presidente da OAB-PE. Presidente da Comissão de Direito Marítimo, Portuário e do Petróleo da OAB.PE e Secretária geral da Comissão Nacional de Direito Marítimo e Portuário da OAB. Membro da diretoria da Women's International Shipping & Trading Association (WISTA), do Instituto Ibero Americano de Direito Marítimo – IIDM, da Associação Brasileira de Direito Marítimo – ABDM e do Instituto dos Advogados de Pernambuco – IAP. Oficial da Ordem do Mérito Naval – Marinha do Brasil. Sócia titular do escritório Queiroz Cavalcanti Advocacia.

1. INTRODUÇÃO

O Brasil é um país maritimamente privilegiado, conta com uma costa de 8,5 (oito vírgula cinco) mil quilômetros navegáveis, em que o transporte marítimo responde, atualmente, por mais de 80% (oitenta por cento) do comércio mundial de mercadorias e se constitui como fator imprescindível na globalização.

O transporte aquaviário se consubstancia, então, como um fator fundamental na economia mundial, além de estar inteiramente ligado a questões ambientais e sociais.

A Constituição da República Federativa do Brasil de 1988, através da Emenda Constitucional nº 7, de 15.8.1995 deu nova redação ao parágrafo único, do art. 178 (cento e setenta e oito),[1] que passou a permitir o uso de bandeiras estrangeiras na navegação de cabotagem no Brasil.

Dessa forma o parágrafo único, do supracitado artigo, passou a ter a seguinte redação: "Na ordenação do transporte aquático, a lei estabelecerá as condições em que o

1. "Art. 178. A lei disporá sobre a ordenação dos transportes aéreo, aquático e terrestre, devendo, quanto à ordenação do transporte internacional, observar os acordos firmados pela União, atendido o princípio da reciprocidade. Parágrafo único. Na ordenação do transporte aquático, a lei estabelecerá as condições em que o transporte de mercadorias na cabotagem e a navegação interior poderão ser feitos por embarcações estrangeiras".

transporte de mercadorias na cabotagem e a navegação interior poderão ser feitos por embarcações estrangeiras".

A abertura constitucional à navegação de cabotagem e interior por embarcações estrangeiras foi decorrência da afirmação do Estado democrático de direito, ratificado com a Constituição Federal de 1988, que demarcou a necessidade de uma Constituição Econômica com a extinção de certas restrições ao capital estrangeiro.

A Lei nº 9.432/1997 veio para regulamentar o art. 178 da Constituição Federal, instituindo os limites para a abertura do mercado a embarcações estrangeiras, desde que afretadas por Empresas Brasileiras de Navegação (EBN), quando da inexistência ou indisponibilidade de embarcações de bandeira brasileira.

Desta forma, percebe-se que a intenção da EC nº 7/1995 foi possibilitar a regulação da matéria através de lei ordinária, bem como contribuir para a construção de uma economia mais aberta e competitiva.

A CF/1988 esculpiu o princípio da liberdade econômica, devendo a ordem econômica, fundada na valorização do trabalho humano e na livre iniciativa (art. 170), observar, entre outros, os princípios da livre concorrência e busca do pleno emprego.

Neste exato sentido, destaca-se a Lei nº 13.874, de 20.9.2019, que instituiu a Declaração de Direitos de Liberdade Econômica e fixou princípios e normas para a proteção à livre iniciativa e ao livre exercício de atividade econômica e disposições sobre a atuação do Estado como agente normativo e regulador.

Desta forma, considerando as diversas relações jurídicas que se desenvolvem em torno do navio autônomo, obtivendo uma maior segurança, resta a dúvida sobre se o navio poderá ser dotado de personalidade judiciária, no Brasil, como forma de garantir a eficiência da responsabilidade civil, considerando a teoria do risco.

O incentivo da utilização de navios autônomos, bem como de outros sistemas dotados de inteligência artificial envolvem uma séria de questões de responsabilidade civil. Inclusive a possibilidade de se isentar a responsabilidade em face de possíveis condutas não programas ou imprevisões.

O debate em torno da segurança marítima e jurídica e da eficiência da responsabilidade civil em atividades de risco ganha ainda mais relevância diante da navegação desenvolvida por navios autônomos, remotamente controladas ou não tripuladas. Ainda, diante da completa ausência de normas que disciplinam a matéria, o que gera uma insegurança jurídica.

Em 2018, houve a entrega no navio autônomo Sea Hunter à Marinha dos Estados Unidos[2]. Ainda, em outubro de 2018, duas gigantes do mercado mundial, a Rolls-Royce e a Intel, anunciaram o firmamento de parceria envolvendo a ideia de associar a expertise em tecnologia naval da primeira à engenharia de sistemas da

2. BRASIL. Escola de Guerra Naval (EGN). *Boletim Geocorrente*. ISSN. 2446-7014, a. 6. n. 119. Disponível em: https://www.marinha.mil.br/egn/sites/www.marinha.mil.br.egn/files/Boletim%20Geocorrente%20119%20-%20 01JUL2020.pdf. Acesso em: 01 nov. 2020.

segunda com o fito de desenvolver navios autônomos, completamente desprovidos de tripulação a bordo[3].

Em seguida, dezembro de 2018, o conglomerado britânico apresentou e realizou mais de 400h testes com o primeiro Ferryboat autônomo do mundo, nomeado Falco. Este, desenvolvido em parceria com a estatal finlandesa Finferries, é monitorado por um centro de controle em terra, distante cerca de 50km do seu local de operação, e independe de interferência humana no desempenho de suas funções: é capaz de aumentar ou reduzir sua velocidade de acordo com as condições de maré, detectar e desviar de obstáculos, bem como atracar e desatracar de maneira completamente autônoma, por exemplo[4].

Observa-se, então, o início de um movimento mundial pela automatização da frota naval, processo que, através da diminuição da mão-de-obra empregada, visa a diminuição dos valores dispendidos no transporte naval. Processo que deve ser acompanhado da regulamentação específica e apropriada, possibilitando uma segurança jurídica e marítima.

Para além, pretende-se, com o desenvolvimento e a operação de navios não-tripulados, garantir maior precisão e segurança à navegação, diminuindo a possibilidade de fatos e acidentes causados por erro humano, causa de mais de 90% dos danos causados ao meio marinho em acidentes da navegação[5].

Diversos países já estão envolvidos com projetos de navios autônomos. Inclusive, através da parceria entre as norueguesas Yara International e Kongsberg se estima o lançamento do navio Yara Birkeland, que é o primeiro navio contêiner autônomo e de emissão zero do mundo[6].

Desta forma, o objeto principal do presente trabalho é analisar a responsabilidade civil envolvendo embarcações automatizadas ou autônomas, considerando a teoria do risco, inclusive abordando a possível atribuição de personalidade judiciária.

O fundamento desta pesquisa paira na necessidade de efetivação da responsabilidade civil envolvendo navios autônomos, inclusive em casos de acidentes marítimos, que estão, inclusive, aumentando, posto que, em 2017, os acidentes com embarcações, no Brasil, aumentaram 12,63%. Segundo a Marinha do Brasil, de janeiro a agosto de 2017 foram registrados 107 naufrágios, contra 95 casos no mesmo período de 2016.[7]

De acordo com as estatísticas, 72% dos casos de naufrágios ocorreram por imprudência, imperícia ou negligência. Apesar do aumento de naufrágios nos primeiros oito

3. Disponível em: https://www.rolls-royce.com/media/press-releases/2018/15-10-2018-rr-and-intel-announce-autonomous-ship-collaboration.aspx. Acesso em: 01 nov. 2020
4. Disponível em: https://www.rolls-royce.com/media/press-releases/2018/03-12-2018-rr-and-finferries-demonstrate-worlds-first-fully-autonomous-ferry.aspx. Acesso em: 01 nov. 2020.
5. MARTINS, Eliane M. Octaviano. *Direito Marítimo*: Acidentes da Navegação e Desenvolvimento Sustentável. Disponível em: https://www.diritto.it/pdf_archive/28681.pdf. Acesso em: 01 nov. 2020.
6. BRASIL. Escola de Guerra Naval (EGN). Boletim Geocorrente. ISSN. 2446-7014. Ano 6. n. 119. Disponível em: https://www.marinha.mil.br/egn/sites/www.marinha.mil.br.egn/files/Boletim%20Geocorrente%20119%20-%2001JUL2020.pdf. Acesso em: 01 nov. 2020.
7. BRASIL. Acidentes com embarcações no Brasil aumentam 12,63% em 2017. *Agência Brasil*, 25 ago. 2017. Disponível em: http://agenciabrasil.ebc.com.br/geral/noticia/2017-08/acidentes-com-embarcacoes-no-brasil-aumentam-1263-em-2017. Acesso em: 01 nov. 2020.

meses de 2017, a Marinha informa que entre 2015 e 2016 os registros diminuíram. Em 2016, foram 898 contra 998 em 2015.[8]

No que concerne à segurança jurídica e efetividade da responsabilidade civil, pretende-se demonstrar que o navio, por ser dotado de alguns direitos, entre eles o de nacionalidade, que estabelece a norma que deverá reger as relações econômicas, deve ser dotado de personalidade judiciária, podendo ser diretamente processado, em casos excepcionais estabelecidos em lei. Fato esse que deve ser possível inclusive quando estamos diante de um navio autônomo, não tripulado, conforme restará esclarecido.

Para tanto será abordada a questão dos direitos de personalidade que são atribuídos à embarcação, bem como a responsabilidade civil envolvendo embarcações automatizadas ou autônomas.

O objetivo principal deste trabalho é a problemática subjacente à identificação de formas de garantir a eficiência da responsabilidade civil no direito marítimo, identificando meios de garantir a execução, visando a uma maior segurança jurídica, inclusive diante da possibilidade de abertura do mercado de cabotagem a embarcações estrangeiras, bem como a embarcações automatizadas ou autônomas.

2. BREVES NOTAS SOBRE OS NAVIOS AUTÔNOMOS

Antes de ingressar diretamente no que concerne à responsabilidade e ao conceito de navios autônomos, imperioso analisar a natureza jurídica do navio. Tal análise mostra-se indispensável, considerando o objeto do nosso trabalho, nos dizeres do Prof. Waldemar Ferreira, "Estudando a natureza jurídica do navio, que já se chegou a considerar como uma pessoa jurídica de responsabilidade limitada até a importância do seu patrimônio".[9]

Quanto à sua natureza jurídica, no direito brasileiro, o navio é considerado um bem móvel.[10] De acordo com o Código Civil o navio deve ser entendido como bem móvel,[11] através da interpretação do art. 82 do referido diploma legal, *in verbis*: "São móveis os bens suscetíveis de movimento próprio, ou de remoção por força alheia, sem alteração substancial ou da destinação econômico-social".

No Brasil, a Lei nº 9537/1997, que dispõe sobre a segurança do tráfego aquaviário em águas sob jurisdição nacional e dá outras providências, estabelece que embarcação é qualquer construção, inclusive as plataformas flutuantes e, quando rebocadas, as fixas, sujeita a inscrição na autoridade marítima e suscetível de se locomover na água, por meios próprios ou não, transportando pessoas ou cargas.

---

8. BRASIL. Acidentes com embarcações no Brasil aumentam 12,63% em 2017. *Agência Brasil*, 25 ago. 2017. Disponível em: http://agenciabrasil.ebc.com.br/geral/noticia/2017-08/acidentes-com-embarcacoes-no-brasil-aumentam--1263-em-2017. Acesso em: 01 nov. 2020.
9. FERREIRA, Waldemar Martins. *O commercio marítimo e o navio*. São Paulo: Revista dos Tribunais, 1931.
10. "As embarcações são bens moveis, e, portanto, o proprietário delas pôde aliena-las ou hypothecal-as sem outorga de sua mulher" (FREITAS, Augusto Teixeira de. *Consolidação das leis civis*. [s.l.]: [s.n.], [s.d.]. v. 1. p. 51, art. 49).
11. Código Comercial Brasileiro: "Art. 478. Ainda que as embarcações sejam reputadas bens móveis, contudo, nas vendas judiciais, se guardarão as regras que as leis prescrevem para as arrematações dos bens de raiz; devendo as ditas vendas, além da afixação dos editais nos lugares públicos, e particularmente nas praças do comércio, ser publicadas por três anúncios insertos, com o intervalo de 8 (oito) dias, nos jornais do lugar, que habitualmente publicarem anúncios, e, não os havendo, nos do lugar mais vizinho".

Portanto, o navio é bem móvel que se sujeita ao regime jurídico de bem imóveis quando há previsão legal, entre esses casos citam-se: prova de propriedade mediante registro marítimo e a transferência de propriedade (Lei nº 7.652/88), os casos de venda judicial (CCOm. arts. 477 e 478) e o fato de navio ser suscetível de hipoteca naval.

No que concerne aos navios autônomos ou não tripulados, incialmente, destaca-se a ausência de normas internacionais e nacionais que disciplinam a matéria, o que gera uma insegurança jurídica.

Destaca-se que a discussão sobre a regulação dos navios autônomos foi iniciada na 99a sessão do Comitê de Segurança Marítima (MSC 99) da Organização Marítima Internacional (IMO) e, assim, começaram os grupos de estudos para regulamentação de Navios Marítimos Autônomos de Superfície (MASS)[12].

Posteriormente, durante a 101a sessão, realizada em junho de 2019, o Brasil enviou uma delegação composta por diversos representantes da área e foram discutidos assuntos relativos ao Regulamento Internacional para Evitar Abalroamento no Mar (RIPEAM) e Convenção Internacional para Salvaguarda da Vida Humana no Mar (SOLAS), que deverão ser revisadas com a introdução desta nova tecnologia[13].

Inicialmente, importante esclarecer que um navio autônomo é toda embarcação capaz de conduzir-se sem que haja a presença humana a bordo para a sua condução, sendo comandada remotamente com o uso de inteligência artificial e sistema de comunicações por satélite e de abrangência global[14].

Destaca-se que a tripulação não é citada como um elemento do conceito embarcação pela Lei nº 9537/1997, conforme sopesado. Todavia, de acordo com a referida lei, tripulante é o aquaviário ou amador que exerce funções, embarcado, na operação da embarcação. Ou seja, deve estar a bordo do navio.

Ainda, a mencionada lei estabelece o conceito de tripulação de segurança, como como a quantidade mínima de tripulantes necessária a operar, com segurança, a embarcação, ou seja, indicando a necessidade da embarcada ser tripulada. O que demonstra a necessidade da existência de uma norma especifica, ou de revisão das normas disciplinadoras da matéria, com vistas a operação dos navios autônomos ou não tripulados, no Brasil.

Entretanto, independente do ajuste da legislação, os navios autônomos e os navios controlados remotamente estão se tornando realidade.

A doutrina indica que os primeiros testes já estão sendo realizados na Finlândia e pequenos navios autônomos de superfície não tripulados (USVs) são amplamente usados em pesquisas oceânicas, guarda costeira e aplicações militares. Esses navios não tripulados visam aumentar a segurança das operações no mar, reduzir o consumo de combustível

12. BRASIL. Escola de Guerra Naval (EGN). *Boletim Geocorrente*. ISSN. 2446-7014, a. 6. n. 119. Disponível em: https://www.marinha.mil.br/egn/sites/www.marinha.mil.br.egn/files/Boletim%20Geocorrente%20119%20-%2001JUL2020.pdf. Acesso em: 01 nov. 2020.
13. BRASIL. Escola de Guerra Naval (EGN). *Boletim Geocorrente*. ISSN. 2446-7014, a. 6. n. 119. Disponível em: https://www.marinha.mil.br/egn/sites/www.marinha.mil.br.egn/files/Boletim%20Geocorrente%20119%20-%2001JUL2020.pdf. Acesso em: 01 nov. 2020.
14. CAPRARIO, Alejandro. *Navios autônomos*: as perspectivas de uma nova era nos mares. Rio de Janeiro, 2018. p. 28.

e transformar as funções de trabalho no domínio marítimo. Um navio autônomo deve ser capaz de monitorar sua própria saúde e meio ambiente, comunicar as informações obtidas e tomar decisões com base nisso, sem supervisão humana[15].

Questões como navegação na costa, aproximação às áreas portuárias, acidentes e poluições podem ser consideradas como desafios aos navios autônomos.[16]

Desta forma, os navios autônomos ou controlados remotamente devem ser dotados de um sistema de dados capaz de garantir segurança, incluindo prevenção de acidentes, como colisão e abalroamento, de forma efetiva. Da mesma forma, deve restar claro seus atributos, o risco desempenhado, para que restem óbices a responsabilidade civil.

A automação de navios envolve questões afetas a redução da tripulação e de custos de manutenção, atrelados a utilização de tecnologia, visando aumentar a segurança, a redução de acidentes e de poluição, diminuindo a possibilidade de fatos e acidentes causados por imprudência, imperícia ou negligência. Destaca-se que, de acordo com as estatísticas, 72% dos casos de naufrágios ocorreram por imprudência, imperícia ou negligência.

Todavia, para navios autônomos e controlados remotamente serem aceitos e adotados na navegação comercial, devem possuir a mesma segurança que os navios convencionais, para tanto, normas especificas que garantam a prevenção de acidentes, de poluição e a ampla responsabilidade civil devem estar em vigor.

3. A RESPONSABILIDADE E A PERSONALIDADE JUDICIÁRIA DO NAVIO

Navios autônomos ou controlados remotamente possuem os mesmos atributos dos navios comuns, devendo navegar dotados de nacionalidade e serem fiscalizados pelo estado soberano que concedeu sua bandeira.

A Convenção das Nações Unidas sobre o Direito do Mar, promulgada pelo Decreto nº 99.165, de 12 de março de 1990, estabelece em seu art. 94, os deveres do Estado de bandeira, constituindo que "1. Todo Estado deve exercer, de modo efetivo, a sua jurisdição e seu controle em questões administrativas, técnicas e sociais sobre navios que arvorem a sua bandeira'.

Pontes de Miranda considera direitos da personalidade "todos os direitos necessários à realização da personalidade, à sua inserção nas relações jurídicas".[17] Adriano de Cupis, por sua vez, ressalta que todos os direitos de personalidade se destinam a dar conteúdo à personalidade e, por isso, poderiam ser denominados "direitos da personalidade".[18]

---

15. HÖYHTYÄ, M, HUUSKO, J et al.. *Connectivity for autonomous ships*: Architecture, use cases, and research challenges. in Proc. ICTC conference, 2017. Acesso em: 01 nov. 2020.
16. "Especially challenging is to navigate in coastal areas such as port approaches that are sensitive to accidents and pollution. Thus, ship-to-shore communication and very accurate navigation is needed in order to avoid using a human pilot onboard". HÖYHTYÄ, M, HUUSKO, J et al. *Connectivity for autonomous ships*: Architecture, use cases, and research challenges. in Proc. ICTC conference, 2017. Acesso em: 01 nov. 2020.
17. PONTES DE MIRANDA, Francisco Cavalcanti. *Tratado de direito privado*. Campinas: Bookseller, 2000. t. VII. p. 39.
18. CUPIS, Adriano de. *Os direitos da personalidade*. Tradução de Afonso Celso Furtado Rezende. Campinas: Romana, 2004. p. 23.

O Professor Waldemar Ferreira esclarece que o navio tem estado civil, nome, domicílio, nacionalidade, nos seguintes termos:

> Nasce pela sua construcção, como producto do engenho humano. Tem estado civil. Tem nome. É batizado e registrado. Tem domicílio. Carece de passaporte para viajar. Singra os mares. Movimenta riquezas. Põe em contacto os homens de todos os continentes. Vive. Tem nacionalidade, a da sua bandeira. Envelhece, pela sua imprestabilidade, resultante da acção do tempo e do uso, transfigurando-se, às vezes. E chega a morrer, quando não logra vencer o Ímpeto e a fúria dos temporaes. Tem, portanto, individualidade.[19]

Neste sentido, esclarece o Prof. Herculao Inglez, o navio seria dotado de um sistema de quase personalidade. Explica ainda que o referido atributo é, além disso, uma necessidade lógica do sistema, regulando as relações oriundas da indústria da navegação, e que se baseia no grande princípio da separação do patrimônio de terra e do patrimônio do mar, por extensão do princípio da comandita que, historicamente, se desenvolveu, se é que se não originou, dos usos e costumes do comércio de mar.[20] Neste sentido ensina:

> O systema do direito relativo à industria de navegação marítima, fluvial ou lacustre, assenta sobre a natureza jurídica do navio, ao qual, se no estado actual da sciencia e da legislação ainda se não poude dar uma personalidade bem caracterizada, é forçoso reconhecer uma quasi-personalidade jurídica, no sentido de tornar o navio o centro de certas relações, como se fosse elle sujeito activo e passivo do direito, sem prejuízo da objectividade que tem como cousa movei. Não é somente a linguagem legislativa que empresta ao navio mercante uma espécie de personalidade, como nos casos de abalroação e de assistência, tornando-o o titular do direito e responsável pelas obrigações resultantes dos factos, são as conveniências do commercio e da navegação que attribuem ao navio caracteres próprios das pessoas, o nome, o domicilio, a nacionalidade, a capacidade, a identidade, a indivisibilidade.[21]

O Prof. Herculao Inglez ressalta que se há no Brasil indústria que mereça proteção eficaz e constante é inquestionavelmente a da navegação. Nesta seara elenca um dos primeiros direitos de quase personalidade atribuídos ao navio – a nacionalidade, da seguinte forma: "Sabiamente a nossa Constituição Política indicou a rota a seguir pelas leis ordinárias, consagrando o privilégio da cabotagem dos navios nacionais".[22]

Desta forma, seguindo a teoria da personificação ou da quase personalidade do navio, podem-se identificar os seguintes possíveis direitos de personalidade: nacionalidade, nome, imagem (identidade), domicílio (porto de inscrição), que serão a seguir analisados.

No que concerne à nacionalidade do navio, importante mencionar que é a partir da atribuição desta que o navio passa a figurar como objeto de direitos e obrigações. Destaca-se que a Convenção das Nações Unidas sobre o Direito do Mar, estabeleceu o princípio da unicidade de bandeira, bem como o dever de existir um elo substancial entre Estado e a embarcação.

---

19. FERREIRA, Waldemar Martins. *O commercio marítimo e o navio*. São Paulo: Revista dos Tribunais, 1931.
20. SOUZA, Herculano Marcos Inglez de. *Projecto de Código Commercial*. Introdução. Rio de Janeiro: Impr. Nacional, 1912. v. 1. p. 79. Disponível em: http://www.stf.jus.br/bibliotecadigital/ObrasSelecionadas/42626/pdf/42626.pdf. Acesso em: 01 nov. 2020.
21. SOUZA, Herculano Marcos Inglez de. *Projecto de Código Commercial*. Introdução. Rio de Janeiro: Impr. Nacional, 1912. v. 1. p. 79. Disponível em: http://www.stf.jus.br/bibliotecadigital/ObrasSelecionadas/42626/pdf/42626.pdf. Acesso em: 01 nov. 2020.
22. SOUZA, Herculano Marcos Inglez de. *Projecto de Código Commercial*. Introdução. Rio de Janeiro: Impr. Nacional, 1912. v. 1. p. 80. Disponível em: http://www.stf.jus.br/bibliotecadigital/ObrasSelecionadas/42626/pdf/42626.pdf. Acesso em: 01 nov. 2020.

O princípio da unicidade de bandeira determina que os navios devam navegar sob a bandeira de um só Estado, salvo nos casos excepcionais previstos expressamente em tratados internacionais ou própria Convenção, e devem se submeter, em alto mar, à jurisdição exclusiva desse Estado.[23]

Como observa Arnaldo Sussekind, as embarcações constituem estabelecimentos móveis, cuja nacionalidade decorre da patente de navegação, comprovada pela respectiva certidão de registro.[24] Logo, o Estado onde se processa o registro da embarcação é detentor da competência para estabelecer os requisitos para concessão de bandeira do país.

É sabido que a personalidade jurídica consiste na possibilidade de titular direitos e obrigações, relações jurídicas. O Professor Januário da Costa Gomes ensina que o navio é personagem principal da expedição marítima.[25] Necessário, portanto, analisar a responsabilidade do navio.

Quando se trata da responsabilidade do navio autônomo importante se analisar a possibilidade de imputar a responsabilidade ao próprio navio; trata-se de saber se o navio pode ser sujeito passivo de obrigações de indenizar e se pode ser parte em um processo judicial.[26]

Para o Professor Antonio Menezes Cordeiro, o navio integra as chamadas pessoas rudimentares, que dispõem de uma personalidade coletiva rudimentar: operacional, apenas, para os concertos nos âmbitos que a lei lhe atribuir e que haverá de apurar caso a caso. Assim, o navio teria alguma margem de personalidade substantiva.[27]

Personalidade judiciária é a capacidade de ser parte em um processo judicial, possibilitando que a parte possa praticar diversos atos processuais. Segundo o Professor Antonio Menezes Cordeiro:

> a atuação processual é, porventura, uma das mais marcantes formas de exercer um direito: este ganha-se ou perde-se, amplia-se ou reduz-se, consoante o modelo de o colocar no foro e em função do epílogo da ação. A personalidade judiciária – mesmo quando, em rigor, se pudesse chamar "capacidade de gozo judiciário" – traduz uma inegável margem de personalidade substantiva.[28]

O Professor António Menezes Cordeiro explica, ainda, que "O navio é, pois, uma realidade objetiva funcional, que abrange, além da estrutura flutuante, as coisas acessórias destinadas à sua utilização funcional, isto é, à flutuação e à navegação por água".[29]

---

23. CAMPOS, Ingrid Zanella Andrade. *Direito marítimo sistematizado*. Curitiba: Juruá, 2017. p. 125.
24. SUSSEKIND, Arnaldo. *Conflitos de leis do trabalho*. Rio de Janeiro: Freitas Bastos, 1979. p. 52.
25. GOMES, Januário da Costa. *Limitação de responsabilidade por créditos marítimos*. Coimbra: Almedina, 2010. p. 187.
26. ROCHA, Francisco Costeira. A responsabilidade do navio. *In*: GOMES, Manuel Januário (Coord.). *O navio*. II Jornadas de Lisboa de Direito Marítimo. Lisboa: [s.n.], 2010. p. 266.
27. CORDEIRO, António Menezes. Da natureza jurídica do navio. *In*: GOMES, Manuel Januário (Coord.). *O navio*. II Jornadas de Lisboa de Direito Marítimo. Lisboa: [s.n.], 2010. p. 35; 38.
28. CORDEIRO, António Menezes. Da natureza jurídica do navio. *In*: GOMES, Manuel Januário (Coord.). *O navio*. II Jornadas de Lisboa de Direito Marítimo. Lisboa: [s.n.], 2010. p. 35; 38.
29. CORDEIRO, António Menezes. Da natureza jurídica do navio. *In*: GOMES, Manuel Januário (Coord.). *O navio*. II Jornadas de Lisboa de Direito Marítimo. Lisboa: [s.n.], 2010. p. 42.

Destaca-se que o Código de Processo Civil português estabelece que navio possui personalidade judiciária, nos seguintes termos:

> Artigo 12.º (art. 6º CPC 1961)
> Extensão da personalidade judiciária
> Têm ainda personalidade judiciária:
>
> a) A herança jacente e os patrimónios autónomos semelhantes cujo titular não estiver determinado;
>
> b) As associações sem personalidade jurídica e as comissões especiais;
>
> c) As sociedades civis;
>
> d) As sociedades comerciais, até à data do registo definitivo do contrato pelo qual se constituem, nos termos do artigo 5.º do Código das Sociedades Comerciais;
>
> e) O condomínio resultante da propriedade horizontal, relativamente às ações que se inserem no âmbito dos poderes do administrador;
>
> f) Os navios, nos casos previstos em legislação especial.

O art. 7º, do Decreto-Lei 201/1998, define o estatuto legal do navio, por força do frequente contato do navio com as mais diversas ordens jurídicas, no âmbito da sua normal exploração e dos direitos e obrigações que dela emergem. De acordo com o referido decreto, art. 7º, os navios têm personalidade e capacidade judiciárias nos casos e para os efeitos previstos em lei.

Entre essas normas, no ordenamento jurídico português, destacam-se o Decreto-Lei 352/86 (transporte de mercadorias por mar) e Decreto-Lei 202/98 (responsabilidade do proprietário do navio).

O Decreto-Lei 352/86 estabelece, em seu art. 10, a nulidade dos conhecimentos de carga emitidos por quem não tenha qualidade de transportador marítimo. Já o art. 28, a hipótese de o transportador marítimo não ser identificável com base nas menções constantes do conhecimento de carga. Nas duas hipóteses o navio que efetua o transporte responde perante os interessados na carga nos mesmos termos em que responderia o transportador.

O Decreto-Lei 202/98 versa sobre a responsabilidade do proprietário do navio e, igualmente, estabelece que se o proprietário ou armador transportador não forem identificáveis com base no despacho de entrada na capitania o navio responde, perante credores interessados, nos mesmos termos que aqueles responderiam.

Desta forma, o Professor António Menezes Cordeiro entende que a personalidade do navio surge apenas quando o problema é judicializado, neste sentido pondera sobre qual seria o sentido de atribuir personalidade ao navio, esclarecendo:

> O navio é uma coisa. Mas assume uma individualização especial. Tem nome. Tem madrinha. Assume uma identidade, no imaginário histórico-cultural dos povos. Desloca-se; é servido por uma tripulação; é dirigido pelo capitão; presta serviço. Constitui, nessa base, um centro de valorações autônomas especificas. Sendo uma coisa, ele coloca-se numa dimensão especial, que tem consequências jurídicas. A atribuição de "personalidade judiciária", feita com alguma solenidade, dá corpo e expressão a essa particularidade social e jurídica.[30]

30. CORDEIRO, António Menezes. Da natureza jurídica do navio. *In*: GOMES, Manuel Januário (Coord.). *O navio*. II Jornadas de Lisboa de Direito Marítimo. Lisboa: [s.n.], 2010. p. 45.

Conforme visto, o navio é coisa, bem móvel, entretanto de feitio todo especial, pelo qual merece tratamento mais aprofundado, como instrumento do transporte marítimo. Assim, a atribuição da personalidade judiciária possibilita que o navio responda nos mesmos termos que o proprietário, o armador ou o transportador, possibilitando uma efetividade na responsabilidade civil envolvendo navios autônomos.

4. A RESPONSABILIDADE CIVIL NO DIREITO MARÍTIMO ENVOLVENDO NAVIOS AUTÔNOMOS

A inteligência artificial vem desenvolvendo pesquisas envolvendo personalidade e responsabilidade civil no direito privado. De acordo com Gustavo Tepedino e Rodrigo da Guia Silva, "Verifica-se, com efeito, certo crescimento da linha teórica que pugna pelo reconhecimento de personalidade jurídica aos robôs e, notadamente, aos sistemas dotados de inteligência artificial.[31]"

Mesmo sendo o navio coisa, bem móvel *sui generis*, ele possui elementos de individualização, conforme visto, por alguns considerados direitos de personalidade, bem como personalidade judiciária, conforme estabelece a legislação portuguesa.

Um navio autônomo deve ser capaz de monitorar sua própria saúde e meio ambiente, comunicar as informações obtidas e fazer decisões baseadas nisso sem supervisão humana. Assim, o "capitão virtual" realizará tarefas críticas ou operações difíceis.[32]

Desta forma a responsabilidade do navio autônomo poderia implicar a atribuição de personalidade jurídica ao próprio navio autônomo. Assim, a construção, em certo sentido, mais radical, com vistas a permitir que o navio responda nos mesmos termos que o proprietário, o armador ou o transportador, consiste em personalizar ou personificar o navio, através da chamada teoria da personificação.[33]

Destaca-se a Diretiva 2010/40/EU do Parlamento Europeu, que estabelece um quadro para a implantação de sistemas de transporte inteligentes no transporte rodoviário, inclusive nas interfaces com outros modos de transporte. No que tange à responsabilidade civil, a referida Diretiva se limitou essencialmente a estabelecer a remissão às regras comunitárias e nacionais sobre a responsabilidade decorrente dos produtos defeituosos[34].

O regime jurídico da responsabilidade civil no transporte marítimo é estabelecido no Código Civil Brasileiro. De acordo como o art. 730, CCB/02, contrato de transporte é conceituado como: "alguém se obriga, mediante retribuição, a transportar de um lugar

31. TEPEDINO, Gustavo; SILVA, Rodrigo da Guia. Desafios da inteligência artificial em matéria de responsabilidade civil. *Revista Brasileira de Direito Civil – RBDCivil*, Belo Horizonte, v. 21, p. 61-86, jul./set. 2019.
32. "For example, there is a need for a shore control centre (SCC) and remote operators that could be called "virtual captains," able to steer multiple ships simultaneously. An autonomous ship should be able to monitor its own health and environment, communicate obtained information, and make decisions based on that without human supervision. However, the "virtual captain" from the SCC will perform critical or difficult operations". HÖYHTYÄ, M, HUUSKO, J et al.. *Connectivity for autonomous ships*: Architecture, use cases, and research challenges. in Proc. ICTC conference, 2017. Acesso em: 01 nov. 2020.
33. ROCHA, Francisco Costeira. A responsabilidade do navio. *In*: GOMES, Manuel Januário (Coord.). *O navio*. II Jornadas de Lisboa de Direito Marítimo. Lisboa: [s.n.], 2010. p. 270.
34. TEPEDINO, Gustavo; SILVA, Rodrigo da Guia. Desafios da inteligência artificial em matéria de responsabilidade civil. *Revista Brasileira de Direito Civil – RBDCivil*, Belo Horizonte, v. 21, p. 61-86, jul./set. 2019.

para outras pessoas ou coisas". E seguida, o Código trata, de forma distinta, o contrato de coisas e o contrato de pessoas (arts. 734 a 742).

Percebe-se que o ordenamento jurídico brasileiro adotou a teoria da responsabilidade civil objetiva, independentemente de culpa, considerando risco da atividade, o que deve ser plenamente aplicável diante da navegação envolvendo navios autônomos.

Destaca-se que a responsabilidade administrativa marítima, por sua vez, segue a teoria da responsabilidade subjetiva, devendo-se perquirir a existência concomitante de dano, nexo causal e dolo ou culpa.

Compete a Autoridade Marítima, a Capitania dos Portos e Costa de Pernambuco, nos termos da Lei 9.537/1997, apurar os acidentes e fatos da navegação, sendo vedada a aplicação de punição até o julgamento pelo Tribunal Marítimo. De acordo com a Lei nº 2180/1954, art. 17, "a", na apuração da responsabilidade por fatos e acidentes da navegação, cabe ao Tribunal Marítimo investigar se o capitão, o prático, o oficial de quarto, outros membros da tripulação ou quaisquer outras pessoas foram os causadores por dolo ou culpa. Desta forma, a responsabilidade administrativa marítima está pautada no reconhecimento da culpa[35].

Nesse sentido, ressalta-se que quando se discutir em juízo questão decorrente de acidentes e fatos da navegação da competência do Tribunal Marítimo haverá suspensão do processo (art. 313, VII, CPC/15).

No ordenamento jurídico pátrio, a responsabilidade civil objetiva – ou seja, sem a necessidade de demonstração da culpa do fornecedor dos serviços – é disciplinada pelo parágrafo único do art. 927 do Código Civil (lei nº 10.406, de 10 de janeiro de 2002). Este dispõe que:

> Art. 927. Aquele que, por ato ilícito (arts. 186 e 187), causar dano a outrem, fica obrigado a repará-lo. Parágrafo único. *Haverá obrigação de reparar o dano, independentemente de culpa, nos casos especificados em lei, ou quando a atividade normalmente desenvolvida pelo autor do dano implicar*, por sua natureza, risco para os direitos de outrem. (Grifos acrescidos)

Adverte-se que se tratando de relação de consumo, há também a incidência do Código de Defesa do Consumidor (CDC). Este, conforme visto alhures, também estabelece a responsabilidade objetiva do prestador de serviços – no caso, serviço de transporte de passageiros -, mais especificamente em seu art. 14, de modo que o transportador responde pelos danos causados independente da demonstração de culpa.

Neste sentido, o Supremo Tribunal Federal (STF), em consonância com a referida previsão, publicou a Súmula 161, que estabelece: "Em contrato de transporte, é inoperante a cláusula de não indenizar.".

Como decorrência da responsabilidade civil envolvendo o navio autônomo no direito marítimo, poderiam surgir ser defendida a possibilidade de o navio ser diretamente demandado por suas dívidas, visando à segurança jurídica e à efetividade da responsabilidade civil, inclusive através da responsabilidade objetiva, em face do risco da atividade.

35. CAMPOS, Ingrid Zanella Andrade. A responsabilidade civil na remoção de naufrágios. *Revista Jurídica Unicuritiba*, Curitiba, v. 01, n. 58, p. 516-541, jan./mar. 2020. Disponível em: http://revista.unicuritiba.edu.br/index.php/RevJur/article/view/3846. Acesso em: 01 nov. 2020.

Portanto, visando a uma maior segurança jurídica, o ordenamento jurídico brasileiro poderia reconhecer, a exemplo da legislação portuguesa, a personalidade e capacidade judiciária do navio, em casos previstos na legislação, possibilitando que o navio responda, perante credores interessados, nos mesmos termos em que o proprietário, armador ou transportador responderia.

De tal modo, deve haver a responsabilidade civil objetiva do transportador e/ou proprietário, ressalvado o direito de regresso em face do real responsável pelo dano, como o controlador remoto, responsável técnico pelo sistema de inteligência, fornecedor, inclusive sopesando a possibilidade de um problema relacionado à inteligência artificial, para que não haja qualquer óbice a efetiva responsabilidade.

Portanto, deve-se seguir a teoria da responsabilidade objetiva envolvendo navios autônomos, identificando, ainda, se seria possível reconhecer sua responsabilidade judiciária, em face da teoria do risco da atividade, garantindo uma maior segurança.

5. CONCLUSÃO

A utilização de inteligência artificial apenas tende a aumentar na sociedade, sendo uma realidade em diversos setores, entre esses o modal de transporte aquaviário. Os navios autônomos surgem como uma possível saída para redução de custos, otimização do transporte, todavia ainda carece além de regulamentação jurídica, de segurança para sua utilização plena.

Conforme visto, o navio (comum e autônomo) é coisa, bem móvel, entretanto, de feitio todo especial, pelo qual merece tratamento mais aprofundado, como instrumento do transporte marítimo.

O navio autônomo mantém a mesma natureza jurídica do navio comum, atributos e responsabilidades, devendo ser entendido como toda embarcação capaz de conduzir-se sem que haja a presença humana a bordo para a sua condução, sendo comandada remotamente com o uso de inteligência artificial e sistema de comunicações.

Desta forma, seguindo a teoria da personificação ou da quase personalidade do navio (inclusive o autônomo, diante da inteligência artificial), podem-se identificar os seguintes possíveis direitos de personalidade: nacionalidade, nome, imagem (identidade), domicílio (porto de inscrição), abordados neste artigo.

Entretanto, considerando as diversas relações jurídicas que se desenvolvem em torno do navio, a legislação deve estabelecer formas de garantir a segurança jurídica nacional, através de uma eficiente responsabilidade civil.

Portanto, um dos objetivos de se defender a personalidade judiciária do navio autônomo, é ratificar a sua responsabilidade, ou seja, que o navio pode ser sujeito passivo de obrigações de indenizar e até pode ser parte em um processo judicial, inclusive evitado isenção de responsabilidades diante do caso concreto.

Como decorrência da responsabilidade civil envolvendo o navio autônomo, poder-se-ia defender a possibilidade de o navio ser diretamente demandado por suas dívidas, visando à segurança jurídica e à efetividade da responsabilidade civil, em face do risco da atividade.

Portanto, visando a uma maior segurança jurídica, o ordenamento jurídico brasileiro poderia reconhecer, a exemplo da legislação portuguesa, a personalidade judiciária do navio, em casos previstos na legislação, possibilitando que o navio autônomo responda nos mesmos termos em que o proprietário, armador ou transportador responderia.

Com tal medida, possibilitar-se-ia que tanto empresas nacionais como estrangeiras operassem com observância da segurança jurídica, não representando um risco ao transporte aquaviário, considerando todas as reais possibilidades de solução dos conflitos.

Todavia, para navios autônomos e controlados remotamente sejam aceitos e adotados na navegação comercial, devem possuir a mesma segurança que os navios convencionais, para tanto, normas especificas que garantam a prevenção de acidentes, de poluição e a ampla responsabilidade civil devem estar em vigor. Isso, pois, a ausência de norma regulamentadora representa um grave problema jurídica, ocasionando uma situação de insegurança e incerteza, inclusive no que tange à responsabilidade civil.

6. REFERÊNCIAS

BRASIL. Acidentes com embarcações no Brasil aumentam 12,63% em 2017. *Agência Brasil*, 25 ago. 2017. Disponível em: http://agenciabrasil.ebc.com.br/geral/noticia/2017-08/acidentes-com-embarcacoes-no-brasil-aumentam-1263-em-2017. Acesso em: 01 nov. 2020.

BRASIL. Escola de Guerra Naval (EGN). *Boletim Geocorrente*. ISSN. 2446-7014, a. 6. n. 119. Disponível em: https://www.marinha.mil.br/egn/sites/www.marinha.mil.br.egn/files/Boletim%20Geocorrente%20119%20-%2001JUL2020.pdf. Acesso em: 01 nov. 2020.

CAMPOS, Ingrid Zanella Andrade. A responsabilidade civil na remoção de naufrágios. *Revista Jurídica Unicuritiba*, Curitiba, v. 01, n. 58, p. 516-541, jan./mar. 2020. Disponível em: http://revista.unicuritiba.edu.br/index.php/RevJur/article/view/3846. Acesso em: 01 nov. 2020.

CAMPOS, Ingrid Zanella Andrade. *Direito marítimo sistematizado*. Curitiba: Juruá, 2017.

CAPRARIO, Alejandro. *Navios autônomos*: as perspectivas de uma nova era nos mares. Rio de Janeiro, 2018.

CORDEIRO, António Menezes. *Da natureza jurídica do navio*. *In*: GOMES, Manuel Januário (Coord.). *O navio*. II Jornadas de Lisboa de Direito Marítimo. Lisboa: [s.n.], 2010.

CUPIS, Adriano de. *Os direitos da personalidade*. Tradução de Afonso Celso Furtado Rezende. Campinas: Romana, 2004.

FERREIRA, Waldemar Martins. *O commercio marítimo e o navio*. São Paulo: Revista dos Tribunais, 1931.

FREITAS, Augusto Teixeira de. *Consolidação das leis civis*. [s.l.]: [s.n.], [s.d.]. v. 1.

GOMES, Januário da Costa. *Limitação de responsabilidade por créditos marítimos*. Coimbra: Almedina, 2010.

HÖYHTYÄ, M, HUUSKO, J et al.. *Connectivity for autonomous ships*: Architecture, use cases, and research challenges. in Proc. ICTC conference, 2017. Acesso em: 01 nov. 2020.

MARTINS, Eliane M. Octaviano. *Direito Marítimo*: Acidentes da Navegação e Desenvolvimento Sustentável. Disponível em: https://www.diritto.it/pdf_archive/28681.pdf. Acesso em: 01 nov. 2020.

PONTES DE MIRANDA, Francisco Cavalcanti. *Tratado de direito privado*. Campinas: Bookseller, 2000. t. VII.

ROCHA, Francisco Costeira. A responsabilidade do navio. *In*: GOMES, Manuel Januário (Coord.). *O navio*. II Jornadas de Lisboa de Direito Marítimo. Lisboa: [s.n.], 2010.

SOUZA, Herculano Marcos Inglez de. *Projecto de Código Commercial*. Introdução. Rio de Janeiro: Impr. Nacional, v. 1, 1912. Disponível em: http://www.stf.jus.br/bibliotecadigital/ObrasSelecionadas/42626/pdf/42626.pdf. Acesso em: 01 nov. 2020.

SUSSEKIND, Arnaldo. *Conflitos de leis do trabalho*. Rio de Janeiro: Freitas Bastos, 1979.

TEPEDINO, Gustavo; SILVA, Rodrigo da Guia. Desafios da inteligência artificial em matéria de responsabilidade civil. *Revista Brasileira de Direito Civil – RBDCivil*, Belo Horizonte, v. 21, p. 61-86, jul./set. 2019.

54
THE RISE OF UNMANNED SHIPPING IN SOUTHEAST ASIAN WATERS: BETWEEN MYTH AND REALITY

Mohd Hazmi bin Mohd Rusli

Ph.D. (Law of the Sea) - University of Wollongong, Australia. Honorary Post-Doctoral Fellow, Australian National Centre for Ocean Resources and Security, University of Wollongong, Australia. Senior Lecturer, Faculty of Syariah and Law, Universiti Sains Islam Malaysia, Kuala Lumpur, Malaysia.

Roman Dremliuga

Ph.D. School of Law, Far Eastern Federal University, Vladivostok, Russia.

Dhiana Puspitawati

Ph.D. Associate Professor at Faculty of Law, University of Brawijaya, Indonesia.

1. STRAITS OF MALACCA AND SINGAPORE

Due to its archipelagic nature, Southeast Asia is home to a number of important sea lines of communications.[1] The Straits of Malacca and Singapore are considered as the region's most strategic sea lines of communication that facilitate global trade as they form the most viable route linking oil producers in the Middle East to the economic powerhouses of East Asia.[2] The British Broadcasting Corporation (BBC) News reported in 2010 that yearly, the Straits of Malacca and Singapore accommodate almost six times

1. Mohd Hazmi bin Mohd Rusli, Lowell Bautista and Wan Izatul Asma Binti Wan Talaat, 'Linking the East and the West: Discovering Alternatives to the Straits of Malacca and Singapore' in Muhammad Subhan, Sbariah Yaakub and Ahmad Bashawir Abdul Ghani (eds), *Port, Maritime and Hinterland Development in Southeast Asia* (Universiti Utara Malaysia, 2014) 103.
2. Tomas Hirst, 'The World's Most Important Trade Route?', *World Economic Forum* (2014) https://www.weforum.org/agenda/2014/05/world-most-important-trade-route/.

the volume of navigational traffic that goes through the Suez Canal.[3] According to a more recent report issued by Port Klang Vessel Tracking System (VTS), nearly 10 vessels enter or leave the strait every hour, or roughly translates into one vessel every six minutes.[4]

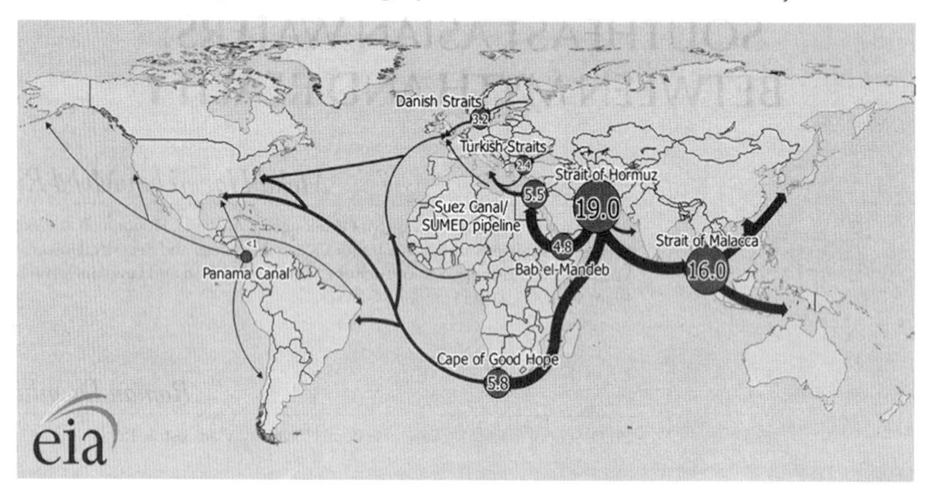

Figure 1: Important Global Sea Lines of Communications (2016)
(Source: US Energy Information Administration)

The US Energy Information Administration reported that about 16 million barrels per day of crude oil and petroleum products were transported via the Straits of Malacca and Singapore as shown in Figure 1.[5] In terms of navigational traffic, the Straits of Malacca and Singapore came second only to the Dover Strait, a crucial European chokepoint bordered by the United Kingdom, France and Belgium.[6] An estimated 15 million barrels of oil pass the Straits of Malacca and Singapore daily. Vessels transiting the Straits have gradually increased over the past decade as displayed in the following Table 1:

Year	Number of Traffic
2010	74, 133
2011	73, 538
2012	75, 477
2013	77, 973
2014	79, 344
2015	80, 960
2016	83, 740
2017	84,456

Table 1. Traffic Scenario in the Strait of Malacca
(Source: Marine Department of Peninsular Malaysia)

3. 'Singapore Warns of Threat to Tankers in Malacca Strait', *BBC News* (2010). http://news.bbc.co.uk/2/hi/asia-pacific/8549053.stm.
4. Marcus Hand, 'Exclusive: Malacca Straits VLCC Traffic Doubles in a Decade as Shipping Traffic Hits All Time High in 2017', *Seatrade Maritime News* (2018). https://www.seatrade-maritime.com/asia/exclusive-malacca-straits-vlcc-traffic-doubles-decade-shipping-traffic-hits-all-time-high-2017.
5. 'Profile World Oil Transit Chokepoints – Analysis', *Eurasiareview* (2017). https://www.eurasiareview.com/26072017-profile-world-oil-transit-chokepoints-analysis/.
6. Izyan Munirah Mohd Zaideen, 'Should the Straits of Malacca and Singapore Be Designated as Special Area?' (2019) 49(4-5) *Environmental Policy and Law* 236.

Statistical data have shown that most of the world's busiest ports are located in East Asian countries including China and South Korea, with Singapore ranked as the busiest.[7]

Container Traffic (TEU- Twenty-Foot Equivalent Units) 2018			
Rank	**Port**	**Country**	**TEUs (Million)**
1.	Shanghai	China	42.01
2.	**Singapore**	**Singapore**	**36.60**
3.	Shenzhen	China	27,74
4.	Ningbo-Zhoushan	China	26.35
5.	Guangzhou	China	21.87
6.	Busan	South Korea	21.66
7.	Hong Kong	China	19.60
8.	Qingdao	China	18.26
9.	Tianjin	China	16.00
10.	Jebel Ali, Dubai	United Arab Emirates	14.95
11.	Rotterdam	Netherlands	14.51
12.	**Port Klang**	**Malaysia**	**12.32**

Table 2. World's Top 12 Busiest Ports 2018

(Source: World Shipping Council)

Note: Ports in bold are located along the Straits of Malacca and Singapore

The Straits of Malacca and Singapore have been important in the strategic calculations of nations not only in Southeast Asia but also the surrounding Asia-Pacific region as the main sea lines of communication in this part of the world.[8]

2. AUTONOMOUS SHIPPING

Maritime autonomous surface ships (MASS) are vehicles that are capable of some kind of self-propelled operation in the seas regardless of presence of ship crews onboard.[9] It is a maritime vehicle that is equipped with the system of artificial intelligence and is effectively controlled by the system.[10] Thus, artificial intelligence replaces the functions of a human crew in the operation of autonomous vessels.

MASS as a term is neither mentioned nor applied in any international conventions because most treaties on the law of the sea and maritime law were enacted before MASS came into picture.[11] The global community has taken steps to develop legal definition of autonomous vessel. For instance, the International Maritime Organization (IMO)

7. 'Top 50 World Container Ports', *World Shipping Council* (2020). http://www.worldshipping.org/about-the-industry/global-trade/top-50-world-container-ports.
8. Zulfigar Yasin et al, 'The Ocean Legacy of Malaka and Sustainability in the Straits of Malacca' (2019) 2 *Journal of Ocean & Culture* 58. https://www.joac.org/archive/view_article?pid=joc-2-0-58.
9. 'Autonomous Shipping', *International Maritime Organization* (2020). http://www.imo.org/en/MediaCentre/HotTopics/Pages/Autonomous-shipping.aspx.
10. 'Maritime Autonomous Surface Ships (MASS)', *European Maritime Safety Authority* (2020). http://emsa.europa.eu/mass.html.
11. Stephen Li and KS Fung, 'Maritime Autonomous Surface Ships (MASS): Implementation and Legal Issues' (2019) 4(4) *Maritime Business Review*. https://www.emerald.com/insight/content/doi/10.1108/MABR-01-2019-0006/full/html.

defines MASS as "a ship which, to a varying degree, can operate independently of human interaction".[12] This definition however may be subjected to modification depending on the development of autonomous shipping in maritime industry.

Maritime transport is moving towards autonomous technology. Sea transportation is responsible for about 90% of all international cargo traffic and global oil shipment.[13] The use of autonomous vehicles in the area of marine transportation can bring enormous economic benefits by significantly reducing both the number of accidents at sea and the costs of paying for the ship's crew and other related costs. The advantages of autonomous ships are obvious, as they are often more accurate, more effective, and are not subjected to "the human factor". Such vessels could be cheaper to operate, and they can be consistently improved through software updates.

International law dictates that ocean-going vessels must be properly crewed and therefore fully autonomous unmanned ships are not allowed to be in operation particularly in international waters.[14] Nevertheless, the IMO has reported that autonomous and remote-controlled ships are being trialled in some sea areas.[15] At the rate the technology is developing now, it has been predicted that autonomous or semi-autonomous operation would only be limited to short voyages, for example from one specific port to another, across a short distance. One thing for sure – the advent of unmanned shipping is inevitable.[16]

Due to the busy nature of the Straits and ships carrying a variety of valuable commodities, some of which are valued up to US $136 billion annually, namely electric and electronic goods,[17] coupled with the presence of shallow reefs and innumerable small islands that compel ships to transit at greatly reduced speed, pirate attacks on merchant ships along the Straits of Malacca and Singapore have been common in the past.[18]

Based on this fact, would autonomous shipping be a good option for navigation in Southeast Asia via the waters of the Straits of Malacca and Singapore in the near future?

3. HISTORY OF PIRACY IN THE STRAITS OF MALACCA AND SINGAPORE

The Straits of Malacca and Singapore have a long recorded history of predatory activities of pirates and raiders.[19] The kingdom of Srivijaya was the first local kingdom

12. 'Autonomous Shipping' (n 9).
13. 'Strait of Malacca Key Chokepoint for Oil Trade', *The Maritime Executive* (2018). https://www.maritime-executive.com/article/strait-of-malacca-key-chokepoint-for-oil-trade.
14. Robert Veal, Michael Tsimplis and Andrew Serdy, 'The Legal Status and Operation of Unmanned Maritime Vehicles' (2019) 50(1) *Ocean Development & International Law.* https://www.tandfonline.com/doi/abs/10.1080/00908320.2018.1502500.
15. 'Autonomous Shipping' (n 9).
16. Christian Matthews, 'Unmanned Ships Are Coming – but They Could Cost the Cargo Industry Dearly', *Phys Org* (2017). https://phys.org/news/2017-09-unmanned-ships-cargo-industry-dearly.html.
17. Wally Mandryk, 'Lloyd's Marine Intelligence Unit : Strategic Importance of Trade & Shipping in the Straits of Malacca and Singapore' in *Symposium on Safety and Protection of the Marine Environment in the Straits of Malacca and Singapore* (2008).
18. Joshua H Ho, 'Enhancing Safety, Security and Environmental Protection of the Straits of Malacca and Singapore: The Co-Operative Mechanism' (2009) 40(2) *Ocean Development and International Law* 233.
19. Carolin Liss, 'The Roots of Piracy in Southeast Asia' in *APSNet Policy Forum* (Nautilus Institute, 2007). https://nautilus.org/apsnet/the-roots-of-piracy-in-southeast-asia/.

to rule the Strait of Malacca region. With Palembang as its capital city, the kingdom prospered by taking advantage as an international port serving Chinese and Indian markets.[20] The fall of Srivijaya in the eleventh century has turned the city of Palembang into a pirate haven.[21] These piratical activities were carried out mostly by local Malays as well as Chinese.[22] In the fifteenth century, pirates formed integral part of this region so much so, the *Orang Laut*, sea gypsies who were mostly pirates, were actively engaged in the empire-building of the Malacca Sultanate.[23] The *Orang Laut* played an important role in patrolling the adjacent sea areas, repelling the threats of other pirates as well as maintaining the dominance of the port of Malacca in the Strait of Malacca region.[24]

In addition, early references to piracy in the area of the Straits of Malacca and Singapore were recorded by Chinese writer, Lung-Ya-Men who mentioned that the inhabitants of the South coast of Singapore and Pulau Blakang Mati (now Sentosa Island) were addicted to piracy and conducted raids on Chinese junks carrying valuable commodities.[25] Meanwhile, the British and the Dutch established their strong foothold in Southeast Asia through the Anglo-Dutch Treaty 1824, weakening the pre-eminence of the Johor-Riau Sultanate as a mighty regional empire.[26]

Piracy activities in this region increased significantly during colonial times in the nineteenth century when Europe was undergoing industrial revolution; Europe's trade with East Asian nations was experiencing tremendous growth.[27] There was a strong demand for new products such as rubber and tin.[28] This increased the volume and value of trade through the Straits of Malacca and Singapore, ultimately, made these shipping ways tempting targets for pirates.[29]

The Straits of Malacca and Singapore still are intact with their reputation as important sea lines of communication in this part of the world.[30] It is also an indisputable fact that pirate activities still are taking place now in the waters of the Straits particularly within Indonesian waters, attacking ships carrying valuable commodities, making the Straits unsafe for international navigation. It is therefore important to examine how far piratical activities have affected trade flows via the modern day Straits of Malacca and Singapore.

20. Mohd Hazmi Mohd Rusli, 'Straits of Malacca and Singapore: Pride of the Malay Archipelago, Priceless Maritime Heritage of the World' (2012) Special Ed *Jurnal Hadhari* 109.
21. Jan Wisseman Christie, 'Trade and Early State Formation in Maritime Southeast Asia: Kedah and Srivijaya' *Jebat 13* 43. http://journalarticle.ukm.my/491/1/1.pdf.
22. Donald B Freeman, *The Straits of Malacca: Gateway or Gauntlet* (McGill-Queen's University Press, 2003)., 175-176.
23. Mary Somers Heidhues, *Southeast Asia: A Concise History* (Hudson and Thames, 2000), 27.
24. Timothy P Barnard, 'Celates, Rayat-Laut, Pirates: The Orang Laut and Their Decline in History' (2007) 82(2) *Journal of the Malaysian Branch of the Royal Asiatic Society* 33.
25. CA Gibson-Hill, 'Singapore: Notes on the History of the Old Strait, 1580-1850' (1954) 27(1) *Journal of the Malayan Branch of the Royal Asiatic Society* 163.
26. Hazmi Rusli, Roman Dremliuga and Wan Talaat, 'The Anglo-Dutch Treaty 1824: Was the Partitioning of the Malay Archipelago Valid?' (2020) 13(1) *Journal of East Asia and International Law* 191.
27. James Hagan and Andrew Wells, 'The British and Rubber in Malaya, C1890-1940' in G Patmore, J Shields and N Balnave (eds), *Proceedings of the Ninth National Labour History Conference* (ASSLH, Business & Labour History Group, University of Sydney, Australia, 2005) 143.
28. Ibid.
29. Freeman (n 22).
30. MHB Mohd Rusli, 'The Application of Compulsory Pilotage in Straits Used for International Navigation: A Study of the Straits of Malacca and Singapore' (2011) 3(4) *Asian Politics and Policy*.

4. PIRACY/SEA ROBBERY IN THE MODERN DAY STRAITS OF MALACCA AND SINGAPORE

Piracy is defined in the United Nations Convention on the Law of the Sea 1982 (LOSC) as:

> Any illegal acts of violence or detention, or any act of depredation, committed for private ends by the crew or the passengers of a private ship or a private aircraft, and directed on the high seas[31], against another ship or aircraft or against persons or property on board such ships or aircraft.[32]

Since most parts of the Straits of Malacca and Singapore have been incorporated as territorial Straits of Malaysia, Indonesia and Singapore, any attacks on ships sailing the Straits, with the exception of the northern part of the Strait of Malacca that has a High Seas/Exclusive Economic Zone[33] (EEZ) Corridor, would not be deemed as acts of piracy under the LOSC definition. Pirate attacks in the Straits would nevertheless be regarded as sea robberies. Map 1 shows briefly the maritime areas within the Strait of Malacca that possess EEZ corridor and otherwise:

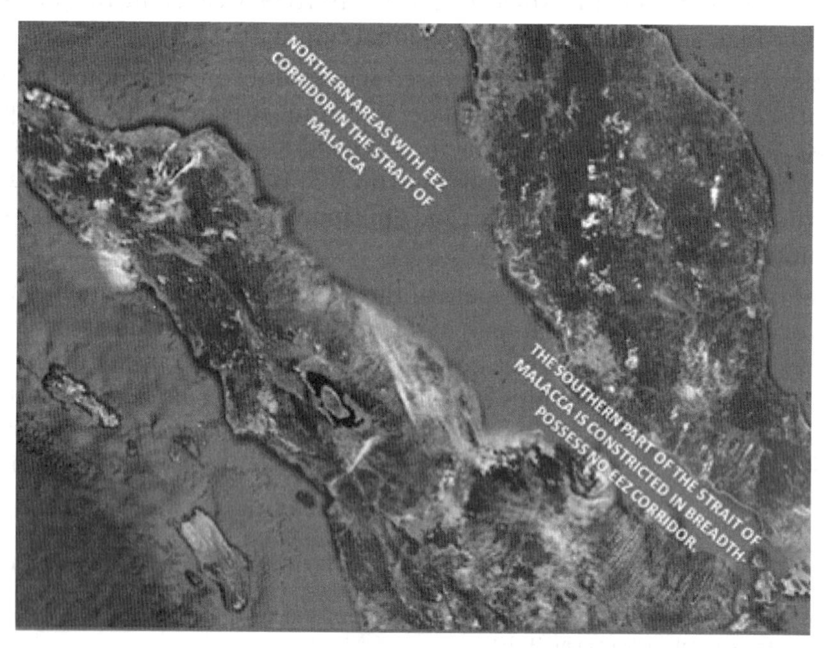

Map 1. Brief Description of Maritime Areas in the Strait of Malacca
(Source: GoogleMaps)

In 2004, there were a total of 46 pirate/sea robber attacks in the Strait; the year that recorded approximately 50,000 ship movements in the Straits of Malacca and Singapore. This translated into a probability of an attack at 0.07 per cent per transiting

31. Article 86 of the LOSC defines High Seas as 'all parts of the sea that are not included in the exclusive economic zone, in the territorial sea or in the internal waters of a State' In other words, High Seas refer to maritime areas that do not fall into sovereignty of any States.
32. See LOSC Art. 101(a)(i).
33. Article 55 of the LOSC defines Exclusive Economic Zone as an area beyond and adjacent to the territorial sea, under which States may exercise sovereign rights within this maritime area as prescribed by the LOSC.

ship.[34] This situation prompted the Joint War Committee (JWC) of Lloyd's Market Association to declare the Strait of Malacca as a war risk area beginning July 2005.

This is a declaration that placed the Strait at par with other well-known hostile zones such as the waters off the war-stricken countries of Somalia, Iraq and Lebanon.[35] These attacks posed hazards to the safety of navigation of vessels as well as a threat to the marine environment of the Straits of Malacca and Singapore. Reports by the International Maritime Bureau (IMB) revealed that the attacked ships were usually left without anyone in command.[36] This increased the possibility of the ship running aground or colliding with other vessels, especially in the constricted areas of the Straits.[37]

If a fully laden oil tanker were to be sunk in these circumstances, the resultant environmental consequences to the coastal communities and the fishing industries would be disastrous.[38] Passage of ships through the Straits would also be interrupted if there was a closure of the Strait as a result of an incident of this type.[39] This was demonstrated in the 1992 collision between the Nagasaki Spirit and the Oceans Blessings. The Nagasaki Spirit was carrying oil and sailing eastbound via the Strait of Malacca when it was boarded by pirates.[40] The vessel was looted and the crew was thrown overboard.[41] The Oceans Blessings met with the same fate, where some of its crew was locked up in a hold.[42] This left both vessels not under control and ultimately they collided and spilled a considerable amount of crude oil into the waters of the Strait of Malacca.[43]

5. UNMANNED SHIPPING IN CRUCIAL SEA LINES OF COMMUNICATION IN SOUTHEAST ASIA

Realising the adverse effects these attacks may have caused to the marine environment and the traffic flow of transiting ships, the three littoral States of Singapore, Malaysia and Indonesia have introduced a number of collaborative measures such as the Tripartite Technical Expert Group (TTEG), Trilateral Coordinated Patrols Malacca Straits (MALSINDO), Eyes in the Sky (EIS) and the Regional Cooperation Agreement on Combating Piracy and Armed Robbery against Ships in Asia (ReCAAP)[44] to combat

34. Graham Gerard Ong-Webb, "Introduction Southeast Asian Piracy: Research and Developments' in Graham Gerard Ong--Webb (ed), *Piracy, Maritime Terrorism and Securing the Malacca Straits* (Institute of Southeast Asian Studies, 2006) xxxvi.
35. Ibid., xxxiv.
36. Greg Chaikin, 'Piracy in Asia: International Co-Operation and Japan's Role' in Derek Johnson (ed), *Piracy in Southeast Asia* (Institute of Southeast Asian Studies, 2005) 127.
37. Ibid.
38. Ibid.
39. Ibid.
40. Mohd Hazmi Mohd Rusli, 'Navigational Hazards in International Maritime Chokepoints: A Study of the Straits of Malacca and Singapore' (2012) 8 *Journal of International Studies* 47. http://jis.uum.edu.my/images/pdf/8jis/4navigational.pdf.
41. Sam Bateman, 'Sea Lane Security', *Australasian Legal Information Institute* (2003). http://www.austlii.edu.au/au/journals/MarStudies/2003/3.html.
42. Jingjing Xu, 'Assessment of Salvage Award under Lloyd's Open Form [LOF]' (World Maritime University, 2000). https://commons.wmu.se/cgi/viewcontent.cgi?article=1170&context=all_dissertations.
43. Linda Paul, 'A Vessel Traffic System Analysis for the Korea/Tsushima Strait', *ESENA* (1997). https://nautilus.org/esena/a-vessel-traffic-system-analysis-for-the-koreatsushima-strait/?view=pdf.
44. Catherine Zara Raymond, 'Piracy and Armed Robbery in the Malacca Strait' (2009) 62(3) *Naval War College Review* 31.

piracy and maritime terrorism in the Straits.[45] These joint measures to suppress piracy and sea robberies by the Singaporean, Malaysian and Indonesian authorities, with some cooperation from Thailand, have significantly improved security and reduced the risks to the marine environment in the Straits.[46] Piracy/sea robbery activities are deemed as serious criminal offense under the laws of Malaysia, Indonesia and Singapore. If convicted, the criminals would face heavy penalties which could amount to death punishment.[47]

From 2004, the local armed forces organized coordinated sea patrols.[48] Each party polices its own territorial waters, but they correspond with one another on possible pirate activity, and this has greatly enhanced the effectiveness of the patrols.[49] In 2005, aerial surveillance flights were conducted to monitor the Strait of Malacca for pirates. The flights are undertaken by crews with nationals from different States so information can be more effectively shared.[50] Other countries like the United States, Japan and Australia provided technological and expert assistance in helping the littoral States to monitor the Straits. As a result, there was a dip in pirate attacks from 2005, and by 2006 the Straits of Malacca and Singapore were removed from the war-risk zone list by the JWC of Lloyd's Market Association.[51]

Even though there is a dip in the number of piracy/ sea robberies activities in recent years, this is not an indication that these criminal acts are no longer happening in Southeast Asian waters, particularly the Straits of Malacca and Singapore, as displayed in Figure 2:

Figure 2. Armed Robbery and Piracy Against Ships
(Source: International Chamber of Commerce)

45. Ramli Hj Nik and Sumathy Permal, 'Security Threats in the Straits of Malacca' in H. Ibrahim and Hairil Anuar Husin (eds), *Profile of the Straits of Malacca: Malaysia's Perspective* (Maritime Institute of Malaysia, 2008) 191.
46. Michael Schuman, 'How to Defeat Pirates: Success in the Strait', *TIME* (2009). http://content.time.com/time/world/article/0,8599,1893032,00.html.
47. Cindy Yeap, 'Why Malaysia, MCMC Must Prevail against Piracy, Network Abuse', *Edge Weekly* (2019). https://www.theedgemarkets.com/article/why-malaysia-mcmc-must-prevail-against-piracy-network-abuse.
48. Raymond (n 44).
49. Schuman (n 46).
50. Ibid.
51. Bobby Thomas, 'Malacca Straits a "War Risk Zone"? Llyod's Should Review Its Assessment' [2005] *RSIS Commentaries*. https://www.rsis.edu.sg/rsis-publication/idss/718-malacca-straits-a-war-risk/#.XyoVVK_ivIU; Mazwin Nik Anis, 'Straits No More a War Risk Zone', *The Star* (2006). https://www.thestar.com.my/news/nation/2006/08/09/straits-no-more-a-war-risk-zone/.

Any occurrence of piracy or sea robbery attacks in the Straits would undoubtedly result in a traffic hold-up for transiting ships. Such an incident may also cause oil or chemical spills to take place and ultimately could compromise the well-being of the marine environment of the Straits of Malacca and Singapore.

The most effective remedy is for the littoral States to work collaboratively to suppress these crimes as they pose hazards not only to the security of the waterways, but also to the safety of transiting vessels and the marine environment of the Straits.[52] In addition, the littoral States should also make available domestic penal laws that is capable of reducing effectively piratical/sea robbery activities in the Straits of Malacca and Singapore through the imposition of corporal punishments against the criminals.[53]

Despite all these efforts, Southeast Asian waters are still prone to armed robbery and pirate attacks[54] as indicated in the following Figure 3:

Figure 3. Piracy and Armed Robbery Against Ships 2019

(Source: International Chamber of Commerce)

Although the Strait of Malacca is no longer listed as a 'war-risk' zone by the JWC of Lloyd's Market Association more than a decade ago, Figures 2 and 3 clearly indicate that Southeast Asian waters particularly along the Straits of Malacca and Singapore and South China Sea route are still rife with criminal activities of piracy and armed robbery against ships. MASS may be the future of international shipping. Nevertheless it may not be entirely practical for it to traverse Southeast Asian waters for a number of reasons.

Firstly, as MASS is with limited or no crew at all, the vessel may be exposed to high risks of attacks from pirates and sea robbers while navigating through these difficult

52. Hendun Abd Rahman Shah, 'Malaysian Experience in Combatting Piracy and Armed Robbery in the Straits of Malacca: Some Recommendations' (2014) 2(1) *Journal of International Relations and Foreign Policy* 43.
53. Ibid.
54. 'Piracy Incidents along Straits of Malacca and Singapore Surge in 2019', *South China Morning Post* (2019). https://www.scmp.com/news/asia/south-asia/article/3043744/piracy-incidents-along-straits-malacca-and-singapore-surge.

waters. Secondly, the usage of state-of-the-art technology for both shipping and security would ultimately increase the price of shipping per voyage hence affecting the well-being of global economy.

In addition, transiting traffic via the Straits of Malacca and Singapore is predicted to increase in years to come. Any disruption on the operation of MASS would increase the risks of maritime accidents causing oil spills that may affect the well-being of the marine environment of these vital sea lines of communication in Southeast Asia.

Thirdly, autonomous shipping raises a compatibility issue with Article 94 of the LOSC on flag state jurisdiction.[55] The provision binds over every flag state to effectively exercise its jurisdiction.[56] This includes taking measures necessary to ensure "that each ship is in the charge of a master and officers who possess appropriate qualifications, in particular in seamanship, navigation, communications and marine engineering, and that the crew is appropriate in qualification and numbers for the type, size, machinery and equipment of the ship."[57] The provision reflects human dependence on the provisions of the LOSC and its legal regimes. This means that under the LOSC, the captain of the ship or any other authorized persons who make decisions on board should comply with rules of the Convention.

Autonomous navigation implies that control over the ship is under the hands of a new intelligent non-human subject that could decide by itself. Question arises on how those decisions would comply with legal and moral rules. For instance, the captain of the vessel is obliged to rescue people found at sea or distressed persons.[58] This obligation under Article 98(1) of the LOSC has an exception that assistance may not be rendered if "a serious danger to the ship, the crew or the passengers exists", for instance, in cases involving piracy or sea robbery incidents. A human captain will be able to assess this danger on the basis of an overall assessment of the situation, personal experience and intuition. Could a digital captain do the same?

In addition, it is stated in Article 101(a)(i) of the LOSC that piracy refers to any illegal acts or violence committed for private ends on the high seas against another ship. Conversely, Article 94(2)(b) of the LOSC stipulates that all flag States shall assume jurisdiction over vessels flying its flag that are manned by a captain and its crew.[59] As unmanned vessels may not entirely be manned by a human captain and its crew, would provisions regarding piracy under the LOSC apply on autonomous vessels like they do on conventional ships?

Based on all these arguments, it is not too simplistic to state that the current law of the sea and maritime law are not entirely compatible for autonomous navigation, particularly in the context of maritime safety.

---

55. Article 94(1) of the LOSC states that 'Every State shall effectively exercise its jurisdiction and control in administrative, technical and social matters over ships flying its flag'.
56. Arron N Honnibal, 'The Exclusive Jurisdiction of Flag States: A Limitation on Pro-Active Port States?' (2016) 31(3) *The International Journal of Marine and Coastal Law* 499.
57. See Article 94(2)(b) of the LOSC.
58. See Article 98(1) of the LOSC.
59. Article 94(2)(b) of the LOSC stipulates that "In particular every State shall assume jurisdiction under its internal law over each ship flying its flag and its master, officers and crew in respect of administrative, technical and social matters concerning the ship.

6. CONCLUSION

Piracy/sea robbery activities have occurred in Southeast Asian waters since before the European colonial era in this region. These criminal acts do not only claim lives and destroy properties, but also cause serious damage to the sensitive marine environment as well. Furthermore, this may cause fear among mariners to sail via Southeast Asian vital sea lines of communications, particularly the Straits of Malacca and Singapore and the South China Sea. Although the Straits were no longer declared a war-risk zone, these waters are still prone to attacks by both pirates and sea robbers.

As Southeast Asian waters are yet to be entirely safe for maritime navigation, the employment of MASS is therefore both not practical and economical. Besides high costs of operation and maintenance, the unmanned vessel would also be at high risk of being attacked by pirates and sea robbers while at sea.

Furthermore, the current law of the sea enshrined in the LOSC applies mainly to conventional ships. Laws pertaining to autonomous unmanned ships are still developing.

Until and unless piracy and/or sea robbery activities are reduced or eradicated particularly in this part of the world with laws pertaining to autonomous vessels enacted and enforced, unmanned shipping remains a myth and a distant future in Southeast Asia.

7. REFERENCES

BARNARD, Timothy P, 'Celates, Rayat-Laut, Pirates: The Orang Laut and Their Decline in History' (2007) 82(2) *Journal of the Malaysian Branch of the Royal Asiatic Society* 33.

CHAIKIN, Greg, 'Piracy in Asia: International Co-Operation and Japan's Role' in Derek Johnson (ed), *Piracy in Southeast Asia* (Institute of Southeast Asian Studies, 2005) 127.

CHRISTIE, Jan Wisseman, 'Trade and Early State Formation in Maritime Southeast Asia: Kedah and Srivijaya' *Jebat 13* 43. http://journalarticle.ukm.my/491/1/1.pdf.

FREEMAN, Donald B, *The Straits of Malacca: Gateway or Gauntlet* (McGill-Queen's University Press, 2003).

GIBSON-HILL, CA, 'Singapore: Notes on the History of the Old Strait, 1580-1850' (1954) 27(1) *Journal of the Malayan Branch of the Royal Asiatic Society* 163.

HAGAN, James and Andrew Wells, 'The British and Rubber in Malaya, C1890-1940' in G Patmore, J Shields and N Balnave (eds), *Proceedings of the Ninth National Labour History Conference* (ASSLH, Business & Labour History Group, University of Sydney, Australia, 2005) 143.

HO, Joshua H, 'Enhancing Safety, Security and Environmental Protection of the Straits of Malacca and Singapore: The Co-Operative Mechanism' (2009) 40(2) *Ocean Development and International Law* 233.

HONNIBAL, Arron N, 'The Exclusive Jurisdiction of Flag States: A Limitation on Pro-Active Port States?' (2016) 31(3) *The International Journal of Marine and Coastal Law* 499.

LI, Stephen and KS Fung, 'Maritime Autonomous Surface Ships (MASS): Implementation and Legal Issues' (2019) 4(4) *Maritime Business Review*. https://www.emerald.com/insight/content/doi/10.1108/MABR-01-2019-0006/full/html.

LISS, Carolin, 'The Roots of Piracy in Southeast Asia' in *APSNet Policy Forum* (Nautilus Institute, 2007). https://nautilus.org/apsnet/the-roots-of-piracy-in-southeast-asia.

MANDRYK, Wally, 'Lloyd's Marine Intelligence Unit : Strategic Importance of Trade & Shipping in the Straits of Malacca and Singapore' in *Symposium on Safety and Protection of the Marine Environment in the Straits of Malacca and Singapore* (2008).

MOHD RUSLI, MHB, 'The Application of Compulsory Pilotage in Straits Used for International Navigation: A Study of the Straits of Malacca and Singapore' (2011) 3(4) *Asian Politics and Policy.*

NIK, Ramli Hj and Sumathy Permal, 'Security Threats in the Straits of Malacca' in H. Ibrahim and Hairil Anuar Husin (eds), *Profile of the Straits of Malacca: Malaysia's Perspective* (Maritime Institute of Malaysia, 2008) 191.

ONG-WEBB, Graham Gerard, "Introduction Southeast Asian Piracy: Research and Developments' in Graham Gerard Ong-Webb (ed), *Piracy, Maritime Terrorism and Securing the Malacca Straits* (Institute of Southeast Asian Studies, 2006) xxxvi.

RAYMOND, Catherine Zara, 'Piracy and Armed Robbery in the Malacca Strait' (2009) 62(3) *Naval War College Review* 31.

RUSLI, Hazmi, Roman Dremliuga and Wan Talaat, 'The Anglo-Dutch Treaty 1824: Was the Partitioning of the Malay Archipelago Valid?' (2020) 13(1) *Journal of East Asia and International Law* 191.

RUSLI, Mohd Hazmi bin Mohd, Lowell Bautista and Wan Izatul Asma Binti Wan Talaat, 'Linking the East and the West: Discovering Alternatives to the Straits of Malacca and Singapore' in Muhammad Subhan, Sbariah Yaakub and Ahmad Bashawir Abdul Ghani (eds), *Port, Maritime and Hinterland Development in Southeast Asia* (Universiti Utara Malaysia, 2014) 103.

RUSLI, Mohd Hazmi Mohd, 'Navigational Hazards in International Maritime Chokepoints: A Study of the Straits of Malacca and Singapore' (2012) 8 *Journal of International Studies* 47. http://jis.uum.edu.my/images/pdf/8jis/4navigational.pdf.

RUSLI, Mohd Hazmi Mohd, 'Straits of Malacca and Singapore: Pride of the Malay Archipelago, Priceless Maritime Heritage of the World' (2012) Special Ed *Jurnal Hadhari* 109.

SHAH, Hendun Abd Rahman, 'Malaysian Experience in Combatting Piracy and Armed Robbery in the Straits of Malacca: Some Recommendations' (2014) 2(1) *Journal of International Relations and Foreign Policy* 43.

THOMAS, Bobby, 'Malacca Straits a "War Risk Zone"? Llyod's Should Review Its Assessment' [2005] *RSIS Commentaries*. https://www.rsis.edu.sg/rsis-publication/idss/718-malacca-straits-a-war-risk/#.XyoVVK_ivIU.

VEAL, Robert, Michael Tsimplis and Andrew Serdy, 'The Legal Status and Operation of Unmanned Maritime Vehicles' (2019) 50(1) *Ocean Development & International Law* https://www.tandfonline.com/doi/abs/10.1080/00908320.2018.1502500.

YASIN, Zulfigar et al, 'The Ocean Legacy of Malaka and Sustainability in the Straits of Malacca' (2019) 2 *Journal of Ocean & Culture* 58. https://www.joac.org/archive/view_article?pid=joc-2-0-58.

ZAIDEEN, Izyan Munirah Mohd, 'Should the Straits of Malacca and Singapore Be Designated as Special Area?' (2019) 49(4-5) *Environmental Policy and Law* 236.

WEBSITES

Anis, Mazwin Nik, 'Straits No More a War Risk Zone', *The Star* (2006). https://www.thestar.com.my/news/nation/2006/08/09/straits-no-more-a-war-risk-zone.

'Autonomous Shipping', *International Maritime Organization* (2020) http://www.imo.org/en/MediaCentre/HotTopics/Pages/Autonomous-shipping.aspx.

Bateman, Sam, 'Sea Lane Security', *Australasian Legal Information Institute* (2003) http://www.austlii.edu.au/au/journals/MarStudies/2003/3.html.

Hand, Marcus, 'Exclusive: Malacca Straits VLCC Traffic Doubles in a Decade as Shipping Traffic Hits All Time High in 2017', *Seatrade Maritime News* (2018). https://www.seatrade-maritime.com/asia/exclusive-malacca-straits-vlcc-traffic-doubles-decade-shipping-traffic-hits-all-time-high-2017.

Hirst, Tomas, 'The World's Most Important Trade Route?', *World Economic Forum* (2014) https://www.weforum.org/agenda/2014/05/world-most-important-trade-route/.

'Maritime Autonomous Surface Ships (MASS)', *European Maritime Safety Authority* (2020) http://emsa.europa.eu/mass.html.

Matthews, Christian, 'Unmanned Ships Are Coming – but They Could Cost the Cargo Industry Dearly', *Phys Org* (2017). https://phys.org/news/2017-09-unmanned-ships-cargo-industry-dearly.html.

Paul, Linda, 'A Vessel Traffic System Analysis for the Korea/Tsushima Strait', *ESENA* (1997) https://nautilus.org/esena/a-vessel-traffic-system-analysis-for-the-koreatsushima-strait/?view=pdf.

'Piracy Incidents along Straits of Malacca and Singapore Surge in 2019', *South China Morning Post* (2019). https://www.scmp.com/news/asia/south-asia/article/3043744/piracy-incidents-along-straits-malacca-and-singapore-surge.

'Profile World Oil Transit Chokepoints – Analysis', *Eurasiareview* (2017). https://www.eurasiareview.com/26072017-profile-world-oil-transit-chokepoints-analysis/.

Schuman, Michael, 'How to Defeat Pirates: Success in the Strait', *TIME* (2009). http://content.time.com/time/world/article/0,8599,1893032,00.html.

'Singapore Warns of Threat to Tankers in Malacca Strait', *BBC News* (2010). http://news.bbc.co.uk/2/hi/asia-pacific/8549053.stm.

'Strait of Malacca Key Chokepoint for Oil Trade', *The Maritime Executive* (2018). https://www.maritime-executive.com/article/strait-of-malacca-key-chokepoint-for-oil-trade.

'Top 50 World Container Ports', *World Shipping Council* (2020) http://www.worldshipping.org/about-the-industry/global-trade/top-50-world-container-ports.

Xu, Jingjing, 'Assessment of Salvage Award under Lloyd's Open Form [LOF]' (World Maritime University, 2000). https://commons.wmu.se/cgi/viewcontent.cgi?article=1170&context=all_dissertations.

Yeap, Cindy, 'Why Malaysia, MCMC Must Prevail against Piracy, Network Abuse', *Edge Weekly* (2019). https://www.theedgemarkets.com/article/why-malaysia-mcmc-must-prevail-against-piracy-network-abuse.

55
DISCRIMINAÇÃO POR ALGORITMOS DE INTELIGÊNCIA ARTIFICIAL: A RESPONSABILIDADE CIVIL, OS VIESES E O EXEMPLO DAS TECNOLOGIAS BASEADAS EM LUMINÂNCIA[1]

José Luiz de Moura Faleiros Júnior

Doutorando em Direito pela Universidade de São Paulo – USP. Mestre em Direito pela Universidade Federal de Uberlândia – UFU. Especialista em Direito Digital e *Compliance*. Membro do Instituto Avançado de Proteção de Dados – IAPD e do Instituto Brasileiro de Estudos de Responsabilidade Civil – IBERC. Advogado. Professor.

1. INTRODUÇÃO

Algoritmos de Inteligência Artificial são cada vez mais utilizados para o desenvolvimento de tecnologias disruptivas, tendo aplicações variadas e que envolvem aplicações técnicas antes inimagináveis, como a viabilização da oferta ao público de veículos autônomos.

Muito já se questionou acerca da viabilidade dessas tecnologias e de sua importância para a consolidação dos impactos da Quarta Revolução Industrial, na transição para a Internet das Coisas (*Internet of Things*, ou *IoT*). O debate envolve a usual empolgação causada por uma tecnologia inovadora, mas não pode prescindir das importantes reflexões sobre os perigos que acarreta, e, a despeito da grande capacidade de processamento computacional envolvida nos complexos algoritmos que regem tais aplicações, há sempre fatores de risco que devem ser considerados.

1. Texto originalmente publicado na *Revista de Direito da Responsabilidade*, Coimbra, ano 2, p. 1007-1043, 2020. Disponível em: https://revistadireitoresponsabilidade.pt/2020/discriminacao-por-algoritmos-de-inteligencia-artificial-a-responsabilidade-civil-os-vieses-e-o-exemplo-das-tecnologias-baseadas-em-luminancia-jose-luiz-de-moura-faleiros-junior/.

Os reflexos jurídicos dessa hodierna impossibilidade de antevisão e mapeamento de todos os possíveis e futuros erros de programação de *software* fazem com que a pragmática apresente consequências indesejadas, com grande potencial de gerar danos. Assim, para além da heurística computacional e do inegável potencial disruptivo que certas aplicações tecnológicas representam, impõe-se o proceder cauteloso em sua admissão.

Exemplo curioso é o da tecnologia *LiDAR* (acrônimo de *Light Radar*), baseada no rastreamento da luz refletida por objetos do entorno de um veículo autônomo. A luz que retorna é absorvida por sensores para o cálculo de sua densidade (luminância), que, catalogada, alimenta de dados um algoritmo capaz de processar e projetar, em plano tridimensional, obstáculos presentes nas cercanias, deles desviando para prevenir abalroamentos. Dessa forma, utilizando-se de feixes de luz, milhões de cálculos são processados em segundos para permitir o deslocamento desses veículos sem qualquer intervenção humana, e, a partir do aprendizado de máquina (*machine learning*), vão se tornando mais confiáveis.

Trata-se de empolgante tecnologia que vem sendo empregada para o desenvolvimento de carros, navios e até mesmo *drones* que independem de um piloto ou condutor. Mas, a despeito do potencial disruptivo que apresenta, recentes notícias dão conta da maior propensão desses veículos ao atropelamento de pessoas negras.

Uma leitura precipitada poderia levar à imputação de indesejado cunho "racista" ao algoritmo, ou, em última análise, a seu desenvolvedor, por suposta desídia na elaboração do código que faz operar um equipamento tão complexo. Porém, a pragmática não é tão simples, e revela o problema que esse trabalho enfrentará: para além da inequívoca preocupação com violações a direitos humanos a partir de algoritmos como esses, nota-se uma necessidade premente de que sejam parametrizados deveres para nortear o seu desenvolvimento, inclusive pelo fato de envolverem riscos e a inescapável responsabilização civil.

É neste ponto que se situam as hipóteses da pesquisa: a nível regulatório, a parametrização de deveres ("*data informed duties*") se impõe aos desenvolvedores de aplicações complexas como as baseadas em luminância, e, quanto à responsabilidade civil, analisar-se-á a viabilidade de tutela de tais situações à luz da hodierna discussão sobre o posicionamento do risco entre *liability* e *accountability*.

O objetivo geral da pesquisa será o enfrentamento dessas consequências jurídicas, quando analisados os algoritmos baseados em luminância e, em linhas mais específicas, buscar-se-á estabelecer critérios para indicar possíveis caminhos para que se possa conciliar a desejável inovação com a necessária segurança jurídica e, em termos de responsabilidade civil, explorar-se-á como as funções preventiva e precaucional podem nortear o desenvolvimento tecnológico (sem que se deixe de analisar, ainda que brevemente, a viabilidade da função punitiva). Ademais, a pesquisa se utilizará do método dedutivo, com aportes de cunho bibliográfico-doutrinário para, ao final, buscar apresentar uma conclusão assertiva sobre o tema.

2. ALGORITMOS DE INTELIGÊNCIA ARTIFICIAL E VEÍCULOS AUTÔNOMOS

Há tempos já se discute a importância que os veículos autônomos terão na transição para a Internet das Coisas (*Internet of Things*, ou apenas *IoT*), especialmente pela demonstração estatística de que o erro humano é a causa de 70 a 80% do quantitativo geral de colisões e, consequentemente, de elevado número de acidentes fatais.[2] A ideia de reduzir esse percentual gera fascínio e não são poucas as iniciativas lideradas por grandes corporações que almejam o pioneirismo na 'corrida' pelos 'melhores algoritmos' para a efetivação desse anseio.

Basicamente, o que se está a vislumbrar são os limites da falibilidade humana em contraste com as máquinas[3], fenômeno complexo e nuclearmente diverso das abstrusas formulações decorrentes da heurística pura.[4] Em termos metodológicos, o aprimoramento da técnica trabalha com princípios desdobrados da "Navalha de Ockham"[5] para investigar estruturas complexas a partir da decomposição de inúmeras variáveis em conjuntos mais simples e de mais fácil cognição. O objetivo é encontrar, em estatísticas simples, justificativas para viabilizar determinadas aplicações.

Essa tendência é ilustrada por Bruno Latour em "*Aramis ou l'Amour des techniques*", um romance com profundas reflexões sociológicas, no qual um jovem engenheiro e professor, desafiado por um problema complexo, segue a trilha de Aramis, conduzindo entrevistas, analisando documentos, avaliando as evidências na exata medida em que suas perspectivas continuam mudando: a verdade é revelada como um fenômeno multicamadas, indeterminável e que abrange larga gama de possibilidades e soluções. O leitor é eventualmente levado a visualizar o projeto do ponto de vista de Aramis e, ao longo do caminho, adquire uma visão sobre a relação entre os seres humanos e suas criações tecnológicas.[6]

Eis a revelação da história: Não se deve permitir que a excessiva empolgação conduza a precipitações! Mas, quando se analisa com cautela o papel dos algoritmos de Inteligência Artificial na sociedade da informação, ecoam as reflexões de Howard Gardner: "pode-se concluir que a habilidade lógico-matemática não é um sistema tão "puro" ou "autônomo" como outros revisados aqui, e talvez deva contar não como uma única inteligência, mas como algum tipo de inteligência supra ou mais geral".[7]

---

2. GREENGARD, Samuel. *The Internet of Things*. Cambridge: The MIT Press, 2015, p. 56. Comenta: "As the Internet of Things and connected devices become part of our lives, a remarkable future is taking shape. Today human error accounts for 70 to 80 percent of vehicle collisions, according to the US Department of Transportation. The World Health Organization reports that 1.24 million road traffic deaths occur each year. Autonomous vehicles could virtually eliminate injuries and deaths. Self-driving cars operated within a vast network of synchronized traffic signals and routing systems could also usher in costs savings related to operating vehicles more efficiently and better maintaining infrastructure."
3. KAPLAN, Jerry. *Humans need not apply*: a guide to wealth and work in the Age of Artificial Intelligence. New Haven: Yale University Press, 2015, p. 3-16.
4. TVERSKY, Amos; KAHNEMAN, Daniel. Belief in the law of small numbers. *In:* KAHNEMAN, Daniel; SLOVIC, Paul; TVERSKY, Amos (Eds.). *Judgement under uncertainty*: heuristics and biases. 16. reimpr. Cambridge: Cambridge University Press, 2001, p. 23.
5. A Navalha de Ockham, usualmente identificada como princípio da economia, é um postulado metodológico para a investigação heurística que remonta à Escolástica. Essencialmente, para a formação de hipóteses explicativas, esse princípio impõe maior parcimônia no enfrentamento da complexidade. Nomeado em homenagem a William of Ockham (1288–1347), é considerado parte do método científico de cariz epistemológico que privilegia a resposta mais simples dentre um vasto conjunto de explicações adequadas e possíveis para o mesmo fato. Sobre o tema e, realçando a preocupação com a excessiva simplificação de fenômenos complexos, ver FULLER, Steve. *Humanity 2.0*: What it means to be human. Past, present and future. Hampshire/Nova York: Palgrave Macmillan, 2011, p. 182-183.
6. LATOUR, Bruno. *Aramis ou l'Amour des techniques*. Paris: La Découverte, 1992, p. 134-165.
7. GARDNER, Howard. *Frames of mind*: the theory of multiple intelligences. Nova York: Basic Books, 2011, p. 168, tradução livre. No original: "(...)one could conclude that logical-mathematical ability is not as "pure" or "autono-

Essa visão holística dos processos que fomentam a inovação tecnológica é inspirada no conceito de gestão humanística (*humanistic management*) de Erich Fromm.[8] Trata-se de primar pela consideração das consequências (mesmo que potenciais) que possam lesar cada participante afetado pela tecnologia sob desenvolvimento, não se admitindo avançar sem a contemplação e o contingenciamento de todas periclitâncias cognoscíveis.

Entra em cena a discussão sobre os veículos autônomos e, mais particularmente, os carros autônomos. O assunto já foi objeto de intensos debates, tendo origens que remontam à década de 1920[9], o que revela o quão entusiasmante é a ideia!

Não obstante, foi com as amplamente divulgadas testagens de um Toyota Prius autoguiado, em iniciativa levada a efeito pela *Google, Inc.* (projeto "Waymo"[10]), do veículo autônomo Chevrolet Bolt, desenvolvido pela *Cruise, LLC.*[11], e do projeto-piloto da fabricante norte-americana *Tesla, Inc.* que tais iniciativas passaram a ser concebidas como projetos comerciais. O projeto desta última é o mais aproximado da categoria "nível 5" de autonomia, que será detalhada em tópico ulterior, mas que, já adiantando, é considerada "ideal" para a oferta de veículos autônomos ao mercado de consumo.[12] De todo modo, a inconcretude da autonomia faz surgir grande preocupação quanto aos riscos (e falhas) que podem apresentar as máquinas enquadráveis nos níveis mais baixos.

É certo que a possibilidade de criar máquinas sofisticadas e capazes de potencializar o desenvolvimento das sociedades levanta uma série de questionamentos éticos, relacionados tanto à necessidade de que se garanta que tais máquinas não causem danos a humanos e outros seres moralmente relevantes, quanto aos aspectos concernentes aos variados estágios de projeto e desenvolvimento em que se encontram.[13] Em termos conceituais, um carro autônomo é "controlado por computador equipado com sensores e outras tecnologias que permitem que o veículo robô se dirija sozinho, sem ajuda humana".[14] Porém, há diferenças quanto às espécies de sensores utilizados pelos protótipos

---

mous" a system as others reviewed here, and perhaps should count not as a single intelligence but as some kind of supra- or more general intelligence."

8. FROMM, Erich. *The revolution of hope*: Toward a humanized technology. Nova York: Harper & Row, 1968, p. 100. O autor explica: "The basic principle of humanistic management method is that, in spite of the bigness of the enterprises, centralized planning, and cybernation, the individual participant asserts himself toward the managers, circumstances, and machines, and ceases to be a powerless particle which has no active part in the process. (...) While in alienated bureaucracy all power flows from above downward, in humanistic management there is a two-way street; the "subjects" of the decision made above respond according to their own will and concerns; their response not only reaches the top decision makers but forces them to respond in turn. The "subjects" of decision making have a right to challenge the decision makers."
9. VANDERBILT, Tom. Autonomous Cars Through the Ages. *Wired*, 02 jun. 2012. Disponível em: https://www.wired.com/2012/02/autonomous-vehicle-history/. Acesso em: 28 out. 2020.
10. FINGAS, Jon. Waymo launches its first commercial self-driving car service. *Engadget*, 5 dez. 2018. Disponível em: https://www.engadget.com/2018-12-05-waymo-one-launches.html. Acesso em: 28 out. 2020.
11. OHNSMAN, Alan. GM's Cruise Poised To Add 1,100 Silicon Valley Self-Driving Car Tech Jobs. *Forbes*, 04 abr. 2017. Disponível em: https://www.forbes.com/sites/alanohnsman/2017/04/04/gms-cruise-poised-to-add-1100-silicon-valley-autonomous-car-tech-jobs/. Acesso em: 28 out. 2020.
12. GOH, Brenda; SUN, Yilei. Tesla 'very close' to level 5 autonomous driving technology, Musk says. *Reuters*, 09 jul. 2020. Disponível em: https://reut.rs/3ebPPEm. Acesso em: 28 out. 2020.
13. BOSTROM, Nick; YUDKOWSKY, Eliezer. The ethics of Artificial Intelligence. *In:* FRANKISH, Keith; RAMSEY, William M. (Ed.). *The Cambridge Handbook of Artificial Intelligence*. Cambridge: Cambridge University Press, 2014, p. 316.
14. GREENGARD, Samuel. *The Internet of Things*, cit., p. 62, tradução livre. No original: "A computer-controlled car equipped with sensors, computers, and other technology that allows the robot vehicle to drive itself—with no human assistance."

mencionados, e alguns riscos – notadamente o indesejado enviesamento algorítmico – devem ser enfrentados.

2.1 Sensores de movimento e a tecnologia *LiDAR*

Importante salientar, por primeiro, que a compreensão dos riscos jurídicos dos carros autônomos passa, necessariamente, pela falibilidade dos sensores utilizados para que seu deslocamento se dê de forma segura, sem preocupação com colisões e atropelamentos.

As propostas dos projetos "Waymo" e "Cruise" são baseadas em uma tecnologia apelidada de *LiDAR* (acrônimo de *Light Radar*), estruturada em função da luminância projetada por um feixe de luz que é recapturado por sensores de modo a permitir a realização de cálculos matemáticos que projetam a distância do veículo em relação aos objetos que o circundam.[15] Em milissegundos, dados são coletados e processados para que se crie uma estrutura tridimensional do ambiente.[16] A partir dela, o algoritmo autoriza ou não a aceleração ou frenagem do automóvel, controlando, ainda, sua velocidade média e eventuais manobras (bruscas ou sutis).

Tradicionalmente utilizada para georreferenciamento e topografia, a tecnologia *LiDAR* é cara e funciona a partir da instalação de centenas de pequenos sensores em todo o contorno do automóvel, ou da utilização de uma estrutura central, com sensores instalados com amplitude de 360° para viabilizar o mapeamento de toda a área visível nos arredores.[17]

Naturalmente, há que se considerar uma série de parametrizações que variam de um fabricante para outro, e entre modelos de automóveis com diferentes dimensões, massa, estrutura aerodinâmica etc. Além disso, o fato de ser uma tecnologia baseada em luminância, ou seja, que mede a densidade da luz com base em feixes que são projetados pelo veículo, refletidos pelo ambiente, retornam e são recapturados pelo sensor que os projetou, e que afere, por fórmulas, a distância entre a projeção original e o reflexo capturado, sua principal utilização sempre foi a medição de eixos perpendiculares (abscissas e ordenadas) para mapeamento morfológico, indicando a estrutura de relevo do solo. Somente agora, essa tecnologia vem sendo testada para projetos envolvendo veículos autônomos. É nesse contexto que se suscita a dúvida sobre a segurança desses sistemas.

2.2 Heurística e enviesamento de algoritmos baseados em luminância

Heurística é o nome que se dá ao processo cognitivo empregado nas decisões não racionais, definidas a partir de formulações baseadas em aproximações progressivas do

15. Cf. NEFF, Todd. *The laser that's changing the world*: the amazing stories behind LiDAR for 3D mapping to self-driving cars. Nova York: Prometheus, 2018. *E-book*.
16. ÖZGÜNER, Ümit; ACARMAN, Tankut; REDMILL, Keith. *Autonomous ground vehicles*. Boston: Artech House, 2011, p. 86-87. Explicam: "A scanning laser range finder system, or LIDAR, is a popular system for obstacle detection. A pulsed beam of light, usually from an infrared laser diode, is reflected from a rotating mirror. Any nonabsorbing object or surface will reflect part of that light back to the LIDAR, which can then measure the time of flight to produce range distance measurements at multiple azimuth angles."
17. SIEGWART, Roland; NOURBAKHSH, Illah. *Introduction to autonomous mobile robots*. Cambridge: The MIT Press, 2004, p. 108-109.

resultado almejado.[18] A Figura 1, abaixo, é uma síntese da descrição de Hong Cheng, e ilustra o fluxo de dados utilizado no mapeamento dos processos e das interações de veículos autônomos com o meio por onde trafegam:

Figura 1

Planejamento de caminho e tomada de decisão e controle de movimento em veículos autônomos[19]

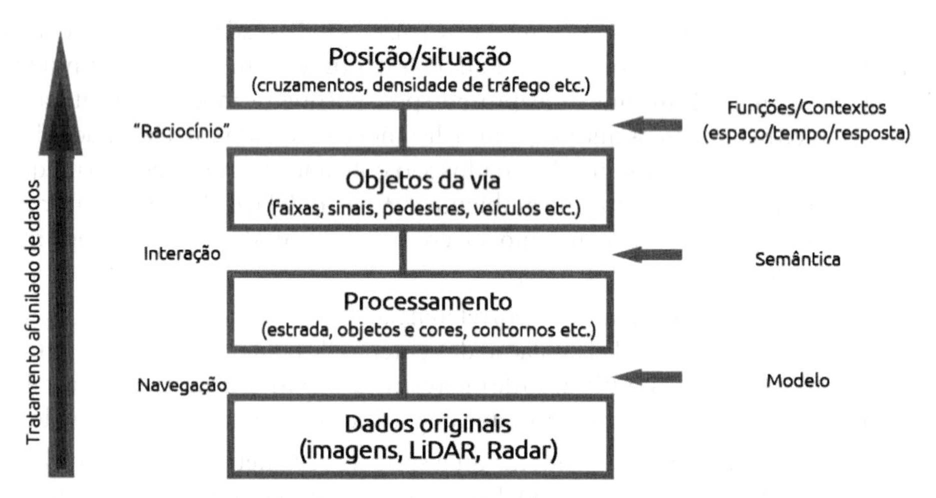

Imagens e dados coletados a partir de estruturas de luminância (*LiDAR*) e de radares compõem o conjunto inicial que alimenta o sistema e aciona o algoritmo respectivo. A partir de então, um modelo 3D é gerado e dá início à etapa de navegação propriamente dita. É a partir desse modelo de três dimensões (largura, altura e profundidade) – e de novos dados que serão continuamente coletados e utilizados para identificar os elementos do entorno (a própria estrada, eventuais objetos, suas cores, contornos etc.) – que se dá início à segunda etapa, interação, pela qual o veículo passará ao processamento de dados e iniciará seu deslocamento. Nesse momento, as sinalizações horizontais e verticais serão consideradas, bem como eventuais objetos e obstáculos, como transeuntes e outros automóveis. É a etapa mais crítica do processo, pois é nela que eventuais colisões e atropelamentos podem ocorrer.

Na terceira etapa, descrita como "raciocínio", tem-se a estruturação de rotinas cíclicas de tomada de decisão. Os dados que chegam a esse estágio já foram tratados e filtrados anteriormente para que, então, seja viável a aferição contextual das consequências de eventual decisão (acelerar, frear, mudar a trajetória, gerar um alerta etc.). E o ciclo se repete continuamente, com novos dados, novos contextos e novas decisões. O veículo e sua composição material são mero objeto, controlado por um algoritmo (*software*) complexo que considerará espaço, tempo, velocidade, contexto, natureza dos

18. MICHALEWICZ, Zbigniew; FOGEL, David B. *How to solve it*: Modern heuristics. Cham: Springer, 2000, p. 55.
19. Adaptado e traduzido de CHENG, Hong. *Autonomous intelligent vehicles*: theory, algorithms, and implementation. Londres: Springer, 2011, p. 13.

outros objetos dos arredores, riscos de colisão, potenciais danos[20] e que, enfim, decide como "reagir" a tudo isso.[21]

É nessa etapa do processo que decisões algorítmicas, baseadas em predições estatísticas, são implementadas.[22] Também é nesses ciclos decisionais que eventuais erros podem gerar danos! E, entre o previsível e o imprevisível, o ponderável e o imponderável, há decisões que ultrapassam a mera estatística; são decisões morais.

Iniciativas como a *Moral Machine* ("Máquina Moral"), do Massachusetts Institute of Technology – MIT, propõem exatamente a testagem das decisões tomadas por humanos em cenários extremos (de "dano ou dano").[23] Um carro autônomo ilustrativo é apresentado em situações nas quais, por exemplo, um pedestre atravessa a pista e é preciso escolher entre a manutenção do percurso (que causará atropelamento e morte do pedestre) ou, alternativamente, o desvio de percurso (implementado para salvar o pedestre), causando a colisão ou perda de controle do veículo e a morte certa do passageiro que está em seu interior.[24] Outras questões, também de ordem moral, são colocadas em teste para apurar tendências: o atropelamento preponderante de homens ou mulheres, jovens ou idosos, o maior ou menor número de vidas salvas etc. Como anota Filipe Medon, "o simples fato de se colocar um veículo autônomo na rua já desperta uma série de questionamentos, não só de ordem jurídica, como, também, ética."[25] Está o ser humano preparado para encarar esse tipo de escolha? E a máquina, está?[26]

Nesse ponto, ainda não se tem uma máquina capaz de "pensar". O próprio conceito de "inteligência" é polêmico justamente porque toda estrutura de tomada de decisões é baseada em equações matemáticas submetidas a um sistema de processamento previamente concebido – um algoritmo –, que é capaz de apresentar soluções em milésimos de

20. SIEGWART, Roland; NOURBAKHSH, Illah. *Introduction to autonomous mobile robots*, cit., p. 90.
21. Nesse contexto, para uma contundente diferenciação entre os conceitos de algoritmos, aprendizado de máquina (*machine learning*), aprendizado profundo (*deep learning*) e Inteligência Artificial, conferir, por todos: GOETTENAUER, Carlos Eduardo. Algoritmos, inteligência artificial, mercados. Desafios ao arcabouço jurídico. *In*: FRAZÃO, Ana; CARVALHO, Angelo Gamba Prata de (Coords.). *Empresa, mercado e tecnologia*. Belo Horizonte: Fórum, 2019, p. 271-274.
22. FLASIŃSKI, Mariusz. *Introduction to Artificial Intelligence*. Cham: Springer, 2016, p. 15-22.
23. BELAY, Nick. Robot ethics and self-driving cars: how ethical determinations in software will require a new legal framework. *The Journal of the Legal Profession*, Tuscaloosa, v. 40, n. 1, p. 119-130, 2015, p. 119-120. Anota: "Perhaps most notably, machines will have to make decisions regarding whom to save or protect in the event of a collision or unforeseen obstacle."
24. MASSACHUSETTS INSTITUTE OF TECHNOLOGY. *Moral Machine*. Disponível em: https://www.moralmachine.net/. Acesso em: 28 out. 2020.
25. MEDON, Filipe. *Inteligência Artificial e responsabilidade civil*: autonomia, riscos e solidariedade. Salvador: Juspodivm, 2020, p. 167-168. Complementa: "Em realidade, o que se vê é a máquina tendo que tomar decisões que sempre foram confiadas a seres humanos. Diante de um obstáculo e da possibilidade de salvar a seus ocupantes ou a quem atravessa uma via, qual será a escolha a ser tomada? E se não houver ocupantes? Ou, ainda, se for possível desviar do curso natural da trajetória que culminaria na colisão com um grupo de crianças, por exemplo, para atingir uma única pessoa idosa: caberia à máquina tomar essa decisão eminentemente ética?"
26. HARARI, Yuval Noah. *21 lições para o século 21*. Tradução de Paulo Geiger. São Paulo: Cia. das Letras, 2018, p. 83. Comenta: "Quando a autoridade passa de humanos para algoritmos, não podemos mais ver o mundo como o campo de ação de indivíduos autônomos esforçando-se por fazer as escolhas certas. Em vez disso, vamos perceber o universo inteiro como um fluxo de dados, considerar organismos pouco mais que algoritmos bioquímicos e acreditar que a vocação cósmica da humanidade é criar um sistema universal de processamento de dados – e depois fundir-se a ele. Já estamos nos tornando, hoje em dia, minúsculos chips dentro de um gigantesco sistema de processamento de dados que ninguém compreende a fundo."

segundos. O desenvolvimento dos algoritmos de Inteligência Artificial ainda não atingiu o patamar da chamada singularidade tecnológica, para citar a expressão cunhada por Vernor Vinge[27] e explorada, na década de 1990, por Ray Kurzweil.[28] E, considerando-se que são coletados grandes volumes de dados do ambiente (especialmente a luminância, aqui considerada elemento central de aferição de obstáculos), importa saber até que ponto seria previsível um erro.

Por óbvio, havendo erro, seja pela má coleta, seja pelo mau processamento, seja ainda pela inviabilidade de solução algorítmica do problema, corre-se o risco de que a decisão tomada seja contaminada por vieses. Em simples termos, o enviesamento algorítmico (*algorithmic bias*)[29] indica a falha 'no consequente', que pode gerar dano. Entretanto, é preciso que se considere o 'antecedente', ou seja, que se investigue o percurso causal do processo algorítmico para que seja possível aferir se a decisão eivada de vício foi tomada em função de uma falha ocorrida em etapa prévia, que tenha acabado por macular os estágios de processamento subsequentes. Isto pode ocorrer, como anota Frank Pasquale, em razão da má curadoria de dados, ou pela má programação do algoritmo para o processamento dos dados que, no processo de tratamento afunilado, ilustrado pela Figura 1 (alhures), tenham sido coletados pelos sensores. Para tais cenários, o referido autor defende até mesmo a possibilidade de aplicação da função punitiva da responsabilidade civil[30], que será melhor explorada adiante.

Outro evento potencialmente causador de enviesamento é a falibilidade do equipamento que gera os dados. No caso, todo sensor baseado na tecnologia *LiDAR*, por depender de feixes de luz e da consequente luminância aferida, tem sua eficácia condicionada a fatores externos, como a própria coloração predominante de determinado objeto, pois é sabido que cores escuras absorvem mais luz (reduzindo a densidade do feixe refletido), ao passo que cores claras refletem mais luz (aumentando a densidade do feixe refletido).

O exemplo da tecnologia *LiDAR* é polêmico exatamente porque parece propício para que surja um viés algorítmico... E, de fato, notícias do primeiro trimestre de 2019 dão conta de uma maior propensão desses algoritmos ao atropelamento de pessoas negras[31],

27. VINGE, Vernor. The coming technological singularity: How to survive in the post-human era. In: Interdisciplinary Science and Engineering in the Era of Cyberspace. *NASA John H. Glenn Research Center at Lewis Field*, Cleveland, 1993, p. 11-22. Disponível em: https://ntrs.nasa.gov/search.jsp?R=19940022856. Acesso em: 28 out. 2020.

28. KURZWEIL, Ray. *The age of spiritual machines*: When computers exceed human intelligence. Nova York: Viking, 1999, p. 213. Comentando o processo de perquirição da inteligência, o autor anota: "(...) understanding intelligence is a bit like peeling an onion penetrating each layer reveals yet another onion. At the end of the process, we have a lot of onion peels, but no onion. In other words, intelligence—particularly human intelligence – operates at many levels. We can penetrate and understand each level, but the whole process requires all the levels working together in just the right way."

29. DANKS, David; LONDON, Alex John. Algorithmic bias in autonomous systems. *Proceedings of the Twenty-Sixth International Joint Conference on Artificial Intelligence (IJCAI-17)*, Viena, p. 4691-4697, 2017. Disponível em: https://www.ijcai.org/Proceedings/2017/. Acesso em: 28 out. 2020.

30. PASQUALE, Frank. Data-informed duties in AI development. *Columbia Law Review*, Nova York, v. 119, p. 1917-1940, 2019, p. 1919-1920.

31. CUTHBERTSON, Anthony. Self-driving cars more likely to drive into black people, study claims. *The Independent*, 06 mar. 2019. Disponível em: https://www.independent.co.uk/life-style/gadgets-and-tech/news/self-driving-car--crash-racial-bias-black-people-study-a8810031.html. Acesso em: 28 out. 2020; SAMUEL, Sigal. A new study finds a potential risk with self-driving cars: failure to detect dark-skinned pedestrians. *Vox*, 06 mar. 2019. Disponível em: https://www.vox.com/future-perfect/2019/3/5/18251924/self-driving-car-racial-bias-study-autonomous--vehicle-dark-skin. Acesso em: 28 out. 2020.

o que gerou grande repercussão: especulou-se, desde então, a existência de algoritmos "racistas".[32] Seria possível dizer que um algoritmo discrimina e causa danos, de forma dolosa ou não? Quais são os principais reflexos jurídicos disso?

3. REFLEXOS JURÍDICOS: PODE UM ALGORITMO ENVIESADO SER "RACISTA"?

Para os propósitos desse breve ensaio, explorou-se como o enviesamento algorítmico pode decorrer de causas concernentes à fonte geradora dos dados que conduzem a predição estatística (e a consequente 'decisão'). É o caso da tecnologia *LiDAR* e da dependência quanto à aferição da luminância. Como se viu, essa tecnologia vem sendo utilizada pelas iniciativas "Waymo" e "Cruise", lideradas por *Google* e *General Motors*. A *Tesla*, por sua vez, utiliza outra espécie de aparato tecnológico em seus veículos: a tecnologia ultrassônica.[33] O principal executivo da empresa, Elon Musk, é crítico enfático da tecnologia *LiDAR* e de sua falibilidade.[34] A despeito dessa discussão técnica, resta saber se, de fato, pode-se considerar o enviesamento como causa para adjetivar um algoritmo de "racista".

O viés discriminatório já vem sendo estudado a partir de casuística específica, por exemplo, no contexto do implemento de algoritmos para a seleção de candidatos a postos de trabalho. Isso porque, quando alimentados por vasto histórico de seleções para determinados ofícios, em leitura puramente estatística, alguns desses algoritmos acabam privilegiando homens ao invés de mulheres pelo simples fato de, historicamente, serem maioria em determinados trabalhos.[35]

Para citar um outro exemplo, equipes esportivas, especialmente nos Estados Unidos da América, se utilizam de estatísticas avançadas para catalogar o desempenho de prospectos nas seleções de jovens jogadores das ligas universitárias (os chamados "*drafts*")[36], mas não são poucos os exemplos de atletas que não corresponderam às expectativas, e de outros que as superaram, contrariando a predição algorítmica e o "valor" que lhes foi atribuído no momento da seleção por uma equipe profissional.

São análises probabilísticas que, cada vez mais, se sobrepõem aos sentimentos mais humanos, como a empatia[37], e conduzem à datificação do mundo, "*turning the world into data*".[38]

32. HERN, Alex. The racism of technology - and why driverless cars could be the most dangerous example yet. *The Guardian*, 13 mar. 2019. Disponível em: https://www.theguardian.com/technology/shortcuts/2019/mar/13/driverless-cars-racist. Acesso em: 28 out. 2020.
33. QUAIN, John. These High-Tech Sensors May Be the Key to Autonomous Cars. *The New York Times*, 26 set. 2019. Disponível em: https://nyti.ms/3eqOpGh. Acesso em: 28 out. 2020.
34. LEE, Timothy B. Elon Musk: "Anyone relying on LiDAR is doomed." Experts: Maybe not. *Ars Technica*, 08 jun. 2019. Disponível em: https://arstechnica.com/cars/2019/08/elon-musk-says-driverless-cars-dont-need-lidar-experts-arent-so-sure/. Acesso em: 29 out. 2020.
35. EUBANKS, Virginia. *Automating inequality*: how high-tech tools profile, police, and punish the poor. Nova York: St. Martin's Press, 2018, p. 166.
36. O'NEIL, Cathy. *Weapons of math destruction*: how Big Data increases inequality and threatens democracy. Nova York: Crown, 2016, p. 90 *et seq*.
37. SPIEGELHALTER, David. *The art of statistics*: how to learn from data. Nova York: Pelican, 2019, p. 24.
38. Cf. FRY, Hannah. *Hello world*: how to be human in the age of the machine. Nova York: Doubleday, 2018.

Para indicar eventual propensão racista de uma máquina, seria necessário que ela, efetivamente, pensasse.[39] Um algoritmo de Inteligência Artificial sofisticado, como se viu, ainda depende da programação prévia e da inserção de dados para a formulação de soluções para os problemas que deve calcular. No caso de veículos autônomos, a preocupação é imensa[40] e envolve inúmeras variáveis relacionadas ao papel desempenhado por agentes externos, na medida em que, "ao concluir uma dedução, o resultado disponibilizado pelo computador deve ser consistente com a sua base de conhecimento, principalmente, com os seus axiomas e as suas regras de inferência".[41]

3.1 Vieses e responsabilidade civil

No passado, a própria dificuldade de compreensão do enquadramento jurídico de máquinas e robôs levou a doutrina a debater sua comparação com animais para fins de responsabilização civil.[42] Tudo se baseava em raciocínios comparativos fundamentados na usual aferição causal que norteia o estudo da responsabilidade civil.[43] Exemplo curioso é colhido de artigo escrito pelo norte-americano David King, que toma os acidentes com cavalos como parâmetro comparativo para imaginar a imputação do dever de reparar os danos causados por veículos autônomos.[44] O tema, contudo, nem sempre se manteve adstrito ao contexto da responsabilidade civil.

Outra vertente, mais preocupada com a possibilidade de categorização de máquinas e robôs como sujeitos de direito, passou a empreender estudo mais dedicado à teoria geral do direito e ao estudo da personalidade jurídica. O aspecto mais importante dessa

---

39. A ideia de uma máquina capaz de pensar leva a reflexões sobre os clássicos estudos de Alan Turing acerca do *Entscheidungsproblem* (dilema da tomada de decisão). Em estudo publicado em 1937, o autor demonstrou que uma "máquina computacional universal" seria capaz de realizar qualquer operação matemática concebível se fosse representável como um algoritmo. Ele passou a provar que não havia solução para o problema de decisão concernente à interrupção da atuação de uma máquina. Confira-se: TURING, Alan M. On computable numbers, with an application to the *Entscheidungsproblem*. *Proceedings of the London Mathematical Society*, Londres, v. 42, n. 1, p. 230-265, nov. 1936. Porém, o que Turing desconsiderou neste estudo foi justamente a possibilidade do ardil, da mentira e da dissimulação – comportamentos tipicamente humanos – e, ao delinear as premissas de seu famoso "Teste de Turing", notou que potenciais erros de identificação poderiam surgir. Seria necessário avançar rumo à consolidação de um modelo mais complexo, por ele batizado de "Jogo da Imitação", para que fosse possível aferir o potencial de uma máquina que pretenda, de forma convincente, "se passar por humana".

40. ZOHN, Jeffrey R. When robots attack: How should the law handle self-driving cars that cause damages. *Journal of Law, Technology & Policy*, Champaign, v. 2, p. 461-485, 2015, p. 465.

41. VEGA, Italo S. Inteligência Artificial e tomada de decisão: a necessidade de agentes externos. *In:* FRAZÃO, Ana; MULHOLLAND, Caitlin (Coords.). *Inteligência Artificial e Direito*: ética, regulação e responsabilidade. São Paulo: Thomson Reuters Brasil, 2019, p. 108-109.

42. KELLEY, Richard; SCHAERER, Enrique; GOMEZ, Micaela; NICOLESCU, Monica. Liability in robotics: an international perspective on robots as animals. *Advanced Robotics*, Nova Jersey, v. 24, n. 13, p. 1861-1871, 2010, *passim*.

43. MICHALCZAK, Rafał. Animals' race against the machines. *In:* KURKI, Visa A. J.; PIETRZYKOWSKI, Tomasz (Eds.). *Legal personhood*: animals, Artificial Intelligence and the unborn. Cham: Springer, 2017, p. 97. Comenta: "The current level of development of intelligent software is adequate to the intensity of public debate about their legal subjectivity – both phenomena are nonexistent. It may seem that this fact puts animals in a privileged position in the race against the machines. But, this is far from obvious."

44. KING, David. Putting the reins on autonomous vehicle liability: Why horse accidents are the best common law analogy. *North Carolina Journal of Law & Technology*, Chapel Hill, v. 19, n. 4, p. 127-159, 2018, p. 134. O autor anota: "Horses and self-driving cars are both property owned and operated by humans, but with a mind of their own. Both horses and autonomous vehicles can perceive their surroundings, misinterpret the danger of objects or events around them, and make dangerous maneuvers not intended by their human driver."

análise é justamente o fato de não se ter, no atual estado da técnica, a verdadeira singularidade tecnológica.

Algoritmos sofisticados, mesmo quando baseados em técnicas de aprendizado profundo (*deep learning*), ainda operam no nível da predição estatística.[45] Por esse motivo, o acalorado debate em torno da atribuição de "personalidade eletrônica" a máquinas não apresenta solução única, muito menos definitiva.

O tema não é exatamente novo, uma vez que, já em 1992, artigo pioneiro de Lawrence Solum problematizava essa questão.[46] Porém, ganhou forças em 2015, quando a União Europeia lançou o *Draft Report with recommendations on civil law rules and robotics* (2015/2103), no qual era possível notar algumas preocupações quanto aos danos causados por máquinas. A partir desse documento, em 16 de fevereiro de 2017, o Parlamento Europeu aprovou uma Resolução ("Disposições de Direito Civil sobre Robótica") que, expressamente e em caráter prospectivo, prevê em sua diretriz 59, "f", a possibilidade de atribuição de personalidade eletrônica a robôs.[47]

O assunto é polêmico e, segundo Mafalda Miranda Barbosa, traz a lume a necessidade de estruturação de um futuro regulamento em torno dos princípios da precaução, da reversibilidade, da segurança e da responsabilidade.[48] Isso porque, indubitavelmente, "caracterizar a personalidade como um atributo jurídico não implica dizer, contudo, que o legislador possui ampla liberdade para instituir ou destituir personalidades, especialmente no que tange ao ser humano."[49]

Filipe Medon ressalta que a IA ostenta autonomia "puramente 'tecnológica, fundada nas potencialidades da combinação algorítmica que é fornecida ao *software*. Está, portanto, longe do agir ético dos humanos, em que radica o ser pessoa".[50] Segundo Marcelo de Oliveira Milagres, "parece que o fundamento para o reconhecimento da personalidade às máquinas autônomas é a maior viabilidade do ressarcimento dos danos decorrentes de suas ações"[51], ou seja, o principal axioma da proposta é um argumento pragmático e não necessariamente adaptado às peculiaridades do desenvolvimento tecnológico.

45. KELLEHER, John D.; MAC NAMEE, Brian; D'ARCY, Aiofe. *Fundamentals of machine learning for predictive data analytics*: algorithms, worked examples, and case studies. Cambridge: The MIT Press, 2015, p. 1-16.
46. SOLUM, Lawrence. Legal personhood for Artificial Intelligences. *North Carolina Law Review*, Chapel Hill, v. 70, n. 4, p. 1231-1287, 1992.
47. Com efeito: "59. Insta a Comissão a explorar, analisar e ponderar, na avaliação de impacto que fizer do seu futuro instrumento legislativo, as implicações de todas as soluções jurídicas possíveis, tais como: (...) f) Criar um estatuto jurídico específico para os robôs a longo prazo, de modo a que, pelo menos, os robôs autónomos mais sofisticados possam ser determinados como detentores do estatuto de pessoas eletrónicas responsáveis por sanar quaisquer danos que possam causar e, eventualmente, aplicar a personalidade eletrónica a casos em que os robôs tomam decisões autónomas ou em que interagem por qualquer outro modo com terceiros de forma independente." PARLAMENTO EUROPEU. *Resolução de 16 de fevereiro de 2017*. Disposições de Direito Civil sobre Robótica. Disponível em: https://www.europarl.europa.eu/doceo/document/TA-8-2017-0051_PT.html. Acesso em: 28 out. 2020.
48. BARBOSA, Mafalda Miranda. Inteligência artificial, e-persons e direito: desafios e perspectivas. *Revista Jurídica Luso-Brasileira*, Lisboa, ano 3, n. 6, p. 1475-1503, 2017, p. 1501-1502.
49. EHRHARDT JÚNIOR, Marcos; SILVA, Gabriela Buarque Pereira. Pessoa e sujeito de direito: reflexões sobre a proposta europeia de personalidade jurídica eletrônica. *Revista Brasileira de Direito Civil*, Belo Horizonte, v. 23, n. 1, p. 57-79, jan./mar. 2020, p. 61.
50. MEDON, Filipe. *Inteligência Artificial e responsabilidade civil*, cit., p. 359.
51. MILAGRES, Marcelo de Oliveira. A robótica e as discussões sobre a personalidade eletrônica. *In:* EHRHARDT JÚNIOR, Marcos; CATALAN, Marcos; MALHEIROS, Pablo (Coords.). *Direito civil e tecnologia*. Belo Horizonte: Fórum, 2020, p. 513.

Sugerindo proposta intermediária inspirada na doutrina alemã, convém lembrar de estudo que desenvolvi em coautoria com Fabiano Menke, inspirado em recente trabalho de Jan-Erik Schirmer[52] sobre a *Teilrechtsfähigkeit*, que permitiria considerar um robô parcialmente capaz, atribuindo-lhe "personalidade jurídica fragmentária" (quase indistinta da capacidade jurídica) construída evolutivamente[53], até o atingimento da singularidade tecnológica.

Sobre essa tese, revisitando o exemplo dos carros autônomos, a doutrina apresenta 6 níveis para categorizar o grau de autonomia: *(i)* nível 0 (zero), em que o sistema automatizado emite avisos e pode intervir momentaneamente, mas não tem controle sustentado do veículo; *(ii)* nível 1 ("*hands on*"), no qual o motorista e o sistema automatizado compartilham o controle do veículo, a exemplo dos casos em que o motorista controla a direção e o sistema automatizado controla a potência do motor para manter uma velocidade definida (*Cruise Control*) ou a potência do motor e do freio para manter e variar a velocidade (*Adaptive Cruise Control* ou ACC); *(iii)* nível 2 ("*hands off*"), no qual o sistema automatizado assume o controle total do veículo, inclusive aceleração, frenagem e direção, cabendo ao motorista monitorar a direção e estar preparado para intervir imediatamente a qualquer momento, caso o sistema automatizado não responda adequadamente; *(iv)* nível 3 ("olhos desligados"), em que o motorista pode desviar com segurança sua atenção das tarefas de direção, distraindo-se com sistemas de entretenimento a bordo ou *gadgets* pessoais, pois o veículo é capaz de lidar com situações que exigem uma resposta imediata, como frenagens de emergência, caso em que o condutor deve estar preparado para intervir dentro de um prazo limitado, especificado pelo fabricante, quando solicitado pelo veículo para fazê-lo; *(v)* nível 4 ("*mind off*"), no qual nenhuma atenção do motorista é necessária para a segurança, sendo-lhe permitido, por exemplo, dormir ou sair de seu assento, pois o sistema assume a direção de forma autônoma e recebe informações externas, geralmente de torres dispostas em áreas espaciais limitadas (*geofenced areas*), como rodovias específicas, ou áreas urbanas; *(vi)* nível 5 ("volante opcional"), em que nenhuma intervenção humana é necessária, e um exemplo seria o de um veículo que pode fazer uma viagem completa do ponto de partida ao de destino, mesmo fora de zonas previamente definidas, em quaisquer condições de terreno ou meteorologia.[54-55]

---

52. SCHIRMER, Jan-Erik. Artificial Intelligence and legal personality. "Teilrechtsfähigkeit": A partial legal status made in Germany. *In:* WISCHMEYER, Thomas; RADEMACHER, Timo (Eds.). *Regulating Artificial Intelligence*. Cham: Springer, 2020, p. 134.
53. FALEIROS JÚNIOR, José Luiz de Moura; MENKE, Fabiano. "*Teilrechtsfähigkeit*": uma proposta alemã para a responsabilização civil na IA. *Migalhas de Responsabilidade Civil*, 06 ago. 2020. Disponível em: https://s.migalhas.com.br/S/8AF9D. Acesso em: 31 out. 2020. Ainda explicam: "(...) Schirmer descreve a personalidade jurídica ostentada por humanos como um 'pote de doces' que está cheio desde o começo; o pote representaria a personalidade jurídica e os doces simbolizariam direitos específicos, logo, um pote cheio de doces indicaria a personalidade em sua plenitude: ou se tem o pote cheio, ou não há pote algum. Na *Teilrechtsfähigkeit*, a diferença adviria da atribuição de personalidade, mas sem direitos pré-concebidos pelo ordenamento; o pote existiria, mas estaria inicialmente vazio de doces, sendo preenchido, pouco a pouco, em sintonia com a própria evolução da personalidade, até que se tornasse plena."
54. TAEIHAGH, Araz; LIM, Hazel Si Min. Governing autonomous vehicles: emerging responses for safety, liability, privacy, cybersecurity, and industry risks. *Transport Reviews*, Oxfordshire, v. 39, n. 1, p. 103-128, 2019, *passim*.
55. SOARES, Flaviana Rampazzo. Veículos autônomos e responsabilidade por acidentes: trajetos possíveis e desejáveis no direito civil brasileiro. *In:* ROSENVALD, Nelson; DRESCH, Rafael de Freitas Valle; WESENDONCK, Tula (Coords.). *Responsabilidade civil*: novos riscos. Indaiatuba: Foco, 2019, p. 152-153.

Naturalmente, pelo fato de essa proposta colhida do direito privado alemão se basear na indistinção entre personalidade e capacidade, seu acolhimento, noutros ordenamentos, apresentaria percalços graves, mesmo para a tutela dos carros autônomos. Apesar disso, merece destaque a "principal vantagem de sua consideração e eventual adoção: ganhar tempo."[56] Isso porque, até que se tenha a mencionada singularidade, modelos pouco usuais podem servir para tutelar provisoriamente situações jurídicas – especialmente as de cariz existencial –, evitando dubiedades. Para os veículos autônomos, como se nota pelos níveis de autonomia, a preocupação é especialmente relevante[57], pois permitiria exigir maior ou menor previsibilidade de danos e graus de risco escalonados aos desenvolvedores, além de permitir, aos poucos, avançar rumo à adoção de um modelo de "personalidade eletrônica".

Vale lembrar, citando Caitlin Mulholland, que, "para que uma pessoa seja obrigada a reparar um dano injusto, é fundamental que ela tenha a autonomia de atuação, isto é, tenha a capacidade de reconhecer a licitude ou ilicitude de sua conduta e, ao mesmo tempo, a habitualidade de identificar e prever a potencialidade danosa desta."[58] Por esse motivo, Eduardo Tomasevicius Filho enfatiza que "parece ser excessivamente artificial – ou mera ficção científica – imaginar um robô androide perfeitamente inteligente, andando pelas ruas sem qualquer controle."[59]

No caso dos veículos autônomos, mesmo que se tenha seis arquétipos claramente definidos e escalonados para a definição do grau de autonomia do sistema, ainda não se pode afirmar que o veículo será capaz de "pensar" e tomar decisões morais. Nesse cenário, ainda que se conceba a personalidade jurídica como mera ficção gerenciada por humanos, que podem atribuí-la a entes inumanos para finalidades pragmáticas, como defende Jacob Turner[60], os perigos ultrapassam a categoria tradicional da discussão entre personalidade jurídica e capacidade jurídica (típica da teoria geral do direito civil), retornando às discussões sobre a responsabilidade civil.[61]

Como anotam Gustavo Tepedino e Rodrigo da Guia Silva, "não parece aconselhável o abandono das formulações desenvolvidas historicamente para a conformação da

56. FALEIROS JÚNIOR, José Luiz de Moura; MENKE, Fabiano. "*Teilrechtsfähigkeit*": uma proposta alemã para a responsabilização civil na IA. *Migalhas de Responsabilidade Civil*, 06 ago. 2020. Disponível em: https://s.migalhas.com.br/S/8AF9D. Acesso em: 31 out. 2020.
57. Comentando especificamente o exemplo dos veículos autônomos, conferir: RUFFOLO, Ugo. Self-driving car, auto driverless e responsabilità. *In:* RUFFOLO, Ugo (Org.). *Intelligenza Artificiale e responsabilità*. Milão: Giuffrè, 2017, p. 44 *et seq*; CHOPRA, Samir; WHITE, Laurence F. *A legal theory for autonomous artificial agents*. Ann Arbor: University of Michigan Press, 2011, p. 167 *et seq*; BARFIELD, Woodrow. Liability for autonomous and artificially intelligent robots. *Paladyn: Journal of Behavioral Robotics*, Boston: De Gruyter, v. 9, n. 1, p. 193-203, 2018, p. 196-200.
58. MULHOLLAND, Caitlin. Responsabilidade civil e processos decisórios autônomos em sistemas de Inteligência Artificial (IA): autonomia, imputabilidade e responsabilidade. *In:* FRAZÃO, Ana; MULHOLLAND, Caitlin (Coords.). *Inteligência Artificial e Direito*: ética, regulação e responsabilidade. São Paulo: Thomson Reuters Brasil, 2019, p. 332.
59. TOMASECIVIUS FILHO, Eduardo. Inteligência Artificial e direitos da personalidade: uma contradição em termos? *Revista da Faculdade de Direito da Universidade de São Paulo*, São Paulo, v. 113, p. 133-149, jan./dez. 2018, p. 142.
60. TURNER, Jacob. *Robot rules*: regulating Artificial Intelligence. Londres: Springer, 2018, p. 175.
61. SOUZA, Eduardo Nunes de. Dilemas atuais do conceito jurídico de personalidade: uma crítica às propostas de subjetivação de animais e de mecanismos de inteligência artificial. *Civilistica.com*, Rio de Janeiro, ano 9, n. 2, p. 1-49, 2020, p. 40.

responsabilidade civil tal como hoje conhecida."[62] O debate, então passa a se concentrar na parametrização de deveres, especialmente no contexto delimitado pelos princípios da prevenção e da precaução.

3.2 Como parametrizar deveres: estruturas de *compliance* e *accountability* no contexto dos riscos do desenvolvimento

Fixadas as premissas técnicas e a problematização do tema nos tópicos precedentes, importa ressaltar que a responsabilidade civil volta ao centro das discussões quanto à estruturação dogmática da tutela dos algoritmos de Inteligência Artificial. O debate passa a ser norteado, então, pelo adequado enquadramento jurídico do regime de responsabilização e pela consideração das funções aplicáveis à espécie.

Na grande maioria dos casos, terá pertinência o contexto consumerista. Nesse sentido, "as leis de responsabilidade pelo fato ou defeito de produtos ainda devem funcionar para proteger o consumidor de danos, incentivando as empresas a agirem de forma adequada para mitigar riscos previsíveis".[63]

Segundo Carlos Edison do Rêgo Monteiro Filho e Nelson Rosenvald, "quando veículos autônomos modernos são de propriedade privada, o produtor é o "*cheapest cost avoider*", estando em posição de controlar o risco de acidentes."[64] É justamente o espectro de previsibilidade do dano que aumenta ou potencializa os riscos envolvidos em todo o processo de desenvolvimento de aplicações baseadas em algoritmos (que implica o fabricante/produtor), e também os usos dessas tecnologias (que implicam o proprietário/utilizador).[65] Há que se considerar, de forma conglobante, as várias funções da responsa-

62. TEPEDINO, Gustavo; SILVA, Rodrigo da Guia. Desafios da Inteligência Artificial em matéria de responsabilidade civil. *Revista Brasileira de Direito Civil*, Belo Horizonte, v. 21, p. 61-86, jul./set. 2019, p. 85-86. E complementam: "Se é verdade que as novas tecnologias impõem renovados desafios, o direito civil mostra-se apto a oferecer as respostas adequadas a partir de seus próprios fundamentos teóricos. Oxalá possa o encanto pelas novas discussões envolvendo robôs e sistemas autônomos atuar como subsídio para a sempre necessária renovação do interesse no aperfeiçoamento dos estudos sobre a responsabilidade civil, sem que se recorra, mediante o atalho mais fácil – embora por vezes desastroso – ao anúncio de novos paradigmas que, descomprometidos com o sistema, justifiquem soluções casuísticas, em constrangedora incompatibilidade com a segurança jurídica oferecida pela dogmática do direito civil na legalidade constitucional."

63. SWANSON, Greg. Non-autonomous Artificial Intelligence programs and products liability: How new AI products challenge existing liability models and pose new financial burdens. *Seattle University Law Review*, Seattle, v. 42, p. 1201-1222, 2019, p. 1222, tradução livre. No original: "Products liability laws must still function to protect the consumer from harm by encouraging businesses to act appropriately to mitigate against foreseeable risks."

64. MONTEIRO FILHO, Carlos Edison do Rêgo; ROSENVALD, Nelson. Danos a dados pessoais: fundamentos e perspectivas. *In:* FALEIROS JÚNIOR, José Luiz de Moura; LONGHI, João Victor Rozatti; GUGLIARA, Rodrigo (Coord.). *Proteção de dados pessoais na sociedade da informação*: entre dados e danos. Indaiatuba: Foco, 2020, p. 2.

65. ANTUNES, Henrique Sousa. Inteligência Artificial e responsabilidade civil: enquadramento. *Revista de Direito da Responsabilidade*, Coimbra, ano 1, p. 139-154, 2019, p. 141-142. O autor exemplifica: "Imagine-se a utilização de um veículo aéreo não tripulado. Considere-se a hipótese de um *drone* que é usado para a entrega de uma encomenda. O aparelho é dotado de autonomia plena, compreendendo, nomeadamente, a descolagem, a definição da rota, a prevenção dos obstáculos e a aterragem. As lesões causadas pela queda do *drone* ou da encomenda, ou por um embate contra outro veículo ou coisa diversa, são equacionáveis em face das regras de responsabilidade civil pelos danos imputados à utilização de uma aeronave e das normas sobre a responsabilidade civil do produtor. Considerando a natureza objetiva de ambas as responsabilidades, o lesado beneficia já de uma proteção efetiva. E quanto aos veículos de circulação terrestre autónomos? A conjugação de regimes de responsabilidade sem culpa, aplicáveis ao produtor e ao detentor do veículo, parecem oferecer a mesma garantia de indemnização."

bilidade civil[66] para a formulação de respostas, caso contrário, como adverte Ugo Pagallo, todos os envolvidos na cadeia produtiva e de uso desses sistemas, assumiriam os riscos da responsabilidade civil por danos causados por essas máquinas, "24 horas por dia".[67]

Risco e perigo; precaução e prevenção...[68] O contraste conceitual entre esses institutos conduz a uma abordagem que ultrapassa a similitude linguística dos termos. Nos dizeres de Mafalda Miranda Barbosa, não se deve confundir juridicamente perigo e risco, pois "mais do que a verificação do simples perigo estão em causa amiúde considerações ligadas à ideia de que é justo responsabilizar aquele que retira um proveito de uma atividade que com toda a probabilidade poderá causar prejuízos a terceiros."[69] Noutros termos, o perigo, mais abstrato, não basta para afastar a necessidade de demonstração do elemento subjetivo (culpa) na responsabilização; é imprescindível a aferição do risco, mais delimitado (e, consequentemente, previsível).

Tome-se como exemplo o objeto central deste breve estudo – tecnologias baseadas em luminância, como o *LiDAR* – para que se ilustre o potencial danoso, e previsível, de usos inicialmente empolgantes, mas inegavelmente falíveis de uma tecnologia baseada em grandes acervos de dados. É nítida a preocupação com as consequências que tal tecnologia representaria, se posta à disposição do mercado de consumo, especialmente por elevar o risco de atropelamento de pessoas negras em razão de enviesamento.

O ponto é que tal risco é inegavelmente previsível, uma vez que consideradas as circunstâncias de implementação dessa espécie de tecnologia: *(i)* são sensores costumeiramente utilizados para o mapeamento topográfico e para as atividades de georreferenciamento; *(ii)* estudos sobre o papel da luz para cálculos de distância dependem usualmente da verificação da luminância, entendida justamente como a densidade do feixe refletido pelo objeto contra o qual foi disparado; *(iii)* a dependência do algoritmo quanto à qualidade dos dados gerados pelos sensores baseados em luminância reduz a possibilidade de redundância do sistema, acarretando a deturpação dos resultados nos estágios ulteriores.

As clássicas três leis da robótica descritas por Isaac Asimov no conto "Círculo Vicioso", o terceiro de sua coletânea "*Eu, Robô*"[70], inspiraram o professor norte-americano Jack

---

66. Sobre o tema, anota Nelson Rosenvald: "Essa percepção conglobante do fenômeno da responsabilidade civil por parte da doutrina não é diferente daquela do homem comum. Se, em princípio, para o leigo a responsabilidade civil não seria outra coisa senão um simples instrumento de reparação de prejuízos, por outro ângulo, a obrigação de reparar danos permanece associada aos olhos da sociedade como uma responsabilidade de caráter moral." ROSENVALD, Nelson. *As funções da responsabilidade civil*: a reparação e a pena civil. São Paulo: Atlas, 2013, p. 77.
67. PAGALLO, Ugo. *The laws of robots*: Crimes, contracts, and torts. Law, governance and technology series, v. 10. Cham/Heidelberg: Springer, 2013, p. 132. Com efeito: "Therefore, under strict liability rules for vicarious responsibility, owners and users of robots would be held strictly responsible for the behaviour of their machines 24-h a day, whereas, at times, negligence-based liability would add up to (but never avert) such strict liability regime."
68. DAL PIZZOL, Ricardo. *Responsabilidade civil*: funções punitiva e preventiva. Indaiatuba: Foco, 2020, p. 275. Explica: "O princípio da prevenção lida com perigos, ou seja, com riscos já constatados e comprovados cientificamente, como aqueles que derivam de instalações nucleares. Nesses casos, o risco é certo, sendo incerto apenas o dano. O princípio da precaução, por sua vez, diz respeito a riscos potenciais, hipotéticos, ainda não demonstrados cientificamente, como, por exemplo, riscos à saúde pelo consumo de alimentos geneticamente modificados, riscos à saúde pela exposição a antenas de telefonia celular etc."
69. BARBOSA, Mafalda Miranda. *Liberdade vs. responsabilidade*: a precaução como fundamento da imputação delitual? Coimbra: Almedina, 2006, p. 352.
70. Eis as três leis: "(i) um robô não pode ferir um ser humano ou, por inação, permitir que um ser humano sofra algum mal; (ii) um robô deve obedecer às ordens que lhe sejam dadas por seres humanos, exceto nos casos em que

Balkin a também formular três postulados para o enquadramento jurídico dessa complexa discussão: *(i)* operadores algorítmicos devem ser fiduciários de informações em relação a seus clientes e usuários finais; *(ii)* operadores algorítmicos têm deveres para com o público em geral; *(iii)* operadores algorítmicos têm o dever público de não se envolverem em incômodos algorítmicos.[71] Tais premissas devem ser internalizadas pelos desenvolvedores das aplicações para inspirar a produção do código-fonte do algoritmo. O mote deve ser a prevenção e, por esse motivo, estão ligadas ao papel do produtor/fabricante no mapeamento, na compreensão e no acautelamento dos riscos no processo de desenvolvimento.

Em proposta subsequente, Frank Pasquale propôs uma quarta lei: *(iv)* um robô sempre deve indicar a identidade de seu criador, controlador ou proprietário.[72] Trata-se de permitir que determinada máquina indique quem é seu criador e, eventualmente, também revele a identidade de seu proprietário, por sinais emitidos, pela vinculação de número de série ou mesmo pela catalogação de sua propriedade em registros públicos.

Imagine-se um *drone* que emite sinais captados por torres de controle de tráfego aéreo, permitindo que se saiba quem o está a controlar; ou, voltando aos carros autônomos, um sistema que vincule o número de série do *software* que coordena o automóvel à identidade de seu fabricante, especificando detalhes como seu grau de autonomia, a espécie de sensor utilizado no mapeamento do ambiente etc.

O risco é o elemento central de todas essas propostas, mas a noção de perigo – e a própria precaução – também tem papel importantíssimo para o estudo de qualquer tecnologia. Sabidamente, "o conceito, a tipologia e a gravidade dos danos que inspiram a formatação dos sistemas de responsabilidade civil ao longo dos tempos variaram sob uma perspectiva proporcional à própria transformação da sociedade."[73]

O fato de o risco ser comprovado ou potencial (hipotético) não afasta a pertinência dos princípios da prevenção e da precaução exatamente porque todo tipo de "novo dano" gera certa empolgação e, como alerta Ulrich Beck, acarreta suposições de aceitação social de novas tecnologias[74] – ainda que não testadas – pelo fato de o risco, em alguma medida, se tornar inerente às diversas atividades da vida cotidiana.[75]

---

entrem em conflito com a Primeira Lei; (iii) um robô deve proteger sua própria existência desde que tal proteção não entre em conflito com a Primeira ou Segunda Leis." Recomenda-se, ademais, a leitura da obra, que possui tradução para o português: ASIMOV, Isaac. *Eu, Robô*. Tradução de Aline Storto Pereira. São Paulo: Aleph, 2014.

71. BALKIN, Jack M. The three laws of robotics in the age of Big Data. *Ohio State Law Journal*, Columbus, v. 78, p. 1-45, ago. 2017. http://ssrn.com/abstract=2890965. Acesso em: 30 out. 2020.
72. PASQUALE, Frank. Toward a fourth law of robotics: Preserving attribution, responsibility, and explainability in an algorithmic society. *University of Maryland Legal Studies Research Papers*, Baltimore, n. 21, p. 1-13, jul. 2017. Disponível em: http://ssrn.com/abstract=3002546. Acesso em: 30 out. 2020.
73. VENTURI, Thaís G. Pascoaloto. *Responsabilidade civil preventiva*: a proteção contra a violação dos direitos e a tutela inibitória material. São Paulo: Malheiros, 2014, p. 248.
74. BECK, Ulrich. *Risk society*: towards a new modernity. Tradução do alemão para o inglês de Mark Ritter. Londres: Sage Publications, 1992, p. 6. Anota: "It is common to suppose that when there is no open public conflict about the risks of some technology, chemical or the like, this is evidence of positive public acceptance of the risks, or of the full social package of risk-technology-institutions."
75. SANTOS, Romualdo Baptista dos. *Responsabilidade civil por dano enorme*. Curitiba/Porto: Juruá, 2018, p. 166. Segundo o autor, todos esses riscos, conjuntamente considerados, "estão relacionados ao processo de modernização da vida em sociedade, seja em razão da interferência do homem na natureza, seja em razão do desempenho de atividades necessárias ao modo de vida, seja ainda em consequência da exclusão das grandes massas populacionais em relação ao processo civilizatório."

A precaução, ainda que concernente à incerteza do dano e a um maior grau de opacidade em sua previsibilidade, passa a reger estruturas de responsabilidade civil em razão de sua plausibilidade.[76] O debate passa a abranger, nesse sentido, um contexto muito maior, de cunho metajurídico e suficientemente abstrato, dando ensejo a propostas variadas.

3.2.1 *Estruturas de* compliance *e os* "data informed duties"

Há autores que reconhecem a necessidade de intervenção regulatória estatal para o desenvolvimento da IA.[77] O tema não é simples e demandaria discussões mais detalhadas sobre o papel da regulação – que pode ser objeto de outro estudo –, mas, para o que importa comentar nesse momento, ressalta-se que a doutrina vem procurando estabelecer um modelo sistemático para a delimitação dos contornos de aferição do risco no desenvolvimento de aplicações centradas em algoritmos de Inteligência Artificial.

Frank Pasquale propõe a parametrização de deveres informados baseados em dados ("*data informed duties*") para a criação de modelos-padrão (*standards*): "Esses padrões são particularmente importantes devido ao potencial de que dados imprecisos e inadequados contaminem o aprendizado de máquina."[78]

Essencialmente, a parametrização de modelos-padrão deixa de depender da complexa atividade regulatória estatal e oferece maior liberdade para o desenvolvimento de métricas específicas, reguladas para cada tipo de atividade. Nesse contexto, seria possível trabalhar com estruturas comparativas que ofereceriam condições mais precisas e bem mapeadas para determinar a atuação em conformidade (*compliance*). Noutros termos, embora seja desejável a função preventiva, baseada na *foreseeability*[79], é preciso ir além, na busca por um critério para atender à função precaucional da responsabilidade civil.

Não se trata de proposta isolada, pois, na clássica obra de Stuart Russell e Peter Norvig já se falava na 'quantificação das incertezas': "Os agentes podem precisar lidar com a incerteza, seja devido à observabilidade parcial, ao não-determinismo da incerteza ou a uma combinação dos dois."[80]

---

76. BARBOSA, Mafalda Miranda. *Liberdade vs. responsabilidade*, cit., p. 354. Anota: "No fundo, do que se trata é de considerar que apesar de o princípio da precaução se ter delineado em sectores concretos e de ter gerado situações de responsabilidade particulares, a ideologia que lhe subjaz, assente num entendimento específico da responsabilidade, determina que ele seja visto como um princípio mais amplo, conformador de todo o sistema, a impor especiais deveres que não se reduzem às situações de risco."

77. TOMASEVICIUS FILHO, Eduardo; FERRARO, Angelo Viglianisi. Le nuove sfide dell'umanità e del diritto nell'era dell'Intelligenza Artificiale. *Revista Direitos Culturais*, Santo Ângelo, v. 15, n. 37, p. 401-413, 2020, p. 412-413.

78. PASQUALE, Frank. Data-informed duties in AI development, cit., p. 1917, tradução livre. No original: "Such standards are particularly important given the potential for inaccurate and inappropriate data to contaminate machine learning."

79. CALO, Ryan. Robotics and the lessons of cyberlaw. *California Law Review*, Berkeley, v. 103, p. 513-563, 2015, p. 555. O autor comenta: "Foreseeability remains a necessary ingredient even where liability is otherwise "strict" (i.e., where no showing of negligence by the plaintiff is necessary to recovery). There will be situations, particularly as emergent systems interact with one another, wherein otherwise useful technology will legitimately surprise all involved. Should these systems prove deeply useful to society, as many envision, some other formulation than foreseeability may be necessary to assess liability."

80. RUSSELL, Stuart J.; NORVIG, Peter. *Artificial Intelligence*: a modern approach. 3. ed. Boston: Pearson, 2016, p. 480, tradução livre. No original: "Agents may need to handle uncertainty, whether due to partial observability, uncertainty nondeterminism, or a combination of the two."

A proposta vai ao encontro da já mencionada quarta lei da robótica, proposta por Pasquale e convolada no princípio da explicabilidade.[81] A ideia reforça a necessidade de superação de um problema também descrito pelo autor, noutra obra[82]: o dos algoritmos de 'caixas-pretas' (*black boxes*), usualmente baseados em aprendizado de máquina (*machine learning*) e que se tornam tão complexos que são cada vez menos compreendidos por seus próprios criadores.[83]

O enfrentamento do incerto e do imprevisível não é novidade para o direito, que já lida com tais conceitos no direito ambiental, por exemplo.[84] O desafio está em buscar uma resposta ontológica, lastreada na função precaucional e no estabelecimento de padrões éticos que visem um mínimo de segurança no desenvolvimento de tecnologias complexas como os algoritmos em questão.[85] Em importante estudo levado a efeito por Yaniv Benhamou e Justine Ferland[86], tornou-se mais claro o papel desses deveres informados baseados em dados ("*data informed duties*"), que podem ser sintetizados pelas seguintes constatações:

a) No que diz respeito aos deveres de operadores algorítmicos (para citar a terminologia definida por Balkin[87]), impõe-se o cumprimento de uma gama adaptada de deveres de cuidado, que dizem respeito: *(i)* à escolha da tecnologia, em particular à luz das tarefas a serem realizadas e das próprias competências e habilidades do operador; *(ii)* ao quadro organizacional previsto, em especial no que diz respeito a um acompanhamento adequado; e *(iii)* à manutenção, incluindo quaisquer verificações de segurança e reparos. O não cumprimento de tais obrigações pode desencadear responsabilidade por culpa, independentemente de o operador também poder ser estritamente responsável pelo risco criado, a partir do implemento de determinada tecnologia.

b) No que diz respeito aos produtores/fabricantes, quer também atuem incidentalmente como operadores, na acepção respectiva, devem ter de: *(i)* conceber, descrever e comercializar produtos de uma forma que lhes permita cumprir os "*data informed duties*", tornando os riscos mais previsíveis (em

81. PASQUALE, Frank. Toward a fourth law of robotics, cit.
82. PASQUALE, Frank. *The black box society*: the secret algorithms that control money and information. Cambridge: Harvard University Press, 2015, p. 6-7.
83. Comentando as dificuldades práticas da dificuldade de identificação do criador desenvolvedor, conferir, por todos: ASARO, Peter. A body to kick, but still no soul to damn: legal perspectives on robotics. *In:* LIN, Patrick; ABNEY, Keith; BEKEY, George (Eds.). *Robot ethics*: the ethical and social implications of robotics. Cambridge: The MIT Press, 2011.
84. CALO, Ryan. Robotics and the lessons of cyberlaw, cit., p. 555.
85. SILVA, Alexandre Barbosa da; FRANÇA, Philip Gil. Novas tecnologias e o futuro das relações obrigacionais privadas na era da inteligência artificial: a preponderância do "Fator Humano". *In:* EHRHARDT JÚNIOR, Marcos; CATALAN, Marcos; MALHEIROS, Pablo (Coords.). *Direito civil e tecnologia*. Belo Horizonte: Fórum, 2020, p. 507. Anotam: "Padrões éticos e de moralidade precisam ser estabelecidos para que um mínimo de segurança exista no desenvolvimento das relações interativas na realidade virtual digital. Tal indicação é necessária, pois desenvolver-se por meio da interação com elementos exógenos e endógenos não é uma opção para o ser humano, mas, sim, um caminho inescapável. Contudo, nesse contexto, algumas perguntas que se sobressaem são: até quando, de que forma e qual será o preço desse desenvolvimento do ser humano ante as realidades virtuais que cria?"
86. BENHAMOU, Yaniv; FERLAND, Justine. Artificial Intelligence & damages: assessing liability and calculating the damages. *In:* D'AGOSTINO, Pina; PIOVESAN, Carole; GAON, Aviv (Eds.). *Leading legal disruption*: Artificial Intelligence and a toolkit for lawyers and the law. Toronto: Thomson Reuters Canada, 2021. No prelo. Prévia disponível em: https://ssrn.com/abstract=3535387. Acesso em: 31 out. 2020.
87. BALKIN, Jack M. The path of robotics law. *California Law Review Circuit*, Berkeley, v. 6, p. 45-60, jun. 2015, p. 52. O autor é assertivo: "We might hold many different potential actors liable, including the owner, operator, retailer, hardware designer, operating system designer, or programmer(s), to name only a few possibilities."

realce à esperada *foreseeability*)[88]; e *(ii)* monitorar adequadamente o produto após a sua colocação em circulação, à luz das características das tecnologias digitais emergentes, em particular a sua abertura e dependência do ambiente digital geral, incluindo a obsolescência, o surgimento de *malware* ou mesmo eventuais ataques.

c) Este dever de monitoramento ("superior", decorrente até do poder de polícia estatal[89], naquilo que Pasquale denomina de "*oversight*", em sua recentíssima nova obra[90]) poderia ser alcançado pela supervisão e pelo estudo da IA, mesmo após a liberação do produto ao mercado. Sua viabilização poderia decorrer da implementação de sistemas de monitoramento baseados em anomalias, programados para "avisar" quando um algoritmo de IA se comportasse de maneira inesperada, bem como pela observação das tendências para prever tais comportamentos. Uma vez que tal monitoramento seja implementado, a obrigação de informar as vítimas potenciais surge como dever decorrente da boa-fé objetiva.[91]

d) Quando viável, os produtores devem ser obrigados a incluir *backdoors* obrigatórios[92] ("freios de emergência", *by design*), recursos de desligamento automático ("*shut down*") ou recursos que permitam aos operadores ou usuários "desligar a IA" por comandos manuais, ou torná-la "ininteligente" ao pressionar um botão. Não garantir tais ferramentas e opções poderia ser considerado um defeito de *design*, abrindo margem à tutela de danos a partir da responsabilidade civil por fato do produto, reconhecendo-o como defeituoso. Dependendo das circunstâncias, os fabricantes ou operadores também poderiam ser obrigados a "desligar" os próprios robôs como parte de suas tarefas de monitoramento e auditoria algorítmica.

e) Semelhante aos deveres de pós-venda já existentes e que são compostos de avisos e instruções para *recall* de produtos defeituosos, os produtores/fabricantes também podem assumir um dever de suporte e correção, baseado na transparência[93], que é consistente com outros desenvolvimentos recentes sobre a obrigação potencial dos desenvolvedores de *software* de atualizar algoritmos inseguros, durante todo o tempo em que a referida tecnologia estiver no mercado; de fato, embora nenhuma lei contenha claramente uma obrigação clara e explícita de fazê-lo, já se tem sinalização jurisprudencial que interpreta as normas jurídicas existentes de uma forma que cria tal obrigação aos desenvolvedores; é o caso do precedente holandês *Consumentenbond v. Samsung*.[94]

---

88. KARNOW, Curtis E. A. The application of traditional tort theory to embodied machine intelligence. *In:* CALO, Ryan; FROOMKIN, A. Michael; KERR, Ian (Eds.). *Robot Law*. Northampton: Edward Elgar, 2016, p. 76. Anota: "Predictability and foreseeability are, in practice, vague and peculiar notions, and people with different experiences and beliefs about how the world works will treat different things as "predictable." In any event humans are poor at predicting odds, and generally are not accurate estimating the likelihood of future events. Perhaps we may get better at predicting the behavior of autonomous robots as we interact with them; actions that appear at first random may begin to cluster in their frequencies, revealing theretofore unanticipated patterns that will help future prediction."
89. SCHERER, Matthew U. Regulating Artificial Intelligence systems: Risks, Challenges, Competencies, and Strategies. *Harvard Journal of Law & Technology*, Cambridge, v. 29, n. 2, p. 353-400, mar./jun. 2016, p. 380.
90. PASQUALE, Frank. *New laws of robotics*: Defending human expertise in the Age of AI. Cambridge: Harvard University Press, 2020, p. 99.
91. WISCHMEYER, Thomas. Artificial Intelligence and transparency: Opening the black box. *In:* WISCHMEYER, Thomas; RADEMACHER, Timo (Eds.). *Regulating Artificial Intelligence*. Cham: Springer, 2020, p. 76. Explica: "In light of AI's growing impact on society, there is broad agreement that those who regulate, employ or are affected by AI-based systems should have an adequate understanding of the technology. A steady stream of policy papers, national planning strategies, expert recommendations, and stakeholder initiatives frames this objective in terms of AI transparency."
92. LIAO, Cong; ZHONG, Haoti; SQUICCIARINI, Anna; ZHU, Sencun; MILLER, David. Backdoor Embedding in Convolutional Neural Network Modelsvia Invisible Perturbation. *Proceedings of the Tenth ACM Conference on Data and Application Security and Privacy*, Nova York, p. 97-108, mar. 2020. Disponível em: https://doi.org/10.1145/3374664.3375751. Acesso em: 31 out. 2020.
93. PASQUALE, Frank. Data-informed duties in AI development, cit., p. 1937.
94. Para um estudo detalhado do caso e de suas repercussões, conferir: WOLTERS, Pieter T. J. The obligation to update insecure software in the light of Consumentenbold/Samsung. *Computer Law & Security Review*, Londres, v. 35, n. 3, p. 295-305, maio 2019.

Essa inegável abertura regulatória, se analisada quanto ao exemplo dos algoritmos baseados em luminância, ilustra bem como seria possível solucionar o problema do enviesamento. Primeiramente, a escolha dos sensores *LiDAR* já demandaria profundos estudos sobre seus riscos, impondo aos produtores/fabricantes de carros autônomos o dever de analisar todo e qualquer risco relacionado ao emprego dessa tecnologia para outros fins (diversos do original). Em segundo lugar, a oferta de produtos dependentes dessa tecnologia envolveria certo grau de monitoramento de seu uso no pós-venda, evitando-se a deturpação por falhas, *malware* ou incorreções. A criação dos *backdoors* obrigatórios poderia permitir não o acesso indevido, mas a possibilidade de auditoria do algoritmo, evitando-se que se torne uma "caixa-preta" (*black box*). Enfim, a oferta de instruções e informações detalhadas aos proprietários/utilizadores, bem como a realização de *recalls*, atenderia ao postulado da transparência, outro desdobramento do dever geral de conformidade (*compliance*).

3.2.2 *A responsabilidade civil na IA entre* liability e accountability

Uma proposta alternativa à de Pasquale pode ser colhida da doutrina italiana, que vem se dedicando à aferição do papel da *accountability*[95] no contexto do desenvolvimento de algoritmos de Inteligência Artificial. Nesse contexto, os escritos de Giovanni Comandé são particularmente eloquentes ao indicar a necessidade de transição da tradicional responsabilidade estrita (*liability*) para um modelo de responsabilização que se ocupe, também, das funções preventiva e precaucional, impondo a quem assume melhor posição hierárquica – quanto à assunção de deveres "informados" – o dever de fazer escolhas e justificá-las diante daqueles que sofrem os efeitos dessas escolhas.

A *accountability* representa uma 'cultura'[96] (mais, portanto, que um dever) e vai além da prestação de contas pelas escolhas feitas: trata-se, enfim, de esperar que o agente responda, nas esferas apropriadas (política, civil, criminal, administrativa, ética, social), por suas possíveis falhas e pelas deficiências de suas escolhas.[97]

Intimamente ligada à proteção da confiança[98], a discussão contempla uma série de aspectos éticos, agora reinseridos no contexto específico da aplicação da Inteligência

95. O termo 'responsabilidade' não possui significado único. Seu escopo é ainda mais amplo em idiomas como o francês ou o espanhol, nos quais a 'responsabilidade' é usada em relação a um campo muito amplo de relações jurídicas, políticas e econômicas e, dentro delas, às suas respectivas dimensões. Em inglês, porém, a existência de termos diferentes para se referir às várias dimensões da responsabilidade – *responsibility*, *accountability*, *liability* – permite uma aplicação mais precisa do conceito.

96. NISSENBAUM, Helen. Accountability in a computerized society. *Science and Engineering Ethics*, Nova York, v. 2, n. 1, p. 5-42, mar. 1996, p. 7. Anota: "A strong culture of accountability is worth pursuing for a number of reasons. For some, a developed sense of responsibility is a good in its own right, a virtue to be encouraged. Our social policies should reflect this value appropriately by expecting people to be accountable for their actions. For others, accountability is valued because of its consequences for social welfare."

97. COMANDÉ, Giovanni. Intelligenza Artificiale e responsabilità tra liability e accountability: il carattere trasformativo dell'IA e il problema della responsabilità. *In:* NUZZO, Antonio; OLIVIERI, Gustavo (Eds.) *Analisi giuridica dell'Economia*. Studi e discussioni sul diritto dell'impresa. Bologna: Il Mulino, 2019, v. 1, p. 185. Com efeito: "Con accountability si allude all'obbligo di chi prenda delle decisioni e operi delle scelte di 1) giustificarle dinanzi a coloro che di tali scelte subiscono gli effetti ed eventualmente 2) debbano, non solo rendere il conto per le scelte fatte, ma debbano anche 3) rispondere nelle sedi opportune (responsabilità politica, civile, penale, amministrativa, deontologica, sociale) per loro eventuali fallimenti e mancanze."

98. FRADA, Manuel A. Carneiro da. *Teoria da confiança e responsabilidade civil*. Coimbra: Almedina, 2004, p. 17. Anota: "Não existe nenhuma definição legal de confiança a que possa socorrer-se e escasseiam referências normativas

Artificial, da robótica e de tecnologias correlatas ao campo de investigação sobre a necessidade de regulação específica.

Em relatório da União Europeia, publicado em setembro de 2020 com o título *Civil liability regime for artificial intelligence* (PE 654.178), enfatizou-se a importância dos princípios e da parametrização de deveres para tratar da responsabilidade civil na IA.[99] Noutro documento, intitulado *European framework on ethical aspects of artificial intelligence, robotics and related tecnologies* (PE 654.179), a União Europeia firmou algumas premissas relacionadas à *accountability*, tendo concluído que "falta um instrumento de *acountability* para garantir a proteção eficaz dos valores fundamentais na UE".[100]

De fato, o tema comporta discussões, pois "permite diferentes níveis de responsabilidade: inversão do ônus da prova, seguro obrigatório, fundos, restrições regulatórias, sanções criminais."[101] Como se disse anteriormente, as relações envolvendo a colocação de produtos baseados em algoritmos de IA no mercado serão, via de regra, relações de consumo[102], impondo considerar toda a construção dogmática existente para atividades de risco ao se trabalhar com *accountability*.

Questões como o ônus da prova devem ser analisadas com cautela. O Brasil, para a doutrina predominante, "ao contrário do direito comunitário europeu, adota uma presunção relativa de defeito do produto, por força do dano sofrido pelo consumidor, dispensando-se este de sua prova cabal."[103] Significa dizer que o ônus de provar a inexis-

explícitas a propósito. O seu conceito apresenta-se fortemente indeterminado pela pluralidade ou vaguidade de empregos comuns que alberga, tornando difícil traçar com ele as fronteiras de uma investigação jurídica. Tanto mais que transporta uma certa ambiguidade de princípio por se poder referir, tanto à causa, como aos efeitos de uma regulação jurídica. É a falta de consciência desta realidade que está na raiz de uma certa evanescência da confiança no discurso jurídico e se apresenta – antecipe-se – responsável pelas dificuldades de que se não logrou desembaraçar-se a reflexão dogmática a seu respeito."

99. EUROPA. European Parliamentary Research Service. *Civil liability regime for artificial intelligence*. PE 654.178, set. 2020. Disponível em: https://www.europarl.europa.eu/thinktank/en/document.html?reference=EPRS_STU(2020)654178. Acesso em: 31 out. 2020. p. 184.

100. EUROPA. European Parliamentary Research Service. *European framework on ethical aspects of artificial intelligence, robotics and related tecnologies*. PE 654.179, set. 2020. Disponível em: https://www.europarl.europa.eu/thinktank/en/document.html?reference=EPRS_STU(2020)654179. Acesso em: 31 out. 2020. p. 26, tradução livre. No original: "a missing accountability tool to guarantee effective protection of fundamental values in the EU."

101. COMANDÉ, Giovanni. Multilayered (Accountable) Liability for Artificial Intelligence. *In:* LOHSSE, Sebastian; SCHULZE, Reiner; STAUDENMAYER, Dirk (Eds.). *Liability for Artificial Intelligence and the Internet of Things*. Baden-Baden: Nomos, 2019, p. 182, tradução livre. No original: "(...) accountability enables different layers of liability: reversal of the burden of proof, compulsory insurance, funds, regulatory constraints, criminal sanctions."

102. BARBOSA, Mafalda Miranda. Responsabilidade civil do produtor e nexo de causalidade: breves considerações. *Fides: Revista de Filosofia do Direito, do Estado e da Sociedade*, Natal, v. 8, n. 2, p. 172-190, jul./dez. 2017, p. 189. Anota: "Perguntar-se-á, contudo, e sobretudo porque estamos diante de uma hipótese de responsabilidade pelo risco (em que a esfera de risco é assumida a montante, no momento em que se dá início a uma qualquer atividade tida pelo legislador como arriscada ao ponto de, com base em critérios de justiça distributiva, se admitir a imposição de uma obrigação ressarcitória independentemente de culpa), se será bastante a comprovação da edificação/assunção da esfera de risco de que se cura, para, de imediato, se responder que urge, num caso como este, provar a interferência daquela atividade na história de surgimento do evento lesivo. Mas, para tanto, não nos precisamos de enredar numa lógica contrafáctica, própria de um juízo condicionalista (que, aliás, se mostra irrealizável em concreto), nem necessitamos de partir em busca de uma verdade científica acerca dos factos. Numa hipótese de responsabilidade do produtor, devemos contentar-nos com a prova da utilização/consumo/aquisição do produto defeituoso pelo lesado e do dano. A ligação entre a colocação do produto no mercado e a emergência da lesão implica o referido juízo normativo a cargo do julgador."

103. CALIXTO, Marcelo Junqueira. *A responsabilidade civil do fornecedor de produtos pelos riscos do desenvolvimento*. Rio de Janeiro: Renovar, 2004, p. 148.

tência de defeito, no exemplificativo caso do carro autônomo, é do fornecedor, e, mesmo que se convolasse em caso fortuito, este seria considerado fortuito interno pela leitura que se faz do risco do desenvolvimento, não afastando o dever de indenizar.[104]

Na União Europeia, merecem menção os Princípios de Direito Europeu da Responsabilidade Civil, com destaque para os do art. 5(101) sobre atividades anormalmente perigosas, que envolvem "risco previsível e bastante significativo de dano, mesmo com observância do cuidado devido".[105] Naturalmente, ainda que não se possa dizer que a singularidade tecnológica foi atingida, para que se torne mais plausível a discussão sobre a imputação de responsabilidade civil a máquinas e robôs[106]-[107], o debate sobre a extensão do risco no contexto das relações de consumo continuará a envolver esforço investigativo quanto aos limites de sua assunção.

Atividades de risco que envolvem dados pessoais, por exemplo, são vistas como a "porta de entrada" para o debate sobre *accountability*[108], pois já sinalizam a tendência de transição para um regime mais amplo de responsabilidade civil, que abrange outras funções e realça a governança em suas estruturas de aferição do risco.[109] No Regulamento (UE) 2016/679 (Regulamento Geral sobre a Proteção de Dados), essa estrutura já existe e inspirou, no Brasil, a edição da Lei nº 13.709, de 14 de agosto de 2018 (Lei Geral de Proteção de Dados Pessoais), que trata do tema em seus arts. 6º, X, 46, 50 e 51.[110]

---

104. SOARES, Flaviana Rampazzo. Veículos autônomos e responsabilidade por acidentes, cit., p. 167. Comenta: "O fabricante do veículo autônomo eximir-se-ia da responsabilidade com a prova de ocorrência de alguma das seguintes excludentes: a) não circulação do produto; b) inocorrência de defeito; c) conduta exclusiva da vítima para ocorrência do dano ou d) fato de terceiro, absolutamente desvinculado do fornecedor."

105. Com efeito: "Art. 5:101. Actividades anormalmente perigosas. (1) Aquele que exercer uma actividade anormalmente perigosa é responsável, independentemente de culpa, pelos danos resultantes do risco típico dessa actividade. (2) Uma actividade é considerada anormalmente perigosa quando: a. cria um risco previsível e bastante significativo de dano, mesmo com observância do cuidado devido, e; b. não é objeto de uso comum. (3) O risco de dano pode ser considerado significativo tendo em consideração a gravidade ou a probabilidade do dano." SINDE MONTEIRO, Jorge Ferreira; PEREIRA, André Gonçalo Dias. Princípios de Direito Europeu da Responsabilidade Civil (Portuguese Translation) *In:* KOCH, Bernhard; KOZIOL, Helmut; MAGNUS, Ulrich *et al*. *Principles of European tort law*: Text and commentary. European Group on Tort Law. Viena: Springer Wien, 2005, p. 253-254.

106. VLADECK, David C. Machines without principals: Liability rules and Artificial Intelligence. *Washington Law Review*, Seattle, v. 89, n. 1, p. 117-150, 2014, p. 149-150.

107. RUFFOLO, Ugo. Per i fondamenti di un diritto della robotica self-learning; dalla machinery produttiva all'auto driverless: verso una "responsabilità da algoritmo". *In:* RUFFOLO, Ugo (Org.). *Intelligenza Artificiale e responsabilità*. Milão: Giuffrè, 2017, p. 26-30.

108. BIONI, Bruno Ricardo; LUCIANO, Maria. O princípio da precaução na regulação da Inteligência Artificial: seriam as leis de proteção de dados o seu portal de entrada? *In:* FRAZÃO, Ana; MULHOLLAND, Caitlin (Coords.). *Inteligência Artificial e direito*: ética, regulação e responsabilidade. São Paulo: Thomson Reuters Brasil, 2019, p. 215-216.

109. No Brasil, o debate sobre o regime de responsabilidade civil no contexto da proteção de dados é polêmico, havendo autores que se filiam a uma posição 'subjetivista', indicando a necessidade de aferição de culpa, e outros que aderem a uma visão 'objetivista', fulcrada no risco. Merece menção, todavia, a visão de Maria Celina Bodin de Moraes e João Quinelato de Queiroz, que chegam a defender uma 'função proativa' da responsabilidade civil em operações relacionadas a dados pessoais, na medida em que reconhecem a inerência do risco a tais atividades. Para mais detalhes: MORAES, Maria Celina Bodin de; QUEIROZ, João Quinelato de. Autodeterminação informativa e responsabilização proativa: novos instrumentos de tutela da pessoa humana na LGDP. *Cadernos Adenauer*, Rio de Janeiro, ano XX, v. 3, p. 113-136, 2019.

110. MARTINS, Guilherme Magalhães; FALEIROS JÚNIOR, José Luiz de Moura. Compliance digital e responsabilidade civil na Lei Geral de Proteção de Dados. *In:* MARTINS, Guilherme Magalhães; ROSENVALD, Nelson (Coords.). *Responsabilidade civil e novas tecnologias*. Indaiatuba: Foco, 2020, p. 293. Comentam: "O estabelecimento de marcos normativos para a proteção de dados pessoais em todo o planeta revela a urgência de se discutir o tema, e, na linha do Regulamento Geral de Proteção de Dados europeu, a Lei Geral de Proteção de Dados Pessoais brasileira (Lei nº

O agir ético remete às propostas de Hans Jonas e ao "princípio responsabilidade"[111], fazendo ecoar a necessidade de funcionalização de riscos para além da tradicional visão da responsabilidade civil compensatória. Trabalhando-se com a precaução, surge a *accountability* como paradigma de reforço à proliferação de verdadeira cultura baseada no mapeamento de riscos e na conformação das estruturas de pesquisa, produção e desenvolvimento de novas tecnologias, com vistas ao aumento do rol de contingências previsíveis (e à conversão de perigos em riscos, ou do incerto em plausível).

Segundo Comandé, "o custo de observar sistematicamente o comportamento perigoso do usuário também pode se tornar baixo o suficiente para tornar mais eficiente para os fabricantes a adoção de medidas de precaução por meio do reprojeto do produto."[112] Logo, mesmo que se argumente que os custos de implementação de estruturas precaucionais deva ser considerado, para o exemplo específico dos carros autônomos e da tecnologia *LiDAR*, a proposta faz sentido e propiciaria, no mínimo, condições de se antever os perigos de eventual uso discriminatório e potencialmente danoso antes mesmo de testar tal tecnologia em protótipos. A precaução traria economia.

Atividades norteadas pela função precaucional têm o objetivo de "obter o maior grau possível de prevenção de danos, comprometendo minimamente outros valores igualmente relevantes, como a livre iniciativa e o desenvolvimento econômico."[113] Se os algoritmos não são capazes de "pensar", mas são suficientemente avançados para tomar decisões "resultantes de uma combinação de *inputs* de programação não originária"[114], ao menos uma leitura ampliativa do conceito de 'responsabilidade' poderá nortear a solução de problemas como "a opacidade decisória, a falta de explicação quanto aos critérios utilizados e a herança de *inputs* viciados, enviesados e preconceituosos, o que culmina na produção de discriminações injustificadas."[115]

13.709/2018) revelou a importância de se tutelar os direitos do titular dos dados. (...) Quanto à responsabilidade civil, a despeito de parte da doutrina sinalizar pela adoção de regime de responsabilidade subjetiva decorrente da inobservância de deveres expressamente tratados na lei, parece preponderar a constatação de que a responsabilidade civil trabalhada pela LGPD é de natureza objetiva e contempla o risco como núcleo essencial para a delimitação de critérios próprios de imputação advindos da violação dos deveres estabelecidos pela legislação protetiva, e que podem sofrer, ainda, a incidência dos efeitos da existência de eventuais políticas de governança e programas de integridade."

111. JONAS, Hans. *Le principe responsabilité*: une éthique pour la civilisation technologique. Tradução do alemão para o francês de Jean Greisch. 2. ed. Paris: Cerf, 1992, p. 38. Diz: "Mais l'homme lui-même a commencé à faire partie des objets de la technique. L'homo faber applique son art à lui-même et s'apprête à inventer une nouvelle fabrication de l'inventeur et du fabricateur de tout le reste. Cet achèvement de son pouvoir de domination qui peut très bien signifier la victoire sur l'homme, cette ultime installation de l'art au-dessus de la nature, provoque l'ultime effort de la pensée éthique qui jamais auparavant n'avait eu à envisager des alternatives faisant l'objet d'un choix, face à ce qui était considéré comme les données définitives de la constitution de l'homme."

112. COMANDÉ, Giovanni. Intelligenza Artificiale e responsabilità tra liability e accountability, cit., p. 185, tradução livre. No original: "Il costo dell'osservazione sistematica dei comportamenti pericolosi degli utenti può anche diventare sufficientemente basso da rendere più efficiente per i produttori l'adozione di misure precauzionali attraverso il ridisegno del prodotto."

113. DAL PIZZOL, Ricardo. *Responsabilidade civil*, cit., p. 277.

114. FERREIRA, Ana Elisabete. Responsabilidade civil extracontratual por danos causados por robôs autônomos: breves reflexões. *Revista Portuguesa do Dano Corporal*, Coimbra: Imprensa da Universidade de Coimbra, n. 27, p. 39-63, dez, 2016, p. 44.

115. MEDON, Filipe. *Inteligência Artificial e responsabilidade civil*, cit., p. 408.

Não se tem respostas definitivas para isso, e o tema ainda suscitará muitos questionamentos, mas o avanço rumo à consagração da função precaucional da responsabilidade civil parece ser realmente necessário para a compatibilização do desenvolvimento tecnológico – galopante e irrefreável – com a necessária proteção aos direitos fundamentais (e a máxima prevenção dos vieses algorítmicos), especialmente a partir da proliferação de uma cultura de *accountability*.

3.3 Há espaço para a função punitiva?

A função punitiva da responsabilidade surge como um polêmico aspecto a se considerar no contexto deste breve estudo. Isso porque, particularmente na experiência do *common law*, "as prestações punitivas e dissuasórias têm uma aplicação mais vasta e aceita, tanto pela doutrina como pelas Cortes".[116] No caso da IA, Frank Pasquale defende a possibilidade de imposição de *punitive damages* a operadores algorítmicos que, reiteradamente, se utilizem de acervos de dados enviesados (*faulty data*).[117]

Ainda que os *punitive damages* sejam apenas uma das diversas opções de repressão pela responsabilidade civil[118], não se pode deixar de reiterar a relevância da discussão para o complexo contexto tecnológico em que se inserem os algoritmos de Inteligência Artificial.

No ordenamento brasileiro, uma leitura perfunctória do *caput* do artigo 944 do Código Civil conduziria à conclusão de que é descabida a imposição de pena privada. Contudo, seu parágrafo único descreve que, "se houver excessiva desproporção entre a gravidade da culpa e o dano, poderá o juiz reduzir, equitativamente, a indenização". Medindo-se a indenização pela extensão do dano, como indica o *caput*, o tema sempre suscitou controvérsias, culminando na edição do Enunciado 379, das IV Jornadas de Direito Civil, que prevê o seguinte: "O art. 944, *caput*, do Código Civil não afasta a possibilidade de se reconhecer a função punitiva ou pedagógica da responsabilidade civil".

O tema é polêmico, especialmente quando analisado sob o prisma da responsabilidade civil objetiva, tendo em vista que se torna bastante opaco o critério "gravidade da culpa" para a aferição da extensão do dano.[119] Entretanto, como se está a defender desde

---

116. VAZ, Caroline. *Funções da responsabilidade civil*: da reparação à punição e dissuasão. Os *punitive damages* no direito comparado e brasileiro. Porto Alegre: Livraria do Advogado, 2009, p. 167.
117. PASQUALE, Frank. Data-informed duties in AI development, cit., p. 1919-1920. Veja-se: "Firms using faulty data can be required to compensate those harmed by that data use – and should be subject to punitive damages when such faulty data collection, analysis, and use is repeated or willful. Skeptics may worry that judges and juries are ill-equipped to make determinations about appropriate data collection, analysis, and use. However, they need not act alone – regulation of data collection, analysis, and use already exists in other contexts. Such regulation not only provides guidance to industry to help it avoid preventable accidents and other torts. It also assists judges assessing standards of care for the deployment of emerging technologies."
118. PIRES, Fernanda Ivo. *Responsabilidade civil e o caráter punitivo da reparação*. Curitiba: Juruá, 2014, p. 163 *et seq*.
119. DAL PIZZOL, Ricardo. *Responsabilidade civil*, cit., p. 196. Anota: "Parece-nos, todavia, que deveria ser aplicado no Brasil, em relação às funções punitiva e dissuasiva dos danos extrapatrimoniais, o mesmo raciocínio em "dois níveis" empregado em relação aos *punitive damages* nos países de *common law*: mesmo nas hipóteses em que a compensação do dano não exija culpa (responsabilidade objetiva) ou seja suficiente a culpa leve ou levíssima, a punição e a dissuasão pressupõem sempre culpa grave ou dolo."

os tópicos precedentes, a responsabilidade civil caminha rumo à promoção da *accountability*, mais robusta e alicerçada em múltiplas funções, especialmente a precaucional.[120]

Hipóteses como a indicada por Pasquale reforçam a preocupação com o desejável *compliance*, considerado, na espécie, a partir de estruturas de governança e curadoria de dados voltadas à verificação reiterada de higidez dos acervos que alimentam algoritmos de Inteligência Artificial.

No exemplo específico do veículo autônomo que funciona a partir da tecnologia *LiDAR*, operações de curadoria seriam dificilmente realizáveis, tendo em vista a instantaneidade dos processos de coleta e aplicação dos acervos tridimensionais estruturados em função da densidade da luz. O aspecto técnico, a princípio, indica ser quase inviável a proposta de aplicação dos *punitive damages* para a *fattispecie*. Porém, já sendo possível dizer que tal tecnologia é falível quanto à identificação, por exemplo, de pessoas negras, não seria a pena civil cogitável como decorrência da assunção do risco, a despeito de sua previsibilidade?

A resposta para isso é, certamente, desafiadora. Estudos mais especificamente voltados à função punitiva poderão apreciar com maior cautela essa discussão, mas é importante ressaltar a relevância das constatações de Balkin, quando aponta a propensão de algoritmos a "(a) construir identidades e reputações por meio de (b) classificação e avaliação de riscos, criando a oportunidade para (c) discriminação, normalização e manipulação, sem (d) transparência adequada, responsabilidade [*accountability*], monitoramento ou devido processo."[121]

Quiçá, o caminho rumo aos "*accountable algorithms*"[122] realmente dependa da ampla transparência (*full disclosure*) para que níveis muito elevados de autonomia sejam considerados critérios de aferição de ilegalidade se algum dano for previsível (*foreseeable*)[123] – a partir da explicabilidade, como defende Pasquale –, tendo em vista os problemas de imputação de responsabilidade que podem causar, ao menos até que seja atingida a singularidade.

4. CONSIDERAÇÕES FINAIS

No curso deste breve estudo, anotou-se que algoritmos de Inteligência Artificial são usualmente encarados com a empolgação que a inovação tecnológica propicia, especialmente quando atendem a propósitos historicamente ansiados pela humanidade, como é o caso da proposta de criação de veículos autônomos.

---

120. Nesse cenário, quando se cogita de uma pena civil, "a função punitiva da responsabilidade civil equivale a uma responsabilidade civil sem dano, não tanto por se presumir o dano, mas por conceder exclusiva atenção à esfera jurídica do lesante, a jamais se presumir a reprovabilidade do comportamento e a intencionalidade da conduta antijurídica." ROSENVALD, Nelson. *As funções da responsabilidade civil*, cit., p. 218-219.

121. BALKIN, Jack M. The three laws of robotics in the age of Big Data, cit., p. 42, tradução livre. No original: "(a) construct identity and reputation through (b) classification and risk assessment, creating the opportunity for (c) discrimination, normalization, and manipulation, without (d) adequate transparency, accountability, monitoring, or due process."

122. Cf. KROLL, Joshua A.; HUEY, Joanna; BAROCAS, Solon; FELTEN, Edward W.; REIDENBERG, Joel; ROBINSON, David G.; YU, Harlan. Accountable algorithms. *University of Pennsylvania Law Review*, Filadélfia, v. 165, p. 633-705, 2017.

123. PASQUALE, Frank. Toward a fourth law of robotics, cit., p. 10-14.

Tendo sido analisado o caso específico da tecnologia *LiDAR*, baseada em feixes de luz e na aferição da luminância para o mapeamento de obstáculos, notou-se algumas de suas falibilidades e sua previsibilidade (*foreseeability*): *(i)* são sensores costumeiramente utilizados para o mapeamento topográfico e para o georreferenciamento, tendo sido apenas recentemente aplicados a veículos autônomos; *(ii)* a dependência dos sensores de verificação da luminância acarretam riscos de enviesamento de dados nos processos ulteriores à coleta, desencadeando o que Frank Pasquale denomina de "*faulty data*"; *(iii)* a dependência do algoritmo quanto à qualidade dos dados reduz a possibilidade de redundância do sistema, acarretando a deturpação dos resultados nos estágios ulteriores e inviabilizando o monitoramento de erros e as auditorias de dados.

Em razão desses problemas, destacou-se que ainda não se atingiu a singularidade tecnológica, sendo inviável imputar tais falhas aos próprios algoritmos – que não são capazes de "pensar" e de tomar decisões morais – e, firme nessa premissa, ressaltou-se a importância de que o debate não permaneça adstrito à possibilidade de atribuição de "personalidade eletrônica" a algoritmos de Inteligência Artificial, devendo avançar ao estudo das funções da responsabilidade civil.

Destacando o papel dos deveres informados baseados em dados ("*data informed duties*") e direcionados à criação de modelos-padrão ("*standards*"), anotou-se a proposta do norte-americano Frank Pasquale quanto ao papel das estruturas regulatórias e de conformidade (*compliance*) para a aferição de eventual falha. Anotou-se, inclusive, a proposta do referido autor de imposição de *punitive damages* a operadores algorítmicos que se valham reiteradamente de dados enviesados.

Em contraste, ponderou-se o papel da *accountability* e a colocação do risco entre ela e a tradicional *liability*, como sugere o italiano Giovanni Comandé, em estrutura que reforça o papel da função precaucional da responsabilidade civil para o fomento de uma cultura – e não apenas de deveres – fundamentados na elevação do grau de previsibilidade de contingências, enviesamento e danos.

Conclui-se, enfim, que o tema ainda será tormentoso e dificilmente apresentará solução definitiva e pacífica até que se atinja a tão discutida singularidade tecnológica, quando, então, se tornará possível a efetivação de propostas que almejem permitir a imputação causal do dano a entes inumanos e dotados da citada "personalidade eletrônica". Até lá, caminhos intermediários deverão ser explorados para que possa, paulatinamente, suprir dubiedades e garantir o fomento à inovação sem que, com isso, se crie zonas nebulosas e desprovidas de proteção regulatória. Uma conjugação das visões dos dois autores citados – Pasquale e Comandé –, centrada nos pilares essenciais de cada qual, pode formatar uma estrutura adequada para responder às problemáticas do atual estado da técnica.

5. REFERÊNCIAS

ANTUNES, Henrique Sousa. Inteligência Artificial e responsabilidade civil: enquadramento. *Revista de Direito da Responsabilidade*, Coimbra, ano 1, p. 139-154, 2019.

ASARO, Peter. A body to kick, but still no soul to damn: legal perspectives on robotics. *In:* LIN, Patrick; ABNEY, Keith; BEKEY, George (Eds.). *Robot ethics*: the ethical and social implications of robotics. Cambridge: The MIT Press, 2011.

ASIMOV, Isaac. *Eu, Robô*. Tradução de Aline Storto Pereira. São Paulo: Aleph, 2014.

BALKIN, Jack M. The three laws of robotics in the age of Big Data. *Ohio State Law Journal*, Columbus, v. 78, p. 1-45, ago. 2017. http://ssrn.com/abstract=2890965. Acesso em: 30 out. 2020.

BALKIN, Jack M. The path of robotics law. *California Law Review Circuit*, Berkeley, v. 6, p. 45-60, jun. 2015.

BARBOSA, Mafalda Miranda. Inteligência artificial, e-persons e direito: desafios e perspectivas. *Revista Jurídica Luso-Brasileira*, Lisboa, ano 3, n. 6, p. 1475-1503, 2017.

BARBOSA, Mafalda Miranda. *Liberdade vs. responsabilidade*: a precaução como fundamento da imputação delitual? Coimbra: Almedina, 2006.

BARBOSA, Mafalda Miranda. Responsabilidade civil do produtor e nexo de causalidade: breves considerações. *Fides: Revista de Filosofia do Direito, do Estado e da Sociedade*, Natal, v. 8, n. 2, p. 172-190, jul./dez. 2017.

BARFIELD, Woodrow. Liability for autonomous and artificially intelligent robots. *Paladyn: Journal of Behavioral Robotics*, Boston: De Gruyter, v. 9, n. 1, p. 193-203, 2018.

BECK, Ulrich. *Risk society*: towards a new modernity. Tradução do alemão para o inglês de Mark Ritter. Londres: Sage Publications, 1992.

BELAY, Nick. Robot ethics and self-driving cars: how ethical determinations in software will require a new legal framework. *The Journal of the Legal Profession*, Tuscaloosa, v. 40, n. 1, p. 119-130, 2015.

BENHAMOU, Yaniv; FERLAND, Justine. Artificial Intelligence & damages: assessing liability and calculating the damages. *In:* D'AGOSTINO, Pina; PIOVESAN, Carole; GAON, Aviv (Eds.). *Leading legal disruption*: Artificial Intelligence and a toolkit for lawyers and the law. Toronto: Thomson Reuters Canada, 2021. No prelo. Prévia disponível em: https://ssrn.com/abstract=3535387. Acesso em: 31 out. 2020.

BIONI, Bruno Ricardo; LUCIANO, Maria. O princípio da precaução na regulação da Inteligência Artificial: seriam as leis de proteção de dados o seu portal de entrada? *In:* FRAZÃO, Ana; MULHOLLAND, Caitlin (Coords.). *Inteligência Artificial e direito*: ética, regulação e responsabilidade. São Paulo: Thomson Reuters Brasil, 2019.

BOSTROM, Nick; YUDKOWSKY, Eliezer. The ethics of Artificial Intelligence. *In:* FRANKISH, Keith; RAMSEY, William M. (Ed.). *The Cambridge Handbook of Artificial Intelligence*. Cambridge: Cambridge University Press, 2014.

CALIXTO, Marcelo Junqueira. *A responsabilidade civil do fornecedor de produtos pelos riscos do desenvolvimento*. Rio de Janeiro: Renovar, 2004.

CALO, Ryan. Robotics and the lessons of cyberlaw. *California Law Review*, Berkeley, v. 103, p. 513-563, 2015.

CHENG, Hong. *Autonomous intelligent vehicles*: theory, algorithms, and implementation. Londres: Springer, 2011.

CHOPRA, Samir; WHITE, Laurence F. *A legal theory for autonomous artificial agents*. Ann Arbor: University of Michigan Press, 2011.

COMANDÉ, Giovanni. Intelligenza Artificiale e responsabilità tra liability e accountability: il carattere trasformativo dell'IA e il problema della responsabilità. *In:* NUZZO, Antonio; OLIVIERI, Gustavo (Eds.) *Analisi giuridica dell'Economia*. Studi e discussioni sul diritto dell'impresa. Bologna: Il Mulino, 2019.

COMANDÉ, Giovanni. Multilayered (Accountable) Liability for Artificial Intelligence. *In:* LOHSSE, Sebastian; SCHULZE, Reiner; STAUDENMAYER, Dirk (Eds.). *Liability for Artificial Intelligence and the Internet of Things*. Baden-Baden: Nomos, 2019.

CUTHBERTSON, Anthony. Self-driving cars more likely to drive into black people, study claims. *The Independent*, 06 mar. 2019. Disponível em: https://www.independent.co.uk/life-style/gadgets-and-tech/news/self-driving-car-crash-racial-bias-black-people-study-a8810031.html. Acesso em: 28 out. 2020.

DAL PIZZOL, Ricardo. *Responsabilidade civil*: funções punitiva e preventiva. Indaiatuba: Foco, 2020.

DANKS, David; LONDON, Alex John. Algorithmic bias in autonomous systems. *Proceedings of the Twenty-Sixth International Joint Conference on Artificial Intelligence (IJCAI-17)*, Viena, p. 4691-4697, 2017. Disponível em: https://www.ijcai.org/Proceedings/2017/. Acesso em: 28 out. 2020.

EHRHARDT JÚNIOR, Marcos; SILVA, Gabriela Buarque Pereira. Pessoa e sujeito de direito: reflexões sobre a proposta europeia de personalidade jurídica eletrônica. *Revista Brasileira de Direito Civil*, Belo Horizonte, v. 23, n. 1, p. 57-79, jan./mar. 2020.

EUBANKS, Virginia. *Automating inequality*: how high-tech tools profile, police, and punish the poor. Nova York: St. Martin's Press, 2018.

EUROPA. European Parliamentary Research Service. *Civil liability regime for artificial intelligence*. PE 654.178, set. 2020. Disponível em: https://www.europarl.europa.eu/thinktank/en/document.html?reference=EPRS_STU(2020)654178. Acesso em: 31 out. 2020.

EUROPA. European Parliamentary Research Service. *European framework on ethical aspects of artificial intelligence, robotics and related tecnologies*. PE 654.179, set. 2020. Disponível em: https://www.europarl.europa.eu/thinktank/en/document.html?reference=EPRS_STU(2020)654179. Acesso em: 31 out. 2020.

FALEIROS JÚNIOR, José Luiz de Moura; MENKE, Fabiano. "*Teilrechtsfähigkeit*": uma proposta alemã para a responsabilização civil na IA. *Migalhas de Responsabilidade Civil*, 06 ago. 2020. Disponível em: https://s.migalhas.com.br/S/8AF9D. Acesso em: 31 out. 2020.

FERREIRA, Ana Elisabete. Responsabilidade civil extracontratual por danos causados por robôs autônomos: breves reflexões. *Revista Portuguesa do Dano Corporal*, Coimbra: Imprensa da Universidade de Coimbra, n. 27, p. 39-63, dez, 2016.

FINGAS, Jon. Waymo launches its first commercial self-driving car service. *Engadget*, 5 dez. 2018. Disponível em: https://www.engadget.com/2018-12-05-waymo-one-launches.html. Acesso em: 28 out. 2020.

FLASI SKI, Mariusz. *Introduction to Artificial Intelligence*. Cham: Springer, 2016.

FRADA, Manuel A. Carneiro da. *Teoria da confiança e responsabilidade civil*. Coimbra: Almedina, 2004.

FROMM, Erich. *The revolution of hope*: Toward a humanized technology. Nova York: Harper & Row, 1968.

FRY, Hannah. *Hello world*: how to be human in the age of the machine. Nova York: Doubleday, 2018.

FULLER, Steve. *Humanity 2.0*: What it means to be human. Past, present and future. Hampshire/Nova York: Palgrave Macmillan, 2011.

GARDNER, Howard. *Frames of mind*: the theory of multiple intelligences. Nova York: Basic Books, 2011.

GOETTENAUER, Carlos Eduardo. Algoritmos, inteligência artificial, mercados. Desafios ao arcabouço jurídico. *In:* FRAZÃO, Ana; CARVALHO, Angelo Gamba Prata de (Coords.). *Empresa, mercado e tecnologia*. Belo Horizonte: Fórum, 2019.

GOH, Brenda; SUN, Yilei. Tesla 'very close' to level 5 autonomous driving technology, Musk says. *Reuters*, 09 jul. 2020. Disponível em: https://reut.rs/3ebPPEm. Acesso em: 28 out. 2020.

GREENGARD, Samuel. *The Internet of Things*. Cambridge: The MIT Press, 2015.

HARARI, Yuval Noah. *21 lições para o século 21*. Tradução de Paulo Geiger. São Paulo: Cia. das Letras, 2018.

HERN, Alex. The racism of technology - and why driverless cars could be the most dangerous example yet. *The Guardian*, 13 mar. 2019. Disponível em: https://www.theguardian.com/technology/shortcuts/2019/mar/13/driverless-cars-racist. Acesso em: 28 out. 2020.

JONAS, Hans. *Le principe responsabilité*: une éthique pour la civilisation technologique. Tradução do alemão para o francês de Jean Greisch. 2. ed. Paris: Cerf, 1992.

KAPLAN, Jerry. *Humans need not apply*: a guide to wealth and work in the Age of Artificial Intelligence. New Haven: Yale University Press, 2015.

KARNOW, Curtis E. A. The application of traditional tort theory to embodied machine intelligence. *In:* CALO, Ryan; FROOMKIN, A. Michael; KERR, Ian (Eds.). *Robot Law*. Northampton: Edward Elgar, 2016.

KELLEHER, John D.; MAC NAMEE, Brian; D'ARCY, Aiofe. *Fundamentals of machine learning for predictive data analytics*: algorithms, worked examples, and case studies. Cambridge: The MIT Press, 2015.

KELLEY, Richard; SCHAERER, Enrique; GOMEZ, Micaela; NICOLESCU, Monica. Liability in robotics: an international perspective on robots as animals. *Advanced Robotics*, Nova Jersey, v. 24, n. 13, p. 1861-1871, 2010.

KING, David. Putting the reins on autonomous vehicle liability: Why horse accidents are the best common law analogy. *North Carolina Journal of Law & Technology*, Chapel Hill, v. 19, n. 4, p. 127-159, 2018.

KROLL, Joshua A.; HUEY, Joanna; BAROCAS, Solon; FELTEN, Edward W.; REIDENBERG, Joel; ROBINSON, David G.; YU, Harlan. Accountable algorithms. *University of Pennsylvania Law Review*, Filadélfia, v. 165, p. 633-705, 2017.

KURZWEIL, Ray. *The age of spiritual machines*: When computers exceed human intelligence. Nova York: Viking, 1999.

LATOUR, Bruno. *Aramis ou l'Amour des techniques*. Paris: La Découverte, 1992.

LEE, Timothy B. Elon Musk: "Anyone relying on LiDAR is doomed." Experts: Maybe not. *Ars Technica*, 08 jun. 2019. Disponível em: https://arstechnica.com/cars/2019/08/elon-musk-says-driverless-cars-dont-need-lidar-experts-arent-so-sure/. Acesso em: 29 out. 2020.

LIAO, Cong; ZHONG, Haoti; SQUICCIARINI, Anna; ZHU, Sencun; MILLER, David. Backdoor Embedding in Convolutional Neural Network Modelsvia Invisible Perturbation. *Proceedings of the Tenth ACM Conference on Data and Application Security and Privacy*, Nova York, p. 97-108, mar. 2020. Disponível em: https://doi.org/10.1145/3374664.3375751. Acesso em: 31 out. 2020.

MARTINS, Guilherme Magalhães; FALEIROS JÚNIOR, José Luiz de Moura. Compliance digital e responsabilidade civil na Lei Geral de Proteção de Dados. *In:* MARTINS, Guilherme Magalhães; ROSENVALD, Nelson (Coords.). *Responsabilidade civil e novas tecnologias*. Indaiatuba: Foco, 2020.

MASSACHUSETTS INSTITUTE OF TECHNOLOGY. *Moral Machine*. Disponível em: https://www.moralmachine.net/. Acesso em: 28 out. 2020.

MEDON, Filipe. *Inteligência Artificial e responsabilidade civil*: autonomia, riscos e solidariedade. Salvador: Juspodivm, 2020.

MICHALCZAK, Rafał. Animals' race against the machines. *In:* KURKI, Visa A. J.; PIETRZYKOWSKI, Tomasz (Eds.). *Legal personhood*: animals, Artificial Intelligence and the unborn. Cham: Springer, 2017.

MICHALEWICZ, Zbigniew; FOGEL, David B. *How to solve it*: Modern heuristics. Cham: Springer, 2000.

MILAGRES, Marcelo de Oliveira. A robótica e as discussões sobre a personalidade eletrônica. *In:* EHRHARDT JÚNIOR, Marcos; CATALAN, Marcos; MALHEIROS, Pablo (Coords.). *Direito civil e tecnologia*. Belo Horizonte: Fórum, 2020.

MONTEIRO FILHO, Carlos Edison do Rêgo; ROSENVALD, Nelson. Danos a dados pessoais: fundamentos e perspectivas. *In:* FALEIROS JÚNIOR, José Luiz de Moura; LONGHI, João Victor Rozatti; GUGLIARA, Rodrigo (Coord.). *Proteção de dados pessoais na sociedade da informação*: entre dados e danos. Indaiatuba: Foco, 2020.

MORAES, Maria Celina Bodin de; QUEIROZ, João Quinelato de. Autodeterminação informativa e responsabilização proativa: novos instrumentos de tutela da pessoa humana na LGDP. *Cadernos Adenauer*, Rio de Janeiro, ano XX, v. 3, p. 113-136, 2019.

MULHOLLAND, Caitlin. Responsabilidade civil e processos decisórios autônomos em sistemas de Inteligência Artificial (IA): autonomia, imputabilidade e responsabilidade. *In:* FRAZÃO, Ana; MULHOLLAND, Caitlin (Coords.). *Inteligência Artificial e Direito*: ética, regulação e responsabilidade. São Paulo: Thomson Reuters Brasil, 2019.

NEFF, Todd. *The laser that's changing the world*: the amazing stories behind LiDAR for 3D mapping to self-driving cars. Nova York: Prometheus, 2018. *E-book*.

NISSENBAUM, Helen. Accountability in a computerized society. *Science and Engineering Ethics*, Nova York, v. 2, n. 1, p. 5-42, mar. 1996.

O'NEIL, Cathy. *Weapons of math destruction*: how Big Data increases inequality and threatens democracy. Nova York: Crown, 2016.

OHNSMAN, Alan. GM's Cruise Poised To Add 1,100 Silicon Valley Self-Driving Car Tech Jobs. *Forbes*, 04 abr. 2017. Disponível em: https://www.forbes.com/sites/alanohnsman/2017/04/04/gms-cruise-poised-to-add-1100-silicon-valley-autonomous-car-tech-jobs/. Acesso em: 28 out. 2020.

ÖZGÜNER, Ümit; ACARMAN, Tankut; REDMILL, Keith. *Autonomous ground vehicles*. Boston: Artech House, 2011.

PAGALLO, Ugo. *The laws of robots*: Crimes, contracts, and torts. Law, governance and technology series, v. 10. Cham/Heidelberg: Springer, 2013.

PARLAMENTO EUROPEU. *Resolução de 16 de fevereiro de 2017*. Disposições de Direito Civil sobre Robótica. Disponível em: https://www.europarl.europa.eu/doceo/document/TA-8-2017-0051_PT.html. Acesso em: 28 out. 2020.

PASQUALE, Frank. Data-informed duties in AI development. *Columbia Law Review*, Nova York, v. 119, p. 1917-1940, 2019.

PASQUALE, Frank. *New laws of robotics*: Defending human expertise in the Age of AI. Cambridge: Harvard University Press, 2020.

PASQUALE, Frank. *The black box society*: the secret algorithms that control money and information. Cambridge: Harvard University Press, 2015.

PASQUALE, Frank. Toward a fourth law of robotics: Preserving attribution, responsibility, and explainability in an algorithmic society. *University of Maryland Legal Studies Research Papers*, Baltimore, n. 21, p. 1-13, jul. 2017. Disponível em: http://ssrn.com/abstract=3002546. Acesso em: 30 out. 2020.

PIRES, Fernanda Ivo. *Responsabilidade civil e o caráter punitivo da reparação*. Curitiba: Juruá, 2014.

QUAIN, John. These High-Tech Sensors May Be the Key to Autonomous Cars. *The New York Times*, 26 set. 2019. Disponível em: https://nyti.ms/3eqOpGh. Acesso em: 28 out. 2020.

ROSENVALD, Nelson. *As funções da responsabilidade civil*: a reparação e a pena civil. São Paulo: Atlas, 2013.

RUFFOLO, Ugo. Per i fondamenti di un diritto della robotica self-learning; dalla machinery produttiva all'auto driverless: verso una "responsabilità da algoritmo". *In:* RUFFOLO, Ugo (Org.). *Intelligenza Artificiale e responsabilità*. Milão: Giuffrè, 2017.

RUFFOLO, Ugo. Self-driving car, auto driverless e responsabilità. *In:* RUFFOLO, Ugo (Org.). *Intelligenza Artificiale e responsabilità*. Milão: Giuffrè, 2017.

RUSSELL, Stuart J.; NORVIG, Peter. *Artificial Intelligence*: a modern approach. 3. ed. Boston: Pearson, 2016.

SAMUEL, Sigal. A new study finds a potential risk with self-driving cars: failure to detect dark-skinned pedestrians. *Vox*, 06 mar. 2019. Disponível em: https://www.vox.com/future-perfect/2019/3/5/18251924/self-driving-car-racial-bias-study-autonomous-vehicle-dark-skin. Acesso em: 28 out. 2020.

SANTOS, Romualdo Baptista dos. *Responsabilidade civil por dano enorme*. Curitiba/Porto: Juruá, 2018.

SCHERER, Matthew U. Regulating Artificial Intelligence systems: Risks, Challenges, Competencies, and Strategies. *Harvard Journal of Law & Technology*, Cambridge, v. 29, n. 2, p. 353-400, mar./jun. 2016.

SCHIRMER, Jan-Erik. Artificial Intelligence and legal personality. "Teilrechtsfähigkeit": A partial legal status made in Germany. *In:* WISCHMEYER, Thomas; RADEMACHER, Timo (Eds.). *Regulating Artificial Intelligence*. Cham: Springer, 2020.

SIEGWART, Roland; NOURBAKHSH, Illah. *Introduction to autonomous mobile robots*. Cambridge: The MIT Press, 2004.

SILVA, Alexandre Barbosa da; FRANÇA, Philip Gil. Novas tecnologias e o futuro das relações obrigacionais privadas na era da inteligência artificial: a preponderância do "Fator Humano". *In:* EHRHARDT JÚNIOR, Marcos; CATALAN, Marcos; MALHEIROS, Pablo (Coords.). *Direito civil e tecnologia*. Belo Horizonte: Fórum, 2020.

SINDE MONTEIRO, Jorge Ferreira; PEREIRA, André Gonçalo Dias. Princípios de Direito Europeu da Responsabilidade Civil (Portuguese Translation). *In:* KOCH, Bernhard; KOZIOL, Helmut; MAGNUS, Ulrich *et al*. *Principles of European tort law*: Text and commentary. European Group on Tort Law. Viena: Springer Wien, 2005.

SOARES, Flaviana Rampazzo. Veículos autônomos e responsabilidade por acidentes: trajetos possíveis e desejáveis no direito civil brasileiro. *In:* ROSENVALD, Nelson; DRESCH, Rafael de Freitas Valle; WESENDONCK, Tula (Coords.). *Responsabilidade civil*: novos riscos. Indaiatuba: Foco, 2019.

SOLUM, Lawrence. Legal personhood for Artificial Intelligences. *North Carolina Law Review*, Chapel Hill, v. 70, n. 4, p. 1231-1287, 1992.

SOUZA, Eduardo Nunes de. Dilemas atuais do conceito jurídico de personalidade: uma crítica às propostas de subjetivação de animais e de mecanismos de inteligência artificial. *Civilistica.com*, Rio de Janeiro, ano 9, n. 2, p. 1-49, 2020.

SPIEGELHALTER, David. *The art of statistics*: how to learn from data. Nova York: Pelican, 2019.

SWANSON, Greg. Non-autonomous Artificial Intelligence programs and products liability: How new AI products challenge existing liability models and pose new financial burdens. *Seattle University Law Review*, Seattle, v. 42, p. 1201-1222, 2019.

TAEIHAGH, Araz; LIM, Hazel Si Min. Governing autonomous vehicles: emerging responses for safety, liability, privacy, cybersecurity, and industry risks. *Transport Reviews*, Oxfordshire, v. 39, n. 1, p. 103-128, 2019.

TEPEDINO, Gustavo; SILVA, Rodrigo da Guia. Desafios da Inteligência Artificial em matéria de responsabilidade civil. *Revista Brasileira de Direito Civil*, Belo Horizonte, v. 21, p. 61-86, jul./set. 2019.

TOMASECIVIUS FILHO, Eduardo. Inteligência Artificial e direitos da personalidade: uma contradição em termos? *Revista da Faculdade de Direito da Universidade de São Paulo*, São Paulo, v. 113, p. 133-149, jan./dez. 2018.

TOMASEVICIUS FILHO, Eduardo; FERRARO, Angelo Viglianisi. Le nuove sfide dell'umanità e del diritto nell'era dell'Intelligenza Artificiale. *Revista Direitos Culturais*, Santo Ângelo, v. 15, n. 37, p. 401-413, 2020.

TURING, Alan M. On computable numbers, with an application to the *Entscheidungsproblem*. *Proceedings of the London Mathematical Society*, Londres, v. 42, n. 1, p. 230-265, nov. 1936.

TURNER, Jacob. *Robot rules*: regulating Artificial Intelligence. Londres: Springer, 2018.

TVERSKY, Amos; KAHNEMAN, Daniel. Belief in the law of small numbers. *In:* KAHNEMAN, Daniel; SLOVIC, Paul; TVERSKY, Amos (Eds.). *Judgement under uncertainty*: heuristics and biases. 16. reimpr. Cambridge: Cambridge University Press, 2001.

VANDERBILT, Tom. Autonomous Cars Through the Ages. *Wired*, 02 jun. 2012. Disponível em: https://www.wired.com/2012/02/autonomous-vehicle-history/. Acesso em: 28 out. 2020.

VAZ, Caroline. *Funções da responsabilidade civil*: da reparação à punição e dissuasão. Os *punitive damages* no direito comparado e brasileiro. Porto Alegre: Livraria do Advogado, 2009.

VEGA, Italo S. Inteligência Artificial e tomada de decisão: a necessidade de agentes externos. *In:* FRAZÃO, Ana; MULHOLLAND, Caitlin (Coords.). *Inteligência Artificial e Direito*: ética, regulação e responsabilidade. São Paulo: Thomson Reuters Brasil, 2019.

VENTURI, Thaís G. Pascoaloto. *Responsabilidade civil preventiva*: a proteção contra a violação dos direitos e a tutela inibitória material. São Paulo: Malheiros, 2014.

VINGE, Vernor. The coming technological singularity: How to survive in the post-human era. In: Interdisciplinary Science and Engineering in the Era of Cyberspace. *NASA John H. Glenn Research Center at Lewis Field*, Cleveland, 1993, p. 11-22. Disponível em: https://ntrs.nasa.gov/search.jsp?R=19940022856. Acesso em: 28 out. 2020.

VLADECK, David C. Machines without principals: Liability rules and Artificial Intelligence. *Washington Law Review*, Seattle, v. 89, n. 1, p. 117-150, 2014.

WISCHMEYER, Thomas. Artificial Intelligence and transparency: Opening the black box. *In:* WISCHMEYER, Thomas; RADEMACHER, Timo (Eds.). *Regulating Artificial Intelligence*. Cham: Springer, 2020.

WOLTERS, Pieter T. J. The obligation to update insecure software in the light of Consumentenbold/Samsung. *Computer Law & Security Review*, Londres, v. 35, n. 3, p. 295-305, maio 2019.

ZOHN, Jeffrey R. When robots attack: How should the law handle self-driving cars that cause damages. *Journal of Law, Technology & Policy*, Champaign, v. 2, p. 461-485, 2015.

Parte XII
ASPECTOS PENAIS, TRABALHISTAS, TRIBUTÁRIOS, SUCESSÓRIOS E SANITÁRIOS DOS ALGORITMOS

56
INTELIGÊNCIA ARTIFICIAL, *MACHINE LEARNING* E *DEEP LEARNING*: RELAÇÕES COM O DIREITO PENAL[1]

Marcelo Crespo

Especialista em Direito Digital, Proteção de Dados, Direito Penal e Compliance. É Doutor (2012) e Mestre (2008) em Direito Penal pela USP e possui especialização, também em Direito Penal pela Universidade de Salamanca, na Espanha. É Certified Compliance and Ethics Professional – International (CCEP-I) pela Society of Corporate Compliance and Ethics (SCCE). Possui diversos cursos de extensão como o curso jurídico da Escola de Governança da Internet – EGI (2016) e a International School of Law and Technology (2017 e 2018). Possui extensa e demonstrada experiência no atendimento a empresas nacionais e multinacionais em demandas que envolvam Direito Digital, Penal e Compliance, tendo atuado em demandas consultivas e contenciosas (remoção de conteúdo, investigações, concorrências desleais, disputas contratuais), participando de gabinetes de gestão de crises, elaborando risk assessments, elaborando e revisando documentos e implementando programas de Privacy Compliance. Atualmente é o gestor dos projetos de mapeamento de conformidade com a LGPD no PG Advogados. É o pioneiro no uso da expressão "Compliance Digital" além de ser entusiasta e evangelista dos pilares de um programa de compliance aliados a aspectos tecnológicos. Participou de audiência pública no Senado no âmbito de criação da LGPD (2018) e da CPI das Fake News (2020) da Assembleia Legislativa do Estado de São Paulo (2020). É autor dos livros Crimes digitais (Saraiva - 2011) e Advocacia Digital 3.0 e 4.0 (Thomson Reuters, 2018 e 2020), além da obra Compliance no Direito Digital (Thomson Reuters, 2020). Também possui artigos publicados no exterior e assina artigos publicados em websites, revistas e periódicos. É palestrante, nacional e internacional, sobre temas relacionados ao Direito Digital e Compliance. Coordena e leciona na maior pós-graduação em Direito Digital e Compliance do país (Damásio Educacional) desde 2015 e é frequentemente convidado para ministrar aulas em diversos cursos de extensão e pós-graduação (FIA, PUC Campinas, INFI/FEBRABAN, Instituto ARC, ESENI).

1. SOBRE A INTELIGÊNCIA ARTIFICIAL, *MACHINE LEARNING* E *DEEP LEARNING*

No atual estágio social em que nos encontramos temos nos valido da inteligência artificial todos os dias, seja nas recomendações que recebemos de filmes, séries, músicas e outras coisas como comidas, no uso de mapas online e outras tantas funcionalidades.

1. Agradeço à Sofia Marshallowitz ("cientista de dados, pesquisadora em I.A e Direito e possivelmente um bot", como ela mesma gosta de se definir) pela revisão técnica dos termos relacionados à Inteligência Artificial e pelos demais feedbacks sobre o texto. Que a Força esteja com você, sempre!

Apesar disso, percebemos que ainda há uma grande confusão com os usos dos termos inteligência artificial, *machine learning* e *deep learning*. Aliás, uma das buscas bastante frequente no Google é se "inteligência artificial e *machine learning* são a mesma coisa?".[2]

Vamos começar pelo termo "inteligência artificial", que foi utilizado pela primeira vez em 1956 em uma conferência de ciências da computação em Dartmouth.[3] Naquela ocasião, IA foi usada como tentativa apresentar um modelo de funcionamento do cérebro humano e, com base nisso, criar computadores mais avançados.[4] Os cientistas esperavam entender como a mente humana funcionava para digitalizá-la, mas a experiência acabou não sendo muito proveitosa, apesar de ter reunido mentes brilhantes com um brainstorming de cerca de dois meses.[5]

Os esforços não foram, porém, totalmente em vão, sendo que os pesquisadores entenderam que os principais fatores para o desenvolvimento de uma máquina inteligente era a aprendizagem (interação e mudanças em ambientes dotados de espontaneidade), processamento de linguagem natural (para interação homem-máquina) e criatividade (o que resolveria problemas para os homens).

Vamos, rapidamente, delinear conceitos aqui:[6]

a) Inteligência Artificial (IA) é uma ciência que estuda formas de construir programas e máquinas inteligentes que possam resolver problemas criativamente, uma prerrogativa que sempre foi considerada humana.[7] No Brasil há uma definição de inteligência artificial na Resolução nº 332 no Conselho Nacional de Justiça.[8]

b) *Machine learning* é um subconjunto de inteligência artificial que fornece aos sistemas a capacidade de aprender e melhorar automaticamente a partir da experiência sem ser explicitamente programado. Aqui há diferentes algoritmos que auxiliam na resolução de problemas.[9]

c) *Deep Learning* ou aprendizagem neural profunda é o subconjunto de *machine learning* que utiliza redes neurais para analisar diferentes fatores com uma estrutura semelhante ao sistema neural humano.[10]

Assim, podemos falar de três faces da inteligência artificial:

---

2. O termo presentou 190.000 resultados. Pesquisa em: 20 out. 2020.
3. É possível verificar os relatos e documentos digitalizados da época no link: https://250.dartmouth.edu/highlights/artificial-intelligence-ai-coined-dartmouth. Acesso em: 20 out. 2020.
4. Outras informações sobre o evento estão disponíveis em: http://www.dartmouth.edu/~ai50/homepage.html. Acesso em: 20 out. 2020.
5. Disponível em: http://www.dartmouth.edu/~ai50/homepage.html. Acesso em: 20 out. 2020.
6. GAVRILOVA, Yulia. Artificial Intelligence vs. Machine Learning vs. Deep Learning: Essentials. *Serokell.io*. Disponível em: https://serokell.io/blog/ai-ml-dl-difference. Acesso em: 20 out. 2020. Vide, ainda, A Diferença Entre Inteligência Artificial, Machine Learning e Deep Learning. Medium. Disponível em https://medium.com/data-science-brigade/a-diferen%C3%A7a-entre-intelig%C3%AAncia-artificial-machine-learning-e-deep-learning-930b5cc2aa42. Acesso em: 20 out. 2020. Post original escrito por Michael Copeland, traduzido de https://blogs.nvidia.com/blog/2016/07/29/whats-difference-artificial-intelligence-machine-learning-deep-learning-ai/. Acesso no mesmo dia e horário.
7. GAVRILOVA, Yulia. Artificial Intelligence vs. Machine Learning vs. Deep Learning: Essentials. *Serokell.io*. Disponível em: https://serokell.io/blog/ai-ml-dl-difference. Acesso em: 20 out. 2020.
8. "Modelo de Inteligência Artificial: conjunto de dados e algoritmos computacionais, concebidos a partir de modelos matemáticos, cujo objetivo é oferecer resultados inteligentes, associados ou comparáveis a determinados aspectos do pensamento, do saber ou da atividade humana;"
9. GAVRILOVA, Yulia. Artificial Intelligence vs. Machine Learning vs. Deep Learning: Essentials. *Serokell.io*. Disponível em: https://serokell.io/blog/ai-ml-dl-difference. Acesso em: 20 out. 2020.
10. GAVRILOVA, Yulia. Artificial Intelligence vs. Machine Learning vs. Deep Learning: Essentials. *Serokell.io*. Disponível em: https://serokell.io/blog/ai-ml-dl-difference. Acesso em: 20 out. 2020.

a) Nível 01. Fraca ou estreita (*Artificial Narrow Intelligence* – ANI).[11] É a inteligência artificial que pretende construir máquinas que processem informações que pareçam ter todo o repertório mental humano.[12] É a inteligência boa para a execução de tarefas específicas, mas que não será equivalente a mente humana. A inteligência artificial fraca é amplamente utilizada na ciência, nos negócios, na saúde.

b) Nível 02. Forte ou geral. (*Artificial General Intelligence* – AGI).[13] É a inteligência artificial em que as máquinas se tornam humanas, tomando suas próprias decisões e aprendendo sem contribuições humanas. Respondem e resolvem tarefas lógicas e têm emoções. A discussão aqui é como criar uma máquina "viva". Já temos assistentes digitais variados, mas a reprodução de emoções em máquinas ainda é um grande desafio.

c) Nível 03. De capacidade transcendente ou superinteligência (*Artificial Super Intelligence* – ASI).[14] É a inteligência artificial que pretende criar pessoas artificiais, isto é, máquinas que tenham todos os recursos mentais que um cérebro humano possui. Aqui reside o conteúdo que a grande maioria das pessoas são remetidas quando se fala em inteligência artificial, isto é, algo sábio, criativo, com habilidades sociais.[15] Pode ser algo que venha a facilitar muito nossa vida ou mesmo destruí-la. A grande "decepção" aqui é que os cientistas não estão nada perto de criar máquinas emocionais autônomas como no filme "O Homem Bicentenário".[16]

No atual estágio do desenvolvimento da IA podemos dizer que estamos no Nível 01: Fraca ou estreita (*Artificial Narrow Intelligence* – ANI) e, neste aspecto, os cientistas estão focando nos seguintes métodos de IA, que podem ser utilizados separadamente ou em conjunto:

a) Raciocínio das máquinas ou *Machine Reasoning*. Em poucas palavras: trata-se de ensinar as máquinas a partir da experiência humana. Os sistemas de *machine reasoning* geram conhecimento a partir de técnicas lógicas como a dedução e a indução. Os sistemas de raciocínio vêm em diferentes abordagens que variam em poder expressivo, em habilidades preditivas, bem como requisitos computacionais. O *machine reasoning* é um tipo de sistema que podem ser modificados mais facilmente, uma vez que novos fatos e conhecimentos são incorporados. Isso porque o ensinamento vem a partir de engenheiros de conhecimento que entrevistam profissionais e incorporam sua expertise nos softwares.[17] Léon Bottou classifica sete tipos de abordagens:[18] Raciocínio lógico de primeira ordem; Raciocínio probabilístico;

---

11. GAVRILOVA, Yulia. Artificial Intelligence vs. Machine Learning vs. Deep Learning: Essentials. *Serokell.io*. Disponível em: https://serokell.io/blog/ai-ml-dl-difference. Acesso em: 20 out. 2020.
12. Cf. SEARLE, John. *Mente, cérebro e ciência*. Lisboa: Edições 70, 1997.
13. GAVRILOVA, Yulia. Artificial Intelligence vs. Machine Learning vs. Deep Learning: Essentials. *Serokell.io*. Disponível em: https://serokell.io/blog/ai-ml-dl-difference. Acesso em: 20 out. 2020.
14. GAVRILOVA, Yulia. Artificial Intelligence vs. Machine Learning vs. Deep Learning: Essentials. *Serokell.io*. Disponível em: https://serokell.io/blog/ai-ml-dl-difference. Acesso em: 20 out. 2020.
15. BARRETT, A.; BAUM, S. A model of pathways to artificial superintelligence catastrophe for risk and decision analysis. *Journal of Experimental & Theoretical Artificial Intelligence*, 2016. Disponível em: https://www.researchgate.net/publication/303502126_A_Model_of_Pathways_to_Artificial_Superintelligence_Catastrophe_for_Risk_and_Decision_Analysis. Acesso em: 20 out. 2020.
16. O filme "o homem bicentenário" foi baseado num conto de Isaac Asimov e Robert Silverberg do livro *The Bicentennial Man and Other Stories*. Trata-se da história de um robô que, por 200 anos, busca incansavelmente sua liberdade. O robô passa por várias mudanças e, em cada uma delas, adquire características como emoções e personalidade própria. O robô conseguiu sua condição humana ao completar 200 anos e morreu depois de conseguir ganhar o direito de ser cidadão pela justiça e ser reconhecido como o homem bicentenário.
17. BUEST, Rene. Artificial intelligence is about machine reasoning – or when machine learning is just a fancy plugin. *In*: *CIO – Digital Magazine*, 03 nov. 2017. Disponível em: https://www.cio.com/article/3236030/artificial-intelligence-is-about-machine-reasoning-or-when-machine-learning-is-just-a-fancy-plugin.html. Acesso em: 22 out. 2020.
18. BOTTOU, Léon. *From Machine Learning to Machine Reasoning*. Disponível em: https://arxiv.org/ftp/arxiv/papers/1102/1102.1808.pdf. Acesso em: 22 out. 2020.

Raciocínio causal; Mecânica newtoniana; Raciocínio espacial; Raciocínio social; Raciocínio não falsificável.

b) Robótica, que é o campo da ciência que se concentra na construção, desenvolvimento e controle de robôs simples como aspiradores de pó até mesmo androides inteligentes. Lembrando que robôs por si só não são considerados IA.

c) *Machine learning* é o estudo de algoritmos e modelos de computador usados por máquinas para realizar uma determinada tarefa.

Mas, sendo assim, como as máquinas podem aprender?

1.1 Como as máquinas aprendem?

Para "educar" uma máquina é preciso três componentes, *datasets*, *features* e algoritmos. Vejamos o que são cada um deles:

a) *Datasets*. Os sistemas de aprendizagem são treinados em amostras chamadas conjuntos de dados ou *datasets*. As amostras podem incluir números, imagens, textos ou qualquer outro tipo de dados e geralmente é necessário grande esforço para se chegar a um bom conjunto de dados. Eles são o principal insumo dos processos de análise de dados e são representados por dados tabulares em formato de linhas e colunas: as linhas são os registros dos acontecimentos e as colunas são as características desses acontecimentos.

b) *Features* ou Características. Uma *feature* é uma funcionalidade do sistema que entrega um benefício ou resolve um problema real do cliente; funcionam como a chave para a solução da tarefa, demonstrando para a máquina no que ela deve "prestar atenção".

c) Algoritmo. "São fórmulas para a execução de determinadas tarefas ou para a resolução de problemas, como uma receita de bolo ou um *script* de um recepcionista de um restaurante."[19] "O algoritmo é um método seguido para resolver um problema. y=W0+W1x, por exemplo, é o algoritmo da regressão linear com uma variável. Um modelo é um cálculo ou uma fórmula resultante do algoritmo que pega alguns valores como entrada e produz algum valor como saída. y= 0 + (- 1) x é uma equação de saída da regressão linear ali de cima."[20]

É importante dizer que qualquer software que use *machine learning* será mais independente do que programações codificadas manualmente. É que o sistema vai aprendendo a reconhecer padrões e fazer previsões e, sendo o *dataset* de boa qualidade, o desempenho poderá superar a execução de tarefas realizadas por humanos. Daí a importância da qualidade do *dataset*.

Também vale a pena comentar um pouco mais sobre *deep learning* que é uma espécie de algoritmo inspirado na estrutura cerebral humana, o que é feito com o uso de redes neurais complexas de camadas diversas. Nelas o nível de abstração aumenta aos poucos, sendo que a informação é transferida de uma camada para outra sobre canais de conexão (chamados de canais ponderados porque cada um deles tem um valor).

Todos os neurônios têm um número único chamado viés. Esse viés adicionado à soma ponderada de entradas que chegam ao neurônio é então aplicado à função de

19. CRESPO, Marcelo Xavier de Freitas. Quem tem medo de algoritmos? Artigo publicado no LinkedIn. Disponível em: https://www.linkedin.com/pulse/quem-tem-medo-de-algoritmos-marcelo-crespo-phd-ccep-i/. Acesso em: 22 out. 2020.

20. Palavras de Sofia Marshallowitz em explicações diretas ao autor. Sofia se define como "cientista de dados, pesquisadora em I.A e Direito e possivelmente um *bot*".

ativação. O resultado da função determina se o neurônio será ativado. Cada neurônio ativado passa informações para as camadas seguintes. Isso continua até a penúltima camada. A camada de saída em uma rede neural artificial é a última camada que produz saídas para o programa. E, para treinar as redes neurais um cientista de dados precisa de grandes quantidades de dados de treinamento, já que muitos parâmetros devem ser considerados para que a solução seja precisa.

Estes algoritmos são o mais próximo do que as pessoas imaginam quando pensam em IA.

Ainda sobre *deep learning*, há um teorema chamado de "*no free lunch*"[21] ou "não há almoço grátis" que diz que não há algoritmo perfeito que funcione igualmente bem para todas as tarefas. Assim, é imprescindível ter variedade de ferramentas para melhores resultados. Os algoritmos podem ser agrupados por estilo de aprendizagem ou similaridade. Com base no que aprendem, os algoritmos podem ser classificados em quatro grupos: a) supervisionado; b) não supervisionado; c) semi-supervisionado; e d) aprendizado de reforço.

"Supervisionado" significa que um professor ajuda o programa durante todo o processo de treinamento, havendo um conjunto de treinamentos com dados rotulados. É usado comumente para filtragem de spam, detecção de idiomas, visão computacional, pesquisa e classificação. Já no aprendizado não supervisionado não há fornecimento de recursos para o programa, permitindo que ele próprio procure padrões, sendo útil para inferências. Às vezes, o programa pode reconhecer padrões que os humanos teriam perdido por causa de nossa incapacidade de processar grandes quantidades de dados. É comumente utilizado para segmentação de clientes baseado em histórico de busca, detecção de fraudes, sistemas de recomendação, gerenciamento de riscos, análise de imagens falsas. Por sua vez, a aprendizagem semisupervisionada significa que os dados de entrada são uma mistura de amostras rotuladas e não rotuladas. O programador tem em mente um resultado de previsão desejado, mas o modelo deve encontrar padrões para estruturar os dados e fazer previsões em si. E, por fim, temos o aprendizado de reforço que muito se parece com a forma pela qual os humanos aprendem: pelo julgamento. Os humanos não precisam de supervisão constante para aprender efetivamente como em aprendizado supervisionado. Ao receber apenas sinais positivos ou negativos de reforço em resposta às nossas ações, ainda aprendemos muito efetivamente. É comumente usada para carros autônomos, jogos, robôs, gerenciamento de recursos.

Como conclusão deste item podemos afirmar que IA tem muitas aplicações que afetam nossos cotidianos. No entanto, ainda é algo muito distante pensar em IA tão autônoma e inteligente quanto os humanos, embora *machine learning* já permita que os computadores superem em atividades pontuais.

21. LOKESH, Meesala. *The Intuition Behind the No Free Lunch Theorem*. Disponível em https://towardsdatascience.com/intuitions-behind-no-free-lunch-theorem-1d160f754513. Acesso em: 20 out. 2020.

2. SOBRE O USO DE INTELIGÊNCIA ARTIFICIAL NO PODER JUDICIÁRIO

No dia 25 de agosto de 2020 entrou em vigor a Resolução 332 do Conselho Nacional de Justiça (CNJ) que dispõe sobre a ética, a transparência e a governança na produção e no uso de Inteligência Artificial (IA) no Poder Judiciário e dá outras providências.

A Resolução, composta por 31 artigos que estão distribuídos em dez capítulos é a primeira norma nacional sobre o tema. De acordo com o texto, a Inteligência Artificial no âmbito do Poder Judiciário tem como principais objetivos: "a promoção do bem-estar dos jurisdicionados; a realização da prestação equitativa da jurisdição; a contribuição com a agilidade e coerência do processo de tomada de decisão; a garantia da segurança jurídica; e a igualdade de tratamento aos casos absolutamente iguais."

O regramento traz definições e prevê que tanto no desenvolvimento quanto na implantação da IA, deverão ser observadas as compatibilidades com os direitos fundamentais, regras de governança de dados, demais Resoluções do CNJ e a LGPD. Na verdade, tudo deve respeitar, em primeiro lugar, a Constituição Federal.

Segue, ainda, determinando que com relação ao uso de IA, nos processos de tomada de decisão do magistrado, os tribunais devem atender a critérios éticos de transparência, previsibilidade, possibilidade de auditoria, garantia de imparcialidade e de justiça substancial. Assim, as decisões apoiadas em IA devem preservar a igualdade, não discriminação, a pluralidade, a solidariedade, o julgamento justo e a eliminação ou minimização dos erros de julgamento decorrentes de preconceito.

Outra preocupação trazida na norma é a de que propostas decisórias apresentadas por modelos de IA e seus dados devem ser passíveis de revisão pelos usuários internos, não devendo restringir a autonomia humana. Mas aqui temos uma questão importante. Porque essa revisão não poderá se limitar aos membros do Judiciário, sendo impositivo que as partes que são impactadas pela tecnologia tenham meios de auditar a IA utilizada, sob pena de prejuízos irrecuperáveis. Até mesmo porque, muitos dos erros judiciários decorrem de má compreensão fática, não necessariamente da aplicação pura e simples de uma lei.

Há, ainda, na Resolução, um capítulo sobre pesquisa, o desenvolvimento e a implantação das soluções computacionais de IA. Neste capítulo impõe-se aos tribunais a busca da diversidade na escolha dos profissionais que participarão dos processos de criação, negociação e capacitação do sistema, tudo com vistas a que a representatividade e interdisciplinaridade possam evitar preconceitos algorítmicos.[22]

Uma limitação mais rigorosa no uso de IA está na impossibilidade de uso de modelos que operem técnicas de reconhecimento facial. Nestes casos, os tribunais somente poderão usar esse recurso com prévia autorização do CNJ, o que difere dos demais casos, quando somente será necessário comunicar o uso (arts. 10 e 22).

22. Imagina-se que num ambiente mais variado, como diferentes composições étnicas e de distintas formações, as chances de haver preconceitos e discriminações seria menor. Na política de princípios de IA do Google, no segundo item, há menção expressa a evitar discriminações injustas / preconceitos. Disponível em https://ai.google/principles/. Acesso em: 20 out. 2020.

Mais precisamente com foco no direito penal, o art. 23 determina que "a utilização de modelos de Inteligência Artificial em matéria penal não deve ser estimulada, sobretudo com relação à sugestão de modelos de decisões preditivas". Mas isso não se aplica para automatizações de cálculos de pena, de prazos prescricionais, verificação de reincidência, mapeamentos, classificações e triagens dos autos. Sobre a reincidência, o modelo de IA não deve "indicar conclusão mais prejudicial ao réu, do que aquela a que o magistrado chegaria sem a sua utilização" (§2º).

Importante mencionar que as regras da Resolução devem ser aplicadas mesmo nos casos dos projetos e modelos de IA que já estão em desenvolvimento ou que foram implantados, nos termos do art. 30. É o caso de vários projetos como o Sócrates do Superior Tribunal de Justiça (STJ), do Projeto de Inteligência Artificial e Automação – PIAA – e do Larry, ambos do Tribunal de Justiça do Estado do Paraná. Há ainda, dezenas de outros projetos existentes nos tribunais do país.

O uso de IA no Judiciário, embora com limitações, é uma realidade.

2.1 Inteligência artificial e Direito Penal e Processo Penal

É perfeitamente compreensível que o sistema Judiciário queira e passe a utilizar modelos de IA para melhorar a qualidade da prestação jurisdicional.

Ocorre que o uso, como vimos, até mesmo precede os processos, já que é bastante corriqueiro haver aplicações em diversos momentos das nossas vidas. E não seria surpreendente caso a justiça penal desejasse também fazer o uso deste tipo de tecnologia. Pensando-se na atividade da polícia, a IA pode ofertar classificações para áreas de risco onde deveria haver maior contingente ou determinados tipos de estratégia de combate ao crime.

Claro que já aqui pode haver uma série de problemas relacionados ao vigilantismo, com equipamentos que podem realizar reconhecimento facial, entre outros. Ainda mais em tempos de aprimoramento na proteção de dados pessoais.

Não se nega que os tribunais possam e até mesmo devam usar IA para atividades com cálculos prescricionais, cálculos de pena (com limitações do art. 59 do Código Penal) e outras atividades um pouco mais burocráticas, como cálculos dos processos de execução penal, quando o condenado, por vezes, possui diversas condenações em diferentes Estados.

Parece-nos que uma questão fundamental aqui é impedir que IA seja utilizada para análises preditivas, isto é, para "rotular" pessoas com graus de risco de cometimento de novos crimes. Se temos o score de crédito, sempre haverá quem queira providenciar um score penal. E, é evidente que um score penal teria influência indiscutível nas sentenças penais. Mas, os sistemas de IA podem perpetuar vieses e preconceitos contidos em dados, deste modo, conclusões equivocadas poderiam ser aferidas sobre uma pessoa que, por sua vez, acabaria tendo esses equívocos usados nas suas sentenças condenatórias. Tendo-se em vista nossa sociedade e os preconceitos verificados no cotidiano, não seria muito imaginar que os piores scores decorressem de pessoas com baixa renda e de negros.

Apesar da Resolução 332 no Conselho Nacional de Justiça mencionar no art. 23 que os modelos de inteligência artificial não devem ser estimulados, sobretudo com sugestões de modelos preditivos, verifica-se que não há uma proibição. O que, no nosso ver, deveria ser expresso.

Como o direito penal e o processo penal tem funções claramente defensivas, isto é, protetivas aos direitos dos que podem vir a ser acusados pelo Estado pela prática de crimes, seus sistemas de aplicação não podem e não devem ser desvirtuados pelo uso da tecnologia. Não se pode jamais esquecer dos corolários de que a prova da culpa deve ser feita pela acusação. E deve ser baseada em fatos, não em opiniões. Se a análise preditiva for levada ao limite, presunções e opiniões tomarão lugar processual, sobrepondo-se aos fatos.

Evidentemente o mau uso de IA em qualquer ramo do Direito pode vir prejudicar pessoas, a economia, entre outros. No entanto, a má utilização no ramo penal pode ser catastrófica. É que o Direito Penal é a famosa *ultima ratio*, isto é, a última instância de aplicação dos ramos do Direito. Isso porque frequentemente impõe penas de restrição de liberdade, representando a mais forte intrusão do Estado na atuação dos cidadãos.

3. CONCLUSÕES

Quando se fala em inteligência artificial, mais do que nunca, é preciso deixar claro o conteúdo a ser analisado, comentado e eventualmente regulamentado, já que, à primeira vista, o termo é amplo e abrange também *machine learning* e *deep learning*. Somente compreendendo sobre qual parte da inteligência artificial estamos falando é que se poderá tecer comentários adequados.

Por outro lado, já compreendendo a IA e o funcionamento de seus ramos, resta mais claro que grande parte do que vivenciamos em nossos cotidianos decorre de *machine learning*, um estágio ainda mais embrionário da IA, sendo a superinteligência algo ainda distante.

Mas, sabendo de tudo isso e ainda que uma superinteligência não esteja próxima, as utilizações de modelos de IA são cada vez mais frequentes para resolver problemas do nosso cotidiano. Mesmo assim, desde logo precisamos nos preocupar com uma agenda para discutir a transparência e responsabilidade a partir do uso deste tipo de tecnologia. Afinal, as construções de IA são relativamente lentas e podem absorver muito dos preconceitos e defeitos humanos, o que pode resultar em entendimentos catastróficos para a humanidade. Isso não pode ser negligenciado, jamais.

No que diz respeito ao Direito passar a fazer uso da inteligência artificial, tudo indica que estamos em um caminho sem volta, já com aplicações de *machine learning* bastante frequentes e até mesmo com a edição da Resolução 332 do Conselho Nacional de Justiça. Uma Resolução interessante e que busca trazer diretrizes para o uso da IA no Judiciário. Mas, ainda assim, apesar de ser uma Resolução de vanguarda, muitos aspectos podem e devem ser melhor detalhados e fiscalizados, em especial a tudo o que estará no entorno da aplicação das leis penais e do processo penal.

Sem a devida transparência e limitação no uso de altas tecnologias para aplicação da lei penal e processual penal corremos um sério e forte de risco de colocarmos cidadãos em grande perigo. O perigo de injustiças e erros cuja responsabilidade não será apenas atribuída aos homens de carne e osso, mas aos sistemas e softwares. Essa "responsabilidade dividida" pode ser uma grande caixa de Pandora para a violação de nossos direitos e garantias fundamentais. Que tenhamos sabedoria para lidar com isso. E que o Judiciário, mais do que nunca, assuma ampla responsabilidade e controle sobre estes usos tecnológicos.

4. REFERÊNCIAS

BALKIN, Jack M., The Path of Robotics Law. *California Law Review*, 10 de maio de 2015; Yale Law School, Public Law Research Paper No. 536. Disponível em: https://ssrn.com/abstract=2586570. Acesso em: 20 out. 2020.

BARRETT, A.; BAUM, S. A model of pathways to artificial superintelligence catastrophe for risk and decision analysis. *Journal of Experimental & Theoretical Artificial Intelligence*, 2016. Disponível em: https://www.researchgate.net/publication/303502126_A_Model_of_Pathways_to_Artificial_Superintelligence_Catastrophe_for_Risk_and_Decision_Analysis. Acesso em: 20 out. 2020.

BAUM, Seth. A Survey of Artificial General Intelligence Projects for Ethics, Risk, and Policy. *Global Catastrophic Risk Institute Working Paper 17-1*, 12 nov. 2017. Disponível em: http://dx.doi.org/10.2139/ssrn.3070741. Acesso em 20 out. 2020.

BOTTOU, Léon. *From Machine Learning to Machine Reasoning*. Disponível em: https://arxiv.org/ftp/arxiv/papers/1102/1102.1808.pdf. Acesso em: 22 out. 2020.

BREWSTER, Tom. When machines take over: our Hyperconnected world. *BBC*, 25 Jan. 2014. Disponível em: https://www.bbc.com/worklife/article/20140124-only-connect. Acesso em: 20 out. 2020.

BRUNDAGE, M.; AVIN, S. The Malicious Use of Artificial Intelligence: Forecasting, Prevention, and Mitigation. *Arvix*, fev. 2018. Disponível em: https://arxiv.org/ftp/arxiv/papers/1802/1802.07228.pdf. Acesso em: 20 out. 2020.

BUEST, Rene. Artificial intelligence is about machine reasoning – or when machine learning is just a fancy plugin. *In*: *CIO – Digital Magazine*, 03 nov. 2017. Disponível em: https://www.cio.com/article/3236030/artificial-intelligence-is-about-machine-reasoning-or-when-machine-learning-is-just-a-fancy-plugin.html. Acesso em: 22 out. 2020.

CALO, Ryan. Artificial Intelligence Policy: A Primer and Roadmap. *SSRN*, 8 de agosto de 2017. Disponível em: https://ssrn.com/abstract=3015350 or http://dx.doi.org/10.2139/ssrn.3015350. Acesso em 20 out. 2020.

CASTRO, D.; NEW, J. The Promise of Artificial Intelligence. *Center of Data Innovation*, 31 jul. 2017. Disponível em: https://www.datainnovation.org/2016/10/the-promise-of-artificial-intelligence/. Acesso em: 20 out. 2020.

CRESPO, Marcelo Xavier de Freitas. Quem tem medo de algoritmos? Artigo publicado no LinkedIn. Disponível em: https://www.linkedin.com/pulse/quem-tem-medo-de-algoritmos-marcelo-crespo-phd-ccep-i/. Acesso em: 22 out. 2020.

FENWICK, Mark; KAAL, Wulf A.; VERMEULEN, Erik. Regulation Tomorrow: What Happens When Technology is Faster than the Law? *American University Business Law Review*, v. 6, n. 3, 2017; *Lex Research Topics in Corporate Law & Economics Working Paper No. 2016-8*; *U of St. Thomas (Minnesota) Legal Studies Research Paper No. 16-23*; *TILEC Discussion Paper No. 2016-024*. Disponível em: https://ssrn.com/abstract=2834531 ou http://dx.doi.org/10.2139/ssrn.2834531. Acesso em: 20 out. 2020.

GAVRILOVA, Yulia. Artificial Intelligence vs. Machine Learning vs. Deep Learning: Essentials. *Serokell.io*. Disponível em: https://serokell.io/blog/ai-ml-dl-difference. Acesso em: 20 out. 2020.

GOOGLE. *Perspective on Issues in AI Governance*. Disponível em: https://ai.google/static/documents/perspectives-on-issues-in-ai-governance.pdf. Acesso em: 20 out. 2020.

GOOGLE. *Artificial Intelligence at Google*: Our Principles. Disponível em: https://ai.google/principles/. Acesso em: 20 out. 2020.

LOKESH, Meesala. *The Intuition Behind the No Free Lunch Theorem*. Disponível em https://towardsdatascience.com/intuitions-behind-no-free-lunch-theorem-1d160f754513. Acesso em: 20 out. 2020.

SEARLE, John. Mente, cérebro e ciência. Lisboa: Edições 70, 1997.

WIENER, Norbert. *Cibernética e Sociedade*. 3. Ed. São Paulo: Cultrix, 1954.

VLADECK, David. *Machines Without Principals*: Liability Rules And Artificial Intelligence. Disponível em: https://perma.cc/EJ5M-YMCJ. Acesso em: 20 out. 2020.

57
O AGENTE ALGORÍTMICO – LICENÇA PARA DISCRIMINAR? (UM OLHAR SOBRE A SELEÇÃO DE CANDIDATOS A TRABALHADORES ATRAVÉS DE TÉCNICAS DE INTELIGÊNCIA ARTIFICIAL)

Milena da Silva Rouxinol

Professora Auxiliar da Faculdade de Direito da Escola do Porto da Universidade Católica Portuguesa.

Sumário: 1. Introdução. 2. Notas de esclarecimento terminológico-conceptual. 2.1. Discernindo, à superfície, as sinapses da inteligência artificial. 2.2 O fenómeno discriminatório e o direito antidiscriminação – algumas notas com relevo a propósito da atuação algorítmica. 3. A discriminação (não) praticada por algoritmos. 3.1 *"Amazon's sexist hiring algorithm could still be better than a human"*. 3.2 *"A computer can make a decision faster. That doesn't make it fair"*. 4. Combate à discriminação por via algorítmica – breves notas sobre os desafios e formas de superação. 5. Conclusão.

1. INTRODUÇÃO

"*I know some algorithms are biased, because I created one*"[1] – declara o cientista Nicolas T. Young, no seu blogue[2] –. enquanto, por seu turno, numa publicação quase coeva, Kimberly A. Houser[3] explica como pode a inteligência artificial mitigar o *ruído* e o preconceito, isto é, a discriminação, quando se trata de decidir quem contratar para um emprego.

Parece, na verdade, inexistir qualquer insuperável antagonismo entre ambas as perspetivas. Será injusto afirmar que a aclamação da inteligência artificial e, em especial, da sua utilização no âmbito da seleção de candidatos a emprego é mero canto de sereia – tais ferramentas apresentam, na verdade, vantagens não despiciendas –, mas, do mesmo passo, importa lembrar que, pese embora a aparência criada pela parte superior do corpo, uma sereia não é um ser humano… Ou podemos dizê-lo parafraseando Ifeoma Ajunwa[4]: um algoritmo não deve ser visto como um oráculo que tudo sabe, do

1. "Eu sei que alguns algoritmos são discriminatórios, porque criei um" – tradução da nossa responsabilidade.
2. O blogue chama-se *Scientific American* e o texto a cujo título se fez referência é datado de 31 de janeiro de 2020. Pode ser consultado em https://blogs.scientificamerican.com/voices/i-know-some-algorithms-are-biased-because-i-created-one/.
3. "Can AI Solve the Diversity Problem in the Tech Industry? Mitigating Noise and Bias in Employment Decision-Making", *Stanford Technology Law Review*, 2019, n. 22, p. 290-354 [*maxime* 290 e 324 e ss.].
4. "The paradox of automation as anti-bias intervention", *Cardozo Law Review*, 2020, n. 41, p. 1-55 [14 e ss. e 55].

alto da sua majestade ante a ingénua intrepidez de quem o interpela; a sabedoria está em interrogá-lo e interpretá-lo com inteligência e apuro crítico.

Nas linhas que se seguem, procuraremos, por um lado, assinalar os benefícios que a utilização da inteligência artificial pode representar no âmbito da seleção de candidatos a trabalhadores, colocando o acento tónico na sua aptidão para minorar o impulso discriminatório que, quer dolosa quer inconscientemente, inquina, frequentemente, tais decisões; por outro, procuraremos explicar por que misteriosas vias aquela inteligência artificial vem a revelar-se, afinal, artificiosa, redundando os seus aparentemente asséticos códigos binários em resultados cujo impacto sobre sujeitos pertencentes a particulares categorias sociais é bem distinto do verificado sobre aqueles fora de tal fronteira. É de discriminação, pois, também agora, que falamos.

Pretendendo refletir sobre se e em que medida a utilização daqueles mecanismos tecnológicos minora ou, ao contrário, potencia diferenciações de duvidosa admissibilidade, não poderemos, por certo, deixar de evidenciar alguns *topoi* de importância crucial no contexto que aqui nos convoca do Direito Antidiscriminação. Do mesmo modo, impõe-se levar a cabo um conjunto de esclarecimentos terminológicos no que respeita ao funcionamento dos algoritmos. Tentaremos fazê-lo, com a natural consciência de que falharemos, com toda a probabilidade, ao rigor da linguagem tecnológica, mas também com o propósito de escrever linhas que possam ser entendidas por quem não domina as técnicas de programação informática. Reconhecemos que "para prevenir o viés algorítmico, as definições jurídica e técnica do que seja 'justiça algorítmica' deveriam alinhar-se"[5], mas não é de tal monta o nosso objetivo. Bastamo-nos com o propósito – que é desafiante: custa encontrar um texto que não se refira aos algoritmos como *black boxes*[6] – de, no mencionado contexto da contratação laboral, procurar explicar como pode um robô cruzar o caminho do princípio da igualdade. É por estes esclarecimentos terminológico-conceptuais que principiaremos.

Consignaremos, finalmente, algumas notas breves às propostas que a doutrina vem apresentando em vista da superação do problema da discriminação emergente do uso de algoritmos, enquanto, do mesmo passo, assinalaremos as dificuldades sentidas.

2. NOTAS DE ESCLARECIMENTO TERMINOLÓGICO-CONCEPTUAL

2.1 Discernindo, à superfície, as sinapses da inteligência artificial

Um algoritmo – designação derivada do matemático persa Alkhwarizmi[7] – é um sistema computacional, ou de matemática aplicada[8], capaz de tomar decisões, ou de dar

5. Alice Xiang, "To prevent algorithmic bias, legal and technical definitions around algorithmic fairness must align", publicado, a 23 de março de 2020, na plataforma Partnership in AI (https://www.partnershiponai.org/to-prevent-algorithmic-bias-legal-and-technical-definitions-around-algorithmic-fairness-must-align/). Veja-se, ainda, Alice Xiang/ Inioluwa Deborah Raji, "On the Legal Compatibility of Fairness Definitions", Cornell University, arXiv:1912.00761 (disponível em: https://www.arxiv-vanity.com/papers/1912.00761/).
6. Por exemplo, Kimberly A. Houser, "Can AI Solve...", *cit.*, p. 340 e ss.
7. Donald E. Knuth, "Algorithms in modern mathematics and computer science", *Computer Science Department – Stanford University*, 1980, p. 2 e ss. (disponível em: https://apps.dtic.mil/dtic/tr/fulltext/u2/a089912.pdf).
8. Donald E. Knuth (*ibidem*) sublinha que a descrição do algoritmo como uma ferramenta informática põe em evidência não tanto o sistema em si mesmo mas o equipamento através do qual opera.

respostas (output ou outcome) através da inteligência artificial e com base nos dados (input) que lhe são fornecidos. A decisão algorítmica consiste na resposta a uma pergunta (target variable), à qual o programador funcionaliza o sistema, o que, evidentemente, implica traduzir o propósito visado para linguagem computacional. É necessário, por outro lado, fornecer-lhe um conjunto de dados (training data, ou dados de treinamento); o sistema irá monitorizá-los (data mining, ou mineração de dados) e aprender com eles (data learning), isto é, captar as correlações entre eles[9] e, assim, criar padrões, modelos (models), que vão possibilitar, então, a associação de uma categoria, ou etiqueta (class label), aos dados que se façam entrar no sistema[10]. Um dos exemplos mais comuns e também de mais fácil compreensão é o do algoritmo que filtra mensagens de SPAM. Ao denunciarem determinada mensagem como sendo desse tipo, os utilizadores fornecem ao sistema algorítmico inserido nos respetivos equipamentos eletrónicos informação sobre os conteúdos a etiquetar dessa forma. Colhido um conjunto de informações deste tipo, o algoritmo estabelece correlações entre os conteúdos e a categorização dos mesmos como SPAM ou não-SPAM e concebe um modelo que lhe permitirá, automaticamente, fazer essa classificação. Todos sabemos, com efeito, que muitas das mensagens que, de facto, associamos a esse tipo de conteúdo são remetidas para uma pasta de SPAM que o sistema criou por nós, para não inquinarem as nossas caixas de correio. Sabemos também, contudo, que às vezes vai para a pasta do SPAM uma mensagem na qual temos interesse e que jamais, com a nossa inteligência humana, etiquetaríamos desse modo[11]... É que o algoritmo, embora capaz de estabelecer *correlações*, não as distingue de uma *relação de causa-efeito*[12]. Portanto, uma mensagem é classificada como *SPAM* por apresentar traços que a correlacionam com as anteriormente etiquetadas dessa forma e não por ser, efetivamente, *SPAM*. De resto, como explicam Allan Costa, Chris Cheung e Max Langenkamp[13], a propósito, justamente, do domínio da contratação de trabalhadores, bem pode ocorrer, sobretudo se a amostra for parca, que o algoritmo estabeleça correlações com base em fatores perfeitamente aleatórios, como sucederia se um sistema de monitorização facial *aprendesse* que as pessoas que, durante o período de monitorização, espirram são as que têm melhor desempenho nos testes de triagem! Elas não têm, evidentemente, um melhor

9. Em particular, sobre as correlações estabelecidas por estes sistemas, Betsy Anne Williams/Catherine F. Brooks/ Yotam Shmargad, "How Algorithms Discriminate Based on Data They Lack: Challenges, Solutions, and Policy Implications", *Journal of Information Policy*, 2018, n. 8, p. 78-115 [82 e ss.].

10. Solon Barocas/Andrew D. Selbst, "Big Data's disparate impact", *California Law Review*, 2016, n. 104, p. 671-732 [677 e ss.]. Podem também encontrar-se esclarecimentos acerca destes conceitos, por exemplo, em Frederik Zuiderveen Borgesius, *Discrimination, artificial intelligence, and algorithmic decision-making*, Council of Europe, 2018 (disponível em: https://rm.coe.int/discrimination-artificial-intelligence-and-algorithmic-decision-making/1680925d73), p. 8 e ss., Seeta Peña Gangadharan/Jędrzej Niklas, *Between antidiscrimination and data: understanding human rights discourse on automated discrimination in Europe*, LSE – Department of Media and Communications, Londres, 2018, p. 9 (disponível em: http://eprints.lse.ac.uk/88053/13/Gangadharan_Between-antidiscrimination_Published.pdf), ou McKenzie Raub, "Bots, bias and Big Data: artificial intelligence, algorithmic bias and disparate impact liability in hiring practices", *Arkansas Law Review*, 2018, volume 71, n. 2, p. 529-570 [532-534].

11. Solon Barocas/Andrew D. Selbst, "Big Data's...", *cit.*, p. 681 e ss.

12. Allan G. King/Marko J. Mrkonich, "'Big Data' and the risk of employment discrimination", *Oklahoma Law Review*, 2016, v. 68, n. 3, p. 555-584 [560 e ss.].

13. "Hiring Fairly in the Age of Algorithms", Cornell University, arXiv:2004.07132 (disponível em: https://arxiv.org/ftp/arxiv/papers/2004/2004.07132.pdf), p. 12.

desempenho pelo facto de espirrarem; verificando-se, porém, tal coincidência, é com ela que o sistema *aprende* e estabelece uma correlação paralela[14].

É importante, na verdade, estar ciente das implicações derivadas do funcionamento de um modelo baseado em correlações inferidas a partir da identificação de um padrão, para compreendermos como podem esses sistemas produzir resultados discriminatórios[15]. Betsy Anne Williams, Catherine F. Brooks e Yotam Shmargad[16] afirmam que tais modelos: *(i)* possibilitam a *previsão*, isto é, a suposição de como certo sujeito vai comportar-se, por semelhança com o comportamento adotado por outros pertencentes ao mesmo padrão; *(ii)* permitem ainda a *imputação*, isto é, a atribuição de dados em falta a sujeitos que não os forneceram; *(iii)* revelam, indiretamente, traços que não são fornecidos nem solicitados pelo sistema, através das designadas *proxies*. Tomemos de empréstimo, com alguma simplificação, o exemplo apresentado pelos Autores. Se supusermos que mil pessoas são sujeitas a um questionário que as interrogue sobre a idade, a área em que residem, o ano de fabrico do seu automóvel, o seu rendimento anual, há quanto tempo se encontram no emprego atual, que tipo de programas televisivos veem, que quantia gastaram no supermercado no último mês, se têm animais de estimação, se têm filhos e quantos, etc., vai ser possível, com os dados obtidos: *(i)* prever que determinadas pessoas podem estar interessadas em mudar de emprego (porque correspondem ao padrão das que mudaram recentemente, mas tal mudança ainda não aconteceu com elas); *(ii)* atribuir respostas em falta, por semelhança com as dadas pelos sujeitos pertencentes ao mesmo padrão, por terem dado respostas idênticas às demais questões; *(iii)* supor que as pessoas que residem na área com o código postal *x* são de determinada etnia ou têm um nível de escolaridade baixo, por, maioritariamente, segundo dados estatísticos, as pessoas que aí residem terem esse perfil[17].

Importa, agora, ilustrar o efeito discriminatório do funcionamento de alguns algoritmos, atendendo a dados reais[18]. Um dos casos mais conhecidos respeita, justamente,

14. Outras vezes, a conexão, não sendo, propriamente aleatória, é estabelecida com base em fatores aparentemente inócuos, os quais, porém, geram correlações, que, mais uma vez, não se confundem com verdadeiras relações de causa-efeito. Que dizer, por exemplo, de um algoritmo usado para avaliar o risco de concessão de um crédito, que tenha em conta se os sujeitos possuem ou não um cão? A verdade é que ter um cão implica, normalmente, ter uma casa com certas características, o que, por seu turno, pode indiciar o nível económico-financeiro da pessoa em causa. V. Madhumita Murgia, "Algorithms drive online discrimination, academic warns", *Financial Times*, 12 dezembro, 2019 (disponível em: https://www.ft.com/content/bc959e8c-1b67-11ea-97df-cc63de1d73f4).

15. Sobre o ponto, Emanuele Dagnino, *Dalla fisica all'algoritmo: una prospettiva di analisi giuslavoristica*, ADAPT University Press, 2019, p. 195 e ss.

16. "How Algorithms Discriminate...", *cit.*, p. 83 e ss.

17. Sobre o ponto, a que voltaremos, veja-se, desde já, Danah Boyd/Karen Levy/Alice Markwick, "The Networked Nature of Algorithmic Discrimination", in *Data and Discrimination: collected essays*, Open Technology Institute/New America, 2014 (disponível em: https://timlibert.me/pdf/2014-Data_Discrimination_Collected_Essays.pdf), p. 51-58. Os Autores salientam que o que revelamos nas redes sociais – as pessoas que conhecemos, os gostos que exteriorizamos, os temas que acompanhamos – permitem que algoritmos tracem perfis, associando-nos características pessoais que, eventualmente, os empregadores podem tomar como base de uma decisão de (não) contratação. Note-se: não estão em causa conteúdos expressa e conscientemente revelados, mas induzidos a partir de outros elementos que os indiciam (*proxies*).

18. Vários exemplos podem ver-se em, por exemplo, Nicol Turner Lee/Paul Resnick/Genie Barton (Center for Technology Innovation), *Algorithmic bias detection and mitigation: Best practices and policies to reduce consumer harms (report)*, maio, 2019 (disponível em: https://www.brookings.edu/research/algorithmic-bias-detection-and-mitigation-best-practices-and-policies-to-reduce-consumer-harms/), s/ p. Veja-se, ainda, com uma listagem de dezenas

ao domínio da seleção de candidatos a emprego. Referimo-nos à ferramenta de triagem de *curricula vitæ* ensaiado, embora a breve trecho abandonado, pela *Amazon*[19]. O sistema visava facilitar o recrutamento, identificando os candidatos mais ajustados ao perfil pretendido. Para produzir esse *output*, foi alimentado pelos programadores com dados provenientes dos trabalhadores da empresa ao longo dos últimos dez anos, período durante o qual a mão-de-obra havia sido muito predominantemente masculina. Sucedeu, como explicam os investigadores, que o sistema *aprendeu* a reconhecer palavras associadas a aptidões profissionais relevantes e, entre elas, encontravam-se menções ao género masculino, quer diretas (identificação do sujeito em causa como homem), quer indiretas (nomes, etc.). Em consequência, penalizou todos os *curricula* femininos, através da desvalorização de todas as menções a esse género (como, por exemplo, a informação de formação numa escola feminina).

Caso interessante é, ainda, o do algoritmo criado, em 2018, para utilização pelo serviço público de emprego da Áustria (*Arbeitsmarktservice*, designação que justifica aludir-se ao *AMS algorithm*)[20], com o propósito de conciliar o apoio à empregabilidade com as preocupações de contenção financeira, integradas nas políticas de austeridade. À parte os jovens com idade até 25 anos, beneficiários de medidas de incentivo mais enérgicas, o sistema em causa visava categorizar os desempregados, ordenando-os em distintas grupos, para, depois, a cada um serem atribuídos apoios diferentes, nomeadamente ao nível da formação oferecida. Esta categorização assentava na maior ou menor probabilidade de sujeitos obterem emprego – calculada entre outros aspetos, em função dos dados estatísticos sobre que pessoas são mais ou menos facilmente contratadas, em razão da idade, sexo, condições de saúde, etc.. Assim, os integrados na categoria *A* (desempregados com probabilidade superior a 66% de obter emprego com a duração de, pelo menos, três meses, nos sete meses subsequentes) beneficiariam de menos apoios, por se assumir ser provável encontrarem trabalho sem formação adicional; os inseridos na categoria *C* (probabilidade inferior a 25% de conseguirem emprego por, pelo menos, seis meses, nos dois anos subsequentes) também contariam com parcos apoios, por existirem dados indicando que os benefícios concedidos a estes sujeitos não se traduziam num incremento significativo da sua empregabilidade; finalmente, os incluídos na categoria *B*, recortada negativamente (os não pertencentes às duas categorias anteriores) seriam destinatários de medidas de apoio mais musculadas. Porém, analistas apontaram a esta ferramenta a crítica de ela proporcionar um resultado de desvantagens cumulativas e de prolongar, ou agravar, discriminações já enraizadas – sobretudo e, em síntese, por

---

de casos, Carsten Orwat, *Diskriminierungsrisiken durch Verwendung von Algorithmen*, Nomos, 2019. Para casos da esfera laboral, p. 34 e ss.

19. Entre outros, Isobel Asher Hamilton, "Why It's Totally Unsurprising That Amazon's Recruitment AI Was Biased against Women." *Business Insider*, outubro, 2018. (disponível em: https://www.businessinsider.com/amazon-ai-biased-against-women-no-surprise-sandra-wachter-2018-10, ou James Vincent, "Amazon Reportedly Scraps Internal AI Recruiting Tool That Was Biased against Women." *The Verge*, outubro, 2018 (disponível em: https://www.theverge.com/2018/10/10/17958784/ai-recruiting-tool-bias-amazon-report). Na comunicação social: https://www.reuters.com/article/us-amazon-com-jobs-automation-insight/amazon-scraps-secret-ai-recruiting-tool-that-showed-bias-against-women-idUSKCN1MK08G.
20. Doris Allhutter/ Florian Cech/ Fabian Fischer/ Gabriel Grill/Astrid Mager, "Algorithmic Profiling of Job Seekers in Austria: How Austerity Politics Are Made Effective", ***Frontiers in Big Data***, fevereiro, 2020 (disponível em: https://www.frontiersin.org/articles/10.3389/fdata.2020.00005/full).

não priorizar, ao contrário, pessoas já prejudicadas pelo habitual funcionamento do mercado de trabalho[21].

Um último exemplo, que escolhemos por, apesar de não relacionado com a esfera da contratação laboral, ter tido significativa ressonância na comunidade científica e na comunicação social, é o do sistema conhecido como *COMPAS* (*Correctional Offender Management Profiling for Alternative Sanctions*), um sistema posto em marcha pela justiça penal americana. Utilizado por juízes, permitia prever que arguidos deveriam ser mantidos em prisão preventiva, ou, ao contrário, libertados. Através de diversos dados inseridos, o algoritmo avaliava o risco de reincidência na prática de crimes, fornecendo, assim, pistas ao juiz quanto à decisão a adotar. Estudos vários apontaram, porém, no sentido de a ferramenta induzir resultados discriminatórios em relação a afro-americanos[22], em virtude de correlações estabelecidas entre traços mais comuns nessa comunidade e a prática de crimes.

2.2 O fenómeno discriminatório e o direito antidiscriminação – algumas notas com relevo a propósito da atuação algorítmica

É frequente afirmar que o imperativo antidiscriminatório cobra a sua utilidade na medida em que enaltece o *direito à diferença*, isto é, o direito a não ser alvo de um tratamento diferenciado em razão de características pessoais, ou correspondentes a aspetos que escapam ao desígnio da pessoa em causa, como o sexo, ou a raça/etnia, ou decorrentes de escolhas fundamentais, expressão da liberdade de desenvolvimento da personalidade, como a crença religiosa[23]. Aquele imperativo, expresso, usualmente, através da proibição de diferenciações assentes num conjunto de fatores (veja-se, por exemplo, o artigo 13.º da Constituição da República Portuguesa, ou, mais especificamente, o artigo 24.º do Código do Trabalho), parte, com efeito, de uma categorização subjetiva – sexo masculino/sexo feminino; portador de deficiência/não portador de deficiência; nacional/estrangeiro, etc. – que, independentemente da sua justeza científica[24], ou até independentemente da questão de saber se o sujeito alvo de discriminação pertence, efetivamente, a uma suposta

21. Carsten Orwat (*Diskriminierungsrisiken...*, *cit.*, p. 57) dá nota de um modelo similar adotado na Polónia.

22. Julia Angwin/Jeff Larson/Surya Mattu/Laura Kirchner, "Machine Bias", *ProPublica*, maio-2016 (disponível em: https://www.propublica.org/article/machine-bias-risk-assessments-in-criminal-sentencing).

23. Jorge Leite, "O princípio da igualdade salarial entre homens e mulheres no direito português", *Compilação de elementos para uma consulta especializada sobre igualdade de remuneração entre mulheres e homens*, Estudos, n. 3, CITE, 2004, p. 61-76 [63-64].

24. A este respeito, é interessante atentar no Considerando 6 da Diretiva 2000/43/CE, do Conselho, de 29/6/2000, que aplica o princípio da igualdade de tratamento entre as pessoas, sem distinção de origem racial ou étnica. Lê-se naquele considerando 6 que "a União Europeia rejeita as teorias que tentam provar a existência de raças humanas separadas, pelo que a utilização do termo 'origem racial' na presente diretiva não implica a aceitação de tais teorias". Simplesmente, porque, a despeito da (in)consistência científica da autonomização de várias raças, é uma evidência que a sociedade se comporta pressupondo essa mesma multiplicidade racial, assume-se que um diploma destinado a combater a discriminação com base nesse fator não pode deixar de partir daquela suposição. Em síntese, se existe uma pré-compreensão social que distingue entre *nós* e *os outros*, ainda que este grupo apresente características muito diversas, haverá, num primeiro momento, que procurar ir ao encontro dessa mesma pré-compreensão. V. Dulce Lopes/Lucinda Silva, "Xadrez Policromo: a Directiva 2000/43/CE do Conselho e o princípio da não discriminação em razão da raça e origem étnica", *Estudos dedicados ao Prof. Mário Júlio Brito de Almeida Costa*, Almedina, Coimbra, 2002, p. 393-438.

categoria, ou se só aparentemente, mormente aos olhos do agente de discriminação[25], acompanha a setorização social, a que se associa o tratamento diferenciado, para, como é óbvio, o proibir. Por outras palavras, visando combater a menorização dos sujeitos pertencentes a determinado grupo subjetivo com base nessa mesma pertença, então o aludido processo de circunscrição subjetiva atende ao recorte categorial estereotipado, socialmente assumido. Partindo desta categorização, o Direito Antidiscriminação tem, contudo, uma matriz individualista, "isto é, visa tratar os indivíduos *qua tale*, independentemente da sua integração em qualquer categoria de género, etária, étnica, religiosa ou sexual (...), de forma que a maneira como é tratado não seja tingida por um fundamento de discriminação"[26]. Na verdade, porém, não existe um real antagonismo entre aquele *individualismo* e esta *categorização*, naturalmente subjacente à identificação dos fatores de discriminação. O recorte de diversos grupos subjetivos será a projeção jurídica das diferenciações observáveis no plano fáctico, reencontrando-se a matriz individualista no momento em que se compreende que o desiderato daquela segmentação é o de proibir diferenças de tratamento assentes na pertença a dado grupo subjetivo.

Nesta medida, é evidente que o princípio da proibição da discriminação espelha o da dignidade humana; note-se: ela "é mais do que uma mera desigualdade; é uma desigualdade odienta, chocante"[27]. A verdade, porém, é que motivos de outra ordem também sustentam a sua inequívoca importância. Tal é bastante claro se tivermos em mente, justamente, o campo da escolha do(s) trabalhador(es) a contratar, entre vários candidatos. Por certo que o empregador terá interesse em contratar quem seja, objetivamente, mais apto, mais competente para as tarefas em causa, independentemente de fatores laterais. Curiosamente, aliás, essa – poder fazer uma escolha objetiva, de entre um leque vasto e diverso de candidatos – é uma das razões apontadas como justificação para o recurso a ferramentas de seleção assentes na inteligência artificial[28].

Um outro aspeto que importa evidenciar neste contexto é o de que, como se sabe, a discriminação releva quer seja direta, quer seja indireta[29]. O ato discriminatório pode, com efeito, ser motivado pela circunstância da inserção do sujeito em causa num certo grupo diferenciado (por ser mulher, ou homem; por ser de etnia cigana, ou negro, ou caucasiano; por ainda não ter determinada idade, ou já haver ultrapassado certo marco etário, etc.) – ou, diversamente, derivar de um ato, ou critério que, pese embora a sua aparente neutralidade, tem um impacto desproporcionado em indivíduos pertencentes a dada categoria. No caso da discriminação indireta, importa menos – *rectius*, pode ter relevância apenas em sede de justificação do ato discriminatório – a intenção do agente

25. Com efeito, a doutrina reconhece que existe um ato discriminatório se o agente do mesmo diferenciar por pensar que o sujeito visado pertence a determinada categoria (por exemplo, que é homossexual), ainda que assim não seja, de facto. Aileen McColgan, *Discrimination, equality and the law*, Hart Publishing, 2014, p. 53.
26. Bruno Mestre, *Direito Antidiscriminação – uma perspetiva europeia e comparada*, Vida Económica, Porto, 2020, p. 13.
27. Jorge Leite, "O princípio da igualdade...", *cit.*, p. 64.
28. Jenny R. Yang, "Ensuring a future that advances equity in algorithmic employment decisions", in *The future of work: protecting workers' civil rights in the digital age*, Urban Institute, fevereiro, 2020 (disponível em: https://edlabor.house.gov/imo/media/doc/YangTestimony02052020.pdf), p. 1-21 [4].
29. Entre inúmeros Autores, Sandra Fredman, *Discrimination Law*, Oxford University Press, Oxford, 2011, 2.ª edição, p. 166 e ss.; entre nós, Bruno Mestre, *Direito Antidiscriminação...*, *cit.*, p. 49 e ss. e 64 e ss.

do que o efeito produzido. Este tipo de discriminação é aquele que que mais fácil e frequentemente é proporcionado pelos sistemas algorítmicos, aquele, portanto, que, paradigmaticamente, se lhes associa. Sucede, porém, que se trata de um fenómeno que suscita vários e complexos problemas jurídicos, mormente em sede probatória, aos quais, neste contexto, se acrescentam outros desafios, relacionados com as características (técnicas, mas também jurídicas) daquelas ferramentas de inteligência artificial.

Regressemos, porém, por um instante, à discriminação direta. Um problema não abundantemente estudado, mas, ao que cremos, bastante relevante no domínio que ora nos convoca, prende-se com a questão de saber se o ato diretamente discriminatório tem de ser *intencional*. Noutros termos: a *consciência* da discriminação, ou mesmo o *propósito* de a praticar, relevam? Embora o ponto não seja líquido[30], certa doutrina, que acompanhamos, reconhece o facto de, em alguns casos, o ato de classificação não ser deliberado, sequer consciente. O caráter inconsciente, ou, se se preferir, subconsciente, da discriminação é sublinhado, em especial, no domínio do preconceito assente na aparência física; a associação de certo conjunto de características a uma pessoa com uma aparência que consideremos bonita não é, na verdade, fruto de um pensamento consciente, mas de um impulso espontâneo, difícil de controlar e mesmo de detetar[31], tal qual o que nos leva a pensar em manteiga se nos falarem em pão[32]. Como nota Deborah Hellmann[33], não é por acaso – mas por se reconhecer que a consciência da imagem do outro influencia o juízo do espectador em campos diversos – que, nas audições musicais, o júri opta, com frequência, por ouvir a peça sem ver a imagem do candidato, que toca/canta atrás de um separador opaco.

A discriminação inconsciente, não deliberada, relaciona-se com a utilização da inteligência artificial para efeitos de seleção de candidatos a trabalhadores num sentido oposto ao que apontámos nas linhas anteriores. Recordemos uma das ideias com que encetámos este estudo: como afirma Kimberly A. Houser, o recurso à inteligência artificial neste contexto pode, de certa perspetiva, mitigar o preconceito frequentemente presente quando se processa uma escolha humana. E, adiantemo-lo, assim é porque os equipamentos computacionais não possuem *subconsciência*. O perigo de a decisão ser inquinada por impressões humanas, misteriosas e insondáveis não existe quando a máquina substitui o homem. De resto – mas agora porque aqueles equipamentos também não são dotados de *consciência* – verifica-se igualmente que os atos deliberados de discriminação só podem ocorrer através de sistemas algorítmicos se a máquina for dolosamente *instruída* nesse sentido pelo humano que a funcionaliza em seu proveito. A

30. Por todos, com muito interesse, Deborah Hellman, *When is discrimination wrong?*, Harvard University Press, 2011, p. 138 e ss.
31. Deborah Rhode, *The beauty bias – the injustice of appearance in life and law*, Oxford University Press, United States, 2010, p. 11; em especial, Rhéa Jabbour, *La discrimination à raison de l'apparence physique (lookisme) en droit du travail français et américain: approche comparatiste*, Droit, Université Panthéon-Sorbonne, Paris I, 2013 (disponível em: https://tel.archives-ouvertes.fr/tel-01085673/document), p. 11 e ss., 22 e ss. e 175 e ss.
32. Jon Kleinberg/Jens Ludwig/Sendhil Mullainathany/Cass R. Sunsteinz, "Discrimination in the age of algorithms", *Journal of Legal Analysis*, 2018, n. 10, p. 113-174 [125].
33. *When is discrimination wrong?*, *cit.*, p. 143.
Referindo-o também, Betsy Anne Williams/Catherine F. Brooks/Yotam Shmargad, "How Algorithms Discriminate...", *cit.*, p. 87.

doutrina refere-se, a este propósito, à utilização dos algoritmos como forma de mascarar (*masking*)[34] atos discriminatórios que, na verdade, são humanos, conquanto, por força da aparência criada pelo automatismo, seja fácil tomá-los como produto do funcionamento do sistema, o qual, por certo, se presume de imaculada objetividade – tudo a lembrar a metáfora do *Mechanical Turk*, o pretenso robô jogador de xadrez construído no século XVIII para vencer os concorrentes humanos, mas que, afinal, era, também ele, um homem, que operava debaixo de uma máscara robótica[35].

3. A DISCRIMINAÇÃO (NÃO) PRATICADA POR ALGORITMOS

3.1 *"Amazon´s sexist hiring algorithm could still be better than a human"*[36]

Algo provocatória, a frase usada para intitular o segmento que ora iniciamos afirma que, mesmo tendo-se revelado sexista, o algoritmo destinado à seleção de *curricula vitæ* usado, ainda que logo abandonado, pela *Amazon*, pode, afinal, ser menos perverso do que o ser humano que realize aquela tarefa de seleção.

Com efeito, para lá de possibilitar um processo de recrutamento mais rápido e económico[37], o recurso a algoritmos com esta finalidade revela-se vantajoso por razões relacionadas, justamente, com a supressão de episódios de diferenciação discriminatória que, pela mão humana, bem poderiam suceder.

Um primeiro aspeto relaciona-se com a já referida impossibilidade de ocorrência de discriminação direta não consciente, isto é, de imperscrutáveis diferenciações, não representadas ou não desejadas pela mente humana, mas, em todo o caso, influenciadas pela inserção do sujeito visado em determinado grupo, em comparação com outro, de distinta categoria[38]. Residindo o preconceito inconsciente em zonas profundas da mente humana, sustenta-se que, na verdade, a solução desse problema não pode passar senão pela tecnologia[39].

Uma outra razão, próxima desta, para se afirmar que a seleção por algoritmos pode mesmo ser mais justa do que a humana resulta de, assim, se afastarem *pecados* humanos capazes de inquinar a objetividade do processo, como a fadiga, a irritabilidade, ou mesmo

34. Solon Barocas/Andrew D. Selbst, "Big Data's...", *cit.*, p. 692 e ss., ou ainda Frederik Zuiderveen Borgesius, *Discrimination, artificial intelligence...*", *cit.*, p. 13-14.
35. Ifeoma Ajunwa, "The paradox of automation...", *cit.*, p. 26 e ss.
36. A frase é de maude lavanchy, "amazon´s sexist hiring algorithm could still be better than a human - expecting algorithms to perform perfectly might be asking too much of ourselves", *the conversation*, 01-novembro-2018 (Disponível em: https://theconversation.com/amazons-sexist-hiring-algorithm-could-still-be-better-than-a-human-105270).
37. Por exemplo, Allan Costa/Chris Cheung/Max Langenkamp, "Hiring fairly...", *cit.*, p. 7, ou Gideon Mann/Cathy O'Neil, "Hiring algorithms are not neutral", *Harvard Business Review*, 09-12-2016 (disponível em: https://hbr.org/2016/12/hiring-algorithms-are-not-neutral).
38. Dragoş Bîgu/Mihail-Valentin Cernea, "Algorithm bias in current hiring practices: an ethical examination", *Proceedings of the 13th International Management Conference – Management Strategies for High Performance*, Editura ASE, Bucareste, 2019, p. 1068-1063 [1071]; Allan G. King/Marko J. Mrkonich, "'Big Data' and the risk...", *cit.*, *Oklahoma Law Review*, 2016, volume 68, n. 3, p. 555.
39. Diego Gomez, "How AI Can Stop Unconscious Bias In Recruiting", in *Ideal Blog*, 18-junho-2020 (disponível em: https://ideal.com/unconscious-bias/).

a fome[40], bem como *ruídos* provenientes, por exemplo, de observações supérfluas feitas pelos candidatos e da impressão que podem provocar[41]. Quanto a este último aspeto, a doutrina salienta o facto de, frequentemente, as decisões humanas serem, assumidamente ou não – e, como vimos nas linhas anteriores, porventura sem noção disso mesmo –, assentes no arbítrio, opiniões, sensibilidades pessoais, o que, por seu turno, conduz a resultados altamente variáveis e imprevisíveis, em contraste com a constância de uma decisão algorítmica, que será sempre a mesma, para o mesmo conjunto de dados[42].

Por motivos desta índole, relacionados com a maior objetividade das decisões resultantes da inteligência artificial, alguns Autores associam às mesmas ainda uma outra vantagem, que se prende com a possibilidade – ainda que não sem escolhos – de tais processos decisórios serem passíveis de avaliação, de experimentação, de escrutínio e, portanto, de deteção da causa da discriminação que eventualmente ocorra. O cérebro humano, dizem, é uma *caixa ainda mais negra* do que os sistemas computacionais[43], os quais, afinal, se devidamente controlados, podem conviver com o desiderato de transparência ao nível de decisões como a da seleção de candidatos a emprego[44]. Mais até e em razão desta possibilidade de verificação do seu desempenho, tais sistemas são apontados como vias de solução para os problemas por si mesmos gerados. Seriam mecanismos autocorretivos, desde que, naturalmente, os programadores interviessem nesse sentido[45].

3.2 *"A computer can make a decision faster. That doesn't make it fair"*[46]

3.2.1 Por contraste com a perspetiva adotada no ponto anterior, a frase com que se inicia este ponto, segundo a qual, embora um computador possa tomar decisões mais rápidas, tal não as torna mais justas, remete para o facto de que, segundo revelam variadíssimos estudos, os processos decisórios algorítmicos conduzem, muitas vezes, a resultados discriminatórios. Nas linhas subsequentes, procuraremos explicar de que forma. Privilegiaremos, naturalmente, o domínio da contratação de trabalhadores, embora, na sua maior parte, os fenómenos aqui em causa se verifiquem igualmente noutros domínios.

Um primeiro problema diz respeito a um momento ainda prévio ao da fase da seleção propriamente dita, que é o do acesso ao anúncio de emprego. Desde logo, como é evidente, um anúncio disponibilizado *online* exclui todos quantos não utilizam, habitualmente, meios eletrónicos, ao menos para procurar emprego, dando preferência aos tradicionais[47]. Mais preocupante, porém, é o facto de se verificar que as plataformas em

40. Bruno Lepri/Nuria Oliver/Emmanuel Letouzé/Alex Pentland/Patrick Vinck, "Fair, Transparent, and Accountable Algorithmic Decision-making Processes", *Philosophy and Technology*, 2018, n. 31, p. 611-627 [611].
41. Allan Costa/Chris Cheung/Max Langenkamp, "Hiring fairly...", *cit.*, p. 7.
42. Kimberley A. Houser, "Can AI solve...", *cit.*, p. 330 e ss.
43. Sendhil Mullainathan, "Biased Algorithms Are Easier to Fix Than Biased People", *New York Times*, 16-dezembro-2019 (disponível em: https://www.nytimes.com/2019/12/06/business/algorithm-bias-fix.html).
44. *Vide* Jon Kleinberg/Jens Ludwig/Sendhil Mullainathany/Cass R. Sunsteinz, "Discrimination in the age...", *cit.*, p. 146 e ss.].
45. *Idem*, p. 154 e ss., e Kimberley A. Houser, "Can AI solve...", *cit.*, p. 324 e ss.
46. Rebecca Heilweil, "Why algorithms can be racist and sexist", *Vox | Recode*, 18-fevereiro-2020 (disponível em: https://www.vox.com/recode/2020/2/18/21121286/algorithms-bias-discrimination-facial-recognition-transparency).
47. Este afastamento, que, naturalmente, se associa, com frequência, a fatores como a pobreza e/ou a área de residência, tem preocupado alguns estudiosos da matéria. Veja-se, por exemplo, Jonas Lerman, "Big Data and Its Exclusions",

linha *escolhem*, naturalmente através de algoritmos, os destinatários a quem são apresentados os anúncios de emprego que publicitam, publicitação que, aliás, representa uma importante fonte de receitas[48]. Com efeito, estudos já demonstraram que o *Google* apresenta ofertas de emprego associadas a carreiras com melhores níveis remuneratórios a homens do que a mulheres[49] e existem, outrossim, registos de fenómenos similares ocorridos com o *Facebook*, tendo-se detetado ofertas seletivas em função do sexo, mas também a idade[50].

O fenómeno por detrás destes resultados é conhecido como *microtargeting*. A plataforma que publicita o anúncio consegue selecionar o seu público alvo, recortado com base em critérios voltados para o objetivo de mostrar a oferta aos sujeitos que, com maior probabilidade, poderão ter interesse nele e abri-lo – critérios de eficiência, bem vistas as coisas[51]. Se, por exemplo, a plataforma detetar que a entidade anunciante contrata mais frequentemente sujeitos caucasianos, irá apresentar o anúncio a esse público, perpetuando o estereótipo já anteriormente verificado.

Mas o que torna o processo mais capcioso é o facto de esta seleção ser feita de forma indireta, mascarada, ou, utilizando a expressão mais comum no universo da programação, através de *proxies*. Ainda que a raça ou etnia dos utilizadores não integre as informações fornecidas pelo mesmo à plataforma, os algoritmos desta permitem, através de outros dados – as interações, os amigos, os gostos, os interesses, os locais visitados, etc. – e da *aprendizagem* (*machine learning*) que eles proporcionam, identificar que sujeitos pertencem ou não ao grupo pretendido. Este processo torna o fenómeno discriminatório difícil de detetar e, naturalmente, de contornar, desde logo pela evanescência dos aspetos tidos em conta para a seleção, os quais só enviesadamente se reconduzem a fatores de discriminação conhecidos[52].

As *proxies* correlacionadas com as categorias objeto de tratamento diferenciado nem sempre são facilmente identificáveis, sintetizam Sucheta Soundarajan e Daniel L. Clausen[53]. Há quem entenda, por isso mesmo, que a supressão de informação referente a dados sensíveis – género, raça, idade, deficiência, entre outros – dos elementos contantes da identificação do utilizador pode não ser o melhor caminho para contornar o proble-

---

Stanford Law Review, 2013, n. 66 (disponível em: https://www.stanfordlawreview.org/online/privacy-and-big-data-big-data-and-its-exclusions/).

48. Frederik Zuiderveen Borgesius, *Discrimination, artificial intelligence...*", *cit.*, p. 15-16.
49. Frederik Zuiderveen Borgesius, "Strengthening legal protection against discrimination by algorithms and artificial intelligence", *The International Journal of Human Rights*, 2020, n. 24, p. 1-23 [4]. Veja-se, ainda, Claire Cain Miller, "When Algorithms Discriminate", *The New York Times*, 09-julho-2015 (disponível em: https://www.nytimes.com/2015/07/10/upshot/when-algorithmsdiscriminate.html).
50. Carsten Orwat (*Diskriminierungsrisiken...*, *cit.*, p. 37 e ss.) dá notícia de casos ocorridos na Dinamarca e também nos Estados Unidos da América. Em ambos os casos, já foram postos em marcha processos judiciais, tendo sido celebrados acordos com o Facebook em cujos termos aquela seleção deveria deixar de ser efetuada.
    Veja-se, ainda, Karen Hao, "Facebook's ad-serving algorithm discriminates by gender and race", *MIT Technology Review*, 05-abril-2019 (disponível em: https://www.technologyreview.com/2019/04/05/1175/facebook-algorithm-discriminates-ai-bias/).
51. Miranda Bogen, "All the Ways Hiring Algorithms Can Introduce Bias", ***Harvard Business Review***, 06-maio-2019 (disponível em: https://hbr.org/2019/05/all-the-ways-hiring-algorithms-can-introduce-bias).
52. Betsy Anne Williams/Catherine F. Brooks/Yotam Shmargad, "How Algorithms Discriminate...", *cit.*, p. 89 e ss.
53. "Equal Protection Under the Algorithm: A Legal-Inspired Framework for Identifying Discrimination in Machine Learning", FATML, 2018, p. 1-5 [1].

ma do viés algorítmico. É que a circunstância de esses elementos serem conhecidos, se não do destinatário do resultado fornecido pelo algoritmo, pela entidade que domina este último, ou de quem a fiscaliza, facilitaria amplamente a identificação de fenómenos discriminatórios e a sua correção[54].

3.2.2 Um segundo acervo de problemas prende-se com a definição, que é humana, da pergunta a que se pretende que o algoritmo responda, isto é, do *output*, ou *outcome*[55], a obter do mesmo; noutros termos ainda – usando a expressão de Solon Barocas e Andrew D. Selbst[56] –, está em causa a identificação do *target variable* e das *class labels*[57]. Como explicam estes Autores, enquanto a classificação de mensagens como *SPAM* ou não-*SPAM* é, além de binária, largamente consensual, o cenário é muito menos linear quando se pretende que o algoritmo selecione, entre vários candidatos, o(s) melhor(es). A dúvida é evidente: o que é ser o melhor? E a resposta também se intui: é o que o empregador e, a jusante, o programador definem como tal. A classificação, ou *etiquetagem* dos candidatos como bons ou dispensáveis será feita, naturalmente, em função daquele critério. Imagine-se, assim, que *(i)* um indicador considerado relevante para a contratação é o candidato residir em determinada zona, *e. g.*, próximo do local de trabalho, que *(ii)* é dada preferência aos candidatos que hajam tido, até ao momento, relações laborais mais duradouras, *(iii)* que é tida em conta a assiduidade em empregos anteriores, ou, finalmente, *(iv)* que é conferido peso decisivo ao estabelecimento de ensino frequentado, pelo seu prestígio[58]. No primeiro caso, facilmente ocorre discriminação racial – a maior parte da população pertencente a minorias étnicas concentra-se em zonas residenciais específicas. No segundo, compreende-se sem dificuldade a preterição dos candidatos mais jovens, que, de resto, em vários ordenamentos jurídicos, podem, sem violação da lei, ser admitidos através de modelos de contratação mais precários, a pretexto de favorecer a sua empregabilidade. No terceiro, podem ser prejudicadas as mulheres, bem como pessoas portadoras de deficiência ou doença crónica, ou até candidatos mais idosos. No último, dar-se-á relevo à escola, mais do que ao indivíduo e, se a escola for frequentada, maioritariamente, por pessoas de certo segmento social, então as demais resultarão excluídas[59].

3.2.3 Outra fonte de iniquidade dos resultados produzidos por algoritmos relaciona-se com os dados com que são alimentados[60]. Utilizando a expressão comum na gíria tecnológica: *garbage in, garbage out*[61]. Se o *input* for, direta ou indiretamente, deliberada

---

54. Betsy Anne Williams/Catherine F. Brooks/Yotam Shmargad, "How Algorithms Discriminate...", *cit.*, p. 97 e ss.; Lokke Moerel, "Algorithms can reduce discrimination, but only with proper data", *Privacy Perspectives*, 16-novembro-2018 (disponível em: https://iapp.org/news/a/algorithms-can-reduce-discrimination-but-only-with-proper-data/); Jon Kleinberg/Jens Ludwig/Sendhil Mullainathany/Cass R. Sunsteinz, "Discrimination in the age...", *cit.*, p. 154 e ss.
55. Sobre o ponto e usando esta expressão, Jon Kleinberg/Jens Ludwig/Sendhil Mullainathany/Cass R. Sunsteinz, "Discrimination in the age...", *cit.*, p. 139 e ss.
56. "Big Data's...", *cit.*, p. 677 e ss.
57. Remete-se para o ponto I-1 deste estudo.
58. Alguns destes exemplos são referidos por Jenny R. Yang, "Ensuring a future...", *cit.*, p. 7.
59. Solon Barocas/Andrew D. Selbst, "Big Data's...", *cit.*, p. 690.
60. Jon Kleinberg/Jens Ludwig/Sendhil Mullainathany/Cass R. Sunsteinz, "Discrimination in the age...", *cit.*, p. 141 e ss.
61. Kimberly A. Houser, "Can AI Solve...", *cit.*, p. 333.

ou inconscientemente, viciado por alguma espécie de preconceito, então isso será refletido pelo *output*[62].

Tal acontece, desde logo, quando os dados introduzidos são condicionados por diferenciações discriminatórias anteriores. O exemplo mais evidente é o do *LinkedIn*. Entre outras funcionalidades, esta rede social de pendor profissional pode sugerir aos sujeitos que procurem mão-de-obra uma lista de candidatos, naturalmente de entre os utilizadores da plataforma, selecionando-os de acordo com a adequação do seu perfil ao cargo em causa. Esta seleção pode, porém, assentar em contratações antecedentes e na avaliação feita por esses empregadores. Se tais avaliações tiverem sido condicionadas por preconceitos pessoais, associados ao sexo, à raça, à idade, etc.[63], então essa diferenciação vai repercutir-se nas contratações ulteriores[64]. O preconceito perpetua-se. Essa perpetuação torna-se ainda mais clamorosa quando a empresa que busca mão-de-obra decide que pretende contratar trabalhadores "que se ajustem (*fit*) ao perfil da equipa". Evidentemente, a escolha vai incidir sobre sujeitos com o mesmo estatuto categorial[65].

Noutros casos, o *input* fornecido ao sistema constitui uma amostra com desequilíbrios de representatividade. Estes erros de representatividade resultam, desde logo, da já referida circunstância de nem toda a população estar igualmente presente no mundo *online*[66] e também de os anúncios de emprego serem direcionados para categorias selecionadas. Outras vezes, os dados disponíveis têm uma origem circunscrita, que reflete preconceitos anteriores; recorde-se o algoritmo da *Amazon*, que preteriu mulheres por os *curricula* aí introduzidos, pertencentes às pessoas anteriormente contratadas, pertencerem, em larguíssima maioria, a sujeitos do sexo masculino.

A respeito do desequilíbrio das amostras, problemas particulares emergem no âmbito dos sistemas de reconhecimento facial. Com efeito, existem equipamentos de monitorização de entrevistas ou outras prestações dos candidatos a emprego, que, captando os seus sorrisos, trejeitos, tom de voz, entoação, ou dicção, por exemplo, lhes atribuem traços de personalidade[67]. À parte a genérica falibilidade destas associações, sucede que tais ferramentas terão tanto menor acuidade de captação e, principalmente, de *interpretação* da informação colhida quanto mais escassa for a amostra de sujeitos com esse perfil presentes nos dados de ensinamento (*training data*)[68]. Pessoas com deficiências ou até pequenos defeitos faciais estarão, certamente, sub-representadas nesses dados; vale

62. Por exemplo, Jenny R. Yang, "Ensuring a future...", *cit.*, p. 7.
63. Na verdade, estes fatores podem influenciar a avaliação de forma indireta e, consequentemente, mais dificilmente detetável. Como informam Solon Barocas/Andrew D. Selbst ("Big Data's...", *cit.*, p. 687), os empregadores tendem a exercer um controlo muito mais apertado sobre trabalhadores com determinado perfil racial, etário, ou outro. A intensificação do controlo conduz, naturalmente, ao incremento dos registos disciplinares, ou, em todo o caso, a uma avaliação menos satisfatória.
64. Solon Barocas/Andrew D. Selbst, "Big Data's...", *cit.*, p. 683; Manish Raghavan/Solon Barocas/Jon Kleinberg/Karen Levy, "Mitigating Bias in Algorithmic Hiring: Evaluating Claims and Practices", Cornell University, arXiv:1906.09208 (disponível em: https://arxiv.org/pdf/1906.09208.pdf), p. 8; Jenny R. Yang, "Ensuring a future...", *cit.*, p. 7.
65. Manish Raghavan/Solon Barocas/Jon Kleinberg/Karen Levy, "Mitigating Bias...", *cit.*, p. 10.
66. Solon Barocas/Andrew D. Selbst, "Big Data's...", *cit.*, p. 684 e ss.
67. Jenny R. Yang, "Ensuring a future...", *cit.*, p. 5.
68. Manish Raghavan/Solon Barocas/Jon Kleinberg/Karen Levy, "Mitigating Bias...", *cit.*, p. 12-13.

por dizer, o processo de *aprendizagem* realizado pelo algoritmo não as considerou[69]. Na verdade, existem registos de semelhante fenómeno em relação às pessoas de raça negra, cuja imagem não é devidamente identificada e analisada por aqueles equipamentos. Tal sucede pelo facto de apresentarem traços típicos distintos dos dos sujeitos caucasianos, que não são *ensinados* ao algoritmo, ou não tanto quanto o necessário para garantir que ele os reconheça tão bem quanto reconhece os dos caucasianos. Pode ainda ocorrer, por razões similares, diferenciação entre culturas, por, por exemplo, o ato de sorrir ser mais ou menos frequente, mais ou menos bem reputado, conforme o padrão sociocultural[70].

3.2.4 Uma assinalável causa de resultados discriminatórios respeita ao problema, já antes mencionado de a seleção de candidatos, mesmo à luz de critérios aparentemente legítimos e neutros, produzir resultados discriminatórios sobre um grupo – o problema das *proxies*, se usarmos linguagem de programação computacional. O ponto já foi referido, mas autonomizamo-lo por o resultado discriminatório assim produzido poder emergir não dos fatores anteriormente relatados, mormente os dados selecionados para alimentar o algoritmo, mas antes do próprio modo de funcionamento deste[71].

Importa reforçar que tais efeitos podem ocorrer ainda que sem qualquer intenção nesse sentido do empregador nem do programador e mesmo sendo omitidas informações sensíveis, como as referentes ao sexo ou a raça. Já fornecemos exemplos diversos de situações em que os atributos considerados relevantes para a contratação de trabalhadores têm muito maior incidência entre os sujeitos pertencentes a categorias protegidas do que entre os excluídos das mesmas[72]. Em tais casos, aqueles atributos vêm a operar como informação codificada (*redundant encodings*) reveladora de dados sensíveis[73].

3.2.5 O que vimos de explicar – isto é, o facto de a aplicação de certos parâmetros de avaliação que, mostrando-se razoáveis e gozando da aparência de neutralidade, con-

---

69. Veja-se Alexandra Reeve Givens, "How algorithm bias hurts people with disabilities", *Slate*, 06-02-2020 (disponível em: https://slate.com/technology/2020/02/algorithmic-bias-people-with-disabilities.html); McKenzie Raub, "Bots, Bias and Big Data...", *cit.*, p. 538, e Allan G. King/Marko J. Mrkonich, "'Big Data' and the risk...", *cit.*, p. 581 e ss. Estes últimos Autores lembram, aliás, que a deficiência, enquanto fator de discriminação, pode suscitar problemas também de outra ordem. Como é sabido, decorre do imperativo de não discriminação dos candidatos a emprego e trabalhadores em razão da deficiência uma obrigação de acomodação razoável das condições de trabalho, com vista a minorar ou neutralizar o impacto negativo da deficiência no desempenho da atividade (sobre o ponto, permitimo-nos remeter para Milena Rouxinol, "Notas em torno do imperativo de inclusão do trabalhador portador de deficiência", *Lex Social – Revista de Derechos Sociales*, 2017, vol. 7, p. 266-301). Este imperativo releva também no momento da seleção, que deve ocorrer por processos ajustados à condição do candidato. Ora, a seleção por via algorítmica leva, tendencialmente, a um desconhecimento da situação de deficiência e suas características e, consequentemente, à omissão daquelas medidas, bem como a que elas nem sejam solicitadas.

    A doutrina assinala ainda o prejuízo a que se expõem os candidatos com deficiência quando são sujeitos a testes de personalidade, em especial se automatizados, bem como a videojogos. Veja-se Ifeoma Ajunwa, "The paradox of automation...", *cit.*, p. 26-27.
70. Allan Costa/Chris Cheung/Max Langenkamp, "Hiring Fairly..." *cit.*, p. 14. Veja-se, ainda, Nicol Turner Lee/Paul Resnick/Genie Barton (Center for Technology Innovation), *Algorithmic bias detection and mitigation...*, *cit.*, s/ p.
71. Jon Kleinberg/Jens Ludwig/Sendhil Mullainathany/Cass R. Sunstein, "Discrimination in the age...", *cit.*, p. 141 e ss.
72. Compreende-se, assim, que, com frequência, se aluda a este fenómeno designando-o como de discriminação *estatística*. Cfr., por exemplo, Betsy Anne Williams/Catherine F. Brooks/Yotam Shmargad, "How Algorithms Discriminate...", *cit.*, p. 88.
73. Sobre o ponto, Solon Barocas/Andrew D. Selbst, "Big Data's...", *cit.*, p. 691-692; Jenny R. Yang, "Ensuring a future...", *cit.*, p. 7.

duzem, em virtude das correlações estabelecidas, à seleção de sujeitos em função da sua inserção ou não em categorias sociais protegidas – leva-nos a concluir que também pode, na realidade, ocorrer discriminação consciente e até deliberada, camuflada, porém, pela máscara do algoritmo e pela presunção de objetividade e acerto que se lhe imputa. Já nos referíramos, com efeito, ao fenómeno do *masking*[74]. Como explicam Solon Barocas e Andrew D. Selbst[75], "qualquer forma de discriminação que ocorra não intencionalmente pode também ser orquestrada intencionalmente[76]. Basta que quem monitoriza o algoritmo consiga perceber as *correlações*, *hoc sensu*, que ele estabelece para, querendo selecionar pessoas em função do fator *x*, instrua o algoritmo para as escolher em razão do *y*, por sua vez comprovadamente *correlacionado* com aquele primeiro.

4. COMBATE À DISCRIMINAÇÃO POR VIA ALGORÍTMICA – BREVES NOTAS SOBRE OS DESAFIOS E FORMAS DE SUPERAÇÃO

Assistindo-se a uma preocupação já assinalavelmente disseminada relativamente ao conjunto de problemas descritos, podem identificar-se, entre os caminhos de solução propostos, expedientes jurídicos e outros não jurídicos.

De entre os primeiros, sem prejuízo de irem sendo gizadas outras soluções[77], apela-se, desde logo e sem surpresa, ao Direito Antidiscriminação. A verdade, porém, é que

74. Remetemos para o ponto I-2 e bibliografia aí indicada.
75. Solon Barocas/Andrew D. Selbst, "Big Data's...", *cit.*, p. 692.
Sobre a questão, veja-se, ainda, Pauline T. Kim, "Data-driven discrimination at work", *William & Mary Law Review*, 2016-2017, volume 58, p. 857-936 [884 e ss.].
76. Por os resultados do algoritmo poderem ser intencionalmente influenciados pelos sujeitos que o põem em funcionamento, de acordo com os intentos pretendidos, alguns Autores já se têm pronunciado acerca da possibilidade de levar a cabo atos de discriminação positiva – favorável a grupos protegidos – através de inteligência artificial. Em especial, Jason R. Bent, "Is algorithmic affirmative action legal?", *The Georgetown Law Journal*, volume 108, p. 803-854 [824 e ss.], e Thomas B. Nachbar, "Algorithm Fairness...", *cit.*, p. 53 e ss.
77. Uma das vias de solução passa pelo regime da proteção de dados pessoais. Com efeito, o problema do tratamento algorítmico de dados, desde logo para efeitos de seleção de trabalhadores, pode ser encarado a esta luz, designadamente à luz do Regulamento Geral de Proteção de Dados Pessoais 2016/679, de 27 de abril, cujo artigo 22.º, na linha do disposto no considerando §71 estabelece a regra segundo a qual "o titular dos dados tem o direito de não ficar sujeito a nenhuma decisão tomada exclusivamente com base no tratamento automatizado, incluindo a definição de perfis, que produza efeitos na sua esfera jurídica ou que o afete significativamente de forma similar", embora tal regra ceda, entre outras situações, quando existe consentimento explícito ao tratamento de dados para certo fim. Resta refletir sobre a genuinidade e, consequentemente, o valor deste consentimento nas relações entre candidatos a emprego/trabalhadores e (futuros) empregadores. Entre nós, Teresa Coelho Moreira, "Algumas implicações laborais do Regulamento Geral de Proteção de Dados", ***Questões Laborais***, 2017, n. 51, p. 9-34 [24-26] e, sobre o diploma português de execução daquele Regulamento, Teresa Coelho Moreira, "Dados pessoais: breve análise do art. 28.º da Lei n. 58/2019, de 8 de agosto", ***Questões Laborais***, 2017, n. 55, p. 41-62. Uma análise daquele artigo 22.º e em torno dos princípios reguladores do tratamento de dados pessoais, como o da transparência, é feita por Frederik Zuiderveen Borgesius, "Strengthening legal protection...", ***cit.***, p. 7 e ss., e ***Discrimination, artificial intelligence...***, ***cit.***, p. 21 e ss., e ainda por Miriam Kullmann, "Discriminating Job Applicants Through Algorithmic Decision-Making", janeiro-2019 (disponível em: https://papers.ssrn.com/sol3/papers.cfm?abstract_id=3373533). Uma abordagem maia ampla sobre a importância da privacidade no contexto dos Big Bata, pode ver-se em Betsy Anne Williams/Catherine F. Brooks/Yotam Shmargad, "How Algorithms Discriminate...", ***cit.***, p. 85 e ss.
Outros Autores exploram a via da responsabilidade civil. Sendo certo que o empregador é responsável, em primeira linha, pelos prejuízos que cause aos candidatos preteridos, pode equacionar-se haver lugar a uma compensação, suportada pelo programador, pelo risco associado à utilização do equipamento, que o empregador não domina, mas o programador compreenderá melhor. Como explicam Allan G. King/Marko J. Mrkonich ("'Big Data' and the risk...", ***cit.***, p. 583), o custo pode ser, para o empregador, excessivamente oneroso, se se pensar que ele paga

a sua mobilização se debate (não só, mas também e, talvez, em particular), no domínio aqui em análise, o dos sistemas algorítmicos, com obstáculos não despiciendos, não faltando mesmo quem sugira uma reinvenção deste segmento da ordem jurídica, com vista a que dê resposta efetiva aos problemas aqui em causa[78], nem quem, a este propósito, questione a ampla discricionariedade de que gozam, apesar de tudo, os empregadores quanto à escolha dos seus trabalhadores, manifestada na definição de parâmetros vagos como "alguém que reflita a imagem da empresa"[79].

Neste plano, assumiria particular relevo o conhecido expediente do favorecimento do sujeito exposto ao ato alegadamente discriminatório em matéria de prova, regra constante das Diretivas Europeias 2000/43/CE, 2000/78/CE e 2006/54/CE e vertido, entre nós, no artigo 25.º, n. 5, do Código do Trabalho. Segundo esta norma, cabe a quem alega discriminação indicar o *comparador, real ou hipotético*, em relação a quem se considera discriminado – o que supõe a identificação do(s) fator(es) de discriminação pretensamente em causa –, incumbindo ao empregador provar que a diferença de tratamento não assenta em qualquer fator discriminatório. Tratando-se de discriminação direta, caberá a este sujeito, designadamente, demonstrar que a diferenciação respeita o designado critério ocupacional, isto é, baseia-se num critério que, constituindo, em princípio, um fator de discriminação proibida, deve ter-se como relevante, atenta a natureza e as características da atividade em causa. No caso de discriminação indireta, ela descaracteriza-se enquanto tal quando o ato que, apesar de aparentemente neutro, tem um impacto mais significativo sobre os sujeitos de uma determinada categoria social, em comparação com os não pertencentes à mesma, possa considerar-se objetivamente justificado por prosseguir um fim legítimo, não discriminatório, em termos conformes ao princípio da proporcionalidade. Ao empregador cumpriria, pois, explicar qual a razão da sua atuação, convencendo sobre a razoabilidade do fim e dos meios[80].

Conforme explicámos anteriormente, a discriminação que mais amiúde ocorre no domínio em apreço é a indireta: aparentemente neutro, o mecanismo computacional produz resultados desequilibrados sobre sujeitos de diversas categorias sociais. Ora, este

---

o algoritmo e ainda se sujeita ao seu risco e perdas inerentes; desta forma, o programador poderia indemnizá-lo, ficando até, eventualmente, comprometido, por via contratual, a tal obrigação, por forma a cobrir o custo do risco, diretamente proporcionais entre si. Por esta razão, a doutrina também vem propondo, como diretriz importante, que os empregadores recebam formação sobre o funcionamento dos algoritmos a que recorrem (Jenny R. Yang, "Ensuring a future...", *cit.*, p. 12). Para Ifeoma Ajunwa ("The paradox...", *cit.*, p. 50 e ss.), um caminho interessante poderia ser o de perspetivar o sujeito afetado pelo sistema computacional, nomeadamente o candidato a emprego, como consumidor, que beneficiaria, ante a entidade responsável pela criação do algoritmo, do mecanismo da responsabilidade do produtor.

78. Thomas B. Nachbar, "Algorithm Fairness, Algorithmic Discrimination", *University of Virginia School of Law – Public Law and Legal Theory Research Paper Series*, 11-janeiro-2020 (disponível em: https://papers.ssrn.com/sol3/papers.cfm?abstract_id=3530053), p. 1-62 [41 e ss.]; Solon Barocas/Andrew D. Selbst, "Big Data's...", *cit.*, p. 694 e ss.; Jenny R. Yang, "Ensuring a future...", *cit.*, p. 8 e ss.

79. "The paradox of automation...", *cit.*, p. 37 e ss.

Certamente que esta preocupação extravasa o campo dos processos algorítmicos...

80. Sobre o assunto, veja-se, entre nós, Teresa Coelho Moreira, "O ónus da prova em casos de discriminação", ***Estudos de Direito do Trabalho – Igualdade e não discriminação***, Almedina, Coimbra, 2013, p. 79-127. Veja-se, ainda, Julie Ringelheim, Comprendre et pratiquer le droit de la lutte contre les discriminations, Anthemis, Liège, 2018, p. 138 e ss.

tipo de discriminação oferece dificuldades de monta no plano probatório; com efeito, como demonstrar esse impacto diferenciado? Independentemente da posição adotada – e são diversas – quanto à forma de fazer prova do impacto diferenciado, especialmente quanto à aplicabilidade do método estatístico[81] e ainda quanto ao problema do *quantum* de diferenciação necessário para se considerar existir discriminação, a verdade é que a demonstração da discriminação indireta, que é, por essência, *grupal*, supõe, justamente, o conhecimento do impacto do ato em causa sobre o *grupo* visado e sobre o *grupo comparador*[82].

Não é fácil, porém, lograr esta perceção, ao menos com a necessária nitidez, muito especialmente quando a diferenciação advém de um algoritmo. Na prática, *online* significa, quase sempre, à distância, como significa, em muitos casos. Os candidatos não se conhecem, não têm a noção, reciprocamente, de quem são os seus concorrentes. Tudo isto, por outro lado, pode ocorrer em extensa escala, porquanto os contactos *online* também potenciam o alargamento do universo e da diversidade dos candidatos. Não por acaso, os problemas associados à atuação dos algoritmos são apresentados, frequentemente, como um corolário da indústria dos *Big Data*[83]. Tais fatores adensam as dificuldades de demonstração de uma situação de discriminação indireta[84].

Também as agrava a opacidade dos mecanismos da inteligência artificial, uma opacidade que, de resto, bem pode encontrar guarida jurídica, porquanto o algoritmo é uma criação intelectual legalmente protegida[85]. Na ótica do utilizador, trata-se, efetivamente, de uma *caixa negra* contendo um emaranhado de fios e fusíveis que se lhe mostra pouco menos do que assustador. A falta de domínio do modo de funcionamento do algoritmo, além de inibir que sequer se questione o acerto dos seus resultados, obstaculiza a compreensão dos mesmos e, por conseguinte, a sua recondução a uma hipótese discriminatória, principalmente se não tiverem sido fornecidos dados sensíveis sobre a integração ou não nos grupos sociais em causa. Por outro lado, se, porventura, o empregador procurar demonstrar, para afastar a presunção de discriminação indireta, que teve em vista um propósito legítimo, por meios proporcionados, como pôr em causa que o algoritmo reflete esse objetivo, ou como convencer de que um distinto *modus operandi* algorítmico poderia ser menos lesivo do princípio da igualdade[86]?

A par do apelo ao Direito Antidiscriminação, a doutrina da especialidade vem sugerindo que se empreenda um esforço científico – humano, naturalmente – no sentido de reinventar a criação de algoritmos, para que eles incorporem ferramentas de controlo de resultados discriminatórios. Ainda a montante, propõe-se que as equipas de programação tenham uma composição, além de multidisciplinar, social ou categorialmente diversa

81. Com interesse, Júlio Gomes, *Direito do Trabalho, volume I – Relações Individuais de Trabalho*, Coimbra Editora, Coimbra, 2007, p. 396-398.
82. Algumas considerações sobre estes problemas podem ver-se, por exemplo, em Sandra Fredman, *Discrimination Law*, *cit.*, p. 183 e ss.; entre nós, Bruno Mestre, *Direito Antidiscriminação...*, *cit.*, p. 67 e ss.
83. Por exemplo, Allan G. King/Marko J. Mrkonich, "'Big Data' and the risk...", *cit.*
84. *Idem*, p. 566 e ss.; McKenzie Raub, "Bots, Bias and Big Data...", *cit.*, p. 545 e ss.; Pauline T. Kim, "Data-driven discrimination...", *cit.*, p. 901 e ss. e 932 e ss.
85. Allan Costa/Chris Cheung/Max Langenkamp, "Hiring fairly...", *cit.*, p. 30-31.
86. Sobre estas dificuldades, Allan G. King/Marko J. Mrkonich, "'Big Data' and the risk...", *cit.*, p. 563 e ss., e Pauline T. Kim, "Data-driven discrimination...", *cit.*, p. 920 e ss.

– se, popularmente, se entende que "duas cabeças pensam melhor do que uma", com facilidade se compreende que a junção de várias experiências, culturas e sensibilidades permite abranger um muito mais largo espectro de preocupações[87].

Quanto à programação do algoritmo, desde logo, como é evidente, impõe-se garantir que ele não faça escolhas diretamente assentes em fatores de discriminação. Por essa razão, aliás, embora, como já se referiu, alguns defendam que, em prol da transparência e do sucesso do controlo, eles devem ser fornecidos, há também quem sustente a ideia da *fairness through blindness* (aqueles dados devem ser subtraídos ao sistema algorítmico)[88].

Para além disso, defende-se que os responsáveis devem estar preparados para testar o sistema, mormente medindo o impacto dos resultados nos diversos grupos sociais, que pode ser anómalo[89] (*group fairness*[90]), e corrigindo-os – já existem *disparate learning processes* (*DLP*)[91], algoritmos desenhados para restringirem as disparidades de resultados –, ou preparando-os para funcionarem apenas como complemento de um processo que não deixe de envolver participação humana[92].

No entanto, a correção do sistema para que devolva resultados não discriminatórios não se mostra, de forma alguma, linear. É que a transposição do desiderato de justiça, ou, mais modestamente, de não discriminação para os sistemas computacionais vai traduzir-se numa fórmula abstrata, dificilmente capaz, por muito de traduzir o propósito de igualdade material. Por essa razão, a doutrina aponta o perigo da "armadilha do formalismo" (*formalismo trap*), que mais não garante do que uma aparência de justiça[93]. Com efeito, não resolve o problema, antes distorce o propósito de justiça, instruir o algoritmo para que, da área geográfica com o código postal *x*, tenha de selecionar sujeitos caucasianos e negros em igual número...

Sugere-se, por outro lado, que os programadores se comprometam, a título de mecanismo autorregulatório, através de uma declaração sobre o risco de impacto dis-

87. Neste sentido, Bruno Lepri/Nuria Oliver/Emmanuel Letouzé/Alex Pentland/Patrick Vinck, "Fair, Transparent, and Accountable...", cit., p. 621 e ss.; McKenzie Raub, "Bots, Bias and Big Data...", p. 568-569; Frederik Zuiderveen Borgesius, Discrimination, artificial intelligence..., cit., p. 28; Nicol Turner Lee/Paul Resnick/Genie Barton (Center for Technology Innovation), *Algorithmic bias detection and mitigation..., cit.*, s/ p. Sublinhando, a este propósito, que a indústria tecnológica é composta por uma larga maioria de homens e que este fator não será alheio ao sexismo dos seus resultados, Kimberly A. Houser, "Can AI Solve...", *cit.*, p. 292 e ss., e Rebecca Heilweil, "Why algorithms can be racist and sexist...", *cit.*

88. Jason R. Bent, "Is algorithmic affirmative...", *cit.*, p. 814; debatendo o ponto e concluindo que, para evitar classificações preconceituosas, dever-se-á, nuns casos, suprimir informação sobre dados sensíveis, mas, noutros, fornecê-la, Pauline T. Kim, "Data-driven discrimination...", *cit.*, p. 917-918.

89. Nicol Turner Lee/Paul Resnick/Genie Barton (Center for Technology Innovation), *Algorithmic bias detection and mitigation..., cit.*, s/ p.

90. Jason R. Bent, "Is algorithmic affirmative...", *cit.*, p. 817.

91. Manish Raghavan/Solon Barocas/Jon Kleinberg/Karen Levy, "Mitigating Bias...", *cit.*, p. 15.

92. Candice Schumann/Jeffrey S. Foster/Nicholas Mattei/John P. Dickerson, "We Need Fairness and Explainability in Algorithmic Hiring", *in Proceedings of the International Conference on Autonomous Agents and Multi-Agent Systems (AAMAS)*, 9 a 13 de maio de 2020, Auckland, New Zealand (disponível em: http://ifaamas.org/Proceedings/aamas2020/pdfs/p1716.pdf), p. 1716-1720, e McKenzie Raub, "Bots, Bias and Big Data...", p. 563 e ss.

93. Allan Costa/Chris Cheung/Max Langenkamp, "Hiring fairly...", *cit.*, p. 15-16; S. Corbett-Davies/ S. Goel, "The Measure and Mismeasure of Fairness: A Critical Review of Fair Machine Learning", Cornell University, arXiv:1808.00023 (disponível em: https://arxiv.org/pdf/1808.00023.pdf), p. 1-25 [9 e ss.].

criminatório (*bias impact statement*)[94], o que, obviamente, supõe uma avaliação das ferramentas criadas, sem prejuízo de os sistemas algorítmicos serem sujeitos a auditorias externas[95], também estas realizadas por equipas plurais e multidisciplinares, com acesso a informação sobre a inserção categorial dos sujeitos expostos à atuação do sistema[96].

Ainda no campo das boas práticas, tem-se proposto incrementar a literacia dos utilizadores em matéria de algoritmos, seu modo de funcionamento e riscos, como forma de mitigar a opacidade que caracteriza, atualmente, a forma como essas ferramentas são encaradas e traz, como se viu, dificuldades práticas de monta quando se mostra necessário litigar neste universo[97].

O acervo de sugestões de resolução dos problemas apresentados a que vimos de aludir não esgota as que têm sido gizadas e a profundidade com que vêm sendo exploradas, nem reflete a profusão de estudos científicos o assunto e de relatórios e guias de boas práticas, com substrato ético, que variadíssimas entidades têm emanado, destinados quer às entidades criadoras e utilizadoras de algoritmos, quer aos seus utilizadores[98]. O

---

94. *Idem*, s/ p.
    Os Autores propõem um *template* de autoavaliação, com um vasto elenco de perguntas direcionadas para detetar riscos de impacto discriminatório.
95. Betsy Anne Williams/Catherine F. Brooks/Yotam Shmargad, "How Algorithms Discriminate...", *cit.*, p. 97 e ss.; Jenny R. Yang, "Ensuring a future...", *cit.*, p. 13; Nicol Turner Lee/Paul Resnick/Genie Barton (Center for Technology Innovation), *Algorithmic bias detection and mitigation...*, *cit.*, s/ p.
    Já foi mesmo criado um modelo de *Algorithm Impact Assessment* (*AIA*) pelo *New York University's AI Now Institute*, que compreende momentos de apreciação interna e externa, bem como audiências públicas. Cfr. Nicol Turner Lee/Paul Resnick/Genie Barton (Center for Technology Innovation), *Algorithmic bias detection and mitigation...*, *cit.*, s/ p.; Ifeoma Ajunwa, "The paradox of automation...", *cit.*, p. 44 e ss., e, do mesmo Autor, "Automated Employment Discrimination", *Harvard Journal of Law and Technology*, n. 34 (disponível em: https://papers.ssrn.com/sol3/papers.cfm?abstract_id=3437631), p. 31 e ss.
96. Exemplos de como pode esta avaliação ser levada a cabo e de ferramentas eletrónicas para o efeito podem ver-se em Javier Sánchez-Monedero/Lina Dencik/Lilian Edwards, "What does it mean to 'solve' the problem of discrimination in hiring? Social, technical and legal perspectives from the UK on automated hiring systems", *Cornell University*, arXiv:1910.06144 (disponível em: https://arxiv.org/pdf/1910.06144.pdf), p. 1-11 [3 e ss.].
97. *Idem*.
98. Refiram-se alguns, a título de exemplo.
    O Governo americano apresentou, no dia 07 de janeiro de 2020, uma lista de dez princípios a serem aplicados pelas agências federais para controlo do uso da inteligência artificial no setor privado (*Guidance for Regulation of Artificial Intelligence Applications*, disponível em: https://www.whitehouse.gov/wp-content/uploads/2020/01/Draft-OMB-Memo-on-Regulation-of-AI-1-7-19.pdf). Um documento similar, embora de fonte distinta, é o seguinte: Osonde A. Osoba, Benjamin Boudreaux, Jessica Saunders, J. Luke Irwin, Pam A. Mueller, Samantha Cherney, *Algorithm Equity – a framework for social appplications*, Rand Corporation, Califórnia, 2019 (encontra-se disponível em: https://www.rand.org/content/dam/rand/pubs/research_reports/RR2700/RR2708/RAND_RR2708.pdf).
    No espaço jurídico britânico, foi publicado um estudo de similar natureza pelo Centre for Data Ethics and Innovation – Michael Rovatsos/Brent Mittelstadt/Ansgar Koene, *Landscape summary: Bias in algorithm décision-making* (disponível em: https://assets.publishing.service.gov.uk/government/uploads/system/uploads/attachment_data/file/819055/Landscape_Summary_-_Bias_in_Algorithmic_Decision-Making.pdf).
    Várias organizações supranacionais, desde a Organização Internacional do Trabalho, até à Organização para a Cooperação e Desenvolvimento Económico (Recommendation of the Council on Artificial Intelligence," Organization for Economic Co-Operation and Development, de 21-maio-2019, em https://legalinstruments.oecd.org/en/instruments/OECD-LEGAL-0449), e ainda a União Europeia ("Ethics Guidelines for Trustworthy AI," European Commission, de 08-abril-2019, em https://ec.europa.eu/digital-single-market/en/news/ethics-guidelines-trustworthy-ai) também têm emitido linhas de conduta a este propósito. Veja-se, ainda, o *White Paper – How to Prevent Discriminatory Outcomes in Machine Learning*, de março de 2018, do World Economic Forum (Global Future Council on Human Rights 2016-2018) (http://www3.weforum.org/docs/WEF_40065_White_Paper_How_to_Prevent_Discriminatory_Outcomes_in_Machine_Learning.pdf). Cfr. Jenny R. Yang, "Ensuring a future...", *cit.*, p.

que parece certo é que a inteligência humana está a preparar-se para conviver da forma mais profícua possível com a artificial, a qual, por seu turno, às vezes parece estar em vias de trair o criador.

5. CONCLUSÃO

Muitos de nós já nos teremos, porventura, habituado a que um certo *duende invisível* adivinhe, quase sempre com acerto, a música que queremos ouvir de seguida no *Spotify*, ou a série da *Netflix* que gostávamos mesmo de acompanhar[99]. Mesmo sabendo que ele não possui capacidade divinatória – pois que, afinal, lhe dizemos quase tudo o que é preciso, se não mais –, é-nos cómoda, normalmente, a sua presença. Se, porém, nos dissessem que a circunstância de ouvirmos sempre música africana ou filmes sobre a luta contra o *apartheid* nos faz aparecer, algures no entrelaçado das correlações computacionais, como sujeitos de raça negra e que tal poderia levar a que fôssemos preteridos como candidatos a um certo emprego, talvez que nos alarmássemos. Acalmaríamos se soubéssemos que, ainda assim, o anúncio nos seria visível, que teríamos ocasião de mostrar as nossas elevadíssimas qualificações para o cargo e que, a partir de então, não mais importaria o tom da nossa pele.

O que vimos de dizer pode sintetizar-se nas palavras de Nicol Turner Lee, Paul Resnick e Genie Barton[100]: "[a] justiça não é uma determinação matemática, mas humana, fundada em convicções éticas comuns. Por isso, as decisões algorítmicas que possam ter um impacto sério na vida das pessoas requerem um envolvimento humano". De resto, acrescenta Thomas B. Nachbar[101], "só a inteligência humana é capaz de responder à questão aberta *porquê?*"[102], embora o interlocutor possa ficar (con)vencido, ou não.

Naturalmente que vemos como desejável a regulação – e não apenas através de *soft law* – do recurso à inteligência artificial, pelo menos quando ela incida sobre domínios importantes da vida humana, como o da seleção para um emprego. Sem dúvida que aplaudimos os esforços já hoje envidados e, por certo, a incrementar no futuro, dos matemáticos, investigadores e técnicos da área da computação com vista a aperfeiçoar o funcionamento da inteligência artificial. Bem sabemos que, hoje, o jogador virtual de xadrez já pode sê-lo, de facto, em vez de um homem mascarado. Mas estamos em crer que a mente e a mão humanas não são inteiramente substituíveis. De resto, um xeque-mate cara a cara terá sempre outro gosto, o de vencer um igual.

8, e Nicol Turner Lee/Paul Resnick/Genie Barton (Center for Technology Innovation), *Algorithmic bias detection and mitigation...*, *cit.*, s/ p.

99. Os exemplos são de McKenzie Raub, "Bots, Bias and Big Data...", *cit.*, p. 535.

100. *Algorithmic bias detection and mitigation...*, *cit.*, s/ p.

101. "Algorithm Fairness...", *cit.*, p. 46.

102. Ambas as traduções são da nossa responsabilidade.

58 INTELIGÊNCIA ARTIFICIAL E TRIBUTAÇÃO DE SERVIÇOS NO BRASIL: ENSAIO SOBRE AS PLATAFORMAS DE TRANSPORTE E CARROS AUTÔNOMOS

Barbara das Neves

Advogada. Mestre em Direito Tributário pela Universidade Federal do Paraná (UFPR). Especialista em Direito Tributário pelo Instituto Brasileiro de Estudos Tributários (IBET). Graduada em Direito pelo Centro Universitário Curitiba e em Ciências Contábeis pela Universidade Federal do Paraná (UFPR). Membro da Comissão de Direito Tributário da OAB-PR. Professora em cursos de pós-graduação. Endereço eletrônico: barbaradasneves@gmail.com

Dayana de Carvalho Uhdre

Procuradora do Estado do Paraná. Doutoranda pela Universidade Católica de Lisboa. Mestre em Direito do Estado pela Universidade Federal do Paraná - UFPR. Pós-Graduada pelo Instituto Brasileiro de Estudos Tributários - IBET. Graduada em Direito pela Universidade Federal do Paraná - UFPR. Professora convidada em inúmeros cursos de pós-graduações. Membro da Comissão de Direito Tributário da OAB-PR. Diretora Acadêmica da Comissão de Inovação e Gestão da OAB-PR. Coordenadora do Grupo de Discussão Permanente de Criptoativos da OAB-PR.

Sumário: 1. Introdução: breve contextualização da realidade em que vivemos. 2. Descrição da problemática a ser enfrentada: breves notas sobre a Inteligência Artificial na automatização de carros, e potenciais reflexos jurídico-tributários. 3. Tributação de serviços no Brasil. 3.1 Repartição de competências no Brasil: origem dos nossos problemas. 3.2 O conceito de serviços e a evolução da jurisprudência no Brasil. 3.3 Afinal, podem os municípios cobrarem ISS sobre a funcionalidade prestada pelos carros autônomos? 4. Considerações finais. 5. Referências.

1. INTRODUÇÃO: BREVE CONTEXTUALIZAÇÃO DA REALIDADE EM QUE VIVEMOS

Presenciamos uma era de mudanças profundas na sociedade. Mudanças essas capitaneadas pela efervescência tecnológica, e que claramente impactam a economia, o direito, assim como as demais relações sociais de que fazemos parte. "Desmaterialização"[1], "desmonetização", "descentralização/distribuição", "digitalização" são temas, e realidades, cada vez mais recorrentes em nosso cotidiano. Trata-se de efeitos daquilo que

1. Disponível em: http://www.jornaleconomico.sapo.pt/noticias/desmaterializacao-da-economia-e-o-principal-desafio-da-maquina-fiscal-313582. Acesso em: 22 set. 2020.

catalogamos como "Quarta Revolução Industrial", ou "Revolução 4.0", que se sustenta nas mudanças propiciadas pela Terceira Revolução, e avança em níveis jamais imagináveis e, ainda nesse momento, não dimensionáveis.

Em apertada síntese, a Primeira Revolução Industrial, principiada em meados do século XVIII pela mecanização da fiação e da tecelagem (que transformou a indústria então existente e originou outras, tais como máquinas operatrizes, manufatura do aço, motor a vapor, etc), tornou o mundo mais próspero[2]. Já a Segunda Revolução, deflagrada entre 1870 e 1930, caracterizou-se pelo poder inovador da energia elétrica (rádio, telefone, televisão, motor de combustão interna que possibilitou a existência de automóveis, avião e seus ecossistemas), e fora responsável pelo início do que conhecemos como mundo moderno[3].

A Terceira Revolução Industrial, iniciada em meados do século XX, e marcada pelo avanço das tecnologias da informação e da computação digital, possibilitou o início da era digital[4]. A Quarta a seu turno, estende e transforma os sistemas digitais então imperantes. É dizer, as tecnologias nascentes nessa nova revolução são todas integradas e construídas sobre os recursos e sistemas desenvolvidos pela Terceira Revolução. Justamente por isso, há quem alegue se tratar apenas de uma continuação da própria revolução digital[5]. No entanto, o que as apartam é o fato de que as tecnologias da Quarta Revolução "prometem causar disrupções até mesmo aos sistemas digitais atuais e criar fonte de valor inteiramente novas"[6].

De se pontuar que a atual revolução tem como uma das pedra de toque a intensa convergência entre o que podemos chamar genericamente de "blocos de construções". Vivenciamos, nos vários campos humanos inúmeras revoluções paralelas e simultâneas. É como se cada um dos microcosmos tecnológico, científico, social, psicológico (entre outros), estivesse vivenciando sua própria metamorfose. Vemos no contexto tecnológico a eclosão, dia a dia, de inúmeras ferramentas que visam otimizar o uso das anteriores (Internet, Smartphones, Internet das Coisas, Inteligência Artificial, Energia Renovável, Impressora 3D, Realidade Aumentada, Robótica, Nanotecnologia). Da mesma forma, testemunhamos revoluções nos campos econômico (economia compartilhada, economia circular, "*smart grids*" energéticos, veículos autônomos, telemedicina, tokenização de ativos), e social (mudanças climáticas, aumento da expectativa de vida, declínio nas taxas de natalidade, globalização, urbanização, conectividade, redes sociais, poder da informação, a utilização de "*fake news*").

Feito esse parênteses, e retomando a linha condutora relacionada às revoluções industriais, é de se perceber que em todos esses momentos vivenciamos profundas

2. SCHWAB, Klaus. *Aplicando a Quarta Revolução Industrial*. Tradução de Nicholas Davis. São Paulo: Edipro, 2018, p. 37.
3. SCHWAB, Klaus. *Aplicando a Quarta Revolução Industrial*, cit., p. 38.
4. SCHWAB, Klaus. *Aplicando a Quarta Revolução Industrial*, cit., p. 38.
5. "Evidentemente, há uma área borrada entre o que se pode definir como tecnologia da Terceira ou da Quarta revolução, mas é uma discussão bizantina, irrelevante, pois é preponderante e inegável que estamos vivenciando o limiar de transformações disruptivas e avassaladoras (...)" VENTURI, Jacir. Estamos no limiar da Quarta Revolução Industrial. *Gazeta do Povo*, 04 fev. 2018. Disponível em: https://www.gazetadopovo.com.br/opiniao/artigos/estamos-no-limiar-da-quarta-revolucao-industrial-885y6uwhv24ams3xr5pd0eykw. Acesso em: 13 out. 2020.
6. SCHWAB, Klaus. *Aplicando a Quarta Revolução Industrial*, cit., p. 52.

transformações no modo como interagimos, produzimos e consumimos, pressionando os Estados a se readequarem a esses novos paradigmas. E assim o é porque a regulamentação jurídica das relações sociais serve de norte e proteção àqueles que se aventuram empreender e interagir em dada ordem estatal.

Em outras palavras, o direito é o elemento essencial à garantia de segurança nos relacionamentos interpessoais. A uma porque traduz as expectativas do comportamento esperado das partes que se inter-relacionam, previsibilidade essa que possibilita os acordos/acertamento entre os envolvidos. A duas porque tal previsibilidade é assegurada pelo poder coercitivo estatal. Em suma, previsibilidade das condutas e a garantia de suas observâncias (certeza) concretizam a propalada segurança jurídica das relações sociais – possibilitando-as e incentivando-as.

O desenvolvimento da Economia Digital[7], consequência direta das mudanças propiciadas pelo avanço tecnológico da Quarta Revolução Industrial, tem instaurado uma nova realidade econômica representada pela mudança para uma concepção de mercado baseada na informação, bens e serviços intangíveis, assim como em novas formas de trabalho e organização institucional. É dizer, a Economia Digital inaugurou novas formas de consumo, produção e intermediação de negócios na economia globalizada ao viabilizar o uso de ferramentas ou utilidades para ampliar a produção, aumentar o conhecimento sobre os consumidores, além de permitir a realização de negócios multilaterais por meio da internet[8].

Tal mudança tem impactos significativos na própria dinâmica capitalista: as maiores empresas do mundo estão em um ambiente virtual[9], o que era impensável há 50 anos, especialmente ao Direito. Destarte, a regulação jurídica, e a jurídico-tributária notadamente, não tem conseguido acompanhar a velocidade das transformações desencadeadas pela Economia Digital, gerando inúmeros problemas, indefinições e perplexidades jurídicas, de difícil (senão impossível) solução face ao *status quo* normativo.

A economia atual tem acarretado, portanto, um cenário de incertezas jurídicas. Incertezas relativamente ao eventual enquadramento das atividades em alguma disciplina normativa, assim como quanto à própria eficácia das discussões travadas hoje – afinal, o surgimento e desaparecimento de mercados pode se dar de forma bastante acelerada. Diante disso, há evidente necessidade de mutação das espécies legais em virtude das várias utilidades trazidas pelas novas tecnologias. Para o direito tributário, a consequência inevitável deste cenário é a dificuldade em se identificar a realidade material passível de

7. Uma das conclusões explicitadas no Relatório Final da Ação 1 do plano Beps (*base erosion and profit shifting*), que analisara os desafios tributários da economia digital era a de que a economia estava se tornando ela mesmo digital. Assim, não parece mais ser possível se delimitar o que seria a economia digital dentro do universo econômico global. É dizer, a economia digital não é apenas uma parte específica da economia, mas a própria economia, ou ao menos cada vez mais o é. No original (relatório): "the digital economy is increasingly becoming the economy itself, it would be difficult (if not impossible) to ring-fence the digital economy from the rest of the economy for tax purposes" OECD (2015). Tax Challenges Arising from Digitalisation – Interim Report 2018: Inclusive Framework on BEPS, OECD/G20 Base Erosion and Profit Shifting Project, OECD Publishing, 2015.
8. ASSEN, Yuri; ROMÃO, Raphael. Economia digital e tributação. *Migalhas*, 04 maio 2018. Disponível em: https://s.migalhas.com.br/S/540909. Acesso em: 16 out. 2020.
9. Consoante estudo da Brand Finance Global Ranking, disponível em: http://brandirectory.com/league_tables/table/global-500-2017. Acesso em: 16 out. 2020.

sofrer a incidência normativa. E, mais ainda, de eventualmente enquadrá-la nas categorias jurídico legais existentes.

Reflexo disso é a discussão inerente à tributação dos *softwares*, por exemplo. Há quase vinte anos restou definido pelo Superior Tribunal de Justiça[10] que os *softwares* feitos por encomenda, sob medida às necessidades do contratante, seriam produto da prestação de um serviço, devendo ser tributados pelo ISS (Imposto sobre Serviços). Já os programas escritos de maneira prévia, padronizados e comercializados de forma não individualizada (*software* de prateleira), deveriam ser tratados como mercadorias, sujeitos, portanto, ao ICMS (Imposto sobre operações de Circulação de Mercadoria). Naquela época, o entendimento foi o de que esses *softwares* comercializados ao público, de forma genérica, eram ofertados por intermédio de suportes físicos (CD's ou DVD's). É dizer, existia um *corpus mechanicum* a caracterizar mercadoria, sujeitando a operação à incidência do tributo estadual.

Ocorre que, com o avanço tecnológico, restou afastada a necessidade de suportes físicos (*corpus mechanicum*) para que tais programas fossem comercializados. A disponibilização do *software* pode se dar por meio do *download* no aparelho eletrônico do usuário ou mesmo na nuvem. O Supremo Tribunal Federal já se manifestou, ainda que liminarmente[11], no sentido de ser irrelevante o suporte físico para fins do enquadramento do *software* de prateleira à incidência do ICMS. Hugo de Brito Machado Segundo e Raquel Cavalcanti Ramos Machado salientam que tal entendimento pode indicar "possível equívoco no próprio entendimento inicialmente adotado (...), no que tange ao ICMS, que era considerado devido por conta da presença de um *corpus mechanicum*"[12].

De qualquer forma, o fato é que a questão, ao menos até o momento, não foi definida pela referida Corte[13]. Porém, essa discussão, quando e acaso definitivamente respondida, já estará ultrapassada ao contexto social em que proferida. É que hoje, conforme mencionado, as transações já são realizadas por meio da "computação em nuvem", ou "cloud computing", ambiente em que a utilização do *software* pode se dar de forma remota, pela internet, sequer exigindo *download* no equipamento do usuário.

O que queremos com isso salientar é que há um descompasso significativo entre as soluções e/ou respostas jurídicas oficiais face às "novas categorias" de operações socioeconômicas engendradas pelo desenvolvimento tecnológico. Daí se mostrar em todo relevante um olhar atento ao entorno a fim de se antecipar (ainda que minimamente) tendências, e trazê-las à discussão.

Tal é o intento desse pequeno artigo: trazer a baila reflexões sobre os eventuais impactos jurídico-tributários no uso de carros autônomos por plataformas de trans-

---

10. RMS 5.934/RJ, Rel. Ministro Hélio Mosimann, Segunda Turma, julgado em 04/03/1996, DJ 01.04.1996, p. 9892.
11. ADI n. 1945/ MT.
12. MACHADO SEGUNDO, Hugo de Brito; MACHADO, Raquel Cavalcanti Ramos. Tributação da atividade de armazenamento digital de dados. *In*: FARIA, Renato Vilela; SILVEIRA, Ricarod Maitto; MONTEIRO, Andre Luiz Moraes do Rêgo (Coord.). *Tributação da economia digital*: desafios no Brasil, experiência internacional e novas perspectivas. São Paulo: Saraiva Educação, 2018, p. 561.
13. Essa ADI já tramita há mais de 20 anos no E. STF. Teve seu julgamento iniciado em maio de abril de 2020, mas suspenso por pedido de vistas do Ministro Dias Toffoli. Em meados de setembro de 2020 fora incluído na pauta de julgamento do dia 28.10.2020.

porte, funcionalidades hoje desempenhada por intermédio de autorizatários (taxistas) ou aplicativos especializados no transporte particular individual de passageiros (Uber, Cabify, inDriver) através da economia compartilhada. São três as tecnologias que têm demonstrado maior potencialidade de uso nos próximos anos: *big data* (e *analytics*), *blockchain* e inteligência artificial[14]. E, no que tange a essa última ferramenta, uma (potencial) implementação que se mostra de próxima verificação concreta é justamente a dos chamados "carros autônomos".

Daí porque a escolha dessas autoras fora tratar justamente das possíveis repercussões jurídico-tributárias, no cenário brasileiro atual, nas operações econômicas em que os carros autônomos sejam utilizados como ferramentas, conexos a aplicativos, para a prestação de serviços de transporte particular de passageiros. Advirta-se, porém, que se trata de um artigo crítico, cuja pretensão é apenas o de organizar e contextualizar os embates que possam surgir nesse contexto. De cariz prospectivo, portanto. Esclarece-se, desde já, nossa opção metodológica pelo construtivismo lógico-semântico.

2. DESCRIÇÃO DA PROBLEMÁTICA A SER ENFRENTADA: BREVES NOTAS SOBRE A INTELIGÊNCIA ARTIFICIAL NA AUTOMATIZAÇÃO DE CARROS, E POTENCIAIS REFLEXOS JURÍDICO-TRIBUTÁRIOS

Antes de ingressarmos no ponto central do nosso artigo, é em todo profícuo uma breve introdução aos conceitos de *Inteligência Artificial* e de carros autônomos. É fato que a oferta de acesso ininterrupto a uma infraestrutura compartilhada de recursos computacionais customizáveis e passíveis de serem consumidos a medida do necessário (*cloud computing*), somada ao crescimento da capacidade de armazenamento dos chips eletrônicos *pari passu* a diminuição de seus custos, e à simplicidade na transferência de dados via internet formaram o ambiente perfeito para que a Internet das coisas (IOT) e a Inteligência Artificial (IA) se desenvolvessem, em diferentes áreas de pesquisa. De se recordar que, como mencionado na introdução do presente artigo, vivenciamos a era em que tecnologias convergem para se atingir um escopo determinado, daí não ser inusual muitos dos experimentos com IA estarem conexos a soluções em IOT. No entanto, em que pese tal possibilidade, nosso foco será nessa segunda tecnologia (IA).

Centrando-nos em IA, é de se pontuar inexistir uma definição que lhe seja unívoca. No entanto, parece-lhe central a noção de "inteligência": afinal, é ela o ideal intentado. Inteligência, consoante Demeke Gebresenbet Bayyou, pode ser descrita como a habilidade humana mental de raciocínio em geral, o que envolveria, dentre outras, as habilidades de raciocinar, planejar, resolver problemas complexos, delinear abstratamente, compreender ideias, aprender com a experiência. E, Inteligência Artificial, a seu turno, pode

14. Sobre isso interessante mencionar que o Ministério da Ciência, Tecnologia, Inovações e Comunicações editou, em início de março desse ano, resolução para inserir matérias ligadas a blockchain, big data e inteligência artificial no Programa de Rede Nacional de Ensino e Pesquisa. Trata-se da Resolução 01/2020, do Comitê da Área de Tecnologia da Informação, pertencente àquele Ministério. Matéria Disponível em: https://cointelegraph.com.br/news/governo-inclui-inteligencia-artificial-blockchain-e-big-data-em-diretrizes-para-pesquisa-e-educacao, acesso em: 27 set. 2020. Já a resolução está disponível em: https://www.in.gov.br/en/web/dou/-/resolucao-n-1-de-4-de-marco-de-2020-246502263. Acesso em 27 set. 2020.

ser compreendida como o ramo da ciência da computação que se refere a um conjunto de técnicas da ciência da computação que permitem aos sistemas realizarem tarefas que normalmente requereriam inteligência humana, como a percepção visual, reconhecimento de fala, tradução de linguagem e tomada de decisão usando *machine learning* e *deep learning* baseado em algoritmos. Trata-se de ferramenta com capacidade de análise de dados poderosa que permite aos computadores aprenderem e se adaptarem de forma independente[15].

Embora existam diferentes instâncias de IA[16], sua pesquisa e prática compartilham tecnologias comuns, como *machine* e *deep learning*[17], sendo vários os setores socioeconômicos potencialmente impactados por seu desenvolvimento, a exemplo[18] do transporte. Estimativas do *U.S National Highway Traffic Safety Administration – NHTSA*[19] indicam que 94% dos acidentes com veículos automotores são causados por falhas humanas. Veículos automotores não ficam cansados, ou se distraem, não consomem bebidas alcoólicas, nem infringem as regras de trânsito. Veículos que se autoconduzem têm portanto o potencial de aumentar a segurança e diminuir os acidentes - e por conseguinte, minorar os custos com assistência ou previdência social. Outros benefícios apontados como decorrentes da adoção generalizada de veículos autônomos é a melhoria no comportamentos dos

15. BAYYOU, Demeke Gebresenbet. Artificially Intelligent Self-Driving Vehicle. Technologies, Benefits and Challenges. *International Journal of Emerging Technology in Computer Science & Eletronics* (IJTCSE), v. 26, n. 3, abr. 2019, p. 5.
16. Trata-se, a IA, de novos algoritmos inteligentes capazes de simular o raciocínio humano e o aprendizado por meio de análises semânticas, representações simbólicas, aprendizagem estatística, redes neurais etc. Na tecnologia de machine learning, há a criação de novos algoritmos a partir do algoritmo raiz sem interferência humana. Tal tecnologia extrapola o mero processamento de dados e se ajusta para resolver problemas novos em cenários imprevisíveis. PIRES, Thatiane Cristina Fontão; SILVA, Rafael Peteffi da. A responsabilidade civil pelos atos autônomos da inteligência artificial: notas iniciais sobre a resolução do Parlamento Europeu. *Revista Brasileira de Políticas Públicas*, Brasília, v. 7, n. 3, 2017, p. 242.
17. *Machine* e *deep learning* são subconjuntos da inteligência artificial. E o *deep learning* é um subconjunto do *machine learning*. É dizer, *machine learning* é uma técnica de IA, e o *deep learning* é uma técnica de *machine learning*. Nos primeiros dias da IA, o campo contava com regras e algoritmos embutidos em código. Jogar xadrez contra uma IA é um exercício de força computacional bruta; o programa de computador analisa todas as séries possíveis de movimentos e escolhe aquele com o melhor resultado. Embora esses sistemas possam parecer inteligentes, eles dependiam de sua inteligência programada - eles não têm capacidade de aprender com a experiência por conta própria. O *machine learning* inverte tal paradigma. Em vez de depender de regras codificadas para resolver problemas, um algoritmo de *machine learning* é treinado, sendo alimentado com dados do mundo real. O algoritmo de *machine learning* cria então um modelo que procura padrões entre os dados fornecidos e o que se está tentando prever. Esse modelo pode fazer previsões para coisas novas que nunca se viu antes. Percebe-se que este sistema de *machine learning* não depende de regras programadas por humanos; em vez disso, é aprendê-los com base em dados reais. As técnicas de machine learning, isto é, o caminho a se percorrer são vários (*multiple regression, decision tree*, etc), sendo o *deep learning* uma delas. Apertada síntese, os sistemas de *deep learning* são feitos de camadas de "neurônios virtuais". A função de cada neurônio é simplesmente somar as entradas que chegam a ele e decidir se dispara um sinal de saída para a próxima camada de neurônios acima dele. Cada neurônio em uma camada está conectado a todos os neurônios nas camadas da rede acima e abaixo dela. Ao aprender os pesos ideais para cada uma dessas conexões, essa rede neural pode resolver uma ampla variedade de problemas, da mesma forma que seu próprio cérebro. Mesmo que uma rede neural seja um conceito simples, o grande número de conexões entre os neurônios significa que eles podem representar problemas muito complexos. Sobre o assunto, cite-se, dentre todos: RUSSELL, Stuart; NORVIG, Peter. *Inteligência Artificial*. 3. ed. Tradução de Regina Célia Simille. Rio de Janeiro: Elsevier, 2013.
18. Poderíamos citar ainda os setores de saúde, educação, energia, segurança pública e segurança, emprego e local de trabalho e entretenimento etc.
19. Taxonomy SAE. Definitions for terms related to driving automation systems for on-road motor vehicles. SAE (Society for Automotive Engeneers International). *Taxonomy SAE*. Definitions for terms related to driving automation systems for on-road motor vehicles. SAE Standard J, 2016, 2016.

passageiros (que passariam a desfrutar do trajeto, usufruindo dos entretenimentos ofertados pelas máquinas), otimização do tráfego viário e externalidades positivas ambientais (diminuição da emissão de gases estufas, e, por consequência, da poluição)[20].

Não sem razão, portanto, o furor em torno do assunto. Inicialmente, é de se esclarecer que a locução "carros autônomos" pode evocar significados distintos, consoante o destinatário da mensagem. Há quem atrele àquela expressão apenas ao ideal de veículos que se autoconduzem de forma completamente independente de qualquer interferência humana. Outros identificarão como tal carros que, em que pese deterem o elemento humano (concomitantemente ou subsidiariamente), são dotados de certo grau automação[21]. De qualquer forma, o que parece ser a tônica para se identificar um veículo como autônomo é o desempenho pela máquina de uma ou mais tarefas inerentes à condução desse veículo, e que até então eram realizadas apenas pela figura humana. A fim de trazer uma maior clareza – e padrão – à indústria de veículos automotores, entidades como *US Department of Transportation's Nacional Highway Traffic Safeety Administration (NHTSA)* e *German Federal Highway Research Institute (BASt)*[22] publicaram definições de "veículos autônomos" com base em seu grau de automação[23]. Uma das referências mais utilizadas é a Taxonomia de Automação de Condução J3016 publicada pela *Society for Automotive Engeneers* (SAE) *International*[24], que descreve seis níveis de veículos autônomos que vão desde o nível 0 (zero), carente de qualquer automação, até o nível 5 (cinco), de automação completa.

No entanto, a contínua automação dos veículos também traz potenciais efeitos negativos, e desafios ao *status quo* social. Referimo-nos, por exemplo, a diminuição (potencial) dos postos de trabalho, causada pelo avanço da Inteligência Artificial. Os veículos autônomos, por exemplo, poderiam tomar os postos de milhões de brasileiros que trabalham como motoristas de aplicativos (*Uber, Cabify, inDriver*)[25]. Como consequência, os Estados perderiam receita tributária oriunda em especial da contribuição previdenciária advinda da folha de salários. E, ao passo em que se perde tal fonte de financiamento do sistema social, sobrecarregar-se-ia essa mesma seguridade social: afinal, teríamos um potencial aumento de desempregados. Não por outra razão, e a fim de desincentivar a substituição de mão de obra humana por robôs e reforçar os cofres públicos para eventualmente fazer frente a tais questões, discute-se a instituição de um tributo relacionado ao uso de IA, chamado de *robot tax*[26].

---

20. SJAFRIE, Hanky. *Introdution to self-drive vehicle technology.* Boca Raton: CRC Press, 2020, p. 4-5
21. SJAFRIE, Hanky. *Introdution to self-drive vehicle technology*, cit., p. 3.
22. Em tradução livre, seriam "Administração Nacional de Segurança do Tráfego Rodoviário (NHTSA) do Departamento de Transporte dos EUA" e o "Instituto Federal de Pesquisa Rodoviária da Alemanha (BASt)".
23. SJAFRIE, Hanky. *Introdution to self-drive vehicle technology*, cit., p. 3.
24. Em tradução livre seria a Sociedade Internacional de Engenheiros Automotivos (SAE).
25. Acesso em: https://www.gazetadopovo.com.br/economia/breves/35-milhoes-de-brasileiros-trabalharam-como-motorista-de-aplicativo-em-2018/. Acesso em: 12 out. 2020.
26. Sobre o assunto, vide: KOVACEV, Robert. A Taxing Dilemma: Robot Taxes and the Challenges of Effective Taxation of AI, Automation and Robotics in the Fourth Industrial Revolution. *Ohio State Technology Law Journal*, v. 16, p. 182-218, 2020. Disponível em: https://ssrn.com/abstract=3570244. Acesso em: 04 out. 2020; MANN, Roberta F. I Robot: U Tax? Considering the Tax Policy Implications of Automation. *McGill Law Journal*, v. 64, n. 4, 2019. Disponível em: https://ssrn.com/abstract=3627881. Acesso em: 13 out. 2020; MACHADO SEGUNDO, Hugo de Brito. Tributação e inteligência artificial. *Revista Jurídica Luso-Brasileira*, ano 6, 2020; CALDAS, Filipe Reis.

Além desses debates, há ainda os inerentes à responsabilização civil por danos causados por ou decorrentes do uso de inteligência artificial. Sobre o assunto, merece notícia a iniciativa, da União Europeia, em propor regulamentação sobre o assunto. Referimo-nos à Resolução 2015/2103 (INL), de 16 de fevereiro de 2017, apresentada pelo Parlamento Europeu, em que propõe considerar que a responsabilidade por eventuais atos danosos recaia, inicialmente, sobre quem estiver mais bem colocado para oferecer garantias[27]. A Resolução também traça quatro características necessárias para a definição de robô autônomo inteligente: (i) a capacidade de adquirir autonomia através de sensores e/ou da troca de dados com o seu ambiente (interconectividade) e da análise destes dados; (ii) a capacidade de aprender com a experiência e com a interação; (iii) a forma do suporte físico do robô; e (iv) a capacidade de adaptar o seu comportamento e as suas ações ao ambiente[28]. Entretanto, poucos são os demais apontamentos que auxiliam de alguma forma o debate jurídico.

No Brasil, inexiste legislação (ou proposta de) tratamento do assunto. Assim, os casos que eventualmente se apresentem deverão ser analisados à luz do direito posto, em uma tentativa de subsunção da situação fática a algum dos esquadros normativos vigentes. Ocorre que as dificuldades não são poucas, visto que, consoante afirmado na introdução desse artigo, o sistema jurídico atualmente em vigor fora erigido com olhos em uma realidade já não mais existente. Buscar-se-á demonstrar tal dificuldade, e provocar as necessárias e inadiáveis reflexões através da proposição de um exemplo casuístico. Nosso foco são as implicações jurídico-tributárias de eventual oferta de transporte particular de passageiros, em carros completamente autônomos[29], por intermédio de aplicativo, à semelhança do negócio atualmente exercido pelo *Uber, Cabify* ou *InDriver,* por exemplo. A pergunta que norteará o próximo ponto do artigo é se, consoante o sistema posto, tal atividade deve, ou não, ser tributada, e caso se entenda que sim, por intermédio de qual tributo?

3. TRIBUTAÇÃO DE SERVIÇOS NO BRASIL

3.1 Repartição de competências no Brasil: origem dos nossos problemas

Muitos dos debates e polêmicas em torno do enquadramento jurídico-tributário das operações econômicas afetas à chamada economia digital se devem a escolha do legislador brasileiro quanto ao "método" de repartição de competência tributária entre os entes federados. Inicialmente, é de se esclarecer que a repartição de competências, no âmbito de um Estado Federal, tal qual é o brasileiro, compõe-se de normas gerais

---

Revolução tecnológica: a inteligência artificial como sujeito passivo tributário. *Consultor Jurídico*, 19 maio 2018. Disponível em: https://www.conjur.com.br/2018-mai-19/filipe-caldas-inteligencia-artificial-sujeito-passivo-tributario?utm_source=dlvr.it&utm_medium=facebook. Acesso em: 15 set. 2020.

27. PIRES, Thatiane Cristina Fontão; SILVA, Rafael Peteffi da. A responsabilidade civil pelos atos autônomos da Inteligência artificial, cit., p. 245.

28. UNIÃO EUROPEIA. Resolução do Parlamento Europeu, de 16 de fevereiro de 2017, com recomendações à Comissão de Direito Civil sobre Robótica (2015/2103(INL)). Parágrafo 1º.

29. Nível 5, e portanto máximo de automação, consoante a escala proposta pela US Department of Transportation's Nacional Highway Traffic Safeety Administration (NHTSA).

válidas para todo o território federativo e de normas locais válidas apenas para porções desse território, o dos Estados-membros e Municípios. Assim, a competência legislativa do Estado está dividida entre uma autoridade central (e um órgão legislativo central) e várias autoridades locais (órgãos legislativos locais)[30].

A Constituição brasileira de 1988 divide, de forma complexa, a competência legislativa entre União, Estados, Distrito Federal e Municípios: estabelecem-se áreas de competência privativa ou exclusiva de cada ente, assim como áreas comuns, de competência concorrente[31], caso da matéria tributária. Intuitivo, aliás, que a matéria tributária fosse de competência concorrente. Afinal, provisionar os entes de fontes de recursos próprias é *condito sine qua non* ao erigimento da própria federação. Daí que a atribuição de competência (legislativo) tributária a cada um, e a todos, os entes é mesmo estruturante do nosso Estado (de opção federada).

Nesse mister, a opção do legislador constituinte de 1988 fora o de atribuir a cada um dos entes federados âmbitos de competência legislativo-tributária próprios. Atribuíram-se, a cada um dos entes, "tipos" ou "conceitos"[32] identificadores de manifestações de riquezas passíveis de serem por eles tributados. Tecnicamente, trata-se de previsões de materialidade passíveis de serem tributáveis por cada um dos entes federados, em geral, de forma privativa. Assim, e nos atendo aos impostos sobre o consumo, a realização de operações com produtos industrializados é manifestação de riqueza apta a ser tributada pela União (por intermédio do IPI[33]), por exemplo. Já a realização de operações de circulação de mercadorias e a prestação de serviços de transporte intermunicipal, interestadual e de comunicação são materialidades afetas à tributação dos Estados- Membros (por meio do ICMS-Mercadoria, Transporte e Comunicação[34], respectivamente). E, as demais prestações de serviços (isto é, que não a de transporte intermunicipal, interestadual e/ou de comunicação) estão sob âmbito de competência municipal (sob a rubrica do ISS[35]).

Daí que a delimitação do que estaria sob a alçada de cada um dos entes federados perpassa necessária interpretação e enquadramento do que constituiria cada uma dessas materialidades. E aqui, por se tratar de matéria em que todos os entes federativos têm interesses contrapostos, assim como competências legislativas concorrente, o risco de prescrições potencialmente conflituosas é grande. Assim, há a necessidade de se minimizar tais conflitos interpretativos e/ou sobreposições normativas, garantindo-se um mínimo de harmonia no exercício das competências legislativas pelos entes federados[36].

E, é nesse ponto que ganham relevância, no sistema brasileiro, as normas gerais, veiculadas por instrumentos legislativos, que têm por função precípua a harmonização

30. KELSEN, Hans. *Teoria Geral do Direito e do Estado*. 4. ed. São Paulo: Martins Fontes, 2005, p. 451-452.
31. Fernanda Dias Menezes de Almeida salienta que tal concorrência objetiva "dar maior peso às ordens parciais no relacionamento federativos". ALMEIDA, Fernanda Dias Menezes de. *A repartição de competências na Constituição Brasileira de 1988*. São Paulo: Atlas, 2005, p. 129.
32. Consoante magistério de Luís Eduardo Schoueri, o constituinte se utilizou de tipos – e não conceitos – para apartar as realidades tributáveis de cada um dos entes federados. SCHOUERI, Luís Eduardo. *Direito tributário*. 4 ed. São Paulo: Saraiva, 2014, p. 269.
33. Art. 153, IV, da Constituição Federal.
34. Art. 155, II da Constituição Federal.
35. Art. 156, III da Constituição Federal
36. MOURA, Frederico Araújo Seabra. *Lei Complementar Tributária*. São Paulo: Quartier Latin, 2009, p. 117.

normativa mínima dentro de um Estado descentralizado. E, na seara tributária, as leis complementares[37] são os instrumentos, por excelência, vocacionados a veicularem ditas normas gerais. Destarte, a matéria tributária está dentro da chamada competência concorrente dos entes federativos, de forma que, consoante o art. 24 da Constituição Brasileira, cabe à União estabelecer as normas gerais e aos Estados-Membros (e Municípios) as normas suplementares (ou de aplicação). No que tange à matéria tributária, essas normas gerais deverão ser veiculadas por lei complementar, exigência do art. 146 da Carta Política[38]. Já as normas suplementares (ou de aplicação) serão introduzidas por meio de lei dos entes federais competentes.

Dito de outra forma, as normas gerais, em matéria tributária, seriam enunciados de caráter prescritivo, veiculados pela União e que devem – na maioria dos casos – serem seguidos por todas as pessoas jurídicas (pela própria União, pelos Estados, pelo Distrito Federal e pelos Municípios), quando produzirem suas normas jurídicas tributárias. Percebe-se que, em matéria tributária, essas leis complementares não são veículos de leis sobre tributação (normas de conduta), mas de leis sobre leis de tributação, normas de produção normativa (normas de estrutura)[39].

Assim, e a despeito do cuidado do nosso legislador constituinte em delinear (quase) exaustivamente as competências tributárias de cada ente federativo, podem ocorrer

37. O que caracteriza um diploma legislativo como lei complementar, no Brasil, é a expressa previsão, na Constituição Federal, das matérias que deverão por ela serem veiculadas, e o procedimento legislativo diferenciado, em que se exige sua aprovação por maioria absoluta dos parlamentares (art. 69 da CF).

38. Exigência essa conjugada ao quanto prescrito no artigo 24 da Constituição brasileira,

39. E, justamente por ser norma geral nada mais que norma sobre produção normativa, esclarecedora e/ou condicionante do exercício da competência pelos entes federativos, compartilhamos do entendimento de que a lei complementar tributária deteria apenas uma função: estabelecer normas gerais. É que no Brasil, persiste discussão acerca das funções da lei complementar em matéria tributária, travada entre as denominadas correntes dicotômica e tricotômica. Em apertada síntese, a teoria tricotômica acerca das funções da lei complementar no direito tributário parte da literalidade textual da Constituição. Assim, leitura do disposto no art. 146 da CF (anteriormente, art. 18, § 1º da Constituição de 1967) demonstra serem três as funções da lei complementar tributária: dispor sobre conflito de competências entre os entes federativos, regular as limitações ao poder de tributar e estabelecer normas gerais em matéria de legislação tributária. A teoria dicotômica criticava tal postura dos adeptos da teoria tricotômica (leitura literal dos postulados constitucionais), salientando que tal entendimento redundaria em afronta ao princípio da Federação e Autonomia dos entes federados, posto ampliar em demasia a competência da União ao lhe possibilitar legislar amplamente a rubrica de "normas gerais". Assim, para essa segunda corrente, os dispositivos constitucionais deveriam ser interpretados em cotejo com todo o ordenamento constitucional, evitando-se assim afronta àqueles princípios constitucionais. Entendiam que a lei complementar deteria, em verdade, apenas uma função: editar normas gerais. E, que tal lei complementar de normas gerais teria dois objetivos: dispor sobre conflito de competência entre as entidades tributantes e regular as limitações ao poder de tributar. Sobre o assunto, vide: SOUZA, Hamilton Dias de. Lei complementar em matéria tributária. *In*: MARTINS, Ives Gandra (Coord.). *Curso de Direito Tributário*. São Paulo: Saraiva: CEU, 1982, p. 31; SANTI, Eurico Marcos Diniz de. *Decadência e Prescrição no Direito Tributário*. São Paulo: Max Limonad, 2000, p. 86; CARVALHO, Paulo de Barros. *Curso de Direito Tributário*. 19. ed., rev. São Paulo: Editora Saraiva, 2007, p. 207 e ss. CARRAZZA, Roque. *Curso de Direito Constitucional Tributário*. 19. ed. São Paulo: Malheiros, 2004, p. 800 e ss. Nós comungamos da opinião de José Roberto Vieira, professor catedrático da Universidade Federal do Paraná: "Diante da infindável querela doutrinária acerca de lei complementar tributária, que se arrasta há décadas, já tivemos oportunidade de, entre as correntes tricotômica e dicotômica, optar por esta última, embora preferindo denominá-las 'unifuncional', uma vez que *sua única função é a de estabelecer normas gerais de Direito Tributário, que, por sua vez, têm três finalidades: dispor sobre conflitos 'de competência' e regular limitações da competência tributária (Constituição, artigo 146, I, II e III, a e b), bem como realizar alguns objetivos específicos (art. 146, III, c e d, e parágrafo único)*". VIEIRA, José Roberto Vieira. O papel da Lei Complementar no estabelecimento das fronteiras IPI x ISS: óculos para macacos. *IBET*, 2013, 2013.

interpretações dissonantes e potencialmente conflitantes[40] por parte deles, assim como desarmonias legislativas altamente desagregadoras. Daí, a necessidade de normas gerais tributárias. Normas estas que justamente nas áreas gris, passíveis de conflitos interpretativos por parte dos entes federativos, orientarão o cerne de atribuições de cada uma dessas pessoas políticas ("conflito de competências"); da competência, bem como harmonizarão o sistema tributário nacional, conferindo-lhe certa homogeneidade (em todo consentâneo a ideia de equilíbrio da Federação)[41].

O diploma que exerce precipuamente tal função no nosso ordenamento jurídico-tributário é o Decreto-Lei 5.172/66 (Código Tributário Nacional). Fala-se precipuamente porque é vocacionado - o CTN – a reger o sistema de uma forma geral e ampla, abrangendo todas as espécies tributárias. No entanto, para além dele há outras leis complementares, de cariz específico, disciplinadoras do ICMS (Lei Complementar 87/96) e do ISS (Lei Complementar 116/03). Ocorre que em nenhuma delas há uma definição do que consistiria cada uma das materialidades conexas a essas espécies tributárias. Todos esses diplomas indicam como "fato geradores" aptos a serem previstos pelos Estados Membros, em suas legislações ordinárias, como hipóteses de incidências tributárias a realização de "operações relativas à circulação de mercadorias"[42], ou "prestações de serviços de transporte interestadual e intermunicipal e de comunicação"[43], ou ainda "prestação de serviços constantes da lista anexa"[44].

É dizer, os diplomas de normas gerais apenas replicam a redação constante na Constituição Federal, sem trazer elementos que minudenciem em que consistiriam aquelas materialidades já referidas no plano constitucional. É como se tal "delineamento" já estivesse pressuposto no ordenamento jurídico, premissa essa reforçada pelo art. 110 do CTN[45]. É que estabelece referido artigo ser vedada à legislação tributária modificar o "conceito" de institutos de direito privado utilizados pelo constituinte na repartição da competência legislativo-tributária. Ocorre que os conceitos do que constituiriam operações com mercadorias, ou do que configuraria uma prestação de serviço não estão

40. Acerca desse assunto, José Roberto Vieira chama a atenção quanto a inexistência, em verdade de aludidos conflitos de competência. Salienta que ante o cuidado e exaustão na partilha constitucional das competências tributárias, seus eventuais "conflitos" já encontrariam solução na própria Carta Magna. Daí afirmar ser impossível logicamente os chamados "conflitos de competência". Nesse sentido, esclarece que os aludidos conflitos, a serem objeto de preocupações pela lei complementar, seriam os potenciais, em verdade, embates entre "(...) leis infraconstitucionais de mais de uma esfera de governo (...)", a implicarem invasões de competência por parte de uma delas. No entanto, destaca que tais "conflitos de lei" só são estabelecidos por existirem conflitos de interpretações entre os entes políticos: "(...) Eis, aqui, a natureza constitucional daquilo que a doutrina versa como 'conflitos de competência': secundariamente, conflitos legais; primariamente, conflitos hermenêuticos". VIEIRA, José Roberto Vieira. O papel da Lei Complementar no estabelecimento das fronteiras IPI x ISS, cit., p. 5-6.

41. Neste sentido, vide TÔRRES, Heleno Taveira. Funções das Leis Complementares no Sistema Tributário Nacional – Hierarquia de Normas – Papel do CTN no Ordenamento. *Revista Diálogo Jurídico*, Salvador: Centro de Atualização Jurídica, n. 10, jan. 2002, p. 2.

42. Art. 2º, I da Lei Complementar 87/96.

43. Art. 2º, II e III da Lei Complementar 87/96.

44. Art. 1º, *caput* da Lei Complementar 116/03.

45. Art. 110. A lei tributária não pode alterar a definição, o conteúdo e o alcance de institutos, conceitos e formas de direito privado, utilizados, expressa ou implicitamente, pela Constituição Federal, pelas Constituições dos Estados, ou pelas Leis Orgânicas do Distrito Federal ou dos Municípios, para definir ou limitar competências tributárias.

detalhados na legislação pátria, sendo objeto de debates doutrinários - e jurisprudências - até hoje não pacificados[46].

E, como se o caos instaurado já não fosse o suficiente, a digitalização da economia tem imposto mais debates, questionamentos, conflitos interpretativos e até guerras fiscais entre os entes federados. É que a ausência de um critério simples que identifique as materialidades atreladas a cada uma das espécies de impostos, de forma inequívoca, torna ainda mais difícil o trabalho dos intérpretes e aplicadores em catalogar operações jurídicas complexas em que tais materialidades acabam por se tornar muitas vezes fluidas. A complexidade, cada vez maior, dos negócios jurídicos celebrados[47], em que categorias até então (relativamente[48]) distinguíveis (prestação de serviços em geral *versus* operação de circulação de mercadoria, ou ainda prestação de serviços de comunicação) sobrepõem-se (ou mesmo se fundem), acabam por dificultar ainda mais (ou mesmo impedir) a identificação do tributo eventualmente incidente sobre eles.

Repita-se que tais dificuldades em se identificar o próprio tributo (ou tributos) passível (ou passíveis) de incidir no caso concreto é uma peculiaridade do sistema brasileiro, atrelado que está a um raciocínio cartesiano de atribuição de competência legislativo-tributária. Na Europa, por exemplo, o regime jurídico-tributário da comunidade enfrenta dificuldades face a digitalização da economia[49], porém identificar se é de uma operação mercantil ou prestação de serviços que se está a tratar certamente não é uma delas. É que no âmbito dessa comunidade a distinção leva em consideração a tangibilidade (mercadoria) ou não (serviços) do objeto da relação jurídico negocial travada. Trata-se, portanto, de um critério negativo, simples e em grande medida operacional: se não é operação mercantil (objeto tangível), então será prestação de serviço (intangível).

Daí conclui-se que, para além dos problemas naturalmente enfrentados pela ordem jurídico- tributária inerentes à mudança paradigmática engendrada pela atual revolução industrial (tais como determinação do local de realização da operação ou serviço, ou mesmo assegurar o correto recolhimento do tributo, etc), temos, aqui no Brasil, de enfrentar a definição dos critérios identificadores dos "tipos tributários" afetos às operações negociais complexas. Por se tratar de debates interpretativos não pacificados, a realidade é que não se tem uma resposta única aos problemas que se tem mostrado (e aos que tendem a aparecer), sendo mesmo casuísticas as discussões quanto à tributação a que estão sujeitas os negócios celebrados. Daí que desenvolver o raciocínio por meio

46. Referimo-nos, por exemplo, às discussões acerca do próprio conceito de "prestação de serviços", normalmente atreladas à definição de "operações mercantis". Sustenta-se, não sem resistências, que enquanto essas constituiriam obrigações de dar, prestar serviços consubstancia prestação de fazer, consoante as lições de direito civil. Ainda, há debates quanto ao que configuraria "mercadoria" (para fins de caracterização de operação mercantil): discute-se se a tangibilidade é, ou não, um atributo dessa categoria. Retomaremos o assunto, no que interessa aos fins do presente artigo, nos próximos tópicos.

47. No âmbito da internet das coisas, podem ser objeto de um mesmo contrato, ou de mais de um contrato, paralelamente celebrados, por exemplo, atividades de prestação de serviços de armazenamento e processamento de dados, venda de mercadorias, prestação de serviços de comunicações, serviços de valor adicionado, licenciamento de *software*. E é face a essa miríade de tabulações que devem ser identificados os impactos jurídicos tributários.

48. Consoante rapidamente mencionado há discussões doutrinárias e jurisprudências quanto aos conceitos das materialidades a que atreladas as competências tributárias. Mas, as zonas *gris* eram de menor monta, digamos assim.

49. Tais como o de se definir o local em que operações negociais são consideradas realizadas (a atrair a competência tributária), ou como se garantir a observância das normas vigentes (o *compliance*).

de um exemplo mostra-se útil para avançar nas discussões. Essa a proposta dos próximos tópicos, ilustrar o diagnóstico de tragédia anunciada do sistema jurídico-tributário brasileiro vigente para dialogar com a realidade presente e vindoura.

3.2 O conceito de serviços e a evolução da jurisprudência no Brasil

Conforme visto, a evolução da economia digital, especialmente em razão da utilização da inteligência artificial, acentuou ainda mais as dificuldades na interpretação quanto à correta incidência tributária diante das competências conferidas às pessoas políticas. Isso porque o texto legal foi originalmente concebido para transações realizadas por meio físico, com bens tangíveis, e com a participação direta de uma atividade humana.

A comercialização de mercadorias, que desde os primórdios da civilização estava vinculada à circulação física de bens, por meio de negociações pessoais, agora utiliza o comércio eletrônico, no qual as partes podem estar localizadas em qualquer lugar do país e, muitas vezes, do mundo, sem a necessidade do trânsito físico dos produtos. Além disso, o mercado passou a atribuir valor aos bens incorpóreos e serviços não mais baseados apenas no esforço físico dos indivíduos, mas especialmente em virtude das utilidades empregadas na prestação.

No entanto, justamente em razão do vertiginoso crescimento das atividades intangíveis, as transações realizadas em âmbito virtual chamaram a atenção das fazendas públicas, principalmente pela nítida manifestação de capacidade contributiva dessas novas realidades econômicas. Com efeito, acometidos pela ânsia arrecadatória por tais manifestações de riqueza, não demorou para que os entes federados passassem a, muitas vezes de maneira equivocada, atribuírem-se competência para tributarem as operações digitais sem a correta análise quanto às novas realidades apresentadas pela economia digital dentro dos feixes de poderes a eles conferidos pelo texto constitucional.

A lógica do sistema, conforme já explicitada, seria a de que possíveis conflitos de competência fossem resolvidos por meio da legislação complementar (neste caso, a Lei 5.172/66, LC 116/03 e LC 87/96). Entretanto, tais instrumentos normativos apenas repetem as disposições já previstas no texto constitucional, sem a devida "complementação" para as possíveis resoluções dos conflitos de competência.

Exemplo disso é a clássica discussão acerca da tributação sobre o licenciamento de *softwares* por meio de *download*. Não existem definições precisas no ordenamento jurídico acerca da tributação nos contratos de licenciamento, resultando em igual indefinição na jurisprudência dos tribunais superiores do país.

O *software*, nos termos da Lei 9.609/98, é um bem intangível que corresponde a um conjunto de comandos traduzidos em linguagem sistêmica, os quais são protegidos pelos direitos de propriedade intelectual conferidos ao autor, neste caso, o programador[50]. Trata-se, portanto, de um conjunto de comandos, traduzidos em linguagem sistêmica, por meio da extração, transformação, manipulação e exibição de dados, que permitem com

50. Nos termos da Lei 9.609/98, o *software* seria um programa de computador "de emprego necessário em máquinas automáticas de tratamento da informação, dispositivos, instrumentos ou equipamentos periféricos, baseados em técnica digital ou análoga, para fazê-los funcionar de modo e para fins determinados".

que diferentes instrumentos automatizados funcionem. Por seu turno, a Lei de Direitos Autorais (Lei 9.610/98) confere ao autor da obra (leia-se, o desenvolvedor do *software*) os direitos patrimoniais e morais relacionados ao desenvolvimento do programa.

Especificamente em relação à tributação de tais operações, os Estados e Distrito Federal compreendem que o licenciamento de *softwares* está compreendido no conceito de mercadorias, ainda que intangíveis, e, por esta razão, estaria sujeito à incidência do ICMS. O tributo, recordemos neste caso, incide sobre as operações de circulação de mercadorias, ou seja, nas transações que envolvam um bem posto ao comércio com a devida circulação jurídica da propriedade[51].

Inclusive, no ano de 2017, o Conselho Nacional de Política Fazendária (CONFAZ), órgão formado por representantes de todos os entes federados com o intuito de conferir solidez à cobrança do tributo em território nacional, publicou o Convênio ICMS 106 de 2017 para "disciplinar os procedimentos de cobrança do ICMS incidente nas operações com bens e mercadorias digitais comercializadas por meio de transferência eletrônica de dados". Firmou-se, portanto, o entendimento de que não apenas os chamados *softwares* de "caixinha" poderiam ser tributados pelo ICMS, mas igualmente as transações realizadas exclusivamente por meio da transferência eletrônica de dados.

Esta não foi a única iniciativa do CONFAZ, já que em 2015, com a publicação do Convênio ICMS 181 de 2015, previu a possibilidade de que os Estados e Distrito Federal concedessem a redução da base de cálculo do ICMS, de forma que a carga tributária corresponda a 5% (cinco por cento) do valor da operação nas transações envolvendo *softwares* em todo o território nacional.

A publicação dos Convênios com a análise tão precisa acerca da tributação de *softwares* pelo ICMS na transmissão eletrônica de dados acirrou ainda mais a disputa com os Municípios, em virtude das previsões de incidência do ISS dispostas igualmente na Lei Complementar 116/03, a qual, como se demonstrou, dispõe sobre as normas gerais sobre a cobrança do tributo.

A Lei Complementar passou por profundas alterações no ano de 2016, justamente com o objetivo de abarcar as operações com *softwares* (com ou sem suporte físico, *download*, nuvem, entre outros), passando a prever, no item 1.04 em sua Lista Anexa, a "Elaboração de programas de computadores, inclusive de jogos eletrônicos, independentemente da arquitetura construtiva da máquina em que o programa será executado, incluindo tablets, smartphones e congêneres", assim como a "Disponibilização, sem cessão definitiva, de conteúdos de áudio, vídeo, imagem e texto por meio da internet, respeitada a imunidade de livros, jornais e periódicos (exceto a distribuição de conteúdos pelas prestadoras de Serviço de Acesso Condicionado, de que trata a Lei 12.485, de 12 de setembro de 2011, sujeita ao ICMS)", no item 1.09.

51. Conforme precisa delimitação do Ministro Edson Fachin em recente discussão envolvendo o ICMS pelo Supremo Tribunal Federal, o critério material do tributo é a "a circulação de mercadoria, caracterizada pela transferência do domínio (compra e venda) [...]". Neste sentido, não basta a simples circulação física, mas sim a transferência de domínio. ARE 665134 RG, Relator(a): Joaquim Barbosa, Tribunal Pleno, julgado em 10/02/2012, Acórdão Eletrônico DJe-047 DIVULG 06-03-2012 PUBLIC 07-03-2012 RT v. 101, n. 921, 2012, p. 675-681.

Aliás, em virtude da discussão acerca do conflito de competência entre Estados e Municípios sobre a tributação em tais transações, é possível concluir que a iniciativa do CONFAZ para a redução da base de cálculo ao percentual de 5% do valor da operação nas transações envolvendo *softwares* decorre justamente de uma tentativa de que o ICMS (normalmente tributado com a alíquota média de 17%/18%) pudesse concorrer com a carga tributária usualmente aplicada pelos Municípios em situações similares (dada a limitação da alíquota máxima de 5% ao ISS – art. 8º da Lei Complementar 116/03).

Dados os diversos questionamentos acerca do tema, não demorou para que a discussão fosse apreciada pelos tribunais superiores no país. O Superior Tribunal de Justiça (STJ), por meio do julgamento do Recurso Especial 39.797-9/SP[52], compreendeu não haver incidência do ICMS, mas sim do ISS nas operações com programas de computador, pois os *softwares* não poderiam ser confundidos com o seu suporte físico, sendo objetos de contratos de licenciamento dos direitos conferidos ao autor. Tratava-se de discussão acerca da tributação em contratos de licença de uso de programas em grande escala e colocados à venda nos mais diversos estabelecimentos à época em que os *softwares* eram alocados em suportes físicos (a exemplo das caixas de Windows) e expostos em grandes redes distribuidoras e varejistas.

Neste período, convencionou-se a utilização de contratos de adesão conhecidos como *shrink-wrap agreement*, em que existia um termo de aviso nos programas observando que o rompimento da embalagem implicava automaticamente o consentimento quanto às disposições de uso do *software*.

Em 1994, a Primeira Turma se manifestou novamente pela incidência do ISS nos contratos de licença de uso e de exploração econômica de *softwares*[53], ou seja, nas operações em que ao usuário não era conferido apenas o direito de uso, mas também ao sublicenciamento do programa. No entanto, em 1996, quando do julgamento do Recurso Ordinário 5.934/RJ[54], a Segunda Turma do Tribunal compreendeu que deveria existir uma distinção entre os programas produzidos em grande escala daqueles elaborados em função de uma encomenda. Para o primeiro caso, o Tribunal decidiu que seria hipótese da incidência do ICMS, enquanto no segundo, seria a cobrança do ISS.

52. BRASIL. Superior Tribunal de Justiça. Recurso Especial 39797/SP. Relator: Ministro Garcia Vieira. Brasília, DF, julgamento em 15.12.1993, D.J. 21.02.1994. Ementa: ICMS. Programas de computador. Não incidência. A exploração econômica de programas de computador, mediante contratos de licença ou de cessão, está sujeita apenas ao ISS. Referidos programas não se confundem com seus suportes físicos, não podendo ser considerados mercadorias para fins de incidência do ICMS. Recurso improvido.

53. BRASIL. Superior Tribunal de Justiça. REsp 39.457/SP, Rel. Ministro Humberto Gomes de Barros, Primeira Turma, julgado em 13/08/1994, DJ 05/09/1994, p. 23040. Ementa: Tributário - ISS - Programas de computador - Lei 7.649, art. 27 – Decreto-Lei 406/68, lista de serviços - item 24. 1. Os sistemas de computação, constituídos de programas, exprimem o resultado de atividade intelectual, de sorte que configuram bem imaterial e não mercadoria, a afastar a hipótese de incidência do ICMS. 2. A exploração econômica de programa de computador, mediante contratos de licença ou de cessão, sujeita-se a cobrança do ISS (item 24, da lista de serviços, anexa ao decreto-lei 406/68). 3. Recurso desprovido.

54. BRASIL. Superior Tribunal de Justiça. RO 5.934/RJ. Relator: Ministro Hélio Mosimann, Data de Julgamento 04.03.1996, T2 - Segunda Turma, Data de Publicação 01.04.1996, p. 9892. Ementa: Mandado de segurança. Recurso. Tributário. *Software*. Programas de computador. Tributação pelo ISS ou pelo ICMS. Atividade intelectual ou mercadoria. Distinção. Os programas de computação, feitos por empresas em larga escala e de maneira uniforme, são mercadorias, de livre comercialização no mercado, passíveis de incidência do ICMS. Já os programas elaborados especialmente para certo usuário, exprimem verdadeira prestação de serviços, sujeita ao ISS.

Em relação ao Supremo Tribunal Federal, quando dos julgamentos do Recurso Extraordinário (RE) 176.626-3/SP[55] e RE 199.464-9/SP[56], a Corte firmou o entendimento quanto a não incidência do ICMS por ser inadequada a equiparação do *software* à mercadoria nas operações de licenciamento ou cessão do direito de uso, mormente por se tratar (o *software*) de um bem intangível e inexistir circulação física. Na oportunidade, o Tribunal diferenciou a possível cessão do direito de uso e o meio físico no qual o programa era disponibilizado ao usuário, determinando que o ICMS poderia incidir apenas na circulação das cópias no varejo.

Isto é, a jurisprudência até então aplicada nos tribunais compreendia que os chamados *softwares* de prateleira, produzidos em grande escala e com suposta finalidade comercial, estariam sujeitos ao ICMS, mas tão somente em relação aos seus suportes físicos, enquanto aqueles produzidos especificamente para determinado cliente seriam tributados pelo ISS.

Entretanto, a discussão quanto à incidência do imposto ganhou novos contornos perante o STF, em razão do indeferimento da medida cautelar pleiteada no julgamento na ADI 1945/MT[57], a qual discute a ilegalidade da cobrança do ICMS em Lei Estadual (n. 7.098/1998), publicada pelo Estado do Mato Grosso para a cobrança do tributo nas licenças de *softwares* por meio da transferência eletrônica de dados, ou seja, sem o suporte físico.

55. BRASIL. Supremo Tribunal Federal. RE 176626, Relator(a): Min. Sepúlveda Pertence, Primeira Turma, julgado em 10/11/1998, DJ 11-12-1998. Ementa: [...] III. Programa de computador ("***software***"): tratamento tributário: distinção necessária. Não tendo por objeto uma mercadoria, mas um bem incorpóreo, sobre as operações de "licenciamento ou cessão do direito de uso de programas de computador" " matéria exclusiva da lide ", efetivamente não podem os Estados instituir ICMS: dessa impossibilidade, entretanto, não resulta que, de logo, se esteja também a subtrair do campo constitucional de incidência do ICMS a circulação de cópias ou exemplares dos programas de computador produzidos em série e comercializados no varejo - como a do chamado "***software*** de prateleira" (***off the shelf***) – os quais, materializando o ***corpus mechanicum*** da criação intelectual do programa, constituem mercadorias postas no comércio..

56. BRASIL. Supremo Tribunal Federal. RE 199464, Relator(a): Min. Ilmar Galvão, Primeira Turma, julgado em 02/03/1999, DJ 30-04-1999. Ementa: TRIBUTÁRIO. ESTADO DE SÃO PAULO. ICMS. PROGRAMAS DE COMPUTADOR (***SOFTWARE***). COMERCIALIZAÇÃO. No julgamento do RE 176.626, Min. Sepúlveda Pertence, assentou a Primeira Turma do STF a distinção, para efeitos tributários, entre um exemplar standard de programa de computador, também chamado "de prateleira", e o licenciamento ou cessão do direito de uso de ***software***. A produção em massa para comercialização e a revenda de exemplares do corpus mechanicum da obra intelectual que nele se materializa não caracterizam licenciamento ou cessão de direitos de uso da obra, mas genuínas operações de circulação de mercadorias, sujeitas ao ICMS. Recurso conhecido e provido.

57. BRASIL. Supremo Tribunal Federal. ADI 1945 MC, Relator(a): Min. Octavio Gallotti, Relator(a) p/ Acórdão: Min. Gilmar Mendes, Tribunal Pleno, julgado em 26.05.2010, DJe 14.03.2011. Ementa: Ação Direta de Inconstitucionalidade. Direito Tributário. ICMS. 2. Lei Estadual 7.098, de 30 de dezembro de 1998, do Estado de Mato Grosso. Inconstitucionalidade formal. [...] Inexistência, em juízo preliminar, de interpretação extensiva a violar o regime constitucional de competências. 8. ICMS. Incidência sobre ***softwares*** adquiridos por meio de transferência eletrônica de dados (art. 2º, § 1º, item 6, e art. 6º, § 6º, ambos da Lei impugnada). Possibilidade. Inexistência de bem corpóreo ou mercadoria em sentido estrito. Irrelevância. O Tribunal não pode se furtar a abarcar situações novas, consequências concretas do mundo real, com base em premissas jurídicas que não são mais totalmente corretas. O apego a tais diretrizes jurídicas acaba por enfraquecer o texto constitucional, pois não permite que a abertura dos dispositivos da Constituição possa se adaptar aos novos tempos, antes imprevisíveis. 9. Medida liminar parcialmente deferida, para suspender a expressão "observados os demais critérios determinados pelo regulamento", presente no § 4º do art. 13, assim como o inteiro teor do parágrafo único do art. 22, ambos da Lei 7.098/98, do Estado de Mato Grosso.

Na oportunidade, os Ministros compreenderam que o Tribunal não poderia se abster de analisar novos fatos decorrentes da revolução da Internet, a qual permitiu a formação de novas relações comerciais por meio de um processo digital (*download*) sem mídia física, sendo desnecessária a classificação entre bens tangíveis ou intangíveis para fins da cobrança do ICMS. Foi justamente o entendimento que fez com que os estados compreendessem que o licenciamento poderia sujeitar à incidência do ICMS, independente do meio utilizado.

Importante destacar que o mérito acerca do tema, ao menos até o momento da conclusão do presente artigo, ainda carece de definição. De todo modo, parece-nos que, por mais que o conceito de mercadoria possa ter sofrido mutações ao longo do desenvolvimento da própria sociedade, abarcando igualmente os bens intangíveis, as operações com *softwares*, regra geral, envolvem o licenciamento de um programa, situação na qual seria impossível falar em circulação jurídica da propriedade intelectual, e, portanto, inaplicável a incidência do ICMS.

Aliás, e sendo um aspecto extremamente importante para as conclusões do presente estudo, mesmo a cobrança do ISS em tais circunstâncias é questionável, dada a discussão quanto ao conceito constitucional de serviços. Conforme mencionado, o ISS, cuja competência para instituição foi outorgada aos Municípios e Distrito Federal, incide sobre os serviços não compreendidos no art. 155, inciso II da CF[58] (Serviços de Transporte Interestadual, Intermunicipal e de Comunicação), e previstos na lista anexa da Lei Complementar 116/03.

Marçal Justen Filho destaca que a incidência do ISS ocorre quando há "prestação de esforço (físico-intelectual) produtor de utilidade (material ou imaterial) de qualquer natureza, efetuada sob regime de Direito Privado, que não caracterize relação empregatícia"[59] . Para Paulo Barros de Carvalho é a existência de uma obrigação de fazer, marcada pela ação pessoal do devedor (prestador) que enseja a cobrança do tributo. Isto significa que, "só será possível a incidência do ISS se houver negócio jurídico mediante o qual uma das partes se obrigue a praticar certa atividade, de natureza física ou intelectual, recebendo, em troca, remuneração" , de caráter econômico e sem vínculo empregatício.

Neste sentido, em virtude de sua natureza bilateral, na prestação de serviços são necessárias duas pessoas envolvidas em uma relação contratual com conteúdo econômico, ou seja, mediante um preço em contraprestação à utilidade material ou imaterial proporcionada pelo prestador. Trata-se da conceituação de serviço com enfoque na prestação, ou seja, em uma obrigação de fazer. A conceituação de serviço a partir da noção de uma obrigação de fazer no Brasil decorre da doutrina clássica civilista, a qual

58. Art. 155. Compete aos Estados e ao Distrito Federal instituir impostos sobre: [...] II – operações relativas à circulação de mercadorias e sobre prestações de serviços de transporte interestadual e intermunicipal e de comunicação, ainda que as operações e as prestações se iniciem no exterior. BRASIL. Constituição (1988). Constituição: República Federativa do Brasil. Portal da Legislação, Brasília, DF, 05 out. 1988. Disponível em: http://www.planalto.gov.br/ccivil_03/constituicao/constituicaocompilado.htm. Acesso em: 01.08.2020.
59. JUSTEN FILHO, Marçal. *O ISS na Constituição*. São Paulo: Revista dos Tribunais, 1985, p. 80. No mesmo sentido, Aires Fernandino Barreto compreende que o critério material é "a prestação de esforço humano a terceiros, com conteúdo econômico, em caráter negocial, sob regime de direito privado, tendente à obtenção de um bem material ou imaterial". BARRETO. Aires Fernandino. *ISS na Constituição e na Lei*. 2. ed. São Paulo: Dialética, 2005, p. 62.

compreende o serviço sujeito à incidência do ISS a partir dos conceitos do direito privado sobre as obrigações de dar e de fazer[60]. A prestação, neste caso, seria o núcleo do tributo, enquanto o tipo de serviço seria complemento.

Especificamente em relação às diferenciações dos tipos de obrigações, Orlando Gomes destaca que "Nas obrigações de dar, o que interessa ao credor é a coisa que lhe deve ser entregue, pouco lhe importando a atividade de que o devedor precisa exercer para realizar a entrega. Nas obrigações de fazer, ao contrário, o fim que se tem em mira é aproveitar o serviço contratado"[61]. Em outras palavras, estando o contrato da prestação de serviços vinculado aos conceitos vinculados ao Direito Privado, com uma obrigação fazer distinta da própria entrega de algo (um dar), o ISS só poderia incidir sobre prestações que envolvessem uma prestação vinculada ao esforço humano em favor de um terceiro (o contratante), em caráter privado[62].

Foi justamente com base neste sentido (serviço enquanto obrigação de fazer) que o Supremo Tribunal Federal, quando do julgamento do Recurso Extraordinário 116.121/SP[63], compreendeu que a locação de bens móveis não estaria sujeita à incidência do ISS por implicar em uma obrigação de dar (no caso, um bem temporariamente a outrem).[64] A decisão da Suprema Corte durante muito tempo norteou o entendimento das instâncias inferiores, que adotaram de igual modo a necessidade de uma obrigação de fazer para que tal relação jurídica fosse passível de tributação pelo ISS.

Entretanto, o referido entendimento, que parecia sedimentado pela Suprema Corte e que durante muito tempo garantiu a segurança jurídica quanto à conceituação de serviços pelos tribunais no país, começou a ser relativizado quando do julgamento do Recurso Extraordinário 592.905/SC[65]. Aqui, o Tribunal entendeu ser constitucional a exigência do ISS nos contratos de *leasing*[66], já que não se trataria de uma simples locação de bens,

---

60. Segundo este conceito, a Constituição Federal teria empregado os conceitos do direito civil, de modo que a legislação infraconstitucional não poderia alterar tal definição em razão da expressa definição do art. 110 do CTN.
61. VENOSA, Sílvio de Salvo. *Direito Civil*: obrigações e responsabilidade civil. v. 2. 20. ed. São Paulo: Atlas, 2020. p. 60-80.
62. BARRETO, Aires Fernandino. *ISS na Constituição e na lei*, cit., *passim*.
63. BRASIL. Supremo Tribunal Federal. Recurso Extraordinário 116.121. Relator: Ministro Octavio Gallotti. Relator p/ Acórdão: Ministro Marco Aurélio. Brasília, DF, 11 out. 2000. Disponível em: http://redir.stf.jus.br/paginadorpub/paginador.jsp?docTP=AC&docID=206139. Acesso em: 13 out. 2020.
64. O referido julgamento resultou na publicação da Súmula Vinculante 31 "é inconstitucional a incidência do Imposto sobre Serviços de Qualquer Natureza - ISS sobre operações de locação de bens móveis". BRASIL. Supremo Tribunal Federal. Súmula Vinculante 31. Disponível em: http://www.stf.jus.br/portal/jurisprudencia/menuSumario.asp?sumula=128. Acesso em: 13 out. 2020.
65. O julgamento tratava da possível incidência nos contratos de leasing. O Supremo Tribunal Federal compreendeu a existência de três diferentes tipos de contratos na operação de leasing: (i) o leasing operacional, em que o arrendador cede ao arrendatário o direito de uso do bem, recebendo como contraprestação o aluguel mensal, acrescido de uma margem, com a opção de aquisição do próprio bem ao final; (ii) o leasing financeiro, em que a instituição financeira adquire o bem e o arrenda ao contratante, mediante devolução do bem ao final, renovação do contrato ou aquisição por um valor residual; e o (iii) leasing back, em que uma empresa arrenda um bem para uma instituição financeira, que o arrenda novamente à mesma empresa, a qual procura apenas um fluxo de caixa pelo capital de giro. Na interpretação dos Ministros, apenas no primeiro caso (leasing operacional) existiria uma locação, consubstanciada em uma obrigação de dar, sendo que nos dois últimos haveria efetivamente uma obrigação de fazer como espécie de financiamento sujeita ao ISS. BRASIL. Supremo Tribunal Federal. Recurso Extraordinário 592.905. Relator: Ministro Eros Grau. Brasília, DF, 02 dez. 2009. Disponível em: http://redir.stf.jus.br/paginadorpub/paginador.jsp?docTP=AC&docID=609078. Acesso em: 13 out. 2020.
66. Também chamado de contrato de arrendamento mercantil, no qual há um negócio jurídico em que uma pessoa jurídica concede a outra um bem adquirido pela arrendadora conforme exigências da parte contratante, mediante

mas sim, de uma espécie de financiamento, sendo uma atividade prevista na lista anexa à Lei Complementar n. 116/03.

No entendimento do Ministro Cezar Peluzo, a operação poderia sujeitar a incidência do ISS por se tratar de um contrato complexo que "envolve uma série de atos que pode, de algum modo, ser reduzida à produção individualizada de uma só atividade. E isso, evidentemente, só pode corresponder, hoje, ao sentido de prestação de serviços, e não ao de doação ou de outra coisa similar". Assim, o contrato de leasing apresentaria vários fazeres que, conjuntamente à entrega do bem, resultariam uma prestação de serviço.

Recentemente a Corte voltou a tratar do tema no julgamento do RE 657.703/PR que tratou da possibilidade de incidência do ISS nas prestações realizadas pelos planos de saúde. O Ministro Luiz Fux, relator do referido recurso, compreendeu que novos critérios de interpretação deveriam ser utilizados no julgamento, como o conceito econômico de serviços, já que a evolução tecnológica impõe uma nova concepção sobre o termo, podendo, inclusive, abarcar as obrigações de dar.

O Ministro compreendeu que a análise ou não do ISS deveria se basear na utilidade da prestação em questão, a partir da ideia da residualidade[67] da tributação sobre o consumo (operações não tributadas pelo ICMS ou IPI). Trata-se do conceito de serviços formado a partir da teoria econômica[68], que preceitua a possibilidade de o Direito Tributário possuir conceitos próprios em detrimento das definições do Direito Privado.

Segundo este entendimento, ao contrário da teoria civilista, o núcleo do ISS estaria nos serviços "de qualquer natureza", ou seja, na utilidade/resultado e não propriamente na prestação, sendo instrumento suficiente para abarcar as novas realidades tecnologias sem a necessidade de alteração constante do direito positivo. É dizer, estando o resultado da utilidade prevista na Lei Complementar 116/03, independente as prestação envolver uma obrigação de entrega de algo, a prestação se sujeitaria ao ISS.

Com base no referido entendimento, o Tribunal compreendeu que a prestação de serviços não está atrelada às interpretação conferidas ao Direito Civil, devendo a prestação de serviços ser identificada a partir de um conjunto habitual de atividades imateriais que ofereçam utilidade para outrem, independente da entrega de bens ao tomador, almejando a obtenção de lucro. Afinal, é cada vez mais improvável que os contratos relacionados às novas tecnologias abarquem apenas uma obrigação (de fazer ou de dar), especialmente com o desenvolvimento da economia compartilhada e das inovações digitais[69].

---

uma contraprestação monetária. Neste caso, a pessoa física ou jurídica contratante possui a opção de adquirir o bem ao final do contrato por um valor residual.

67. Neste sentido, MASUKO, Ana Clarissa. O conceito de serviços como "obrigação de fazer" no direito tributário brasileiro, seus reflexos para a reforma tributária e economia digital. *In*: AFONSO, José Roberto; SANTANA, Hadassah Laís (Coord.). *Tributação 4.0*. São Paulo: Almedina, 2020, p. 305.

68. Para Aldemário Araújo Castro "O vocábulo serviço inscrito na Constituição não pode ser tomado como um conceito, uma categoria fechada e imóvel, notadamente no tempo, de notas e características inafastáveis. A noção constitucional de serviço deve ser vista como um tipo, justamente uma categoria aberta para apreender em sua descrição os movimentos e transformações da realidade econômico-social". CASTRO, Aldemário Araújo. Uma análise crítica acerca da ideia de serviço consagrada na súmula vinculante 31 do STF. *Revista da PGFN*, ano 1, 2011, p. 136.

69. Neste mesmo sentido, o Supremo Tribunal Federal compreendeu pela incidência do ISS nos contratos de franquia. BRASIL. Supremo Tribunal Federal. Recurso Extraordinário 603.136. Relator: Ministro Gilmar Mendes. Brasília, DF,

Importante destacar que a Corte deixou claro que o julgamento não significaria a revogação da Súmula 31 quanto à locação de bens móveis, mas sim a possibilidade de que contratos complexos, que envolvam obrigações de dar e fazer, sejam tributados pelo ISS, já que existiriam fazeres que justificariam a incidência do tributo. Parece-nos que, a despeito da intenção do Tribunal quanto à possível evolução jurisprudencial acerca do tema, em especial quanto às novas tecnologias, ainda existem inúmeras discussões que podem resultar em novos conflitos.

Afinal, as decisões não esclareceram os critérios definidores para a solução de possíveis conflitos. Isso é, basta a existência de obrigações de dar e fazer para a incidência do ISS ou é preciso analisar a preponderância de uma ou outra contraprestação (fazer ou entrega de algo) em uma determinada operação para a conclusão quanto à possível incidência tributária? Bastaria a simples utilidade prevista na LC 116/03 para a incidência do ISS?

Feitos os devidos esclarecimentos, passaremos a aplicabilidade de tais definições ao caso concreto, ou seja, as possíveis incidências tributárias nas operações/prestações realizadas por intermédio da Inteligência Artificial, mais especificamente com os carros autônomos.

3.3 Afinal, podem os municípios cobrarem ISS sobre a funcionalidade prestada pelos carros autônomos?

De se registrar que a inspiração à elaboração do presente artigo, surgiu, para além do fascínio dessas autoras pelos temas afetos aos impactos dos avanços tecnológicos na estrutura federativa tributária brasileira, de um trabalho de orientação dos alunos da Universidade Federal do Pararápara o IV Tax Moot Competition Brazil, cujo tópico trabalhado no ano de 2020 foi justamente a possível incidência tributária nas operações com carros autônomos.

Ademais, ainda são poucos os trabalhos que se propuseram à temática no Brasil, particularmente quanto aos impactos tributários. E isso, a despeito de ser uma realidade cada vez mais próxima, dados os profundos investimentos realizados no setor. Victor Polizelli, por exemplo, destaca que "um famoso estudo recente sugere que 47% dos empregos dos Estados Unidos estão numa categoria de alto risco, o que significa que haverá um potencial para que tais empregos sejam substituídos por sistemas automatizados no período de uma ou duas décadas" [70]. A própria UBER, com uma participação expressiva no mercado brasileiro das plataformas de transporte, depois da paralisação dos testes com os carros autônomos devido a um acidente nos Estados Unidos, reiniciou suas pesquisas após receber nova licença na Califórnia. Empresas como a Apple, Tesla, Lyft and Waymo possuem igualmente a autorização para a realização de testes com carros autônomos no Estado[71].

---

29 mai. 2020. Disponível em: http://redir.stf.jus.br/paginadorpub/paginador.jsp?docTP=TP&docID=752973152. Acesso em: 13 out. 2020.

70. POLIZELLI, Victor. Jogos de realidade virtual e robótica: desafios para a tributação de humanos no mundo virtual e robôs no mundo real. *In*: FARIA, Renato Vilela; SILVEIRA, Ricarod Maitto; MONTEIRO, Andre Luiz Moraes do Rêgo (Coord.). *Tributação da economia digital*: desafios no Brasil, experiência internacional e novas perspectivas. São Paulo: Saraiva Educação, 2018. p. 856.

71. Sobre o assunto: https://www.theguardian.com/us-news/2020/feb/05/uber-california-self-driving-vehicles. Acesso em: 13 out. 2020.

Como visto, a utilização dos carros autônomos será inevitável, sendo apenas uma questão de tempo até que a tecnologia realmente seja colocada em uso. A inovação enseja a necessidade do início de reflexões, não apenas, em relação aos possíveis impactos sociais em decorrência do emprego da inteligência artificial, mas igualmente quanto aos possíveis impactos tributários. Neste ponto, esclarecemos que, até mesmo como delimitação metodológica, nossos comentários serão restritos à possível incidência do Imposto sobre Serviços de Qualquer Natureza (ISS) em tais atividades, a despeito das possíveis discussões quanto ao ICMS (nas prestações interestaduais) e os tributos federais, especialmente em virtude dos encargos sobre a folha de pagamentos.

Ademais, nosso objetivo não é o de estabelecer conclusões definitivas quanto à incidência do tributo e nem seria recomendável, já que tais inovações, apesar de já serem extremamente reais em um futuro próximo, ainda sequer foram iniciadas em território nacional, de modo que se e quando forem realmente postas em prática, poderão assumir contornos contratuais e estruturais diversos, alterando qualquer conclusão precipitada quanto à incidência tributária. Pretendemos, portanto, iniciar algumas possíveis reflexos quanto aos aspectos tributários e as possíveis consequências em futuro próximo a partir das discussões já existentes no conflito das competências tributárias na realidade brasileira.

Feitos os devidos esclarecimentos, é preciso destacar que, atualmente e depois de algumas discussões quanto à incidência tributária em tais atividades[72], as plataformas de transporte (e aqui excluímos as atividades exercidas pelos próprios taxistas) sujeitam-se à incidência do ISS pelo serviço de "intermediação, corretagem e agenciamento", sendo uma típica atividade em consequência da economia colaborativa. As sociedades geralmente disponibilizam um aplicativo, no qual o usuário pode realizar uma "chamada", solicitando um veículo, e consequentemente um motorista, para a realização de uma corrida com um destino certo.

Concordamos neste ponto com Tathiane Piscitelli, no sentido de que "o fato de o serviço realizar-se por uma plataforma informatizada não o transforma em serviços de informática, do mesmo modo que uma empresa de entregas que permita a contratação de um portador por aplicativo segue sendo uma empresa de entregas – e não de informática"[73].

O serviço de transporte, neste caso, seria prestado pelo próprio motorista, existindo, portanto, duas relações distintas: (i) a intermediação da plataforma entre os motoristas e os usuários; e (ii) o serviço de transporte prestado pelo motorista.

A inteligência artificial, no entanto, não apenas viabiliza a manutenção de tais funcionalidades, como também permite que o robô possa realizar tarefas até então

72. Neste sentido, importante destacar o entendimento de Rodrigo Brunelli Machado e Nathalia Xavier da Silveira de Mello Brandão, para quem "As pessoas jurídicas de aplicativos de transporte são proprietárias e licenciantes de *softwares* que permitem a conexão entre motoristas e passageiros para a concretização se serviço de transporte individual, privado ou de taxi [...]".MACHADO, Rodrigo Brunelli. BRANDÃO, Nathalia Xavier da Silveira de Mello . Tributação de negócios desenvolvidos por meio de aplicativos associados aos serviços de transporte. *In*: FARIA, Renato Vilela *et al*. (Coord.). *Tributação da Economia Digital*. Desafios no Brasil, experiência internacional e novas perspectiva. São Paulo: Saraiva Educação, 2018.
73. PISCITELLI, Tathiane. Senado Federal aprova alterações no recolhimento de ISS pelos aplicativos de transporte. *Valor Econômico*, 07 jun. 2018. Disponível em: https://valor.globo.com/legislacao/fio-da-meada/post/2018/06/senado-aprova-mudancas-polemicas-no-iss-de-aplicativos-de-transporte.ghtml. Acesso em: 13 out. 2020.

consideradas exclusivamente humanas. Até mesmo pelo nível de autonomia, os robôs poderão tomar decisões de maneira completamente independente a partir de algoritmos inteligentes que se retroalimentam, como vimos na parte inicial do artigo, não mais a partir de um comando de um programador, mas sim dos conhecimentos adquiridos pela própria máquina.

O carro autônomo é guiado por um avançado *software* que, em conjunto com câmeras e sensores, interpreta todas as possíveis atividades a serem realizadas pelo veículo e também em relação aos objetos ao seu redor, evitando possíveis riscos, tráfegos e a adoção de melhores rotas para o destino desejado pelo usuário.[74] Em tal cenário, acaso as atividades das plataformas de transporte sejam alteradas ou mesmo complementadas com a utilização da Inteligência Artificial estaríamos diante de uma prestação de serviços? E, caso afirmativa a resposta, qual seria a prestação realizada?

Afinal, a questão é relevante, já que a figura do motorista já não mais existiria e nem mesmo qualquer atividade humana, a não ser o controle quanto ao possível funcionamento do *software* vinculado ao aplicativo disponibilizado aos usuários, assim como atividades secundárias, como o abastecimento dos veículos, seguro e eventual assistência no caso de eventuais intercorrências, como acidentes ao longo do percurso.

Diante deste contexto, parece-nos que uma possível interpretação, a partir da teoria civilista do conceito de serviços, seria a de que tais sociedades estariam apenas locando os veículos, os quais oferecem a vantagem de funcionarem a partir da inteligência artificial. Neste sentido, existiria tão somente a disponibilização de um bem, no caso o veículo, por um tempo determinado e mediante remuneração. Afinal de contas, conforme mencionado, a figura do motorista não mais existiria nesta circunstância, e nem mesmo a possível intermediação, já que o veículo será possivelmente de titularidade das próprias plataformas. Assim, não há o que intermediar.

Especificamente em relação à prestação dos serviços de transporte, importante destacar que o art. 28 do Código de Trânsito Brasileiro (Lei 9.503/1997) prevê a necessidade de que o condutor de um veículo possua o domínio do veículo. Além disso, a Lei 12.587/2012, que institui as diretrizes da política nacional de mobilidade urbana, determina, nos artigos 11-A e 11-B, alguns critérios específicos para a caracterização do transporte individual de passageiros, determinando que a atividade será autorizada ao motorista que atenda algumas condições, como a "exigência de inscrição do motorista como contribuinte individual do INSS", sendo clara a incompatibilidade com a realidade dos carros autônomos, ao menos até que haja alteração da legislação local para conferir personalidade à própria inteligência artificial.

A constatação de que existiria tão somente a disponibilização de um bem, segundo a já destacada teoria civilista, significaria a inexistência de uma obrigação de fazer que resulte a incidência do ISS. Em reforço, é de se destacar a inexistência, neste caso, da figura do próprio prestador do serviço de transportes, já que, para a incidência do

74. RODRIGUES, Leonardo Cavalheiro. Fundamentos, tecnologia e aplicações de veículos autônomos. 2017. 83 f. Trabalho de Conclusão de Curso (Graduação de Engenharia Eletrônica) – Universidade Tecnológica Federal do Paraná, Ponta Grossa, 2017. Disponível em: http://repositorio.roca.utfpr.edu.br/jspui/bitstream/1/8454/1/PG_COELE_2017_2_19.pdf. Acesso em: 01 out. 2020.

ISS segundo a referida doutrina, é necessária uma prestação humana, impraticável no contexto da inteligência artificial, especialmente nos casos de veículos completamente autônomos. Assim, inclusive no caso de eventual alteração na LC 116/03, com o intuito de abarcar as atividades das plataformas sob outra nomenclatura (que não a própria prestação do serviço de transporte), por inexistir a figura do prestador, carente o legislador complementar de legitimidade para a exigência do ISS. Afinal, o tributo independe da denominação utilizada[75], mas sim da correspondência entre a realidade fática e as materialidades das hipóteses abstratas dos tributos conferidas a alçada de competência das pessoas politicas.

Caso se admita o contrário, ou seja, que o próprio robô possa se enquadrar na figura do prestador de serviços, então poderia ser aplicada a mesma interpretação, por analogia, a qualquer outra situação similar, a exemplo dos robôs de limpeza. Estariam tais robôs suscetíveis à incidência do ISS em função da prestação dos serviços de limpeza neste caso? Estaria a Alexia, através do aparelho de assistência da Google, prestando um serviço de assessoria ao usuário?

Com base na doutrina tradicional (civilista), parece-nos que a resposta é negativa. Neste sentido, importante destacar o entendimento do Superior Tribunal de Justiça, ao julgar o Recurso Especial 888852/ES, no qual esclareceu que "o núcleo do critério material da regra matriz de incidência do ISS é a prestação de serviço, vale dizer: conduta humana consistente em desenvolver um esforço em favor de terceiro, visando a adimplir uma "obrigação de fazer". Concluiu-se, por fim, que "o alvo da tributação do ISS 'é o esforço humano prestado a terceiros como fim ou objeto'".

Daí que, por não ser possível considerar a realização de um serviço pela própria inteligência artificial, defensável comparar essa atividade à de uma simples disponibilização dos bens aos usuários, sendo aplicável a Súmula Vinculante 31 do STF. E, como o texto constitucional não contemplou, entre as competências tributárias federais, estaduais e municipais a cessão de direitos e disponibilização de bens passíveis de incidência tributária, para que a operação da mera disponibilização pudesse ser tributada, a única hipótese prevista pelo ordenamento seria o exercício, pela União, da sua competência residual (art. 154, inciso II da CF).

Por outro lado, se partirmos da conceituação de serviços dada pela chamada teoria econômica, não seria impossível cogitar a interpretação de que as atividades seriam tributadas pelo ISS. É que aqui, poder-se-ia argumentar se tratar de um contrato complexo de prestação de serviços de transporte individual de passageiros[76], já que a utilidade da prestação seria o critério definidor para a incidência tributária.

No contexto de irrupção de novas tecnologias, é justamente esse conceito econômico de serviços que parece estar alinhado com a iniciativa da Organização para a Cooperação e Desenvolvimento Econômico ou Económico (OCDE). Mais especificamente, seu Internacional VAT/GST Guidelines, sugere que a tributação sobre serviços se dê pela

75. Nos termos do art. 4º, inciso I do CTN, a definição do tributo independe da "a denominação e demais características formais adotadas pela lei".
76. Contrato complexo envolvendo a disponibilização do bem e o licenciamento do *software* em conjunto com a própria prestação do transporte individual de passageiros.

residualidade. Mercadoria enquanto bens materiais, e serviços bens imateriais, o que incluiria o fornecimento de trabalho, locação de bens móveis e a cessão de direitos[77]. Quanto à flexibilização da interpretação jurídico-tributária relativamente ao ISS, aliás, de se mencionar que recentemente, o Supremo Tribunal Federal, ao apreciar o tema 296, concluiu que a Lista Anexa à Lei Complementar 116/03, embora taxativa, admitiria interpretação extensiva dos itens ali previstos[78].

Assim, nos parece que, a menos que as estruturas das operações atualmente realizadas pelas plataformas de transporte sejam profundamente alteradas, poderiam os entes federados argumentar que tais sociedades estariam realizando verdadeira prestação de serviço de transporte, já que a utilidade fim da atividade, assim como o desejo dos próprios usuários, continuaria sendo o transporte de um local a outro. O tipo de veículo utilizado pela prestadora ou mesmo a disponibilização de um aplicativo seriam apenas os meios, extremamente diferenciados, para que o transporte continue seja ofertado ao usuário.

Relativamente a imprescindibilidade da figura humana, de se relembrar ser possível a realização da prestação de serviços de transporte por pessoas jurídicas, a exemplo das transportadoras, que nada mais são do que entes dissociados das pessoas (físicas) que as compõe. Sob essa premissa, seriam as plataformas, portanto, prestadoras do serviço de transporte cujo meio é o próprio carro autônomo.

Por fim, corroborando esse entendimento, de se invocar as mais recentes decisões do Supremo Tribunal Federal que trazem ao centro dos debates o conceito econômico de serviços. Caracterizariam serviços, de acordo com a Corte: (i) uma atividade ou um conjunto de atividades, que possam resultar em um contrato complexo enquadrado em um dos itens previstos na lista anexa à Lei Complementar 116/03; (ii) o oferecimento de uma utilidade para outrem a partir de um contrato privado; (iii) a imaterialidade; e (iv) a habitualidade das atividades com o intuito de lucro. Há enquadramento do caso hipotético à todas essas características. Daí que a operação em foco, tratar-se-ia de atividade prevista na lista anexa à Lei Complementar 116/03, seja se a tomemos como prestação de serviços de transporte, licenciamento do programa de computador ou mesmo a combinação de uma ou ambas as atividades (previstas na lista anexa da LC) com a própria obrigação de dar o bem móvel (locação), configurando verdadeiro contrato complexo.

No que tange à utilidade de tais atividades, seria ela a mesma das prestações atualmente realizadas pelas plataformas de transporte (Taxi, Cabify, Uber, 99 pop, entre outras): o transporte de um indivíduo de um local a outro. Entretanto, dada a inexistência da figura humana do motorista, seriam as próprias plataformas as responsáveis pela utilidade do transporte, ainda que pela disponibilização dos robôs (no caso os carros automatizados), não devendo existir diferenciações para fins tributários. Especialmente a partir da teoria econômica dos serviços, a qual, conforme já mencionado, privilegia a utilidade em detrimento da prestação para fins da conceituação do ISS.

A tecnologia da inteligência artificial neste caso, ao menos até que se cogite em um robot tax em âmbito nacional (com a tributação do próprio robô), seria apenas o

77. Disponível em: https://www.oecd.org/ctp/international-vat-gst-guidelines-9789264271401-en.htm. Acesso em: 13 out. 2020.
78. STF, Plenário, RE no 784.439/DF, Rel. Min. Rosa Weber, julgado em 29.06.2020.

meio utilizado pelas plataformas para a concretização do serviço. Ademais, na hipótese de conclusão pelo transporte individual de passageiros, a própria base de cálculo da prestação, caso baseada na distância e tempo, pode ser utilizada como justificativa para afirmar a exigência do ISS, já que confirmaria o critério material das atividades de transporte.

O que queremos dizer é que, seja sob o viés do transporte individual de passageiros, do licenciamento do programa, ou mesmo por um contrato complexo que abarque as duas prestações em conjunto com a própria disponibilidade do bem, de acordo com a teoria econômica, o ISS poderia ser exigido já que a utilidade, ou seja, os fazeres envolvidos na atividade, estaria abarcada no rol da lista anexa à Lei Complementar 116/03.

Diante do exposto, esperamos ter ficado clara a premissa de que o processo de interpretação é, portanto, uma atividade ilimitada. Enquanto existirem inovações dos fatos até então conhecidos e regulados pelo Direito, em um contexto distinto no qual os enunciados foram produzidos, existirá espaço para a defesa de novas acepções das palavras empregadas no texto constitucional. Especialmente em razão dos conflitos quanto aos termos utilizados nas repartições das competências tributárias no sistema tributário no Brasil, continuarão existindo discussões quanto à tributação das novas realidades tecnológicas, ao menos até que existam definições precisas dos tribunais superiores que possam abarcar genericamente novas prestações e bens intangíveis ou uma profunda reforma tributária tão almejada no âmbito tributário brasileiro.

4. CONSIDERAÇÕES FINAIS

O mundo está cada vez mais digitalizado, assim como a economia, que passou a estar atrelada ao comércio transfronteiriço, assim como às operações e prestações com bens intangíveis. Trata-se da desmaterialização da economia. Até mesmo a moeda, instituto secularmente ligado a uma entidade central reguladora, e soberana, tem sido desafiada, com propostas de assumir a forma virtual, com governança atrelada a confiabilidade de uma rede de computadores. A evolução tecnológica alterou a própria forma como os indivíduos se relacionam, produzem e negociam, resultando na necessidade de que os Estados, e suas legislações internas, revisem suas abordagens regulatórias a fim de contemplarem esses "novos fatos" até então desconhecidos.

Enquanto eventuais adaptações e/ou reformas legislativas não são realizadas, os entes estatais por vezes se utilizam de manobras interpretativas a fim de se encaixar tais "novas realidades" no arcabouço normativo posto. No cenário brasileiro, e mormente jurídico-tributário, tais investidas de "encaixes" dos fatos signos presuntivos de riquezas às hipóteses normativas têm se revelado, no mínimo, caóticas.

É que, especificamente em relação à tributação indireta, ao contrário de outros países, as competências tributárias relacionadas ao consumo foram repartidas em três esferas de pessoas políticas distintas: União, com o Imposto sobre Produtos Industrializados (IPI), os Estados, com o Imposto sobre operações relativas à circulação de mercadorias e sobre prestações de serviços de transporte interestadual e intermunicipal e de comunicação (ICMS) e Municípios com o Imposto sobre Serviços de Qualquer Natureza (ISS).

E, a complexidade desta nova forma organizacional do mercado dá margem a discussões sobre os conceitos de "mercadoria" e "serviços", utilizados dentro do arcabouço de repartição de competências tributárias do sistema tributário brasileiro. Daí que, o que presenciamos, de forma cada vez mais intensa, é um cenário de competição, entre as pessoas políticas, para a tributação das novas tecnologias, esforçando-se em manobras interpretativas, ou mesmo na redação de novas legislações que procurem delimitar e definir estas novas realidades com a finalidade de se as enquadrar – ainda que de forma forçada – dentro de suas próprias faixas de competência tributária.

Especificamente quanto às operações envolvendo os carros autônomos, por se tratar de contrato complexo, cumulado com os potenciais riscos advindos da utilização da tecnologia (como a exponencial substituição da mão de obra humana) e com a necessidade de arrecadação tributária dos entes *pari passu* a nítida demonstração de capacidade contributiva dessas novas realidades, parece resultar em fundamentos relevantes para que os entes federados passem a exigir o ISS sobre tais atividades. Porém, trata-se de possibilidade em todo questionável, e que consoante o sistema posto, dá margem a discussões e judicialização das demandas, redundando em caos, confusão e insegurança jurídica. Parece cada vez mais inadiável se trazer os efeitos da digitalização da economia ao centro dos debates, tanto judicial quanto de reformas tributárias. O mundo mudou e está mudando, e se o Brasil pretende ingressar ou mesmo sobreviver nessa nova era é tempo de arrumar a casa, e de fincar as premissas em prol de um ecossistema mais consentâneo a inovações.

5. REFERÊNCIAS

ALMEIDA, Fernanda Dias Menezes de. *A repartição de competências na Constituição Brasileira de 1988*. São Paulo: Atlas, 2005.

ASSEN, Yuri; ROMÃO, Raphael. Economia digital e tributação. *Migalhas*, 04 maio 2018. Disponível em: https://s.migalhas.com.br/S/540909. Acesso em: 16 out. 2020.

BAYYOU, Demeke Gebresenbet. Artificially Intelligent Self-Driving Vehicle. Technologies, Benefits and Challenges. *International Journal of Emerging Technology in Computer Science & Eletronics* (IJTCSE), v. 26, n. 3, abr. 2019.

BARRETO. Aires Fernandino. *ISS na Constituição e na Lei*. 2. ed. São Paulo: Dialética, 2005.

CALDAS, Filipe Reis. Revolução tecnológica: a inteligência artificial como sujeito passivo tributário. *Consultor Jurídico*, 19 maio 2018. Disponível em: https://www.conjur.com.br/2018-mai-19/filipe-caldas-inteligencia-artificial-sujeito-passivo-tributario?utm_source=dlvr.it&utm_medium=facebook. Acesso em: 15 set. 2020.

CARRAZZA, Roque. *Curso de Direito Constitucional Tributário*. 19. ed. São Paulo: Malheiros, 2004.

CARVALHO, Paulo de Barros. *Curso de Direito Tributário*. 19. ed., rev. São Paulo: Editora Saraiva, 2007.

CASTRO, Aldemário Araújo. Uma análise crítica acerca da ideia de serviço consagrada na súmula vinculante 31 do STF. *Revista da PGFN*, ano 1, 2011,

DIANA, Frank. *Visualizing Our Emerging Future – Revised*. Disponível em: https://frankdiana.net/2018/04/18/visualizing-our-emerging-future-revised/. Acesso em: 15 set. 2020.

JUSTEN FILHO, Marçal. *O ISS na Constituição*. São Paulo: Revista dos Tribunais, 1985.

KARI, Paul. Uber to bring back self-driving cars in California for first time since 2018 death. *The Guardian*, 05 fev. 2020. Disponível em: https://www.theguardian.com/us-news/2020/feb/05/uber-california-self-driving-vehicles. Acesso em: 04 out. 2020.

KELSEN, Hans. *Teoria Geral do Direito e do Estado*. 4. ed. São Paulo: Martins Fontes, 2005.

KOVACEV, Robert. A Taxing Dilemma: Robot Taxes and the Challenges of Effective Taxation of AI, Automation and Robotics in the Fourth Industrial Revolution. *Ohio State Technology Law Journal*, v. 16, p. 182-218, 2020. Disponível em: https://ssrn.com/abstract=3570244. Acesso em: 04 out. 2020.

MACHADO, Rodrigo Brunelli. BRANDÃO, Nathalia Xavier da Silveira de Mello . Tributação de negócios desenvolvidos por meio de aplicativos associados aos serviços de transporte. *In*: FARIA, Renato Vilela *et al*. (Coord.). *Tributação da Economia Digital*. Desafios no Brasil, experiência internacional e novas perspectiva. São Paulo: Saraiva Educação, 2018.

MACHADO SEGUNDO, Hugo de Brito. Tributação e inteligência artificial. *Revista Jurídica Luso-Brasileira*, ano 6, 2020.

MACHADO SEGUNDO, Hugo de Brito; MACHADO, Raquel Cavalcanti Ramos. Tributação da atividade de armazenamento digital de dados. *In*: FARIA, Renato Vilela; SILVEIRA, Ricarod Maitto; MONTEIRO, Andre Luiz Moraes do Rêgo (Coord.). *Tributação da economia digital*: desafios no Brasil, experiência internacional e novas perspectivas. São Paulo: Saraiva Educação, 2018.

MANN, Roberta F. I Robot: U Tax? Considering the Tax Policy Implications of Automation. *McGill Law Journal*, v. 64, n. 4, 2019. Disponível em: https://ssrn.com/abstract=3627881. Acesso em: 13 out. 2020.

MASUKO, Ana Clarissa. O conceito de serviços como "obrigação de fazer" no direito tributário brasileiro, seus reflexos para a reforma tributária e economia digital. *In*: AFONSO, José Roberto; SANTANA, Hadassah Laís (Coord.). *Tributação 4.0*. São Paulo: Almedina, 2020.

MOURA, Frederico Araújo Seabra. *Lei Complementar Tributária*. São Paulo: Quartier Latin, 2009.

OECD. *Tax Challenges Arising from Digitalisation*. Interim Report 2018: Inclusive Framework on BEPS, OECD/G20 Base Erosion and Profit Shifting Project, OECD Publishing, 2015.

PIRES, Thatiane Cristina Fontão; SILVA, Rafael Peteffi da. A responsabilidade civil pelos atos autônomos da inteligência artificial: notas iniciais sobre a resolução do Parlamento Europeu. *Revista Brasileira de Políticas Públicas*, Brasília, v. 7, n. 3, 2017.

PISCITELLI, Tathiane. Senado Federal aprova alterações no recolhimento de ISS pelos aplicativos de transporte. *Valor Econômico*, 07 jun. 2018. Disponível em: https://valor.globo.com/legislacao/fio-da-meada/post/2018/06/senado-aprova-mudancas-polemicas-no-iss-de-aplicativos-de-transporte.ghtml. Acesso em: 13 out. 2020.

POLIZELLI, Victor. Jogos de realidade virtual e robótica: desafios para a tributação de humanos no mundo virtual e robôs no mundo real. *In*: FARIA, Renato Vilela; SILVEIRA, Ricarod Maitto; MONTEIRO, Andre Luiz Moraes do Rêgo (Coord.). *Tributação da economia digital*: desafios no Brasil, experiência internacional e novas perspectivas. São Paulo: Saraiva Educação, 2018.

RODRIGUES, Leonardo Cavalheiro. Fundamentos, tecnologia e aplicações de veículos autônomos. 2017. 83 f. Trabalho de Conclusão de Curso (Graduação de Engenharia Eletrônica) – Universidade Tecnológica Federal do Paraná, Ponta Grossa, 2017. Disponível em: http://repositorio.roca.utfpr.edu.br/jspui/bitstream/1/8454/1/PG_COELE_2017_2_19.pdf. Acesso em: 01 out. 2020.

RUSSELL, Stuart; NORVIG, Peter. *Inteligência Artificial*. 3. ed. Tradução de Regina Célia Simille. Rio de Janeiro: Elsevier, 2013.

SAE (Society for Automotive Engeneers International). *Taxonomy SAE*. Definitions for terms related to driving automation systems for on-road motor vehicles. SAE Standard J, 2016, 2016.

SANTI, Eurico Marcos Diniz de. *Decadência e Prescrição no Direito Tributário*. São Paulo: Max Limonad, 2000.

SCHOUERI, Luís Eduardo. *Direito tributário*. 4. ed. São Paulo: Saraiva, 2014.

SCHWAB, Klaus. *Aplicando a Quarta Revolução Industrial*. Tradução de Nicholas Davis. São Paulo: Edipro, 2018.

SJAFRIE, Hanky. *Introdution to self-drive vehicle technology*. Boca Raton: CRC Press, 2020.

SOUZA, Hamilton Dias de. Lei complementar em matéria tributária. *In*: MARTINS, Ives Gandra (Coord.). *Curso de Direito Tributário*. São Paulo: Saraiva: CEU, 1982.

TÔRRES, Heleno Taveira. Funções das Leis Complementares no Sistema Tributário Nacional – Hierarquia de Normas – Papel do CTN no Ordenamento. *Revista Diálogo Jurídico*, Salvador: Centro de Atualização Jurídica, n. 10, jan. 2002.

VENTURI, Jacir. Estamos no limiar da Quarta Revolução Industrial. *Gazeta do Povo*, 04 fev. 2018. Disponível em: https://www.gazetadopovo.com.br/opiniao/artigos/estamos-no-limiar-da-quarta-revolucao-industrial-885y6uwhv24ams3xr5pd0eykw. Acesso em: 13 out. 2020.

VENOSA, Sílvio de Salvo. *Direito Civil*: obrigações e responsabilidade civil. v. 2. 20. ed. São Paulo: Atlas, 2020.

VIEIRA, José Roberto Vieira. O papel da Lei Complementar no estabelecimento das fronteiras IPI x ISS: óculos para macacos. *IBET*, 2013.

59

DA SUCESSÃO NUMA CONTA DE FACEBOOK: PERMITIRÁ O ORDENAMENTO JURÍDICO PORTUGUÊS UMA SOLUÇÃO SEMELHANTE ÀQUELA ADOTADA PELO ACÓRDÃO DO III ZR DO BGH DE 12 DE JULHO DE 2018?

Elsa Vaz de Sequeira

Professora auxiliar da Faculdade de Direito da Universidade Católica Portuguesa e coordenadora da secção de Lisboa do *Católica Research Centre for the Future of Law*.

1. CONSIDERAÇÕES PRÉVIAS

I. A internet veio viabilizar o aparecimento e o desenvolvimento das chamadas redes sociais, nas quais assume protagonismo o Facebook, criado em fevereiro de 2004. Trata-se de uma plataforma digital que permite aos seus utilizadores publicar *posts*, comunicar e comentar os *posts* divulgados pelas pessoas que integram a sua lista de contactos, receber e partilhar notícias e publicidade direcionada aos respetivos interesses.

A adesão ao Facebook implica a celebração de um contrato, cuja natureza jurídica muito tem sido discutida. Não é este o lugar apropriado para proceder a uma análise detalhada da questão. De forma sintética, poderá dizer-se que se trata de um contrato atípico e oneroso, por mor do qual se procede à troca de dados do utilizador, pela prestação a cargo do Facebook de serviços de comunicação e de armazenamento de informação. Não raro descobre-se nesse negócio elementos do contrato de empreitada – no tocante à manutenção da plataforma – e do contrato de locação – relativamente à guarda dos dados do utilizador. Este contrato atribui ao aderente o direito a participar na rede, de aceder aos seus dados e ao armazenamento de toda a informação contida na conta[1].

1. V. Fußeder (2019), p. 30 e ss., Knoop (2016), p. 967, Bock (2017), p. 377 e ss.

II. Pois bem, aquilo que importa agora precisar é o efeito da morte do utilizador na relação contratual que este mantinha com o Facebook. Concretamente, se esta posição pode ser herdada pelos seus sucessores e, a ser esse caso, se isso implica a possibilidade de estes acederem ao conteúdo da conta do *de cuius*.

2. O ACÓRDÃO DO III ZR DO BGH DE 12.7.2018

2.1 Situação *sub iudice*

Após a morte da sua filha menor, a mãe da falecida pediu o acesso à conta desta, incluindo o conteúdo das comunicações realizadas no âmbito daquela plataforma. Para além da qualidade de sucessora, a mãe veio invocar como fundamento para aceder ao conteúdo da dita conta a necessidade de apurar se o atropelamento pelo metro que vitimou a sua filha foi um acidente ou, pelo contrário, constituiu um ato de suicídio. O teor das conversas mantidas pela filha poderia ajudar a esclarecer se antes de morrer aquela tinha tido pensamentos autodestrutivos. Não só de um ponto de vista puramente sentimental essa informação era relevante, como de um prisma jurídico ela possuía um importância extrema, porquanto possibilitaria arredar as pretensões indemnizatórias do condutor do metro envolvido no incidente.

O Facebook rejeitou este pedido, alegando que as contas não são passíveis de ser herdadas, convertendo-se num memorial quando o respetivo titular falece.

A primeira instância decidiu a favor da autora[2], enquanto a segunda instância deu razão à ré[3]. No dia 12 de julho de 2018, o *Bundesgerichtshof* (BGH) chegou ao seguinte veredicto:

"Por morte do titular de uma conta na rede social, o contrato de utilização, de acordo com o § 1922, transmite-se aos herdeiros. O acesso à conta do utilizador e ao conteúdo das comunicações guardadas não é impedido pela eficácia *post-mortem* dos direitos de personalidade do autor da sucessão, nem pelas regras de proteção do segredo das comunicações à distância ou da proteção de dados".

2.2 Da heritabilidade da conta de Facebook

I. No Direito alemão vigora o princípio da sucessão universal. De acordo com o §1922 Abs. 1 do BGB, "com a morte de uma pessoa transmite-se o seu património como um todo a uma ou mais pessoas". O que equivale a dizer que a regra é a transmissão *mortis causa* da totalidade dos direitos e vinculações na esfera jurídica do *de cuius* à data da sua morte. Só assim não será quando a situação for vitalícia ou quando o seu carácter pessoalíssimo não permite a sua subsistência após o óbito do correspondente sujeito.

2. Para uma apreciação crítica do Acórdão do Landgericht de Berlin de 17.12.2015, v. Knoop (2016), p. 966-970, Kuntz (2016), p. 398-400.

3. V. Kammergericht Berlin: Urteil vom 31.05.2017 – 21 U 9/16.

Tendo este enquadramento por base, percebe-se que, a menos que se demonstre a natureza vitalícia da posição do titular da conta de Facebook ou a sua índole pessoalíssima, esta será passível de sucessão.

II. Os termos de utilização do Facebook não excluem essa sucessão, limitando-se a proibir a transmissão *inter vivos* a terceiros. Da criação do memorial também não deve ser inferida a não heritabilidade da conta. O BGH reputou, aliás, as regras que regulam a criação desse memorial como regras extracontratuais e, portanto, não vinculativas. O §305º Abs. 2 do BGB faz depender a integração das cláusulas contratais gerais no contrato de o utilizador as dar a conhecer – expressamente ou mediante afixação em lugar visível aquando de conclusão do contrato – à contraparte, de ser facultada a esta a possibilidade de, de modo razoável, tomar conhecimento das mesmas e, por fim, da anuência dessa contraparte. Por não se verificar o preenchimento cumulativo destes requisitos, as regras sobre o memorial não foram julgadas parte integrante do contrato, não servindo, por isso, de justificação para arredar a aplicação do princípio geral da heritabilidade das situações jurídicas do *de cuius*.

Por outro lado, o §307 Abs. 2 n. 1, do BGB considera ineficazes as cláusulas contratuais gerais que acarretam uma desvantagem injustificada para a contraparte, como acontece sempre que uma cláusula não é compatível ou se desvia dos princípios essenciais vigentes. Admitir uma cláusula no contrato celebrado com o Facebook, que determinasse a não heritabilidade dos direitos e vinculações do falecido decorrentes desse contrato, seria uma desconformidade com o princípio geral vigente que impõe como norma a sucessão universal[4].

III. A natureza do contrato também não permite concluir pela intransmissibilidade *mortis causa* da posição jurídica do utilizador do Facebook. A prestação a cargo desta rede social não varia em função do sujeito, da mesma forma que os direitos e deveres dos utilizadores não diferem consoante a sua identidade. O modelo contratual é igual para todas as relações estabelecidas entre o Facebook e os respetivos utilizadores. Por outras palavras, as obrigações assumidas pelas partes não revestem carácter pessoalíssimo. A ligação ao sujeito não é, por conseguinte, de molde a justificar a caducidade das situações jurídicas do *de cuius* por óbito deste.

IV. A natureza do conteúdo da conta não impede tal-qualmente a viabilidade da sucessão. Na verdade, poderia questionar-se até que ponto apenas os conteúdos de cariz patrimonial seriam passiveis de ser herdados, devendo os conteúdos de índole pessoal ser antes atribuídos aos parentes mais próximos. Semelhante raciocínio vai buscar arrimo à distinção entre sucessão e tutela *post mortem* dos direitos de personalidade – ou, se se preferir, do direito geral de personalidade. Sob este prisma, só elementos dotados de patrimonialidade seriam herdáveis. Nos demais casos, o problema já não seria de herança, mas sim de tutela dos direitos de personalidade, a qual, segundo a lei, depois da morte do titular compete aos parentes mais próximos. O tribunal não achou, contudo, ser este o desfecho mais adequado.

4. Sobre este tema, v. Berberich (2010), p.736 e ss.

Desde logo, alertou para irrelevância prática da questão, porque, ainda que assim se pense, no caso *sub iudice* a solução concreta não seria diferente, por a mãe e o pai serem os parentes mais próximos e, por isso, as pessoas dotadas de legitimidade para prover à tutela dos direitos de personalidade da filha falecida. Por um caminho ou outro, o desfecho seria o mesmo. Ou seja, a mãe teria acesso à conta de Facebook da filha.

Por outro lado, e agora de uma perspetiva técnico-jurídica, o BGH considerou incorreto semelhante raciocínio. Com efeito, resulta do BGB, mais precisamente dos §§ 2047 Abs. 2 e 2373 S. 2, que a herança pode integrar situações jurídicas de índole pessoalíssima. Estes artigos não declaram a sucessão nesse tipo de posições, mas pressupõe-na. O primeiro determina que as cartas de cariz pessoal não devem ser partilhadas entre os herdeiros, mas ficar todas juntas com apenas um deles. O segundo estabelece que os escritos e fotos de família, em caso de venda da herança, não devem ser vistos como incluídos na negócio. Não há fundamento legal para tratar os conteúdos em suporte digital de maneira diferente. Acresce que separar as mensagens herdáveis consoante o conteúdo patrimonial ou pessoalíssimo traria problemas práticos, já que não raro uma mensagem contem ambas as dimensões. Herdava-se parte de mensagem e a outra parte não? E quem avaliaria o carácter pessoal ou não do conteúdo?

Por fim, esclareceu que a tutela *post mortem* dos direitos de personalidade – ou do direito geral de personalidade – não impede a sucessão nos ditos conteúdos pessoalíssimos, seja em formato material seja em formato digital. O direito de os familiares mais próximos protegerem os bens de personalidade do morto não abrange o domínio sobre os suportes físicos ou digitais que contenham manifestações concretas desses bens. O domínio sobre tais suportes caberá aos herdeiros, enquanto a defesa dos bens propriamente ditos competirá aos parentes mais próximos. As mais das vezes estar-se-á a falar das mesmas pessoas, embora sob vestes diversas.

2.3 Do acesso aos respetivos conteúdos

I. A admissibilidade do acesso dos herdeiros aos conteúdos da conta, mormente às mensagens trocadas, foi questionada basicamente por quatro razões.

II. Em primeiro lugar, perguntou-se até que ponto o Facebook não estaria obrigado a um dever de sigilo em virtude do disposto no §88 Abs. 3 da *Telekommunikationsgesetz* (TKG). Este artigo proíbe os meios de telecomunicação de partilhar com terceiros as informações obtidas devido à prestação do serviço. Entendeu-se, porém, que essa norma não será aplicável aos herdeiros. O artigo apenas veda a partilha com terceiros, ou seja, as "pessoas ou instituições que não participam no processo de comunicação protegido". Ora, os herdeiros não são terceiros. Pelo contrário, a sucessão de que são beneficiários determina que eles passam a ocupar a posição na relação contratual que até então pertencia ao *de cuius*, adquirindo por isso a qualidade de partícipe no dito processo comunicacional.

A situação não difere muito da que se verifica relativamente à correspondência em suporte em papel. Os sucessores também herdam os direitos sobre esses documentos, o que lhes permite aceder ao respetivo conteúdo. Não se vislumbra nenhuma razão para tratar de modo distinto as duas realidades. O suporte da comunicação não constitui fundamento jurídico bastante para tal.

Importa fazer um parênteses para esclarecer que a própria aplicabilidade da TKG ao Facebook é discutida no seio da doutrina alemã. No centro da controvérsia encontra-se a noção de serviço de telecomunicação. Concretamente, se este pressupõe a emissão em sinal próprio ou se também abrangerá as emissões em sinal alheio, como acontece com o Facebook[5].

III. Em segundo lugar, indagou-se se o Facebook não necessitaria do consentimento da utilizadora da conta para poder licitamente permitir aos pais aceder aos respetivos conteúdos. Subjacente a este raciocínio está a ideia de que o acesso aos conteúdos armazenados na conta constitui uma devassa da vida privada ou íntima do seu titular, a qual, em regra, só será lícita mediante o consentimento do próprio. Uma vez mais se apela à noção de sucessão universal para justificar a admissibilidade jurídica de um herdeiro tomar conhecimento de manifestações concretas dos bens de personalidade do morto. Basta pensar que os herdeiros sucedem nos direitos do *de cuius* sobre os diários, os escritos e a correspondência. Isto mesmo resulta, como se disse, dos §§ 2047 e 2373 do BGB, que determinam, respetivamente, que as cartas de cariz pessoal não devem ser partilhadas entre os herdeiros, mas ser atribuídas apenas a um deles; e que os escritos e fotos de família, em caso de venda da herança, não se consideram incluídos no negócio. A aquisição desses direitos, assim como o acesso aos dados contidos nos escritos, não está dependente de uma autorização em vida por parte do falecido. Pelo contrário, é uma pura decorrência do fenómeno sucessório. Uma vez mais, não se vislumbra um fundamento legal para conferir aos conteúdos em suporte digital um tratamento diverso.

IV. Em terceiro lugar, inquiriu-se se o acesso às mensagens trocadas em vida pelo *de cuius* não estaria dependente do consentimento dos respetivos interlocutores. Em causa parece estar, por um lado, o eventual desrespeito da vida privada ou íntima desses interlocutores e, por outro lado, a tutela da confiança destes em que as mensagens trocadas com o utilizador da conta entretanto fenecido não seriam divulgadas a terceiros, ficando reservadas ao âmbito da relação que mantinham entre si.

O entendimento professado foi, contudo, o de que a proteção concedida aos direitos de personalidade e à confiança dos interlocutores da falecida não impede a sucessão na titularidade da posição frente ao Facebook nem o acesso aos elementos armazenados na sua conta. Os herdeiros, ao ocuparem a posição deixada vaga pelo *de cuius*, vão assumir exatamente os mesmos direitos e as mesmas obrigações de que aquele era titular ou estava adstrito. O que equivale a dizer que ficam igualmente sujeitos ao dever de respeito e sigilo relativo a dados pessoais dos interlocutores a que o defunto estava vinculado. A situação é semelhante à do envio de uma carta. O seu autor perde o controlo sobre ela e sobre quem poderá ter acesso ao seu conteúdo. Esse risco, aceite pelo emissor, abrange nomeadamente a possibilidade de os herdeiros do destinatário virem a tomar conhecimento do seu teor. O interlocutor não pode exigir ao Facebook que apague as suas mensagens ou comentários, tal como não pode legitimamente esperar que o titular da conta de Facebook destrua essas mensagem ou comentários após a sua receção, devendo antes contar com a possibilidade de ele guardar qualquer um dos dois no computador,

5. V. Fußeder (2019), p. 154, Polat (2019), p. 12-13.

numa pen ou até de proceder à sua impressão. Em todas estas hipóteses, os herdeiros viriam a ter acesso a esses elementos. A diversidade de suporte não constitui, como se disse, razão suficiente para a instituição de um regime jurídico díspar.

V. Em quarto e último lugar, debateu-se se o acesso aos conteúdos armazenados não seria vedado pela lei da proteção de dados. À data do acórdão já vigorava o Regulamento Geral de Proteção de Dados, tendo por isso a questão sido analisada sob a sua égide. Por o considerando 27 do diploma declarar que este "não se aplica aos dados pessoais das pessoas falecidas", concluiu o tribunal que neste caso não haveria nenhum problema de proteção dos dados da filha da autora[6]. A questão, a existir, seria por isso apenas em relação aos dados dos indivíduos que constavam da lista de contactos da fenecida ou com quem esta tinha interagido, nomeadamente através da publicação de *posts*, comentários ou troca de mensagens. A análise do disposto nas alíneas b) e f) do n. 1 do artigo 6º do referido diploma não permitiu, contudo, corroborar semelhante visão.

A primeira considera lícito o tratamento de dados "necessário para a execução de um contrato no qual o titular dos dados é parte". A criação de um *post* e as comunicações estabelecidas entre os vários utilizadores do Facebook pressupõem o acesso aos dados quer do emissor quer dos possíveis receptores. O que vale por dizer que a execução do contrato exige a divulgação desses dados entre os diversos usuários da rede social. Se a partilha desses dados com o *de cuius* era permitida, então, ao abrigo do princípio da sucessão universal aqui aplicável, também o será relativamente aos respetivos herdeiros. Estes, ao sucederem na posição contratual deixada vaga pela falecida, adquirem exatamente os mesmos direitos e os mesmos deveres desta, gozando, por conseguinte, de idêntico estatuto. Se aquela podia ter acesso aos dados pessoais dos seus companheiros de comunicação, os seus herdeiros, justamente por o serem, terão igualmente esse direito.

A al. f) do n. 1 do artigo 6º, por seu turno, reputa lícito o tratamento de dados "necessário para efeito dos interesses legítimos prosseguidos pelo responsável pelo tratamento ou por terceiros, exceto se prevalecerem os interesses ou direitos e liberdades fundamentais do titular que exijam a proteção dos dados pessoais, em especial se o titular for uma criança". No situação *sub iudice* existia o interesse da autora e do pai da menor colhida pelo metro de apurar se a filha havia ou não manifestado intenções suicidas. Enquanto herdeiros eles sucedem não apenas nos direitos do *de cuius*, mas também nas correspondentes vinculações ou responsabilidades. Nomeadamente, no possível dever de indemnizar o condutor do metro que atropelou a menor. A obtenção daquela informação revelava-se não apenas importante de um ponto de vista pessoal – possibilitando um melhor entendimento da situação –, mas fundamental de um prisma meramente patrimonial, pois tinha em si o poder de esclarecer se a morte da menor havia ou não sido um acidente. O que, como se compreende, era decisivo para o averiguação da eventual responsabilidade civil ali presente. Neste caso, a transmissão dos dados é o meio necessário para satisfazer as pretensões dos herdeiros, por não haver outro. Ao que acresce o facto de os interesses dos interlocutores da filha não serem superiores aos prosseguidos pelos pais. Não se deve, aliás, esquecer que todos os dados a que os

6. Nesse sentido, v. ainda considerando 158.

herdeiros poderão vir a ter acesso foram partilhados livre e voluntariamente pelos seus titulares. Mais ainda que, uma vez partilhado o dado com outro utilizador do Facebook, se perde o controlo sobre o seu conteúdo e que os herdeiros desse utilizador podem vir a tomar conhecimento desses dados em virtude dessa sua qualidade. Não só um juízo de necessidade aponta nesta direção, como também o juízo de proporcionalidade indica que os interesses dos pais da falecida se sobrepõem.

3. DA PERTINÊNCIA DESSAS SOLUÇÕES À LUZ DO ORDENAMENTO JURÍDICO PORTUGUÊS

3.1 Da heritabilidade da conta de Facebook

3.1.1 Da heritabilidade da posição contratual do utilizador

I. À semelhança do ornamento jurídico alemão, também em Portugal vigora o princípio da sucessão universal. O que quer dizer que à partida os herdeiros sucedem em todas as situações jurídicas do falecido. De fora ficam aquelas que "devam extinguir-se por morte do respetivo titular, em razão da sua natureza ou por força da lei", ou ainda, no caso de direitos renunciáveis, por vontade do *de cuius*[7]. A predisposição do Direito pátrio será, por conseguinte, a de admitir a sucessão na conta de Facebook. Dada a ausência de lei sobre o tema e, regra geral, a inexistência de uma manifestação de vontade em sentido contrário, só assim não será se a natureza da posição o não permitir.

II. Começa-se por questionar a sua patrimonialidade, por normalmente não se vislumbrar um valor pecuniário da página em si própria, mas tão-só do seu conteúdo. O artigo 2024º do Código Civil define sucessão como "o chamamento de uma ou mais pessoas à titularidade das relações patrimoniais da pessoa falecida", indiciando, deste modo, que apenas as situações patrimoniais podem participar o processo sucessório. Tem-se entendido, porém, para efeitos de integração da herança, que todo o direito de propriedade, independentemente do valor de mercado do respetivo objeto, deve ser considerado de índole patrimonial, da mesma forma que o deve ser qualquer relação obrigacional, indiferentemente da existência ou não de um valor de mercado para a correspondente prestação. Sob este prisma, a simples possibilidade jurídica de uma posição participar no mercado é suficiente para justificar a sua patrimonialidade, não interessando para esta qualificação em concreto se essa situação efetivamente o faz ou até se a lei impede essa participação[8]. Neste último cenário, a não inclusão dessa situação na herança ficar-se-á a dever não a uma eventual falta de carácter patrimonial, mas a uma mera intransmissibilidade legal.

III. Ainda nesta esteira, indaga-se até que ponto a posição contratual do utilizador do Facebook possui uma índole pessoalíssima, sendo por isso indissociável do seu titular. O que, naturalmente, vedaria o fenómeno sucessório. A inexistência de qualquer tipo de aferição da identidade e da veracidade dos dados de identificação prestados pelo

7. V. artigo 2025º do Código Civil.
8. V. Fußeder (2019), p. 54 e ss., 61-63, Herzog (2013), p. 3747, Bock (2017), p. 374 e ss., Alexander (2016), p. 304. V. ainda Martini (2012), p. 1146-1147.

utilizador ao Facebook aquando da sua adesão não permite, contudo, corroborar este entendimento. A realidade é a de que o Facebook não pode ter a certeza de conhecer quem é o seu parceiro contratual. É perfeitamente possível inventar um perfil, não havendo qualquer mecanismo de controlo. O que só por si demonstra que para o Facebook a identidade da contraparte é indiferente[9].

Por outro lado, a prestação realizada pelo Facebook não se altera em função da identidade do utilizador. Pelo contrário, ela é sempre a mesma: disponibilizar a plataforma, permitir a colocação de *posts* e comentários e a troca de mensagens, assim como armazenar todos os dados inseridos na conta pelo utilizador e pelas pessoas com permissão para aí intervirem.

IV. Ainda que se aceite a patrimonialidade e não pessoalidade da situação, isso não equivale a afirmar a sua transmissibilidade *mortis causa*. Se essa será a regra, a verdade é que nem todas as posições patrimoniais são hereditáveis. A lei estabelece por vezes a intransmissibilidade *mortis causa* de certos direitos patrimoniais, nomeadamente dos direitos: *a)* "que existem para a satisfação das necessidades específicas da pessoa a quem são atribuídos", como sucede, nomeadamente, nos direitos de uso e habitação ou a alimentos; *b)* em que, por causa da sua índole, só aqueles a quem são atribuídos devem poder decidir do seu exercício ou não exercício, como, por exemplo, o direito de rescindir uma doação por ingratidão do donatário; *c)* "em que a intransmissibilidade é estabelecida no interesse do sujeito passivo", tal como acontece com o direito de aceitar uma proposta negocial; *d)* que não se pretende que tenham uma existência mais longa do que a do seu titular, como ocorre normalmente no usufruto ou na renda vitalícia[10].

Em relação à conta de Facebook, a lei em lugar algum determina a intransmissibilidade *mortis causa* dos direitos do utilizador. A relativa novidade das redes sociais poderá explicar a ausência de semelhante disposição. Interessa, por isso, esclarecer se essa ausência se fica a dever ao carácter recente do fenómeno ou se, pelo contrário, não existirá fundamento material para impor esse desfecho. O que implica apurar se os direitos reconhecidos ao utilizador do Facebook se subsumem em alguma das hipóteses elencadas, justificando deste modo uma igualdade de destino.

Desde logo, questiona-se se os direitos a postar, comentar, trocar mensagens e ao armazenamento do conteúdo da conta visam a satisfação de uma necessidade específica do utilizador do Facebook. O âmago da questão está, como é fácil de antever, na natureza específica ou não da necessidade do utilizador satisfeita pela prestação a cargo do Facebook. A este propósito, dir-se-á que ela é tão específica quanto o é a necessidade satisfeita pelas operadoras das redes móveis e da internet, nomeadamente das contas de email – por viabilizarem a comunicação –, ou por um depositário, *v.g.* um banco, – por procederem à guarda ou armazenamento de uma coisa ou valor. A mais-valia do Facebook é que consegue oferecer a um tempo quer um meio de comunicação quer um meio de armazenagem, tornando o serviço mais completo ou mais abrangente. Mas isso não

9. V. Fußeder (2019), p. 54-55, Polat (2019), p. 12. Em sentido diverso, v. Klas e Möhre-Sobolewski (2015), p. 3474. V. ainda Bock (2017), p. 387 e ss.
10. V. Galvão Telles (1991), p. 72 e ss. V. ainda J. Gomes da Silva (2002), p. 102, E. Gomes da Silva (1978), p. 62, Pamplona Corte-Real (1985), p. 56 e ss.

é de monta a alterar a natureza das necessidades saciadas por essa prestação. No que a estas diz respeito, não se descobre nenhuma especificidade que legitime um tratamento jurídico diverso daquele que é concedido às entidades supra referidas.

Não há nada de pessoal nos direitos do utilizador do Facebook que obrigue a que só o seu titular deve poder decidir do seu exercício ou não exercício. O poder partilhar algum conteúdo, comentar ou trocar mensagens, assim como exigir o armazenamento desses dados não é algo que esteja apenas ao alcance do titular. Mas, neste aspecto, importa desde já fazer um reparo. Quando se discute a heritabilidade da conta de Facebook, tem-se em vista apenas o acesso à conta e, num segundo momento, aos seus conteúdos. Essa sucessão não é de molde a permitir que o sucessor continue a usar ativamente a conta do *de cuius*[11]. Pensa-se, contudo, que a razão para tal não está na natureza dos direitos herdados. Estes, quando considerados em si mesmos, permitiriam a continuação do seu exercício pelo herdeiro. O que o impede é o direito à identidade digital do falecido. A designação que consta do seu perfil – que pode ou não coincidir com o respetivo nome – desempenha no mundo digital uma função semelhante ao nome (ou ao pseudónimo, consoante as circunstâncias). Ou seja, permite individualizar alguém e chamar esse alguém. A aquisição translativa *mortis causa* dos direitos do *de cuius* pelo herdeiro envolve uma modificação subjetiva substitutiva desse direito. Dito de outro modo, opera-se uma alteração do titular. Deixa de ser o fenecido para passar a ser o sucessor, o qual, doravante, vai exercer esse direito em nome próprio. A aquisição por herança dos direitos relativos à conta de Facebook não concede ao seu beneficiário o poder de os continuar a exercer – nomeadamente mantendo a conta ativa –, usando para tal a identificação digital do morto. Herda-se a conta, possivelmente os seus conteúdos, mas não a identificação digital.

Também não se vislumbra nenhum interesse do sujeito passivo, ou seja, do Facebook, que imponha a não heritabilidade da conta. Como se teve oportunidade de referir, não só a identidade do credor parece ser algo irrelevante para o Facebook, como a prestação realizada não diverge em função dessa identidade.

De igual maneira, não se descobre nenhum elemento que indicie o carácter vitalício desses direitos, por se pretender que não tenham uma existência mais longa do que a do seu titular. Poderia sempre perguntar-se até que ponto isso não decorreria das regras sobre a intransmissibilidade *inter vivos* e sobre o memorial. Para além da questão sobre a validade e vinculatividade de tais regras – que se tratará mais adiante –, a verdade é que dessas regras não se consegue extrair a intransmissibilidade *mortis causa* da conta de Facebook.

O n. 4 do ponto 4, sobre condições adicionais, dos Termos de Serviço proíbe a transmissão a outrem dos direitos e obrigações do utilizador da conta sem a autorização do Facebook. O que poderia ser visto como prova quer da intransmissibilidade *inter vivos* quer da intransmissibilidade *mortis causa* da posição contratual do dito utilizador. Não se afigura, todavia, ser essa a interpretação mais adequada. Não só a condição em estima

11. No sentido de que, se o herdeiro continuar a alimentar a conta, nasce uma nova relação jurídica entre este e o Facebook, v. V. Herzog (2013), p. 3749.

não trata da transmissibilidade por morte, mas tão-só entre vivos, como da mesma não resulta a regra da intransmissibilidade. Pelo contrário, a sua transmissibilidade é aceite de forma explícita, apenas se condicionando a sua validade ou eficácia à prévia autorização do Facebook. Se a posição contratual fosse intransmissível, careceria por completo de sentido exigir a anuência do Facebook. Ou, de modo inverso, justamente porque essa posição é transmissível é que se sentiu a necessidade de requer o consentimento da contraparte. A razão para semelhante exigência não pode, por isso, ficar a dever-se a uma eventual intransmissibilidade intrínseca ou legal dessa posição, buscando antes arrimo em imperativos de segurança jurídica. As preocupações de segurança na rede, de controlo dos seus participantes justificam essa imposição. Em relação à transmissão *mortis causa*, a questão não se coloca. Não só os herdeiros são identificados pela habilitação de herdeiros, como a aquisição da conta por esta via permite-lhes unicamente aceder à mesma (e possivelmente aos seus conteúdos) e exigir o armazenamento dos dados. Não, porém, o poder de continuar a alimentar a conta em nome do *de cuius*[12].

O n. 5 do mesmo ponto 4 dos Termos de Serviço limita-se a dizer o seguinte: "poderás designar uma pessoa (denominada um contacto legado) para gerir a tua conta se a mesma for transformada num memorial. Apenas o teu contacto legado ou uma pessoa identificada num testamento válido ou num documento legal semelhante em que expressas claramente o teu consentimento para que esta divulgue o teu conteúdo após a morte ou devido a incapacidade poderá divulgar a tua conta depois de ser transformada num memorial". Ora, não resulta dessa condição a necessidade de uma conta ser convertida em memorial após a morte do seu titular. É uma possibilidade. Ao que acresce que tanto se admite a criação do memorial em caso de falecimento do titular, como em caso de incapacidade superveniente. O que claramente indicia que a criação desse memorial não é uma decorrência exclusiva e própria do passamento do utilizador da conta, não podendo, por conseguinte, ser vista como um efeito necessário e substitutivo do fenómeno sucessório. Para além disso, parece depreender-se do seu teor que, ainda que seja criado o memorial, tal não arreda inevitavelmente a sucessão da conta. À pessoa incumbida de gerir o memorial compete o poder de decidir se os conteúdos da conta podem ou não ser divulgados após o óbito do seu utilizador, não porém a posição contratual deixada vaga por morte deste. Em relação a esta, aplicar-se-á o regime sucessório.

V. O carácter duradouro da relação contratual, por sua vez, não pode ser visto como um embaraço à sucessão na posição jurídica do utilizador. Em sítio algum a lei estabelece como regra a extinção das situações decorrentes da celebração de um contrato de execução duradoura por morte de uma das partes. Dir-se-ia, aliás, que a regra aponta na direção oposta, ou seja, a da sua heritabilidade. Isso explica, por exemplo, a não caducidade do contrato de mandato pese embora o óbito do mandante – nos termos dos artigos 1174º e 1175º – ou a sucessão no direito de arrendamento para habitação, que se transmite por morte do arrendatário ao "cônjuge com residência no locado ou pessoa que com o arrendatário vivesse no locado em união de facto e há mais de um ano" ou "a pessoa que com ele residisse em economia comum e há mais de uma ano", nos termos do n. 1 do artigo 1106º do Código Civil. Naturalmente que nos contratos *intuitu personae*, a morte

12. V. Fußeder (2019), p. 70-71.

da uma das parte conduz à caducidade do negócio e, com isso, à extinção dos direitos e obrigações dele provenientes. Como se observou, não é este, contudo, o caso do contrato concluído com o Facebook[13].

VI. Pensa-se, por fim, que em Portugal também não se pode dar uma resposta diferente à questão da heritabilidade da conta de Facebook em função da natureza dos conteúdos. À semelhança do § 2373 S. 2 do BGB, o artigo 2125, n. 3, do Código Civil estabelece a presunção de exclusão da venda da herança dos diplomas, correspondência do falecido, bem como das recordações de família. A presente presunção careceria de sentido, se estes elementos não integrassem a herança. O que significa que o legislador deu como assente que o conteúdo privado ou íntimo compreendido em certos objetos não afasta a heritabilidade das situações jurídicas sobre eles incidentes.

VII. Sendo a posição contratual de Facebook passível de sucessão, poderá o seu utilizador determinar em vida por testamento qual o seu destino[14].

3.1.2 Das cláusulas contratuais gerais previstas nas condições gerais do Facebook

I. No Acórdão do III ZR do BGH de 12.7.2018 julgou-se a cláusula contratual geral sobre o memorial – donde se retiraria a intransmissibilidade *mortis causa* da posição contratual – excluída do contrato, por inobservância do ónus de adequada comunicação. Para além disso, considerou-se que, ainda que assim não fosse, ela seria nula por conferir um poder injustificado a uma das partes de arredar um princípio essencial do ordenamento jurídico.

Em Portugal, a matéria das cláusulas contratuais gerais é regida pelo Decreto-lei n. 446/85, de 25 de Outubro.

II. O artigo 5º impõe igualmente ao utilizador das cláusulas contratuais gerais o ónus da sua adequada comunicação, "com a antecedência necessária para que, tendo em conta a importância do contrato e a extensão e complexidade das cláusulas, se torne possível o seu estabelecimento completo e efetivo por quem use de comum diligência". Mais se estabelece que o ónus de provar a observância de semelhante encargo impende sobre "o contraente que submeta a outrem as cláusulas contratuais gerais". A inobservância deste ónus é sancionada com a exclusão da cláusula do contrato. Em termos pragmáticos, isto significa que cabe ao Facebook demonstrar que comunicou de modo ajustado e atempado o teor da cláusula, sendo extremamente duvidoso que para tal baste a sua inclusão no ponto 4, sobre cláusulas adicionais, dos Termos de Serviço. A quantidade de regras previstas, assim como a dispersão em que se encontram permitem questionar até ponto esta comunicação é adequada a uma pessoa de diligência comum.

III. A lei portuguesa não contém nenhuma norma semelhante às previstas no §307 do BGB. À luz do estipulado nos artigos 15º e ss., não se descortina um fundamento bastante para justificar a nulidade da cláusula, por não se ter semelhante cláusula como atentatória do princípio da boa-fé. Estando em causa direitos renunciáveis, seria possível acordar a não sucessão da posição contratual ora em apreço.

13. V. Herzog (2013), p. 3747.
14. V. Deusch (2018), p. 690.

IV. Isto não significa, caso o Facebook consiga provar a observância do ónus de adequada comunicação da cláusula, que a posição contratual do utilizador da conta não seja heritável. Como se referiu antes, não se afigura que a cláusula relativa ao memorial constitua fundamento bastante para arredar a sucessão.

3.1.3 *Da tutela* post-mortem *dos direitos de personalidade*

I. Por o conteúdo da conta revelar com frequência a imagem e aspetos da vida privada ou íntima do *de cuis*, poderia questionar-se se isso não acarretaria a sua exclusão da herança e a existência de um fenómeno sucessório especial em benefício dos parentes mais próximos do falecido. Na base de semelhante raciocínio está uma das hipótese de interpretação do artigo 71° do Código Civil, dedicado à tutela *post mortem* dos direitos de personalidade, que confere legitimidade aos parentes mais próximos do *de cuis*, e bem assim aos herdeiros, para requer a proteção de tais direitos depois da morte do respetivo titular.

II. Muito se tem discutido sobre o sentido das normas aí previstas. Desde logo, questiona-se qual o bem tutelado por tais normas: o bem de personalidade do falecido ou outro bem? Conexo com este tema anda um outro que é justamente o de individualizar o titular do interesse protegido: será o falecido ou serão antes as pessoas elencadas no n. 2 do artigo 71°? Em abstracto, cinco são as respostas possíveis. A saber[15]:

> a) A primeira proposta de solução descobre o interesse tutelado por essa norma no *bem de personalidade do morto*, aceitando simultaneamente que a titularidade do direito sobre este incidente *compete ao próprio morto*. Sob este prisma, o artigo 71° constituiria uma exceção ao disposto no artigo 68°. Diversamente do aqui estabelecido, a personalidade jurídica não cessaria com a morte, verificando-se antes um prolongamento *post mortem* dessa personalidade justamente para efeitos de proteção dos respetivos direitos de personalidade[16];
>
> b) A segunda proposta de solução também reconhece nos *bens de personalidade do morto* o bem tutelado pelo artigo 71°. Mas, diversamente da visão anterior, não concorda com a ideia de prolongamento artificial da personalidade, não divisando por isso no preceito em estima qualquer exceção ao disposto no artigo 68°. Em seu entender, o fim da personalidade jurídica não acarreta de forma necessária a extinção dos direitos de personalidade até então pertencentes ao fenecido. Pelo contrário, resultaria do artigo 71° justamente a sua manutenção *post mortem*, embora agora *desprovidos de sujeito*. O mesmo é dizer que os direitos de personalidade sobreviriam o respetivo titular e continuariam assim a sua vida sem titular;
>
> c) A terceira proposta de solução, na senda das precedentes, considera igualmente que o bem tutelado em tal norma é o *bem de personalidade do falecido*. Este é enxergado, no entanto, como uma realidade objetiva e autónoma. Por outro lado, e no que toca à sua titularidade, sustenta-se a aquisição de tais bens por via sucessória pelos herdeiros ou, melhor dito, pelas pessoas elencadas no n. 2 do artigo 71°. A esta luz, o referido preceito estabeleceria um *regime específico de aquisição derivada translativa mortis causa*[17];

15. V. Vaz de Sequeira (2020), p. 29 e ss.
16. V. Pires de Lima e Antunes Varela (1987), p. 105, Leite de Campos (1991), p. 163-164 e 191, (1974), p. 291 e ss., Albuquerque Matos (2011), p. 387.
17. V. Capelo de Sousa (1995), p. 188 e ss., 366-367, 433-434. No sentido de que a dimensão pessoal dos direitos de personalidade se extingue com a morte, mas aceitando a possibilidade de se herdar a dimensão patrimonial v. Bock (2017), p. 387 e ss., Wagner (2017), p. 1798 e 1800.

d) A quarta proposta de solução, por seu turno, parte da ideia de que os direitos de personalidade gozam de uma dimensão subjetiva – o direito subjetivo propriamente dito – e de uma dimensão objetiva – o valor ou bem tutelado. Com a morte, dá-se a extinção do direito subjetivo, mas o valor subjacente persiste. O artigo 71° tem justamente por função conferir proteção *ao valor da personalidade*. O bem jurídico tutelado deixaram de ser os direitos de personalidade do morto, para passar a ser a memória do defunto. Recusa, no entanto, que a titularidade desses interesses compete às pessoas catalogadas no citado n. 2 do artigo 71°. Na verdade, a essas pessoas apenas seria conferida *legitimidade processual para defender a memória do morto*, sem contudo lhes ser atribuída uma posição jurídica de direito material[18];

e) A quinta e última proposta de solução defende que a morte determina a um tempo a extinção da personalidade jurídica do falecido assim como dos correspondentes direitos de personalidade. Sob este prisma, o artigo 71° tem por função tutelar um bem jurídico pertencente aos *indivíduos listados no seu n.* 2, sendo apontado como interesse protegido *a memória que estes têm do morto*[19].

III. A questão é compreensivelmente discutível. Julga-se, no entanto, que a explicação mais adequada é aquela que descobre no artigo 71° uma tutela *post mortem* dos valores corporizados nos diversos direitos de personalidade do falecido. O mesmo é dizer que a morte determina, tal como resulta do preceituado no artigo 68°, a cessação da personalidade jurídica do defunto, assim como a extinção dos direitos de personalidade até então na sua esfera jurídica. Não acarreta, porém, o desaparecimento dos valores objetivos subjacentes àqueles direitos, nem por isso a perda da correspondente tutela[20].

Como é sabido, todo o direito fundamental de personalidade comporta uma estrutura dualista: a dimensão subjetiva, materializada na situação jurídica propriamente dita, e a dimensão objetiva, substantificada no bem de personalidade tido como valor juridicamente protegido. O óbito de um indivíduo tem por efeitos necessários o fim da sua personalidade jurídica – isto é, da sua aptidão para ser sujeito de um direito ou de uma vinculação – e a extinção das situações jurídicas até ao momento na sua titularidade, quando a sua natureza ou a lei assim o ditem[21]. A índole pessoalíssima dos direitos de personalidade, mais precisamente a dupla inerência que os caracteriza, justifica que a morte do respetivo titular cause a sua supressão. A dimensão objetiva do direito ou, por outras palavras, o valor que lhe subjaz transcende a individualidade de cada um. Por essa razão, nada impede, pelo contrário impõe, que o ordenamento jurídico continue a disponibilizar proteção a esse bem (objetivo). É este justamente o papel do artigo 71°: atribuir um direito de defesa a certas pessoas (as elencadas no n. 2 e n. 3). Tendo em conta os laços de proximidade que as unia ao defunto, a lei presume o seu interesse em justamente proteger esse bem[22].

IV. Entendimento diverso comprometeria aliás a autonomia de semelhante preceito. Se esta norma tivesse por função tutelar os interesses dos vivos, mais corretamente das pessoas elencadas no n. 2, ficaria por esclarecer a razão para a sua inserção sistemática – na secção destinada aos direitos de personalidade – e a sua utilidade. Na verdade, se

18. V. Oliveira Ascensão (2000), p. 100-101. V. ainda Hörster e Moreira da Silva (2019), p. 278-279.
19. V. Menezes Cordeiro (2019), p. 604-606, Carvalho Fernandes (2012), p. 211, P. Mota Pinto (1993), p. 554-555, C. Mota Pinto (2012), p. 205, Castro Mendes (1978), p. 111, Orlando de Carvalho (2012), p. 258, G. Dray (2006), p. 39. V. ainda Pedro Pais de Vasconcelos e Pedro Leitão Pais de Vasconcelos (2019), p. 57-58, Pedro Pais de Vasconcelos (2006), p. 120-121, De Cupis (1961), p. 116-117, 142-143, Wolf/Neuner (2016), p. 126-127.
20. V. Ac. do STJ de 18-10-2007 (07B3555), Ac. do STJ de 4.11.2008 (08A2342), in www.dgsi.pt.
21. V. artigo 2025° do Código Civil.
22. V. Larenz (1978), p. 163.

os familiares ou herdeiros se sentissem de alguma forma lesados por comportamento alheio que ferisse o bem de personalidade do ente falecido, poderiam buscar amparo em institutos de cariz geral como as providências cautelares, a legítima defesa ou a responsabilidade civil, dependendo das circunstâncias.

Com esta afirmação não se pretende negar toda a polémica em torno da possibilidade de fundamentar a responsabilidade civil do infrator frente aos referidos familiares ou herdeiros, mormente no tocante à indemnizabilidade dos danos reflexos. Admite-se, contudo, que na maior parte dos casos o comportamento prejudicial é pluriofensivo, acarretando a um tempo a lesão do bem de personalidade do morto e a lesão de bens de personalidade dos vivos. Assim acontece, por exemplo, quando a divulgação de algo atentório da honra do falecido ofende concomitantemente a honra dos parentes sobrevivos ou provoca uma reação social tal que se compromete o livre desenvolvimento da personalidade dos familiares. Ou ainda quando a divulgação (proibida) de um facto íntimo do morto acaba por expor igualmente a intimidade da vida privada das pessoas que tinham uma relação de proximidade, máxime o seu cônjuge. Em todas estas hipóteses, os familiares sofrem um dano próprio. Para além disso, será ainda de aceitar a indemnizabilidade do dano moral de afeição, assente no reconhecimento da natureza relacional da pessoa[23].

V. Poderia reconhecer-se uma particular utilidade ao preceito quando interpretado como exceção ao estatuído no artigo 68º. Não parece, contudo, que essa seja a interpretação mais adequada da lei. Desde logo, o objeto das duas normas em confronto difere: no artigo 68º trata-se de personalidade jurídica, enquanto o artigo 71º versa sobre direitos de personalidade. Apesar da similitude linguística, são realidades distintas. Causaria alguma estranheza qualificar uma norma como excepcional quando o seu objeto não coincide (nem parcialmente) com aquele da norma pretensamente excepcionada. Claro que se poderia defender que, não obstante o artigo 71º não constituir uma exceção em sentido técnico-jurídico ao disposto no artigo 68º, o seu teor de certo modo subentende essa exceção. Só que não é forçosamente assim. Mesmo que se aceite que o preceito em consideração determina a manutenção dos direitos de personalidade do defunto após a sua morte, isso não obrigaria a acolher simultaneamente o prolongamento artificial da respetiva personalidade jurídica. Outros caminhos se abririam como a via sucessória ou a admissibilidade de direitos sem sujeito. Qualquer um deles mais conformes com o nosso sistema. Acresce que dificilmente se conseguiria enquadrar este novo tipo de sujeito, a um tempo morto e vivo. O artificialismo parece evidente.

VI. Divisar na regra ora em análise a manutenção dos direitos de personalidade, nas suas vestes de situação ativa, afigura-se igualmente desprovido de fundamento jurídico. Como se teve oportunidade de salientar, a índole pessoalíssima de tais direitos, a dupla inerência que os caracteriza, impede a sua subsistência quando desgarrados do respetivo sujeito.

23. Sobre este problema, v. Páris Fernandes (2017), p. 389-422, (2020), p. 237-238, João Bernardo (2020), p. 80-81. V. ainda Miranda Barbosa (2017), p. 312 e ss., Carneiro da Frada (2008), p. 56-57.

VII. Neste quadro, compreende-se que carece de sentido excluir do âmbito da herança a posição do utilizador da conta de Facebook com o argumento de que esta caberia aos parentes mais próximos – em razão da tutela *post mortem* dos direitos de personalidade – e não aos herdeiros. Não só a lei reconhece legitimidade a estes para desencadear os mecanismos de tutela *post mortem*, e não apenas aos parentes mais próximos, como, em rigor, o papel do artigo 71° não é o de atribuir às pessoas elencadas no seu n. 2 a titularidade dos direitos de personalidade do morto, nem tão pouco a titularidade dos direitos de propriedade ou de crédito relativos a coisas ou prestações conexas com bens de personalidade. Aqueles extinguem-se por óbito do sujeito, estes transmitem-se aos sucessores. O que está aqui em causa é pura s simplesmente a concessão a tais pessoas de um direito de defender a dimensão objetiva dos bens de personalidade do morto[24].

3.2 Do acesso aos respetivos conteúdos

3.2.1 Da tutela da privacidade e intimidade de terceiros

I. Afigura-se inegável que o acesso ao conteúdo da conta, mormente às mensagens trocadas com terceiros, conduz inevitavelmente à exposição de aspetos da vida privada ou íntima destes perante os herdeiros. Estes, por via da sucessão, tomarão conhecimento de informações de índole confidencial relativas aos interlocutores do *de cuius*.

II. Em face do Direito vigente, não se pode julgar que a obtenção dessas informações constitua um ato violador dos direitos de personalidade dos envolvidos. Basta relembrar o disposto no n. 3 do artigo 2125°, para perceber que a natureza pessoalíssima da correspondência trocada entre o falecido e terceiros não obsta à sua integração no caudal relicto. Pelo contrário, os direitos incidentes sobre estes objetos incorporam a massa sucessória, independentemente do seu teor.

Em direção idêntica aponta o n.° 2 do artigo 76.°, quando preceitua que "morto o destinatário, pode a restituição da carta confidencial ser ordenada pelo tribunal, a requerimento do autor dela ou, se já tiver falecido, das pessoas indicadas no n.° 2 do artigo 71.°; pode também ser ordenada a destruição da carta, o seu depósito em mão de pessoa idónea ou qualquer outra medida apropriada". Ao exigir um requerimento ao tribunal para que a carta confidencial possa ser devolvida ao emissor, destruída ou entregue a um fiel depositário, a lei está a dar como assente que, em regra, essas cartas estão e estarão na posse dos herdeiros do falecido, aceitando por conseguinte que estes se inteirem do seu conteúdo. Ora não se vislumbra nenhuma justificação para tratar de forma distinta as mensagens trocadas no Facebook. A diferença de suporte não constitui fundamento adequado para semelhante conclusão.

III. Isto não significa, contudo, a desproteção por completo destes terceiros, porquanto os herdeiros ficam adstritos aos mesmos deveres que impendiam sobre o *de cuius*. Ou seja: ao dever de reserva sobre o conteúdo das mensagens trocadas; ao dever de não

24. V. Fußeder (2019), p. 160, Herzog (2013), p. 3759.

aproveitamento das informações levadas ao seu conhecimento por meio da sucessão na posição contratual do utilizador do Facebook; e ao dever de não divulgação desses dados[25].

3.2.2 Da proteção de dados do de cuius *e de terceiros*

I. A questão que se coloca é a de saber se o regime de proteção de dados vigente impede o Facebook de viabilizar o acesso dos herdeiros ao conteúdo da conta do utilizador entretanto falecido, por isso implicar uma disponibilização de dados pessoais quer do *de cuius* quer dos seus companheiros de comunicação.

II. O considerando 27 do Regulamento Geral da Proteção de Dados permite aos Estados-Membros estabelecer regras para o tratamento dos dados pessoais de pessoas falecidas. O Estado português, na Lei 58/2019, de 8 de agosto, que assegura a execução desse regulamento em território nacional, veio fazer uso desta permissão, dedicando o artigo 17º ao tema. Entre outros regras, aí se estatui que o exercício dos direitos das pessoas falecidas que se reportem à intimidade da vida privada, à imagem ou aos dados relativos às comunicações, nomeadamente os direitos de acesso, retificação e apagamento, caberá à pessoa que haja sido designada para o efeito pelo titular dos direitos ou, na sua falta, aos respetivos herdeiros. O acesso dos sucessores ao conteúdo da conta de Facebook encontra assim respaldo. O que se compreende, quando se tem em atenção a essência do fenómeno sucessório. O herdeiro entra na titularidade da situação deixada vaga pelo *de cuius*, adquirindo rigorosamente os mesmos poderes (e deveres) e estando subordinado exatamente às mesmas regras.

Cumpre, no entanto, salientar dois aspetos. O primeiro é o de que o titular dos dados pode igualmente, nos termos legais aplicáveis, deixar determinada a impossibilidade de exercício após a sua morte dos direitos referidos no número anterior, impedindo deste modo o acesso ao conteúdo da conta de Facebook. O segundo, por seu turno, prende-se com o âmbito espacial de aplicação da Lei n. 58/2019. No tocante ao tratamento de dados realizado fora de Portugal – como à partida será o caso do Facebook –, só se aplicará esta lei quando esse tratamento afetar "titulares de dados que se encontrem no território nacional"[26].

III. Em relação aos dados das pessoas com quem o *de cuius* mantinha algum tipo de comunicação na rede social, pensa-se que a permissão de acesso resulta, ainda que de forma indireta, do referido artigo 17º da Lei 58/2019. Se o herdeiro pode aceder às comunicações mantidas pelo utilizador do Facebook entretanto fenecido, sem se distinguir consoante a intervenção deste se tenha dado a título de emissor ou de receptor, então isso deve querer dizer que qualquer das modalidades se acha abrangida pela norma permissiva. Aliás, em termos pragmáticos, não se descortina muito bem como seria na hipótese de resposta oposta.

Ao que acresce que negar o acesso aos dados seria, no fundo, uma maneira encapotada de negar a pretensão decorrente da sucessão na posição contratual[27].

25. V. artigos 75º, n. 1, e 76º do Código Civil.
26. V. al. b) do n. 2 do artigo 2º da Lei 58/2019, de 8 de agosto.
27. V. Knoop (2016), p. 969.

4. REFERÊNCIAS

ALEXANDER, Christian, "Digitaler Nachlass als Rechtsproblem?, *Kommunikation und Recht* 5/2016, p. 301-307.

ASCENSÃO, José Oliveira, *Direito Civil – Teoria Geral*, I, Coimbra, 2000.

BARBOSA, Mafalda Miranda, *Lições de Responsabilidade Civil*, Cascais, 2017.

BERBERICH, Matthias, "Der Content gehört nicht Facebook! – AGB-Kontrolle der Rechteeinräumung an nutzergenerierten Inhalten", *Mutimedia und Recht*, 2010, p. 736-741.

BERNARDO, João, "Os Danos Não Patrimoniais Reflexos", *Revista de Direito da Responsabilidade*, ano 2, 2020, p. 75-81.

BOCK, Merle, "Juristische Implikationen des digitalen Nachlasses", *AcP* 2017 (2017), p. 370-417.

CAMPOS, Diogo Leite de, "A Indemnização do Dano da Morte", *Boletim da Faculdade de Direito da Universidade de Coimbra*, vol. L, Coimbra, 1974, p. 247-297.

CAMPOS, Diogo Leite de, "Lições de Direitos da Personalidade", *Boletim da Faculdade de Direito da Universidade de Coimbra*, v. LXVII, Coimbra, 1991, p. 163 e ss.

CARVALHO, Orlando de, *Teoria Geral do Direito Civil*, Coimbra, 2012.

CORDEIRO, António Menezes, *Tratado de Direito Civil*, IV, Coimbra, 2019.

CORTE-REAL, Carlos Pamplona, *Curso de Direito das Sucessões*, I, Lisboa, 1985.

CUPIS, Adriano de, *Os Direitos da Personalidade*, traduzido por Adriano Vera Cruz e António Miguel Caeiro, Lisboa, 1961.

DEUSCH, Florian, "Der digitale Nachlass vor dem BGH und die Praxisfolgen", *ZEV*, 2018, p. 687-691.

DRAY, Guilherme, *Direitos de Personalidade – Anotações ao Código Civil e ao Código do Trabalho*, Coimbra, 2006.

FERNANDES, Luís Carvalho, *Teoria Geral do Direito Civil*, I, Lisboa, 2012.

FERNANDES, Maria Gabriela Páris, "A Compensação dos Danos não Patrimoniais Reflexos nos Cinquenta Anos de Vigência do Código Civil Português de 1996", *Edição Comemorativa do Cinquentenário do Código Civil*, coord. Elsa Vaz de Sequeira e Fernando Oliveira e Sá, Lisboa, 2017, p. 389-422.

FERNANDES, Maria Gabriela Páris, "A Responsabilidade Civil por Danos não Patrimoniais", *Católica Talks – Responsabilidade*, coord. Elsa Vaz de Sequeira, Lisboa, 2020, p. 227-248.

FRADA, Manuel Carneiro da, "Nos 40 Anos do Código Civil Português Tutela da Personalidade e Dano Existencial", *Themis – edição especial*, 2008, p. 47-68.

FUßEDER, Florian, *Soziale Netzwerke im Nachlass – Eine Untersuchung zum postmortalen Geheimnisschutz*, München, 2019.

HERZOG, Stephanie, "Der digitale Nachlass – ein bisher kaum gesehenes und häufig missverstandenes Problem", *NJW* 2013, p. 3745-3751.

HÖRSTER, Heinrich Ewald e SILVA, Eva Moreira da, *A Parte Geral do Código Civil*, Coimbra, 2019.

KLAS, Benedikt e MÖHRKE-SOBOLEWSKI, Christine, "Digitaler Nachlass - Erbenschutz trotz Datenschutz", *NJW* 2015, p. 3473-3478.

KNOOP, Martina, "Digitaler Nachlass - Vererbbarkeit von Konten (minderjähriger) Nutzer in Sozialen Netzwerken", *NZFam* 2016, p. 966-970.

KUNTZ, Wolfgang, "Zugang der Erben zum Facebook-Noterkonto – zugleich Besprechung der Entscheidung des LG Berlin vom 17.12.2015 – 20 O 172/15", *FuR* 2016, p. 398-400.

LARENZ, Karl, *Derecho Civil – Parte General*, tradução de Miguel Izquierdo e Macías-Picavea, Madrid, 1978.

LIMA, Pires de e Varela, Antunes, *Código Civil Anotado*, I, Coimbra, 1987.

MARTINI, Mario, "Der digitale Nachlass und Herausforderung postmortalen Persönlichkeitsschutze im Internet", *JZ* 2012, p. 1145-1155.

MATOS, Filipe Albuquerque, *Responsabilidade Civil por Ofensa ao Crédito ou ao Bom Nome,* Coimbra, 2011.

MENDES, João de Castro, *Teoria Geral do Direito Civil,* I, Lisboa, 1978.

PINTO, Carlos Mota, *Teoria Geral do Direito Civil*, revisto por António Pinto Monteiro e Paulo Mota Pinto, Coimbra, 2012.

PINTO, Paulo Mota, "O Direito à Reserva sobre a Intimidade da Vida Privada", *Boletim da Faculdade de Direito*, LXIX, Coimbra, 1993, p. 479 e ss. ou *Direitos de Personalidade e Direitos Fundamentais – Estudos*, Coimbra, 2018, p. 475-592.

POLAT, Yasin, *Digitaler Nachlass und das Problem veralteter Gesetze. De Zugang zu Facebook-Accounts post mortem*, Norderstedt, 2019.

SEQUEIRA, Elsa Vaz de, *Teoria Geral do Direito Civil – Princípios Fundamentais e Sujeitos*, Lisboa, 2020.

SILVA, João Gomes da, *Herança e Sucessão por Morte – A Sujeição do Património do de cuius a um Regime Unitário no Livro V do Código Civil,* Lisboa, 2002.

SILVA, Nuno Espinosa Gomes da, *Direito das Sucessões,* Lisboa, 1978.

SOUSA, Rabindranath Capelo de, *O Direito Geral de Personalidade*, Coimbra, 1995.

TELLES, Inocêncio Galvão, *Direito das Sucessões – Noções Fundamentais,* Coimbra, 1991.

VASCONCELOS Pedro Pais de, e Vasconcelos, Pedro Leitão Pais de, *Teoria Geral do Direito Civil*, Coimbra, 2019.

VASCONCELOS, Pedro Pais de, *Direito de Personalidade*, Coimbra, 2006.

WAGNER, Gerhard, *Münchener Kommentar zum Bürgerlichen Gesetzbuch*, VI, München, 2017.

WOLF, Manfred e NEUNER, Jörg, *Allgemeiner Teil des Bürgerlichen Rechts,* München, 2016.

60
INTELIGÊNCIA ARTIFICIAL NAS DECISÕES CLÍNICAS E A RESPONSABILIDADE CIVIL MÉDICA POR EVENTOS ADVERSOS NO CONTEXTO DOS HOSPITAIS VIRTUAIS

Miguel Kfouri Neto

Pós-Doutor em Ciências Jurídico-Civis junto à Faculdade de Direito da Universidade de Lisboa. Doutor em Direito das Relações Sociais pela Pontifícia Universidade Católica de São Paulo. Mestre em Direito das Relações Sociais pela Universidade Estadual de Londrina. Bacharel em Direito pela Universidade Estadual de Maringá. Licenciado em Letras-Português pela Pontifícia Universidade Católica do Paraná. Professor-Doutor integrante do Corpo Docente Permanente do Programa de Doutorado e Mestrado em Direito Empresarial e Cidadania do Centro Universitário Curitiba – UNICURITIBA. Coordenador do grupo de pesquisas "Direito da Saúde e Empresas Médicas" (UNICURITIBA). Membro da Comissão de Direito Médico do Conselho Federal de Medicina (CFM). Membro do Instituto Brasileiro de Estudos de Responsabilidade Civil (IBERC). Desembargador no Tribunal de Justiça do Paraná (TJPR).

Rafaella Nogaroli

Assessora de Desembargador no Tribunal de Justiça do Estado do Paraná (TJPR). Mestranda em Direito das Relações Sociais pela Universidade Federal do Paraná (UFPR). Especialista em Direito Aplicado pela Escola da Magistratura do Paraná (EMAP) e em Direito Processual Civil pelo Instituto de Direito Romeu Felipe Bacellar. Bacharel em Direito e pós-graduanda em Direito Médico pelo Centro Universitário Curitiba (UNICURITIBA). Coordenadora do grupo de pesquisas em "Direito da Saúde e Empresas Médicas" (UNICURITIBA). Membro do Instituto Brasileiro de Estudos de Responsabilidade Civil (IBERC) e do grupo de pesquisas em direito civil-constitucional "Virada de Copérnico" (UFPR). Pesquisadora e escritora na área de responsabilidade civil e direito médico e da saúde, com foco em medicina robótica, inteligência artificial e telemedicina. Participou de diversos cursos de extensão nacionais e internacionais em bioética, novas tecnologias e proteção de dados, dentre eles: curso "Artificial Intelligence for Healthcare: Opportunities and Challenges", da Taipei Medical University (Taiwan); curso "Inteligência Artificial e Big Data", do Hospital Albert Einstein (São Paulo); curso "Proteção de Dados, Tecnologia e Saúde", da PUC-Rio; e curso em "Bioética e Direito Médico", da Universidade de Coimbra (Portugal). Endereço eletrônico: nogaroli@gmail.com

1. NOTAS INTRODUTÓRIAS: A TRANSFORMAÇÃO DA MEDICINA E DA RELAÇÃO MÉDICO-PACIENTE CAUSADA PELO IMPLEMENTO DE NOVAS TECNOLOGIAS

O século XXI será dominado por algoritmos[1] e, mais do que nunca, a área da saúde vivificará a conhecida frase de Leonardo Da Vinci de que "*os olhos são a janela da alma e o espelho do mundo*". Com imagens do fundo de olho e da retina de um paciente, já é possível prever doenças cardiovasculares que ele pode ter no futuro, por meio de um algoritmo de inteligência artificial (IA)[2] criado a partir de um banco de dados com milhares de exames médicos. A doença cardíaca é a maior causa de morte em diversos países e os algoritmos surgem com a promessa de, cada vez mais, serem capazes de, a partir da leitura de um exame médico, prever e diagnosticar doenças, salvando inúmeras vidas, muito antes das complicações cardíacas se tornem sérias.[3]

O papel dos exames de imagem na prática médica está passando por uma fase de transformação, haja vista a possibilidade de implemento de algoritmos de IA para diagnosticar as mais variadas enfermidades. A vida humana, no despertar do terceiro milênio, estará condicionada aos algoritmos para resolução de problemas e tomada de decisões mais precisas. Na área da saúde, nota-se que essa tendência – de "uma corrida pelos algoritmos mais eficazes e capazes de filtrar os mais variados acervos de dados"[4] – apresenta-se de forma acentuada.

Eric Topol, em suas célebres obras sobre o futuro da Medicina,[5] indica que a sociedade caminha para um cenário, cada vez mais presente, de democratização do acesso à saúde e revolução da relação médico-paciente, devido ao empoderamento do paciente via novas tecnologias. A isto, o autor denomina "*the new era of patient engagement*".[6] Desenvolveram-se, nos últimos anos, inúmeras soluções de *big data*[7] e inteligência artificial

1. HARARI, Yuval Noah. *Homo Deus*. Uma breve história do amanhã. Trad. Paulo Geiger. Versão Kindle. São Paulo: Companhia das Letra, 2016.
2. Os sistemas baseados algoritmos de inteligência artificial podem ser puramente baseados em *software*, agindo no mundo virtual (por exemplo, assistentes de voz, softwares de análise de imagem, mecanismos de busca e sistemas de reconhecimento de voz e expressão) ou podem ser incorporados em dispositivos de hardware (por exemplo, robôs avançados, carros autônomos, drones ou aplicações de Internet das coisas)". (COMISSÃO EUROPEIA. *Artificial intelligence for Europe*. Disponível em: https://ec.europa.eu/transparency/regdoc/rep/1/2018/EN/COM-2018-237-F1-EN-MAIN-PART-1.PDF. Acesso em: 27 set. 2020). Para uma análise pormenorizada do conceito de algoritmo e da evolução da inteligência artificial, com destaque para a centralidade assumida na matéria pelos algoritmos, v., por todos, FLASIŃSKI, Mariusz. *Introduction to Artificial Intelligence*. Cham: Springer, 2016, *passim*; TURNER, Jacob. *Robot Rules*: Regulating artificial intelligence. Cham: Palgrave Macmillan, 2019, *passim*.
3. POPLIN, Ryan. Prediction of cardiovascular risk factors from retinal fundus photographs via deep learning. *Nature Biomedical Engineering*, Londres, v. 2, p. 158-164, 2018.
4. FALEIROS JÚNIOR, José Luiz de Moura. *Administração pública digital*. Proposições para o aperfeiçoamento do regime jurídico administrativo na sociedade da informação. Indaiatuba: Foco, 2020, p. 84.
5. The Creative Destruction of Medicine (2010), The Patient Will See You Now (2015), and Deep Medicine: How Artificial Intelligence Can Make Healthcare Human Again (2019).
6. TOPOL, Eric. *The patient will see you now*: the future of medicine is in your hands. Nova Iorque: Basic Book, 2015, p. 159-179.
7. O *big data* in healthcare ("*big data* na área de saúde") refere-se a uma enorme quantidade de dados de saúde acumulados de várias fontes, como, por exemplo, registros eletrônicos de saúde, imagens médicas, sequenciamento genômico, pesquisas farmacêuticas, wearables e dispositivos médicos. Três características distinguem o big data in healthcare dos dados médicos eletrônicos tradicionais usados para a tomada de decisões: 1) está disponível em um volume extraordinariamente alto; 2) move-se em alta velocidade e abrange o enorme universo digital da

em aplicativos de *smartphones* e *wearable devices* (tecnologias vestíveis) para gerenciamento de medicamentos e monitoramento frequente da condição física e mental, dieta e exercícios físicos, especialmente de pessoas com patologias crônicas – asma, diabetes, câncer, doenças cardiovasculares e mentais –, que despontam como um dos principais problemas globais na área da saúde.[8]

Várias empresas têm desenvolvido tecnologias e algoritmos que coletam dados e analisam sinais vitais, batimentos cardíacos, temperatura, humor, cognição, atividade física etc. A maior dificuldade enfrentada por diabéticos, por exemplo, é a manutenção dos níveis de glicose no sangue. Assim, com essas tecnologias digitais emergentes, o próprio paciente pode monitorar constantemente a sua glicemia, possibilitando que, em tempo real, algoritmos de inteligência artificial analisem os dados fornecidos e apoiem os médicos em decisões terapêuticas, como administração de insulina ou tratamento com dieta.[9]

A *Era da Medicina 4.0* traz consigo o conceito de *smart health* (saúde inteligente), acompanhando o fenômeno de mudança da *medicina convencional* para a *medicina dos 4 Ps* (preventiva, preditiva, personalizada e proativa).[10] Neste novo cenário, os cuidados da saúde deixam de estar essencialmente limitados ao tratamento das patologias (tarefa jamais abandonada, por certo) e passam a ter como foco a adoção de medidas destinadas a prevenir doenças (*medicina preventiva*) ou possibilitar a antecipação do seu diagnóstico (*medicina preditiva*). No que tange ao trato pessoal, o paciente é atendido de maneira tendencialmente mais individualizada (e menos padronizada, portanto), com base nos seus dados genéticos e de saúde (*medicina personalizada*)[11]. Por fim, a relação médico-paciente deixa de ser algo pontual e passa a se desenvolver de maneira contínua, o que é sobremaneira facilitado pelo advento das novas tecnologias (*medicina proativa*).[12]

A transformação do atendimento médico nesse modelo mais proativo, preventivo, preciso e centrado na individualidade de cada paciente tornou-se possível, nos últimos anos, a partir da combinação de grande volume de dados de saúde e *softwares* de inteligência artificial. A Era Digital da assistência médica permitiu que os dados físicos dos pacientes fossem transferidos de pastas de papel para registros eletrônicos de saúde. Com isso, após décadas de digitalização de registros médicos (com o crescente arma-

---

indústria da saúde; 3) como deriva de muitas fontes, é altamente variável em estrutura e natureza. Isso é conhecido como os "3Vs" do *big data*. (Disponível em: https://catalyst.nejm.org/doi/full/10.1056/CAT.18.0290. Acesso em: 27 out. 2020)

8. JEDDI, Zineb; BOHR, Adam. Remote patient monitoring using artificial intelligence. In: BOHR, Adam; MEMARZADEH, Kaveh. (Coord.). *Artificial intelligence in healthcare*. Amsterdã: Elsevier Inc., p. 203-234.
9. JEDDI, Zineb; BOHR, Adam. Remote patient monitoring using artificial intelligence. In: BOHR, Adam; MEMARZADEH, Kaveh. (Coord.). *Artificial intelligence in healthcare*. Amsterdã: Elsevier Inc., p. 203-234.
10. HOLZINGER, Andreas; RÖCKER, Carsten; ZIEFLE, Martina. From Smart Health to Smart Hospitals. *In*: *Smart health*: open problems and future challenges. Cham: Springer, 2015, p. 1-20.
11. SHABAN-NEJAD, Arash; MICHALOWSKI, Martin. *Precision health and medicine*. A digital revolution in healthcare. Cham: Springer, 2020, p. V.
12. BALICER, Ran D.; COHEN-STAVI, Chandra. Advancing Healthcare Through Data-Driven Medicine and Artificial Intelligence. *In*: NORDLINGER, Bernard; VILLANI, Cédric; RUS, Daniela (Coord.). *Healthcare and artificial intelligence*. Cham: Springer, 2020, p. 9-15.

zenamento em nuvem), o setor de saúde criou um conjunto enorme (e continuamente crescente) de dados.[13]

Além disso, a interação contínua entre pacientes e dispositivos inteligentes conectados à internet ("Internet das Coisas" na medicina) baliza o exponencial aumento de dados sensíveis de saúde que estão sendo produzidos, armazenados e processados. Somado ao empoderamento do paciente, pela sua participação constante e ativa na concessão de informações biomédicas para auxiliar decisões clínicas – assumindo o papel de *data-gatherer* ("coletor de dados")[14] –, ainda, destaca-se a tendência de extinção dos hospitais nos seus moldes tradicionais de atendimento.

Eric Topol vislumbra um futuro breve em que as inovações tecnológicas mudarão definitivamente a experiência hospitalar, tendo em vista a disseminação dos chamados *smart hospitals* (hospitais inteligentes) e *virtual hospitals* (hospitais virtuais) ao redor do mundo.[15] Os *smart hospitals* são entidades hospitalares "conectadas" – com registros médicos eletrônicos, dispositivos inteligentes interligados e armazenamento de dados em nuvem –, que melhoram a qualidade de atendimento aos pacientes por meio das diversas tecnologias da *Medicina 4.0*. No quarto do hospital, *smartphones* são usados para exames médicos, permitindo a consulta a exames anteriores realizados pelo paciente, além de biossensores registrarem continuamente sinais vitais e qualquer outra métrica fisiológica relevante, repassando as informações para a equipe médica.[16] Para serviços simples, o paciente, por meio de um aplicativo em um *tablet* ou *smartphone*, pode, por exemplo, controlar a posição da cama, alterar a temperatura do quarto, fechar as cortinas ou pedir refeições.

Além disso, embora sejam necessárias as UTIs, salas de cirurgia e de emergência, o quarto normal de hospital é altamente suscetível à substituição em algumas situações, pelo conforto e praticidade do local de residência do paciente, especialmente idosos e pessoas com doenças crônicas, que necessitam de constante monitoramento médico, abrindo-se, assim, espaço para o surgimento dos *virtual hospitals*. O atendimento e monitoramento médico é feito por Telemedicina e com apoio de algoritmos de inteligência artificial, *big data* e as mais diversas tecnologias digitais emergentes.[17]

Desde 2015, o hospital norte-americano Mercy, em St. Louis, começou a utilizar diversas modalidades de Telemedicina e se tornou o primeiro hospital virtual dos Estados Unidos, criando o chamado *Mercy Virtual Care Center*, conhecido como o "hospital sem

---

13. DEGOS, Laurent. International Vision of Big Data. *In*: NORDLINGER, Bernard; VILLANI, Cédric; RUS, Daniela (Coord.). *Healthcare and artificial intelligence*. Cham: Springer, 2020, p. 242. GRALL, Matthieu. CNIL (Commission Nationale de l'Informatique et des Libertés) and Analysis of Big Data Projects in the Health Sector. *In:* NORDLINGER, Bernard; VILLANI, Cédric; RUS, Daniela (Coord.). *Healthcare and artificial intelligence*. Cham: Springer, 2020, p. 236.
14. TOPOL, Eric. *The patient will see you now*: the future of medicine is in your hands. Nova Iorque: Basic Book, 2015, p. 171.
15. TOPOL, Eric. *Deep medicine*: how artificial intelligence can make healthcare human again. Nova Iorque: Basic Books, 2019, p. 198.
16. HOLZINGER, Andreas; RÖCKER, Carsten; ZIEFLE, Martina. From Smart Health to Smart Hospitals. *In: Smart Health*: Open Problems and Future Challenges. Cham: Springer, 2015, p. 1-20.
17. TOPOL, Eric. *Deep medicine*: how artificial intelligence can make healthcare human again. Nova Iorque: Basic Books, 2019, p. 198.

camas", pois há no local uma grande equipe médica e nenhum paciente.[18] Os 330 profissionais da saúde do centro de atendimento virtual verificam a evolução dos pacientes e sinais vitais, interagindo com eles e realizando avaliações regulares da sua condição clínica. Todas essas atividades são feitas remotamente, com programas avançados de Telemedicina e inteligência artificial.

Realizam-se, nesse hospital virtual, videochamadas com pacientes residentes em diversas regiões do país, utilizando câmeras bidirecionais de alta sensibilidade, que monitoram sinais vitais em tempo real, por meio de algumas ferramentas, como oxímetros de pulso conectados num *tablet*, termômetros digitais e outros dispositivos para obter imagens de partes do corpo do paciente em alta resolução.[19] Mesmo se a pessoa, num primeiro momento, não apresentar nenhum sintoma para determinada doença, os algoritmos de inteligência artificial fazem monitoramento constante, podendo detectar remotamente alguma alteração no quadro clínico e alertar imediatamente o médico. [20]

O monitoramento remoto e as teleconsultas têm sido especialmente importantes para grande parcela da população norte-americana (20%) que reside em áreas rurais distantes dos hospitais e, ainda, possuem o potencial de promover uma vida mais independente aos idosos ou pessoas acometidas de doenças que requerem contínuo tratamento. Além disso, evita-se o risco de infecções hospitalares e altos custos de internação.[21] No Brasil, um país com dimensões continentais, com muitas pessoas vivendo em locais geograficamente remotos, é possível imaginar os potenciais benefícios dos hospitais virtuais em termos de acessibilidade à saúde. Por outro lado, não se pode ignorar questões socioeconômicas do país que geram a própria falta de acesso à tecnologia. De qualquer modo, exporemos ao longo deste trabalho a forte tendência de surgirem hospitais virtuais, caso algumas questões regulatórias da Telemedicina sejam resolvidas. [22]

O quadro geral de implemento de hospitais virtuais no Brasil ganha tons cinzentos, especialmente pelo emprego até então controvertido da Telemedicina no país pela própria classe médica. Contudo, em 2020, com a pandemia da Covid-19, a prestação de serviços médicos por Telemedicina expandiu-se no território brasileiro, assim como em diversos países, de modo que os hospitais virtuais ganharam destaque na China, Reino Unido, Estados Unidos, Itália, Israel, Canadá e Austrália.[23] Na Itália, o hospital virtual Ultraspecialisti, por exemplo, possui uma equipe de médicos em mais de vinte especialidades e foi amplamente utilizado durante a crise sanitária ocasionada pela Covid-19, quando os

18. TOPOL, Eric. *Deep medicine*: how artificial intelligence can make healthcare human again. Nova Iorque: Basic Books, 2019, p. 198-200.
19. Experience Mercy Virtual 360. Disponível em: https://www.mercyvirtual.net/. Acesso em: 23 set. 2020.
20. TOPOL, Eric. *Deep medicine*: how artificial intelligence can make healthcare human again. Nova Iorque: Basic Books, 2019, p. 199.
21. TOPOL, Eric. *Deep medicine*: how artificial intelligence can make healthcare human again. Nova Iorque: Basic Books, 2019, p. 199.
22. Ao propósito do estudo sobre o panorama histórico e a regulamentação da Telemedicina no Brasil, seja consentido remeter a FALEIROS JÚNIOR, José Luiz. NOGAROLI, Rafaella; CAVET; Caroline Amadori. Telemedicina e proteção de dados: reflexões sobre a pandemia da covid-19 e os impactos jurídicos da tecnologia aplicada à saúde. *Revista dos Tribunais*, São Paulo, v. 1015, maio, 2020, p. 327-362.
23. Hospitais virtuais e inteligência artificial vão mudar o ecossistema da saúde. Disponível em: https://www.diarioeconomico.co.mz/trends/ai/hospitais-virtuais-e-inteligencia-artificial-vao-mudar-o-ecossitema-da-saude/. Acesso em: 23 set. 2020.

hospitais ficaram sobrecarregados e pacientes com outros problemas de saúde precisaram evitar a exposição a ambientes médicos onde o risco de infecção pode ser maior.[24] Neste momento de rápida mudança e incertezas, ao menos se tem a forte perspectiva de que o implemento de novas tecnologias na saúde e a digitalização deste setor fazem parte de um caminho sem volta de transformação global abrangente, definida por Klaus Schwab como a *Quarta Revolução Industrial*.[25]

Portanto, a breve enunciação desses exemplos que demonstram a tendência de incorporação dos hospitais virtuais, na chamada *Era da Medicina 4.0*, serve para ilustrar alguns dos diversos benefícios que as novas tecnologias podem propiciar ao setor da saúde. Tais potenciais benefícios são acompanhados, contudo, por importantes questionamentos a serem enfrentados pela civilística, com particular destaque para os aspectos ético-jurídicos do *big data*, inteligência artificial e Telemedicina. Por exemplo, apesar dos diversos benefícios da inteligência artificial na área da saúde, há alguns riscos associados à tecnologia – grau de falibilidade algorítmica, falta de transparência nos processos decisórios e atos imprevisíveis resultantes do aprendizado de máquina – e que o presente trabalho se propõe à análise e ponderações. De igual modo, a teleconsulta realizada em hospitais virtuais guarda não somente benefícios, mas também riscos, que precisam ser investigados. Evidencia-se a importância da análise do que é considerada uma conduta médica diligente no contexto dos hospitais virtuais, a fim de aferir eventual responsabilidade civil do médico na ocorrência de eventos adversos e danos sofridos pelo paciente.

Ressalte-se, ainda, que têm surgido inúmeras críticas pelo fato de os pacientes, muitas vezes, não serem informados ou solicitados a consentir com o uso de determinadas ferramentas tecnológicas em seus cuidados.[26] Inclusive, alguns médicos utilizam um discurso acentuadamente paternalista de que eles dominam a *legis artis* da profissão, motivo pelo qual não precisariam informar o paciente sobre todos os recursos que utilizam no processo de decisão clínica. Seguindo esta lógica, o médico, em tese, poderia atender um paciente em determinado hospital virtual, sem informá-lo sobre todas as ferramentas tecnológicas e todos os riscos e benefícios envolvidos. Assim, tendo em vista a possibilidade de responsabilidade civil médica pela violação do dever de informação, torna-se igualmente importante a verificação dos contornos da atual doutrina do *informed consent* no contexto dos hospitais virtuais. Eis, em síntese essencial, o propósito norteador do presente estudo, a que se dedicam os itens subsequentes.

2. CONCEITOS BASILARES E REFLEXÕES ÉTICO-JURÍDICAS SOBRE TELEMEDICINA E INTELIGÊNCIA ARTIFICIAL NA SAÚDE

A Telemática em saúde – dividida nas espécies Telessaúde e Telemedicina – é a aplicação conjugada dos meios de telecomunicação e informática aos serviços de saúde à distância, para promover a saúde global, educar e controlar doenças. A Telessaúde

24. Virtual hospitals for Italy's crisis. Disponível em: https://www.ultraspecialisti.com/about-us/team/?lang=em. Acesso em: 23 set. 2020.
25. SCHWAB, Klaus. *A Quarta Revolução Industrial*. Cambuci: Edipro, 2018, *passim*.
26. An invisible hand: Patients aren't being told about the AI systems advising their care. Disponível em: https://www.statnews.com/2020/07/15/artificial-intelligence-patient-consent-hospitals/. Acesso em: 23 set. 2020.

está orientada para o campo da gestão da saúde pública, pois "engloba todas as ações de medicina à distância voltadas à prevenção de doenças (medicina preventiva), educação e coleta de dados e, portanto, direcionadas a uma coletividade, a políticas de saúde pública e disseminação do conhecimento".[27] Já a Telemedicina – foco do presente trabalho – diz respeito à prática médica à distância voltada para o tratamento e diagnóstico de pacientes individualizados.

A Telemedicina é uma solução digital que conecta o paciente e o médico, que não estão na mesma localidade, por meio de tecnologia de áudio e vídeo em tempo real e pode ser utilizada como uma alternativa ao atendimento presencial e, em certas circunstâncias, empregada para fornecer, de forma remota, cuidados como diagnóstico, consulta, tratamento, educação, gerenciamento de cuidados (monitoramento) e autocuidado de pacientes.[28] A expansão de diversos projetos em Telemedicina teve maior destaque e versatilidade com a popularização dos microcomputadores, na década de 70.[29] Posteriormente, com o fenômeno da digitalização do setor da saúde e os avanços tecnológicos em inteligência artificial, a Telemedicina disseminou-se como instrumento para assegurar amplamente a promoção à saúde, ao redor do mundo, melhorando a qualidade e eficiência do atendimento médico.[30]

No Brasil, o Hospital Israelita Albert Einstein é pioneiro e implementou projetos de Telemedicina desde 2012.[31] Com emprego até então controvertido e diversas discussões em torno da sua regulamentação,[32] a Telemedicina tem despontado como via de amplo acesso à saúde e importante instrumento de combate à propagação da atual pandemia, na medida em que permite a avaliação de sintomas da Covid-19, por meio de teleconsultas e telemonitoramento de pacientes com sintomas leves da doença.[33] Ademais, diante do cenário de hospitais sobrecarregados com pacientes contaminados, diversos projetos de Telemedicina e inteligência artificial surgiram para atender a demanda da população com outros problemas de saúde.[34] A título exemplificativo, cita-se a *GetConnect*, plataforma de gestão em Telemedicina, que incorporou algoritmos de inteligência artificial para

---

27. SCHAEFER, Fernanda. *Telemática em saúde e sigilo profissional*: a busca pelo equilíbrio entre privacidade e interesse social. Curitiba: Juruá, 2010, p. 81.
28. AMERICAN MEDICAL ASSOCIATION. *Telehealth implementation playbook*. Disponível em: https://www.ama-assn.org/system/files/2020-04/ama-telehealth-implementation-playbook.pdf. Acesso em: 23 set. 2020.
29. YOUNG, Jeremy D.; BORGETTI, Scott A.; CLAPHAM, Philip J. Telehealth: Exploring the Ethical Issues. *DePaul Journal of Health Care Law*, Chicago, v. 19, 2018, p. 1-15.
30. FALEIROS JÚNIOR, José Luiz. NOGAROLI, Rafaella; CAVET; Caroline Amadori. Telemedicina e proteção de dados: reflexões sobre a pandemia da covid-19 e os impactos jurídicos da tecnologia aplicada à saúde. *Revista dos Tribunais*, São Paulo, v. 1015, maio, 2020, p. 327-362.
31. Global Summit Telemedicine & Digital Health. Hospital Israelita Albert Einstein patrocina mais uma edição do evento. Disponível em: http://telemedicinesummit.com.br/artigo/hospital-israelita-albert-einstein-patrocina-mais-uma-edicao-do-evento/. Acesso em: 26 set. 2020.
32. Ao propósito do estudo sobre o panorama histórico e a regulamentação da Telemedicina no Brasil, seja consentido remeter a FALEIROS JÚNIOR, José Luiz. NOGAROLI, Rafaella; CAVET; Caroline Amadori. Telemedicina e proteção de dados: reflexões sobre a pandemia da covid-19 e os impactos jurídicos da tecnologia aplicada à saúde. *Revista dos Tribunais*, São Paulo, v. 1015, maio, 2020, p. 327-362.
33. Para maiores detalhes sobre a aplicação de telemedicina e novas tecnologias em tempos de pandemia da Covid-19, remeta-se a NOGAROLI, Rafaella. Breves reflexões sobre a pandemia do coronavírus (Covid-19) e alguns reflexos no direito médico e da saúde. *Revista dos Tribunais*, São Paulo, v. 1015, maio 2020, p. 365-376.
34. NOGAROLI, Rafaella. Breves reflexões sobre a pandemia do coronavírus (Covid-19) e alguns reflexos no direito médico e da saúde. *Revista dos Tribunais*, São Paulo, v. 1015, maio 2020, p. 365-376.

apoio na interpretação de exames de sangue, aumentando a assertividade do diagnóstico em até 90%.[35]

Com o objetivo de consolidar a promessa de ampliação dos atendimentos médicos à distância em território brasileiro, em 2020, foi trazido para o Brasil o *gadget*[36] de Telemedicina da empresa *TytoCare*.[37] Trata-se de um *kit* de exame portátil, que permite a realização de diversos exames médicos à distância, guiados pelo médico em um aplicativo, a qualquer hora e em qualquer lugar. Com o chamado *TytoHome*, é possível examinar por Telemedicina o coração, os pulmões, a garganta, os ouvidos, o abdômen e diagnosticar quadros clínicos comuns, como infecções de ouvido, gripe, incômodos oculares, problemas respiratórios, dores abdominais entre outros.[38] O *kit* – criado para facilitar a comunicação entre pacientes e médicos, por meio de *smartphone*, *tablet* ou computador – conta com um aparelho com alguns conectores que o transformam em um otoscópio, estetoscópio ou um depressor de língua com câmera, sendo possível medir a temperatura e obter imagens da pele e do corpo, com alta qualidade. Destaque-se que já estão sendo realizados estudos de usabilidade clínica do *TytoHome* em grandes centros de pesquisa no país.[39]

A Telemedicina pode ser apoiada em uma variedade de ferramentas e plataformas que permitem aos médicos se conectarem com outros profissionais (teleinterconsultas) ou com seus pacientes (teleconsultas). Nos últimos anos, desenvolveram-se diversas soluções de *big data* e inteligência artificial em tecnologias vestíveis (*wearable devices*) para gerenciamento de medicamentos e monitoramento frequente das condições física e mental, dieta e atividade física, especialmente de pacientes com doenças crônicas.[40]

Nos Estados Unidos, a Telemedicina, aliada aos algoritmos de inteligência artificial, tem sido bastante utilizada na última década.[41] Isso, porque os algoritmos fornecem importante suporte à decisão clínica, tendo em vista a sua capacidade de processar e analisar rapidamente – e, tendencialmente, de maneira eficiente – grande quantidade de dados. Segundo estudo divulgado pelo *Institute of Medicine for the National Academies*, as comunidades rurais norte-americanas tendem a ser compostas por pessoas mais idosas,

---

35. GetConnect incorpora inteligência artificial em sua plataforma de telemedicina. Disponível em: https://www.mercyvirtual.net/. Acesso em: 25 set. 2020.
36. *Gadget* é uma gíria tecnológica para designar dispositivos eletrônicos portáteis, criados para facilitar funções especificas e úteis no cotidiano.
37. Gadget de telemedicina coloca consultório dentro da sua casa. Disponível em: https://www.showmetech.com.br/gadget-de-telemedicina-poe-consultorio-em-casa/. Acesso em: 20 set. 2020.
38. Tuinda. TytoPro – a sua clínica com você aonde for. Disponível em: http://www.tuinda.com.br/. Acesso em: 20 set. 2020
39. Em tempos de pandemia da Covid-19, a Agência Nacional de Vigilância Sanitária (Anvisa) aprovou dois aplicativos da Apple para medição da frequência cardíaca através do *Apple Watch*, que é um relógio com diversos recursos tecnológicos inteligentes, como *softwares* que auxiliam no monitoramento de dados relacionados à saúde do usuário. O outro recurso é o ECG, um aplicativo para monitoramento de pressão arterial em relógios *Samsung*, que é capaz de criar, gravar, armazenar, transferir e exibir um eletrocardiograma similar ao exame tradicional de avaliação de batimentos cardíacos. Dessa forma, é possível identificar a ocorrência de uma arritmia como a fibrilação atrial. (Disponível em: https://pebmed.com.br/aplicativos-que-medem-frequencia-cardiaca-sao-aprovados-pela-anvisa/. Acesso em: 20 set. 2020).
40. JEDDI, Zineb; BOHR, Adam. Remote patient monitoring using artificial intelligence. In: BOHR, Adam; MEMARZADEH, Kaveh. (Coord.). *Artificial intelligence in healthcare*. Amsterdã: Elsevier Inc., p. 203-234.
41. INSTITUTE OF MEDICINE. *The role of telehealth in an evolving health care environment*: Workshop Summary. Washington: The National Academies Press, 2012, *passim*.

com renda menor e com altas taxas de doenças crônicas. Além disso, o acesso a hospitais e prestadores de serviços de saúde é mais difícil e o custo é bastante elevado.[42] A Telemedicina e inteligência artificial contribuem para melhorar, sensivelmente, esse quadro.

Há inúmeras vantagens no telemonitoramento para os pacientes com hipertensão, que é a doença crônica mais comum nos Estados Unidos, afetando cerca de 46% dos adultos.[43] A pressão arterial é monitorada com maior frequência, proporcionando avaliação mais precisa do paciente quanto à sua real pressão arterial e ao risco de eventos cardiovasculares futuros. Além disso, a avaliação diária da pressão sanguínea do paciente no telemonitoramento torna possível a constatação mais rápida da necessidade de ajustes na medicação e tratamento.[44]

Em 2018, a Associação Médica Americana (*The American Medical Association* – AMA) divulgou sua primeira estimativa oficial sobre a utilização da Telemedicina entre os médicos atuantes em território norte-americano.[45] A pesquisa foi realizada em 2016, com 3.500 profissionais, dos quais 14% afirmaram adotar práticas de Telemedicina no diagnóstico ou tratamento, revisões médicas, ou monitoramento de pacientes com patologias crônicas. Mais recentemente, uma atualização dessa pesquisa indicou que o uso de Telemedicina pelos médicos dobrou de 14%, em 2016, para 28%, em 2019.[46] Essa porcentagem teve um elevado crescimento em tempos de pandemia da Covid-19, pois 42% dos americanos relataram ter utilizado serviços de Telemedicina, nos primeiros meses da pandemia.[47] De acordo com recente relatório da empresa de pesquisa de mercado sueca *Berg Insight*, o índice mundial de pacientes monitorados remotamente crescerá de 7,1 milhões em 2016, para 50,2 milhões em 2021. Destes, 22,9 milhões usarão dispositivos móveis próprios para auxiliar o telemonitoramento de suas informações biomédicas.[48]

O *Mercy Virtual Care Center*, conhecido como "hospital sem camas", investiu mais de US$ 200 milhões em programas avançados de Telemedicina e inteligência artificial, incluindo entre seus programas: *Mercy SafeWatch*, *Nurse On Call*, *Telestroke* e *Home Monitoring*. No *Mercy SafeWatch*, médicos monitoram os sinais vitais e fornecem segunda opinião médica para aproximadamente 2.431 pacientes, estando 458 deles em estado de saúde crítico, em UTIs localizadas em cinco estados norte-americanos (Missouri,

42. INSTITUTE OF MEDICINE. *The role of telehealth in an evolving health care environment*: Workshop Summary. Washington: The National Academies Press, 2012, *passim*.
43. AMERICAN MEDICAL ASSOCIATION. *Digital health implementation playbook*. Disponível em: https://www.ama-assn.org/system/files/2018-12/digital-health-implementation-playbook.pdf. Acesso em: 21 set. 2020.
44. AMERICAN MEDICAL ASSOCIATION. *Digital health implementation playbook*. Disponível em: https://www.ama-assn.org/system/files/2018-12/digital-health-implementation-playbook.pdf. Acesso em: 21 set. 2020.
45. AMA offers first national estimate of telemedicine use by physicians. Disponível em: http://www.ama-assn.org/press-center/press-releases/ama-offers-first-national-estimate-telemedicine-use-physicians. Acesso em: 23 set. 2020.
46. AMERICAN MEDICAL ASSOCIATION. *AMA digital health research*: physicians' motivations and requirements for adopting digital health adoption and attitudinal shifts from 2016 to 2019. Disponível em: https://www.ama-assn.org/system/files/2020-02/ama-digital-health-study.pdf. Acesso em: 20 set. 2020.
47. Updox Survey Reports 42 Percent of Americans Now Using Telehealth – Convenience (51%) and Speaking with Provider of Choice (49%) are Top Consumer Demands Post COVID-19. Disponível em: https://blog.updox.com/company/news-press-releases/updox-telehealth-patient-survey. Acesso em: 20 set. 2020.
48. BR HomMed obtém registro na Anvisa para soluções de Monitoramento Remoto de Pacientes e Telemedicina. Disponível em: https://portalsbn.org/portal/br-hommed-obtem-registro-na-anvisa-para-solucoes-de-monitoramento-remoto-de-pacientes-telemedicina/. Acesso em: 20 set. 2020.

Arkansas, Kansas, Oklahoma e Carolina do Sul). Após o implemento do programa, houve redução de 15% no tempo de permanência dos pacientes nos hospitais. Já o chamado *Nurse On Call* é um serviço telefônico, que funciona 24 horas por dia, em que enfermeiras oferecem aconselhamento, sanando algumas dúvidas dos pacientes. Anualmente, há uma média de 285.000 pacientes que utilizam esse serviço.[49]

O *Telestroke*, por sua vez, surgiu a fim de solucionar o problema da ausência de neurologistas em prontos-socorros, para atendimento aos pacientes com sintomas de acidente vascular cerebral. Com a utilização da Telemedicina, esses pacientes são imediatamente encaminhados para uma consulta por videochamada com um neurologista. Por fim, há o programa de Telemedicina *Home Monitoring*, utilizado por aproximadamente 250 pacientes com doenças crônicas complexas, fornecendo monitoramento contínuo de médicos por chamadas de vídeo, reduzindo-se o tempo de hospitalização ou de novas internações, além de permitir que as pessoas vivam de forma independente por mais tempo.[50]

Apesar dos evidentes benefícios de hospitais virtuais – tal como o *Mercy Virtual Care* – há expressivos riscos associados a essas tecnologias na área saúde e que demandam importantes reflexões. Os riscos passam, necessariamente, por problemas básicos na precisão e sensibilidade dos dados transmitidos. Os produtos e serviços fundados em tecnologias de Telemedicina e inteligência artificial possuem muitas informações/dados do usuário, a fim de obter uma funcionalidade ideal do bem ou serviço adquirido.

Na teleconsulta e telemonitoramento em hospitais virtuais, há transmissão de informações biomédicas sobre a saúde do paciente por meio de texto, som e imagens. O uso de diferentes soluções de Telemedicina necessariamente inclui o processamento de dados pessoais sensíveis. Portanto, merece especial atenção a questão da garantia de sigilo da informação e privacidade do paciente, pela ampliação da circulação, conexão e coordenação de dados pessoais sensíveis estruturados, o que potencializa os riscos de vazamento ou tratamento irregular.

Além disso, um dos principais desafios com uma teleconsulta é que, embora o médico veja o paciente por vídeo, pode ser difícil ter uma noção completa do seu quadro clínico, do quão doente o paciente está e se outras coisas podem estar acontecendo, além do que ele está relatando. O quadro incompleto repassado ao médico, durante a anamnese, ou mesmo as imagens de exames com baixa qualidade podem levar a erros de diagnóstico e potenciais situações para processos judiciais. Há pesquisa, realizada em contexto norte-americano, que aponta 106 litígios sobre telemedicina de 2014 a 2018, registrados no *CRICO's national database*, sendo 66% relacionados ao debate sobre erro de diagnóstico médico em teleconsultas.[51]

Já no que se refere especificamente aos riscos da inteligência artificial (IA) na saúde, importante mencionar que os algoritmos utilizados para apoiar um diagnóstico

49. Experience Mercy Virtual 360. Disponível em: https://www.mercyvirtual.net/. Acesso em: 23 set. 2020.
50. Experience Mercy Virtual 360. Disponível em: https://www.mercyvirtual.net/. Acesso em: 23 set. 2020.
51. GALLEGOS, Alicia. 3 Malpractice risks of video visits. Disponível em: https://www.medscape.com/viewarticle/936664?src=soc_tw_200902_mscpedt_news_mdscp_malpractice&faf=1. Acesso em: 26 set. 2020.

médico à distância, por exemplo, podem se aperfeiçoar pelo chamado "aprendizado de máquina"[52] e adotar algum resultado diverso do previamente esperado. A título ilustrativo, menciona-se o evento imprevisto que ocorreu durante experimento realizado em 2002, por cientistas do Magna Science Center, na Inglaterra: dois robôs inteligentes foram colocados numa arena para simular um cenário de "predadores" e "presas", a fim de constatar se os robôs seriam capazes de se beneficiar da experiência adquirida com o *machine learning* para desenvolverem novas técnicas de caça e autodefesa. Contudo, Gaak, um dos robôs, adotou uma conduta imprevisível, encontrou uma saída através do muro da arena e foi para a rua, onde acabou atingido por um carro.[53]

Além das condutas imprevisíveis decorrentes do aprendizado de máquina, há outra questão problemática típica à tecnologia: há falta de transparência na maneira que os algoritmos de IA processam as informações, popularmente chamado de "problema da caixa preta" (*black box problem*)[54]. Isto é, os algoritmos executam determinadas ações para chegar a um resultado específico, contudo não são capazes de realmente explicar ao homem como essa decisão foi tomada.[55]

Além disso, vale mencionar episódio ocorrido em 2015, quando um grupo de cientistas no Mount Sinai Hospital (Nova Iorque) desenvolveu o *Deep Patient*,[56] *software* inteligente que prevê futuras doenças dos pacientes, a partir de uma base de conhecimento composta por cerca de 700 mil prontuários eletrônicos. Em estudos iniciais, constatou-se que a IA possui a capacidade de antecipar o aparecimento de diferentes doenças como esquizofrenia, diabetes e alguns tipos de câncer. Contudo, o processo de aprendizado de máquina para chegar a um determinado diagnóstico é ainda uma verdadeira incógnita para os cientistas. Não se tem conhecimento de como a IA chega aos seus resultados.

---

52. O aprendizado de máquina (*machine learning*) é "baseado na análise de volumes maciços de dados, originários de várias fontes e em grande velocidade, um conjunto de características que se convencionou chamar de *big data*. Em resumo, o papel do computador nesta técnica é encontrar padrões estatísticos, dentro de um universo de informações, capazes de apresentar soluções para problemas bem claros" (GOETTENAUER, Carlos Eduardo. Algoritmos, inteligência artificial, mercados. Desafios ao arcabouço jurídico. *In*: FRAZÃO, Ana; CARVALHO, Angelo Gamba Prata de Carvalho (Coord.). Empresa, mercado e tecnologia. Belo Horizonte: Fórum, 2019, p. 273). Sobre o conceito de *machine learning*, v., ainda, HOFFMAN-RIEM, Wolfgang. Artificial intelligence as a challenge for law and regulation. *In*: WISCHMEYER, Thomas; RADEMACHER, Timo (Coord.). Regulating artificial intelligence. Cham: Springer, 2020, p. 3. O aprendizao profundo (*deep learning*), por sua vez, "permite o processamento de grande quantidade de dados para encontrar relacionamentos e padrões que os humanos geralmente não conseguem detectar. A palavra 'profundo' refere-se ao número de camadas ocultas na rede neural, que fornecem grande parte do poder de aprendizado" (FLASIŃSKI, Mariusz. Introduction to artificial intelligence Cham: Springer, 2016, p. 157-174. Tradução livre do original).
53. CERKA, Paulius; GRIGIENE, Jurgita; SIRBIKYTE, Gintar. Liability for damages caused by artificial intelligence. *Computer Law & Security Review*, v. 31, n. 3, jun. 2015, p. 376-389, p. 376-389.
54. Sobre o tema, imperiosa a remissão à lição de PASQUALE, Frank. The black box society: the secret algorithms that control money and information. Cambridge: Harvard University Press, 2015, *passim*. Ainda, cf.: "The nature of much AI gives rise to epistemic vulnerabilities for the professionals developing it. For instance, an epistemic 'black box' vulnerability arises from the development of machine learning which means that its creators may have only scant knowledge of what is going on inside the black box, or even none. This produces problems with prediction, explanation and justification; recall that justification of actions to appropriate others is a key element of ethics." (BODDINGTON, Paula. *Towards a code of ethics for artificial intelligence*. Cham: Springer, 2017, p. 61.)
55. TURNER, Jacob. *Robot Rules*: Regulating Artificial Intelligence. Cham: Palgrave Macmillan, 2019, p. 325-326
56. MIOTTO, Riccardo; LI, L.; KIDD, Brian A.; DUDLEY, Joel T. Deep Patient: An Unsupervised Representation to Predict the Future of Patients from the Electronic Health Records. *Nature Scientific Reports*, v. 6, maio 2016. MIOTTO, Riccardo; WANG, Fei; WANG, Shuang; JIANG Xiaoqian; DUDLEY, Joel. Deep learning for healthcare: review, opportunities and challenges. *Briefings in bioinformatics*, v. 19, n. 6, nov. 2018, p. 1236-1246.

Somadas às discussões que permeiam a falta de transparência, há de se considerar o problema da confiabilidade nesses algoritmos. Sameer Singh, professor assistente no Departamento de Ciência da Computação da Universidade da Califórnia (UCI), nos Estados Unidos, relata que um aluno criou um algoritmo para categorizar fotos de huskies e lobos.[57] O algoritmo poderia quase perfeitamente classificar os dois animais. No entanto, após inúmeras análises cruzadas posteriores, Singh descobriu que o algoritmo estava identificando lobos com base apenas na neve no fundo da imagem, e não das próprias características do lobo. A dificuldade na identificação da maneira que os algoritmos chegam a um resultado, e com base na análise de quais partes de uma imagem, pode ser extremamente problemática na área da saúde, sobretudo pelo contexto de vulnerabilidade em que as pessoas podem se encontrar.[58]

Portanto, quanto à eventualidade de demandas envolvendo hospitais virtuais, onde o atendimento médico é apoiado em Telemedicina e inteligência artificial, pode-se resumir os principais riscos envolvidos nessas tecnologias, os quais permeiam hipóteses fáticas deflagradoras do dever de indenizar: 1) mau funcionamento temporário ou irregularidade dos programas de computador, acarretando alguma espécie de dano para o paciente (falhas em registros no prontuário, por exemplo, podem fazer com que o médico prescreva medicação à qual o paciente é alérgico, causando-lhe danos); 2) problemas do *software* – a Telemedicina depende de um bom *software*, que armazene os dados dos pacientes e, a ao mesmo tempo, gerencie todo o sistema. Falhas nesse programa podem gerar mais prejuízos que benefícios; 3) limitações da tecnologia – o caso do paciente pode não ser adequado para o atendimento médico à distância, o que requer uma visão crítica do médico para que ele não feche um quadro diagnóstico errôneo; 3) imprecisão algorítmica ou outro problema no contexto das limitações próprias dos algoritmos de inteligência artificial, especialmente falta de transparência no processamento dos dados e imprevisibilidade na tomada de decisão; 4) imperícia médica pela falta de aptidão para utilizar as novas tecnologias; 5) dados pessoais do paciente tratados de maneira irregular, para outras finalidades; 6) ataque de *hackers* aos dados dos pacientes. Sem a pretensão de esgotar a discussão, esses são apenas alguns exemplos mais evidentes que poderão deflagrar situações relacionadas à responsabilidade civil.

3. RESPONSABILIDADE CIVIL NO ATENDIMENTO MÉDICO EM HOSPITAIS VIRTUAIS: UMA ANÁLISE A PARTIR DE HIPÓTESES FÁTICAS DEFLAGRADORAS DO DEVER DE INDENIZAR

Momentosa é a questão dos potenciais riscos envolvidos no atendimento médico em hospitais virtuais. O médico permanece no hospital, recebe informações acerca da saúde do paciente por meio eletrônico, também se valendo dos modernos meios – plata-

57. Husky or Wolf? Using a Black Box Learning Model to Avoid Adoption Errors. Disponível em: http://innovation.uci.edu/2017/08/husky-or-wolf-using-a-black-box-learning-model-to-avoid-adoption-errors/. Acesso em: 26 set. 2020

58. Husky or Wolf? Using a Black Box Learning Model to Avoid Adoption Errors. Disponível em: http://innovation.uci.edu/2017/08/husky-or-wolf-using-a-black-box-learning-model-to-avoid-adoption-errors/. Acesso em: 26 set. 2020.

formas digitais e *softwares* com algoritmos de inteligência artificial (IA) – de transmissão e análise de imagens, dados biomédicos e outras informações. Conforme anteriormente exposto, os inúmeros benefícios dessas tecnologias vêm acompanhados de potenciais riscos, os quais poderão deflagrar situações relacionadas à responsabilidade civil médica. Daí incluirmos, no presente tópico, as considerações que se seguem.

Um senhor de 80 anos, que mora numa fazenda a mais de uma hora de distância do hospital virtual *Mercy Virtual Care*, em entrevista ao jornal *CNN Business*, em 2016, conta que sofre de problemas cardíacos e está se recuperando de três microderrames.[59] Por morar em uma localidade remota, ele realiza teleconsultas duas vezes por semana no hospital virtual. São realizadas videochamadas, utilizando-se de câmeras bidirecionais de alta sensibilidade, que monitoram os seus sinais vitais em tempo real, com apoio de algumas ferramentas, como oxímetros de pulso conectados num *tablet*.[60] O atendimento médico à distância, segundo relata o paciente, foi capaz de evitar a sua ida a um hospital por ao menos duas vezes.[61]

Numa dessas ocasiões, o paciente começou a sentir dificuldade de respirar, como se estivesse prestes a sofrer um acidente vascular cerebral (AVC). Contudo, em poucos minutos, o médico, por videochamada, realizou teleconsulta, avaliando remotamente seus sinais vitais e, após anamnese e exame físico assistido pelo paciente, verificou que ele não apresentava quadro de AVC, apenas necessitava de nova medicação. Em outra ocasião, o mesmo paciente sofreu uma forte queda enquanto estava no seu andador e, sentindo muita dor e dificuldade para respirar, acreditava ter sofrido fratura de costela. Ao invés de chamar uma ambulância, sua mulher entrou novamente em contato com o *Mercy Virtual Care*. Em teleconsulta, o médico inspecionou as contusões nas imagens enviadas durante a videochamada e instruiu o paciente a realizar uma variedade de movimentos. Com isso, o profissional pôde concluir que o paciente não havia quebrado nenhuma costela, prescrevendo algumas recomendações e medicamentos, sem que ele precisasse se deslocar até um hospital.

O desfecho positivo do diagnóstico realizado no hospital virtual em ambas as situações não impede, contudo, que se enuncie o seguinte questionamento: como se deveria valorar a conduta do médico caso ele tivesse realizado um diagnóstico errôneo na teleconsulta, retardando o imediato tratamento médico de um AVC e, consequentemente, o paciente viesse a óbito? E se a falha nessa conclusão diagnóstica tivesse ocorrido porque o médico apoiou sua decisão em algum *software* com algoritmos de inteligência artificial que apontava para um quadro clínico diverso?

Para verificar a possibilidade de responsabilidade civil médica e responder a essas indagações, o grande desafio que surge é identificar o padrão de conduta exigível do médico na Telemedicina. Isso, porque a sua responsabilidade é subjetiva, calcada na culpa, nos termos dos arts. 186, 927, *caput*, e 951 do Código Civil e do art. 14, § 4º, do Código

59. The $54 million hospital without any beds. Disponível em: https://money.cnn.com/2016/09/12/technology/mercy-hospital-virtual-care/index.html. Acesso em: 10 set. 2020.
60. Experience Mercy Virtual 360. Disponível em: https://www.mercyvirtual.net/. Acesso em: 23 set. 2020.
61. The $54 million hospital without any beds. Disponível em: https://money.cnn.com/2016/09/12/technology/mercy-hospital-virtual-care/index.html. Acesso em: 10 set. 2020.

de Defesa do Consumidor. A culpa consiste no desvio do modelo ideal de conduta; assim, o agente não visa causar prejuízo à vítima, mas causa o dano a outrem devido à sua ação negligente, imprudente ou imperita.

Para a caracterização da culpa médica, não é necessária a "intenção" – basta a simples voluntariedade de conduta, que deverá ser contrastante com as normas impostas pela prudência ou perícia comuns. Ainda, importante destacar que o encargo assumido pelo médico se configura como obrigação "de meios", e só por exceção constituirá obrigação "de resultado", pois ele não assegura a consecução do resultado esperado pelo paciente, apenas se obrigando a empregar os meios conducentes à finalidade esperada. O profissional não assume o compromisso de alcançar um objetivo ou conseguir um efeito determinado. Por outro lado, incumbe-lhe "aplicar todos os seus esforços, utilizando os meios de que dispõe, para obter a cura, valendo-se da prudência e dedicação exigíveis".[62]

Assim, para ser atribuída a responsabilidade civil médica no contexto dos hospitais virtuais, é importante partir do pressuposto de que a prestação se serviços médicos se trata de obrigação de meios, mediante aferição da culpa *stricto sensu*. Ademais, destaque-se que há uma peculiaridade na determinação da responsabilidade civil médica decorrente de erro de diagnóstico. A regra é que esse *erro* seja valorado como *escusável*, inapto, assim, à configuração da culpa necessária para a deflagração do dever de indenizar.[63] O médico deve esgotar todos os meios ao seu alcance para emitir o diagnóstico; sempre que possível, submeter o paciente a todos os exames apropriados para se determinar a origem e natureza da doença.[64] Assim, o profissional incorrerá em responsabilidade por erro de diagnóstico tão somente quando o erro for *grosseiro*, não revelando o padrão mínimo de diligência, isto é, o cuidado razoavelmente exigível no processo de diagnóstico.

Nos hospitais virtuais, onde o atendimento médico é por Telemedicina e apoiado em diversos aparatos tecnológicos, observa-se que o padrão de diligência médica guarda diferentes nuances em relação ao atendimento presencial. Sem dúvidas, há um fator maior de imprevisibilidade quando são utilizadas novas tecnologias – como algoritmos de inteligência artificial e plataformas digitais – para prestação de um serviço médico de forma remota. Além disso, o médico é impossibilitado de empregar todos os cinco sentidos ao realizar atendimento no hospital virtual, motivo pelo qual o exame remoto pode ser considerado insuficiente para fechar um acertado quadro diagnóstico. Neste ponto, já se discutiu na doutrina estrangeira sobre a ineficiência da Telemedicina na psiquiatria, tendo em vista que muitos pacientes tratados são dependentes químicos e o atendimento presencial seria ideal para verificar o odor de álcool ou efeitos de drogas dos pacientes atendidos.[65]

62. KFOURI NETO, Miguel. *Responsabilidade civil do médico*. 10. ed. São Paulo: Ed. RT, 2019, p. 45.
63. Sobre o tema, cf.: "O médico enfrenta dúvidas científicas, com várias alternativas possíveis e variados indícios, por vezes equívocos, quanto aos sintomas do paciente. Não raro, as próprias queixas do paciente induzem o médico a imaginar a ocorrência de patologia inexistente. Há casos duvidosos, com alternativas idôneas, todas a merecer respaldo da ciência médica. Por isso, o erro de diagnóstico, em princípio, é escusável" (KFOURI NETO, Miguel. *Responsabilidade civil dos hospitais*. 4. ed. São Paulo: Ed. RT, 2019. p. 215).
64. KFOURI NETO, Miguel. *Responsabilidade civil dos hospitais*. 4. ed. São Paulo: Ed. RT, 2019. p. 216.
65. WOLF, Tyler D. Telemedicine and Malpractice: Creating Uniformity at the National Level Level. *William & Mary Law Review*, Williamsburg, v. 61, issue 5, n. 1505, p. 1504-1536, 2020.

O atendimento virtual requer do profissional da saúde uma visão proativa, no sentido de pensar em como levar ao paciente as informações necessárias e que ele realmente as compreenda, realizando remotamente as orientações médicas durante a teleconsulta. Desde o primeiro instante da consulta à distância, o médico precisará prestar atenção em alguns detalhes: como o paciente se move ou se está inquieto; quais são as faces e coloração do doente; se o paciente tem algum movimento anormal ou expressão facial de dor. Embora o vídeo possa fornecer pistas visuais que também poderiam ser obtidas em um exame presencial, será necessário obter informações clínicas adicionais por meio de várias manobras realizadas pelo próprio paciente.[66]

Em alguns países, durante a pandemia da Covid-19, devido a necessidade de ampliação do número de teleconsultas, inclusive para médicos com pouca ou nenhuma experiência em Telemedicina, equipes médicas propuseram orientações para auxiliar o profissional da saúde na realização das teleconsultas, a exemplo do "Telehealth Ten".[67] Trata-se de uma lista (não exaustiva) de ações a serem realizadas durante a consulta de pacientes com doenças crônicas, especialmente daqueles que já utilizam serviços de telemonitoramento de doenças cardiovasculares.

O primeiro, dentre os dez passos para um exame físico virtual assistido pelo paciente, é a verificação de sinais vitais (peso, frequência respiratória, pressão arterial, batimentos cardíacos, temperatura etc.).[68] Inclusive, as verificações de temperatura e leituras do oxímetro de pulso foram especialmente úteis nas teleconsultas para identificação de pessoas com suspeita de Covid-19. Num modelo ideal de teleconsulta em hospitais virtuais, o paciente recebe um *kit* – similar ao já mencionado *kit* para exame portátil da empresa *TytoCare* –, composto por um aparelho com alguns conectores que o transformam em um otoscópio, estetoscópio ou depressor de língua com câmera, sendo possível obter imagens da pele e do corpo em alta resolução.

O médico também deve questionar o paciente se ele sente alguma alteração na sua visão ou olfato, que pode ser um sintoma causado pela Covid-19. Na sequência, o profissional orienta o paciente para que ele faça uma autoavaliação em diversas regiões do seu corpo e busque identificar novos hematomas, erupções cutâneas, lacerações, placas de psoríase ou inchaço.[69] O paciente também precisa ser instruído a virar a cabeça para que o médico possa observar as veias do pescoço e, ainda, a olhar por cima dos ombros, a fim de ser identificada qualquer dor ou limitação de movimento. Para auxiliar a avaliação neurológica, o profissional solicita ao paciente que realize outros movimentos com o seu

66. BENZIGER, Catherine P. et. al. The Telehealth Ten: A Guide for a Patient-Assisted Virtual Physical Examination. *The American Journal of Medicine*, Nova Iorque, jul. 2020. Disponível em: https://www.amjmed.com/article/S0002-9343(20)30597-0/fulltext. Acesso em: 30 set. 2020.
67. BENZIGER, Catherine P. et. al. The Telehealth Ten: A Guide for a Patient-Assisted Virtual Physical Examination. *The American Journal of Medicine*, Nova Iorque, jul. 2020. Disponível em: https://www.amjmed.com/article/S0002-9343(20)30597-0/fulltext. Acesso em: 30 set. 2020.
68. BENZIGER, Catherine P. et. al. The Telehealth Ten: A Guide for a Patient-Assisted Virtual Physical Examination. *The American Journal of Medicine*, Nova Iorque, jul. 2020. Disponível em: https://www.amjmed.com/article/S0002-9343(20)30597-0/fulltext. Acesso em: 30 set. 2020.
69. BENZIGER, Catherine P. et. al. The Telehealth Ten: A Guide for a Patient-Assisted Virtual Physical Examination. *The American Journal of Medicine*, Nova Iorque, jul. 2020. Disponível em: https://www.amjmed.com/article/S0002-9343(20)30597-0/fulltext. Acesso em: 30 set. 2020.

corpo, tal como se levantar de uma cadeira com os braços cruzados ou, ainda, que ele estenda os braços com os cotovelos esticados, abra os dedos e vire as mãos para cima, indagando se ele nota um tremor ou se um braço está mais fraco que o outro. Esses são exemplos de movimentos e ações que o médico solicita ao paciente e, dependendo do resultado, evidenciará a possibilidade de alguma doença.[70]

Há também um exame físico virtual muito importante, assistido pelo paciente, que é a verificação do pulso radial. O médico pede que o paciente verifique no seu punho se ele sente que as batidas do seu coração são irregulares ou com pausas muito longas entre uma batida e outra. Com isso, torna-se possível a identificação, por exemplo, de uma fibrilação atrial, *flutter atrial* ou outra arritmia cardíaca. É preciso estar atento a estas mudanças que o paciente sinta no pulso radial, pois são sintomas associados com diversas condições cardíacas. Destaca-se, ainda, a possibilidade de utilização de *softwares* com algoritmos de inteligência artificial, relógios inteligentes e *wearables devices*, para auxiliar a coleta de dados biomédicos e análise de exames. Alguns dispositivos servem como eletrocardiograma, proporcionando uma visão melhor da condição cardíaca do paciente.[71]

Todos esses tipos de ações realizadas durante a teleconsulta, dispostas no "Telehealth Ten", demonstram um novo cenário da relação médico-paciente. Observa-se que o processo para obtenção do diagnóstico nas teleconsultas tem muitas peculiaridades, pois no exame físico, o médico deixa de ser o agente ativo e repassa ao paciente (ou seu cuidador) esse papel, por meio de orientações para que o doente mesmo assista o médico na realização do exame e resolva algumas questões solicitadas pelo profissional.[72] Além disso, os *softwares* inteligentes e *wearables devices* utilizados pelo paciente são muito eficazes no processo de diagnóstico.

Vislumbra-se a tendência de ampliação de *softwares* com algoritmos de inteligência artificial (IA) nesses hospitais virtuais, pois eles têm a capacidade de processar e analisar rapidamente – e, tendencialmente, de maneira eficiente – grande quantidade de dados. A combinação da inteligência artificial com a expertise e o conhecimento médicos tem, portanto, o potencial de reduzir consideravelmente as taxas de erro. Os algoritmos avaliam as informações do prontuário de um paciente, juntamente com as evidências médicas (artigos científicos e estudos clínicos), exibindo, assim, possíveis diagnósticos e opções de tratamento classificadas por nível de confiança.

Dentre os produtos inteligentes já disponíveis no mercado, destaca-se o "*Watson for Oncology*",[73] que exibe possíveis opções de tratamento para pacientes oncológicos. Ao final, caberá ao médico analisar as conclusões trazidas pela inteligência artificial e decidir qual o

---

70. BENZIGER, Catherine P. et. al. The Telehealth Ten: A Guide for a Patient-Assisted Virtual Physical Examination. *The American Journal of Medicine*, Nova Iorque, jul. 2020. Disponível em: https://www.amjmed.com/article/S0002-9343(20)30597-0/fulltext. Acesso em: 30 set. 2020.
71. BENZIGER, Catherine P. et. al. The Telehealth Ten: A Guide for a Patient-Assisted Virtual Physical Examination. *The American Journal of Medicine*, Nova Iorque, jul. 2020. Disponível em: https://www.amjmed.com/article/S0002-9343(20)30597-0/fulltext. Acesso em: 30 set. 2020.
72. BENZIGER, Catherine P. et. al. The Telehealth Ten: A Guide for a Patient-Assisted Virtual Physical Examination. *The American Journal of Medicine*, Nova Iorque, jul. 2020. Disponível em: https://www.amjmed.com/article/S0002-9343(20)30597-0/fulltext. Acesso em: 30 set. 2020.
73. IBM Watson for Oncology. Disponível em: https://www.ibm.com/br-pt/marketplace/clinical-decision-support-oncology. Acesso em: 20 out. 2020.

melhor tratamento para aquele paciente específico. Já o *Deep Patient* é um *software* inteligente que prevê futuras doenças – como esquizofrenia, diabetes e alguns tipos de câncer –, a partir de uma base de dados composta por cerca de 700 mil prontuários eletrônicos.[74] Vale também mencionar o *software* inteligente que foi utilizado em alguns países para auxiliar o diagnóstico de pacientes infectados pela Covid-19.[75] Para programar o algoritmo, foram inseridos milhares de dados de pacientes contaminados e suas respectivas tomografias de tórax. Assim, o sistema inteligente foi capaz de distinguir, em 15 segundos, entre pacientes infectados com o novo coronavírus e aqueles com outras doenças pulmonares.[76]

Dada a complexidade do diagnóstico na teleconsulta em hospitais virtuais, caso um litígio envolvendo discussão sobre erro médico em Telemedicina venha a se judicializado no Brasil, uma das maiores dificuldades para o magistrado nessa demanda indenizatória será, certamente, a análise do padrão diligente de conduta médica exigível no caso concreto, tendo em vista que não há diretrizes consolidadas dos Conselhos e Associações Médicas a respeito do tema. Desse modo, ganham especial atenção nessas ações judiciais os laudos periciais, pareceres e doutrina médica. Espera-se que, num futuro próximo, com maior implemento da Telemedicina ao redor do mundo, sejam publicadas *guidelines* de teleconsultas por especialidade médica, uma vez que cada especialidade tem as suas necessidades e especificidades durante o exame físico e anamnese do paciente, motivo pelo qual o padrão de conduta médica diligente pode variar.

Caso venha à análise do Poder Judiciário brasileiro um litígio similar à hipótese fática, anteriormente apresentada, do senhor de 80 anos, que recebe um diagnóstico errôneo na teleconsulta realizada no hospital virtual *Mercy Virtual Care* – retardando o imediato tratamento de um acidente vascular cerebral e, consequentemente, causando-lhe a morte – há algumas questões fundamentais a serem ponderadas para avaliar a culpa médica.

É muito importante que o médico registre tudo em prontuário, especificando cada tomada de decisão e, inclusive, relate as ações que foram realizadas durante a anamnese e exame físico. Ainda, é imperiosa a indicação da eventual necessidade de exame presencial para ser possível fechar o diagnóstico naquele caso. Há alguns hospitais que criaram uma espécie de *checklist* para auxiliar os médicos em todas as ações importantes de serem realizadas em teleconsultas – a exemplo do disposto no "Telehealth Ten" – e este documento é incorporado como um anexo ao prontuário eletrônico do paciente na plataforma digital utilizada no atendimento. Numa futura demanda judicial contra o médico que realizou teleconsulta, o prontuário, juntamente com registros clínicos e hospitalares, possibilitará uma adequada defesa jurídica de sua conduta ética e profissional, amparada em prova documental essencial ao sucesso de suas pretensões.[77]

---

74. Para o desenvolvimento da análise acerca do *Deep Patient*, remete-se a MIOTTO, Riccardo; LI, L.; KIDD, Brian A.; DUDLEY, Joel T. Deep Patient: An Unsupervised Representation to Predict the Future of Patients from the Electronic Health Records. *Nature Scientific Reports*, v. 6, mai./2016.
75. Ping An Launches COVID-19 Smart Image-Reading System to Help Control the Epidemic. Disponível em: https://www.prnewswire.com/news-releases/ping-an-launches-covid-19-smart-image-reading-system-to-help-control-the-epidemic-301013282.html. Acesso em: 29 set. 2020.
76. Ao propósito, seja consentido remeter a SILVA, Rodrigo da Guia; NOGAROLI, Rafaella. Inteligência artificial na análise diagnóstica da Covid-19: possíveis repercussões sobre a responsabilidade civil do médico. *Migalhas*, 30/03/2020. Disponível em: https://s.migalhas.com.br/S/6BA23A. Acesso em: 13 out. 2020.
77. DANTAS, Eduardo. *Direito médico*. 4. ed. Salvador: JusPodivm, 2019, p. 163.

O magistrado pode, contudo, concluir que o erro de diagnóstico no hospitalar virtual foi realmente *grosseiro*, pois o médico, por exemplo, não instruiu corretamente o paciente na assistência aos exames físicos ou, ainda, deixou de solicitar algum exame essencial, tendo em vista os sintomas relatados pelo doente.[78] Comprovada a negligência do médico, que desconsidera sintomas claros de uma doença, não solicita exames complementares ou interpreta erradamente laudos que lhe são apresentados, poder-se-á invocar, no caso concreto, a Teoria da Perda de uma Chance.[79]

Ainda, se o profissional utilizar durante a teleconsulta no hospital virtual um *software* com algoritmos de inteligência artificial, que aponta para um quadro diagnóstico de uma doença raríssima, incumbirá ao médico, ao menos, levar tal cenário em consideração, dentro das suas concretas possibilidades, antes de concluir por descartar com segurança o resultado da inteligência artificial. Neste sentido, a falta de diligência do médico ao descartar irrefletidamente o resultado obtido pela inteligência artificial poderá constituir um critério para a sua responsabilização.[80]

Numa situação inversa à narrada acima: o profissional está prestes a fechar um acertado quadro diagnóstico de uma doença X. Antes, contudo, de tomar sua decisão final, socorre-se ao *software* inteligente, que acaba por trazer um resultado diagnóstico de doença Y, em sentido nitidamente contrário à opinião do médico. Caso opte por seguir a indicação da inteligência artificial e finde por causar dano ao paciente, restando comprovado que nenhum dos elementos disponíveis durante o exame físico e a anamnese do paciente levariam à conclusão acerca da constatação da doença Y e, mesmo assim, o médico altera seu posicionamento inicial para acatar o diagnóstico equivocado, dificilmente se poderá afastar da configuração da culpa do profissional por erro de diagnóstico.[81] Nesse sentido, leciona Fruzsina Molnár-Gábor:

> se os médicos reconhecerem, com base em suas expertises, que as informações fornecidas pelo dispositivo médico inteligente estão incorretas naquele caso específico, não devem considerá-las como base para sua decisão. Faz parte de sua expertise que os profissionais da saúde avaliem as informações de forma independente e, quanto mais perigosa a consequência de um erro dessas informações, mais o médico deve questionar a base de decisão da inteligência artificial.[82]

---

78. Pertinente, ao propósito, a lição de André Gonçalo Dias Pereira: "constituirão situações violadoras da *legis artis* em sede de realização de diagnóstico: a) o estabelecimento de diagnóstico sem se ter visto e examinado o paciente; b) se para a emissão do diagnóstico, o médico não se socorreu de todos os instrumentos e aparatos que podem ser utilizados na sua atividade; c) o desdém por um sintoma evidente; d) a não realização de todos os exames e comprovações (disponíveis na altura dos fatos face à evolução da ciência) que o estado clínico impõe para emitir o diagnóstico (ligeireza na elaboração do diagnóstico); e) a não consideração dos resultados de tais exames ou a sua insuficiente valoração no momento da emissão do diagnóstico" (PEREIRA, André Gonçalo Dias. *Direito dos pacientes e responsabilidade médica*. Coimbra: Coimbra Editora, 2015, p. 699-700).
79. KFOURI NETO, Miguel. *Responsabilidade civil dos hospitais*. 4. ed. São Paulo: Ed. RT, 2019. p. 351.
80. NOGAROLI, Rafaella; Silva, Rodrigo da Guia. Inteligência artificial na análise diagnóstica: benefícios, riscos e responsabilidade do médico. *In*: KFOURI NETO, Miguel; NOGAROLI, Rafaella (Coord.). *Debates contemporâneos em direito médico e da saúde*. São Paulo: Thomson Reuters Brasil, 2020, p. 69-91.
81. NOGAROLI, Rafaella; Silva, Rodrigo da Guia. Inteligência artificial na análise diagnóstica: benefícios, riscos e responsabilidade do médico. *In*: KFOURI NETO, Miguel; NOGAROLI, Rafaella (Coord.). *Debates contemporâneos em direito médico e da saúde*. São Paulo: Thomson Reuters Brasil, 2020, p. 69-91.
82. MOLNÁR-GÁBOR, Fruzsina. Artificial intelligence in healthcare: doctors, patients and liabilities. *In*: WISCHMEYER, Thomas; RADEMACHER, Timo (Coord.). *Regulating Artificial Intelligence*. Cham: Springer, 2020, p. 350-351. Tradução livre do original.

Vale ressaltar que a jurisprudência brasileira majoritária tem decidido que o erro de diagnóstico, do qual advém tratamento inadequado, constitui perda de uma chance de cura ou sobrevivência – e abre ao paciente ou familiares a possibilidade de reparação, nos limites da perda da chance considerada. O elemento determinante para a indenização pela referida teoria é a *perda de uma chance* de resultado favorável no tratamento. Logo, como decorrência do diagnóstico falho (tardio, errôneo ou inexistente), o que se perde é a *chance da cura*, e não a continuidade da vida ou o dano final experimentado.[83]

Pode-se também cogitar a aplicação da Teoria da Perda de uma Chance no contexto da omissão médica no telemonitoramento de paciente em hospital virtual. Esta é justamente uma hipótese similar à trazida por Fernanda Schaefer:

> Imagine-se, por exemplo, que o médico determina a utilização de telemonitoramento por um paciente que sofre de graves problemas cardíacos. O equipamento funciona conforme as expectativas, os dados do paciente são encaminhados diariamente para o médico, segundo as instruções dadas pelo próprio profissional. Ocorre que o médico, por motivos pessoais, ausenta-se de seu consultório e deixa de verificar os dados encaminhados, não comunicando o fato ao paciente ou sua família ou deixando em seu lugar outro profissional, igualmente capacitado, que pudesse fazê-lo. Nesse intervalo de tempo, os batimentos cardíacos do paciente apresentam alterações significativas que indicariam um eminente ataque cardíaco. Como o médico não estava realizando o acompanhamento esperado, deixou de solicitar ao paciente que se encaminhasse ao hospital para avaliação e observação mais próxima. Passadas algumas horas, o paciente enfarta e morre. Houve inquestionável falha no atendimento médico consubstanciada em um acidente de consumo e, segundo a teoria da perda de uma chance, ainda que não se pudesse afirmar com absoluta certeza que o uso adequado do telemonitoramento poderia ter evitado a morte do paciente, deve-se indenizar a perda da chance, pois os meios possíveis de atendimento ao paciente não foram esgotados. Ou seja, o facultativo eliminou as chances de recuperação ou sobrevida de seu paciente ao não realizar o telemonitoramento. Se o paciente ou sua família tivessem sido orientados nos primeiros sinais de alteração cardíaca, haveria possibilidade de realizar procedimentos preventivos ou, até mesmo, de ressuscitação e poderia haver uma chance de sobrevivência. A negligência médica eliminou a chance de recuperação do paciente.[84]

Em síntese, o reconhecimento da "chance perdida" há que se apoiar em dados fáticos e científicos claramente provados, indicativos de que, caso a enfermidade tivesse sido diagnosticada com antecedência, o percentual de possibilidade de cura, indicado pela ciência médica, aumentaria. O contrário, todavia, conduziu à perda dessa chance. São requisitos para a incidência da teoria da perda de uma chance: a) Existência de chance, probabilidade, possibilidade ou oportunidade de cura ou de sobrevivência; b) Chance séria, real e efetiva; c) Supressão, aniquilamento ou destruição dessa chance, pela ação ou omissão do médico; d) Razoável verificação da possível existência de nexo causal entre a atuação do médico e a chance perdida – embora tal prova nunca possa ser feita, de forma absoluta.[85] Portanto, tenha-se presente, sempre, que o prejuízo final é incerto, ou seja, nunca se saberá se esse dano final teria ocorrido, caso a chance não fosse aniquilada. A *álea*, essa dúvida relativa ao prejuízo final, está no coração da Perda de uma Chance – e dela é indissociável. A existência da chance, todavia – ou, noutras palavras, a efetiva subtração da possibilidade de cura ou de sobrevivência –, esta sim, deve ser induvidosa.

83. KFOURI NETO, Miguel. *Responsabilidade civil dos hospitais*. 4. ed. São Paulo: Ed. RT, 2019. p. 347.
84. SCHAEFER, Fernanda. *Procedimentos médios realizados à distância e o Código de Defesa do Consumidor*. Curitiba: Juruá, 2009, p. 222-223.
85. KFOURI NETO, Miguel. *Responsabilidade civil dos hospitais*. 4. ed. São Paulo: Ed. RT, 2019. p. 347.

4. VIOLAÇÃO AO DEVER DE INFORMAR O PACIENTE E OBTER O SEU CONSENTIMENTO LIVRE E ESCLARECIDO EM HOSPITAIS VIRTUAIS

Nos hospitais virtuais, o dever de informar corretamente o paciente e obter seu consentimento livre e esclarecido, assim como no atendimento médico presencial, decorre da boa-fé objetiva e sua simples inobservância caracteriza inadimplemento contratual. Consentimento é o comportamento mediante o qual se autoriza a alguém determinada atuação. No caso do consentimento para o ato médico, "uma atuação na esfera físico-psíquica do paciente com o propósito de melhora da saúde do próprio enfermo ou de terceiro".[86] Para Heloisa Helena Barboza, o consentimento é "a expressão máxima do princípio da autonomia, constituindo um direito do paciente e um dever do médico".[87] André Gonçalo Dias Pereira também esclarece que o consentimento informado do paciente se revela como "um instituto que visa permitir a autodeterminação dos riscos assumidos e assim uma delimitação do risco que impendem sobre o médico ou sobre o paciente".[88]

No Brasil, o princípio da autonomia da vontade (ou autodeterminação), com base constitucional,[89] representa-se como fonte do dever de informação e do correlato direito ao consentimento livre e informado do paciente. O dever de informar também encontra balizas no Código de Ética Médica (Resolução do CFM n. 2.217, de 27.9.2018), especialmente nos artigos 22 e 24 que prescrevem, respectivamente, ser vedado ao médico "deixar de obter consentimento do paciente ou de seu representante legal após esclarecê-lo sobre o procedimento a ser realizado, salvo em caso de risco iminente de morte" ou "deixar de garantir ao paciente o exercício do direito de decidir livremente sobre sua pessoa ou seu bem-estar, bem como exercer sua autoridade para limitá-lo".

Em recente decisão paradigmática do Superior Tribunal de Justiça,[90] decidiu-se que há efetivo cumprimento do dever de informação quando os esclarecimentos se relacionarem especificamente ao caso concreto do paciente, não se mostrando suficiente a informação genérica. Por isso, não será considerado válido o consentimento genérico (*blanket consent*), necessitando ser claramente individualizado. No mesmo sentido, Cristiano Chaves de Farias, Felipe Braga Netto e Nelson Rosenvald expõem o atual posicionamento doutrinário no Brasil, do qual seguimos de pleno acordo, de que a autodeterminação do paciente somente é verdadeiramente exercida quando as informações prestadas são particulares, para o caso concreto daquele paciente específico, e não

86. KFOURI NETO, Miguel. *Responsabilidade Civil do Médico*. 10. ed. São Paulo: Ed. RT, 2019, p. 53.
87. BARBOZA, Heloisa Helena. A Autonomia da Vontade e A Relação Médico-Paciente no Brasil. *Lex Medicinae – Revista Portuguesa de Direito da Saúde*, n. 2, Coimbra, 2004, p. 10.
88. PEREIRA, André Gonçalo Dias. O consentimento informado em Portugal: breves notas. *Revista Eletrônica da Faculdade de Direito de Franca*, Franca, v. 12, n. 2, 2017.
89. Luís Roberto Barroso e Letícia Martel identificam a autonomia individual com a dignidade da pessoa humana, entendimento este subjacente às principais declarações de direitos humanos do séc. XX, especialmente das diversas constituições promulgadas no período Pós-guerra. (BARROSO, Luis Roberto; MARTEL, Letícia de Campos Velho. A morte como ela é: dignidade e autonomia individual no final da vida. *In*: GOZZO, Débora; LIGIERA, Wilson Ricardo. (Orgs.). *Bioética e direitos fundamentais*. São Paulo: Saraiva, 2012)
90. STJ, REsp 1540580/DF, Rel. Ministro Lázaro Guimarães (Desembargador Convocado do TRF 5ª Região), Rel. p/ Acórdão Ministro Luis Felipe Salomão, Quarta Turma, julgado em 02/08/2018.

genéricas.[91] Portanto, o dever de informação assumido pelo médico restará cumprido a partir da análise do "critério do paciente concreto",[92] ou seja, a explicação do profissional deve ser extensa e adaptada ao nível intelectual e cultural do doente.

Frise-se que o médico pode ser condenado pela privação sofrida pelo paciente em sua autodeterminação, por lhe ter sido retirada a oportunidade de ponderar sobre vantagens e riscos do atendimento médico no hospital virtual, que, ao final, causou-lhe danos que poderiam ser evitados, caso não fosse realizada a teleconsulta por opção do paciente. A fim de se estabelecer o dever de indenizar, é preciso verificar o nexo causal entre a omissão da informação e o dano. Quando a intervenção médica é correta – mas não se informou adequadamente –, a culpa surge pela falta de informação – ou pela informação incorreta.[93] Não é necessária negligência no tratamento. A vítima deve demonstrar que o dano provém de um risco acerca do qual deveria ter sido avisada, a fim de deliberar sobre a aceitação ou não do tratamento.

Diante de todo o panorama atual da medicina digitalizada e implemento de Telemedicina e algoritmos de inteligência artificial (IA) na área da saúde, o consentimento informado do paciente no atendimento médico em hospitais virtuais adquire certas peculiaridades, tendo em vista os diversos fatores aleatórios e riscos inerentes às características únicas e próprias da tecnologia. Conforme já exposto neste trabalho, a IA tem o potencial de causar danos aos pacientes por atos imprevisíveis decorrentes da sua autoaprendizagem e, ainda, há de se considerar a existência de um grau de falibilidade dos *softwares* inteligentes de análise diagnóstica. No que se refere aos riscos da plataforma de Telemedicina utilizada pelo hospital virtual, já foi igualmente discutida a existência de limitações próprias da tecnologia, de modo que o caso específico daquele paciente não seja adequado ao atendimento médico à distância, sendo necessário o exame médico presencial para fechar um quadro diagnóstico. Todas essas limitações tecnológicas são informações importantes e que deverão ser repassadas previamente ao paciente.

Destaque-se, ainda, que o *processo de obtenção* do consentimento do paciente adquire certas particularidades em hospitais virtuais. Para o termo de consentimento ser considerado "livre e esclarecido", precisará ser repassado ao paciente em momento anterior à teleconsulta. Neste termo, constarão informações importantes, tais como benefícios, riscos, indicação da plataforma utilizada e, ainda, comparação do atendimento médico presencial em relação ao oferecido no hospital virtual. Além disso, sugere-se que logo no início da teleconsulta, o médico também obtenha o consentimento do paciente por vídeo, sendo que, neste momento, explicará em maiores detalhes sobre a teleconsulta e buscará assegurar que o paciente realmente está consentindo de maneira livre e esclarecida. Isso, porque a atual doutrina do consentimento informado compreende um papel consultivo do médico, o que envolve um processo de diálogo, cujo objetivo é assegurar que o doente

91. FARIAS, Cristiano Chaves de, NETTO, Felipe Braga e ROSENVALD, Nelson. *Novo tratado de responsabilidade civil*. 4. ed. São Paulo: Saraiva, 2019, p. 1318.

92. PEREIRA, André Gonçalo Dias. *O consentimento informado na relação médico-paciente*. Estudo de Direito Civil. Coimbra: Coimbra Editora, 2004, p. 556.

93. Nesse sentido, cf. PEREIRA, André Gonçalo Dias. *O consentimento informado na relação médico-paciente*. Coimbra: Coimbra Editora, 2004; KFOURI NETO, Miguel. A quantificação do dano na ausência de consentimento livre e esclarecido do paciente. Revista IBERC, Minas Gerais, v. 2, n. 1, p. 1-22, jan./abr. 2019.

compreenda todas as circunstâncias do tratamento proposto e da tecnologia utilizada para esse fim, bem como as razoáveis alternativas terapêuticas e formas de atendimento médico, possibilitando a tomada de decisão bem informada.[94]

Com a evolução das novas tecnologias na área da saúde, médicos e demais profissionais e provedores de serviços de saúde precisam compreender que o direito à informação adequada (que lhes corresponde a um dever de informar) engloba ainda o consentimento para o uso das novas tecnologias, a partir do conhecimento de seu funcionamento, objetivos, suas vantagens, custos, riscos e alternativas. É um processo – também – de *convencimento* informado, bem mais trabalhoso, mas também muito mais seguro do ponto de vista jurídico, uma vez que estabelece não um ato, mas um processo, que tem como resultado o surgimento de mais do que um simples dever de informar. Isso, porque há atualmente a exigência de nova interpretação ao princípio da autodeterminação do paciente: saímos do simples direito à informação e caminhamos para uma maior amplitude informacional, ou seja, há um direito à explicação e justificação.[95]

Importante destacar que o consentimento do paciente submetido a cuidados da saúde em hospitais virtuais perpassa, necessariamente, por discussões sobre o consentimento específico para o tratamento de dados pessoais sensíveis. Deve-se compreender que os dados são o "combustível" do atendimento médico à distância nestas plataformas digitais e estes dados são por natureza sensíveis, afinal são eles que revelam o estado de saúde do indivíduo e servirão para o médico fechar um quadro diagnóstico. Uma grande quantidade de dados biomédicos é gerada durante a teleconsulta e inseridos no prontuário eletrônico na plataforma digital do hospital virtual.

A partir da experiência mundial dos diversos ciberataques aos hospitais e estabelecimentos de saúde, infelizmente parece razoável pensarmos na possibilidade de ocorrência durante a prestação de um serviço médico num hospital virtual. Nesse sentido, ressalte-se que o Brasil sofreu por volta de 15 bilhões de ataques cibernéticos apenas nos três primeiros meses de 2020.[96] Isso, devido à falta de segurança na transmissão das informações, inexistência de chaves de acesso ou, ainda, outras permissividades dos sistemas e aplicativos, que fragilizam a guarda e troca de informações. Recentemente, as informações de consultas médicas de pacientes de uma grande rede de psicoterapia da Finlândia foram acessadas por um *hacker*, que passou a chantagear centenas de pessoas em busca de dinheiro. Cerca de 300 registros dessas terapias já foram publicados na *dark web*.[97]

---

94. Para estudo mais aprofundado sobre a temática, cf.: KFOURI NETO, Miguel; NOGAROLI, Rafaella. Responsabilidade civil pelo inadimplemento do dever de informação na cirurgia robótica e telecirurgia: uma abordagem de direito comparado (Estados Unidos, União Europeia e Brasil). *In*: KFOURI NETO, Miguel; NOGAROLI, Rafaella (Coord.). *Debates contemporâneos em direito médico e da saúde*. São Paulo: Thomson Reuters Brasil, 2020, p. 33-67.
95. KFOURI NETO, Miguel; NOGAROLI, Rafaella. O consentimento do paciente no admirável mundo novo de robôs de assistência à saúde e algoritmos de inteligência artificial para diagnóstico médico. *In*: TEPEDINO, Gustavo; SILVA, Rodrigo da Guia (Coord.). *O direito civil na era da inteligência artificial*. São Paulo: Thomson Reuters Brasil, 2020, p. 139-164.
96. ALVES, Aluísio. Brasil sofreu 15 bilhões de ataques cibernéticos em 3 meses, diz estudo. *Exame*. Disponível em: https://exame.abril.com.br/tecnologia/brasil-sofreu-15-bilhoes-de-ataques-ciberneticos-em-3-meses-diz-estudo/. Acesso em: 17 out. 2020.
97. O pesadelo dos pacientes chantageados após vazamento das sessões de terapia. Disponível em: https://g1.globo.com/mundo/noticia/2020/10/27/o-pesadelo-dos-pacientes-chantageados-apos-vazamento-das-sessoes-de-terapia.ghtml. Acesso em: 27 out. 2020.

Há também uma questão fundamental de privacidade envolvida, levantando-se à preocupação de que os pacientes possam não saber até que ponto suas informações biomédicas e outros dados pessoais sensíveis são divulgados a terceiros, além do médico que o atende na teleconsulta. Desse modo, a forma de compartilhamento dos dados de saúde – tanto a descrição da sua finalidade como dos sujeitos que terão acesso a essas informações – é um ponto de relevante discussão.

Observa-se, nos últimos anos, uma mudança profunda na compreensão sobre a proteção de dados pessoais.[98] Estes dados integram a privacidade que, por sua vez, está vinculada à personalidade do indivíduo e ao seu desenvolvimento.[99] Para Stefano Rodotà, na sociedade pós-moderna, a "constitucionalização da pessoa" revela-se não só pela proteção do "corpo físico" (direito à integridade da pessoa), como também pelo "corpo eletrônico" (direito à proteção de dados pessoais), caracterizando-se como "a soma de um conjunto de direitos que configuram a cidadania no novo milênio".[100]

Na eventualidade de tratamento incorreto dos dados sensíveis de pacientes ou acesso ilícito de terceiros, há normas específicas para aferir a responsabilidade civil pela violação dos dados sensíveis de saúde.[101] O direito fundamental à proteção de dados pessoais é "um princípio atualmente implícito no ordenamento brasileiro, mas a proteção que se pode dele deduzir irradia seus efeitos sobre todo o arcabouço normativo complementar, garantindo racionalidade ao sistema jurídico e propiciando proteção mesmo antes do fim do prazo de *vacatio legis* da LGPD".[102]

A Lei Geral de Proteção de Dados Pessoais (LGPD), em vigor desde meados do mês de setembro de 2020, segue, como regra, a necessidade de consentimento do titular para que ocorra o tratamento de dados sensíveis (art. 11, I). Para os fins da lei, considera-se como consentimento "manifestação livre, informada e inequívoca pela qual o titular concorda com o tratamento de seus dados pessoais para uma finalidade determinada" (art. 5º, XIII). Interessante observar que, na hipótese de mudanças da finalidade para o tratamento de dados pessoais não compatíveis com o consentimento original, "o controlador deverá informar previamente o titular sobre as mudanças de finalidade, podendo o titular revogar o consentimento, caso discorde das alterações" (art. 9º, § 2º). A LGPD

98. Sobre o tema, cf.: DONEDA, Danilo. *Da privacidade à proteção de dados pessoais*: elementos da formação da Lei Geral de Proteção de Dados Pessoais. 2. ed. São Paulo: Ed. RT, 2019, *passim*. RODOTÀ, Stefano. Por que é necessária uma Carta de Direitos da Internet? *Civilistica.com*, Rio de Janeiro, ano 4, n. 2, 2015. Disponível em: http://civilistica.com/por-que-e-necessaria-uma-carta-de-direitos-da-internet/. Acesso em: 02 jun. 2020.
99. Ao propósito do estudo sobre a proteção do denominado "corpo eletrônico" e a importância de reconhecer que a integridade humana não se limita mais ao corpo físico, tendo também sua manifestação no ambiente digital, remete-se a BASAN, Arthur Pinheiro; FALEIROS JÚNIOR, José Luiz de Moura. A tutela do corpo eletrônico como direito básico do consumidor. *Revista dos Tribunais*, v. 1021, p. 133-168, nov. 2020.
100. RODOTÀ, Stefano. *A vida na sociedade da vigilância*: a privacidade hoje. Trad. Danilo Doneda e Luciana Cabral Doneda. Rio de Janeiro: Renovar, 2008.
101. Sobre a responsabilidade civil na LGPD, remete-se a DRESCH, Rafael de Freitas Valle; FALEIROS JÚNIOR, José Luiz de Moura. Reflexões sobre a Responsabilidade Civil na Lei Geral de Proteção de Dados (Lei 13.709/2018). *In*: ROSENVALD, Nelson; DRESCH, Rafael de Freitas Valle; WESENDONCK, Tula. (Coords.). *Responsabilidade civil*: novos riscos. Indaiatuba: Foco, 2019, p. 65-89.
102. FALEIROS JUNIOR, José Luiz de Moura. NOGAROLI, Rafaella. CAVET, Caroline Amadori. Telemedicina e proteção de dados: reflexões sobre a pandemia da covid-19 e os impactos jurídicos da tecnologia aplicada à saúde. *Revista dos Tribunais*, São Paulo, v. 1016, jun. 2020.

é clara, ao longo de diversos dispositivos, sobre um ponto extremamente relevante: o tratamento dos dados deve ser atrelado sempre a alguma finalidade.[103]

Sobre o tema, Teffé e Viola assinalam a ideia de consentimento "específico" e "destacado" para o tratamento de dados, ao indicarem que a especificidade diz respeito a uma manifestação que tenha ligação direta com o propósito da coleta e o destaque, por sua vez, como a importância das cláusulas de consentimento estarem em evidência para que a manifestação de vontade seja devidamente assentida.[104] A LGPD dispõe que o consentimento é dispensado para a tutela da saúde do próprio paciente (art. 11, II, "f"). Além disso, desde que anonimizados,[105] dispensa-se o consentimento na utilização dos dados para fins de estudos (art. 16, II). Nesse sentido, segundo os ditames expressos na LGPD, o profissional da saúde que atende o paciente em atendimento médico à distância, em tese, não precisaria obter o consentimento para o tratamento dos seus dados de saúde na tecnologia para atendimento por Telemedicina.[106]

Contudo, entendemos que as referidas exceções ao consentimento precisam ser interpretadas restritivamente e com certa cautela.[107] Primeiramente, é importante observar que o consentimento livre e esclarecido do paciente, nos hospitais virtuais, deve incluir "a autorização para o uso, por exemplo, de fotografias, filmagens ou de outros registros, inclusive históricos de conversas ou outros dados obtidos e potencialmente transferíveis a terceiros".[108]

Além disso, merece especial destaque o fato de que a LGPD é clara quanto à necessidade de as atividades de tratamento de dados pessoais observarem a boa-fé e o princípio da transparência, no art. 6º, inc. VI. Portanto, apesar da LGPD não exigir o consentimento do paciente para o tratamento dos seus dados sensíveis para a tutela da saúde em procedimento realizado por profissionais de saúde, a boa-fé gera seus reflexos a partir do princípio da transparência e, como elemento extranormativo,[109] há no termo

---

103. Artigos 5º, inciso XII; 6º, inciso I; 9º, inciso I; e 11, inciso I da Lei Geral de Proteção de Dados Pessoais. Exceção à regra (art. 11, II) é justamente o tratamento de dados pessoais sensíveis para "tutela da saúde, exclusivamente, em procedimento realizado por profissionais de saúde, serviços de saúde ou autoridade sanitária" (artigo 11, II, "f"). Essa exceção, todavia, "deve ser interpretadas restritivamente, também em respeito aos demais princípios da legislação, especialmente". Isso, porque o consentimento do titular é desdobramento da adequada informação e do princípio da transparência (artigo 6º, VI), aspectos centrais da lei.
104. TEFFÉ, Chiara Spadaccini de; VIOLA, Mário. Tratamento de dados pessoais na LGPD: estudo sobre as bases legais. *Civilistica.com*, Rio de Janeiro, a. 9, n. 1, 2020. Disponível em: http://civilistica.com/tratamento-de-dados-pessoais-na-lgpd/. Acesso em: 14 ago. 2020.
105. Na hipótese específica de dados relacionados à saúde, a técnica descrita pela lei é a pseudonimização, entendida no Brasil como espécie de anonimização (art. 13, caput e §4º, da LGPD).
106. Imperiosa, ao propósito do estudo sobre limites do com sentimento no tratamento de dados na telemedicina, a remissão ao artigo CAVET, Caroline Amadori; SCHULMAN, Gabriel. As violações de dados pessoais na telemedicina: tecnologia, proteção e reparação ao paciente 4.0. *In*: KFOURI NETO, Miguel; NOGAROLI, Rafaella (Coord.). *Debates contemporâneos em direito médico e da saúde*. São Paulo: Ed. RT, 2020, 145-171.
107. SCHAEFER, Fernanda; GONDIM, Glenda Gonçalves. Telemedicina e Lei Geral de Proteção de Dados Pessoais. *In:* ROSENVALD, Nelson; MENEZES, Joyceane Bezerra de; DADALTO, Luciana (Coords.). *Responsabilidade civil e medicina*. Indaiatuba: Foco, 2020, p. 196.
108. FALEIROS JUNIOR, José Luiz de Moura. NOGAROLI, Rafaella. CAVET, Caroline Amadori. Telemedicina e proteção de dados: reflexões sobre a pandemia da covid-19 e os impactos jurídicos da tecnologia aplicada à saúde. *Revista dos Tribunais*, São Paulo, v. 1016, jun. 2020.
109. EHRHARDT JR., Marcos. *Responsabilidade civil pelo inadimplemento da boa-fé*. Belo Horizonte: Fórum, 2013. E-book.

de consentimento a incidência da fidúcia, de um dever geral de confiança que é travado entre médico e paciente, para além do que a própria lei impõe.

Em linhas gerais, à luz da boa-fé objetiva, o dever do médico de informar sobre o tratamento de dados sensíveis de saúde nos hospitais virtuais provavelmente restará cumprido ao inserir esta informação no termo de consentimento livre e esclarecido assinado pelo paciente, motivo pelo qual, indiretamente o consentimento adquire dupla perspectiva; isto é, além do consentimento sobre riscos e benefícios na utilização da tecnologia, acaba-se por exigir o dever de informar e obter o consentimento do paciente para o tratamento dos seus dados sensíveis. Por fim, importante destacar, uma vez mais, que o consentimento livre e esclarecido do paciente, no que se refere ao tratamento de dados pessoais em hospitais virtuais precisa ser específico a uma determinada finalidade.

5. CONCLUSÃO

A revolução digital, alavancada pela disseminação dos algoritmos de inteligência artificial e pelo fenômeno do *big data*, tem provocado inúmeras transformações das mais diversas ordens no campo da saúde. Novas tecnologias mudarão definitivamente a experiência hospitalar, tendo em vista a tendência de disseminação dos *virtual hospitals* (hospitais virtuais) ao redor do mundo. O quarto normal de hospital é altamente suscetível à substituição em algumas situações, pelo conforto e praticidade do local de residência do paciente, especialmente idosos e pessoas com doenças crônicas, que necessitam de constante monitoramento médico. Profissionais da saúde, em centros de atendimento virtual, verificam a evolução dos pacientes e sinais vitais, interagindo com eles e realizando avaliações regulares da sua condição clínica de forma remota.

Proliferam, então, bem-intencionadas proclamações dos benefícios trazidos pelas novas tecnologias à medicina contemporânea. Os potenciais benefícios dos hospitais virtuais são, contudo, acompanhados por importantes questionamentos a serem enfrentados pela civilística, com particular destaque para os aspectos ético-jurídicos do *big data*, inteligência artificial e Telemedicina.

O presente trabalho investigou os principais riscos dos hospitais virtuais, onde o atendimento médico é apoiado em Telemedicina e inteligência artificial, concluindo-se que o padrão de diligência médica guarda diferentes nuances em relação ao atendimento presencial. Sem dúvidas, há um fator maior de imprevisibilidade quando são utilizadas novas tecnologias para prestação de um serviço médico de forma remota.

Dada a complexidade do diagnóstico na teleconsulta em hospitais virtuais, caso um litígio envolvendo discussão sobre erro médico em Telemedicina venha a se judicializado no Brasil, uma das maiores dificuldades para o magistrado nessa demanda indenizatória será, certamente, a análise do padrão diligente de conduta médica exigível no caso concreto. Por esta razão, buscamos expor um panorama geral de como são realizadas estas teleconsultas e, assim, pudemos concluir pela essencialidade do médico registrar tudo em prontuário, especificando cada tomada de decisão e, inclusive, relatar as ações que foram realizadas durante a anamnese e exame físico.

Ainda, foram estudadas possíveis hipóteses fáticas deflagradoras do dever de indenizar por eventos adversos em hospitais virtuais. Se o profissional utilizar durante a teleconsulta no hospital virtual um *software* com algoritmos de inteligência artificial, deverá ter cuidado redobrado, pois, se ele apontar, por exemplo, para um quadro diagnóstico de uma doença raríssima, incumbirá ao profissional, ao menos, levar tal cenário em consideração, dentro das suas concretas possibilidades, antes de concluir por descartar com segurança o resultado da inteligência artificial, sob pena de ser responsabilizado. Pôde-se também concluir pela aplicação da Teoria da Perda de uma Chance nesse contexto.

Ademais, verificou-se que o processo de obtenção do consentimento livre e esclarecido do paciente em hospitais virtuais adquire certas peculiaridades, devido aos diversos fatores aleatórios e riscos inerentes às características próprias das tecnologias utilizadas. O consentimento do paciente perpassa, necessariamente, por discussões sobre a necessidade de consentimento específico para o tratamento de dados pessoais sensíveis. O presente trabalho, sem a pretensão de esgotar o tema, traçou um breve panorama geral da base legal justificadora para o tratamento desses dados em hospitais virtuais.

Por fim, pôde-se averiguar que no termo de consentimento, entregue em momento anterior à teleconsulta, deverão constar informações importantes, tais como benefícios, riscos, limitações tecnológicas, indicação da plataforma utilizada e, ainda, comparação do atendimento médico presencial em relação ao oferecido no hospital virtual. Além disso, sugeriu-se que logo no início da teleconsulta, o médico também obtenha o consentimento do paciente por vídeo, sendo que, neste momento, explicará em maiores detalhes sobre a teleconsulta e buscará assegurar que o paciente realmente está consentindo de maneira livre e esclarecida.

6. REFERÊNCIAS

AMERICAN MEDICAL ASSOCIATION. *AMA digital health research:* physicians' motivations and requirements for adopting digital health adoption and attitudinal shifts from 2016 to 2019. Disponível em: https://www.ama-assn.org/system/files/2020-02/ama-digital-health-study.pdf. Acesso em 20 set. 2020.

AMERICAN MEDICAL ASSOCIATION. *Digital health implementation playbook*. Disponível em: https://www.ama-assn.org/system/files/2018-12/digital-health-implementation-playbook.pdf. Acesso em 21 set. 2020.

AMERICAN MEDICAL ASSOCIATION. *Telehealth implementation playbook*. Disponível em: https://www.ama-assn.org/system/files/2020-04/ama-telehealth-implementation-playbook.pdf. Acesso em 23 set. 2020.

BALICER, Ran D.; COHEN-STAVI, Chandra. Advancing Healthcare Through Data-Driven Medicine and Artificial Intelligence. *In*: NORDLINGER, Bernard; VILLANI, Cédric; RUS, Daniela (Coord.). *Healthcare and artificial intelligence*. Cham: Springer, 2020, p. 9-15.

BARBOZA, Heloisa Helena. A Autonomia da Vontade e A Relação Médico-Paciente no Brasil. *Lex Medicinae - Revista Portuguesa de Direito da Saúde*, n. 2, Coimbra, 2004, p. 5-14.

BARROSO, Luis Roberto; MARTEL, Letícia de Campos Velho. A morte como ela é: dignidade e autonomia individual no final da vida. *In*: GOZZO, Débora; LIGIERA, Wilson Ricardo. (Orgs.). *Bioética e direitos fundamentais*. São Paulo: Saraiva, 2012.

BASAN, Arthur Pinheiro; FALEIROS JÚNIOR, José Luiz de Moura. A tutela do corpo eletrônico como direito básico do consumidor. *Revista dos Tribunais*, v. 1021, p. 133-168, nov. 2020.

BENZIGER, Catherine P. et. al. The Telehealth Ten: A Guide for a Patient-Assisted Virtual Physical Examination. *The American Journal of Medicine*, Nova Iorque, jul. 2020. Disponível em: https://www.amjmed.com/article/S0002-9343(20)30597-0/fulltext. Acesso em 30 set. 2020.

BODDINGTON, Paula. *Towards a code of ethics for artificial intelligence*. Cham: Springer, 2017.

CAVET, Caroline Amadori; SCHULMAN, Gabriel. As violações de dados pessoais na telemedicina: tecnologia, proteção e reparação ao paciente 4.0. *In*: KFOURI NETO, Miguel; NOGAROLI, Rafaella (Coord.). *Debates contemporâneos em direito médico e da saúde*. São Paulo: Revistas dos Tribunais, 2020, 145-171.

CERKA, Paulius; GRIGIENE, Jurgita; SIRBIKYTE, Gintar. Liability for damages caused by artificial intelligence. *Computer Law & Security Review*, v. 31, n. 3, jun. 2015, p. 376-389.

COMISSÃO EUROPEIA. *Artificial intelligence for Europe*. Disponível em: https://ec.europa.eu/transparency/regdoc/rep/1/2018/EN/COM-2018-237-F1-EN-MAIN-PART-1.PDF. Acesso em 27 set. 2020.

DANTAS, Eduardo. *Direito médico*. 4. ed. Salvador: JusPodivm, 2019.

DEGOS, Laurent. International Vision of Big Data. *In*: NORDLINGER, Bernard; VILLANI, Cédric; RUS, Daniela (Coord.). *Healthcare and artificial intelligence*. Cham: Springer, 2020, p. 241-254.

DONEDA, Danilo. *Da privacidade à proteção de dados pessoais:* elementos da formação da Lei Geral de Proteção de Dados Pessoais. 2. ed. São Paulo: Ed. RT, 2019.

DRESCH, Rafael de Freitas Valle; FALEIROS JÚNIOR, José Luiz de Moura. Reflexões sobre a Responsabilidade Civil na Lei Geral de Proteção de Dados (Lei 13.709/2018). *In*: ROSENVALD, Nelson; DRESCH, Rafael de Freitas Valle; WESENDONCK, Tula. (Coords.). *Responsabilidade civil*: novos riscos. Indaiatuba: Foco, 2019, p. 65-89.

EHRHARDT JR., Marcos. *Responsabilidade civil pelo inadimplemento da boa-fé*. Belo Horizonte: Fórum, 2013. E-book.

FALEIROS JÚNIOR, José Luiz de Moura. *Administração pública digital*. Proposições para o aperfeiçoamento do regime jurídico administrativo na sociedade da informação. Indaiatuba: Foco, 2020.

FALEIROS JÚNIOR, José Luiz. NOGAROLI, Rafaella; CAVET; Caroline Amadori. Telemedicina e proteção de dados: reflexões sobre a pandemia da covid-19 e os impactos jurídicos da tecnologia aplicada à saúde. *Revista dos Tribunais*, São Paulo, v. 1015, maio, 2020, p. 327-362.

FARIAS, Cristiano Chaves de, NETTO, Felipe Braga e ROSENVALD, Nelson. *Novo tratado de responsabilidade civil*. 4. ed. São Paulo: Saraiva, 2019.

FLASI SKI, Mariusz. *Introduction to artificial intelligence*. Cham: Springer, 2016.

GOETTENAUER, Carlos Eduardo. Algoritmos, inteligência artificial, mercados. Desafios ao arcabouço jurídico. *In*: FRAZÃO, Ana; CARVALHO, Angelo Gamba Prata de Carvalho (Coord.). *Empresa, mercado e tecnologia*. Belo Horizonte: Fórum, 2019, p. 269-286.

GRALL, Matthieu. CNIL (Commission Nationale de l'Informatique et des Libertés) and Analysis of Big Data Projects in the Health Sector. *In:* NORDLINGER, Bernard; VILLANI, Cédric; RUS, Daniela (Coord.). *Healthcare and artificial intelligence*. Cham: Springer, 2020, p. 235-240.

HARARI, Yuval Noah. *Homo Deus*. Uma breve história do amanhã. Trad. Paulo Geiger. Versão Kindle. São Paulo: Companhia das Letras, 2016.

HOFFMAN-RIEM, Wolfgang. Artificial intelligence as a challenge for law and regulation. *In*: WISCHMEYER, Thomas; RADEMACHER, Timo (Coord.). *Regulating artificial intelligence*. Cham: Springer, 2020, p. 1-29.

HOLZINGER, Andreas; RÖCKER, Carsten; ZIEFLE, Martina. From Smart Health to Smart Hospitals. *In*: *Smart health*: open problems and future challenges. Cham: Springer, 2015, p. 1-20.

INSTITUTE OF MEDICINE. *The Role of telehealth in an evolving health care environment:* Workshop Summary. Washington: The National Academies Press, 2012.

JEDDI, Zineb; BOHR, Adam. Remote patient monitoring using artificial intelligence. In: BOHR, Adam; MEMARZADEH, Kaveh. (Coord.). *Artificial intelligence in healthcare*. Amsterdã: Elsevier Inc., p. 203-234.

KFOURI NETO, Miguel. A quantificação do dano na ausência de consentimento livre e esclarecido do paciente. *Revista IBERC*, Belo Horizonte, v. 2, n. 1, p. 1-22, jan./abr. 2019.

KFOURI NETO, Miguel. *Responsabilidade civil do médico*. 10. ed. São Paulo: Ed. RT, 2019.

KFOURI NETO, Miguel. *Responsabilidade civil dos hospitais*. 4. ed. São Paulo: Ed. RT, 2019.

KFOURI NETO, Miguel; NOGAROLI, Rafaella. O consentimento do paciente no admirável mundo novo de robôs de assistência à saúde e algoritmos de inteligência artificial para diagnóstico médico. *In*: TEPEDINO, Gustavo; SILVA, Rodrigo da Guia (Coord.). *O direito civil na era da inteligência artificial*. São Paulo: Thomson Reuters Brasil, 2020, p. 139-164.

KFOURI NETO, Miguel; NOGAROLI, Rafaella. Responsabilidade civil pelo inadimplemento do dever de informação na cirurgia robótica e telecirurgia: uma abordagem de direito comparado (Estados Unidos, União Europeia e Brasil). *In*: KFOURI NETO, Miguel; NOGAROLI, Rafaella (Coord.). *Debates contemporâneos em direito médico e da saúde*. São Paulo: Thomson Reuters Brasil, 2020, p. 33-67.

MIOTTO, Riccardo; LI, L.; KIDD, Brian A.; DUDLEY, Joel T. Deep Patient: An Unsupervised Representation to Predict the Future of Patients from the Electronic Health Records. *Nature Scientific Reports*, v. 6, mai. 2016.

MIOTTO, Riccardo; WANG, Fei; WANG, Shuang; JIANG Xiaoqian; DUDLEY, Joel. Deep learning for healthcare: review, opportunities and challenges. *Briefings in bioinformatics*, v. 19, n. 6, nov. 2018, p. 1236-1246.

MOLNÁR-GÁBOR, Fruzsina. Artificial intelligence in healthcare: doctors, patients and liabilities. *In*: WISCHMEYER, Thomas; RADEMACHER, Timo (Coord.). *Regulating Artificial Intelligence*. Cham: Springer, 2020, p. 337-360.

NOGAROLI, Rafaella. Breves reflexões sobre a pandemia do coronavírus (Covid-19) e alguns reflexos no direito médico e da saúde. *Revista dos Tribunais*, São Paulo, v. 1015, maio 2020, p. 365-376.

NOGAROLI, Rafaella; Silva, Rodrigo da Guia. Inteligência artificial na análise diagnóstica: benefícios, riscos e responsabilidade do médico. *In*: KFOURI NETO, Miguel; NOGAROLI, Rafaella (Coord.). *Debates contemporâneos em direito médico e da saúde*. São Paulo: Thomson Reuters Brasil, 2020, p. 69-91.

PASQUALE, Frank. *The black box society*: the secret algorithms that control money and information. Cambridge: Harvard University Press, 2015.

PEREIRA, André Gonçalo Dias. *Direito dos pacientes e responsabilidade médica*. Coimbra: Coimbra Editora, 2015.

PEREIRA, André Gonçalo Dias. O consentimento informado em Portugal: breves notas. *Revista Eletrônica da Faculdade de Direito de Franca*, Franca, v. 12, n. 2, 2017.

PEREIRA, André Gonçalo Dias. *O consentimento informado na relação médico-paciente*. Estudo de Direito Civil. Coimbra: Coimbra Editora, 2004.

POPLIN, Ryan. Prediction of cardiovascular risk factors from retinal fundus photographs via deep learning, *Nature Biomedical Engineering*, Londres, v. 2, p. 158-164, 2018.

RODOTÀ, Stefano. *A vida na sociedade da vigilância:* a privacidade hoje. Trad. Danilo Doneda e Luciana Cabral Doneda. Rio de Janeiro: Renovar, 2008.

RODOTÀ, Stefano. Por que é necessária uma Carta de Direitos da Internet? *Civilistica.com*, Rio de Janeiro, ano 4, n. 2, 2015. Disponível em: http://civilistica.com/por-que-e-necessaria-uma-carta-de-direitos-da-internet/. Acesso em 02 jun. 2020.

SCHAEFER, Fernanda. *Procedimentos médicos realizados à distância e o Código de Defesa do Consumidor.* Curitiba: Juruá, 2009.

SCHAEFER, Fernanda. *Telemática em saúde e sigilo profissional*: a busca pelo equilíbrio entre privacidade e interesse social. Curitiba: Juruá, 2010, p. 81.

SCHAEFER, Fernanda; GONDIM, Glenda Gonçalves. Telemedicina e Lei Geral de Proteção de Dados Pessoais. *In:* ROSENVALD, Nelson; MENEZES, Joyceane Bezerra de; DADALTO, Luciana (Coords.). *Responsabilidade civil e medicina.* Indaiatuba: Foco, 2020, p. 187-202.

SCHWAB, Klaus. *A Quarta Revolução Industrial*. São Paulo: Edipro, 2018.

SHABAN-NEJAD, Arash; MICHALOWSKI, Martin. *Precision health and medicine.* A digital revolution in healthcare. Cham: Springer, 2020.

SILVA, Rodrigo da Guia; NOGAROLI, Rafaella. Inteligência artificial na análise diagnóstica da Covid-19: possíveis repercussões sobre a responsabilidade civil do médico. *Migalhas*, 30/03/2020. Disponível em: https://s.migalhas.com.br/S/6BA23A. Acesso em: 13 out. 2020.

TEFFÉ, Chiara Spadaccini de; VIOLA, Mário. Tratamento de dados pessoais na LGPD: estudo sobre as bases legais. *Civilistica.com*, Rio de Janeiro, a. 9, n. 1, 2020. Disponível em: http://civilistica.com/tratamento-de-dados-pessoais-na-lgpd/. Acesso em: 14 ago. 2020.

TOPOL, Eric. *Deep medicine*: how artificial intelligence can make healthcare human again. Nova Iorque: Basic Books, 2019.

TOPOL, Eric. *The patient will see you now*: the future of medicine is in your hands. Nova Iorque: Basic Book, 2015.

TURNER, Jacob. *Robot Rules*: Regulating Artificial Intelligence. Cham: Palgrave Macmillan, 2019.

WOLF, Tyler D. Telemedicine and Malpractice: Creating Uniformity at the National Level Level. *William & Mary Law Review William & Mary Law Review*, Williamsburg, v. 61, issue 5, n. 1505, p. 1504-1536, 2020.

YOUNG, Jeremy D.; BORGETTI, Scott A.; CLAPHAM, Philip J. Telehealth: Exploring the Ethical Issues. *DePaul Journal of Health Care Law*, Chicago, v. 19, p. 1-15, 2018.

Anotações